The Apostles' C[illegible] 경

전능하사 천지를 만드신 하나님 아버지를 내가 믿사오며,
그 외아들 우리 주 예수 그리스도를 믿사오니,
이는 성령으로 잉태하사 동정녀 마리아에게 나시고,
본디오 빌라도에게 고난을 받으사, 십자가에 못 박혀 죽으시고,
장사한 지 사흘 만에 죽은 자 가운데서 다시 살아나시며,
하늘에 오르사, 전능하신 하나님 우편에 앉아 계시다가,
저리로서 산 자와 죽은 자를 심판하러 오시리라.
성령을 믿사오며, 거룩한 공회와, 성도가 서로 교통하는 것과,
죄를 사하여 주시는 것과, 몸이 다시 사는 것과,
영원히 사는 것을 믿사옵나이다. 아멘.

[1] 사도신경 새번역

나는 전능하신 아버지 하나님, 천지의 창조주를 믿습니다.
나는 그의 유일하신 아들, 우리 주 예수 그리스도를 믿습니다.
그는 성령으로 잉태되어 동정녀 마리아에게서 나시고,
본디오 빌라도에게 고난을 받아 십자가에 못 박혀 죽으시고,
장사된 지[2] 사흘 만에 죽은 자 가운데서 다시 살아나셨으며,
하늘에 오르시어 전능하신 아버지 하나님 우편에 앉아 계시다가,
거기로부터 살아 있는 자와 죽은 자를 심판하러 오십니다.
나는 성령을 믿으며, 거룩한 공교회와 성도의 교제와
죄를 용서받는 것과 몸의 부활과 영생을 믿습니다. 아멘.

---

1) '사도신조'로도 번역할 수 있다.
2) '장사 되시어 지옥에 내려가신 지'가 공인된 원문(Forma Recepta)에는 있으나, 대다수의 본문에는 없다.

님께

주후 년 월 일

드립니다.

♣ 쉬운 성경 번역 위원

· 유재원(前 총신대학교 신학대학원 부총장) 창세기－여호수아
· 한정건(고려신학대학원 명예교수) 사사기－열왕기하
· 손석태(개신대학원대학교 명예총장·철학박사) 역대상－에스더
· 최종태(前 아세아연합신학대학교대학원 구약학 교수) 욥기, 잠언－아가
· 류호준(前 백석대학교 신학대학원 원장) 시편, 에스겔
· 김경래(前 전주대학교 기독교학과 교수) 이사야－예레미야애가
· 김의원(前 총신대학교 총장) 다니엘－말라기
· 이국진(Noordwes Universiteit 신약학 박사·목사) 마태복음－누가복음
· 오광만(前 대한신학대학원대학교 신약학 교수) 요한복음－고린도후서
· 박형용(前 웨스트민스터신학대학원대학교 총장) 갈라디아서－요한계시록

♣ 국어 감수

· 정길남(前 서울교육대학교 국어교육과 교수)

♣ 그림 감수

· 김지찬(前 총신대학교 신학대학원 구약학 교수)

♣ 교열 및 교정 위원

· 박성배(前 한국 문인협회 부이사장·아동문학가)
· 이동태(前 예일초등학교 교장·동화작가)
· 송재찬(前 신묵초등학교 교사·동화작가)
· 이희갑(前 유석초등학교 교감·아동문학가)

♣ 일러스트레이션

· 강명진, 이승애(www.illustvision.com)

AGAPE ILLUSTRATED EASY BIBLE

The Old Testament & New Testament

간행사

『쉬운성경』은 2001년 가을에 출간된 이래로 꾸준한 사랑을 받아왔습니다. 『쉬운성경』은 국내 최초로 어린이를 위해 기획 · 출간된 원문번역성경으로, 믿음의 새싹들인 어린이들이 하나님의 말씀인 성경을 보다 쉽게 이해할 수 있도록 하는데 주안점을 두었습니다. 이 『쉬운성경』을 통해 어린이들도 말씀을 쉽게 이해하게 되면서, 주일학교에서 『쉬운성경』을 예배용 성경으로 채택하는 놀라운 일들이 일어나게 되었습니다. 뿐만 아니라 청장년, 노년에 이르는 많은 성도님들께서도 『쉬운성경』을 아끼고 사랑해 주셨습니다.

이 모든 영광을 『쉬운성경』이 출간되기까지 함께하신 하나님께 돌릴 뿐입니다.

『쉬운성경』은 국내 복음주의 학자 열 분이 심혈을 기울여 원문에서 번역하되 누구나 쉽게 이해할 수 있도록 하였으며, 현직 초등학교 교사들로 구성된 교열팀에서 문장을 다듬고 권위 있는 국어학자의 감수를 받아 더욱 완벽한 문장으로 완성되었습니다.

금번에 출간한 『일러스트 쉬운성경』은 성경에 기초한 일러스트레이션을 수록하여, 그림을 통해 성경의 내용을 더 분명하게 이해할 수 있도록 하였습니다. 그 외에도 생생한 컬러 사진 자료와 지도, 어려운 낱말 풀이와 해당 낱말의 영어 단어를 병기하여 성경의 이해를 도왔습니다. 본서에 수록된 일러스트레이션은 오랫동안 일러스트레이션으로 하나님께 헌신해 오신 강명진, 이승애 두 분의 일러스트레이터가 하나님께 봉헌하는 마음으로 그렸으며, 일러스트레이션으로 표현하는 과정에서 내용상의 오류가 발생하지 않도록 권위 있는 신학자의 감수를 거쳤습니다.

모쪼록 저희 아가페출판사 『쉬운성경』이 어린이뿐 아니라 성경을 읽는 데 어려움을 느끼는 성도들, 그리고 성경 원문을 진지하게 연구하고자 하는 신학생들에게 많은 도움이 되길, 그로 인해 한국 교회와 성도들의 신앙 성장에 밑거름이 되기를 소원합니다. 부디 성령님께서 말씀을 통하여 많은 성도들에게 은혜 베푸시기를 간절히 소망합니다.

발행인

일러두기

1. 성경 본문

- 『쉬운성경』의 본문은 원문에서 직접 대조 번역하였다.
  구약 기본 본문: 비블리아 헤브라이카 슈투트가르텐시아(BHS) 맛소라 본문 중 11세기 벤 아셰르의 본
  신약 기본 본문: UBS (United Bible Society) 4판
- 원문에서 정확하게 번역하되 인명과 지명의 경우 현재 통용되고 있는 『성경전서 개역 한글판』의 표현을 그대로 따랐으며 교육부 편수 자료에 따라 요즘 통용되고 있는 지명(이집트, 앗시리아, 바빌로니아, 그리스, 마케도니아 등)에 대해서는 현대 지명을 따랐다.
- 『쉬운성경』은 원문의 의미를 살리면서 누구나 쉽게 이해할 수 있는 수준으로 번역하는데 주력하였으며, 어떤 경우에도 원문과 동떨어진 내용을 삽입하지 않았다.
- 소제목: 원문에는 없으나 독자의 이해를 위해 단락이 시작되는 본문 위에 별색으로 표기하였다(단, 시편의 시작 부분에 '고딕으로 별색 처리된 부분' 은 각 시편의 머리글로 원문의 일부이다).

2. 성경에 기초한 일러스트레이션

- 성경 본문 내용에 맞는 일러스트를 수록하여 성경의 이해를 도왔다.

3. 성경 자세히 이해하기

- 성경 이해를 돕는 기초적인 지식과 의문 사항들에 대한 명쾌한 답변을 수록하였다.

4. 어려운 단어 설명

- 『쉬운성경』은 누구나 이해하기 쉬운 본문이긴 하지만 부득이하게 어려운 단어를 사용했을 경우 그것을 쉽게 풀어주는 단어 사전을 수록했으며, 단어 사전에는 사전적인 의미와 함께 성경 이해를 돕는 성경적 의미도 함께 실었다. 또한 그에 해당하는 영어 단어도 같이 수록하였다.

5. 믿음을 키워 주는 이야기

- 감동을 주고 신앙의 힘을 일깨워 주는 신앙 예화는 『키워드로 불러오는 설교 예화』(아가페출판사/하천덕 편)에서 발췌하였다.

6. 알아두세요

- 개역성경과의 현격한 차이를 보이는 부분에 관하여 설명을 달았으며, 좀더 깊은 이해와 설명이 필요할 경우 그 내용을 수록하였다.
- 성서 시대의 도량형이나 지명을 오늘날의 도량형과 지명으로 바꾸어 놓아 이해를 도왔다.

7. 약자 및 참고 문헌

- *『쉬운성경』에 사용된* 성경 명칭 표시는 약자로 사용하였다.
- (히)는 히브리어, (그)는 그리스어를 뜻한다.
- 『성경 자세히 이해하기』의 내용 부분은 개혁주의 및 복음주의 권내의 외국 주석들을 주로 참고하였다.
- 본문 표현법상의 필요에 따라 다양한 영어 번역본들을 참조하였다.
  International Children's Bible/New Living Translation/New International Version/아가페 성경 사전

성경 책명 약자표

구약성경

창	창세기	대하	역대하	단	다니엘
출	출애굽기	스	에스라	호	호세아
레	레위기	느	느헤미야	욜	요엘
민	민수기	에	에스더	암	아모스
신	신명기	욥	욥기	옵	오바댜
수	여호수아	시	시편	욘	요나
삿	사사기	잠	잠언	미	미가
룻	룻기	전	전도서	나	나훔
삼상	사무엘상	아	아가	합	하박국
삼하	사무엘하	사	이사야	습	스바냐
왕상	열왕기상	렘	예레미야	학	학개
왕하	열왕기하	애	예레미야애가	슥	스가랴
대상	역대상	겔	에스겔	말	말라기

신약성경

마	마태복음	엡	에베소서	히	히브리서
막	마가복음	빌	빌립보서	약	야고보서
눅	누가복음	골	골로새서	벧전	베드로전서
요	요한복음	살전	데살로니가전서	벧후	베드로후서
행	사도행전	살후	데살로니가후서	요일	요한일서
롬	로마서	딤전	디모데전서	요이	요한이서
고전	고린도전서	딤후	디모데후서	요삼	요한삼서
고후	고린도후서	딛	디도서	유	유다서
갈	갈라디아서	몬	빌레몬서	계	요한계시록

쉬운성경 활용법

개역성경과 일치된 페이지

13 마태복음 9장

각 단락의 주제를 나타내는 소제목

어나 걸어라' 하고 말하는 것 중에
서 어느 것이 더 쉽겠느냐?
6 그러나 인자가 땅에서 죄를 용
서할 권세를 가지고 있다는
것을 너희에게 보여 주기 위
함이었다." 그리고 예수님께
서 중풍병 환자에게 말씀하
셨습니다. "일어나 네 침상
을 가지고 집으로 가거라."
7 그러자 그 사람이 일어나 집
으로 갔습니다.
8 사람들이 이것을 보고 두려
워하며, 사람에게 이런 권세를
주신 하나님께 영광을 돌렸습니
다.

죄인을 부르러 오심

9 예수님께서 그 곳을 떠나 길을 가시다가,
마태라는 사람이 세관에 앉아 있는 것을
보셨습니다. 예수님께서 그에게 말씀하셨

성경의 이해를 돕는 기본 상식 수록

성경 이해하기

가죽부대

오늘날도 그렇지만 고대 근동 지역에서는 짐승의 가죽을 이용해 병을 만들어 썼습니다. 이때 염소나 염소 새끼의 가죽이 가장 많이 사용되었는데, 보통 그 짐승의 외형이 그대로 활용되었습니다. 먼저 짐승의 머리와 발을 잘라 내고 껍질을 완전히 벗겼습니다. 짐승의 목은 병의 주둥이로 쓰였으며, 앞발을 잘라 낸 부분은 액체를 쏟아내는 통로로 사용되었습니다. 넓적다리 부분은 병을 잡는 데 사용되었는데, 그 넓적다리에 가죽끈을 묶어 안장에 매달거나 사람의 어깨에 짊어지기도 했답니다.

본문 보기 9장 17절

마

알아두세요

10:29 개역 성경에는 (그) '앗사리온'이라고 표기되어 있다.

순결(10:16 innocence) 마음에 더러움이 없이 깨끗함.

개역성경과의 차이점 및 좀더 깊은 이해를 위한 설명

본문 중 어려운 낱말 풀이와 영어 표현 병기

보지 못하는 사람을 고치신 예수님(9:27-31)

성경 이해에 도움을 주는 그림과 해설

습니다. "나를 따라오너라." 그러자 마태
는 일어나서 예수님을 따라갔습니다.
10 예수님께서 마태의 집에서 식사를 하실 때
였습니다. 많은 세리들과 죄인들이 와서,
예수님과 제자들로 더불어 함께 식사를 하
고 있었습니다.
11 바리새파 사람들이 이것을 보고 제자들에
게 말했습니다. "어째서 너희 선생님은
세리들과 죄인들하고 함께 어울려 식사를
하느냐?"
12 예수님께서 이 소리를 들으시고 말씀하셨
습니다. "건강한 사람은 의사가 필요 없
으나, 환자들은 의사가 필요하다.
13 너희는 가서 '나는 희생 제물보다 자비를
원한다' 라는 말씀이 무슨 뜻인지 배워라.
나는 의인을 부르러 온 것이 아니라, 죄
인을 부르러 왔다."

새 포도주는 새 부대에

14 그 때, 요한의 제자들이 예수님께 와서 말
했습니다. "우리들과 바리새파 사람들은
자주 금식을 하는데, 왜 선생님의 제자들
은 전혀 금식을 하지 않습니까?"
15 예수님께서 이들에게 대답하셨습니다.
"결혼식에 참석한 사람들이 신랑과 함께
있을 때, 슬퍼할 수 있느냐? 그러나 신랑
을 빼앗길 날이 올 텐데, 그 때는 금식할
것이다.

쉬운성경 본문

THE OLD TESTAMENT

구약 성경

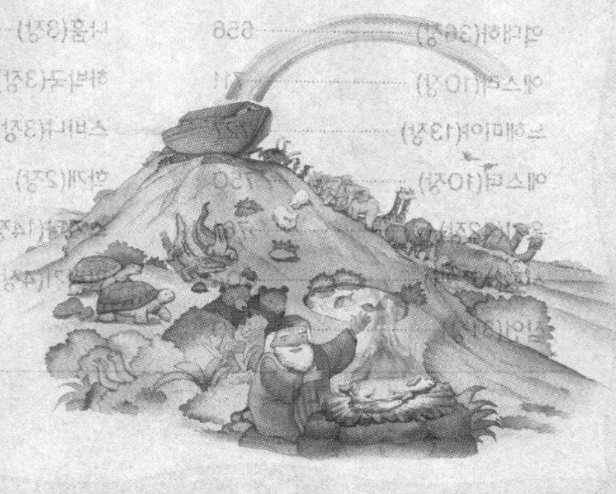

구약성경 목차

구약 총 929장

창 세 기

Genesis

저자

저자에 관한 분명한 언급은 없지만 전승들은 성경의 처음 다섯 책들을 모세의 저작으로 인정한다.

저작 연대

B.C. 1450-1400년경

주요 인물

아담, 하와, 노아, 아브라함, 이삭, 야곱, 요셉

핵심어 및 주요 내용

핵심어는 "시작", "인간", "언약" 등이다. 하늘과 땅, 식물과 동물, 남자와 여자, 죄와 문명, 하나님의 구속 사역이 어떻게 시작되었는지를 설명하고 언약을 통해 제시된 인류에 대한 하나님의 영원한 구속 계획을 모든 인류에게 보여 주고 있다.

내용 소개

1. 창조(1-2장)
2. 타락(3-4장)
3. 대홍수(6-9장)
4. 민족의 탄생(10-11장)
5. 아브라함(12장-25:18)
6. 이삭(25:19-26장)
7. 야곱(27-36장)
8. 요셉(37-50장)

세계의 시작

1 태초에 하나님께서 하늘과 땅을 창조하
셨습니다.
2 그런데 그 땅은 지금처럼 짜임새 있는 모
습이 아니었고, 생물 하나 없이 텅 비어
있었습니다. 어둠이 깊은 바다를 덮고 있
었고, 하나님의 영은 물 위에서 움직이고
계셨습니다.
3 그 때에 하나님께서 말씀하셨습니다. "빛
이 생겨라!" 그러자 빛이 생겼습니다.
4 그 빛이 하나님께서 보시기에 좋았습니
다. 하나님께서 빛과 어둠을 나누셨습니
다.
5 하나님께서는 빛을 '낮'이라 부르시고,
어둠을 '밤'이라 부르셨습니다. 저녁이
지나고 아침이 되니, 이 날이 첫째 날이
었습니다.
6 하나님께서 또 말씀하셨습니다. "물 한가
운데 둥근 공간이 생겨 물을 둘로 나누어
라."
7 하나님께서 둥근 공간을 만드시고, 그 공
간 아래의 물과 공간 위의 물을 나누시니
그대로 되었습니다.
8 하나님께서 그 공간을 '하늘'이라 부르셨
습니다. 저녁이 지나고 아침이 되니, 이
날이 둘째 날이었습니다.
9 하나님께서 말씀하셨습니다. "하늘 아래
의 물은 한 곳으로 모이고 뭍은 드러나라"
하시니 그대로 되었습니다.
10 하나님께서 뭍을 '땅'이라 부르시고 모인
물은 '바다'라고 부르셨습니다. 하나님께
서 보시기에 좋았습니다.
11 하나님께서 말씀하셨습니다. "땅은 풀과
씨를 맺는 식물과 씨가 든 열매를 맺는 온
갖 과일나무를 내어라" 하시니, 그대로
되었습니다.
12 이렇게 땅은 풀과 씨를 맺는 식물과 씨가
든 열매를 맺는 과일나무를 각기 종류대
로 내었습니다. 하나님께서 보시기에 좋
았습니다.
13 저녁이 지나고, 아침이 왔습니다. 이 날
이 셋째 날이었습니다.
14 하나님께서 말씀하셨습니다. "하늘에 빛
들이 있어 낮과 밤을 나누고, 계절과 날
과 해를 구별하여라.
15 우주 공간에 떠 있는 것들은 하늘에서 빛
을 내어 땅을 비추어라." 그러자 하나님
께서 말씀하신 대로 되었습니다.

16 하나님께서 두 개의 큰 빛을 만드셨습니다. 그 중 큰 빛으로 낮을 다스리게 하시고, 작은 빛으로 밤을 다스리게 하셨습니다. 또 별들을 만드셨습니다.

17 하나님께서는 이 빛들을 하늘에 두셔서 땅을 비추게 하셨습니다.

18 또 그 빛들이 낮과 밤을 다스리게 하시고, 빛과 어둠을 나뉘게 하셨습니다. 하나님께서 보시기에 좋았습니다.

19 저녁이 지나고 아침이 되니, 이 날이 넷째 날이었습니다.

20 하나님께서 말씀하셨습니다. "물은 움직이는 생물을 많이 내어라. 새들은 땅 위의 하늘을 날아다녀라."

21 하나님께서 커다란 바다 짐승과 물에서 움직이는 생물과 날개 달린 새를 그 종류에 따라 창조하셨습니다. 하나님께서 보시기에 좋았습니다.

22 하나님께서 그것들에게 복을 주시며 말씀하셨습니다. "새끼를 많이 낳고, 번성하여 바닷물을 가득 채워라. 새들도 땅 위에서 번성하여라."

23 저녁이 지나고 아침이 되니, 이 날이 다섯째 날이었습니다.

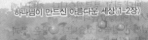

24 하나님께서 말씀하셨습니다. "땅은 온갖 생물을 내어라. 가축과 기어다니는 것과 들짐승을 각기 그 종류에 따라 내어라." 그러자 하나님께서 말씀하신 대로 되었습니다.

25 하나님께서 온갖 들짐승과 가축과 땅 위에서 기어다니는 생물을 각기 그 종류대로 만드셨습니다. 하나님께서 보시기에 좋았습니다.

26 하나님께서 말씀하셨습니다. "우리가 우리의 모습과 형상대로 사람을 만들자. 그래서 바다의 물고기와 공중의 새와 온갖 가축과 들짐승과 땅 위에 기어다니는 모든 생물을 다스리게 하자."

27 그래서 하나님께서 하나님의 형상대로 사람을 창조하시되, 남자와 여자를 만드셨습니다.

28 하나님께서 사람에게 복을 주시며 말씀하셨습니다. "자녀를 많이 낳고 번성하여 땅을 채워라. 땅을 정복하여라. 바다의 물고기와 하늘의 새와 땅 위에 움직이는 모든 생물을 다스려라."

29 또 말씀하셨습니다. "내가 땅 위의 온갖 씨 맺는 식물과 씨가 든 열매 맺는 모든 나무를 너희에게 준다. 그러니 너희는 그것들을 너희 양식으로 삼아라.

30 또 땅의 온갖 짐승과 공중의 모든 새와 땅 위를 기어다니는 생명 있는 모

하나님이 만드신 아름다운 세상(1-2장)

든 것에게는 내가 푸른 식물을 먹이로 준
다.” 그러자 그렇게 되었습니다.
31 하나님께서 손수 만드신 모든 것을 보시
니, 보시기에 매우 좋았습니다. 저녁이
지나고 아침이 되니, 이 날이 여섯째 날
이었습니다.

일곱째 날-안식일

2 그리하여 하늘과 땅과 그 안의 모든 것
들이 다 지어졌습니다.
2 일곱째 되는 날에 하나님께서 하시던 일
을 마치시고 쉬셨습니다.
3 하나님께서 일곱째 되는 날에 복을 주시
고, 그 날을 거룩하게 하셨습니다. 왜냐
하면 하나님께서 만드시던 모든 일을 마
치시고 그 날에 쉬셨기 때문입니다.

처음 창조된 남자

4 하늘과 땅이 만들어지던 때, 곧 여호와 하
나님께서 땅과 하늘을 만드셨을 때의 이
야기는 이러합니다.
5 여호와 하나님께서 아직 땅에 비를 내리
지 않으셨고, 땅을 갈 사람도 아직 없었
기 때문에 밭에는 식물과 작물이 자라나
지 않았습니다.
6 그러나 땅에서 안개가 올라와 온 땅의 표
면을 적셨습니다.
7 그 때, 여호와 하나님께서 땅의 흙으로 사
람을 지으셨습니다. 그리고 사람의 코에
생명의 숨을 불어 넣으시니, 사람이 생명
체가 되었습니다.
8 여호와 하나님께서 동쪽 땅 에덴에 동산
을 만드시고, 지으신 사람을 그 곳에서 지
내게 하셨습니다.
9 여호와 하나님께서 아름답고 먹기 좋은
열매를 맺는 온갖 나무들을 그 곳에서 자
라나게 하셨습니다. 동산 한가운데에는
생명나무와 선악을 알게 하는 나무도 있
었습니다.
10 에덴에서 하나의 강이 흘러 동산을 적시
고, 그 곳에서 강이 나뉘어 네 줄기가 되
었습니다.
11 첫 번째 강의 이름은 비손입니다. 이 강
은 금이 나는 하윌라 온 땅을 돌아 흐릅
니다.
12 그 땅에서 나는 금은 질이 좋았습니다. 그
곳에서는 값비싼 베델리엄 향료와 보석도
납니다.
13 두 번째 강의 이름은 기혼입니다. 이 강
은 구스 온 땅을 돌아 흐릅니다.
14 세 번째 강의 이름은 티그리스입니다. 이
강은 앗시리아 동쪽으로 흐릅니다. 네 번
째 강은 유프라테스입니다.
15 여호와 하나님께서 만드신 사람을 데려다
가 에덴 동산에 두시고, 그 동산을 돌보
고 지키게 하셨습니다.
16 여호와 하나님께서 그 사람에게 명령하셨
습니다. “너는 동산에 있는 모든 나무의
열매를 마음대로 먹어라.
17 그러나 선악을 알게 하는 나무의 열매만
은 먹지 마라. 만약 그 나무의 열매를 먹
으면, 너는 반드시 죽을 것이다.”

처음 창조된 여자

18 여호와 하나님께서 말씀하셨습니다. “남
자가 혼자 있는 것이 좋지 않으니, 내가
그에게 그를 도울 짝을 만들어 줄 것이
다.”
19 여호와 하나님께서 흙으로 지으신 들의
모든 짐승과 공중의 모든 새를 아담에게
이끌고 가셔서, 아담이 그것들의 이름을
어떻게 짓는지를 보셨습니다. 아담이 모
든 생물의 이름을 지어 부르면, 그것이 곧
그것들의 이름이 되었습니다.
20 아담이 모든 가축과 공중의 새들과 들의
모든 짐승에게 이름을 지어 주었습니다.
하지만 아담은 자기를 도와 줄 수 있는 자
기와 같은 형상을 가진 짝이 없었습니다.
21 그래서 여호와 하나님께서 아담을 깊이
잠들도록 하셨습니다. 아담이 잠든 사이,
여호와 하나님께서 아담의 갈비뼈 하나를
꺼내시고, 그 자리를 살로 메우셨습니다.
22 그리고는 아담에게서 꺼낸 갈비뼈로 여자
를 만드시고, 그녀를 아담에게 데리고 가
셨습니다.
23 그러자 아담이 말했습니다. “아, 내 뼈 중
의 뼈요, 내 살 중의 살이구나. 남자에게

창

서 나왔으므로, 여자라고 부를 것이다."
24 그리하여 남자는 자기 아버지와 어머니를
떠나 아내와 한 몸을 이루게 되는 것입니
다.
25 아담과 그의 아내는 벌거벗었지만, 부끄
러워하지 않았습니다.

죄의 시작

3 여호와 하나님께서 만드신 들짐승 가
운데 뱀이 가장 간사하고 교활했습니
다. 어느 날, 뱀이 여자에게 와서 말했습
니다. "하나님이 정말로 동산 안의 어떤
나무의 열매도 먹지 말라고 하시더냐?"
2 여자가 뱀에게 대답했습니다. "우리는 동
산 안에 있는 나무의 열매를 먹을 수 있
어.
3 하지만 하나님께서는 '동산 한가운데 있
는 나무의 열매는 먹지도 말고 만지지도
마라. 그렇지 않으면 너희가 죽을 것이
다'라고 말씀하셨어."

성경 속의 궁금증

죄를 범한 아담은 왜 금방 죽지 않았을까?

하나님께서는 아담이 선악과를 먹으면 죽으리라고 말씀하셨습니다. 그러나 아담과 하와는 범죄하고도 죽지 않았습니다. 그 이유는 성경이 말하는 죽음이 단지 '육체의 죽음'을 가리키지 않기 때문입니다. 성경은 죽음을 세 가지로 구분하여 말합니다. (1) 영적인 죽음이 있습니다. 이것은 하나님과의 친밀한 교제로부터 단절되는 것을 말합니다. (2) 우리가 흔히 말하는 육체의 죽음이 있습니다. (3) 영원한 죽음이 있습니다. 이것은 끝없는 고통 속에서 하나님께로부터 영원히 분리되는 것을 의미합니다. 본문 보기 3장 1-21절

간사하다(3:1 cunning) 자기의 이익을 위하여 남의 마음에 들려고 꾀를 부리고 남을 속이는 등 마음이 바르지 않다.
교활하다(3:1 crafty) 몹시 간사하고 나쁜 꾀가 많다.
근원(3:23 root) 어떤 일을 생기게 하는 바탕.
안색(4:5 face) 감정 등이 나타나는 얼굴의 상태.

4 그러자 뱀이 여자에게 말했습니다. "너희
는 죽지 않아.
5 하나님은 너희가 그 나무 열매를 먹고 너
희 눈이 밝아지면, 선과 악을 알게 되어
너희가 하나님과 같이 될까 봐 그렇게 말
씀하신 거야."
6 여자가 보니, 그 나무의 열매는 먹음직스
러웠으며, 보기에도 아름다웠습니다. 게
다가 그 열매는 사람을 지혜롭게 해 줄 것
처럼 보였습니다. 그래서 여자는 그 열매
를 따서 먹고, 그 열매를 옆에 있는 자기
남편에게도 주었으며, 남자도 그것을 먹
었습니다.
7 그러자 두 사람의 눈이 모두 밝아졌습니
다. 그들은 자기들이 벌거벗고 있다는 것
을 깨닫고, 무화과나무 잎을 엮어서 옷을
만들어 몸을 가렸습니다.
8 그 때, 그들은 여호와 하나님께서 동산을
거니시는 소리를 들었습니다. 그 때는 하
루 중 서늘한 때였습니다. 아담과 그의 아
내는 여호와 하나님을 피해, 동산 나무 사
이에 숨었습니다.
9 여호와 하나님께서 아담을 부르시며 말씀
하셨습니다. "네가 어디에 있느냐?"
10 아담이 대답했습니다. "제가 하나님의 소
리를 들었지만 벌거벗었기 때문에 두려워
서 숨었습니다."
11 하나님께서 말씀하셨습니다. "네가 벌거
벗었다고 누가 말해 주었느냐? 내가 먹지
말라고 한 나무 열매를 먹었느냐?"
12 아담이 대답했습니다. "하나님이 저에게
주신 여자가 그 나무 열매를 줘서 먹었습
니다."
13 여호와 하나님께서 여자에게 말씀하셨습
니다. "도대체 네가 무슨 일을 저지른 것
이냐?" 여자가 대답했습니다. "뱀이 저를
속였습니다. 그래서 제가 그 열매를 먹었
습니다."
14 여호와 하나님께서 뱀에게 말씀하셨습니
다. "네가 이런 일을 했으므로, 너는 모
든 가축과 모든 들짐승보다 더욱 저주를
받을 것이다. 너는 배로 기어다니고, 평

생토록 흙먼지를 먹고 살
아야 할 것이다.
15 내가 너와 여자를 서로 원
수가 되게 하고, 네 자손
과 여자의 자손도 원수가
되게 할 것이다. 여자의 자
손이 네 머리를 부수고, 너
는 그의 발꿈치를 물 것이
다."
16 하나님께서 여자에게도
말씀하셨습니다. "내가
너에게 아기를 가지는 고
통을 크게 하고, 너는 고
통 중에 아기를 낳게 될 것
이다. 너는 네 남편을 지배
하려 할 것이고, 남편은 너를 다스릴 것
이다."
17 하나님께서 아담에게도 말씀하셨습니다.
"너는 네 아내의 말을 듣고 내가 먹지 말
라고 한 나무의 열매를 먹었다. 그러므로
너 때문에 땅이 저주를 받고, 너는 평생
토록 수고하여야 땅에서 나는 것을 먹을
수 있게 될 것이다.
18 땅은 너에게 가시와 엉겅퀴를 내고, 너는
밭의 채소를 먹을 것이다.
19 너는 먹기 위하여 얼굴에 땀을 흘리고, 열
심히 일하다가 마침내 흙으로 돌아갈 것
이다. 이는 네가 흙으로 지음을 받았기 때
문이다. 너는 흙이니, 흙으로 돌아갈 것
이다."
20 아담은 자기 아내의 이름을 하와라고 지었
습니다. 이는 그녀가 모든 생명의 어머니
가 되었기 때문입니다.
21 여호와 하나님께서 동물 가죽으로 옷을
만들어서 아담과 그의 아내에게 입혀 주
셨습니다.
22 여호와 하나님께서 말씀하셨습니다. "보
아라, 사람이 우리 중 하나와 같이 되어
선과 악을 알게 되었으니, 이제 그가 손
을 뻗어 생명나무의 열매를 따 먹고, 영
원히 살게 되는 것을 막아야 한다."
23 그래서 여호와 하나님께서는 아담과 그의

선악과를 따먹은 아담과 하와(3장)

아내를 에덴 동산에서 쫓아 내셨습니다.
그리고 그가 나온 근원인 땅을 열심히 갈
게 하셨습니다.
24 이와 같이 하나님께서는 그 사람을 쫓아
내신 뒤에 에덴 동산 동쪽에 천사들을 세
우시고 사방을 돌며 칼날같이 타오르는
불꽃을 두시고, 생명나무를 지키게 하셨
습니다.

최초의 가족

4 아담이 자기 아내 하와와 잠자리를 같
이했습니다. 그러자 하와가 임신을 하
여 가인을 낳았습니다. 하와가 말했습니
다. "여호와의 도우심으로 내가 남자 아
이를 얻었다."
2 하와는 또 가인의 동생 아벨을 낳았습니
다. 아벨은 양을 치고, 가인은 농사를 지
었습니다.
3 세월이 지난 뒤에 가인은 땅의 열매를 하
나님께 제물로 바쳤습니다.
4 아벨은 처음 태어난 아기 양과 양의 기름
을 바쳤습니다. 여호와께서는 아벨과 그
의 제물은 받으셨으나,
5 가인과 그의 제물은 받지 않으셨습니다.
가인은 매우 화가 나서 안색이 변하였습
니다.
6 여호와께서 가인에게 물으셨습니다. "네
가 왜 화를 내느냐? 왜 안색이 변하느냐?

7 네가 좋은 마음을 품고 있다면 어찌 얼굴
을 들지 못하겠느냐? 네가 좋은 마음을
품지 않으면 죄가 너를 지배하려 할 것이
다. 죄는 너를 다스리고 싶어하지만, 너
는 죄를 다스려야 한다."
8 가인이 자기 동생 아벨에게 "들로 나가자"
하고 말했습니다. 그들이 들에 나가 있을
때에 가인이 자기 동생 아벨을 쳐죽였습니
다.
9 여호와께서 가인에게 말씀하셨습니다.
"네 동생 아벨은 어디 있느냐?" 가인이 대
답했습니다. "저는 모릅니다. 제가 동생
을 지키는 사람입니까?"
10 여호와께서 말씀하셨습니다. "네가 무슨
일을 했느냐? 네 동생 아벨의 핏소리가 땅
에서 나에게 호소하고 있다.
11 땅이 그 입을 벌려 네가 흘리게 한 네 동
생의 피를 네 손에서 받아 마셨다. 그러
므로 너는 이제 땅에서 저주를 받을 것이
다.
12 네가 땅을 갈아 농사를 지어도 더 이상 땅
은 너를 위해 열매를 맺지 않을 것이다.
너는 땅에서 떠돌 것이다."
13 가인이 여호와께 말했습니다. "이 벌은 제
게 너무 무겁습니다.
14 주께서 오늘 저를 땅에서 쫓아 내셨습니
다. 저는 이제 주를 만나 뵐 수도 없을 것
입니다. 저는 땅에서 떠돌며 유랑할 것이
고, 누구든지 저를 만나는 사람은 저를 죽
이려고 할 것입니다."
15 여호와께서 가인에게 말씀하셨습니다.
"아니다. 누구든지 가인을 죽이는 사람은
일곱 배나 벌을 받을 것이다"라고 하시
고, 여호와께서 가인에게 표시를 해 주셔
서, 가인이 누구를 만나든지 그 사람이 가
인을 죽이지 못하게 하셨습니다.

가인의 자손

16 가인은 여호와 앞을 떠나 에덴 동쪽 놋 땅
에서 살았습니다.
17 가인이 자기 아내와 잠자리를 같이하니,
아내가 임신을 하여 에녹을 낳았습니다.
그 때에 가인은 성을 쌓고 있었는데, 가인
은 자기 아들의 이름을 따서 그 성을 에
녹이라고 불렀습니다.
18 에녹은 이랏을 낳고, 이랏은 므후야엘
을 낳고, 므후야엘은 므드사엘을 낳
고, 므드사엘은 라멕을 낳았습니다.
19 라멕은 두 아내를 얻었습니다.
한 아내의 이름은 아다이고,
다른 아내의 이름은 씰라입
니다.

동생 아벨을 시기하는 가인(4:8)

20 아다는 야발을 낳았습니다. 야발은 장막에
살면서 짐승을 치는 사람의 조상이 되었
습니다.
21 야발의 동생은 유발인데, 그는 수금을 켜
고 퉁소를 부는 사람들의 조상이 되었습
니다.
22 씰라는 두발가인을 낳았습니다. 두발가인
은 구리와 철 연장을 만들었습니다. 두발
가인의 누이는 나아마입니다.
23 라멕이 자기 아내들에게 말했습니다. "아
다와 씰라여, 내 말을 들어라. 라멕의 아
내들이여, 내 말에 귀를 기울여라. 나는
나에게 상처를 입힌 사람을 죽였다. 나를
상하게 한 젊은이를 죽였다.
24 가인을 죽인 사람은 일곱 배로 벌을 받지
만 라멕을 죽인 사람은 일흔일곱 배로 벌
을 받을 것이다."

아담과 하와가 새 아들을 얻다

25 아담이 다시 자기 아내 하와와 잠자리를
같이했습니다. 그리하여 하와가 아들을
낳았습니다. 하와는 그 아들의 이름을 셋
이라고 지었습니다. 하와가 말했습니다.
"가인이 아벨을 죽였으므로, 하나님께서
아벨 대신에 다른 아기를 주셨다."
26 셋도 역시 아들을 낳고, 아들의 이름을 에
노스라고 지었습니다. 그 때부터 사람들
은 여호와의 이름을 부르며, 예배를 드리
기 시작했습니다.

아담의 자손

5 아담의 자손은 이러합니다. 하나님께
서는 사람을 지으실 때에 하나님의 모
습대로 지으셨습니다.
2 하나님께서는 남자와 여자를 창조하시고,
그 날 그들에게 복을 주시며 그들의 이름
을 '사람'이라고 하셨습니다.
3 아담은 백서른 살이 되어서 자기의 모습
곧 자기 형상을 닮은 아들을 낳고, 그 이
름을 셋이라고 지었습니다.
4 아담은 셋을 낳고, 팔백 년을 더 살았습니
다. 그 동안 아담은 다른 아들들과 딸들
을 또 낳았습니다.
5 아담은 모두 구백삼십 년을 살고 죽었습
니다.
6 셋은 백다섯 살이 되어서 에노스를 낳았습
니다.
7 셋은 에노스를 낳고, 팔백칠 년을 더 살았
습니다. 그 동안 셋은 다른 아들들과 딸
들을 또 낳았습니다.
8 셋은 모두 구백십이 년을 살고 죽었습니
다.
9 에노스는 아흔 살이 되어서 게난을 낳았습
니다.
10 에노스는 게난을 낳고, 팔백십오 년을 더
살았습니다. 그 동안 에노스는 다른 아들
들과 딸들을 또 낳았습니다.
11 에노스는 모두 구백오 년을 살고 죽었습
니다.
12 게난은 일흔 살에 마할랄렐을 낳았습니다.
13 게난은 마할랄렐을 낳고, 팔백사십 년을
더 살았습니다. 그 동안 게난은 다른 아
들들과 딸들을 또 낳았습니다.
14 게난은 모두 구백십 년을 살고 죽었습니
다.
15 마할랄렐은 예순다섯 살에 야렛을 낳았습
니다.
16 마할랄렐은 야렛을 낳고, 팔백삼십 년을
더 살았습니다. 그 동안 마할랄렐은 다른
아들들과 딸들을 또 낳았습니다.
17 마할랄렐은 모두 팔백구십오 년을 살고 죽
었습니다.
18 야렛은 백예순두 살에 에녹을 낳았습니다.
19 야렛은 에녹을 낳고, 팔백 년을 더 살았습
니다. 그 동안 야렛은 다른 아들들과 딸
들을 또 낳았습니다.
20 야렛은 모두 구백육십이 년을 살고 죽었
습니다.
21 에녹은 예순다섯 살에 므두셀라를 낳았습
니다.
22 에녹은 므두셀라를 낳은 후, 삼백 년 동안
하나님과 깊은 관계를 누리며 지냈습니
다. 그 동안 에녹은 다른 아들들과 딸들
을 또 낳았습니다.
23 에녹은 모두 삼백육십오 년을 살았습니
다.

24 에녹은 하나님의 뜻을 따라 평생 하나님
과 깊은 관계를 누리며 살다가 갑자기 사
라졌습니다. 이는 하나님께서 그를 데려
가셨기 때문입니다.
25 므두셀라는 백여든일곱 살에 라멕을 낳았
습니다.
26 므두셀라는 라멕을 낳고, 칠백팔십이 년을
더 살았습니다. 그 동안 므두셀라는 다른
아들들과 딸들을 또 낳았습니다.
27 므두셀라는 모두 구백육십구 년을 살고 죽
었습니다.
28 라멕은 백여든두 살에 아들을 낳았습니다.
29 라멕은 그 아들의 이름을 노아라고 지었습
니다. 라멕이 말했습니다. "노아는 하나님
께서 저주하신 땅에서 수고하며 고통스럽
게 일을 하는 우리를 위로해 줄 것이다."
30 라멕은 노아를 낳고, 오백구십오 년을 더
살았습니다. 그 동안 라멕은 다른 아들들
과 딸들을 또 낳았습니다.
31 라멕은 모두 칠백칠십칠 년을 살고 죽었
습니다.
32 노아는 오백 살이 지나서 셈과 함과 야벳
을 낳았습니다.

인간의 악한 행위

6 땅 위에 사람들이 늘어나기 시작할 때,
그들에게서 딸들이 태어났습니다.
2 하나님의 아들들이 사람의 딸들의 아름다
움을 보고 마음에 드는 여자를 아내로 맞
아들였습니다.
3 여호와께서 말씀하셨습니다. "내 영이 사
람들과 영원히 함께하지 않을 것이다. 그
것은 그들이 실수를 범하여 육체가 되었
기 때문이다. 그들은 백이십 년밖에는 살
지 못할 것이다."
4 그 무렵, 땅 위에는 '네피림'이라는 거인
들이 있었습니다. 그후에도 하나님의 아
들들이 사람의 딸을 아내로 맞이하였습니
다. 그들 사이에서 자식들이 태어났는데
그들은 옛날의 용사들로서 유명한 사람들
이었습니다.
5 여호와께서 땅 위에 사람의 악한 행동이
크게 퍼진 것을 보셨습니다. 그리고 그들
의 생각이 언제나 악할 뿐이라는 것도 아
셨습니다.
6 여호와께서는 땅 위에 사람을 만드신 것
을 후회하시며 마음 아파하셨습니다.
7 그래서 여호와께서 말씀하셨습니다. "내
가 만든 땅 위의 사람들을 모두 멸망시키
겠다. 사람에서부터 땅 위의 모든 짐승과
기어다니는 것과 공중의 새까지도 멸망시
키겠다. 왜냐하면 내가 그것들을 만든 것
을 후회하기 때문이다."
8 하지만 노아는 여호와의 마음에 들었습니
다.

노아와 홍수

9 노아의 자손은 이러합니다. 노아는 그가
살던 시대에 의롭고 흠 없는 사람이었습
니다. 노아는 하나님의 뜻을 따라 하나님
과 함께 살았습니다.
10 노아는 세 아들을 두었습니다. 그들의 이

알아두세요

6:15 300규빗은 약 135m에 해당되고, 50규빗은 약 22.5m에 해당되며, 30규빗은 약 13.5m에 해당된다.
6:16 1규빗은 약 45cm에 해당된다.
7:2 사본에 따라 '두 마리씩'으로 되어 있기도 하다.

성경 자세히 이해하기

방주에 들어간 짐승은 몇 쌍씩이었을까?

7장 8,9절에서는 노아의 방주에 짐승들이 암수 둘씩 들어갔다고 말하는데, 7장 2절에서 하나님은 정결한 짐승은 암수 일곱씩, 부정한 짐승은 암수 하나씩 넣으라고 말씀하셨습니다. 이렇게 짐승의 숫자에 차이가 납니다. 그러나 이것은 어느 한 쪽이 잘못된 것이 아닙니다. '암수 한 쌍씩'이란 말은 동물 전체의 일반적인 숫자이고, 정결한 것은 암수 일곱씩, 부정한 것은 암수 하나씩이라고 한 것은 좀 더 구체적인 설명입니다. 정결한 짐승이 더 많았던 것은 아마도 하나님께 제사를 드리기 위해서였을 것입니다.

본문 보기 6장 19절-7장 9절

름은 셈과 함과 야벳이었습니다.
11 이 때에 땅 위의 사람들은 하나님께 악을
행하였고, 온 땅에는 폭력이 가득 찼습니
다.
12 하나님께서는 사람들의 타락함을 보셨습
니다. 즉 모든 사람들이 땅 위에서 하나
님의 길을 더럽힌 것입니다.
13 하나님께서 노아에게 말씀하셨습니다.
"사람들이 땅을 폭력으로 가득 채웠다.
그래서 나는 땅 위의 모든 사람들을 땅과
함께 다 쓸어 버리겠다.
14 너는 잣나무로 배를 만들어라. 그 안에 방
들을 만들고, 안과 밖에 역청을 칠하여라.
15 그 배는 이렇게 만들어라. 길이는 삼백 규
빗,* 너비는 오십 규빗,* 높이는 삼십 규빗*
으로 만들어라.
16 지붕 위에서 일 규빗* 아래로 사방에 창
을 만들고, 배 옆에는 문을 내어라. 배를
위층과 가운데층과 아래층으로 삼 층을
만들어라.
17 내가 땅 위에 홍수를 일으켜서 하늘 아래
사는 모든 생물, 곧 목숨이 있는 것은 다
멸망시킬 것이다. 땅 위에 있는 것은 다
숨질 것이다.
18 그러나 내가 너하고는 언
약을 세우겠다. 너와 네
아들들과 네 아내와 네 며
느리들은 모두 배로 들어
가거라.
19 그리고 모든 생물을 암
컷과 수컷 한 마리씩
배로 데리고 들어가
서 너와 함께 살게 하
여라.
20 새와 짐승과 기어다니
는 모든 것이 각기 그 종
류대로 두 마리씩
너에게로 올 테
니, 그것들을 살려 주어라.
21 그리고 먹을 것도 종류대로 다 모아 두어
라. 그것을 배 안에 쌓아 두고, 너와 짐
승들의 식량으로 삼아라."
22 노아는 하나님께서 명령하신 대로 모든
일을 했습니다.

대홍수

7 여호와께서 노아에게 말씀하셨습니다.
"너는 가족을 이끌고 배로 들어가거라.
내가 보기에 이 세대에는 너만이 내 앞에
서 의로운 사람이다.
2 모든 깨끗한 짐승은 암컷과 수컷 일곱 마
리씩, 깨끗하지 않은 짐승은 암컷과 수컷
한 마리씩* 데리고 들어가거라.
3 하늘의 새도 암컷과 수컷 일곱 마리씩 데
리고 들어가거라. 그래서 그들의 종자를
온 땅 위에 살아 남게 하여라.
4 지금부터 칠 일이 지나면, 내가 땅에 비
를 내리겠다. 사십 일 동안, 밤낮으로 비
를 내리겠다. 그리하여 내가 만든 생물을
땅 위에서 모두 쓸어 버리겠다."
5 노아는 여호와께서 명령하신 대로 모든
일을 했습니다.

6 홍수가 시작되었을 때, 노아의 나이는 육백 살이었습니다.

7 노아와 그의 아내와 아들들과 며느리들은 배 안으로 들어가서 홍수를 피했습니다.

8 깨끗한 짐승과 깨끗하지 않은 짐승과 새와 땅 위에 기는 모든 것이

9 노아에게 왔습니다. 수컷과 암컷 두 마리씩 와서 배로 들어갔습니다. 하나님께서 노아에게 명령하신 대로 되었습니다.

10 칠 일이 지나고, 홍수가 땅 위를 덮쳤습니다.

11 그 때, 노아는 육백 살이었습니다. 홍수는 그 해의 둘째 달, 십칠 일에 시작되었습니다. 그 날, 땅 속의 샘이 열리고, 하늘의 구름이 비를 쏟아 부었습니다.

12 비는 땅 위에 사십 일 동안, 밤낮으로 쏟아졌습니다.

13 바로 그 날, 노아와 그의 아들들인 셈, 함, 야벳과 노아의 아내와 며느리들이 배 안으로 들어갔습니다.

14 그리고 그들과 모든 들짐승이 그 종류대로, 모든 가축이 그 종류대로, 땅 위에 기는 모든 생물이 그 종류대로, 날개 달린 모든 새가 그 종류대로 배 안으로 들어갔습니다.

15 생명의 호흡이 있는 모든 생물들이 암수 한 쌍씩 노아에게로 와서 배 안으로 들어갔습니다.

16 모든 생물의 암컷과 수컷이 하나님께서 노아에게 명령하신 대로 배 안으로 들어갔습니다. 그런 다음에 여호와께서 배의 문을 닫으셨습니다.

17 비가 사십 일 동안, 그치지 않고 내려 대홍수가 났습니다. 물이 불어나니, 배가 물 위로 떠 땅에서 떠올랐습니다.

18 물이 계속 불어나서 배가 물 위를 떠다니게 되었습니다.

19 물이 땅 위에 너무 많이 불어나서 하늘 아래의 높은 산들도 모두 물에 잠기게 되었습니다.

하나님의 언약의 징표인 무지개(8-9장)

20 물은 그 위로부터 십오 규빗* 정도 더 불
어났고, 산들은 완전히 물에 잠겨 버렸습
니다.
21 땅 위에서 움직이던 생물이 다 죽었습니
다. 새와 가축과 들짐승과 땅에서 기던 모
든 것과 사람들이 다 죽었습니다.
22 육지에 있는 모든 것 가운데, 코로 숨을
쉬던 모든 생물이 다 죽었습니다.
23 주께서 땅 위의 모든 생명을 쓸어 버리셨
습니다. 사람과 짐승과 기는 것과 공중의
새를 쓸어 버리셨습니다. 모든 것이 땅에
서 멸망되었고, 노아와 함께 배 안에 있
던 것만이 살아 남았습니다.
24 물이 백오십 일 동안, 땅을 뒤덮고 있었
습니다.

홍수가 그치다

8 하지만 하나님께서는 노아와 그와 함
께 배 안에 있던 모든 들짐승, 가축을
기억하셨습니다. 하나님께서는 땅 위에
바람이 불게 하셨습니다. 그러자 물이 점
점 줄어들었습니다.
2 땅 속의 샘들과 하늘의 창들이 닫혔습니
다. 하늘에서 내리던 비도 그쳤습니다.
3 땅에서 물이 점점 빠져 나갔습니다. 백오십
일이 지나자, 물이 많이 줄어들었습니다.
4 그 해의 일곱째 달 십칠 일에 배가 아라
랏 산에 걸려 머무르게 되었습니다.
5 물은 계속 흘러 빠져 나갔고, 열째 달 첫
째 날에는 산봉우리들이 드러나기 시작했
습니다.
6 사십 일이 지나자, 노아는 자기가 타고 있
던 배의 창문을 열었습니다.
7 그리고는 까마귀를 날려 보냈습니다. 까
마귀는 땅에서 물이 마를 때까지 이리저
리 날아다녔습니다.
8 또다시 노아는 땅에서 물이 빠졌는가를
알아보려고 비둘기를 날려 보냈습니다.
9 하지만 비둘기는 쉴 곳을 찾지 못하고 다
시 노아에게로 돌아왔습니다. 노아는 손을
뻗어 비둘기를 맞아들였습니다.
10 칠 일이 지나자, 노아는 다시 비둘기를 날
려 보냈습니다.
11 그 날 저녁, 비둘기는 뜯어 낸 올리브 나
무 잎사귀를 입에 물고 돌아왔습니다. 그
것을 보고, 노아는 땅이 거의 다 말랐다
는 것을 알았습니다.
12 칠 일이 지나자, 노아는 다시 비둘기를 내
보냈습니다. 이번에는 비둘기가 노아에게
돌아오지 않았습니다.
13 노아가 육백한 살 되던 해 첫째 달, 곧 첫
째 날에 물이 땅에서 말랐습니다. 노아가
배의 지붕을 열고 보니, 땅이 말라 있었
습니다.
14 둘째 달, 이십칠 일에는 땅이 완전히 말
랐습니다.
15 하나님께서 노아에게 말씀하셨습니다.
16 "너는 아내와 아들들과 며느리들을 데리
고 배에서 나오너라.
17 너와 함께 머물고 있는 각종 생물 즉 새
와 짐승과 땅 위에서 기는 모든 것도 배
에서 이끌고 나오너라. 그것들이 땅 위에
서 활동하며, 알을 까고 새끼를 많이 낳
아 땅 위에서 번성할 것이다."
18 노아는 아들들과 아내와 며느리들을 데리
고 밖으로 나왔습니다.
19 모든 짐승과 모든 기는 것과 모든 새도 다
그 종류대로 배에서 나왔습니다.
20 노아는 배에서 나와 여호와께 제단을 쌓
았습니다. 노아는 깨끗한 새와 짐승 가운
데서 좋은 것을 골라 제단 위에 태워 드
리는 제물인 번제물로 바쳤습니다.
21 여호와께서 그 제물을 기뻐 받으시고, 마
음속으로 말씀하셨습니다. "다시는 사람
때문에 땅을 저주하지 않을 것이다. 사람
의 생각은 어릴 때부터 악하지만, 이번처
럼 땅 위의 모든 생물을 멸망시키는 일을
다시는 하지 않을 것이다.
22 땅이 있는 한, 심고 거두는 일, 추위와 더
위, 여름과 겨울, 낮과 밤이 그치지 않을
것이다."

알아두세요

7:20 15규빗은 약 6.75m에 해당된다.

새로운 시작

9 하나님께서 노아와 그 아들들에게 복
을 주시며 말씀하셨습니다. "자녀를
많이 낳고 번성하여 땅을 채워라.
2 땅 위의 모든 짐승과 하늘의 모든 새와 땅
위를 기는 모든 것과 바다의 모든 물고기
가 너희들을 두려워할 것이다. 내가 이 모
든 것을 너희들에게 주었다.
3 살아서 움직이는 모든 것이 너희의 음식
이 될 것이다. 전에 푸른 식물을 음식으
로 준 것같이, 이제는 모든 것을 음식으
로 줄 테니,
4 다만 고기를 피째 먹지는 마라. 피에는 생
명이 있다.
5 너희가 생명의 피를 흘리면, 내가 반드시
복수를 할 것이다. 사람의 피를 흘리면 그
것이 짐승이든 사람이든 피흘리게 한 사람
의 형제이든 간에 내가 복수를 할 것이다.
6 누구든지 사람의 피를 흘리면, 다른 사람
이 그 사람의 피를 흘리게 할 것이다. 이
는 하나님께서 자기 모습대로 사람을 지
으셨기 때문이다.
7 너희는 자녀를 많이 낳고 번성하여 땅을
가득 채워라. 땅에서 번성하여라."
8 하나님께서 노아와 그의 아들들에게 말씀
하셨습니다.
9 "이제 내가 너희와 너희의 뒤를 이을 너

노아의 방주터로 추정되는 곳
아라랏 산에서 20km 떨어진 해발 2000m의 계곡에 위치한 곳으로 지진과 화산, 풍화 작용을 겪는 동안 본래의 모습이 없어지고 형체만 남게 되었다고 한다.

희의 자손과
10 배에서 나와서 너희와 함께 사는 모든 생
물, 곧 새와 가축과 들짐승과 땅 위의 모
든 생물들과
11 너희에게 언약을 세우리니, 다시는 홍수
로 모든 생물들을 없애 버리지 않을 것이
며, 홍수로 땅을 멸망시키는 일은 없을 것
이다."
12 하나님께서 말씀하셨습니다. "내가 너희
와 함께 사는 모든 생물과 너희 사이에 대
대로 세울 언약의 표는 이러하다.
13 내가 구름 사이에 내 무지개를 두었으니,
그것이 나와 땅 사이의 언약의 표이다.
14 내가 땅에 구름을 보내 구름 사이에 무지
개가 나타나면,
15 나는 너희와 모든 생물 사이에 세운 나의
언약을 기억할 것이다. 다시는 홍수로 땅
의 모든 생물을 멸망시키는 일은 없을 것
이다.
16 구름 사이에 무지개가 나타나면, 내가 그
것을 보고 나 하나님과 땅 위의 모든 육
체를 가진 생물들 사이에 세운 영원한 언
약을 기억할 것이다."
17 하나님께서 노아에게 말씀하셨습니다.
"이것이 나와 땅 위의 모든 생물들 사이
에 세우는 내 언약의 표이다."

노아와 그의 아들들

18 배에서 나온 노아의 아들들은 셈과 함과
야벳입니다. 함은 가나안의 조상입니다.
19 이 세 명은 노아의 아들들이며, 이 세 명
을 통해 온 땅에 사람들이 퍼졌습니다.
20 노아는 농사일을 시작하고, 포도나무를
심었습니다.
21 그는 포도주를 먹고 취하여 자기 장막에
서 벌거벗은 채 누워 있었습니다.
22 가나안의 조상 함이 벌거벗은 아버지를 보
고, 밖으로 나가서 형제들에게 그 사실을
알렸습니다.
23 그러자 셈과 야벳이 옷을 가지고 와서 어
깨에 걸친 다음, 뒷걸음질로 장막으로 들
어가 아버지의 벌거벗은 몸을 덮어 드렸
습니다. 그들은 얼굴을 돌려서 아버지의

벌거벗은 몸을 보지 않았습니다.
24 포도주를 마시고 취하여 잠이 들었던 노아가 잠에서 깨어났습니다. 노아는 작은 아들 함이 자기에게 한 일을 알고
25 이렇게 말했습니다. "가나안은 저주를 받을 것이다. 가나안은 형제들에게 속한 가장 낮은 종이 될 것이다."
26 노아가 또 말했습니다. "셈의 하나님이신 여호와를 찬양하여라. 가나안은 셈의 종이 될 것이다.
27 하나님께서 야벳에게 더 많은 땅을 주시고, 셈의 장막에서 살게 하실 것이다. 가나안은 그의 종이 될 것이다."
28 홍수가 있은 뒤로 노아는 삼백오십 년을 더 살았습니다.
29 노아는 모두 구백오십 년 동안 살다가 죽었습니다.

나라들이 흩어지다

10 노아의 아들인 셈과 함과 야벳의 자손은 이러합니다. 홍수가 있은 뒤에 그들은 여러 자녀를 낳았습니다.

야벳의 자손

2 야벳의 아들은 고멜과 마곡과 마대와 야완과 두발과 메섹과 디라스입니다.
3 고멜의 아들은 아스그나스와 리밧과 도갈마이며,
4 야완의 아들은 엘리사와 달시스와 깃딤과 도다님입니다.
5 지중해 해안에 사는 사람들은 야벳의 아들들에게서 퍼져 나왔습니다. 이들은 말이나 종족, 나라에 따라 갈라져 나갔습니다.

함의 자손

6 함의 아들은 구스와 미스라임과 붓과 가나안입니다.
7 구스의 아들은 스바와 하윌라와 삽다와 라아마와 삽드가이며 라아마의 아들은 스바와 드단입니다.
8 구스는 니므롯을 낳았는데, 니므롯은 땅 위의 첫 용사가 되었습니다.
9 니므롯은 여호와 앞에서 뛰어난 사냥꾼이 되었습니다. 그래서 '여호와 앞에서 니므롯처럼 뛰어난 사냥꾼'이라는 말이 생겨났습니다.
10 처음에 니므롯의 나라는 시날* 땅의 바빌론과 에렉과 악갓과 갈레에서 시작되었습니다.
11 니므롯은 그 곳을 떠나 앗시리아로 갔습니다. 그 곳에서 니므롯은 니느웨와 르호보딜과 갈라를 세웠습니다.
12 니므롯은 니느웨와 갈라 사이의 큰 성인 레센도 세웠습니다.
13 미스라임은 루딤과 아나밈과 르하빔과 납두힘과
14 바드루심과 가슬루힘과 갑도림을 낳았습니다(블레셋 사람들은 가슬루힘의 후손입니다).
15 가나안은 맏아들 시돈과 헷을 낳았습니다.
16 가나안은 또 여부스와 아모리와 기르가스와
17 히위와 알가와 신과
18 아르왓과 스말과 하맛을 낳았습니다. 가나안의 자손은 사방으로 흩어졌습니다.
19 가나안 자손의 땅은 시돈에서 그랄을 거쳐 가사까지입니다. 그리고 거기에서 소돔과 고모라와 아드마와 스보임을 지나 라사까지입니다.
20 이들은 모두 함의 자손입니다. 이들은 말과 땅과 나라에 따라 갈라져 나갔습니다.

셈의 자손

21 야벳의 형인 셈도 자녀를 낳았습니다. 셈은 에벨의 모든 자손의 조상입니다.
22 셈의 아들은 엘람과 앗수르와 아르박삿과 룻과 아람입니다.
23 아람의 아들은 우스와 훌과 게델과 마스입니다.
24 아르박삿은 셀라를 낳고, 셀라는 에벨을 낳았습니다.
25 에벨은 두 아들을 낳았습니다. 한 아들의 이름은 벨렉인데, 그가 사는 동안, 세상이 나뉘었기 때문에 벨렉이라고 이름지었습

알아두세요

10:10 '시날'은 '바빌로니아'를 뜻한다.

니다. 다른 아들의 이름은 욕단입니다.
26 욕단은 알모닷과 셀렙과 하살마웻과 예라와
27 하도람과 우살과 디글라와
28 오발과 아비마엘과 스바와
29 오빌과 하윌라와 요밥을 낳았습니다. 이들
은 모두 욕단의 아들들입니다.
30 이들은 메사와 동쪽 땅의 산악 지방에 있
는 스발 사이에서 살았습니다.
31 이들은 종족과 말과 땅과 나라에 따라 갈
라져 나간 셈의 자손들입니다.
32 이들은 나라에 따라서 정리한 노아의 자
손입니다. 홍수가 난 뒤에 이 종족들을 통
해 땅 위에 온 나라가 흩어지게 되었습니
다.

언어가 뒤섞이다

11 땅 위의 모든 사람들이 한 가지 언어
를 쓰고 있었습니다.
2 사람들이 동쪽으로 옮겨 가며 시날 땅에
서 평야를 발견하고, 그 곳에서 살았습니
다.
3 그들이 서로 말했습니다. "벽돌을 만들어
단단하게 굽자." 그러면서 그들은 돌 대
신에 벽돌을 쓰고, 흙 대신에 역청을 썼
습니다.
4 그들이 또 서로 말했습니다. "자, 우리의
성을 세우자. 그리고 꼭대기가 하늘까지
닿는 탑을 쌓자. 그래서 우리 이름을 널
리 알리고, 온 땅에 흩어지지 않도록 하
자."
5 여호와께서 사람들이 쌓고 있는 성과 탑
을 보려고 내려오셨습니다.
6 여호와께서 말씀하셨습니다. "이 사람들
은 한 백성이고, 그들의 언어도 다 똑같
다. 그래서 이런 일을 시작하였는데, 이
일은 그들이 하려고 하는 일의 시작에 불
과하다. 그들은 하려고만 하면 어떤 일이
든지 할 수 있을 것이다.
7 그러니 내려가서 그들의 언어를 뒤섞어
놓자. 그리하여 그들이 자기들끼리 하는

언어(11:1 language) 음성이나 문자로 생각이나 느낌을 나타내거나 전달하는 수단과 체계.

말을 전혀 알아듣지 못하게 하자."
8 그래서 여호와께서는 그들을 온 땅 위에
흩어 놓으셨습니다. 그들은 성 쌓는 일을
그만두었습니다.
9 여호와께서 온 땅의 언어를 그 곳에서 뒤
섞어 놓으셨으므로, 그 곳의 이름은 바벨
이 되었습니다. 또한 거기에 있던 모든 사
람들을 온 땅 위에 흩어 놓으셨습니다.

셈의 자손

10 셈의 자손은 이러합니다. 셈은 백 살이 되
어서 아르박삿을 낳았습니다. 그 때는 홍
수가 끝난 지 이 년이 지난 때였습니다.
11 셈은 아르박삿을 낳고 오백 년을 더 살면
서 자녀를 낳았습니다.
12 아르박삿은 서른다섯 살이 되어서 셀라를
낳았습니다.
13 아르박삿은 셀라를 낳고, 사백삼 년을 더
살면서 자녀를 낳았습니다.
14 셀라는 서른 살이 되어서 에벨을 낳았습니
다.
15 셀라는 에벨을 낳고, 사백삼 년을 더 살면
서 자녀를 낳았습니다.
16 에벨은 서른네 살이 되어서 벨렉을 낳았습
니다.
17 에벨은 벨렉을 낳고, 사백삼십 년을 더 살
면서 자녀를 낳았습니다.
18 벨렉은 서른 살이 되어서 르우를 낳았습니
다.
19 벨렉은 르우를 낳고, 이백구 년을 더 살면
서 자녀를 낳았습니다.
20 르우는 서른두 살이 되어서 스룩을 낳았습
니다.
21 르우는 스룩을 낳고, 이백칠 년을 더 살면
서 자녀를 낳았습니다.
22 스룩은 서른 살이 되어서 나홀을 낳았습니
다.
23 스룩은 나홀을 낳고, 이백 년을 더 살면서
자녀를 낳았습니다.
24 나홀은 스물아홉 살이 되어서 데라를 낳았
습니다.
25 나홀은 데라를 낳고, 백십구 년을 더 살면
서 자녀를 낳았습니다.

바벨탑(11:1-9)

26 데라는 일흔 살이 되어서 아브람과 나홀과
하란을 낳았습니다.

데라의 자손

27 데라의 자손은 이러합니다. 데라는 아브람
과 나홀과 하란을 낳았습니다. 하란은 롯
을 낳았습니다.
28 하란은 아버지 데라보다 먼저, 자기가 태
어난 갈대아* 우르에서 죽었습니다.
29 아브람과 나홀은 아내를 맞아들였습니다.
아브람의 아내는 사래이고, 나홀의 아내는
밀가입니다. 밀가는 하란의 딸입니다. 하
란은 밀가와 이스가의 아버지입니다.
30 사래는 임신을 못하여서 자식이 없었습니
다.
31 데라는 가나안 땅으로 가려고, 아들 아브
람과 하란의 아들인 손자 롯과 아브람의
아내인 며느리 사래를 데리고 갈대아 우르
에서 나왔습니다. 그러나 그들은 하란에
이르러 거기에 머물렀습니다.
32 데라는 이백오 년을 살다가 하란에서 죽었
습니다.

하나님께서 아브람을 부르시다

12 여호와께서 아브람에게 말씀하셨습
니다. "네 나라와 네 친척과 네 아비
의 집을 떠나 내가 너에게 보여 줄 땅으
로 가거라.
2 내가 너를 큰 나라로 만들어 주고, 너에
게 복을 주어, 너의 이름을 빛나게 할 것
이다. 너는 다른 사람들에게 복이 될 것
이다.
3 너에게 복을 주는 사람에게 내가 복을 주
고, 너를 저주하는 사람을 내가 저주하겠
다. 땅 위의 모든 백성이 너를 통해 복을
받을 것이다."
4 아브람은 여호와께서 말씀하신 대로 하란
을 떠났습니다. 롯도 아브람과 함께 떠났
습니다. 그 때에 아브람의 나이는 일흔다
섯 살이었습니다.
5 아브람은 아내 사래와 조카 롯과 그들이
모은 모든 재산을 가지고 갔습니다. 그들
은 또 하란에서 얻은 종들도 모두 데리고
갔습니다. 가나안 땅으로 가기 위해 하란
을 떠난 그들은 마침내 가나안 땅에 들어
갔습니다.
6 아브람은 그 땅을 지나서 세겜 땅 모레의
큰 나무가 있는 곳까지 갔습니다. 그 때
에 그 땅에는 가나안 사람들이 살고 있었
습니다.
7 여호와께서 아브람에게 나타나 말씀하셨
습니다. "내가 이 땅을 네 자손에게 줄 것
이다." 아브람은 그 곳에서 자기에게 나타
나신 여호와께 제단을 쌓았습니다.
8 그리고 나서 아브람은 세겜에서 벧엘 동쪽
산으로 옮겨 갔습니다. 아브람은 그 곳에
장막을 세웠습니다. 서쪽은 벧엘이었고,
동쪽은 아이였습니다. 아브람은 그 곳에서
도 여호와께 제단을 쌓고 예배를 드렸습
니다.
9 그런 다음에 아브람은 계속해서 가나안 남
쪽 네게브 지방으로 내려갔습니다.

아브람이 이집트로 가다

10 그 때에 가나안 땅에 가뭄이 들었습니다.
가뭄이 너무 심해서, 아브람은 이집트로
내려가 살았습니다.
11 이집트에 이르기 바로 전에 아브람이 아내
사래에게 말했습니다. "당신은 매우 아름
다운 여자요.
12 이집트 사람들이 당신을 보면, '이 여자는
저 사람의 아내다' 라고 말하며 나를 죽이
고 당신은 살려 줄 것이오.

아브라함의 이동로

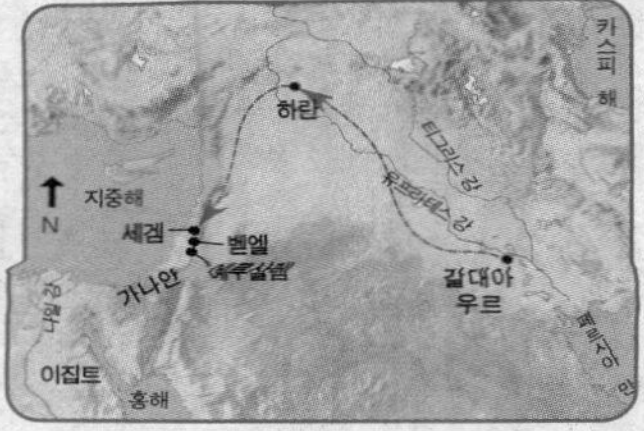

알아두세요

11:28 '갈대아'는 '바빌로니아' 땅을 가리킨
다.

13 그러니 당신은 그들에게 내 누이라고 말
하시오. 그러면 나에게 나쁜 일이 일어나
지 않고 당신 덕분에 나도 살 수 있게 될
것이오."
14 아브람이 이집트로 내려갔습니다. 이집트
사람들이 보기에 사래는 매우 아름다웠습
니다.
15 파라오의 신하들도 사래를 보고 파라오에
게 사래를 자랑했습니다. 사래는 왕의 궁
전으로 불려 갔습니다.
16 사래 때문에 파라오는 아브람에게 잘해 주
었습니다. 왕은 아브람에게 양 떼와 소 떼
와 암나귀와 수나귀를 주었습니다. 아브
람은 왕에게서 남자 종과 여자 종과 낙타
까지 얻었습니다.
17 그러나 여호와께서 파라오와 파라오의 집
에 사는 모든 사람에게 큰 재앙을 내리셨
습니다. 여호와께서 그렇게 하신 것은 아
브람의 아내 사래의 일 때문이었습니다.
18 그러자 파라오가 아브람을 불러서 말했습
니다. "왜 나에게 이런 일을 하였느냐? 어
찌하여 사래가 네 아내라는 말을 하지 않
았느냐?
19 왜 저 여자를 네 누이라고 말해서 내가 저
여자를 내 아내로 데려오게 했느냐? 네
아내가 여기 있으니 데리고 가거라."
20 그리고 나서 파라오는 신하들에게 명령하
여 아브람이 그의 아내와 그에게 속한 사
람과 재산을 가지고 이집트에서 떠나가게
했습니다.

아브람과 롯이 갈라지다

13 아브람은 아내와 롯과 함께 이집트를
떠났습니다. 그들은 모든 재산을 가
지고 네게브 지방으로 올라갔습니다.
2 아브람은 가축과 은과 금이 많은 부자였
습니다.
3 아브람은 네게브를 떠나 다시 벧엘로 갔습
니다. 아브람은 벧엘과 아이 사이, 곧 전
에 장막을 쳤던 곳으로 갔습니다.
4 그 곳은 아브람이 전에 제단을 쌓았던 곳
이었습니다. 아브람은 거기에서 여호와께
예배를 드렸습니다.
5 아브람과 함께 다니던 롯에게도 양과 소와
장막이 많았습니다.
6 아브람과 롯에게는 가축이 아주 많았기 때
문에 두 사람이 함께 살기에는 그 땅이 너
무 좁았습니다.
7 아브람의 목자들과 롯의 목자들 사이에 다
툼이 일어나기 시작했습니다. 그 때, 그
땅에는 가나안 사람들과 브리스 사람들이
살고 있었습니다.
8 아브람이 롯에게 말했습니다. "너와 나 사
이에 다툼이 있어서야 되겠느냐? 네 목자
들과 내 목자들 사이에서도 다투는 일이
있어서는 안 된다. 우리는 친척이 아니
냐?
9 모든 땅이 네 앞에 있으니, 우리 서로 떨
어져 살자. 네가 왼쪽으로 가면 나는 오
른쪽으로 가고, 네가 오른쪽으로 가면 나
는 왼쪽으로 가겠다."
10 롯이 땅을 둘러보니, 요단 골짜기가 보였
습니다. 롯이 보기에 소알 쪽으로 있는 그
곳은 물이 많았습니다. 그 곳은 여호와의
동산 같기도 하고 이집트 땅 같기도 했습
니다. 그 때는 여호와께서 소돔과 고모라

성경 지명

벧엘

'하나님의 집'이란 뜻을 가진 곳으로, 지금은 예루살렘 북쪽 약 16km 지점에 위치한 '베이틴'에 해당합니다. 아브라함이 처음으로 단을 쌓은 곳이며(창 12:7-9), 야곱이 잠을 자다가 사닥다리 꿈을 꾼 곳이기도 합니다(창 28:12). 사사 시대에 언약궤가 이 곳에 있었으며, 이스라엘 백성은 여기서 하나님께 예배를 드렸습니다(삿 20:26-28). 왕국이 분열되자, 북쪽 이스라엘의 초대 왕이 된 여로보암은 이 곳에 금송아지를 만들어 제사 지내게 하였습니다(왕상 12:26-32). 이 후, 벧엘은 우상 숭배의 중심지가 되었습니다.

본문 보기 12장 8절

장막(12:8 tent) 사람이 들어가 볕이나 비를 피할 수 있도록 한데에 둘러치는 막.
제단(12:8 altar) 하나님께 제사드리기 위해 만든 단.

를 멸망시키시기 전이었습니다.
11 그래서 롯은 요단 평원에서 살기로 하고
동쪽으로 옮겨 갔습니다. 이렇게 해서 아
브람과 롯은 서로 떨어져서 살게 되었습
니다.
12 아브람은 가나안 땅에서 살았습니다. 그러
나 롯은 요단 평원의 성들 가운데 살다가
소돔에서 가까운 곳으로 옮겨 갔습니다.
13 그 때에 소돔 사람들은 매우 악했습니다.
그들은 항상 여호와께 죄를 짓고 살았습
니다.
14 롯이 아브람을 떠난 뒤에 여호와께서 아브
람에게 말씀하셨습니다. "네 주변을 둘러
보아라. 네가 서 있는 곳에서 동서남북을
다 둘러보아라.
15 네 눈에 보이는 이 모든 땅을 내가 영원
히 너와 네 자손에게 줄 것이다.
16 내가 네 자손을 땅의 티끌만큼 많게 해 주
리니, 누구든지 땅 위의 티끌을 셀 수 있
는 사람이 있다면, 그 사람은 네 자손도
셀 수 있을 것이다.
17 일어나라, 이 땅을 동서남북으로 돌아다
녀 보아라. 내가 너에게 이 땅을 주겠다."
18 그리하여 아브람은 자기 장막을 옮겼습니
다. 아브람은 헤브론에 있는 마므레의 큰

성경 인물

멜기세덱 '의의 왕'이란 뜻을 가진 멜기세덱은 '아버지도, 어머니도, 족보도 없는'(히 7:3) 신비한 인물입니다. 아브라함이 여러 왕들을 격퇴하고 개선할 때 사웨 골짜기에서 떡과 포도주를 가지고 영접하여 그를 축복해 주고, 이에 아브라함은 전리품의 10분의 1을 그에게 주었다는 창세기의 기록과, 그리스도께서는 멜기세덱의 계통을 따라 영원한 제사장이 되시리라는 예언이 그에 관한 기록의 전부입니다. 하지만 분명한 것은 멜기세덱이 장차 오실 예수님의 모형이요, 그림자였다고 하는 사실입니다(히 5,6,7장).

본문 보기 14장 7-20절

역청(14:10 tar) 탄화수소로 이루어진 화합물의 일반적인 총칭. 보통 아스팔트 · 피치 등을 말함.

나무들 가까이에서 살았습니다. 그는 그
곳에 여호와를 위한 제단을 쌓았습니다.

롯이 사로잡히다

14 그 때에 아므라벨이 시날 곧, 바빌로
니아 왕으로 있었고, 아리옥이 엘라
살 왕으로 있었고, 그돌라오멜이 엘람 왕
으로 있었고, 디달이 고임 왕으로 있었습
니다.
2 이 왕들이 나가서, 소돔 왕 베라와 고모라
왕 비르사와 아드마 왕 시납과 스보임 왕
세메벨과 벨라 왕과 전쟁을 했습니다. 벨
라는 소알이라고도 부릅니다.
3 이 왕들은 군대를 싯딤 골짜기로 모았습
니다. 싯딤 골짜기는 지금의 사해입니다.
4 이 왕들은 십이 년 동안, 그돌라오멜을 섬
기다가 십삼 년째 되는 해에 반란을 일으
킨 것입니다.
5 그러자 십사 년째 되는 해에 그돌라오멜은
다른 왕들과 힘을 합하여 아스드롯 가르나임
에서 르바 사람들을 물리쳤습니다. 그들은
또 함에서 수스 사람들을 물리치고, 사웨 기
랴다임에서 엠 사람들을 물리쳤습니다.
6 또 세일 산에서 호리 사람들을 쳐서 광야
에서 가까운 엘바란까지 이르렀습니다.
7 그리고 나서 그들은 방향을 돌려 엔미스
밧으로 갔습니다. 엔미스밧은 가데스입니
다. 거기에서 그들은 아말렉 사람들을 다
물리치고, 하사손다말에 사는 아모리 사람
들도 물리쳤습니다.
8 그 때에 소돔 왕과 고모라 왕과 아드마 왕
과 스보임 왕과 벨라 왕, 곧 소알 왕은 싯
딤 골짜기로 나가 싸웠습니다.
9 그들은 엘람 왕 그돌라오멜과 고임 왕 디달
과 시날 왕 아므라벨과 엘라살 왕 아리옥과
맞서 싸웠습니다. 네 왕이 다섯 왕과 싸
운 것입니다.
10 싯딤 골짜기에는 역청 구덩이가 많이 있
었습니다. 소돔과 고모라의 왕들과 그들의
군대가 도망쳤습니다. 그러나 소돔 왕과
고모라 왕이 역청 구덩이에 빠졌습니다.
하지만 나머지 사람들은 산으로 도망쳤습
니다.

11 그돌라오멜과 그의 군대는 소돔과 고모라
사람들의 모든 재산과 음식을 빼앗았습니
다.
12 그들은 소돔에 살고 있던 아브람의 조카
롯도 끌고 갔습니다. 그들은 롯의 재산도
다 가지고 갔습니다.
13 그 때 도망쳐 나온 사람 하나가 히브리 사
람 아브람에게 와서 그 사실을 알려 주었
습니다. 그 때에 아브람은 아모리 사람 마
므레의 큰 나무들 가까이에 장막을 치고
있었습니다. 마므레는 에스골의 형제였고,
아넬과도 형제 사이였습니다. 그들은 모
두 아브람을 돕기로 약속을 한 사람들이
었습니다.

아브람이 롯을 구해 내다

14 아브람은 자기 조카 롯이 사로잡혔다는 소
식을 듣고, 그의 장막에서 태어나 그가 훈
련시킨 사람 삼백십팔 명을 이끌고 단까
지 뒤쫓았습니다.
15 그 날 밤에 아브람은 자기 부하들을 나누
었습니다. 그들은 상대편 군대를 공격했
습니다. 아브람의 부하들은 그들을 다마스
커스 북쪽의 호바까지 뒤쫓았습니다.
16 아브람은 그들이 빼앗아 간 재산을 모두
되찾았습니다. 자기 조카 롯과 롯의 모든
재산을 되찾았고, 여자들과 다른 사람들
도 되찾았습니다.
17 아브람은 그돌라오멜과 그와 함께하였던
다른 왕들을 물리친 뒤에 집으로 돌아왔
습니다. 아브람이 돌아올 때에 소돔 왕이
아브람을 맞으러 사웨 골짜기로 나왔습니
다. 그 곳은 '왕의 골짜기'라고도 불렸습
니다.
18 살렘 왕 멜기세덱도 아브람을 맞으러 나왔
습니다. 멜기세덱은 가장 높으신 하나님의
제사장이었습니다. 멜기세덱은 빵과 포도
주를 가지고 나왔습니다.
19 멜기세덱이 아브람에게 복을 빌어 주며 말
했습니다. "가장 높으신 하나님, 하늘과
땅을 지으신 하나님께서 아브람에게 복을
주시기를.
20 당신의 원수를 그대 손에 넘겨 주신 가장

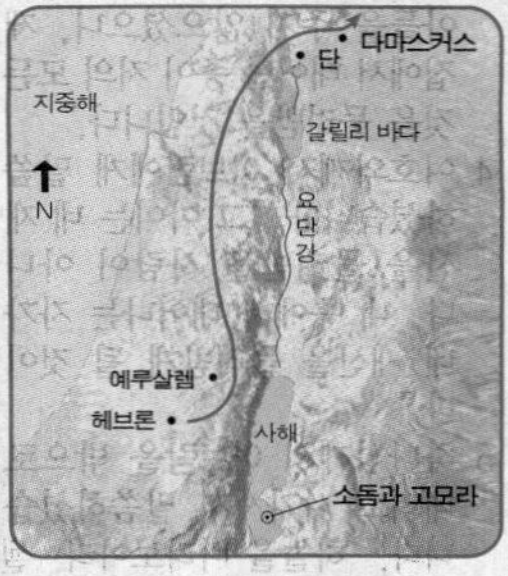

롯의 구출 (14장)

높으신 하나님을 찬양합니다." 아브람은
멜기세덱에게 가지고 있던 모든 것 중에서
십분의 일을 주었습니다.
21 그 때에 소돔 왕이 아브람에게 말했습니
다. "저에게는 붙잡혀 갔던 사람들만 돌
려 주시고 재물은 다 가지십시오."
22 하지만 아브람이 소돔 왕에게 말했습니다.
"나는 하늘과 땅을 지으신 가장 높으신 하
나님 여호와께 나의 손을 들어 약속합니다.
23 나는 당신의 것은 아무것도 가지지 않겠
습니다. 나는 실오라기 하나도, 신발 끈
하나도 가지지 않겠습니다. '내가 아브람
을 부자가 되게 만들었다'는 말을 당신이
하지 못하도록 하겠습니다.
24 나는 나의 젊은이들이 먹은 음식 말고는
그 외에 아무것도 가지지 않겠습니다. 다
만 나와 함께 싸움터에 나아갔던 아넬과
에스골과 마므레의 몫만은 그들에게 주십
시오."

하나님께서 아브람과 언약을 세우시다

15 이 일들이 있은 후에 여호와께서 환
상 가운데 아브람에게 말씀하셨습니
다. "아브람아, 두려워하지 마라. 나는 네
방패이다. 내가 너에게 큰 상을 줄 것이다."
2 그러자 아브람이 말했습니다. "주 여호와
여, 저에게 무엇을 주시렵니까? 저에게는
아들이 없습니다. 그러니 다마스커스 사람
인 제 종 엘리에셀이 제 모든 재산을 물려
받을 것입니다."
3 아브람이 또 말했습니다. "주께서 저에게

아들을 주지 않으셨으니, 제
집에서 태어난 종이 저의 모든
것을 물려받을 것입니다."
4 여호와께서 아브람에게 말씀
하셨습니다. "그 아이는 네 재
산을 물려받을 사람이 아니
다. 네 몸에서 태어나는 자가
네 재산을 물려받게 될 것이
다."
5 하나님께서 아브람을 밖으로
데리고 나가셔서 말씀하셨습
니다. "하늘을 바라보아라. 셀 수 있으면
저 별들을 세어 보아라. 네 자손들도 저
별들처럼 많아지게 될 것이다."
6 아브람은 여호와의 말씀을 믿었습니다. 그
런즉 여호와께서는 이런 아브람의 믿음을
보시고 아브람을 의롭게 여기셨습니다.
7 하나님께서 아브람에게 말씀하셨습니다.
"나는 너를 갈대아 우르에서 인도해 낸 여
호와이다. 내가 너를 이끌어 낸 것은 이
땅을 너에게 주기 위해서이다."
8 아브람이 말했습니다. "주 여호와여, 제가
이 땅을 얻게 될 것을 어떻게 알 수 있겠
습니까?"
9 여호와께서 아브람에게 말씀하셨습니다.
"나에게 삼 년 된 암송아지 한 마리와 삼
년 된 암염소 한 마리와 삼 년 된 숫양 한
마리를 가지고 오너라. 그리고 산비둘기

가데스와 베렛 사이의 광야의 샘(16:7,14).

한 마리와 집비둘기 새끼 한 마리도 가지
고 오너라."
10 아브람이 그 모든 것을 주께 가지고 왔습
니다. 아브람은 그 동물들을 죽인 다음에
그 몸통을 반으로 갈라 서로 마주 보게 해
놓았습니다. 하지만 새들은 반으로 쪼개
지 않았습니다.
11 솔개가 죽은 동물들을 먹으려고 내려왔습
니다. 아브람이 새들을 쫓아 버렸습니다.
12 해가 지자, 아브람은 깊은 잠에 빠져 들었
습니다. 아브람이 잠든 사이에 어두움이
몰려왔으므로, 아브람은 두려움에 빠지게
되었습니다.
13 그 때에 여호와께서 아브람에게 말씀하셨
습니다. "잘 알아 두어라. 네 자손은 나
그네가 되어 낯선 땅에서 떠돌게 될 것이
다. 그 땅의 사람들이 네 자손을 종으로
삼고 사백 년 동안, 네 자손을 괴롭힐 것

성경 자세히 이해하기

하나님과 아브라함의 언약

17장에서 아브람의 이름이 '열국의 아버지'란 뜻인 '아브라함'으로 바뀌었습니다. 하나님께서는 아브라함과 다섯 번 언약을 맺으셨습니다. 언약에 따른 축복은 첫째, 가나안 땅이 자손의 기업이 되고 둘째, 자손이 번성하여 큰 민족을 이루고 하나님의 백성이 되며 셋째, 아브라함이 모든 민족들에게 복의 근원이 된다는 것입니다.

본문 보기 15장 1–5절

성경 본문	아브라함과 언약을 맺으신 때
12:1–3	가나안 땅에 들어가기 위해 하란을 떠날 때
13:14	롯과 작별한 뒤
15:1–5	소돔 왕의 제의를 거절한 후
17:1–10	아브라함이 99세가 되었을 때
22:16–18	아들 이삭을 제물로 드린 후

이다.
14 그러나 네 자손을 종으로 삼은 그 나라에
내가 벌을 주리니, 네 자손은 많은 재산
을 가지고 그 나라에서 나오게 될 것이다.
15 아브람아, 너는 오래 살다가 평안히 네 조
상에게 돌아갈 것이다.
16 네 자손은 손자의 손자 때가 되어서야 이
땅으로 다시 돌아오게 될 텐데, 이것은 아
모리 사람들의 죄가 아직은 벌을 받을 만
큼 크지 않기 때문이다."
17 해가 져서 매우 어두운데, 갑자기 연기 나
는 화로와 타오르는 횃불이 나타나서 반
으로 쪼개 놓은 동물들 사이로 지나갔습
니다.
18 그 날, 여호와께서 아브람과 언약을 세우
셨습니다. "내가 이 땅을 네 자손에게 줄
것이다. 내가 네 자손에게 이집트의 강과
저 큰 강 유프라테스 사이의 땅을 주리니,
19 이 땅은 겐 사람과 그니스 사람과 갓몬 사
람과
20 헷 사람과 브리스 사람과 르바 사람과
21 아모리 사람과 가나안 사람과 기르가스 사
람과 여부스 사람의 땅이다."

하갈과 이스마엘

16 아브람의 아내 사래는 아이를 낳지
못했습니다. 사래에게는 하갈이라고
하는 이집트인 여종이 있었습니다.
2 사래가 아브람에게 말했습니다. "여호와께
서는 내가 아이를 갖도록 허락지 아니하
셨습니다. 그러니 내 여종과 잠자리를 같
이하십시오. 하갈의 몸을 빌려 아이를 가
질 수 있을지도 모릅니다." 아브람은 사래
가 말한 대로 했습니다.
3 그 때는 아브람이 가나안에서 산 지 십 년
이 지난 해였습니다. 사래가 이집트인 몸
종 하갈을 자기 남편 아브람에게 주었습니
다.
4 아브람이 하갈과 잠자리를 같이하자, 하갈
에게 아기가 생겼습니다. 하갈은 자신이
임신한 것을 알고는 자기 여주인 사래를
깔보았습니다.
5 그러자 사래가 아브람에게 말했습니다.
"내가 이 고통을 겪는 것은 당신 때문입
니다. 나는 내 여종을 당신에게 주었습니
다. 그런데 그 여자가 임신을 하더니 나
를 깔보기 시작했습니다. 당신과 나 사이
에 누가 옳은지 여호와께서 판단해 주시
기 바랍니다."
6 아브람이 사래에게 말했습니다. "하갈은
당신의 종이니 하갈에 대해서는 당신 마
음대로 하시오." 사래가 하갈을 못살게 굴
자, 하갈은 집에서 도망쳤습니다.
7 여호와의 천사가 사막의 샘물 곁에 있는
하갈에게 나타났습니다. 그 샘물은 술로
가는 길가에 있었습니다.
8 천사가 말했습니다. "사래의 여종 하갈아,
어디서 와서 어디로 가는 길이냐?" 하갈
이 대답했습니다. "여주인 사래에게서 도
망치는 길입니다."
9 여호와의 천사가 하갈에게 말했습니다.
"네 여주인에게 돌아가서 그의 말을 잘 들
어라."
10 여호와의 천사가 또 말했습니다. "내가
너에게 셀 수 없이 많은 자손을 주겠다."
11 천사가 또 말했습니다. "네 몸 속에 아기
가 있으니, 이제 아들을 낳을 것이다. 아
들을 낳으면 그 이름을 이스마엘*이라 하
여라. 이는 여호와께서 너의 부르짖는 소
리를 들어 주셨기 때문이다.
12 이스마엘은 들나귀처럼 될 것이다. 그는

이스라엘 백성의 애굽 정착기를 보여주는
전시장의 모습(15:13-14)

알아두세요

16:11 '이스마엘'은 '하나님께서 들으심'이란
뜻이다.

사람들을 대적할 것이며, 사람들도 그를
대적할 것이다. 그는 자기의 모든 형제들
과 마주 대하여 살 것이다."
13 하갈은 "내가 정말로 하나님을 뵙고도 이
렇게 살아 있다니!"라고 말하면서 자기에
게 말씀하신 여호와를 '나를 보시는 하나
님'이라고 불렀습니다.
14 그래서 그 곳에 있는 샘물도 브엘라해로이*
라는 이름이 붙게 되었습니다. 그 샘물은
가데스와 베렛 사이에 있습니다.
15 하갈이 아브람의 아들을 낳았습니다. 아브
람은 그 아들의 이름을 이스마엘이라고 지
었습니다.
16 하갈이 이스마엘을 낳았을 때, 아브람의 나
이는 여든여섯 살이었습니다.

언약의 표

17 아브람이 아흔아홉 살이 되었을 때에
여호와께서 아브람에게 나타나셔서
말씀하셨습니다. "나는 전능한 하나님이
다. 내 말에 복종하며 올바르게 살아라.
2 내가 너와 언약을 세워 너에게 수없이 많
은 자손을 주겠다."
3 아브람이 땅에 엎드려 절하자, 하나님께
서 아브람에게 말씀하셨습니다.
4 "이것은 내가 너와 세우는 언약이다. 너

성경 인물

이스마엘 아브라함의 아내 사라가 처음에 아들을 낳지 못하자, 아브라함을 권하여 여종이었던 하갈에게서 낳은 아들입니다(창 16:15). 13살 때에 할례를 받았고(창 17:25), 아브라함의 사랑을 받기도 했지만, 이복 동생 이삭을 놀리다가 어머니인 하갈과 함께 광야로 쫓겨나 유랑 생활을 하게 됩니다(창 21:10-14). 그러나 하나님의 보호를 받고 성장하여 훌륭한 활잡이가 되었고, 열두 종족의 조상이 되었습니다. 본문 보기 16장 15절

알아두세요

16:14 '브엘라해로이'는 '나를 보시는 살아 계신 분의 우물'이란 뜻이다.
17:5 '아브라함'은 '많은 무리의 아버지'란 뜻이다.
17:15 '사라'는 '공주, 왕비'라는 뜻이다.
17:19 '이삭'은 '그가 웃는다'라는 뜻이다.

는 여러 나라의 조상이 될 것이다.
5 내가 너를 여러 나라의 조상으로 만들었
으니, 이제부터 너의 이름은 아브람이 아
니라 아브라함*이 될 것이다.
6 내가 너에게 많은 자손을 줄 것이다. 너
를 여러 나라들 위에 세우리니, 너에게서
왕들이 나올 것이다.
7 내가 너에게 언약을 세울 텐데, 이 언약
은 지금부터 내가 너와 네 모든 자손에게
세우는 언약이다. 나는 네 하나님이 되며
네 모든 자손의 하나님이 될 것이다.
8 너는 지금 이 가나안 땅에서 나그네로 살
고 있다. 그러나 내가 이 땅 전체를 너와
네 자손에게 영원히 주며, 나는 네 자손
의 하나님이 되어 주겠다."
9 하나님이 또 아브라함에게 말씀하셨습니
다. "너와 네 자손은 지금부터 이 언약을
지켜야 한다.
10 너희 가운데 남자는 모두 할례를 받아라.
이것은 너와 네 자손과 세우는 내 언약이
니, 너는 이 언약을 지켜야 한다.
11 남자의 양피를 베어라. 이것이 나와 너희
사이에 세운 언약의 표시가 될 것이다.
12 지금부터 남자 아이는 태어난 지 팔 일 만
에 할례를 받을 것이다. 너희 집에서 태
어난 종과 너희가 너희 자손이 아닌 외국
사람에게서 돈을 주고 산 사람도 할례를
받아야 한다.
13 너희 집에서 태어난 종과 너희 돈으로 산
종이 다 할례를 받아야 한다. 그래야만 너
희 살 속에 새겨진 내 언약이 영원한 언
약이 될 것이다.
14 할례받지 않은 남자는 내 언약을 어긴 것
이므로, 내 백성 가운데서 제외될 것이다."

약속의 아들 이삭

15 하나님께서 아브라함에게 말씀하셨습니
다. "너는 네 아내의 이름을 사래라고 부
르지 말고, 이제부터는 사라*라고 하여라.
16 내가 사라에게 복을 주어 너를 위해 아들
을 낳게 할 것이다. 또 내가 사라에게 복
을 줄 것이니, 사라는 여러 나라의 어머
니가 되며 여러 나라의 왕들이 사라에게

서 나올 것이다."
17 아브라함은 얼굴을 땅에 대고 엎드린 채
웃으며, 마음으로 혼잣말을 했습니다.
'어떻게 백 살이나 먹은 사람이 아기를 낳
을 수 있을까? 사라는 나이가 아흔 살인
데 어떻게 아기를 낳을 수 있을까?'
18 아브라함이 하나님께 말했습니다. "이스마
엘이나 하나님께 복을 받으며 살기를 바
랍니다."
19 하나님께서 말씀하셨습니다. "아니다. 네
아내 사라가 아들을 낳을 것이니, 아들을
낳으면 그 이름을 이삭*이라고 하여라. 내
가 네 아들과 내 언약을 세울 것이니, 그
언약은 네 아들의 자손과 세울 영원한 언
약이 될 것이다.
20 네가 이스마엘에 대해 한 말은 내가 다 들
었다. 이스마엘에게도 내가 복을 주어, 그
에게 많은 자손과 후손이 있게 하며 번성
하게 할 것이다. 이스마엘은 큰 지도자 열
두 명의 아버지가 되고, 큰 나라를 이룰
것이다.
21 그러나 나는 내 언약을 이삭과 세운다. 이
삭은 사라가 내년 이맘때쯤 낳을 것이다."
22 하나님께서는 아브라함과 말씀을 나누신 뒤
에 아브라함을 떠나 하늘로 올라가셨습니다.
23 아브라함은 이스마엘을 비롯해 자기 집에
서 태어난 모든 남자를 불러 모았습니다.
또 돈을 주고 산 종들도 불러 모았습니다.
그 날에 아브라함은 하나님께서 말씀하신
대로 자기 집의 모든 남자에게 할례를 베
풀었습니다.
24 아브라함이 할례를 받은 때의 나이는 아흔
아홉 살이었으며,
25 아브라함의 아들 이스마엘이 할례를 받은
때의 나이는 열세 살이었습니다.
26 아브라함과 그의 아들 이스마엘은 같은 날
에 할례를 받았습니다.
27 그리고 아브라함의 집에 있던 모든 남자들
도 같은 날에 할례를 받았습니다. 아브라
함의 집에서 태어난 종과 다른 나라 사람
에게서 돈을 주고 산 종들도 다 할례를 받
았습니다.

세 천사

18 여호와께서 마므레의 커다란 나무들
가까운 곳에서 아브라함에게 다시
나타나셨습니다. 그 때에 아브라함은 자기
장막 문에 앉아 있었습니다. 그 때는 가
장 더운 한낮이었습니다.
2 아브라함이 눈을 들어 보니, 세 사람이 자
기 가까이에 서 있었습니다. 아브라함은

아브라함에게 나타난 세 천사(18:1-16)

그들을 보고, 자기 장막에서 달려나와 땅
에 엎드려 그들을 맞이했습니다.
3 아브라함이 말했습니다. "내 주여, 저를
좋게 여기신다면, 주의 종 곁을 그냥 지
나가지 마십시오.
4 제가 여러분 모두의 발 씻을 물을 가지고
올 테니, 발을 씻으신 뒤에 나무 아래에
서 좀 쉬십시오.
5 제가 음식을 조금 가져올 테니 드시고, 기
운을 차리신 다음에 다시 길을 떠나도록
하십시오." 그들이 말했습니다. "좋소. 당
신 말대로 하겠소."
6 아브라함이 급히 장막으로 달려가 사라에
게 말했습니다. "빨리 밀가루 세 스아*를
반죽해서 빵을 만드시오."
7 그리고 아브라함은 짐승들이 있는 곳으로
달려가, 아주 좋은 송아지 한 마리를 끌
어다가 종에게 주었습니다. 종은 급히 그
송아지를 잡아서 요리를 했습니다.
8 아브라함은 그들에게 송아지 요리와 버터
와 우유를 대접했습니다. 그들이 음식을
먹는 동안, 아브라함은 나무 아래에 서서
그들의 시중을 들었습니다.
9 그들이 아브라함에게 물었습니다. "당신
아내 사라는 어디에 있소?" "저기 장막
안에 있습니다." 아브라함이 대답했습니
다.
10 그 때에 주께서 말씀하셨습니다. "내년
이맘때에 내가 반드시 너를 다시 찾아올

소알 산성 내의 롯의 동굴

알아두세요

18:6 3스아는 약 22.8ℓ 에 해당된다.

것이다. 그 때에는 네 아내 사라에게 아
들이 생길 것이다." 그 때, 사라는 장막
문간에서 그 말을 들었습니다.
11 아브라함과 사라는 나이가 매우 많았습니
다. 사라는 아기를 가질 수 있는 나이가
지나버린 후였습니다.
12 그래서 사라는 속으로 웃으면서 '내 남편
과 나는 너무 늙었는데, 어떻게 우리에게
그런 즐거운 일이 생길까?' 하고 말했습
니다.
13 그 때에 여호와께서 아브라함에게 말씀하
셨습니다. "사라가 왜 웃느냐? 어찌하여
'내가 늙었는데 어떻게 아이를 낳을 수 있
을까?' 하느냐?
14 나 여호와가 하지 못할 일이 어디에 있느
냐? 내년 이맘때에 내가 다시 너를 찾아
올 것이다. 그 때에는 사라에게 아들이 생
길 것이다."
15 사라는 두려워져서 거짓말을 했습니다.
"저는 웃지 않았습니다." 그러자 주께서
말씀하셨습니다. "아니다. 너는 웃었다."
16 그 사람들은 거기를 떠나 소돔을 향했습
니다. 아브라함은 그들을 배웅하기 위해
얼마쯤 그들과 같이 걸었습니다.

아브라함이 하나님께 빌다

17 여호와께서 말씀하셨습니다. "내가 지금
하려고 하는 일을 어떻게 아브라함에게 숨
기겠느냐?
18 아브라함은 크고 강한 나라가 될 것이며,
이 땅의 모든 나라들이 아브라함으로 인하
여 복을 받을 것이다.
19 나는 아브라함이 자기 자녀들과 자손들을
가르쳐 여호와의 길을 잘 따르게 하기 위
해 그를 선택했다. 그의 자손이 아브라함
에게 배운 대로 하면, 나 여호와가 아브라
함에게 한 모든 약속을 지키겠다."
20 여호와께서 또 말씀하셨습니다. "나는 소
돔과 고모라 백성에 대한 나쁜 이야기를
많이 들었다. 그들은 너무나 악하다.
21 이제 내가 내려가서 그들이 정말로 그토
록 악한지 또는 그렇지 않은지를 살펴볼
것이다."

22 그리하여 그들은 그 곳을 떠나 소돔 쪽으
로 갔습니다. 하지만 아브라함은 그대로
여호와 앞에 서 있었습니다.
23 아브라함이 주께 다가가 말씀드렸습니다.
"주여, 착한 사람들도 저 악한 사람들과
함께 멸망시키시겠습니까?
24 만약 저 성 안에 착한 사람 오십 명이 있
으면 어떻게 하시겠습니까? 그래도 저 성
을 멸망시키시겠습니까? 저 안에 살고 있
는 착한 사람 오십 명을 위해 저 성을 용
서하지 않으시겠습니까?
25 제발 착한 사람을 악한 사람들과 함께 멸
망시키지 말아 주십시오. 그러면 의인이나
악인이나 마찬가지가 되지 않습니까? 주께
서는 온 땅의 심판자이십니다. 그러니 옳
은 판단을 내리셔야 하지 않겠습니까?"
26 여호와께서 말씀하셨습니다. "만약 저 소
돔 성 안에 착한 사람 오십 명이 있다면,
그들을 보아서라도 저 성 전체를 구원해
줄 것이다."
27 그러자 아브라함이 말했습니다. "저는 먼
지나 재에 지나지 않지만, 감히 주께 말
씀드리겠습니다.
28 만약 저 성 안에 착한 사람이 사십오 명
밖에 없다면 어떻게 하시겠습니까? 다섯
명이 부족하다고 해서, 저 성 전체를 멸
망시키시겠습니까?" 여호와께서 말씀하
셨습니다. "만약 저 성 안에 착한 사람 사
십오 명이 있다면, 저 성을 멸망시키지 않
을 것이다."
29 아브라함이 또 여호와께 말했습니다. "만
약 착한 사람이 사십 명밖에 없다면, 어
떻게 하시겠습니까?" 여호와께서 말씀하
셨습니다. "착한 사람이 사십 명만 있어
도, 저 성을 멸망시키지 않을 것이다."
30 아브라함이 또 여호와께 말했습니다. "주
여, 노하지 마시고 제가 드리는 말씀을 들
어 주십시오. 만약 저 성 안에 착한 사람
이 삼십 명밖에 없다면, 어떻게 하시겠습
니까?" 주께서 말씀하셨습니다. "착한 사
람이 삼십 명만 있어도, 저 성을 멸망시
키지 않을 것이다."

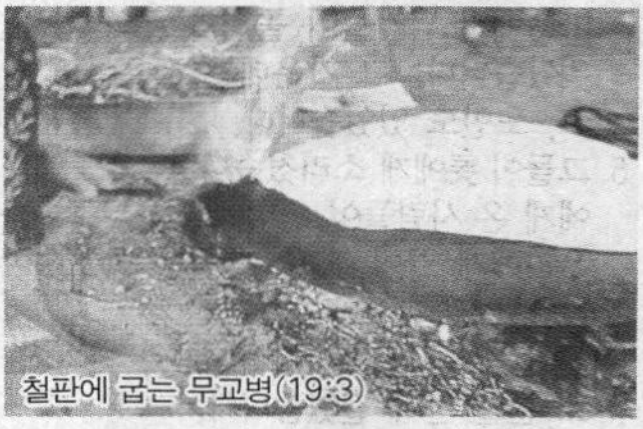
철판에 굽는 무교병(19:3)

31 아브라함이 또 여호와께 말했습니다. "감
히 주께 말씀드립니다. 만약 착한 사람이
이십 명 있다면, 어떻게 하시겠습니까?"
여호와께서 말씀하셨습니다. "착한 사람
이 이십 명만 있어도, 저 성을 멸망시키
지 않을 것이다."
32 아브라함이 또 여호와께 말했습니다. "주
여, 노하지 마시고 마지막으로 한 번만 더
말씀드리게 해 주십시오. 만약 열 명이 있
으면, 어떻게 하시겠습니까?" 여호와께서
말씀하셨습니다. "착한 사람이 열 명만
있어도, 저 성을 멸망시키지 않을 것이
다."
33 여호와께서는 아브라함과 말씀을 마치신
뒤에 그 곳을 떠나셨습니다. 아브라함도
자기 집으로 돌아갔습니다.

롯을 찾아온 사람들

19 밤이 되자, 두 천사가 소돔에 찾아
왔습니다. 롯은 소돔 성문 가까이에
앉아 있다가 그들을 보고, 자리에서 일어
나 그들에게 다가가 땅에 엎드려 절을 했
습니다.
2 롯이 말했습니다. "내 주여, 제발 제 집으
로 오셔서 발도 씻으시고 하룻밤 묵어가
십시오. 그러시다가 내일 아침에 일찍 일
어나 길을 떠나시면 되지 않겠습니까?"
천사들이 대답했습니다. "아니오, 우리는
거리에서 오늘 밤을 지내겠소."
3 그러나 롯이 간곡히 권하자, 그들은 롯의
집으로 들어갔습니다. 롯은 음식을 준비
했습니다. 롯이 누룩을 넣지 않은 빵을 구
워 주자, 그들이 빵을 먹었습니다.
4 그들이 잠자리에 들기 전, 소돔 성의 온

마을에서 남자들이 몰려와 롯의 집을 에
워쌌습니다. 그 가운데는 젊은이도 있었
고, 노인도 있었습니다.
5 그들이 롯에게 소리쳤습니다. "오늘 밤 너
에게 온 사람들이 어디에 있느냐? 그들을
우리에게 끌어 내라. 그들을 욕보여야겠
다."
6 롯이 밖에 있는 사람들에게로 나가서 뒤
로 문을 닫아 걸었습니다.
7 롯이 말했습니다. "형제들이여, 이런 나쁜
일을 하면 안 되오.
8 자, 나에게 남자와 잠자리를 같이한 적이
없는 딸 둘이 있소. 그 애들을 드릴 테니
당신들 좋을 대로 하시오. 하지만 이 사
람들에게는 아무 짓도 하지 마시오. 그분
들은 내 집에 들어온 손님이기 때문이
오."
9 롯의 집을 에워싼 남자들이 말했습니다.
"저리 비켜라! 이놈이 우리 성에 떠돌이로
온 주제에, 감히 우리에게 훈계를 하려 들
다니!" 그들이 또 말했습니다. "저 사람들
보다 네 놈이 먼저 혼 좀 나야 되겠구나."
그러면서 그들은 롯을 밀쳐 내고 문을 부
수려 했습니다.
10 그 때, 롯의 집에 손님으로 온 두 사람이
문을 열고 손을 내밀어 롯을 집안으로 끌
어들였습니다. 그리고 나서 그들은 문을
닫아 걸었습니다.
11 두 사람은 문 밖에 서 있는 사람들의 눈
을 어둡게 했습니다. 그래서 밖에 있던 사
람들은 젊은이나 노인이나 할 것 없이 문
을 찾을 수가 없었습니다.
12 두 사람이 롯에게 말했습니다. "이 성에
서 사는 다른 친척들이 있소? 사위나 아
들이나 딸이나 그 밖의 다른 친척이 있
소? 만약 있으면 당장 이 성을 떠나라고
이르시오.
13 우리는 이 성을 멸망시킬 것이오. 여호와
께서는 이 성에서 벌어지는 악한 일에 대
해 모두 들으셨소. 그래서 여호와께서 이
성을 멸망시키라고 우리를 보내신 것이
오."
14 롯은 이 말을 듣고 밖으로 나가 장차 사
위가 될 사람들에게 일러 주었습니다. 그
들은 롯의 딸들과 결혼하기로 약속한 사
람들입니다. 롯이 말했습니다. "어서 빨리
이 성을 떠나게. 여호와께서 이 성을 멸
망시키실 것이네." 그러나 그들은 롯의 말
을 장난으로 여겼습니다.
15 이튿날 새벽이 되자, 천사들이 롯에게 빨
리 떠날 것을 요구했습니다. "서둘러 여
기 있는 아내와 두 딸을 데리고 나가시오.
죄악으로 인해 이 성에 심판이 임할 때에
당신들이 죽는 것을 막기 위해서요."
16 그래도 롯이 머뭇거리자, 그 사람들은 롯
과 그의 아내와 두 딸의 손을 잡아끌고,
성 밖 안전한 곳으로 데리고 나갔습니다.
이처럼 여호와께서는 롯과 그의 가족에게
자비를 베푸셨습니다.
17 두 사람은 롯과 그의 가족을 성 밖으로 데
리고 나갔습니다. 그 중 한 사람이 말했
습니다. "살려면 이 곳을 피해야 하오. 골
짜기 어디에서든 뒤를 돌아보거나 멈추지
마시오. 산으로 도망가시오. 그렇게 하지
않으면 당신들도 죽을 것이오."
18 그러자 롯이 그들 중 한 사람에게 말했습
니다. "내 주여, 제발 그렇게 하지 않도
록 해 주십시오.
19 주께서는 주의 종인 저에게 자비를 베푸

성경 인물

롯

아브라함의 조카로 아브라함이 하나님의 부르심을 받아 가나안으로 갈 때 함께 고향을 떠났습니다. 기르는 가축이 많아져 아브라함과 헤어져 소돔 지역으로 이주해 가게 됩니다(창 13:1-12). 그돌라오멜 왕과 그의 동맹군에게 포로로 잡혀갔으나 아브라함이 구출해 주었습니다(창 14:1-16). 소돔과 고모라가 멸망할 때 도망쳐 나오던 중 그의 아내는 천사의 말을 어겨 소금 기둥이 되어 버립니다(창 19:1-22,26). 그후 두 딸과 동침하여 아들을 낳았는데 그들은 모압과 암몬의 조상이 되었습니다(창 19:36-38).

본문 보기 19장 1-18절

셔서, 제 목숨을
구해 주셨습니다.
하지만 저는 저 산
까지 달려갈 수 없
습니다. 산에 이르
기도 전에 재앙이
닥쳐서 저도 죽을
까 두렵습니다.
20 보십시오. 저기
보이는 저 성은 도
망가기에 가깝고도
작은 성입니다. 그러
니 저 성으로 도망가
게 해 주십시오. 저 성
은 참으로 작지 않습니까?
저 성으로 도망가 살 수 있게
해 주십시오."
21 천사가 롯에게 말했습니다. "보십시오. 이
일에도 내가 당신의 부탁을 들어 주겠소.
당신이 말한 저 성은 멸망시키지 않겠소.
22 하지만 빨리 도망가시오. 당신이 저 성에
도착할 때까지 나는 소돔을 멸망시킬 수
없소." 그러므로 그 때부터 그 성은 '작
다'는 뜻으로 소알이라고 불렸습니다.

소돔과 고모라가 멸망하다

23 롯이 소알에 들어섰을 때는 이미 해가 떠
올라 있었습니다.
24 여호와께서 소돔과 고모라에, 하늘로부터
마치 비를 내리듯 유황과 불을 쏟아 부으
셨습니다.
25 주께서 그 두 성을 멸망시키셨습니다. 주
께서 또 요단 골짜기 전체와 두 성 안에
사는 모든 사람과 땅에서 자라나는 모든
것을 멸망시키셨습니다.
26 그런데 롯의 아내는 그만 뒤를 돌아보았
기 때문에 소금 기둥이 되어 버렸습니다.
27 이튿날 아침 일찍 아브라함은 자리에서 일
어나 여호와 앞에 서 있었던 곳으로 갔습
니다.
28 아브라함은 소돔과 고모라와 요단 골짜기
가 있는 쪽을 내려다보았습니다. 땅에서
연기가 솟아오르고 있었습니다. 마치 아
궁이에서 나는 연기 같았습니다.
29 하나님께서 골짜기의 성들을 멸망시키셨
지만 아브라함의 부탁을 기억하셔서, 롯이
살던 성을 멸망시키실 때에 롯의 목숨을
살려 주셨습니다.

롯과 그의 딸들

30 롯은 소알에서 계속 사는 것이 두려웠습
니다. 그래서 롯과 그의 두 딸은 산으로
이사했습니다. 롯은 딸들과 함께 동굴에
서 살았습니다.
31 어느 날, 큰딸이 작은딸에게 말했습니다.
"우리 아버지는 늙으셨고 세상 사람들은
다 결혼을 하는데, 우리와 결혼할 남자는
없다.
32 그러니 아버지를 술에 취하게 한 다음에,
아버지와 잠자리를 같이 해서 아버지를
통해 자식을 얻자."
33 그 날 밤에 두 딸은 아버지에게 술을 드
려 취하게 했습니다. 그리고 나서 큰딸이
아버지에게 가서 아버지와 잠자리를 같이
했습니다. 하지만 롯은 큰딸이 한 일을 알
지 못했습니다.
34 이튿날, 큰딸이 작은딸에게 말했습니다.
"어젯밤에는 내가 아버지와 함께 잤으니,
오늘 밤에도 아버지에게 술을 드려 취하

게 한 다음, 이번에는 네가 아버지와 함
께 자라. 그렇게 해서 아버지를 통해 자
식을 얻자."
35 그 날 밤에도 두 딸은 아버지에게 술을 드
려 취하게 하고, 작은딸이 아버지에게 가
서 아버지와 잠자리를 같이했습니다. 이
번에도 롯은 작은딸이 한 일을 몰랐습니
다.
36 이런 방법으로 롯의 두 딸이 모두 아버지
의 아이를 가지게 되었습니다.
37 큰딸은 아들을 낳아, 이름을 모압이라고
지었습니다. 모압은 지금까지 살고 있는
모든 모압 백성의 조상입니다.
38 작은딸도 아들을 낳아, 이름을 벤암미*라
고 지었습니다. 벤암미는 지금까지 살고
있는 암몬 백성의 조상입니다.

아브라함과 아비멜렉

20 아브라함은 헤브론을 떠나 남쪽 네
게브 지방으로 옮겨 가서, 가데스
와 술 사이에서 살았습니다. 그 뒤에 아브
라함은 또 그랄로 옮겨 갔습니다.
2 아브라함은 그 곳 사람들에게 자기 아내
사라를 누이라고 말했습니다. 그랄의 아비
멜렉 왕이 그 이야기를 듣고, 종들을 보
내어 사라를 데려오게 했습니다.
3 그 날 밤, 하나님께서 아비멜렉의 꿈에 나
타나셔서 말씀하셨습니다. "네가 데려온
그 여자 때문에 너는 죽을 것이다. 그녀
는 결혼한 여자다."
4 하지만 아비멜렉은 사라를 가까이하지 않
았습니다. 그래서 아비멜렉이 말했습니다.
"주여, 죄 없는 백성을 멸망시키시겠습니
까?
5 아브라함은 저에게 '이 여자는 내 누이입
니다' 라고 말했습니다. 그리고 그 여자도
'이 사람은 제 오빠입니다' 라고 말했습니
다. 나는 순수한 마음으로 또 결백한 손
으로 이 일을 했습니다."
6 하나님께서 아비멜렉의 꿈에 나타나셔서
말씀하셨습니다. "나도 네가 순수한 마음
으로 그렇게 한 줄 안다. 그래서 내가 너
로 하여금 나에게 죄를 짓지 않게 하려고,
네가 그 여자와 함께 자지 못하게 한 것
이다.
7 아브라함의 아내를 돌려 보내어라. 아브라
함은 예언자이니, 아브라함이 너를 위해
기도하면, 너는 죽지 않을 것이다. 하지
만 사라를 돌려 보내지 않으면, 너는 죽
을 것이며, 너의 모든 가족도 죽을 것이
다."
8 아비멜렉이 이튿날 아침 일찍 일어나 신하
들을 모두 불러 모아서 꿈에 보았던 모든
일을 이야기해 주었습니다. 그들은 크게
두려워했습니다.
9 아비멜렉이 아브라함을 불러서 말했습니
다. "왜 우리에게 이런 일을 했소? 내가
그대에게 무슨 잘못을 했기에, 나와 내 나
라에 이런 큰 죄를 불러들이려 했소? 그
대는 나에게 해서는 안 될 일을 했소."
10 아비멜렉이 또 아브라함에게 말했습니다.
"그대는 무슨 생각으로 이런 일을 했
소?"
11 아브라함이 대답했습니다. "나는 이 곳 사
람들이 아무도 하나님을 두려워하지 않으
므로, 사라를 빼앗으려고 누군가가 나를
죽일 것이라고 생각했습니다.
12 그리고 실제로 사라는 나의 아버지의 딸
로서 나의 누이 동생이지만, 어머니가 다
르므로 나의 아내가 되었습니다.
13 하나님께서 나를 내 아버지의 집을 떠나
여러 나라로 다니게 하셨을 때, 나는 사
라에게 '내 말을 들어 주시오. 우리가 어
디로 가든 사람들에게 내가 당신의 오빠
라고 말하시오. 그것이 나를 위하는 길이
오' 라고 말했습니다."
14 아비멜렉이 아브라함에게 양 떼와 소 떼와
남종과 여종을 주었습니다. 아비멜렉은 아
브라함의 아내 사라도 아브라함에게 돌려
보냈습니다.

알아두세요

19:38 '벤암미' 는 '내 백성의 아들' 이라는 뜻이다.
20:16 1,000 세겔은 약 11.4kg에 해당된다.

15 아비멜렉이 말했습니다.
"내 땅을 둘러보고 어디
든 그대 마음에 드는 곳
이 있으면 거기에서
살아도 좋소."
16 아비멜렉이 사라에게
말했습니다. "그대의
오빠에게 은 천 세겔*
을 주었소. 그것은 사
람들 앞에서 그대가 깨
끗한 사람임을 증명
해 줄 것이오. 모든
사람들 앞에서 그
대가 아무런 잘못
이 없다는 것이 확실
해질 것이오."
17 아브라함이 하나님께 기도드
렸습니다. 그래서 하나님께서 아비멜렉과
그의 아내와 그의 여종들의 병을 고쳐 주
셨습니다. 그들은 이제 아이를 가질 수 있
게 되었습니다.
18 여호와께서는 전에 아비멜렉이 아브라함의
아내 사라를 데려간 것 때문에, 아비멜렉
집안의 모든 여자들이 아이를 낳을 수 없
도록 만드셨습니다.

사라가 아들을 낳다

21 여호와께서는 말씀하신 대로 사라를
보살펴 주셨고, 약속하신 대로 사라
에게 이루어 주셨습니다.
2 사라는 임신하여 하나님께서 말씀하신 그
예정된 때에 늙은 아브라함의 아들을 낳았
습니다.
3 아브라함은 사라가 낳아 준 아들의 이름을
이삭이라고 지었습니다.
4 아브라함은 하나님께서 명령하신 대로 이
삭이 태어난 지 팔 일 만에 이삭에게 할
례를 베풀었습니다.
5 아브라함의 아들 이삭이 태어났을 때, 아
브라함의 나이는 백 살이었습니다.
6 사라가 말했습니다. "하나님께서 나에게
웃음을 주셨다. 이 이야기를 들은 사람들
도 나처럼 웃게 될 것이다.

하갈과 이스마엘(21:8-21)

7 어느 누가 사라가 아이를 낳을 수 있으리
라고 아브라함에게 말할 수 있었겠는가?
그런데 나는 지금 늙은 아브라함에게 아들
을 낳아 주었다."

하갈과 이스마엘

8 이삭이 자라나 젖을 뗄 때가 되었습니다.
이삭이 젖을 떼던 날에 아브라함은 큰 잔
치를 베풀었습니다.
9 그런데 사라가 보니, 이스마엘이 이삭을
놀리고 있었습니다. 이스마엘은 아브라함
이 사라의 이집트인 여종 하갈에게서 낳은
아들입니다.
10 그래서 사라가 아브라함에게 말했습니다.
"저 여종과 그 아들을 쫓아 내십시오. 이
여종의 아들이 우리 아들 이삭과 함께 재
산을 물려받을 수 없습니다."
11 아브라함은 이 일로 인해 매우 괴로웠습니
다. 왜냐하면 이스마엘도 자기 아들이었기
때문입니다.
12 하지만 하나님께서 아브라함에게 말씀하
셨습니다. "저 아이와 여종 때문에 염려
하지 마라. 사라가 무슨 말을 하든 그 말
을 들어 주어라. 내가 너에게 약속한 자
손은 이삭에게서 나올 것이다.
13 그러나 여종에게서 낳은 아들도 네 아들

이므로, 내가 그의 자손도 큰 나라가 되
게 할 것이다."
14 아브라함이 이튿날 아침 일찍 일어나 먹을
것과 물을 가득 채운 가죽 부대를 준비해
서 하갈에게 주었습니다. 아브라함은 그것
들을 하갈의 어깨에 메어 준 다음, 이스마
엘과 함께 하갈을 내쫓았습니다. 하갈은
밖으로 나가 브엘세바 광야에서 헤매고 다
녔습니다.
15 가죽 부대의 물이 다 떨어지자, 하갈은 자
기 아들을 어떤 작은 나무 아래에 두었습
니다.
16 그리고는 "내 아들이 죽는 모습을 차마 볼
수가 없구나" 하고 말하며, 활의 사정 거
리만큼 떨어진 곳으로 가서 주저앉았습니
다. 그리고 이내 아들 쪽을 바라보다가 그
만 울음을 터뜨리고 말았습니다.
17 하나님께서 아이가 우는 소리를 들으셨습
니다. 하나님의 천사가 하늘에서 하갈을
불렀습니다. "하갈아, 왜 그러느냐? 두려
워하지 마라. 하나님께서 아이가 우는 소
리를 들으셨다.
18 아이를 일으켜 세워 손을 꼭 잡아라. 내
가 그 아이의 자손으로 큰 나라를 이루도
록 만들어 주겠다."
19 하나님께서 하갈의 눈을 밝게 하셨습니
다. 그러자 하갈은 우물을 발견하게 되었
고, 그 우물로 가서 가죽 부대에 물을 담
아다가 아이에게 먹였습니다.

아브라함의 고향 갈대아 우르.

알아두세요
21:31 '브엘세바'는 '맹세의 우물'이란 뜻이다.

20 그 아이가 자라는 동안, 하나님께서 그
아이와 함께 계셨습니다. 이스마엘은 광
야에서 살았고 훌륭한 활잡이가 되었습
니다.
21 이스마엘은 바란 광야에서 살았는데, 이스
마엘의 어머니는 이집트 땅에서 여자를 데
려다가 이스마엘의 아내로 삼아 주었습니
다.

아브라함과 아비멜렉의 약속

22 아비멜렉이 자기의 군대 사령관 비골을 데
리고 아브라함에게 와서 말했습니다. "그
대가 하는 모든 일에 하나님께서 함께하
십니다.
23 그러니 하나님 앞에서 나와 내 자녀와 내
자손들에게 거짓된 일을 하지 않겠다고
약속해 주십시오. 내가 당신에게 친절을
베풀었듯이 당신도 나에게, 그리고 당신
이 나그네로 살았던 이 땅에 친절을 베풀
어 주십시오."
24 아브라함이 말했습니다. "그렇게 하기로
약속합니다."
25 그리고 나서 아브라함은 아비멜렉의 종들
이 자기 우물을 빼앗은 일에 대해서 아비
멜렉에게 불평을 했습니다.
26 그러자 아비멜렉이 말했습니다. "나는 누
가 그런 일을 했는지 모릅니다. 당신도 지
금까지 한 번도 그 일에 대해서 말하지 않
았습니다. 나는 오늘 이외에 이런 이야기
를 들은 적이 없습니다."
27 아브라함이 아비멜렉에게 양과 소들을 주
었습니다. 두 사람은 언약을 세웠습니다.
28 아브라함은 아비멜렉 앞에 새끼 암양 일곱
마리도 내놓았습니다.
29 아비멜렉이 아브라함에게 물었습니다. "새
끼 암양 일곱 마리를 따로 내놓은 까닭은
무엇입니까?"
30 아브라함이 대답했습니다. "이 양들을 받
아 주십시오. 내가 이 우물을 팠다는 것
을 증명해 달라는 뜻으로 이 양들을 드리
는 것입니다."
31 이 두 사람이 그 곳에서 서로 약속했기 때
문에 그 곳의 이름을 브엘세바*라고 부르

하나님의 명에 따라 이삭을 제물로 바치려는 아브라함(22장)

게 되었습니다.
32 이처럼 아브라함과 아비멜렉은 브엘세바에
서 언약을 세웠습니다. 그리고 나서 아비
멜렉과 그의 군대 사령관 비골은 블레셋
사람들의 땅으로 돌아갔습니다.
33 아브라함은 브엘세바에 에셀 나무를 심었
습니다. 아브라함은 그 곳에서 영원토록
살아 계신 여호와 하나님의 이름을 부르
며 경배드렸습니다.
34 아브라함은 블레셋 사람들의 땅에서 오랫
동안 나그네처럼 살았습니다.

하나님께서 아브라함을 시험하시다

22 이 일들이 있은 뒤에 하나님께서
아브라함의 믿음을 시험하셨습니
다. 하나님께서 "아브라함아" 하고 부르시
자 아브라함이 "예, 제가 여기에 있습니
다" 하고 대답했습니다.
2 여호와께서 말씀하셨습니다. "너는 사랑
하는 아들 이삭을 데리고 모리아 땅으로
가거라. 내가 너에게 일러 주는 산에서 네
아들을 잡아, 태워 드리는 제물인 번제물
로 바쳐라."
3 아브라함은 아침 일찍 일어나 나귀에 안장
을 얹었습니다. 아브라함은 태워 드리는
제사인 번제에 쓸 장작을 준비한 다음에
이삭과 두 종을 데리고 길을 떠났습니다.
그들은 하나님께서 일러 주신 곳으로 갔
습니다.
4 삼 일째 되는 날 아브라함이 눈을 들어 보
니, 멀리에 그 곳이 보였습니다.
5 아브라함이 자기 종들에게 말했습니다.
"나귀와 함께 이 곳에 머물러 있어라. 내
아들과 나는 저쪽으로 가서 예배를 드리
고 돌아오겠다."
6 아브라함은 태워 드리는 제사인 번제에 쓸
장작을 자기 아들에게 지게 했습니다. 아
브라함은 불과 칼을 챙긴 후, 아들과 함께
걸어갔습니다.
7 이삭이 아브라함을 불렀습니다. "아버지!"
아브라함이 "왜 그러느냐?" 하고 대답했습
니다. "불과 장작은 있는데, 번제로 바칠
양은 어디에 있습니까?" 하고 이삭이 물
었습니다.
8 "얘야, 하나님께서 번제로 바칠 양을 준

비하실 것이다." 아브라함이 대답했습니
다. 아브라함과 그 아들은 함께 길을 걸었
습니다.
9 그들은 하나님께서 일러 주신 곳에 이르
렀습니다. 아브라함은 그 곳에 제단을 쌓
고 장작을 벌여 놓은 다음, 자기 아들 이
삭을 묶어 제단 장작 위에 올려 놓았습니
다.
10 그리고 나서 칼을 들어 자기 아들을 죽이
려 했습니다.
11 그 때에 여호와의 천사가 하늘에서부터
그를 불렀습니다. "아브라함아, 아브라함
아!" 그러자 아브라함이 "예, 제가 여기에
있습니다"라고 대답했습니다.
12 천사가 말했습니다. "네 아들에게 손대지
마라. 아무 일도 그에게 하지 마라. 네가
하나밖에 없는 아들을 아낌없이 바치려
하는 것을 내가 보았으니, 네가 하나님을
두려워하는 줄을 이제 내가 알았노라."
13 아브라함이 눈을 들어 살펴보니 나무에 뿔
이 걸려 있는 숫양 한 마리가 보였습니다.
아브라함은 그 양을 잡아다가 자기 아들
대신에 하나님께 번제물로 드렸습니다.
14 이 일 때문에 아브라함은 그 곳의 이름을
여호와 이레*라고 불렀습니다. 그래서 지
금까지도 사람들은 '여호와의 산에서 준
비될 것이다' 라는 말을 합니다.
15 여호와의 천사가 두 번째로 하늘에서 아
브라함을 불렀습니다.
16 천사가 말했습니다. "여호와께서 말씀하
셨다. '네가 하나밖에 없는 아들을 아끼
지 않고 나에게 바치려 했으므로, 맹세코
내가 너에게 한 가지 약속을 해 주겠노라.
17 내가 분명히 너에게 복을 주고 또 많은 자
손을 줄 것이다. 네 자손은 하늘의 별처
럼 바닷가의 모래처럼 많게 될 것이며, 네
자손은 원수의 성들을 정복하게 될 것이
다.
18 네가 나에게 복종하였으므로, 네 자손을
통해 땅 위의 모든 나라들이 복을 받을 것
이다.'"
19 아브라함은 자기 종들이 있는 곳으로 돌아
왔습니다. 그리고는 함께 일어나 브엘세바
로 갔습니다. 아브라함은 브엘세바에서 살
았습니다.
20 이 일이 있은 뒤에 누군가가 아브라함에게
말했습니다. "밀가도 당신의 형제인 나홀
의 아이들을 낳았습니다.
21 맏아들은 우스이고, 둘째 아들은 부스이
고, 셋째 아들은 아람의 아버지인 그므엘
입니다.
22 그리고 게셋과 하소와 빌다스와 이들랍과
브두엘도 태어났습니다."
23 브두엘은 리브가의 아버지가 되었습니다.
이 여덟 아들은 아브라함의 동생 나홀과
그의 아내 밀가 사이에서 태어났습니다.
24 또 나홀의 첩 르우마도 데바와 가함과 다하
스와 마아가를 낳았습니다.

사라가 죽다

23 사라는 백스물일곱 살까지 살았으
며, 이것이 사라가 누린 수명이었
습니다.
2 사라는 가나안 땅 기럇아르바 곧 헤브론에
서 죽었습니다. 아브라함이 사라를 위해
슬피 울었습니다.
3 얼마 뒤에 아브라함은 죽은 아내 곁에서
물러나와 헷 사람들에게 가서 말했습니
다.
4 "나는 이 곳에서 나그네요, 외국인에 지
나지 않습니다. 내 죽은 아내를 묻을 수
있도록 나에게 땅을 좀 파십시오."
5 헷 사람들이 아브라함에게 대답했습니다.
6 "내 주여, 우리의 말씀을 들어 보십시오.
당신은 우리들의 위대한 지도자입니다.
우리의 땅 중에서 가장 좋은 곳을 골라 돌
아가신 분을 장사지내십시오. 우리의 무
덤 중에서 어느 곳이든 마음대로 고르십

알아두세요

22:14 '여호와 이레'는 '여호와께서 준비하신다'라는 뜻이다.

23:15 400세겔은 약 4.56kg에 해당된다.

세겔(23:15 shekel) 돈의 단위이면서 무게의 단위. 1세겔은 약 11.4g의 무게에 해당됨.

시오. 돌아가신 분을 장사지내는 것을 막
을 사람은 아무도 없습니다."
7 아브라함이 자리에서 일어나 그 땅의 백성
인 헷 사람들에게 절했습니다.
8 아브라함이 그들에게 말했습니다. "내 죽
은 아내를 이 땅에 묻는 일을 정말로 도
와 주시겠다면, 소할의 아들 에브론에게
부탁하여
9 에브론이 나에게 막벨라 동굴을 팔게 해
주십시오. 그 동굴은 에브론의 밭 끝에 있
습니다. 물론 값은 넉넉하게 치르겠습니
다. 그 동굴이 당신들 가운데서 내게 속
한 매장지가 되게 해 주십시오."
10 그 때에 에브론은 헷 사람들과 함께 앉아
있었습니다. 에브론이 성문 곁에서 헷 사
람들이 다 듣도록 아브라함에게 말했습니
다.
11 "내 주여, 그러실 필요 없습니다. 내 말
을 들으십시오. 그 땅과 거기에 있는 동
굴을 그냥 드리겠습니다. 이 사람들이 보
는 앞에서 다 드릴 테니 돌아가신 분을 장
사지내십시오."
12 아브라함이 헷 사람들 앞에서 절했습니다.
13 아브라함이 모든 사람들 앞에서 에브론에
게 말했습니다. "당신이 진정 나를 위한
다면, 내 말을 들으십시오. 밭 값을 다 치
르고 사게 해 주십시오. 내 돈을 받으십
시오. 그래야 내 죽은 아내를 거기에 묻
을 수 있습니다."
14 에브론이 아브라함에게 대답했습니다.
15 "그 땅을 값으로 치면 은 사백 세겔*은 되
지만, 나와 당신 사이에 그것이 무슨 말
입니까? 돌아가신 분을 장사지내십시오."
16 아브라함은 헷 사람들이 보는 앞에서, 에
브론이 말한 은 사백 세겔을 장사하는 사
람들의 계산 방식에 따라 달아 주었습니
다.
17 이렇게 해서 마므레 동쪽의 막벨라에 있는
에브론의 밭이 팔렸습니다. 그 밭과 거기
에 있는 동굴과 밭의 사방을 두르고 있는
모든 나무가
18 성문에 들어와 있던 헷 사람들이 함께하
는 가운데 아브라함의 재산이 되었습니다.
19 그리고 나서 아브라함은 자기 아내 사라를
동굴 속에 묻어 주었습니다. 그 동굴은 가
나안 땅인 마므레에서 가까운 막벨라 밭에
있었습니다. 마므레는 지금의 헤브론입니
다.
20 그리하여 밭과 거기에 있는 동굴은 헷 사
람으로부터 아브라함에게 속한 매장지로
바뀌어졌습니다.

이삭의 아내를 구하다

24 아브라함은 이제 나이가 아주 많은
노인이 되었습니다. 여호와께서는
어떤 일을 하든지 아브라함에게 복을 주셨
습니다.
2 아브라함의 모든 재산은 아브라함의 늙은
종이 맡아 돌보고 있었습니다. 아브라함이
그 종을 불러 말했습니다. "네 손을 내 넓
적다리뼈 아래에 넣어라.
3 그리고 하늘과 땅의 하나님이신 여호와
앞에서 나에게 약속을 하여라. 내 아들의
아내가 될 여자를 여기에 사는 가나안 여
자들 가운데서 얻지 않고,
4 내 고향, 내 친척의 땅으로 가서 내 아들
이삭의 아내 될 사람을 데려오겠다고 말
이다."
5 종이 아브라함에게 말했습니다. "만약 그
여자가 저를 따라 이 땅으로 오려고 하지
않으면 어떻게 할까요? 주인님의 아들을
데리고 주인님의 고향으로 갈까요?"
6 아브라함이 종에게 말했습니다. "안 된다.
내 아들을 그리로 데려가면 안 된다.
7 여호와께서는 하늘의 하나님이시다. 주께
서 나를 내 아버지의 고향, 내 친척의 땅
에서 이끌어 내셨다. 그리고 '내가 이 땅
을 네 자손에게 주겠다'고 나에게 약속하
셨다. 주께서 천사를 네 앞에 보내셔서 내
아들의 아내를 데려오는 일을 도와 주실
것이다. 네가 거기서 내 아들을 위해 아
내를 골라라.
8 만일 여자가 너를 따라 오기를 원치 않으
면, 너는 이 약속에 책임이 없다. 하지만
내 아들을 그리로 데려가서는 안 된다."

9 그래서 종은 주인 아브라함의 다리 아래에
손을 넣고 그렇게 하기로 아브라함과 약속
을 했습니다.
10 종은 아브라함의 낙타 열 마리를 이끌고
길을 떠났습니다. 종은 여러 가지 좋은 선
물을 많이 가지고 북서쪽 메소포타미아에
있는 나홀의 성으로 갔습니다.
11 종은 성 밖의 우물가에서 낙타들을 쉬게
했습니다. 그 때는 여자들이 물을 길으러
나오는 저녁 무렵이었습니다.
12 종이 말했습니다. "여호와여, 주께서는
저의 주인 아브라함의 하나님이십니다. 오
늘 제가 주인 아들의 아냇감을 순탄하게
찾을 수 있도록 도와 주옵소서. 제 주인
아브라함에게 은혜를 베풀어 주옵소서.
13 저는 지금 우물가에 서 있고, 성의 여자
들은 물을 길으러 나오고 있습니다.
14 제가 그 중 한 여자에게 '그 물동이에 있
는 물을 좀 먹게 해 주십시오' 하고 말할
때, 만약 그 여자가 '마시세요. 내가 당
신의 낙타들에게도 물을 먹이겠습니다' 라
고 말하면, 그 여자를 주의 종 이삭의 아
냇감으로 알겠습니다. 주께서 제 주인에
게 은혜를 베푸신 것으로 알겠습니다."

성경 인물

리브가 아브라함의 아들 이삭의 아내입니다. 이삭의 신부감을 찾으려고 아브라함이 보낸 종이 그녀를 우물가에서 처음 만났습니다(창 24:15). 아브라함의 종이 물을 달라고 하자 그녀는 그에게 뿐만 아니라 그의 낙타에게도 물을 주었고, 이같은 그녀의 친절을 통해 종은 그녀가 자신이 찾는 사람이란 것을 확신하게 됩니다(창 24:17-27). 결혼 후 20년 간 아이를 갖지 못하다가 쌍둥이 아들 에서와 야곱을 낳았습니다(창 25:21-26). 야곱을 *더 사랑한 그녀는 이삭이 죽기 전에* 에서를 축복하겠다고 하자 야곱을 에서처럼 꾸며 대신 축복을 받게 하였습니다(창 27:1-29).

본문 보기 24장 15절

알아두세요

24:22 0.5세겔은 약 5.7g에 해당되고, 10세겔은 약 114g에 해당된다.

15 종이 기도를 마치기도 전에 리브가가 성
에서 나왔습니다. 리브가는 브두엘의 딸입
니다. 브두엘은 아브라함의 동생인 나홀과
그의 아내인 밀가 사이에서 태어난 아들
입니다. 리브가는 어깨에 물동이를 메고
있었습니다.
16 리브가는 매우 아름다운 처녀이며, 남자
와 가까이한 적이 한 번도 없었습니다. 리
브가는 우물로 내려가서 물동이에 물을
채워 가지고 올라왔습니다.
17 그 때에 종이 리브가에게 달려가서 말했
습니다. "당신의 물동이에 있는 물을 좀
먹게 해 주십시오."
18 리브가가 말했습니다. "내 주여, 마시세
요" 하며 급히 어깨에서 물동이를 내려 종
에게 마시게 했습니다.
19 종이 물을 다 마시자, 리브가가 말했습니
다. "제가 물을 길어다가 낙타들에게도
마시게 하겠습니다."
20 그리고 나서 리브가는 물동이의 물을 여
물통에 쏟아 부은 다음, 다시 우물로 달
려가서 물을 길어와 모든 낙타들이 물을
마시도록 했습니다.
21 종은 여호와께서 이번 여행을 성공적으로
인도해 주셨는지를 확실히 알고 싶어서,
리브가의 그 모습을 조용히 지켜 보았습
니다.
22 낙타들이 물을 다 마신 다음에 종은 리브
가에게 반 세겔*쯤 나가는 코걸이 하나와
십 세겔*쯤 나가는 금팔찌 한 쌍을 주었
습니다.
23 그러면서 종이 물었습니다. "아가씨는 어
떤 분의 따님이신지요? 아가씨 아버지의
집에 우리들이 하룻밤 묵어갈 방이 있겠
는지요?"
24 리브가가 대답했습니다. "제 아버지는 밀
가와 나홀의 아들 브두엘입니다."
25 리브가가 계속 말했습니다. "우리 집에는
낙타에게 먹일 여물도 있고, 여러분이 하
룻밤 묵어가실 수 있는 방도 있습니다."
26 종은 머리를 숙여 여호와께 예배드렸습니
다.

27 종이 말했습니다. "제 주인 아브라함의 하
나님이신 여호와를 찬양합니다. 여호와께
서는 제 주인에게 은혜와 자비를 베풀어
주셔서, 저를 제 주인의 동생 집으로 인
도하셨습니다."
28 리브가는 달려가서 식구들에게 이 모든 사
실을 알렸습니다.
29 리브가에게는 라반이라고 부르는 오빠가
있었습니다. 라반은 그 때까지 우물가를
떠나지 않고 있던 아브라함의 종에게 달려
갔습니다.
30 라반은 자기 동생의 코걸이와 금팔찌를
보고, 그 사람이 자기 누이 리브가에게 말
한 내용을 듣고 우물가로 달려간 것입니
다. 그 곳에 그 사람이 낙타들과 함께 서
있었습니다.
31 라반이 말했습니다. "여호와께 복을 받을
분이여! 어찌하여 밖에 서 계십니까? 제
가 묵어가실 방과 낙타들이 머물 곳을 준
비하였습니다."
32 그래서 아브라함의 종은 집으로 들어갔습
니다. 라반은 낙타들의 짐을 푼 다음에 짚
과 여물을 주어 먹게 했습니다. 그리고 나
서 라반은 아브라함의 종에게 물을 주어
종과 그 일행이 발을 씻을 수 있게 했습
니다.
33 라반은 종에게 음식을 주었으나 종이 "제
가 이 곳에 온 이유를 말씀드리기 전에는
음식을 먹지 않겠습니다"라고 말했습니
다. 그러자 라반이 "말씀해 보세요"라고
대답했습니다.
34 종이 말했습니다. "저는 아브라함의 종입
니다.
35 여호와께서는 제 주인에게 큰 복을 주셔
서, 그분을 부자가 되게 하셨습니다. 주
께서는 제 주인에게 많은 양 떼와 소 떼
를 주셨습니다. 그리고 은과 금, 남종과
여종, 낙타와 말들도 주셨습니다.
36 제 주인의 아내 사라는 늙어서야 아들을
낳았습니다. 제 주인은 자기 재산 전부를
그 아들에게 주었습니다.
37 제 주인이 저에게 한 가지 약속을 하게 했
습니다. 제 주인은 '내 아들의 아내가 될
여자를 내가 사는 가나안 여자들 가운데
서 얻지 말고,
38 내 아버지의 백성, 내 친척에게로 가서 이
삭의 아내 될 사람을 데려오너라' 하고 말
씀하셨습니다.
39 제가 주인에게 '만약 그 여자가 저를 따
라 이 땅으로 오려고 하지 않으면 어떻게
할까요?' 하고 여쭈었더니,
40 주인은 '나는 여호와를 섬기니, 주께서
천사를 보내셔서 너를 도와 주실 것이다.
너는 내 집안과 내 아버지의 백성 가운데
서 내 아들의 아낫감을 택하여라.
41 네가 내 친족에게 도착하면, 너는 나와의
약속을 다 지킨 셈이 된다. 만약 그 사람
들이 내 아들의 아낫감을 주지 않는다 하
더라도 너는 나와의 약속을 다 지킨 셈이
다'라고 말씀하셨습니다.
42 그리고 저는 오늘 이 우물에 와서 이렇게
기도했습니다. '제 주인 아브라함의 하나
님 여호와여, 제가 아낫감을 찾는 일을 성
공할 수 있게 해 주십시오.
43 저는 지금 우물가에 서 있습니다. 젊은 여
자가 물을 길으러 나오는 것을 기다렸다
가 "그 물동이의 물을 좀 먹게 해 주십시
오"라고 말할 때,
44 만약 그 여자가 "마시세요. 내가 당신의
낙타들에게도 물을 먹이겠습니다"라고 말
하면 여호와께서 그 여자를 제 주인의 아
들 이삭의 아내감으로 삼으신 줄 알겠습
니다.'
45 제가 마음속으로 기도를 다 마치기도 전
에 리브가가 성에서 나왔는데, 리브가는
어깨에 물동이를 메고 있었습니다. 리브
가는 우물로 내려가서 물을 길었습니다.
제가 리브가에게 말했습니다. '물 좀 주세
요.'
46 그러자 리브가는 급히 어깨에서 물동이를
내리면서 말했습니다. '마시세요. 내가
당신의 낙타들에게도 물을 먹이겠습니
다.' 그래서 나는 물을 마셨고, 리브가는
낙타들에게도 물을 주었습니다.

47 제가 리브가에게 물었습니다. '아가씨는
어떤 분의 따님이신지요?' 리브가가 대답
했습니다. '나는 밀가와 나홀의 아들 브두
엘의 딸입니다.' 저는 리브가의 코에 코걸
이를 걸어 주고, 팔에 팔찌를 채워 주었
습니다.
48 그리고 나서 저는 머리를 숙여 여호와께
감사드렸습니다. 저는 제 주인의 하나님
여호와를 찬양했습니다. 이는 주께서 저
를 바른 길로 인도해 주셔서, 주인의 동
생의 손녀딸을 주인의 아들의 아냇감으로
얻게 해 주셨기 때문입니다.
49 이제 당신들이 제 주인에게 친절과 진실
을 보여 주시려거든 그렇게 하겠다고 말
씀해 주시고, 그렇게 하지 못하겠거든 못
하겠다고 말씀해 주세요. 그렇게 해 주시
면 저도 제가 할 일을 결정할 수 있을 것
입니다."
50 라반과 브두엘이 대답했습니다. "이 일은
여호와께서 하시는 일이니, 우리는 좋다
나쁘다 말할 수 없군요.
51 자, 리브가가 당신 앞에 있으니 데리고 가
세요. 여호와께서 말씀하신 대로 리브가
를 데려다가 그대의 주인의 아들과 결혼
시키세요."
52 아브라함의 종은 그 말을 듣고 땅에 엎드
려 여호와께 예배드렸습니다.
53 그리고 나서 종은 리브가에게 금과 은으
로 만든 보물과 옷을 주었습니다. 종은 리
브가의 오빠와 어머니에게도 값진 선물을

막벨라 동굴의 아브라함 무덤(25:7-9)

주었습니다.
54 종과 그 일행은 함께 먹고 마셨습니다. 그
들은 그 날 밤을 그 곳에서 묵었습니다.
이튿날 아침 종이 자리에서 일어나 말했
습니다. "이제 주인께 돌아가게 해 주십
시오."
55 리브가의 어머니와 오빠가 말했습니다.
"리브가를 십 일 동안만이라도 우리와 함
께 있다가 떠나게 해 주세요."
56 하지만 종이 그들에게 말했습니다. "여호
와께서 제 여행을 성공하게 하셨으므로
기다릴 수 없습니다. 제 주인께 돌아가게
해 주십시오."
57 리브가의 오빠와 어머니가 말했습니다.
"리브가를 불러서 직접 물어 봐야겠군요."
58 그들이 리브가를 불러서 물었습니다. "지
금 이분과 함께 가겠느냐?" 리브가가 말
했습니다. "예, 가겠습니다."
59 그리하여 리브가의 오빠와 어머니는 리브
가를 그 유모와 함께 아브라함의 종과 그
일행에게 딸려보냈습니다.
60 그들이 리브가에게 복을 빌며 말했습니
다. "우리 누이여, 천만 백성의 어머니가
되어라. 네 자손은 원수들의 성을 정복할
것이다."
61 리브가가 일어나서 그 몸종들과 함께 낙
타에 올라타고, 종과 그 일행의 뒤를 따
라갔습니다. 종은 리브가를 데리고 길을
떠났습니다.
62 그 때에 이삭은 브엘라해로이를 떠나서 남
쪽 네게브 지방에 살고 있었습니다.
63 어느 날 저녁 무렵, 이삭은 묵상하러 들
로 나갔습니다. 이삭이 눈을 들어 보니 낙
타들이 오고 있었습니다.
64 리브가는 고개를 들어 이삭을 보더니 낙타
에서 내렸습니다.
65 리브가가 종에게 물었습니다. "저 들판에
서 우리를 보려고 이쪽으로 오는 사람은
누구인가요?" 종이 대답했습니다. "나의
주인입니다." 그 말을 듣고 리브가는 베일
로 자기 얼굴을 가렸습니다.
66 종이 이삭에게 지금까지 일어난 일을 다

이야기해 주었습니다.
67 종의 말을 들은 이삭은 리브가를 자기 어머니 사라의 장막으로 데리고 갔습니다. 리브가는 이삭의 아내가 되었습니다. 이삭은 리브가를 매우 사랑했습니다. 어머니를 여읜 이삭은 리브가를 통해 위로를 얻었습니다.

아브라함의 자손

25 아브라함은 다시 아내를 맞아들였습니다. 아브라함의 새 아내 이름은 그두라입니다.
2 그두라는 시므란과 욕산과 므단과 미디안과 이스박과 수아를 낳았습니다.
3 욕산은 스바와 드단의 아버지입니다. 드단의 자손은 앗시리아 백성과 르두시 백성과 르움미 백성입니다.
4 미디안의 아들은 에바와 에벨과 하녹과 아비다와 엘다아입니다. 이들은 모두 그두라의 자손입니다.
5 아브라함은 자기 재산을 모두 이삭에게 주었습니다.
6 하지만 죽기 전에 다른 아내들에게서 얻은 아들들에게도 선물을 주었습니다. 아브라함은 그 아들들을 동쪽으로 보내어 이삭과 멀리 떨어져 살게 했습니다.
7 아브라함은 백일흔다섯 살까지 살았습니다.
8 아브라함은 오랫동안, 평안히 살다가 숨을 거두어 자기 조상들에게로 돌아갔습니다.
9 아브라함의 아들 이삭과 이스마엘은 아브라함을 막벨라 동굴에 장사지냈습니다. 이 동굴은 마므레 동쪽 에브론의 밭에 있었습니다. 에브론은 헷 사람 소할의 아들이었습니다.
10 그 밭은 아브라함이 헷 사람들에게서 산 밭이었습니다. 아브라함은 그 곳에 아내 사라와 함께 묻혔습니다.
11 아브라함이 죽은 뒤에 하나님께서는 그의 아들 이삭에게 복을 주셨습니다. 이삭은 그 때, 브엘라해로이 근처에 살고 있었습니다.
12 아브라함의 아들 이스마엘의 자손들은 이러합니다. 이스마엘의 어머니는 사라의 이집트인 여종이었던 하갈입니다.
13 이스마엘의 아들들의 이름은 태어난 순서에 따르면 다음과 같습니다. 이스마엘의 맏아들은 느바욧이고, 그 아래로는 게달, 앗브엘, 밉삼,
14 미스마, 두마, 맛사,
15 하닷, 데마, 여둘, 나비스, 게드마입니다.
16 이것은 이스마엘의 아들들 이름이며 또한 여러 마을에 사는 종족들의 열두 조상의 이름입니다.
17 이스마엘은 백서른일곱 살까지 살다가 숨을 거두어 조상들에게로 돌아갔습니다.
18 이스마엘의 자손들은 하윌라와 술 사이에서 살았습니다. 술은 이집트의 동쪽 앗시리아로 가는 길에 있었습니다. 이스마엘의 자손들은 다른 형제들의 맞은편에 마주 대하여 살았습니다.

이삭의 집안

19 아브라함의 아들 이삭의 자손은 이러합니다. 이삭의 아버지는 아브라함입니다.
20 이삭은 마흔 살에 리브가와 결혼했습니다. 리브가는 밧단아람에서 왔습니다. 리브가는 브두엘의 딸이자 아람 사람 라반의 누이입니다.
21 이삭의 아내는 아이를 낳지 못했습니다. 그래서 이삭이 아내를 위해 여호와께 기도드리니, 여호와께서 이삭의 기도를 들어 주셨으므로, 리브가가 임신을 하게 되었습니다.
22 그런데 리브가의 배 속에 있는 아기들이 서로 다투었습니다. 리브가는 "어찌하여 내게 이런 일이 일어나는가?"라고 생각하며 여호와께 나아가 여쭈었습니다.
23 여호와께서 리브가에게 말씀하셨습니다. "두 나라가 네 몸 안에 있다. 두 백성이 네 몸에서 나누어질 것이다. 한 백성이 다른 백성보다 강하고, 형이 동생을 섬길 것이다."
24 아이를 낳을 때가 되자 리브가는 쌍둥이를 낳았습니다.
25 먼저 나온 아이는 몸이 붉고, 그 피부가

마치 털옷 같았습니다. 그래서 그 아이의
이름을 에서*라고 지었습니다.
26 나중에 나온 아이는 에서의 발꿈치를 붙잡
고 있었으므로, 그 아이의 이름을 야곱*이
라고 지었습니다. 리브가가 아이를 낳았을
때에 이삭의 나이는 예순 살이었습니다.
27 아이들이 자라 에서는 뛰어난 사냥꾼이
되었습니다. 그는 들판에 나가는 것을 좋
아했습니다. 그러나 야곱은 조용한 사람
이었으므로, 장막에 머물러 있는 것을 좋
아했습니다.
28 이삭은 에서가 잡아오는 들짐승 요리를 좋
아했기 때문에 에서를 사랑했습니다. 그
러나 리브가는 야곱을 사랑했습니다.
29 어느 날 야곱이 죽을 끓이고 있는데 에서
가 들판에서 사냥을 하고 돌아왔습니다.
에서는 몹시 배가 고파서
30 야곱에게 말했습니다. "그 붉은 죽을 좀
다오. 내가 배가 고프구나." 이것 때문에
에서는 '붉은'이란 뜻에서 에돔이라고 불
리게 되었습니다.
31 그러자 야곱이 말했습니다. "먼저 나에게
맏아들의 권리를 파세요."
32 에서가 말했습니다. "배가 고파 죽겠는데
그까짓 맏아들의 권리가 무슨 소용이냐?"
33 야곱이 다시 말했습니다. "그렇다면 그 권
리를 나에게 주겠다고 약속하세요." 에서는
야곱에게 약속을 했습니다. 이렇게 에서는
맏아들의 권리를 야곱에게 팔았습니다.
34 그러자 야곱이 에서에게 빵과 죽을 주었습
니다. 에서는 그것을 먹고 마신 다음에 자
리에서 일어났습니다. 이처럼 에서는 맏
아들의 권리를 대수롭지 않게 여겼습니
다.

아비멜렉에게 거짓말을 하는 이삭

26 아브라함 때에 있었던 것과 같은
기근이 또다시 찾아들었습니다.
그래서 이삭은 그랄 마을의 블레셋 왕 아
비멜렉을 찾아갔습니다.
2 그 때, 여호와께서 이삭에게 나타나셔서
말씀하셨습니다. "이집트로 내려가지 말
고 내가 너에게 일러 주는 땅에서 살아라.
3 이 땅에 머물러라. 내가 너와 함께 하고
너에게 복을 주며 내가 너와 네 자손에게
이 땅을 주어, 내가 네 아버지 아브라함과
세운 언약을 지키겠다.
4 내가 너에게 하늘의 별처럼 많은 자손을
주고, 이 모든 땅을 네 자손들에게 주겠
다. 그들을 통해 땅 위의 모든 나라들이
복을 받을 것이다.
5 그것은 네 아버지 아브라함이 내 말에 순
종하고 내 명령과 가르침과 계명과 규율
에 복종했기 때문이다."
6 그래서 이삭은 그랄에 머물렀습니다.
7 이삭의 아내 리브가는 매우 아름다웠습니
다. 그 곳 사람들이 이삭에게 그의 아내
가 누구냐고 물어 보면 이삭은 "저 여자
는 내 누이요"라고 대답했습니다. 이삭은
리브가를 자기 아내라고 말하기가 두려웠
습니다. 사람들이 리브가를 빼앗기 위해
자기를 죽일지도 모른다고 생각했기 때문
입니다.
8 이삭은 그랄에서 오랫동안 살았습니다. 어
느 날, 블레셋 왕 아비멜렉이 창 밖을 내
다보니, 이삭이 자기 아내 리브가를 껴안
고 있는 모습이 보였습니다.
9 아비멜렉이 이삭을 불러서 말했습니다.
"이 여자는 네 아내인데 왜 우리에게는 누
이라고 했느냐?" 이삭이 아비멜렉에게 말
했습니다. "저 여자 때문에 제가 죽임을
당할지도 모른다고 생각했기 때문입니
다."
10 아비멜렉이 말했습니다. "어찌하여 우리에
게 그런 일을 했느냐? 자칫하면 우리들

알아두세요

25:25 '에서'는 '털이 많다'라는 뜻이다.
25:26 '야곱'은 '그가 발꿈치를 잡았다'라는 뜻이며 '속이다'라는 뜻을 비유적으로 나타내고 있다.
26:20 '에섹'은 '다툼'이라는 뜻이다.
26:21 '싯나'는 '적대'라는 뜻이다.
26:22 '르호봇'은 '충분히 넓다'라는 뜻을 나타낸다.

가운데 누군가가 네
아내와 잠자리를
함께하여, 우리
가 큰 죄를
지을 뻔했
다."
11 아비멜렉이 모든
백성에게 주의
를 주었습니
다. "이 사람
이나 그의 아
내를 건드리
는 사람은 반
드시 죽을 것
이다."

부자가 된 이삭

12 이삭이 그 땅
에 씨를 뿌려 그
해에 백 배의 많은 곡식

장자권을 팥죽 한 그릇으로 산 야곱(25:29-34)

을 거두어들였습니다. 여호와께서 이삭에
게 큰 복을 주시니
13 이삭은 부자가 되었고, 점점 더 큰 부자
가 되었습니다.
14 이삭에게 양 떼와 소 떼가 많고 또 많은
종들을 거느리자 블레셋 사람들이 이삭을
질투했습니다.
15 블레셋 사람들은 이삭의 아버지 아브라함
의 종들이 판 우물들을 흙으로 덮어 버렸
습니다. 그 우물들은 아브라함이 살아 있
을 때에 판 것이었습니다.
16 아비멜렉이 이삭에게 말했습니다. "우리
나라를 떠나라. 너는 우리보다 훨씬 더 강
해졌다."
17 그래서 이삭은 그 곳을 떠났습니다. 이삭
은 그랄 골짜기에 장막을 치고 그 곳에서
살았습니다.
18 이삭은 자기 아버지 아브라함이 팠던 우물
들을 다시 팠습니다. 아브라함이 죽은 뒤
에 블레셋 사람들이 그 우물들을 막아 버
렸기 때문입니다. 이삭은 우물들을 다시
판 다음에 그 우물들의 이름을 아버지가
불렀던 대로 불렀습니다.
19 이삭의 종들이 골짜기에 땅을 파서 샘물
이 솟아오르는 곳을 찾았습니다.
20 그런데 그랄에서 양을 치고 있던 사람들
과 이삭의 종들 사이에 다툼이 일어났습
니다. 그랄의 목자들이 말했습니다. "이
우물은 우리 것이다." 그래서 이삭은 그
우물의 이름을 에섹*이라고 지었습니다.
21 이삭의 종들은 또 다른 우물을 팠습니다.
그러나 또 사람들이 와서 그 우물을 두고
서로 다투었습니다. 그래서 이삭은 그 우
물의 이름을 싯나*라고 지었습니다.
22 이삭이 그 곳에서 이사해서 또다시 우물
을 팠습니다. 이번에는 시비를 거는 사람
이 아무도 없었습니다. 그래서 이삭은 그
우물의 이름을 르호봇*이라고 짓고, "이제
여호와께서 넓은 곳을 주셨으니, 우리는
이 땅에서 성공할 것이다"라고 말했습니
다.
23 이삭은 그 곳에서 브엘세바로 갔습니다.
24 여호와께서 그 날 밤에 이삭에게 나타나
셔서 말씀하셨습니다. "나는 네 아버지 아
브라함의 하나님이다. 너는 두려워하지
마라. 내가 내 종 아브라함을 위해서 너와

함께 있겠고, 너에게 복을 주며 많은 자
손을 줄 것이다."
25 그래서 이삭은 그 곳에 제단을 쌓고 여호
와께 예배드렸습니다. 이삭은 그 곳에 장
막을 치고, 그의 종들은 우물을 팠습니다.
26 아비멜렉이 그랄에서 이삭을 만나기 위해
왔습니다. 아비멜렉은 그의 비서 아훗삿과
비골을 데리고 왔습니다.
27 이삭이 그들에게 물었습니다. "무슨 일로
왔습니까? 당신들은 나를 미워하여 쫓아
내지 않았습니까?"
28 그들이 대답했습니다. "우리가 여호와께
서 당신과 함께하심을 분명히 보았으니,
우리 서로 맹세하고 언약을 맺읍시다.
29 우리는 당신을 해치지 않고 당신에게 잘
해 주었으며, 당신이 평안히 돌아갈 수 있
게 해 주었소. 그러니 당신도 우리를 해
치지 마시오. 당신은 여호와께 복을 받은
사람이오."
30 그래서 이삭은 음식을 준비하여 그들과
함께 먹고 마셨습니다.
31 이튿날 아침에 그들은 일찍 일어나 서로
언약을 맺었습니다. 언약을 맺은 다음 이
삭이 그들을 보내니, 그들이 평화롭게 떠
났습니다.
32 그 날 이삭의 종들이 이삭에게 와서 자기
들이 판 우물에 대해 이야기했습니다.

야곱을 축복하는 이삭(27:1-30)

"저 우물에서 물이 나왔습니다."
33 그래서 이삭은 그 우물의 이름을 세바*라
고 지었습니다. 사람들은 지금까지도 그
성을 브엘세바라고 부릅니다.
34 에서는 마흔 살이 되어서 헷 여자 두 사
람을 아내로 맞아들였습니다. 한 여자는
브에리의 딸 유딧이었고, 다른 여자는 엘
론의 딸 바스맛이었습니다.
35 이 두 여자는 이삭과 리브가에게 큰 근심
거리가 되었습니다.

이삭을 속인 야곱

27 이삭이 늙어 눈이 어두워져 앞이
잘 안 보이게 되었습니다. 어느 날
이삭이 맏아들 에서를 불렀습니다. "내 아
들아." 에서가 대답했습니다. "예, 제가
여기 있습니다."
2 이삭이 말했습니다. "나는 이제 늙어서 언
제 죽을지 모르겠다.
3 너는 네 사냥 기구인 활과 화살통을 가지
고 들판에 나가 사냥을 해서
4 내가 좋아하는 맛있는 요리를 해 다오. 죽
기 전에 네가 해 주는 음식을 먹고 너에
게 복을 빌어 주마."
5 그래서 에서는 사냥을 하러 들판으로 나
갔습니다. 리브가는 이삭이 아들 에서에게
한 말을 엿들었습니다.
6 그리고는 자기 아들 야곱에게 말했습니
다. "네 아버지가 네 형 에서에게 하는
말을 내가 들었다.
7 네 아버지는 '짐승을 잡
아서 맛있는 요리를 해
다오. 내가 죽기 전
에 네가 해 주는 음
식을 먹고 너에게
복을 빌어 주마'라
고 말씀하시더구
나.
8 그러니 내 아들
아, 내 말을 잘 듣
고 내 말대로 하
렴.
9 너는 염소 떼가

있는 곳으로 가서, 아주 좋은 새끼 염소
두 마리를 잡아 오너라. 내가 그것으로 네
아버지가 좋아하시는 요리를 해 놓겠다.
10 그러면 네가 그 음식을 가져다가 아버지
께 드려라. 그러면 아버지가 돌아가시기
전에 너에게 복을 빌어 주실 게다."
11 그러자 야곱이 어머니 리브가에게 말했습
니다. "내 형 에서는 털이 많은데 나는 살
결이 부드럽습니다.
12 만약 아버지가 나를 만지실 때에 내가 속
이는 자처럼 되면, 아버지가 내게 복을 주
시기는커녕 오히려 아버지를 속이려 한
나를 저주하실 것입니다."
13 그러자 리브가가 야곱에게 말했습니다.
"만약 네 아버지가 너에게 저주를 하신다
면, 그 저주는 내가 받으마. 그저 내가 시
키는 대로만 하여라. 가서 염소 두 마리
를 끌고 오너라."
14 야곱은 밖으로 나가 염소 두 마리를 붙잡
아 자기 어머니에게 끌고 갔습니다. 리브
가는 그것을 가지고 이삭이 좋아하는 맛
있는 요리를 만들었습니다.
15 그리고 나서 리브가는 자기가 간직해 두
었던 큰 아들 에서의 가장 좋은 옷을 가
지고 와서, 작은 아들 야곱에게 입혀 주
었습니다.
16 그리고 새끼 염소의 가죽을 가지고 와서
야곱의 손과 목에 둘러 주었습니다.
17 그런 다음에 리브가는 야곱의 손에 자기가
만든 맛있는 요리와 빵을 들려 주었습니
다.
18 야곱이 아버지에게 들어가서 "아버지" 하
고 불렀습니다. 아버지가 말했습니다.
"그래, 내 아들아. 너는 누구냐?"
19 야곱이 말했습니다. "저는 아버지의 맏아
들 에서입니다. 아버지께서 말씀하신 대
로 맛있는 요리를 해 왔습니다. 자, 이제
일어나셔서 제가 사냥한 짐승으로 만든
요리를 잡수시고 저에게 복을 빌어 주십
시오."
20 하지만 이삭은 자기 아들에게 물었습니
다. "어떻게 그렇게 빨리 사냥거리를 찾
을 수 있었느냐?" 야곱이 대답했습니다.
"아버지의 하나님이신 여호와께서 사냥거
리를 빨리 찾을 수 있게 도와 주셨습니
다."
21 이삭이 야곱에게 말했습니다. "내 아들아,
이리 가까이 오너라. 한번 만져 봐야겠
다. 만져 보면 네가 정말로 내 아들 에서
인지 알 수 있을 것이다."
22 야곱이 자기 아버지 이삭에게 가까이 가
니, 이삭이 야곱을 만져 보고 말했습니다.
"네 목소리는 야곱의 목소리 같은데 손은
에서의 손처럼 털이 많구나."
23 이삭은 야곱의 손이 에서의 손처럼 털이
많으므로, 그가 야곱인 줄 깨닫지 못하였
습니다. 그래서 야곱에게 복을 빌어 주었
습니다.
24 이삭이 물었습니다. "네가 정말 내 아들
에서냐?" 야곱이 대답했습니다. "예, 그렇
습니다."
25 이삭이 말했습니다. "음식을 가져오너라.
내가 그것을 먹고 너에게 복을 빌어 주
마." 야곱이 음식을 주자 이삭이 그것을

성경 속의 궁금증

**거짓말쟁이 야곱에게
하나님이 축복하시다니**

이 문제에 있어서 우리는 무엇보다도 야곱이 거짓말을 했음에도 불구하고 하나님께서는 그에게 복을 주셨다는 사실을 기억해야 합니다. 하지만 야곱이 거짓말을 하고도 그 값을 치르지 않은 채 넘어갔다고 생각해서는 안 됩니다. 그는 목숨을 부지하기 위해 외갓집으로 도망가야 했고, 외삼촌에게 사기를 당했습니다. 하나님께서는 야곱에게 언약을 상속케 하시겠다고 말씀하셨으므로 (창 25:23) 야곱이 참고 기다렸다면 그처럼 모진 인생을 살지 않아도 되었을 텐데 말입니다.

본문 보기 27장

알아두세요

26:33 '세바'는 '맹세' 또는 '일곱'이라는 뜻이다.

먹었습니다. 야곱이 포도주를 주자 그것
도 마셨습니다.
26 그런 다음에 이삭이 야곱에게 말했습니다.
"내 아들아, 가까이 와서 나에게 입을 맞
추어라."
27 야곱이 아버지에게 가까이 가서 입을 맞
추었습니다. 이삭이 야곱의 옷 냄새를 맡
고 야곱에게 복을 빌어 주었습니다. "내
아들의 냄새는 여호와께서 복을 주신 들
판의 냄새로다.
28 하나님께서 너에게 충분한 비와 좋은 땅
을 주시고 넉넉한 곡식과 포도주를 주실
것이다.
29 나라들이 너를 섬기고, 백성들은 너에게
절할 것이다. 너는 네 형제들을 다스리
고, 네 어머니의 아들들이 너에게 엎드려
절할 것이다. 너를 저주하는 사람은 저주
를 받고, 너에게 복을 주는 사람은 복을
받을 것이다."
30 이삭이 야곱에게 복을 빌어 준 후에 야곱
이 아버지 이삭에게서 나오자마자, 에서가
사냥을 마치고 돌아왔습니다.
31 에서도 맛있는 요리를 만들어 그것을 들
고 아버지에게 들어가 말했습니다. "아버
지, 일어나셔서 이 아들이 사냥한 것으로
요리한 음식을 드시고, 저에게 복을 빌어
주십시오."
32 이삭이 물었습니다. "너는 누구냐?" 에서
가 대답했습니다. "저는 아버지의 맏아들
에서입니다."
33 그 말을 듣고 이삭은 놀라 몸을 떨며 말
했습니다. "그렇다면 네가 오기 전에 나
에게 사냥한 짐승을 요리해서 가져다 준
사람은 누구란 말이냐? 나는 그것을 먹고
그에게 복을 빌어 주었다. 이제는 그 사
람이 복을 받을 것이다."
34 에서는 아버지의 말을 듣고 크게 소리를
지르며 울부짖었습니다. 에서가 자기 아
버지에게 말했습니다. "저에게 복을 빌어
주십시오. 아버지, 저에게도 복을 주십시
오."
35 그러나 이삭이 말했습니다. "네 동생이 와
서 나를 속였구나. 네 동생이 너의 복을
빼앗아 갔다."
36 에서가 말했습니다. "야곱이란 이름은 정
말 그에게 딱 맞는 이름입니다. 야곱은 이
번까지 나를 두 번이나 속였습니다. 야곱
은 저의 맏아들 권리를 빼앗았고, 이번에
는 저의 복까지 빼앗아 갔습니다." 에서가
또 물었습니다. "저를 위해 남겨 두신 복
은 없습니까?"
37 이삭이 대답했습니다. "나는 이미 야곱에
게 너를 다스릴 권리를 주었다. 그리고 야
곱의 형제들은 모두 그의 종이 될 것이다.
나는 야곱에게 곡식과 포도주도 넉넉하게
주었다. 내 아들아, 너에게 줄 것은 아무
것도 없구나."
38 에서가 또 자기 아버지에게 말했습니다.
"아버지, 아버지께서 빌어 주실 복이 하
나밖에 없습니까? 아버지, 저에게도 복을
주십시오." 이 말을 하고 에서는 소리 높
여 울었습니다.
39 이삭이 에서에게 말했습니다. "네가 살 곳
은 기름진 땅과는 거리가 멀고, 하늘에서
내리는 이슬도 없는 곳이다.
40 너는 칼을 의지해 살아갈 것이고, 네 동
생의 종이 될 것이다. 하지만 애쓰고 애
쓰면 동생에게서 자유로워질 수 있을 것
이다."
41 에서는 아버지 이삭의 축복을 빼앗아 간
야곱을 미워했습니다. 에서는 속으로 이렇
게 다짐을 했습니다. '이제 아버지는 곧
돌아가실 것이다. 아버지를 장사지낸 뒤
야곱을 죽여 버리고 말겠다.'
42 에서가 야곱을 죽이려 한다는 말이 리브가
에게 들렸습니다. 그래서 리브가는 사람
을 보내 야곱을 불러서 말했습니다. "네
형 에서가 너를 죽여 그 마음을 달래려고
한다.
43 그러니 내 아들아, 내 말을 잘 들어라. 지
금 당장 하란에 사시는 내 오빠 라반에게
로 가거라.
44 네 형의 화가 풀릴 때까지 당분간 외삼촌
과 함께 있거라.

45 네 형의 화가 풀리고 네가 한 일을 네 형
이 잊어버리면 그 때에 내가 너를 부르러
사람을 보내마. 내가 두 사람을 같은 날
한꺼번에 잃어버릴 수는 없다."
46 그런 다음에 리브가가 이삭에게 말했습니
다. "나는 헷 여자들이 싫습니다. 만약 야
곱이 여기에 있는 헷 여자들 가운데서 아
내를 맞이한다면 내 평생에 무슨 낙이 있
겠습니까?"

28 이삭이 야곱을 불러 복을 빌어 주
며 당부했습니다. "가나안 여자와
결혼하지 마라.
2 밧단아람*에 계신 네 외할아버지 브두엘의
집으로 가거라. 네 외삼촌인 라반도 거기
에 사신다. 라반의 딸들 가운데서 한 여
자를 골라 그 여자와 결혼하여라.
3 전능하신 하나님께서 너에게 복을 주시고
너에게 많은 자녀를 주셔서, 네가 많은 백
성의 조상이 되기를 원한다.
4 또 아브라함에게 주셨던 복을 너와 네 자
손에게도 주셔서, 지금 네가 나그네처럼
살고 있는 이 땅, 하나님께서 아브라함에
게 주신 이 땅을 차지할 수 있기를 원한
다."
5 이 말을 한 후 이삭은 야곱을 밧단아람으
로 보냈습니다. 야곱은 리브가의 오빠인
라반에게 갔습니다. 라반은 아람 사람 브
두엘의 아들이며, 야곱과 에서의 어머니인
리브가의 오빠였습니다.
6 에서는 이삭이 야곱에게 복을 빌어 주고,
야곱을 밧단아람으로 보내면서 "그 곳에서
아내 될 여자를 찾아라" 또 그에게 복을
빌어 주며 말하기를 "가나안 여자 가운데
서 아내를 맞이하지 마라"고 했다는 이야
기를 들었습니다.
7 그래서 야곱이 아버지와 어머니의 말씀대
로 밧단아람으로 갔다는 이야기를 들었습
니다.
8 에서는 아버지 이삭이 가나안 여자를 좋아
하지 않는다는 것을 알았습니다.
9 에서는 이미 결혼하여 아내들이 있었지만
아브라함의 아들 이스마엘에게로 가서 이
스마엘의 딸 마할랏을 또다시 아내로 맞아
들였습니다. 마할랏은 느바욧의 누이였습
니다.

벧엘에서 꿈을 꾼 야곱

10 야곱은 브엘세바를 떠나 하란으로 갔습니
다.
11 어느 곳에 이르렀을 때에 해가 저물어, 야
곱은 그 곳에서 하룻밤을 지냈습니다. 야
곱은 그 곳에서 돌 하나를 주워 그것을 베
개 삼아 잠을 잤습니다.
12 야곱은 꿈을 꾸었습니다. 사다리 하나가
땅에 세워져 있는데, 그 꼭대기가 하늘에
닿아 있었습니다. 그리고 하나님의 천사
들이 사다리 위로 오르락 내리락 하고 있
었습니다.
13 야곱은 여호와께서 사다리 위에 서 계신
모습을 보았습니다. 여호와께서 말씀하셨
습니다. "나는 네 할아버지 아브라함의 하
나님, 이삭의 하나님 여호와다. 내가 너와
네 자손에게 네가 지금 자고 있는 땅을 줄
것이다.
14 네 자손은 땅의 티끌처럼 많아져서 동서
남북 사방으로 퍼지며, 땅 위의 모든 민
족들이 너와 네 자손을 통해 복을 받을 것
이다.
15 나는 너와 함께하고 네가 어디로 가든 너
를 지켜 줄 것이다. 그리고 너를 다시 이
땅으로 데려오리니, 내가 너에게 약속한
것을 다 이루어 주기 전까지 너를 떠나지
않을 것이다."

하란 지방의 돔형 지붕 주거지(28:6)

알아두세요

28:2 '밧단아람'은 북서쪽 '메소포타미아' 지역을 말한다.

16 그 때에 야곱이 잠에서 깨어나 말했습니
다. "여호와께서 분명히 이 곳에 계시는
데 나는 그것을 모르고 있었다."
17 야곱은 두려워하며 또 말했습니다. "이 곳
은 두려운 곳이다. 이 곳은 하나님의 집
이요, 하늘의 문이다."
18 야곱은 아침 일찍 일어나 베개로 삼고 잤
던 돌을 가져다가 기둥처럼 세웠습니다.
그리고 그 꼭대기에 기름을 부었습니다.
19 원래 그 성의 이름은 루스였으나, 야곱은
그 성의 이름을 벧엘*이라고 불렀습니다.
20 야곱은 이렇게 맹세했습니다. "하나님께
서 저와 함께하여 주시고, 이 여행길에서
저를 지켜 주시고, 먹을 음식과 입을 옷
을 주셔서
21 무사히 아버지의 집으로 돌아갈 수 있게
해 주시면 여호와를 저의 하나님으로 섬
기겠습니다.
22 내가 기둥처럼 세운 이 돌은 하나님의 집
이 될 것입니다. 하나님께서 저에게 주신
모든 것의 십분의
일을 하나님께 바치
겠습니다."

라반의 집에 도착한 야곱

29 야곱은 여행
을 계속해서
동쪽 백성들의 땅에
이르렀습니다.
2 야곱이 보니 들판에
우물이 있었습니다.
우물 근처에는 양
떼 세 무리가 엎드
려 있었습니다. 목
자들은 그 우물에서
나오는 물을 양들에
게 먹였습니다. 우
물 위에는 큰 돌이
덮여 있었습니다.
3 양 떼가 다 모이면,
목자들은 우물을 덮
고 있는 돌을 굴려
낸 다음 양들에게 물을 먹였습니다. 그런
후에 다시 돌을 덮었습니다.
4 야곱이 그 곳에 있던 목자들에게 말했습
니다. "형제들이여, 어디에서 오시는 길
입니까?" 목자들이 대답했습니다. "하란
에서 오는 길입니다."
5 야곱이 물었습니다. "나홀의 손자 라반을
아십니까?" 그들이 대답했습니다. "예,
그분을 압니다."
6 야곱이 또 물었습니다. "그분은 안녕하십
니까?" 그들이 대답했습니다. "예, 안녕
하십니다. 저기, 그분의 딸인 라헬이 양
떼를 몰고 오고 있군요."
7 야곱이 말했습니다. "그런데 지금은 한낮
이라 아직은 양 떼를 모을 때가 아니지 않
습니까? 양 떼에게 물을 먹이고 다시 풀
을 뜯게 해야 하지 않나요?"
8 목자들이 말했습니다. "양 떼가 다 모이
기 전에는 그럴 수 없습니다. 양 떼가 다
모여야 우물 위의 돌을 치운 다음, 양 떼

야곱의 꿈(28:19)

에게 물을 먹입니다."
9 야곱이 목자들과 말하고 있을 때, 라헬이
자기 아버지의 양 떼를 이끌고 왔습니
다. 라헬은 양 떼를 돌보는 일을 했습니
다.
10 야곱은 라반의 딸 라헬과 자기 외삼촌 라
반의 양 떼를 보고, 우물로 가서 돌을 굴
려 낸 다음 외삼촌 라반의 양 떼에게 물
을 먹였습니다.
11 그리고 나서 야곱은 라헬에게 입을 맞추고
큰 소리로 울었습니다.
12 야곱은 라헬에게 자기가 라헬 아버지의 친
척이라는 것과 리브가의 아들이라는 것을
말해 주었습니다. 라헬은 그 말을 듣고 집
으로 달려가 자기 아버지에게 이야기했습
니다.
13 라반은 자기 누이의 아들 야곱에 대한 이
야기를 듣고 달려나가 야곱을 맞이했습니
다. 라반은 야곱을 껴안고 입을 맞추고 야
곱을 집으로 데려왔습니다. 야곱은 그 때
까지 일어난 모든 일을 라반에게 말해 주
었습니다.
14 야곱의 말을 듣고 라반이 말했습니다. "정
말로 너는 내 뼈요, 내 살이다." 야곱은
그 곳에서 한 달 동안, 머물렀습니다.

속임을 당하는 야곱

15 어느 날, 라반이 야곱에게 말했습니다.
"너는 내 친척이긴 하지만 그렇다고 해서
품삯도 주지 않고 너에게 일을 시킬 수는
없는 일이다. 내가 너에게 무엇을 해 주
면 좋겠느냐?"
16 라반에게는 두 딸이 있었습니다. 큰딸의
이름은 레아였고, 작은딸의 이름은 라헬이
었습니다.
17 레아는 눈이 곱고*, 라헬은 용모가 아름답
고 예뻤습니다.
18 야곱은 라헬을 사랑했습니다. 그래서 야곱
이 라반에게 말했습니다. "삼촌의 작은딸
라헬과 결혼하게 해 주십시오. 그렇게 해
주시면 삼촌을 위해 칠 년 동안, 일해 드
리겠습니다."
19 라반이 말했습니다. "다른 사람에게 라헬
을 주는 것보다는 너에게 주는 것이 낫겠
지. 그래 좋다. 나와 함께 있자."
20 야곱은 라헬과 결혼하기 위해 칠 년 동안
라반을 위해 일했습니다. 하지만 라헬을
너무나 사랑했으므로, 야곱에게 그 칠 년
은 마치 며칠밖에 되지 않는 것처럼 느껴
졌습니다.
21 칠 년이 지나자 야곱이 라반에게 말했습니
다. "약속한 기간이 다 지나갔으니 라헬과
결혼시켜 주십시오."
22 라반은 그 곳에 사는 모든 사람들을 불러
잔치를 베풀었습니다.
23 그 날 밤에 라반은 자기 딸 레아를 야곱에
게 데리고 갔습니다. 야곱과 레아는 함께
잠을 잤습니다.
24 라반은 자기의 여종 실바를 레아의 몸종으
로 주었습니다.
25 이튿날 아침, 야곱은 자기가 레아와 함께
잠을 잤다는 것을 알게 되었습니다. 야곱
이 라반에게 말했습니다. "어찌하여 저에

성경 자세히 이해하기

결혼 지참금과 야곱의 노동

당시에는 딸이 결혼함으로써 입게 될 집안의 손실에 대한 보상으로 신랑이 신부의 집에 돈이나 보석, 가축 등을 지불하는 관습이 있었습니다. 이것이 결혼 지참금입니다. 그런데 야곱은 라헬과 결혼하고 싶었지만 지참금이 없었기 때문에 대신 자신의 노동력을 제공하게 됐던 것이지요. 그렇게 7년을 일한 뒤 신부와 첫날밤을 보냈는데, 아침에 일어나 보니 옆에 누운 사람은 라헬이 아니라 그녀의 언니 레아였습니다. 그녀의 아버지는 동생이 언니보다 먼저 시집가는 경우가 없다고 변명하였습니다. 그래서 야곱은 라헬을 위해 또다시 7년을 일해야 했습니다.

본문 보기 29장

알아두세요

28:19 '벧엘'은 '하나님의 집'이라는 뜻이다.
29:17 개역 성경에는 '안력이 부족하고'라고 표기되어 있다. 이는 시력이 나쁘다는 뜻이 아니라 눈매가 부드럽기는 하지만 빛나지 않는다는 의미이다.

게 이런 일을 하셨습니까? 저는 라헬과 결
혼하려고 외삼촌을 위해 열심히 일했습니
다. 그런데 외삼촌은 왜 저를 속이셨습니
까?"
26 라반이 말했습니다. "우리 지방에서는 큰
딸보다 작은딸을 먼저 시집 보내는 법이
없네.
27 결혼식 기간 일 주일을 채우게. 그러면 라
헬도 자네에게 주겠네. 그 대신 나를 위
해 칠 년 동안, 더 일해 주어야 되네."
28 야곱은 라반의 말대로 레아와의 결혼식 기
간을 채웠습니다. 그러자 라반이 자기 딸
라헬도 야곱의 아내로 주었습니다.
29 라반은 자기의 여종 빌하를 라헬의 몸종으
로 주었습니다.
30 야곱은 라헬과도 함께 잠을 잤습니다. 야
곱은 레아보다 라헬을 더 사랑했습니다.
야곱은 라반을 위해 칠 년 동안, 더 일했
습니다.

야곱의 가족이 늘어남

31 여호와께서는 레아가 라헬보다 사랑받지
못하는 것을 보시고, 레아에게 아이를 낳
을 수 있게 해 주셨습니다. 하지만 라헬
은 아이를 가지지 못했습니다.
32 레아가 임신하여 아들을 낳았습니다. 레아
는 "여호와께서 내 괴로움을 살펴 주셨
다. 이제는 내 남편이 나를 사랑해 주겠
지"라고 말하면서 그 아들의 이름을 르우
벤*이라고 지었습니다.
33 레아가 다시 임신을 해서 또 아들을 낳았
습니다. 레아는 "여호와께서는 내가 사랑
을 받지 못한다는 것을 들으시고, 내게 이
아들도 주셨구나" 하고 말하면서 아들의
이름을 시므온*이라고 지었습니다.
34 레아가 다시 임신을 해서 또 아들을 낳았
습니다. 레아는 "내가 아들을 세 명이나
낳았으니 이제는 내 남편이 나를 가까이
하겠지"라고 말하면서 아들의 이름을 레
위*라고 지었습니다.
35 레아가 다시 임신을 해서 또 아들을 낳았
습니다. 레아는 "이제는 여호와를 찬양해
야지"라고 말하면서 아들의 이름을 유다*
라고 지었습니다. 그리고 나서 레아는 아
이를 낳지 못했습니다.

30

라헬은 자기가 야곱의 아이를 낳
지 못하자 언니 레아를 시샘했습
니다. 라헬이 야곱에게 말했습니다. "나에
게도 아이를 주세요. 그렇지 않으면 죽어
버리겠어요."
2 야곱이 라헬에게 크게 화를 내며 말했습니
다. "아이를 낳을 수 없게 하신 분은 하
나님이신데 나더러 어떻게 하란 말이오?
내가 하나님을 대신하란 말이오?"
3 라헬이 말했습니다. "여기 제 몸종 빌하가
있으니 빌하와 함께 주무세요. 그래서 빌
하를 통해 나도 아이를 가질 수 있게 해
주세요. 그녀가 아이를 낳아 내 무릎 위
에 놓아 줄 것입니다."
4 라헬은 자기 몸종 빌하를 야곱의 아내로
주었습니다. 야곱은 빌하와 함께 잤습니
다.
5 빌하가 임신을 해서 야곱에게 아들을 낳아
주었습니다.
6 라헬이 말했습니다. "하나님께서 나의 억
울함을 풀어 주셨다. 하나님께서 내 기도
를 들어 주셔서 나에게 아들을 주셨다."
그래서 라헬은 그 아들의 이름을 단*이라
고 지었습니다.

알아두세요

29:32 '르우벤'은 '보아라, 아들이다'라는 뜻이다.
29:33 '시므온'은 '듣는다'라는 뜻이다.
29:34 '레위'는 '애착'이라는 뜻이다.
29:35 '유다'는 '찬양하다'라는 뜻이다.
30:6 '단'은 '억울함을 풀어 주셨다'라는 뜻이다.
30:8 '납달리'는 '경쟁한다'라는 뜻이다.
30:11 '갓'은 '행운'이라는 뜻이다.
30:13 '아셀'은 '기쁨'이라는 뜻이다.
30:18 '잇사갈'은 '값, 보상'이라는 뜻이다.
30:20 '스불론'은 '존중, 영예'라는 뜻이다.
30:24 '요셉'은 '더함, 더하다'라는 뜻이다.

7 빌하가 다시 임신을 해서 야곱에게 둘째
아들을 낳아 주었습니다.
8 라헬이 말했습니다. "내가 언니와 크게 겨
루어서 이기고야 말았다." 그래서 라헬은
그 아들의 이름을 납달리*라고 지었습니
다.
9 레아는 자기가 아이를 더 낳지 못하게 된
것을 알고, 자기 몸종 실바를 야곱에게 아
내로 주었습니다.
10 그래서 실바에게도 아들이 생겼습니다.
11 레아가 말했습니다. "나는 운이 좋다." 그
래서 레아는 그 아들의 이름을 갓*이라고
지었습니다.
12 레아의 몸종 실바가 아들을 또 낳았습니다.
13 레아가 말했습니다. "나는 행복하다. 이제
는 여자들이 나를 행복한 사람이라고 부
르겠지." 그래서 레아는 그 아들의 이름을
아셀*이라고 지었습니다.
14 보리를 거두어들일 무렵에 르우벤이 들판
에 나갔다가 합환채를 발견해서 자기 어
머니 레아에게 가져다 주었습니다. 그러자
라헬이 레아에게 말했습니다. "언니 아들
이 가져온 합환채를 나에게도 조금 줘요."
15 레아가 대답했습니다. "너는 내 남편을 빼
앗아 가더니, 이제는 내 아들이 가져온 합
환채까지 빼앗으려 드는구나." 그 말을
듣고 라헬이 말했습니다. "그 합환채를 나
에게 주면 그이가 오늘 밤에는 언니와 함
께 자도록 해 주겠어요."
16 그 날 저녁, 야곱이 들에서 돌아오자, 야
곱을 맞이하러 나간 레아가 말했습니다.
"오늘 밤에는 나와 함께 자야 해요. 내 아
들이 가져온 합환채로 당신의 대가를 치
렀거든요." 그래서 그 날 밤에 야곱은 레
아와 함께 잠을 잤습니다.
17 하나님께서 레아의 기도를 들어 주셔서 레
아가 다시 임신을 했습니다. 레아는 야곱
의 다섯째 아들을 낳았습니다.
18 레아가 말했습니다. "내가 내 몸종을 남편
에게 주었더니 하나님께서 그 값을 갚아
주셨구나." 그래서 레아는 그 아들의 이름
을 잇사갈*이라고 지었습니다.

합환채(30:14-15) 이것을 먹으면 임신할 수 있는 능력이 생긴다고 믿었다

19 레아가 또 임신을 하여 야곱에게 여섯째
아들을 낳아 주었습니다.
20 레아가 말했습니다. "하나님께서 나에게
좋은 선물을 주셨다. 내가 여섯째 아들을
낳았으니, 이제는 남편이 나를 존중해 주
겠지." 그래서 레아는 그 아들의 이름을
스불론*이라고 지었습니다.
21 그후에 레아는 딸을 낳고 이름을 디나라고
지었습니다.
22 하나님께서 라헬을 기억하시고 라헬의 기
도를 들어 주셔서 라헬도 아이를 낳을 수
있게 해 주셨습니다.
23 라헬이 임신을 해서 아들을 낳았습니다.
라헬이 말했습니다. "하나님께서 나의 부
끄러움을 없애 주셨다."
24 라헬은 "하나님께서 나에게 아들을 더 주
셨으면 좋겠다"라고 말하면서 그 아들의
이름을 요셉*이라고 지었습니다.

야곱이 라반을 속임

25 요셉이 태어난 후에 야곱이 라반에게 말했
습니다. "이제는 제 집, 제 나라로 돌아
가게 해 주십시오.
26 제가 장인 어른을 위해 일해 드리고 얻은
아내와 자식들을 데리고 돌아가게 해 주
십시오. 제가 장인 어른을 위해 해 드린
일은 장인 어른께서 더 잘 아실 것입니
다."
27 라반이 말했습니다. "괜찮다면 나와 함께
계속 있게나. 여호와께서 나에게 복을 주
신 것이 다 자네 때문인 것을 내가 예측
하여 알고 있었네.

28 자네 품삯은 자네가 정하게. 내가 그대로
주겠네."
29 야곱이 대답했습니다. "장인 어른께서는
제가 장인 어른을 위해 열심히 일한 것과
제가 돌보아 드린 장인 어른의 가축 떼가
제 앞에 얼마나 있는지 아십니다.
30 제가 장인 어른께 처음 왔을 때는 가축 떼
가 얼마 되지 않았지만 지금은 크게 불어
났습니다. 제 발길이 닿는 곳마다 여호와
께서 장인 어른에게 복을 주셨습니다. 하
지만 저도 이제는 제 식구를 위해 일해야
되지 않겠습니까?"
31 라반이 물었습니다. "그래, 무엇을 해 주
었으면 좋겠나?" 야곱이 대답했습니다.
"다른 것은 바라지 않습니다. 그저 한 가
지만 해 주십시오. 그렇게 해 주시면 제
마음을 돌이켜 다시 장인 어른의 가축 떼
를 돌보아 드리겠습니다.
32 오늘, 제가 장인 어른의 모든 가축 떼 사
이로 다니면서 점이 있거나 얼룩이 졌거
나 검은 새끼양과 점이 있거나 얼룩이 진
새끼염소를 골라 낼 테니, 그것을 저에게
주십시오.
33 제가 정직한가 정직하지 않은가는 장인
어른께서 앞으로 저에게 오셔서 제 가축
떼를 보시면 알게 될 것입니다. 만약 제
가 점이 없는 염소나 얼룩이 지지 않은 염
소나 검은 색이 아닌 양을 가지고 있다면,
제가 그것을 훔친 것으로 여기셔도 좋습
니다."
34 라반이 대답했습니다. "좋네. 자네 말대로
하겠네."
35 그러나 그 날, 라반은 몸에 줄무늬나 점
이 있는 숫염소들을 따로 떼어 놓았습니
다. 또한 몸에 얼룩이 있거나 점이 있거
나 하얀 반점이 있는 암염소들과 검은 양
들도 모두 따로 떼어 놓았습니다. 그런 다
음에 라반은 그 짐승들을 자기 아들들에
게 맡겨 돌보게 했습니다.
36 라반은 이 짐승들을 야곱에게서 삼 일 길
쯤 떨어진 곳으로 몰고 갔습니다. 야곱은
라반의 나머지 가축 떼를 쳤습니다.
37 야곱은 버드나무와 살구나무와 신풍나무
가지를 꺾은 다음에 껍질을 벗겨 내서 나
무 껍질에 하얀 줄무늬를 만들었습니다.
38 그리고 나서 야곱은 가축 떼가 와서 물을

자신의 가축을 늘려가는 야곱(30:37-43)

먹는 여물통 바로 앞에 그 흰 무늬 가지
들을 세워 놓았습니다. 가축들은 물을 먹
으러 와서 새끼를 뱄는데,
39 염소들이 그 흰 무늬 가지 앞에서 새끼를
뱄습니다. 그러자 그 사이에서 흰 무늬가
있거나 얼룩이 졌거나 점이 있는 새끼 염
소가 태어났습니다.
40 야곱은 그 새끼들을 따로 떼어 놓았습니
다. 야곱은 라반의 가축 가운데서 줄무늬
가 있거나 검은 가축들을 따로 떼어 놓았
습니다.
41 가축 떼 가운데서 튼튼한 짐승들이 새끼
를 배려고 하면, 야곱은 그 짐승들의 눈
앞에 가지를 놓았습니다. 그래서 짐승들
이 그 가지 앞에서 새끼를 배게 했습니다.
42 하지만 약한 짐승들이 새끼를 배려고 하
면, 야곱은 그 앞에 가지를 놓지 않았습니
다. 그래서 약한 것들은 라반의 것이 되고,
튼튼한 것들은 야곱의 것이 되었습니다.
43 이렇게 해서 야곱은 큰 부자가 되었습니
다. 야곱은 가축 떼와 남종과 여종, 그리
고 낙타와 나귀를 많이 가지게 되었습니
다.

도망가는 야곱

31 어느 날, 야곱은 라반의 아들들이 하
는 이야기를 들었습니다. 라반의 아
들들이 한 이야기는 이러했습니다. "야곱
은 우리 아버지의 것을 다 빼앗아 갔다.
그래서 야곱은 우리 아버지의 것으로 부
자가 되었다."
2 야곱이 보니, 라반이 자기를 대하는 태도
가 그전처럼 다정하지 않았습니다.
3 여호와께서 야곱에게 말씀하셨습니다.
"네 조상들이 사는 땅으로 돌아가거라.
내가 너와 함께 있겠다."
4 그래서 야곱은 자기가 가축 떼를 돌보고
있는 들판으로 라헬과 레아를 불러 냈습니
다.
5 야곱이 라헬과 레아에게 말했습니다. "장
인 어른이 나를 대하시는 태도가 전과 같
지 않소. 하지만 내 아버지의 하나님께서
나와 함께 계시오.
6 당신들도 알겠지만, 나는 있는 힘을 다해
당신들의 아버지를 위해 일했소.
7 그런데 그분은 나를 속였소. 그분은 내 품
삯을 열 번이나 바꾸었소. 하지만 하나님
께서는 당신들의 아버지가 나를 해치지
못하게 하셨소.
8 장인 어른이 '점 있는 것은 다 자네 몫일
세' 라고 말씀하시면 가축마다 몸에 점이
생겼고, '줄무늬 있는 것은 다 자네 몫일
세' 라고 말씀하시면 가축마다 몸에 줄무
늬가 생겼소.
9 하나님께서는 이처럼 장인 어른의 가축을
나에게 되찾아 주셨소.
10 짐승들이 새끼 밸 무렵에 내가 꿈을 꾸었
소. 내가 보니 새끼 배려고 하는 숫염소
들마다 줄무늬 있는 것이거나 점이 있는
것이거나 얼룩진 것이었소.
11 하나님의 천사가 꿈속에서 '야곱아!' 하고
부르셔서 내가 '예!' 하고 대답했소.
12 천사가 말씀하셨소. '보아라. 새끼 배려
고 하는 것은 다 줄무늬 있는 것이거나 점
이 있는 것이거나 얼룩진 것이다. 라반이
너에게 한 못된 짓을 내가 다 보았다.
13 나는 벧엘에서 너에게 나타났던 여호와
하나님이다. 너는 거기에서 돌 기둥에 기
름을 붓고 나에게 맹세를 했다. 당장 이
곳을 떠나 네가 태어난 땅으로 돌아가거
라.'"
14 라헬과 레아가 야곱에게 대답했습니다.
"아직도 우리 아버지의 집에서 우리가 물
려받을 수 있는 몫이나 유산이 있을까요?
15 아버지는 우리를 당신에게 팔고, 또 우리
몫을 다 차지하셨으니, 이제, 우리를 잠
시 묵고 있는 나그네처럼 여기시는 것이
아니겠어요?
16 하나님께서 우리 아버지로부터 찾아 주신
재산은 이제, 모두 우리와 우리 아이들 것
이에요. 그러니 당신은 하나님께서 말씀
하신 대로 하세요."
17 야곱은 자기 아이들과 아내들을 낙타에
태웠습니다.
18 그런 다음에 야곱은 밧단아람에서 살면서

모은 모든 가축 떼와 재산을 가지고 가나
안 땅에 사는 자기 아버지 이삭을 향해 떠
났습니다.
19 그 때, 라반은 양 떼의 털을 깎으러 나가
있었습니다. 그 틈을 타서 라헬이 라반의
드라빔을 훔쳤습니다.
20 야곱은 떠날 생각을 하고 있으면서도 아
람 사람 라반에게 알리지 않고, 그를 속였
습니다.
21 그러다가 자기가 가진 모든 것을 가지고
도망쳤습니다. 야곱은 먼저 유프라테스 강
을 건넌 다음에 길르앗의 산악 지방쪽으
로 갔습니다.
22 삼 일 만에 라반은 야곱이 도망쳤다는 이
야기를 들었습니다.
23 그래서 라반은 친척들을 불러 모은 다음
야곱을 뒤쫓아갔습니다. 라반은 칠 일 만
에 길르앗의 산악 지방에서 야곱을 따라잡
았습니다.
24 그 날 밤, 하나님께서 아람 사람 라반의
꿈에 나타나셔서 말씀하셨습니다. "조심
하여라. 좋은 말이든 나쁜 말이든 야곱에
게 아무 말도 하지 마라."

라반이 우상을 찾다

25 라반이 야곱을 따라잡았을 때에 야곱은 산
악 지방에 장막을 쳐놓고 있었습니다. 그
래서 라반과 그의 친척들도 길르앗의 산악
지방에 장막을 쳤습니다.
26 라반이 야곱에게 말했습니다. "어찌하여
이런 일을 했나? 왜 나를 속였나? 왜 내
딸들을 마치 칼로 잡은 전쟁 포로를 끌고
가듯 끌고 가는가?
27 왜 나에게 말도 하지 않고 이렇게 도망가
나? 왜 나를 속였나? 왜 말하지 않았나?
말해 주었더라면 북을 두드리고 수금에
맞춰, 기쁘게 노래하며 자네를 보냈을 것
아닌가?
28 자네는 내 손자들에게 이별의 입맞춤도
못하게 했고, 내 딸들에게도 이별의 인사
를 못하게 했네. 어찌하여 이렇게 어리석
은 짓을 했나?
29 나는 자네를 해칠 수도 있네. 하지만 지
난 밤에 자네 아버지의 하나님께서 나에
게 나타나 말씀하셨네. 하나님께서는 좋
은 말이든 나쁜 말이든 자네에게 아무 말
도 하지 말라고 주의를 주셨네.
30 자네도 고향으로 돌아가고 싶겠지. 하지
만 내 우상은 왜 훔쳐 갔는가?"
31 야곱이 라반에게 대답했습니다. "장인 어
른께서 강제로 장인 어른의 딸들을 빼앗
아 갈까봐 말씀도 드리지 못하고 떠나왔
습니다.
32 저희 중에 장인 어른의 우상을 가지고 있
는 사람이 있으면 그 사람을 죽여도 좋습
니다. 여기 장인 어른의 친척들도 계시니
무엇이든 장인 어른의 것이 저희에게 있
는가 찾아보시고 있으면 가져가십시오."
야곱은 라헬이 라반의 우상을 훔쳤다는 것
을 모르고 있었습니다.
33 그래서 라반은 야곱의 장막과 레아의 장막

성경 자세히 이해하기

드라빔이 뭘까요?

이 말은 '수호신들'이라는 뜻으로 일종의 우상이라고 볼 수 있습니다. 사람의 모양을 하고 있는 것도 있는데 아마도 죽은 조상들의 형상일 것입니다. 고대의 문서에는 이것이 족장의 권위와 재산의 상속권을 보증하는 표시로 사용되었다는 기록이 나옵니다. 또 이것이 어떤 계시나 정보를 얻는 데 사용되었다고도 합니다. 그래서 라헬은 그것을 가지고 야곱이 어디로 도망갔는지 알아낼까봐 그것을 자기 아버지에게서 훔친 것이라고 추측해 볼 수도 있겠죠? 본문 보기 31장 19절

북부 메소포타미아에서 발견된 드라빔.
수호신 또는 재산 상속권의 표시였다(31:19)

을 뒤졌습니다. 그리고 두 여종의 장막도
뒤졌습니다. 그러나 우상을 찾아 내지 못
한 라반은 레아의 장막을 떠나 라헬의 장
막으로 들어갔습니다.
34 그 때, 라헬은 우상을 낙타의 안장 밑에
숨겨 놓고 그 위에 앉아 있었습니다. 라
반은 장막 안을 샅샅이 뒤졌으나 우상을
발견하지 못했습니다.
35 라헬이 자기 아버지에게 말했습니다. "아
버지, 제가 그냥 앉아 있다고 해서 노여
워하지 마세요. 지금 월경 중이라 일어날
수가 없어서 그래요." 라반은 라헬의 장막
을 뒤졌지만 우상을 찾지 못했습니다.
36 야곱이 화를 내면서 라반에게 말했습니다.
"제가 무슨 잘못을 했습니까? 제가 무슨
죄를 졌다고 이처럼 불같이 저를 쫓아오
셨습니까?
37 제 물건을 다 뒤지셨는데, 장인 어른의 것
이 있습니까? 만약 있다면 장인 어른의
친척들과 제 친척들 앞에 내놓아 보십시
오. 그래서 우리 두 사람 중에서 누가 옳
은지 판단할 수 있게 해 주십시오.
38 저는 장인 어른을 위해 이십 년 동안 일
했습니다. 그 동안, 어미 배 속에서 죽은
채 나온 새끼 양이나 염소는 한 마리도 없
었습니다. 그리고 저는 장인 어른의 가축
중에서 숫양 한 마리 잡아먹은 적이 없습
니다.
39 어쩌다가 양 한 마리가 들짐승들에게 잡
혀 먹기라도 하면 저는 그것을 장인 어른
께 그대로 가져가지 않고, 제 양으로 대
신 갚아 드렸습니다. 장인 어른께서는 낮
이나 밤 동안에 없어진 가축이 있으면 저
에게 그것을 갚게 하셨습니다.
40 낮에는 너무 뜨거워 견딜 수가 없었고, 밤
에는 너무 추워 잠을 잘 수가 없었습니다.
41 저는 지난 이십 년 동안, 장인 어른을 위
해 종처럼 일했습니다. 처음 십사 년 동
안은 장인 어른의 두 딸을 얻으려고 일했
고, 육 년 동안은 가축을 얻으려고 일했
습니다. 그런데도 장인 어른께서는 제 품
삯을 열 번이나 바꾸셨습니다.
42 하지만 제 아버지의 하나님께서는 저와
함께 계셨습니다. 그분은 아브라함의 하나
님이시고 이삭의 하나님이십니다. 만약
하나님께서 저와 함께 계시지 않았다면,
장인 어른은 저에게 아무것도 주지 않고
맨손으로 돌려 보냈을 것입니다. 하지만
하나님께서는 제가 겪은 고통과 제가 얼
마나 열심히 일했는가를 아시고 지난 밤
에 장인 어른을 꾸짖으신 것입니다."

야곱과 라반이 언약을 맺음

43 라반이 야곱에게 말했습니다. "이 딸들은
내 딸이요, 이 아이들은 내 손자들이요,
가축들도 내 가축이네. 자네 앞에 있는 것
이 다 내 것일세. 하지만 내가 지금 와서
내 딸들에게 무슨 일을 할 수 있으며, 내
딸들이 낳은 아이들에게 무슨 일을 할 수
있겠는가?
44 자, 우리 언약을 맺고 돌무더기를 쌓아 그
것이 나와 자네 사이에 증거가 되도록 하
세."
45 그래서 야곱은 돌 한 개를 가져와서 기둥
으로 세웠습니다.
46 야곱이 자기 친척들에게 돌을 모으라고
말했습니다. 그들은 돌들을 주워 와 무더
기를 쌓았습니다. 그런 다음에 그들은 돌
무더기 옆에 앉아 음식을 먹었습니다.
47 라반이 그 곳의 이름을 자기 나라 말로 여
갈사하두다*라고 지었습니다. 야곱도 똑같
은 이름을 히브리 말로 갈르엣이라고 지어
불렀습니다.

유목민과 이동 방목민이 사용하는
주거용 천막(31:33)

알아두세요

31:47 '여갈사하두다'는 아람어로 '증거의 무
더기'라는 뜻이다.

48 라반이 야곱에게 말했습니다. "이 돌무더
기는 우리가 맺은 언약의 증거일세." 사
람들이 그 곳의 이름을 갈르엣이라고 부
르는 것도 이 때문입니다.
49 또한 그 곳은 미스바*라고 부르기도 합니
다. 그렇게 부르는 까닭은 라반이 이렇게
말했기 때문입니다. "우리가 서로 헤어져
있는 동안, 여호와께서 우리를 지켜 보시
기를 바라네.
50 만약 자네가 내 딸들을 못살게 굴거나 내
딸들을 놔 두고 다른 아내를 또 얻으면,
비록 증인된 사람은 우리와 함께 있지 못
할지라도 하나님께서 자네와 나 사이에
증인이 되실 것이네."
51 라반이 또 야곱에게 말했습니다. "내가 자
네와 나 사이에 쌓은 이 돌무더기를 보게.
또 내가 세운 이 돌 기둥을 보게.
52 이 돌무더기와 이 돌 기둥은 우리들의 언
약의 증거일세. 나는 절대로 이 돌무더기
를 지나서 자네를 해치지 않을 걸세. 그
리고 자네도 절대로 이 돌무더기를 지나
서 나를 해치지 말아야 하네.
53 아브라함의 하나님, 나홀의 하나님, 그분
들 조상의 하나님께서 우리 사이에 재판
관이 되어 주시기를 바라네." 그리하여 야
곱은 자기 아버지 이삭이 두려워하는 하
나님의 이름으로 약속을 했습니다.
54 그리고 야곱은 짐승 한 마리를 잡아 산에
서 제물로 바쳤습니다. 그리고 나서 야곱
은 친척들을 불러 함께 음식을 먹었습니
다. 음식을 먹은 뒤, 그들은 산에서 하룻
밤을 묵었습니다.
55 이튿날 아침 일찍 일어나 라반은 손자 손
녀들과 딸들에게 입을 맞추고, 그들에게
복을 빌어 준 다음, 고향으로 돌아갔습니
다.

야곱이 에서를 만남

32 야곱이 자기 길을 가고 있는데 하
나님의 천사들이 야곱에게 나타났
습니다.
2 야곱은 하나님의 천사들을 보고 "이는 하나
님의 군대다"라고 말했습니다. 그래서 야곱
은 그 곳을 마하나임*이라고 불렀습니다.
3 야곱의 형 에서는 에돔 나라의 세일이라고
하는 지역에서 살고 있었습니다. 야곱이
에서에게 심부름꾼들을 자기보다 먼저 보
냈습니다.
4 야곱이 심부름꾼들에게 말했습니다. "내
주 에서에게 이 말을 전하여라. '당신의
종인 야곱이 말씀드립니다. 저는 라반과
함께 살며 지금까지 그 곳에 머물러 있었
습니다.
5 저에게는 소와 나귀와 가축 떼와 남종과
여종들이 있습니다. 그러므로 제가 이 사

야곱과 에서가 다시 만남(32장)

람들을 보내어 전하여 드리고, 형님의 은
혜를 구하려 합니다.'"
6 심부름꾼들이 야곱에게 돌아와 말했습니
다. "주인님의 형님이신 에서에게 다녀왔
습니다. 에서는 사백 명을 거느리고 주인
님을 만나러 오고 있습니다."
7 야곱은 그 말을 듣고 너무나 두렵고 낙심
이 되었습니다. 야곱은 자기와 함께 있는
사람들을 두 무리로 나누었습니다. 그리
고 양 떼와 소 떼와 낙타들도 두 무리로
나누었습니다.
8 야곱은 이렇게 생각했습니다. '에서가 다
가와서 한 무리를 친다 하더라도 나머지
한 무리는 도망칠 수 있을 것이다.'
9 야곱이 말했습니다. "제 할아버지 아브라
함의 하나님, 제 아버지 이삭의 하나님!
하나님께서는 저에게 '네 나라, 네 집으
로 돌아가거라. 네게 은혜를 베풀어 줄 것
이다' 하고 말씀하셨습니다.
10 저는 하나님께서 저에게 베풀어 주신 온
갖 은혜와 사랑을 받을 자격이 없는 사람
입니다. 제가 처음 요단 강을 건넜을 때,
저에게는 지팡이 하나밖에 없었습니다.
그런데 지금 저에게는 재산을 둘로 나눌
수 있을 만큼 많은 재산이 있습니다.
11 제발 저를 제 형 에서로부터 구해 주십시
오. 에서가 와서 저와 아이들의 어머니와
아이들까지 해치지 않도록 해 주십시오.
12 하나님께서는 저에게 '내가 너에게 은혜
를 베풀겠다. 내가 네 자손을 바다의 모
래처럼 셀 수도 없이 많게 해 주겠다' 고
말씀하지 않으셨습니까?"
13 그 날 밤, 야곱은 거기에서 묵었습니다.
야곱은 자기가 가진 것 중에서 에서에게
줄 선물을 준비했습니다.
14 야곱이 준비한 선물은 암염소 이백 마리
와 숫염소 이십 마리, 암양 이백 마리와
숫양 이십 마리,
15 젖을 먹이는 암낙타 삼십 마리와 그 새끼
낙타들, 암소 사십 마리와 황소 열 마리,
암나귀 이십 마리와 새끼 나귀 열 마리였
습니다.

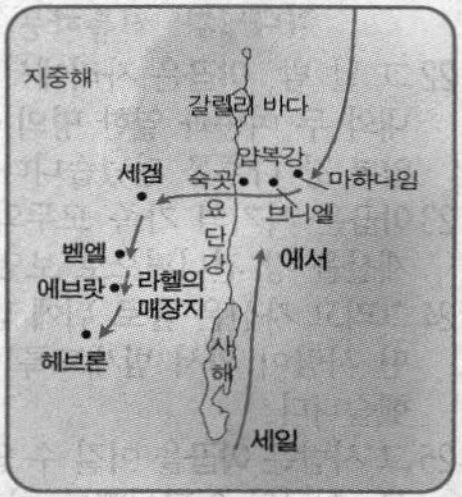

가나안으로
돌아온 야곱의
정착지(32:1)

16 야곱은 이것들을 각각 떼로 나누어 자기
종들에게 주면서 말했습니다. "나보다 먼
저 가거라. 그리고 가축 떼와 가축 떼 사
이에 거리를 두어라."
17 야곱은 종들에게 명령을 했습니다. 첫 번
째 가축 떼를 몰고 가는 종에게는 이렇게
말했습니다. "내 형 에서가 너에게 다가와
서 '너는 누구의 종이며 어디로 가는 길
이냐? 이 짐승들은 누구의 것이냐?' 하고
물으면
18 너는 이렇게 대답하여라. '이 짐승들은
주인님의 종 야곱의 것으로서 에서 주인님
께 드리는 선물입니다. 야곱도 저희들 뒤
에 오고 있습니다.'"
19 야곱은 두 번째 종과 세 번째 종과 가축
떼를 따라가는 그 밖의 모든 종들에게도
똑같은 명령을 내렸습니다. "에서를 만나
거든 똑같이
20 '주인님의 종 야곱은 저희들 뒤에 오고 있
습니다' 라고 말하여라." 야곱은 이렇게 생
각했습니다. '내가 가기 전에 먼저 이 선
물을 주면 형의 마음이 풀어질지도 모른
다. 그런 다음에 형을 만나면 형이 나를
맞아 줄 것이다.'
21 그래서 야곱은 에서에게 먼저 선물을 보냈
습니다. 그리고 야곱은 그 날 밤, 천막에
서 묵었습니다.

알아두세요

31:49 '미스바'는 '망루'라는 뜻이다.
32:2 '마하나임'은 '두 진영'이라는 뜻이다.

하나님과 씨름하는 야곱

22 그 날 밤, 야곱은 자리에서 일어나 두 아
내와 두 여종과 열한 명의 아들을 데리고
압복 강 나루를 건넜습니다.
23 야곱은 자기의 가족 모두와 자기의 모든
재산을 강 건너편으로 보냈습니다.
24 그리고 자신은 홀로 뒤에 남았습니다. 어
떤 사람이 와서 밤새도록 야곱과 씨름을
했습니다.
25 그 사람은 야곱을 이길 수 없다는 것을 알
고, 야곱의 엉덩이뼈를 쳐서 엉덩이뼈를
어긋나게 만들었습니다.
26 그 사람이 야곱에게 말했습니다. "날이 새
려고 하니 나를 놓아 다오." 하지만 야곱
이 말했습니다. "저에게 복을 주시지 않
으면 보내 드릴 수 없습니다."
27 그 사람이 야곱에게 말했습니다. "네 이름
이 무엇이냐?" 야곱이 대답했습니다. "야
곱입니다."
28 그 사람이 말했습니다. "네 이름은 이제
부터 야곱이 아니라 이스라엘*이다. 네가
하나님과 씨름했고, 사람과도 씨름을 해
서 이겼기 때문이다."
29 야곱이 그 사람에게 물었습니다. "당신의
이름을 가르쳐 주십시오." 그러자 그 사
람이 말했습니다. "왜 내 이름을 묻느
냐?" 하며 그 자리에서 야곱에게 복을 주
었습니다.
30 그래서 야곱은 그 곳을 브니엘*이라고 불
렀습니다. 야곱이 말했습니다. "나는 하나
님의 얼굴을 보고도 죽지 않고 살았다."
31 야곱이 그 곳을 떠나려 할 때에 해가 떠
올랐습니다. 야곱은 엉덩이 때문에 다리
를 절뚝거렸습니다.
32 브니엘에서 나타난 사람이 야곱의 엉덩이
뼈를 쳤기 때문에, 지금도 이스라엘 사람
들은 엉덩이뼈에 붙어 있는 큰 힘줄을 먹
지 않습니다.

야곱이 에서를 만나다

33 야곱이 눈을 들어 보니 에서가 오
고 있었습니다. 에서는 종 사백 명
을 거느리고 있었습니다. 그래서 야곱은
레아와 라헬과 두 여종에게 아이들을 나누
어 맡겼습니다.
2 야곱은 여종들과 그 아이들을 앞에 세우
고 레아와 그 아이들을 그 뒤에 세웠습니
다. 라헬과 요셉은 맨 뒤에 세웠습니다.
3 야곱은 맨 앞으로 나갔습니다. 야곱은 형
이 있는 쪽으로 다가가면서 일곱 번이나
땅에 엎드려 절했습니다.
4 그러자 에서가 달려와 야곱을 맞이했습니
다. 에서는 야곱을 끌어안고, 그의 목에
얼굴을 기대었습니다. 그리고 야곱에게
입을 맞추었고, 두 사람은 함께 소리내어
울었습니다.
5 에서가 눈을 들어 보니 여자와 아이들이
보였습니다. 에서가 물었습니다. "너와 함
께 있는 이 사람들은 누구냐?" 야곱이 대
답했습니다. "이 사람들은 하나님께서 형
님의 종인 저에게 은혜로 주신 아이들입
니다."
6 두 여종과 그들의 아이들이 에서 앞으로
나와 땅에 엎드려 절했습니다.
7 그런 다음, 이번에는 레아와 그 아이들이
에서에게 나아와 역시 땅에 엎드려 절했
습니다. 마지막으로 요셉과 라헬이 에서에
게 나아와 마찬가지로 땅에 엎드려 절했
습니다.
8 에서가 말했습니다. "여기까지 오는 동안
에 가축 떼를 여러 번 만났는데, 그것은
웬 가축 떼냐?" 야곱이 대답했습니다. "그
것은 형님께 드리는 선물입니다."
9 에서가 말했습니다. "야곱아, 그런 것은
나에게도 얼마든지 있다. 네 것은 네가 가

알아두세요

32:28 '이스라엘'은 '하나님과 겨루다'라는 뜻이다.
32:30 '브니엘'은 '하나님의 얼굴'이라는 뜻이다.
33:17 '숙곳'은 '초막 또는 오두막'이라는 뜻이다.
33:20 '엘엘로헤이스라엘'은 '하나님, 이스라엘의 하나님'이라는 뜻이다.

저라."
10 야곱이 말했습니다. "아닙니다, 형님. 저
를 좋게 보신다면, 제가 드리는 선물을 받
아 주십시오. 형님 얼굴을 다시 뵙게 되
어 너무나 기쁩니다. 형님이 저를 받아 주
시니, 마치 하나님 얼굴을 뵙는 듯합니
다.
11 그러니 제 선물을 받아 주십시오. 하나님
께서 저에게 큰 은혜를 베풀어 주셔서 저
는 넉넉하게 가지고 있습니다." 야곱이 자
꾸 권하자, 에서가 선물을 받았습니다.
12 에서가 말했습니다. "자, 이제 가자. 나도
너와 함께 가겠다."
13 그러나 야곱이 에서에게 말했습니다. "형
님, 형님께서도 아시겠지만, 아이들은 약
합니다. 게다가 가축 떼와 그 새끼들도 걱
정이 됩니다. 하룻동안, 너무 많이 걷게
되면 짐승들이 다 죽을 것입니다.
14 형님, 그러니 형님 먼저 가십시오. 저는
천천히 뒤따라 가겠습니다. 가축 떼와 아
이들의 걸음걸이에 맞추어 천천히 가겠습
니다. 그리고 세일에서 다시 형님을 뵙겠
습니다."
15 그러자 에서가 말했습니다. "그렇다면 내
가 데리고 있는 사람 중 몇 명을 네 곁에
남겨 두어 너와 함께 오게 하마." 야곱이
말했습니다. "어찌 그렇게 하겠습니까?
내 주인인 형님의 친절한 마음만으로도
만족합니다."
16 그리하여 그 날, 에서는 세일 쪽으로 다시
돌아갔습니다.
17 하지만 야곱은 숙곳*으로 갔습니다. 그 곳
에서 야곱은 자기 식구들이 머물 집을 지
었습니다. 그리고 짐승들을 위해 우리를
지어 주었습니다. 그래서 그 곳의 이름은
숙곳이 되었습니다.
18 야곱은 밧단아람을 떠나 가나안 땅 세겜 성
에 무사히 이르렀습니다. 야곱은 성 동쪽
에 장막을 쳤습니다.
19 야곱은 장막을 친 밭을 세겜의 아버지 하
몰의 아들들에게서 은 돈 백 개를 주고 샀
습니다.

에발 산과 그리심 산 사이에 위치한 세겜 (33:18-20)

20 야곱은 그 곳에 제단을 쌓고 그 이름을 엘
엘로헤이스라엘*이라고 지었습니다.

디나가 강간을 당하다

34 레아와 야곱 사이에서 태어난 딸
디나가 그 땅의 여자들을 보러 나
갔습니다.
2 히위 사람 하몰의 아들이며, 그 땅의 추장
인 세겜이 디나를 보고, 끌고 가서 강간하
였습니다.
3 세겜은 야곱의 딸 디나에게 마음이 끌렸습
니다. 그는 디나를 사랑하였으므로 디나의
마음을 위로하였습니다.
4 세겜이 자기 아버지 하몰에게 말했습니다.
"이 여자를 제 아내로 삼게 해 주십시오."
5 세겜이 자기 딸을 더럽혔다는 이야기를 야
곱이 들었습니다. 그 때, 야곱의 아들들은
들에서 가축 떼를 치고 있었습니다. 야곱
은 아들들이 돌아올 때까지 아무 말도 하
지 않았습니다.
6 세겜의 아버지 하몰이 이야기할 것이 있어
서 야곱에게 왔습니다.
7 그 때, 야곱의 아들들은 그 소식을 듣고
들에서 막 돌아와 있었습니다. 그들은 디
나가 더럽힘을 당했다는 이야기를 듣고
괴로워하며 분노하였습니다. 세겜이 야곱
의 딸에게 해서는 안 될 짓을 하여, 이스
라엘 사람을 부끄럽게 만들었기 때문입니
다.
8 하몰이 야곱의 아들들에게 말했습니다.
"내 아들 세겜이 디나를 너무나 사랑하고

있습니다. 제발 그 소녀를 세겜에게 주어
결혼할 수 있게 해 주십시오.
9 그리고 당신들도 우리 백성과 결혼해서
같이 사십시다. 당신들의 여자를 우리에
게 주십시오. 그리고 우리들의 딸을 데리
고 가십시오.
10 우리와 함께 사십시다. 거할 땅이 당신들
앞에 있으니 여기에 살면서 장사도 하고,
재산도 늘리십시오."
11 세겜도 야곱과 디나의 오라버니들에게 말
했습니다. "내 청을 들어 주십시오. 당신
들이 원하는 것은 다 드리겠습니다.
12 우리가 신부를 데리고 가는 데 필요한 몸
값과 예물을 말씀해 주십시오. 아무리 많
이 말씀하시더라도 말씀하시는 대로 다
드리겠습니다. 디나와 결혼만 하게 해 주
십시오."
13 야곱의 아들들이 세겜과 그의 아버지에게
거짓말로 대답했습니다. 이는 세겜이 자기
들의 누이 디나를 더럽혔기 때문입니다.
14 야곱의 아들들이 말했습니다. "할례도 받
지 않은 사람에게 우리 누이를 줄 수는 없
습니다. 그것은 우리에게 부끄러운 일이
기 때문입니다.
15 다만 한 가지 조건만 들어 주시면 당신들
의 청을 들어 드리겠습니다. 만일 당신들
쪽 모든 남자들이 할례를 받아 우리처럼
된다면 청을 허락하겠습니다.
16 그렇게 하시면 우리 딸들을 당신들에게 드
리고, 당신들의 딸들을 우리 아내로 맞아
들이겠습니다. 그렇게 되면 우리는 당신들
과 함께 살면서 한 백성이 될 것입니다.
17 당신들이 우리의 말을 듣고도 할례를 받
을 수 없다면, 우리는 디나를 데리고 떠
나겠습니다."
18 하몰과 하몰의 아들 세겜은 이 조건이 괜
찮다고 생각했습니다.

알아두세요

35:7 '엘벧엘'은 '벧엘의 하나님'이란 뜻이다.
35:8 '알론바굿'은 '울음의 상수리나무'라는 뜻이다.

19 그래서 세겜은 할례 베푸는 일을 지체하
지 않았습니다. 이는 세겜이 야곱의 딸을
사랑하는 마음이 깊었기 때문입니다. 그
당시 세겜은 자기 집안에서도 가장 존경
받는 사람이었습니다.
20 하몰과 그의 아들 세겜은 성문으로 나아가
그 성의 사람들에게 말했습니다.
21 "이 사람들은 우리와 친구가 되기를 원합
니다. 그러니 그들을 우리 땅에 살면서 장
사도 할 수 있게 해 줍시다. 이 땅은 그
들과 함께 살 수 있을 만큼 충분히 넓습
니다. 그리고 그 사람들의 딸을 데려와 아
내로 삼고, 우리 딸도 그 사람들에게 줍
시다.
22 그런데 여기에는 한 가지 조건이 있습니
다. 우리 중 남자는 모두 그 사람들처럼
할례를 받아야 합니다. 그렇게 하면 그들
은 우리와 함께 살 것이고, 우리는 한 백
성이 될 것입니다.
23 그렇게 되면 그들의 가축 떼와 그들의 재
산이 우리 것이 되지 않겠습니까? 그들
말대로 해서 그들이 우리와 함께 살게 합
시다."
24 성문으로 나온 사람들이 다 이 말을 들었
습니다. 그들은 하몰과 그의 아들 세겜의
말을 따르기로 했습니다. 그래서 남자들
은 다 할례를 받았습니다.
25 삼 일 뒤, 할례를 받은 사람들이 아직도
몸이 아플 때에 야곱의 아들 중에서 디나
의 오라버니인 시므온과 레위가 칼을 들고
별안간 그 성을 공격해서 그 성 안의 남
자들을 모조리 죽였습니다.
26 시므온과 레위는 하몰과 그의 아들 세겜을
칼로 죽였습니다. 그리고 디나를 세겜의
집에서 데리고 나왔습니다.
27 야곱의 다른 아들들도 죽은 사람들 사이
로 다니면서 성 안에 있는 것들을 노략질
했습니다. 왜냐하면 그 성은 누이가 강간
을 당한 성이었기 때문입니다.
28 야곱의 아들들은 양과 소와 나귀들을 비
롯해 성과 들에 있는 것을 닥치는 대로 빼
앗아 갔습니다.

29 그들은 그 성 백성들이 가지고 있던 값비
싼 것들을 다 빼앗았습니다. 그들은 여자
들과 아이들, 그리고 집안에 있던 물건들
까지도 다 빼앗았습니다.
30 그러자 야곱이 시므온과 레위에게 말했습
니다. "너희는 나에게 괴로움을 안겨 주
었다. 이제는 이 땅에 사는 가나안 사람들
과 브리스 사람들이 나를 미워할 것이다.
우리는 수가 적다. 만약 그들이 힘을 합
해 우리를 공격하면, 나와 우리 집안은 멸
망하고 말 것이다."
31 하지만 그 형제들이 말했습니다. "우리
누이가 창녀 취급을 받는데 어떻게 보고
만 있을 수 있습니까?"

벧엘로 돌아온 야곱

35 하나님께서 야곱에게 말씀하셨습
니다. "벧엘 성으로 가서 그 곳에
서 살아라. 네가 네 형 에서를 피해 도망
칠 때, 그 곳에서 너에게 나타나셨던 하
나님께 제단을 쌓아라."
2 야곱이 자기 가족과 자기와 함께 사는 다
른 모든 사람들에게 말했습니다. "너희
가운데 있는 이방 우상들을 다 버려라. 너
희 스스로 깨끗하게 하고 옷을 바꾸어 입
어라.
3 여기를 떠나 벧엘로 가자. 그 곳에서 하
나님께 제단을 쌓을 것이다. 그 하나님께
서는 내가 괴로움을 당할 때에 나를 도와
주셨으며, 내가 어디를 가든지 나와 함께
계셨다."
4 이 말을 듣고 그들은 가지고 있던 이방 우
상들을 다 야곱에게 주었습니다. 그리고
귀에 걸고 있던 귀걸이도 야곱에게 주었
습니다. 야곱은 그것들을 세겜 성에서 가
까운 큰 나무 아래에 파묻었습니다.
5 그런 다음에 야곱과 그의 아들들은 그 곳
을 떠났습니다. 그러나 근처에 있는 성 사
람들이 하나님을 두려워하여 야곱의 아들
들을 쫓아오지 못했습니다.
6 야곱의 모든 사람들은 루스로 갔습니다.
루스는 벧엘이라고 불리는 곳으로 가나안
땅에 있습니다.
7 그 곳에서 야곱은 제단을 쌓고 그 곳의 이
름을 엘벧엘*이라고 지었습니다. 야곱이
자기 형 에서를 피해 도망칠 때 하나님께
서 그 곳에서 자기에게 나타나셨기 때문
입니다.
8 이 무렵 리브가의 유모인 드보라가 죽어
벧엘의 상수리나무 아래에 묻혔습니다.
사람들은 그 곳을 알론바굿*이라고 불렀습
니다.

야곱의 새 이름

9 야곱이 밧단아람에서 돌아왔을 때, 하나님
께서 다시 야곱에게 나타나시고, 야곱에게
복을 주셨습니다.
10 하나님께서 야곱에게 말씀하셨습니다.
"네 이름이 야곱이지만 이제 다시는 네 이
름을 야곱이라고 부르지 않을 것이다." 그
리고는 그를 이스라엘이라고 부르셨습니
다.
11 하나님께서 야곱에게 말씀하셨습니다.
"나는 전능하신 하나님이다. 너는 많은
자녀를 낳고 큰 나라를 이루어라. 너는 많
은 나라와 왕들의 조상이 될 것이다.
12 나는 아브라함과 이삭에게 준 땅을 너와
네 자손에게 주겠다."
13 그리고 나서 하나님께서는 그에게 말씀하
시던 곳에서 떠나가셨습니다.
14 야곱은 하나님께서 자기에게 말씀하신 곳
에 돌 기둥을 세웠습니다. 그리고 거기에
부어 드리는 제물인 전제물을 드리고, 그
위에 기름을 부었습니다.
15 야곱은 하나님께서 나타나셔서 말씀하신
그 곳을 벧엘이라고 불렀습니다.

라헬이 아기를 낳고 죽다

16 야곱과 그의 일행은 벧엘을 떠나갔습니다.
그들이 에브랏에서 얼마 떨어진 곳에 이
르렀을 때에 라헬이 아기를 낳기 시작했
습니다. 그런데 아기를 낳는 고통이 너무
나 컸습니다.
17 라헬이 아기를 낳느라고 고통스러워 하는
모습을 보고 산파가 라헬에게 말했습니
다. "두려워하지 말아요. 또 아들을 낳게
될 거예요."

18 라헬은 아들을 낳고 죽었습니다. 라헬은
죽어가면서 그 아들의 이름을 베노니*라고
지었습니다. 그러나 야곱은 그 아들의 이
름을 베냐민*이라고 불렀습니다.
19 라헬은 에브랏으로 가는 길에 묻혔습니다.
에브랏은 베들레헴입니다.
20 야곱은 라헬의 무덤에 돌 기둥을 세웠습니
다. 라헬의 무덤에 세워진 그 돌 기둥은
지금까지 남아 있습니다.
21 이스라엘이라고도 부르는 야곱은 다시 길을
떠나 에델 탑 맞은편에 장막을 쳤습니다.
22 이스라엘이 그 땅에 있을 때에 르우벤이 이
스라엘의 첩 빌하와 함께 잤습니다. 이스
라엘이 그 이야기를 들었습니다.

이스라엘의 자손

야곱에게는 열두 명의 아들이 있었습니
다.
23 레아의 아들은 야곱의 첫째 아들 르우벤과
시므온, 레위, 유다, 잇사갈, 스불론입니다.
24 라헬의 아들은 요셉과 베냐민입니다.
25 라헬의 몸종 빌하의 아들은 단과 납달리입
니다.
26 레아의 몸종 실바의 아들은 갓과 아셀입니
다. 이들은 밧단아람에서 태어난 야곱의
아들들입니다.
27 야곱은 기럇아르바 근처 마므레에 있는 아
버지 이삭에게 갔습니다. 그 곳은 아브라
함과 이삭이 잠시 머물러 살았던 헤브론이
란 곳입니다.
28 그 때, 이삭의 나이는 백여든 살이었습니
다.
29 이삭은 목숨이 다하여 오랫동안 살다 조
상들에게로 돌아갔습니다. 그래서 이삭의
아들 에서와 야곱이 이삭을 장사지냈습니
다.

에서의 자손

36 에돔이라고도 부르는 에서의 자손
은 이러합니다.

알아두세요

35:18 '베노니'는 '내 슬픔의 아들'이라는 뜻이며, '베냐민'은 '내 오른손의 아들'이라는 뜻이다.

2 에서는 가나안 땅의 여자들을 아내로 맞아
들였습니다. 에서는 헷 사람 엘론의 딸 아
다를 아내로 맞아들였습니다. 에서는 또
아나의 딸 오홀리바마도 아내로 맞아들였
습니다. 아나는 히위 사람 시브온의 아들
입니다.
3 에서는 또 이스마엘의 딸이자 느바욧의 누
이인 바스맛도 아내로 맞아들였습니다.
4 아다는 엘리바스를 낳았고, 바스맛은 르우
엘을 낳았습니다.
5 그리고 오홀리바마는 여우스와 얄람과 고라
를 낳았습니다. 이들은 가나안 땅에서 태
어난 에서의 아들들입니다.
6 에서는 아내들과 아들들과 딸들과 자기
집에서 함께 살고 있는 모든 사람들과 가
축들과 다른 짐승들과 가나안에서 얻은 모
든 재산을 가지고, 자기 동생 야곱에게서
멀리 떨어진 곳으로 이사했습니다.
7 에서의 재산과 야곱의 재산이 너무 많아져
서 함께 살 수가 없게 되었습니다. 두 사
람이 함께 살기에는 그 땅이 너무 좁았습
니다. 그들에게는 가축들이 너무 많았습
니다.
8 그래서 에서는 세일 산에 살았습니다. 에
서는 에돔이라고도 부릅니다.
9 에서는 세일 산에 살았으며, 에돔 사람들
의 조상입니다.
10 에서의 아들들은 에서의 아내 아다의 아들
엘리바스와 에서의 아내 바스맛의 아들 르
우엘입니다.
11 엘리바스의 아들은 데만과 오말과 스보와
가담과 그나스입니다.
12 엘리바스에게는 딤나라고 하는 첩이 있었
습니다. 딤나는 엘리바스를 통해 아말렉을
낳았습니다. 이들은 에서의 아내 아다의
자손입니다.
13 르우엘의 아들은 나핫과 세라와 삼마와 미
사입니다. 이들은 에서의 아내 바스맛의
자손입니다.
14 에서의 세 번째 아내는 오홀리바마입니다.
오홀리바마는 아나의 딸입니다. 아나는 시
브온의 아들입니다. 오홀리바마가 에서를

에돔 족속이 거한 세일 산 일대(36:9)

통해 낳은 아들은 여우스와
얄람과 고라입니다.
15 에서의 자손 중에서 족장은
이러합니다. 에서의 맏아들
은 엘리바스입니다. 엘리바
스에게서는 데만, 오말, 스
보, 그나스,
16 고라, 가담, 아말렉과 같은
족장이 나왔습니다. 이들은
에돔 땅에서 엘리바스에게
서 나온 족장들이며 아다의 자손들입니
다.
17 에서의 아들 르우엘에게서 나온 족장은 이
러합니다. 나핫, 세라, 삼마, 미사이며 이
들은 에서의 아내 바스맛의 자손입니다.
18 에서의 아내 오홀리바마에게서 나온 족장
은 이러합니다. 여우스, 얄람, 고라이며 이
들은 에서의 아내 오홀리바마의 자손입니
다. 오홀리바마는 아나의 딸입니다.
19 이들은 에돔이라고도 부르는 에서의 자손
이며 각 종족의 족장입니다.
20 에돔 땅에 살던 호리 사람 세일의 자손은
이러합니다. 로단, 소발, 시브온, 아나,
21 디손, 에셀, 디산이며 세일의 아들인 이들
은 에돔 땅에서 호리 사람들의 족장이 되
었습니다.
22 로단의 자손은 호리와 헤맘입니다. 로단의
누이는 딤나입니다.
23 소발의 자손은 알완과 마나핫과 에발과 스
보와 오남입니다.
24 시브온의 자손은 아야와 아나입니다. 아나
는 광야에서 자기 아버지의 나귀들을 돌
보던 중에 온천을 발견한 사람입니다.
25 아나의 자손은 디손과 아나의 딸 오홀리바
마입니다.
26 디손의 자손은 헴단과 에스반과 이드란과
그란입니다.
27 에셀의 자손은 빌한과 사아완과 아간입니
다.
28 디산의 자손은 우스와 아란입니다.
29 호리 사람들의 족장 이름은 이러합니다.
로단, 소발, 시브온, 아나,
30 디손, 에셀, 디산입니다. 이들은 호리 사람
들 집안의 조상입니다. 이들은 에돔 땅,
곧 세일에서 살았습니다.
31 이스라엘 사람들에게 아직 왕이 없을 때에
에돔 땅을 다스렸던 왕들의 이름은 이러
합니다.
32 브올의 아들 벨라는 에돔 왕이었습니다.
벨라는 딘하바 성 사람이었습니다.
33 벨라가 죽자, 세라의 아들 요밥이 왕이 되
었습니다. 요밥은 보스라 사람이었습니다.
34 요밥이 죽자, 후삼이 왕이 되었습니다. 후
삼은 데만 땅 사람이었습니다.
35 후삼이 죽자, 브닷의 아들 하닷이 왕이 되
었습니다. 하닷은 모압 땅에서 미디안을
물리친 적이 있습니다. 하닷은 아윗 성 사
람이었습니다.
36 하닷이 죽자, 삼라가 왕이 되었습니다. 삼
라는 마스레가 사람이었습니다.
37 삼라가 죽자, 사울이 왕이 되었습니다. 사
울은 유프라테스 강가의 르호봇 사람이었
습니다.
38 사울이 죽자, 악볼의 아들 바알하난이 왕
이 되었습니다.
39 악볼의 아들 바알하난이 죽자, 하달이 왕
이 되었습니다. 하달은 바우 성 사람이었
습니다. 하달의 아내는 마드렛의 딸 므헤
다벨입니다. 마드렛은 메사합의 딸입니다.
40 에서에게서 나온 족장들을 종족과 지역에
따라 나누면 딤나, 알와, 여뎃,
41 오홀리바마, 엘라, 비논,
42 그나스, 데만, 밉살,
43 막디엘, 이람이며, 이들은 에돔의 족장이

었고, 에돔 사람들의 조상은 에서입니다.
이 종족들의 이름이 곧 그들이 살던 지역
의 이름이 되었습니다.

요셉의 꿈

37 야곱은 자기 아버지가 살았던 가나
안 땅에서 살았습니다.
2 다음은 야곱의 가족 이야기입니다. 열일
곱 살이 된 젊은 요셉은 그의 형제들과 함
께 양 떼를 치고 있었습니다. 요셉의 형
들은 그의 아버지의 첩인 빌하와 실바의
아들들이었습니다. 요셉은 형들의 잘못을
아버지에게 가서 그대로 일러 바치곤 하
였습니다.
3 요셉은 야곱이라고도 부르는 아버지 이스
라엘이 늙어서 낳은 아들이었으므로, 이스
라엘은 다른 어느 아들보다도 요셉을 더
사랑했습니다. 이스라엘은 요셉에게 소매
가 긴 좋은 옷을 만들어 주었습니다.
4 요셉의 형들은 아버지가 자기들보다 요셉
을 더 사랑하는 것을 알고 동생 요셉을 미
워하여 요셉에게 인사말도 건네지 않았습
니다.

꿈을 해석하는 어린 요셉(37:1-11)

5 어느 날, 요셉이 꿈을 꾸었습니다. 요셉이
그 꿈 이야기를 형들에게 들려 주자, 형
들은 요셉을 더 미워했습니다.
6 요셉이 말했습니다. "내가 꾼 꿈 이야기를
들어 보세요.
7 우리가 들에서 곡식단을 묶고 있는데, 내
곡식단이 일어서니까, 형들의 곡식단이
내 곡식단 곁으로 몰려들더니 내 곡식단
앞에 절을 했어요."
8 요셉의 형들이 말했습니다. "네가 우리의
왕이라도 될 줄 아느냐? 네가 정말로 우
리를 다스리게 될 줄 아느냐?" 요셉의 형
들은 요셉이 말한 꿈 이야기 때문에 그전
보다도 더 요셉을 미워했습니다.
9 그후에 요셉이 또 꿈을 꾸었습니다. 요셉
은 그 꿈 이야기를 또 형들에게 들려 주
었습니다. "들어 보세요. 내가 또 꿈을 꾸
었어요. 꿈에서 보니까 해와 달과 별 열
한 개가 나에게 절을 했어요."
10 요셉은 그 꿈 이야기를 자기 아버지에게
도 했습니다. 그러자 요셉의 아버지는 요
셉을 꾸짖었습니다. "그게 도대체 무슨 꿈
이냐? 너는 정말로 너의 어머니와 너
의 형들과 내가 너에게 절
을 할 것이라고 믿느
냐?"
11 요셉의 형들은 요
셉을 질투했습니다.
그러나 요셉의 아버
지는 그 모든 것을
마음속에 새겨 두
고 있었습니다.
12 어느 날 요셉의
형들이 아버지의 양
떼를 치려고 세겜으
로 갔습니다.
13 이스라엘이 요셉에
게 말했습니다. "네
형들이 세겜에서 양 떼
를 치고 있지 않느냐? 내
가 너를 그들에게 보내려
한다." 요셉은 "예, 다녀오겠습

노예로 팔려가는 요셉(37:12-28)

니다" 하고 대답했습니다.
14 요셉의 아버지가 말했습니다. "가서 네 형
들과 양 떼가 잘 있는지 보고 돌아와서 나
에게 알려다오." 요셉의 아버지는 헤브론
골짜기에서 요셉을 떠나 보냈습니다. 요셉
이 세겜에 이르렀습니다.
15 어떤 사람이 요셉이 들에서 헤매고 있는
것을 보고 물었습니다. "무엇을 찾고 있
느냐?"
16 요셉이 대답했습니다. "형들을 찾고 있습
니다. 혹시 우리 형들이 어디에서 양 떼
를 치고 있는지 아십니까?"
17 그 사람이 말했습니다. "네 형들은 이미
다른 데로 갔다. 네 형들이 '도단으로 가
자' 라고 말하는 것을 들었다." 그래서 요
셉은 형들을 뒤쫓아가 도단에서 형들을 찾
았습니다.

종으로 팔려 가는 요셉

18 요셉의 형들은 멀리서 요셉이 오고 있는
것을 보았습니다. 그들은 요셉이 가까이
오기 전에 요셉을 죽이기로 계획하고
19 서로 이렇게 말했습니다. "꿈꾸는 애가
오는구나.
20 저 애를 죽여서 그 시체를 웅덩이에 던져
넣자. 그리고 아버지에게는 들짐승이 저
아이를 죽였다고 말하자. 그가 꾼 꿈이 어
떻게 되는지 한번 두고 보자."
21 하지만 그 때, 르우벤이 그 계획을 듣고
요셉을 구해 주려는 마음에서 말했습니
다. "요셉을 죽이지는 말자.
22 피를 흘리게 하지는 말자. 이 광야의 웅
덩이에 저 아이를 던져 넣자. 하지만 해
치지는 말자." 르우벤이 이렇게 말한 것은
요셉을 그 형들의 손에서 구해 내어 아버
지께 돌려 보내기 위함이었습니다.
23 요셉이 형들에게 가까이 다가오자 형들은
소매가 긴 요셉의 옷을 벗겼습니다.
24 그리고 그들은 요셉을 웅덩이에 던져 넣
었습니다. 그 웅덩이는 비어 있었고, 그
안에는 물이 없었습니다.
25 요셉이 웅덩이에 있는 동안 형들은 자리
에 앉아서 음식을 먹었습니다. 그들이 고
개를 들어 보니, 이스마엘 사람들이 오고
있는 모습이 보였습니다. 그 이스마엘 사
람들은 낙타에 향료와 유향과 몰약을 싣
고 길르앗에서 이집트로 여행하던 중이었

습니다.
26 그 모습을 보고 유다가 형제들에게 말했
습니다. "우리가 동생을 죽인 다음, 그 사
실을 숨긴다고 해서 우리에게 무슨 좋은
일이 있겠나?
27 차라리 요셉을 저 이스마엘 사람들에게 팔
아 버리자. 그러면 동생을 죽이는 죄도 짓
지 않게 된다. 그래도 저 애는 우리 동생
이고, 우리와 피와 살을 나눈 형제가 아
니냐?" 그러자 다른 형들도 모두 유다의
말에 찬성했습니다.
28 그러는 동안, 미디안 상인들이 지나갈 때
에 형들은 요셉을 웅덩이에서 꺼내어, 은
이십 세겔*을 받고 이스마엘 사람들에게
팔았습니다. 이스마엘 사람들은 요셉을 이
집트로 데리고 갔습니다.
29 요셉의 형들이 요셉을 이스마엘 사람들에
게 팔았을 때, 르우벤은 거기에 없었습니
다. 르우벤이 웅덩이로 돌아와 보니 요셉
이 보이지 않았습니다. 르우벤은 너무나
슬퍼서 자기 옷을 찢었습니다.
30 그후에 르우벤은 다른 형제들에게 돌아와
서 말했습니다. "아이가 보이지 않는다.
이제 나는 어떻게 하면 좋으냐?"
31 요셉의 형들은 염소 한 마리를 죽여서 그
피를 요셉이 입었던 소매가 긴 옷에 묻혔

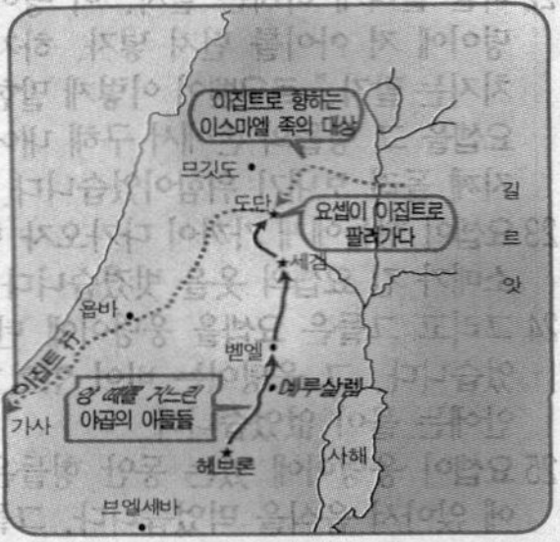

이집트로 팔려가는 요셉(37장)

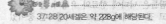

알아두세요
37:28 20세겔은 약 228g에 해당된다.

습니다.
32 그리고 나서 그들은 그 옷을 자기 아버지
에게 가지고 갔습니다. 그들이 말했습니
다. "이 옷을 주웠습니다. 혹시 아버지 아
들의 옷이 아닌지 잘 살펴보십시오."
33 야곱이 그 옷을 살펴보고 말했습니다. "내
아들의 옷이 맞다. 사나운 들짐승이 요셉
을 잡아먹었나 보구나. 내 아들 요셉이 찢
겨 죽고 말았구나!"
34 야곱은 너무나 슬퍼서 자기 옷을 찢고 거
친 베로 허리를 묶었습니다. 야곱은 아들
의 죽음 때문에 오랫동안 슬퍼했습니다.
35 야곱의 모든 아들과 딸들이 야곱을 위로하
려 했지만, 야곱은 위로를 받으려 하지 않
았습니다. 야곱이 말했습니다. "나는 울다
가 죽어서 내 아들에게로 갈 것이다" 하
며 야곱은 아들 요셉을 위해 울었습니다.
36 그러는 동안 요셉을 산 사람들은 요셉을
이집트로 데리고 가서 보디발에게 팔았습
니다. 보디발은 파라오의 신하였고, 왕궁
경호대의 대장이었습니다.

유다와 다말

38 그 무렵에 유다는 자기 형제들 곁
을 떠났습니다. 유다는 히라라는
사람과 함께 살았습니다. 히라는 아둘람
마을 사람이었습니다.
2 유다는 그 곳에서 어떤 가나안 여자를 아
내로 맞아들였습니다. 그 여자의 아버지
이름은 수아였습니다. 유다는 그 여자와
잠자리를 같이했습니다.
3 여자가 임신을 하여 아들을 낳았습니다. 유
다는 아들의 이름을 엘이라고 지었습니다.
4 그후에 여자가 또 아들을 낳았습니다. 여
자는 그 아들의 이름을 오난이라고 지었
습니다.
5 그후에 여자가 또 아들을 낳았습니다. 여
자는 그 아들의 이름을 셀라라고 지었습
니다. 여자가 셀라를 낳은 곳은 거십이었
습니다.
6 유다는 다말이라는 여자를 자기의 첫째 아
들 엘에게 아내로 주었습니다.
7 엘은 유다의 맏아들이었습니다. 그러나 엘

은 여호와께서 보시기에 나쁜 일을 했으
므로 여호와께서 엘을 죽이셨습니다.
8 그러자 유다가 엘의 동생 오난에게 말했습
니다. "가서 너의 죽은 형의 아내와 같이
자거라. 그렇게 해서 네 형의 자손을 낳
아 주는 것이 네 의무다."
9 그러나 오난은 그렇게 해서 자손을 얻더라
도 그 자손은 자기 자손이 되지 않는다는
것을 알았습니다. 그래서 오난은 다말과 잠
자리를 같이하다가도 다말이 절대로 임신
할 수 없게 땅에 정액을 쏟아 냈습니다.
10 이러한 오난의 행동은 여호와께서 보시기
에 나쁜 일이었습니다. 그래서 여호와께
서는 오난도 죽이셨습니다.
11 그후에 유다가 며느리 다말에게 말했습니
다. "네 아버지 집으로 돌아가 있어라. 그
리고 내 막내 아들 셀라가 어른이 될 때
까지 결혼하지 말고 있어라." 유다는 셀라
마저도 그 형들처럼 죽을까봐 두려웠습니
다. 다말은 자기 아버지 집으로 돌아갔습
니다.
12 오랜 세월이 지난 뒤에 유다의 아내가 죽
었습니다. 유다의 아내는 수아의 딸이었습
니다. 유다는 아내의 죽음을 슬퍼하는 기
간을 지낸 후에 딤나로 갔습니다. 유다는
자기 양 떼의 털을 깎고 있는 사람들에게
갔습니다. 유다의 친구 아둘람 사람 히라
도 함께 갔습니다.
13 다말은 시아버지인 유다가 양 떼의 털을 깎
으러 딤나로 갔다는 이야기를 들었습니다.
14 그래서 다말은 과부들이 입는 옷을 벗고
얼굴을 베일로 가렸습니다. 다말은 에나임
문에 앉았습니다. 에나임 문은 딤나로 가
는 길에 있었습니다. 다말이 이런 일을 한
까닭은 유다의 막내 아들인 셀라가 다 커
서 어른이 되었는데도, 유다가 그 아들을
자기와 결혼시키려 하지 않았기 때문입니
다.
15 유다는 다말을 보고 그녀를 창녀라고 생각
했습니다. 다말이 자기 얼굴을 베일로 가
리고 있었기 때문입니다.
16 그래서 유다는 여자에게 가서 말했습니

고대의 도장. 원통형 도장으로 굴려 찍는다.
이 도장은 끈으로 꿰어 목에
매달고 다녔다(38:18)

다. "우리 같이 자자." 유다는 그 여자가
자기 며느리 다말이라는 것을 몰랐습니
다. 여자가 물었습니다. "제가 같이 자드
리면 그 값으로 무엇을 주실 건가요?"
17 유다가 대답했습니다. "내 가축 떼 중에서
새끼염소 한 마리를 보내 주겠다." 여자
가 대답했습니다. "그러시다면 염소 새끼
를 보내 주겠다는 약속의 물건을 먼저 맡
겨 주시지요."
18 유다가 물었습니다. "어떤 것을 맡기면 좋
겠느냐?" 다말이 대답했습니다. "가지고
계신 도장과 끈과 지팡이를 주십시오." 유
다는 그것들을 여자에게 주었습니다. 그
리고 나서 유다와 다말은 잠자리를 함께
했고, 다말은 임신을 했습니다.
19 다말은 집으로 돌아갔습니다. 다말은 얼
굴을 가리고 있던 베일을 벗었습니다. 그
리고 다시 과부들이 입는 옷을 입었습니
다.
20 유다는 자기 친구 히라를 시켜 그 여자에
게 새끼염소를 보내면서 자기가 맡겼던
도장과 지팡이를 찾아오라고 했습니다.
그러나 히라는 여자를 찾지 못했습니다.
21 히라가 에나임 마을의 사람들에게 물었습
니다. "여기 길가에 있던 창녀는 어디에
있소?" 사람들이 대답했습니다. "여기에
는 창녀라곤 없소."
22 히라는 유다에게 다시 가서 말했습니다.
"여자를 찾지 못했네. 그 곳에 사는 사람
들이 '여기에는 창녀라곤 없소'라고 말하
던걸."
23 유다가 말했습니다. "내가 맡겼던 물건들
을 그 여자가 그냥 가지도록 내버려 두게.
괜히 우리만 망신당할까봐 걱정일세. 약

보디발의 아내의 유혹을 뿌리치는 요셉(39장)

속했던 염소를 보냈지만 자네가 그 여자
를 찾지 못해서 못 준 것이 아닌가?"
24 세 달쯤 뒤에 어떤 사람이 유다에게 말했
습니다. "당신의 며느리 다말이 창녀와 같
은 짓을 했소. 지금 그 여자는 임신중이
오." 그러자 유다가 말했습니다. "그 애를
끌어 내어 태워 죽여 버려라."
25 사람들이 다말을 끌어 내려 하자 다말은
자기 시아버지께 어떤 이야기를 전하도록
했습니다. 다말이 말했습니다. "이 물건의
주인이 나를 임신시켰습니다. 이 도장과
끈과 지팡이를 잘 살펴보십시오. 이것이
누구의 것입니까?"
26 유다가 그것들을 알아보았습니다. 유다가
말했습니다. "그 애가 나보다 옳다. 내가
내 아들 셀라를 주기로 약속하고도 약속
을 지키지 않으니 그 애가 이런 일을 한
것이다." 유다는 그 뒤로 두 번 다시 다말
과 같이 자지 않았습니다.
27 다말이 아기를 낳을 때가 되었고, 배 안
에는 쌍둥이가 들어 있었습니다.
28 다말이 아기를 낳는데 한 아기가 손을 내
밀었습니다. 산파가 그 아기의 손에 붉은
줄을 매어 주면서 "이 아기가 먼저 나온
아기다" 하고 말했습니다.
29 그런데 그 아기가 손
을 거두어들였습니다.
그리고 다른 아기가
먼저 태어났습니다.
산파가 말했습니다.
"어쩌면! 네가 먼저
터뜨리고 나왔구나!"
그래서 그 아기의 이
름은 베레스*가 되었습
니다.
30 그 다음에 붉은 줄
을 손에 맨 아기가 태어
났습니다. 그 아기의 이
름은 세라*가 되었습니
다.

보디발에게 팔린 요셉

39 요셉이 이집트로 끌려갔
습니다. 보디발이라는
이집트 사람이 있었는데, 그 사람은 파라
오의 신하였습니다. 그 사람은 왕궁 경호
대의 대장이기도 했습니다. 보디발이 요셉
을 끌고 온 이스마엘 사람들에게서 요셉을
샀습니다.
2 여호와께서 요셉과 함께하시므로, 요셉이
성공하게 되었습니다. 요셉은 자기 주인
인 이집트 사람 보디발의 집에서 살았습니
다.
3 보디발은 여호와께서 요셉과 함께 계시다
는 것을 알았습니다. 보디발은 여호와께
서 요셉이 하는 일마다 성공하게 해 주신
다는 것을 알았습니다.
4 그래서 보디발은 요셉을 매우 좋아했습니
다. 보디발은 요셉을 마음놓고 믿을 수 있
는 부하로 삼았습니다. 그는 요셉에게 집
안 일과 자기가 가진 모든 것을 맡겼습니
다.
5 그래서 요셉은 집안 일과 보디발이 가진
모든 것을 맡게 되었습니다. 그러자 여호
와께서는 요셉으로 인해 보디발의 집에 있
는 모든 사람들에게 복을 주셨습니다. 그
리고 여호와께서는 보디발이 가진 모든

것, 집에 있는 것이나 들에 있는 모든 것
에 복을 주셨습니다.
6 그리하여 보디발은 자기가 가진 모든 것
을 요셉에게 맡겼습니다. 보디발은 자기가
먹는 음식 말고는 요셉이 하는 일에 참견
하지 않았습니다. 요셉은 멋지고 잘생긴
사람이었습니다.

옥에 갇힌 요셉

7 시간이 흐르자 주인의 아내가 요셉에게
점점 눈길을 주기 시작했습니다. 어느
날, 주인의 아내가 요셉에게 말했습니다.
"나와 같이 자자."
8 그러나 요셉은 거절했습니다. 요셉이 주인
의 아내에게 말했습니다. "제 주인께서는
이 집의 모든 일을 저에게 맡기셨습니다.
9 주인의 집에는 저보다 높은 사람이 없습
니다. 주인께서는 마님만 빼놓고 모든 것
을 저에게 맡기셨습니다. 마님께서는 주
인의 아내이기 때문입니다. 그런데 제가
어떻게 그런 나쁜 일을 할 수가 있겠습니
까? 그것은 하나님께 죄를 짓는 일입니
다."
10 주인의 아내는 요셉에게 매일 말을 건넸
지만, 요셉은 주인의 아내와 같이 자는 것
은 말할 것도 없고 함께 있으려 하지도 않
았습니다.
11 어느 날, 요셉은 보통 때처럼 집으로 들
어가서 일을 했습니다. 그러나 그 시간에
집에는 요셉밖에 없었습니다.
12 주인의 아내가 요셉의 옷자락을 붙잡고
말했습니다. "와서 나와 같이 자자." 그러
나 요셉은 붙잡힌 옷을 남겨 둔 채 집 밖
으로 뛰쳐나갔습니다.
13 주인의 아내는 요셉이 옷을 남겨 놓은 채
밖으로 뛰쳐나간 것을 보고
14 집에 있던 종들을 불러서 말했습니다.
"내 남편이 우리를 창피스럽게 만들려고
저 히브리 노예를 데리고 왔나 보다. 저놈
이 들어와서 나를 강간하려 했다. 내가 소
리를 지르니까
15 저 놈이 놀라서 도망쳤다. 저 놈이 도망
치다가 떨어뜨린 옷이 여기에 있다."
16 주인의 아내는 남편이 돌아올 때까지 요
셉의 옷을 가지고 있었습니다.
17 그리고 남편에게 똑같은 이야기를 했습니
다. "당신이 데리고 온 저 히브리 노예가
나를 강간하려 했어요.
18 그 놈이 가까이 오길래 내가 소리를 질렀
더니 이 옷을 버려 두고 도망쳤어요."
19 요셉의 주인은 자기 아내가 요셉에 대해
하는 말을 듣고 매우 화가 났습니다.
20 그래서 보디발은 요셉을 붙잡아 감옥에 넣
었습니다. 그 감옥은 왕의 죄수들을 넣는
곳이었습니다. 요셉은 감옥에서 살게 되
었습니다.
21 하지만 여호와께서는 요셉과 함께 계셨으
며, 요셉에게 한결같은 사랑을 베푸셨습
니다. 그래서 요셉을 간수장의 마음에 들
게 하셨습니다.
22 간수장은 요셉에게 감옥에 있는 모든 죄
수를 맡겼습니다. 요셉은 감옥에서 이루
어지는 모든 일을 맡았습니다.
23 간수장은 요셉이 하는 일에 조금도 간섭
하지 않았습니다. 그것은 여호와께서 요
셉과 함께 계셨기 때문이었습니다. 여호
와께서는 요셉이 무슨 일을 하든 성공하

성경 인물

보디발 요셉이 종으로 팔렸던 집의 주인으로 이집트의 왕궁 경호대 대장이었습니다. 동시에 그의 임무는 '집행 대장'으로 국사범들을 지키고 그들에게 형을 집행하는 것이었습니다. 앗시리아의 코르사밧에 있는 왕궁 재판정 유적터의 벽에는 벌거벗은 사람이 팔과 발목이 마루, 또는 탁자에 묶인 채 사지를 뻗고 있고, 키가 크고 수염이 난 사람이 그의 가죽을 산 채로 벗기고 있는 그림이 그려져 있는데 이 사람이 바로 보디발과 같은 일을 했던 '집행 대장'인 것으로 추측이 됩니다.

본문 보기 39장 1절

알아두세요

38:29 '베레스'는 '터뜨리고 나온다'라는 뜻이다.
38:30 '세라'는 '붉은색' 또는 '빛남'이란 뜻이다.

게 만드셨습니다.

요셉이 두 꿈의 뜻을 설명해 주다

40 이 일이 있은 뒤에, 이집트 왕의
신하 가운데 두 사람이 이집트 왕
에게 미움을 샀습니다. 그들은 왕에게 포
도주를 바치던 신하와 빵을 바치던 신하
였습니다.
2 파라오는 포도주를 바치던 신하와 빵을 바
치던 신하에게 화를 냈습니다.
3 그래서 파라오는 그들을 경호대 대장의 집
안에 있는 감옥에 집어넣었습니다. 그 곳
은 바로 요셉이 갇혀 있던 감옥이었습니
다.
4 경호대 대장은 요셉에게 두 죄수의 시중
을 들게 했습니다. 그들은 얼마 동안 감
옥에 갇혀 있었습니다.
5 어느 날 밤에 이집트 왕에게 포도주를 바
치던 신하와 빵을 바치던 신하가 모두 꿈
을 꾸었습니다. 그런데 꿈의 내용이 저마
다 달랐습니다.
6 이튿날 아침에 요셉이 그들에게 가 보니
그들이 걱정을 하고 있었습니다.
7 요셉이 파라오의 신하들에게 물었습니다.
"오늘따라 왜 이렇게 슬퍼 보입니까?"
8 두 사람이 대답했습니다. "우리 두 사람
은 지난 밤에 꿈을 꾸었는데 그 꿈이 무
슨 꿈인지 풀어 줄 사람이 아무도 없다
네." 요셉이 그들에게 말했습니다. "꿈의
뜻을 풀어 줄 분은 하나님 이외에는 없습
니다. 저에게 그 꿈 이야기를 해 주십시
오."
9 그러자 왕에게 포도주를 바치던 사람이
요셉에게 꿈 이야기를 해 주었습니다. "꿈
에 어떤 포도나무를 보았다네.
10 그 나무에는 가지가 셋 있었는데 가지에
서 싹이 나고 꽃이 피더니, 포도가 열렸
다네.
11 나는 파라오의 잔을 들고 있다가 포도를
짜서 즙을 내어 파라오에게 바쳤다네."
12 그 이야기를 듣고 요셉이 말했습니다. "그
꿈을 설명해 드리겠습니다. 가지 셋은 삼
일을 뜻합니다.
13 앞으로 삼 일이 지나기 전에 파라오가 당
신을 풀어 줄 것입니다. 그리고 당신이 전
에 하던 일을 다시 맡길 것입니다. 당신
은 전에 하던 것처럼 다시 파라오에게 포
도주를 바치게 될 것입니다.
14 풀려나시게 되면 저를 기억해 주십시오.
저에게 은혜를 베풀어 주십시오. 파라오
에게 말해서 제가 이 감옥에서 풀려나도
록 해 주십시오.
15 저는 히브리 사람들의 땅에서 강제로 이
곳에 끌려왔습니다. 그리고 저는 이 감옥
에 갇힐 만한 일을 한 적이 없습니다."
16 빵을 바치던 사람은 요셉의 꿈 해몽이 좋
은 것을 보고 요셉에게 말했습니다. "나도
꿈을 꾸었다네. 내 머리 위에 빵이 담긴
바구니 세 개가 있는 꿈을 꾸었다네.
17 가장 위에 있는 바구니에는 파라오에게 바
칠 온갖 빵들이 있었다네. 그런데 새들이
내 머리 위에 있는 바구니 속의 음식을 먹
었다네."
18 요셉이 대답했습니다. "그 꿈을 설명해 드
리겠습니다. 세 바구니는 삼 일을 뜻합니
다.

성경 풍속

수염을 깎은 요셉

히브리인들과는 달리 이집트 사람들은 평소에는 수염을 짧게 깎고 생활하다가 장례를 치를 때만 수염을 기를 수 있었습니다. 이것은 상을 당한 표시로 수염을 깎는 히브리인들의 관습과는 정반대이지요. 이상한 일은 이집트 사람들은 수염을 늘 깎으면서도 때로는 턱에 가짜 수염을 붙이기도 했다는 것입니다. 이 때 수염의 모양과 크기는 신분과 지위에 따라 달랐습니다. *요셉도 옥에 갇혀* 있을 때에는 수염을 길러도 상관이 없었지만 왕 앞에 나갈 때는 무례를 행하지 않기 위해 수염을 깎았던 것입니다.

본문 보기 41장 14절

해몽(40:16 interpretation of dreams) 꿈의 뜻을 풀이하는 것.

19 앞으로 삼 일이 지나기 전에 파라오가 당
신의 머리를 베어 버릴 것입니다. 파라오
는 당신의 시체를 장대 위에 매달 것입니
다. 그래서 새들이 당신의 시체를 쪼아 먹
을 것입니다."
20 그로부터 삼 일 뒤는 파라오의 생일이었
습니다. 그래서 파라오는 모든 신하들을
위해 잔치를 베풀었습니다. 그는 신하들
앞에서 포도주를 바치던 신하와 빵을 바
치던 신하를 감옥에서 불러 냈습니다.
21 파라오는 포도주를 바치던 신하에게 옛날
에 하던 일을 다시 맡겼습니다. 그래서 그
신하는 다시 파라오의 손에 포도주 잔을
바칠 수 있게 되었습니다.
22 하지만 빵을 바치던 신하는 장대에 매달
았습니다. 모든 일이 요셉이 말한 대로 이
루어졌습니다.
23 그러나 포도주를 바치던 신하는 요셉을
기억하지 못했습니다. 그는 요셉을 잊고
말았습니다.

왕의 꿈

41 그로부터 이 년 뒤에 파라오가 어떤
꿈을 꾸었습니다. 그는 꿈 속에서 나
일 강가에 서 있었습니다.
2 파라오는 강에서 살지고 아름다운 소 일
곱 마리가 올라오는 것을 보았습니다. 그
소들은 강가에서 풀을 뜯어먹었습니다.
3 그 다음에 또 다른 소 일곱 마리가 강에
서 올라왔습니다. 그런데 그 소들은 야위
고 못생겼습니다. 그 소들은 아름다운 소
일곱 마리와 함께 강가에 서 있었습니다.
4 그런데 야위고 못생긴 소 일곱 마리가 살
지고 아름다운 소 일곱 마리를 잡아먹었
습니다. 바로 그 때, 파라오는 잠에서 깼
습니다.
5 그리고 나서 파라오는 다시 잠들어 또 꿈
을 꾸었습니다. 파라오는 꿈 속에서 잘 자
라고 토실토실한 이삭 일곱 개가 한 가지
에 난 것을 보았습니다.
6 그 다음에는 또 다른 일곱 이삭이 솟아 나
온 것이 보였는데, 그 이삭들은 야윈데다
가 동쪽에서 불어 오는 바람 때문에 바싹
말라 있었습니다.
7 그 야윈 이삭들은 잘 자라고 토실토실한
이삭을 잡아먹었습니다. 바로 그 때에 파
라오가 또다시 잠에서 깼습니다. 깨어나
보니 모든 것이 꿈이었습니다.
8 이튿날 아침 파라오는 그 꿈 때문에 마음
이 편치 못했습니다. 그래서 왕은 이집트
의 마술사와 지혜로운 사람들을 다 불렀
습니다. 파라오는 그들에게 꿈 이야기를
해 주었습니다. 그러나 그 꿈이 어떤 꿈
인가를 설명해 줄 수 있는 사람이 아무도
없었습니다.
9 그 때에 파라오에게 포도주를 바치는 신
하가 말했습니다. "전에 제가 어떤 약속
을 했던 일이 기억납니다. 그런데 그 일
을 잊고 있었습니다.
10 파라오께서 저와 빵을 바치던 신하에게 화
를 내셨던 때가 있었습니다. 그 때, 파라
오께서는 저희를 경호대 대장의 감옥에
가두셨습니다.
11 그 감옥에서 우리 두 사람은 같은 날 밤
각기 다른 꿈을 꾸었습니다.
12 그 때, 어떤 젊은 히브리 사람이 우리가
있던 감옥에 있었습니다. 그 사람은 경호
대 대장의 종이었습니다. 그 사람에게 우
리의 꿈 이야기를 해 주었더니, 그 사람
은 우리의 꿈이 무슨 꿈인가를 설명해 주
었습니다.
13 그런데 모든 일이 그 사람이 말한 그대로
되었습니다. 저는 제 옛날 자리를 되찾았
고, 빵을 바치던 신하는 장대에 달려 처
형되었습니다."
14 파라오는 사람을 보내어 요셉을 불렀습니
다. 사람들은 서둘러서 요셉을 감옥에서
풀어 주었습니다. 요셉은 수염을 깎고 깨
끗한 옷을 입은 뒤에 파라오 앞에 나아갔
습니다.
15 파라오가 요셉에게 말했습니다. "내가 꿈
을 꾸었는데, 그 꿈이 어떤 꿈인지를 설
명해 줄 사람이 없다. 그런데 너는 꿈 이
야기를 들으면 그 꿈을 해몽할 수 있다는
말을 들었다."

16 요셉이 파라오에게 대답했습니다. "저는
꿈을 해몽할 능력이 없습니다. 하나님께
서 왕을 위해 해몽해 주실 것입니다."
17 파라오가 요셉에게 말했습니다. "꿈에서
나는 나일 강가에 서 있었는데 거기서
18 살지고 아름다운 소 일곱 마리를 보았다.
그 소들은 강에서 나와 풀을 뜯어먹었다.
19 그런데 또 강에서 다른 소 일곱 마리가 나
오는 것이 보였다. 그 소들은 야위고 마
르고 못생겼다. 이제껏 내가 이집트의 온
땅에서 보아 온 소 중에서 가장 못생긴 소
였다.
20 이 야위고 못생긴 소들이 먼저 나온 살진
일곱 마리 소를 잡아먹었다.
21 그런데 이 야윈 소 일곱 마리는 살진 소
일곱 마리를 잡아먹었으면서도 처음과 똑
같이 마르고 못생겨 보였다. 그 때에 나
는 잠이 깼다.
22 나는 또 다른 꿈도 꾸었다. 어떤 한 가지
에 잘 자라고 토실토실한 이삭 일곱 개가
나 있는 것을 보았다.
23 그런 다음에 다른 일곱 이삭이 또 솟아 나
왔는데, 그 이삭들은 야위고 말랐다. 그
이삭들은 동쪽에서 불어 오는 뜨거운 바
람 때문에 바싹 말라 있었다.
24 그런데 야윈 이삭들이 살진 이삭들을 잡
아먹었다. 나는 이 꿈을 마술사들에게 이
야기해 주었지만 아무도 그 꿈이 무슨 꿈
인지를 설명해 주지 못했다."

꿈을 해몽하는 요셉

25 그 때에 요셉이 파라오에게 말했습니다.
"이 두 꿈의 뜻은 똑같습니다. 하나님께
서 앞으로 일어날 일을 파라오께 미리 보
여 주신 것입니다.
26 좋은 소 일곱 마리는 칠 년을 뜻합니다.
또 좋은 이삭 일곱 개도 칠 년을 뜻합니

왕의 꿈을 해석해 주고 총리의 자리에 오른 요셉(41:14-45)

다. 두 꿈은 똑같은 것을 뜻합니다.
27 마르고 못생긴 일곱 소는 칠 년을 뜻합니
다. 또 동쪽에서 불어 오는 뜨거운 바람
에 바싹 마른 일곱 이삭도 칠 년 동안 가
뭄이 있을 것을 뜻합니다.
28 이 일은 제가 말씀드린 대로 일어날 것입
니다. 하나님께서는 앞으로 일어날 일을
파라오께 미리 보여 주셨습니다.
29 이집트의 온 땅에는 칠 년 동안 큰 풍년
이 들 것입니다.
30 그러나 그 칠 년이 지나면 칠 년 동안 가
뭄이 들 것입니다. 모든 이집트 땅에 언제
풍년이 든 적이 있었나 싶을 만큼 큰 가
뭄이 들 것입니다. 가뭄이 온 땅을 뒤덮
을 것입니다.
31 심지어 백성들이 풍년이란 것이 무엇인지
를 기억할 수 없을 만큼 가뭄이 심해질 것
입니다.
32 파라오께서는 뜻이 똑같은 꿈을 두 번이
나 꾸셨습니다. 그것은 하나님께서 이 일
을 이루시기로 굳게 작정하셨기 때문입니
다. 더구나 하나님께서는 이 일을 곧 이
루실 것입니다.
33 그러니 파라오께서는 매우 지혜롭고 현명
한 사람을 뽑으셔서 그 사람에게 이집트
땅을 맡기십시오.
34 그리고 모든 이집트 땅에 관리들을 세우
셔서, 풍년이 드는 동안 이집트 땅에서 나
는 식물의 오분의 일을 거두어들이십시
오.
35 그 관리들은 앞으로 있을 풍년 기간 동안
생산될 모든 식물을 거두어들여야 합니
다. 그들은 왕의 권위에 힘입어 곡물을 성
마다 쌓아 두고 지켜야 합니다.
36 나중을 위해 그 식물을 저장해 두어야 합
니다. 그 식물은 이집트 땅에 닥쳐올 칠
년 동안의 가뭄 때 써야 할 것입니다. 그
렇게 하면 칠 년 동안 가뭄이 들어도 이
집트 백성은 죽지 않을 것입니다."

이집트의 총리가 된 요셉

37 요셉의 말은 파라오가 듣기에 매우 훌륭한
의견이었습니다. 파라오의 모든 신하들도
같은 생각이었습니다.
38 그래서 파라오는 신하들에게 "요셉보다 이
일을 더 잘 할 사람이 어디에 있겠는가?
이 사람에게는 정말로 하나님의 영이 있
도다" 하고 말했습니다.
39 파라오가 요셉에게 말했습니다. "하나님께
서 이 모든 일을 그대에게 보여 주셨다.
그대만큼 지혜롭고 현명한 사람은 없다.
40 나는 내 왕궁을 그대에게 맡긴다. 모든 백
성들이 그대에게 복종할 것이다. 그대보
다 높은 사람은 나밖에 없도다."
41 파라오가 또 요셉에게 말했습니다. "자! 내
가 그대에게 모든 이집트 땅을 맡긴다."
42 그리고 자기 손가락에서 왕의 도장이 찍
힌 반지를 빼서, 요셉의 손가락에 끼워 주
었습니다. 그리고 요셉에게 고운 세마포
옷도 주었습니다. 그리고 요셉의 목에 금
목걸이를 걸어 주었습니다.
43 파라오가 요셉을 자기 수레 다음으로 좋은
수레에 태우니, 사람들이 요셉이 탄 수레
앞에서 "무릎을 꿇어라!" 하고 외쳤습니
다. 이렇게 하여 파라오는 요셉에게 이집

성경 자세히 이해하기

인장 반지

소유자의 이름이 새겨진 인장 반지는 대단히 중요한 의미를 지닌 것으로, 그것으로 각인하는 것은 오늘날의 서명과 같은 효력을 나타내었습니다. 인장이 없이는 어떤 문서도 아무 효력을 발휘하지 못하였습니다. 그러므로 왕의 인장 반지를 주는 것은 곧 왕의 권세를 넘겨 주는 것과 같은 것이었습니다. 예레미야 22장 24절과 학개 2장 23절에는 인장 반지가 지니는 가치와 의미가 특히 잘 나타나 있습니다.

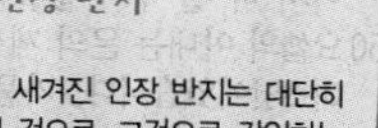

본문 보기 41장 42절

작정(41:32 decision) 마음 속으로 어떤 일을 결정하는 것, 어떤 일에 대한 결정.
세마포 옷(41:42 garments of fine linen) 삼베로 만든 옷.

트의 모든 일을 맡겼습니다.
44 파라오가 요셉에게 말했습니다. "나는 파
라오다. 이제는 모든 이집트 땅의 누구라
도 그대의 허락 없이는 손과 발이라도 함
부로 움직이지 못한다."
45 그는 요셉에게 사브낫바네아라는 이름을
주었습니다. 또 요셉에게 아스낫이라는 사
람을 아내로 주었습니다. 아스낫은 온의
제사장인 보디베라의 딸이었습니다. 요셉
은 이집트의 모든 땅을 다스리게 되었습
니다.
46 요셉이 이집트 왕 파라오를 섬기기 시작한
때의 나이는 서른 살이었습니다. 요셉은
이집트 왕 파라오 앞에서 물러나, 이집트
의 모든 땅을 두루 돌아다녔습니다.
47 풍년이 든 칠 년 동안에는 땅의 작물들이
잘 자라났습니다.
48 요셉은 풍년이 든 칠 년 동안에 이집트에
서 자라난 모든 식물을 거두어들였습니
다. 요셉은 그 식물을 각 성에 쌓아 두었
습니다. 요셉은 모든 성마다 그 성 근처
의 밭에서 자라난 식물을 쌓아 두었습니
다.
49 요셉은 바다의 모래와 같이 많은 곡식을
쌓아 두었습니다. 쌓아 둔 곡식이 너무 많
아서 다 셀 수가 없을 정도였습니다.
50 요셉의 아내는 온의 제사장 보디베라의 딸
아스낫이었습니다. 가뭄이 시작되기 전에

메마른 유대 광야(42:5-8)

알아두세요

41:51 '므낫세'는 '잊어버린다'는 뜻이다.
41:52 '에브라임'은 '열매가 풍성한'이란 뜻이다.

요셉과 아스낫은 두 아들을 낳았습니다.
51 요셉은 첫째 아들의 이름을 므낫세*라 짓
고 "하나님께서 나의 모든 고통과 내 아
버지의 집 생각을 잊게 해 주셨다"라고 말
했습니다.
52 요셉은 둘째 아들의 이름을 에브라임*이라
짓고 "하나님께서 내가 고통받던 이 땅에서
나에게 자녀를 주셨다" 하고 말했습니다.
53 이집트 땅에 칠 년 동안의 풍년이 다 끝
났습니다.
54 그리고 나서 요셉이 말한 대로 칠 년 동
안의 가뭄이 시작되었습니다. 모든 땅의
백성들에게 먹을 것이 없었습니다. 하지
만 이집트에는 먹을 것이 있었습니다.
55 모든 이집트 땅에 가뭄이 심해지자, 백성
들이 파라오에게 먹을 것을 달라고 부르
짖었습니다. 그러자 파라오가 모든 이집트
백성에게 "요셉에게 가거라. 요셉이 하라
는 대로 하여라" 하고 말했습니다.
56 어디를 가도 가뭄이 들지 않은 곳이 없었
습니다. 그래서 요셉은 창고를 열어서 이
집트 백성들에게 곡식을 팔았습니다. 왜
나하면 이집트 땅에도 가뭄이 심했기 때
문입니다.
57 모든 땅의 백성들이 곡식을 사기 위해, 이
집트의 요셉에게 왔습니다. 온 세계에 심
한 가뭄이 들었기 때문이었습니다.

꿈이 이루어짐

42 야곱이 이집트에 곡식이 있다는 이
야기를 듣고 자기 아들들에게 말
했습니다. "왜 가만히 앉아서 서로 얼굴
만 쳐다보고 있느냐?
2 듣자하니 이집트에는 곡식이 있다고 한
다. 이집트로 내려가서 먹을 곡식을 좀 사
오너라. 그래야 먹고 살 수 있지 않겠느
냐?"
3 그리하여 요셉의 형 열 명이 곡식을 사려
고 이집트로 내려갔습니다.
4 하지만 야곱은 요셉의 동생 베냐민은 형들
과 함께 보내지 않았습니다. 야곱은 베냐
민에게 좋지 않은 일이 일어날까봐 두려
워했습니다.

5 가나안 땅에도 가뭄이 들었기 때문에 이스
라엘이라고도 부르는 야곱의 아들들은 곡
식을 사기 위해 다른 많은 사람들과 함께
이집트로 내려갔습니다.
6 그 때, 요셉은 이집트의 총리였습니다. 요
셉은 곡식을 사러 오는 사람들에게 곡식
을 팔고 있었습니다. 요셉의 형들도 요셉
에게 왔습니다. 요셉의 형들은 땅에 엎드
려 요셉에게 절했습니다.
7 요셉은 그들을 보자마자, 그들이 자기의
형들이라는 것을 알았습니다. 그러나 요
셉은 모르는 체하였습니다. 요셉이 쌀쌀
한 말투로 물어 보았습니다. "너희들은
어디에서 왔느냐?" 형들이 대답했습니다.
"우리는 가나안 땅에서 먹을 것을 사려고
왔습니다."
8 요셉은 그들이 자기 형들이라는 것을 알
았지만, 그들은 요셉을 알아보지 못했습
니다.
9 요셉은 형들이 자기에게 절하는 꿈을 꾼
것이 생각났습니다. 요셉이 형들에게 말
했습니다. "너희들은 정탐꾼이다. 너희들
은 이 나라의 약점을 알아 내려고 왔다!"
10 그러자 요셉의 형들이 요셉에게 말했습니
다. "내 주여, 그렇지 않습니다. 당신의
종인 우리는 먹을 것을 사러 왔을 뿐입니
다.
11 우리는 모두 한 아버지의 아들입니다. 우
리는 정탐꾼이 아닙니다. 우리는 정직한
사람입니다."
12 그러자 요셉이 그들에게 말했습니다. "아
니다! 너희들은 이 나라의 약점을 알아 내
려고 왔다!"
13 그들이 말했습니다. "우리는 열두 형제
중 열 명입니다. 우리는 한 아버지의 아
들입니다. 우리는 가나안 땅에 살고 있습
니다. 우리의 막내 동생은 지금 그 곳에
우리 아버지와 함께 있습니다. 그리고 우
리의 다른 동생은 없어졌습니다."
14 요셉이 그들에게 말했습니다. "내 말이 틀
림없다. 너희는 정탐꾼이다.
15 그러나 너희들 말이 거짓말이 아니라는
것을 증명할 기회를 주겠다. 살아 계신 파
라오께 맹세하지만, 너희의 막내 동생이
여기에 오기 전까지 너희는 이 곳을 떠나
지 못한다.
16 너희들 중 한 명이 가서 너희 동생을 데
리고 오너라. 나머지는 여기 감옥에 갇혀
있어야 한다. 너희의 말이 옳은지 두고 봐
야겠다. 만약 너희가 거짓말을 하는 것이
라면 살아 계신 파라오를 두고 맹세하지
만 너희는 정탐꾼이다."
17 그리고 나서 요셉은 그들 모두를 삼 일 동
안 감옥에 넣어 두었습니다.
18 삼 일째 되는 날, 요셉이 그들에게 말했
습니다. "나는 하나님을 두려워하는 사람
이다. 내 말대로 하면 너희를 살려 주겠
다.
19 만약 너희가 정직한 사람이라면, 너희 중
한 사람만 여기 감옥에 남아 있어라. 그
리고 나머지 사람들은 곡식을 가지고 돌
아가서 너희의 굶주린 식구들에게 먹을
것을 주어라.
20 그리고 나서 너희의 막내 동생을 데리고
오너라. 만약 그렇게 하면 너희의 말이 진
실인 줄 알고 너희를 살려 주겠다." 그들
은 요셉의 말대로 하기로 했습니다.
21 그들이 자기들끼리 말했습니다. "우리가
동생에게 한 일 때문에 이런 벌을 받는가
보다. 우리는 동생이 고통을 당하면서 우
리에게 살려 달라고 애원하는 것을 보면
서도 동생의 말을 듣지 않았다. 그래서 우
리가 지금 이런 고통을 당하는 것이다."
22 그러자 르우벤이 그들에게 말했습니다.
"내가 그 아이를 해치지 말라고 하지 않
았느냐? 그런데도 너희는 내 말을 듣지

총리(42:6 governor) 왕이나 대통령 다음 위치인 행정부 높은 지위의 책임직. 또는 그러한 책임자.
정탐꾼(42:9 spy) 남의 비밀스런 일을 은밀히 알아내는 사람.
증명(42:15 proof) 어떤 사실이나 결론이 참인지 아닌지를 밝히는 일.

않았다. 그 아이에게 한 일 때문에 우리
가 지금 이런 벌을 받고 있는 것이다."
23 요셉은 자기 형들에게 말할 때 통역하는
사람을 통해서 말을 했습니다. 그래서 형
들은 요셉이 자기들끼리 하는 말을 알아
들을 거라고 생각하지 못했습니다.
24 요셉은 형들이 있는 곳에서 나와 울었습
니다. 그리고 얼마 있다가 다시 돌아와 형
들에게 말했습니다. 요셉은 시므온을 붙잡
아 다른 형들이 보는 앞에서 시므온을 묶
었습니다.
25 요셉은 종들에게 자기 형들의 가방에 곡
식을 가득 채우라고 말했습니다. 그리고
곡식을 사기 위해 가지고 온 돈도 다 돌
려 주고, 집으로 돌아가는 동안에 필요한
물건들도 넣어 주라고 명령했습니다. 종
들은 요셉이 하라는 대로 했습니다.
26 그리하여 요셉의 형들은 곡식을 나귀에
싣고 길을 떠났습니다.
27 하룻밤을 머문 곳에서 형들 중 한 명이 나
귀에게 먹이를 주려고 자루를 열었더니,
자루 안에 돈이 있는 것이 보였습니다.
28 그 사람이 다른 형제들에게 말했습니다.
"곡식을 사려고 낸 돈이 여기 자루에 그
대로 있다." 형들은 매우 놀라면서 자기
들끼리 "하나님께서 우리를 어떻게 하시
려고 이런 일을 하셨는가?" 하고 말했습
니다.

야곱에게 돌아간 요셉의 형들

29 형들이 가나안 땅에 있던 자기 아버지 야
곱에게 돌아갔습니다. 그들은 지금까지
일어난 일을 모두 야곱에게 이야기해 주
었습니다.
30 "그 땅의 주인이 우리에게 엄하게 말했습
니다. 그 사람이 우리가 자기네 나라를 정
탐하러 온 줄로 알길래
31 우리는 정탐꾼이 아니라 정직한 사람이라
고 말했습니다.
32 우리는 한 아버지의 아들들로서 열두 형
제 중에서 열 명이라고 말해 주었습니다.
열두 형제 중 한 명은 없어졌고, 막내 동
생은 아버지와 함께 가나안 땅에 있다는
이야기도 했습니다.
33 그러자 그 땅의 주인이 우리에게 말했습
니다. '너희가 정직한 사람이라는 것을
증명하려면 이렇게 하여라. 너희 중 한 명
은 여기에 남아라. 그리고 나머지는 곡식
을 가지고 너희의 굶주린 식구들에게 돌
아가거라.
34 그리고 너희의 막내 동생을 이리로 데려
오너라. 그래야 너희가 정탐꾼이 아니라
정직한 사람이라는 것을 알고, 너희가 남
겨 두고 간 너희 형제를 돌려 주겠다. 또
한 너희는 우리 땅에서 자유롭게 다닐 수
도 있을 것이다.'"
35 이 말을 하고 나서 요셉의 형들은 자루를
비웠습니다. 그랬더니 자루마다 돈이 그
대로 들어 있었습니다. 그들과 그들의 아
버지는 그것을 보고 두려워했습니다.
36 아버지 야곱이 말했습니다. "너희는 내 자
식들을 다 빼앗아갔다. 요셉도 없어졌고,
시므온도 없어졌다. 그런데 이제는 베냐민
마저 데려가려고 하는구나. 어떻게 이런
일들이 일어날 수 있느냐?"
37 그러자 르우벤이 아버지에게 말했습니다.
"제가 만약 베냐민을 아버지께 다시 데리
고 오지 못한다면, 제 두 아들을 죽이셔
도 좋습니다. 베냐민을 저에게 맡겨 주십
시오. 아버지께 다시 데리고 오겠습니
다."
38 그러나 야곱이 말했습니다. "베냐민을 너
희와 함께 보낼 수 없다. 베냐민의 형은
죽었다. 이제 베냐민은 내 아내 라헬이 남
긴 마지막 아들이다. 베냐민이 이집트로
가는 동안 어떤 끔찍한 일이 일어날지 모
른다. 그렇게 되면 나는 죽는 날까지 슬
퍼하게 될 것이다."

다시 이집트로 가는 요셉의 형들

43 가나안 땅에는 아직도 가뭄이 계
속되었습니다.
2 야곱의 가족은 이집트에서 가져온 곡식을
다 먹었습니다. 그래서 야곱이 아들들에
게 말했습니다. "이집트로 다시 가서 먹을
음식을 조금 더 사 오너라."

3 그러자 유다가 야곱에게 말했습니다. "그
땅의 총리는 우리에게 매우 엄하게 경고
했습니다. 그 사람은 '너희 동생을 데려
오너라. 그렇게 하지 않으면 다시는 나를
볼 수 없을 것이다' 라고 말했습니다.
4 만약 아버지께서 베냐민을 우리와 함께 보
내 주시면, 이집트로 내려가 음식을 사 오
겠지만
5 베냐민을 보내 주지 않으시면, 내려가지
않겠습니다. 그 땅의 총리가 우리에게 경
고했습니다. 베냐민을 데리고 오지 않으
면 다시는 우리를 보지 않겠다고 말입니
다."
6 이스라엘이라고도 부르는 야곱이 말했습
니다. "왜 그 사람에게 다른 동생이 있다
고 말했느냐? 너희가 나에게 큰 고통을
주는구나."
7 야곱의 아들들이 대답했습니다. "그 사람
이 우리와 우리 가족에 대해서 자세히 물
어 보았습니다. 그 사람은 '너희 아버지
가 아직 살아 계시냐? 너희에게 다른 동
생이 있느냐?' 하고 물어 보았습니다. 우
리는 그저 그의 물음에 대답했을 뿐입니
다. 그 사람이 나머지 동생을 데리고 오
라고 말할 줄을 우리가 어떻게 알았겠습
니까?"
8 그 때에 유다가 아버지 이스라엘에게 말했
습니다. "베냐민을 우리와 함께 보내 주십
시오. 그러시면 지금 당장 떠나겠습니다.
그렇게 하셔야, 우리가 죽지 않고 살 수
있습니다. 아버지와 우리 자식들이 살 수
있습니다.
9 제가 틀림없이 베냐민을 잘 돌보겠습니
다. 제가 책임지겠습니다. 만약 제가 아
버지께 베냐민을 다시 데리고 오지 못한
다면, 죽을 때까지 저를 욕하셔도 좋습니
다.
10 이렇게 시간을 낭비하지 않았다면, 벌써
두 번은 다녀왔을 것입니다."
11 그러자 그들의 아버지 이스라엘이 말했습
니다. "정 그렇다면 이렇게 하여라. 우리
땅에서 나는 것 중에서 가장 좋은 음식을
너희 자루 속에 담아 가거라. 그리고 그
것을 그 사람에게 선물로 주어라. 유향과
꿀을 가져가고 향료와 몰약과 유향나무
열매와 아몬드도 가져가거라.
12 이번에는 돈도 두 배로 가지고 가거라. 지
난 번에 너희 자루 속에 놓여 있던 돈을
돌려 주어라. 아마 실수로 그런 일이 있
었던 것 같다.
13 그리고 베냐민을 데리고 가거라. 자, 이제
길을 떠나 그 사람에게로 가거라.
14 전능하신 하나님께서 그 사람 앞에서 너
희에게 자비를 베푸셔서, 그 사람이 시므
온과 베냐민을 돌려 보내 주기를 빈다. 내
아이들을 잃어도 어쩔 수 없다."
15 그리하여 야곱의 아들들은 선물과 두 배
의 돈과 베냐민을 데리고 서둘러 이집트로
내려가 요셉 앞에 섰습니다.
16 요셉은 형들과 함께 온 베냐민을 보고 자
기 집 관리인에게 말했습니다. "저 사람
들을 집으로 데리고 가거라. 짐승을 잡아
서 음식을 준비하여라. 오늘 점심을 나와
함께 먹을 수 있게 하여라."
17 관리인은 요셉이 말한 대로 요셉의 형들을
요셉의 집으로 데리고 갔습니다.
18 요셉의 형들은 요셉의 집으로 가게 되어
두려웠습니다. 그들은 이렇게 생각했습니
다. '처음 이 곳에 왔을 때 우리 자루 속
에 들어 있던 돈 때문에 이리로 끌려왔나
보다. 저 사람은 우리를 쳐서 우리를 노
예로 만들고 우리 나귀를 빼앗으려 하는
구나.'
19 그래서 요셉의 형들은 요셉의 관리인에게
가서 그 집 문에서 말했습니다.
20 "나의 주여, 우리는 전에 이 곳에 음식을

유향(43:11 balm) 향의 일종. 유향목에서 진액을 짜내어 말린 고급 향료.
향료(43:11 spice) 향기를 내는 물질.
몰약(43:11 myrrh) 일종의 향수로서 오랫동안 값비싼 사치품이었으며, 그 때문에 중요한 무역 상품이었다.

사려 온 적이 있습니다.
21 음식을 사 가지고 집으로 돌아가다가 하
룻밤을 묵은 곳에서 자루를 풀어 보니, 돈
이 자루 속에 그대로 들어 있었습니다. 우
리는 그 돈을 돌려 드리려고 이렇게 그대
로 가지고 왔습니다.
22 그리고 음식을 살 돈도 따로 가지고 왔습
니다. 우리 자루 속에 돈을 넣은 사람이
누구인지 우리는 모르겠습니다."
23 그러자 관리인이 대답했습니다. "괜찮습
니다. 두려워하지 마십시오. 당신들 아버
지의 하나님이 되시며, 당신들의 하나님
이 되시는 분께서 그 돈을 자루 속에 넣
어 주셨을 것입니다. 나는 당신들이 지난
번에 낸 곡식 값을 받았습니다." 그리고
나서 관리인은 그들에게 시므온을 데려다
주었습니다.
24 관리인은 요셉의 형들을 요셉의 집으로 데
리고 갔습니다. 관리인이 그들에게 물을
주자 그들은 발을 씻었습니다. 관리인은
그들의 나귀들에게 먹을 것을 주었습니
다.
25 그들은 그 곳에서 요셉과 함께 점심을 먹
는다는 이야기를 듣고, 정오가 되어 요
셉이 오면 주려고 선물을 챙겨 놓았습니
다.
26 요셉이 집으로 오자, 요셉의 형들은 준비
해 온 선물을 요셉에게 주었습니다. 그
리고 나서 그들은 땅에 엎드려 절했습니
다.
27 요셉은 그들에게 잘 있었느냐고 묻고 또
"당신들이 말했던 늙으신 아버지는 안녕
하시오? 그분이 아직도 살아 계시오?" 하
고 물어 보았습니다.
28 요셉의 형들이 대답했습니다. "당신의 종
인 우리 아버지는 안녕하십니다. 그분은
아직 살아 계십니다." 대답을 마친 후에
그들은 요셉 앞에서 머리를 숙여 다시 절

형제들을 만난 요셉(43:16-34)

했습니다.
29 그 때에 요셉은 자기와 어머니가 같은 친
동생 베냐민을 보고 "이 사람이 당신들이
말했던 그 막내 동생이오?"라고 물었습니
다. 그리고 나서 요셉이 베냐민에게 말했
습니다. "얘야, 하나님께서 너에게 은혜
를 베푸시기를 바란다."
30 그 말을 마치고 요셉은 서둘러 자리를 떠
났습니다. 요셉은 자기 동생 베냐민을 보
니 눈물을 참을 수가 없었습니다. 그래서
요셉은 자기 방으로 가서 울었습니다.
31 요셉은 울음을 그친 후에 얼굴을 씻고 밖
으로 나왔습니다. 요셉은 자기 마음을 달
래면서 "음식을 내와라" 하고 말했습니
다.
32 그러자 사람들이 요셉의 상을 따로 차리
고, 요셉의 형들의 상도 따로 차렸습니다.
그리고 요셉과 함께 음식을 먹는 이집트
사람들의 상도 따로 차렸습니다. 이집트
사람들은 히브리 사람을 싫어해서, 그들
과 함께 밥을 먹는 법이 없었기 때문입니
다.
33 요셉의 형들은 요셉 앞에 앉았는데, 맏형
부터 막내 동생까지 자리가 나이 순서대
로 정해져 있었습니다. 그들은 놀라서 서
로 얼굴을 쳐다보았습니다.
34 요셉은 자기 상에 놓인 음식을 형들의 상
에 가져다 주게 했는데, 베냐민에게는 다
른 사람들보다 다섯 배나 더 주었습니다.
요셉의 형들은 요셉과 함께 먹고 마시며
즐거워했습니다.

요셉이 꾀를 내다

44 그후에 요셉이 자기 집의 관리인
에게 명령을 내렸습니다. "저 사
람들의 자루에 곡식을 넣을 수 있는 대로
넣어라. 그리고 그 곡식 자루 속에 돈도
넣어 주어라.
2 그리고 내 은잔을 저 막내 동생의 자루에
넣어라. 그리고 그 자루에 돈도 넣어라."
관리인은 요셉이 말한 대로 했습니다.
3 새벽이 되어 형들은 나귀를 끌고 길을 떠
나게 되었습니다.
4 그들이 성을 떠난 지 얼마 되지 않아서 요
셉이 자기 집의 관리인에게 말했습니다.
"그 사람들을 뒤쫓아라. 그 사람들을 붙
잡게 되면 '왜 선을 악으로 갚느냐?
5 너희들이 훔친 잔은 내 주인이 술을 마실
때 쓰시는 것이다. 그리고 꿈을 해몽하실
때도 그 잔을 쓰신다. 너희는 너무나 몹
쓸 짓을 했다' 하고 말하여라."
6 그리하여 관리인은 요셉의 형들을 뒤쫓아
가서 요셉이 하라고 한 말을 그들에게 했
습니다.
7 그러나 요셉의 형들이 관리인에게 말했습
니다. "왜 그런 말씀을 하십니까? 우리는
그런 일을 할 사람들이 아닙니다.
8 우리는 우리 자루 속에 있던 돈도 당신에
게 다시 돌려 주었습니다. 우리는 그 돈
을 가나안 땅에서 다시 가지고 왔습니다.
그런 우리가 당신 주인의 집에서 은이나
금을 훔칠 리가 있겠습니까?
9 만약 그 은잔이 우리들 중에 누군가의 자
루에서 나온다면, 그 사람을 죽여도 좋습
니다. 그리고 우리는 당신의 노예가 되겠
습니다."
10 관리인이 말했습니다. "당신들 말대로 하
겠소. 하지만 은잔을 훔친 사람만 내 종
으로 삼을 것이오. 다른 사람들은 그냥 가
도 좋소."
11 그리하여 모든 형제들이 서둘러 자루를
내려서 풀었습니다.
12 관리인이 맏형에서 막내 동생에 이르기까
지 한 사람씩 자루를 살펴보았습니다. 관
리인은 베냐민의 자루 속에서 은잔을 찾
아 냈습니다.
13 형들은 너무나 슬퍼서 자기 옷을 찢었습
니다. 그들은 자루를 나귀에 다시 실은 뒤
에 성으로 돌아갔습니다.
14 유다와 그의 형제들이 요셉의 집으로 돌아
왔을 때, 요셉은 집에 있었습니다. 그들은
요셉 앞에서 땅에 엎드려 절했습니다.
15 요셉이 그들에게 말했습니다. "어찌하여
이런 일을 저질렀느냐? 나 같은 사람이면
이런 일쯤 점을 쳐서 다 알아 낼 수 있다

는 것을 몰랐느냐?"
16 유다가 말했습니다. "총리님께 무슨 말씀
을 드릴 수 있겠습니까? 그리고 우리에게
죄가 없다는 것을 어떻게 보여 드릴 수 있
겠습니까? 하나님께서 우리의 죄를 드러
내셨습니다. 그러니 이 잔을 훔친 베냐민
뿐만 아니라 우리 모두가 총리님의 종이
되겠습니다."
17 그러나 요셉이 말했습니다. "그런 일은 내
게 있을 수 없다. 오직 은잔이 그 짐 속
에서 발견된 사람만이 내 노예가 될 것이
다. 나머지 사람들은 자유롭게 너희 아버
지에게로 돌아가도 좋다."
18 그러자 유다가 요셉에게 나아가서 말했습
니다. "총리님, 총리님께 한 말씀 드릴 테
니 허락해 주십시오. 제발 저에게 노여워
하지 마십시오. 총리님은 파라오만큼이나
높으신 분입니다.
19 전에 저희가 여기에 왔을 때 총리님은 '너
희에게 아버지나 다른 형제가 있느냐?'
하고 물어 보셨습니다.
20 그 때에 저희는 '저희에게는 늙으신 아버
지가 계십니다. 그리고 동생도 있습니다.
저희 동생은 아버지가 늙으셨을 때 낳은
아들인데 저희 막내 동생의 형은 죽었습
니다. 그래서 그 막내 동생은 그 어머니
의 마지막 남은 아들이 되었습니다. 우리
아버지는 그 아이를 매우 사랑하십니다'
라고 대답했습니다.
21 그러자 총리님은 저희에게 '그 동생을 나
에게 데려오너라. 그 사람을 보고 싶다'
하고 말씀하셨습니다.
22 우리는 총리님께 '그 어린아이는 자기 아
버지를 떠날 수 없습니다. 만약 그 아이
가 아버지를 떠나면 아버지는 돌아가시고
말 것입니다'라고 말씀드렸습니다.
23 하지만 총리님은 '너희 막내 동생을 데리
고 와야 한다. 만약 데리고 오지 않으면
다시는 나를 못 볼 줄 알아라' 하고 말씀
하셨습니다.
24 그래서 저희는 저희 아버지에게로 돌아가
서 총리님께서 말씀하신 그대로 말씀드렸
습니다.
25 얼마 뒤에 저희 아버지께서 '다시 가서 곡
식을 좀 사 오너라' 하고 말씀하셨습니
다.
26 그래서 저희가 아버지께 말씀드렸습니
다. '막내 동생과 함께 가는 것이 아니라
면 갈 수 없습니다. 막내 동생을 데리고
가지 않으면 총리를 만날 수 없을 것입니
다.'
27 그러자 제 아버지께서 저희에게 말씀하셨
습니다. '너희도 알듯이 내 아내 라헬은
내게 두 아들을 낳아 주었다.
28 그런데 한 아들은 나를 떠났다. 나는 그
아이가 틀림없이 들짐승에게 찢겨 죽었다
고 생각한다. 그 아이가 나를 떠난 뒤로
나는 그 아이를 한 번도 보지 못했다.
29 그런데 너희가 이제는 이 아이마저도 내
게서 빼앗아 가려고 하는구나. 이 아이에
게 어떤 좋지 않은 일이 일어날지 모른다.
그렇게 되면 나는 죽을 때까지 슬퍼하게
될 것이다.'
30 그러니 저희가 그 막내 동생 없이 집에 계
신 아버지께 돌아가면 어떤 일이 일어나
겠습니까? 저희 아버지에게 그 아이는 무
엇보다도 가장 소중한 아들입니다.
31 아버지께서 만약 그 아이가 저희와 함께
오지 않는 것을 아신다면 아버지는 돌아
가실 것입니다. 그렇게 되면 저희는 아
버지를 돌아가시게 한 죄인이 되고 맙니
다.
32 저는 아버지께 그 아이를 무사히 돌려 보
내 드리겠다고 약속했습니다. 저는 아버
지에게 '만약 제가 그 아이를 아버지에게
돌려 보내지 못하면, 두고두고 그 죄값을
받겠습니다' 하고 말했습니다.
33 그러니 제발 저를 남겨 두어 종으로 삼으
시고, 그 아이는 형들과 함께 집으로 돌
아가게 해 주십시오.
34 그 아이를 데리고 가지 않는 한, 저는 아
버지께로 돌아갈 수 없습니다. 저는 아버
지가 슬퍼하시는 모습을 차마 볼 수 없습
니다."

자신을 밝히는 요셉

45 요셉은 자기 종들 앞에서 더 이상
북받치는 감정을 억누를 수가 없
었습니다. 요셉은 "모두 다 물러가거라"
하고 소리쳤습니다. 형들만 남게 되자 요
셉은 자기가 누구라는 것을 말했습니다.
2 요셉이 너무 크게 소리내어 울었기 때문
에 이집트 사람들도 모두 그 소리를 들었
습니다. 그리고 왕궁의 신하들도 그 소리
를 들었습니다.
3 요셉이 형들에게 말했습니다. "내가 요셉
입니다. 아버지께서 아직 살아 계신가
요?" 그러나 형들은 너무나 놀랐기 때문
에 아무런 대답도 할 수 없었습니다.
4 요셉이 형들에게 말했습니다. "이리 가까
이 오세요." 그러자 형들이 요셉에게 가까
이 갔습니다. 요셉이 형들에게 말했습니
다. "내가 여러분의 동생 요셉입니다. 형
님들이 이집트에 노예로 팔았던 바로 그
요셉이란 말이에요.
5 하지만 이제는 염려하지 마세요. 저를 이
곳에 판 일로 마음 아파하지 마세요. 하
나님께서 저를 형님들보다 먼저 이 곳으
로 보내셔서, 사람들의 생명을 구하게 하
신 것이니까요.
6 벌써 이 년 동안 땅에서는 식물이 자라지
않고 있어요. 더구나 앞으로도 오 년 동
안은 심지도 못하고 거두지도 못할 것입
니다.
7 그래서 하나님께서는 형님들과 형님들의
자손이 살아 남도록 하려고, 저를 먼저 이
곳에 보내신 것이에요.
8 그러니 저를 이 곳에 보내신 분은 형님들
이 아니라 하나님이십니다. 하나님께서 저
를 이집트 왕의 가장 높은 신하로 만드셨
습니다. 왕궁의 모든 일을 제가 맡고 있답
니다. 저는 모든 이집트 땅의 주인입니다.
9 그러니 서둘러 이 곳을 떠나서 아버지에
게로 가세요. 가셔서 아버지에게 이렇게
말씀드려 주세요. '아버지의 아들 요셉이
이렇게 말했습니다. 하나님께서 저를 온
이집트의 주인으로 만드셨습니다. 어서
저에게로 내려오셔서
10 고센 땅에서 사십시오. 그렇게 하시면 저
와 가까운 곳에서 사실 수 있습니다. 그
리고 아버지의 자녀들과 손자들과 양 떼
와 소 떼와 아버지가 가지신 모든 소유도
저와 가까운 곳에 있을 수 있습니다.
11 앞으로도 오 년 동안 가뭄이 있을 터이니
제가 아버지를 보살펴 드리겠습니다. 그
래서 아버지와 아버지의 가족과 아버지께
서 가지신 모든 소유가 굶주리는 일이 없
도록 하겠습니다.'
12 형님들이나 내 동생 베냐민이 직접 봐서
알겠지만, 지금 이 말을 하고 있는 나는
정말로 요셉이랍니다.
13 그러니 내가 이집트에서 얼마나 높은 사
람이 되었는가를 아버지에게 말씀드리세
요. 형님들이 보신 일을 모두 말씀드리세
요. 자, 이제 서둘러서 아버지를 모셔오
세요."
14 이 말을 마치고 요셉은 자기 동생 베냐민
을 껴안고 울었습니다. 베냐민도 울었습
니다.
15 그리고 요셉은 형들 모두에게 입을 맞추
었습니다. 요셉은 형님들을 껴안으면서
울었습니다. 그제야 비로소 형들도 요셉
과 말을 했습니다.
16 요셉의 형들이 왔다는 소식이 파라오의 궁
전에 전해지자, 파라오와 그의 신하들이
매우 기뻐했습니다.
17 파라오가 요셉에게 말했습니다. "그대의
형제들에게 짐승들 등에 짐을 싣고 가나
안 땅으로 돌아가라고 말하시오.
18 그리고 나서 아버지와 다른 식구들을 이
곳으로 모시고 오라고 말하시오. 내가 그
들에게 이집트에서 가장 좋은 땅을 주겠
소. 그리고 그들은 우리의 가장 좋은 음
식도 먹게 될 것이오.
19 이집트의 수레를 몇 대 가지고 가서, 어린
아이와 아내들을 데리고 오라고 말하시
오. 그리고 그들의 아버지도 모시고 오라
고 하시오.
20 가지고 있던 것을 굳이 가지고 올 필요는

없다고 하시오. 이집트에 있는 가장 좋은
것을 우리가 그들에게 줄 것이오."
21 그리하여 이스라엘의 아들들은 파라오의
말대로 했습니다. 요셉은 파라오가 명령한
대로 그들에게 수레 몇 대를 주었고 여행
할 때 필요한 음식도 주었습니다.
22 요셉은 형들에게 갈아입을 옷도 챙겨 주
었습니다. 특별히 베냐민에게는 갈아입을
옷을 다섯 벌이나 주었고 은 삼백 세겔*
도 주었습니다.
23 요셉은 자기 아버지에게 이집트의 가장 좋
은 물건들을 나귀 열 마리에 실어 보냈습
니다. 그리고 암나귀 열 마리에는 아버지
가 이집트로 오는 데 필요한 곡식과 빵과
다른 음식들을 실어 보냈습니다.
24 그리고 나서 요셉은 자기 형제들에게 길
을 떠나라고 했습니다. 요셉의 형제들이
길을 떠날 때에 요셉은 그들에게 "집으로
돌아가는 길에 서로 다투지 마세요" 하고
말했습니다.
25 그리하여 요셉의 형제들은 이집트를 떠나
가나안 땅에 있는 아버지 야곱에게로 돌아
갔습니다.
26 그들이 야곱에게 말했습니다. "요셉이 아
직 살아 있습니다. 요셉은 이집트의 총리
가 되었습니다." 그들의 아버지는 너무나
놀라 그들의 말을 믿으려 하지 않았습니

브엘세바의 폐허 유적(46:1)
이스라엘 남쪽에 있던 성읍으로 야곱이 이집트로 내려가기 전에 이 곳에서 희생 제물을 드렸다.

다.
27 요셉의 형제들은 요셉이 했던 말을 빠짐없
이 야곱에게 들려 주었습니다. 야곱은 요
셉이 자기를 이집트로 모셔가기 위해 보낸
수레들을 보고서야 제정신이 들었습니다.
28 이스라엘이라고도 부르는 야곱이 말했습
니다. "내 아들 요셉이 아직 살아 있다니!
죽기 전에 가서 그 아이를 만나 봐야겠
다."

이집트로 떠나는 야곱

46 그리하여 이스라엘이라고도 부르
는 야곱은 가지고 있던 것을 다 챙
겨서 길을 떠났습니다. 야곱은 브엘세바로
갔습니다. 그 곳에서 야곱은 자기 아버지
이삭의 하나님께 제물을 바쳤습니다.
2 밤에 하나님께서 이스라엘에게 환상 가운
데 나타나셔서 "야곱아, 야곱아" 하고 부
르셨습니다. 그러자 야곱이 "예, 제가 여
기에 있습니다" 하고 대답했습니다.
3 하나님께서 말씀하셨습니다. "나는 하나
님, 곧 네 아비의 하나님이니라. 이집트로
가는 것을 두려워하지 마라. 내가 거기에
서 너의 자손들을 큰 나라로 만들어 줄 것
이다.
4 나도 너와 함께 이집트로 갈 것이며, 너를
다시 이집트에서 나오게 할 것이다. 네가
숨질 때에는 요셉이 직접 네 눈을 감겨 줄
것이다."
5 그리하여 야곱은 브엘세바를 떠났습니다.
이스라엘의 아들들은 자기 아버지와 자기
자식들과 자기 아내들을 파라오가 보내 준
수레에 태웠습니다.
6 그들은 짐승들과 가나안에서 얻은 것을 다
가지고 갔습니다. 이처럼 야곱은 모든 자
손들과 함께 이집트로 갔습니다.
7 야곱은 아들들과 손자들, 딸들과 손녀들
을 데리고 갔습니다. 야곱은 자기의 모든
가족을 이집트로 데리고 갔습니다.

야곱의 가족

8 이집트로 내려간 이스라엘의 자녀들의 이
름은 이러합니다. 그들은 야곱과 그의 자
손들입니다. 르우벤은 야곱의 맏아들입니

알아두세요

45:22 300세겔은 약 3.42kg에 해당된다.

다.
9 르우벤의 아들은 하녹과 발루와 헤스론과
갈미입니다.
10 시므온의 아들은 여무엘과 야민과 오핫과
야긴과 소할과 사울입니다. 사울은 가나안
여자가 낳은 시므온의 아들입니다.
11 레위의 아들은 게르손과 고핫과 므라리입
니다.
12 유다의 아들은 엘과 오난과 셀라와 베레스
와 세라입니다. 그러나 엘과 오난은 이미
가나안 땅에서 죽었습니다. 베레스의 아들
은 헤스론과 하물입니다.
13 잇사갈의 아들은 돌라와 부와와 욥과 시므
론입니다.
14 스불론의 아들은 세렛과 엘론과 얄르엘입
니다.
15 이들은 밧단아람에서 야곱과 레아 사이에
서 태어난 아들들입니다. 야곱의 딸 디나
도 그 곳에서 태어났습니다. 이들을 모두
합하면 삼십삼 명입니다.
16 갓의 아들은 시본과 학기와 수니와 에스본
과 에리와 아로디와 아렐리입니다.
17 아셀의 아들은 임나와 이스와와 이스위와
브리아입니다. 그들의 누이는 세라입니다.
브리아의 아들은 헤벨과 말기엘입니다.
18 이들은 야곱이 실바에게서 낳은 아들들입
니다. 실바는 라반이 자기 딸 레아에게 준
몸종이었습니다. 이들을 모두 합하면 십
육 명입니다.
19 야곱의 아내 라헬의 아들은 요셉과 베냐민
입니다.
20 요셉은 이집트에 있을 때, 아스낫에게서 므
낫세와 에브라임을 낳았습니다. 아스낫은
온의 제사장 보디베라의 딸입니다.
21 베냐민의 아들은 벨라와 베겔과 아스벨과
게라와 나아만과 에히와 로스와 뭅빔과 훕
빔과 아릇입니다.
22 이들은 야곱이 자기 아내 라헬에게서 낳은
아들들입니다. 이들을 모두 합하면 십사
명입니다.
23 단의 아들은 후심입니다.
24 납달리의 아들은 야스엘과 구니와 예셀과
실렘입니다.
25 이들은 야곱이 빌하에게서 낳은 아들들입

아버지와 다시 만난 요셉(46:28-34)

니다. 빌하는 라반이 자기 딸 라헬에게 준
몸종이었습니다. 이들을 모두 합하면 칠
명입니다.
26 야곱과 함께 이집트로 내려간 야곱의 친
자손은 모두 육십육 명입니다. 그 수는 야
곱의 며느리들을 셈하지 않은 수입니다.
27 요셉에게는 이집트에서 낳은 아들이 두
명 있습니다. 그러므로 이집트에 내려간
야곱의 가족을 모두 합하면 칠십 명이 됩
니다.

이집트에 도착한 야곱

28 야곱은 유다를 먼저 보내어 고센에서 요셉
을 만나게 했습니다. 그리고 나서 야곱과
그의 모든 가족이 고센 땅으로 갔습니다.
29 요셉도 자기 수레를 준비하여 아버지 이
스라엘을 맞이하러 고센으로 갔습니다. 요
셉은 자기 아버지를 보자마자 아버지의
목을 껴안고 오랫동안 울었습니다.
30 이스라엘이 요셉에게 말했습니다. "너의
살아 있는 모습을 이렇게 보게 되었으니,
나는 이제 죽어도 좋구나."
31 요셉이 자기 형제들과 아버지의 가족에게
말했습니다. "저는 이제 왕에게 가서 이
렇게 말씀드리겠습니다. '제 형제들과 제
아버지의 가족이 가나안 땅을 떠나 저에
게로 왔습니다.
32 그들은 목자로서 가축을 치는 사람들입니
다. 그들은 양과 소와 모든 재산을 가지
고 왔습니다.'
33 파라오가 형님들을 부르셔서 '너희는 무
슨 일을 하는 사람들이냐?' 하고 물으시
면
34 이렇게 대답하십시오. '왕의 종인 우리는
평생토록 가축을 쳐왔습니다. 우리 조상
들도 같은 일을 했습니다.' 그러면 왕은
형님들을 고센 땅에서 살게 할 것입니다.
고센 땅은 이집트 사람들이 사는 곳에서
멀리 떨어져 있습니다. 이집트 사람들은
목자들과 함께 있는 것을 싫어합니다."

고센에서 살게 된 야곱

47 요셉이 파라오에게 가서 말했습니
다. "제 아버지와 형제들이 가나안
에서 이리로 왔습니다. 그들은 양과 소와
모든 재산을 가지고 왔습니다. 그들은 지
금 고센 땅에 있습니다."
2 요셉은 자기 형제 중에서 다섯 명을 골라
파라오에게 인사를 시켰습니다.
3 파라오가 형제들에게 물었습니다. "너희
는 무슨 일을 하는 사람들이냐?" 형제들
이 대답했습니다. "파라오의 종인 우리는
목자들입니다. 우리 조상들도 목자였습니
다."
4 형제들이 파라오에게 말했습니다. "우리
는 이 땅에서 살려고 왔습니다. 가나안 땅
에는 짐승들에게 먹일 풀이 없습니다. 그
곳은 가뭄이 매우 심합니다. 그러니 우리
를 고센 땅에서 살게 해 주십시오."
5 파라오가 요셉에게 말했습니다. "그대의
아버지와 형제들이 그대에게 왔소.
6 이집트 땅이 그대 앞에 있으니 그대의 아
버지와 형제들에게 가장 좋은 땅을 주시
오. 그들을 고센 땅에서 살게 하시오. 그
리고 그들 중에서 뛰어난 목자가 있으면
내 양 떼와 소 떼를 치게 하시오."
7 그후에 요셉은 자기 아버지 야곱을 모시고
와서 파라오에게 인사를 시켰습니다. 야곱
이 파라오에게 복을 빌어 주었습니다.
8 파라오가 야곱에게 말했습니다. "그대는
나이가 어떻게 되시오?"
9 야곱이 파라오에게 말했습니다. "제가 이

성경 지명

라암세스

이스라엘 민족이 이집트를 탈출하기 이전에 살던 곳입니다. 고센(창 47:27), 또는 소안(시 78:12,43)이라고도 불리며, 나일 강 동쪽에 위치한 곳으로 추측되지만 정확한 지점은 알 수 없다고 합니다. 이집트 왕 라암세스 2세의 이름을 따서 붙여진 지명이며, 이집트의 19 왕조와 20 왕조의 수도였습니다. 고대 문서에 따르면 이곳에는 포도밭과 올리브 숲이 있었다고 하며 소택지와 어장도 있는 비옥한 땅이었다고 전해집니다.

본문 보기 47장 11절

세상을 떠돌아다닌 햇수가 백삼십 년이
되었습니다. 제 조상들보다는 짧게 살았
지만 고통스러운 삶이었습니다."
10 이 말을 하고 나서 야곱은 다시 파라오에
게 복을 빌어 주고 그 앞에서 물러나왔습
니다.
11 요셉은 파라오가 말한 대로 자기 아버지와
형제들에게 이집트에서 가장 좋은 땅을 주
었습니다. 그 땅은 라암세스 성에서 가까
웠습니다.
12 그리고 요셉은 자기 아버지와 형제들과
그들의 모든 식구에게 필요한 음식을 주
었습니다.

요셉이 왕을 위해 땅을 사들이다

13 가뭄이 더 심해져서 온 땅 어느 곳에도 먹
을 것이 없었습니다. 이집트 땅과 가나안
땅은 가뭄 때문에 살기가 더욱 힘들어졌
습니다.
14 요셉은 이집트와 가나안의 돈이란 돈은 다
모아들였습니다. 사람들은 곡식을 사기
위해 요셉에게 돈을 치렀습니다. 요셉은
그 돈을 파라오의 왕궁으로 가지고 갔습
니다.
15 그러자 얼마 지나지 않아 이집트와 가나안
땅 사람들의 돈은 다 떨어지고 말았습니
다. 그래서 그들은 요셉에게 나아가 "먹을
것을 좀 주십시오. 돈이 다 떨어졌다고 해
서 총리님이 보시는 앞에서 죽을 수야 없
지 않겠습니까?" 하고 말했습니다.
16 요셉은 이렇게 대답했습니다. "돈이 다 떨
어졌다면, 가축을 가지고 오너라. 그러면
먹을 것을 주겠다."
17 그리하여 사람들은 가축들을 요셉에게 가
지고 왔습니다. 요셉은 말과 양과 소와 나
귀를 받고 대신 먹을 것을 주었습니다. 이
처럼 요셉은 그 해에 가축을 받고, 대신
먹을 것을 주었습니다.
18 그 다음 해에 백성들이 요셉에게 와서 말
했습니다. "이제 우리에게는 남은 돈이
없습니다. 그리고 우리 짐승들도 다 총리
님의 것이 되었습니다. 이제는 우리 몸과
우리 땅 말고는 남은 것이 없습니다.

이스라엘이 정착한 비옥한 고센 땅(46:34)

19 우리와 우리 땅이 총리님 보시는 앞에서
죽게 되어 버렸습니다. 우리 땅을 사시고
그 대신 먹을 것을 주십시오. 그러면 우
리는 우리 땅과 더불어 파라오의 종이 되
겠습니다. 밭에 심을 씨앗을 좀 주십시
오. 그러면 우리는 죽지 않고 살 것입니
다. 그리고 땅도 못 쓸 땅이 되지 않을 것
입니다."
20 그리하여 요셉은 이집트의 모든 땅을 사들
여 파라오의 것으로 만들었습니다. 모든
이집트 사람이 요셉에게 자기 밭을 팔았습
니다. 가뭄이 너무 심했기 때문입니다.
이제 모든 땅은 파라오의 것이 되었습니
다.
21 요셉은 이집트의 이쪽 끝에서 저쪽 끝까지
의 모든 백성들을 노예로 만들었습니다.
22 요셉이 사들이지 않은 땅은 제사장들의
땅뿐이었습니다. 제사장들은 파라오가 주
는 것으로 먹고 살았기 때문에, 땅을 팔
필요가 없었습니다. 제사장들은 음식을
살 돈을 가지고 있었습니다.
23 요셉이 백성들에게 말했습니다. "내가 너
희와 너희 땅을 사들여서 왕에게 드렸다.
이제 내가 너희에게 씨앗을 줄 터이니 그
것을 너희 밭에 심어라.
24 추수 때가 되면, 너희가 거둔 것의 오분
의 일을 파라오께 바쳐야 한다. 나머지 오
분의 사는 너희가 가져도 좋다. 그것을 씨
앗으로도 이용하고, 너희와 너희 가족과
너희 자식들의 음식으로 삼도록 하여라."

25 백성들이 말했습니다. "총리님은 우리 목
숨을 구해 주셨습니다. 총리님의 뜻이라
면 우리는 파라오의 노예가 되겠습니다."
26 그리하여 요셉은 이집트에 법을 세웠습니
다. 그 법은 오늘날까지 내려오고 있습니
다. 땅에서 나는 모든 것의 오분의 일은
파라오의 것입니다. 파라오의 것이 되지
않은 땅은 제사장들의 땅뿐이었습니다.

유언을 남기는 야곱

27 이스라엘 백성들은 그 뒤로도 이집트의 고
센 땅에서 살았습니다. 그들은 그 곳에서
재산도 얻고, 자녀들도 많이 낳아서 번성
하게 되었습니다.
28 이스라엘이라고도 부르는 야곱은 이집트에
서 십칠 년을 살았습니다. 그래서 야곱의
나이는 백마흔일곱 살이 되었습니다.
29 이스라엘은 자기가 곧 죽을 것이라는 것을
알고 아들 요셉을 불러 말했습니다. "네가
나에게 효도할 마음이 있다면, 네 손을 내
다리 아래에 넣어라. 그리고 나를 이집트
땅에 묻지 않겠다고 약속하여라.
30 내가 죽으면, 나를 이집트에서 옮겨서, 내
조상들이 누워 계신 곳에 묻어라." 요셉은
"아버지 말씀대로 하겠습니다" 하고 대답
했습니다.
31 야곱이 말했습니다. "그렇게 하겠다고 약
속하여라." 이에 요셉은 그렇게 하겠다고
야곱에게 약속했습니다. 그러자 이스라엘
은 침대 맡에 엎드려 하나님께 예배드렸
습니다.

므낫세와 에브라임에게 복을 빌어 주는 야곱

48 얼마 후, 요셉은 아버지가 매우 편
찮으시다는 이야기를 들었습니다.
그래서 요셉은 두 아들 므낫세와 에브라임
을 데리고 아버지께로 갔습니다.
2 요셉이 오자 누군가가 이스라엘이라고도
부르는 야곱에게 "당신의 아들 요셉이 당
신을 보러 왔습니다" 하고 말해 주었습니
다. 야곱은 몸이 너무 약해져서, 가까스로
침대에 앉을 수 있었습니다.
3 야곱이 요셉에게 말했습니다. "전능하신
하나님께서 가나안 땅 루스에서 나에게 나
타나셨다. 하나님께서는 그 곳에서 나에
게 복을 주셨다.
4 하나님께서 나에게 말씀하셨다.
'내가 너에게 많은 자손을 주
고 많은 백성의 아버지로
삼아 주겠다. 네 자손
에게 이 땅을 영원
히 주겠다.'
5 네 두 아들은
내가 오기 전에
이 곳 이집트에
서 태어났지만,
이제부터 그 애
들은 내 아들이
다. 에브라임과
므낫세는 르우벤
이나 시므온과 마
찬가지로 내 아들
이 될 것이다.
6 너에게 다른 자녀가
생긴다면 그 애들은 네 자

자기의 아들들을 축복하고 예언하는 야곱(49장)

식이 될 것이다. 하지만 그 애들도 에브라
임과 므낫세와 마찬가지로 땅을 받게 될
것이다.
7 내가 밧단에서 왔을 때, 라헬은 가나안 땅
에서 죽었다. 그 때, 우리는 에브랏 쪽으
로 가던 중이었다. 라헬이 죽어서 나는 너
무나 슬펐다. 나는 라헬을 에브랏으로 가
는 길가에 묻어 주었다."(에브랏은 지금의
베들레헴입니다)
8 야곱은 요셉의 아들들을 보고 "이 아이들
은 누구냐?" 하고 물었습니다.
9 요셉이 자기 아버지에게 말했습니다. "이
아이들은 제 아들들입니다. 하나님께서
이 곳 이집트에서 이 아이들을 저에게 주
셨습니다." 야곱이 말했습니다. "저 애들
에게 복을 빌어 줄 테니, 가까이 데리고
오너라."
10 그 때에 야곱은 나이가 많아서 눈이 어두
웠습니다. 요셉은 아이들을 야곱에게 가까
이 데리고 갔습니다. 야곱은 아이들에게
입을 맞추고, 안아 주었습니다.
11 야곱이 요셉에게 말했습니다. "너를 다시
만나게 되리라고는 생각도 하지 못했는
데, 하나님께서는 너뿐만 아니라 네 아이
들도 보게 해 주셨구나."
12 요셉은 두 아들을 야곱의 무릎에서 떼어
놓은 다음 땅에 엎드려 절했습니다.
13 요셉은 에브라임을 자기 오른쪽에 두고 므
낫세는 왼쪽에 두었습니다. 그래서 에브라
임은 야곱의 왼손에 가까이 있었고, 므낫
세는 오른손에 가까이 있었습니다. 요셉
은 아이들을 야곱에게 가까이 데리고 갔
습니다.
14 그러나 야곱은 자기 팔을 엇갈리게 해서
오른손을 작은 아들인 에브라임의 머리 위
에 얹고, 왼손은 맏아들인 므낫세의 머리
위에 얹었습니다.
15 그리고 나서 그는 요셉에게 복을 빌어 주
며 이렇게 말했습니다. "내 조상 아브라함
과 이삭이 섬겼던 우리 하나님, 지금까지
내 평생토록 내 목자가 되어 주신 하나님,
16 모든 어려움에서 나를 구해 주신 하나님,
이제 기도드리오니 이 아이들에게 복을
주십시오. 제 이름이 이 아이들을 통해 알
려지게 해 주십시오. 제 조상 아브라함과
이삭의 이름이 이 아이들을 통해 알려지
게 해 주십시오. 이 아이들이 이 땅 위에
서 많은 자손을 가지게 해 주십시오."
17 요셉은 아버지가 오른손을 에브라임의 머
리 위에 얹은 것이 잘못되었다고 생각했
습니다. 그래서 요셉은 아버지의 손을 붙
잡아 에브라임의 머리 위에서 므낫세의 머
리 위로 옮기려 했습니다.
18 요셉이 아버지에게 말했습니다. "아버지,
손을 잘못 얹으셨습니다. 므낫세가 맏아
들이니 오른손을 므낫세의 머리 위에 얹
으셔야 합니다."
19 그러나 요셉의 아버지는 그 말을 듣지 않
고 이렇게 말했습니다. "나도 안다, 내 아
들아. 나도 안다. 므낫세는 크게 되어 많
은 자손을 가지게 될 것이다. 하지만 므
낫세의 동생이 더 크게 될 것이다. 동생
의 자손은 한 나라를 이룰 만큼 많아질 것
이다."
20 그 날에 야곱은 므낫세와 에브라임에게 복
을 빌어 주었습니다. "이스라엘의 백성들
사이에서는, 복을 빌 일이 있을 때 이렇
게 말할 것이다. '하나님께서 너희를 에브
라임과 므낫세같이 해 주시길 바란다.'"
이처럼 야곱은 에브라임을 므낫세보다 앞
세웠습니다.
21 그리고 나서 야곱이 요셉에게 말했습니다.
"나는 이제 죽을 것이다. 그러나 하나님
께서는 너와 함께 계실 것이다. 하나님께
서는 너를 네 조상의 땅으로 다시 데리고
가실 것이다.
22 너에게는 네 형제들보다 더 많은 땅을 주
겠다. 내가 칼과 활로 아모리 사람들에게
서 빼앗은 세겜 땅을 너에게 주겠다."

자기 아들들에게 복을 빌어 주는 야곱

49 야곱이 자기 아들들을 불러 말했습
니다. "이리로 오너라. 너희에게
앞으로 무슨 일이 일어날지 말해 주마."
2 "야곱의 아들들아 와서 들어라. 너희 아버

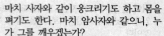

지 이스라엘의 말에 귀를 기울여라."
3 "르우벤아 너는 내 맏아들이다. 너는 나의
힘이고, 내 능력의 첫 열매이다. 너는 가
장 높고 가장 힘이 세다.
4 하지만 너는 물처럼 제멋대로라 앞으로
으뜸이 되지 못할 것이다. 네가 네 아버
지의 침대에 올라가, 그 침대를 더럽혔기
때문이다."
5 "시므온과 레위는 형제다. 그들은 칼을 휘
둘러 거친 일을 했다.
6 나는 그들이 하는 비밀스런 이야기에 끼
지 않을 것이며, 그들과 만나 나쁜 일을
꾸미지 않을 것이다. 그들은 화가 난다고
사람들을 죽였다. 그들은 장난삼아, 소의
다리를 못 쓰게 만들었다.
7 노여움이 심하고 지나치게 잔인해서 그들
에게 저주가 있을 것이다. 나는 그들을 야
곱 지파 중에 나눌 것이다. 이스라엘 모든
지파 가운데 흩어 놓을 것이다."
8 "유다야, 네 형제들이 너를 찬양할 것이
다. 너는 원수들의 목을 움켜쥘 것이다.
네 형제들이 네 앞에 절을 할 것이다.
9 유다는 사자 새끼와 같다. 내 아들아, 너
는 먹이를 잡고 돌아오는구나. 내 아들은
마치 사자와 같이 웅크리기도 하고 몸을
펴기도 한다. 마치 암사자와 같으니, 누
가 그를 깨우겠는가?
10 유다에게서 왕*이 끊이지 않을 것이고 유
다에게서 다스리는 자가 끊임없이 나올 것
이다. 유다는 참된 왕*이 올 때까지 다스릴
것이다. 온 나라는 그에게 복종할 것이다.
11 유다는 나귀를 포도나무에 매며 나귀 새
끼를 가장 좋은 가지에 맬 것이다. 유다
는 포도주로 자기 옷을 씻을 것이며 겉옷
을 붉은 포도주에 빨 것이다.
12 유다의 눈은 포도주보다 진하고 그의 이
는 우유보다도 흴 것이다."
13 "스불론은 바닷가에 살 것이다. 스불론의
바닷가는 배들이 닻을 내리는 항구가 될
것이며 그의 땅은 시돈까지 미칠 것이다."
14 "잇사갈은 힘센 나귀와 같다. 그는 짐을
싣고 웅크리고 있다.
15 잇사갈은 쉴 곳을 만나면 좋아할 것이고
그런 땅을 만나면 기뻐할 것이다. 그는 자
기 등을 들이밀어 짐을 싣고 노예가 될 것
이다."
16 "단은 이스라엘의 다른 지파들처럼 자기
백성을 다스릴 것이다.
17 단은 길가의 뱀과 같을 것이며 길가에 숨
어 있는 독사와 같을 것이다. 그 뱀이 말
의 다리를 물면 그 탄 사람이 뒤로 떨어
질 것이다."
18 "여호와여, 저는 주의 구원을 기다립니다."
19 "도둑들이 갓을 공격할 것이다. 하지만 갓
은 도둑들과 싸워 이겨 도망가게 할 것이
다."
20 "아셀의 땅에서는 좋은 식물이 많이 나올
것이며 그에게서 왕께 바칠 음식이 나올
것이다."
21 "납달리는 사랑스런 새끼 사슴들을 품에
안은 뛰노는 암사슴이다."
22 "요셉은 열매를 많이 맺는 포도나무와 같
고, 샘물 가에서 자라는 풍성한 포도덩굴
과 같다. 요셉은 담 위에 가지가 무성한
포도나무와 같다.
23 사람들이 그를 화살로 맹렬히 공격하고,

성경 풍속

이집트의 시신 처리 방법

이집트의 시신 처리 방식은 고인의 재산에 따라 달랐습니다. 가장 고가의 방식은 먼저 내장과 뇌를 뺀 뒤 30-70일간 방부처리 하고 세마포 붕대로 시신을 싸는데 안쪽은 고무 칠을 했습니다. 다음으로 젖은 상태의 시신 안쪽에 회를 칠한 천을 몸에 꼭 맞게 여러 겹 입혔습니다. 이렇게 천이 두꺼운 케이스가 되게 한 뒤 벗겨 내어 굳어질 때까지 두었다가 다시 덮고 꿰매었습니다. 그 후 다양한 그림을 그리고 장식을 하였습니다.

본문 보기 50장 2,3절

무섭게 활을 쏘아댄다.
24 그러나 요셉의 활이 더 잘 맞고, 요셉의
팔이 더 힘세다. 요셉의 힘은 야곱의 전능
하신 하나님에게서 오고, 그의 능력은 이
스라엘의 바위이신 목자에게서 온다.
25 네 아버지의 하나님께서 너를 도우시고,
전능하신 하나님께서 너에게 복을 주신다.
하나님께서 하늘의 비로 너에게 복을 주시
고, 땅의 샘물로 너에게 복을 주신다. 네
아내들이 많은 아이들을 낳게 하심으로 너
에게 복을 주시고, 네 짐승들이 많은 새끼
들을 낳게 하심으로 너에게 복을 주신다.
26 네 아버지의 받은 복은 영원한 산들의 복
보다 크고, 변치 않는 언덕들의 복보다 크
다. 이 복이 요셉의 머리 위에 내리기를.
자기 형제들과 헤어졌던 자의 이마에 내
리기를."
27 "베냐민은 굶주린 늑대와 같다. 아침에는
사냥한 것을 먹으며 저녁에는 사로잡은
것을 찢는다."
28 이들은 이스라엘의 열두 지파입니다. 그리
고 이 말은 그들의 아버지가 그들에게 한
말입니다. 아버지는 모든 아들에게 알맞
은 복을 빌어 주었습니다.
29 그리고 나서 이스라엘이 아들들에게 당부
를 했습니다. "나는 곧 죽을 것이다. 내
가 죽으면 조상들이 계신 헷 사람 에브론
의 밭에 있는 동굴에 나를 묻어 다오.
30 그 동굴은 가나안 땅인 마므레 동쪽 막벨
라 밭에 있다. 아브라함 할아버지께서 무
덤으로 쓰시려고, 그 밭을 헷 사람 에브론
에게서 산 것이다.
31 아브라함과 할머니 사라가 그 곳에 계시고
아버지 이삭과 내 어머니 리브가도 그 곳
에 계신다. 내 아내 레아도 내가 그 곳에
묻었다.
32 그 밭과 그 동굴은 헷 사람들에게서 산 것
이다."
33 야곱은 아들들에게 이 말을 하고 나서, 자
리에 누웠습니다. 야곱은 다리를 침대 위
에 올려 바로 누운 뒤, 마지막 숨을 거두
고 조상들에게로 돌아갔습니다.

야곱이 무덤에 묻히다

50 야곱이 죽자, 요셉은 아버지를 껴
안고 울며 입을 맞추었습니다.
2 요셉은 자기 의사들에게 명령하여 아버지
를 장사지낼 준비를 하게 했습니다. 그러
자 요셉의 의사들은 야곱의 시체를 묻을
준비를 했습니다.
3 의사들이 그 일을 준비하는 데에는 모두
사십 일이 걸렸습니다. 그 때는 시체를 묻
을 준비를 하는 데 보통 그만큼 걸렸습니
다. 이집트 사람들은 야곱을 위해 칠십 일
동안을 슬퍼했습니다.
4 슬퍼하는 기간이 끝나자 요셉이 파라오의 신
하들에게 말했습니다. "여러분, 괜찮으시다
면 파라오에게 이 말씀을 드려 주십시오.
5 내 아버지가 돌아가실 무렵, 나는 아버지
에게 한 가지 약속을 했습니다. 나는 아
버지를 가나안 땅의 어느 동굴에 장사지
내 드리기로 약속했습니다. 그 동굴은 아
버지께서 스스로 준비해 두신 동굴입니
다. 그러니 내가 가서 아버지를 장사지내
고 올 수 있게 해 주십시오."
6 파라오가 대답했습니다. "그대의 약속을
지키시오. 가서 아버지를 장사지내 드리
시오."
7 그리하여 요셉은 자기 아버지를 장사지내
러 갔습니다. 파라오의 모든 신하들과 파
라오 궁전의 장로들과 이집트 땅의 모든
지도자들이 요셉을 따라갔습니다.
8 요셉의 모든 집안 사람들과 그의 형제들
과 요셉의 아버지께 속한 집안 사람들은
어린아이들과 양 떼와 소 떼를 고센 땅에
남겨 두고, 요셉과 함께 갔습니다.
9 병거와 말을 탄 군인들도 요셉과 함께 갔
습니다. 매우 엄청난 행렬이었습니다.
10 그들은 요단 강 동쪽 아닷의 타작 마당에
이르렀습니다. 그 곳에서 그들은 이스라엘

알아두세요

49:10 '왕'의 원문은 '홀'로 왕권을 상징하는
지팡이를 가리키며, '참된 왕'의 원문은 '실로'로 학
자들은 예수 그리스도를 예표하는 것으로 설명한다.

이라고도 부르는 야곱을 위해 큰 소리로
슬프게 울었습니다. 요셉은 아버지를 위
해 칠 일 동안을 슬피 울었습니다.
11 가나안에 살던 백성들이 아닷의 타작 마당
에서 사람들이 슬퍼하는 모습을 보고 "저
이집트 사람들이 크게 슬퍼하고 있구나"
하고 말하면서 그 곳의 이름을 아벨미스라
임*이라고 불렀습니다.
12 이처럼 야곱의 아들들은 자기 아버지가
당부한 말씀대로 행했습니다.
13 그들은 아버지의 시체를 가나안 땅으로 모
시고 가서, 마므레 근처의 막벨라 밭에 있
는 동굴에 장사지냈습니다. 그 동굴과 밭
은 아브라함이 헷 사람 에브론에게서 산 것
입니다. 아브라함은 무덤으로 쓰기 위해
그 동굴을 샀습니다.
14 요셉은 아버지를 장사지내고 나서 이집트
로 돌아갔습니다. 요셉과 함께 갔던 요셉
의 형제들과 다른 모든 사람들도 이집트
로 돌아갔습니다.

형제들이 요셉을 무서워하다

15 야곱이 죽은 후에 요셉의 형들이 말했습니
다. "만약 요셉이 아직도 우리를 미워하면
어떻게 하지? 우리는 요셉에게 나쁜 짓을
많이 했어. 만약 요셉이 우리에게 복수를
하려 하면 어떻게 하지?"

막벨라 사원 내에 있는 야곱의 무덤 입구
(50:13)

알아두세요

50:11 '아벨미스라임'은 '이집트 사람들의 애
통'이란 뜻이다.

16 그래서 그들은 요셉에게 사람을 보내어
이렇게 전하게 했습니다. "아우님의 아버
지는 돌아가시기 전에 이렇게 당부하셨습
니다.
17 '너희는 몹쓸 짓을 했다. 너희는 요셉에게
죄를 지었다. 요셉에게 말해서 형들을 용
서해 달라고 말하여라.' 그러니 요셉이여,
제발 우리의 잘못을 용서해 주십시오. 우
리는 아우님 아버지의 하나님의 종입니
다." 요셉은 이 말을 전해 듣고 울었습니
다.
18 요셉의 형들이 요셉을 찾아가서 요셉에게
절을 하며 말했습니다. "우리는 아우님의
종입니다."
19 그 말을 듣고 요셉이 형들에게 말했습니
다. "두려워하지 마십시오. 하나님만이 하
실 수 있는 일을 내가 어떻게 하겠습니까?
20 형님들은 나를 해치려 했지만, 하나님께
서는 형님들의 악을 선으로 바꾸셨습니
다. 그래서 오히려 많은 사람들의 생명을
구할 수 있었습니다.
21 그러니 두려워하지 마십시오. 내가 형님
들과 형님들의 아이들을 돌봐 드리겠습니
다." 이처럼 요셉은 형들을 안심시키고 형
들에게 따뜻한 말을 해 주었습니다.
22 요셉은 자기 아버지의 모든 가족들과 함
께 계속 이집트에서 살다가 백열 살에 죽
었습니다.
23 요셉이 아직 살아 있을 때, 에브라임은 자
녀를 낳았고, 손자 손녀들도 보았습니다.
요셉의 아들 므낫세에게는 마길이라는 아
들이 있었습니다. 요셉은 마길의 자녀들을
자기 자녀로 삼았습니다.

요셉의 죽음

24 요셉이 형들에게 말했습니다. "나는 이제
죽습니다. 하지만 하나님께서는 여러분을
돌봐 주실 것입니다. 하나님께서는 여러
분을 이 땅에서 인도해 내실 것입니다. 하
나님께서는 아브라함과 이삭과 야곱에게
약속하셨던 땅으로 여러분을 인도하실 것
입니다."
25 그리고 나서 요셉은 이스라엘의 아들들에

게 약속을 하게 했습니다. "형님들이 이집
트에서 나가실 때, 내 뼈도 옮겨 가겠다
고 약속해 주십시오."

26 요셉은 백열 살에 죽었습니다. 의사들이
요셉을 장사지낼 준비를 한 뒤에 이집트에
서 요셉의 시체를 관에 넣었습니다.

믿음을 키워 주는 이야기

대통령이 된 비결

미국 트루먼 대통령은 은퇴 후에 고향에 기념 도서관을 짓고 그곳에서 어린이들과 어울렸습니다. 한 어린이가 이런 질문을 했습니다.

"대통령께서는 제 나이 때 어떤 학생이었어요? 학급에서 반장을 하셨지요?"

트루먼은 소년의 어깨에 가볍게 손을 얹으며 말했습니다.

"너보다 훨씬 볼품없는 소년이었단다. 친구들이 소리를 지르면 겁이 나서 몸을 바들바들 떨었지. 운동도 못했단다. 안경을 벗으면 책을 읽지 못할 정도로 시력도 좋지 않았지."

소년은 고개를 갸우뚱거리며 다시 물었습니다.

"그런데 어떻게 대통령이 될 수 있었나요?"

트루먼은 친절하게 설명했습니다.

"나는 매일 성경을 읽었단다. 하나님이 등 뒤에서 나를 밀어 주고 계심을 알게 되었지. 빌립보서 4장 13절이 나에게 용기를 많이 주었단다. 그래서 일단 일을 시작하면 끝까지 밀고 나갈 수 있게 되었지. 나는 성경을 많이 읽어서 대통령이 될 수 있었단다."

출애굽기

Exodus

저자

출애굽기를 비롯한 오경의 저자는 모세이다.

저작 연대

B.C. 1450-1400년경

주요 인물

모세, 아론, 파라오, 이드로, 여호수아

핵심어 및 주요 내용

핵심어는 "구출", "구속", "계명" 등이다. 출애굽 사건은 하나님께서 택하신 백성을 완전히 구속하시기 위하여 행하신 많은 이적들 가운데 하나이며, 십계명과 다른 율법들은 하나님께서 바라는 삶이 어떤 것인지를 가르쳐 주고 있다.

내용 소개

1. 이스라엘의 해방(1:1-15:21)
2. 시내 광야에서의 이스라엘(15:22-40:38)
   (1) 시내 산 언약의 확립(19-24장)
   (2) 성막과 제사장 직분에 대한 명령 (25-31장)
   (3) 파괴되었다가 회복된 언약(32-34장)
   (4) 성막을 세우는 이스라엘(35-39장)
   (5) 성막의 완성과 봉헌(40장)

이집트로 내려간 야곱의 가족

1 야곱과 함께 가족을 데리고 이집트로 내
려간 이스라엘의 아들들의 이름은
2 르우벤, 시므온, 레위, 유다,
3 잇사갈, 스불론, 베냐민,
4 단, 납달리, 갓, 아셀입니다.
5 야곱의 자손은 모두 칠십 명이었습니다.
야곱의 아들 요셉은 이미 이집트에 가 있
었습니다.
6 얼마 후에 요셉과 그의 형제들과 그 시대
에 살았던 사람들은 다 죽었습니다.
7 그러나 이스라엘 백성은 자녀를 많이 낳아
그 수가 크게 늘어났습니다. 그들은 매우
강해졌고, 이집트는 그들로 가득 차게 되
었습니다.

이스라엘 백성이 고난을 당하다

8 그 때에 새 왕이 이집트를 다스리기 시작
했습니다. 그 왕은 요셉이 누구인지를 알
지 못했습니다.
9 그 왕이 자기 백성 이집트 사람들에게 말
했습니다. "이스라엘 백성이 너무 많아서,
그들은 우리보다도 강해졌다.
10 그러니 그들에 대해서 무슨 계획을 세워
야 하겠다. 그렇게 하지 않으면 그들의 수
가 더 늘어나게 되어 만약 전쟁이라도 일
어나면, 그들은 우리들의 적과 한편이 되
어서 우리와 맞서 싸운 후에 이 나라에서
떠날 것이다."
11 그래서 이집트 사람들은 이스라엘 백성에
게 힘든 일을 시켰습니다. 그들은 이스라
엘 백성을 다스릴 노예 감독들을 두었습
니다. 노예 감독들은 이스라엘 백성에게
강제로 일을 시켜서, 파라오를 위해 비돔
과 라암셋 성을 짓게 했습니다. 그 성은
이집트 사람들이 물건을 쌓아 둘 수 있는
창고 성이었습니다.
12 이집트 사람들은 이스라엘 백성에게 더 힘
든 일을 시켰습니다. 그래도 이스라엘 백
성의 수는 더 늘어났습니다. 그러자 이집
트 사람들은 이스라엘 백성을 더욱 두려워
하여
13 이스라엘 백성에게 더욱더 고된 일을 시키
고
14 그들을 괴롭혔습니다. 이집트 사람들이 이
스라엘 백성에게 힘든 노동, 곧 흙 이기기

알아두세요

2:3 개역 성경에는 '갈 상자'라고 표기되어 있다.

파피루스(2:3 papyrus) 고대 이집트에서, 나일 강 주변에 자라던 갈대.
역청(2:3 tar) 가연성 액체 탄화 수소로 고대의 역청은 배와 광주리를 밀폐시키는 회반죽으로 사용되었다.

와 벽돌 굽기와 힘겨운 밭일을 시켰기 때
문에 이스라엘 백성들의 일은 더욱 힘들게
되었습니다.
15 십브라와 부아라고 하는 히브리 산파들이
있었습니다. 이 산파들은 히브리 여자들
이 아기 낳는 것을 도와 주는 일을 했습
니다. 이집트 왕이 이 산파들에게 말했습
니다.
16 "히브리 여자들이 아기 낳는 것을 도와 주
다가 분만대 위에서 잘 살펴보고 만약 아
기가 딸이면, 그 아기를 살려 주고 아들
이면 죽여 버려라!"
17 하지만 그 산파들은 하나님을 두려워하는
사람들이었습니다. 그래서 그 산파들은
왕이 명령한 대로 하지 않았습니다. 그들
은 남자 아이들도 다 살려 주었습니다.
18 그러자 이집트 왕이 산파들을 불러서 말
했습니다. "왜 이렇게 하였느냐? 어찌하
여 남자 아이들을 살려 두었느냐?"
19 산파들이 파라오에게 말했습니다. "히브리
여자들은 이집트 여자들보다도 훨씬 튼튼
합니다. 그래서 히브리 여자들은 우리가
도착하기도 전에 아기를 낳아 버립니다."
20 하나님께서는 산파들에게 은혜를 베풀어
주셨습니다. 이스라엘 백성은 계속해서 수
가 늘어났습니다. 그리고 그들은 더 강해
졌습니다.
21 하나님께서는 산파들이 하나님을 두려워
하였으므로, 그들에게도 자손을 많이 주
셨습니다.
22 파라오가 모든 백성에게 명령을 내렸습니
다. "히브리 사람들에게 남자 아이가 태어
나면 그 아이는 나일 강에 던져 버려라.
하지만 여자 아이는 살려 두어도 좋다."

아기 모세

2 레위 집안의 한 사람이 레위 집안의 어
떤 여자를 아내로 맞아들였습니다.
2 그 여자가 임신하여 아들을 낳았습니다.
여자는 그 아기가 너무 잘생겨서 세 달 동
안, 숨겨 두었습니다.
3 하지만 세 달이 지나자, 더 이상 아기를
숨길 수 없었습니다. 그래서 여자는 파피
루스 상자*를 가져다가 역청과 나무 진을
칠해서 물에 뜰 수 있게 만들었습니다. 그

런 다음에 아기를 그 상자 안에 넣고, 상
자를 나일 강가의 큰 풀들 사이에 두었습
니다.
4 아기의 누이가 얼마쯤 떨어진 곳에서 그
아기에게 무슨 일이 생길까봐 지켜 보고
있었습니다.
5 그 때, 파라오의 딸이 목욕을 하려고 강으
로 나왔습니다. 공주의 몸종들은 강가를
거닐고 있었습니다. 공주가 큰 풀들 사이
에 있는 그 상자를 보고는 몸종을 시켜 그
상자를 가져오게 했습니다.
6 공주가 상자를 열어 보니, 거기에는 남자
아이가 울고 있었습니다. 공주는 우는 아
이를 보자 불쌍한 생각이 들었습니다. 그
래서 공주가 말했습니다. "이 아이는 틀
림없이 히브리 사람의 아기일 거야."
7 그 때에 아기의 누이가 나가서 공주에게
물었습니다. "제가 가서 이 아기에게 젖
을 먹일 히브리 여자를 구해 올까요?"
8 공주가 말했습니다. "그래, 그렇게 하여
라." 그래서 아이의 누이는 가서 아이의
어머니를 데리고 왔습니다.
9 공주가 그 여자에게 말했습니다. "이 아
기를 데려가서 나를 위해 젖을 먹여 주면,
내가 그 삯을 주겠다." 그래서 여자는 그
아이를 데려가서 젖을 먹였습니다.
10 아이가 자라나자, 여자는 아이를 공주에
게 데리고 갔습니다. 공주는 아이를 자기
아들로 삼았습니다. 공주는 그 아이를 물
에서 건져 내었다 해서 그 아이의 이름을
모세라고 지었습니다.

모세가 자기 백성을 도와 주다

11 세월이 흘러 모세는 자라 어른이 되었습
니다. 어느 날, 모세는 자기 백성인 히브
리 사람들을 찾아갔습니다. 모세는 그들
이 힘들게 일하는 모습을 보았습니다. 또
어떤 이집트 사람이 자기와 같은 백성인
히브리 사람을 모질게 때리는 것을 보았
습니다.
12 모세는 주변을 살펴서 아무도 없음을 보
고 그 이집트 사람을 죽인 뒤에 그 시체
를 모래에 파묻었습니다.
13 이튿날, 모세가 다시 나가니, 히브리 사람
둘이 서로 다투고 있는 모습이 보였습니
다. 모세는 그 중에서 잘못한 사람에게 말
했습니다. "왜 당신과 한 핏줄인 사람을
때리는 거요?"
14 그 사람이 대답했습니다. "누가 당신을
우리의 지도자와 재판관으로 세웠소? 그
래, 이집트 사람을 죽이듯이 나도 죽일 생
각이오?" 그 말을 듣고 모세는 두려워졌
습니다. 모세는 '내가 한 일이 탄로났구
나' 하고 생각했습니다.
15 파라오가 모세의 일을 듣고 모세를 죽이려
고 찾았습니다. 그러나 모세는 파라오에게
서 달아나 미디안 땅으로 도망가 살았습
니다. 하루는 모세가 우물가에 앉아 있었
습니다.

미디안 땅에서 살게 된 모세

16 미디안에 일곱 딸을 둔 제사장이 있었습
니다. 그의 딸들이 아버지의 양 떼에게 물
을 먹이려고 그 우물로 왔습니다. 딸들은
양 떼에게 먹일 물을 구유에 채우고 있었
습니다.
17 그런데 어떤 목자들이 와서 여자들을 쫓
아 냈습니다. 그러자 모세는 여자들을 도
와 양 떼에게 물을 먹여 주었습니다.
18 여자들이 아버지 르우엘*에게 돌아왔습니
다. 르우엘이 딸들에게 물었습니다. "오늘
은 어떻게 이렇게 일찍 돌아왔느냐?"
19 여자들이 대답했습니다. "목자들이 우리
를 쫓아 냈지만, 어떤 이집트 사람이 우리
를 지켜 주었습니다. 그 사람은 물을 길
어서 양 떼에게 먹여 주기도 했습니다."
20 르우엘이 딸들에게 물었습니다. "그 사람
은 어디에 있느냐? 왜 그 사람을 그냥 두
고 왔느냐? 그 사람을 불러서 음식을 대
접하도록 하여라."
21 모세는 르우엘의 집에서 사는 것을 좋아했

알아두세요

2:18 모세의 장인은 '르우엘' 외에도 '호밥'(삿 4:11), '이드로'(출 18장;민 10:29)라고도 불린다.

습니다. 르우엘은 모세와 자기 딸 십보라
를 결혼시켰습니다.
22 십보라는 아들을 낳았습니다. 모세는 자기
땅이 아닌 곳에서 나그네로 살고 있었기
때문에 그 아들의 이름을 게르솜이라고 지
었습니다.
23 세월이 흘러서 이집트 왕이 죽었습니다.
이스라엘 백성은 강요에 의해 너무나 힘겹
게 일했기 때문에 신음했습니다. 그들이
도와 달라고 부르짖었더니, 하나님께서
그들의 소리를 들으셨습니다.
24 하나님께서는 그들의 소리를 들으시고,
아브라함과 이삭과 야곱에게 하신 약속을
기억하셨습니다.
25 하나님께서는 이스라엘 백성의 고통을 보
시고 그들에게 관심을 가지셨습니다.

불붙는 나무

3 모세가 이드로의 양 떼를 돌보고 있던
때의 일입니다. 이드로는 미디안의 제
사장이며 모세의 장인입니다. 모세는 광야
의 서쪽으로 양 떼를 몰고 갔습니다. 모
세는 하나님의 산인 호렙 산에 이르렀습
니다.
2 그 곳에서 여호와의 사자가 떨기나무의
불꽃 속에서 모세에게 나타났습니다. 그
나무는 불붙고 있었지만, 타서 없어지지
는 않았습니다.
3 그래서 모세는 "가까이 가서 이 이상한 일
을 살펴보아야 하겠다. 어떻게 나무에 불
이 붙었는데 타지 않을 수 있을까?" 하고
말했습니다.
4 여호와께서 모세가 그 나무를 살펴보려고
올라오는 모습을 보셨습
니다. 그래서 하나님께서
는 나무 사이에서 "모세
야, 모세야!" 하며 그를
부르셨습니다. 모세는
"제가 여기에 있습니다"
하고 대답했습니다.
5 하나님께서 말씀하셨습
니다. "더 가까이 오지
마라. 네 신발을 벗어라.
너는 지금 거룩한 땅 위에 서 있느니라.
6 나는 네 조상의 하나님이다. 나는 아브라
함의 하나님, 이삭의 하나님, 야곱의 하나
님이다." 모세는 하나님을 바라보는 것이
두려워서 얼굴을 가렸습니다.
7 여호와께서 말씀하셨습니다. "나는 내 백
성이 이집트에서 고통당하고 있는 것을 보
았고, 또 이집트의 노예 감독들이 내 백성
을 때릴 때에 그들이 울부짖는 소리를 들
었다. 나는 그들이 얼마나 괴로워하는지
를 알고 있다.
8 나는 그들을 이집트 사람들에게서 구해 주
려고 내려왔다. 나는 그들을 그 땅에서 인
도해 내고 그들을 넓고도 좋은 땅으로 인
도하여 갈 것이다. 그 곳은 젖과 꿀이 넘
쳐 흐를 만큼 비옥한 땅이며, 가나안 사
람, 헷 사람, 아모리 사람, 브리스 사람,
히위 사람, 그리고 여부스 사람들의 땅이
다.
9 나는 이스라엘 백성의 울부짖는 소리를 들
었고, 이집트 사람들이 그들을 괴롭히는
것을 보았다.
10 그래서 나는 지금 너를 파라오에게 보내
려 하니, 가거라! 가서 내 백성 이스라엘
사람들을 이집트에서 인도해 내어라!"
11 그러자 모세가 하나님께 말했습니다. "제
가 누구인데 그런 일을 합니까? 어찌하여
제가 파라오에게 가서 이스라엘 백성을 인
도해 내야 합니까?"
12 하나님께서 말씀하셨습니다. "내가 너와
함께 있겠다. 네가 이집트에서 이스라엘
백성을 인도해 낸 후, 너희 모두는 이 산

하나님의 이름들

〈본문 보기 3장 14절〉

명칭	의미	관련 구절
여호와 이레	여호와께서 준비하심	창 22:14
여호와	나는 스스로 존재하는 자	출 3:14
여호와 닛시	여호와는 나의 깃발	출 17:15
여호와 살롬	평강을 주시는 하나님	삿 6:24
여호와 치드케누	여호와는 우리의 의	렘 23:6
여호와 사바옷	만군의 여호와	시 24:10
여호와 삼마	여호와께서 거기 계시다	겔 48:35

에서 하나님을 예배하게 될 것인데, 이것
이 너를 보내는 증거다."
13 모세가 하나님께 말했습니다. "제가 이스
라엘 백성에게 가서 그들에게 '너희 조상
의 하나님께서 나를 보내셨다' 라고 말했
을 때, 그들이 '그 하나님의 이름이 무엇
이냐?' 하고 물으면 어떻게 대답해야 합
니까?"
14 하나님께서 모세에게 말씀하셨습니다.
"나는 스스로 있는 자이다. 너는 이스라엘
백성에게로 가서 '스스로 있는 분이 나를
너희에게 보내셨다' 고 말하여라."
15 하나님께서 또 모세에게 말씀하셨습니다.
"너는 가서 그 백성에게 이렇게 말하여
라. '여호와께서는 너희 조상의 하나님이
시다. 여호와께서는 아브라함의 하나님,
이삭의 하나님, 야곱의 하나님이시다. 그
분이 나를 너희에게 보내셨다.' 이것이
영원히 내 이름이 될 것이다. 또 대대로
나를 기억할 표가 될 것이다.
16 가서 장로들을 모아 이렇게 전하여라.
'너희 조상의 하나님이신 여호와께서 나
에게 나타나셨다. 아브라함의 하나님, 이
삭의 하나님, 야곱의 하나님이 나에게 말
씀하셨다. 그분은 이렇게 말씀하셨다.
드디어 내가 너희를 찾아
왔다. 그리고 나는
이집트에서 너희가
겪고 있는 일을
똑똑히 보았다.
17 이미 약속했던
바와 같이 나는
너희를 이집트
에서 당하는 고
통으로부터 이
끌어 내어 가나
안 사람, 헷 사
람, 아모리 사람,
브리스 사람, 히
위 사람, 그리고
여부스 사람들의
땅으로 인도할 것이
다. 그 땅은 젖과 꿀이 넘쳐 흐를 만큼 비
옥한 땅이다.'
18 장로들은 네 말에 귀를 기울일 것이다. 그
러면 너와 이스라엘의 장로들은 이집트 왕
에게 가서 이렇게 말하여라. '히브리 사람
들의 하나님이신 여호와께서 우리에게 나
타나셨습니다. 삼 일 길을 광야로 여행하
게 해 주십시오. 그 곳에서 우리 하나님
이신 여호와께 제물을 바쳐야 하겠습니
다.'
19 그러나 이집트 왕은 너희를 보내지 않을
것이다. 큰 능력을 보아야만 너희를 보내
줄 것이니
20 그러므로 나는 이집트에 큰 능력을 보여
줄 것이다. 내가 그 땅에서 기적을 일으
킬 것이다. 그런 일이 있은 뒤에야 그가
너희를 보내 줄 것이다.
21 나는 또 이집트 백성이 이스라엘 백성에게
친절을 베풀게 만들어 너희가 이집트를 떠
날 때에 빈 몸으로 가지 않게 할 것이다.
22 모든 히브리 여자는 이웃에 사는 이집트
사람이나 그 집에 사는 이집트 여자에게
은붙이와 금붙이와 옷가지를 달라고 하여
너희 아들들과 딸들을 꾸며 주어라. 이렇

모세가 지팡이를 던지자 뱀으로 변함(4:2-4)

게 너희는 이집트 사람들이 준 것을 받아
가지고 이집트를 떠나게 될 것이다."

모세에게 보여 주신 증거

4 모세가 대답했습니다. "만약 이스라엘
백성이 내 말을 믿지 않거나 따르지 않
으면 어떻게 합니까? 만약 그들이 '여호
와께서는 너에게 나타나지 않으셨다' 라고
하면 어떻게 합니까?"
2 여호와께서 모세에게 말씀하셨습니다.
"네 손에 있는 것이 무엇이냐?" 모세가 대
답했습니다. "제 지팡이입니다."
3 여호와께서 말씀하셨습니다. "그것을 땅
에 던져라." 모세가 지팡이를 땅에 던지자
지팡이가 뱀이 되었습니다. 모세는 뱀을
피해 달아났습니다.
4 여호와께서 모세에게 말씀하셨습니다.
"손을 펴서 뱀의 꼬리를 붙잡아라." 모세
는 손을 펴서 뱀의 꼬리를 붙잡았습니다.
그러자 뱀이 모세의 손에서 다시 지팡이
가 되었습니다.
5 주님께서 말씀하셨습니다. "이런 일이 일
어나면, 이스라엘 백성은 그들의 조상의
하나님 곧 아브라함의 하나님, 이삭의 하
나님, 야곱의 하나님이신 여호와께서 너
에게 나타났다는 것을 믿을 것이다."
6 여호와께서 또 모세에게 말씀하셨습니다.
"네 손을 옷 안에 넣어 보아라." 그래서
모세는 손을 옷 안에 넣었습니다. 모세가
다시 손을 빼어 보니 손에 문둥병이 생겨
서 눈처럼 하얗게 되었습니다.
7 주님께서 말씀하셨습니다. "이제 손을 옷
안에 다시 넣어 보아라." 그래서 모세가
다시 손을 옷 안에 넣었다가 빼어 보니,
손이 그전처럼 깨끗해졌습니다. 몸의 다
른 살과 똑같아진 것입니다.
8 여호와께서 말씀하셨습니다. "백성들이
너를 믿지 않고, 또 첫 번째 기적을 못 믿
을지라도 이 두 번째 기적은 믿을 것이다.
9 만약 백성이 이 두 가지 기적을 다 믿지
못하거든, 나일 강에서 물을 퍼다가 땅에
부어 보아라. 그러면 그 물이 땅 위에서
피로 변할 것이다."

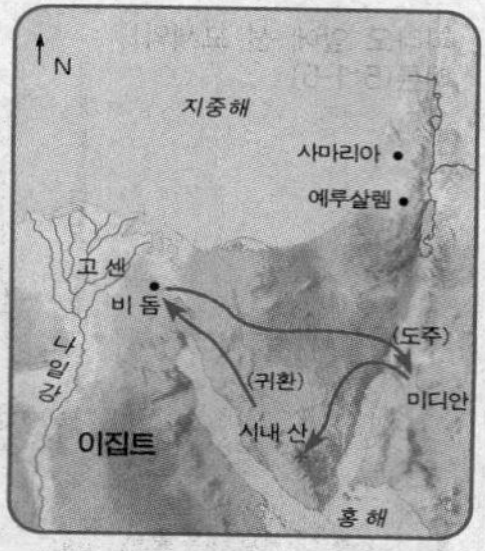

모세의 미디안으로부터의 도주와 귀환 (2:11-25; 4:18-31)

10 그러나 모세가 여호와께 말했습니다. "하
지만 주님, 저는 말을 잘 할 줄 모릅니다.
전에도 그랬지만, 주님께서 저에게 말씀
하시는 지금도 저는 말을 잘 할 줄 모릅
니다. 저는 말을 느리게 할 뿐만 아니라
훌륭하게 말하는 법도 모릅니다."
11 여호와께서 모세에게 말씀하셨습니다.
"누가 사람의 입을 만들었느냐? 누가 말
못하는 자를 만들고, 듣지 못하는 자를 만
드느냐? 누가 앞을 보는 자나 앞을 보지
못하는 자를 만드느냐? 나 여호와가 아니
냐?
12 그러니 가거라! 내가 네 입과 함께 하겠다.
네가 할 말을 내가 가르쳐 줄 것이다."
13 그러나 모세가 말했습니다. "주여, 제발
보낼 만한 능력 있는 사람을 보내십시
오."
14 여호와께서 모세에게 화를 내면서 말씀하
셨습니다. "레위 집안 사람인 네 형 아론
은 말을 아주 잘 하지 않느냐? 아론이 너
를 만나기 위해 오고 있는 중인데, 아론
은 너를 만나면 기뻐할 것이다.
15 네가 할 말을 내가 가르쳐 줄 테니, 그것
을 아론에게 말해 주어라. 너희 두 사람
이 무슨 말을 하고, 무슨 일을 해야 할지
를 내가 가르쳐 줄 것이다.
16 아론이 너를 대신해서 백성에게 말을 할
것이니, 너는 하나님께서 말씀하시는 것
을 아론에게 전하여라. 그러면 아론이 너
를 대신해서 그 말을 할 것이다.

파라오 앞에 선 모세와
아론(5:1-5)

17 네 지팡이를 가지고 가거라. 그것을 가지
고 기적을 보여라."

이집트로 돌아가는 모세

18 그리하여 모세는 장인인 이드로에게 돌아
가 말했습니다. "이집트에 있는 제 백성에
게로 돌아가게 해 주십시오. 그들이 아직
살아 있는지 알고 싶습니다." 이드로가 모
세에게 말했습니다. "그렇게 하게. 평안히
가게."
19 모세가 아직 미디안에 있을 때, 여호와께
서 모세에게 말씀하셨습니다. "이집트로
돌아가거라. 너를 죽이려 하던 사람들은
다 죽었다."
20 그리하여 모세는 아내와 아들들을 나귀에
태우고 이집트 땅으로 돌아갔습니다. 모세
는 하나님의 지팡이를 손에 들고 갔습니
다.
21 여호와께서 모세에게 말씀하셨습니다.
"이집트로 돌아가서 모든 기적을 일으켜
라. 내가 너에게 그런 일을 할 수 있는 능
력을 주었다. 파라오에게 기적을 보여 주
어라. 하지만 그는 완고
하여 백성을 보내지 않
을 것이다. 나는 그의
마음을 완고한 채로 그
냥 둘 것이다.
22 그러면 파라오에게
이렇게 말하여라. '여
호와께서 이렇게 말씀
하셨습니다. 이스라엘
은 나의 맏아들이다.
23 나는 너에게 내 아
들을 보내서 나를 예
배할 수 있게 하라고
말했다. 그러나 네가
이스라엘을 보내 주지
않았으므로, 내가 너의
맏아들을 죽일 것이다.'"
24 모세는 이집트로 가는
도중에 쉴 곳을 찾아서 하룻
밤을 묵었습니다. 그런데 여호
와께서 그 곳에 나타나셔서 모세를
죽이려 하셨습니다.
25 그 때, 십보라가 차돌 칼을 가지고 모세의
아들에게 할례를 베풀고 잘라 낸 살을 모
세의 발에 대면서 "당신은 나의 피 남편
입니다" 하고 말했습니다.
26 그러자 여호와께서 모세를 놓아 주셨습니
다. 십보라가 '피 남편'이라고 말한 것은
할례 때문이었습니다.
27 여호와께서 아론에게 말씀하셨습니다.
"광야로 나가서 모세를 맞이하여라." 아론
은 나가서 하나님의 산인 시내 산에서 모
세를 만나 모세에게 입을 맞추었습니다.
28 모세는 아론에게 여호와께서 자기를 이집
트로 보내시면서 하신 말씀을 다 말해 주
었습니다. 그리고 모세는 여호와께서 자
기를 이집트로 보내시면서 보여 주신 기
적들에 대해서도 말해 주었습니다.
29 모세와 아론은 이집트로 가서 이스라엘의
모든 장로들을 다 모았습니다.
30 아론은 그들에게 여호와께서 모세에게 하
신 말씀을 다 전해 주었습니다. 그리고 모

세는 모든 백성이 보는 앞에서 기적들을
보여 주었습니다.
31 그리하여 이스라엘 백성들이 그들을 믿게
되었습니다. 그들은 여호와께서 자기들을
찾아오셨다는 것과 자기들의 괴로움을 알
고 계시다는 말을 듣고, 머리를 숙여 여
호와께 예배를 드렸습니다.

왕 앞에 선 모세와 아론

5 모세와 아론은 백성에게 이야기를 다
하고 나서 파라오에게 가서 말했습니
다. "이스라엘의 하나님이신 여호와께서
이렇게 말씀하셨습니다. '내 백성을 내보
내서 광야에서 나에게 절기를 지킬 수 있
게 하여라.'"
2 하지만 파라오가 말했습니다. "여호와가
누구냐? 여호와가 누구길래 내가 그의 말
을 듣고 이스라엘 백성을 내보
내야 하느냐? 나는 여호와
를 알지 못한다. 나는
이스라엘 백성을 보낼
수 없다."
3 그러자 모세와 아
론이 말했습니
다. "히브리 사람
들의 하나님께서
우리에게 나타나
셨습니다. 그러니
우리를 삼 일 길쯤
광야로 나가게 해 주십시
오. 그 곳에서 우리의 하나님
이신 여호와께 제사를 드리겠습니
다. 그렇게 하지 않으면 여호와께서 우
리를 병으로 죽게 하시거나 칼로 치실 것
입니다."
4 그러나 이집트 왕이 모세와 아론에게 말했
습니다. "모세와 아론아, 너희는 왜 백성
을 데려가서 일을 못 하게 하려고 하느
냐? 가서 너희 일이나 하여라!
5 히브리 사람들은 이 땅에 수가 많아졌다.
그런데 너희는 그들의 일을 쉬게 하려고
하는구나!"
6 바로 그 날, 파라오는 노예 감독과 작업
반장들에게 명령을 내렸습니다.
7 "이제부터는 저 백성이 벽돌 만드는 데 쓸
짚을 그전처럼 주지 말고 백성들 스스로
짚을 모으게 하여라.
8 그러나 그전과 똑같은 개수로 벽돌을 만
들어야 한다. 벽돌의 수를 줄여 주지 마
라. 그렇게 해 주면 게을러진다. 그들이
'우리 하나님께 제물을 바칠 수 있게 해
주십시오'라고 말하는 것도 다 게을러졌
기 때문이다.
9 이 백성에게 더 힘든 일을 시켜라. 일하
느라고 바빠서 모세의 거짓말을 귀담아
들을 틈이 없게 만들어라."

힘들게 벽돌을 만드는 이스라엘 백성들(5:6-19)

10 그리하여 노예 감독과 작업 반장들은 이
스라엘 백성에게 가서 말했습니다. "파라
오께서 이렇게 말씀하셨다. '이제부터는
너희에게 짚을 주지 않을 테니,
11 가서 너희들 스스로 짚을 찾아라. 하지만
너희가 할 일의 양은 줄여 주지 않겠다.'"
12 그리하여 백성들은 이집트 땅 사방으로 흩
어져서 짚으로 쓸 마른 줄기를 찾아다녔
습니다.

13 노예 감독들은 "너희는 짚을 받았을 때와
똑같이 당일의 벽돌 수를 채워야 한다"라
고 말하면서 계속해서 백성들을 몰아붙였
습니다.
14 파라오의 노예 감독들은 이스라엘 사람들
중에서 작업 반장을 뽑았습니다. 노예 감
독들은 그들에게 백성들이 하는 일에 대
한 책임을 맡겼습니다. 노예 감독들은 작
업 반장들을 때리면서 "어찌하여 어제도
오늘도 이전처럼 벽돌 만드는 책임량을
채우지 못하느냐?" 하고 다그쳤습니다.
15 그러자 이스라엘의 작업 반장들이 파라오
에게 나아가서 부르짖었습니다. "왕께서
는 어찌하여 왕의 종들에게 이렇게 하십
니까?
16 어찌하여 짚도 주지 않으면서 벽돌을 만
들라고 하십니까? 보십시오. 왕의 종들은
얻어맞고 있습니다. 그러나 잘못은 왕의
백성에게 있습니다."
17 파라오가 대답했습니다. "너희들은 게으
르다. 정말 게으르다! 너희가 일하기 싫으
니까 이 곳을 떠나 여호와께 제물을 바치
러 가자고 그러는 것이다.
18 당장 돌아가서 일을 하여라! 너희에게는
짚을 주지 않겠다. 하지만 너희는 그전과
똑같은 수의 벽돌을 만들어야 한다."
19 이스라엘의 작업 반장들은 "매일 그전과
똑같은 수의 벽돌을 만들어야 한다"는 말
을 듣고 '이제 큰일났구나' 하고 생각했
습니다.

약속의 땅 가나안(블레셋 평야) (6:8)

20 그들은 파라오를 만나고 돌아가는 길에 모
세와 아론을 만났습니다. 모세와 아론은
그들을 기다리고 있었습니다.
21 작업 반장들이 모세와 아론에게 말했습니
다. "여호와께서 당신들을 내려다보시고
심판하시기를 바라오. 당신들 때문에 우
리가 파라오와 그의 신하들에게 미움을 받
고 있소. 당신들은 파라오와 그의 신하들
이 우리를 죽이도록 그들의 손에 칼을 쥐
여 준 거나 다름이 없소."

하나님께 불평하는 모세

22 그러자 모세가 다시 여호와께 와서 말했
습니다. "주님, 어찌하여 주님의 백성에
게 이런 고통을 주셨습니까? 도대체 무엇
때문에 저를 이 곳에 보내셨습니까?
23 저는 파라오에게 가서 주님께서 말씀하라
고 하신 대로 말했습니다. 하지만 그 때
부터 그는 백성을 더 괴롭히고 있습니다.
그런데도 주님께서는 백성을 구해 주지
않고 계십니다."

6 여호와께서 모세에게 말씀하셨습니다.
"이제, 너는 내가 파라오에게 하는 일
을 보게 될 것이다. 내가 큰 능력을 보여
주면 파라오는 내 백성을 내보낼 것이다.
나의 능력을 보고 파라오는 내 백성을 자
기 나라에서 쫓아 낼 것이다."
2 하나님께서 또다시 모세에게 말씀하셨습
니다. "나는 여호와이다.
3 나는 아브라함과 이삭과 야곱에게 '전능한
하나님'으로 나타났으나, 내 이름을 여호
와라고 알리지는 않았다.
4 나는 또 그들과 언약을 세워서, 그들이 나
그네처럼 살고 있던 가나안 땅을 그들에
게 주겠다고 약속했다.
5 나는 이제 이집트 사람들이 노예처럼 다
루고 있는 이스라엘 백성들의 울부짖음을
듣고 내 언약을 기억하였다.
6 그러니 이스라엘 백성에게 내가 하는 말을
전하여라. '나는 여호와이다. 나는 이집트
사람들이 너희에게 강제로 시키는 힘겨운
일에서 너희를 구해 줄 것이다. 큰 능력
으로 너희를 이집트 사람들의 노예 생활

에서 풀어 주어 자유로운 몸이 되게 할 것이다. 그리고 이집트 사람들에게는 무서운 벌을 내릴 것이다.

7 나는 너희를 내 백성으로 삼고 너희 하나님이 될 것이며, 너희는 내가 너희 여호와 하나님이라는 것을 알게 될 것이다. 나는 이집트 사람들이 너희에게 강제로 시키는 힘든 일에서 너희를 구해 낼 너희의 하나님이다.

8 내가 아브라함과 이삭과 야곱에게 손을 들어 약속했던 땅으로 너희를 인도하리니, 나는 그 땅을 너희에게 줄 것이다. 나는 여호와이다.'"

9 그리하여 모세는 이 말씀을 이스라엘 백성에게 전했습니다. 그러나 그들은 용기를 잃어버린데다가 너무나 고된 노예 생활을 했기 때문에 모세의 말을 들으려 하지 않았습니다.

10 여호와께서 모세에게 말씀하셨습니다.

11 "가서 이집트 왕 파라오에게 이스라엘 백성을 이 땅에서 내보내야 한다고 말하여라."

12 그러나 모세가 대답했습니다. "이스라엘 백성도 제 말을 들으려 하지 않는데 하물며 파라오가 제 말을 들을 까닭이 있겠습니까? 더구나 저는 말이 능숙하지 못합니다."

13 하지만 여호와께서는 모세와 아론에게 이집트 왕 파라오에게 가서 말을 전하고, 이스라엘 백성을 이집트에서 인도해 내라고 명령하셨습니다.

이스라엘의 족보

14 이스라엘 각 지파들의 조상은 이러합니다. 이스라엘의 맏아들 르우벤은 네 아들을 두었습니다. 르우벤의 아들들은 하녹과 발루와 헤스론과 갈미입니다. 이들이 르우벤의 가족입니다.

15 시므온의 아들들은 여무엘과 야민과 오핫과 야긴과 소할과 사울입니다. 사울은 가나안 여자의 아들입니다. 이들이 시므온의 가족입니다.

16 레위는 백서른일곱 살까지 살았습니다. 레위의 아들 이름은 순서대로 게르손과 고핫과 므라리입니다.

17 게르손은 두 아들을 두었는데, 그 이름은 립니와 시므이입니다. 이들에게는 다 자기 가족이 있었습니다.

18 고핫은 백서른세 살까지 살았습니다. 고핫의 아들은 아므람과 이스할과 헤브론과 웃시엘입니다.

19 므라리의 아들은 마흘리와 무시입니다. 족보에 따르면 이들은 레위의 가족입니다.

20 아므람은 자기 아버지의 누이인 요게벳과 결혼했습니다. 요게벳은 아론과 모세를 낳았습니다. 아므람은 백서른일곱 살까지 살았습니다.

21 이스할의 아들은 고라와 네벡과 시그리입니다.

22 웃시엘의 아들은 미사엘과 엘사반과 시드리입니다.

23 아론은 엘리세바와 결혼했습니다. 엘리세바는 암미나답의 딸이며 나손의 누이입니다. 엘리세바는 나답과 아비후와 엘르아살과 이다말을 낳았습니다.

24 고라의 아들은 앗실과 엘가나와 아비아삽입니다. 이들은 고라의 가족입니다.

25 아론의 아들 엘르아살은 부디엘의 딸과 결

성경 인물

아론 모세의 형인 아론은 말주변이 좋아 모세의 대변인으로 활동했던 인물이었습니다(출 4:16). 그는 모세의 지팡이로 기적을 일으키기도 했고(출 7:10), 이스라엘이 아말렉과 전쟁을 벌였을 때는 지팡이를 든 모세의 팔이 피곤해지자 훌과 함께 그의 팔을 붙들어 승리를 돕기도 하였습니다(출 17:12). 그러나 모세가 시내 산에 올라가 있는 동안 금송아지 우상을 만들어 이스라엘 백성들에게 절하도록 만드는 죄를 짓기도 했지요(출 32:1-16). 최초의 대제사장이었던 그는 약속의 땅에 들어가지 못하고 123세의 나이로 죽었습니다(민 33:38,39).

본문 보기 6장 23절

혼했습니다. 부디엘의 딸은 비느하스를 낳
았습니다. 이들은 레위 집안의 조상들입
니다.
26 바로 이 아론과 모세에게 여호와께서 "이
스라엘 백성을 이집트 땅에서 각 무리대로
인도해 내어라" 하고 말씀하셨습니다.
27 또한 이집트 왕 파라오에게 가서 이스라엘
백성을 이집트에서 내보내라고 말한 사람
역시 모세와 아론입니다.

다시 모세를 부르시는 하나님

28 여호와께서 이집트 땅에서 모세에게 말씀
하셨습니다.
29 "나는 여호와이다. 이집트 왕 파라오에게
내가 하는 말을 다 전하여라."
30 모세가 여호와께 대답했습니다. "저는 말
을 잘 할 줄 모릅니다. 그런데 어찌 파라
오가 제 말을 들으려 하겠습니까?"

7 여호와께서 모세에게 말씀하셨습니다.
"나는 너를 파라오 앞에서 마치 하나님
과 같게 할 것이다. 그리고 네 형 아론은
너를 위해 대언자가 될 것이다.
2 네 형 아론에게 내가 너에게 명령한 모든
것을 말해 주어라. 네 형 아론은 파라오에
게 이스라엘 백성을 그 땅에서 내보내라고
말할 것이다.
3 그러나 나는 파라오의 고집을 그대로 두
고 이집트 땅에 많은 기적을 일으킬 것이
다.
4 그럼에도 파라오는 네 말을 듣지 않을 것
이다. 그 때에 내가 더 큰 능력으로 이집
트에 무서운 벌을 내리고, 그런 다음에 내
백성 이스라엘을 각 무리대로 이집트 땅에
서 인도해 낼 것이다.
5 내가 나의 큰 능력으로 이집트에 벌을 내
리고 이스라엘 백성을 그 땅에서 인도해
낼 때에야 비로소 이집트 사람들은 내가
여호와인 줄을 알게 될 것이다."
6 모세와 아론은 여호와께서 명령하신 대로
했습니다.
7 모세와 아론이 파라오에게 말을 했을 때,
모세의 나이는 여든 살이었고, 아론의 나
이는 여든세 살이었습니다.

뱀으로 변한 지팡이

8 여호와께서 모세와 아론에게 말씀하셨습
니다.
9 "파라오가 너희에게 기적을 요구할 것이
니, 그러면 모세는 아론에게 지팡이를 파
라오 앞에 던지라고 말하여라. 그 지팡이
가 뱀으로 변할 것이다."
10 그리하여 모세와 아론은 여호와께서 명령
하신 대로 파라오 앞으로 나아갔습니다.
아론은 자기 지팡이를 파라오와 그 신하들

10가지 재앙

〈본문 보기 7-11장〉

순서	내용	결과
1	나일 강이 피로 변함	이집트 마술사들도 같은 기적을 보임
2	개구리가 들끓음	파라오가 잠시 허락하다 다시 완고해짐
3	이가 사람과 가축을 괴롭힘	파라오가 완고해짐
4	파리 떼가 몰려 옴	조건을 걸고 허락하다 다시 완고해짐
5	가축들이 악질에 걸려 다 죽음	파라오가 완고해짐
6	종기가 사람과 가축에게 발생	파라오가 완고해짐
7	우박이 식물을 망가뜨림	파라오의 마음이 누그러졌다가 다시 완고해짐
8	메뚜기 떼로 뒤덮임	남자들만 떠나고 죽음을 면해 달라고 했다가 다시 완고해짐
9	3일 동안 어두움이 덮임	양과 소만 남기고 가라 했다가 다시 완고해짐
10	처음 난 사람과 짐승이 죽음	이집트 탈출

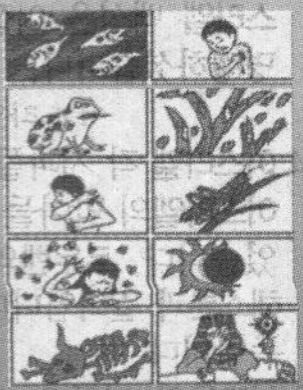

재앙(소제목 plague) 하나님께서 징벌과 위협으로 내리시는 불행한 일.
운하(7:19 canal) 선박의 통행이나 농지의 관개 · 배수를 위하여 인공적으로 육지를 파서 만든 수로.
화덕(8:3 oven) 더운 재와 숯불을 담아 방을 덥게 하는 데 쓰는, 질그릇이나 쇠붙이로 만든 그릇.

앞에 던졌습니다. 그러자 지팡이가 뱀으
로 변했습니다.
11 그 때에 파라오도 자기의 지혜로운 자들
과 마술사들을 불렀습니다. 이집트의 마
술사들도 마술을 부려 똑같은 일을 했습
니다.
12 그들이 자기 지팡이를 땅에 던지자, 그 지
팡이들이 뱀으로 변했습니다. 하지만 아
론의 지팡이가 그 뱀들을 잡아 먹었습니
다.
13 그러나 파라오는 고집을 부리며 모세와 아
론의 말을 듣지 않았습니다. 여호와께서
말씀하신 그대로였습니다.

첫 재앙 - 물이 피로 변하다

14 여호와께서 모세에게 말씀하셨습니다.
"파라오는 고집이 세서 백성을 내보내려
하지 않는다.
15 아침에 파라오가 나일 강으로 나올 것이
니, 너는 가서 강가에서 그를 만나라. 뱀
으로 변했던 지팡이를 가지고 가거라.
16 그에게 이렇게 말하여라. '히브리 사람들
의 하나님 여호와께서 나를 왕에게 보내
셨습니다. 주님께서 내 백성을 광야로 보
내서 나를 예배할 수 있게 하라고 말씀하
셨지만, 지금까지 왕은 이 말씀을 듣지 않
았습니다.
17 그러므로 여호와께서 이 일로 그분이 여
호와라는 것을 왕에게 알게 할 것이라고
말씀하십니다. 보십시오. 내 손에 있는
이 지팡이로 내가 나일 강의 물을 치겠습
니다. 그러면 나일 강이 피로 변할 것입
니다.
18 강의 물고기들은 죽고, 강물에서는 냄새
가 나서 이집트 사람들이 나일 강의 물을
먹지 못하게 될 것입니다.'"
19 여호와께서 모세에게 말씀하셨습니다.
"아론에게 지팡이를 들어 이집트의 모든
강과 운하와 연못과 늪을 향해 손을 뻗으
라고 하여라. 이집트 모든 땅의 물이 변하
여 피가 될 것이다. 나무 그릇이나 돌 항
아리에 있는 물까지도 피로 변할 것이
다."
20 그리하여 모세와 아론은 여호와께서 명령
하신 대로 했습니다. 아론은 지팡이를 들
어 파라오와 그 신하들이 보는 앞에서 나
일 강의 물을 쳤습니다. 그러자 나일 강의
물이 모두 피로 변했습니다.
21 나일 강의 물고기들이 죽고, 강에서 냄새
가 나기 시작했습니다. 그래서 이집트 사
람들은 그 물을 마실 수가 없었습니다. 이
집트 모든 땅이 피로 가득 찼습니다.
22 이집트의 마술사들도 마술을 부려 똑같은
일을 했습니다. 그러자 파라오는 더욱 고
집스러워져서, 모세와 아론의 말을 듣지
않았습니다. 모든 일이 여호와께서 말씀
하신 대로 일어났습니다.
23 파라오가 몸을 돌이켜 왕궁으로 돌아갔습
니다. 그는 모세와 아론이 한 일을 무시해
버렸습니다.
24 이집트 사람들은 나일 강의 물을 마실 수
가 없었습니다. 그래서 모든 이집트 사람
들은 마실 물을 얻기 위해 나일 강가에 우
물을 팠습니다.
25 여호와께서 나일 강의 물을 피로 변하게
하신 지 칠 일이 지났습니다.

둘째 재앙 - 개구리 떼

8 여호와께서 모세에게 말씀하셨습니다.
"파라오에게 가서 전하여라. '여호와께
서 이렇게 말씀하셨습니다. 내 백성을 내
보내서 나를 예배할 수 있게 하여라.
2 만약 그렇게 하지 않으면 이집트를 개구
리로 벌할 것이다.
3 나일 강이 개구리로 가득 찰 것이다. 개
구리들이 강에서 나와 너의 왕궁으로 들
어갈 것이다. 개구리들이 네 침대와 침실

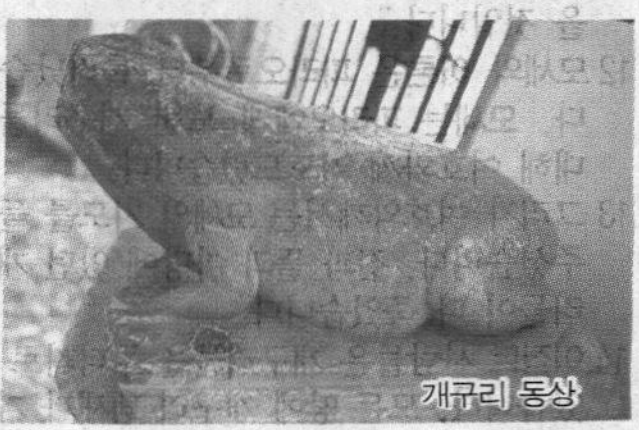
개구리 동상

에 들어갈 것이며, 네 신하들과 백성들의
집에도 들어갈 것이다. 개구리들이 화덕
과 반죽 그릇에도 들어갈 것이며,
4 너와 네 백성과 네 신하들의 몸 속으로도
기어들어갈 것이다.'"
5 여호와께서 모세에게 말씀하셨습니다.
"아론에게 명하여 강과 운하와 늪을 향해
지팡이를 든 손을 뻗게 하여라. 그리하여
개구리들이 이집트 땅으로 올라오게 하여
라."
6 아론은 이집트의 물 위로 손을 뻗었습니
다. 그러자 개구리들이 물에서 나와서 이
집트 땅을 덮었습니다.
7 마술사들도 마술을 부려 똑같은 일을 했
습니다. 그들도 이집트 땅에 개구리들이
생겨나게 했습니다.
8 파라오가 모세와 아론을 불러서 말했습니
다. "여호와께 기도하여 나와 내 백성이
있는 곳에서 개구리들을 몰아 내어라. 그
러면 너희 백성을 보내어 여호와께 제물
을 바칠 수 있게 하겠다."
9 모세가 파라오에게 말했습니다. "제가 언
제쯤 기도하여 개구리들이 왕과 왕궁에서
떠나 오직 나일 강에만 있게 할까요? 왕
과 왕의 신하와 왕의 백성을 위해 기도할
때를 제게 말씀해 주십시오."
10 파라오가 대답했습니다. "내일이다." 모세
가 말했습니다. "왕이 원하시는 대로 이
루어질 것입니다. 이 일을 통해 왕은 우
리 여호와 하나님과 같으신 분이 없다는
것을 알게 될 것입니다.
11 개구리들은 왕과 왕궁과 왕의 신하들과
왕의 백성들에게서 떠나 나일 강에만 있
을 것입니다."
12 모세와 아론은 파라오로부터 물러났습니
다. 모세는 파라오에게 보낸 개구리들에
대해 여호와께 기도드렸습니다.
13 그러자 여호와께서는 모세의 기도를 들어
주셨습니다. 집과 뜰과 마당에 있던 개구
리들이 다 죽었습니다.
14 이집트 사람들은 개구리들을 무더기로 쌓
았습니다. 모든 땅에 개구리 냄새가 가득
했습니다.
15 파라오는 일단 숨을 돌리게 된 것을 알자
또다시 고집스러워졌습니다. 그는 여호와
께서 말씀하신 대로 모세와 아론의 말을
듣지 않았습니다.

셋째 재앙 – 이

16 여호와께서 모세에게 말씀하셨습니다.
"아론에게 지팡이로 땅 위의 먼지를 치라
고 말하여라. 그러면 온 이집트의 먼지가
이로 변할 것이다."
17 모세와 아론은 그대로 했습니다. 아론은
손에 들고 있던 지팡이로 땅 위의 먼지를
쳤습니다. 그러자 이가 사람과 짐승의 몸
속에 생겨났습니다.
18 마술사들도 마술로 이가 생기게 하려고
했습니다. 그러나 그들은 그렇게 하지 못
하였고, 사람과 짐승의 몸에 이가 그대로
있게 되었습니다.
19 마술사들이 파라오에게 말했습니다. "이
일은 하나님의 능력으로 된 일입니다."
하지만 파라오는 고집을 부리며 그들의 말
을 들으려 하지 않았습니다. 여호와께서
말씀하신 대로 되었습니다.

넷째 재앙 – 파리 떼

20 여호와께서 모세에게 말씀하셨습니다.
"아침에 일찍 일어나서 파라오를 만나라.
그가 강으로 나올 것이니, 그에게 이렇게
전하여라. '여호와께서 이렇게 말씀하셨
습니다. 내 백성을 내보내어 나를 예배할
수 있게 하여라.
21 만약 내 백성을 내보내지 않으면 내가 파
리 떼를 너와 네 신하들과 네 백성들과 네
집에 보낼 것이다. 이집트 사람들의 집은
파리들로 뒤덮이겠고, 모든 땅에도 파리
가 들끓게 될 것이다.
22 하지만 그 날에 나는 내 백성이 살고 있
는 고센 땅은 따로 구별하여 그 곳에는 파
리가 없게 할 것이다. 이 일을 통해 너는
나 여호와가 이 땅에 있다는 것을 알게 될
것이다.
23 나는 내 백성과 네 백성을 구별할 것이며,
이 기적은 내일 나타날 것이다.'"

24 여호와께서 말씀하신 대로 그렇게 하셨습
니다. 엄청난 파리 떼가 파라오의 궁과 그
신하들의 집으로 몰려들었습니다. 이집트
모든 땅이 파리 떼 때문에 황무지로 변했
습니다.
25 파라오가 모세와 아론을 불러서 말했습니
다. "너희 하나님께 이 땅에서 제물을 바
쳐라."
26 모세가 말했습니다. "그렇게는 할 수 없습
니다. 이집트 사람들은 우리가 여호와 하
나님께 제물을 바치는 것을 싫어합니다.
그 사람들이 보는 앞에서 우리가 제물을
바치면, 그 사람들이 돌을 들어 우리를 쳐
죽일 것입니다.
27 광야로 삼 일 정도 길을 가게 해 주십시
오. 우리는 그 곳에서 우리의 하나님 여
호와께 제물을 바쳐야 합니다. 그것이 주
님의 명령입니다."
28 파라오가 말했습니다. "광야에서 너희의
하나님인 여호와께 제물을 바치는 것을
허락하겠다. 하지만 너무 멀리 가지는 마
라. 이제는 가서 나를 위해 기도해 다오."
29 모세가 말했습니다. "여기에서 나가는 대
로 여호와께 기도드리겠습니다. 그러면
주님께서는 파라오와 파라오의 신하들과
파라오의 백성들 중에 있는 파리 떼
를 내일 없애 주실 것입니다. 다
만 우리를 또다시 속일
생각은 하지 마십시
오. 백성들이 여
호와께 제물
바치는 일을
막지 마십시
오."
30 모세는 파라
오로부터 물
러나와 여호
와께 기도드렸
습니다.
31 여호와께서 모
세의 기도를 들으
시고 파라오와 그의 신
하들과 백성들 사이에서 파리 떼를 없애
주셨습니다. 파리가 한 마리도 남지 않았
습니다.
32 하지만 파라오는 또다시 고집스러워져서
백성을 보내려 하지 않았습니다.

다섯째 재앙 - 짐승의 죽음

9 여호와께서 모세에게 말씀하셨습니다.
"파라오에게 가서 말하여라. '히브리 사
람들의 하나님 여호와께서 이렇게 말씀하
셨습니다. 내 백성을 보내어 나를 예배할
수 있게 하여라.
2 만약 보내지 않고 계속해서 내 백성을 붙
들고 있으면,
3 여호와가 너의 모든 짐승에게 끔찍한 병
을 내려, 너의 모든 말과 나귀와 낙타와
소와 양을 병들게 할 것이다.
4 하지만 여호와는 이스라엘의 짐승들을 이
집트의 짐승들과 구별하여 이스라엘 백성
의 짐승은 한 마리도 죽지 않게 할 것이
다.'"
5 여호와께서는 때를 정하신 뒤, "내일 이
땅에서 이 일을 하겠다"라고 말씀하셨습
니다.
6 이튿날, 여호와께서는 말씀하신 대로 하
셨습니다. 이집트의 짐승들이 다 죽었습

파리 떼 재앙(8:20-24)

니다. 그러나 이스라엘 사람들의 짐승은
한 마리도 죽지 않았습니다.
7 파라오는 사람들을 보내어 이스라엘의 짐
승들에게는 어떤 일이 일어났는지를 살펴
보게 했습니다. 그들은 이스라엘의 짐승이
한 마리도 죽지 않은 것을 알았습니다. 하
지만 파라오의 마음은 조금도 움직이지 않
았습니다. 그는 백성을 내보내려 하지 않
았습니다.

여섯째 재앙-종기

8 여호와께서 모세와 아론에게 말씀하셨습
니다. "아궁이의 재를 양손에 가득 쥐어
라. 그리고 모세는 그것을 파라오가 보는
앞에서 공중에 던지도록 하여라.
9 그 재는 먼지가 되어, 이집트 온 땅에 두
루 흩어져서 이집트의 모든 사람과 짐승
들의 몸에 종기를 일으킬 것이다."
10 모세와 아론은 아궁이에서 재를 쥐고서 파
라오 앞에 섰습니다. 모세는 재를 공중에
던졌습니다. 그러자 그것이 사람과 짐승
의 몸에 종기를 일으켰습니다.
11 마술사들은 모세 앞에 서 있을 수 없었습
니다. 왜냐하면 마술사들까지 포함해서
이집트 사람들은 한 사람도 빠짐없이 종
기가 났기 때문입니다.
12 하지만 여호와께서는 파라오의 마음을 고
집스러운 채로 두셨습니다. 그래서 그는
모세와 아론의 말을 들으려 하지 않았습니
다. 이는 여호와께서 말씀하신 대로였습
니다.

이집트의 채소밭(9장) 이집트의 밭은 대부분 오아시스나 나일 강가에 있다.

일곱째 재앙-우박

13 여호와께서 모세에게 말씀하셨습니다.
"아침 일찍 일어나 파라오에게 가서 말하
여라. '히브리 사람들의 하나님 여호와께
서 이렇게 말씀하셨습니다. 내 백성을 보
내어 나를 예배할 수 있게 하여라.
14 만약 그렇게 하지 않으면 이번에는 온갖
벌을 너에게 내릴 것이다. 내가 너와 너
의 신하들과 백성들에게 벌을 내려 모든
땅에 나와 같은 자가 없다는 것을 알게 할
것이다.
15 내가 내 손을 뻗어 너와 네 백성을 무서
운 병으로 쳤다면, 너는 이 세상에서 없
어지고 말았을 것이다.
16 그러나 내가 너를 살려 둔 까닭은 나의 능
력을 네게 보여 주어 내 이름이 모든 땅
에 두루 퍼지게 하기 위함이다.
17 너는 아직까지도 내 백성 위에서 스스로
를 높이며 백성을 내보내지 않고 있으니,
18 내일 이맘때에 내가 끔찍한 우박을 내릴
것이다. 그것은 이집트 나라가 세워진 뒤
로 지금까지 한 번도 보지 못했던 우박이
될 것이다.
19 그러니 들에 있는 네 짐승과 그 밖의 것
들을 안전한 곳으로 피하게 하여라. 들에
남아 있는 것은 사람이든 짐승이든 다 우
박에 맞아 죽게 될 것이다.'"
20 파라오의 신하들 중에서 몇 사람은 여호
와의 말씀을 듣고 두려워하여 급히 종과
짐승들을 안전한 곳으로 피하게 했습니
다.
21 그러나 여호와의 말씀을 두려워하지 않은
사람들은 종과 짐승들을 그대로 들에 남
겨 두었습니다.
22 여호와께서 모세에게 말씀하셨습니다.
"네 손을 들어 하늘을 가리켜라. 그러면
우박이 이집트 모든 땅의 사람과 짐승과
이집트의 들에서 자라는 모든 것들 위에
떨어질 것이다."
23 모세는 지팡이를 들어 하늘을 가리켰습니
다. 그러자 여호와께서 말씀하신 것처럼
천둥 소리가 나며 우박이 떨어졌습니다.

그리고 하늘에서 번개가 쳤습니다.
24 우박이 쏟아질 때, 번개도 쳤습니다. 이집
트 나라가 세워진 뒤로 지금까지 한 번도
볼 수 없었던 큰 우박이었습니다.
25 우박은 모든 이집트의 들에 있는 것을 다
쳤습니다. 그 우박은 사람과 짐승을 쳤습
니다. 그리고 밭에서 자라는 것을 다 치
고, 들에 있는 나무들도 다 부러뜨렸습니
다.
26 다만 이스라엘 백성이 사는 고센 땅에는
우박이 내리지 않았습니다.
27 파라오가 모세와 아론을 불러서 말했습니
다. "이번에는 내가 죄를 지었다. 여호와
께서 옳으시다. 나와 내 백성이 잘못했
다.
28 여호와께 기도드려라. 천둥과 우박을 그
치게 해 다오. 너희를 내보내 주겠다. 너
희는 여기에 더 이상 머물
지 않아도 된다."
29 모세가 그에게 말했습
니다. "이 성에서 나가
자마자 여호와께 손을
들어 기도드리겠습니
다. 그러면 천둥과 우
박이 멈출 것입니다.
이것은 이 땅이 여호
와의 소유라는 것을
왕에게 가르쳐 주려
는 것입니다.
30 하지만 왕과 왕의 신
하들은 그래도 여호
와 하나님을 두려워
하지 않으리라는 것
을 나는 알고 있습니
다."
31 그 때에 보리는 이삭
이 나왔고, 삼은 꽃이
핀 상태였기 때문에
보리와 삼은 해를 입
게 되었습니다.
32 그러나 밀은 이삭이
늦게 나오기 때문에 해
를 입지 않았습니다.
33 모세가 파라오 앞에서 물러나와 성 밖으로
나갔습니다. 모세가 손을 들어 여호와께
기도드리자 천둥과 우박이 멈추고 비도
그쳤습니다.
34 파라오는 비와 우박과 천둥이 그친 것을
보고 또다시 죄를 지었습니다. 그와 그의
신하들은 또다시 고집스러워졌습니다.
35 파라오는 고집을 부리며 이스라엘 백성을
내보내려 하지 않았습니다. 여호와께서
모세를 통해서 말씀하신 대로 되었습니
다.

여덟째 재앙 – 메뚜기

10 여호와께서 모세에게 말씀하셨습니
다. "파라오에게 가거라. 내가 그와
그의 신하들을 고집스럽게 하였으니, 그
것은 나의 놀라운 기적들을 그들에게 보

모세가 지팡이를 들자 천둥번개가 나며 우박이
떨어져 사람과 짐승이 쓰러짐(9:13-25)

여 주기 위함이다.
2 또한 네 아들과 네 후손들에게 내가 이집
트 사람들에게 행한 것과 내가 그들에게
보여 준 기적에 대해 이야기할 수 있도록
하기 위함이다. 이 일로 내가 여호와라는
것을 너희가 알게 될 것이다."
3 모세와 아론이 파라오에게 가서 말했습니
다. "히브리 사람들의 하나님 여호와께서
이렇게 말씀하셨습니다. '너는 언제까지
내 앞에서 스스로 겸손해지지 않을 것이
냐? 내 백성을 보내어 나를 예배할 수 있
게 하여라.
4 만약 내 백성을 내보내지 않으면, 내가 내
일 네 나라에 메뚜기들을 보낼 것이다.
5 메뚜기들이 땅을 덮어서, 아무도 땅을 볼
수 없게 될 것이다. 메뚜기들은 우박에도
해를 입지 않은 모든 것까지 다 먹어 버
리고 들에서 자라는 모든 나무도 다 먹을
것이다.
6 메뚜기들은 네 궁전과 네 신하들과 모든
이집트 사람들의 집에 가득 찰 것이니, 그
것은 너의 아버지와 조상들도 보지 못했
던 모습이다. 사람들이 이집트에 살기 시
작한 뒤로 그렇게 많은 메뚜기는 없었을
것이다.'" 이 말을 마치고 모세는 뒤로 돌
아 파라오 앞에서 물러나왔습니다.
7 파라오의 신하들이 그에게 말했습니다.
"이 사람이 언제까지 우리를 괴롭히는 덫
이 되어야 합니까? 이스라엘 백성을 내보
내셔서 그들의 하나님인 여호와를 예배하
게 하십시오. 왕은 이집트가 망한 것을 아

이스라엘 백성들의 거주지 고센

직도 모르십니까?"
8 그래서 모세와 아론이 다시 파라오에게 불
려 왔습니다. 파라오가 그들에게 말했습
니다. "가서 너희 하나님인 여호와를 예
배하여라. 그런데 예배하러 갈 사람은 누
구냐?"
9 모세가 대답했습니다. "젊은 사람과 노인
들, 우리의 아들과 딸, 우리의 양과 소가
다 갈 것입니다. 그것은 우리 모두가 여
호와의 절기를 지켜야 하기 때문입니다."
10 파라오가 모세와 아론에게 말했습니다. "내
가 너희와 너희 어린 것들을 보낸 것이나
마찬가지로 너희 주님이 너희와 함께하기
를 바란다. 그러니 그렇게 하지 마라.
11 절대로 안 된다! 여호와를 예배하려면 남
자들만 가거라. 너희가 원하는 것이 그것
이 아니냐?" 그리고 나서 파라오는 모세
와 아론을 왕궁에서 쫓아 냈습니다.
12 여호와께서 모세에게 말씀하셨습니다.
"네 손을 이집트 땅 위에 뻗어라. 그러면
메뚜기들이 와서 이집트 모든 땅에 퍼져
우박에도 해를 입지 않고 남은 것까지 다
먹어 버릴 것이다."
13 그리하여 모세는 지팡이를 든 손을 이집트
땅 위에 뻗었습니다. 그러자 여호와께서
강한 바람이 동쪽에서 불어 오도록 하셨
습니다. 하루 종일, 그리고 밤새도록 바
람이 불어 왔습니다. 아침이 되자, 동풍
에 실려 메뚜기들이 몰려왔습니다.
14 메뚜기 떼가 몰려와 모든 이집트 땅을 뒤
덮었습니다. 전에도 없었고 앞으로도 없
을 엄청난 메뚜기 떼였습니다.
15 메뚜기들이 모든 땅을 덮어 땅이 시커멓
게 되었습니다. 메뚜기들은 우박에도 해
를 입지 않고 남은 것을 다 먹어 치웠습
니다. 메뚜기들은 밭의 모든 채소와 나무
에 달린 모든 과일을 다 먹어 버렸습니다.
그래서 이집트 온 땅의 나무와 밭에 심은
채소는 하나도 남지 않게 되었습니다.
16 파라오가 급히 모세와 아론을 불러서 말했
습니다. "내가 너희 하나님인 여호와와
너희에게 죄를 지었다.

17 내 죄를 용서하여라. 너희 하나님 여호와께 기도를 드려라. 그래서 이 죽음의 벌을 멈추게 하여라."
18 모세가 파라오 앞에서 물러나와 여호와께 기도를 드렸습니다.
19 그러자 여호와께서 바람의 방향을 바꾸셨습니다. 매우 강한 바람이 서쪽에서 불어오게 하셨습니다. 그 강한 바람은 메뚜기들을 홍해로 몰고 갔습니다. 이집트 땅에는 메뚜기가 하나도 남지 않게 되었습니다.
20 하지만 여호와께서는 파라오를 여전히 고집스러운 채로 두셨습니다. 그는 이스라엘 백성을 내보내지 않았습니다.

아홉째 재앙 – 어두움

21 여호와께서 모세에게 말씀하셨습니다. "하늘을 향해 네 손을 뻗어라. 그러면 어두움이 이집트 땅을 덮을 것이다. 곧 손으로 더듬어야 할 만큼 짙은 어두움이 임할 것이다."
22 그리하여 모세는 하늘을 향해 손을 뻗었습니다. 그러자 이집트의 모든 땅에 삼 일 동안, 짙은 어두움이 깔렸습니다.
23 너무 어두워서 아무도 다른 사람을 알아볼 수 없을 지경이었습니다. 그리고 삼 일 동안은 아무 곳으로도 움직일 수가 없었습니다. 하지만 이스라엘 백성이 사는 곳에는 빛이 있었습니다.
24 파라오가 또다시 모세를 불러서 말했습니다. "가서 여호와를 예배하여라. 여자와 어린아이들도 데리고 가거라. 다만 양과 소만은 남겨 놓고 가거라."
25 모세가 말했습니다. "우리 하나님이신 여호와께 바칠 제물과 번제물도 가지고 갈 수 있게 해 주어야 합니다.
26 우리는 짐승들도 가지고 가야 합니다. 한 마리라도 남기고 갈 수 없습니다. 그 짐승들 중에서 몇 마리를 골라 우리 하나님 여호와께 바쳐야 하기 때문입니다. 그 곳에 이르기 전에는 어떤 짐승을 바쳐야 좋을지 우리는 모릅니다."
27 여호와께서는 파라오를 여전히 고집스럽게 놔두셨습니다. 그는 이스라엘 백성을 내보내려 하지 않았습니다.
28 파라오가 모세에게 말했습니다. "가 버려라! 다시는 나타나지 마라! 또다시 나타나면 너를 죽이고 말겠다."
29 그러자 모세가 왕에게 말했습니다. "왕이 말한 대로 하겠습니다. 다시는 왕을 만나러 오지 않겠습니다."

열 번째 재앙 – 처음 태어난 것들의 죽음

11 여호와께서 모세에게 말씀하셨습니다. "파라오와 이집트에 내릴 벌이 한 가지 더 있는데, 그 벌을 내린 다음에야 그가 너희 모두를 이집트에서 내보낼 것이다. 그가 너희를 내보낼 때는 완전히 다 쫓아내 버릴 것이다.
2 너는 이스라엘의 모든 남녀 백성들을 시켜서 이웃 사람들이 은과 금으로 만든 물건을 그들에게 주도록 요청하게 하여라."
3 여호와께서는 이집트 사람들이 이스라엘 백성을 좋아하게 만드셨습니다. 파라오의 신하들과 이집트 백성들은 이미 모세를 위대한 사람으로 생각하고 있었습니다.
4 모세가 파라오에게 말했습니다. "여호와께서 이렇게 말씀하셨습니다. '오늘 밤 자정쯤에 내가 이집트 온 나라를 다닐 것이니
5 이집트 땅에서 처음 태어난 것은 모두 다 죽을 것이다. 보좌 위에 앉아 있는 파라오의 처음 태어난 아들로부터 맷돌질하는 여자 노예의 처음 태어난 아들까지 죽을 것이며, 가축의 처음 태어난 것까지 다 죽을 것이다.
6 이집트 온 땅에서 크게 울부짖는 소리가 들릴 것인데, 그런 소리는 전에도 없었고 앞으로도 없을 것이다.
7 그러나 이스라엘 백성이나 짐승들을 보고는 개 한 마리도 짖지 않을 것이다. 그리하여 너희는 나 여호와가 이집트와 이스라엘을 구별하였다는 것을 알게 될 것이다.'
8 그렇게 되면 왕의 모든 신하들이 나에게 와서 엎드려 절하면서 '제발, 당신과 당신을 따르는 모든 백성은 떠나 주십시오'

라고 말할 것입니다. 그 일이 있은 뒤에
야 나는 떠날 것입니다." 이 말을 하고 나
서 모세는 크게 화를 내면서 파라오 앞에
서 물러나왔습니다.
9 여호와께서 모세에게 말씀하셨습니다.
"파라오가 너와 아론의 말을 듣지 않을 것
이다. 이것은 내가 이집트 땅에서 더 많은
기적을 보여 주기 위함이다."
10 모세와 아론은 파라오 앞에서 이 모든 기
적들을 일으켰습니다. 그러나 여호와께서
파라오가 고집을 부리도록 내버려 두셨으
므로, 그는 이스라엘 백성을 자기 땅에서
내보내려 하지 않았습니다.

유월절

12 여호와께서 이집트 땅에서 모세와 아
론에게 말씀하셨습니다.
2 "너희들에게 이 달은 일 년의 첫 달이 될
것이다.
3 이스라엘 모든 무리에게 알려라. 이 달 십
일에 집집마다 양 한 마리씩을 준비하도
록 하여라. 한 가족이 한 마리씩 준비하
도록 하여라.
4 만약 양 한 마리를 다 먹
기에 가족이 너무 적거
든, 가장 가까운 이웃을
불러 함께 먹도록 하여
라. 양을 사람 수대로
골고루 나누어 먹을
수 있도록 너희들의
수를 계산하여라.
5 준비할 양은 일 년
된 수컷으로서 흠이
없는 것이어야 하
며, 양이나 염소 가
운데서 선택하여라.
6 이 달 십사 일까지
그 양을 잘 지켰다가
어두워질 무렵에 모
든 이스라엘 무리가
모여 그것을 잡도록
하여라.
7 피는 받아 두었다가
양을 잡아 먹는 집 문틀의 옆과 위에 발
라라.
8 그 날 밤, 고기를 불에 구워 먹되 쓴 나
물과 누룩을 넣지 않은 빵인 무교병을 함
께 먹어라.
9 고기를 날로 먹거나 물에 삶아 먹지 말고,
머리와 다리와 내장 할 것 없이 양 전체
를 불에 구워 먹어라.
10 그 어느 것도 아침까지 남겨 두어서는 안
되며 만약 아침까지 남은 것이 있거든 불
에 태워라.
11 먹을 때에는 이렇게 먹어라. 금방 길을 떠
날 사람처럼 옷을 다 입고 신발도 신고 손
에는 지팡이를 든 채 서둘러서 음식을 먹
어라. 이것이 여호와의 유월절이다.
12 그 날 밤, 나는 이집트 온 나라로 다니며
짐승이든 사람이든 이집트 땅의 모든 처
음 태어난 것을 죽일 것이다. 그리고 이
집트의 모든 신들에게도 벌을 내릴 것이
다. 나는 여호와이다.
13 그러나 너희가 사는 집에 피가 발라져 있

으면 그것이 표시가 될 것이니, 피가 발
라져 있는 것을 보면 나는 너희를 지나갈
것이다. 내가 이집트 땅을 칠 때에 너희에
게는 어떤 재앙도 미치지 않을 것이다.
14 너희는 언제나 이 날을 기억하며 이 날을
나 여호와의 기념일로 지켜라. 너희는 대
대로 이 날을 기념하여 지켜야 한다.
15 이 절기를 위해 너희는 칠 일 동안, 무교
병을 먹어라. 그리고 이 절기의 첫날에 너
희 집 안에 있는 모든 누룩을 없애라. 절
기가 계속되는 칠 일 동안, 어느 누구도
누룩을 먹지 마라. 누구든지 누룩을 먹는
사람이 있거든 그 사람은 이스라엘에서 끊
어질 것이다.
16 절기의 첫날과 마지막 날에는 거룩한 모
임으로 모이고, 음식을 준비하는 일 말고
는 아무 일도 하지 마라.
17 너희는 무교절을 지켜라. 바로 이 날에 내
가 너희 무리들을 이집트 땅에서 인도해
내었으므로, 너희 모든 자손은 이 날을 기
념하여라. 이것은 지금부터 영원토록 지
켜야 할 율법이다.
18 너희는 첫째 달 십사 일 저녁부터 이십일
일 저녁까지 무교병을 먹어라.
19 칠 일 동안, 너희 집에는 누룩이 없어야
하고, 이 기간 동안, 누룩을 먹는 사람은
이스라엘 사람이든 이스라엘 사람이 아니
든 이스라엘의 백성 중에서 끊어질 것이
다.
20 이 절기 동안에 너희는 누룩을 먹어서는
안 되며, 너희가 어디에서 살든지 무교병
을 먹어야 한다."
21 모세가 이스라엘의 모든 장로들을 불러서

유월절 때 무교병과 함께 먹은 쓴 나물(12:8)

말했습니다. "가서 여러분의 가족을 위해
어린 양을 고른 다음에 그것을 잡아 유월
절을 지키십시오.
22 우슬초 가지를 가져다가 그것을 피를 받
아 둔 그릇에 넣어 적시고, 그런 다음에
문틀의 옆과 위에 그 피를 바르십시오. 아
침까지는 아무도 집 밖으로 나가면 안 됩
니다.
23 여호와께서 다니시면서 이집트 사람들을
죽일 것입니다. 그분께서 문틀의 옆과 위
에 피가 발라져 있는 것을 보시면, 그 집
을 그냥 지나쳐 가실 것입니다. 그분께서
는 파괴자가 여러분의 집에 들어가지 못
하게 하실 것입니다.
24 여러분은 이 명령을 지켜야 합니다. 이 의
식은 여러분과 여러분의 자손이 지금부터
영원히 지켜야 할 율법입니다.
25 여호와께서 여러분에게 주겠다고 약속하
신 땅에 들어가거든, 이 의식을 지키십시
오.
26 여러분의 자손이 '이 의식은 왜 하는 겁
니까?' 하고 물으면,

성경 자세히 이해하기

우슬초

팔레스타인의 담벽에서 흔히 발견되는 우슬초는 줄기가 곧고 흰 꽃을 피우는 향기가 매우 좋은 박하과의 식물입니다. 잎사귀에 난 털에는 액체가 잘 들러붙는다고 합니다. 그래서 유월절 때 양의 피를 바르는 의식에 사용되었나 봅니다. 또 이 풀은 문둥병 환자를 정결하게 하는 의식에도 쓰였으며, 성경에서는 영적인 정결을 상징하기도 합니다(시 51:7). 예수님께서 십자가에 달리셨을 때 사람들이 신 포도주를 머금은 해면을 이 우슬초에 달아 드리기도 했습니다(요 19:29). 본문 보기 12장 22절

27 여러분은 '이것은 여호와께 바치는 유월
절 제물이다. 우리가 이집트에 있을 때,
여호와께서 이스라엘의 집들을 지나가셨
다. 여호와께서는 이집트 사람들을 죽이
셨지만, 우리들의 집은 구해 주셨다'라고
말해 주십시오." 그러자 백성들은 엎드려
서 여호와를 경배하였습니다.
28 이스라엘 백성은 여호와께서 모세와 아론
에게 명령하신 대로 했습니다.
29 밤중에 여호와께서는 이집트 땅의 모든 맏
아들을 죽이셨습니다. 보좌에 앉아 있는
왕의 맏아들도 죽었습니다. 심지어 감옥
에 갇혀 있던 사람들의 맏아들도 죽었습
니다. 그리고 가축의 처음 태어난 것들까
지 죽었습니다.
30 파라오와 그의 신하들과 모든 이집트 사람
들이 밤중에 자리에서 일어났습니다. 왜
냐하면 죽음을 겪지 않은 집이 한 곳도 없
었기 때문입니다. 그래서 이집트 온 땅에
서 크게 울부짖는 소리가 들렸습니다.

이집트를 떠나는 이스라엘 백성

31 파라오가 밤중에 모세와 아론을 불러서 말
했습니다. "일어나서 내 백성 중에서 떠나
가거라. 너희와 너희 백성은 원하는 대로
해도 좋다. 가서 여호와께 예배드려라.
32 너희가 원했던 대로 너희 양 떼와 소 떼
도 다 몰고 가거라. 그리고 나를 위해서
도 복을 빌어 주어라."
33 이집트 사람들도 이스라엘 백성에게 서둘
러 그 땅을 떠나라고 말했습니다. 그들은
"당신들이 떠나지 않으면, 우리는 다 죽
고 말겠소" 하고 말했습니다.
34 이스라엘 백성은 아직 부풀지도 않은 빵
반죽을 반죽 그릇에 담고 옷에 싼 다음에
어깨에 멨습니다.
35 이스라엘 백성은 모세가 말한 대로 했습니
다. 그들은 이웃에 사는 이집트 사람들에
게 은과 금으로 만든 보석과 옷을 달라고
했습니다.
36 여호와께서는 이집트 사람들이 이스라엘
백성들에게 친절을 베풀도록 만드셨습니
다. 그래서 이스라엘 백성은 이집트 사람
들이 갖고 있던 값진 물건을 많이 가져 갔
습니다.
37 이스라엘 백성은 라암셋을 떠나서 숙곳으
로 갔습니다. 아이들 말고 남자 어른만 해
도 육십만 명 가량이 되었습니다.
38 그 밖에 이스라엘 백성이 아닌 다른 사람
들도 많이 있었습니다. 그리고 수많은 양
과 염소와 소들도 함께 갔습니다.
39 이스라엘 백성은 이집트에서 가지고 나온
빵 반죽으로 무교병을 만들었습니다. 그
들은 이집트에서 서둘러 나왔기 때문에 반
죽에 누룩을 넣지 못했고, 음식을 준비하
지 못했습니다.
40 이스라엘 백성은 이집트에서 사백삼십 년
동안, 살았습니다.
41 사백삼십 년이 끝나던 바로 그 날에 여호
와께 속한 모든 무리가 이집트 땅에서 나
왔습니다.
42 그 날 밤에 여호와께서는 그 백성을 인도
해 내시느라고 밤을 새워 지키셨습니다.
그리하여 모든 이스라엘 백성들도 그 때부
터 대대로 여호와를 위해 이 날 밤을 지
켜야 했습니다.
43 여호와께서 모세와 아론에게 말씀하셨습
니다. "유월절의 규례는 이러하다. 외국
사람은 유월절 음식을 먹지 못한다.
44 돈을 주고 산 노예는 네가 그에게 할례를
베푼 다음에야 유월절 음식을 먹을 수 있
다.
45 하지만 잠시 동안, 머무는 객이나 품삯을
받고 일하는 일꾼은 그 음식을 먹을 수 없
다.
46 음식을 먹을 때에는 집 안에서 먹고, 고
기의 어떤 부분도 집 밖으로 가지고 나가
지 마라. 그리고 뼈를 꺾지도 마라.
47 이스라엘의 모든 백성이 이 절기를 지켜야
한다.
48 너희와 함께 사는 외국인도 여호와의 유
월절을 지킬 수 있는데, 그렇게 하려면
그 사람의 집에 있는 모든 남자도 할례를
받아야 한다. 할례를 받은 남자는 이스라
엘 백성과 똑같이 유월절 음식을 먹을 수

있지만, 할례를 받지 않은 사람은 유월절
음식을 먹을 수 없다.
49 그 땅에서 태어난 이스라엘 백성에게나 그
들과 함께 사는 외국인에게나 이 법은 똑
같이 지켜져야 한다."
50 모든 이스라엘 백성은 여호와께서 모세와
아론에게 명령하신 대로 했습니다.
51 바로 그 날에 여호와께서는 이스라엘 백성
을 각 군대로 나누어 이집트에서 인도해
내셨습니다.

처음 태어난 것에 관한 율법

13 여호와께서 모세에게 말씀하셨습니
다.
2 "처음 태어난 것은 다 나에게 바쳐라. 사
람이든 짐승이든 이스라엘에서 처음으로
태어난 것은 다 내 것이다."
3 모세가 백성에게 말했습니다. "여러분이
이집트를 떠난 이 날을 기억하십시오. 여
러분은 그 땅에서 종이었습니다. 여호와
께서는 크신 능력으로 여러분을 그 땅에
서 인도해 내셨습니다. 누룩을 넣어 만든
빵을 먹으면 안 됩니다.
4 아빕 월*의 한 날인 오늘, 여러분은 이집
트를 떠났습니다.
5 여호와께서는 여러분의 조상에게 약속을
해 주셨습니다. 그분께서는 여러분에게
가나안 사람과 헷 사람과 아모리 사람과 히
위 사람과 여부스 사람들의 땅을 주시기로
약속하셨습니다. 그분께서는 여러분을 매
우 비옥한 땅으로 인도하실 것입니다. 그
곳에 이르거든 여러분은 해마다 첫째 달
에 이 절기를 지켜야 합니다.
6 여러분은 칠 일 동안, 무교병을 먹어야 합
니다. 그리고 칠 일째 되는 날에는 여호
와를 위해 절기를 지켜야 합니다.
7 칠 일 동안은 무교병을 드십시오. 여러분
의 땅 그 어느 곳에도 누룩을 넣은 빵이
있으면 안 됩니다. 여러분이 있는 곳에는
아예 누룩이 있어서는 안 됩니다.
8 그 날에 여러분은 여러분의 자녀에게 이
렇게 말하십시오. '우리가 이 절기를 지
키는 것은 내가 이집트에서 나올 때, 여호
와께서 나에게 해 주신 일 때문이다.'
9 이 말씀이 마치 여러분의 손에 맨 표나 여
러분의 이마에 있는 표와 같이 되게 하십
시오. 그리하여 여호와의 이 가르치심이
여러분의 입술에 있게 하십시오. 이는 여
호와께서 크신 능력으로 여러분을 이집트
에서 인도해 내셨기 때문입니다.
10 그러므로 해마다 정해진 때에 이 절기를
지키십시오.
11 여호와께서는 여러분을 가나안 사람들의
땅으로 인도하시고, 또 그 땅을 여러분께
주실 것입니다. 여호와께서 여러분과 여
러분의 조상들에게 주시기로 약속하신 그
땅에 들어가면,
12 여러분은 처음 태어난 것을 다 여호와께
바쳐야 합니다. 짐승들의 처음 태어난 것
들도 다 여호와께 바쳐야 합니다.
13 처음 태어난 모든 나귀는 양으로 대신해
서 바칠 수 있습니다. 나귀 대신 양을 바
치기가 싫으면, 나귀의 목을 꺾으십시오.
여러분의 자녀 중에서 맏아들은 다른 것
으로 대신해서 바쳐야 합니다.
14 장차 여러분의 자녀들이 '왜 이런 일을 하
는 것입니까?' 하고 묻거든 '여호와께서
그 크신 능력으로 우리가 종으로 있었던
이집트 땅에서 우리를 인도해 내셨다.
15 파라오가 고집을 부리며 우리를 내보내려
하지 않았을 때, 여호와께서는 사람이든
짐승이든 이집트 땅의 처음 태어난 것을
다 죽이셨다. 그래서 내가 처음 태어난 모
든 수컷을 여호와께 바치는 것이다. 내 아
들 중에서 맏아들을 대신해서 다른 것으
로 바치는 까닭도 그 때문이다.
16 이 말씀이 너희들의 손에 맨 표나 너희들
의 이마에 있는 표와 같이 되게 하여라.
여호와께서 크신 능력으로 우리를 이집트
에서 인도해 내셨기 때문이다'라고 대답
하십시오."

알아두세요

13:4 '아빕 월'은 히브리력의 첫 번째 달로서, 3월에서 4월 사이에 해당된다.

이집트에서 나오다

17 파라오가 이스라엘 백성을 내보냈습니다. 이스라엘 백성이 이집트에서 나올 때, 하나님께서는 이스라엘 백성이 블레셋 사람들의 땅을 통과하여 가깝게 갈 수 있도록 하지 않으셨습니다. 왜냐하면 하나님께서 "이 백성이 전쟁을 보면 마음을 바꾸어 이집트로 돌아가자고 할 것이다"라고 말씀하셨기 때문입니다.

18 그래서 하나님께서는 이스라엘 백성을 홍해 쪽의 광야로 인도하셨습니다. 이스라엘 백성은 이집트 땅에서 나올 때, 전투 대열을 지어 나왔습니다.

19 모세는 요셉의 유골을 가지고 나왔습니다. 요셉이 죽기 전에 이스라엘의 아들들에게 "하나님께서 너희를 구해 주시면, 잊지 말고 내 유골도 이집트에서 가지고 나가다오"라고 말하면서 그들에게 그렇게 하겠다고 맹세를 시킨 일이 있었기 때문입니다.

20 이스라엘 백성은 숙곳을 떠나 에담에 진을 쳤습니다. 에담은 광야의 끝에 있었습니다.

21 여호와께서는 이스라엘 백성에게 길을 가르쳐 주셨습니다. 낮에는 구름 기둥으로 인도하셨고, 밤에는 불 기둥으로 불을 밝히시면서 인도하셨습니다. 그래서 이스라엘 백성은 밤낮으로 갈 수 있었습니다.

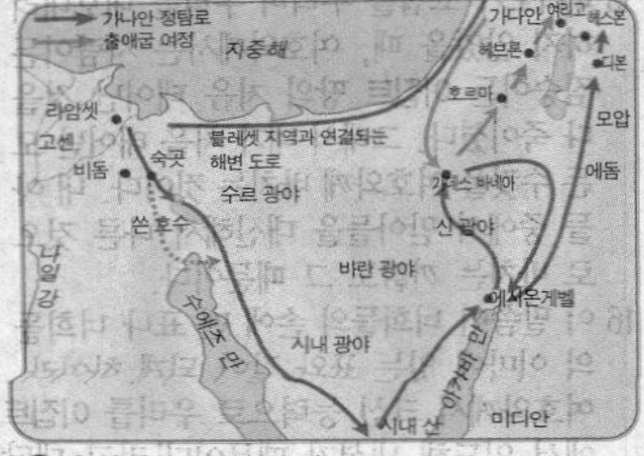

출애굽의 여정(14:2)

홍해(13:18 Red Sea) 문자적으로 '갈대 호수'를 말한다. 오늘날 수에즈 운하 근처의 '엘 콴타라'로 추측한다.
대열(13:18 rank) 줄을 지어 움직이는 무리, 또는 그런 줄.

22 낮에는 구름 기둥이, 밤에는 불 기둥이 이스라엘 백성을 떠나지 않았습니다.

14 여호와께서 모세에게 말씀하셨습니다.

2 "이스라엘 백성에게 뒤로 돌아서 비하히롯 앞에서 진을 치라고 말하여라. 그 곳은 믹돌과 홍해 사이이며, 바알스본 맞은편의 바닷가이다.

3 왕은 '이스라엘 백성이 길을 잃었다. 그들은 광야에 갇혔다'라고 생각할 것이다.

4 내가 파라오를 아직도 고집스럽게 놓아 두었으니, 파라오가 이스라엘 백성을 뒤쫓아 올 것이다. 하지만 내가 그와 그의 군대를 물리칠 것이다. 이 일로 인해 나의 영광이 드러날 것이며, 이집트 백성은 내가 여호와라는 것을 알게 될 것이다." 이스라엘 백성은 여호와께서 말씀하신 대로 했습니다.

이스라엘 백성을 뒤쫓는 파라오

5 이집트 왕은 이스라엘 백성이 이미 도망쳤다는 소식을 들었습니다. 파라오와 그의 신하들은 이스라엘 백성에 대해서 마음을 바꾸었습니다. 그들이 말했습니다. "우리 밑에서 종살이하던 이스라엘 백성을 내보냈으니, 우리가 어쩌자고 이런 일을 했을까?"

6 그래서 파라오는 자기 전차를 준비시킨 뒤, 군대를 이끌고 나갔습니다.

7 그는 또 특별히 고른 전차 육백 대와 이집트의 다른 전차들을 거느리고 나갔습니다. 각 전차마다 장교들이 타고 있었습니다.

8 여호와께서 이집트 왕 파라오의 마음을 고집스런 채로 두셨기 때문에, 그는 의기양양하게 이집트 땅을 빠져 나가고 있던 이스라엘 백성을 뒤쫓았습니다.

9 파라오는 말과 전차와 전차를 모는 군인들과 자기 군대를 이끌고 이스라엘 백성을 뒤쫓았습니다. 그들은 이스라엘 백성이 홍해 곁에 진을 치고 있을 때에 이스라엘 백성을 따라잡았습니다. 그 곳은 비하히롯과

바알스본에서 가까운 곳이었습니다.
10 파라오가 가까이 왔을 때, 이스라엘 백성
은 왕과 왕의 군대가 가까이 뒤쫓아온 것
을 보고 너무나 무서워서 여호와께 부르
짖었습니다.
11 이스라엘 백성이 모세에게 말했습니다.
"이집트에 무덤이 없어서 우리를 이 광야
로 끌어 내어 죽이려는 거요? 왜 우리를
이집트에서 데리고 나왔소?
12 우리가 이집트에 있을 때, '우리는 여기에
남아서 이집트 사람들을 섬길 테니 우리
를 내버려 두시오'라고 말하지 않았소?
이집트 사람들을 섬기는 것이 광야에서 죽
는 것보다 우리에게는 낫소."
13 하지만 모세가 대답했습니다. "두려워하
지 마시오! 굳게 서서 여호와께서 오늘 여
러분에게 베푸실 구원을 보시오. 오늘이
지나면, 이 이집트 사람들을 다시는 보지
않게 될 것이오.
14 그저 가만히 있기만 하시오. 여호와께서
여러분을 위해 싸워 주실 것이오."
15 그 때에 여호와께서 모세에게 말씀하셨습
니다. "너는 왜 나에게 부르짖느냐? 이스
라엘 백성에게 명령하여 앞으로 나아가게
하여라.
16 네 지팡이를 들어 바다를 가리켜라. 그러
면 바다가 갈라질 것이고, 백성은 마른 땅
위로 바다를 건널 수 있을 것이다.
17 내가 이집트 사람들을 고집스러운 채로 둘
것이니, 그들이 너희를 뒤쫓을 것이다.
하지만 나는 파라오와 그의 모든 군대와
그의 전차를 모는 군인들과 전차들을 물
리쳐서 영광을 받을 것이다.
18 내가 파라오와 그의 전차를 모는 군인들
과 전차들을 물리쳐서 영광을 받게 되면,
이집트 사람들도 내가 여호와라는 것을 알
게 될 것이다."
19 이스라엘 백성들 앞에서 인도하고 있던 하
나님의 사자가 이스라엘 백성의 뒤로 옮겨
갔습니다. 그리고 구름 기둥도 이스라엘
백성의 앞에서 뒤로 옮겨 갔습니다.
20 구름 기둥은 이집트 군대와 이스라엘 백성
사이에 섰습니다. 구름 기둥은 이집트 군
대가 있는 쪽은 어둡게 만들고, 이스라엘
백성이 있는 쪽은 환하게 만들었습니다.
그래서 밤새도록 이집트 군대는 이스라엘
백성을 따라잡지 못했습니다.
21 모세가 손을 들어 바다를 가리켰습니다.
여호와께서 밤새도록 강한 동풍을 일으키
셔서 바닷물을 뒤로 밀어 내셨습니다. 그
리하여 바다를 마른 땅으로 바꾸어 놓으
셨습니다. 바다가 둘로 갈라지고 마른 땅
이 되었습니다.
22 이스라엘 백성은 마른 땅을 밟고 바다를
건넜습니다. 양쪽에는 바닷물이 벽을 이
루고 있었습니다.
23 그러자 파라오의 말과 전차와 전차를 모
는 군인들이 이스라엘 백성을 뒤쫓아 바다
로 들어왔습니다.
24 새벽이 되어, 여호와께서 구름 기둥과 불
기둥 사이에서 이집트 군대를 보시고 이집
트 군대를 어수선하게 하셨습니다.
25 여호와께서는 전차 바퀴를 벗겨서 굴러가
지 못하게 만드셨습니다. 그래서 전차가
앞으로 잘 나아가지 못했습니다. 이집트
군인들은 "이스라엘 사람들을 쫓지 말고
돌아가자! 여호와가 그들 편이 되어 우리
와 싸운다!" 하고 소리질렀습니다.
26 여호와께서 모세에게 말씀하셨습니다.
"네 손을 들어 바다를 가리켜라. 그러면
바닷물이 다시 돌아와 이집트 군인과 그
들의 전차와 전차를 모는 군인들을 덮을
것이다."
27 그리하여 모세는 손을 들어 바다를 가리켰
습니다. 새벽이 되자, 바닷물이 다시 깊어
지기 시작했습니다. 이집트 군인들은 바다
에서 도망치려고 했습니다. 그러나 여호
와께서 그들을 바다에 빠뜨리셨습니다.
28 바닷물이 다시 깊어져서 전차와 전차를
모는 군인들을 덮어 버렸습니다. 그리하
여 이스라엘을 뒤쫓아 바다로 들어갔던 파
라오의 군대가 모두 바다에 빠져 한 사람
도 살아남지 못했습니다.
29 하지만 이스라엘 백성은 마른 땅 위로 바

다를 건넜습니다. 이스라엘 백성의 양쪽으
로 바닷물이 벽을 이루고 있었습니다.
30 그 날, 여호와께서는 이스라엘 백성을 이
집트 사람들에게서 구해 주셨습니다. 이스
라엘 백성은 바닷가에 널려 있는 이집트
군인들의 시체를 보았습니다.
31 이스라엘 백성은 여호와께서 이집트 사람
들을 물리치신 큰 능력을 보고 여호와를
두려워했습니다. 그리고 이스라엘 백성은
여호와와 여호와의 종 모세를 믿었습니
다.

모세의 노래

15 그 때에 모세와 이스라엘 백성이 여
호와께 이 노래를 불렀습니다. "내
가 여호와를 찬송하리라. 주님께서는 영
광의 승리를 거두셨으니 말과 말 탄 자를
바다에 처넣으셨도다.
2 여호와께서는 나의 힘, 나의 노래시며 나
의 구원이시라. 주님께서는 나의 하나님
이시니 내가 주님을 찬양하리라. 내 아버
지의 하나님이시니 내가 주님을 높이리
라.
3 여호와께서는 용사이시며 여호와는 그의
이름이시라.
4 파라오의 전차와 군대를 바다에 처넣으시
니 그의 뛰어난 장교들이 홍해에 빠졌노
라.
5 깊은 물이 그들을 덮으니 그들이 돌처럼
깊은 바다로 잠겼노라.
6 여호와여, 주의 오른손이 권능으로 영광
을 나타내시며 여호와여, 주의 오른손이
원수를 쳐부수셨습니다.
7 주님께서 주의 크신 위엄으로 주의 적을
물리치셨습니다. 주님께서 그들을 향해
진노하시니 그들이 지푸라기처럼 타버리
고 말았습니다.
8 주님께서 한 번 숨을 내쉬시니 바닷물이
쌓이고 파도치던 물은 벽을 이루고 깊은
물은 바다 한가운데에 굳어졌습니다.
9 원수가 말하기를 '내가 그들을 뒤쫓아 따

라잡고 그들의 가진 것을 다 빼앗아 내 마음대로 가지고 내 칼을 뽑아 내 손으로 그들을 치리라' 하였습니다.
10 하지만 주님께서 바람을 일으키시니 바다가 그들을 덮었고 그들은 납처럼 거센 물속으로 가라앉았습니다.
11 여호와여, 신들 가운데서 주와 같으신 분이 어디에 있겠습니까? 거룩하여 위엄이 넘치시는 주와 같으신 분이 어디에 있겠습니까? 찬송받을 만한 위엄이 있으시고, 기적을 일으키시는 주와 같으신 분이 어디에 있겠습니까?
12 주님께서 오른손을 뻗치시니 땅이 그들을 삼켰습니다.
13 주님께서는 사랑의 약속으로 주님께서 구원하신 백성을 이끄셨습니다. 주의 능력으로 그들을 거룩한 땅으로 인도하셨습니다.
14 다른 나라들이 듣고 떨며 블레셋 사람들이 두려움에 휩싸였습니다.
15 에돔의 지도자들이 겁에 질렸고 모압의 용사들이 벌벌 떨며 가나안 사람들의 마음이 녹아 버렸습니다.
16 여호와여, 주의 백성이 지나가기까지 주님께서 구해 내신 백성이 지나가기까지 공포와 두려움이 그들을 덮쳤고 주의 팔의 크신 능력으로 인하여 그들은 돌처럼 굳어졌습니다.
17 주님께서 그들을 이끄셔서 주의 산에 심으셨습니다. 여호와여, 그 산은 주님께서 계시려고 만드신 곳이며 주의 손으로 지으신 성소입니다.
18 여호와께서는 영원토록 다스리실 것입니다."
19 파라오의 말과 전차를 모는 군인과 전차들이 바다에 빠지자, 여호와께서는 바닷물로 그들을 덮으셨습니다. 하지만 이스라엘 백성은 마른 땅 위로 바다를 건넜습니다.
20 그 때에 예언자인 아론의 누이 미리암이 소고를 들었습니다. 그러자 모든 여자들이 미리암을 따라 소고를 치며 춤을 추었습니다.
21 미리암이 여자들을 향해서 노래를 불렀습니다. "여호와께 노래를 불러라. 그는 영광의 승리를 거두신 분이라. 주님께서는 말과 말 탄 사람들을 바다로 처넣으셨노라."

쓴물

22 모세가 이스라엘 백성과 함께 홍해를 떠났습니다. 그리하여 이스라엘 백성은 수르 광야로 들어갔습니다. 그들은 광야에서 삼 일 길을 걸었지만, 물을 찾지 못했습니다.
23 그들은 마라에 이르렀지만, 마라의 물이 써서 마실 수가 없었습니다. 그 곳의 이름을 마라*라고 부른 것도 그 때문이었습니다.
24 백성들이 모세에게 불평을 늘어놓았습니다. 그들은 "우리가 무엇을 마셔야 한단 말이오?" 하고 따졌습니다.
25 모세가 여호와께 부르짖었습니다. 그러자 여호와께서 모세에게 어떤 나무를 보여 주셨습니다. 모세가 그 나무를 물에 던지니, 물이 단물로 변했습니다. 여호와께서 그 곳에서 이스라엘 백성에게 규례와 율

성경 인물

미리암 모세의 누나로 성경은 그녀를 최초의 여 예언자로 칭송합니다(출 15:20). 그녀는 모세가 태어나 나일 강에 버려졌을 때, 그를 발견한 파라오 왕의 공주에게 자신의 어머니를 유모로 소개해 주었고(출 2:8), 홍해가 갈라지는 기적이 있고 난 뒤에는 승리의 노래를 불렀습니다(출 15:20,21). 모세가 구스(에티오피아) 여자를 아내로 맞아들였을 때는 이를 시기하고 불평하다 문둥병에 걸리기도 했으나, 모세의 중보 기도로 치료를 경험했습니다(민 12:1-16).

본문 보기 15장 20절

알아두세요

15:23 '마라'는 '쓰다'라는 뜻이다.

법을 주시고 백성들을 시험하셨습니다.
26 여호와께서 말씀하셨습니다. "너희는 너
희 하나님인 나 여호와에게 복종하여라.
너희는 내가 보기에 옳은 일을 하여라. 너
희는 나의 모든 율법과 규례를 지켜라. 그
렇게 하기만 하면 내가 이집트 사람들에
게 보냈던 것과 같은 질병을 너희에게는
보내지 않을 것이다. 나는 여호와이다.
너희를 치료하는 여호와이다."
27 그후에 이스라엘 백성은 엘림으로 갔습니
다. 엘림에는 우물이 열두 곳이 있고, 종
려나무 칠십 그루가 있었습니다. 그래서
이스라엘 백성은 그 곳의 물가에 천막을
쳤습니다.

먹을 것을 달라고 하는 이스라엘 백성들

16 이스라엘 모든 무리가 엘림을 떠나
신 광야로 갔습니다. 신 광야는 엘
림과 시내 산 사이에 있었습니다. 그 때
는 그들이 이집트에서 나온 날로부터 한
달째 되는 두 번째 달 십오 일이었습니
다.
2 그 때에 모든 이스라엘 무리가 광야에서
모세와 아론을 원망했습니다.
3 이스라엘 백성이 모세와 아론에게 말했습
니다. "여호와께서 우리를 이집트 땅에서
죽이시는 것이 차라리 더 좋을 뻔했소. 이
집트에서는 고기 삶는 솥도 곁에 있었고,
빵도 배부르게 먹었소. 그런데 당신들은
우리를 이 광야로 이끌어 내서 우리를 굶
어 죽게 하고 있소."
4 여호와께서 모세에게 말씀하셨습니다.
"내가 너희를 위하여 하늘에서 비를 내리
듯 양식을 내려 줄 터이니, 백성들이 날
마다 나가서 그 날에 필요한 양식을 거두
도록 하여라. 내가 이 일로 백성들이 내
가 가르친 대로 하는지, 하지 않는지를 시
험하여 볼 것이다.
5 매주 육 일째 되는 날에는 다른 날에 거
두는 양보다 두 배 더 많게 거두어라. 다
음 날 것들 분량을 저장해 두어라."
6 모세와 아론이 모든 이스라엘 백성에게 말
했습니다. "저녁이 되면, 여러분은 여호
와께서 여러분을 이집트에서 인도해 내신
분이라는 것을 알게 될 것이오.
7 내일 아침이 되면, 여러분은 여호와의 위
대하심을 보게 될 것이오. 여호와께서 여
러분이 그분께 원망하는 소리를 들으셨기
때문이오. 우리가 누구입니까? 여러분이
우리를 원망했으므로, 그분께서 그 원망
소리를 들으신 것이오."
8 모세가 또 말했습니다. "매일 저녁 여호와
께서 여러분에게 고기를 양식으로 주실
것이오. 그리고 매일 아침 여러분이 배부
를 만큼 빵을 주실 것이오. 여호와께서 이
일을 하시는 것은, 여러분이 우리를 원망
하는 소리를 들으셨기 때문이오. 우리가
누구입니까? 여러분은 아론과 나를 원망
한 것이 아니라, 여호와를 원망한 것이
오."
9 그리고 나서 모세가 아론에게 말했습니다.
"이스라엘 모든 무리에게 이렇게 말하십시
오. '여호와께서 여러분의 원망을 들으셨
으니, 여호와를 만나러 나아오시오.'"
10 그러자 아론이 이스라엘 모든 무리에게 말
했습니다. 아론이 말을 할 때에 무리가 광
야 쪽을 바라보니, 여호와의 영광이 구름
속에서 나타났습니다.
11 여호와께서 모세에게 말씀하셨습니다.
12 "나는 이스라엘 백성의 원망하는 소리를
들었다. 그러므로 그들에게 전하여라.
'저녁이 되면, 너희는 고기를 먹게 되리
라. 그리고 매일 아침 너희는 배부를 만
큼 빵을 먹을 수 있을 것이다. 그렇게 되
면 너희는 내가 너희 하나님 여호와라는
것을 알게 될 것이다.'"
13 그 날 저녁에 메추라기가 와서, 이스라엘
백성들이 살고 있는 천막들을 덮었습니
다. 아침이 되자, 이번에는 이슬이 천막
주위를 덮었습니다.
14 이슬이 걷히자, 서리와 같은 얇은 조각이

알아두세요

16:16 1오멜은 약 2.2ℓ에 해당된다.
16:22 2오멜은 약 4.4ℓ에 해당된다.

땅 위에 있었습니다.
15 이스라엘 백성은 그것이 무엇인지 알지 못
했으므로, 서로 "이것이 무엇이냐?" 하고
물었습니다. 그래서 모세가 그들에게 말
해 주었습니다. "이것은 여호와께서 여러
분에게 먹으라고 주신 양식이오.
16 여호와께서는 '사람마다 필요한 만큼 거
두어라. 가족마다 식구 수대로 한 사람당
한 오멜*씩 거두되, 장막 안에 있는 가족
의 분량도 거두어라' 하고 말씀하셨소."
17 이스라엘 백성은 그대로 했습니다. 어떤
사람은 많이 거두고, 어떤 사람은 적게 거
두었습니다.
18 사람마다 자기가 거둔 것을 달아 보니 많
이 거둔 사람도 남지 않았고, 적게 거둔
사람도 모자라지 않았습니다. 사람마다
각기 필요한 만큼 거두었습니다.
19 모세가 백성에게 말했습니다. "누구든지
아침까지 그것을 조금이라도 남겨 두지
마시오."
20 하지만 어떤 사람들은 모세의 말을 듣지
않았습니다. 그 사람들은 다음 날 아침에
먹을 것을 따로 남겨 두
었습니다. 그러나 그
것은 벌레가 먹어서
썩기 시작했습니
다. 모세는 그 사
람들에게 화를
냈습니다.
21 아침마다 사람들은 각기 필요한 만큼 음
식을 거두었습니다. 하지만 해가 높이 떠
서 뜨거워지면, 그것이 녹아 버렸습니
다.
22 육 일째 되는 날에는 사람마다 두 배씩,
그러니까 음식을 두 오멜*씩 거두었습니
다. 무리의 모든 지도자들이 다 모세에게
와서 그 일에 대해 말했습니다.
23 모세가 그들에게 말했습니다. "여호와께
서 이렇게 명령하셨소. 내일은 쉬는 날이
며 여호와의 거룩한 안식일이오. 여러분
은 구울 것은 굽고, 삶을 것은 삶으시오.
그리고 남은 음식은 내일 아침까지 남겨
두시오."
24 그리하여 백성은 모세가 명령한 대로 그
것을 다음 날 아침까지 남겨 두었습니다.
그들 가운데 썩은 냄새가 나는 것이 하나
도 없었으며, 벌레 먹은 것도 없었습니
다.
25 모세가 백성에게 말했습니다. "어제 거둔 음
식을 드시오. 오늘은 여호와의 안식일이니,
들에 나가도 아무것도 얻지 못할 것이오.
26 육 일 동안은 음식을 거두어야 하지만 칠
일째가 되는 날은 안식일이니 그 날에는
땅에 아무 음식도 없을 것이오."
27 칠 일째가 되는 날에 어떤 사람들이 음식

만나를 줍는 백성들(16:12-18)

을 거두러 나갔지만, 아무것도 얻지 못했
습니다.
28 여호와께서 모세에게 말씀하셨습니다.
"너희가 언제까지 내 명령과 가르침을 지
키지 않으려느냐?
29 나는 너희에게 안식일을 주었다. 그러므
로 육 일째 되는 날에는 내가 너희에게 이
틀 분량의 음식을 주리니, 안식일에는 집
을 떠나지 말고 그대로 있어라."
30 그리하여 백성이 칠 일째 되는 날에는 쉬
었습니다.
31 이스라엘 백성이 그 음식을 만나라고 불렀
습니다. 만나는 작고 하얀 고수나무 씨*처
럼 보였습니다. 만나의 맛은 꿀로 만든 과
자와 같았습니다.
32 모세가 말했습니다. "여호와께서 말씀하
셨소. '너희 자손을 위해 이 음식을 한 오
멜 채워서 남겨 두어라. 그래서 내가 너
희를 이집트 땅에서 인도해 낸 뒤에 광야
에서 너희에게 주어 먹게 한 이 음식을 너
희 자손이 볼 수 있게 하여라.'"
33 모세가 아론에게 말했습니다. "항아리 하
나를 가져다가 만나 한 오멜을 거기에 넣
으십시오. 그리고 그 만나를 여호와 앞에
두고 자손 대대로 간직하십시오."
34 아론은 여호와께서 모세에게 명령하신 대
로 했는데, 후에 이 만나 항아리는 언약
궤 앞에 두어 잘 지켜졌습니다.
35 이스라엘 백성은 정착할 땅에 이르기 전까
지 사십 년 동안 만나를 먹었습니다. 그
들은 가나안 땅 변두리에 이를 때까지 만
나를 먹었습니다.
36 백성이 하루에 거둔 만나의 양은 한 사람
당 한 오멜이고, 한 오멜은 십분의 일 에
바입니다.

바위에서 솟은 물

17 이스라엘 모든 무리가 신 광야를 떠
나 여호와께서 명령하신 대로 이곳
저곳으로 옮겨 다녔습니다. 그들은 르비
딤에 진을 쳤지만, 거기에는 마실 물이 없
었습니다.
2 그들은 모세에게 대들며 "우리에게 마실
물을 주시오" 하고 말했습니다. 하지만 모
세가 그들에게 말했습니다. "왜 나에게 대
드시오? 왜 여호와를 시험하시오?"
3 하지만 백성들은 목이 몹시 말랐습니다.
그래서 그들은 모세에게 불평을 늘어놓았
습니다. "왜 우리를 이집트에서 데려왔소?
우리와 우리의 자식들과 우리의 가축들을
목말라 죽게 하려고 데려왔소?"
4 모세가 여호와께 부르짖었습니다. "이 백
성에게 어떻게 해야 합니까? 이들은 당장
이라도 나를 돌로 때릴 듯이 보입니다."
5 여호와께서 모세에게 말씀하셨습니다.
"이스라엘 백성 앞으로 나아가거라. 이스
라엘의 장로들을 몇 사람 데리고 가거라.
그리고 나일 강을 칠 때에 썼던 지팡이도
가지고 가거라.
6 내가 시내 산* 바위 위에서 네 앞에 설 것
이다. 지팡이로 그 바위를 쳐라. 그러면 거
기에서 백성이 먹을 수 있는 물이 나올 것
이다." 모세는 이스라엘의 장로들이 보는
앞에서 주님께서 말씀하신 대로 했습니다.
7 모세는 이스라엘 백성이 여호와께서 우리
와 함께 계신가, 계시지 않는가 하고 여
호와를 시험했으므로, 그 곳의 이름을 맛
사*라고 불렀습니다. 그리고 백성이 다투
었으므로 그 곳의 이름을 므리바*라고도
불렀습니다.

성경 자세히 이해하기

만나

만나는 이스라엘 백성들이 광야 생활 내내 메추라기와 함께 먹었던 '하늘로부터 내린 양식'이었습니다. 그 모양은 '서리와 같은 얇은 조각'(출 16:14), '작고 하얀 고수나무 씨'(출 16:31), '작고 하얀 씨'(민 11:7)와 같은 모습으로 그려지며, 죽처럼 끓여 먹거나 빵처럼 구워 먹었습니다(출 16:23). 그리고 그 맛은 '꿀로 만든 과자 같다'(출 16:31)고 하였습니다. 같은 맛을 내는 만나는 가나안 땅에 들어가 처음 그 땅에서 난 것을 먹은 바로 다음 날 그쳤습니다.

본문 보기 16장 33절

아말렉과의 싸움

8 그 때에 아말렉 사람들이 와서 르비딤에서
이스라엘과 싸웠습니다.
9 모세가 여호수아에게 말했습니다. "사람들
을 뽑아서 아말렉 사람들과 싸우러 나가
거라. 내일 내가 하나님의 지팡이를 손에
들고 언덕 꼭대기에 서 있겠다."
10 그리하여 여호수아는 모세의 말대로 아말렉
사람들과 싸우러 나갔습니다. 한편 모세와
아론과 훌은 언덕 꼭대기로 올라갔습니다.
11 모세가 팔을 치켜들고 있는 동안에는 이
스라엘 백성이 싸움에서 이겼지만, 모세가
팔을 내리면 아말렉 사람들이 이겼습니
다.
12 그러던 중 모세가 지쳐서 팔을 들 수 없
게 되었습니다. 이 때, 사람들이 큰 돌을
가져다가 그 위에 모세를 앉혔습니다. 그
리고 아론과 훌은 모세의 팔을 붙들어 올
렸습니다. 아론은 모세의 한쪽에, 훌은 다
른 쪽에 서 있었습니다. 그들은 해가 질
때까지 그렇게 모세의 팔을 붙들고 있었
습니다.
13 그리하여 여호수아는 그 싸움에서 아말렉
사람들을 물리쳐 이겼습니다.
14 그 때에 여호와께서 모세에게 말씀하셨습
니다. "이 싸움에 관한 일을 책에 써서 사
람들이 잊지 않도록 하여라. 그리고 여호
수아에게도 꼭 일러 주어라. 왜냐하면 내
가 아말렉 사람들을 이 땅에서 완전히 없
애 버릴 것이기 때문이다."
15 모세는 제단을 쌓고, 그 이름을 '여호와는
나의 깃발'이라는 뜻의 '여호와 닛시'라고
지었습니다.
16 그리고 모세가 말했습니다. "내가 여호와
의 깃발 위에 손을 들면, 여호와께서는 영
원토록 아말렉 사람들과 싸우실 것이다."

이드로가 모세를 찾아오다

18 모세의 장인인 이드로는 미디안의 제
사장이었습니다. 이드로는 하나님께
서 모세와 그의 백성 이스라엘을 위해 해
주신 일에 대한 이야기를 다 들었습니다.
그것은 여호와께서 이스라엘 백성을 이집
트에서 인도해 내신 이야기였습니다.
2 모세는 아내 십보라를 장인인 이드로에게
보냈습니다.
3 모세는 두 아들도 보냈습니다. 한 아들의 이
름은 게르솜인데 게르솜이 태어났을 때, 모
세는 "나는 낯선 나라의 나그네이다" 하며
아들의 이름을 게르솜이라고 지었습니다.
4 다른 아들의 이름은 엘리에셀*이었습니다.
엘리에셀이 태어났을 때, 모세는 "내 아버
지의 하나님은 나의 도움이시다. 그 하나
님께서 나를 파라오의 칼에서 구해 주셨
다" 하며 아들의 이름을 엘리에셀이라고
지었습니다.
5 모세의 장인인 이드로는 모세가 천막을 치
고 있는 광야로 모세의 아내와 두 아들을
데리고 왔습니다. 그 곳은 하나님의 산이
있는 곳입니다.
6 이드로가 모세에게 사람을 보내어 이렇게
전하게 했습니다. "나는 자네의 장인인 이
드로일세. 지금 자네의 아내와 두 아들을

성경 속의 궁금증

모세의 장인의 이름은 무엇일까요?

모세의 장인 이름은 어느 곳에서는 '르우엘'(출 2:18;민 10:29)로, 어느 곳에서는 '이드로'(출 3:1)로 나오며, 사사기 4:11에서는 '호밥'이라고도 나옵니다. 히브리어에서 아버지에 해당하는 말은 조부에게도 쓰이므로 출애굽기 2:18에 나오는 '르우엘'은 일곱 딸의 조부의 이름으로 볼 수 있으며, '이드로'는 그들의 아버지 이름으로 볼 수 있습니다. 그리고 사사기 4:11의 '모세의 장인 호밥'이라는 말을 볼 때 결국 모세의 장인의 이름은 '이드로', 혹은 '호밥'임을 알 수 있습니다.

본문 보기 18장 1절

알아두세요

16:31 개역 성경에는 '깟씨'라고 표기되어 있다.
17:6 '시내 산'의 또 다른 이름으로 개역 성경에는 (히) '호렙 산'이라고 표기되어 있다.
17:7 '맛사'는 '시험함'이란 뜻이고, '므리바'는 '다툼'이란 뜻이다.
18:4 '엘리에셀'은 '나의 하나님은 돕는 분이시다'라는 뜻이다.

데리고 자네에게 가는 중일세."
7 모세는 장인을 만나러 나와서 장인에게 엎
드려 절하고 입을 맞추었습니다. 두 사람
은 서로 안부를 물었습니다. 그리고 나서
그들은 모세의 천막으로 들어갔습니다.
8 모세는 장인에게 여호와께서 이스라엘 백
성을 구하기 위해 파라오와 이집트 백성들
에게 하신 일을 다 이야기해 주었습니다.
모세는 또 거기까지 오는 도중에 겪은 어
려움과 여호와께서 그들을 구원하신 일에
대해서도 다 이야기해 주었습니다.
9 이드로는 여호와께서 이스라엘을 위해 해
주신 좋은 일들에 대한 이야기를 듣고 매
우 좋아했습니다. 주님께서 이스라엘 백성
을 이집트 사람들의 손에서 구해 주셨으
므로 기뻐한 것입니다.
10 이드로가 말했습니다. "여호와를 찬양하
세. 주님께서는 자네들을 이집트 사람들
과 그 왕으로부터 구해 주셨네.
11 여호와께서는 어떤 신보다도 위대하시다
는 것을 이제 알았네. 주님께서 이스라엘
백성에게 건방지게 굴던 이집트 사람들로
부터 그 백성을 구원하셨기 때문이네."
12 그리고 나서 모세의 장인인 이드로는 하나
님께 태워 드리는 제물인 번제물과 희생
제물을 바쳤습니다. 아론과 이스라엘의 모
든 장로들도 모세의 장인에게 와서, 하나
님 앞에서 거룩한 음식을 함께 나누었습
니다.
13 이튿날 모세는 백성들 사이의 문제를 재
판해 주려고 앉았고, 백성들도 아침부터
저녁까지 모세를 둘러싸고 서 있었습니
다.
14 모세가 백성들을 위해 하고 있는 일을 모
세의 장인이 보고 말했습니다. "백성들을
위해 하는 일을 왜 이런 식으로 하는가?
사람들은 아침부터 저녁까지 자네를 둘러
싸고 서 있는데, 재판을 해 주는 사람은
왜 자네 혼자뿐인가?"
15 모세가 장인에게 말했습니다. "백성들이

재판할 백성이 너무 많아 피곤해 하는 모세(18:13-27)

하나님의 뜻을 알려고 저를 찾아오기 때
문입니다.
16 백성들 사이에 다툼이 일어나면, 그들은
저에게 옵니다. 그러면 저는 그 양편을 재
판해서 그들에게 하나님의 법과 가르침을
알려 줍니다."
17 모세의 장인이 모세에게 말했습니다. "자
네가 하고 있는 방식은 좋지 않네.
18 그러다가는 자네나 백성들이나 다 지치고
말 걸세. 이 일은 자네 혼자 하기에는 너
무 벅찬 일이네.
19 내 말을 들어 보게. 내가 충고를 해 주겠
네. 하나님께서 자네와 함께 계시기 바라
네. 자네는 하나님 앞에서 백성들을 대표
해야 하고 백성들의 문제를 하나님께 가
지고 가야 하네.
20 그들에게 규례와 법을 가르치고, 그들이
가야 할 길과 해야 할 일을 알려 주게.
21 그리고 백성 가운데서 하나님을 두려워
하고, 믿을 만하며, 정직하지 못한 사람
들을 싫어하는 능력 있는 사람을 뽑아서
백성 위에 세우게. 그들을 천부장, 백부
장, 오십부장, 그리고 십부장으로 세우
게.
22 그래서 그들이 언제라도 백성을 재판할
수 있게 하게. 어려운 문제는 자네에게 가
져오게 하고, 쉬운 문제는 그들이 스스로
재판하도록 하게. 그렇게 해서 그들이 짐
을 나누어 지면, 자네의 일이 쉬워질 걸
세.
23 만약 하나님께서 허락하신다면, 그렇게
하도록 하게. 그러면 자네도 일을 잘 할
수 있을 것이고, 백성도 다 평안히 집으
로 돌아갈 수 있을 걸세."
24 모세는 장인의 말을 듣고, 모든 일을 장
인의 말대로 했습니다.
25 모세는 모든 이스라엘 백성 중에서 능력
있는 사람을 뽑았습니다. 모세는 그들을
백성의 지도자로 세웠습니다. 그들은 각
각 천부장, 백부장, 오십부장, 그리고 십
부장이 되었습니다.
26 이 지도자들은 언제라도 백성을 재판했습
니다. 그들은 어려운 문제는 모세에게 가
지고 왔지만, 쉬운 문제는 스스로 결정했
습니다.
27 그후, 모세의 장인은 모세의 배웅을 받으
며 자기 집으로 돌아갔습니다.

이스라엘 백성이 시내 산에 이르다

19 이집트를 떠난 지 꼭 석 달 만에 이
스라엘 백성은 시내 광야에 이르렀습
니다.
2 이스라엘 백성은 르비딤을 떠나 시내 광야
에 이르러, 시내 산 맞은편 광야에 천막
을 쳤습니다.
3 모세는 하나님을 만나러 산으로 올라갔습
니다. 여호와께서 산에서 모세를 불러 말
씀하셨습니다. "야곱 자손들에게 말하여
라. 이스라엘 백성에게 전하여라.
4 '너희 모두는 내가 이집트 백성에게 한 일
을 다 보았다. 그리고 독수리가 날개로 새
끼들을 실어 나르듯 내가 너희를 어떻게
나에게 데리고 왔는가도 보았다.
5 그러므로 이제 너희가 내 목소리를 듣고
내 언약을 지키면, 너희는 모든 백성 중
에서 나의 보물이 될 것이다. 온 땅의 백
성이 다 내게 속하였지만,
6 너희는 내게 제사장 나라와 거룩한 백성
이 될 것이다.' 너는 이 말을 이스라엘 백
성에게 전하여라."
7 그리하여 모세는 산 아래로 내려가서 백
성의 장로들을 모아 놓고, 여호와께서 명
령하신 모든 말씀을 다 전했습니다.
8 그러자 모든 백성이 한 목소리로 대답했
습니다. "우리는 여호와께서 말씀하신 대
로 다 하겠습니다." 모세는 백성들의 말을
여호와께 알려 드렸습니다.
9 여호와께서 모세에게 말씀하셨습니다.
"내가 짙은 구름 속에서 너에게 갈 것이
다. 그래서 내가 너와 이야기할 때에 백
성들이 듣고 언제까지나 너를 믿도록 할
것이다." 모세가 백성의 말을 여호와께 알
려 드리자,
10 여호와께서 모세에게 말씀하셨습니다.
"백성에게 가서 오늘과 내일 그들을 정결

출애굽한 이스라엘 백성들이
금송아지를 숭배한 곳

하게 하여라. 옷을 빨게 하고
11 셋째 날을 준비하게 하여라. 그 날에 나
여호와가 모든 백성이 보는 가운데 시내
산으로 내려갈 것이다.
12 너는 백성의 둘레에 경계선을 정해 주어,
백성이 그 경계선을 넘어오지 않도록 하
여라. 백성에게 산으로 올라가지도 말
고, 산기슭을 밟지도 말라고 일러라. 누
구든지 산기슭을 밟는 사람은 죽을 것이
다.
13 아무도 그 사람에게 손을 대지 말고, 그
런 자는 돌로 죽이거나 화살을 쏴서 죽여
라. 사람이든 짐승이든 살려 두지 마라.
하지만 나팔 소리가 길게 울려 퍼지면 산
에 올라와도 좋다."
14 그리하여 모세는 산에서 내려와서 백성에
게로 갔습니다. 모세는 백성을 정결케 했
고, 백성은 옷을 빨았습니다.
15 모세가 백성에게 말했습니다. "셋째 날을
준비하시오. 여자를 가까이 하지 마시
오."
16 셋째 날 아침이 되었습니다. 산 위에 짙
은 구름이 끼면서 천둥과 번개가 쳤습니
다. 그리고 굉장히 큰 나팔 소리가 울려
퍼지자, 진에 있던 모든 백성이 두려워 떨
었습니다.
17 모세는 백성들이 하나님을 만나도록 하기
위해 백성들이 사는 천막에서 백성을 이
끌고 나왔습니다. 백성은 산기슭에 섰습
니다.
18 시내 산은 연기로 덮여 있었습니다. 왜냐
하면 여호와께서 불 속에서 산으로 내려
오셨기 때문이었습니다. 마치 가마에서
나는 연기처럼 산에서 연기가 솟아 올랐
습니다. 그리고 산 전체가 크게 흔들렸습
니다.
19 나팔 소리가 점점 커지는 가운데 모세가
말하고, 하나님께서 소리를 내어서 모세
에게 대답하셨습니다.
20 여호와께서는 시내 산 꼭대기로 내려오셔
서 모세를 산꼭대기로 올라오게 하셨습니
다. 그래서 모세는 산꼭대기로 올라갔습
니다.
21 여호와께서 모세에게 말씀하셨습니다.
"내려가서 나를 보기 위해 가까이 나아오
지 말라고 백성에게 경고하여라. 그렇지
않으면 많은 사람이 죽을 것이다.
22 나에게 가까이 나아오는 제사장들도 스스
로를 정결하게 하지 않으면, 여호와인 내
가 그들에게 벌을 내릴 것이다."
23 모세가 여호와께 말씀드렸습니다. "백성
은 시내 산으로 가까이 올 수 없습니다.
주님께서 산 둘레에 경계선을 정하고, 산
을 거룩하게 하라고 말씀하셨기 때문입니
다."
24 여호와께서 모세에게 말씀하셨습니다.
"내려가서 아론을 데려오너라. 하지만 제
사장이나 백성은 가까이 오지 못하게 하
여라. 그들은 나 여호와에게 가까이 오면
안 된다. 가까이 오기만 하면 내가 벌을
내릴 것이다."
25 그래서 모세는 백성에게로 내려가서 주님
의 말씀을 그대로 전했습니다.

십계명

20 하나님께서 이렇게 말씀하셨습니
다.
2 "나는 너희가 종살이하던 이집트 땅에서
너희를 인도해 낸 너희의 여호와 하나님
이다.
3 너희는 나 외에는 다른 신들을 두지 마라.
4 너희는 우상을 만들지 마라. 위로 하늘에
있는 것이나, 아래로 땅에 있는 것이나,
땅 아래로 물 속에 있는 것의 그 어떠한

모양도 만들지 마라.
5 어떤 우상에게도 예배하거나 섬기지 마
라. 나 여호와 너희 하나님은 질투하는 하
나님이다. 나에게 죄를 짓고 나를 미워하
는 사람에게는 그의 삼대, 사대 자손에게
까지 벌을 내릴 것이다.
6 하지만 나를 사랑하고 나의 명령에 따르
는 사람에게는 수천 대 자손에 걸쳐 한결
같은 사랑을 베풀 것이다.
7 나 여호와 너의 하나님의 이름을 함부로
부르지 마라. 나 여호와는 나의 이름을 함
부로 부르는 사람을 죄 없다고 하지 않을
것이다.
8 안식일을 기억하여 거룩한 날로 지켜라.
9 육 일 동안에는 힘써 모든 일을 하여라.
10 하지만 칠 일째 날은 나 여호와 하나님의
안식일이다. 그 날에는 너희나, 너희 아
들이나 딸이나, 너희 남종이나 여종이나,
너희 짐승이나 너희 집 문 안에 머무르는
나그네도 일을 하지 마라.
11 왜냐하면 나 여호와가 육 일 동안 하늘과
땅과 바다와 그 안에 있는 모든 것을 만
들고 칠 일째 날에는 쉬었기 때문이다. 그
러므로 나 여호와는 안식일에 복을 주고,
그 날을 거룩하게 하였느니라.
12 너희 아버지와 어머니를 잘 섬겨라. 그러
면 나 여호와 하나님이 너희에게 준 이 땅
에서 너희를 오래 살게 할 것이다.
13 사람을 죽이지 마라.
14 간음하지 마라.
15 도둑질하지 마라.
16 이웃에 대하여 거짓 증언을 하지 마라.
17 이웃집을 탐내지 마라. 이웃의 아내나,
남종이나 여종이나, 소나 나귀나, 그 밖
에 이웃의 어떠한 것도 탐내지 마라."
18 모든 백성은 천둥 소리와 나팔 소리를 듣
고 번개치는 것과 산에서 솟아나는 연기
를 보았습니다. 그들은 두려움에 떨면서
산에서 멀찍이 떨어져 있었습니다.
19 백성이 모세에게 말했습니다. "당신이 말
하십시오. 우리가 듣겠습니다. 하나님께
서 말씀하지 않게 해 주십시오. 하나님께
서 말씀하시면, 우리는 죽습니다."
20 모세가 백성에게 말했습니다. "두려워하
지 마시오. 하나님께서는 여러분을 시험
하시고, 또 여러분에게 두려워하는 마음
을 주셔서 죄를 짓지 않게 하시려고 오셨
을 뿐이오."
21 모세가 하나님이 계시는 짙은 어두움 가
까이로 가는 동안, 백성은 산에서 멀찍이
떨어진 곳에 서 있었습니다.
22 여호와께서 모세에게 말씀하셨습니다.
"가서 이스라엘 백성에게 전하여라. '너희
는 내가 하늘에서부터 너희에게 말하는
것을 다 보지 않았느냐?
23 그러므로 너희는 나를 금이나 은으로 된
신상으로 만들지 마라. 또한 너희를 위하
여 어느 신상도 만들지 마라.
24 나를 위해 흙 제단을 쌓아라. 그 제단 위
에 너희의 태워 드리는 제물인 번제물과
화목 제물을 나에게 바쳐라. 너희의 양과
소를 제물로 바쳐라. 내 이름을 기념하게
하는 곳에서 내게 제물을 바쳐라. 그러면
내가 그 곳에 와서 너희에게 복을 줄 것
이다.
25 나를 위해 돌로 제단을 쌓을 때에는 연장
으로 다듬은 돌로 쌓지 마라. 왜냐하면 연
장으로 돌을 다듬을 때 몸이 닿아서 그 돌
을 더럽게 만들기 때문이다.
26 너는 층계로 내 제단 위에 올라가지 마라.
왜냐하면 층계를 올라갈 때, 옷 속의 알
몸이 드러나기 때문이다.'"

우상을 만들지 마라
(20:4-5)
거대한 나무관에 화려하게 장식된 호루스 신을 포함한 애굽의 고대 신들

종에 관한 법

21 "네가 이스라엘 백성에게 주어야 할
법은 이러하다.
2 너희가 히브리 종을 사면 그 종은 육 년
동안, 종살이를 할 것이며, 칠 년째가 되
면 너희는 몸값을 받지 말고 그를 풀어 주
어라.
3 만약 그 사람이 혼자 종으로 왔으면 혼자
서 나가야 하고, 결혼해서 아내와 함께 왔
으면 아내와 함께 나가야 한다.
4 만약 종의 주인이 종에게 아내를 주어 그
아내가 아들이든 딸이든 자녀를 낳았으면
그 아내와 자녀는 주인의 것이 되고, 종
은 혼자서 떠나야 한다.
5 그러나 만약 그 종이 '나는 내 주인과 내
아내와 내 자녀를 사랑합니다. 나는 자
유의 몸이 되고 싶지 않습니다'라고 말
하면
6 주인은 그를 재판장 앞으로 데리고 가거
라. 또 주인은 종을 문이나 문설주로 데
리고 가서 날카로운 연장으로 종의 귀에
구멍을 뚫어라. 그러면 종은 영원토록 주
인을 섬기게 될 것이다.
7 어떤 사람이 자기 딸을 여종으로 팔았으
면, 그 여종은 남종과 같은 방법으로 자
유로운 몸이 될 수 없다.
8 만약 여종과 잠자리를 같이한 주인이 그
여종이 마음에 들지 않아 더 이상 잠자리
를 하지 않을 경우, 그 여종을 자유롭게
놓아 주어라. 주인은 그 여종을 다른 사
람에게 팔 권리가 없다. 파는 것은 그 여
종을 속이는 것이기 때문이다.
9 그가 여종을 자기 아들의 아내로 삼으려
고 샀다면, 그는 여종을 자기 딸처럼 여
겨야 한다.
10 만약 그가 다른 아내를 또 얻었다 하더라
도 그는 여전히 첫 번째 아내에게 음식과
옷을 주고 잠자리를 함께 하는 일을 해야
한다.
11 만약 그가 여자에게 이 세 가지를 해 주
지 않으면, 여자는 자유의 몸이 되는 것
이니, 몸값을 내지 않고 나갈 수 있다."

몸을 해치는 것에 관한 법

12 "사람을 때려 숨지게 한 사람은 죽여라.
13 하지만 사람을 죽이기는 했지만 죽일 생
각 없이 실수로 죽였으면, 그것은 하나님
의 뜻에 따라 일어난 일이므로 살인자는
내가 정하는 곳으로 도망하여라.
14 하지만 미리 음모를 꾸며서 일부러 사람
을 죽였다면, 너희는 살인자가 내 제단으
로 도망가더라도 끌어다가 죽여라.
15 자기 아버지나 어머니를 때린 사람은 죽
여라.
16 사람을 유괴한 사람은 그 사람을 팔았건
데리고 있건 죽여라.
17 아버지나 어머니를 저주하는 사람은 죽여
라.
18 사람들이 서로 다투다가 한 사람이 다른
사람을 돌이나 주먹으로 쳐서 사람이 죽
지는 않았지만, 자리에 누웠다가
19 일어나서 지팡이를 짚고 걸어다닐 수 있
게 되었다면 때린 사람은 벌을 받지 않을
것이다. 하지만 때린 사람은 맞은 사람이
그 동안에 입은 손해를 갚아 주고, 다 나
을 때까지 치료비를 물어 주어야 한다.
20 주인이 남종이나 여종을 막대기로 때려서

성경 자세히 이해하기

이스라엘의 노예 제도

이스라엘의 노예들에게는 당시 다른 문화권의 노예들에 비해 상대적으로 많은 권리가 주어졌습니다. 예를 들어 주인이 노예에게 상해를 입히면 그 노예에게 자유를 주도록 한 것이나, 7년이 지나면 노예를 해방시켜 주도록 한 것 등이 그것입니다. 특별히 이스라엘의 노예 제도는 가난을 줄이기 위한 하나의 방편으로도 이해할 수 있는데요, 자녀를 먹여 살릴 수 없는 부모나 빚을 진 사람은 자녀나 자신을 팔아 빚을 갚은 뒤 7년 간 일하고 그 뒤에는 자유를 누릴 뿐 아니라 주인에게 자립에 필요한 자금을 얻기도 하였던 것입니다.

본문 보기 21장 1-11절

그 종이 그 자리에서 죽었다면, 주인은 벌
을 받을 것이다.
21 하지만 종이 하루나 이틀 동안, 죽지 않
고 살아 있으면, 주인은 벌을 받지 않을
것이다. 왜냐하면 종은 주인의 재산이기
때문이다.
22 두 사람이 싸우다가 임신한 여자를 건드
려서 여자가 유산만 하고 달리 다친 데가
없다면, 다치게 한 사람은 여자의 남편이
요구하는 돈을 갚아라. 그런데 이는 반드
시 재판관의 결정을 얻어야 한다.
23 그러나 그 여자가 다치기까지 했다면, 너
희는 목숨은 목숨으로,
24 눈은 눈으로, 이는 이로, 손은 손으로, 발
은 발로,
25 화상은 화상으로, 상처는 상처로, 멍은
멍으로 갚아라.
26 종의 주인이 남종이나 여종의 눈을 쳐서
눈을 멀게 했으면 주인은 그의 눈에 대한
대가로 그 종을 자유한 몸으로 풀어 주어
라.
27 만약 주인이 남종이나 여종의 이를 부러
뜨렸다면 주인은 그에 대한 대가로 종을
자유한 몸으로 풀어 주어라.
28 소가 남자나 여자를 들이받아서 죽였으면
그 소를 돌로 쳐서 죽여라. 그리고 그 소
의 고기는 먹지 마라. 하지만 소의 주인
에게는 죄가 없다.
29 만약 그 소가 들이받는 버릇이 있어서 사
람들이 주의를 주었는데도 주인이 소를
울타리에 가두지 않았다가, 그 소가 남자
나 여자를 들이받아서 죽였다면, 소뿐만
아니라 그 주인도 돌로 쳐서 죽여라.
30 그러나 죽은 사람의 가족이 돈을 달라고
하면, 주인은 자기 목숨을 대신하여 그 가
족이 달라는 대로 돈을 주어라.
31 소가 남자 아이나 여자 아이를 들이받아
죽였을 때도 같은 법을 따라라.
32 소가 남종이나 여종을 들이받아 죽였을
때는, 소의 주인은 종의 주인에게 은 삼
십 세겔*을 주고, 소는 돌로 쳐서 죽여
라.
33 어떤 사람이 구덩이를 열어 놓았거나, 구
덩이를 파고 덮어 놓지 않고 있다가, 소
나 나귀가 그 구덩이에 빠지면,
34 구덩이의 주인은 짐승의 주인에게 돈으로
갚아라. 다만 그 구덩이에 빠져 죽은 짐
승은 구덩이 주인의 것이다.
35 어떤 사람의 소가 다른 사람의 소를 들이
받아 죽였을 때는 살아 있는 소를 팔아서
그 돈을 반씩 나누어 가지고, 죽은 소도
똑같이 나누어 가져라.
36 만약 그 소가 들이받는 버릇이 있는데도
주인이 소를 울타리에 가두지 않았다면,
주인은 소로 소 값을 치르고, 죽은 소는
들이받은 소 주인이 가지도록 하여라."

재산에 관한 법

22 "어떤 사람이 소나 양을 훔친 다음
에 그것을 잡거나 팔았으면 그는
소 한 마리는 소 다섯 마리로, 양 한 마
리는 양 네 마리로 갚아라.
2 도둑이 밤에 남의 집을 뚫고 들어가다가
발견되어 맞아 죽었다면, 죽인 사람에게
는 죄가 없다.
3 그러나 해가 뜬 다음에 그런 일이 일어났
다면, 죽인 사람에게 죄가 있다. 붙잡힌
도둑은 도둑질한 것을 갚아라. 하지만 갚
을 것이 없으면, 도둑질한 대가로 종이 될
것이다.
4 만일 도둑질한 것을 가지고 있으면, 소든
나귀든 양이든 두 배로 갚아라.
5 어떤 사람이 가축에게 밭이나 포도원에서
풀을 뜯어 먹게 했는데 그 가축이 다른 사
람의 밭이나 포도원에서 풀을 뜯어 먹었
으면, 짐승의 주인은 자기의 밭이나 포도
원에서 거둔 것 중에 가장 좋은 농산물로
물어 주어라.
6 불이 나서 가시나무로 옮겨 붙어 이웃의

알아두세요

21:32 30세겔은 약 342g의 무게에 해당된다.

유산(21:22 miscarriage) 달이 차기 전에 태아가 죽어서 나오는 것.

곡식이나 아직 밭에서 자라고 있는 곡식
이나 밭 전체를 태웠으면, 불을 낸 사람
은 그것을 다 물어 주어라.
7 어떤 사람이 이웃에게 돈이나 물건을 맡
겨 두었는데 그것을 맡고 있던 집에 도둑
이 들었을 경우, 만약 도둑이 붙잡히면,
도둑은 두 배로 갚아라.
8 하지만 도둑이 붙잡히지 않으면 집주인을
재판장 앞에 데리고 가서 이웃의 물건에
손을 댔는지 대지 않았는지를 알아보아라.
9 소나 나귀나 양이나 옷이나 그 밖의 어떤
잃어버린 것 때문에 두 사람 사이에 다툼
이 생겨서, 두 사람이 서로 '이것은 내 것
이다' 라고 주장하는 일이 생기면, 두 사
람 다 재판장에게 나가서 재판을 받아라.
그래서 재판장으로부터 죄가 있다는 판
결을 받은 사람은 상대에게 두 배로 갚아
라.
10 어떤 사람이 다른 사람에게 나귀나 소나
양이나 그 밖의 어떤 짐승을 맡겼는데, 그
짐승이 죽거나 다치거나 아무도 모르게
끌려갔으면,
11 짐승을 맡은 사람은 여호와 앞에서 이웃
의 짐승에게 손을 대지 않았다고 맹세하
여라. 그러면 주인은 그 맹세를 받아들여
야 하고, 짐승을 맡은 사람은 물어 주지
않아도 된다.
12 그러나 짐승을 맡은 사람이 도둑질한 것
이라면, 주인에게 물어 주어라.
13 만약 그 짐승이 맹수에게 찢겨 죽었다면,
죽은 짐승을 증거로 보여라. 찢겨 죽은 짐
승은 물어 주지 않아도 된다.
14 어떤 사람이 이웃에게서 짐승을 빌렸는데
주인이 없는 자리에서 그 짐승이 다치거
나 죽었으면, 빌린 사람은 그것을 다 물
어 주어라.
15 만약 그 자리에 주인이 있었으면, 물어 주
지 않아도 된다. 그 짐승이 세를 낸 것이
면 주인은 셋돈만 받아라."

여러 가지 관계에 관한 법

16 "어떤 사람이 아직 약혼하지 않은 처녀를
꾀어서 잠자리를 함께 하였으면, 그는 신
부의 몸값을 내고 그 여자를 아내로 맞아
들여라.
17 그러나 만약 여자의 아버지가 자기 딸을
그에게 주지 않겠다고 하면, 그는 순수한
처녀로 시집가는 신부의 몸값과 똑같은
돈을 치러야 한다.
18 무당은 살려 두지 마라.
19 짐승과 잠자리를 함께 하는 사람은 죽여
라.
20 여호와 외의 다른 신에게 제물을 바치는
사람은 없애 버려라.
21 나그네를 억누르거나 학대하지 마라. 너
희도 이집트 땅에서 나그네였다는 것을 잊
지 마라.
22 과부나 고아를 괴롭히지 마라.
23 만약 그들을 괴롭히면, 그들이 내게 부르
짖을 때 내가 반드시 그들의 부르짖음에
귀를 기울일 것이다.
24 나의 노가 불붙듯 일어나 칼로 너희를 죽
일 것이다. 그리하여 너희 아내들은 과부
가 되고, 너희 자녀는 고아가 될 것이다.
25 너와 함께 살고 있는 내 백성 중에서 가
난한 사람에게 돈을 빌려 줄 때는 빚쟁이
처럼 굴지 말고, 이자도 받지 마라.
26 만약 이웃의 겉옷을 담보로 잡았으면, 해
가 지기 전에 그것을 돌려 주어라.
27 그가 몸을 덮을 것이라곤 그 겉옷뿐이다.
그것이 없으면 달리 무엇으로 몸을 덮고
자겠느냐? 그가 나에게 부르짖으면 나는
들어 줄 것이다. 왜냐하면 나는 자비롭기
때문이다.
28 너희는 재판장을 욕하거나 너희 백성의
지도자를 저주하지 마라.
29 처음 추수한 것을 나에게 바치는 일을 미
루지 마라. 너희가 거둔 첫 곡식과 포도
주를 나에게 바쳐라. 그리고 너희의 맏아
들도 나에게 바쳐라.
30 너희의 소나 양도 마찬가지이다. 소나 양
의 첫 새끼도 칠 일 동안은 어미와 함께
있게 하고, 팔 일에는 나에게 바쳐라.
31 너희는 나에게 거룩한 백성이 될 것이다.
그러므로 너희는 들에서 맹수에게 찢겨

죽은 짐승의 고기를 먹지 말고, 그런 고기는 개에게 주어라."

재판에 관한 법

23 "너희는 거짓된 소문을 퍼뜨리지 마라. 너희는 나쁜 사람과 손잡고 거짓 증언을 하지 마라.
2 다른 사람들이 다 악한 일을 한다고 해서 너희도 악한 일을 하면 안 된다. 다른 사람들이 다 거짓 증언을 한다고 해서 너희도 함께 거짓 증언을 하여 공정한 재판을 방해하면 안 된다.
3 재판을 할 때, 무조건 가난한 사람을 편들지 마라.
4 너희 원수의 소나 나귀가 길을 잃고 헤매는 것을 보면, 그것을 돌려 주어라.
5 너희를 미워하는 사람의 나귀가 무거운 짐을 못 이겨 쓰러져 있는 것을 보면 그대로 내버려 두지 말고, 너희를 미워하는 사람을 도와 나귀를 일으켜 세워 주어라.
6 너희는 가난한 사람이라고 해서 그에게 불리한 재판을 하지 마라.
7 거짓 고발을 하지 마라. 죄 없는 사람과 정직한 사람에게 벌을 내려 죽이지 마라. 나는 그런 죄인을 죄 없다고 하지 않을 것이다.
8 재판을 할 때에 돈을 받고 거짓말을 하지 마라. 뇌물은 사람의 눈을 멀게 하여 정직한 사람이 거짓말을 하도록 만든다.
9 나그네를 학대하지 마라. 너희도 이집트에서 나그네로 살았으니 나그네의 마음을 잘 알지 않느냐?"

안식일에 관한 법

10 "여섯 해 동안은 너희 땅에서 식물을 심고, 거기에서 나는 것을 거두어라.
11 하지만 일곱째 되는 해에는 땅을 갈거나 씨를 뿌리지 마라. 거기에서 무엇이 저절로 자라거든 너희 백성 중에서 가난한 사람들이 먹게 하고, 그들이 남긴 것은 들짐승이 먹게 하여라. 포도원이나 올리브 밭도 마찬가지이다.
12 너희는 육 일 동안은 일을 하고, 칠 일째 되는 날에는 쉬어라. 그래서 너희의 소나 나귀도 쉬게 하고, 너희 집에서 태어난 종과 나그네도 쉬게 하여라.
13 내가 너희에게 한 말을 다 지켜라. 다른 신들의 이름을 기억하지도 마라. 다른 신들의 이름은 너희 입 밖에도 내지 마라."

세 가지 절기

14 "너희는 일 년에 세 차례 나를 기념하는 절기를 지켜라.
15 너희는 무교절을 지켜라. 내가 명령한 대로 너희는 아빕 월*의 정해진 때에 칠 일 동안 무교병을 먹어라. 왜냐하면 그 달에 너희가 이집트에서 나왔기 때문이다. 누구든지 나에게 예배드리러 올 때는 예물을 가지고 오너라.
16 너희는 맥추절을 지켜라. 너희는 밭에 심어서 가꾼 것 중에서 처음으로 거둔 것을 내게 바쳐라. 그리고 너희가 애써 가꾼 열매를 거둬들여 그것을 저장하는 연말에 수장절을 지켜라.
17 일 년에 세 차례, 남자는 다 여호와 하나님께 예배드리러 나아오너라.
18 나에게 희생 제물의 피를 바칠 때 누룩이 든 빵과 함께 바치지 마라. 그리고 절기 때에 나에게 바친 희생 제물의 기름을 다

성경 자세히 이해하기

안식년

안식년은 7년 주기의 마지막 해로서, 모세의 율법에 따르면 그 해에는 하나님께서 땅의 주인이시고, 하나님에 의해 땅이 주어진 것임을 기억하기 위해 땅을 묵히고 그 전 해에 비축해 둔 농산물을 먹었습니다(레 25:2-4). 또 땅 주인은 스스로 자란 농산물을 거두어서는 안 되었으며, 동료 이스라엘인에게 진 빚은 탕감 받을 수 있었고, 종들은 자유를 얻을 수 있었습니다. 그러나 역사적으로 안식년이 실제로 준수되었는지는 확실하지가 않습니다.

본문 보기 23장 10-11절

알아두세요

23:15 '아빕 월'은 히브리력의 첫 번째 달로서, 3월에서 4월 사이에 해당된다.

음 날 아침까지 남겨 두지 마라.
19 너희는 너희 땅의 가장 좋은 첫 열매를 너
희 하나님 여호와의 집으로 가져오너라.
너희는 새끼 염소를 그 어미의 젖으로 삶
지 마라."

약속

20 "내가 천사를 너희 앞에 보내어 너희의 길
을 지키고 내가 준비한 곳으로 너희를 인
도하게 할 것이다.
21 너희는 그 천사의 말을 잘 듣고 그의 목
소리에 귀를 기울여라. 그의 말을 어기지
마라. 그는 너희의 그러한 죄를 용서하지
않을 것이다. 그것은 내 이름이 그 안에
있기 때문이다.
22 그가 하는 모든 말을 귀담아 듣고 나의 말
대로 하면, 내가 너희의 원수를 나의 원
수로 삼을 것이며, 너희의 적을 나의 적
으로 삼을 것이다.
23 나의 천사가 앞장서서 너희를 아모리 사
람, 헷 사람, 브리스 사람, 가나안 사람,
히위 사람, 그리고 여부스 사람의 땅으로
인도하리니, 내가 그들을 멸망시킬 것이
다.
24 너희는 그들의 신에게 절을 하거나 예배
하지 마라. 너희는 그 백성이 사는 것을
본받지 마라. 너희는 그들의 우상을 없애
버리고 그들이 예배할 때에 사용하는 돌
기둥을 무너뜨려라.
25 너희는 너희 하나님 여호와께 예배드려
라. 그러면 내가 너희의 물과 빵에 복을
내리며 너희에게서 병을 없애 주겠다.
26 여자의 아기가 배 속에 있을 때에 죽는 일
이 없게 하며 아기를 낳지 못하는 여자도
없게 하겠다. 그리고 너희는 수명이 다하
기까지 살 것이다.
27 나는 너희의 원수들이 나를 두려워해야
한다는 사실을 미리 알게 하여, 너희와 맞
서 싸우는 백성을 혼란에 빠뜨리고, 너희
의 모든 원수들이 너희 앞에서 도망가게
하겠다.
28 왕벌을 네 앞에 보내서 히위 사람과 가나
안 사람과 헷 사람을 쫓아 내겠다.
29 하지만 그 백성들을 일 년 안에 쫓아 내
지는 않을 것이다. 그렇게 하면 그 땅이
광야가 될 것이며, 그 땅에 들짐승이 너
무 많아져 너희를 해칠 것이기 때문이다.
30 그 대신, 그 백성들을 너희 땅에서 아주
조금씩 쫓아 내리니, 나는 너희가 강해져
서 그 땅을 차지할 때까지 기다릴 것이
다.
31 나는 너희 땅의 경계선을 홍해에서 블레
셋 바다까지 정하고 광야에서 유프라테스
강에 이르는 땅도 줄 것이다. 나는 현재
그 땅에서 살고 있는 사람들을 이길 힘을
너희에게 줄 것이다. 너희는 그들을 쫓아
내어라.
32 너희는 그 백성들이나 그들의 신들과 언
약을 맺지 마라.
33 너희는 그들이 너희 땅에서 살도록 내버
려 두지 마라. 그들이 그 땅에서 그냥 살
면 그들은 너희들이 나에게 죄를 짓도록
만들 것이다. 만약 너희가 그들의 신을 예
배하면, 너희는 덫에 빠진 사람과 같아질
것이다."

하나님과 이스라엘이 언약을 맺음

24 또 주님께서 모세에게 말씀하셨습
니다. "너와 아론과 나답과 아비후
와 이스라엘의 장로 칠십 명은 나 여호와
에게 올라와서 멀리서 나를 예배하여라.
2 그런 다음 너 모세만 여호와께 가까이 나
아오너라. 다른 사람들은 가까이 오지 말
고, 백성도 모세를 따라 이 산으로 올라
오지 마라."
3 모세는 백성에게 여호와의 모든 말씀과
규례를 전해 주었습니다. 그러자 모든 백
성이 한 목소리로 대답했습니다. "우리는
여호와께서 하신 말씀을 그대로 따르겠습
니다."
4 모세는 여호와의 말씀을 다 적었습니다.
이튿날 모세는 아침 일찍 일어나서 산기
슭에 제단을 쌓았습니다. 그리고 이스라엘
의 열두 지파를 위하여 돌 열두 개를 쌓
았습니다.
5 모세는 이스라엘 백성 가운데서 젊은이들

돌판을 받은 모세(24:12)

을 보내 태워 드리는 제
물인 번제물을 바치게
했습니다. 그들은 또
화목 제물로 여호와
께 소를 바쳤습니다.
6 모세는 피를 가져다
가 그 중 절반은 그
릇에 담고, 나머지
절반은 제단 위에
뿌렸습니다.
7 그리고 모세는 언약
의 책을 가져다가 백
성에게 읽어 주었습
니다. 그러자 백성은
"우리는 여호와께서
하신 말씀을 그대로
따르겠습니다. 우리
는 주님께 복종하겠
습니다"라고 말했습니
다.
8 모세는 그릇에 담긴 피
를 가지고 백성에게 뿌
리며 말했습니다. "이
피는 이 모든 말씀에 대하여
여호와께서 너희와 맺는 언약의 피다."
9 모세와 아론과 나답과 아비후와 이스라엘의
장로 칠십 명은 산으로 올라갔습니다.
10 그들은 이스라엘의 하나님을 보았습니다.
하나님의 발 아래는 마치 청옥을 깔아 놓
은 것처럼 보였고 그것은 마치 하늘처럼
맑았습니다.
11 이스라엘의 지도자들은 하나님을 보았습
니다. 하지만 하나님께서는 그들을 멸망
시키지 않으셨고, 그들은 함께 먹고 마셨
습니다.

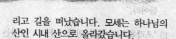

돌판을 받은 모세

12 여호와께서 모세에게 말씀하셨습니다.
"내가 있는 산으로 올라와서 기다려라.
내가 너에게 돌판 두 개를 주겠다. 거기
에는 내가 백성에게 가르치려고 쓴 가르
침과 명령이 적혀 있다."
13 그래서 모세는 자기 보좌관 여호수아를 데
리고 길을 떠났습니다. 모세는 하나님의
산인 시내 산으로 올라갔습니다.
14 모세가 장로들에게 말했습니다. "아론과
훌이 여러분과 함께 있을 것이니, 우리가
돌아올 때까지 여기서 기다리시오. 누구
든지 문제가 생기면 아론과 훌에게 가시
오."

하나님을 만나는 모세

15 모세가 산에 올라가자, 구름이 산을 덮었
습니다.
16 여호와의 영광이 시내 산으로 내려왔습니
다. 구름은 육 일 동안, 산을 덮고 있었
습니다. 칠 일째 되는 날, 여호와께서 구
름 속에서 모세를 부르셨습니다.
17 이스라엘 백성은 마치 산꼭대기에서 타오
르는 불과 같은 여호와의 영광을 보았습
니다.
18 모세는 구름 속으로 들어가서 산 위로 올
라갔습니다. 모세는 사십 일 밤낮을 산 위

에 있었습니다.

여호와께 바치는 예물

25 여호와께서 모세에게 말씀하셨습
니다.
2 "이스라엘 백성에게 말하여 나에게 예물을
가져오게 하여라. 바치고자 하는 마음이
우러나와서 바치는 자들의 예물을 받아라.
3 네가 백성에게서 받을 예물은 이러하니,
금, 은, 놋,
4 파란 실, 자주색 실, 빨간 실, 고운 모시,
염소털,
5 붉게 물들인 숫양 가죽, 부드러운 가죽,
조각목,*
6 등잔 기름, 분향할 때 쓰는 향료, 사람 머
리에 붓는 기름,
7 대제사장의 예복인 에봇과 가슴 덮개에
달 줄마노와 보석들이다.
8 백성에게 말하여 나를 위한 거룩한 집인
성소를 짓게 하여라. 내가 그 곳에 있으
면서 백성과 함께 살 것이다.
9 내가 너에게 보여 주는 것과 똑같은 모양
으로 회막과 그 안에 들어갈 모든 것을 만
들어라."

언약궤

10 "조각목으로 궤를 만들어라. 그 상자는
길이가 이 규빗 반,* 너비가 일 규빗 반,*
높이가 일 규빗 반이 되게 하여라.
11 궤의 안과 밖을 금으로 입히고, 그 둘레

언약궤(25:10)

에는 금테를 둘러라.
12 궤를 위해 금고리 네 개를 만들어서 밑의
네 모서리에 달아라. 한 쪽에 두 개를 달
고, 다른 쪽에 두 개를 달아라.
13 조각목으로 채를 만들어서 금으로 입혀라.
14 그 채들을 궤의 네 모서리에 있는 고리에
끼워서 궤를 운반할 때 사용하여라.
15 그 채들은 언제나 궤의 고리에 끼워 놓아
라. 거기에서 채를 빼내지 마라.
16 궤 안에는 내가 너에게 줄 증거판을 넣어
두어라.
17 그리고 나서 순금으로 속죄판을 만들어
라. 그것의 길이는 이 규빗 반, 너비는 일
규빗 반이 되게 하여라.
18 그리고 금을 두드려서 날개 달린 생물 모
양을 한 그룹 둘을 만들어라. 그것을 속
죄판 양쪽 끝에 하나씩 두어라.
19 그룹 하나는 속죄판 한 쪽 끝에 두고, 다
른 그룹은 다른 쪽 끝에 두어라. 그 그룹
들을 속죄판에 잘 연결시켜서 전체가 하
나가 되게 하여라.
20 그룹들의 날개를 위로 펴서 그 날개로 속
죄판을 덮게 하고 속죄판 쪽으로 서로 마
주 보게 하여라.
21 이 속죄판을 궤 위에 놓아라. 그리고 궤
안에는 내가 너에게 줄 증거판을 넣어 두
어라.
22 내가 거기에서, 곧 언약궤 위에 있는 그
룹 사이의 속죄판 위에서 너를 만나 줄 것
이다. 내가 거기에서 이스라엘 백성에게
나의 모든 계명을 줄 것이다."

상

23 "조각목으로 상을 만들어라. 그 상은 길
이가 이 규빗, 너비가 일 규빗,* 높이가 일
규빗 반이 되게 하여라.
24 그 상을 순금으로 입히고, 둘레에는 금테
를 둘러라.
25 상 둘레에 높이가 한 뼘쯤 되게 턱을 만
들고, 그 턱에도 금테를 둘러라.
26 금고리 네 개를 만들어서 상의 네 모서리,
곧 상다리가 있는 곳에 그 금고리를 붙여
라.

알아두세요

25:5 '조각목'은 '아카시아 나무'를 가리킨다.
25:10 2.5규빗은 약 1.12m에 해당되고, 1.5규빗은 약 0.67m에 해당된다.

27 상 위의 턱에 가깝게 고리를 붙여서 거기
에 채를 끼워 상을 운반할 수 있게 하여
라.
28 조각목으로 채를 만들고 금으로 입혀라.
상을 운반할 때는 그 채로 운반하여라.
29 상 위에 놓을 접시와 대접을 순금으로 만
들어라. 병과 잔도 순금으로 만들어라.
이것들은 부어 드리는 제물인 전제물을
바칠 때에 쓰는 것이다.
30 이 상 위에 진설병을 두고 항상 내 앞에
놓아 두어라."

등잔대

31 "순금을 두드려 등잔대를 만들어라. 그
밑받침과 자루와 등잔과 꽃받침과 꽃잎은
하나로 붙게 하여라.
32 등잔대의 옆으로는 가지가 여섯 개 나와
야 하는데 한 쪽으로 세 개, 다른 쪽으로
세 개가 나오게 하여라.
33 각 가지에는 감복숭아꽃 모양의 잔을 세
개 만들고, 각 잔에는 꽃받침과 꽃잎을 만
들어라.
34 등잔대의 자루에도 감복숭아꽃 모양의 잔
을 네 개 만들고, 그 잔들에도 꽃받침과
꽃잎을 만들어라.
35 등잔대에서 뻗어 나온 가지 한 쌍마다 그
두 가지를 잇는 꽃받침을 아래에 만들어
라.
36 가지들과 꽃받침들과 등잔대는 전체가 하
나로 이어지게 하고 순금을 두드려 만들
어라.
37 등잔 일곱 개를 만들어서 등잔대 위에 두
어라. 그 등잔들은 등잔대 앞을 밝힐 것
이다.
38 심지를 자르는 가위와 불똥 그릇도 순금
으로 만들어라.
39 순금 한 달란트*로 등잔대와 그 모든 기구
를 만들어라.
40 내가 산에서 보여 준 모양 그대로 만들어
라."

회막

26
"고운 모시와 파란 실, 자주색 실,
그리고 빨간 실로 천 열 폭을 짜
고 그것으로 회막을 만들어라. 그리고 정
교한 솜씨로 날개 달린 생물 모양을 한 그
룹을 수놓아라.
2 각 천은 크기를 같게 하여 길이는 이십팔
규빗,* 너비는 사 규빗*으로 하여라.
3 다섯 폭을 이어서 하나로 만들고, 나머지
다섯 폭도 이어서 하나로 만들어라.
4 이어서 만든 각 천의 제일 아랫부분 가장
자리에 파란 천으로 고리를 만들어라.
5 첫째 천의 가장자리에 만들 고리의 수는
오십 개이며, 둘째 천의 가장자리에 만들
고리의 수도 오십 개이다. 이 고리를 만
들어서 각 고리들이 서로 맞물리게 하여
라.
6 그리고 금으로 갈고리 오십 개를 만들어
서 그 갈고리들로 두 천을 연결시켜라. 그
렇게 하면 전체 회막이 하나로 연결될 것
이다.
7 회막을 덮을 다른 장막을 또 만들어라. 이
장막은 염소털로 짠 천 열한 폭으로 만들
어라.
8 각 천은 크기를 같게 하여 길이는 삼십 규
빗,* 너비는 사 규빗으로 하여라.
9 다섯 폭을 이어서 하나로 만들고, 나머지
여섯 폭도 이어서 하나로 만들어라. 여섯
째 폭은 반으로 접어서 회막 앞을 덮어
라.
10 이어서 만든 각 천의 제일 아랫부분 가장
자리에 고리 오십 개를 만들고, 둘째 천의
가장자리에도 고리 오십 개를 만들어라.

알아두세요

25:23 1규빗은 약 45cm에 해당된다.
25:39 1달란트는 약 34.27kg에 해당된다
26:2 28규빗은 약 12.6m에 해당되고, 4규빗은 약 1.8m에 해당된다.
26:8 30규빗은 약 13.5m에 해당된다.

진설병(25:30 bread of the Presence) '얼굴의 빵' 이란 뜻으로 성소에 차려놓는 빵을 말한다. 이는 하나님이 음식물을 받으신다는 의미로 하나님께서 그 곳에 오심을 상징하고 진설하는 빵은 12덩어리로 나누어 두 줄로 나란히 놓았으며 누룩 없는 빵을 매주 안식일마다 새 것으로 바꾸어 놓았다.

11 그리고 놋갈고리 오십 개를 만들어 그 갈
고리들로 두 천을 연결시켜라. 그렇게 하
면 전체 덮개가 하나로 연결될 것이다.
12 나머지 천 반 폭은 회막 뒤에 늘어뜨려라.
13 이쪽에서 일 규빗, 저쪽에서 일 규빗이 남
는 것을 회막의 양 옆에 늘어뜨려 회막을
덮어라.
14 회막을 덮을 덮개를 두 개 더 만들어라.
하나는 붉게 물들인 숫양 가죽으로 만들
고, 바깥 덮개는 고운 가죽으로 만들어라.
15 조각목으로 회막을 세울 널빤지를 만들어
라.
16 널빤지 한 장의 크기는 길이가 십 규빗,*
너비가 일 규빗 반*이 되게 하여라.
17 각 널빤지마다 말뚝 두 개를 박아서 서로
연결하고 회막의 모든 널빤지마다 그렇게
하여라.
18 회막의 남쪽에 세울 널빤지 이십 개를 만
들어라.
19 각 널빤지마다 그 아래에 말뚝을 박아 연
결시킬 은받침 두 개를 만들어라.
20 회막의 북쪽에 세울 널빤지 이십 개를 더
만들어라.
21 그리고 은받침 사십 개를 만들어 널빤지
마다 은받침을 두 개씩 받쳐라.
22 너는 회막의 뒤쪽, 곧 서쪽에 세울 널빤
지 여섯 개를 만들어라.
23 뒤쪽의 두 모서리에는 널빤지 두 개를 만
들어 세워라.
24 각 모서리에 세울 두 널빤지는 서로 연결
되어야 하며, 두 널빤지는 밑에서부터 꼭
대기까지 쇠고리로 연결하여라.
25 그렇게 하면 회막의 뒤쪽에는 널빤지가
모두 여덟 개가 되며, 널빤지마다 은받침
을 두 개씩 해서 은받침이 모두 열여섯 개
가 되리라.
26 회막의 널빤지들을 연결할 빗장을 조각목
으로 만들어라. 회막의 한 면에 빗장 다
섯 개를 만들어라.
27 다른 면에도 빗장 다섯 개를 만들어라. 서
쪽, 곧 뒤쪽의 널빤지들을 연결할 빗장 다
섯 개도 만들어라.
28 널빤지들의 가운데에 연결할 빗장은 끝에
서 저 끝까지 이어라.
29 너는 널빤지들을 금으로 입히고, 널빤지
의 옆면에는 빗장을 끼울 금고리를 만들
어라. 그리고 빗장들도 금으로 입혀라.
30 내가 이 산에서 너에게 보여 준 모양대로
회막을 세워라.
31 고운 모시와 파란 실, 자주색 실, 그리고
빨간 실로 휘장을 짜거라. 그리고 정교한
솜씨로 날개 달린 생물 모양을 한 그룹을
그 휘장 위에 수놓아라.
32 그 휘장을 조각목으로 만든 네 기둥 위에
늘어뜨려라. 금을 입힌 그 기둥들에는 금
으로 만든 갈고리 네 개를 만들고, 이를
은받침 네 개 위에 세워라.
33 그 휘장을 천장에 있는 갈고리에 매달아
늘어뜨려라. 그리고 돌판 두 개가 들어 있
는 언약궤를 휘장 안에 두어라. 이 휘장
은 성소와 지성소를 구별하는 휘장이다.
34 지성소에 있는 언약궤 위에 속죄판을 덮
어라.
35 휘장 바깥에 회막 북쪽으로 상을 놓아라.
그리고 회막의 남쪽, 곧 상의 맞은편에는
등잔대를 놓아라."

성경 자세히 이해하기

휘장

휘장은 은으로 만든 밑받침에 의해 세워지는 아카시아 나무 기둥에 걸도록 만들어졌습니다(출 26:31-33). 이 휘장은 말이 양편에서 잡아당겨도 찢어지지 않을 만큼 질겼으며, 고급 품질의 실을 짜서 천을 만들고 그 위에 그룹들(하나님의 보좌를 떠받드는 천사)을 정교하게 수놓은 아름다운 천이었습니다. 휘장은 지성소와 성소를 구분해 주는데, 휘장을 두른 후 지성소에 언약궤를 놓았습니다. 이 지성소는 하나님께서 임재하시는 곳으로 1년에 단 한 번 대제사장만이 들어갈 수 있었습니다.

본문 보기 26장 31-33절

회막의 입구

36 "회막으로 들어가는 입구를 가리는 막을 만들어라. 파란 실, 자주색 실, 그리고 빨간 실로 막을 짜거라. 그리고 수를 잘 놓는 사람이 그 위에 수를 놓아라.
37 그리고 조각목으로 기둥 다섯 개를 만들어서 금을 입혀라. 금갈고리도 다섯 개를 만들어서 거기에 휘장을 걸어 늘어뜨려라. 그리고 기둥을 받칠 놋받침 다섯 개를 만들어라."

제단

27 "조각목으로 제단을 만들어라. 제단은 길이가 오 규빗,* 너비가 오 규빗인 정사각형이 되게 하고 높이는 삼 규빗*이 되게 하여라.
2 제단의 네 모서리에는 뿔을 하나씩 만들고, 그 뿔은 제단에 붙어 있게 하여라. 그런 다음에 제단 전체를 놋으로 입혀라.
3 놋으로 제단 위에서 쓸 모든 연장과 그릇을 만들어라. 재를 담는 통과 삽과 대야와 고기 갈고리와 불타는 나무를 옮길 때, 쓸 냄비를 만들어라.
4 불타는 나무를 담을 큰 놋그물을 만들어라. 석쇠의 네 모서리에는 놋고리 네 개를 만들어 붙여라.
5 그물을 제단 턱 아래, 땅과 제단 꼭대기의 중간쯤에 두어라.
6 조각목으로 제단을 옮기는 데 쓸 채를 만들어라. 그리고 그것을 놋으로 입혀라.
7 제단 양쪽의 고리에 채를 끼워 제단을 옮기는 데 사용하여라.
8 널빤지로 제단을 만들되 속은 비게 하여라. 내가 이 산에서 보여 준 모양 그대로 만들어라."

회막의 뜰

9 "너는 회막의 뜰을 만들어라. 남쪽에는 고운 모시로 만든, 길이가 백 규빗*인 휘장을 둘러서 울타리를 만들어라.
10 그쪽의 기둥 이십 개와 밑받침 이십 개는 놋으로 만들고, 기둥의 갈고리와 고리는 은으로 만들어라.
11 남쪽과 마찬가지로 북쪽에도 길이가 백 규빗인 휘장을 둘러라. 그쪽도 기둥 이십 개와 밑받침 이십 개는 놋으로 만들고, 기둥의 갈고리와 고리는 은으로 만들어라.
12 서쪽에는 길이가 오십 규빗*인 휘장을 둘러서 울타리를 만들고, 기둥과 밑받침은 열 개씩 만들어라.
13 동쪽 울타리의 길이도 오십 규빗으로 하여라.
14 한 쪽 입구에는 길이가 십오 규빗*인 휘장을 치고, 거기에 기둥 세 개와 밑받침 세 개를 만들어라.
15 다른 쪽에도 길이가 십오 규빗인 휘장을 쳐라. 거기에도 기둥 세 개와 밑받침 세 개를 만들어라.
16 뜰로 들어가는 입구에는 길이가 이십 규빗*인 막을 만들어라. 그 막은 파란 실과 자주색 실과 빨간 실과 고운 모시로 정교하게 수놓아 짜라. 입구는 기둥 네 개와 밑받침 네 개로 만들어라.
17 뜰 둘레의 모든 기둥에는 은고리와 은갈고리와 놋밑받침을 만들어라.
18 뜰은 길이가 백 규빗, 너비가 오십 규빗이 되게 하여라. 뜰 둘레의 울타리 휘장은 높이가 오 규빗이 되게 하고, 그 휘장은 고운 모시로 만들어라. 기둥의 밑받침은 놋으로 하여라.
19 회막에서 쓰는 모든 기구는 놋으로 만들고 회막과 뜰의 울타리의 모든 말뚝도 놋으로 만들어라."

알아두세요

26:16 10규빗은 약 4.5m에 해당되고, 1.5규빗은 약 67.5cm에 해당된다.
27:1 5규빗은 약 2.25m에 해당되고, 3규빗은 약 1.35m에 해당된다.
27:9 100규빗은 약 45m에 해당된다.
27:12 50규빗은 약 22.5m에 해당된다.
27:14 15규빗은 약 6.75m에 해당된다.
27:16 20규빗은 약 9m에 해당된다.

등잔 기름

20 "이스라엘 백성에게 명령하여 올리브를 짜서 만든 기름을 가져오게 하여라. 그 기름으로 등불을 항상 켜놓도록 하여라.
21 아론과 그의 아들들은 저녁부터 아침까지 여호와 앞에서 등불을 켜놓고 지켜라. 등불을 켜놓을 곳은 회막 안의 언약궤 앞에 쳐져 있는 휘장 밖이다. 이스라엘 백성과 그 자손은 지금부터 영원토록 이 규례를 지켜라."

제사장의 옷

28 "네 형 아론과 그의 아들인 나답과 아비후와 엘르아살과 이다말을 불러 너에게로 오게 하여라. 그들을 이스라엘 백성과 구별하여라. 그들은 나를 섬기는 제사장이 될 것이다.
2 네 형 아론을 위해 영광스럽고 아름답게 보이는 거룩한 옷을 만들어라.
3 내가 옷 짓는 일에 특별한 솜씨를 준 사람들을 불러서 아론의 옷을 만들게 하여라. 그 옷을 아론에게 입혀 나를 섬길 거룩한 제사장이 되게 하여라.
4 그들이 만들어야 할 옷은 이러하니 가슴 덮개와 대제사장의 예복인 에봇과 겉옷과

가슴 덮개(28:15)

녹주석(28:20 chrysolite) 연한 푸른색 보석.
우림과 둠밈(28:30 Urim and Thummim) 어떤 문제에 대해서 대제사장이 둘 중에 한 가지를 택하는 문제에 있어서 하나님의 뜻을 물어 보고자 사용했던 두 가지 도구로 '빛과 완전' 이란 뜻.
석류(28:33 pomegranate) 붉은 빛을 띠고 신맛이 나며 익으면 가운데가 벌어지는 열매.

줄무늬 속옷과 관과 띠이다. 네 형 아론과 그의 아들들이 그들이 만들어 준 거룩한 옷을 입고 나를 섬기는 제사장이 될 수 있도록 하여라.
5 기술이 좋은 사람들은 금실, 파란 실, 자주색 실, 빨간 실과 고운 모시로 그 옷들을 만들어라."

에봇

6 "기술이 좋은 사람들은 금실, 파란 실, 자주색 실, 빨간 실과 고운 모시로 에봇을 정교하게 만들어라.
7 에봇의 위쪽 모서리에는 멜빵을 달아서 어깨에 멜 수 있게 하여라.
8 기술이 좋은 사람들은 공을 들여서 에봇에 매는 띠를 같은 솜씨로 만들어라. 그 띠는 금실, 파란 실, 자주색 실, 빨간 실과 고운 모시로 에봇에 붙여서 짜라.
9 줄마노 두 개를 가져다가 거기에 이스라엘의 열두 아들들의 이름을 새겨라.
10 한 보석에 여섯 명의 이름을 새기고, 다른 보석에도 여섯 명의 이름을 새겨라. 이름은 맏이부터 막내까지 나이 순서대로 새겨라.
11 마치 보석 다듬는 사람이 도장을 새기듯이 이스라엘의 아들들의 이름을 그 보석들에 새겨라. 그리고 그것을 금틀에 박아 넣어라.
12 그런 다음에 그 보석들을 에봇의 멜빵에 매달아라. 그것은 이스라엘의 열두 아들들을 기억나게 하는 보석이다. 아론은 그 이름들을 자기 어깨에 달고 다녀라. 그것은 여호와 앞에서 이스라엘의 아들들을 기억나게 하는 보석이다.
13 두 보석을 담을 금틀 두 개를 만들어라.
14 그리고 순금으로 노끈처럼 꼰 사슬 두 개를 만들고, 그 꼰 사슬을 금틀에 매달아라."

가슴 덮개

15 "너는 가슴 덮개를 만들어서 재판을 할 때 쓸 수 있도록 하여라. 에봇을 만든 것과 같은 방법으로 금실, 파란 실, 자주색 실, 빨간 실과 고운 모시로 정교하게 짜서 가

슴 덮개를 만들어라.
16 가슴 덮개는 정사각형 모양으로 두 겹이
되게 하여 길이와 너비가 모두 한 뼘 정
도 되게 하여라.
17 가슴 덮개에 네 줄로 아름다운 보석을 박
아라. 첫째 줄에는 홍옥과 황옥과 녹주석
을 박고
18 둘째 줄에는 홍수정, 청옥, 금강석을 박고
19 셋째 줄에는 호박과 백마노와 자수정을
박고
20 넷째 줄에는 녹주석과 줄마노와 벽옥을
박아라. 그리고 그 보석들을 금틀에 박아
넣어라.
21 가슴 덮개에는 보석이 모두 열두 개가 되
게 하여라. 보석마다 열두 지파를 위해서
그 이름을 도장을 새기듯이 하나씩 새겨
라.
22 가슴 덮개에 쓸 순금 사슬을 만들어라. 이
사슬들은 노끈처럼 꼬아 만들어라.
23 금고리 두 개를 만들고 그 금고리를 가슴
덮개의 위쪽 두 모서리에 달아라.
24 금사슬 두 개를 가슴 덮개의 양쪽 끝에 달
려 있는 금고리 두 개에 하나씩 매고
25 금사슬의 다른 쪽 끝은 멜빵에 달려 있는
금틀에 매달아라. 그렇게 하면 금사슬은
에봇 앞쪽의 멜빵에 매달릴 것이다.
26 또 금고리를 두 개 더 만들어라. 그것을
가슴 덮개의 아래쪽 두 모서리, 곧 에봇
과 맞닿는 안쪽 덮개에 매달아라.
27 그리고 금고리를 또 두 개 만들어라. 그
것을 에봇 앞의 멜빵 끝, 곧 에봇의 공들
여 짠 띠 위쪽 매는 곳에 매달아라.
28 가슴 덮개의 고리들을 에봇의 고리들과
파란 끈으로 묶어서 가슴 덮개가 에봇의
공들여 짠 띠 위에 놓이게 하고, 또 가슴
덮개가 에봇에 너무 느슨하게 연결되지
않도록 하여라.
29 아론은 성소에 들어갈 때, 이스라엘의 열
두 아들의 이름을 가슴에 붙이고 들어가
거라. 그 이름을 재판할 때, 도움을 주는
가슴 덮개 위에 새겨라. 그것은 여호와 앞
에서 언제나 이스라엘을 기억나게 할 것이
다.
30 우림과 둠밈을 가슴 덮개 안에 넣어라. 그
물건들은 아론이 여호와 앞에 나아갈 때,
그의 가슴 위에 있어야 한다. 그 물건들
은 이스라엘 백성을 위해 재판할 때 도움
을 줄 것이다. 아론은 언제나 여호와 앞
에 나아갈 때마다 그것들을 몸에 지니고
있어야 한다.
31 에봇에 받쳐 입을 겉옷을 만들되 파란 실
로만 만들어라.
32 그 가운데에는 아론의 머리가 들어갈 구
멍을 만들고 구멍 둘레에는 깃을 짜서 구
멍이 찢어지지 않도록 하여라.
33 파란 실과 자주색 실과 빨간 실로 석류 모
양을 만들고 그 석류 모양을 겉옷 아래에
매달아라. 그리고 그 사이사이에는 금방
울을 매달아라.
34 그래서 겉옷 아랫자락에 석류 모양과 금
방울이 엇갈리면서 이어지도록 하여라.
35 아론은 제사장의 일을 행할 때에 그 옷
을 입어라. 그렇게 해야 아론이 여호와
를 섬기러 성소에 드나들 때에 방울 소
리가 울릴 것이고, 그래야 죽지 않을 것
이다.
36 순금으로 패를 만들어라. 마치 도장을 새
기듯이 그 패 위에 '여호와께 성결'이라
는 글자를 새겨 넣어라.
37 그 금패를 제사장이 머리에 쓰는 관의 앞
에 파란 끈으로 매어라.
38 아론은 그것을 자기 이마에 달아라. 그렇
게 해서 이스라엘 백성이 제물로 바치는
것에 무슨 잘못이 있으면 아론이 그 죄를
대신 담당하게 하여라. 아론이 언제나 그
것을 머리에 달고 있으면 내가 백성의 제
물을 받아 줄 것이다.
39 고운 모시로 줄무늬 속옷을 만들어라. 그
리고 고운 모시로 머리에 쓸 관도 만들고,
수를 놓아 허리띠도 만들어라.
40 아론의 아들들을 위해서도 속옷과 허리띠
와 관을 만들어라. 그래서 그들을 영광스
럽고 아름답게 해 주어라.
41 이 옷들을 네 형제 아론과 그의 아들들에

게 입혀라. 그리고 그들의 머리에 기름을
부어, 그들을 제사장으로 삼아라. 그들을
거룩하게 구별하여 나를 섬기는 제사장이
되게 하여라.
42 몸의 부끄러운 부분을 가리기 위해 그들
에게 허리에서 넓적다리까지 덮는 모시
바지를 만들어 입혀라.
43 아론과 그의 아들들은 회막에 들어갈 때
이 바지를 입어야 한다. 만약 이 옷을 입
지 않으면 그것은 죄가 되고, 그들은 죽
을 것이다. 이것은 아론과 그의 자손이 지
켜야 할 영원한 규례이다."

제사장을 거룩히 구별하여 세움

29 "너는 아론과 그의 아들들이 제사
장으로서 나를 섬길 수 있도록 하
여라. 그들을 거룩히 구별하여 세우는 법
은 이와 같다. 수송아지 한 마리와 숫양
두 마리를 흠 없는 것으로 골라라.
2 무교병과 기름 섞인 무교 과자와 기름 바
른 무교 전병을 고운 밀가루로 만들어라.
3 그것들을 모두 한 광주리에 담아서 그것
을 수송아지와 숫양 두 마리와 함께 가지
고 오너라.
4 아론과 그의 아들들을 회막 입구로 데려
가서 물로 씻어라.
5 옷을 가지고 와서 속옷과 에봇의 겉옷과
대제사장의 예복인 에봇과 가슴 덮개를 아
론에게 입혀라. 그리고 에봇을 공들여 짠
허리띠로 매 주어라.
6 아론의 머리에 관을 씌우고 거룩한 금
패를 관에 매달아라.
7 특별한 기름을 가져다가 아론의 머
리에 부어 발라라.
8 그리고 나서 그의 아들들을 데려다
가 속옷을 입히고,
9 머리에 관을 씌우고 허리에도 띠를
띠게 하여라. 아론과 그의 자손은 영
원한 규례에 따라 이스라엘에서 제사
장이 될 것이다. 너는 이렇게 아론과
그의 아들들을 제사장으로 임명하여
라.
10 너는 회막 앞으로 준비한 수송아지를 끌
고 오너라. 아론과 그의 아들들은 그 송
아지의 머리 위에 손을 얹어라.
11 그런 다음에 그 송아지를 여호와 앞에서,
곧 회막 입구에서 죽여라.
12 송아지의 피를 얼마쯤 가지고 제단으로
나아가거라. 너의 손가락으로 피를 제단
뿔들에 바르고 남은 피는 제단 밑에 부어
라.
13 내장을 덮고 있는 기름을 다 떼어 내어라.
그리고 간에 붙어 있는 것과 두 콩팥과 거
기에 붙어 있는 기름도 다 떼어 낸 다음
에 그 기름들을 제단 위에서 태워라.
14 송아지의 고기와 가죽과 똥은 진 밖에서
태워라. 이것이 죄를 씻는 제사인 속죄제
이다.
15 숫양 두 마리 중에서 한 마리를 끌고 오
너라. 아론과 그의 아들들에게 숫양의 머
리에 손을 얹게 하여라.
16 그런 다음에 숫양을 잡아라. 그 피를 제
단 둘레에 뿌려라.
17 숫양을 여러 조각으로 잘라 내고 그 내장
과 다리는 씻어서 그것들을 잘라 낸 조각
과 머리를 함께 놓고
18 숫양 전체를 제단 위에서 태워라. 이것이

에봇을 입은 대제사장의 모습(29:1-9)

나 여호와께 불로 태워 바치는 번제이며
그 냄새가 나를 기쁘게 하는 화제이다.
19 나머지 숫양 한 마리를 끌고 오너라. 아
론과 그의 아들들에게 그 숫양의 머리에
손을 얹게 하여라.
20 그런 다음에 숫양을 잡고 그 피를 받아서
아론과 그의 아들들의 오른쪽 귓불에 바
르고 그들의 오른손 엄지와 오른발 엄지
에도 발라라. 그리고 나머지 피는 제단 둘
레에 뿌려라.
21 그리고 나서 제단에서 피를 얼마쯤 가져
다가 제사장을 임명할 때에 쓰는 특별한
기름과 섞어라. 그것을 아론과 그의 옷에
뿌리고 아론의 아들들과 그들의 옷에도
뿌려라. 그렇게 하면 아론과 그의 아들들
과 그들의 옷이 거룩해질 것이다.
22 그런 다음에 숫양에서 기름을 떼어 따로
두어라. 기름진 꼬리와 내장을 덮은 기름
을 떼어 따로 두어라. 간에 붙어 있는 것
과 두 콩팥과 거기에 붙어 있는 기름도 다
떼어 따로 두어라. 그리고 오른쪽 넓적다
리를 잘라 내어 따로 두어라. 이것이 제
사장을 임명할 때, 쓰는 숫양이다.
23 그 다음에 네가 여호와 앞에 놓아 둔 광
주리, 즉 무교병 광주리를 가져오너라.
거기에서 빵 한 조각과 기름 섞인 과자
하나와 기름을 바른 전병 하나를 꺼내어
라.
24 그것들을 아론과 그의 아들들의 손에 얹
어 주어라. 그래서 그것들을 나 여호와 앞
에서 흔들어 바치는 요제로 드려라.
25 그런 다음에 너는 그들의 손에서 그 과자
들을 받아서 번제물과 함께 제단 위에서
모두 태워라. 이것은 나 여호와께 바치는
화제이니 그 냄새가 나 여호와를 기쁘게
한다.
26 그리고 나서 아론을 제사장으로 임명할
때 쓴 숫양의 가슴을 가져다가 여호와 앞
에서 요제로 바쳐라. 그 가슴은 너희의 몫
이다.
27 아론과 그의 아들들을 제사장으로 세울
때 쓴 숫양 중에서 흔들어 바친 가슴과 넓
적다리를 거룩히 구별하여라.
28 이것은 이스라엘 백성이 화목 제물 중에서
나 여호와께 바쳐야 할 예물인데, 이것은
이스라엘 백성이 언제나 아론과 그의 아들
들에게 주어야 할 몫이다.
29 아론을 위해 만든 거룩한 옷은 그의 자손
들에게 물려 주어라. 그들이 제사장으로
임명받을 때 그 옷을 입고 기름부음을 받
게 하여라.
30 아론의 뒤를 이어서 제사장이 될 아들은
회막에 들어가 성소에서 섬길 때에 이 옷
을 칠 일 동안, 입고 있어라.
31 제사장을 임명할 때에 쓴 숫양을 가져와
서 그 고기를 성소에서 삶아라.
32 아론과 그의 아들들은 회막 입구에서 그
고기를 먹고 광주리에 들어 있는 빵도 먹
어라.
33 이 예물은 그들을 제사장으로 임명할 때
에 그들의 죄를 씻기 위해 사용한 것이니
거룩한 것이다. 그러므로 아론과 그 아들
들만이 그 예물을 먹고 다른 사람은 먹지
마라.
34 그 숫양의 고기나 빵 중에서 이튿날 아침
까지 남은 것이 있거든 그것을 불태워 버
려라. 그것은 거룩한 것이므로 먹지 마
라.
35 내가 너에게 명령한 대로 아론과 그의 아
들들을 제사장으로 임명하는 예식을 칠
일 동안, 치러라.
36 너는 그 칠 일 동안, 매일 수소 한 마리
씩을 바쳐라. 그것은 아론과 그의 아들들
의 속죄 제물이다. 너는 제단을 준비하여
깨끗하게 하고 제단에 기름을 부어 거룩
하게 하여라.
37 너는 제단을 준비하여 거룩하게 하는 일
을 칠 일 동안, 하여라. 그러면 그 제단
은 매우 거룩해지며 그 제단에 닿는 것도
거룩하게 될 것이다."

매일 바치는 제물

38 "네가 제단 위에 바쳐야 할 제물은 이러
하다. 너는 일 년 된 어린 양 두 마리를
날마다 바쳐라.

39 그 중에서 한 마리는 아침에 바치고, 다
른 한 마리는 저녁에 바쳐라.
40 아침에 양 한 마리를 바칠 때는 고운 밀
가루 십분의 일 에바*와 짜서 만든 기름
사분의 일 힌*을 섞어서 함께 바쳐라. 그
리고 포도주 사분의 일 힌을 부어 드리는
전제물로 바쳐라.
41 다른 한 마리는 저녁에 바쳐라. 그 때는
아침에 바쳤던 것과 마찬가지로 곡식 제
물과 전제물을 함께 바쳐라. 이것은 나 여
호와께 바치는 화제이다. 그 냄새가 나 여
호와를 기쁘게 한다.
42 이것은 너희가 대대로 회막 입구에서 날
마다 여호와 앞에 바칠 번제이다. 내가 그
곳에서 너희를 만나 주겠고 너희에게 말
할 것이다.
43 내가 그 곳에서 이스라엘 백성을 만나 주
리니 그 곳은 영광으로 거룩해질 것이다.
44 내가 회막과 제단을 거룩하게 하고 아론
과 그의 아들들을 거룩하게 하여 제사장
으로서 나를 섬기도록 할 것이다.
45 나는 이스라엘 백성과 함께 살고, 그들의
하나님이 될 것이다.
46 그들은 내가 그들을 이집트에서 인도해 낸
그들의 여호와 하나님이라는 것을 알게

향제단(30:1)

알아두세요

29:40 1/10에바는 약 2.2ℓ에 해당되고, 1/4힌은 약 0.9ℓ에 해당된다.

30:2 1규빗은 약 45cm에 해당되고, 2규빗은 약 90cm에 해당된다.

될 것이다. 내가 그런 일을 한 것은 그들
과 함께 살기 위함이니, 나는 그들의 여
호와 하나님이다."

향제단

30 "조각목으로 향을 피울 제단을 만
들어라.
2 그것은 길이도 일 규빗,* 너비도 일 규빗
인 정사각형이 되게 하여라. 그리고 높이
는 이 규빗*으로 하여라. 단 네 모퉁이에
는 뿔이 나오도록 만들고 그 뿔들은 제단
과 이어져서 하나가 되게 하여라.
3 제단의 위와 옆과 모서리와 뿔을 순금으
로 덮고 제단 둘레에는 금테를 둘러라.
4 제단 양쪽의 금테 아래로 금고리 두 개를
만들어 달아라. 제단을 나를 때는 그 금
고리 안에 채를 끼워 넣어서 옮겨라.
5 채는 조각목으로 만들고 금을 입혀라.
6 언약궤 앞에 있는 휘장 밖에 이 향제단을
놓아라. 곧 그 언약궤를 덮고 있는 속죄
판 앞에 제단을 놓아라. 그 곳에서 내가
너를 만날 것이다.
7 아론은 아침마다 등잔을 살피러 오면서
그 제단 위에 향기로운 향을 피워야 한다.
8 아론은 저녁에 등잔불을 켤 때에도 그 때
마다 향을 피워야 한다. 그래서 너희는 대
대로 날마다 여호와 앞에서 향이 피어 오
르게 하여라.
9 이 제단 위에서는 다른 향이나 번제물이
나 곡식 제물을 바치지 마라. 그리고 부
어 드리는 전제물도 바치지 마라.
10 일 년에 한 번, 아론은 제단 뿔에 피를 부
어서 죄를 씻는 의식을 행하여라. 그 피
는 죄를 씻기 위해 바치는 피다. 아론은
지금부터 일 년에 한 번씩 대대로 이 의
식을 행하여라. 그 제단은 여호와께 가장
거룩한 것이다."

회막을 위해 내는 세금

11 여호와께서 모세에게 말씀하셨습니다.
12 "너는 이스라엘 백성의 수를 세어라. 그
때에 모든 사람이 자기 목숨을 대신한 값
을 여호와께 바치게 하여라. 그래야 백성
의 수를 셀 때, 그들에게 재앙이 일어나

지 않을 것이다.
13 인구 조사를 받는 사람은 누구나 성소의
세겔대로 은 반 세겔*을 내게 하여라. 한
세겔은 이십 게라이다. 그것은 여호와께
바치는 예물이다.
14 인구 조사를 받는, 곧 스무 살 이상인 사
람은 누구나 여호와께 그만큼 바쳐라.
15 부자라고 해서 더 많이 내지도 말고, 가
난한 사람이라고 해서 적게 내지도 마라.
너희가 바치는 것은 너희 목숨을 대신해
서 여호와께 바치는 것이다.
16 너는 이스라엘 백성이 목숨을 대신해서 내
는 돈을 받아서 회막의 봉사를 위해 쓸 수
있게 하여라. 그러면 나 여호와가 이스라
엘 백성을 기억하여 생명을 지켜 줄 것이
다."

놋물동이

17 여호와께서 모세에게 말씀하셨습니다.
18 "씻는 데 쓸 물동이와 그 받침을 놋으로
만들어라. 물동이와 받침을 회막과 제단
사이에 놓고 물을 담아라.
19 아론과 그의 아들들은 이 물동이의 물로
손과 발을 씻어라.
20 그들이 회막에 들어가거나 제사장으로서
제단에 가까이 나아가서 여호와께 화제를
바치려 할 때에는 이 물로 미리 손과 발
을 씻어야 한다. 그렇게 해야 죽지 않을
것이다.
21 그들은 손과 발을 씻어야 죽지 않는다. 이
것은 아론과 그의 자손에게 영원한 규례
가 될 것이다."

거룩히 구별할 때 쓰는 기름

22 여호와께서 모세에게 말씀하셨습니다.
23 "가장 좋은 향품을 가져오너라. 몰약 오
백 세겔,* 향기로운 육계를 그 절반, 곧
이백오십 세겔,* 향기로운 창포 이백오십
세겔,
24 계피 오백 세겔을 가져오너라. 이 모든 것
을 성소에서 다는 무게로 달아라. 그리고
올리브 기름 한 힌*도 가져오너라.
25 이 모든 것을 향료를 만들 때처럼 섞어서
거룩한 기름을 만들어라. 그것이 거룩히
구별하는 데 쓰이는 기름이 될 것이다.
26 너는 그것을 회막과 내 언약이 들어 있는
언약궤에 발라라.
27 상과 그 모든 기구, 등잔대와 그 기구, 향
을 피우는 제단에도 발라라.
28 그리고 번제단과 그 모든 기구에도 바르
고 물동이와 그 받침에도 발라라.
29 이 모든 것을 거룩히 구별하여서 가장 거
룩하게 하여라. 이 모든 것에 닿는 것이
다 거룩해질 것이다.
30 아론과 그의 아들들에게 기름을 발라서
거룩히 구별하여라. 그래서 나를 섬기는
제사장이 될 수 있도록 하여라.
31 이스라엘 백성에게 이렇게 말하여라. '이
것은 지금부터 대대로 나의 거룩한 기름
이 될 것이다. 이것은 사람이나 물건을 거
룩히 구별할 때에 쓸 것이다.
32 보통 사람의 몸에는 그것을 붓지 마라. 이
기름을 만드는 것과 같은 방법으로 다른
기름을 만들어서도 안 된다. 그것은 거룩
한 것이므로 너희는 그것을 거룩히 여겨
라.
33 누구든지 그런 기름을 만들거나 그것을
제사장이 아닌 사람에게 붓는 사람은 백
성 중에서 끊어질 것이다.'"

놋물동이(30:18)

알아두세요
30:13 0.5세겔은 약 5.7g에 해당된다.
30:23 500세겔은 약 5.7kg에 해당되고, 250세겔은 약 2.85kg에 해당된다.
30:24 1힌은 약 3.6ℓ에 해당된다.

향

34 여호와께서 모세에게 말씀하셨습니다. "너는 향품들을 가져오되 소합향*과 나감향*과 풍자향*과 순수한 유향*을 가져오너라. 그리고 그것들을 같은 분량으로 섞어라.
35 너는 향을 만들되 향료를 만들 때처럼 만들어라. 거기에 소금을 쳐서 깨끗하고 거룩하게 하여라.
36 그 중에서 얼마를 빻아 고운 가루로 만들고 그 중에서 얼마를 회막에 있는 언약궤 앞에 놓아라. 그 향은 너희에게 가장 거룩한 것이다.
37 너희는 이런 방법으로 이 향을 만들어서 너희 마음대로 쓰면 안 된다. 너희는 그것을 여호와께 가장 거룩한 것으로 여겨라.
38 누구든지 그것을 향료로 쓰려고 만드는 사람은 백성 중에서 끊어질 것이다."

브살렐과 오홀리압

31 여호와께서 모세에게 말씀하셨습니다.
2 "자, 내가 유다 지파에서 우리의 아들 브살렐을 뽑을 것이다. 우리는 훌의 아들이다.
3 나는 브살렐에게 하나님의 영을 가득 채워 주고, 그에게 모든 일을 할 수 있는 기술과 능력과 지식을 줄 것이다.
4 설계를 잘 하고 또 금과 은과 놋으로 그 설계대로 만들 수 있는 재능을 그에게 주리니,

알아두세요

30:34 **소합향**–고무 진과 같은 인도산 향.
나감향–홍해의 해안에서 모은 조개껍질에서 채취한 것. 아라비아에서는 향수로도 썼음.
풍자향–시리아 관목의 껍질에서 채취. 자극적이고 약간 쓴 냄새를 풍기는 진액.
유향–감람과의 나무에서 채취한 향기로운 진액. 동방 박사들이 아기 예수님께 드린 선물 중의 하나임(마 2:11).

인도(32:11 leading) 길이나 장소를 안내하여 어떤 장소로 이끌어 주는 것.

5 그는 보석을 다듬을 줄도 알고 나무를 조각할 줄도 아는 온갖 손재주를 다 갖게 될 것이다.
6 내가 또 단 지파 사람인 아히사막의 아들 오홀리압을 뽑을 것이다. 오홀리압은 브살렐과 함께 일할 것이다. 나는 기술이 좋은 모든 사람에게도 기술을 더하여 내가 너에게 명령한 것을 다 만들 수 있게 할 것이다.
7 곧 회막과 언약궤와 언약궤를 덮는 속죄판과 회막 안의 모든 기구와
8 상과 그 기구와 순금 등잔대와 그 기구와 향제단과
9 번제단과 그 모든 기구와 물동이와 그 받침과
10 아론과 그의 아들들이 제사장으로서 일할 때에 입을 옷과 거룩한 옷과
11 거룩히 구별할 때에 쓸 기름과 성소에서 쓸 향기로운 향을 만들 수 있게 할 것이다. 그들은 내가 너에게 명령한 대로 이 모든 것을 다 만들 것이다."

안식일

12 여호와께서 모세에게 말씀하셨습니다.
13 "이스라엘 백성에게 전하여라. '너희는 내 안식일을 지켜라. 이것은 지금부터 나와 너희 사이에 표징이 될 것이다. 이 표징으로 너희는 여호와인 내가 너희를 거룩하게 만들었다는 것을 알게 될 것이다.
14 안식일을 거룩하게 지켜라. 안식일을 다른 날과 똑같이 여기는 사람은 죽을 것이다. 누구든지 안식일에 일하는 사람은 그 백성 중에서 끊어질 것이다.
15 육 일 동안은 일을 하여라. 그러나 칠 일째 되는 날은 나 여호와를 기리기 위해 쉬는 안식일이므로 거룩하게 지켜라. 누구든지 그 날에 일을 하는 사람은 죽을 것이다.
16 이스라엘 백성은 안식일을 기억하고 그 날을 영원한 언약으로 삼아 자손 대대로 지켜라.
17 안식일은 나와 이스라엘 백성 사이의 영원

한 표징이다. 이는 여호와인 내가 육 일
동안은 하늘과 땅을 만들고 칠 일째 되는
날에는 일을 하지 않고 쉬었기 때문이
다.'"
18 여호와께서 시내 산에서 모세에게 말씀하
시기를 마치셨습니다. 여호와께서는 모세
에게 언약의 말씀을 새긴 증거판 두 개를
주셨습니다. 그 돌판 위의 말씀은 여호와
께서 손수 쓰신 것입니다.

백성이 금송아지를 만들다

32 백성은 모세가 산에서 내려오는 것
이 늦어지자 아론에게 몰려와서 말
했습니다. "우리를 이집트 땅에서 인도해
낸 모세가 어떻게 되었는지 모르겠으니
우리를 인도할 신을 만들어 주시오."
2 아론이 백성에게 말했습니다. "여러분의
아내와 아들과 딸이 달고 있는 금귀고리
를 빼서 나에게 가지고 오시오."
3 그리하여 모든 백성은 달고 있던 금귀고
리를 빼서 아론에게 가지고 갔습니다.
4 아론은 백성에게서 받은 금을 녹인 다음,
그것을 틀에 부어 송아지 상을 만들었습
니다. 그러자 백성이 말했습니다. "이스라
엘아! 이것이 너희를 이집트 땅에서 인도
해 낸 신이다!"
5 아론은 그 모습을 보고 송아지 상 앞에 제
단을 쌓았습니다. 그런 다음에 아론이 선
언했습니다. "내일 여호와를 위한 절기를
지키겠다."
6 이튿날 아침, 백성은 일찍 일어났습니다.
*그들은 번제와 화목제*를 드렸습니다. 백
성은 앉아서 먹고 마시다가 일어나서 마
음껏 즐기며 놀았습니다.
7 여호와께서 모세에게 말씀하셨습니다.
"당장 이 산에서 내려가거라. 네가 이집트
땅에서 인도해 낸 네 백성이 끔찍한 죄를
짓고 있다.
8 그들은 내가 명령한 일들을 벌써부터 어
기고 있다. 그들은 스스로 금송아지를 만
든 뒤 그 송아지를 섬기며 거기에 제물을
바쳤다. 백성은 '이스라엘아, 이것이 너희
를 이집트에서 인도해 낸 너희 신이다' 라

소를 우상화한 이집트 신 아피스
주전 4세기(32:4)

고 말하고 있다."
9 여호와께서 모세에게 말씀하셨습니다.
"나는 이 백성이 얼마나 완고한 백성인가
를 보았다.
10 그러니 이제는 나를 말리지 마라. 나의 노
여움이 너무 크므로, 나는 그들을 멸망시
키겠다. 하지만 너만은 살려 두어 큰 민
족을 만들어 주겠다."
11 그러나 모세는 여호와 하나님께 매달렸습
니다. "여호와여, 어찌하여 주님의 백성
에게 노여워하십니까? 주님께서는 크신
능력과 힘으로 이 백성을 이집트에서 인
도해 내시지 않으셨습니까?
12 만약 주님께서 노하시면, 이집트 백성이
'여호와가 이스라엘 백성을 이집트에서 인
도해 낸 것은, 그들을 산에서 죽이고 이
땅 위에서 멸망시키기 위해서였구나' 하
고 말할 것 아닙니까? 그러니 노여움을
거두어 주십시오. 주의 백성에게 재앙을
내리지 마십시오.
13 주의 종인 아브라함과 이삭과 이스라엘을
기억해 주십시오. 주님께서는 그들에게
'내가 너희 자손을 하늘의 별처럼 많게 할
것이다. 그리고 내가 약속한 이 모든 땅
을 너희 자손에게 주어 그 땅을 영원히 물
려받게 할 것이다' 하고 주님 자신을 걸
고 맹세하지 않으셨습니까?"
14 그러자 여호와께서 마음을 돌리셨습니다.
여호와께서는 처음에 뜻하셨던 것과는 달
리 자기 백성을 멸망시키지 않으셨습니

다.
15 모세는 산에서 내려갔습니다. 모세의 손에
는 언약이 새겨진 돌판 두 개가 있었습니
다. 명령하신 말씀은 각 돌판의 앞뒤에 새
겨져 있었습니다.
16 하나님께서 손수 그 돌판을 만드셨습니
다. 그리고 하나님께서 손수 그 돌판 위
에 명령하신 말씀을 새기셨습니다.
17 여호수아가 백성이 시끄럽게 떠드는 소리
를 듣고 모세에게 말했습니다. "백성들이
사는 천막에서 싸우는 소리가 납니다."
18 모세가 대답했습니다. "그것은 싸움에 이
긴 자들이 지르는 소리도 아니고, 싸움에
서 진 자들이 내는 소리도 아니다. 내가
듣는 소리는 노래하는 소리일 뿐이다."
19 모세가 천막에 가까이 가서 보니 금송아
지 앞에서 백성들이 춤추는 모습이 보였
습니다. 모세는 매우 화가 났습니다. 모세
는 가지고 온 돌판들을 산기슭에서 내던
졌습니다.
20 모세는 백성이 만든 금송아지를 불로 녹인
다음에 금을 갈아서 가루로 만들었습니
다. 그러고는 금가루를 물에 넣어서 이스
라엘 백성에게 그 물을 마시게 했습니다.
21 모세가 아론에게 말했습니다. "도대체 이
백성이 형님에게 무슨 일을 했기에 형님
은 그들이 이렇게 끔찍한 죄를 짓게 하셨
습니까?"
22 아론이 대답했습니다. "내 주여, 노하지
마시오. 그대도 알듯이 이 백성이 죄에 빠

금송아지 앞에서 춤추는 이스라엘 백성들을 보고 돌판을 던지는 모세(32:19)

져 있기 때문이오.
23 이 백성이 나에게 '우리를 이집트 땅에서 인도해 낸 모세가 어떻게 되었는지 모르겠으니, 우리를 인도할 신을 만들어 주시오' 하고 말했소.
24 그래서 나는 백성에게 '누구든지 금을 가진 사람은 그것을 빼시오' 라고 말했소. 그들은 나에게 금을 가지고 왔고, 그 금을 불에 던졌더니, 이 송아지가 나온 것이오."
25 모세는 백성이 제멋대로 날뛰는 모습을 보았습니다. 아론이 그렇게 제멋대로 날뛰게 하여 원수들의 웃음거리가 되게 한 것입니다.
26 모세는 진의 입구에 서서 말했습니다. "누구든지 여호와를 따르고자 하는 사람은 나에게로 오너라." 그러자 레위 집안의 모든 사람들이 모세에게 모여들었습니다.
27 모세가 그들에게 말했습니다. "이스라엘의 하나님이신 여호와께서 이렇게 말씀하셨다. '너희는 모두 옆에 칼을 차고 진의 이 문에서 저 문으로 다니며 너희 형제와 친구와 이웃을 죽여라.'"
28 레위 집안의 백성은 모세에게 복종했습니다. 그 날 이스라엘 백성 중에서 삼천 명 가량이 죽었습니다.
29 모세가 말했습니다. "오늘 여러분은 여호와를 섬기기 위해 기꺼이 여러분의 자녀와 형제를 희생시켰으니, 하나님께서 여러분에게 복을 주실 것이오."
30 이튿날 모세가 백성에게 말했습니다. "여러분은 끔찍한 죄를 지었소. 그러나 나는 이제 여호와께 올라갈 것이오. 혹시나 여러분의 죄가 용서받을 수 있는 길이 있을지도 모르겠소."
31 그리하여 모세는 다시 여호와께 돌아가 말했습니다. "제가 주님께 말씀드립니다. 이 백성이 큰 죄를 지었습니다. 그들은 금으로 신을 만들었습니다.
32 하지만 이제 그들의 죄를 용서하여 주십시오. 만약 용서하지 않으시려거든 주님께서 주의 백성의 이름을 적으신 책에서 제 이름을 지워 버리십시오."
33 여호와께서 모세에게 말씀하셨습니다. "누구든지 나에게 죄를 지으면 그 사람의 이름을 내 책에서 지울 것이다.
34 너는 이제 가서 내가 말한 곳으로 백성을 인도하여라. 내 천사가 너를 인도해 줄 것이다. 그러나 벌을 내릴 때가 오면, 내가 죄를 지은 백성에게 벌을 내릴 것이다."
35 그리하여 여호와께서는 백성에게 끔찍한 일이 일어나게 하셨습니다. 왜냐하면 그들이 아론이 만든 송아지로 죄를 지었기 때문입니다.

33 여호와께서 모세에게 말씀하셨습니다. "너는 네가 이집트에서 인도해 낸 백성과 함께 이 땅을 떠나서 내가 아브라함과 이삭과 야곱에게 '내가 너희 자손에게 이 땅을 주겠다' 고 맹세한 땅으로 가거라.
2 내가 너를 인도할 한 천사를 보내 주겠다. 그리고 내가 가나안 사람과 아모리 사람과 헷 사람과 브리스 사람과 히위 사람과 여부스 사람을 그 땅에서 쫓아 내겠다.
3 젖과 꿀이 흐르는 비옥한 땅으로 올라가거라. 하지만 나는 너희와 함께 가지 않을 것이다. 왜냐하면 너희는 너무나 고집이 센 백성이라서 내가 그리로 가는 도중에 너희를 멸망시킬지도 모르기 때문이다."
4 백성은 이 나쁜 소식을 듣고 큰 소리로 울었습니다. 그래서 아무도 장식물을 몸에 걸치지 않았습니다.
5 여호와께서 모세에게 말씀하셨습니다. "너는 이스라엘 백성에게 이와 같이 말하여라. '너희는 고집이 센 백성이다. 내가 너희와 함께 올라가면 너희를 멸망시킬지도 모른다. 그러니 너희 몸에서 장식물을 떼어 내어라. 너희에게 어떻게 해야 할지를 이제 내가 결정할 것이다.'"
6 그래서 이스라엘 백성은 시내 산에서 몸의 장식물을 떼어 냈습니다.

회막

7 모세는 항상 장막을 가져다가 백성들이

사는 곳에서 멀리 떨어진 곳에 세우곤 했
습니다. 모세는 그 장막을 회막이라고 불
렀습니다. 누구든지 여호와의 뜻을 알기
를 원하는 사람은 진 밖에 있는 회막으로
갔습니다.
8 모세가 회막으로 갈 때마다 모든 백성은
자리에서 일어나서 자기 장막 입구에 선
채 모세가 회막으로 들어갈 때까지 지켜
보았습니다.
9 모세가 회막에 들어갈 때에는 언제나 구
름 기둥이 내려왔습니다. 구름 기둥은 여
호와께서 모세에게 말씀하시는 동안 회막
입구에 서 있었습니다.
10 백성은 회막 입구에 구름 기둥이 서 있는
것을 보고 한 사람도 빠짐없이 자리에서
일어나 자기 장막 입구에서 절을 했습니
다.
11 여호와께서는 마치 사람이 자기 친구에게
말하듯이 모세와 얼굴을 맞대고 말씀하셨
습니다. 말씀이 끝나면 모세는 진으로 돌
아왔습니다. 하지만 모세의 젊은 보좌관
눈의 아들 여호수아는 회막을 떠나지 않았
습니다.
12 모세가 여호와께 말씀드렸습니다. "주님
께서는 저에게 이 백성을 인도하라고 말
씀하셨습니다. 하지만 주님께서는 누구를
저와 함께 보내실 것인지에 대해서는 말
씀하지 않으셨습니다. 주님께서는 저에게
'나는 너의 모든 것을 안다. 너는 나에게
은혜를 입었다' 하고 말씀하셨습니다.
13 제가 정말 주님께 은혜를 입었다면 주의
계획을 저에게 보여 주십시오. 그렇게 하
셔서 저도 주님을 알게 해 주시고 계속해
서 주님께 은혜를 받을 수 있게 해 주십
시오. 이 백성은 주님의 백성이라는 것을
기억해 주십시오."
14 여호와께서 대답하셨습니다. "내가 친히
너와 함께 가겠다. 네가 안심할 수 있도
록 해 주겠다."
15 모세가 여호와께 말씀드렸습니다. "주님
께서 친히 저희와 함께 가지 않으시려면,
저희를 이 곳에서 올려 보내지 마십시오.
16 주님께서 저희와 함께 가시지 않으면, 주
님께서 저와 주님의 백성에게 은혜를 베
푸신다는 것을 어떻게 알겠습니까? 주님
이 우리와 함께 계시기 때문에 주님의 백
성이 땅 위의 다른 백성과 다른 것이 아
닙니까?"
17 여호와께서 모세에게 말씀하셨습니다.
"네가 원하는 대로 해 주겠다. 그것은 내
가 너를 너무나 잘 알고 또 너는 내게 은
혜를 입은 사람이기 때문이다."

모세와 하나님의 영광

18 모세가 말했습니다. "주님, 제발 주님의
영광을 보여 주십시오."
19 여호와께서 대답하셨습니다. "내가 나의
모든 은총을 네 앞에 지나가게 하겠다. 그
리고 네 앞에서 나 여호와의 이름을 선포
할 것이다. 나는 은혜를 베풀 사람에게 은
혜를 베풀고, 자비를 베풀 사람에게 자비
를 베풀 것이다.
20 그러나 너는 내 얼굴을 볼 수 없을 것이
다. 왜냐하면 나를 보고도 살 수 있는 사
람은 아무도 없기 때문이다."
21 여호와께서 말씀을 계속하셨습니다. "모
세야, 나에게서 가까운 곳의 바위 위에 서
있어라.
22 나의 영광이 그 곳을 지나갈 때에 너를 그
바위 틈에 넣고 내가 다 지나갈 때까지 너
를 내 손으로 가릴 것이다.
23 그런 다음에 내 손을 치우면 너는 내 등
은 볼 수 있지만 내 얼굴은 볼 수 없을 것
이다."

모세가 새 돌판을 얻다

34 여호와께서 모세에게 말씀하셨습
니다. "처음 것과 같은 돌판 두 개
를 깎아라. 네가 깨뜨려 버린 처음 돌판
에 썼던 것과 똑같은 글을 거기에 써 주
겠다.
2 내일 아침까지 준비한 다음 아침에 시내
산으로 올라와서 산꼭대기에서 내 앞에
서라.
3 아무도 너를 따라오지 못하게 하여라. 산
에 그 누구의 모습도 보이면 안 된다. 산

근처에서는 양이나 소에게도 풀을 뜯게
하지 마라."
4 모세는 처음 것과 같은 돌판 두 개를 깎
았습니다. 그리고 이튿날 아침 일찍 일어
나 시내 산으로 올라갔습니다. 모세는 여
호와께서 명령하신 대로 했습니다. 모세
는 돌판 두 개를 가지고 올라갔습니다.
5 그러자 여호와께서 구름 속으로 내려오셔
서 모세와 함께 서셨습니다. 그리고 여호
와라는 이름을 선포하셨습니다.
6 여호와께서 모세 앞을 지나가시며 말씀하
셨습니다. "나는 여호와이다. 여호와는
자비롭고 은혜로운 하나님이다. 나는 그
리 쉽게 노하지 않으며 사랑과 진실이 큰
하나님이다.
7 나는 수천 대에 이르기까지 한결같은 사
랑을 베풀며 잘못과 허물과 죄를 용서할
것이다. 하지만 죄를 그냥 보고 넘기지는
않겠다. 나는 죄를 지은 사람뿐만 아니
라, 그의 삼대나 사대 자손에게까지 벌을
내릴 것이다."
8 모세는 급히 엎드려 절을 했습니다.
9 모세가 말했습니다. "주님, 제가 주님께
은혜를 입었다면 저희와 함께 가 주십시
오. 비록 이 백성은 고집이 센 백성이지
만 저희의 잘못과 죄를 용서해 주십시오.
저희를 주님의 백성으로 삼아 주십시오."
10 여호와께서 말씀하셨습니다. "내가 이제
너희와 이 언약을 세우겠다. 내가 너희 모
든 백성 앞에서 기적을 일으키겠다. 그것
은 이 땅 위의 어떤 나라에서도 일어난 적
이 없는 기적이다. 너희와 함께 사는 모
든 백성이 여호와의 일을 보게 되리니, 내
가 너희에게 놀라운 일을 행할 것이다.
11 내가 오늘 너희에게 명령하는 것을 지켜
라. 그러면 내가 너희 원수들을 너희 땅
에서 쫓아 내겠다. 내가 아모리 사람과 가
나안 사람과 헷 사람과 브리스 사람과 히
위 사람과 여부스 사람을 너희 앞에서 쫓
아 낼 것이다.
12 조심하여라. 너희가 가고 있는 땅에 사는
사람들과 어떠한 언약도 맺지 마라. 만약
언약을 맺으면 그것이 너희에게 재앙을
가져올 것이다.
13 그들의 제단을 부수고, 그들의 돌 기둥을
무너뜨려라. 그들의 아세라 우상을 베어
버려라.
14 다른 신을 섬기지 마라. 왜냐하면 '질투
의 신'이라는 이름을 가진 나 여호와는
질투하는 하나님이기 때문이다.
15 조심하여라. 그 땅에 사는 백성과 어떤 언
약도 맺지 마라. 그들은 음란하게 헛된 신
들을 섬기고 제물을 바친다. 그러니 그들
이 너희를 초대하면 너희는 그들과 어울
려 그들의 제물을 먹게 될지도 모른다.
16 너희가 그들의 딸들 중에서 너희 아들의
아내를 고른다면 그들의 딸은 음란하게
헛된 신을 섬기니, 너희 아들도 음란하게
헛된 신을 섬기게 될 것이다.
17 금속을 녹여 신상을 만들지 마라.
18 무교절을 지켜라. 내가 명령한 대로 너희
는 아빕 월의 정해진 때에 칠 일 동안, 무
교병을 먹어라. 그 달에 너희가 이집트에
서 나왔기 때문이다.
19 처음 태어난 것은 다 내 것이다. 너희 짐
승 가운데 소든 양이든 처음 태어난 것은
다 내 것이다.
20 나귀는 양으로 대신해서 바칠 수 있지만,
양으로 나귀를 대신해서 바치기를 원하지
않으면 나귀의 목을 꺾어라. 너희의 자녀

시내 산 정상. 모세가 십계명을 받았다는 장소에 세워진 모세 기념교회(34:1-4)

중에서 맏아들은 다른 것으로 대신해서
바쳐라. 나에게 올 때는 아무도 빈 손으
로 오지 마라.
21 너희는 육 일 동안은 일을 하고 칠 일째
되는 날에는 쉬어라. 밭을 갈거나 거두는
계절에도 쉬어라.
22 밀을 처음 거두어들일 때는 칠칠절을 지
켜라. 그리고 가을에는 수장절을 지켜라.
23 해마다 세 번 너희 모든 남자는 이스라엘
의 하나님이신 주 여호와께 나아오너라.
24 내가 이방 나라들을 너희 앞에서 쫓아 내
줄 것이다. 내가 너희 땅의 경계를 넓혀
줄 것이다. 너희는 여호와 너의 하나님께
해마다 세 번 나아오너라. 그 때는 아무
도 너희 땅을 넘보지 않을 것이다.
25 나에게 피의 제물을 바칠 때, 누룩이 든
것과 함께 바치지 마라. 그리고 유월절 때
나에게 바친 제물은 다음 날 아침까지 남
겨 두지 마라.
26 너희 땅에서 거둔 가장 좋은 첫 열매는 너
희 하나님이신 여호와의 집에 가져가거
라. 너희는 새끼 염소를 그 어미의 젖에
삶지 마라."
27 여호와께서 모세에게 말씀하셨습니다.
"이 말을 적어라. 그것은 내가 이 말로 너
와 이스라엘에게 언약을 세워 주었기 때문
이다."
28 모세는 거기에서 사십 일 밤낮을 여호와
와 함께 지냈습니다. 그 동안, 모세는 음
식도 먹지 않고 물도 마시지 않았습니다.
하나님께서는 언약의 말씀, 곧 십계명을
돌판에 기록하셨습니다.

모세의 얼굴이 빛나다

29 모세가 시내 산에서 내려왔습니다. 모세는
손에 언약의 돌판 두 개를 들고 있었습니
다. 모세는 여호와와 함께 이야기를 했기
때문에 그 얼굴이 빛나고 있었지만, 자신
은 그 사실을 모르고 있었습니다.
30 아론과 이스라엘의 모든 백성은 모세의 얼
굴이 빛나는 것을 보았습니다. 그래서 그
들은 모세의 곁에 가까이 가기를 두려워
했습니다.
31 하지만 모세가 그들을 부르자 아론을 비롯
해서 백성의 모든 지도자들이 모세 쪽으
로 몸을 돌렸습니다. 그러자 모세가 그들
에게 말을 했습니다.
32 그 때에야 비로소 그들이 모세에게 가까
이 나아왔습니다. 모세는 여호와께서 시내
산에서 주신 모든 계명을 그들에게 주었
습니다.
33 모세는 백성에게 말하기를 마친 다음에
수건으로 얼굴을 가렸습니다.
34 그러나 모세는 여호와께 나아가 주님과
이야기를 할 때는 수건을 벗고 밖으로 나
올 때까지 수건을 쓰지 않았습니다. 그후
모세가 밖으로 나와서 여호와께서 명령하
신 것을 이스라엘 백성에게 전해 주었을
때,
35 이스라엘 백성이 모세의 얼굴이 빛나는 것
을 보게 되었으므로, 다음에 또다시 여호
와와 이야기하러 들어갈 때까지 모세는
얼굴을 가리고 있었습니다.

안식일에 관한 규례

35 모세가 모든 이스라엘 무리를 모아
놓고 말했습니다. "이것은 여호와
께서 여러분에게 명령하신 것이오.
2 '육 일 동안은 일을 하여라. 그러나 칠 일
째 되는 날은 여호와를 기리기 위해 쉬는
안식일이므로 거룩하게 지켜라. 누구든지
그 날에 일을 하는 사람은 죽을 것이다.
3 안식일에는 누구의 집에서든 불을 피우지
마라.'"
4 모세가 모든 이스라엘 백성에게 말했습니
다. "여호와께서 이렇게 명령하셨소.
5 '너희가 가진 것 중에서 여호와께 예물을
바쳐라. 누구든지 바치고 싶은 사람이 여
호와께 바칠 예물은 이러하니, 곧 금, 은,
놋,
6 파란 실, 자주색 실, 빨간 실, 고운 모시,
염소털,
7 붉게 물들인 숫양 가죽, 부드러운 가죽,
조각목,
8 등잔 기름, 분향할 때 쓰는 향료, 사람 머
리에 붓는 기름,

9 대제사장의 예복인 에봇과 가슴 덮개에
달 줄마노와 보석들을 바쳐라.
10 기술이 좋은 사람들은 다 와서 여호와께
서 명령하신 것을 만들어라.
11 회막과 그 덮개와 그 윗덮개와 갈고리와
널빤지와 빗장과 회막 기둥과 밑받침과
12 언약궤와 그 채와 속죄판과 그 앞의 휘장
과
13 상과 그 채와 그 밖의 모든 기구와 그리
고 진설병과
14 불을 켤 등잔대와 그 모든 기구와 불을 켤
등과 기름과
15 향제단과 그 채와 거룩히 구별하는 기름
과 향기로운 향과 회막 입구에 칠 휘장과
16 번제단과 그 놋그물과 그 채와 모든 기구
와 놋물동이와 그 밑받침과
17 뜰 둘레의 휘장과 그 기둥과 밑받침과
뜰 입구의 휘장과
18 회막과 뜰의 말뚝과 그 밧줄과
19 제사장이 성소에서 입을 특별
한 옷을 만들어라. 그 옷은
제사장 아론과 그의 아들들
이 제사장으로 일할 때에
입을 거룩한 옷이다.'"
20 이스라엘 모든 백성이
모세에게서 물러나왔
습니다.
21 마음이 움직인 사
람, 스스로 바치
기를 원하는 사
람은 여호와께
예물을 가져왔습
니다. 그 예물은
회막과 그 안에
서 쓸 모든 도구
와 특별한 옷을
만드는 데에 쓸
것이었습니다.
22 남자나 여자나 바
치기를 원하는 사
람은 온갖 금붙이를
가져왔습니다. 그들
은 장식 핀과 귀고리와 반지와 목걸이 같
은 것을 가져왔습니다.
23 파란 실과 자주색 실과 빨간 실과 고운 모
시를 가진 사람도 그것을 주님께 가져왔
습니다. 염소털과 붉게 물들인 숫양 가죽
과 고운 가죽을 가진 사람도 그것을 여호
와께 가져왔습니다.
24 은이나 놋을 바칠 수 있는 사람은 그것을
여호와께 예물로 바쳤습니다. 여러 가지
도구를 만드는 데에 쓸 조각목을 가진 사
람도 그것을 주님께 가져왔습니다.
25 손재주가 있는 여자들은 누구나 실을 만
들어 파란 실과 자주색 실과 빨간 실과 고
운 모시를 가져왔습니다.

성막을 만드는 데 필요한 예물을 가져옴
(35:21-29)

26 손재주가 있으면서 일을 돕기를 원하는
여자들은 다 염소털로 실을 만들었습니
다.
27 지도자들은 에봇과 가슴 덮개에 달 줄마
노와 그 밖의 보석을 가져왔습니다.
28 그들은 향료와 기름도 가져왔습니다. 그
것은 향기를 내는 향과 거룩히 구별할 기
름과 불을 켤 기름에 쓸 것이었습니다.
29 이스라엘의 남자와 여자 중에서 일을 돕기
를 원하는 사람은 여호와께 예물을 가져
왔습니다. 그 예물은 여호와께서 모세와
백성에게 명령하신 일을 하는 데에 쓸 것
이었습니다.
30 모세가 이스라엘 백성에게 말했습니다.
"자, 여호와께서 유다 지파에서 훌의 손자
이며 우리의 아들인 브살렐을 뽑았소.
31 주님께서는 브살렐에게 하나님의 영을 가
득 채워 주셨소. 주님께서는 그에게 모든
일을 할 수 있는 기술과 능력과 지식을 주
셨소.
32 설계를 잘 하고, 또 금과 은과 놋으로 그
설계대로 만들 수 있는 재능을 그에게 주
셨소.
33 그는 보석을 다듬을 줄도 알고, 나무를 조
각할 줄도 아는 온갖 손재주를 다 가지고
있소.
34 주님께서는 브살렐과 오홀리압에게 다른
사람을 가르칠 수 있는 능력을 주셨소. 오
홀리압은 단 지파 사람 아히사막의 아들이
오.
35 주님께서는 그들에게 온갖 일을 할 수 있
는 능력을 주셨소. 그들은 쇠와 돌을 가
지고 설계대로 만들 수 있소. 그들은 파
란 실과 자주색 실과 빨간 실과 고운 모
시로 어떤 무늬도 수놓을 수 있소. 그들
은 천을 짜는 일도 할 수 있소."

36 "그러므로 브살렐과 오홀리압과 다
른 모든 손재주 있는 사람은 여호
와께서 명령하신 일을 해야 하오. 여호와
께서는 이 사람들에게 회막을 짓는 데에
필요한 모든 일을 할 수 있는 재주와 지
혜를 주셨소."
2 그리고 나서 모세는 브살렐과 오홀리압과
여호와께서 재능을 주신 다른 모든 손재
주 있는 사람을 불렀습니다. 그들은 일을
돕고 싶은 마음이 있어서 모였습니다.
3 그들은 이스라엘 백성이 회막을 지으려고
예물로 가져온 모든 것을 모세에게서 받
았습니다. 백성은 바치고 싶은 마음이 있
어서 아침마다 계속해서 예물을 가져왔습
니다.
4 그래서 기술이 좋은 모든 사람들이 회막
을 짓기 위해 하던 일을 멈추고 모세에게
가서 말했습니다.
5 "여호와께서 명령하신 일을 하는 데 필요
한 것보다 백성이 가지고 오는 것이 더 많
습니다."
6 그래서 모세가 진 가운데에 이러한 명령
을 내렸습니다. "남자든 여자든 회막에
쓸 예물을 더 가져오지 마시오." 그러자
백성은 예물을 더 가져오지 않았습니다.
7 이미 필요한 물건은 쓰고도 남을 만큼 많
았습니다.

회막

8 일꾼 가운데서 기술이 있는 사람들은 천
열 폭으로 회막을 만들었습니다. 그 천은
고운 모시와 파란 실, 자주색 실, 그리고
빨간 실로 짠 것이었습니다. 그리고 정교
한 솜씨로 날개 달린 생물 모양을 한 그
룹을 수놓은 것이었습니다.
9 각 천은 크기가 같았습니다. 길이는 이십
팔 규빗,* 너비는 사 규빗*이었습니다.
10 다섯 폭을 이어서 하나로 만들고, 나머지
다섯 폭도 이어서 하나로 만들었습니다.
11 이어서 만든 각 천의 제일 아랫부분 가장
자리에 파란 천으로 고리를 만들었습니
다.
12 이어서 만든 첫째 천의 가장자리에 고리
오십 개를 만들고, 둘째 천의 가장자리에
도 고리 오십 개를 만들어 각 고리들이 서
로 맞물리게 만들었습니다.
13 그리고 그들은 금갈고리 오십 개를 만들
어서, 이어서 만든 두 천을 연결시켰습니
다. 그렇게 해서 전체 회막을 하나로 연

결시켰습니다.
14 그들은 염소털로 짠 천 열한 폭으로 다른
장막을 더 만들었습니다. 그것은 회막을
덮을 장막이었습니다.
15 각 천은 크기가 같았습니다. 길이는 삼십
규빗,* 너비는 사 규빗이었습니다.
16 다섯 폭을 이어서 하나로 만들고, 나머지
여섯 폭도 이어서 하나로 만들었습니다.
17 이어서 만든 각 천의 제일 아랫부분 가장
자리에 고리 오십 개를 만들고, 둘째 천
의 가장자리에도 고리 오십 개를 만들었
습니다.
18 그리고 놋갈고리 오십 개를 만들어서 이
어서 만든 두 천을 연결시켰습니다. 그렇
게 해서 전체 덮개를 하나로 연결시켰습
니다.
19 그들은 회막을 덮을 덮개를 두 개 더 만
들었습니다. 하나는 붉게 물들인 숫양 가
죽으로 만들고 바깥 덮개는 고운 가죽으
로 만들었습니다.
20 그리고 그들은 조각목으로 회막을 세울
널빤지를 만들었습니다.
21 각 널빤지는 길이가 십 규빗,* 너비는 일
규빗 반*이었습니다.
22 각 널빤지마다 말뚝 두 개를 박아서 서로
연결시켰습니다. 회막의 모든 널빤지마다
그렇게 만들었습니다.
23 그들은 회막의 남쪽에 세울 널빤지 이십
개를 만들었습니다.
24 그리고 널빤지 이십 개를 받칠 은받침 사
십 개를 만들어, 널빤지마다 은받침 두 개
씩을 받치도록 하였습니다.
25 그들은 또 회막의 북쪽에 세울 널빤지 이
십 개를 만들었습니다.
26 그리고 널빤지 이십 개를 받칠 은받침 사
십 개를 만들었습니다.
27 그들은 회막의 뒤쪽, 곧 서쪽에 세울 널
빤지 여섯 개도 만들었습니다.
28 그리고 회막의 뒤쪽 모서리에 세울 널빤
지 두 개도 만들었습니다.
29 그들은 이 두 널빤지를 밑에서부터 꼭대
기까지 쇠고리로 연결했습니다. 두 모서
리의 널빤지들을 모두 그렇게 연결했습니
다.
30 그렇게 해서 회막의 뒤쪽에는 널빤지가
모두 여덟 개가 있었습니다. 그리고 널빤
지마다 두 개의 은받침이 있어서 모두 열
여섯 개의 은받침이 있었습니다.
31 그리고 나서 그들은 회막의 널빤지들을
연결할 빗장을 조각목으로 만들었습니다.
회막의 한 면에 빗장 다섯 개를 만들었고
32 다른 면에도 빗장 다섯 개를 만들었습니
다. 서쪽, 곧 뒤쪽의 널빤지들을 연결할
빗장 다섯 개도 만들었습니다.
33 널빤지들의 가운데에 연결할 빗장은 끝에
서 끝까지 이어서 만들었습니다.
34 그들은 널빤지들을 금으로 입히고, 널빤
지의 옆면에는 빗장을 끼울 금고리를 만
들었습니다. 그리고 빗장들도 금으로 입
혔습니다.
35 그들은 고운 모시와 파란 실, 자주색 실,
그리고 빨간 실로 휘장을 짰습니다. 그리
고 정교한 솜씨로 날개 달린 생물 모양을
한 그룹을 그 휘장 위에 수놓았습니다.
36 그들은 그 휘장을 조각목으로 만든 네 기
둥 위에 늘어뜨렸습니다. 금을 입힌 그 기
둥들에는 금으로 만든 갈고리 네 개를 만
들었으며, 은받침 네 개를 만들어서 그 위
에 기둥을 세웠습니다.
37 그들은 회막으로 들어가는 입구를 가리는
막을 만들었습니다. 그들은 파란 실, 자
주색 실, 그리고 빨간 실로 막을 짰습니
다. 그리고 수를 잘 놓는 사람이 그 위에
수를 놓았습니다.
38 그리고 그들은 기둥 다섯 개와 갈고리를
만들었습니다. 그들은 기둥 꼭대기와 거
기에 달린 갈고리에 금을 입혔습니다. 그

알아두세요

36:9 28규빗은 약 12.6m에 해당되고, 4규빗은 약 1.8m에 해당된다.
36:15 30규빗은 약 13.5m에 해당된다.
36:21 10규빗은 약 4.5m에 해당되고, 1.5규빗은 약 67.5cm에 해당된다.

들은 놋으로 받침 다섯 개를 만들었습니
다.

언약궤

37 브살렐은 조각목으로 궤를 만들었
습니다. 그 상자는 길이가 이 규빗
반,* 너비가 일 규빗 반,* 높이가 일 규빗
반이었습니다.
2 브살렐은 궤의 안팎을 금으로 입혔습니
다. 그리고 그 둘레에는 금테를 둘렀습니
다.
3 그는 궤를 위해 금고리 네 개를 만들어서
밑의 네 모서리에 달았습니다. 한 쪽에 두
개를 달고, 다른 쪽에 두 개를 달았습니다.
4 그는 또 조각목으로 채를 만들어서 금으
로 입혔습니다.
5 그는 그 채들을 궤의 네 모서리에 있는 고
리에 끼웠습니다.
6 그리고 나서 그는 순금으로 속죄판을 만
들었습니다. 그것의 길이는 이 규빗 반,
너비는 일 규빗 반이었습니다.
7 그는 금을 두드려서 날개 달린 생물 모양
을 한 그룹 둘을 만들었습니다. 그는 그
것을 속죄판 양쪽 끝에 하나씩 두었습니
다.
8 그룹 하나는 속죄판 한 쪽 끝에 두고, 다
른 그룹은 다른 쪽 끝에 두었습니다. 그룹
들을 속죄판에 잘 연결시켜서 전체가 하
나가 되게 하였습니다.
9 그룹들은 날개를 위로 펴서 그 날개로 속
죄판을 덮었습니다. 그룹들은 속죄판 쪽
으로 서로 마주 보고 있었습니다.

상

10 브살렐은 조각목으로 상을 만들었습니다.
그 상은 길이가 이 규빗,* 너비가 일 규
빗,* 높이가 일 규빗 반이었습니다.
11 그는 그 상을 순금으로 입히고 둘레에는
금테를 둘렀습니다.
12 그리고 나서 상 둘레에 높이가 한 뼘*쯤
되게 턱을 만들고, 그 턱에도 금테를 둘
렀습니다.
13 그는 금고리 네 개를 만들어서 상의 네 모
서리에, 곧 상다리가 있는 곳에 그 금고
리를 붙였습니다.
14 상 위의 턱에 가깝게 고리를 붙여서, 거
기에 채를 끼워 상을 나를 수 있게 하였
습니다.
15 상을 나르는 채는 조각목으로 만들었습니
다. 그리고 거기에 금을 입혔습니다.
16 그리고 나서 그는 순금으로 상 위에 놓을
접시와 그릇과 부어 드리는 제물인 전제
물에 쓸 병과 잔을 만들었습니다.

등잔대

17 그는 또 순금으로 등잔대를 만들었습니
다. 그는 금을 두드려 만들었는데 밑받침
과 자루와 등잔과 꽃받침과 꽃잎은 하나
로 붙어 있게 했습니다.
18 등잔대의 옆으로는 가지가 여섯 개 있었
는데, 한 쪽으로 세 개, 다른 쪽으로 세

언 약 궤

모양과 구조

조각목으로 된 나무 상자에 금을 입히고 금테를 둘렀다. 뚜껑에는 속죄소, 그 위에는 그룹이 있었다.

내용물

십계명이 새겨진 돌판과 만나를 담은 항아리, 그리고 아론의 싹난 지팡이가 있었다.

역할

하나님께서 이스라엘 백성과 함께 하신다는 표시로, 중요한 의식을 행하거나 중대한 사건이 있을 때 제사장들이 메고 백성들과 함께 이동했다. 거룩하기 때문에 함부로 만지면 죽는 경우도 있었다(삼하 6:3-7).

다른 명칭

여호와의 궤(수 3:13), 주의 권능의 궤(시 132:8), 거룩한 궤(대하 35:3).

본문 보기 37장 1절

알아두세요

37:1 2.5규빗은 약 1.12m에 해당되고, 1.5규빗은 약 67.5cm에 해당된다.

개가 나와 있었습니다.
19 각 가지에는 감복숭아꽃 모양의 잔이 세 개 있었고, 각 잔에는 꽃받침과 꽃잎이 있었습니다.
20 등잔대의 자루에도 감복숭아꽃 모양의 잔이 네 개 있었습니다. 그 잔들에도 꽃받침과 꽃잎이 있었습니다.
21 등잔대에서 뻗어 나온 가지 한 쌍마다 그 두 가지를 잇는 꽃받침이 아래에 있었습니다.
22 가지들과 꽃받침들과 등잔대는 전체가 하나로 이어졌으며 순금을 두드려 만들었습니다.
23 그는 등잔 일곱 개를 만들어서 등잔대 위에 두었습니다. 그리고 그는 심지를 자르는 가위와 불똥 그릇도 순금으로 만들었습니다.
24 그는 순금 한 달란트*를 들여서 등잔대와 그 모든 기구를 만들었습니다.

향제단

25 그는 조각목으로 향을 피울 제단을 만들었습니다. 그 제단은 길이가 일 규빗, 너비가 일 규빗으로 이루어진 정사각형이었습니다. 높이는 이 규빗으로 네 뿔을 제단과 이어서 하나가 되게 만들었습니다.
26 제단의 위와 옆과 모서리는 순금으로 덮었고, 제단 둘레에는 금테를 둘렀습니다.
27 제단 양쪽에는 금테 아래로 금고리 두 개를 만들어 달았습니다. 그래서 제단을 나를 때에 그 금고리 안에 채를 끼워 넣어서 나를 수 있게 했습니다.
28 그는 채를 조각목으로 만들고 금을 입혔습니다.
29 그리고 나서 그는 거룩한 의식에 쓸 기름을 만들었습니다. 그는 또 향을 만드는 방법대로 정결하고 향기로운 향도 만들었습니다.

제단

38 그는 조각목으로 제단을 만들었습니다. 제단은 길이가 오 규빗,* 너비가 오 규빗인 정사각형이고, 높이는 삼 규빗이었습니다.
2 제단의 네 모서리에는 뿔을 하나씩 만들었습니다. 뿔은 제단에 붙어 있게 만들었습니다. 그런 다음에 제단 전체를 놋으로 입혔습니다.
3 그는 놋으로 제단 위에서 쓸 모든 연장과 그릇, 곧 재를 담는 통과 삽과 대야와 고기 갈고리와 불타는 나무를 옮길 때 쓸 냄비를 만들었습니다.
4 그는 또 불타는 나무를 담을 큰 놋그물을 만들고 그 그물을 제단 턱 아래, 땅과 제단 꼭대기의 중간쯤에 두었습니다.
5 그는 놋고리를 만들어 제단을 옮기는 데에 쓸 채를 끼울 수 있게 하였는데, 그 고리들을 그물의 네 모서리에 붙였습니다.
6 그는 조각목으로 제단을 옮기는 데에 쓸 채를 만들었습니다. 그리고 그것을 놋으로 입혔습니다.
7 그는 제단 양쪽의 고리에 채를 끼워 제단을 옮기는 데에 사용할 수 있게 했습니다. 그는 널빤지로 제단을 만들되 속은 비게 했습니다.

등잔대(37:17-24)

알아두세요

37:10 2규빗은 약 90cm, 1규빗은 약 45cm에 해당된다.
37:12 약 8cm에 해당된다.
37:24 1달란트는 약 34.27kg에 해당된다.
38:1 5규빗은 약 2.25m에 해당된다.

놋물동이

8 그는 씻는 데 쓸 물동이와 그 받침을 놋
으로 만들었습니다. 그는 회막 입구에서
봉사하는 여자들이 바친 놋거울로 그것들
을 만들었습니다.

회막의 뜰

9 그는 회막의 뜰을 만들었습니다. 남쪽에
는 고운 모시로 만든, 길이가 백 규빗*인
휘장을 둘러서 울타리를 만들었습니다.
10 그쪽의 기둥 스무 개와 밑받침 스무 개는
놋으로 만들고, 기둥의 갈고리와 고리는
은으로 만들었습니다.
11 남쪽과 마찬가지로 북쪽에도 길이가 백
규빗인 휘장을 둘렀습니다. 북쪽 또한 기
둥 스무 개와 밑받침 스무 개는 놋으로 만
들고, 기둥의 갈고리와 고리는 은으로 만
들었습니다.
12 서쪽에는 길이가 오십 규빗인 휘장을 둘
러서 울타리를 만들었습니다. 그 휘장은
기둥이 열 개이고 밑받침이 열 개인데, 기
둥의 고리와 갈고리는 은으로 만들었습니
다.
13 동쪽 울타리도 길이가 오십 규빗이었습니
다.
14 한 쪽 입구에는 길이가 십오 규빗인 휘장
이 있었고, 거기에는 기둥 세 개와 밑받
침 세 개가 있었습니다.
15 다른 쪽에도 길이가 십오 규빗인 휘장이
있었습니다. 거기에도 기둥 세 개와 밑받
침 세 개가 있었습니다.
16 뜰 둘레의 모든 휘장은 고운 모시로 만든
것이었습니다.
17 기둥 밑받침은 놋으로 만들었고, 기둥 위
의 고리와 갈고리는 은으로 만들었습니
다. 기둥 꼭대기도 은으로 입혔으며 뜰 안
의 모든 기둥에는 은고리를 달았습니다.
18 뜰로 들어가는 입구의 막은 파란 실과 자
주색 실과 빨간 실과 곱게 짠 모시로 만
들었습니다. 수를 잘 놓는 사람이 거기에
수를 놓았습니다. 막의 길이는 이십 규빗
이고, 높이는 오 규빗이었습니다. 그 높이
는 뜰 둘레의 휘장의 높이와 같았습니다.
19 그 막은 놋으로 만든 기둥 네 개와 밑받
침 네 개에 걸려 있었습니다. 기둥 위의
고리와 갈고리는 은으로 만들고, 기둥 꼭
대기도 은으로 입혔습니다.
20 회막과 뜰의 울타리의 모든 말뚝은 놋으
로 만들었습니다.
21 회막을 지을 때에 사용한 금속은 이러합
니다. 회막은 십계명을 쓴 두 돌판을 보
관하는 곳입니다. 모세는 레위 사람들을
시켜서 사용된 금속 목록을 짜게 했습니
다. 아론의 아들 이다말이 목록 짜는 일의
책임을 맡았습니다.
22 유다 지파 사람 훌의 손자이며 우리의 아
들인 브살렐은 여호와께서 모세에게 명령
하신 것을 다 만들었습니다.
23 단 지파 사람 아히사막의 아들 오홀리압이
브살렐을 도왔습니다. 오홀리압은 금속과
돌에 무늬를 놓을 수 있는 재능을 가지고
있었습니다. 그는 설계도 잘 했고, 파란
실과 자주색 실과 빨간 실과 고운 모시로
수를 놓는 솜씨도 있었습니다.
24 회막을 짓는 데 든 모든 금은 다 주님께
바친 것이었습니다. 그 무게는 성소에서
다는 무게로 이십구 달란트*와 칠백삼십

성경 자세히 이해하기

규빗

'규빗'이란 단어는 팔을 의미하는 라틴어 '큐비투스'에서 파생된 말이며, 히브리어로는 '팔의 어머니', 즉 팔뚝을 뜻하는 '암마'입니다. 모세 오경의 규빗에 대해서는 그 길이가 30cm에서 55cm까지 다양한 해석이 있습니다. 고대 이집트의 규빗은 52cm쯤 되는데 가장 권위 있는 학자들은 그것이 모세 오경의 규빗과 같다고 주장합니다. 하지만 장막과 신전에 적용되었던 규빗의 길이는 45cm였다고 주장하는 사람들도 있습니다.

본문 보기 38장 9-18절

세겔*이었습니다.
25 은은 인구 조사를 받은 사람이 바쳤습니
다. 그 무게는 성소에서 다는 무게로 백
달란트*와 천칠백칠십오 세겔*이었습니
다.
26 백성의 수를 셀 때에는 스무 살 이상인 사
람을 세었는데, 그 수는 모두 육십만 삼
천오백오십 명이었으므로, 한 사람이 은
한 베가* 곧 반 세겔*씩 낸 셈입니다.
27 이 은 중에서 백 달란트는 회막과 휘장의
밑받침 백 개를 만드는 데 썼습니다. 그
러므로 기둥 하나에 은 한 달란트를 쓴 셈
입니다.
28 나머지 은 천칠백칠십오 세겔로는 기둥의
갈고리를 만드는 데 썼습니다. 그리고 기
둥 덮개와 고리를 만드는 데도 썼습니다.
29 주님께 바친 놋의 무게는 칠십 달란트*와
이천사백 세겔*이었습니다.
30 그들은 이 놋으로 회막 입구의 밑받침과
제단과 놋그물과 제단의 모든 기구를 만
들었습니다.
31 그리고 이 놋으로 뜰을 둘러 친 휘장의 밑
받침과 뜰 입구의 휘장의 밑받침과 회막
과 뜰을 둘러 친 휘장의 말뚝도 만들었습
니다.

제사장의 옷

39 그들은 파란 실, 자주색 실, 빨간
실로 제사장의 옷을 짜 만들었습
니다. 그 옷은 제사장들이 성소에서 입을
옷이었습니다. 그들은 또 여호와께서 모
세에게 명령하신 대로 아론을 위해 거룩
한 옷을 만들었습니다.
2 그리고 금실, 파란 실, 자주색 실, 빨간
실과 고운 모시로 대제사장의 예복인 에
봇을 만들었습니다.
3 그들은 금을 얇게 두드려서 오린 다음 길
고 가는 실을 만들었습니다. 그들은 솜씨
좋게 그 금실을 파란 실, 자주색 실, 빨
간 실과 고운 모시에 섞어 짰습니다.
4 그들은 에봇의 멜빵을 만들었습니다. 멜
빵은 조끼의 위쪽 모서리에 만들어 달았
습니다.
5 허리띠도 솜씨 있게 똑같은 방법으로 만
들었습니다. 허리띠는 에봇에 하나로 이
어지게 만들었습니다. 허리띠는 금실, 파
란 실, 자주색 실, 빨간 실과 고운 모시
로 만들었습니다. 이는 여호와께서 모세
에게 명령하신 대로 한 것입니다.
6 그들은 줄마노 둘레에 금을 씌웠습니다.
그리고 거기에 이스라엘의 열두 아들의 이
름을 새겨 넣었습니다. 마치 보석 다듬는
사람이 도장을 새기듯이 이스라엘의 아들
들의 이름을 그 보석들에 새겼습니다.
7 그런 다음에 그 보석들을 에봇의 멜빵에
매달았습니다. 그것은 이스라엘의 열두 아
들들을 기념하는 보석입니다. 이는 여호
와께서 모세에게 명령하신 대로 한 것입
니다.
8 기술이 좋은 사람들은 에봇을 만든 것과
같은 방법으로 가슴 덮개를 정교하게 만
들었습니다. 금실, 파란 실, 자주색 실,
빨간 실과 고운 모시로 만들었습니다.
9 가슴 덮개는 정사각형 모양이며 두 겹이
었습니다. 길이와 너비가 모두 한 뼘 정
도 되었습니다.
10 그리고 그들은 가슴 덮개에 아름다운 보
석을 네 줄로 박았습니다. 첫째 줄에는 홍
옥과 황옥과 녹주석을 박았고
11 둘째 줄에는 홍수정과 청옥과 금강석을
박았습니다.

알아두세요

38:9 100규빗은 약 45m에 해당된다.
38:24 29달란트는 약 993.83kg에 해당되고, 730세겔은 약 8.32kg에 해당된다.
38:25 100달란트는 약 3,427kg에 해당되고, 1,775세겔은 약 20.23kg에 해당된다.
38:26 1베가는 약 5.71g에 해당되고, 0.5세겔은 약 5.7g에 해당된다.
38:29 70달란트는 약 2,398kg에 해당되고, 2,400세겔은 약 27.36kg에 해당된다.

12 셋째 줄에는 호박과 백마노와 자수정을
박았고
13 넷째 줄에는 녹주석과 줄마노와 벽옥을
박았습니다. 그리고 그 보석들을 금틀에
박아 넣었습니다.
14 이스라엘의 아들들의 이름을 마치 도장을
새기듯이 보석 열두 개에 새겼습니다. 각
보석에 이스라엘의 열두 지파의 이름을 새
겼습니다.
15 그들은 가슴 덮개에 쓸 순금 사슬을 노끈
처럼 꼬아 만들었습니다.
16 그리고 그들은 금테 두 개와 금고리 두 개
를 만들었습니다. 그들은 그 금고리를 가
슴 덮개의 위쪽 두 모서리에 달았습니다.
17 그들은 금사슬 두 개를 가슴 덮개의 양쪽
끝에 달려 있는 금고리 두 개에 하나씩 매
었습니다.
18 그리고 금사슬의 다른 쪽 끝은 멜빵에 달
려 있는 금테에 매달았습니다. 그렇게 해
서 금사슬을 에봇 앞쪽의 멜빵에 매달았
습니다.
19 그들은 금고리를 두 개 더 만들어서 가슴
덮개의 아래쪽 두 모서리, 곧 에봇과 맞
닿은 안쪽 덮개에 매달았습니다.
20 그들은 또 금고리를 두 개 더 만들어서 에
봇 앞의 멜빵 끝, 곧 에봇의 공들여 짠 띠
위쪽의 매는 곳에 매달았습니다.
21 가슴 덮개의 고리들을 에봇의 고리들과
파란 끈으로 묶어서 가슴 덮개가 에봇의

성소 안의 기구들(39:35-38)

공들여 짠 띠 위에 놓이게 하고, 또 가슴
덮개가 에봇에 너무 느슨하게 연결되지
않도록 했습니다. 그들은 이 모든 일을 여
호와께서 모세에게 명령하신 대로 했습니
다.
22 그리고 나서 그들은 에봇에 받쳐 입을 겉
옷을 파란 실로만 만들었습니다.
23 그 가운데에는 아론의 머리가 들어갈 구
멍을 만들고, 구멍 둘레에는 깃을 짜서 구
멍이 찢어지지 않도록 했습니다.
24 그들은 파란 실과 자주색 실과 빨간 실과
고운 모시로 석류 모양을 만들고, 그 석
류 모양을 겉옷 아래에 매달았습니다.
25 그리고 순금으로 방울을 만들어서 겉옷
아랫자락에 석류 모양과 금방울이 엇갈리
면서 이어지도록 했습니다.
26 겉옷 아랫자락을 빙 둘러가면서 석류 모
양 하나, 방울 하나, 석류 모양 하나, 방
울 하나를 달았습니다. 제사장은 제사장
의 임무를 행할 때에 그 옷을 입었습니다.
이는 여호와께서 모세에게 명령하신 대로
한 것입니다.
27 그들은 아론과 그의 아들들이 입을 속옷
을 고운 모시로 만들었습니다.
28 머리에 쓸 관과 바지도 고운 모시로 만들
었습니다.
29 그리고 고운 모시와 파란 실, 자주색 실,
빨간 실로 허리띠를 만들고 그 띠에 수를
놓았습니다. 이는 여호와께서 모세에게
명령하신 대로 한 것입니다.
30 그들은 순금으로 머리에 두를 거룩한 패
를 만들었습니다. 그리고 마치 도장을 새
기듯이 그 위에 '여호와께 성결'이라는
글자를 새겼습니다.
31 파란 끈으로 그 금패를 제사장이 머리에
쓰는 관에 매었습니다. 이는 여호와께서
모세에게 명령하신 대로 한 것입니다.
32 그리하여 성막, 곧 회막을 짓는 일이 다
끝났습니다. 이스라엘 백성은 여호와께서
모세에게 명령하신 대로 했습니다.
33 그리고 나서 그들은 회막을 모세에게 가
져왔습니다. 그들이 가져온 것은 회막과

그 모든 기구와 갈고리, 널빤지, 빗장, 기
둥, 밑받침,
34 붉게 물들인 숫양 가죽 덮개, 고운 가죽
으로 만든 덮개, 지성소 입구를 막는 휘
장,
35 언약궤, 그 채와 속죄판,
36 상과 그 모든 기구, 진설병,
37 순금 등잔대와 거기에 올려져 있는 등잔
과 그 모든 기구, 등잔 기름,
38 금 제단, 제사장을 거룩히 구별할 때 쓰
는 특별한 기름, 향기로운 향, 회막 입구
를 막는 휘장,
39 놋제단과 놋그물, 그 채와 모든 기구, 물
동이와 그 받침,
40 뜰의 휘장과 그 기둥과 밑받침, 뜰 입구
를 막는 휘장, 노끈, 말뚝, 성막, 곧 회막
에서 쓰는 모든 기구,
41 그리고 제사장이 회막에서 일할 때 입는
옷, 곧 제사장 아론의 거룩한 옷과 그의
아들들이 제사장으로 일할 때 입는 옷이
었습니다.
42 이스라엘 백성은 이 모든 일을 여호와께서
모세에게 명령하신 대로 했습니다.
43 모세는 그들이 이 모든 일을 여호와께서
명령하신 대로 한 것을 보고 그들에게 복
을 빌어 주었습니다.

회막을 세우다

40 여호와께서 모세에게 말씀하셨습
니다.
2 "너는 첫째 달 초하루에 성막, 곧 회막을
세워라.
3 언약궤를 회막 안에 두고 궤 앞에 휘장을
쳐라.
4 그런 다음에 상을 들여 놓고 기구들을 잘
차려 놓아라. 그리고 등잔대를 들여 놓고
등잔불을 켜라.
5 또 금향제단을 언약궤 앞에 놓고 회막 입
구에 휘장을 쳐라.
6 번제단을 성막, 곧 회막 입구 앞에 놓아
라.
7 물동이를 회막과 제단 사이에 놓고 물동
이에 물을 담아라.
8 회막 둘레에 뜰 휘장을 쳐서 뜰을 만들고
뜰 입구에도 휘장을 쳐라.
9 특별한 기름을 가져다가 회막과 그 안의
모든 것에 바르고 장막과 그 안의 모든 것
을 따로 구별하여 거룩하게 하여라. 그것
이 거룩하게 될 것이다.
10 너는 또 특별한 기름을 번제단과 그 모든
기구에 발라서 제단을 따로 구별하여 거
룩하게 하여라. 그러면 그 단이 가장 거
룩하게 될 것이다.
11 특별한 기름을 물동이와 그 받침에 발라
서 거룩히 구별하여라.
12 너는 또 아론과 그의 아들들을 회막 입구
로 데려가서 물로 씻어라.
13 그리고 아론에게 거룩한 옷을 입히고 그
에게 특별한 기름을 부어 거룩히 구별하
여 나를 섬기는 제사장이 되게 하여라.
14 아론의 아들들을 데려와서 속옷을 입혀
라.
15 그들의 아버지에게 기름을 부었듯이 그들
에게도 특별한 기름을 부어 나를 섬기는
제사장이 되게 하여라. 그들에게 기름을
부을 때에 그들은 제사장 가족이 될 것이
다. 그들과 그 자손은 지금부터 제사장이
될 것이다."
16 모세는 모든 일을 여호와께서 명령하신
대로 했습니다.
17 이스라엘 백성이 이집트에서 나온 후 둘째
해 첫째 달 초하루에 회막을 세웠습니다.
18 모세가 회막을 세웠습니다. 모세는 밑받침
을 놓고 널빤지를 맞추고 널빤지 고리에
빗장을 끼운 다음 기둥을 세웠습니다.
19 그리고 나서 회막 위에 다른 장막을 펴고
그 위에 덮개를 덮었습니다. 여호와께서
모세에게 명령하신 대로 했습니다.
20 모세는 증거판을 언약궤 안에 넣었습니
다. 그리고 언약궤에 채를 끼우고 그 위
에 속죄판을 덮었습니다.
21 그런 다음에 모세는 언약궤를 회막 안으
로 가져갔습니다. 그리고 휘장을 쳐서 언
약궤를 가렸습니다. 여호와께서 모세에게
명령하신 대로 했습니다.

회막을 덮고 있는 구름(40:34-38)

님께서 모세에게 명령하
신 대로 했습니다.
30 모세는 물동이를
회막과 번제단 사
이에 놓고 거기에
씻을 물을 담았습
니다.
31 모세와 아론과 아
론의 아들들은 그
물로 손과 발을 씻
었습니다.
32 그들은 회막에
들어갈 때마다 그
물로 씻었습니다.
그리고 번제단에
가까이 갈 때에도
그 물로 씻었습니
다. 그들은 여호와
께서 모세에게 명령
하신 대로 했습니다.
33 모세는 회막과 제단 둘레
의 뜰을 휘장으로 둘러쳤습니다. 그리고
뜰의 입구에 휘장을 쳐서 문을 달았습니
다. 이렇게 모세는 모든 일을 마쳤습니
다.

22 모세는 상을 회막 안에 놓았습니다. 모세
는 상을 휘장 앞, 곧 회막의 북쪽에 놓았
습니다.
23 그리고 여호와 앞 상 위에 빵을 올려놓았
습니다. 여호와께서 모세에게 명령하신
대로 했습니다.
24 모세는 등잔대를 회막 안에 놓았습니다.
모세는 등잔대를 상 맞은편, 곧 회막의 남
쪽에 놓았습니다.
25 그리고 여호와 앞에서 등잔대 위에 등잔
불을 올려놓았습니다. 여호와께서 모세에
게 명령하신 대로 했습니다.
26 모세는 금향제단을 회막 안으로 가져가서
휘장 앞에 놓았습니다.
27 그리고 모세는 그 위에 향기로운 향을 피
웠습니다. 여호와께서 모세에게 명령하신
대로 했습니다.
28 모세는 회막 입구에 휘장을 쳤습니다.
29 모세는 번제단을 성막, 곧 회막 입구에 두
었습니다. 그런 다음에 모세는 그 제단 위
에 번제물과 곡식 제물을 바쳤습니다. 주

회막 위에 구름이 덮이다

34 그러자 구름이 회막을 덮었습니다. 여호
와의 영광이 회막을 가득 채웠습니다.
35 모세는 회막에 들어갈 수 없었습니다. 왜
냐하면 구름이 그 안에 머물러 있고, 여
호와의 영광이 회막 안에 가득 찼기 때문
입니다.
36 구름이 회막에서 걷히면 이스라엘 백성은
다시 길을 떠났습니다.
37 그러나 구름이 회막에 머물러 있는 동안
에는 구름이 다시 걷힐 때까지 떠나지 않
았습니다.
38 이처럼 낮에는 여호와의 구름이 회막 위
를 덮었고, 밤에는 구름 가운데 불이 있
었습니다. 그리하여 모든 이스라엘 백성은
여행을 하는 동안에 그 구름을 볼 수 있
었습니다.

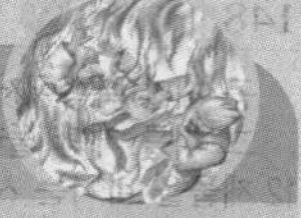

레 위 기

Leviticus

○ 저자

저자는 모세이다.

○ 저작 연대

B.C. 1450–1400년경

○ 주요 인물

모세, 아론, 아론의 아들들

○ 핵심어 및 주요 내용

핵심어는 "성별", "거룩" 등이다. 레위인들 가운데 특별히 제사장들은 온전한 예배를 위하여 구별되었고, 모든 백성들에게 거룩한 삶의 본보기를 보여 주기 위하여 성별되었다.

○ 내용 소개

1. 거룩하신 하나님께 나아가는 방법(1–16장)
2. 사람이 하나님과 교제하는 방법(17–25장)
3. 율법에 대한 적용(26–27장)

번제

1 여호와께서 회막, 곧 성막에서 모세를 불
러 말씀하셨습니다.
2 "이스라엘 백성에게 전하여라. '너희는 여
호와께 짐승으로 제물을 바칠 때, 소나 양
으로 바쳐라.
3 만약 바치는 번제물이 소라면 흠 없는 수
컷으로 바쳐라. 그리고 나서 너희는 그 짐
승을 회막문으로 가져다가, 여호와께서
그 예물을 기쁘게 받으시도록 하여라.
4 제물을 바치는 사람은 그 짐승의 머리에
손을 얹어라. 그러면 여호와께서 번제물
을 받으실 것이다. 그 제물은 바친 사람
을 위한 제물이 되어 그의
죄를 씻어 줄 것이다.
5 제물을 바치는 사람은
수송아지를 여호와
앞에서 잡아라. 그
런 다음에 제사장
은 그 피를 회막,
곧 성막 입구에 있
는 제단 둘레에 뿌
려라.
6 제물을 바치는 사람
은 짐승의 가죽을 벗
기고, 그 몸을 여러 부
분으로 잘라라.
7 제사장은 제단 위에 불을
피우고, 그 위에 장작을 올려 놓아라.
8 제사장은 짐승의 머리와 기름과 자른 부
분들을 제단에 피운 장작불 위에 올려 놓
아라.
9 제물을 바치는 사람이 짐승의 내장과 다
리를 물로 씻어 주면, 제사장은 짐승 전
체를 제단 위에서 태워 번제로 드려라. 이
것은 불로 태워 바치는 화제이며, 그 냄
새가 여호와를 기쁘시게 한다.
10 번제물을 양이나 염소로 바칠 때는 흠 없
는 수컷으로 바쳐라.
11 제물을 바치는 사람은 그
짐승을 여호와 앞,

성막 안에서 번제물을 바침

곧 제단 북쪽에서 잡아야 하며, 제사장은
그 피를 제단 둘레에 뿌려야 한다.
12 제물을 바치는 사람은 짐승의 몸을 여러
부분으로 자르고, 제사장은 머리와 기름
과 잘라 낸 부분들을 제단에 피운 장작불
위에 올려 놓아라.
13 제물을 바치는 사람은 짐승의 내장과 다
리를 물로 씻어야 하며, 제사장은 짐승 전
체를 제단 위에서 태워 번제로 드려라. 이
것은 불로 태우는 화제이며, 그 냄새가 여
호와를 기쁘시게 한다.
14 여호와께 드리는 번제물이 새일 경우에는
산비둘기나 집비둘기 새끼로 바쳐라.
15 제사장은 그 제물을 제단으로 가져가서,
새의 머리를 꺾고 그 머리를 제단 위에서
태워라. 새의 피는 제단 옆에 흘리고,
16 제사장은 새의 목구멍과 그 안에 들어 있
는 것을 떼어 내서 제단 동쪽의 재를 버
리는 곳에 버려라.
17 그런 다음에 제사장은 새의 날개를 찢어
라. 하지만 완전히 찢어서 몸이 두 동강이
나게 하지 말고, 그 새를 제단에 피운 장
작불에 태워 번제로 드려라. 이것은 화제
이며, 그 냄새가 여호와를 기쁘시게 한다.

곡식 제물로 드리는 소제

2 누구든지 여호와께 곡식 제물을 바치
는 사람은 고운 가루로 바쳐라. 제물을
바치는 사람은 가루 위에 올리브 기름을
붓고 향을 얹어라.
2 그런 다음에 그것을 아론의 자손인 제사장
에게 가져가거라. 제사장은 기름과 섞인
고운 가루 한 줌과 모든 향을 집어서 그
제물 전체를 여호와께 바쳤다는 표시로
그것을 제단 위에서 태워라. 그것은 화제
이며 그 냄새가 여호와를 기쁘시게 한다.
3 곡식 제물 가운데서 남은 것은 아론과 제
사장들의 몫이다. 그것은 여호와께 바치
는 화제 중에서 가장 거룩한 제물이다.
4 화덕에 구운 것으로 곡식 제물을 바칠 때
는 고운 가루로 구운 것을 바쳐라. 그것
은 올리브 기름을 섞어 누룩을 넣지 않고
구운 빵인 무교병이나, 올리브 기름을 바
르고 누룩을 넣지 않고 만든 얇은 과자인
무교전병으로 드려야 한다.
5 네 곡식 제물이 쇠판 위에서 구워 만든 것
이면, 그것은 올리브 기름을 섞은 고운 가
루에 누룩을 넣지 않은 것으로,
6 그것을 여러 조각으로 나누어 거기에 기
름을 부어라. 이것이 곡식으로 드리는 소
제이다.
7 네 곡식 제물이 냄비에 요리한 것이면, 그
것은 고운 가루와 올리브 기름으로 만든
것으로 하여라.
8 이렇게 만든 곡식 제물을 여호와께 가져
와서 제사장에게 주어라. 그러면 제사장
은 그것을 제단으로 가져다가
9 전체를 드렸다는 표시로 그 곡식 제물 가
운데서 일부를 따로 떼어 낸 다음, 그것

성경 풍속

소제

'곡식 제사'라고도 합니다. (1) 곡식 가루로 드리는 소제 (2) 화덕에 구운 것으로 드리는 소제 (3) 돌판에 부친 것으로 드리는 소제 (4) 솥에 삶은 것으로 드리는 소제 등 네 가지로 구분됩니다. 여러 가지 제사들 중에 유일하게 피 없이 드리는 제사입니다. 곡식 제사는 번제, 속죄제, 화목제와 함께 드렸으며, 곡식의 양은 함께 드리는 짐승에 따라 달랐습니다. 드리는 사람이 지정된 양의 곡식을 가져오면 제사장은 그것을 한 움큼 집어서 불로 태우는 제사로 바치고, 나머지는 누룩을 넣지 않고 구워서 제사장이 먹었습니다.

본문 보기 2장 1절

화덕(2:4 oven) 더운 재와 숯불을 담아 방을 덥게 하는 데 쓰는 질그릇이나 쇠붙이로 만든 그릇.
화목 제물(3:1 fellowship offering) 화목 제사에 쓰이는 여러 가지 물품. 화해의 제물.
콩팥(3:4 kidney) 신장. 척추의 양쪽에 하나씩 있는 내장의 한 가지. 강낭콩 모양을 하고 검붉은데, 몸 안의 불필요한 물질을 오줌으로 배설하는 구실을 함.

을 제단 위에서 태워라. 그것은 화제이며
그 냄새가 여호와를 기쁘시게 한다.
10 곡식 제물 가운데서 남은 것은 아론과 제
사장들의 몫이다. 그것은 여호와께 바치
는 화제 중에서 가장 거룩한 제물이다.
11 너희가 여호와께 바치는 모든 곡식 제물
에는 누룩을 넣지 마라. 너희는 여호와께
화제를 드릴 때, 누룩이나 꿀을 태워 드
리지 마라.
12 너희가 처음 추수한 것을 여호와께 제물
로 바칠 때는 누룩이나 꿀을 바쳐도 된다.
하지만 여호와를 기쁘시게 하는 냄새를
내기 위해서 누룩과 꿀을 제단 위에 올려
서는 안 된다.
13 너는 모든 곡식 제물에 소금을 넣어라. 소
금은 네가 하나님과 맺은 언약을 나타내
는 것이다. 네가 바치는 모든 제물에는 소
금을 넣어라.
14 네가 처음 추수한 것을 여호와께 곡식 제
물로 바칠 때는, 햇곡식을 볶아서 찧은 것
으로 바쳐라.
15 그 곡식에 올리브 기름을 바르고 향을 얹
어라. 이것이 곡식 제물이다.
16 제사장은 제물을 전부 바치는 표시로 찧
은 곡식과 기름의 일부를 따로 떼어 태워
바쳐라. 그리고 거기에 향을 모두 얹어
라. 이것이 여호와께 불로 태워 바치는 화
제이다.

화목제

3 여호와께 화목 제물을 바칠 때, 소를
바치려거든 수컷이든 암컷이든 흠 없
는 것으로 바쳐라.
2 제물을 바치는 사람은 짐승의 머리에 손
을 얹고, 그 짐승을 회막, 곧 성막 입구
에서 잡아라. 그러면 아론의 자손인 제사
장은 그 피를 제단 둘레에 뿌려라.
3 제물을 바치는 사람은 화목 제물 가운데
서 내장을 덮고 있는 기름과 내장 주변에
있는 모든 기름을 여호와께 불로 태워 드
리는 화제로 삼아라.
4 곧 두 콩팥과 그 둘레에 있는 허리 부분
의 기름과, 콩팥과 함께 떼어 내야 할 간
의 껍질 부분을 제물로 삼아라.
5 그러면 아론의 자손인 제사장은 그것들을
제단에 피운 장작불 위에 놓인 번제물 위
에 올려 놓고 불태워라. 그것은 화제이며
그 냄새가 여호와께 향기로운 제물이 된
다.
6 여호와께 화목 제물을 바칠 때, 양이나 염
소를 바치려거든 수컷이든 암컷이든 흠
없는 것으로 바쳐라.
7 제물을 바치는 사람이 양을 바치려거든
양을 여호와 앞에 가져가거라.
8 그리고 제물을 바치는 사람은 양의 머리
에 손을 얹은 다음 회막 앞에서 양을 잡
고, 아론의 자손인 제사장은 그 피를 제
단 둘레에 뿌려라.
9 제물을 바치는 사람은 화목 제물 가운데
서 기름, 곧 등뼈에서 가까운 곳에서 잘
라 낸 꼬리 전체와 내장을 덮고 있는 기
름과 내장 주변에 있는 모든 기름과
10 두 콩팥과 그 둘레에 있는 허리 부분의 기

성경 자세히 이해하기

화목제

화목제의 히브리어 표기인 '셀렘'은 '평화', '온전함'을 의미하는 '샬롬'에서 유래하였습니다. 크게 감사제(구원과 축복에 감사하여 예물을 드림)와 서원제(서원의 예물을 드림), 낙헌제(스스로 원해서 예물을 드림)로 나뉘는 화목제는 하나님과 인간 사이의 화평을 위한 제사였기 때문에, 다른 제사와는 달리 바쳐진 예물을 나누어 먹을 수 있었습니다. 이런 까닭에 화목제가 함께 드려지는 무교절, 맥추절, 수장절이 되면, 온 백성이 성전에 모여 제사를 드리고 화목제의 음식을 나누어 먹었습니다. 특별히 신약에선 예수님께서 우리를 위해 화목 제물이 되셨다고 말합니다(롬 5:1-11).

본문 보기 3장 1절

름과 콩팥과 함께 떼어 내야 할 간의 껍
질 부분을 여호와께 바치는 화제의 제물
로 삼아라.
11 그러면 제사장은 그것들을 제단 위에서
태워 바쳐라. 그것이 여호와께 바치는 화
제이다.
12 화목 제물을 바치는 사람이 화목제의 제
물로 염소를 바치려거든 그 염소를 여호
와 앞에 가져가거라.
13 그리고 나서 염소의 머리에 손을 얹은 다
음 회막 앞에서 염소를 잡아라. 그러면 아
론의 자손인 제사장은 그 피를 제단 둘레
에 뿌려라.
14 제물을 바치는 사람은 화목 제물 가운데
서 내장을 덮고 있는 기름과 내장 주변에
있는 모든 기름을 여호와께 바치는 화제
로 삼아라.
15 두 콩팥과 그 둘레에 있는 허리 부분의 기
름과 콩팥과 함께 떼어 내야 할 간의 껍
질 부분을 제물로 삼아라.
16 제사장은 그것들을 제단 위에서 태워 바
쳐라. 그것이 화제이며, 그 냄새가 여호
와를 기쁘시게 한다. 모든 기름은 여호와
의 것이다.

번제를 드리는 단(4장)

예식(4:20 ceremony) 정해진 절차에 따라서 치르는 의식.
속죄제(4:21 sin offering) 사람이 알지 못하는 가운데 지은 죄를 속하기 위하여 드리는 제사.
화제물(4:35 fire offering) 불로 태워서 드리는 제사인 화제에 쓰이는 제물.

17 이것은 너희가 어디에 살든지 지금부터
지켜야 할 규례이다. 너희는 기름이나 피
를 먹지 마라.'"

속죄제

4 여호와께서 모세에게 말씀하셨습니다.
2 "이스라엘 백성에게 전하여라. '누구
든지 실수로 여호와께서 하지 말라고 하
신 일을 하나라도 해서 죄를 지었으면 이
렇게 하여라.
3 만약 죄를 지은 사람이 거룩히 구별된 제
사장이면, 그는 백성에게 재앙이 돌아가
게 한 것이므로, 그 죄를 위해 흠 없는 수
송아지를 속죄 제물로 삼아 여호와께 바
쳐야 한다.
4 그는 수송아지를 회막 입구, 곧 여호와 앞
으로 가져가서 그 수송아지의 머리에 손
을 얹고 여호와 앞에서 잡아라.
5 그리고 거룩히 구별된 제사장은 수송아지
의 피 가운데서 얼마를 회막으로 가져가
거라.
6 제사장은 손가락으로 피를 찍은 다음, 성
소 앞에 친 휘장 앞, 곧 여호와 앞에서 일
곱 번 뿌려라.
7 또 그 피의 얼마를 취하여 향을 피우는 제
단 뿔에도 발라라. 그 제단은 회막 안, 곧
여호와 앞에 있다. 그런 다음에 제사장은
나머지 피를 회막 입구에 있는 번제단 아
래에 쏟아라.
8 제사장은 속죄 제물로 바치는 수송아지에
서 기름을 다 떼어 내어라. 곧 내장을 덮
고 있는 기름과 내장 주변에 있는 모든 기
름을 떼어 내고,
9 두 콩팥과 그 둘레에 있는 허리 부분의 기
름과, 콩팥과 함께 떼어 내야 할 간의 껍
질 부분을 떼어 내어라.
10 마치 화목 제물로 바치는 소에서 기름을
떼어 내듯이 하여라. 그리고 나서 제사장
은 그것들을 번제단 위에서 태워라.
11 하지만 수송아지의 가죽과 고기와 머리와
다리와 내장과 똥,
12 곧 수송아지의 나머지 모든 부분은 제사
장이 진 밖의 깨끗한 곳, 곧 재를 버리는

곳으로 가져가서 장작불 위에서 태워라.
13 만약 이스라엘 온 무리가 실수로 여호와께
서 하지 말라고 하신 일을 하나라도 해서
죄를 지었는데, 그 사실을 모르고 있다가
14 죄를 지은 사실을 알게 되었으면, 그들은
수송아지 한 마리를 바쳐야 한다. 그것은
모든 무리를 위해서 바치는 속죄 제물이
다. 그들이 수송아지를 회막으로 가져가
면,
15 장로들은 여호와 앞에서 수송아지의 머리
에 손을 얹고, 여호와 앞에서 수송아지를
잡아라.
16 그러면 거룩히 구별된 제사장이 수송아지
의 피 가운데서 얼마를 회막으로 가져가
거라.
17 제사장은 손가락으로 피를 찍은 다음에
휘장 앞, 곧 여호와 앞에서 일곱 번 뿌려
라.
18 또 그 피의 얼마를 취하여 향을 피우는 제
단 뿔에도 발라라. 그 제단은 회막 안, 곧
여호와 앞에 있다. 그리고 나머지 피는 회
막 입구에 있는 번제물의 제단 아래에 쏟
아라.
19 제사장은 수송아지에서 기름을 다 떼어
내어, 그것을 제단 위에서 태워라.
20 마치 속죄 제물로 바친 수송아지에게 한
것처럼 하여라. 그 송아지에게 한 것과 똑
같이 하여라. 그렇게 해서 제사장은 백성
의 죄를 씻는 예식을 행하여라. 그러면 그
들은 용서를 받을 것이다.
21 그런 다음에 제사장은 수송아지를 진 밖
으로 데려가서 태워라. 처음 송아지에게
했던 것과 같이 하여라. 이것이 모든 무
리의 죄를 씻는 속죄제이다.
22 만약 어떤 통치자가 실수로 하나님 여호
와께서 하지 말라고 하신 일을 하나라도
해서 죄를 지었다가
23 자기가 죄를 지은 사실을 깨달았으면, 그
는 흠 없는 숫염소를 가져와야 한다. 그
것이 그의 속죄 제물이다.
24 그 통치자는 숫염소의 머리에 손을 얹은
다음에 여호와 앞의 번제물을 잡는 곳에
서 염소를 잡아라. 이것이 속죄 제물이
다.
25 제사장은 속죄 제물의 피 가운데서 얼마
를 받아라. 그리고 그 피를 손가락으로 찍
어 번제단의 뿔에 바르고, 나머지는 제단
아래에 쏟아라.
26 숫염소의 기름을 모두 제단 위에서 태우
되, 마치 화목 제물의 기름을 태우듯이 태
워라. 그렇게 제사장이 통치자의 죄를 씻
는 예식을 행하면, 그는 용서를 받을 것
이다.
27 만약 보통 사람 가운데서 한 사람이 실수
로 하나님 여호와께서 하지 말라고 하신
일을 하나라도 해서 죄를 지었다가
28 자기가 죄를 지은 사실을 깨달았으면, 그
는 흠 없는 암염소를 가져와야 한다. 그
것이 그의 속죄 제물이다.
29 그 암염소의 머리에 손을 얹은 다음에 번
제물을 잡는 곳에서 염소를 잡아라.
30 제사장은 그 피 가운데서 얼마를 받아라.
그리고 그 피를 손가락으로 찍은 다음에
번제단 뿔에 바르고, 나머지는 제단 아래
에 쏟아라.
31 제사장은 염소의 기름을 모두 떼어 내어
라. 마치 화목 제물에서 기름을 떼어 내
듯이 하여 그것을 제단 위에서 태워라. 그
냄새가 여호와를 기쁘시게 한다. 그렇게
해서 제사장이 그 사람의 죄를 씻는 예식
을 행하면 그는 용서를 받을 것이다.
32 만약 속죄 제물로 양을 바치려면 흠 없는
암양을 바쳐라.
33 제물을 바치는 사람은 양의 머리에 손을
얹은 다음에, 번제물을 잡는 곳에서 그 양
을 잡아 속죄 제물로 삼아라.
34 제사장은 속죄 제물의 피 가운데서 얼마
를 받아, 그 피를 손가락으로 찍은 다음
에 번제단의 뿔에 바르고, 나머지는 제단
아래에 쏟아라.
35 제사장은 양의 기름을 모두 떼어 내어라.
마치 화목 제물에서 기름을 떼어 내듯이
하여라. 그리고 나서 여호와께 불로 태워
바치는 화제물과 함께 제단 위에서 태워

라. 이렇게 하여 제사장이 그 사람을 위
해 죄를 씻는 예식을 행하면, 그가 용서
를 받을 것이다.

우연히 짓는 여러 가지 죄

5 어떤 사람이 죄를 지었을 때, 그 사람
의 죄에 대해 증인이 된 사람은 증언
해야 한다. 만일 증인이 되겠다는 선서를
하고도, 보았거나 알고 있는 것에 대해 증
언하지 않으면 그 사람의 죄가 증인에게
돌아갈 것이다.
2 누구든지 깨끗하지 않은 것, 곧 깨끗하지
않은 들짐승의 주검이나, 깨끗하지 않은
가축의 주검이나, 깨끗하지 않은 길짐승
의 주검을 만졌으면, 그 사실을 몰랐다 하
더라도 그는 깨끗하지 못하며 죄가 있는
것이다.
3 사람에게서는 깨끗하지 않은 것이 많이
나온다. 어떤 사람이 다른 사람의 깨끗하
지 못한 것을 만졌을 때, 그가 몰랐다 하
더라도 알게 되면 죄가 있다.
4 어떤 사람은 아무 생각 없이 맹세를 하기
도 한다. 좋은 일을 하겠다거나 또는 나
쁜 일을 하겠다고 맹세를 하고, 맹세한 사
실을 잊어 버리기도 한다. 하지만 그 사
실을 알게 될 때 그는 죄가 있다. 아무리
생각 없이 맹세한 것이라 하더라도 이는
여호와 앞에서 맹세한 것이기 때문이다.
5 누구든지 위에서 말한 것 가운데 어느 한
가지라도 죄를 지었으면, 그는 그 사실을
고백하고,
6 여호와께 저지른 죄에 대한 속죄 제물을
바쳐야 한다. 속죄 제물로는 암양이나 암
염소 한 마리를 끌고 가서 바쳐라. 제사
장은 그 사람의 죄를 씻는 예식을 행하여
라.
7 하지만 양 한 마리를 바칠 형편이 되지 못
하는 사람은 산비둘기 두 마리나 집비둘
기 새끼 두 마리를 여호와께 죄값으로 바
쳐라. 한 마리는 속죄 제물로 바치고, 다
른 한 마리는 번제물로 바쳐라.
8 그 사람이 새들을 제사장에게 가져오면,
제사장은 먼저 그 가운데서 한 마리를 죄
를 씻는 속죄 제물로 바쳐라. 제사장은 그
새의 머리를 비틀어 꺾되 목이 몸에서 떨
어져 나가게 하지는 마라.
9 제사장은 그 속죄 제물의 피 가운데서 얼
마를 제단 둘레에 뿌려라. 그리고 나머지
피는 제단 아래에 쏟아라. 이것이 속죄 제
물이다.
10 그런 다음에 제사장은 두 번째 새를 규례
에 따라 번제물로 바치고, 그 사람을 위
해 죄를 씻는 예식을 행하여라. 그러면 그
가 용서를 받을 것이다.
11 하지만 산비둘기 두 마리나 집비둘기 새
끼 두 마리도 바칠 형편이 되지 못하는 사
람은 고운 곡식 가루 십분의 일 에바*를
죄를 씻는 제물인 속죄 제물로 바쳐라. 그
것은 속죄 제물이므로 가루에 기름을 섞
거나 향을 얹지 마라.
12 제물을 바치는 사람은 그것을 제사장에게
가져가거라. 제사장은 전체를 바쳤다는
표시로 그 가루를 한 줌 쥐어서 불에 태
워 바치는 화제물과 함께 제단 위에서 태
워라. 이것은 속죄 제물이다.
13 그렇게 해서 제사장은 그 사람을 위해 죄
를 씻는 예식을 행하여라. 그러면 그가 용
서를 받을 것이다. 곡식 제물과 마찬가지
로 속죄 제물 가운데서 남는 것은 제사장
의 몫이다.'"

속건제

14 여호와께서 모세에게 말씀하셨습니다.
15 "누구든지 실수로 여호와의 성물을 잘못
다루는 죄를 지으면, 그 사람은 흠 없는
숫양 한 마리를 여호와께 바쳐서 허물을

알아두세요

5:11 1/10에바는 약 2.2ℓ에 해당된다.

속건제(소제목 guilt offering) 성물에 관한 죄를 짓거나 하나님의 금지 명령을 범했을 때 흠 없는 숫양을 제물로 하여 드리는 제사.
성물(5:15 LORD's holy thing) 원래의 뜻은 예물 중에서 제사장에게 주어진 몫을 말한다. 여기서는 하나님을 위하여 구별된 물건을 가리킨다.
제단(6:9 altar) 하나님께 제사드리기 위해 만든 단.

씻는 제물인 속건 제물로 삼아라. 허물을
씻는 숫양의 값어치가 은으로 계산할 때
성소에서 다는 무게로 정확히 몇 세겔이
되어야 할지는 네가 정해 주어라.
16 그 사람은 성물에 대해 잘못한 죄를 갚아
라. 그는 그 값어치에 오분의 일을 더해
서 그 모든 것을 제사장에게 주어야 한다.
그러면 제사장은 그 사람을 위해, 속건 제
물로 바친 숫양을 가지고 죄를 씻는 예식
을 행하여라. 그러면 그가 용서를 받을 것
이다.
17 누구든지 여호와께서 하지 말라고 하신
일을 해서 죄를 지었으면, 그가 그 사실
을 몰랐다 하더라도 그에게는 허물이 있
는 것이니 그는 자기 죄값을 치러야 한다.
18 그는 제사장에게 네가 정해 준 값어치의
허물을 씻는 속건 제물을 가지고 가야 한
다. 그 제물은 속건 제물로 알맞은 흠 없
는 숫양으로 하여라. 제사장은 알지 못하
고 저지른 그 사람의 잘못을 씻는 예식을
행하여라. 그러면 그 사람은 용서를 받을
것이다.
19 그는 여호와께 잘못을 저질렀으므로 속건
제물을 바쳐야 한다."

6 여호와께서 모세에게 말씀하셨습니다.
2 "누구든지 여호와 앞에 진실하지 못
하여 죄를 지으면, 곧 다른 사람의 물건
을 맡고 있다가 그 물건에 대해 거짓말을
하거나, 남을 속이거나, 도둑질을 하거
나, 남의 것을 빼앗거나,
3 또는 남이 잃어버린 물건을 줍고도 감추
거나, 거짓으로 맹세하거나, 그밖에 죄가
되는 일들 중 하나라도 했으면,
4 그에게는 죄가 있다. 그는 훔쳤거나 빼앗
은 것을 돌려 주어야 하고, 맡고 있던 남
의 물건이나 남이 잃어버린 물건도 돌려
주어야 한다.
5 그리고 거짓으로 맹세한 물건도 돌려 주
되, 원래의 물건 값과 거기에 오분의 일
을 더해 돌려 주어라. 그는 허물을 씻는
속건 제물을 바치는 날에 그 돈을 원래의
주인에게 돌려 주어야 한다.
6 그는 제사장에게 네가 정한 값어치의 속
건 제물을 가져가야 한다. 그 제물은 속
건 제물로 알맞은 흠 없는 숫양으로 하여
라.
7 그러면 제사장은 그 사람을 위해 여호와
앞에서 허물을 씻는 예식을 행하여라.
그러면 그가 지은 죄가 용서 받을 것이
다."

번제에 관한 규례

8 여호와께서 모세에게 말씀하셨습니다.
9 "아론과 그의 아들들인 제사장들에게 이
렇게 명령하여라. 태워 드리는 제사인 번
제에 관한 규례는 이러하다. 번제물은 밤
새도록 제단 위에 놓여져 아침까지 그대
로 있어야 한다. 그리고 제단 불은 계속
해서 타게 하여야 한다.
10 제사장은 모시옷을 입어야 하며, 속에도
맨 살에 모시 속옷을 입어야 한다. 제사
장은 제단에서 타고 남은 제물의 재를 거
두어서 제단 곁에 두고
11 그런 다음에 입었던 옷을 벗고 다른 옷으
로 갈아 입어라. 그리고 재는 진 밖의 특
별히 깨끗한 곳으로 옮겨라.
12 하지만 제단 불은 계속해서 타게 하여 꺼
뜨리지 마라. 제사장은 아침마다 제단 위
에 장작을 더 올려 놓고 번제물을 올려 놓
아라. 또 제사장은 화목 제물의 기름도 태
워라.
13 제단 불은 언제나 타게 하고, 그 불을 꺼

번제물을 올려 놓는 단 위 석쇠(6:9)

뜨리지 마라.

곡식 제사인 소제에 관한 규례

14 곡식 제사인 소제에 관한 규례는 이러하
다. 제사장은 곡식 제물을 여호와 앞, 곧
제단 앞으로 가져가거라.
15 제사장은 고운 가루를 한 줌 쥐어 거기에
기름을 바르고 향을 얹어서 곡식 제물을
제단 위에서 태워라. 그것은 전체를 나 여
호와에게 바쳤다는 표시이며, 그 냄새가
여호와를 기쁘시게 한다.
16 그 남은 것은 아론과 제사장들의 몫이니,
그것을 먹을 때는 누룩을 넣지 말고 거룩
한 곳, 곧 회막 뜰에서 먹어라.
17 그것을 구울 때 누룩을 넣고 굽지 마라.
그것은 나의 화제 가운데서 내가 그들의
몫으로 준 것이다. 그것은 죄를 씻는 속
죄제나 허물을 씻는 속건제의 경우와 마
찬가지로 지극히 거룩한 것이다.
18 아론의 자손 가운데서 남자는 그것을 먹
어라. 그것은 여호와께 불에 태워 바친
것 가운데서 그들의 몫이다. 이것은 지금
부터 영원히 지켜야 할 규례로 무엇이든
지 제물에 닿는 것은 다 거룩해질 것이
다.'"
19 여호와께서 모세에게 말씀하셨습니다.
20 "아론과 제사장이 여호와께 바쳐야 할 제
물은 이러하다. 그들은 아론과 그의 아들
들을 대제사장으로 구별하여 세울 때, 이
제물을 바쳐야 한다. 그들은 고운 가루 십
분의 일 에바*를 곡식 제물로 바치되, 그
가운데서 절반은 아침에 바치고, 나머지
절반은 저녁에 바쳐야 한다.

알아두세요

6:20 1/10에바는 약 2.2ℓ에 해당된다.

에바(6:20 ephah) 밀가루, 보리, 볶은 곡식 등의 양을 재는 단위이다. 에바는 1/10호멜에 해당된다. 액체를 재는 단위인 바트와 같은 양으로 1에바는 약 22ℓ쯤 된다.

규례(6:22 rules and regulations) 일정한 규칙과 정해진 관례.

오지그릇(6:28 pottery) 흙으로 초벌 구운 다음에 오짓물을 입혀 구운 그릇.

21 고운 가루는 기름을 섞어 반죽하여 쇠판
에 구워라. 너희는 그것을 잘 섞어 여러
조각으로 잘라서, 곡식 제물로 여호와께
바쳐라. 그 냄새가 여호와를 기쁘시게 한
다.
22 제사장들 가운데서 한 사람을 아론의 뒤
를 잇는 대제사장으로 구별하여 세울 때,
그 제사장은 여호와께 곡식 제물을 바쳐
라. 이것은 영원한 규례이다. 곡식 제물
은 여호와께 완전히 태워서 바쳐라.
23 제사장이 바치는 모든 곡식 제물은 완전
히 태워서 바치고, 누구도 그것을 먹어선
안 된다."

속죄제에 관한 규례

24 여호와께서 모세에게 말씀하셨습니다.
25 "아론과 제사장들에게 전하여라. '속죄제
에 관한 규례는 이러하다. 속죄 제물은 여
호와 앞에서 잡아라. 그것을 잡을 때는 번
제물을 잡았던 곳과 같은 곳에서 잡아라.
그것은 가장 거룩한 것이다.
26 속죄 제물을 바치는 제사장은 그것을 먹
되, 회막 뜰 성소에서 먹어라.
27 무엇이든 속죄 제물에 닿는 것은 거룩해
질 것이다. 만약 그 피가 튀어 옷에 묻으
면 그 옷을 거룩한 곳인 성소에서 빨아라.
28 만약 그 고기를 오지그릇에 삶았다면 그
그릇은 깨뜨리고, 놋그릇에 삶았다면, 그
그릇은 문질러 닦고 물에 씻어 내라.
29 제사장 가운데 남자는 그것을 먹어라. 그
것은 지극히 거룩한 것이다.
30 하지만 성소에서 사람의 죄를 속죄해 주
기 위해 회막으로 속죄 제물의 피를 가져
왔다면, 그 제물은 먹지 말고 불로 태워
라.'"

속건제에 관한 규례

7 속건제에 관한 규례는 이러하다. 속건
제물은 지극히 거룩하다.
2 속건 제물을 잡을 때는 번제물을 잡았던
곳과 같은 곳에서 잡아라. 그러면 제사장
은 그 피를 제단 둘레에 뿌리고,
3 그 기름, 곧 꼬리와 내장을 덮고 있는 기
름을 바쳐라.

4 두 콩팥과 그 둘레에 있는 허리 부분의 기
름과 콩팥과 함께 떼어 내야 할 간의 껍
질 부분도 바쳐라.
5 제사장은 이 모든 것을 제단 위에서 태워
라. 이것은 여호와께 불로 태워 드리는 화
제로서 속건제이다.
6 제사장 가운데 남자는 그것을 먹어라. 그
것은 지극히 거룩하므로 성소에서 먹어
라.
7 속건제와 속죄제는 마찬가지이므로, 두
제물에 관한 규례는 같다. 속죄 제물을 바
치는 제사장은 고기를 가질 것이다.
8 번제물을 바치는 제사장도 제물의 가죽을
가질 것이다.
9 모든 곡식 제물은 그것을 바치는 제사장
의 몫이다. 화덕에 구웠거나, 쇠판에 구
웠거나, 냄비에 요리했거나, 모든 곡식은
제사장의 몫이다.
10 마른 것이나, 기름을 섞은 것이나, 곡식
제물은 제사장의 것이다. 모든 제사장은
그것을 똑같이 나누어라.

화목제에 관한 규례

11 여호와께 바치는 화목제에 관한 규례는
이러하다.
12 감사한 마음을 나타내기 위해 화목 제물
을 바치는 사람은 감사의 제물과 함께, 누
룩을 넣지 않고 기름을 섞어 만든 빵이나,
누룩을 넣지 않고 기름을 발라 만든 과자
를 바쳐라. 고운 가루에 기름을 섞어 만
든 빵도 바쳐라.
13 누룩을 넣고 만든 빵도 감사의 화목 제물
과 함께 바쳐라.
14 이 가운데서 한 개씩은 여호와께 바치고,
여호와께 바친 것은 화목 제물의 피를 뿌
리는 제사장의 몫이다.
15 감사의 화목 제물로 바친 제물의 고기는,
바친 그 날에 먹고, 그것을 이튿날까지 남
겨 두지 마라.
16 하나님께 바치는 제물이 하나님께 그저
드리고 싶어서 바치는 제물이거나, 하나
님께 어떤 특별한 약속을 했기 때문에 바
치는 제물이라면, 그 제물은 바친 그 날
에 먹어라. 만약 남은 것이 있으면 그것
은 그 다음 날 먹어도 된다.
17 그러나 그 제물이 삼 일째 되는 날까지도
남아 있으면 그것을 전부 불로 태워라.
18 삼 일째 되는 날에 먹은 화목 제물의 고
기는 하나님께서 받지도 않으시고, 그것
을 바친 사람의 제사도 소용이 없을 것이
다. 그것은 부정하게 되었으므로 누구든
지 그 고기를 먹는 사람은 죄가 있을 것
이다.

놋쇠로 만든 그릇인 제사 기구(6:28)

19 무엇이든 부정한 것에 닿은 고기는 먹지
마라. 그런 고기는 불로 태우고, 그런 고
기만 아니라면 누구든지 깨끗한 사람은
고기를 먹어라.
20 부정한 사람이 여호와의 화목 제물을 먹
었다면, 그 사람은 백성에게서 끊어질 것
이다.
21 사람에게서 나오는 부정한 것이나 부정한
짐승이나 부정한 물건에 닿은 사람은 부
정해질 것이며 그런 사람이 여호와의 화
목 제물을 먹었다면, 그 사람은 백성에게
서 끊어질 것이다.'"
22 여호와께서 모세에게 말씀하셨습니다.
23 "이스라엘 백성에게 전하여라. '너희는 소
나 양이나 염소의 기름을 먹어서는 안 된
다.
24 저절로 죽었거나 들짐승들에게 찢긴 짐승
의 기름은 다른 목적을 위해서는 쓰일 수
있지만, 먹어서는 안 된다.
25 여호와께 불로 태워 화제로 드리는 짐승

의 기름을 먹는 사람은 그 백성 가운데서
끊어질 것이다.
26 너희는 어느 곳에 살든지 새나 짐승의 피
를 먹지 마라.
27 누구든지 피를 먹는 사람은 그 백성에게
서 끊어질 것이다.'"

제사장의 몫

28 여호와께서 모세에게 말씀하셨습니다.
29 "이스라엘 백성에게 전하여라. '누구든지
여호와께 화목 제물을 바치려는 사람은
그 제물을 여호와께 직접 가져와라.
30 자기 손으로 그 제물을 가져오고, 짐승의
기름과 가슴을 제사장에게 가져가거라.
그러면 제사장은 그 가슴을 여호와께 흔
들어 바치는 요제를 위한 제물로 바쳐라.
31 그런 다음에 제사장은 기름을 제단 위에
서 태워라. 하지만 짐승의 가슴은 아론과
제사장들의 몫이다.
32 너희는 화목 제물로 바치는 것 가운데서
오른쪽 넓적다리는 제사장에게 높이 들어
올려 선물로 주어라.
33 오른쪽 넓적다리는 제사장 가운데서도 특
히 화목 제물의 피와 기름을 바치는 사람
의 몫이다.
34 내가 화목 제물 가운데 흔들어 바친 가슴

팀나 국립 공원에 있는 성막

요제(7:30 wave offering) 제물을 태우지 않고 제단 위에서 흔들기만 하는 제사 방법의 한 종류.
무교병(8:2 bread made without yeast) 누룩이나 다른 효모를 넣지 않고 만든 빵.

과 높이 들어 올려 바친 넓적다리를 이스
라엘 백성에게서 받아서 아론과 제사장들
에게 주었으니,
35 이것은 아론과 그의 아들들의 몫이다. 그
것은 불로 태워 바친 화제인데, 아론과 그
의 아들들이 제사장으로 임명받던 그 날
에 그들의 몫으로 정해진 것이다.
36 여호와께서는 제사장들을 임명하신 날에
이스라엘에게 명령하여 그것을 그들의 몫
이 되게 하셨다. 그것은 대대로 영원히 그
들의 몫이다.'"
37 이것은 번제와 곡식제와 속죄제와 속건제
에 관한 규례와 제사장을 구별하여 세우
는 일에 관한 규례이며, 화목제에 관한 규
례입니다.
38 여호와께서 이 규례를 시내 산에서 모세에
게 주셨으니, 이 규례를 주신 날은 여호
와께서 이스라엘 백성에게 명령하여 시내
광야에서 여호와께 제물을 바치라고 하신
날입니다.

임명받는 아론과 그의 아들들

8 여호와께서 모세에게 말씀하셨습니
다.
2 "아론과 그의 아들들을 불러라. 또 그들의
옷과 사람이나 물건에 바르기 위해 쓰는
특별한 기름과 속죄 제물로 바칠 수소 한
마리와 숫양 두 마리와, 누룩을 넣지 않
고 만든 빵인 무교병 한 바구니도 가져오
너라.
3 그런 다음에 백성을 회막 입구로 불러 모
아라."
4 모세는 여호와께서 명령하신 대로 했습니
다. 백성이 모이자,
5 모세가 백성에게 말했습니다. "여호와께
서 이렇게 하라고 명령하셨소."
6 모세는 아론과 그의 아들들을 앞으로 나오
게 했습니다. 모세는 그들을 물로 씻겨 주
었습니다.
7 모세는 아론에게 속옷을 입혀 주고, 띠를
띠어 주고, 겉옷을 입혀 주었습니다. 그
런 다음에 모세는 아론에게 에봇을 입혀
주고, 무늬를 넣어 짠 허리띠를 매어 주

어서 에봇이 몸에 꼭 맞게 해 주었습니다.
8 모세는 또 아론에게 가슴 덮개를 달아 주
고, 우림과 둠밈을 그 안에 넣어 주었습니
다.
9 모세는 아론의 머리에 관을 씌우고, 관 앞
면에 금패, 곧 여호와의 성결패를 달아 주
었습니다. 모세는 여호와께서 명령하신
대로 했습니다.
10 그런 다음에, 모세는 성소와 그 안의 모
든 것에 특별한 기름을 발라서 거룩하게
했습니다.
11 제단 위에 기름을 일곱 번 뿌렸습니다. 그
리고 제단과 그 모든 기구, 물동이와 그
밑받침에도 기름을 발라서 거룩하게 했습
니다.
12 그런 다음에 모세는 아론의 머리에 특별한
기름을 부어서, 아론을 거룩하게 했습니
다.
13 모세는 아론의 아들들을 앞으로 나오게 했
습니다. 모세는 그들에게 속옷을 입혀 주
고, 띠를 띠어 주고, 머리띠도 감아 주었
습니다. 모세는 여호와께서 명령하신 대
로 했습니다.
14 그리고 나서 모세는 속죄 제물로 바칠 수
소를 끌고 왔습니다. 아론과 그의 아들들
은 그 수소의 머리에 손을 얹었습니다.
15 모세는 그 소를 잡은 다음에 피를 얼마만
큼 받아 냈습니다. 그리고 손가락으로 그
피를 찍어 제단 뿔에 발라 제단을 깨끗하
게 했습니다. 나머지 피는 제단 아래에 쏟
았습니다. 그렇게 하여 모세는 제단을 거
룩하게 했습니다.
16 모세는 수소의 내장에 있는 모든 기름과
간의 껍질 부분과 두 콩팥과 그 둘레의 기
름을 떼어 내어, 제단 위에서 태웠습니
다.
17 수소의 가죽과 고기와 똥은 진 밖에서 태
웠습니다. 모세는 이 모든 일을 여호와께
서 명령하신 대로 했습니다.
18 그런 다음에 모세는 번제물로 바칠 숫양
을 끌고 왔습니다. 아론과 그의 아들들은
그 숫양의 머리에 손을 얹었습니다.
19 모세는 그 숫양을 잡은 다음에, 그 피를
제단 둘레에 뿌렸습니다.
20 모세는 숫양을 여러 조각으로 잘라 낸 다
음에, 머리와 여러 조각과 기름을 불로 태
웠습니다.
21 모세는 내장과 다리를 물로 씻은 다음에
숫양 전체를 제단 위에서 번제로 드렸습
니다. 이것은 화제이며, 그 냄새가 여호
와를 기쁘게 하는 것입니다. 모세는 이 모
든 일을 여호와께서 명령하신 대로 했습
니다.
22 그런 다음에 모세는 다른 숫양을 끌고 왔
습니다. 그것은 아론
과 그의 아들들을 제
사장으로 임명하는
데 썼습니다. 아론
과 그의 아들들은
그 숫양의 머리에
손을 얹었습니다.
23 모세는 숫양을 잡
고, 그 피 가운데 얼
마를 아론의 오른쪽
귀 끝과, 오른쪽 엄
지 손가락과, 오른
쪽 엄지 발가락에
발랐습니다.

거룩하게 구별된 제사장의 옷(8:7)

성경 자세히 이해하기

우림과 둠밈

'빛과 완전함' 또는 '빛과 진리'란 뜻을 지니고 있는 '우림과 둠밈'은 왕과 백성의 지도자들이 하나님의 뜻을 제사장에게 물을 때 제사장이 사용했던 도구였습니다. 무엇으로 만들고 어떻게 생겼는지는 알 수 없지만 제사장이 판결의 흉패에 넣고 다닌 것으로 보아 돌이나 보석의 일종일 것으로 추측이 됩니다. 우림과 둠밈은 이스라엘 왕정 초기까지 사용되었다고 기록되었으며(삼상 28:6), 다윗 이후에는 예언자들이 하나님의 말씀을 전하면서 더 이상 사용되지 않은 것으로 보입니다. 본문 보기 8장 8절

24 그런 다음에 모세는 아론의 아들들을 제
단 가까이로 데려갔습니다. 그리고는 그
들의 오른쪽 귀 끝과, 오른쪽 엄지 손가
락과, 오른쪽 엄지 발가락에도 피를 바르
고, 나머지 피는 제단 둘레에 뿌렸습니
다.
25 모세는 기름과 기름진 꼬리와 내장 둘레
의 모든 기름과 간의 껍질 부분과 두 콩
팥과 그 기름과 오른쪽 넓적다리를 떼어
냈습니다.
26 모세는 날마다 여호와 앞에 놓아 두는 누
룩 없는 빵인 무교병 광주리에서 빵 한 조
각과 기름을 섞어 만든 빵 하나와 과자 하
나를 꺼내어, 숫양의 기름과 오른쪽 넓적
다리 위에 올려 놓았습니다.
27 모세는 이 모든 것을 아론과 그의 아들들
의 손에 올려 놓고, 여호와 앞에서 흔들
어 바치는 요제를 위한 제물로 드렸습니
다.
28 그런 다음에 모세는 아론과 그의 아들들의
손에 올려 놓은 것을 다시 받아 가지고,
제단 위의 번제물 위에 놓고 그것들을 태
웠습니다. 이것은 아론과 그의 아들들을
제사장으로 임명하는 예식으로 바친 제물
입니다. 이것은 화제이며 그 냄새가 여호
와를 기쁘시게 하는 것입니다.
29 모세는 가슴 부분을 가져다가, 여호와께
흔들어 바치는 요제를 위한 제물로 드렸
습니다. 그것은 모세가 제사장을 임명할
때 드린 숫양 가운데서 모세의 몫입니다.
이렇게 하여 여호와께서 모세에게 명령하
신 일이 이루어졌습니다.
30 모세는 제단 위에 있는 특별한 기름과 피
를 가지고, 아론과 그의 옷에 뿌리고, 아
론의 아들들과 그들의 옷에도 뿌렸습니
다. 그리하여 모세는 아론과 그의 옷, 그
리고 아론의 아들들과 그들의 옷을 거룩
하게 했습니다.
31 모세가 아론과 그의 아들들에게 말했습니
다. "회막 입구에서 고기를 삶아 제사장
을 임명할 때 쓴 빵 광주리에 들어 있는
빵과 함께 그 곳에서 그것을 먹으시오. 여
호와께서 그렇게 하라고 나에게 명령하셨
소.
32 고기나 빵이 남으면 불태워 버리시오.
33 제사장으로 구별하여 세우는 위임식은 칠
일 동안 계속될 것이오. 그대들은 그 기
간이 끝날 때까지 회막 입구 밖으로 나가
면 안 되오. 구별하여 세우는 위임식이 끝
날 때까지 거기에 머무시오.
34 여호와께서는 그대들의 죄를 씻는 일을
오늘처럼 하라고 명령하셨소.
35 그대들은 회막 입구에 머물러 있어야 하
오. 칠 일 동안 밤낮으로 거기에 머물러
있으시오. 만약 여호와의 명령을 따르지
않으면 그대들은 죽을 것이오. 여호와께
서 나에게 이렇게 명령하셨소."
36 그리하여 아론과 그의 아들들은 여호와께
서 모세를 통하여 명령하신 그대로 따랐
습니다.

제물을 바치는 아론과 그의 아들들

9 팔 일째 되는 날에 모세가 아론과 그의
아들들과 이스라엘의 장로들을 불렀습
니다.
2 모세가 아론에게 말했습니다. "송아지와
숫양을 흠 없는 것으로 한 마리씩 가져오
십시오. 송아지는 죄를 씻는 속죄 제물로
바칠 것이고, 숫양은 태워 드리는 번제물
로 바칠 것입니다. 그것들을 여호와 앞에
가져오십시오.
3 그리고 이스라엘 백성에게 이르십시오.
'속죄 제물로 바칠 숫염소 한 마리를 가
져오시오. 그리고 번제물로 바칠 송아지
와 어린 양을 가져오시오. 송아지와 어린
양은 태어난 지 일 년 된 것으로서, 흠이
없는 것이어야 하오.
4 그리고 화목 제물로 바칠 수소와 숫양을
여호와 앞으로 가져오고, 기름을 섞은 곡
식 제물도 가져오시오. 오늘 여호와께서
여러분에게 나타나실 것이기 때문이오.'"
5 그리하여 모든 백성이 회막 앞으로 왔습
니다. 그들은 모세가 가져오라고 명령한
것을 가져와서 여호와 앞에 섰습니다.
6 모세가 말했습니다. "이것은 여호와께서

여러분에게 하라고 하신 일입니다. 여호와의 영광이 여러분에게 나타날 것입니다."
7 모세가 아론에게 말했습니다. "제단으로 가까이 가, 거기에서 속죄 제물과 번제물을 바치십시오. 그렇게 하여 형님의 죄와 백성의 죄를 씻는 예식을 행하십시오. 백성을 위해 제물을 바쳐서, 그들의 죄를 씻는 예식을 행하십시오. 여호와께서 명령하신 대로 하십시오."
8 아론은 제단으로 가까이 갔습니다. 아론은 송아지를 잡아서 자기의 속죄 제물로 삼았습니다.
9 아론의 아들들이 아론에게 피를 가져오자, 아론은 손가락으로 피를 찍어 제단 뿔들에 발랐습니다. 그리고 나머지는 제단 아래에 쏟았습니다.
10 아론은 속죄 제물에서 기름과 콩팥과 간의 껍질 부분을 떼어 낸 다음에 그것들을 제단 위에서 태웠습니다. 아론은 여호와께서 모세에게 명령하신 대로 했습니다.
11 그리고 고기와 가죽은 아론이 진 밖에서 태웠습니다.
12 그런 다음에 아론은 번제물로 바칠 짐승을 잡았습니다. 아론의 아들들은 아론에게 그 짐승의 피를 가져왔습니다. 아론은 그 피를 제단 둘레에 뿌렸습니다.
13 아론의 아들들은 번제물의 여러 조각과 머리를 아론에게 가져왔습니다. 아론은 그것들을 제단 위에서 태웠습니다.
14 아론은 번제물의 내장과 다리를 씻었습니다. 그리고 그것들을 제단 위에서 태웠습니다.
15 그런 다음에 백성의 제물을 바쳤습니다. 아론은 백성의 속죄 제물인 염소를 잡아서 바쳤습니다. 첫 번째 속죄 제물을 바칠 때처럼 그 제물을 바쳤습니다.
16 그런 다음에 번제물을 가져다가 여호와께서 명령하신 대로 바쳤습니다.
17 아론은 곡식 제물도 제단에 가져왔습니다. 아론은 곡식을 한 움큼 쥐어 아침마다 규칙적으로 드리는 번제물에 더하여 제단에서 태웠습니다.
18 아론은 수소와 숫양도 잡았습니다. 그것은 백성을 위해 바치는 화목 제물입니다. 아론의 아들들이 그 짐승들의 피를 아론에게 가져왔습니다. 아론은 그 피를 제단 둘레에 뿌렸습니다.
19 아론의 아들들은 또 아론에게 수소와 숫양의 기름을 가져왔습니다. 그들은 기름진 꼬리와, 내장을 덮고 있는 기름과, 콩팥과 간의 껍질 부분도 가져왔습니다.
20 아론의 아들들은 그 기름을 가슴 위에 올려 놓았습니다. 아론은 그 기름을 제단 위에서 태웠습니다.
21 아론은 가슴과 오른쪽 넓적다리를 여호와 앞에 흔들어 바치는 요제를 위한 제물로 드렸습니다. 아론은 여호와께서 모세를 통하여 명령하신 대로 했습니다.
22 그런 다음에 아론은 백성을 향해 손을 들

성경 자세히 이해하기

제사장의 임무

구약 성경의 기록을 종합해 볼 때 제사장의 임무는 다음과 같습니다. 1. 회막의 등불을 점검함(출 27:21) 2. 희생 제사를 드림(레 1:1-17) 3. 단 위의 불을 꺼지지 않게 함(레 6:12,13) 4. 율법을 가르침(레 10:11) 5. 문둥병을 진단함(레 13:2-59) 6. 부정한 것을 깨끗하게 함(레 15:31) 7. 첫 열매를 드림(레 23:10,11) 8. 서원자의 값을 정함(레 27:8,12) 9. 행진할 때 성소의 기구를 덮음(민 4:5-15) 10. 백성을 축복함(민 6:23-27) 11. 나팔을 불어 백성을 소집함(민 10:2-10) 12. 전쟁에서 백성을 격려함(신 20:2-4) 13. 언약궤를 옮김(수 3:6-17).

본문 보기 9장

회막(8:31 tent of meeting) '만남의 장막' 이란 뜻으로 하나님께서 이스라엘 백성에게 자신을 계시하는 장소인 동시에 그 백성들이 하나님께 예배하는 곳이다.
위임식(8:33 ceremony of installation) 어떤 일을 책임지워 맡길 때의 의식.

고, 그들에게 복을 빌어 주었습니다. 아론
은 속죄제와 번제와 화목제를 다 바쳤습
니다. 그리고 나서 제단에서 내려왔습니
다.
23 모세와 아론은 회막으로 들어갔습니다. 그
들은 다시 바깥으로 나와서 백성을 축복
했습니다. 그러자 여호와의 영광이 모든
백성에게 나타났습니다.
24 여호와에게서 불이 내려와, 제단 위의 번
제물과 기름을 불살랐습니다. 모든 백성
이 그 모습을 보고 소리를 지르며 땅에 엎
드렸습니다.

나답과 아비후의 죽음

10 아론의 아들 나답과 아비후는 향을
피울 향로를 가지고 불을 피운 다음
에 거기에 향을 얹었습니다. 하지만 그들
은 모세가 사용하라고 명령한 불을 사용
하지 않았습니다.
2 여호와 앞에서 불이 내려와 나답과 아비후
를 삼켰습니다. 그래서 그들은 여호와 앞
에서 죽었습니다.
3 그러자 모세가 아론에게 말했습니다. "여
호와께서 '나에게 가까이 나아오는 사람
에게 나의 거룩함을 보이겠고, 모든 백성
앞에서 내가 영광을 받을 것이다'라고 말
씀하신 것은 바로 이와 같은 일을 두고 하
신 말씀입니다." 그러자 아론은 자기 아들
들의 죽음에 대해 아무 말도 하지 않았습
니다.
4 아론의 삼촌 웃시엘에게는 미사엘과 엘사반
이라는 두 아들이 있었습니다. 모세가 그
들에게 말했습니다. "이리 와서 너희 조
카들의 주검을 성소에서 거두어 진 밖으
로 옮겨 가거라."
5 미사엘과 엘사반은 모세의 명에 따라 불타
지 않고 남은 옷을 잡아 끌어 나답과 아비
후의 주검을 진 밖으로 옮겼습니다.
6 모세가 아론과 그의 다른 아들인 엘르아살
과 이다말에게 말했습니다. "슬퍼하는 기
색을 보이지 마십시오. 옷을 찢거나 머리
를 풀지도 마십시오. 만약 그렇게 하면 그
대들도 죽을 것입니다. 그리고 여호와께
서는 모든 백성에게 노하실 것입니다. 하
지만 그대들의 친척인 이스라엘 모든 백성
은 여호와께서 나답과 아비후를 불살라 죽
이신 일에 대해 슬피 울어도 괜찮습니다.
7 그대들은 회막을 벗어나지 마십시오. 만
약 밖으로 나가면 그대들은 죽을 것입니
다. 그대들은 여호와께서 특별한 기름을
부어, 여호와를 섬기도록 임명하신 구별
된 사람들이기 때문입니다." 아론과 엘르
아살과 이다말은 모세가 명령한 대로 했습
니다.
8 여호와께서 아론에게 말씀하셨습니다.
9 *"너와 네 아들들은 회막에 들어갈 때* 포
도주나 독한 술을 마시지 마라. 마시기만
하면 너희는 죽을 것이다. 이것은 너희가
대대로, 영원히 지켜야 할 규례이다.
10 너희는 성물을 거룩하지 않은 것과 구별
하여라. 너희는 또한 깨끗한 것과 부정한
것을 구별하여라.

성경 인물

나답과 아비후 아론의 네 아들(나답, 아비후, 엘르아살, 이다말) 중 두 아들이었던 이들은 모세가 시내 산에 올라갔을 때, 아론과 이스라엘의 70인 장로들과 함께 모세를 보좌하던 인물들이었습니다(출 24:1-12). 동생들과 함께 제사장의 직분을 맡기도 했으나(출 28:1), 하나님께서 명하시지 않은 다른 불로 분향하다가 하나님께서 내린 불에 타 죽었습니다(레 10:1,2). 이들의 죄가 중대하다는 것을 알리기 위해 이들의 죽음에 대해 슬퍼하는 것조차 금지되기도 하였습니다. 자식이 없이 죽었으므로 대도 끊어졌습니다(민 3:4).

본문 보기 10장 1-7절

향로(10:1)

11 너희는 여호와께서 모세에게 말씀하신 모
든 율법을 이스라엘 백성에게 가르쳐라."
12 모세가 아론과 그의 남은 아들들인 엘르아
살과 이다말에게 말했습니다. "여호와께
태워 드리는 화제 중 아직 남아 있는 곡
식 제물은 거두어서, 누룩을 넣지 말고,
제단 곁에서 먹으십시오. 그것은 가장 거
룩한 것이기 때문입니다.
13 형님과 형님의 아들들은 그것을 성소
에서 먹어야 합니다. 그것은 여호와께
바치는 태워 드리는 화제 가운데서
형님과 형님의 아들들의 몫이기
때문입니다. 이것은 내가 여호
와께 받은 명령입니다.
14 또한 형님과 형님의 아들, 딸
들은 흔들어 바치는 가슴 부분
과 높이 들어 바치는 넓적다리를
먹을 수 있습니다. 그것들은 여호
와께 바쳐진 것입니다. 그것을 먹
을 때는 깨끗한 곳에서 먹어야 합니
다. 이스라엘 백성이 바친 화목 제물 가
운데서 그것이 형님 가족의 몫입니다.
15 백성은 불에 태워 바치는 짐승 가운데서
기름을 가져와야 합니다. 또 백성은 흔들
어 바치는 가슴 부분과 높이 들어 바치는
넓적다리도 가져와야 합니다. 그것들은
여호와께 바쳐야 할 것입니다. 바치고 나
면 그것들은 형님과 형님 자손의 몫이 됩
니다. 이것은 여호와께서 명령하신 것입
니다."
16 모세는 속죄 제물로 바친 염소를 찾아 보
았습니다. 그런데 그것은 벌써 타 버리고
없었습니다. 그래서 모세는 아론의 나머지
아들들인 엘르아살과 이다말에게 화를 내
며 말했습니다.
17 "너희는 왜 그 속죄 제물을 성소에서 먹
지 않았느냐? 그것은 지극히 거룩한 것이
다. 여호와께서는 백성의 허물을 씻어 주
시려고 그것을 너희에게 주셨다. 그 염소
는 백성의 죄를 씻으라고 주신 염소이다.
18 너희는 그 염소의 피를 성소로 가져오지
않았다. 너희는 내가 명령한 대로 그 염

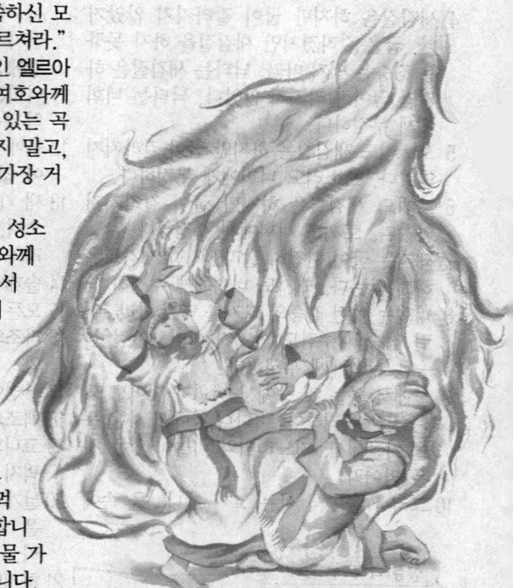

불이 내려와 불순종한
나답과 아비후를 삼켜 버림(10:1-2)

소를 성소에서 먹었어야 했다."
19 그러자 아론이 모세에게 말했습니다. "저
들은 오늘 자기의 속죄 제물과 번제물을
여호와께 바쳤소. 그런데도 오늘 이런 끔
찍한 일이 내게 일어났소. 내가 오늘 그
속죄 제물을 먹었다면 여호와께서 그것을
더 좋아하셨겠소?"
20 모세는 아론의 말을 듣고 그 말이 옳다고
생각했습니다.

깨끗한 짐승과 부정한 짐승에 관한 규례

11 여호와께서 모세와 아론에게 말씀하셨
습니다.
2 "이스라엘 백성에게 전하여라. '땅에서 사
는 짐승 가운데서 너희가 먹어도 되는 것
은 이러하다.
3 굽이 완전히 갈라지고, 새김질하는 짐승
은 먹어라.

4 새김질은 하지만 굽이 갈라지지 않았거
나, 굽은 갈라졌지만 새김질을 하지 못하
는 짐승은 먹지 마라. 낙타는 새김질은 하
지만 굽이 갈라지지 않았다. 낙타는 너희
에게 부정하다.
5 오소리도 새김질은 하지만 굽이 갈라지지
않았다. 오소리도 너희에게 부정하다.
6 토끼도 새김질은 하지만 굽이 갈라지지
않았다. 토끼도 너희에게 부정하다.
7 돼지는 굽이 완전히 갈라졌지만 새김질은
하지 않는다. 돼지도 너희에게 부정하다.
8 너희는 이런 짐승의 고기를 먹지 마라. 이
런 짐승의 주검도 만지지 마라. 이런 짐
승은 너희에게 부정하다.
9 물에서 사는 것 중에서 너희가 먹어도 되
는 것은 이러하다. 바다나 강에서 사는 동
물 가운데서, 지느러미와 비늘이 있는 것
은 먹어라.
10 그러나 물에서 사는 고기 떼나, 물 속에
서 사는 다른 모든 동물 가운데서, 지느
러미와 비늘이 없는 것은 바다에 살든지
강에 살든지 모두 피하여라.
11 너희는 그런 고기를 먹지 마라. 그런 것
의 주검도 만지지 마라.
12 물에 사는 것 가운데서 지느러미와 비늘
이 없는 동물은 피하여라.
13 새 가운데에서도 먹지 말아야 할 것이 있
으니, 이런 새는 피하여라. 너희는 독수
리와 수리와 검은 수리와
14 솔개와 모든 소리개 종류와
15 모든 까마귀 종류와
16 타조와 올빼미와 갈매기와 모든 매 종류
와
17 부엉이와 가마우지와 따오기와
18 백조와 사막 올빼미와 물수리와
19 고니와 왜가리 종류와 오디새와 박쥐를
먹지 마라.
20 날개 달린 곤충 가운데서 네 발로 걷는 것
은 먹지 말고, 그런 것은 너희가 피하여
라.
21 하지만 날개도 달려 있고 네 발로 걷는 곤
충 가운데에, 발목과 다리가 있어서 땅에
서 뛸 수 있는 것은 먹어라.
22 너희가 먹어도 되는 곤충은 모든 메뚜기
종류와 방아깨비와 귀뚜라미와 황충 종류
다.
23 이것들 말고는 날개도 달려 있고, 네 발
로 걷는 곤충이어도 너희가 피하여라.
24 그러한 곤충은 너희를 부정하게 하니, 그
러한 곤충의 주검을 만지는 사람은 저녁
때까지 부정할 것이다.
25 누구든지 그러한 곤충의 주검을 옮긴 사
람은 옷을 빨아라. 그 사람은 저녁 때까
지 부정할 것이다.
26 굽은 갈라졌지만 완전히 갈라지지 않았거
나, 새김질을 하지 않는 짐승은 너희에게
부정하니, 누구든지 그런 짐승의 주검을
만지는 사람은 부정할 것이다.
27 네 발로 걷는 짐승 가운데 발바닥으로 다
니는 것은 너희에게 부정하니, 누구든지
그런 짐승의 주검을 만지는 사람은 부정

성경 속의 궁금증

하나님께서 금지하신 음식은 지금도 먹으면 안되나요?

신약성경에서는 '하나님이 만드신 것은 다 좋은 것이며 감사하는 마음으로 받으면 하나도 버릴 것이 없다'(딤전 4:4)고 말씀하셨습니다. 그런데 왜 구약성경에서는 먹어야 할 음식과 먹지 말아야 할 음식을 그렇게 자세하게 구별하셨을까요? 그 이유는 이스라엘 백성들이 이방 사람들과는 다르다는 사실을 알려 주시기 위함이었습니다. 하나님의 거룩한 백성으로 택함받은 이스라엘 백성들은 먹는 것과 입는 것, 그리고 하루 하루를 살아가는 삶이 이방 사람들과 달라야 했습니다. 이러한 구별을 통해 이스라엘 백성들은 영적으로나 육적으로 건강을 지킬 수 있었습니다.

신약 시대를 사는 우리도 음식은 구별하지 않더라도 우리의 말과 행동을 통해 하나님이 우리의 주인이시고, 우리는 하나님의 것이라는 사실을 세상 사람들에게 보여 주어야 합니다. 그런 구별된 삶을 통해 거룩한 그리스도인의 모습을 보여 주어야 합니다.

본문 보기 11장

할 것이다. 그 사람은 저녁 때까지 부정
할 것이다.
28 누구든지 그런 짐승의 주검을 옮기는 사
람은 옷을 빨아라. 그 사람은 저녁 때까
지 부정할 것이다. 이런 짐승은 너희에게
부정하다.
29 땅 위에 기어다니는 짐승 가운데 너희에
게 부정한 것은 족제비와 쥐와 큰 도마뱀
종류와
30 수궁과 육지 악어와 도마뱀과 모래 도마
뱀과 카멜레온이다.
31 이런 기어다니는 짐승은 너희에게 부정하
다. 누구든지 이런 짐승의 주검을 만지는
사람은 저녁 때까지 부정할 것이다.
32 만약 어떤 부정한 동물이 죽어서, 나무 그
릇이나 옷이나 가죽이나 자루 위에 떨어
져 닿으면 그것도 부정하게 될 것이다. 그
것이 어디에 쓰던 물건이든 다 부정하게
될 것이다. 그렇게 부정하게 된 것은 물
에 담가 두어라. 그런 것은 저녁 때까지
부정하다. 저녁이 지나면 깨끗해질 것이
다.
33 부정한 동물이 죽어서 오지그릇에 빠지
면, 그릇 안에 있는 것은 무엇이든 부정
하게 될 것이다. 너희는 그 그릇을 깨뜨
려야 한다.
34 먹을 수 있는 젖은 음식이 그런 그릇에 담
겼거나, 마실 물이 담겼으면 모두 부정하
게 될 것이다.
35 부정한 동물이 죽어서 어떤 물건에 떨어
져 닿으면 그 물건은 부정하게 될 것이다.
만약 부정한 동물의 시체가 가마나 화로
에 닿으면 너희는 그것을 깨뜨려야 한다.
그런 물건은 부정할 것이다. 그런 물건은
너희에게도 부정하다.
36 부정한 짐승이 물에 빠져 죽으면, 물을 담
고 있는 샘이나 웅덩이는 깨끗하다. 그러
나 누구든지 그 안에 빠진 부정한 짐승의
시체에 닿는 사람은 부정할 것이다.
37 부정한 동물의 시체가, 뿌리려고 따로 놓
아 둔 씨에 닿아도 그 씨는 깨끗하다.
38 그러나 그 씨가 물에 젖었을 때, 부정한
동물의 시체가 그 씨에 닿으면 그 씨는 너
희에게 부정하다.
39 너희가 먹어도 되는 동물이 죽었을 때, 누
구든지 그 시체에 닿는 사람은 저녁 때까
지 부정할 것이다.
40 누구든지 그런 동물의 고기를 먹은 사람
은 옷을 빨아라. 그 사람은 저녁 때까지
부정할 것이다.
41 땅 위에 기어다니는 모든 동물은 너희가
피하여라. 그런 것은 먹지 마라. 누구든
지 그런 동물의 시체를 옮기는 사람은 옷
을 빨아라. 그 사람은 저녁 때까지 부정
할 것이다.
42 너희는 땅 위에 기어다니는 동물의 고기
를 먹지 마라. 배로 기는 것도 먹지 말고,
네 발로나 여러 발로 기는 것도 먹지 마
라. 그것들을 피하여라.
43 이런 피해야 할 동물 때문에 너희도 피해
야 할 사람이 되지 마라. 너희는 그런 동
물 때문에 부정하게 되지 마라.
44 나는 너희의 여호와 하나님이다. 내가 거
룩하므로 너희도 거룩하여라. 그런 기는
동물, 피해야 할 동물 때문에 너희를 부
정하게 하지 마라.
45 나는 너희의 하나님이 되려고, 너희를 이
집트에서 인도해 낸 여호와이다. 내가 거
룩하므로, 너희도 거룩하여라.
46 이것은 땅 위의 모든 들짐승과 새와 물 속
의 모든 동물과 땅 위에 기어다니는 모든
동물에 관한 규례이다.
47 이것은 부정한 것과 깨끗한 것, 먹어도 되
는 동물과 먹으면 안 되는 동물을 구별하

수리(11:13 vulture) 매과의 사나운 새. 몸이 크며, 날카로운 발톱을 지녔음.
가마우지(11:17 cormorant) 몸빛은 검고 부리가 길며, 발가락 사이에 물갈퀴가 있음. 물새.
오디새(11:19 hoopoe) 물떼새라고도 하는 철새의 일종. 벌레를 많이 잡아 먹으므로 유익함.
황충(11:22 grasshopper) 사막 지방에 사는 메뚜기 종류이며 여치와 비슷한 모양의 곤충.
수궁(11:30 gecko) 팔레스타인 지방의 도마뱀 종류. 허리가 납작하고 머리는 삼각형이며 꼬리는 뭉툭함.

기 위한 규례이다.'"

산모에 관한 규례

12 여호와께서 모세에게 말씀하셨습니
다.
2 "이스라엘 백성에게 일러 주어라. 여자가
아들을 낳으면, 그 여자는 칠 일 동안, 부
정하게 될 것이다. 월경을 할 때처럼 부
정할 것이다.
3 팔 일째 되는 날에는 아이에게 할례를 베
풀어라.
4 피로 부정하게 된 산모의 몸은 삼십삼 일
이 지나야 다시 깨끗하게 될 것이다. 산
모는 성물을 만지지 말고, 깨끗하게 되는
기간이 찰 때까지 성소에 들어가지 마라.
5 만약 여자가 딸을 낳으면 그 여자는 이 주
일 동안 부정하게 될 것이다. 월경을 할
때처럼 부정할 것이다. 피로 부정하게 된
산모의 몸은 육십육 일이 지나야 다시 깨
끗하게 될 것이다.
6 여자가 아들이든 딸이든 아기를 낳아서,
깨끗하게 하는 기간을 거쳤으면, 여자는
회막 입구에 있는 제사장에게 일 년 된 양
을 번제로 드려라. 그리고 속죄제로 바칠
집비둘기 새끼 한 마리나, 산비둘기 한 마
리를 가져오너라.
7 제사장은 그것들을 여호와 앞에 바쳐서,
그 여자를 깨끗하게 하여라. 그러면 피로
부정하게 된 여자의 몸이 다시 깨끗해질
것이다. 이것이 아들이든 딸이든, 아기를
낳은 여자가 지켜야 할 규례이다.
8 만약 그 여자가 양을 바칠 만한 형편이 되
지 못하면, 산비둘기 두 마리나, 집비둘
기 새끼 두 마리를 가져오너라. 그래서 한
마리는 번제물로 바치고, 다른 한 마리는
속죄 제물로 바쳐라. 제사장이 그 여자를
위해 제물을 바치면 그 여자는 깨끗해질
것이다."

피부병에 관한 규례

13 여호와께서 모세와 아론에게 말씀하
셨습니다.
2 "누구든지 살갗에 종기나 부스럼이나 얼
룩이 생겨, 위험한 피부병*에 걸린 것처
럼 보이면, 그 사람을 제사장 아론이나 아
론의 아들들 가운데 한 제사장에게 데려
가거라.
3 제사장은 그 사람의 살갗에 난 병을 자세
히 살펴보아라. 만약 병든 부분에 난 털
이 하얗게 되었고, 병든 부분이 다른 부
분보다 우묵하게 들어갔으면 그것은 위험
한 피부병이다. 제사장은 그 사람의 병든
부분을 잘 살핀 다음에, 그 사람을 부정
하다고 선언해야 한다.
4 만약 병든 부분이 하얗게 되었지만 다른
부분보다 우묵하게 들어가지 않았고, 그
자리에 난 털도 하얗게 되지 않았으면, 제
사장은 그 사람을 다른 사람들에게서 칠
일 동안 떼어 놓아라.
5 칠 일째 되는 날에 제사장은 그 사람을 다
시 잘 살펴보아라. 병든 부분이 변화되지
않았고, 살갗에 퍼지지도 않았다면, 그
사람을 칠 일 동안, 더 떼어 놓아라.
6 칠 일째 되는 날에 제사장은 그 사람을 다
시 자세히 살펴보아라. 병든 부분의 상태
가 좋아졌고 살갗에 퍼지지도 않았다면,
제사장은 그 사람을 깨끗하다고 선언하여
라. 그 사람의 살갗의 병은 뾰루지에 지
나지 않는다. 그 사람이 옷을 빨면 그 사
람은 다시 깨끗해질 것이다.
7 그러나 제사장이 그 사람을 깨끗하다고
선언한 뒤에, 살갗의 병이 다시 퍼지면 그
사람은 다시 제사장에게 가야 한다.
8 제사장은 그 사람을 자세히 살펴보고, 만
약 뾰루지가 살갗에 퍼졌으면, 그 사람을
부정하다고 선언하여라. 그것은 위험한
피부병이다.
9 위험한 피부병에 걸린 사람은 제사장에게
데려가거라.

알아두세요

13:2 전통적으로 '문둥병'으로 여겨진다.

월경(12:2 menstruation) 성숙한 여자의 자궁에서 매월 정기적으로 출혈하는 생리적 현상.
종기(13:10 swelling) 살갗의 한 부분이 곪아서 고름이 생기는 병.

10 제사장은 그 사람을 자세히 살펴보아라.
만약 살갗에 흰 종기가 생겼고, 털이 하
얗게 되었고, 종기에 생살이 난 것처럼 보
이면
11 그것은 위험한 피부병이다. 그것은 이미
오래 전부터 생긴 병이다. 제사장은 그 사
람을 부정하다고 선언하여라. 그러나 그
사람을 따로 떼어 놓을 필요는 없다. 그
사람이 부정하다는 것을 이미 누구나 다
알기 때문이다.
12 만약 제사장이 보기에 피부병이 온몸에
퍼져서 머리 끝부터 발 끝까지 덮었으면,
제사장은 그 사람의 몸 전체를 자세히 살
펴보아라.
13 만약 피부병이 온몸을 덮고 있으면, 제사
장은 그 사람을 깨끗하다고 선언하여라.
온몸이 희어졌으므로, 이미 나은 자이다.
14 그러나 만약 생살이 드러나게 되면 그 사
람은 부정하다.
15 제사장은 생살을 자세히 살펴보고, 그 사
람을 부정하다고 선언하여라. 생살은 부
정하다. 그것은 위험한 피부병이다.
16 만약 생살이 다시 하얗게 되면 그 사람은
제사장에게 가야 한다.
17 제사장은 그 사람을 자세히 살펴보아라.
만약 병든 부분이 하얗게 변했으면, 제사
장은 그 사람을 깨끗하다고 선언하여라.
그 사람은 깨끗하다.
18 어떤 사람의 살갗에 종기가 생겼다가 나
았는데
19 그 종기가 났던 부분에 흰 부스럼이나 불
그스레한 얼룩이 생겼으면, 그 사람은 제
사장에게 그 부분을 보여라.
20 제사장은 그 부분을 자세히 살펴보아라.
만약 병든 부분과 거기에 난 털이 하얗게
되었고, 병든 부분이 다른 부분보다 우묵
하게 들어갔으면, 제사장은 그 사람을 부
정하다고 선언하여라. 그것은 종기에서
생겨난 위험한 피부병이다.
21 그러나 제사장이 자세히 살펴보았는데 그
부분의 털이 하얗지 않고, 다른 부분보다
우묵하게 들어가지도 않았고, 그 부분의
색깔이 희미해졌으면, 제사장은 그 사람
을 다른 사람들에게서 칠 일 동안, 떼어
놓아라.
22 만약 얼룩이 살갗에 번졌으면, 제사장은
그 사람을 부정하다고 선언하여라. 그것
은 퍼지는 병이다.
23 하지만 얼룩이 퍼지지도 않았고, 변하지
도 않았으면, 그것은 종기의 흉터일 뿐이
니, 제사장은 그 사람을 깨끗하다고 선언
하여라.
24 살갗이 불에 데었는데, 덴 자리의 살갗이
하얗거나 붉게 변했으면,
25 제사장은 그 부분을 자세히 살펴보아라.
하얀 얼룩이 다른 부분보다 우묵하게 들
어갔거나 덴 부분에 난 털이 하얗게 변했
으면, 그것은 위험한 피부병이다. 덴 자
리에 병이 생긴 것이니, 제사장은 그 사
람을 부정하다고 선언하여라. 그것은 위
험한 피부병이다.
26 그러나 제사장이 자세히 살펴보았는데,
얼룩진 살갗에 난 털이 하얗게 변하지 않
았고, 얼룩진 부분이 다른 부분보다 우묵

성경 속의 궁금증

구약 시대에는 피부병이 무서운 병이었나요?

성경에서 가장 많이 언급된 병명은 '피부병'입니다. 또는 여러 피부병을 모두 문둥병이라고 부르기도 했지요. 당시 이 피부병은 가장 두렵고 끔찍한 질병이었습니다. 일단 피부병의 조짐이 보이면, 그 사람은 제사장에게 가서 피부병 여부를 진단받아야 했습니다. 그리고 피부병으로 판명되면 그 사람은 진영 밖에 머물러야 했으며, 징후가 사라질 때까지 건강한 사람들과 격리되어야 했습니다.

피부병은 인간의 죄악과 매우 비슷한 모습을 띠고 있습니다. 심각한 피부병은 그 사람의 인생을 파괴할 뿐 아니라 그 사람을 하나님과 사랑하는 사람들로부터 분리시킵니다. 죄악도 마찬가지입니다. 그러나 우리는 예수 그리스도의 십자가 보혈을 통해 우리의 죄악을 씻어낼 수 있습니다.

본문 보기 13-14장

하게 들어가지도 않았으며, 그 부분의 색
깔이 희미해졌으면 제사장은 그 사람을
다른 사람들에게서 칠 일 동안, 떼어 놓
아라.
27 칠 일째 되는 날에 제사장은 그 사람을 다
시 자세히 살펴보아라. 만약 얼룩이 살갗
에 번졌으면 제사장은 그 사람을 부정하
다고 선언하여라. 그것은 위험한 피부병
이다.
28 그러나 얼룩이 살갗에 번지지 않았고, 그
부분의 색깔이 희미해졌으면, 그것은 데
어서 생긴 부스럼일 뿐이니 제사장은 그
사람을 깨끗하다고 선언하여라. 그 얼룩
은 데어서 생긴 것일 뿐이다.
29 남자든 여자든, 머리나 턱에 피부병이 생
겼으면
30 제사장은 그 부분을 자세히 살펴보아라.
만약 그 부분이 다른 부분보다 우묵하게
들어갔거나, 그 부분 둘레에 난 털이 가
늘고 누렇게 변했으면, 제사장은 그 사람
을 부정하다고 선언하여라. 그것은 옴으
로 머리나 턱에 생기는 위험한 피부병이
다.
31 그러나 제사장이 자세히 살펴보았는데,
병든 부분이 다른 부분보다 우묵하게 들
어가지 않았고, 그 자리에 검은 털도 없
으면, 제사장은 그 사람을 다른 사람들에
게서 칠 일 동안, 떼어 놓아라.
32 칠 일째 되는 날에 제사장은 그 사람을 다
시 자세히 살펴보아라. 만약 옴이 퍼지지
않았고, 그 자리에 누런 털도 나지 않았
으며, 옴이 난 자리가 다른 부분보다 우
묵하게 들어가지 않았으면,
33 그 사람은 옴이 난 자리를 빼고 털을 밀
어야 한다. 그리고 제사장은 그 사람을 다
시 칠 일 동안 다른 사람들에게서 떼어 놓
아라.
34 칠 일째 되는 날에 제사장은 병든 부분을
다시 자세히 살펴보아라. 만약 옴이
살갗에 퍼지지 않았고, 옴이 난 자리가 다
른 부분보다 우묵하게 들어가지 않았으
면, 제사장은 그 사람을 깨끗하다고 선언
하여라. 그 사람은 옷을 빨아 입어야 하
고, 그렇게 함으로써 깨끗해질 것이다.
35 그러나 그 사람이 깨끗해진 뒤에도 옴이
살갗에 퍼지면,
36 제사장은 그 사람을 다시 자세히 살펴보
아라. 만약 옴이 살갗에 퍼졌으면 제사장
은 누렇게 변한 털을 찾을 필요가 없다.
그 사람은 부정하다.
37 그러나 제사장이 보기에 옴이 더 퍼지지
않고, 그 자리에 검은 털이 자라나면 옴
은 나았으니 그 사람은 깨끗하다. 제사장
은 그 사람을 깨끗하다고 하여라.
38 남자든 여자든 살갗에 얼룩이 생겼으면
39 제사장은 그 사람을 잘 살펴보아라. 만약
살갗의 얼룩이 희끄무레하면, 그 병은 해
롭지 않은 뾰루지일 뿐이니 그 사람은 깨
끗하다.
40 누구든지 머리털이 빠지면, 그는 대머리
다. 그러나 그는 깨끗하다.
41 앞머리의 털이 빠지면, 이마 대머리다.
그러나 그는 깨끗하다.
42 하지만 대머리가 된 정수리나 이마에 불
그스레한 얼룩이 있으면, 그것은 정수리
대머리나 이마 대머리에 생긴 위험한 피
부병이다.
43 제사장은 그 사람을 자세히 살펴보아라.
대머리에 생긴 얼룩이 불그스레하고, 살
갗에 생긴 위험한 피부병과 비슷해 보이
면,
44 그 사람은 위험한 피부병에 걸렸으니 그
사람은 부정하다. 얼룩이 머리에 생겨났
으므로 제사장은 그 사람을 부정하다고
선언하여라.
45 위험한 피부병에 걸린 사람은 찢어진 옷
을 입고 머리를 풀어라. 그리고 그는 윗
입술을 가리고 '부정하다! 부정하다!' 라
고 소리쳐야 한다.
46 그 사람은 병에 걸려 있는 동안 부정한 상
태에 있다. 그는 부정하다. 그는 진 바깥

알아두세요
13:49 전통적으로 '문둥병'으로 여겨진다.

에서 혼자 살아야 한다.

곰팡이에 관한 규례

47 모시옷이나 털옷에 곰팡이가 생길 수도 있다.
48 뜬 옷이든 짠 옷이든, 모시옷이나 털옷의 날에 생길 수도 있고, 가죽이나 가죽으로 만든 것에 생길 수도 있다.
49 만약 뜬 옷이나 짠 옷이나, 가죽이나 가죽으로 만든 것에, 푸르스름하거나 불그스름한 곰팡이*가 나면, 그것을 제사장에게 보여 주어라.
50 제사장은 그것을 자세히 살펴보아라. 그리고 제사장은 그것을 칠 일 동안, 따로 두어라.
51 칠 일째 되는 날에 제사장은 그것을 자세히 살펴보아라. 만약 뜬 옷이나 짠 옷에, 가죽이나 가죽으로 만든 것에 곰팡이가 퍼졌으면, 그것은 위험한 곰팡이다. 그것은 부정하다.
52 뜬 옷이든 짠 옷이든, 털옷이든 모시옷이든, 또는 가죽으로 만든 것이든, 곰팡이가 생긴 것은 제사장이 태워 버려라. 그것은 퍼지는 곰팡이이므로 태워 버려야 한다.
53 제사장이 자세히 살펴보았는데, 뜬 옷이나 짠 옷이나, 가죽으로 만든 것에 곰팡이가 퍼지지 않았으면,
54 제사장은 곰팡이가 난 것을 빨게 하여라. 그리고 그것을 다시 칠 일 동안, 따로 두어라.
55 제사장은 그 빤 것을 자세히 살펴보아라. 곰팡이가 퍼지지 않았다고 하더라도, 곰팡이가 난 자리의 색깔이 변하지 않고 그대로 있으면, 그것은 부정하니 너희는 그것을 불에 태워 버려라.
56 제사장이 자세히 살펴보았는데 한 번 빤 뒤에 곰팡이가 많이 없어졌으면, 제사장은 뜬 것이든 짠 것이든, 가죽이나 천에서 곰팡이를 도려 내어라.
57 그러나 그 가죽이나 옷에 또 곰팡이가 생기면, 그것은 퍼지는 곰팡이니, 그런 가죽이나 옷은 불에 태워 버려라.
58 그러나 뜬 것이든 짠 것이든, 가죽으로 만든 것이든, 한 번 빤 천에서 곰팡이가 사라졌으면, 그것을 한 번 더 빨아라. 그러면 그것은 깨끗해질 것이다.
59 이것은 뜬 옷이나 짠 옷이나, 모시옷이나 털옷이, 그리고 가죽으로 만든 것이 깨끗한지 부정한지를 결정하는 일에 관한 규례이다."

피부병에서 깨끗해지는 일에 관한 규례

14

여호와께서 모세에게 말씀하셨습니다.
2 "이것은 위험한 피부병에 걸렸다가 나은 사람에 관한 가르침이다. 이 가르침은 그런 사람을 깨끗하게 하기 위한 것이다. 그 나은 사람을 제사장에게 데려가거라.
3 제사장은 진 밖으로 나가서 피부병에 걸린 사람을 자세히 살펴보아라. 제사장은 피부병이 나았는가를 살펴보아라. 만약

피부병에서 나은 사람이 드리는 제사(14장)

나았으면
4 제사장은 그 사람을 깨끗하게 하는 데 쓸,
살아 있는 깨끗한 새 두 마리와 백향목*
과 진홍색 실 한 뭉치와 우슬초를 가져오
게 하여라.
5 제사장은 새 한 마리를, 생수가 담겨 있
는 오지그릇 위에서 잡게 하여라.
6 그런 다음에 제사장은 아직 살아 있는 남
은 새와 백향목과 진홍색 실과 우슬초를
가져다가, 그것들을 방금 잡은 새의 피에
담가라.
7 제사장은 그 피를 피부병에 걸렸던 사람
에게 일곱 번 뿌려라. 그리고 그 사람을
깨끗하다고 선언하여라. 그런 다음에 제
사장은 들판으로 나가서, 살아 있는 새를
날려 보내라.
8 그런 다음, 병에 걸렸던 사람은 옷을 빨
아라. 그는 머리털도 다 밀고, 물에 몸을
씻어야 한다. 그러면 그는 깨끗해져서 진
으로 들어갈 수 있을 것이다. 그러나 진
으로 들어간 뒤에도 그는 칠 일 동안 자
기 장막 밖에 머물러 있어야 한다.
9 칠 일째 되는 날, 그는 머리털을 다 밀어
야 한다. 머리털뿐만 아니라, 턱수염과
눈썹까지 밀어라. 자기 옷을 빨고, 물에
몸을 씻어라. 그러면 그는 깨끗해질 것이
다.
10 팔 일째 되는 날, 피부병에 걸렸던 사람
은 흠 없는 숫양 두 마리와, 흠 없는 일
년 된 암양 한 마리를 가져오너라. 그는
또 곡식 제물에 쓸 기름을 섞은 고운 가
루 십분의 삼 에바*와, 기름 한 록*을 가
져오너라.
11 제사장은 그 사람을 깨끗하다고 선언하여
라. 그런 다음에 그 사람과 그의 제물을
여호와 앞, 곧 회막 입구로 데려가거라.
12 제사장은 숫양 한 마리를 가져다가, 그것
을 기름과 함께 속죄 제물로 바쳐라. 제
사장은 여호와 앞에서 그것을 제물로 드
려라.
13 그런 다음에 제사장은 회막 안의 속죄 제
물과 번제물을 잡는 곳에서 그 숫양을 잡
아라. 속건 제물은 속죄 제물과 마찬가지
로 제사장의 몫이다. 그것은 가장 거룩한
것이다.
14 제사장은 속건 제물의 피 가운데 얼마를
받아서, 깨끗해지고자 하는 사람의 오른
쪽 귓불과 오른손 엄지와 오른발 엄지에
발라라.
15 그리고 나서 제사장은 기름 가운데 얼마
를 자기 왼손바닥에 붓고,
16 오른손으로 왼손에 있는 기름을 찍어 여
호와 앞에서 그 기름을 일곱 번 뿌려라.
17 제사장은 손바닥에 남아 있는 기름으로
깨끗해지고자 하는 사람의 오른쪽 귓불과
오른손 엄지와 오른발 엄지에 발라라. 그
기름은 속건 제물의 피를 이미 바른 곳 위
에 바르게 되는 것이다.
18 그런 다음, 제사장은 왼손바닥에 남아 있
는 나머지 기름을 깨끗하게 되고자 하는
사람의 머리에 발라라. 그렇게 하여 제사
장은 여호와 앞에서 그의 죄를 씻어 주어
라.
19 그런 다음에 제사장은 속죄 제물을 바쳐
라. 그것으로 부정하게 되었다가 깨끗해
지고자 하는 사람의 죄를 씻어라. 그리고
나서 제사장은 번제물로 바칠 짐승을 잡
아서,
20 제단 위에서 번제물과 곡식 제물을 바쳐
라. 그렇게 하여 그 사람의 죄를 씻어 주

알아두세요

14:4 '백향목'은 '개잎갈나무'라고도 한다.
14:10 3/10에바는 약 6.6ℓ에 해당되고, 1록은 약 0.35ℓ에 해당된다.
14:21 1/10에바는 약 2.2ℓ에 해당된다.

우슬초(14:4 hyssop) 꿀풀과에 속하는 향기로운 식물로 유월절과 정결 의식 때 제물의 피를 뿌리는 데 사용되었다.
에바(14:10 ephah) 밀가루, 보리, 볶은 곡식 등의 양을 재는 단위이다. 1에바는 약 22 l 쯤 된다.
록(14:10 log) 부피의 단위로 약 0.35 l 정도이며, 문둥병자의 정결 예식 때 바치는 올리브 기름의 양을 지정할 때만 사용한다.
얼룩(14:37 stain) 액체가 스며들어 생긴 자국.

면 그 사람은 깨끗해질 것이다.
21 그러나 병에 걸렸던 사람이 가난해서 그
런 제물을 바칠 형편이 되지 못하면, 속
건 제물로 숫양 한 마리를 가져오너라. 그
것을 여호와께 바치면, 제사장은 그 사람
의 죄를 씻어 깨끗하게 해 줄 것이다. 그
리고 그 사람은 기름을 섞은 고운 밀가루
십분의 일 에바*도 가져와야 한다. 그것은
곡식 제물로 바칠 것이다. 그는 또 기름
한 록도 가져와야 한다.
22 그는 또 형편이 되는 대로 산비둘기 두 마
리나 집비둘기 새끼 두 마리를 가져와야
한다. 한 마리는 속죄 제물로 바칠 것이
고, 다른 한 마리는 번제물로 바칠 것이
다.
23 팔 일째 되는 날, 그는 그것들을 회막 입
구에 있는 제사장에게 가져와서 여호와께
바쳐야 한다. 이것은 그가 깨끗하게 되기
위한 것이다.
24 제사장은 속건 제물과 기름 한 록을 가져
다가 여호와께 제물로 드려라.
25 그리고 나서 제사장은 속건 제물에 쓸 양
을 잡고, 그 피 가운데서 얼마를 받은 다
음에 깨끗해지고자 하는 사람의 오른쪽
귓불과 오른손 엄지와 오른발 엄지에 발
라라.
26 제사장은 또 그 기름 가운데 얼마를 자기
왼손바닥에 붓고,
27 오른쪽 손가락으로 왼손바닥에 있는 기름
을 찍어, 여호와 앞에서 그 기름을 일곱
번 뿌려라.
28 그리고는 손바닥에 남아 있는 기름으로
깨끗해지고자 하는 사람의 오른쪽 귓불과
오른손 엄지와 오른발 엄지에 발라라. 그
기름은 속건 제물의 피를 이미 바른 곳 위
에 바르게 되는 것이다.
29 제사장은 왼손바닥에 남아 있는 나머지
기름을 깨끗해지고자 하는 사람의 머리에
발라라. 그렇게 하여 제사장은 여호와 앞
에서 그의 죄를 씻는 예식을 행하여라.
30 그런 다음에 제사장은 그 사람의 형편이
되는 대로 가져온 산비둘기나 집비둘기
새끼 가운데 하나를 바쳐라.
31 한 마리는 속죄 제물로 바치고, 다른 한
마리는 곡식 제물과 함께 번제물로 바쳐
라. 그렇게 하여 제사장은 깨끗해지고자
하는 사람의 죄를 씻는 예식을 행하여라.
그러면 그 사람은 깨끗해질 것이다.
32 이것은 위험한 피부병에 걸린 사람 가운
데서, 형편이 넉넉하지 못하여 제물을 제
대로 바칠 수 없는 사람을 깨끗하게 하는
일에 관한 가르침이다."

곰팡이에 관한 규례

33 여호와께서 모세와 아론에게 말씀하셨습
니다.
34 "나는 가나안 땅을 너희에게 소유물로 줄
것이다. 너희가 소유하는 그 땅에 들어갔
을 때, 누구의 집에서든 곰팡이가 생기
면,
35 그 집주인은 제사장에게 가서 '내 집에 곰
팡이 같은 것이 생겼습니다'라고 말하여
라.
36 그러면 제사장은 사람들에게 그 집을 비
우라고 명령하여라. 사람들은 제사장이
그 집에 들어가 곰팡이를 자세히 살펴보
기 전까지 그 집을 비우라. 그렇게 하지
않으면, 그 집 안에 있는 모든 것이 부정
하다는 말을 듣게 될 것이다. 사람들이 집
을 비우고 나면, 제사장은 그 집에 들어
가 자세히 살펴보아라.
37 제사장이 곰팡이를 살펴볼 때, 만약 집 벽
에 곰팡이가 나서 푸르스름하거나 불그스
름한 얼룩이 있고, 그 부분이 다른 부분
보다 우묵하게 보이면,
38 제사장은 집 밖으로 나가서 칠 일 동안 집
을 잠가 두어라.
39 칠 일째 되는 날 제사장은 다시 돌아와서
그 집을 조사하여라. 만약 곰팡이가 집 벽
에 퍼졌으면,
40 제사장은 사람들에게 명령하여 곰팡이가
난 돌을 빼내게 하여라. 빼낸 돌은 성 밖
의 부정한 곳에 버려라.
41 그런 다음에 집 안 전체를 닦아 내게 하
여라. 집 안을 닦을 때, 벽에서 떼어 낸

흙은 성 밖의 부정한 곳에 버려라.
42 그리고 집주인은 벽에 새 돌을 채워 넣고, 벽을 새 흙으로 발라라.
43 돌을 빼내고, 새 돌을 채워 넣고, 흙을 바른 뒤에도 집 안에 곰팡이가 다시 생기면,
44 제사장은 다시 돌아와서 그 집을 자세히 조사하여라. 만약 집에 곰팡이가 퍼졌으면 그것은 집에 퍼지는 위험한 곰팡이다. 그 집은 부정하다.
45 그러므로 집주인은 집을 헐어 버리고 모든 돌과 흙과 나무를 성 밖의 부정한 곳에 내다 버려라.
46 누구든지 그 집을 잠가 두었던 기간에 들어간 사람은 저녁 때까지 부정할 것이다.
47 누구든지 그 집에서 음식을 먹거나 자리에 눕는 사람은 옷을 빨아라.
48 만약 제사장이 다시 와서 조사했는데, 곰팡이가 집 안에 퍼지지 않았으면, 제사장은 그 집을 깨끗하다고 선언하여라. 이는 곰팡이가 없어졌기 때문이다.
49 집을 깨끗하게 하기 위해서, 제사장은 새 두 마리와 백향목과 진홍색 실 한 뭉치와 우슬초를 가져오너라.
50 그리고 새 한 마리를, 생수가 담겨 있는 오지그릇 위에서 잡게 하여라.
51 그런 다음에 제사장은 아직 살아 있는 남은 새와 백향목과 진홍색 실과 우슬초를 가져다가 그것들을 방금 잡은 새의 피와 생수에 찍어라. 제사장은 그 피를 그 집에 일곱 번 뿌려라.
52 이처럼 제사장은 새의 피와 생수와 살아 있는 새와 백향목과 우슬초와 진홍색 실 뭉치를 가지고 그 집을 깨끗하게 하여라.
53 그리고 살아 있는 새를 성에서 들판으로 날려 보내라. 이렇게 그 집의 죄를 씻는 예식을 행하면, 그 집은 깨끗해질 것이다.
54 이것은 모든 피부병, 곧 옴과
55 옷과 집에 생기는 곰팡이와
56 부스럼과 뾰루지와 얼룩이
57 언제 깨끗하고 언제 부정한가에 관한 규례이다. 이것은 온갖 피부병에 관한 가르침이다."

남자의 몸에 관한 규례

15 여호와께서 모세와 아론에게 말씀하셨습니다.
2 "이스라엘 백성에게 전하여라. 어떤 남자든지 몸에서 고름이 흐르면, 그 남자는 부정하다.
3 고름을 흘리는 남자가 부정한 경우는 이러하다. 고름이 계속해서 흐르건, 고름이 그쳤건 그 남자는 부정하다.
4 고름을 흘리는 남자가 침대에 누우면 그 침대는 부정해질 것이다. 그가 앉는 자리도 다 부정해질 것이다.
5 누구든지 그의 침대에 닿은 사람은 옷을 빨고, 물에 몸을 씻어라. 그러나 그 사람은 저녁 때까지 부정할 것이다.
6 고름을 흘리는 남자가 앉았던 곳에 앉은 사람은 옷을 빨고, 물에 몸을 씻어라. 그러나 그 사람은 저녁 때까지 부정할 것이다.
7 누구든지 고름을 흘리는 남자의 몸에 닿은 사람은 옷을 빨고, 물에 몸을 씻어라. 그러나 그 사람은 저녁 때까지 부정할 것이다.
8 고름을 흘리는 남자가 깨끗한 사람에게 침을 뱉으면, 몸에 침이 묻은 사람은 옷을 빨고, 물에 몸을 씻어라. 그러나 그 사람은 저녁 때까지 부정할 것이다.
9 부정한 사람이 올라 탄 안장도 모두 부정할 것이다.
10 누구든지 고름을 흘리는 남자 아래에 있던 것을 만지는 사람은, 저녁 때까지 부정할 것이다. 고름을 흘리는 남자 아래에 있던 것을 옮기는 사람은 옷을 빨고, 물

옴(14:54 itch) 옴벌레가 기생하여 생기는 전염성 피부병의 하나이다. 손가락이나 발가락 사이, 오금이나 겨드랑이 따위에서 시작하여 온몸으로 퍼져 나가는 몹시 가려운 병이다.
고름(15:2 discharge) 몸의 곪은 곳에서 생기는 누르스름하고 끈끈한 액체.

에 몸을 씻어라. 그러나 그 사람은 저녁
때까지 부정할 것이다.
11 고름을 흘리는 남자가 손을 물로 씻지 않
고, 다른 사람을 만지면 그 손에 닿은 사
람은 옷을 빨고, 물에 몸을 씻어라. 그러
나 그 사람은 저녁 때까지 부정할 것이다.
12 고름을 흘리는 남자가 오지그릇을 만지
면, 그 오지그릇은 깨뜨려라. 만약 그가
나무그릇을 만지면 그 그릇은 물에 씻어
라.
13 고름을 흘리는 남자는 깨끗해질 수 있다.
그는 깨끗해지기 위해 칠 일 동안 기다렸
다가, 옷을 빨고, 흐르는 물에 몸을 씻어
야 한다. 그러면 깨끗해질 것이다.
14 팔 일째 되는 날에 그는 산비둘기 두 마
리나 집비둘기 새끼 두 마리를 가지고, 여
호와 앞, 곧 회막 입구에 나와야 한다. 그
리고 새 두 마리를 제사장에게 주어야 한
다.
15 제사장은 그 새를 바쳐라. 한 마리는 속
죄제로, 다른 한 마리는 태워 드리는 제
사인 번제로 바쳐라. 그리하여 제사장은
고름을 흘리는 그 남자의 부정한 것을 여
호와 앞에서 깨끗게 하는 예식을 행하여
라.
16 남자가 정액을 흘렸으면, 그는 물에 몸을
씻어라. 그러나 저녁 때까지 부정할 것이
다.
17 만약 정액이 옷이나 가죽에 묻으면 그것
을 빨아라. 그러나 그것은 저녁 때까지 부
정할 것이다.
18 남자가 여자와 함께 눕다가 정액을 흘렸
으면, 두 사람 모두 물에 몸을 씻어라. 그
러나 그들은 저녁 때까지 부정할 것이다.

여자의 몸에 관한 규례

19 여자가 월경을 할 경우, 그는 칠 일 동안
부정할 것이다. 누구든지 그의 몸에 닿는
사람은 저녁 때까지 부정할 것이다.
20 그 칠 일 동안에 그 여자가 눕는 자리나
물건도 부정할 것이다. 그리고 그 여자가
앉는 자리나 물건도 부정할 것이다.
21 누구든지 그 여자의 침대에 닿은 사람은
옷을 빨고, 물로 몸을 씻어라. 그러나 그
사람은 저녁 때까지 부정할 것이다.
22 누구든지 그 여자가 앉았던 것에 닿은 사
람은 옷을 빨고, 물로 몸을 씻어라. 그러
나 그 사람은 저녁 때까지 부정할 것이다.
23 여자의 침대에 몸이 닿았건, 여자가 앉았
던 곳에 몸이 닿았건, 그 사람은 저녁 때
까지 부정할 것이다.
24 어떤 남자든지 월경 중인 여자와 함께 눕
는 사람은, 칠 일 동안 부정할 것이다. 그
남자가 눕는 침대도 다 부정할 것이다.
25 여자가 월경을 하는 때가 아닌데도, 몸에
서 피가 계속 나거나, 월경이 다 끝났는
데도 몸에서 계속 피가 나면, 그 여자는
피가 나는 동안 부정할 것이다.
26 피를 흘리는 동안 그 여자가 눕는 모든 침
대는 월경을 하는 동안 눕는 침대와 마찬
가지로 부정할 것이다. 그리고 그 여자가
앉는 자리도 마찬가지다. 그 자리도 월경
을 하는 동안 앉는 자리처럼 부정할 것이
다.
27 누구든지 그런 것들에 몸이 닿으면 부정
할 것이다. 그 사람은 옷을 빨고, 물로 몸
을 씻어야 한다. 그러나 그 사람은 저녁
때까지 부정할 것이다.
28 피를 흘리는 여자가 피가 멎고 나서도 깨
끗해지려면, 칠 일 동안 기다려라. 칠 일
이 지나야 그 여자는 깨끗해질 것이다.
29 팔 일째가 되는 날에, 그 여자는 산비둘
기 두 마리나 집비둘기 새끼 두 마리를 회
막 입구에 있는 제사장에게 가져가야 한
다.
30 그러면 제사장은 그 가운데 한 마리는 속
죄제로, 다른 한 마리는 번제로 바쳐라.
그리하여 제사장은 피를 흘리는 그 여자
의 부정한 것을 여호와 앞에서 깨끗하게
하는 예식을 행하여라.
31 너희는 이스라엘 백성이 부정한 것에 가까
이하지 않도록 하여라. 그리하여 그들 가
운데에 있는 내 회막을 더럽히는 일이 없
도록 하여라. 만약 그 장막을 더럽히면 그
들은 죽을 것이다.

32 이것은 고름을 흘리거나 정액을 흘려서
부정하게 되는 남자에 관한 가르침이다.
33 이것은 또 월경을 하는 여자에 관한 가르
침이며, 남자든 여자든, 부정한 것을 흘
리는 사람에 관한 가르침이며, 부정한 여
자와 함께 눕는 남자에 관한 가르침이
다."

속죄일

16 아론의 두 아들이 여호와께 향을 바
치다가 죽은 뒤에, 여호와께서 모세
에게 말씀하셨습니다.
2 "네 형 아론에게 전하여라. 아무 때나 휘
장 안, 곧 법궤가 있는 성소로 들어가지
마라. 들어가는 날에는 죽을 것이다. 내
가 속죄판 위에서 구름 가운데 나타날 것
이기 때문이다.
3 아론이 성소에 들어가려면, 수송아지 한
마리를 속죄 제물로 바쳐라. 그리고 숫양
한 마리를 번제물로 바쳐라.
4 아론은 거룩한 속옷을 입고, 그 안에는 맨
살에 모시 속옷을 입어라. 허리에는 모시
띠를 띠고, 머리에는 모시 관을 써라. 이
것은 거룩한 옷이다. 그러므로 아론은 그
옷을 입기 전에 몸 전체를 물로 씻어라.
5 아론은 이스라엘 백성에게서 속죄 제물로
바칠 숫염소 두 마리와 번제로 바칠 숫양
한 마리를 받아라.
6 그런 다음에 속죄 제물로 소를 바쳐라. 그
것은 자기를 위한 제물이다. 아론은 그 제
물을 바쳐서 자기와 자기 집의 죄를 씻는
예식을 행하여라.
7 그리고 나서 염소 두 마리를 여호와 앞,
곧 회막 입구로 끌고 가거라.
8 아론은 제비를 뽑아, 두 염소 가운데서 여
호와께 바칠 염소와 아사셀에게 바칠 염
소*를 정하여라.
9 아론은 제비를 뽑아 여호와께 바치기로
정해진 염소를 속죄 제물로 바쳐라.
10 제비를 뽑아 속죄의 염소로 정해진 다른
염소는 산 채로 여호와 앞에 끌고 가거라.
제사장은 그 염소를 여호와 앞에 산 채로
두었다가 이스라엘의 죄를 씻는 예식에 써
라. 그리고 나서 그 염소를 광야로 내보
내어라.
11 아론은 자기를 위해 속죄 제물로 수소를
바쳐라. 그렇게 하여 자기와 자기 집의 죄
를 씻는 예식을 행하여라. 아론은 자기를
위해 속죄 제물로 바칠 수소를 잡아라.
12 그런 다음에 아론은 여호와 앞의 제단에
서, 피어 있는 숯으로 가득한 향로를 들
고, 곱게 빻은 향 가루 두 움큼을 쥐고,
휘장 안으로 들어가서,
13 여호와 앞에서 그 향을 불 위에 놓아라.
그래서 그 향 연기가 언약궤 위의 속죄판
을 덮게 하여라. 그래야 네가 죽지 않을
것이다.
14 그리고 아론은 수소의 피 얼마를 받아, 손
가락으로 피를 찍은 다음에 속죄판 위쪽
에 한 번 뿌리고, 속죄판 앞에 일곱 번 뿌
려라.
15 그런 다음에 아론은 백성을 위해 속죄 제
물인 숫염소를 바쳐라. 아론은 그 숫염소
의 피를 휘장 안으로 가져가서, 수소의 피
와 마찬가지로 속죄판 위쪽과 앞에 뿌려
라.
16 그렇게 하여 성소를 깨끗하게 하여라. 이

성경 자세히 이해하기

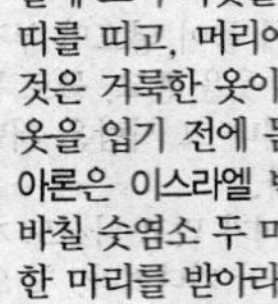

아사셀의 염소

대속죄일에는 염소 두 마리를 준비해서, 한 마리는 하나님께 속죄 제물로 드리고 다른 한 마리는 아사셀의 염소라 하여 광야로 보냈습니다(레 16:7-10). 아사셀은 여러 가지로 해석됩니다. (1) 광야에 사는 마귀의 이름: 아사셀 염소를 떠나 보내는 행위는 죄악의 근본인 마귀에게 이스라엘의 죄를 돌려 보내는 것이다. (2) 험한 절벽: 탈무드에는 아사셀 염소를 절벽에서 떨어뜨려 죽였다는 기록이 나온다. (3) 떠나 보내는 염소: 히브리어로 '에즈'(염소)와 '아잘'(떠나감)의 합성어로 본다.

본문 보기 16장 7-10절

는 이스라엘 백성이 부정하게 되었고, 온
갖 죄를 지었기 때문이다. 그리고 아론은
부정한 이스라엘 백성 가운데 있는 회막도
깨끗하게 하여라.
17 아론이 회막에 들어가서, 자기와 자기 집
과 이스라엘 모든 무리를 위해 죄를 씻는
예식을 하는 동안, 아무도 회막에 들어가
지 마라.
18 아론은 성소에서 모든 예식을 마친 뒤에
여호와 앞의 제단으로 나아오너라. 거기
서 아론은 제단을 깨끗하게 하는 예식을
한 뒤에 수소와 숫염소의 피 가운데 얼마
를 받아서 제단 뿔에 발라라.
19 그리고 그 피 가운데 얼마를 손가락으로
찍어서 제단 위에 일곱 번 뿌려라. 그렇
게 하여 이스라엘 백성의 죄로 말미암아
부정해진 제단을 깨끗하게 하고 거룩하게
하여라.
20 아론은 성소와 회막과 제단을 깨끗하게
하는 예식을 한 뒤에 살아 있는 숫염소를
여호와께 가져오너라.
21 아론은 살아 있는 숫염소의 머리에 두 손
을 얹고, 이스라엘 백성의 모든 죄를 고백
하여, 그 죄를 숫염소의 머리에 두어라.
그리고 미리 정한 사람을 시켜 그 숫염소
를 광야로 내보내어라.
22 그렇게 하면 그 숫염소는 백성의 모든 죄
를 지고 광야로 나갈 것이다. 그리고 광
야에서 멀리 떠나가게 하여라.
23 그런 다음에 아론은 회막으로 들어가서,
성소에 들어갈 때에 입었던 모시옷을 벗
어서 거기에 놓아 두어라.
24 아론은 성소에서 물로 온몸을 씻고, 벗어
둔 옷을 다시 입은 뒤에 거기에서 나와 자
기의 번제물과 백성의 번제물을 바쳐라.
그래서 자기와 백성의 죄를 씻는 예식을
행하여라.
25 그리고 나서 아론은 속죄 제물의 기름을
제단 위에서 태워라.
26 염소를 이끌고 광야로 나갔던 사람은 옷
을 빨아라. 그리고 온몸을 물로 씻어라.
그런 다음에야 진으로 돌아올 수 있을 것
이다.
27 성소에서 죄를 씻는 예식을 행하기 위해,
속죄 제물로 바친 수소와 숫염소의 피를
성소 안으로 가져가라. 그런 후에 그 짐
승들을 진 밖으로 내어가고, 제사장은 그
짐승들의 가죽과 고기와 똥을 불로 태워
라.
28 그것들을 태우는 사람은 자기 옷을 빨고,
물로 온몸을 씻어라. 그런 다음에야 그 사
람은 진으로 돌아올 수 있을 것이다.
29 이것은 너희가 영원히 지켜야 할 규례이
다. 일곱째 달, 그 달 십 일*에 너희는 음
식도 먹지 말고, 일도 하지 마라. 이스라
엘 백성이나 너희 가운데 사는 외국인이
나, 다 지켜야 한다.
30 이 날은 너희의 속죄일이며, 너희를 깨끗
하게 하는 날이기 때문이다. 너희는 여호
와 앞에서 너희의 온갖 죄로부터 깨끗해
질 것이다.
31 이 날은 너희에게 매우 중요한 안식일이
다. 너희는 음식을 먹지 마라. 이것은 영
원히 지켜야 할 규례이다.
32 기름 부음을 받아 아버지를 대신하여 제
사장으로 임명된 제사장은 거룩한 모시옷
을 입고, 죄를 씻는 예식을 행하여라.
33 그는 성소를 깨끗하게 해야 하며, 회막과
제단을 깨끗하게 해야 한다. 그는 또한 제
사장들과 이스라엘 모든 무리의 죄를 씻는
예식을 행해야 한다.

알아두세요

16:8 '속죄의 염소'. 아사셀 염소를 광야로 보내는 것은 이스라엘이 지은 죄의 문제가 온전히 처리되었음을 의미한다.

16:29 이날은 히브리력으로서, 9월에서 10월 초순에 해당된다.

속죄판(16:2 atonement cover) 성막 또는 성전 지성소에 안치된 거룩한 궤의 뚜껑.

규례(16:29 rules and regulations) 일정한 규칙과 정해진 관례.

안식일(16:31 Sabbath day) 히브리 민족이 하나님의 명령에 따라 휴일로 삼고 있는 날로 1주간 중 제7일에 해당하는 날을 말한다.

34 이스라엘 백성의 모든 죄를 일 년에 한 번
씩 씻는 이 예식은 너희에게 영원한 규례
가 될 것이다." 이 모든 일은 여호와께서
모세에게 명령하신 대로 이루어졌습니다.

제물을 바치는 방법

17 여호와께서 모세에게 말씀하셨습니
다.
2 "아론과 그의 아들들과 이스라엘 모든 백
성에게 말하여라. '이것은 여호와께서 명
령하신 말씀이다.
3 누구든지 이스라엘 백성이 소나 양이나 염
소를 바칠 때, 진 안에서 잡든 진 밖에서
잡든,
4 그것을 회막, 곧 성막 입구로 가져가서 여
호와께 제물로 바쳐라. 그렇게 하지 않으
면, 그 사람은 피를 흘린 자로 간주되므
로 자기 백성에게서 끊어질 것이다.
5 이 규례는 이스라엘 백성이 들판에서 바치
려던 제물을 여호와께, 곧 회막 입구에 있
는 제사장에게 가져와, 여호와께 화목 제
물로 바치게 하기 위한 것이다.
6 제사장은 회막 입구에 있는 여호와의 제
단 쪽으로 그 짐승의 피를 뿌리고, 기름
을 태워 여호와께 향기로운 제물로 바쳐
라.
7 이제부터 백성은 염소 우상에게 제물을
바치지 마라. 백성은 지금까지 그러한 다
른 신들을 섬겨 마치 창녀와 같이 행동했
다. 이것은 이스라엘 백성이 지금부터 영
원히 지켜야 할 규례이다.'
8 백성에게 또 이렇게 말하여라. '이스라엘
백성이든지 그들 가운데 사는 외국인이든
지 번제물이나 희생 제물을 바칠 때는,
9 그 제물을 회막 입구로 가져와서 여호와
께 바쳐라. 그렇게 하지 않으면 그 사람
은 자기 백성에게서 끊어질 것이다.
10 이스라엘 백성이든지 그들 가운데 사는 외
국인이든지 피를 먹으면, 나는 그에게서
얼굴을 돌리고, 그를 내 백성에게서 끊을
것이다.
11 몸의 생명은 피에 있기 때문이다. 또 나
는 제단 위에서 너희의 죄를 씻는 데 쓰
라고 피를 주었다. 피가 곧 생명이기 때
문에 피로 죄를 씻을 수 있는 것이다.
12 그러므로 내가 이스라엘 백성에게 이렇게
말한다. "너희는 누구도 피를 먹지 말며
너희 가운데서 사는 외국인도 피를 먹지
마라."
13 이스라엘 백성이든지 그들 가운데 사는 외
국인이든지 먹어도 되는 짐승이나 새를
사냥하여 잡았을 때는, 그 피를 땅 위에
쏟고 흙으로 덮어라.
14 모든 생물에게 피는 곧 생명이기 때문이
다. 그러므로 내가 이스라엘 백성에게 말
한다. "너희는 어떤 생물이든지 그 생물
의 피를 먹지 마라. 모든 생물의 생명은
그 피에 있기 때문이다. 누구든지 피를 먹
는 사람은 백성에게서 끊어질 것이다."
15 이스라엘 백성이든지 그들 가운데 사는 외
국인이든지 저절로 죽었거나 다른 들짐승
에게 찢겨 죽은 짐승의 고기를 먹으면, 그
는 자기 옷을 빨고, 물로 온몸을 씻어야
한다. 그는 저녁 때까지 부정하고, 그 뒤
에야 깨끗해질 것이다.
16 만약 옷을 빨지 않거나 몸을 씻지 않으면,
그는 죄의 대가를 치를 것이다.'"

남녀 관계에 관한 규례

18 여호와께서 모세에게 말씀하셨습니
다.
2 "이스라엘 백성에게 전하여라. '나는 너희
의 하나님 여호와이다.
3 너희는 전에 살던 이집트 땅의 사람들처
럼 살지 마라. 또 내가 너희를 인도하여
갈 가나안 땅의 사람들처럼 살지도 마라.
그들의 풍습을 본받지 마라.
4 너희는 내 가르침에 복종하고, 내 규례를
지켜라. 나는 너희의 하나님 여호와니라.
5 내 가르침과 규례에 복종하여라. 내 가르
침과 규례에 복종하는 사람은 살 것이다.
나는 여호와이다.
6 너희는 가까운 친척과 성관계를 갖지 마
라. 나는 여호와이다.
7 너희는 어머니의 몸을 범함으로 아버지를
욕되게 만들지 마라. 그녀는 네 어머니이

니 너희 어머니의 몸을 범하지 마라.
8 너희는 네 계모와 성관계를 갖지 마라. 그
녀는 네 아버지의 몸이나 마찬가지이다.
9 너희는 네 누이의 몸을 범하지 마라. 그
는 네 아버지나 네 어머니의 딸이다. 네
누이가 너희 집에서 태어났든 밖에서 태
어났든 그녀와 함께 눕지 마라.
10 너희는 친손녀든 외손녀든 손녀의 몸을
범하지 마라. 그들은 네 자신의 몸이나 마
찬가지이다.
11 너희의 계모가 아버지에게서 딸을 낳으
면, 그 딸은 네 누이다. 너는 그 누이의
몸을 범하지 마라.
12 너는 고모의 몸을 범하지 마라. 고모는 네
가까운 친척이다.
13 너희는 이모의 몸을 범하지 마라. 어머니
의 형제는 네 가까운 친척이다.
14 너희는 숙모의 몸을 범하지 마라. 그녀는
네 아버지의 형제의 몸이나 마찬가지이
다. 그녀는 네 숙모이다.
15 너희는 며느리의 몸을 범하지 마라. 며느
리는 너희 아들의 아내이다. 며느리의 몸
을 범하지 마라.
16 너희는 형제의 아내의 몸을 범하지 마라.
그녀는 너희 형제의 몸이나 마찬가지이
다.
17 너희는 여자와 그 여자의 딸의 몸을 같이
범하지 마라. 그리고 친손녀든 외손녀든
그 여자의 손녀의 몸도 범하지 마라. 그
녀의 손녀는 그녀의 가까운 친척이다. 그
들을 범하는 일은 나쁜 짓이다.
18 너희는 아내가 아직 살아 있는데, 그 여
자 형제를 또 아내로 맞아들이지 마라. 아
내의 형제를 범하지 마라. 아내를 질투하
게 하지 마라.
19 너희는 월경을 하고 있는 여자에게 가까
이 하여 몸을 범하지 마라. 월경 기간 동
안 그 여자는 부정하다.
20 너희는 이웃의 아내와 함께 누워 네 몸을
더럽히지 마라.
21 너희는 네 자녀 가운데 하나라도 몰렉에
게 제물로 바치지 마라. 그렇게 하여 네
하나님의 이름을 더럽히지 마라. 나는 여
호와이다.
22 너희는 여자와 함께 눕듯이 남자와 함께
눕지 마라. 그것은 문란한 죄이다.
23 너희는 짐승과 함께 누워 몸을 더럽히지
마라. 여자도 짐승과 함께 눕지 마라. 그
것은 역겨운 죄이다.
24 너희는 이러한 죄 가운데 어느 하나라도
저질러서 몸을 더럽히지 마라. 내가 너희
앞에서 쫓아 낸 나라들이 바로 이런 짓을
함으로 몸을 더럽혔다.
25 그리고 그 땅도 더럽혀졌다. 그래서 내가
그 죄 때문에 그 땅에 벌을 내렸고, 그 땅
에서 그 백성을 쫓아 낸 것이다.
26 너희는 내 가르침과 규례에 복종하거라.
너희는 이런 역겨운 죄를 하나라도 짓지

성경 자세히 이해하기

몰렉

몰록, 밀곰 등으로도 불리는 몰렉은 암몬 사람들이 섬기던 우상으로(왕상 11:7), 몰렉 신에게 제사를 드릴 때는 보통 어린아이를 불태워 바쳤다고 합니다(렘 32:35). 하나님께서는 이스라엘이 가나안에 들어오기 전부터 몰렉 신에게 어린아이를 불태워 바치는 가증스러운 일을 하지 말라고 명령하셨습니다(레 18:21). 그러나 솔로몬은 이방 여인들을 아내로 맞이하여 몰렉을 섬기고 몰렉을 위한 제단까지 쌓았습니다(왕상 11:5-7). 그후에도 이스라엘 백성들은 힌놈의 골짜기에 있는 도벳 산당에서 어린아이를 불태워 바쳤습니다(렘 7:31).

본문 보기 18장 21절

간주되다(17:4 be considered) 어떤 사실을 그렇다고 보다. 또는 그렇게 여기다.
숙모(18:14 aunt) 아버지의 남동생의 아내.
며느리(18:15 daughter-in-law) 아들의 아내.
월경(18:19 menstruation) 성숙한 여성의 자궁에서 매월 정기적으로 피가 나오는 생리적 현상.

마라. 이스라엘 백성이나 그들 가운데 사
는 외국인도 그런 죄를 짓지 마라.
27 너희보다 앞서 그 땅에 살던 백성은 이 모
든 역겨운 죄를 저질렀으므로 그 땅이 부
정해졌다.
28 만약 너희가 이런 짓을 하면, 너희도 그
땅을 부정하게 만들고 말 것이다. 그러
면 나는 너희보다 앞서 그 땅에 살던 사
람을 쫓아 냈듯이, 너희도 쫓아 낼 것이
다.
29 이런 역겨운 죄를 저지르는 사람은 누구
든지 자기 백성에게서 끊어질 것이다.
30 너희보다 먼저 그 땅에 살던 백성이 행했
던 역겨운 풍속을 하나라도 행하지 마라.
이런 역겨운 죄를 저질러서 스스로 더럽
히지 마라. 너희는 내 가르침에 복종하여
라. 나는 너희 하나님 여호와이다.'"

그밖의 율법

19 여호와께서 모세에게 말씀하셨습니
다.
2 "이스라엘 모든 백성에게 전하여라. 나는
여호와 너희 하나님이다. 내가 거룩하므
로 너희도 거룩하여라.
3 너희는 모두 너희 어머니와 아버지를 존
경하여라. 그리고 너희는 내 안식일을 지
켜라. 나는 너희 하나님 여호와이다.
4 우상을 섬기지 마라. 너희가 섬길 신상을
만들지도 마라. 나는 너희 하나님 여호와
이다.
5 너희가 여호와께 화목 제물을 바칠 때는,
여호와께서 받으실 만하게 바쳐라.
6 제물은, 바친 그 날이나 그 다음 날에 먹
어라. 삼 일째 되는 날까지 남은 것은 불
에 태워 버려라.
7 삼 일째 되는 날에, 남은 것을 먹는 것은
역겨운 일이다. 여호와께서는 그 제물을
기쁘게 받지 않으실 것이다.
8 누구든지 그런 것을 먹는 사람은 죄가 있
을 것이다. 그는 여호와께 바친 거룩한 제
물을 더럽혔기 때문이다. 그런 사람은 백
성에게서 끊어질 것이다.
9 땅에 심은 것을 거두어들일 때는 밭의 구
석구석까지 다 거두어들이지 말며 거두어
들이다가 곡식이 밭에 떨어졌더라도 줍지
말고, 그냥 내버려 두어라.
10 포도밭의 포도도 다 따지 마라. 포도밭에
떨어진 포도도 주워들이지 마라. 가난한
사람과 외국인을 위해 그것들을 남겨 두
어라. 나는 너희 하나님 여호와이다.
11 훔치지 마라. 사람을 속이지 마라. 다른
사람에게 거짓말을 하지 마라.
12 너희는 내 이름으로 거짓 약속을 하여, 너
희 하나님의 이름을 더럽히지 마라. 나는
여호와이다.
13 이웃을 억압하지 마라. 이웃의 것을 빼앗
지 마라. 품꾼의 삯을 그 날 주지 않고,
밤새 갖고 있지 마라.
14 듣지 못하는 사람을 저주하지 마라. 눈먼
자 앞에 걸려 넘어질 것을 놓지 마라. 너
희는 네 하나님을 두려워하여라. 나는 여
호와이다.
15 재판을 할 때는 공정하게 하여라. 가난한
사람이라고 해서 감싸 주거나, 힘있는 사
람이라고 해서 편들어 주지 마라. 이웃을
재판할 때는 공정하게 하여라.
16 다른 사람을 헐뜯는 말을 하고 다니지 마
라. 이웃의 목숨을 위태롭게 할 일을 하
지 마라. 나는 여호와이다.
17 네 형제를 미워하는 마음을 품지 말고, 형
제가 잘못을 하거든 타일러라. 그렇게 하
지 않으면 그의 잘못 때문에 네가 죄를 뒤
집어 쓰게 될 것이다.
18 사람들이 너에게 나쁜 일을 했다 해도, 복
수를 하거나 앙심을 품지 말고, 네 이웃
을 네 몸과 같이 사랑하여라. 나는 여호
와이다.
19 내 가르침에 복종하여라. 종류가 다른 두
짐승을 교미시키지 마라. 밭에다가 종류
가 다른 두 씨를 심지 마라. 종류가 다
른 두 재료를 섞어서 만든 옷을 입지 마

관자놀이(19:27 temple) 귀와 눈 사이에 맥박이 느껴지는 자리.
문신(19:28 tattoo) 살갗에 글자, 그림, 무늬 따위를 지워지지 않게 새기는 것.

라.
20 어떤 남자가, 다른 남자와 약혼한 처녀 종
과 잠자리를 함께 했는데, 만약 그녀와 약
혼한 그 남자가 아직 그 여자의 몸값을 치
르지 않았거나, 그 여자에게 자유를 주지
않았다면, 두 사람은 벌을 받기는 받지만
죽임을 당하지는 않는다. 여자가 아직 자
유의 몸이 아니기 때문이다.
21 그 남자는 여호와께, 곧 회막 입구로 숫
양을 가져와서, 허물을 씻는 속건 제물을
바쳐라.
22 제사장은 그 숫양을 여호와 앞에 속건 제
물로 바쳐라. 그것은 그 남자의 속죄 제
물이다. 그러면 그 남자의 죄는 용서받게
될 것이다.
23 너희가 그 땅으로 들어가서 온갖 과일나
무를 심었을 때, 삼 년 동안은 과일을 따
먹지 말고 기다려라.
24 사 년째 되는 해에 나무에서 딴 과일은 여
호와의 것이다. 그것은 여호와께 바치는
거룩한 찬양의 제물이다.
25 그러다가 오 년째 되는 해에 너희는 그 나
무의 과일을 먹어라. 너희가 이대로 하면 그
나무에 과일이 더 많이 맺힐 것이다. 나는
너희 하나님 여호와이다.
26 너희는 어떤 것이든 피째 먹지 마라. 점
을 치거나, 마법을 행하지 마라.
27 관자놀이의 머리털을 잘라 내거나 턱수염
끝을 잘라 내지 마라.
28 죽은 사람을 생각하며 슬퍼한다고 몸에
상처를 내지 마라. 몸에 문신도 하지 마
라. 나는 여호와이다.
29 너희는 네 딸을 창녀로 만들어서 네 딸을
더럽히지 마라. 그런 짓을 하면 이 땅을
더럽히게 되고, 온통 죄로 가득하게 될 것
이다.
30 내 안식일을 지키고 내 성소를 거룩히 여
겨라. 나는 여호와이다.
31 무당이나 점쟁이를 찾아가지 마라. 그런
사람을 찾아가면 너희는 부정해질 것이
다. 나는 너희 하나님 여호와이다.
32 노인을 존경하여라. 노인이 방에 들어오
면 자리에서 일어나라. 너희 하나님을 두
려워하여라. 나는 여호와이다.

길이를 재거나 무게를 달 때도
정직하게 해야 됨(19장)

33 너희 땅에 외국인이 너희와 함께 살 때, 그들을 학대하지 마라.
34 그들을 너희 동포처럼 여기고, 너희 몸을 사랑하듯 그들을 사랑하여라. 너희도 이집트에서 살 때는 외국인이었다. 나는 너희 하나님 여호와이다.
35 사람들을 재판할 때는 공정하게 하여라. 길이를 재거나 무게를 달 때도 정직하게 하여라.
36 올바른 추와 저울과 에바와 힌을 사용하여라. 나는 너희를 이집트에서 인도해 낸 너희 하나님 여호와이다.
37 나의 모든 가르침과 규례를 기억하고 잘 지켜라. 나는 여호와이다."

여러 가지 죄에 대한 경고

20 여호와께서 모세에게 말씀하셨습니다.
2 "너는 또 이스라엘 백성에게 이렇게 전하여라. 이스라엘 백성이든지 이스라엘 백성 가운데서 사는 외국인이든지 몰렉에게 자기 자녀를 제물로 바치는 사람은 죽여야 한다. 그 땅의 백성들에게 그 사람을 돌로 쳐서 죽이게 하여라.
3 나도 그런 사람에게 노하여, 그를 그 백성에게서 끊을 것이다. 그가 자기 자녀를 몰렉에게 주어서 내 성소를 더럽히고, 내 거룩한 이름을 욕되게 했기 때문이다.
4 만약 그 땅의 백성이 몰렉에게 자기 자녀를 바치는 사람을 눈감아 주고, 그런 사람을 죽이지 않는다면,
5 내가 스스로 그 사람과 그 집안에게 노하여, 그를 백성에게서 끊을 것이다. 그런 사람뿐만 아니라, 몰렉에게 예배하는 모든 사람에게 그런 벌을 내릴 것이다.
6 무당과 점쟁이를 찾아가는 사람에게 내가 노하여, 그들을 백성에게서 끊을 것이다.
7 내 거룩한 백성이 되어라. 내가 거룩하니 너희도 거룩하여라. 나는 너희 하나님 여호와이다.
8 내 율법을 기억하고 잘 지켜라. 나는 여호와이다. 내가 너희를 거룩하게 했다.
9 자기 아버지나 어머니를 저주하는 사람은 죽여라. 그런 사람은 아버지나 어머니를 저주했으므로 그 죄값이 자기에게 돌아가리라.

남녀 관계의 죄

10 남자가 이웃 사람의 아내와 함께 잠을 자서 간음죄를 지으면 그 두 사람을 다 죽여라.
11 계모와 잠자리를 같이한 사람은 자기 아버지를 욕되게 했으므로, 그 사람과 계모를 다 죽여라. 그들의 죄값이 자기들에게 돌아갈 것이다.
12 남자가 자기 며느리와 잠자리를 같이하면 두 사람 모두 죽여라. 그들은 망측한 짓을 하였으니, 그들의 죄값이 자기들에게 돌아갈 것이다.
13 남자가 여자와 함께 눕듯이, 남자끼리 함께 누우면, 그 두 사람은 역겨운 짓을 했으므로 죽여라. 그들의 죄값이 자기들에게 돌아갈 것이다.
14 남자가 자기 아내뿐 아니라, 아내의 어머니까지도 자기 아내로 맞아들이는 것은 나쁜 짓이다. 너희는 그 남자와 두 여자를 불로 태워라. 그래서 너희 가운데 그런 역겨운 일이 없게 하여라.
15 짐승과 잠자리를 함께 하는 남자는 죽여라. 그리고 그 짐승도 죽여라.
16 짐승과 잠자리를 함께 하는 여자도 그 짐승과 함께 죽여라. 그들의 죄값이 자기들에게 돌아갈 것이다.
17 남자가 자기 누이, 곧 아버지가 다른 아내에게서 낳은 딸이나, 어머니가 다른 남편에게서 낳은 딸을 아내로 맞아들여서 잠자리를 함께 하는 것은 부끄러운 짓이다. 모든 사람이 보는 앞에서, 그들은 백

간음(20:10 adultery) 부부가 아닌 남녀의 성적 관계.
계모(20:11 stepmother) 아버지의 후처나 의붓어머니.
망측한(20:12 indecent) 상식에서 벗어나거나 이치에 맞지 않아서 어이가 없는.

성에게서 끊어질 것이다. 그 남자는 자기 누이를 부끄럽게 했으므로 벌을 받을 것이다.
18 남자가 월경 중인 여자와 함께 누우면 두 사람 모두 백성에게서 끊어질 것이다. 남자는 여자의 피의 샘을 드러내었고, 여자는 자신의 피의 샘을 열어 보이는 죄를 저질렀기 때문이다.
19 이모나 고모의 몸을 범하지 마라. 그것은 가까운 친척을 욕되게 하는 짓이다. 두 사람 모두 벌을 받을 것이다.
20 남자가 자기 숙모와 함께 누우면 그 남자는 자기 삼촌을 욕되게 한 것이니, 그 두 사람 모두 벌을 받을 것이다. 그들은 자손을 보지 못하고 죽을 것이다.
21 남자가 자기 형제의 아내와 결혼하면 부정할 것이다. 그는 자기 형제를 욕되게 했으므로 그들은 자녀를 낳지 못할 것이다.
22 나의 모든 가르침과 규례를 기억하고 잘 지켜라. 그러면 내가 너희를 인도해 갈 그 땅이 너희를 쫓아 내지 않을 것이다.
23 너희는 내가 너희 앞에서 쫓아 낼 나라의 풍속을 따라 살지 마라. 그들은 이 모든 죄를 지었기 때문에 내가 그들을 미워한다.
24 너희가 그들의 땅을 얻게 될 것이라고 내가 말했다. 내가 그 땅, 곧 젖과 꿀이 넘쳐 흐르는 비옥한 그 땅을 너희에게 줄 것이다. 나는 너희 하나님 여호와이다. 나는 너희를 다른 백성과 구별하여 나의 백성으로 삼았다.
25 그러므로 너희는 새나 짐승이나 깨끗하고 부정한 것을 구별하여라. 그런 부정한 새나 짐승이나, 땅에서 기는 것 때문에 너희 스스로를 부정하게 하지 마라.
26 나 여호와가 거룩하므로 너희도 내 앞에 거룩한 백성이 되어라. 나는 너희를 다른 백성과 구별하여 내 백성으로 삼았다.
27 무당이나 점쟁이는 남자든지 여자든지 모두 죽여라. 죽이되 돌로 쳐서 죽여라. 그들의 죄값이 자기들에게 돌아갈 것이다."

제사장이 지켜야 할 규례

21 여호와께서 모세에게 말씀하셨습니다. "아론의 아들들, 곧 제사장들에게 이렇게 전하여라. 제사장은 시체를 만져서 스스로를 부정하게 하지 마라.
2 다만 죽은 사람이 제사장의 가까운 친척, 곧 어머니나 아버지나 아들이나 딸이나 형제면 그 시체는 만져도 된다.
3 그리고 시집가지 못하고 죽은 누이의 시체도 만질 수 있다. 그 누이에게는 남편이 없으므로 제사장이 가까운 친척이다. 그 누이 때문에 몸을 더럽히는 것은 괜찮다.
4 그러나 제사장이 한 여자의 남편이라면, 아내의 친척이 죽었을 경우, 제사장은 그들 때문에 몸을 더럽히지 마라.
5 제사장은 머리털을 대머리같이 만들지 마라. 제사장은 턱수염을 깎아 내거나, 몸에 칼자국을 내지 마라.
6 제사장은 하나님께 거룩해야 하며, 자기들이 섬기는 하나님의 이름을 욕되게 해선 안 된다. 제사장은 여호와께 불에 태워 제물을 바치는 사람이고, 하나님께 음식을 드리는 사람이다. 그러므로 제사장은 거룩해야 한다.
7 제사장은 그들의 하나님께 거룩하므로 창녀나 몸을 더럽힌 여자와 결혼하지 마라. 그리고 남편과 이혼한 여자와 결혼하지도 마라.
8 너희는 제사장을 거룩하게 여겨라. 그들은 너희 하나님의 음식을 바치는 사람이기 때문이다. 너희를 거룩하게 하는 나 여호와가 거룩하므로 너희도 제사장을 거룩히 여겨야 한다.

부정(20:21 impurity) 깨끗하지 못하고 더러운 것을 말한다.
비옥한(20:24 fertile) 식물이 잘 자랄 수 있게 하는 성분이 많이 들어 있어서 땅이 걸고 기름진.
구별(20:24 distinction) 어떤 것과 다른 것 사이에 나타나는 차이, 또는 그 차이에 따라서 나누는 일.

9 제사장의 딸이 창녀가 되어 스스로 부정
하게 되면, 그것은 자기 아버지를 욕되게
하는 것이다. 그런 딸은 불에 태워 죽여
라.
10 자기 형제 제사장들 가운데서 뽑힌 대제
사장, 곧 머리에 특별한 기름 부음을 받
고 임명되어, 제사장의 옷을 입은 대제사
장은 슬픔을 나타내기 위해 머리를 풀거
나 옷을 찢지 마라.
11 그는 시체가 놓여 있는 집에 들어가면 안
된다. 그는 아버지나 어머니라도 그 주검
을 만져 몸을 더럽히지 말아야 한다.
12 대제사장은 성소를 떠남으로 하나님의 성
소를 부정하게 하지 마라. 그는 하나님의
특별한 기름으로 임명된 대제사장이기 때
문이다. 나는 여호와이다.
13 대제사장은 반드시 처녀인 여자와 결혼하
여라.
14 대제사장은 과부나 이혼한 여자나 창녀와
결혼하지 마라. 그는 자기 백성 가운데서
처녀와 결혼해야 한다.
15 그래야만 백성 가운데 자기 자손을 더럽
히지 않고 남기게 될 것이다. 나는 그를
거룩하게 한 여호와이다."
16 여호와께서 모세에게 말씀하셨습니다.
17 "아론에게 전하여라. 네 자손 가운데서 흠
이 있는 사람은 하나님께 음식을 바치러
나오지 마라.
18 흠이 있는 사람은 제사장이 되어 하나님
께 나올 수 없다. 곧 앞을 못 보는 사람,
다리를 저는 사람, 코가 기형인 사람, 팔
다리가 성하지 않은 사람,
19 발이나 손을 못 쓰게 된 사람,
20 곱사등이, 난쟁이, 눈에 이상이 있는 사
람, 옴이 난 사람, 종기가 난 사람, 고환
을 다친 사람은 제사장이 되어 하나님께
나올 수 없다.
21 아론의 자손 가운데서 흠이 있는 사람은,
태워 바치는 제사인 화제를 드리기 위해
여호와께 나올 수 없다. 그는 흠이 있는
사람이므로 하나님께 음식을 바치기 위해
나올 수 없다.
22 그러나 그도 제사장 집안 사람이므로 하
나님의 가장 거룩한 음식이나 거룩한 음
식을 먹을 수 있다.
23 그러나 그는 휘장을 지나 안으로 들어가
지 못한다. 제단에도 가까이 가지 못한
다. 그는 흠이 있으므로 내 성소를 더럽
히지 말아야 한다. 나는 그것들을 거룩하
게 하는 여호와이다."
24 그리하여 모세는 이 모든 말씀을 아론과
아론의 아들들과 모든 이스라엘 백성에게
일러 주었습니다.

22 여호와께서 모세에게 말씀하셨습
니다.
2 "아론과 그의 아들들에게 전하여라. 이스
라엘 백성이 나에게 바친 제물은 거룩한
것이므로 너희는 그것을 조심스럽게 다루
어라. 그리하여 내 이름을 더럽히는 일이
없도록 하여라. 나는 여호와이다.
3 앞으로 너희 자손 가운데 몸이 부정하면
서도, 이스라엘 백성이 여호와께 바친 거
룩한 제물을 만지는 사람은 다시 내 앞에
나타나지 못하게 하여라. 나는 여호와이
다.
4 아론의 자손 가운데서 위험한 피부병에
걸렸거나 몸에서 고름이 흐르는 사람은
깨끗해질 때까지 거룩한 제물을 먹지 마
라. 그리고 누구든지 시체를 만졌거나 정
액을 흘렸거나,
5 땅에 기는 것 가운데 부정한 짐승을 만져
서 부정하게 되었거나 부정한 사람을 만
져서 부정하게 되었거나, 그밖에 어떤 것
을 만져서 부정하게 된 사람은
6 저녁 때까지 부정할 것이다. 그런 사람은
물로 몸을 씻을 때까지 거룩한 제물을 먹

기형(21:18 deformation) 생김새가 보통 볼 수 있는 것과 다른 모양.
성한(21:18 healthy) 병이나 탈이 없는.
곱사등이(21:20 hunchback) 등이 심하게 굽은 장애인.
옴(21:20 itch) 전염성 피부병의 하나.

지 마라.
7 해가 지면 그 사람은 깨끗해질 것이다. 그
러면 그는 거룩한 제물을 먹을 수 있을 것
이다. 왜냐하면 그 제물은 그의 몫이기 때
문이다.
8 제사장은 저절로 죽었거나 다른 짐승에게
찢겨 죽은 짐승을 먹지 마라. 만약 먹으
면 그는 부정해질 것이다. 나는 여호와이
다.
9 제사장은 내가 준 모든 규례를 지켜라. 그
래야 죄를 짓지 않을 것이다. 죽지 않으
려면 조심하여라. 나는 그들을 거룩하게
하는 여호와이다. 내가 그들을 거룩히 구
별했다.
10 제사장 집안의 사람만이 거룩한 제물을
먹을 수 있다. 제사장의 집에 머무는 나
그네나 품꾼은 그것을 먹지 마라.
11 그러나 제사장이 자기 돈으로 산 종은, 그
거룩한 음식을 먹을 수 있다. 그리고 제
사장의 집에서 태어난 종도 제사장의 음
식을 먹을 수 있다.
12 제사장의 딸은 제사장이 아닌 사람과 결
혼했을 경우, 거룩한 음식을 먹을 수 없
다.
13 제사장의 딸이 자식을 낳지 못했는데 과
부가 되었거나 이혼을 해서, 자기 아버지
의 집으로 돌아와서 시집가기 전처럼 살
면, 그 딸은 아버지의 음식을 먹을 수 있
다. 그러나 제사장의 집안 사람이 아니면
그 음식을 먹을 수 없다.
14 실수로 거룩한 제물을 먹은 사람은, 제사
장에게 그 거룩한 음식 값을 갚아라. 그
는 음식 값의 오분의 일을 보태서 갚아
라.
15 제사장은 이스라엘 백성이 여호와께 바친
거룩한 제물을 더럽히지 마라.
16 만약 제사장이 제사장이 아닌 사람에게
그 음식을 먹게 하면, 그 사람은 그 음식
을 먹음으로써 죄를 짓게 된다. 나는 그
음식을 거룩하게 한 여호와이다."
17 여호와께서 모세에게 말씀하셨습니다.
18 "아론과 그의 아들들과 모든 이스라엘 백
성에게 전하여라. 이스라엘 백성이나 그
백성과 함께 사는 외국인이 번제를 바칠
때는, 그것이 맹세한 것을 갚기 위해 바
치는 제물이든 아니면 스스로 원해서 바
치는 제물이든,
19 소나 양이나 염소를 바치되 흠 없는 수컷
으로 바쳐라. 그래야 여호와께서 너희를
기뻐하실 것이다.
20 흠이 있는 것을 바치지 마라. 여호와께서
너희를 기뻐하지 않으실 것이다.
21 누구든지 여호와께 화목 제물을 바칠 때
는, 그것이 맹세한 것을 갚기 위해 바치
는 제물이든 아니면 스스로 원해서 바치
는 제물이든, 소나 양을 바치되 흠 없는
수컷으로 바쳐라. 그래야 여호와께서 즐
거이 받으실 것이다.
22 앞을 못 보는 것이나, 뼈가 부러진 것이
나, 다리를 저는 것이나, 고름이 흐르는
것이나, 피부병에 걸린 것을 여호와께 바
치지 마라. 그런 짐승을 제단 위에 바치
지 마라. 그런 것들은 여호와께 태워서 드
리는 제물이 될 수 없다.
23 소나 양이 보통 것보다 작거나 생긴 모습
이 성하지 않은 것이라 하더라도, 그것이
스스로 원해서 바치는 제물이라면 바쳐도
괜찮다. 그러나 맹세한 것을 갚기 위해 바
치는 제물이라면 바칠 수 없다.
24 고환이 터졌거나 으스러졌거나 찢어졌거
나 잘린 짐승은 여호와께 바치지 마라. 너
희가 사는 땅에서 그런 짐승을 바쳐서는
안 된다.
25 그런 짐승을 외국인에게 받아서 여호와께
제물로 바쳐서도 안 된다. 그런 짐승은 상
한 것이며 흠이 있는 것이다. 여호와께서

종기(21:20 swelling) 살갗의 한 부분이 곪아 고름이 생기는 병. 부스럼.
고환(21:20 testicle) 정자를 만들고 남성 호르몬을 분비하는, 작은 알 모양의 신체 기관. 음낭 속에 좌우 한 쌍이 있고 정소라고도 부른다.
맹세(22:18 vow) 굳게 약속하거나 다짐하는 것.

는 너희를 기뻐하지 않으실 것이다."
26 여호와께서 모세에게 말씀하셨습니다.
27 "소나 양이나 염소가 태어나면 칠 일 동안은 그 어미와 함께 있게 하여라. 그러나 팔 일째 되는 날부터 그것을 제물로 바치면 여호와께서는 그것을 받아 주실 것이다.
28 그러나 새끼와 그 어미를 같은 날에 잡지 마라. 암소나 암양이나 다 마찬가지다.
29 너희가 여호와께 감사의 제물을 바칠 때는 여호와께서 너희를 기쁘게 받으시도록 바쳐라.
30 너희는 그 바친 짐승을 그 날에 먹어라. 이튿날 아침까지 그 고기를 남기지 마라. 나는 여호와이다.
31 내 명령을 잘 기억하고 그대로 지켜라. 나는 여호와이다.
32 내 거룩한 이름을 더럽히지 마라. 너희 이스라엘 백성 가운데서 내가 거룩하다는 것을 드러낼 것이다. 나는 너희를 거룩하게 하는 여호와이다.
33 나는 너희 하나님이 되기 위해 너희를 이집트에서 인도해 낸 여호와이다."

여러 절기

23 여호와께서 모세에게 말씀하셨습니다.
2 "이스라엘 백성에게 전하여라. 너희는 여호와께서 거룩한 모임을 갖고 여호와를 예배하라고 정하신 절기를 선포하여라.

이스라엘의 여러 절기들

절 기	목 적
유월절	이집트에서의 해방을 기념
무교절	급하게 이집트를 탈출한 것을 기념
초실절	곡물의 첫 이삭을 드림
오순절	풍성한 수확을 감사함
나팔절	새해 첫날을 드림
속죄일	죄 문제를 해결함
초막절 (수장절)	1년 수확을 감사, 광야 생활을 기념

〈본문 보기 23장〉

나의 특별한 절기는 이러하다.

안식일

3 너희는 엿새 동안은 일을 하지만, 칠 일째 되는 날은 완전히 쉬는 안식일이며, 거룩한 모임의 날이다. 너희는 어떤 일도 하지 마라. 그 날은 너희의 모든 가정에서 지켜야 할 여호와의 안식일이다.

유월절과 무교절

4 여호와께서 정하신 절기는 이러하다. 너희는 그 절기의 때 거룩한 모임을 갖고 지켜라.
5 여호와의 유월절은 첫째 달 십사 일*인데, 유월절은 해질 무렵부터 시작된다.
6 무교절은 같은 달 십오 일에 시작된다. 너희는 칠 일 동안, 누룩을 넣지 않고 만든 빵인 무교병을 먹어라.
7 이 절기의 첫째 날에 너희는 거룩한 모임을 가져라. 그 날에 너희는 아무 일도 하지 마라.
8 너희는 칠 일 동안, 여호와께 불로 태워 바치는 화제를 드려라. 칠 일째 되는 날에는 거룩한 모임을 가져라. 그 날에는 보통 때 하던 어떤 일도 하지 마라."

초실절

9 여호와께서 모세에게 말씀하셨습니다.
10 "이스라엘 백성에게 전하여라. 너희는 내가 너희에게 줄 땅으로 들어가서 추수를 할 때, 너희가 거둔 것 가운데서 첫 곡식 단을 제사장에게 가져가거라.
11 제사장은 여호와께서 너희를 기뻐하시도록, 그 단을 여호와 앞에 흔들어 바쳐라. 제사장은 그 단을 안식일 다음 날에 흔들어서 드려라.
12 너희는 곡식단을 흔들어서 드릴 때, 일 년 된 흠 없는 숫양을 번제물로 바쳐라.
13 너희는 또 곡식 제물을 바쳐라. 너희가 바칠 제물은 기름을 섞은 고운 가루 십분의 이 에바*이다. 그것은 불로 태워 드리는 화제이며 그 냄새가 여호와를 기쁘시게 한다. 너희는 또 포도주 사분의 일 힌*을 부어 드리는 전제로 바쳐라.
14 먼저 너희 제물을 여호와께 바치기 전에

는 빵이나 볶은 곡식이나 햇곡식도 먹지
마라. 이것은 너희가 사는 곳에서 지금부
터 영원히 지켜야 할 규례이다.

오순절

15 너희는 첫 곡식단을 가져와 흔들어서 바
친 안식일 다음 날부터 칠 주를 꼭 차게
세어라.
16 그러다가 오십 일째 되는 날, 곧 일곱 번
째 안식일 그 다음 날에 새 곡식 제물을
여호와께 가져와 바쳐라.
17 그 날에는 너희 집에서 고운 가루 십분의
이 에바에 누룩을 넣어 만든 빵인 유교병
두 개를 가져와 여호와께 흔들어 바쳐라.
그것이 너희가 거둔 햇곡식 가운데서 여
호와께 바치는 제물이다.
18 그 빵과 함께 수송아지 한 마리와 숫양 두
마리와 일 년 된 흠 없는 어린 숫양 일곱
마리를 번제물로 바쳐라. 그것은 불로 태
워 드리는 화제이며 그 냄새가 여호와를
기쁘시게 할 것이다. 곡식 제물과 부어 드
리는 전제물도 함께 바쳐라.
19 너희는 또 숫염소 한 마리를 속죄 제물로
바쳐라. 그리고 화목 제물로 일 년 된 어
린 숫양 두 마리를 바쳐라.
20 제사장은 양 두 마리를 제물로 바치되, 추
수한 햇곡식으로 만든 빵과 함께 흔들어
바쳐라. 그것들은 여호와께 바친 거룩한
것이며 제사장의 몫이다.
21 너희는 그 날을 거룩한 모임의 날로 선포
하라. 그 날에는 아무 일도 하지 마라. 이
것은 너희가 사는 곳에서 지금부터 영원
히 지켜야 할 규례이다.
22 너희는 너희 땅에서 추수를 할 때에 밭의
구석구석까지 다 거두어들이지 마라. 그
리고 거두어들이다가 곡식이 밭에 떨어졌
더라도 줍지 말고, 너희 땅에 사는 가난
한 사람과 외국인이 주워 갈 수 있도록 그
냥 내버려 두어라. 나는 너희 하나님 여
호와이다."

나팔절

23 여호와께서 또 모세에게 말씀하셨습니다.
24 "이스라엘 백성에게 전하여라. 너희는 일
곱째 달 첫째 날을 완전한 안식일로 지켜
라. 나팔을 불어 그 날을 기념하고 거룩
한 모임을 열어라.
25 그 날에는 아무 일도 하지 말고, 여호와
께 불에 태워 바치는 화제를 드려라."

속죄일

26 여호와께서 모세에게 말씀하셨습니다.
27 "이 일곱째 달 십 일은 속죄일이다. 그 날
에는 거룩한 모임을 가져라. 너희는 음식
을 먹지 말고 불에 태워 바치는 화제를 드
려라.
28 그 날에는 아무 일도 하지 마라. 그 날은
속죄일이기 때문이다. 그 날에 제사장은
여호와 앞으로 나아가서 너희의 죄를 씻
는 예식을 행하여라.
29 그 날에 금식을 하지 않는 사람은 백성에
게서 끊어질 것이다.
30 누구든지 그 날에 일을 하면, 내가 그 백
성 가운데서 끊어 버리겠다.
31 그 날에는 아무 일도 하지 말아야 한다.
이것은 너희가 사는 곳에서 지금부터 영
원히 지켜야 할 규례이다.
32 그 날은 너희의 완전한 안식일이 되게 하
여라. 그리고 그 날에는 음식을 먹지 마
라. 그 날은 전날 저녁에 시작해서 다음
날 저녁까지 계속될 것이다."

초막절

33 여호와께서 또 모세에게 말씀하셨습니다.
34 "이스라엘 백성에게 전하여라. 일곱째 달
십오 일은 초막절이다. 여호와를 위해 지
키는 이 절기는 칠 일 동안 계속될 것이
다.

알아두세요

23:5 이 날은 히브리력으로서, 태양력의 3월 말에서 4월 초에 해당된다.

23:13 2/10에바는 약 4.4ℓ에 해당되고, 1/4힌은 약 0.9ℓ에 해당된다.

절기(23:2 feast) 민족적 · 종교적으로 중요한 사건들을 기념하기 위해 지키는 정기적인 의식 또는 축제.

선포(23:2 proclamation) 세상에 널리 알리는 것.

35 그 첫째 날에는 거룩한 모임을 가져라. 그
날에는 아무 일도 하지 마라.
36 너희는 칠 일 동안 매일 여호와 앞에 화
제를 위한 제물을 바쳐라. 팔 일째 되는
날에는 또다시 거룩한 모임을 가져라. 그
리고 여호와께 화제를 위한 제물을 바쳐
라. 그 날의 모임은 거룩한 모임이므로 그
날에는 아무 일도 하지 마라.
37 이상의 절기들은 여호와의 특별한 절기들
이다. 각 절기에는 거룩한 모임을 가져
라. 너희는 화제를 바쳐라. 번제물과 곡
식 제물과 희생 제물과 부어 드리는 전제
물을 각각 정해진 날에 바쳐라.
38 너희는 여호와의 안식일에 바치는 것 말
고도 이 제물들을 더 바쳐라. 너희는 맹
세한 것을 갚기 위해 바치는 제물과 스스
로 원해서 여호와께 바치는 제물 말고도
이 제물들을 더 바쳐라.
39 일곱째 달 십오 일에, 곧 너희가 땅에 심
었던 것을 거두어들이고 나서, 여호와의
절기를 칠 일 동안 지켜라. 초하루와 팔
일은 완전한 안식일이다.
40 너희는 첫째 날에 좋은 나무에서 열매를
거두어들이고, 종려나무 가지와 잎이 무
성한 나무의 가지와 시냇가의 버드나무
가지를 꺾어서, 칠 일 동안, 너희 하나님

초막(23:42-43)

알아두세요

24:5 2/10에바는 약 4.4ℓ에 해당된다.

여호와 앞에서 즐거워하여라.
41 해마다 이 절기를 여호와 앞에서 칠 일 동
안, 지켜라. 이것은 지금부터 영원히 지
켜야 할 율법이다. 너희는 이 절기를 일
곱째 달에 지켜라.
42 칠 일 동안 초막에서 지내라. 이스라엘에
서 태어난 모든 백성은 칠 일 동안, 초막
에서 지내라.
43 이것은 내가 너희 이스라엘을 이집트에서
인도해 내던 때에 너희를 초막에서 살게
하던 일을 너희 후손에게 알려 주기 위
해서이다. 나는 너희 하나님 여호와이
다."
44 그리하여 모세는 여호와께서 정하신 절기
들을 이스라엘 백성에게 알려 주었습니
다.

등잔대와 거룩한 빵

24 여호와께서 모세에게 말씀하셨습
니다.
2 "이스라엘 백성에게 명령하여 올리브를 짜
서 만든 순수한 기름을 가져오게 하여라.
그 기름은 등잔에 쓸 기름이다. 그 등잔
의 불은 꺼지지 않게 계속 켜 두어라.
3 아론은 그 등잔을 회막 안에, 곧 언약궤
앞에 친 휘장 앞에 두어라. 이것은 지금
부터 영원히 지켜야 할 율법이다.
4 아론은 여호와 앞, 곧 순금으로 만든 등
잔대 위에 언제나 등불을 켜 두어라.
5 고운 가루로 빵 열두 개를 만들어라. 빵
하나에 가루 십분의 이 에바*가 들어가게
만들어라.
6 그것들을 여호와 앞의 금상 위에 두 줄로
늘어놓되, 한 줄에 여섯 개씩 늘어놓아
라.
7 각 줄에 순수한 향을 얹어라. 그 향은 빵
을 대신해서 기념하는 몫으로 바치는 것
이다. 그것은 여호와께 불에 태워 바치는
화제를 드리기 위한 제물이다.
8 아론은 안식일마다 그 빵을 여호와 앞에
놓아 두어라. 이스라엘 백성과 맺은 이 언
약은 영원히 계속될 것이다.
9 그 빵은 아론과 그의 아들들의 몫이다. 그

들은 그것을 성소에서 먹어라. 그것은 여
호와께 바치는 화제 가운데서 가장 거룩
하기 때문이다. 이것은 그들이 영원히 지
켜야 할 규례이다."

하나님을 저주한 사람

10 어머니는 이스라엘 여자이고, 아버지는 이
집트 남자인 어떤 사람이, 이스라엘 백성
들 사이로 걷고 있었습니다. 그런데 그 사
람과 어떤 이스라엘 사람 사이에 싸움이
벌어졌습니다.
11 이스라엘 여자의 아들이 여호와의 이름을
모독하고, 여호와를 저주하는 말을 했습
니다. 그래서 사람들이 그를 모세에게 데
려갔습니다. 그의 어머니의 이름은 슬로밋
이었습니다. 슬로밋은 단 지파 사람 디브
리의 딸이었습니다.
12 백성은 여호와께서 명령하시는 것을 확실
히 알 때까지 그 사람을 가두어 놓았습니
다.
13 여호와께서 모세에게 말씀하셨습니다.
14 "나를 저주한 사람을 진 밖으로 끌어 내
어라. 그리고 그의 말을 들은 사람을 다
데려가거라. 그 사람들이 그의 머리에 손
을 얹은 다음에 모든 백성들이 돌을 던져
그를 죽여라.
15 이스라엘 백성에게 전하여라. 누구든지 하
나님을 저주하는 사람은 벌을 받을 것이
다.
16 누구든지 하나님의 이름을 모독하는 사람
은 죽여라. 모든 백성이 돌을 던져 그 사
람을 죽여라. 외국인도 이스라엘에서 태어
난 사람과 마찬가지로 같은 벌을 받을 것

거룩한 빵(24:5-9)

이다.
17 누구든지 사람을 죽인 자는 반드시 죽여
라.
18 짐승을 죽인 사람은 다른 짐승으로 물어
주어라.
19 이웃에게 상처를 입힌 사람은 똑같은 상
처를 당하게 하여라.
20 뼈를 부러뜨리면 뼈를 부러뜨림으로, 눈
은 눈으로, 이는 이로 갚아라. 다른 사람
에게 상처를 입힌 사람은 그것과 똑같은
상처로 벌을 받을 것이다.
21 남의 짐승을 죽인 사람은 다른 짐승으로
물어 주고 사람을 죽인 사람은 죽여라.
22 이 법은 이스라엘 백성이나 외국인이나 똑
같이 지켜야 할 것이다. 나는 너희 하나
님 여호와이다."
23 그리하여 모세가 이스라엘 백성에게 말했
습니다. 그러자 백성은 하나님을 저주한
사람을 진 밖으로 끌고 가서 그를 돌로 쳐
죽였습니다. 이스라엘 백성은 여호와께서
모세에게 명령하신 대로 했습니다.

성경 자세히 이해하기

"눈은 눈으로, 이는 이로 갚아라"는 말씀은 너무 잔인하지 않나요?

고대 사회는 법체계나 사회발전이 덜 되어 있었기 때문에 많은 경우 보복논리에 따르는 처벌법에 의해 질서를 유지했습니다. 때문에 이 법은 잔인한 복수라기 보다는 자기가 지은 죄 이상으로 처벌받는 것을 막기 위한 것이었습니다. 그러나 훗날 예수님은 '악은 악으로' 갚는 것이 아니라 '악을 선으로' 갚으라고 가르쳐 주셨습니다. 그래서 "오른편 뺨을 치거든 왼편을 돌려 대고 속옷을 달라고 하면 겉옷까지 내주어라"(마 5:38-40참조)고 말씀하셨습니다. 예수님은 율법을 '사랑과 희생의 법'으로 승화시키셨습니다.

본문 보기 24장 20절

땅의 안식

25 여호와께서 시내 산에서 모세에게
말씀하셨습니다.
2 "이스라엘 백성에게 전하여라. 내가 너희
에게 줄 그 땅으로 들어가면, 너희는 그
땅이 여호와를 위하여 안식할 수 있도록
특별한 시간을 주어라.
3 육 년 동안은 땅에 씨를 뿌려도 좋고, 포
도밭을 가꾸어 열매를 거두어도 좋다.
4 그러나 칠 년째 되는 해에는 땅을 쉬게 하
여라. 그 해는 여호와를 위해 쉬는 해이
니, 너희는 땅에 씨를 뿌리거나 포도원을
가꾸는 일을 하지 마라.
5 너희는 추수하다가 땅에 떨어져 저절로
자란 것은 거두지 마라. 너희가 가꾸지 않
은 포도밭에서 자란 포도도 따지 마라. 이
것은 땅이 일 년 동안, 쉬는 해이기 때문
이다.
6 땅이 쉬는 해에는 땅이 너희에게 먹을 것
을 낼 것이다. 너희 남자나 여자나 종이
나 품꾼이나 너희 땅에 사는 외국인에게
땅에서 나는 것은 무엇이든 먹게 하여라.
7 또한 너희가 기르는 가축이나 너희 땅의
들짐승도 땅에서 나는 것이면 다 먹게 하
여라.

기쁨의 해인 희년

8 너희는 칠 년을 일곱 번 세어라. 그러면
사십구 년이 될 것이다. 그 동안, 땅이 쉬
는 해가 일곱 번 있을 것이다.
9 너희는 사십구 년이 지난 다음, 속죄일에
나팔을 불어라. 너희가 나팔을 불어야 할
날은 일곱째 달 십 일이다. 너희는 온 땅
에서 나팔을 불어라.
10 오십 년째 되는 해를 특별한 해로 정하여,
너희 땅에 사는 모든 백성에게 자유를 선
포하여라. 그 해는 기쁨의 해인 희년이
니, 너희 모두는 각자 자기 땅으로 돌아
가거라. 모두 자기 집, 자기 가족에게로
돌아가거라.
11 오십 년째 되는 해는 너희에게 기쁨의 해
이니, 땅에 씨를 심지 말고, 저절로 자란
것을 거두지 말며, 가꾸지 않은 포도밭의
포도를 따지 마라.
12 그 해는 희년이니 너희에게 거룩한 때이
다. 너희는 밭에서 나는 것을 먹어라.
13 희년에는 모든 사람이 자기 땅으로 돌아
가거라.
14 이웃에게 땅을 팔거나 이웃에게서 땅을
살 때, 이웃을 속이지 마라.
15 이웃에게서 땅을 살 때는, 바로 전의 희
년에서부터 몇 년이 지났는가를 헤아려
보아라. 그래서 땅값을 알맞게 계산하여
라. 땅을 파는 사람도, 앞으로 추수할 수
있는 해가 몇 년인가를 헤아려서 땅값을
알맞게 계산하여라.
16 여러 해가 남았으면 값을 더 치러야 하고,
몇 해 안 남았으면 값을 덜 치러도 될 것
이다. 이웃은 희년까지 추수할 횟수에 따
라 네게 팔 것이다.
17 너희는 서로 속이지 마라. 너희는 하나님
을 두려워하여라. 나는 너희 하나님 여호
와이다.
18 나의 모든 가르침과 규례를 기억하고 잘
지켜라. 그러면 너희가 그 땅에서 안전하
게 살 수 있을 것이다.
19 그 땅이 너희에게 좋은 열매를 주며, 너
희는 먹고 싶은 만큼 먹을 수 있을 것이
다. 너희는 그 땅에서 안전하게 살 수 있
을 것이다.
20 하지만 너희는 "씨를 뿌리지도 않고, 심
은 것을 거두어들이지도 않는다면, 일곱
째 해에는 무엇을 먹고 삽니까?" 하고 물
을 것이다.
21 내가 여섯째 해에는 너희에게 큰 복을 주
리니, 그 해에 땅에서는 삼 년 동안, 먹
을 작물이 나올 것이다.
22 여덟째 되는 해에 땅에 씨를 뿌릴 때는 전
에 거두어 놓은 곡식을 먹을 수 있을 것
이다. 아홉째 해가 되어 추수할 때까지 묵
은 곡식을 먹게 될 것이다.

재산에 관한 법

23 땅은 원래 나의 것이므로 너희는 땅을 아
주 팔지는 못할 것이다. 너희는 내 땅에
서 잠시 동안 사는 외국인이요, 나그네일

뿐이다.
24 너희는 땅을 팔 수는 있으나 그 땅을 언
제든지 다시 살 수 있어야 한다.
25 너희 땅에 어떤 사람이 매우 가난해져서
땅을 팔게 되었다면, 그의 가까운 친척이
그를 위해 그 땅을 다시 사들여야 한다.
26 만약 그 사람을 위해 다시 그 땅을 사들
일 만한 가까운 친척이 없던 중에, 그 사
람 스스로가 그 땅을 사들일 만한 돈을 가
지게 되면,
27 그 사람은 그 땅을 판 지 몇 해가 지났는
가를 헤아려라. 그래서 그 땅을 얼마에 사
들여야 할지를 결정하여라. 그렇게 해서
그 땅을 사들이면, 그 땅은 다시 그 사람
의 것이 된다.
28 그러나 만약 땅을 다시 사들일 만큼 돈이
충분하지 않으면, 그 땅은 기쁨의 해인 희
년까지 땅을 산 사람의 것이다. 그러나 기
쁨의 해가 돌아오면, 땅을 산 사람은 땅
을 원래 임자에게 돌려 주어라.
29 성벽 안에 사는 사람이 집을 팔았으면, 일
년 안에는 언제든지 그 집을 다시 살 수
있으나
30 만약 일 년 안에 그 집을 다시 사지 않으
면, 성벽 안의 그 집은 산 사람의 것이 되
어 자손 대대로 그의 것이 된다. 또한 희
년이 돌아와도 원래의 임자에게 돌아가지
않을 것이다.
31 그러나 성벽이 없는 마을의 집은 토지와
같이 여겨라. 그런 집은 다시 사들일 수
있으니, 희년이 돌아오면 그런 집은 원래
임자에게 돌려 주어라.
32 레위 사람은 성벽 안에 있는 집이라도 언
제든지 자기 집을 다시 살 수 있다.
33 레위 사람에게서 집을 샀다 하더라도 레
위 사람들의 성 안에 있는 그 집은 희년
이 돌아오면 다시 레위 사람들의 것이 될
것이다. 레위 사람들의 성 안에 있는 집
은 레위 사람들의 것이기 때문이다. 그런
성은 이스라엘 백성이 레위 사람들에게 준
성이다.
34 레위 사람들의 성 둘레에 있는 밭과 들판
도 팔 수 없으니, 그 들판은 영원히 레위
사람의 것이다.

기쁨의 해인 희년(25:10-16)

종에 관한 규례

35 네 동족 가운데 너무 가난해서 혼자 힘으
로는 살아가기 어려운 사람이 있거든, 너
희는 나그네나 외국인을 돕듯이 그를 도
와 너와 함께 살 수 있도록 하여라.
36 그에게 돈을 빌려 줄 때는 이자를 받거나
이익을 얻으려 하지 마라. 네 하나님을 두
려워하여라. 그 가난한 사람이 너와 함께
살 수 있도록 하여라.
37 그에게 이자를 받을 생각을 하고 돈을 빌
려 주지 마라. 그에게 이익을 바라고 먹
을 것을 줘서도 안 된다.
38 나는 너희를 이집트 땅에서 인도해 낸 너
희 하나님 여호와이다. 내가 너희를 인도
해 낸 것은 너희에게 가나안 땅을 주고,
너희 하나님이 되기 위함이다.
39 네 동족 가운데, 너무 가난해서 자기 몸
을 종으로 팔려고 하는 사람이 있더라도,
너는 그를 종 부리듯 하지 마라.
40 너는 그들을 품꾼이나 나그네처럼 여겨서
기쁨의 해인 희년이 돌아올 때까지 너와
함께 살 수 있도록 하여라.
41 기쁨의 해가 돌아오면 그를 돌려 보내라.
그가 자기 자녀를 데리고, 자기 가족이 있
는 조상의 땅으로 돌아가게 하여라.
42 내가 이스라엘 백성을 이집트에서 인도해
냈으니, 그들은 나의 종이다. 그러므로
그들을 종으로 여겨 팔아서는 안 된다.
43 너는 그 사람을 고되게 부리지 마라. 너
는 네 하나님을 두려워하여라.
44 남종이나 여종을 두고 싶으면, 네 둘레에
있는 다른 나라 중에서 사 오너라.
45 또 너와 함께 사는 외국인 자녀 가운데서
종을 얻을 수도 있고, 너와 함께 태어난
그들의 가족 가운데서도 얻을 수 있다. 너
는 그들을 너의 것으로 삼을 수 있다.
46 너는 그런 외국인 종을 네 자손에게 물려
줄 수도 있고, 너는 그들을 영원히 종으
로 삼을 수도 있다. 그러나 너의 형제인
이스라엘 백성들끼리 서로 고되게 부리지
마라.
47 너와 함께 사는 외국인이나 나그네가 부
자가 되었다고 하자. 그리고 너의 동족 가
운데 한 사람이 가난하게 되었다고 하자.
그 가난하게 된 사람이 너와 함께 사는 외
국인에게 종으로 팔렸거나, 아니면 그 외
국인의 가족 가운데 다른 사람에게 팔렸
다고 하자.
48 이 때, 그 가난한 사람은 팔린 후에도, 그
몸값만 지불하면 자유의 몸이 될 권리가
있다. 그의 가까운 친척 중 한 사람이 그
를 다시 살 수도 있고,
49 삼촌이나 사촌이 다시 살 수도 있다. 누
구든지 그의 가까운 친척 가운데 한 사람
이 그를 다시 살 수도 있고, 아니면 그가
스스로 돈을 벌어, 값을 치르고 자유의 몸
이 될 수 있다.
50 값을 치를 때는 그 사람이 외국인에게 자
기 몸을 판 해로부터 시작해서, 돌아올 희
년까지 햇수를 헤아려 값을 계산하여라.
이는 그가 그 햇수만큼만 종으로 일할 것
이기 때문이다.
51 기쁨의 해까지 아직 많은 햇수가 남아 있
다면 그만큼 값도 많이 치러야 하고,
52 햇수가 얼마 남지 않았다면 그만큼 값을
적게 치르면 된다.
53 그가 자기 몸을 판 동안, 외국인 주인은
그를 품꾼처럼 여기고, 그를 고되게 부리
지 마라.
54 아무도 그를 다시 사지 않았다 하더라도
기쁨의 해가 돌아오면 그를 풀어 주어라.
그와 그의 자녀는 자유의 몸이 될 것이다.
55 이는 이스라엘 백성은 내 종이기 때문이
다. 그들은 내가 이집트 땅에서 인도해 낸
내 종이다. 나는 너희 하나님 여호와이다.

하나님께 복종하여 얻는 상

26 너희는 우상을 만들지 마라. 조각
한 신상이나 돌 기둥도 세우지 마
라. 너희 땅에 석상을 세워 놓고 절하지
마라. 왜냐하면 나는 너희 하나님 여호와
이기 때문이다.
2 내 안식일을 기억하고, 내 성소를 소중히
생각하여라. 나는 여호와이다.
3 내 율법과 명령을 기억하고 잘 지켜라.

4 그리하면 내가 철을 따라 너희에게 비를
내려 줄 것이다. 땅은 작물을 낼 것이고,
들판의 나무는 열매를 맺을 것이다.
5 너희는 타작할 것이 너무 많아서 포도를
거둘 때까지 타작을 해야 할 것이다. 그
리고 포도도 너무 많이 달려서 씨를 뿌릴
때까지 포도를 거두어야 할 것이다. 너희
에게는 먹을 것이 넘쳐날 것이다. 또한 너
희는 너희 땅에서 안전하게 살 수 있을 것
이다.
6 내가 너희 나라에 평화를 주리니 너희는
평화롭게 누울 수 있을 것이며, 아무도 너
희를 위협하지 못할 것이다. 내가 해로운
짐승을 너희 나라에서 쫓아 내고, 어떤 군
대도 너희 나라에 쳐들어오지 못하게 할
것이다.
7 너희는 원수를 뒤쫓아 물리칠 것이니, 그
들이 너희 앞에서 칼에 맞아 쓰러질 것이
다.
8 너희 다섯 사람이 백 명을 물리치며, 너
희 백 명이 만 명을 물리칠 수 있을 것이
다. 너희는 원수를 물리쳐 이길 것이니,
그들이 너희 앞에서 칼에 맞아 쓰러질 것
이다.
9 그 때 내가 너희에게 자비를 베풀 것이다.
내가 너희에게 자녀를 많이 주고, 너희와
맺은 내 언약을 지킬 것이다.
10 너희는 묵은 곡식을 다 먹기도 전에, 햇
곡식을 저장하기 위해서 묵은 곡식을 퍼
내야 할 것이다.
11 내가 내 성막을 너희 가운데 두고 너희에
게서 떠나지 않을 것이다.
12 나는 너희와 동행하며, 너희 하나님이 되
며 너희는 나의 백성이 될 것이다.
13 나는 너희를 이집트에서 인도해 낸 너희
하나님 여호와이다. 나는 너희 등을 짓누
르던 멍에를 없애 주었고, 너희가 당당히
걸을 수 있게 해 주었다.

하나님께 복종하지 않아 받는 벌

14 그러나 너희가 내 말을 잘 듣지 아니하고,
내 명령에 복종하지 아니하며
15 내 율법과 명령을 따르지 않고, 내 언약
을 어기면,
16 내가 너희에게 끔찍한 벌을 내릴 것이다.
너희에게 폐병과 열병을 보내어 너희 눈
을 어둡게 하고, 너희 생명을 위태롭게 할
것이다. 너희는 씨를 뿌려도 거두지 못할
것이며, 너희 원수가 너희 작물을 먹을 것
이다.
17 내가 내 얼굴을 너희에게서 돌리겠고, 너
희 원수가 너희를 물리쳐 이길 것이다. 너
희 원수가 너희를 다스리겠고, 누가 너희
를 뒤쫓지 않더라도 너희는 쫓기는 신세
가 될 것이다.
18 그래도 너희가 내 말을 듣지 않으면, 너
희 죄를 일곱 배로 벌할 것이다.
19 너희가 자랑하는 큰 성들을 내가 무너뜨
리겠고, 하늘에서는 비가 내리지 않을 것
이며, 땅에서는 작물이 자라지 않을 것이
다.
20 너희가 아무리 힘을 써도 소용이 없을 것
이다. 너희 땅에서는 아무것도 자라나지
않으며, 나무에는 아무 열매도 맺히지 않
을 것이다.
21 그래도 내 말을 듣지 않으면 너희 죄를 일
곱 배로 벌할 것이다.
22 내가 들짐승을 너희에게 보내리니, 짐승
들은 너희를 공격하며, 너희 자녀를 물어
가고, 너희 가축 떼를 죽일 것이다. 그래
서 너희의 수가 줄어들고, 너희가 다니는
길도 텅텅 비게 될 것이다.
23 이 모든 일이 있은 뒤에도 깨닫지 못하고
여전히 내 말을 듣지 않으면,
24 나도 너희에게서 등을 돌리고, 너희 죄를
일곱 배나 벌할 것이다.
25 너희가 내 언약을 어겼으므로 너희에게

신상(26:1 god's image) 섬기는 신을 그린 그림 이나 돌. 또는 나무로 새긴 형상.
석상(26:1 carved stone) 돌로 만든 사람이나 동물의 형상. 돌로 만든 우상.
햇곡식(26:10 new crop of the year) 그 해에 새로 난 곡식.
멍에(26:13 yoke) 행동에 구속을 받거나 무거운 짐을 진 것을 비유하여 하는 말.
신세(26:17 one's lot) 사람의 처지나 형편.

군대를 보내어 벌을 내릴 것이다. 너희가
여러 성읍들로 도망치더라도, 너희 가운
데에 병이 퍼지게 할 것이다. 결국 너희
원수가 너희를 물리쳐 이길 것이다.
26 내가 너희 먹을 것을 끊어 버릴 것이니,
여자 열 명이 너희가 먹을 빵 전체를 한
화덕에서 구울 것이며, 빵을 저울에 달아
조금씩 나누어 줄 것이다. 너희는 먹어도
여전히 배가 고플 것이다.
27 그래도 내 말을 듣지 않고, 내게서 등을
돌리면
28 나도 계속해서 노할 것이며, 너희 죄를 일
곱 배로 벌할 것이다.
29 너희는 너희 아들과 딸의 살을 먹게 될 것
이다.
30 너희가 거짓 신들을 섬기는 곳을 내가 무
너뜨리며, 분향단을 부수며, 너희의 주검
을 너희가 섬기는 우상들의 주검 위에 쌓
아 올릴 것이다. 나는 너희를 미워하며,
31 너희 성들을 무너뜨리며, 너희 성소들을
황폐하게 만들 것이다. 너희가 바치는 제
물의 향기도 맡지 않을 것이다.
32 나는 이 땅을 황폐하게 만들 것이다. 그
래서 너희 땅을 차지한 너희 원수들도 그
모습을 보고 놀랄 것이다.
33 나는 너희를 여러 나라에 흩어 놓고, 너
희를 향해 내 칼을 뽑을 것이다. 너희 땅
은 황폐하게 될 것이며, 너희 성들은 폐
허가 될 것이다.
34 너희 땅이 황폐하게 된 그 때가 너희 땅
이 쉬는 때가 될 것이다. 너희가 원수의
나라로 끌려가 있는 동안, 너희 땅은 비
로소 쉴 수 있게 될 것이다.
35 너희가 그 땅에 살 동안에는 안식년이 되
어도 땅이 쉬지 못하였지만 폐허로 변한
동안에는 쉴 수 있을 것이다.
36 살아 남은 사람은 원수들의 나라에서 용
기를 잃고, 무엇이나 무서워할 것이다.
그들은 바람에 흔들리는 나뭇잎 소리에도
놀라며, 마치 누가 칼을 들고 쫓아오듯 무
서워 달아날 것이다. 누가 너희를 뒤쫓아
오지 않는데도 달아나다가 넘어질 것이
다.
37 그들은 뒤쫓아오는 사람이 없는데도 칼을
피해 달아나는 사람처럼 서로 엉켜서 넘
어질 것이다. 너희는 원수를 물리칠 만한
힘이 없을 것이다.
38 너희는 남의 나라에서 죽을 것이며, 원수
들의 나라에서 없어져 버릴 것이다.
39 그리고 살아 남은 사람들은 자기 죄 때문
에, 그리고 조상들의 죄 때문에 원수들의
나라에서 점점 쇠약해질 것이다.

언제나 희망은 있다

40 그러나 만약 백성이 자기 죄와 조상들의
죄를 고백하고, 그들이 나에게서 등을
돌렸음과 나에게 죄를 지었음을 고백하
고,
41 내가 그들의 죄 때문에 등을 돌려 그들을
원수의 나라로 쫓아 냈음을 고백하고, 복
종하지 않았던 그 백성이 자기 잘못을 뉘
우치고 그들이 저지른 죄에 대한 벌을 달
게 받으면,
42 나도 야곱과 맺은 내 언약을 기억할 것이
다. 그리고 이삭과 맺은 언약과 아브라함
과 맺은 언약도 기억할 것이다. 그리고 그
땅도 기억할 것이다.
43 그 땅은 폐허가 될 것이나 그 동안에 쉴
수 있을 것이다. 살아 남은 사람은 자기

시내 산 중턱(26:46)

황폐(26:31 desolation) 집이나 땅을 그냥 버려 두어 거칠고 못 쓰게 됨.
세겔(27:3 shekel) 돈의 단위이면서 무게의 단위도 된다. 1세겔은 약 11.4g의 무게에 해당된다.

죄값을 기꺼이 치를 것이다. 그들은 내 율
법을 지키지 않았고, 내 규례를 따르지 않
았기 때문에 벌을 받는다는 사실을 배울
것이다.
44 비록 그들이 원수들의 땅에 머물고 있을
때라도, 나는 그들을 버리지 않을 것이
다. 그들의 원수의 땅에서도 그들의 말에
귀를 기울일 것이다. 그들을 완전히 멸망
시키지 않을 것이다. 그들과 맺은 내 언
약을 어기지 않을 것이다. 그것은 나는 그
들의 여호와 하나님이기 때문이다.
45 나는 그들을 위해 그들의 조상과 맺은 언
약을 기억할 것이다. 나는 그들의 하나님
이 되려고 그들을 이집트 땅에서 인도해
내었고, 다른 나라들도 그것을 보았노라.
나는 여호와니라."
46 이것은 여호와께서 이스라엘 백성에게 주
신 율법과 규례와 가르침입니다. 여호와
께서는 시내 산에서 모세를 시켜 이 율법
을 이스라엘 백성에게 주셨습니다.

특별한 약속의 값

27 여호와께서 모세에게 말씀하셨습니
다.
2 "이스라엘 백성에게 전하여라. 만약 어떤
사람이 자기나 다른 사람을 여호와께 종
으로 바치기로 특별한 약속을 했다면, 너
는 그 사람의 값을 정하여라.
3 이십 세에서 육십 세까지의 남자의 값은
성소에서 다는 무게로 은 오십 세겔*이다.
4 이십 세에서 육십 세까지의 여자의 값은
은 삼십 세겔*이다.
5 오 세에서 이십 세까지의 남자의 값은 은
이십 세겔*이고, 오 세에서 이십 세까지의
여자의 값은 은 십 세겔*이다.
6 태어난 지 일 개월 된 아기에서 오 세까
지의 남자 아이의 값은 은 오 세겔*이고,
여자 아이의 값은 은 삼 세겔*이다.
7 육십 세 이상된 남자의 값은 은 십오 세
겔*이고, 여자의 값은 은 십 세겔이다.
8 그러나 너무 가난해서 값을 치를 수 없는
사람은 제사장에게 데리고 가거라. 제사
장은 그 사람이 낼 수 있는 값을 정해 주
어라.

여호와께 바치는 예물

9 만약 여호와께 바치기로 약속한 것이 여
호와께 제물로 바치는 짐승 가운데 한 마
리라면, 그 짐승은 거룩하게 되므로
10 그 짐승을 대신해서 다른 짐승을 바칠 수
없다. 좋은 짐승을 나쁜 짐승으로 바꿔서
도 안 되고, 나쁜 짐승을 좋은 짐승으로
바꿔서도 안 된다. 만약 바친 짐승을 다
른 짐승과 바꾸면 두 짐승 모두 다 거룩
하게 바친 것이 된다.
11 만약 여호와께 바치기로 약속한 것이 여
호와께 바칠 수 없는 부정한 짐승이라면,
그것을 제사장에게 가져가거라.
12 제사장은 좋은 짐승이냐 나쁜 짐승이냐에
따라 그 값을 정하여라. 제사장이 정하는
값이 그 짐승의 값이 될 것이다.
13 그 짐승을 다시 사려면 그 값에 오분의 일
을 더해서 사라.

예물로 바친 집

14 누구든지 자기 집을 여호와께 거룩히 구
별하여 바치려 하거든, 제사장은 그 집의
값을 정하여라. 집이 좋으냐 나쁘냐에 따
라 그 값을 정하여라. 제사장이 정하는 값
이 그 집의 값이 될 것이다.
15 그 집을 다시 사려면 그 값에 오분의 일
을 더해서 사라. 그러면 그 집은 원래 주
인의 것이 될 것이다.

예물로 바친 땅

16 자기 밭 가운데서 얼마를 여호와께 거룩

알아두세요

27:3 50세겔은 약 570g에 해당된다.
27:4 30세겔은 약 342g에 해당된다.
27:5 20세겔은 약 228g에 해당되고, 10세겔은 약 114g에 해당된다.
27:6 5세겔은 약 57g에 해당되고, 3세겔은 약 34.2g에 해당된다.
27:7 15세겔은 약 171g에 해당된다.

히 구별하여 바치려 하면, 그 밭의 값은
그 밭에 얼마나 많은 씨를 뿌릴 수 있는
가에 따라 정해질 것이다. 보리씨 한 호
멜*을 뿌릴 수 있는 밭의 경우는, 그 값이
은 오십 세겔 가량 될 것이다.
17 기쁨의 해에 자기 밭을 바치려 하면, 그
밭의 값은 제사장이 정하는 대로이다.
18 기쁨의 해가 지나서 자기 밭을 바치려 하
면, 제사장은 그 밭의 정확한 값을 계산
하여라. 제사장은 다음 기쁨의 해까지 몇
년이 남았는가를 헤아려 정하여라. 그래
서 남은 연수에 따라 값을 정하여라.
19 밭을 바친 사람이 그 밭을 다시 사려면,
그 값에 오분의 일을 더해서 사라. 그러
면 그 밭은 원래 주인의 것이 될 것이다.
20 그가 밭을 다시 사지 않거나, 그 밭이 다
른 사람에게 팔렸으면, 다시는 그 밭을 살
수 없다.
21 기쁨의 해가 돌아와서 그 밭을 원래 주인
에게 돌려 주어야 할 때도, 그 밭은 여호
와께 거룩히 구별된 밭으로 남아 영원히
제사장의 재산이 될 것이다.
22 누구든지 자기 가족의 땅 가운데서 얼마
가 아니라, 자기가 산 밭을 여호와께 바
치려 하면,
23 제사장은 다음 기쁨의 해까지 몇 년이 남
았는가를 헤아려라. 그리고 그 땅의 값을
정하여라. 그 밭은 여호와께 거룩히 구별
된 땅이 될 것이다.
24 그러다가 기쁨의 해가 돌아오면 그 땅은
원래 주인의 것이 되어, 그 땅을 판 가족
에게로 돌아갈 것이다.
25 값을 정한 다음에, 값을 치를 때는 성소
에서 다는 무게로 계산하되 이십 게라*를
한 세겔로 하라.

짐승의 첫새끼

26 첫새끼는 따로 바치지 않더라도 여호와의
것이므로, 짐승의 첫새끼를 거룩히 구별
하여 바칠 수는 없다. 소든 양이든 첫새
끼는 여호와의 것이다.
27 만약 바치려 하는 것이 부정한 짐승이면,
바치려는 사람은 그것을 제사장이 정한
값에 오분의 일을 더해서 다시 살 수 있
다. 만약 그가 짐승을 다시 사지 않으면,
제사장은 자기가 정한 값으로 그것을 팔
아라.
28 백성이 여호와께 바치는 예물 가운데에는
특별한 것이 있다. 그것은 사람이 될 수
도 있고, 짐승이 될 수도 있고, 가족의 재
산 가운데서 밭이 될 수도 있다. 그런 예
물은 다시 사거나 팔 수 없다. 그것은 여
호와께 지극히 거룩한 것이다.
29 여호와께 바친 사람은 다시 살 수 없으니
그런 사람은 죽여라.
30 모든 작물의 십분의 일은 여호와의 것이
다. 밭의 작물이든 나무의 열매이든 마찬
가지이다. 그것의 십분의 일은 여호와의
것이다.
31 그 십분의 일을 되돌려 받으려면, 그 값
에 오분의 일을 더하고 다시 사라.
32 소 떼와 양 떼의 십분의 일은 여호와의 것
이다. 목자의 지팡이 아래로 짐승을 지나
가게 하여 열 번째에 해당되는 것은 여호

성경 자세이 이해하기

십일조는 꼭 내야 하나요?

십일조를 바치라고 한 것은 하나님께서 인간의 풍성한 축복들을 거두어 가시기 위함이 아니라 오히려 레위인의 봉사와 가난하고 외로운 자들을 돕기 위해 만들어진 선한 제도입니다.

이스라엘 사람들은 당시에 목축과 농사에 전념했으므로 십일조를 매년 드렸고 또 3년 단위로 한번 더 드렸습니다. 그러나 오늘날은 대부분 들어오는 수입이 월 단위로 잡히기 때문에 매달 십일조를 드리는 것이 바람직합니다.

하지만 십일조의 방법이나 양보다 더 중요한 것은 정성껏 진실하게 드리는 마음입니다. 이것이 헌신의 기초요 섬김의 기초이기 때문입니다.

본문 보기 27장 30절

알아두세요

27:16 1호멜은 약 220ℓ에 해당된다.
27:25 20게라는 약 11.4g에 해당된다.

와의 거룩한 짐승이 될 것이다.
33 소 떼나 양 떼의 주인은 나쁜 것 가운데
서 좋은 것을 가려 내지 마라. 짐승끼리
서로 바꿔치기 하지 마라. 만약 바꿔치기
를 하면, 두 짐승 모두 다 거룩하게 되어
그 짐승들은 다시 살 수 없게 된다."
34 이것은 여호와께서 이스라엘 백성을 위해
시내 산에서 모세에게 명령하신 말씀입니
다.

믿음을 키워 주는 이야기

인내의 열매

향유고래의 몸에서 나오는 향을 일컬어 '용연향'이라고 합니다. 용연향은 향기가 좋아 고급 화장품의 재료로 쓰입니다. 그래서 어부들이 고래를 잡아 항구로 돌아오게 되면 칼로 고래의 배를 가른 뒤 용연향을 제일 먼저 찾습니다. 용연향은 바다에서 얻은 보석과도 같은 것입니다.

소설가 '허먼 멜빌'은 그의 작품 「백경」에서 용연향이 고래의 소화불량 때문에 생긴다고 말합니다. 즉 고래의 소화기관에 이상이 생길 때 고래의 창자에서 생겨나는 향이라는 것입니다. 고래가 고통을 인내한 결과입니다. 고래는 소화불량을 견뎌 내는 동안 자신도 모르는 사이에 귀한 향을 만들어 내는 것입니다.

어려움과 고통이 있습니까? 우리가 기억해야 할 것은 고통을 인내하는 동안 자신도 모르는 사이에 좋은 향이 만들어지고 있다는 것입니다. 그리고 그 향은 많은 사람들에게 유익을 끼칠 것입니다.

민수기

Numbers

저자

저자는 모세이다.

저작 연대

B.C. 1450-1400년경

주요 인물

모세, 아론, 미리암, 여호수아, 갈렙, 제사장들

핵심어 및 주요 내용

핵심어는 "방황", "인구 조사"등이다. 민수기에서 강조된 내용은 광야에서 계속되었던 이스라엘 백성의 방황이다.

내용 소개

1. 시내 산에서-약속의 땅을 향하여 출발하기 위한 준비(1:1-10:10)
2. 시내 산에서 가데스까지(10:11-12:16)
3. 가데스에서-백성의 반역으로 인한 가나안 입성 지연(13:1-20:13)
4. 가데스에서 모압 평지까지(20:14-22:1)
5. 모압 평지에서-약속의 땅을 취할 것을 기대하면서(22:2-36:13)

이스라엘 백성의 수를 세다

1 여호와께서 회막에서 모세에게 말씀하셨
습니다. 말씀하신 곳은 시내 광야였고,
때는 이스라엘 백성이 이집트에서 나온 지
이 년이 되는 해의 둘째 달 첫째 날*이었
습니다.
2 "이스라엘 모든 백성의 수를 세어라. 각
사람의 이름을 가족별로, 그리고 집안별
로 적어라.
3 너는 아론과 함께 스무 살 이상 된 모든
이스라엘 남자의 수를 세어라. 그들은 이
스라엘 군대에서 일할 사람들이다. 그들
의 이름을 부대별로 적어라.
4 각 지파에서 한 사람씩을 지도자로 정해
너희와 함께 일하게 하여라.
5 너희를 도와 줄 지도자들의 이름은 이러
하다. 르우벤 지파에서는 스데울의 아들
엘리술이요,
6 시므온 지파에서는 수리삿대의 아들 슬루
미엘이요,

알아두세요

1:1 이 날은 4월에서 5월 초순 사이에 해당된다.

광야(1:1 wasteland) 거친 땅.
부대(1:3 military unit) 일정한 조직의 군인 집단.
지파(1:4 tribe) 종파에서 갈라져 나간 파.

7 유다 지파에서는 암미나답의 아들 나손이
요,
8 잇사갈 지파에서는 수알의 아들 느다넬이
요,
9 스불론 지파에서는 헬론의 아들 엘리압이
요,
10 요셉의 아들 가운데 에브라임 지파에서는
암미훗의 아들 엘리사마와 므낫세 지파에
서는 브다술의 아들 가말리엘이요,
11 베냐민 지파에서는 기드오니의 아들 아비
단이요,
12 단 지파에서는 암미삿대의 아들 아히에셀
이요,
13 아셀 지파에서는 오그란의 아들 바기엘이
요,
14 갓 지파에서는 드우엘의 아들 엘리아삽이
요,
15 납달리 지파에서는 에난의 아들 아히라이
니라."
16 이들은 백성이 각 지파의 지도자로 뽑은
사람들입니다. 이들은 각 집안의 지도자
였습니다.
17 모세와 아론은 백성이 뽑은 이 사람들을
데리고,
18 모든 이스라엘 백성을 모았습니다. 그 때
는 둘째 달 첫째 날이었습니다. 백성은 가
족별로, 집안별로 이름을 적었습니다. 스

무 살 이상 된 모든 남자가 이름을 적었습니다.
19 모세는 여호와께서 명령하신 대로 했습니다. 모세는 시내 광야에서 백성의 이름을 적었습니다.
20 이스라엘의 맏아들인 르우벤 지파의 수를 세었습니다. 스무 살 이상 된 남자로서 군대에서 일할 수 있는 사람의 이름을 적었습니다. 그들의 이름을 가족별로, 집안별로 적었습니다.
21 르우벤 지파에서 이름을 적은 사람은 모두 사만 육천오백 명이었습니다.
22 시므온 지파의 수를 세었습니다. 스무 살 이상 된 남자로서 군대에서 일할 수 있는 사람의 이름을 적었습니다. 그들의 이름을 가족별로, 집안별로 적었습니다.
23 시므온 지파에서 이름을 적은 사람은 모두 오만 구천삼백 명이었습니다.
24 갓 지파의 수를 세었습니다. 스무 살 이상 된 남자로서 군대에서 일할 수 있는 사람의 이름을 적었습니다. 그들의 이름을 가족별로, 집안별로 적었습니다.
25 갓 지파에서 이름을 적은 사람은 모두 사만 오천육백오십 명이었습니다.
26 유다 지파의 수를 세었습니다. 스무 살 이상 된 남자로서 군대에서 일할 수 있는 사람의 이름을 적었습니다. 그들의 이름을 가족별로, 집안별로 적었습니다.
27 유다 지파에서 이름을 적은 사람은 모두 칠만 사천육백 명이었습니다.
28 잇사갈 지파의 수를 세었습니다. 스무 살 이상 된 남자로서 군대에서 일할 수 있는 사람의 이름을 적었습니다. 그들의 이름을 가족별로, 집안별로 적었습니다.
29 잇사갈 지파에서 이름을 적은 사람은 모두 오만 사천사백 명이었습니다.
30 스불론 지파의 수를 세었습니다. 스무 살 이상 된 남자로서 군대에서 일할 수 있는 사람의 이름을 적었습니다. 그들의 이름을 가족별로, 집안별로 적었습니다.
31 스불론 지파에서 이름을 적은 사람은 모두 오만 칠천사백 명이었습니다.
32 에브라임 지파의 수를 세었습니다. 에브라임은 요셉의 아들입니다. 스무 살 이상 된 남자로서 군대에서 일할 수 있는 사람의 이름을 적었습니다. 그들의 이름을 가족별로, 집안별로 적었습니다.
33 에브라임 지파에서 이름을 적은 사람은 모두 사만 오백 명이었습니다.
34 므낫세 지파의 수를 세었습니다. 스무 살 이상 된 남자로서 군대에서 일할 수 있는 사람의 이름을 적었습니다. 그들의 이름을 가족별로, 집안별로 적었습니다.
35 므낫세 지파에서 이름을 적은 사람은 모두 삼만 이천이백 명이었습니다.

이스라엘 백성의 인구를 조사함(1장)

이스라엘 백성들이 시내산 밑에 진을 친 곳

36 베냐민 지파의 수를 세었습니다. 스무 살 이상 된 남자로서 군대에서 일할 수 있는 사람의 이름을 적었습니다. 그들의 이름을 가족별로, 집안별로 적었습니다.
37 베냐민 지파에서 이름을 적은 사람은 모두 삼만 오천사백 명이었습니다.
38 단 지파의 수를 세었습니다. 스무 살 이상 된 남자로서 군대에서 일할 수 있는 사람의 이름을 적었습니다. 그들의 이름을 가족별로, 집안별로 적었습니다.
39 단 지파에서 이름을 적은 사람은 모두 육만 이천칠백 명이었습니다.
40 아셀 지파의 수를 세었습니다. 스무 살 이상 된 남자로서 군대에서 일할 수 있는 사람의 이름을 적었습니다. 그들의 이름을 가족별로, 집안별로 적었습니다.
41 아셀 지파에서 이름을 적은 사람은 모두 사만 천오백 명이었습니다.
42 납달리 지파의 수를 세었습니다. 스무 살 이상 된 남자로서 군대에서 일할 수 있는 사람의 이름을 적었습니다. 그들의 이름을 가족별로, 집안별로 적었습니다.

1차 인구 조사 결과 〈본문 보기 1장〉

	지파	인원		지파	인원
1	르우벤	46,500	7	에브라임	40,500
2	시므온	59,300	8	므낫세	32,200
3	갓	45,650	9	베냐민	35,400
4	유다	74,600	10	단	62,700
5	잇사갈	54,400	11	아셀	41,500
6	스불론	57,400	12	납달리	53,400
	총계				603,550

※대상: 20세 이상으로 싸움에 나갈 만한 자(단, 레위인은 제외)

43 납달리 지파에서 이름을 적은 사람은 모두 오만 삼천사백 명이었습니다.
44 모세와 아론은 각 집안을 대표하는 이스라엘의 지도자 열두 명의 도움을 받아서 이 사람들의 수를 세었습니다.
45 이스라엘의 남자 가운데서 스무 살 이상으로 군대에서 일할 수 있는 사람의 수를 세었습니다. 그래서 각 사람의 이름을 집안별로 적었습니다.
46 이름을 적은 사람은 모두 육십만 삼천오백오십 명이었습니다.
47 하지만 레위 지파의 가족들에 대해서는 다른 지파들처럼 그 이름을 적지 않았습니다.
48 여호와께서 모세에게 말씀하셨습니다.
49 "레위 지파는 세지 말고, 다른 이스라엘 백성과 함께 이름을 적지 마라.
50 레위 사람에게는 언약의 성막을 관리하는 일을 시켜라. 레위 사람에게 성막과 그 안에 있는 모든 것을 보살피게 하여라. 그들은 성막과 그 안의 모든 것을 옮기는 일을 하며, 또 성막을 관리하며, 성막 둘레에 진을 치고 살아야 한다.
51 언제든 성막을 옮길 때에는 레위 사람들이 성막을 거두어야 하고, 성막을 칠 때에도 레위 사람이 세워야 한다. 누구든지 다른 사람이 성막에 가까이했다가는 죽을 것이다.
52 이스라엘 백성은 부대별로 진을 치거라. 각 사람은 자기 집안 깃발 가까운 곳에 진을 쳐라.
53 하지만 레위 사람은 언약의 성막 둘레에 진을 쳐라. 그래야 내가 이스라엘 백성에게 진노하지 않을 것이다. 이와 같이 레위 사람은 언약의 성막을 관리하여라."
54 그리하여 이스라엘 백성은 여호와께서 모세에게 명령하신 대로 했습니다.

이스라엘 백성의 진

2 여호와께서 모세와 아론에게 말씀하셨습니다.

2 "이스라엘 백성은 성막 둘레에 진을 치거
라. 그러나 그 장막에서 조금 떨어진 곳
에 진을 쳐라. 각 사람은 부대별로 진을
치되, 자기 집안의 깃발 아래에 진을 쳐
라.
3 유다 지파는 동쪽, 곧 해돋는 쪽에 진을
치거라. 그들은 부대별로 자기 깃발 아래
에 진을 치거라. 유다 백성의 지도자는 암
미나답의 아들 나손이다.
4 나손 부대의 군인은 모두 칠만 사천육백
명이다.
5 유다 지파의 한쪽 옆에는 잇사갈 지파가
진을 치거라. 잇사갈 백성의 지도자는 수
알의 아들 느다넬이다.
6 그의 부대의 군인은 모두 오만 사천사백
명이다.
7 다른 쪽 옆에는 스불론 지파가 진을 치거
라. 스불론 백성의 지도자는 헬론의 아들
엘리압이다.
8 그의 부대의 군인은 모두 오만 칠천사백
명이다.
9 유다 진영의 군인을 부대별로 모두 합하
면, 십팔만 육천사백 명이다. 그들은 행
군할 때, 가장 먼저 출발해야 한다.
10 르우벤의 진영의 각 부대는 성막 남쪽에
진을 치거라. 그들은 각기 자기 깃발 아
래에 진을 쳐야 한다. 르우벤 백성의 지도
자는 스데울의 아들 엘리술이다.
11 그의 부대의 군인은 모두 사만 육천오백
명이다.
12 그 한쪽 옆에는 시므온 지파가 진을 치거
라. 시므온 백성의 지도자는 수리삿대의
아들 슬루미엘이다.
13 그의 부대의 군인은 모두 오만 구천삼백
명이다.
14 다른 쪽 옆에는 갓 지파가 진을 쳐야 한
다. 갓 백성의 지도자는 르우엘의 아들 엘
리아삽이다.
15 그의 부대의 군인은 모두 사만 오천육백
오십 명이다.
16 르우벤 진영의 군인을 부대별로 모두 합
하면, 십오만 천사백오십 명이다. 그들은
행군할 때 두 번째로 출발해야 한다.
17 회막은 레위 사람의 진과 함께 모든 진의
한가운데에서 이동해야 한다. 지파들은
진을 칠 때와 같은 순서로 이동해야 한다.
각 사람은 자기 집안의 깃발 아래에 있어
야 한다.
18 에브라임 진영의 각 부대는 서쪽에 진을
치거라. 그들은 각기 자기 깃발 아래에 진
을 쳐야 한다. 에브라임 백성의 지도자는
암미훗의 아들 엘리사마이다.
19 그의 부대의 군인은 모두 사만 오백 명이
다.
20 그 한쪽 옆에는 므낫세 지파가 진을 치거
라. 므낫세 백성의 지도자는 브다술의 아
들 가말리엘이다.
21 그의 부대의 군인은 모두 삼만 이천이백
명이다.
22 다른 쪽 옆에는 베냐민 지파가 진을 쳐야
한다. 베냐민 백성의 지도자는 기드오니의
아들 아비단이다.
23 그의 부대의 군인은 모두 삼만 오천사백
명이다.
24 에브라임 진영의 군인을 부대별로 모두 합
하면, 십만 팔천백 명이다. 그들이 행군
할 때 세 번째로 출발해야 한다.
25 단 진영의 각 부대는 북쪽에 진을 치거라.
그들은 각기 자기 깃발 아래에 진을 쳐야
한다. 단 백성의 지도자는 암미삿대의 아

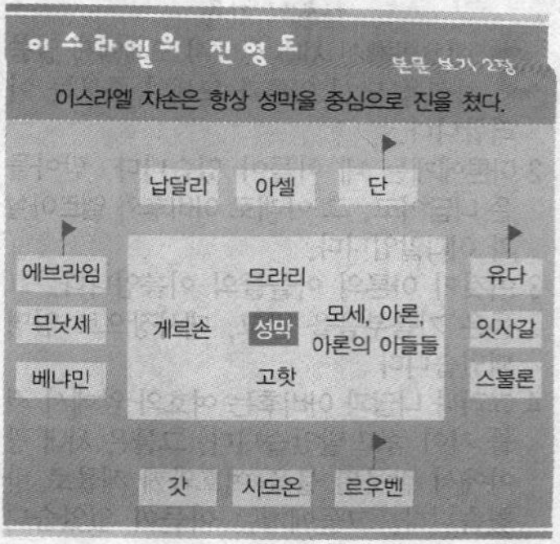

들 아히에셀이다.
26 그의 부대의 군인은 모두 육만 이천칠백
명이다.
27 그 한쪽 옆에는 아셀 지파가 진을 치거라.
아셀 백성의 지도자는 오그란의 아들 바기
엘이다.
28 그의 부대의 군인은 모두 사만 천오백 명
이다.
29 다른 쪽 옆에는 납달리 지파가 진을 치거
라. 납달리 백성의 지도자는 에난의 아들
아히라이다.
30 그의 부대의 군인은 모두 오만 삼천사백
명이다.
31 단 진영의 군인을 부대별로 모두 합하면,
십오만 칠천육백 명이다. 그들은 행군할
때에 깃발을 앞세우고, 마지막으로 출발
해야 한다."
32 집안별로 센 이스라엘 백성의 수는 이러합
니다. 각 진에 있는 이스라엘 백성을 부대
별로 모두 합하면, 육십만 삼천오백오십
명입니다.
33 여호와께서 모세에게 명령하신 대로 이스
라엘 백성을 셀 때, 레위 사람은 세지 않
았습니다.
34 그리하여 이스라엘 백성은 여호와께서 모
세에게 명령하신 대로 했습니다. 그들은
자기 깃발 아래에 진을 쳤습니다. 각 사
람은 가족별로, 집안별로 이동했습니다.

아론의 가족

3 여호와께서 시내 산에서 모세에게 말씀
하셨을 당시 아론과 모세의 족보는 이
러합니다.
2 아론에게는 네 아들이 있습니다. 맏아들
은 나답이고, 그 아래로 아비후와 엘르아살
과 이다말입니다.
3 이것이 아론의 아들들의 이름입니다. 그
들은 기름부음을 받고, 제사장으로 임명
되었습니다.
4 그러나 나답과 아비후는 여호와 앞에서 죄
를 지어 죽고 말았습니다. 그들은 시내 광
야에서 잘못된 불을 여호와께 제물로 바
쳤습니다. 그들에게는 아들이 없었습니
다. 그래서 아버지인 아론을 도와 엘르아
살과 이다말이 제사장으로 일했습니다.
5 여호와께서 모세에게 말씀하셨습니다.
6 "레위 지파를 제사장 아론에게 데려가거
라. 레위 지파는 아론을 도와라.
7 레위 지파에게 회막 앞에서 아론의 일과
모든 이스라엘 백성의 일을 돕게 하여라.
8 그들에게 회막의 모든 기구들을 관리하게
하고, 회막의 일을 돌보며, 이스라엘 백성
의 일을 보살피게 하여라.
9 레위 사람을 아론과 그의 아들들에게 맡겨
라. 모든 이스라엘 백성 가운데 레위 사람
은 아론에게 완전히 맡겨진 사람들이다.
10 그러나 너는 아론과 그의 아들들만을 제
사장으로 임명하여라. 다른 사람이 거룩
한 것에 가까이 하면 죽게 될 것이다."
11 여호와께서 또 모세에게 말씀하셨습니다.
12 "나는 이스라엘 백성 가운데 레위 사람을
뽑아서 그들로 이스라엘의 모든 맏아들을
대신하게 했다. 레위 사람은 내 것이다.
13 처음 태어난 것은 다 내 것이기 때문이다.
너희가 이집트에 있을 때, 나는 이집트 백
성의 처음 태어난 아이를 다 죽이고, 이
스라엘의 처음 태어난 것은 구별하여 다
내 것으로 삼았다. 사람이든 짐승이든 처
음 태어난 것은 내 것이다. 나는 여호와
니라."
14 여호와께서 또다시 시내 광야에서 모세에
게 말씀하셨습니다.
15 "레위 사람을 가족별로, 그리고 집안별로
세어라. 태어난 지 한 달 이상 된 남자를
다 세어라."
16 그래서 모세는 여호와의 말씀에 복종하여
레위 사람을 세었습니다.
17 레위에게는 세 아들이 있었습니다. 그 아
들들의 이름은 게르손과 고핫과 므라리입
니다.
18 게르손의 아들은 집안별로 립니와 시므이
입니다.
19 고핫의 아들은 집안별로 아므람과 이스할
과 헤브론과 웃시엘입니다.
20 므라리의 아들은 집안별로 마흘리와 무시

입니다. 레위 사람을 집안별로 나누면 이
러합니다.
21 게르손 집안에는 립니와 시므이 가족이 있
습니다. 이들은 모두 게르손 집안입니다.
22 게르손 집안에는 태어난 지 한 달 이상 된
남자가 모두 칠천오백 명이 있었습니다.
23 게르손 집안은 서쪽, 곧 성막 뒤에 진을
쳤습니다.
24 게르손 집안의 어른은 라엘의 아들 엘리아
삽입니다.
25 게르손 집안이 회막에서 맡은 일은 회막
과 장막과 그 덮개와 회막의 휘장과
26 뜰의 휘장과, 회막과 제단을 둘러싸고 있
는 뜰 입구의 휘장과 그 모든 것에 쓰는
줄을 맡아 관리하는 것이었습니다.
27 고핫 집안에는 아므람과 이스할과 헤브론
과 웃시엘 가족이 있습니다. 이들은 모두
고핫 집안입니다.
28 고핫 집안에는 태어난 지 한 달 이상 된
남자가 모두 팔천육백 명이 있었습니다.
이들은 성소를 돌보는 일을 맡았습니다.
29 고핫 집안은 성막 남쪽에 진을 쳤습니다.
30 고핫 집안의 어른은 웃시엘의 아들 엘리사
반입니다.
31 이들이 맡은 일은 언약궤와 상과 등잔대
와 제단들과 성소의 연장들과 휘장을 맡
아 관리하고, 이와 관계가 있는 그 밖의
모든 일을 돕는 것이었습니다.
32 레위 사람의 가장 큰 어른은 제사장 아론
의 아들 엘르아살입니다. 엘르아살은 성소
를 관리하는 모든 사람들을 감독했습니
다.
33 므라리 집안에는 마흘리와 무시 가족이 있
습니다. 이들은 모두 므라리 집안입니다.
34 므라리 집안에는 태어난 지 한 달 이상 된
남자가 모두 육천이백 명이 있었습니다.
35 므라리 집안의 어른은 아비하일의 아들 수
리엘입니다. 므라리 집안은 성막의 북쪽에
진을 쳤습니다.
36 이들이 맡은 일은 성막의 널빤지와 빗장
과 기둥과 그 받침을 맡아 관리하고, 이
와 관계가 있는 그 밖의 모든 일을 돕는
것이었습니다.
37 그들은 또한 성막 둘레의 뜰에 있는 기둥
과 그 받침, 말뚝과 줄을 관리하는 일도
맡았습니다.
38 모세와 아론과 그의 아들들은 회막의 동쪽
에 진을 쳤습니다. 그들은 회막 앞에 있
었습니다. 그들은 이스라엘 백성을 위해
성소의 일을 맡았습니다. 하지만 다른 사
람이 성소에 가까이 오면 죽었습니다.
39 모세와 아론은 여호와께서 명령하신 대로
레위 사람을 세었습니다. 태어난 지 한 달
이상 된 남자는 모두 이만 이천 명이 있
었습니다.

레위 사람이 맏아들을 대신하다

40 여호와께서 모세에게 말씀하셨습니다.
"이스라엘 백성 가운데서 태어난 지 한 달
이상 된 맏아들을 다 세어라. 그리고 그
이름을 적어라.
41 이스라엘의 모든 맏아들 대신 레위 사람을
나에게 바치고, 이스라엘의 처음 태어난
짐승 대신 레위 사람의 짐승을 나에게 바
쳐라. 나는 여호와니라."

성경 인물

레위인 레위인은 레위의 세 아들 고핫, 므라리, 게르손의 자손을 말합니다. 하나님께서는 금송아지 사건 때(출 32:26-29) 충성을 보여 주었던 이들을 특별히 선택하셔서(민 1:47-53) 성막에서 봉사하도록 하셨습니다. 고핫 가문은 성막의 기구들을 관리했습니다. 행진할 때에는 그것들을 적절한 방법으로 옮기고 다시 진을 칠 때 제자리에 배치하는 것이 그들의 일이었습니다. 므라리 가문은 성막의 널판, 띠, 기둥, 받침 등을 맡았고, 게르손 가문은 성막의 휘장과 덮개들을 맡았습니다.

본문 보기 3장 6절

기름부음(3:3 anointment) 기름을 머리에 부어 왕이나 제사장으로 세움을 상징.
휘장(3:25 curtain) 갖가지 색깔의 실을 짜서 천을 만들고 그 위에 그룹들을 정교하게 수놓은 커튼으로서, 하나님과 언약의 백성 이스라엘 사이의 구분을 상징하였으며, 동시에 언약의 두 당사자를 위한 만남의 장소를 나타내었다.

42 모세는 여호와께서 명령하신 대로 했습니
다. 모세는 이스라엘의 맏아들을 다 세었
습니다.
43 모세는 태어난 지 한 달 이상 된 맏아들
의 이름을 다 적었습니다. 모세가 적은 이
름은 모두 이만 이천이백칠십삼 명이었습
니다.
44 여호와께서 또 모세에게 말씀하셨습니다.
45 "너는 이스라엘의 모든 맏아들 대신 레위
사람을 나에게 바치고, 이스라엘의 처음
태어난 짐승 대신 레위 사람의 처음 태어
난 짐승을 나에게 바쳐라. 나는 여호와니
라.
46 그런데 이스라엘의 모든 맏아들이 레위 사
람보다 이백칠십삼 명이 더 많다.
47 그러므로 그 이백칠십삼 명에 대해서는
한 사람에 은 오 세겔*씩 받되, 성소에서
다는 무게로 달아서 받아라. 한 세겔*은
이십 게라*니라.
48 그 은은 아론과 그의 아들들에게 주어라.
그것은 이스라엘 백성 이백칠십삼 명을 대
신해서 바치는 것이다."
49 그리하여 모세는 레위 사람들이 대신할 수
없는 사람들의 돈을 거두었습니다.
50 모세는 이스라엘의 맏아들에게서 은을 거
두었습니다. 모세는 성소에서 다는 무게
로 은 천삼백육십오 세겔*을 거두었습니
다.

레위 자손의 계수 (3-4장)

성소의 직무를 담당하는 모세, 아론의 아들들이 제일 중요한 위치를 차지하며 그 다음으로 성소의 기구를 담당하는 고핫 자손이 중요한 위치를 차지한다.

자손명	전체 인원	성막 봉사자	진영 위치
고핫	8,600	2,750	성막 남편
게르손	7,500	2,630	성막 서편
므라리	6,200	3,200	성막 북편

게라(3:47 gerah) 무게의 단위로서 세겔의 1/20과 똑같다. 거의 0.57g 정도에 해당된다.
채(4:8 pole) 가마나 수레의 앞뒤와 양옆으로 길게 댄 나무.

51 모세는 그 은을 아론과 그의 아들들에게
주었습니다.

고핫 집안이 맡은 일

4 여호와께서 모세와 아론에게 말씀하셨
습니다.
2 "레위 사람 가운데서 고핫 자손을 따로 세
어라. 그들을 집안별로, 가족별로 세어
라.
3 삼십 세에서 오십 세까지의 남자들을 세
어라. 그들은 회막에서 일할 사람들이다.
4 그들에게 회막 안의 가장 거룩한 물건인
지성물들을 맡게 하여라.
5 이스라엘 백성이 이동할 때, 아론과 그의
아들들은 회막으로 들어가거라. 그들은
휘장을 걷어내려서, 언약궤를 그 휘장으
로 덮어라.
6 그 위에 고운 가죽으로 만든 덮개를 덮고,
다시 파란색 천을 덮은 다음에 언약궤의
고리에 채를 꿰어라.
7 또 진설병을 놓는 상 위에도 파란색 천을
깔아라. 그리고 그 위에 접시와 향 피우
는 그릇과 부어 드리는 제물인 전제물을
담을 병과 잔들과 상 위에 늘 차려 놓는
빵인 진설병을 올려 놓아라.
8 그런 다음에는 그 모든 것 위에 빨간색 천
을 덮어라. 그리고 그 위에 고운 가죽을
덮고 채들을 꿰어라.
9 또 파란색 천을 가져다가 등잔대와 등잔
과 심지 자르는 가위와 불똥 그릇과 등잔
에 쓰는 모든 기름 그릇을 덮어라.
10 그런 다음에 그 등잔대와 거기에 딸린 그
모든 기구들을 고운 가죽에 싸서 들것에
얹어라.
11 그리고 나서 금 제단 위에 파란색 천을 깔
아라. 그리고 다시 고운 가죽으로 덮고 채
를 꿰어 두어라.
12 성소에서 쓰던 것은 다 파란색 천으로 싸
고, 고운 가죽으로 덮어서 들것에 얹어
라.
13 놋 제단의 재는 모두 쳐내고, 제단 위에
자주색 천을 깔아라.
14 제단에서 쓰던 물건, 곧 불을 옮기는 그

릇과 고기를 찍는 갈고리와 삽과 사발을
다 모아서 놋 제단 위에 올려 놓고, 그 위
에 고운 가죽을 덮은 다음 제단의 고리에
채를 끼워라.
15 진이 이동할 준비가 다 되었으면, 아론과
그의 아들들은 거룩한 물건들과 거기에
딸린 그 모든 기구들을 다 싸 놓아라. 그
런 다음에 고핫 자손이 와서 그것들을 옮
겨라. 그러나 그들 역시 성물에는 손을 대
지 말도록 하여라. 손을 대는 날엔 죽을
것이다. 회막에 있는 물건들을 옮기는 일
이 고핫 자손의 할 일이다.
16 제사장 아론의 아들 엘르아살은 성막을 관
리할 책임이 있다. 그는 성막 안에 있는
모든 것, 곧 등잔에 쓸 기름과 향기로운
냄새가 나는 향과 늘 바치는 곡식 제물과
제사장과 물건을 거룩히 구별할 때 쓰는
기름을 맡으며, 거기에 딸린 모든 기구들
을 맡아라."
17 여호와께서 모세와 아론에게 말씀하셨습
니다.
18 "고핫 자손이 레위 사람 가운데서 끊어지
지 않게 하여라.
19 그들이 가장 거룩한 물건들에 가까이 갈
때에 죽지 않도록, 아론과 그의 아들들이
들어가서 고핫 자손이 해야 할 일을 일일
이 가르쳐 주어라. 그리고 고핫 자손이 옮
길 물건을 일일이 정해 주어라.
20 고핫 자손은 성소에 들어가서 잠깐 동안
이라도 거룩한 물건들을 보아서는 안 된
다. 그러면 죽을 것이다."

게르손 집안이 맡은 일

21 여호와께서 모세에게 말씀하셨습니다.
22 "게르손 자손을 가족별로, 집안별로 세어
라.
23 삼십 세에서 오십 세까지의 남자들을 세
어라. 그들은 회막에서 일할 사람들이
다.
24 게르손 집안이 해야 할 일과 날라야 할 물
건은 이러하다.
25 그들에게 회막의 여러 가지 천과 그 덮개
와 고운 가죽으로 만든 덮개와 회막 입구
의 휘장을 운반하게 하여라.
26 그리고 성막 둘레의 뜰 휘장과 제단과 뜰
입구의 휘장과 줄과 휘장에 쓰는 모든 물
건과 이와 관계가 있는 그 밖의 모든 물
건을 운반하여라.
27 아론과 그의 아들들은 게르손 자손이 하는
모든 일을 감독하여라. 너희는 그들이 날
라야 할 물건을 일러 주어라.
28 이것이 게르손 집안이 회막에서 해야 할
일이다. 제사장 아론의 아들 이다말이 그
일을 감독하여라."

므라리 집안이 맡은 일

29 "므라리 자손을 가족별로, 집안별로 세어
라.
30 삼십 세에서 오십 세까지의 남자들을 세
어라. 그들은 회막에서 일할 사람들이다.
31 므라리 집안이 해야 할 일은 회막의 널빤
지와 빗장과 기둥과 밑받침을 나르는 일
이다.
32 그들은 또 뜰 둘레에 있는 기둥과 그 밑
받침과 장막 말뚝과 줄과 거기에 딸린 모
든 연장을 날라라. 너희는 각 사람이 해
야 할 일을 자세히 일러 주어라.
33 이것이 므라리 집안이 회막에서 해야 할
일이다. 제사장 아론의 아들 이다말이 그
일을 감독하여라."

고핫 자손이 맡은 회막 안 지성물(4:4-16)

알아두세요

3:47 5세겔은 약 57g에 해당되고, 1세겔은 약 11.4g에 해당되며, 1게라는 1세겔의 1/20에 해당된다.
3:50 1,365세겔은 약 15.56kg에 해당된다.

레위 집안

34 모세와 아론과 이스라엘 장로들은 고핫 자
손을 가족별로, 집안별로 세었습니다.
35 이들은 삼십 세에서 오십 세까지의 남자
로서 회막에서 일할 사람들입니다.
36 가족별로 이름을 적은 남자는 모두 이천
칠백오십 명이었습니다.
37 이것이 회막에서 일한 고핫 자손을 모두
합한 수입니다. 모세와 아론은 여호와께서
모세에게 명령하신 대로 그들의 수를 세
었습니다.
38 게르손 집안도 가족별로, 집안별로 이름
을 적었습니다.
39 이들은 삼십 세에서 오십 세까지의 남자
로서 회막에서 일해야 했습니다.
40 집안별로, 가족별로 이름을 적은 남자는
모두 이천육백삼십 명이었습니다.
41 이것이 회막에서 일한 게르손 자손을 모
두 합한 수입니다. 모세와 아론은 여호와
께서 명령하신 대로 그들의 수를 세었습
니다.
42 므라리 집안도 가족별로, 집안별로 이름
을 적었습니다.
43 이들은 삼십 세에서 오십 세까지의 남자
로서 회막에서 일해야 했습니다.
44 집안별로 이름을 적은 남자는 모두 삼천
이백 명이었습니다.
45 이것이 회막에서 일한 므라리 자손을 모
두 합한 수입니다. 모세와 아론은 여호와
께서 명령하신 대로 그들의 수를 세었습
니다.
46 그리하여 모세와 아론과 이스라엘 장로들
은 레위 사람을 가족별로, 집안별로 다 세
었습니다.
47 삼십 세에서 오십 세까지의 남자는 회막
에서 일할 사람들입니다. 그들은 또 회막
과 관계가 있는 물건들을 나르는 일도 했
습니다.
48 가족별로 이름을 적은 남자는 모두 팔천
오백팔십 명이었습니다.
49 여호와께서 모세에게 명령하신 대로 각
사람은 해야 할 일과 날라야 할 짐을 맡

레위인의 역할(4장)

았습니다. 모든 일이 여호와께서 모세에
게 명령하신 대로 이루어졌습니다.

부정한 사람에 관한 규례

5 여호와께서 모세에게 말씀하셨습니
다.
2 "이스라엘 백성에게 명령하여, 누구든지
문둥병에 걸린 사람은 진 밖으로 쫓아 내
도록 하여라. 그리고 피와 고름이 흘러 나
오는 악성 피부병 환자와 시체를 만진 사
람도 쫓아 내어라.
3 남자든 여자든 가릴 것 없이 진 밖으로 쫓
아 내어라. 그래서 내가 너희와 함께 사
는 이 진을 더럽히지 마라."
4 이스라엘은 하나님의 명령에 복종했습니
다. 그들은 여호와께서 모세에게 명령하
신 대로 그런 사람들을 진 밖으로 쫓아 냈
습니다.

잘못한 일을 갚는 것에 관한 규례

5 여호와께서 모세에게 말씀하셨습니다.
6 "이스라엘 백성에게 전하여라. '남자든 여
자든 다른 사람에게 어떤 잘못을 행하여
여호와를 배반하고 죄를 저질렀을 때는
7 자기 잘못을 고백하고, 손해를 본 사람에
게 다 갚도록 하여라. 갚을 때에는 오분
의 일을 더해서 갚아야 한다.
8 만약 피해를 본 사람에게 보상을 받을 만
한 가까운 친척이 없으면, 잘못을 저지른
사람은 죄를 씻는 숫양에 배상금을 더하
여 여호와께 갚아야 하고, 그 갚은 것은
제사장의 몫이 될 것이다.
9 이스라엘 백성이 바치는 모든 거룩한 예물
가운데서 이스라엘 백성이 제사 지낼 때,
제사장에게 가져온 것은 제사장의 몫이
다.
10 모든 거룩한 예물은 바친 사람의 것이다.
그러나 그것을 제사장에게 주었으면, 그
것은 제사장의 것이 된다.'"

의심하는 남편

11 여호와께서 모세에게 말씀하셨습니다.
12 "이스라엘 백성에게 전하여라. 만약 어떤
남자의 아내가 잘못을 저질러 남편을 배
반하고,
13 다른 남자와 동침했는데도 남편이 자기
아내의 나쁜 짓을 모를 뿐 아니라 본 사
람이 아무도 없고, 아내가 나쁜 짓을 하
다가 붙잡히지도 않았다고 하자.
14 그런데 남편이 질투하는 마음 때문에 아
내가 죄를 지었건 죄를 짓지 않았건 자기
아내를 의심한다고 하면,
15 남편은 아내를 데리고 제사장에게 가거
라. 그 때, 남편은 아내를 위해 바칠 제
물도 가져가거라. 제사장에게 가져가야
할 제물은 보릿가루 십분의 일 에바*이다.
이 제물에는 기름을 붓거나 향을 얹지 마
라. 이것은 질투 때문에 바치는 곡식 제
물이며, 아내에게 죄가 있는지를 밝혀 주
는 곡식 제물이다.
16 제사장은 여자를 가까이 오게 해서 여호
와 앞에 세워라.
17 제사장은 거룩한 물을 오지그릇에 담아다
가, 성막의 바닥에 있는 흙을 그 물에 타
라.
18 제사장은 여자를 여호와 앞에 서게 하고,
머리를 풀게 한 다음에, 질투 때문에 바
치는 곡식 제물을 여자에게 주어서 들고
있게 하여라. 그리고 제사장은 저주를 내
리는 쓴물을 들어라.
19 제사장은 여자에게 맹세를 시키고, 여자
에게 이렇게 물어 보아라. '그대는 다른
남자와 동침한 일이 없는가? 그대는 남편
을 배반하여 몸을 더럽힌 일이 없는가?
만약 그런 일이 없다면, 저주를 내리는
이 물이 결코 그대를 해치지 못할 것이
다.
20 그러나 만약 그대가 남편을 배반하였거나

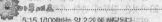

알아두세요

5:15 1/10에바는 약 2.2ℓ에 해당된다.

문둥병(5:2 leprosy) 사람의 살갗, 살, 신경이 고장을 일으켜 곪고 헌 데가 생기며 눈썹이 빠지고, 손가락과 얼굴 모양이 찌그러지며 신경이 마비되는 전염병.
오지그릇(5:17 pottery) 흙으로 초벌 구운 다음에 오짓물을 입혀 구운 그릇.

남편 말고 다른 남자와 함께 누웠다면,
21 (이 때 제사장은 여자에게 저주를 받아도
좋다는 맹세를 하게 하고 이렇게 말하여
라.) 여호와께서 네 넓적다리를 떨어져 나
가게 하고, 네 배는 부어오르게 하셔서,
네 백성 가운데 본보기가 되게 하실 것이
다.
22 그러므로 저주를 내리는 이 물이 그대의
몸에 들어가서 그대의 배를 부어오르게
할 것이고, 넓적다리를 떨어져 나가게 할
것이다.' 그러면 여자는 그렇게 되기를
바란다고 말해야 한다.
23 제사장은 이 저주를 글로 써서, 그 쓴물
에 담가 씻어라.
24 그런 다음에 제사장은 여자에게 그 저주
를 내리는 물을 마시게 하여라. 그 물을
마시면, 여자의 몸이 아프게 될 것이다.
25 제사장은 질투 때문에 바치는 곡식 제물
을 여자에게서 받아서, 여호와 앞에 드리
고 제단으로 가져가거라.
26 그리고 제사장은 곡식을 한 움큼 쥐어 전
체를 바쳤다는 뜻으로 그것을 제단 위에
서 태워라. 그런 다음에 여자에게 그 물
을 마시게 하여라.
27 제사장은 여자에게 물을 마시게 한 다음,
여자가 몸을 더럽히지 않았는지를 살펴보
아라. 만약 여자가 남편에게 죄를 지었다
면, 물이 몸 속에 들어갔을 때에 여자의
배가 부어오를 것이고, 넓적다리는 떨어
져 나가게 될 것이다. 또한 백성 가운데
서 저줏거리가 될 것이다.
28 그러나 만약 여자가 몸을 더럽히지 않아
서 깨끗하다면, 해로운 일도 일어나지 않
을 것이고, 아이도 낳을 수 있을 것이다.
29 이것은 질투에 관한 가르침이다. 이것은
여자가 남편을 배반하고, 몸을 더럽혔을
때에 지켜야 할 율법이다.
30 또한 남편이 자기 아내에게 질투할 때도,
남편은 아내를 여호와 앞에 세워야 하며,
제사장은 위에서 말한 모든 일을 해야 한
다. 이것은 율법이다.
31 만약 남편이 옳다면, 여자는 죄의 대가를
받을 것이다."

나실인에 관한 규례

6 여호와께서 모세에게 말씀하셨습니다.
2 "이스라엘 백성에게 전하여라. '남자
든 여자든 특별한 맹세, 곧 나실인의 맹
세를 해서 자기를 여호와께 헌신하기로
했다면,
3 포도주와 독한 술을 마시지 말고, 포도주
나 독한 술로 만든 초도 마시지 마라. 또
포도즙도 마시지 말고, 포도나 건포도도
먹지 마라.
4 나실인으로 살기로 맹세한 동안에는 포도
나무에서 난 것은 아무것도 먹지 마라. 씨
나 껍질도 먹지 마라.
5 나실인으로 살기로 맹세한 동안에는 머리
털을 깎지 마라. 여호와께 맹세한 특별한
기간이 끝날 때까지 그는 거룩해야 하므
로 머리털이 자라도록 내버려 두어라.
6 나실인은 여호와께 맹세한 특별한 기간에
는 시체를 가까이하지 마라.
7 설사 그의 아버지나 어머니나 형제나 누
이가 죽었다 하더라도, 그들의 시체를 만
지지 마라. 만약 만지면, 부정해질 것이
다. 그가 하나님의 나실인이라는 표가 그
의 머리에 있기 때문이다.
8 나실인으로 살기로 맹세한 동안에는 여호
와께 거룩하게 구별된 사람이다.
9 만약 어떤 사람이 그의 곁에서 갑자기 죽
어 어쩔 수 없이 여호와께 헌신한 그의 머
리털을 더럽혔다면, 몸을 깨끗하게 하는
날인 칠 일 뒤에 머리를 모두 깎아라.
10 그리고 팔 일째 날 산비둘기 두 마리나 집
비둘기 새끼 두 마리를 회막 입구에 있는
제사장에게 가져가거라.

넓적다리(5:27 thigh) 무릎 관절 위쪽에 있는 다리를 말함.
율법(5:29 law) 하나님이 인간에게 지키도록 내린 규범.
누룩(6:17 yeast) 술을 빚거나 가루를 부풀게 하는 재료.

11 제사장은 그 가운데 한 마리를 죄를 씻는
제물인 속죄 제물로 바치고, 나머지 한 마
리는 태워 드리는 제물인 번제물로 바쳐
라. 그렇게 해서 죄를 씻는 예식을 행하
여라. 그가 시체를 가까이했기 때문에 죄
가 있느니라. 바로 그 날, 그는 자기 머
리를 거룩히 구별하기로 다시 맹세하여
라.
12 그리고 다시 특별한 기간을 정해서 자기
를 여호와께 바치고, 일 년 된 숫양을 가
져와서 허물을 씻는 속건제로 바쳐라. 그
전까지의 기간은 무효이다. 그것은 그가
그 기간 동안에 부정해졌기 때문이다.
13 나실인의 규례는 이러하다. 맹세한 기간
이 끝나면 회막 입구로 가서
14 거기에서 여호와께 제물을 바쳐라. 흠 없
는 일 년 된 숫양을 번제물로 바치고, 흠
없는 일 년 된 암양을 속죄 제물로 바쳐
라. 그리고 흠 없는 숫양 한 마리를 화목
제물로 바쳐라.
15 그 밖에도 누룩을 넣지 않고 기름을 섞어
만든 빵과 누룩을 넣지 않고 기름을 발라
만든 과자를 가져와서 곡식 제물과 부어
드리는 제물인 전제물과 함께 바쳐라.
16 제사장은 이 제물들을 여호와 앞에 가져
와서, 죄를 씻는 제사인 속죄제와 태워 드
리는 제사인 번제로 바쳐라.
17 그런 다음에 숫양을 잡아 여호와께 화목
제물로 바치며, 그 때에 누룩을 넣지 않
은 빵인 무교병 한 광주리를 함께 바쳐
라. 그리고 곡식 제물과 전제물도 바쳐
라.
18 나실인은 회막 입구로 가서 그가 바친 머
리털을 밀고, 그 머리털을 화목 제물 밑
에서 타고 있는 불에 올려 놓아라.
19 나실인이 머리를 모두 민 뒤에, 제사장은
숫양의 삶은 어깨 고기와 광주리에 들어
있는 누룩을 넣지 않은 빵과 과자를 하나
씩 나실인에게 주어서 손에 들고 있게 하
여라.
20 그런 다음에 제사장은 그것들을 여호와
앞에 흔들어 바치는 제사인 요제로 드려
라. 그것들은 거룩한 제물로서 제사장의
몫이다. 또 흔들어 바친 숫양의 가슴 고
기와 높이 들어올려 바친 넓적다리 고기
도 제사장의 몫이다. 그런 다음에야 나실
인은 포도주를 마실 수 있다.
21 이것은 나실인에 관한 율법이다. 누구든
지 여호와께 자신을 구별하여 나실인이
되기로 예물을 드린 자는 이 외에도 힘이
미치는 대로 하고 그가 맹세한 대로 자신
을 구별한 법을 따르라.'"

제사장의 축복

22 여호와께서 모세에게 말씀하셨습니다.
23 "아론과 그의 아들들에게 전하여라. '너희
는 이스라엘 백성에게 이렇게 복을 빌어
주어라.
24 여호와께서 너에게 복을 내리시고, 너를
지켜 주시고,
25 여호와께서 너에게 자비를 베푸시며, 너
에게 은혜를 내려 주시기를 빈다.
26 여호와께서 너를 내려다 보시고, 너에게
평화를 주시기를 빈다.'
27 아론과 그의 아들들이 내 이름으로 이스라

성경 자세히 이해하기

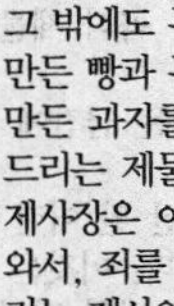

나실인

나실인은 특별한 서약을 통해 자신을 거룩하게 구별하여 헌신하기로 결정한 사람을 말합니다. 헌신의 기간이 계속되는 동안에는 발효된 음료나 포도주, 독주 등을 마시지 않았고, 머리카락을 자르지도 않았으며, 어떠한 시체도 만지지 않았습니다. 나실인의 서약은 남자와 여자, 그리고 노예(이방인은 제외)도 할 수 있었습니다. 서약은 특정 기간을 정하여 할 수도 있었고(최소 30일 이상), 평생 할 수도 있었습니다. 서약 기간이 끝나면 그 기간 동안 자란 머리카락과 함께 율법이 정한 대로 여러 가지 제사를 드렸습니다.

본문 보기 6장 1-21절

엘 백성에게 복을 빌어 주면, 내가 그들
에게 복을 내릴 것이다."

성막

7 모세는 성막 세우기를 마치고, 성막과
그 안의 모든 것에 기름을 붓고, 제단
과 그 모든 연장에도 기름을 부어 거룩히
구별했습니다.
2 그러자 이스라엘 지도자들, 곧 각 집안의
어른들과 각 지파의 지도자들로서 백성의
수를 셀 때에 함께 일한 사람들이 제물을
바쳤습니다.
3 그들은 여호와께 덮개가 있는 수레 여섯
대와 황소 열두 마리를 가져왔습니다. 각
지도자마다 황소 한 마리씩 가져왔고, 수
레는 두 사람이 한 대씩 가져왔습니다. 그
들은 그것을 성막 앞으로 가져왔습니다.
4 여호와께서 모세에게 말씀하셨습니다.
5 "지도자들이 가져온 이 예물을 받아라.
그래서 회막에서 하는 모든 일에 쓸 수 있
도록 하여라. 그것을 레위 사람에게 주어
서 각자 맡은 일에 따라 쓸 수 있도록 하
여라."
6 그리하여 모세는 수레와 황소를 받았습니
다. 모세는 그것들을 레위 사람에게 주었
습니다.
7 수레 두 대와 황소 네 마리는 게르손 자
손에게 주었습니다. 이것은 그들이 맡은
일을 하는 데 필요한 분량이었습니다.
8 수레 네 대와 황소 여덟 마리는 므라리 자
손에게 주었습니다. 이것은 그들이 맡은
일을 하는 데 필요한 분량이었습니다. 제
사장 아론의 아들 이다말이 이들 모두의
일을 감독했습니다.
9 그러나 고핫 자손에게는 황소나 수레를
주지 않았습니다. 왜냐하면 그들은 어깨
로 거룩한 물건들을 날라야 했기 때문입
니다.
10 제단에 기름을 붓던 날, 지도자들은 여호
와를 섬기는 일에 쓸 수 있는 예물을 가
져와서 제단 앞에 드렸습니다.
11 여호와께서 모세에게 말씀하셨습니다. "너
는 지도자들이 매일 한 사람씩 나와서 예
물을 바치게 하여라. 그래서 제단을 거룩
히 구별하여라."
12 첫째 날에는 암미나답의 아들 나손이 예물
을 가져왔습니다. 그는 유다 지파의 지도
자입니다.
13 그 예물은 거룩한 곳인 성소에서 다는 무
게로 백삼십 세겔* 되는 은쟁반 하나와 칠
십 세겔* 되는 은접시 하나입니다. 접시와
쟁반에는 기름을 섞은 고운 가루를 가득
채워 가져왔습니다. 이것은 곡식 제물로
바칠 것입니다.
14 그리고 무게가 십 세겔* 되는 금잔에 향
을 담아서 가져왔습니다.
15 또 수송아지와 숫양과 일 년 된 어린 숫
양을 한 마리씩 가져왔습니다. 이것은 태
워 드리는 제물인 번제물로 바칠 것입니
다.
16 또 죄를 씻는 제물인 속죄 제물로 숫염소
를 한 마리 가져왔습니다.
17 또 황소 두 마리와 숫양 다섯 마리와 숫
염소 다섯 마리와 일 년 된 어린 숫양 다
섯 마리도 가져왔습니다. 이것은 모두 화
목 제물로 바칠 것입니다. 이것은 암미나
답의 아들 나손의 예물이었습니다.
18 둘째 날에는 수알의 아들 느다넬이 예물을
가져왔습니다. 그는 잇사갈 지파의 지도
자입니다.
19 그 예물은 성소에서 다는 무게로 백삼십
세겔 되는 은쟁반 하나와 칠십 세겔 되는
은접시 하나입니다. 접시와 쟁반에는 기
름을 섞은 고운 가루를 가득 채워 가져왔

알아두세요

7:13 130세겔은 약 1.48kg에 해당되고, 70세겔은 약 0.79kg에 해당된다.
7:14 10세겔은 약 114g에 해당된다.

분량(7:7 quantity) 무게, 부피, 수효 등의 많고 적음과 크고 작은 정도.
속죄 제물(7:34 sin offering) 자신의 죄를 덜거나 없애기 위해 드리는 제물.
화목 제물(7:35 fellowship offering) 하나님의 은혜에 감사하거나 소원을 빌 때 드리는 제사인 화목제에 쓰이는 제물.

습니다. 이것은 곡식 제물로 바칠 것입니
다.
20그리고 무게가 십 세겔 되는 금잔에 향을
담아서 가져왔습니다.
21또 수송아지와 숫양과 일 년 된 어린 숫
양을 한 마리씩 가져왔습니다. 이것은 번
제물로 바칠 것입니다.
22또 속죄 제물로 숫염소를 한 마리 가져왔
습니다.
23또 황소 두 마리와 숫양 다섯 마리와 숫
염소 다섯 마리와 일 년 된 어린 숫양 다
섯 마리도 가져왔습니다. 이것은 모두 화
목 제물로 바칠 것입니다. 이것은 수알의
아들 느다넬의 예물이었습니다.
24셋째 날에는 헬론의 아들 엘리압이 예물을
가져왔습니다. 그는 스불론 지파의 지도
자입니다.
25그 예물은 성소에서 다는 무게로 백삼십
세겔 되는 은쟁반 하나와 칠십 세겔 되는
은접시 하나입니다. 접시와 쟁반에는 기
름을 섞은 고운 가루를 가득 채워 가져왔
습니다. 이것은 곡식 제물로 바칠 것입니
다.
26그리고 무게가 십 세겔 되는 금잔에 향을
담아서 가져왔습니다.
27또 수송아지와 숫양과 일 년 된 어린 숫
양을 한 마리씩 가져왔습니다. 이것은 번
제물로 바칠 것입니다.
28또 속죄 제물로 숫염소를 한 마리 가
져왔습니다.
29또 황소 두 마리와 숫양 다섯
마리와 숫염소 다섯
마리와 일 년 된
어린 숫양 다섯 마리도 가져왔습니다. 이것
은 모두 화목 제물로 바칠 것입니다. 이것
은 헬론의 아들 엘리압의 예물이었습니다.
30넷째 날에는 스데울의 아들 엘리술이 예물
을 가져왔습니다. 그는 르우벤 지파의 지
도자입니다.
31그 예물은 성소에서 다는 무게로 백삼십
세겔 되는 은쟁반 하나와 칠십 세겔 되는
은접시 하나입니다. 접시와 쟁반에는 기
름을 섞은 고운 가루를 가득 채워 가져왔
습니다. 이것은 곡식 제물로 바칠 것입니
다.
32그리고 무게가 십 세겔 되는 금잔에 향을
담아서 가져왔습니다.
33또 수송아지와 숫양과 일 년 된 어린 숫
양을 한 마리씩 가져왔습니다. 이것은 번
제물로 바칠 것입니다.
34또 속죄 제물로 숫염소를 한 마리 가져왔
습니다.
35또 황소 두 마리와 숫양 다섯 마리와 숫
염소 다섯 마리와 일 년 된 어린 숫양 다
섯 마리도 가져왔습니다. 이는 모두 화목
제물로 바칠 것입니다. 이것은 스데울의
아들 엘리술의 예물이었습니다.
36다섯째 날에는 수리삿대의 아들 슬루미엘
이 예물을 가져왔습니다. 그는 시므온 지

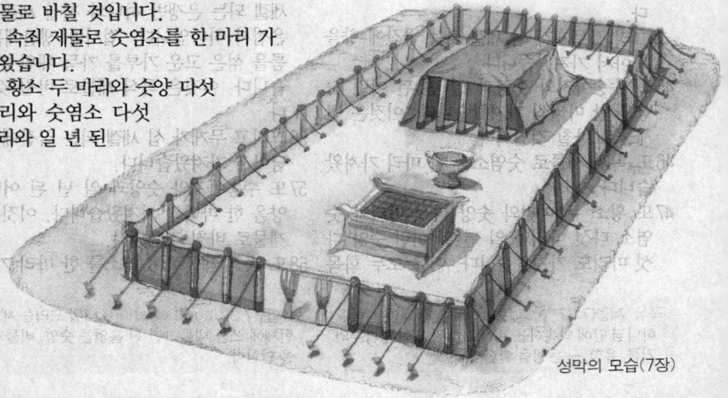

성막의 모습(7장)

파의 지도자입니다.
37그 예물은 성소에서 다는 무게로 백삼십
세겔 되는 은쟁반 하나와 칠십 세겔 되는
은접시 하나입니다. 접시와 쟁반에는 기
름을 섞은 고운 가루를 가득 채워 가져왔
습니다. 이것은 곡식 제물로 바칠 것입니
다.
38그리고 무게가 십 세겔 되는 금잔에 향을
담아서 가져왔습니다.
39또 수송아지와 숫양과 일 년 된 어린 숫
양을 한 마리씩 가져왔습니다. 이것은 번
제물로 바칠 것입니다.
40또 속죄 제물로 숫염소를 한 마리 가져왔
습니다.
41또 황소 두 마리와 숫양 다섯 마리와 숫
염소 다섯 마리와 일 년 된 어린 숫양 다
섯 마리도 가져왔습니다. 이것은 모두 화
목 제물로 바칠 것입니다. 이것은 수리삿
대의 아들 슬루미엘의 예물이었습니다.
42여섯째 날에는 드우엘의 아들 엘리아삽이
예물을 가져왔습니다. 그는 갓 지파의 지
도자입니다.
43그 예물은 성소에서 다는 무게로 백삼십
세겔 되는 은쟁반 하나와 칠십 세겔 되는
은접시 하나입니다. 접시와 쟁반에는 기
름을 섞은 고운 가루를 가득 채워 가져왔
습니다. 이것은 곡식 제물로 바칠 것입니
다.
44그리고 무게가 십 세겔 되는 금잔에 향을
담아서 가져왔습니다.
45또 수송아지와 숫양과 일 년 된 어린 숫
양을 한 마리씩 가져왔습니다. 이것은 번
제물로 바칠 것입니다.
46또 속죄 제물로 숫염소를 한 마리 가져왔
습니다.
47또 황소 두 마리와 숫양 다섯 마리와 숫
염소 다섯 마리와 일 년 된 어린 숫양 다
섯 마리도 가져왔습니다. 이는 모두 화목
제물로 바칠 것입니다. 이것은 드우엘의
아들 엘리아삽의 예물이었습니다.
48일곱째 날에는 암미훗의 아들 엘리사마가
예물을 가져왔습니다. 그는 에브라임 지파
의 지도자입니다.
49그 예물은 성소에서 다는 무게로 백삼십
세겔 되는 은쟁반 하나와 칠십 세겔 되는
은접시 하나입니다. 접시와 쟁반에는 기
름을 섞은 고운 가루를 가득 채워 가져왔
습니다. 이것은 곡식 제물로 바칠 것입니
다.
50그리고 무게가 십 세겔 되는 금잔에 향을
담아서 가져왔습니다.
51또 수송아지와 숫양과 일 년 된 어린 숫
양을 한 마리씩 가져왔습니다. 이것은 번
제물로 바칠 것입니다.
52또 속죄 제물로 숫염소를 한 마리 가져왔
습니다.
53또 황소 두 마리와 숫양 다섯 마리와 숫
염소 다섯 마리와 일 년 된 어린 숫양 다
섯 마리도 가져왔습니다. 이는 모두 화목
제물로 바칠 것입니다. 이것은 암미훗의
아들 엘리사마의 예물이었습니다.
54여덟째 날에는 브다술의 아들 가말리엘이
예물을 가져왔습니다. 그는 므낫세 지파
의 지도자입니다.
55그 예물은 성소에서 다는 무게로 백삼십
세겔 되는 은쟁반 하나와 칠십 세겔 되는
은접시 하나입니다. 접시와 쟁반에는 기
름을 섞은 고운 가루를 가득 채워 가져왔
습니다. 이것은 곡식 제물로 바칠 것입니
다.
56그리고 무게가 십 세겔 되는 금잔에 향을
담아서 가져왔습니다.
57또 수송아지와 숫양과 일 년 된 어린 숫
양을 한 마리씩 가져왔습니다. 이것은 번
제물로 바칠 것입니다.
58또 속죄 제물로 숫염소를 한 마리 가져왔

곡식 제물(7:37 grain offering) 성결한 생애를 하나님 앞에 약속하는 표시로 태워 드린 밀가루와 기름, 유향, 구운 빵을 말한다.

번제물(7:39 burnt offering) 태워 드리는 제사인 번제에 쓰는 제물. 1년 된 흠없는 숫양, 비둘기 등을 말한다.

습니다.
59 또 황소 두 마리와 숫양 다섯 마리와 숫염소 다섯 마리와 일 년 된 어린 숫양 다섯 마리도 가져왔습니다. 이는 모두 화목 제물로 바칠 것입니다. 이것은 브다술의 아들 가말리엘의 예물이었습니다.
60 아홉째 날에는 기드오니의 아들 아비단이 예물을 가져왔습니다. 그는 베냐민 지파의 지도자입니다.
61 그 예물은 성소에서 다는 무게로 백삼십 세겔 되는 은쟁반 하나와 칠십 세겔 되는 은접시 하나입니다. 접시와 쟁반에는 기름을 섞은 고운 가루를 가득 채워 가져왔습니다. 이것은 곡식 제물로 바칠 것입니다.
62 그리고 무게가 십 세겔 되는 금잔에 향을 담아서 가져왔습니다.
63 또 수송아지와 숫양과 일 년 된 어린 숫양을 한 마리씩 가져왔습니다. 이것은 번제물로 바칠 것입니다.
64 또 속죄 제물로 숫염소를 한 마리 가져왔습니다.
65 또 황소 두 마리와 숫양 다섯 마리와 숫염소 다섯 마리와 일 년 된 어린 숫양 다섯 마리도 가져왔습니다. 이는 모두 화목 제물로 바칠 것입니다. 이것은 기드오니의 아들 아비단의 예물이었습니다.
66 열째 날에는 암미삿대의 아들 아히에셀이 예물을 가져왔습니다. 그는 단 지파의 지도자입니다.
67 그 예물은 성소에서 다는 무게로 백삼십 세겔 되는 은쟁반 하나와 칠십 세겔 되는 은접시 하나입니다. 접시와 쟁반에는 기름을 섞은 고운 가루를 가득 채워 가져왔습니다. 이것은 곡식 제물로 바칠 것입니다.
68 그리고 무게가 십 세겔 되는 금잔에 향을 담아서 가져왔습니다.
69 또 수송아지와 숫양과 일 년 된 어린 숫양을 한 마리씩 가져왔습니다. 이것은 번제물로 바칠 것입니다.
70 또 속죄 제물로 숫염소를 한 마리 가져왔습니다.
71 또 황소 두 마리와 숫양 다섯 마리와 숫염소 다섯 마리와 일 년 된 어린 숫양 다섯 마리도 가져왔습니다. 이는 모두 화목 제물로 바칠 것입니다. 이것은 암미삿대의 아들 아히에셀의 예물이었습니다.
72 열한째 날에는 오그란의 아들 바기엘이 예물을 가져왔습니다. 그는 아셀 지파의 지도자입니다.
73 그 예물은 성소에서 다는 무게로 백삼십 세겔 되는 은쟁반 하나와 칠십 세겔 되는 은접시 하나입니다. 접시와 쟁반에는 기름을 섞은 고운 가루를 가득 채워 가져왔습니다. 이것은 곡식 제물로 바칠 것입니다.
74 그리고 무게가 십 세겔 되는 금잔에 향을 담아서 가져왔습니다.
75 또 수송아지와 숫양과 일 년 된 어린 숫양을 한 마리씩 가져왔습니다. 이것은 번제물로 바칠 것입니다.
76 또 속죄 제물로 숫염소를 한 마리 가져왔습니다.
77 또 황소 두 마리와 숫양 다섯 마리와 숫염소 다섯 마리와 일 년 된 어린 숫양 다섯 마리도 가져왔습니다. 이는 모두 화목 제물로 바칠 것입니다. 이것은 오그란의 아들 바기엘의 예물이었습니다.
78 열두째 날에는 에난의 아들 아히라가 예물을 가져왔습니다. 그는 납달리 지파의 지도자입니다.
79 그 예물은 성소에서 다는 무게로 백삼십 세겔 되는 은쟁반 하나와 칠십 세겔 되는 은접시 하나입니다. 접시와 쟁반에는 기름을 섞은 고운 가루를 가득 채워 가져왔습니다. 이것은 곡식 제물로 바칠 것입니다.
80 그리고 무게가 십 세겔 되는 금잔에 향을 담아서 가져왔습니다.
81 또 수송아지와 숫양과 일 년 된 어린 숫양을 한 마리씩 가져왔습니다. 이것은 번제물로 바칠 것입니다.
82 또 속죄 제물로 숫염소를 한 마리 가져왔

습니다.
83 또 황소 두 마리와 숫양 다섯 마리와 숫염소 다섯 마리와 일 년 된 어린 숫양 다섯 마리도 가져왔습니다. 이는 모두 화목 제물로 바칠 것입니다. 이것은 에난의 아들 아히라의 예물이었습니다.
84 이처럼 모세가 제단에 기름을 부은 때에 이스라엘의 지도자들은 제단을 거룩하게 하기 위해 제물을 바쳤습니다. 그들이 바친 제물은 은쟁반 열두 개와 은접시 열두 개와 금잔 열두 개입니다.
85 각각 은쟁반의 무게는 백삼십 세겔*이었고, 은접시의 무게는 칠십 세겔*이었습니다. 은쟁반과 은그릇들의 무게를 모두 합하면, 성소에서 다는 무게로 이천사백 세겔*이었습니다.
86 향이 가득 담긴 금잔은 열두 개였는데, 각 금잔은 성소에서 다는 무게로 십 세겔*이었습니다. 그러므로 금잔의 무게를 모두 합하면 백이십 세겔*이었습니다.
87 번제물로 바친 짐승은 수송아지 열두 마리, 숫양 열두 마리, 일 년 된 어린 숫양 열두 마리입니다. 그 밖에도 곡식 제물이 있었고, 속죄 제물로 바친 숫염소 열두 마리도 있었습니다.
88 화목 제물로 바친 짐승은 황소 스물네 마리, 숫양 예순 마리, 숫염소 예순 마리, 일 년 된 숫양 예순 마리입니다. 이 모든 제물은 모세가 제단에 기름을 부은 뒤에 제단을 거룩히 구별하기 위해 바친 것입니다.
89 모세는 여호와께 말씀드릴 것이 있을 때

회막에서 여호와의 음성을 듣는 모세(7:89)

에는 만남의 장막인 회막으로 들어갔습니다. 모세는 여호와께서 자기에게 하시는 말씀을 들었습니다. 여호와의 목소리는 언약궤를 덮고 있는 속죄판 위에 있는 날개 달린 생물들인 두 그룹 사이에서 들려왔습니다. 이처럼 여호와께서는 모세에게 말씀하셨습니다.

등잔대

8 여호와께서 모세에게 말씀하셨습니다.
2 "아론에게 전하여라. 그에게 등잔대 앞을 밝힐 수 있도록 등잔 일곱 개를 놓아 두라고 말하여라."
3 아론은 그대로 했습니다. 아론은 등잔대 앞을 밝힐 수 있도록 등잔 일곱 개를 놓아 두었습니다. 아론은 여호와께서 모세에게 주신 명령에 복종했습니다.
4 등잔대는 여호와께서 모세에게 보여 주신 형식을 따라서 밑받침에서 꽃 모양까지 모두 금을 두드려서 만들었습니다.

레위 사람

5 여호와께서 모세에게 말씀하셨습니다.
6 "이스라엘 백성 가운데서 레위 사람을 데려다가 정결하게 하여라.

속죄판(7:89 atonement cover) 성막 또는 성전 지성소에 안치된 거룩한 궤의 뚜껑.
요제(8:11 wave offering) 제물의 뒷다리나 가슴 부분을 좌우로 흔들어 하나님께 바치는 제사.

7 그들을 정결하게 하는 방법은 이러하다. 정결하게 하는 물을 그들에게 뿌려라. 온 몸의 털을 밀고 옷을 빨게 하여라. 그러면 그들은 정결하게 될 것이다.
8 그들에게 수송아지 한 마리를 가져오게 하고, 그것과 함께 바칠 곡식 제물도 가져오게 하여라. 곡식 제물은 기름을 섞은 고운 가루로 하여라. 그리고 너는 다른 수송아지 한 마리를 가져와서 죄를 씻는 제물인 속죄 제물로 바쳐라.
9 레위 사람을 회막 앞으로 데려가고 모든 이스라엘 무리를 모아라.
10 레위 사람을 여호와 앞으로 데려가거라. 그리고 이스라엘 백성이 그들에게 손을 얹게 하여라.
11 아론은 레위 사람을 여호와 앞에 흔들어 바치는 요제로 드려라. 레위 사람을 이스라엘 백성이 바치는 제물로 여겨 여호와 앞에 드려라. 이는 레위 사람이 여호와의 일을 할 수 있도록 하기 위함이다.
12 너는 레위 사람이 수송아지의 머리에 손을 얹게 한 후, 이것을 여호와께 바쳐라. 한 마리는 여호와께 바치는 죄를 씻는 제물인 속죄 제물이고, 다른 한 마리는 태워 드리는 제물인 번제물이다. 이것을 바쳐 레위 사람의 죄를 씻는 예식을 행하여라.
13 레위 사람을 아론과 그의 아들들 앞에 세워라. 그리고 레위 사람을 여호와께 흔들어 바치는 요제로 드려라.
14 이렇게 하여 너는 이스라엘 백성 가운데서 레위 사람을 구별하여라. 레위 사람은 내 것이라.
15 이처럼 레위 사람을 정결하게 한 뒤 그들을 제물로 드려라. 그래야 그들이 회막에 와서 일할 수 있을 것이다.
16 그들은 이스라엘 백성 가운데서 나에게 바쳐진 사람이다. 나는 그들을 이스라엘의 모든 여자가 낳은 맏아들을 대신해서 내 것으로 삼았도다.
17 사람이든 짐승이든 이스라엘에서 처음 태어난 것은 다 내 것이니, 나는 이집트 땅의 처음 태어난 것을 다 죽이던 날에 그들을 거룩히 구별했다.
18 나는 이스라엘의 모든 맏아들을 대신해서 레위 사람을 내 것으로 삼았고,
19 레위 사람을 모든 이스라엘 백성 가운데서 뽑았다. 그리고 그들을 아론과 그의 아들들에게 주었다. 그들은 회막에서 모든 이스라엘 백성의 일을 맡아 볼 것이다. 그들은 이스라엘 백성의 죄를 씻는 예식들을 도울 것이다. 그러면 이스라엘 백성이 성소에 가까이 오더라도, 그들에게 재앙이 내리는 일은 없을 것이다."
20 모세와 아론과 모든 이스라엘 백성은 여호와의 말에 순종했습니다. 그들은 레위 사람에 대하여 여호와께서 모세에게 명령하신 대로 했습니다.
21 레위 사람은 스스로 정결하게 하고 옷을 빨았습니다. 그러자 아론이 그들을 여호와께 흔들어 바치는 제사인 요제로 드렸습니다. 아론은 또 그들의 죄를 씻는 예식을 행하여 그들을 정결하게 했습니다.
22 그런 다음에 레위 사람은 회막으로 와서 일했습니다. 아론과 그의 아들들은 그들

등잔대(8:4)

알아두세요

7:85 130세겔은 약 1.48kg에 해당되고, 70세겔은 0.79kg에 해당되며, 2,400세겔은 약 27.36kg에 해당된다.

7:86 10세겔은 114g에 해당되고, 120세겔은 약 1.36kg에 해당된다.

에게 해야 할 일을 가르쳐 주었습니다. 그
들은 레위 사람에 대하여 여호와께서 모
세에게 명령하신 대로 했습니다.
23 여호와께서 모세에게 말씀하셨습니다.
24 "이것은 레위 사람을 위한 명령이다. 스물
다섯 살 이상 된 모든 남자는 회막으로 나
아오게 하여라. 그들을 모두 회막에서 일
하게 하고,
25 쉰 살이 되면 하던 일을 그만두게 하여라.
더 일하지 않아도 된다. 그 때부터는
26 회막에서 다른 레위 사람을 도와 줄 수는
있으나, 그 일을 대신하지는 못한다. 너
는 이렇게 레위 사람에게 해야 할 일을 맡
겨라."

유월절

9 여호와께서 시내 광야에서 모세에게 말
씀하셨습니다. 여호와께서 말씀하신
때는 이스라엘 백성이 이집트에서 나온 지
이 년째 되는 해의 첫째 달*이었습니다.
2 "이스라엘 백성에게 정해진 때에 유월절을
지키라고 전하여라.
3 유월절을 지켜야 할 때는 이 달 십사 일
해질 무렵이다. 이스라엘 백성은 유월절에
관한 모든 규례를 지켜라."
4 그리하여 모세는 이스라엘 백성에게 유월
절을 지키라는 말씀을 전했습니다.
5 이스라엘 백성은 첫째 달 십사 일 해질 무
렵에, 시내 광야에서 유월절을 지켰습니
다. 이스라엘 백성은 여호와께서 모세에게

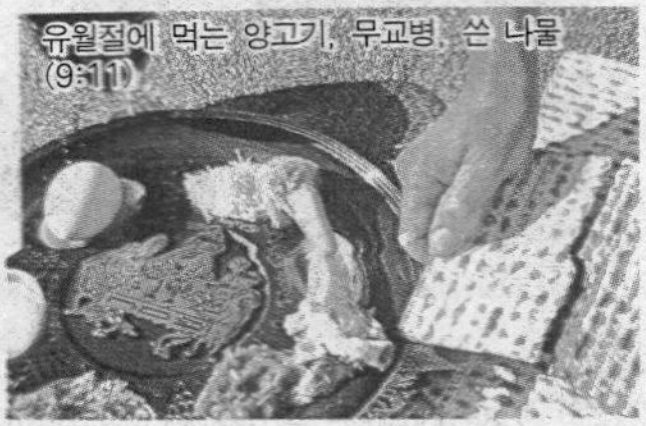

유월절에 먹는 양고기, 무교병, 쓴 나물 (9:11)

알아두세요

9:1 이달은 3월에서 4월 사이에 해당된다.
9:11 이날은 4월 말에서 5월 초에 해당된다.

명령하신 그대로 했습니다.
6 그러나 그 날 유월절을 지킬 수 없는 사
람들이 있었습니다. 그들은 시체를 만져
서 부정해진 사람들입니다. 그들은 그 날
모세와 아론에게 갔습니다.
7 그들이 모세에게 말했습니다. "우리는 시
체를 만졌으므로 부정합니다. 그렇지만
이 정해진 때에 우리도 여호와께 예물을
드려야 하지 않겠습니까? 우리도 다른 이
스라엘 백성처럼 예물을 드리고 싶습니
다."
8 모세가 그들에게 말했습니다. "기다리시
오. 여호와께서 여러분에게 무엇이라고
말씀하실지 알아봐야겠소."
9 그 때에 여호와께서 모세에게 말씀하셨습
니다.
10 "이스라엘 백성에게 전하여라. '너희나 너
희 자손은 시체를 만져서 부정해졌거나,
먼길을 떠나 있을 때라도 여호와의 유월
절을 지켜야 한다.
11 그러한 사람은 유월절을 지키되 둘째 달
십사 일* 해질 무렵에 지켜라. 그 때에는
쓴 나물과 누룩을 넣지 않은 빵을 어린 양
고기와 함께 먹어라.
12 먹던 것을 다음날 아침까지 남기지 말고,
양의 뼈를 부러뜨리지도 마라. 유월절을
지킬 때에는 이 모든 규례를 지켜라.
13 부정하지도 않고 먼길을 떠나지도 않은
사람은 유월절을 지켜라. 만약 지키지 않
으면, 그는 백성에게서 끊어질 것이다.
그는 정해진 때에 여호와께 제물을 바치
지 않았으므로 죄값을 받을 것이다.
14 너희 가운데 사는 외국인도 여호와의 유
월절을 지킬 수 있으니, 그가 유월절을 지
킬 때에는 모든 규례를 따르게 하여라. 너
희가 지키는 규례를 외국인도 똑같이 지
키게 하여라.'"

성막 위의 구름

15 주님의 장막인 성막을 세우던 날, 구름이
그 장막, 곧 언약의 성막을 덮었습니다.
저녁부터 새벽까지 장막 위의 구름은 불
처럼 보였습니다.

16 항상 구름은 성막 위에 머물렀으며, 밤이
되면 그 구름은 불처럼 보였습니다.
17 구름이 성막 위에서 걷혀 올라가면, 이스
라엘 백성도 길을 떠났습니다. 그러다가
구름이 멈추면, 이스라엘 백성도 그 곳에
진을 쳤습니다.
18 이스라엘 백성은 여호와의 명령에 따라 길
을 떠났다가 여호와의 명령에 따라 진을
쳤습니다. 구름이 성막 위에 머물러 있는
동안에는 이스라엘 백성도 진에 머물러 있
었습니다.
19 성막 위의 구름이 오랫동안 머물러 있을
때는, 이스라엘 백성도 여호와의 명령대로
이동하지 않았습니다.
20 어떤 때에는 성막 위의 구름이 며칠 동안
만 머물기도 했습니다. 이스라엘 백성은
여호와의 명령에 따라 길을 떠났고, 여호
와의 명령에 따라 진을 쳤습니다.
21 어떤 때에는 성막 위의 구름이 저녁부터
아침까지만 머물기도 했습니다. 이튿날
아침에 구름이 걷히면, 백성도 길을 떠났
습니다. 밤이든 낮이든 구름이 걷히면,
백성도 길을 떠났습니다.
22 성막 위의 구름은 이틀을 머물기도 하고,
한 달을 머물기도 하고, 일 년을 머물기
도 했습니다. 구름이 머물러 있는 동안에
이스라엘 백성은 진을 치고 있었습니다.
그러나 구름이 걷히면, 백성도 길을 떠났
습니다.
23 이스라엘 백성은 여호와의 명령에 따라 진
을 쳤다가, 여호와의 명령에 따라 길을 떠
났습니다. 그들은 여호와께서 모세에게
명령하신 대로 했습니다.

은 나팔

10 여호와께서 모세에게 말씀하셨습니
다.
2 "은을 두드려 나팔 두 개를 만들어라. 그
나팔은 백성을 불러 모을 때와 진을 떠날
때 쓸 것이다.
3 두 나팔을 한꺼번에 불면, 백성을 회막 입
구 네 앞에 모이게 하고,
4 나팔을 하나만 불면, 지도자들이 네 앞에
모이게 하여라.
5 두 나팔을 한 번만 불면, 동쪽에 진을 친
지파들이 이동하고,
6 두 번째로 나팔을 불면, 남쪽에 진을 친
지파들이 이동할 것이다. 그들은 나팔 소
리를 듣고 이동할 것이다.
7 백성을 불러 모을 때도 나팔을 불어라. 그
러나 똑같은 방법으로 불지는 마라.
8 나팔은 제사장인 아론의 아들들에게 불게
하여라. 이것은 너희가 지금부터 대대로
지켜야 할 규례이다.
9 너희의 땅으로 너희를 공격해 온 적과 싸
울 때도 나팔을 불어라. 너희 하나님이신
여호와께서 너희를 기억해 주실 것이다.
여호와께서 너희를 원수에게서 구해 주실
것이다.

성경 자세히 이해하기

유월절

히브리어로는 '페사'인데, '통과하다, 뛰어넘다'라는 뜻입니다. 이스라엘이 이집트를 탈출한 사건에 기원을 두고 있습니다(출 12:1-23). 절차는 다음과 같습니다. (1) 니산월(정월) 10일에 흠없는 양새끼를 간직해 둔다. (2) 14일 저녁에 집의 가장이 양을 잡는다. (3) 양의 피를 문설주와 인방에 바른다. (4) 머리와 수족과 내장을 굽되 설익히거나 물에 삶지 않는다. (5) 누룩을 넣지 않은 빵과 쓴 나물을 함께 먹는다. (6) 허리에는 띠를 두르고, 발에는 신을 신고, 손에는 지팡이를 들고 급히 먹는다. (7) 남은 음식은 모두 태워 버린다.

본문 보기 9장

성막(9:15 sacred tent) 시내 산에서 주어진 하나님의 명령에 따라 이스라엘 백성들이 만들었던 이동시킬 수 있는 성소로서, 하나님의 언약궤를 모셔놓았던 막.
언약(9:15 covenant) 하나님과 사람간의 약속.
진(10:2 camp) 군대가 머물러 둔을 치는 곳.

10 기쁜 날에도 나팔을 불어라. 절기 때와 매
달 초하루에도 나팔을 불어라. 너희의 태
워 드리는 제물인 번제물과 화목 제물 위
에서 나팔을 불어라. 그러면 너희 하나님
께서 너희를 기억해 주실 것이다. 나는 너
희 여호와 하나님이다."

진을 옮기는 이스라엘 백성

11 거룩한 장막인 성막에서 구름이 걷혀 올
라갔습니다. 그 때는 이집트에서 떠나온
지 둘째 해 둘째 달 이십 일*이었습니다.
12 이스라엘 백성은 시내 광야를 떠나서, 구
름이 바란 광야에 멈출 때까지 옮겨다녔
습니다.
13 이것은 이스라엘 백성의 첫 번째 이동이었
습니다. 그들은 여호와께서 모세에게 명
령하신 대로 했습니다.
14 유다 진의 부대들이 깃발을 따라 이동했
습니다. 지휘자는 암미나답의 아들 나손이
었습니다.
15 수알의 아들 느다넬이 잇사갈 지파의 군대
를 이끌었습니다.
16 헬론의 아들 엘리압이 스불론 지파의 부대
를 이끌었습니다.
17 그 다음에 성막을 걷었습니다. 게르손 자
손과 므라리 자손이 성막을 메고 길을 떠
났습니다.
18 그 다음에는 르우벤 진의 부대들이 깃발
을 따라 이동했습니다. 지휘자는 스데울
의 아들 엘리술이었습니다.
19 수리삿대의 아들 슬루미엘이 시므온 지파
의 부대를 이끌었습니다.
20 드우엘의 아들 엘리아삽이 갓 지파의 부대
를 이끌었습니다.
21 그 다음에는 고핫 자손이 성막에서 쓰는
물건인 성물을 메고 길을 떠났습니다. 성
막은 그들이 도착하기 전에 세워야 했습
니다.
22 그 다음에는 에브라임 진의 부대들이 깃발
을 따라 이동했습니다. 지휘자는 암미훗
의 아들 엘리사마였습니다.
23 브다술의 아들 가말리엘이 므낫세 지파의
부대를 이끌었습니다.
24 기드오니의 아들 아비단이 베냐민 지파의
부대를 이끌었습니다.
25 맨 마지막에는 단 진의 부대들이 깃발을
앞세우고, 앞서간 다른 모든 부대의 후방
수비를 맡은 부대들이 부대별로 이동했습
니다. 지휘자는 암미삿대의 아들 아히에셀
이었습니다.
26 오그란의 아들 바기엘이 아셀 지파의 부대
를 이끌었습니다.
27 에난의 아들 아히라가 납달리 지파의 부대
를 이끌었습니다.
28 이스라엘의 부대들은 이동할 때 이런 순서
로 행군했습니다.
29 호밥은 미디안 사람 르우엘의 아들입니다.
이드로라고도 하는 르우엘은 모세의 장인
입니다. 모세가 처남인 호밥에게 말했습니
다. "우리는 하나님께서 우리에게 주시기
로 약속한 땅으로 갑니다. 우리와 함께 갑
시다. 처남을 잘 대접하겠습니다. 여호와
께서 이스라엘에게 좋은 것으로 약속하셨
습니다."
30 그러나 호밥이 대답했습니다. "아닐세. 나
는 가지 못하네. 나는 내가 태어난 내 고
향으로 돌아가야 하네."
31 모세가 말했습니다. "우리를 떠나지 마시
오. 처남은 이 광야에서 우리가 어디에 진
을 쳐야 할지 알고 있습니다. 처남은 우
리의 안내자가 될 수 있습니다.
32 우리와 함께 갑시다. 여호와께서 우리에
게 주시는 좋은 것을 다 처남에게 나누어

행진할 때의 위치 (10:11-28)

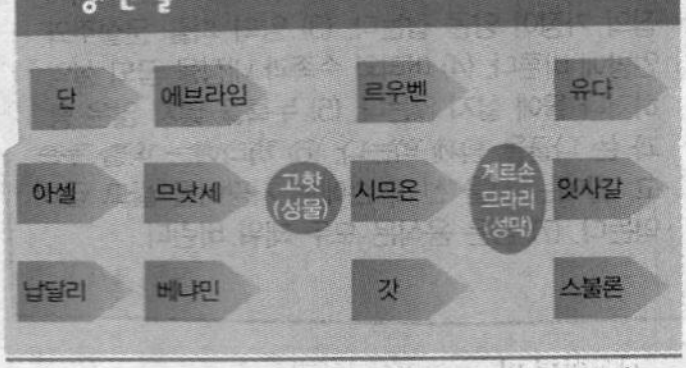

알아두세요

10:11 이 날은 4월 말에서 5월 초에 해당된다.

드리겠습니다."
33 그리하여 그들은 여호와의 산을 떠났습니
다. 백성은 여호와의 언약궤를 앞세웠습
니다. 그들은 삼 일 동안 진을 칠 곳을 찾
았습니다.
34 백성이 진을 떠날 때면, 낮에는 여호와의
구름이 그들 위를 덮었습니다.
35 궤가 진을 떠날 때면, 모세는 늘 "여호와
여! 일어나십시오. 원수들을 흩으십시오.
여호와께 맞서는 자들을 여호와 앞에서
쫓아 내십시오" 라고 말했습니다.
36 그리고 궤를 내려놓을 때도 모세는 늘 "여
호와여! 수천만 이스라엘 백성에게 돌아오
십시오" 라고 말했습니다.

여호와께서 내리신 불

11 백성에게 어려운 일이 닥치자 그들이
여호와께 불평했습니다. 여호와께서
그들의 불평을 들으시고 화를 내셨습니
다. 여호와께서 백성 가운데에 불을 내리
셨습니다. 그 불이 진 가장자리를 태웠습
니다.
2 그러자 백성이 모세에게 부르짖었습니다.
모세가 여호와께 기도드리자, 불이 꺼졌
습니다.
3 그 곳은 사람들에 의해 다베라라고 불리
웠는데, 이는 여호와의 불이 내려와 그들
가운데서 탔기 때문입니다.

장로 칠십 명

4 백성 가운데 섞여 살던 외국인들이 음식
에 욕심을 품고 불평했습니다. 이윽고 모
든 이스라엘 백성도 불평하기 시작했습니
다. 그들이 말했습니다. "고기를 먹었으
면 좋겠소.
5 이집트에 있을 때에는 생선을 마음껏 먹
었소. 그 밖에도 오이와 수박과 부추와 파
와 마늘을 먹었소.
6 그런데 지금은 이 만나밖에 없으니, 우리
몸이 쇠약해지고 말았소."
7 만나는 작고 하얀 씨처럼 생겼습니다.
8 백성들은 그것을 주워 모아서, 맷돌에 갈
거나 절구에 찧었습니다. 그래서 냄비에
요리를 하거나 과자를 만들기도 했습니

가버나움 회당에 조각된 언약궤(10:33)

다. 그러자 그것은 기름에 구운 빵 맛이
났습니다.
9 밤마다 진에 이슬이 내릴 때, 만나도 같
이 내렸습니다.
10 모세는 백성의 온 가족들이 자기 장막 입
구에서 우는 소리를 들었습니다. 여호와
께서 매우 노하셨습니다. 그래서 모세는
당황했습니다.
11 모세가 여호와께 여쭈었습니다. "왜 저에
게 이런 어려움을 주십니까? 저는 여호와
의 종입니다. 제가 무슨 잘못을 했습니
까? 왜 저에게 이 모든 백성을 맡기셨습
니까?
12 저는 이 모든 백성의 아비가 아닙니다. 저
는 이 백성을 낳지 않았습니다. 왜 저더
러 여호와께서 저희 조상에게 약속하신
땅으로 저들을 인도하게 하십니까? 왜 저
에게 유모가 젖먹이를 품듯이 그들을 품
으라고 하십니까?
13 모든 백성이 먹을 고기를 제가 어디에서
얻을 수 있겠습니까? 저들은 '고기를 먹
고 싶다' 라고 저에게 부르짖고 있습니다.
14 저 혼자서는 이 모든 백성을 돌볼 수 없
습니다. 저에게는 너무 힘든 일입니다.
15 저에게 이렇게 하시려거든 차라리 저를
지금 죽여 주십시오. 제가 여호와께 은혜
를 입었다면 저를 죽여 주십시오. 그래서
이 어려움을 더 이상 보지 않게 해 주십
시오."
16 여호와께서 모세에게 말씀하셨습니다.
"이스라엘의 장로 칠십 명을 데려오너라.
백성 가운데서 네가 지도자로 알고 있는

사람들을 뽑아 오너라. 그들을 만남의 장
막인 회막으로 데려오고, 너도 그들과 함
께 서 있어라.
17 내가 내려가 너와 말하겠다. 너에게 있는
영을 그들에게도 줄 것이다. 그러면 그들
이 너와 함께 백성을 돌볼 수 있을 것이
다. 너 혼자서 백성을 돌보지 않아도 된
다.
18 백성에게 스스로 거룩하게 하여 내일 고
기 먹기를 기다리라고 전하여라. 나 여호
와가 '누가 우리에게 고기를 먹여 줄까?
이집트에서 살 때가 더 좋았다' 라고 울며
부르짖는 소리를 들었다. 그러니 이제 나
여호와가 너희에게 고기를 줄 것이다.
19 하루나 이틀이나 닷새나 열흘이나 스무
날만 먹고 그칠 것이 아니다.
20 한 달 내내 먹게 될 것이다. 냄새만 맡아
도 질릴 정도로 먹게 될 것이다. 먹기 싫
을 때까지 먹게 될 것이다. 그것은 너희
가 너희 가운데 있는 나를 모시지 않고,
내가 너희와 함께 있는데도 '우리가 왜 이
집트를 떠났나?' 하고 말하면서 나에게
부르짖었기 때문이다."
21 모세가 말했습니다. "여호와여, 저와 함께
있는 사람이 육십만 명이나 됩니다. 그런
데 여호와께서는 '내가 그들에게 한 달 동
안, 고기를 넉넉히 주겠다' 라고 말씀하셨
습니다.
22 양과 소를 다 잡는다 하더라도 그것 가지
고는 부족할 것입니다. 바다의 물고기를
다 잡는다 하더라도 그것 가지고는 부족
할 것입니다."
23 그러나 여호와께서 모세에게 말씀하셨습
니다. "너는 내가 능력이 없다고 생각하
느냐? 내가 말한 것을 내가 할 수 있는지
없는지 너는 보게 될 것이다."
24 모세는 백성에게로 나가서 여호와께서 말
씀하신 것을 들려 주었습니다. 모세는 장
로 칠십 명을 불러 모았습니다. 모세는 그
들을 장막 둘레에 서 있게 했습니다.
25 그러자 여호와께서 구름 가운데 내려오셔
서 모세에게 말씀하셨습니다. 여호와께서
모세 위에 내리셨던 영을 장로 칠십 명에
게 나누어 주셨습니다. 영이 들어오자,
그들은 예언을 했습니다. 그러나 그 때,
한 번만 예언을 했습니다.
26 엘닷과 메닷이라는 사람도 지도자로 이름
이 적혀 있었습니다. 그러나 그들은 회막
으로 가지 않고 진에 머물러 있었습니다.
영이 그들에게도 내려왔습니다. 그래서
그들은 진에서 예언했습니다.
27 어떤 젊은이가 모세에게 달려와서 "엘닷과
메닷이 진에서 예언하고 있습니다"라고
말했습니다.
28 눈의 아들 여호수아가 말했습니다. "나의
주 모세여, 그들의 하는 일을 말리셔야 합
니다." 여호수아는 아직 젊었으며, 모세의
보좌관으로 일할 때였습니다.
29 그러나 모세가 대답했습니다. "네가 나를
위해 질투하는 것이냐? 오히려 여호와의
백성이 다 예언을 했으면 좋겠다. 여호와
께서 그의 영을 모두에게 내리셨으면 좋
겠다."
30 모세와 이스라엘 장로들은 진으로 돌아왔
습니다.

메추라기가 내리다

31 여호와께서 바다에서 강한 바람을 보내셨
습니다. 그 바람이 진 둘레에 메추라기를
몰고 왔습니다. 메추라기가 땅 위에 이 규빗* 높이에 가까울 정도로 있었습니다. 사
방으로 하룻길이 될 만한 곳까지 메추라
기가 있었습니다.
32 백성은 밖으로 나가서 메추라기를 모았습
니다. 그들은 하루 종일, 그리고 다음날
까지 메추라기를 모았습니다. 적게 모으
는 사람도 십 호멜*은 모았습니다. 그들은
모은 것을 진 둘레에 널어 놓았습니다.

알아두세요

11:31 2규빗은 약 90cm에 해당된다.
11:32 10호멜은 2.2kℓ에 해당된다.

보좌관(11:28 aide) 윗사람의 일을 곁에서 도와 주는 사람.
비방(12:1 slander) 남을 헐뜯거나 트집을 잡는 것.

33 그러나 여호와께서는 크게 노하셨습니다.
아직 백성들이 입 안에서 고기를 씹고 있
을 때, 여호와께서는 백성들에게 끔찍한
병을 내리셨습니다.
34 그래서 백성은 그 곳의 이름을 기브롯 핫
다아와라고 불렀습니다. 다른 음식을 원
했던 욕심 많은 사람들을 그 곳에 묻었기
때문입니다.
35 백성은 기브롯 핫다아와를 떠나 하세롯으
로 가서 거기에 머물렀습니다.

모세를 비방하는 미리암과 아론

12 미리암과 아론이 모세가 구스 여자와
결혼한 것을 내세워 모세를 비방하
기 시작했습니다.
2 그들이 말했습니다. "여호와께서 모세하
고만 말씀하셨나? 여호와께서 우리하고는
말씀하지 않으셨단 말이냐?" 여호와께서
이 말을 들으셨습니다.
3 모세는 매우 겸손했습니다. 모세는 땅 위
에서 가장 겸손한 사람이었습니다.
4 여호와께서 갑자기 모세와 아론과 미리암
에게 말씀하셨습니다. "너희 셋 모두 당
장 회막으로 나오너라." 그래서 그들은
회막으로 갔습니다.
5 여호와께서 구름 기둥 가운데서 내려오셨
습니다. 여호와께서는 회막 입구에 서 계
셨습니다. 여호와께서 아론과 미리암을 부
르시자, 두 사람 모두 가까이 나아왔습니
다.
6 여호와께서 말씀하셨습니다. "내 말을 들
어라. 너희 가운데 예언자가 있으면, 나
여호와가 환상으로 나를 그에게 보여 주
고, 꿈으로 그에게 말할 것이다.
7 그러나 내 종 모세에게는 그렇게 하지 않
았다. 그는 나의 모든 백성을 충성스럽게
보살피고 있다.
8 나는 그와 얼굴과 얼굴을 맞대어 말하고,
숨은 뜻으로 말하지 않고 분명히 말하노
라. 그는 나 여호와의 모습까지 보는데 어
찌하여 너희는 아무 두려움도 없이, 내 종
모세를 비방하느냐?"
9 여호와께서 그들에게 크게 노하시고 떠나
가셨습니다.
10 장막 위에서 구름이 걷혔습니다. 아론이
미리암을 바라보니, 미리암이 눈처럼 하얗
게 되어 있었습니다. 미리암은 문둥병에
걸렸습니다.
11 아론이 모세에게 말했습니다. "내 주여,
우리의 어리석은 죄를 용서해 주십시오.
12 미리암을 죽은 채로 태어나는 아기처럼 내
버려 두지 마십시오. 살이 반쯤이나 썩어
서 태어난 아이처럼 버려 두지 마십시오"
13 모세가 여호와께 부르짖었습니다. "하나
님, 미리암을 고쳐 주십시오."
14 여호와께서 모세에게 대답하셨습니다.
"미리암의 아버지가 미리암에게 침을 뱉었
어도 미리암은 칠 일 동안 부끄러워했을
것이다. 그러니 미리암을 칠 일 동안, 진
밖으로 내보냈다가 돌아오게 하여라."
15 그리하여 미리암은 칠 일 동안, 진 밖에
갇혀 있었습니다. 백성은 미리암이 돌아
올 때까지 진을 옮기지 않았습니다.
16 그런 일이 있은 뒤에 백성은 하세롯을 떠
나 바란 광야에 진을 쳤습니다.

정탐꾼이 가나안을 정탐하다

13 여호와께서 모세에게 말씀하셨습니
다.
2 "가나안 땅을 정탐할 사람들을 보내거라.
내가 그 땅을 이스라엘 백성에게 줄 것이

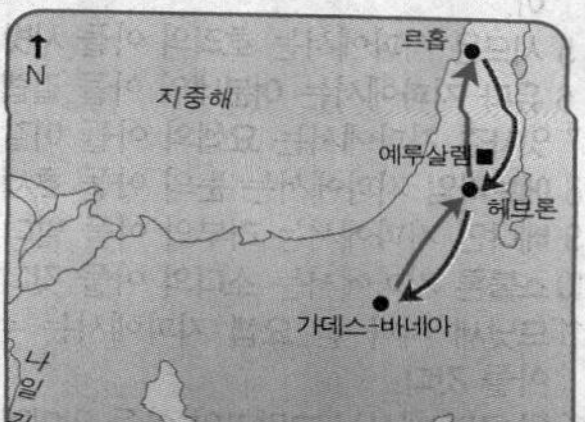

가나안 정탐로(13:1-25)

다. 각 지파에서 지도자 한 사람씩을 보
내어라."
3 모세는 여호와의 명령에 따랐습니다. 모세
는 바란 광야에서 가나안 땅으로 이스라엘
의 지도자들을 보냈습니다.
4 모세가 보낸 지도자들의 이름은 이러합니
다. 르우벤 지파에서는 삭굴의 아들 삼무
아,
5 시므온 지파에서는 호리의 아들 사밧,
6 유다 지파에서는 여분네의 아들 갈렙,
7 잇사갈 지파에서는 요셉의 아들 이갈,
8 에브라임 지파에서는 눈의 아들 호세아,
9 베냐민 지파에서는 라부의 아들 발디,
10 스불론 지파에서는 소디의 아들 갓디엘,
11 므낫세 지파 곧 요셉 지파에서는 수시의
아들 갓디,
12 단 지파에서는 그말리의 아들 암미엘,
13 아셀 지파에서는 미가엘의 아들 스둘,
14 납달리 지파에서는 웝시의 아들 나비,
15 갓 지파에서는 마기의 아들 그우엘입니다.
16 이것은 모세가 가나안 땅을 정탐하러 보낸
사람들의 이름입니다. 모세는 눈의 아들
호세아에게 여호수아라는 새 이름을 붙여
주었습니다.
17 모세는 그들을 보내어 가나안 땅을 정탐하
게 했습니다. 모세가 말했습니다. "가나안
남쪽 네게브 지방에 갔다가 산악 지방으
로도 가시오.
18 그 땅이 어떻게 생겼는지 살펴보시오. 그
땅에 사는 백성이 강한지 약한지, 적은지
많은지 살펴보시오.
19 그리고 그들이 사는 땅이 어떤가 살펴보
시오. 좋은 땅인지 나쁜 땅인지 살펴보시
오. 그들이 사는 마을은 어떤지, 마을에
성벽이 있는지 아니면 훤히 트인 들판의
진과 같은지 살펴보시오.
20 흙은 어떤지, 기름진지 메마른지, 나무는
자라는지 살펴보시오. 그 땅에서 자라는
열매도 가져오시오." 그 때는 첫 열매가
맺히는 계절이었습니다.
21 그리하여 그들은 올라가서 그 땅을 정탐
했습니다. 그들은 신 광야에서부터 하맛
어귀 르홉에 이르기까지 그 땅을 정탐했
습니다.

22 그들은 가나안 남쪽 네게브를 거쳐 헤브론에까지 이르렀습니다. 헤브론에는 아히만과 세새와 달매가 살았습니다. 그들은 아낙 자손이었습니다. 헤브론 성은 이집트의 소안보다 칠 년 먼저 세워졌습니다.
23 그들은 에스골 골짜기에서 포도 한 송이가 달려 있는 포도나무 가지 하나를 꺾었습니다. 그리고 두 사람이 장대를 메고, 장대 가운데에 포도나무 가지를 매달아서 날랐습니다. 그들은 석류와 무화과도 땄습니다.
24 그들은 그 곳을 에스골 골짜기라고 불렀습니다. 이스라엘 백성이 그 곳에서 포도나무 가지를 꺾었기 때문입니다.
25 그들은 사십 일 동안, 가나안 땅을 정탐한 뒤에 진으로 돌아왔습니다.
26 그들은 가데스에 있는 모세와 아론과 모든 이스라엘 백성에게로 돌아왔습니다. 가데스는 바란 광야에 있습니다. 그들은 모세와 아론과 모든 이스라엘 백성에게 보고를 하고, 그 땅에서 가져온 과일을 보여 주었습니다.
27 그들이 모세에게 말했습니다. "당신이 가라고 한 땅에 갔었습니다. 그 땅은 온갖 식물이 아주 잘 자라는 땅입니다. 거기에서 자라는 열매를 여기에 가져왔습니다.
28 그러나 거기에 사는 백성은 강합니다. 그들의 성은 성벽도 있고 큽니다. 우리는 거기에서 아낙 자손도 보았습니다.
29 아말렉 사람들은 네게브 지방에 살고 있습니다. 헷 사람과 여부스 사람과 아모리 사람은 산악 지방에서 살고 있고, 가나안 사람들은 바닷가와 요단 강가에서 살고 있습니다."
30 그러자 갈렙이 모세 앞에 있는 백성을 잠잠하게 한 뒤에 말했습니다. "우리는 올라가서 저 땅을 차지해야 합니다. 우리는 할 수 있습니다."
31 그러나 갈렙과 함께 갔던 사람들이 말했습니다. "우리는 그 백성들을 공격할 수 없습니다. 그들은 우리보다 강합니다."
32 그 사람들은 자기들이 정탐한 땅에 대해 이스라엘 백성에게 나쁜 소식을 전해 주었습니다. 그들이 말했습니다. "그 땅은 우리를 삼키고 말 것입니다. 우리가 봤던 사람들 모두 키가 매우 컸습니다.
33 우리는 그 곳에서 네피림 백성도 보았습니다. 아낙 자손은 네피림 백성의 자손일 것입니다. 그들은 거인이었습니다. 우리는 스스로 보기에도 메뚜기 같았고, 그들에게도 메뚜기 같아 보였을 것입니다."

또 불평하는 백성

14 그 날 밤, 모든 백성이 큰 소리로 울기 시작했습니다.
2 모든 이스라엘 백성이 모세와 아론에게 불평했습니다. 모든 백성이 그들에게 말했습니다. "우리가 이집트에서 죽었거나 광야에서 죽었더라면 더 좋았을 것이오.
3 여호와께서는 왜 우리를 이 땅으로 인도해서 칼에 맞아 죽게 하는 거요? 우리 아내와 자식들은 잡혀 가고 말 것이오. 차라리 이집트로 돌아가는 것이 좋겠소."
4 그들이 또 서로 말했습니다. "지도자를 뽑아서 이집트로 돌아갑시다."
5 모세와 아론은 그 곳에 모인 모든 이스라엘

성경 인물

갈렙 가나안 땅을 조사하기 위한 12명의 정탐꾼 중 한 사람으로서 40일 간 가나안 땅을 정탐하고 돌아왔습니다. 10명의 정탐꾼들이 가나안을 정복하는 것이 힘들다고 부정적으로 보고한 데 반해 갈렙은 여호수아와 함께 백성들에게 그 땅을 치러 올라가자고 선포하였습니다. 이 같은 믿음에 대한 축복으로 이집트를 탈출한 1세대 사람들 중에서 여호수아와 갈렙만이 가나안 땅에 들어가게 되었습니다(민 14:24). 가나안 땅에 들어가서는 헤브론을 분배받았으며, 딸 악사를 사사인 옷니엘과 결혼시켜 사사의 장인이 되었습니다(수 15:15-17). 본문 보기 13장 6절

산악(13:17 hill country) 높고 험준하게 솟은 산들.
어귀(13:21 entrance) 드나드는 길목의 첫머리.

엘 백성 앞에서 땅에 엎드렸습니다.
6 가나안 땅을 정탐하고 온 눈의 아들 여호
수아와 여분네의 아들 갈렙은 옷을 찢었습
니다.
7 그들이 모든 이스라엘 백성에게 말했습니
다. "우리가 정탐하러 갔던 땅은 매우 좋
은 곳입니다.
8 여호와께서 우리에게 자비를 베푸신다면
우리를 그 땅으로 인도하실 것입니다. 젖
과 꿀이 넘쳐 흐를 만큼 비옥한 그 땅을
우리에게 주실 것입니다.
9 여호와를 배반하지 마십시오. 그 땅의 백
성을 두려워하지 마십시오. 그들은 우리
의 밥이나 마찬가지입니다. 그들에게는
방벽이 없지만 우리에게는 여호와가 계십
니다. 그들을 두려워하지 마십시오."
10 그러나 모든 무리는 그들을 돌로 쳐서 죽
이려고 했습니다. 그 때에 여호와의 영광
이 회막에서 이스라엘 백성에게 나타났습
니다.
11 여호와께서 모세에게 말씀하셨습니다.
"내가 이들 가운데서 기적을 일으켰는데
도 이 백성이 언제까지 나를 멸시할 것이
냐? 언제까지 나를 믿지 않을 것이냐?
12 내가 이들에게 끔찍한 병을 내려서 이들
을 없애 버리겠다. 그러나 너를 통하여 이
들보다 크고 센 나라를 이룰 것이다."
13 모세가 여호와께 말씀드렸습니다. "이집트
사람들이 듣겠습니다. 여호와께서는 이
백성을 크신 능력으로 이집트에서 인도해
내셨습니다.
14 이집트 사람이 이 땅에 사는 사람들에게
이 일에 대해 말할 것입니다. 그들은 이
미 여호와에 대해 알고 있습니다. 그들은
여호와께서 여호와의 백성과 함께 계시다
는 것을 알고 있습니다. 그리고 여호와께
서 얼굴과 얼굴을 마주해 보이셨다는 것
도 알고 있습니다. 그들은 여호와의 구름
이 여호와의 백성 위에 머문다는 것과 여
호와께서 낮에는 구름으로, 밤에는 불로
여호와의 백성을 인도하신다는 것도 알고
있습니다.
15 나라들이 여호와의 능력을 들어 알고 있
습니다. 만약 여호와께서 여호와의 백성
을 단번에 죽이시면, 나라들은
16 '여호와는 자기 백성을 약속한 땅으로 데
려갈 힘이 없어서 광야에서 죽여 버렸다'
라고 말할 것입니다.
17 그러므로 나의 여호와시여, 이제 곧 주의
큰 힘을 보여 주십시오. 전에 말씀하신 대
로 해 주십시오.
18 여호와께서는 '나는 그리 쉽게 노하지 않
는다. 나는 한결같은 사랑의 하나님이다.
나는 허물과 죄를 용서해 준다. 하지만 나
는 죄를 그냥 보아 넘기지는 않는다. 나
는 죄지은 사람뿐만 아니라, 그의 삼대나
사대 자손에게까지 벌을 내린다' 라고 말
씀하셨습니다.
19 주의 한결같은 사랑을 베풀어 주십시오.
이 백성의 죄를 용서해 주십시오. 이들이
이집트를 떠났을 때부터 지금까지 용서해
주셨던 것처럼 이제도 용서해 주십시오."
20 여호와께서 대답하셨습니다. "네가 구한
대로 그들을 용서해 주겠다.
21 그러나 내가 사는 한, 그리고 내 영광이
온 땅에 가득 차는 한, 한 가지 약속을 하
겠다.
22 이 모든 백성은 내 영광을 보았고, 내가
이집트와 광야에서 일으킨 기적을 보았
다. 그러나 그들은 나의 말을 따르지 않
고 열 번이나 나를 시험했다.
23 그러므로 어느 누구도 내가 그들의 조상
에게 약속한 땅을 보지 못할 것이다. 나
를 노하게 한 사람은 그 누구도 그 땅을
볼 수 없을 것이다.
24 그러나 내 종 갈렙은 다른 마음을 가졌다.

자비(14:8 mercy) 다른 사람을 귀중히 여기고 불쌍히 여김.
비옥한(14:8 fertile) 식물이 잘 자랄 수 있게 하는 성분이 많이 들어 있어서 땅이 걸고 기름진.
배반하다(14:9 betray) 믿음을 저버리고 돌아서다.
방벽(14:9 barrier) 공격을 막기 위한 벽.

갈렙은 나를 온전히 따르고 있다. 따라서
나는 그가 이미 본 땅으로 그를 데리고 가
겠다. 그리고 그의 자녀들은 그 땅을 차
지하게 될 것이다.
25 아말렉 사람과 가나안 사람이 골짜기에서
살고 있으니 너는 내일 돌아가거라. 홍해
길을 따라 광야 쪽으로 가거라."

백성에게 벌을 내리시는 여호와

26 여호와께서 모세와 아론에게 말씀하셨습
니다.
27 "이 악한 백성이 언제까지 나에게 불평하
려느냐? 나는 이 이스라엘 백성이 원망하
고 불평하는 소리를 들었다.
28 그러니 그들에게 전하여라. '여호와께서
이렇게 말씀하셨다. 나는 너희가 말하는
것을 들었다. 내가 사는 한, 내가 들은 말
대로 너희에게 해 줄 것이다.
29 너희는 이 광야에서 죽을 것이다. 너희 가
운데 스무 살 이상 된 사람으로서 인구 조
사를 할 때 그 수에 포함되었던 사람은 모
두 죽을 것이다. 너희는 여호와인 나에게
불평했으니,
30 너희 가운데 한 사람도 내가 너희에게 약
속한 땅에 들어가 살지 못하게 하겠다. 오
직 여분네의 아들 갈렙과 눈의 아들 여호
수아만이 들어갈 수 있을 것이다.
31 너희가 잡혀갈 것이라고 말한 너희 자녀
는 내가 그 땅으로 인도할 것이다. 그들
은 너희가 저버린 그 땅을 차지할 것이다.
32 그리고 너희는 이 광야에서 죽고,
33 너희 자녀는 사십 년 동안, 이 광야에서
떠돌아다닐 것이다. 그들은 너희의 허물
을 짊어지고, 너희가 광야에서 죽어 땅에
묻힐 때까지 고통을 당할 것이다.
34 너희는 사십 년 동안, 너희 죄 때문에 고
통을 당할 것이다. 그 사십 년은 너희가
그 땅을 정탐한 사십 일의 하루를 일 년
으로 친 것이다. 너희는 내가 너희를 싫
어하는 것이 어떤 것인지를 알게 될 것이
다.'
35 여호와인 나의 말이다. 나는 이 악한 백
성에게 내가 말한 이 모든 일을 분명히 하
겠다. 그들은 한데 어울려 나를 배반했
다. 그러므로 그들은 모두 이 광야에서 죽
을 것이다."
36 모세가 정탐하라고 보냈던 사람들이 돌아
와서, 모든 이스라엘 백성에게 불평을 퍼
뜨렸습니다. 그들은 그 땅에 대해 나쁜 소
식을 전했습니다.
37 그 땅에 대해서 나쁜 소식을 전한 사람들
은 여호와께서 내리신 끔찍한 병으로 말
미암아 죽었습니다.
38 오직 눈의 아들 여호수아와 여분네의 아들
갈렙만이 죽지 않았습니다.
39 모세가 이 모든 말씀을 백성에게 일러주
자, 백성은 매우 슬퍼했습니다.
40 이튿날 아침 일찍, 백성은 산악 지방 쪽
으로 올라가면서 말했습니다. "우리가 죄
를 지었다. 여호와께서 말씀하신 곳으로
가자."
41 그러나 모세가 말했습니다. "왜 여호와의
명령에 복종하지 않소? 올라가도 이기지
못할 것이오.
42 가지 마시오. 여호와께서 여러분과 함께
계시지 않소. 여러분은 원수들에게 질 것
이오.
43 아말렉 사람과 가나안 사람이 여러분을 가
로막고, 여러분을 칼로 죽일 것이오. 여
러분은 여호와의 말씀에 따르지 않았소.
여호와께서는 여러분과 함께 계시지 않을
것이오."
44 그들은 아랑곳하지 않고 산악 지방 쪽으
로 올라갔습니다. 그러나 모세와 여호와
의 언약궤는 진을 떠나지 않았습니다.
45 산악 지방에 사는 아말렉 사람과 가나안
사람이 내려와서 이스라엘 백성을 공격했
습니다. 이스라엘 백성은 그들에게 져서
호르마까지 쫓겨났습니다.

희생 제물에 관한 규례

15 여호와께서 모세에게 말씀하셨습니
다.
2 "이스라엘 백성에게 전하여라. '내가 너희
에게 줘서 살게 할 땅에 너희가 들어가면,
3 소 떼나 양 떼 가운데서 제물을 골라 나

여호와에게 불에 태워 바치는 제사인 화
제로 바쳐라. 그 냄새가 나 여호와를 기
쁘게 할 것이다. 그렇게 바치는 제물은 태
워 드리는 제물인 번제물일 수도 있고, 희
생 제물일 수도 있으며, 서원한 것을 갚
는 제물일 수도 있고, 자발적으로 드리는
낙헌 제물일 수도 있다. 아니면 절기 때
에 드리는 예물일 수도 있다.
4 제물을 가져오는 사람은 나 여호와에게
곡식 제물도 바쳐야 한다. 곡식 제물로 바
쳐야 할 것은 기름 사분의 일 힌*을 섞은
고운 가루 십분의 일 에바*이다.
5 양을 태워 드리는 제물인 번제물이나 희
생 제물로 바칠 때는 포도주 사분의 일 힌
을 부어 드리는 전제로 바쳐라.
6 숫양을 제물로 바칠 때에도 곡식 제물을
준비하여라. 곡식 제물로 바쳐야 할 것은
기름 삼분의 일 힌*을 섞은 고운 가루 십
분의 이 에바*이다.
7 그리고 포도주 삼분의 일 힌도 준비하여
라. 포도주는 전제로 나 여호와에게 바쳐
라. 그 냄새가 나 여호와를 기쁘게 한다.
8 맹세한 것을 갚거나, 나 여호와에게 화목
제물을 드리려고, 수송아지를 태워 드리
는 제물인 번제물이나 희생 제물로 바칠
때는,
9 수송아지와 함께 기름 이 분의 일 힌*을 섞
은 고운 가루 십분의 삼 에바*를 바쳐라.
10 그리고 포도주 이분의 일 힌도 준비하여
라. 그것은 불에 태워 바치는 제사인 화

알아두세요

15:4 1/4힌은 약 0.9ℓ에 해당되고, 1/10에바는 약 2.2ℓ에 해당된다.

15:6 1/3힌은 약 1.2ℓ에 해당되고, 2/10에바는 약 4.4ℓ에 해당된다.

15:9 1/2힌은 약 1.8ℓ에 해당되고, 3/10에바는 약 6.6ℓ에 해당된다.

서원(15:3 vow) 하나님께 은혜를 구하고, 그 보답으로 어떤 선행을 하겠다고 맹세하는 일.

절기(15:3 festival) 민족적 · 종교적으로 중요한 사건들을 기념하기 위해 지키는 정기적인 의식 또는 축제.

제이며, 그 냄새가 나 여호와를 기쁘게 한
다.
11 이런 방법으로 수소나 숫양이나 어린 양
이나 어린 염소도 준비하여라.
12 여러 마리를 바칠 때도 한 마리마다 이런
방법으로 드려라.
13 이스라엘 백성이라면 누구나 화제를 드릴
때는 이와 같이 하여라. 그 냄새가 나 여
호와를 기쁘게 한다.
14 그리고 너희와 함께 사는 외국인이라도 화
제물, 곧 나 여호와에게 향기로운 제물을
바치려 할 때에는 이런 방법으로 바쳐라.
15 너희나 외국인이나 똑같은 규례를 지켜
라. 그것은 지금부터 영원히 지켜야 할 규
례니라. 너희나 외국인이나 여호와 앞에
서는 똑같으니,
16 너희나 너희 가운데 사는 외국인이나, 똑
같은 가르침과 똑같은 규례를 지켜라.'"
17 여호와께서 모세에게 말씀하셨습니다.
18 "이스라엘 백성에게 전하여라. '너희는 내
가 인도할 땅으로 들어가서,
19 그 땅에서 나는 음식을 먹을 때마다 나 여
호와에게 예물을 드려라.
20 너희의 첫 곡식으로 빵을 만들어 드려라.
타작 마당에서 타작한 것으로 드려야 한
다.
21 지금부터 영원히 너희의 첫 곡식 가운데
서 얼마를 나 여호와에게 드려라.
22 나 여호와가 모세에게 준 이 명령을 실수
로 지키지 못했을 때,
23 곧 나 여호와가 계명을 준 때로부터 시작
해서 모세에게 준 명령을 지키지 못했을
때에,
24 그것이 만약 모든 무리가 모르고 실수로
지키지 못한 것이라면, 모든 무리는 수송
아지 한 마리를 불에 태워 바치는 제사인
화제로 바쳐라. 그 냄새가 나 여호와를 기
쁘게 한다. 그리고 율법에 따라 곡식 제
물과 부어 드리는 제물인 전제물도 함께
바쳐라. 또 숫염소 한 마리를 죄를 씻는
제물인 속죄 제물로 바쳐라.
25 제사장은 모든 이스라엘 백성의 죄를 씻는

예식을 행하여라. 그러면 그들이 용서를
받을 것이다. 이는 그들이 모르고 죄를 지
었고, 모르고 지은 죄를 씻기 위해 나 여
호와에게 제물을 바쳤기 때문이다. 그들이
화제물과 속죄 제물을 가져왔기 때문이다.
26 이스라엘 모든 백성과 그들 가운데 사는
외국인이 용서를 받을 것이다. 이는 그들
이 모르고 죄를 지었기 때문이다.
27 만약 어떤 한 사람이 모르고 죄를 지었으
면, 그는 일 년 된 암염소를 속죄 제물로
바쳐라.
28 그리고 제사장은 모르고 죄를 지은 그 사
람의 죄를 씻는 예식을 행하여라. 그러면
그는 용서를 받을 것이다.
29 이스라엘 백성이든 그들과 함께 사는 외국
인이든, 모르고 죄를 지은 사람은 똑같이
이 규례를 지켜라.
30 하지만 이스라엘 백성이든 외국인이든, 일
부러 죄를 지은 사람은 나 여호와를 거역
한 것이므로, 그 백성 중에서 끊어질 것
이다.
31 그 사람은 여호와의 말씀을 멸시했고 나
여호와의 명령에 복종하지 않았으므로,
다른 백성 중에서 끊어질 것이다. 그 사
람에게 죄의 대가가 있을 것이다.'"

안식일에 일한 사람

32 이스라엘 백성이 광야에 있을 때입니다.
어떤 사람이 안식일에 장작을 주워 모았
습니다.
33 그가 장작을 주워 모으는 모습을 본 사람
들이 그를 모세와 아론과 모든 백성에게
데려갔습니다.
34 그들은 그를 가두었습니다. 이는 그들이 그
를 어떻게 해야 할지 몰랐기 때문입니다.
35 그 때에 여호와께서 모세에게 말씀하셨습
니다. "그 사람을 죽여라. 모든 백성이 그
를 진 밖에서 돌로 쳐서 죽여라."
36 그리하여 백성이 그를 진 밖으로 끌고 가
서, 여호와께서 모세에게 명령하신 대로
돌로 쳐서 죽였습니다.

장식술

37 여호와께서 모세에게 말씀하셨습니다.
38 "이스라엘 백성에게 전하여라. '너희는 옷
자락 끝에 술을 만들어 달아라. 그리고 그
술에 파란 실을 달아라. 지금부터 대대로
그렇게 하여라.
39 그렇게 술을 만들어 달고 있으면, 그것을
볼 때마다 너희 몸이 원하는 것과 너희 눈
이 바라는 것을 하지 않고, 여호와의 명
령을 기억하고 지킬 수 있게 될 것이다.
40 나의 모든 명령을 잘 기억하고 지켜라. 그
래야 너희가 하나님의 거룩한 백성이 될
것이다.
41 나는 너희를 이집트에서 인도해 낸 여호
와 너희 하나님이다. 나는 여호와 너희 하
나님이다.'"

고라, 다단, 아비람, 온

16 고라와 다단과 아비람과 온이 모세에
게 반역했습니다. 고라는 이스할의
아들이고, 이스할은 고핫의 아들이며, 고
핫은 레위의 아들입니다. 다단과 아비람은
형제로서 엘리압의 아들들입니다. 그리고
온은 벨렛의 아들입니다. 다단과 아비람과
온은 르우벤 지파 사람입니다.
2 이 네 사람은 다른 이스라엘 사람 이백오
십 명을 모아 모세에게 반역했습니다. 그
들은 이스라엘 무리가 뽑은 유명한 지도자
들입니다.
3 그들은 무리를 지어 와서 모세와 아론에게
말했습니다. "당신들은 너무 지나치오.
모든 백성이 다 거룩하오. 거룩하지 않은
백성은 없소. 그리고 여호와께서 그들과
도 함께 계시오. 그런데 당신들은 왜 스
스로를 높여서 모든 백성 위에 있으려 하
오?"
4 모세는 이 말을 듣고 땅에 엎드렸습니다.
5 그런 다음에 모세는 고라를 비롯해서 그를
따르는 사람들에게 말했습니다. "내일 아
침, 여호와께서 누가 여호와의 사람인지
를 보여 주실 것이오. 그리고 누가 거룩

거역(15:30 disobedience) 윗사람의 뜻이나 명령을 어기는 것.
반역(16:1 rebellion) 배반하고 못된 짓을 꾀함.

한 사람인지, 누가 여호와께 가까이 나아
갈 수 있는지도 보여 주실 것이오. 여호
와께서는 그가 뽑으신 사람만을 여호와께
나아올 수 있도록 하실 것이오.
6 그러므로 고라와 그를 따르는 사람들은
향로를 가져오시오.
7 내일 그 향로에 불을 담아 향을 피우시오.
그 때에 여호와께서 뽑으신 사람이 거룩
한 사람이 될 것이오. 당신들 레위 사람
은 너무 지나치오."
8 모세가 고라에게 말했습니다. "당신들 레
위 사람은 들으시오.
9 이스라엘의 하나님께서는 당신들을 다른
이스라엘 백성과 구별하셔서, 당신들을 하
나님께 가까이 갈 수 있게 하셨소. 당신
들은 여호와의 거룩한 장막인 성막에서
일하며, 모든 이스라엘 백성 앞에 서서 그
들을 대신하여 여호와를 섬기고 있소. 그
것이 부족하단 말이오?
10 하나님께서는 당신과 다른 레위 사람을
가까이 부르셨소. 그런데 당신들이 이제
는 제사장까지 되려 하고 있소.
11 당신과 당신을 따르는 사람들은 무리를
지어서 여호와께 반역했소. 아론이 누구
인데 감히 그에게 반역한단 말이오!"
12 모세가 엘리압의 아들들인 다단과 아비람
을 불렀으나, 그들은 이렇게 말했습니다.
"우리는 가지 않겠소.
13 당신은 젖과 꿀이 넘쳐 흐를 만큼 비옥한
땅에서 살고 있던 우리를 이 광야로 이끌
어 내어 죽이려 하고 있소. 그것으로도 부
족해서 이제는 우리 위에서 우리를 다스
리려 하고 있소.
14 당신은 우리를 젖과 꿀이 넘쳐 흐를 만큼
비옥한 땅으로 인도하지 못했소. 밭과 포
도밭이 있는 땅도 주지 못했소. 당신은 이
사람들의 눈을 뽑을 생각이오? 우리는 갈
수 없소."

땅이 갈라져 반역한 고라 일당을 삼킴(16:1-40)

15 모세는 몹시 화가 났습니다. 모세가 여호
와께 말씀드렸습니다. "저들의 예물을 받
지 마십시오. 저는 저들에게서 나귀 한 마
리도 받은 것이 없습니다. 저들에게 아무
런 잘못도 한 일이 없습니다."
16 모세가 고라에게 말했습니다. "당신과 당
신을 따르는 사람들은 내일 여호와 앞에
서야 하오. 그 때에 아론도 당신들과 함
께 설 것이오.
17 당신들은 각자 향로에 향을 얹어서 가져
와야 하오. 향로 이백오십 개를 여호와 앞
에 드리시오. 당신과 아론도 자기 향로를
드려야 하오."
18 그래서 각 사람은 향로를 가져와서 향을
피웠습니다. 그런 다음에 그들은 모세와
아론과 함께 회막 입구에 섰습니다.
19 고라는 자기를 따르는 사람들, 곧 모세와
아론에게 반역한 사람들을 모았습니다.
그들은 회막 입구에 섰습니다. 그러자 여
호와의 영광이 모든 이에게 나타났습니
다.
20 여호와께서 모세와 아론에게 말씀하셨습
니다.
21 "이 사람들에게서 물러나라. 내가 그들을
순식간에 없애 버릴 것이다."
22 그러나 모세와 아론이 땅에 엎드려 부르짖
었습니다. "하나님, 하나님은 모든 백성
의 영을 다스리는 하나님이십니다. 이 무
리에게 노하지 마십시오. 죄는 한 사람만
지었을 뿐입니다."
23 여호와께서 모세에게 말씀하셨습니다.
24 "모든 무리에게 고라와 다단과 아비람 곁
에서 떨어져 있으라고 말하여라."
25 모세가 일어나 다단과 아비람에게 갔습니
다. 이스라엘의 장로들이 모세의 뒤를 따
라갔습니다.
26 모세가 백성에게 경고했습니다. "이 나쁜
사람들의 장막에서 물러서시오. 그들의
것은 아무것도 만지지 마시오. 만지는 날
에는 그들의 죄 때문에 당신들도 멸망하
고 말 것이오."
27 그러자 그들은 고라와 다단과 아비람의 장
막에서 물러섰습니다. 다단과 아비람은 그
들의 아내와 자녀와 어린 아기들과 함께
장막 바깥에 섰습니다.
28 모세가 말했습니다. "이제 당신들은 이 모
든 일이 내 뜻대로 한 일이 아니라, 여호
와께서 나를 보내셔서 하신 일임을 알게
될 것이오.
29 만약 이 사람들이 보통 사람들이 죽는 것
처럼 죽는다면, 여호와께서 나를 보내신
것이 아니오.
30 그러나 여호와께서 새로운 일을 일으키시
면, 이 사람들이 하나님을 멸시했다는 것
을 알게 될 것이오. 땅이 갈라져 그들을
삼킬 것이오. 그들은 산 채로 죽은 자들
이 있는 곳으로 내려갈 것이오. 그리고 그
들이 가진 모든 것도 땅이 삼켜 버릴 것
이오."
31 모세가 이 말을 마치자마자, 그들이 서 있
던 땅이 갈라졌습니다.
32 마치 땅이 입을 벌려 그들을 삼키는 것 같
았습니다. 그들의 가족과 고라를 따르던
사람들과 그들이 가진 모든 것을 땅이 삼
켜 버렸습니다.
33 그들은 산 채로 묻혀서, 그들이 가진 모

성경 인물

고라 레위 지파 중 고핫 자손으로 모세의 사촌형이며 성막 봉사자였습니다. 그는 명예욕이 많아서 모세와 아론의 권위에 도전하였습니다. 그리하여 다단, 온, 아비람 등과 작당하고 족장 250명을 끌어들여 반역을 도모하였습니다. 그 결과 종들, 소유물들과 함께 갈라진 땅 속에 묻히는 벌을 받게 되었습니다. 그러나 고라의 아들들은 죽지 않고(민 26:9-11) 번성하여 그 자손들은 성전에서 찬송 부르는 일, 성막 문지기, 수종드는 일을 맡게 되었습니다(대상 9:19,31;26:1). 한편 250명의 족장들은 하나님께서 보내신 불에 타 죽었습니다.

본문 보기 16장 6절

부르짖다(16:22 shout) 무엇을 호소하기 위하여 크게 소리치다.
멸망(16:26 destruction) 망하여 없어짐.

든 것과 함께 죽은 자들이 있는 곳으로 내
려갔습니다. 그러자 땅이 그들을 덮어 버
렸습니다. 그들은 죽어서 백성의 무리 중
에서 사라졌습니다.
34 그들과 가까운 곳에 있던 이스라엘 백성은
그들의 비명 소리를 듣고, "땅이 우리도
삼켜 버리려고 한다"라고 말하면서 도망
쳤습니다.
35 그 때, 여호와의 불이 내려왔습니다. 그
불이 향을 피운 사람 이백오십 명을 죽였
습니다.
36 여호와께서 모세에게 말씀하셨습니다.
37 "제사장 아론의 아들 엘르아살에게 전하
여, 불탄 자리에서 향로들을 모으게 하여
라. 그리고 타다 남은 불은 멀리 내버리
게 하여라. 그러나 그 향로들은 거룩하
다.
38 이들은 죄를 지어 목숨을 잃었다. 그러나
그들의 향로는 거두어서 망치로 두드려
펴라. 그래서 그것으로 제단을 덮어라.
그것들은 나 여호와에게 바쳐진 것이므로
거룩하다. 그것이 이스라엘 백성에게 표적
이 될 것이다."
39 그리하여 제사장 엘르아살은 놋향로들을
다 거두어 들였습니다. 그것은 불에 타 죽
은 사람들의 것을 가져온 것입니다. 엘르
아살은 향로들을 망치로 두드려서 편 다
음에 그것으로 제단을 덮었습니다.
40 이렇게 두드려 펴서 제단을 덮은 향로는
이스라엘 백성에게 이 사건을 기억나게 하
는 물건이 되었습니다. 곧 아론 자손이 아
닌 다른 사람들은 여호와 앞에 향을 피우
러 나올 수 없다는 것을 기억시켜 주어,
고라와 그를 따르는 사람들처럼 죽지 않
게 하려는 것입니다. 엘르아살은 여호와께
서 모세를 통하여 명령하신 대로 했습니
다.

아론이 백성을 구하다

41 이튿날 모든 이스라엘 백성이 모세와 아론
에게 불평했습니다. 그들은 "당신들이 여
호와의 백성을 죽였소"라고 말했습니다.
42 백성이 모세와 아론에게 몰려들어 불평하
자, 모세와 아론은 회막쪽으로 몸을 돌렸
습니다. 그러자 구름이 장막을 덮고, 여
호와의 영광이 나타났습니다.
43 모세와 아론은 회막 앞으로 갔습니다.
44 여호와께서 모세에게 말씀하셨습니다.
45 "이 백성에게서 멀리 떨어져 있어라. 내
가 그들을 순식간에 없애 버릴 것이다."
그 말씀을 듣고 모세와 아론은 땅에 엎드
렸습니다.
46 모세가 아론에게 말했습니다. "향로를 가
져와서 제단 위의 불을 향로에 담고, 거
기에 향을 피우십시오. 급히 백성에게 가
서 그들의 죄를 씻는 예식을 행하십시오.
여호와께서 백성에게 노하셨습니다. 이미
재앙이 시작되었습니다."
47 아론은 모세가 말한 대로 했습니다. 아론
은 모든 백성들이 있는 한가운데로 달려
갔습니다. 이미 그들 가운데서 재앙이 시
작되었습니다. 아론은 그들의 죄를 씻는
예식을 행하기 위해 향을 피웠습니다.
48 아론은 산 사람과 죽은 사람 사이에 섰습
니다. 그러자 재앙이 그 곳에서 그쳤습니

성경 자세히 이해하기

아론의 싹 난 지팡이

아론의 지팡이에 감복숭아 꽃이 피어났다는 것은 무엇을 의미할까요? 지팡이는 자연적으로는 싹이 나고 꽃이 필 수 없습니다. 그러나 하나님께서는 이 마른 지팡이에조차 새로운 생명을 주실 수 있었습니다. 마찬가지로 아론은 다른 지파의 지도자들보다 더 뛰어난 것이 없었습니다. 이처럼 제사장 직분은 타고난 자질이나 능력을 근거로 주어지는 것이 아니라 하나님의 자유로운 선택에 의해 주어지며, 성령의 능력에 따라 수행할 수 있음을 보여 주는 것입니다.

본문 보기 17장 8절

다.
49 그 재앙 때문에 만 사천칠백 명이 죽었습
니다. 거기에는 고라의 일로 죽은 사람의
숫자는 들어 있지 않았습니다.
50 재앙이 그치자, 아론은 회막 입구에 있는
모세에게 돌아갔습니다.

싹이 나는 아론의 지팡이

17 여호와께서 모세에게 말씀하셨습니
다.
2 "이스라엘 백성에게 전하여라. 지파별로
지팡이를 하나씩 거두되, 각 지파의 지도
자에게서 지팡이 한 개씩 모두 열두 개를
거두어라. 그리고 지팡이마다 각 지도자
의 이름을 써라.
3 레위 지파의 지팡이에는 아론의 이름을 써
라. 각 지파의 우두머리마다 지팡이가 한
개씩 있어야 한다.
4 그 지팡이들을 회막에 두되, 내가 너희를
만나는 언약궤 앞에 놓아 두어라.
5 내가 한 사람을 선택하면 그 사람의 지팡
이에서 싹이 틀 것이다. 너희에게 늘 불
평하는 이스라엘 백성의 버릇을 내가 없애
버리겠다."
6 모세가 이스라엘 백성에게 전했습니다. 그
리하여 열두 지도자가 모세에게 지팡이를
하나씩 가져왔으므로, 지팡이는 열두 개
가 되었습니다. 아론의 지팡이도 그 가운
데 있었습니다.
7 모세가 그 지팡이들을 여호와 앞에, 곧 회
막 안에 놓아 두었습니다.
8 이튿날 모세가 장막에 들어가 보니, 레위
의 집안을 나타내는 아론의 지팡이에서
싹이 텄습니다. 더구나 지팡이에서 싹이
자라고 꽃이 피더니 감복숭아 열매까지
맺혔습니다.
9 모세는 여호와 앞에 있던 그 지팡이들을
이스라엘 백성에게 가지고 나갔습니다. 모
든 사람이 그 지팡이들을 보았습니다. 그
리고 각자 자기 것을 가지고 갔습니다.
10 여호와께서 모세에게 말씀하셨습니다.
"아론의 지팡이를 다시 가져다 놓아라. 그
것을 언약궤 앞에 놓아 두어라. 그 지팡
이는 언제나 나에게 반역하는 이 백성에
게 표적이 될 것이다. 이 지팡이가 나를
향해 백성이 불평하는 것을 멈추게 하여
그들을 죽지 않게 할 것이다."
11 모세는 여호와께서 명령하신 대로 했습니
다.
12 이스라엘 백성이 모세에게 말했습니다.
"우리는 죽게 되었소. 망하게 되었소. 우
리 모두가 다 망하게 되었소.
13 여호와의 성막에 가까이 가는 사람은 모
두 죽으니, 우리는 다 죽게 생겼소."

제사장과 레위 사람의 할 일

18 여호와께서 아론에게 말씀하셨습니
다. "너와 네 아들들과 네 집안 사
람들은 거룩한 곳인 성소를 더럽히는 죄
에 대해 책임을 져라. 제사장과 관계된 죄
에 대해서는 너와 네 아들들만이 책임을
져라.
2 너는 너의 지파에서 너의 형제인 레위 사
람들을 데려오너라. 그들에게 너와 네 아
들들이 언약의 장막*에서 섬기는 일을 돕
게 하여라.
3 너는 그들을 시켜, 그들에게 성막과 관계
가 있는 일이라면 무슨 일이든 하게 하여
라. 그러나 그들은 거룩한 곳인 성소나 제
단 가까이에 가서는 안 된다. 가까이 가
는 날에는 그들뿐만 아니라 너희도 죽을
것이다.
4 그들은 너희와 협력하여 회막을 돌볼 것
이며, 장막에서 하는 모든 일을 할 것이
다. 다른 사람은 너희에게 가까이 올 수
없다.
5 너희는 성소와 제단을 돌보아라. 그래야
내가 다시 이스라엘 백성에게 노하지 않을
것이다.

알아두세요

18:2 '언약의 장막'은 '증거의 장막'이라고도 한다.

비명(16:34 scream) 몹시 놀라거나 괴로운 일을 당해 외마디 소리를 지르는 것.
협력하다(18:4 cooperate) 힘을 합하여 돕다.

6 나는 너희 형제 레위 사람을 이스라엘 백
성 가운데서 뽑았노라. 그들은 너희에게
준 선물과 같으며 나 여호와에게 바친 사
람들이다. 그들이 할 일은 회막을 돌보는
일이다.
7 그러나 너와 네 아들들만이 제사장이 될
수 있다. 너희만이 제단에서 일할 수 있
으며, 휘장 뒤로 갈 수 있다. 내가 제사
장으로서 일할 수 있는 자격을 너희에게
선물로 주겠다. 그러나 누구든지 다른 사
람이 성소에 가까이 오면 그는 죽을 것이
다."
8 여호와께서 아론에게 말씀하셨습니다.
"나에게 바친 모든 제물을 너에게 맡기겠
다. 이스라엘 백성이 나에게 바치는 모든
거룩한 제물을 내가 너에게 주겠다. 그것
은 너와 네 아들들의 몫이며, 영원한 너
희들의 몫이다.
9 거룩한 제물 가운데서 너희의 몫은 태우
지 않고 남은 부분이다. 백성이 바치는 가
장 거룩한 제물, 곧 곡식 제물이나 죄를
씻는 제물인 속죄 제물이나 허물을 씻는
제물인 속건 제물은 너와 네 아들들의 몫
이다.
10 너는 그것을 가장 거룩한 곳에서 먹어라.
남자만이 그것을 먹을 수 있다. 너희는 그
것을 거룩히 여겨라.
11 내가 또 다른 제물도 너에게 줄 것이다.
즉 이스라엘 자손이 드리는 들어 올려 바
친 거제물과 흔들어 바친 요제물이다. 내
가 너와 네 아들들과 네 딸들에게 이것을
주니 이것은 너희의 몫이다. 너희 집안 가
운데서 부정하지 않은 사람이라면, 누구
나 그것을 먹어라.
12 내가 또 너에게 가장 좋은 기름과 가장 좋
은 포도주와 곡식, 곧 이스라엘 백성이 나
여호와에게 바친 것 가운데서 첫 열매를
너에게 주겠다.
13 이스라엘 백성이 그 땅에서 거둔 것 가운
데서 여호와께 가져오는 첫 열매는 너의
것이다. 너희 집안 가운데서 부정하지 않
은 사람이라면, 누구나 그것을 먹어라.
14 이스라엘에서 나 여호와에게 바친 것은 다
너의 것이다.
15 사람이든 짐승이든 모든 생물의 처음 태
어난 것은 다 나 여호와에게 바쳐야 하며,
그것은 너의 것이다. 그러나 처음 태어난
사람과 처음 태어난 부정한 짐승은 대신
돈으로 계산하여 받아라.
16 사람이 태어난 지 한 달이 되었으면 성소
에서 다는 무게로 은 다섯 세겔*을 받아
라. 한 세겔은 이십 게라이다.
17 그러나 처음 태어난 소나 양이나 염소는
돈으로 대신할 수 없다. 치르고 돌려 주
지 못한다. 그 짐승들은 거룩하니, 그 짐
승들의 피를 제단 위에 뿌리고 그 기름은
태워라. 그것은 화제이며, 그 냄새가 나
여호와를 기쁘게 한다.
18 그러나 그 짐승들의 고기는 너의 것이다.
또한 나 여호와에게 바친 가슴고기와 오
른쪽 넓적다리도 너의 것이다.
19 이스라엘 백성이 거룩한 예물로 드리는 것
을 나 여호와가 너와 네 아들들과 딸들에
게 주니, 그것은 영원히 너희의 몫이다.
이것은 너와 네 자손을 위해 여호와 앞에
서 대대로 지켜야 할 변치 않는 소금 언

성경 자세히 이해하기

소금 언약

이 언약은 레위기 2:13과 역대하 13:5에도 나옵니다. 아랍인들 사이에서 소금을 나누어 먹는다는 것은 우정의 맹세를 뜻하였습니다. 그것은 가장 엄숙한 언약과 같은 행위였습니다. 아랍인들에게는 이 같은 정서가 뿌리깊게 박혀 있어서 도둑이 도둑질을 하다가 우연히 소금을 먹고 도둑질을 포기하는 경우가 있는가 하면, 사나운 유목민들이 출몰하는 지역을 지나가는 여행자는 그들을 초대하여 소금을 함께 먹음으로써 안전을 도모하기도 했다고 합니다. 성경에서도 소금 언약이란 말은 하나님의 영원한 언약을 상징하는 말로 사용됩니다.

본문 보기 18장 19절

약이니라."
20 여호와께서 또 아론에게 말씀하셨습니다.
"너는 물려받을 땅이 없다. 너는 다른 백
성과 같이 땅을 차지하지는 못한다. 이는
이스라엘 백성 가운데서 너의 몫이자, 너
의 재산은 바로 나이기 때문이다.
21 이스라엘 백성이 얻은 것의 십분의 일을
바치면, 내가 그것을 레위 사람에게 주겠
다. 그것은 그들이 회막에서 일하는 것에
대한 보수이다.
22 그러나 다른 이스라엘 백성은 회막에 가까
이 가지 마라. 가까이 가는 날에는 그 죄
때문에 죽을 것이다.
23 오직 레위 사람만이 회막에서 일하여라.
그들은 회막을 더럽히는 죄에 대해 책임
을 져라. 이것은 지금부터 영원히 지켜야
할 규례이다. 레위 사람은 다른 이스라엘
백성과 같이 땅을 얻지는 못할 것이다.
24 그러나 이스라엘 백성이 얻은 것의 십분의
일을 내게 바치면, 내가 그것을 레위 사
람에게 줄 것이다. 내가 레위 사람에 대
해 '그들은 이스라엘 백성 가운데서 땅을
얻지 못할 것이다'라고 말하였다."
25 여호와께서 모세에게 말씀하셨습니다.
26 "레위 사람에게 전하여라. 너희는 '이스라
엘 백성이 얻은 것의 십분의 일을 바치면
그것을 받아라. 내가 그것을 너희에게 준
다. 그러나 너희는 그 가운데서 다시 십
분의 일을 들어 올려 바치는 제사인 거제
로 나 여호와에게 바쳐라.
27 나는 너희가 바치는 것을 다른 사람들이
바치는 새 곡식이나 새 포도주를 받듯이
받을 것이다.
28 이처럼 너희는 다른 이스라엘 백성처럼 나
여호와에게 제물을 바쳐라. 이스라엘 백성
이 너희에게 십분의 일을 주면, 너희는 다
시 그것의 십분의 일을 들어 올려 바치는
거제물로 나 여호와에게 바치고, 그것을
제사장 아론에게 주어라.
29 너희가 받은 것 가운데서 가장 좋고 가장
거룩한 부분을 골라서 거제로 나 여호와
에게 바쳐라.'
30 레위 사람에게 전하여라. '너희가 가장 좋
은 부분을 드리면, 나는 그것을 다른 백
성이 바치는 곡식과 포도를 받듯이 받을
것이다.
31 너희와 너희 집안은 나에게 바치고 남은
것을 어디에서나 먹어도 좋다. 그것은 너
희가 회막에서 일하여 받는 보수이다.
32 너희가 언제나 가장 좋은 부분을 나 여호
와에게 바치면, 이 일 때문에 너희에게 죄
가 되지는 않을 것이다. 너희는 이스라엘
백성의 가장 거룩한 제물을 더럽히지 마
라. 만약 더럽히면 죽을 것이다.'"

정결하게 하기 위해 바치는 제물

19 여호와께서 모세와 아론에게 말씀하
셨습니다.
2 "이것은 여호와께서 명령하신 규례이다.
이스라엘 백성에게 붉은 암송아지를 끌고
오게 하여라. 그 암송아지는 흠이 없고,
아직 일을 해 보지 않은 것이어야 한다.
3 그 암송아지를 제사장 엘르아살에게 주어
라. 그러면 엘르아살은 그것을 진 밖으로
끌고 가서 잡아라.
4 제사장 엘르아살은 그 피를 손가락에 적셔
서 회막 앞을 향해 일곱 번 뿌려라.
5 그리고 나서 제사장이 보는 앞에서 그 암
송아지를 불에 태워라. 가죽과 고기와 피
와 내장을 다 불에 태워라.
6 제사장은 백향목*과 우슬초와 붉은색 줄
을 가져와서 암송아지를 태우고 있는 불
에 던져라.
7 제사장은 물에 몸을 씻고 옷을 빨아라. 그
런 다음에야 그는 진으로 돌아올 수 있다.
그러나 제사장은 저녁 때까지 부정할 것
이다.
8 암송아지를 불에 태운 사람도 물에 몸을

알아두세요

18:16 5세겔은 약 57g에 해당된다.
19:6 '백향목'은 '개잎갈나무'라고도 한다.

우슬초(19:6 hyssop) 꿀풀과에 속하는 줄기가 곧고 향기가 매우 좋은 식물. 영적으로 맑고 깨끗함을 상징한다.

씻고 옷을 빨아라. 그는 저녁 때까지 부
정할 것이다.
9 그리고 나서 깨끗한 사람이 암송아지의
재를 거두어서 진 밖의 깨끗한 곳에 놓아
두어라. 그 재는 이스라엘 백성이 죄를 씻
는 특별한 예식을 할 때에 쓸 것이므로 잘
보관하여라.
10 암송아지의 재를 모은 사람은 옷을 빨아
라. 그러나 그는 저녁 때까지 부정할 것
이다. 이것은 이스라엘 백성이나 그들과
함께 사는 외국인이 지켜야 할 영원한 규
례이다.
11 누구든지 시체에 닿은 사람은 칠 일 동안,
부정할 것이다.
12 그는 이 암송아지의 재를 탄 물로 몸을 씻
어라. 그는 삼 일째 되는 날과 칠 일째 되
는 날에 그 물로 몸을 씻어라. 만약 삼 일
째 되는 날과 칠 일째 되는 날에 그 물로
몸을 씻지 않으면, 그는 깨끗해질 수 없
을 것이다.
13 누구든지 시체에 닿는 사람은 부정하니,

성경 자세히 이해하기

백향목

성경에서 백향목은 레바논과 함께 힘(시 29:5;37:35; 사 2:13;9:10;슥 11:2), 아름다움(아 1:17;렘 22:14), 영광(시 80:10;렘 22:7)의 상징으로 묘사되는 나무입니다. 또 백향목은 우슬초와 함께 문둥병의 정결 의식에 사용되기도 하였습니다(레 14:4-6,49-52). 구약 시대에는 레바논의 산간 지방이 백향목의 주산지였으며, 이곳으로부터 다윗과 솔로몬이 백향목을 많이 수입하였습니다(삼하 5:11;7:2,7;왕상 5-7장). 그 통나무를 뗏목으로 만들어 레바논 해안에서 욥바까지 수송하였습니다.

본문 보기 19장

알아두세요

20:1 이달은 3월에서 4월 사이에 해당된다.

그가 부정한 채로 여호와의 성막에 가면
그 장막도 부정해질 것이다. 그러므로 그
런 사람은 이스라엘 중에서 끊어질 것이
다. 깨끗하게 하는 물을 그 사람에게 뿌
리지 않으면, 그 사람은 여전히 부정할 것
이다.
14 장막에서 죽은 사람에 관한 규례는 이러
하다. 누구든지 그 장막에 있거나 그 장
막으로 들어가는 사람은 칠 일 동안, 부
정할 것이다.
15 어떤 그릇이든지 뚜껑이 덮여 있지 않으
면 부정할 것이다.
16 누구든지 칼에 맞아 죽은 사람이나, 그냥
죽은 사람의 시체를 만지면 부정할 것이
다. 죽은 사람의 뼈나 무덤을 만진 사람
도 칠 일 동안, 부정할 것이다.
17 그렇게 해서 부정해진 사람은 태워 드리
는 제물인 번제물에서 거둔 재로 깨끗하
게 하여라. 그러려면 항아리에 재를 넣
고, 거기에 깨끗한 물을 부어서, 깨끗하
게 하는 물을 만들어라.
18 깨끗한 사람이 우슬초를 그 물에 담갔다
가, 장막과 모든 기구와 그 안에 있던 사
람에게 뿌려라. 그리고 사람의 뼈나 죽임
을 당한 사람이나, 시체나 무덤을 만진 사
람에게도 뿌려라.
19 깨끗한 사람은 삼 일째 되는 날과 칠 일
째 되는 날에 이 물을 부정한 사람에게 뿌
려라. 부정한 사람은 칠 일째 되는 날에
깨끗해질 것이다. 그 사람은 옷을 빨고 목
욕을 하여라. 그러면 그 날 저녁부터 깨
끗해질 것이다.
20 누구든지 부정한 사람이 자기를 깨끗하게
하지 않으면, 백성의 무리 중에서 끊어질
것이다. 깨끗하게 하는 물을 몸에 뿌리지
않은 사람은 부정하며, 그런 사람은 주님
의 장막인 성막을 부정하게 하기 때문이
다.
21 이것은 영원한 규례이다. 깨끗하게 하는
물을 뿌리는 사람도 자기 옷을 빨아라. 누
구든지 그 물을 만지는 사람은 저녁 때까
지 부정할 것이다.

22 무엇이든 부정한 사람이 만진 것은 부정하며, 누구든지 그 부정한 것을 만진 사람도 저녁 때까지 부정할 것이다."

바위에서 나온 물

20 첫째 달*에 이스라엘 모든 백성은 신 광야에 이르러 가데스에 머물렀습니다. 미리암이 죽어 그 곳에 묻혔습니다.
2 그 곳에는 백성이 마실 물이 없었습니다. 그래서 그들은 모세와 아론에게 몰려들었습니다.
3 그들이 모세와 다투며 말했습니다. "우리 형제들이 죽을 때, 우리도 여호와 앞에서 죽는 것이 나을 뻔했소.
4 당신은 왜 여호와의 백성을 이 광야로 끌고 왔소? 우리와 우리 짐승을 여기서 죽일 작정이오?
5 왜 우리를 이집트에서 이 끔찍한 곳으로 끌고 왔소? 여기에는 씨 뿌릴 장소도 없고, 무화과도 없고, 포도도 없고, 석류도 없소. 그리고 마실 물조차 없소."
6 모세와 아론이 백성을 떠나 회막 입구로 갔습니다. 그들은 땅에 엎드렸습니다. 그러자 여호와의 영광이 그들에게 나타났습니다.
7 여호와께서 모세에게 말씀하셨습니다.
8 "너와 네 형 아론은 백성을 불러 모아라. 그리고 네 지팡이를 가지고 간 후에, 백성 앞에서 저 바위에 대고 말하여라. 그러면 저 바위에서 물이 흘러내릴 것이다. 그 물을 백성과 그들의 짐승에게 주어 마시게 하여라."
9 모세는 여호와께서 명령하신 대로 여호와 앞에서 지팡이를 잡았습니다.
10 모세와 아론은 백성을 바위 앞으로 불러 모았습니다. 그런 다음에 모세가 말했습니다. "불평꾼들이여, 내 말을 들으시오. 당신들을 위해 이 바위에서 물이 나오게 하면 되겠소?"
11 모세는 손을 높이 들고, 그 바위를 지팡이로 두 번 내리쳤습니다. 그러자 바위에서 많은 물이 흘러내렸습니다. 백성과 그들의 짐승이 그 물을 마셨습니다.
12 그러나 여호와께서 모세와 아론에게 말씀하셨습니다. "너희는 나를 믿지 않고 백성 앞에서 나를 거룩히 여기지 않았다. 그러므로 너희는 내가 약속으로 주겠다던 그 땅으로 백성을 인도하지 못할 것이

모세가 바위를 지팡이로 치자 물이 흘러나옴(20:1-13)

다."
13 이 곳에서 이스라엘 백성이 여호와와 다투
었기 때문에 이 곳 물을 므리바* 물이라고
하였습니다. 여호와께서는 백성에게 여호
와의 거룩함을 나타내 보이셨습니다.

에돔이 이스라엘을 못 지나가게 하다

14 모세는 가데스에서 에돔 왕에게 사자들을
보냈습니다. "왕의 형제인 이스라엘 백성
이 왕에게 말합니다. 왕은 우리가 겪은 온
갖 고난에 대해 알고 계실 것입니다.
15 옛날에 우리 조상이 이집트로 내려간 뒤
로, 우리는 그 곳에서 오랫동안 살았습니
다. 그런데 이집트 백성은 우리와 우리 조
상을 학대했습니다.
16 우리가 여호와께 부르짖었더니, 여호와께
서 우리의 부르짖음을 들어 주셔서, 한 천
사를 보내어 우리를 이집트에서 인도해 내
셨습니다. 우리는 지금 왕의 땅 변두리에
있는 한 마을인 가데스에 와 있습니다.
17 우리가 왕의 땅을 지나가는 것을 허락해
주십시오. 우리는 왕의 밭이나 포도밭으
로 지나가지도 않겠고, 어떤 우물에서도
물을 마시지 않겠고, 오직 '왕의 길'만을
따라 걷겠습니다. 왕의 땅을 다 지나가기
까지는 왼쪽으로도 오른쪽으로도 벗어나
지 않겠습니다."
18 그러나 에돔 왕은 "당신들은 여기를 지나
갈 수 없소. 만약 지나가기만 하면, 당신
들을 칼로 쳐버리겠소"라고 대답했습니
다.
19 이스라엘 백성이 말했습니다. "우리는 큰
길로만 걷겠습니다. 혹시라도 우리의 짐
승들이 왕의 우물에서 물을 마시면 그 값
을 치르겠습니다. 우리는 그저 걸어서 지
나가기만 하면 됩니다. 허락해 주십시
오."
20 그러나 에돔 왕이 대답했습니다. "당신들
은 여기를 지나갈 수 없소." 에돔 사람들
은 크고도 강한 군대를 보내어 이스라엘
백성 앞을 막았습니다.
21 에돔 사람들은 이스라엘 백성이 자기 나라
를 지나가는 것을 끝내 허락하지 않았습
니다. 그래서 이스라엘 백성은 돌아서야
했습니다.

아론이 죽다

22 모든 이스라엘 백성은 가데스를 떠나 호르
산에 이르렀습니다.
23 그 곳은 에돔 국경에서 가까웠습니다. 여
호와께서 모세와 아론에게 말씀하셨습니
다.
24 "이제 아론은 죽어 조상들에게 돌아갈 것
이다. 아론은 내가 이스라엘 백성에게 주
기로 약속한 땅에 들어가지 못할 것이다.
그것은 너희 둘이 므리바 물에서 내 명령
을 거역했기 때문이다.
25 아론과 그의 아들 엘르아살을 호르 산으로
데려오너라.
26 아론의 옷을 벗겨서 그의 아들 엘르아살에
게 입혀라. 아론은 거기에서 죽어 조상들
에게로 돌아갈 것이다."
27 모세는 여호와의 명령에 따랐습니다. 그
들은 모든 백성이 지켜 보는 가운데 호르
산으로 올라갔습니다.
28 모세는 아론의 옷을 벗겨, 그의 아들 엘르
아살에게 입혔습니다. 아론은 그 산꼭대기
에서 죽었습니다. 모세와 엘르아살은 산에
서 내려왔습니다.
29 백성들은 아론이 죽은 것을 알자, 이스라
엘 모든 집은 아론을 위해 삼십 일 동안,

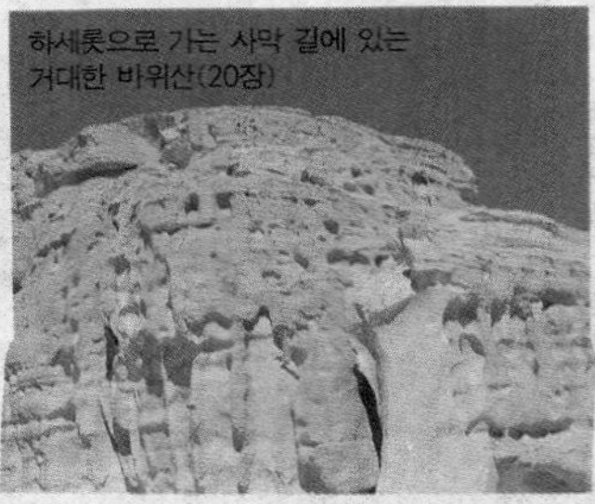
하세롯으로 가는 사막 길에 있는 거대한 바위산(20장)

알아두세요

20:13 '므리바'는 '다툰다'라는 뜻이다.
21:3 '호르마'는 '완전히 멸한다'라는 뜻이다.

슬퍼하며 울었습니다.

가나안과의 전쟁

21 네게브 지방에서 살고 있던 가나안
사람 아랏 왕은 이스라엘 백성이 아
다림 길로 오고 있다는 소식을 듣고, 그
들을 공격하여 그들 가운데 몇 명을 사로
잡았습니다.
2 그러자 이스라엘 백성이 여호와께 이렇게
맹세했습니다. "여호와께서 우리를 도우
셔서 이 백성을 물리쳐 이기게 해 주시면,
저들의 성을 완전히 멸망시키겠습니다."
3 여호와께서는 이스라엘 백성의 말을 들어
주셨습니다. 그래서 이스라엘 백성이 가나
안 사람들을 물리쳐 이기게 해 주셨습니
다. 이스라엘 백성은 가나안 사람들과 그
들의 성을 완전히 멸망시켰습니다. 그래
서 그 곳의 이름이 호르마*가 되었습니다.

구리뱀

4 이스라엘 백성이 호르 산을 떠나, 홍해로
가는 길을 따라갔습니다. 그 길로 들어선
것은 에돔 나라를 돌아서 가야 했기 때문
입니다. 하지만 백성은 참을성이 없어졌
습니다.
5 그들은 하나님과 모세를 원망하며 이렇게
말했습니다. "왜 우리를 이집트에서 데리
고 나와서, 이 광야에서 죽게 하는 거요?
여기에는 빵도 없고, 물도 없소. 이 형편
없는 음식은 이제 지긋지긋하오."
6 그러자 여호와께서 백성에게 독사를 보내
셨습니다. 독사가 백성을 물어 많은 사람
이 죽었습니다.
7 백성이 모세에게 와서 말했습니다. "우리
가 당신과 여호와를 원망함으로 죄를 지
었습니다. 여호와께 기도드려서 이 뱀
들을 없애 주십시오." 그래서 모세
는 백성을 위해 기도드렸습니다.
8 여호와께서 모세에게 말했습니
다. "구리뱀을 만들어서 장대
에 매달아라. 뱀에 물린 사
람은 그것을 쳐다보면 살
것이다."
9 그리하여 모세는
구리뱀을 만들어
장대에 매달았
습니다. 뱀에 물
린 사람은 누구
든지 그것을 쳐
다보면 살아났
습니다.

모압으로 가는 길

10 이스라엘 백성
은 길을 떠나 오
봇에 진을 쳤습
니다.
11 그들은 또 오
봇을 떠나 이예
아바림에 진을

구리뱀을 바라보는 사람은 살아남(21:4-9)

쳤습니다. 이예아바림은 모압 동쪽 해돋는
쪽 광야에 있습니다.
12 그들은 또 그 곳을 떠나 세렛 골짜기에 진
을 쳤습니다.
13 그들은 또 그 곳을 떠나 아르논 강 건너
편에 진을 쳤습니다. 그 곳은 아모리 사람
들의 땅 바로 안쪽의 광야입니다. 아르논
은 모압과 아모리 사람들이 살고 있는 땅
의 경계를 이룹니다.
14 그래서 '여호와의 전쟁기'*에도 이런 말
이 있습니다. "수바의 와헙과 아르논 골짜
기와
15 골짜기의 비탈은 아르 지역으로 뻗어 있
고, 모압 경계에 놓여 있다."
16 이스라엘 백성은 그 곳을 떠나 브엘*에 이
르렀습니다. 브엘에는 샘이 있었는데, 여
호와께서는 그 샘에서 모세에게 "백성들
을 불러 모아라. 내가 그들에게 물을 주
겠다"라고 말씀하셨습니다.
17 그 때에 이스라엘 백성이 이런 노래를 불
렀습니다. "샘물아, 솟아나라. 샘물을 노
래하여라.
18 지도자들이 이 샘을 팠고, 귀한 사람들이
이 우물을 팠다네. 홀과 지팡이로 이 샘
을 팠다네." 백성은 광야를 떠나 맛다나에
이르렀습니다.
19 백성은 다시 맛다나를 떠나 나할리엘에 이
르렀고, 나할리엘을 떠나서는 바못에 이르

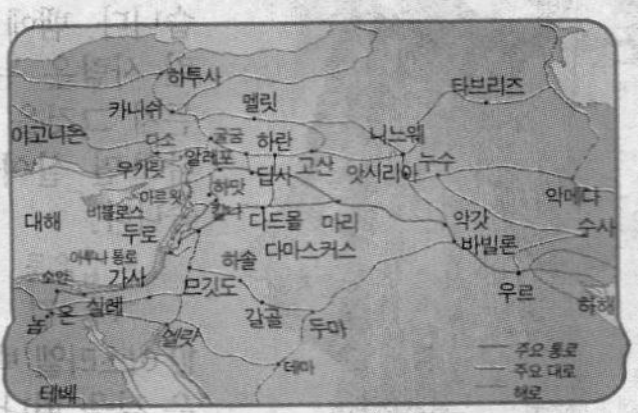

고대 근동의 국제 도로

알아두세요
21:14 고대의 전쟁시를 모은 기록으로 현재는 분실되어 전해지지 않는다.
21:16 '브엘'은 '우물'이란 뜻이다.

렀습니다.
20 백성은 바못을 떠나 모압 골짜기에 이르
러, 광야가 내려다보이는 비스가 산 꼭대
기에 이르렀습니다.

시혼과 옥

21 이스라엘 백성이 아모리 사람들의 왕 시혼
에게 사자들을 보내어 이렇게 말했습니
다.
22 "왕의 땅을 지나가는 것을 허락해 주십시
오. 우리는 왕의 밭이나 포도밭으로 지나
가지도 않겠고, 어떤 우물에서도 물을 마
시지 않겠고, 오직 '왕의 길'만을 따라 걷
겠습니다. 왕의 땅을 다 지나가기까지는
왼쪽으로도 오른쪽으로도 벗어나지 않겠
습니다."
23 그러나 시혼은 이스라엘 백성이 자기 나라
를 지나가는 것을 허락하지 않았습니다.
시혼은 군대를 모아 광야로 나와서 이스라
엘을 막았습니다. 그들은 야하스에서 이스
라엘과 맞서 싸웠습니다.
24 이스라엘은 시혼을 죽이고, 아르논 강에서
부터 얍복 강까지 그의 땅을 점령했습니
다. 이스라엘은 암몬 사람들의 국경까지
이르렀습니다. 그 국경의 수비는 삼엄하
였습니다.
25 이스라엘은 아모리 사람들의 모든 성을 점
령하고, 그 성에서 살았습니다. 이스라엘
은 헤스본과 그 둘레의 모든 마을을 점령
했습니다.
26 헤스본은 아모리 왕 시혼이 살던 성입니
다. 시혼은 옛날에 모압 왕과 싸워 아르논
까지 모든 땅을 점령했던 왕이었습니다.
27 그래서 시인들은 이렇게 노래했습니다.
"오라 헤스본으로, 성을 지어라. 시혼의 성
을 다시 지어라.
28 헤스본에서 불길이 시작되었다네. 시혼의
성에서 불꽃이 타올랐다네. 불꽃이 모압
의 아르를 사르고, 아르논의 높은 곳을 삼
켰다네.
29 저주받은 모압이여! 그모스의 백성은 망했
구나. 그의 아들들은 달아났고, 그의 딸
들은 아모리 왕 시혼에게 사로잡혔구나.

30 그러나 우리가 그 아모리 사람들을 물리쳤
다네. 우리는 헤스본에서 디본까지 그들의
마을을 멸망시켰다네. 우리는 메드바에서
가까운 노바까지 그들을 쳐부수었다네."
31 이렇게 이스라엘은 아모리 사람들의 땅에
서 살았습니다.
32 모세는 정탐꾼들을 야셀 마을로 보냈습니
다. 이스라엘은 야셀 주변의 마을들을 점
령했습니다. 이스라엘은 그 곳에서 살고
있던 아모리 사람들을 쫓아 냈습니다.
33 그런 다음에 이스라엘 백성은 바산으로 가
는 길로 들어섰습니다. 바산 왕 옥과 그의
군대가 이스라엘을 막으려고 나왔습니다.
그들은 에드레이에서 싸웠습니다.
34 여호와께서 모세에게 말씀하셨습니다.
"옥을 두려워하지 마라. 내가 옥과 그의
모든 군대와 그의 땅을 너에게 넘겨 줄 것
이다. 너는 헤스본에 살던 아모리 왕 시혼
에게 한 그대로 옥에게도 하여라."
35 그리하여 이스라엘 백성은 옥과 그의 아들
들과 그의 모든 군대를 다 죽이고 한 사
람도 살려 두지 않았습니다. 이스라엘 백
성은 그의 땅을 점령했습니다.

발람과 발락

22 이스라엘 백성은 길을 떠나 모압 평
야로 갔습니다. 그들은 요단 강 가
까이, 곧 여리고 건너편에 진을 쳤습니다.
2 십볼의 아들 발락은 이스라엘 백성이 아모
리 사람들에게 한 일을 다 보았습니다.
3 모압은 이스라엘 백성을 몹시 두려워했습
니다. *그것은 그들의 수가 너무 많았기 때
문입니다.* 모압은 이스라엘 백성 때문에
겁에 질려 있었습니다.
4 모압 백성이 미디안의 장로들에게 말했습
니다. "이 이스라엘 무리들이 마치 소가
풀을 먹어 치우듯이, 우리 둘레의 모든 것
을 삼켜 버리고 말 것입니다." 그 때, 십
볼의 아들 발락은 모압 왕이었습니다.
5 발락은 브돌에 사는 브올의 아들 발람을 부
르러 사자들을 보냈습니다. 브돌은 아마우
땅 유프라테스 강가에 있습니다. 발락이
말했습니다. "한 나라가 이집트에서 나왔
소. 그들은 온 땅을 덮고 있소. 그들은 나
와 아주 가까운 곳에 진을 치고 있소.
6 그들은 너무 강해서 나는 이길 수 없소.
그러니 이리 와서 그들을 저주해 주시오.
그러면 내가 그들을 물리치고, 그들을 이
곳에서 쫓아 낼 수 있을지도 모르겠소. 당
신이 누구에게 복을 빌어 주면 그가 복을
받고, 누구를 저주하면 그가 저주를 받는
다는 것을 알고 있소."
7 모압과 미디안의 지도자들은 복채를 그들
의 손에 가지고 떠났습니다. 그들은 발람
을 발견하고, 발락의 말을 그에게 전했습
니다.
8 발람이 그들에게 말했습니다. "오늘 밤은
여기에서 지내십시오. 여호와께서 나에게
하시는 말씀을 여러분에게 전해 드리겠습
니다." 그래서 모압의 지도자들은 발람과
함께 지냈습니다.
9 하나님께서 발람에게 오셔서 물으셨습니
다. "너와 함께 있는 이 사람들은 누구
냐?"
10 발람이 하나님께 말씀드렸습니다. "십볼의
아들 모압 왕 발락이 저들을 보내서 저에
게 이렇게 말했습니다.
11 '한 나라가 이집트에서 나왔소. 그들은 온
땅을 덮고 있소. 그러니 이리 와서 그들
을 저주해 주시오. 그러면 내가 그들을 물
리치고, 그들을 이 곳에서 쫓아 낼 수 있
을지도 모르겠소.'"
12 그러자 하나님께서 발람에게 말했습니다.
"저들과 함께 가지 마라. 그 백성에게 저
주하지 마라. 그들은 복을 받은 백성이
다."
13 이튿날 아침 발람은 자리에서 일어나서,
발락이 보낸 지도자들에게 말했습니다.
"여러분의 나라로 돌아가십시오. 여호와
께서는 내가 여러분과 함께 가는 것을 허
락하지 않으셨습니다."
14 그래서 모압의 지도자들은 발락에게 돌아
가서, "발람이 우리와 함께 오려 하지 않
았습니다" 하고 말했습니다.
15 발락은 다른 지도자들을 보냈습니다. 이

번에는 더 높고 더 많은 지도자들을 보냈
습니다.
16 그들은 발람에게 가서 말했습니다. "십볼
의 아들 발락이 이렇게 말했습니다. '주저
하지 말고 나에게로 오시오.
17 내가 충분히 보답을 하겠소. 당신이 원하
는 것은 무엇이든 해 주겠소. 와서 이 백
성을 저주해 주시오.'"
18 그러나 발람은 발락의 신하들에게 이렇게
대답했습니다. "발락 왕이 은과 금으로 가
득 차 있는 그의 집을 준다 해도, 나는 내
하나님이신 여호와의 명령을 어길 수 없
습니다.
19 오늘 밤은 전에 왔던 사람들처럼 여기에
서 지내십시오. 여호와께서 무슨 다른 말
씀을 하실지 알아보겠습니다."
20 그 날 밤, 하나님께서 발람에게 오셔서 말
씀하셨습니다. "이 사람들이 너를 부르러
왔다면, 그들을 따라가거라. 그러나 오직
너는 내가 시키는 말만 하여라."

발람과 그의 나귀

21 발람은 이튿날 아침에 일어나 나귀에 안
장을 얹고, 모압의 지도자들과 함께 길을
떠났습니다.

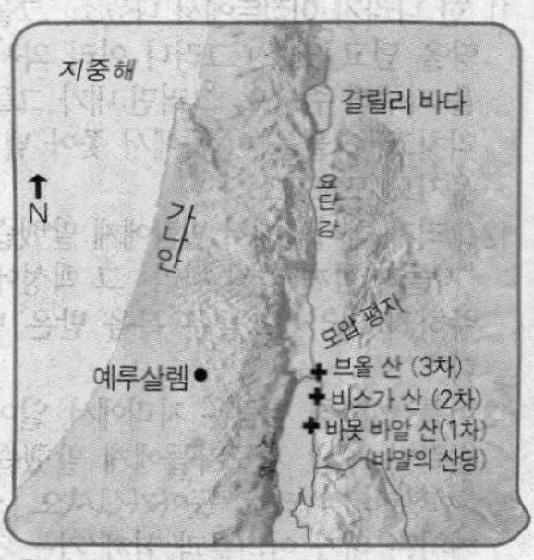

발람 사건(22-24장)

알아두세요

22:41 '바알 산당'은 '바못-바알 산'이라고도 한다.

22 그러나 하나님께서는 발람이 길을 떠난
것 때문에 화가 나셨습니다. 여호와의 천
사가 발람이 가는 길에 서서 발람을 가로
막았습니다. 그 때, 발람은 나귀를 타고
있었습니다. 그리고 발람에게는 종 두 사
람이 함께 있었습니다.
23 나귀는 여호와의 천사가 길을 가로막고
서 있는 모습을 보았습니다. 천사는 손에
칼을 들고 있었습니다. 나귀가 길을 벗어
나 밭으로 들어가자, 발람이 나귀를 때려
억지로 길로 들어서게 했습니다.
24 얼마 후에 여호와의 천사가 두 포도밭 사
이에 있는 좁은 길을 가로막고 섰습니다.
길 양쪽에는 담이 있었습니다.
25 이번에도 나귀가 여호와의 천사를 보았습
니다. 그래서 나귀는 담에 바짝 붙어서 걸
었습니다. 그 때문에 발람의 발이 담에 닿
아 긁혔습니다. 발람이 또 나귀를 때렸습
니다.
26 여호와의 천사가 다시 앞으로 나가서 좁
은 길을 가로막고 섰습니다. 너무 좁은 길
이라 왼쪽으로도, 오른쪽으로도 피할 수
가 없었습니다.
27 나귀는 여호와의 천사를 보고 발람을 태
운 채 주저앉았습니다. 발람은 너무 화가
나서 지팡이로 나귀를 후려쳤습니다.
28 그 때에 여호와께서 나귀의 입을 열게 하
셨습니다. 나귀가 발람에게 말했습니다.
"내가 무슨 일을 했기에 이렇게 세 번씩
이나 때리시는 겁니까?"
29 발람이 나귀에게 대답했습니다. "그것은
네가 나를 놀림감으로 만들었기 때문이
다. 내가 칼을 가지고 있었다면 당장 너
를 죽여 버렸을 것이다."
30 그러자 나귀가 발람에게 말했습니다. "나
는 주인님의 나귀입니다. 주인님은 오랫
동안 나를 타셨습니다. 내가 언제 지금처
럼 행동한 적이 있었습니까?" 발람이 말
했습니다. "없었다."
31 그 때에 여호와께서 발람의 눈을 열어 천
사를 보게 하셨습니다. 여호와의 천사가
칼을 빼들고 길에 서 있었습니다. 그 모

습을 보고 발람은 땅에 엎드렸습니다.
32 여호와의 천사가 발람에게 물었습니다.
"너는 왜 네 나귀를 세 번이나 쳤느냐? 네
가 하는 일이 악하기에, 내가 너를 막으
려고 여기에 온 것이다.
33 나귀가 나를 보고 나에게서 세 번 비켜섰
다. 만약 나귀가 비켜서지 않았다면, 내
가 당장 너를 죽이고 나귀는 살려 주었을
것이다."
34 발람이 여호와의 천사에게 말했습니다.
"제가 죄를 지었습니다. 저는 당신께서
제 길을 가로막고 계신 줄을 몰랐습니다.
제가 잘못된 길을 가고 있는 것이라면 다
시 돌아가겠습니다."
35 여호와의 천사가 발람에게 말했습니다.
"이 사람들과 함께 가거라. 그러나 오직
내가 너에게 시키는 말만 하여라." 그리
하여 발람은 발락이 보낸 지도자들과 함께
갔습니다.
36 발락은 발람이 오고 있다는 말을 듣고 그
를 맞으러 모압 땅 아르로 갔습니다. 아르
는 아르논 강가, 곧 그 나라의 국경에 있
는 마을입니다.
37 발락이 발람에게 말했습니다. "빨리 좀 와
달라고 했는데 왜 오지 않았소? 당신에게
충분히 보답을 해 주지 못할 것 같소?"
38 발람이 대답했습니다. "이렇게 왕에게 오
지 않았습니까? 하지만 내 마음대로 아무
말이나 할 수 없습니다. 나는 오직 하나
님께서 나에게 하라고 하신 말만 할 수 있
습니다."
39 발람은 발락과 함께 기럇후솟으로 갔습니
다.
40 발락은 소와 양을 잡아서 발람과 발람을
데려온 지도자들을 대접해 주었습니다.
41 이튿날 아침, 발락은 발람을 데리고 바알
산당*으로 갔습니다. 발람은 거기에서 이
스라엘 진의 끝부분을 볼 수 있었습니다.

발람의 첫 번째 예언

23 발람이 말했습니다. "여기에 제단
일곱을 쌓아 주십시오. 그리고 수
송아지 일곱 마리와 숫양 일곱 마리를 준
비해 주십시오."
2 발락은 발람이 말한 대로 했습니다. 발락
과 발람은 각 제단 위에 수송아지와 숫양
을 한 마리씩 바쳤습니다.
3 발람이 발락에게 말했습니다. "왕은 왕의
번제물 곁에 서 계십시오. 나는 저쪽으로
가겠습니다. 어쩌면 여호와께서 나에게
오실지도 모릅니다. 여호와께서 나에게
무엇을 보여 주시든 그것을 왕에게 알려
드리겠습니다." 그런 다음에 발람은 더 높
은 곳으로 갔습니다.
4 하나님께서 발람에게 나타나셨습니다. 발
람이 하나님께 말씀드렸습니다. "저는 제
단 일곱을 준비했습니다. 그리고 각 제단
위에 수송아지와 숫양을 한 마리씩 바쳤
습니다."
5 여호와께서 발람에게 말해야 할 것을 일

성경 자세히 이해하기

바알

바알 종교의 신화에 의하면 바알은 비와 우레의 신이자, 다산의 신이었습니다. 어느 날 죽음의 신인 '못'이 바알을 지하 세계로 유인했습니다. 그 때 바알은 바람과 비를 동반하고 지하 세계로 내려갔기 때문에 그곳에 갇혀 있는 동안 지상에는 기근과 가뭄이 왔습니다. 이에 바알의 배우자이자 여동생인 '아낫'이 지하 세계로 내려가 못 신을 죽이고 바알을 구출했습니다. 그러자 지상에는 다시 비가 내리고 풍년이 들었습니다. 그후부터 비가 오고 풍년이 들면 바알이 지상으로 돌아온 때이고, 기근과 가뭄이 들면 못 신에게 잡혀 있는 때라고 믿게 되었다고 합니다.

본문 보기 22장 41절

보답(22:17 reward) 남에게 은혜를 갚음.
죄(22:34 sin) 근본적으로, 인간들이 그들의 창조주 하나님께서 그들을 위해 의도하신 삶을 포기했거나 거절한 것을 뜻한다.
대접(22:40 entertainment) 손님을 맞아 음식을 차려 올려 먹게 함.

산꼭대기 산당에는 짐승을 잡아 피흘린 흔적이 있다. 흐르는 피를 한 곳에 모이게 한 터 (23:13-14)

러주셨습니다. 그리고 발람에게 말씀하셨습니다. "발락에게로 돌아가서 이렇게 말하여라."
6 그래서 발람은 발락에게로 돌아갔습니다. 발락과 모압의 모든 지도자들이 아직도 발락이 바친 태워 바치는 제물인 번제물 곁에 서 있었습니다.
7 그 때, 발람이 이런 말을 전했습니다. "발락이 나를 아람에서 이 곳으로 데려왔구나. 모압 왕이 나를 동쪽 산악 지대에서 데려왔구나. 발락은 '와서 야곱 백성을 저주해 다오. 와서 이스라엘 백성을 꾸짖어 다오' 라고 말하는구나.
8 그러나 하나님께서 그들을 저주하지 않으셨는데, 내가 어찌 그들을 저주할 수 있으랴! 여호와께서 꾸짖지 않으셨는데, 내가 어찌 꾸짖을 수 있으랴!
9 바위 꼭대기에서 그들을 보고, 언덕에서 그들을 보노라. 그들은 홀로 사는 백성이요, 다른 나라들과는 다르다고 생각하는 백성이다.
10 누구도 야곱 백성의 수를 헤아릴 수 없으며, 누구도 이스라엘 백성 중 사분의 일이라도 셀 수 없다. 나는 정직한 사람처럼 죽기를 바라며, 나는 이스라엘 백성처럼 죽기를 바란다."
11 그러자 발락이 발람에게 말했습니다. "이게 도대체 무슨 짓이오? 내 원수들을 저주하라고 데려왔더니, 그들을 축복하지 않았소?"
12 발람이 대답했습니다. "나는 여호와께서 하라고 하신 말씀만을 할 따름입니다."

발람의 두 번째 예언

13 발락이 발람에게 말했습니다. "나와 함께 다른 곳으로 갑시다. 그 곳에서도 저 백성을 볼 수 있을 것이오. 하지만 전부는 보이지 않고 일부만 보일 것이오. 그러니 그 곳에서 저 백성을 저주해 주시오."
14 발락은 발람을 소빔 들판, 곧 비스가 산 꼭대기로 데려갔습니다. 발락은 그 곳에 일곱 제단을 쌓았습니다. 그리고 각 제단 위에 수송아지와 숫양 한 마리씩을 바쳤습니다.
15 발람이 발락에게 말했습니다. "왕은 왕의 번제물 곁에 서 계십시오. 나는 저쪽에서 여호와를 만나 뵙겠습니다."
16 여호와께서 발람에게 오셔서 발람에게 해야 할 말을 일러주셨습니다. 그리고 발람에게 말씀하셨습니다. "발락에게로 돌아가서 이렇게 말하여라."
17 발람이 발락에게 돌아가 보니, 발락과 모압의 모든 지도자들이 아직도 발락이 바친 번제물 곁에 서 있었습니다. 발락이 발람에게 물었습니다. "여호와께서 뭐라고 말씀하셨소?"
18 발람이 이런 말을 했습니다. "발락이여, 일어나서 들어라. 십볼의 아들이여, 내 말을 들어라.
19 하나님은 사람이 아니시니, 거짓말을 하지 않으신다. 하나님은 인간이 아니시니, 마음을 바꾸지 않으신다. 하나님은 말씀하신 것은 이루시며, 약속하신 것은 지키신다.
20 하나님께서 나에게 저들을 축복하라고 말씀하셨으니, 내가 그것을 바꿀 수 없다.
21 하나님께서는 야곱 백성에게서 아무런 잘못도 찾지 못하셨고, 이스라엘에게서 아무런 죄도 찾지 못하셨다네. 그들의 하나님이신 여호와께서 그들과 함께 하시니, 그들이 자기들의 왕을 찬양할 것이다.
22 하나님께서는 그들을 이집트에서 인도해 내셨고, 그들을 위해 들소처럼 강하게 싸우신다네.

23 야곱 백성에게는 어떤 마법도 통하지 않
고, 이스라엘에게는 어떤 주술도 통하지
않을 것이다. 이제는 백성들이 야곱과 이
스라엘에 관해 '하나님께서 하신 일을 보
아라!' 하고 말할 것이다.
24 그 백성은 암사자처럼 일어나고, 그들은
사자처럼 몸을 일으킨다네. 사자는 먹이
를 삼키기 전에는, 먹이의 피를 마시기 전
에는, 눕지 않는구나."
25 발락이 발람에게 말했습니다. "이 백성을
저주하지도 말고, 축복하지도 마시오."
26 발람이 발락에게 말했습니다. "전에도 말
했듯이 나는 여호와께서 말하라고 하신
것만 말할 수 있습니다."

발람의 세 번째 예언

27 발락이 발람에게 말했습니다. "자, 또 다
른 곳으로 가 보십시다. 어쩌면 그 곳에
서는 나를 위해 저들을 저주하는 것을 하
나님께서 기뻐하실지도 모르오."
28 발락은 발람을 데리고 광야가 내려다보이
는 브올 산 꼭대기로 갔습니다.
29 발람이 발락에게 말했습니다. "여기에 제
단 일곱을 쌓으십시오. 그리고 수송아지
일곱 마리와 숫양 일곱 마리를 준비하십
시오."
30 발락은 발람이 말한 대로 했습니다. 발락
은 각 제단 위에 수송아지와 숫양을 한 마
리씩 바쳤습니다.

24 발람은 여호와께서 이스라엘에게
복 주시기를 원하신다는 것을 알
았습니다. 그래서 발람은 전과 같이 마술
을 쓰려 하지 않고 대신 광야쪽으로 얼굴
을 돌렸습니다.
2 발람은 이스라엘 백성이 지파별로 진을 치
고 있는 모습을 보았습니다. 그 때, 하나
님의 영이 그에게 들어갔습니다.
3 발람이 이런 말을 했습니다. "브올의 아들
발람의 말이라. 눈이 열린 사람의 말이라.
4 하나님의 말씀을 들은 사람의 말이라. 나
는 전능하신 분에게서 환상을 보았고, 그
분 앞에 엎드릴 때, 내 눈이 열렸도다.
5 야곱 백성아, 너희의 장막은 아름답고, 이
스라엘아, 너희의 집은 아름답구나.
6 너희의 장막은 골짜기처럼 펼쳐졌고, 강
가의 동산 같구나. 여호와께서 심으신 침
향목 같고, 물가에서 자라는 백향목 같구
나.
7 이스라엘의 물통은 언제나 가득 찰 것이
며, 이스라엘의 씨는 물을 가득 머금으리
라. 그들의 왕은 아각보다 위대하고, 그들
의 나라는 매우 큰 나라가 될 것이다.
8 하나님께서는 그들을 이집트에서 인도하
셨고, 그에게는 들소의 뿔과 같은 힘이 있
다네. 그는 원수를 물리칠 것이며, 원수
의 뼈를 꺾을 것이고, 활로 몸을 꿰뚫을
것이다.
9 사자처럼 웅크리고 있으니, 누가 과연 잠
자는 사자를 깨울 수 있으랴? 너를 축복
하는 사람마다 복을 받을 것이요, 너를 저
주하는 사람마다 저주를 받을 것이라."
10 그러자 발락이 발람에게 화를 냈습니다.
발락은 주먹을 쥐고 발람에게 말했습니다.
"내 원수들을 저주해 달라고 불렀더니,
당신은 오히려 세 번이나 축복해 주었소.
11 이제는 돌아가시오. 당신에게 보수를 충
분히 주겠다고 말했지만, 여호와께서 당
신이 보수를 받는 것을 막으셨소."
12 그러자 발람이 발락에게 말했습니다. "왕
이 나에게 보냈던 사람들에게도 내가 말
하지 않았습니까?
13 '발락이 은과 금으로 가득 찬 그의 집을
내게 준다 해도, 나는 좋은 일이든 나쁜
일이든 어떤 일도 내 마음대로 할 수 없
습니다. 나는 여호와께서 말씀하신 것만

저주(23:8 curse) 재앙이나 불행을 당하도록 비는 것.
축복(23:11 blessing) 하나님께서 내리시는 은혜.
지파(24:2 tribe) 사회적 단위를 말하는 용어로 부족을 가리키며, 여기서는 이스라엘의 소지파를 일컫는다.
침향목(24:6 aloestree) 팥꽃 나무과의 상록교목. 나무 진은 향기가 있어서 향료로 사용됨.

말해야 합니다'라고 말하지 않았습니까?
14 나는 이제 내 백성에게로 돌아가겠습니
다. 하지만 이 백성이 장차 왕의 백성에
게 무슨 일을 할지 말씀드리겠습니다."

발람의 마지막 예언

15 발람이 이런 말을 했습니다. "브올의 아들
발람의 말이라. 눈이 열린 사람의 말이라.
16 하나님의 말씀을 들은 사람의 말이라. 나
는 가장 높으신 하나님을 안다. 나는 전
능하신 분에게서 환상을 보았고, 그분 앞
에 엎드릴 때 내 눈이 열렸도다.
17 나는 언젠가 오실 분의 모습을 보는도다.
그러나 당장 오실 분은 아니다. 야곱에게
서 별이 나오고, 이스라엘에게서 다스리는
자*가 나올 것이다. 그는 모압 백성의 이
마를 깨뜨릴 것이고, 셋 자손의 해골을 부
술 것이다.
18 에돔은 정복될 것이다. 그의 원수 세일도
정복될 것이다. 하지만 이스라엘은 힘을
떨칠 것이다.
19 야곱 자손에게서 한 통치자가 나올 것이
며, 성에 남아 있는 사람을 멸망시킬 것
이다."
20 발람은 아말렉을 보고 이런 말을 했습니
다. "아말렉은 으뜸 가는 나라였으나, 마

붉은 산악 지대 에돔 땅(24:18)

환상(24:16 vision) 현실로는 존재하지 않는 것이 존재하듯 보이는 형상으로, 여기서는 하나님께서 예언자들에게 계시를 보여주기 위한 특별한 도구로 사용되었다.
정복(24:18 conquest) 힘으로 적이나 죄 있는 무리를 쳐서 복종시키는 것.

침내 멸망할 것이다."
21 발람은 가인 자손*을 보고 이런 말을 했습
니다. "너의 집은 든든하고, 너희 보금자
리는 바위 안에 있도다.
22 하지만 너희 가인 자손은 쇠약해질 것이
며, 앗시리아가 너희를 포로로 잡아갈 것
이다."
23 발람은 또 이런 말을 했습니다. "하나님께
서 이 일을 하실 때는 아무도 살지 못하
리라.
24 키프로스* 바닷가에서 배들이 와서, 앗시
리아와 에벨을 물리쳐 이길 것이다. 그러
나 그들도 역시 망할 것이다."
25 이 말을 하고 발람은 자리에서 일어나 집
으로 돌아갔습니다. 발락도 자기 갈 길로
갔습니다.

죄를 짓는 이스라엘 백성

25 이스라엘 백성이 싯딤에 진을 치고
있을 때였습니다. 이스라엘 백성
이 모압 여자들과 성관계를 맺음으로 죄
를 짓기 시작했습니다.
2 모압 여자들이 거짓 신들을 섬기는 제사
에 이스라엘 백성을 초대했습니다. 그래서
이스라엘 백성은 거기에서 음식을 먹으며,
그 신들에게 예배했습니다.
3 이처럼 이스라엘 백성이 바알브올을 예배
하기 시작했습니다. 그래서 여호와께서
이스라엘 백성에게 크게 노하셨습니다.
4 여호와께서 모세에게 말씀하셨습니다.
"백성의 지도자들을 불러 모아라. 그리고
그들을 여호와 앞에서 대낮에 죽여라. 그
래야 여호와께서 이스라엘 백성에게 노하
지 않으실 것이다."
5 모세가 이스라엘의 재판관들에게 말했습
니다. "그대들 각 사람은 바알브올에게 예
배한 사람들을 잡아 죽이시오."
6 이스라엘 백성은 회막 입구에 모여서 울부
짖었습니다. 그 때에 어떤 이스라엘 사람
이 한 미디안 여자를 자기 집으로 데리고
들어갔습니다. 모세와 이스라엘 모든 무리
가 그 모습을 보았습니다.
7 엘르아살의 아들이며, 아론의 손자인 비느

하스도 그 모습을 보고 자리에서 일어나
무리를 떠났습니다. 그는 손에 창을 들었
습니다.
8 그는 그 이스라엘 사람의 뒤를 좇아 장막
까지 따라 들어갔습니다. 그리고 창으로
이스라엘 남자와 미디안 여자를 찔렀습니
다. 그러자 이스라엘 백성 가운데 있었던
끔찍한 병이 멈추었습니다.
9 그 병으로 죽은 백성은 모두 이만 사천 명
이었습니다.
10 여호와께서 모세에게 말씀하셨습니다.
11 "엘르아살의 아들이며, 아론의 손자인 비
느하스가 나의 분노로부터 이스라엘 백성
을 구해냈도다. 비느하스는 타오르던 나의
분노를 달랬도다. 그러므로 나는 백성을
죽이지 않을 것이다.
12 그리고 비느하스에게 내가 나의 평화의 언
약을 그와 맺겠다고 일러라.
13 비느하스와 그의 모든 자손에게 영원한 언
약을 주어, 그들이 영원히 제사장이 되게
할 것이다. 그가 자기 하나님을 위해 분
노했기 때문이다. 그리하여 그는 이스라엘
백성의 죄를 가리워 주었다."
14 미디안 여자와 함께 죽임을 당한 이스라엘
사람의 이름은 살루의 아들 시므리입니다.
시므리는 시므온 지파에 속한 한 집안의
어른입니다.
15 그리고 죽임을 당한 미디안 여자의 이름
은 수르의 딸 고스비입니다. 수르는 미디안
에 속한 한 집안의 우두머리입니다.
16 여호와께서 모세에게 말씀하셨습니다.
17 "미디안 백성을 대적하여라. 그리고 그들
을 죽여라.
18 그들은 브올에서 너희를 속였고, 미디안의
한 우두머리의 딸인 고스비의 일로 너희
를 괴롭혔도다. 고스비는 이스라엘 백성이
브올에서 지은 죄로 말미암아 병이 퍼졌
을 때 창에 찔려 죽은 여자이다."

백성의 수를 세다

26 끔찍한 병이 있은 후, 여호와께서
모세와 제사장 아론의 아들 엘르아
살에게 말씀하셨습니다.
2 "이스라엘 모든 백성을 집안별로 세어라.
스무 살 이상 된 남자로서 군대에서 일할
사람의 수를 다 세어라."
3 이스라엘 백성은 요단 강에서 가까운 모압
평야, 곧 여리고 건너편에 있었습니다. 모
세와 엘르아살이 백성에게 말했습니다.
4 "여호와께서 모세에게 명령하신 대로 스
무 살 이상 된 남자의 수를 세시오." 이집
트에서 나온 이스라엘 백성은 이러합니다.
5 이스라엘의 맏아들은 르우벤입니다. 하녹
에게서 난 하녹 집안, 발루에게서 난 발루
집안,
6 헤스론에게서 난 헤스론 집안, 갈미에게서
난 갈미 집안,
7 이들이 르우벤의 집안입니다. 그 수는 모
두 사만 삼천칠백삼십 명입니다.
8 발루의 아들은 엘리압입니다.
9 엘리압의 아들은 느무엘과 다단과 아비람입
니다. 다단과 아비람은 모세와 아론에게 반
역했던 지도자들입니다. 그들은 고라와
함께 여호와께 반역한 사람들입니다.
10 땅이 입을 벌려 그들과 고라를 삼켜 버렸

성경 인물 비느하스

광야 생활이 끝나갈 무렵 이스라엘 백성은 싯딤에서 모압 여자들과 함께 그들의 신 바알브올에게 절하고 그들과 음행하였습니다. 이에 대한 형벌로 전염병이 돌아 24,000명이 죽었습니다. 이때 미디안 여자를 데리고 온 이스라엘 사람을 그 여인과 함께 죽임으로써 하나님의 저주를 그치게 한 사람이 비느하스입니다. 아론의 손자이자 엘르아살의 아들인 비느하스는 이 같은 행위의 보상으로 그의 후손이 대대로 제사장이 될 것을 보장받게 됩니다. 미디안과 싸울 때 성소의 기구와 나팔을 들고 싸움에 나가기도 했습니다(민 31:1-12).

본문 보기 25장 6-13절

알아두세요

24:17 개역 성경에는 '한 홀'이라고 표기되어 있다.

24:21 '켄 자손'을 말한다.

24:24 개역 성경에는 (히) '깃딤'이라고 표기되어 있다.

습니다. 그들은 불이 이백오십 명을 태웠
을 때 죽었습니다. 그것은 경고였습니다.
11 그러나 고라의 자손은 죽지 않았습니다.
12 시므온의 자손은 집안별로 이러합니다. 느
무엘에게서 난 느무엘 집안, 야민에게서
난 야민 집안, 야긴에게서 난 야긴 집안,
13 세라에게서 난 세라 집안, 사울에게서 난
사울 집안이니,
14 이들이 시므온의 집안입니다. 그 수는 모
두 이만 이천이백 명입니다.
15 갓의 자손은 집안별로 이러합니다. 스본
에게서 난 스본 집안, 학기에게서 난 학기
집안, 수니에게서 난 수니 집안,
16 오스니에게서 난 오스니 집안, 에리에게서
난 에리 집안,
17 아롯에게서 난 아롯 집안, 아렐리에게서
난 아렐리 집안이니,
18 이들이 갓의 집안입니다. 그 수는 모두 사
만 오백 명입니다.
19 유다의 두 아들 에르와 오난은 가나안에서
죽었습니다.
20 유다의 자손은 집안별로 이러합니다. 셀라
에게서 난 셀라 집안, 베레스에게서 난 베
레스 집안, 세라에게서 난 세라 집안이며,
21 또 베레스 자손은 집안별로 이러합니다.
헤스론에게서 난 헤스론 집안, 하물에게서

제2차 인구 조사(26장)

이스라엘 백성은 가나안 입성을 앞두고 모압 평지에서 공동체 재정비와 가나안 땅 분배를 위해 2차 인구 조사를 실시한다.

지파	제1차 인구 조사 (시내 광야)	제2차 인구 조사 (모압 평지)	△증가▼감소
르우벤	46,500	43,730	▼ 2,770
시므온	59,300	22,200	▼ 37,100
갓	45,650	40,500	▼ 5,150
유다	74,600	76,500	△ 1,900
잇사갈	54,400	64,300	△ 9,900
스불론	57,400	60,500	△ 3,100
므낫세	32,200	52,700	△ 20,500
에브라임	40,500	32,500	▼ 8,000
베냐민	35,400	45,600	△ 10,200
단	62,700	64,400	△ 1,700
아셀	41,500	53,400	△ 11,900
납달리	53,400	45,400	▼ 8,000
총계	603,550	601,730	▼ 1,820

난 하물 집안이니,
22 이들이 유다의 집안입니다. 그 수는 모두
칠만 육천오백 명입니다.
23 잇사갈의 자손은 집안별로 이러합니다. 돌
라에게서 난 돌라 집안, 부와에게서 난 부
니 집안,
24 야숩에게서 난 야숩 집안, 시므론에게서
난 시므론 집안이니,
25 이들이 잇사갈의 집안입니다. 그 수는 모
두 육만 사천삼백 명입니다.
26 스불론의 자손은 집안별로 이러합니다. 세
렛에게서 난 세렛 집안, 엘론에게서 난 엘
론 집안, 얄르엘에게서 난 얄르엘 집안이
니,
27 이들이 스불론의 집안입니다. 그 수는 모
두 육만 오백 명입니다.
28 요셉의 자손은 므낫세 집안과 에브라임 집
안으로 다시 나뉩니다.
29 므낫세의 집안은 이러합니다. 마길에게서
난 마길 집안이며, 마길은 길르앗의 아버
지입니다. 길르앗에게서 난 길르앗 집안이
니,
30 길르앗의 집안은 이러합니다. 이에셀에게
서 난 이에셀 집안, 헬렉에게서 난 헬렉 집
안,
31 아스리엘에게서 난 아스리엘 집안, 세겜에
게서 난 세겜 집안,
32 스미다에게서 난 스미다 집안, 헤벨에게서
난 헤벨 집안입니다.
33 헤벨의 아들 슬로브핫에게는 아들이 없고,
딸만 있습니다. 그들의 이름은 말라와 노
아와 호글라와 밀가와 디르사입니다.
34 이들이 므낫세의 집안입니다. 그 수는 모
두 오만 이천칠백 명입니다.
35 에브라임의 집안은 이러합니다. 수델라에
게서 난 수델라 집안, 베겔에게서 난 베겔
집안, 다한에게서 난 다한 집안이며,
36 수델라의 자손은 이러합니다. 에란에게서
난 에란 집안이니,
37 이들이 에브라임의 집안입니다. 그 수는
모두 삼만 이천오백 명입니다. 이들이 집
안별로 본 요셉의 자손입니다.

38 베냐민의 자손은 집안별로 이러합니다. 벨
라에게서 난 벨라 집안, 아스벨에게서 난
아스벨 집안, 아히람에게서 난 아히람 집
안,
39 스부밤에게서 난 스부밤 집안, 후밤에게서
난 후밤 집안이며,
40 벨라의 아들은 아릇과 나아만입니다. 아릇
에게서 아릇 집안이, 나아만에게서 나아만
집안이 나왔습니다.
41 이들이 베냐민의 집안입니다. 그 수는 모
두 사만 오천육백 명입니다.
42 단의 자손은 집안별로 이러합니다. 수함
에게서 난 수함 집안이니, 이들이 단의 집
안입니다.
43 수함 집안의 수는 모두 육만 사천사백 명
입니다.
44 아셀의 자손은 집안별로 이러합니다. 임나
에게서 난 임나 집안, 이스위에게서 난 이
스위 집안, 브리아에게서 난 브리아 집안
이며,
45 브리아의 자손은 집안별로 이러합니다. 헤
벨에게서 난 헤벨 집안, 말기엘에게서 난
말기엘 집안입니다.
46 아셀에게는 세라라는 딸도 있습니다.
47 이들이 아셀의 집안입니다. 그 수는 모두
오만 삼천사백 명입니다.
48 납달리의 자손은 집안별로 이러합니다. 야
셀에게서 난 야셀 집안, 구니에게서 난 구
니 집안,
49 예셀에게서 난 예셀 집안, 실렘에게서 난
실렘 집안이니,
50 이들이 납달리의 집안입니다. 그 수는 모
두 사만 오천사백 명입니다.
51 그리하여 이스라엘 백성의 수는 모두 육십
만 천칠백삼십 명입니다.
52 여호와께서 모세에게 말씀하셨습니다.
53 "이름을 적은 백성의 수에 따라 이 땅을
백성에게 나누어 주어라.
54 백성의 수가 많은 지파가 더 많은 땅을 얻
을 것이고, 수가 적은 지파는 그보다 더 작
은 땅을 얻을 것이다. 각 지파가 얻는 땅
의 크기는 그 백성의 수에 따라 정하여라.
55 땅을 나누되 제비를 뽑아서 나누어라. 각
지파가 얻는 땅은 그 지파의 조상의 이름
을 따라 물려받게 될 것이다.
56 제비를 뽑아 땅을 나누어라. 그래서 수가
많고 적음에 따라 땅을 나누어 주어라."
57 레위 지파도 집안별로 이름을 적었습니
다. 레위의 자손은 집안별로 이러합니다.
게르손에게서 난 게르손 집안, 고핫에게서
난 고핫 집안, 므라리에게서 난 므라리 집
안입니다.
58 다음도 레위의 집안입니다. 립니 집안, 헤
브론 집안, 마흘리 집안, 무시 집안, 고라
집안이니, 고핫은 아므람의 조상입니다.
59 아므람의 아내는 이름이 요게벳입니다. 요
게벳은 레위 지파 사람입니다. 요게벳은 이
집트에서 태어났습니다. 요게벳과 아므람
은 두 아들, 곧 아론과 모세와 그들의 누
이 미리암을 낳았습니다.
60 아론은 나답과 아비후와 엘르아살과 이다말
을 낳았습니다.
61 그러나 나답과 아비후는 여호와께 옳지 않
은 불을 바치다가 죽었습니다.
62 한 달 이상 된 레위 사람 남자의 수는 모
두 이만 삼천 명입니다. 그러나 다른 이
스라엘 백성의 수를 셀 때, 레위 사람의
수는 세지 않았습니다. 그것은 여호와께
서 이스라엘 백성에게 주신 땅 가운데서
레위 사람의 몫은 없었기 때문입니다.
63 모세와 제사장 엘르아살은 요단 강가의 모
압 평야, 곧 여리고 건너편에서 이스라엘
백성의 수를 세었습니다.

모압의 메사가 점령한 후 모압 땅이 된 헤스본(26:63)

64 모세와 제사장 아론은 시내 광야에서 이스
라엘 백성의 수를 센 일이 있었습니다. 그
런데 모세가 모압 평야에서 백성의 수를
세었을 때는 첫 번째 시내 광야에서 백성
의 수를 셀 때 포함되어 있었던 사람이 한
사람도 없었습니다.
65 그것은 여호와께서 이스라엘 백성에 관하
여 "그들은 광야에서 죽을 것이다" 하고
말씀하셨기 때문입니다. 오직 남아 있는
사람은 여분네의 아들 갈렙과 눈의 아들
여호수아뿐이었습니다.

슬로브핫의 딸들

27 슬로브핫은 헤벨의 아들입니다. 헤
벨은 길르앗의 아들입니다. 길르앗
은 마길의 아들입니다. 마길은 므낫세의
아들입니다. 슬로브핫의 딸들은 요셉의 아
들 므낫세의 집안 사람입니다. 슬로브핫의
딸들의 이름은 말라와 노아와 호글라와 밀
가와 디르사입니다.
2 그들은 회막 입구로 갔습니다. 그들은 그
곳에서 모세와 제사장 엘르아살과 지도자
들과 모든 백성 앞에 서서 말했습니다.
3 "우리 아버지는 광야에서 돌아가셨습니
다. 우리 아버지는 여호와께 반역했던 고
라의 무리 가운데에는 끼지 않았습니다.
우리 아버지는 스스로 지으신 죄 때문에
돌아가셨습니다. 그런데 우리 아버지에게
는 아들이 없습니다.
4 어찌하여 우리 아버지에게 아들이 없다고
해서, 그 이름이 집안에서 없어져 버릴 수
있습니까? 우리 아버지의 친척들에게 재산
을 주실 때 우리에게도 재산을 주십시오."
5 모세가 이들의 문제를 여호와께 가지고
갔습니다.
6 여호와께서 모세에게 말씀하셨습니다.
7 "슬로브핫 딸들의 말이 옳다. 너는 그 아
버지의 친척들에게 재산을 줄 때 그들에
게도 재산을 주어라.
8 이스라엘 백성에게 전하여라. '어떤 사람
이 아들이 없이 죽으면, 그의 모든 재산
은 그 딸에게 돌아가리라.
9 만약 그에게 딸도 없으면, 그의 모든 재
산은 그 형제들에게 돌아가리라.
10 만약 그에게 형제들도 없으면, 그의 모든 재
산은 그 아버지의 형제들에게 돌아가리라.
11 만약 아버지의 형제들도 없으면, 그의 모

슬로브핫의 딸들(27:1-11)

든 재산은 그의 집안 가운데서 가장 가까
운 친척에게 돌아가리라. 여호와께서 모
세에게 명령하셨으므로 이것은 이스라엘
백성에게 규례와 율법이 될 것이다.'"

새 지도자 여호수아

12 여호와께서 모세에게 말씀하셨습니다.
"이 아바림 산맥의 산에 올라가서, 내가
이스라엘 백성에게 주는 땅을 보아라.
13 그 땅을 본 다음에 너는 네 형 아론과 마
찬가지로 죽게 될 것이다.
14 이는 너희 둘이 신 광야에서 내 명령을 따
르지 않고, 므리바 샘에 있을 때에 백성
앞에서 나를 거룩히 여기지 않았기 때문
이다." 이것은 신 광야인 가데스의 므리바
에 있는 샘입니다.
15 모세가 여호와께 말씀드렸습니다.
16 "모든 백성의 영이 되시는 여호와 하나
님, 이 백성을 위해 좋은 지도자를 뽑아
주십시오.
17 그는 백성 앞에서 들어가고 나가야 하며,
양 떼를 치듯이 백성을 인도해야 합니다.
그래서 여호와의 백성은 목자 없는 양 떼
와 같이 되지 말아야 합니다."
18 여호와께서 모세에게 말씀하셨습니다.
"눈의 아들 여호수아를 데려오너라. 내 영
이 그에게 있도다. 네 손을 여호수아에게
얹어라.
19 제사장 엘르아살과 모든 백성 앞에 여호수
아를 세워라. 그리고 모든 백성이 보는 가
운데서 그를 지도자로 세워라.
20 네 권위를 그에게도 줘서 모든 이스라엘
백성이 그에게 복종하게 하여라.
21 그를 제사장 엘르아살 앞에도 세워라. 그
러면 엘르아살이 우림을 써서 여호와의 뜻
을 여쭈어 볼 것이다. 그의 명령에 따라
이스라엘 백성은 들어가기도 하고 나가기
도 할 것이다."
22 모세는 여호와께서 말씀하신 대로 했습니
다. 모세는 여호수아를 제사장 엘르아살과
모든 백성 앞에 세웠습니다.
23 그런 다음에 모세는 여호수아에게 손을 얹
고, 그를 지도자로 세웠습니다. 모든 일
이 여호와께서 모세에게 말씀하신 대로
이루어졌습니다.

날마다 바치는 제물

28 여호와께서 모세에게 말씀하셨습
니다.
2 "이스라엘 백성에게 명령하되 이렇게 말하
여라. '불에 태워 바치는 제사인 화제, 곧
내가 기뻐하는 향기를 정해진 때에 드리
도록 하여라.'
3 너는 또 이렇게 말하여라. '너희가 나 여
호와에게 바칠 화제는 이러하다. 일 년 된
흠 없는 숫양 두 마리를 날마다 바쳐라.
4 한 마리는 아침에 바치고, 한 마리는 저
녁에 바쳐라.
5 그리고 곡식 제사로는 고운 가루 십분의
일 에바*를 바치되, 찧어서 짠 기름 사분
의 일 힌*을 섞어서 바쳐라.
6 이것은 시내 산에서 시작되어 날마다 바
치는 화제이니, 그 냄새가 나 여호와를 기
쁘게 한다.
7 양을 바칠 때마다 독한 술 사분의 일 힌을
부어 드리는 제사인 전제로 함께 바쳐라.
그것을 성소에서 나 여호와에게 바쳐라.
8 두 번째 양은 저녁에 바쳐라. 아침에 바
친 것처럼 저녁에도 곡식 제사와 부어 드
리는 제사인 전제를 함께 바쳐라. 이것도
화제이며, 그 냄새가 나 여호와를 기쁘게
한다.'

안식일 제물

9 '안식일에는 일 년 된 흠 없는 숫양 두 마
리를 바쳐라. 그리고 전제와 곡식 제사도
함께 바쳐라. 곡식 제사로는 기름을 섞은

알아두세요

28:5 1/10에바는 약 2.2ℓ에 해당되고, 1/4힌은 약 0.9ℓ에 해당된다.
28:9 2/10에바는 약 4.4ℓ에 해당된다.

규례(27:11 rules and regulation) 일정한 규칙.
우림(27:21 Urim) 하나님의 뜻을 묻기 위하여 둠밈과 함께 사용되었던 물건으로 '하라', '하지 마라'를 판별하였다.
흠(28:3 defet) 물건이나 동물의 성하지 않거나 불충분한 것.

고운 가루 십분의 이 에바*를 바쳐라.
10 이것이 안식일에 바칠 태워 드리는 제사
인 번제이다. 날마다 바치는 번제와 전제
말고도 안식일 제물을 따로 바쳐라.'

달마다 바치는 제물

11 '달마다 첫째 날에는 여호와께 번제를 바
쳐라. 그 때에 바칠 제물은 수송아지 두
마리와 숫양 한 마리와 일 년 된 흠 없는
숫양 일곱 마리이다.
12 수소를 드릴 때는 곡식 제사도 함께 바쳐
라. 곡식 제사로는 수소 한 마리마다 기
름을 섞은 고운 가루 십분의 삼 에바*를
바쳐라. 숫양을 드릴 때도 곡식 제사를 함
께 바쳐라. 그 때는 기름을 섞은 고운 가
루 십분의 이 에바를 바쳐라.
13 어린 숫양을 드릴 때도 곡식 제사를 바쳐
라. 그 때는 기름을 섞은 고운 가루 십분
의 일 에바를 바쳐라. 이것은 화제이며,
그 냄새가 나 여호와를 기쁘게 하니라.
14 그리고 전제로 포도주를 바쳐라. 수송아지
한 마리와 함께 바칠 포도주는 이분의 일
힌*이고, 숫양 한 마리와 함께 바칠 포도
주는 삼분의 일 힌*이며, 어린 숫양 한 마
리와 함께 바칠 포도주는 사분의 일 힌*이
라. 이것이 달마다 초하루에 바쳐야 할 번
제니라.
15 날마다 바치는 번제와 전제 말고도 속죄
제를 여호와께 바쳐라. 속죄제로는 숫염
소 한 마리를 바쳐라.'

유월절

16 '여호와의 유월절은 첫째 달 십사 일이
다.
17 무교절은 그 달 보름에 시작된다. 무교절
은 칠 일 동안, 이어질 것이다. 너희는 누
룩을 넣지 않은 빵인 무교병을 먹어라.
18 절기의 첫째 날에는 성회로 모여라. 그 날
에는 일을 하지 마라.
19 너희는 화제로 번제를 나 여호와에게 드
려라. 수송아지 두 마리와 숫양 한 마리
와 일 년 된 숫양 일곱 마리를 드려라. 모
두 흠 없는 것으로 드려라.
20 그리고 수소를 드릴 때마다 곡식 제사도
함께 드려라. 그 때는 소 한 마리마다 기
름을 섞은 고운 가루 십분의 삼 에바를 드
려라. 숫양을 드릴 때는 숫양 한 마리마
다 곡식 제사로 기름을 섞은 고운 가루 십
분의 이 에바를 함께 드려라.
21 어린 숫양을 드릴 때는 어린 숫양 한 마
리마다 기름을 섞은 고운 가루 십분의 일
에바를 함께 드려라.
22 그리고 너희 죄를 씻기 위해 숫염소 한 마
리를 죄를 씻는 제사인 속죄제로 바쳐라.
23 이 제물은 너희가 날마다 아침에 바치는,
태워 드리는 제사인 번제 외에 따로 드리
는 것이다.
24 칠 일 동안 날마다 화제, 곧 나 여호와에
게 향기로운 음식을 바쳐라. 날마다 바치
는 번제와 전제 말고도 그 제물을 따로 바
쳐라.
25 칠 일째 되는 날에는 성회로 모여라. 그 날
에는 보통 때 하던 어떤 일도 하지 마라.'

칠칠절 제물

26 '첫 열매의 날, 곧 칠칠절 기간에 나 여
호와에게 햇곡식을 바쳐라. 거룩한 모임
인 성회로 모이고, 그 날에는 보통 때 하
던 어떤 일도 하지 마라.

성경 자세히 이해하기

칠칠절

무교절 첫날 보리의 첫 이삭을 번제단에 이리저리 흔들어 드리는 요제를 지내고 난 7주 후를 말합니다. 이 날은 처음 수확한 밀을 바친다고 하여 초실절이라고도 하고, 보리의 첫 이삭을 드린 날로부터 50일째 되는 날이라고 하여 오순절이라고도 합니다. 이 날 사람들은 모든 노동을 멈추고, 햇밀로 만든 빵 두 개를 하나님께 바쳤는데 이 빵은 유월절 빵과는 달리 누룩을 넣어 만들었습니다. 신약 때에는 오순절 성령강림 후 성령강림절로 지키게 되었습니다.

본문 보기 28장 26절

27 나 여호와에게 번제를 바치되, 수송아지
두 마리와 숫양 한 마리와 일 년 된 숫양
일곱 마리를 바쳐라. 그 냄새가 나 여호
와를 기쁘게 한다.
28 수소를 드릴 때마다 곡식 제사도 함께 드
려라. 그 때는 기름을 섞은 고운 가루 십
분의 삼 에바를 드려라. 숫양을 드릴 때
는 숫양 한 마리마다 곡식 제사로 기름을
섞은 고운 가루 십분의 이 에바를 드려라.
29 어린 숫양을 드릴 때는 어린 숫양 한 마
리마다 기름을 섞은 고운 가루 십분의 일
에바를 함께 드려라.
30 그리고 너희 죄를 씻기 위해 숫염소 한 마
리를 속죄제로 바쳐라.
31 너희가 날마다 아침에 바치는 태워 드리
는 번제와 곡식 제사와 부어 드리는 전제
말고도 이 제물들을 따로 드려라. 모두 흠
없는 것으로 드려라.'

나팔절

29 '일곱째 달 초하루인 첫째 날*에는
거룩한 모임인 성회로 모여라. 그
날에는 보통 때 하던 어떤 일도 하지 마
라. 그 날은 나팔을 부는 날이다.
2 너희는 나 여호와에게 번제를 바쳐라. 수
송아지 한 마리와 숫양 한 마리와 일 년
된 숫양 일곱 마리를 바쳐라. 모두 흠 없
는 것으로 드려라. 그 냄새가 나 여호와
를 기쁘게 한다.
3 수소를 드릴 때마다 곡식 제사도 함께 드
려라. 그 때는 기름을 섞은 고운 가루 십
분의 삼 에바를 드려라. 숫양을 드릴 때
는 숫양 한 마리마다 곡식 제사로 기름을
섞은 고운 가루 십분의 이 에바를 드려라.
4 어린 숫양을 드릴 때는 어린 숫양 한 마
리마다 기름을 섞은 고운 가루 십분의 일
에바를 함께 드려라.
5 그리고 너희 죄를 씻기 위해 숫염소 한 마
리를 속죄제로 바쳐라.
6 너희가 날마다, 그리고 달마다 바치는 번
제와 곡식 제사와 전제 말고도 이 제물들
을 따로 드려라. 이것은 화제이며, 그 냄
새가 나 여호와를 기쁘게 한다.'

정결하게 하는 날

7 '일곱째 달 십 일이 되면 성회로 모여라.
그 날에는 먹지도 말고, 일하지도 마라.
8 너희는 나 여호와에게 번제를 바쳐라. 수
송아지 한 마리와 숫양 한 마리와 일 년
된 숫양 일곱 마리를 바쳐라. 모두 흠 없
는 것으로 드려라. 그 냄새가 나 여호와
를 기쁘게 한다.
9 수소를 드릴 때마다 곡식 제사도 함께 드
려라. 그 때에는 기름을 섞은 고운 가루
십분의 삼 에바를 드려라. 숫양을 드릴 때
는 숫양 한 마리마다 곡식 제사로 기름을
섞은 고운 가루 십분의 이 에바를 드려라.
10 어린 숫양을 드릴 때는 어린 숫양 한 마
리마다 기름을 섞은 고운 가루 십분의 일
에바를 함께 드려라.
11 그리고 숫염소 한 마리를 속죄제로 바쳐
라. 너희가 날마다 바치는 번제와 곡식 제
사와 전제 말고도 이 제물들을 따로 드려
라.'

장막절

12 '일곱째 달 보름인 십오 일에도 성회로 모
여라. 그 날에는 일을 하지 마라. 여호와
께 칠 일 동안 절기로 지켜라.
13 절기의 첫째 날에 너희는 나 여호와에게
번제를 바쳐라. 수송아지 열세 마리와 숫
양 두 마리와 일 년 된 숫양 열네 마리를
바쳐라. 모두 흠 없는 것으로 드려라. 그
냄새가 나 여호와를 기쁘게 한다.
14 수소를 드릴 때마다 곡식 제사도 함께 드
려라. 그 때는 수송아지 한 마리마다 기

알아두세요

28:12 3/10에바는 약 6.6ℓ에 해당된다.
28:14 1/2힌은 약 1.8ℓ에 해당되고, 1/3힌은 약 1.2ℓ에 해당되며, 1/4힌은 약 0.9ℓ에 해당된다.
29:1 이 날은 9월에서 10월 초 사이에 해당된다.

전제(28:15 drink offering) 포도주 1/4힌을 부어 드리는 제사의 한 가지.
무교절(28:17 Festival of Unleavened Bread) 유월절 행사에 연이어 7일 동안 계속된 히브리인들의 축제.

름을 섞은 고운 가루 십분의 삼 에바를 드
려라. 숫양을 드릴 때는 숫양 한 마리마
다 곡식 제사로 기름을 섞은 고운 가루 십
분의 이 에바를 드려라.
15 어린 숫양을 드릴 때는 어린 숫양 한 마
리마다 기름을 섞은 고운 가루 십분의 일
에바를 함께 드려라.
16 그리고 숫염소 한 마리를 속죄제로 바쳐
라. 너희가 날마다 바치는 번제와 곡식 제
사와 전제 말고도 이 제물들을 따로 드려
라.
17 이 절기의 둘째 날에도 제물을 드려라. 수
송아지 열두 마리와 숫양 두 마리와 일 년
된 숫양 열네 마리를 드려라. 모두 흠 없
는 것으로 드려라.
18 수송아지와 숫양과 어린 숫양을 드릴 때
마다 곡식 제사와 전제를 함께 드려라.
19 그리고 숫염소 한 마리를 속죄제로 바쳐라.
너희가 날마다 바치는 번제와 곡식 제사와
전제 말고도 이 제물들을 따로 드려라.
20 셋째 날에는 수송아지 열한 마리와 숫양
두 마리와 일 년 된 숫양 열네 마리를 드
려라. 모두 흠 없는 것으로 드려라.
21 수송아지와 숫양과 어린 숫양을 드릴 때
마다 곡식 제사와 전제를 함께 드려라.
22 그리고 숫염소 한 마리를 속죄제로 바쳐
라. 너희가 날마다 바치는 번제와 곡식 제
사와 전제 말고도 이 제물들을 따로 드려
라.
23 넷째 날에는 수송아지 열 마리와 숫양 두
마리와 일 년 된 숫양 열네 마리를 드려
라. 모두 흠 없는 것으로 드려라.
24 수송아지와 숫양과 어린 숫양을 드릴 때
마다 곡식 제사와 전제를 함께 드려라.
25 그리고 숫염소 한 마리를 속죄제로 바쳐
라. 너희가 날마다 바치는 번제와 곡식 제
사와 전제 말고도 이 제물들을 따로 드려
라.
26 다섯째 날에는 수송아지 아홉 마리와 숫
양 두 마리와 일 년 된 숫양 열네 마리를
드려라. 모두 흠 없는 것으로 드려라.
27 수송아지와 숫양과 어린 숫양을 드릴 때
마다 곡식 제사와 전제를 함께 드려라.
28 그리고 숫염소 한 마리를 속죄제로 바쳐
라. 너희가 날마다 바치는 번제와 곡식 제
사와 전제 말고도 이 제물들을 따로 드려
라.
29 여섯째 날에는 수송아지 여덟 마리와 숫
양 두 마리와 일 년 된 숫양 열네 마리를
드려라. 모두 흠 없는 것으로 드려라.
30 수송아지와 숫양과 어린 숫양을 드릴 때
마다 곡식 제사와 전제를 함께 드려라.
31 그리고 숫염소 한 마리를 속죄제로 바쳐
라. 너희가 날마다 바치는 번제와 곡식 제
사와 전제 말고도 이 제물들을 따로 드려
라.
32 일곱째 날에는 수송아지 일곱 마리와 숫
양 두 마리와 일 년 된 숫양 열네 마리를
드려라. 모두 흠 없는 것으로 드려라.
33 수송아지와 숫양과 어린 숫양을 드릴 때
마다 곡식 제사와 전제를 함께 드려라.
34 그리고 숫염소 한 마리를 속죄제로 바쳐
라. 너희가 날마다 바치는 번제와 곡식 제
사와 전제 말고도 이 제물들을 따로 드려
라.
35 여덟째 날에는 거룩한 모임으로 모여라.
그 날에는 보통 때 하던 어떤 일도 하지
마라.
36 너희는 번제를 드려라. 그 냄새가 나 여
호와를 기쁘게 한다. 수송아지 한 마리와
숫양 한 마리와 일 년 된 숫양 일곱 마리
를 드려라. 모두 흠 없는 것으로 드려라.
37 수송아지와 숫양과 어린 숫양을 드릴 때
마다 곡식 제사와 전제를 함께 드려라.
38 그리고 숫염소 한 마리를 속죄제로 바쳐
라. 너희가 날마다 바치는 번제와 곡식 제

서약(29:39 oath) 맹세하고 약속함. 사람과 사람 사이의 약속.
서원제(29:39 votive offering) 화목제중 하나로 하나님께 서원한 예물을 드리는 제사.
낙헌제(29:39 freewill offering) 자기 스스로 원해서 즐거운 마음으로 하나님께 예물을 드리는 제사.

사와 전제 말고도 이 제물들을 따로 드려
라.
39 너희는 절기가 돌아오면 번제와 곡식 제
사와 전제와 화목제를 나 여호와에게 드
려야 한다. 너희가 서약을 지키는 서원제
와 자진해서 드리는 낙헌제 말고도 이 제
물을 따로 드려라.'"
40 모세는 여호와께서 그에게 명령하신 모든
것을 이스라엘 백성에게 일러 주었습니다.

특별한 약속

30 모세가 이스라엘 각 지파의 지도
자들에게 여호와께서 명령하신
것을 말했습니다.
2 "누군가가 여호와께 어떤 약속을 했거나
어떤 특별한 일을 하지 않기로 맹세했다
면, 그는 자기의 약속을 지켜라. 그는 자
기가 말한 대로 하여라.
3 아직 시집을 가지 않은 여자가 여호와께
어떤 약속을 했거나 어떤 특별한 일을 하
지 않기로 맹세했는데,
4 그의 아버지가 그 약속이나 맹세를 듣고
아무 말도 하지 않으면, 여자는 자기가 약
속한 대로 하여라. 여자는 맹세한 것을 지
켜라.
5 그러나 그의 아버지가 그 약속이나 맹세
를 듣고 그것을 허락하지 않으면, 그 약
속이나 맹세는 지키지 않아도 된다. 그의
아버지가 허락하지 않았기 때문에 여자가
약속을 지키지 않아도 여호와께서 여자를
용서해 주실 것이다.
6 여자가 어떤 맹세를 했거나 어떤 경솔한
약속을 한 가운데 결혼했는데,
7 그의 남편이 듣고 아무 말도 하지 않으면,
여자는 자기가 약속이나 맹세한 대로 하
여라.
8 그러나 그의 남편이 그 약속이나 맹세를
듣고 그것을 허락하지 않으면, 여자가 한
맹세나 경솔히 한 약속은 무효가 될 것이
다. 여자가 약속을 지키지 않아도 여호와
께서 여자를 용서해 주실 것이다.
9 과부나 이혼한 여자가 어떤 약속을 했다
면, 그 여자는 무엇이든 약속한 것을 지
켜라.
10 결혼한 여자가 어떤 약속이나 맹세를 했
는데,
11 그의 남편이 듣고도 아무 말도 하지 않으
면, 여자는 자기가 약속하거나 맹세한 대
로 하여라.
12 그러나 그의 남편이 그 약속이나 맹세를
듣고 그것을 허락하지 않으면, 여자가 한
맹세나 약속은 무효가 될 것이다. 여자가
약속을 지키지 않아도 여호와께서 여자를
용서해 주실 것이다.
13 여자의 남편은, 여자가 한 어떤 약속이나
맹세를 지키게 하거나 취소시킬 수 있다.
14 그러나 여자의 남편이 여자의 맹세나 약
속에 대해서 여러 날 동안, 아무 말도 하
지 않으면, 여자는 자기 약속을 지켜라.
이는 남편이 여자의 약속을 듣고도 아무
말도 하지 않았기 때문이다.
15 그러나 남편이 여자의 약속이나 맹세를
듣고 한참 지난 뒤에 그것을 취소시키면,
여자의 죄를 남자가 져야 한다."
16 이것은 여호와께서 모세에게 주신 명령입
니다. 이것은 남편과 아내에 관해, 그리
고 아버지와 아직 시집가지 않은 딸에 관
해 주신 명령입니다.

이스라엘이 미디안 사람을 공격하다

31 여호와께서 모세에게 말씀하셨습니
다.
2 "미디안 사람에게 이스라엘 백성의 원수를
갚아라. 이 일을 마치고 나면 너는 죽을
것이다."
3 모세가 백성에게 말했습니다. "전쟁에 나
갈 사람을 준비시키시오. 여호와께서 그
들을 미디안 사람에게 보내어 원수를 갚

경솔한(30:6 rash) 말과 행동에 조심성이 없고 가벼운.
무효(30:8 nullity) 효과 · 효력 · 효험이 없음.
과부(30:9 widow) 결혼을 한 뒤 남편이 죽고 홀로된 여자.
이혼(30:9 divorce) 부부 관계를 끊는 것.

신호 나팔(31:6)

게 하실 것이오.

4 이스라엘 각 지파에서 천 명씩을 전쟁에 내보내시오."

5 그리하여 이스라엘 각 지파에서 천 명씩 모여, 만 이천 명이 전쟁에 나갈 준비를 했습니다.

6 모세는 각 지파에서 천 명씩 모인 사람을 전쟁에 내보냈습니다. 제사장 엘르아살의 아들 비느하스가 그들과 함께 나갔습니다. 비느하스는 성소의 기구들과 나팔을 가지고 갔습니다.

7 그들은 여호와께서 모세에게 명령하신 대로 미디안 사람과 싸웠습니다. 그들은 미디안의 남자를 다 죽였습니다.

8 그들이 죽인 사람 가운데는 에위와 레겜과 수르와 후르와 레바가 들어 있었습니다. 이들은 미디안의 다섯 왕입니다. 그들은 브올의 아들 발람도 칼로 죽였습니다.

9 이스라엘 백성은 미디안의 여자와 어린 아이들을 포로로 붙잡았습니다. 그리고 미디안의 가축과 짐승과 모든 물건을 빼앗았습니다.

10 그런 다음에 이스라엘 백성은 미디안의 마을과 진을 다 불살랐습니다.

11 이스라엘 백성은 사람과 짐승과 물건을 다 자기 것으로 삼았습니다.

12 그들은 모세와 제사장 엘르아살과 모든 이스라엘 백성에게 돌아갔습니다. 그들은 사로잡은 포로와 짐승과 물건들을 가지고 갔습니다. 이스라엘의 진은 요단 강에서 가까운 모압 평야, 곧 여리고 건너편에 있었습니다.

13 모세와 제사장 엘르아살과 백성의 모든 지도자들은 그들을 맞이하러 진 밖으로 나갔습니다.

14 모세는 전쟁에서 돌아온 장교들, 곧 천부장과 백부장들에게 화를 냈습니다.

15 모세가 그들에게 물었습니다. "왜 여자들을 살려 두었소?

16 이 여자들은 발람의 꾀를 좇아, 이스라엘 백성으로 하여금 브올에서 여호와께 반역하도록 만든 사람들이오. 그 때에 끔찍한 병이 여호와의 백성을 치지 않았소?

17 미디안의 모든 사내 아이를 죽이시오. 미디안의 여자 가운데서 남자와 동침한 적이 있는 여자는 다 죽이시오.

18 하지만 남자와 함께 잔 적이 없는 여자는 살려 두시오.

19 여러분 가운데 누구든지 사람을 죽였거나 시체를 만진 사람이 있으면 칠 일 동안 진 밖에 머물러 있으시오. 삼 일째 되는 날과 칠 일째 되는 날에 여러분은 여러분이 잡은 포로와 함께 깨끗하게 하는 의식을 해야 하오.

20 여러분은 옷이란 옷은 다 깨끗하게 해야 하오. 그 밖에도 가죽이나 양털이나 나무로 만든 것을 다 깨끗하게 해야 하오."

21 제사장 엘르아살이 전쟁에 나갔던 군인들에게 말했습니다. "이것은 여호와께서 모세에게 주신 가르침이오.

22 금과 은과 구리와 철과 주석과 납을 불에 던져 넣으시오.

23 타지 않는 것들은 다 불에 던져 넣으시오. 그런 다음에 그것들을 깨끗하게 하는 물에 씻으시오. 그러면 깨끗해질 것입니다. 그러나 불에 타는 것은 물로 씻으시오.

24 칠 일째 되는 날에는 여러분의 옷을 빠십시오. 그래야 여러분이 깨끗해집니다. 그런 다음에야 여러분은 진으로 돌아올 수 있습니다."

빼앗은 물건을 나누다

25 여호와께서 모세에게 말씀하셨습니다.

26 "너와 제사장 엘르아살과 모든 무리의 지도자들은 사로잡은 사람은 물론 짐승과 빼앗은 물건을 세어라.

27 그래서 그것을 전쟁에 나갔던 군인들과 나머지 백성에게 절반씩 나누어 주어라.

28 전쟁에 나갔던 군인들의 몫에서 나 여호와
에게 바쳐야 할 것을 따로 떼어 놓아라.
여호와의 것은 사람이든 소든 나귀든 양이
든 염소든, 모든 것의 오백분의 일이다.
29 이것을 군인들의 몫인 절반에서 떼어 제
사장 엘르아살에게 주어라. 그것이 나 여
호와에게 바칠 거제니라.
30 그리고 백성의 몫인 절반에서는 사람이든
소든 나귀든 양이든 염소든, 모든 것의 오
십분의 일을 떼어서 여호와의 성막을 지
키는 레위 사람에게 주어라."
31 모세와 엘르아살은 여호와께서 모세에게
명령하신 대로 했습니다.
32 군인들이 빼앗아 온 것 가운데서 남은 것
은 양이 육십칠만 오천 마리,
33 소가 칠만 이천 마리,
34 나귀가 육만 천 마리,
35 그리고 여자가 삼만 이천 명이었습니다.
이들은 남자와 함께 잔 적이 없는 여자들
입니다.
36 전쟁에 나갔던 군인들의 몫은 양이 삼십
삼만 칠천오백 마리였습니다.
37 그들은 양 육백일흔다섯 마리를 여호와께
드렸습니다.
38 소는 삼만 육천 마리가 군인들의 몫이었
습니다. 그들은 그 가운데서 일흔두 마리
를 여호와께 드렸습니다.
39 나귀는 삼만 오백 마리가 군인들의 몫이
었습니다. 그들은 그 가운데서 예순한 마
리를 여호와께 드렸습니다.
40 사람은 만 육천 명이 군인들의 몫이었습
니다. 그들은 그 가운데서 서른두 명을 여
호와께 드렸습니다.
41 모세는 여호와의 몫을 제사장 엘르아살에
게 주었습니다. 이렇게 모세는 여호와께
서 명령하신 대로 했습니다.
42 모세는 백성의 몫과 군인들의 몫을 절반
씩 나누었습니다.
43 백성에게 돌아간 몫은 양 삼십삼만 칠천
오백 마리와
44 소 삼만 육천 마리와
45 나귀 삼만 오백 마리와
46 사람 만 육천 명이었습니다.
47 모세는 백성의 몫 가운데서 사람과 짐승
의 오십분의 일을 여호와께 드렸습니다.
모세는 그것을 여호와의 성막을 지키는 레
위 사람들에게 주었습니다. 이렇게 모세
는 여호와께서 명령하신 대로 했습니다.
48 군대의 장교들, 곧 천부장과 백부장이 모
세에게 왔습니다.
49 그들이 모세에게 말했습니다. "당신의 종
인 우리가 다스리고 있는 군인들 중에, 없
어진 사람은 한 명도 없습니다.
50 그래서 여호와께 예물을 가져왔습니다.
우리가 저마다 얻은 것 가운데서 금붙이
들, 곧 팔찌와 인장과 귀고리와 목걸이를
가져왔습니다. 이것은 우리 죄를 씻기 위
해 가져온 것입니다."
51 모세와 제사장 엘르아살은 그 금붙이들을
받았습니다.
52 천부장과 백부장들이 여호와께 드린 금붙
이는 모두 만 육천칠백오십 세겔이었습니
다.
53 군인들은 내놓은 것 말고도 저마다 따
로 빼앗아서 가지고 있는 것이 있었습
니다.
54 모세와 제사장 엘르아살은 천부장과 백부
장에게서 금을 받아 회막에 가져가서, 이
스라엘 백성을 위한 기념으로 여호와 앞
에 놓아 두었습니다.

요단 강 동쪽 지파들

32 르우벤 자손과 갓 자손은 가축 떼
를 많이 갖고 있었습니다. 그들은
야셀 땅과 길르앗 땅이 가축 떼를 치기에

천부장(31:14 officer of a thousand) 천 명의 부하를 거느린 지휘관.
백부장(31:14 officer of a hundred) 백 명의 부하를 거느린 지휘관.
거제(31:29 heave offering) 제물을 번제단 위에 높이 들어올려 드리는 제사.
기념(31:54 memory) 중요하거나 특별한 일을 잊지 않고 마음에 간직하는 것.

좋다는 것을 알고,
2 모세와 제사장 엘르아살과 백성의 지도자
들에게 와서 말했습니다.
3 "아다롯과 디본과 야셀과 니므라와 헤스본
과 엘르알레와 스밤과 느보와 브온 땅은
4 여호와께서 우리를 위해 정복해 주신 땅
입니다. 이 땅은 가축 떼를 치기에 좋은
곳입니다. 그런데 당신의 종인 우리에게
는 가축 떼가 많이 있습니다.
5 우리를 좋게 여기신다면 이 땅을 우리에
게 주십시오. 요단 강을 건너지 않게 해
주십시오."
6 모세가 갓과 르우벤 자손에게 말했습니다.
"당신들의 형제들은 전쟁하러 나가는데,
당신들은 여기에 남겠단 말이오?
7 여호와께서 이스라엘 백성에게 주신 땅으
로 그 백성이 들어가려고 하는데, 어찌
하여 당신들은 그들의 사기를 꺾는 것이
오?
8 당신들의 조상도 내가 가데스바네아에서
저 땅을 정탐하러 보냈을 때, 당신들과 똑
같은 일을 했소.
9 그들은 에스골 골짜기까지 가서 그 땅을
살펴보고 나서는, 여호와께서 이스라엘 백
성에게 주신 땅으로 그 백성이 들어가려
는데, 그만 그 백성의 사기를 꺾어 놓고
말았소.

요단 동편 길르앗 땅(32:1)

사기(32:7 morale) 몸과 마음이 기운으로 넘쳐 굽힐 줄 모르는 씩씩한 기세.
정탐(32:8 spying) 남의 비밀스런 일이나 드러나지 않은 사실을 몰래 살펴 알아 내는 것.

10 그 날 여호와께서 크게 노하셔서 이렇게
맹세하셨소.
11 '이집트에서 나온 백성 가운데 스무 살 이
상 된 사람은 내가 아브라함과 이삭과 야
곱에게 약속했던 이 땅을 보지 못할 것이
다. 그것은 그들이 나를 온전히 따르지 않
았기 때문이다.
12 오직 그나스 사람 여분네의 아들 갈렙과 눈
의 아들 여호수아가 여호와를 온전히 따랐
도다.'
13 여호와께서는 이스라엘에게 크게 노하셨
소. 그래서 이스라엘을 광야에서 사십 년
동안 떠돌게 하셨소. 그리하여 마침내 여
호와께 죄를 지었던 백성은 다 죽고 말았
소.
14 당신들은 지금 당신들의 조상들과 똑같이
행동하고 있소. 당신들이 죄를 많이 지어
여호와가 이스라엘을 향해 더욱더 노하시
게 만들었소.
15 당신들이 여호와를 따르지 않는다면 여호
와께서는 또다시 이스라엘 백성을 광야에
내버려 두실 것이오. 당신들 때문에 모든
백성이 망하고 말 것이오."
16 그러자 르우벤 자손과 갓 자손이 모세에게
올라와 말했습니다. "우리는 여기에 가축
의 우리를 만들고, 아내와 자식들이 살 성
을 쌓겠습니다.
17 그래서 우리 가족들이 이 땅에 사는 백성
에게서 위협을 당하지 않고, 안전하게 살
수 있도록 강하고 튼튼한 성을 쌓은 다음
에, 우리도 전쟁 준비를 해서 다른 이스라
엘 백성도 땅을 얻을 수 있도록 도와 주
겠습니다.
18 모든 이스라엘 백성이 땅을 얻을 때까지는
우리도 집으로 돌아가지 않겠습니다.
19 우리가 받은 땅은 요단 강 동쪽이므로 서
쪽 땅은 우리가 나누어 받지 않겠습니
다."
20 그러자 모세가 그들에게 말했습니다.
"당신들이 지금 말한 대로 해야 하오. 당
신들은 여호와 앞에서 전쟁에 나가야 하
오.

21 당신들은 무기를 들고 요단 강을 건너야 하오. 여호와께서 원수를 쫓아 내실 것이오.
22 여호와께서 우리를 도우셔서 저 땅을 차지하게 하시면, 당신들은 집으로 돌아가도 좋소. 당신들은 여호와와 이스라엘에게 해야 할 의무를 다한 것이오. 그렇게 하기만 하면 이 땅을 가져도 좋소.
23 그러나 당신들이 그대로 하지 않으면, 당신들은 여호와께 죄를 짓는 것이오. 확실히 알아 두시오. 당신들은 당신들의 죄 때문에 벌을 받을 것이오.
24 당신들의 아내와 자식들을 위해 성을 쌓고, 가축을 위해 우리를 지으시오. 그러나 약속한 것은 반드시 지켜야 하오."
25 갓 자손과 르우벤 자손이 모세에게 말했습니다. "우리는 당신의 종입니다. 우리는 어르신이 명령하신 대로 하겠습니다.
26 우리 아내와 자식과 우리의 모든 가축은 길르앗 성에 남겨 두겠습니다.
27 그러나 당신의 종인 우리는 전쟁에 나갈 준비를 해서, 어르신이 말씀하신 대로 여호와를 위해 싸우겠습니다."
28 모세가 그들에 관하여 제사장 엘르아살과 눈의 아들 여호수아와 이스라엘 각 지파의 지도자들에게 명령을 내렸습니다.
29 모세가 그들에게 말했습니다. "만약 갓 자손과 르우벤 자손이 여호와 앞에서 전쟁에 나갈 준비를 하고, 여러분과 함께 요단 강을 건너 저 땅을 차지할 때까지 도와 주면, 여러분도 그들에게 길르앗 땅을 주시오.
30 그러나 만약 그들이 전쟁에 나갈 준비를 하지 않은 채 요단 강을 건너지 않으면, 이 땅을 주지 말고 여러분과 함께 가나안 땅을 얻게 하시오."
31 갓 자손과 르우벤 자손이 대답했습니다. "우리는 당신의 종입니다. 우리는 여호와께서 말씀하신 대로 하겠습니다.
32 우리는 전쟁 준비를 하고, 여호와 앞에서 요단 강을 건너 가나안으로 가겠습니다. 하지만 우리가 가질 땅은 요단 강 동쪽이 될 것입니다."
33 그리하여 모세는 그 땅을 갓 자손과 르우벤 자손과 므낫세 지파 절반에게 주었습니다. 므낫세는 요셉의 아들입니다. 그 땅은 원래 아모리 사람 시혼과 바산 왕 옥의 나라였습니다. 그들 나라의 모든 성과 그 둘레의 땅도 그 땅에 포함됩니다.
34 갓 자손은 디본과 아다롯과 아로엘과
35 아다롯소반과 야셀과 욕브하와
36 벧니므라와 벧하란 성들을 새로 쌓았습니다. 이 성들은 굳건하고 성벽도 있는 성들입니다. 그들은 양의 우리도 만들었습니다.
37 르우벤 자손은 헤스본과 엘르알레와 기랴다임과
38 느보와 바알므온과 십마 성들을 쌓았습니다. 그들은 성을 쌓은 다음에 느보와 바알므온의 이름을 바꾸었습니다.
39 므낫세의 아들 마길의 자손은 길르앗으로 가서 길르앗을 점령했습니다. 그들은 그 곳에 살던 아모리 사람을 쫓아 냈습니다.
40 그래서 모세는 길르앗을 므낫세의 아들 마길의 가족에게 주었습니다. 마길의 가족은 길르앗에 머물러 살았습니다.
41 므낫세의 아들 야일은 그 곳의 작은 마을들을 점령하고, 그 이름을 '야일 마을'이란 뜻으로 하봇야일이라고 불렀습니다.
42 노바는 그낫과 그 둘레의 작은 마을들을 점령하고, 자기 이름을 따서 그 이름을 노바라고 불렀습니다.

이집트에서 모압까지

33 이스라엘 백성이 이집트에서 나와서 모세와 아론이 인도하는 가운데

온전히(32:11 wholeheartedly) 마음을 다하는 것을 말한다.
위협(32:17 threat) 말이나 행동으로 상대방을 협박하는 것.
무기(32:21 weapon) 전투에 쓰이는 기구의 총칭.
의무(32:22 duty) 마땅히 해야 할 본분.
어르신(32:27 sir) 어르신네의 준말. 남의 아버지나 나이 많은 사람을 높이어 일컫는 말.

부대를 짜서 거쳐간 곳은 이러합니다.
2 여호와의 명령에 따라 모세는 그들이 거
쳐간 곳을 적어 두었습니다. 이스라엘 백
성이 거쳐간 곳은 이러합니다.
3 첫째 달 십오 일*에 그들은 라암셋을 떠났
습니다. 그 날은 유월절 다음 날이었습니
다. 이스라엘 백성은 모든 이집트 사람 앞
에서 당당하게 행진했습니다.
4 이집트 사람들은 그 때, 여호와께서 쳐서
죽이신 그들의 맏아들을 장사지내고 있었
습니다. 여호와께서는 이집트 사람들이
믿는 거짓 신들에게 벌을 주셨습니다.
5 이스라엘 백성은 라암셋을 떠나 숙곳에 진
을 쳤습니다.
6 그들은 숙곳을 떠나 에담에 진을 쳤습니
다. 에담은 광야의 변두리에 있습니다.
7 그들은 에담을 떠나 비하히롯으로 돌아갔
습니다. 비하히롯은 바알스본의 동쪽에 있
습니다. 그들은 믹돌 부근에 진을 쳤습니
다.
8 비하히롯을 떠나서는 바다를 건너 광야로
들어갔습니다. 에담 광야를 삼 일 동안 걸
은 후에 그들은 마라에 진을 쳤습니다.
9 마라를 떠나서는 엘림으로 갔습니다. 그들
이 진을 친 곳에는 샘이 열두 개가 있었
고 종려나무가 칠십 그루가 있었습니다.
10 엘림을 떠나서는 홍해 부근에 진을 쳤습

마라의 우물(33:8)

알아두세요
33:3 이 날은 3월 말에서 4월 초에 해당된다.
33:38 이 날은 7월에서 8월 초에 해당된다.

니다.
11 홍해를 떠나서는 신 광야에 진을 쳤습니
다.
12 신 광야를 떠나서는 돕가에 진을 쳤습니
다.
13 돕가를 떠나서는 알루스에 진을 쳤습니다.
14 알루스를 떠나서는 르비딤에 진을 쳤는데
그 곳에는 백성이 마실 물이 없었습니다.
15 르비딤을 떠나서는 시내 광야에 진을 쳤습
니다.
16 시내 광야를 떠나서는 기브롯핫다아와에
진을 쳤습니다.
17 기브롯핫다아와를 떠나서는 하세롯에 진을
쳤습니다.
18 하세롯을 떠나서는 릿마에 진을 쳤습니다.
19 릿마를 떠나서는 림몬베레스에 진을 쳤습
니다.
20 림몬베레스를 떠나서는 립나에 진을 쳤습
니다.
21 립나를 떠나서는 릿사에 진을 쳤습니다.
22 릿사를 떠나서는 그헬라다에 진을 쳤습니
다.
23 그헬라다를 떠나서는 세벨 산에 진을 쳤습
니다.
24 세벨 산을 떠나서는 하라다에 진을 쳤습니
다.
25 하라다를 떠나서는 막헬롯에 진을 쳤습니
다.
26 막헬롯을 떠나서는 다핫에 진을 쳤습니다.
27 다핫을 떠나서는 데라에 진을 쳤습니다.
28 데라를 떠나서는 밋가에 진을 쳤습니다.
29 밋가를 떠나서는 하스모나에 진을 쳤습니
다.
30 하스모나를 떠나서는 모세롯에 진을 쳤습
니다.
31 모세롯을 떠나서는 브네야아간에 진을 쳤
습니다.
32 브네야아간을 떠나서는 홀하깃갓에 진을
쳤습니다.
33 홀하깃갓을 떠나서는 욧바다에 진을 쳤습
니다.
34 욧바다를 떠나서는 아브로나에 진을 쳤습

니다.
35 아브로나를 떠나서는 에시온게벨에 진을
쳤습니다.
36 에시온게벨을 떠나서는 신 광야의 가데스
에 진을 쳤습니다.
37 가데스를 떠나서는 호르 산에 진을 쳤습니
다. 호르 산은 에돔의 국경에 있습니다.
38 제사장 아론은 여호와의 명령을 따라 호
르 산에 올라가서 죽었습니다. 그 때는 이
스라엘 백성이 이집트를 떠난 지 사십 년
되던 해의 다섯째 달 첫째 날*이었습니다.
39 아론이 호르 산에서 죽을 때의 나이는 백
이십삼 세였습니다.
40 가나안 남쪽 네게브에 살고 있던 아랏 왕
이 이스라엘 백성이 오고 있다는 소식을
들었습니다.
41 이스라엘 백성은 호르 산을 떠나 살모나에
진을 쳤습니다.
42 살모나를 떠나서는 부논에 진을 쳤습니다.
43 부논을 떠나서는 오봇에 진을 쳤습니다.
44 오봇을 떠나서는 이예아바림에 진을 쳤습
니다. 이예아바림은 모압의 국경에 있습니
다.
45 이예아바림을 떠나서는 디본갓에 진을 쳤
습니다.
46 디본갓을 떠나서는 알몬디블라다임에 진을
쳤습니다.
47 알몬디블라다임을 떠나서는 느보 부근 아
바림 산에 진을 쳤습니다.
48 아바림 산을 떠나서는 모압 평야에 진을
쳤습니다. 모압 평야는 요단 강가, 여리고
건너편에 있습니다.
49 이스라엘 백성은 요단 강을 따라서 모압 평
야에 진을 쳤습니다. 그들의 진은 벧여시
못에서 아벨싯딤까지 이어졌습니다.
50 요단 강가의 모압 평야, 곧 여리고 건너편
에서 여호와께서 모세에게 말씀하셨습니
다.
51 "이스라엘 백성에게 전하여라. '요단 강을
건너 가나안으로 들어가거라.
52 그 곳에 사는 백성을 쫓아 내어라. 그들
이 새겨서 만든 우상이나 쇠로 만든 우상

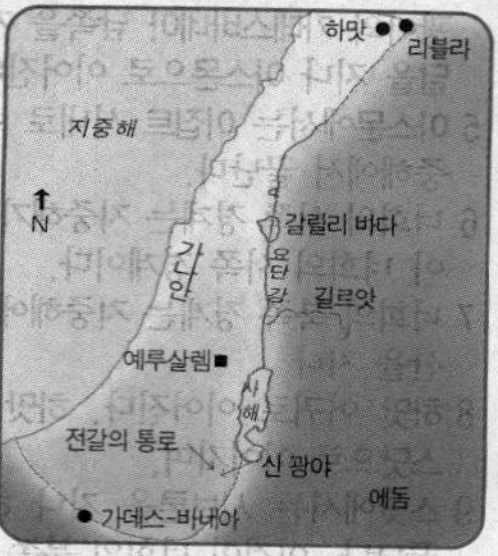

약속된 땅의 경계선(34:1-12)

을 다 부수어라. 그들의 예배하는 장소도
다 헐어 버려라.
53 그 땅을 차지하고 그 땅에 눌러 살아라.
내가 그 땅을 너희의 것으로 주었다.
54 제비를 뽑아 집안별로 그 땅을 나누어 가
져라. 큰 집안에는 더 넓은 땅을 주고, 작
은 집안에는 그 보다 좁은 땅을 주어라.
제비를 뽑아 나오는 대로 지파마다 땅을
나누어 가지도록 하여라.
55 그러나 만약 너희가 그 땅의 백성을 쫓아
내지 않으면, 그들이 너희에게 재앙을 불
러 올 것이다. 그들은 너희 눈에 가시와
같을 것이고, 너희 옆구리에 바늘과 같을
것이다. 그들은 너희가 사는 땅에 재앙을
불러 올 것이다.
56 내가 그들에게 벌을 내리기로 계획했던
것처럼 너희에게 벌을 내리겠다.'"

가나안의 경계

34 여호와께서 모세에게 말씀하셨습
니다.
2 "이 명령을 이스라엘 백성에게 전하여라.
'너희는 곧 가나안에 들어갈 것이다. 가나
안은 너희 땅이 될 것이다. 가나안의 경계
는 이러하다.
3 남쪽으로는 너희가 신 광야의 일부를 얻
을 것이다. 그 곳은 에돔 국경에서 가깝
다. 너희의 남쪽 경계는 동쪽 사해의 끝
에서부터 시작된다.
4 거기에서 아그랍빔 언덕 남쪽을 건너, 신

광야와 가데스바네아 남쪽을 지나, 하살아
달을 지나 아스몬으로 이어진다.
5 아스몬에서는 이집트 시내로 이어지고 지
중해에서 끝난다.
6 너희의 서쪽 경계는 지중해가 된다. 이것
이 너희의 서쪽 경계이다.
7 너희의 북쪽 경계는 지중해에서부터 호르
산을 지나
8 하맛 어귀로 이어진다. 하맛 어귀에서는
스닷으로 이어지며,
9 스닷에서는 시브론을 지나 하살에난에서
끝난다. 이것이 너희의 북쪽 경계이다.
10 너희의 동쪽 경계는 하살에난에서부터 스
밤을 지나,
11 아인 동쪽을 지나 리블라로 이어진다. 리
블라에서는 긴네렛 바다* 동쪽 산악 지대
를 따라 이어지며,
12 거기에서 다시 요단 강을 따라 내려가다
가 사해에서 끝난다. 이것이 너희 나라의
사방 경계이다.'"
13 모세는 이스라엘 백성에게 이 명령을 전했
습니다. "이 땅이 여러분이 받을 땅이오.
제비를 뽑아 아홉 지파와 절반 지파에게
이 땅을 분배하시오. 여호와께서 이 땅을
여러분의 몫으로 주라고 명령하셨소.
14 르우벤과 갓과 므낫세 지파 절반은 이미
그들 몫의 땅을 받았소.
15 이 두 지파와 절반 지파는 요단 강 동쪽

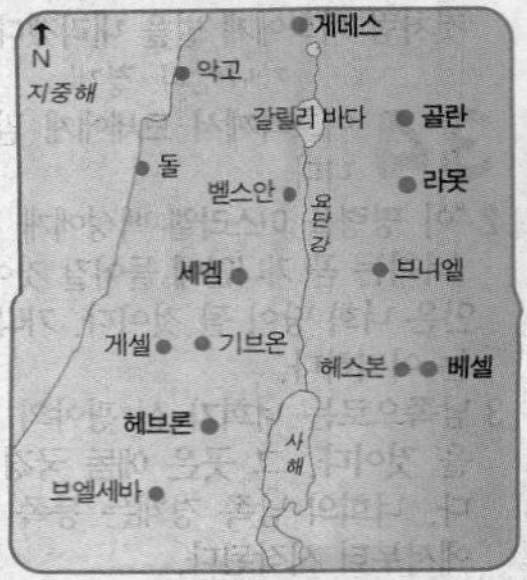

도피성의 규례(35:11)

땅, 곧 여리고 건너편 땅을 받았소."
16 여호와께서 모세에게 말씀하셨습니다.
17 "이 땅을 나눌 사람은 제사장 엘르아살과
눈의 아들 여호수아이다.
18 그리고 각 지파에서 지도자 한 사람씩을
뽑아라. 그들도 땅을 나눌 것이다.
19 지도자들의 이름은 이러하다. 유다 지파
에서는 여분네의 아들 갈렙,
20 시므온 지파에서는 암미훗의 아들 스므엘,
21 베냐민 지파에서는 기슬론의 아들 엘리닷,
22 단 지파에서는 요글리의 아들 북기,
23 요셉의 아들 므낫세 지파에서는 에봇의 아
들 한니엘,
24 요셉의 아들 에브라임 지파에서는 십단의
아들 그므엘,
25 스불론 지파에서는 바르낙의 아들 엘리사
반,
26 잇사갈 지파에서는 앗산의 아들 발디엘,
27 아셀 지파에서는 슬로미의 아들 아히훗,
28 납달리 지파에서는 암미훗의 아들 브다헬
이다."
29 여호와께서는 이 사람들을 시켜 가나안 땅
을 이스라엘 백성에게 나누어 주게 하셨습
니다.

레위 사람의 성

35 여호와께서 요단 강가의 모압 평
야, 곧 여리고 건너편에서 모세에
게 말씀하셨습니다.
2 "이스라엘 백성에게 명령하여, 그들이 받
을 성 가운데서 레위 사람이 살 성을 주
게 하여라. 그리고 레위 사람에게 그 성
둘레의 목초지도 주게 하여라.
3 그래야 레위 사람도 살 성을 얻게 될 것
이며, 소 떼와 양 떼와 다른 짐승을 먹일
목초지를 갖게 될 것이다.
4 레위 사람에게 줄 목초지는 성벽에서부터
천 규빗* 떨어진 곳까지이다.
5 또 성 벽에서부터 각 방향으로 이천 규빗
씩을 재어라. 성의 동쪽으로 이천 규빗을
재고, 성의 남쪽으로도 이천 규빗을 재고,
성의 서쪽으로도 이천 규빗을 재고, 성의
북쪽으로도 이천 규빗을 재어라. 성은 그

한가운데에 있어야 한다. 이것이 레위 사
람들이 사는 성의 목초지이다."

도피성

6 "너희가 레위 사람에게 줄 성 가운데 여
섯 성은 도피성이다. 누구든지 실수로 살
인을 한 사람은 그 도피성 가운데 한 곳
으로 도망갈 수 있다. 너희는 또 다른 성
마흔두 곳을 레위 사람에게 주어야 한다.
7 레위 사람에게 모두 마흔여덟 성과 그 목
초지를 주어라.
8 이스라엘 지파 가운데서 큰 지파일수록 성
을 더 많이 주고, 작은 지파일수록 적게
주어야 한다. 각 지파는 가지고 있는 성
가운데 얼마를 레위 사람에게 주어야 한
다. 각 지파는 가지고 있는 땅의 크기에
따라 성을 많이 주거나 적게 주어야 한
다."
9 여호와께서 모세에게 말씀하셨습니다.
10 "이스라엘 백성에게 전하여라. '너희는 요
단 강을 건너 가나안 땅으로 들어갈 것이
다.
11 너희는 여러 성 가운데서 도피성을 골라
누구든지 실수로 살인한 사람은 그 도피
성으로 도망갈 수 있게 하여라.
12 그 곳에서 그는 살인자에게 벌을 줄 의무
가 있는 죽은 사람의 친척의 복수를 피할
수 있다. 그는 재판정에서 재판을 받을 때
까지는 죽임을 당하지 않을 것이다.
13 너희가 줄 성 가운데 여섯 성은 도피성이
다.
14 요단 강 동쪽의 세 성과 가나안 지역의 세
성을 도피성으로 주어라.
15 이 여섯 성은 이스라엘 자손을 위한 도피
성이 될 것이다. 이 도피성들은 외국인과
무역하는 상인들에게도 해당되니, 누구든
지 실수로 살인한 사람은 이 여섯 성 가
운데 한 성으로 도망갈 수 있다.
16 쇠 무기를 가지고 사람을 죽인 사람은 모
두 살인자니 그런 사람은 죽여야 한다.
17 사람을 죽일 만한 돌을 가지고 사람을 죽
인 사람도 살인자이다. 그런 사람은 죽여
야 한다.
18 사람을 죽일 만한 나무 무기를 가지고 사
람을 죽인 사람 역시 살인자이므로 그런
사람은 죽여야 한다.
19 죽은 사람의 가장 가까운 친척은 살인자
를 만나면 죽여야 한다.
20 다른 사람을 미워해서 밀쳐 죽이거나, 숨
어서 기다리고 있다가 무엇을 던져서 죽
이거나,
21 주먹으로 쳐서 죽이면 그는 살인자니, 그
런 사람은 죽여야 한다. 죽은 사람의 가
장 가까운 친척은 살인자를 만나면 죽여
야 한다.
22 그러나 미워하는 마음이 없이 실수로 사
람을 밀치거나, 실수로 무엇을 던져서 사
람을 맞히거나,
23 사람을 죽일 만한 돌을 실수로 떨어뜨려
서 사람을 죽였다면, 그 사람은 해칠 마
음이 없었고, 자기가 죽인 사람을 미워하
지도 않았으므로,
24 이스라엘의 모든 무리는 어떻게 할 것인가
를 결정해야 한다. 그들은 죽은 사람의 친
척과 살인자 사이에서 판단해야 한다. 판

성경 자세히 이해하기

도피성

고대의 여러 민족들에게 신전은 도망자들에게 안전한 피신처가 되었습니다. 억울한 누명을 쓴 사람, 범죄자, 도망친 노예, 채무자, 정치적 망명자 등이 신전에 들어와 그 신의 보호를 선언하게 되면 그는 심판과 형벌을 면할 수 있었습니다. 레위 지파에게 할당된 48개의 성읍 중 6개가 도피성이었는데, 실수로 사람을 죽이면 이 곳으로 달아나 판결을 받을 때까지 보복을 당하지 않고 목숨을 보존할 수 있었습니다. 하지만 고의로 사람을 죽인 경우에는 도피성 제도가 해당되지 않았습니다. 본문 보기 35장 6절

알아두세요

34:11 '긴네렛 바다'는 '갈릴리 호수'를 뜻한다.
35:4 1,000규빗은 약 450m에 해당된다.

단할 때의 규례는 이러하다.
25 무리는 살인자를 죽은 사람의 친척에게서
보호해 주어야 한다. 무리는 살인자를 그
가 도망갔던 도피성으로 돌려 보내야 한
다. 그는 그 곳에서 거룩한 기름으로 기
름부음을 받은 대제사장이 죽을 때까지
머물러 있어야 한다.
26 그 사람은 도피성 밖으로 나가지 말아야
한다.
27 죽은 사람의 친척이 도피성 밖에서 그를
만났을 경우에 그를 죽여도 그 친척은 살
인죄에 해당되지 않는다.
28 살인자는 대제사장이 죽을 때까지 도피성
에 머물러 있어야 한다. 대제사장이 죽으
면 그 때는 자기 땅으로 돌아갈 수 있다.
29 이것은 너희가 사는 땅에서 지금부터 영
원히 지켜야 할 규례이다.
30 살인자는 죽여야 한다. 그 때는 살인한 것
을 본 증인이 있어야 한다. 그러나 단지
증인 한 사람이 증언한 것으로는 살인자
를 죽일 수 없다.
31 살인자는 죽여야 한다. 돈을 받고 그를 살
려 주면 안 된다. 반드시 죽여야 한다.
32 대제사장이 죽기 전에 도피성으로 도망간
사람으로부터 돈을 받고, 그를 고향으로
돌려 보내면 안 된다.
33 너희가 사는 땅을 더럽히면 안 된다. 죄
없는 사람을 죽인 죄를 씻는 길은 오직 한
가지뿐이다. 그것은 살인자를 죽이는 것
이다.
34 나는 여호와이다. 나는 이스라엘 백성인
너희와 함께 그 땅에서 산다. 그러므로 살
인을 하여 그 땅을 더럽히지 마라.'"

슬로브핫의 딸들을 위한 땅

36 길르앗 집안의 지도자들이 모세와
이스라엘 집안 지도자들에게 가서
말했습니다. 길르앗은 마길의 아들입니다.
마길은 므낫세의 아들이고, 므낫세는 요셉
의 아들입니다.
2 "여호와께서 우리의 주인 당신에게 명령
하여, 제비를 뽑아 이 땅을 이스라엘 백성
에게 주라고 명령하셨습니다. 그리고 여
호와께서는 우리의 형제 슬로브핫의 땅을
그의 딸들에게 주라고 명령하셨습니다.
3 하지만 슬로브핫의 딸들이 이스라엘의 다
른 지파 사람들과 결혼을 하면, 그 땅은
우리 집안의 땅이 되지 않고 다른 지파 사
람들의 땅이 될 것입니다. 그리하여 우리
는 우리 땅 가운데서 얼마를 잃어버릴 것
입니다.
4 희년이 돌아와도 슬로브핫의 딸들이 가진
땅은 다른 지파에게 돌아갈 것입니다. 그
땅은 그들이 결혼하는 사람들의 지파에게
주어질 것입니다. 그래서 우리 조상들에
게서 받은 그 땅을 우리는 잃어버리고 말
것입니다."
5 모세가 여호와의 말씀에 따라 이스라엘 백
성에게 명령했습니다. "이 요셉 지파 사람
들의 말이 옳소.
6 이것은 슬로브핫의 딸들에 관한 여호와의
명령이오. 그들은 마음에 드는 사람과 결
혼할 수 있지만, 자기와 같은 지파의 사
람하고만 결혼을 해야 하오.
7 그래야 이스라엘 백성의 땅이 이 지파에서
저 지파로 옮겨지는 일이 없을 것이오. 이
스라엘 백성은 누구나 자기 조상에게서 물
려받은 땅을 지켜야 하오.
8 자기 아버지의 땅을 물려받은 여자가 결
혼을 할 경우에는 같은 지파 사람하고 결
혼해야 하오. 그래서 모든 이스라엘 백성
은 자기 조상의 땅을 지켜야 하오.
9 땅은 이 지파에서 저 지파로 옮겨질 수 없
소. 이스라엘 백성은 누구나 자기 조상에
게서 받은 땅을 지켜야 하오."
10 슬로브핫의 딸들은 여호와께서 모세에게
주신 명령에 복종했습니다.

기름 부음(35:25 anointment) 기름을 머리에 부
어 왕이나 제사장으로 세움을 상징.
규례(35:29 rules and regulation) 일정한 규칙
과 정해진 관례.
복종(36:10 obedience) 남의 명령이나 요구, 의
사에 그대로 따르는 것.

11 그래서 슬로브핫의 딸들, 곧 말라와 디르사
와 호글라와 밀가와 노아는 사촌들과 결혼
했습니다.
12 그들의 남편은 요셉의 아들 므낫세 지파
사람입니다. 그래서 그들의 땅은 그들의
집안과 지파의 땅으로 남았습니다.
13 이것은 여호와께서 모세를 통해 이스라엘
백성에게 주신 율법과 명령입니다. 백성
은 그 때, 요단 강가의 모압 평야, 곧 여
리고 건너편에 있었습니다.

믿음을 키워 주는 이야기

열등감 극복하기

러시아의 문호 톨스토이는 자라면서 자신의 외모에 심한 열등감을 느꼈습니다. 그러나 그는 성인이 되어 가면서 문학에 대한 천재적인 소질을 발휘했습니다. 그리고 동시에 오랫동안 자신을 괴롭혀 온 열등감을 떨쳐버렸습니다. 지금 톨스토이를 '못생긴 사람'으로 기억하는 사람은 아무도 없습니다. 톨스토이는 이런 말을 하였습니다.

"사람의 아름다움은 외모에 있는 것이 아니다. 진정한 아름다움은 내면에 있다. 이웃에 대한 사랑과 깨끗한 인격이 모여 진정 아름다운 사람이 된다."

하나님께서는 모든 사람에게 한 가지 이상의 재능을 주셨습니다. 혹시 열등감이 있다면 재능이 있는 다른 분야에서 최선을 다하여 최고가 되십시오. 사람들은 당신을 최고의 사람으로 기억할 것입니다.

신명기

Deuteronomy

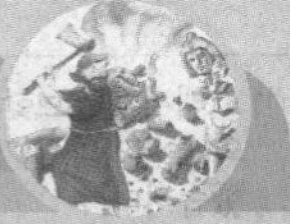

저자

저자는 모세이다.

저작 연대

B.C. 1410-1395년경

주요 인물

모세, 여호수아

핵심어 및 주요 내용

핵심어는 "기억하라", "언약", "순종" 등이다. 모세는 이스라엘 백성들에게 하나님과 족장들이 맺었던 언약을 잊지 말고 지키며 하나님의 말씀에 순종할 것을 권면하고 있다.

내용 소개

1. 머리말(1:1-5)
2. 역사적인 서언: 모세의 첫 번째 설교 (1:6-4:43)
3. 율법: 모세의 두 번째 설교 (4:44-26:19)
4. 축복과 저주: 모세의 세 번째 설교 (27:1-30:20)
5. 언약의 연속성(31:1-34:12)

모세가 이스라엘 백성에게 말하다

1 이것은 모세가 이스라엘 백성에게 일러
준 말씀입니다. 그 때, 이스라엘 백성은
요단 강 동쪽 광야, 곧 숩 맞은편, 바란과
도벨, 라반, 하세롯, 디사합 마을들 사이에
있는 아라바 광야에 있었습니다.
2 시내 산*에서 세일 산길로 가데스바네아까
지 가는 데는 십일 일이 걸립니다.
3 이스라엘 백성이 이집트에서 떠난 지 이미
사십 년이 되던 해의 열한 번째 달 첫째
날*에 모세는 여호와께서 말하라고 명령
하신 모든 말씀을 백성들에게 다 전했습
니다.
4 그 때는 모세가 시혼과 옥을 물리친 뒤였
습니다. 시혼은 아모리 백성의 왕이었으
며, 헤스본에 살았습니다. 옥은 바산의 왕
이었으며, 아스다롯과 에드레이에 살았습
니다.
5 이스라엘 백성은 요단 강 동쪽 모압 땅에
있었습니다. 그 곳에서 모세는 하나님의
명령을 설명해 주기 시작했습니다. 모세
가 말했습니다.
6 "우리의 하나님 여호와께서 시내 산에서
우리에게 말씀하셨소. '너희는 이 산에서
오랫동안 머물러 있었다.
7 이제 길을 떠날 준비를 하고 아모리 사람
들의 산악 지방으로 가거라. 그리고 그 둘
레의 모든 땅, 곧 요단 골짜기와 산지와
서쪽 평지와 남쪽 지방과 해안 지방과 가
나안 땅과 레바논으로 가거라. 큰 강, 곧
유프라테스까지 가거라.
8 보아라. 내가 이 땅을 너희에게 줄 것이
다. 가서 그 땅을 차지하여라. 나 여호와
가 그 땅을 너희 조상, 곧 아브라함과 이
삭과 야곱과 그 자손들에게 주기로 약속
했다.'"

지도자를 세우는 모세

9 "그 때에 내가 여러분에게 말했소. '나는
혼자서 여러분을 돌볼 힘이 없소.
10 여러분의 하나님 여호와께서 여러분의 수
를 하늘의 별처럼 많게 해 주셨소.
11 나는 여러분 조상의 하나님 여호와께서
백성의 수를 천 배나 많게 해 주시고 그
분께서 이미 약속하신 대로 여러분에게
복을 주시기를 원하오.
12 하지만 여러분의 문제와 다툼을 나 혼자
서는 다 해결할 수가 없소.
13 그러니 각 지파에서 몇 사람씩을 뽑되 지

알아두세요

1:2 '시내 산'은 '호렙 산'이라고도 한다.
1:3 1월, 혹은 2월 초에 해당된다.

혜와 경험이 있는 현명한 사람들을 뽑으
시오. 내가 그 사람들을 여러분의 지도자
로 세우겠소.'
14 그랬더니 여러분은 '좋은 생각입니다' 라
고 대답했소.
15 그래서 나는 여러분의 지파에서 지혜롭고
경험 있는 사람들을 뽑아 여러분의 지도
자로 세웠소. 천부장과 백부장, 오십부장
과 십부장을 가려 여러분 각 지파의 지휘
관으로 세웠소.
16 그런 다음에 나는 여러분의 재판관들에게
말했소. '백성 사이의 다툼을 잘 듣고 이
스라엘 백성 사이의 일이나, 이스라엘 백
성과 외국인 사이의 일이나 모두 공정하
게 재판하시오.
17 재판을 할 때는 사람의 얼굴을 보지 말고
신분이 높은 사람과 낮은 사람의 말을 똑
같이 들어 주시오. 재판은 하나님께 속한
일이니 사람을 두려워하지 마시오. 어려
운 문제가 생기면 나에게 가져오시오. 내
가 듣고 결정을 내리겠소.'
18 그 때에 나는 여러분이 해야 할 일을 다
말해 주었소."

정탐꾼들이 가나안 땅에 들어가다

19 "우리는 우리 하나님 여호와께서 명령하
신 대로 시내 산을 떠났소. 우리는 아모리
사람들이 사는 산지 쪽으로 가다가 여러
분이 보았던 넓고 무서운 광야를 지나 가
데스바네아에 이르렀소.
20 그 때에 내가 여러분에게 말했소. '이제
여러분은 우리 하나님 여호와께서 우리
에게 주실 아모리 사람의 산지에 이르렀
소.
21 보시오. 여러분의 하나님 여호와께서는
이 땅을 여러분에게 주셨소. 일어나서 여
러분의 하나님께서 여러분에게 약속하신
대로 저 땅을 차지하시오. 두려워하지 말
고 걱정하지도 마시오.'
22 그러자 여러분 모두가 나에게 와서 말했
소. '저 땅을 정탐할 사람을 먼저 보냅시
다. 그래서 우리가 올라갈 길과 우리가 들
어갈 성에 대해 먼저 보낸 사람들의 이야
기를 들어 보도록 합시다.'
23 그것은 내가 듣기에도 좋은 생각이었으므
로, 나는 한 지파에서 한 사람씩 열두 명
을 뽑았소.

정탐꾼들이 가나안 땅의 열매를 가지고 와서 가나안 땅이
풍요롭고 좋은 땅이라는 것을 보고함(1:19-25)

24 그들은 길을 떠나 산지로 올라가 에스골
골짜기에 이르러 그 땅을 정탐했소.
25 그들은 그 땅에서 자란 열매 가운데 얼마
를 가지고 내려와서는 '우리 하나님 여호
와께서 우리에게 주시는 땅은 매우 좋은
땅입니다' 라고 말했소."

이스라엘 백성의 불순종

26 "그러나 여러분은 들어가려 하지 않았소.
여러분은 여러분의 하나님 여호와께서 명
령하시는 것에 복종하지 않았소.
27 여러분은 장막 안에서 불평하며 이렇게
말했소. '여호와께서는 우리를 미워하신
다. 우리를 아모리 사람에게 내어 주시려
고 우리를 이집트에서 인도해 내셨다.
28 이제 우리가 어디로 갈 수 있겠느냐? 우
리가 보낸 정탐꾼들은 우리를 겁에 질리
게 만들었다. 그들은 저 땅 사람들이 우
리보다 더 크며 강하다고 말했다. 저들의
성은 크고 그 성벽은 하늘까지 닿았으며
그 곳에서 아낙 사람들을 보았다고 말했
다.'
29 그 때에 내가 여러분에게 말했소. '겁내지
마시오. 저 백성들을 두려워하지 마시오.
30 여러분의 하나님 여호와께서 앞장 서실
것이오. 이집트에서 여러분이 보는 가운
데 여러분을 위해 싸워 주셨던 것처럼 지
금도 싸워 주실 것이오.
31 여러분도 보았듯이 여러분의 하나님 여호
와께서 여러분을 인도해 주셨소. 마치 아
들을 보살피는 아버지와 같이 이 곳까지
오는 동안, 여러분을 안전하게 인도해 주
셨소.'
32 그런데도 여러분은 여러분의 하나님 여호
와를 믿지 않았소.
33 여러분이 이동할 때는 여호와께서 앞서
가셔서 여러분이 *진칠 곳*을 찾아 주셨
소. 밤에는 불로, 낮에는 구름으로 인도

알아두세요

1:40 '홍해 길'은 '갈대 바다'라고도 한다.

교만(1:43 arrogance) 잘난 체하면서 남을 깔보는 것.

하셨고 어느 길로 가야 할지도 보여 주
셨소.
34 그러나 여러분이 하는 말을 듣고는 매우
노하셨소. 그래서 이렇게 맹세하셨소.
35 '내가 너희 조상에게 좋은 땅을 주기로 약
속했지만 너희 못된 백성은 그 땅을 보지
못할 것이다.
36 오직 여분네의 아들 갈렙만이 그 땅을 볼
것이다. 갈렙이 나를 온전하게 따랐으므
로 갈렙과 그의 자손에게 갈렙이 밟았던
땅을 줄 것이다.'
37 여러분 때문에 여호와께서는 나에게도 노
하셔서 이렇게 말씀하셨소. '너도 그 땅에
들어가지 못할 것이다.
38 그러나 너의 시종인 눈의 아들 여호수아는
그 땅에 들어갈 것이다. 여호수아는 이스
라엘을 인도하여 그 땅을 차지하게 할 것
이므로, 그에게 용기를 불어넣어 주어
라.'
39 주께서 우리에게 '너희는 너희의 아이들
이 그 땅의 원수들에게 사로잡혀 갈 것이
라고 말했다. 그러나 그 아이들, 곧 너무
어려서 옳고 그른 것을 가리지 못하는 너
희 자녀들에게는 그 땅을 줄 것이다. 그
들은 그 땅을 차지할 것이다.
40 너희는 발길을 돌려라. 홍해 길*을 따라
광야 쪽으로 가거라' 하고 말씀하셨소.
41 그러자 여러분이 나에게 말했소. '우리가
여호와께 죄를 지었습니다. 그러나 지금
은 여호와께서 우리에게 명령하신 대로
올라가서 싸우겠습니다.' 그리고 나서 여
러분 모두는 무기를 들었소. 여러분은 저
산지로 올라가는 것이 쉬운 일이라고 생
각했소.
42 그러나 여호와께서 나에게 말씀하셨소.
'백성에게 올라가지 말고 싸우지도 말라
고 일러라. 나는 *저들과 함께하지* 않을 것
이다. 저들의 원수가 저들을 싸워 이길 것
이다.'
43 내가 이 말씀을 일러 주었는데도 여러분
은 내 말을 들으려 하지 않았고 여호와의
명령에 복종하지 않았소. 여러분은 교만

한 마음으로 산지로 올라갔소.
44 산지에 사는 아모리 사람들이 나와서 여
러분과 싸웠고, 그들은 벌 떼처럼 여러분
을 뒤쫓았소. 그들은 세일 산에서 호르마
까지 쫓아와 여러분을 물리쳐 이겼소.
45 여러분은 돌아와서 여호와께 부르짖었소.
그러나 여호와께서는 여러분의 부르짖음
에 귀 기울이지 않으셨소. 여호와께서는
여러분의 말을 듣지 않으셨소.
46 그래서 여러분은 오랫동안 가데스에 머물
렀소."

이스라엘이 광야에서 떠돌아다니다

2 "그후에 우리는 발길을 돌려 여호와께
서 말씀하신 대로 광야 길을 따라 홍
해 쪽으로 갔소. 우리는 여러 날 동안, 세
일 산에서 맴돌았소.
2 그 때, 여호와께서 나에게 말씀하셨소.
3 '너희가 이 산지에서 충분히 맴돌았으니
이제는 북쪽으로 가거라.'
4 그리고 이렇게 전하라고 말씀하셨소. '너
희는 곧 세일 땅을 지나게 될 것이다. 이
땅은 너희 친척, 곧 에서 자손의 땅이다.
그들은 너희를 두려워할 것이다. 그러나
매우 조심하고,
5 그들과 다투지 마라. 그들의 땅은 너희에
게 조금도 주지 않을 것이다. 나는 세일
산지를 에서의 몫으로 주었다.
6 너희가 음식이 필요하면 돈을 주고 사 먹
어야 하며, 물 또한 돈을 주고 사 먹어야
한다.
7 너희의 하나님 나 여호와는 너희가 하는
모든 일에 복을 주었다. 이 넓은 광야를
지나는 동안에 너희를 지켜 주었으며 이
사십 년 동안, 나 여호와는 너희와 함께
있었다. 그리하여 너희에게는 부족한 것
이 하나도 없었다.'
8 그래서 우리는 우리의 친척, 곧 세일 산
에서의 자손이 사는 땅을 돌아서 갔소. 우
리는 엘랏과 에시온 게벨 마을에서 시작되
는 아라바로 방향을 바꾸어 모압의 광야
길을 따라 이동했소."

에돔과 모압의 경계가 되는 세렛 시내(2:13-14)

아르 땅

9 "여호와께서 나에게 말씀하셨소. '모압 백
성을 괴롭히지 마라. 그들과 다투지 마
라. 그들의 땅은 너희에게 조금도 주지 않
을 것이다. 내가 롯의 자손에게 아르 땅을
주었다.'
10 (전에 아르에는 엠 사람이 살았습니다. 그
들은 강한 백성이었고, 그 수도 많았습니
다. 그들은 아낙 사람들처럼 키도 매우 컸
습니다.
11 에밈 사람은 아낙 사람처럼 르바임 사람으
로 알려졌지만, 모압 백성은 그들을 에밈
사람이라고 불렀습니다.
12 호리 사람도 전에는 세일에 살았습니다.
그러나 에서 백성이 호리 사람을 몰아 내
고 그들의 땅을 차지했습니다. 마치 이스
라엘 백성이 여호와께서 그들에게 주신
땅에 사는 가나안 사람들을 몰아 내고 그
땅을 차지한 것처럼 말입니다.)
13 여호와께서 나에게 말씀하셨소. '이제 일
어나서 세렛 골짜기를 건너라.' 그래서 우
리는 그 골짜기를 건넜소.
14 가데스바네아를 떠나 세렛 골짜기를 건너
기까지는 삼십팔 년이 걸렸소. 그 동안,
여호와께서 맹세하신 것처럼 가데스바네아
를 떠났을 때의 군인은 다 죽었소.
15 이는 여호와께서 그들의 진 중에 남아 있
는 사람이 하나도 없을 때까지 그들을 치
셨기 때문이오.
16 그래서 군인이란 군인은 마지막 한 사람
까지 다 죽었소.
17 여호와께서 나에게 말씀하셨소.

18 너는 오늘 모압의 경계인 아르를 지나야
한다.
19 너는 암몬 백성이 사는 곳에 이를 때 그
들을 괴롭히지 마라. 그들과 다투지 마
라. 그들의 땅은 너에게 주지 않을 것이
다. 그 땅은 내가 롯의 자손에게 준 땅이
다.'"
20 (그 땅은 또한 르바임 사람의 땅으로 알려
졌습니다. 이는 전에는 르바임 사람이 그
땅에 살았기 때문입니다. 암몬 사람은 그
들을 삼숨밈 사람이라고 불렀습니다.
21 그들은 강한 백성이었고 그 수도 많았습
니다. 그들은 아낙 사람처럼 키도 매우 컸
습니다. 여호와께서는 암몬 사람들 앞에
서 삼숨밈 사람을 멸망시키셨습니다. 암몬
사람은 삼숨밈 사람을 그 땅에서 쫓아 내
고 그 땅을 차지했습니다.
22 여호와께서는 에서 자손에게도 같은 일을
해 주셨습니다. 에서 자손은 세일에 살았
습니다. 여호와께서는 호리 사람을 멸망
시키셨습니다. 에서 자손은 호리 사람을
그 땅에서 쫓아 내고 그 땅을 차지해서 지
금까지 살고 있습니다.

성경 자세히 이해하기

얍복 강

길르앗 동편 고원에서 발원하여 아모리 땅의 북쪽을 흘러 이스라엘의 국경선을 이루었던 얍복 강은(민 21:24;신 3:16) 오늘날, '와디 제르카'라고 불립니다. 약 80km의 길이로 센 물살을 가진 이 강은 천연적으로 암몬 나라와 이스라엘의 경계가 되었으며, 하류는 시혼과 옥 두 왕국의 경계가 되었습니다. 이 강 하류에서 야곱은 천사와 씨름하기도 하였고, 후에는 형 에서를 만나 극적인 화해를 이루기도 하였습니다(창 32:22-25;33:3-4).

본문 보기 2장 37절

알아두세요

2:23 '크레타'를 말한다.
3:11 9규빗은 약 4.05m에 해당되고, 4규빗은 약 1.8m에 해당된다.

23 갑돌* 섬에서 갑돌 사람이 와서 아위 사람
을 물리쳤습니다. 아위 사람은 가사 주변
의 여러 마을에 살고 있었으나 갑돌 사람
이 아위 사람을 물리치고 그들의 땅을 차
지했습니다.)

아모리 사람과의 싸움

24 "여호와께서 말씀하셨소. '일어나라. 아르
논 시내를 건너라. 보아라. 내가 헤스본의
왕 아모리 사람 시혼을 이길 힘을 너희에
게 줄 것이다. 그리고 그의 땅을 너희에
게 주겠다. 그러니 시혼과 싸워서 그의 땅
을 차지하여라.
25 오늘 내가 온 세계의 모든 백성이 너희를
두려워하게 만들겠다. 그들은 두려워 떨
것이며, 그들은 너희를 무서워할 것이다.'
26 나는 그데못 광야에서 헤스본 왕 시혼에게
사신들을 보내어 다음과 같은 평화의 말
을 전하게 하였소.
27 '왕의 나라를 지나가게 해 주십시오. 우
리는 길로만 다니고, 왼쪽으로나 오른쪽
으로 벗어나지 않겠습니다.
28 음식도 돈을 주고 사 먹고, 물도 그 값을
지불하겠습니다. 그저 왕의 나라를 걸어
서 지나가게만 해 주십시오.
29 세일의 에서 자손은 우리를 자기 나라로
지나가게 해 주었습니다. 아르의 모압 사
람도 그러했습니다. 우리는 요단 강을 건
너 우리 하나님 여호와께서 우리에게 주
신 땅으로 들어가기만 하면 됩니다.'
30 그러나 헤스본 왕 시혼은 우리를 지나가지
못하게 했소. 여러분의 하나님 여호와께
서 시혼의 완고한 성품을 드러내 보여 주
셨소. 여호와께서는 시혼을 멸망시킬 생
각이셨소. 그리고 지금 여호와께서 생각
하신 대로 이루어졌소.
31 여호와께서 나에게 말씀하셨소. '보아라.
내가 시혼과 그의 나라를 너에게 주겠다.
그러니 그 땅을 차지하여라.'
32 시혼과 그의 모든 군대가 몰려 나와 야하
스에서 우리와 싸웠소.
33 우리 하나님 여호와께서 시혼을 우리에게
넘겨 주셨소. 우리는 시혼과 그의 아들들

과 그의 군대를 물리쳐 이겼소.
34 우리는 시혼의 성을 모두 차지했소. 그리
고 남자, 여자, 아이들 할 것 없이 다 없
애 버렸소. 아무도 살려 두지 않았소.
35 소 떼를 비롯해 성에서 빼앗은 물건들은
우리의 전리품으로 삼았소.
36 우리는 아르논 골짜기 끝의 아로엘에서부
터 골짜기 안의 마을과 길르앗까지 물리
쳐서 이겼소. 우리를 당할 성은 없었소.
우리 하나님 여호와께서 그 모든 성을 우
리에게 주셨소.
37 그러나 우리는 우리의 하나님 여호와께서
명령하신 대로 암몬 땅 가까이로는 가지
않았소. 얍복 강 근처와 산지의 마을들 근
처로도 가지 않았소."

바산에서 옥과 싸우다

3 "그후에 우리는 발길을 돌려 바산 쪽으
로 가는 길을 따라 올라갔소. 바산 왕
옥과 그의 모든 군대가 나와 에드레이에서
우리와 싸웠소.
2 여호와께서 나에게 말씀하셨소. '옥을 두
려워하지 마라. 내가 옥과 그의 모든 군
대와 그의 땅을 너에게 넘겨 줄 것이다.
너는 헤스본에서 다스리던 아모리 사람들
의 왕 시혼을 무찔렀듯이 옥도 무찔러라.'
3 우리 하나님 여호와께서 바산 왕 옥과 그
의 모든 군대를 우리에게 넘겨 주셨으므
로, 우리는 그들을 다 물리쳤소. 아무도
살려 두지 않았소.
4 그리고 우리는 옥의 성들을 차지했소. 차
지하지 못한 성읍은 하나도 없었소. 우리
가 차지한 옥의 성은 모두 육십 개였소.
우리는 바산에 있던 옥의 나라인 아르곱의
모든 지역을 차지했소.
5 우리가 차지한 성은 모두 견고한 성이었
소. 성마다 높은 성벽이 있었고, 문에는
빗장이 있었소. 또한 성벽이 없는 자그마
한 마을들도 있었소.
6 우리는 헤스본 왕 시혼의 성들을 쳐부순
것과 마찬가지로 그 성들을 완전히 쳐부
수었소. 그리고 남자, 여자, 아이들 할 것
없이 다 없애 버렸소.
7 소 떼를 비롯해 성에서 빼앗은 물건들은
우리의 전리품으로 삼았소.
8 우리는 요단 강 동쪽 땅을 아모리 두 왕,
곧 시혼과 옥에게서 빼앗았소. 우리가 빼
앗은 땅은 아르논 시내에서부터 헤르몬 산
까지오.
9 (시돈 사람은 헤르몬 산을 시룐이라고 불렀
고, 아모리 사람은 스닐이라고 불렀습니다.)
10 우리는 고원 지대의 모든 성과 길르앗 전
체를 차지했소. 살르가와 에드레이까지 바
산 전체를 빼앗았소. 이 마을들은 바산 왕
옥의 나라에 있던 마을들이오."
11 (르바임 사람 가운데 살아남은 사람은 바
산 왕 옥뿐이었습니다. 옥의 침대는 쇠로
만든 것입니다. 그 침대는 길이가 구 규
빗*이나 되었고 너비는 사 규빗*이나 되었
습니다. 그 침대는 지금도 암몬 사람의 성
랍바에 있습니다.)

땅을 나눔

12 "우리가 이 땅을 차지하였을 때에 나는 아
르논 시냇가의 아로엘 지역과 길르앗 산지
의 절반과 그 안의 성들을 르우벤 자손과
갓 자손에게 주었소.
13 동쪽의 므낫세 지파 절반에게는 길르앗의
나머지 땅과 옥의 나라인 바산 전체를 주
었소. (바산의 아르곱 지역은 르바임 사람
들의 땅이라고도 불렀습니다.
14 므낫세의 자손인 야일은 아르곱 지역 전체
를 차지했습니다. 그 땅은 그술 사람과 마
아갓 사람의 땅의 경계까지입니다. 그 땅
의 이름은 야일의 이름을 따서 붙인 것입
니다. 그래서 오늘까지 바산을 야일 마을
이라는 뜻으로 하봇야일이라고도 부릅니
다.)

사신(2:26 messenger) 임금이나 나라의 명을 받고 다른 나라에 파견되는 신하.
완고한(2:30 stubborn) 성질이 고집스럽고 고루한.
전리품(2:35 plunder) 싸움터에서 빼앗은 적의 병기나 군용품 따위의 물건.
고원(3:10 plateau) 평야에 비하여 높은 지대에 펼쳐진 넓은 벌판.
너비(3:11 width) 가로 퍼진 길이.

15 나는 길르앗을 마길에게 주었소.
16 그리고 르우벤 자손과 갓 자손에게는 길르
앗에서부터 시내의 한가운데를 경계로 하
는 아르논 시내까지 주었고, 또 암몬의 경
계인 얍복 강까지 주었소.
17 그것의 서쪽 경계는 긴네렛에서 아라바 바
다라고도 하는 사해까지 이어지고, 비스
가 산기슭 아래의 아라바에 위치한 요단
강이었소.
18 그 때, 내가 여러분에게 이렇게 명령했
소. '여러분의 하나님 여호와께서 이 땅
을 여러분의 것으로 주셨소. 이제 여러분
가운데 군인은 무기를 들고 다른 이스라
엘 백성보다 먼저 강을 건너야 하오.
19 여러분의 아내와 어린 자식과 짐승은 이
곳에 머물러 있어도 좋소. 여러분에게 짐
승이 많다는 것을 내가 알고 있으니, 그
짐승들은 내가 여러분에게 준 성들에 남
겨 두어도 좋소.
20 장차 여러분의 형제 이스라엘 백성도 편히
쉴 곳을 얻을 것이오. 그들은 하나님 여
호와께서 주신 요단 강 건너편 땅을 받을
것이오. 그런 다음에는 여러분도 내가 여
러분에게 준 땅으로 돌아갈 수 있을 것이
오.'
21 그 때에 나는 여호수아에게 이렇게 명령했
소. '너는 네 눈으로 너희의 하나님 여호
와께서 이 두 왕에게 하신 일을 보았다.
여호와께서 네가 지나갈 모든 나라에게도
똑같은 일을 하실 것이다.
22 그들을 두려워하지 마라. 너희 하나님 여
호와께서 너희를 위해 싸워 주실 것이
다.'"

모세는 가나안 땅에 들어갈 수 없다

23 "그 때에 내가 여호와께 간절히 부탁드렸
소.
24 '주 여호와여, 주께서는 주님의 종인 저
에게 주께서 얼마나 위대하신가를 보여
주기 시작하셨습니다. 주님은 위대한 힘
을 가지고 계신 분입니다. 하늘이나 땅의
다른 어떤 신도 주께서 하신 것과 같은 위
대한 일들을 할 수 없습니다. 주님과 같
은 신은 하나도 없습니다.
25 제발 저도 요단 강을 건널 수 있게 해 주
십시오. 저도 저 아름다운 산들과 레바논
을 보고 싶습니다.'
26 그러나 여호와께서는 여러분으로 인해 나
에게도 노하셨소. 그래서 내 말을 들으려
고 하지 않으셨소. 여호와께서는 나에게
이렇게 말씀하셨소. '이것으로 만족하여
라. 그 일에 관해서는 더 이상 말하지 마
라.
27 비스가 산꼭대기로 올라가서 서쪽과 북쪽
과 남쪽과 동쪽을 둘러보아라. 너는 그 땅
을 볼 수는 있어도 요단 강을 건널 수는
없을 것이다.
28 여호수아를 불러 세워라. 그에게 용기를
불어넣고 힘을 주어라. 여호수아는 이 백
성을 이끌고 저 강을 건널 것이며 네가 보
는 땅을 그들에게 유산으로 나누어 줄 것
이다.'
29 그 때에 우리는 벧브올 맞은편 골짜기에
머물러 있었소."

모세가 이스라엘에게 복종할 것을 가르침

4 "이스라엘 백성들이여, 내가 여러분에
게 가르칠 율법과 명령에 귀를 기울이
시오. 그 말씀에 복종하시오. 그러면 여
러분이 살 것이오. 그리고 저리로 건너가
여러분 조상의 하나님 여호와께서 주시는
저 땅을 차지할 것이오.
2 내가 여러분에게 전하는 이 말씀에 다른
것을 더하거나 빼지 말고 내가 여러분에
게 전하는 하나님 여호와의 명령에 복종

알아두세요

4:10 '시내 산'은 '호렙 산'이라고도 한다.

산기슭(3:17 slope) 산의 비탈이 끝나는 아랫부분.
슬기(4:6 understanding) 사물의 이치를 빨리 깨닫고 사물을 정확하게 처리할 방도를 생각해 내는 재능.
십계명(4:13 Ten Commandments) 하나님께서 모세를 통하여 이스라엘 민족에게 내리신 10가지의 가르침.

하시오.
3 여러분은 여호와께서 바알브올에서 하신
일을 직접 보았소. 여러분의 하나님 여호
와께서는 브올에서 바알을 따르던 사람들
을 하나도 빠짐없이 여러분 가운데서 없
애 버리셨소.
4 그러나 여러분은 하나님 여호와를 끝까지
따랐으므로 지금까지 살아 있소.
5 보시오. 내가 여러분에게 나의 하나님 여
호와께서 나에게 명령하신 대로 율법과
규례를 가르쳐 주었소. 이것은 여러분이
이제 들어가 차지할 땅에서 그대로 복종
하도록 하기 위한 것이오.
6 마음을 다하여 이 율법에 복종하시오. 이
로 말미암아 다른 백성들이 여러분에게
지혜와 슬기가 있음을 알게 될 것이오. 그
들은 이 율법에 관해 듣고 '이 위대한 나
라 이스라엘의 민족은 지혜롭고 슬기로운
백성이다' 라고 말할 것이오.
7 다른 나라의 신은 그 백성에게 가까이 가
지 않지만 우리 하나님 여호와께서는 우
리가 기도할 때마다 우리에게 가까이 오
신다오. 우리처럼 위대한 나라가 어디 있
소?
8 또한 내가 오늘 여러분에게 주는 것과 같
이 이처럼 좋은 가르침과 명령을 가진 위
대한 나라가 어디 있소?
9 그러나 조심하고 정신을 차리시오. 여러
분이 본 것들을 잊지 않도록 하시오. 평
생토록 이 모든 일들이 여러분의 마음에
서 떠나지 않게 하시오. 그것을 여러분
의 자손에게 가르쳐 대대로 알게 하시
오.
10 여러분이 시내 산*에서 여러분의 하나님
여호와 앞에 섰던 것을 기억하시오. 여호
와께서 나에게 이렇게 말씀하셨소. '백성
을 데려와서 내 말을 듣게 하여라. 내가
그들을 가르쳐 이 땅에서 사는 동안, 나
를 존경할 줄 알게 하고 또 그 자손들에
게도 그렇게 가르치도록 할 것이다.'
11 그리하여 여러분은 산기슭에 가까이 와
섰소. 산에서는 불길이 치솟아 하늘까지
닿았고, 검은 구름이 산을 덮어 매우 어
두워졌소.
12 그 때에 여호와께서 여러분에게 불 가운
데서 말씀하셨소. 여러분은 말씀하시는
소리는 들었으나 여호와의 모습은 보지
못했소. 오직 목소리만 들었소.
13 여호와께서는 여호와의 언약에 관해 말
씀하셨소. 그것은 십계명이었소. 여호와
께서는 십계명에 복종하라고 말씀하시고
친히 돌판 두 개 위에 십계명을 써 주셨
소.
14 그리고는 여러분에게 율법과 규례를 가르
치라고 나에게 명령하셨소. 이는 여러분
이 요단 강을 건너가 차지할 땅에서 복종
케 하기 위함이오."

우상에 관한 율법

15 "여호와께서 시내 산 불길 속에서 여러분
에게 말씀하셨을 때, 여러분은 주님의 모
습을 보지 못했소. 그러니 여러분은 이 사
실을 마음 깊이 새겨 두시오.
16 어떤 종류든지 우상을 만들어 죄를 짓지
마시오. 남자나 여자의 모습으로 우상을
만들지 마시오.
17 땅의 짐승이나 하늘을 나는 새의 모습으
로도 우상을 만들지 마시오.
18 땅 위에 기는 어떤 것의 모습으로도 우상
을 만들지 말고, 물 속의 어떤 물고기의
모습으로도 우상을 만들지 마시오.
19 눈을 들어 하늘을 바라보면 해와 달과 별
들이 보이겠지만 그것들에게 절하거나 그
것들을 경배하지 마시오. 그것들은 여러
분의 하나님 여호와께서 이 세상의 모든
백성을 위해 만들어 주신 것이오.
20 여호와께서는 여러분을 택하시고 쇠를 녹
이는 용광로와 같은 이집트에서 여러분을
인도해 내셨소. 그것은 주님의 백성으로
삼으신 지금처럼 여러분을 주님의 소유로
삼기 위함이었소.
21 여호와께서는 여러분 때문에 나에게 노하
셨소. 그리고 내가 요단 강을 건너지 못
할 것이라고 맹세하셨소. 나는 여러분의
하나님 여호와께서 여러분에게 주시는 그

좋은 땅으로 들어가지 못할 것이오.
22 나는 요단 강을 건너지 못하고 이 땅에서
죽을 것이오. 그러나 여러분은 이 강을 건
너 그 좋은 땅을 차지하시오.
23 조심하시오. 여러분은 하나님 여호와께서
여러분과 맺은 언약을 잊지 말고 어떤 우
상도 만들지 마시오.
24 여러분의 하나님 여호와께서는 그런 일을
하지 말라고 명령하셨소. 여러분의 하나
님 여호와께서는 질투하시는 하나님이시
며 모든 것을 살라 버리시는 불과 같은 하
나님이시오.
25 여러분은 저 땅에서 대대로 자식을 낳으
며 오래오래 살게 될 것이오. 그러나 악
한 일은 하지 마시오. 어떤 종류의 우상
도 만들지 마시오. 여호와께서 악하다고
말씀하신 일은 하지 마시오. 그런 일을 행
하여 여호와를 노하시게 만든다면,
26 오늘 내가 하늘과 땅을 증거자로 삼아 말
하건대 여러분은 얼마 가지 않아 요단 강
을 건너가 차지할 그 땅에서 망하게 될 것
이오. 저 땅에서 얼마 살지 못하고 완전
히 멸망할 것이오.
27 여호와께서 여러분을 다른 나라들 가운데
흩어 놓으실 것이오. 여러분 가운데 얼마
되지 않는 사람만이 살아남을 것이오. 그
리고 그 사람들도 여호와께서 쫓아 보내
는 다른 나라에 있게 될 것이오.
28 거기에서 여러분은 나무와 돌로 만들어
보지도, 듣지도, 먹지도 못하며, 냄새도
맡지 못하는 우상을 섬길 것이오.
29 그러나 거기에서도 여러분은 여러분의 하
나님 여호와를 찾을 수 있을 것이오. 찾
기만 하면 찾을 수 있을 것이오. 그러나
하나님을 찾으려면 온몸과 마음을 다해
찾아야 할 것이오.
30 이 모든 일이 일어나면 여러분은 고통을
받을 것이오. 그러나 그런 일이 있은 후
에 여러분은 여러분의 하나님 여호와께
돌아오고 그분의 말씀에 복종하게 될 것
이오.
31 여러분의 하나님 여호와는 자비로운 하나
님이시오. 주님께서는 여러분을 버리지
도, 멸망시키지도 않으실 것이오. 주님께
서는 여러분의 조상과 굳은 맹세로 맺으
신 언약을 잊지 않으실 것이오."

여호와께서는 위대하시다

32 "이와 같은 일이 전에는 일어나지 않았
소. 여러분이 태어나기도 훨씬 전인 옛날
을 생각해 보시오. 하나님께서 이 땅 위
에 사람을 지으셨을 때를 돌이켜보시오.
하늘의 이쪽 끝에서부터 저쪽 끝까지 살
펴보시오. 이와 같은 일은 들어 본 적도
없었소.

우상 숭배 절대 금지

〈본문 보기 4장 15-31절〉

우상의 종류	남·여의 모습, 땅 위 짐승의 모습, 새의 모습, 곤충의 모습, 물 속 물고기의 모습, 해와 달과 별 등 모든 모습(16-19절)	
금지 이유	시내 산에서 아무도 하나님의 모습을 보지 못했기 때문에(15절)	
하나님의 나타나심	질투하시는 하나님(24절) 모든 것을 살라 버리시는 불(24절)	
징 계	약속의 땅에서 속히 망함(26절) *얼마 살지 못하고 완전히 멸망함(26절)* 살아남은 자가 많지 않음(27절)	다른 나라들 가운데 흩어짐(27절) 나무와 돌로 만든 신들을 섬기게 됨(28절)

※그러나 하나님은 자비의 하나님이시기에 징계 중에서라도 하나님을 구하면 만나 주신다고 약속하셨다(29-31절)

시험(4:34 test) 신앙의 연단을 위해 하나님의 주권적 행위로 인간에게 내려지는 시련.
표적(4:34 miraculous sign) 하나님께서 자연과 인간 세계에 나타내 보이신 징표.
위엄(4:34 majesty) 존경하고 어려워할 만한 태도나 분위기.

33 어떤 백성이 하나님께서 불 가운데서 말씀하시는 것을 듣고 여러분처럼 살아남은 일이 있었소?
34 어떤 신이 한 나라를 다른 나라로부터 이끌어 낸 적이 있었소? 여러분의 하나님 여호와께서는 시험과 표적과 기적과 전쟁과 위엄으로 여러분을 이집트 땅에서 이끌어 내셨소. 여호와께서는 여러분이 보는 앞에서 여러분을 위하여 크신 능력과 힘으로 그 일을 행하셨소.
35 여호와께서 여러분에게 그 일들을 보여 주신 것은 여호와만이 하나님이요, 여호와 외에 다른 하나님은 없다는 것을 보여 주시기 위함이오.
36 여호와께서는 여러분을 가르치시려고 하늘에서 말씀하시고, 땅에서는 여호와의 크신 불을 여러분에게 보여 주셨소. 여러분은 그 불 속에서 여호와께서 말씀하시는 소리를 들었소.
37 여호와께서는 여러분의 조상을 사랑하셔서 그들의 자손인 여러분을 선택하셨소. 여호와께서는 크신 능력으로 여러분을 이집트에서 인도해 내셨소.
38 여호와께서는 여러분 앞에서 여러분보다 크고 강한 나라들을 그 땅에서 쫓아 내셨소. 그리고 여러분을 그들의 땅에 들이시고 그 땅을 차지하게 하셨소. 그래서 지금 그 땅은 여러분의 땅이 되었소.
39 이제 여호와께서 하나님이심을 알고 믿으시오. 주님께서는 저 위의 하늘에서도, 그리고 저 아래 땅에서도 하나님이시오. 다른 신은 없소.
40 내가 오늘 여러분에게 주는 여호와의 율법과 명령에 복종하시오. 복종하면 여러분과 여러분의 자손은 잘 될 것이오. 여러분은 여러분의 하나님 여호와께서 여러분에게 영원히 주시는 이 땅에서 오랫동안 살 수 있을 것이오."

도피성

41 모세는 요단 강 동쪽에서 세 성을 뽑았습니다.
42 미워하는 마음이 없이 실수로 사람을 죽인 사람은 그 성으로 도망갈 수 있었으며 그 세 성 중 어느 한 성으로만 도망가면 목숨을 건질 수 있었습니다.
43 한 성은 고원 광야에 있는 베셀로 르우벤 자손을 위한 것이고, 또 한 성은 길르앗에 있는 라못으로 갓 자손을 위한 것이었으며, 또 한 성은 바산에 있는 골란인데 므낫세 자손을 위한 것이었습니다.

모세가 준 율법

44 모세가 이스라엘 백성에게 준 가르침은 다음과 같습니다.
45 이것은 이스라엘 백성이 이집트에서 나왔을 때, 모세가 준 규례와 명령과 율법입니다.
46 이스라엘 백성은 그 때, 벧브올에서 가까운 골짜기에 있었습니다. 그 곳은 요단 강 동쪽이며, 시혼의 땅이었습니다. 시혼은 아모리 사람들의 왕이었습니다. 시혼은 헤스본에서 왕으로 있었는데 이집트에서 나온 모세와 이스라엘 백성들이 쳐서 멸망시킨 왕이었습니다.
47 이스라엘 백성은 시혼의 땅을 차지했습니다. 또 바산 왕 옥의 땅도 차지했습니다. 이 두 사람은 요단 강 동쪽에 있던 아모리 족속의 왕이었습니다.
48 이스라엘 백성이 차지한 땅은 아르논 시내가 있는 아로엘에서부터 시온 산, 곧 헤르몬 산까지였으며,
49 비스가 산기슭 아래, 아라바 바다만큼이나 먼 요단 강 동쪽, 아라바 전 지역을 포함하고 있었습니다.

십계명

5 모세가 이스라엘 백성을 다 모아 놓고 말했습니다. "이스라엘 백성들이여, 내가 오늘 여러분에게 주는 명령과 율법을 귀담아 듣고 잘 배우며 부지런히 지키시오.
2 우리 하나님 여호와께서 우리와 시내 산에서 언약을 맺으셨소.
3 우리 조상들과 맺으신 것이 아니라 우리와 맺으신 것이오. 오늘까지 여기에 살아 있는 우리 모두와 맺으셨소.

4 여호와께서는 여러분에게 얼굴과 얼굴을
맞대고 말씀하셨으며 산 위의 불 가운데
서 말씀하셨소.
5 그 때, 나는 여러분과 여호와 사이에 서
있었소. 나는 여호와께서 말씀하신 것을
여러분에게 전했소. 여러분은 불을 두려
워하여 산에 가까이 가려 하지 않았소. 여
호와께서 말씀하셨소.
6 '나는 너희가 종으로 있던 이집트에서 너
희를 인도해 낸 너희의 하나님 여호와이
다.
7 너희는 나 외에 다른 신들을 섬기지 마라.
8 너희는 어떤 우상도 만들지 마라. 저 위
로 하늘에 있는 것이든, 저 아래로 땅에
있는 것이든, 땅 아래 물에 있는 것이든
그 어떤 모습의 우상도 만들지 마라.
9 너희는 어떤 우상에게도 예배하지 말고
절하지 마라. 이는 나 여호와 너희의 하
나님은 질투하는 하나님이기 때문이다.
나에게 죄를 짓고 나를 미워하는 사람에
게는 삼사 대 자손에게까지 벌을 내릴 것
이다.
10 그러나 나를 사랑하고 나의 명령에 복종
하는 사람에게는 수천 대 자손에게까지
자비를 베풀 것이다.
11 너희는 너희 하나님 나 여호와의 이름을
함부로 쓰지 마라. 왜냐하면 나 여호와는
내 이름을 함부로 부르는 사람을 죄 없는
사람으로 보지 않기 때문이다.
12 안식일을 거룩한 날로 지켜라. 나 여호와
너희의 하나님이 그렇게 명령하였다.
13 너희는 육 일 동안, 힘써서 모든 일을 하
여라.
14 그러나 칠 일째 되는 날은 너희 하나님 나
여호와를 기리며 쉬는 날이다. 그 날에는
아무도 일하지 마라. 너나, 너의 아들이
나 딸이나, 너의 남종이나 여종이나 그 누
구도 일하지 마라. 또한 너희 소나 나귀
나 그 밖에 어떤 가축도 일하게 하지 마
라. 그리고 너희 성에서 사는 외국인도 일
해서는 안 된다. 너희와 마찬가지로 너희
종들도 쉬게 하여라.
15 너희가 이집트에서 종 되었을 때, 너희 하
나님 나 여호와는 큰 힘과 능력으로 너희
를 이집트에서 인도해 내었다. 그러므로
너희 하나님 나 여호와가 너희에게 안식
일을 지키라고 명령하는 것이다.
16 너희는 너희 하나님 나 여호와가 명령한
대로 너희 아버지와 어머니를 잘 섬겨라.
그리하면 너희 하나님 나 여호와가 너희
에게 영원히 주는 이 땅에서 오랫동안 잘
살 수 있을 것이다.
17 너희는 살인하지 마라.
18 너희는 간음하지 마라.
19 너희는 도둑질하지 마라.
20 너희는 재판을 할 때 이웃에 대하여 거짓
증언을 하지 마라.
21 너희는 이웃의 아내를 탐내지 마라. 너희
는 이웃의 집이나 땅이나 남종이나 여종
이나 소나 나귀를 탐내지 마라. 이웃의 것
은 어떤 것도 탐내지 마라.'
22 여호와께서는 이 명령을 그 산 위에서 여
러분 모두에게 주셨소. 여호와께서는 이
명령을 불 가운데서 큰 소리로 말씀하셨
소. 또한 구름 속에서, 그리고 깊은 어둠
속에서 말씀하셨소. 그리고는 더 이상 아
무 말씀도 하지 않으시고 이 말씀을 두 돌
판에 새겨서 나에게 주셨소.
23 여러분이 산이 불타는 동안 어둠 속에서
들려 오는 목소리를 들었을 때, 여러분의
모든 지파의 장로들과 지도자들은 나에게
나아왔소.
24 여러분은 이렇게 말했소. '우리 하나님
여호와께서 영광과 위엄을 우리에게 보여
주셨습니다. 우리는 불 가운데서 여호와
의 목소리를 들었습니다. 우리는 오늘 하
나님께서 말씀하시는 소리를 듣고도 살
수 있다는 것을 보았습니다.
25 그런데 지금은 우리가 죽게 생겼습니다.
이 큰 불이 우리를 삼키려고 합니다. 우
리 하나님 여호와께서 우리에게 말씀하시
는 소리를 한 번만 더 들으면 우리는 죽
고 말 것입니다.
26 살아 계신 하나님께서 불 가운데서 말씀

하시는 소리를 듣고도 살아남은 사람은
한 사람도 없었으나 우리는 살아남았습니
다.
27 모세여, 당신이 가까이 나아가서 우리 하
나님 여호와께서 말씀하시는 것을 다 들
으시고 우리에게 일러 주십시오. 그러면
우리가 듣고 복종하겠습니다.'
28 여호와께서는 여러분이 나에게 하는 말을
들으셨소. 그래서 여호와께서는 나에게
말씀하셨소. '백성이 너에게
하는 말을 나도 들었
다. 그들이 한 말은
다 옳으니라.
29 그들이 언제나 이
런 마음으로 나를
두려워하고 내 명령
에 복종하기를 원한
다. 그러면 그들과 그
들의 자손이 영원토록
잘 될 것이다.
30 가서 백성에게 자기
장막으로 돌아가라고
일러라.
31 그러나 너는 나와 함께
여기에 머물러 있어라. 내
가 너에게 모든 명령과 규례
와 율법을 줄 것이다. 너는 그
것을 백성에게 가르쳐서 내가 그
들에게 주는 땅에서 그것을 잘 지
키게 하여라.'
32 그러니 여러분의 하나님 여호와께서 여러
분에게 명령하신 것을 잘 지키도록 하시
오. 여호와의 명령에서 오른쪽으로나 왼
쪽으로 벗어나지 말고 그대로 지키시오.
33 여러분의 하나님 여호와께서 여러분에게
명령하신 대로 살면 여러분은 삶을 얻고
복을 얻을 것이요, 여러분이 차지할 땅에
서 오래오래 살 것이오."

하나님을 사랑하라는 명령

6 "이것은 여러분의 하나님 여호와의 명
령과 규례와 율법이오. 여호와께서는
이것을 나더러 여러분에게 가르치라고 말
씀하셨소. 여러분은 요단 강을 건너 차지
할 땅에서 이것을 잘 지키시오.
2 이것은 여러분과 여러분의 자녀와 자손들
이 하나님 여호와를 평생토록 섬기도록
하기 위함이오. 또한 내가 여러분에게 주
는 여호와의 모든 규례와 명령을 잘 지켜
오래오래 살 수 있도록 하기 위함이오.
3 이스라엘 백성들이여, 이 율법을 잘 듣고

여호와의 명령을 자녀에게 가르치라(6:7-9)

부지런히 지키시오. 그러면 모든 일이 잘
될 것이오. 여러분은 젖과 꿀이 흐르는 비
옥한 땅, 곧 여러분 조상의 하나님 여호
와께서 약속하신 땅에서 큰 나라가 될 것
이오.
4 이스라엘 백성들이여, 들으시오. 우리 하
나님 여호와는 오직 한 분뿐이신 여호와
시오.
5 여러분의 하나님 여호와를 마음과 뜻과
힘을 다하여 사랑하시오.
6 내가 오늘 여러분에게 주는 이 명령을 항
상 마음속에 기억하시오.
7 그리고 여러분 자녀에게도 가르쳐 주시

오. 집에 앉아 있을 때나 길을 걸어갈 때,
자리에 누웠을 때나 자리에서 일어날 때,
언제든지 그것을 가르쳐 주시오.
8 그것을 써서 손에 매고 이마에 붙여 항상
기억하고 생각해야 합니다.
9 여러분의 집 문설주와 대문에도 써서 붙
이시오.
10 여러분의 하나님 여호와께서 여러분의
조상 아브라함과 이삭과 야곱에게 약속하
신 땅으로 여러분을 인도하시고 그 땅을
여러분에게 주실 것이오. 그 땅에는 여러
분이 세우지 않은 크고 훌륭한 성들이 있
소.
11 또 여러분이 채워 놓지 않은 훌륭한 물건
들로 가득 찬 집들이 있고, 여러분이 파
지 않은 우물들이 있으며, 여러분이 심지
않은 포도밭과 올리브 나무들이 있소. 여
러분은 먹고 싶은 것을 마음껏 먹을 것이
오.
12 그 때에 이집트 땅에서 종살이했던 여러
분을 인도해 내신 이가 여호와임을 잊지
않도록 조심하시오.
13 여러분의 하나님 여호와를 존경하고 오직
여호와만을 섬기시오. 맹세할 때에는 여
호와의 이름으로만 맹세하시오.
14 여러분 주변에 사는 다른 백성들처럼 다
른 신을 섬기지 마시오.
15 여러분 가운데 계신 여러분의 여호와 하
나님은 질투하시는 하나님이시오. 여러분
이 다른 신들을 섬기면, 여호와께서는 노
하시고 여러분을 이 땅에서 없애 버리실
것이오.
16 여러분은 맛사에서처럼 여러분의 하나님
여호와를 시험하지 마시오.
17 여러분의 하나님 여호와의 명령을 잘 지
키시오. 여호와께서 여러분에게 주신 규
례와 율법에 복종하시오.
18 여호와께서 보시기에 올바르고 좋은 일을
하시오. 그러면 여러분의 모든 일이 잘 될
것이며, 여호와께서 여러분 조상에게 약
속하신 땅에 들어가 그 좋은 땅을 차지할
수 있을 것이오.
19 여호와께서 약속하신 대로 여러분의 원수
들을 다 쫓아 내 주실 것이오.
20 장차 여러분의 아들이 '우리 하나님 여호
와께서 주신 율법과 명령과 규례의 뜻이
무엇이냐?' 하고 물을 때는
21 이렇게 대답해 주시오. '우리는 이집트에
서 파라오의 노예였는데 여호와께서 크신
능력으로 우리를 이집트에서 인도해 내셨
다.
22 여호와께서는 우리에게 크고도 놀라운 표
적과 기적을 보여 주셨다. 여호와께서는
그 놀라운 표적과 기적으로 이집트와 파라
오와 그의 모든 집안을 치셨다.
23 여호와께서 우리를 이집트에서 인도해 내
시고, 이 곳으로 데려오셨다. 그렇게 하
신 것은 우리 조상에게 약속하셨던 땅을
우리에게 주시기 위함이었다.
24 여호와께서는 이 모든 규례를 지키라고
명령하셨다. 이것은 우리가 하나님 여호
와를 섬김으로 영원히 잘 되고 지금처럼
살아 남을 수 있게 하시기 위함이었다.
25 우리가 우리 하나님 여호와 앞에서 여호
와께서 명령하신 이 모든 규례를 지키는

성경 풍속

문에 기록한 글

고대 이집트에는 집 문에 글을 새겨 놓는 관습이 있었는데 거기에는 보통 가족의 이름과 행운을 비는 글을 썼습니다. 이와 유사하게 이슬람 교도들도 문에 코란 구절을 썼으며 유대인들도 신명기 6장 4-9절과 11장 13-21절을 양피지에 쓴 다음 말아, 갈대나 쇠로 만든 원통에 넣었습니다. '메제우자'라고 불리는 이 원통은 모든 문의 오른쪽 문설주에 매달아 집에 출입하는 사람들이 만지거나 입맞출 수 있게 했는데, 유대인들 중에는 이 '메제우자'가 질병이나 악령으로부터 집을 지켜 준다는 미신적인 생각을 갖기도 했습니다.

본문 보기 6장 9절

것이 우리에게 의로움이 될 것이다.'"

하나님의 백성

7 "여러분의 하나님 여호와께서 여러분이 들어가 차지할 땅으로 인도하실 때에 헷 사람과 기르가스 사람과 아모리 사람과 가나안 사람과 브리스 사람과 히위 사람과 여부스 사람을 쫓아 내실 것이오. 이 일곱 나라 사람은 여러분보다 강하오.

2 여러분의 하나님 여호와께서는 이 나라들을 여러분에게 넘겨 주실 것이오. 여러분은 그들을 물리쳐 이길 수 있을 것이오. 여러분은 그들을 완전히 멸망시키고 그들과 평화 조약을 맺지 마시오. 그들에게 자비를 베풀지 마시오.

3 그들 가운데서 누구와도 결혼하지 마시오. 여러분의 딸을 그들의 아들과 결혼시키면 안 되고, 여러분의 아들을 그들의 딸과 결혼시켜서도 안 되오.

4 그 백성들은 여러분 자녀를 여호와에게서 떼어 놓을 것이고, 여러분 자녀는 다른 신들을 섬기기 시작할 것이오. 그러면 여호와께서는 여러분에게 진노하실 것이고 여러분을 멸망시키실 것이오.

5 여러분이 그 백성들에게 해야 할 일은 이렇소. 그들의 제단을 헐어 버리시오. 그들이 세운 돌 기둥들을 부숴 버리시오. 그들의 아세라 우상을 찍어 버리고, 우상들을 불태워 버리시오.

6 여러분은 여호와 하나님의 거룩한 백성이오. 여호와께서는 땅 위의 모든 백성 가운데 여러분을 선택하셨소. 여러분은 여호와의 백성이오.

7 여호와께서 여러분을 돌보시고 여러분을 선택하신 까닭은 여러분의 수가 많기 때문이 아니오. 오히려 여러분은 모든 나라 가운데서도 가장 작은 나라에 불과하오.

8 그런데도 여호와께서 여러분을 선택하신 것은 여러분의 조상에게 하신 약속을 지키시기 위함이며, 여러분을 사랑하시기 때문이오. 여호와는 크신 능력으로 여러분을 이집트에서 인도해 내셨소. 여호와께서는 노예의 땅에서 여러분을 건져 내셨소. 여러분을 이집트 왕 파라오의 손아귀에서 구해 내셨소.

9 그러므로 여호와 하나님이 참 하나님이신 줄을 아시오. 여호와께서는 신실하신 하나님이시오. 여호와께서는 자기를 사랑하고 자기 명령을 지키는 백성을 위해 천 대에 이르기까지 사랑의 언약을 지키실 것이오.

10 그러나 여호와를 미워하는 백성에게는 벌을 내리셔서 멸망시키실 것이오. 여호와께서는 자기를 미워하는 사람에게 벌 내리시기를 늦추지 않으실 것이오.

11 그러므로 조심하여 내가 오늘 여러분에게 주는 여호와의 명령과 규례와 율법을 잘 지키도록 하시오.

12 이 율법을 마음에 새기고 부지런히 지키면 여러분의 하나님 여호와께서도 여러분의 조상에게 맹세하신 언약을 여러분과도 지키실 것이며 여호와의 사랑을 보여 주실 것이오.

13 여호와는 여러분을 사랑해 주시고, 여러분에게 복을 주시며, 여러분 백성의 수를

사본이 보관되어 있던 질그릇을 재현한 항아리 (7장)

평화 조약(7:2 peace treaty) 서로 싸우던 나라끼리 평화를 회복하기 위해 맺는 조약.

손아귀(7:8 grip) 여기서는 세력이나 권력을 부릴 수 있는 범위를 말한다.

신실(7:9 faithfulness) 믿음성이 있고 진실함.

많게 해 주실 것이오. 또한 자녀의 복과 땅의 복을 주실 것이오. 그래서 땅은 열매와 곡식과 포도주와 기름을 많이 내게 될 것이오. 또 소와 양이 번성케 되는 복을 주셔서 새끼를 많이 낳게 해 주실 것이오. 이 모든 일이 여호와께서 여러분 조상에게 약속하신 땅에서 이루어질 것이오.
14 여러분은 다른 어떤 백성보다도 많은 복을 받을 것이오. 여러분 가운데서 아기를 낳지 못하는 사람이 없을 것이며, 여러분 짐승 가운데서 새끼를 낳지 못하는 짐승이 없을 것이오.
15 여호와께서 여러분 가운데 있는 모든 병을 없애 주실 것이오. 이집트에 있던 것과 같은 끔찍한 병은 다시는 있지 않을 것이오. 그러나 여러분을 미워하는 사람에게는 그런 병이 생길 것이오.
16 여러분은 여러분의 하나님 여호와께서 여러분에게 넘겨 주시는 백성을 다 멸망시키시오. 그들을 불쌍히 여기지 말고, 그들의 신을 섬기지도 마시오. 그 신들은 여러분에게 덫이 될 것이오.
17 여러분은 속으로 '이 나라들은 우리보다 강하다. 우리는 그들을 쫓아 낼 수 없다'라고 생각할지도 모르겠소.
18 그러나 그들을 두려워하지 마시오. 여러분의 하나님 여호와께서 파라오와 온 이집트에게 하신 일을 기억하시오.
19 여러분은 여호와께서 일으키신 재앙과 표적과 기적을 직접 보았소. 그리고 여호와께서 크신 힘과 능력으로 여러분을 이집트에서 인도해 내신 것을 보았소. 여러분의 하나님 여호와께서는 여러분이 지금 두려워하고 있는 모든 나라들에게도 똑같은 일을 해 주실 것이오.
20 여러분의 하나님 여호와께서 왕벌을 그들에게 보내어 그들을 공격하게 하실 것이오. 그래서 아직 살아 남은 사람과 여러분을 피해 숨어 있는 사람들까지 죽게 할 것이오.
21 그들을 두려워하지 마시오. 여러분의 하나님 여호와께서 여러분과 함께 계시오. 여호와께서는 위대하고 두려운 하나님이시오.
22 여러분의 하나님 여호와께서는 그 나라들을 여러분 앞에서 차츰차츰 쫓아 내실 것이오. 그러니 그들을 단번에 없애지 마시오. 그렇게 했다가는 들짐승이 너무 많아질 것이오.
23 여러분의 하나님 여호와께서 그들을 여러분에게 넘겨 주시고, 그들을 큰 혼란에 빠지게 하실 것이며, 마침내는 그들을 없애 버리실 것이오.
24 여호와께서 여러분을 도우셔서 그들의 왕들을 물리쳐 이길 수 있게 하실 것이오. 그러니 여러분은 하늘 아래에서 그들의 이름을 완전히 지워 버리시오. 아무도 여러분을 막을 수 없을 것이오. 여러분은 그들 모두를 물리칠 것이오.
25 그들의 우상을 불에 태워 버리시오. 우상에 입힌 은이나 금을 탐내지 말고 갖지도 마시오. 그것이 여러분에게 덫이 될 것이오. 여러분의 하나님 여호와께서는 그런 짓을 싫어하시오.
26 그런 역겨운 것을 여러분의 집에 들여 놓지 마시오. 그렇게 하면 그것과 함께 여러분도 멸망할 것이오. 그런 것들을 미워하고 피하시오. 그런 것들은 모두 없애야 할 것들이오."

여호와를 기억하여라

8 "내가 오늘 여러분에게 주는 모든 명령을 지키시오. 그러면 여러분이 살고 여러분의 수도 많아질 것이며, 여호와께서 여러분의 조상에게 약속하신 땅에 들어가 살게 될 것이오.
2 여러분의 하나님 여호와께서 지난 사십 년 동안, 여러분을 광야에서 인도하신 것을 기억하시오. 주께서 그리 하신 까닭은

재앙(7:19 plague) 하나님께서 징벌과 위협으로 주는 갑작스럽고 치명적인 질병따위의 불행한 일.
혼란(7:23 confusion) 뒤죽박죽 되어 질서가 없음.
단련(8:5 training) 몸과 마음을 닦아 기름.

여러분을 겸손하게 만드시고, 여러분의
마음속에 무슨 생각이 있는가, 여호와의
명령은 지키는가를 시험하시기 위함이었
소.
3 여호와께서 여러분을 낮추시고, 굶기셨다
가 만나를 먹여 주셨소. 만나는 여러분이
나 여러분의 조상이 한 번도 본 적이 없
는 것이오. 여호와께서 그렇게 하신 까닭
은 사람이 먹는 것으로만 사는 것이 아니
라 여호와께서 말씀하시는 모든 말씀으로
살아야 한다는 것을 여러분에게 가르쳐
주시기 위함이오.
4 지난 사십 년 동안, 여러분의 옷은 해어
지지 않았고, 여러분의 발도 부르트지 않
았소.
5 부모가 자기 자녀를 단련시켜 가르치는
것과 같이 여호와께서도 여러분을 단련시
켜 가르쳐 주신다는 것을 마음속에 새겨
두시오.
6 여러분의 하나님 여호와의 명령을 잘 지
키시오. 여호와께서 명령하신 대로 살아
가고 여호와를 잘 섬기시오.
7 여러분의 하나님 여호와께서는 여러분을
좋은 땅으로 데려가실 것이오. 그 땅에는
강이 있고, 연못이 있으며, 골짜기와 언
덕에는 샘물이 흐르고 있소.
8 그 땅에는 밀과 보리가 있고, 포도나무와
무화과나무와 석류나무가 있으며 올리브
나무와 꿀이 있소.
9 그 땅에는 먹을 것이 얼마든지 있고, 부
족한 것이 없소. 그 땅의 돌을 취하여 쇠
를 얻을 수 있고, 언덕에서는 구리를 캘
수 있소.
10 여러분은 먹고 싶은 것을 마음껏 먹으며,
여러분에게 좋은 땅을 주신 여러분의 하
나님 여호와를 찬양하게 될 것이오.
11 여러분의 하나님 여호와를 잊지 않도록
조심하시오. 내가 오늘 여러분에게 전하
여 주는 여호와의 명령과 율법과 규례를
어겨 여호와를 잊어 버리는 일이 없도록
하시오.
12 여러분은 먹고 싶은 것을 마음껏 먹을 것
이오. 여러분은 멋진 집을 짓고 거기에서
살게 될 것이오.
13 여러분의 소 떼와 양 떼는 점점 많아질 것
이오. 여러분의 은과 금도 점점 많아질 것
이오. 여러분이 가진 모든 것이 점점 많
아질 것이오.
14 그렇더라도 교만해져서 여러분의 하나님
여호와를 잊지 않도록 하시오. 여호와께
서는 종살이하던 이집트 땅에서 여러분을
인도해 내셨소.
15 여호와께서는 넓고 무서운 광야에서도 여
러분을 인도하셨소. 그 광야는 메마르고
물도 없는 곳이었소. 거기에는 독뱀과 전
갈이 있었소. 그러나 여호와께서는 여러
분을 위하여 단단한 바위에서 물이 흐르
게 하셨소.
16 그리고 그 광야에서 여러분의 조상이 한
번도 본 적이 없는 만나를 주어 먹게 하
셨소. 그렇게 하신 까닭은 여러분을 겸손
하게 만드시고 여러분을 시험하셔서 마침
내는 여러분에게 좋은 것을 주시기 위해
서였소.
17 여러분이 속으로 '내가 부자가 된 것은 내
힘과 능력 때문이다'라고 생각할지도 모
르겠소.
18 그러나 여러분의 하나님 여호와를 기억하
시오. 여호와께서 여러분에게 부자가 될
수 있는 힘을 주셨소. 여호와께서는 여러
분의 조상에게 하신 약속을 이루시려고

팔레스타인의 산업 분포(8:8-9)

지금처럼 여러분을 부자로 만들어 주신
것이오.
19 만일 여러분이 여러분의 하나님 여호와를
잊어 버리고 다른 신들을 따르고 그들을
섬긴다면, 여러분은 반드시 멸망할 것이
오. 내가 오늘 여러분에게 분명히 말합니
다.
20 여러분이 여러분의 하나님 여호와의 명령
을 지키지 않으면, 여호와께서 여러분 앞
에서 멸망시키시는 나라들처럼 여러분도
멸망하고 말 것이오."

여호와께서 이스라엘과 함께하실 것이다

9 "이스라엘 백성들이여, 들으시오. 여러
분은 곧 요단 강을 건너 여러분보다 크
고 강한 나라들을 좇아 내고 그 땅을 차
지하게 될 것이오. 그 나라들은 하늘까지
닿는 성벽을 가진 성들을 가지고 있소.
2 그 곳의 백성은 아낙 자손인데 그들은 강
하고 키가 크오. 여러분은 '아무도 아낙
자손을 막을 수 없다'라는 말을 들어서 알
것이오.
3 하지만 오늘 여러분의 하나님 여호와께서
태워 버리는 불처럼 여러분보다 앞서 가
신다는 것을 기억하시오. 여호와께서는
그들을 멸망시키실 것이오. 여호와께서
여러분 앞에서 그들을 물리치시니 여러분
은 그들을 좇아 낼 것이오. 여호와께서 말
씀하신 대로 그들을 빨리 몰아 낼 수 있
을 것이오.
4 여러분의 하나님 여호와께서 여러분 앞
에서 그 나라들을 몰아 내실 것이오. 그
런 일이 있은 다음에 혹시라도 '내가 착
하기 때문에 여호와께서 나를 이 곳으로
데려오셔서 이 땅을 차지하게 하셨다' 하
고 생각하지 마시오. 그렇지 않소. 그 나
라들이 악하기 때문에 여호와께서 여러
분 앞에서 그 나라들을 좇아 내 주시는
것이오.
5 여러분이 그들의 땅을 차지하는 것은 여
러분이 착하고 정직해서가 아니라 그 나
라들이 악하기 때문이오. 그래서 여러분
의 하나님 여호와께서 그 나라들을 여러
분 앞에서 좇아 내시는 것이오. 이렇게 하
심으로써 여호와께서는 여러분의 조상,
곧 아브라함과 이삭과 야곱에게 하신 약속
을 지키시는 것이오.
6 여러분의 하나님 여호와께서는 이 좋은
땅을 여러분에게 주실 것이오. 그러나 이
땅을 주시는 것이 여러분의 착한 행실 때
문이 아니라는 것을 알아 두시오. 왜냐하
면 여러분은 악하고 고집 센 백성이기 때
문이오."

여호와의 노를 기억하여라

7 "이것을 기억하고 잊지 마시오. 여러분은
광야에서 여러분의 하나님 여호와를 노하
시게 하였소. 여러분은 이집트에서 떠나
던 날부터 여기에 이르기까지 여호와의
명령을 지키지 않았소.
8 여러분은 시내 산에서 여호와를 노하시게
하였소. 너무 노하셔서 여러분을 멸망시
키려고 하실 정도였소.
9 나는 여호와께서 여러분과 맺으신 언약의
돌판을 받으려고 산으로 올라갔소. 나는
사십 일 동안, 밤낮으로 산에 머물면서 빵

성경 자세히 이해하기

두 돌판

'증거의 두 판', '증거판 둘', 또는 '언약의 돌판들', '언약의 두 돌판'이라고도 불리는 이 돌판은 모세가 시내 산에서 40일 간 하나님과 만나고 내려 온 뒤 하나님께 받은 것입니다. 이 돌판은 하나님께서 친히 십계명을 기록하여 모세에게 주신 것으로, 십계명 외에 제사 제도 등을 포함하는 기타 율법은 쓰여 있지 않습니다.

이런 돌판을 받아 시내 산에서 내려 오던 모세는 이스라엘 백성이 금송아지를 만들어 절하는 것을 보고는 분을 못 이기어 돌판을 던져 깨뜨려 버렸습니다.

본문 보기 9장 9절

행실(9:6 conduct) 일상 생활에서 드러나는 행동.
타락(9:12 corruption) 올바른 길에서 벗어나 잘못된 길로 빠지거나 떨어지는 것.

도 먹지 않고, 물도 마시지 않았소.
10 하나님께서는 손수 쓰신 돌판 두 개를 나
에게 주셨소. 돌판 위에는 여러분이 모인
날에 여호와께서 산 위의 불길 속에서 여
러분에게 주신 모든 명령이 새겨져 있었
소.
11 사십 일 밤낮이 지나자, 여호와께서는 나
에게 언약의 말씀이 새겨진 돌판 두 개를
주셨소.
12 그리고 여호와께서 나에게 말씀하셨소.
'일어나라. 어서 빨리 여기에서 내려가
거라. 네가 이집트에서 인도해 낸 백성이
타락했다. 그들은 지금 나의 명령을 저
버리고 자기들이 섬길 우상을 빚어 놓았
다.'
13 여호와께서 나에게 말씀하셨소. '나는 이
백성을 지켜 보았다. 그런데 그들은 너무
악하고 고집이 세다.
14 내 앞을 가로막지 마라. 내가 그들을 없
애 버리겠다. 하늘 아래에서 그들의 이름
을 완전히 지워 버리겠다. 너에게서 그들
보다 더 크고 강한 나라가 나오게 할 것
이다.'
15 나는 발길을 돌려 산에서 내려왔소. 산은
불에 타고 있었소. 내 손에는 언약의 말
씀이 새겨진 돌판 두 개가 있었소.
16 내가 보니 여러분은 하나님 여호와께 죄
를 짓고 있었소. 여러분은 여러분이 섬길
송아지 모양의 우상을 만들어 놓고 있었
소. 그리고 너무도 쉽게 여호와께서 명령
하신 길에서 벗어나 있었소.
17 그래서 나는 돌판 두 개를 여러분이 보는
앞에서 내던져 깨뜨려 버렸소.
18 나는 전과 같이 여호와 앞에 엎드렸소. 사
십 일 동안, 밤낮으로 빵도 먹지 않고, 물
도 마시지 않으면서 그렇게 엎드려 있었
소. 내가 그렇게 한 것은 여러분이 여호
와께 나쁜 일을 하여 죄를 짓고, 여호와
를 화나시게 만들었기 때문이오.
19 여호와께서 너무 화가 나셔서 여러분을
멸망시키려 했으나, 여호와께서는 그 때
도 나의 말을 들어 주셨소.
20 여호와께서는 아론에게 분노하여 그를 죽
이려 하셨소. 그러나 나는 아론을 위해 기
도했소.
21 나는 여러분이 만든 그 죄의 물건, 곧 금

여호와께서 대적을 물리쳐 주심(9:1-4)

송아지를 불에 태워 버렸소. 그리고 그것
을 산산이 부수고 갈아 버린 다음, 산에
서 흘러내리는 시냇물에 띄워 보냈소.
22 여러분은 다베라*와 맛사*와 기브롯핫다아
와*에서도 여호와를 화나게 만들었소.
23 여호와께서 여러분을 가데스바네아에서
내보내시면서 '올라가서 내가 너희에게
주는 땅을 차지하여라' 하고 말씀하셨을
때, 여러분은 여러분의 하나님 여호와의
명령에 복종하지 않았소. 여러분은 여호
와를 믿지도 않고, 따르지도 않았소.
24 내가 여러분을 알던 날부터 지금까지 여
러분은 여호와의 명령을 따르려 하지 않
았소.
25 그 때, 여호와께서는 여러분을 멸망시키
겠다고 말씀하셨소. 그래서 나는 사십 일
동안, 밤낮으로 여호와 앞에 엎드려 있었
소.
26 그리고 여호와께 기도를 드렸소. '주 여
호와여, 주님의 백성을 멸망시키지 마십
시오. 그들은 주님의 백성입니다. 주께서
는 그들에게 자유를 주시고 크신 힘과 능
력으로 그들을 이집트에서 인도해 내셨습
니다.
27 주님의 종인 아브라함과 이삭과 야곱을 기
억해 주십시오. 이 백성의 완고함을 돌아

성경 자세히 이해하기

외국인들에 대한 제한

이스라엘 사람들은 종교적, 혈통적 순수성을 지키기 위해 외국인(이방인)에 대한 많은 제한을 두었습니다. 그 대표적인 예가 할례를 받지 않고 유월절 음식을 먹는 것(출 12:43-45), 성물을 먹는 것(출 29:33), 성막의 일에 참여하거나 접근하는 것(민 1:51), 제사장직을 수행하는 일(민 3:10, 38), 하나님께 분향하는 일(민 16:40), 직무를 수행하고 있는 제사장에게 접근하는 일(민 18:4,7), 이스라엘의 왕이 되는 것(신 17:15) 등입니다. 그러나 하나님께서는 이스라엘 사람들도 전에는 외국인이었음을 기억하여 외국인을 사랑하라고 말씀하십니다(신 10:19). 본문 보기 10장 18-22절

보지 마시고 이 백성의 죄와 악을 돌아보
지 마십시오.
28 그렇게 하지 않으시면 이집트 사람들은 여
호와는 자기 백성을 자기가 약속한 땅으
로 인도할 힘이 없었고 그들을 미워하여
광야로 데려다가 죽였다고 말할 것입니
다.
29 하지만 그들은 주님의 크신 힘과 능력으
로 인도해 내신 주님의 백성입니다.'"

새로운 돌판

10 "그 때, 여호와께서 나에게 말씀하
셨소. '처음 것과 같은 돌판 두 개
를 다듬어서 내가 있는 산으로 올라오너
라. 그리고 나무 상자도 하나 만들어 오
너라.
2 네가 깨뜨린 처음 돌판에 썼던 것과 똑같
은 말씀을 그 돌판 위에 새겨 줄 것이다.
그러면 그 새 돌판을 상자에 넣어 두어
라.'
3 그래서 나는 조각목으로 상자를 만들고,
처음 것과 같은 돌판 두 개를 다듬어 산
으로 올라갔소.
4 그러자 여호와께서 전에 쓰셨던 것과 똑
같은 말씀, 곧 십계명을 그 돌판 위에 새
겨 주셨소. 그 말씀은 여러분이 모인 날
에 여호와께서 여러분에게 불길 가운데서
말씀하신 것이오. 여호와께서는 그 돌판
을 다 쓰신 후에 나에게 주셨소.
5 나는 발길을 돌려 산에서 내려왔소. 그리
고 여호와께서 명령하신 대로 내가 만든
상자 안에 돌판을 넣어 두었소. 그 돌판
은 지금도 이 상자 안에 있소.
6 (이스라엘 백성은 브에롯브네야아간 우물을
떠나 모세라에 이르렀습니다. 그 곳에서
아론이 죽어 땅에 묻혔습니다. 아론의 아
들 엘르아살이 아론을 대신하여 제사장이
되었습니다.
7 모세라를 떠나 굿고다에 이르고, 굿고다를
떠나서는 시냇물이 흐르는 욧바다에 이르
렀습니다.
8 그 때, 여호와께서 레위 지파를 뽑으셔서
여호와의 언약궤를 나르고 여호와를 섬기

며 여호와의 이름으로 축복하는 일을 책
임지게 하셨습니다. 지금까지도 레위 사
람들은 그 일을 합니다.
9 그 일 때문에 레위 사람은 아무런 땅도 받
지 못했습니다. 그들은 여러분의 하나님
여호와께서 말씀하신 대로 땅 대신에 여
호와를 선물로 받았습니다.)
10 나는 전에 그랬던 것처럼 사십 일 동안,
밤낮으로 산 위에 머물러 있었소. 여호와
께서는 이번에도 내가 드리는 말씀을 들
어 주셨소. 여호와께서는 여러분을 멸망
시키지 않기로 하셨소.
11 여호와께서 나에게 말씀하셨소. '가서 백
성을 인도하여라. 내가 그들의 조상에게
약속한 땅으로 그들을 데려가 그 땅을 차
지하게 하여라.'"

여호와께서 바라시는 것

12 "이스라엘 백성들이여, 여러분의 하나님 여
호와께서 여러분에게 바라는 것이 무엇이
오? 그것은 여러분의 하나님 여호와를 존
경하고, 주께서 명령하신 말씀을 따르며,
주를 사랑하고 마음과 정성을 다하여 여러
분의 하나님 여호와를 섬기는 것이오.
13 또한 여러분이 잘 되게 하기 위해 내가 오
늘 여러분에게 주는 여호와의 명령과 율
법에 복종하는 것이오.
14 세계와 그 안의 모든 것은 여호와의 것이
오. 하늘과 가장 높은 하늘까지도 여호와
의 것이오.
15 여호와께서는 여러분의 조상을 돌보시고
사랑하셔서 그들의 자손인 여러분을 오늘
이렇게 다른 모든 나라 가운데서 선택하
여 주셨소.
16 그러니 여러분은 마음을 참되게 하고* 다
시는 고집을 피우지 마시오.
17 여러분의 하나님 여호와는 모든 신의 하
나님이시며, 모든 주의 주시오. 여호와께
서는 위대한 하나님이시며 강하고 두려운
분이시오. 불공평한 일은 하지 않으시며
뇌물도 받지 않으시는 분이시오.
18 고아와 과부를 도와 주시고, 외국인을 사
랑하셔서 그들에게 먹을 것과 옷을 주시
는 분이시오.
19 여러분은 외국인을 사랑해야 하오. 이는
여러분도 이집트에서 외국인이었기 때문
이오.
20 여러분의 하나님 여호와를 존경하고 잘
섬기시오. 여호와께 충성하시오. 맹세를
할 때는 여호와의 이름으로만 맹세하시
오.
21 여호와를 찬양하시오. 여호와는 여러분의
하나님이시오. 여러분의 눈으로 직접 보
았듯이 여호와께서 여러분을 위해 크고도
두려운 일을 해 주셨소.
22 여러분의 조상이 이집트로 내려갈 때는 칠
십 명밖에 없었소. 그러나 지금은 여러분
의 하나님 여호와께서 여러분을 하늘의
별처럼 많게 해 주셨소."

이스라엘이 본 위대한 일들

11 "여러분은 하나님 여호와를 사랑하고,
여호와의 규율과 규례와 율법과 명령
을 항상 지키시오.
2 여호와의 징계와 위대하심과 크신 능력을
보고 경험했던 사람은 여러분의 자손이 아
니라 바로 여러분 자신임을 기억하시오.
3 여러분의 자손은 여호와의 표적과 이집트
왕 파라오와 이집트 땅에서 하신 일들을
보지 못했소.
4 여러분의 자손은 여호와께서 이집트 군대
와 그 말과 전차들에게 하신 일도 보지 못
했소. 여호와께서는 여러분의 뒤를 쫓아
오는 그들을 홍해에 빠뜨리시고 영원히
멸망시키셨소.
5 여러분의 자손은 여러분이 이 곳에 이르
기까지 여호와께서 여러분에게 광야에서

알아두세요

9:22 '다베라'는 '불타는 곳'이란 뜻이고, '맛사'는 '시험의 장소'란 뜻이며, '기브롯핫다아와'는 '탐욕의 무덤'이란 뜻이다.
10:16 개역 성경에는 '마음에 할례를 행하고'라고 표기되어 있다.

언약궤(10:8 ark of the covenant) 하나님께서 인간에게 주신 십계명 두 돌판을 간직해 둔 상자.

해 주신 일을 보지 못했소.
6 그리고 르우벤의 손자요, 엘리압의 아들인
다단과 아비람에게 하신 일도 보지 못했
소. 그 때에 땅이 갈라져 그들과 그 가족
과 장막을 삼켜 버렸고, 온 이스라엘 가운
데서 그들과 함께 있었던 사람과 짐승들
도 다 삼켜 버렸소.
7 여러분 자신들은 여호와께서 하신 이 모
든 일을 보았소.
8 그러므로 내가 오늘 여러분에게 주는 여
호와의 모든 명령을 지키시오. 그러면 여
러분은 강해져서 여러분이 건너가 들어가
려는 땅을 차지할 수 있을 것이오.
9 여호와께서 여러분의 조상과 자손에게 주
시기로 약속하신 그 땅에서 오래오래 살
게 될 것이오. 그 땅은 젖과 꿀이 넘쳐 흐
를 만큼 비옥한 땅이오.
10 여러분이 차지할 땅은 여러분이 살았던
이집트와 같지 않소. 이집트에서는 채소밭
에 씨를 심고 물을 주느라 발을 많이 움
직였소.
11 그러나 여러분이 건너가 차지할 땅은 언
덕과 골짜기의 땅이오. 그 땅은 하늘에서
내리는 빗물로 물을 대며
12 여러분의 하나님 여호와께서 돌보시는 땅
이오. 또한 한 해가 시작할 때부터 끝날
때까지 여러분의 하나님 여호와께서 언제
나 보살펴 주시는 땅이오.
13 내가 오늘 여러분에게 주는 명령을 잘 지

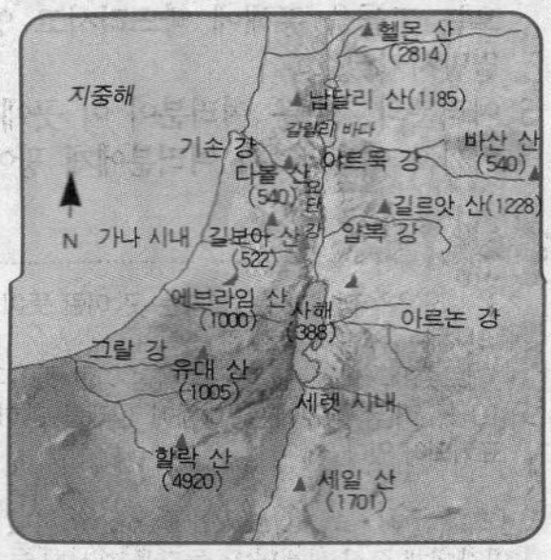

팔레스타인의 산하(11:11)

키시오. 여러분의 하나님 여호와를 사랑
하고 마음과 정성을 다하여 여호와를 섬
기시오.
14 그러면 여호와께서 때를 따라 가을과 봄
에 여러분의 땅에 비를 내려 주실 것이오.
여러분은 곡식과 새 포도주와 기름을 거
둘 수 있을 것이오.
15 들에는 여러분의 가축들이 먹을 풀을 자
라게 해 주실 것이며, 여러분도 배불리 먹
을 수 있을 것이오.
16 여러분은 조심하시오. 꾐에 빠져 다른 신
들을 섬기지 마시오. 다른 신들에게 예배
하지 마시오.
17 그렇게 했다가는 여호와께서 여러분에게
노하셔서 하늘을 닫으시고 비를 내리지
않으실 것이오. 그러면 땅에서는 식물이
자라지 않고, 여러분은 여호와께서 주신
저 좋은 땅에서 죽게 될 것이오.
18 내 말을 마음과 영혼에 새겨 두시오. 그
것을 써서 손에 매고 이마에 붙여 항상 기
억하고 생각하시오.
19 그리고 여러분의 자녀에게도 가르쳐 주시
오. 집에 앉아 있을 때나 길을 걸어갈 때
나 자리에 누웠을 때나 자리에서 일어날
때, 언제나 그것을 가르쳐 주시오.
20 여러분의 집 문설주와 대문에도 써서 붙
이시오.
21 그러면 여호와께서 여러분 조상에게 주시
기로 약속하신 그 땅에서 여러분과 여러
분의 자손 모두가 오래오래 살 수 있을 것
이오. 땅 위에 하늘이 있는 한, 그 땅에
서 오래오래 살 수 있을 것이오.
22 내가 여러분에게 주는 이 모든 명령을 부
지런히 지키고 여러분의 하나님 여호와를
사랑하며 그의 모든 길을 행하여 그에게
충성하시오.
23 그러면 여호와께서 저 모든 나라들을 여
러분 앞에서 쫓아 내실 것이오. 여러분은
여러분보다 크고 강한 나라들에게서 땅을
빼앗을 수 있을 것이오.
24 여러분이 발로 밟는 곳마다 여러분의 땅
이 될 것이오. 광야에서부터 레바논까지,

유프라테스 강에서부터 지중해까지 모두
여러분의 땅이 될 것이오.
25 여러분의 하나님 여호와께서 약속하신 대
로 여러분이 가는 곳마다 그 땅의 백성이
여러분을 두려워하게 만드실 것이오. 아
무도 여러분을 막을 수 없을 것이오.
26 보시오. 내가 오늘 여러분에게 복과 저주
가운데 하나를 고르게 하겠소.
27 내가 오늘 여러분에게 주는 하나님 여호
와의 명령을 잘 지키면 복을 받을 것이나
28 하나님 여호와의 명령을 지키지 않으면
저주를 받을 것이오. 그러므로 내가 오늘
여러분에게 주는 명령을 어기지 마시오.
여러분이 알지 못하는 다른 신들을 섬기
지 마시오.
29 여러분의 하나님 여호와께서는 여러분이
차지할 땅으로 여러분을 인도하실 것이
오. 그러면 여러분은 그리심 산에서 축복
을 선포하고, 에발 산에서는 저주를 선포
하시오.
30 그 산들은 요단 강 건너편, 곧 서쪽 해지
는 편에 있소. 그 산들은 모레의 상수리
나무들이 있는 곳에서 가까우며 길갈 건
너편, 요단 골짜기에 사는 가나안 사람들
의 땅에 있소.
31 여러분은 곧 요단 강을 건너 여러분의
하나님 여호와께서 여러분에게 주시
는 땅으로 들어가 그 땅을 차지할
것이오. 여러분은 그 땅을 차지하
고 거기에서 살게 될 것이오.
32 여러분은 내가 오늘 여러분
에게 주는 모든 명령을 잘
지키시오."

예배드릴 곳

12 "이것이 하나님
여호와께서 여
러분에게 주시기로
약속한 땅에서 여러
분이 부지런히 지켜
야 할 명령과 율법
이오. 여러분은 이
땅에서 사는 동안,
이것들을 잘 지키시오.
2 여러분은 여러분이 쫓아 낼 민족들이 신
을 섬겼던 곳을 헐어 버리시오. 그들은 산
꼭대기에서, 언덕 위에서, 그리고 잎이
무성한 모든 나무 아래에서 자기 신들을
섬겼소.
3 여러분은 그들의 제단을 허물고, 그들의
돌 기둥을 부수고, 아세라 우상을 불태우
고, 다른 우상들을 찍어 버리시오. 그들
의 이름을 그 곳에서 없애 버리시오.
4 또한 여러분의 하나님 여호와께 예배드릴
때는 그들이 우상을 섬기던 방식대로 예
배드리지 마시오.
5 여러분의 하나님 여호와께서 여러분 지
파들 가운데서 예배드릴 장소를 선택하
실 것이오. 여러분은 그 곳을 찾아가시
오.
6 그 곳으로 태워 드리는 제물인 번제물과
희생 제물을 가져가시오.
그리고 여러분이 얻은
것의 십분의 일과

이방인들이 섬기던 우상을 불태우고 찍어버려라(12:2-3)

여러분의 특별한 예물도 가져가시오. 바
치기로 약속한 것과 여호와께 드리기 원
하는 특별한 예물도 가져가시오. 소와 양
의 처음 태어난 것도 가져가시오.
7 여러분은 여러분의 하나님 여호와께서 계
신 그 곳에서 가족과 함께 먹으며, 여러
분의 하나님 여호와께서 여러분에게 복을
주셔서 잘 되게 하신 모든 일을 가지고 기
뻐하시오.
8 우리가 지금 예배드리는 방법으로 예배드
리지 마시오. 지금은 각 사람이 자기 생
각에 옳은 대로 하고 있소.
9 여러분은 여러분의 하나님 여호와께서 주
시는 편히 쉴 곳에 아직 이르지 못했소.
10 그러나 여러분은 곧 요단 강을 건너서 여
러분의 하나님 여호와께서 주시는 땅에서
살게 될 것이오. 그리고 여호와께서 여러
분의 모든 원수를 물리치시고, 편안히 살
수 있게 해 주실 것이오.
11 또 여러분의 하나님 여호와께서는 예배받
을 만한 장소를 선택하실 것이오. 여러분
은 내가 일러 주는 모든 것, 곧 태워 드
리는 번제물과 희생 제물과 여러분이 얻
은 것의 십분의 일과 여러분의 거제물과
여러분이 여호와께 약속한 가장 좋은 것
을 그 곳으로 가져가시오.
12 여러분은 여러분의 하나님 여호와 앞에서
기뻐하시오. 여러분뿐만 아니라 여러분의
자녀와 남종, 여종과 자기 땅이 없이 여
러분의 마을에 사는 레위 사람들도 다 함
께 기뻐해야 하오.
13 태워 드리는 제물인 번제물을 아무 곳에
서나 드리는 일이 없도록 조심하시오.
14 그것을 바칠 때에는 앞으로 여호와께서
여러분의 지파들 가운데서 한 곳을 선택
하실 테니 그 곳에서만 바치시오. 거기에
서 여러분은 내가 여러분에게 명령하는
것을 다 지키시오.
15 고기를 먹고 싶을 때는 여러분 마을 어디
에서나 짐승을 잡아 그 고기를 먹고 싶은
대로 먹을 수 있소. 깨끗한 사람이든 부
정한 사람이든 노루나 사슴을 먹을 때처
럼 그 고기를 먹을 수 있소. 그것은 여러
분의 하나님 여호와께서 여러분에게 주시
는 복이오.
16 그러나 피는 먹지 마시오. 피는 물처럼 땅
에 쏟아 버리시오.
17 여러분은 곡식과 새 포도주와 기름의 십
분의 일과 소나 양의 처음 태어난 것과 여
호와께 바치기로 약속한 것과 자발적으로
드리는 낙헌 제물과 들어 올려 바치는 거
제물은 성 안에서 먹을 수 없소.
18 그것을 여러분의 하나님 여호와께서 선
택하신 곳으로 가지고 가서, 여러분의
하나님 여호와 앞에서 여러분과 여러분
의 자녀와 남종과 여종과 자기 땅이 없
이 여러분 마을에 사는 레위 사람들과 함
께 드시오. 또 여러분의 하나님 여호와
앞에서 여러분이 이룩한 일들을 기뻐하
시오.
19 여러분이 그 땅에 사는 동안, 레위 사람
을 잊지 않도록 조심하시오.
20 여러분의 하나님 여호와께서는 약속하신
대로 여러분 땅을 넓혀 주실 것이오. 그
때 여러분들이 고기가 먹고 싶다면, 얼마
든지 먹고 싶은 대로 먹을 수 있소.
21 만약 여러분의 하나님 여호와께서 예배받
으실 장소로 선택하신 곳이 여러분이 사
는 곳과 너무 멀리 떨어져 있다면, 내가
여러분에게 명령한 대로 여호와께서 여러
분에게 주신 소나 양을 잡아서 여러분 마
을에서 얼마든지 먹고 싶은 대로 먹을 수
있소.
22 깨끗한 사람이든지 부정한 사람이든지 노

거제물(12:11 heave offering) 제물을 번제단 위에 높이 들어올려 드리는 제사인 거제에 쓰이는 제물.
성물(12:26 consecrated thing) 신성한 물건, 또는 종교적 의식에 쓰이는 여러 가지 거룩한 물건들을 가리킴.
예언자(13:1 prophet) 하나님의 계시를 받아 백성들에게 전해 주는 사람.

루나 사슴을 먹을 때처럼 그 고기를 먹을
수 있소.
23 그러나 피만은 먹지 마시오. 피는 생명이
기 때문이오. 생명을 고기와 함께 먹으면
안 되오.
24 피는 먹지 말고 물처럼 땅에 쏟아 버리시
오.
25 피를 먹으면 안 되오. 여호와께서 보시기
에 옳은 일을 해야 여러분과 여러분의 자
손이 하는 일이 잘 될 것이오.
26 거룩한 물건인 성물과 여호와께 바치기로
약속한 물건은 여호와께서 선택하신 곳으
로 가져가시오.
27 하나님 여호와의 제단 위에 여러분의 태
워 드리는 제물인 번제물을 바치시오. 고
기와 피를 함께 바치시오. 다른 제물의 피
는 제단 둘레에 뿌리고, 고기는 여러분이
먹어도 좋소.
28 내가 여러분에게 명령하는 이 모든 말을
잘 지키고 여러분의 하나님 여호와께서
보시기에 착하고 올바른 일을 하면 여러
분과 여러분의 자손이 하는 모든 일이 잘
될 것이오.
29 여러분은 그 땅에 들어가서 그 곳에 사는
민족들을 쫓아 내고 그 땅을 차지할 것이
오. 하나님 여호와께서 여러분 앞에서 그
나라들을 멸망시키실 것이오. 여러분은
그들을 쫓아 내고 그들의 땅에서 살게 될
것이오.
30 그들이 멸망한 후에 그들의 풍습을 따라
사는 함정에 빠지지 않도록 조심하시오.
'이 나라들은 어떻게 예배드릴까? 나도
그렇게 해 보고 싶다' 라는 말은 하지도 마
시오.
31 여러분의 하나님 여호와를 그런 식으로
섬기지 마시오. 여호와께서는 그들이 자
기 신들을 섬길 때 따랐던 방법을 싫어하
시오. 심지어 그들은 자기 신들에게 아들
과 딸을 태워 바치기까지 했소.
32 내가 여러분에게 명령한 모든 것을 부지
런히 지키시오. 거기에서 조금도 더하지
말고 조금도 빼지 마시오."

거짓 예언자

13 "여러분에게 예언자나 꿈으로 점치
는 사람이 나타나서 기적이나 표적
을 보여 주겠다고 말할지 모르오.
2 그런데 그가 말한 기적이나 표적이 실제
로 일어나고, 그가 '다른 신들을 섬깁시
다' 하고 여러분이 알지도 못하는 신을 섬
기자고 말할 수도 있소.
3 그런 일이 일어나더라도 여러분은 그 예
언자나 꿈으로 점치는 사람의 말을 듣지
마시오. 그것은 여러분이 마음과 정성을
다하여 하나님 여호와를 사랑하는가를 여
호와께서 시험하시는 것이오.
4 여러분의 하나님 여호와만을 섬기시오.
여호와만을 존경하고, 그분의 명령을 잘
지키며, 복종하시오. 그분만을 섬기며 충
성하시오.
5 예언자나 꿈으로 점치는 그런 사람은 죽
이시오. 그들은 이집트에서 여러분을 인
도해 내셨고 종살이하던 땅에서 여러분을
구해 내신 여러분의 하나님 여호와를 배
반하라고 말했소. 그들은 하나님 여호와
께서 여러분에게 명령하신 대로 살지 말
라고 유혹했소. 여러분은 그런 나쁜 사람
을 여러분 가운데서 없애야 하오.
6 여러분의 형제나 아들이나 딸이나 사랑하
는 아내나 가까운 친구들 가운데서 누군
가가 여러분을 유혹하여 '가서 다른 신들
을 섬깁시다' 하고 여러분이나 여러분의
조상이 알지 못하는 신을 섬기자고 말할
지도 모르오.
7 가까운 곳이든 먼 곳이든, 땅의 이 끝에
서 저 끝까지 이웃 백성들이 섬기는 신을
섬기자고 할지도 모르오.
8 그런 일이 일어나더라도 그런 말에 귀 기
울이지 말고, 듣지도 마시오. 그런 사람
을 불쌍하게 여기지도 말고, 풀어 주지도
말고, 보호해 주지도 마시오.
9 그런 사람은 죽이시오. 처음에 유혹받은
사람이 그 사람을 먼저 죽이시오. 그런 다
음에 다른 사람들도 힘을 합쳐 그 사람을
죽이시오.

10 여러분은 돌을 던져 그를 죽여야 하오. 그
는 여러분이 종살이하던 이집트에서 여러
분을 인도해 내신 여러분의 하나님 여호
와를 배반하라고 유혹했소.
11 그를 돌로 쳐죽이면 온 이스라엘이 듣고
두려워할 것이오. 그리고 여러분 가운데
서 그런 악한 일을 하는 사람이 다시는 나
오지 않을 것이오."

멸망시켜야 할 성

12 "여러분의 하나님 여호와께서 여러분에게
주시는 성들 가운데서 어느 한 성에 관하
여 이런 소문이 들릴 수도 있소.
13 나쁜 사람들이 여러분 가운데서 일어나
'가서 다른 신들을 섬깁시다' 라고 말하며
성 사람들이 하나님을 배반하게 만든다는
소문이 들리면,
14 여러분은 그 소문에 대해 알아보고 철저하
게 조사하시오. 그래서 그런 역겨운 일이
실제로 일어났다는 것이 사실로 밝혀지면
15 그 성을 완전히 없애 버리시오. 그 성에
사는 사람들과 그 안에 있는 짐승까지도
칼로 다 죽이시오.
16 그리고 그 성 사람들이 가지고 있던 것을
성 광장에 모아 놓고 성과 함께 그것을 다
불태우시오. 그것을 하나님 여호와께 온
전히 태워 바치시오. 다시는 그 곳에 성
을 쌓지 말고, 영원히 폐허로 남겨 두시
오.
17 그 성에서 나온 물건 가운데 하나라도 가
지지 마시오. 그래야 여호와께서 분노를
푸시고, 여러분에게 자비를 베푸시며 여
러분을 불쌍히 여기실 것이오. 그리고 여
러분 조상에게 약속하신 대로 여러분 나
라를 번성하게 하실 것이오.
18 여러분은 하나님 여호와의 말씀을 잘 들
으시오. 또 내가 오늘 여러분에게 주는 하
나님 여호와의 명령을 잘 지키고, 여호와
보시기에 올바른 일을 하시오. 그러면 약
속하신 대로 될 것이오."

하나님의 특별한 백성

14 "여러분은 하나님 여호와의 자녀요.
누가 죽더라도 슬픔을 나타내기 위
해 몸에 상처를 내거나 앞머리를 밀지 마
시오.
2 여러분은 하나님 여호와의 거룩한 백성이
오. 여호와께서 땅 위의 모든 백성들 가
운데 여러분을 뽑아 자기 백성으로 삼으
셨소.
3 무엇이든지 여호와께서 미워하시는 것은
먹지 마시오.
4 여러분이 먹어도 되는 짐승은 소와 양과
염소와
5 사슴과 노루와 꽃사슴과 들염소와 산염소
와 들양과 산양이오.
6 굽이 완전히 갈라졌으면서 새김질하는 짐
승은 먹어도 좋소.
7 그러나 새김질을 하거나 굽이 갈라진 짐
승 가운데 낙타나 토끼, 오소리*와 같은
짐승은 새김질은 하지만 굽이 갈라지지
않았으므로 여러분에게 부정하오.
8 돼지도 여러분에게 부정하오. 돼지는 굽
은 갈라졌지만 새김질은 하지 못하니 여
러분은 이런 짐승의 고기를 먹지도 말고,
그 시체를 만지지도 마시오.
9 물에 사는 것 가운데서 지느러미와 비늘
이 있는 것은 먹어도 좋소.
10 그러나 지느러미와 비늘이 없는 것은 먹
지 마시오. 그런 것은 여러분에게 부정하
오.
11 깨끗한 새는 무엇이든지 먹을 수 있소.
12 그러나 새 가운데서도 먹지 말아야 할 것
이 있는데, 곧 독수리, 수리, 검은 수리,
13 솔개와 모든 소리개 종류와
14 모든 까마귀 종류와
15 타조, 올빼미, 갈매기, 모든 매 종류와
16 부엉이, 따오기, 백조와
17 사막 올빼미, 물수리, 가마우지와
18 왜가리 종류와 오디새와 박쥐는 먹지 마
시오.
19 날개 달린 곤충은 다 여러분에게 부정하
오. 그런 것은 먹지 마시오.
20 그러나 날개 달린 깨끗한 생물은 먹어도
좋소.
21 여러분은 하나님 여호와의 거룩한 백성이

므로 저절로 죽은 것은 먹지 마시오. 그
런 것은 여러분 마을에 사는 외국인에게
주어 먹게 하거나 파시오. 새끼 염소를 그
어미 젖에 삶지 마시오."

십분의 일을 바침

22 "여러분은 해마다 밭에서 나는 작물의 십
분의 일을 따로 떼어 놓으시오.
23 여러분은 그것을 여러분의 하나님 여호와
께서 예배받으시기 위해 선택하신 곳으로
가져가시오. 여러분은 하나님 여호와께서
계시는 그 곳에서 여러분의 곡식과 포도
주와 기름의 십분의 일을 소와 양의 처음
태어난 것과 함께 먹으시오. 그렇게 하여
여러분의 하나님 여호와를 언제나 두려워
하는 법을 배우시오.
24 그러나 여러분의 하나님 여호와께서 예배
받으실 장소로 선택하신 곳이 너무 멀고,
여호와께서 여러분에게 주신 복이 너무
많아서 십분의 일을 가져갈 수 없으면,
25 그것을 돈으로 바꿔 하나님 여호와께서
선택하신 곳으로 가져가시오.
26 그 돈으로 소든 양이든 포도주든 묵은 포
도주든 아무것이나 여러분 마음에 드는
것을 사시오. 그리고 여러분의 하나님 여
호와 앞에서 여러분의 가족과 함께 먹으
며 즐거워하시오.
27 여러분 마을에 사는 레위 사람을 잊지 마
시오. 그들에게는 물려받을 땅이 없소.
28 여러분은 매 삼 년마다 그 해에 거둔 것
의 십분의 일을 가져와서 마을 안에 쌓아
두시오.
29 그것을 레위 사람에게 주어 배불리 먹게
해야 할 것이오. 그것은 레위 사람에게는
물려받을 땅이 없기 때문이오. 그리고 여
러분 마을에 사는 나그네와 고아와 과부
에게도 주어 배불리 먹게 하시오. 그렇
게 하면 여러분의 하나님 여호와께서 여
러분이 하는 모든 일에 복을 주실 것이
오."

칠 년째 해

15 "여러분은 매 칠 년마다 빚을 면제
해 주어야 하오.
2 면제하는 방법은 이러하오. 누구든지 돈
을 꿔 준 사람은 그 빚을 면제해 주어야
하는데 이웃이나 형제에게 자기 빚을 갚
으라고 하지 마시오. 왜냐하면 여호와께
서는 이 해에 모든 빚이 면제된다고 선포
하셨기 때문이오.
3 외국인에게서는 빚을 받아 낼 수 있으나
동족에게서는 받아 내지 마시오.
4 여러분 가운데 가난한 사람이 없어야 할
것이오. 여러분의 하나님 여호와께서 여
러분이 차지할 땅에 큰 복을 주실 것이오.
5 내가 오늘 여러분에게 주는 이 모든 명령
을 부지런히 지켜 하나님 여호와께 복종
하기만 하면 여호와께서 여러분에게 큰
복을 주실 것이오.
6 하나님 여호와께서 약속하신 대로 여러분
에게 복을 주실 것이오. 여러분은 다른 나
라들에게 돈을 빌려 주기는 해도 빌리지
는 않을 것이오. 그리고 많은 나라를 다
스리기는 해도 다스림을 받지는 않을 것
이오.
7 혹시 여러분의 하나님 여호와께서 여러분

성경 자세히 이해하기

안식년

7년 주기의 마지막 해를 안식년이라 합니다. 안식년에는 씨 뿌리는 일이나 가지 자르는 일을 할 수 없었으며 저절로 열린 열매나 곡식을 거둘 수는 있었지만 팔 수는 없었습니다. 또 안식년이 가까워졌다고 해서 가난한 이웃에게 돈을 꿔 주지 않으려 하면 하나님께 죄를 짓는 것으로 여겨졌습니다. 이는 안식년 기간엔 빚 독촉을 할 수 없었고, 다음 해에야 받거나 아예 면제되는 경우도 있었기 때문입니다. 설령 빚을 갚을 수 없어 노예로 팔리는 경우에도 6년 간 일하고 7년째는 자유롭게 되었으며 주인은 그들에게 가축과 곡식 등을 주어야 했습니다. 본문 보기 15장 1–11절

알아두세요

14:7 '오소리'는 '바위 너구리'라고도 한다.

에게 주신 땅의 어느 마을에 가난한 사람
이 있다면 그 불쌍한 형제를 매정히 대하
거나 인색하게 대하지 마시오.
8 그에게 필요한 것은 무엇이든지 아끼지
말고 다 빌려 주시오.
9 나쁜 생각을 가지지 않도록 조심하시오.
'빚을 면제해 주는 칠 년째 되는 해가 가
까웠다'고 생각하여 여러분의 가난한 형
제에게 인색하게 굴지 마시오. 만약 여러
분이 그에게 아무것도 해 주지 않아서 그
가 여러분을 원망하며 여호와께 부르짖으
면, 주님께서 여러분을 죄인으로 여기실
것이오.
10 가난한 사람에게 아낌없이 베풀어 주시
오. 인색한 마음을 갖지 마시오. 그렇게
하면 여러분의 하나님 여호와께서 여러분
이 하는 모든 일과 여러분의 손으로 하는
모든 일에 복을 주실 것이오.
11 이 땅 위에 가난한 사람은 언제나 있을 것
이오. 그러므로 내가 여러분에게 명령하
오. 여러분이 사는 땅의 가난한 사람과 어
렵게 사는 사람에게 아낌없이 베풀어 주
시오."

종을 풀어 주는 일에 관한 규례

12 "히브리 남자든지 히브리 여자든지 여러분
에게 종으로 팔려 와서 육 년 동안, 섬겼
거든 칠 년째 되는 해에는 그들을 풀어 주
시오.
13 그에게 자유를 주어 내보낼 때에는 빈손
으로 보내지 마시오.
14 그에게 양과 곡식과 포도주를 넉넉히 주
시오. 여러분의 하나님 여호와께서 여러
분에게 복을 주신 것만큼 그에게도 베풀
어 주시오.
15 여러분도 이집트에서 종살이했던 것을 기
억하시오. 또 여러분의 하나님 여호와께
서 여러분을 구해 주셨다는 것을 기억하
시오. 그분으로 인하여 내가 오늘 여러분
에게 이렇게 명령하는 것이오.
16 그러나 그 종이 여러분과 여러분의 가족
을 사랑하며 여러분과 함께 사는 것을 좋
아하여 '주인님을 떠나지 않겠습니다'라
고 말하면
17 그의 귀를 문에 대고 송곳으로 뚫으시오.
그러면 그는 영원히 여러분의 종이 될 것
이오. 여자 종에게도 그렇게 하시오.

가난한 사람에게 아낌없이 베풀라(15:7-11)

18 여러분의 종을 내보내는 것을 어려운 일
로 생각하지 마시오. 그는 육 년 동안, 주
인을 섬겼고 품삯은 품꾼을 쓸 때에 비해
반밖에 들지 않았소. 여러분의 하나님 여
호와께서 여러분이 하는 모든 일에 복을
주실 것이오."

처음 태어난 짐승에 관한 규례

19 "소와 양의 처음 태어난 모든 수컷은 여
러분의 하나님 여호와를 위해 따로 구별
하시오. 여러분의 처음 태어난 송아지에
게는 일을 시키지 말고 처음 태어난 어린
양의 털도 깎지 마시오.
20 해마다 여러분은 가족과 함께 하나님 여
호와께서 예배받으실 장소로 선택하신 곳
에서, 곧 여러분의 하나님 여호와께서 계
시는 곳에서 그 고기를 드시오.
21 흠이 있는 짐승, 이를테면 다리를 절룩거
리거나 앞을 못 보거나 그 밖에 다른 흠
이 있는 짐승은 하나님 여호와께 바치지
마시오.
22 그러나 여러분의 마을에서는 그런 짐승을
먹어도 좋소. 깨끗한 사람이든 부정한 사
람이든 노루나 사슴을 먹을 때처럼 그 고
기를 먹을 수 있소.
23 그러나 그 피는 먹지 마시오. 피는 물처
럼 땅에 쏟아 버리시오."

유월절

16 "아빕 월*에는 여러분의 하나님 여호
와의 유월절을 지키시오. 그것은 아
빕 월 어느 날 밤에 여러분의 하나님 여
호와께서 여러분을 이집트에서 인도해 내
셨기 때문이오.
2 여러분의 하나님 여호와께 유월절 제물을
바치되 하나님 여호와께서 예배받으시기
위해 선택하신 곳에서 양이나 소로 바치
시오.
3 그것을 먹을 때는 누룩 넣은 빵인 유교병
과 함께 먹지 마시오. 칠 일 동안은 누룩
을 넣지 않은 빵인 무교병을 드시오. 그
빵은 여러분이 이집트를 떠날 때 급히 빠
져 나왔으므로 먹는 고난의 빵이오. 여러
분은 그 빵을 먹음으로써 이집트 땅에서
나오던 날을 평생토록 기억하시오.
4 칠 일 동안은 여러분의 땅 어느 곳에서도
누룩이 보이지 않게 하시오. 첫날 저녁에
제물을 바치되 다음 날 아침이 되기 전까
지 고기를 다 먹고 남기지 마시오.
5 유월절 제물을 바칠 때는 여러분의 하나
님 여호와께서 여러분에게 주신 아무 마
을에서나 바치지 마시오.
6 유월절 제물은 여호와께서 예배받으실 장
소로 선택하신 곳에서 바치시오. 그리고
바치는 시각은 여러분이 이집트에서 나온
시각, 곧 저녁 해질 무렵이오.
7 여러분의 하나님 여호와께서 선택하신 곳
에서 고기를 구워 먹고, 이튿날 아침, 여
러분의 장막으로 돌아가시오.
8 육 일 동안 무교병을 드시오. 그리고 칠
일째 되는 날에는 여러분의 하나님 여호
와를 위해 거룩한 모임으로 모이고 그 날
에는 아무 일도 하지 마시오."

칠칠절

9 "곡식을 거두기 시작한 때부터 칠 주를 계
산하여
10 여러분의 하나님 여호와를 위하여 칠칠절
을 지키시오. 여호와께 특별한 예물을 가
져와 바치시오. 여호와께서 여러분에게
복을 주신 대로 여호와께 바치시오.
11 그리고 여호와께서 예배받으실 장소로 선
택하신 곳에서 즐거워하시오. 여러분의
아들과 딸과 남종과 여종과 여러분 마을
에 사는 레위 사람과 나그네와 고아와 과
부와 함께 즐거워하시오.
12 여러분도 이집트에서 종살이했음을 기억
하고, 이 모든 율법을 부지런히 지키시
오."

알아두세요

16:1 태양력으로는 3월이나 4월에 해당한다.

매정히(15:7 hardheartedly) 얄미울 만큼 인정이 없게.
인색한(15:7 tightfisted) 재물을 몹시 아끼는.
구별하다(15:19 set apart) 어떤 것과 다른 것 사이에 나타나는 차이에 따라 나누다.

초막절

13 "타작 마당과 포도주틀에서 곡식과 포도주를 거두어들인 다음 칠 일 동안 초막절을 지키시오.
14 여러분은 이 절기에 여러분의 아들과 딸, 남종과 여종, 그리고 여러분 마을에 사는 레위 사람과 나그네와 고아와 과부와 함께 즐거워하시오.
15 여러분은 칠 일 동안 여러분의 하나님 여호와께서 선택하신 장소에서 여호와를 위해 절기를 지키시오. 여러분의 하나님 여호와께서 여러분의 모든 추수한 것과 여러분이 하는 모든 일에 복을 주실 것이므로 절기를 지키며 즐거워하시오.
16 여러분 가운데 모든 남자는 한 해에 세 번, 여호와 앞으로 나아가시오. 무교절과 칠칠절과 초막절에 여호와께서 선택하신 곳으로 나아가시오. 여호와 앞으로 나아갈 때에는 누구나 예물을 가지고 가시오.
17 여러분의 하나님 여호와께서 여러분에게 주신 복에 따라 각기 드릴 수 있을 만큼 예물을 드리시오."

백성의 재판관

18 "각 지파는 여호와께서 주신 성마다 재판관과 지도자들을 세워 백성을 공정하게 재판하시오.
19 재판을 할 때는 공정하게 하고 사람에 따라서 재판을 다르게 해서는 안 되오. 돈을 받고 그릇된 재판을 해서도 안 되오. 왜냐하면 뇌물은 지혜로운 사람의 눈을 어둡게 하며 죄 없는 사람을 죄인으로 만들기 때문이오.
20 언제나 옳은 일만 하시오. 그래야 여러분이 살고 여러분의 하나님 여호와께서 주시는 땅을 차지할 수 있소."

우상을 미워하시는 하나님

21 "하나님 여호와를 위해 쌓는 제단 곁에 나무로 만든 아세라 우상을 세우지 마시오.
22 돌 기둥도 세우지 마시오. 여러분의 하나님 여호와께서는 그런 것들을 싫어하시오."

17 "흠이 있는 소나 양을 하나님 여호와께 제물로 바치지 마시오. 여호와께서는 그런 것을 싫어하시오.
2 여호와께서 주시는 성에서 남자든지 여자든지 하나님 여호와께서 보시기에 나쁜 일을 하여 여호와의 언약을 깨뜨리는 사람이 나올 수도 있소.
3 또 다른 신들을 섬기는 사람이 나올지도 모르오. 해나 달이나 하늘의 별들에게 절하는 사람이 생길 수도 있소. 그런 일은 내가 하지 말라고 한 일이오.
4 만약 그런 일을 한 사람에 대한 이야기가 들리거든 여러분은 그것을 잘 조사하시오. 그래서 이스라엘에서 그런 나쁜 일이 일어난 것이 사실로 밝혀지면,
5 남자든지 여자든지 그런 나쁜 일을 한 사람은 성 밖으로 데려가서 돌로 쳐죽이시오.
6 나쁜 일을 한 사람을 죽이려면 그 사람에

성경 자세히 이해하기

초막절

광야 생활을 기념하는 초막절은 9, 10월 경 드려졌으며 일 주일 동안 계속되었습니다. 백성들은 예루살렘에서 버드나무, 종려나무 가지로 초막을 짓고 세 가지 의식을 행했는데 (1) 실로암 못에서 물을 길어 매일 아침 성전에 뿌리기 (2) 일곱 가지가 난 등대 4개로 성전을 밝힌 뒤, 레위인들은 '성전으로 올라가는 노래'(시 120-134편)를 부르고, 백성들은 피리 소리에 맞춰 춤을 추기 (3) 새벽이 되면 제사장들은 해가 뜨는 순간 성전을 마주 보고 '우리의 조상들은 얼굴을 동쪽으로 돌려 태양을 경배했지만 우리의 눈은 여호와께 향해 있다'고 외치는 것이 그것이었습니다. 본문 보기 16장 13절

대한 증인이 두 명이나 세 명은 있어야 하
오. 증인이 한 사람밖에 없으면 그 사람
을 죽일 수 없소.
7 그 사람을 죽일 때는 증인들이 먼저 돌을
던지고 그 다음에 다른 모든 사람들이 돌
을 던지도록 하시오. 그런 나쁜 일을 여
러분 가운데서 없애 버리시오."

재판에 관한 규례

8 "살인이나 다툼이나 폭행이 일어났는데
그 문제에 대해 재판하기가 너무 어려우
면 그 문제를 여호와께서 선택하신 곳으
로 가져가시오.
9 그 곳에서 제사장인 레위 사람과 그 때에
재판의 책임을 맡고 있는 사람들을 찾아
가 물어 보면, 그들이 판결을 내려 줄 것
이오.
10 여러분은 하나님 여호와께서 선택하신 장
소에서 내리는 그들의 판결을 그대로 따
르고 그들이 일러 주는 것을 부지런히 지
키시오.
11 그들이 여러분에게 주는 가르침을 따르
고, 그들이 어떤 판결을 내리든지 그대
로 행하시오. 오른쪽으로나 왼쪽으로 벗
어나지 말고 그들이 판결하는 대로 하시
오.
12 만일 어떤 사람이 하나님 여호와를 섬기
는 재판관이나 제사장을 존경하지 않는다
면 죽이시오. 그런 나쁜 일을 이스라엘에
서 없애 버리시오.
13 그러면 누구나 다 이 일에 관하여 듣고 두
려워할 것이며, 다시는 재판관이나 제사
장을 업신여기지 않을 것이오."

왕을 세우는 일에 관하여

14 "여러분의 하나님 여호와께서 여러분에게
주시는 땅에 들어가 그 땅을 차지하고 살
때에 '우리 주위의 다른 나라들처럼 우리
도 왕을 세우자' 라는 생각이 들면,
15 반드시 여러분의 백성 가운데 하나님 여
호와께서 선택하시는 사람을 왕으로 세우
시오. 여러분 가운데 속하지 않은 외국인
을 왕으로 세우면 안 되오.
16 왕은 너무 많은 말을 가지면 안 되고, 말
을 더 사려고 이집트로 백성을 보내서도
안 되오. 여호와께서는 여러분에게 '그
길로는 다시 가지 마라' 고 말씀하셨소.
17 왕은 많은 아내를 두어서도 안 되오. 아
내를 많이 두면 그의 마음이 하나님에게
서 멀어질 것이오. 그리고 은과 금도 너
무 많이 가지면 안 되오.
18 왕의 자리에 오르는 사람은 제사장인 레
위 사람 앞에 있는 이 율법을 두루마리에
베끼시오.
19 그것을 늘 곁에 두고 평생토록 날마다 읽
으시오. 그래서 하나님 여호와를 두려워
하기를 배우고, 모든 율법과 명령을 부지
런히 지켜야 하오.
20 왕은 스스로 교만해지지 말아야 하며, 이
계명을 떠나 오른쪽으로나 왼쪽으로 치우
치지 말아야 하오. 그렇게 하면 그와 그
의 자손은 오랫동안 이 나라를 다스릴 수
있을 것이오."

제사장과 레위 사람의 몫

18 "제사장인 레위 사람과 모든 레위 지
파는 다른 이스라엘 백성처럼 땅을
자기 몫으로 받지 못하오. 그 대신 그들
은 여호와께 불에 태워 바친 제물을 먹을
수 있소. 그것이 그들의 몫이오.
2 그들은 다른 형제들처럼 땅을 물려받을
수 없소. 여호와께서 약속하신 대로 그들
은 여호와를 유산으로 받기 때문이오.
3 소나 양을 제물로 바칠 때에는 제사장의
몫을 따로 떼어 주시오. 제사장에게 돌아
갈 몫은 소나 양의 앞다리 하나와 두 볼
과 위장이오.
4 그리고 여러분의 첫 곡식과 포도주와 기
름도 처음 깎은 양털과 함께 제사장에게
드리시오.
5 하나님 여호와께서는 모든 지파 가운데서
제사장과 그들의 자손을 선택하셨소. 그

절기(16:15 feast) 민족적·종교적으로 중요한 사건들을 기념하기 위해 지키는 정기적인 의식 또는 축제.
두루마리(17:18 scroll) 종이를 가로로 길게 이어서 둥글게 만든 것.

래서 그들은 언제나 여호와를 섬기는 일
을 해야 하오.
6 레위 사람이 자기가 살던 마을을 떠나 간
절히 가고 싶었던 곳, 곧 여호와께서 선
택하신 장소로 가면,
7 그는 거기에서 여호와를 섬기던 다른 레
위 사람과 마찬가지로 자기 하나님 여호
와를 섬길 수 있소.
8 그가 받을 음식의 몫은 다른 레위 사람과
똑같으며, 그 레위 사람이 집안 재산을 팔
아 얻는 소득이 있다면 그것은 그 레위 사
람의 것이오."

다른 나라들을 본받지 마라

9 "여러분의 하나님 여호와께서 여러분에게
주시는 땅으로 들어가거든 그 땅의 다른
민족들이 하는 못된 일들을 본받지 마시
오.
10 여러분 가운데 딸이나 아들을 불에 태워
바치는* 사람이 없게 하고, 무당이나 점
쟁이나 마술사도 없게 하시오.
11 주문을 외우는 사람과 귀신을 불러 내는
사람과 죽은 사람의 영에게 물어 보는 사
람도 없게 하시오.
12 여호와께서는 이런 일들을 싫어하시오.
여러분의 하나님 여호와께서 그들을 여러
분 앞에서 몰아 내신 것도 바로 그런 못
된 일들 때문이었소.
13 여러분은 하나님 여호와 앞에서 흠없이
사시오."

여호와의 특별한 예언자

14 "여러분이 쫓아 낼 민족들은 점쟁이나 마
술사들의 말에 귀를 기울이지만 여러분의
하나님 여호와께서는 여러분이 그렇게 하
는 것을 허락하지 않으실 것이오.
15 하나님 여호와께서는 여러분의 백성 가운
데서 나와 같은 예언자 하나를 세워 주실
것이오. 여러분은 그의 말에 귀를 기울이
시오.
16 이것은 여러분이 여러분의 하나님 여호와
께 구했던 일이오. 여러분은 시내 산에 모
여서 '우리 하나님 여호와의 목소리를 다
시 듣지 않게 해 주십시오. 이 무서운 불
을 다시 보지 않게 해 주십시오. 그렇지
않으면 우린 죽을 것 같습니다'라고 말한
적이 있소.
17 그래서 여호와께서 나에게 말씀하셨소.
'저들이 하는 말이 옳도다.
18 그러므로 저들 가운데서 너와 같은 예언
자 한 사람을 저들에게 세워 줄 것이다.
내가 그에게 할 말을 일러 주면, 그는 내
가 명령한 모든 것을 저들에게 전할 것이
다.
19 이 예언자는 나를 위해 말할 것이다. 그
가 말할 때, 듣지 않는 사람은 내가 벌을

실수로 사람을 죽인 사람은 도피성으로 피할 수 있다(19:1-14)

줄 것이다.
20 또 내가 일러 주지 않은 말을 내 이름으
로 말하거나 다른 신들의 이름으로 말하
는 예언자는 죽을 것이다.'
21 '어떤 말씀이 여호와께서 하신 말씀인지
아닌지 어떻게 알 수 있느냐?' 하고 생각
할지도 모르겠소.
22 만약 어떤 예언자가 여호와의 이름으로
말했는데 그 말이 맞지도 않고 이루어지
지도 않으면, 그것은 여호와의 말씀이 아
니오. 그 예언자는 자기 생각을 주제넘게
말한 것 뿐이오. 그런 예언자는 두려워하
지 마시오."

도피성

19 "여러분의 하나님 여호와께서 원래
다른 나라들의 것이었던 땅을 여러
분에게 주실 것이오. 여호와께서 그 나라
들을 멸망시키고 그 나라들을 차지하여
그들의 성과 집에서 살게 될 것이오.
2 그 때가 되면 성 셋을 선택하시오. 하나
님 여호와께서 여러분에게 주시는 땅 한
가운데에 있는 성을 선택하고,
3 여러분의 하나님 여호와께서 여러분에게
주시는 땅을 세 구역으로 나누어 각 구역
마다 도피성을 하나씩 만드시오. 그 성으
로 가는 길을 닦고 누구든지 살인을 한 사
람이 그 성으로 도망갈 수 있게 하시오.
4 살인을 한 사람에 관한 규례는 다음과 같
소. 미워하는 마음이 없이 실수로 살인을
한 사람은 자기 목숨을 건지기 위해 그 성
들 가운데 한 곳으로 도망갈 수 있소.
5 이를테면 이웃과 함께 숲으로 나무를 하
러 가서 나무를 찍으려고 도끼를 휘두르
다가 도끼날이 자루에서 빠져 자신이 알
지도 못하는 중에 이웃을 죽였다면, 그 사
람은 그 성들 중 한 곳으로 도망가 목숨
을 건질 수 있소.
6 그러나 그 성까지 가는 거리가 너무 멀면
살인자에게 벌을 줄 의무가 있는 죽은 사
람의 친척들이 화를 내며 쫓아와 살인자
를 잡아 죽일지도 모르오. 그러나 그 살
인자는 죽일 마음이 없이 실수로 이웃을
죽인 것이므로 그를 죽이면 안 되오.
7 그래서 내가 여러분에게 성 셋을 선택하
라고 명령한 것이오.
8 그러나 여러분의 하나님 여호와께서 여러
분의 조상에게 약속하신 대로 여러분의
땅을 넓혀 주시고 또 여러분의 조상에게
약속하신 땅 전체를 주실 때는
9 도피성을 세 곳 더 고르시오. 그렇게 되
기 위해서는 내가 오늘 여러분에게 주는
이 모든 율법을 잘 지켜야 하오. 여러분
은 여러분의 하나님 여호와를 사랑하고
언제나 여호와의 가르침대로 사시오.
10 여러분의 하나님 여호와께서 여러분에게
주신 땅에서 죄 없는 사람이 죽임을 당하
지 않도록 하시오. 그렇게 하면 여러분은
살인죄를 짓지 않을 것이오.
11 그러나 어떤 사람이 이웃을 미워하여 숨
어서 기다렸다가 이웃을 쳐죽이고, 이 도
피성 가운데 한 곳으로 도망쳤다면,
12 그의 고향 장로들은 사람을 보내어 도피
성에 도망가 있는 그 사람을 붙잡아, 살
인자에게 벌을 내릴 책임이 있는 친척에
게 그를 넘겨 주시오.
13 그에게 자비를 베풀지 마시오. 죄 없는 사
람을 죽이는 일이 이스라엘에서 없어져야
하오. 그래야 여러분의 하는 일이 잘 될
것이오.
14 여러분의 하나님 여호와께서 주시는 땅에

땅의 경계를 표시하는 게셀의 지계표(19:14)

알아두세요

18:10 개역 성경에는 '불 가운데로 지나게 하는'이라고 표기되어 있다.

서 이웃의 땅이 어디까지인가를 표시해
주는 돌을 옮기지 마시오. 그 돌은 오래
전 사람들이 세워 놓은 돌이오."

증인에 관한 규례

15 "증인 한 사람만으로는 어떤 사람의 잘못
이나 죄를 가리기에 부족하오. 어떤 일의
옳고 그름을 가리려면 증인이 두 사람이
나 세 사람은 있어야 하오.
16 만약 어떤 증인이 거짓말을 하여 다른 사
람에게 죄를 뒤집어 씌우려 하면,
17 서로 다투고 있는 두 사람 모두 여호와 앞
에 나아와 서시오. 그들은 당시의 제사장
과 재판관들 앞에 서시오.
18 재판관들은 그 일을 조심스럽게 살피시
오. 만약 증인이 거짓 증언을 하여 이웃
에 대해 거짓말을 하였다면,
19 그가 이웃을 해치려 했던 것만큼 그에게
벌을 내리시오. 그래서 여러분 가운데서
그런 악한 일을 없애 버리시오.
20 그러면 다른 백성도 그 이야기를 듣고 두
려워할 것이며, 여러분 가운데서 어느 누
구도 그런 악한 일을 다시는 하려고 하지
않을 것이오.
21 그런 사람에게 자비를 베풀지 마시오. 목
숨은 목숨으로, 눈은 눈으로, 이는 이로,
손은 손으로, 발은 발로 갚으시오."

전쟁에 관한 율법

20 "적과 싸우기 위해 싸움터에 나갔
다가 적의 말과 전차와 군대가 여
러분보다 많은 것을 보더라도 두려워하지
마시오. 여러분을 이집트에서 인도해 내
신 하나님 여호와께서 여러분과 함께 계
시기 때문이오.
2 싸움터에 나가기 전에 제사장은 군대 앞
에 나와 말하시오.
3 제사장은 이렇게 말하시오. '이스라엘 군
대들이여, 들으시오. 여러분은 오늘 싸움
터에 나아가 적과 싸울 것이오. 용기를 잃
거나 두려워하지 마시오. 겁내지 마시오.
4 여러분의 하나님 여호와께서 여러분과 함
께 계십니다. 여호와께서 여러분을 위해
적과 싸워 주실 것이며, 여러분을 구해 주
실 것입니다.'
5 그리고 장교들은 군대를 향해 이렇게 말
하시오. '혹시 새 집을 짓고도 들어가 살
지 못한 사람이 있는가? 그런 사람은 집
으로 돌아가도 좋다. 그가 싸우다가 죽어
서 다른 사람이 그 집에 들어가는 일이 없
도록 하여라.
6 포도밭을 가꾸어 놓고도 아직 그 열매를
맛보지 못한 사람이 있는가? 그런 사람은
집으로 돌아가도 좋다. 그가 싸우다가 죽
어서 다른 사람이 먼저 그 열매를 맛보는
일이 없도록 하여라.
7 여자와 약혼을 하고도 아직 결혼하지 못
한 사람이 있는가? 그런 사람은 집으로
돌아가도 좋다. 그가 싸우다가 죽어서 다
른 사람이 그 여자와 결혼하는 일이 없도
록 하여라.'
8 장교들은 또 이렇게 말하시오. '여기에 두
려워하는 사람은 없는가? 용기를 잃은 사
람은 없는가? 그런 사람은 집으로 돌아가
도 좋다. 그런 사람이 있으면 다른 사람
들까지도 그 사람 때문에 용기를 잃고 만
다.'
9 장교들은 군대를 향해 이렇게 말하고 나
서 군대를 이끌 지휘관을 세우시오.
10 어떤 성을 공격하려고 그 성에 가까이 갈
때에는 먼저 평화적으로 항복할 것을 권
하시오.
11 만약 그들이 여러분의 제의를 받아들여
성문을 열어 주면 그 성의 모든 백성을 노
예로 삼아 일을 시키시오.
12 그러나 여러분의 평화 제의를 받아들이지

전차(20:1 chariot) 전쟁 · 경주에 쓰인 2륜 마차.
제의(20:11 proposal) 의견이나 의논 또는 의안을 제출하는 것.
포위하다(20:12 siege) 둘레를 에워싸다.
멍에(21:3 yoke) 소나 말의 목에 얹어 수레나 쟁기를 끌게 하는 둥그렇게 구부러진 막대.
선언(21:7 declaration) 필요에 따라 자기의 방침 · 의견 · 주장 등을 외부에 정식으로 표명함.

않고 여러분과 싸우려 하면 그 성을 포위
하시오.
13 여러분의 하나님 여호와께서 그 성을 여
러분에게 넘겨 주실 때에 성 안의 모든 남
자를 칼로 죽이시오.
14 성 안의 여자와 아이와 짐승과 그 밖의 것
은 여러분이 가져도 좋소. 여러분이 적에
게서 빼앗은 것은 여러분의 하나님 여호
와께서 여러분에게 주신 것이므로, 여러
분이 가져도 괜찮소.
15 가까이에 있지 않고 아주 멀리 떨어진 성
들에 대해서는 여러분이 다 그렇게 하시
오.
16 그러나 여러분의 하나님 여호와께서 여러
분에게 주시는 땅의 성들에 대해서는 그
어느 것도 살려 두지 마시오.
17 헷 사람과 아모리 사람과 가나안 사람과 브
리스 사람과 히위 사람과 여부스 사람을 여
러분의 하나님 여호와께서 명령하신 대로
완전히 멸망시키시오.
18 그렇게 하지 않으면 그들이 그들의 신을
섬기는 일을 여러분에게 가르칠 것이고,
그런 못된 일을 여러분이 하게 되면 그것
은 여러분의 하나님 여호와께 죄가 될 것
이오.
19 어떤 성을 점령하려고 오랫동안 그 성을
포위할 때 도끼로 그 성의 나무들을 찍지
마시오. 나무의 열매는 따 먹어도 되지만
나무를 베어 버리지는 마시오. 그 나무들
은 여러분의 적이 아니므로 나무와 싸우
지 마시오.
20 그러나 열매를 맺지 못하는 나무는 베어
버려도 좋소. 그런 나무는 베어 내서 성
을 점령할 때까지, 성을 공격할 때에 필
요한 장비로 만들어 쓰시오."

죽임을 당한 사람

21 "여러분의 하나님 여호와께서 여러
분에게 주신 땅에 어떤 사람이 죽은
채 들판에 쓰러져 있는 것이 발견되었는
데 누가 그 사람을 죽였는지 아무도 모르
면,
2 여러분의 장로들과 재판관들이 그가 쓰러

송아지에게 씌우는 멍에(21:3)

져 있는 곳으로 가서 그 시체가 주변의 가
까운 성들로부터 얼마나 떨어져 있는가를
재어 보시오.
3 그리고 그 시체에서 가장 가까운 성의 장
로들이 책임을 지시오. 일을 한 번도 해
본 적이 없거나 멍에를 메어 보지 않은 암
송아지 한 마리를 정하여
4 항상 물이 흐르고 갈거나 무엇을 심은 적
이 없는 골짜기로 끌고 가서 목을 꺾으시
오.
5 그런 다음에 레위의 자손인 제사장들이
그리로 가시오. 그들은 여러분의 하나님
여호와께서 뽑으신 사람들이오. 그들은
여호와를 섬겨야 하고 여호와의 이름으로
복을 빌어 주어야 하며 온갖 다툼과 싸움
에 대해 판결을 내려 주어야 하오.
6 그리고 죽임을 당한 사람에게서 가장 가
까운 성의 장로들이 손을 씻되 골짜기에
서 목을 꺾은 암송아지 위에서 손을 씻으
시오.
7 그리고 이렇게 선언하시오. '우리는 이
사람을 죽이지 않았습니다. 그리고 이 사
람이 죽는 장면도 보지 못했습니다.
8 여호와여, 여호와께서 구하신 여호와의
백성 이스라엘의 죄를 씻어 주십시오. 이
죄 없는 사람의 죽음에 대해서 여호와의
백성인 이스라엘에게 죄를 묻지 마십시
오.' 이렇게 하면 그 피흘린 죄를 벗을 수
있소.
9 그래야 여러분은 죄 없는 사람을 죽인 죄

를 씻을 수 있소. 여호와 보시기에 옳은
일을 하시오."

사로잡은 여자를 아내로 삼는 일에 관하여

10 "여러분이 적과 싸우러 나갔는데 여러분
의 하나님 여호와께서 적을 무찌르게 해
주셔서 그들을 사로잡게 되었을 때,
11 그들 가운데 마음에 드는 아름다운 여자
가 있으면 그 여자와 결혼해도 좋소.
12 그 여자를 여러분의 집으로 데려가 여자
의 머리를 밀고 손톱을 깎아 주시오.
13 여자가 잡혀 올 때에 입었던 옷은 벗기시
오. 그 여자는 여러분의 집에 살면서 한
달 동안, 자기 부모를 위해 울어야 하오.
그런 다음에야 그 여자와 결혼할 수 있소.
그렇게 하여 여러분은 그의 남편이 되고,
그는 아내가 되는 것이오.
14 그러나 만약 그 여자가 마음에 들지 않으
면 어디든지 그 여자가 원하는 곳으로 보
내 주시오. 그러나 돈을 받고 여자를 팔
수는 없소. 여자를 욕되게 하였으므로 노
예로 취급하지 말아야 하오."

맏아들

15 "어떤 사람에게 두 아내가 있는데 한 아
내는 사랑을 받았으나 다른 아내는 사랑
을 받지 못하였다고 합시다. 그러다가 두
아내 모두 아들을 낳았는데 사랑을 받지
못하던 아내의 아들이 맏아들이라면

성경 풍속

남자와 여자의 옷

남녀가 옷을 바꿔 입지 말라고 한 것은 단순히 품위를 지키기 위해서만은 아니었습니다. 이방인들은 우상 숭배의 일환으로 남녀의 옷을 바꿔 입었는데, 이방인의 우상은 보통 성과 그 옷차림이 서로 엇갈린 모습으로 나타나 그 숭배자들도 그런 우상을 닮으려 했습니다. 한 예로, 어느 천체 숭배자들의 책에는 남자가 금성 앞에 설 때는 여자의 채색옷을 입어야 하고, 여자가 화성을 경배할 때는 갑옷을 입고 나와야 한다는 명령이 적혀 있다고 합니다. 본문 보기 22장 5절

16 남편이 자기 재산을 아들에게 물려주는
날에 맏아들, 곧 그가 사랑하지 않는 아
내의 아들이 받아야 할 몫을 자기가 사랑
하는 아내의 아들에게 주면 안 되오.
17 사랑을 받지 못하는 아내의 아들을 맏아
들로 인정하고 자기의 모든 재산에서 두
몫을 그에게 줘야 하오. 그 아들은 그 아
버지가 자녀를 낳을 수 있음을 보여 준 첫
아들이므로 맏아들의 권리는 그의 것이
오."

불효한 아들

18 "어떤 사람에게 고집이 세고 아버지나 어
머니의 말씀을 따르지 않으며 타일러도
듣지 않는 아들이 있으면,
19 그의 부모는 그를 성문에 있는 장로들에
게 데려가시오.
20 그의 부모는 장로들에게 이렇게 말하시
오. '우리 아들은 고집이 세고 무엇이든
제멋대로 하려 들고 우리 말을 듣지 않습
니다. 먹고 마시기를 좋아하며 언제나 술
에 취해 있습니다.'
21 그러면 그 성의 모든 사람들은 그를 돌로
쳐죽여 여러분 가운데서 그런 악한 일이
없게 하시오. 모든 이스라엘 백성이 그 이
야기를 듣고 두려워하게 될 것이오."

그 밖의 율법

22 "어떤 사람이 죽을 죄를 지었으면 그 사
람을 죽여서 시체를 나무 위에 매달아 두
시오.
23 그러나 그의 시체를 밤새도록 나무 위에
매달아 두지 마시오. 그를 죽인 그 날에
그를 묻어 주시오. 누구든지 나무 위에 매
달린 사람은 하나님께 저주를 받은 사람
이오. 여러분은 여러분의 하나님 여호와
께서 주신 땅을 더럽히지 마시오."

22

"여러분이 이웃의 소나 양이 길을
잃고 헤매는 것을 보면 못 본 체
하지 말고 주인에게 돌려 주시오.
2 주인이 가까운 곳에 살지 않거나 주인이
누구인지 모르면 길 잃은 짐승을 여러분
의 집으로 끌고 가서 주인이 찾으러 올 때
까지 데리고 있다가 주인이 찾으러 오면

돌려 주시오.
3 이웃의 나귀나 옷이나 그 밖에 이웃이 잃어버린 다른 물건을 발견했을 때도 못 본 체하지 말고 주인에게 돌려 주시오.
4 여러분이 이웃의 소나 양이 길에 쓰러져 있는 것을 보게 되면, 못 본 체하지 말고 그 주인을 도와 일으켜 주시오.
5 여자는 남자의 옷을 입지 말고, 남자는 여자의 옷을 입지 마시오. 여러분의 하나님 여호와께서는 그렇게 하는 것을 싫어하시오.
6 나무나 땅 위에서 새의 둥지를 발견했는데 그 안에 새끼나 알을 품고 있는 새가 들어 있으면 그 어미와 새끼를 함께 잡지 마시오.
7 새끼는 잡아도 되지만 어미는 날려 보내시오. 그래야 여러분이 하는 일이 잘 되고 오래 살 수 있을 것이오.
8 새 집을 지을 때는 지붕 둘레에 담을 쌓으시오. 그래야 누가 지붕에서 떨어지더라도 살인죄를 면할 수 있을 것입니다.
9 포도밭에 서로 다른 두 가지 씨를 함께 뿌리지 마시오. 그렇게 하면 두 가지 작물을 다 제사장에게 압수당할 것입니다.
10 소와 나귀에게 한 멍에를 메워 밭을 갈게 하지 마시오.
11 양털과 무명실을 섞어서 짠 옷을 입지 마시오.
12 여러분이 입고 다니는 겉옷의 네 귀퉁이에 술을 달아 입고 다니시오."

결혼에 관한 율법

13 "어떤 남자가 여자와 결혼을 하여 잠자리를 함께했는데 그후에 여자가 싫어져서
14 여자에 대해 거짓말을 하고 누명을 씌워 '이 여자와 결혼해서 잠자리를 함께하고 보니 처녀가 아니더라' 하고 말하면,
15 여자의 부모는 자기 딸이 처녀라는 증거를 취하여 성문에 있는 장로들에게 가져가시오.
16 여자의 아버지는 장로들에게 이렇게 말하시오. '이 사람에게 내 딸을 아내로 주었더니 이제 와서 내 딸을 싫어합니다.
17 이 사람은 내 딸에 대해 "당신 딸은 처녀가 아니었습니다"라고 거짓말을 했습니다. 하지만 여기에 내 딸이 처녀였다는 증거가 있습니다.' 그리고 나서 여자의 부모는 장로들 앞에서 피 묻은 천을 펼쳐 보이시오.
18 그러면 장로들은 그 남자를 붙잡아 벌을 주시오.
19 장로들은 그에게서 은 백 세겔*을 받아 여자의 아버지에게 주시오. 이는 그가 이스라엘 처녀에게 누명을 씌웠기 때문이오. 그 여자는 계속해서 그 남자의 아내가 되어야 하고, 그 남자는 평생토록 그 여자와 이혼할 수 없소.
20 그러나 남편이 말한 것이 사실이어서 그 여자가 처녀였다는 증거가 발견되지 않으면,
21 그 여자를 그의 아버지 집 입구로 끌고 가시오. 그리고 그 마을 사람들에게 그 여자를 돌로 쳐죽이게 하시오. 이는 그 여자가 자기 아버지 집에 살면서, 결혼을 하기도 전에 성관계를 맺음으로 이스라엘 가운데에 부끄러운 일을 했기 때문이오. 여러분은 여러분 가운데서 그런 악한 일을 없애 버리시오.
22 어떤 남자가 다른 남자의 아내와 성관계를 맺다가 들켰으면 성관계를 맺은 그 남자와 여자를 둘 다 죽이시오. 이스라엘 가운데서 그런 악한 일은 없애야 하오.
23 어떤 남자가 다른 남자와 약혼을 한 젊은 여자와 성 안에서 만나 성관계를 맺었으면,
24 여러분은 두 사람을 성문으로 끌고 가서 돌로 쳐죽이시오. 왜냐하면 젊은 여자는 성 안에 있었으면서도 도와 달라는 비명을 지르지 않았기 때문이고, 남자는 다른 남자의 약혼녀와 성관계를 맺었기 때문이오. 여러분은 여러분 가운데서 그런 악한

알아두세요

22:19 100세겔은 약 1.14kg에 해당된다.

일을 없애시오.
25 그러나 어떤 남자가 약혼을 한 젊은 여자
와 들에서 만나 여자를 강제로 붙잡아 성
관계를 맺었으면 그 여자와 함께 누운 남
자만 죽이시오.
26 그 여자에게는 아무 벌도 주지 마시오. 왜
나하면 그 여자는 죽을 죄를 짓지 않았기
때문이오. 이것은 어떤 사람이 갑자기 이
웃을 쳐서 죽인 것과 같소.
27 그 남자가 다른 남자의 약혼녀를 들에서
만났으므로 여자가 소리를 질렀어도 구해
줄 사람은 아무도 없었을 것이오.
28 어떤 남자가 약혼하지 않은 처녀를 만나
강제로 성관계를 맺다가 들켰으면
29 그 남자는 여자의 아버지에게 은 오십 세
겔*을 갚으시오. 그리고 그 여자를 부끄
럽게 만들었으므로 그 여자와 결혼하시
오. 그 남자는 평생토록 그 여자와 이혼
할 수 없소.
30 누구든지 자기 아버지의 아내와 결혼하면
안 되오. 그것은 자기 아버지를 부끄럽게
하는 일이오."

여호와의 백성

23 "누구든지 성기의 일부분이 잘린
사람은 여호와의 백성이 모인 예
배에 나올 수 없고
2 누구든지 불륜의 관계에서 태어난 사람은
여호와께 예배드리는 모임에 나올 수 없
소. 그들의 자손은 십 대에 이르기까지 여
호와께 예배드리는 모임에 나올 수 없소.
3 암몬 사람이나 모압 사람은 여호와께 예배
드리는 모임에 나올 수 없소. 그 자손은
십 대뿐 아니라 영원히 여호와께 예배드
리는 모임에 나올 수 없소.
4 암몬 사람과 모압 사람은 여러분이 이집트
에서 나올 때에 여러분에게 빵과 물을 주
지 않았소. 그리고 그들은 북서 메소포타
미아의 브돌에서 브올의 아들 발람을 불러
여러분을 저주하려고 했소.
5 그러나 여러분의 하나님 여호와께서는 발
람의 말을 듣지 않으셨소. 여러분의 하나
님 여호와께서는 여러분을 사랑하시기 때
문에 여러분을 위해 저주를 복으로 바꾸
셨소.
6 여러분은 평생토록 그들을 평화롭게 하거
나 번영하게 하면 안 되오.
7 에돔 사람을 미워하지 마시오. 그들은 여
러분의 친척이오. 이집트 사람을 미워하
지 마시오. 여러분이 그들의 땅에서 나그
네로 살았기 때문이오.
8 그들의 삼대 자손은 여호와께 예배드리는
모임에 나올 수 있소."

진을 깨끗하게 하는 법

9 "진을 치고 적과 맞서 있을 때는 부정한
것들을 피하시오.
10 밤 사이에 몽정을 하여 부정하게 된 사람
은 진 밖으로 나가서 돌아오지 마시오.
11 그러나 저녁이 되면 물로 몸을 씻고, 해
가 지면 진으로 돌아올 수 있소.
12 진 바깥, 한 곳에 대소변을 보는 곳을 정
하고,
13 진 바깥으로 나갈 때, 삽 하나를 가지고
가서 그것으로 땅에 구멍을 파낸 뒤 변을
보고 덮으시오.
14 하나님 여호와께서 여러분의 진을 두루
다니시며 지키시고 여러분이 적을 이길
수 있게 도와 주실 것이오. 그러므로 진
을 거룩하게 하시오. 여호와께서는 부정
한 것을 보지 않으시므로 여러분이 거룩
해야 여호와께서 여러분을 떠나지 않으실
것이오."

그 밖의 율법

15 "어떤 종이 주인에게서 도망쳐 여러분에
게 오면 그를 주인에게 넘겨 주지 마시오.

불륜(23:2 immorality) 부부 관계에 따라 지켜야 할 도리에서 벗어남.
번영(23:6 prosperity) 일이 성하게 잘 되어 영화로움.
진(23:9 camp) 군대가 머물러 둔치는 곳.
몽정(23:10 nocturnal emission) 꿈에 성적인 쾌감을 얻음으로써 사정하는 일.
남창(23:17 male prostitute) 사내들끼리 성교하듯이 하는 것을 직업으로 하는 남자.
유괴(24:7 kidnapping) 사람을 속여 꾀어내는 일.

16 종이 원하는 대로 어디에서든지 여러분과
함께 살 수 있게 하시오. 그가 살고 싶은
마을이 있으면 어디서든지 살게 하시오.
그를 못살게 굴지 마시오.
17 이스라엘 여자는 성전 창녀가 되지 말아야
하고, 이스라엘 남자도 성전 남창이 되지
말아야 하오.
18 여호와께 약속한 것을 갚기 위해 창녀나
남창이 번 돈을 하나님 여호와의 성전으
로 가져오지 마시오. 여러분의 하나님 여
호와께서는 이 두 가지 예물 모두를 싫어
하시오.
19 여러분이 이웃에게 돈이나 음식이나 그
밖의 다른 물건을 빌려 줄 때에는 이자를
받지 마시오.
20 외국인에게서는 이자를 받을 수 있으나
이스라엘 백성에게서는 이자를 받지 마시
오. 그래야 여러분의 하나님 여호와께서
여러분이 하는 모든 일에 복을 주실 것이
오. 여러분이 들어가 차지할 땅에서 복을
주실 것이오.
21 여러분의 하나님 여호와께 무엇을 드리기
로 약속했으면 미루지 말고 갚으시오. 여
러분의 하나님 여호와께서는 여러분이 약
속한 것을 달라고 하실 것이오. 미루는 것
은 여러분에게 죄가 될 것이오.
22 그러나 약속을 하지 않았으면 그 일로 죄
를 지을 것이 없소.
23 무엇이든 여러분의 입으로 말한 것은 지
키시오. 여러분 스스로가 여러분의 하나
님 여호와께 약속한 것이므로 반드시 지
키시오.
24 이웃의 포도밭에 들어갔을 때, 마음껏 포
도를 먹는 것은 괜찮소. 그러나 포도를 그
릇에 담아 가지는 마시오.
25 이웃의 곡식 밭에 들어갔을 때, 손으로 이
삭을 따는 것은 괜찮지만 낫으로 베어 내
지는 마시오."

24 "어떤 남자가 결혼을 했는데 여자
에게 어떤 결점이 있는 것을 알게
되어 여자가 싫어지거든 이혼 증서를 써
주고 여자를 자기 집에서 내보내시오.
2 여자가 그의 집을 떠나 다른 남자와 결혼
했는데
3 여자의 두 번째 남편도 그 여자가 싫어져
서 이혼 증서를 써 주고 자기 집에서 내
보냈다거나 아니면 여자의 두 번째 남편
이 죽었다거나 했다면
4 어떤 경우든지 여자와 이혼한 첫 번째 남
편은 그 여자와 다시 결혼하지 마시오.
그 여자는 이미 부정하게 되었기 때문이
오. 여호와께서는 그런 일을 싫어하시오.
여러분의 하나님 여호와께서 여러분에게
주시는 땅에 이런 죄가 있게 하지 마시
오.
5 결혼한 지 얼마 되지 않은 새신랑을 군대
에 보내지 마시오. 그리고 그 밖의 다른
의무를 갖게 하지도 마시오. 그가 일 년
동안 자유롭게 집에 머물면서 새신부를
행복하게 해 주도록 하시오.
6 어떤 사람에게 무엇을 빌려 주어 받을 것
이 있다 하더라도 그의 맷돌을 가져가지
마시오. 위짝이든 아래짝이든 가져가지
마시오. 맷돌을 가져가는 것은 그의 목숨
을 가져가는 것이나 같소.
7 이웃을 유괴하여 종으로 삼거나 파는 사
람은 죽이시오. 여러분 가운데서 그런 악
한 일을 없애 버리시오.
8 누구든지 문둥병*에 걸린 사람이 있으면
조심하시오. 여러분은 레위 사람인 제사
장이 가르쳐 주는 대로 하시오. 내가 그
들에게 명령한 것을 잘 지키시오.
9 여러분이 이집트에서 나오던 길에 여러분
의 하나님 여호와께서 미리암에게 하신 일
을 잘 기억하시오.
10 이웃에게 무엇을 빌려 줄 때는 빌려 준 것
을 대신해서 맡아 둘 것을 가지려고 그의
집으로 들어가지 마시오.
11 밖에 머물러 있으면서 이웃이 맡길 것을
직접 가지고 나오게 하시오.

알아두세요

22:29 50세겔은 약 570g에 해당된다.
24:8 이는 전염성 피부병을 의미한다.

12 그가 가난한 사람이면 그가 맡긴 겉옷을
밤새도록 가지고 있지 마시오.
13 해가 지기 전에 그의 겉옷을 돌려 주시오.
그는 잠을 잘 때에 그 겉옷이 필요하기 때
문이오. 그는 잠자리에 누워 당신을 위해
복을 빌 것이며 그 일은 하나님 여호와께
서 보시기에 옳은 일이 될 것이오.
14 이스라엘 백성이든지 여러분의 마을에서
함께 사는 외국인이든지 불쌍하고 가난한
일꾼을 억누르지 마시오.
15 해가 지기 전에 그에게 품삯을 주시오. 왜
냐하면 그는 가난해서 돈이 당장 필요하기
때문이오. 그에게 돈을 주지 않으면 그가
여호와께 여러분에 대해 원망할 것이고 그
렇게 되면 여러분에게 죄가 있게 되오.
16 자식이 잘못했다고 해서 부모를 죽이지
마시오. 그리고 부모가 잘못했다고 해서
자식을 죽여서도 안 되오. 사람은 자기가
지은 죄로만 죽임을 당해야 하오.
17 외국인이나 고아의 재판이라고 불공평하
게 다루지 마시오. 과부에게 무엇을 빌려
주고 겉옷을 맡아 두지 마시오.
18 여러분은 여러분이 이집트에서 종살이했
던 것과 여러분의 하나님 여호와께서 여
러분을 구해 주신 것을 기억하시오. 그 때
문에 내가 여러분에게 이렇게 명령하는
것이오.
19 밭에서 추수할 때에 곡식 한 다발을 잊어
버리고 왔더라도 돌아가서 다시 가져오지
마시오. 외국인과 고아와 과부가 가지게
내버려 두시오. 그러면 여러분의 하나님
여호와께서 여러분이 하는 모든 일에 복
을 주실 것이오.
20 올리브 나무를 흔들어 열매를 떨어뜨린 후
에 그 가지를 또다시 살피지 마시오. 남
은 열매는 외국인과 고아와 과부가 가지
게 내버려 두시오.
21 포도밭에서 포도를 딸 때도 따고 남은 것
을 또 따지 마시오. 남은 포도는 외국인이
나 고아와 과부가 가지게 내버려 두시오.
22 여러분도 이집트에서 종살이했던 것을 기
억하시오. 그 때문에 내가 여러분에게 이
렇게 명령하는 것이오."

25 "두 사람 사이에 다툼이 일어나서
재판을 하게 되면 재판관들이 그
일에 대해 판결을 내리시오. 그래서 옳은
사람은 옳다고 판결하고 죄가 있는 사람
에게는 벌을 주시오.
2 죄가 있는 사람이 매맞
는 벌을 받아야 하
면 재판관은 그를
자기 앞에서 엎드
리게 한 다음 죄의
정도에 따라 매를
때리게 하시오.
3 그러나 사십 대
이상은 때리지 마
시오. 왜냐하면 사
십 대 이상 때리면
그가 다른 사람들
앞에서 모욕을 당
하게 될 것이기 때
문이오.
4 곡식을 밟으며 일하는
소의 입에 곡식을 먹지 못
하게 하려고 망을 씌우지

이웃의 옷을 해가 지기 전에 돌려줘라(24:13)

마시오.
5 형제가 함께 살다가 그 가운데 한 명이 아
들 없이 죽었을 때, 그의 아내는 다른 집
안 사람과 결혼할 수 없소. 죽은 사람의
형제가 그 여자를 아내로 맞아들이시오.
그것이 죽은 남편의 형제로서 지켜야 할
의무요.
6 그렇게 해서 여자가 낳은 첫아들은 죽은
형제의 이름을 따라서 부르시오. 그래서
그의 이름이 이스라엘에서 잊혀지지 않게
하시오.
7 그러나 그 사람이 죽은 형제의 아내와 결
혼하려 하지 않으면 그 형제의 아내는 성
문에 있는 장로들에게 나아가서 이렇게
말하시오. '내 남편의 형제가 나와 결혼
하기 싫어하여 이스라엘 가운데서 자기 형
제의 대를 이으려 하지 않습니다. 그가 남
편의 형제로서 지켜야 할 의무를 지키려
하지 않습니다.'
8 그러면 마을의 장로들은 그 사람을 불러
서 잘 타이르시오. 그런데도 그가 '나는
저 여자와 결혼할 생각이 없습니다'라고
말하면서 고집을 부리면
9 여자는 장로들이 보는 앞에서 그에게 가
까이 나아가 그의 발에서 신을 벗기고, 그
의 얼굴에 침을 뱉으면서 '자기 형제의 집
안을 잇지 않으려는 사람은 이렇게 된다'
라고 말하시오.
10 그러면 그 사람의 집안은 이스라엘 가운데
서 '신을 벗긴 자의 집안'이라고 불릴 것
이오.
11 두 사람이 싸우고 있는데 한 사람의 아내
가 자기 남편을 돕기 위해 손으로 다른 남
자의 성기를 움켜쥐면
12 여러분은 그 여자의 손을 잘라 버리시오.
여자에게 자비를 베풀지 마시오.
13 하나는 무겁고 하나는 가벼운 두 가지 종
류의 저울추를 가지고 다니지 마시오.
14 하나는 크고 하나는 작은 두 가지 종류
의 되를 여러분의 집에 가지고 있지 마
시오.
15 올바르고 정직한 저울추와 되를 사용하시
오. 그래야 여러분의 하나님 여호와께서 주
시는 땅에서 오래오래 살 수 있을 것이오.
16 여러분의 하나님 여호와께서는 정직하지
않은 사람과 정확하지 않은 되를 쓰는 사
람을 싫어하시오.
17 여러분이 이집트에서 나오던 때, 아말렉 사
람들이 여러분에게 한 일을 기억하시오.
18 여러분이 피곤하고 지쳤을 때, 그들이 길
에서 나와 여러분 뒤에 처져 있던 사람들
을 다 죽였소. 그들은 하나님을 두려워하
지 않았소.
19 여러분의 하나님 여호와께서 주시는 땅에
서, 모든 적들을 물리치시고 여러분에게
평안을 주실 때에 이 땅 위에서 아말렉 사
람들을 멸망시켜 그들의 기억조차도 없애
버리시오. 꼭 잊지 마시오."

첫 추수

26

"여러분의 하나님 여호와께서 주
시는 땅으로 여러분은 들어갈 것
이오. 그 땅을 점령하고 그 땅에서 살 것
이오.
2 그 때가 되면 여러분은 하나님 여호와께
서 여러분에게 주신 땅에서 자라난 작물
가운데 처음으로 거둔 것을 광주리에 담
아 하나님 여호와께서 예배받으시기 위해
선택하신 곳으로 나아가시오.
3 그리고 그 당시의 제사장에게 이렇게 말
하시오. '오늘 제가 제사장의 하나님 여
호와께 선언합니다. 여호와께서 저희 조

성경 풍속

소를 이용한 타작

타작을 할 때에는 주로 기구를 사용하지만 때로는 육중한 몸의 소를 곡식 위로 몰아 낟알들을 밟게 하는 등의 거칠고 비경제적인 방법으로 타작을 하기도 했습니다. 이때 소는 일을 하면서 곡식을 먹곤 했는데 율법은 일하는 소의 입에 망을 씌우지 말고 곡물을 먹을 수 있도록 허락하라고 합니다.

본문 보기 25장 4절

상에게 약속하신 땅으로 제가 왔습니다.'
4 제사장이 여러분이 가져온 광주리를 받아
서 여러분의 하나님 여호와의 제단 앞에
놓으면
5 여러분은 여호와 앞에서 이렇게 말씀드리
시오. '제 조상은 떠돌아 다니던 아람 사
람이었습니다. 그는 이집트로 내려갔다가
몇 안 되는 사람과 함께 그 곳에서 나그
네로 살았습니다. 그러나 그들은 거기에
서 강하고 번성한 큰 나라를 이루게 되었
습니다.
6 그러나 이집트 사람들이 우리에게 고된 일
을 시킴으로 우리를 학대하고 괴롭혔습니
다.
7 그래서 저희 조상의 하나님이신 여호와께
부르짖었더니 여호와께서 저희 기도를 들
어 주셨고, 여호와께서는 저희가 고통당
하는 것과 고된 일을 하는 것과 학대받는
것을 보셨습니다.
8 여호와께서는 크신 힘과 능력으로 저희를
이집트에서 인도해 내셨습니다. 여호와께
서는 위엄과 표적과 기적을 보여 주셨습
니다.
9 그리고 여호와께서는 저희를 이 곳으로
인도하시고 젖과 꿀이 흐르는 비옥한 땅
을 주셨습니다.
10 이제 제가 여호와께서 저에게 주신 이 땅
에서 거둔 첫 열매를 여호와께 가져 왔습
니다.' 그리고 나서 그 광주리를 여러분
의 하나님 여호와 앞에 놓고, 여호와 앞
에 엎드려 경배하시오.
11 여러분은 레위 사람과 여러분 가운데 사
는 외국인과 함께 즐거워하시오. 여러분
의 하나님 여호와께서 여러분과 여러분의
집에 주신 온갖 좋은 것을 나누며 즐거워
하시오.
12 삼 년째 되는 해에 여러분이 거둔 모든 것
의 십분의 일을 가져오시오. 그 해는 여
러분이 거둔 것의 십분의 일을 드려 그것
을 레위 사람과 외국인과 고아와 과부에
게 주어서 여러분 마을에서 마음껏 먹게
하시오.
13 그리고 나서 여러분의 하나님 여호와께
이렇게 말하시오. '집에서 제가 거둔 것
가운데 여호와의 것을 따로 떼어 놓았습
니다. 그리고 여호와께서 제게 명령하신
대로 그것을 레위 사람과 외국인과 고아
와 과부에게 주었습니다. 저는 여호와의
명령을 잊지 않았고 어기지도 않았습니
다.
14 슬픔에 빠져 있을 때, 그 거룩한 물건인
성물을 먹지 않았고, 제가 부정할 때에 그
것을 떼어 놓지도 않았고 그것을 죽은 사
람에게 바치지도 않았습니다. 저는 하나
님 여호와의 말씀에 복종하였고 주께서
명령하신 대로 행했습니다.
15 주님의 거룩한 집인 하늘에서 굽어 살피
시고 주님의 백성 이스라엘에게 복을 주시
고 저희 조상에게 약속하신 땅, 곧 젖과
꿀이 흐르는 비옥한 땅에 복을 주십시
오.'"

여호와의 명령에 복종하여라

16 "오늘 여러분의 하나님 여호와께서 이 모
든 규례와 율법을 지키라고 명령하셨소.
마음과 정성을 다하여 그것을 부지런히
지키시오.
17 오늘 여러분은 여호와를 여러분의 하나님
으로 인정하고 여호와께서 원하시는 대로
하겠다고 약속했소. 여호와의 규례와 명
령과 율법을 지키고 여호와께 복종하겠다
고 약속했소.
18 오늘 여호와께서도 여러분을 주님의 소중
한 백성으로 받아들이기로 약속하셨소.
그리고 여러분에게 여호와의 모든 명령을
지키라고 말씀하셨소.
19 여호와께서는 그가 지으신 다른 민족들보

광주리(26:10 basket) 대 · 싸리 · 버들 등으로 엮어 만든 둥근 그릇.
석회(27:2 plaster) 생석회와 물을 부어 모은 소석회를 통틀어 이르는 말.
대장장이(27:15 blacksmith) 쇠를 달구어 연장 따위를 만드는 일을 직업으로 삼는 사람.

다 여러분을 더 높이실 것이오. 여러분에
게 칭찬과 명예와 영광을 주실 것이오. 여
호와께서 약속하신 대로 여러분은 하나님
여호와께 거룩한 백성이 될 것이오."

돌에 새긴 율법

27 모세와 이스라엘 장로들이 백성에
게 명령했습니다. "오늘 내가 여러
분에게 주는 모든 명령을 지키시오.
2 여러분은 곧 요단 강을 건너서 여러분의
하나님 여호와께서 주시는 땅으로 들어갈
것이오. 그 날이 오면 큰 돌들을 세우고
그 위에 석회를 칠하시오.
3 그리고 강을 건너면 바로 이 모든 가르침
의 말씀을 그 돌들 위에 새겨 놓으시오.
그렇게 하면 여러분 조상의 하나님 여호
와께서 약속하신 대로, 여러분의 하나님
여호와께서 주시는 땅으로 들어가 그 곳
을 차지하여 살게 될 것이오. 그 땅은 젖
과 꿀이 흐르는 비옥한 곳이오.
4 요단 강을 건넌 뒤에는 이 돌들을 내가 오
늘 명령한 대로 에발 산 위에 세우고, 그
위에 석회를 칠하시오.
5 그리고 그 곳에서 여러분의 하나님 여호
와께 돌 제단을 쌓으시오. 제단을 쌓을 때
는 돌을 쇠 연장으로 다듬지 마시오.
6 여러분은 여러분의 하나님 여호와께 다듬
지 않은 돌로 제단을 쌓으시오. 그런 다
음 그 제단 위에 하나님 여호와께 태워 드
리는 제사인 번제를 바치시오.
7 화목 제물도 바치시오. 그리고 그 곳에서
음식을 먹으면서 여러분의 하나님 여호와
앞에서 즐거워하시오.
8 여러분은 그 돌들 위에 이 모든 가르침의
말씀을 정확히 새기시오."

율법의 저주

9 모세와 레위 사람인 제사장들이 온 이스라
엘에게 말했습니다. "이스라엘 백성들이
여, 조용히 하고 잘 들으시오. 여러분은
오늘 하나님 여호와의 백성이 되었소.
10 그러므로 하나님 여호와의 말씀에 복종하
고 내가 오늘 여러분에게 주는 여호와의
명령과 율법을 잘 지키시오."
11 그 날 모세는 백성에게 이렇게 명령했습
니다.
12 "여러분은 요단 강을 건널 것이오. 그 때
가 되면 시므온, 레위, 유다, 잇사갈, 요셉,
그리고 베냐민 지파는 그리심 산 위에 서
서 백성을 향해 축복하시오.
13 그리고 르우벤, 갓, 아셀, 스불론, 단, 그
리고 납달리 지파는 에발 산 위에 서서 백
성을 향해 저주하시오.
14 레위 사람은 큰 소리로 모든 이스라엘 백
성에게 이렇게 말하시오.
15 '대장장이를 시켜서 우상을 조각하거나
쇠를 녹여 만들어서 남몰래 세우는 사람
은 저주를 받는다. 여호와께서는 사람이
만든 우상을 역겨워하신다.' 모든 백성은
'아멘!' 이라고 말하시오.
16 '자기 아버지나 어머니를 업신여기는 사
람은 저주를 받는다.' 모든 백성은 '아

성경 자세히 이해하기

에발 산

세겜 골짜기를 사이에 두고 그리심 산과 마주 보고 있는 산이며, 해발은 약 940m로 그리심 산보다 60m 가량 높습니다. 예루살렘에서 약 40마일 떨어진 요단 서편에 있고, 이 두 산 사이로 중요한 동서 무역로가 지나갔습니다. 모세는 두 산에 각각 여섯 지파가 나누어 서게 한 뒤 그리심 산에 선 지파는 백성을 위하여 축복을, 에발 산에 선 지파는 저주를 선언하게 하였습니다. 후에 여호수아도 세겜에 단을 쌓고 백성을 절반씩 나누어 두 산 비탈에 서게 하고 언약 의식을 거행하였습니다(수 8:30-31). 본문 보기 27장 4절

축복의 산 그리심산(27장)

멘!' 이라고 말하시오.
17 '너희 이웃의 땅이 어디까지인가를 표시해
주는 돌을 옮기는 사람은 저주를 받는다.'
모든 백성은 '아멘!' 이라고 말하시오.
18 '보지 못하는 사람을 잘못된 길로 이끄는
사람은 저주를 받는다.' 모든 백성은 '아
멘!' 이라고 말하시오.
19 '외국인과 고아와 과부를 공정하게 대하
지 않는 사람은 저주를 받는다.' 모든 백
성은 '아멘!' 이라고 말하시오.
20 '자기 아버지의 아내와 함께 자는 사람은
저주를 받는다. 그것은 자기 아버지를 부
끄럽게 하는 짓이다.' 모든 백성은 '아
멘!' 이라고 말하시오.
21 '짐승과 함께 자는 사람은 저주를 받는
다.' 모든 백성은 '아멘!' 이라고 말하시
오.
22 '자기 아버지의 딸이든지 어머니의 딸이
든지 자기 누이와 함께 자는 사람은 저주
를 받는다.' 모든 백성은 '아멘!' 이라고
말하시오.
23 '자기 장모와 함께 자는 사람은 저주를 받
는다.' 모든 백성은 '아멘!' 이라고 말하
시오.
24 '남몰래 이웃을 죽이는 사람은 저주를 받
는다.' 모든 백성은 '아멘!' 이라고 말하
시오.
25 '돈을 받고 죄 없는 사람을 죽이는 사람
은 저주를 받는다.' 모든 백성은 '아멘!'
이라고 말하시오.
26 '이 가르침의 말씀을 간직하고 따르지 않
는 사람은 저주를 받는다.' 모든 백성은
'아멘!' 이라고 말하시오."

복종하여 받는 복

28 "여러분은 여러분의 하나님 여호
와께 온전히 복종하시오. 내가 오
늘 여러분에게 주는 여호와의 모든 명령
을 부지런히 지키시오. 그러면 하나님 여
호와께서 여러분을 땅 위의 어떤 민족보
다 더 크게 해 주실 것이오.
2 하나님 여호와께 복종하시오. 그러면 이
모든 복이 여러분에게 찾아올 것이오.
3 성읍에서도 복을 받고, 들에서도 복을 받
을 것이오.
4 여러분의 자녀와 땅의 열매가 복을 받을
것이고, 여러분의 짐승의 새끼도 복을 받
아 소와 양이 늘어날 것이오.
5 여러분의 광주리와 반죽 그릇이 복을 받
을 것이오.
6 여러분은 들어가거나 나가거나, 어디를
가든지 복을 받을 것이오.
7 여호와께서는 여러분이 적을 이길 수 있
게 해 주실 것이오. 그들은 한 길로 쳐들
어와서 일곱 길로 도망갈 것이오.
8 하나님 여호와께서 여러분에게 복을 주셔
서 창고가 가득 차게 해 주실 것이고 여
러분이 하는 모든 일과 너희 하나님 여호
와께서 여러분에게 주신 모든 땅에 복을
주실 것이오.
9 여러분이 하나님 여호와의 명령을 지키고
여호와께서 원하시는 대로 산다면, 여호
와께서는 여러분에게 약속하신 대로 여러
분을 여호와의 거룩한 백성으로 삼으실
것이오.
10 그러면 여러분이 하나님의 백성이라고 불
리는 것만으로도 땅 위의 모든 사람이 여
러분을 두려워하게 될 것이오.
11 여호와께서 여러분에게 주시겠다고 여러
분의 조상에게 약속하신 땅에서 여러분을
부자로 만드실 것이오. 여러분의 자녀가
많아질 것이오. 여러분의 짐승이 새끼를
많이 낳을 것이며, 땅도 열매를 많이 맺
을 것이오.
12 여호와께서 여러분을 위하여 아름다운 하
늘의 창고를 여실 것이오. 하늘은 알맞은
때에 비를 내릴 것이고 여호와께서는 여
러분이 하는 모든 일에 복을 주실 것이오.
여러분이 다른 나라들에게 빌려 주는 일
은 있어도, 빌리는 일은 없을 것이오.
13 내가 오늘 여러분에게 선포하는 하나님
여호와의 명령을 부지런히 지키면, 여호
와께서는 여러분을 꼬리가 아니라 머리가
되게 하실 것이오. 여러분은 바닥이 아니
라 꼭대기에 있게 될 것이오.

14 내가 오늘 여러분에게 명령하는 말씀을 오른쪽으로나 왼쪽으로 치우쳐 어기지 마시오. 내가 명령한 대로만 하시오. 다른 신들을 따르거나 섬기지 마시오."

복종하지 않아 받는 저주

15 "그러나 내가 오늘 여러분에게 주는 여호와의 모든 명령과 규례를 부지런히 지키지 않고 하나님 여호와께 복종하지 않으면 이 모든 저주가 여러분에게 찾아올 것이오.
16 여러분은 성 안에서도 저주를 받고 들에서도 저주를 받을 것이오.
17 여러분의 광주리와 반죽 그릇이 저주를 받을 것이오.
18 여러분의 자녀와 땅의 열매가 저주를 받을 것이고, 여러분 짐승의 새끼도 저주를 받을 것이오.
19 여러분은 들어가거나 나가거나, 어디를 가든지 저주를 받을 것이오.
20 여러분이 죄를 지어 여호와를 떠나면, 여호와께서 여러분이 하는 모든 일에 저주와 혼란과 벌을 내리실 것이오. 여러분은 순식간에 망할 것이오.
21 하나님 여호와께서 여러분에게 무서운 병을 보내실 것이오. 그리하여 여러분이 들어가 차지할 땅에서 여러분을 멸망시키실 것이오.
22 여호와께서 여러분에게 폐병과 열병과 염증과 무더위와 가뭄과 식물을 시들게 하고 썩게 하는 병을 보내실 것이오. 이 재앙들은 여러분이 죽을 때까지 계속될 것이오.
23 하늘은 놋이 될 것이고, 발 아래의 땅은 쇠가 될 것이오.
24 여호와께서는 먼지와 모래를 비처럼 내리실 것이오. 하늘에서 먼지와 모래가 내려 마침내 여러분을 멸망시키고 말 것이오.
25 여호와께서는 여러분의 적들 앞에서 여러분을 패하게 하실 것이오. 여러분은 한 길로 쳐들어가서 일곱 길로 도망칠 것이오. 여러분의 그 모습을 보고 땅 위의 온 나라들이 몸서리칠 것이오.
26 여러분의 시체는 모든 새와 들짐승의 먹이가 될 것이고, 아무도 그것들을 쫓아 주지 않을 것이오.
27 여호와께서는 이집트의 종기와 곪는 병과 옴과 부스럼으로 여러분을 벌 주실 것이고, 여러분은 치료받지 못할 것이오.
28 여호와께서는 여러분을 미치게도 하시고, 보지 못하게도 하시고, 정신병에 걸리게도 하실 것이오.
29 보지 못하는 사람처럼 대낮에도 더듬을 것이며 하는 일마다 다 실패할 것이오. 사람들이 날마다 여러분을 해치겠고, 여러분의 것을 훔쳐갈 것이오. 여러분을 구해 줄 사람이 아무도 없을 것이오.
30 여자와 약혼을 해도 다른 남자가 그 여자와 함께 잘 것이오. 집을 지어도 거기에서 살 수 없을 것이며, 포도밭을 가꾸어도 그 열매를 먹지 못할 것이오.
31 여러분의 소를 여러분이 보는 앞에서 잡았어도 그 고기를 먹지 못할 것이고, 나귀를 빼앗겨도 되찾지 못할 것이오. 여러분의 양을 적에게 빼앗기겠으나 아무도 도와 주지 않을 것이오.
32 여러분의 아들과 딸들을 여러분이 보는 앞에서 다른 민족에게 빼앗길 것이고, 날마다 눈이 빠지도록 그들을 그리워하며 기다려도 그들을 구할 수 없을 것이오.
33 여러분이 알지 못하는 백성이 여러분 땅의 열매와 여러분이 애써 일하여 얻은 것을 먹어 버릴 것이며 여러분은 평생토록 빼앗기고 짓밟힐 것이오.
34 여러분의 눈으로 보는 불행한 일 때문에 여러분은 미치고 말 것이오.

혼란(28:20 confusion) 뒤죽박죽이 되어 질서가 없음.
폐병(28:22 lung disease) 폐의 질병을 통틀어 이르는 말.
옴(28:27 itch) 전염성 피부병의 하나.
부스럼(28:27 boil) 살갗에 생기는 여러 가지 종기.
정신병(28:28 madness) 정신의 장애로 인해 말이나 행동이 정상적이지 못한 병적 상태.

35 여호와께서 여러분의 무릎과 다리에 낫지
않는 종기를 나게 하실 것이며 머리 끝부
터 발 끝까지 번지게 하실 것이오.
36 여호와께서는 여러분과 여러분이 세우게
될 왕을 여러분이 알지도 못하는 나라로
보내실 것이오. 여러분은 그 곳에서 나무
와 돌로 만든 다른 우상들을 섬길 것이오.
37 여러분은 여호와께서 여러분을 흩어 놓은
나라에서 놀람과 속담의 대상이 될 것이
며, 그 나라의 백성들이 여러분을 조롱하
고 비웃을 것이오.
38 아무리 밭에 씨를 많이 뿌려도 메뚜기가
먹어 버려 거두는 것이 적을 것이고
39 포도밭을 아무리 열심히 가꾸어도 벌레가
먹어 버려 포도도 따 먹지 못하고 포도주
도 마시지 못할 것이오.
40 온 땅에 올리브 나무가 있겠지만 열매가
떨어져 올리브 기름을 얻지 못할 것이오.
41 아들과 딸들을 낳겠지만 그들은 포로로
끌려가서 여러분의 자식이 되지 못할 것
이오.
42 여러분의 모든 나무와 땅의 열매는 메뚜
기가 먹어 버릴 것이오.
43 여러분 가운데 사는 외국인은 점점 강해
지고, 여러분은 점점 약해질 것이오.
44 외국인은 여러분에게 돈을 빌려 주겠지만
여러분은 빌려 줄 수 없을 것이오. 그들
은 머리가 될 것이고, 여러분은 꼬리가 될
것이오.
45 여호와께서 명령하신 율법과 규례를 여러
분이 지키지 않고, 하나님 여호와께 복종
하지 않았으므로 이 모든 저주가 여러분
에게 내릴 것이오. 이 모든 저주가 여러
분을 따라다니고 여러분을 붙잡아 멸망시
킬 것이오.
46 이 모든 저주는 여러분과 여러분의 자손
에게 영원토록 표적과 징조가 될 것이오.
47 여러분은 모든 것을 넉넉히 가졌는데도
여러분의 하나님 여호와를 기쁘고 즐거운
마음으로 섬기지 않았소.
48 그러므로 여러분은 여호와께서 보내시는
원수들을 섬기게 될 것이오. 여러분은 굶
주리고 목마르고 헐벗고 가난할 것이오.
여호와께서 여러분의 목에 쇠 멍에를 메
실 것이며, 여러분은 마침내 멸망할 것이
오."

원수 나라의 저주

49 "여호와께서 멀리 땅 끝에서 한 나라를 여
러분에게 보내실 것이오. 그 나라는 독수
리처럼 여러분을 덮칠 것이오. 여러분은
그들이 사용하는 말을 이해하지 못할 것
이오.
50 그들은 노인을 존경하지 않고, 젊은이를
돌볼 줄 모르는 무자비한 민족이오.
51 그들은 여러분의 짐승의 새끼와 땅의 열
매를 먹어치워서 여러분을 망하게 할 것
이오. 곡식과 포도주와 기름과 소와 양의
새끼를 하나도 남겨 두지 않고 모조리 먹
어치워 마침내 여러분은 망하게 될 것이
오.
52 그들은 모든 성을 에워싸고 쳐들어올 것
이오. 여러분은 높고 굳건한 성벽을 믿겠
지만 그들이 그 성벽을 허물고 하나님 여
호와께서 여러분에게 주신 땅에 있는 모
든 성을 에워쌀 것이오.
53 여러분의 원수가 여러분을 에워싸서 먹
을 것이 다 떨어져 굶주리게 되면 마침내
여러분은 아들과 딸들을 잡아먹을 것이
오.
54 가장 점잖고 온순한 사람도 잔인한 사람
으로 변할 것이오. 사랑하는 형제와 아
내, 그리고 자식에게도 먹을 것을 나누어
주려 하지 않을 것이오.
55 자기 자녀의 살을 먹으면서 누구에게도
주지 않을 것이오. 왜냐하면 남은 것이라
고는 그것밖에 없기 때문이고, 원수가 여
러분을 에워싸서 먹을 것이 다 떨어져 굶
어 죽게 되었기 때문이오.
56 가장 점잖고 온순한 여자, 너무나 온순하
고 점잖아서 발에 흙을 묻히지 않고 살던
여자도 잔인한 사람으로 변할 것이오. 그
는 사랑하는 남편과 아들과 딸에게도 먹
을 것을 나누어 주려 하지 않을 것이오.
57 아기를 낳으면 그 아기를 잡아먹으려 할

. 이는 여러분의 원수가 여러분을
에워싸서 먹을 것이 다 떨어져 굶주리게
되었기 때문이오.
58 이 책에 적혀 있는 이 모든 가르침을 지
키지 않고 여러분의 하나님 여호와의 영
광스럽고 두려운 이름을 섬기지 않으면
59 여호와께서 여러분과 여러분의 자손에게
무서운 병을 보내실 것이오. 심한 재앙이
오래갈 것이며, 끔찍한 병이 오래갈 것이
오.
60 여호와께서는 여러분이 무서워하는 이집
트의 모든 병을 여러분에게 보내실 것이
오. 그 병이 여러분에게서 떠나지 않을 것
이오.
61 여호와께서는 이 '율법의 책'에 적혀 있
지 않은 모든 병과 재앙을 보내실 것이오.
그리하여 여러분은 멸망할 것이오.
62 여러분은 하나님 여호와께 복종하지 않았
으므로 하늘의 별처럼 여러분의 수가 많
았더라도 남는 사람이 얼마 되지 않을 것
이오.
63 전에는 여호와께서 여러분에게 좋은 것을
주시고 여러분을 번성하게 하는 일을 기
뻐하셨더라도 이제는 여러분을 망하게 하
는 일을 기뻐하실 것이오. 여러분이 들어
가 차지할 땅에서 여러분은 뿌리째 뽑혀
버릴 것이오.
64 여호와께서 여러분을 모든 민족 가운데
흩으실 것이오. 땅의 이쪽 끝에서 저쪽 끝
까지 흩어 놓으실 것이오. 그 곳에서 여
러분은 나무와 돌로 만든 다른 우상들, 여
러분과 여러분의 조상들이 알지 못하던
다른 신들을 섬길 것이오.
65 여러분은 그 나라들에서 쉴 새가 없을 것
이오. 여러분이 편히 쉴 곳이 없을 것이
오. 여호와께서 여러분의 마음에 두려움
을 주시고 눈은 어둡게 하시고 정신은 흐
려지게 하실 것이오.
66 여러분은 언제나 생명의 위협 가운데에
살 것이오. 여러분은 밤이나 낮이나 무서
워하며, 살지 죽을지 확실히 알지 못하게
될 것이오.
67 여러분은 여러분의 마음에 가득 찬 공포
와 눈으로 보는 것이 무서워서 아침이 되
면 '저녁이 되었으면 좋겠다'고 말하고,
저녁이 되면 '아침이 되었으면 좋겠다'고
말할 것이오.
68 여호와께서는 여러분을 배에 태워 이집트
로 돌려 보낼 것이오. 다시는 그 길로 이
집트에는 돌아가지 않을 것이라고 했지만
바로 그 길로 이집트로 끌려갈 것이오. 그
곳에서 여러분은 여러분의 원수들에게 여
러분 자신을 노예로 팔려고 하겠지만 사
는 사람이 아무도 없을 것이오."

모압에서 맺으신 언약

29 여호와께서 모세에게 명령하여 모
압에서 이스라엘 백성과 언약을 맺
으라고 하셨습니다. 이 언약은 여호와께
서 이스라엘 백성과 시내 산에서 맺으신
언약과는 다른, 새로 맺는 언약입니다.
2 모세는 이스라엘 백성을 불러 모아서 이렇
게 말했습니다. "여러분은 여호와께서 이
집트 땅에서 파라오와 그의 모든 신하와
그의 모든 땅에 하신 일들을 다 보았소.
3 여러분은 그 큰 재앙과 표적과 기적들을
여러분의 눈으로 직접 보았소.
4 그러나 지금까지 여호와께서는 여러분에
게 깨닫는 마음을 주지 않으셨소. 또 보
는 눈과 듣는 귀를 열어 주지 않으셨소.
5 여호와께서는 여러분을 사십 년 동안, 광
야 가운데로 인도하셨소. 그 동안 여러분

시내 광야(29:5)

몸에 걸친 옷과 신발은 닳지 않았소.

6 여러분은 빵도 먹지 못했고 포도주나 묵은 포도주도 마실 수 없었소. 그것은 주님께서 여러분의 하나님 여호와이심을 깨닫게 하기 위해서였소.

7 여러분이 이 곳에 왔을 때에 헤스본 왕 시혼과 바산 왕 옥이 여러분과 싸우러 나왔었소. 그러나 우리는 그들을 물리쳐 이겼소.

8 우리는 그들의 땅을 점령해서 르우벤 지파와 갓 지파와 므낫세 지파 절반에게 주었소."

9 그러므로 여러분은 이 언약의 말씀을 부지런히 지키시오. 그러면 여러분이 하는 모든 일에 성공할 것이오.

10 오늘 여러분 모두는 여러분의 하나님 여호와 앞에 모여 서 있소. 여기에는 여러분의 지도자들과 중요한 사람들, 또 장로들과 관리들, 이스라엘의 모든 남자들이 있소.

11 여러분의 아내와 자녀도 있고 여러분과 함께 사는 외국인, 곧 여러분을 위해 나무를 베고 물을 길어 오는 외국인도 여기에 있소.

12 오늘 여러분 모두는 여러분의 하나님 여호와와 맺는 언약에 참여하는 것이오. 여호와께서는 여러분과 언약을 맺으시는 것이오.

13 이 언약을 맺음으로써 여호와께서는 오늘 여러분을 여호와의 백성으로 삼으시려는 것이오. 그리고 여호와께서는 여러분의 하나님이 되시려는 것이오. 이것은 여호와께서 이미 약속하신 것이고, 여러분의 조상 아브라함과 이삭과 야곱에게 맹세하신 것이오.

14 그러나 이 언약은 오늘 여러분의 하나님 여호와 앞에 서 있는 여러분하고만 맺으시는 것이 아니오.

재앙(29:22 disaster) 불행한 사고.
유황(29:23 sulfur) 주비금속 원소의 하나로 성냥의 원료 및 약용 · 표백용으로 씀.

15 이 언약은 우리 하나님 여호와 앞에서 우리와 함께 여기에 서 있는 사람들뿐만 아니라 앞으로 태어날 후손에게도 맺어 주시는 언약이오.

16 여러분은 우리가 이집트 땅에서 어떻게 살았는지 알고 있소. 우리가 어떻게 여러 나라들을 지나 여기까지 왔는지 알고 있소.

17 여러분은 나무와 돌과 은과 금으로 만든 그들의 역겨운 우상들을 보았소.

18 여러분 가운데 남자나 여자든지 집안이나 지파든지 그 누구도 우리 하나님 여호와를 떠나는 일이 없도록 조심하시오. 다른 나라의 신들을 섬기는 일이 없도록 하시오. 독이 있고 쓴 열매를 맺는 나무 뿌리와 같은 못된 행실이 여러분 중에 없게 하시오.

19 그런 사람은 이 저주의 말을 들으면서도 스스로 복을 빌면서 '나는 괜찮을 것이다'라고 말하며 마음을 굳힐 것이오. 그런 사람이 있다면 모두가 망할 것이오.

20 여호와께서는 그런 사람을 용서하지 않으실 것이오. 여호와의 분노가 활활 타는 불처럼 그에게 미칠 것이오. 이 책에 적힌 모든 저주가 그에게 미칠 것이오. 여호와께서는 그의 이름을 이 땅에서 지워 버리실 것이오.

21 여호와께서는 그를 이스라엘 모든 지파 가운데서 구별하여 벌을 내리실 것이오. '율법의 책'에 적혀 있는 언약의 모든 저주가 그에게 닥칠 것이오.

22 여러분의 뒤를 이을 여러분의 자녀가 이 일을 볼 것이오. 먼 나라에서 온 외국인도 이 일을 볼 것이오. 그들은 이 땅에 닥쳐올 재앙과 질병을 볼 것이오. 그리고 이렇게 말할 것이오.

23 '이 땅은 온통 불타는 유황과 소금뿐이다. 아무것도 심을 수 없고, 아무것도 자라지 않고, 아무것도 돋아나지 않는다. 마치 여호와께서 너무 노하셔서 멸망시키셨던 소돔과 고모라 같으며, 아드마와 스보임 같다.'

24 온 나라가 이렇게 물을 것이오. '어찌하

여 여호와께서 이 땅에 이런 일을 하셨을
까? 어찌하여 이렇게 분노하셨을까?'
25 그러면 사람들이 이렇게 대답할 것이오.
'이 백성이 그 조상의 하나님인 여호와와
맺은 언약, 곧 그들을 이집트에서 인도해
내실 때 맺었던 언약을 어겼기 때문이다.
26 그들은 가서 다른 신들을 섬겼다. 그들은
여호와께서 허락하지 않으신, 알지 못하
는 신들에게 절을 했다.
27 그래서 여호와께서 이 땅을 향해 크게 노
하셨고 이 책에 적힌 모든 저주를 그들에
게 내리셨다.
28 여호와께서 분노하셔서 그들을 그 땅에서
쫓아 내시고 다른 나라로 보내셨다. 그래
서 지금 이렇게 된 것이다.'
29 우리 하나님 여호와께는 비밀로 하시는
일들이 있소. 그러나 어떤 일들은 우리에
게 알려 주셨소. 그 일들은 영원토록 우
리와 우리 자손의 것이오. 그러므로 우리
는 이 모든 율법의 말씀을 지켜야 하오."

이스라엘 백성이 돌아올 것이다

30 "내가 말한 이 모든 복과 저주가
여러분에게 일어나 여러분의 하
나님 여호와께서 여러분을 쫓아 내실 모
든 나라에서 이 일들이 마음에 생각나거
든
2 여러분과 여러분의 자손은 여호와께 돌아
와 마음과 정성을 다하여 여호와께 복종
하고 내가 지금 여러분에게 명령하는 모
든 것을 지키시오.
3 그러면 여러분의 하나님 여호와께서 마음
을 돌이키시고, 여러분을 불쌍히 여겨 주
실 것이오. 그리고 여러분을 보내셨던 여
러 나라들로부터 여러분을 다시 모아들이
실 것이오.
4 여러분이 땅 끝까지 쫓겨나 있다 하더라
도 여러분의 하나님 여호와께서 그 곳에
서도 여러분을 모아서 데려오실 것이오.
5 여러분의 하나님 여호와께서는 여러분의
조상이 차지했던 땅으로 여러분을 데려오
셔서 그 땅을 차지하게 하실 것이오. 그
리고 여호와께서 여러분을 잘 되게 하시
고 여러분의 조상보다 더 번성하게 해 주
실 것이오.
6 또한 여러분의 하나님 여호와께서 여러분
과 여러분의 자손에게 여호와를 섬기는

이스라엘 백성을
인도하시는 하나님(30장)

마음*을 주실 것이오. 그리하여 여러분이
마음과 정성을 다하여 여러분의 하나님
여호와를 사랑하며 살 수 있도록 하실 것
이오.
7 여러분의 하나님 여호와께서는 여러분을
미워하고 여러분에게 못된 짓을 한 여러
분의 원수들에게 이 모든 저주를 내리실
것이오.
8 여러분은 다시 여호와께 복종하고 내가
오늘 여러분에게 주는 여호와의 모든 명
령을 지킬 것이오.
9 여호와께서는 여러분이 하는 모든 일에
복을 주실 것이오. 여러분은 자녀를 많이
낳을 것이며, 여러분의 짐승도 새끼를 많
이 낳을 것이고, 여러분의 땅에서는 열매
가 많이 맺힐 것이오. 여호와께서는 여러
분을 잘 되게 하시고 여러분의 조상들을
보시고 기뻐하셨듯이 여러분을 보시고 기
뻐하실 것이오.
10 그러므로 여러분은 여호와께 복종하시오.
이 '율법의 책'에 적혀 있는 여호와의 명
령과 규례를 지키시오. 여러분은 마음과
정성을 다하여 여러분의 하나님 여호와를
따르시오."

생명의 길과 죽음의 길

11 "내가 오늘 여러분에게 주는 이 명령은 여
러분에게 아주 어려운 것도 아니고, 너무
멀리 있는 것도 아니오.
12 이것은 하늘에 있는 것이 아니므로 '누가
하늘에 올라가서 저 명령을 받아 올 수 있
을까? 그래야 우리가 듣고 지킬 수 있을
텐데'라고 말할 수 없소.
13 또 바다 저편에 있는 것도 아니기 때문에
'누가 바다 저편으로 가서 저 명령을 받
아 올 수 있을까? 그래야 우리가 듣고 지
킬 수 있을 텐데'라고 말할 수도 없소.
14 그렇소. 그 말씀은 아주 가까운 곳에 있
소. 그것은 여러분의 입과 여러분의 마음
속에 있소. 그러므로 그 말씀을 잘 지키
시오.
15 보시오. 내가 오늘 여러분에게 생명과
복, 죽음과 멸망의 길을 내놓았소.
16 여러분의 하나님 여호와를 사랑하시오.
여호와께서 원하시는 대로 사시오. 여호
와의 명령과 규례와 율법을 지키시오. 그
러면 여러분은 살고 번성할 것이오. 그리
고 여러분이 들어가 차지할 땅에서 복을
내려 주실 것이오.
17 그러나 여호와를 따르지 않고 여호와의
말씀에 귀 기울이지 않으며 다른 신들에
게 절을 하고 섬기면,
18 내가 분명히 말하지만 여러분은 망할 것
이오. 그리고 요단 강을 건너가 차지할 땅
에서 오래 살지 못할 것이오.
19 오늘 내가 하늘과 땅을 증거자로 삼고 여
러분 앞에 생명과 죽음, 복과 저주를 내
놓았으니 이제 생명의 길을 고르시오. 그
러면 여러분과 여러분의 자손이 살 것이
오.
20 여러분의 하나님 여호와를 사랑하시오.
여호와의 음성에 순종하고 여호와 곁에서
떠나지 마시오. 여호와는 여러분의 생명
이시며 여러분의 조상 아브라함과 이삭과
야곱에게 주겠다고 맹세하신 땅에서 여러
분이 오래도록 살 수 있게 하실 분이오."

모세의 뒤를 잇는 여호수아

31 모세가 모든 이스라엘 백성에게 이
말씀을 다시 전했습니다.
2 "나는 이제 백이십 세요. 이제는 더 이상

성경 자세히 이해하기

마음의 할례

이집트를 탈출했던 이스라엘 백성들은 모두 할례를 받은 사람들이었습니다. 하나님께서 아브라함에게 할례의 명령을 내리신 이후 태어난 지 8일 만에 행해졌던 할례는 이스라엘이 하나님의 언약 백성이라는 표시였습니다. 반면 하나님께서 이스라엘 백성들에게 베풀어 주시겠다고 한 마음의 할례란 마음을 다하고 성품을 다하여 여호와 하나님을 사랑하라는 것으로서 신약에서 말하는 손으로 하지 아니한 할례, 즉 영적인 할례를 의미합니다.

본문 보기 30장 6절

여러분 앞에 나설 수 없소. 여호와께서는
내가 요단 강을 건널 수 없다고 말씀하셨
소.
3 그러나 여러분의 하나님 여호와께서 몸소
건너가셔서 여러분을 위해 저 나라들을
멸망시키실 것이오. 그래서 여러분이 그
땅을 차지할 수 있게 해 주실 것이오. 그
리고 여호와께서 말씀하신 대로 여호수아
가 여러분 앞에서 저 강을 건너갈 것이오.
4 여호와께서는 시혼과 옥에게 하신 일을 이
나라들에게도 하실 것이오. 그들은 아모
리 사람들의 왕이었는데 여호와께서 그들
과 그들의 땅을 멸망시키셨소.
5 여호와께서 저 나라들을 여러분에게 주실
것이니, 내가 명령한 대로 그들에게 하시
오.
6 마음을 굳세게 하고 용감히 행하시오. 그
들을 두려워하지 마시오. 놀라지 마시오.
여러분의 하나님 여호와께서 여러분과 함
께하실 것이오. 여러분을 떠나지도 않고
버리지도 않으실 것이오."
7 모세가 여호수아를 불러서 온 이스라엘이
보는 앞에서 말했습니다. "마음을 굳세게
하고 용기를 내어라. 이 백성을 여호와께
서 그 조상에게 약속하신 땅으로 인도하
여라. 이 백성을 도와 그 땅을 차지할 수
있게 하여라.
8 여호와께서 몸소 네 앞에서 가시며 너와
함께하실 것이다. 너를 떠나지도 않고 버
리지도 않으실 것이다. 두려워하지 마라.
걱정하지 마라."

여호와의 가르침을 적는 모세

9 그런 다음에 모세는 이 율법을 적었습니
다. 그리고 그것을 여호와의 언약궤를 메
는 레위의 자손인 제사장들과 이스라엘의
장로들에게 주었습니다.
10 모세가 그들에게 명령했습니다. "매 칠 년
이 끝나는 해는 백성의 빚을 면제해 주는
해요. 그 해의 초막절 기간에
11 모든 이스라엘 백성이 하나님 여호와 앞에
나와서 여호와께서 선택하신 곳에 서면
이 말씀을 읽어 주시오.
12 남자나 여자나 아이나 외국인이나 할 것
없이 모든 백성을 불러 모으시오. 그들이
이 말씀을 듣고 여러분의 하나님 여호와
를 공경하고 두려워하며 이 모든 율법의
말씀을 부지런히 지키게 하시오.
13 그리고 율법을 알지 못하는 여러분의 자
녀도 요단 강을 건너 차지할 땅에 사는 동
안 이 말씀을 듣고 여러분의 하나님 여호
와를 공경하고 두려워하게 하시오."

모세와 여호수아를 부르시는 여호와

14 여호와께서 모세에게 말씀하셨습니다.
"너는 곧 죽을 것이다. 여호수아를 데리고
회막*으로 나아오너라. 내가 그에게 명령
을 내리겠다." 그래서 모세와 여호수아는
회막으로 갔습니다.
15 여호와께서 구름 기둥 가운데서 회막, 곧
성막에 나타나셨습니다. 구름 기둥은 성
막 입구를 덮고 있었습니다.
16 여호와께서 모세에게 말씀하셨습니다.
"너는 곧 네 조상들처럼 죽을 것이다. 그
러면 이 백성이 나를 배반하고 그들은 이
제 곧 들어갈 땅의 다른 신들을 섬길 것
이다. 그들은 나를 떠나갈 것이다. 그리
고 나와 맺은 언약을 어길 것이다.
17 그 때, 내가 그들에게 크게 분노하고 그
들을 떠나갈 것이다. 내 얼굴을 그들에게
숨길 것이다. 그러면 그들은 멸망할 것이
다. 많은 재앙과 무서운 일들이 그들에게
일어날 것이다. 그러면 그들은 '하나님께
서 우리와 함께 계시지 않기 때문에 이런
무서운 일들이 일어나는 것이다' 라고 말
할 것이다.
18 그들이 마음을 돌려 다른 신들을 섬기며
온갖 나쁜 일을 저지르므로 내가 내 얼굴
을 그들에게 숨길 것이다.
19 이제 이 노래를 적어서 이스라엘 백성에게
가르쳐 주어라. 이 노래를 그들의 입으로

알아두세요

30:6 개역 성경에는 '마음에 할례를 베푸사' 라고 표기되어 있다.
31:14 '회막' 은 '만남의 장막' 이란 뜻이다.

부르게 하여 내가 내릴 무서운 일들의 증
거로 삼게 하여라.
20 내가 그들을 젖과 꿀이 흐르는 비옥한 땅,
곧 그들의 조상에게 약속한 땅으로 인도
할 것이다. 그들은 배불리 먹고 살이 찔
것이다. 그러면 그들은 다른 신들에게 마
음을 돌려 그들을 섬기며 나를 버리고 내
언약을 어길 것이다.

사해 사본이 발견된 쿰란 동굴(31:24)

21 그러면 그들에게 여러 가지 재앙과 무서
운 일들이 일어날 것이다. 그 때에 이 노
래가 그들에게 증거가 될 것이다. 그들의
자손이 이 노래를 잊지 않을 것이다. 아
직 내가 약속한 땅으로 그들을 데려가지
않았지만 나는 그들이 무엇을 생각하고
있는지 이미 다 알고 있다."
22 그리하여 모세는 그 날에 이 노래를 적어
서 이스라엘 백성에게 가르쳐 주었습니
다.
23 여호와께서 눈의 아들 여호수아에게 명령
하셨습니다. "마음을 굳세게 하고 용기를
내어라. 왜냐하면 너는 이스라엘 백성을
내가 약속한 땅으로 인도해야 하기 때문
이다. 내가 너와 함께 하겠다."
24 모세는 모든 가르침의 말씀을 책에 적었
습니다.
25 그리고 여호와의 언약궤를 메는 레위 사
람들에게 명령했습니다.
26 "이 '율법의 책'을 여호와의 언약궤 옆에
놓아 두고, 여러분에게 증거가 되게 하시
오.
27 나는 여러분이 얼마나 고집이 세고 말을
안 듣는 사람들인지 다 알고 있소. 내가
살아서 여러분과 함께 있는데도 여호와께
복종하지 않았는데 내가 죽은 다음에는
얼마나 더 하겠소?
28 모든 지파의 장로들과 관리들을 불러 모
으시오. 내가 이 말씀을 그들의 귀에 들
려 주겠소. 그리고 하늘과 땅을 증거자로
삼겠소.
29 내가 죽은 다음에 여러분은 틀림없이 악
한 일을 할 것이오. 내가 오늘 여러분에
게 주는 명령을 어길 것이오. 그리하여 장
차 여러분에게 무서운 일들이 일어나고야
말 것이오. 여러분은 여호와 보시기에 나
쁜 짓을 하고 여러분이 만든 우상들 때문
에 여호와를 화나게 만들 것이오."

모세의 노래

30 모세가 이 노래를 모든 이스라엘 백성에게
끝까지 들려 주었습니다.
32 하늘아, 들어라. 내가 말할 것이
다. 땅아, 내 말에 귀를 기울여라.
2 내 가르침은 내리는 비와 같고, 내 말은
맺히는 이슬과 같다. 풀 위에 내리는 소
나기요, 채소 위에 내리는 가랑비다.
3 내가 여호와의 이름을 선포할 때, 너희는
'우리 하나님의 높으심이여'라고 대답하
여라.
4 여호와께서는 바위와 같으시니 하시는 일
이 완전하고 그의 모든 길은 공정하시다.
거짓이 없으시고 미쁘신 하나님이시며,
공정하시고 올바른 하나님이시다.
5 하지만 그들은 하나님께 죄를 지어 부끄
럽게도 이제는 하나님의 자녀가 아니다.
못되고 비뚤어진 백성이다.
6 이 어리석고 미련한 백성아, 어찌하여 여
호와께 이렇게 갚느냐? 여호와께서는 너
희를 지으신 너희의 아버지시며 너희를
만드시고 너희를 세우셨다.
7 옛날을 기억하여라. 이미 지나간 해를 생
각해 보아라. 너희의 아비에게 물어 보아
라. 일러 줄 것이다. 너희의 장로들에게
물어 보아라. 가르쳐 줄 것이다.

8 가장 높으신 하나님께서 나라들에게 땅을 주시고 인류를 나누셨다. 백성의 경계를 정하시고 이스라엘 백성의 수를 세셨다.
9 여호와께서 자기 백성을 자기 몫으로 삼으셨고 야곱 백성을 택하여 자기 것으로 삼으셨다.
10 여호와께서 거칠고 황폐한 광야에서 야곱 백성을 찾으셨다. 그들을 감싸 주고 돌보셨으며 자신의 눈동자처럼 지켜 주셨다.
11 독수리가 둥지 위를 날며 새끼들 위에서 퍼덕이듯이, 날개를 펴서 새끼들을 받아 날개 위에 놓고 새끼들을 나르듯이,
12 여호와만이 그들을 이끄셨다. 다른 신은 그들 곁에 없었다.
13 여호와께서 그들을 땅의 높은 곳에 두셨고 밭의 열매를 먹이셨도다. 바위에서 꿀을 주시고 단단한 바위에서 기름을 먹게 하셨다.
14 소젖과 양젖, 기름진 어린 양과 염소, 바산의 양과 염소, 그리고 가장 좋은 밀을 붉은 포도로 빚은 포도주와 함께 마시게 하셨다.
15 이스라엘*은 마음껏 먹었다. 배불리 먹어 살도 쪘다. 그러자 이스라엘은 자기를 지으신 하나님에게서 떠나고 자기를 구원하신 '반석'을 저버렸다.
16 다른 신들을 섬겨 하나님을 질투하게 했으며 역겨운 것들을 따라가 하나님을 분노하시게 만들었다.
17 하나님이 아닌 귀신들에게, 알지도 못하는 신들에게 제사를 드렸다. 얼마 전에 생긴 새로운 신들, 너희 조상이 두려워하지 않던 신들에게 제사를 드렸다.
18 너희는 너희를 낳은 '반석'을 버렸다. 너희를 낳으신 하나님을 잊었다.
19 여호와께서 이것을 보시고 그들을 버리셨다. 여호와의 아들과 딸들이 여호와를 화나게 하였다.
20 여호와께서 말씀하셨다. "내가 그들을 버렸다. 그들에게 무슨 일이 일어날지 두고 볼 것이다. 그들은 악한 백성이며, 진실됨이 없는 자녀이다.
21 그들은 나 아닌 다른 신을 섬겨 나를 질투하게 했고 헛된 우상으로 나를 화나게 만들었다. 그러니 나도 내 백성이 아닌 자들로 그들을 질투하게 하겠고, 어리석은 외국 백성으로 그들을 화나게 만들 것이다.
22 내 분노가 불을 일으켜 죽은 자들이 있는 곳까지 타 내려가며 땅과 그 열매를 삼키고 산들에도 불을 놓을 것이다.
23 그들에게 재앙 위에 재앙을 더하고 내 화살을 전부 쏠 것이다.
24 그들은 기근으로 굶주리고 불 같은 더위와 무서운 질병으로 망할 것이다. 그들에게 짐승을 보내 물어뜯게 하고 먼지 위를 기는 독뱀을 보낼 것이다.
25 길에서는 사람이 칼에 죽고 방 안에서는 두려움이 사람을 덮칠 것이다. 젊은 남자와 여자가 죽겠고 젖먹는 아기와 노인이 죽을 것이다.
26 그들을 흩어 버리고 아무도 그들을 기억하지 못하게 하려 했으나
27 저들의 원수가 아주 자랑스럽게 행동하는 모양이 보기 싫고 혹시나 저들이 오해할까 두렵다. '우리가 이겼다! 이 모든 일은 여호와께서 하신 일이 아니다' 라고 말할까 두렵다."
28 이스라엘은 생각이 없는 민족이라서 깨달음이 없다.
29 지혜로워서 이것을 깨달을 수 있고 자신들의 앞날에 무슨 일이 일어날지 볼 수 있으면 좋으련만.
30 그들의 '반석'이 그들을 넘겨 주지 않으시고, 여호와께서 그들을 내주지 않으셨다면, 어찌 적군 한 사람이 이스라엘 천 명을 물리치고, 두 사람이 만 명을 도망치게 할 수 있겠는가?

알아두세요

32:15 개역 성경에는 '여수룬'이라고 표기되어 있는데, 이는 '이스라엘'에 대한 애칭이다.

31 그들의 '반석'은 우리의 '반석'과 같지 않다. 우리의 원수인 그들도 그것을 알고 있다.
32 그들의 포도는 소돔의 포도나무에서 온 것이며 밭은 고모라와 같다. 그들의 포도에는 독이 가득하고 포도 송이는 쓰디쓰다.
33 그들의 포도주는 뱀의 독과 같고 독뱀의 무서운 독과 같다.
34 "이것은 내가 보관해 두었던 것, 내 창고에 숨겨 두었던 것이다.
35 내가 악한 사람에게 벌을 내리고 죄인에게 죄를 물을 것이다. 언젠가 그들은 미끄러질 것이다. 그들의 재앙의 날이 가까웠다. 심판의 날이 얼마 남지 않았다."
36 여호와께서 자기 백성을 심판하시고 자기 종들 때문에 탄식하신다. 그들의 힘이 빠지고 종이든지 자유로운 사람이든지 아무도 남지 않은 것을 보시면
37 하나님께서 말씀하실 것이다. "그들의 신은 어디에 있느냐? 그들이 의지하던 바위는 어디에 있느냐?
38 누가 그들이 제물로 바친 기름을 먹었으며 누가 그들이 부어서 바친 포도주를 마셨느냐? 그 신들이 와서 너를 돕게 하고 너를 지키게 하여라.
39 이제는 나만이, 오직 나만이 하나님임을 알아라. 나 말고 다른 신은 없다. 내가 생명과 죽음을 주었고 나만이 해칠 수도 있고 고칠 수도 있다. 아무도 나를 피하지 못할 것이다.
40 내가 하늘을 향해 손을 들고 약속한다. 영원한 나의 삶을 두고 맹세한다.
41 나의 칼을 갈아서 그 칼을 손에 들고 심판할 것이다. 원수들에게 벌을 내리고 나를 미워하는 사람들에게 그대로 갚겠다.
42 내 화살은 그들의 피로 가득하겠고 내 칼은 그들의 살을 먹을 것이다. 죽은 사람과 잡힌 사람들에게서 피가 흘러 나오고 원수의 지도자들의 머리가 베일 것이다."
43 나라들아, 여호와의 백성과 함께 즐거워하여라. 여호와께서 그 종들이 흘린 피를 갚아 주실 것이요, 원수들에게 벌을 내리실 것이다. 여호와의 땅과 백성이 지은 죄를 씻어 주실 것이다.
44 모세는 눈의 아들 여호수아*와 함께 이 노래를 끝까지 백성에게 들려 주었습니다.
45 모세가 이 모든 말씀을 모든 이스라엘 백성에게 전하고 나서
46 그들에게 말했습니다. "내가 오늘 여러분에게 증언한 모든 말씀을 마음에 새겨 두시오. 이 모든 가르침의 말씀을 여러분의 자손에게 계명으로 주어서 부지런히 지키게 하시오.
47 이 가르침의 말씀은 빈말이 아니오. 이 말씀은 곧 여러분의 생명이오. 이 말씀대로 산다면 여러분이 요단 강을 건너 차지할 땅에서 오래오래 살 수 있을 것이오."

느보 산에 올라가는 모세

48 그 날에 여호와께서 모세에게 말씀하셨습니다.
49 "너는 아바림 산줄기로 올라가서 여리고 건너편 모압 땅에 있는 느보 산으로 가거라. 그리고 내가 이스라엘 백성에게 주어 차지하게 할 가나안 땅을 바라보아라.
50 네 형 아론이 호르 산에서 죽었듯이 너도 네가 오를 그 산에서 죽어 네 조상에게로 돌아갈 것이다.
51 너희 둘은 신 광야에 있는 가데스의 므리바 샘물에서 나에게 죄를 지었다. 너희는 이스라엘 백성 가운데서 나를 거룩히 여기지 않았다.
52 그러므로 이제 너는 저 땅을 멀리서만 바라볼 것이다. 너는 내가 이스라엘 백성에게 줄 땅으로 들어가지 못할 것이다."

백성에게 복을 빌어 주는 모세

33 하나님의 사람인 모세는 죽기 전에 이스라엘 백성에게 복을 빌어 주었

알아두세요

32:44 개역 성경에는 '호세아'라고 표기되어 있는데 이는 '여호수아'의 다른 이름이다.

습니다.
2 "여호와께서 시내 산에서 오시고, 세일 산
에서 해처럼 떠오르셨다. 바란 산에서 위
대함을 나타내 보이시고, 수많은 거룩한
천사들을 이끌고 오셨다. 그의 오른손에
는 불 같은 율법이 들려 있다.
3 여호와께서는 진정으로 자기 백성을 사랑
하신다. 여호와께 속한 자들은 그의 보호
속에 있다. 그 백성이 여호와의 발 아래
엎드리고, 여호와에게서 가르침을 받는
다.
4 모세가 우리에게 율법을 주었으니, 그것
은 야곱 백성의 율법이다.
5 여호와께서 이스라엘의 왕이 되셨다. 그
때에 백성의 지도자들이 모이고 이스라엘
의 지파들이 나아왔다.
6 르우벤은 죽지 않고 살아서 그 수가 번성
하기를 바란다."
7 모세가 유다에 대해 말했습니다. "여호와
여, 유다의 기도를 들어 주시고 그를 그
백성에게 돌아가 하나가 되게 해 주소서.
그의 손을 강하게 하시고 적과 싸울 때에
도와 주소서."
8 모세가 레위에 대해 말했습니다. "여호와
여, 여호와의 우림과 둠밈은 여호와께서
사랑하시는 레위에게 있게 하소서. 여호
와여, 여호와께서 맛사에서 그를 시험하
시고 므리바 샘물에서 그와 다투셨습니
다.
9 그는 아버지와 어머니를 보고 '나는 모르
는 사람이다'라고 말했고 형제를 모르는
척하며 자기 자녀를 자녀로 여기지 않았
습니다. 이것은 그가 여호와의 말씀을 따
르고 여호와의 언약을 지키기 위해서였습
니다.
10 그는 야곱 백성에게 여호와의 율법을 가
르치고 이스라엘 백성에게 여호와의 가르
침을 전하고 여호와 앞에 향을 피우고 여
호와의 제단 위에 태워 드리는 제사인 번
제를 바칠 것입니다.
11 여호와여, 그들을 강하게 하시고 그들의
하는 일을 기쁘게 받아 주소서. 그들을 치
는 사람들을 물리치시고 그들의 원수를
누르셔서 다시는 일어나지 못하게 하소
서."
12 모세가 베냐민에 대해 말했습니다. "여호
와의 사랑을 받는 자여, 여호와 곁에서 안
전하게 살 것이다. 여호와께서 하루 종일
지켜 주시고 주의 등에 업혀 살게 하소
서."
13 모세가 요셉에 대해 말했습니다. "여호와
여, 가장 좋은 열매로 그의 땅에 복을 주
소서. 위에서는 하늘의 이슬을 내리시고
아래에서는 샘물이 솟아나게 하소서.
14 해가 좋은 열매를 맺게 하시고, 달이 좋
은 열매를 맺게 하소서.
15 오래된 산들에는 최고의 작물이 자라게
하시고 영원한 언덕들은 풍성한 과일을
맺게 하소서.
16 온 땅이 좋은 열매를 내고 불타는 떨기나
무 안에 계셨던 여호와의 은혜로 이 복이
요셉의 머리 위에 내리기를 원합니다. 형
제들의 지도자인 그의 이마 위에 이 복이
내리기를 원합니다.
17 요셉에게는 처음 태어난 수송아지의 위엄
이 있고 황소처럼 강합니다. 멀리 떨어진
나라들까지 그 뿔로 들이받을 것이니 이
처럼 에브라임의 만만이요, 므낫세의 천천
입니다."
18 모세가 스불론에 대해 말했습니다. "스불
론아, 밖으로 나갈 때에 즐거워하고 잇사
갈아, 너희 장막 안에서 기뻐하여라.
19 그들은 백성을 산으로 불러 모으고 그 곳
에서 의로운 제사를 드릴 것이다. 바다에

심판(32:35 judgment) 하나님께서 세상의 선악을 재판하심.
탄식(32:36 sigh) 한탄하며 한숨을 쉬는 것. 또는 그 한숨.
향(33:10 incense) 제사 때 피우는 향내가 나는 물건.
작물(33:15 crop) 논이나 밭에서 심어 가꾸는 곡식·채소류의 총칭.

서 하는 일로 부자가 되고 바닷가의 모래
에 감추어진 보물로 부자가 될 것이다."
20 모세가 갓에 대해 말했습니다. "갓에게 더
많은 땅을 주신 하나님을 찬양하여라. 갓
은 그 땅에서 사자처럼 살면서 사로잡은
먹이의 팔과 머리를 찢어 버린다.
21 그들은 가장 좋은 땅을 고르고 지도자가
받는 많은 몫을 받았다. 백성의 지도자들
이 모였을 때, 갓 자손은 여호와 보시기
에 옳은 일을 하고 이스라엘을 공정하게
재판했다."
22 모세가 단에 대해 말했습니다. "단은 바산
에서 뛰어나오는 사자 새끼와 같구나."
23 모세가 납달리에 대해 말했습니다. "납달
리는 여호와의 특별한 은혜를 받고 여호
와의 복을 가득히 받아 서쪽과 남쪽을 차
지하고 살아라."
24 모세가 아셀에 대해 말했습니다. "아셀은
아들 가운데서 복을 가장 많이 받았다. 형
제들의 사랑을 받으며 올리브 기름에 발
을 적셔라.
25 너희의 문은 쇠와 놋으로 만든 빗장으로
잠그고 사는 날 동안, 너에게 능력이 있
을 것이다.
26 이스라엘의 하나님과 같으신 분은 없다.
하나님은 하늘을 나시며 너희를 도우실
것이다. 구름을 타시고 위엄을 나타내 보
이실 것이다.
27 영원하신 하나님이 너희의 피난처이시다.
그의 팔이 너희를 영원히 붙들어 주시고,
하나님이 너희 앞에서 원수를 쫓아 내시
며 '원수를 물리쳐라' 하고 말씀하신다.
28 이스라엘 백성은 안전한 곳에 누울 것이
며, 야곱의 우물은 아무도 건드리지 못할
것이다. 그 땅은 곡식과 포도주가 가득한
땅이며, 하늘에서는 이슬이 내린다.
29 이스라엘아, 너희는 복을 받았다. 너희와
같은 백성은 없다. 너희는 여호와께서 구
해 주신 백성이며, 여호와께서 너희의 방
패시고 너희의 돕는 분이며 너희의 영광
스런 칼이시다. 너희의 원수들이 너희에
게 패하겠고, 너희는 그들의 높은 신전을
짓밟을 것이다."

모세의 죽음

34 모세는 모압 평지에서 느보 산으로
올라가 여리고 건너편에 있는 비스
가 산 꼭대기로 올라갔습니다. 여호와께
서는 그 곳에서 모든 땅을 보여 주셨습니
다. 모세는 길르앗에서 단까지를 볼 수 있
었습니다.
2 모세는 납달리 모든 땅과 에브라임과 므낫
세를 보았고, 지중해까지 유다 모든 땅을
보았습니다.
3 그리고 남쪽 광야 네게브와 여리고 모든
골짜기에서 소알까지 보았습니다. 여리고
는 종려나무 성이라고 부릅니다.
4 여호와께서 모세에게 말씀하셨습니다.
"이것은 내가 아브라함과 이삭과 야곱에게
약속한 땅이다. 나는 그들에게 '이 땅을
너희의 자손에게 주겠다'고 말하였다. 내
가 이 땅을 너에게 보여 주기는 했지만,
너는 이 땅에 들어가지는 못할 것이다."
5 여호와의 종 모세는 여호와께서 말씀하신
대로 모압에서 죽었습니다.
6 모세는 벧브올 맞은편 모압 땅 어느 골짜
기에 묻혔는데 지금까지 그의 무덤이 어
디에 있는지 아는 사람은 없습니다.
7 모세는 백이십 세에 죽었습니다. 그러나
그의 눈은 어두워지지 않았고, 그 때까지
도 기력이 약해지지 않았습니다.
8 이스라엘 백성은 모세의 죽음을 슬퍼하며
삼십 일 동안 울었습니다. 그들은 슬퍼하
는 기간이 끝날 때까지 모압 평지에 머물
러 있었습니다.
9 모세가 눈의 아들 여호수아에게 손을 얹었
으므로 여호수아는 지혜가 가득해졌습니
다. 그래서 이스라엘 백성은 여호와께서
모세에게 명령하신 대로 여호수아의 말을
따랐습니다.

빗장(33:25 bolt) 문을 닫고 가로질러 잠그는 막대기나 쇠장대.
신전(33:29 temple) 신을 모신 전각.
기력(34:7 strength) 사람이 몸으로 활동할 수 있는 힘.

10 모세와 같은 예언자는 그 뒤로 한 사람도
나타나지 않았습니다. 모세는 여호와께서
얼굴과 얼굴을 마주하여 말씀하신 사람이
었습니다.
11 여호와께서는 모세를 이집트에 보내셔서 파
라오와 그의 모든 신하와 이집트 모든 땅
에 표적과 기적들을 일으키게 하셨습니다.
12 모세에게는 큰 능력이 있었습니다. 모세는
모든 이스라엘 백성이 보는 앞에서 놀라운
일들을 행했습니다.

믿음을 키워 주는 이야기

동행하시는 예수님

새클턴이 남극을 탐험하던 중에 한번은 배가 파선되었습니다. 그는 얼음 위에 많은 대원들을 남겨 두고 대원 중의 두 명만 데리고 작은 보트를 타고 구조를 요청하러 갔습니다. 그들은 바다와 눈과 얼음을 지나 겨우 마을에 도착하여 도움을 요청했습니다. 마침내 얼음 위에 남아 있던 대원들도 모두 구출되었습니다. 새클턴은 당시의 일을 회상하며 다음과 같이 말했습니다.

"당시 일을 생각하면 오직 하나님의 인도와 보호에 의한 것이라고 말할 수밖에 없습니다. 당시 구조를 요청하러 간 사람은 3명이었는데 자꾸 4명이라는 생각이 들었습니다. 그러나 누구에게도 말하지 않았습니다. 그런데 대원 중에 한 사람이 '대장님, 구조를 요청하러 가는 도중 이상한 느낌이 들었어요. 그것은 우리들 안에 또 다른 한 사람이 우리와 함께한다는 것이었어요' 라고 말하는 것이었습니다. 그의 고백을 통해 나의 느낌도 틀리지 않았다는 것을 알게 되었습니다. 눈으로 볼 수는 없었지만 그 때에 예수님께서는 확실히 우리들과 함께 계셨습니다. 그가 친히 우리를 안내하시고 보호하셨으며 우리를 안전한 곳으로 인도하셨습니다."

여 호 수 아

Joshua

저자

여호수아가 저술상의 통일성을 가지고 저술하였지만 그가 죽고 난 후에 발생한 일들도 기록되어 있기 때문에 여호수아가 이 책 전체를 기록했다고 볼 수는 없다.

저작 연대

B.C. 1370–1330년경

주요 인물

여호수아, 라합

핵심어 및 주요 내용

핵심어는 "선택하라", "섬기라"이다. 여호수아는 그의 설교를 통해 이 두 가지를 다 강조하였다.

내용 소개

1. 약속의 땅에 들어감(1:1–5:12)
2. 약속의 땅을 정복(5:13–12:24)
3. 약속의 땅을 분배(13:1–22:34)
4. 여호수아의 고별 인사와 죽음 (23:1–24:33)

하나님이 여호수아에게 명령하심

1 모세는 여호와의 종이었습니다. 눈의 아
들 여호수아는 모세의 보좌관이었는데,
모세가 죽은 후, 여호와께서 여호수아에게
말씀하셨습니다.
2 "내 종 모세는 죽었다. 이제 너는 모든 백
성을 이끌고 요단 강을 건너가 내가 너희
이스라엘 자손에게 주는 땅으로 가거라.
3 나는 이 땅을 너희에게 주기로 모세와 약
속하였다. 나는 너희 발바닥이 닿는 곳마
다 그 곳을 너희에게 줄 것이다.
4 남쪽의 광야에서부터 북쪽의 레바논에 이
르기까지 모든 땅을 너희가 가지게 될 것
이다. 저 동쪽의 큰 강 유프라테스에서부
터 서쪽의 지중해에 이르는 모든 땅을 너
희가 차지하게 될 것이다. 헷 사람들의 땅
도 너희의 것이 될 것이다.

요단 강(1:2)

5 내가 모세와 함께했던 것처럼 너와도 함
께할 것이며, 네가 살아 있는 동안에는 너
를 막을 사람이 아무도 없을 것이다. 나
는 너를 떠나지 않을 것이며 결코 너를 홀
로 내버려 두지 않을 것이다.
6 너는 힘을 내고 용기를 가져라. 장차 너
는 백성을 이끌고 그 땅을 차지하게 될 것
이다. 그 땅은 내가 이 백성의 조상에게
주기로 약속했던 땅이다.
7 힘을 내고 용기를 가져서 내 종 모세가 너
에게 준 모든 가르침을 빠짐없이 지키도
록 하여라. 네가 그 가르침대로 행하며 왼
쪽으로나 오른쪽으로 치우치지 않고 그대
로 지키면 하는 일마다 다 잘 될 것이다.
8 언제나 율법책에 씌어 있는 것을 입에서
떠나지 않게 밤낮으로 소리 내어 읽어라.
그리하여 거기에 씌어 있는 모든 것을 잘
지킬 수 있도록 하여라. 그러면 네가 하
는 일이 다 잘 되고 또 성공할 것이다.
9 힘을 내고 용기를 가져라. 내가 명령한 것
을 기억하여라. 두려워하지 마라. 네가
가는 곳마다 네 하나님 여호와가 너와 함
께할 것이다."

여호수아가 백성에게 명령함

10 여호수아는 백성의 지도자들에게 명령을
내렸습니다.
11 "진 사이를 다니며 백성들에게 이렇게 일

러 두시오. 양식을 예비하시오. 앞으로
삼 일 후면 여러분은 요단 강을 건너게 될
것이오. 여러분은 그 땅에 들어가 여러분
의 하나님 여호와께서 주시는 땅을 차지
하게 될 것이오."
12 그후에 여호수아는 르우벤 지파와 갓 지파
와 므낫세 지파 절반에게 말했습니다.
13 "여호와의 종 모세가 여러분에게 말한 것
을 기억하시오. 여러분의 하나님 여호와
께서는 편히 쉴 수 있는 땅을 여러분에게
줄 것이라고 모세가 말했소. 요단 강 동쪽
에 있는 이 땅을 주실 것이라고 말이오.
14 여러분의 아내와 자녀, 여러분의 집짐승
들은 여기에 남겨 두어도 좋소. 그러나 여
러분 중 싸울 수 있는 사람들은 여러분의
형제들보다 앞서 요단 강을 건너야 할 것
이오. 여러분은 형제들을 도와야 하오.
15 여호와께서는 여러분에게 쉴 곳을 주셨
소. 주께서 여러분의 형제들에게도 쉴 곳
을 주실 것이오. 여러분은 형제들이 그 땅
을 얻을 때까지 그들을 도와 주어야 하오.
그 땅은 주께서 그들에게 주시는 땅이오.
그들이 그 땅을 얻은 후에 여러분은 요단
강 동쪽에 있는 여러분 땅으로 돌아가도
좋소. 그 땅은 여호와의 종인 모세가 여
러분에게 준 땅이오."
16 그 말을 들은 백성들은 여호수아에게 대답
했습니다. "당신이 명령한 모든 것을 우
리가 지키겠습니다. 우리를 어디로 보내
든지 우리는 가겠습니다.
17 우리가 전에 모세의 말을 그대로 따랐듯
이 당신의 말도 따르겠습니다. 오직 당신
의 하나님 여호와께서 모세와 함께하셨던
것처럼, 당신과도 함께하시기를 바랄 뿐
입니다.
18 만약 누구든지 당신의 명령을 따르지 않
거나 당신을 배반하는 사람이 있다면 그
사람을 죽여도 좋습니다. 그러니 힘을 내
시고 용기를 가지십시오!"

여리고에 정탐꾼을 보냄

2 눈의 아들 여호수아는 싯딤이라는 곳에
이르러 두 명의 정탐꾼을 몰래 내보내
며 말했습니다. "가서 저 땅을 잘 살펴보
고 오시오. 특히 여리고 성을 자세히 살펴
보고 오시오." 그래서 그 두 사람은 여리
고로 갔습니다. 그들은 라합이라고 하는
어떤 기생의 집에 들어가 머무르게 되었
습니다.
2 어떤 사람이 여리고 왕에게 가서 말했습
니다. "이스라엘 사람들 몇 명이 오늘 밤
이 곳에 와서 이 땅을 몰래 엿보고 있습
니다."
3 그래서 여리고 왕은 라합에게 사람을 보내
어 말했습니다. "네 집에 들어간 사람들
을 내보내라. 그들은 우리 땅을 엿보러 온
사람들이다."
4 그러자 라합은 이렇게 말했습니다. "그 사
람들이 여기에 온 것은 사실이지만, 나는
그들이 어디에서 온 사람들인지 알지 못
했고,
5 저녁이 되어 성문 닫을 시간이 되자, 그
들은 이 집을 떠났습니다. 나는 그들이 어
디로 갔는지 모릅니다. 그러나 빨리 뒤쫓
아가면 그들을 따라잡을 수 있을지도 모
릅니다."
6 라합은 이미 그 사람들을 지붕 위에 숨겨

성경 지명

싯딤

사해 동북쪽 모압 평야에 있는 도시로 '아벨 싯딤'의 생략형입니다(민 33:49). 40년의 광야 생활이 다 끝나갈 무렵 싯딤의 모압 여자들은 자기들의 신에게 드리는 제사에 이스라엘 백성들을 초대했는데, 이에 응한 사람들이 바알브올에게 절하고 모압 여자들과 음행하여 그 형벌로 약 24,000명의 백성들이 죽게 되는 전염병이 돈 곳이 바로 이곳입니다(민 25:1-9).

본문 보기 2장 1절

보좌관(1:1 aide) 윗사람의 일을 곁에서 돕는 관리.
지파(1:12 tribe) 종파에서 갈라져 나간 파. 부족.
정탐꾼(2:1 spy) 남의 비밀한 일을 은밀히 알아내는 사람.

정탐꾼들이 성을 빠져 나갈 수 있게 도와주는 라합(2:1-15)

놓은 뒤였습니다. 그들은 말리기 위해 지
붕 위에 펼쳐 놓았던 삼대 밑에 숨어 있
었습니다.
7 라합의 말을 들은 왕의 부하들은 밖으로
나가 이스라엘에서 온 정탐꾼들을 찾아다
녔습니다. 그들은 요단 강을 건너는 곳까
지 뒤쫓아갔는데, 왕의 부하들이 성을 나
가자마자 성문은 닫혔습니다.
8 정탐꾼들이 잠자리에 들 준비를 할 때, 라
합이 지붕으로 올라와 그들에게 말했습니
다.
9 "나는 여호와께서 이 땅을 당신들의 백성
에게 주셨다는 것을 압니다. 우리는 당신
들 때문에 매우 두려워하고 있고, 이 땅
에 사는 모든 사람들도 당신들을 무서워
하고 있습니다.
10 우리가 무서워하는 것은 여호와께서 당신
들을 도우셨기 때문입니다. 우리는 당신
들이 이집트에서 나올 때, 여호와께서 홍
해*의 물을 마르게 하신 사실을 들어서 알
고 있습니다. 또 당신들이 요단 강 동쪽
에 살고 있던 아모리 사람들의 두 왕 시혼
과 옥을 물리쳤다는 사실도
알고 있습니다.
11 이 모든 이야기를 들었을
때, 우리는 너무나도 무서웠
습니다. 지금 이 성 사람들은
당신들과 싸우는 것을 두려워
하고 있습니다. 그것은 당신
들의 하나님 여호와께서 위로
는 하늘과 아래로는 땅을 다스
리는 분이심을 알고 있기 때문입
니다.
12 그러니 여호와 앞에서 나에게
약속을 해 주십시오. 내가 당신들
에게 친절을 베푼 것처럼 당신들도
내 가족에게 친절을 베풀겠다고 말입
니다.
13 제발 내 아버지와 어머니, 형제 자매
들과 그들의 모든 가족을 구해 주겠다고
약속해 주시고, 그렇게 하겠다는 증거를
보여 주십시오."
14 정탐꾼들이 라합에게 말했습니다. "우리
의 목숨을 걸고 당신들을 살려 주겠소. 우
리가 하고 있는 일을 아무에게도 말하지
마시오. 여호와께서 이 땅을 우리에게 주
실 때, 우리는 친절함과 성실함으로 당신
들을 대하겠소."
15 라합이 살고 있던 집은 성벽 위에 세워져
있었는데, 라합은 정탐꾼들이 창문을 통
해 밧줄을 타고 내려갈 수 있도록 해 주
었습니다.
16 라합은 그들에게 말했습니다. "언덕으로
올라가십시오. 그 곳으로 가면 왕의 부하
들이 당신들을 찾을 수 없을 것입니다. 거
기서 삼 일 동안 숨어 있다가 왕의 부하
들이 되돌아가면, 당신들의 갈 길을 가십
시오."
17 정탐꾼들은 라합에게 대답했습니다. "우
리는 당신과 약속한 이 맹세를 무슨 일이
있어도 꼭 지키겠소.
18 우리가 이 땅으로 다시 돌아올 때, 우리
가 내려갔던 창문에 이 붉은 밧줄을 매어
놓으시오. 그리고 당신의 아버지와 어머

니, 당신의 형제 자매와 모든 가족들을 당
신의 집 안에 모아 두시오.
19 누구든지 당신의 집 밖으로 나갔다가 죽
임을 당하면 그 사람 잘못이오. 우리에게
는 책임이 없소. 그러나 만약 당신의 집
안에 있는 사람 중 한 사람에게 손이라도
대면 우리가 책임을 지겠소.
20 우리가 한 이 약속을 아무에게도 말하지
마시오. 만약 이 약속을 다른 사람에게 말
하면 우리도 이 약속에 대해 책임을 지지
않겠소."
21 라합은 "그렇게 하겠습니다" 하고 대답했
습니다. 그런 후에 정탐꾼들은 그 곳을 떠
나 자기 갈 길을 갔습니다. 그들이 떠난
뒤에 라합은 창문에 붉은 밧줄을 매어 놓
았습니다.
22 정탐꾼들은 라합의 집을 나와 언덕으로
올라갔습니다. 그들은 그 곳에서 삼 일 동
안 머물렀습니다. 왕의 부하들은 이리저
리 정탐꾼들을 찾아다녔지만, 그들을 찾
지 못한 채 삼 일 만에 성으로 되돌아갔
습니다.
23 그 때에 두 사람도 여호수아에게 돌아갔습
니다. 그들은 언덕을 내려와 강을 건넜습
니다. 그들은 눈의 아들 여호수아에게 가
서 자기들에게 일어난 모든 일을 보고했
습니다.
24 그들이 여호수아에게 말했습니다. "여호와
께서 그 땅 전체를 우리에게 주신 것이 틀
림없습니다. 그 땅의 모든 사람들이 우리
를 몹시도 무서워하여 두려움에 떨고 있
습니다."

요단 강을 건넘

3 이튿날 여호수아는 아침 일찍 일어났습
니다. 여호수아는 이스라엘 백성과 함께
싯딤을 떠나 요단 강까지 갔습니다. 그리
고 강을 건너기 전, 그 곳에 진을 쳤습니
다.
2 삼 일 후, 지도자들이 진 사이로 돌아다
니면서
3 백성에게 명령했습니다. "여러분은 제사
장들과 레위 사람들이 여러분의 하나님
여호와의 언약궤를 메고 가는 것을 볼 것
이오. 그러면 여러분은 지금 있는 곳을 떠
나 그 뒤를 따라가시오.
4 이제 여러분은 한 번도 가 본 적이 없는
길을 가게 될 것이오. 그러나 언약궤를 따
라가면 어느 길로 가야 할 것인가를 알 수
있을 것이오. 언약궤를 너무 가까이하지
말고, 이천 규빗* 정도의 거리를 두고 따
라가시오."
5 그후에 여호수아가 백성에게 말했습니다.
"여호와를 위해 자신을 거룩하게 하시오.
내일이면 여호와께서 여러분에게 놀라운
일을 행하실 것이오."
6 그리고 여호수아는 제사장들에게 말했습
니다. "언약궤를 메고 백성들 앞에서 강
을 건너시오." 그러자 제사장들은 백성들
앞에서 그 언약궤를 메고 갔습니다.
7 그 때에 여호와께서 여호수아에게 말씀하
셨습니다. "오늘부터 내가 너를 모든 이스
라엘 사람들 앞에서 큰 사람이 되게 하겠
다. 그러면 백성은 내가 모세와 함께했던
것같이 너와 함께한다는 것을 알게 될 것
이다.
8 언약궤를 나르는 제사장들에게 말하여라.

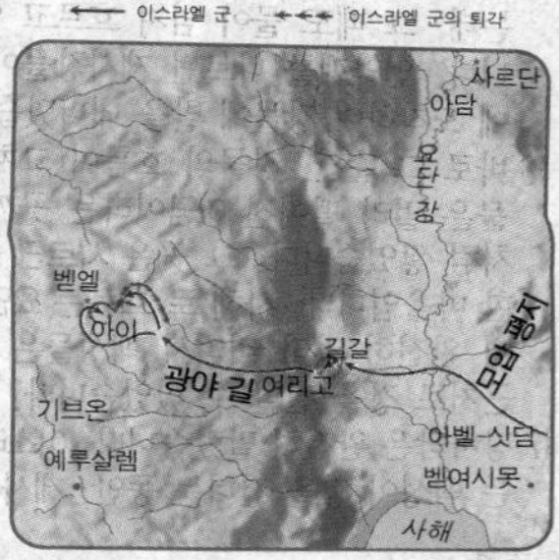

요단 도하에서 아이 전투까지(3:1-8:29)

알아두세요

2:10 '홍해'는 '갈대 바다'라고도 한다.
3:4 2,000규빗은 약 900m에 해당된다.

그들에게 요단 강가에 도착하면 물 한가
운데로 들어가라고 하여라."
9 그리하여 여호수아는 이스라엘 백성에게
말했습니다. "이리 와서 여러분의 하나님
여호와의 말씀을 들으시오.
10 살아 계신 하나님이 여러분과 함께하신다
는 것을 여러분은 알 것이오. 하나님이 가
나안 사람, 헷 사람, 히위 사람, 브리스 사
람, 기르가스 사람, 아모리 사람, 여부스 사
람을 쫓아 내실 것이라는 것을 알게 될 것
이오.
11 보시오. 온 땅의 주인이신 주님의 언약궤
가 여러분보다 먼저 요단 강에 들어갈 것
이오.
12 이제 이스라엘의 열두 지파에서 한 사람씩
열두 사람을 뽑으시오.
13 온 땅의 주인이신 여호와의 언약궤를 메
고 가는 제사장들의 발이 물 속에 닿으면,
강물의 흐름이 그치고 물이 흐르지 않게
될 것이오. 마치 둑에 가로막힌 것처럼 물
이 멈춰 쌓이게 될 것이오."
14 백성들이 요단 강을 건너기 위해 진치던
곳을 떠났을 때, 제사장들은 백성들 앞에
서 언약궤를 옮겼습니다.
15 추수할 때가 되면 요단 강의 물이 가득 차
는데, 그 때도 물이 넘쳐 흐르고 있었습
니다. 언약궤를 나르던 제사장들이 강가
에 도착하여 강물에 발을 내디뎠습니다.
16 바로 그 순간, 강물의 흐름이 그치고 강
물은 멀리 떨어진 아담이라는 곳까지 둑
처럼 쌓였습니다. 그 곳은 사르단 근처의
한 마을입니다. 사해*로 흐르는 요단 강물
이 완전히 말라 버려서 백성들은 여리고
근처로 강을 건널 수 있었습니다.
17 강바닥은 완전히 말랐습니다. 이스라엘 모
든 백성이 강을 건너는 동안, 제사장들은
언약궤를 멘 채 강 가운데에 서 있었습니
다. 이스라엘 백성들은 마른 땅을 밟으며
요단 강을 건넜습니다.

기념하는 돌

4 온 백성이 요단 강을 다 건너자, 여호
와께서 여호수아에게 말씀하셨습니다.
2 "각 지파에서 한 사람씩 열두 명을 뽑아
라.
3 그리고 제사장이 서 있던 강 한가운데서
한 사람이 한 개씩 큰 돌을 골라 모두 열
두 개를 가져오너라. 그 돌들을 오늘 밤,
너희가 머무를 곳에 두어라."
4 그래서 여호수아는 각 지파에서 한 사람씩
뽑아
5 그들에게 말했습니다. "여러분은 여호와
하나님의 궤가 있는 강 한가운데로 가서
큰 돌 한 개씩을 찾으시오. 이스라엘 각
지파마다 돌 한 개씩을 찾아 내야 하오.
그리고 그 돌을 어깨 위에 메고 나르시오.
6 그 돌은 여러분에게 기념이 될 것이오. 먼
훗날 여러분의 자녀가 여러분에게 '이 돌
들은 왜 여기에 있지요?' 하고 물으면
7 여러분은 여호와의 언약궤 앞에서 흐르는
요단 강 물이 멈추었다고 자녀들에게 말
해 주시오. 이 돌들은 이스라엘 백성들에
게 이 일을 영원토록 기억시켜 줄 것이
오."
8 이스라엘 사람들은 여호수아가 시키는 대
로 요단 강 가운데서 돌 열두 개를 날라
왔습니다. 이스라엘의 열두 지파는 여호와
께서 여호수아에게 명령하신 대로 각각 한
개씩의 돌을 맡아 자기들 진 가운데 두었
습니다.
9 또 여호수아는 돌 열두 개를 취하여 제사
장들이 언약궤를 메고 서 있던 요단 강 한
가운데에도 두었습니다. 그 돌들은 아직
까지도 거기에 있습니다.
10 여호와께서 여호수아에게 명령하여 백성
들에게 이르게 하신 일, 곧 모세가 여호수
아에게 명령했던 일을 백성들이 다 마칠
때까지, 제사장들은 언약궤를 멘 채 계속
강 한가운데 서 있었습니다. 백성들은 서

알아두세요

3:16 '사해'는 '아라바 바다' 곧 '염해'를 의미한다.
4:19 이 날은 늦은 3월 혹은 이른 4월에 해당된다.
5:3 개역 성경에는 '할례 산'이라고 표기되어 있다.

둘러 강을 건넜습니다.
11 마침내 백성들은 모두 강을 건넜고 그후, 제사장들은 여호와의 궤를 강 건너편으로 옮겼습니다. 제사장들이 언약궤를 옮기는 동안, 백성들은 그 모습을 바라보고 있었습니다.
12 르우벤 자손과 갓 자손과 므낫세 반지파 사람들은 모세가 그들에게 지시했던 것과 같이 기꺼이 싸울 준비를 갖췄습니다. 그들은 다른 백성들보다 앞서서 강을 건넜고
13 사만 명이나 되는 무장한 사람들이 여호와 앞에서 요단 강을 건너, 여리고 평야로 나아가 싸움을 준비했습니다.
14 그 날 여호와께서는 여호수아를 모든 이스라엘 사람들 가운데서 큰 사람으로 만드셨습니다. 이스라엘 사람들은 모세를 존경했듯이 여호수아가 사는 날 동안, 그를 존경했습니다.
15 그 때, 여호와께서 여호수아에게 말씀하셨습니다.
16 "증거궤라고도 불리는 언약궤를 메고 있는 제사장들에게 요단 강에서 올라오라고 명령하여라."
17 그래서 여호수아는 제사장들에게 "강에서 나오시오"라고 명령했습니다.
18 그러자 제사장들은 여호와의 언약궤를 메고 강에서 나왔습니다. 그들이 강가의 마른 땅을 밟자마자 강물은 강을 건너기 전처럼 다시 넘쳐 흘렀습니다.
19 백성들은 첫 번째 달의 십 일째 되는 날* 에 요단 강을 건넜고 여리고 동쪽의 길갈에 진을 쳤습니다.
20 여호수아는 요단 강에서 주운 돌 열두 개를 길갈에 세웠습니다.
21 여호수아는 이스라엘 사람들에게 이렇게 말했습니다. "훗날 여러분의 자녀가 아버지에게 '이 돌들은 무슨 돌이지요?' 라고 물으면,
22 그들에게 이렇게 말해 주시오. '이스라엘은 마른 땅을 밟으며 요단 강을 건넜다.
23 너희 하나님 여호와께서 강물이 흐르는 것을 멈추게 하셨고, 백성이 강을 다 건널 때까지 강물은 말라 있었다. 여호와께서는 홍해에서 하셨던 일과 똑같은 일을 요단 강에서도 하셨다. 주께서 홍해의 물을 멈추게 하셨기 때문에 우리가 건널 수 있었다.
24 여호와께서 이 일을 행하신 것은 땅 위의 모든 사람들이 주께서 큰 능력을 가지고 계신 분임을 알게 하기 위함이다. 또한 너희들이 언제나 여호와 하나님을 섬기도록 하기 위해서이다.'"

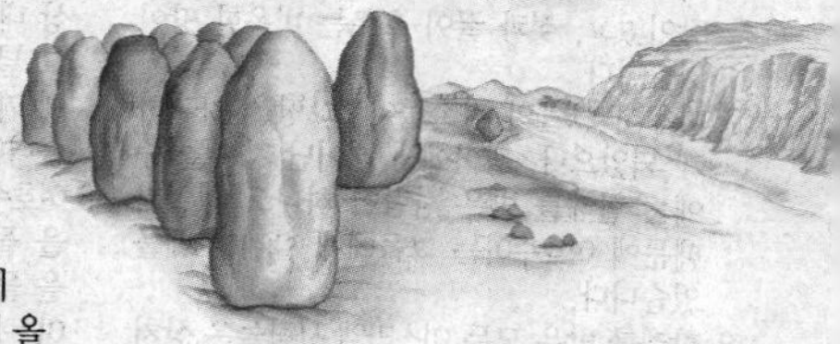
요단 강 건넘을 기념하는 돌 열두 개(4:20-24)

5 이처럼 여호와께서는 이스라엘 사람들이 강을 건널 때까지 요단 강을 마르게 하셨습니다. 그 때, 요단 강 서쪽에 사는 아모리 사람의 모든 왕들과 또 지중해 가까이에 사는 가나안 왕들도 그 이야기를 듣게 되었습니다. 그들은 그 이야기를 들은 후 몹시 두려워했고, 이스라엘 사람들과 마주치는 것을 너무나 무서워하게 되었습니다.

이스라엘 사람들이 할례를 받다

2 그 때, 여호와께서 여호수아에게 말씀하셨습니다. "부싯돌로 칼을 만들어서 이스라엘 사람들에게 다시 할례를 행하여라."
3 그래서 여호수아는 부싯돌로 칼을 만들어 기브앗 하아라롯*에서 이스라엘 사람들에게 할례를 베풀었습니다.
4 여호수아가 남자들에게 할례를 베푼 이유

는 이러합니다. 이스라엘 사람들이 이집트
를 떠난 이후, 군대에서 일할 만큼 나이
가 든 남자들은 광야에서 모두 죽었습니
다.
5 이집트에서 나온 남자들은 할례를 받았으
나 광야에서 태어난 많은 아이들은 할례
를 받지 않았습니다.
6 이스라엘 사람들은 광야에서 사십 년 동안
을 옮겨다녔고 그 동안, 이집트에서 나온
사람 가운데 싸울 수 있는 남자들은 다 죽
었습니다. 그것은 그들이 여호와께 순종
하지 않았기 때문입니다. 그래서 주께서
는 그들이 가나안 땅을 볼 수 없을 것이
라고 말씀하셨습니다. 그 땅은 여호와께
서 그들의 조상들에게 주기로 약속하셨던
땅이었고, 젖과 꿀이 흐르는 비옥한 땅이
었습니다.
7 마침내 그들의 자손들이 그 땅을 차지하
게 되었으나, 광야에서 태어난 자손들 중
에는 할례를 받은 사람이 하나도 없었기
때문에 여호수아는 그들에게 할례를 베풀
었습니다.
8 할례를 받은 모든 이스라엘 사람들은 상처
가 아물 때까지 그들의 진에 머물러 있었
습니다.

성경 지명

여리고

예루살렘에서 북동쪽으로 30km 떨어진 곳에 위치한 성읍으로 이스라엘이 가나안을 점령할 때 가장 먼저 탈환했던 곳입니다. 고고학적 발굴 결과 여리고는 약 3.4m 높이의 이중벽 구조를 가지고 있었으며, 많은 집들과 벽돌 등은 불에 탄 채로 발견되어졌습니다.

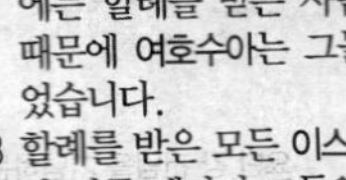

여호수아는 파괴된 여리고 성을 재건하는 사람은 하나님의 저주를 받아 아들을 잃을 것이라고 예언했는데(수 6:26), 실제로 아합 왕 때 히엘이 여리고 성을 재건하다 저주를 받았습니다(왕상 16:34). 오늘날 여리고는 보잘것 없는 시골의 한 마을이라고 합니다.

본문 보기 6장

9 그 때에 여호와께서 여호수아에게 말씀하
셨습니다. "너희는 이집트에서 노예로 있
으면서 부끄러움을 당했다. 그러나 오늘
날 내가 그 부끄러움을 없애 버리겠다."
그래서 여호수아는 그 곳의 이름을 길갈이
라고 불렀고, 지금까지도 길갈이라는 이
름으로 불리고 있습니다.
10 여리고 평야에 있는 길갈에서 진을 치고
있었던 이스라엘 백성들은, 그 달 십사 일
저녁에 그 곳에서 유월절을 지켰습니다.
11 유월절 이튿날, 백성들은 그 땅에서 자라
난 식물 중 몇 가지를 먹었는데, 그것은
누룩을 넣지 않고 만든 빵인 무교병과 볶
은 곡식이었습니다.
12 이 음식을 먹은 그 날부터 만나는 더 이
상 내리지 않았습니다. 이스라엘 사람들은
그 날 이후 만나를 먹을 수 없었기 때문
에 가나안 땅에서 나는 것을 먹기 시작했
습니다.
13 여호수아가 여리고 근처에 있었을 때, 눈
을 들어 보니 어떤 사람이 자기 앞에 칼
을 들고 서 있는 것이 보였습니다. 여호수
아는 그에게 다가가 "당신은 우리 편이요,
아니면 적의 편이요?"라고 물었습니다.
14 그 사람은 "나는 누구의 편도 아니다. 나
는 여호와의 군대 사령관으로 왔다"고 대
답했습니다. 그러자 여호수아는 땅에 엎드
려, 그에게 물었습니다. "주의 종인 저에
게 하실 말씀이 무엇입니까?"
15 여호와의 군대 사령관은 "너의 신을 벗어
라. 네가 서 있는 곳은 거룩한 곳이다"라
고 말했습니다. 여호수아는 그의 말대로
했습니다.

여리고가 무너짐

6 여리고 성 사람들은 이스라엘 자손들을
두려워하여 성문을 굳게 닫아 걸었습
니다. 아무도 성 안으로 드나들지 못했습
니다.
2 그 때에 여호와께서 여호수아에게 말씀하
셨습니다. "보아라, 내가 여리고를 너에게
주겠다. 여리고의 왕과 그 모든 군인들도
너에게 줄 것이니

여리고 성이 무너짐(6:1-20)

3 하루에 한 번씩 여리고 성을 너의 군대와
함께 행군하며 돌아라. 그 일을 육 일 동
안 하여라.
4 제사장 일곱 명에게 숫양의 뿔로 만든 나
팔을 가지고 언약궤 앞에서 행군하라고
말하여라. 칠 일째 되는 날에는 성을 일
곱 바퀴 돌며 제사장들에게 나팔을 불라
고 말하여라.
5 제사장들이 한 번 길게 나팔을 불면, 백
성들에게 나팔 소리를 듣고 크게 고함을
치라고 말하여라. 그리하면 여리고의 성
벽이 무너질 것이다. 그 때, 백성들은 곧
장 앞으로 쳐들어가거라."
6 그리하여 눈의 아들 여호수아는 제사장들
을 불러 모아 말했습니다. "여호와의 언
약궤를 나르시오. 제사장 일곱 명은 나
팔을 들고 그 언약궤 앞에서 행군하시
오."
7 그리고 여호수아는 백성들에게 명령했습
니다. "자, 가시오! 성 둘레를 도시오. 무
기를 든 군인들은 여호와의 궤 앞에서 행
군하시오."
8 여호수아가 백성들에게 말하기를 마치자,
나팔을 가진 일곱 명의 제사장들이 여호
와 앞에서 행군하기 시작했고, 행군과 동
시에 나팔을 불기 시작했습니다. 그 뒤에
는 여호와의 언약궤를 든 제사장들이 뒤
따랐고,
9 무기를 든 군인들은 제사장들 앞에서 행
군하였습니다. 또 언약궤 뒤에도 무기를
든 군인들이 뒤따랐습니다. 그들은 각기
자기 나팔을 불었습니다.
10 그러나 여호수아는 백성들에게 고함을 지
르지 말라고 했습니다. "소리내지 마시

오. 내가 명령을 내리기 전까지는 아무 말
도 하지 마시오. 내가 명령을 내리면 그
때 고함을 지르시오."
11 이처럼 여호수아는 백성들에게 여호와의
궤를 메고 성 둘레를 한 바퀴 돌게 하였
습니다. 그리고 나서 그들은 진으로 되돌
아와 하룻밤을 지냈습니다.
12 이튿날 여호수아는 아침 일찍 일어났습니
다. 제사장들은 여호와의 궤를 다시 메었
고,
13 제사장 일곱 명은 일곱 나팔을 들었습니
다. 그들은 여호와의 언약궤 앞에서 행군
하면서 각기 나팔을 불었습니다. 무기를
든 군인들은 제사장들 앞에서 행군했고,
다른 군인들은 여호와의 언약궤 뒤에서
걸었습니다. 행군하는 동안, 제사장들은
계속해서 나팔을 불었습니다.
14 이처럼 두 번째 날에도 그들은 성 둘레를
한 바퀴 돌고 나서 진으로 되돌아왔습니
다. 그들은 이 일을 육 일 동안 날마다 했
습니다.
15 칠 일째 되는 날, 그들은 새벽에 일어났
습니다. 그리고 성 둘레를 일곱 번 돌았
습니다. 그들은 전과 같은 방법으로 성 둘
레를 돌았지만, 성을 일곱 바퀴 돌기는 그
날이 처음이었습니다.
16 일곱 바퀴째 돌 때, 제사장들이 또 나팔
을 불었습니다. 그러자 여호수아가 명령을
내렸습니다. "자, 고함을 지르시오! 여호
와께서 여러분에게 이 성을 주셨소.
17 성과 성 안에 있는 모든 것은 다 여호와
께 바치는 것이므로 모두 없애시오. 다만
기생 라합과 그의 집에 있는 사람들은 모
두 살려 주어야 하오. 이는 라합이 우리
가 보낸 두 명의 정탐꾼을 숨겨 주었기 때
문이오.
18 전리품 중 어떤 것도 가지지 마시오. 이
것은 이미 여호와께 바쳐진 것이므로 모
두 없애 버리시오. 그 중 어떤 것이라도
취하여 진으로 가지고 돌아오면 그것 때
문에 이스라엘 백성에게 재앙이 내릴 것이
오.
19 모든 금과 은과 구리와 쇠로 만든 것은 여
호와께 속한 것이니 그것들은 여호와의
창고에 넣어 두어야 하오."
20 제사장들이 나팔을 불고 백성들은 고함을
질렀습니다. 백성이 나팔 소리를 듣고 고
함을 치자 성벽이 무너졌습니다. 그러자
모든 사람들이 성 안으로 곧장 쳐들어갔
습니다. 이렇게 하여 이스라엘 사람들은
여리고를 차지했습니다.
21 이스라엘 사람들은 성 안에 살아 있는 모
든 것을 다 죽였습니다. 그들은 남자와 여
자, 젊은이와 노인을 죽였습니다. 그들은
소와 양, 그리고 나귀들을 죽였습니다.
22 여호수아가 그 땅을 정탐하러 갔던 두 사
람에게 말했습니다. "그 기생의 집으로
가서 그 여자를 밖으로 나오게 하시오. 그
리고 그 여자와 함께 있는 모든 사람을 밖
으로 나오게 해서 당신들이 그 여자에게
약속한 대로 하시오."
23 그래서 두 사람은 라합의 집으로 들어가
라합을 밖으로 나오게 했습니다. 그들은
또 라합의 아버지와 어머니를 비롯해서 라
합과 함께 있던 모든 사람들을 밖으로 나
오게 했습니다. 두 사람은 라합의 온 가
족을 이스라엘의 진 밖으로 데리고 갔습니
다.
24 그리고 나서 이스라엘은 성 전체와 그 안
에 있는 모든 것을 불태웠습니다. 그러나
그들은 금과 은과 구리와 쇠로 만든 물건
은 태우지 않았습니다. 그것들은 여호와
의 집 창고에 넣어 두었습니다.
25 여호수아는 기생 라합과 그 여자의 가족,
그리고 그 여자와 함께 있던 모든 사람들
을 구해 주었습니다. 여호수아는 그 사람

여호와의 궤(6:11 ark of the LORD) 하나님께서 인간에게 주신 십계명 두 돌판을 간직해 둔 상자.
전리품(6:18 plunder) 싸움터에서 빼앗은 적의 병기나 군용품 따위의 물건.
재(7:6 ash) 물건이 완전히 타고 난 뒤에 남는 가루.
포위하다(7:9 surround) 둘레를 에워싸다.
명령(7:11 order) 윗사람이 아랫사람에게 시킴. 또는 시키는 말.

들을 살려 주었습니다. 왜나하면 라합은
여호수아가 여리고를 정탐하기 위해 보낸
두 사람을 도와 주었기 때문입니다. 라합
은 오늘까지도 이스라엘 사람들과 함께 살
고 있습니다.
26 그후에 여호수아는 이렇게 경고했습니다.
"누구든지 이 여리고 성을 다시 지으려 하
는 사람은 여호와의 저주 때문에 벌을 받
을 것이다. 이 성의 기초를 놓는 사람은
맏아들을 잃어버릴 것이고, 이 성에 문을
세우는 사람은 막내 아들을 잃어버릴 것
이다."
27 이처럼 여호와께서는 여호수아와 함께하
셨습니다. 또 여호수아는 온 땅 위에 유명
한 사람이 되었습니다.

아간의 죄

7 그러나 이스라엘 백성은 여리고 성을 점
령할 때, 어떤 물건도 가지지 말라는
여호와의 말씀을 어기는 죄를 지었습니
다. 유다 지파의 세라의 아들인 삽디의 손
자이며 갈미의 아들이었던 아간이 여호와
께 바쳐야 할 물건 중 몇 가지를 가졌던
것입니다. 그래서 여호와께서는 이스라엘
에게 크게 화를 내셨습니다.
2 여호수아는 몇 사람을 뽑아 여리고에서 아
이로 보냈습니다. 아이는 벧엘 동쪽에 있
는 벧 아웬에서 가까운 곳입니다. 여호수
아는 그들에게 "아이로 가서 그 땅을 정탐
하시오"라고 말했습니다. 그 사람들은 아
이로 올라가서 정탐했습니다.
3 얼마 후, 여호수아에게 돌아온 그들이 말
했습니다. "아이에는 우리와 싸울 사람이
얼마 되지 않습니다. 백성 모두를 내보낼
필요는 없습니다. 이천 명이나 삼천 명만
보내서 아이 성을 공격하게 하십시오. 우
리 백성 모두가 나가서 수고할 필요는 없
습니다."
4 그래서 약 삼천 명 가량이 아이로 나갔습
니다. 그러나 그들은 아이 사람들에게 패
하여 도망쳐 왔습니다.
5 아이 백성은 이스라엘 사람들을 뒤쫓았습
니다. 그들은 성문에서부터 스바림까지 이
스라엘을 뒤쫓았습니다. 그들은 언덕을
내려오는 동안에 삼십육 명 정도의 이스
라엘 사람들을 죽였습니다. 이스라엘 사람
들은 이 일을 보고 매우 두려워하였습니
다.
6 그러자 여호수아는 슬퍼하며 자기 옷을 찢
었습니다. 여호수아는 얼굴을 땅에 대고
여호와의 궤 앞에 엎드렸고, 그런 자세로
저녁까지 있었습니다. 이스라엘의 지도자
들도 여호수아와 같은 자세를 취했습니다.
그들은 또한 슬픔의 표시로 머리에 재를
뒤집어 썼습니다.
7 그후에 여호수아가 말했습니다. "하나님
여호와여, 주님은 우리 백성이 요단 강을
건널 수 있게 하셨습니다. 그런데 왜 주
님은 우리를 이 곳까지 오게 하셔서 아모
리 사람에게 죽임을 당하게 하십니까? 우
리가 요단 강 저쪽에 머무르는 것이 더 좋
을 뻔했습니다.
8 주님, 지금은 아무것도 말씀드릴 것이 없
습니다. 이스라엘은 적에게 패했고
9 가나안 사람들과 이 땅에 사는 모든 사람
들이 이 일에 관해 들으면 곧 우리를 포
위하여 우리 모두를 죽일 것입니다. 그렇
게 되면 주님의 크신 이름은 어떻게 되는
것입니까?"
10 여호와께서는 여호수아에게 말씀하셨습니
다. "일어나라! 왜 얼굴을 땅에 대고 있느
냐?
11 이스라엘 사람들은 죄를 지었다. 그들은
내가 지키라고 명령한 약속을 깨뜨렸다.
그들은 나와 약속한 대로 하지 않고 나의
것을 훔쳐 내 물건 중 몇 가지를 가졌다.
그들은 거짓말을 했고, 자기를 위해 그 물
건들을 가지고 갔다.
12 그런 까닭에 이스라엘은 적과 싸워 이길
수 없었던 것이다. 그들은 싸우다가 뒤돌
아서서 도망치고 말았다. 왜나하면 너희
는 내가 없애라고 한 것을 모두 없애지
않고, 나에게 완전히 바치지 않았기 때문
이다. 너희는 내가 바치라고 명령한 모든
것을 없애야 한다. 너희가 그 일을 행하

지 않는 한, 나는 너희를 도와 줄 수 없
다.
13 이제 일어나라! 내 앞에서 백성들을 거룩
하게 하여라. 그들에게 이렇게 전하여라.
'내일 주님을 위해 스스로를 거룩하게 하
여라. 이스라엘의 하나님 여호와께서 너희
중 누군가가 여호와의 명령을 어기고 여
호와께 바쳐야 할 것을 가지고 갔다고 말
씀하셨다. 그 물건들을 버리지 않는 한 너
희는 결코 적과 싸워 이길 수 없을 것이
다.

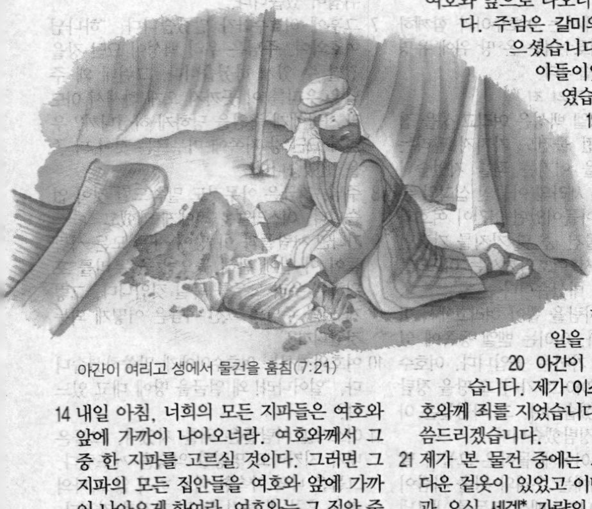

아간이 여리고 성에서 물건을 훔침(7:21)

14 내일 아침, 너희의 모든 지파들은 여호와
앞에 가까이 나아오너라. 여호와께서 그
중 한 지파를 고르실 것이다. 그러면 그
지파의 모든 집안들을 여호와 앞에 가까
이 나아오게 하여라. 여호와는 그 집안 중
에서 한 가족을 고르실 것이다. 그 때 그
가족의 남자들을 여호와 앞에 가까이 나
아오게 하여라.
15 바쳐서 없애 버려야 할 것을 감추고 있는
사람을 골라 내면, 그는 불로 죽임을 당
할 것이고 그가 가지고 있는 모든 것도 그
와 함께 없어질 것이다. 그 사람은 여호
와와의 약속을 깨뜨렸으며 이스라엘 백성
가운데서 부끄러운 일을 행하였기 때문이
다.'"
16 이튿날 아침 일찍, 여호수아는 이스라엘 모
든 사람들을 여호와 앞에 서게 했습니다.
이스라엘의 모든 지파가 여호와 앞에 서자
여호와께서는 유다 지파를 뽑으셨습니다.
17 그래서 유다 지파의 모든 집안이 여호와
앞에 섰습니다. 여호와는 세라의 집안을
뽑으셨습니다. 그러자 세라의 온 집안이
여호와 앞에 섰습니다. 이번에는 삽디의
가족이 뽑혔습니다.
18 그러자 여호수아는 삽디의 가족 모두에게
"여호와 앞으로 나오너라" 하고 말했습니
다. 주님은 갈미의 아들 아간을 뽑
으셨습니다. 갈미는 삽디의
아들이었고 세라의 손자
였습니다.
19 여호수아는 아간
에게 말했습니
다. "아간아, 이
스라엘 하나님
여호와께 영광
을 돌리고 사실
대로 고백하여
라. 숨길 생각은
하지 말고 네가 한
일을 내게 말하여라."
20 아간이 대답했습니다. "옳
습니다. 제가 이스라엘의 하나님 여
호와께 죄를 지었습니다. 제가 한 일을 말
씀드리겠습니다.
21 제가 본 물건 중에는 시날*에서 온 아름
다운 겉옷이 있었고 이백 세겔* 가량의 은
과 오십 세겔* 가량의 금도 있었습니다.
저는 그것들이 너무나도 갖고 싶어 가지
고 왔습니다. 그것들은 지금 제 천막 아
래 땅에 묻혀 있습니다. 은은 겉옷 아래
에 있습니다."
22 여호수아는 몇 사람을 아간의 천막으로 보
냈습니다. 그들은 천막으로 달려가 감춘
물건들을 찾아 냈습니다. 은은 외투 아래
에 있었습니다.
23 사람들은 그 물건들을 천막에서 가지고

나와 여호수아와 온 이스라엘 사람들 앞에
놓았습니다. 그리고 여호와 앞에 그 물건
들을 펼쳐 놓았습니다.
24 여호수아와 모든 백성들은 세라의 아들 아
간을 '괴로움'이란 뜻의 아골 골짜기로 데
리고 갔습니다. 그들은 은과 외투와 금과
아간의 아들들과 딸들과 소와 나귀와 양
들과 천막과 그 밖에 아간이 가지고 있던
모든 것들도 함께 가지고 갔습니다.
25 여호수아가 말했습니다. "어찌하여 네가
우리를 이토록 괴롭게 했단 말이냐? 하지
만 이제는 여호와께서 너를 괴롭게 하실
것이다." 그후에 모든 백성들은 아간과 그
의 가족들을 돌로 쳐죽였습니다. 그리고
나서 아간과 그의 가족들을 불로 태웠습
니다.
26 그들은 아간의 시체 위에 돌무더기를 쌓았
는데, 그 돌무더기는 지금까지도 거기에
있습니다. 그 곳을 '괴로움의 골짜기'*라
고 부르는 것도 이런 이유 때문입니다. 이
일이 있은 후, 여호와께서는 화를 내지 않
으셨습니다.

아이 성을 무너뜨림

8 그후에 여호와께서 여호수아에게 말씀
하셨습니다. "두려워하지 마라. 포기
하지 마라. 너의 모든 군대를 이끌고 아
이로 향하여라. 내가 그의 백성과 그의 성
과 그의 땅을 너에게 줄 것이니,
2 너는 여리고와 그 왕에게 한 것같이 아이
와 그 왕에게도 하여라. 하지만 이번만은
그 성 안의 모든 좋은 것을 가져도 좋다.
자, 이제 너의 군인들 중 몇 사람에게 성
뒤로 가서 몰래 숨어 있으라고 말하여
라."
3 그리하여 여호수아는 모든 군대를 이끌고
아이로 향했습니다. 여호수아는 군인 삼만
명을 뽑아 밤중에 그들을 내보냈습니다.
4 여호수아는 그 군인들에게 명령을 내렸습
니다. "여러분은 성 뒤쪽에 숨어 있으시
오. 성에서 멀리 떨어져 있지 말고 성을
주의 깊게 살펴보면서 언제라도 싸울 준
비를 하고 있으시오.
5 나와 나를 따르는 군대는 성을 향해 진군
할 것이고, 성 안의 사람들은 우리와 싸
우기 위해 밖으로 나올 것이오. 그 때, 우
리는 전에 했던 것처럼 등을 돌려 후퇴할
것이고
6 그들은 성을 떠나 우리를 쫓아올 것이오.
그들은 우리가 전처럼 도망치는 것으로
생각할 것이오. 우리가 후퇴할 때,
7 여러분은 숨어 있던 곳에서 나와 성을 차
지하시오. 하나님 여호와께서 여러분에게
그 성을 주실 것이오.
8 아이 성을 점령한 후에는 그 성을 불태우
시오. 여호와께서 말씀하신 대로 하시오.
보시오. 내가 분명히 여러분에게 명령을
내렸소."
9 그 말을 한 후, 여호수아는 그들을 보냈습
니다. 그들은 벧엘과 아이의 서쪽 사이에
숨었습니다. 그러나 여호수아는 그 날 밤,
자기 백성들과 함께 진에 머물렀습니다.
10 여호수아는 이튿날 아침, 일찍 일어나서
자기 군대를 불러 모았습니다. 여호수아와
이스라엘의 장로들은 아이로 군대를 이끌
고 갔습니다.
11 여호수아를 따르는 모든 군인들은 아이로
행군했습니다. 그들은 성 앞에서 멈춰선
후, 아이의 북쪽에 진을 쳤습니다. 그들과
성 사이에는 골짜기가 있었습니다.
12 여호수아는 오천 명 가량의 군인을 뽑아
벧엘과 아이 사이로 보내어 그 곳에 숨어
있게 했습니다.
13 이처럼 이스라엘 백성은 각기 자기 자리를
잡고 있었습니다. 주력 부대는 성 북쪽에
있었습니다. 다른 사람들은 서쪽에 숨어

알아두세요

7:21 '시날'은 '바빌로니아'를 뜻한다. 1세겔은 약 11.4g이므로, 200세겔은 약 2.28kg에 해당되고, 50세겔은 약 570g에 해당된다.
7:26 개역 성경에는 '아골 골짜기'라고 표기되어 있는데 '아골'은 '아갈'(괴롭히다)과 같은 어원이다.

진군(8:5 advance) 군대가 전진함.
주력 부대(8:13 main force unit) 중심이 되는 부대.

있었습니다. 그 날 밤, 여호수아는 골짜기
아래로 내려갔습니다.
14 아이의 왕이 이스라엘 군대를 보았습니다.
그래서 왕과 그의 백성은 이튿날 아침, 일
찍 일어나 싸우기 위해 서둘러 움직였습
니다. 그들은 성 동쪽에 있는 어떤 곳으
로 나갔습니다. 왕은 이스라엘 군인들이
성 뒤쪽에 숨어서 기다리고 있다는 것을
몰랐습니다.
15 여호수아와 이스라엘의 모든 군인들은 아
이의 군대에 쫓겨 후퇴하는 척하며 광야
길로 도망쳤습니다.
16 아이의 군인들은 성을 떠나 여호수아의 군
대를 뒤쫓아갔습니다.
17 아이와 벧엘의 사람들은 한 명도 남지 않
고 모두 이스라엘의 군대를 쫓았습니다.
그들은 성문을 열어 둔 채 이스라엘 군대
를 따라갔습니다.
18 그 때에 여호와께서 여호수아에게 말씀하
셨습니다. "네 창을 아이 쪽으로 치켜들어
라. 내가 그 성을 너에게 주겠다." 그래
서 여호수아는 자기 창을 아이 성을 향하
여 치켜들었습니다.
19 이스라엘 사람들은 여호수아가 창을 치켜
드는 것을 보고 숨어 있던 곳에서 나와 급
히 성으로 달려갔습니다. 그들은 성으로
들어가 성을 점령하고, 재빨리 성에 불을
질렀습니다.
20 아이 사람들이 뒤를 돌아보니 성에서 연
기가 하늘로 치솟고 있었습니다. 아이 사
람들은 이쪽으로도 저쪽으로도 도망칠 수

폐허가 된 아이(8:28)

없게 되었습니다. 그 때, 광야로 도망치
던 이스라엘 사람들이 뒤쫓던 아이 사람들
을 향해 방향을 돌렸습니다.
21 여호수아와 그의 모든 사람들은 숨어 있
던 군대가 성을 점령한 것과 성에서 연기
가 올라오고 있는 것을 보았습니다. 그들
은 되돌아와서 아이 사람들을 공격했습니
다.
22 숨어 있던 사람들도 성에서 나와 같이 싸
웠습니다. 아이 사람들은 이스라엘 군대에
포위되고 말았습니다. 이스라엘 사람들은
아이 사람이 한 명도 남지 않을 때까지 쳐
죽였습니다. 적군 중에 살아 남은 사람은
아무도 없었고
23 다만 아이의 왕만이 살아 남았습니다. 여
호수아의 군대는 아이 왕을 여호수아에게
데리고 왔습니다.
24 이스라엘 군대는 광야 벌판에서 그들을 추
격하던 아이 사람들을 다 죽였습니다. 그
들 모두를 칼로 죽이고 다시 아이로 되돌
아와 그 곳에 있는 사람들을 전부 칼로 죽
였습니다.
25 그 날 아이의 모든 백성들이 다 죽었는데,
남자와 여자를 합해 만 이천 명의 사람이
죽었습니다.
26 여호수아는 창을 치켜들고 있던 손을 내리
지 않았습니다. 여호수아는 아이의 모든
백성들을 다 죽일 때까지 창을 치켜들고
있었습니다.
27 이스라엘 백성은 동물들은 죽이지 않고 자
기들이 가졌습니다. 또 아이 사람들이 가
지고 있었던 물건들도 가졌습니다. 그들
은 여호와께서 여호수아에게 명령하신 대
로 하였습니다.
28 그리고 나서 여호수아는 아이 성을 불태웠
습니다. 아이 성은 쓰레기더미가 되어 버
렸습니다. 오늘날까지도 아이 성은 그런
모습으로 남아 있습니다.
29 여호수아는 아이 성의 왕을 저녁까지 나무
에 매달아 놓았습니다. 해가 질 무렵, 여
호수아는 왕의 시체를 나무에서 끌어내려
성문 아래로 던지라고 말했습니다. 사람들

기브온 사람들의 속임수(9:1-15)

은 그것을 성문 아래로 던진 후, 돌로
시체를 덮었습니다. 그 돌무더기는 오늘
날까지도 그 곳에 있습니다.
30 그후에 여호수아는 이스라엘의 하나님 여
호와를 위해 에발 산에 제단을 쌓았습니
다.
31 그것은 여호와의 종인 모세가 명령한 대
로였습니다. 여호수아는 모세의 율법책에
설명되어 있는 것과 같이 제단을 쌓았습
니다. 그 제단은 쇠 연장으로 다듬지 않
은 자연석으로 만들어졌는데, 이스라엘 사
람들은 그 제단 위에서 여호와께 태워 드
리는 제사인 번제와 화목제를 드렸습니
다.
32 그 곳에서 여호수아는 이스라엘의 모든 백
성들이 보는 앞에서 모세가 썼던 율법을
돌에 새겼습니다.
33 장로와 지도자와 재판관과 모든 이스라엘
사람들이 언약궤를 가운데 두고 섰습니
다. 그들은 그 언약궤를 멘 레위 사람 제
사장들 앞에 섰으며 이스라엘 사람들과 이
방 사람들도 모두 그 곳에 섰습니다. 백
성 중 절반은 에발 산 앞에 섰고, 나머지
절반은 그리심 산 앞에 섰습니다. 그들은
전에 모세가 백성을 위해 복을 빌 때, 그
렇게 하라고 명령했던 대로 했습니다.
34 그 뒤에 여호수아는 율법책에 적혀 있는
대로 복과 저주의 말씀을 모두 읽었습니
다.
35 이스라엘 사람들이 다 모였습니다. 여자들
과 어린이들과 이스라엘 사람들과 함께 사
는 이방 사람들도 그 곳에 모였습니다. 여
호수아는 모세가 준 명령을 빠짐없이 읽었
습니다.

기브온 사람들의 속임수

9 요단 강 서쪽의 모든 왕들이 이 이야
기를 들었습니다. 그 왕들은 헷 사람,
아모리 사람, 가나안 사람, 브리스 사람, 히
위 사람, 여부스 사람들의 왕이었습니다.
그들은 산악 지대와 서쪽 경사 지역과 지
중해 해안에 사는 사람들이었습니다.
2 이 왕들은 여호수아를 비롯한 이스라엘 사
람들과 싸우기 위해 모두 모였습니다.
3 기브온 사람들도 여호수아가 여리고와 아이
에 대해 했던 일을 들었습니다.
4 그래서 그들은 이스라엘 사람에게 속임수
를 쓰기로 하였습니다. 그들은 여기저기
떨어진 곳을 기운 가죽 술부대와 낡아빠
진 자루를 모아서 나귀 등에 실었습니다.
5 그들은 낡아빠진 신발을 신고 다 떨어진

옷을 입었습니다. 딱딱하게 굳고 곰팡이
냄새가 나는 빵을 준비해서
6 길갈의 진에 있던 여호수아에게 갔습니다.
기브온 사람들은 여호수아와 이스라엘 사람
들에게 이렇게 말했습니다. "우리는 아주
먼 나라에서 왔습니다. 우리와 평화 조약
을 맺어 주십시오."
7 이스라엘 사람들이 히위 족속인 기브온 사
람들에게 물었습니다. "당신들은 이 근처
에 사는 사람들 같은데 우리가 어떻게 당
신들과 평화 조약을 맺을 수 있겠습니
까?"
8 그러자 히위 사람들은 여호수아에게 "우리
는 당신의 종입니다"라고 말했습니다. 여
호수아가 그들에게 말했습니다. "당신들
은 누구요? 당신들은 어디에서 왔소?"
9 그 사람들이 대답했습니다. "우리는 당신
의 종입니다. 우리는 아주 먼 나라에서 당
신들의 하나님 여호와의 유명한 이름을
듣고 이 곳까지 왔습니다. 우리는 당신들
의 하나님 여호와께서 하신 일들에 대해
잘 알고 있습니다. 당신의 하나님이 이집
트에서 하신 모든 일과
10 또 요단 강 동쪽에 살던 아모리 사람의 두
왕을 쳐죽인 이야기도 들어 알고 있습니
다. 한 사람은 헤스본 왕 시혼이고, 다른
사람은 아스다롯에 있는 바산 왕 옥이지
요.
11 그래서 장로들과 백성들은 우리에게 '여
행에 필요한 음식을 준비해서 이스라엘 사
람들을 만나시오. 그리고 그들에게 우리
는 아주 먼 나라에서 왔으며, 우리와 평
화 조약을 맺자고 전하시오' 라고 말했습
니다.
12 우리의 빵을 보십시오. 우리가 집을 떠날
때 이 빵은 따끈따끈한 새 빵이었습니다.
그런데 지금은 딱딱하고 곰팡이 냄새가
나는 빵이 되어 버렸습니다.
13 우리의 가죽 술부대를 보십시오. 우리가
떠날 때에 이 술부대는 새 것이었고, 포
도주도 가득 들어 있었으나 지금은 다 떨
어져 여기저기 기운 낡아빠진 술부대가
되어 버렸습니다. 우리 옷과 신발을 보십
시오. 너무 오래 여행을 했더니만 옷과 신
발도 다 해어지고 말았습니다."
14 이스라엘 사람들은 그들이 가지고 온 빵을
맛보았습니다. 그러나 이스라엘 사람들은
어떻게 해야 할지 여호와께 묻지 않았습
니다.
15 마침내 여호수아는 기브온 사람들과 평화
조약을 맺고 그 사람들을 살려 주기로 하
였습니다. 이스라엘 사람들의 지도자들은
그 조약을 지키기로 약속하였습니다.
16 삼 일 후, 이스라엘 사람들은 기브온 사람
들이 가까운 곳에 살고 있다는 것을 알게
되었습니다.
17 그래서 이스라엘 사람들은 그들이 살고 있
는 곳으로 갔습니다. 이스라엘 사람들은
삼 일 만에 그들이 사는 성에 도착하였습
니다. 그 성의 이름은 기브온과 그비라와
브에롯과 기럇여아림이었습니다.
18 그러나 이스라엘 사람들은 이 성들을 공
격하지 않았습니다. 왜냐하면 이스라엘
사람들은 이스라엘의 하나님 여호와 앞에
서 그들과 약속을 맺었기 때문입니다. 이
스라엘의 모든 사람들이 그들과 평화 조
약을 맺은 지도자들에게 불만을 터뜨렸
습니다.
19 그러나 지도자들은 이렇게 말했습니다.
"우리는 우리 하나님 여호와 앞에서 그들
과 약속을 했기 때문에 지금은 그들을 공
격할 수 없소.
20 우리는 그들을 살려 주어야 하오. 여호와
앞에서 맺은 조약을 어겨 하나님의 노여
움이 우리에게 미치도록 해서는 안 되오.
21 그들을 살려 주시오. 그러나 그들은 이스
라엘 백성들을 위해 나무를 베고, 물을 길
어 주는 종이 될 것이오." 이렇게 해서 이
스라엘 지도자들은 기브온 사람들과 맺은
조약을 지켰습니다.
22 여호수아는 기브온 사람들을 불러와 물어
보았습니다. "당신들은 왜 우리에게 거짓
말을 했소? 당신들의 땅은 우리의 진에서
가깝소. 그런데 당신들은 우리에게 아주

먼 나라에서 왔다고 말했소.
23 이제 당신들은 저주를 받을 수밖에 없소. 당신들은 우리의 종이 되어야 하오. 당신들은 하나님의 집을 위해 나무를 베고 물을 길어 오는 사람이 될 것이오."
24 기브온 사람들이 여호수아에게 대답했습니다. "우리는 당신의 하나님 여호와께서 자기 종 모세에게 이 땅 모두를 당신에게 주라고 했다는 것을 들어서 알고 있습니다. 또 하나님은 이 땅에 사는 모든 사람을 죽이라고 당신에게 말씀하셨다는 것도 알고 있습니다. 그래서 우리는 당신들에게 생명을 잃을까봐 두려웠습니다. 이 때문에 우리가 거짓말을 한 것입니다.
25 이제는 당신 좋으실 대로 하십시오. 우리는 당신의 손 안에 있습니다."
26 그리하여 여호수아는 그들의 목숨을 살려 주었습니다. 여호수아는 이스라엘 사람들이 그들을 죽이지 못하게 했습니다.
27 여호수아는 기브온 사람들을 이스라엘 사람들의 종으로 삼았습니다. 그들은 이스라엘 사람들을 위해 나무를 베고 물을 길었습니다. 그들은 여호와께서 선택하신 곳의 제단을 위해 나무를 베고 물을 길었으며, 지금까지도 그 일을 하고 있습니다.

해와 달이 멈춰 서다

10 그 때에 아도니세덱이 예루살렘의 왕으로 있었습니다. 그는 여호수아가 아이를 점령하고 그 성을 완전히 파괴시켰다는 이야기를 들었습니다. 또 여호수아가 여리고 성과 그 왕에게 한 것과 같이 아이 성과 그 왕에게도 똑같은 일을 했다는 이야기와 기브온 사람들이 이스라엘과 평화 조약을 맺고 그들과 함께 살고 있다는 이야기도 들었습니다.
2 아도니세덱과 그의 백성은 이 일 때문에 매우 두려워했습니다. 기브온은 아이보다 크고 군사력도 강했습니다. 이 성은 왕이 다스리는 다른 성 만큼이나 큰 성이었습니다.
3 그래서 예루살렘 왕 아도니세덱은 헤브론 왕 호함에게 사람을 보내어 호소했습니다. 아도니세덱은 또 야르뭇 왕 비람과 라기스 왕 야비아와 에글론 왕 드빌에게도 사람을 보내어 호소했습니다.
4 "나에게로 와서 나를 도와 주시오. 우리가 기브온을 공격합시다. 기브온은 여호수아를 비롯한 이스라엘 사람들과 평화 조약을 맺었소."
5 그러자 아모리의 다섯 왕이 군대를 모았습니다. 그들은 예루살렘, 헤브론, 야르뭇, 라기스, 그리고 에글론의 왕이었습니다. 이들의 군대는 기브온으로 가서 기브온을 포위하고 공격했습니다.
6 기브온 사람들은 길갈의 진에 있던 여호수아에게 사람을 보내어 말했습니다. "당신의 종들인 우리를 빨리 구해 주십시오. 산악 지대에 사는 아모리 사람의 왕들이 모든 군대를 모아 우리를 공격하고 있습니다."
7 그리하여 여호수아는 전 군대를 이끌고 길갈을 떠났습니다. 여호수아는 용감한 군인들을 데리고 떠났습니다.
8 여호와께서 여호수아에게 말씀하셨습니다. "적군을 두려워하지 마라. 나는 네가 그들을 물리치게 해 주겠다. 그들 중 너를 이길 사람은 아무도 없다."
9 여호수아는 길갈에서 떠나 밤새도록 행군하여 적군의 진 가까운 곳에 이르렀을 때, 갑자기 공격했습니다.
10 여호와께서 적군을 혼란스럽게 만들어 놓으셨으므로 이스라엘은 적군을 물리쳐 크게 이겼습니다. 이스라엘은 기브온에서 벧호론으로 내려가는 길까지 적군을 뒤쫓았습니다. 이스라엘 군대는 아세가와 막게다에 이르는 길에서 적군을 죽였습니다.
11 또 적군들이 이스라엘 군대에게 쫓겨 벧호론으로 뻗은 비탈길로 도망치며 아세가에 이르는 동안에 여호와께서 큰 우박을 내

파괴(10:1 destruction) 깨뜨리어 헐어 버림.
군사력(10:2 military strength) 병력 · 장비 · 경제력 등 모든 요소를 종합한 전쟁 수행 능력.
호소(10:3 appeal) 자기의 어렵거나 억울한 사정을 다른 사람에게 알려 도움을 청하는 것.

리셔서 많은 적군이 죽었습니다. 이스라엘 사람들의 칼에 맞아 죽은 사람보다 우박 때문에 죽은 사람이 더 많았습니다.
12 그 날, 여호와께서 이스라엘 사람들이 아모리 사람들을 이길 수 있게 하셨습니다. 여호수아는 그 날에 이스라엘 모든 백성 앞에 서서 여호와께 말했습니다. "해야, 기브온 위에 멈춰 서라. 달아, 아얄론 골짜기 위에 멈춰 서라."
13 그러자 해가 멈춰 섰고, 달도 이스라엘 백성이 적을 물리칠 때까지 멈춰 섰습니다. 이 이야기는 야살의 책*에 적혀 있습니다. 해가 하늘 한가운데에 멈춰 서서 하루 종일 지지 않았다고 한 것이 바로 이를 두고 한 말입니다.
14 여호와께서 한 사람의 말을 들어 주신 일은 전에도 없었고 그 뒤로도 없었습니다. 진정 여호와께서 이스라엘을 위해 싸워 주신 것입니다.
15 이 일이 있은 후, 여호수아와 그의 군대는 길갈에 있는 진으로 되돌아왔습니다.
16 다섯 왕은 싸움을 하는 동안, 도망을 쳐 막게다에서 가까운 어떤 동굴에 숨었습니다.
17 누군가가 그들이 동굴에 숨어 있는 것을 발견하고 여호수아에게 말해 주었습니다.
18 그러자 여호수아가 말했습니다. "동굴 입구를 커다란 바위로 막고 사람을 몇 명 두어서 동굴을 지키게 하시오.
19 여러분은 이 곳에 있지 말고 계속해서 뒤쫓으시오. 도망하는 사람들을 계속 공격해서 그들이 자기 성으로 무사히 들어가지 못하도록 하시오. 여러분의 하나님 여호와께서 여러분에게 승리를 주셨소."
20 여호수아와 이스라엘 사람들이 적군을 많이 죽였으나, 몇 사람은 살아 남아 굳건한 자기들의 성으로 도망쳤습니다.
21 싸움이 끝난 후, 여호수아의 군대는 막게다에 있던 여호수아에게 무사히 돌아왔습니다. 이스라엘 사람들을 헐뜯는 말을 하는 사람은 하나도 없었습니다.
22 여호수아는 "동굴 앞을 가로막고 있는 바위들을 옮기고 다섯 왕을 나에게 데리고 오시오" 하고 말했습니다.
23 그러자 사람들은 다섯 왕을 동굴에서 데리고 나왔습니다. 그들은 예루살렘, 헤브론, 야르뭇, 라기스, 그리고 에글론의 왕들이었습니다.
24 사람들은 이 왕들을 여호수아에게 데리고 왔습니다. 여호수아는 이스라엘의 모든 백성들에게 모이라고 말했습니다. 여호수아는 군대의 지휘관들에게 "이리 오시오! 여러분의 발로 이 왕들의 목을 밟으시오"라고 말했습니다. 그러자 군대 지휘관들이 가까이 와서 왕들의 목을 자기 발로 밟았습니다.
25 그런 후에 여호수아가 지휘관들에게 말했습니다. "강한 마음을 먹고 용기를 가지시오. 두려워하지 마시오. 여러분이 앞으로 싸우게 될 적들에게 여호와께서 어떠한 일을 하실 것인지를 내가 보여 주겠소."
26 그리고 나서 여호수아는 다섯 왕을 죽였습니다. 여호수아는 그들의 시체를 저녁 때

해가 하루 종일 지지 않음(10:12-13)

까지 다섯 그루의 나무에 매달아 놓았습
니다.
27 해가 지자 여호수아는 그 시체들을 나무에
서 끌어내리라고 말했습니다. 여호수아의
사람들은 그 시체들을 전에 그 왕들이 숨
어 있던 동굴에 던져 넣고 동굴 입구를 큰
바위들로 막아 놓았습니다. 그 바위들은
지금도 거기에 있습니다.
28 그 날, 여호수아는 막게다를 물리쳐 이겼
고, 왕과 성 안의 모든 백성들을 다 죽였
습니다. 여호수아는 그들을 쳐 없앴습니
다. 살아 남은 사람은 아무도 없었습니
다. 여호수아는 여리고 왕을 죽인 것과 같
이 막게다 왕을 죽였습니다.

남쪽 성들을 정복함

29 그후에 여호수아와 모든 이스라엘 사람은
막게다를 떠났습니다. 그리고 그들은 립나
로 가서 그 성을 공격하였습니다.
30 여호와께서는 립나와 그 왕을 이스라엘의
손에 넘기셨습니다. 이스라엘은 립나 성에
있던 사람을 하나도 남기지 않고 모두 죽
였습니다. 이스라엘 사람들은 립나 왕에게
도 여리고 왕에게 한 것과 똑같은 일을 했
습니다.
31 그후에 여호수아와 모든 이스라엘 사람은
립나를 떠나 라기스 근처에 진을 치고 라
기스를 공격했습니다.
32 여호와께서 라기스를 이스라엘의 손에 넘
기셨습니다. 둘째 날에 여호수아는 라기스
를 정복했고 성 안에 있던 사람들을 다 죽
였습니다. 그들은 립나에서 한 것과 똑같
은 일을 라기스에서도 행했습니다.
33 바로 그 때, 게셀 왕 호람이 라기스를 도
우러 왔습니다. 그러나 여호수아는 호람과
그의 군대도 물리쳤습니다. 그들 중에 살
아 남은 사람은 아무도 없었습니다.
34 그후에 여호수아와 모든 이스라엘 사람은
라기스를 떠나 에글론으로 갔습니다. 그들
은 에글론 근처에 진을 치고 에글론을 공
격했습니다.
35 그 날, 그들은 에글론을 정복했고 에글론
의 모든 백성을 죽였습니다. 또 성 안에
있는 모든 것을 없앴습니다. 그들은 에글
론에서도 라기스에서 한 것과 똑같은 일을
행했습니다.
36 그후에 여호수아를 비롯한 이스라엘 사람
들은 에글론을 떠나 헤브론으로 가서 그
곳을 공격했습니다.
37 그들은 헤브론과 헤브론 근처의 모든 작은
마을들을 정복했고 헤브론 사람을 다 죽
였습니다. 그들 중에 살아 남은 사람은 아
무도 없었습니다. 이스라엘 사람들은 헤브
론에서도 에글론에서 한 것과 똑같은 일을
행했습니다. 그들은 헤브론의 모든 백성
을 죽이고 성 안에 있는 모든 것을 없앴
습니다.
38 그후에 여호수아를 비롯한 이스라엘 사람들
은 드빌로 돌아와 그 곳을 공격했습니다.
39 그들은 성을 정복하고 왕과 성 근처의 모
든 작은 마을들도 정복했습니다. 그들은
드빌 성 안의 모든 것을 완전히 멸망시켰
습니다. 아무도 살아 남지 못했습니다. 이
스라엘은 립나와 그 왕에게 한 것과 똑같

성경 풍속

적의 목 밟기

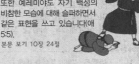

이것은 생포한 왕을 처리하는 동양의 관습으로 잔혹한 행위라기보다는 완전한 복종을 상징하는 행위라고 할 수 있습니다. 고대 이집트나 시리아, 페르시아에서도 이와 같은 관습을 찾아 볼 수 있으며, 성경에서도 하나님이 자기 목을 잡아 던져 자기를 부숴뜨린다고 욥이 말함으로써 이와 비슷한 비유를 사용하였습니다(욥 16:12). 또한 예레미야도 자기 백성의 비참한 모습에 대해 슬퍼하면서 같은 표현을 쓰고 있습니다(애 5:5).

본문 보기 10장 24절

알아두세요

10:13 '야살의 책'은 '의로운 자의 책'이라고도 한다.

은 일을 드빌과 그 왕에게 행했고, 이스라
엘 사람들이 헤브론에서 한 것과 똑같은
일을 드빌에서도 행했습니다.
40 이처럼 여호수아는 모든 땅, 곧 산지와 남
쪽 네게브 지방과 평지와 경사지의 모든
성에 있는 왕을 물리쳐 이겼습니다. 한 사
람도 남겨 두지 않고 죽였습니다. 이스라
엘의 하나님 여호와께서 살아서 숨쉬는
모든 것을 죽여서 주께 바치라고 말씀하
셨습니다.
41 여호수아는 가데스바네아에서 가사에 이르
기까지 모든 성을 점령했고 고센에서 기
브온에 이르는 모든 성도 점령했습니다.
42 여호수아는 이 모든 성과 그 왕들을 단 한
번에 모두 점령했는데, 그렇게 할 수 있
었던 것은 이스라엘의 하나님 여호와께서
이스라엘을 위해 싸워 주셨기 때문입니
다.
43 그후에 여호수아와 모든 이스라엘 사람들
은 길갈에 있는 진으로 되돌아왔습니다.

북쪽 왕들을 물리쳐 이김

11 하솔 왕 야빈은 지금까지 일어난 모든
일에 대한 이야기를 듣고 마돈 왕 요
밥과 시므론 왕과 악삽 왕에게 사람을 보
냈습니다.
2 야빈은 북쪽 산지의 왕들과 긴네롯* 남쪽
에 있는 아라바와 평지에 있는 왕들에게
도 사람을 보냈습니다. 또 그는 서쪽 돌
의 높은 곳에 있는 왕에게도 사람을 보냈
습니다.
3 야빈은 동쪽과 서쪽에 있는 가나안 왕들에
게도 사람을 보냈고 산지에 사는 아모리
사람, 헷 사람, 브리스 사람, 산지의 여부
스 사람과 미스바 지역의 헤르몬 산 아래
에 사는 히위 사람에게도 사람을 보냈습
니다.
4 그리하여 이 왕들의 군대가 모였는데, 그
군인과 말과 전차의 수가 셀 수도 없이 많
았습니다. 마치 바닷가의 모래처럼 많은
군대가 모였습니다.
5 이 왕들은 모두 이스라엘 사람들과 싸우기
위해 메롬 물가에 모여서 한 곳에 진을 쳤
습니다.
6 그 때에 여호와께서 여호수아에게 말씀하
셨습니다. "그들을 두려워하지 마라. 내
가 내일 이맘때에 그들 모두를 이스라엘
앞에서 죽일 것이다. 너는 그들이 가진 말
의 다리를 부러뜨리고 그들이 소유한 모
든 전차를 불에 태워라."
7 여호수아와 그의 모든 군대는 메롬 물가에
있는 적군을 갑자기 공격하였습니다.
8 여호와께서는 이스라엘의 손에 그들을 넘
겨 주셨습니다. 이스라엘은 적군을 큰 시
돈과 미스르봇 마임과 동쪽의 미스바 골짜
기까지 뒤쫓아가서 한 사람도 남기지 않
고 쳐죽였습니다.
9 여호수아는 여호와께서 말씀하신 대로 했
습니다. 적이 가진 말들의 다리를 부러뜨
렸으며 그들의 전차를 불태웠습니다.
10 그리고 나서 여호수아는 다시 돌아와 하
솔 성을 점령했습니다. 여호수아는 하솔
왕을 칼로 죽였습니다. 하솔은 이스라엘과
맞서 싸운 나라들을 다스리는 지도자였
습니다.
11 이스라엘은 하솔 성에 있는 모든 사람들
을 죽였습니다. 아무것도 살아 남지 못
했고, 이스라엘은 그 성을 불태워 버렸습
니다.
12 여호수아는 이 모든 성들을 점령하고 그
왕들도 모두 죽여 버렸습니다. 여호수아는
성 안에 있는 모든 것을 완전히 없앰으로
써 여호와 하나님과의 약속을 지켰습니
다. 여호수아는 여호와의 종 모세가 명령
한 대로 했습니다.
13 이스라엘은 언덕 위에 세워져 있는 성들은
불태우지 않았습니다. 그러나 하솔만은 여
호수아가 불태웠습니다.

알아두세요

11:2 '긴네롯'은 '갈릴리 호수'를 뜻한다.
12:1 개역 성경에는 '아라바'라고 표기되어 있다.

산지(10:40 hill country) 산으로 된 땅.
자비(11:20 mercy) 다른 사람을 귀중히 여기고 불쌍히 여김.

14 이스라엘 백성은 성 안에서 발견한 동물들과 모든 재물을 가졌지만 성 안에 있는 사람들은 모두 칼로 죽였습니다. 숨쉬는 사람은 한 사람도 남기지 않고 죽였습니다.
15 오래 전에 여호와께서는 자기 종 모세에게 그렇게 하라고 명령하셨고, 모세는 또 여호수아에게 그렇게 하라고 명령하였습니다. 그리고 여호수아는 그대로 복종했습니다. 여호수아는 여호와께서 모세에게 명령하신 것을 하나도 미루지 않았습니다.
16 이처럼 여호수아는 이 모든 땅, 곧 산지와 네게브 지방을 차지했습니다. 여호수아는 고센 지역 전체와 평지와 아라바를 차지하고 이스라엘의 산지와 그 주변의 모든 평지를 차지했습니다.
17 여호수아는 세일로 올라가는 할락 산에서부터 바알갓까지의 온 땅을 차지했는데, 바알갓은 헤르몬 산 아래 레바논 골짜기에 있었습니다. 여호수아는 그 땅의 모든 왕을 사로잡은 후, 그들을 죽였습니다.
18 여호수아는 그 땅의 왕들과 여러 해 동안 싸웠습니다.
19 그러나 그들 가운데 오직 한 성의 백성, 즉 기브온에 사는 히위 사람들과만 평화 조약을 맺었습니다. 그 밖의 모든 성은 이스라엘과 싸워 모두 패했습니다.
20 그들의 마음이 고집스러워져 이스라엘과 싸우러 나온 것은, 주님께서 그들을 죽임으로써 그들을 바치도록 하기 위해서였습니다. 이렇게 여호와께서는 그들에게 자비를 베푸시지 않고 그들을 완전히 멸망시키셨습니다. 이 일은 여호와께서 모세에게 명령하신 일이었습니다.
21 여호수아는 헤브론, 드빌, 아납, 유다, 그리고 이스라엘에 사는 아낙 사람들과 싸워 그들과 그들의 마을을 완전히 멸망시켰습니다.
22 아낙 사람 중 이스라엘 사람들의 땅에서 살아 남은 자는 아무도 없었습니다. 단지 가사와 가드와 아스돗에서 몇 명만이 살아남았을 뿐이었습니다.
23 여호수아는 이스라엘 모든 땅을 차지했습니다. 이 일은 오래 전에 여호와께서 모세에게 그렇게 하라고 말씀하신 일이었습니다. 여호와께서는 약속하신 대로 이스라엘에게 그 땅을 주셨습니다. 그리고 여호수아는 그 땅을 이스라엘 지파들에게 나누어 주었습니다. 마침내 그 땅에서 모든 싸움이 끝났습니다.

이스라엘이 물리친 왕들

12 이스라엘 사람들은 요단 강 동쪽 땅, 곧 해돋는 쪽을 차지하였습니다. 이제 그들은 아르논 골짜기에서 헤르몬 산까지의 온 땅을 얻었고 요단 강 골짜기*의 동쪽 모든 땅도 얻었습니다. 이스라엘 사람들은 아래의 왕들을 물리쳐 이기고 그 땅을 차지했습니다.
2 시혼은 아모리 사람의 왕이었는데 헤스본 성에서 살았습니다. 시혼은 아르논 골짜기에 있는 아로엘에서부터 얍복 강까지의 땅을 다스리고 있었습니다. 시혼의 땅은 골짜기 가운데서부터 시작되었는데, 그 곳은 암몬 사람들과의 경계 지역이기도 합니다. 시혼은 길르앗 땅의 절반 이상을 차지하고 있었고
3 갈릴리 호수에서부터 사해까지 요단 강 골짜기 동쪽을 다스렸습니다. 또 벧여시못에서부터 남쪽으로 비스가 언덕까지 다스렸습니다.
4 바산 왕 옥은 르바의 마지막 사람 중 하나였습니다. 옥은 아스다롯과 에드레이에 있는 땅을 다스렸고
5 헤르몬 산과 살르가와 바산 지역의 온 땅도 다스렸습니다. 옥의 땅은 그술과 마아가의 백성이 살고 있는 곳까지였습니다. 옥은 길르앗 땅 절반도 다스렸습니다. 길르앗의 땅은 헤스본 왕 시혼의 땅과 경계를 이루고 있는 곳입니다.
6 일찍이 여호와의 종 모세와 이스라엘 사람들은 이 모든 왕들을 물리쳐 이겼고, 모세는 그 땅을 르우벤과 갓과 요단 강 동쪽의 므낫세 지파 절반에게 주었습니다. 그 땅은 그들의 차지가 되었습니다.

7 여호수아와 이스라엘 사람들이 물리쳐 이
긴 왕들은 이러합니다. 그 왕들은 요단 강
서쪽, 곧 레바논 골짜기에 있는 바알갓과
세일로 올라가는 곳 할락 산 사이에 있는
왕들이었습니다. 여호수아는 그 땅을 이스
라엘의 지파를 구분하여 그에 따라 나누
어 주었습니다.
8 그 땅은 산지와 평지와 아라바와 경사지
와 광야와 네게브 지방이었습니다. 그 땅
은 헷 사람, 아모리 사람, 가나안 사람, 브
리스 사람, 히위 사람, 여부스 사람이 살던
곳이었습니다. 이스라엘 백성이 물리친 왕
들은 다음과 같습니다.
9 여리고 왕, 벧엘 근처의 아이 왕,
10 예루살렘 왕, 헤브론 왕,
11 야르뭇 왕, 라기스 왕,
12 에글론 왕, 게셀 왕,
13 드빌 왕, 게델 왕,
14 호르마 왕, 아랏 왕,
15 립나 왕, 아둘람 왕,
16 막게다 왕, 벧엘 왕,
17 답부아 왕, 헤벨 왕,
18 아벡 왕, 랏사론 왕,
19 마돈 왕, 하솔 왕,
20 시므론 므론 왕, 악삽 왕,
21 다아낙 왕, 므깃도 왕,
22 게데스 왕, 갈멜의 욕느암 왕,
23 돌의 높은 곳에 있는 돌 왕, 길갈의 고임
왕,
24 디르사 왕이었으며, 모두 삼십일 명이었습
니다.

➲ 12지파의 경계(13-19장)

아직 차지하지 못한 땅

13 여호수아가 나이 많아 늙자, 여호와
께서 여호수아에게 말씀하셨습니다.
"여호수아야, 너는 이제 늙었다. 그러나
차지해야 할 땅이 아직도 많이 남아 있다.
2 남아 있는 땅은 이러하다. 블레셋 사람의
온 땅과 그술 사람의 땅, 그리고
3 이집트와 붙어 있는 시홀 강에서부터 북쪽
의 에그론까지의 지역이다. 그 지역은 가
나안 사람들의 땅이며 블레셋의 다섯 지도
자들의 땅인 가사, 아스돗, 아스글론, 가드,
그리고 에그론과 아위 사람의 땅들이다.
4 또 남쪽으로 가나안 사람의 온 땅과 시돈
사람의 땅인 므아라 땅과 아모리 사람의
경계인 아벡까지의 땅과
5 그발 사람의 땅과 헤르몬 산 아래 바알갓 동
쪽에서부터 하맛까지의 레바논 지역이며,
6 또 레바논에서부터 미스르봇 마임까지의
높은 지대에 살고 있는 모든 시돈 사람들
의 땅이 그것이다. 내가 이스라엘 사람들
앞에서 그들 모두를 쫓아 낼 것이다. 네
가 이스라엘 사람들에게 땅을 나누어 줄
때, 이 땅을 잊지 말고 내가 말한 대로 하
여라.
7 이제 땅을 나머지 아홉 지파와 므낫세 지
파 절반에게 나누어 주어라."

땅을 나누어 줌

8 므낫세 지파 절반과 함께 르우벤 지파와
갓 지파는 요단 강 동쪽에서 자기 몫의 땅
을 모세로부터 이미 받았습니다. 여호와
의 종 모세가 그들에게 준 요단 강 동쪽의
땅은 다음과 같습니다.
9 그들의 땅은 아르논 골짜기의 아로엘에서
시작되어 골짜기 가운데에 있는 마을까지
이어졌고, 거기에는 메드바에서 디본까지
의 평지가 속해 있습니다.
10 아모리 사람의 왕 시혼이 다스리던 모든
마을도 그 땅에 속해 있습니다. 시혼은 헤
스본 성에서 다스렸고 시혼의 땅은 암몬
사람들이 살던 지역까지 이어졌는데
11 거기에는 길르앗도 속해 있습니다. 또 그
술 사람과 마아갓 사람이 살던 지역과 헤

르몬 산과 살르가까지의 바산 전체도 속해 있습니다.
12 바산 왕 옥의 온 나라가 그 땅에 속해 있습니다. 옛날에 옥은 아스다롯과 에드레이에서 다스렸는데, 옥은 거인족 르바의 마지막 사람 중 하나였습니다. 옛날에 모세가 그들을 물리쳐 이기고 그들의 땅을 차지하였습니다.
13 이스라엘 사람들은 그술과 마아갓 사람들을 쫓아 내지 않았기 때문에, 그들은 지금도 이스라엘 사람들과 함께 살고 있습니다.
14 여호수아는 레위 지파에게만은 아무런 땅도 주지 않았습니다. 그 대신에 이스라엘의 하나님 여호와께 불에 태워 바치는 제물인 화제물을 선물로 받았습니다. 이것은 여호와께서 그들에게 약속하셨던 것입니다.
15 모세는 르우벤 지파의 인구 수에 비례하여 땅을 나누어 주었습니다.
16 그 땅은 아르논 골짜기의 아로엘에서부터 메드바를 지나는 온 평지와 골짜기 가운데에 있는 마을로부터
17 헤스본까지 이어지는데 거기에는 평지에 있는 모든 마을이 속해 있습니다. 그 마을 중에는 디본, 바못 바알, 벧 바알 므온이 있고
18 야하스, 그데못, 메바앗과
19 기랴다임, 십마, 골짜기의 언덕 위에 있는 세렛 사할도 있습니다.
20 또 벧 브올과 비스가 언덕과 벧 여시못도 있는데
21 그 땅은 평지의 모든 마을과 아모리 왕 시혼이 다스리던 모든 지역을 포함하고 있습니다. 시혼은 헤스본의 왕으로 있었지만 모세는 시혼과 미디안 사람의 지도자들을 물리쳐 이겼습니다. 그 지도자들 중에는 에위, 레겜, 술, 훌, 그리고 레바가 있습니다.
22 이스라엘 사람들이 그들과 싸우는 동안 브올의 아들 발람도 죽였는데 발람은 주술을 쓰는 사람이었습니다.
23 르우벤이 받은 땅은 요단 강가에서 끝납니다. 이상이 르우벤의 각 집안이 받은 마을과 평야입니다.
24 모세는 갓 지파의 모든 집안에게도 땅을 주었습니다.
25 그들에게 주어진 땅은 야셀 땅과 길르앗 모든 마을입니다. 모세는 또 암몬 사람들의 땅 절반도 주었는데 암몬 사람들의 땅은 랍바 근처의 아로엘까지였습니다.
26 모세가 준 땅에는 헤스본에서부터 라맛 미스베와 브도님까지의 지역과 마하나임에서 드빌 땅까지의 지역이 속해 있고
27 그 땅에는 골짜기와 벧 하람, 벧 니므라, 숙곳, 사본, 그리고 헤스본 왕 시혼이 다스리던 모든 땅도 속해 있습니다. 그 땅은 요단 강 동쪽에서 갈릴리 호수 끝까지 이어집니다.

여호수아가 정복한 가나안 왕들

〈본문 보기 12장 7-24절〉

1 여리고 왕	9 벧엘 근처의 아이 왕	17 답부아 왕	25 아벡 왕
2 예루살렘 왕	10 헤브론 왕	18 헤벨 왕	26 마돈 왕
3 야르뭇 왕	11 라기스 왕	19 랏사론 왕	27 시므론 므론 왕
4 에글론 왕	12 게셀 왕	20 하솔 왕	28 다아낙 왕
5 드빌 왕	13 게델 왕	21 악삽 왕	29 게데스 왕
6 호르마 왕	14 아랏 왕	22 므깃도 왕	30 돌 왕
7 립나 왕	15 아둘람 왕	23 길갈의 고임 왕	31 디르사 왕
8 막게다 왕	16 벧엘 왕	24 갈멜의 욕느암 왕	

지파(13:7 tribe) 종파에서 갈라져 나간 파. 부족.
몫(13:8 share) 여럿으로 나누어 가지는 각 부분.
화제물(13:14 fire offering) 화제 때 바치는 제물로, 특히 하나님께 속한 기름인 간과 콩팥의 기름을 먼저 태워야 했다.
주술(13:22 incantation) 신비적인 힘을 빌어 길흉을 점치고 화복을 비는 일. 또는 그런 술법을 말한다.

28 이 모든 땅이 모세가 갓 지파에게 준 땅입니다. 모세는 그 땅을 갓 지파의 모든 집안에게 주었습니다.
29 다음은 모세가 동쪽에 있는 므낫세 지파 절반에게 준 땅입니다. 모세가 므낫세 지파 절반의 각 집안에 준 땅은 다음과 같습니다.
30 그 지역은 마하나임에서 시작되어 바산 전체와 바산 왕 옥이 다스리던 땅과 바산에 있는 야일의 모든 마을이 속해 있습니다. 성은 모두 육십 곳이었습니다.
31 또 길르앗 절반과 아스다롯과 에드레이도 속해 있습니다. 이 곳은 바산 왕 옥이 다스리던 성입니다. 이상이 므낫세의 아들 마길의 집안이 받은 땅입니다. 마길의 자손의 절반이 위의 땅을 받았습니다.
32 모세는 모압 평지에서 그 땅을 위의 세 지파에게 주었습니다. 그 땅은 요단 강 건너 여리고 동쪽에 있었습니다.
33 그러나 모세는 레위 지파에게 아무런 땅도 주지 않았습니다. 왜냐하면 이스라엘의 하나님 여호와께서 몸소 레위 사람들을 위한 선물이 되어 주시겠다고 약속하셨기 때문입니다.

14 제사장 엘르아살과 눈의 아들 여호수아, 그리고 이스라엘의 모든 지파의 지도자들이 백성들에게 나누어 준 땅은 아래와 같습니다. 이것은 이스라엘 자손이 가나안 지방에서 받은 땅입니다.
2 이 땅은 아홉 지파와 지파 절반에게 제비를 뽑아 나누어 주었습니다. 이것은 여호와께서 모세에게 명령하신 대로 한 것입니다.
3 모세는 이미 두 지파와 므낫세 지파 절반에게 요단 강 동쪽의 땅을 나눠 주었습니다. 그러나 레위 지파에게는 다른 지파들처럼 땅을 주지 않았습니다.
4 요셉의 자손은 므낫세와 에브라임 두 지파로 나누어졌습니다. 레위 지파는 땅을 받지 못했지만 거주할 여러 성읍과 그들의 동물들을 기를 수 있는 목초지를 받았습니다.
5 이스라엘 백성은 여호와께서 모세에게 말씀하신 대로 각각 땅을 나누었습니다.

갈렙의 땅

6 어느 날, 유다 지파의 몇 사람이 길갈에 있는 여호수아에게 왔습니다. 그들 중 한 사람은 그니스 사람 여분네의 아들 갈렙이었는데 갈렙이 여호수아에게 말했습니다. "당신도 여호와께서 가데스바네아에서 말씀하신 것을 기억하실 것입니다. 여호와께서는 예언자 모세에게 당신과 나에 대해 말씀하셨습니다.
7 내가 사십 세가 되었을 때에 여호와의 종인 모세는 우리가 들어갈 땅을 살펴보고 오라고 나를 정탐꾼으로 보냈습니다. 나는 그 땅을 살펴보고 돌아와서 그 땅에 대한 자세한 것을 모세에게 말했습니다.
8 나와 함께 그 땅에 들어갔었던 다른 사람

갈렙이 받은 땅(14:6-15)

들은 돌아온 뒤, 백성들에게 겁을 주는 말
만 했지만 나는 나의 하나님 여호와를 온
전히 믿었습니다.
9 그래서 그 날, 모세는 나에게 '당신이 들
어갔던 땅은 당신의 땅이 될 것이오. 당
신의 자녀가 그 땅을 영원토록 가지게 될
것이오. 당신이 나의 하나님 여호와를 온
전히 믿었기 때문에 그 땅을 당신에게 주
겠소' 라고 약속했습니다.
10 주께서 약속해 주셨던 것과 같이, 여호와
께서는 이 말씀을 모세에게 하신 후부터
지금까지 나를 사십오 년 동안을 더 살게
해 주셨습니다. 그 동안, 우리 모두는 광
야에서 떠돌아다녔고 이제 나는 팔십오
세가 되었습니다.
11 나는 모세가 나를 보냈던 때처럼 튼튼합
니다. 나는 지금도 얼마든지 그 때처럼 싸
울 수 있습니다.
12 그러니 여호와께서 오래 전에 약속하셨던
그 산지를 나에게 주십시오. 아낙 사람들
이 그 곳에 살고 있다는 이야기를 그 때,
당신도 들어 알고 있을 것입니다. 그 곳
의 성들은 매우 크고 견고하지만 여호와
께서 나를 도와 주시기만 한다면 나는 여
호와께서 말씀하신 것처럼 그들을 쫓아
낼 수 있습니다."
13 여호수아는 여분네의 아들 갈렙을 위해 복
을 빌고 갈렙에게 헤브론 성을 주었습니
다.
14 이 헤브론 성은 지금까지도 그니스 사람 여
분네의 아들 갈렙의 집안 몫으로 남아 있
습니다. 그 성이 갈렙 집안 사람들 차지
가 될 수 있었던 것은 이스라엘의 하나님
여호와를 온전히 믿었기 때문입니다.
15 옛날에는 헤브론을 기럇 아르바라고도 불
렀습니다. 이 이름은 아낙 사람들 중에서
도 가장 큰 사람인 아르바라는 사람의 이
름을 따서 붙인 것입니다. 이 일이 있은
후, 그 땅에는 평화가 있었습니다.

유다 지파의 땅

15 유다 지파는 각 집안별로 제비를 뽑
아 땅을 나누어 받았습니다. 그 땅
은 가장 남쪽으로는 에돔의 경계인 신 광
야까지 이어집니다.
2 유다 땅의 남쪽 경계는 사해의 남쪽 끝에
서 시작되는데,
3 그 땅은 아그랍빔 비탈 남쪽을 지나 신으
로 이어지며 거기에서 다시 가데스 바네아
남쪽을 거쳐 헤스론을 지나고 아달을 거칩
니다. 또 아달에서는 방향을 바꿔 갈가로
이어지고
4 갈가에서 다시 아스몬과 이집트 시내와 지
중해로 이어집니다. 이것이 남쪽 경계입
니다.
5 동쪽 경계는 사해의 해안인데 그 끝은 요
단 강이 바다로 흘러들어가는 곳입니다.
북쪽 경계는 요단 강이 사해로 흘러들어
가는 곳에서 시작되는데
6 거기서 벧 호글라를 지나 벧 아라바 북쪽
으로 이어지며 다시 보한의 돌로 이어집
니다. 보한은 르우벤의 아들입니다.
7 북쪽 경계는 아골 골짜기를 지나 드빌로
이어집니다. 그리고 거기에서 북쪽으로
방향을 바꾸어 길갈로 이어집니다. 길갈은
아둠밈 산으로 가는 길의 맞은편에 있는
데 아둠밈 산은 골짜기의 남쪽에 있습니
다. 경계는 엔 세메스 물을 따라 이어지고

성경 속의 궁금증

이스라엘 지파 수는 열셋이 아닌가?

이스라엘의 지파는 야곱의 열두 아들들로 이루어져 있었지만 요셉의 두 아들, 에브라임과 므낫세도 각각 한 지파가 되었습니다(수 14:4). 그렇다면 이스라엘 지파 수는 모두 열셋이 아닌가 하는 의문이 생깁니다. 그러나 성경은 이스라엘의 지파 수를 열둘이라고 하는데, 그 이유는 에브라임과 므낫세 지파를 요셉 지파 하나로 보기 때문입니다. 한편 레위 지파는 제사를 수종드는 사람들로 구별되어 따로 땅이 주어지지 않고 가나안 전 지역에 흩어져 살았습니다. 그 결과 가나안 땅을 분할하는 지파의 수는 결국 열둘이 되는 것입니다.

본문 보기 14장 1-5절

엔 세메스 물은 엔 로겔에서 그칩니다.
8 거기에서 다시 힌놈의 아들 골짜기를 지
나갑니다. 그 곳은 여부스 성의 남쪽에서
가깝습니다. 그 성은 예루살렘이라고 부
르기도 합니다. 거기에서의 경계는 힌놈
의 골짜기의 서쪽 언덕 꼭대기입니다. 그
곳은 르바임 골짜기의 북쪽 끝에 있습니
다.
9 거기에서 다시 넵도아 샘물로 이어지며 계
속해서 에브론 산 가까이에 있는 성들로
이어집니다. 거기에서 방향을 바꿔 바알
라로 이어집니다. 바알라는 기럇 여아림이
라고 부르기도 합니다.
10 바알라에서는 방향을 서쪽으로 바꾸어 세
일 산으로 이어지고 여아림 산의 북쪽을
따라가다가 벧 세메스에 이르며 그 곳에서
딤나를 지나갑니다. 여아림 산은 그살론이
라고 부르기도 합니다.
11 그 다음에는 에그론 북쪽 언덕으로 이어
지며 거기에서 식그론 쪽으로 방향을 바꾸
어 바알라 산을 지나갑니다. 바알라 산에
서는 얍느엘로 이어지다가 바다에서 끝납
니다.
12 지중해와 그 해변은 서쪽 경계입니다. 이
것이 유다 자손이 그들의 집안별로 얻은
땅의 사방 경계입니다.
13 여호와께서는 여호수아에게 유다 땅의 일

성경 지명

힌놈의 골짜기

예루살렘 남쪽에 위치한 깊은 골짜기로 베냐민 지파와 유다 지파의 경계선 역할을 하였으며, '힌놈의 아들 골짜기'라고도 불렸습니다. 이곳에 세워진 '도벳 산당'에서는 바알신과 몰렉신을 위해 자식들을 불살라 제물로 바치는 등, 이방신들을 위한 의식이 행해져, 선지자 예레미야는 이곳에 많은 시체가 쌓여 '살육의 골짜기'로 불리게 될 것이라고 예언했습니다(렘 7:31-32). 한편, 요시야 왕은 종교 개혁 때 파괴한 이방 신상의 쓰레기를 이곳에 버리기도 했습니다(왕하 23:10-14).

본문 보기 15장 8절

부를 여분네의 아들 갈렙에게 주라고 명령
하셨습니다. 그래서 여호수아는 갈렙에게
하나님께서 명령하신 땅을 주었습니다.
여호수아는 갈렙에게 헤브론이라고도 부르
는 기럇 아르바 마을을 주었습니다. 아르
바는 아낙의 아버지입니다.
14 갈렙은 헤브론에 살고 있던 아낙 사람들의
세 집안을 쫓아 냈습니다. 갈렙이 쫓아 낸
아낙 사람들의 집안은 세새와 아히만과 달
매였습니다. 이들은 거인족 아낙의 자손이
었습니다.
15 그리고 나서 갈렙은 드빌에 살고 있던 사
람들과 싸웠습니다. 옛날에는 드빌을 기럇
세벨이라고 불렀습니다.
16 갈렙이 말했습니다. "기럇 세벨을 공격해
서 점령하는 사람에게는 내 딸 악사를 그
의 아내로 주겠다."
17 그 성과 싸워 이긴 사람은 갈렙의 형제인
그나스의 아들 옷니엘이었습니다. 그래서
갈렙은 자기 딸 악사를 옷니엘에게 주어
아내로 삼게 했습니다.
18 악사가 결혼할 때, 악사는 옷니엘이 자기
아버지 갈렙에게 땅을 달라고 하기를 원
했습니다. 그래서 악사는 자기 아버지에
게 갔습니다. 악사가 나귀에서 내리자 갈
렙은 "무엇을 원하느냐?" 하고 물었습니
다.
19 악사가 대답했습니다. "제게 복을 주세요.
아버지께서 저에게 주신 땅은 너무 메마
른 땅이에요. 저에게 샘물이 있는 땅을 주
세요." 그러자 갈렙은 악사에게 위쪽과 아
래쪽에 샘물이 있는 땅을 주었습니다.
20 유다 지파는 하나님께서 그들에게 약속하
셨던 땅을 받았고, 모든 집안들이 자기 몫
의 땅을 받았습니다.
21 유다 지파는 가나안 남쪽에 있는 모든 마
을들을 얻었는데 그 마을들은 에돔과 경
계를 이루는 곳에 가까이 있습니다. 그 마
을들의 이름은 갑스엘, 에델, 야굴,
22 기나, 디모나, 아다다,
23 게데스, 하솔, 잇난,
24 십, 델렘, 브알롯,

25 하솔 하닷다, 하솔이라고 부르는 그리욧 헤
스론,
26 아맘, 세마, 몰라다,
27 하살 갓다, 헤스몬, 벧 벨렛,
28 하살 수알, 브엘 세바, 비스요다,
29 바알라, 이임, 에셈,
30 엘돌랏, 그실, 홀마,
31 시글락, 맛만나, 산산나,
32 르바옷, 실힘, 아인, 림몬으로 모두 스물아
홉 개의 성과 그 주변 마을들이었습니다.
33 또 평지에는 에스다올, 소라, 아스나,
34 사노아, 엔간님, 답부아, 에남,
35 야르뭇, 아둘람, 소고, 아세가,
36 사아라임, 아디다임, 그데라, 그데로다임으
로 모두 열네 개의 성과 그 주변 마을들
이었습니다.
37 또 스난, 하다사, 믹달갓,
38 딜르안, 미스베, 욕드엘,
39 라기스, 보스갓, 에글론,
40 갑본, 라맘, 기들리스,
41 그데롯, 벧다곤, 나아마, 막게다로 모두 열
여섯 개의 성과 그 주변 마을들이었습니
다.
42 또 립나, 에델, 아산,
43 입다, 아스나, 느십,
44 그일라, 악십, 마레사로 모두 아홉 개의 성
과 그 주변 마을들이었습니다.
45 또 에그론 마을과 그 근처의 모든 작은 마
을들과 거기에 딸린 들과
46 에그론에서 바다까지 아스돗 근처의 모든
성과 마을이었습니다.
47 아스돗과 그 주변의 모든 작은 마을과 가
사 주변의 들과 마을들이었는데, 그 땅
은 이집트 시내까지 이어졌고 거기에서
부터 지중해 해안을 따라 계속 이어졌습
니다.
48 또 산지에는 사밀, 얏딜, 소고,
49 단나, 드빌이라고 부르는 기럇 산나,
50 아납, 에스드모, 아님,
51 고센, 홀론, 길로로 모두 열한 개의 성과
그 주변 마을들이었습니다.
52 또 아랍, 두마, 에산,
53 야님, 벧 답부아, 아베가,
54 훔다, 헤브론이라고 부르는 기럇 아르바,
시올로 모두 아홉 개의 성과 그 주변 마
을들이었습니다.
55 또 마온, 갈멜, 십, 윳다,
56 이스르엘, 욕드암, 사노아,
57 가인, 기브아, 딤나로 모두 열 개의 성과
거기에 딸린 주변 마을들이었습니다.
58 또 할훌, 벧 술, 그돌,
59 마아랏, 벧 아놋, 엘드곤으로 모두 여섯 개
의 성과 그 주변 마을들이었습니다.
60 또 기럇 여아림이라고 부르는 기럇 바알과
랍바로 두 마을이었습니다.
61 또 광야에는 벧 아라바, 밋딘, 스가가,
62 닙산, 소금 성, 엔게디로 모두 여섯 개의
성과 그 주변 마을들이었습니다.
63 유다 군대는 예루살렘에서 살고 있던 여
부스 사람들을 쫓아 내지 못했습니다. 그
래서 여부스 사람들은 아직까지도 예루살
렘에서 유다 사람들과 함께 살고 있습니
다.

에브라임과 므낫세의 땅

16 요셉 지파가 제비 뽑아 얻은 땅은 여
리고에서 가까운 요단 강에서부터 여
리고 성 동쪽에 있는 여리고 샘까지 이어
집니다. 또 여리고에서 벧엘 산지로 올라
가는 광야까지 이어집니다.
2 또 루스라고 부르는 벧엘에서 아다롯에 있
는 아렉 사람들의 경계로 이어집니다.
3 거기에서 다시 서쪽으로 야블렛 사람들의
경계까지 이어지다가 그 아래 벧 호론 지
역과 게셀을 거쳐 바다에서 끝납니다.
4 이처럼 요셉의 자손인 므낫세와 에브라임
은 자기 몫의 땅을 받았습니다.
5 다음은 에브라임의 집안별로 받은 땅입니
다. 그 땅의 경계는 동쪽의 아다롯 앗달에
서 시작됩니다. 거기에서 벧 호론 위를 지

점령하다(15:16 occupy) 일정한 장소를 차지하여 자기 것으로 하다.
샘물(15:19 spring water) 물이 땅에서 솟아 나오는 곳인 샘의 물.
해안(15:47 coast) 바닷가.

나,
6 바다로 이어지고 믹므다에서 동쪽으로 방
향을 바꾸어 다아낫 실로를 거쳐, 동쪽으
로 더 나아가 야노아에 이릅니다.
7 야노아에서부터 다시 아다롯과 나아라로
내려가서 여리고에 이르며 요단 강에서 끝
납니다.
8 에브라임의 경계는 답부아에서 서쪽으로
가나 골짜기를 지나 바다로 이어지는데
이 모든 땅이 에브라임 사람들이 받은 땅
입니다. 에브라임 지파의 모든 집안은 이
땅을 나눠 자기 몫으로 받았습니다.
9 므낫세 자손의 몫 가운데 에브라임 사람의
몫으로 구별된 마을들과 거기에 딸린 들
이 있었습니다.
10 에브라임 사람들은 가나안 사람들을 게셀
에서 쫓아 내지 못했습니다. 그래서 가나
안 사람들은 오늘날까지도 에브라임 사람
들과 함께 살고 있습니다. 그러나 그들
은 에브라임 사람들의 노예가 되었습니
다.

17 그 다음에는 므낫세 지파가 땅을 받
았는데 므낫세는 요셉의 첫째 아들입
니다. 므낫세의 첫째 아들은 마길인데, 마
길은 길르앗의 조상이며 훌륭한 용사였습
니다. 그래서 길르앗과 바산 땅이 그의 집
안의 몫으로 돌아갔습니다.
2 므낫세의 다른 집안들도 땅을 받았습니
다. 므낫세의 자손 이름은 아비에셀, 헬렉,
아스리엘, 세겜, 헤벨, 그리고 스미다입니
다. 이들은 모두 요셉의 아들 므낫세의 남
자 자손들입니다.
3 슬로브핫은 헤벨의 아들이며 헤벨은 길르
앗의 아들입니다. 길르앗은 마길의 아들이
고 마길은 므낫세의 아들입니다. 그러나
슬로브핫에게는 아들이 없었습니다. 그에
게는 딸만 다섯 명이 있었는데, 그 딸들
의 이름은 말라, 노아, 호글라, 밀가, 그리
고 디르사입니다.
4 그의 딸들은 제사장 엘르아살에게 나아갔
고, 또 눈의 아들 여호수아와 모든 지도자
들에게도 나아갔습니다. 그 딸들은 말했
습니다. "여호와께서는 남자들이 땅을 받
는 것처럼 우리도 땅을 받아야 한다고 모
세에게 말씀하셨습니다." 그러자 엘르아
살은 여호와께 복종하여 그 딸들에게도
땅을 주었습니다. 그 딸들도 자기 아버지
의 형제들과 똑같이 땅을 받게 되었습니
다.
5 그리하여 므낫세 지파는 요단 강 동편에
있는 길르앗과 바산 두 구역 외에, 요단 강
서쪽에 있는 열 구역의 땅을 더 가지게 되
었습니다.
6 이것은 므낫세의 여자 자손들이 그 남자
자손들과 똑같이 땅을 받았기 때문이었으
며, 길르앗 땅은 므낫세의 나머지 자손들
이 차지했습니다.
7 므낫세의 땅은 아셀과 믹므닷 사이에 있는
데 믹므닷은 세겜에서 가깝습니다. 므낫세
의 경계는 남쪽의 엔답부아 지역까지 이어

성경 자세히 이해하기

슬로브핫의 딸들

이스라엘의 여자들은 땅을 상속받지 못하였으며, 아버지의 재산은 아들들이 나누어 가지되 특별히 장남은 *다른 형제들의 두 배를 받았습니다.* 그러나 슬로브핫처럼 딸만 다섯일 경우에는, 슬로브핫의 남자 형제나 친척이 대신 상속을 하게 되어 있었습니다. 그러나 슬로브핫의 딸들은 그와 같은 규정대로 할 경우 아버지의 이름이 잊혀질 것이라는 이유로, 아버지가 가나안 땅에서 받게 될 땅을 자기들에게 달라고 간청했습니다. 그들의 간청이 받아들여져 아들이 없고 딸만 있는 경우에는 딸이 아버지의 땅을 상속받을 수 있게 되었습니다. 본문 보기 17장 3-6절집니다.
8 답부아 땅은 므낫세의 것이지만 답부아 마
을은 므낫세의 것이 아닙니다. 답부아 마
을은 므낫세의 경계를 따라서 있지만 에브
라임 자손의 것입니다.
9 므낫세의 경계는 가나 골짜기 남쪽으로 이
어집니다. 므낫세의 이 지역에 있는 성들
은 에브라임의 것입니다. 므낫세의 경계는
골짜기의 북쪽을 따라 있으며 지중해로
이어집니다.
10 그 가나 골짜기 남쪽은 에브라임의 땅이고
고 골짜기 북쪽은 므낫세의 땅입니다. 므
낫세의 땅은 바다에 닿아 있고, 북쪽으로
는 아셀의 땅과 동쪽으로는 잇사갈의 땅과
경계를 이루고 있습니다.
11 잇사갈과 아셀 지역에도 므낫세 백성의 땅
이 있는데 므낫세 백성이 가진 땅은 벧 스
안*과 그 주변의 작은 마을들입니다. 이
블르암과 그 주변의 작은 마을도 그들의
것이고, 돌에 사는 모든 사람과 그 주변
의 작은 마을들, 엔돌에 사는 사람들과
그 주변의 작은 마을들도 므낫세의 것입
니다. 또 다아낙에 사는 모든 사람과 그
주변의 작은 마을들도 므낫세의 소유이
며, 므낫세는 므깃도에 사는 사람들과 그
주변의 작은 마을들도 차지했습니다.
12 그러나 므낫세는 그 성에 사는 사람들을
쫓아 내지 못하였으므로, 가나안 사람들은
계속 그 곳에서 살게 되었습니다.
13 이스라엘 사람들은 점점 강해져서 강제로
가나안 사람들에게 일을 시켰지만 이스라
엘 사람들은 가나안 사람들을 그 땅에서
쫓아 내지는 않았습니다.
14 요셉 지파의 백성들이 여호수아에게 말했
습니다. "여호와께서 지금까지 복을 주셔
서 우리는 수가 많아졌습니다. 그런데 왜
당신은 우리에게 한 번만 제비를 뽑아서
한 몫만 받게 하시는 것입니까?"
15 여호수아는 이렇게 대답했습니다. "여러분
은 수가 많소. 일어나 숲이 있는 곳으로
가서 여러분의 살 터를 스스로 마련하시
오. 그 숲은 브리스 사람과 르바임 사람의
땅이오. 에브라임의 산악 지대는 여러분에
게는 너무 좁소."
16 요셉의 자손이 말했습니다. "그렇습니다.
에브라임의 산악 지대는 우리에게 충분하
지 않습니다. 그러나 가나안 사람들이 살
고 있는 땅은 위험합니다. 그들은 훈련이
잘 된 군인들입니다. 벧 스안과 그 주변의
작은 마을들에 사는 가나안 사람들은 모
두 뛰어난 무기를 가지고 있습니다. 이스
르엘 골짜기에 살고 있는 사람들도 뛰어
난 무기가 있습니다."
17 그 때에 여호수아는 요셉의 백성인 에브라
임 지파와 므낫세 지파에게 말했습니다.
"하지만 여러분은 수가 많고 큰 힘을 가
지고 있소. 여러분은 한 구역의 땅만을 가
질 사람들이 아니오.
18 여러분은 산악 지대도 가지게 될 것이오.
그 곳은 숲이지만 여러분은 그 곳의 나무
를 잘라 내어 살기 좋은 곳으로 만들 수
있소. 그러니 그 땅을 가지시오. 그들이
비록 뛰어난 무기를 가지고 있고, 강하다
하더라도 여러분은 그들을 물리쳐 이길
수 있소."

나머지 땅을 나눔

18 이스라엘 사람 모두가 실로에 모여
그 곳에 회막을 세웠습니다. 그 땅
은 이미 이스라엘에게 정복되었습니다.
2 그러나 이스라엘의 일곱 지파는 아직 하
나님께서 약속하신 땅을 받지 못했습니
다.
3 그래서 여호수아는 이스라엘 사람들에게
말했습니다. "여러분은 언제까지 땅을 차
지하러 가는 것을 미루려고 합니까? 우리
조상의 하나님 여호와께서 이 땅을 여러

알아두세요

17:11 '벧 스안'은 '벧 산'의 또 다른 이름이다.

훈련(17:16 training) 어떤 일을 배우거나 익히기 위해 되풀이하여 연습하는 일. 또는 무술을 연습함.

산악 지대(17:18 mountain area) 높고 험준한 산이 둘러진 지역.

분에게 주셨소.
4 이제 각 지파에서 세 사람씩 뽑으시오. 내
가 그들을 보내어 그 땅을 정탐하도록 하
겠소. 그들은 그 땅을 두루 돌아다니며 자
기들의 지파가 얻게 될 땅의 모양을 그려
서 나에게로 돌아오게 할 것이오.
5 그들은 그 땅을 일곱 부분으로 나눌 것이
오. 유다 백성은 남쪽 자기들의 땅에 그대
로 있게 될 것이고, 요셉의 백성도 북쪽
자기들의 땅 안에 그대로 있게 될 것이오.
6 여러분은 그 땅을 일곱 부분으로 나누고
그 일곱 부분의 모습을 그려서 나에게 가
지고 오시오. 나는 여기, 우리 하나님 여
호와 앞에서 제비를 뽑아 그 땅을 여러분
에게 나누어 주겠소.
7 그러나 레위 지파는 그 땅 중의 어떤 부
분도 가질 수 없소. 그것은 여호와를 위
한 제사장 직무가 그들의 몫이기 때문이
오. 갓과 르우벤과 므낫세 지파 절반은 그
들에게 약속된 땅을 이미 받았고 그들의
땅은 요단 강 동쪽에 있소. 여호와의 종
인 모세가 그 땅을 그들에게 주었소."

성경 자세히 이해하기

영광스러운 지파 스불론

스불론은 야곱의 열 번째 아들이며, 레아에게는 여섯 번째 아들입니다(창 30:19,20). 이스라엘 백성들이 출애굽 후 시내 광야에 이르렀을 때, 이 지파 사람으로서 싸움에 나갈 만한 자는 57,400명이었는데(민 1:30,31) 후에 있었던 인구조사에서는 60,500명으로 증가되었습니다(민 26:26,27). 이 지파의 구역은 갈릴리 지역에 위치하는데 서쪽으로는 아셀 지파, 동쪽으로는 납달리 지파, 남서쪽으로는 므낫세 지파, 남동쪽으로는 잇사갈 지파와 접해 있었습니다. 비록 이 지역이 악고 평야와 이스르엘 평야의 일부를 포함하나, 그 대부분은 이스르엘 북쪽의 산지 가장자리로 제한되어 있어 스불론 지파는 육지로만 둘러싸인 내륙의 빽빽한 삼림 지역에 위치했습니다. 또한 가나안 원주민들이 거주하는 중심지로부터도 쫓겨나 있는 형편이었습니다. 그러나 스불론 지파는 종종 그들의 세력을 확장하여 지중해변으로도 뻗어 나갔습니다.

본문 보기 19장 10절

8 그리하여 각 지파에서 뽑힌 사람들은 그
땅을 향해 떠났습니다. 여호수아가 땅을
그리러 가는 그 사람들에게 말했습니다.
"가서 그 땅을 두루 다녀 보시오. 그리고
그 땅의 모습을 그려서 나에게 가지고 오
시오. 그러면 내가 여러분이 가질 땅에 대
해 여호와 앞에서 제비를 뽑도록 하겠소.
그 일은 여기 실로에서 할 것이오."
9 그 사람들은 그 땅으로 들어가 두루 돌아
다녔습니다. 그리고 마을별로 그 땅을 일
곱 부분으로 나누어 책에 그렸습니다. 그
들은 실로의 진에 있었던 여호수아에게 돌
아왔습니다.
10 여호수아는 여호와 앞에서 그들을 위하여
제비를 뽑았습니다. 그는 실로에서 이스라
엘 자손들에게 그 땅을 나누어 주었습니다.

베냐민 지파의 땅

11 그 땅의 첫 번째 부분은 베냐민 지파가 받
았습니다. 베냐민 지파의 모든 집안이 자
기 땅을 받았습니다. 그 땅의 경계선은 유
다의 땅과 요셉의 땅 중간이었습니다.
12 북쪽 경계는 요단 강에서 시작되어 여리고
의 북쪽 모서리를 따라 이어지다가 서쪽
의 산지로 나아갑니다. 그 경계는 벧 아웬
광야까지 이어집니다.
13 거기에서 남쪽으로 내려가 루스 곧 벧엘로
이어지고, 루스에서는 남으로 더 내려가
아다롯 앗달로 이어집니다. 아다롯 앗달은
아래 벧 호론의 남쪽 언덕 위에 있습니다.
14 벧 호론 남쪽으로 언덕이 하나 있는데 이
언덕에서 경계의 방향이 바뀝니다. 언덕
의 서쪽면에 가까운 남쪽으로 내려가면
기럇 바알, 곧 기럇 여아림이라는 곳으로
이어집니다. 이 곳은 유다 백성이 사는 마
을이며 여기가 서쪽의 끝입니다.
15 남쪽 경계는 기럇 여아림 끝에서 시작되어 서
쪽으로 나아가 넵도아 샘으로 이어집니다.
16 거기에서 밑으로 내려가면 언덕 아래로
이어지는데, 그 곳은 힌놈 골짜기에서 가
깝습니다. 힌놈 골짜기는 르바임 골짜기의
북쪽에 있습니다. 거기서 여부스 앞쪽을
지나서 엔 로겔로 이어집니다.

17 거기에서 방향을 북쪽으로 바꾸어 엔 세
메스로 이어지다가 계속해서 산지에 있는
아둠밈 고갯길 가까이의 그릴롯에 이릅니
다. 거기에서 르우벤 자손인 보한의 돌까
지 내려갑니다.
18 이어서 북쪽으로 아라바 맞은편을 지나서
아라바까지 내려갑니다.
19 거기에서 다시 벧 호글라의 북쪽으로 이어
져서 사해의 북쪽 해안에서 끝납니다. 그
곳은 요단 강 물이 바다로 흘러들어가는
곳입니다. 그 곳이 남쪽 끝입니다.
20 요단 강은 동쪽의 경계입니다. 이상이 베
냐민의 각 후손이 받은 땅이고 사방의 경
계입니다.
21 베냐민 자손의 각 집안이 받은 성들은 다음
과 같습니다. 여리고, 벧 호글라, 에멕 그시스,
22 벧 아라바, 스마라임, 벧엘,
23 아윔, 바라, 오브라,
24 그발 암모니, 오브니, 게바로 모두 열두 개
의 성과 그 주변 마을들이었습니다.
25 또 기브온, 라마, 브에롯,
26 미스베, 그비라, 모사,
27 레겜, 이르브엘, 다랄라,
28 셀라, 엘렙, 여부스, 곧 예루살렘, 기부앗,
그리고 기럇으로 모두 열네 개의 성과 그
주변 마을이었습니다. 이 모든 지역이 베
냐민 자손들이 받은 땅이었습니다.

시므온 지파의 땅

19 그 땅의 두 번째 부분은 시므온 지파
가 받았습니다. 시므온의 모든 후손
이 그 땅을 자기 몫으로 받았습니다. 그들
이 받은 땅은 유다 지역 안에 있었습니다.
2 그 땅은 브엘세바 곧 세바, 몰라다,
3 하살 수알, 발라, 에셈,
4 엘돌랏, 브둘, 호르마,
5 시글락, 벧 말가봇, 하살수사,
6 벧 르바옷, 그리고 사루헨으로 모두 열세
개의 성과 그 주변 마을들이었습니다.
7 또 아인과 림몬과 에델과 아산으로 모두 네
개의 성과 그 주변 마을들이었습니다.
8 또 남쪽 라마, 곧 바알랏 브엘까지의 아주
작은 마을들입니다. 이상이 시므온 지파가
받은 땅입니다. 시므온 지파의 모든 집안
이 그 땅 중에서 자기 몫을 받았습니다.
9 시므온 사람들의 땅은 유다 땅에서 일부를
떼어 낸 것입니다. 유다는 필요한 것보다
훨씬 많은 땅을 가지고 있었기 때문에 시
므온 사람들은 그들의 땅 중 일부를 받았
습니다.

스불론 지파의 땅

10 그 땅의 세 번째 부분은 스불론 지파가 받
았습니다. 스불론의 모든 후손이 그 땅을
자기 몫으로 받았습니다. 스불론의 경계
는 사릿까지입니다.
11 사릿에서 서쪽으로 마랄라를 지나 답베셋
가까이로 이어지다가 다시 욕느암 맞은편
에 있는 시내에 미칩니다.
12 거기에서 동쪽으로 방향을 바꿔 사릿에서
기슬롯 다볼 지역으로 이어지고, 계속 다
브랏과 야비아로 이어집니다.
13 계속해서 동쪽으로 나아가면 가드 헤벨과
엣 가신으로 이어지다가 림몬에서 끝납니
다. 거기에서 방향을 바꿔 네아 쪽으로 이
어집니다.
14 네아에서는 다시 방향을 바꿔 북쪽으로
나가다가 한나돈을 지나 입다 엘 골짜기로
이어집니다.
15 또 갓닷과 나할랄과 시므론과 이달라와 베
들레헴으로 모두 열두 개의 성과 그 주변
마을들이었습니다.
16 이상이 스불론 지파가 받은 성과 마을입
니다. 스불론의 모든 후손이 자기 몫을 받
았습니다.

잇사갈 지파의 땅

17 그 땅의 네 번째 부분은 잇사갈 지파가 받
았습니다. 잇사갈의 모든 후손이 그 땅 중
에서 자기 몫을 받았습니다.
18 그들의 땅은 이스르엘, 그술롯, 수넴,
19 하바라임, 시온, 아나하랏,
20 랍빗, 기시온, 에베스,

직무(18:7 duty) 직책으로서 맡아서 하는 일.
고갯길(18:17 uphill pass) 산이나 언덕을 넘어 다니도록 길이 나 있는 비탈진 곳.
사방(18:20 all sides) 둘레의 모든 곳.

21 레멧, 언 간님, 엔핫다, 그리고 벧 바세스입
니다.
22 그들의 땅의 경계는 다볼과 사하수마와 벧
세메스에 이어지고 그 경계의 끝은 요단으
로 모두 열여섯 개의 성과 그 주변 마을
이었습니다.
23 이상의 성과 마을이 잇사갈 지파가 받은
땅입니다. 잇사갈의 모든 후손이 그 땅 중
에서 자기 몫을 받았습니다.

아셀 지파의 땅

24 그 땅의 다섯 번째 부분은 아셀 지파가 받
았습니다. 아셀의 모든 후손이 그 땅 중
에서 자기 몫을 받았습니다.
25 그들의 땅에는 헬갓, 할리, 베덴, 악삽,
26 알람멜렉, 아맛, 그리고 미살이 속해 있습
니다. 서쪽 경계는 갈멜 산과 시홀 림낫과
맞닿아 있습니다.
27 거기에서 방향을 동쪽으로 바꾸면 벧 다
곤으로 이어지는데 그쪽 경계는 스불론과
입다 엘 골짜기와 맞닿아 있습니다. 거기
에서 벧 에멕과 느이엘 북쪽을 지나 가불
로 이어지다가
28 에브론과 르홉과 함몬과 가나를 거쳐 큰 시
돈으로 이어집니다.
29 거기에서 다시 방향을 남쪽으로 바꿔 라
마로 나아갑니다. 라마에서는 성벽이 있
는 강한 성 두로로 이어지는데 두로에서
다시 방향을 바꿔 호사를 지나 바다에서
끝납니다. 이 곳에는 악십과
30 움마와 아벡과 르홉이 있습니다. 모두 스
물두 개의 성과 거기에 딸린 마을들이 아
셀의 몫이었습니다.
31 이상의 성과 그 마을들이 아셀 지파가 받
은 땅의 일부입니다. 아셀의 모든 후손이
그 땅 중에서 자기 몫을 받았습니다.

납달리 지파의 땅

32 그 땅의 여섯 번째 부분은 납달리 지파가
받았습니다. 납달리의 모든 후손이 그 땅
중에서 자기 몫을 받았습니다.
33 그들의 땅의 경계는 사아난님 지역에 있는
큰 나무에서 시작되는데 사아난님은 헬렙
근처에 있습니다. 거기에서 아다미 네겝과
얍느엘을 거쳐 락굼 지역을 지나고 요단 강
에서 끝납니다.
34 또 그 경계는 서쪽으로 아스놋 다볼을 거
쳐 훅곡으로 이어지는데, 거기에서 남쪽
으로는 스불론 지역과 만나고 서쪽으로는
아셀 땅으로 이어집니다. 그리고 동쪽으
로는 유다와 맞닿은 요단 강입니다.
35 성벽이 있는 강한 성의 이름은 싯딤, 세
르, 함맛, 락갓, 긴네렛,
36 아다마, 라마, 하솔,
37 게데스, 에드레이, 엔 하솔,
38 이론, 믹다렐, 호렘, 벧 아낫, 그리고 벧 세
메스입니다. 모두 열아홉 개의 성과 거기
에 딸린 주변 마을이었습니다.
39 납달리 지파가 받은 땅 안에 이 성들과 그
주변 마을들이 있었습니다. 납달리 지파의
모든 후손이 그 땅 중에서 자기 몫을 받
았습니다.

단 지파의 땅

40 그 땅의 일곱 번째 부분은 단 지파가 받
았습니다. 단의 모든 후손이 그 땅 중에
서 자기 몫을 받았습니다.
41 그들의 땅의 경계는 소라, 에스다올, 이르
세메스,
42 사알랍빈, 아얄론, 이들라,
43 엘론, 딤나, 에그론,
44 엘드게, 깁브돈, 바알랏,
45 여훗, 브네브락, 가드 림몬,
46 메얄곤, 락곤, 그리고 욥바 맞은편 지역까
지 이릅니다.
47 그러나 단 사람들은 그들의 땅을 잃었
습니다.* 단 자손들은 위로 올라가서 레
셈*과 싸웠습니다. 단 자손들은 그들을
물리치고 그 땅을 차지하여 그 곳에서
살았습니다. 그들은 레셈을 그들의 조상
인 단의 이름을 붙여 단이라고 불렀습
니다.

알아두세요 19:47 '단 사람들의 경계는 더 욱 확장되었습니다' 로도 번역할 수 있다. '레셈' 은 '라이스' 의 또 다른 이름이다.
19:51 '회막' 은 '만남의 장막' 이란 뜻이다.

48 이 성들과 거기에 딸린 주변 마을이 단 자
손의 지파가 받은 것이었습니다. 단 지파
의 모든 후손이 자기 몫을 받았습니다.

여호수아의 땅

49 그리하여 이스라엘의 지도자들은 여러 지
파에게 땅을 나누어 주는 일을 끝마쳤습
니다. 이 일을 마친 후에 모든 이스라엘
사람들은 눈의 아들 여호수아에게도 땅을
주기로 결정하였습니다. 그 땅은 여호수아
에게 약속되었던 땅입니다.
50 여호와께서는 여호수아가 원하는 이 땅을
주라고 명령하셨습니다. 그래서 이스라엘
사람들은 여호수아에게 에브라임 산지에
있는 딤낫 세라 마을을 주었습니다. 이 곳
은 여호수아가 이스라엘 사람들에게 구한
마을입니다. 여호수아는 그 마을을 다시
지어 그 곳에 살았습니다.
51 이상은 제사장 엘르아살과 눈의 아들 여호
수아와 각 지파의 지도자들이 나누어 준
땅의 몫입니다. 그들은 실로에서 회막*의
문 곧 여호와 앞에서 제비를 뽑아 땅을 나
누어 주었습니다. 이제 그들은 땅을 나누
는 일을 모두 마쳤습니다.

도피성

20 그 때에 여호와께서 여호수아에게
말씀하셨습니다.
2 "이스라엘 사람들에게 도피성을 지정하라
고 하여라. 이것은 내가 모세를 통해 너
희에게 명령한 일이다.
3 어떤 사람이 사람을 죽일 생각이 없었는
데 그만 실수를 해서 죽이는 일이 생기게
되면 그 사람은 도피성으로 도망가도록
하여라. 그 곳은 복수를 피할 수 있는 곳
이다.
4 그 사람이 도피성들 중 한 곳으로 달아나
면 그는 성문에서 멈춰 서서 그 곳 백성
의 지도자들에게 어떤 일이 일어났었는가
를 설명해 주어야 한다. 그러면 지도자들
은 그를 성 안으로 들어오게 할 것이고 그
에게 자기들과 함께 살 곳을 마련해 줄 것
이다.
5 그를 뒤쫓는 사람이 성까지 따라오는 일
이 생기더라도 성의 지도자들은 그 사람
을 넘겨 주지 말아야 한다. 왜냐하면 그
사람은 미워하는 마음 없이 실수로 사람
을 죽였기 때문이다.
6 너희는 그 사람을 그 곳의 법정에서 재판
할 때까지 성 안에 머무르게 해야 한다.
또한 당시의 대제사장이 죽을 때까지 그
곳에 머무르게 해야 한다. 그런 후에야 그
는 자기가 도망하여 나온 마을의 자기 집
으로 되돌아갈 수 있다."
7 그리하여 이스라엘 사람들은 납달리 산지
의 갈릴리에 있는 게데스, 에브라임 산지에
있는 세겜, 유다 산지에 있는 기럇 아르바
곧 헤브론을 구별하여 도피성으로 지정했
습니다.
8 또 여리고 동쪽, 요단 강 건너편 르우벤 땅

성경 자세히 이해하기

여호수아는 가나안 땅을 다 정복하지도 않았는데 어떻게 땅을 분배했나요?

여호수아가 이스라엘 지파들에게 땅을 분배할 때 가나안 땅의 대부분은 아직도 그들의 적인 아모리, 헷, 또는 여부스 족속의 수중에 있었습니다. 그런데도 땅을 분배한 것은 비록 지금은 가나안을 다 정복하지는 못했지만 하나님의 인도하심에 따라 오랜 시일을 두고라도 꼭 그 땅을 차지하겠다는 앞날에 대한 믿음의 선언이었습니다.

우리는 바로 일 분 후에 어떤 일이 일어날 지도 알지 못하는 어리석은 인간입니다. 그러나 이스라엘은 적의 수중에 있는 땅을 분배받고도 미지의 앞날을 내다보고 소망을 가졌습니다. 그들은 오랜 세월이 흐른 후, 다윗 왕에 이르러 땅이 모두 정복될 때까지 자기들의 이익이나 생각에 따르지 않고 하나님의 말씀대로 땅을 모두 나누어 가졌습니다.

본문 보기 13-21장

의 평지 광야에 있는 베셀과 갓 땅의 길르
앗 라못과 므낫세 땅의 바산 골란을 구별하
여 지정하였습니다.
9 이 성들은 이스라엘 사람이든지, 그들과
함께 사는 외국인이든지, 실수로 사람을
죽였을 때에 그 곳으로 도망하여, 살인자
에게 복수하려는 사람의 손에 죽지 않도
록 보호하려고 만든 곳입니다. 도피한 사
람은 사람들 앞에서 재판받을 때까지 그
곳에 머물 수 있습니다.

레위 지파를 위한 마을

21 레위 지파의 지도자들이 제사장 엘르
아살에게 나아가 말했습니다. 그들
은 눈의 아들 여호수아와 이스라엘 모든 지
파의 지도자들에게도 말했습니다.
2 그들은 가나안 땅에 있는 실로 마을에서
이렇게 말했습니다. "여호와께서는 모세
를 통해 당신에게 우리가 살 마을을 주라
고 명령하셨습니다. 또 여호와께서는 당
신더러 우리에게 그 주변의 들도 주라고
명령하셨습니다."
3 이 말을 듣고 이스라엘 사람들은 여호와의
명령에 복종했습니다. 레위 사람들에게
다음과 같은 마을과 그 주변의 들을 주었
습니다.
4 고핫 후손을 위해 제비를 뽑았는데, 레위
사람 가운데 제사장 아론의 후손에게는
열세 개의 마을이 돌아갔습니다. 그 마을
들은 유다와 시므온과 베냐민의 마을에서
떼어 준 것입니다.
5 고핫의 다른 후손은 열 개의 마을을 받았
는데, 이 열 개의 마을은 제비를 뽑아 에
브라임과 단과 므낫세 지파 절반의 마을에
서 받은 것입니다.
6 게르손 후손의 사람들은 열세 개의 마을
을 받았습니다. 그 마을들은 제비를 뽑아
잇사갈과 아셀과 납달리와 바산에 있는 다
른 므낫세 지파 절반의 마을에서 받은 것
입니다.
7 므라리 후손도 열두 개의 마을을 받았는
데, 이 열두 개의 마을들은 르우벤과 갓과
스불론의 마을에서 받은 것입니다.
8 이처럼 이스라엘 사람들은 레위 사람들에
게 마을과 마을 주변의 들을 주었습니다.
그들은 그렇게 함으로써 여호와께서 모세
에게 주신 명령에 복종했습니다.
9 유다와 시므온의 땅에서 레위 사람들이 받
은 마을의 이름은 다음과 같습니다.
10 레위 지파 가운데 고핫 후손의 아론 자손
이 첫 번째로 제비를 뽑았는데,
11 그들에게 기럇 아르바, 곧 헤브론과 그 주
변의 들을 주었습니다. 그 곳은 유다의 산
지에 있습니다. 아르바는 아낙의 조상입니
다.
12 그러나 기럇 아르바 성 주변의 들과 작은
마을들은 여분네의 아들 갈렙에게 주었습
니다.
13 제사장 아론의 자손에게 준 것은 살인자
의 도피성인 헤브론과 그 주변의 들이며
또 립나와 그 주변의 들과
14 얏딜과 그 주변의 들과 에스드모아와 그
주변의 들과
15 홀론과 그 주변의 들과 드빌과 그 주변의
들과
16 아인과 그 주변의 들과 윳다와 그 주변의
들과 벧 세메스와 그 주변의 들인데, 레위
자손이 유다와 시므온 두 지파로부터 받은
땅은 모두 아홉 개의 마을입니다.
17 이스라엘 사람들은 베냐민 지파의 땅에 있
는 성들도 아론의 자손에게 주었습니다.
그들이 준 성은 기브온과 게바와
18 아나돗과 알몬입니다. 그들은 아론 자손에
게 이 네 개의 마을과 그 주변의 들을 주
었습니다.
19 제사장 아론 자손의 마을은 열세 개의 마
을과 그 주변의 들이었습니다.
20 레위 지파의 나머지 고핫 후손 사람들이
에브라임 지파에게서 받은 마을은 이러합
니다.
21 에브라임 지파는 그들에게 살인자의 도피
성 세겜 성과 그 주변의 들을 주었습니다.
세겜은 에브라임 산지에 있습니다. 또 게
셀과 그 주변의 들과
22 깁사임과 그 주변의 들과 벧 호론과 그 주

변의 들로 모두 네 개의 성이 고핫 자손
의 몫이었습니다.
23 단 지파는 엘드게와 그 주변의 들과 깁브
돈과 그 주변의 들과
24 아얄론과 그 주변의 들과 가드 림몬과 그
주변의 들로 모두 네 개의 성을 고핫 자
손의 몫으로 주었습니다.
25 므낫세 서쪽 지파는 다아낙과 그 주변의
들과 가드 림몬과 그 주변의 들로 두 개의
성을 주었습니다.
26 이상 열 개의 마을과 그 주변의 들을 고
핫 자손의 나머지 후손이 받았습니다.
27 레위 지파의 게르손 후손이 받은 마을은
이러합니다. 므낫세 동쪽 지파는 그들에게
살인자의 도피성인 바산에 있는 골란과 그
주변의 들을 주었습니다. 그리고 브에스드
라와 그 주변의 들을 주었습니다. 이 두
마을을 게르손 후손이 받았습니다.
28 잇사갈 지파는 기시온과 그 주변의 들과
다브랏과 그 주변의 들과
29 야르뭇과 그 주변의 들과 언 간님과 그 주
변의 들을 주었으니 게르손은 이 네 개의
마을을 받았습니다.
30 아셀 지파는 미살과 그 주변의 들과 압돈
과 그 주변의 들과
31 헬갓과 그 주변의 들과 르홉과 그 주변의
들을 주었으니 아셀 지파는 이 네 개의 마
을을 주었습니다.
32 납달리 지파는 살인자의 도피성인 갈릴리
게데스와 그 주변의 들을 주었습니다. 또
납달리는 함못 돌과 그 주변의 들과 가르
단과 그 주변의 들을 주었으니 이 세 마
을을 게르손 후손이 받았습니다.
33 이처럼 게르손 후손은 열세 개의 마을과
그 주변의 들을 받았습니다.
34 레위 지파의 나머지 후손인 므라리 후손이
받은 마을은 이러합니다. 스불론 지파는
욕느암과 그 주변의 들과 가르다와 그 주
변의 들과
35 딤나와 그 주변의 들과 나할랄과 그 주변
의 들로 네 마을을 주었습니다.
36 르우벤 지파는 므라리 후손에게 베셀과 그
주변의 들과 야하스*와 그 주변의 들과
37 그데못과 그 주변의 들과 므바앗과 그 주
변의 들을 주었으니 므라리 후손은 이 네
마을을 받았습니다.
38 갓 지파는 그들에게 살인자의 도피성인
길르앗 라못과 그 주변의 들을 주었습니
다. 그들은 마하나임과 그 주변의 들과
39 헤스본과 그 주변의 들과 야셀과 그 주변
의 들을 주었으니 갓 지파는 이 네 마을
을 주었습니다.
40 이상은 레위 지파의 나머지 후손인 므라리
후손이 얻은 마을입니다. 그들은 제비를
뽑아 열두 개의 마을을 받았습니다.
41 레위 지파는 모두 마흔여덟 개의 마을과
그 주변의 들을 얻었습니다. 이 마을들은
모두 이스라엘 사람들이 차지한 땅에서 받
은 것이었습니다.
42 모든 마을에는 그 주변에 들이 딸려 있었
습니다.
43 이와 같이 여호와께서는 이스라엘 사람들
에게 하신 약속을 지키셨습니다. 여호와
께서는 이스라엘 백성에게 약속하신 모든
땅을 주셨습니다. 이스라엘 백성은 그 땅
을 차지하고 거기에 살았습니다.
44 여호와께서는 이스라엘 사람들이 온 땅에
서 평화롭게 살도록 해 주셨습니다. 여호
와께서는 오래 전에 그들의 조상에게 하
신 약속을 지키신 것입니다. 이스라엘의
적들 중 누구도 이스라엘을 이기지 못했습
니다. 여호와께서는 이스라엘 사람들의 손
에 모든 적을 넘겨 주셨습니다.
45 여호와께서는 이스라엘 사람들에게 하신
모든 약속을 지키셨습니다. 지켜지지 않
은 약속은 하나도 없었습니다.

세 지파가 자기 땅으로 돌아감

22 그 때, 여호수아는 르우벤과 갓과 므
낫세 동쪽 지파의 사람들을 모두 모
이게 했습니다.

알아두세요

21:36 '야하스'는 (히)'야흐차'의 또 다른 이름이다.

르우벤과 갓과 므낫세 동쪽 지파가
커다란 제단을 쌓음(22:10)

2 여호수아는 그들에게 말했습니다. "여러분
은 여호와의 종인 모세가 여러분에게 하
라고 한 모든 일에 복종했소. 그리고 여
러분은 나의 모든 명령에도 복종했소.
3 여러분은 지금까지 오랜 시간 동안, 여러
분의 형제를 저버리지 않았소. 여러분은
하나님 여호와께서 내리신 모든 명령을
잘 지켰소.
4 여러분의 하나님 여호와께서는 이스라엘
사람들에게 평화를 주시겠다고 약속하셨
소. 이제 주께서 그 약속을 지키셨으니 여
러분은 여러분의 땅에 있는 집으로 돌아
가도 좋소. 여러분은 여호와의 종이었던
모세가 준 땅으로 돌아가시오. 그 땅은 요
단 강 동쪽에 있소.
5 그리고 여호와의 종이었던 모세가 여러분
에게 준 명령과 율법에 복종하시오. 여러
분은 여러분의 하나님 여호와를 사랑하고
주께서 지시하시는 길로 가며 주님의 명
령을 지켜 주님을 가까이하며 여러분이
할 수 있는 모든 힘을 다하여 주님을 따
르고 섬기시오."
6 여호수아가 그들에게 축복하고 보내니,
그들이 자기들 땅으로 돌아갔습니다.
7 모세는 바산 땅을 므낫세 동쪽 지파에게 주
었고, 여호수아는 요단 강 서쪽의 땅을 므
낫세 서쪽 지파에게 주었습니다. 여호수아
는 그들을 자기 땅으로 돌려 보냈습니다.
여호수아는 그들을 축복해 주었습니다.
8 여호수아는 말했습니다. "여러분은 이제
많은 재물들을 가지고 돌아가시오. 여러
분은 많은 가축과 은과 금과 구리와 철과
많은 옷을 가지고 돌아가시오. 또한 적에
게 빼앗은 물건도 많이 가지고 가서 그
물건들을 서로 나누어 가지도록 하시오."
9 그리하여 르우벤과 갓과 므낫세 동쪽 지파
의 백성들은 다른 이스라엘 사람들과 헤
어졌습니다. 그들은 가나안의 실로를 떠
나 길르앗으로 돌아갔습니다. 길르앗은 그
들의 땅이었습니다. 여호와께서 명령하
신 대로 모세가 그 땅을 그들에게 주었습
니다.
10 르우벤과 갓과 므낫세 동쪽 지파는 가나안

알아두세요

22:10 개역 성경에는 '요단 언덕가'라고 표기되어 있다.

땅의 요단 강에서 가까운 그릴롯*으로 가
서 거기에 제단을 쌓았습니다. 그 제단은
보기에도 상당히 컸습니다.
11 그 때, 실로에 남아 있던 이스라엘 사람들
이 르우벤과 갓과 므낫세 지파 절반이 이
스라엘 자손에게 속한 요단 강 쪽, 가나안
의 경계인 그릴롯에 제단을 쌓았다는 이
야기를 들었습니다.
12 이스라엘 모든 백성들이 이 이야기를 듣고
그들과 싸우려고 실로로 몰려왔습니다.
13 이스라엘 사람들은 르우벤과 갓과 므낫세
동쪽 지파의 백성에게 사람을 보냈습니
다. 그들은 제사장 엘르아살의 아들 비느
하스를 길르앗 땅으로 보냈습니다.
14 그들은 또한 실로에 있는 열 지파에서 지
도자들을 보냈습니다. 이 사람들은 이스
라엘 각 지파의 어른들이었습니다.
15 이 사람들은 길르앗으로 가서 르우벤과 갓
과 므낫세 동쪽 지파의 백성에게 이렇게
말했습니다.
16 "여호와의 모든 백성이 이와 같이 묻습니
다. '여러분은 어찌하여 이스라엘의 하나
님께 이런 악한 일을 하였소? 어찌하여
여러분은 오늘날 여호와를 떠나 여러분들
을 위해 제단을 쌓고 여호와께 범죄하려
하시오?
17 브올에서 있었던 일을 모르시오? 우리는
그 죄 때문에 아직도 괴로움을 겪고 있소.
그 일 때문에 하나님은 많은 이스라엘 사
람들을 병들게 하셨소.
18 그런데도 여러분은 똑같은 일을 하려 하
오? 여러분은 여호와께 등을 돌릴 작정
이오? 여러분은 여호와를 따르지 않을
작정이오? 만일 여러분이 지금 하고 있
는 일을 멈추지 않는다면, 여호와께서 이
스라엘의 모든 사람들에게 화를 내실 것
이오.
19 여러분의 땅은 깨끗하지 못한 땅이오. 그
러니 성막이 있는 여호와의 땅으로 건너
오시오. 여러분은 우리들 땅의 일부를 차
지하고 그 땅에 살아도 좋소. 우리 하나
님 여호와의 제단 이외에 다른 제단을 쌓
아 여호와께 등을 돌리는 일은 하지 마시
오. 또 우리에게 등을 돌리는 일도 하지
마시오.
20 세라의 증손인 아간은 여호와께 완전히 바
쳐야 할 것을 바치지 않고 범죄하였소. 그
래서 이스라엘 사람 모두가 벌을 받았소.
아간의 죄 때문에 죽은 사람이 그 사람 하
나뿐이겠소?'"
21 르우벤과 갓과 므낫세 지파 절반의 백성이
이스라엘 지파의 수많은 지도자들에게 대
답했습니다.
22 "여호와는 전능하신 하나님입니다. 전능
하신 하나님 여호와께서는 아십니다. 또
이스라엘도 알게 될 것입니다. 만일 우리
가 한 일이 여호와께 죄를 짓는 일이라면
오늘 우리를 살려 두지 마십시오.
23 우리가 제단을 쌓은 일이 여호와께 등을
돌리려는 것이라면 벌을 주십시오. 그 제

성경 자세이 이해하기

르우벤과 갓과 므낫세 지파 절반은 왜 다른 이스라엘 지파들과 떨어지게 되었나요?

그들은 모세가 살아 있을 때 이미 많은 가축 떼를 소유하고 있었습니다. 그래서 요단 강 동편에 있는 야셀과 길르앗 땅에 정착하기를 원했습니다. 그곳이 가축을 기르기에 적당한 땅이었기 때문입니다. 그들은 모세에게 요단 강 동쪽에 머물기를 원한다고 말했습니다. 모세는 그들이 요단 강 동쪽에 자신들의 가족과 가축들을 머물게 하는 것은 좋지만 남자 어른들은 모두 나아와 가나안을 다 정복할 때까지 다른 이스라엘 지파들과 협력하여 싸워야 한다고 말했습니다. 르우벤과 갓과 므낫세 지파 절반은 모세의 말을 충실히 따랐고 전쟁이 끝나자 자신들의 땅으로 돌아간 것입니다.

본문 보기 22장 9절

단 위에 태워 드리는 제사인 번제나 곡식
제사나 또는 화목 제물을 드리려고 한 것
이라면 여호와께서 친히 벌을 주시기 바
랍니다.
24 그러나 그렇지 않습니다. 우리가 이렇게
한 것은 훗날에 여러분의 자손들이 우리
자손들에게 말하기를 '여러분이 이스라엘
의 하나님과 무슨 관계가 있소?
25 하나님은 당신들에게 요단 강 저쪽 땅을
주셨소. 그 요단 강은 당신들 르우벤과 갓
사람과 우리를 가르는 경계선이니 당신들
은 이 곳에서 여호와께 예배드릴 수 없소'
라고 말할지도 모릅니다. 우리는 우리의
자손이 여호와께 예배드리는 것을 여러분
의 자손이 못하게 할까 걱정했던 것입니
다.
26 그래서 우리는 이 제단을 쌓기로 마음먹
었습니다. 번제나 다른 제사를 드릴 생각
으로 이 제단을 쌓은 것이 아니라
27 단지 우리와 여러분들 사이에 그리고 우
리들의 후대들 사이에 우리가 번제물과
다른 제물과 화목제물을 여호와께 드리는
것을 증거하기 위해서입니다. 그래서 나
중에 여러분의 자손이 우리 자손에게 '너
희는 여호와께 받을 분깃이 없다' 고 말하
는 것을 막으려는 것입니다."
28 "장차 여러분의 자손이 우리에게 만약 그
런 말을 하면 우리 자손은 이렇게 대답할
수 있습니다. '보십시오! 우리 조상들은
제단을 쌓았습니다. 그것은 여호와의 제
단과 똑같은 제단입니다. 우리는 그 제단
을 다른 제물을 바치는 데 사용하지 않았
습니다. 이 제단은 우리와 여러분 사이에
증거가 되기 위해 우리 조상들이 쌓은 것
입니다.'
29 우리가 제단을 쌓아 여호와께 등을 돌려
범죄하려는 것이 결코 아닙니다. 우리가
태워 드리는 제사인 번제나 곡식 제사나
다른 제사를 드리기 위해, 성막 안에 있
는 우리 하나님 여호와의 제단 외에 다른
제단을 쌓은 것이 아닙니다."
30 제사장 비느하스와 다른 열 명의 지도자들
이 이 모든 말을 들었습니다. 그들은 르
우벤과 갓과 므낫세 동쪽 지파 사람들의
이야기를 듣고 기뻐했습니다.
31 제사장 엘르아살의 아들 비느하스가 말했
습니다. "이제 우리는 여호와께서 우리와
함께 계시다는 것과 또 여러분이 여호와
를 저버리지 않았다는 것을 알았습니다.
여러분들이 이스라엘 사람들을 여호와의
손에서 건져 내었소."
32 그리고 나서 비느하스와 다른 지도자들은
길르앗에 있는 르우벤과 갓 지파의 사람들
을 떠나 자기 땅으로 돌아갔습니다. 그들
은 가나안으로 돌아가서 지금까지 있었던
일을 이스라엘 사람들에게 이야기해 주었
습니다.
33 이스라엘 사람들도 기뻐했습니다. 그들은
만족하게 여기며 여호와께 감사드렸습니
다. 그들은 르우벤과 갓의 백성들이 사는
땅에 가서 그들을 공격하자는 말을 하지
않았습니다.
34 그후에 르우벤과 갓의 백성은 그 제단에
이름을 붙였습니다. 그들은 그 제단을
'엣' 이라고 불렀는데, 이것은 '여호와께
서 하나님이심을 우리가 믿는 증거다' 라
는 뜻입니다.

여호수아의 마지막 인사

23 여호와께서는 이스라엘에게 주변
의 모든 적들을 물리치게 하시고
평화를 주셨습니다. 여호와께서는 이스라
엘을 안전하게 해 주셨습니다. 여러 해가
지나 여호수아의 나이가 많아지자
2 여호수아는 모든 장로들과 지도자들과 이
스라엘의 재판관들과 관리들을 모았습니
다. 여호수아가 말했습니다. "나는 이제
매우 늙었소.
3 여러분은 여호와께서 우리의 적을 향해
하신 일을 보았소. 여호와께서는 우리를

제단(22:23 altar) 하나님께 제사드리기 위해 만든
단.
예배(22:25 worship) '가치를 어떤 사람이나 사물
에 돌리다' 라는 뜻으로, 기도와 찬송을 하는 의식
을 포함하여 하나님을 존경하는 삶을 의미한다.

도우셨소. 여러분의 하나님 여호와께서는
여러분을 위해 싸우셨소.
4 보시오, 나는 여러분을 위하여 여러분의
지파들에게 요단 강에서부터 해지는 곳,
지중해까지 아직 남아 있는 나라와 이미
정복한 나라를 제비 뽑아 나누어 주었소.
5 여러분의 하나님 여호와께서 그 땅에 사
는 백성들을 쫓아 내실 것이오. 여러분은
그 땅에 들어가게 될 것이오. 여호와께서
는 이 일을 약속하셨소.
6 힘을 내시오. 왼쪽으로나 오른쪽으로 치
우침 없이 모세의 율법책에 써 있는 모든
것에 복종하도록 주의하시오.
7 우리 가운데 아직 이스라엘 사람이 아닌 다
른 민족들이 살고 있소. 그들은 자기들의
신을 섬기고 있소. 그들과 친구가 되지 마
시오. 그 신의 이름으로 맹세하지 마시오.
그들의 신을 섬기거나 예배드리지 마시오.
8 여러분은 하나님 여호와를 계속 따라야
하오. 전에도 그랬듯이 앞으로도 그래야
하오.
9 여호와께서는 여러분이 크고 강한 여러 나
라를 물리쳐 이기도록 도와 주셨소. 여호
와께서는 그들을 여러분 앞에서 쫓아 내셨
소. 어떤 나라도 여러분을 이길 수 없었소.
10 여호와의 도우심으로 이스라엘 사람 한 명
이 적군 천 명을 이길 수 있었소. 이것은
여러분의 하나님 여호와께서 약속대로 여
러분을 위해 싸워 주셨기 때문이오.
11 그러므로 여러분은 온몸을 다하고 마음을
다해 여러분의 하나님 여호와를 사랑해야
합니다.
12 만일 여러분이 여호와의 길에서 떠나 여
러분 가운데 남아 있는 다른 민족의 사람
들과 친구가 되고 그들과 결혼하면,
13 하나님 여호와께서 다시는 여러분 앞에서
적을 쫓아 주시지 않을 것이란 사실을 알
아야 하오. 그렇게 되면 그들은 여러분에
게 덫이 될 것이오. 그들은 등을 내려치는
채찍이나 눈을 찌르는 가시와 같이 여러분
에게 괴로움을 안겨 줄 것이오. 그렇게 되
면 여러분은 여러분의 하나님 여호와께서
주신 이 좋은 땅에서 망하게 될 것이오.
14 보시오, 이제 나는 온 세상 사람들이 죽는
것처럼 죽을 때가 되었소. 여러분은 여호
와께서 여러분을 위해 약속하신 좋은 일들
을 다 이루어 주셨다는 것을 알고 있소. 여
호와께서는 모든 약속을 다 지키셨소.
15 하나님 여호와께서 약속하신 모든 좋은
일이 여러분에게 다 이루어졌소. 그러나
이와 마찬가지로 여호와께서는 여러분에
게 해로운 일들도 일어나게 하실 수 있소.
여호와께서는 여러분에게 준 이 좋은 땅
에서 여러분을 멸망시키실 수도 있소.
16 만약 여러분이 여러분의 하나님 여호와와
맺은 약속을 지키지 않으면 그런 일이 일
어날 것이오. 또 여러분이 다른 신들을 섬
기고 다른 신들에게 예배하면, 여호와께
서는 여러분에게 큰 화를 내실 것이고, 그
렇게 되면 여러분은 여호와께서 주신 이

여호수아의 유언

〈본문 보기 23장〉

하나님의 약속은 조건적입니다. 하나님을 잘 믿고 말씀을 잘 지키면 땅을 차지하게 되고, 지키지 않으면 땅을 잃는다는 것입니다. 12지파에게 주어진 약속은 이미 정복된 땅이 아니라 앞으로 정복해야 할 땅입니다. 이와 마찬가지로 오늘날의 성도들도 영원한 가나안에 들어가기 위해서는 우리를 위해 힘써 싸우시는 하나님을 의지하면서, 말씀에 전적으로 순종하는 삶을 살아야 합니다.

성경 본문	내 용
3절	하나님이 행하신 일을 기억하라
4-6절	힘써 율법을 다 지켜 행하라
7-11절	너희 하나님 여호와를 사랑하라
12-13절	다른 민족과 결혼하지 마라
14-16절	율법을 어기면 멸망하게 된다

좋은 땅에서 멸망하게 될 것이오."

24 그후에 여호수아가 이스라엘 온 지파를 세겜에 모았습니다. 그리고 나서 여호수아는 장로들과 지도자들과 이스라엘의 재판관들과 관리들을 불렀습니다. 그 사람들은 하나님 앞에 섰습니다.
2 그 때에 여호수아가 모든 백성에게 이렇게 말했습니다. "이것은 이스라엘 하나님 여호와께서 하시는 말씀이오. '오래 전에 너희 조상은 유프라테스 강 저쪽에 살고 있었다. 거기에서 너희 조상 아브라함의 아버지이며 나홀의 아버지인 데라는 다른 신들을 섬겼지만
3 나는 너희 조상 아브라함을 강 저쪽 땅에서 나오게 했고 아브라함을 가나안 땅으로 인도하였다. 그리고 그 땅을 두루 돌아다니게 했고 그에게 많은 자손을 주었다. 나는 그에게 아들 이삭을 주었고
4 이삭에게는 두 아들 야곱과 에서를 주었다. 나는 세일 산악 지대를 에서에게 주었지만 야곱과 그의 아들들은 이집트로 내려갔다.
5 그후에 나는 모세와 아론을 이집트로 보내어 많은 끔찍한 일들이 이집트에 일어나도록 하여 그들을 치고, 너희 백성을 인도해 내었다.
6 내가 너희 조상을 이집트에서 인도해 낸 후 너희 조상은 홍해에 이르렀고, 전차와 말을 탄 이집트 사람들이 너희 조상을 쫓아왔다.
7 그러자 백성들은 나에게 도와 달라고 부르짖었고, 나는 너희 조상과 이집트 사람들 사이에 어둠을 있게 하였다. 그리고 바닷물로 이집트 사람들을 덮었다. 너희는 내가 이집트 군대에게 한 일을 보았고, 또한 오랫동안 광야에서 살았다.
8 그후에 나는 너희를 아모리 사람들의 땅으로 인도하였는데 그 땅은 요단 강 동쪽에 있었다. 그들은 너희와 싸웠으나 나는 너희 손에 그들을 넘겨 주었다. 나는 그들을 너희 앞에서 멸망시켰다. 그리하여 너희는 그 땅을 차지하게 되었다.
9 그러나 모압 왕 십볼의 아들 발락이 이스라엘 사람들과 싸울 준비를 하였고, 발락은 브올의 아들 발람에게 사람을 보내어 너희를 저주하게 하려 했다.
10 그러나 내가 발람의 말을 듣지 않았으므로, 발람은 오히려 너희에게 좋은 일이 일어날 것을 말했다. 발람은 너희를 여러 번 축복했다. 나는 너희를 발락에게서 구해 주었다.
11 그후에 너희는 요단 강을 건너 여리고에 이르렀고, 여리고 성의 백성들은 너희와 맞서 싸웠다. 그리고 아모리 사람, 브리스 사람, 가나안 사람, 헷 사람, 기르가스 사람, 히위 사람, 그리고 여부스 사람도 너희와 맞서 싸웠지만 나는 그들 모두를 너희 손에 넘겨 주었다.
12 너희 군대가 앞으로 전진하였을 때, 나는 너희들 앞에 왕벌들을 보내어 너희가 이르기 전에 그들을 쫓아 내었다. 그래서 너희는 칼과 활을 쓰지 않고도 그 땅을 차지할 수 있었다.
13 그 땅을 너희에게 준 것은 나 여호와이다. 너희가 아무 일도 하지 않은 땅을 내가 너희에게 주었고, 너희가 짓지 아니한 성을

성경 속의 궁금증

왜 이스라엘 백성들은 곧장 가나안으로 가지 못하고 40년 동안 광야에서 지냈나요?

사실 이집트에서 가나안까지는 걸어서 40일이면 갈 수 있는 거리였습니다. 그러나 이스라엘 백성들은 하나님이 하시는 말씀에 귀를 기울이지 않고 조금만 힘들면 애굽으로 돌아가자며 모세와 하나님을 원망했습니다. 이런 이스라엘 사람들의 불순종과 원망 때문에 하나님께서는 그들을 광야에서 40년 동안 훈련시키셨습니다. 그리고 결국 이집트에서 나온 어른들은, 하나님의 말씀을 믿고 순종한 여호수아와 갈렙만 빼고는 모두 가나안에 들어가지 못했습니다. 축복의 땅인 가나안에 들어간 사람들은 하나님의 약속을 믿고 순종한 여호수아와 갈렙, 그리고 광야에서 새로 태어나고 자란 새로운 세대였습니다. 본문 보기 24장 5-8절

내가 너희에게 주었다. 이제 너희는 그 땅과 그 성에 살고 있고, 너희가 심지도 않은 그 땅의 포도원과 올리브 나무의 열매를 먹고 있다.'"
14 그리고 나서 여호수아는 백성에게 말했습니다. "이제 여러분은 여호와의 말씀을 들었소. 여러분은 여호와를 존경하고 그 분을 온 마음으로 섬겨야 하오. 여러분이 섬기던 거짓 신들을 버리시오. 여러분의 조상은 유프라테스 강 저쪽과 이집트에서 거짓 신들을 섬겼소. 이제 여러분은 여호와를 섬겨야 하오.
15 그러나 여러분은 여호와를 섬기고 싶지 않을지도 모르오. 여러분은 오늘 스스로 선택하시오. 누구를 섬길 것인가를 결정하시오. 여러분은 여러분의 조상이 유프라테스 강 저쪽에서 경배하던 신들을 섬길 수도 있고, 이 땅에 살던 아모리 사람들의 신들을 섬길 수도 있소. 그러나 나와 내 후손은 여호와를 섬기겠소."
16 그러자 백성들이 대답했습니다. "우리는 결코 여호와를 저버리지 않을 것입니다. 우리는 결코 다른 신들을 섬기지 않을 것입니다.
17 우리는 우리와 우리 조상을 이집트에서 이끌어 내신 분이 여호와시라는 것을 알고 있습니다. 우리는 그 땅에서 노예로 있었습니다. 그러나 여호와께서는 우리를 위해 놀라운 일들을 행하셨으며, 우리를 그 곳에서 인도해 내셨습니다. 여호와께서는 *우리가 걸어왔던 모든 길에서* 우리를 지켜 주셨습니다.
18 또 여호와께서는 우리가 이 땅에 사는 사람들을 물리쳐 이기도록 도와 주셨습니다. 여호와께서는 우리가 이 곳에 살던 아모리 사람들을 물리쳐 이기도록 해 주셨습니다. 그러므로 우리도 여호와만 섬기겠습니다. 왜냐하면 그분만이 우리의 하나님이시기 때문입니다."
19 여호수아가 말했습니다. "여러분은 여호와를 잘 섬긴다고 하나 그렇지 못할 수도 있을 것이오. 왜냐하면 여호와는 거룩한 하

⊙ 에발산과 그리심산 사이에 위치한 오늘날의 세겜 전경 (24장)

나님이시기 때문이오. 또 질투하는 하나님이시기 때문이오. 만약 여러분이 여호와를 배반하고 죄를 짓는다면 여호와께서는 여러분을 용서하지 않으실 것이오.
20 만약 여러분이 여호와를 저버리고 다른 신들을 섬긴다면 여호와께서는 마음을 돌이켜 여러분에게 큰 괴로움을 주실 것이오. 여호와께서는 여러분에게 복을 주신 뒤에라도 여러분이 여호와를 저버린다면 여러분을 멸망시켜 버리실 것이오."
21 그러자 백성이 여호수아에게 대답했습니다. "아닙니다! 우리는 여호와를 섬길 것입니다."
22 여호수아가 말했습니다. "여러분이 이제 여러분 스스로 여호와를 섬기겠다고 주님을 선택했소. 그러니 여러분 스스로가 증인이 된 것이오." 백성이 대답했습니다. "예, 그렇습니다. 우리 모두가 증인입니다."
23 그러자 여호수아가 말했습니다. "이제는 여러분 가운데에 있는 거짓 신들을 버리시오. 여러분의 마음을 이스라엘의 하나님 여호와께로 향하시오."
24 그 때에 백성들이 여호수아에게 대답했습니다. "우리는 우리 하나님 여호와를 섬기겠습니다. 우리는 하나님께 복종하겠습니다."
25 그 날 여호수아는 백성들과 약속을 맺었습니다. 여호수아는 그 약속을 백성이 지켜야 할 가르침으로 삼았습니다. 이 일은 세

겜에서 이루어졌습니다.
26 여호수아는 이 일들을 하나님의 율법책에 기록하였습니다. 그리고 나서 큰 돌을 가져다가 여호와의 성소 근처에 있던 상수리나무 아래에 세웠습니다.
27 그리고 나서 여호수아는 모든 백성에게 말했습니다. "이 돌을 보시오! 이 돌은 우리가 오늘 한 일에 대해 증거가 될 것이오. 여호와께서는 오늘 이 곳에서 우리에게 말씀하셨소. 이 돌은 오늘 일어난 모든 일을 우리와 우리 후손들에게 기억나게 해 줄 것이오. 이 돌은 여러분이 여러분의 하나님을 저버리지 못하게 하는 증거가 될 것이오."

여호수아의 죽음

28 그후에 여호수아는 백성들에게 자기 땅으로 돌아가라고 말했습니다. 그러자 모든 사람이 자기 땅으로 돌아갔습니다.
29 그 일이 있은 후에 여호와의 종, 눈의 아들 여호수아는 죽었습니다. 그의 나이는 백십 세였습니다.
30 사람들은 여호수아를 딤낫 세라에 있는 그의 땅에 묻었습니다. 딤낫 세라는 가아스 산 북쪽의 에브라임 산지에 있었습니다.
31 이스라엘 사람들은 여호수아가 살아 있는 동안 여호와를 섬겼고, 여호수아가 죽은 후에도 계속해서 여호와를 섬겼습니다. 그들은 장로들이 살아 있는 동안에도 계속해서 여호와를 섬겼습니다. 이 장로들은 여호와께서 이스라엘 사람들을 위해 하신 일들을 본 지도자들이었습니다.

요셉이 자기 땅으로 돌아옴

32 이스라엘 사람들이 이집트를 떠나왔을 때 요셉의 뼈도 함께 가지고 왔는데 그들은 요셉의 뼈를 세겜에 묻어 주었습니다. 세겜은 야곱이 하몰의 자손들에게 산 땅이었습니다. 하몰은 세겜의 아버지였습니다. 야곱은 그 땅을 은 백 개에 샀습니다. 그래서 그 땅은 요셉의 자손들의 땅이 되었습니다.
33 아론의 아들 엘르아살도 죽었습니다. 이스라엘 사람들은 그를 에브라임 산지에 있는 기브아에 묻었습니다. 기브아는 엘르아살의 아들 비느하스가 받은 땅입니다.

믿음을 키워 주는 이야기

까치가 집 짓는 날

조용한 농촌에 있는 은행나무 꼭대기에 어느 날 까치 한 쌍이 집을 짓기 시작했습니다. 그날은 바람이 세차게 부는 날이었습니다. 나뭇가지가 세차게 흔들렸지만 까치 두 마리는 힘을 다하여 은행나뭇가지 사이에 다른 나뭇가지들을 물어 와서는 차근차근 엮어나갔습니다.

다음 날은 바람이 멈추고 맑게 개었습니다. 나뭇가지도 흔들리지 않고 잠잠했습니다. 그런데 까치는 일하기 쉬울 것 같은 그 날, 작업을 중단하고 쉬기만 했습니다.

며칠 후 바람이 다시 불자 까치는 다시 집을 짓기 시작했습니다. 까치는 강한 바람 속에서 지은 집이 튼튼하다는 것을 알고 있었던 것입니다.

사 사 기

Judges

○ 저자
탈무드에 의하면 사무엘이 사사기를 기록하였다고 하나 확실한 것은 알려져 있지 않다.

○ 저작 연대
정확한 연도는 알 수 없지만 왕정 시대에 기록되었다는 것은 확실하다. "그때에는 이스라엘 왕이 없으므로"(17:6)라는 표현은 이 책이 왕정 수립 이후에 기록되었다는 것을 알려 준다.

○ 주요 인물
드보라, 기드온, 삼손 등 여러 사사들

○ 핵심어 및 주요 내용
핵심어는 "불순종", "심판", "회개", "자비" 등이다. 이스라엘 백성이 계속해서 죄를 짓고 불순종하여 심판을 받게 되었으나 그들이 회개하자 하나님께서는 자비로써 그들을 회복하고 평안한 삶을 허락해 줄 지도자를 세우셨다.

○ 내용 소개
1. 머리말: 불완전한 정복과 배교(1:1-3:6)
2. 압제와 구원(3:7-16:31)
3. 맺는 말: 종교적, 도덕적 무질서(17-21장)

유다 사람들이 가나안 사람들과 싸움

1 여호수아가 죽었습니다. 그후에 이스라엘
백성이 "우리 중에서 누가 먼저 가나안
사람들과 싸워야 합니까?" 하고 여호와께
물었습니다.
2 그러자 여호와께서 대답하셨습니다. "유
다 지파가 먼저 가거라. 내가 유다 지파에
게 이 땅을 차지할 힘을 주겠다."
3 유다 사람들은 그 형제 시므온 사람들에게
도움을 요청했습니다. "우리가 앞으로 차
지하게 될 땅으로 함께 가서, 우리가 가
나안 사람들과 싸우는 것을 도와 주시오.
그러면 우리도 당신들이 제비를 뽑아 받
은 땅을 얻기 위해 싸울 때, 도와 주겠
소." 그래서 시므온 사람들은 유다 사람들
과 함께 갔습니다.
4 여호와께서는 유다 사람들이 가나안과 브
리스 사람들과 싸워 이기게 해 주셨습니
다. 유다 사람들은 베섹 성에서 만 명을
쳐죽였습니다.
5 유다 사람들은 베섹 성에서 그 성을 다스
리던 아도니 베섹을 발견하고 그와 싸웠습
니다. 유다 사람들이 가나안과 브리스 사
람들을 공격하자,
6 아도니 베섹이 도망쳤습니다. 유다 사람들
은 아도니 베섹을 뒤쫓아가 붙잡아서, 그
의 엄지손가락과 엄지발가락을 잘라 버렸
습니다.
7 아도니 베섹이 말했습니다. "내가 왕 칠십
명의 엄지손가락과 엄지발가락을 잘라 내
었고, 그들에게 내 밥상에서 떨어지는 부
스러기를 먹게 하였더니, 이제 하나님께
서 그 왕들에게 한 일을 내게 갚으시는구
나." 유다 사람들은 아도니 베섹을 예루살
렘으로 끌고 왔습니다. 아도니 베섹은 그
곳에서 죽었습니다.
8 유다 사람들이 예루살렘과 싸워 그 곳을
점령했습니다. 유다 사람들은 칼로 예루살
렘에 살던 사람들을 죽인 후, 그 성을 불
태웠습니다.
9 그후에 유다 사람들이 내려가서, 산지와
남쪽 지방*과 서쪽 경사지*에 살고 있는
가나안 사람들과 싸웠습니다.
10 그리고 유다 사람들은 헤브론 성에 사는
가나안 사람들과 싸우기 위해 나아갔습니
다. 헤브론은 기럇 아르바라고 불리기도 했

알아두세요

1:9 유대 산지 이남에 있는 남쪽 지방은 '네게브'라는 지명으로도 불린다.
1:9 서쪽 경사지는 유대 산지 서쪽 편의 저지대로서 '세펠라'라는 지명으로 불려진다.

자손(1:10 descendant) 아들과 손자. 여러 대가 지난 뒤의 자식.

습니다. 유다 사람들은 세새와 아히만과 달
매의 자손을 물리쳤습니다.

갈렙과 그의 딸

11 그리고 나서 유다 사람들은 드빌 성으로
가서 그 곳의 백성과 싸웠습니다. 드빌은
기럇 세벨이라고 불리기도 했습니다.
12 그 성을 공격하기 전에 갈렙이 말했습니
다. "기럇 세벨을 공격해서 점령하는 사람
에게는 내 딸 악사를 아내로 주겠소."
13 갈렙의 동생 그나스의 아들인 옷니엘이 기
럇 세벨을 점령했습니다. 그래서 갈렙은
자기 딸 악사를 옷니엘과 결혼시켰습니
다.
14 악사가 친정을 떠날 때 "우리 아버지께 밭
을 좀 달라고 해요."라고 옷니엘에게 말했
습니다. 악사가 나귀에서 내리자, 갈렙이
"딸아, 네가 무엇을 원하느냐?" 하고 물
었습니다.
15 악사가 갈렙에게 대답했습니다. "아버지,
부탁이 있어요. 아버지께서 저를 남쪽 메
마른 땅으로 보내시니까, 저에게 샘물을
주세요." 그래서 갈렙은 악사에게 윗샘과
아랫샘을 주었습니다.

가나안 사람과 싸움

16 겐 사람들은 종려나무의 성인 여리고를 떠
나, 유다 사람들과 함께 '유다 광야'로 가
서 같이 살았습니다. '유다 광야'는 아랏
성 근처의 남쪽 유다에 있었습니다. 모세
의 장인은 겐 사람이었습니다.
17 유다 사람들은 그들의 형제인 시므온 사람
들과 함께 가서 스밧 성에 살고 있는 가나
안 사람들과 싸워 그들을 완전히 멸망시켰
습니다. 그 성은 호르마*라고 불렸습니다.
18 유다 사람들은 가사와 아스글론과 에그론
및 그 주변의 모든 땅을 점령했습니다.
19 여호와께서는 유다 사람들과 함께하셨으
므로, 유다 사람들은 산지의 땅을 차지했
습니다. 그러나 그들은 평지에 사는 백성
을 쫓아 내지는 못했습니다. 왜냐하면 그
백성은 철로 만든 전차를 가지고 있었기
때문입니다.
20 모세가 약속하였던 것처럼 갈렙이 헤브론
을 얻었습니다. 갈렙은 아낙의 세 아들을
쫓아 냈습니다.
21 그러나 베냐민 백성은 여부스 사람들을 예
루살렘에서 쫓아 내지 못하였습니다. 그래
서 그 때부터 여부스 사람들은 예루살렘에
서 베냐민 사람들과 함께 살게 되었습니다.
22 요셉 자손도 벧엘 성을 치기 위해 나아갔
습니다. 여호와께서 그들과 함께하셨습니
다.
23 요셉 자손은 벧엘에 정탐꾼을 보냈습니다.
벧엘은 전에 루스라고 불렸습니다.
24 정탐꾼들은 성에서 밖으로 나오는 어떤 사
람을 보고, 그 사람에게 말했습니다. "성
으로 들어가는 길을 가르쳐 주시오. 우리
를 도와 주면 당신에게 은혜를 베풀겠소."
25 그 사람은 정탐꾼들에게 성으로 들어가는
길을 가르쳐 주었습니다. 요셉 자손은 벧
엘의 백성을 죽였으나, 정탐꾼들을 도와
준 사람과 그의 가족은 살려 주었습니다.
26 그 사람은 헷 사람들이 살고 있던 땅으로
가서 성을 세웠습니다. 그는 그 성의 이
름을 루스라고 했는데, 지금까지도 루스라
고 불립니다.
27 므낫세 자손은 벧스안과 다아낙과 돌과 이
블르암과 므깃도와 그 주변의 작은 마을에
살고 있는 가나안 사람들을 쫓아 내지 못
했습니다. 그래서 가나안 사람들은 자기
들 마음대로 하며 그 땅에서 살았습니다.
28 그후, 이스라엘 백성은 점점 강해졌으며,
가나안 사람들에게 강제로 일을 시켰습니
다. 그러나 가나안 사람들을 그들의 땅에
서 쫓아 내지 않았습니다.
29 에브라임 자손도 게셀에 사는 가나안 사람
들을 쫓아 내지 못하였습니다. 그래서 가
나안 사람들은 지금까지도 게셀에서 에브
라임 백성과 함께 살고 있습니다.
30 스불론 자손도 기드론과 나할롤에 사는 가
나안 사람들을 쫓아 내지 못하였습니다.

알아두세요

1:17 '호르마'는 '멸망' 또는 '저주'의 뜻이다.
2:1 '보김'은 '우는 자들'이라는 뜻이다.

가나안 사람들은 그 땅에 살았고, 스불론
백성은 그들과 함께 살면서 그들을 노예
로 삼았습니다.
31 아셀 자손도 악고, 시돈, 알랍, 악십, 헬바,
아빅, 그리고 르홉에 사는 가나안 사람들
을 쫓아 내지 않았습니다.
32 그래서 가나안 사람들은 계속 아셀 백성과
함께 살았습니다.
33 납달리 자손도 벧세메스와 벧아낫 성의 사
람들을 쫓아 내지 못하였습니다. 그래서
납달리 백성은 계속 그 성들의 가나안 사
람들과 함께 살았습니다. 그들은 납달리
백성의 노예로 일했습니다.
34 아모리 사람들은 단 지파의 사람들을 산지
로 몰아 내고, 평지로 내려와서 살지 못
하게 했습니다.
35 아모리 사람들은 헤레스 산과 아얄론과 사
알빔에 눌러 살기로 마음먹었습니다. 그러
나 이스라엘 사람들이 점점 강해져서 아모
리 사람들을 자기들의 노예로 삼았습니다.
36 아모리 사람들은 아그랍빔 비탈에서 셀라
를 지나 그 너머까지 땅을 차지했습니다.

보김에 나타난 여호와의 천사

2 여호와의 천사가 길갈에서 보김*으로
올라왔습니다. 그 곳에서 여호와의 천
사가 이스라엘 백성에게 말했습니다. "나
는 너희를 이집트에서 이끌어 내어, 너희
조상에게 약속했던 땅으로 데리고 왔다.
나는 너희에게 '너희와 맺은 언약을 절대
로 깨뜨리지 않을 것이다.
2 그러니 너희도 이 땅에 살고 있는 사람들
과 언약을 맺지 말며, 그들의 제단을 무
너뜨려라' 하고 말했다. 그러나 너희는
나의 말에 복종하지 않았다. 어찌하여 너
희가 그와 같이 하였느냐?
3 이제 내가 하는 말을 잘 들어라. 나는 이
땅의 백성을 쫓아 내지 않을 것이다. 그
들은 너희의 적이 되어 너희를 괴롭힐 것
이며, 그들의 신은 너희에게 덫이 될 것
이다."
4 여호와의 천사가 이 말씀을 전하자, 이스
라엘 백성은 소리 높여 울었습니다.

이스라엘 백성에게 말하는 여호와의 천사(2:1-5)

5 그래서 이스라엘 백성은 그 곳을 보김이라
고 불렀습니다. 이스라엘 백성은 보김에서
여호와께 희생 제물을 바쳤습니다.

눈의 아들 여호수아의 죽음

6 그 때에 여호수아가 이스라엘 백성에게 각
자 나누어 받은 땅으로 돌아가도 좋다고
말했습니다. 그러자 모든 사람이 돌아가
서 자기 몫의 땅을 차지했습니다.
7 이스라엘 백성은 여호수아가 살아 있는 동
안 여호와를 섬겼고, 장로들이 살아 있는
동안에도 계속해서 여호와를 섬겼습니다.
이 장로들은 모두 여호와께서 이스라엘을
위해 하신 큰 일을 본 사람들이었습니다.
8 여호와의 종인 눈의 아들 여호수아는 백십
세에 죽었습니다.
9 이스라엘 사람들은 여호수아를 그가 나누
어 받은 땅, 딤낫 헤레스에 묻어 주었습니
다. 딤낫 헤레스는 가아스 산 북쪽의 에브
라임 산지에 있습니다.

이스라엘 백성이 복종하지 않음

10 여호수아와 같은 시대에 살았던 사람들이
다 죽고, 후에 그들의 자녀들이 자라났습
니다. 그 자녀들은 여호와를 알지 못했으
며, 여호와께서 이스라엘을 위해 어떤 일

을 하셨는지도 알지 못했습니다.
11 그래서 그들은 악한 일을 하였고, 바알 우
상들을 섬겼습니다. 그들은 여호와께서
보시기에 나쁜 일을 했습니다.
12 그들은 이스라엘 백성을 이집트 땅에서부
터 이끌어 내신 조상들의 하나님 여호와
를 배반하고, 주변 사람들이 섬기는 신들
을 섬기기 시작했습니다. 그 때문에 여호
와께서 분노하셨습니다.
13 이스라엘 사람들은 여호와를 따르지 않고
바알과 아스다롯을 섬겼습니다.
14 이스라엘 백성에게 화가 나신 여호와께서
는 약탈자들이 이스라엘 백성을 공격하여
그들이 가진 것을 빼앗게 하셨습니다. 여
호와께서 이스라엘 백성을 주변 원수들에
게 넘겨 주셨으므로 그들은 적들이 공격
해 오는 것을 스스로 막아 낼 수 없었습
니다.
15 이스라엘 사람들은 싸우러 나갈 때마다 졌
습니다. 이는 여호와께서 그들에게 벌을
내리셨기 때문이었습니다. 여호와께서 이
미 그들에게 경고하셨던 대로 되었습니
다. 그래서 이스라엘 사람들은 많은 괴로
움을 겪었습니다.

성경 속의 궁금증

사사는 어떤 사람들이었을까요?

사사는 히브리어로 '판결하는 사람들', '다스리는 사람들'이란 뜻입니다. 이들은 가나안 땅에 들어가서부터 왕이 세워지기 전까지 이스라엘을 다스리던 정치, 군사적 지도자들이었습니다. 평상시에는 재판을 하며 백성들을 정치적으로 다스렸고, 비상시에는 군사적인 지도자로 활동했습니다. 사사들의 직업과 신분은 매우 다양했으며, 이스라엘 지파들 사이의 동맹은 각 지파마다 돌아가면서 세운 이들 사사에 의해 유지되었습니다.

본문 보기 2장 16절

약탈자(2:14 plunderer) 폭력을 써서 남의 것을 강제로 빼앗는 사람.
군주(3:3 ruler) 임금. 군대의 대장.

하나님이 사사들을 뽑으심

16 그 때에 여호와께서는 사사라고 부르는
지도자들을 세우셨습니다. 이 지도자들은
약탈자들로부터 이스라엘 백성을 구해 주
었습니다.
17 하지만 이스라엘 사람들은 사사들의 말을
듣지 않았고, 하나님을 잘 믿지도 않았습
니다. 그들은 하나님 대신 다른 신들을 따
랐습니다. 옛날 그들의 조상은 여호와의
명령에 순종하였지만, 이제 그들은 더 이
상 순종하지 않았습니다.
18 적들이 여러 차례 이스라엘 사람들을 괴롭
혔기 때문에, 이스라엘 사람들은 여호와께
도와 달라고 부르짖었습니다. 그 때마다
여호와께서는 이스라엘 사람들을 불쌍히
여기시고, 이스라엘을 적에게서 구하기 위
해 사사를 보내 주셨습니다. 여호와께서
사사들과 함께하셨기 때문에 그 사사들이
살아 있는 동안에는 적들로부터 구해 주
셨습니다.
19 그러나 이스라엘 사람들은 사사들이 죽으
면 다시 죄를 짓고, 거짓 신들을 섬겼습
니다. 이스라엘 사람들은 그들의 조상보다
더 악했습니다. 그들은 나쁜 길에서 벗어
나려 하지 않았습니다.
20 그래서 여호와께서는 이스라엘 사람들에
게 분노하셨습니다. 여호와께서 말씀하셨
습니다. "이 백성은 내가 그들의 조상과
맺은 약속을 깨뜨렸다. 이 백성은 내 말
을 듣지 않았다.
21 그러므로 이제 나는, 여호수아가 죽을 때
까지 정복하지 못했던 민족들을 쫓아 내
지 않을 것이다.
22 나는 그 나라들을 이용해서 이스라엘을 시
험하겠다. 나는 이스라엘 백성이 그들의
조상처럼 나 여호와의 명령을 따르는지를
지켜 보겠다."
23 여호와께서는 그 나라들을 쫓아 내지 않
고, 그 땅에 머물러 있게 하시며, 빨리 쫓
아 내지 않으셨습니다. 여호수아의 군대가
그 나라들을 물리칠 수 있도록 도와 주지
도 않으셨습니다.

3 여호와께서는 가나안을 차지하기 위해
전쟁을 해 본 경험이 없는 이스라엘 사
람들을 시험하려고 그 나라들을 남겨두셨
습니다.
2 여호와께서 그 나라들을 그 땅에 남겨 두
신 단 한 가지 이유는, 이스라엘 자손에게
가르침을 주기 위해서였습니다. 여호와께
서는 전쟁을 해 본 경험이 없는 이스라엘
백성에게 싸우는 법을 가르치기를 원하셨
습니다.
3 여호와께서 쫓아 내지 않은 민족들은 블
레셋의 다섯 군주와 모든 가나안 사람들,
그리고 시돈과 히위 백성들입니다. 히위
사람들은 바알 헤르몬 산에서 하맛까지 이
르는 레바논 산지에 살고 있었습니다.
4 그들은 이스라엘을 시험하기 위해 그 땅에
남겨진 백성들이었습니다. 여호와께서는
이스라엘 백성이 모세를 통해 이스라엘의
조상에게 내린 명령에 순종하는지 알고
싶어 하셨습니다.
5 이스라엘 백성은 가나안 사람, 헷 사람, 아
모리 사람, 브리스 사람, 히위 사람, 그리
고 여부스 사람과 함께 살았습니다.
6 이스라엘 사람들은 그 사람들의 딸들과 결
혼하기 시작하였고, 자기의 딸들을 그 사
람들의 아들들과 결혼시켰습니다. 그러면
서 이스라엘은 그들의 신을 섬겼습니다.

첫 번째 사사 옷니엘

7 이스라엘 백성은 여호와께서 보시기에 나
쁜 일을 저질렀습니다. 이스라엘 백성은
그들의 하나님이신 여호와를 잊어버리고,
대신 바알과 아세라들을 섬겼습니다.
8 여호와께서는 이스라엘에게 분노하셨습니
다. 여호와께서는 북서쪽 메소포타미아 왕
구산 리사다임이 이스라엘 사람들을 다스
리게 하셨습니다. 이스라엘 사람들은 팔
년 동안, 그 왕 밑에 있었습니다.
9 그 때에 이스라엘 사람들이 여호와께 부르
짖었습니다. 그래서 여호와께서는 그들을
구하기 위해 한 사람을 세우셨는데, 그가
곧 그나스의 아들 옷니엘입니다. 그나스는
갈렙의 동생입니다. 옷니엘은 이스라엘 사
람들을 구했습니다.
10 여호와의 신이 옷니엘에게 임하셔서, 그
는 이스라엘의 사사가 되어 전쟁터에 나갔
습니다. 여호와께서는 옷니엘을 도와 주
셔서 북서쪽 메소포타미아 왕 구산 리사다
임을 물리치게 하셨습니다.
11 그래서 옷니엘이 죽을 때까지 사십 년 동
안은 그 땅이 평화로웠습니다.

사사 에훗

12 이스라엘 백성이 또다시 여호와께서 보시
기에 나쁜 일을 저질렀습니다. 그래서 여
호와께서는 모압 왕 에글론을 강하게 하여
이스라엘을 공격하도록 하셨습니다.
13 에글론은 암몬 백성과 아말렉 백성을 자기
편으로 끌어들였습니다. 그리고 나서 이
스라엘을 공격하여 종려나무 성인 여리고
를 점령했습니다.
14 이스라엘 백성은 십팔 년 동안, 모압 왕 에
글론의 지배를 받았습니다.
15 그러자 이스라엘 백성은 여호와께 부르짖
었습니다. 여호와께서는 이스라엘 백성을
구하기 위해 한 사람을 보내 주셨는데, 그
사람은 왼손잡이인 에훗입니다. 에훗은 베
냐민 지파 사람인 게라의 아들입니다. 이
스라엘은 모압 왕 에글론에게 바칠 물건을
에훗을 통해 보냈습니다.
16 에훗은 양쪽에 날이 선 칼을 하나 만들었

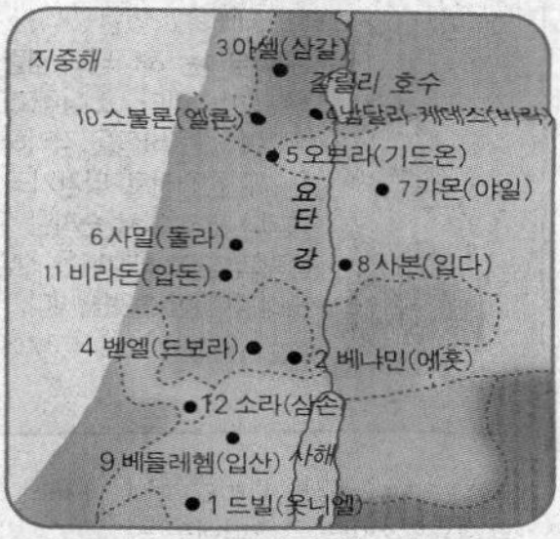

각 지파별로 본 사사들(2:16)

알아두세요

3:16 1규빗은 약 45cm에 해당된다.

습니다. 그 칼의 길이가 한 규빗* 정도 되
었습니다. 그는 그 칼을 오른쪽 허벅지 옷
속에 차고,
17 모압 왕 에글론에게 가서, 그가 바치라고
한 물건을 전했습니다. 에글론은 매우 뚱
뚱한 사람이었습니다.
18 에훗은 에글론에게 물건을 바친 후에 그
물건을 싣고 왔던 사람들을 돌려 보내고,
19 자신은 길갈 성 근처 채석장이 있는 곳을
지나다가 다시 돌아와서 에글론에게 말했
습니다. "에글론 왕이여, 왕께 전할 비밀
스러운 말씀이 있습니다." 그러자 에글론
왕은 신하들에게 "조용히들 하여라"고 말
하고, 그들을 방에서 내보냈습니다.
20 에훗은 에글론 왕에게 가까이 갔습니다.
에글론은 꼭대기에 있는 서늘한 다락방에
혼자 앉아 있었습니다. 에훗은 "하나님께
서 왕에게 전하라고 하신 말씀이 있습니
다" 하고 말했습니다. 그 말을 듣고 왕이
자리에서 일어섰습니다.

성경 인물

드보라 에브라임 출신의 여자 사사였던 드보라는 특이하게 '여예언자'라고 불렸습니다. 20년간 사사로 활동했으며, 라마와 벧엘 사이에 있는 종려 나무 아래에서 이스라엘 백성들을 재판했습니다. 또한 이스라엘 장군 바락에게 승리를 예언하며, 당시 이스라엘을 지배하고 있던 가나안 왕 야빈과 싸우라는 하나님의 명령을 전했습니다. 소심하고 믿음이 없는 바락을 격려하며 함께 전쟁터로 나가기도 했습니다. 전쟁에서 승리한 뒤에는 바락과 함께 하나님을 찬양하는 노래를 지어 불렀습니다.

본문 보기 4장 4절

채석장(3:19 quarry) 토목 · 건축 및 비석 · 조각들의 재료로 쓰이는 돌을 떠내는 곳.
나루(3:28 ferry) 강가, 냇가, 바닷가 등에 나룻배가 닿고 떠나는 곳.
항복(3:30 surrender) 힘에 눌리어 적에게 굴복함.

21 에훗은 오른쪽 허벅지에 차고 있던 칼을
왼손으로 빼서 왕의 배를 깊이 찔렀습니
다.
22 칼자루까지 몸 안으로 들어갈 정도로 에
글론의 배에 칼이 깊이 박혔습니다. 그리
고 칼 끝은 에글론의 등 뒤까지 나왔습니
다. 왕의 몸 속 기름이 칼과 함께 엉키었
습니다. 에훗은 에글론의 몸에서 칼을 빼
내지 않았습니다.
23 에훗은 방에서 나와 문을 잠갔습니다.
24 에훗이 그 곳을 떠나자마자 신하들이 돌
아왔는데 문이 잠겨 있었습니다. 신하들
은 왕이 용변을 보고 있는 줄로 생각하고
25 오랫동안 기다렸습니다. 그래도 왕이 문을
열지 않자, 신하들은 이상하게 생각하였습
니다. 그래서 열쇠를 구해 문을 열어 보니,
왕이 죽은 채 바닥에 쓰러져 있었습니다.
26 한편, 신하들이 왕이 문을 열기를 기다리
고 있는 동안, 에훗은 몸을 피해 채석장
을 지나 스이라로 갔습니다.
27 스이라에 이르러서 에훗은 에브라임 산지
에서 나팔을 불었습니다. 이스라엘 백성은
그 나팔 소리를 듣고 에훗을 앞장 세워 언
덕을 내려왔습니다.
28 에훗이 말했습니다. "나를 따르시오. 여호
와께서 우리를 도우셔서 우리의 적인 모
압 백성을 물리치게 해 주셨소." 그러자
이스라엘 백성은 에훗의 뒤를 따랐습니다.
이스라엘 백성은 요단 강 나루를 차지하
고, 모압 사람 중 한 사람도 요단 강을 건
너가지 못하게 했습니다.
29 이스라엘은 강하고 힘센 모압 사람 일만
명 정도를 죽여서 아무도 도망치지 못하
게 하였습니다.
30 그 날, 모압이 이스라엘에게 항복하자 이
스라엘 땅에 팔십 년 동안, 평화가 임했습
니다.

사사 삼갈

31 에훗의 뒤를 이어 아낫의 아들 삼갈이 사
사가 되었습니다. 삼갈은 소를 모는 데 쓰
는 막대기로 블레셋 사람 육백 명을 죽여
이스라엘을 구원하였습니다.

여자 사사 드보라

4 에훗이 죽은 뒤에 이스라엘 백성은 또
다시 여호와께서 보시기에 나쁜 일을
저질렀습니다.
2 그래서 여호와께서는 가나안 왕 야빈에게
그들을 넘겨 주셨습니다. 야빈은 하솔 성
에서 왕노릇을 했습니다. 야빈의 군대 지
휘관은 시스라였는데, 하로셋 학고임에 살
았습니다.
3 시스라는 쇠로 만든 전차 구백 대를 가지
고 있었으며, 이십 년 동안, 이스라엘 백
성을 심하게 괴롭혔습니다. 그래서 이스
라엘 백성은 여호와께 도와 달라고 부르
짖었습니다.
4 그 때에 랍비돗의 아내인 여예언자 드보라
가 이스라엘의 사사가 되었습니다.
5 드보라가 에브라임 산지 라마와 벧엘 성 사
이에 있는 종려나무 밑에 앉아 있을 때,
이스라엘 사람들이 그녀에게 자주 가서 재
판을 받았습니다.
6 드보라는 바락에게 심부름하는 사람을 보
내어 그를 불러 오게 했습니다. 바락은 아
비노암의 아들인데, 납달리 지파의 지역에
있는 게데스 성에 살았습니다. 드보라가
바락에게 말했습니다. "이스라엘의 하나님
여호와께서 당신에게 명령하십니다. '가
서 납달리와 스불론 지파 사람 만 명을 모
아 다볼 산으로 가거라.
7 내가 야빈의 군대 지휘관인 시스라를 너에
게 오게 할 텐데, 너는 기손 강에서 시스
라와 그의 전차와 그의 군대를 맞이할 것
이다. 나는 네가 그 곳에서 시스라를 물리
치도록 도와 줄 것이다.'"
8 그러자 바락이 드보라에게 말했습니다.
"당신이 나와 함께 가면, 나도 가겠습니
다. 그러나 당신이 나와 함께 가지 않는
다면, 나도 가지 않겠습니다."
9 드보라가 대답했습니다. "물론 나도 당신
과 함께 가겠습니다. 그러나 이 싸움에서
이기더라도, 당신에게 돌아갈 영광은 없
습니다. 여호와께서는 한 여자에게 시스
라를 물리치도록 하실 것입니다." 그후에
드보라는 바락과 함께 게데스로 갔습니다.
10 게데스에서 바락은 스불론과 납달리 백성
을 불러 모았고, 만 명이 바락을 따라갔
습니다. 드보라도 바락과 함께 갔습니다.
11 겐 사람 헤벨은 자기 민족 사람들을 떠나,
사아난님에 있는 큰 나무 곁에 장막을 치
고 살았습니다. 그 곳은 게데스에서 가깝
습니다. 겐 사람은 모세의 장인인 호밥의
자손입니다.
12 시스라는 아비노암의 아들 바락이 다볼 산
으로 올라갔다는 이야기를 들었습니다.
13 그래서 그는 쇠로 만든 전차 구백 대와 모
든 군대를 모아 하로셋에서 출발하여 기손
강으로 갔습니다.
14 그 때에 드보라가 바락에게 말했습니다.
"일어나십시오. 여호와께서 당신을 도와
시스라를 물리치게 해 주실 날이 오늘입
니다. 당신도 아시겠지만, 여호와께서는
당신을 위해 이미 길을 닦아 놓으셨습니
다." 그래서 바락은 다볼 산에서 만 명을
이끌고 내려왔습니다.
15 바락과 그의 군대는 시스라와 그의 군대를
공격했습니다. 싸우는 동안, 여호와께서
는 시스라와 그의 군대와 전차들을 혼란
스럽게 만드셨습니다. 바락과 그의 군대
는 시스라의 군대를 물리쳤습니다. 시스라
는 자기 전차를 버리고 걸어서 달아났습
니다.
16 바락과 그의 군대는 시스라의 전차와 군대
를 하로셋까지 뒤쫓아 갔습니다. 그리고
칼을 휘둘러 시스라의 군인들을 다 죽였
습니다. 시스라의 군대 중 살아남은 사람
은 한 명도 없었습니다.
17 그러나 시스라만은 잡히지 않고 달아났습
니다. 시스라는 겐 사람인 헤벨의 아내 야
엘의 천막으로 갔습니다. 왜냐하면 하솔
왕 야빈이 헤벨의 집안과 사이좋게 지내고
있었기 때문입니다.
18 야엘은 밖으로 나가 시스라를 맞이하며 말
했습니다. "장군님, 내 장막으로 들어오
십시오. 두려워하지 마십시오." 그러자 시
스라가 야엘의 천막으로 들어갔습니다. 야

엘은 시스라에게 이불을 덮어 주었습니다.
19 시스라가 야엘에게 말했습니다. "목이 마
르다. 마실 물 좀 다오." 야엘은 우유가
담긴 가죽 부대를 열어 시스라에게 마시
게 했습니다. 그리고 다시 이불을 덮어 주
었습니다.
20 시스라가 또 야엘에게 말했습니다. "가서
천막 입구에 서 있어라. 만약 누가 와서
'여기 누구 오지 않았소?'라고 물으면 '안
왔습니다'라고 대답하여라."
21 그러나 헤벨의 아내 야엘은 밖에 서 있지
않고 장막 말뚝과 망치를 들고 조심스럽
게 시스라에게 다가갔습니다. 시스라는 매
우 피곤했기 때문에 잠이 깊이 들어 있었
습니다. 야엘은 말뚝을 시스라의 관자놀이
에 박았습니다. 말뚝이 머리를 뚫고 땅에
박혔습니다. 그래서 시스라는 죽었습니
다.
22 그후에 시스라의 뒤를 쫓던 바락이 야엘의
천막에 왔습니다. 야엘은 밖으로 나가 바
락을 맞이하면서 "이리 와 보세요. 당신
이 찾고 있던 사람을 보여 드리겠어요"
하고 말했습니다. 바락은 야엘의 장막으
로 들어갔습니다. 그 곳에는 시스라가 장
막 말뚝이 머리에 박힌 채 죽어 있었습니
다.
23 그 날, 하나님은 가나안 왕 야빈을 이스라
엘이 보는 앞에서 물리쳐 주셨습니다.
24 이스라엘은 가나안 왕 야빈보다 더욱더 강
해졌습니다. 마침내 이스라엘은 야빈을 완
전히 무찔렀습니다.

드보라의 노래

5 그 날, 드보라와 아비노암의 아들 바락
이 이렇게 노래했습니다.
2 "지도자들이 이스라엘을 이끌었네. 백성은
스스로 나서서 전쟁에 나가 싸웠네. 여호
와를 찬양하여라!
3 왕들아, 들어라! 군주들아, 귀 기울여 들
어 보아라! 나는 여호와께 노래하리라. 나
는 이스라엘의 하나님 여호와를 찬송하리
라.
4 여호와여, 주께서는 세일에서 오셨습니
다. 주께서는 에돔 땅에서 달려오셨습니
다. 그 때, 땅이 흔들렸습니다. 하늘에서
는 비가 내리고, 구름이 물을 뿌렸습니
다.
5 여호와 앞에서 산들이 흔들렸습니다. 이
스라엘의 하나님 여호와 앞에서 저 시내
산도 흔들렸습니다.
6 아낫의 아들 삼갈의 날에, 또 야엘의 날에,
큰 길들은 비었다네. 길을 가는 사람들은
뒷길로 다녔다네.
7 나 드보라가 일어나기 전까지 이스라엘에
는 용사가 없었다네. 내가 일어나 이스라
엘의 어미가 되었다네.
8 그 때에 사람들은 새로운 신들을 따랐었
네. 그 때문에 적들이 우리 성문에 와서
우리와 싸웠다네. 이스라엘 사만 명 중에
방패나 창을 든 자는 없었다네.
9 내 마음이 이스라엘의 용사들을 기다렸다
네. 백성을 위해 몸을 바칠 그런 사람을.
여호와를 찬양하여라!
10 흰 나귀를 타고 다니는 자들아, 값비싼 양
탄자 위에 앉은 자들아, 들어라! 길을 가
는 자들아, 들어라!
11 활 쏘는 자들의 소리로부터 멀리 떨어진
샘물에서 노래하는 자들의 소리도 들어
보아라. 그들은 그 곳에서 여호와께서 이
루신 의로운 일을 전한다네. 그들은 그 곳
에서 이스라엘을 다스리시는 여호와의 승
리의 소식을 전한다네. 그 때, 여호와의
백성이 성문으로 내려갔다네.
12 깨어나라, 깨어나라, 드보라여! 깨어나라,
깨어나라, 노래를 불러라. 일어나라, 바락
이여! 가서 너희 적들을 사로잡아라. 아비
노암의 아들이여!

말뚝(4:21 peg) 땅에 박기 위하여 한쪽 끝을 삐죽하게 만든 기둥.
관자놀이(4:21 temple) 귀와 눈 사이에 맥박이 느껴지는 자리.
양탄자(5:10 carpet) 짐승의 털을 굵은 베실에 박아 짠 두꺼운 직물. 카펫.

13 그 때에 남아 있던 사람들이 지도자들에
게 내려왔다네. 여호와께서 나를 위하여
용사를 치시려고 내려오셨도다.
14 그들은 아말렉 산지의 에브라임에서 왔다
네. 베냐민도 너를 따른 자 중에 있었다
네. 서쪽 므낫세의 마길 집안에서도 지휘
관들이 내려왔다네. 스불론에서도 장교의
지휘봉을 든 자들이 내려왔다네.
15 잇사갈의 지도자들이 드보라와 함께 있었
다네. 잇사갈의 백성은 바락에게 충성하였
다네. 그들은 골짜기까지 바락을 따라갔
다네. 르우벤 사람들은 어찌해야 할지 몰
라 망설이고 있었다네.
16 어찌하여 너희는 양 떼 곁에 머무르고 있
느냐? 양 떼를 위해 부는 목동의 피리 소
리를 듣기 위함인가? 르우벤 사람들은 어
찌해야 할지 몰라 망설이고 있었다네.
17 길르앗 백성은 요단 강 동쪽에 머물러 있
었다네. 단 백성이여, 너희는 어찌하여 배
에 앉아 있는가? 아셀 백성은 바닷가에 앉
았고, 그들은 시냇가에서 쉬는구나.
18 스불론 백성은 생명을 아끼지 아니하였구
나. 납달리 백성도 싸움터에서 목숨을 내
걸었도다.
19 그 때에 가나안 왕들이 와서 싸웠다네. 다
아낙에서, 므깃도 물가에서. 그러나 그들
은 은도, 이스라엘의 물건도 빼앗아 가지
못했다네.
20 하늘에서 별들이 싸우고 그 다니는 길에
서 시스라와 싸웠다네.
21 기손 강이 시스라의 군대를 쓸어 버렸다
네. 옛적부터 흐르던 강, 저 기손 강이.
내 영혼아, 네가 힘있는 자를 밟았도다.
22 그 때에 말발굽 소리가 땅을 울렸다네. 시
스라의 힘센 말들이 달리고 또 달렸다네.
23 '메로스 마을에 저주가 있기를' 여호와의
천사가 말하였다네. '그 백성에게 큰 저
주가 있을 것이니, 그들은 여호와를 도우
러 오지 않았고 강한 적과 싸우러 오지도
않았도다.'
24 겐 사람 헤벨의 아내 야엘은 천막에 사는
다른 모든 여자들보다 더 복을 받을 것이
다.
25 시스라가 물을 구했으나, 야엘은 우유를
주었다. 귀한 사람에게 어울리는 그릇에
담아 엉긴 우유를 주었다.
26 야엘은 장막 말뚝을 잡았고, 오른손으로
는 일꾼의 망치를 잡았다. 야엘이 시스라
를 내리쳤다. 야엘이 시스라의 머리를 부
수었다. 야엘이 시스라의 살을 꿰뚫었도
다.
27 야엘의 발 앞에 시스라가 거꾸러졌다. 시
스라가 그 곳에 쓰러져 누웠다. 야엘의 발
앞에 시스라가 거꾸러졌다. 시스라가 그
곳에 쓰러져 죽었다.
28 시스라의 어머니가 창문으로 밖을 보며 창
살 사이로 외쳤도다. '시스라의 전차가 왜
이리 더디 오는가? 시스라의 전차 소리가
왜 이리 들리지 않는가?'
29 시스라의 지혜로운 시녀들이 대답하였다.
시스라의 어머니도 혼잣말을 하였다.
30 '아마 싸워서 이긴 백성의 물건들을 차지
하고 있는 게지. 그 물건들을 서로 나누
어 가지고 있는 게지. 군인마다 여자를 한
두 명씩 얻었을거야. 시스라도 염색한 옷
을 차지했겠지. 아마 염색하고 수를 놓은
옷을 승리자들의 목에 걸어 주고 있을거
야.'
31 여호와여! 여호와의 적은 모두 이와 같이
죽게 하소서. 그러나 여호와를 사랑하는
사람은 떠오르는 해와 같이 강하게 하소

므깃도에 있는 곡식 저장고(5:19)

서!" 그리하여 그 땅은 사십 년 동안, 평
화로웠습니다.

미디안 사람들이 이스라엘을 공격함

6 이스라엘 백성은 또다시 여호와께서 보
시기에 나쁜 일을 했습니다. 그래서
여호와께서는 미디안 백성이 칠 년 동안,
이스라엘을 다스리게 하셨습니다.
2 미디안 사람들은 매우 강했으며, 이스라엘
사람들을 잔인하게 대했습니다. 그래서
이스라엘 사람들은 산에 있는 동굴이나 산
성에 숨기도 했습니다.
3 이스라엘 사람들이 농사를 지을 때마다 미
디안 사람들과 아말렉 사람들과 동쪽의 다
른 사람들이 와서 이스라엘 사람들을 공격
했습니다.
4 그들은 이스라엘 땅에 진을 쳤습니다. 그
리고 그들은 이스라엘 사람들이 심어 놓은
농작물을 망쳐 놓았습니다. 그들은 가사
땅에까지 그런 짓을 했습니다. 그들은 이
스라엘 사람들이 먹을 것을 남겨 놓지 않
았습니다. 양이든, 소든, 나귀든, 하나도
남겨 놓지 않았습니다.
5 미디안 사람들이 와서 그 땅에 진을 쳤습
니다. 그들은 천막과 가축을 가지고 왔는
데, 마치 메뚜기 떼와 같았습니다. 사람
과 낙타가 너무 많아서 셀 수 없을 정도
였습니다. 미디안 사람들은 그 땅에 들어
와서 그 땅을 못 쓰게 만들어 놓았습니다.
6 이스라엘은 미디안 사람들의 약탈 때문에
매우 가난해졌습니다. 그래서 여호와께
도와 달라고 부르짖었습니다.
7 이스라엘 사람들은 여호와께 미디안 사람
들에게서 구해 달라고 부르짖었습니다.
8 그래서 여호와께서는 이스라엘 사람들에
게 한 예언자를 보내 주셨습니다. 그 예
언자가 말했습니다. "이스라엘의 하나님
여호와께서 이렇게 말씀하셨소. '나는 너
희가 노예로 있던 땅, 이집트에서 너희를
이끌어 내었다.
9 나는 이집트 백성에게서 너희를 구해 주
었다. 또 나는 가나안의 모든 백성을 쫓아
내고 그 땅을 너희에게 주었다.
10 그 때에 내가 너희에게 말했다. 나는 너
희 하나님 여호와다. 너희는 아모리 사람
의 땅에서 살게 될 것이다. 하지만 너희
는 그들의 신을 섬겨서는 안 된다. 그러
나 너희는 나의 말에 순종하지 않았다.'"

여호와의 천사가 기드온을 찾아오다

11 여호와의 천사가 오브라의 상수리나무 아
래에 와서 앉았습니다. 그 나무는 아비에
셀 자손인 요아스의 것이었습니다. 요아스
는 기드온의 아버지였습니다. 기드온은 미
디안 사람들에게 들키지 않으려고, 포도
주틀에서 밀을 타작하고 있었습니다.
12 여호와의 천사가 기드온에게 나타나 말했
습니다. "힘센 용사여! 여호와께서 너와
함께 계신다."
13 그러자 기드온이 말했습니다. "무슨 말씀
입니까? 여호와께서 우리와 함께 계시다
면, 왜 이토록 많은 괴로움을 겪어야 합
니까? 우리 조상들은 우리에게 여호와께
서는 많은 기적을 일으키셨다고 이야기해
주었습니다. 또 여호와께서 우리 조상들
을 이집트에서 이끌어 내셨다고도 말해 주
었습니다. 그렇지만 여호와께서는 지금
우리를 버리셨습니다. 여호와께서는 우리
를 미디안 사람들에게 정복당하게 하셨습
니다."
14 여호와께서 기드온을 향해 말씀하셨습니
다. "너에게는 이스라엘 백성을 구할 능력
이 있으니, 가서 너의 백성을 미디안 사람
에게서 구하여라. 내가 너를 보낸다."
15 그러자 기드온이 대답했습니다. "하지만
주여, 제가 어떻게 이스라엘을 구할 수 있
겠습니까? 제 집안은 므낫세 지파 중에서
도 가장 약합니다. 그리고 저는 제 집안
에서도 가장 보잘것 없는 사람입니다."

알아두세요

6:19 1에바는 약 22ℓ 에 해당된다.
6:24 '주님(또는 여호와)은 평화이시다' 라는 뜻이다.
6:25 소가 몇 마리인지는 다소 논란이 있으나 원문에 "그리고"라는 접속사가 있는 것으로 보아 두 마리로 보는 것이 가장 자연스럽다. 그러나 이 접속사를 "다시 말해"의 뜻으로 이해한다면 한 마리로 볼 수도 있다.

16 여호와께서 기드온에게 대답하셨습니다.
"내가 너와 함께 할 것이다. 너는 마치 단 한 사람하고만 싸우는 것처럼 미디안의 군대와 싸워 쉽게 물리칠 것이다."
17 그러자 기드온이 여호와께 말했습니다.
"만일 제가 주님께 은혜를 입었다면 저에게 증거를 주십시오. 저와 이야기하고 있는 분이 정말 주님이시라는 것을 보여 주십시오.
18 여기에서 기다려 주십시오. 제가 다시 돌아올 때까지 가지 마십시오. 제가 예물을 가져와서 주 앞에 바치겠습니다." 그러자 여호와께서 "네가 돌아올 때까지 기다리겠다"라고 대답하셨습니다.
19 기드온은 들어가서 어린 염소를 요리했습
니다. 기드온은 또 한 에바*쯤 되는 가루로 누룩을 넣지 않고 만든 빵인 무교병을 만들고, 고기와 함께 바구니에 담았습니다. 그리고 국도 그릇에 담았습니다. 기드온은 그것들을 상수리나무 아래로 가지고 가서 여호와의 천사에게 드렸습니다.
20 하나님의 천사가 기드온에게 말했습니다.
"그 고기와 누룩을 넣지 않고 만든 빵인 무교병을, 저기 바위 위에 올려 놓아라. 그리고 국을 그 위에 부어라." 기드온은 천사가 시키는 대로 했습니다.
21 여호와의 천사는 손에 지팡이를 들고 있었는데, 지팡이 끝을 고기와 무교병에 대자 바위에서 불길이 치솟았습니다. 불이 고기와 무교병을 완전히 태워 버렸습니다. 그리고 나서 여호와의 천사는 사라졌습니다.
22 그제서야 기드온은 자기가 여호와의 천사와 이야기하고 있었다는 것을 깨달았습니다. 기드온은 "주 여호와여! 나를 살려 주십시오. 내가 여호와의 천사를 직접 보았습니다"라고 소리쳤습니다.
23 여호와께서는 기드온에게 "안심하여라.
두려워하지 마라. 너는 죽지 않을 것이다" 하고 말씀하셨습니다.
24 그래서 기드온은 그 곳에 여호와께 예배드릴 제단을 쌓고, 그 제단을 여호와 살롬*이라고 불렀습니다. 그 제단은 아직도 아비에셀 사람들이 살고 있는 오브라에 있습니다.

기드온이 바알의 제단을 부숴뜨림

25 그 날 밤, 여호와께서 기드온에게 말씀하셨습니다. "네 아버지의 수소와 일곱 살 된 다른 수소*를 이끌고 오너라. 네 아버지의 바알 제단을 헐어 버려라. 그 곁에 있는 아세라 우상도 찍어 버려라.
26 그리고 네 하나님 여호와를 위해 성에서 가장 높은 곳에 제단을 쌓아라. 돌들을 올바른 순서대로 쌓아라. 그리고 나서 수소를 죽여 그 제단 위에서 태워 드리는 제사인 번제로 드려라. 아세라 우상을 찍어서 나온 나무로 네 제물을 불살라라."
27 기드온은 자기 종 열 명을 데리고, 여호와께서 하라고 하신 일을 했습니다. 그러나 기드온은 자기 가족과 성 사람들이 자기를 볼까봐 두려워서 그 일을 낮에 하지 않고 밤에 했습니다.
28 이튿날 아침에 성 사람들이 일어나 보니, 바알을 위한 제단이 무너져 있었습니다. 그리고 그 곁에 있는 아세라 우상도 찍혀 있었습니다. 성 사람들은 기드온이 쌓은 제단을 보았습니다. 그 제단 위에는 수소가 제물로 바쳐져 있었습니다.
29 성 사람들은 "누가 이런 짓을 했느냐?" 하고 물었습니다. 그들은 그 일을 한 사람을 찾으려고 서로 캐묻고 자세히 조사했습니다. 그 때에 누가 말했습니다. "요아스의 아들 기드온이다."
30 그래서 그들은 요아스에게 말했습니다.
"당신의 아들을 끌어 내시오. 그놈이 바알의 제단을 헐어 버렸소. 그놈이 제단 곁에 있는 아세라 우상도 찍어 버렸소. 그러니 당신의 아들은 죽어야 하오."
31 요아스는 자기에게 몰려온 화가 난 무리에게 말했습니다. "당신들은 바알의 편을 들 셈이요? 바알을 위할 생각이요? 누구든지 바알의 편을 드는 사람은 이 아침에 죽임을 당할 것이오. 여기 이렇게 무너진 것은 바알의 제단이오. 바알이 과연 여러

분들의 신이요? 바알이 신이라면 바알 스
스로가 싸우게 하시오."
32 그래서 그 날, 기드온은 여룹바알이라는
이름을 얻었는데, 그 뜻은 '바알 스스로
싸우게 하라' 입니다. 기드온을 이렇게 부
른 것은 기드온이 바알의 제단을 무너뜨렸
기 때문입니다.

기드온이 미디안을 물리침

33 모든 미디안 사람과 아말렉 사람과 동쪽의
다른 백성들이 함께 모였습니다. 그들은
요단 강을 건너서 이스르엘 골짜기에 진을
쳤습니다.
34 여호와의 영이 기드온에게 들어갔습니다.
기드온은 나팔을 불어 아비에셀 사람들이
자기를 따르게 했습니다.
35 기드온은 므낫세 온 땅에 명령을 받고 심
부름 하는 사람을 보냈습니다. 므낫세 백
성도 부름을 받고 기드온을 따랐습니다.
기드온은 아셀과 스불론과 납달리 백성에
게도 심부름 하는 사람을 보냈습니다. 그
래서 그들도 올라와 기드온과 그의 군대
를 맞이했습니다.
36 그 때에 기드온이 하나님께 말했습니다.
"주께서는 제가 이스라엘을 구원하는 것을
도와 주겠다고 말씀하셨습니다.
37 보십시오! 제가 타작 마당에 양털 한 뭉
치를 놓겠습니다. 양털에만 이슬이 맺히

기드온에게 표적을 보여 주심(6:38)

고, 다른 땅은 모두 마르게 해 주십시오.
그러면 주께서 저를 쓰셔서 이스라엘을 구
원하시겠다고 말씀하신 것을 믿겠습니
다."
38 기드온이 말한 대로 되었습니다. 기드온이
이튿날 아침 일찍 일어나 양털을 짰더니,
물이 한 그릇 가득히 나왔습니다.
39 기드온이 다시 하나님께 말했습니다. "저
에게 화내지 말아 주십시오. 한 번만 더
말씀드리겠습니다. 한 번만 더 시험해 보
게 해 주십시오. 이번에는 양털은 마르게
하시고, 그 주변의 땅은 이슬로 젖게 해
주십시오."
40 그 날 밤, 하나님께서는 기드온이 말한 대
로 하셨습니다. 양털은 말라 있었으나,
그 주변의 땅은 이슬로 젖어 있었습니다.

7 여룹바알이라 하는 기드온과 그의 군대
는 아침 일찍 하롯 샘에 진을 쳤습니다.
미디안 사람들은 그들의 북쪽에 진을 치
고 있었습니다. 미디안 사람들이 진을 친
곳은 모레라고 부르는 언덕 아래의 골짜
기였습니다.
2 그 때에 여호와께서 기드온에게 말씀하셨
습니다. "미디안 백성과 싸울 이스라엘 백
성이 너무 많다. 이스라엘 사람들이 자기
들 힘으로 싸워 승리했다고 자랑하는 것
을 듣고 싶지 않다.
3 그러니 이제 이스라엘 백성에게 이렇게 명
령하여라. '누구든지 두려운 사람은 길르
앗 산을 떠나 집으로 돌아가도 좋다.'" 그
래서 이만 이천 명이 집으로 돌아갔지만,
아직 만 명이 남아 있었습니다.
4 그 때에 여호와께서 기드온에게 다시 말
씀하셨습니다. "아직도 사람이 너무 많
다. 사람들을 물가로 데리고 가거라. 내
가 그들을 시험해 보겠다. 그런 뒤 내가
'이 사람들은 너와 함께 갈 것이다' 하고
말하는 사람들은 너와 함께 갈 것이고, 내
가 '이 사람들은 너와 함께 가지 않을 것
이다' 하고 말하는 사람들은 돌려 보내어
라."
5 그래서 기드온은 사람들을 물가로 데리고

갔습니다. 그 때, 여호와께서 기드온에게
말씀하셨습니다. "사람들을 두 편으로 나
누어라. 개처럼 혀로 물을 핥아먹는 사람
과 무릎을 꿇고 물을 먹는 사람을 구별하
여 각각 다른 편에 두어라."
6 여호와의 명령대로 물을 먹는 사람을 보
았습니다. 물을 손에 담아 가지고 핥아먹
는 사람은 삼백 명이었고, 나머지 사람들
은 모두 무릎을 꿇고 물을 먹었습니다.
7 그 때에 여호와께서 기드온에게 말씀하셨
습니다. "내가 물을 핥아먹은 사람 삼백
명으로 너희를 구원하겠다. 너희가 미디
안을 물리치도록 해 주겠다. 다른 사람들
은 모두 집으로 보내어라."
8 그리하여 기드온은 나머지 이스라엘 사람
들을 집으로 돌려 보내고, 삼백 명만 남
겨 두었습니다. 기드온은 집으로 돌아간
사람들의 항아리와 나팔을 받아 놓았습니
다. 미디안의 진은 기드온이 있는 골짜기
아래에 있었습니다.
9 그 날 밤, 여호와께서 기드온에게 말씀하
셨습니다. "일어나라. 내려가서 미디안의
진을 공격하여라. 내가 그들을 물리치도
록 해 주겠다.
10 그러나 만약 내려가는 것이 두렵거든 너
의 종 부라를 데리고 가거라.
11 미디안의 진으로 내려가면 그들이 말하는
것을 듣게 될 것이다. 너는 그 말을 통해
용기를 얻어 그들의 진을 공격할 수 있을
것이다." 그래서 기드온과 그의 종 부라는
적진의 가장자리로 내려갔습니다.

기드온이 용기를 얻음

12 미디안 사람들과 아말렉 사람들과 동쪽의
모든 백성이 그 골짜기에 진을 치고 있었
습니다. 사람들이 너무 많아서 마치 메뚜
기 떼처럼 보였습니다. 그들이 가진 낙타
도 바닷가의 모래알처럼 셀 수 없을 정도
로 많았습니다.
13 기드온이 적의 진으로 내려왔을 때, 어떤
사람이 자기 친구에게 꿈 이야기를 하고
있었습니다. "들어 보게. 꿈을 꾸었는데
말이야, 보리로 만든 빵 한 덩어리가 미
디안 진으로 들어오더군. 그런데 그 빵이
얼마나 세게 천막을 쳤는지, 그만 그 천
막이 무너져서 납작해지고 말았어."
14 그 사람의 친구가 말했습니다. "자네 꿈
은 이스라엘 사람인 요아스의 아들 기드온
의 칼과 관계가 있어. 하나님께서는 기드
온이 미디안과 그 모든 군대를 물리치게
하실 거야."
15 기드온이 그 이야기를 듣고, 하나님께 감
사드리고 이스라엘의 진으로 돌아왔습니
다. 기드온은 이스라엘 사람들에게 "일어
나시오! 여호와께서 미디안 군대를 이기게
해 주셨소" 하고 말했습니다.
16 기드온은 삼백 명을 세 무리로 나누었습
니다. 그리고 모든 사람에게 나팔과 빈 항
아리를 나누어 주었습니다. 항아리 속에
는 횃불이 들어 있었습니다.
17 기드온이 사람들에게 말했습니다. "나를
잘 보고 내가 하는 대로 따라 하시오. 내
가 적진의 가장자리에 이르면
18 나와 내 주변에 있는 모든 사람이 나팔을
불 것이오. 그러면 여러분도 가지고 있는
나팔을 부시오. 그리고 나서 '여호와를
위하여! 기드온을 위하여!'라고 외치시
오."

미디안을 물리침

19 기드온과 그를 따르는 군사 백 명이 적진
의 가장자리까지 갔습니다. 마침 한밤중

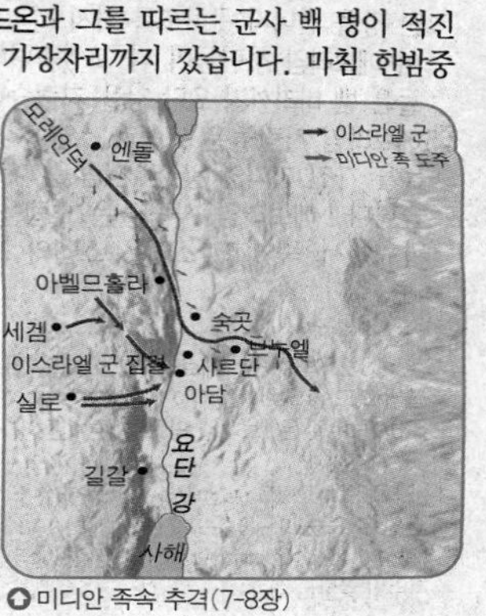

미디안 족속 추격(7-8장)

이었고, 적군이 보초를 막 바꾼 뒤였습니
다. 기드온과 그를 따르는 사람들은 나팔
을 불며 항아리를 깨뜨렸습니다.
20 세 무리로 나누어진 기드온의 군사들이 모
두 나팔을 불며 항아리를 깨뜨렸습니다. 그
들은 왼손에는 횃불을 들고 오른손에는 나
팔을 들었습니다. 그리고 나서 "여호와와
기드온을 위한 칼이여!" 하고 외쳤습니다.
21 기드온의 군사들은 모두 진을 둘러싸고 자
기 자리에 서 있었습니다. 그러나 진 안
에서는 미디안 사람들이 소리를 지르며 달
아나기 시작했습니다.
22 기드온의 군사 삼백 명이 나팔을 불었을
때, 여호와께서는 미디안 사람들끼리 칼
을 가지고 서로 싸우게 만드셨습니다. 적
군은 스레라의 벧 싯다 성과 답밧 성에서
가까운 아벨므홀라 성의 경계선으로 도망
쳤습니다. 아벨므홀라는 답밧 성에서 가깝
습니다.
23 그러자 납달리와 아셀과 므낫세에서 모여
온 이스라엘 사람들은 미디안 사람들을 뒤
쫓았습니다.
24 기드온은 에브라임의 모든 산지에 사람을
보내어 말했습니다. "어서 내려와서 미디
안 사람들을 공격하시오. 벧 바라까지 요단
강을 지키시오. 그래서 미디안 사람들이 요
단 강을 건너지 못하도록 하시오." 그리하
여 에브라임 사람들이 다 모였습니다. 그
들은 벧 바라까지 요단 강을 지켰습니다.
25 에브라임 사람들은 오렙과 스엡이라는 이
름을 가진 미디안 왕 두 사람을 사로잡았
습니다. 에브라임 사람들은 오렙을 오렙
바위에서 죽였고, 스엡은 스엡의 포도주
틀에서 죽였습니다. 그리고 에브라임 사
람들은 계속해서 미디안 사람들을 뒤쫓았
습니다. 에브라임 사람들은 오렙과 스엡의
머리를 잘라서 기드온에게 가지고 갔습니
다. 그 때, 기드온은 요단 강 동쪽에 있었
습니다.

8 에브라임 사람들이 기드온에게 물었습
니다. "왜 우리를 이런 식으로 대하시
오? 미디안과 싸우러 나갈 때, 왜 우리를
부르지 않았소?" 에브라임 사람들이 화를
내었습니다.
2 기드온이 대답했습니다. "내가 한 일은 여
러분이 한 일보다 못합니다. 여러분 몇 명
이 한 일이 아비에셀 사람 모두가 한 일보
다 더 낫습니다.*
3 하나님은 여러분이 미디안 왕인 오렙과 스
엡을 사로잡도록 해 주셨습니다. 내가 한
일을 어떻게 여러분이 한 일과 비교할 수
있겠습니까?" 에브라임 사람들은 기드온이
하는 그 말을 듣고 더 이상 화를 내지 않
았습니다.

기드온이 두 왕을 사로잡음

4 기드온과 그의 군사 삼백 명이 요단 강에
이르렀습니다. 그들은 지쳐 있었지만 강
을 건너 계속 적을 뒤쫓았습니다.
5 기드온이 숙곳 사람들에게 말했습니다.
"내 군사들에게 빵을 좀 주시오. 그들은
매우 지쳐 있소. 나는 미디안 왕인 세바와
살문나를 뒤쫓고 있소."
6 그러나 숙곳의 지도자들은 거절했습니다.
"우리가 왜 당신의 군사들에게 빵을 주어
야 합니까? 당신은 아직 세바와 살문나를
사로잡지 못했잖습니까?"
7 기드온이 말했습니다. "여호와께서는 내
가 세바와 살문나를 사로잡도록 도와 주실
것이오. 그들을 사로잡은 후에는 광야의
가시와 찔레로 당신들의 살을 찢어 놓고
말 것이오."
8 기드온은 숙곳을 떠나 브누엘* 성으로 갔
습니다. 기드온은 숙곳 사람들에게 그랬던
것처럼 그 곳에서도 먹을 것을 좀 달라고
했습니다. 그러자 브누엘 사람들도 숙곳

알아두세요

8:2 직역하면 '에브라임의 이삭줍기가 아비에셀의 포도 수확보다 낫지 아니합니까?' 이다.
8:8 '브누엘'은 '브니엘'의 또 다른 이름이다.

보초(7:19 guard) 군대에서, 경비를 하거나 망을 보는 임무, 또는 그런 임무를 띤 병사.
경계선(7:22 boundaryline) 어떤 한 지역과 다른 지역이 맞닿는 선.

사람들과 똑같은 대답을 했습니다.
9 그래서 기드온이 브누엘 사람들에게 말했습니다. "내가 승리를 거두고 이리로 돌아올 때, 반드시 이 탑을 무너뜨릴 것이오."
10 세바와 살문나와 그들의 군대는 갈골 성에 있었습니다. 동쪽에서 온 군대 중에서 이미 십이만 명은 죽고 만 오천 명 가량 남았습니다.
11 기드온은 천막에서 사는 사람들의 길을 이용했습니다. 그 길은 노바와 욕브하의 동쪽에 있습니다. 기드온은 적군이 생각할 겨를을 가지지 못하도록 갑자기 공격했습니다.
12 미디안의 왕인 세바와 살문나가 도망쳤지만, 기드온은 그들을 뒤쫓아가서 사로잡았습니다. 기드온과 그의 군대들은 적군을 물리쳐서 이겼습니다.
13 요아스의 아들 기드온은 헤레스의 비탈 싸움터에서 돌아왔습니다.
14 기드온은 숙곳에서 온 한 젊은이를 붙잡아서 그에게 몇 가지를 물어 봤습니다. 그 젊은이는 기드온에게 숙곳의 지도자들과 장로들의 이름 칠십칠 명을 적어 주었습니다.

기드온이 숙곳을 벌함

15 그후, 기드온은 숙곳에 이르렀습니다. 기드온이 그 성 사람들에게 말했습니다. "여기에 세바와 살문나가 있소. 당신들은 '우리가 왜 당신의 군사들에게 빵을 주어야 합니까? 당신은 아직 세바와 살문나를 사로잡지 못했잖습니까?' 라고 말하면서 우리를 조롱하였소."
16 그리고 나서 기드온은 그 성의 장로들을 붙잡아서 광야의 가시와 찔레로 벌하였습니다.
17 기드온은 또 브누엘 탑도 무너뜨리고, 그 성 사람들을 죽였습니다.
18 기드온이 세바와 살문나에게 물었습니다. "너희들이 다볼 산에서 죽인 사람들은 어떻게 생겼었느냐?" 세바와 살문나가 대답했습니다. "그들은 당신처럼 생겼소. 모두가 왕의 아들처럼 생겼소."
19 기드온이 말했습니다. "그 사람들은 내 형제들이며, 내 어머니의 아들들이다. 살아계신 여호와를 가리켜 맹세하지만, 너희들이 그들을 살려 주었으면, 나도 너희들을 죽이지 않았을 것이다."
20 그리고 나서 기드온은 자기 맏아들인 여델을 향하여 "이들을 죽여라" 하고 말했습니다. 그러나 여델은 아직 어린 아이여서 칼을 뽑는 것을 두려워했습니다.
21 그 때에 세바와 살문나가 말했습니다. "이보시오. 당신이 우리를 죽이시오. 사내가 할 일을 어린애에게 맡기지 마시오." 기드온이 일어나 세바와 살문나를 죽였습니다. 그리고 그들의 낙타 목에 걸려 있는 장식을 떼 내어 가졌습니다.

기드온이 우상을 만듦

22 이스라엘 백성이 기드온에게 말했습니다. "당신은 우리를 미디안의 손에서 구했습니다. 그러니 이제 우리를 다스리십시오. 당신과 당신의 자손들이 우리를 다스리기를 원합니다."
23 그러나 기드온은 이렇게 대답했습니다. "여호와께서 여러분을 다스리실 것입니다. 나와 내 아들은 여러분을 다스리지 않을 것입니다."
24 기드온이 또 말했습니다. "여러분에게 한

시리아 엉겅퀴(8:16-17) 국화과 2년초로 봄에 꽃대가 잎 중앙에서 나와 가지 끝에 가시가 달린 꽃이 핀다.

가지만 부탁하겠습니다. 여러분이 싸우는
동안 얻은 물건 중에서 금귀고리를 하나
씩 나에게 주십시오." 이번 싸움에서 진
사람들 중에는 이스마엘 사람들도 있었는
데, 그들은 모두 금귀고리를 달고 다녔습
니다.
25 그러자 이스라엘 백성은 기드온에게 "기꺼
이 드리겠습니다" 하고 말했습니다. 그런
다음 이스라엘 백성은 땅 위에 외투 한 벌
을 벗어 놓았고, 모두가 그 외투 위에 귀
고리를 하나씩 던졌습니다.
26 그렇게 해서 모은 귀고리의 무게는 금 천
칠백 세겔* 가량이었습니다. 그외에 이스
라엘 백성은 기드온에게 장식품과 패물들,
그리고 미디안 왕들이 입던 자주색 옷과
낙타 목에 둘렀던 목걸이도 주었습니다.
27 기드온은 금을 가지고 에봇을 만들어 자기
고향인 오브라에 두었습니다. 그랬더니
모든 이스라엘 백성이 하나님을 섬기지 않
고, 그 에봇을 섬겼습니다. 그 에봇은 기
드온과 그의 가족들이 죄를 짓게 만드는
덫이 되었습니다.

성경 인물

아비멜렉

아비멜렉은 기드온과 가나안 여인 사이에서 태어났습니다. 그는 기드온이 죽자, 세겜의 가나안 사람들에게 기드온의 70 아들 밑에서 지배를 받는 것보다 자기가 왕이 되는 것이 좋을 것이라고 말했습니다. 그런 후에 요담을 제외한 70명의 형제들을 죽이고 세겜과 밀로에서 왕이 되었습니다. 그러나 죽음을 모면한 요담의 저주대로 세겜 사람들에게 배신을 당한 그는 세겜 성을 파괴하고 다시는 재건되지 못하도록 소금을 뿌리기도 했습니다. 아비멜렉은 데베스를 공격하던 중, 성에 있던 여인이 던진 맷돌에 머리를 맞아 머리가 깨지자, 부하를 시켜 자기를 죽이게 해 비참한 최후를 맞았습니다(삿 9:50-55).

본문 보기 9장 1절

알아두세요

8:26 1,700세겔은 약 19.38kg에 해당된다.
8:29 '기드온'의 또 다른 이름은 '여룹바알'이다.
9:6 (히)'벧 밀로'이며 '채움의 집'이란 뜻이다.

기드온의 죽음

28 미디안은 이스라엘의 다스림을 받게 되었
고, 더 이상 말썽을 일으키지 못했습니
다. 그래서 기드온이 죽기까지 사십 년 동
안 그 땅은 평화로웠습니다.
29 요아스의 아들 기드온*은 자기 고향으로
돌아가 살았습니다.
30 기드온은 아내가 많았기 때문에 아들이 칠
십 명이나 있었습니다.
31 기드온에게는 세겜에 사는 첩이 한 명 있
었는데, 이 여자에게도 기드온의 아들이
있었습니다. 기드온은 그 아들의 이름을
아비멜렉이라고 붙여 주었습니다.
32 요아스의 아들 기드온은 오래 살다가 죽었
습니다. 그리고 아버지 요아스의 무덤에
묻혔습니다. 그 무덤은 아비에셀 사람들이
살고 있는 오브라에 있습니다.
33 기드온이 죽고 나서, 이스라엘 백성은 다
시 하나님을 섬기지 않았습니다. 그들은
바알 신들을 따랐습니다. 그들은 바알브릿
을 자기들의 신으로 삼았습니다.
34 이스라엘의 하나님께서 이스라엘을 그 주
변에 사는 모든 적들한테서 구원해 주셨
는데도 불구하고, 이스라엘 사람들은 여호
와 자기들의 하나님을 기억하지 않았습니
다.
35 여룹바알이라고 하는 기드온이 이스라엘을
위해 좋은 일을 많이 했지만, 이스라엘은
기드온의 가족에게 친절을 베풀지 않았습
니다.

아비멜렉이 왕이 됨

9 여룹바알의 아들 아비멜렉이 자기 외삼
촌들이 살고 있는 세겜으로 갔습니다.
아비멜렉이 자기 외삼촌들과 자기 어머니
의 모든 식구들에게 말했습니다.
2 "세겜의 지도자들에게 이렇게 물어 보세
요. '여룹바알의 아들 칠십 명이 여러분을
다스리는 것이 좋겠소, 아니면 단 한 명
이 여러분을 다스리는 것이 좋겠소?' 내
가 여러분의 친척이라는 것을 잊지 마시
오."
3 아비멜렉의 외삼촌들이 세겜의 모든 지도

자에게 그 말을 전했습니다. 모든 지도자들이 아비멜렉을 따르기로 결정하고 "아비멜렉은 우리의 형제다"라고 말했습니다.
4 그리고 세겜의 지도자들은 아비멜렉에게 은돈 칠십 개를 주었습니다. 이 은은 바알브릿 신의 신전에서 가지고 온 것입니다. 아비멜렉은 그 은으로 부랑자들을 사서 자기를 따르게 했습니다.
5 아비멜렉은 자기 아버지의 고향인 오브라로 갔습니다. 그는 그 곳에 있는 한 바위 위에서 여룹바알의 아들, 즉 자기의 형제 칠십 명을 죽였습니다. 그러나 여룹바알의 막내 아들인 요담은 아비멜렉을 피해 도망갔습니다.
6 그후에 세겜과 밀로*의 모든 지도자가 세겜에 있는 돌 기둥 근처의 큰 나무곁으로 모였습니다. 그들은 그 곳에서 아비멜렉을 왕으로 삼았습니다.

요담의 이야기

7 요담이 이 소식을 듣고, 그리심 산 꼭대기로 올라갔습니다. 요담은 그 곳에 서서 백성에게 이렇게 소리쳤습니다. "세겜의 지도자들이여, 내 말을 들어 보십시오. 그러면 하나님도 여러분의 말씀을 들어 주실 것입니다.
8 어느 날, 나무들이 자기들을 다스릴 왕을 뽑기로 결정했습니다. 나무들이 올리브 나무에게 '우리 왕이 되어 주시오' 하고 말했습니다.
9 그러나 올리브 나무는 '내 기름은 사람과 하나님을 영화롭게 하오. 그런데 내가 어떻게 기름 만드는 일을 그만두고, 다른 나무들을 다스리는 일을 하겠소?' 하고 말했습니다.
10 나무들은 무화과나무에게 가서 '우리 왕이 되어 주시오' 하고 말했습니다.
11 그러나 무화과나무는 '내가 어떻게 달고도 맛있는 과일 맺는 일을 그만두고 다른 나무들을 다스리는 일을 하겠소?' 하고 말했습니다.
12 나무들은 포도나무에게 가서 '우리 왕이 되어 주시오' 하고 말했습니다.
13 그러나 포도나무는 '내 포도주는 사람과 하나님을 기쁘게 하오. 그런데 내가 어떻게 포도 맺는 일을 그만두고 다른 나무들을 다스리겠소?' 하고 말했습니다.
14 그래서 모든 나무들이 가시나무에게 가서 '우리 왕이 되어 주시오' 하고 말했습니다.
15 가시나무는 나무들에게 이렇게 말했습니다. '너희가 정말 나를 왕으로 삼고 싶다면 내 그늘에 와서 피하여라. 그러나 그렇지 않으면 가시나무에서 불이 나와 레바논의 백향목을 불살라 버릴 것이다.'
16 이제 여러분이 아비멜렉을 왕으로 삼은 일이 올바르고 참된 것인지 생각해 보십시오. 여러분은 여룹바알과 그 가족을 올바르게 대접하셨습니까?
17 여러분도 아시는 것처럼 내 아버지는 여러분을 미디안 사람들의 손에서 구하기 위해 목숨을 걸고 싸웠습니다.
18 그러나 지금 여러분은 내 아버지의 아들 칠십 명을 한 바위 위에서 죽인 아비멜렉을 세겜 사람들의 왕으로 삼았습니다. 아비멜렉은 내 아버지의 여종의 아들입니다. 여러분은 단지 아비멜렉이 여러분의 친척이라는 이유로 아비멜렉을 왕으로 삼았습니다.
19 만약 여러분이 지금까지 여룹바알과 그의 가족에게 한 일이 올바르고 참되다면, 아비멜렉을 여러분의 왕으로 삼아 행복하게 사십시오. 또 아비멜렉도 여러분과 함께 행복하게 되기를 원합니다.
20 그러나 만약 여러분이 한 일이 올바르지 않다면, 아비멜렉에게서 불이 나와 세겜과 밀로의 지도자들을 태울 것입니다. 또 세겜과 밀로의 지도자들에게서 불이 나와 아비멜렉을 태울 것입니다."
21 그리고 나서 요담은 도망가서 브엘 성으로

부랑자(9:4 vagabond) 떠돌아다니거나 빈둥빈둥 놀면서 방탕하게 생활하는 사람.
백향목(9:15 cedar) 레바논의 산간 지방이 주산지인 침엽수로, 생명이 소멸되지 않고 계속되는 것을 상징한다. 이 나무는 특히 향기가 좋아서 결례 의식에 사용되었다.

피했습니다. 그는 자기 형 아비멜렉을 두
려워했기 때문에 그 곳에서 살았습니다.

아비멜렉이 세겜과 맞서 싸움

22 아비멜렉은 삼 년 동안, 이스라엘을 다스
렸습니다.
23 하나님께서는 나쁜 영을 보내셔서 아비멜
렉과 세겜의 지도자들 사이에 다툼이 일
어나게 하셨습니다. 그래서 세겜의 지도
자들이 아비멜렉을 배반했습니다.
24 여호와께서 아비멜렉이 여룹바알의 아들
칠십 명을 죽인 일과, 세겜 지도자들이 아
비멜렉을 도와 그의 형제를 죽이도록 한
악한 일에 대해 갚으신 것입니다.
25 세겜의 지도자들은 여러 언덕 위에 사람
들을 숨겨 놓고 언덕을 지나가는 사람을
공격하여 그 가진 것을 빼앗게 했습니다.
아비멜렉이 그 이야기를 들었습니다.
26 가알이라는 사람과 그의 형제들이 세겜으
로 이사를 했습니다. 가알은 에벳의 아들
이었습니다. 세겜의 지도자들은 가알을 믿
고 따르기로 결정했습니다.
27 세겜 사람들이 포도밭으로 나가 포도를
따서 포도주를 만들었습니다. 그리고 신
전에서 잔치를 베풀었습니다. 세겜 사람
들은 먹고 마시면서 아비멜렉을 저주했습
니다.
28 그 때에 에벳의 아들 가알이 말했습니다.
"우리는 세겜 사람입니다. 우리가 왜 아비
멜렉의 말을 들어야 합니까? 도대체 아비
멜렉이 누구입니까? 아비멜렉은 여룹바알
의 아들이 아닙니까? 아비멜렉은 스불을
자기 부하로 삼지 않았습니까? 우리는 아
비멜렉의 말을 들을 필요가 없습니다. 우
리는 세겜의 아버지인 하몰에게 복종해야
합니다. 우리가 왜 아비멜렉에게 복종해야
합니까?
29 만약 여러분이 나를 이 백성의 지휘관으
로 삼아 주신다면, 나는 아비멜렉을 쫓아
낼 것입니다. 나는 아비멜렉에게 '네 군대
를 이끌고 나오너라. 나와 싸우자!' 라고
말할 것입니다."
30 그 때, 세겜의 지도자는 스불이었습니다.
스불은 에벳의 아들 가알이 한 말을 듣고
분노했습니다.
31 스불은 아루마 성에 있던 아비멜렉에게 심
부름꾼을 보내어 이렇게 전했습니다. "에
벳의 아들 가알과 가알의 형제들이 세겜
에 왔습니다. 가알은 세겜 성 사람들이
당신에게 등을 돌리도록 만들고 있습니
다.
32 그러니 당신과 당신의 군대는 밤중에 일
어나 성 둘레에 있는 들에 숨어 있다가
33 아침에 해가 뜨면, 성을 공격하십시오.
그러면 가알과 그의 군대가 당신과 싸우
기 위해 밖으로 나올 것입니다. 그 뒤의
일은 당신이 알아서 하십시오."
34 아비멜렉과 그를 따르는 모든 군사가 밤중
에 일어났습니다. 그들은 세겜 근처로 가
서 군대를 넷으로 나누어 숨었습니다.
35 에벳의 아들 가알이 밖으로 나가서 성문
입구에 서 있을 때에 아비멜렉과 그의 군
사들은 숨어 있던 곳에서 밖으로 나왔습
니다.
36 가알이 군사들을 보고 스불에게 말했습니
다. "보시오! 산에서 내려오는 사람들이
있소!" 그러나 스불은 말했습니다. "당신
이 본 것은 산의 그림자요. 산의 그림자
가 마치 사람처럼 보인 것뿐이오."
37 그러나 가알이 다시 말했습니다. "보시오.
들 한가운데에서 사람들이 내려오고 있
소. 또 므오느님 상수리나무에서 내려오는
사람들도 있소."
38 스불이 가알에게 말했습니다. "큰소리 치
던 때의 당신 모습은 어디로 갔소? 당신
은 '아비멜렉이 누구냐? 왜 우리가 아비멜
렉에게 복종해야 하느냐?' 하고 말하지
않았소? 당신은 이 사람들을 우습게 여겼
소. 그러니 이제 나가서 그들과 싸우시
오."
39 가알은 세겜 사람들을 이끌고 나가서 아비
멜렉과 싸웠습니다.
40 세겜 사람들은 아비멜렉에게 쫓겨 도망쳤
습니다. 가알의 많은 군사가 성문에 이르
기도 전에 죽임을 당했습니다.

한 여자가 망대 위에서 맷돌을 던져 아비멜렉을 죽임(9:53)

41 아비멜렉은 아루마로 되돌아갔습니다. 스
불은 가알과 그의 형제들을 세겜에서 쫓아
냈습니다.
42 이튿날, 세겜 백성은 들로 나갈 계획을 세
웠습니다. 누군가 아비멜렉에게 그 사실을
전했습니다.
43 그래서 아비멜렉은 자기 군대를 세 부대로
나누어 숲에 숨겨 두었습니다. 드디어 세
겜 사람들이 성에서 나오자, 아비멜렉의 군
대는 일어나 세겜 사람들을 공격했습니다.
44 아비멜렉과 그 주력 부대는 쳐들어가 성문
을 장악하고, 나머지 두 부대도 들로 달
려가 백성들을 죽였습니다.
45 아비멜렉과 그의 군대는 하루 종일 세겜
성에서 싸웠습니다. 그들은 세겜 성을 점
령하고, 그 성의 백성을 죽였습니다. 그
리고 나서 아비멜렉은 그 성을 헐고 무너
진 성 위에 소금을 뿌렸습니다.

세겜의 망대

46 세겜 망대에 살고 있는 사람들이 세겜 성
에서 일어난 일에 대해 들었습니다. 그래
서 세겜 망대의 지도자들은 엘브릿의 신전
안쪽에 모였습니다.
47 아비멜렉은 세겜 망대의 모든 지도자들이
그 곳에 모여 있다는 소식을 들었습니다.
48 그래서 아비멜렉은 그의 모든 군대와 함께
세겜에서 가까운 살몬 산으로 올라갔습니
다. 아비멜렉은 도끼를 들고 나뭇가지 몇
개를 잘라 내서 자기 어깨 위에 메었습니
다. 아비멜렉은 자기를 따르던 모든 군인
들에게 "내가 한 대로 하시오. 어서 서두
르시오" 하고 말했습니다.
49 모든 군인들이 나뭇가지를 잘라 아비멜
렉을 따라 했습니다. 그들은 나뭇가지를
모아 신전 안쪽 주변에 쌓고 그 위에 불
을 질러 그 안에 있던 사람들을 불태워 버
렸습니다. 그래서 세겜 망대에 살고 있던
사람들도 다 죽었습니다. 죽은 사람은 남
자와 여자를 합하여 모두 천 명이었습니
다.

아비멜렉의 죽음

50 그후에 아비멜렉은 데베스 성으로 갔습니
다. 아비멜렉은 그 성을 에워싼 후에 성을
공격하여 점령했습니다.
51 그 성 안에는 굳건한 망대가 있어서 그 성
의 모든 남자와 여자들이 그 망대로 들어
갔습니다. 그들은 문을 잠근 후, 망대의
지붕으로 올라갔습니다.
52 아비멜렉은 그 망대에 도착해서 공격하기
시작했습니다. 아비멜렉은 망대에 불을 지
르기 위해 문 가까이로 갔습니다.
53 아비멜렉이 가까이 갔을 때, 한 여자가 맷
돌 위짝을 아비멜렉의 머리 위로 던졌습니
다. 아비멜렉은 그 돌에 맞아 머리가 깨지
고 말았습니다.
54 아비멜렉은 자기의 무기를 들고 다니는 부
하를 급히 불러서 말했습니다. "네 칼을
꺼내 나를 죽여라. 사람들이 '아비멜렉은
여자에게 죽임을 당했다'고 말하지 못하
게 하여라." 그래서 그 부하가 칼로 찌르
자, 아비멜렉이 죽었습니다.
55 이스라엘 백성은 아비멜렉이 죽은 것을 보
고, 모두 자기 집으로 돌아갔습니다.
56 하나님께서는 아비멜렉이 악하게 행동했
던 모든 일을 되갚으셨습니다. 아비멜렉은
자기 형제 칠십 명을 죽여서 자기 아버지
에게 악한 일을 했던 것입니다.
57 하나님께서는 세겜 사람들이 악하게 행동
한 것에 대해서도 벌을 주셨습니다. 그래
서 요담이 말했던 저주가 그대로 이루어
졌습니다. 요담은 여룹바알의 막내아들이
었습니다.

사사 돌라

10 아비멜렉이 죽은 뒤, 다른 사사가 나
타나서 이스라엘 백성을 구원했습니
다. 그 사사는 부아의 아들 돌라였습니다.

꼭 알아두세요

10:4 개역 성경에는 (히) '하봇야일' 이라고 표
기되어 있다.

소금을 뿌리다(9:45 scatter salt) 성에 소금을 뿌
린 것은 파괴된 성읍이 저주받고 영원히 황폐될 것
이라는 상징적인 행동이다.
망대(9:46 watchtower) 적의 동태를 살펴보기 위
해 세운 높은 대.

부아는 도도의 아들이었고, 돌라는 잇사갈
지파 사람이었습니다. 돌라는 에브라임 산
지에 있는 사밀 성에서 살았습니다.
2 돌라는 이스라엘을 위해 이십삼 년 동안,
사사로 있었습니다. 돌라는 죽어서 사밀에
묻혔습니다.

사사 야일

3 돌라가 죽은 뒤 야일이 사사가 되었습니
다. 야일은 길르앗 지역에서 살았습니다.
야일은 이스라엘을 위해 이십이 년 동안,
사사로 있었습니다.
4 야일은 삼십 명의 아들을 두었는데, 그들
은 삼십 마리의 나귀를 타고 다녔고, 길르
앗에 있는 삼십 개의 마을을 다스렸습니
다. 그 마을들은 아직까지도 야일 마을*이
라고 불립니다.
5 야일은 죽어서 가몬 성에 묻혔습니다.

암몬 사람들이 이스라엘을 괴롭힘

6 이스라엘 사람들은 또다시 여호와께서 보
시기에 나쁜 일을 저질렀습니다. 바알과
아스다롯 우상을 섬긴 것입니다. 이스라엘
사람들은 아람과 시돈과 모압과 암몬 백성
들의 신들도 섬겼고, 블레셋 사람들의 신
들도 섬겼습니다. 그들은 여호와를 멀리
하고 섬기지 않았습니다.
7 여호와께서는 이스라엘 사람들에게 화가
나셔서 블레셋과 암몬 사람들이 이스라엘
을 지배하게 하셨습니다.
8 같은 해에 블레셋과 암몬 사람들이 요단
강 동쪽에 사는 이스라엘 사람들을 괴롭혔
습니다. 이스라엘 사람들은 요단 강 동쪽
에 살고 있었는데, 그 곳은 아모리 사람들
이 살던 길르앗 지역에 있습니다. 이스라
엘 사람들은 그 곳에서 십팔 년 동안, 괴
롭힘을 당했습니다.
9 그후에 암몬 사람들은 요단 강을 건너와서
유다와 베냐민과 에브라임 사람들을 쳤습
니다. 암몬 사람들은 이스라엘 사람들에게
많은 괴로움을 주었습니다.
10 그래서 이스라엘 사람들은 여호와께 부르
짖었습니다. "우리가 여호와 앞에 죄를
지었습니다. 우리가 우리 하나님을 떠나
바알 우상을 섬겼습니다."
11 여호와께서 이스라엘 사람들에게 대답하
셨습니다. "너희는 이집트 사람과 아모리
사람과 암몬 사람과 블레셋 사람들이 너희
를 괴롭힐 때, 나에게 부르짖었다. 나는
그 때, 너희를 그 사람들의 손에서 구해
주었다.
12 또 너희는 시돈 사람과 아말렉 사람과 마
온 사람이 괴롭힐 때에도 나에게 부르짖
었다. 그 때도 나는 너희를 구해 주었다.
13 그런데도 너희는 나를 저버리고 다른 신
들을 섬겼다. 따라서 나도 다시는 너희를
구해 주지 않을 것이다.
14 너희는 다른 신들을 선택했으니, 그들에
게 가서 도와 달라고 하여라. 너희가 괴
로움을 당할 때, 그 신들에게 너희를 구
해 달라고 하여라."
15 이에 이스라엘 백성이 여호와께 말씀드렸
습니다. "우리가 죄를 지었습니다. 주께
서 어떻게 하시든지 우리가 그대로 따르
겠습니다. 그러니 이번만은 우리를 구해
주십시오."
16 그리고 나서 이스라엘 사람들은 자기들
중에 있던 다른 나라 신들을 없애 버리고
다시 여호와를 섬겼습니다. 그러자 여호
와께서도 이스라엘 사람들이 괴로움 가운
데 있는 것을 보시고 마음 아파하셨습니
다.
17 암몬 백성은 전쟁을 하기 위해 길르앗에
진을 쳤고, 이스라엘 사람들도 미스바에
진을 쳤습니다.
18 길르앗 백성의 지도자들은 "누가 우리를
이끌고 암몬 백성과 맞서 싸움을 시작할
것인가? 그 사람은 길르앗에 사는 모든 사
람의 통치자가 될 것이다" 하고 말했습니
다.

입다가 지도자로 뽑힘

11 길르앗 사람인 입다는 뛰어난 용사였습
니다. 입다는 아버지 길르앗이 창녀를
통해 낳은 아들이었습니다.
2 길르앗의 아내는 아들이 여러 명이었는
데, 그 아들들이 어른이 되자 입다를 집

에서 쫓아 냈습니다. 그들이 입다에게 말
했습니다. "너는 우리 아버지의 재산을
조금도 가질 수 없다. 이는 네가 다른 여
자의 아들이기 때문이다."
3 그래서 입다는 자기 형제들 사이에서 도
망쳐, 돕 땅에서 살았습니다. 그리고 그
곳의 부랑자들과 함께 어울렸습니다.
4 얼마 후, 암몬 백성이 이스라엘을 치려 했
습니다.
5 그 때에 길르앗의 장로들이 입다를 찾아
왔습니다. 그들은 입다가 길르앗으로 돌아
오기를 원했습니다.
6 장로들이 입다에게 말했습니다. "와서 우
리 군대를 이끌고 암몬 사람과 싸워 주시
오."
7 입다가 대답했습니다. "당신들은 나를 미
워하지 않았소? 당신들은 나를 내 아버지
집에서 쫓아 내었소. 이제 어려움을 당하
게 되니까 나를 찾는 겁니까?"
8 길르앗의 장로들이 입다에게 대답했습니
다. "제발 우리에게 와서 암몬 사람들과
싸워 주시오. 당신은 길르앗에 사는 모든
사람의 통치자가 될 것이오."
9 그러자 입다가 길르앗 장로들에게 말했습
니다. "당신들과 함께 길르앗으로 돌아가
서 암몬 사람들과 싸운다고 합시다. 만약
여호와께서 나를 도와 이긴다면 나를 당

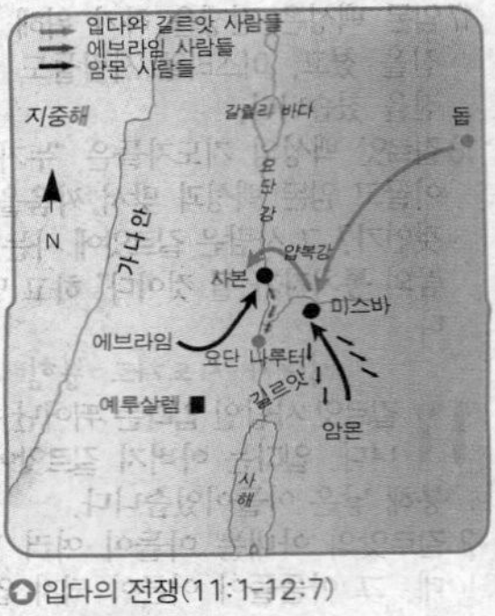

입다의 전쟁(11:1-12:7)

신들의 통치자로 세우겠단 말이오?"
10 길르앗의 장로들이 입다에게 말했습니다.
"여호와께서 우리가 말한 모든 것을 듣고
계시오. 당신이 말한 모든 것을 그대로 지
킬 것을 약속하오."
11 그래서 입다는 길르앗의 장로들과 함께
갔습니다. 길르앗 백성은 입다를 자기들
의 지도자이자 군대의 지휘관으로 삼았
습니다. 입다는 미스바에서 자기가 했던
모든 말을 여호와 앞에서 한 번 더 말했
습니다.

입다가 암몬 왕에게 사자를 보냄

12 입다가 암몬 사람들의 왕에게 사자를 보냈
습니다. 입다의 사자들이 물었습니다. "이
스라엘이 당신에게 잘못한 것이 무엇이
오? 당신은 왜 우리 땅을 공격하러 왔
소?"
13 암몬 왕이 대답했습니다. "이스라엘이 이
집트에서 나올 때에 우리 땅을 빼앗았기
때문이오. 당신들은 아르논 강에서 얍복
강과 요단 강으로 이어지는 우리 땅을 빼
앗아 갔소. 그러니 이제 이스라엘 백성에
게 가서 우리 땅을 평화롭게 돌려 주라고
전하시오."
14 입다가 암몬 왕에게 다시 사자들을 보냈습
니다.
15 입다는 다음과 같은 말을 전하게 했습니
다. "입다가 이렇게 말하였소. 이스라엘은
모압이나 암몬 백성의 땅을 빼앗지 않았
소.
16 이스라엘 백성은 이집트에서 나올 때에 광
야로 들어가서, 홍해를 지나, 가데스에 도
착했소.
17 거기서 이스라엘은 에돔 왕에게 사자들을
보내어, '이스라엘 백성이 당신의 땅을 지
나가게 해 주시오' 라고 요청했소. 그러나
에돔 왕은 허락하지 않았소. 우리는 모압
왕에게도 사자들을 보냈소. 그러나 모압
왕 역시 우리가 자기 땅을 지나가는 것을
허락하지 않았소. 그래서 이스라엘 사람들
은 가데스에 더 머물렀소.
18 그후에 이스라엘 사람들은 광야로 들어가

에돔과 모압 땅의 경계를 돌아서 갔소. 이
스라엘은 모압 땅 동쪽으로 걸어가 아르논
강 건너편에 진을 쳤소. 그 곳이 모압 땅
의 경계였지만, 이스라엘 사람들은 아르논
강을 건너 모압 땅으로 들어가지 않았소.
19 그 때, 이스라엘은 아모리 사람들의 왕 시
혼에게 사자들을 보냈소. 시혼은 헤스본
성의 왕이었는데, 사자들은 시혼에게 '이
스라엘 백성이 당신의 땅을 지나가게 해
주십시오. 우리는 우리 땅으로 가고 싶습
니다' 하고 말했소.
20 시혼은 이스라엘 사람들이 자기 땅으로
지나가는 것을 허락하지 않았소. 도리어
자기 백성을 모두 모아 야하스에 진을 쳤
고, 아모리 사람들은 이스라엘과 싸움을
했소.
21 이스라엘의 하나님 여호와께서는 이스라엘
을 도우셔서 시혼과 그의 군대를 물리치
도록 해 주셨소. 아모리 사람들의 모든 땅
이 이스라엘의 재산이 되었소.
22 이스라엘은 아르논 강에서 얍복 강까지 이
르고 광야 쪽으로는 요단 강에 이르는 아
모리 사람들의 모든 땅을 차지하였소.
23 이스라엘 백성 앞에서 아모리 사람들을 쫓
아 내신 분은 이스라엘의 하나님이신 여호
와셨소. 그런데도 당신은 이스라엘 백성을
이 땅에서 쫓아 낼 수 있다고 생각하시
오?
24 물론 당신은 당신의 신인 그모스가 준 땅
에서 살 수 있을 것이오. 마찬가지로 우
리도 우리 하나님이신 여호와께서 우리에
게 주신 땅에서 살 것이오.
25 당신이 십볼의 아들 발락보다 나은 것이
무엇이오? 발락은 모압의 왕이었소. 발락
이 이스라엘 백성과 다투거나 싸운 적이
있소?
26 이스라엘 사람들은 헤스본과 아로엘과 그
주변 마을들과 아르논 강 주변의 모든 성
에서 삼백 년 동안 살아왔소. 그 동안 당
신은 왜 그 땅을 도로 찾아가지 못했소?
27 나는 당신에게 죄를 지은 것이 없소. 그
러나 당신은 전쟁을 일으켜서 나에게 죄
를 짓고 있소. 심판자이신 여호와께서 이
스라엘과 암몬 사람들 중 어느 쪽이 옳은
지를 가려 주실 것이오."
28 그러나 암몬 왕은 입다가 한 말을 무시했
습니다.

입다의 약속

29 그후에 여호와의 영이 입다에게 내렸습니
다. 입다는 길르앗과 므낫세를 지나 길르앗
지역에 있는 미스바에 이르렀습니다. 입다
는 길르앗의 미스바에서 암몬 사람들의 땅
으로 나아갔습니다.
30 입다는 여호와께 한 가지 약속을 했습니
다. "제가 암몬 사람들을 물리치도록 해
주시면,
31 저는 여호와께 태워 드리는 제물인 번제
물을 바치겠습니다. 제가 승리를 거두고
돌아올 때, 제 집에서 저를 맞으러 나오
는 첫 번째 사람을 여호와께 바치겠습니
다. 번제로 그를 여호와께 드리겠습니
다."
32 그리고 나서 입다는 암몬 사람들과 싸웠습
니다. 여호와께서 입다를 도우셔서 암몬
사람들을 물리쳤습니다.
33 입다는 암몬 사람들을 아로엘 성에서부터
민닛 지역까지, 그리고 아벨 그라밈 성까
지 쫓아갔습니다. 입다는 이 지역에 있는
성 이십 곳을 점령하는 큰 승리를 거뒀습
니다. 이렇게 이스라엘 사람들은 암몬 사
람들을 크게 물리쳤습니다.
34 입다가 미스바에 있는 집으로 돌아올 때,
입다의 딸이 그를 맞으러 나왔습니다. 입
다의 딸은 소고를 치며 춤을 췄습니다. 입
다의 자녀는 오직 이 딸 하나밖에 없었습
니다.

사자(11:12 messenger) 명령이나 부탁을 받고 심부름 하는 사람.
경계(11:18 boundary) 서로 다른 두 지역이 만나는 지점.
소고(11:34 tambourine) 두드려서 소리를 내는 타악기의 일종.

35 입다는 자기 딸을 보자 놀라고 당황해서
자기 옷을 찢었습니다. 입다가 말했습니
다. "내 딸아! 네가 나를 너무나 슬프게
하는구나. 내가 여호와께 약속을 했는데,
그것은 깨뜨릴 수 없는 것이란다."
36 그 때에 입다의 딸이 말했습니다. "아버
지, 아버지가 여호와께 약속하셨으니, 그
약속대로 하세요. 여호와께서는 아버지를
도우셔서 아버지의 적인 암몬 사람들을
물리칠 수 있게 하셨어요.
37 그렇지만 제게도 한 가지 부탁이 있어요.
제가 두 달 동안, 산에서 지낼 수 있도록
해 주세요. 나는 결혼도 못하고 죽어요.
그러니 친구들과 함께 산에 가서 울 수 있
게 해 주세요."
38 입다는 "가거라" 하고 말했습니다. 입다는
두 달 동안, 딸이 산에서 지낼 수 있도록
해 주었습니다. 입다의 딸과 그 친구들은
그 동안 산에 머무르며 결혼하지 못하고
죽는 것에 대해 슬퍼하였습니다.
39 두 달이 지나자, 입다의 딸은 자기 아버
지에게 돌아왔습니다. 입다는 자기가 여
호와께 약속한 대로 했고, 입다의 딸은 남
자를 알지 못한 채 죽고 말았습니다. 이
때부터 이스라엘에서는 하나의 관습이 생
겼습니다.
40 이스라엘의 여자들은 해마다 사 일 동안,
밖으로 나가 길르앗 사람인 입다의 딸을
기억하며 슬피 울었습니다.

입다와 에브라임

12 에브라임 사람들이 모여 북쪽으로 왔
습니다. 그들이 입다에게 말했습니
다. "당신은 암몬 사람들과 싸우러 강을
건너갈 때에 왜 우리를 부르지 않았소?
우리는 당신과 당신 집을 불로 태워 버리
겠소."
2 입다가 그들에게 대답했습니다. "내 백성
과 나는 암몬 사람들과 큰 싸움을 치렀소.
나는 당신들을 불렀지만, 당신들은 나를
도우러 오지 않았소.
3 나는 당신들이 나를 도울 뜻이 없는 것으
로 알고, 내 목숨을 걸고 암몬 사람들과
싸웠소. 여호와께서 나를 도우셔서 그들
을 물리치게 해 주셨소. 그런데 이제 와
서 당신들이 나와 싸우겠다니, 이게 어찌
된 일이오?"
4 에브라임 사람들이 길르앗 사람들을 조롱
하였습니다. "너희들은 원래 에브라임과

입다의 외동딸이 첫번째로 그를 맞으러 나오다(11:29-40)

므낫세에서 도망친 자들이다." 입다는 길
르앗 사람들을 불러 모아 에브라임 사람들
과 싸웠습니다.
5 길르앗 사람들은 에브라임 사람들이 도망
치지 못하도록 요단 강의 나루터를 먼저
차지하여 지키고 있었습니다. 에브라임 사
람들이 도망치면서 "강을 건너게 해 주시
오"라고 말하면 길르앗 사람들은 "당신은
에브라임 사람이 아니오?" 하고 물어 보
았습니다. 만약 그 사람이 "아닙니다"라
고 대답하면,
6 길르앗 사람들은 그 사람에게 '쉽볼렛'이
라는 소리를 내 보라고 말했습니다. 에브
라임 사람들은 그 단어를 바르게 소리내
지 못하였습니다. 만약 '십볼렛'이라고 말
하면, 길르앗 사람은 나루터에서 그 사람
을 죽여 버렸습니다. 그 때, 에브라임 사
람 사만 이천 명이 죽임을 당했습니다.
7 입다는 이스라엘 백성을 위해 육 년 동안,
사사로 있었습니다. 그후 길르앗 사람 입
다는 죽어서 길르앗에 있는 어떤 마을에
묻혔습니다.

사사 입산

8 입다가 죽은 후에 입산이 이스라엘의 사사
가 되었습니다. 입산은 베들레헴 사람이었
습니다.
9 입산은 아들 삼십 명과 딸 삼십 명을 두
었습니다. 입산은 자기 딸들을 다른 지방
남자들에게 시집 보냈습니다. 또 다른 지
방의 여자 삼십 명을 데려와 자기 아들들
의 아내로 삼았습니다. 입산은 칠 년 동
안, 이스라엘의 사사로 있었고
10 그후에 죽어서 베들레헴에 묻혔습니다.

사사 엘론

11 입산이 죽은 후에 엘론이 이스라엘의 사사
가 되었습니다. 엘론은 스불론 사람이었
고, 십 년 동안, 이스라엘의 사사로 있었
습니다.
12 스불론 사람 엘론은 죽어서 스불론 땅에 있
는 아얄론 성에 묻혔습니다.

사사 압돈

13 엘론이 죽은 후에 압돈이 이스라엘의 사사
가 되었습니다. 압돈은 힐렐의 아들이었
고, 비라돈 성 사람이었습니다.
14 압돈은 사십 명의 아들과 삼십 명의 손자
를 두었는데, 그들은 나귀 칠십 마리를 타
고 다녔습니다. 압돈은 팔 년 동안, 이스
라엘의 사사로 있었고,
15 그가 죽은 후에는 에브라임 땅에 있는 비
라돈에 묻혔습니다. 비라돈은 아말렉 사람
들이 살던 산지에 있습니다.

삼손이 태어남

13 이스라엘 백성이 또다시 하나님 보
시기에 나쁜 일을 저질렀습니다. 그
래서 하나님은 블레셋 사람이 이스라엘을
사십 년 동안 다스리게 하셨습니다.
2 소라 성에 마노아라는 사람이 있었습니다.
마노아는 단 지파 사람이었습니다. 마노아
의 아내는 아이를 낳지 못했습니다.
3 여호와의 천사가 마노아의 아내에게 나타
나서 말했습니다. "너는 지금까지 아이를
낳지 못했다. 그러나 이제 임신하여 아들
을 낳게 될 것이다.
4 너는 포도주나 독주를 마시지 마라. 부정
한 것은 아무것도 먹지 마라.
5 너는 임신하여 아들을 낳게 될 것이다. 아

성경 자세히 이해하기

쉽볼렛, 십볼렛

사사 입다가 암몬과의 전투에서 승리하자, 에브라임 사람들은 왜 자기들을 전쟁에 끼워 주지 않았느냐고 불평했습니다. 이 때문에 입다가 지휘하던 길르앗과 에브라임 사이에 전쟁이 벌어졌고, 길르앗이 승리를 거두었습니다. 승리한 길르앗은 요단강 나루터를 먼저 차지하여 강을 건너려는 사람들에게 '쉽볼렛'이란 단어를 발음시켰습니다. 에브라임 사람들은 '쉬' 발음을 잘못하여 '시'라고 말했기 때문에 '쉽볼렛'(시내)을 '십볼렛'(무거운 짐)이라고 발음하면 에브라임인으로 간주하고 바로 죽여 버렸습니다. 이렇게 하여 42,000명의 에브라임 사람들이 죽임을 당했습니다.

본문 보기 12장 6절

들을 낳으면 그의 머리를 깎지 마라. 그
는 태어나면서부터 하나님께 바쳐진 나실
인이 될 것이다. 그는 블레셋 사람의 손에
서 이스라엘을 구원하는 일을 시작할 것이
다."
6 마노아의 아내는 자기가 겪었던 일을 남
편에게 말했습니다. "하나님께서 보내신
사람이 저에게 왔었어요. 그분의 모습은
하나님의 천사와 같았기에 너무나도 두려
워서 어디서 왔냐고 물어 보지도 못했어
요. 그분은 자신의 이름을 말해 주지 않
았어요.
7 그러나 그분이 이렇게 말했어요. '너는
이제 임신하여 아들을 낳게 될 것인데 포
도주나 독주를 마시지 마라. 부정한 것은
그 어떤 것도 먹지 마라. 그 아기는 태어
나면서부터 죽을 때까지 하나님께 바쳐진
나실인이 될 것이다.'"
8 그 말을 듣고 마노아는 여호와께 기도드
렸습니다. "주여, 주께서 보내셨던 하나
님의 사람이 저희에게 다시 오기를 바랍
니다. 그래서 우리에게 태어날 아기에 대
해 우리가 어떻게 해야 되는지 가르쳐 주
십시오."
9 하나님께서 마노아의 기도를 들으셨습니
다. 하나님의 천사가 마노아의 아내에게
다시 나타났습니다. 그 때, 마노아의 아내
는 들에 앉아 있었습니다. 마노아는 거기
에 없었습니다.
10 그래서 마노아의 아내는 남편에게 달려
가서 말했습니다. "그 사람이 왔어요! 전
에 저에게 나타났던 사람이 지금 왔어
요!"
11 마노아는 일어나서 자기 아내를 따라갔습
니다. 마노아는 하나님의 천사에게 다가
가 물었습니다. "당신이 제 아내에게 말
씀하셨던 그분입니까?" 그 사람이 대답했
습니다. "그렇다."
12 마노아가 또 물었습니다. "당신이 말씀하
신 일이 일어나면, 태어날 아기를 어떻게
길러야 합니까? 우리는 그 아이에게 무엇
을 해야 합니까?"
13 여호와의 천사가 말했습니다. "너의 아내
는 내가 전에 말한 모든 것을 지켜야 한
다.
14 포도나무에서 나는 것은 무엇이든 먹지
말아야 하고, 포도주나 독주를 마셔도 안
된다. 또 부정한 것은 무엇이든지 먹지 말
아야 한다. 너의 아내는 내가 명령한 모
든 것을 지켜야 한다."
15 마노아가 여호와의 천사에게 말했습니다.
"잠시 동안만 여기 머물러 계십시오. 당
신을 위해 염소 새끼를 요리해 드리겠습
니다."
16 여호와의 천사가 대답했습니다. "내가 잠
시 머무른다 할지라도 너의 음식을 먹지
는 않을 것이다. 그러나 음식을 마련할 생
각이 있다면 여호와께 태워 드리는 제물
인 번제물을 드리도록 하여라." 마노아는
그 사람이 여호와의 천사라는 것을 전혀
알지 못했습니다.
17 마노아가 여호와의 천사에게 말했습니다.
"당신의 이름이 무엇인지 알고 싶습니다.
이름을 알아야 당신이 말씀하신 것이 이
루어질 때, 당신께 영광을 돌릴 수 있지
않겠습니까?"
18 여호와의 천사가 말했습니다. "왜 내 이
름을 묻느냐? 내 이름은 기묘*이다."
19 그후에 마노아는 한 바위 위에서 염소 새
끼와 곡식을 여호와께 제물로 바쳤습니
다. 그 때, 여호와께서 놀라운 일을 하셨
는데, 마노아와 그의 아내는 그것을 지켜
보았습니다.

알아두세요

13:18 (히) '펠레'로, '경이', '비범'의 뜻이다.

축복(13:24 blessing) 하나님께서 내리시는 은혜.
할례(14:3 circumcision) 남자 아이가 태어난 지 8일 만에 생식기 끝의 껍질을 끊어내는 종교 예식. 아브라함이 하나님과 언약을 맺은 후 받은 징표.
관례(14:10 custom) 오랫동안 거듭해서 버릇처럼 된 일.
수수께끼(14:12 riddle) 어떤 사물을 빗대어 말하여 알아 맞추는 놀이.

20 불꽃이 제단에서부터 하늘로 치솟았습니다. 불이 타고 있을 때, 여호와의 천사가 그 불을 타고 하늘로 올라갔습니다. 마노아와 그의 아내는 그 모습을 보고 얼굴을 땅에 대고 엎드렸습니다.
21 마노아와 그의 아내에게 여호와의 천사가 다시는 나타나지 않았습니다. 마노아는 그 때서야 비로소 그 사람이 여호와의 천사라는 것을 알았습니다.
22 마노아가 말했습니다. "우리가 하나님을 보았다! 그러니 우리는 이제 죽을 것이다."
23 그러나 마노아의 아내가 자기 남편에게 말했습니다. "여호와께서는 우리를 죽이지 않으실 거예요. 우리를 죽이실 생각이었다면, 우리의 번제물이나 곡식 제물도 받지 않으셨을 거예요. 또 여호와께서는 이 모든 일을 우리에게 보여 주지도 않으셨을 것이고, 말씀해 주지도 않으셨을 거예요."
24 마노아의 아내는 아들을 낳았습니다. 그리고 이름을 삼손이라고 지었습니다. 삼손은 자라나면서 여호와의 복을 받았습니다.
25 삼손이 소라와 에스다올 성 사이에 있는 마하네단에 있을 때에 여호와의 영이 그의 안에서 일하기 시작하셨습니다.

삼손의 결혼

14 삼손은 딤나 성으로 내려가서 어떤 블레셋 처녀를 보았습니다.
2 삼손은 집으로 돌아와서 자기 아버지와 어머니에게 말했습니다. "딤나에서 어떤 블레셋 여자를 보았습니다. 그 여자를 저에게 데려다 주세요. 그 여자와 결혼하고 싶습니다."
3 삼손의 아버지와 어머니가 대답했습니다. "이스라엘에도 너와 결혼할 여자가 얼마든지 있다. 그런데 너는 왜 그 블레셋 여자와 결혼하겠다는 말이냐? 블레셋 사람들은 할례도 받지 않았다." 그러나 삼손은 "그 여자를 데려다 주세요. 나는 그 여자와 결혼하겠어요"라고 말했습니다.
4 삼손의 부모는 여호와께서 이 일을 계획하셨다는 것을 모르고 있었습니다. 여호와께서는 블레셋 사람들을 칠 기회를 찾고 계셨습니다. 그 때, 이스라엘은 블레셋의 다스림을 받고 있었습니다.
5 삼손은 자기 아버지, 어머니와 함께 딤나로 내려갔습니다. 그들은 딤나에서 가까운 포도밭에 갔는데, 그 때, 갑자기 한 어린 사자가 으르렁거리면서 삼손에게 다가왔습니다.
6 여호와의 영이 삼손에게 들어가자, 삼손은 큰 힘을 얻었습니다. 삼손은 마치 염소 새끼를 찢듯이 맨손으로 그 사자를 찢어 버렸습니다. 그러나 삼손은 자기가 한 일을 아버지와 어머니에게는 말하지 않았습니다.
7 삼손은 딤나 성으로 내려갔습니다. 삼손은 딤나 성에서 블레셋 여자를 만나 이야기해 보고, 그 여자를 더욱 좋아하게 되었습니다.
8 며칠 후, 삼손은 그 여자와 결혼하기 위해 다시 딤나로 갔습니다. 딤나로 가는 길에 삼손은 자기가 죽인 사자가 놓여 있는 곳으로 가 보았습니다. 사자의 몸 속에는 벌떼가 있었습니다. 그 벌떼는 꿀을 만들고 있었습니다.
9 삼손은 손으로 꿀을 떼어 내어 걸어가면서 먹었습니다. 삼손이 자기 부모에게 그 꿀을 드려서 그들도 꿀을 먹었습니다. 그러나 삼손은 그 꿀이 죽은 사자의 몸에서 떼어 낸 것이라는 말은 하지 않았습니다.
10 삼손의 아버지는 블레셋 여자를 보러 내려갔습니다. 그 때는 신랑이 아내가 될 처녀의 동네에서 잔치를 베푸는 것이 관례였으므로, 삼손은 거기에서 잔치를 베풀었습니다.
11 사람들은 삼손에게 삼십 명의 젊은이를 보내 그와 즐겁게 지내도록 했습니다.

삼손의 수수께끼

12 그 때에 삼손이 블레셋 사람 삼십 명에게 말했습니다. "내가 수수께끼를 하나 내겠소. 이 잔치는 일 주일 동안 계속될 텐데, 이 잔치 기간 동안에 내가 내는 수수께끼의 답을 알아맞히면 베옷 삼십 벌과 겉옷

삼십 벌을 주겠소.
13 하지만 답을 알아맞히지 못하면 당신들이
나에게 베옷 삼십 벌과 겉옷 삼십 벌을 줘
야 하오." 그러자 그들이 말했습니다. "당
신이 내려는 수수께끼를 말해 보시오. 어
디 한번 들어 봅시다."
14 삼손이 말했습니다. "먹는 자에게서 먹을
것이 나오고 강한 자에게서 단 것이 나온
다." 그 삼십 명은 삼 일 동안 이 수수께
끼를 풀려고 애썼습니다. 하지만 답을 알
아 낼 수가 없었습니다.
15 사 일째 되는 날, 그들은 삼손의 아내에
게 가서 말했습니다. "너는 우리가 가진
것을 빼앗으려고 이 곳에 초대했느냐? 네
남편을 꾀어서 그 수수께끼의 답을 우리
에게 알려 다오. 만약 알려 주지 않으면
너와 네 아버지의 집에 있는 것을 다 불
태워 버릴 것이다."
16 그래서 삼손의 아내는 삼손에게 가 울면서
말했습니다. "당신은 나를 미워하는 것
같아요. 당신은 나를 진정으로 사랑하지
않아요. 내 백성에게 수수께끼를 내놓고
는, 나에게는 왜 그 답을 가르쳐 주지 않
죠?" 삼손이 말했습니다. "나는 내 아버지
와 어머니에게도 답을 가르쳐 드리지 않
았소. 그런데 내가 왜 당신에게 가르쳐 주
겠소?"
17 삼손의 아내는 나머지 잔칫날 동안 계속
울며 졸라댔습니다. 그래서 삼손은 칠 일
째 되는 날, 마침내 답을 가르쳐 주고 말
았습니다. 그것은 그 동안, 그의 아내가
계속 귀찮게 굴었기 때문입니다. 그러자
삼손의 아내는 자기 백성에게 그 수수께
끼의 답을 가르쳐 주었습니다.
18 잔치 칠 일째 되는 날, 해지기 전에 블레
셋 사람들이 삼손에게 와서 수수께끼의
답을 말했습니다. "꿀보다 단 것이 어디
있느냐? 사자보다 강한 것이 어디 있느
냐?" 그러자 삼손이 그들에게 말했습니
다. "당신들이 내 암송아지로 밭을 갈지
않았더라면, 내 수수께끼를 풀지 못했을
것이다."
19 그 때에 여호와의 영이 삼손에게 임하여
삼손에게 큰 힘이 생겼습니다. 삼손은 아
스글론 성으로 내려가서 그 곳에 있던 삼
십 명의 사람을 죽이고, 그들이 가진 옷
과 재산을 모두 빼앗아 수수께끼를 푼 사
람들에게 주었습니다. 삼손은 몹시 화가
나서 자기 아버지 집으로 돌아갔습니다.
20 삼손의 아내는 그의 결혼식에 참석했던
사람 중에서 삼손과 제일 친하게 지냈던
친구에게 주어졌습니다.

삼손이 블레셋 사람과 다툼

15 밀을 거두어들일 무렵, 삼손은 새끼
염소를 가지고 자기 아내를 찾아갔
습니다. 삼손은 "내 아내의 방으로 들어가
겠습니다"라고 말했습니다. 그러나 삼손
의 장인은 삼손을 못 들어가게 했습니다.
2 삼손의 장인이 말했습니다. "나는 자네가
내 딸을 미워하는 줄 알았네. 그래서 나
는 내 딸을 결혼식에 참석했던 자네 친구
에게 주었네. 그 동생은 더 예쁘니 그 애
를 데려가게."
3 그러나 삼손이 장인에게 말했습니다. "이
제 내가 블레셋 사람을 해치더라도 나에
게는 책임이 없습니다."
4 삼손은 밖으로 나가서 여우 삼백 마리를
잡아 두 마리씩 서로 꼬리를 붙들어 매
고는 그 사이에 홰를 하나씩 매달았습니
다.
5 그리고 나서 홰에 불을 붙인 다음, 여우
들을 블레셋 사람들의 밭에 풀어 놓았습
니다. 이렇게 하여 삼손은 블레셋 사람의
베지 않은 곡식과 베어 놓은 곡식단을 불
태워 버렸고, 포도밭과 올리브 나무들도
불태워 버렸습니다.

알아두세요

15:17 '라맛 레히'는 '턱뼈의 산'이라는 뜻이다.
15:19 '엔학고레'는 '부르짖는 자의 샘'이라는 뜻이다.

홰(15:4 torch) 싸리 · 갈대 따위를 묶어, 밤길을 밝히거나 제사 때 화톳불을 놓는 데 쓰는 물건.
사위(15:6 son-in-law) 딸의 남편.
복수하다(15:7 revenge) 원수를 갚다.

6 블레셋 사람들은 "누가 이런 짓을 했느
냐?" 하고 서로 물었습니다. 누군가가 말
했습니다. "딤나 사람의 사위인 삼손이 이
런 짓을 했다. 이는 그의 장인이 삼손의
아내를 그의 친구에게 주었기 때문이다."
그러자 블레셋 사람들은 삼손의 아내와 그
아버지를 불태워 죽였습니다.
7 그 때에 삼손이 블레셋 사람들에게 말했습
니다. "너희가 이런 일을 했으니, 나도 너
희를 그냥 두지 않겠다. 내가 반드시 복
수하고 말겠다."
8 삼손은 블레셋 사람들을 공격하여 많은 사
람을 죽이고, 에담 바위 동굴에 머물렀습
니다.
9 그 때, 블레셋 사람들이 올라와서 유다 땅
에 진을 쳤습니다. 블레셋 사람들은 레히
라는 곳에 멈췄습니다.
10 유다 사람들이 그들에게 물었습니다. "너
희는 왜 이 곳에 와서 우리와 싸우려 하
느냐?" 블레셋 사람들이 대답했습니다.
"삼손을 붙잡아 가려고 왔다. 삼손이 우리
백성에게 한 대로 우리도 삼손에게 해 주
겠다."
11 그러자 유다 사람 삼천 명이 에담 바위에
있는 동굴로 가서 삼손에게 말했습니다.
"당신은 블레셋 사람들이 우리를 다스리
고 있다는 것을 모르오? 어찌하여 우리에
게 화를 미치게 하였소?" 삼손이 대답했
습니다. "나는 블레셋 사람들이 나에게 한
일을 블레셋 사람들에게 갚아 준 것뿐이
오."
12 그러자 유다 사람들이 삼손에게 말했습니
다. "우리는 당신을 묶어서 블레셋 사람들
에게 넘겨 주겠소." 삼손이 말했습니다.
"그렇다면 당신들은 나를 해치지 않겠다
고 약속해 주시오."
13 유다 사람들이 말했습니다. "약속하오. 우
리는 단지 당신을 묶어 블레셋 사람들에
게 넘겨 주기만 하겠소. 당신을 죽이지는
않겠소." 유다 사람들은 삼손을 새 밧줄
두 개로 묶은 후, 바위 동굴에서 데리고
나왔습니다.
14 삼손이 레히라는 곳에 이르자, 블레셋 사
람들이 삼손에게 다가왔습니다. 블레셋 사
람들은 기뻐서 소리를 질렀습니다. 그 때
에 여호와의 영이 삼손에게 임하여 삼손에
게 큰 힘이 생겼습니다. 그래서 삼손을 묶
고 있던 밧줄이 마치 불에 탄 실처럼 약
해져서 삼손의 손에서 떨어져 나갔습니
다.
15 삼손은 죽은 지 얼마 되지 않은 나귀의 턱
뼈를 주워 들고, 천 명이나 되는 사람을
죽였습니다.
16 그 때에 삼손이 말했습니다. "나귀의 턱뼈
하나로 무더기에 무더기를 쌓았네. 나귀
의 턱뼈 하나로 천 명이나 죽였네."
17 삼손은 이 말을 한 후에 턱뼈를 던져 버
렸습니다. 그래서 그 곳은 라맛 레히*라고
불리게 되었습니다.
18 삼손이 매우 목이 말라 여호와께 부르짖
었습니다. "나는 여호와의 종입니다. 여
호와께서는 저에게 이렇게 큰 승리를 주
셨는데, 제가 이제 목말라 죽어야 합니
까? 할례받지 않은 백성에게 사로잡혀야
합니까?"
19 그 때, 하나님은 레히 땅의 한 곳에 구멍
을 내시고 물을 주셨습니다. 삼손은 그 물
을 마시고 다시 기운을 차렸습니다. 그래
서 삼손은 그 샘의 이름을 엔학고레*라고
지었습니다. 그 샘은 지금까지도 레히에
있습니다.
20 이처럼 삼손은 이십 년 동안, 이스라엘의
사사로 있었습니다. 그 때는 블레셋 사람
들이 다스리던 시대였습니다.

삼손이 가사 성으로 가다

16 어느 날, 삼손이 가사에 갔다가 한
창녀를 보았습니다. 삼손은 그 날 밤
을 그 창녀와 함께 지내기 위해서 그 집
으로 들어갔습니다.
2 어떤 사람이 가사 백성에게 와서 "삼손이
이 곳에 왔다" 하고 말했습니다. 그래서
그들은 그 곳을 에워싸고 숨어서 숨을 죽
인 채 밤새도록 성문 곁에서 삼손을 기다
렸습니다. 그들은 서로 이렇게 말했습니

다. "새벽이 되면 삼손을 죽여 버리자."
3 하지만 삼손은 그 창녀와 함께 있다가 한
밤중이 되자, 자리에서 일어났습니다. 그
리고 삼손은 성문의 문짝과 두 기둥과 빗
장을 부수고, 그것들을 자기 어깨에 메고
헤브론 성이 마주 보이는 언덕 꼭대기까
지 가져갔습니다.

삼손과 들릴라

4 이 일이 있은 후에 삼손은 들릴라라는 여
자와 사랑에 빠졌습니다. 들릴라는 소렉
골짜기에 살았습니다.
5 블레셋 왕들이 들릴라에게 가서 말했습니
다. "삼손을 그처럼 강하게 하는 것이 무
엇인지 알아 내어라. 삼손을 꾀어 그 이
유를 털어놓도록 만들어라. 삼손을 붙잡
아 묶을 수 있는 방법을 찾아 내어라. 그
렇게 해 주면, 우리가 각각 너에게 은 천
백 세겔*을 주겠다."
6 들릴라가 삼손에게 말했습니다. "당신이
그토록 힘이 센 이유를 가르쳐 주세요. 당
신을 묶어서 꼼짝 못하게 하려면 어떻게
하면 되나요?"
7 삼손이 대답했습니다. "마르지 않은 풀줄
일곱 개로 나를 묶으면 되오. 그러면 나
는 보통 사람처럼 약해지고 마오."
8 블레셋 왕들이 마르지 않은 풀줄 일곱 개
를 들릴라에게 가지고 왔습니다. 들릴라는
그것을 가지고 삼손을 묶었습니다.
9 그 때, 다른 방에는 사람들 몇몇이 숨어
있었습니다. 들릴라가 삼손에게 말했습니
다. "삼손, 블레셋 사람들이 당신을 붙잡
으러 왔어요!" 그러자 삼손은 쉽게 그 풀
줄들을 끊어 버렸습니다. 그 풀줄들은 마
치 불에 탄 실과 같았습니다. 블레셋 사람
들은 삼손에게서 나오는 힘의 비밀을 알
아 내지 못했습니다.
10 그러자 들릴라가 삼손에게 말했습니다. "당
신은 나를 바보로 여기고 있어요. 당신은
나를 속였어요. 제발 말해 주세요. 어떻게
하면 당신을 꼼짝 못하게 할 수 있죠?"
11 삼손이 말했습니다. "한 번도 쓴 일이 없
는 새 밧줄로 나를 묶으면 되오. 그러면
나는 보통 사람처럼 약해질 것이오."
12 들릴라는 새 밧줄을 구해서 삼손을 묶었습
니다. 그 때, 다른 방에는 블레셋 사람들
이 숨어 있었습니다. 들릴라가 삼손에게
말했습니다. "삼손, 사람들이 당신을 붙잡
으러 왔어요!" 그러자 삼손은 그 밧줄을
마치 실을 끊듯 아주 쉽게 끊었습니다.
13 그러자 들릴라가 삼손에게 말했습니다.
"당신은 아직도 나를 바보로 여기고, 나
를 속이는군요. 당신을 꼼짝 못하게 할 수
있는 방법을 가르쳐 주세요." 삼손이 말했
습니다. "내 머리털 일곱 가닥을 옷감 짜
듯 짜놓으면 될 것이오." 삼손이 잠이 들
자, 들릴라는 삼손의 머리털 일곱 가닥을
옷감 짜듯 짰습니다.
14 그리고 나서 들릴라는 그것을 말뚝으로 박
았습니다. 들릴라가 다시 삼손에게 소리쳤
습니다. "삼손, 블레셋 사람들이 당신을
붙잡으러 왔어요!" 삼손은 그 소리를 듣고
벌떡 일어나 말뚝과 베틀을 뽑아 버렸습
니다.
15 그후에 들릴라가 삼손에게 말했습니다.
"당신은 나를 믿지도 않으면서 어떻게 사

성경 풍속

다곤

블레셋의 민족신이었던 다곤은 고기를 의미하는 '다그'에서 유래되었습니다. 사무엘상 5장 4절에 따르면 이 우상은, 인간과 물고기가 결합된 모양을 하고 있었습니다. 바빌로니아 사람들은 이런 반인반어의 존재가 페르시아만과 북서 인도해 사이에서 나와 바빌로니아 역사의 초기, 바빌로니아에 출현하여 백성들에게 각종 기술을 가르쳐 주었다고 믿었습니다. 이 물고기 신의 모습은 니느웨의 조각 유물에서 발견되었는데, 블레셋의 다곤도 이와 유사한 특성을 지니고 있었습니다.

본문 보기 16장 23절

알아두세요

16:5 1,100세겔은 약 12.54kg에 해당된다.

랑한다고 말할 수 있어요? 당신은 세 번
이나 나를 속였어요. 당신은 당신이 가진
위대한 힘이 어디서 나오는지 나에게 가
르쳐 주지 않았어요."
16 들릴라는 매일 그 비밀을 가르쳐 달라고
삼손을 졸라댔습니다. 삼손은 귀찮아서 죽
을 지경이었습니다.
17 결국 삼손은 들릴라에게 모든 것을 가르쳐
주었습니다. 삼손이 말했습니다. "나는 아
직까지 내 머리를 깎은 적이 한 번도 없
소. 나는 태어날 때부터 나실인으로 하나
님께 바쳐진 사람이오. 누구든지 내 머리
를 밀면, 나는 힘을 잃어 보통 사람처럼
약해지고 마오."
18 들릴라는 삼손이 사실을 이야기해 주었다
는 것을 알았습니다. 그래서 들릴라는 블
레셋 왕들에게 심부름하는 사람을 보내어
말했습니다. "한 번만 더 오세요. 삼손이
나에게 모든 것을 말해 주었어요." 그러
자 블레셋 왕들이 들릴라에게 돌아왔습니
다. 블레셋 왕들은 들릴라에게 주기로 약
속한 은을 주었습니다.
19 들릴라는 삼손을 자기 무릎에 누이고 잠들
게 했습니다. 그리고 사람들을 불러 삼손
의 머리털 일곱 가닥을 밀게 한 뒤, 그를
건드리고 나서 힘이 없어진 것을 알았습
니다.
20 그래서 들릴라가 삼손에게 소리쳤습니다.
"삼손, 블레셋 사람들이 당신을 잡으러 왔
어요!" 삼손은 잠에서 깨어나 '전처럼 힘
을 써야지' 하고 생각했습니다. 삼손은 여
호와께서 자기를 떠나셨다는 것을 알지
못했던 것입니다.
21 마침내 블레셋 사람들은 삼손을 사로잡았
습니다. 그들은 삼손의 두 눈을 뽑은 뒤,
가사로 데려갔습니다. 블레셋 사람들은 삼
손을 구리 사슬로 묶어 감옥에 넣고, 곡
식을 갈게 만들었습니다.
22 그 때, 삼손의 머리가 다시 자라기 시작
했습니다.

삼손이 죽다

23 블레셋 왕들이 자기들의 신 다곤에게 큰
제사를 드리기 위해 함께 모였습니다. 그
들은 "우리의 신이 우리의 적인 삼손을 넘
겨 주셨다"고 하며 즐거워했습니다.
24 블레셋 왕들은 삼손을 보고 자기들의 신을

사로잡힌 삼손(16:21)

찬양했습니다. "이놈이 우리 땅을 망쳐
놓았고, 우리 백성을 많이 죽였다. 그러
나 우리의 신이 도우셔서 우리 원수를 사
로잡게 하셨다."
25 블레셋 백성은 매우 즐거워하며 말했습니
다. "삼손을 끌어 내어 재주를 부리게 하
자." 그들은 삼손을 감옥에서 끌어 냈습니
다. 삼손은 그들을 위해 재주를 부렸습니
다. 블레셋 사람들은 삼손을 다곤 신전의
두 기둥 사이에 세워 놓았습니다.
26 한 노예가 삼손의 손을 붙잡고 있었는데,
삼손이 그 노예에게 말했습니다. "내 손으
로 신전의 기둥을 만지게 해 다오. 그 기
둥에 기대고 싶다."
27 그 신전은 남자와 여자로 가득 차 있었습
니다. 블레셋의 모든 통치자들도 거기에
있었고, 지붕 위에도 남자와 여자를 합하
여 삼천 명 가량 있었습니다. 그들은 삼
손이 재주를 부리는 모습을 보고 있었습
니다.
28 그 때에 삼손이 여호와께 기도했습니다.
"주 하나님, 저를 기억해 주십시오. 하나
님, 저에게 한 번만 더 힘을 주십시오. 내
두 눈을 뽑아 버린 이 블레셋 사람들에게
원수를 갚게 해 주십시오."
29 그리고 나서 삼손은 신전 가운데 있는 두
기둥을 붙잡았습니다. 이 두 기둥은 신전
전체를 받치고 있었습니다. 삼손은 두 기
둥 사이에 버티고 서서 오른손으로 한 기

다곤 신전이 있던 아스돗(16:25)

둥을 잡고, 왼손으로는 다른 기둥을 붙잡
았습니다.
30 삼손이 말했습니다. "나는 이 블레셋 사람
들과 함께 죽겠다!" 그리고 나서 삼손이
있는 힘을 다해 몸을 굽혀 기둥을 밀어 내
자, 신전이 왕들과 그 안에 있던 모든 사
람들 위로 무너져 내렸습니다. 이렇게 해
서 삼손은 살아 있을 때보다도 죽을 때,
더 많은 사람을 죽였습니다.
31 삼손의 형제들과 가족이 삼손의 시체를
거두어서 그의 아버지 마노아의 무덤에
묻어 주었습니다. 그 무덤은 소라와 에스
다올 성 사이에 있습니다. 삼손은 이십 년
동안 이스라엘 백성의 사사로 있었습니
다.

미가의 우상

17 미가라는 사람이 에브라임 산지에 살
고 있었습니다.
2 미가가 자기 어머니에게 말했습니다. "어
머니, 전에 은돈 천백 개를 잃어버린 일
이 있으시지요? 그 때, 어머니가 그 은돈
때문에 저주하는 소리를 들었습니다. 그
은돈은 저에게 있습니다. 제가 그 돈을 훔
쳤어요." 미가의 어머니가 말했습니다.
"얘야, 여호와께서 너의 잘못을 복으로
바꾸어 주시길 바란다."
3 미가는 은돈 천백 개를 어머니께 돌려 주
었습니다. 그러자 어머니가 말했습니다.
"내가 이 은돈을 여호와께 거룩하게 드리
겠다. 그것으로 너를 위해 조각한 우상과
녹여 만든 우상을 만들겠다. 그래서 네가
이것들을 도로 차지하게 하겠다."
4 미가가 어머니에게 은돈을 돌려 주었습니
다. 미가의 어머니는 그 중 은돈 이백 개
를 은장이에게 주어, 하나는 조각한 우상
을 만들었고, 또 하나는 녹여서 우상을 만
들었습니다. 그리고 그 우상들을 미가의
집에 두었습니다.
5 미가는 우상을 섬길 신전을 가지고 있었
습니다. 그는 대제사장의 예복인 에봇과
가문의 우상 몇 개를 더 만들었습니다. 그
리고 나서 미가는 자기 아들 중 하나를 제

사장으로 삼았습니다.
6 그 때에 이스라엘 사람들에게는 왕이 없었기 때문에 사람들마다 자기 하고 싶은 대로 했습니다.
7 레위의 한 젊은이가 유다 땅 베들레헴에서 살았습니다. 그 젊은이는 유다 백성과 함께 살고 있었습니다.
8 그 사람은 베들레헴을 떠나 살 곳을 찾아다니던 중에 미가의 집에 오게 되었습니다. 미가의 집은 에브라임 산지에 있었습니다.
9 미가가 그 사람에게 물었습니다. "당신은 어디에서 오는 길이오?" 그 사람이 대답했습니다. "나는 유다 땅 베들레헴에서 온 레위 사람인데 살 곳을 찾아다니는 중입니다."
10 그러자 미가가 그에게 말했습니다. "나와 함께 삽시다. 우리 집의 어른이 되어 주고, 또 나의 제사장이 되어 주시오. 당신에게 해마다 은 십 세겔*을 주겠소. 또 옷과 음식도 주겠소." 그래서 레위 사람이 미가의 집으로 들어갔습니다.
11 그 젊은 레위 사람은 미가와 함께 사는 것을 좋아했습니다. 레위 사람은 마치 미가의 아들처럼 되었습니다.
12 미가가 그를 제사장으로 삼아서, 그 젊은이는 미가의 집에서 함께 살았습니다.
13 그 때, 미가는 "레위 사람을 내 제사장으로 삼았으니, 여호와께서 나에게 복을 주시겠지!" 하고 말했습니다.

단 지파가 라이스를 차지함

18 그 때에 이스라엘 사람들에게는 왕이 없었습니다. 단 지파 백성은 아직도 살 땅을 찾고 있었습니다. 그들은 자기 땅을 가지고 싶어했습니다. 이스라엘의 다른 지파들은 이미 자기 땅을 가지고 있었지만, 단 지파 사람들은 자기 땅을 갖지 못했습니다.
2 그래서 그들은 모든 집안 가운데서 힘센 사람 다섯 명을 뽑았는데, 소라와 에스다올 성 사람 중에서 다섯 명이 뽑혔습니다. 단 지파 사람들은 그들을 보내면서 "가서 땅을 살펴보아라" 하고 말했습니다. 그들은 에브라임 산지에 있는 미가의 집으로 가서 그 날 밤을 지냈습니다.
3 그들이 미가의 집 가까이 왔을 때, 젊은 레위 사람의 목소리가 나는 것을 들었습니다. 그들은 미가의 집에 멈춰 선 뒤 젊은 레위 사람에게 물었습니다. "누가 당신을 이 곳에 오게 했소? 여기에서 무슨 일을 하고 있소? 왜 여기에 와 있는 거요?"
4 레위 사람은 미가가 자기에게 한 일을 말했습니다. "미가가 나를 데려다 썼습니다. 나는 그의 제사장입니다."
5 그들이 레위 사람에게 말했습니다. "하나님께 우리의 일을 물어 봐 주시오. 우리는 지금 우리가 살 땅을 찾고 있는데, 그 일이 잘 되겠소?"
6 그 제사장이 그들에게 말했습니다. "평안히 가십시오. 여호와께서 여러분이 가는 길을 지켜 주실 것입니다."
7 그 다섯 명은 길을 떠나 라이스 성으로 갔습니다. 그 성 사람들은 마치 시돈 백성처럼 아무 걱정 없이 평화롭게 살고 있었습니다. 다른 사람들을 두려워하지 않았고, 모든 것이 넘쳐 흐를 만큼 많이 있었습니다. 그들은 시돈 사람들과 멀리 떨어져 있었으며, 그 누구와도 어울리지 않고 따로 살고 있었습니다.
8 다섯 명은 소라와 에스다올로 돌아왔습니다. 그들의 친척이 그들에게 물어 보았습니다. "너희는 무엇을 보았느냐?"
9 그들이 대답했습니다. "우리가 본 땅은 매우 좋았습니다. 이대로 있지 말고 빨리 가서 그 땅을 차지합시다.
10 그 곳 백성들은 평안하게 살고 있습니다.

알아두세요

17:10 10세겔은 약 114g에 해당된다.

은장이(17:4 silversmith) 금이나 은 등의 세공을 직업으로 하는 사람.
가문(17:5 family) 집안. 또는 그 집안의 사회적 지위.

또, 그 땅은 매우 넓습니다. 하나님께서
그 땅을 여러분 손에 넘겨 주셨습니다. 그
곳에는 세상에 있는 것이 다 있고, 하나
도 부족한 것이 없습니다."
11 그래서 단 지파 사람 육백 명은 싸울 무
기들을 갖추고 소라와 에스다올을 떠났습
니다.
12 그들은 길을 가다가 유다 땅에 있는 기럇
여아림에서 가까운 곳에 진을 쳤습니다.
그 곳은 지금까지 마하네단*이라고 불리고
있으며, 기럇여아림 서쪽에 있습니다.
13 단 지파 사람들은 그 곳에서부터 계속해
서 에브라임 산지로 이동했습니다. 마침내
그들은 미가의 집까지 왔습니다.
14 전에 라이스 주변을 살펴보았던 다섯 사
람이 자기 친척들에게 말했습니다. "이
집들 중에 에봇과 가문의 신들과, 조각한
우상과 은을 녹여 만든 우상을 갖고 있는
집이 있습니다. 그러니 우리가 해야 할 일
이 무엇인지 아시겠지요?"
15 그래서 단 지파 사람들은 레위 사람이 있
는 집에 멈췄습니다. 그 집은 미가의 집
이기도 했습니다. 그들은 레위 사람에게

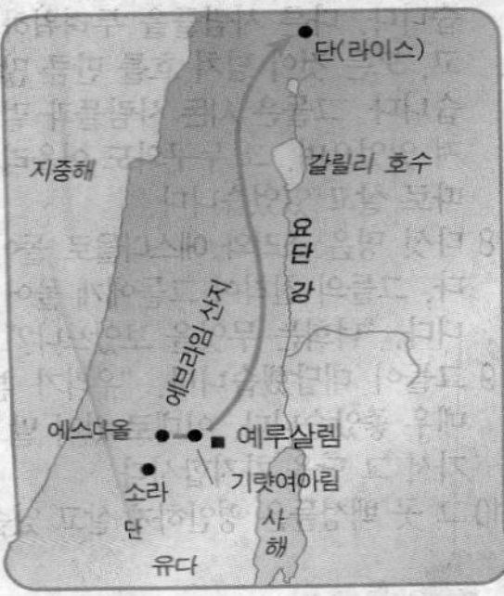

단 지파의 이주(18장)

알아두세요

18:12 '마하네단'은 '단의 진지'라는 뜻이다.
18:30 다른 곳에서는 '게르솜'으로 일컫기도 하며, 그의 후손을 게르솜 족속이라고도 한다.

인사를 했습니다.
16 단 지파 사람 육백 명은 문 앞에 무기를
들고 서 있었습니다.
17 땅을 살피러 갔던 다섯 사람이 집 안으로
들어갔습니다. 그들은 조각한 우상과 에
봇과 집안 우상들과 은 우상을 가지고 나
왔습니다. 그 동안, 제사장과 무기를 든
단 지파 사람 육백 명은 문 앞에 서 있었
습니다.
18 다섯 사람이 미가의 집으로 들어가서 조
각한 우상과 에봇과 가문의 우상들과 은
으로 도금한 우상을 가지고 나오는 것을
보고 제사장이 그들에게 물었습니다. "당
신들 무엇을 하고 있는 거요?"
19 그들이 대답했습니다. "조용히 하시오! 아
무 말도 하지 말고 우리와 함께 갑시다.
우리의 어른과 제사장이 되어 주시오. 한
사람의 집을 위해 제사장이 되는 것이 좋
소, 아니면 이스라엘의 한 지파와 여러 집
안의 제사장이 되는 것이 좋소?"
20 이 말을 듣고 레위 사람은 기뻐했습니다.
그래서 레위 사람은 에봇과 가문의 우상들
과 조각한 우상을 받아 들고, 단 지파 사
람들과 함께 갔습니다.
21 그들은 미가의 집을 떠나 어린 자녀들과
가축들과 그 밖의 모든 것을 앞장 세우고
가던 길을 계속 갔습니다.
22 단 지파 사람들은 미가의 집에서 멀리 떨
어진 곳까지 갔습니다. 그 때에 미가와 그
의 이웃 사람들이 함께 모여서 단 지파 사
람들을 뒤쫓아왔습니다.
23 미가와 함께 온 사람들이 단 지파 사람들
을 불렀습니다. 단 지파 사람들이 뒤로 돌
아서서 미가에게 말했습니다. "무슨 일이
오? 왜 사람들을 몰고 왔소?"
24 미가가 대답했습니다. "당신들이 내가 만든
나의 우상들을 가지고 가지 않았소! 또 당
신들은 나의 제사장도 데리고 갔소. 내게
있는 것을 당신들이 다 가지고 갔으면서 어
떻게 '무슨 일이오?'라고 말할 수가 있소?"
25 단 지파 사람들이 대답했습니다. "우리와
잘잘못을 가릴 생각은 아예 하지 마시오.

우리 중에는 성질이 급한 사람이 있소. 당
신과 당신 가족이 목숨을 잃을 것이오."
26 그리고 나서 단 지파 사람들은 가던 길을
계속 갔습니다. 미가는 자기 힘으로 그들
을 당해 낼 수 없다는 것을 알고 집으로
돌아갔습니다.
27 단 지파 사람들은 미가가 만든 것을 가지
고 미가의 제사장과 함께 라이스로 갔습니
다. 그들은 라이스에서 평화롭게 살고 있
던 사람들을 공격했습니다. 단 지파 사람
들은 그 백성을 칼로 죽이고, 그 성을 불
태워 버렸습니다.
28 라이스 백성을 구해 줄 사람은 아무도 없
었습니다. 왜냐하면 라이스는 시돈에서 너
무 멀리 떨어져 있었기 때문입니다. 또한
베드르홉에서 가까운 골짜기에 있었기 때
문에 그들은 누구와도 어울리지 않고 지
냈던 것입니다. 단 지파 백성은 그 자리
에 다시 성을 쌓았습니다.
29 그들은 이스라엘의 아들 중 하나인 자기
조상의 이름을 따서 그 곳의 이름을 단으
로 바꿨습니다. 그러나 그 성의 원래 이
름은 라이스였습니다.
30 단 지파 백성은 단 성에 우상들을 세웠습
니다. 그들은 모세의 손자이며 게르손*의
아들인 요나단을 제사장으로 삼았습니다.
요나단과 그의 아들들은 단 지파의 제사장
이 되어, 이스라엘 사람들이 포로로 끌려
갈 때까지 일했습니다.
31 단 지파 백성은 하나님의 성막이 실로에
있는 동안 미가가 만든 우상들을 섬겼습
니다.

한 레위 사람과 그의 첩

19 이스라엘에 왕이 없을 때, 에브라임
산지 외진 곳에 어떤 레위 사람이 살
고 있었습니다. 그는 유다 땅 베들레헴 여
자를 첩으로 데리고 살았습니다.
2 그러나 그 여자는 레위 사람에게 나쁜 짓
을 저지른 후, 레위 사람을 떠나 자기 아
버지 집으로 도망쳤습니다. 그 집은 유다
땅 베들레헴에 있었는데, 그 여자는 그 곳
에서 넉 달 동안, 머물러 있었습니다.
3 그 여자의 남편은 여자를 데려오고 싶었
으므로 자기 종과 함께 나귀 두 마리를 끌
고 길을 떠났습니다. 레위 사람은 그 여
자의 아버지 집에 도착했습니다. 그 여자
는 레위 사람을 들어오게 했고, 여자의 아
버지도 그를 보고 반가워했습니다.
4 레위 사람의 장인은 그에게 그 곳에 머물
러 있으라고 권했습니다. 그래서 레위 사람
은 삼 일 동안, 그 곳에서 머물렀습니다.
5 사 일째 되는 날, 그들은 아침 일찍 일어
났습니다. 레위 사람은 떠날 준비를 했습
니다. 여자의 아버지는 사위에게 말했습
니다. "음식을 먹고 기운을 차린 후에 떠
나게."
6 그래서 두 사람은 앉아서 함께 먹고 마셨
습니다. 그런 다음에 여자의 아버지가 레
위 사람에게 말했습니다. "오늘 밤도 여
기에서 묵고 가게. 편히 쉬면서 즐겁게 지
내게."
7 레위 사람은 일어나 가려고 하였습니다.
그러나 그의 장인이 그에게 묵어 가라고
권했습니다. 그래서 레위 사람은 그 날 밤
도 그 곳에서 지냈습니다.
8 오 일째 되는 날, 레위 사람은 아침 일찍
일어나 길을 떠나려 했습니다. 또 여자의
아버지가 말했습니다. "기운을 차린 후에
떠나도록 하게." 그래서 두 사람은 함께
먹었습니다.
9 그리고 나서 레위 사람은 그의 첩과 종을
데리고 떠나려 했습니다. 레위 사람의 장
인은 말했습니다. "해가 저물어 가니, 오
늘 밤도 여기에서 묵으면서 즐기다 가게.
내일 아침, 일찍 일어나 자네 집으로 떠
나게."

도금(18:18 gilt) 장식이나 부식 방지 등을 위하여 금속 표면에 다른 금속 또는 합금을 얇게 입히는 일.
성막(18:31 sacred tent) 시내 산에서 주어진 하나님의 명령에 따라 이스라엘 백성들이 만들었던 이동시킬 수 있는 성소.
묵다(19:6 stay) 일정한 곳에 나그네로 머무르다.

10 그러나 레위 사람은 하룻밤을 더 지내고
싶지 않았습니다. 그래서 그는 일어나 나
귀 두 마리에 안장을 지우고 자기 여자와
함께 떠났습니다. 그들은 여부스 성 맞은
편에 도착했습니다. 여부스는 예루살렘의
다른 이름입니다.
11 그들이 여부스 가까이에 도착했을 때, 해
가 저물어 가고 있었습니다. 종이 주인에
게 말했습니다. "이 성으로 들어가 쉬어
갑시다. 이 성은 여부스 사람들의 성입니
다. 오늘 밤은 이 곳에서 지냅시다."
12 그러나 그의 주인이 말했습니다. "안 돼.
다른 민족들의 성에는 들어갈 수 없어. 이
사람들은 이스라엘 사람이 아니야. 우린
기브아 성까지 가야 해.
13 자, 기브아나 라마까지 가도록 하자. 오늘
밤은 그 두 성 중 어느 한 곳에서 지낼 수
있을 거야."
14 그래서 그들은 가던 길을 계속 갔습니다.
그들이 베냐민 지파의 성인 기브아에 가까
이 이르렀을 때, 해가 졌습니다.
15 그들은 기브아 성으로 들어가 그 날 밤을
그 곳에서 지내려고 했습니다. 그들은 성
안의 거리에 앉았습니다. 그러나 그들을
자기 집에 데려가서 재워 주는 사람은 아
무도 없었습니다.
16 마침 한 노인이 밭에서 일을 끝내고 성으
로 돌아오고 있었습니다. 노인의 고향은
에브라임 산지에 있었으나, 그 때는 기브
아에 살고 있었습니다. 기브아 주민은 베
냐민 지파 사람들이었습니다.
17 노인은 나그네가 마을의 거리에 있는 것
을 보았습니다. 그 노인이 물었습니다.
"당신은 어디에서 왔소? 어디로 가고 있
소?"
18 레위 사람이 대답했습니다. "우리는 유다
땅 베들레헴에서 왔습니다. 그리고 에브라
임 산지 외진 곳으로 가고 있는 중입니다.
그런데 아무도 우리를 재워 주려고 하지
않습니다.
19 우리는 나귀에게 먹일 먹이를 가지고 있
습니다. 그리고 나와 저 젊은 여자와 내
종이 먹을 빵과 포도주도 갖고 있습니다.
우리에게는 부족한 것이 없습니다."
20 노인이 말했습니다. "걱정하지 마십시오.
당신이 필요한 것이 있으면 다 드리겠소.
이런 거리에서 밤을 지내지 마십시오."
21 노인은 레위 사람을 자기 집으로 데리고
갔습니다. 노인은 나귀들에게 먹을 것을
주었습니다. 레위 사람과 그의 젊은 여자

기브아 성의 타락(19:21-26)

는 그 노인의 집에 들어가 발을 씻고, 먹
고 마셨습니다.
22 그들이 평안히 쉬고 있을 때에 그 성의 사
람들이 그 집을 둘러싸며 문을 두드렸습
니다. 그들은 집주인인 노인에게 말했습
니다. "당신 집에 온 사람을 끌고 나오시
오. 우리가 그 사람을 강간해야겠소."
23 집주인이 밖으로 나가 그들에게 말했습니
다. "여보시오. 그런 나쁜 일은 하지 마
시오. 이 사람은 내 집에 온 손님이오. 그
런 끔찍한 일은 하지 마시오.
24 자, 여기 내 딸이 있소. 내 딸은 아직 순
결한 처녀요. 또 이 사람의 첩도 있소. 이
여자들을 밖으로 내보낼 테니 당신들 좋
을 대로 하시오. 제발 이 사람에게만은 그
런 끔찍한 일을 하지 마시오."
25 그러나 사람들은 노인의 말을 들으려 하
지 않았습니다. 그래서 레위 사람은 자기
첩을 그들에게 내보냈습니다. 그들은 그
여자를 욕보이고 밤새도록 괴롭혔습니다.
그러다가 새벽이 되어서야 놓아 주었습니
다.
26 여자는 자기 남편이 머무르고 있는 노인
의 집으로 돌아와 문간에 쓰러졌습니다.
그리고 해가 뜰 때까지 거기에 누워 있었
습니다.
27 아침이 되자, 레위 사람은 자리에서 일어
나 자기 길을 가려고 밖으로 나섰습니다.
그 곳에는 자기의 첩이 문턱에 손을 걸친
채 문간에 쓰러져 있었습니다.
28 레위 사람이 여자에게 말했습니다. "일어
나라, 가자." 하지만 여자는 아무 대답도
하지 않았습니다. 레위 사람은 첩의 시체
를 나귀에 싣고 자기 집으로 갔습니다.
29 레위 사람은 집에 와서 칼을 꺼내어, 자
기 첩의 몸을 열두 부분으로 잘랐습니다.
그리고 이스라엘 열두 지파에게 그것들을
두루 보냈습니다.
30 그것을 본 사람들마다 이렇게 말했습니
다. "이스라엘 백성이 이집트에서 나온 후
로 이런 일은 한 번도 일어난 적이 없었
다. 생각해 보고, 앞으로 어떻게 할 것인
가를 말해 보자."

이스라엘과 베냐민 사이의 전쟁

20 모든 이스라엘 사람이 단에서부터
브엘세바에 이르는 곳까지, 또 길
르앗 땅에서부터도 나와, 미스바 성에서
여호와 앞에 섰습니다.
2 이스라엘 모든 지파의 지도자들도 하나님
의 백성이 다 모인 회의에 왔습니다. 칼
을 든 군인도 사십만 명이 있었습니다.
3 베냐민 백성은 이스라엘 사람들이 미스바
로 올라갔다는 이야기를 들었습니다. 이
스라엘 백성들이 레위 사람에게 말했습니
다. "이 몹쓸 일이 어떻게 일어났는지 말
해 주시오."
4 그러자 죽임을 당한 여자의 남편인 레위
사람이 말했습니다. "나와 나의 첩이 하
룻밤을 묵기 위해 베냐민 땅 기브아로 갔
습니다.
5 그 날 밤, 기브아 사람들이 나에게로 몰
려왔습니다. 그들은 내가 묵고 있는 집을
에워싸고 나를 죽이려 했습니다. 그들은
나의 첩을 욕보이고 밤새도록 괴롭혔습
니다. 그 때문에 내 첩이 죽고 말았습니
다.

성경 속의 궁금증

사사시대에는 왜 이렇게 악한 일이 많이 일어났나요?

사람들은 사사시대를 '이스라엘 민족의 암흑기'라고 부릅니다. 여호수아가 죽은 후 사람들은 하나님을 떠나 자기들의 생각대로 살았습니다. 즉 하나님의 뜻을 따르지 않고 자기들이 하고 싶은 대로 했다는 것입니다. 그러자 죄를 미워하시는 하나님은 이웃 국가들을 통해 그들을 심판하셨고, 그들이 회개하면 사사를 세워 다시 구원해 주셨습니다. 이렇게 이스라엘이 범죄하여 하나님께 심판을 받고, 다시 그들이 회개하여 구원을 받는 일이 350년 동안 7회나 반복되었습니다. 그만큼 사사시대는 이스라엘 백성들이 영적으로나 도덕적으로 타락했던 시기였습니다. 때문에 떠올리기조차 끔찍한 일들이 계속적으로 일어났던 것입니다.

본문 보기 19장

6 그래서 내 첩의 시체를 가져다가 여러 부분으로 쪼개어 이스라엘의 열두 지파에게 보냈습니다. 베냐민 사람이 이스라엘 안에서 음란하고 끔찍한 짓을 저질렀음을 보여 드리기 위해서였습니다.
7 이스라엘 모든 사람이 이렇게 다 모였습니다. 우리가 어떻게 해야 할지 의견들을 말해 주십시오."
8 그러자 모든 백성이 한결같이 자리에서 일어나서 말했습니다. "우리 중에 한 사람도 집으로 돌아가지 않겠다.
9 우리는 기브아를 칠 것이며, 이 일을 위해서 제비를 뽑겠다.
10 우리는 이스라엘 각 지파에서 백 사람마다 열 명씩을 뽑겠다. 그리고 천 명에서 백 명을 뽑고, 만 명에서 천 명을 뽑겠다. 이렇게 제비 뽑힌 사람들은 군대를 위해 먹을 것을 대주는 일을 할 것이다. 그리고 나머지는 베냐민의 기브아 성으로 가서 그들이 이스라엘에서 한 끔찍한 일을 갚을 것이다."
11 이스라엘의 모든 사람이 기브아를 치기 위해 함께 모였습니다. 그들은 앞으로 할 일을 위해 한 마음으로 뭉쳤습니다.
12 이스라엘 지파들은 베냐민의 모든 집안에 사람을 보내어, 이렇게 전하도록 했습니다. "당신들 가운데서 어떻게 이처럼 나쁜 일이 일어날 수 있소?
13 기브아의 그 나쁜 사람들을 우리에게 넘겨 주시오. 그들을 죽여야겠소. 이런 악한 일은 이스라엘에서 없애 버려야 하오." 그러나 베냐민 사람들은 자기들의 형제인 이스라엘 백성의 말을 들으려 하지 않았습니다.
14 베냐민 사람들은 각 성에서 나와 이스라엘 사람들과 싸우기 위해 기브아에 모였습니다.
15 그 날에 각 성에서부터 나온 베냐민 사람들 중에는 칼을 잘 쓰는 군인들만 이만 육천 명이 모였습니다. 또한 기브아에서도 칠백 명이 뽑혀 나왔습니다.
16 기브아 사람 중에서 뽑혀 온 칠백 명은 왼손잡이들이었는데, 물매로 돌을 던져 정확하게 맞추는 사람들이었습니다.
17 이스라엘 사람들은 베냐민을 제외하고도 사십만 명이 모였습니다. 이들도 칼을 가지고 있었으며,* 싸움을 잘하는 군사들이었습니다.
18 이스라엘 사람들은 벧엘 성으로 올라가 하나님께 여쭈었습니다. "우리 중에 누가 먼저 올라가서 베냐민 사람과 싸울까요?" 여호와께서 대답하셨습니다. "유다가 먼저 가거라."
19 이튿날 아침, 이스라엘 사람들은 일어나, 기브아를 향하여 진을 쳤습니다.
20 이스라엘 사람들은 베냐민 사람들과 싸우기 위해 나아갔습니다. 그들은 대형을 갖추어 베냐민 사람들과 마주섰습니다.
21 그 때에 베냐민 사람들이 기브아에서 돌격해 나왔습니다. 이스라엘 사람들은 그 날, 싸움에서 이만 이천 명이 죽었습니다.
22-23 이스라엘 사람들은 여호와 앞에 나아가서 저녁 때까지 소리내어 울었습니다. 그들은 여호와께 "우리 친척인 베냐민 사람들과 다시 싸우러 나가야 합니까?" 하고 물었습니다. 여호와께서는 "나가서 그들과 싸워라" 하고 대답하셨습니다. 이스라엘

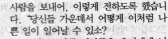

성경 풍속

물매

두 개의 가죽끈에 조그마한 가죽 또는 천 조각을 붙들어 매어 만든 물매는, 그 안에 돌을 넣고 빙빙 돌리다가 가죽끈 중의 하나를 놓아 돌이 날아가게 한 것입니다. 목자들은 가축을 약탈하는 짐승들을 물리치는 데 이 물매를 사용하였습니다. 군대에서는 물매꾼들을 훈련시키기도 하였습니다(삿 20:16;왕하 3:25;대상 12:2). 이렇게 숙련된 물매꾼은 먼 거리에서도 사람을 죽일 수 있었다고 합니다(삼상 17:49).

본문 보기 20장 16절

알아두세요

20:17 칼을 잘 쓰며

사람들은 서로 용기를 북돋웠습니다. 그리고 나서 그들은 첫째 날과 같은 대형으로 베냐민 사람들과 마주 섰습니다.
24 이스라엘 사람들은 둘째 날에도 베냐민 사람들과 맞서 싸우러 나아갔습니다.
25 베냐민 사람들은 기브아에서 나와 이스라엘 사람들을 공격했습니다. 이번에도 베냐민 사람들이 이스라엘 사람 만 팔천 명을 죽였습니다. 죽은 이스라엘 사람들은 모두 칼을 잘 쓰는 군인들이었습니다.
26 그러자 이스라엘 사람들은 벧엘로 올라가서 주저앉아 여호와께 부르짖었습니다. 그들은 저녁 때까지 하루 종일 아무것도 먹지 않았습니다. 그들은 여호와께 태워 드리는 제물인 번제물과 화목 제물도 드렸습니다.
27 이스라엘 사람들은 여호와의 뜻을 여쭈었습니다. 그 때, 하나님의 언약궤가 벧엘에 있었습니다.
28 비느하스라고 하는 제사장이 언약궤 앞에서 섬기고 있었는데, 그는 아론의 아들인 엘르아살의 후손이었습니다. 이스라엘 백성은 이렇게 여쭈어 보았습니다. "다시 가서 우리의 형제인 베냐민 사람들과 싸워야 합니까? 아니면 싸움을 그만두어야 합니까?" 여호와께서 대답하셨습니다. "가거라. 내일 너희가 베냐민 사람들을 물리치도록 도와 주겠다."
29 그래서 이스라엘 사람들은 기브아 주변에 군인들을 숨겨 놓았습니다.
30 삼 일째 되는 날, 이스라엘 사람들은 베냐민 사람들과 싸우기 위해 기브아로 나아가, 전처럼 싸울 대형을 갖췄습니다.
31 그러자 베냐민 사람들도 싸우기 위해 성에서 나왔습니다. 이스라엘 사람들은 도망치면서 베냐민 사람들이 성에서 멀리 떨어진 곳까지 자기들을 쫓아오게 만들었습니다. 베냐민 사람들은 전에 그랬던 것처럼 이스라엘 사람들을 죽이기 시작했습니다. 그래서 이스라엘 사람 삼십 명 가량이 죽임을 당했습니다. 이들 중에는 들에서 죽은 사람도 있었고, 벧엘로 가는 길과 기브아로 가는 길에서 죽은 사람도 있었습니다.
32 베냐민 사람들은 "이번에도 우리가 이긴다!" 하고 말했습니다. 그러자 이스라엘 사람들은 이렇게 말했습니다. "달아나자. 저들을 꾀어서 자기 성에서부터 큰 길까지 나오게 하자."
33 이스라엘의 모든 사람은 자기가 있던 곳에서 다른 곳으로 움직였습니다. 그들은 바알다말이란 곳에서 싸우기 위해 대형을 갖추었습니다. 그 때에 기브아 가까이 풀 속에 숨어 있던 이스라엘 사람들이 달려나왔습니다.
34 그들은 이스라엘 군인 중에서 특별히 뽑힌 만 명의 용사들이었습니다. 그들은 기브아를 공격했습니다. 매우 격렬한 싸움이 벌어졌지만, 베냐민 사람들은 자기들에게 불행한 일이 일어나고 있다는 것을 알지 못했습니다.
35 여호와께서는 이스라엘 사람들 앞에서 베냐민 사람들을 물리치셨습니다. 그 날, 이스라엘 사람 앞에서 죽은 베냐민 사람은 이만 오천 명이었습니다. 죽은 사람들은 모두 칼을 가진 군인들이었습니다.
36 그제서야 베냐민 사람들은 자기들이 졌다는 것을 깨달았습니다. 이스라엘 사람들이 뒤로 도망치는 척했던 것은 기브아 근처에 숨겨 놓은 군인들을 이용하여 베냐민 사람들을 갑자기 공격하기 위해서였습니다.
37 숨어 있던 사람들은 재빠르게 나와서 기브아로 달려나갔습니다. 그들은 기브아 성에 있는 모든 사람을 칼로 죽였습니다.
38 이스라엘 사람들은 숨어 있던 사람들에게 성 안에서 연기를 치솟게 하는 신호를 보

대형(20:20 formation) 여러 사람이 줄지어 늘어선 형태.
언약궤(20:27 ark of the covenant) 하나님께서 인간에게 주신 십계명 두 돌판을 간직해 둔 상자.
격렬한(20:34 heavy) 몹시 세찬.
공격(20:36 attack) 나아가 적을 침.

내라고 했습니다. 그 신호를 보면 이스라
엘 군대가 뒤로 돌아서 다시 싸우기로 약
속했던 것입니다.
39 베냐민 사람들은 이스라엘 사람을 삼십 명
가량 죽이고는 "처음 싸울 때처럼 이번에
도 우리가 이긴다!" 하고 말했습니다.
40 그러나 그 때, 성안에서 연기가 기둥같이
치솟아 오르기 시작했습니다. 베냐민 사
람들도 뒤로 돌아 그 연기를 보았습니다.
성 전체가 하늘로 치솟는 연기로 가득 찼
습니다.
41 이제 이스라엘 사람들이 뒤돌아 싸우기 시
작했습니다. 베냐민 사람들은 겁을 먹었
습니다. 자기들에게 불행한 일이 일어나
고 있다는 것을 깨달았습니다.
42 베냐민 사람들이 이스라엘 사람들 앞에서
도망쳤습니다. 베냐민 사람들은 광야로
갔지만 더 이상 달아날 길이 없었습니다.
이스라엘 군사들이 각 성에서 뽑혀 나온
베냐민 사람들을 죽이고, 베냐민 사람들
가운데 들어가서 그들을 전멸시켰습니다.
43 그들은 베냐민 사람들을 뒤쫓아가서 그들
이 잠시 쉬고 있는 곳을 에워쌌습니다. 이
스라엘 군대는 베냐민 사람들을 쫓아 기브
아 동쪽 지역까지 갔습니다.
44 베냐민 군인 만 팔천 명이 죽임을 당했습
니다.
45 또 베냐민 사람들은 광야에 있는 림몬 바

기브아 동편 광야(20:43-45)

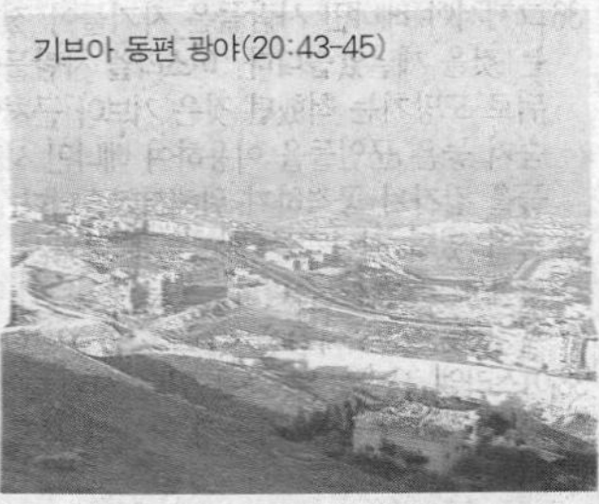

알아두세요

20:45 오천 명을 이삭 줍듯이 죽이고

위라는 곳으로 도망쳤습니다. 이스라엘 군
대는 큰 길에서 베냐민 사람 오천 명을 죽
이고,* 기돔이라는 곳까지 베냐민 사람들
을 뒤쫓아서 이천 명을 더 죽였습니다.
46 그 날, 베냐민 사람 이만 오천 명이 죽임
을 당했습니다. 그들은 모두 칼을 가진 사
람들이었고 용사들이었습니다.
47 베냐민 사람 육백 명은 광야의 림몬 바위
로 달아났는데, 그들은 그 곳에서 네 달
동안 머물러 있었습니다.
48 이스라엘 사람들은 베냐민 땅으로 돌아왔
습니다. 그들은 각 성마다 다니면서 그 안
에 있는 사람들과 가축들을 모두 죽였습
니다. 눈에 보이는 것은 무엇이든지 다 죽
였습니다. 그리고 성을 모두 불태워 버렸
습니다.

베냐민 사람들을 위해 아내를 얻어 줌

21 이스라엘 사람들은 전에 미스바에 모
였을 때, "누구든지 베냐민 지파의
남자에게 자기 딸을 시집 보내지 말자"고
맹세했었습니다.
2 이스라엘 백성은 벧엘 성으로 가서, 하나
님 앞에 앉아 저녁 때까지 큰 소리로 울
었습니다.
3 그들이 말했습니다. "여호와여! 이스라엘
의 하나님이시여! 어찌하여 이스라엘 안에
서 이런 끔찍한 일이 일어났습니까? 왜 이
스라엘의 한 지파가 없어지게 되었습니
까?"
4 이튿날, 이스라엘 백성은 일찍이 제단을
쌓고 태워 드리는 제물인 번제물과 화목
제물을 하나님께 바쳤습니다.
5 그후, 이스라엘 사람들이 서로 물었습니
다. "이스라엘 지파 중에 여호와 앞에 모
이지 않은 지파가 누구인가?" 이는 예전
에 이스라엘 백성 중 미스바에 모이지 않
는 사람은 죽이기로 맹세했기 때문이었습
니다.
6 이스라엘 사람들은 자기 친척인 베냐민 사
람들 때문에 마음이 아파서 말했습니다.
"오늘날, 이스라엘에서 한 지파가 끊어져
버렸다.

7 우리는 여호와 앞에서 우리 딸을 베냐민 사람과 결혼시키지 않겠다고 맹세하였다. 어떻게 하면 그 남은 베냐민 사람들에게 아내를 얻게 할 수 있을까?"
8 그리고 이스라엘 백성이 물었습니다. "이스라엘 지파 가운데 이 곳 미스바로 모이지 않은 지파는 어느 지파인가?" 그들은 길르앗의 야베스 성에 사는 사람이 하나도 오지 않았다는 것을 알아 냈습니다.
9 이스라엘 백성이 모든 사람을 다 세어 보았지만, 길르앗의 야베스에서 온 사람은 한 사람도 없었습니다.
10 그래서 이스라엘 백성은 길르앗의 야베스에 용사 만 이천 명을 보내면서, 그 용사들에게 야베스 사람들을 칼로 죽이라고 말했습니다. 여자와 어린아이들도 죽이라고 말했습니다.
11 "여러분은 이렇게 하시오. 길르앗 땅 야베스에 있는 모든 사람을 죽이시오. 남자와 함께 잔 적이 있는 여자도 다 죽이시오."
12 그 용사들은 길르앗의 야베스에서 남자와 함께 잔 적이 없는 젊은 여자 사백 명을 찾아 냈습니다. 용사들은 이 여자들을 가나안 땅 실로의 진으로 데리고 왔습니다.
13 그후에 이스라엘에 사는 모든 백성이 림몬 바위에 있는 베냐민 사람들에게 전령을 보내어 그들에게 평화를 선언했습니다.
14 그제서야 베냐민 사람들이 다시 돌아왔습니다. 이스라엘 백성은 그들에게 길르앗의 야베스에서 데리고 온 여자들을 데려다 주었습니다. 그러나 아직 남자에 비해서 여자의 수가 부족했습니다.
15 이스라엘 백성은 베냐민 사람들 때문에 마음이 아팠습니다. 이는 여호와께서 이스라엘 중에 한 지파를 갈라 놓으셨기 때문입니다.
16 이스라엘의 장로들이 말했습니다. "베냐민의 여자들은 모두 죽임을 당했소. 살아남은 베냐민 사람들에게 줄 아내를 어디서 더 얻을 수 있겠소?
17 이 사람들은 자신들의 가문을 이어가기 위해 자녀를 가져야 하오. 그래야 이스라엘에서 한 지파가 끊어지는 일이 없을 것이오.
18 그러나 우리는 누구든지 베냐민 사람에게 딸을 주는 사람은 저주를 받을 것이라고 맹세했기 때문에, 우리 딸을 베냐민 사람에게 아내로 줄 수 없소."
19 그들 중에 어떤 사람이 말했습니다. "좋은 생각이 있소. 벧엘 북쪽에 있는 실로에서는 해마다 여호와의 축제가 열리오. 실로는 벧엘에서 세겜으로 가는 길의 동쪽에, 르보나 성의 남쪽에 있소."
20 이스라엘 장로들이 베냐민 사람들에게 말했습니다. "당신들은 가서 포도밭에 숨어 있으시오.
21 실로에서 젊은 여자들이 나오는 것을 잘 지켜 보다가, 젊은 여자들이 춤을 추러 나올 때, 포도밭에서 달려나오시오. 그리고 각 사람이 젊은 실로 여자 한 사람씩을 붙잡아 베냐민 땅으로 가시오.
22 만약 그 젊은 여자들의 아버지나 오빠들이 우리에게 찾아와서 따지면, 우리는 이렇게 말해 주겠소. '베냐민 사람들에게 친절을 베풀어 줍시다. 우리는 전쟁을 할 때에 베냐민 각 사람에게 아내를 주지 못하였소. 여러분 스스로가 베냐민 사람들에게 딸을 준 것도 아니오. 그러므로 여러분은 죄가 없소.'"
23 베냐민 사람들은 장로들이 말한 대로 했

실로 유적지에서 본 유대인 정착촌(21장)

습니다. 젊은 여자들이 춤을 추고 있을
때, 베냐민 사람들은 각자 여자 한 명씩을
붙잡아 데리고 가서 결혼했습니다. 그리
고 그들은 하나님께서 그들에게 주신 땅
으로 돌아갔습니다. 그들은 다시 성을 짓
고, 그 곳에서 살았습니다.
24그런 후에 이스라엘 사람들도 각기 자기
지파와 가족들이 있는, 하나님께서 주신
땅으로 돌아갔습니다.
25그 때에 이스라엘 사람들에게는 왕이 없었
습니다. 그래서 사람들마다 자기가 하고
싶은 대로 했습니다.

믿음을 키워 주는 이야기

여러 가지 안경

'파란 안경'을 쓰면 파란 세상.
'노란 안경'을 쓰면 노란 세상.

'미움의 안경'을 쓰고 보면,
똑똑한 사람은 잘난 척해 보이고,
착한 사람은 어수룩하게 보이고,
얌전한 사람은 소극적으로 보이고,
활기찬 사람은 까불어 보이고,
잘 웃는 사람은 실없어 보이고,
듬직한 사람은 둔하게 보이고,

'사랑의 안경'을 쓰고 보면,
잘난 체하는 사람은 똑똑해 보이고,
어수룩한 사람은 착해 보이고,
소극적인 사람은 얌전해 보이고,
까부는 사람은 활기 있어 보이고,
실없는 사람은 밝아 보이고,
둔한 사람은 든든하게 보입니다.

룻 기

Ruth

저자

누가 기록했는지 알 수 없다.

저작 연대

B.C. 1011-931년경

주요 인물

룻, 나오미, 보아스

핵심어 및 주요 내용

핵심어는 "기업 무를 자", "조상" 등이다. 나오미의 친척인 보아스가 기업 무를 책임을 지며 룻과 결혼을 하였고, 아들을 낳아 나오미 집안의 대를 이어 주었다. 이렇게 하여 룻은 다윗의 족보에 들어갔고 보아스와 룻은 다윗의 증조부와 증조모가 되었다.

내용 소개

1. 룻의 결심(1장)
2. 추수 밭에서 만난 룻과 보아스(2장)
3. 타작 마당의 보아스에게 간 룻(3장)
4. 룻과 결혼하기 위해 문제를 해결한 보아스(4:1-12)
5. 집안의 대를 잇게 된 나오미(4:13-17)
6. 다윗의 족보(4:18-22)

모압 여자 룻

1 사사들이 이스라엘을 다스리던 시대에 가
뭄이 든 일이 있었습니다. 그 때에 엘리
멜렉이라는 사람이 아내와 두 아들을 데
리고 유다 땅 베들레헴을 떠나 모압 지방
으로 갔습니다.
2 그의 아내의 이름은 나오미고, 두 아들의
이름은 말론과 기룐이었습니다. 이들은 원
래 유다 땅 베들레헴에서 가까운 에브랏 지
방 사람이었지만, 모압으로 가서 살았습
니다.
3 그 뒤에 나오미의 남편 엘리멜렉이 죽고,
나오미와 그의 두 아들만 남게 되었습니
다.
4 그 두 아들은 모압 여자를 아내로 맞아들
였는데, 한 여자의 이름은 오르바이고, 다
른 여자의 이름은 룻이었습니다. 나오미와
그의 아들들은 모압에서 십 년쯤 살았습
니다.
5 그러다 말론과 기룐마저 죽어 버리자, 나
오미는 남편과 두 아들을 잃고 홀로 남게
되었습니다.
6 그러던 어느 날, 나오미는 여호와께서 자
기 백성을 돌보아 유다에 풍년이 들게 하
셨다는 소식을 들었습니다. 그래서 모압
을 떠나 고향으로 돌아갈 준비를 했습니
다. 나오미의 두 며느리도 함께 떠날 준비
를 했습니다.
7 그들은 살던 곳을 떠나 유다 땅으로 가려
고 길을 나섰습니다.
8 나오미가 두 며느리에게 말했습니다. "너
희는 각자 너희 어머니의 집으로 돌아가
거라. 너희가 나와 죽은 내 아들을 잘 보
살펴 주었으니, 여호와께서 너희를 잘 돌
보아 주시기를 바란다.
9 또 여호와께서 너희에게 새 남편과 새 가
정을 주시기를 바란다." 이 말을 한 뒤,
나오미가 작별을 하기 위해 며느리들에게

성경 자세히 이해하기

"내가 아들을 더 낳아 너희에게 새 남편을 줄 수 있는 것도 아니다"

이스라엘에서는 형이나 아우가 자녀를 낳지 못하고 죽으면, 남은 형제가 대신 죽은 형제의 부인에게서 자녀를 낳아 그 형제의 가업을 잇게 하는 풍습이 있었습니다. 우리 나라에도 자녀가 없을 때 다른 형제의 자식을 데려다가 양자로 삼는 풍습이 있었지요. 하지만 나오미는 두 아들이 모두 자식이 없이 죽었고, 또 남편마저 죽었기 때문에 가업을 이을 방법이 전혀 없었던 것입니다.

본문 보기 1장

입을 맞추자, 두 며느리는 큰 소리로 울
었습니다.
10 며느리들이 나오미에게 말했습니다. "아
닙니다. 우리도 어머니와 함께 어머니의
나라로 가겠습니다."
11 그러자 나오미가 말했습니다. "내 딸들아,
너희 집으로 돌아가거라. 왜 나를 따라가
려고 하느냐? 내가 아들을 더 낳아 너희
에게 새 남편을 줄 수 있는 것도 아니지
않느냐?
12 너희 집으로 돌아가거라. 나는 다른 남편
을 맞아들이기에는 너무 늙었다. 설령 내
가 오늘 밤에 다른 남편을 맞아들여서 아
들을 낳을 수 있다 해도 무슨 소용이 있
겠느냐?
13 그 아이들이 클 때까지 너희가 기다릴 수
있겠느냐? 그렇게 오랜 세월을 남편 없이
지낼 수 있겠느냐? 그러지 마라. 여호와
께서 나를 치셨기 때문에 내 마음이 너희
로 인해 너무 아프구나."
14 그들은 다시 한 번 큰 소리로 울었습니다.
그리고 오르바는 나오미에게 입을 맞추어
작별 인사를 했습니다. 그러나 룻은 시어
머니에게 매달렸습니다.
15 나오미가 말했습니다. "보아라. 네 동서는
자기 백성과 자기 신들에게로 돌아갔다.
너도 네 동서의 뒤를 따라가거라."

룻이 나오미 곁에 머물다

16 그러자 룻이 말했습니다. "저더러 어머니
를 떠나라고 하거나, 어머니 뒤를 따르지
말라고 하지 마십시오. 저는 어머니가 가
시는 곳에 따라가고, 어머니가 사시는 곳
에서 살겠습니다. 어머니의 백성이 제 백
성이고, 어머니의 하나님이 제 하나님이
십니다.
17 어머니가 돌아가시는 곳에서 저도 죽어,
거기에 묻히겠습니다. 만약 제가 이 맹세
를 지키지 않는다면, 여호와께서 제게 무
서운 벌을 내리셔도 좋습니다. 오직 죽음
만이 우리를 갈라 놓을 수 있을 것입니
다."
18 나오미는 룻이 자기와 함께 가기로 굳게
마음먹은 것을 보고, 더 이상 아무 말도
하지 않았습니다.
19 나오미와 룻은 길을 떠나, 베들레헴으로
향했습니다. 그들이 베들레헴에 도착했을
때, 온 마을이 떠들썩해졌습니다. 마을
여자들이 말했습니다. "이 사람이 정말 나
오미인가?"
20 그러자 나오미가 사람들에게 말했습니다.
"저를 나오미*라고 부르지 마십시오. 전능
하신 하나님께서 저를 슬프게 만드셨으
니, 이제 저를 마라*라고 부르십시오.
21 제가 떠날 때에는 가진 것이 많았으나, 여
호와께서는 저를 빈털터리로 돌아오게 하
셨습니다. 여호와께서 저를 괴롭게 만드
셨고, 전능하신 하나님께서 제게 큰 고통
을 주셨습니다. 그런데 어떻게 저를 나오
미라고 부르십니까?"
22 나오미와 그의 며느리인 모압 여자 룻은
이렇게 모압에서 돌아왔습니다. 그들이 베
들레헴에 왔을 때는 보리 수확을 시작할
무렵이었습니다.

룻이 보아스를 만나다

2 베들레헴에 보아스라는 유력한 사람*이
살고 있었습니다. 보아스는 엘리멜렉
가문의 사람으로, 나오미의 가까운 친척
이었습니다.
2 어느 날, 모압 여자 룻이 나오미에게 말했
습니다. "밭에 나가게 해 주십시오. 혹시
친절한 사람을 만나게 되면, 그 사람이 밭
에 떨어뜨린 이삭을 주워 오겠습니다." 나
오미가 말했습니다. "그래. 가 보아라."
3 그래서 룻은 밭으로 나갔습니다. 그녀는
곡식을 거두는 일꾼들을 따라다니며, 그
들이 남긴 이삭을 주웠습니다. 마침 그 밭
은 엘리멜렉 가문의 사람인 보아스의 밭이
었습니다.
4 보아스가 베들레헴에서 와서 일꾼들에게

알아두세요

1:20 '나오미'는 '즐거움'이란 뜻이고, '마라'는 '괴롭다' 혹은 '쓰다'라는 뜻이다.
2:1 직역하면 '힘센 용사'라는 뜻이다.

이삭을 줍고 있는 룻을 바라보는 보아스(2장)

인사하고 있었
습니다. "여호
와께서 그대들과
함께 계시기를 비
네!" 일꾼들도 인
사했습니다. "여호와께
서 주인님께 복 주시기를 빕니다!"
5 보아스가 일꾼들을 감독하는 자기 종에
게 물었습니다. "저 여자는 어느 집 여자
인가?"
6 그 종이 대답했습니다. "저 여자는 나오미
와 함께 모압 지방에서 온 모압 여자입니
다.
7 일꾼들 뒤를 따라다니며 땅에 떨어진 이
삭을 줍도록 해 달라고 했습니다. 그녀
는 잠시 오두막에서 쉰 것 말고는 아침
부터 지금까지 계속 이삭을 줍고 있습니
다."
8 보아스가 룻에게 말했습니다. "여인이여,
나의 말을 잘 들으시오. 이삭을 줍기 위
해 다른 밭으로 가지 말고 여기에서 주우
시오. 내 일꾼들 뒤만 따라다니시오.
9 그들이 가는 밭을 잘 보고 그 뒤를 따라
가시오. 나의 일꾼들에게 당신을 건드리
지 말라고 일러두었소. 목이 마르거든 물
항아리 있는 곳으로 가서 일꾼들이 길어
온 물을 마시도록 하시오."
10 그러자 룻이 얼굴을 땅에 대고 절하며 보
아스에게 말했습니다. "저는 이방 사람인
데 어떻게 저 같은 사람에게 이런 은혜를
베푸시고 돌보아 주십니까?"
11 보아스가 대답했습니다. "나는 당신 남편
이 죽은 뒤에 당신이 시어머니에게 한 일
을 들었소. 또 당신이 당신 부모와 당신
나라를 떠나, 아는 사람 하나 없는 이 나
라로 온 것도 다 알고 있소.
12 여호와께서 당신이 한 일을 갚아 주실 것
이오. 작은 새가 자기 어미 날개 아래로
피하듯이 당신이 여호와께 왔으니, 이스
라엘의 주 하나님께서 당신에게 넉넉히
갚아 주실 것이오."
13 그러자 룻이 말했습니다. "나의 주여! 당
신께 은총을 입기 바랍니다. 저는 당신 종
들 중의 하나와 같습니다. 그런데도 당신
은 이렇게 종의 마음을 위로하는 말씀을
해 주셨습니다."
14 식사할 시간이 되자, 보아스가 룻에게 말
했습니다. "이리로 오시오. 같이 먹읍시
다. 자, 빵을 이 초에 찍어 드시오." 룻이
일꾼들 옆에 앉자, 보아스가 룻에게 볶은
곡식을 주었는데, 룻이 배불리 먹고도 남

을 정도로 많았습니다.
15 룻이 이삭을 주우려고 일어나자, 보아스가
일꾼들에게 말했습니다. "저 여자가 곡식
단 사이에서도 이삭을 주울 수 있도록 내
버려 두고, 쫓아 내지 마라.
16 또 단에서 이삭을 조금씩 떨어뜨려서 저
여자가 주울 수 있게 하고, 여자를 꾸짖
지 마라."
17 룻은 저녁까지 그 밭에서 이삭을 주웠습
니다. 주운 이삭을 떨었더니 보리가 한 에
바*쯤 나왔습니다.
18 룻은 그것을 가지고 마을로 돌아갔습니
다. 룻은 시어머니에게 모은 것과 함께 자
기가 배불리 먹고 남은 음식도 꺼내서 드
렸습니다.
19 나오미가 룻에게 물었습니다. "오늘 어디
서 이 이삭을 주웠느냐? 어디서 일했느
냐? 너를 이렇게 생각해 준 사람에게 복
이 있기를 빈다." 그러자 룻이 대답했습
니다. "제가 오늘 일한 밭의 주인은 보아
스라고 합니다."
20 나오미가 며느리에게 말했습니다. "여호
와께서 그 사람에게 복 주시기를 빈다. 여
호와께서는 산 사람이나 죽은 사람 모두
에게 자비를 베푸시는구나. 보아스는 우
리의 가까운 친척이란다. 우리 가족의 땅
을 사서 되돌려 줄 수 있는 사람이지."
21 룻이 말했습니다. "보아스는 저에게 자기
일꾼들 가까이에서 계속 일하라고 했습니
다. 수확이 끝날 때까지 그렇게 하라고 했
습니다."
22 나오미가 며느리 룻에게 말했습니다. "그
사람의 여종들 가까이에서 일하는 것이
좋겠다. 네가 다른 밭에서 희롱을 당하지
않아도 되니 말이다."
23 룻은 보아스의 일꾼들 가까이에서 이삭을
주우며 시어머니를 모시고 살았습니다.

나오미의 계획

3 시어머니 나오미가 룻에게 말했습니다.
"얘야, 너에게 알맞은 가정을 찾아봐야
겠다. 너도 행복하게 살아야지.
2 네가 함께 일하고 있는 일꾼들의 주인인
보아스는 우리의 가까운 친척이란다. 그
가 오늘 밤에 타작 마당에서 일할 것이다.
3 너는 가서 목욕을 하고 몸에 향수를 발라
라. 그리고 옷을 갈아입고 타작 마당으로
내려가거라. 그 사람이 먹고 마시기를 끝
낼 때까지 그의 눈에 띄지 않도록 주의해
야 한다.
4 그가 잠자리에 들면 그가 누운 자리를 눈
여겨 보아 두었다가 그리로 가서, 그의 발
치 이불을 들고 들어가서 누워라. 그러면
그가 네가 할 일을 일러줄 것이다."
5 룻이 대답했습니다. "어머님이 말씀하신
대로 하겠습니다."
6 룻은 타작 마당으로 내려가서 시어머니가
일러 준 대로 했습니다.
7 먹고 마시기를 마친 보아스는 기분이 좋
아서 곡식 더미 곁에 누웠습니다. 그러자
룻이 조용히 그에게 다가가 이불을 들고
그의 발치에 누웠습니다.
8 한밤중에 돌아눕던 보아스는 자기 발치에
어떤 여자가 누워 있는 것을 보고 깜짝 놀
랐습니다.
9 보아스가 "누구시오?" 하고 물었습니다.
룻이 대답했습니다. "저는 어른의 종, 룻
입니다. 어른의 이불로 제 몸을 덮어 주
십시오. 주인님은 저희 가족의 땅을 사서
돌려 주실 분입니다."
10 보아스가 말했습니다. "여호와께서 당신
에게 복 주시기를 바라오. 이번에 보여 준
당신의 성실함은 당신이 지금까지 보여
준 것보다 더 크오. 당신은 가난하든지 부
유하든지 젊은 남자를 찾아갈 수도 있었
는데 그러지 않았소.

알아두세요

2:17 1에바는 약 22ℓ에 해당된다.

희롱(2:22 ridicule) 말이나 행동으로 실없이 놀림.
타작 마당(3:2 threshing floor) 익은 곡식의 이삭을 떨어서 그 낟알을 거두기 위하여 사용된 평평한 지역.
되(3:15 measure) 곡식·액체 등의 분량을 헤아리는 데 쓰는 그릇.

11 이제는 걱정하지 마시오. 당신이 바라는
것을 다 해 주겠소. 당신이 착한 여자라
는 것은 우리 마을 사람들이 다 알고 있
소.
12 또한 내가 당신 가족의 땅을 사서 돌려 주
어야 할 당신의 친척이라는 것도 사실이
오. 하지만 당신은 나보다 더 가까운 친
척이 있소.
13 오늘 밤은 여기서 지내시오. 아침이 되면
그 사람이 당신 가족의 땅을 사서 돌려 줄
뜻이 있는지 알아보겠소. 만약 그가 책임
을 진다면 그 사람 뜻에 따르겠소. 하지
만 그가 당신 가족의 땅을 사서 돌려 줄
뜻이 없다면, 내가 그 일을 하겠소. 살아
계신 여호와를 두고 맹세하오. 그러니 아
침까지 여기에 누워 있으시오."
14 그리하여 룻은 새벽녘까지 그의 발치에
누워 있다가, 아직 어두워서 서로의 얼굴
을 알아보기 힘든 때에 일어났습니다. 보
아스가 종들에게 말했습니다. "이 여자가
여기 타작 마당에 와 있었다는 것을 아무
에게도 알리지 마라."
15 그런 뒤에 보아스가 룻에게 말했습니다.
"당신이 입고 있는 겉옷을 가져와서 펼치
시오." 룻이 겉옷을 펼치자, 보아스가 거
기에 보리 여섯 되를 담아서 룻에게 주었
습니다. 룻은 성으로 들어갔습니다.
16 룻이 돌아오자, 시어머니가 물었습니다.
"얘야, 어떻게 되었느냐?" 룻은 보아스가
한 일 모두를 시어머니에게 자세히 말했
습니다.
17 "어머니께 빈 손으로 돌아가면 안 된다고
하면서, 이렇게 보리 여섯 되를 담아 주
었습니다."
18 나오미가 말했습니다. "얘야, 일이 어떻게
될지 기다려 보자꾸나. 보아스는 가만히
있지 않을 거야. 그는 오늘 안으로 이 일
을 결정할 거다."

보아스가 룻과 결혼하다

4 보아스가 성문에 올라가 앉아 있었습
니다. 드디어 그가 말한 가까운 친척
이 지나갔습니다. 보아스가 그를 불렀습
니다. "여보시오. 이리 좀 와서 앉아 보
시오." 그러자 그 사람이 와서 앉았습니
다.
2 또 보아스는 성에 있는 장로 열 명을 불
러 그 자리에 함께 앉도록 하였습니다.
3 보아스가 가까운 친척에게 말했습니다.
"우리의 형제 엘리멜렉이 살아 있을 때에
그는 땅을 가지고 있었소. 이제 모압 지
방에서 돌아온 나오미에게 그 소유의 권
한이 있소.
4 그래서 당신에게 이 말을 해야겠소. 여기
에 앉아 있는 내 백성의 장로들 앞에서 내
게 말해 주시오. 그 땅을 사시오. 그 땅
을 사들여 나오미에게 돌려 줄 수 있는 첫
번째 사람은 당신이고, 그 다음이 나요.
당신이 사지 않겠다면, 내가 사서 돌려 주
겠소." 그러자 그 친척이 말했습니다. "내
가 그 땅을 사서 돌려 주겠소."
5 보아스가 말했습니다. "당신이 나오미의
땅을 사겠다면 죽은 사람의 아내인 모압
여자 룻을 아내로 맞아들여야 하오. 그렇
게 해야 그 땅이 죽은 사람 집안의 땅으
로 남게 되오."
6 그러자 그 친척이 대답했습니다. "그렇다
면 그 땅을 사서 돌려 줄 수 없소. 그렇
게 했다가는 내 재산만 손해볼까 염려되
오. 나는 그 땅을 사서 돌려 주지 못하겠
으니, 당신이 그 일을 하도록 하시오."
7 옛날부터 이스라엘에서는 사람들이 물건
을 바꾸거나 새로 살 때에 한 사람이 자
기 신을 벗어서 다른 사람에게 주는 관습
이 있었는데, 그것으로 물건을 사고 파는

고대 이스라엘의 신발.
가죽 샌들(4:7)

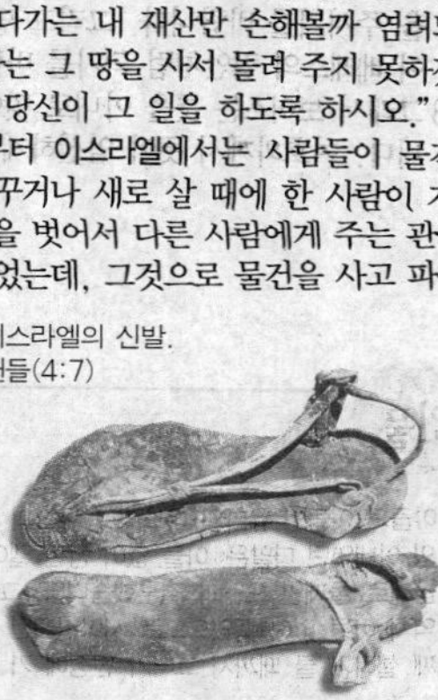

증거를 삼았습니다.
8 그 친척이 보아스에게 "당신이 그 땅을 사
시오" 하면서 자기 신을 벗었습니다.
9 그러자 보아스가 장로들과 모든 마을 사
람들에게 말했습니다. "여러분은 오늘 내
가 나오미의 땅을 사는 일의 증인입니다.
나는 엘리멜렉과 기룐과 말론에게 속했던
모든 것을 사겠습니다.
10 그리고 말론의 아내였던 모압 여자 룻도
내 아내로 맞아들이겠습니다. 그렇게 되
면 룻의 죽은 남편의 재산이 그의 집안에
그대로 남아 있을 것입니다. 그리고 그의
이름이 그의 집안에서나 그의 땅에서 영
원히 끊기지 않을 것입니다. 여러분은 오
늘 이 일의 증인입니다."
11 그러자 성문 곁에 있던 사람들과 장로들
이 말했습니다. "우리가 증인입니다. 여
호와께서 당신의 집으로 들어가는 이 여
자에게 많은 자녀를 낳게 하여, 이스라엘
집안을 일으킨 라헬과 레아처럼 되게 해주
시기를 빕니다. 또 당신이 에브랏 지방에
서 권세를 떨치고, 베들레헴에서 유명해지
기를 바랍니다.
12 다말이 유다의 아들 베레스를 낳았듯이, 여
호와께서 룻을 통해 당신에게 많은 자손
을 주시기를 바랍니다. 그리고 당신 집안
이 베레스의 집안처럼 되기를 바랍니다."
13 그래서 보아스는 룻을 아내로 맞아들였습
니다. 여호와께서 룻이 임신하게 해 주셔
서, 룻은 아들을 낳았습니다.
14 여자들이 나오미에게 말했습니다. "여호
와를 찬양합니다. 여호와께서 오늘 당신
의 가문을 이어 갈 아이를 주셨습니다. 이
아이가 이스라엘에서 유명해지기를 바랍
니다.
15 이 아이는 당신에게 삶의 의미를 불어넣
어 주었고, 당신이 늙었을 때 당신을 돌
보아 줄 자입니다. 당신의 며느리는 당신
을 많이 사랑하며, 당신에게 아들까지 낳
아 주었습니다. 착한 당신의 며느리는 아
들 일곱 명보다 낫습니다."
16 나오미가 그 아기를 받아 품에 안고 돌보
았습니다.
17 이웃 사람들은 그 아기에게 이름을 지어
주면서 "나오미에게 아들이 태어났다"라
고 말하며, 아기를 오벳이라고 불렀습니
다. 그가 바로 이새의 아버지이며, 다윗의
할아버지입니다.
18 베레스의 자손은 이러합니다. 베레스는 헤
스론을 낳았고
19 헤스론은 람을 낳았으며, 람은 암미나답을
낳았습니다.
20 암미나답은 나손을 낳았고, 나손은 살몬을
낳았습니다.
21 살몬은 보아스를 낳았고, 보아스는 오벳을
낳았습니다.
22 오벳은 이새를 낳았고, 이새는 다윗을 낳
았습니다.

성경 인물

다말

야곱의 아들인 유다의 며느리로 유다의 장남인 엘의 아내였던 다말은, 아들 없이 남편 엘이 죽자 관습대로 둘째인 오난과 결혼했습니다. 그러나 오난 역시 아들 없이 죽었으므로 시아버지인 유다는 셋째 셀라가 클 때까지 그녀가 친정에 가 있도록 했습니다. 그러나 셀라가 다 컸는데도 그와 결혼시켜 주지 않자 다말은 창녀로 변장하여 유다와 정을 통해 임신을 합니다. 유다는 다말이 간음한 줄 알고 그녀를 죽이려 하다가 그녀가 자신으로 인하여 임신한 것을 알고 "네가 나보다 옳다"고 말하며 그녀를 용서해 줍니다. 결국 다말은 쌍둥이인 베레스와 세라를 낳았습니다(창 38장). 본문 보기 4장 12절

사무엘상

1 Samuel

저자

누가 기록했는지 알 수 없다.

저작 연대

B.C. 930-722년경

주요 인물

엘리, 사무엘, 사울, 요나단, 다윗

핵심어 및 주요 내용

핵심어는 "시기", "마음"이다. 이스라엘은 이웃 나라들에게 왕이 있는 것을 보고 그것을 시기하였다. 또한 사울은 다윗이 승리하는 것을 시기하였다. 하지만 하나님은 사람의 마음을 감찰하시기 때문에 인간들이 생각하는 방식대로 하나님의 사람을 선택하시지는 않는다.

내용 소개

1. 사무엘의 생애와 사역(1-7장)
2. 사울 왕의 통치(8-15장)
3. 사울 왕정의 몰락과 다윗 왕정의 수립(16-31장)

사무엘이 태어남

1 여로함의 아들 중에 엘가나라는 사람이
있었습니다. 엘가나는 에브라임 산지에
있는 라마다임소빔 사람이며 숩 집안 사람
이었습니다. 엘가나의 아버지 여로함은 엘
리후의 아들이고, 엘리후는 도후의 아들입
니다. 도후는 에브라임 사람 숩의 아들입
니다.
2 엘가나에게는 아내가 두 명 있었는데, 한
아내의 이름은 한나였고, 다른 아내의 이
름은 브닌나였습니다. 브닌나에게는 자녀
가 있었지만, 한나에게는 자녀가 없었습
니다.
3 엘가나는 해마다 자기 마을 라마를 떠나
실로로 올라가서 만군의 여
호와께 경배하며 제물을
바쳤습니다. 실로에서는
엘리의 아들인 홉니와 비
느하스가 여호와의 제사장
으로 일하고 있었습니다.
4 엘가나는 제물을 바칠 때
마다 자기 아내 브닌나에
게 제물의 몫을 나누어 주
었습니다. 또 자기 아들과
딸들에게도 나누어 주었
습니다.
5 그리고 한나에게는 언제
나 더 많은 몫을 주었습니
다. 왜냐하면 엘가나는 한나를 더 사랑했
기 때문입니다. 그러나 여호와께서는 한
나에게 자녀를 주지 않으셨습니다.
6 한나에게 자녀가 없었기 때문에 브닌나는
한나를 괴롭히고 마음을 아프게 만들었습
니다.
7 이런 일은 매년 그들이 실로에 있는 여호
와의 장막으로 올라갈 때마다 일어났습니
다. 브닌나가 한나를 너무나 괴롭혔으므
로, 한나는 울며 아무것도 먹으려 하지 않
았습니다.
8 한나의 남편인 엘가나가 한나에게 말했습
니다. "여보, 왜 우시오? 왜 아무것도 먹
지 않으시오? 왜 슬퍼하시오? 내가 있는

간절히 기도하는 한나

것이 당신에게 열 명의 아들이 있는 것보
다 더 낫지 않소?"
9 엘가나의 가족이 실로에서 식사를 한 후에
한나가 자리에서 일어났습니다. 그 때, 제
사장 엘리는 여호와의 성전 문 밖 가까이
에 앉아 있었습니다.
10 한나는 매우 슬퍼 크게 울면서 여호와께
기도드렸습니다.
11 한나는 한 가지 약속을 했습니다. "만군의
여호와여, 저의 괴로움을 돌아봐 주십시
오. 저를 기억해 주십시오. 저를 잊지 마
십시오. 저에게 아들을 주신다면, 그 아
들과 그의 전 생애를 여호와께 드리고 아
무도 그의 머리에 칼을 대지 못하게 하겠
습니다."
12 한나가 계속해서 기도하고 있는 동안 엘
리는 한나의 입술을 지켜 보았습니다.
13 한나는 마음속으로 기도하고 있었기 때문
에 입술은 움직였지만, 소리는 내지 않았
습니다. 그래서 엘리는 한나가 술에 취했
다고 생각했습니다.
14 엘리가 한나에게 말했습니다. "언제까지
취해 있을 작정이오. 포도주를 끊으시
오."
15 한나가 대답했습니다. "아닙니다, 제사장
님. 저는 포도주나 술을 마시지 않았습니
다. 저는 큰 괴로움 중에 있는 여자입니
다. 여호와 앞에 저의 마음을 쏟아 놓고
있었습니다.
16 저를 나쁜 여자로 생각하지 마십시오. 저
는 너무나 괴롭고 슬퍼서 기도드리고 있
는 중입니다."
17 엘리가 대답했습니다. "평안히 가시오. 이
스라엘의 하나님께서 당신이 원하는 것을
허락해 주시기를 바라오."
18 한나가 말했습니다. "당신의 여종과 같은
저에게 자비를 베풀어 주시기를 바랍니
다." 한나는 가족들이 머무르고 있는 곳으
로 돌아가서 음식을 먹었습니다. 그리고
한나는 더 이상 슬퍼하지 않았습니다.
19 이튿날 아침 일찍, 엘가나의 가족은 자리
에서 일어나 여호와께 예배드렸습니다.
그리고 나서 그들은 라마에 있는 집으로
돌아갔습니다. 엘가나가 자기 아내 한나와
동침하니, 여호와께서 한나를 기억해 주
셨습니다.
20 드디어 한나는 임신을 하게 되었고, 아들
을 낳았습니다. 한나는 '내가 여호와께 구
하여 얻었다' 하여 그 아이의 이름을 사
무엘이라고 지었습니다.

한나가 사무엘을 하나님께 바침

21 엘가나와 그의 온 가족은 하나님께 해마
다 드리는 제사인 매년제와 약속을 지키
는 제사인 서원제를 드리기 위해 실로에
갔습니다. 엘가나가 또다시 하나님의 성
전이 있는 실로로 올라가려고 할 때였습
니다.
22 한나는 엘가나와 함께 가지 않겠다고 했습
니다. 한나가 엘가나에게 말했습니다. "이
아이가 젖을 떼면, 이 아이를 데리고 여
호와를 뵈러 가겠어요. 그리고 이 아이를
영원히 그 곳에 있게 하겠어요."
23 한나의 남편 엘가나가 말했습니다. "당신
생각에 좋을 대로 하시오. 아기가 젖을 뗄
때까지 집에 남아 있으시오. 여호와께서
말씀하신 대로 이루어 주시기를 바라오."
그리하여 한나는 집에 남아 아들이 젖을
뗄 때까지 돌보았습니다.
24 사무엘이 젖을 뗄 만큼 자라나자, 한나는
사무엘을 실로에 있는 여호와의 장막으로
데리고 갔습니다. 한나는 삼 년 된 수소
와 밀가루 한 에바*와 포도주 한 가죽 부
대도 함께 가지고 갔습니다. 그런데 그 아
이는 아직 어렸습니다.
25 그들은 소를 잡아 제물로 바쳤습니다. 그
리고 나서 한나는 사무엘을 데리고 엘리에

알아두세요

1:24 1에바는 약 22ℓ에 해당된다.

동침하다(1:19 lie with) 잠자리를 같이하다.
거만(2:3 arrogance) 남을 얕잡아 보면서 잘난 척하는 것.
심판(2:3 judgment) 하나님께서 세상의 선악을 재판하심.

게 나아갔습니다.
26 한나가 말했습니다. "제사장님, 맹세하건
대 저는 제사장님 가까이에 서서 여호와
께 기도드렸던 그 여자입니다.
27 저는 아이를 가지기 위해 기도드렸습니
다. 여호와께서는 제 기도를 들어 주시고
이 아이를 저에게 주셨습니다.
28 이제 이 아이를 여호와께 다시 돌려 드립
니다. 이 아이는 평생토록 여호와의 사람
이 될 것입니다." 그런 뒤, 그 아이는 그
곳에서 여호와께 예배드렸습니다.

한나가 감사의 노래를 부르다

2 한나가 기도했습니다. "여호와께서는
내 마음에 기쁨이 넘치게 해 주셨습니
다. 나는 여호와 안에서 매우 강해졌습니
다. 나는 원수들 앞에서 웃을 수 있게 되
었습니다. 여호와께서 나를 도우셨으니
나는 기쁩니다.
2 여호와와 같이 거룩하신 분은 없습니다.
여호와 외에는 다른 신이 없습니다. 우리
하나님과 같이 든든한 분도 없습니다.
3 거만한 자들아! 다시는 자랑하지 마라. 너
의 입에서 다시는 거만한 말을 뱉지 마라.
여호와께서는 모든 것을 아시는 하나님이
시라네. 여호와께서는 너의 행동을 심판
하신다.
4 용사들의 활은 부러졌도다. 넘어진 자가
힘을 얻었도다.
5 부자들은 이제 먹을 것을 위해 일해야 하
고 가난한 자가 배불리 먹게 되었도다. 아
기를 낳을 수 없던 여자가 지금은 일곱을
낳았고 아들을 많이 둔 여자는 슬픔에 빠
져 있다.
6 여호와께서는 사람을 죽게도 하시고 살게
도 하신다. 여호와께서는 사람을 죽은 자
들이 있는 곳으로 내려보내기도 하시고
죽은 자들을 다시 일으키기도 하신다.
7 여호와께서는 사람을 가난하게도 하시고
부유하게도 하신다. 여호와께서는 사람을
낮추기도 하시고 높이기도 하신다.
8 여호와께서는 가난한 사람을 흙먼지에서
일으키시고 궁핍한 사람을 잿더미에서 건
져 올리신다. 여호와께서는 가난한 사람
을 귀족들과 함께 앉게 하시고 영광의 자
리를 차지하게 하신다. 여호와께서 땅에
기초를 놓으셨고 그 기초 위에 세계를 세
우셨다.
9 여호와께서는 자기의 거룩한 백성을 지켜
주시며 악한 사람을 어둠 속에서 잠잠하
게 하신다. 그들의 힘이 아무리 세더라도
이길 수 없을 것이다.
10 여호와께서는 자기 원수를 물리치시고 그
들을 향해 벼락을 내리신다. 여호와께서
온 땅을 심판하실 것이다. 여호와께서는
자기 왕에게 힘을 주시며 자기가 기름 부
어 세운 왕을 강하게 하실 것이다."

엘리의 나쁜 아들들

11 엘가나는 라마에 있는 자기 집으로 돌아갔
습니다. 그러나 어린 사무엘은 그 곳에 남
아 제사장 엘리 밑에서 여호와를 섬겼습
니다.
12 엘리의 아들들은 나쁜 사람들이었습니다.
그들은 여호와를 두려워할 줄 몰랐습니
다.
13 또 그들은 제사장이 백성에게 지켜야 하
는 규정도 무시했습니다. 사람들이 제물
을 가져와 그 고기를 삶으면 제사장의 종
은 세 갈래로 된 창을 가지고 와서,
14 냄비나 솥에 찔러 넣어 그 창에 걸려 나
오는 고기를 제사장의 것으로 가져갔습니
다. 이 제사장들은 제물을 바치려고 실로
에 오는 모든 이스라엘 사람들을 이런 식
으로 괴롭혔습니다.

세 갈래로 된 창(2:13)

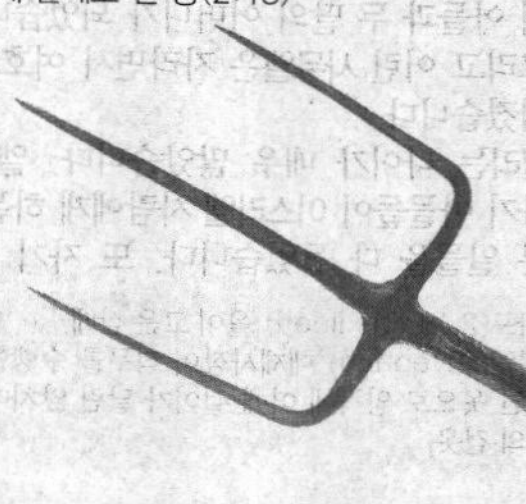

15 더구나 제물로 바칠 고기의 기름을 떼어
태우기도 전에, 제물을 바치는 사람에게
종을 보내어 "제사장이 구워 먹을 고기를
주시오. 제사장은 삶은 고기를 좋아하지
않습니다. 날고기를 원합니다" 하고 말하
게 합니다.
16 제물을 바치던 사람이 "보통 때처럼 기름
을 먼저 태우게 내버려 두시오. 그런 다
음에 당신 좋을 대로 아무거나 가지고 가
시오"라고 말하면 제사장의 종은 "아니
오. 지금 당장 그 고기를 주시오. 지금 주
지 않으면 강제로 빼앗겠소"라고 합니다.
17 여호와께서 제사장의 종들이 매우 큰 죄
를 짓고 있는 것을 보셨습니다. 그들은 여
호와께 바치는 제물을 소중히 여기지 않
고 함부로 다루었습니다.

사무엘이 자라남

18 그러나 사무엘은 여호와께 순종했습니다.
사무엘은 세마포로 만든 에봇을 입었습니
다.
19 사무엘의 어머니는 제사 드리기 위해 남
편과 함께 실로로 왔습니다. 사무엘의 어
머니는 그 때마다 자기 아들을 위해 작은
겉옷을 만들어 가지고 왔습니다.
20 엘리는 엘가나와 엘가나의 아내에게 "한나
가 기도하여 얻었다가 다시 여호와께 바
친 사무엘을 대신해서 여호와께서 한나에
게 다른 자녀를 주시기를 바라오" 하고 축
복해 주었습니다. 그리고 엘가나와 한나는
집으로 돌아갔습니다.
21 여호와께서는 한나를 도와 주셨습니다. 한
나가 아이를 낳게 해 주셨습니다. 한나는
세 아들과 두 딸의 어머니가 되었습니다.
그리고 어린 사무엘은 자라면서 여호와를
섬겼습니다.
22 엘리는 나이가 매우 많았습니다. 엘리는
자기 아들들이 이스라엘 사람에게 하는 나
쁜 일들을 다 들었습니다. 또 자기 아들
들이 회막 앞에서 예배드리고 있는 여자
들과 잠자리를 함께한다는 이야기도 들었
습니다.
23 엘리가 자기 아들들에게 말했습니다. "어
찌하여 너희가 이런 나쁜 일들을 하느냐?
내가 너희들이 한 모든 일들을 이 백성들
을 통해 다 듣고 있다.
24 얘들아, 그러면 안 된다. 너희들에 대한
소문이 좋지 않다. 너희가 이 백성에게 죄
를 짓게 만드는구나.
25 다른 사람에게 죄를 지으면 하나님께서
도와 주실 수 있으나, 여호와께 죄를 지
으면 누가 구해 줄 수 있겠느냐?" 그러나
엘리의 아들들은 아버지의 말을 들으려
하지 않았습니다. 그것은 이미 여호와께
서 그들을 죽이려고 결심하셨기 때문입니
다.
26 어린 사무엘은 점점 자라 갔습니다. 그러
면서 사무엘은 하나님과 백성을 기쁘게 했
습니다.
27 하나님의 사람이 엘리에게 와서 말했습니
다. "여호와께서 말씀하셨다. '나는 너희
조상 집안이 이집트의 파라오에게 노예로
있을 때, 그들에게 나타났었다.
28 나는 그들을 이스라엘 모든 지파에서 뽑아
내 제사장이 되게 하였다. 나는 그들에게
내 제단으로 올라가 향을 피우고 에봇을
입게 하였다. 또 나는 이스라엘 사람들이
바치는 제물 중에서 얼마를 너희 조상의
집안이 가질 수 있게 해 주었다.
29 그런데 너희는 왜 여호와께 바치는 제물
과 성물을 더럽히느냐? 너는 나보다 네
아들들을 더 귀하게 여기고, 이스라엘 사
람들이 나에게 바치는 고기 중에서 제일
좋은 부분을 먹어 살이 쪘도다.'"
30 "이스라엘의 하나님 여호와께서 말씀하신
다. '나는 전에 너와 네 조상의 집안이 영
원토록 나를 섬기는 일을 맡을 것이라고

세마포(2:18 fine linen) 올이 고운 삼베.
에봇(2:18 ephod) 대제사장이 직무를 수행할 때 입던 옷으로 양쪽에 어깨 걸이가 달린 앞치마 모양의 겉옷.
회막(2:22 tent of meeting) '만남의 장막' 이란 뜻으로 하나님께서 이스라엘 백성에게 자신을 계시하던 장소인 동시에 그 백성들이 하나님께 예배드리던 곳.

약속했었다.' 그러나 지금은 여호와께
서 이렇게 말씀하신다. '결단코 그렇게
하지 않겠다. 나는 나를 소중히 여기
는 사람을 소중히 여길 것이고, 나를
소중히 여기지 않는 사람은 나도 소중
히 여기지 않을 것이다.
31 이제 너와 너의 조상의 자손
들을 멸망시킬 때가 되었
다. 너의 집안에는 오래
사는 노인이 없을 것이
다.
32 너는 내 집에서 괴로움을
겪게 될 것이다. 이스라엘에는
좋은 일들이 있게 될 것이나, 너의
집안에는 노인이 한 사람도 없게 될 것
이다.
33 나는 한 사람을 남겨 놓아 내 제단에서 제
사장으로 일하게 할 것이다. 그러나 그 사
람은 너의 눈을 멀게 하고 너의 가슴을 아
프게 할 것이다. 네 집의 사람들은 젊어
서 죽을 것이다.
34 내가 너에게 겉으로 드러나는 표시 한 가
지를 보여 주겠다. 네 두 아들 홉니와 비느
하스는 같은 날에 죽을 것인데, 네가 이것
을 보고 나서야 내 말을 믿게 될 것이다.
35 나는 나를 위해 일할 충성스런 제사장을
뽑을 것이다. 그 사람은 내 말을 잘 듣고
내가 원하는 일을 할 것이다. 나는 그의
집안을 강하게 만들겠다. 그는 언제나 내
가 기름 부은 왕 앞에서 제사장으로 일할
것이다.
36 그 때에 너의 집안에 남아 있는 모든 사
람이 그에게 와서 그 앞에 절하며 그에게
돈이나 먹을 것을 구걸할 것이다. 그들은
자신들이 먹고 살 수 있게 제사장으로 써
달라고 말할 것이다.'"

하나님이 사무엘을 부르심

3 어린 사무엘은 엘리 밑에서 여호와를
섬겼습니다. 그 때에는 여호와께서 사
람들에게 직접 말씀하시는 일이 거의 없
었습니다. 그리고 사람들이 환상을 보는
일도 거의 없었습니다.

사무엘을 부르시는 하나님(3:4-10)

2 엘리는 눈이 어두워져 거의 보지 못하는
사람처럼 되었습니다. 어느 날 밤, 엘리가
자기 방에 누워 있었습니다.
3 사무엘도 여호와의 성막 안에 있는 자기
자리에 누워 있었습니다. 하나님의 궤는
성막 안에 있었습니다. 하나님의 등불은
아직 꺼지지 않았습니다.
4 그 때에 여호와께서 사무엘을 부르셨습니
다. 사무엘이 "제가 여기 있습니다" 하고
대답했습니다.
5 사무엘이 엘리에게 달려가 말했습니다.
"제가 여기 있습니다. 저를 부르셨습니
까?" 엘리가 대답했습니다. "나는 너를 부
르지 않았다. 돌아가 자라." 그래서 사무
엘은 자기 자리로 돌아가 누웠습니다.
6 여호와께서 다시 "사무엘아!" 하고 부르셨
습니다. 사무엘은 다시 엘리에게 가서 말
했습니다. "제가 여기 있습니다. 저를 부
르셨습니까?" 엘리가 대답했습니다. "나
는 너를 부르지 않았다. 돌아가 자라."
7 사무엘은 아직 여호와를 알지 못했습니
다. 여호와께서 사무엘에게 직접 말씀하
신 적이 없었습니다.
8 여호와께서 사무엘을 세 번째 부르셨습니
다. 사무엘은 일어나 엘리에게 가서 말했
습니다. "제가 여기 있습니다. 저를 부르
셨습니까?" 그 때서야 엘리는 여호와께서

어린 사무엘을 부르셨다는 것을 깨달았습
니다.
9 그래서 엘리는 사무엘에게 말해 주었습니
다. "잠자리로 돌아가거라. 다시 너를 부
르는 소리가 나면 '여호와여, 말씀하십시
오. 저는 주님의 종입니다. 제가 듣겠습
니다' 라고 말하여라." 그래서 사무엘은 다
시 가서 잠자리에 누웠습니다.
10 여호와께서 그 곳에 서 계셨습니다. 여호
와께서는 그전처럼 "사무엘아, 사무엘아"
하고 부르셨습니다. 사무엘이 대답했습니
다. "여호와여, 말씀하십시오. 저는 주님
의 종입니다. 제가 듣겠습니다."
11 여호와께서 사무엘에게 말씀하셨습니다.
"내가 이스라엘에 어떤 일을 하려고 한다.
그 일을 듣는 사람은 깜짝 놀라게 될 것
이다.
12 그 날에 내가 엘리와 그의 집안에게 말했
던 일을 다 이룰 것이다. 하나도 빠짐없
이 이룰 것이다.
13 엘리는 자기 아들들이 나쁘다는 것을 알
았다. 또 자기의 아들들이 나를 배반한 것
도 알았다. 그러나 엘리는 그들을 말리지
않았다. 그래서 나는 엘리의 가족을 영원
토록 벌주겠다고 말했다.
14 그래서 나는 엘리의 가족에게 이렇게 맹
세했다. '엘리 가족의 죄는 제물이나 예
물로도 절대로 용서받지 못할 것이다.'"
15 사무엘은 아침까지 누워 있다가 여호와의
집 문을 열었습니다. 사무엘은 자기가 본
환상을 엘리에게 말하기가 두려웠습니다.
16 엘리가 사무엘을 불렀습니다. "내 아들 사
무엘아!" 사무엘이 대답했습니다. "예, 제
가 여기에 있습니다."
17 엘리가 물었습니다. "여호와께서 너에게
무슨 말씀을 하셨느냐? 숨기지 말고 말하
여라. 하나님께서 말씀하신 것을 조금이
라도 숨기면, 하나님이 네게 큰 벌을 내
리실 것이다."
18 그래서 사무엘은 엘리에게 모든 것을 말해
주었습니다. 사무엘은 조금도 숨기지 않
았습니다. 그러자 엘리가 말하였습니다.
"그분은 여호와시다. 여호와께서는 스스
로 생각하셔서 옳은 대로 하실 것이다."
19 사무엘은 점점 자라났습니다. 여호와께서
는 사무엘과 함께하셨고, 사무엘에게 말한
것을 다 이루어 주셨습니다.
20 단에서 브엘세바에 이르는 모든 이스라엘
사람들은 사무엘이 여호와의 예언자라는
것을 알았습니다.
21 여호와께서는 실로에서 다시 사무엘에게
나타나셔서 말씀을 통해 여호와의 뜻을
알려 주셨습니다.

블레셋 사람들이 언약궤를 빼앗음

4 사무엘에 대한 소식이 온 이스라엘에
퍼졌습니다. 그 때에 이스라엘 사람들
이 블레셋 사람들과 싸우러 나갔습니다.
이스라엘 사람들은 에벤에셀에 진을 쳤고,
블레셋 사람들은 아벡에 진을 쳤습니다.
2 블레셋 사람들은 대형을 갖추어 이스라엘
사람들과 싸울 준비를 했습니다. 싸움이
시작되자, 블레셋 사람들이 이스라엘 사람
들을 물리쳐 이겼습니다. 블레셋 사람들
은 이스라엘 군인 사천 명 가량을 죽였습
니다.
3 그러자 나머지 이스라엘 군인들이 자기들
진으로 돌아갔습니다. 이스라엘의 장로들
이 말했습니다. "어찌하여 여호와께서는
오늘 우리를 블레셋 사람들에게 지게 하
셨을까? 여호와의 언약궤를 실로에서 이
곳으로 가져오자. 그리고 그 언약궤를 우
리 가운데 있게 하자. 그러면 하나님께서
우리를 원수에게서 구해 주실 것이다."

4 그리하여 이스라엘 백성은 실로에 사람을 보냈습니다. 그들은 만군의 여호와의 언약궤를 가지고 왔습니다. 엘리의 두 아들인 홉니와 비느하스도 하나님의 언약궤와 함께 있었습니다.
5 여호와의 언약궤가 진으로 들어오자, 이스라엘 사람들은 모두 기뻐서 땅이 울릴 정도로 크게 소리를 질렀습니다.
6 블레셋 사람들이 이스라엘의 외치는 소리를 듣고 물었습니다. "히브리 사람들의 진에서 나는 이 소리는 도대체 무슨 소리인가?" 블레셋 사람들은 여호와의 궤가 히브리 사람들의 진에 왔다는 것을 알게 되었습니다.
7 그들은 두려워하며 말했습니다. "신이 히브리 사람들의 진에 왔다. 큰일났다. 전에는 이런 일이 없었다.
8 도대체 이 일을 어떻게 하면 좋으냐? 누가 우리를 이 강한 신에게서 구해 줄 수 있을까? 이 신은 광야에서 이집트 사람들에게 온갖 괴로움을 주었던 바로 그 신이다.
9 블레셋 사람들아, 용기를 내어라. 사내답게 싸워라! 전에 히브리 사람들은 우리의 노예였지 않았는가? 이제 사내답게 싸우자. 그렇지 않으면 너희는 그들의 노예가 될 것이다."
10 그리하여 블레셋 사람들은 용감하게 싸워 이스라엘 사람들을 물리쳐 이겼습니다. 이스라엘의 군인들은 모두 자기 집으로 도망쳤습니다. 이스라엘은 크게 져서, 군인 삼만 명을 잃었습니다.
11 게다가 하나님의 궤를 블레셋 사람들에게 빼앗겼습니다. 엘리의 두 아들인 홉니와 비느하스도 죽었습니다.
12 그 날, 어떤 베냐민 사람이 싸움터에서 달려왔습니다. 그 사람은 너무나 슬퍼 자기 옷을 찢고, 머리에 재를 뒤집어 쓴 채 달려왔습니다.
13 그 사람이 실로에 이르렀을 때, 엘리가 길가에 앉아 있었습니다. 엘리는 의자에 앉아 소식이 오기만을 기다리고 있었습니다. 엘리는 하나님의 궤 때문에 걱정이 되었습니다. 베냐민 사람이 실로에 이르러 나쁜 소식을 전하자, 마을의 모든 백성들이 큰 소리로 울었습니다.
14 엘리는 그 우는 소리를 듣고 "이게 무슨 소리냐?" 하고 물었습니다. 베냐민 사람이 엘리에게 달려와 사실대로 이야기했습니다.
15 엘리는 그 때, 구십팔 세였으며 앞을 보지 못했습니다.
16 베냐민 사람이 말했습니다. "저는 싸움터에서 왔습니다. 오늘 싸움터에서 도망쳐 나왔습니다." 엘리가 물었습니다. "여보게, 싸움은 어떻게 되었나?"
17 베냐민 사람이 말했습니다. "이스라엘이 블레셋 사람들에게 져서 도망쳤습니다. 이

언약궤의 이동

지 명	발생한 사건 (본문 보기 4장-7장)
에벤에셀	블레셋과의 전투에서 패하자 승리를 가져다 주리라는 기대로 실로에 있던 언약궤를 옮겨 왔으나 도리어 블레셋 군에게 빼앗김
아스돗	이곳에 있는 다곤 신전으로 옮겼는데 다곤 신상이 파괴되고 재앙이 내림
가드	두려움에 이곳으로 옮겼으나 더 큰 재앙을 당함
에그론	이곳으로 옮겼으나 사람들이 반대함
벧세메스	사람들이 언약궤를 들여다보다 죽임을 당함
기럇여아림	다윗이 최종적으로 예루살렘으로 옮기기 전까지 이곳에 20년간 있음

스라엘 군대는 많은 군인을 잃었고, 제사
장의 두 아들도 죽었습니다. 그리고 하나
님의 궤를 블레셋 사람들에게 빼앗겼습니
다."
18 베냐민 사람이 하나님의 궤 이야기를 하
자, 엘리는 의자 뒤로 나자빠졌습니다. 엘
리는 문 옆으로 넘어지면서 목이 부러지
고 말았습니다. 이는 나이가 많은 데다가
뚱뚱했기 때문이었습니다. 그렇게 엘리는
죽었습니다. 그는 사십 년 동안, 이스라엘
을 다스렸습니다.

영광이 떠나감

19 엘리의 며느리인 비느하스의 아내가 임신
하여 아기를 낳을 때가 다 되었습니다. 비
느하스의 아내가 하나님의 궤를 빼앗겼다
는 것과 자기 시아버지인 엘리와 자기 남
편인 비느하스가 죽었다는 소식을 듣자,
곧 그 여자에게 진통이 왔습니다. 그 여
자는 몸을 구부리고 아이를 낳으려 했습
니다.
20 아기 엄마는 죽어 가고 있었습니다. 그
때, 아기 낳는 것을 도와 주던 여자가 말
했습니다. "걱정하지 말아요. 아들을 낳
았어요." 비느하스의 아내는 정신이 없어
대답하지 못했습니다.
21 비느하스의 아내는 아기의 이름을 이가봇
이라고 지어 주며 "영광이 이스라엘에게서
떠났도다"라고 말했습니다. 하나님의 궤
를 빼앗겼고, 자기 시아버지와 남편도 죽
었기 때문이었습니다.
22 비느하스의 아내가 말했습니다. "하나님의
궤를 빼앗겼으니, 영광이 이스라엘에게서

언약궤의 진로(5:1-7:2)

떠났도다."

블레셋 사람들이 재앙을 당함

5 블레셋 사람들은 하나님의 궤를 빼앗
아 그것을 에벤에셀에서 아스돗으로 가
지고 갔습니다.
2 블레셋 사람들은 하나님의 궤를 다곤 신전
에 가지고 가서 다곤 신상 곁에 두었습니
다.
3 아스돗 백성이 이튿날 아침에 일찍 일어
나 보니, 다곤 신상이 얼굴을 땅에 대고
여호와의 궤 앞에 쓰러져 있었습니다. 그
래서 아스돗 백성은 다곤 신상을 제자리에
다시 올려 놓았습니다.
4 이튿날 아침, 아스돗 백성이 잠에서 깨어
일어나 보니 다곤 신상이 또 땅에 쓰러져
있었습니다. 다곤은 여호와의 궤 앞에서
머리와 손이 부러져 몸통만 남은 채 문지
방에 엎드려 있었습니다.
5 그래서 오늘날까지도 다곤의 제사장들과
아스돗의 다곤 신전에 들어가는 사람들은
그 문지방을 밟지 않습니다.
6 여호와께서는 아스돗과 그 이웃 백성에게
벌을 주셨습니다. 여호와께서는 피부에
종기가 나는 큰 고통을 그들에게 주셨습
니다.
7 아스돗 백성은 그런 일이 일어나는 것을
보고 말했습니다. "이스라엘 신의 궤를 이
곳에 둘 수 없다. 하나님이 우리와 우리
의 신 다곤을 벌하고 있다."
8 아스돗 백성은 블레셋의 다섯 왕을 모이게
하고 말했습니다. "이스라엘 신의 궤를 어
떻게 하면 좋겠습니까?" 블레셋의 왕들이
대답했습니다. "이스라엘 신의 궤를 가드
로 옮겨라." 그래서 블레셋 사람들은 이스
라엘 신의 궤를 가드로 옮겼습니다.
9 하나님의 궤가 가드로 옮겨진 후에 여호
와께서는 가드 성에 벌을 주셨습니다. 하
나님은 가드의 늙은 사람과 젊은 사람 모
두에게 고통을 주셨는데, 그들의 피부에
도 종기가 나기 시작했습니다.
10 그러자 블레셋 사람들이 하나님의 궤를 에
그론으로 보냈습니다. 하나님의 궤가 에그

론에 도착하자, 에그론 사람들이 소리를 질렀습니다. "왜 이스라엘 신의 궤를 우리 성으로 가지고 오는 거요? 당신들은 우리와 우리 백성을 죽일 참이요?"
11 에그론 백성은 블레셋의 왕들을 다 모이게 한 후에 그 왕들에게 말했습니다. "이스라엘 신의 궤를 원래 있던 자리로 보내시오. 그 하나님의 궤가 우리와 우리 백성을 죽이기 전에 빨리 그렇게 하시오." 그들은 매우 두려워했습니다. 왜냐하면 하나님이 그들을 너무나 무섭게 심판하셨기 때문입니다.
12 죽지 않고 살아 남은 사람은 피부에 종기가 나서 괴로움을 당했습니다. 그래서 온 성읍이 하늘을 향하여 크게 울부짖었습니다.

하나님의 궤가 돌아오다

6 블레셋 사람들은 여호와의 궤를 일곱 달 동안 자기 땅에 두었습니다.
2 그후, 블레셋 사람들은 제사장과 점쟁이들을 불러서 물었습니다. "여호와의 궤를 어떻게 하면 좋겠소? 그것을 원래 있던 곳으로 돌려 보낼 방법을 말해 주시오."
3 제사장과 점쟁이들이 대답했습니다. "이스라엘 신의 궤를 돌려 보낼 생각이라면 빈손으로 돌려 보내지 마시오. 허물을 씻는 제사인 속건 제물과 함께 돌려 보내시오. 그래야 여러분의 병이 나을 것이오. 그리고 그 결과를 통해 과연 하나님께서 여러분에게 벌을 내리셨는지도 알 수 있을 것이오."
4 블레셋 사람들이 물었습니다. "이스라엘의 하나님께 속건 제물로 무엇을 드리면 좋겠소?" 제사장과 점쟁이들이 대답했습니다. "피부에 난 종기와 같은 모양으로 금종기 다섯 개를 만드시오. 그리고 금쥐 다섯 개도 만드시오. 금쥐와 금종기의 수는 블레셋 왕들의 수와 같아야 하오. 왜냐하면 똑같은 병이 여러분과 여러분의 왕에게 닥쳤기 때문이오.
5 이 나라를 망치고 있는 종기와 쥐의 모양을 만드시오. 그것을 이스라엘 신께 바치시오. 그리고 이스라엘 신께 영광을 돌리시오. 그러면 이스라엘 신이 여러분과 여러분의 신과 여러분의 땅에 벌주시는 것을 멈추실 것이오.
6 이집트 백성과 파라오처럼 고집을 부리지 마시오. 하나님께서 이집트 백성에게 심하게 벌을 내리신 후에야 이집트 백성이 이스라엘 사람들을 나가게 한 것 아니었소?
7 여러분은 새 수레를 만드시오. 그리고 새끼를 낳은 지 얼마 안 된 젖소 두 마리를 준비하시오. 그 젖소는 아직 멍에를 메어 본 적이 없는 것이어야 하오. 그 젖소들을 수레에 매고 새끼들은 집으로 돌려 보내시오. 새끼들이 자기 어미를 따라가게 하지 마시오.
8 여호와의 궤를 수레에 올려 놓으시오. 그리고 금종기와 금쥐들도 상자에 담아 궤 곁에 두시오. 그것들은 여러분의 죄를 용서받기 위하여 하나님께 드리는 속건 제물이오. 수레를 곧장 앞으로 나아가게 하시오.
9 그리고 수레를 지켜 보시오. 만약 수레가 이스라엘 땅 벧세메스 쪽으로 가면 우리에게 이 큰 병을 주신 분은 여호와가 확실하오. 그러나 만약 수레가 벧세메스 쪽으로 가지 않으면 이스라엘의 하나님이 우리에게 벌을 주신 것이 아니라 우연히 우리가 병들게 된 것으로 보면 될 것이오."
10 블레셋 사람들은 제사장과 점쟁이들이 말한 대로 했습니다. 블레셋 사람들은 새끼를 낳은 지 얼마 안 된 젖소 두 마리를 가지고 와서 수레에 메우고 그 새끼들은 집으로 돌려 보냈습니다.

진통(4:19 labor) 애를 낳을 때에 짧은 간격을 두고 주기적으로 배가 아픈 것.
신상(5:2 god's image) 섬기는 신을 그린 그림이나 돌, 또는 나무로 새긴 형상.
멍에(6:7 yoke) 소나 말의 목에 얹어 수레나 쟁기를 끌게 하는 둥그렇게 구부러진 막대.

11 블레셋 사람들은 여호와의 궤를 수레에 올
려 놓고, 금쥐와 금종기들이 든 상자도 수
레에 올려 놓았습니다.
12 그러자 소들은 벧세메스 쪽으로 곧장 갔습
니다. 오른쪽으로나 왼쪽으로 치우치지
않았습니다. 블레셋의 왕들은 소들의 뒤
를 따라 벧세메스의 경계까지 갔습니다.
13 그 때, 골짜기에서 밀을 베던 벧세메스 사
람들이 눈을 들어 여호와의 궤를 보았습
니다. 여호와의 궤를 다시 보게 된 그들
은 매우 기뻤습니다.
14 수레는 벧세메스 사람인 여호수아의 밭으
로 와서 큰 바위 곁에 멈추어 섰습니다.
벧세메스 사람들은 수레의 나무를 잘라 냈
습니다. 그리고 소를 잡아서 주께 제물로
바쳤습니다.
15 레위 사람들은 여호와의 궤를 내려 놓고,
금쥐와 금종기가 든 상자도 내려 놓았습
니다. 레위 사람들은 그 두 상자를 큰 바
위 위에 올려 놓았습니다. 벧세메스 백성
은 그 날, 태워 드리는 제물인 번제물과
희생 제물을 여호와께 바쳤습니다.
16 블레셋의 다섯 왕은 이 모든 일을 지켜 보
고, 그 날, 에그론으로 돌아갔습니다.
17 블레셋 사람들이 보낸 금종기는 여호와께
바치는 허물을 씻는 제물인 속건 제물이
었습니다. 금종기를 보낸 마을의 이름은
아스돗, 가사, 아스글론, 가드, 그리고 에그
론입니다.
18 블레셋 사람들은 금쥐도 보냈는데, 금쥐

벧세메스 앞 소렉 골짜기(6:13)

의 숫자는 블레셋 왕들이 맡은 마을의 숫
자와 같았습니다. 금쥐를 보낸 마을 중에
는 성벽을 가진 굳건한 성도 있었고, 시
골 마을들도 있었습니다. 벧세메스 사람들
이 여호와의 궤를 올려 놓았던 큰 바위는
지금도 벧세메스 사람 여호수아의 밭에 그
대로 있습니다.
19 그런데 벧세메스 백성 중 여호와의 궤를
들여다 본 사람들이 있었습니다. 그러자
여호와께서는 그들을 쳐 칠십 명*을 죽이
셨습니다. 벧세메스 백성은 여호와께서 자
기들에게 그토록 무섭게 벌주시는 것을
보고 소리내어 울었습니다.
20 그들은 이렇게 말하였습니다. "누가 이
거룩하신 하나님, 여호와 앞에 설 수 있
겠는가? 이 여호와의 궤를 어디로 보내야
하는가?"
21 벧세메스 백성은 기럇여아림 백성에게 명
령을 받고 심부름하는 사람들을 보내어
이렇게 말했습니다. "블레셋 사람들이 여
호와의 궤를 돌려 보냈소. 이리로 와서 그
것을 당신들의 성으로 가지고 가시오."

7 기럇여아림 사람들이 와서 여호와의 궤
를 가지고 갔습니다. 그들은 그 상자를
언덕 위에 있는 아비나답의 집에 두고 아
비나답의 아들 엘리아살을 거룩한 사람으
로 세워 여호와의 궤를 지키게 하였습니
다.

여호와께서 이스라엘 사람들을 구원하심

2 여호와의 궤는 기럇여아림에 오랫동안 머
물러 있었습니다. 머무른 기간은 이십 년
이었습니다. 이스라엘 백성은 다시 여호와
를 따르기 시작했습니다.
3 사무엘이 이스라엘 모든 지파에게 말했습
니다. "만약 여러분이 진심으로 여호와께
돌아오려면, 여러분 가운데 있는 이방신
들과 아스다롯 우상을 없애 버려야 하오.
여러분은 온전히 여호와께 자신을 바치고
여호와만을 섬겨야 하오. 그러면 여호와
께서 여러분을 블레셋 사람들에게서 구해
주실 것이오."
4 그리하여 이스라엘 사람들은 바알과 아스

다롯 우상들을 없애 버리고 오직 여호와
만을 섬겼습니다.
5 사무엘이 말했습니다. "모든 이스라엘 사
람들은 미스바에 모이시오. 여러분을 위
해 여호와께 기도드리겠소."
6 그래서 이스라엘 사람들은 미스바에 모였
습니다. 그들은 땅에서 물을 길어 내어 여
호와 앞에 부었습니다. 그들은 그 날 아
무것도 먹지 않고 "우리는 여호와께 죄를
지었습니다" 하고 고백했습니다. 사무엘
은 미스바에서 이스라엘을 다스렸습니다.
7 이스라엘 사람들이 미스바에 모여 있다는
이야기를 블레셋 사람들이 듣고, 이스라엘
을 공격하기 위해 올라왔습니다. 이스라엘
사람들은 이 소식을 듣고 두려워했습니
다.
8 이스라엘 사람들이 사무엘에게 말했습니
다. "우리를 위해 여호와께 기도드리는
일을 멈추지 마시오. 우리를 블레셋 사람
들에게서 구해 달라고 하시오."
9 사무엘은 어린 양을 가져다가 여호와께 통
째로 태워 드리는 제물인 번제물로 바쳤
습니다. 사무엘은 이스라엘을 위하여 여호
와께 부르짖었습니다. 여호와께서는 사무
엘의 기도를 들어 주셨습니다.
10 사무엘이 태워 드리는 제물인 번제물을 바
치고 있는 동안, 블레셋 사람들은 점점 가
까이 왔습니다. 그들은 이스라엘을 공격했
습니다. 그 날에 여호와께서는 블레셋 사
람들을 향하여 큰 천둥 소리를 내셨습니
다. 블레셋 사람들이 그 소리를 듣고 놀
라, 크게 당황했습니다. 그래서 이스라엘
사람들은 블레셋 사람들과 싸워 이겼습니
다.
11 이스라엘 사람들이 미스바에서 달려나가
블레셋 사람들의 뒤를 쫓았습니다. 이스라
엘 사람들은 벧갈까지 뒤쫓으면서 블레셋
사람들을 죽였습니다.

이스라엘에 평화가 오다

12 이 일이 있은 후에 사무엘은 돌을 하나 가
져다가 미스바와 센 사이에 세우고, 그 돌
을 에벤에셀*이라고 불렀습니다. 사무엘은
"여호와께서 우리를 이 곳까지 도와 주셨
다" 하고 말했습니다.
13 이렇게 블레셋 사람들은 싸움에서 졌습니
다. 더 이상 블레셋 사람들은 이스라엘 땅
에 들어오지 않았습니다. 여호와께서는
사무엘이 살아 있는 동안, 블레셋 사람들
을 막아 주셨습니다.
14 옛날에 블레셋 사람들이 이스라엘 사람들
의 마을을 빼앗은 일이 있었습니다. 그러
나 이스라엘 사람들은 에그론에서 가드까
지 그 마을들을 다시 찾아왔습니다. 이스
라엘 사람들은 이 마을 주변의 땅도 블레
셋 사람들에게서 다시 빼앗아 왔습니다.
이스라엘과 아모리 사람들 사이에도 평화
가 찾아왔습니다.
15 사무엘은 평생토록 이스라엘을 다스렸습니
다.
16 해마다 사무엘은 벧엘에서 길갈을 거쳐 미
스바로 갔습니다. 사무엘은 이 모든 마을
에서 이스라엘을 다스렸습니다.
17 그리고 나서는 언제나 자기 집이 있는 라
마로 돌아왔습니다. 사무엘은 라마에서도
이스라엘을 다스렸습니다. 사무엘은 그 곳
에서 여호와께 제단을 쌓았습니다.

이스라엘이 왕을 요구함

8 사무엘은 나이가 들어 자기 아들들을
이스라엘의 사사로 삼았습니다.
2 사무엘의 맏아들 이름은 요엘이었고, 둘째
는 아비야였습니다. 요엘과 아비야는 브엘
세바에서 사사로 있었습니다.
3 그러나 사무엘의 아들들은 사무엘처럼 살
지 않았습니다. 그들은 정직하지 않은 방
법으로 돈을 모으려 했습니다. 그들은 남
몰래 돈을 받고 공정하지 않은 재판을 했

알아두세요

6:19 어떤 다른 사본에는 '오만 칠십 명'이라
고 표기되어 있다.
7:12 '에벤에셀'은 '도움의 돌'이라는 뜻이다.

사사(8:1 judge) 구약 시대에 이스라엘 백성이 이
집트를 탈출하여 가나안을 정복한 후부터 왕국을
건설할 때까지 백성들을 다스린 판관, 지도자.

습니다.
4 그래서 장로들이 모두 모여 라마에 있는
사무엘에게 왔습니다.
5 장로들이 사무엘에게 말했습니다. "이제
당신은 늙었고 당신의 아들들은 당신처럼
살지 않습니다. 우리에게도 다른 나라들
처럼 우리를 다스릴 왕을 세워 주십시오."
6 사무엘은 장로들의 이 말을 기쁘게 여기
지 않았습니다. 사무엘은 여호와께 기도
드렸습니다.
7 여호와께서 사무엘에게 말씀하셨습니다.
"백성들이 너에게 말하는 것을 다 들어 주
어라. 백성들이 너를 버린 것이 아니라 나
를 버려 내가 그들의 왕이 되지 못하게 하
려는 것이다.
8 백성들이 하는 일은 언제나 똑같다. 내가
그들을 이집트에서 데리고 나올 때부터 오
늘날까지 그들은 나를 버렸고 다른 신들
을 섬겼다. 그런데 그들은 똑같은 일을 너
에게도 하고 있다.
9 이제 백성의 말을 들어 주어라. 그러나 그
들에게 경고하여라. 그들을 다스릴 왕이
어떤 일을 할지 일러 주어라."
10 사무엘은 왕을 달라고 한 사람들에게 대
답했습니다. 사무엘은 여호와께서 하신
말씀을 모두 전해 주었습니다.

성경 속의 궁금증

왕을 구하는 것이 왜 잘못인가요?

하나님께서 왕정 제도에 대해 부정적인 반응을 보이신 이유는 무엇일까요? 그것은 이스라엘 백성들이 왕을 구하는 동기가 잘못되었기 때문이었습니다. 그들은 점점 강력해지는 주변 이방 국가들을 보면서 자기들에게도 강력한 정치 지도자가 세워지기를 바랐습니다. 이것은 곧 *하나님의 통치권을 부정하고 인간* 스스로 다스리겠다는 교만한 태도였습니다. 그럼에도 불구하고 하나님께서는 왕을 세워 주셨습니다. 그것은 왕의 통치로 인해 겪을 어려움(삼상 8:10-18)을 통해 진정한 왕은 하나님뿐임을 깨닫게 하려는 데 있었습니다.

본문 보기 8장 19-22절

11 사무엘이 말했습니다. "여러분은 여러분
을 다스릴 왕을 달라고 하는데, 그 왕은
이런 일을 할 것이오. 왕은 여러분의 아
들을 빼앗아 갈 것이고, 그 아들을 데려
다가 자기 전차와 말을 몰게 할 것이오.
여러분의 아들은 왕의 전차 앞에서 달리
게 될 것이오.
12 왕은 여러분의 아들 중에서 몇 명을 뽑아
군인 천 명을 거느리는 지휘관인 천부장
과 군인 오십 명을 거느리는 지휘관인 오
십부장으로 삼을 것이며, 다른 아들에게
는 자기 땅을 갈게 하거나 땅에서 나는 것
을 거둬들이게 할 것이오. 또 다른 아들
에게는 전쟁 무기나 자기 전차에 쓸 장비
를 만들게 할 것이오.
13 왕은 여러분의 딸도 빼앗아 갈 것이오. 왕
은 여러분의 딸에게 향료를 만들게 하거나
자기가 먹을 음식을 요리하게 할 것이오.
14 왕은 여러분의 제일 좋은 밭과 포도원과
올리브 나무 밭을 빼앗아 자기 신하들에
게 줄 것이오.
15 여러분이 거둔 곡식과 포도의 십분의 일
을 가져다가 왕의 관리와 신하들에게 나
눠 줄 것이오.
16 왕은 여러분의 남종과 여종도 빼앗아 갈
것이오. 또 여러분의 제일 좋은 소와 나
귀도 빼앗아, 왕의 일을 시킬 것이오.
17 왕은 여러분 양 떼의 십분의 일을 가져갈
것이고, 여러분 스스로는 왕의 종이 될 것
이오.
18 그 때, 여러분은 여러분이 뽑은 왕 때문에
울부짖게 될 것이오. 하지만 여호와께서는
여러분에게 대답하지 않으실 것이오."
19 그러나 백성들은 사무엘의 말을 들으려 하
지 않았습니다. 백성들이 말했습니다.
"아닙니다. 우리는 우리를 다스릴 왕이
필요합니다.
20 왕이 있으면 우리도 다른 모든 나라들과
같게 됩니다. 우리 왕이 우리를 다스릴 것
입니다. 왕이 우리와 함께 나가서 우리를
위해 싸울 것입니다."
21 사무엘은 백성들이 하는 말을 다 들었습

니다. 사무엘은 그들이 한 말을 다 여호와
께 말씀드렸습니다.
22 여호와께서 대답하셨습니다. "그들의 말
을 들어 주어라. 그들에게 왕을 주어라."
그 말씀을 듣고 사무엘은 이스라엘 백성들
에게 말했습니다. "모두 자기 마을로 돌
아가시오."

사울이 자기 아버지의 나귀를 찾아나섬

9 아비엘의 아들 기스는 베냐민 지파 사
람이었습니다. 기스는 능력의 용사였
습니다. 기스의 아버지 아비엘은 스롤의
아들이고, 스롤은 베고랏의 아들이며, 베
고랏은 베냐민 사람 아비아의 아들입니다.
2 기스에게는 사울이라는 아들이 있었는데,
사울은 잘생긴 젊은이였습니다. 이스라엘
사람 중에 사울처럼 잘생긴 사람은 없었
습니다. 사울은 이스라엘의 어느 누구보다
도 키가* 컸습니다.
3 사울의 아버지인 기스의 나귀들이 어디로
갔는지 보이지 않았습니다. 그래서 기스
는 사울에게 말했습니다. "종을 한 명 데
리고 가서 나귀들을 찾아오너라."
4 사울은 에브라임 산지를 돌아다녔습니다.
또 살리사 땅도 돌아다녔습니다. 그러나 사
울과 그의 종은 나귀를 찾지 못했습니다.
사울과 그의 종은 사알림 땅으로 가 보았으
나 그 곳에도 나귀는 없었습니다. 사울과
그의 종은 베냐민 땅으로도 가 보았으나 그
곳에서도 나귀는 보이지 않았습니다.
5 사울과 그의 종은 숩 지역에 이르렀습니
다. 사울이 자기 종에게 말했습니다. "그
냥 돌아가자. 아버지가 나귀들보다 우리
를 더 걱정하시겠다."
6 그러나 사울의 종이 대답했습니다. "하나
님의 사람이 이 마을에 계십니다. 그 사
람이 말한 것은 모두 이루어지기 때문에,
백성들은 그 사람을 존경합니다. 지금 이
마을로 들어갑시다. 어쩌면 그 사람이 우
리가 찾는 나귀를 찾아 줄지도 모릅니다."
7 사울이 자기 종에게 말했습니다. "그렇지
만, 그 사람에게 무엇을 드리지? 우리 가
방에는 음식도 없고 그 사람에게 드릴 선
물도 없지 않은가?"
8 그러자 종이 사울에게 대답했습니다. "보
십시오. 저에게 은 사분의 일 세겔*이 있
습니다. 이것을 그 하나님의 사람에게 드
리십시오. 그러면 그 사람이 우리 나귀를
찾아 줄 것입니다."
9 (옛날에는 이스라엘 사람이 하나님께 물어
볼 것이 있으면 "선견자에게 가자" 하고
말했습니다. 옛날에 선견자라고 부르던
사람을 지금은 예언자라고 부릅니다.)
10 사울이 자기 종에게 말했습니다. "그거 좋
은 생각이다. 자, 가자." 그리하여 이 두
사람은 하나님의 사람이 살고 있는 마을
로 갔습니다.
11 사울과 그의 종은 마을로 가는 언덕을 오
르고 있었습니다. 그 길에서 그들은 물을
길러 나오는 젊은 여자들을 만났습니다.
사울과 그의 종은 "예언자가 이 마을에 계
십니까?" 하고 물어 보았습니다.
12 젊은 여자들이 대답했습니다. "예, 이 마

성경 자세히 이해하기

산당

9장 12, 13절에서 말하는 '예배 장소'는 높은 산에 있는 '산당'이었습니다. 이스라엘 백성이 팔레스타인에 처음 들어왔을 때, 그 곳에는 가나안 백성들의 종교 시설인 산당이 있었습니다. 이스라엘은 예루살렘 성전이 건축되기 전에는 이방 종교의 풍속을 따라 높은 산에 산당을 지어 이 곳에서 하나님께 제사를 드렸습니다. 그러나 시간이 흐름에 따라 가나안 풍속을 따라 산당에서 가증스러운 종교 행사를 치렀으므로 여러 예언자들로부터 심한 비난을 받게 되었습니다.

본문 보기 9장 12-13절

알아두세요

9:2 어깨 위만큼 키가 더
9:8 1/4세겔은 약 2.85g에 해당된다.

을에 계십니다. 방금 이 곳을 지나가셨으
니, 서두르세요. 오늘 사람들이 예배 장소
에서 제사를 드리기 때문에, 그분이 방금
우리 마을에 오셨습니다.
13 지금 마을로 들어가면, 그분이 식사를 하
러 예배 장소로 올라가시기 전에 그분을
만날 수 있을 것입니다. 백성들은 그 예
언자가 오기 전에는 식사를 하지 않습니
다. 먼저 예언자가 제물에 축복을 해야 손
님들도 식사를 합니다. 그러니 지금 가십
시오. 그분을 만날 수 있을 것입니다."

사울이 사무엘을 만남

14 사울과 그의 종은 마을로 올라갔습니다.
그들이 마을에 들어서자 곧 사무엘을 볼
수 있었습니다. 사무엘은 예배 장소로 가
던 중이었습니다. 사무엘은 성을 나와 사
울과 그의 종이 있는 쪽으로 오고 있었습
니다.
15 사울이 오기 전날, 여호와께서는 사무엘에
게 이렇게 말씀하셨습니다.
16 "내일 이맘때쯤 내가 너에게 한 사람을 보
낼 것이다. 그 사람은 베냐민 사람이다.
너는 그 사람에게 기름을 부어 내 백성 이
스라엘을 다스릴 지도자로 삼아라. 그 사
람은 내 백성을 블레셋 사람들에게서 구
해 줄 것이다. 나는 내 백성의 고통을 보
았고 그들의 부르짖는 소리를 들었노라."
17 사무엘이 사울을 처음으로 보았을 때, 여
호와께서 사무엘에게 말씀하셨습니다.
"보아라, 이 사람이 내가 말했던 그 사람
이다. 이 사람이 내 백성을 다스릴 것이
다."
18 사울이 성문 곁에 있는 사무엘에게 다가가
말했습니다. "예언자의 집이 어디에 있는
지 가르쳐 주십시오."
19 사무엘이 대답했습니다. "내가 예언자요.
나보다 먼저 예배 장소로 올라가시오. 오
늘 당신과 당신의 종은 나와 함께 식사를
하게 될 것이오. 내일 아침에 당신을 집
으로 보내 주겠소. 당신이 나에게 물어 보
려 하는 것도 다 대답해 주겠소.
20 삼 일 전에 잃어버린 나귀들에 대해서는
걱정하지 마시오. 그 나귀들은 이미 찾았
소. 이스라엘은 지금 당신과 당신 아버지
의 온 집안을 원하고 있소."
21 사울이 대답했습니다. "하지만 나는 베냐
민 지파 사람입니다. 베냐민 지파는 이스
라엘에서도 가장 작은 지파입니다. 그리
고 내 집안은 베냐민 지파 중에서도 가장
작은 집안입니다. 그런데 왜 이스라엘이
나를 원한다고 말씀하십니까?"
22 사무엘은 사울과 그의 종을 거실로 데리고
갔습니다. 사무엘은 가장 좋은 자리에 사
울과 그의 종을 앉혔습니다. 그 곳에는 손
님이 삼십 명 가량 있었습니다.
23 사무엘이 요리사에게 말했습니다. "내가
따로 부탁한 고기를 가져오시오."
24 요리사는 넓적다리 부분을 가져다가 사울
앞 탁자에 올려 놓았습니다. 사무엘이 말
했습니다. "이것은 당신을 위해 남겨 둔
고기요. 내가 손님을 청한 이 특별한 자
리에서 당신을 위해 따로 떼어 놓은 것이
니 이것을 먹으시오." 그리하여 사울은 그
날, 사무엘과 함께 식사를 했습니다.
25 식사를 마친 후에 그들은 예배 장소에서
내려와 마을로 갔습니다. 사무엘은 자기
집 지붕 위에서 사울과 함께 이야기를 했
습니다.
26 이튿날 새벽에 사무엘은 지붕 위에 있는
사울을 불러 말했습니다. "일어나 떠날 준
비를 하시오." 그리하여 사울은 자리에서
일어나 사무엘과 함께 집 밖으로 나갔습
니다.
27 사울과 그의 종과 사무엘이 성을 나가기
바로 전에 사무엘이 사울에게 말했습니다.
"당신 종에게 먼저 가라고 이르시오." 사
울의 종이 앞서 가니, 사무엘이 사울에게
다시 말했습니다. "당신은 잠깐 서시오.
당신에게 하나님의 말씀을 전해 주겠소."

사무엘이 사울을 임명함

10 사무엘은 기름병을 가져다가 사울의
머리에 기름을 부었습니다. 사무엘
은 사울에게 입을 맞추고 이렇게 말했습
니다. "여호와께서 당신을 자기 백성 이스

라엘의 지도자로 세우셨소. 당신은 여호
와의 백성을 다스리게 될 것이오. 당신은
여호와의 백성을 이웃 나라 적들로부터
구해 내야 할 것이오. 여호와께서 당신을
자기 백성의 지도자로 삼으셨다는 증거를
일러 주겠소.
2 오늘 나와 헤어진 후에 당신은 베냐민 땅
의 경계인 셀사에 있는 라헬의 무덤 가까
이에서 두 사람을 만나게 될 것인데, 그
두 사람은 당신에게 이렇게 말할 것이오.
'당신이 찾아다니던 나귀들을 찾았습니
다. 그러나 이번에는 당신 아버지께서 나
귀보다 당신 걱정을 하고 있습니다. 당신
아버지는 당신을 찾지 못해 염려하고 계
십니다.'
3 그후, 당신은 계속 가다가 다볼에 있는 큰
나무에 이를 것이오. 그 곳에서 벧엘로 하
나님께 예배드리러 가는 세 사람을 만나
게 될 것이오. 첫 번째 사람은 염소 새끼
세 마리를 끌고 갈 것이고, 두 번째 사람
은 빵 세 덩이를 가지고 갈 것이며, 세 번
째 사람은 포도주가 가득 찬 가죽부대를
가지고 갈 것이오.
4 그 사람들은 당신에게 인사를 하고 빵 두
덩이를 줄 것이며, 당신은 그것을 받을 것
이오.
5 그리고 나서 당신은 '하나님의 산 기브아'
로 갈 것이오. 그 곳에는 블레셋의 진이
있소. 그 마을 근처를 지날 때, 한 무리
의 예언자들이 예배 장소에서 내려올 것
이오. 그들은 수금과 비파를 타고 소고를
치며 피리를 불며, 예언을 할 것이오.
6 여호와의 영이 당신에게 강하게 들어갈
것이오. 당신은 이 예언자들과 함께 예언
을 할 것이고, 당신은 변하여 다른 사람
이 될 것이오.
7 이러한 표징들이 있은 후에 무엇이든지
당신 뜻대로 하시오. 하나님이 당신을 도
우실 것이오.
8 나보다 먼저 길갈로 가시오. 나도 당신에
게 내려갈 것이오. 그 때에 나는 태워 드
리는 제물인 번제물과 화목 제물을 바칠
것이오. 하지만 당신은 칠 일 동안 기다
려야 하오. 칠 일이 지난 후에 내가 가서
당신이 할 일을 말해 주겠소."

사울이 왕이 됨

9 사울이 사무엘과 헤어져 몸을 돌이킬 때에
하나님이 사울의 마음을 변하게 하셨습니
다. 그 날, 이 모든 표징이 사무엘이 말한
대로 일어났습니다.
10 사울과 그의 종이 기브아에 이르렀을 때,
사울은 한 무리의 예언자들을 만났습니
다. 하나님의 영이 사울에게 들어와서 사
울은 예언자들과 함께 예언을 하였습니
다.
11 사울이 예언자들과 함께 예언하고 있는
것을, 전부터 사울을 알고 있던 사람들이
보았습니다. 그 사람들은 서로 이렇게 말
했습니다. "기스의 아들이 도대체 어떻게
된 것인가? 사울도 예언자 중의 하나였던
가?"
12 그 곳에 사는 어떤 사람이 "이 예언자의
아버지는 누구요?" 하고 물었으므로, 이
때부터 '사울도 예언자 중의 하나였던
가?' 라는 속담이 생기게 되었습니다.

성경 자세히 이해하기

길갈

이집트에서 탈출한 이스라엘이 최초로 장막을 쳤던 곳으로 여리고 동쪽 약 3km 지점에 위치한 곳입니다. 모든 이스라엘 백성들이 할례를 시행했던 곳이기도 합니다(수 5:2-9). 사무엘이 순회하면서 이스라엘을 다스리던 곳 중의 하나이며, 사무엘이 정한 7일의 기한을 기다리지 못하고 사울이 이 곳에서 자기 마음대로 번제와 화목제를 드리기도 하였습니다(삼상 13:8-9). 여로보암 왕 이후에는 우상 숭배의 중심지로서 예언자들의 책망을 받았던 성읍이었습니다(호 4:15;암 4:4).

본문 보기 10장 8절

예언(10:5 prophecy) 하나님의 계시에 의하여 장래에 나타날 일을 미리 말함. 또는 그 말.
표징(10:7 sign) 초자연적인 능력이 밖으로 드러나는 일. 하나님의 능력이나 영광을 드러내 주는 일.

13 사울은 예언하는 일을 멈춘 후에 예배 장
소로 갔습니다.
14 사울의 삼촌이 사울과 그의 종에게 와서
물었습니다. "지금까지 어디에 있었느
냐?" 사울이 말했습니다. "나귀를 찾고 있
었어요. 나귀를 찾을 수가 없어서 사무엘
에게 물어 보러 갔었어요."
15 사울의 삼촌이 물었습니다. "사무엘이 너
에게 뭐라고 말했는지 이야기해 보아라."
16 사울이 대답했습니다. "벌써 나귀를 찾았
다고 말했어요." 그러나 사울은 자기가 왕
이 될 것이라는 사무엘의 말은 삼촌에게
알려 주지 않았습니다.
17 사무엘은 이스라엘 모든 백성에게 미스바
로 나아와 여호와를 만나라고 말했습니
다.
18 사무엘이 말했습니다. "이스라엘의 하나님
여호와께서 이렇게 말씀하셨소. '나는 이
스라엘을 이집트에서 이끌어 내었다. 나는
너희를 이집트의 손에서 구해 주었다. 너
희를 괴롭히는 다른 나라들에게서 너희를
구해 주었다.'
19 그런데도 여러분은 여러분의 하나님을
배반하였소. 하나님은 모든 괴로움과 어
려움에서 여러분을 건져 주셨소. 그런데
여러분은 '아니다! 우리는 우리를 다스
릴 왕이 필요하다'라고 말하고 있
소. 자, 이제 지파와 가문별로
여호와 앞에 서시오."
20 사무엘이 이스라엘의 모든 지파
를 가까이 나아오게 하니,
베냐민 지파가 뽑혔습니
다.
21 사무엘은 베냐민 지
파를 가문별로 지나
가게 했습니다. 그
러자 마드리의 가문
이 뽑혔습니다.
사무엘은 다시
마드리의 집안 사람
을 한 사람씩 지나가게
했습니다. 그러자 기스의
아들 사울이 뽑혔습니다. 사람들이 사울을
찾았을 때, 그는 보이지 않았습니다.
22 그래서 사람들이 여호와께 여쭤 보았습니
다. "사울이 여기에 와 있습니까?" 여호와
께서 대답하셨습니다. "그렇다. 사울은 짐
꾸러미 뒤에 숨어 있다."
23 그래서 사람들이 달려가 사울을 데려왔습
니다. 사울이 사람들 사이에 서니, 사울의
키는 다른 사람들보다 머리 하나 정도 더
컸습니다.
24 그 때, 사무엘이 백성들에게 말했습니다.
"여호와께서 뽑으신 사람을 보시오. 모
든 백성 중에 이만한 사람은 없소." 그
러자 백성이 "왕 만세!" 하고 외쳤습니
다.
25 사무엘은 왕의 권리와 의무를 설명해 주
었습니다. 그는 왕의 규칙을 책에 써서 여
호와 앞에 두었습니다. 그리고 나서 사무
엘은 백성들에게 자기 집으로 돌아가라고
말했습니다.
26 사울도 기브아에 있는 자기 집으로 돌아갔
습니다. 하나님께서 몇몇 용감한 사람들

왕이 된 사울(10:24)

의 마음을 움직이셔서 그 사람들이 사울
과 함께 가도록 하셨습니다.
27 그러나 몇몇 불량배들은 "이 사람이 어떻게 우리를 구할 수 있겠나?" 하고 비아냥거렸습니다. 그들은 사울을 미워하여 선물을 갖다 주지 않았습니다. 그러나 사울은 그냥 잠자코 있었습니다.

나하스가 야베스를 괴롭힘

11 한 달쯤 후에 암몬 사람 나하스와 그의 군대가 길르앗 땅의 야베스 성을 에워쌌습니다. 야베스의 모든 백성이 나하스에게 말했습니다. "우리와 조약을 맺읍시다. 그러면 우리가 당신을 섬기겠소."
2 그러자 나하스가 대답했습니다. "너희들과 조약을 맺기는 하겠다. 하지만 조약을 맺기 전에 먼저 너희들의 오른쪽 눈을 뽑아 버려야겠다. 그리하여 온 이스라엘을 부끄럽게 만들어야겠다."
3 야베스의 장로들이 나하스에게 말했습니다. "우리에게 칠 일 동안, 시간을 주시오. 우리는 온 이스라엘에 도움을 청하겠소. 만약 아무도 우리를 도우러 오지 않는다면, 우리는 당신이 하라는 대로 하겠소."
4 야베스 성의 명령을 전달하는 사람들이 사울이 살고 있는 기브아에 왔습니다. 명령을 받고 심부름하는 사람들이 기브아 백성에게 소식을 전하자, 백성들은 큰 소리를 내며 울었습니다.
5 사울이 자기 소를 몰고 밭가는 일을 마친 후에 집으로 돌아오다가 백성들이 우는 소리를 듣고, 물었습니다. "백성들에게 무슨 일이 생겼소? 왜 울고 있소?" 백성들은 야베스에서 온, 명령을 전달하는 사람이 자기들에게 한 말을 사울에게 이야기해 주었습니다.
6 사울이 그 말을 들었을 때, 하나님의 영이 사울에게 강하게 들어왔습니다. 사울은 매우 화가 났습니다.
7 그래서 그는 소 두 마리를 잡아서 여러 토막으로 잘라 내고, 그 토막을 명령을 전달하는 사람들에게 주었습니다. 사울은

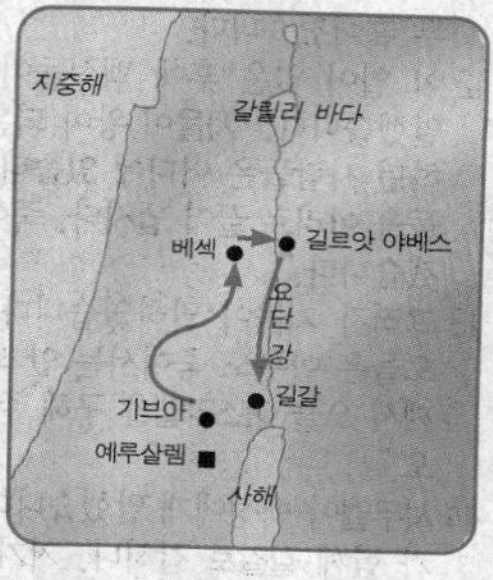

길르앗 야베스의 구원(11장)

명령을 전달하는 사람들에게 명령하여 그 토막들을 이스라엘 모든 땅에 전하게 하였습니다. 명령을 전달하는 사람들은 이스라엘 백성에게 가서 외쳤습니다. "누구든지 사울과 사무엘을 따르지 않는 사람이 있으면 그 사람의 소도 이렇게 하겠소." 이 말을 듣고 이스라엘 백성은 여호와를 매우 두려워했습니다. 그래서 한 사람도 빠짐없이 모두 모였습니다.
8 사울은 백성을 베섹으로 모이게 했는데 이스라엘에서 삼십만 명이 모였고 유다에서 삼만 명이 모였습니다.
9 모인 사람들이 야베스에서 온, 명령을 받고 심부름하는 사람들에게 말했습니다. "길르앗의 야베스 사람들에게 말하시오. 내일 해가 높이 뜨기 전에 당신들을 구해 주겠소." 그리하여 명령을 받고 심부름하는 사람들은 가서 야베스의 백성들에게 이 말을 전했습니다. 야베스 백성은 매우 기뻐했습니다.
10 야베스 백성이 암몬 사람들에게 말했습니다. "내일 우리가 당신에게 항복하겠소. 그러니 우리를 어떻게 하든지 당신 마음대로 하시오."
11 이튿날 아침, 사울은 자기 군인들을 세 무리로 나누었습니다. 그들은 새벽에 암몬 사람들의 진을 공격하여 해가 높이 뜨기 전에 암몬 사람들을 물리쳐 이겼습니다. 살아 남은 암몬 사람들은 뿔뿔이 흩어졌습니다. 두 사람도 함께 모이지 못하고 모

두 흩어졌습니다.
12 이 일이 있은 후에 백성들이 사무엘에게
말했습니다. "사울이 왕이 되는 것을 반대
하던 사람들은 어디에 있습니까? 그 사람
들을 이리로 끌어 냅시다. 죽여 버리고 말
겠습니다."
13 그러자 사울이 말하였습니다. "안 되오.
오늘은 아무도 죽여서는 안 되오. 여호와
께서 오늘 이스라엘을 구해 주셨기 때문이
오."
14 사무엘이 백성에게 말했습니다. "자, 우리
가 함께 길갈로 갑시다. 거기에다 새로운
나라를 세웁시다."
15 그리하여 모든 백성이 길갈로 갔습니다.
그 곳에서 이스라엘 백성은 여호와 앞에서
사울을 왕으로 세웠습니다. 그들은 여호
와께 화목 제물을 바쳤습니다. 사울과 모
든 이스라엘 사람들은 크게 기뻐했습니다.

길갈에서 언약을 새롭게 함

12 사무엘이 온 이스라엘에게 말했습니
다. "나는 여러분이 원하는 것을 다
해 주었소. 나는 여러분에게 왕을 세워 주
었소.
2 이제 여러분에게는 여러분을 이끌 왕이
있소. 나는 늙어 머리가 희어졌으나, 내
아들들은 여러분과 함께 여기에 있소. 나
는 젊었을 때부터 여러분의 지도자로 일
해 왔소.
3 내가 지금 여호와와 여호와께서 기름 부
으신 왕 앞에 서 있으니, 내가 무슨 일이
든지 잘못한 것이 있으면 말해 주시오. 내
가 누구의 소나 나귀를 훔친 적이 있소?
내가 누구를 해치거나 속인 일이 있소?
내가 몰래 돈을 받고 잘못한 일을 눈감아
준 적이 있소? 내가 그런 일을 한 적이 있
다면 다 갚아 주겠소."
4 이스라엘 사람들이 대답했습니다. "당신은
우리를 속이지 않았습니다. 우리를 해치
지도 않았습니다. 당신은 누구에게서도
공정하지 않게 무엇을 가져간 일이 없었
습니다."
5 사무엘이 이스라엘 사람들에게 말했습니
다. "여호와께서 여러분이 말한 것의 증
인이시오. 또 여호와께서 기름 부으신 왕
도 증인이오. 여호와와 왕이 내가 아무런
잘못도 행하지 않았다고 여러분이 말한
것의 증인이오." 이스라엘 사람들이 말했
습니다. "여호와와 왕이 우리의 증인이십
니다."
6 사무엘이 또 백성에게 말했습니다. "여호
와께서 모세와 아론을 세워 여러분의 조상
을 이집트에서 이끌어 내셨소.
7 거기에 그대로 서 있으시오. 여호와께서
여러분과 여러분의 조상에게 하신 모든
좋은 일에 대해 이야기하겠소.
8 야곱이 이집트에 들어간 후에 야곱의 자손
들은 여호와께 도와 달라고 부르짖었소.
그래서 여호와께서는 모세와 아론을 보내
주셨소. 모세와 아론은 여러분의 조상을
이집트에서 이끌어 내어 이 곳까지 인도
하였소.
9 그러나 여러분의 조상은 자기들의 하나님
여호와를 잊어 버렸소. 그래서 여호와께
서는 그들을 하솔의 군대 지휘관인 시스라
의 노예가 되게 하셨소. 여호와께서는 또
여러분의 조상을 블레셋 사람들과 모압 왕
의 노예가 되게 하셨소. 이들은 모두 여
러분의 조상과 맞서 싸웠소.
10 그러자 여러분의 조상은 여호와께 이렇게
부르짖었소. '우리가 죄를 지었습니다.
우리가 여호와를 떠나 바알과 아스다롯을
섬겼습니다. 하지만 이제 우리를 원수에
게서 구해 주십시오. 그러면 우리가 여호
와를 섬기겠습니다.'
11 여호와께서는 여룹바알이라고도 부르는
기드온을 보내 주셨소. 또 여호와께서는
베단과 입다와 사무엘을 보내 주셨소. 그

아름에요
13:1 히브리어 성경에는 나이가 빠져 있으나, 어떤 고대 그리스어 번역 성경에는 나이를 삼십으로 표기하고 있다.

순종(12:14 obedience) 순순히 따름.
우상(12:21 idol) 신과 같이 여겨 섬기는 대상.

리하여 여호와께서는 여러분 주변의 원수
들에게서 여러분을 구해 주셨소. 그래서
안전하게 살 수 있었소.
12 그런데 여러분은 암몬 왕 나하스가 여러분
을 공격하러 오는 것을 보고 '우리에게도
우리를 다스릴 왕이 필요합니다!' 하고
말했소. 여호와께서 여러분의 왕이신데도
말이오.
13 자, 여기에 여러분이 뽑은 왕이 있소. 여
호와께서 그를 여러분들 위에 세우셨소.
14 여러분은 여호와를 받들고 섬겨야 하오.
여러분은 여호와의 명령에 순종해야 하
오. 여러분과 여러분을 다스리는 왕은 여
러분의 하나님 여호와를 따라야 하오. 그
렇게 하면 모든 일이 잘 될 것이오.
15 그러나 만약 여러분이 여호와께 순종하지
않고 여호와의 명령을 따르지 않으면 여
호와께서 여러분을 치실 것이오. 여호와
께서는 전에 여러분의 조상에게 내리셨던
벌을 여러분에게도 내리실 것이오.
16 이제 가만히 서서, 여호와께서 여러분 앞
에서 행하실 큰 일을 잘 보시오.
17 지금은 밀을 거두어들이는 때요. 내가 여
호와께 기도드려 천둥과 비를 보내 달라
고 하겠소. 이제 여러분은 왕을 달라고 요
구한 것이 여호와께 얼마나 나쁜 일이었
나를 알게 될 것이오."
18 그리고 나서 사무엘은 여호와께 기도를 드
렸습니다. 그 날, 여호와께서는 천둥과
비를 내리셨습니다. 그리하여 백성은 여
호와와 사무엘을 매우 두려워하게 되었습
니다.
19 백성들이 사무엘에게 말했습니다. "당신
의 종인 우리를 위해 당신의 하나님 여호
와께 기도드려 주십시오. 우리를 죽게 내
버려 두지 마십시오. 우리는 많은 죄를 지
은 데다가 왕을 구하는 죄를 더하였습니
다."
20 사무엘이 대답했습니다. "두려워하지 마
시오. 여러분은 나쁜 일을 하였지만 이제
부터라도 여호와를 떠나지 마시오. 온 마
음을 다하여 여호와를 섬기시오.
21 우상들은 아무 소용이 없소. 그러므로 우
상을 섬기지 마시오. 우상은 여러분을 구
해 줄 수도 없고 도와 줄 수도 없소. 우
상은 쓸데없소.
22 여호와께서는 자기 이름을 위해서 자기
백성을 버리지 않으실 것이오. 그분은 여
러분을 자기 백성으로 삼은 것을 기뻐하
고 계시오.
23 나도 여러분을 위해 기도하는 일을 멈추
지 않겠소. 만약 내가 기도를 멈춘다면,
그것은 여호와께 죄를 짓는 일이 되오. 나
는 여러분에게 무엇이 좋고 옳은 것인가
를 가르치겠소.
24 오직 여호와만을 두려워하시오. 여러분은
온 마음을 다하여 언제나 여호와를 섬겨
야 하오. 여호와께서 여러분을 위해 하신
놀라운 일들을 잊지 마시오.
25 만약 여러분이 고집을 피워 나쁜 일을 계
속한다면, 하나님께서 여러분과 여러분의
왕을 멸망시키실 것이오."

사울이 실패함

13 사울이 왕이 되었을 때, 그의 나이
는 서른 살*이었습니다. 그는 사십
이 년 동안, 이스라엘의 왕으로 있었습니
다.
2 사울은 이스라엘에서 삼천 명을 뽑았습니
다. 그 중 이천 명은 벧엘 산지에 있는 믹
마스에서 사울과 함께 있었고, 나머지 천
명은 베냐민 땅 기브아에서 요나단과 함께
있었습니다. 사울은 나머지 백성을 집으
로 돌려 보냈습니다.
3 요나단이 게바에 있는 블레셋의 진을 공격
하였습니다. 다른 블레셋 사람들이 그 소
식을 들었습니다. 사울이 말했습니다.
"히브리 사람들에게 어떤 일이 일어났는
지를 알려 주시오." 사울은 사람들을 시
켜 이스라엘 모든 땅에 나팔을 불게 했습
니다.
4 이스라엘의 모든 사람이 그 소식을 듣고
말했습니다. "사울이 블레셋 진을 공격하
였다. 이제 블레셋 사람들은 우리를 진짜
로 미워할 것이다." 그리하여 이스라엘 사

람들은 길갈에 있는 사울에게 모여들었습
니다.
5 블레셋 사람들도 이스라엘과 싸우기 위해
모였습니다. 블레셋 사람들에게는 전차
삼만 대와 말을 타는 군인 육천 명이 있
었습니다. 블레셋 군인은 마치 바닷가의
모래처럼 많았습니다. 블레셋 사람들은 벧
아웬 동쪽에 있는 믹마스에 진을 쳤습니
다.
6 이스라엘 사람들은 용기를 잃고 말았습니
다. 그래서 그들은 동굴과 나무숲으로 가
서 숨었습니다. 바위 틈과 구덩이와 우물
속에 숨은 사람도 있었습니다.
7 심지어 어떤 히브리 사람은 요단 강을 건
너 갓과 길르앗 땅으로 도망쳤습니다. 그
러나 사울은 길갈에 그대로 있었습니다.
그의 군대는 모두 두려워 떨고 있었습니
다.
8 사울은 칠 일 동안, 기다렸습니다. 왜냐하
면 사무엘이 그 곳에 오기로 되어 있었기
때문입니다. 하지만 사무엘은 길갈로 오지
않았습니다. 그러자 군인들이 하나 둘씩
떠나가기 시작하였습니다.
9 사울이 말했습니다. "나에게 태워 드리는
제물인 번제물과 화목 제물을 가지고 오
시오." 그리고 그는 하나님께 태워 드리
는 제물인 번제물을 바쳤습니다.

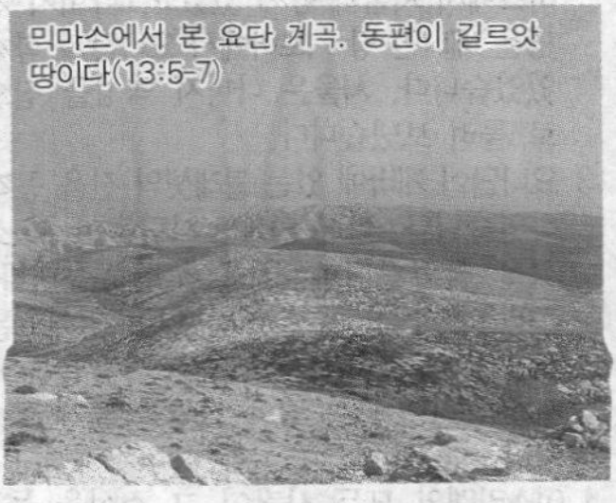
믹마스에서 본 요단 계곡. 동편이 길르앗 땅이다(13:5-7)

알아두세요

13:21 2/3세겔은 약 7.6g에 해당되고, 1/3세겔은 약 3.8g에 해당된다.

10 사울이 막 태워 드리는 제물인 번제물을
바쳤을 때, 사무엘이 도착하였습니다. 사
울은 사무엘을 맞으러 나갔습니다.
11 사무엘이 물었습니다. "대체 무슨 일을 하
였소?" 사울이 대답했습니다. "군인들은
하나 둘씩 떠나가고 당신은 오지 않았습
니다. 또 블레셋 사람들은 믹마스에 모여
있었습니다.
12 블레셋 사람들이 길갈로 와서 나를 공격할
것인데, 나는 아직 여호와의 허락을 받지
못하였습니다. 그래서 할 수 없이 태워 드
리는 제물인 번제물을 바쳤습니다."
13 사무엘이 말했습니다. "당신은 바보 같은
짓을 하였소. 당신은 하나님의 명령에 순
종하지 않았소. 당신이 하나님께 순종했
다면, 하나님께서는 이스라엘에 당신의 나
라를 영원토록 세우셨을 것이오.
14 하지만 당신의 나라는 이제 이어지지 않
을 것이오. 여호와께서는 자기 마음에 드
는 사람을 찾아 내셨소. 여호와께서는 그
사람을 자기 백성의 통치자로 임명하셨
소. 여호와께서 그렇게 하신 것은 당신이
여호와의 명령에 순종하지 않았기 때문이
오."
15 이 말을 하고 나서 사무엘은 길갈을 떠나
베냐민 땅 기브아로 갔습니다. 나머지 군
인은 사울을 따라 싸움터에 나갔습니다.
사울이 남아 있는 사람들을 세어 보니 육
백 명 가량이었습니다.

이스라엘의 어려운 시절

16 사울과 그의 아들 요나단은 베냐민 땅 게
바에 머물렀습니다. 그들을 따르는 군인
들도 그 곳에 진을 쳤습니다. 블레셋 사람
들은 믹마스에 진을 치고 있었습니다.
17 블레셋 사람들은 이스라엘을 공격하기 위
해 세 무리로 나누어 진을 떠났습니다. 첫
번째 무리는 수알 땅에 있는 오브라 길로
갔고,
18 두 번째 무리는 벧호론 길로 갔습니다. 그
리고 세 번째 무리는 사막 쪽에 있는 스
보임 골짜기가 내려다보이는 경계 길로
떠났습니다.

19 이스라엘 모든 땅에는 대장장이가 한 사람
도 없었습니다. 그것은 블레셋 사람들이
"히브리 사람들이 칼과 창을 만들까 두렵
다"라고 말했기 때문입니다.
20 그래서 모든 이스라엘 사람은 쟁기나 괭
이, 도끼, 낫을 갈려 할 때는 블레셋 사람
들에게 갔습니다.
21 블레셋의 대장장이들은 쟁기와 괭이를 날
카롭게 가는 데 은 삼분의 이 세겔*을 받
았고, 낫이나 도끼나 소를 몰 때 쓰는 쇠
막대기를 가는 데 은 삼분의 일 세겔*을
받았습니다.
22 그래서 전쟁이 일어났을 때에도 사울과 요
나단을 따르는 군인들에게는 칼이나 창이
없었습니다. 오직 사울과 요나단만이 칼과
창을 가지고 있었습니다.
23 블레셋 군대의 한 무리가 믹마스에 있는
산길로 갔습니다.

이스라엘이 블레셋 사람들을 물리쳐 이김

14 어느 날, 사울의 아들 요나단이 자기
무기를 든 부하에게 말했습니다.
"자, 저쪽에 있는 블레셋 진으로 건너가
자." 요나단은 이 일을 자기 아버지에게
알리지 않았습니다.
2 사울은 기브아 근처의 미그론에 있는 석류
나무 아래에 앉아 있었습니다. 사울에게
는 군인이 육백 명쯤 있었는데,
3 그 중에는 에봇을 입고 있는 아히야라는
사람이 있었습니다. 아히야는 이가봇의 형
제 아히둡의 아들이었습니다. 아히둡은 비
느하스의 아들이었으며, 비느하스는 실로
에서 여호와의 제사장이었던 엘리의 아들
이었습니다. 백성 중 누구도 요나단이 빠
져 나갔다는 것을 알지 못했습니다.
4 산길 양쪽에는 경사가 급한 언덕이 있었
습니다. 요나단은 이 산길을 지나 블레셋
의 진으로 가려 했습니다. 한 쪽 절벽의
이름은 보세스였고, 다른 쪽 절벽의 이름
은 세네였습니다.
5 한 쪽 절벽은 북쪽으로 믹마스를 향해 있
었고, 다른 쪽 절벽은 남쪽으로 게바를 향
해 있었습니다.

쇠를 녹이는 풀무(13:19-21)

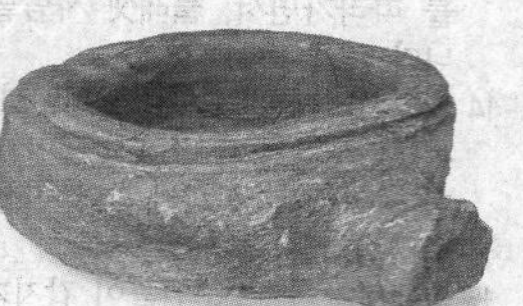

6 요나단이 자기 무기를 든 부하에게 말했
습니다. "자, 저 할례받지 않은 사람들의
진으로 가자. 어쩌면 여호와께서 우리를
도와 주실 것이다. 여호와께서 우리에게
구원을 주실 때는 군대의 수가 많고 적은
것이 문제가 되지 않는다."
7 무기를 든 부하가 요나단에게 말했습니
다. "당신 생각에 좋을 대로 하십시오. 나
는 당신과 함께하겠습니다."
8 요나단이 말했습니다. "블레셋 사람들이
있는 곳으로 건너가자. 그리고 그들 앞에
나타나자.
9 만약 그들이 우리에게 '우리가 너희에게
가기까지 기다려라' 하고 말하면, 우리는
그대로 서서 기다려야 할 것이다.
10 그러나 그들이 만약 '우리에게로 오너라'
하고 말하면, 이것은 여호와께서 그들을
우리 손 안에 주셨다는 표시니, 우리가 올
라갈 것이다."
11 요나단과 그의 부하는 블레셋 사람들 앞에
모습을 나타냈습니다. 블레셋 사람들이
말했습니다. "저기 봐라! 구멍에 숨어 있
던 히브리 놈들이 기어 나왔다!"
12 진에 있던 블레셋 사람들이 요나단과 그의
부하에게 외쳤습니다. "이리 와 봐라. 네
놈들에게 본때를 보여 주겠다." 요나단이
자기 부하에게 말했습니다. "내 뒤를 따
라 올라오너라. 여호와께서 블레셋 사람
들을 이스라엘에게 넘기셨다."
13 요나단은 손과 발로 기어서 위로 올라갔
습니다. 요나단의 부하도 요나단의 바로
뒤를 따라 올라갔습니다. 요나단은 앞으
로 나가면서, 블레셋 사람들을 쳐서 넘어

뜨렸습니다. 요나단의 부하도 요나단의 뒤
를 따라가면서, 블레셋 사람들을 죽였습
니다.
14 이 첫 번째 싸움으로 요나단과 그의 부하
는 한 쌍의 소가 반나절 동안 갈아엎을 만
한 들판에서* 블레셋 사람 이십 명 가량을
죽였습니다.
15 블레셋의 모든 군인들이 갑자기 두려움에
휩싸였습니다. 진에 있던 군인이나 돌격
대에 있던 군인들이 모두 두려움에 떨었
습니다. 심지어 땅까지도 흔들렸습니다.
하나님께서 블레셋 사람들을 큰 두려움에
휩싸이게 하셨습니다.
16 베냐민 땅 기브아에 있던 사울의 호위병들
이, 블레셋 군인들이 사방으로 달아나고
있는 것을 보았습니다.
17 사울이 자기 군대에게 말했습니다. "우리
진에서 빠져 나간 사람이 있는가 조사해
보시오." 조사를 해 보니, 요나단과 그의
부하가 없어졌습니다.
18 사울이 제사장 아히야에게 말했습니다.
"하나님의 궤를 가져오시오." 그 때에는
법궤가 이스라엘 사람들에게 있었습니다.
19 사울이 제사장 아히야에게 말하고 있을
때, 블레셋 진은 더욱더 혼란스러워졌습
니다. 그러자 사울이 아히야에게 말하였습
니다. "그만두시오. 지금은 기도할 시간
이 없소."
20 사울과 그의 군대가 모두 모여서 싸움터
에 들어섰습니다. 싸움터에 가 보니, 블레
셋 사람들이 제정신을 잃은 나머지 자기
편끼리 칼을 휘두르고 있었습니다.
21 전에 블레셋 사람들을 섬기며 그들의 진에
함께 머물렀던 히브리 사람들이 사울과 요
나단의 이스라엘 사람들 편으로 왔습니다.
22 에브라임 산지에 숨어 있던 모든 이스라엘
사람은 블레셋 군인들이 달아나고 있다는
소식을 듣고, 그들도 싸움터에 나와 블레
셋 사람들을 뒤쫓았습니다.
23 이처럼 여호와께서는 그 날, 이스라엘 사
람들을 구해 주셨습니다. 그리고 싸움터
는 벧아웬을 지나 다른 곳으로 옮겨졌습
니다.

사울이 또 잘못을 함

24 그 날에 이스라엘 사람들은 매우 지쳐 있
었습니다. 왜냐하면 사울이 이스라엘 사람
들에게 이렇게 맹세하며 말했기 때문입니
다. "저녁이 되어 적군을 물리쳐 이기기
전까지는 아무도 음식을 먹어서는 안 되
오. 누구든지 음식을 먹는 사람은 저주를
받을 것이오." 그래서 이스라엘 군인들은
아무도 음식을 먹지 않았습니다.
25 이스라엘 군대가 숲으로 들어갔을 때, 숲
속 이곳 저곳에 꿀이 있었습니다.
26 이스라엘 군대는 꿀이 있는 곳으로 갔지
만, 그들은 사울의 맹세를 두려워하여 아
무도 꿀을 먹지 못했습니다.
27 하지만 요나단은 사울이 자기 백성에게 말
한 맹세를 듣지 못했습니다. 그래서 요나
단은 들고 있던 막대기 끝으로 꿀을 찍어
먹었습니다. 그는 그 꿀을 먹고 기운을 되
찾았습니다.
28 그 때에 군인 중 한 사람이 요나단에게 말
했습니다. "당신의 아버지가 모든 군인에
게 맹세하여 말하기를 '누구든지 오늘 음
식을 먹는 사람은 저주를 받을 것이다' 라
고 했습니다. 군인들이 배가 고파 지쳐 있
는 것도 그 때문입니다."
29 요나단이 말했습니다. "내 아버지가 우리
모두를 괴롭게 만드셨도다. 이 꿀을 조금
먹었는데도 이렇게 눈이 번쩍 뜨이는 것
을 보아라.
30 그러니 오늘 적군에게서 빼앗은 음식을
우리 군인들이 먹었더라면 훨씬 더 좋았
을 텐데. 그리고 블레셋 사람들을 더 많이
죽일 수 있었을 텐데."
31 그 날, 이스라엘 사람들은 블레셋 사람들
을 믹마스에서 아얄론까지 물리쳐 이겼습
니다. 이 일을 마친 후, 이스라엘 사람들
은 매우 피곤하였습니다.
32 이스라엘 사람들은 블레셋 사람들에게서
양과 소와 송아지들을 빼앗았습니다. 이
스라엘 사람들은 너무나 배가 고팠기 때
문에 그 짐승들을 땅에서 잡아, 고기를 피

째 마구 먹었습니다.
33 누군가가 사울에게 말했습니다. "사람들
이 고기를 피째 먹음으로써 여호와께 죄
를 짓고 있습니다." 사울이 말했습니다.
"당신들은 죄를 지었소. 큰 돌을 이리로
가지고 오시오!"
34 사울이 계속해서 말했습니다. "사람들에
게 돌아다니면서 말하시오. '모두들 자기
의 소와 양을 이리로 끌고 와서 잡아 먹
읍시다. 그러나 고기를 피째 먹음으로써
여호와께 죄를 짓지 맙시다.'" 그 날 밤,
모든 사람들이 자기 짐승을 가지고 와서
그 곳에서 잡았습니다.
35 사울은 여호와께 제단을 쌓았습니다. 그
제단은 사울이 여호와께 쌓은 첫 제단이
었습니다.
36 사울이 말했습니다. "오늘 밤, 블레셋 사
람들의 뒤를 좇읍시다. 그들이 가진 것을
빼앗읍시다. 한 사람도 살려 두지 맙시
다." 사람들이 대답했습니다. "왕의 생각
에 좋을 대로 하십시오." 그러나 제사장
이 말했습니다. "하나님께 여쭤 봅시다."
37 그리하여 사울이 하나님께 여쭤 보았습니
다. "블레셋 사람들을 뒤쫓을까요? 주께서
는 우리가 그들을 이길 수 있게 해 주실
것입니까?" 그러나 그 날, 하나님께서는
사울에게 대답해 주지 않으셨습니다.
38 그래서 사울은 자기 군대의 모든 지도자
에게 말했습니다. "이리 오시오. 오늘 누
가 어떤 죄를 지었는가 알아봅시다.
39 살아 계신 여호와의 이름으로 맹세하지만
내 아들 요나단이 죄를 지었다 하더라도
그는 죽임을 당할 것이오." 그러나 아무
도 대답하는 사람이 없었습니다.
40 사울이 모든 이스라엘 사람에게 말했습니
다. "여러분은 이쪽으로 서시오. 나와 내
아들 요나단은 저쪽으로 서겠소." 사람들
이 대답했습니다. "왕의 생각에 좋을 대
로 하십시오."
41 사울이 이스라엘의 하나님 여호와께 기도
하였습니다. "저에게 올바른 대답을 주십
시오." 이어 제비뽑기를 하니 사울과 요나
단이 뽑혔습니다. 다른 사람들은 죄가 없
다는 것이 밝혀졌습니다.
42 사울이 말했습니다. "나와 내 아들 요나단
가운데 누가 죄인인지 제비를 뽑자." 제
비로 뽑힌 사람은 요나단이었습니다.
43 사울이 요나단에게 말했습니다. "네가 무
슨 일을 했는지 말해 보아라." 요나단이
사울에게 말했습니다. "저는 그저 나무
막대기로 꿀을 조금 찍어 먹었을 뿐입니
다. 그런 일로 제가 지금 죽어야 합니
까?"
44 사울이 말했습니다. "요나단아, 너를 죽이
지 않으면, 하나님께서 나에게 무서운 벌
을 주실 것이다."
45 군인들이 사울에게 말했습니다. "요나단을
죽이시겠다고요? 절대로 안 됩니다. 요나
단은 오늘 이스라엘을 구한 사람입니다.
살아 계신 여호와의 이름으로 맹세하지만
요나단의 머리털 하나라도 땅에 떨어질 수
없습니다. 오늘 요나단은 하나님의 도우심
으로 블레셋 사람들과 싸웠습니다." 이리
하여 이스라엘 군대는 요나단을 살려 주었
습니다. 요나단은 죽지 않았습니다.
46 사울은 블레셋 사람들을 뒤쫓는 일을 그만
두었습니다. 사울과 그의 군대는 자기 땅
으로 돌아왔습니다.

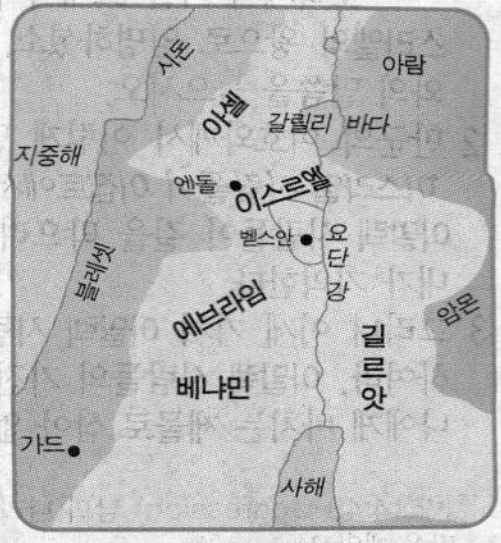

사울의 왕국(14장)

알아두세요

14:14 이 부분은 '한 쌍의 소가 반나절 동안 밭을 갈아엎듯이'라고도 번역할 수 있다.

사울이 이스라엘의 적들과 싸움

47 사울은 이스라엘의 왕이 되어서 이스라엘 주변의 적들과 맞서 싸웠습니다. 사울은 모압과 암몬 사람과 에돔과 소바의 왕들과 블레셋 사람들과 싸웠습니다. 사울은 가는 곳마다 이스라엘의 적을 물리쳐 이겼습니다.
48 사울은 강해졌습니다. 그는 용감하게 싸워서 아말렉 사람들도 물리쳐 이겼습니다. 사울은 이스라엘을 침략하고 약탈한 적들에게서 이스라엘을 구해 주었습니다.
49 사울의 아들 이름은 요나단과 리스위와 말기수아입니다. 사울의 큰 딸의 이름은 메랍이고, 작은 딸의 이름은 미갈입니다.
50 사울의 아내는 아히마아스의 딸 아히노암입니다. 사울의 군대 사령관은 넬의 아들 아브넬입니다. 넬은 사울의 삼촌입니다.
51 사울의 아버지 기스와 아브넬의 아버지 넬은 아비엘의 아들입니다.
52 사울은 살아 있는 동안, 블레셋 사람들과 치열하게 싸웠습니다. 사울은 강하거나 용감한 사람을 보면 그 사람을 자기 군대의 군인으로 삼았습니다.

여호와께서 사울 왕을 버리심

15 사무엘이 사울에게 말했습니다. "여호와께서 나를 보내셔서 당신을 이스라엘의 왕으로 임명하셨소. 이제 여호와의 말씀을 들으시오.
2 만군의 여호와께서 이렇게 말씀하셨소. '이스라엘 사람들이 이집트에서 나올 때에 아말렉 사람들이 길을 막으려 했던 것을 내가 기억한다.
3 그러니 이제 가서 아말렉 사람들을 공격하여라. 아말렉 사람들의 가진 모든 것을 *나에게 바치는 제물로 삼아* 없애 버려라. 아무도 살려 주지 마라. 남자와 여자, 어린아이와 갓난아기뿐만 아니라 소와 양과 낙타와 나귀들도 모두 죽여 없애 버려라.'"
4 그리하여 사울은 들라임으로 군대를 모았습니다. 군인이 이십만 명 있었고, 유다 사람이 만 명 있었습니다.
5 사울은 아말렉 성으로 가서 골짜기에 군인들을 숨겨 놓았습니다.
6 사울이 겐 사람들에게 말했습니다. "아말렉 사람들을 떠나시오. 아말렉 사람들과 함께 당신들까지도 죽이고 싶지 않소. 당신들은 이스라엘 사람들이 이집트에서 나올 때, 그들에게 친절을 베풀었소." 그리하여 겐 사람들은 아말렉 사람들에게서 떠났습니다.
7 사울은 아말렉 사람들을 물리쳐 이겼습니다. 사울은 하윌라에서 이집트의 경계에 있는 술까지 이르는 모든 길에서 아말렉 사람들과 싸웠습니다.
8 사울은 아말렉 왕 아각을 사로잡았습니다. 사울은 아각의 군대를 모두 칼로 죽였습니다.
9 그러나 사울과 그의 군대는 아각만은 죽이지 않고 살려 주었습니다. 그리고 제일 좋은 양과 살진 소와 양뿐만 아니라, 그 밖의 모든 좋은 동물들도 살려 주었습니다. 사울과 그의 군대는 그 동물들을 죽이기를 좋아하지 않았습니다. 그들은 약하거나 쓸모 없는 동물들만 죽였습니다.
10 그 때에 여호와께서 사무엘에게 말씀하셨습니다.
11 "사울이 이제는 나의 말을 따르지 않는다. 사울을 왕으로 세운 것이 후회된다. 사울은 내 명령에 순종하지 않았다." 사무엘은 이 말씀을 듣고 당황하였습니다. 그는 밤

침략(14:48 aggression) 남의 나라를 침범하여 땅을 빼앗음.
약탈(14:48 plunder) 폭력을 써서 남의 것을 강제로 빼앗음.
사령관(14:50 commander) 군대 · 함대 따위를 지휘 · 통솔하는 사람.
만군(15:2 host) 여호와께서 명령권을 행사하시는 수많은 창조물을 의미.
제물(15:3 sacrifice) 제사에 쓰이는 음식, 동물.
기념비(15:12 monument) 중요하거나 특별한 일에 대해 잊지 않고 마음에 간직하기 위하여 세우는 비석.

새도록 하나님께서 마음을 돌리시기를 간
구하며 큰 소리로 부르짖었습니다.
12 이튿날 아침, 일찍 사무엘은 사울을 만나
러 올라갔습니다. 그런데 사람들이 사무
엘에게 이렇게 말했습니다. "사울은 갈멜
로 가서 자기 이름을 기리기 위해 기념비
를 세웠습니다. 사울은 지금 길갈로 내려
갔습니다."
13 그후에 사무엘이 사울에게 갔습니다. 사울
이 말했습니다. "여호와께서 당신에게 복
을 주시길 빕니다. 나는 여호와의 명령에
순종했습니다."
14 이 말을 듣고 사무엘이 말했습니다. "그러
면 내 귀에 들리는 저 양의 소리와 소의
소리는 무엇입니까?"
15 사울이 대답했습니다. "군인들이 아말렉
사람들에게서 빼앗은 것입니다. 당신의
하나님 여호와께 제물로 바치기 위해 제
일 좋은 양과 소들을 남겨 둔 것입니다.
하지만 다른 동물들은 다 죽여 없앴습니
다."
16 사무엘이 사울에게 말했습니다. "그만두시
오! 어젯밤에 여호와께서 나에게 하신 말
씀을 들으시오." 사울이 말했습니다. "말
해 보시오."
17 사무엘이 말했습니다. "옛날 당신은 스스
로 작은 사람이라고 겸손해하지 않았습니
까? 그 때에 여호와께서 당신에게 기름을
부어 이스라엘의 왕으로 세우지 않았습니
까?
18 그리고 여호와께서는 '가서 저 나쁜 백성
아말렉 사람들을 멸망시켜라. 그들과 전
쟁을 하여 한 사람도 빠짐없이 다 죽여라'
하고 당신에게 이 일을 맡기시지 않았습
니까?
19 그런데 왜 당신은 여호와의 명령에 순종
하지 않았소? 왜 당신은 제일 좋은 것들
을 없애지 않았소? 왜 당신은 여호와께서
악하다고 말씀하신 일을 하였소?"
20 사울이 대답했습니다. "하지만 나는 여호
와께 순종하였소. 나는 여호와께서 하라
고 하신 일을 하였소. 나는 아말렉 사람들

숫양(15:22)

을 다 죽였소. 그리고 그들의 왕 아각도
사로잡아 왔소.
21 군인들이 당신의 하나님 여호와께 길갈에
서 제물을 바치기 위해 제일 좋은 양과 소
들을 남겨 놓았을 뿐이오."
22 그러나 사무엘이 말했습니다. "여호와를
더 기쁘시게 할 것이 무엇이겠소? 태워
드리는 제물인 번제물과 그 밖의 제사
요? 아니면 순종이요? 하나님께 순종하
는 것이 제사보다 낫소. 하나님의 말씀
을 듣는 것이 숫양의 기름을 바치는 것
보다 낫소.
23 순종하지 않는 것은 점쟁이의 속임수만큼
나쁘고, 교만한 고집은 우상을 섬기는 것
만큼 나쁘오. 당신은 여호와의 명령을 듣
지 않았소. 그러므로 이제 여호와께서 당
신을 버려 왕이 되지 못하게 하실 것이
오."
24 그러자 사울이 사무엘에게 말했습니다.
"내가 죄를 지었소. 내가 여호와의 명령
에 순종하지 않았소. 내가 당신이 한 말
을 따르지 않았소. 나는 백성이 두려워서
백성이 하자는 대로 하였소.
25 제발 내 죄를 용서해 주시오. 나와 함께
가서 내가 여호와께 예배드리게 해 주시
오."
26 그러나 사무엘이 사울에게 말했습니다.
"나는 당신과 함께 가지 않겠소. 당신은
여호와의 명령을 듣지 않았소. 그러므로
이제 여호와께서 당신을 이스라엘의 왕이
되지 못하게 하셨소."

27 사무엘이 떠나려 하였습니다. 사울이 사무엘의 옷을 붙잡다가 그만 옷을 찢고 말았습니다.
28 사무엘이 사울에게 말했습니다. "여호와께서 오늘 이스라엘 나라를 이 옷자락처럼 찢어 당신에게서 빼앗아 당신의 이웃 중 한 사람에게 주셨소. 여호와께서 이 나라를 당신보다 나은 사람에게 주셨소.
29 여호와께서는 이스라엘의 영원하신 분이오. 그분께서는 거짓말을 하지 않으시고 자기 마음을 바꾸지도 않으시오. 여호와께서는 사람이 아니시오. 그러므로 사람처럼 마음을 바꾸시지 않을 것이오."
30 사울이 대답했습니다. "내가 죄를 지었소. 하지만 내 백성의 장로들과 이스라엘 백성들 앞에서는 나를 높여 주시오. 나와 함께 가서 당신의 하나님 여호와께 예배드릴 수 있도록 해 주시오."
31 이 말을 듣고 사무엘은 사울과 함께 갔고, 사울은 여호와께 예배드렸습니다.
32 그후에 사무엘이 말했습니다. "아말렉 사람들의 왕 아각을 데리고 오시오." 아각이 사슬에 묶여 사무엘에게 왔습니다. 아각은 '틀림없이 이제 난 살아났다'라고 생각하며 기뻐했습니다.
33 사무엘이 아각에게 말했습니다. "네 칼 때문에 많은 어머니들이 자식을 잃었다. 이제 네 어머니가 자식을 잃을 차례이다." 그리고 나서 사무엘은 길갈에 있는 여호와의 성소 앞에서 아각을 칼로 쳤습니다.
34 그리고 나서 사무엘은 그 곳을 떠나 라마로 갔습니다. 그러나 사울은 기브아에 있는 자기 집으로 갔습니다.
35 사무엘은 더 이상 사울을 만나지 않았습니다. 사무엘은 사울 때문에 마음이 아팠습니다. 또 여호와께서는 사울을 이스라엘의 왕으로 삼으신 것을 후회하셨습니다.

사무엘이 베들레헴으로 가다

16 여호와께서 사무엘에게 말씀하셨습니다. "너는 언제까지 사울 때문에 마음 아파할 것이냐? 나는 이미 사울을 버려 이스라엘의 왕이 되지 못하게 하였다. 이제 너는 그릇에 올리브 기름을 채우고 가거라. 내가 너를 베들레헴에 사는 이새에게

사울이 사무엘을 붙잡다가 사무엘의 옷을 찢음(15:27)

보낸다. 내가 그 사람의 아들 중 하나를
왕으로 뽑았다.”
2 사무엘이 말했습니다. “제가 가면, 사울이
그 소식을 듣고 저를 죽이려 할 것입니
다.” 여호와께서 말씀하셨습니다. “암송
아지를 몰고 가서 여호와께 제물을 바치
러 왔다고 말하여라.
3 그리고 제사드릴 때, 이새를 초대하여라.
그 다음 네가 무엇을 해야 할지 가르쳐 주
겠다. 이새의 아들 가운데 내가 가리키는
사람에게 너는 기름을 부어라.”
4 사무엘은 여호와께서 말씀하신 대로 했습
니다. 사무엘이 베들레헴에 도착하자, 베들
레헴의 장로들이 두려움에 떨었습니다.
장로들이 사무엘에게 나아와 물었습니다.
“평화로운 일로 오시는 겁니까?”
5 “그렇소. 평화로운 일로 왔소. 여호와께
제물을 바치려고 왔소. 여호와를 위해 스
스로 거룩하게 한 다음, 나와 함께 제사
를 드립시다” 하고 사무엘이 대답했습니
다. 사무엘은 이새와 그의 아들들을 여호
와 앞에서 거룩하고 깨끗하게 한 뒤, 그
들을 제사에 초대하였습니다.
6 이새와 그의 아들들이 도착했을 때, 사무
엘은 엘리압을 보았습니다. 사무엘은 생
각하였습니다. ‘틀림없이 여호와께서는
여기 서 있는 이 사람을 뽑으셨을 것이
다.’
7 그러나 여호와께서 사무엘에게 말씀하셨
습니다. “엘리압의 멋있는 모습과 키 큰
모습을 보지 마라. 나는 엘리압을 뽑지 않
았다. 내가 보는 것은 사람이 보는 것과
같지 않다. 사람은 겉모양을 보지만, 나
여호와는 마음을 본다.”
8 이어서 이새는 아비나답을 불러 사무엘 옆
으로 지나가게 했습니다. 사무엘이 말했
습니다. “여호와께서는 이 사람도 뽑지
않으셨소.”
9 그러자 이새는 삼마를 지나가게 했으나,
사무엘은 또 이렇게 말했습니다. “아니오.
여호와께서는 이 사람도 뽑지 않으셨소.”
10 이새는 자기 아들 일곱 명을 사무엘 앞으
로 지나가게 했습니다. 그러나 사무엘은
“여호와께서는 이 아들들 중 누구도 뽑지
않으셨소”라고 이새에게 말했습니다.
11 그리고 나서 사무엘이 이새에게 물었습니
다. “여기에 있는 아들이 전부요?” 이새가
대답했습니다. “막내 아들이 더 있습니
다. 그 아이는 밖에서 양들을 돌보고 있
습니다.” 사무엘이 말했습니다. “그 아이
를 불러 오시오. 그 아이가 오기 전까지
식탁에 앉지 않겠소.”
12 그리하여 이새는 사람을 보내어 자기 막내
아들을 불러 오게 하였습니다. 이새의 막
내 아들은 살결이 불그스레하고 눈이 빛
나는 잘생긴 소년이었습니다. 여호와께서
사무엘에게 말씀하셨습니다. “자! 바로 이
소년이다. 일어나 그에게 기름을 부어라.”
13 사무엘은 올리브 기름이 든 그릇을 가지고
형제들이 보는 앞에서 이새의 막내 아들
에게 기름을 부었습니다. 그 날부터 여호
와의 영이 큰 힘으로 다윗에게 들어갔습
니다. 이 일이 있은 후에 사무엘은 라마로
돌아갔습니다.

성경 자세히 이해하기

기름부음

‘기름부음’은 사람의 머리나 몸, 또는 물건에 기름을 바르거나 붓는 의식을 말합니다. 기름부음을 받은 사람이나 물건은 거룩하게 되었습니다. 기름부음을 받은 사람은 제사장으로 임명된 사람이나, 몇몇 예언자들, 그리고 왕으로 선택된 사람들이었습니다. 이처럼 기름부음을 받은 사람들은 하나님께서 특별히 택하셔서 하나님의 일을 하도록 부름 받은 사람들이었습니다. 특별히 구약에서는 두 번에 걸쳐 하나님의 백성을 ‘기름 부은 사람들’이라고 부르고 있습니다(대상 16:22; 시 105:15).

본문 보기 16장

다윗이 사울을 섬김

14 여호와의 영이 사울에게서 떠났습니다.
그리고 여호와께서 보내신 나쁜 영이 사
울을 괴롭혔습니다.
15 사울의 종들이 사울에게 말했습니다. "하
나님이 보내신 나쁜 영이 왕을 괴롭히고
있습니다.
16 우리에게 명령하십시오. 우리가 수금을
탈 수 있는 사람을 찾아보겠습니다. 여호
와께서 보내신 나쁜 영이 왕에게 들어와
괴롭힐 때, 그 사람에게 수금을 타게 하
면 나쁜 영이 왕에게서 떠나가고 기분이
좋아지실 것입니다."
17 그러자 사울이 자기 종들에게 말했습니
다. "그런 사람을 찾아보아라. 수금을 잘
타는 사람이 있으면 나에게 데리고 오너
라."
18 사울의 종 중에서 한 사람이 말했습니다.
"베들레헴의 이새에게 수금을 타는 아들이
하나 있는데, 저는 그 사람이 수금을 타
는 것을 본 적이 있습니다. 그 사람은 용
감하고 싸움을 잘하며 말도 잘하고 잘생
겼습니다. 게다가 여호와께서 그 사람과
함께하고 계십니다."
19 그리하여 사울은 이새에게 사자들을 보내
어 말을 전했습니다. "양을 치는 당신의
아들 다윗을 나에게 보내시오."
20 이새는 나귀에 포도주가 가득 담긴 가죽
부대와 빵을 실었습니다. 또 염소 새끼 한
마리도 가지고 왔습니다. 이새는 이 모든
것을 자기 아들 다윗과 함께 사울에게 보
냈습니다.
21 다윗은 사울에게 와서 사울을 섬기기 시작
하였습니다. 사울은 다윗을 매우 사랑하였
습니다. 다윗은 사울의 무기를 맡는 부하
가 되었습니다.
22 사울은 이새에게 심부름꾼을 보내어 말을
전했습니다. "다윗이 이 곳에 머물면서 나
를 섬기게 하시오. 나는 다윗이 좋소."
23 하나님이 보내신 나쁜 영이 사울에게 들
어와 괴롭힐 때마다 다윗은 자기의 수금
을 타곤 했습니다. 그러면 나쁜 영이 사
울에게서 나갔으며, 그 때마다 사울은 기
분이 좋아졌습니다.

다윗과 골리앗

17 블레셋 사람들이 전쟁을 하기 위해
군대를 모았습니다. 블레셋 사람들은
유다 땅 소고에 모여서 소고와 아세가 사이
에 있는 에베스담밈에 진을 쳤습니다.
2 사울과 이스라엘 사람들도 엘라 골짜기에
모여 진을 쳤습니다. 이스라엘 사람들은
블레셋 사람들과 싸울 대형을 갖췄습니
다.
3 블레셋 사람들은 한 언덕을 차지하고 있
었고, 이스라엘 사람들은 다른 언덕을 차
지하고 있었습니다. 그 사이에는 골짜기
가 있었습니다.
4 블레셋 사람들에게는 골리앗이라는 한 대
장이 있었습니다. 그 사람은 가드 사람이
었고, 키는 육 규빗 한 뼘* 가량 되었습니
다.
5 머리에 놋으로 만든 투구를 쓰고, 놋으로
만든 갑옷을 입고 있었는데, 그 갑옷의 무

성경 풍속

골리앗과 방패 든 사람

방패의 크기는 매우 다양했는데, 여기서 말하는 것은 '찐나'라고 하는 매우 큰 방패였습니다. 앗시리아의 조각물을 보면 병사들을 보호하기 위해 큰 방패를 든 사람들이 방패 끝을 땅에 붙인 채 서서 이동 벽을 형성하고 있는 모습을 볼 수 있습니다. 골리앗에게도 이와 같이 그의 앞에서 큰 방패를 들고 다니는 사람이 있었던 것입니다. 블레셋의 큰 방패는 모양이 원형이었던 것으로 보입니다.

본문 보기 17장 7절

알아두세요

17:4 6규빗 한 뼘은 약 3m에 해당된다.
17:5 5,000세겔은 약 57kg에 해당된다.
17:7 600세겔은 약 6.84kg에 해당된다.
17:17 1에바는 약 22ℓ에 해당된다.

게가 오천 세겔* 가량 되었습니다.
6 다리에도 놋으로 만든 보호대를 대고 있었으며, 등에는 작은 놋창을 메고 있었습니다.
7 그 사람이 가지고 있는 큰 창의 나무 부분은 베틀채만큼 컸습니다. 그리고 그 창날의 무게는 육백 세겔* 가량 되었습니다. 그 사람의 커다란 방패를 든 부하가 그 사람 앞에 걸어 나왔습니다.
8 골리앗이 서서 이스라엘 군인들에게 소리를 질렀습니다. "너희는 어찌하여 싸울 대형을 갖추고 있느냐? 나는 블레셋 사람이고, 너희는 사울의 종들이다. 한 사람을 뽑아 나에게 보내어 싸우게 하여라.
9 만약 누구든지 나를 죽일 수 있다면, 우리가 너희들의 종이 되겠다. 그러나 내가 그 사람을 죽이면, 너희가 우리의 종이 되어야 한다."
10 골리앗은 또 이렇게 말하였습니다. "오늘 내가 너희 이스라엘 군대를 이렇게 조롱하는데 나와 싸울 놈이 없단 말이냐?"
11 사울과 이스라엘 사람들은 이 블레셋 사람의 말을 듣고 무서워서 벌벌 떨었습니다.
12 다윗은 에브랏 사람 이새의 아들이었습니다. 이새는 유다 땅 베들레헴 사람이었는데, 아들이 여덟 명 있었습니다. 사울의 때에 이새는 이미 나이가 많은 노인이었습니다.
13 이새의 아들 중 위로부터 세 아들은 사울과 함께 싸움터에 있었습니다. 첫째 아들은 엘리압이었고, 둘째 아들은 아비나답이었으며, 셋째 아들은 삼마였습니다.
14 다윗은 막내아들이었습니다. 이새의 아들 중 위로부터 세 아들은 사울을 따르고 있었습니다.
15 다윗은 사울이 있는 곳과 베들레헴 사이를 왔다갔다하고 있었습니다. 다윗은 베들레헴에서 자기 아버지의 양 떼를 치고 있었습니다.
16 블레셋 사람 골리앗은 매일 아침 저녁으로 이스라엘 군대 앞에 나와 섰습니다. 그러기를 사십 일 동안, 하였습니다.
17 이새가 자기 아들 다윗에게 말하였습니다. "이 볶은 곡식 한 에바*와 빵 열 덩이를 진에 있는 네 형들에게 갖다 주어라.
18 또 이 치즈 열 덩이도 가지고 가서, 네 형들의 천부장에게 주어라. 그리고 네 형들이 어떻게 지내는지 알아보아라. 형들이 모두 잘 있다는 증거가 될 만한 것을 나에게 가지고 오너라."
19 그 때 다윗의 형들은 사울과 이스라엘 군대와 함께 엘라 골짜기에서 블레셋 사람들과 싸우고 있었습니다.
20 다음 날, 다윗은 아침 일찍 일어나 다른 목동에게 양 떼를 맡겼습니다. 다윗은 음식을 가지고 이새가 말한 대로 집을 떠났습니다. 다윗이 진에 도착했을 때, 이스라엘 군대는 자기 진을 떠나서 싸움터로 나아가 함성을 지르고 있었습니다.
21 이스라엘 사람들과 블레셋 사람들은 대형을 갖추고 서로 마주 보면서 싸울 준비를 하고 있었습니다.
22 다윗은 자기가 가지고 온 음식을 짐 맡은 사람에게 맡기고, 싸움터로 나아가 형들을 만나 편안히 잘 있는지를 물었습니다.
23 다윗이 형들과 이야기를 하고 있을 때, 블레셋의 거인 골리앗이 또 나왔습니다. 골리앗은 보통 때처럼 이스라엘을 향하여 소리를 질러 댔습니다. 다윗도 그 소리를 들었습니다.
24 이스라엘 사람들은 골리앗을 보자 무서워 벌벌 떨며 달아나고 말았습니다.
25 이스라엘 사람들이 자기들끼리 말했습니다. "저 사람 골리앗을 봐라. 저 사람은 계속해서 이스라엘에게 욕을 퍼붓고 있다. 왕은 골리앗을 죽이는 사람에게 많은 돈을 주고 자기 딸도 주어 아내로 삼게 하고, 그 사람의 가족에게는 세금을 면제해 주기로 했다네."
26 다윗이 가까이에 서 있는 사람들에게 물었습니다. "이 블레셋 사람을 죽여 이스라엘에게서 수치를 없애 버리는 사람에게 어떤 상을 줍니까? 저 할례받지 못한 블레셋 사람이 누군데 감히 살아 계신 하나

님의 군대를 욕할 수 있습니까?"
27 이스라엘 사람들이 다윗에게 골리앗을 죽인 사람에게 어떤 상이 주어지는지를 이야기해 주었습니다.
28 다윗이 군인들과 이야기하는 것을 다윗의 제일 큰형 엘리압이 들었습니다. 엘리압은 다윗에게 화를 내며 말했습니다. "넌 여기에 왜 왔니? 들에 있는 네 양들은 누구에게 맡겨 놓았니? 건방지고 잘난 체하는 아이야, 넌 지금 아무짝에도 쓸모없는 짓을 하고 있어. 넌 지금 전쟁 구경을 하려고 여기에 온 거야."
29 다윗이 물었습니다. "제가 무엇을 잘못했어요? 군인들하고 이야기한 것도 잘못인가요?"
30 그리고 나서 다윗은 다른 사람들에게 가서 똑같은 질문을 하였습니다. 그러자 그 사람들도 먼저 사람들과 똑같이 대답했습니다.
31 어떤 사람들이 다윗이 한 말을 듣고 그 말을 사울에게 전했습니다. 그러자 사울은 사람을 보내어 다윗을 데려오게 하였습니다.
32 다윗이 사울에게 말했습니다. "용기를 잃은 사람이 있으면 안 됩니다. 왕의 종인 제가 나가서 저 블레셋 사람과 싸우겠습니다."
33 사울이 대답했습니다. "너는 저 블레셋 사람과 싸울 수 없다. 너는 아직 어린아이일 뿐이지만, 골리앗은 젊었을 때부터 싸움을 많이 해 온 뛰어난 군인이다."
34 그러나 다윗이 사울에게 말했습니다. "왕의 종인 저는 내 아버지의 양 떼를 지키던 사람입니다. 사자나 곰이 나타나서 양을 물어 가면,
35 저는 그놈을 공격하여 그 입에서 양을 구해 냈습니다. *그놈이 저를 공격하면,* 저는 그놈의 턱을 잡고 때려 죽이기도 하였습니다.
36 왕의 종인 저는 사자와 곰도 죽였습니다. 할례받지 않은 블레셋 사람인 골리앗도 제가 죽인 사자나 곰과 같은 꼴이 될 것입니다. 왜냐하면 골리앗은 살아 계신 하나님의 군대를 욕했기 때문에 죽어야 합니다.
37 여호와께서는 나를 사자와 곰에게서 구해 주셨습니다. 여호와께서는 나를 이 블레셋 사람으로부터도 구해 주실 것입니다." 사울이 다윗에게 말했습니다. "가거라. 여호와께서 너와 함께하시기를 빈다."
38 사울은 자기 옷을 다윗에게 입혀 주었습니다. 사울은 다윗의 머리에 놋투구를 씌워 주고, 몸에도 갑옷을 입혀 주었습니다.
39 다윗은 사울의 칼을 차고 몇 걸음 걸어 보았지만 투구와 갑옷이 거추장스러워서 걸을 수가 없었습니다. 다윗이 사울에게 말했습니다. "이 옷을 입고 갈 수 없습니다. 거추장스러워서 몸을 움직일 수가 없습니다." 다윗은 투구와 갑옷을 다 벗어 버렸습니다.
40 다윗은 손에 막대기를 들었습니다. 그리고 시냇가에서 조약돌 다섯 개를 주워서 양을 칠 때에 쓰는 주머니에 넣고 손에는 물매를 들었습니다. 그리고 나서 골리앗에게 나아갔습니다.
41 바로 그 때, 블레셋 사람 골리앗도 다윗에게 다가오고 있었습니다. 골리앗의 방패를 든 사람이 골리앗 앞에 있었습니다.
42 골리앗은 다윗을 바라보았습니다. 골리앗은 다윗이 살결이 불그스레하고 잘생긴 어린아이라는 것을 알았습니다. 골리앗은 불쾌한 표정으로 다윗을 내려다보았습니다.
43 골리앗이 다윗에게 말했습니다. "막대기를 가지고 오다니 너는 내가 개인 줄 아느냐?" 골리앗은 자기 신들의 이름을 들먹이며 다윗을 저주하였습니다.

갑옷(17:38 armor) 군인이 싸울 때 창, 칼, 화살 따위가 뚫지 못하게 쇠붙이, 가죽, 두터운 천 따위로 만든 옷.
물매(17:40 sling) 작은 돌멩이를 멀리 던질 수 있도록 만든 기구.
들먹이다(17:43 mention) 들추어 입에 올리다.

44 골리앗이 다윗에게 말했습니다. "이리 오
너라. 내가 네 몸을 공중의 새와 들짐승
들에게 먹이로 줄 것이다."
45 다윗이 골리앗에게 말했습니다. "너는 나에
게 칼과 큰 창과 작은 창을 가지고 나아오
지만, 나는 만군의 여호와의 이름으로 너
에게 간다. 여호와는 이스라엘 군대의 하
나님이시다. 너는 여호와께 욕을 했다.
46 오늘 여호와께서는 너를 나에게 주실 것
이다. 나는 너를 죽여 너의 머리를 벨 것
이며, 블레셋 군인들의 몸을 공중의 새와
들짐승들에게 먹이로 줄 것이다. 그렇게
하여 이스라엘에 하나님이 계시다는 것을
온 세상이 알게 할 것이다.
47 여기 모인 모든 사람들에게 여호와께서는
자기 백성을 구하시기 위하여 칼이나 창
을 쓰실 필요가 없다는 것을 알게 할 것
이다. 싸움은 여호와의 것이다. 하나님께
서 우리가 너희 모두를 물리쳐 이기도록
도와 주실 것이다."
48 골리앗이 다윗을 공격하기 위하여 가까이
왔을 때, 다윗도 재빨리 골리앗을 향해 달
려갔습니다.
49 다윗은 자기 주머니에서 돌 하나를 꺼내
어 물매에 올려 놓은 다음, 물매로 돌을
던졌습니다. 돌이 날아가 블레셋 사람의
이마를 맞혔습니다. 골리앗은 앞으로 고
꾸라졌습니다.
50 이처럼 다윗은 물매와 돌 하나만 가지고
블레셋 사람을 물리쳐 이겼습니다. 다윗은
그 사람을 돌로 맞혀 죽였습니다. 다윗은
손에 칼도 가지고 있지 않았습니다.
51 다윗은 달려가서 블레셋 사람을 밟고 섰습
니다. 다윗은 골리앗의 칼을 그의 칼집에
서 꺼내어 그것으로 골리앗을 죽였습니
다. 그리고 나서 골리앗의 머리를 베었습
니다. 블레셋 사람들은 자기 대장이 죽은
것을 보고 뒤로 돌아 달아났습니다.
52 이스라엘과 유다 사람들은 소리를 지르며
블레셋 사람들을 뒤쫓기 시작했습니다.
그들은 가드 성으로 들어가는 곳과 에그론
성문까지 블레셋 사람들을 뒤쫓았습니다.

골리앗과 싸우는 다윗(17:40-50)

많은 블레셋 사람들이 죽었습니다. 죽거
나 부상당한 블레셋 사람들이 가드와 에그
론으로 가는 사아라임 길에 쓰러졌습니다.
53 이스라엘 사람들은 블레셋 사람들을 뒤쫓
다가 다시 돌아와서 블레셋 사람들의 진
에서 많은 물건을 가져갔습니다.
54 다윗은 골리앗의 머리를 가지고 예루살렘
으로 갔습니다. 다윗은 골리앗의 무기들도
자기 천막에 두었습니다.
55 사울은 다윗이 골리앗과 싸우러 나갈 때,
군대 지휘관인 아브넬에게 물었습니다.
"아브넬이여, 저 젊은이의 아버지가 누군
가?" 아브넬이 대답했습니다. "왕이시여,
정말이지 저는 모르겠습니다."
56 사울이 말했습니다. "저 젊은이가 누구의
아들인지 알아보시오."
57 다윗이 골리앗을 죽이고 돌아오자, 아브넬
은 다윗을 사울에게 데리고 갔습니다. 다
윗은 그 때까지 골리앗의 머리를 들고 있
었습니다.
58 사울이 다윗에게 물었습니다. "젊은이여,
그대의 아버지는 누구인가?" 다윗이 대답
했습니다. "나는 베들레헴 사람 이새의 아
들입니다."

사울이 다윗을 두려워함

18 다윗이 사울과 이야기를 나누고 있
는 모습을 본 요나단은 이미 맘속으
로 다윗을 매우 좋아하게 되었습니다. 요
나단은 다윗을 자기 목숨처럼 아끼고 사랑
했습니다.
2 사울은 그 날부터 다윗을 자기 곁에 있게
했습니다. 사울은 다윗이 자기 아버지 집
으로 돌아가는 것을 허락하지 않았습니다.
3 요나단은 다윗을 자기 목숨처럼 아끼고 사
랑했기 때문에 다윗과 영원한 우정을 약
속했습니다.
4 요나단은 자기 겉옷을 벗어 다윗에게 주었
습니다. 또 자기의 갑옷과 칼과 활과 띠
까지 모두 주었습니다.
5 사울은 다윗을 보내어 여러 싸움터에서 싸
우게 했는데, 다윗은 그 때마다 늘 이겼
습니다. 그래서 사울은 다윗을 군대를 지
휘하는 사령관으로 삼았습니다. 그러자
사울의 부하들과 모든 백성들이 기뻐했습
니다.
6 다윗이 블레셋 사람 골리앗을 죽인 후 다
른 사람들과 함께 돌아올 때, 이스라엘의
온 마을에서 여자들이 사울 왕을 맞이하
기 위해 나왔습니다. 여자들은 기쁨의 노
래를 부르면서 춤을 추고 소고와 경쇠를
연주했습니다.
7 여자들은 악기를 연주하면서 이렇게 노래
했습니다. "사울이 죽인 적은 천천이요,
다윗이 죽인 적은 만만이라네."
8 여자들의 노래는 사울의 기분을 상하게
만들었습니다. 그는 크게 화가 났습니다.
사울이 생각했습니다. '여자들은 다윗이
수만 명을 죽이고, 나는 수천 명밖에 죽
이지 않았다고 말하는구나. 이대로 가다
가는 다윗이 나라를 차지하고 말겠구나.'
9 그리하여 사울은 그 날부터 다윗을 경계하
는 눈으로 바라보았습니다. 사울은 다윗을
질투했습니다.
10 이튿날, 하나님이 보내신 나쁜 영이 사울
에게 강하게 들어갔습니다. 그러자 사울
은 자기 집에서 미친 사람처럼 말을 했습
니다. 다윗은 보통 때처럼 수금을 타고 있
었고, 사울은 손에 창을 들고 있었습니다.
11 사울은 창을 들어올리며 '다윗을 벽에 박

성경 인물 **미갈** 사울의 딸로 다윗을 사랑했는데 사울은 다윗을 죽이려는 계략으로 그녀를 다윗과 결혼시켰습니다(삼상 18:17-27). 결혼 후, 사울이 보낸 자객들에게 살해당할 뻔한 다윗을 구해 줍니다(삼상 19:11-17). 잠시 발디라는 사람의 아내가 되기도 했으나(삼상 25:44), 후에 다시 다윗의 아내가 됩니다(삼하 3:12-14). 언약궤가 예루살렘 성으로 돌아오자, 기뻐서 춤을 추는 다윗을 업신여겨, 이에 대한 벌로 죽을 때까지 자식을 낳지 못하게 됩니다(삼하 6:16,23). 본문 보기 18장 20절

포피(18:25 foreskin) 남자 생식기의 표면을 싸고 있는 가죽.

아 버려야지' 하면서 창을 던졌습니다. 그러나 다윗은 그 창을 두 번이나 피해 도망갔습니다.

12 여호와께서는 다윗과 함께하셨으나 사울에게서는 떠나셨습니다. 그래서 사울은 다윗을 두려워했습니다.

13 사울은 다윗을 멀리 보내어 작은 부대 지휘관으로 임명하였습니다. 그리하여 다윗은 작은 부대를 이끌고 싸움터에 나갔습니다.

14 여호와께서 다윗과 함께하셨기 때문에, 나가 싸울 때마다 승리하였습니다.

15 사울은 다윗이 크게 승리하는 것을 보고 점점 더 다윗을 두려워했습니다.

16 그러나 이스라엘과 유다의 모든 백성들은 다윗을 사랑하였습니다. 왜냐하면 다윗이 군대를 이끌고 전쟁을 할 때마다 모두 승리하였기 때문입니다.

사울의 딸과 다윗

17 사울이 다윗에게 말했습니다. "여기에 내 맏딸 메랍이 있다. 내 딸을 너에게 주어 너의 아내로 삼게 해 주겠다. 그 대신 너는 나가서 용감하게 여호와를 위해 싸워라." 사울은 또 이렇게 마음먹었습니다. '다윗이 블레셋 사람들의 손에 죽을 테니, 내가 다윗을 죽일 필요가 없다.'

18 그러나 다윗이 말했습니다. "이런 대접은 나에게 분에 넘치는 것입니다. 그리고 내 아버지의 집안도 왕의 사위가 되기에는 보잘것없는 집안입니다."

19 그러나 다윗이 사울의 딸 메랍과 결혼할 때가 되었을 때, 사울은 메랍을 다윗 대신에 므홀랏 사람 아드리엘에게 주었습니다.

20 그런데 사울의 둘째 딸 미갈이 다윗을 사랑하였습니다. 미갈이 다윗을 사랑하고 있다는 이야기를 전해 들은 사울은 잘 된 일이라고 생각했습니다.

21 사울이 생각했습니다. '미갈을 다윗과 결혼시켜야겠다. 그리고 미갈을 이용해 다윗을 블레셋 사람들의 손에 죽게 해야겠다.' 그리하여 사울은 두 번째로 다윗에게 "내 사위가 되지 않겠나?" 하고 물었습니다.

22 그리고 사울은 자기 종들에게 명령을 내렸습니다. "다윗에게 몰래 이렇게 말하여라. '왕은 당신을 좋아하고 있소. 왕의 종들도 당신을 좋아하고 있으니, 당신은 왕의 사위가 되어야 하오.'"

23 사울의 종들은 이 명령대로 다윗에게 말했습니다. 그러나 다윗은 대답했습니다. "여러분은 왕의 사위가 되는 것이 쉽다고 생각하시오? 나는 가난하고 보잘것없는 사람입니다."

24 그러자 사울의 종들이 다윗의 말을 사울에게 전하였습니다.

25 사울이 말했습니다. "다윗에게 이렇게 말하여라. '왕은 그렇게 많은 것을 요구하지 않습니다. 왕이 원하는 것은 블레셋 사람들의 포피 백 개일 뿐이오. 단지 왕의 원수를 갚아 드리면 되오.'" 사울은 다윗을 블레셋 사람들 손에 죽게 만들 속셈이었습니다.

26 사울의 종들은 이 말을 그대로 다윗에게 전했습니다. 다윗은 자기가 왕의 사위가 될 수 있다고 생각하니 기뻤습니다. 정한 날짜가 가까이 왔습니다.

27 그래서 다윗과 그의 부하들은 밖으로 나가 블레셋 사람 이백 명을 죽였습니다. 다윗은 블레셋 사람들의 포피를 베어서 사울에게 가지고 갔습니다. 다윗은 왕의 사위가 되고 싶어했습니다. 그리하여 사울은 자기 딸 미갈을 다윗의 아내로 주었습니다.

28 사울은 여호와께서 다윗과 함께하신다는 것을 알았습니다. 사울은 자기 딸 미갈이 다윗을 사랑한다는 것도 알았습니다.

29 그래서 사울은 다윗을 더욱 두려워하게 되었습니다. 사울은 평생토록 다윗의 원수가 되었습니다.

30 블레셋의 지휘관들은 계속해서 이스라엘을 공격해 왔습니다. 그러나 그 때마다 다윗은 그들을 물리쳐 이겼습니다. 다윗은 사

침상에 쓰인 베개(19:13-16)

울의 부하들보다 더 많은 공을 세웠습니
다. 그리하여 다윗은 더 유명해졌습니다.

사울이 다윗을 죽이려 함

19 사울은 자기 아들 요나단과 자기의
모든 종들에게 다윗을 죽이라고 말
했습니다. 그러나 요나단은 다윗을 매우
아꼈습니다.
2 그래서 요나단은 다윗에게 이렇게 귓속말
을 해 주었습니다. "내 아버지 사울이 자
네를 죽일 기회를 찾고 있네. 그러니 조
심하여 내일 아침에 아무도 모르는 곳에
숨어 있게.
3 내가 아버지와 함께 자네가 숨어 있는 들
로 나가서, 자네에 대해 아버지에게 이야
기를 해 보겠네. 그런 다음, 내가 알아 낸
것을 자네에게도 알려 주겠네."
4 요나단은 자기 아버지 사울과 이야기를 했
습니다. 요나단은 다윗에 대해 좋은 말을
했습니다. 요나단이 말했습니다. "아버지
는 왕이십니다. 아버지의 종 다윗에게 나
쁜 일을 하지 마십시오. 다윗은 아버지에
게 나쁜 일을 하지 않았습니다. 다윗이 한
일은 오히려 아버지에게 크게 도움이 되
었습니다.
5 다윗은 자기 목숨을 걸고 블레셋 사람 골
리앗을 죽였습니다. 여호와께서는 온 이스
라엘이 큰 승리를 거두게 하셨습니다. 아
버지도 그것을 보시고 기뻐하셨는데, 왜
다윗에게 나쁜 일을 하려 하십니까? 다윗
은 죄가 없습니다. 그를 죽일 이유가 없
습니다."
6 사울은 요나단의 말을 듣고 이렇게 약속하
였습니다. "여호와께 맹세하지만, 나는
결코 다윗을 죽이지 않겠다."
7 그러자 요나단은 다윗을 불러 냈습니다.
요나단은 아버지 사울 왕이 한 모든 말을
다윗에게 이야기해 주었습니다. 그리고 요
나단은 다윗을 사울에게 데리고 갔습니다.
그리하여 다윗은 전처럼 사울과 함께 있게
되었습니다.
8 다시 전쟁이 일어나자, 다윗은 나가서 블
레셋 사람들과 싸웠습니다. 다윗은 그들을
물리쳐 이겼고, 그들은 다윗 앞에서 달아
났습니다.
9 사울이 손에 창을 들고 자기 집에 앉아 있
을 때에 여호와께서 보내신 나쁜 영이 사
울에게 들어갔습니다. 다윗은 그 앞에서
수금을 타고 있었습니다.
10 사울은 창을 들어 다윗에게 던졌습니다.
그러나 다윗은 몸을 피하여 다치지 않았
고, 사울의 창은 벽에 박혔습니다. 다윗은
그 날 밤에 사울에게서 도망쳤습니다.
11 사울은 다윗의 집으로 사람들을 보내어,
집 밖에서 지키고 있다가 아침에 다윗을
죽이라고 했습니다. 그러나 다윗의 아내
인 미갈이 다윗에게 말해 주었습니다. "당
신은 오늘 밤 안으로 도망쳐야 목숨을 건
질 수 있어요. 지금 도망가지 않으면 내
일 아침 죽을 거예요."
12 미갈은 창문을 통해 다윗을 밖으로 내려보
냈습니다. 그래서 다윗은 피했습니다.
13 미갈은 우상을 가져다가 침대 위에 놓고,
옷으로 싼 다음에 염소털을 그 머리에 씌
웠습니다.
14 사울은 다윗을 잡으려고 사람들을 보냈습
니다. 그러나 미갈은 "다윗은 아파요" 하
고 말했습니다.
15 다윗을 잡으러 갔던 사람들이 사울에게 돌
아와서 미갈의 말을 전하였지만, 사울은
그 사람들을 다시 돌려 보내 다윗을 잡아
오게 했습니다. 사울이 그들에게 말했습
니다. "침대를 통째로 들고 오너라. 내가
다윗을 죽여 버리겠다."
16 그러나 다윗을 잡으러 간 사람들이 다윗의

집에 들어가 보니 침대 위에 있는 것은 우
상이었고, 머리털은 염소의 털이었습니다.
17 사울이 미갈에게 말했습니다. "너는 왜 이
런 식으로 나를 속였느냐? 너는 내 원수
를 달아나게 했도다." 미갈이 사울에게 대
답했습니다. "다윗이 자기를 도망갈 수 있
게 해 주지 않으면 나를 죽여 버리겠다고
했어요."
18 다윗은 사울을 피해 도망간 후에 라마에
있는 사무엘에게 갔습니다. 다윗은 사무엘
에게 사울이 자기에게 한 모든 일을 말해
주었습니다. 다윗과 사무엘은 나욧으로 가
서 거기에 머물렀습니다.
19 사울은 다윗이 라마의 나욧에 있다는 소식
을 들었습니다.
20 그래서 사람들을 보내어 다윗을 잡아 오
게 하였습니다. 그 사람들이 다윗을 잡으
러 갔을 때, 그들은 예언을 하고 있는 예
언자들을 보았습니다. 그리고 사무엘이
그 예언자들의 우두머리로 있는 것도 보
았습니다. 그 때, 하나님의 영이 사울이
보낸 사람들에게 들어가서, 그들도 예언
을 하게 되었습니다.
21 사울이 그 소식을 들었습니다. 그래서 다
른 사람들을 보냈지만, 그 사람들도 예언
을 하였습니다. 세 번째로 사람을 보냈지
만 그 사람들도 예언을 하였습니다.
22 그래서 이번에는 사울이 직접 라마로 갔습
니다. 사울은 세구에 있는 우물에 이르러
물었습니다. "사무엘과 다윗이 어디에 있
소?" 백성들이 대답하였습니다. "라마의
나욧에 있습니다."
23 그 말을 듣고 사울은 라마의 나욧으로 갔
습니다. 그러나 하나님의 영이 사울에게
도 들어갔습니다. 사울은 걸으면서 예언
을 하다가 라마의 나욧까지 갔습니다.
24 사울은 자기 옷을 벗고 사무엘 앞에서 예
언을 하였습니다. 사울은 지쳐 쓰러졌습
니다. 그리고 하루 종일, 밤새도록 그렇
게 누워 있었습니다. 그래서 '사울도 예언
자 중 한 사람인가?' 라는 말이 생겨났습
니다.

다윗과 요나단

20 그 때에 다윗은 라마의 나욧에서
달아났습니다. 다윗은 요나단에게
가서 이렇게 물었습니다. "내가 무슨 잘
못을 했나? 내 죄가 무엇인가? 내가 자네
아버지에게 무슨 잘못을 저질렀기에 자네
아버지가 나를 죽이려고 하는가?"
2 요나단이 대답하였습니다. "아닐세! 자네
는 결코 죽지 않을 걸세. 아버지는 아무
리 작은 일을 하시더라도 먼저 나에게 말
씀을 해 주신다네. 자네를 죽일 생각이 있
었다면 반드시 나에게도 말씀해 주셨을
걸세. 아버지는 결코 자네를 죽이지 않을
걸세."
3 다윗이 다시 말했습니다. "자네 아버지는
내가 자네 친구라는 것을 잘 알고 계시네.
자네 아버지는 속으로 이렇게 생각하고
계실 걸세. '요나단에게는 이 일을 알리지
말아야지. 만약 요나단이 이 일을 알면 다
윗에게 말해 버릴 거야.' 그러니 여호와와
자네에게 맹세하지만 나는 곧 죽을 걸세."
4 요나단이 다윗에게 말했습니다. "자네가
해 달라는 것은 무엇이든지 해 주겠네."
5 다윗이 말했습니다. "이보게, 내일은 '초
하루 축제일' 일세. 나는 왕과 함께 식사

성경 자세히 이해하기

초하루 축제일

이스라엘에서 매월 첫날 행해지는 종교 축제로 안식일과 같이 중요한 날이었습니다. 이 날에는 지난 1개월 동안 지은 죄를 용서받고 하나님과의 언약을 기리기 위해 번제와 화목제를 드렸으며, 제물 위에 나팔을 불었습니다(민 10:10;28:11-15). 이날은 기쁜 날이므로 금식과 애도가 금지되고 노동도 하지 못하였습니다(암 8:5). 일 년 중 일곱 번째 초하루 축제일이 특별히 중요시되었습니다(레 23:24). 초하룻날을 지키는 문제로 골로새 교회가 혼란스러웠을 만큼 이스라엘 사람에게 초하룻날은 중요한 날로 지켜졌습니다(골 2:16-23).

본문 보기 20장 5절

를 하게 되어 있네. 하지만 나는 삼 일 저
녁까지 들에 숨어 있겠네.
6 자네 아버지가 내가 없어졌다는 것을 눈
치 채시면 이렇게 말해 주게나. '다윗은
나에게 자기 고향 베들레헴으로 가게 해
달라고 말했어요. 해마다 이맘때에는 그
의 온 가족이 제사를 드린답니다.'
7 만약 자네 아버지가 '잘했다'라고 말씀하
시면, 나는 무사할 걸세. 하지만 자네 아
버지가 화를 내시면, 자네 아버지가 날 해
칠 생각이 있는 걸로 알게나.
8 요나단! 자네 종인 나를 도와 주게. 자네
는 여호와 앞에서 나와 약속을 하였네. 나
에게 죄가 있다면, 자네가 나를 죽이게
나. 자네 아버지에게 넘겨 줄 필요가 없
지 않겠나?"
9 요나단이 대답했습니다. "아닐세. 결코 그
럴 수 없네. 아버지가 만약 자네를 해칠
생각을 갖고 있다는 것을 알게 되면 반드
시 자네에게 알려 주겠네."
10 다윗이 물었습니다. "자네 아버지가 자네
에게 엄하게 대답하면, 누가 나에게 알려
줄 수 있겠나?"
11 요나단이 말했습니다. "들로 나가세." 그
래서 요나단과 다윗은 함께 들로 나갔습니
다.
12 요나단이 다윗에게 말했습니다. "이스라엘
의 하나님 여호와 앞에서 이렇게 약속하
네. 모레 이맘때까지 아버지의 마음을 알
아보겠네. 만약 아버지가 자네에게 나쁜
마음을 품고 계시지 않다면 자네에게 그
소식을 알려 주겠네.
13 하지만 만약 아버지가 자네를 해칠 마음
을 품고 계시다면 그 사실도 자네에게 알
려 주겠네. 그래서 자네가 안전하게 멀리
도망갈 수 있도록 하겠네. 그렇게 하지 않
는다면 하나님께서 나에게 무서운 벌을
내리셔도 감당하겠네. 여호와께서 내 아
버지와 함께 계셨던 것처럼 자네와도 함
께 계시기를 바라네.
14 내가 살아 있는 동안, 나에게 여호와의 사
랑을 베풀어 주게나. 그래서 내가 죽지 않
게 해 주게.
15 내 집안에도 변함없이 사랑을 베풀어 주
어야 하네. 여호와께서 자네의 모든 원수
를 이 땅에서 없애 버리시더라도 우리 집
안에 대한 사랑을 버리지 말아 주게."
16 요나단은 다윗과 약속을 하며 "여호와께서
다윗의 원수들을 벌주시기를 바라네" 하
고 말했습니다.
17 그리고 요나단은 다윗에게 자기와 맺은 사
랑의 약속을 다시 말하게 했습니다. 요나
단은 다윗을 자기 목숨만큼 사랑했기 때
문에 그런 약속을 하게 하였습니다.
18 요나단이 다윗에게 말했습니다. "내일은
'초하루 축제일'이네. 하지만 자네의 자
리는 빌 것이고, 내 아버지는 자네가 없
어졌다는 것을 알게 될 걸세.
19 이틀 뒤에 자네는 지난 번에 숨어 있었던
곳으로 가게. 가서 에셀 바위 곁에서 기
다리게.
20 그러면 내가 화살 세 발을 바위 가까이로
쏘겠네. 마치 어떤 목표물을 향해 쏘는 것
처럼 쏘겠네.
21 그리고 나서 소년을 한 명 보내서 그 화
살들을 찾으라고 말하겠네. 만약 내가
'얘야, 너무 멀리 갔다. 화살은 네 뒤쪽
에 있으니 이리 주워 오너라' 하고 말하
면, 자네는 숨어 있는 곳에서 나와도 상
관없네. 여호와께 맹세하지만 자네에게
위험한 일이 없을 테니 그 곳에서 나와도
좋을 걸세.
22 하지만 만약 내가 '얘야, 화살은 네 앞쪽
에 있다' 하고 말하면, 여호와께서 자네
를 보내시는 것으로 알고 그 곳을 떠나게
나.
23 우리가 이야기한 것을 기억하게. 여호와
께서는 자네와 나 사이에 영원한 증인이
시네."
24 그리하여 다윗은 들에 숨었습니다. '초하
루 축제일'이 이르자, 왕이 식탁에 앉았
습니다.
25 왕은 언제나 앉던 자리인 벽 가까이에 앉
았습니다. 요나단은 왕의 맞은편에 앉았

고, 아브넬은 왕의 곁에 앉았습니다. 하지
만 다윗의 자리는 비어 있었습니다.
26 그 날, 사울은 아무 말도 하지 않았습니
다. 사울은 '다윗에게 무슨 부정한 일이
생겨 나오지 못한 거겠지'라고 생각했습
니다.
27 이튿날은 그 달의 두 번째 날이었습니다.
다윗의 자리가 또 비어 있었습니다. 이번
에는 사울이 요나단에게 물었습니다. "이
새의 아들은 왜 이 식탁에 어제도 오지 않
고 오늘도 오지 않는 거냐?"
28 요나단이 대답하였습니다. "다윗이 나에게
베들레헴으로 가게 해 달라고 부탁했습니
다.
29 다윗은 '우리 가족이 마을에서 제사를 드
리니 가게 해 주게. 형이 나를 오라고 했
네. 자네가 내 친구라면 내 형들을 만나
게 해 주게' 하고 말했습니다. 그래서 다
윗은 왕의 식탁에 나오지 못했습니다."
30 그러자 사울은 요나단에게 화를 내며 말했
습니다. "이 바보 같은 놈아! 그래 난 네
가 이새의 아들 다윗의 편인 줄 알고 있었
다. 너는 너뿐만 아니라 너를 낳아 준 네
어미도 수치스럽게 만들고 있다.
31 이새의 아들이 살아 있는 한, 너는 절대
로 왕이 될 수 없고, 나라를 가질 수도 없
다. 그러니 이제 사람들을 보내어 다윗을
끌고 오너라. 다윗을 반드시 죽여야 한
다."
32 요나단이 자기 아버지에게 물었습니다.
"다윗이 *왜 죽어야 합니까? 다윗이 대체
무슨 잘못을 했습니까?*"
33 그러자 사울이 자기 창을 요나단에게 던져
요나단을 죽이려 했습니다. 요나단은 자기
아버지가 다윗을 정말로 죽이려 한다는
것을 알았습니다.
34 요나단은 크게 화를 내며 식탁을 떠났습
니다. 요나단은 아무것도 먹지 않았습니
다. 그 날은 그 달의 이틀째였습니다. 요
나단은 다윗을 죽이려는 자기 아버지의 모
습을 보고 마음이 상했습니다.
35 이튿날 아침에 요나단은 전에 약속했던 것
처럼 다윗을 만나기 위해 들로 나갔습니
다. 요나단은 어린아이를 데리고 갔습니
다.
36 요나단은 아이에게 "달려가서 내가 쏘는
화살을 찾아오너라" 하고 말했습니다. 아
이가 달려가자, 요나단은 아이의 앞으로
화살을 쏘았습니다.
37 아이는 화살이 떨어진 곳으로 달려갔습니
다. 요나단은 이 아이 뒤에서 외쳤습니다.
"화살이 네 앞쪽에 있지 않느냐?"
38 요나단이 또 외쳤습니다. "서둘러서 빨리
뛰어가거라. 머뭇거리면 안 된다." 아이
는 화살을 주워 자기 주인에게 가지고 돌
아왔습니다.
39 아이는 이 모든 일이 무슨 뜻인지를 알지
못했지만, 요나단과 다윗만은 알고 있었습
니다.
40 그리고 나서 요나단은 자기 무기를 아이
에게 주면서 "마을로 돌아가거라" 하고
말했습니다.
41 아이가 떠나자, 다윗은 바위의 남쪽에서
나왔습니다. 다윗은 땅에 머리를 대고 요
나단에게 절을 하였습니다. 다윗은 그렇
게 세 번 절을 하였습니다. 그리고 나서
다윗과 요나단은 서로 입을 맞추면서 함
께 울었습니다. 다윗이 더 많이 울었습니

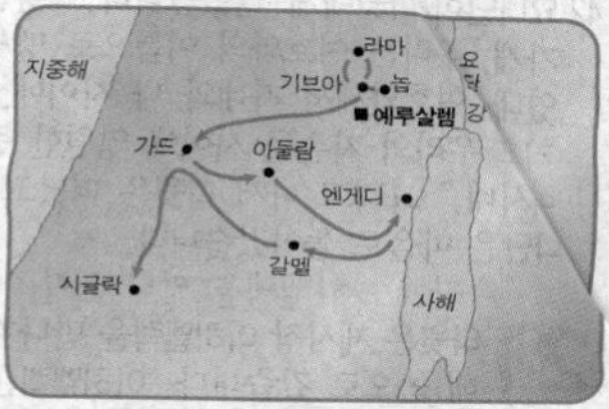

⬆ 다윗의 방랑기(19:18-27:6)

무사한(20:7 safe) 아무 탈이 없는.
부정한(20:26 unclean) 깨끗하지 못한. 꺼리고 피해야 할.
창(20:33 spear) 긴 나무자루 끝에 날이 선 뾰족한 쇠가 달려 찌르거나 던지게 된 기구를 말한다.

다윗과 요나단의 우정(20:41-42)

다.
42 요나단이 다윗에게 말했습니다. "평안히
가게. 우리는 여호와의 이름으로 맹세하
였네. 여호와께서 자네와 나 사이에, 그
리고 우리의 자손들 사이에 영원한 증인
이시네." 그리고 나서 다윗은 떠났고, 요
나단은 마을로 돌아갔습니다.

다윗이 아히멜렉을 만나러 감

21 다윗은 제사장 아히멜렉을 만나기 위
해 놉으로 갔습니다. 아히멜렉은 다
윗을 보자 떨면서 말하였습니다. "왜 혼
자 다니시오? 아무도 당신과 함께 있지
않으시오?" 하고 물었습니다.
2 다윗이 대답했습니다. "왕이 나에게 특별
한 명령을 내렸소. 왕은 내가 할 일을 아
무에게도 알리지 말라고 말했소. 내 부하
들하고도 나중에 만날 곳을 가르쳐 주고
헤어졌소.
3 그런데 혹시 먹을 것을
가지고 계시오? 빵 다섯
덩이나 그 밖의 먹을 것
이 있으면 아무것이나
좀 주시오."
4 제사장이 다윗에게 말
했습니다. "보통 빵은
가지고 있지 않소. 하
지만 거룩한 빵은 조금
있소. 당신의 부하들
이 여자와 가까이하지
않았다면, 그 빵을 먹
어도 좋소."
5 다윗이 대답했습니다.
"우리는 삼 일 동안 여
자와 가까이하지 않았
소. 내 부하들은 보통
길을 갈 때도 자기 몸을
거룩하게 지켰소. 하물
며 오늘 그들이 나와 함
께 길을 가고 있으니 더
말할 것도 없소."
6 제사장은 거룩한 빵을 다
윗에게 주었습니다. 왜냐하면
제사장에게는 여호와 앞에 차려 놓았던
빵 말고는 다른 빵이 없기 때문입니다. 그
것은 진설병 곧 하나님 앞에 따뜻한 빵을
차려 놓으면서 물려 낸 빵이었습니다.
7 그 날, 사울의 종들 중 한 사람이 그 곳
에 있었습니다. 그 사람은 에돔 사람 도엑
으로 사울의 목자들 중 우두머리였는데,
마침 그 날, 여호와 앞에 있었던 것입니
다.
8 다윗이 아히멜렉에게 물었습니다. "혹시
창이나 칼을 가지고 계시오? 왕의 일이
너무 급하여 미처 무기를 가지고 나오지
못했소."
9 제사장이 대답하였습니다. "당신이 엘라
골짜기에서 죽인 블레셋 사람 골리앗의 칼
이 있소. 그의 칼이 보자기에 싸여 에봇
뒤에 놓여 있소. 필요하다면 그 칼을 가

지고 가시오. 여기에 다른 칼은 없소." 다
윗이 말했습니다. "골리앗의 칼만한 것이
어디 있겠소. 그 칼을 주시오."

다윗이 가드로 가다

10 그 날, 다윗은 사울에게서 도망쳐 가드 왕
아기스에게로 갔습니다.
11 그러자 아기스의 종들이 아기스에게 말하
였습니다. "이 사람은 이스라엘 사람들의
왕 다윗입니다. 이 사람은 이스라엘 여자
들이 춤을 추면서, '사울이 죽인 적은 천
천이요, 다윗이 죽인 적은 만만이라네' 라
고 노래했던 바로 그 사람입니다."
12 그들이 하는 말을 듣고 다윗은 가드 왕 아
기스를 매우 두려워했습니다.
13 그래서 다윗은 아기스와 그의 종들 앞에서
미친 척하였습니다. 다윗은 그들과 함께
있는 동안, 미친 사람처럼 행동했습니다.
괜히 문짝을 긁기도 하고, 수염에 침을 질
질 흘리기도 했습니다.
14 아기스가 자기 종들에게 말했습니다. "이
사람을 보아라. 이 사람은 미쳤다. 왜 이
런 사람을 나에게 데리고 왔느냐?
15 어디 미친 사람이 부족해서 이런 사람까
지 내 앞에서 이런 짓을 하게 하느냐. 이
사람을 내 집에서 쫓아 내어라."

다윗이 아둘람과 미스베에서 지냄

22 다윗은 가드를 떠나 아둘람 동굴로
도망갔습니다. 다윗의 형들과 다
른 친척들이 다윗이 그 곳에 있다는 이야
기를 듣고 다윗을 만나러 왔습니다.
2 많은 사람이 다윗에게 몰려왔습니다. 어
려움을 당하는 사람과 빚을 진 사람, 그
리고 마음에 억울함을 가진 사람들이 다
윗에게 몰려들었습니다. 다윗은 그들의
지도자가 되었습니다. 그에게 몰려온 사
람들은 사백 명 가량 되었습니다.
3 다윗은 그 곳에서 모압 땅에 있는 미스베
로 갔습니다. 다윗이 모압 왕에게 말했습
니다. "내 아버지와 어머니가 이리로 와
서 당신과 함께 있게 해 주시오. 하나님
이 나에게 어떤 일을 하실지 알 수 있을
때까지 머물러 있게 해 주시오."
4 다윗은 자기 부모님을 모압 왕에게 부탁했
습니다. 다윗의 부모님은 다윗이 요새에
숨어 있는 동안, 모압 왕과 함께 있었습
니다.
5 하지만 예언자 갓은 다윗에게 이렇게 말
했습니다. "요새에 숨어 있지 말고 유다
땅으로 가시오." 그리하여 다윗은 그 곳을
떠나 헤렛 숲으로 갔습니다.

사울이 아히멜렉의 가족을 전멸시킴

6 사울은 다윗과 그의 부하들이 나타났다는
소식을 들었습니다. 사울은 기브아 언덕
위의 한 상수리나무 아래에 앉아 있었고,
모든 신하들은 그 주변에 둘러서 있었습
니다. 사울은 손에 창을 들고 있었습니
다.
7 사울이 신하들에게 말했습니다. "베냐민
사람들이여, 들어 보시오. 여러분은 이새
의 아들이 여러분에게 밭과 포도원을 주
리라고 생각하시오? 과연 다윗이 여러분
을 군인 백 명을 지휘하는 백부장 혹은 군
인 천 명을 지휘하는 천부장으로 삼을 것
같소?
8 여러분은 모두 나를 배반할 음모를 꾸몄
소. 내 아들이 이새의 아들과 약속을 하
였는데도 아무도 나에게 그 사실을 말해
주지 않았소. 나를 생각해 주는 사람은 아
무도 없소. 내 아들이 내 종을 부추겨 오
늘 당장 나를 해치려는데도 아무도 그 사
실을 나에게 말해 주지 않았소."
9 에돔 사람 도엑이 사울의 신하들과 함께
그 곳에 서 있었습니다. 도엑이 말했습니
다. "내가 이새의 아들을 보았습니다. 다
윗은 놉으로 와서 아히둡의 아들 아히멜렉
을 만났습니다.
10 아히멜렉은 다윗을 위해 주께 기도해 주었
습니다. 또 아히멜렉은 다윗에게 음식도
주고 블레셋 사람 골리앗의 칼도 주었습니
다."
11 이 말을 듣고 사울 왕은 사람을 보내어 놉
에서 제사장으로 있던 아히멜렉과 그의 모
든 친척을 잡아 오게 했습니다. 그리하여
그들 모두가 왕에게 잡혀 왔습니다.

12 사울이 아히멜렉에게 말했습니다. "아히둡
의 아들아, 내 말을 들어라." 아히멜렉이
대답했습니다. "왕이여, 말씀하십시오."
13 사울이 말했습니다. "너는 왜 이새의 아들
과 함께 나를 해치려고 남이 모르게 나쁜
일을 꾸몄느냐? 너는 다윗에게 빵과 칼을
주었고, 그를 위해 하나님께 기도도 드렸
다. 어찌하여 다윗이 지금 나를 치도록 만
들었느냐?"
14 아히멜렉이 대답했습니다. "다윗은 왕에게
충성을 다 바쳤습니다. 왕에게 다윗만큼
충성스러운 종이 어디에 있습니까? 다윗
은 왕의 사위이고, 호위대장입니다. 왕실
에서 그는 귀중한 사람입니다.
15 다윗을 위해 내가 하나님께 기도드린 것
이 이번만은 아닙니다. 나와 내 친척에게
는 잘못이 없습니다. 우리는 왕의 종입니
다. 나는 모든 일에 대해서 아무것도 모
릅니다."
16 그러나 왕이 말했습니다. "아히멜렉아, 너
와 너의 친척들은 죽어 마땅하다."
17 사울은 곁에 서 있던 호위병들에게 말했
습니다. "가서 이 여호와의 제사장들을
죽여라. 그들은 다윗의 편이다. 그들은 다
윗이 도망친다는 것을 알고도 나에게 알
려 주지 않았다." 하지만 왕의 신하들은
여호와의 제사장에게 손을 대려 하지 않
았습니다.
18 그러자 왕은 도엑에게 명령을 내렸습니
다. "이 제사장들을 죽여라." 에돔 사람 도
엑은 사울의 말대로 제사장들을 죽였습니
다. 그 날, 도엑은 세마포 에봇을 입은 사
람 팔십오 명을 죽였습니다.
19 도엑은 또 제사장들의 성인 놉의 백성들
도 죽였습니다. 도엑은 칼로 남자와 여자
*와 어린아이와 갓난아기*들을 죽였고 소와
나귀와 양도 죽였습니다.
20 그러나 아비아달은 죽음을 피하여 달아났
습니다. 아비아달은 아히둡의 아들인 아히
멜렉의 아들이었습니다. 아비아달은 다윗
에게로 달아났습니다.
21 아비아달은 다윗에게 사울이 여호와의 제
사장들을 죽였다는 이야기를 했습니다.
22 그러자 다윗이 아비아달에게 말했습니다.
"에돔 사람 도엑이 그 날, 그 곳에 있었소.
나는 그 사람이 사울에게 모든 것을 다 말
할 줄 알고 있었소. 당신 아버지와 당신
친척들이 죽은 것은 내 책임이오.
23 당신을 죽이려 하는 사람이 나도 죽이려
하고 있소. 두려워하지 말고 나와 함께 있
으시오. 나와 함께 있으면 안전할 것이
오."

다윗이 그일라 백성을 구함

23 누군가가 다윗에게 말했습니다.
"블레셋 사람들이 그일라를 공격하
고 타작 마당에서 곡식을 훔치고 있습니
다."
2 다윗이 여호와께 여쭈었습니다. "가서 블
레셋 사람들과 싸워야 합니까?" 여호와께
서 대답하셨습니다. "가거라. 블레셋 사람
들을 공격하여 그일라를 구하여라."
3 하지만 다윗의 부하들이 다윗에게 말했습
니다. "여기 유다 땅에 있는 것만 해도 두
려운데 어떻게 그일라까지 가서 블레셋 군
대와 싸울 수 있겠습니까?"
4 다윗이 다시 여호와께 여쭤 보았습니다.
그러자 여호와께서는 "그일라로 내려가거
라. 블레셋 사람들과 싸워 이길 수 있도록
해 주겠다" 하고 말씀하셨습니다.
5 그리하여 다윗과 그의 부하들은 그일라로
갔습니다. 그들은 블레셋 사람들과 싸워
그들의 가축을 빼앗았습니다. 다윗은 수
많은 블레셋 사람들을 죽이고 그일라 백성
을 구하였습니다.
6 아히멜렉의 아들 아비아달은 사울 왕을 피
해 달아날 때, 에봇을 가져왔는데 그일라
에 있는 다윗에게 올 때, 그 에봇을 가지
고 왔습니다.

사울이 다윗을 뒤쫓음

7 누군가가 사울에게 다윗이 지금 그일라에
있다고 말해 주었습니다. 그러자 사울이
말했습니다. "마침내 하나님께서 다윗을
나에게 주셨다. 다윗이 성문과 성벽이 있
는 성으로 들어갔으니, 그가 그 속에 갇

혔도다."
8 사울은 자기 군대를 모두 모아 싸울 준비
를 하게 했습니다. 그들은 그일라로 내려
가서 다윗과 그의 부하들을 공격할 준비
를 했습니다.
9 다윗도 사울이 자기를 해칠 준비를 하고
있다는 소식을 들었습니다. 그래서 다윗
은 제사장 아비아달에게 에봇을 가져오라
고 말했습니다.
10 그리고 나서 다윗은 이렇게 기도하였습니
다. "이스라엘의 하나님 여호와여, 사울이
나를 해치려 합니다. 사울이 나 때문에 그
일라 성을 멸망시키려고 이 곳으로 오고
있습니다.
11 그일라 백성이 나를 사울에게 넘겨 줄까
요? 사울은 정말 그일라로 올까요? 이스라
엘의 하나님 여호와여, 주님의 종에게 말
씀해 주십시오." 여호와께서 대답하셨습
니다. "사울이 내려올 것이다."
12 다윗이 다시 여쭈었습니다. "그일라 백성
이 나와 내 부하들을 사울에게 넘겨 주겠
습니까?" 여호와께서 대답하셨습니다.
"그럴 것이다."
13 그리하여 다윗과 그의 부하들은 그일라를
떠났습니다. 다윗과 함께 간 사람은 육백
명 가량 되었습니다. 그들은 이곳 저곳으
로 계속 옮겨 다녔습니다. 사울은 다윗이
그일라에서 도망쳤다는 이야기를 듣고 그
일라를 치려던 계획을 거두었습니다.
14 다윗은 광야의 요새에 머물러 있었습니
다. 다윗은 십 광야의 언덕에도 머물러 있
었습니다. 사울은 매일 다윗을 찾아다녔지
만, 여호와께서는 사울이 다윗을 붙잡지
못하도록 다윗에게 미리 알려 주었습니
다.
15 다윗은 사울이 자기를 죽이려 오고 있는
것을 보았습니다. 그래서 다윗은 십 광야
의 수풀에 숨어 있었습니다.
16 이 때, 사울의 아들 요나단이 호레쉬에 있
는 다윗에게 왔습니다. 요나단은 다윗이
하나님 안에서 강한 믿음을 가질 수 있도
록 힘을 북돋아 주었습니다.
17 요나단이 다윗에게 말했습니다. "두려워하
지 말게. 내 아버지는 자네를 건드리지 못
할 걸세. 자네는 이스라엘 왕이 되고, 나
는 자네 다음 가는 사람이 될 걸세. 내 아
버지인 사울도 이 사실을 알고 계시네."
18 두 사람은 여호와 앞에서 언약을 맺었습
니다. 그리고 나서 요나단은 집으로 돌아
갔고, 다윗은 호레쉬에 계속 머물렀습니
다.
19 십 백성이 기브아에 있는 사울에게 가서
말했습니다. "다윗이 우리 땅에 숨어 있습
니다. 그는 호레쉬의 요새에 있습니다. 그
요새는 여시몬 남쪽의 하길라 언덕 위에
있습니다.
20 왕이시여, 어느 때든 내려오십시오. 기꺼
이 다윗을 왕께 넘겨 드리겠습니다."
21 사울이 대답하였습니다. "나를 도와 준 여
러분에게 여호와께서 복을 주시길 바라
오.
22 가서 다윗에 대해 더 알아봐 주시오. 다윗
이 어디에 머물러 있는지 알아보시오. 그
는 영리하다고 들었소.
23 다윗이 숨는 데 사용하는 장소를 다 찾아
보시오. 그런 후에 나에게 다시 돌아와서

다윗과 사울의 비교

다윗	사울
하나님이 왕으로 삼음(삼하 7:8-16)	사람들이 왕으로 삼음(삼상 10:1, 11:15)
왕위가 영원히 견고함(삼하 7:13)	버림받음(삼상 15:23)
관용을 베풂(삼하 9장)	다윗을 죽이려 함, 잔인해짐(삼상 18:10-11, 22:18-19)
죄를 지적받았을 때 회개함 (삼하 12:13; 시 51편)	죄를 지적받았을 때 변명함(삼상 15:10-31)
하나님 마음에 합한 자(행 13:22)	사람의 눈에 보이려 함(삼상 15:30)

엔게디(계곡) 폭포(23:29)

모든 것을 말해 주시오. 그러면 내가 여
러분과 함께 가겠소. 만약 다윗이 그 지
역에 있다면, 내가 반드시 그를 찾아 내
겠소. 유다의 온 집안을 뒤져서라도 찾아
내고 말겠소."
24 그리하여 십 백성은 사울보다 먼저 십으로
돌아왔습니다. 다윗과 그의 부하들은 마온
광야에 있었습니다. 마온은 여시몬 남쪽
아라바에 있는 광야 지대였습니다.
25 사울과 그의 부하들이 다윗을 찾아다녔지
만, 다윗은 이미 사울이 자기를 찾아다니
고 있다는 것을 백성들에게 들어 알고 있
었습니다. 다윗은 바위로 내려가 마온 광
야에 머물렀습니다. 사울은 다윗이 마온
광야로 내려갔다는 소식을 듣고, 다윗의
뒤를 쫓아 마온 광야로 갔습니다.
26 사울은 산 이쪽으로 가고, 다윗과 그의 부
하들은 산 저쪽으로 갔습니다. 다윗과 그
의 부하들은 사울에게서 멀리 피하기 위
해 서둘러 움직였습니다. 사울과 그의 군
인들은 다윗과 그의 부하들을 에워싸서
잡으려 하였습니다.
27 그 때에 한 사람이 사울에게 와서 이렇게
전하였습니다. "빨리 오십시오. 블레셋 사
람들이 우리 땅을 공격하고 있습니다."
28 그래서 사울은 다윗을 쫓다 말고 블레셋
사람들과 싸우기 위해 돌아갔습니다. 사
람들이 이 곳을 '셀라하마느곳'*이라고 부
르는 것도 이 때문입니다.
29 다윗은 마온 광야를 떠나 엔게디 요새에서
살았습니다.

다윗이 사울을 부끄럽게 하다

24 사울이 블레셋 사람들을 물리치고
난 후에 누군가가 사울에게 와서
다윗이 엔게디 광야에 있다고 전했습니다.
2 그래서 사울은 온 이스라엘에서 삼천 명을
뽑았습니다. 사울은 이 사람들을 데리고
다윗과 그의 부하들을 찾아다녔습니다.
그들은 '들염소 바위' 근처를 찾아다니고
있었습니다.
3 사울은 길가에 있는 양 우리에 이르렀습
니다. 그 곳에 마침 동굴이 있어서 사울
은 용변을 보기 위해 동굴로 들어갔습니
다. 그런데 다윗과 그의 부하들은 바로 이
동굴의 안쪽 깊은 곳에 숨어 있었습니다.
4 다윗의 부하들이 다윗에게 말했습니다.
"오늘이 바로 여호와께서 말씀하신 날입
니다. 여호와께서는 '내가 네 적을 너에
게 넘겨 줄 테니 네 마음대로 하여라' 하
고 말씀하셨습니다." 다윗이 사울에게 가
까이 기어갔습니다. 다윗은 사울의 옷자락
을 잘라 내었습니다. 그런데도 사울은 아
무것도 모르고 있었습니다.
5 그후에 다윗은 사울의 옷자락을 잘라 낸
것 때문에 마음이 찔렸습니다.
6 다윗이 자기 부하들에게 말했습니다. "내
주인에게 그런 일을 하면 안 되는데 내가
그만 잘못했소. 사울은 여호와께서 기름
부으신 왕이오. 그렇기 때문에 사울에게
해가 되는 일을 하면 안 되오."
7 다윗은 이러한 말로 자기 부하들을 말렸
습니다. 다윗은 자기 부하들이 사울을 공
격하지 못하게 했습니다. 사울은 동굴을
떠나 자기 길을 갔습니다.
8 다윗도 동굴에서 나와 사울의 뒤에서 "내
주 왕이여!"라고 소리질렀습니다. 사울이
뒤돌아보자, 다윗이 얼굴을 땅에 대고 절
했습니다.
9 다윗이 사울에게 말했습니다. "왕은 왜
'다윗이 사울을 해치려 한다' 라고 하는 사
람들의 말을 귀담아 들으십니까?
10 왕이여 보십시오! 여호와께서 오늘 동굴
에서 왕을 내 손에 맡기신 것을 당신도 보

셨습니다. 어떤 사람은 왕을 죽이라고 말
하였으나, 나는 '내 주는 여호와께서 기
름 부으신 왕이므로 해치지 않겠노라' 고
말했습니다.
11 내 아버지여, 내 손에 들려 있는 왕의 옷
자락을 보십시오. 나는 왕의 옷자락을 잘
라 내기만 하고 죽이지는 않았습니다.
자, 이제는 내가 왕에게 어떤 나쁜 일도
할 생각이 없다는 것을 알아 주십시오. 나
는 왕에게 죄를 짓거나 해치려고 한 적이
없습니다. 그런데도 왕은 나를 죽이려고
쫓아오고 있습니다.
12 여호와께서 왕과 나 사이에 옳고 그름을
가려 주시기 바랍니다. 그리고 여호와께
서 왕에게 벌을 주시기 바랍니다. 그러나
나는 내 손으로 왕을 해치지 않겠습니다.
13 옛 속담에 '나쁜 일은 나쁜 사람에게서 나
온다' 라는 말이 있습니다. 그러므로 나는
왕을 해치지 않겠습니다.
14 이스라엘 왕이 누구를 잡으려 하고 있습니
까? 왕이 뒤쫓고 있는 사람은 누구입니
까? 왕은 죽은 개나 벼룩을 뒤쫓고 있는
것과 같습니다.
15 여호와께서 우리의 재판관이 되시어 왕과
나 사이에 옳고 그름을 가려 주시기 바랍
니다. 여호와께서 나의 억울함을 살펴 주
시기 바랍니다. 또 나를 왕의 손에서 구
해 주시기 바랍니다."
16 다윗이 이 말을 마치자, 사울은 "내 아들
다윗아, 이것이 정말 네 목소리냐?" 하고
말하면서 크게 소리내어 울었습니다.
17 사울이 말했습니다. "너는 나보다 옳도다.
너는 나에게 잘해 주었는데, 나는 너에게
나쁜 일을 했구나.
18 네 말을 들으니 너는 나에게 좋은 일을 하
였구나. 여호와께서 나를 너에게 넘기셨
는데도, 너는 나를 죽이지 않았다.
19 자기 원수를 손 안에 넣고도 좋게 돌려 보
내는 사람이 어디 있겠느냐. 네가 오늘 나
에게 착한 일을 하였으므로 여호와께서
너에게 상 주시기를 바란다.
20 네가 틀림없이 왕이 되리라는 것을 나는
잘 알고 있다. 너는 이스라엘 나라를 잘
다스리게 될 것이다.
21 그러므로 이제 너는 내 자손을 죽이지 않
겠다고 여호와의 이름으로 맹세해 다오.
내 아버지의 집에서 내 이름을 지워 버리
지 않겠다고 약속해 다오."
22 다윗은 사울에게 그렇게 하겠다고 약속했
습니다. 그런 뒤, 사울은 자기 왕궁으로
돌아가고, 다윗과 그의 부하들은 엔게디
요새로 올라갔습니다.

25 사무엘이 죽었습니다. 모든 이스라
엘 사람이 모여서 사무엘을 위하여
슬퍼했습니다. 이스라엘 사람들은 사무엘
을 라마에 있는 그의 집에서 장사지냈습
니다. 그 때에 다윗은 바란 광야로 내려갔
습니다.
2 마온에 어떤 사람이 있었는데, 그는 갈멜
에 땅을 가지고 있는 큰 부자였습니다. 그
는 양 삼천 마리와 염소 천 마리를 가지
고 있었습니다. 그는 갈멜에서 자기 양의
털을 깎았습니다.
3 그 사람의 이름은 나발*이었고, 갈렙의 자
손이었습니다. 그의 아내의 이름은 아비
가일이었습니다. 아비가일은 지혜롭고 아
름다운 여자였습니다. 하지만 나발은 무

> **성경 인물**
>
> **나발** 마온 사람으로 갈멜 광야에서 양 3,000마리와 염소 1,000마리를 기르는 큰 부자였습니다. 그는 다윗의 보호 덕택에 블레셋 사람들의 약탈로부터 가축들을 안전하게 지킬 수 있었습니다. 그래서 다윗은 그에 대한 정당한 대가로 물질적인 도움을 요청하였으나 나발은 그 요구를 거절하고 나아가 다윗을 모욕하였습니다. 분노한 다윗은 그에게 복수하려고 군사를 동원했으나, 지혜로운 아내 아비가일 덕택에 죽음을 모면하였습니다. 하지만 결국 열흘 만에 하나님의 벌을 받아 죽고 맙니다. 훗날 아비가일은 다윗의 아내가 됩니다.
>
> 본문 보기 25장

알아두세요

23:28 그 뜻은 '도피의 바위' 임.
25:3 '나발' 은 '어리석음' 이란 뜻이다.

자비하고 속이 좁은 사람이었습니다.
4 다윗은 목자들의 축제날인 양털 깎는 절기를 맞아 나발이 자기 양의 털을 깎고 있다는 이야기를 광야에서 들었습니다.
5 그래서 다윗은 젊은 사람 열 명을 나발에게 보내며 그들에게 말했습니다. "갈멜로 가서 나발을 만나라. 그에게 내 이름으로 인사하여라.
6 그리고 이렇게 말하여라. '당신과 당신 집안이 잘 되기를 빕니다. 그리고 당신에게 딸린 모든 것도 잘 되기를 빕니다.
7 당신이 양털을 깎고 있다는 이야기를 들었습니다. 당신의 목자들이 우리와 함께 있었을 때에 우리는 그들을 조금도 해치지 않았습니다. 당신의 목자들이 갈멜에 있는 동안 그들은 아무것도 도둑맞지 않았습니다.
8 당신의 종들에게 물어 보십시오. 그러면 그들이 그 사실을 이야기해 줄 것입니다. 우리가 이 좋은 날에 왔으니, 제발 당신의 종과 같은 다윗과 그의 종들에게 친절을 베풀어 먹을 것을 좀 주십시오.'"
9 다윗의 부하들은 나발에게 가서 다윗의 말을 전했습니다.
10 그러나 나발은 그들에게 대답했습니다. "다윗이 누구요? 이새의 아들이란 자가 도대체 누구요? 요즘은 자기 주인에게서 도망치는 종놈들이 많다던데,
11 내가 어찌 빵과 물 그리고 양털 깎는 내 종에게 주려고 잡은 짐승의 고기를 알지도 못하는 사람들에게 줄 수 있겠소!"
12 다윗의 부하들은 돌아가서, 나발이 한 말을 그대로 전했습니다.
13 그러자 다윗이 그들에게 "칼을 차라" 하고 말했습니다. 그들은 명령대로 칼을 찼고, 다윗도 칼을 찼습니다. 사백 명 가량이 다윗과 함께 떠나갔고, 이백 명은 남아서 그들이 가진 물건을 지켰습니다.
14 나발의 종들 중 한 명이 나발의 아내 아비가일에게 말했습니다. "다윗이 우리 주인에게 인사하기 위하여 광야에서 사람들을 보냈는데, 주인은 그들에게 욕을 했습니다.
15 그 사람들은 우리에게 아주 잘해 주었습니다. 그들은 우리를 조금도 해치지 않았습니다. 우리가 그들과 함께 들에 있는 동안, 그들은 아무것도 훔치지 않았습니다.
16 그들은 밤낮으로 우리를 보호해 주었습니다. 우리가 양 떼를 지키고 있을 때, 우리의 담이 되어 주었습니다.

아비가일의 지혜(25:14-35)

17 그러므로 이제 어떻게 해야 할지를 잘 생각해 보십시오. 다윗은 우리 주인과 그 집안을 해치기로 이미 결심하였습니다. 주인은 너무 못된 사람이라, 누구도 말을 붙여 볼 생각조차 못하고 있습니다."

아비가일의 지혜

18 아비가일은 급히 서둘렀습니다. 아비가일은 빵덩이 이백 개와 포도주가 가득 찬 가죽 부대 두 개와 양 다섯 마리를 요리하였습니다. 또 볶은 곡식 다섯 세아*와 건포도 백 송이와 무화과 떡 이백 덩이도 준비하였습니다. 아비가일은 그것들을 나귀 등에 실었습니다.
19 그리고 나서 아비가일은 자기 종들에게 말했습니다. "먼저 가거라. 나는 뒤따라 가

겠다." 아비가일은 이 일을 자기 남편에게 는 말하지 않았습니다.

20 아비가일은 자기 나귀를 타고 산골짜기로 내려갔습니다. 그 곳에서 아비가일은 자기 쪽으로 내려오고 있는 다윗과 그의 부하들을 만났습니다.

21 그 때, 다윗은 막 이렇게 말하고 있었습니다. "다 소용 없다! 나는 광야에서 나발의 재산을 지켜 주었고, 그의 양이 도둑맞지 않게 보살펴 주었다. 그에게 좋은 일을 해 주었는데도 그는 선을 악으로 갚았다.

22 내일까지 나발의 가족 중 한 사람이라도 내가 살려 두면, 내가 하나님의 무서운 벌을 받아도 좋다."

23 아비가일은 다윗을 보고 급히 나귀에서 내렸습니다. 아비가일은 얼굴을 땅에 대고 다윗에게 절했습니다.

24 아비가일은 다윗의 발 앞에 엎드려 이렇게 말했습니다. "내 주여, 모든 것은 제 잘못입니다. 제발 제 말을 들어 주십시오.

25 내 주여, 아무 쓸데없는 사람인 나발에게 신경쓰지 마십시오. 나발은 그 이름처럼 정말 미련한 사람입니다. 하지만 당신의 종인 저는 당신이 보낸 사람을 보지 못했습니다.

26 그러나 이제나마 제가 당신을 만난 것은 여호와의 도움이라고 생각합니다. 여호와께서 살아 계셔서, 내 주 당신의 손으로 친히 피를 흘려 복수하는 것을 막으셨습니다. 이제 내 주 당신을 해하려는 자들과 당신의 원수들은 나발과 같이 될 것입니다.

27 당신께 선물을 가지고 왔습니다. 그것을 당신을 따르는 사람들에게 주십시오.

28 제 잘못을 용서해 주십시오. 당신은 여호와를 위해 싸웠으므로, 여호와께서는 틀림없이 당신 집안을 든든히 세우실 것입니다. 당신이 사는 날 동안, 백성들은 당신에게서 아무런 흠도 찾아 내지 못할 것입니다.

29 당신을 죽이려고 쫓아다니는 사람이 있을지라도, 하나님 여호와께서는 당신을 지켜 주실 것입니다. 여호와께서는 물매로 돌을 던지듯 당신의 원수들의 목숨을 내던져 버리실 것입니다.

30 여호와께서는 당신에게 약속하신 좋은 일들을 다 지키실 것입니다. 여호와께서는 당신을 이스라엘의 지도자로 삼으실 것입니다.

31 그 때에 당신은 당신 스스로 죄 없는 사람을 죽였다든지 벌을 주었다는 양심의 가책을 받거나 죄책감을 가지는 일이 없어야 할 것입니다. 여호와께서 당신을 성공시키실 때, 제발 저를 기억해 주십시오."

32 다윗이 아비가일에게 대답하였습니다. "오늘 당신을 보내어 나를 영접케 하신 이스라엘의 하나님 여호와를 찬양합니다.

33 지혜로운 당신도 복을 받기를 바라오. 당신은 내가 오늘 사람들을 죽이거나 벌주는 일을 막았소.

34 이스라엘의 하나님 여호와께 맹세하지만 여호와께서 나를 막아 당신을 해치지 못하게 하셨소. 만약 당신이 나를 만나러 빨리 오지 않았다면, 나발의 집에 있는 사람 중 내일까지 살아 남을 사람은 아무도 없었을 것이오."

35 다윗은 아비가일의 선물을 받아들였습니다. 그리고 다윗이 말했습니다. "평안히 집으로 가시오. 당신 말을 잘 들었소. 당신이 부탁한 대로 하겠소."

나발의 죽음

36 아비가일이 나발에게 돌아왔을 때, 나발이 집에 있었습니다. 그는 왕처럼 먹고 있었습니다. 나발은 술에 잔뜩 취해 기분이 좋았습니다. 그래서 아비가일은 이튿날 아침까지 나발에게 아무 말도 하지 않았습니다.

37 이튿날 아침, 나발이 술에서 깨자, 아비가일은 그에게 모든 것을 말해 주었습니다. 그러자 그의 심장이 멈춰 마치 돌처럼 몸

알아두세요

25:18 5세아는 약 38ℓ에 해당된다.

이 굳어졌습니다.
38 십 일 가량 지난 후, 여호와께서 나발을
죽게 하셨습니다.
39 나발이 죽었다는 말을 듣고 다윗이 말했습
니다. "여호와를 찬양하여라! 나발이 나를
욕되게 하였으나, 여호와께서는 내가 직
접 악을 행하지 못하게 하시고 여호와께
서 나발이 저지른 잘못을 직접 갚으셨도
다." 그후에 다윗은 아비가일에게 사람을
보내어 아비가일을 자기 아내로 삼고 싶다
는 말을 전했습니다.
40 다윗의 종들이 갈멜로 가서 아비가일에게
말했습니다. "다윗이 당신을 아내로 삼고
싶다고 하십니다. 그래서 우리를 보내어
당신을 모시고 오게 했습니다."
41 아비가일은 얼굴을 땅에 대고 절을 하면서
말했습니다. "나는 당신의 종입니다. 나
는 내 주의 종들의 발까지도 기꺼이 씻어
드리겠습니다."
42 아비가일은 급히 나귀에 올라 하녀 다섯
명을 데리고 다윗의 종들과 함께 갔습니
다. 이렇게 하여 아비가일은 다윗의 아내
가 되었습니다.
43 다윗은 이스르엘 사람 아히노암과도 결혼
하였습니다. 두 사람 모두 다윗의 아내가
되었습니다.
44 사울의 딸 미갈도 다윗의 아내였습니다.
그러나 사울은 미갈을 갈림 사람인 라이스
의 아들 발디에게 주었습니다.

다윗이 또 사울을 부끄럽게 만들다

26 십 백성이 기브아에 있는 사울을
찾아와서 이렇게 말했습니다. "다
윗이 여시몬 맞은편의 하길라 언덕에 숨어
있습니다."
2 그리하여 사울은 이스라엘에서 뽑은 삼천
명과 함께 십 광야로 내려갔습니다. 그들
은 십 광야에서 다윗을 찾아다녔습니다.
3 사울은 여시몬 맞은편에 있는 하길라 언덕
길가에 진을 쳤습니다. 그러나 다윗은 광
야에 머물러 있었습니다. 다윗은 사울이
자기를 뒤쫓아왔다는 이야기를 들었습니
다.
4 그래서 다윗은 정탐꾼들을 내보내 사울이
가까이 왔다는 사실을 확인했습니다.
5 다윗은 사울이 진을 치고 있는 곳으로 갔
습니다. 그가 보니, 사울과 넬의 아들 아
브넬이 잠을 자고 있었습니다. 아브넬은
사울 군대의 사령관이었습니다. 사울은
진 한가운데에서 잠자고 있었고, 모든
군대가 사울을 둘러싸고 있었습니다.
6 다윗이 헷 사람 아히멜렉과 스루야의 아들
이요, 요압의 동생인 아비새에게 물었습니
다. "누가 나와 함께 사울의 진으로 내려
가겠소?" 아비새가 대답하였습니다. "제
가 가겠습니다."
7 그리하여 그 날 밤, 다윗과 아비새는 사울
의 진으로 갔습니다. 사울은 진 한가운데
에서 자고 있었습니다. 사울의 창은 사울
의 머리 가까운 곳에 꽂혀 있었습니다. 아
브넬과 그의 군대도 사울을 둘러싸고 잠들
어 있었습니다.
8 아비새가 다윗에게 말했습니다. "오늘 하
나님께서 당신의 원수를 물리쳐 이기게
해 주셨습니다. 내가 이 창으로 사울을 땅
에 꽂아 버리고 말겠습니다. 두 번 찌를
것도 없이 단번에 해치우겠습니다."
9 다윗이 아비새에게 말했습니다. "사울을
죽이지 마시오. 여호와께서 기름 부으신
사람을 해치고도 죄를 면제받을 사람은
없소.
10 여호와께 맹세하지만 여호와께서 직접 사
울에게 벌을 내리실 것이오. 사울은 죽을
때가 되어 죽을지도 모르고 싸움터에서
죽임을 당할지도 모르오.

골짜기와 골짜기가 연이은 광야의 황무지
(26:3)

11 어쨌든 내가 직접 손을 들어 여호와께서
기름 부은 사람을 해칠 수는 없소. 자, 사
울의 머리 가까이에 있는 창과 물병을 집
어 여기서 나갑시다."
12 이처럼 다윗은 사울의 머리 가까이에 있는
창과 물병을 가지고 갔습니다. 다윗과 아
비새가 왔다 갔지만, 아무도 잠에서 깨거
나 본 사람이 없었습니다. 이는 여호와께
서 사울의 군대를 깊이 잠들게 하셨기 때
문입니다.
13 다윗은 언덕 저쪽으로 건너가 사울의 진에
서 멀리 떨어진 언덕 꼭대기에 섰습니다.
14 다윗은 사울의 군대와 넬의 아들 아브넬을
향하여 소리를 질렀습니다. "아브넬아, 내
말이 들리면 대답해 보아라!" 아브넬이 대
답했습니다. "누가 왕을 부르고 있느냐?
너는 누구냐?"
15 다윗이 말했습니다. "너는 이스라엘에서
가장 위대한 용사가 아니냐? 그런데 너는
왜 너의 주 왕을 보호하지 않았느냐? 너
의 진으로 내려가 너의 주 왕을 죽이려 한
사람이 있었다.
16 너의 잘못이 크다. 여호와께 맹세하지만,
너와 네 부하들은 죽어 마땅하도다. 너는
여호와께서 기름 부으신 왕 너의 주를 보
호하지 못하였다. 자 보아라! 왕의 머리
가까이에 있던 창과 물병이 어디에 있는
지 똑똑히 보아라."
17 사울이 다윗의 목소리를 알아듣
고 말했습니다. "네가 내 아들
다윗이 맞느냐?" 다윗이 대답
했습니다. "내 주 왕이여, 그
렇습니다."
18 다윗이 또 말했습니다. "내
주여, 왜 나를 쫓고 계십니
까? 내가 무슨 잘못을 했습
니까? 내 죄가 무엇입니까?
19 내 주 왕이여, 내 말을 들어 보
십시오. 만약 왕이 나에 대해 진
노하게 하신 분이 여호와시라면,
여호와께서 나를 제물로 받으시기를
원합니다. 그러나 만약 왕이 나에 대해 진
노하게 한 것이 사람들이라면, 여호와께
서 그들을 저주하시기를 바랍니다. 그들
은 여호와께서 내게 주신 땅에서 나를 쫓
아 냈습니다. 그들은 나에게 '낯선 땅에
가서 다른 신들을 섬겨라' 하고 말했습니
다.
20 나를 여호와께서 계신 곳에서 멀리 떨어
져 죽게 하지 마십시오. 이스라엘 왕이 어
찌 메추라기 한 마리를 사냥하는 사람같
이 행동하십니까? 왕이 벼룩을 찾아 나서
다니 말이 됩니까?"
21 다윗의 말을 듣고 사울이 말했습니다. "내
가 죄를 지었다. 내 아들 다윗아 돌아오
너라. 오늘 너는 내 생명을 아껴 주었다.
그러니 이제 나도 너를 해치려 하지 않겠
다. 내가 바보 같은 짓을 하였다. 내가 큰
실수를 하였다."
22 다윗이 대답하였습니다. "여기 왕의 창이
있습니다. 신하 한 사람을 이리로 보내어
가져가게 하십시오.
23 여호와께서는 옳은 일을 하고 충성하는
사람에게 상을 주십니다. 여호와께서는
오늘 왕을 나에게 넘겨 주셨습니다. 그러
나 나는 여호와께서 기름 부으신 사람을
해칠 생각이 없었습니다.
24 나는 오늘 왕의 생명을 아껴 주었습니다.
나는 여호와께서도 이처럼 내 생명을 아
껴 주실 것을 확실히 믿습니다. 여호와께

사울의 창과 물병을 가지고 나오는 다윗(26:11)

서는 모든 어려운 일에서 나를 구해 주실
것입니다."
25 이 말을 듣고 사울이 다윗에게 말했습니
다. "내 아들 다윗아, 너는 복을 받았다.
너는 큰 일을 하며 성공할 것이다." 그런
다음에 다윗은 자기 길을 갔고, 사울도 자
기 왕궁으로 돌아갔습니다.

다윗과 블레셋 사람들

27 그러나 다윗은 속으로 이렇게 생각
했습니다. '언젠가는 사울이 나를
잡을 것이다. 그러니 지금은 블레셋 사람
들의 땅으로 도망가는 것이 제일 안전하
다. 그러면 사울은 이스라엘에서 나를 찾
는 일을 포기할 것이며, 나는 사울에게서
피할 수 있을 것이다.'
2 그리하여 다윗과 그의 부하 육백 명은 이
스라엘을 떠났습니다. 그들은 가드 왕 마
옥의 아들 아기스에게 갔습니다.
3 다윗과 그의 부하들 그리고 그들의 가족
들은 가드에서 아기스와 함께 살았습니다.
다윗은 두 아내와 같이 있었는데, 다윗의
아내의 이름은 이스르엘의 아히노암과 갈
멜의 아비가일이었습니다. 아비가일은 죽
은 나발의 아내였습니다.
4 사울은 다윗이 가드로 도망갔다는 이야기
를 듣고, 다시는 다윗을 추적하지 않았습
니다.
5 어느 날, 다윗이 아기스에게 말했습니다.
"나를 좋게 여기신다면 시골 마을 중 하
나를 나에게 주어 그 곳에서 살게 해 주
십시오. 나 같은 사람이 어떻게 당신과 함
께 왕의 성에 있을 수 있겠습니까?"
6 그 날, 아기스는 다윗에게 시글락 마을을
주었습니다. 이 때문에 시글락 마을은 그
때부터 유다 왕들의 땅이 되었습니다.
7 다윗은 블레셋 땅에서 일 년 사 개월 동안
을 살았습니다.
8 다윗과 그의 부하들은 나가서 그술과 기르
스와 아말렉 백성들을 공격하였습니다. 이
백성들은 오랫동안 술과 이집트로 가는 땅
에 살았습니다.
9 다윗은 그들과 싸워 남자와 여자를 모두
죽였습니다. 그는 양과 소와 나귀와 낙타
와 옷을 빼앗아서 아기스에게 돌아왔습니
다.
10 아기스는 다윗에게 "오늘은 어디를 공격하
였느냐?" 하고 묻곤 했습니다. 그럴 때마
다 다윗은 유다 땅 남쪽을 공격하고 왔다
고 대답했습니다. 어떤 때는 여라무엘이나
겐 사람의 땅을 공격하고 왔다고 말했습
니다.
11 다윗은 남자든지 여자든지 사람을 살려서
가드로 데리고 온 적이 한 번도 없었습니
다. 다윗은 이렇게 생각하였습니다. '만약
우리가 누구든지 살려서 데리고 오면, 그
사람은 아기스에게 내가 실제로 한 일을
말할 것이다.' 다윗은 블레셋 땅에 사는
동안 내내 그렇게 행동하였습니다.
12 아기스는 다윗을 믿었습니다. 아기스는 혼
자 이렇게 생각하였습니다. '다윗의 백성
인 이스라엘 사람들이 다윗을 굉장히 미워
한다. 그러니 다윗은 언제까지나 나를 섬
길 것이다.'

사울과 엔돌의 무당

28 그후에 블레셋 사람들은 이스라엘
과 싸우기 위해 군대를 모았습니
다. 아기스가 다윗에게 말했습니다. "너와
네 부하들도 나의 군대와 함께 나가야 한
다는 것을 알아 두어라."
2 다윗이 대답하였습니다. "물론입니다. 당
신의 종인 내가 나가서 어떤 일을 하는지
당신 눈으로 직접 보실 수 있을 것입니

비옥한 가드 지역(27:2)

추적(27:4 pursuit) 도망치는 사람의 뒤를 밟아서 쫓는 것.
우림(28:6 Urim) 하나님의 뜻을 묻는 데 쓰이는 도구.

다." 아기스가 말했습니다. "좋다. 너를
영원토록 내 호위병으로 삼겠다."
3 사무엘이 죽었으므로 모든 이스라엘 사람
들이 사무엘을 위해 슬퍼하며, 사무엘을
그의 고향 라마에 장사지낸 지 이미 오래
되었습니다. 사울은 이스라엘 땅에서 무당
과 점쟁이를 쫓아 냈습니다.
4 블레셋 사람들은 모여서 수넴에 진을 쳤
고, 사울은 모든 이스라엘 사람을 모아 길
보아에 진을 쳤습니다.
5 사울은 블레셋 군대를 보고 그 마음이 두
려워 떨었습니다.
6 사울이 여호와께 기도드렸지만, 여호와께
서는 꿈으로도, 우림으로도, 예언자로도
대답해 주지 않으셨습니다.
7 그래서 사울은 자기 종들에게 명령했습니
다. "가서 무당을 찾아보아라. 내가 그에
게 가서 물어 봐야 되겠다." 그러자 종들
은 "엔돌에 무당이 있습니다" 하고 대답했
습니다.
8 사울은 아무도 알아보지 못하게 다른 옷
으로 갈아입었습니다. 사울은 밤중에 신
하 두 사람을 데리고 무당을 만나러 갔습
니다. 사울이 무당에게 말했습니다. "나를
위해 주문을 외워 내가 말하는 사람을 불
러 내어라."
9 하지만 무당이 사울에게 말했습니다. "당
신도 사울이 내린 명령을 알지 않소. 사울
은 이스라엘 땅에서 무당과 점쟁이를 쫓아
내었소. 당신은 나에게 덫을 놓아 나를 죽
이려 하고 있소."
10 사울은 여호와의 이름으로 무당에게 약속
했습니다. "여호와께 맹세하지만 이 일을
했다고 해서 벌을 받지는 않을 것이다."
11 그러자 무당이 물었습니다. "누구를 불러
드릴까요?" 사울이 대답하였습니다. "사무
엘을 불러 주시오."
12 무당은 사무엘이 올라온 것을 보고 큰 소
리로 비명을 질렀습니다. 무당은 "왜 저
를 속이셨습니까? 당신은 사울 왕이 아니
십니까?" 하고 말했습니다.
13 왕이 무당에게 말했습니다. "두려워하지
마라. 무엇이 보이느냐?" 무당이 말했습
니다. "땅에서 한 영이 올라오는 것이 보
입니다."
14 사울이 물었습니다. "그가 어떻게 생겼느
냐?" 무당이 대답하였습니다. "겉옷을 입
은 한 노인이 올라오고 있습니다." 그러
자 사울은 그가 사무엘이라는 것을 알아보
고 얼굴을 땅에 대고 엎드렸습니다.
15 사무엘이 사울에게 물었습니다. "왜 나를
불러 내서 귀찮게 하시오?" 사울이 말했
습니다. "나는 큰 괴로움을 겪고 있습니
다. 블레셋 사람들이 나에게 싸움을 걸었
습니다. 하나님께서는 나를 떠나셨습니
다. 하나님께서는 예언자로도, 꿈으로도
나에게 대답해 주지 않으십니다. 그래서
당신을 불렀습니다. 나는 어떻게 해야 좋
겠습니까?"
16 사무엘이 말했습니다. "여호와께서는 당
신을 버리시고 당신의 원수가 되셨소. 그
런데 왜 나에게 물으시오?
17 여호와께서는 나에게 말씀하신 대로 하셨
소. 여호와께서는 이 나라를 당신의 손에
서 찢어서 당신의 이웃 중 한 사람인 다
윗에게 주셨소.
18 당신은 여호와께 순종하지 않았소. 당신
은 아말렉 사람들에게 하나님의 진노를 보
여 주지 않았소. 그래서 하나님께서 오늘
당신에게 이런 일을 하신 것이오.
19 여호와께서는 이스라엘과 당신을 블레셋
사람들에게 넘기실 것이오. 당신과 당신
의 아들들은 내일 나와 함께 있게 될 것
이오."
20 사울은 급히 땅에 엎드렸습니다. 사울은
사무엘이 한 말 때문에 두려웠습니다. 사
울은 하루 종일 아무것도 먹지 않았기 때
문에 힘도 없었습니다.
21 그 때에 무당은 사울이 두려움에 떨고 있
는 모습을 보고, 사울에게 말했습니다.
"당신의 종인 저는 당신의 말에 순종하였
습니다. 저는 제 목숨을 걸고 당신이 하
라는 대로 했습니다.
22 그러니 이제는 제 말을 들으십시오. 잡수

실 것을 좀 드릴 테니 잡수시고 힘을 내
십시오. 그리고 나서 갈 길을 가십시오."
23 그러나 사울은 무당의 말을 듣지 않고 "먹
지 않겠다"고 말했습니다. 사울의 신하들
도 사울에게 먹을 것을 권했습니다. 그 때
서야 사울은 그들의 말을 들었습니다. 사
울은 땅에서 일어나 침대 위에 앉았습니
다.
24 무당의 집에는 살진 송아지가 있었는데,
무당은 서둘러 송아지를 잡았습니다. 무
당은 밀가루를 가져다가 반죽을 하여 누
룩을 넣지 않은 빵을 만들었습니다.
25 무당은 사울과 그의 신하들에게 음식을
가져다 주어 먹게 하였습니다. 사울과 신
하들은 음식을 먹고 그 날 밤에 일어나 길
을 떠났습니다.

다윗이 시글락으로 돌아감

29 블레셋 사람들은 모든 군인을 아벡
으로 모아들였습니다. 이스라엘은
이스르엘에 있는 샘물 곁에 진을 쳤습니
다.
2 블레셋 왕들은 백 명과 천 명씩 부대를 이
루어 행군을 하였습니다. 다윗과 그의 부
하들은 뒤에서 아기스와 함께 행군을 하
였습니다.
3 블레셋의 지휘관들이 물었습니다. "이 히
브리 사람들은 여기에서 무엇을 하고 있
는 것이오?" 아기스가 말했습니다. "이 사
람은 이스라엘 왕 사울의 신하였던 다윗이
아니겠소? 하지만 그가 여러 날 그리고
몇 년을 나와 함께 있는 중이오. 다윗이
사울을 떠나서 나에게 온 후로 오늘날까

사울이 길보아에서 블레셋 사람들에게 패하기 전에 진을 쳤을 것으로 추정되는 하롯 샘 (29:1)

지 나는 그에게서 아무런 흠을 찾아 내지
못했소."
4 그러나 블레셋의 지휘관들은 아기스에게
화를 냈습니다. 그들은 이렇게 말했습니
다. "다윗을 당신이 그에게 준 성으로 돌
려 보내시오. 다윗은 우리와 함께 싸움터
에 갈 수 없소. 다윗이 우리와 함께 있는
다면, 그것은 우리 진 한가운데에 적이 있
는 것과 같소. 다윗은 우리 군인들을 죽
여서 자기 왕을 기쁘게 할 것이오.
5 다윗은 이스라엘 사람들이 춤을 추면서
'사울이 죽인 적은 천천이요, 다윗이 죽인
사람은 만만이라' 하고 노래했던 바로 그
사람 아니오?"
6 그래서 아기스는 다윗을 불러 이렇게 말했
습니다. "여호와께 맹세하지만 너는 나에
게 충성을 다했다. 나는 네가 내 군대에
서 일해 주면 좋겠다. 너는 나에게 온 뒤
로 잘못한 일이 하나도 없다. 하지만 블
레셋 왕들은 너를 믿지 못한다.
7 평안히 돌아가거라. 블레셋 왕들을 거스
르는 일을 하지 마라."
8 다윗이 물었습니다. "내가 무슨 잘못을 했
습니까? 내가 당신에게 온 뒤로 지금까지
나쁜 일을 한 적이 있습니까? 내 주 왕이
여, 왜 나는 당신의 적과 싸우면 안 됩니
까?"
9 아기스가 대답했습니다. "너는 나에게 하
나님이 보내신 천사와 같이 소중하다. 하
지만 블레셋의 지휘관들은 '다윗은 우리와
함께 싸움터에 갈 수 없다'라고 말하니,
10 아침 일찍 날이 밝으면 너와 너의 부하들
은 떠나라."
11 그리하여 다윗과 그의 부하들은 아침 일
찍 일어나 블레셋 사람들의 땅으로 돌아
갔습니다. 그리고 블레셋 사람들은 이스르
엘로 올라갔습니다.

다윗이 아말렉 사람들과 싸움

30 삼 일째 되는 날, 다윗과 그의 부
하들은 시글락에 이르렀습니다.
그 때, 마침 아말렉 사람들이 남쪽 유다와
시글락에 쳐들어왔습니다. 아말렉 사람들

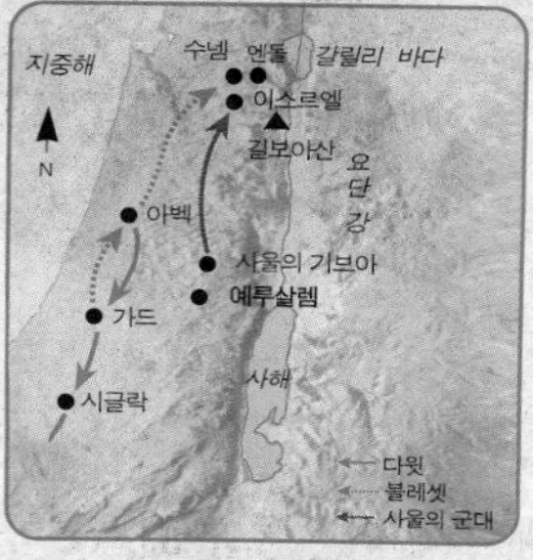

길보아에서의 전투(29:1-11)

은 시글락을 공격하여 그 성을 불태웠습
니다.
2 아말렉 사람들은 시글락에 있는 여자들과
젊은이와 노인 할 것 없이 모든 사람들을
사로잡아 포로로 끌고 갔습니다.
3 다윗과 그의 부하들이 시글락에 와서 보
니, 마을은 불타 버렸고 그들의 아내들과
아들딸들이 포로로 끌려갔습니다.
4 다윗과 그의 부하들은 큰 소리로 울었습
니다. 너무 울어서 더 울 힘이 없을 정도
였습니다.
5 다윗의 두 아내 이스르엘의 아히노암과 갈
멜 사람 나발의 과부 아비가일도 끌려갔습
니다.
6 다윗의 부하들이 다윗을 돌로 쳐죽이려 하
였습니다. 그 때문에 다윗은 몹시 당황하
였습니다. 다윗의 부하들은 자기 아들딸
들이 포로로 끌려갔기 때문에 슬프고 화
가 났던 것입니다. 그러나 다윗은 자기 하
나님 여호와 안에서 힘을 얻었습니다.
7 다윗이 제사장 아비아달에게 말했습니다.
"에봇을 가지고 오시오." 아비아달이 다윗
에게 에봇을 가져오자
8 다윗은 여호와께 기도드렸습니다. "우리
가족을 끌고 간 사람들을 뒤쫓을까요? 그
들을 따라잡을까요?" 여호와께서 대답하
셨습니다. "그들을 뒤쫓아가거라. 그들을
따라잡을 수 있을 것이다. 네 가족을 구
할 수 있을 것이다."
9 다윗과 그의 부하 육백 명은 브솔 골짜기
에 이르렀습니다. *다윗의 부하 중 뒤떨어*
진 이백 명은 그 곳에 남았습니다.
10 이백 명은 너무 지쳐서 브솔 시내를 건너
지 못했습니다. 다윗은 사백 명을 거느리
고 추격하였습니다.
11 다윗의 부하들이 들에서 어떤 이집트 사람
을 발견하고 그를 다윗에게 데리고 왔습
니다. 그들은 이집트 사람에게 마실 물과
먹을 음식을 주었습니다.
12 그들은 또 무화과 빵과 건포도 두 송이도
주었습니다. 이집트 사람은 그것을 먹고
기운을 되찾았습니다. 그 사람은 삼 일 동
안이나 아무것도 먹지 못하고 있었습니다.
13 다윗이 그에게 물었습니다. "당신의 주인
은 누구요? 당신은 어디에서 왔소?" 그가
대답하였습니다. "나는 이집트 사람입니
다. 나는 아말렉 사람의 노예입니다. 내가
병이 나자, 주인은 삼 일 전에 나를 버려
두고 떠났습니다.
14 우리는 그렛 사람들의 남쪽 지역을 공격
하였습니다. 우리는 유다 땅과 갈렙 사람
들의 남쪽 지역도 공격하였습니다. 우리
는 시글락을 불사르기도 하였습니다."
15 다윗이 그에게 물었습니다. "우리 집안 사
람들을 끌고 간 그자들이 어디에 있는지
그 곳을 가르쳐 줄 수 있겠소?" 그가 대
답하였습니다. "나를 죽이거나 내 주인에
게 돌려 보내지 않는다고 하나님 앞에서
약속해 주십시오. 그러면 그들이 있는 곳
으로 당신을 인도하겠습니다."
16 그리하여 이 이집트 사람은 다윗을 아말렉
사람들이 있는 곳으로 인도했습니다. 아
말렉 사람들은 이곳 저곳에 흩어져 누운
채 먹고 마시고 있었습니다. 그들은 블레
셋과 유다 땅에서 빼앗아 온 물건들을 가
지고 즐거워하고 있었습니다.
17 다윗은 그 날 밤부터 이튿날 저녁까지 그
들과 싸웠습니다. 낙타를 타고 달아난 사
백 명을 빼고 아말렉 사람들은 아무도 달
아나지 못했습니다.

18 다윗은 자기의 두 아
내를 비롯해서 아말렉 사람들
이 빼앗아 갔던 모든 것을 되찾았습니다.
19 다윗은 잃어버린 것 없이 모든 것을 되찾
았습니다. 젊은이와 노인, 아들과 딸, 그
리고 값진 물건 등 모든 것을 되찾았습니
다.
20 다윗은 양 떼와 소 떼를 빼앗았습니다. 다
윗의 부하들은 이 양 떼와 소 떼를 몰고
오면서 "이것은 다윗이 빼앗은 것이다" 하
고 말했습니다.
21 다윗은 너무 지치고 약해져서 자기를 따
를 수 없어 브솔 시내에 머물게 했던 이
백 명의 부하들에게 돌아왔습니다. 그들
도 다윗과 그의 군대를 맞으러 나왔습니
다.
22 그런데 다윗을 따르던 사람들 중에는 나
쁜 사람들도 있었습니다. 그들은 "이 사
람들은 우리와 함께 가지 않았으므로 우
리가 가지고 온 것을 나누어 줄 필요가 없
습니다. 이 사람들의 아내와 자식들
만 돌려 줘야 합니다"라고 말했습니
다.
23 다윗이 대답했습니다. "내 형제들이
여, 그렇게 하면 안 되오. 여호와께
서 우리를 도우셔서 원수들을 물리
쳐 이길 수 있었는데 그렇게 하면 되
겠소?
24 여러분이 한 말을 누가 들어 주겠
소? 남아서 우리의 물건을 지킨 사
람이나 나가서 싸운 사람이나 누구
나 똑같이 나누어 가
져야 하오."
25 다윗은 이것을
이스라엘의 명령과
규칙으로 삼았습니다.
이 명령과 규칙은 오늘날
까지 계속 이어지고 있습니
다.
26 다윗은 시글락에 이르렀습니
다. 그 곳에서 다윗은 아말렉 사
람들에게서 빼앗은 물건 중 일부
를 유다의 지도자로 있는 자기 친구들에
게 보냈습니다. 다윗이 말했습니다. "여호
와의 원수들에게서 빼앗은 물건 중 일부
를 선물로 드립니다."
27 다윗은 아말렉 사람들에게서 빼앗은 물건
을 벧엘과 유다 남쪽의 라못과 얏딜과
28 아로엘과 십못과 에스드모아와
29 라갈의 지도자들에게 보냈습니다. 다윗은
또 여라므엘과 겐 사람들의 성읍 지도자들
과
30 호르마와 고라산과 아닥과
31 헤브론의 지도자들에게도 선물을 보냈습
니다. 다윗은 자기와 자기 부하들이 거쳐
갔던 모든 곳에 선물을 보냈습니다.

사울의 죽음

31 블레셋 사람들과 이스라엘 사이에 전
쟁이 일어났습니다. 이스라엘 사람
들은 이 싸움에서 져서, 블레셋 사람들 앞
에서 도망쳤습니다. 많은 이스라엘 사람들
이 길보아 산에서 죽임을 당했습니다.

2 블레셋 사람들은 사울과 그의 아들들을 끝까지 쫓아갔습니다. 블레셋 사람들은 사울의 아들 요나단과 아비나답과 말기수아를 죽였습니다.
3 싸움은 사울에게 불리하게 돌아갔습니다. 활 쏘는 사람들의 화살이 사울을 맞춰 사울이 크게 부상을 당하였습니다.
4 사울은 자기 무기를 들고 다니는 부하에게 말했습니다. "네 칼을 뽑아서 나를 죽여라. 저 할례받지 않은 자들이 나를 조롱하고 죽이기 전에 네가 나를 죽여라." 그러나 사울의 부하는 두려워서 사울을 죽이지 못하였습니다. 그래서 사울은 자기 칼을 가지고, 칼 끝을 배에 대고 그 위에 엎드렸습니다.
5 사울의 부하는 사울이 죽은 것을 보고, 그도 자기 칼 위에 몸을 던져 사울과 함께 죽었습니다.
6 그리하여 사울과 사울의 세 아들과 그의 무기를 들고 다니던 그의 부하가 그 날, 함께 죽었습니다.
7 이스르엘 골짜기 맞은편과 요단 강 건너편에 살고 있던 이스라엘 사람들은, 이스라엘 군대가 도망치는 것과 사울과 그의 아들들이 죽은 것을 보고 자기 성들을 버리고 달아났습니다.
8 이튿날, 블레셋 사람들이 죽은 군인들에게서 물건들을 거두러 왔다가 사울과 그의 아들들이 죽어 있는 것을 발견했습니다.
9 그들은 사울의 머리를 베고 그의 갑옷을 벗겨 냈습니다. 그리고 나서 그들은 사람들을 보내어 블레셋 사람들의 모든 땅에 그 소식을 전했습니다. 그들은 자기들의 우상의 신전과 자기들의 백성에게 그 소식을 전하였습니다.
10 블레셋 사람들은 사울의 갑옷을 아스다롯 신전에 두었고, 사울의 시체는 벧산의 성벽에 매달았습니다.
11 블레셋 사람들이 사울에게 한 일을 길르앗의 야베스에 사는 백성들이 들었습니다.
12 그래서 길르앗의 야베스의 용사들이 밤새도록 가서 사울과 그의 아들들의 시체를 벧산의 성벽에서 내려가지고 야베스로 돌아왔습니다. 야베스 백성은 그 곳에서 그 시체들을 화장했습니다.
13 야베스 백성은 그들의 뼈를 야베스에 있는 에셀 나무 아래에 묻어 주고, 칠 일 동안, 음식을 먹지 않았습니다.

사울의 죽음(31:4)

사무엘하

2 Samuel

저자

누가 기록했는지 알 수 없다.

저작 연대

B.C. 930-722년경

주요 인물

다윗, 이스보셋, 요압, 암논, 압살롬

핵심어 및 주요 내용

핵심어는 "기름 부음 받은 자", "다윗" 등이다. 이 책의 전체 내용은 기름부음을 받은 다윗의 일생을 중심으로 전개되고 있다. 다윗이 전쟁에서 승리하거나 좌절하고 범죄했던 그의 모든 삶은 하나님이 그에게 베풀어 주신 중요한 직분의 차원에서 이해해야 한다.

내용 소개

1. 다윗의 즉위(1:1-5:5)
2. 다윗의 통치와 왕권 확립(5:6-9:13)
3. 다윗 왕정의 실패(10-20장)
4. 다윗의 말년(21-24장)

1 사울이 죽은 후였습니다. 다윗이 아말렉
사람들을 물리쳐 이긴 후에 시글락으로
돌아와 그 곳에서 이틀 동안 머물렀습니
다.
2 삼 일째 되던 날, 어떤 젊은이가 사울의
진에서부터 시글락으로 왔는데, 젊은이는
옷을 찢고 머리에 흙을 뒤집어써서 슬픔
을 나타냈습니다. 젊은이는 다윗 앞에서
얼굴을 땅에 대고 절을 했습니다.
3 다윗이 젊은이에게 물었습니다. "어디에서
오는 길이냐?" 젊은이가 대답했습니다.
"이스라엘 진에서 빠져 나오는 길입니다."
4 다윗이 물었습니다. "무슨 일이 일어났느
냐? 말해 보아라." 젊은이가
대답했습니다. "사람들은 전
쟁터에서 도망쳤고, 많은
사람들이 죽었습니다.
사울과 그의 아들 요나단도 죽었습니다."
5 다윗이 젊은이에게 말했습니다. "사울과
그의 아들 요나단이 죽었다는 것을 네가
어떻게 아느냐?"
6 젊은이가 대답했습니다. "우연히 길보아
산에 올라갔다가 사울이 자기 창 위에 쓰
러져 있는 것을 보았습니다. 블레셋 사람
들이 전차 여러 대를 타고 사울에게 가까
이 오고 있었습니다.
7 사울은 뒤를 돌아보다가 저를 보고 불렀
습니다. 그래서 제가 대답했습니다. '제
가 여기에 있습니다!'
8 사울이 저에게 '너는 누구냐?' 라고 물었
습니다. 저는 '아말렉 사람입니다' 하고
대답했습니다.
9 그러자 사울이 저에게 '이리 와서 나를
좀 죽여 다오. 고통이 너무 심한데도 내
목숨이 끊어지지 않는구나' 라고 말했습
니다.
10 그래서 저는 가까이 가서 사울
을 죽였습니다. 사울은 너무
나 심하게 다쳐서 살아날
가망이 없었기 때문입니
다. 그리고 나서 저는
사울의 머리에서 왕관을
벗겨 내고 팔에서 팔찌를
벗겨 냈습니다. 내 주여, 그것들

다윗이 아말렉 사람에게서 사울의 죽음을 전해 듣다(1:1-10)

을 가지고 왔습니다."
11 이 말을 듣고 다윗은 자기 옷을 찢어 슬픔을 나타냈습니다. 다윗과 함께 있던 사람들도 모두 다윗처럼 옷을 찢었습니다.
12 그들은 사울과 그의 아들 요나단과 여호와의 백성과 이스라엘 사람들이 칼에 맞아 죽은 것을 생각하고 너무나 슬퍼서 울었습니다. 그리고 저녁 때까지 아무것도 먹지 않았습니다.

다윗이 아말렉 사람을 죽이라고 명령하다

13 다윗이 사울에 대한 소식을 가지고 온 젊은이에게 물었습니다. "너는 어디에서 온 누구냐?" 젊은이가 대답했습니다. "저는 외국 사람의 아들입니다. 저는 아말렉 사람입니다."
14 다윗이 그에게 물었습니다. "너는 왜 여호와께서 기름 부으신 사람을 죽이는 일을 두려워하지 않았느냐?"
15 그리고 나서 다윗은 자기 부하 중 한 사람을 불러서 "자! 저 아말렉 사람을 죽여라!" 하고 명령했습니다. 그 부하는 아말렉 사람을 죽였습니다.
16 다윗이 아말렉 사람에게 말했습니다. "너를 죽이는 사람에게는 책임이 없다. 왜냐하면 네 스스로가 '내가 여호와께서 기름 부으신 사람을 죽였습니다' 라고 말을 했기 때문이다."

사울과 요나단을 기리는 다윗의 노래

17 다윗은 사울과 그의 아들 요나단을 기리는 장례 노래를 불렀습니다.
18 다윗은 유다 백성에게 이 노래를 가르치라고 명령했습니다. 이 노래는 '활' 이라고 부르며, 야살의 책에 씌어 있습니다.
19 "이스라엘아, 너의 지도자들이 언덕에서 죽임을 당했구나. 아, 용사들이 싸움터에서 쓰러졌구나.
20 그 일을 가드에서 말하지 마라. 그 일을 아스글론 거리에서 이야기하지 마라. 그 일을 말하면 블레셋의 딸들이 기뻐할 것이다. 할례받지 않은 자들의 딸이 즐거워할 것이다.
21 길보아 산에 이슬이나 비가 내리지 말지어다. 그 들에서 곡식이 나지 말지어다. 거기에서 용사들의 방패가 부끄러움을 당했도다. 사울의 방패는 더 이상 기름칠 할 수 없게 되었구나.
22 요나단의 활은 많은 적을 죽였고, 사울의 칼도 적들을 죽였다. 그들의 무기는 죽은 자들의 피로 물들었고, 그들의 무기는 강한 자들의 살에 박혔다.
23 우리는 사울과 요나단을 사랑했다. 그들이 살아 있는 것을 기뻐했다. 사울과 요나단은 죽을 때에도 함께 죽었다. 그들은 독수리보다 빨랐고 사자보다도 강했다.
24 너희 이스라엘의 딸들아, 사울을 위해 울어라. 사울은 너희를 붉은 옷으로 입혔고 너희 옷에 황금 장식을 달게 했다.
25 아, 용사들이 싸움터에서 쓰러졌구나. 요나단이 길보아 언덕에서 죽었구나.
26 내 형제 요나단이여, 내가 너를 위해 우노라. 너는 나를 너무나 사랑하였지. 네가 나를 사랑함이 놀라웠으니 여자들의 사랑보다도 놀라웠다.
27 아, 용사들이 싸움터에서 쓰러졌구나. 전쟁 무기들이 사라져 버렸구나."

다윗이 유다의 왕이 되다

2 그후에 다윗이 여호와께 기도드렸습니다. 다윗은 "유다의 한 성으로 올라갈까요?" 하고 여쭈었습니다. 여호와께서 다윗에게 "올라가거라" 하고 말씀하셨습니다. 다윗이 다시 여쭈었습니다. "어디로 갈까요?" 여호와께서 대답하셨습니다. "헤브론으로 가거라."
2 그리하여 다윗은 자기 아내 두 명과 함께 헤브론으로 올라갔습니다. 한 아내는 이스르엘의 아히노암이었고, 다른 아내는 갈멜 사람 나발의 과부 아비가일이었습니다.
3 다윗은 자기 부하들과 그 식구들을 모두

진(1:2 military camp) 적과 맞서서 싸우기 위하여 군대를 배치하는 곳, 또는 배치하는 것.
가망(1:10 possibility) 이룰 수 있을 만한 희망.
할례(1:20 circumcision) 남자 아이가 태어난 지 8일 만에 생식기 끝의 껍질을 끊어내는 의식.

데리고 가서 헤브론 성에서 살았습니다.
4 그 때에 유다 사람들이 헤브론으로 왔습니
다. 그들은 다윗에게 기름을 부어 유다 왕
으로 세웠습니다. 그들은 다윗에게 길르앗
의 야베스 사람들이 사울을 묻어 주었다고
이야기했습니다.
5 그래서 다윗은 길르앗의 야베스 사람들에
게 사자들을 보내어 다윗의 말을 전하게
했습니다. "여호와께서 여러분에게 복 주
시기를 바라오. 여러분은 친절하게도 여
러분의 주인인 사울을 묻어 주었소.
6 이제 여호와께서 여러분에게 은혜와 진리
를 베푸시기 바라오. 나도 여러분의 선한
일을 갚아 주겠소.
7 강하게 마음먹고, 용기를 내시오. 여러분
의 주인인 사울은 죽었소. 유다 백성이 나
에게 기름을 부어 자기들의 왕으로 세웠
소."

삼하

유다와 이스라엘 사이의 전쟁

8 넬의 아들 아브넬은 사울의 군대 지휘관이
었습니다. 아브넬은 사울의 아들 이스보셋
을 마하나임으로 데리고 갔습니다.
9 아브넬은 그 곳에서 이스보셋을 길르앗과
아술과 이스르엘과 에브라임과 베냐민과 온
이스라엘의 왕으로 세웠습니다.
10 사울의 아들 이스보셋이 이스라엘 왕이 되
었을 때, 그의 나이는 마흔 살이었습니
다. 이스보셋이 이 년 동안 나라를 다스렸
지만, 유다 백성은 다윗을 따랐습니다.

성경 인물

이스보셋 사울 왕의 아들로 사울이 죽은 뒤 군사령관인 아브넬에게 왕으로 추대되었습니다. 그러나 실질적인 권한은 없는 아브넬의 꼭두각시에 불과하였습니다. 어쨌든 그는 다윗이 다스리던 유다 지파의 땅을 제외하고 예루살렘 이북과 요단 강 동쪽을 포함한 이스라엘 전 지역을 2년간 통치하였습니다. 하지만 아브넬이 다윗의 군사령관 요압에게 살해되고, 이스보셋 또한 사울의 부하 장군이었던 레갑과 바아나에 의해 죽임 당했습니다. 본문 보기 2장 10-11절

11 다윗은 헤브론에서 칠 년 육 개월 동안 왕
으로 있었습니다.
12 넬의 아들 아브넬과 사울의 아들 이스보셋
의 종들은 마하나임을 떠나서 기브온으로
갔습니다.
13 스루야의 아들 요압과 다윗의 부하들도 그
곳으로 갔는데, 기브온 연못가에서 아브넬
과 이스보셋의 부하들을 만나게 되었습니
다. 아브넬의 무리는 연못가에 앉았고, 요
압의 무리는 그 맞은편에 앉았습니다.
14 아브넬이 요압에게 말했습니다. "젊은이들
을 일으켜서 여기에서 겨루어 보자." 요압
이 말했습니다. "좋다. 한 번 겨루어 보
자."
15 그리하여 젊은이들이 자리에서 일어났습
니다. 두 무리는 나가 싸울 사람들의 수
를 세었습니다. 사울의 아들 이스보셋을
위하여 베냐민 백성 중에서 열두 명이 뽑
혔고, 다윗의 부하들 중에서도 열두 명이
뽑혔습니다.
16 각 사람은 자기 적의 머리를 잡고 옆구리
를 칼로 찔렀습니다. 칼에 찔린 사람들은
한꺼번에 쓰러졌습니다. 그래서 기브온에
있는 이 곳의 이름을 헬갓핫수림*이라고
불렀습니다.
17 그 날의 힘겨루기는 끔찍한 전쟁이 되어
버렸고, 그 결과 다윗의 부하들이 아브넬
과 이스라엘 사람들을 물리쳐 이겼습니다.

아브넬이 아사헬을 죽이다

18 스루야의 세 아들인 요압과 아비새와 아사
헬이 그 싸움터에 있었습니다. 아사헬의
발은 마치 들의 사슴처럼 빨랐습니다.
19 아사헬이 아브넬에게 곧장 나아가서 아브
넬을 뒤쫓았습니다.
20 아브넬이 뒤를 돌아보며 물었습니다. "네
가 아사헬이냐?" 아사헬이 대답했습니다.
"그렇다. 내가 아사헬이다."
21 아브넬이 아사헬에게 말했습니다. "나를
그만 쫓고, 오른쪽이나 왼쪽으로 방향을
돌려서 다른 젊은 군인을 붙잡고 그의 무
기를 빼앗아 가거라." 그러나 아사헬은 그
말을 듣지 않고 계속해서 아브넬을 뒤쫓

았습니다.
22 아브넬이 아사헬에게 다시 말했습니다.
"나를 쫓아오지 마라. 그래도 나를 쫓아
온다면 너를 죽일 수밖에 없다. 그렇게 되
면 내가 너의 형 요압의 얼굴을 어찌 볼
수 있겠느냐?"
23 아사헬은 계속해서 아브넬을 뒤쫓아 왔습
니다. 그러자 아브넬은 창으로 아사헬의
배를 찔렀습니다. 창이 아사헬의 배에 깊
이 박혀 창 끝이 등을 뚫고 나왔습니다.
아사헬은 그 자리에서 죽었습니다. 아사헬
의 시체가 쓰러져 있는 곳에 도착한 사람
들은 모두 그 자리에 멈춰 섰습니다.
24 그러나 요압과 아비새는 계속해서 아브넬
을 뒤쫓았습니다. 그들이 암마 언덕에 이
르렀을 때에 날이 저물었습니다. 암마 언
덕은 기아에서 그리 멀리 떨어져 있지 않
으며, 기아는 기브온에서 가까운 광야로
가는 길에 있습니다.
25 그 때에 베냐민 사람들이 언덕 꼭대기에서
아브넬을 호위하며 함께 서 있었습니다.
26 아브넬이 요압에게 소리질렀습니다. "언제
까지 칼로 싸워야 하겠느냐? 이렇게 싸우
면 슬픔만이 있을 뿐이라는 것을 너도 알
지 않느냐? 사람들에게 우리를 뒤쫓는 일
을 그만두게 하여라."
27 요압이 말했습니다. "살아 계신 하나님께
맹세하지만 만약 네가 아무 말도 하지 않
았다면, 사람들이 너희들을 내일 아침까
지 뒤쫓았을 것이다."
28 그리고 나서 요압은 나팔을 불었고, 그의
부하들은 이스라엘 사람들을 뒤쫓는 일을
그만두었습니다. 요압의 부하들은 이스라
엘 사람들과 더 이상 싸우려 하지 않았습
니다.
29 아브넬과 그의 부하들은 밤새도록 걸어서
아라바를 지나 요단 강 골짜기를 건너갔습
니다. 하루 종일 걸은 뒤에 그들은 마침
내 마하나임에 이르렀습니다.
30 요압은 아브넬 뒤쫓기를 멈추고 돌아와서
백성들을 모았습니다. 아사헬을 비롯해서
다윗의 부하 열아홉 명이 보이지 않았습
니다.
31 다윗의 부하들은 아브넬을 따랐던 베냐민
사람 삼백육십 명을 죽였습니다.
32 다윗의 부하들은 아사헬의 시체를 거두어
베들레헴에 있는 그의 아버지의 무덤에 묻
어 주었습니다. 그리고 나서 요압과 그의
부하들은 밤새도록 걸었습니다. 그들이
헤브론에 이르자, 동이 트기 시작했습니
다.

3 사울의 집안을 따르는 백성과 다윗의
집안을 따르는 백성 사이에 오랫동안
싸움이 있었습니다. 다윗 집안을 따르는
사람들은 점점 강해졌고, 반대로 사울 집
안을 따르는 사람들은 점점 약해졌습니
다.

다윗의 아들들

2 헤브론에서 다윗의 아들들이 태어났습니
다. 첫 번째 아들은 암논이었습니다. 암논
의 어머니는 이스르엘 사람 아히노암이었
습니다.
3 두 번째 아들은 길르압이었으며, 길르압의
어머니는 갈멜 사람 나발의 과부 아비가일
이었습니다. 세 번째 아들은 압살롬이었
고, 압살롬의 어머니는 그술 왕 달매의 딸
마아가였습니다.
4 네 번째 아들은 아도니야였습니다. 아도니
야의 어머니는 학깃이었습니다. 다섯 번
째 아들은 스바댜였으며, 스바댜의 어머니
는 아비달이었습니다.
5 여섯 번째 아들은 이드르암이었고, 이드
르암의 어머니는 에글라였습니다. 이들
은 헤브론에서 태어난 다윗의 아들들입니
다.

알아두세요

2:16 '헬갓핫수림'은 '날카로운 칼의 싸움터'란 뜻이다.

사자(2:5 messenger) 명령이나 부탁을 받고 심부름하는 사람.
광야(2:24 wasteland) 거친 땅.
호위(2:25 guard) 따라다니면서 보호하고 지킴.
동이 트다(2:32 dawn) 새벽이 되어 동쪽 하늘이 밝아 오다.

아브넬이 다윗 편이 되다

6 아브넬은 사울을 따르는 사람들 사이에서
도 중요한 지도자가 되었습니다. 그 때에
사울 집안의 지지자들과 다윗 집안의 지지
자들 사이에 전쟁이 일어났습니다.
7 사울에게는 리스바라고 하는 후궁이 있었
는데, 리스바는 아야의 딸이었습니다. 이
스보셋이 아브넬에게 말했습니다. "당신은
왜 내 아버지의 후궁과 잠자리를 같이했
소?"
8 아브넬은 이스보셋의 말을 듣고 매우 화가
났습니다. 아브넬이 말했습니다. "나는 사
울과 그의 집안과 그 친구들에게 충성을
바쳐왔소. 나는 당신을 다윗에게 넘겨 주
지 않았소. 나는 유다를 위해 일하는 배
신자가 아니오. 그런데 당신은 내가 이 여
자와 나쁜 일을 저질렀다고 말하고 있소.
9 이제부터 내가 다윗을 돕지 않는다면, 하
나님께서 나에게 끔찍한 벌을 내리실 것
이오. 나는 이제 하나님께서 다윗에게 약
속하신 일을 반드시 이루도록 할 것이오.
10 나는 사울의 집안에서 나라를 빼앗을 것
이오. 나는 다윗을 이스라엘과 유다의 왕
으로 세울 것이오. 다윗이 단에서 브엘세
바까지 다스릴 것이오."
11 이스보셋은 아브넬에게 아무 말도 할 수
없었습니다. 이스보셋은 아브넬을 너무나
무서워했습니다.
12 그후에 아브넬이 다윗에게 사람들을 보냈
습니다. 아브넬이 말했습니다. "이 땅을
장차 누가 다스리게 되겠습니까? 나와 언
약을 맺읍시다. 그러면 당신이 온 이스라
엘의 왕이 되도록 도와 드리겠습니다."
13 다윗이 대답했습니다. "좋소! 당신과 언약
을 맺겠소. 그러나 한 가지 부탁할 일이
있소. *당신이 사울의 딸 미갈을 나에게 데*
리고 오기 전에는 당신을 만나지 않겠
소."
14 그후에 다윗은 사울의 아들 이스보셋에게
사람들을 보냈습니다. 다윗이 말했습니
다. "내 아내 미갈을 돌려 주시오. 그 여
자는 나에게 약속된 사람이오. 나는 그 여
자와 결혼하기 위해 블레셋 사람 백 명을
죽였소."
15 그래서 이스보셋은 사람들을 보내어 미갈
을 그의 남편에게서 빼앗아 오게 했습니
다. 미갈의 남편은 라이스의 아들 발디엘
이었습니다.
16 미갈의 남편은 울면서 바후림까지 자기 아
내 뒤를 좇아왔습니다. 그러나 아브넬이
발디엘에게 "집으로 돌아가거라" 하고 말
하자, 발디엘은 집으로 돌아갔습니다.
17 아브넬이 이스라엘의 장로들에게 말을 전
했습니다. "여러분은 다윗을 여러분의 왕
으로 세우기를 원하고 있었습니다.
18 자, 이제 그 일을 하십시오! 여호와께서
다윗에 관해 이렇게 말씀하셨습니다. '나
는 나의 종 다윗의 손을 통해 내 백성 이
스라엘을 이스라엘의 원수 블레셋 사람들
로부터 구원하겠다!'"
19 아브넬은 또 이 말을 베냐민 백성에게도
했습니다. 그리고 나서 아브넬은 헤브론으
로 가서, 베냐민 사람들과 이스라엘 사람
들의 생각을 다윗에게 말해 주었습니다.
20 아브넬은 부하 이십 명을 데리고 헤브론에
있던 다윗에게 갔습니다. 다윗은 헤브론에
서 아브넬을 위해 잔치를 베풀어 주었습
니다.
21 그 때에 아브넬이 다윗에게 말했습니다.
"나의 주, 나의 왕이시여, 이제 가서 모
든 이스라엘 사람을 당신에게 데리고 오겠
습니다. 그러면 그들은 당신과 언약을 맺
을 것입니다. 당신은 당신 뜻대로 온 이
스라엘을 다스리게 될 것입니다." 그리하
여 다윗은 아브넬을 보내 주었고, 아브넬
은 평안히 길을 떠났습니다.

문둥병(3:29 leprosy) 사람의 살갗, 살, 신경이 고장을 일으켜 곪고 헌 데가 생기며 눈썹이 빠지고, 손가락과 얼굴 모양이 찌그러지며 신경이 마비되는 전염병.

상여(3:31 funeral bier) 가마같이 생긴 것으로 시체를 묘지까지 나르는 기구.

아브넬의 죽음

22 바로 그 때에 요압과 다윗의 부하들이 전쟁터에서 돌아왔습니다. 그들은 적에게서 소중한 것들을 많이 빼앗아 가지고 왔습니다. 다윗은 이미 아브넬을 평안히 돌려보낸 후였고, 아브넬은 다윗과 함께 헤브론에 있지 않았습니다.
23 요압과 그의 모든 군대가 헤브론에 이르렀습니다. 요압의 군대가 요압에게 말했습니다. "넬의 아들 아브넬이 다윗 왕에게 왔었습니다. 그런데 다윗 왕은 아브넬을 평안히 돌아가게 했습니다."
24 요압이 다윗 왕에게 가서 물었습니다. "왜 이런 일을 하셨습니까? 아브넬이 왕에게 왔는데, 왕께서는 왜 그를 돌려 보냈습니까?
25 왕께서도 넬의 아들 아브넬을 아시지 않습니까? 그는 왕을 속이러 왔습니다. 그는 왕께서 하시는 모든 일을 엿보러 왔습니다."
26 그리고 나서 요압은 다윗을 떠나 아브넬에게 사람들을 보냈습니다. 사람들은 시라 연못에서 아브넬을 다시 데리고 왔습니다. 그러나 다윗은 이 일을 모르고 있었습니다.
27 아브넬이 헤브론에 이르렀을 때, 요압은 아브넬을 성문으로 데리고 갔습니다. 요압은 마치 아브넬과 조용히 할 이야기가 있는 것처럼 행동하다가 칼로 아브넬의 배를 찔러 죽였습니다. 아브넬이 요압의 동생 아*사헬을 죽인 일이 있었기 때문에*, 요압은 원수를 갚기 위해 아브넬을 죽인 것입니다.
28 그후에 다윗이 이 소식을 들었습니다. 다윗이 말했습니다. "내 나라와 나는 여호와 앞에서 영원히 죄가 없다. 우리는 넬의 아들 아브넬을 죽이지 않았다. 여호와께서 이 일을 알고 계신다.
29 이 일은 요압과 그의 집안에게 책임이 돌아갈 것이다. 그 집안에 성병 환자나 문둥병 환자, 그리고 다리 저는 사람이 끊이지 않을 것이다. 그의 집안 중에 전쟁에서 죽는 사람과 먹을 것이 없어 굶주리는 사람도 끊임없이 나올 것이다."
30 요압과 그의 동생 아비새가 아브넬을 죽인 것은 아브넬이 기브온 전쟁터에서 자기들의 동생 아사헬을 죽였기 때문이었습니다.
31 그 때에 다윗이 요압과 자기와 함께 한 모든 사람들에게 말했습니다. "너희 옷을 찢고 거친 베옷을 걸치고 너희 슬픔을 나타내어라. 아브넬을 위해 울어라." 다윗 왕 스스로가 아브넬의 상여 뒤를 따라갔습니다.
32 그리하여 그들은 아브넬을 헤브론에서 장사지내 주었습니다. 다윗과 모든 백성은 아브넬의 무덤에서 울었습니다.
33 다윗 왕이 아브넬을 위해 다음과 같은 슬픔의 노래를 불렀습니다. "아브넬이 어찌 이렇게 바보처럼 죽었는가?
34 그의 손은 묶이지 않았고 그의 발은 사슬에 매이지 않았는데, 아브넬은 악한 사람 앞에서 쓰러지듯 죽었구나." 이 노래를 듣고 모든 백성은 다시 아브넬을 위해 울었습니다.
35 모든 백성은 해가 저물기 전에 다윗에게 나아와 음식을 먹으라고 권했습니다. 그러나 다윗은 이렇게 약속을 했습니다. "해가 지기 전에 내가 빵이나 그 밖의 다른 음식을 먹는다면, 하나님께서 나에게 끔찍한 벌을 내리셔도 마땅하다."
36 모든 백성은 다윗이 하는 행동을 보고 기뻐했습니다.

헤브론에 있는 아브넬의 무덤(3:32)

37 그 날에 유다의 모든 백성과 이스라엘의
모든 백성은 넬의 아들 아브넬을 죽인 사
람이 다윗이 아니라는 것을 알게 되었습
니다.
38 다윗이 신하들에게 말했습니다. "너희도
알듯이 오늘 이스라엘에서 매우 중요한 지
도자가 죽었다.
39 내가 비록 기름 부음 받은 왕이지만, 오
늘은 내가 약하여서 이 스루야의 아들들
을 어떻게 할 수가 없다. 여호와께서 직
접 그들에게 벌을 내리시기를 바랄 뿐이
다."

이스보셋의 죽음

4 사울의 아들 이스보셋도 아브넬이 헤브
론에서 죽었다는 이야기를 들었습니
다. 그러자 이스보셋과 온 이스라엘은 두
려움에 떨었습니다.

2 사울의 군대에서 장교로 있던 두 사람이
이스보셋에게 왔습니다. 한 사람의 이름은
바아나였고, 다른 사람의 이름은 레갑이었
습니다. 그들은 베냐민 사람인 브에롯 마
을 림몬의 아들이었습니다. 브에롯 마을은
베냐민 지파의 마을이었습니다.
3 브에롯 백성들은 깃다임으로 도망하여 오
늘날까지 그 곳에서 살고 있습니다.
4 사울의 아들 요나단에게는 두 다리를 저는
아들이 있었는데, 그의 이름은 므비보셋입
니다. 사울과 요나단이 죽었다는 소식이
이스라엘에 전해졌을 때, 므비보셋의 나이

다윗 망대(5:6-7)

는 다섯 살이었습니다. 그 때 므비보셋의
유모가 므비보셋을 안고 급히 도망치다가
그만 므비보셋을 떨어뜨려, 그 때부터 다
리를 절게 되었습니다.
5 림몬의 아들 레갑과 바아나는 브에롯에서
길을 떠나 한낮에 이스보셋의 집에 이르렀
습니다. 이스보셋은 낮잠을 자고 있었습니
다.
6-7 그들은 집 한가운데로 들어갔습니다. 레
갑과 바아나는 밀을 가지러 온 체했습니
다. 이스보셋은 안방 침대 위에 누워 있었
습니다. 레갑과 바아나는 이스보셋의 배를
찌르고, 이스보셋의 머리를 베어 가지고
도망쳤습니다. 그들은 밤새도록 요단 강
계곡을 따라 걸었습니다.
8 그들은 헤브론에 이르러서 그 머리를 다윗
에게 건네 주었습니다. 그들은 다윗 왕에
게 이렇게 말했습니다. "여기에 사울의 아
들 이스보셋의 머리가 있습니다. 그는 왕
을 죽이려 하던 왕의 원수입니다. 오늘 여
호와께서 사울과 그의 집안이 왕에게 한
일의 원수를 갚으셨습니다."
9 다윗은 브에롯의 사람 림몬의 아들인 레
갑과 그의 동생 바아나에게 이렇게 말했
습니다. "모든 어려움에서 나의 생명을
건져 주신 여호와의 이름으로 맹세한
다.
10 언젠가 어떤 사람이 나에게 좋은 소식이
라고 생각해서 '왕이시여! 사울이 죽었습
니다' 라는 말을 전한 적이 있다. 그러나
나는 그가 가진 것을 모두 빼앗고 그를 시
글락에서 죽여 버렸다. 그런 소식을 가지
고 오는 자는 그런 보답을 받아야 마땅하
다.
11 하물며 죄 없는 사람을 그의 침대 위에서
죽인 너희는 말할 것도 없다. 그의 피흘
린 값을 너희의 죽음으로 갚아야 하지 않
겠느냐?"
12 다윗은 자기 부하들에게 레갑과 바아나를
죽이라고 명령했습니다. 그들은 레갑과 바
아나를 죽이고 나서 그들의 손과 발을 잘
라 냈습니다. 그들은 레갑과 바아나의 손

과 발을 헤브론의 연못 위에 매달았습니
다. 그리고 나서 이스보셋의 머리를 가져
다가 그것을 헤브론에 있는 아브넬의
무덤에 묻어 주었습니다.

다윗이 헤브론에서 왕이 됨(5:3)

다윗이 이스라엘의 왕이 되다

5 그 일이 있은 후에 이스라
엘의 모든 지파들이 헤브
론에 있는 다윗에게 왔습니
다. 그들은 다윗에게 이렇
게 말했습니다. "왕이시
여, 우리는 당신의 집
안 사람들입니다.
2 전에 사울이 우리 왕
이었을 때에도 당신은
이스라엘을 위해 우리를 싸
움터에서 이끈 분이었습니다.
여호와께서는 당신에게 '너는 내 백성
이스라엘을 위한 목자가 될 것이다. 너는
그들의 통치자가 될 것이다' 라고 말씀하
셨습니다."
3 이스라엘의 모든 장로들은 헤브론에 있던
다윗에게 왔습니다. 헤브론에서 다윗은 여
호와 앞에서 그들과 언약을 맺었습니다.
그리고 그들은 다윗에게 기름을 부어 다
윗을 이스라엘의 왕으로 삼았습니다.
4 다윗이 왕이 되었을 때의 나이는 서른 살
이었습니다. 다윗은 사십 년 동안 왕으로
있었습니다.
5 다윗은 헤브론에서 칠 년 반 동안 유다의
왕으로 있었고, 예루살렘에서 삼십삼 년
동안 온 이스라엘과 유다의 왕으로 있었습
니다.
6 다윗 왕과 그의 부하들은 예루살렘으로 가
서 그 곳에 살고 있던 여부스 사람들을 공
격했습니다. 여부스 사람들이 다윗에게 말
했습니다. "너는 우리 성에 들어오지 못
한다. 우리 중 보지 못하는 사람이나 다
리 저는 사람들도 얼마든지 너를 물리칠
수 있다." 여부스 사람들이 이런 말을 한
것은 다윗이 그들의 성에 들어올 수 없다
고 생각했기 때문이었습니다.
7 그러나 다윗은 요새인 시온 성을 점령했습
니다. 그 성은 다윗 성이 되었습니다.
8 그 날, 다윗이 자기 부하들에게 말했습니
다. "여부스 사람들을 물리치려면 땅 속
물길로 가야 한다. 그러면 저 다리 저는
사람과 보지 못하는 사람이 있는 곳에 이
를 수 있을 것이다." 이 일 때문에 사람
들 사이에 '보지 못하는 사람과 다리 저
는 사람은 왕궁에 들어갈 수 없다' 라는 속
담이 생겼습니다.
9 그리하여 다윗은 요새에서 살게 되었습니
다. 다윗은 그 성을 다윗 성이라고 불렀습
니다. 다윗은 밀로에서부터 성벽을 둘러
쌓았습니다.
10 다윗은 점점 강해졌습니다. 만군의 하나
님 여호와께서 다윗과 함께 계셨기 때문
입니다.
11 두로 왕 히람이 다윗에게 사절단을 보냈습
니다. 히람은 또 백향목과 목수들과 석수
들도 보냈습니다. 그들은 다윗의 왕궁을
지었습니다.
12 그 때에 다윗은 여호와께서 정말로 자기
를 이스라엘 왕으로 세우셨다는 것을 알았
습니다. 그리고 다윗은 여호와께서 자기

언약궤를 예루살렘으로 가져오다(6:14-15)

백성 이스라엘을 위하여 자기 나
라를 매우 강한 나라로 만드셨다는
것도 알았습니다.
13 다윗이 헤브론에서 예루살렘으로 옮겨 온
후, 예루살렘에서 후궁과 아내들을 더 많
이 맞아들였습니다. 다윗에게는 더 많은
아들과 딸들이 태어났습니다.
14 다윗이 예루살렘에서 낳은 아들들의 이름
은 삼무아, 소밥, 나단, 솔로몬,
15 입할, 엘리수아, 네벡, 야비아,
16 엘리사마, 엘랴다, 엘리벨렛입니다.

다윗이 블레셋 사람들을 물리치다

17 블레셋 사람들은 다윗이 이스라엘의 왕으
로 세워졌다는 이야기를 듣고 다윗을 찾
으러 올라왔습니다. 다윗이 그 소식을 듣
고 요새로 내려갔습니다.
18 블레셋 사람들은 르바임 골짜기에 진을 쳤
습니다.
19 다윗이 여호와께 여쭤 보았습니다. "블레
셋 사람들을 공격할까요? 여호와여, 저를
도와 주셔서 그들을 물리치게 해 주시겠
습니까?" 여호와께서 다윗에게 말씀하셨
습니다. "가거라! 내가 틀림없이 너를 도
와 그들을 물리치도록 해 주겠다."
20 다윗은 바알브라심으로 내려가서, 그 곳에
서 블레셋 사람들을 물리쳐 이겼습니다.
다윗이 말했습니다. "여호와께서는 마치
홍수처럼 나의 원수들을 덮치셨다." 그래
서 다윗은 그 곳의 이름을 바알브라심이라
고 불렀습니다.
21 블레셋 사람들은 바알브라심에 자기들의
우상들을 놓고 도망쳤습니다. 그래서 다
윗과 그의 부하들이 그 우상들을 치워 버
렸습니다.
22 또다시 블레셋 사람들이 와서 르바임 골짜
기에 진을 쳤습니다.
23 다윗은 여호와께 기도드렸습니다. 이번에
는 여호와께서 다윗에게 이렇게 말씀하셨
습니다. "앞쪽에서 블레셋 사람들을 공격
하지 마라. 그들 뒤로 돌아가 뽕나무 숲
맞은편에서 그들을 빠르게 공격하여라.
24 뽕나무 밭머리에서 행군하는 소리가 들리
거든 즉시 공격하여라. 나 여호와가 너보
다 먼저 가서 블레셋 군대를 물리치겠다."
25 그리하여 다윗은 여호와께서 명령하신 대

로 했습니다. 다윗은 블레셋 사람들을 물
리쳐 이기고 게바에서 게셀까지 이르는 모
든 길에서 블레셋 사람들을 뒤쫓았습니
다.

언약궤를 예루살렘으로 가져오다

6 다윗은 또다시 이스라엘에서 뽑힌 사람
삼만 명을 모았습니다.
2 다윗은 그의 모든 백성들과 함께 유다의
바알레*로 가서, 그 곳에 있는 하나님의
궤를 예루살렘으로 옮겼습니다. 그 궤는
그룹들 사이에 계신 만군의 여호와의 이
름으로 부르는 궤였습니다.
3 다윗의 부하들은 하나님의 궤를 새 수레
위에 놓았습니다. 그들은 그것을 언덕 위
에 있는 아비나답의 집에서 가지고 나왔
고, 아비나답의 아들인 웃사와 아효가 그
것을 끌었습니다.
4 그들이 아비나답의 집에서 하나님의 궤를
싣고 나올 때에 아효가 그 앞에서 걸었습
니다.
5 다윗과 모든 사람들은 여호와 앞에서 잣
나무로 만든 온갖 악기를 연주했고, 수금
과 비파와 소고와 양금과 제금으로도 연
주했습니다.
6 다윗의 부하들이 나곤의 타작 마당에 이르
렀을 때, 소들이 뛰어서 하나님의 궤가 수
레에서 떨어지려 했습니다. 그 때 웃사가
손을 내밀어 궤를 붙잡았습니다.
7 여호와께서 웃사에게 노하셔서 그를 죽이
셨습니다. 이는 웃사가 아무나 만질 수 없
는 궤를 만졌기 때문입니다. 웃사는 하나
님의 궤 곁에서 죽었습니다.
8 다윗은 여호와께서 웃사를 죽이신 일 때문
에 화가 났습니다. 그래서 그 곳의 이름
을 '웃사의 벌'이라는 뜻으로 '베레스웃
사'라고 불렀습니다. 오늘날도 그 이름이
남아 있습니다.
9 다윗은 그 날부터 여호와를 무서워했습니
다. 다윗은 "이래서야 어떻게 여호와의 궤
를 무사히 옮길 수 있겠느냐?"고 말했습
니다.
10 그래서 다윗은 여호와의 궤를 다윗 성으로
옮기지 않고 그 대신 그것을 가드 사람인
오벧에돔의 집으로 가지고 갔습니다.
11 여호와의 궤는 오벧에돔의 집에 세 달 동
안 머물러 있었는데, 여호와께서는 오벧
에돔과 그의 온 집안에 복을 주셨습니다.
12 백성들이 다윗에게 말했습니다. "여호와
께서는 오벧에돔의 집에 복을 주셨습니다.
그에게 속한 모든 것이 복을 받았습니다.
이것은 하나님의 궤가 그 곳에 있었기 때
문입니다." 그 이야기를 들은 다윗은 기쁜
마음으로 오벧에돔의 집으로 가서 하나님
의 궤를 가지고 다윗 성으로 올라갔습니
다.
13 여호와의 궤를 나르는 사람들이 여섯 걸
음을 걸었을 때, 다윗은 소와 살진 송아
지를 제물로 바쳤습니다.
14 그리고 나서 다윗은 여호와 앞에서 온 힘
을 다해 춤을 추었습니다. 다윗은 거룩한
베 에봇을 입고 있었습니다.
15 다윗과 모든 이스라엘 백성들은 기쁨으로
소리를 질렀습니다. 그들은 여호와의 궤
를 성으로 가지고 들어가면서 나팔을 불
었습니다.
16 여호와의 궤가 다윗 성으로 들어올 때에
사울의 딸 미갈이 창에서 보고 있었습니
다. 미갈은 다윗이 여호와 앞에서 뛰며 춤
추는 것을 보고 다윗을 깔보았습니다.
17 다윗은 여호와의 궤를 위한 장막을 세웠
습니다. 그리고 이스라엘 백성은 여호와의
궤를 장막 안의 제자리에 두었습니다. 다
윗은 태워 드리는 제사인 번제와 화목제
를 여호와 앞에 드렸습니다.
18 다윗은 번제와 화목제를 바치고 나서 만
군의 여호와의 이름으로 백성을 축복했습
니다.
19 다윗은 빵 한 조각과 고기 한 점과 건포
도 과자 한 개씩을 남자든지 여자든지 모
든 이스라엘 사람에게 나눠 주었습니다.

알아두세요

6:2 '유다의 바알레'는 (히) '기럇여아림'의 또 다른 이름이다.

그러자 모든 백성들은 집으로 돌아갔습니
다.
20 다윗은 자기 집 사람들을 축복하기 위해
집으로 돌아갔습니다. 그런데 사울의 딸
미갈이 다윗을 맞으러 나와서 말했습니다.
"오늘은 이스라엘의 왕이 체면을 잃었군
요. 당신은 당신 신하들의 여종이 보는 앞
에서 몸을 드러내었어요. 당신은 부끄러
움도 모르고 몸을 드러내는 바보 같았어
요."
21 다윗이 미갈에게 말했습니다. "나는 여호
와 앞에서 그런 일을 했소. 여호와께서는
당신 아버지가 아니라 나를 선택하셨소.
여호와께서는 사울의 집안 사람 중에서
그 누구도 선택하지 않으셨소. 여호와께
서는 나를 여호와의 백성인 이스라엘의 지
도자로 세워 주셨소. 그러므로 나는 여호
와 앞에서 즐거워할 것이오.
22 앞으로 더 낮아져서 체면을 잃는 일이 많
을지라도, 여호와 앞에서는 그렇게 되고
싶소. 그러나 당신이 말한 그 여종들은 나
를 존경할 것이오."
23 이런 일 때문에 사울의 딸 미갈은 죽는 날
까지 자식을 낳지 못했습니다.

성경 자세히 이해하기

나단

다윗과 솔로몬 시대에 활약했던 예언자입니다. 다윗이 하나님의 성전을 건축하려고 할 때에 그 계획에 찬성했으나, 하나님께서는 그를 통해 솔로몬에게 성전을 짓게 하시겠다는 말씀을 전하셨습니다(삼하 7:4-13). 다윗이 헷 사람 우리아를 전쟁터에서 죽게 하고 그의 아내 밧세바를 취하자 그를 엄하게 꾸짖고 하나님의 징계를 선포하였습니다(삼하 12:1-14). 그러나 밧세바가 아들을 낳게 되자, 하나님의 명령을 받아 그 아들에게 '여호와께서 사랑하시다'라는 뜻의 '여디디아'라는 이름을 붙여 주었습니다. 그는 또 다윗과 솔로몬의 업적을 기록하기도 했습니다(대상 29:29).

본문 보기 7장 3절

자비(7:15 mercy) 남을 귀중하고 불쌍히 여김.

다윗이 성전을 지으려 하다

7 다윗 왕은 자기 왕궁에서 살았습니다.
그리고 여호와께서는 주변의 모든 원수
를 막아 주셔서 다윗에게 평화를 주셨습
니다.
2 다윗이 예언자 나단에게 말했습니다. "나
는 백향목으로 지은 왕궁에 살고 있는데,
하나님의 궤는 아직도 장막 안에 있소."
3 나단이 다윗 왕에게 말했습니다. "가셔서
무엇이든지 왕의 뜻대로 하십시오. 여호
와께서는 왕과 함께 계십니다."
4 그러나 그 날 밤에 여호와께서 나단에게
말씀하셨습니다.
5 "가서 내 종 다윗에게 이렇게 전하도록 해
라. '너는 내가 살 집을 지을 사람이 아니
다.
6 나는 이스라엘 백성을 이집트에서 이끌어
낼 때부터 지금까지 장막을 내 집으로 여
기면서 옮겨 다녔다.
7 나는 계속해서 이스라엘의 지파들과 함께
옮겨 다녔고, 한 번도 이스라엘 백성을 돌
보는 지도자들에게 백향목 집을 지어 달
라고 한 적이 없다.'
8 너는 내 종 다윗에게 전하여라. '나는 네
가 양 떼를 따라다닐 때, 풀밭에서 너를
데리고 와서 내 백성 이스라엘의 지도자로
세웠다.
9 나는 네가 어디로 가든지 너와 항상 함께
있었고, 너를 위해 네 원수들을 물리쳐 주
었다. 나는 너를 이 땅 위의 위대한 사람
들만큼 유명하게 해 줄 것이다.
10 그리고 내 백성 이스라엘을 위해 한 곳을
정하여 거기에서 내 백성들이 정착하여
자기들 집에서 살 수 있게 하겠다. 악한
백성이 전처럼 그들을 괴롭히지 못할 것
이다. 그래서 그들이 더 이상 옮겨다니지
않게 하겠다.
11 내가 사사들을 세워 나의 백성을 다스리
게 했던 때와는 다르게, 나는 너의 모든
원수들을 물리쳐 너에게 평화를 줄 것이
다. 또 나는 네 자손들이 너의 뒤를 이어
이스라엘 왕이 되게 할 것이다.

12 네가 나이 많아 죽을 때에 나는 너의 몸
에서 태어날 아들들 중 하나를 왕으로 세
워, 그의 나라를 굳건하게 해 주겠다.
13 그리고 바로 그가 나를 위해 성전을 지을
것이다. 나는 그의 나라를 영원히 강하게
만들 것이다.
14 나는 그의 아버지가 되고, 그는 나의 아
들이 될 것이다. 만일 그가 죄를 지으면
다른 사람을 채찍과 막대기로 삼아 그에
게 벌을 줄 것이다.
15 그러나 나의 사랑과 자비를 거둬들여 사
울에게서 마음을 돌렸던 것처럼, 너의 아
들에게서는 나의 사랑을 거둬들이지 않을
것이다.
16 너의 집안과 너의 나라는 내 앞에서 영원
히 이어질 것이다.'"
17 나단은 자기가 들은 모든 말을 다윗에게
전했습니다.

다윗이 하나님께 기도하다

18 그후에 다윗 왕은 장막으로 들어가서 여
호와 앞에 앉았습니다. 다윗이 말했습니
다. "주 여호와여, 제가 누구이기에, 그리
고 제 집안이 무엇이기에 그토록 위해 주
십니까?
19 주 여호와여, 주께서는 장차 제 집안에 말
씀하신 것도 부족하여, 인류의 대강령을
주셨습니까?
20 더 이상 무슨 말씀을 드리겠습니까? 주
여호와여, 주께서는 주의 종인 저를 너무
나 잘 아십니다.
21 주께서는 주의 기뻐하시는 대로 이 모든
큰 일을 결정하시고 주의 종에게 알려 주
셨습니다.
22 여호와 하나님이시여, 이처럼 주께서는
위대하십니다. 주님과 같으신 분은 없습
니다. 주님밖에는 다른 하나님이 없습니
다. 우리는 이 모든 일을 우리 귀로 직접
들었습니다.
23 그리고 주님의 백성인 이스라엘과 같은 백
성도 없습니다. 하나님께서 이 땅 위에서
오직 한 백성을 구원하사 자기 백성으로
삼으신 것은 이스라엘뿐입니다. 하나님께
서는 저희와 주의 땅을 위하여 위대하고
놀라운 기적을 일으키셔서 주의 이름을
널리 알리셨습니다. 하나님께서는 이집트
와 여러 나라들과 그 신들에게서부터 이
백성을 구해 주셨습니다.
24 주께서는 이스라엘 백성을 세우시고, 영원
히 주님의 백성으로 삼으셨습니다. 그리
고 여호와께서는 우리의 하나님이 되어
주셨습니다.
25 여호와 하나님, 이제 저의 집안과 주님의
종인 저에게 하신 말씀을 이루어 주십시
오. 약속하신 것을 영원히 지켜 주십시
오.
26 그리하시면 주님의 이름을 영원히 높일
것입니다. 그리고 백성들은 '만군의 여호
와는 이스라엘의 하나님이시다!'라고 부
를 것입니다. 그리고 주님의 종 다윗의 집
안을 주님 앞에서 굳게 서게 해 주십시오.
27 만군의 여호와여, 이스라엘의 하나님, 주
께서 이 모든 것을 저에게 보여 주셨습
니다. 주께서는 '너의 집안을 굳게 세우
겠다'고 말씀하셨습니다. 그래서 주님의
종인 제가 감히 주께 기도드리는 것입니
다.
28 주 여호와여, 주님은 하나님이시며, 주님
의 말씀은 진리입니다. 주께서는 이 좋은
것을 주님의 종인 저에게 약속해 주셨습
니다.
29 저의 집안에 복을 주십시오. 영원히 주님
앞에 있게 해 주십시오. 주 하나님, 주께
서는 이 놀라운 일을 말씀하셨습니다. 주
님의 은혜로 저의 집안이 영원토록 복을
받게 해 주십시오."

다윗이 여러 전쟁에서 승리하다

8 그후에 다윗은 블레셋 사람들을 물리쳐
이겼습니다. 그리고 다윗은 블레셋 사
람들의 손에서 메덱암마를 빼앗았습니다.
2 다윗은 또 모압 백성을 물리쳐 이겼습니
다. 다윗은 모압 백성을 땅에 엎드리게 하
여 그들의 키를 재었습니다. 다윗은 두 줄
길이의 사람들은 다 죽이고 한 줄 길이의
사람은 살려 주었습니다. 이렇게 하여 모

압 백성은 다윗의 종이 되어 다윗이 요구
하는 대로 조공을 바쳤습니다.
3 다윗은 유프라테스 강을 다시 차지하려고
가고 있던 르홉의 아들 하닷에셀을 쳐서
이겼습니다. 하닷에셀은 소바의 왕이었습
니다.
4 다윗은 하닷에셀에게서 전차를 몰던 군인
천칠백 명과 보병 이만 명을 사로잡았습
니다. 다윗은 말 백 마리만을 남겨 전차
를 끌게 하고, 나머지 말들은 다리를 못
쓰게 만들었습니다.
5 다마스커스의 아람 사람들이 소바 왕 하닷
에셀을 도우려고 왔습니다. 그러나 다윗은
그 아람 사람 이만 이천 명을 물리쳐 이
겼습니다.
6 그리고 나서 다윗은 자기 군대를 아람의
수도인 다마스커스에 두었습니다. 아람 사
람들은 다윗의 종이 되어 다윗이 요구하는
대로 조공을 바쳤습니다. 여호와께서는
다윗이 가는 곳마다 승리하게 해 주셨습
니다.
7 다윗은 하닷에셀의 신하들이 가지고 있던
금방패를 빼앗아 예루살렘으로 가지고 왔
습니다.

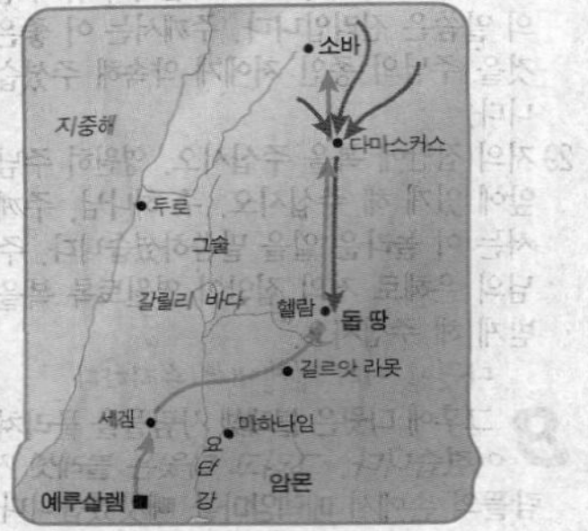

아람-소바의 정복(8:2-10)

알아두세요

8:12 어떤 고대 번역 사본은 '에돔'이라 표기
되어 있다.

8 다윗은 또 베다와 베로대에서 놋쇠로 만든
물건들을 많이 빼앗아 왔습니다. 베다와 베
로대는 하닷에셀이 통치하던 성이었습니다.
9 하맛 왕 도이가 다윗이 하닷에셀의 모든 군
대를 물리쳐 이겼다는 이야기를 들었습니
다.
10 그래서 도이는 자기 아들 요람을 보내 다
윗 왕을 맞이하여 축하해 주도록 했습니
다. 요람은 다윗이 하닷에셀을 물리쳐 이
긴 것을 축하해 주었습니다. 하닷에셀은
전에 도이와 맞서 싸운 일이 있습니다. 요
람은 은과 금과 놋쇠로 만든 물건들을 가
지고 왔습니다.
11 다윗은 그 물건들을 받아서 여호와께 바
쳤습니다. 다윗은 또 자기가 물리쳐 이긴
나라들에게서 빼앗은 은과 금,
12 곧 아람*과 모압, 암몬 사람들과 블레셋 사
람들, 그리고 아말렉에게서 얻은 것들과
소바 왕 르홉의 아들 하닷에셀에게서 빼앗
은 것들도 같이 여호와께 바쳤습니다.
13 다윗은 '소금 골짜기'에서 에돔 사람 만
팔천 명을 물리쳐 이기고 돌아왔습니다.
그 일로 다윗은 유명해졌습니다.
14 다윗은 에돔 땅 모든 곳에 자기 군대를 두
었습니다. 에돔 백성은 모두 다윗의 종이
되었습니다. 여호와께서는 다윗이 가는
곳마다 승리하게 해 주셨습니다.
15 다윗은 온 이스라엘을 올바르고 공정하게
다스렸습니다.
16 스루야의 아들 요압은 모든 군대의 지휘관
이 되었습니다. 아힐룻의 아들 여호사밧은
역사 기록관이 되었습니다.
17 아히둡의 아들 사독과 아비아달의 아들 아
히멜렉은 제사장이 되었습니다. 스라야는
서기관이 되었습니다.
18 여호야다의 아들 브나야는 그렛 사람과 블
렛 사람을 다스리는 왕의 경호관이 되었
습니다. 그리고 다윗의 아들들도 중요한
자리를 맡아 보게 되었습니다.

다윗이 사울의 집안을 돕다

9 다윗이 물었습니다. "사울의 집안에 아
직 살아 남은 사람이 있느냐? 있다면

요나단을 보아서라도 그 사람에게 잘해 주
고 싶구나."
2 사울의 집안에 시바라는 이름을 가진 종이
있었습니다. 그래서 다윗의 종들이 시바를
불러 다윗에게 오게 했습니다. 다윗 왕이
시바에게 물었습니다. "네가 시바냐?" 시
바가 대답했습니다. "그렇습니다. 제가 왕
의 종 시바입니다."
3 왕이 물었습니다. "사울의 집안에 살아 남
은 사람이 있느냐? 있다면 내가 하나님의
은혜를 베풀고 싶다." 시바가 왕에게 대답
했습니다. "요나단의 아들이 아직 살아 있
습니다. 그는 두 다리를 모두 절뚝거립니
다."
4 왕이 시바에게 물었습니다. "그 아들이 어
디에 있느냐?" 시바가 대답했습니다. "그
는 로드발에 있는 암미엘의 아들 마길의 집
에 있습니다."
5 이 말을 듣고 다윗 왕은 종들을 시켜 로드
발에 있는 암미엘의 아들 마길의 집에서
요나단의 아들을 데리고 오게 했습니다.
6 요나단의 아들 므비보셋이 다윗 앞에 와서
얼굴을 땅에 대고 절을 했습니다. 다윗이
말했습니다. "므비보셋아!" 므비보셋이 대
답했습니다. "저는 왕의 종입니다."
7 다윗이 므비보셋에게 말했습니다. "두려워
하지 마라. 너의 아버지 요나단을 생각해
서 너에게 은혜를 베풀고자 한다. 너의 할
아버지 사울의 땅을 모두 너에게 돌려 주
겠다. 그리고 너는 언제나 내 식탁에서 식
사를 해도 좋다."
8 므비보셋이 다시 얼굴을 땅에 대고 다윗에
게 절을 하며 말했습니다. "왕께서는 왕
의 종에 지나지 않는 저에게 너무 많은 은
혜를 베푸십니다. 저는 죽은 개만도 못한
사람입니다."
9 그후에 다윗이 사울의 종 시바를 불러 말
했습니다. "나는 네 주인의 손자에게 사울
과 그의 집안의 소유였던 것을 다 주었다.
10 너와 너의 아들들과 너의 종들은 므비보
셋을 위해 땅을 갈고 곡식과 열매를 거둬
야 할 것이다. 그래서 네 주인의 손자 므
비보셋에게 양식이 늘 있게 하여라. 그러
나 네 주인의 손자 므비보셋은 언제나 내
식탁에서 식사를 할 것이다." 시바에게는
아들 열다섯 명과 종 이십 명이 있었습니
다.
11 시바가 다윗 왕에게 말했습니다. "저는 왕
의 종입니다. 저는 내 주이신 왕이 명령
하시는 일이라면 무엇이든지 다 하겠습
니다." 그리하여 므비보셋은 다윗의 아들
들처럼 다윗의 식탁에서 식사를 했습니
다.
12 므비보셋에게는 미가라는 젊은 아들이 있
었습니다. 시바의 집안에 있는 사람은 다
므비보셋의 종이 되었습니다.
13 므비보셋은 두 다리를 모두 절었습니다.
므비보셋은 예루살렘에서 살면서 언제나
왕의 식탁에서 식사를 했습니다.

암몬 사람 그리고 아람 사람과 전쟁을 하다

10 얼마 후, 암몬 사람들의 왕 나하스가
죽었습니다. 그의 아들 하눈이 아버
지의 뒤를 이어 왕이 되었습니다.
2 다윗이 말했습니다. "나하스는 나에게 잘
해 주었다. 그러니 나도 그의 아들 하눈
에게 잘해 주어야겠다." 그래서 다윗은
자기 신하들을 하눈에게 보내어 그의 아
버지의 죽음을 위로하게 했습니다. 다윗
의 신하들이 암몬 사람들의 땅으로 갔습
니다.
3 암몬의 장관들이 자기 주인인 하눈에게 말
했습니다. "다윗이 사람들을 보내어 왕을
위로하는 것이 정말로 왕의 아버지를 공

조공(8:2 tribute) 지배 받는 나라가 지배하는 나라에 예물을 바치던 일. 또는 그 바치는 물품.
보병(8:4 foot soldier) 걸어서 전투하는 군인.
공정(8:15 justice) 어느 한쪽에 치우치지 않고 올바른 것.
서기관(8:17 secretary) 이스라엘의 주요 관리. 왕정 시대(B.C. 1010-586년)의 서기관은 왕의 비서, 회계 담당, 문서 기록 · 정리 등의 임무를 맡았다.

경하려는 것인 줄 아십니까? 그렇지 않습
니다. 다윗은 이 성을 엿보게 하려고 사
람들을 보낸 것입니다. 그들은 이 성을 정
복하려 하고 있습니다."
4 그래서 하눈은 다윗의 신하들을 잡아서 수
염을 절반쯤 깎아 그들을 창피하게 만들
었습니다. 하눈은 또 엉덩이 부분의 옷을
잘라 내어 그들을 욕되게 했습니다. 그런
다음에 하눈은 그들을 돌려 보냈습니다.
5 사람들이 이 일을 다윗에게 알리자, 다윗
은 사신들을 보내어 수치스러워 하는 신
하들을 맞이하게 하고 수염이 다 자랄 때
까지 여리고에 있다가 예루살렘으로 돌아
오라고 지시하였습니다.
6 그 때, 암몬 사람들은 자기들이 다윗의 원
수가 되었다는 것을 깨달았습니다. 그래
서 그들은 벧르홉과 소바에서 아람의 보병
이만 명을 모았습니다. 그들은 또 마아가
왕과 그의 군대 천 명, 그리고 돕에서 만
이천 명을 모았습니다.
7 다윗은 이 소식을 듣고 요압을 비롯한 모
든 용사들을 전쟁터에 보냈습니다.
8 암몬 사람들은 나와서 싸울 준비를 했습
니다. 그들은 성문에 서 있었습니다. 벧르
홉과 소바에서 온 아람 사람들과 돕과 마
아가에서 온 사람들은 암몬 사람들과 떨어
져서 들에 있었습니다.
9 요압은 자기들의 앞과 뒤에 적이 진을 치
고 있는 것을 보고 이스라엘 사람들 중에
가장 뛰어난 용사들을 뽑았습니다. 요압
은 그들에게 아람 사람들과 싸울 준비를
하게 했습니다.
10 요압은 나머지 군대를 자기 동생 아비새에
게 맡겨 암몬 사람들과 맞서 싸우게 했습
니다.
11 요압이 아비새에게 말했습니다. "만약 아
람 사람들이 너무 강해서 내가 어려워지
면 나를 도우러 오너라. 만약 암몬 사람
들이 너무 강해서 네가 어려워지면 내가
너를 도우러 가겠다.
12 용기를 내어라. 우리 백성과 하나님의 성
들을 위해 용감하게 싸우자. 여호와께서
좋은 방향으로 일을 도와 주실 것이다."
13 그리고 나서 요압과 그의 부하들은 아람
사람들을 공격했습니다. 그러자 아람 사
람들이 도망쳤습니다.
14 암몬 사람들은, 아람 사람들이 도망치는
모습을 보고 아비새에게서 도망쳐 자기들
의 성으로 돌아가 버렸습니다. 그래서 요
압은 암몬 사람들과 싸우기를 멈추고 예루
살렘으로 돌아왔습니다.
15 아람 사람들은 이스라엘에 지고 나자 엄청
난 군대를 불러 모았습니다.
16 그 때, 하닷에셀 왕이 사람들을 보내 유프
라테스 강 건너편에 살고 있던 아람 사람
들을 오게 했습니다. 이 아람 사람들은 헬
람으로 갔습니다. 그들의 지도자는 하닷에
셀의 군대 지휘관인 소박이었습니다.
17 다윗은 이 소식을 듣고 온 이스라엘 군대
를 불러 모았습니다. 그들은 요단 강을 건
너 헬람으로 갔습니다. 그 곳에서 아람 사
람들은 싸울 준비를 하고 있다가 이스라
엘 군대를 공격했습니다.
18 그러나 다윗은 아람 사람들을 물리쳐 이겼
습니다. 아람 사람들은 이스라엘 군대에게
쫓겨 도망쳤습니다. 다윗은 아람의 전차를

성경 자세히 이해하기

모욕의 상징, 수염 깎기

암몬 왕이 죽자, 다윗은 조문 사절단을 파견했습니다. 그러나 암몬 왕의 신하들은 다윗의 신하들을 보고 자기 나라를 정탐하러 온 줄로 오해하여 그들의 수염 절반을 깎고, 옷을 엉덩이 바로 아래까지 잘라 버렸습니다. 고대 이스라엘에서는 수염이나 머리털이 인품과 권위를 상징했습니다. 그래서 수염이 깎인다는 것은 노예가 되어 채찍질을 당하는 것과 맞먹을 정도로 수치스러운 일이었습니다.

본문 보기 10장 4절

모는 군인 칠백 명과 아람의 말 탄 군인
사만 명을 죽였습니다. 다윗은 또 아람 군
대의 지휘관인 소박도 죽였습니다.
19 하닷에셀을 섬기던 다른 나라 왕들은 이스
라엘이 그들을 물리쳐 이겼다는 소식을
듣고 이스라엘과 평화롭게 지내기로 했습
니다. 그리고 그들은 이스라엘을 섬겼습니
다. 이제 아람 사람들은 암몬 사람들을 돕
는 것을 두려워했습니다.

다윗과 밧세바

11 봄이 오면, 왕들은 전쟁터에 나갑니
다. 그래서 다윗은 봄이 오자, 자기 종
인 요압과 모든 이스라엘 사람들을 전쟁터
에 보냈습니다. 그들은 암몬 사람들을 무
찌르고 랍바 성을 공격했습니다. 그러나
다윗은 예루살렘에 머물러 있었습니다.
2 어느 날 저녁이었습니다. 다윗이 침대에
서 일어나서 왕궁의 지붕 위를 거닐었습
니다. 그러다가 한 여자가 목욕을 하고 있
는 것을 보았는데, 그 여자는 매우 아름
다웠습니다.
3 다윗은 자기 종들을 보내어 그 여자가 누
구인지 알아보게 했습니다. 한 종이 대답
했습니다. "그 여자는 엘리암의 딸 밧세바
로서 헷 사람 우리아의 아내입니다."
4 다윗은 사람들을 보내 밧세바를 데리고 오
게 했습니다. 밧세바가 오자, 다윗은 그
여자와 함께 잠을 잤습니다. 그 때, 밧세
바는 월경을 끝내고 깨끗해져 있던 상태
였습니다. 그런 후, 여자는 자기 집으로
돌아갔습니다.
5 그런데 밧세바가 임신을 했습니다. 밧세바
는 다윗에게 '임신을 했다'는 사실을 알렸
습니다.
6 다윗은 요압에게 "헷 사람 우리아를 나에
게로 보내라"고 전했습니다. 그래서 요압
은 우리아를 다윗에게 보냈습니다.
7 우리아가 다윗에게 왔습니다. 다윗은 우리
아에게 요압은 잘 있는지, 군인들은 잘 있
는지, 그리고 전쟁은 잘 되고 있는지를 물
었습니다.
8 그리고 나서 다윗은 우리아에게 "집으로

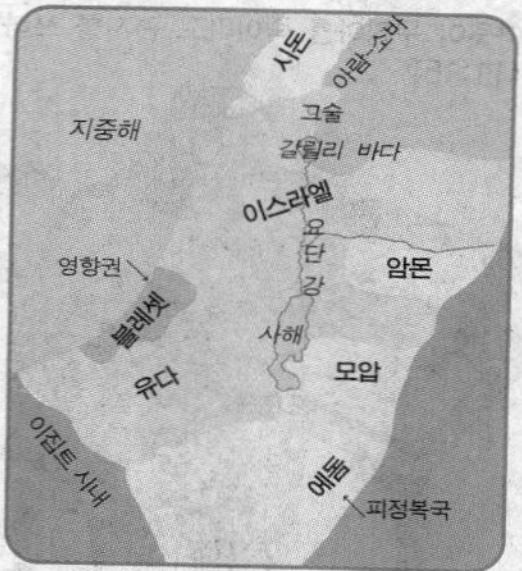

다윗의 왕국(10:19)

가서 쉬시오"라고 말하고 선물도 딸려 보
냈습니다. 우리아는 왕궁에서 나왔습니
다.
9 그러나 집으로 가지 않았습니다. 우리아
는 왕궁 문 밖에서 왕의 모든 신하들과 함
께 잠을 잤습니다.
10 신하들이 다윗에게 말했습니다. "우리아가
집으로 가지 않았습니다." 그러자 다윗이
우리아에게 말했습니다. "그대는 오랫동
안 집을 떠났다 돌아왔는데 왜 집으로 가
지 않는가?"
11 우리아가 대답했습니다. "언약궤와 이스라
엘과 유다의 군인들이 장막에 머물고 있
습니다. 나의 주 요압과 그의 부하들도 들
에서 잠을 자며 지내고 있습니다. 그런데
제가 어찌 집으로 가서 먹고 마시며 제 아
내와 함께 잠자리를 가질 수 있겠습니
까?"
12 다윗이 우리아에게 말했습니다. "오늘은
여기에 머물러라. 내일 그대를 싸움터로
돌려 보내겠다." 그래서 우리아는 그 날과
그 다음 날에도 예루살렘에 머물러 있었습
니다.
13 그 때에 다윗이 우리아를 불러 자기에게
오게 했습니다. 우리아는 다윗과 함께 먹
고 마셨습니다. 다윗은 우리아를 취하게
만들었지만, 우리아는 그래도 자기 집으
로 돌아가지 않았습니다. 그 날 저녁에 우
리아는 왕의 신하들과 함께 왕궁 문 밖에

다윗이 우리아를 죽이라고 편지를 쓰다
(11:15)

서 잠을 잤습니다.
14 이튿날 아침, 다윗은 요압에게 편지를 써
서 우리아에게 그 편지를 전하게 했습니
다.
15 다윗이 쓴 편지의 내용은 이러했습니다.
"우리아를 싸움이 가장 치열한 곳으로 보
내어라. 그런 다음에 우리아만 혼자 남겨
두고 물러나거라. 우리아를 싸움터에서
죽게 하여라."
16 요압은 성을 살피다가 그 성 중에서 적군
이 가장 강하게 막고 있는 곳을 알아 냈
습니다. 요압은 우리아를 그 곳으로 보냈
습니다.
17 성의 군인들이 밖으로 나와서 요압과 맞
서 싸웠습니다. 다윗의 부하들 중 몇 명
이 죽임을 당했습니다. 헷 사람 우리아도
죽었습니다.
18 그 일이 있은 후에 요압이 사람을 보내어
싸움터에서 일어난 모든 일을 다윗에게
보고했습니다.
19 요압이 전령에게 말했습니다. '다윗 왕께
전쟁에서 일어난 일을 말씀드려라.
20 말씀을 다 드리고 나면 왕께서 화를 내실
것이다. 그리고 왕께서 만약 '왜 그렇게
성 가까이 가서 싸웠느냐? 그들이 성벽에
서 화살을 쏠 줄 몰랐느냐?
21 여룹베셋의 아들 아비멜렉을 누가 죽였느
냐? 성벽 위에 있던
한 여자가 아니냐?
그 여자가 큰 맷
돌을 아비멜렉에
게 던져서 아비
멜렉이 데베스에
서 죽지 않았느
냐? 왜 그렇게 성
벽에 가까이 갔었느냐?'
고 물으시면 '왕의 종 헷 사람
우리아도 죽었습니다'라고 대답하여라."
22 요압이 보낸 사람이 다윗에게 가서, 요압
이 시키는 대로 모든 말을 전했습니다.
23 전령이 다윗에게 말했습니다. "암몬 사람
들이 우리보다 잘 싸웠습니다. 그들은 밖
으로 나와 들에서 우리를 공격했습니다.
그러나 우리는 그들과 맞서 싸워 성문에
까지 이르렀습니다.
24 성벽 위의 군인들이 왕의 종들을 향해 화
살을 쏘았습니다. 왕의 종들 중 몇 사람
이 죽었습니다. 왕의 종 헷 사람 우리아도
죽었습니다."
25 다윗이 전령에게 말했습니다. "요압에게
이렇게 전하여라. '이 일로 염려하지 마
라. 전쟁을 하다 보면 누구나 죽이고 죽
을 수가 있다. 성을 맹렬히 공격하여 점
령하도록 하여라.' 이 말을 전하여 요압에
게 용기를 주어라."
26 밧세바는 자기 남편이 죽었다는 소식을 듣
고 남편을 위해 울었습니다.
27 밧세바가 슬픔의 기간을 다 마치자, 다윗
은 종들을 보내어 밧세바를 왕궁으로 데
리고 오게 했습니다. 그리고 밧세바는 다
윗의 아내가 되어 다윗의 아들을 낳았습
니다. 그러나 여호와께서는 다윗이 한 일
을 기뻐하지 않으셨습니다.

다윗의 아들이 죽다

12 여호와께서 나단을 다윗에게 보내셨
습니다. 나단은 다윗에게 가서 이렇
게 말했습니다. "어떤 성에 두 사람이 있
었습니다. 한 사람은 부자였고, 다른 사
람은 가난했습니다.

2 부자에게는 양과 소가 아주 많았습니다.
3 하지만 가난한 사람에게는 사서 키우는
어린 암양 한 마리밖에 없었습니다. 가난
한 사람은 그 양을 먹여 길렀습니다. 양
은 가난한 사람의 아이들과 함께 자랐습
니다. 양은 가난한 사람이 먹을 음식과 마
실 물을 나누어 먹으며 자랐습니다. 양은
가난한 사람의 팔에서 잠을 잤습니다. 양
은 가난한 사람에게 마치 딸과도 같았습
니다.
4 그런데 어떤 나그네가 부자를 찾아왔습니
다. 부자는 나그네에게 음식을 대접하고
싶었습니다. 그러나 부자는 나그네에게
음식을 주기 위해 자기의 양이나 소를 잡
고 싶지는 않았습니다. 그 대신 부자는 가
난한 사람의 양을 빼앗았습니다. 부자는
그 양을 잡아서 나그네를 위해 음식을 만
들었습니다."
5 다윗은 그 부자에 대해서 크게 화를 냈습
니다. "살아 계신 여호와께 맹세하지만
이 일을 한 사람은 죽어야 한다.
6 그 사람은 그런 일을 한 대가로 양을 네
배로 갚아 주어야 한다. 그는 무자비한 사
람이다."
7 그러자 나단이 다윗에게 말했습니다.
"왕이 바로 그 사람입니다. 이스라
엘의 하나님 여호와께서 이렇게
말씀하십니다. '나는 너를 이스라
엘의 왕으로 세워 주었다. 나는
너를 사울에게서 구해 주었고
8 사울의 나라와 사울의 딸을 아내
로 너에게 주었다. 그리고 나는
너를 이스라엘과 유다의 왕으로
세워 주었다. 너에게 부족한 것
이 있었다면 나는 너에게 더 많
은 것을 주었을 것이다.
9 그런데 너는 왜 나 여호와의 명
령을 무시했느냐? 왜 나 여호와
가 악하다고 말씀한 일을 했느
냐? 너는 헷 사람 우리아를 암몬
사람들 칼에 죽게 했다. 그리고
너는 그의 아내를 빼앗아 네 아
내로 만들었다.
10 그러니 이제 너의 집안에는 언제나 칼로
죽는 사람이 있을 것이다. 네가 나를 존
경하지 않음을 내가 보았기 때문이다. 너
는 헷 사람 우리아의 아내를 빼앗았다.'
11 여호와께서 또 이렇게 말씀하십니다.
'너의 집안 사람들이 너에게 재앙을 일
으킬 것이다. 네가 보는 앞에서 내가 너
의 아내들을 빼앗아서 너의 아주 가까운
사람들에게 줄 것이다. 그 사람이 대낮
에 너의 아내들과 잠자리를 함께 할 것
이다.
12 너는 남몰래 밧세바와 함께 잠을 잤다. 그
러나 나는 이스라엘의 모든 백성이 이 일
을 알게 할 것이다.'"
13 그러자 다윗이 나단에게 말했습니다. "내
가 여호와께 죄를 지었소." 나단이 대답했
습니다. "여호와께서는 왕의 죄를 용서하
셨습니다. 왕은 죽지 않을 것입니다.
14 그러나 왕이 한 일 때문에 여호와의 원수
들이 여호와를 경멸하고 모욕할 기회를
주었으니 왕에게서 태어난 아기는 죽게
될 것입니다."
15 나단이 집으로 돌아간 후에 여호와께서는

죄를 고백하는 다윗(12:7-14)

암몬의 랍바 유적지(12:26)

다윗과 우리아의 아내였던 밧세바의 사이
에서 낳은 아들에게 큰 병을 주셨습니다.
16 다윗은 아기를 위해 하나님께 기도를 드
렸습니다. 다윗은 먹지도 않고 마시지도
않았습니다. 다윗은 자기 집으로 돌아가
서 그 곳에 머물렀습니다. 다윗은 밤새도
록 땅 위에 누워 있었습니다.
17 다윗의 집안에서 나이 든 어른들이 다윗의
건강을 걱정하며 왔습니다. 그들은 다윗
이 땅에서 일어나도록 애썼지만, 다윗은
일어나지 않았습니다. 다윗은 그들과 함
께 밥을 먹지도 않았습니다.
18 칠 일째 되던 날, 아기가 죽고 말았습니
다. 다윗의 종들은 아기가 죽었다는 사실
을 다윗에게 말하기가 두려웠습니다. 다윗
의 종들이 말했습니다. "아기가 살아 있을
때에도 왕은 우리 말을 들으려 하지 않으
셨다. 그런데 아기가 죽었다는 것을 말씀
드리면 왕이 무슨 일을 하실지 모른다."
19 그러나 다윗은 종들이 서로 수군거리는
것을 보고 아기가 죽었다는 것을 알았습
니다. 왕이 종들에게 물었습니다. "아기
가 죽었느냐?" 종들이 대답했습니다.
"예, 죽었습니다."
20 그러자 다윗은 자리에서 일어나 몸을 씻
고 몸에 기름을 바르고 옷을 바꾸어 입었
습니다. 그리고 나서 다윗은 여호와의 집
으로 들어가 여호와께 예배를 드렸습니
다. 그런 다음에 다윗은 집으로 돌아가서
먹을 것을 달라고 했습니다. 종들이 음식
을 가져오자, 다윗은 그것을 먹었습니다.
21 다윗의 종들이 다윗에게 물었습니다. "어
쩐 일인지 모르겠습니다. 아기가 살아 있
을 때에는 음식을 들지도 않으시고 슬퍼
하시더니 아기가 죽으니까 자리에서 일어
나 음식을 드시니 말입니다."
22 다윗이 말했습니다. "아기가 살아 있을 때
에 내가 먹지도 않고 슬퍼한 것은 여호와
께서 혹시 나를 불쌍히 여기셔서 아기를
살려 주실지도 모른다고 생각했기 때문이
다.
23 하지만 이제는 아기가 죽었으니 음식을
먹지 않을 이유가 없지 않느냐? 그런다고
아기가 다시 살아나는 것도 아니다. 언젠
가 나도 아기에게 가겠지만, 아기가 나에
게로 다시 돌아올 수는 없는 일이다."
24 그리고 다윗은 자기 아내 밧세바를 위로하
고 동침하니 밧세바가 다시 임신해서 아
들을 낳았습니다. 다윗은 그 아들의 이름
을 솔로몬이라고 지었습니다. 여호와께서
는 솔로몬을 사랑하셨습니다.
25 여호와께서는 예언자 나단을 통해 그 아
기의 이름을 여디디야라고 부르게 하셨습
니다. 그 이름은 여호와께서 그 아기를 사
랑하신다는 뜻입니다.

다윗이 랍바를 점령하다

26 요압이 암몬 사람들의 성인 랍바와 맞서
싸웠습니다. 요압은 왕이 사는 그 성을 거
의 다 점령했습니다.
27 요압이 다윗에게 사람들을 보내어 말했습
니다. "제가 랍바를 쳐서 이겼으며, 또한
성에 물을 공급하는 장소도 점령하였습니
다.
28 이제 왕께서는 다른 군인들을 보내셔서
이 성을 공격하십시오. 제가 차지하기 전
에 왕께서 먼저 이 성을 차지하십시오. 제
가 이 성을 차지하게 되면, 이 성은 제 이
름을 따서 부르게 될까 염려됩니다."
29 다윗은 모든 군대를 모아 랍바로 갔습니
다. 다윗은 랍바와 맞서 싸워 성을 점령했
습니다.
30 다윗은 랍바 왕의 머리에서 왕관을 벗겨
냈습니다. 그 왕관은 금으로 만든 것으로
무게가 한 달란트*나 되었습니다. 거기에

는 보석도 달려 있었습니다. 사람들은 그 왕관을 다윗의 머리에 씌워 주었습니다. 다윗은 그 성에서 많은 값비싼 물건들을 빼앗았습니다.
31 다윗은 또 랍바 성의 백성들도 사로잡아다가 톱질과 곡괭이질과 도끼질을 시켰습니다. 다윗은 그들에게 벽돌로 건물을 짓게 했습니다. 다윗은 암몬 사람들의 온 성에서 이런 일을 시켰습니다. 그리고 나서 다윗과 그의 모든 군대는 예루살렘으로 돌아갔습니다.

암논과 다말

13 다윗에게는 압살롬이라는 아들과 암논이라는 아들이 있었습니다. 압살롬에게는 다말이라는 아름다운 누이동생이 있었습니다. 그런데 암논이 그 다말을 사랑했습니다.
2 다말은 결혼하지 않은 처녀였습니다. 암논은 다말에게 어찌할 수 없는 줄을 알고, 그로 인하여 병이 나고 말았습니다.
3 암논에게는, 시므아의 아들인 요나답이라는 친구가 있었습니다. 시므아는 다윗의 형이었습니다. 요나답은 아주 간교한 사람이었습니다.
4 요나답이 암논에게 물었습니다. "왜 날마다 그렇게 슬퍼하는가? 자네는 왕자가 아닌가? 대체 무슨 일이 있는지 말해 보게." 암논이 대답했습니다. "나는 다말을 사랑한다네. 하지만 다말은 나의 이복동생 압살롬의 누이일세."
5 요나답이 암논에게 말했습니다. "침대로 가게. 가서 아픈 척하게. 그러면 자네 아버지가 자네를 보러 올 걸세. 그러면 아버지께 말하게. '제발 제 누이 다말이 와서 저에게 먹을 것을 주게 하십시오. 제가 보는 앞에서 음식을 만들게 해 주십시오. 다말이 음식 만드는 모습을 보고, 다말이 만든 음식을 먹으면 나을 것 같습니다.'"
6 그래서 암논은 침대에 누워 아픈 척을 했습니다. 다윗 왕이 암논을 보러 왔습니다. 암논이 왕에게 말했습니다. "제 누이 다말을 오게 해 주십시오. 제가 보는 앞에서 맛있는 과자를 만들게 해 주십시오. 그리고 그것을 다말에게서 직접 받아 먹을 수 있게 해 주십시오."
7 다윗이 명령을 받고 심부름하는 사람을 다말의 집으로 보냈습니다. 심부름꾼이 다말에게 전했습니다. "당신의 오라비 암논의 집으로 가서 암논을 위해 맛있는 음식을 만들어 주십시오."
8 그래서 다말은 자기 오라비 암논의 집으로 갔습니다. 암논은 침대에 있었습니다. 다말은 밀가루를 가지고 손으로 반죽을 했습니다. 다말은 암논이 보는 앞에서 맛있는 과자를 만들어 구웠습니다.
9 다말이 냄비째 가져다가 암논을 위해 과자를 꺼내 주었습니다. 그러나 암논은 과자를 먹지 않았습니다. 암논이 자기 종들에게 말했습니다. "너희는 모두 물러가 있어라!" 그러자 암논의 종들이 모두 방을 나갔습니다.
10 암논이 다말에게 말했습니다. "그 음식을 침실로 가져와 다오. 네 손으로 직접 먹여 다오." 다말은 자기가 만든 과자를 침실에 있는 자기 오라비 암논에게 가지고 갔습니다.
11 다말이 과자를 직접 먹여 주려고 암논에게 가까이 갔을 때, 암논은 다말을 꽉 붙들더니 "누이야, 이리 와서 나와 함께 자자"라고 말했습니다.
12 다말이 암논에게 말했습니다. "오라버니, 안 됩니다. 이러시면 안 됩니다. 이스라엘에는 이런 일이 있을 수 없습니다. 이런 부끄러운 일을 하시면 안 됩니다.

알가두세요

12:30 1달란트는 약 34.27kg에 해당된다.

점령(12:26 occupation) 일정한 장소를 차지하여 제 것으로 함.
염려(12:28 anxiety) 여러 가지로 헤아려 걱정하는 것. 또는 그 걱정.
간교한(13:3 crafty) 행동이 바르지 못하고 꾀가 많은.

버림받은 다말(13:1-22)

13 저는 제 부끄러움을 벗을 수 없을 것입니다. 그리고 오라버니는 이스라엘에서 부끄러운 바보가 될 것입니다. 제발 왕께 말씀드리십시오. 왕께서 오라버니를 저와 결혼시켜 주실 것입니다."
14 그러나 암논은 다말의 말을 들으려 하지 않았습니다. 암논은 다말보다 힘이 세었으므로 다말을 강간하고 말았습니다.
15 그리하고 나니, 다말에 대한 암논의 마음이 미워하는 마음으로 변했습니다. 전에 다말을 사랑했던 것보다 지금 미워하는 마음이 훨씬 더 컸습니다. 암논이 다말에게 말했습니다. "일어나 가거라!"
16 다말이 암논에게 말했습니다. "안 됩니다! 저를 보내는 것은 더욱 큰 죄를 짓는 것입니다. 그것은 오라버니가 지금 하신 일보다 더 큰 죄입니다." 그러나 암논은 다말의 말을 들으려 하지 않았습니다.
17 암논은 자기의 젊은 종을 다시 들어오게 했습니다. 암논이 말했습니다. "이 여자를 당장 밖으로 끌어 내어라. 그런 다음에 문을 잠가 버려라."
18 그래서 암논의 종이 다말을 집 밖으로 끌어 낸 다음에 문을 잠가 버렸습니다. 그때 다말은 소매가 긴 특별한 옷을 입고 있었습니다. 결혼하지 않은 공주들은 그런 옷을 입었습니다.
19 다말은 머리에 흙을 뒤집어 씀으로써 슬픔을 나타내 보였습니다. 다말은 소매가 긴 옷도 찢고 손을 머리 위에 올렸습니다. 그리고 길을 가면서 소리 높여 울었습니다.
20 다말의 오라비인 압살롬이 다말에게 말했습니다. "너의 오라비인 암논이 너를 강간했다고? 하지만 그도 너의 오라비니 지금은 잠자코 있어라. 이 일로 너무 슬퍼하지 마라." 그리하여 다말은 자기 오라비 압살롬의 집에서 살았습니다. 다말은 슬프고 외로웠습니다.
21 다윗 왕이 그 소식을 듣고 크게 화를 냈습니다.
22 압살롬은 암논에게 잘했느니 잘못했느니 하는 말을 전혀 하지 않았습니다. 압살롬은 암논이 자기 누이 다말을 강간한 일 때문에 암논을 미워했습니다.

압살롬의 복수

23 이 년 후, 압살롬이 에브라임 근처의 바알하솔에서 자기 양 떼의 털을 깎는 일이 있었습니다. 양털을 깎을 때는 크게 잔치를 여는 풍습이 있어서 압살롬은 왕자들을 모두 초대했습니다.
24 압살롬이 왕에게 가서 말했습니다. "양털을 깎는 일에 사람들을 초대했습니다. 왕께서도 신하들과 함께 와 주십시오."
25 다윗 왕이 압살롬에게 말했습니다. "내 아들아, 아니다. 우리는 가지 않겠다. 우리가 가면 너에게 짐만 될 뿐이다." 그래도 압살롬은 다윗에게 와 달라고 간절히 청했습니다. 다윗은 가지 않고 압살롬에게 복을 빌어 주기만 했습니다.
26 압살롬이 말했습니다. "왕께서 가시지 않겠다면 제 형 암논을 저와 함께 가게 해 주십시오." 다윗 왕이 압살롬에게 물었습니다. "왜 암논을 데리고 가려 하느냐?"

27 그래도 압살롬이 계속해서 암논을 보내 달
라고 했습니다. 그러자 다윗은 암논과 왕
자들을 모두 압살롬과 함께 가게 했습니
다.
28 그 때에 압살롬이 자기 종들에게 명령을
내렸습니다. "암논을 잘 살펴보아라. 암논
이 술에 취하거든, 내가 '암논을 죽여라'
하고 말할 테니, 그러면 당장 그를 죽여
버려라. 두려워하지 마라. 내가 명령하는
것이다. 마음을 굳게 먹고 용기를 가져
라."
29 그리하여 압살롬의 젊은 종들은 압살롬이
명령한 대로 암논을 죽였습니다. 그러자
다윗의 다른 아들들은 나귀에 올라타고
도망쳤습니다.
30 왕자들이 도망치고 있는 동안, 소문이 다
윗에게 전해졌습니다. "압살롬이 왕자들을
다 죽였고, 아무도 살아 남지 못하였다."
31 다윗 왕은 자기 옷을 찢고 땅 위에 누워
슬픔을 나타냈습니다. 가까이에 있던 왕
의 모든 종들도 자기 옷을 찢었습니다.
32 다윗의 형 시므아의 아들 요나답이 다윗에
게 말했습니다. "왕자들이 다 죽었다고
생각하지 마십시오. 암논만 죽었을 뿐입
니다. 압살롬이 이 일을 꾸민 것은 암논이
그의 누이 다말을 강간했기 때문입니다.
33 내 주 왕이여, 왕자들이 다 죽었다고 생
각하지 마십시오. 암논만 죽었을 뿐입니
다."
34 그러는 사이에 압살롬은 다른 나라로 도
망쳤습니다. 한 호위병이 성벽 위를 지키
고 있다가 여러 사람이 언덕 맞은편에서
오는 것을 보았습니다.
35 요나답이 다윗 왕에게 말했습니다. "보십
시오. 제가 말한 대로, 저기 왕자들이 오
고 있습니다."
36 요나답이 이 말을 하자마자 왕자들이 이
르렀습니다. 그들은 크게 소리내어 울었
습니다. 다윗과 그의 모든 신하들도 크게
울었습니다.
37 압살롬은 암미훌의 아들 달매에게로 도망
쳤고, 다윗은 날마다 죽은 아들 암논을 생
각하며 슬프게 보냈습니다.
38 압살롬은 그술로 도망친 후에 그 곳에서
삼 년 동안 머물렀습니다.
39 다윗 왕은 암논의 죽음으로 인한 슬픔이
가라앉자, 이제는 압살롬이 매우 보고 싶
어졌습니다.

요압이 다윗에게 지혜로운 여자를 보내다

14 다윗 왕이 압살롬을 매우 그리워하고
있다는 것을 스루야의 아들 요압이
알게 되었습니다.
2 그래서 요압은 사람들을 드고아로 보내어
어떤 지혜로운 여자를 데리고 오게 했습
니다. 요압이 그 여자에게 말했습니다.
"어떤 사람을 위해 매우 슬퍼하는 척 하
시오. 슬픔을 나타내는 옷을 입으시오.
몸에 기름을 바르지 마시오. 어떤 죽은 사
람을 위해 오랫동안 슬피 운 사람처럼 행
동하시오.
3 그런 모습으로 왕에게 들어가서, 내가 하
는 말을 그대로 왕에게 말하시오." 요압은
그 지혜로운 여자에게 할 말을 일러 주었
습니다.
4 드고아에서 온 여자가 얼굴을 땅에 대고
절을 했습니다. 그리고 "왕이시여, 저를
도와 주십시오"라고 말했습니다.
5 다윗 왕이 여자에게 물었습니다. "대체 무
슨 일이냐?" 여자가 말했습니다. "저는
과부입니다. 제 남편은 죽었습니다.
6 저에게는 두 아들이 있습니다. 제 아들들
은 들에서 싸우고 있었는데, 거기에는 아
무도 말려 줄 사람이 없어서 그만 한 아
들이 다른 아들을 죽이고 말았습니다.

드고아의 전경(14:2)

7 그런데 지금은 온 집안 사람들이 저를 욕
하면서 이렇게 말하고 있습니다. '자기
형제를 죽인 그 아들놈을 내어 놓아라. 우
리가 그를 죽여 제 형제를 죽인 죄를 갚
겠다. 그리고 그 집안의 상속자를 끊겠
다.' 제 아들은 마지막 불씨와도 같은 아
들입니다. 이제 저에게 남은 것이라곤 그
아들뿐입니다. 만약 저들이 제 아들을 죽
이면, 제 남편의 이름과 재산도 이 땅에
서 사라져 버리고 말 것입니다."
8 이 말을 듣고 왕이 여자에게 말했습니다.
"집으로 돌아가거라. 내가 이 일을 해결
해 주겠다."
9 드고아의 여자가 왕에게 말했습니다. "왕
께서 저를 도와 주신다고 하더라도 제 친
척들은 저와 제 아들에게 죄가 있다고 할
것입니다. 그리고 왕과 왕의 자리와는 관
계없는 일이라고 주장할 것입니다."
10 다윗 왕이 말했습니다. "너를 욕하는 사람
을 불러 오너라. 다시는 너를 괴롭히지 못
하게 하겠다."
11 여자가 말했습니다. "왕의 하나님이신 여
호와의 이름으로 약속해 주십시오. 그러
면 죽은 제 아들의 원수를 갚으려고 하는
친척들이 남은 제 아들을 죽이지 못할 것
입니다." 다윗이 말했습니다. "살아 계신
여호와께 맹세하지만, 너의 아들을 누구
도 해치지 못할 것이다. 네 아들의 머리
카락 하나라도 땅에 떨어지지 않을 것이
다."
12 그러자 여자가 말했습니다. "내 주 왕이
시여, 한 가지만 더 말씀드리게 해 주십
시오." 왕이 말했습니다. "말하여라."

알아두세요

14:26 200세겔은 약 2.28kg에 해당된다.

상속자(14:7 heir) 호주로서의 권리와 의무 또는 재산상의 권리와 의무를 물려받는 사람.
총애(14:22 favor) 남달리 귀엽게 여기어 사랑하는 것.
세겔(14:26 shekel) 돈의 단위이면서 무게의 단위. 1세겔은 약 11.4g의 무게에 해당된다.

13 여자가 말했습니다. "왕께서는 어찌 이와
같은 일을 계획하셨습니까? 그런 일은 하
나님의 백성이라면 하지 못할 일입니다.
왕께서 쫓아 낸 압살롬 왕자를 돌아오지
못하게 하시는 것은 죄 있는 사람이 하는
일과 같은 것입니다.
14 우리는 언젠가 다 죽을 것입니다. 우리는
마치 땅에 쏟아진 물과도 같아서 누구도
그것을 다시 주워 담을 수 없습니다. 그
러나 하나님께서는 생명을 빼앗지 않으십
니다. 오히려 내쫓긴 사람이라도 다시 하
나님께 돌아올 수 있는 길을 찾아 주십니
다.
15 내 주 왕이시여, 제가 이런 말씀을 드리
러 오게 된 까닭은 사람들이 저를 위협했
기 때문입니다. 저는 이렇게 생각했습니
다. '왕께 말씀드리자. 그러면 왕께서 내
가 원하는 것을 들어 주실지 모른다.
16 왕께서 내 말을 듣고 나와 내 아들을 죽
이려 하는 사람들로부터 나를 구해 주실
지도 모른다. 하나님께서 우리에게 주신
재산을 빼앗으려는 사람들로부터 보호해
주실 것이다.'
17 왕의 종인 저는 이렇게 생각했습니다.
'내 주 왕의 말씀이 나를 위로해 줄 것이
다. 내 주 왕께서는 마치 하나님의 천사
와 같아서 선과 악을 가릴 수 있기 때문
이다. 왕의 하나님이신 여호와께서 왕과
함께하시기를 바란다.'"
18 그러자 다윗 왕이 말했습니다. "너는 이제
내가 묻는 말에 대답해야 한다." 여자가
말했습니다. "내 주 왕이시여, 말씀하십
시오."
19 왕이 물었습니다. "요압이 너에게 이 모든
말을 하라고 시키더냐?" 여자가 대답했습
니다. "내 주 왕이시여, 사실 그렇습니다.
왕의 종인 요압이 저에게 이 말씀을 드리
라고 했습니다.
20 요압이 이 일을 꾸민 까닭은 왕의 마음을
돌이키기 위함입니다. 내 주여, 왕께서는
하나님의 천사처럼 지혜로우십니다. 왕께
서는 땅에서 일어나는 모든 일을 알고 계

십니다."

압살롬이 예루살렘으로 돌아오다

21 왕이 요압에게 말했습니다. "자! 이제 허
락하겠다. 젊은 압살롬을 데리고 오너라."
22 요압은 얼굴을 땅에 대고 절을 했습니다.
요압이 왕에게 복을 빌어 주면서 말했습
니다. "제가 바라던 것을 들어 주시니, 이
제서야 왕께서 저를 총애하시는 줄 알겠
습니다."
23 요압은 일어나 그술로 가서 압살롬을 예루
살렘으로 데리고 왔습니다.
24 그러나 다윗 왕은 이렇게 말했습니다. "압
살롬을 자기 집으로 가게 하여라. 나의 얼
굴을 보지 못할 것이다." 그래서 압살롬은
자기 집으로 돌아갔습니다. 압살롬은 왕
을 만나러 가지 못했습니다.
25 압살롬은 그 잘생긴 모습 때문에 칭찬을
많이 받았습니다. 이스라엘의 그 어떤 사
람도 압살롬만큼 잘생기지는 못했습니다.
압살롬에게는 머리끝부터 발끝까지 아무
런 흠도 찾을 수 없었습니다.
26 해마다 그 해가 끝나 갈 무렵이면, 압살롬
은 머리를 깎았는데, 그것은 그의 머리카
락이 너무 무거웠기 때문입니다. 잘라 낸
머리카락의 무게는 왕궁 저울로 이백 세
겔* 가량 되었습니다.
27 압살롬에게는 아들 셋과 딸 하나가 있었
는데, 그 딸의 이름은 다말이었습니다.
다말은 아름다운 여자였습니다.
28 압살롬은 예루살렘에서 꼬박 이 년 동안
살았지만 그 동안, 한 번도 다윗 왕을 만
나 보지 못했습니다.
29 압살롬은 요압에게 사람을 보냈습니다. 압
살롬은 요압을 왕에게 보내 자기에 대해
잘 말해 달라고 부탁하려고 했습니다. 그
러나 요압은 오지 않았습니다. 압살롬은
한 번 더 요압에게 사람을 보냈습니다.
그러나 이번에도 요압은 오지 않았습니
다.
30 압살롬이 자기 종들에게 말했습니다. "보
아라! 요압의 밭이 우리 밭 바로 곁에 있
다. 요압은 거기에 보리를 심어 놓았다.
가서 거기에 불을 질러라." 이 말을 듣고
압살롬의 종들은 요압의 밭에 불을 질렀습
니다.
31 그러자 요압이 압살롬의 집으로 와서 말했
습니다. "왜 종들을 시켜 내 밭에 불을 질
렀습니까?"
32 압살롬이 요압에게
말했습니다. "나는
당신을 왕에게 보내
고 싶어서 나에게 와
달라고 사람을 보내
었소. 왕이 왜 그술
에 있던 나를 불러
내 집으로 오게 했는
지를 알고 싶어 당신
을 왕에게 보내려 했
던 거요. 차라리 그
곳에 머물러 있는
것이 나에게는

준수한 외모를 가진 압살롬
(14:25-26)

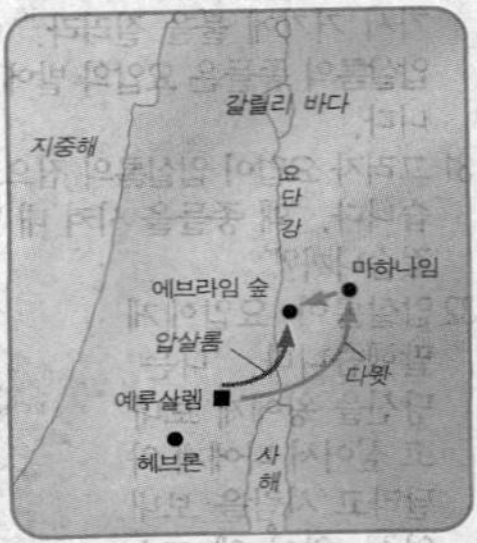

압살롬의 반역(15-18장)

더 좋았을 것이오. 왕을 좀 만나게 해 주
시오. 만약 내가 죄를 지었다면, 왕이 나
를 죽여도 좋소."
33 그리하여 요압이 왕에게 가서 압살롬의 말
을 전했습니다. 왕이 압살롬을 부르니, 압
살롬이 왔습니다. 압살롬은 얼굴을 땅에
대고 왕에게 절을 했습니다. 왕은 압살롬
에게 입을 맞추었습니다.

압살롬이 다윗의 나라를 빼앗으려 하다

15 이 일이 있은 후에 압살롬은 자기가
쓸 전차와 말들을 마련했습니다. 압
살롬은 호위병도 오십 명이나 두었습니
다.
2 압살롬은 아침에 일찍 일어나 성문 가까
이에 서 있곤 했습니다. 그런데 누구든지
재판할 문젯거리가 있어 왕을 찾는 사람
은 그 성문을 지나가게 되어 있었습니다.
그런 사람이 오면, 압살롬은 그 사람을 불
러 세워서 "어느 성에서 왔소?" 하고 물
었습니다. 그러면 그 사람은 "저는 이스라
엘의 무슨 지파에서 왔습니다" 하고 대답
하며 자신의 억울함을 이야기했습니다.
3 그러면 압살롬은 "당신의 주장이 옳소. 하
지만 왕궁 안에는 당신의 말을 들어 줄 사
람이 없소" 하고 말했습니다.
4 또 압살롬은 "나는 이 땅의 재판관이 되어
문제를 가진 모든 사람에게 공정한 재판
을 베풀기를 원하오"라고 말하기도 했습
니다.
5 사람들은 압살롬에게 가까이 나와 절을 했
습니다. 그러면 압살롬은 자기 손을 내밀
어 그들을 일으키고 그들에게 입을 맞추
었습니다.
6 압살롬은 다윗 왕에게 재판을 받으러 오는
모든 이스라엘 사람들에게 이런 식으로 행
동했습니다. 이런 방법으로 압살롬은 모
든 이스라엘 사람들의 마음을 사로잡았습
니다.
7 사 년이 지난 후에 압살롬이 다윗 왕에게
말했습니다. "제가 헤브론으로 가는 것을
허락해 주십시오. 여호와께 약속한 것이
있으니 그 약속을 지키고 싶습니다.
8 아람 땅 그술에 살 때, 저는 '만약 여호와
께서 저를 다시 예루살렘으로 돌아가게 해
주신다면 여호와를 헤브론에서 예배드리
겠습니다' 라고 약속한 적이 있습니다."
9 그러자 왕이 말했습니다. "평안히 가거
라." 그래서 압살롬은 헤브론으로 갔습니
다.
10 그러나 압살롬은 이스라엘의 모든 지파에
몰래 사자들을 보냈습니다. 사자들은 백
성들에게 "나팔 소리가 울리면, '압살롬이
헤브론에서 왕이 되었다!' 고 외치시오"라
고 말했습니다.
11 압살롬은 자기와 함께 갈 사람 이백 명을
초대했습니다. 그들은 압살롬과 함께 예루
살렘을 떠났지만 압살롬이 무슨 일을 꾸미
고 있는지는 몰랐습니다.
12 다윗에게 도움을 주던 사람 중에 아히도벨
이라는 사람이 있었는데, 아히도벨은 길로
마을 사람이었습니다. 압살롬은 제물을
바치는 동안 아히도벨의 고향인 길로로 사
람을 보내 아히도벨을 오게 하여 자기 편
으로 만들었습니다. 압살롬의 계획은 착
착 잘 진행되었습니다. 점점 많은 사람들
이 압살롬을 돕기 시작했습니다.
13 어떤 사람이 와서 "이스라엘 사람들이 압
살롬을 따르기 시작했습니다"라고 다윗에
게 소식을 전해 주었습니다.
14 그러자 다윗은 자기와 함께 예루살렘에 있
던 모든 신하들에게 말했습니다. "서둘러

떠나야겠다. 서두르지 않으면 압살롬에게
잡히고 말겠다. 압살롬이 우리를 잡으러
오기 전에 어서 이 곳을 떠나자. 압살롬은
우리를 해치고 예루살렘의 백성들까지 죽
일 것이다."
15 왕의 신하들이 왕에게 말했습니다. "무엇
이든지 왕께서 말씀하시는 대로 하겠습니
다."
16 왕은 자기 왕궁에 있던 모든 사람들을 데
리고 떠났습니다. 그러나 왕은 왕궁을 지
킬 후궁 열 명은 남겨 두었습니다.
17 왕은 자기를 따르는 모든 백성들과 함께
떠났습니다. 그들이 성을 빠져 나갈 때에
그 성의 마지막 집*에서 멈춰 섰습니다.
18 왕의 모든 종들이 왕의 곁을 지나갔습니
다. 모든 그렛 사람과 모든 블렛 사람과
왕의 호위병들도 왕의 곁을 지나갔습니
다. 가드에서 와서 다윗을 따랐던 육백 명
도 왕의 곁을 지나갔습니다.
19 왕이 가드 사람 잇대에게 물었습니다. "그
대는 어찌하여 나와 함께 가려 하느냐?
돌아가서 압살롬 왕과 함께 있어라. 그대
는 이방 사람이고, 이 곳은 그대의 고향
땅이 아니다.
20 그대가 나와 함께 있던 시간도 얼마 되지
않는데, 지금 와서 그대를 우리와 함께 다
른 곳으로 가게 할 수야 없지 않은가? 더
구나 나는 어디로 가야 할지도 모른다. 돌
아가거라. 그대의 형제들도 함께 데리고
가거라. 여호와의 은혜와 사랑이 그대와
함께 있기를 빈다."
21 그러나 잇대가 왕에게 말했습니다. "살아
계신 여호와와 왕께 맹세하지만, 저는 왕
과 함께 있겠습니다. 왕께서 어디로 가시
든지 왕과 함께 가겠습니다. 죽든지 살든
지 왕과 함께 있겠습니다."
22 다윗이 잇대에게 말했습니다. "정 그렇다
면 앞서서 가거라." 그리하여 가드 사람
잇대와 그의 모든 백성과 그들의 자녀들
도 왕의 곁을 지나갔습니다.
23 모든 백성은 왕의 곁을 지나가면서 큰 소
리로 울었습니다. 다윗 왕도 기드론 골짜
기를 건넜습니다. 그후에 모든 백성은 광
야 쪽으로 나아갔습니다.
24 사독과 모든 레위 사람들은 하나님의 언약
궤를 지고 있었습니다. 그들은 그 하나님
의 궤를 내려 놓았습니다. 모든 백성이 예
루살렘 성을 떠날 때까지 아비아달이 제물
을 바쳤습니다.
25 왕이 사독에게 말했습니다. "하나님의 궤
를 성안으로 다시 가지고 가시오. 여호와
께서 만약 나에게 은혜를 베푸신다면 나
를 다시 돌아가게 해 주실 것이오. 여호
와께서는 언약궤와 예루살렘을 다시 볼 수
있게 해 주실 것이오.
26 그러나 주께서 나에게 은혜를 베푸시지
않는다 해도 어쩔 수 없소. 주 뜻대로 하
시기를 바랄 뿐이오."
27 왕이 또 제사장 사독에게 말했습니다. "그
대는 선견자요. 평안히 성으로 돌아가시
오. 그대의 아들 아히마아스와 아비아달의
아들 요나단을 데리고 가시오.
28 광야로 들어가는 길목에서 그대가 소식을
전해 주기를 기다리고 있겠소."
29 그리하여 사독과 아비아달은 하나님의 궤
를 가지고 예루살렘으로 돌아가서 거기에
머물러 있었습니다.
30 다윗은 울면서 올리브 산으로 올라갔습니
다. 다윗은 두 손으로 머리를 가리고 맨
발로 올라갔습니다. 다윗과 함께 한 모든
백성도 자기 머리를 가렸습니다. 그들도
울면서 올라갔습니다.
31 누군가가 다윗에게 말했습니다. "왕을 배
반하여 압살롬과 함께 음모를 꾸민 사람
중에 아히도벨도 있습니다." 그 말을 듣고
다윗이 기도드렸습니다. "여호와시여, 아

알아두세요

15:17 개역 성경에는 '벧메르학'으로 표기되어 있는데, 이는 '먼 궁'이란 뜻이다.

지파(15:10 tribe) 종파에서 갈라져 나간 파. 부족.
선견자(15:27 seer) 하나님의 말씀을 받아 백성들에게 전해 주는 사람.

히도벨의 계획을 어리석은 것으로 만들어 주십시오."

32 다윗이 산꼭대기에 이르렀습니다. 그 곳은 다윗이 하나님께 예배드리던 장소였습니다. 아렉 사람 후새가 다윗을 맞아들였습니다. 후새의 옷은 찢어져 있었고, 머리에는 흙을 덮어썼습니다. 그것은 슬픔을 나타내는 표시였습니다.

33 다윗이 후새에게 말했습니다. "그대가 나와 함께 간다면, 그대는 짐만 될 뿐이오.

34 그러나 만약 그대가 성으로 돌아간다면, 그대는 아히도벨의 계획을 쓸모없는 것으로 만들 수 있소. 압살롬에게 말하시오. '내 왕이시여, 저는 왕의 종입니다. 전에는 제가 왕의 아버지를 섬겼으나 이제는 왕을 섬기겠습니다.'

35 제사장 사독과 아비아달이 그대와 함께 있을 것이오. 그대는 왕궁에서 들은 모든 일을 그들에게 이야기해 주어야 하오.

36 사독의 아들 아히마아스와 아비아달의 아들 요나단이 그들과 함께 있소. 그들을 보내어 그대가 들은 모든 것을 나에게 전해 주시오."

37 그리하여 다윗의 친구 후새는 예루살렘으로 들어갔습니다. 바로 그 무렵에 압살롬도 예루살렘에 이르렀습니다.

시바가 다윗을 만나다

16 다윗이 올리브 산꼭대기를 지나서 얼마 가지 않았을 때, 므비보셋의 종 시바가 다윗에게 나아왔습니다. 시바는 안장을 얹은 나귀 두 마리를 가지고 있었습니다. 나귀의 등에는 빵 이백 개와 마른 포도 백 송이, 그리고 무화과 과자 백 개가 실려 있었습니다. 포도주가 가득 든 가죽 부대들도 있었습니다.

2 왕이 시바에게 물었습니다. "왜 이런 것들을 가지고 왔느냐?" 시바가 대답했습니다. "나귀들은 왕의 가족들이 타시라고 끌고 왔습니다. 빵과 무화과 과자는 종들이 먹으라고 가져왔습니다. 포도주는 누구든지 광야에서 지쳤을 때, 마시라고 가져왔습니다."

3 왕이 물었습니다. "므비보셋은 어디에 있느냐?" 시바가 대답했습니다. "므비보셋은 예루살렘에 남아 있습니다. 므비보셋은 '이제는 이스라엘 백성들이 내 아버지의 나라를 나에게 돌려 주겠지'라고 생각하고 있습니다."

4 그 말을 듣고 왕이 시바에게 말했습니다. "좋다. 므비보셋이 가졌던 모든 것을 이제 너에게 준다." 시바가 말했습니다. "내 주 왕이시여, 고맙습니다. 언제나 왕에게 은혜를 입으면 좋겠습니다."

시므이가 다윗을 저주하다

5 다윗 왕이 바후림에 이르렀을 때, 어떤 사람이 그 곳에서 나왔습니다. 그 사람은 사울의 집안 사람이었습니다. 그는 게라의 아들 시므이였습니다. 시므이는 나오면서 다윗을 저주했습니다.

6 시므이는 다윗과 그의 신하들을 향해 돌을 던지기 시작했습니다. 그러나 백성들과 군인들이 빙 둘러서 다윗을 지켰습니다.

7 시므이는 이런 말로 다윗을 저주했습니다. "이 살인자야, 이 나쁜 놈아, 가거라, 가!

성경 자세히 이해하기

슬프면 머리에 흙을 뒤집어썼다

흙을 머리에 뒤집어쓰는 행위는 옷을 찢는 것과 마찬가지로 슬픔의 표현이었습니다. 대영박물관에는 아바도스에서 가져온 한 비석이 있는데 거기에는 자기 머리에 흙을 뿌리며 슬퍼하는 사람들의 모습이 새겨져 있습니다. 이 관습은 매우 오래된 것이었습니다. 이스라엘 백성들이 아이 전투에서 패했을 때 여호수아는 장로들과 더불어 *머리에 티끌을 뒤집어썼습니다*(수 7:6). 다말도 수치를 당한 뒤에 재를 머리에 뒤집어썼습니다(삼하 13:19).

본문 보기 15장 32절

안장(16:1 saddle) 사람이 올라앉을 수 있도록 나귀·말 따위의 등에 얹는 도구.

비참함(16:12 misery) 슬프고 끔찍함.

8 네가 사울의 집안 사람들을 죽였기 때문
에, 여호와께서 너에게 벌을 주고 계신
다. 너는 사울의 왕 자리를 빼앗았다. 그
러나 이제 주께서 네 나라를 네 아들 압
살롬에게 주셨다. 너 같은 살인자는 망해
야 한다."
9 스루야의 아들 아비새가 왕에게 말했습니
다. "왕이시여, 왜 저 죽은 개만도 못한
자가 왕을 저주하도록 그냥 내버려 두십
니까? 제가 가서 저놈의 머리를 베어 버
리겠습니다."
10 그러나 왕이 대답했습니다. "스루야의 아
들들이여, 이 일은 그대들과 상관이 없
소. 저 사람이 나를 저주하도록 여호와께
서 시키셨다면, 누가 뭐라고 할 수 있겠
소?"
11 다윗은 또 아비새와 자기의 모든 신하들에
게 말했습니다. "내 아들이 나를 죽이려
고 하는 판인데, 저 베냐민 사람이야 말해
무엇하겠소? 저 사람을 그냥 내버려 두시
오. 나를 저주하게 놔 두시오. 이 일은 여
호와께서 시키신 일이오.
12 어쩌면 여호와께서 내 비참함을 보시고
오늘 시므이가 말한 저주 대신 오히려 더
좋은 것으로 나에게 복을 주실지도 모르
지 않소?"
13 그리하여 다윗과 그의 신하들은 계속 길
을 갔습니다. 그러나 시므이는 다윗을 계
속 따라왔습니다. 시므이는 길 맞은편 언
덕 위를 걸었습니다. 시므이는 계속 다윗
에게 저주를 퍼부으면서 돌과 흙을 던졌
습니다.
14 왕과 그의 모든 백성은 요단 강에 이르렀
습니다. 그들은 너무나 지쳐서 그 곳에서
쉬었습니다.
15 그러는 동안, 압살롬과 아히도벨, 이스라엘
의 모든 무리는 예루살렘에 이르렀습니다.
16 다윗의 친구 아렉 사람 후새가 압살롬에게
와서 말했습니다. "왕이여, 만세! 왕이여,
만세!"
17 압살롬이 후새에게 말했습니다. "이것이
친구의 은혜에 보답하는 것인가? 왜 그대
의 친구와 함께 가지 않았소?"
18 후새가 말했습니다. "저는 여호와와 이 백
성들과 이스라엘의 모든 무리가 뽑은 사람
편입니다. 저는 왕과 함께 있겠습니다.
19 전에는 왕의 아버지를 섬겼지만 이제는
누구를 섬기겠습니까? 다윗의 아드님입니
다! 저는 왕을 섬기겠습니다."

아히도벨의 계획

20 압살롬이 아히도벨에게 말했습니다. "이제
어떻게 하면 좋겠는지 말해 보시오."
21 아히도벨이 말했습니다. "왕의 아버지는
후궁 몇 사람을 남겨서 왕궁을 지키게 했
습니다. 그들과 함께 잠자리에 드십시오.
그리하시면 모든 이스라엘은 왕의 아버지
가 왕을 원수로 여기고 있다는 것을 알게
될 것입니다. 그러면 왕의 모든 백성이 더
욱 힘을 합하여 왕을 도와 줄 것입니다."
22 그리하여 사람들이 압살롬을 위해 왕궁 지
붕 위에 장막을 쳤습니다. 그리고 압살롬
은 이스라엘 사람들이 보는 앞에서 자기
아버지의 후궁들과 함께 잠자리를 가졌습
니다.
23 그 때에 사람들은 아히도벨의 계획이 하나
님의 말씀만큼이나 믿을 만하다고 생각했
습니다. 그래서 다윗은 물론 압살롬도 다
그의 말을 의심없이 그대로 따랐습니다.

17 아히도벨이 압살롬에게 말했습니다.
"군인 만 이천 명을 뽑게 해 주십시

성경 인물

시므이 사울의 친척뻘 되는 베냐민 지파 사람으로 다윗이 압살롬에게 쫓겨 바후림에 왔을 때, 그에게 돌을 던지며 저주하였습니다(삼하 16:5-6). 다윗의 신하 아비새가 그를 죽이려 하자 다윗은 하나님께서 그렇게 하도록 시키신 것이라고 하면서 살려 주었습니다. 후에 다윗이 예루살렘 성으로 돌아오자, 그는 자신의 잘못을 시인하며 용서를 빌었습니다(삼하 19:16-20). 그후 다윗의 유언에 따라 솔로몬은 그에게 예루살렘을 벗어나지 못하도록 명령했습니다. 그러나 그는 이를 어겨 결국 죽임을 당합니다(왕상 2:36-46).

본문 보기 16장 5절

오. 오늘 밤 다윗을 뒤쫓겠습니다.
2 다윗이 지치고 약할 때, 따라잡겠습니다.
다윗에게 겁을 주면 그의 모든 백성은 도
망칠 것입니다. 저는 다윗 왕만을 죽이겠
습니다.
3 다른 사람들은 모두 왕에게 다시 데리고
오겠습니다. 왕이 찾으시는 사람이 죽으
면, 다른 사람은 다 평안히 돌아올 것입
니다."
4 이 계획을 들은 압살롬과 이스라엘의 모든
지도자들은 좋은 계획이라고 생각했습니
다.
5 그러나 압살롬은 "아렉 사람 후새를 불러
라. 그의 말도 듣고 싶다"라고 말했습니
다.
6 그래서 후새가 압살롬에게 왔습니다. 압살
롬이 말했습니다. "아히도벨은 이런 계획
을 가지고 있소. 그의 계획대로 하는 것
이 좋겠소? 그렇지 않다면 그대 생각을
말해 보시오."
7 후새가 압살롬에게 말했습니다. "아히도벨
의 계획이 지금은 좋지 않습니다."
8 후새는 계속해서 이렇게 말했습니다. "왕
께서도 아시듯이 왕의 아버지 다윗과 그
의 부하들은 용사입니다. 그들은 새끼를
빼앗긴 곰만큼 화가 나 있습니다. 왕의 아
버지는 노련한 군인입니다. 다윗은 온 밤
을 백성들과 함께 지새우지 않을 것입니
다.
9 아마 다윗은 이미 동굴 속이나 다른 곳에
숨어 있을 것입니다. 만약 왕의 아버지가
왕의 군인들을 먼저 공격하기라도 하면,
백성들이 그 소식을 듣게 될 것이고, 그
들은 '압살롬을 따르는 자들이 졌다' 고 생
각할 것입니다.
10 그렇게 되면 아무리 사자처럼 용감한 사
람이라 하더라도 두려워지게 마련입니다.
모든 이스라엘 백성이, 왕의 아버지는 노
련한 군인이라는 것을 알고 있기 때문입
니다. 백성들은 다윗의 부하들이 용감하
다는 것을 알고 있습니다.
11 제 생각은 이렇습니다. 단에서 브엘세바까
지 모든 이스라엘 백성을 모으십시오. 바
닷가의 모래알처럼 많은 백성이 될 것입
니다. 그런 다음에 왕께서 직접 싸움터로
가셔야 합니다.
12 우리는 다윗이 숨어 있는 곳에 들이닥칠
수 있을 것입니다. 우리는 땅에 내리는 이
슬처럼 다윗을 덮칠 것이고, 다윗과 그의
모든 부하를 죽일 것입니다. 아무도 살아
남지 못할 것입니다.
13 만약 다윗이 어떤 성으로 도망친다 합시
다. 그러면 모든 이스라엘 백성이 그 성으
로 밧줄을 가지고 가서 성을 동여맨 다음
골짜기로 끌고 갈 것입니다. 작은 돌 한
개라도 남지 못할 것입니다."
14 압살롬과 모든 이스라엘 백성이 말했습니
다. "아렉 사람 후새의 계획이 아히도벨의
계획보다 낫다." 그들이 이렇게 말한 까
닭은 여호와께서 아히도벨의 좋은 계획을
방해하기로 작정하셨기 때문입니다. 또
그것은 여호와께서 압살롬을 망하게 하려
고 작정하셨기 때문입니다.
15 후새는 이 사실을 제사장인 사독과 아비아
달에게 말해 주었습니다. 후새는 아히도벨
이 압살롬과 이스라엘의 장로들에게 내놓
은 생각을 이야기했습니다. 그리고 후새
는 자기가 내놓은 생각도 말해 주었습니
다.
16 후새가 말했습니다. "서두르십시오! 사람

성경 인물 **아비아달** 아론의 아들인 이다말의 후손으로 아히멜렉의 아들이었습니다(삼상 22:20). '도엑 사건', 즉 사울이 아히멜렉과 85명의 제사장 후손들을 몰살할 때, 기적적으로 살아 남았습니다(삼상 22:9-20). 다윗 왕 시대에는 증거궤가 있는 예루살렘 성막과 기브온 성막 등 두 곳의 성막이 있었는데, 아비아달은 예루살렘 성막의 대제사장직을 수행하였고, 기브온 성막은 사독이 대제사장이었습니다. 다윗과 함께 동고동락하면서 대제사장직을 수행하였지만, 솔로몬 왕 때 아도니야가 주도한 반란에 가담하였다가 파면당했습니다(왕상 1장).

본문 보기 17장 15절

을 다윗에게 보내십시오. 오늘 밤은 광야
로 들어가는 길목에서 묵지 말고 당장에
요단 강을 건너라고 말씀드리십시오. 강
을 건너시면 다윗 왕과 그의 모든 백성은
붙잡히지 않을 것입니다."
17 요나단과 아히마아스는 성으로 들어가는
것을 남들이 보게 될까봐 겁이 나서 성의
한적한 곳인 엔로겔에서 기다리고 있었습
니다. 그래서 한 여종이 그들에게 가서 소
식을 전해 주곤 했습니다. 그러면 요나단
과 아히마아스는 그 소식을 다시 다윗 왕
에게 전해 주었습니다.
18 그런데 어떤 소년이 요나단과 아히마아스
를 보고 압살롬에게 고자질했습니다. 그
래서 요나단과 아히마아스는 급히 달려서
바후림에 있는 어떤 사람의 집으로 숨었
습니다. 그 집의 뜰에는 우물이 있었는
데, 요나단과 아히마아스는 그 우물 속으
로 내려갔습니다.
19 그후에 집 주인의 아내가 덮을 것을 가져
다 우물 위를 덮어 버렸습니다. 그리고 나
서 그 위에 곡식을 널어 놓았습니다. 아
무도 요나단과 아히마아스가 그 곳에 숨어
있다는 것을 알 수 없었습니다.
20 압살롬의 종들이 여자의 집으로 와서 물
었습니다. "요나단과 아히마아스가 어디에
있느냐?" 여자가 대답했습니다. "벌써 시
내를 건너가고 없습니다." 그 말을 듣고
압살롬의 종들은 요나단과 아히마아스를
찾으러 나섰습니다. 그러나 그들을 찾을
수 없었고, 예루살렘으로 되돌아갔습니다.
21 압살롬의 종들이 돌아간 후에 요나단과 아
히마아스는 우물에서 나왔습니다. 그들은
다윗 왕에게 가서 이렇게 말했습니다. "서
두르십시오. 강을 건너십시오. 아히도벨이
왕을 해칠 계획을 세웠습니다."
22 그리하여 다윗과 그의 모든 백성은 요단
강을 건넜습니다. 날이 샐 무렵에는 한 사
람도 빠짐없이 요단 강을 건넜습니다.
23 아히도벨은 이스라엘 백성이 자기의 계획
을 받아들이지 않는 것을 보고 나귀에 안
장을 지워 고향으로 돌아갔습니다. 아히
도벨은 자기 집안 일과 재산을 정리한 뒤
에 목을 매고 죽었습니다. 아히도벨이 죽
자, 사람들은 그를 그의 아버지의 무덤에
묻어 주었습니다.

다윗과 압살롬 사이의 전쟁

24 다윗이 마하나임에 이르렀을 때에 비로소
압살롬과 그의 모든 이스라엘 백성은 요단
강을 건넜습니다.
25 압살롬은 요압을 대신해서 아마사를 군대
의 총사령관으로 임명했습니다. 아마사는
이스마엘* 사람인 이드라의 아들이었습니
다. 아마사의 어머니는 나하스의 딸이자
요압의 어머니인 스루야의 동생 아비가일
이었습니다.
26 압살롬과 모든 이스라엘 백성은 길르앗 땅
에 진을 쳤습니다.
27 다윗이 마하나임에 이르렀을 때에 그 곳에
는 소비와 마길과 바르실래가 있었습니다.
나하스의 아들 소비는 랍바라는 암몬 사람
들의 성에서 왔고, 암미엘의 아들 마길은
로데발에서 왔고, 바르실래는 길르앗 땅 로
글림에서 왔습니다.
28 그들은 침대와 대야와 질그릇을 가지고
왔습니다. 또한 밀과 보리와 밀가루와 볶
은 곡식과 콩과 팥도 가지고 왔습니다.
29 그들은 또 꿀과 버터와 양과 치즈도 가지
고 와서 다윗과 백성들에게 주었습니다.
왜냐하면 백성들이 광야에서 굶주리고 지
치고 목마를 것이라고 생각했기 때문입니
다.

18 다윗은 자기와 함께한 사람들의 수
를 세어 보았습니다. 다윗은 천 명
씩, 그리고 백 명씩 나누어 그 위에 지휘

알아두세요

17:25 개역 성경에는 '이스라엘'이라고 표기되어 있다.

노련한(17:8 experienced) 오랫동안 경험을 쌓아 익숙하고 솜씨가 있는.
작정(17:14 decision) 마음 속으로 어떤 일을 결정하는 것.
한적한(17:17 quiet) 한가하고 고요한.

관을 세웠습니다.
2 다윗은 군대를 세 부대로 나눴습니다. 요
압이 한 부대를 지휘했고, 스루야의 아들
이자 요압의 동생인 아비새가 또 한 부대
를 지휘했습니다. 가드 사람 잇대도 나머
지 한 부대를 지휘하게 되었습니다. 다윗
왕이 그들에게 말했습니다. "나도 그대들
과 함께 가겠소."
3 그러나 그들이 말했습니다. "안 됩니다!
왕께서는 우리와 같이 가시면 안 됩니다.
만약 우리가 싸움터에서 도망친다 해도
압살롬의 부하들은 우리에게 마음을 쓰지
않을 것입니다. 우리 중 절반이 죽는다 해
도 압살롬의 부하들은 신경쓰지 않을 것
입니다. 왕께서는 우리들 만 명만큼이나
귀하십니다. 그러니 왕께서는 성에 그대
로 머물러 계시는 것이 좋습니다. 그러다
가 우리에게 도움이 필요해지면 그 때 도
와 주십시오."
4 왕이 자기 백성들에게 말했습니다. "그대
들이 좋다고 생각하는 대로 하겠소." 그
리하여 군대가 밖으로 나갈 때, 왕은 그
냥 성문 곁에 서 있었습니다. 군대는 백
명씩, 천 명씩 무리지어 나갔습니다.
5 왕이 요압과 아비새와 잇대에게 명령을 내
렸습니다. "나를 봐서라도 어린 압살롬을
너그럽게 대해 주시오." 왕이 압살롬에 대
해서 지휘관들에게 내린 명령을 모든 백

성경 인물

압살롬

다윗의 셋째 아들로 빼어난 용모를 지니고 있었습니다. 여동생 다말을 이복형인 암논이 성폭행하자 그를 살해하고 이에 노한 다윗을 피해 외갓집에 가서 3년간 도피생활을 했습니다(삼하 13:28-29,37-38). 요압 장군의 중재로 다윗과 화해했지만 반란을 일으켜 다윗과 전쟁을 하였습니다(삼하 15:1-12). 다윗의 군대와 싸우던 중, 도망가다가 머리털이 상수리나무에 걸려 요압 장군에게 죽임을 당하게 됩니다(삼하 18:9-18).

본문 보기 18장

성들이 다 들었습니다.
6 다윗의 군대가 압살롬의 이스라엘 사람들
과 맞서 싸우기 위해 들로 나갔습니다. 그
들은 에브라임 숲에서 싸웠습니다.
7 이 싸움에서 다윗의 군대는 이스라엘 사람
들을 물리쳐 이겼습니다. 그 날에 죽은 사
람만 해도 무려 이만 명이나 되었습니다.
8 싸움이 나라 전체에 퍼졌지만, 그 날, 숲
속에서 도망치다 죽은 압살롬의 부하들은
칼에 맞아 죽은 사람보다 더 많았습니다.

압살롬이 죽다

9 그 때에 압살롬은 우연히 다윗의 군대와
마주쳤습니다. 압살롬은 노새를 타고 있
었는데, 마침 달리던 그 노새가 커다란 상
수리나무 아래로 지나가게 되었습니다.
그 나무의 가지들은 매우 굵었습니다. 노
새를 타고 달리던 압살롬의 머리가 그만
그 나뭇가지에 걸리고 말았습니다. 노새
는 그래도 그냥 달려갔습니다. 그래서 압
살롬은 나뭇가지에 걸린 채 공중에 매달
리게 되었습니다.
10 어떤 사람이 그 모습을 보고 요압에게 그
사실을 이야기했습니다. "압살롬이 상수
리나무에 매달려 있는 것을 보았습니다."
11 요압이 그에게 말했습니다. "네가 압살롬
을 보았느냐? 그렇다면 왜 죽여서 땅에
떨어지게 하지 않았느냐? 그렇게만 했다
면 너에게 은 열 개*와 띠 하나를 주었을
것이다."
12 그 사람이 대답했습니다. "제게 은 천 개*
를 준다 해도 왕자를 해치고 싶지 않았습
니다. 우리는 왕께서 장군님과 아비새와 잇
대에게 내리신 명령을 들었습니다. 왕께서
는 '어린 압살롬을 해치지 않도록 조심하
라'고 말씀하셨습니다.
13 만약 내가 왕의 명령을 듣지 않고 압살롬
을 죽였다면, 왕께서는 반드시 그 사실을
알아 내셨을 것입니다. 그 때에는 장군님
도 저를 보호해 주지 않으실 겁니다."
14 요압이 말했습니다. "여기에서 너하고 이
러고 있을 시간이 없다." 요압이 압살롬에
게 달려갔습니다. 압살롬은 그 때까지 아

직 산 채로 나무에 매달려 있었습니다. 요압은 창 세 자루를 집어 들어서 압살롬의 가슴을 꿰뚫었습니다.

15 그걸 보고 요압의 무기를 들고 다니는 젊은 군인 열 명도 모여 압살롬을 둘러쌌습니다. 그들은 압살롬을 쳐죽였습니다.

16 그리고 나서 요압은 나팔을 불었습니다. 그러자 다윗의 부대들은 압살롬의 군사들을 뒤쫓는 일을 멈추었습니다.

17 그후에 요압의 부하들이 압살롬의 시체를 가지고 갔습니다. 그들은 그 시체를 숲 속의 커다란 구덩이에 던져 넣고 나서 구덩이를 수많은 돌로 메워 버렸습니다. 압살롬을 따르던 모든 이스라엘 사람들은 집으로 도망쳤습니다.

18 압살롬은 죽기 전에 '왕의 골짜기'에 한 기둥을 세워 자기를 스스로 기념한 일이 있습니다. 압살롬은 "내 이름을 전할 아들이 내게는 없다"는 말을 했습니다. 그래서 압살롬은 자기 이름을 따서 그 기둥을 세웠습니다. 오늘날에도 그 기둥은 '압살롬의 기념비'라고 부릅니다.

19 사독의 아들 아히마아스가 요압에게 말했습니다. "달려가서 다윗 왕에게 이 소식을 전하겠습니다. 여호와께서 원수를 무찔러 주셨다고 왕에게 전하겠습니다."

20 요압이 아히마아스에게 말했습니다. "안 된다. 오늘은 이 소식을 전하지 마라. 다른 날에도 이 소식은 전할 수 있으니 네가 오늘 이 소식을 전하지 마라. 왜냐하면 왕자가 죽었기 때문이다."

21 그리고 나서 요압은 어떤 구스 사람에게 말했습니다. "가거라. 가서 왕에게 네가 본 대로 말씀드려라." 구스 사람은 요압에게 절을 하고 다윗에게 달려갔습니다.

22 그러나 사독의 아들 아히마아스가 요압에게 다시 말했습니다. "무슨 일이 일어나도 좋으니 제발 저도 저 구스 사람과 함께 가게 해 주십시오." 요압이 말했습니다. "얘야, 어찌하여 이 소식을 그렇게 전하고 싶어하느냐? 이 소식을 가지고 간다고 해서 상을 받을 것도 아닌데."

23 아히마아스가 대답했습니다. "무슨 일이 일어나든 저는 가겠습니다." 할 수 없이 요압은 아히마아스에게 "가거라!" 하고 말했습니다. 그리하여 아히마아스는 요단 강 골짜기 길을 달려서 구스 사람을 앞질러 갔습니다.

24 그 때에 다윗은 성의 안쪽 문과 바깥쪽 문 사이에 앉아 있었습니다. 파수꾼이 망대에 올라가서 보니, 어떤 사람이 혼자서 달려오고 있었습니다.

25 파수꾼이 이 사실을 다윗 왕에게 큰 소리로 알려 주었습니다. 왕이 말했습니다. "혼자서 온다면 아마 좋은 소식을 가지고 오겠지." 그 사람은 점점 성으로 가까이 왔습니다.

26 그 때에 파수꾼은 또 다른 사람이 달려오고 있는 것을 보았습니다. 파수꾼이 문지기에게 외쳤습니다. "보라! 또 다른 사람이 달려오고 있다!" 왕이 말했습니다. "그 사람도 좋은 소식을 가져오겠지."

27 파수꾼이 말했습니다. "앞에서 달려오는 사람은 사독의 아들 아히마아스 같습니다." 왕이 말했습니다. "아히마아스는 좋은 사람이다. 그 사람이 가지고 오는 소식은 반드시 좋은 소식일 것이다."

28 아히마아스가 왕에게 인사를 드렸습니다. 아히마아스는 얼굴을 땅에 대고 왕에게 절

압살롬의 기둥으로 전해지는 석조 기념비(18:18)

알아두세요

18:11 은 10세겔에 해당되며, 무게는 약 114g이다.

18:12 은 1,000세겔에 해당되며, 무게는 약 11.4kg이다.

을 했습니다. 그리고 이렇게 말했습니다.
"왕의 하나님 여호와를 찬양합니다. 여호
와께서 내 주 왕에게 대적하는 사람들을
물리치셨습니다."
29 왕이 물었습니다. "어린 압살롬은 잘 있느
냐?" 아히마아스가 재치있게 대답했습니
다. "요압이 저를 보낼 때에 압살롬이 있
는 곳에 큰 소란이 일어나는 것을 보았지
만 무슨 일인지는 모르겠습니다."
30 그러자 왕이 말했습니다. "물러나 있어
라." 아히마아스는 옆으로 물러나서 가만
히 서 있었습니다.
31 그 때에 구스 사람이 이르러서 말했습니
다. "내 주 왕이시여! 좋은 소식을 가지고
왔습니다. 오늘 여호와께서 왕께 대적하
는 사람들에게 벌을 내리셨습니다."
32 왕이 구스 사람에게 물었습니다. "어린 압
살롬은 잘 있느냐?" 구스 사람이 대답했
습니다. "왕의 원수들과 왕을 해치려 하
는 사람들은 다 그 압살롬처럼 되기를 바
랍니다."
33 그제서야 왕은 압살롬이 죽었다는 것을 알
았습니다. 왕은 마음이 찢어질 듯이 아팠
습니다. 왕은 성문 위에 있는 방으로 올
라가서 "내 아들 압살롬아, 내 아들 압살
롬아! 차라리 내가 죽어야 되는 건데! 압
살롬아, 내 아들아, 내 아들아!" 하며 울
었습니다.

요압이 다윗을 나무라다

19 백성들이 요압에게 말했습니다. "왕
이 압살롬 때문에 너무 슬퍼하며 울
고 계십니다."
2 다윗의 군대는 압살롬과의 싸움에서 이겼
으나, 그 날은 오히려 모든 백성에게 슬픔
의 날이 되고 말았습니다. 그것은 백성들
이 "왕께서 자기 아들 때문에 매우 슬퍼하
신다"는 이야기를 들었기 때문입니다.
3 백성들은 성으로 살며시 들어왔습니다.
그들은 마치 전쟁에서 지고 도망친 사람
들 같았습니다.
4 왕은 자기 얼굴을 가리고 "내 아들 압살롬
아, 압살롬아! 내 아들아, 내 아들아!" 하
고 외치며 소리 높여 울었습니다.
5 그 때에 요압이 왕의 집으로 들어가서 왕
에게 말했습니다. "오늘 왕께서는 왕의
모든 군대를 부끄럽게 만드셨습니다. 그
들은 오늘 왕의 목숨을 구해 주었습니다.
그들은 왕자들과 공주들과 왕비와 후궁들
의 목숨도 구해 주었습니다.
6 그런데도 왕께서는 왕을 미워하는 사람을
사랑하시고 왕을 사랑하는 사람들을 미워
하심으로 그들을 부끄럽게 만드셨습니다.
오늘 왕께서는 왕의 지휘관들과 군인들이
왕에게는 있으나마나 한 사람들이라는 사
실을 분명하게 보여 주셨습니다. 압살롬
이 살고 우리 모두가 죽었더라면, 왕께서
는 오히려 기뻐하셨을 것입니다.
7 자, 이제는 나가셔서 왕의 종들을 격려해
주십시오. 살아 계신 여호와께 맹세드리지
만 왕께서 나가지 않으시면 오늘 밤에 왕
의 곁에 남아 있을 사람은 아무도 없을 것
입니다. 그렇게 되면 왕께서는 젊은 시절
부터 지금까지 당해 온 모든 어려움보다
더욱 큰 어려움을 당하게 되실 것입니다."
8 이 말을 듣고 왕은 성문으로 나갔습니다.
그러자 왕이 성문에 나왔다는 소식이 퍼
졌고, 모든 사람들이 왕을 보러 나왔습니
다. 압살롬을 따랐던 모든 이스라엘 사람
들은 자기 집으로 도망쳤습니다.

다윗이 예루살렘으로 돌아가다

9 이스라엘의 모든 지파 사람들이 서로 다투
기 시작했습니다. 그들은 이렇게 말했습
니다. "왕은 우리를 블레셋 사람과 우리의
다른 원수들로부터 구해 주었다. 그러나

재치(18:29 wit) 눈치 빠르고 재빠르게 응하는 재주.
목숨(19:5 life) 사람이나 동물이 숨을 쉬며 살아 있는 힘. 생명.
격려(19:7 encouragement) 용기나 의욕이 솟아나도록 북돋아 주는 것.
제사장(19:11 priest) 하나님께 백성을 대신하여 제사를 드리던 사람.
장로(19:11 elder) 나이가 많은 사람. 곧 어떤 공동체의 지도자를 말한다.

지금 왕은 압살롬 때문에 이 나
라를 떠나 있다.
10 우리가 왕으로 세운 압살롬은 이
제 싸움터에서 죽고 말았다. 우
리는 다시 다윗을 왕으로 세워야
한다."
11 다윗 왕은 제사장 사독과 아비아
달에게 사람을 보내어 이렇게 말
했습니다. "유다의 장로들에게
말하시오. '나는 내 집에서도 모
든 이스라엘 백성들이 왕을 왕궁
으로 다시 모셔 오자고 말하는
소리를 들었소. 그런데 그대들은
어찌하여 왕을 왕궁으로 모시는
일에 가만히들 있는 거요?
12 그대들은 나의 형제요, 나의 집
안 사람들이오. 그런데 어찌하
여 그대들은 왕을 다시 모시는
일에 아무 말이 없소?'
13 그리고 압살롬을 따랐던 아마사
에게 말하시오. '그대는 내 집안
사람 중 한 사람이오. 내가 그대를
군대의 사령관으로 삼겠소. 만약 내가 요
압 대신 그대를 군대의 사령관으로 임명
하지 않는다면 하나님께서 나에게 벌을
주셔도 좋소.'"
14 다윗이 모든 유다 백성의 마음을 움직였습
니다. 유다 백성은 하나같이 마음이 모아
졌습니다. 그들은 왕에게 사람을 보내어
이렇게 말했습니다. "모든 신하들과 함께
돌아오십시오."
15 그리하여 왕이 요단 강까지 돌아왔을 때,
유다 사람들은 길갈로 와서 왕을 맞이했습
니다. 그들은 왕이 요단 강을 건너는 것
을 도와 주려 했습니다.
16 게라의 아들 시므이는 베냐민 사람이었습
니다. 시므이는 바후림에 살았습니다. 시
므이는 유다 사람들과 함께 서둘러 내려와
서 다윗 왕을 맞이했습니다.
17 시므이와 함께 베냐민 사람 천 명도 왔습
니다. 사울 집안의 종인 시바도 왔습니다.
시바는 자기 아들 열다섯 명과 종 스무 명

압살롬의 죽음을 슬퍼하는 다윗(18:33)

을 데리고 왔습니다. 그들은 모두 서둘러
요단 강으로 내려가서 왕을 맞이했습니다.
18 사람들은 요단 강을 건너서 왕의 가족이
유다로 돌아오는 것을 도와 주었습니다.
그들은 왕의 마음이 기쁘도록 애를 썼습
니다. 왕이 강을 막 건너려 할 때에 게라
의 아들 시므이가 왕에게 나아왔습니다.
시므이는 얼굴을 땅에 대고 왕 앞에서 절
을 했습니다.
19 시므이가 왕에게 말했습니다. "내 주여,
저의 죄를 마음에 품지 말아 주십시오. 왕
께서 예루살렘을 떠나셨을 때, 제가 저지
른 죄를 기억하지 말아 주십시오.
20 저의 죄를 제가 압니다. 그래서 요셉의 집
안 중에서 제가 제일 먼저 내려와서 왕을
모시는 것입니다. 내 주 왕이시여!"
21 그러나 스루야의 아들 아비새가 말했습니
다. "시므이는 죽어야 합니다. 시므이는 여
호와께서 기름 부어 세우신 왕을 저주했
습니다."

22 다윗이 말했습니다. "스루야의 아들들이
여, 이 일이 그대들과 무슨 상관이 있소?
그대들은 오늘 나와 원수가 되려 하고 있
소. 오늘은 이스라엘에서 아무도 죽임을
당하지 않을 것이오. 오늘은 내가 이스라
엘의 왕이 된 날이 아니오?"
23 그리고 나서 왕이 시므이에게 말했습니
다. "너는 죽임을 당하지 않을 것이다."
왕은 이처럼 시므이에게 약속을 했습니
다.
24 사울의 손자인 므비보셋도 다윗 왕을 맞이
하러 내려왔습니다. 므비보셋은 왕이 예루
살렘을 떠난 날부터 평안히 돌아올 때까
지 발도 씻지 않고 수염도 깎지 않고 옷
도 빨지 않았습니다.
25 므비보셋이 예루살렘에서 왕을 맞으러 왔
습니다. 왕이 므비보셋에게 물었습니다.
"므비보셋아, 너는 어찌하여 나와 함께 가
지 않았느냐?"
26 므비보셋이 대답했습니다. "내 주여, 저의
종 시바가 저를 속였습니다. 저는 시바에
게 '나는 다리를 저니 나귀에 안장을 채
워 다오. 나귀를 타고 왕을 따라가겠다'
하고 말했습니다.
27 그러나 시바는 저를 속이고 저에 대해 왕
께 거짓말을 했습니다. 내 주
왕이시여, 왕께서는 하나님
이 보내신 천사와도 같으
신 분입니다. 그러니 왕
께서 판단하시기에 옳
은 대로 결정하십시오.
28 제 아버지의 모든 집안
은 내 주 왕 앞에서 죽
어 마땅했으나, 왕께서
는 저를 왕의 식탁에서
함께 먹는 사람들 가
운데 앉혀 주셨습
니다. 그러니 이
제 저는 왕께 더
바랄 것이 없습
니다."
29 왕이 므비보셋에게
말했습니다. "그만두어라. 너와 시바가 땅
을 나누어 가져라."
30 므비보셋이 왕에게 말했습니다. "시바에게
땅을 다 주십시오. 저는 내 주 왕께서 집
에 평안히 돌아오신 것만으로도 만족합니
다."
31 길르앗 사람 바르실래가 로글림에서 왕을
배웅하기 위하여 요단에 왔습니다.
32 바르실래는 여든 살이나 된 아주 늙은 사
람이었고, 아주 부자였습니다. 바르실래는
다윗이 마하나임에 머물러 있을 때, 왕을
돌보아 주었습니다.
33 다윗이 바르실래에게 말했습니다. "나와
함께 강을 건너서 예루살렘으로 갑시다.
그러면 내가 그대를 돌보아 드리겠소."
34 그러나 바르실래가 왕에게 대답했습니다.
"제 나이가 얼마인지 아십니까? 제가 왕
과 함께 예루살렘으로 갈 수 있다고 생각
하십니까?
35 제 나이가 여든 살입니다. 저는 먹고 마
셔도 맛을 모를 만큼 늙었습니다. 저는 젊
은 남자와 여자가 노래를 해도 그 소리를
알아들을 수 없을 만큼 늙었습니다. 그러
니 저와 같은 사람에게 마음을 쓰지 마십
시오.
36 저는 왕에게 상을 받을 자격이 없습니다.

다윗을 맞이하는 므비보셋(19:24-30)

왕을 모시고 요단 강을 건너기는 하겠습
니다.
37 하지만 그 다음에는 다시 돌아가서 제가
사는 성에서 죽음을 맞이할 수 있게 해 주
십시오. 제 부모님의 무덤 가까운 곳에서
죽게 해 주십시오. 하지만 여기에 왕의 종
김함이 있습니다. 내 주 왕이시여, 제 아
들 김함을 데리고 가셔서 왕께서 좋으실
대로 하십시오."
38 왕이 대답했습니다. "김함을 데리고 가겠
소. 그대가 원하는 것이라면 무엇이든지
김함에게 해 주겠소. 그리고 그대가 내게
원하는 것도 다 그대에게 해 주겠소."
39 모든 백성은 요단 강을 건너갔습니다. 왕
도 바르실래에게 입맞추고, 그에게 축복한
뒤, 강을 건너갔습니다. 바르실래는 자기
집으로 돌아갔습니다.
40 왕이 요단 강을 건너 길갈로 갈 때에 김함
도 함께 갔습니다. 유다의 모든 백성과 이
스라엘의 백성 절반이 왕을 모시고 나아
갔습니다.
41 이스라엘의 모든 백성이 왕에게 나아와 불
평했습니다. "우리 형제인 유다 사람들이
우리와 의논도 없이 왕과 왕의 가족들과
신하들을 요단 강 건너편으로 건네 주었
다는데 그들이 이럴 수 있습니까?"
42 유다의 모든 백성이 이스라엘 사람들에게
대답했습니다. "우리가 이 일을 한 까닭
은 왕이 우리의 가장 가까운 친척이기 때
문이오. 왜 이 일에 대해 화를 내시오? 우
리는 왕의 음식을 축내지도 않았소. 왕이
우리에게 선물을 주신 일도 없소."
43 이스라엘 사람들이 유다 백성에게 대답했
습니다. " 이 나라 안에서 우리의 지파 수
는 열이나 되오. 그러므로 우리는 여러분
보다 다윗 왕에게 더 많은 것을 요구할 수
있소. 그런데 한 지파밖에 안 되는 여러
분은 우리를 무시했소. 우리의 왕을 다시
모시는 일에 대해 어째서 우리와 먼저 상
의하지 않았소?" 그러나 유다 사람들은
이스라엘 사람들보다 더 강력하게 말을 했
습니다.

세바가 반란을 일으키다

20 비그리의 아들이며 이름이 세바인
난봉꾼이 있었습니다. 세바는 베
냐민 지파 사람이었습니다. 세바는 나팔을
불면서 이렇게 말했습니다. "우리는 다윗
과 상관이 없다. 우리는 이새의 아들에게
서 얻을 것이 없다. 이스라엘 백성아, 모
두 자기 집으로 돌아가자!"
2 그리하여 모든 이스라엘 백성이 다윗을 떠
나 비그리의 아들 세바를 따랐습니다. 그
러나 유다 사람들은 요단 강에서 예루살렘
에 이르기까지 자기 왕의 곁을 떠나지 않
았습니다.
3 다윗은 예루살렘에 있는 왕궁으로 돌아왔
습니다. 전에 다윗은 왕궁을 지키기 위해
후궁 열 명을 남겨 둔 일이 있습니다. 다
윗은 그 후궁들을 잡아다가 별실에 가두
고 보초들을 세워 놓았습니다. 후궁들은
죽을 때까지 그 집에 갇혀 살았습니다. 다
윗은 그들에게 음식을 주기는 했지만, 그
들과 함께 잠을 자지는 않았습니다. 그들
은 죽을 때까지 과부나 다름없이 살았습

성경 속의 궁금증

다윗은 하나님을 잘 섬기는 사람이었는데, 왜 부인을 여러 명 두었나요?

맨 처음 하나님은 아담과 하와를 통해 행복한 가정을 만드셨습니다. 즉 한 남자와 한 여자가 만나 결혼하는 것이 하나님의 뜻이었던 것이죠. 그런데 구약시대에는 하나님을 믿지 않는 사람들의 풍습을 따라 아내 말고도 다른 여자와 결혼하는 경우가 종종 있었습니다. 우리가 잘 알고 있는 야곱이나 다윗, 솔로몬도 많은 아내와 첩을 두고 있었습니다. 그런데 이런 사람들에게는 늘 문제가 끊이지 않았습니다. 하나님이 기뻐하지 않으시는 일이었기 때문입니다. 하나님은 한 남자와 한 여자가 믿음 안에서 결혼하여 행복하게 살라고 말씀하셨답니다.

본문 보기 20장 3절

난봉꾼(20:1 libertine) 말과 행동에 거짓이 많고 술과 여자에 빠져 행실이 나쁜 사람.

니다.
4 왕이 아마사에게 말했습니다. "유다 사람
들에게 삼 일 안으로 나에게 나아오라고
전하시오. 그리고 그대도 함께 오시오."
5 그리하여 아마사는 유다 사람들을 부르러
갔습니다. 그러나 아마사는 왕이 정한 기
간을 넘겨 버렸습니다.
6 다윗이 아비새에게 말했습니다. "우리에게
비그리의 아들 세바는 압살롬보다도 더 위
험하오. 내 부하들을 데리고 가서 세바를
뒤쫓으시오. 세바가 강하고 튼튼한 성을
찾기 전에 어서 서두르시오. 세바가 강하
고 튼튼한 성에 들어가게 되면 잡을 수 없
게 되오."
7 그리하여 요압의 부하들과 그렛 사람과 블
렛 사람, 그리고 모든 군인들이 아비새와
함께 갔습니다. 그들은 예루살렘에서 나와
비그리의 아들 세바를 뒤쫓았습니다.
8 요압과 그 군대가 기브온의 커다란 바위에
이르렀을 때, 아마사가 나와서 요압을 맞
이했습니다. 그 때 요압은 군복을 입고 있
었고 허리에는 띠를 차고 있었습니다. 그
띠에는 칼집이 있었고 칼집 안에는 칼이
들어 있었습니다. 요압이 앞으로 나서면
서, 그 칼집을 풀어 놓았습니다.
9 요압이 아마사에게 말했습니다. "형님, 모
든 일이 평안하시오?" 그러면서 요압은
오른손으로 아마사의 수염을 잡고 입을 맞
추었습니다.
10 아마사는 요압의 손에 칼이 있으리라곤 생
각도 못했습니다. 요압은 칼을 아마사의
배에 찔러 넣었습니다. 그러자 아마사의
창자가 땅 위에 쏟아졌습니다. 아마사는
그 자리에서 죽었기 때문에 요압이 다시
아마사를 칼로 찌를 필요가 없었습니다.
*그리고 나서 요압과 그의 동생 아비새*는
계속해서 비그리의 아들 세바를 뒤쫓았습
니다.
11 요압의 부하 중 한 사람이 아마사의 시체
곁에 서 있다가 말했습니다. "요압과 다윗
편에 있는 사람은 요압을 따르도록 하여
라!"
12 아마사는 피투성이가 된 채 길 한가운데
에 쓰러져 있었습니다. 요압의 부하들은,
지나가는 사람마다 그 시체를 보려고 멈
추는 것을 보고 아마사의 시체를 길에서
끌어다가 들에 놓아 두었습니다. 그리고
그 시체를 옷으로 덮어 주었습니다.
13 아마사의 시체가 길에서 치워지자, 모든
사람들이 요압을 따라갔습니다. 그들은 요
압과 함께 비그리의 아들 세바를 뒤쫓았습
니다.
14 세바는 이스라엘의 모든 지파 가운데로 이
리저리 다니다가 벧마아가의 아벨로 갔습
니다. 모든 베림 사람들도 와서 세바의 뒤
를 따라갔습니다.
15 요압과 그의 부하들도 벧마아가의 아벨로
가서 그 곳을 에워쌌습니다. 그들은 성을
공격하기 위해 성벽 곁에 흙을 쌓아 올렸
습니다. 또 성벽을 무너뜨리기 위해 성벽
아래를 파기 시작했습니다.
16 그런데 어떤 지혜로운 여자가 성에서 소
리를 질렀습니다. "제 말씀을 들어 보십
시오! 요압에게 이리로 좀 와 달라고 해
주십시오. 드릴 말씀이 있습니다."
17 그래서 요압이 여자가 있는 쪽으로 왔습
니다. 여자가 "요압 장군이십니까?" 하고
물었습니다. 요압이 "그렇소" 하고 대답했
습니다. 여자가 말했습니다. "제 말을 들
어 주십시오." 요압이 말했습니다. "듣고
있으니 말해 보시오."
18 그러자 여자가 말했습니다. "전에는 사람
들이 '도움말을 구할 일이 있으면 아벨로
가 보아라' 하고 말하곤 했습니다. 그러
면 문제가 풀렸습니다.
19 저는 평화를 좋아하는, 충성스런 이스라엘
백성 중 한 사람입니다. 장군께서는 이스
라엘의 중요한 성 하나를 멸망시키려 하
고 있습니다. 여호와의 성인 이 성을 왜
멸망시키려 하십니까?"
20 요압이 대답했습니다. "나는 결코 멸망시
키거나 무너뜨리려고 온 것이 아니오.
21 그런 일은 나도 바라지 않소. 하지만 이
성에는 에브라임의 산악 지방에서 온 사람

이 하나 있소. 그 사람의 이름은 비그리의
아들 세바인데 그 사람은 다윗 왕을 향해
반란을 일으켰소. 만약 그 사람을 나에게
데리고 오기만 하면 이 성을 그대로 내버
려 두겠소." 여자가 요압에게 말했습니다.
"그 사람의 머리를 장군님이 있는 성문 밖
으로 던지고 말겠습니다."
22 그리고 나서 그 여자는 성의 모든 백성에
게 매우 지혜롭게 말을 했습니다. 그들은
비그리의 아들 세바의 목을 잘랐습니다.
그리고 그 목을 성문 밖의 요압에게로 던
졌습니다. 그러자 요압은 나팔을 불었고
군대는 그 성을 떠났습니다. 모두 다 집
으로 돌아갔습니다. 요압은 왕이 있는 예
루살렘으로 돌아갔습니다.
23 요압은 다시 이스라엘 모든 군대의 총사령
관이 되었습니다. 여호야다의 아들 브나야
는 그렛 사람과 블렛 사람을 지휘했습니다.
24 아도니람은 강제 노동을 하는 사람들을 감
독했습니다. 아힐룻의 아들 여호사밧은 역
사 기록관이 되었습니다.
25 스와는 서기관이 되고, 사독과 아비아달은
제사장이 되었습니다.
26 아일 사람 이라는 다윗의 제사장이 되었습
니다.

기브온 사람들이 사울의 집안에 벌을 주다

21 다윗이 왕으로 있을 때에 기근이 있
었습니다. 기근은 삼 년 동안 계속
되었습니다. 그래서 다윗은 여호와께 기
도를 드렸습니다. 여호와께서 대답해 주
셨습니다. *"사울과 그의 집안 때문에 기근*
이 생긴 것이다. 사울이 기브온 사람들을
죽였기 때문이다."
2 다윗 왕은 기브온 사람들을 불러 모아 그들
에게 물었습니다. 기브온 사람들은 이스라
엘 백성이 아니었습니다. 그들은 살아 남
은 아모리 사람의 한 무리였습니다. 전에
이스라엘 사람들은 기브온 사람들을 해치지
않기로 약속을 했었습니다. 그러나 사울은
이스라엘과 유다의 백성들을 도우려는 열심
이 너무 지나쳐서 기브온 사람들을 다 죽
이려 했었습니다. 다윗 왕은 기브온 사람들
을 불러 모아 그들에게 이야기했습니다.
3 다윗이 물었습니다. "내가 당신들을 위해
어떻게 하면 좋겠소? 어떻게 해야 이스라
엘 백성의 죄를 용서하고 오히려 여호와
의 백성에게 복을 빌어 주겠소?"
4 기브온 사람들이 다윗에게 대답했습니다.
"사울과 그의 집안과 우리 사이의 문제는
금이나 은으로 해결할 수 없는 문제입니
다. 이것은 사람의 목숨으로 보상될 문제
입니다. 그런데 우리는 이스라엘 사람을
죽일 권한이 없습니다." 그 말을 듣고 다
윗이 다시 그들에게 물었습니다. "그렇다
면 당신들이 바라는 것은 무엇이오?"
5 기브온 사람들이 다윗에게 대답했습니다.
"사울은 우리에게 몹쓸 짓을 했습니다. 사
울은 우리를 전멸시켜 이스라엘 땅에 남지
못하도록 음모를 꾸몄습니다.
6 그러니 사울의 아들 일곱 명을 우리에게
넘겨 주십시오. 그러면 사울의 고향인 기
브아에서, 그리고 여호와 앞에서 그들을
목매어 달겠습니다." 왕이 말했습니다.
"그들을 넘겨 주겠소."
7 그러나 왕은 요나단의 아들 므비보셋만은
보호해 주었습니다. 요나단은 사울의 아들
이었습니다. 다윗이 그런 일을 한 까닭은
다윗이 여호와의 이름으로 요나단에게 그
의 후손을 보호해 주겠다고 약속했기 때
문입니다.
8 그래서 왕은 리스바와 사울 사이에서 태어
난 아들인 알모니와 므비보셋을 붙잡았습
니다. 리스바는 아야의 딸이었습니다. 그
리고 왕은 사울의 딸 메랍의 다섯 아들을
붙잡았습니다. 메랍의 다섯 아들의 아버
지는 아드리엘이었습니다. 아드리엘은 므

창자(20:10 intestines) 소화기관인 대장 · 소장을 이르는 말.
산악(20:21 hill country) 높고 험준하게 솟은 산들.
반란(20:21 rebellion) 정부 · 지도자 등을 거역하여 난리를 일으키는 일.

사울의 시체가 걸린 벧산(21:12)

홀랏 사람 바르실래의 아들이었습니다.
9 다윗은 이들 일곱 명을 기브온 사람들에게
넘겨 주었습니다. 그러자 기브온 사람들
은 언덕 위에서 여호와 앞에 그들을 목매
달았습니다. 일곱 아들이 다 함께 죽었습
니다. 그들은 추수를 시작할 무렵에 죽임
을 당했습니다. 그 때는 사람들이 보리를
막 거둘 때였습니다.
10 아야의 딸 리스바는 거친 베로 만든 천을
가져다가 바위 위에 그것을 폈습니다. 그
리고 리스바는 추수가 시작될 때부터 비
가 내릴 때까지 하늘의 새들이 자기 아들
들의 시체를 건드리지 못하게 막았습니
다. 또 밤이 되면 들짐승들이 시체를 건
드리지 못하게 막았습니다.
11 사람들이 사울의 후궁이었던 리스바가 하
고 있는 일을 다윗에게 이야기했습니다.
12 그러자 다윗은 사울과 요나단의 뼈를 길르
앗의 야베스 사람들에게서 찾아왔습니다.
전에 블레셋 사람들이 길보아에서 사울과
요나단을 죽인 후, 시체들을 벧산 거리에
매달았습니다. 그 때, 길르앗의 야베스 사
람들이 몰래 그 시체들을 가져온 것이었
습니다.
13 다윗은 사울과 그의 아들 요나단의 뼈를 길
르앗에서 옮겨왔습니다. 그러자 백성들은
달려 죽은 사울의 일곱 아들의 시체를 거
두어들였습니다.
14 백성들은 사울과 그의 아들 요나단의 뼈를
옮기면서, 죽임을 당한 사울의 일곱 아들
의 시체도 함께 베냐민 땅 셀라에 있는 사
울의 아버지 기스의 무덤에 묻어 주었습
니다. 백성들은 왕이 명령한 것을 다 지
켰습니다. 그러자 하나님께서 그 땅 백성
들의 기도를 들어 주셨습니다.

블레셋 사람과 전쟁을 하다

15 블레셋과 이스라엘 사이에 또다시 전쟁이
일어났습니다. 다윗은 자기 부하들을 거
느리고 블레셋 사람들과 싸우러 나갔습니
다. 그러나 다윗은 지치고 약해졌습니다.
16 거인의 아들 중에 이스비브놉이라는 사람
이 있었습니다. 이스비브놉의 놋쇠창은 무
게가 삼백 세겔* 가까이 나갔습니다. 이스
비브놉은 또 새 칼을 가지고 다윗을 죽일
계획을 세웠습니다.
17 그러나 스루야의 아들 아비새가 이 블레셋
사람을 죽이고 다윗의 목숨을 구해 주었
습니다. 그 때에 다윗의 부하들이 다윗에
게 한 가지 다짐을 받으려 했습니다. 그
들이 말했습니다. "다시는 우리와 함께
싸움터에 나오지 마십시오. 만약 왕이 돌
아가시면, 이스라엘의 등불이 꺼지는 것과
같습니다."
18 그후, 곱에서 다시 블레셋과 싸움이 있었
습니다. 후사 사람 십브개가 거인의 아들
중 하나인 삽을 죽였습니다.
19 그후, 곱에서 또다시 블레셋과 싸움이 있
었습니다. 베들레헴 사람 야레오르김의 아
들 엘하난이 가드 사람 골리앗의 동생 라
흐미를 죽였습니다. 그의 창은 베틀채만
큼 컸습니다.
20 가드에서도 또다시 전쟁이 일어났습니다.
거기에는 굉장히 큰 거인이 있었습니다.
그 사람의 손가락은 한 손에 여섯 개씩 있
었고, 발가락도 한쪽에 여섯 개씩 있었습
니다. 그러니까 그 사람의 손가락과 발가
락은 모두 스물네 개였습니다. 이 사람도
역시 거인의 아들이었습니다.
21 이 사람은 이스라엘에 맞서 싸우다가 요나
단에게 죽임을 당했습니다. 요나단은 다윗
의 형인 삼마의 아들이었습니다.
22 이들 네 사람은 모두 가드에 사는 거인의
아들들이었습니다. 그들은 모두 다윗과

그의 부하들에게 죽임을 당했습니다.

다윗의 찬양

22 다윗이 여호와께 노래를 지어 불
렀습니다. 다윗이 이 노래를 부른
때는 여호와께서 그를 사울과 다른 모든
원수들에게서 구해 주셨을 때입니다.
2 다윗은 이렇게 노래했습니다. "여호와는
나의 바위, 나의 요새이시며, 나의 구세
주이시다.
3 나의 하나님은 나의 피할 바위이시며, 나
의 방패, 나의 구원의 뿔이시다. 주님은
나의 망대이시며, 나의 피난처이시다. 주
님께서 나를 해치려는 자에게서 구해 주
셨다.
4 찬양 받으실 여호와께 내가 부르짖으니,
여호와께서 나를 원수에게서 구해 주셨
다.
5 죽음의 파도가 나를 에워싸고 멸망의 강
물이 나를 덮쳤도다.
6 죽음의 밧줄이 나를 두르고 죽음의 덫이
내 앞에 있도다.
7 고통 중에 주님을 부르고 나의 하나님께
부르짖었다. 여호와께서 그 성전에서 나
의 소리를 들으시고 나의 부르짖음을 들
어 주셨다.
8 주께서 노하시니 땅이 움직이고 흔들리며
하늘의 기초가 흔들리기 시작했다.
9 연기가 주님의 코에서 나오고 입에서는
타는 불이 나와 그 불에 숯덩이가 피어 올
랐다.
10 주께서 하늘을 가르고 내려오시니, 검은
구름이 그의 발 아래에 있도다.
11 주께서 날개 달린 생물인 그룹을 타고 날
아다니시며 바람의 날개를 타고 다니신
다.
12 주께서 어둠과 안개와 구름으로 장막을
삼으셨다.
13 주님 앞에 있는 밝은 빛으로 숯덩이가 불
을 피웠도다.
14 주께서 하늘에서 천둥을 치시고 가장 높
으신 분께서 소리를 높이셨다.
15 주께서 화살을 쏘아 원수들을 물리치시며
번개로 그들을 두려움에 떨게 하셨다.
16 주께서 강하게 말씀하시고 그 코에서 바
람이 불어 나오니, 바다 밑이 나타나고 땅
의 기초가 드러났도다.
17 주께서 하늘에서 내려오셔서 나를 붙드시
고 깊은 물에서 나를 건지셨다.
18 내가 이길 수 없는 강한 원수들에게서 나
를 구하시고 나를 미워하는 자에게서 나
를 구하셨다.
19 그들은 내가 어려울 때, 나를 공격했으나
주께서 나의 안식처가 되어 주셨다.
20 주께서 나를 피난처로 이끄시며 나를 기
쁘게 여기시어 나를 구해 주셨다.
21 주께서 나를 살려 주신 것은 내가 의로운
일을 했기 때문이다. 내가 나쁜 일을 하
지 않았기 때문에 주께서 나를 구해 주셨
다.
22 나는 주님의 길을 따랐고 하나님에게서
멀어지지 않았다.
23 주님의 모든 율법을 내가 지켰으며 주님
의 가르침을 어기지 않았다.
24 주님 앞에서 흠없이 살았고 나쁜 일을 하
지 않았다.
25 주께서 나를 구해 주신 것은 나의 의로움
때문이다. 주님 보시기에 흠이 없었기 때
문이다.
26 주님, 주께서는 진실한 사람에게 진실을
베푸시고 선한 사람에게 선을 베푸십니
다.
27 깨끗한 사람에게 깨끗함을 보이시고 나쁜
사람에게는 그의 악함을 되갚으십니다.
28 겸손한 사람을 구하시고 교만한 사람을
낮추십니다.
29 여호와여, 주께서는 나의 등불이십니다.
여호와께서는 나의 어둠을 밝히셨습니다.

알아두세요

21:16 300세겔은 약 3.42kg에 해당된다.

베틀채(21:19 weaver's rod) 베를 짤 때 날줄을 올렸다 내렸다 하는 장치에 딸린 나뭇가지.
안식처(22:19 place of rest) 편안히 쉴 수 있는 곳.

30 주님의 도우심으로 나는 원수를 칠 수 있
고 하나님의 도우심으로 성벽을 뛰어넘을
수 있습니다.
31 하나님의 길은 완전하고, 여호와의 약속
은 틀림없습니다. 주께서는 주님을 믿는
사람의 방패가 되십니다.
32 누가 하나님이신가? 여호와밖에 없으시
다. 누가 바위인가? 우리 하나님뿐이시
다.
33 하나님은 나의 든든한 요새이시며, 나의
길을 곧고 평탄하게 하신다.
34 하나님께서는 나의 발을 사슴의 발처럼
만드셔서 높은 곳에서도 든든하게 세워
주셨다.
35 내 손을 훈련시켜 싸울 수 있게 하시고 놋
쇠 활도 당길 수 있게 하신다.
36 주께서는 나에게 구원의 방패를 주시고
나를 도우셔서 큰 사람으로 만드셨다.
37 나에게 좀더 나은 길을 주셔서 내 발이 미
끄러지지 않게 하셨다.
38 나는 원수를 뒤쫓아 물리쳤고 그들이 멸
망할 때까지 물러나지 않았다.

성경 속의 궁금증

다윗은 하나님께 찬양하는 것을 좋아했습니다. 노래를 못하는 사람도 하나님께 찬양을 드릴 수 있나요?

물론입니다. 노래를 잘하느냐 못하느냐는 문제가 되지 않습니다. 하나님은 얼마나 노래를 잘하느냐를 보지 않으십니다. 대신 찬양을 하는 사람의 마음을 보십니다. 아무리 목소리가 좋아도 마음 자세가 바르지 못하거나 믿음이 없으면 하나님이 기뻐하지 않으십니다. 노래를 못하더라도 하나님을 사랑하는 마음으로 찬양한다면 하나님이 기뻐하십니다. 또 꼭 노래로만 찬양을 드리는 것은 아닙니다. 악기를 연주할 수도 있고, 춤으로도 찬양할 수 있고, 손동작으로도 찬양할 수 있습니다. 말을 못하는 사람들은 수화로 찬양을 하는데, 얼마나 아름다운지 모릅니다. 우리는 늘 무엇을 통해서든 하나님을 찬양하는 그리스도인이 되어야겠습니다.

본문 보기 22장

39 나는 그들을 부수고 멸망시켜 다시는 일
어서지 못하게 하였다. 그들은 내 발 아
래 엎어졌도다.
40 주께서는 싸움터에서 나에게 힘을 주셨고
나의 원수들을 엎어지게 하셨다.
41 주께서는 원수들이 나의 앞에서 등을 돌
려 달아나게 하시고 나를 미워하는 사람
들을 물리쳐 이기게 해 주셨다.
42 원수들은 도움을 구했으나, 아무도 그들
을 구하러 오지 않았다. 그들은 주님을 불
렀지만, 주께서는 대답하지 않으셨다.
43 나는 원수들을 흙먼지처럼 무너뜨렸고 길
바닥의 진흙처럼 짓밟았다.
44 주께서는 나의 백성이 나를 공격할 때에
구해 주셨고, 다른 나라들의 지도자로 삼
아 주셨다. 그래서 내가 알지도 못하는 백
성들이 나를 섬기고,
45 이방 사람들이 나에게 복종한다. 나에 대
한 이야기만 듣고도 나에게 복종한다.
46 그들은 모두 두려워하고 피난처에서 떨고
있다.
47 주님은 살아 계신다. 나의 바위를 찬양하
여라. 나를 구한 바위이신 하나님을 찬양
하여라.
48 하나님께서는 내가 원수들을 이기게 해
주셨고 백성들이 나에게 복종하도록 해
주셨다.
49 원수에게서 나를 구해 주시고 나를 미워
하는 사람들에게서 나를 높이 드시고 폭
력을 휘두르는 사람들에게서 나를 건져
주셨다.
50 그러므로 여호와여, 내가 여러 나라들 가
운데서 주께 감사합니다. 주님의 이름을
찬양합니다.
51 주께서는 손수 세우신 왕에게 큰 승리를
주셨고 손수 기름 부으신 사람, 다윗과 그
의 자손들에게 한결같은 사랑을 베푸셨습
니다."

다윗의 마지막 말

23 다음은 다윗이 남긴 마지막 말입니
다. "이새의 아들 다윗의 말이며 하
나님께서 높이신 사람의 말이다. 그는 야

곱의 하나님께서 기름 부으신 왕이며, 그
는 이스라엘의 아름다운 노래를 부르는 사
람이다.
2 여호와의 영이 나를 통해 말씀하셨다. 그
분의 말씀이 내 혀에 담겼다.
3 이스라엘의 하나님께서 말씀하셨다. 이스
라엘의 반석이신 분이 나에게 말씀하셨
다. '너는 백성을 공평하게 다스리는 사
람이며, 하나님을 두려워하는 마음으로
다스리는 사람이로다.
4 그런 너는 새벽 빛과 같고, 구름 끼지 않
은 아침과도 같으며, 비 온 뒤의 햇살과
도 같고, 땅에서 새싹을 돋게 하는 햇살
과도 같다.'
5 이처럼 하나님께서는 내 집안을 돌봐 주
셨다. 하나님께서는 나와 영원한 약속을
맺어 주셨고 모든 일에 올바르고 든든한
약속을 해 주셨다. 이 약속은 나의 구원
이며, 이 약속은 내가 가장 기뻐하는 것
이다. 진실로 주께서는 그 약속을 이루어
주실 것이다.
6 그러나 모든 악한 백성은 가시와 같아서
버림을 받을 것이다. 왜냐하면 손으로 가
시를 잡을 수 없기 때문이다.
7 누구나 가시를 만지려면 쇠막대나 창을
사용해야 한다. 가시는 불에 던져져서 마
침내 타 버리고 말 것이다."

다윗의 군대

8 다윗의 용사들의 이름은 이러합니다. 다그
몬 사람 요셉밧세벳은 세 용사의 우두머리
입니다. 그는 에센 사람 아디노라고도 불
립니다. 그는 한꺼번에 창 하나로 적군 팔
백 명을 죽인 일이 있습니다.
9 그 다음에는 아호아 사람 도대의 아들 엘
르아살이 있습니다. 엘르아살은 다윗이 블
레셋과 싸울 때, 다윗과 함께 있었던 세
명의 군인 중 한 사람입니다. 블레셋 사람
들이 싸움터에 모였을 때, 이스라엘 백성
은 도망쳤습니다.
10 그러나 엘르아살은 도망치지 않고 남아 있
다가 지쳐서 칼을 더 휘두를 수 없을 때
까지 블레셋과 싸웠습니다. 여호와께서는
그 날, 이스라엘이 크게 이기게 해 주셨습
니다. 엘르아살이 싸움에서 이긴 다음에
백성들이 다시 돌아왔습니다. 그러나 백
성들이 와서 한 일은 적에게서 무기와 갑
옷을 거둬들이는 일뿐이었습니다.
11 그 다음에는 하랄 사람 아게의 아들 삼마
가 있습니다. 블레셋 사람들이 와서 싸울
때의 일입니다. 블레셋 사람들은 우거진
팥밭에 떼를 지어 모여 있었습니다. 이스
라엘의 군대는 블레셋 사람을 피해 도망쳤
습니다.
12 그러나 삼마는 밭 한가운데에 서 있었습
니다. 삼마는 그 곳에서 블레셋 사람들과
맞서 싸웠습니다. 여호와께서는 그에게
큰 승리를 주셨습니다.
13 추수를 시작할 무렵에 다윗이 거느린 으
뜸가는 군인들 삼십 명 중에서 세 용사가
다윗을 찾아왔습니다. 그 때, 다윗은 아둘
람 동굴에 있었고, 블레셋 군대는 르바임
골짜기에 진을 치고 있었습니다.
14 그 때, 다윗이 있던 곳은 안전한 요새였
고, 몇몇 블레셋 군인들은 베들레헴에 있
었습니다.
15 다윗은 몹시 물이 마시고 싶었습니다. 다
윗이 말했습니다. "누가 베들레헴 성문 가
까이에 있는 샘에 가서 물을 길어다 줄 수
없을까?"
16 그 말을 듣고 세 용사가 블레셋 군대를 뚫
고 나가서, 베들레헴 성문 가까이에 있는
샘에서 물을 길어 다윗에게 가지고 왔습
니다. 그러나 다윗은 그 물을 마시지 않
았습니다. 다윗은 그 물을 여호와 앞에서
땅에 쏟아 버렸습니다.
17 그리고 다윗이 말했습니다. "여호와여! 저
는 이 물을 마시지 않겠습니다. 이 물을
마시는 것은 곧 자기 목숨을 내건 이 사
람들의 피를 마시는 것과 같습니다." 결

훈련(22:35 training) 어떤 일을 배우거나 익히기 위해 되풀이하여 연습하는 일.
으뜸(23:13 the top) 중요한 정도로 본 어떤 사물의 첫째.

세 용사가 길어왔다는 베들레헴 다윗의 우물

국 다윗은 그 물을 마시지 않았습니다. 세
용사는 다윗에게 그렇게까지 용감히 나서
서 충성심을 보였습니다.
18 그 세 용사는 다음과 같습니다. 아비새는
스루야의 아들 요압의 동생입니다. 아비새
는 삼십 명 부대의 우두머리였습니다. 아
비새는 창으로 적군 삼백 명을 죽인 일이
있습니다. 아비새는 세 용사 중의 하나라
는 명성을 얻었습니다.
19 아비새는 세 용사보다도 더 존경을 받았
고, 세 용사의 지휘관이 되었습니다. 그
러나 아비새는 처음의 세 용사에는 들지
못했습니다.
20 여호야다의 아들 브나야는 갑스엘 사람으
로서 용감한 군인이었습니다. 브나야는
용감한 일을 많이 했습니다. 브나야는 모
압의 최고 군인 두 사람을 죽인 일이 있
습니다. 또 브나야는 눈이 내리는 날, 구
덩이에 내려가서 사자를 죽인 일도 있습
니다.
21 브나야는 이집트의 거인도 죽인 일이 있습
니다. 그 이집트 사람은 손에 창을 들고
있었는데, 브나야는 작은 막대기 하나만
들고 있었습니다. 브나야는 이집트 사람의
손에서 창을 빼앗아서 그 창으로 그를 죽
였습니다.
22 여호야다의 아들 브나야는 이처럼 용감한
일들을 했습니다. 브나야는 세 용사 중의
하나라는 명성을 얻었습니다.
23 브나야는 삼십 용사보다도 존경을 받았으
나, 세 용사에는 들지 못했습니다. 다윗은
브나야를 자기의 경호대장으로 삼았습니
다.

다윗의 용사 삼십 명

24 다음은 다윗의 용사들 삼십 명의 이름입
니다. 요압의 동생 아사헬, 베들레헴 사람
도도의 아들 엘하난,
25 하롯 사람 삼훗, 하롯 사람 엘리가,
26 발디 사람 헬레스, 드고아 사람 익게스의
아들 이라,
27 아나돗 사람 아비에셀, 후사 사람 므분내,
28 아호아 사람 살몬, 느도바 사람 마하래,
29 느도바 사람 바아나의 아들 헬렙, 베냐민
땅 기브아 사람 리배의 아들 잇대,
30 비라돈 사람 브나야, 가아스 골짜기 사람
힛대,
31 아르바 사람 아비알본, 바르훔 사람 아스
마웻,
32 사알본 사람 엘리아바, 야센의 아들 요나
단,
33 하랄 사람 삼마, 아랄 사람 사랄의 아들 아
히암,
34 마아가 사람 아하스배의 아들 엘리벨렛, 길
로 사람 아히도벨의 아들 엘리암,
35 갈멜 사람 헤스래, 아랍 사람 바아래,
36 소바 사람 나단의 아들 이갈, 갓 사람 바니,
37 암몬 사람 셀렉, 스루야의 아들 요압의 무
기를 들고 다녔던 브에롯 사람 나하래,
38 이델 사람 이라, 이델 사람 가렙,
39 헷 사람 우리아, 이상 모두 삼십칠 명이었
습니다.

다윗의 인구 조사와 재앙

24 여호와께서 또다시 이스라엘 백성
에게 진노하셨습니다. 그래서 여
호와께서는 다윗의 마음 속에 이스라엘 백
성의 수를 세려는 충동을 불어넣으셨습니
다. 다윗이 말했습니다. "가서 이스라엘과
유다 백성의 수를 세어 보아라."
2 다윗 왕이 군대 지휘관인 요압에게 말했습
니다. "이스라엘의 모든 지파 사이를 두루
다니시오. 단에서 브엘세바까지 다니면서
백성의 수를 세시오. 그래서 그 수가 얼
마나 되는지 나에게 알려 주시오."
3 그러나 요압이 왕에게 말했습니다. "왕의

하나님 여호와께서 왕에게 백 배나 더 많
은 백성을 주시기 바랍니다. 그리고 그런
일이 일어날 때까지 왕께서 살아 계시기
를 바랍니다. 하지만 왕께서는 어찌하여
이런 일을 하려 하십니까?"
4 그러나 요압을 비롯한 다른 지휘관들은
왕의 명령을 계속 따르지 않을 수 없음을
깨닫고 이스라엘 백성의 수를 세러 나갔습
니다.
5 그들은 요단 강을 건넌 후에 아로엘에서
가까운 곳에 진을 쳤습니다. 그들은 골짜
기 가운데에 있는 아로엘 성의 남쪽에 진
을 쳤습니다. 그들은 갓과 야셀을 거쳐서
갔습니다.
6 그후에 그들은 길르앗과 닷딤홋시 땅으로
갔습니다. 그 다음에 그들은 다냐안을 거
쳐 시돈으로 돌아갔습니다.
7 그들은 굳건한 성벽이 있는 두로 성으로
갔습니다. 그들은 또 히위 사람과 가나안
사람의 모든 성으로도 갔습니다. 마지막
으로 그들은 유다 남쪽 브엘세바로 갔습니
다.
8 그들은 구 개월 이십 일 만에 모든 땅을
두루 다니고 예루살렘으로 돌아왔습니
다.
9 요압이 백성들의 수를 왕에게 말했습니
다. 이스라엘에는 칼을 쓸 수 있는 사람이
모두 팔십만 명이었고, 유다에는 오십만
명이 있었습니다.
10 인구 조사가 다 끝나자, 다윗은 자기가 잘
못했다는 생각이 들었습니다. 다윗이 여
호와께 말씀드렸습니다. "제가 큰 죄를
지었습니다. 여호와여, 제발 저의 죄를
용서해 주십시오. 제가 너무나 바보 같은
일을 했습니다."
11 다윗이 아침에 일어나기 전에 여호와께서
갓에게 말씀하셨습니다. 갓은 다윗의 예언
자였습니다.
12 여호와께서 갓에게 말씀하셨습니다. "가
서 다윗에게 전하여라. '여호와께서 이렇
게 말씀하셨습니다. 내가 너에게 세 가지
를 내놓겠다. 그 중에서 하나를 골라라.'"
13 갓이 다윗에게 가서 말했습니다. "이 세
가지 중에서 하나를 고르십시오. 왕과 왕
의 땅에 칠 년 동안 가뭄이 드는 것이 좋
겠습니까? 아니면 왕의 원수가 왕을 세
달 동안 뒤쫓는 것이 좋겠습니까? 그것도
아니면 왕의 나라에 삼 일 동안, 전염병
이 도는 것이 좋겠습니까? 잘 생각해 보
고 저를 보내신 여호와께 대답할 말씀을
정해 주십시오."
14 다윗이 갓에게 말했습니다. "정말로 큰일
났구려. 하지만 여호와께서는 매우 자비
로우신 분이오. 그러므로 여호와께서 주
시는 벌을 받는 편이 낫겠소. 사람들 손
에 벌을 받는 것은 싫소."
15 그리하여 여호와께서는 그 날 아침부터
전염병을 삼 일 동안 이스라엘에 돌게 하
셨습니다. 단에서 브엘세바까지 칠만 명이
나 되는 사람이 죽었습니다.
16 전염병을 퍼뜨리고 다니던 천사가 팔을
들어 예루살렘을 가리키며 치려 하는 순
간, 여호와께서 이스라엘에 재앙을 내리셨
던 마음을 바꾸셨습니다. 여호와께서 백

성경 자세히 이해하기

단에서 브엘세바까지

이스라엘의 역사에는 '단에서 브엘세바까지' 라는 표현이 많이 나옵니다. '단'(원래 이름은 '라이스')은 이스라엘의 최북단(헤르몬 산 남쪽 기슭)에 위치한 성읍이며, '브엘세바'는 헤브론 남쪽 43km 지점으로 이스라엘의 최남단에 있는 성읍입니다. 이스라엘의 서쪽 경계는 지중해이고, 동쪽 경계는 사해→길르앗→요단 강→갈릴리 바다로 이어지는 지역이므로, '단에서 브엘세바까지'라는 말은 일반적으로 북에서 남에 이르는 이스라엘의 전 영토를 가리키는 표현입니다. 우리말의 '백두에서 한라까지'라는 말과 비슷한 표현입니다. 본문 보기 24장 2절

명성(23:18 fame) 세상에 널리 퍼져 평판 높은 이름.
충동(24:1 urge) 심하게 마음을 흔들어 놓는 것.

천사가 팔을 들어 예루살렘을 치려 함(24:16)

성들에게 벌을 주고 있는 천사에게 말씀
하셨습니다. "이젠 되었도다. 그만 팔을
거두어라." 그 때, 주님의 천사는 여부스
사람 아라우나의 타작 마당 곁에 서 있었
습니다.
17 다윗이, 백성들을 친 천사를 보고 여호와
께 말씀드렸습니다. "제가 죄를 지었습니
다. 제가 잘못했습니다. 하지만 이 백성
들은 양처럼 저를 따르기만 했습니다. 그
들은 아무 잘못이 없습니다. 저와 제 아
버지의 집안에만 벌을 주십시오."
18 그 날, 갓이 다윗에게 와서 말했습니다.
"가서 여호와를 위하여 여부스 사람 아라
우나의 타작 마당에 제단을 쌓으십시오."

알아두세요

24:24 50세겔은 약 570g에 해당된다.

19 그래서 다윗은 갓을 통해 여호와께서 명
령하신 대로 했습니다. 다윗은 여호와의
명령을 따라 아라우나를 만나러 갔습니다.
20 아라우나가 보니, 왕이 신하들과 함께 자
기에게 오고 있었습니다. 그래서 아라우나
는 밖으로 나가서 얼굴을 땅에 대고 절을
했습니다.
21 그리고 이렇게 물었습니다. "어쩐 일로
내 주 왕께서 저에게 오십니까?" 다윗이
대답했습니다. "그대에게서 이 타작 마당
을 사려고 왔소. 그래서 여호와께 제단을
쌓고 싶소. 그러면 백성들에게 닥친 이 재
앙도 그칠 것이오."
22 아라우나가 다윗에게 말했습니다. "내 주
왕이시여, 어디든지 마음에 드시는 곳에
서 제물을 바치십시오. 온전한 번제를 드
릴 소도 여기에 몇 마리 있습니다. 또 땔
감으로 쓸 타작판과 소의 멍에도 있습니

다.
23 왕이시여, 아라우나가 이 모든 것을 왕께
드립니다." 아라우나가 또 말했습니다.
"왕의 하나님 여호와께서 왕의 제물을 기
쁘게 받아 주시기를 바랍니다."
24 그러나 왕은 아라우나에게 이렇게 대답했
습니다. "안 되오. 돈을 주고 이 땅을 사
겠소. 내 하나님 여호와께 거저 얻은 것
으로 태워 드리는 제사인 번제를 드릴 수
는 없소." 그리하여 다윗은 타작 마당과
소를 은 오십 세겔*을 주고 샀습니다.
25 그리고 나서 다윗은 온전한 번제와 화목
제를 드렸습니다. 그러자 여호와께서 나
라를 위한 다윗의 기도를 들어 주셔서 이
스라엘에 내렸던 재앙을 멈추셨습니다.

믿음을 키워 주는 이야기

남편 선교사의 뒤를 따라

1960년 당시 에콰도르의 '아우카 족'은 너무 포악하여 아무도 그들에게 접근하지 않으려 했습니다. 그래서 그들은 복음을 들을 기회가 없었습니다. 그 때 '휘튼대학'을 수석으로 졸업했던 '짐 엘리어트' 교수가 선교하기 위해 그들에게로 갔습니다. 그러나 염려대로 그는 참혹하게 찢겨진 시체로 발견되었습니다.

그 사건 후, 짐 엘리어트의 부인은 남편의 뒤를 따라 그곳의 선교사로 나가기를 결심하고 1년간 간호사 훈련을 받은 후 아우카 족에게로 갔습니다. 그런데 아우카 족은 여자를 해치는 것은 비겁한 짓이라고 생각하여 여자는 해치지 않았습니다.

부인은 아우카 족을 위해 여러 해 동안 사랑으로 헌신하였습니다. 추장이 어느 날 부인에게 물었습니다.

"당신은 누구이고, 우리를 위해 이렇게 애써서 수고하시는 이유가 무엇입니까?"

"나는 5년 전에 당신들이 죽인 짐 엘리어트의 아내입니다. 그러나 하나님의 사랑 때문에 나 역시 여기에 오게 되었습니다."

부인의 말을 들은 아우카 족은 감동을 받고 모두 예수 그리스도를 영접하게 되었습니다.

열왕기상

I Kings

저자

저자는 알려져 있지 않으나 예레미야가 썼다는 설이 유력하다.

저작 연대

B.C. 561-538년경

주요 인물

다윗, 솔로몬, 르호보암, 여로보암, 아합, 엘리야, 엘리사, 히스기야, 요시야

핵심어 및 주요 내용

핵심어는 "지혜", "분열" 등이다.

열왕기상은 풍요와 번영의 시대에서 가난과 침체의 시대로 가는 이스라엘 민족의 이야기를 담고 있다. 열왕기상에서는 왕되신 여호와를 거부하고 스스로 통치하려다 결국 넘어지게 되는 이스라엘의 모습이 잘 그려져 있다.

내용 소개

1. 통일 왕국 시대(1-11장)
2. 분열 왕국 시대(12-22장)

아도니야가 왕이 되려 하다

1 다윗 왕은 이제 나이가 아주 많이 들었습
니다. 신하들이 이불을 많이 덮어 줘도
그의 몸은 따뜻해지지 않았습니다.
2 그래서 신하들이 다윗에게 말했습니다.
"젊은 여자를 데려다가 왕의 시중을 들게
하겠습니다. 그 여자가 왕의 품에 누우
면, 왕의 몸이 따뜻해질 것입니다."
3 신하들은 이스라엘 온 땅을 누비면서 젊고
아름다운 여자를 찾아다녔습니다. 그러다
가 수넴 여자 아비삭을 찾아서 왕에게 데
려왔습니다.
4 아비삭은 매우 아름다웠습니다. 그 여자
는 왕의 시중을 들고 왕을 섬겼으나, 다
윗 왕은 그 여자와 잠자리를 함께 하지 않
았습니다.

모레 산 기슭의 수넴 지역(1:3)

5 다윗에게는 아도니야라는 아들이 있었는
데, 그의 어머니는 학깃이었습니다. 아도
니야는 스스로를 높이며 "나는 왕이 될 것
이다"라고 말하면서 전차와 말을 준비했
습니다. 그리고 자신을 호위하는 병사 오
십 명을 데리고 다녔습니다.
6 그런데도 다윗 왕은 "왜 왕처럼 행세하고
다니느냐?"라고 묻지 않았습니다. 그리고
그가 하는 일에 대해 한 번도 간섭하지 않
았습니다. 아도니야는 압살롬 바로 밑의
동생이었으며, 매우 잘생겼습니다.
7 아도니야는 스루야의 아들 요압과 제사장
아비아달과 의논했습니다. 그들은 아도니
야를 도왔습니다.
8 그러나 제사장 사독과 여호야다의 아들 브
나야와 예언자 나단과 시므이와 레이와 다
윗 왕을 특별히 경호하는 사람들은 아도
니야 편을 들지 않았습니다.
9 아도니야는 양과 소와 살진 송아지를 잡아
엔로겔 샘 가까이에 있는 소헬렛 바위에서
제사를 드렸습니다. 그리고 자기의 모든
형제들, 곧 다윗 왕의 다른 아들들을 초
대했습니다. 유다의 지도자들과 장로들도
초대했습니다.
10 그러나 예언자 나단과 브나야와 자기 아버
지의 특별 경호대와 자기 동생 솔로몬은
초대하지 않았습니다.
11 나단이 이 소식을 듣고, 솔로몬의 어머니

인 밧세바에게 가서 말했습니다. "학깃의
아들 아도니야가 스스로 왕이 된 것을 듣
지 못하였습니까? 우리의 주이신 다윗 왕
도 그 사실을 모르고 계십니까?
12 이제 당신과 당신 아들의 목숨이 위태롭
게 되었습니다. 그러니 제가 하라는 대로
하십시오.
13 다윗 왕에게 가서 이렇게 말씀하십시오.
'내 주 왕이여, 왕은 나에게 왕의 뒤를 이
어 내 아들 솔로몬이 왕의 보좌에 앉을 것
이라고 약속하지 않으셨습니까? 그런데
어찌하여 아도니야가 왕이 되었습니까?'
14 당신이 왕에게 말씀하실 때에 나도 들어
가서 당신이 아도니야에 대해 한 말이 사
실이라고 왕에게 말씀드리겠습니다."
15 그리하여 밧세바는 왕을 만나러 왕의 침
실로 갔습니다. 왕이 매우 늙었으므로, 수
넴 여자 아비삭이 시중을 들고 있었습니
다.
16 밧세바가 왕 앞에 나아가 절을 했습니다.
왕이 물었습니다. "무엇을 원하시오?"
17 밧세바가 대답했습니다. "내 주여, 왕은
나에게 왕의 하나님 여호와의 이름으로
'그대의 아들 솔로몬이 내 뒤를 이어 왕이
될 것이오. 솔로몬이 내 보좌에 앉아 다스
릴 것이오'라고 약속하셨습니다.
18 그런데 지금 아도니야가 왕이
된 것을 어찌 모르고 계
십니까?
19 아도니야가 소와 살진
송아지와 양을 많
이 잡아 제사를
드리고 왕의 아
들들을 다 초대
했습니다. 제사
장 아비아달과
왕의 군대 사
령관 요압도
초대했습니
다. 그러나
왕을 섬기는
왕의 아들 솔
로몬은 초대하지 않았습니다.
20 내 주 왕이여, 모든 이스라엘 백성이 왕을
지켜 보고 있습니다. 누가 왕의 뒤를 이
을 사람인지 왕이 결정해 주시기를 기다
리고 있습니다.
21 왕이 돌아가시면 솔로몬과 나는 죄인 취
급을 받을 것입니다."
22 밧세바가 왕에게 말하고 있을 때에 예언
자 나단이 들어왔습니다.
23 신하들이 왕에게 말했습니다. "예언자 나
단이 오셨습니다." 나단은 왕에게 가까이
나아가서 엎드려 절을 했습니다.
24 나단이 말했습니다. "내 주 왕이여, 왕의
뒤를 이어 아도니야가 왕이 되어 왕의 보
좌에 앉으라고 말씀하셨습니까?
25 오늘 아도니야가 소와 살진 송아지와 양을
많이 잡아 제사를 드리고 왕의 아들들과
왕의 군대 사령관과 제사장 아비아달도 초
대했습니다. 지금 그들은 아도니야와 더불
어 먹고 마시고 있습니다. 그들은 '아도니
야 왕 만세!'를 외치고 있습니다.
26 그러나 아도니야는 나와 제사장 사독과 여
호야다의 아들 브나야와 왕의 아들 솔로몬
은 초대하지 않았습니다.
27 이 일을 왕이 하신 것입니까? 그런데 어

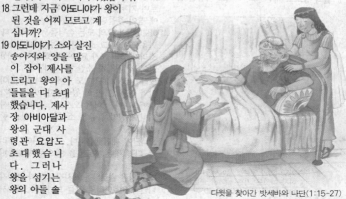

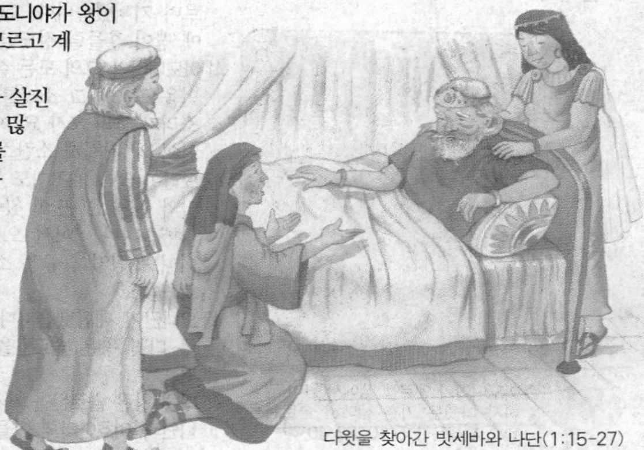
다윗을 찾아간 밧세바와 나단(1:15-27)

찌하여 왕의 뒤를 이을 사람이 누구인지
우리에게 알려 주지 않으셨습니까?"

다윗이 솔로몬을 왕으로 삼다

28 다윗 왕이 말했습니다. "밧세바를 불러 오
시오." 밧세바가 다시 들어와서 왕 앞에
섰습니다.
29 왕이 말했습니다. "나를 온갖 재앙에서
구해 주신 여호와 앞에서 맹세하오.
30 내가 전에 이스라엘 하나님 여호와의 이름
으로 약속했던 것, 곧 당신 아들 솔로몬이
내 뒤를 이어 왕이 되며 내 왕위에 앉게
될 것이라고 약속했던 것을 오늘 시행하
겠소."
31 밧세바가 왕 앞에서 엎드려 절하며 "내 주
다윗 왕이여, 만수무강하소서"라고 말했
습니다.
32 다윗 왕이 말했습니다. "제사장 사독과 예
언자 나단과 여호야다의 아들 브나야를 내
앞에 오게 하시오." 그러자 그들이 왕 앞
으로 나아왔습니다.
33 왕이 그들에게 말했습니다. "내 신하들을
데리고 내 아들 솔로몬을 내 노새에 태워
기혼 샘으로 내려가시오.
34 거기에서 제사장 사독과 예언자 나단은 솔
로몬에게 올리브 기름을 부어 그를 이스라
엘의 왕으로 세우시오. 그리고 나팔을 불

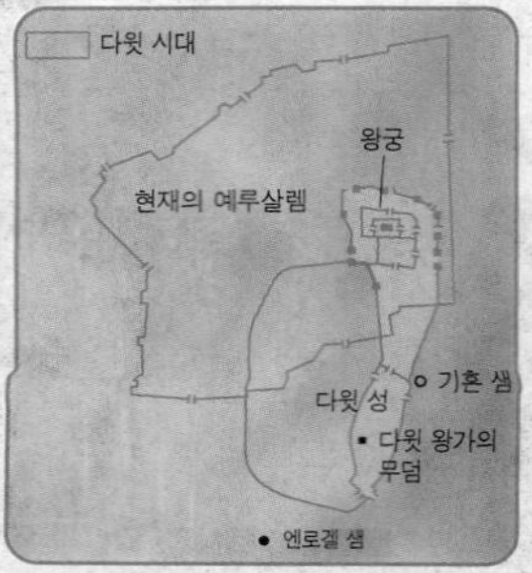

아도니야가 엔로겔 샘에서 왕이 되려
하자 다윗은 기혼 샘에서 솔로몬을
왕으로 세움(1:5-10, 38-40)

며 '솔로몬 왕 만세!'를 외치시오.
35 그런 다음에 솔로몬과 함께 돌아오시오.
솔로몬이 내 왕위에 앉아 나를 대신해서
나라를 다스릴 것이오. 내가 솔로몬을 이
스라엘과 유다를 다스리는 왕으로 세우기
를 명령하오."
36 여호야다의 아들 브나야가 왕에게 대답했
습니다. "옳은 말씀입니다. 왕의 하나님
께서도 그렇게 하시기를 바랍니다.
37 여호와께서 우리의 왕이신 당신을 언제나
도와 주셨던 것처럼 이제 솔로몬도 도와
주시기를 바랍니다. 그리고 솔로몬이 왕
보다도 더 위대한 왕이 되시기를 바랍니
다."
38 제사장 사독과 예언자 나단과 여호야다의
아들 브나야는 왕의 경호대인 그렛 사람들
과 블렛 사람들과 함께 솔로몬을 다윗 왕
의 노새에 태워 기혼 샘으로 내려갔습니
다.
39 제사장 사독은 성막에서 기름을 담은 뿔
을 가져왔습니다. 사독은 그 기름을 솔로
몬의 머리에 부었습니다. 사람들이 나팔
을 불고 모든 백성은 '솔로몬 왕 만세!'
하고 외쳤습니다.
40 모든 백성이 솔로몬을 따라 성으로 들어
갔습니다. 그들은 피리를 불고 소리를 지
르며 기뻐했습니다. 그들이 지르는 소리
에 땅이 흔들릴 정도였습니다.
41 아도니야와 그의 모든 손님들은 음식을 다
먹을 즈음에 그 소리를 들었습니다. 나팔
소리가 들려 오자 요압이 말했습니다. "성
안이 왜 저렇게 소란스러운가?"
42 요압이 말을 마치기도 전에 제사장 아비아
달의 아들 요나단이 왔습니다. 아도니야가
말했습니다. "어서 오시오. 그대는 용사
이니 틀림없이 좋은 소식을 가져왔을 줄
로 믿소."
43 요나단이 대답했습니다. "아닙니다. 우리
주 다윗 왕은 솔로몬을 왕으로 세웠습니
다.
44 다윗 왕은 솔로몬을 제사장 사독과 예언자
나단과 여호야다의 아들 브나야와 그렛 사

람들과 블렛 사람들과 함께 보냈습니다.
그들은 솔로몬을 왕의 노새에 태웠습니
다.
45 제사장 사독과 예언자 나단이 기혼 샘에서
솔로몬에게 기름을 부어 그를 왕으로 세
웠습니다. 그리고 그들은 기뻐하며 성으
로 들어갔습니다. 지금 온 성은 흥분으로
들떠 있습니다. 여러분이 들은 소리가 바
로 그 소리입니다.
46 이제 솔로몬이 왕이 되었습니다.
47 왕의 신하들도 다윗 왕이 한 일을 축하하
고 있습니다. 그들은 '왕의 하나님께서 솔
로몬을 왕보다 더 유명하게 만드시기 바
랍니다' 라고 말하고 있습니다. 다윗 왕은
침대에서 여호와께 절하고
48 '이스라엘의 하나님 여호와를 찬양하여라.
여호와께서는 오늘 내 아들 가운데서 하
나를 왕으로 삼으시고 내 눈으로 그것을
보게 해 주셨다' 라고 말했습니다."
49 그러자 아도니야의 손님들이 다 두려워하
면서 각자 자기의 길로 떠났습니다.
50 아도니야도 솔로몬이 두려워 자리에서 일
어나 제단으로 가서 제단 뿔을 잡았습니
다.
51 누군가가 솔로몬에게 일러 주었습니다.
"아도니야가 솔로몬 왕을 두려워하여 제단
뿔을 잡고 있습니다. 그는 '솔로몬 왕에게
가서 그의 종인 나를 칼로 죽이지 않겠다
고 맹세하게 해 달라고 전해 주시오' 라
고 말했습니다."
52 솔로몬이 대답했습니다. "아도니야
가 믿을 만한 사람이라면 그의
머리카락 하나라도 땅에 떨어지
지 않을 것이다. 그러나 만약
그에게서 악한 것이 발견되면
죽을 것이다."
53 그러면서 솔로몬 왕은 사람
을 보내어 아도니야를 제단
에서 끌어오게 했습니다.
아도니야가 와서 솔로몬
에게 절을 했습니다.
그러자 솔로몬이 "집
으로 가시오" 하고 말했습니다.

다윗이 죽다

2 다윗은 죽을 날이 가까워지자 솔로몬에
게 유언을 했습니다.
2 "나는 이제 세상 모든 사람들이 가야 할
길로 간다. 너는 훌륭하고 용감한 지도자
가 되어라.
3 너의 하나님 여호와께서 명령하신 것을
잘 지켜라. 그분께서 주신 계명을 지키
고, 율법에 복종하며 그분께서 말씀하신
대로만 하여라. 모세의 율법에 적힌 것을
지켜라. 그렇게 하면 너는 무엇을 하든
지, 어디를 가든지 성공할 것이다.
4 여호와께서 나에게 하신 약속, 곧 '네 자
손이 내 말을 잘 따르고 마음과 정성을 다
하여 내 앞에서 행하기만 하면 이스라엘
백성을 다스릴 왕이 네 집안에서 끊이지
않고 나오게 하겠다' 라고 하신 약속을 지
켜 주실 것이다.
5 그리고 너는 스루야의 아들 요압이 내게
한 일을 잊지 마라. 요압은 이스라엘의 훌
륭한 두 장군인 넬의 아들 아브넬과 예델
의 아들 아마사를 암살했다. 전쟁 때도 아
닌 평화의 때에 그들의 피를 흘렸다. 요
압은 죄 없는 사람들을 죽여서 그의 허리
띠와 신에 피를 묻혔다.
6 너는 지혜롭게 행동하여 그에게 벌을 주

솔로몬에게 유언하는 다윗(2:1-9)

어라. 그가 오래도록 살다가 평안히 죽게
내버려 두지 마라.
7 그러나 길르앗 사람 바실래*의 자녀에게는
자비를 베풀어 주어라. 그들이 네 상에서
함께 먹을 수 있도록 하여라. 그들은 내
가 네 형 압살롬을 피해 도망갈 때에 나
를 도와 주었다.
8 바후림 출신의 베냐민 사람이요, 게라의
아들인 시므이가 너와 함께 있다는 것을
잊지 마라. 그는 내가 마하나임으로 가던
날 나를 저주한 사람이다. 그러나 그가
나를 맞이하러 요단 강까지 내려왔으므
로, 나는 여호와 앞에서 그에게 '시므이
야, 내가 칼로 너를 죽이지 않겠다' 라고
약속했다.
9 그러나 그를 죄 없는 사람으로 여기지 마
라. 너는 지혜로운 사람이니 시므이를 어
떻게 처리해야 할지 알 것이다. 그 노인
이 피를 흘리며 음부에 내려가게 하여
라."
10 그후, 다윗은 죽어서 그의 조상들과 함께
다윗 성에 묻혔습니다.
11 다윗은 사십 년 동안, 이스라엘을 다스렸
습니다. 헤브론에서 칠 년을 다스리고 예
루살렘에서 삼십삼 년을 다스렸습니다.

솔로몬이 나라를 굳건하게 세우다

12 솔로몬은 아버지 다윗의 뒤를 이어 왕이

다윗 왕의 무덤(2:10-11)

알아두세요
2:7 '바실래' 는 '바르실래' 와 동일 인물임.

되었습니다. 그리고 그의 나라를 굳건하
게 세웠습니다.
13 그 때에 학깃의 아들 아도니야가 솔로몬의
어머니 밧세바에게 갔습니다. 밧세바가 물
었습니다. "좋은 일로 왔느냐?" 아도니야
가 대답했습니다. "그렇습니다. 좋은 일
로 왔습니다.
14 한 가지 꼭 부탁드릴 말씀이 있어서 왔습
니다." 밧세바가 말했습니다. "말해 보아
라."
15 아도니야가 말했습니다. "당신도 아시듯이
이 나라는 내 것이었고, 모든 이스라엘 백
성은 내가 왕이 되기를 기대했습니다. 그
런데 여호와께서 내 동생을 선택하셔서
이 나라의 왕이 되게 하셨습니다.
16 이제 한 가지 부탁드릴 것이 있습니다. 거
절하지 마십시오." 밧세바가 말했습니다.
"말해 보아라."
17 아도니야가 말했습니다. "솔로몬 왕은 당
신의 말이라면 거절하지 않을 것입니다.
그러니 왕에게 말씀드려 수넴 여자 아비삭
을 내 아내로 삼을 수 있게 해 주십시오."
18 밧세바가 말했습니다. "좋다. 너를 위해
왕에게 말씀드려 보겠다."
19 그리하여 밧세바는 아도니야가 부탁한 것
을 말하기 위해 솔로몬 왕에게 갔습니다.
솔로몬은 밧세바를 보자 자리에서 일어나
맞이하며, 밧세바에게 절을 한 뒤 다시 자
리에 앉았습니다. 솔로몬은 자기 어머니
를 위해 의자를 마련하였고, 밧세바는 솔
로몬의 오른쪽에 앉았습니다.
20 밧세바가 말했습니다. "한 가지 작은 부탁
이 있어서 왔으니 거절하지 마십시오."
왕이 대답했습니다. "어머니, 말씀하십시
오. 거절하지 않겠습니다."
21 밧세바가 말했습니다. "수넴 여자 아비삭
을 왕의 형 아도니야의 아내로 주시기를
부탁하오."
22 솔로몬 왕이 자기 어머니에게 대답했습니
다. "왜 아도니야에게 아비삭을 주라고 말
씀하십니까? 그는 나의 형이니 아예 왕의
자리까지 그에게 주라고 말씀하시지요.

제사장 아비아달과 스루야의 아들 요압을
위해서도 그렇게 하시지요."
23 그러더니 솔로몬 왕은 여호와의 이름으로
맹세를 했습니다. "아도니야가 감히 이런
부탁을 했으나, 내가 아도니야의 목숨을
살려 둔다면 여호와께서 나에게 무서운
벌을 내리실 것입니다.
24 여호와께서는 내 아버지 다윗의 왕위를
나에게 주셨습니다. 여호와께서는 약속을
지키셔서 그 나라를 나와 내 백성에게 주
셨습니다. 여호와의 살아 계심을 두고 맹
세하오니 아도니야는 반드시 죽을 것입니
다."
25 그리고 나서 솔로몬 왕은 여호야다의 아들
브나야를 보내어 아도니야를 쳐죽였습니
다.
26 솔로몬 왕이 제사장 아비아달에게 말했습
니다. "그대를 그대의 집이 있는 아나돗으
로 보낼 테니 그리로 가시오. 그대는 죽
어야 마땅하오. 그러나 그대는 내 아버지
다윗과 함께 행진할 때에 여호와 하나님
의 궤를 메었고 내 아버지가 온갖 고통을
당했을 때에도 그 고통을 함께 했으므로
지금은 그대를 죽이지 않겠소."
27 솔로몬은 아비아달이 여호와를 섬기는 제
사장 일을 하지 못하도록 쫓아 냈습니다.
그리하여 여호와께서 실로에 있던 제사장
엘리와 그의 집안에 대해서 말씀하신 일
이 그대로 이루어졌습니다.
28 요압은 이 소식을 듣고 두려워했습니다.
그는 압살롬의 편은 들지 않았으나 아도니
야의 편을 들었으므로 여호와의 장막으로
도망쳐 제단 뿔을 붙잡았습니다.
29 누군가가 솔로몬 왕에게 요압이 여호와의
장막으로 도망쳐 제단 뿔 곁에 있다고 일
러 주었습니다. 그래서 솔로몬은 브나야에
게 요압을 죽이라고 명령했습니다.
30 브나야가 여호와의 장막으로 들어가서 요
압에게 말했습니다. "왕의 명령이니, 밖으
로 나오시오." 요압이 대답했습니다. "아
니다. 나는 여기에서 죽겠다." 브나야가
왕에게 돌아가서 요압이 한 말을 전했습
니다.
31 그러자 왕이 브나야에게 명령했습니다.
"그가 말한 대로 요압이 나와 나의 아버
지 집에서 무모하게 흘린 피를 이제 네가
거두어라.
32 요압은 자기보다 선한 두 사람, 곧 이스라
엘 군대의 사령관이었던 넬의 아들 아브넬
과 유다 군대의 사령관이었던 예델의 아들
아마사를 죽였다. 내 아버지 다윗은 요압
이 그들을 죽인 것을 몰랐다. 그러므로 여
호와께서 요압이 흘린 피를 그의 머리로
돌려 보내실 것이다.
33 그들을 죽인 죄는 요압과 그의 집안에 영
원히 돌아갈 것이다. 그러나 다윗과 그의
자손과 그의 집안과 그의 왕좌에는 여호
와께서 주시는 평화가 영원토록 있게 될
것이다."
34 그러자 여호야다의 아들 브나야가 올라가
서 요압을 죽였습니다. 요압은 광야에서
가까운 자기 집에 묻혔습니다.
35 왕은 요압을 대신해서 여호야다의 아들 브
나야를 군대 사령관으로 삼았습니다. 또
아비아달의 자리에는 제사장 사독을 세웠
습니다.
36 왕은 시므이에게 사람을 보내어 그를 불
러 놓고 말했습니다. "너는 예루살렘에서
집을 짓고 거기서 살아라. 예루살렘을 벗
어난 다른 어떤 곳으로도 가면 안 된다.
37 만약 예루살렘을 떠나 기드론 골짜기를 건
너는 날에는 반드시 죽게 될 것이다. 네
가 죽으면, 그것은 네 책임이 될 것이다."
38 시므이가 왕에게 대답했습니다. "왕의 말
씀은 정당합니다. 내 주 왕이여, 왕의 말
씀대로 하겠습니다." 그리하여 시므이는
오랫동안 예루살렘에서 살았습니다.
39 삼 년 후에 시므이의 두 종이 마아가의 아
들이며 가드의 왕인 아기스에게로 도망쳤

장막(2:28 tent) 하나님의 법궤를 모셨던 거룩한 곳으로서 모세가 하나님의 명을 받아 지었다. 이는 광야를 여행하는 이스라엘 백성들이 쉽게 옮길 수 있도록 지었으며 내부는 휘장으로 성소와 지성소를 구분했고 법궤는 지성소에 안치했다.

습니다. 시므이는 자기 종들이 가드에 있
다는 소식을 들었습니다.
40 시므이가 일어나 나귀에 안장을 얹었습니
다. 그리고 가드의 아기스에게로 가서 그
종들을 찾아 데려왔습니다.
41 솔로몬은 시므이가 예루살렘을 떠나서 가드
로 갔다가 다시 돌아왔다는 소식을 들었
습니다.
42 그래서 솔로몬은 사람을 보내어 시므이를
불러 놓고 말했습니다. "내가 너에게 예루
살렘을 떠나지 말라고 여호와의 이름으로
맹세하게 하지 않았느냐? 그리고 어디든
지 예루살렘을 떠나 다른 곳으로 가면 죽
을 것이라고 경고하지 않았느냐? 너도 말
하기를 그 말이 정당하니 그대로 하겠다
고 하지 않았느냐?
43 그런데 어찌하여 여호와께 한 약속을 어
겼느냐? 어찌하여 내 명령을 따르지 않았
느냐?
44 너도 잘 알겠지만 너는 내 아버지 다윗에
게 악한 짓을 많이 했다. 이제 여호와께
서 네가 저지른 악한 일들을 갚으실 것이
다.
45 그러나 나 솔로몬 왕은 복을 받고 다윗의
왕좌는 여호와 앞에서 영원히 굳건할 것
이다."
46 왕이 여호야다의 아들 브나야에게 시므이
를 죽이라고 명령했습니다. 솔로몬은 자

성경 자세히 이해하기

결혼 동맹

솔로몬 왕이 이집트와 결혼 동맹을 맺었다는 사실은 이스라엘이 주변 국가들에게 강대국으로 여겨졌음을 말해 줍니다. 솔로몬은 이집트의 공주와 결혼하기 전에 이미 암몬 여인인 나아마라는 아내가 있었습니다. 이와 같이 솔로몬이 이방 여인들과 결혼한 것은 하나님의 명령을 어기는 행위였습니다. 이것 때문에 이스라엘에는 이방 우상들이 가득 차게 되었고, 멸망의 길로 들어서게 되었습니다.

본문 보기 3장 1절

가 나라를 굳건하게 세웠습니다.

솔로몬이 지혜를 구하다

3 솔로몬이 이집트 왕 파라오와 조약을 맺
고 그의 딸과 결혼하여 그녀를 다윗 성
으로 데려왔습니다. 솔로몬은 자기 왕궁
과 여호와의 성전과 예루살렘 성벽을 완공
할 때까지 그녀를 다윗 성에서 살게 하였
습니다.
2 여호와의 이름을 위한 성전이 아직 지어
지지 않은 때였으므로, 그 때까지 백성들
은 제각기 산당에서 제사를 드렸습니다.
3 솔로몬은 여호와를 사랑했고 자기 아버지
다윗의 교훈을 잘 지켰지만, 여전히 산당
에서 제사를 드리며 향을 피웠습니다.
4 솔로몬 왕이 제사를 드리려고 기브온으로
갔습니다. 그 곳에는 가장 유명한 산당이
있었는데, 솔로몬은 천 마리의 짐승을 잡아
제단에서 태워 드리는 제사를 드렸습니다.
5 기브온에 있던 그 날 밤, 여호와께서 솔로
몬의 꿈 속에 나타나셨습니다. 하나님께
서 말씀하셨습니다. "무엇이든지 네가 원
하는 것을 구하여라. 내가 들어 주겠다."
6 솔로몬이 대답했습니다. "여호와께서는
주님의 종인 내 아버지 다윗에게 큰 은혜
를 베풀어 주셨습니다. 다윗은 주님 앞에
서 진실되고 공의로우며 정직한 마음으로
살았습니다. 주님은 다윗에게 큰 자비를
베푸셔서 그의 아들인 저에게 그의 뒤를
이어 왕이 되게 하시고 오늘날까지 이르
게 하셨습니다.
7 나의 하나님 여호와여, 주께서는 주의 종
인 저를 종의 아버지 다윗을 대신해서 왕
이 되게 하셨습니다. 그러나 저는 어린아
이와 같아서 무슨 일을 해야 하는지 판단
할 수 있는 지혜가 없습니다.
8 그럼에도 불구하고 주님의 종인 저에게
주님께서 선택하신 수많은 백성을 다스리
도록 하셨습니다.
9 저에게 주님의 백성을 다스릴 수 있도록
옳고 그름을 가려 판결할 수 있는 지혜를
주십시오. 주께서 지혜를 주지 않으시면
이렇게 많은 주님의 백성을 어떻게 다스

릴 수 있겠습니까?"
10 주께서는 솔로몬이
지혜를 달라고 하자
기뻐하셨습니다.
11 하나님께서 솔로몬
에게 말씀하셨습니
다. "너는 오래 사는
것이나 부자가 되는
것을 구하지 않았고
네 원수를 죽여 달라
고 하지도 않았다. 너
는 바르게 판결할 수
있는 지혜를 구했다.
12 그러므로 내가 너의
말대로 하겠다.
나는 너에게 지혜
와 슬기를 주겠다.
너처럼 지혜로운 사람은
전에도 없었고, 앞으로도
없을 것이다.
13 뿐만 아니라 네가 구하지 않은 것까지도
주겠다. 너는 부와 영광을 누릴 것이며 네
평생토록 너와 같은 왕은 어디에도 없을
것이다.
14 만일 네 아버지 다윗처럼 네가 나를 따르
고 내 율법과 명령을 잘 지켜 행하면, 너
를 오래 살도록 해 주겠다."
15 솔로몬이 깨어 보니 꿈이었습니다. 솔로몬
은 예루살렘으로 가서 여호와의 언약궤 앞
에 섰습니다. 그는 여호와께 태워 드리는
제물인 번제물과 화목 제물을 바치고, 모
든 신하들에게 잔치를 베풀었습니다.

솔로몬이 지혜로운 판결을 하다

16 어느 날, 창녀 두 명이 솔로몬 왕에게 왔
습니다.
17 그 중 한 여자가 말했습니다. "내 주여,
이 여자와 나는 한 집에서 살고 있는데,
내가 아이를 낳았습니다.
18 내가 아이를 낳은 지 삼 일 만에 이 여자
도 아이를 낳았습니다. 우리는 함께 있었
고, 우리 두 사람 말고는 아무도 집에 없
었습니다.

솔로몬의 지혜(3:16-28)

19 그런데 어느
날 밤, 이 여자가 자
기 아이를 깔고 자는 바람
에 아이가 죽어 버렸습니다.
20 이 여자는 내가 자는 사이에 내 곁에 있
던 내 아들을 데려가서 자기 품에 안고는
자기의 죽은 아이를 내 품에 뉘여 놓았습
니다.
21 이튿날 아침, 내 아들에게 젖을 먹이려고
보니, 아이는 이미 죽어 있었습니다. 그
런데 자세히 봤더니 그 아이는 내 아이가
아니었습니다."
22 그러자 다른 여자가 말했습니다. "아니
다. 살아 있는 아이가 내 아들이고, 죽은
아이가 당신 아들이다." 첫 번째 여자가
말했습니다. "아니다. 죽은 아이가 당신
아들이고, 살아 있는 아이가 내 아들이
다." 이처럼 두 여자가 왕 앞에서 다투었
습니다.
23 솔로몬 왕이 말했습니다. "두 사람 모두,
살아 있는 아이는 자기 아들이고, 죽은
아이는 다른 여자의 아들이라고 하는구
나."
24 솔로몬 왕은 신하들을 시켜 칼을 가져오
게 했습니다. 신하들이 칼을 가져오자,
25 왕이 말했습니다. "살아 있는 아이를 둘

로 나누어라. 그래서 두 여자에게 반 쪽
씩 나누어 주어라."
26 살아 있는 아이의 진짜 어머니는 자기 아
들을 위하는 마음이 불붙듯 일어났습니
다. 그래서 왕에게 말했습니다. "내 주여,
제발 그 아이를 죽이지 말고 저 여자에게
주십시오." 그러나 다른 여자는 "우리 둘
가운데서 아무도 그 아이를 가지지 못하
게 그냥 나누어 주십시오"라고 말했습니
다.
27 그러자 솔로몬 왕이 말했습니다. "아이를
죽이지 마라. 그 아이를 첫 번째 여자에
게 주어라. 저 여자가 진짜 어머니다."
28 솔로몬 왕의 판결 이야기를 들은 이스라엘
백성은 왕을 두려워했습니다. 왜냐하면
그들은 솔로몬 왕이 하나님의 지혜로써 재
판한다는 것을 알게 되었기 때문입니다.

솔로몬의 관리들

4 솔로몬 왕은 온 이스라엘의 왕이 되었
습니다.
2 솔로몬이 거느렸던 중요한 신하들의 이름
은 이러합니다. 사독의 아들 아사리아는
제사장입니다.
3 시사의 아들 엘리호렙과 아히야는 서기관
이었습니다. 아힐룻의 아들 여호사밧은 백
성의 역사를 기록하는 사람입니다.
4 여호야다의 아들 브나야는 군대 사령관입
니다. 사독과 아비아달은 제사장입니다.
5 나단의 아들 아사리아는 지방의 관리들을
감독하는 사람입니다. 나단의 아들 사붓은
제사장이자 왕의 친구였습니다.
6 아히살은 왕궁 안의 모든 것을 관리하는
사람입니다. 압다의 아들 아도니람은 노예
들을 감독하는 사람입니다.
7 솔로몬은 이스라엘 각 지방에 열두 명의
장관을 두었습니다. 그들은 각 지방에서
음식을 모아 왕과 왕의 가족에게 바치는
일을 하였습니다. 각 장관은 일 년에 한
달씩 왕에게 음식을 바쳐야 했습니다.
8 열두 지방 장관의 이름은 이러합니다. 에
브라임 산지를 다스리는 장관은 벤훌입니
다.
9 마가스와 사알빔과 벧세메스와 엘론벧하난
을 다스리는 장관은 벤데겔입니다.
10 아룹봇과 소고와 헤벨을 다스리는 장관은
벤헤셋입니다.
11 높은 지대인 돌을 다스리는 장관은 벤아
비나답입니다. 그는 솔로몬의 딸 다밧과
결혼했습니다.
12 다아낙과 므깃도와 사르단에서 가까운 벧스
안 모든 지역을 다스리는 장관은 아힐룻의
아들 바아나입니다. 이 곳은 이스르엘 아
래, 곧 벧스안에서 아벨므홀라를 지나 욕느
암 건너편까지 이릅니다.
13 길르앗 라못을 다스리는 장관은 벤게벨입
니다. 그는 길르앗에 있는 므낫세의 아들
야일이 다스리던 마을을 담당했습니다. 벤
게벨은 바산에 있는 아르곱의 장관이기도
합니다. 그는 성문에 놋빗장이 걸려 있는
큰 성을 육십 개나 다스렸습니다.
14 마하나임은 잇도의 아들 아히나답이 장관
이 되어 다스렸습니다.

솔로몬 정부의 관리들

〈본문 보기 4장 1-6절〉

직책	이름	업무
대제사장	사독의 아들 아사리아	제사 의식 총 지휘
서기관	엘리호렙, 아히야	국내외 사건 기록, 공문서 처리, 서신 연락
군대 사령관	여호야다의 아들 브나야	군대 및 국가 방위 책임
제사장	사독, 아비아달	제사 드리고 율법을 가르침
감독관	나단의 아들 아사리아	12 지방 장관 총 감독
고문	나단의 아들 사붓	왕의 사적인 일 조언
궁내 대신	아히살	왕궁 내의 재산 관리, 행정 업무
감독관	압다의 아들 아도니람	건축 사업 지휘

15 납달리를 다스리는 장관은 아히마아스입니
다. 그는 솔로몬의 딸 바스맛과 결혼했습
니다.
16 아셀과 아롯을 다스리는 장관은 후새의 아
들 바아나입니다.
17 잇사갈을 다스리는 장관은 바루아의 아들
여호사밧입니다.
18 베냐민을 다스리는 장관은 엘라의 아들 시
므이입니다.
19 길르앗을 다스리는 장관은 우리의 아들 게
벨입니다. 길르앗은 아모리 백성의 왕인 시
혼이 살았던 곳입니다. 바산 왕 옥도 그
곳에 살았습니다. 그러나 그 지방에서는
게벨만이 장관으로 있었습니다.

솔로몬의 나라

20 유다와 이스라엘에는 바닷가의 모래알처
럼 많은 백성들이 있었습니다. 백성은 먹
고 마시며 즐거워했습니다.
21 솔로몬은 유프라테스 강에서부터 블레셋
사람의 땅에 이르는 모든 지역과 이집트
국경에 이르는 곳을 다스렸습니다. 이 지
역 안에 있는 나라들은 솔로몬이 살아 있
는 동안, 조공을 바치면서 솔로몬을 섬겼
습니다.
22 솔로몬 왕에게 바치는 하루 분량의 음식
은 고운 가루 약 6.6킬로리터와 거친 가
루 약 13.2킬로리터,
23 살진 소 열 마리와 들에서 기른 소 스무
마리와 양 백 마리, 그리고 세 종류의 사
슴과 살진 새들이었습니다.
24 솔로몬은 유프라테스 강 서쪽의 모든 나
라, 곧 딥사에서 가사에 이르는 지역을 다
스렸습니다. 그리고 모든 이웃 나라와 평
화롭게 지냈습니다.
25 솔로몬이 살아 있는 동안, 단에서부터 브
엘세바 지역에 사는 이스라엘과 유다 백성
들은 각자 자기의 무화과나무와 포도나무
아래에서 평안을 누렸습니다.
26 솔로몬에게는 전차를 끄는 말의 마구간 사
천 개와 전차를 타는 군인 만 이천 명이
있었습니다.
27 각 지방의 장관들은 자기가 맡은 달에 솔
로몬에게 음식을 가져다 주었습니다. 음
식은 왕의 상에서 함께 먹는 사람들까지
먹고 남을 정도로 많았습니다. 장관들은
솔로몬에게 필요한 것이 모자라지 않도록
잘 준비했습니다.
28 그들은 또 전차를 끄는 말과 일하는 말에
게 먹일 보리와 짚도 각자 맡은 분량대로
가져왔습니다.

솔로몬의 지혜

29 하나님께서는 솔로몬에게 큰 지혜와 슬기
로운 마음을 주셨습니다. 그리고 바닷가
의 모래알처럼 헤아릴 수 없는 넓은 마음
을 주셨습니다.
30 솔로몬의 지혜는 동방의 그 어떤 사람의
지혜보다 컸으며, 이집트의 그 어떤 사람
의 지혜보다 더 컸습니다.
31 솔로몬은 이 땅의 어느 누구보다도 지혜
로웠습니다. 에스라 사람 에단보다도, 마
홀의 아들 헤만과 갈골과 다르다보다도 더
지혜로웠습니다. 솔로몬의 명성은 모든
나라에 널리 퍼졌습니다.
32 솔로몬 왕은 평생 동안, 지혜로운 가르침
을 삼천 가지나 말했으며, 천다섯 편이나
되는 노래를 지었습니다.
33 그는 레바논의 백향목으로부터 돌담에서
자라는 우슬초에 이르기까지 온갖 식물과
짐승과 새와 기어다니는 것과 물고기에
대해서도 가르칠 수 있었습니다.
34 모든 민족들이 솔로몬 왕의 지혜를 들으
려고 몰려왔습니다. 그들은 솔로몬의 지
혜를 듣도록 세상의 모든 왕들이 보낸 사
람들입니다.

솔로몬이 성전 지을 준비를 하다

5 두로 왕 히람은 다윗의 친구였습니다.
히람은 솔로몬이 다윗의 뒤를 이어 왕
이 되었다는 소식을 듣고, 심부름하는 사
람들을 솔로몬에게 보냈습니다.

동방 사람(4:30 people of the East) 일반적으로 팔레스타인의 동쪽 지역에 살던 거류민들과 유목민을 가리킨다. 동방 사람들은 옛날부터 지혜로운 사람들로 알려져 왔다.

2 솔로몬도 히람 왕에게 다음과 같은 말을
전했습니다.
3 "왕도 아시겠지만 내 아버지 다윗은 주변
의 여러 나라들과 전쟁을 해야 했기 때문
에 여호와 하나님께 예배드릴 성전을 지
을 수 없었습니다. 원수들을 다 물리칠 수
있도록 여호와께서 허락하실 때까지 기다
려야 했습니다.
4 그러나 이제 내 하나님 여호와께서 나와,
내 나라 어느 곳에나 평화를 주셨습니다.
이제는 적도 없고 나쁜 일도 일어나지 않
습니다.
5 여호와께서는 내 아버지 다윗에게 '네 뒤
를 이어 네 아들이 왕이 되게 할 것이다.
그리고 그가 나에게 예배드릴 성전을 지
을 것이다'라고 말씀하셨습니다. 보십시
오, 이제 나는 내 하나님 여호와께 예배
드릴 성전을 지으려 합니다.
6 이제 레바논의 백향목을 베어 나에게 보
내라고 명령을 내려 주십시오. 내 종들이
왕의 종들과 함께 일할 것입니다. 왕의 종
들에게는 왕이 정하시는 대로 품삯을 주
겠습니다. 우리 중에는 시돈 사람만큼 나

레바논의 백향목 산지(5:6-11)

알아두세요

6:1 이 달은 4월에서 5월 사이에 해당된다.
6:2 60규빗은 약 27m에 해당되고, 20규빗은 약 9m에 해당되며, 30규빗은 약 13.5m에 해당된다.
6:3 10규빗은 약 4.5m에 해당된다.
6:6 5규빗은 약 2.25m에 해당되고, 6규빗은 약 2.7m에 해당되며, 7규빗은 약 3.15m에 해당된다.
6:17 40규빗은 약 18m에 해당된다.

무를 잘 벨 줄 아는 사람이 없습니다."
7 히람이 솔로몬의 말을 듣고 크게 기뻐하면
서 말했습니다. "오늘 여호와께 감사를
드립니다. 여호와께서는 이 큰 나라를 다
스릴 지혜로운 아들을 다윗에게 주셨습니
다."
8 그리고 히람이 솔로몬에게 이런 말을 전했
습니다. "왕이 전하신 말씀을 받았습니
다. 왕이 바라시는 백향목과 잣나무를 다
보내겠습니다.
9 내 종들이 레바논에서 바다까지 나무를 나
르면, 그것을 뗏목으로 엮어 왕께서 바라
시는 곳으로 띄워 보내겠습니다. 그 곳에
나무가 이르면 나무를 풀어 드릴 테니 왕
은 가져가시기만 하면 됩니다. 그 대신 나
와 함께 사는 모든 사람들이 먹을 음식을
주십시오."
10 히람은 솔로몬이 바라는 대로 백향목과 잣
나무를 보냈습니다.
11 솔로몬은 히람에게 해마다 밀 약 4,400
킬로리터를 주었습니다. 그것은 히람과 함
께 사는 모든 사람들이 먹을 수 있는 음
식이었습니다. 솔로몬은 해마다 맑은 올리
브 기름 약 440킬로리터도 주었습니다.
12 여호와께서는 약속하신 대로 솔로몬에게
지혜를 주셨습니다. 히람과 솔로몬은 평화
롭게 지냈습니다. 두 왕은 서로 조약을 맺
었습니다.
13 솔로몬 왕은 이스라엘에서 일꾼 삼만 명을
불러모았습니다.
14 솔로몬은 그들을 한 달에 만 명씩 번갈아
레바논으로 보냈습니다. 그들은 레바논에
서 한 달을 일하고 자기 나라에서 두 달
을 일했습니다. 아도니람은 그들을 감독하
였습니다.
15 솔로몬은 산지에서 돌을 깎는 사람 팔만
명을 두었으며, 깎은 돌을 운반하는 사람
칠만 명을 두었습니다.
16 일꾼을 감독하는 사람도 삼천삼백 명이나
두었습니다.
17 솔로몬 왕은 그들에게 성전의 기초를 놓
는 데에 쓸 크고 고운 돌을 깎도록 명령

했습니다.
18 솔로몬의 건축자들과 히람의 건축자들, 그
리고 그발에서 온 사람들은 돌을 다듬었
으며, 성전을 짓는 데에 쓸 돌과 나무를
준비했습니다.

솔로몬이 성전을 짓다

6 이처럼 솔로몬은 성전을 짓기 시작했습
니다. 그 때는 이스라엘이 이집트에서
나온 지 사백팔십 년 되던 해였으며, 솔
로몬이 왕이 된 지 사 년 둘째 달, 곧 시
브 월*이었습니다.
2 솔로몬이 여호와를 위해 지은 성전은 길
이가 육십 규빗,* 너비가 이십 규빗,* 높
이가 삼십 규빗*이었습니다.
3 성전의 성소 앞 현관의 너비는 성전의 너
비와 마찬가지로 이십 규빗이었고, 앞뒤
길이는 십 규빗*이었습니다. 현관은 성전
앞쪽으로 성전과 이어져 있었습니다.
4 성전 벽에는 자그마한 창을 내었습니다.
5 솔로몬은 또 성전 본당을 빙 돌아가며 곁
방을 만들었는데, 각 방은 여러 층으로 이
루어져 있었습니다.
6 아래층은 너비가 오 규빗*이었고, 가운데
층은 너비가 육 규빗*이었으며 그 위층은
너비가 칠 규빗*이었습니다. 솔로몬은 성
전 벽 바깥 둘레에 턱을 만들어 서까래가
성전 벽에 박히지 않게 했습니다.
7 돌은 채석장에서 다듬은 뒤에 가져왔습니
다. 그래서 망치나 정, 그 밖의 쇠 연장
으로 작업하는 소리가 성전에서는 들리지
않았습니다.
8 가운데 층으로 올라가는 문은 성전 오른
쪽에 있었는데, 나사 모양의 계단으로 이
루어져 있었습니다. 가운데 층에서 삼 층
으로 올라가는 계단도 있었습니다.
9 솔로몬은 백향목 서까래와 널빤지로 성전
지붕을 덮었습니다. 이렇게 하여 성전 짓
는 일을 다 마쳤습니다.
10 솔로몬은 성전을 돌아가며 다락방 짓는 일
을 마쳤는데, 그 아래층의 높이는 오 규
빗이었습니다. 그 방은 백향목 들보로 만
들었는데, 성전에 연결되어 있었습니다.

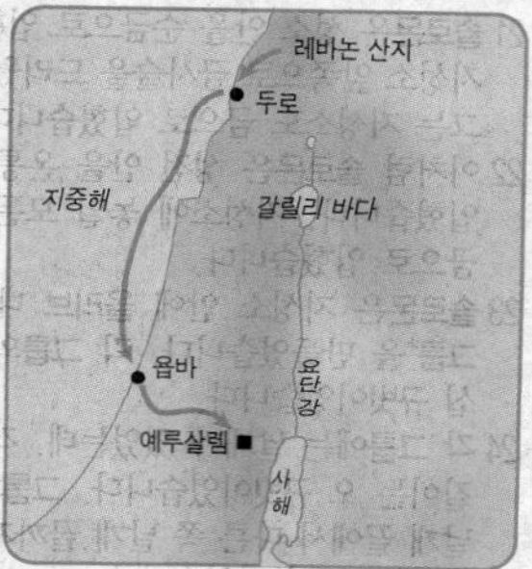

솔로몬의 성전 건축(5-6장)

11 여호와께서 솔로몬에게 말씀하셨습니다.
12 "네가 이 성전을 건축하였도다. 이제 내
모든 율법과 계명을 잘 지켜라. 그러면 내
가 네 아버지 다윗에게 약속했던 것을 너
에게 이루어 주겠다.
13 나는 이스라엘 자손과 더불어 살 것이며
결코 이스라엘 백성을 저버리지 않을 것이
다."
14 솔로몬이 성전 짓기를 마쳤습니다.
15 성전 안쪽 벽은 바닥에서 천장까지 백향
목 널빤지로 덮었습니다. 마루에는 잣나
무 널빤지를 깔았습니다.
16 성전 안쪽에는 길이가 이십 규빗 되는 방
을 만들었는데, 바닥에서 천장까지 백향
목 널빤지로 가로막았습니다. 그 곳은 성
전의 안쪽에 해당하는 지성소였습니다.
17 지성소 앞에 있는 큰 성소의 길이는 사십
규빗*이었습니다.
18 성전 안쪽 벽에는 백향목을 입히고 꽃과
식물로 장식하여 돌이 보이지 않게 했습
니다.
19 솔로몬은 성전 안에 여호와의 언약궤를 놓
아 둘 지성소를 만들었습니다.
20 이 지성소의 크기는 길이가 이십 규빗, 너
비가 이십 규빗, 높이가 이십 규빗이었습
니다. 솔로몬은 이 방을 순금으로 입혔습
니다. 그는 백향목 제단을 만들고 그것을
순금으로 입혔습니다.

21 솔로몬은 성소 안을 순금으로 입힌 다음,
지성소 앞쪽으로 금사슬을 드리웠습니다.
그는 지성소도 금으로 입혔습니다.
22 이처럼 솔로몬은 성전 안을 온통 금으로
입혔습니다. 지성소에 놓일 모든 제단도
금으로 입혔습니다.
23 솔로몬은 지성소 안에 올리브 나무로 두
그룹*을 만들었습니다. 각 그룹의 높이는
십 규빗이었습니다.
24 각 그룹에는 날개가 있었는데, 각 날개의
길이는 오 규빗이었습니다. 그룹의 한 쪽
날개 끝에서 다른 쪽 날개 끝까지의 길이
는 십 규빗이 되었습니다.
25 다른 그룹의 길이도 십 규빗이었으며, 두
그룹은 크기와 모양이 똑같았습니다.
26 그리고 높이는 모두 십 규빗이었습니다.
27 이 두 그룹은 지성소 안에 나란히 놓여 있
었습니다. 이 그룹들의 날개는 펼쳐져 있
었기 때문에, 한 그룹의 날개는 한 쪽 벽
에 닿았고 다른 그룹의 날개는 다른 쪽 벽
에 닿았습니다. 그리고 방 한가운데에서
두 그룹의 날개가 맞닿아 있었습니다.
28 솔로몬은 이 두 그룹에도 금을 입혔습니다.
29 지성소와 성소의 모든 벽에는 조각을 했
는데, 그룹과 종려나무와 꽃 모양을 새겨
넣었습니다.
30 두 방*의 마루도 모두 금으로 입혔습니다.
31 지성소 입구에는 올리브 나무로 만든 문
을 달았습니다. 인방과 문설주는 오각형
으로 만들었습니다.
32 솔로몬은 올리브 나무로 만든 그 두 문짝
에 그룹과 종려나무와 꽃 모양을 새겼습
니다. 그리고 그 새긴 것 위에 금을 입혔
습니다.
33 솔로몬은 거룩한 곳인 성소에 올리브 나무
로 문틀을 만들었는데, 그 문설주는 사각
형이었습니다.
34 그리고 잣나무로 문 두 짝을 만들었습니
다. 각 문은 두 부분으로 만들어져서 접
히게 되어 있었습니다.
35 그 문에도 그룹과 종려나무와 꽃 모양을
새기고 그 위에 골고루 금을 입혔습니다.
36 안뜰에는 벽을 둘렀습니다. 그 벽은 다듬
은 돌 세 겹과 백향목 널빤지 한 겹으로
쌓은 것입니다.
37 성전을 짓기 시작한 때는 솔로몬이 이스라
엘의 왕으로 있은 지 사 년째 되는 해의
시브 월, 곧 둘째 달이었습니다.
38 성전 짓는 일을 마친 때는 솔로몬이 왕으
로 있은 지 십일 년째 되는 해의 여덟째
달, 곧 불 월*이었습니다. 성전은 설계한
대로 정확하게 지어졌습니다. 솔로몬이
성전을 짓는 데는 칠 년이 걸렸습니다.

솔로몬의 왕궁

7 솔로몬 왕은 자기가 살 왕궁도 지었습
니다. 왕궁을 짓는 데는 모두 십삼 년
이 걸렸습니다.
2 솔로몬은 레바논 나무로 궁을 지었습니다.
그 궁은 길이가 백 규빗,* 너비가 오십 규
빗,* 높이가 삼십 규빗*이었습니다. 그 궁
에 있는 네 줄로 된 백향목 기둥이 백향
목 서까래를 받치고 있었습니다.
3 천장에는 서까래 위에 백향목을 덮었습니
다. 서까래는 한 줄에 열다섯 개씩 모두
마흔다섯 개가 있었습니다.
4 창틀은 세 줄로 되어 있고, 또 창은 삼단
으로 되어 있는데 서로 마주 보고 있었습
니다.
5 문과 문설주는 모두 네모난 모양이었습니
다. 삼단으로 된 창문은 서로 마주 보고

성경 자세히 이해하기

야긴과 보아스

성전 입구에는 두 개의 놋기둥이 세워졌는데 그 이름이 각각 '야긴'과 '보아스'였습니다. '야긴'이란 말의 뜻은 '그가 세우셨다'이며, '보아스'란 말의 뜻은 '그 안에 능력이 있다'입니다. 이 말을 좀 더 풀이하면 '야긴'은 '여호와께서 세우셨으니 성전이 영원하리로다'라는 뜻이며, '보아스'는 '여호와의 능력으로 영원히 지켜 주시리라'는 뜻입니다. 이처럼 이 두 기둥은 성전의 영원성과 능력을 상징하는 것이었습니다.

본문 보기 7장 21절

있었습니다.

6 솔로몬은 기둥들이 늘어선 현관을 만들었습니다. 그 길이는 오십 규빗, 너비는 삼십 규빗이었습니다. 현관 앞에도 기둥들이 늘어서 있었는데, 그 위에는 처마 끝에 덧붙인 작은 지붕이 덮여 있었습니다.

7 솔로몬은 법정을 만든 뒤에 왕좌를 놓고 재판을 했습니다. 이 방에는 마루에서 천장까지 백향목이 깔려 있었습니다.

8 솔로몬이 살 왕궁은 법정 뒤뜰에 있었습니다. 왕궁은 법정과 비슷하게 지어졌습니다. 솔로몬은 그가 결혼한 파라오의 딸을 위해서도 같은 모양의 궁을 지었습니다.

9 이 모든 건물은 톱으로 자른 다음, 앞면과 뒷면을 곱게 다듬은 같은 크기의 돌로 지었습니다. 건물의 기초에서부터 벽의 꼭대기에 이르기까지 이러한 돌을 사용하여 지었습니다. 심지어 뜰까지도 이러한 돌을 사용하여 만들었습니다.

10 건물의 기초가 되는 돌도 값지고 큰 것이었습니다. 어떤 돌은 길이가 십 규빗*이었고, 어떤 돌은 길이가 팔 규빗*이었습니다.

11 그 돌들 위에는 치수대로 다듬은 값진 돌과 백향목을 쌓았습니다.

12 큰 뜰 둘레에는 두꺼운 판자로 둘러 현관을 만들었습니다. 그것은 마치 여호와의 성전 안뜰에 만든 현관과 같았습니다.

성전 안쪽을 모두 짓다

13 솔로몬 왕은 사람을 보내어 두로에 있는 히람을 불러 왔습니다.

14 히람의 어머니는 납달리 지파 사람이며 과부입니다. 히람의 아버지는 두로 사람으로서 놋을 다루는 대장장이였습니다. 히람도 놋을 다루는 기술이 뛰어났고 지혜와

다윗과 솔로몬의 통일 왕국 시대의 예루살렘과 성전의 모형(7:1)

총명이 있었습니다. 히람이 솔로몬 왕에게 불려 와서 모든 일을 도맡아 했습니다.

15 히람은 놋기둥 두 개를 만들었습니다. 각 놋기둥의 높이는 십팔 규빗*이었고 둘레는 십이 규빗*이었습니다.

16 그는 또 오 규빗* 되는 높이의 기둥 머리를 만들어서 기둥 위에 놓았습니다.

17 그리고 기둥 머리를 장식할 그물을 일곱 개씩 만들어서 두 기둥 위에 놓여 있는 기둥 머리 위에 덮었습니다.

18 또 놋석류 두 줄을 만들어서 그물 위에 두었습니다. 그것은 기둥 꼭대기에 있는 기둥 머리를 덮는 것이었습니다.

19 기둥 꼭대기의 기둥 머리는 나리꽃 모양으로 만들었습니다. 그 높이는 사 규빗*이었습니다.

20 기둥 머리는 두 기둥의 꼭대기에 놓였습니다. 그것은 그물 곁에 둥그렇게 튀어 나온 부분 위에 놓였습니다. 그 둘레에는 석류 이백 개가 줄을 지어 있었습니다.

21 히람은 이 두 놋기둥을 성전 현관에 세웠습니다. 그리고 남쪽 기둥의 이름을 '하나님이 세우다'라는 뜻의 야긴이라고 했

알아두세요

6:23 '그룹'은 하나님을 가장 가까이에서 모시고 있는 천사를 말한다.
6:30 지성소와 성소
6:38 이 달은 10월에서 11월 사이에 해당된다.
7:2 100규빗은 약 45m에 해당되고, 50규빗은 약 22.5m에 해당되며, 30규빗은 약 13.5m 정도이다.
7:10 10규빗은 약 4.5m에 해당되고, 8규빗은 약 3.6m에 해당된다.
7:15 18규빗은 약 8.1m에 해당되고, 12규빗은 약 5.4m에 해당된다.
7:16 5규빗은 약 2.25m에 해당된다.
7:19 4규빗은 약 1.8m에 해당된다.

고, 북쪽 기둥의 이름은 '그에게 힘이 있다'라는 뜻의 보아스라고 붙였습니다.

22 기둥 위의 기둥 머리는 나리꽃 모양으로 만들었습니다. 이렇게 해서 기둥 만드는 일이 끝났습니다.

23 그리고 나서 히람은 놋으로 크고 둥근 그릇을 만들어 바다라고 불렀습니다. 바다는 둘레가 삼십 규빗, 지름이 십 규빗, 깊이가 오 규빗이었습니다.

24 그 가장자리 아래로는 빙 둘러가며 놋으로 박 모양이 새겨졌는데, 매 규빗마다 박이 열 개씩 새겨졌습니다. 그것은 놋을 녹여 그릇을 만들 때에 두 줄로 만든 것입니다.

25 이 바다는 놋황소 열두 마리의 등 위에 올려져 있었습니다. 세 마리는 북쪽을 바라보고, 세 마리는 동쪽을 바라보고, 세 마리는 남쪽을 바라보고, 세 마리는 서쪽을 바라보고 있었습니다.

26 그릇의 두께는 한 손 너비만했고, 그 가장자리는 잔의 테두리 같기도 했고, 나리꽃 같기도 했습니다. 그 그릇은 물을 이천 바트* 가량 담을 수 있었습니다.

27 히람은 또 놋받침대 열 개를 만들었는데, 각 받침대는 길이와 너비가 사 규빗이고, 높이는 삼 규빗*이었습니다.

28 받침대에는 널빤지 테두리가 있었고, 그 테두리는 틀 안에 있었습니다.

29 테두리 위에는 사자와 소와 날개 달린 생물인 그룹 모양이 있었습니다. 사자와 소의 위, 아래 틀에는 꽃무늬를 새겨 넣었습니다.

알아두세요

7:26 2,000바트는 약 44kℓ에 해당된다.
7:27 3규빗은 약 1.35m에 해당된다.
7:31 1규빗은 약 45cm에 해당되고, 1.5규빗은 약 67.5cm에 해당된다.
7:35 0.5규빗은 약 22.5cm에 해당된다.
7:38 4규빗은 약 1.8m에 해당되고, 40바트는 약 880ℓ에 해당된다.
8:2 이 달은 9월 말에서 10월 초 사이에 해당된다.
8:9 개역 성경에는 (히)'호렙' 이라고 표기되어 있다.

30 각 받침대에는 놋바퀴 네 개와 놋축이 있었습니다. 네 모퉁이에는 물동이를 괴기 위한 놋버팀대가 있었습니다. 그 버팀대에는 꽃무늬가 새겨져 있었습니다.

31 물동이 위쪽으로 일 규빗* 높이 되는 곳에 테두리가 있었습니다. 둥그런 모양의 물동이 입구는 그 지름이 일 규빗 반*이었습니다. 입구에는 무늬를 아로새겼으며 테두리는 둥글지 않고 네모난 모양이었습니다.

32 테두리 아래에는 네 바퀴가 있었는데 그 높이는 일 규빗 반이었습니다. 바퀴 사이의 축은 받침대와 한 몸으로 만들었습니다.

33 바퀴는 전차 바퀴처럼 만들었습니다. 바퀴 위에 있는 것은 다 놋으로 만들었으며, 축과 테두리와 바퀴살과 바퀴통도 다 놋으로 만들었습니다.

34 각 받침대의 네 모퉁이에는 네 버팀대가 있었습니다. 버팀대와 받침대는 하나로 만들었습니다.

35 받침대 꼭대기에는 반 규빗* 높이의 둥그런 띠가 있었습니다. 그것도 받침대와 하나로 만들었습니다.

36 받침대의 겉과 널빤지 테두리에는 날개 달린 생물인 그룹과 사자와 종려나무와 꽃을 새겨 넣었습니다.

37 히람은 이런 방법으로 받침대 열 개를 만들었습니다. 모두 다 같은 틀에 부어 만들었기 때문에 크기와 모양이 똑같았습니다.

38 히람은 또 놋대야 열 개를 만들었습니다. 받침대 열 개에 대야가 하나씩 있었습니다. 각 대야는 지름이 사 규빗*이었고 사십 바트* 가량의 물을 담을 수 있었습니다.

39 받침대 다섯 개는 성전 남쪽에 두고 나머지 다섯 개는 성전 북쪽에 두었습니다. 그리고 바다는 남동쪽 모퉁이에 두었습니다.

40 히람은 솥과 부삽과 대접들도 만들었습니다. 마침내 히람은 솔로몬 왕이 지시한 것

을 다 만들었습니다. 히람이 여호와의 성
전을 위해 만든 것들은 이러합니다.
41 기둥 두 개와 두 기둥 꼭대기에 얹는 공
모양의 기둥 머리 두 개, 두 기둥 꼭대기
에 얹는 공 모양의 기둥 머리를 덮는 그
물 두 개,
42 그물에 장식할 석류 사백 개,
43 받침대 열 개와 받침대 위에 놓을 대야 열
개,
44 바다와 바다를 받치는 황소 열두 마리,
45 솥과 부삽과 대접과 여호와의 성전에서
쓸 온갖 접시들입니다. 히람은 솔로몬 왕
을 위하여 이것들을 모두 놋으로 만들었
습니다.
46 솔로몬 왕은 이 모든 것을 숙곳과 사르단
사이에 있는 요단 강 가까이에서 진흙틀
에 부어 만들게 했습니다.
47 너무 많이 만들었으므로 솔로몬은 그 무
게를 달아 보지 못했습니다. 그래서 놋의
무게가 모두 얼마인지는 알 수가 없습니
다.
48 솔로몬은 성전에 두기 위해 금으로 여러
가지 물건을 만들게 했습니다. 금 제단,
하나님의 백성이 하나님 앞에 있음을 보
여 주는 빵을 차려 놓는 금상,
49 지성소 앞의 오른쪽과 왼쪽에 다섯 개씩
놓을 순금 등잔대와 금꽃 장식과 등잔, 부
집게,
50 순금 잔, 심지 다듬는 집게, 작은 그릇,
향로, 불 옮기는 접시, 지성소와 성소에
달 금돌쩌귀들이었습니다.
51 그리하여 솔로몬 왕은 여호와의 성전을 짓
는 일을 마쳤습니다. 솔로몬은 그의 아버
지 다윗이 거룩하게 구별하여 여호와께
드린 은과 금과 여러 기구들을 성전으로
가져가서 성전의 창고에 넣어 두었습니
다.

언약궤를 성전으로 옮기다

8 솔로몬 왕이 이스라엘의 모든 지도자를
불러 자기가 있는 예루살렘으로 나오
게 했습니다. 솔로몬은 장로들과 각 지파
의 지도자들과 각 집안의 어른들을 불렀

언약궤가 있었던 다윗 성(8:1)

습니다. 솔로몬이 그들을 부른 까닭은 여
호와의 언약궤를 다윗 성에서 옮겨 오기
위해서였습니다.
2 그래서 이스라엘의 모든 백성이 솔로몬 왕
앞으로 모였습니다. 그 때는 에다님 월,*
곧 일곱째 달의 절기였습니다.
3 이스라엘의 모든 장로들이 모이고, 제사장
들은 궤를 메어 옮겼습니다.
4 그들은 여호와의 궤와 회막과 그 안에 있
는 거룩한 물건들을 옮겼습니다. 제사장
과 레위 사람들이 함께 옮겼습니다.
5 솔로몬 왕과 이스라엘의 모든 백성이 궤
앞에 모였습니다. 그들은 셀 수도 없을 만
큼 많은 양과 소를 제물로 바쳤습니다.
6 그런 다음에 제사장들이 여호와의 언약궤
를 제자리, 곧 성전 안의 지성소에 놓았
습니다. 언약궤는 금을 두드려서 만든 날
개 달린 생물인 그룹의 날개 아래에 두었
습니다.
7 그 그룹들의 날개는 궤를 놓아 둔 곳에 펼
쳐져 궤와 그 궤를 메는 채를 덮었습니다.
8 궤를 메는 채는 매우 길었습니다. 지성소
앞에 있는 성소에서도 채의 끝을 볼 수 있
었습니다. 그러나 성소 밖에서는 보이지
않았습니다. 그 채들은 아직까지도 거기
에 놓여 있습니다.
9 궤 안에는 돌판 두 개만 들어 있었습니다.
그 돌판은 이스라엘 백성이 이집트에서 나
온 뒤, 여호와께서 시내* 산에서 그들과 언
약을 맺을 때에 모세가 넣었던 것입니다.
10 제사장들이 성소에서 나오자, 구름이 여
호와의 성전에 가득 찼습니다.

솔로몬의 기도(8:22-61)

11 제사장들은 일을 계속할 수 없었습니다.
왜냐하면 여호와의 영광이 성전 안에 가
득 찼기 때문입니다.

솔로몬이 백성에게 연설을 하다

12 솔로몬이 말했습니다. "여호와께서는 캄
캄한 구름 속에 계시겠다고 말씀하셨습니
다.
13 그러나 저는 주님을 위해 훌륭한 성전을
지었습니다. 이 성전은 주께서 영원히 계
실 곳입니다."
14 그리고 나서 솔로몬 왕은 몸을 돌려 거기
에 서 있는 이스라엘의 모든 백성에게 복
을 빌어 주었습니다.
15 솔로몬이 말했습니다. "이스라엘 하나님
여호와를 찬양합시다. 여호와께서는 내
아버지 다윗에게 약속하신 것을 이루어
주셨습니다. 여호와께서는 내 아버지에게
이렇게 말씀하셨습니다.
16 '나는 내 백성 이스라엘을 이집트에서 인
도해 냈다. 그러나 아직 이스라엘의 어느
지파에서도 나에게 예배드릴 성전을 선택
하지 않았다. 나는 다윗을 선택하여 내 백
성 이스라엘을 다스리게 하였다.'
17 내 아버지 다윗은 이스라엘 하나님 여호와
께 예배드릴 성전을 짓고 싶어했습니다.
18 그러나 여호와께서는 내 아버지 다윗에게
이렇게 말씀하셨습니다. '나는 네가 나의
이름을 위하여 성전을 짓고 싶어한다는
것을 알고 있다. 그것은 좋은 일이다.
19 그러나 너는 성전을 지을 사람이 아니다.
내 이름을 위한 성전은 네 몸에서 태어날
네 아들이 지을 것이다.'
20 이제 여호와께서는 약속하신 것을 이루어
주셨습니다. 나는 이제 여호와께서 약속
하신 대로 내 아버지 다윗의 뒤를 이어 이
스라엘 왕이 되었습니다. 그리고 나는 이
스라엘 하나님 여호와께 예배드릴 성전을
지었습니다.
21 나는 여호와께서 우리 조상을 이집트에서
인도해 내실 때에 그들과 맺으신 언약의
궤를 넣어 둘 곳을 이 성전 안에 마련해
놓았습니다."

솔로몬의 기도

22 솔로몬은 여호와의 제단 앞에 이스라엘의
모든 백성과 마주 보고 서 있었습니다. 솔
로몬은 하늘을 향해 팔을 치켜들었습니다.
23 그리고 이렇게 말했습니다. "이스라엘 하
나님 여호와여, 주님 같으신 분은 어디에
도 없습니다. 저 하늘에도 없고, 저 땅에
도 없습니다. 주께서는 주님의 백성을 사
랑하셔서 그들과 언약을 맺어 주셨습니
다. 그리고 참마음으로 주님을 따르는 사
람들에게는 그 언약을 지켜 주셨습니다.
24 주께서는 주의 종인 내 아버지 다윗에게
하신 약속을 지켜 주셨습니다. 주님의 입
으로 말씀하신 그 약속을 오늘 주님의 크
신 능력으로 이루어 주셨습니다.
25 이스라엘의 하나님 여호와시여, 주의 종이
요, 내 아버지인 다윗에게 하신 다른 약
속도 지켜 주십시오. 주께서는 '네가 나
에게 복종했듯이 네 자손도 조심하여 나
에게 복종하면, 이스라엘을 다스릴 사람이
네 집안에서 끊이지 않고 나올 것이다'라
고 말씀하셨습니다.
26 이스라엘의 하나님이시여, 주의 종이요,
내 아버지인 다윗에게 하신 약속을 이루

어 주십시오.
27 하나님이시여, 하나님께서 정말로 땅에서 사시겠습니까? 하늘과 하늘의 가장 높은 곳이라도 하나님을 모실 수 없을 텐데, 제가 지은 이 집에 주님을 모실 수 있겠습니까?
28 그러나 저의 기도와 소원을 들어 주십시오. 저는 여호와의 종이고, 주님은 저의 주 하나님이십니다. 제가 오늘 주께 드리는 이 기도를 들어 주십시오.
29 주께서는 전에 '내 이름이 거기 있을 것이다' 라고 말씀하셨습니다. 그러니 밤낮으로 이 성전을 지켜 봐 주십시오. 이 곳에서 제가 드리는 기도를 들어 주십시오.
30 저와 주님의 백성 이스라엘이 이 곳을 향해 기도할 때에 주님은 하늘에서 들으시고 우리 죄를 용서해 주십시오.
31 만약 어떤 사람이 이웃에게 죄를 지었다고 생각되면, 이 성전으로 나아오게 될 것입니다. 그런데 그 사람이 자기에게는 죄가 없다고 제단에서 맹세하면,
32 주께서는 하늘에서 그 맹세를 들으시고 판단해 주십시오. 죄 있는 사람에게는 벌을 내리시고, 올바른 사람에게는 죄가 없음을 밝혀 주십시오.
33 주님의 백성 이스라엘이 주께 죄를 지어 적에게 패한 후, 주께 돌아와 주님을 찬양하고 이 성전에서 주께 기도드리면,
34 주께서는 하늘에서 그들의 기도를 들으시고, 주님의 백성 이스라엘의 죄를 용서해 *주십시오. 주께서 그들의 조상에게 주신* 그 땅을 다시 찾을 수 있게 해 주십시오.
35 만약 주님의 백성 이스라엘이 주께 죄를 지어 주님이 그 벌로 비를 내리지 않으실 때, 그들이 이 곳을 향해 기도하고 주님을 찬양하며 죄에서 돌아서면,
36 주님은 하늘에서 그들이 하는 기도를 들으시고, 주님의 종들과 이스라엘 백성의 죄를 용서해 주십시오. 그들에게 올바르게 살아가는 법을 가르쳐 주십시오. 그리고 주께서 주님의 백성에게 주신 이 땅에 비를 내려 주십시오.
37 만약 이 땅에 가뭄이 들거나 백성들 사이에 무서운 전염병이 돌거나 병충해나 메뚜기 떼가 온갖 곡식을 갉아먹거나 주님의 백성이 적의 공격을 받게 되거나 그들에게 병이 생길 때,
38 그들이 참마음으로 죄를 뉘우치고 주님의 백성 이스라엘 가운데서 어느 누구든지 이 성전을 향해 팔을 벌려 기도드리면,
39 주께서는 하늘에서 그 기도를 들으시고, 백성을 용서해 주십시오. 주님만이 사람의 속마음을 아십니다. 그러니 각 사람을 판단하시고 그들이 한 일대로 그들에게 갚아 주십시오.
40 그렇게 하시면 주님의 백성은 주께서 우리 조상에게 주신 이 땅에서 사는 동안, 늘 주님을 섬길 것입니다.
41-42 이스라엘에 속하지 아니한 외국인이 주의 크신 이름과 주께서 행하신 큰 일에 대해 듣고 먼 땅에서 와서 이 성전을 향하여 기도하면,
43 주께서는 하늘에서 그들의 기도를 들으시고 그들이 구하는 대로 이루어 주십시오. 그러면 주님의 백성 이스라엘처럼 온 땅의 백성이 주님을 알고 주님을 두려워할 것입니다. 또한 제가 지은 이 성전이 주님의 이름이 있는 곳임을 알게 될 것입니다.
44 주님의 백성이 적과 싸우라는 주님의 명령을 받고 나갈 때에 그들이 주께서 선택하신 이 성과 제가 주님의 이름을 위하여 지은 이 성전을 향해 여호와께 기도드리면,
45 주께서는 하늘에서 그들의 기도를 들으시고, 그들을 도와 주십시오.
46 죄를 짓지 않는 사람은 없습니다. 주님의 백성도 주께 죄를 지을 것입니다. 이것 때문에 주께서 분노하시어 그들을 싸움에서 지게 하시면, 적들은 그들을 사로잡아 자기 나라로 끌고 갈 것입니다.
47 그 때, 주님의 백성이 포로로 끌려간 그

병충해(8:37 damages by blight and harmful insects) 식물이나 농작물 따위가 병균이나 해충으로 인해 입는 해.

땅에서 정신을 차리고 마음을 돌려 '우리
가 죄를 지었습니다. 우리가 잘못했습니
다'라고 주께 기도하며,
48 그들이 포로로 있는 원수의 땅에서 온 마
음과 정성을 다하여 주께 회개하고, 주께
서 그들의 조상에게 주신 땅과 주께서 선
택하신 이 성과 제가 주님의 이름을 위하
여 지은 이 성전을 향해 주께 기도드리
면,
49 주께서는 하늘에서 그들이 하는 기도를
들으시고 사정을 살펴 주십시오.
50 주님의 백성을 용서해 주십시오. 주님을
배반한 그들을 용서해 주십시오. 그래서
그들을 사로잡아 간 사람들이 그들을 불
쌍히 여기도록 해 주십시오.
51 그들이 주님의 백성이라는 것을 기억해
주십시오. 주께서 그들을 용광로와도 같
은 이집트에서 인도해 내셨다는 것을 기
억해 주십시오.
52 제가 드리는 기도와 주님의 백성 이스라
엘이 드리는 기도에 귀를 기울여 주십시
오. 그들이 주께 부르짖을 때마다 그 기
도를 들어 주십시오.
53 주 여호와여, 주께서는 우리의 조상을 이
집트에서 인도해 내실 때에 주의 종 모세
를 통하여 약속하신 대로 이 땅의 모든 나
라들 가운데서 우리를 선택하셔서 주님의
백성으로 삼으셨습니다."
54 솔로몬은 제단 앞에 무릎을 꿇고 하늘을
향해 팔을 벌리고 이런 기도를 드렸습니
다. 기도를 마친 솔로몬은 여호와의 제단
앞에서 일어났습니다.
55 솔로몬은 서서 큰 소리로 이스라엘 모든
백성에게 복을 빌어 주었습니다.
56 "여호와를 찬양합시다! 주께서는 당신의
백성 이스라엘에게 약속하신 대로 안식을
주셨습니다. 주께서 그의 종 모세를 통해
말씀하신 좋은 약속 가운데서 하나라도
이루시지 않은 것이 없습니다.
57 우리의 하나님 여호와께서 우리 조상들과
함께 계셨던 것처럼 우리와도 함께 계시
기를 원합니다. 결코 우리를 떠나시지도
않고 버리시지도 않기를 원합니다.
58 우리의 마음이 주께 기울게 하시고 주님을
따르게 하시기를 바랍니다. 주께서 우리
조상에게 주신 모든 율법과 계명을 우리가
지킬 수 있도록 해 주시기를 원합니다.
59 우리의 주 하나님께서 제가 드린 이 기
도를 언제나 기억해 주시기를 바랍니다.
주님의 종과 주님의 백성 이스라엘에 가
까이 계시기를 바랍니다. 날마다 우리가
필요한 대로 우리를 도와 주시기 바랍니
다.
60 그러면 세계의 모든 백성이 주님만이 참
하나님이심을 알게 될 것입니다.
61 여러분은 우리의 주 하나님 여호와께 완
전히 복종하십시오. 주님의 모든 율법과
계명을 지키십시오."

제물을 바치다

62 그런 다음에 솔로몬 왕과 온 이스라엘은
여호와께 제사를 드렸습니다.
63 솔로몬은 화목 제물로 소 이만 이천 마리
와 양 십이만 마리를 잡아서 여호와께 바
쳤습니다. 이러한 방법으로 왕과 이스라엘
백성은 여호와께 성전을 바쳤습니다.
64 그 날에 솔로몬 왕은 성전 앞뜰을 거룩하
게 구별했습니다. 솔로몬은 거기서 태워
드리는 제물인 번제물과 곡식 제물을 바
쳤습니다. 그리고 화목 제물의 기름도 바
쳤습니다. 여호와 앞에 있는 놋제단이 너
무 작아서 제물들을 다 담을 수 없었기 때
문에 성전 앞뜰에서 이 제물들을 바쳤습
니다.
65 그 때에 솔로몬 왕과 이스라엘의 모든 백
성은 절기를 지켰습니다. 북쪽으로는 하
맛 어귀에서부터 남쪽으로는 이집트 시내
에 이르기까지, 그 지역에 사는 많은 사
람들이 모여들었습니다. 그들은 칠 일을
두 번 합한 십사 일 동안, 절기를 지켰습
니다.
66 절기 팔 일째 되는 날에 솔로몬은 백성을
집으로 돌려 보냈습니다. 그들은 왕에게
복을 빌어 주며 집으로 돌아갔습니다. 그
들은 여호와께서 그의 종 다윗과 그의 백

성 이스라엘에게 베풀어 주신 온갖 은혜로
말미암아 기뻐했습니다.

여호와께서 솔로몬에게 다시 나타나시다

9 솔로몬은 여호와의 성전과 자기가 살
왕궁과 자기가 짓고 싶어하던 모든 것
을 다 지었습니다.
2 여호와께서 기브온에서 나타나셨던 것처
럼 솔로몬에게 나타나셔서
3 "내 앞에서 기도한 것과 네가 나에게 구
한 것을 들었다. 네가 지은 이 성전을 내
가 거룩하게 구별하였으므로, 내가 내 이
름을 영원히 거기에 둘 것이다. 내가 그
성전을 보살피며 항상 지킬 것이다.
4 만약 네가 네 아버지 다윗처럼 올바르고
성실하게 내 율법과 내가 명령한 모든 것
을 지키면,
5 네 집안이 영원토록 이스라엘을 다스릴 수
있게 해 주겠다. 나는 다윗의 집안에서 이
스라엘을 다스릴 왕이 끊이지 않고 나올
것이라고 다윗에게 약속했다.
6 그러나 만약 너나 네 자녀가 나를 따르지
않고 내가 너에게 준 규례와 계명도 지키
지 않고 다른 신들을 섬기거나 예배한다
면,
7 나는 이스라엘 백성들을 이 땅에서 쫓아
내겠다. 그리고 내 이름을 위하여 내가 거
룩히 구별한 성전도 헐어 버리겠다. 이스
라엘은 다른 백성들에게 속담거리와 웃음
거리가 되고 말 것이다.
8 성전이 무너지면, 그 모습을 보는 모든 사
람들이 놀랄 것이다. 그들은 너희를 놀리
며 '여호와께서 어찌하여 이 땅과 이 성
전을 이런 지경으로 만드셨을까?' 하고
비웃을 것이다.
9 그러면 다른 백성이 '이렇게 된 까닭은 그
들의 조상을 이집트에서 인도해 낸 여호
와 하나님을 그들이 버렸기 때문이다. 그
들은 다른 신들에게 마음이 끌려 그들을
예배하고 섬겼다. 그래서 여호와께서 이
런 재앙을 그들에게 내린 것이다'라고 대
답할 것이다" 하고 솔로몬에게 말씀하셨
습니다.

솔로몬의 다른 활동

10 이십 년에 걸쳐 솔로몬 왕은 여호와의 성
전과 왕궁을 완성하였습니다.
11 솔로몬 왕은 그가 원하는 대로 백향목과
잣나무와 금을 보내 주었던, 두로 왕 히람
에게 갈릴리에 있는 스무 개의 마을을 주
었습니다.
12 히람은 두로에서 와서 솔로몬이 준 마을들
을 둘러보았습니다. 그러나 그 마을들은
그의 마음에 들지 않았습니다.
13 히람이 말했습니다. "나의 형제여, 그대가
나에게 준 마을들이 이 정도밖에 안 되
오?" 그래서 지금까지 사람들은 그 마을
들을 '쓸모없는 땅'이라는 뜻으로 가불 땅
이라고 부르고 있습니다.
14 히람이 솔로몬에게 보낸 금은 전부 다하여
백이십 달란트*였습니다.
15 솔로몬 왕은 일꾼들을 불러모아 성전과 왕
궁을 지었습니다. 솔로몬은 일꾼들에게 밀
로와 예루살렘 성벽 쌓는 일을 시켰습니
다. 또한 하솔과 므깃도와 게셀 성을 다시
쌓는 일도 시켰습니다.
16 옛날에 이집트 왕이 게셀을 공격하여 점령
한 일이 있었습니다. 이집트 왕은 게셀을
불태우고 거기에 살던 가나안 사람들을 죽
였습니다. 그리고 그 성을 자기 딸의 결
혼 선물로 솔로몬에게 주었습니다.
17 솔로몬은 게셀과 아래쪽 벧호론과
18 바알랏과 유다 광야에 있는 다드몰을 세웠

시리아, 다드몰(팔미라)의 로마 시대 유적(9:18)

알아두세요

9:14 120달란트는 약 4.11t에 해당된다.

습니다.
19 솔로몬 왕은 또 곡식과 그 밖의 물건을 저
장해 둘 수 있는 성과 전차를 두는 성과
전차 모는 군인들을 위한 성도 세웠습니
다. 솔로몬은 예루살렘과 레바논과 그가 다
스리는 모든 땅에 원하는 것을 다 지었습
니다.
20 그 땅에는 이스라엘 백성이 아닌 사람들,
곧 아모리 사람과 헷 사람과 브리스 사람
과 히위 사람과 여부스 사람들이 남아서
살고 있었습니다.
21 이스라엘 백성은 그들을 완전히 멸망시키
지 못했습니다. 그래서 솔로몬은 그들을
노예로 삼아서 일을 시켰습니다. 그들은
지금까지도 노예로 있습니다.

성경 자세히 이해하기

스바의 여왕

고고학적 자료에 따르면 스바는 B.C. 900-450년 경 아라비아 남서쪽(지금의 예멘 공화국)에 위치한 나라로, 향수와 향품 무역으로 유명했다고 합니다. 또한 이 나라는 인도와 동아프리카로 나가는 해상 무역과 아라비아 사막을 통과하는 대상 무역을 통해 막대한 부를 축적했다고 합니다. 스바 여왕의 방문 목적은 솔로몬의 부와 지혜를 시험해 보기 위함이었습니다. 그러나 또 한 가지 중요한 목적은 솔로몬의 상업 선박에 의해 그들의 무역이 위협받지 않도록 일종의 평화 조약을 체결하기 위한 것이었으리라 생각됩니다.

본문 보기 10장 1-13절

알아두세요

9:24 '밀로'는 예루살렘 동쪽편 움푹 파인 곳이었을 것으로 추측된다. 그래서 '밀로를 건축하였다'는 말을 '성의 동쪽 땅을 메웠다'라고 하기도 한다.

9:28 420달란트는 약 14.39t에 해당된다.
10:10 120달란트는 약 4.11t에 해당된다.
10:14 666달란트는 약 22.82t에 해당된다.
10:16 600세겔은 약 6.84kg에 해당된다.
10:17 3마네는 약 1.71kg에 해당된다.

22 솔로몬은 이스라엘 백성 중에서는 어느 누
구도 노예로 삼지 않았습니다. 이스라엘
백성은 솔로몬의 군인, 신하, 장교, 전차
지휘관, 전차병으로 일했습니다.
23 솔로몬이 맡긴 일을 지휘하는 감독은 오
백오십 명이었습니다. 그들은 사람들이
하는 일을 감독하였습니다.
24 파라오의 딸이 다윗 성에서 왕궁으로 옮겨
왔습니다. 그 왕궁은 솔로몬이 이집트 왕
의 딸을 위해 지어 준 것입니다. 솔로몬은
밀로*를 건축하였습니다.
25 솔로몬은 한 해에 세 번씩 자기가 여호와
를 위해 쌓은 제단 위에 태워 드리는 제
물인 번제물과 화목 제물을 바쳤습니다.
그리고 여호와 앞에 놓인 향단에서 향을
피웠습니다. 이렇게 솔로몬은 성전 짓는
일을 마쳤습니다.
26 솔로몬은 에돔 땅 홍해 해안에 있는 엘랏
근처 에시온게벨에서 배를 만들기도 했습
니다.
27 히람 왕은 바다에 대해 잘 알고 있는 뱃
사람들을 두고 있었습니다. 히람은 그 사
람들을 솔로몬에게 보내어 솔로몬의 신하
들을 돕게 했습니다.
28 그들은 솔로몬의 배를 타고 오빌에 이르러
금 사백이십 달란트*를 솔로몬 왕에게 가
져왔습니다.

스바의 여왕이 솔로몬을 찾아오다

10 스바의 여왕이 솔로몬의 명성을 듣
고 솔로몬을 시험해 보기 위해 어려
운 문제를 가지고 왔습니다.
2 스바의 여왕은 수많은 신하들을 거느리고
예루살렘으로 왔습니다. 향료와 보석과 금
을 실은 낙타도 매우 많았습니다. 스바의
여왕은 솔로몬에게 와서 마음속에 있는 모
든 생각을 솔로몬과 함께 이야기했습니
다.
3 솔로몬은 여왕의 질문에 빠짐없이 대답해
주었습니다. 설명할 수 없는 어려운 문제
는 하나도 없었습니다.
4 스바의 여왕은 솔로몬이 매우 지혜롭다는
것을 깨달았습니다. 여왕은 솔로몬이 지

은 왕궁과
5 솔로몬의 식탁 위에 놓인 음식과 솔로몬의
신하들과 왕궁 관리들과 그들이 차려 입
은 옷, 식탁에서 시중드는 종들의 모습,
그리고 솔로몬이 여호와의 성전에서 드리
는 번제를 보고 너무나 놀랐습니다.
6 여왕이 솔로몬 왕에게 말했습니다. "내 나
라에서 들은 왕의 업적과 지혜에 대한 소
문이 사실이군요.
7 거기에서는 믿을 수 없었는데, 여기에 와
서 내 눈으로 보니 듣던 것보다도 더 놀
랍군요. 왕의 지혜와 부유함은 내가 듣던
것보다 훨씬 뛰어납니다.
8 언제나 왕을 섬기면서 왕의 지혜를 들을
수 있는 왕의 백성과 신하들은 행복할 것
입니다.
9 왕의 하나님 여호와를 찬양합니다. 여호
와께서는 당신을 좋아하셔서 이스라엘의
왕좌에 앉히셨습니다. 여호와께서는 언제
나 이스라엘을 사랑하십니다. 그래서 당신
을 왕좌에 앉게 하시고 정의를 지키면서
공평하게 다스리도록 하셨습니다."
10 스바의 여왕은 솔로몬 왕에게 금 백이십
달란트*와 많은 향료와 보석을 주었습니
다. 그 때부터 지금까지 스바의 여왕이 솔
로몬 왕에게 가져온 것보다 더 많은 향료
를 가져온 사람은 없었습니다.
11 (히람의 배는 오빌에서 금을 가져왔고, 그
밖에도 백단목과 보석을 매우 많이 가져
왔습니다.
12 솔로몬은 백단목을 여호와의 성전과 왕궁
의 계단을 만드는 데 썼습니다. 그리고 음
악가들이 쓸 수금과 비파를 만드는 데도
썼습니다. 지금까지 그렇게 좋은 백단목
은 들어온 일도 없었고 본 적도 없었습니
다.)
13 솔로몬 왕은 스바의 여왕에게 많은 선물을
주었습니다. 보통 관례에 따라 한 나라 왕
이 다른 통치자에게 주는 만큼의 선물 외
에도 여왕이 가지고 싶어하는 것과 달라
는 것을 다 주었습니다. 여왕은 신하들과
함께 자기 나라로 돌아갔습니다.

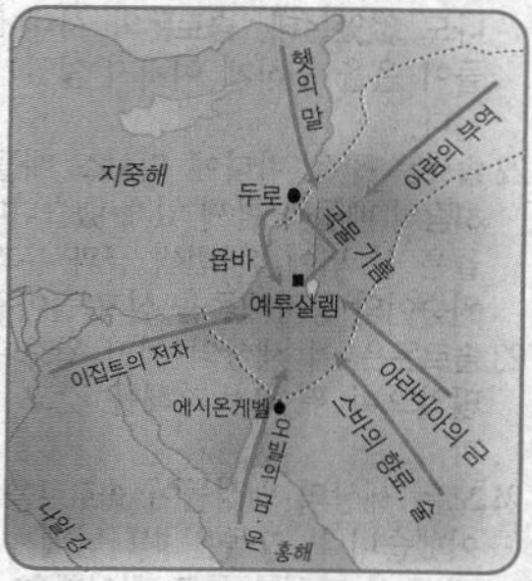

솔로몬 시대의 무역(9:26-10:29)

솔로몬의 부

14 솔로몬은 해마다 금 육백육십육 달란트*를
세금으로 받았습니다.
15 그것 말고도 무역업자와 상인들이 바치는
금과 함께 아라비아 왕들과 이스라엘 땅의
장관들이 바치는 금도 받았습니다.
16 솔로몬 왕은 금을 두드려서 큰 방패 이백
개를 만들었습니다. 방패 하나에 들어간
금은 육백 세겔*이나 되었습니다.
17 솔로몬은 또 금을 두드려서 작은 방패 삼
백 개를 만들었습니다. 그 방패 하나에 들
어간 금은 삼 마네*였습니다. 왕은 그 방
패들을 '레바논 수풀의 궁'에 두었습니다.
18 솔로몬 왕은 상아로 커다란 왕좌를 만들
었습니다. 그리고 거기에 금을 입혔습니
다.
19 왕좌로 올라가는 계단은 여섯 개였습니
다. 왕좌의 꼭대기는 뒤가 둥그렇게 되어
있었습니다. 왕좌의 양쪽에는 팔걸이가
있었고, 팔걸이 양 옆에는 사자 상이 있
었습니다.
20 여섯 계단 양 옆에는 열두 사자 상이 있
었습니다. 다른 어떤 나라에서도 이런 것
은 만들지 못했습니다.
21 솔로몬 왕이 마시는 데 쓰는 모든 그릇은
금으로 만들었습니다. 그리고 '레바논 수
풀의 궁'에서 쓰는 모든 그릇도 다 순금
으로 만들었습니다. 은으로 만든 것은 하

나도 없었는데, 솔로몬의 시대에는 사람
들이 은을 귀하게 여기지 않았기 때문입
니다.
22 솔로몬 왕은 바다에 다시스 배들을 두어
히람의 배들과 함께 있게 했습니다. 그 배
들은 삼 년에 한 번씩 금과 은과 상아와
원숭이와 공작새들을 싣고 돌아왔습니다.
23 솔로몬은 이 세상의 어떤 왕보다 재산이
많았으며 뛰어난 지혜를 갖고 있었습니
다.
24 모든 세상의 백성들이 솔로몬을 보고 싶
어했습니다. 그들은 하나님께서 솔로몬에
게 주신 지혜를 듣고 싶어했습니다.
25 그래서 그들은 해마다 선물을 가지고 찾
아왔습니다. 그들은 금이나 은으로 만든
물건들과 옷과 무기와 향료와 말과 노새
를 가지고 찾아왔습니다.
26 솔로몬은 전차와 말을 많이 가지고 있었
습니다. 솔로몬은 전차 천사백 대와 전차
를 모는 사람 만 이천 명을 두고 있었습
니다. 솔로몬은 그들을, 전차를 두는 성과

성경 자세히 이해하기

달의 여신 아스다롯

아스다롯은 바알과 짝을 이루는 신으로 시돈과 블레셋의 여신이었습니다. 이 여신은 시리아에서 아라비아에 이르는 모든 나라와 지역에서 여러 가지 다른 이름으로 숭배되었습니다. 바알이 해를 상징하는 것으로 추정되듯이 아스다롯은 달을 상징하는 것으로 생각됩니다. 아스다롯 숭배의 역사는 매우 오래되었지만 여신의 모습이나 숭배 방식에 대해서는 알려진 것이 거의 없습니다. 때로는 암소의 머리와 뿔을 가진 것으로 묘사되기도 하고, 여자의 머리에 뿔이 달린 모습으로 묘사되기도 합니다. 본문 보기 11장 5절

알아두세요

10:29 150세겔은 약 1.71kg에 해당된다.

11:5 암몬 족속의 주요 신으로 '말감'으로 발음되기도 한다.

예루살렘에 두었습니다.
27 솔로몬이 왕으로 있는 동안, 예루살렘에서
는 은이 돌처럼 흔했습니다. 그리고 백향
목은 언덕에서 자라는 뽕나무처럼 흔했습
니다.
28 솔로몬은 이집트와 길리기아에서 말을 수
입했습니다. 말은 솔로몬의 무역업자들이
길리기아에서 값을 치르고 사 왔습니다.
29 이집트에서 들여오는 전차의 값은 한 대
에 은 육백 세겔이었습니다. 그리고 말 한
마리의 값은 은 백오십 세겔*이었습니다.
무역업자들은 전차와 말을 헷 사람과 아
람 사람의 왕들에게도 팔았습니다.

솔로몬의 아내들

11 솔로몬 왕은 다른 여러 나라 여자들을
좋아했습니다. 솔로몬은 파라오의 딸을
좋아했을 뿐만 아니라 모압 여자, 암몬 여
자, 에돔 여자, 시돈 여자, 헷 여자도 좋
아했습니다.
2 여호와께서 전에 이스라엘 백성에게 이렇
게 말씀하셨습니다. "너희는 다른 나라의
백성과 결혼하지 마라. 그들과 결혼하면,
그들이 너희의 마음을 돌려 놓아 너희가
그들의 우상을 섬기도록 만들 것이다."
그러나 솔로몬은 이 여자들과 사랑에 빠
졌습니다.
3 솔로몬은 칠백 명의 후궁과 삼백 명의 첩
을 두었습니다. 솔로몬의 아내들은 솔로몬
의 마음이 하나님으로부터 멀어지도록 만
들었습니다.
4 솔로몬이 늙어감에 따라, 그의 아내들은
그의 마음을 돌려 다른 우상들을 섬기게
했습니다. 솔로몬은 그의 아버지 다윗처럼
여호와를 참되게 섬기지 못했습니다.
5 솔로몬은 시돈 백성의 여신 아스다롯을 섬
겼습니다. 그리고 암몬 사람들이 섬기는
역겨운 신인 밀곰*에게 예배했습니다.
6 이처럼 솔로몬은 여호와께서 보시기에 악
한 일을 저질렀습니다. 솔로몬은 그의 아
버지 다윗처럼 여호와를 참되게 섬기지
않았습니다.
7 솔로몬은 예루살렘 앞쪽 언덕 위에 산당을

지었습니다. 그 곳에서 모압 사
람들은 역겨운 신인 그모스를
섬겼고, 암몬 사람들은 역겨
운 신인 몰렉을 섬겼습니
다.
8 솔로몬은 외국인 아내
모두에게 이와 같은 일
을 해 주었습니다. 그래
서 그 아내들은 자기들의
신에게 향을 피우고 제물을
바쳤습니다.
9 여호와께서는 솔로몬에
게 두 번이나 나타나
셔서 다른 신을 섬기
지 말라고 말씀하셨
습니다. 그럼에도 솔
로몬이 이스라엘의 하
나님 여호와를 따르지 않자,
여호와께서 솔로몬에게 분노하셨습니다.
10 여호와께서는 솔로몬에게 다른 신을 따르
지 말라고 명령하셨지만, 솔로몬은 여호
와의 명령에 복종하지 않았습니다.
11 그래서 여호와께서는 솔로몬에게 "너는
나와 맺은 언약을 어기고 내 명령을 따르
지 않았다. 그러므로 나는 네 나라를 너
에게서 빼앗아 네 신하에게 줄 것이다.
12 그러나 네가 살아 있는 동안에는 그렇게
하지 않겠다. 왜냐하면 내가 네 아버지 다
윗을 사랑하기 때문이다. 네 아들이 왕이
될 때에 이 나라를 갈라 놓겠다.
13 나라 전체를 다 빼앗지 않는 것은 내 종
다윗과 내가 선택한 성 예루살렘을 위해서
한 지파를 네 아들에게 남겨 주어 다스리
도록 하기 위함이다"라고 말씀하셨습니
다.

솔로몬의 적

14 그 때, 여호와께서 에돔 사람 하닷을 일으
켜 솔로몬의 적이 되게 하셨습니다. 하닷
은 에돔의 왕족이었습니다.
15 전에 다윗이 에돔에 있을 때에 다윗의 군
대 사령관이었던 요압이 죽은 사람을 묻
어 주려고 갔다가 에돔의 남자들을 다 죽
인 일이 있었습니다.
16 요압과 모든 이스라엘 백성은 에돔에 여섯
달 동안, 머물러 있으면서 에돔의 남자들
을 다 죽였습니다.
17 그 때, 아직 어린아이였던 하닷은 그의 아
버지의 신하들과 함께 이집트로 도망쳤습
니다.
18 그들은 미디안을 떠나 바란에 이르렀습니
다. 그들은 바란에서 몇 사람을 데리고 이
집트로 가서 이집트 왕 파라오를 만났습니
다. 파라오가 하닷에게 집과 땅과 먹을 것
을 주었습니다.
19 파라오는 하닷을 매우 좋아하여 자기 아
내, 곧 다브네스 왕비의 동생을 그의 아내
로 주었습니다.
20 그들은 그누밧이라는 아들을 낳았고, 다브
네스 왕비는 그누밧을 왕궁에서 길렀습니
다. 그래서 그누밧은 왕의 자녀들과 함께
자랐습니다.
21 하닷은 이집트에 있는 동안, 다윗이 그 조
상의 무덤에 묻힌 것과, 군대 사령관인 요
압이 죽었다는 소식을 듣고 파라오에게 말
했습니다. "나를 보내 주십시오. 내 나라
로 돌아가고 싶습니다."

우상을 섬긴 솔로몬(11:1-10)

22 그러자 파라오가 말했습니다. "왜 네 나라
로 돌아가려고 하느냐? 내가 너에게 잘못
한 것이라도 있느냐?" 하닷이 대답했습니
다. "아닙니다. 그냥 돌아가게 해 주십시
오."
23 하나님께서는 또 엘리아다의 아들 르손을
일으켜서 솔로몬의 적이 되게 하셨습니
다. 르손은 자기의 주인인 소바 왕 하닷에
셀로부터 도망친 사람입니다.
24 다윗이 소바의 군대를 물리친 뒤에 르손은
사람들을 모아 작은 군대를 만들고 그들
의 지도자가 되었습니다. 르손과 그 무리
들은 다마스커스로 가서 살다가 르손을 다
마스커스의 왕으로 세웠습니다.
25 르손은 아람*을 다스리면서 이스라엘을 미
워했습니다. 그래서 르손은 솔로몬이 살아
있는 동안, 끊임없이 이스라엘을 괴롭혔습
니다. 르손과 하닷은 계속하여 이스라엘을
적으로 삼고 미워했습니다.
26 느밧의 아들 여로보암은 솔로몬의 신하였
습니다. 여로보암은 에브라임 사람으로서
스레다 마을 출신이었고, 그의 어머니는
스루아라는 과부였습니다. 여로보암은 솔
로몬 왕에게 반역했습니다.
27 여로보암이 솔로몬 왕을 반역하게 된 까닭
은 이러합니다. 솔로몬 왕이 밀로를 건축
하고 자기 아버지의 성인 다윗 성의 성벽
을 고치고 있었습니다.
28 여로보암은 유능한 사람이었는데, 솔로몬
은 이 젊은이가 일을 잘한다는 것을 알고
그에게 에브라임과 므낫세 지파, 즉 요셉
가문의 모든 일꾼들을 감독하는 일을 맡
겼습니다.
29 어느 날, 여로보암이 예루살렘을 떠나 다
른 곳으로 가는 길에 실로 사람 예언자 아
히야를 만났습니다. 아히야는 새 옷을 입
고 있었습니다. 들에는 그 두 사람만 있
었습니다.
30 아히야는 입고 있던 새 옷을 찢어 열두 조
각으로 나누었습니다.
31 아히야가 여로보암에게 말했습니다. "열
조각은 당신이 가지시오. 이스라엘 하나님
여호와께서 말씀하셨소. '내가 솔로몬에
게서 그 나라를 빼앗겠다. 그래서 열 지
파는 여로보암에게 주겠다.
32 그러나 한 지파는 내 종 다윗과 내가 선
택한 예루살렘 성을 위해서 솔로몬에게 남
겨 줄 것이다.
33 내가 이렇게 하는 까닭은 솔로몬이 나를
버렸기 때문이다. 솔로몬은 시돈 사람의
신 아스다롯과 모압 사람의 신 그모스와 암
몬 사람의 신 밀곰을 섬기고 있다. 솔로몬
은 내 말을 듣지 않았고, 내가 보기에 옳
은 일도 하지 않았다. 내 율법과 계명을
지키지도 않았다. 그는 그의 아버지 다윗
을 본받아 살지 않고 있다.
34 그러나 내가 선택한 내 종 다윗이 내 계
명과 규례를 지킨 것을 생각하여 솔로몬
이 살아 있는 동안에는 그의 나라를 다 빼
앗지 않고 왕으로 있게 해 주겠다.
35 그의 아들로부터 이 나라를 빼앗아 열 지
파를 너에게 주겠다.
36 솔로몬의 아들에게는 한 지파를 남겨 주
어 계속 다스리게 할 것이다. 그래서 내
가 내 이름을 두려고 선택한 성, 예루살렘
에서 다윗의 후손이 계속해서 나라를 다
스릴 수 있게 하겠다.
37 여로보암아, 나는 너를 선택하여 네가 원
하는 모든 것을 다스릴 수 있도록 할 것
이다. 너는 온 이스라엘을 다스리는 왕이
될 것이다.
38 내가 보기에 옳은 일을 하기만 하면, 나
는 너와 함께하겠다. 너는 내 명령을 지
켜라. 다윗처럼 내 율법과 계명을 지키면
너와 함께해 주겠다. 다윗에게 해 준 것
처럼 네 집안을 왕의 집안에서 끊이지 않

알아두세요

11:25 '아람'은 '시리아'라고도 불렸다.

반역(11:26 rebellion) 거역하고 배반하는 행위.
계명(11:33 commandment) 하나님의 명령으로서 성도들이 마땅히 지켜야 할 생활 규범.
후손(11:36 descendant) 여러 대가 지난 뒤의 자손.

게 하겠다. 이스라엘을 너에게 주겠다.
39 솔로몬의 죄 때문에 다윗의 후손들에게 벌을 주겠지만, 그 벌이 영원히 계속되지는 않을 것이다.'"
40 솔로몬이 여로보암을 죽이려 하자, 여로보암은 이집트로 도망쳤습니다. 여로보암은 이집트 왕 시삭에게 도망가서 솔로몬이 죽을 때까지 이집트에 머물렀습니다.

솔로몬의 죽음

41 솔로몬이 한 다른 모든 일과 그의 지혜에 관한 것은 솔로몬의 역사책에 적혀 있습니다.
42 솔로몬은 예루살렘에서 사십 년 동안, 온 이스라엘을 다스렸습니다.
43 솔로몬은 죽어서 그의 아버지 다윗의 성에 묻혔습니다. 그의 아들 르호보암이 뒤를 이어 왕이 되었습니다.

이스라엘이 르호보암에게 반역하다

12 온 이스라엘이 르호보암을 왕으로 세우려고 세겜에 모였습니다. 르호보암도 세겜으로 갔습니다.
2 솔로몬을 피해서 이집트로 도망쳤던 느밧의 아들 여로보암은 이집트에 있을 때에 르호보암이 왕이 되었다는 소식을 들었습니다.
3 그러자 이스라엘 백성들은 여로보암을 불렀습니다. 여로보암이 이스라엘 모든 무리와 함께 르호보암에게 가서 말했습니다.
4 "왕의 아버지는 우리에게 매우 고된 일을 시켰습니다. 이제 우리의 일을 좀 덜어 주십시오. 왕의 아버지처럼 우리에게 고된 일을 시키지 마십시오. 그렇게 해 주시면 왕을 섬기겠습니다."
5 르호보암이 대답했습니다. "삼 일 뒤에 다시 오너라. 그 때에 대답해 주겠다." 그래서 백성은 그 자리를 떠났습니다.
6 르호보암 왕은 솔로몬을 섬겼던 나이 든 지도자들과 의논했습니다. "이 백성에게 어떻게 대답하면 좋겠소?"
7 그들이 대답했습니다. "왕은 오늘 이 백성들에게 종이 하는 것처럼 그들을 섬겨야 합니다. 그들에게 친절한 말로 대답해 주십시오. 그러면 그들이 언제나 왕을 섬길 것입니다."
8 그러나 르호보암은 그들의 충고를 듣지 않고, 자기와 함께 자라 자기를 섬기고 있는 젊은 사람들과 의논을 했습니다.
9 르호보암이 그들에게 말했습니다. "백성이 '왕의 아버지처럼 우리에게 고된 일을 시키지 마십시오' 라고 말하고 있는데, 내가 어떻게 대답하면 좋겠소? 그대들의 생각은 어떠하오?"
10 왕과 함께 자란 젊은 사람들이 대답했습니다. "이 백성이 왕에게 '왕의 아버지는 우리에게 매우 고된 일을 시켰지만 왕은 우리의 일을 덜어 주십시오' 라고 말했습니다. 그러니 왕은 이렇게 말하십시오. '내 새끼 손가락은 내 아버지의 허리보다 더 굵다.
11 내 아버지는 너희에게 고된 일을 시켰지만, 나는 너희에게 훨씬 더 고된 일을 시키겠다. 내 아버지는 너희를 가죽 채찍으로 쳤지만, 나는 너희를 가시 돋친 채찍으로 치겠다.'"
12 르호보암이 백성에게 "삼 일 뒤에 다시 오라"고 말했으므로, 모든 백성이 삼 일 뒤에 다시 르호보암에게 왔습니다.
13 르호보암 왕은 백성에게 무자비한 말을 했습니다. 르호보암은 나이 든 지도자들의 충고를 듣지 않고

성경 지명

북왕국의 수도 세겜

예루살렘 북쪽 65km 지점, 그리심 산 동쪽 기슭에 위치한 성읍으로 여로보암이 왕이 된 후, 처음 수도로 삼은 곳입니다. 이 곳은 땅이 비옥하고 물이 풍부하였으며 중요한 무역로가 통과해 가기도 했습니다. 강우량이 적당하여 곡식과 채소를 경작하기에 알맞았고 넓은 평원은 목축하기에 좋았습니다. 아브라함이 가나안 땅에 들어와서 처음으로 제단을 쌓은 이후, 천 년 가까이 이스라엘의 종교적 성지가 되었습니다.

본문 보기 12장 1절

젊은이들의 말을 들은 르호보암(12:10-14)

14 젊은 사람들이 일러 준 대로 말했습니다.
"내 아버지는 너희에게 힘든 일을 시켰지
만, 나는 너희에게 훨씬 더 힘든 일을 시
키겠다. 내 아버지는 너희를 가죽 채찍으
로 쳤지만, 나는 너희를 가시 돋친 채찍
으로 치겠다."
15 이처럼 르호보암 왕은 백성이 원하는 것을
들어 주지 않았습니다. 이 일은 여호와께
서 그렇게 되도록 하신 것이었는데, 이는
실로 사람 아히야를 통해 느밧의 아들 여
로보암에게 하신 약속을 이루시기 위함이
었습니다.
16 이스라엘 모든 백성은 새 왕이 자기들의
말을 듣지 않으려는 것을 보고 왕에게 이
렇게 대답했습니다. "우리가 다윗과 무슨
관계가 있느냐? 우리는 이새의 아들과 상
관이 없다. 이스라엘 백성아, 우리 집으로
돌아가자. 다윗의 아들이여, 이제 네 가족
이나 다스려라." 이스라엘 백성은 집으로
돌아갔습니다.
17 그러나 유다의 여러 마을에 사는 이스라
엘 백성만은 르호보암을 왕으로 섬겼습니
다.

18 아도니람은 강제로 동원된 일꾼들을
감독하는 사람이었습니다. 르호보암
왕이 아도니람을 백성에게 보냈습
니다. 모든 이스라엘 백성이 돌
을 던져 아도니람을 죽였습니
다. 그러자 르호보암 왕은 서
둘러 수레를 타고 예루살렘
으로 도망쳤습니다.
19 그 때부터 이스라엘은 다
윗의 집안을 반역하기 시작하
여 오늘날까지 이르게 되었습
니다.
20 모든 이스라엘 백성은 여로
보암이 돌아왔다는 소식을 듣고
사람을 보내어 그를 이스라엘 백
성의 모임에 나오게 하였습니다.
그들은 그를 온 이스라엘의 왕으로
세웠습니다. 그러나 유다 지파는 여전
히 다윗의 집안을 따랐습니다.
21 르호보암은 예루살렘에 이르러서 유다와 베
냐민 지파를 모았습니다. 그러자 십팔만
명의 군사가 모였습니다. 르호보암은 이스
라엘 백성과 싸워 자기 나라를 되찾으려
했습니다.
22 하나님께서 하나님의 사람 스마야에게 말
씀하셨습니다.
23 "유다 왕 솔로몬의 아들 르호보암에게 전
하여라. 그리고 유다와 베냐민 백성과 그
밖의 모든 백성에게 전하여라.
24 '너는 너희 형제인 이스라엘 백성과 싸우
러 나가지 마라. 모두 집으로 돌아가거
라. 이 일은 나의 뜻대로 된 일이다.'" 그
러자 르호보암의 군대 사람들은 여호와의
명령에 복종했습니다. 그들은 여호와의
말씀대로 모두 집으로 돌아갔습니다.

여로보암이 금송아지를 만들다

25 여로보암은 에브라임 산지에 있는 세겜 성
을 건축하고 그 곳에서 살았습니다. 그리
고 그 곳에서 나와 부느엘 성을 세웠습니
다.
26 여로보암이 속으로 생각했습니다. '이 나
라가 다시 다윗의 집으로 돌아갈지도 모

르겠다.
27 백성은 앞으로도 예루살렘에 있는 여호와
의 성전으로 제사드리러 갈 것이다. 그렇
게 가다 보면 그들의 마음이 다시 유다 왕
르호보암에게 기울어질지도 모른다. 결국
그들은 나를 죽이고 유다 왕 르호보암을
따를 것이다.'
28 여로보암 왕은 신하들과 의논한 끝에 금송
아지 두 개를 만들고 백성에게 말했습니
다. "예루살렘으로 가서 예배드리는 것은
너무 어려운 일이다. 이스라엘아, 너희를
이집트에서 인도해 내신 너희의 신이 여
기에 계시다."
29 여로보암 왕은 금송아지 하나를 벧엘 성에
두고 다른 하나는 단 성에 두었습니다.
30 이 일은 여호와께 매우 큰 죄가 되었습니
다. 백성은 단까지 가서 그 곳의 금송아
지 앞에 예배드렸습니다.
31 여로보암은 여러 산당을 지었습니다. 그리
고 레위 사람이 아닌 보통 백성 가운데서
제사장을 뽑았습니다.
32 여로보암은 여덟째 달 십오 일*에 새로운
절기를 정했습니다. 그 절기는 유다의 절
기와 비슷하게 지켜졌습니다. 여로보암은
그 절기 때에 제단 위에 제물을 바쳤습니
다. 그리고 그는 그가 만든 벧엘의 송아
지에게 제물을 바쳤습니다. 그는 또 그가
뽑은 산당의 제사장들을 벧엘의 제사장으
로 일하게 했습니다.
33 여로보암은 자기 마음대로 정한 여덟째 달
십오 일 절기 때에 자기가 만든 벧엘의 제
단에 가서 제물을 바쳤습니다. 이처럼 그
는 이스라엘 백성을 위해 절기를 정하고
제단으로 올라가 향을 피웠습니다.

하나님의 사람이 벧엘에 대해 말하다

13 여호와께서 하나님의 사람에게 명령
하여 유다를 떠나 벧엘로 가게 하셨
습니다. 그가 이르렀을 때에 여로보암은
제단 곁에 서서 제물을 바치고 있었습니
다.
2 하나님의 사람이 그 제단을 향하여, 여호
와의 말씀으로 외쳤습니다. "제단아, 제
단아! 여호와께서 너에게 이렇게 말씀하
셨다. '다윗의 집안에 요시야라는 아들이
태어날 것이다. 그는 네 위에서 제사를 드
리고 있는 산당의 제사장들을 네 위에 제
물로 바칠 것이며 인간의 뼈를 네 위에서
태울 것이다.'"
3 하나님의 사람은 이 일이 일어날 것이라
는 증거로 "이 제단은 갈라질 것이고, 그
위의 재는 땅에 쏟아질 것이다"라고 말했
습니다.
4 여로보암 왕은 하나님의 사람이 벧엘의 제
단에 대해 말한 것을 듣고 제단 위에서 손
을 뻗어 그 사람을 가리키며 "저 놈을 잡
아라" 하고 소리쳤습니다. 그러나 왕이
내민 팔은 마비되어 움직일 수가 없었습
니다.
5 곧이어 제단이 갈라지고, 그 모든 재가 땅
에 쏟아졌습니다. 하나님의 사람이 말한
증거대로 일이 이루어졌습니다.
6 왕이 하나님의 사람에게 말했습니다. "나
를 위해 그대의 하나님 여호와께 기도해
주시오. 제발 내 팔을 고쳐 달라고 기도
해 주시오." 하나님의 사람이 여호와께
은혜를 베풀어 달라고 기도드리자, 왕의
팔은 나아서 그전처럼 되었습니다.
7 왕이 하나님의 사람에게 말했습니다. "나
와 함께 집으로 가서 음식을 듭시다. 그

단 유적지의 풍부한 물(12:29)

알아두세요

12:32 이 날은 10월 말에서 11월 초 사이에 해당된다.

대에게 선물을 드리고 싶소."
8 하나님의 사람이 왕에게 대답했습니다.
"왕과 함께 갈 수 없습니다. 왕이 나라의
절반을 준다 해도 갈 수 없습니다. 이 곳
에서는 아무것도 먹거나 마실 수 없습니
다.
9 여호와께서 나에게 아무것도 먹거나 마시
지 말라고 명령하셨습니다. 그리고 내가
온 길로 되돌아가지도 말라고 명령하셨습
니다."
10 그래서 그 사람은 다른 길로 갔습니다. 벧
엘에 올라왔던 길로 되돌아가지 않았습니
다.
11 그 때에 벧엘에 늙은 예언자가 한 사람 살
고 있었습니다. 그의 아들들이 와서 그
날, 하나님의 사람이 한 일에 대해 이야
기해 주었고, 하나님의 사람이 여로보암에
게 한 말도 들려 주었습니다.
12 그러자 그 아버지는 "그 사람이 어느 길
로 돌아갔느냐?" 하고 물었습니다. 그의
아들들은 유다에서 온 하나님의 사람이
돌아간 길을 아버지에게 일러 주었습니
다.
13 그 예언자는 아들들에게 자기 나귀에 안
장을 얹어 달라고 말했습니다. 아들들이
안장을 얹어 주자, 그 예언자는 나귀를 탔
습니다.
14 그는 하나님의 사람을 뒤쫓아가서 그가
상수리나무 아래에 앉아 있는 것을 발견
하고 다가가서 물었습니다. "그대가 유다
에서 온 하나님의 사람이오?" 그 사람이
대답했습니다. "그렇습니다. 내가 그 사
람입니다."
15 예언자가 말했습니다. "나와 함께 집으로
가서 음식을 같이 드십시다."
16 그러자 하나님의 사람이 대답했습니다.
"당신과 함께 돌아갈 수 없습니다. 그리
고 당신의 집에 들어갈 수도 없습니다. 이
곳에서 당신과 함께 무엇이든 먹거나 마
실 수 없습니다.
17 여호와께서 나에게 '너는 그 곳에서 아무
것도 먹거나 마시지 마라. 그리고 오던 길
로 다시 돌아가지 마라' 하고 말씀하셨습
니다."
18 그러자 늙은 예언자가 "하지만 나도 그대
와 같은 예언자요"라고 하면서 거짓말을
했습니다. "주님의 천사가 나에게 와서
그대를 내 집으로 데려가 먹을 것과 마실

하나님의 명령을 어긴 하나님의 사람(13:19-22)

것을 대접하라고 하셨소."
19 하나님의 사람은 그 늙은 예언자의 집으
로 가서 그와 함께 먹고 마셨습니다.
20 그들이 식탁에 앉아 있는데, 여호와의 말
씀이 하나님의 사람을 데리고 온 늙은 예
언자에게 내렸습니다.
21 늙은 예언자가 유다에서 온 하나님의 사
람에게 외쳤습니다. "여호와께서 당신에
게 이렇게 말씀하셨소. '너는 여호와의
말씀을 듣지 않았다. 너는 너의 하나님 여
호와께서 명령하신 것을 따르지 않았다.
22 여호와께서 너에게 이 곳에서는 아무것도
먹지 말고 마시지도 말라고 하셨는데, 너
는 길을 돌이켜 먹기도 하고 마시기도 했
다. 그러므로 너의 시체는 너의 가족 무
덤에 묻히지 못할 것이다.'"
23 하나님의 사람이 먹고 마시기를 마치자,
늙은 예언자는 그의 나귀에 안장을 채워
주었습니다.
24 그 사람이 집으로 돌아가고 있는데, 사자
한 마리가 나타나 그를 물어 죽였습니다.
그의 시체는 길에 버려졌으며, 나귀와 사
자가 시체 곁에 서 있었습니다.
25 마침 그 때, 어떤 사람들이 그 길을 가고
있었는데, 그들은 시체 옆에 사자가 서 있
는 것을 보았습니다. 그래서 그들은 늙은
예언자가 살고 있는 성으로 가서 그 사실
을 알려 주었습니다.
26 하나님의 사람을 자기 집으로 데려왔던
늙은 예언자도 그 소식을 듣고 말했습니
다. "그 사람은 여호와의 명령을 따르지
않았던 하나님의 사람이다. 그래서 여호
와께서 전에 말씀하신 대로 사자를 보내
어 그 사람을 죽이신 것이다."
27 늙은 예언자가 자기 아들들에게 말했습니
다. "나귀에 안장을 채워라." 아들들은 말
씀대로 했습니다.
28 늙은 예언자는 밖으로 나가서 길에 버려
져 있는 그 사람의 시체를 찾아 냈습니다.
그 곁에는 나귀와 사자가 서 있었습니다.
사자는 그 시체를 먹지 않았을 뿐더러 나
귀도 해치지 않았습니다.
29 늙은 예언자가 그 시체를 자기 나귀에 싣
고 성으로 돌아왔습니다. 그리고 그의 죽
음을 슬퍼해 주고 그를 묻어 주었습니다.
30 늙은 예언자는 그의 시체를 자기 집안 무
덤에 묻었습니다. 그리고 "오, 내 형제
여!" 하면서 하나님의 사람이 죽은 것을
슬퍼했습니다.
31 예언자가 그를 묻어 준 다음에 자기 아들
들에게 말했습니다. "내가 죽거든 하나님
의 사람이 묻혀 있는 이 무덤에 나를 묻
어라. 내 뼈를 그의 뼈 옆에 두어라.
32 여호와께서 이 사람을 통해 벧엘의 제단
과 사마리아의 여러 마을의 산당들에 대해
말씀하신 것은 반드시 이루어질 것이다."
33 그러나 여로보암 왕은 나쁜 짓을 그만두지
않았습니다. 그는 여전히 일반 백성 가운
데서 산당의 제사장을 뽑았고, 누구든지
산당의 제사장이 되고 싶은 사람은 그렇
게 될 수 있게 하였습니다.
34 이와 같이 여로보암의 집안은 죄를 지었습
니다. 그 죄 때문에 그의 집안은 멸망하
여 땅에서 사라졌습니다.

여로보암의 아들이 죽다

14 그 때에 여로보암의 아들 아비야가 병
들었습니다.
2 여로보암이 자기 아내에게 말했습니다.
"실로로 가서 예언자 아히야를 만나시오.
그는 전에 내가 이스라엘의 왕이 될 것이
라고 말한 사람이오. 당신이 내 아내라는
것을 사람들이 모르게 변장하고 가시오.
3 그 예언자에게 빵 열 개와 과자와 꿀 한
병을 선물로 가져가시오. 그가 우리 아들
이 어떻게 될 것인지 알려 줄 것이오."
4 여로보암의 아내는 그대로 했습니다. 그는
실로에 있는 아히야의 집으로 갔습니다.
아히야는 너무 늙어서 앞을 보지 못했습
니다.
5 여호와께서 그에게 말씀하셨습니다. "여
로보암의 아들이 병들었다. 그래서 여로보
암의 아내가 그 아들에 대해 물어 보려고
너에게 오고 있다. 그는 다른 사람인 것
처럼 변장을 하고 올 것이다." 여호와께

서는 아히야에게 무슨 말을 해야 할지 가
르쳐 주셨습니다.
6 여로보암의 아내가 문에 들어서는 소리를
듣고 아히야가 말했습니다. "여로보암의
아내여, 들어오시오. 어찌하여 다른 사람
인 것처럼 변장을 했소? 내가 하나님의
명령을 받아 좋지 않은 소식을 당신에게
전해야겠소.
7 돌아가서 여로보암에게 전하시오. 이스라
엘의 하나님 여호와께서 이렇게 말씀하셨
소. '여로보암아, 나는 너를 이스라엘 모든
백성 가운데서 뽑아 내 백성의 지도자가
되게 하였다.
8 다윗의 집안에서 나라를 쪼개어 너에게
주었다. 그러나 너는 내 종 다윗이 언제
나 내 계명을 지키고 온 마음으로 나에게
복종하며 정직하게 행하였던 것처럼 살지
않았다.
9 너는 너보다 먼저 나라를 다스렸던 자들
보다도 더 나쁜 일을 했다. 너는 나를 배
반하고 다른 신들과 우상을 만들어 나를
크게 화나게 했다.
10 그러므로 내가 여로보암 집안에 벌을 주겠
다. 종이든지 자유인이든지 네 집안의 모
든 남자는 다 죽이겠다. 쓰레기를 불로 태
우듯이 네 집안을 완전히 멸망시키겠다.
11 네 집안 사람 가운데 성에서 죽는 사람은
개들이 그 시체를 먹을 것이요, 들에서 죽
는 사람은 새들이 그 시체를 먹을 것이
다.'"
12 아히야가 다시 여로보암의 아내에게 말했
습니다. "집으로 돌아가시오. 당신이 성
문에 들어설 시간에 당신 아들이 죽을 것
이오.
13 온 이스라엘이 그의 죽음을 슬퍼하며 당신
아들을 묻어 줄 것이오. 여로보암의 집안
사람 가운데 그 아들만이 무덤에 묻힐 수
있을 것이오. 여로보암의 집안 사람 가운
데 그 아들만 여호와를 기쁘게 했기 때문
이오.
14 여호와께서 이스라엘에 새 왕을 세우실 텐
데, 그 왕은 여로보암의 집안을 멸망시킬
것이오. 이 일은 곧 일어날 것이오.
15 또 여호와께서 이스라엘을 심판하셔서 이
스라엘은 마치 물에 떠다니는 풀과 같이
될 것이며, 여호와께서는 그들의 조상에
게 주신 좋은 땅에서 이스라엘을 쫓아 내
어 유프라테스 강 저쪽으로 흩어 버리실
것이오. 이런 일이 일어나는 것은 그들이
아세라 상을 만들어 섬김으로 여호와를 진
노하시게 만들었기 때문이오.
16 여로보암은 자기 자신도 죄를 지었을 뿐
아니라, 이스라엘 백성에게도 죄를 짓게
했소. 그러므로 여호와께서 이스라엘 백성
을 버리실 것이오."
17 여로보암의 아내는 일어나서 디르사로 돌
아갔습니다. 그가 집 안으로 들어설 때에
아이가 죽었습니다.
18 온 이스라엘은 그를 묻어 주고 그의 죽음
을 슬퍼했습니다. 이 모든 일이 여호와께
서 그의 종 예언자 아히야를 통해서 말씀
하신 대로 이루어졌습니다.
19 여로보암이 한 다른 모든 일, 곧 그가 전
쟁을 하고 백성을 다스린 모든 일은 이스
라엘 왕들의 역사책에 적혀 있습니다.
20 여로보암은 이십이 년 동안, 이스라엘을
다스렸습니다. 그가 죽자, 그의 아들 나답
이 뒤를 이어 왕이 되었습니다.

유다 왕 르호보암

21 솔로몬의 아들 르호보암이 유다의 왕이 되
었을 때, 그의 나이는 사십일 세였습니
다. 그의 어머니는 암몬 사람 나아마였습
니다. 르호보암은 예루살렘에서 십칠 년
동안, 다스렸습니다. 예루살렘은 여호와께
서 자기 이름을 두시려고 이스라엘 온 땅
중에서 선택하신 성읍이었습니다.

아세라(14:15 Asherah) 고대 셈족의 여신. 가나안인들이 다산의 여신, 행복의 여신, 바다의 여신 등으로 숭배하던 우상 신 중의 하나.

남자 창기(14:24 male prostitute) 창기의 원어는 '팔다'라는 뜻이다. 이 말은 성적 욕망을 충족시키기 위해 몸을 파는 남자를 가리킨다.

22 유다 백성은 여호와께서 보시기에 악한
일을 저질렀습니다. 그들은 조상들보다도
더 많은 죄를 지어 여호와를 화나게 만들
었습니다.
23 백성은 높은 언덕과 푸른 나무 아래마다
산당과 우상과 아세라 신상을 만들어 세
웠습니다.
24 심지어 산당에는 남자 창기들까지 있었습
니다. 이스라엘 백성보다 먼저 그 땅에 살
던 사람들은 악한 일을 많이 했기 때문에,
여호와께서는 그들을 그 땅에서 쫓아 내
셨습니다. 그런데 유다 백성까지 그들과
똑같은 일을 했습니다.
25 르호보암이 왕으로 있은 지 오 년째 되던
해에 이집트 왕 시삭이 예루살렘에 쳐들어
왔습니다.
26 시삭은 여호와의 성전과 왕궁에서 보물을
모두 빼앗아 갔습니다. 솔로몬이 만든 금
방패들까지 가져갔습니다.
27 르호보암 왕은 그 대신에 놋방패를 만들어
서 왕궁 문을 지키는 경호대장에게 주었
습니다.
28 왕이 여호와의 성전에 들어갈 때마다 경
호원들은 그 방패들을 가지고 갔다가 일
이 끝나면 다시 경호실에 놓아 두었습니
다.
29 르호보암 왕이 한 다른 모든 일은 유다 왕
들의 역사책에 적혀 있습니다.
30 르호보암과 여로보암은 살아 있는 동안,
늘 서로 전쟁을 했습니다.
31 르호보암은 죽어서 조상들과 함께 예루살
렘에 묻혔습니다. 암몬 여자인 나아마의
아들 르호보암이 죽자, 그의 아들 아비얌
이 그의 뒤를 이어 왕이 되었습니다.

유다의 아비얌 왕

15 느밧의 아들 여로보암이 이스라엘을
다스린 지 십팔 년째 되던 해에 아
비얌이 유다의 왕이 되었습니다.
2 아비얌은 예루살렘에서 삼 년 동안, 다스
렸습니다. 그의 어머니는 아비살롬의 딸
마아가였습니다.
3 아비얌은 그의 아버지가 지은 모든 죄를
그대로 따라 했습니다. 아비얌은 그의 조
상인 다윗과는 달리 그의 하나님 여호와
께 충성하지 않았습니다.
4 하나님 여호와께서는 다윗을 위하여 예루
살렘을 지켜 주셨습니다. 그리고 그의 아
들이 예루살렘에서 왕위를 이어 가도록 해
주셨습니다.
5 왜냐하면 다윗은 언제나 여호와께서 보시
기에 옳은 일을 했기 때문입니다. 다윗은
헷 사람 우리아의 일 외에는 그의 평생에
하나님의 명령을 어긴 적이 없었습니다.
6 르호보암과 여로보암 사이에는 사는 날 동
안, 계속 전쟁이 있었습니다.
7 아비얌이 다스리는 동안에도 아비얌과 여
로보암 사이에 전쟁이 있었습니다. 아비얌
이 한 모든 일은 유다 왕들의 역사책에 적
혀 있습니다.
8 아비얌은 죽어 예루살렘에 묻혔습니다. 아
비얌의 아들 아사가 뒤를 이어 왕이 되었
습니다.

유다의 아사 왕

9 여로보암이 이스라엘의 왕으로 있은 지 이
십 년째 되는 해에 아사가 유다의 왕이 되
었습니다.
10 아사는 사십일 년 동안, 예루살렘을 다스
렸습니다. 그의 할머니는 아비살롬의 딸
마아가입니다.
11 아사는 그의 조상 다윗처럼 여호와께서 보

> 성경 인물
>
> **아사** 남왕국 유다를 41년간 통치한 제 3대 왕입니다. 그는 온전히 하나님만 의지했던 왕으로 평가받고 있습니다. 그는 에티오피아의 100만 군대가 침략해 왔을 때, 하나님께 간절히 부르짖어 큰 승리를 얻었습니다(대하 14:8-15). 또 예언자 아사랴의 말을 듣고 할머니 마아가가 만든 우상들을 없애는 등 대대적인 종교 개혁을 단행하였습니다. 그러나 이스라엘 왕 바아사와 싸우기 위해 아람 왕 벤하닷과 동맹하고, 이를 책망하는 선견자 하나니를 투옥하고 백성을 학대하는 등의 실수를 저지르기도 하였습니다.
>
> 본문 보기 15장 9절

시기에 올바르게 살았습니다.
12 그는 남자 창기들을 그 땅에서 쫓아 버리
고, 그의 조상들이 만든 온갖 우상을 없
애 버렸습니다.
13 그의 할머니 마아가는 더러운 아세라 우상
을 만들어 가지고 있었는데, 아사는 그것
때문에 마아가를 왕비의 자리에서 쫓아 냈
습니다. 그리고 그 우상을 부숴 기드론 골
짜기에서 태웠습니다.
14 아사는 평생토록 여호와께 충성했습니다.
그러나 그는 산당만은 없애지 않았습니
다.
15 아사는 그의 아버지가 준비한 거룩한 물
건인 성물과 자신이 준비한 성물을 여호
와의 성전에 바쳤습니다. 그것은 금과 은
과 그 밖의 물건들이었습니다.
16 아사와 이스라엘 왕 바아사 사이에는 늘 전
쟁이 있었습니다.
17 바아사는 유다를 공격하기 위해서 올라왔
습니다. 그는 어느 누구도 유다로 들어가
지 못하게 하고 또 유다에서 나오지 못하
게 하려고 했습니다. 그래서 그는 라마 성
을 굳건하게 쌓았습니다.
18 아사는 여호와의 성전과 자기 왕궁의 보
물 가운데 남아 있는 금과 은을 다 모아
신하들에게 주었습니다. 그리고 그들을
아람 왕 벤하닷에게 보냈습니다. 벤하닷은
다브림몬의 아들이고, 다브림몬은 헤시온
의 아들입니다. 벤하닷은 다마스커스 성에
서 다스리고 있었습니다. 그들이 아사의
말을 벤하닷에게 전했습니다.
19 "내 아버지와 그대의 아버지는 평화 조약
을 맺었습니다. 그대에게 금과 은을 선물
로 보냅니다. 이스라엘 왕 바아사와 맺은
조약을 끊고, 그가 내 땅에서 떠나게 해
주십시오."
20 벤하닷은 아사 왕의 말을 들어 주었습니
다. 그래서 그는 자기 군대를 보내어 이
스라엘 마을들을 공격하게 했습니다. 그
는 이욘과 단, 아벨벧마아가와 긴네렛 전
지역과 납달리 지역을 침입했습니다.
21 바아사가 그 소식을 듣고는, 라마 성 쌓는
일을 멈추고 디르사로 돌아갔습니다.
22 아사는 유다의 모든 백성에게 명령을 내
려, 한 사람도 빠짐없이 바아사가 라마 성
을 쌓을 때 쓰던 돌과 나무를 나르게 했
습니다. 아사는 그것으로 베냐민 땅에 있
는 게바와 미스바 성을 건축하였습니다.
23 아사가 한 다른 모든 일, 곧 그가 전쟁에
서 승리한 일과 그가 성들을 건축한 것에
대한 이야기는 유다 왕들의 역사책에 적
혀 있습니다. 아사는 늙어서 발에 병이 났
습니다.
24 아사가 죽어 조상들과 함께 그의 조상 다
윗의 성에 묻혔습니다. 아사의 아들 여호
사밧이 뒤를 이어 왕이 되었습니다.

이스라엘의 나답 왕

25 아사가 유다의 왕으로 있은 지 이 년째 되
던 해에 여로보암의 아들 나답이 이스라엘
의 왕이 되었습니다. 나답은 이 년 동안,
이스라엘을 다스렸습니다.
26 나답은 여호와께서 보시기에 악한 왕이었
습니다. 전에 여로보암이 이스라엘 백성에
게 죄를 짓게 했는데, 나답 역시 여로보암
이 지은 모든 죄를 그대로 따라 했습니다.
27 잇사갈 지파 사람 아히야의 아들 바아사가
나답을 배반했습니다. 나답과 온 이스라엘
이 블레셋 사람의 마을인 깁브돈을 공격하
고 있을 때, 바아사는 그 곳에서 나답을
죽였습니다.
28 아사가 유다의 왕으로 있은 지 삼 년째 되
던 해에 바아사가 나답을 죽이고, 그의 뒤
를 이어 이스라엘의 왕이 되었습니다.

이스라엘의 바아사 왕

29 바아사는 왕이 되자마자 여로보암의 집안
사람들을 한 사람도 남김없이 다 죽였습
니다. 그리하여 여호와께서 그의 종 실로
사람 아히야를 통해서 하신 말씀을 그대
로 이루셨습니다.
30 그런 일이 일어난 것은 여로보암 왕이 많

평화 조약(15:19 peace treaty) 서로 싸우던 나라끼리 전쟁을 중지하고 평화를 회복하기 위하여 맺는 국가간의 합의.

은 죄를 지었기 때문입니다. 뿐만 아니라
그는 이스라엘 백성들까지도 죄를 짓게 하
여 여호와를 노하게 하였습니다.
31 나답이 한 다른 모든 일은 이스라엘 왕들
의 역사책에 적혀 있습니다.
32 유다 왕 아사와 이스라엘 왕 바아사 사이에
전쟁이 끊이지 않았습니다.
33 아사가 유다의 왕이 된 지 삼 년째 되는
해에 아히야의 아들 바아사가 이스라엘의
왕이 되었습니다. 바아사는 이십사 년 동
안, 디르사에서 다스렸습니다.
34 그러나 바아사는 여호와께서 보시기에 악
하게 살았습니다. 전에 여로보암이 이스라
엘 백성에게 죄를 짓게 했는데, 바아사도
여로보암이 지은 모든 죄를 그대로 따라
했습니다.
16 여호와의 말씀이 하나니의 아들 예후
에게 내려왔습니다. 예후가 바아사를
향하여 말했습니다.
2 "너는 아무것도 아니었는데, 내가 너를
높여서 내 백성 이스라엘의 지도자로 삼았
다. 그런데 너는 여로보암처럼 내 백성 이
스라엘이 죄를 짓도록 했고, 그들의 죄 때
문에 나를 화나게 만들었다.
3 바아사야, 그러므로 내가 너와 네 집안을
멸망시키겠다. 느밧의 아들 여로보암에게
벌을 내렸던 것처럼 너에게 벌을 내려
4 네 집안 사람 가운데 성에서 죽는 사람은
개들이 그 시체를 먹을 것이고, 들에서 죽
는 사람은 새들이 그 시체를 먹을 것이
다."
5 바아사가 한 다른 모든 일과 전쟁에서 승
리한 이야기는 이스라엘 왕들의 역사책에
적혀 있습니다.
6 바아사는 죽어 디르사에 묻혔습니다. 그의
아들 엘라가 뒤를 이어 왕이 되었습니다.
7 여호와께서 하나니의 아들인 예언자 예후
를 통하여 바아사와 그의 집안에 대하여
말씀하셨습니다. 바아사는 여호와께서 보
시기에 악한 일을 많이 했습니다. 그래서
주께서 크게 노하셨습니다. 바아사는 전
에 여로보암의 집안이 한 일과 똑같이 악
한 일을 저질렀습니다. 게다가 그는 여로
보암의 집안 사람들을 다 죽여 여호와를
더욱 화나게 했습니다.

이스라엘의 엘라 왕

8 아사가 유다의 왕으로 있은 지 이십육 년
째 되는 해에 바아사의 아들 엘라가 이스
라엘의 왕이 되었습니다. 엘라는 디르사에
서 이 년 동안, 다스렸습니다.
9 시므리는 엘라의 신하로서 엘라의 전차들
가운데 절반을 지휘하는 장군이었습니다.
엘라가 왕궁을 관리하는 아르사의 집에서
술에 취해 있을 때에 시므리는 엘라를 반
역했습니다.
10 시므리가 아르사의 집으로 들어가 엘라를
죽였습니다. 그 때는 아사가 유다의 왕으
로 있은 지 이십칠 년째 되는 해였습니다.
시므리가 엘라의 뒤를 이어 이스라엘의 왕
이 되었습니다.

이스라엘의 시므리 왕

11 시므리는 왕이 되자마자 바아사의 집안 사
람들을 다 죽였습니다. 그는 바아사의 집
안 사람과 그 친구들을 한 사람도 살려 두
지 않았습니다.
12 이처럼 시므리는 바아사의 집안을 완전히
멸망시켰습니다. 그리하여 여호와께서 예
언자 예후를 통해 바아사에게 말씀하신 것
이 그대로 이루어졌습니다.
13 이런 일은 바아사와 그의 아들 엘라가 저
지른 모든 죄 때문에 일어났습니다. 그들
은 자기들뿐만 아니라 이스라엘 백성까지
죄를 짓게 만들었습니다. 그들은 헛된 우
상들을 만들어 이스라엘 하나님 여호와를
노하시게 했습니다.
14 엘라가 행한 다른 모든 일은 이스라엘 왕
들의 역사책에 적혀 있습니다.
15 시므리는 아사가 유다의 왕으로 있은 지
이십칠 년째 되는 해에 이스라엘의 왕이
되어서 칠 일 동안, 디르사에서 다스렸습
니다. 그 때에 이스라엘 군대가 블레셋 마
을인 깁브돈에서 가까운 곳에 진을 치고
있었습니다.
16 진에 있던 사람들은 시므리가 반역하여 왕

을 죽였다는 소식을 듣게 되었습니다. 그
래서 그들은 그 날로 군대 사령관인 오므
리를 이스라엘의 왕으로 세웠습니다.
17 오므리와 모든 이스라엘 백성은 깁브돈을
떠나 디르사로 쳐들어갔습니다.
18 시므리는 성이 점령되는 것을 보고 왕궁
으로 들어가 불을 지르고 자기도 타죽었
습니다.
19 이와 같은 일은 시므리가 여호와께서 보
시기에 악한 일을 하여 죄를 지었기 때문
에 일어났습니다. 전에 여로보암이 이스라
엘 백성에게 죄를 짓게 했는데, 시므리도
여로보암이 지은 모든 죄를 그대로 따라
했습니다.
20 시므리가 한 다른 모든 일과 엘라 왕에게
반역한 이야기는 이스라엘 왕들의 역사책
에 적혀 있습니다.

이스라엘의 오므리 왕

21 이스라엘 백성이 두 무리로 나뉘었습니다.
한 무리는 기낫의 아들 디브니를 왕으로
삼길 원했고, 다른 무리는 오므리가 왕이
되는 것을 원했습니다.

성경 인물

아합 왕

이스라엘 왕들 중 가장 심하게 우상 숭배를 한 탐욕스러웠던 왕입니다. 그의 죄악과 비극은 바알을 숭배하는 시돈 왕의 딸 이세벨과 결혼함으로써 시작되었습니다. 이에 대한 징계로 가뭄과 기근을 당하였고, 엘리야와 바알 예언자들의 갈멜 산 대결로 여호와의 능력을 직접 보았지만 계속 악을 행했습니다. 나봇을 죽이고 포도원을 빼앗는 만행을 저지르기도 했으며, 딸 아달랴를 유다 왕 여호람과 결혼시켰습니다. 아람 왕과 두 차례 전쟁을 벌였을 때에 하나님의 도우심으로 승리하였으나, 그는 그의 피를 개들이 핥아먹는 비참한 최후를 맞이했습니다.

본문 보기 16장 28절 이하

22 오므리를 따르는 사람들은 기낫의 아들 디
브니를 따르는 사람들보다 강했기 때문에
싸움에서 그들을 이겼습니다. 그래서 디
브니가 죽고 오므리가 왕이 되었습니다.
23 아사가 유다의 왕으로 있은 지 삼십일 년
째 되는 해에 오므리가 이스라엘의 왕이
되었습니다. 오므리는 십이 년 동안, 이스
라엘을 다스렸는데 처음 육 년은 디르사에
서 다스렸습니다.
24 오므리는 세멜에게 은 두 달란트*를 주고
사마리아 언덕을 샀습니다. 오므리는 그
언덕 위에 성을 쌓고 그 성을 원래 주인
이었던 세멜의 이름을 따서 사마리아라고
불렀습니다.
25 그러나 오므리는 여호와께서 보시기에 악
한 일을 저질렀습니다. 오므리는 전에 있
던 다른 왕들보다 더 악했습니다.
26 느밧의 아들 여로보암이 이스라엘 백성에
게 죄를 짓게 했던 것처럼, 오므리도 여로
보암이 지은 모든 죄를 그대로 따라 했습
니다. 이스라엘 백성은 헛된 우상들을 섬
겨서 이스라엘 하나님 여호와를 노하게 만
들었습니다.
27 오므리가 한 다른 모든 일과 승리한 일들
은 이스라엘 왕들의 역사책에 적혀 있습니
다.
28 오므리는 죽어서 조상들과 함께 사마리아
에 묻혔습니다. 그의 아들 아합이 뒤를 이
어 왕이 되었습니다.

이스라엘의 아합 왕

29 아사가 유다의 왕으로 있은 지 삼십팔 년
째 되던 해에 오므리의 아들 아합이 이스
라엘의 왕이 되었습니다. 아합은 사마리아
에서 이십이 년 동안, 이스라엘을 다스렸
습니다.
30 오므리의 아들 아합은 여호와께서 보시기
에 악한 일을 많이 했습니다. 아합은 전
에 있던 다른 왕들보다 더 악했습니다.
31 아합은 느밧의 아들 여로보암이 지은 죄를
그대로 따라 했을 뿐만 아니라 그보다 더
큰 죄도 지었습니다. 아합은 시돈 사람의
왕 엣바알의 딸 이세벨과 결혼했습니다.

알아두세요

16:24 2달란트는 약 68.54kg에 해당된다.

아합은 바알 신을 섬기고
예배하기 시작했습니다.
32 아합은 사마리아에 바알의
신전을 세웠습니다. 그리
고 그 곳에 바알을 섬기는
제단을 쌓았습니다.
33 아합은 아세라 우상도 만
들어 섬겼습니다. 아합은
전에 있던 다른 어떤 왕
보다도 더 이스라엘의
하나님 여호와를 노하
게 했습니다.
34 아합이 왕으로 있는 동
안에 벧엘 사람 히엘이
여리고를 다시 세웠습니
다. 히엘은 여리고 성을 쌓
기 시작하면서 맏아들 아
비람을 잃었습니다. 그리고
성문을 세울 때에는 막내 아들 스
굽을 잃었습니다. 그래서 여호와께서
눈의 아들 여호수아를 통해서 하신 말씀이
이루어졌습니다.

까마귀들이 엘리야에게 빵과 고기를 가져옴(17:3-6)

엘리야가 가뭄을 예고하다

17 길르앗 땅 디셉 사람인 예언자 엘리야
가 아합 왕에게 말했습니다. "나는
이스라엘 하나님 여호와를 섬깁니다. 여호
와의 살아 계심을 두고 맹세하지만, 내가
다시 명령하기까지 앞으로 몇 년 동안, 비
나 이슬이 내리지 않을 것입니다."
2 여호와께서 엘리야에게 말씀하셨습니다.
3 "여기를 떠나 동쪽으로 가서 요단 강 동
쪽에 있는 그릿 시냇가에 숨고
4 그 곳의 시냇물을 마셔라. 내가 까마귀들
을 시켜 네게 먹을 것을 가져다 주겠다."
5 엘리야는 여호와께서 명령하신 대로 했습
니다. 그는 요단 강 동쪽에 있는 그릿 시
냇가로 가서 살았습니다.
6 까마귀들이 아침 저녁으로 엘리야에게 빵
과 고기를 가져다 주었습니다. 그리고 엘
리야는 그 곳의 시냇물을 마셨습니다.
7 땅에 비가 내리지 않자, 얼마 뒤에 그 시
냇물도 말라 버렸습니다.
8 여호와께서 엘리야에게 말씀하셨습니다.
9 "너는 일어나서 시돈 땅 사르밧으로 가서
살아라. 그 곳의 한 과부에게 너를 돌보
아 주라고 명령했다."
10 그래서 엘리야는 사르밧으로 갔습니다. 그
가 성문으로 들어설 때에 한 과부가 땔감
을 줍고 있었습니다. 엘리야가 말했습니
다. "마실 물을 한 그릇만 떠다 주시오."
11 그 과부가 물을 가지러 가려고 할 때, 엘
리야가 또 말했습니다. "빵도 조금만 가져
다 주시오."
12 그 여자가 대답했습니다. "당신의 하나님
여호와께서 살아 계심을 두고 맹세하지만
나에게는 빵이 없습니다. 항아리에 밀가
루가 조금 있고 기름병에 기름이 조금 있
을 뿐입니다. 이 곳에 땔감을 주우려고 왔
는데 땔감을 주워 집에 가져가서 나와 내
아들이 죽기 전에 마지막으로 먹을 음식
을 준비하려던 참이었습니다."
13 엘리야가 말했습니다. "걱정하지 마시오.
집으로 가서 당신이 말한 대로 음식을 준
비하시오. 그러나 먼저 조그마한 빵을 만

들어서 나에게 가져오시오. 그리고 나서
당신과 당신 아들이 먹을 것을 준비하시
오.
14 이스라엘 하나님 여호와께서 말씀하셨소.
'나 여호와가 이 땅에 비를 내리기까지 그
항아리의 밀가루가 결코 떨어지지 않을
것이며 병의 기름도 떨어지지 않을 것이
다.'"
15 여자는 집으로 가서 엘리야가 말한 대로
했습니다. 그리고 엘리야와 여자와 그의
아들이 날마다 음식을 넉넉히 먹었습니
다.
16 여호와께서 엘리야를 통해 말씀하신 대로
항아리의 밀가루와 병에 있는 기름은 떨
어지지 않았습니다.

엘리야가 아이를 살려 내다

17 얼마 뒤에 그 집 사르밧 과부의 아들이 병
이 들었는데, 그 병이 점점 깊어지더니 마
침내 숨을 거두고 말았습니다.
18 그러자 그 여자가 엘리야에게 말했습니
다. "당신은 하나님의 사람입니다. 어째
서 당신은 나에게 와서 내 죄를 생각나게
하십니까? 내 아들을 죽이려고 나에게 오
셨습니까?"
19 엘리야가 말했습니다. "그 아이를 이리로
주시오." 엘리야는 여자가 내 주는 아들을
받아 안고 위층으로 올라갔습니다. 엘리
야는 그 아이를 자기가 묵고 있는 방 침
상에 눕혀 놓았습니다.
20 그리고 여호와께 기도했습니다. "나의 하
나님 여호와여! 이 과부는 나를 자기 집
에서 묵게 해 주었습니다. 그런데 어찌하
여 그녀에게 이런 재앙을 내리십니까? 어
찌하여 그녀의 아이를 죽게 하셨습니까?"
21 그런 다음에 엘리야는 아이의 몸 위에 세
번 엎드렸습니다. 그리고 또 여호와께 기
도했습니다. "내 하나님 여호와여, 이 아
이가 다시 살아나게 해 주십시오."
22 여호와께서 엘리야의 기도를 들어 주셨습
니다. 그리하여 아이가 다시 숨을 쉬기 시
작했습니다. 아이가 살아난 것입니다.
23 엘리야가 아이를 안고 아래층으로 내려갔
습니다. 그리고 아이를 그의 어머니에게
보여 주면서 말했습니다. "보시오. 당신
아들이 살아났소."
24 여자가 엘리야에게 말했습니다. "이제 보
니 당신은 정말로 하나님의 사람입니다.
여호와께서 당신을 통해서 하시는 말씀이
참으로 진실인 줄 알겠습니다."

엘리야와 바알의 예언자들

18 세월이 흘렀습니다. 가뭄이 든 지
삼 년째 되던 해에 여호와께서 엘리
야에게 말씀하셨습니다. "가서 아합 왕을
만나라. 내가 곧 땅에 비를 내리겠다."
2 그리하여 엘리야는 아합을 만나러 갔습니
다. 그 무렵, 사마리아에는 심한 가뭄이
들었습니다.
3 그래서 아합 왕은 왕궁을 관리하는 사람
인 오바댜를 부르러 사람을 보냈습니다.
오바댜는 참마음으로 여호와를 따르는 사
람이었습니다.
4 언젠가 이세벨이 여호와의 예언자들을 죽
일 때에 오바댜는 그 가운데서 예언자 백
명을 오십 명씩 두 동굴에 나누어 숨겨 주
고 그들에게 먹을 것과 마실 것을 가져다
준 일이 있었습니다.
5 아합 왕이 오바댜에게 말했습니다. "모든
땅에 있는 샘과 시내를 다 뒤져 보자. 풀
이 넉넉히 있는 곳을 알아 내면 우리의 말
과 노새들을 살릴 수 있을 것이고 더 이
상 짐승들을 잃지 않게 될 것이다."
6 왕과 오바댜는 땅을 둘로 나누어 찾아다
니기로 했습니다. 그래서 아합과 오바댜는
제각기 자기가 맡은 땅으로 떠났습니다.
7 오바댜가 길을 가다가 엘리야를 만났습니
다. 오바댜가 엘리야를 알아보고 고개를
숙여 인사했습니다. "당신은 나의 주 엘리
야가 아니십니까?"
8 엘리야가 대답했습니다. "그렇소. 그대의
왕에게 가서 내가 여기에 있다고 이르시
오."
9 오바댜가 말했습니다. "내가 무슨 죄를 지
었기에, 당신이 나를 아합의 손에 넘겨 나
를 죽이려 하십니까?

10 당신의 하나님 여호와의 살아 계심을 두
고 맹세하지만 왕은 당신을 찾으려고 사
람들을 보내어 모든 나라 안을 샅샅이 뒤
졌습니다. 그 나라에서 '엘리야는 여기에
없소' 라고 말하면 아합은 그 나라 왕까지
의심하면서 정말 엘리야를 찾지 못했다는
맹세를 하게 했습니다.
11 그런데 지금 당신은 나더러 가서 나의 왕
에게 당신이 여기에 있다고 말하라는 것
입니까?
12 내가 떠나면, 여호와의 영이 당신을 다른
곳으로 데려갈지도 모릅니다. 내가 가서
아합 왕에게 당신이 여기에 있다고 말하
였다가 아합 왕이 이 곳에 와서 당신을 찾
지 못한다면 그는 나를 죽이고 말 것입니
다. 나는 어릴 때부터 여호와를 따랐습니
다.
13 혹시 내가 한 일을 듣지 못하셨습니까? 이
세벨이 여호와의 예언자들을 죽일 때에
내가 그 가운데서 예언자 백 명을 오십 명
씩 두 동굴에 나누어 숨겨 주고 먹을 것
과 마실 것을 가져다 주었습니다.
14 그런데도 당신은 나더러 가서 나의 왕에
게 엘리야가 여기에 있다고 말하라는 것
입니까? 그는 틀림없이 나를 죽일 것입니
다."
15 엘리야가 대답했습니다. "나는 만군의 여
호와를 섬기는 사람이오. 여호와의 살아
계심을 두고 맹세하지만, 나는 오늘 반드
시 아합을 만날 것이오."
16 *오바댜가 아합에게 가서 엘리야가* 있는 곳
을 일러 주었습니다. 그리하여 아합이 엘
리야를 만나러 갔습니다.
17 아합이 엘리야를 보고 말했습니다. "바로
네가 이스라엘을 괴롭히는 자냐?"
18 엘리야가 대답했습니다. "이스라엘을 괴롭
히는 사람은 내가 아니라 왕과 왕의 집안
이오. 왕은 여호와의 명령에 복종하지 않
았고 바알 신을 따랐소.
19 모든 이스라엘 백성에게 나를 만나러 갈멜
산으로 오라고 이르시오. 이세벨에게서
얻어 먹고 사는 바알의 예언자 사백오십
명과 아세라의 예언자 사백 명도 데려오
시오."
20 아합이 모든 이스라엘 백성과 그 예언자들
을 갈멜 산으로 불러모았습니다.
21 엘리야가 백성 앞에 서서 말했습니다. "여
러분은 언제까지 바알과 여호와 두 사이
에서 머뭇거리고 있으렵니까? 여호와와
바알을 함께 섬길 것이오? 여호와가 참하
나님이시면 여호와를 따르고 바알이 참하
나님이면 바알을 따르시오." 그러나 백성
은 아무 말도 하지 않고 잠잠히 있었습니
다.
22 엘리야가 말했습니다. "여호와의 예언자
라고는 나밖에 남은 사람이 없소. 그러나
바알의 예언자들은 사백오십 명이나 있
소.
23 소 두 마리를 가져와 바알의 예언자들에
게 한 마리를 고르게 하고 그 소를 잡아
서 여러 조각으로 나눈 다음에 장작 위에
올려놓게 하시오. 그러나 거기에 불을 지
피지는 마오. 나도 나머지 소 한 마리를
잡아서 장작 위에 올려놓겠소. 나도 거기
에 불을 지피지 않겠소.
24 당신들 바알의 예언자들이여, 당신들의
신에게 기도하시오. 나도 여호와께 기도
하겠소. 기도를 들어 주셔서 불을 내리시
는 신이 참하나님이시오." 그러자 모든
백성이 그렇게 하는 것이 좋겠다고 말했
습니다.
25 엘리야가 바알의 예언자들에게 말했습니
다. "당신들은 수가 많으니 먼저 하시오.
소 한 마리를 잡아서 준비하고 당신들의
신에게 기도하시오. 그러나 불을 지피지
는 마시오."
26 그리하여 그들은 소 한 마리를 잡아다가
준비해 놓고 아침부터 한낮이 될 때까지
바알에게 기도했습니다. 그들은 "바알이
여, 우리의 기도를 들어 주십시오"라고
외쳤습니다. 그러나 아무런 소리도 들리
지 않았으며 아무런 대답도 없었습니다.
그들은 자기들이 만든 제단 둘레를 돌며
춤을 추었습니다.

27 한낮이 되자, 엘리야가 그들을 부추겼습
니다. "더 크게 기도해 보시오. 바알이 정
말로 신이라면 지금 생각에 빠져 있는지
도 모르고, 아니면 다른 일로 바쁘거나 어
디 먼길을 떠났는지도 모르지 않소? 어쩌
면 자고 있는지도 모르겠소. 그렇다면 깨
워야 하지 않겠소?"
28 그들은 더 큰 소리로 기도했습니다. 그리
고 그들은 자기들의 예배 관습에 따라 칼
과 창으로 자기 몸을 찔러서 피가 나게 했
습니다. 그들은 그런 식으로 자기들의 신
을 예배하기도 했습니다.
29 낮이 지나서 저녁 제사를 드릴 시간이 다
되도록 바알의 예언자들은 계속해서 미친
듯이 날뛰었습니다. 그러나 아무런 소
리도 들리지 않았습니다. 아무런 대
답도 없었고 어떤 움직임도 보이
지 않았습니다.
30 엘리야가 모든 백성에게 말
했습니다. "이제는 나에게로 오시오." 백
성이 엘리야 곁으로 모여들자, 엘리야는 무
너진 여호와의 제단을 다시 쌓았습니다.
31 엘리야는 야곱의 아들들의 지파 수에 따라
돌 열두 개를 준비했습니다. 야곱은 옛날
에 여호와께서 "네 이름을 이스라엘이라
하여라"고 말씀했던 사람입니다.
32 엘리야는 그 돌들을 가지고 여호와를 위
해 제단을 쌓았습니다.
그리고 나서 제단
둘레에 곡식

여호와의 불이 내려와
제물을 태우다
(18:30-38)

종자를 두 세아* 정도 담을 수
있는 작은 도랑을 팠습니
다.
33 엘리야는 제단 위에 장작
을 놓고 소를 잡아서 여러
조각으로 나눈 다음에 장
작 위에 올려놓았습니
다. 그런 다음, "항아리
네 개에 물을 가득 채워
서 제물과 장작 위에 부
으시오"라고 말했습니다.
34 엘리야가 "한 번 더 부으
시오"라고 말하자 사람들
이 그대로 했습니다. 엘
리야가 또 말했습니다.
"한 번 더 부으시오." 사
람들이 세 번째로 물을
부었습니다.
35 그리하여 물이 제단 위로
넘쳐 흘러 도랑을 가득
채웠습니다.
36 저녁 제사를 드릴 때가 되자, 예언
자 엘리야가 제단 앞으로 나아가 기도했
습니다. "여호와여, 주님은 아브라함과
이삭과 이스라엘의 하나님이십니다. 주님
이 이스라엘의 하나님이심을 증명해 주십
시오. 그리고 제가 주님의 종이라는 것
과 주께서 저에게 명령하여 이 모든 일
을 하게 하셨음을 이 백성에게 보여 주
십시오.
37 여호와여, 제 기도를 들어 주십시오. 여
호와께서 하나님이시라는 것을 이 백성들
이 알게 하소서. 주님이야말로 이 백성을
주께로 돌아오게 하시는 분이라는 것을
알게 하소서."
38 여호와의 불이 하늘에서 떨어져 제물과
장작과 제단 둘레의 돌과 흙을 태우고 도
랑의 물을 말렸습니다.
39 모든 백성이 그 모습을 보고 땅에 엎드려
외쳤습니다. "여호와 그는 하나님이시다!
여호와 그는 하나님이시다!"
40 엘리야가 말했습니다. "바알의 예언자들을
붙잡으시오! 한 사람도 도망가지 못하게
하시오!" 백성이 예언자들을 다 붙잡자,
엘리야가 그들을 기손 시냇가로 끌고 가서
다 죽였습니다.

엘리야가 기도하자 다시 비가 내림(18:41-45)

다시 비가 오다

41 엘리야가 아합에게 말했습니다. "이제 올
라가서 먹고 마시십시오. 곧 큰 비가 내
릴 것이오."
42 아합이 돌아가서 먹고 마셨습니다. 엘리야
는 갈멜 산 꼭대기로 올라가서 몸을 굽혀
머리를 무릎 사이에 파묻었습니다.
43 엘리야가 자기 종에게 말했습니다. "가서
바다 쪽을 살펴보아라." 종이 가서 살펴
본 후, 말했습니다. "아무것도 안 보입니
다." 엘리야가 다시 가서 살펴보라고 말했
습니다. 그가 가서 살펴보는 일이 일곱 번

알아두세요

18:32 2세아는 약 15.2ℓ에 해당된다.

이나 되풀이 되었습니다.
44 일곱 번째가 되자, 종이 말했습니다. "사
람 손바닥만한 작은 구름이 바다에서 올
라오고 있습니다." 엘리야가 종에게 말했
습니다. "가서 아합에게 비가 와서 길이
막히기 전에 마차를 준비해서 당장 집으
로 돌아가라고 전하여라."
45 얼마 지나지 않아서 검은 구름이 하늘을
덮었습니다. 그리고 바람이 불더니, 큰비
가 내리기 시작했습니다. 아합은 자기 마
차를 타고 이스르엘로 돌아갔습니다.
46 여호와께서 엘리야에게 큰 능력을 주셔서
엘리야는 허리를 동여매고 아합 왕보다 앞
서서 이스르엘로 달려갔습니다.

시내 산의 엘리야

19 아합 왕은 이세벨에게 가서 엘리야가
한 일을 다 들려 주었습니다. 엘리
야가 모든 예언자들을 칼로 죽인 일도 말
해 주었습니다.
2 그러자 이세벨이 엘리야에게 사자를 보내
서 말했습니다. "내일 이맘때까지 너를
죽이고 말겠다. 네가 그 예언자들을 죽였
듯이 나도 너를 죽이겠다. 내가 너를 죽
이지 못한다면, 신들이 나에게 무서운 벌
을 내려도 좋다."
3 엘리야는 이 말을 듣고 무서워서 도망쳤
습니다. 엘리야는 자기 종을 데리고 갔는
데, 유다 땅 브엘세바에 이르렀을 때에 그
종을 거기에 남겨 두었습니다.
4 엘리야는 하루 종일, 광야로 걸어 들어갔
습니다. 그러다가 한 로뎀 나무 밑에 앉
아서 하나님께 죽여 달라고 기도했습니
다. "여호와여, 이제는 다 되었습니다. 내
목숨을 거두어 가십시오. 나는 내 조상들
보다 나을 것이 없습니다."
5 그리고 엘리야는 로뎀 나무 밑에 누워 잠이
들었습니다. 그 때, 한 천사가 와서 엘리야
를 깨우며 말했습니다. "일어나 먹어라."
6 엘리야가 보니, 뜨거운 돌 위에 놓인 구운
과자 하나와 물 한 병이 그의 머리맡에 있
었습니다. 그는 먹고 마신 다음에 다시 자
리에 누웠습니다.
7 여호와의 천사가 그에게 두 번째로 나타났
습니다. 천사가 그를 깨우며 말했습니다.
"일어나 먹어라. 아직도 갈 길이 멀다."
8 그래서 엘리야는 자리에서 일어나 먹고 마
셨습니다. 그 음식을 먹고 힘을 얻어 엘
리야는 사십 일 동안, 밤낮으로 걸어서 하
나님의 산인 시내 산*으로 갔습니다.
9 시내 산*에 도착한 엘리야는 한 동굴 속에
들어가 밤을 지냈습니다. 여호와께서 그
에게 말씀하셨습니다. "엘리야야, 어찌하
여 여기에 있느냐?"
10 엘리야가 대답했습니다. "만군의 하나님
여호와여, 저는 언제나 제 힘을 다해 주
님을 섬겼습니다. 그러나 이스라엘 백성은
주님과 맺은 언약을 어겼습니다. 그들은
주님의 제단을 부수고 주님의 예언자들을
칼로 죽였습니다. 살아 남은 예언자는 저
밖에 없습니다. 그런데 지금 그들은 저까
지 죽이려 합니다."
11 여호와께서 엘리야에게 말씀하셨습니다.
"가거라. 산 위에서 내 앞에 서 있어라.
내가 네 앞으로 지나가겠다." 그러더니
매우 센 바람이 불어와 여호와 앞에서 산
을 가르고 큰 바위를 쪼갰습니다. 그러나
여호와께서는 그 바람 속에 계시지 않았
습니다. 바람이 불고 난 뒤에 지진이 일
어났습니다. 그러나 그 지진 속에도 여호
와께서는 계시지 않았습니다.
12 지진이 일어난 뒤에 또 불이 났지만 그 불
속에도 여호와께서는 계시지 않았습니다.
불이 난 뒤에는 조용하고 부드러운 목소
리가 들렸습니다.
13 엘리야는 그 소리를 듣고 겉옷으로 얼굴
을 가렸습니다. 그리고 밖으로 나가서 동
굴 입구에 섰습니다. 그 때에 어떤 소리
가 들려 왔습니다. "엘리야야! 어찌하여
여기에 있느냐?"
14 엘리야가 대답했습니다. "만군의 하나님
여호와여, 저는 언제나 제 힘을 다해 주
님을 섬겼습니다. 그러나 이스라엘 백성은
주님과 맺은 언약을 어겼습니다. 그들은
주님의 제단을 부수고 주님의 예언자들을

칼로 죽였습니다. 살아 남은 예언자는 저
밖에 없습니다. 그런데 지금 그들은 저까
지 죽이려 합니다."
15 여호와께서 엘리야에게 말씀하셨습니다.
"네가 왔던 광야 길로 돌아가 다마스커스
로 가거라. 그 성에 들어가서 하사엘에게
기름을 부어 아람 왕으로 세워라.
16 그런 다음에 님시의 아들 예후에게 기름을
부어 이스라엘 왕으로 세워라. 그리고 아
벨므홀라 사람 사밧의 아들 엘리사에게 기
름을 부어라. 그는 너의 뒤를 이을 예언
자가 될 것이다.
17 하사엘의 칼을 피해서 도망치는 사람은 예
후가 죽일 것이요, 예후의 칼을 피해서 도
망치는 사람은 엘리사가 죽일 것이다.
18 또한 내가 이스라엘에 칠천 명을 남겨 두
었는데, 그들은 한 번도 바알에게 절한 적
이 없고 바알의 우상에게 입을 맞춘 적이
없는 사람들이다."

엘리사가 예언자가 되다

19 엘리야가 그 곳을 떠나서 사밧의 아들 엘리
사를 찾았습니다. 엘리사는 밭에서 열두 쌍
의 소가 끄는 쟁기로 밭을 갈고 있었습니
다. 엘리사는 열한 쌍의 소를 앞세우고 열
두 번째 소가 끄는 쟁기로 밭을 갈고 있었
는데, 엘리야는 엘리사 곁으로 지나가면서
입고 있던 겉옷을 그에게 입혀 주었습니다.
20 그러자 엘리사가 소를 버려 두고 엘리야에
게 달려와서 말했습니다. "내 아버지와
어머니에게 작별 인사를 하고 오게 해 주
십시오. 그런 다음에 선생님을 따라가겠
습니다." 엘리야가 대답했습니다. "돌아가
거라. 말리지 않겠다."
21 엘리사가 집으로 돌아가 소 두 마리를 잡
고 소가 메던 멍에로 불을 때서 고기 요
리를 만들어 사람들에게 주었습니다. 사
람들이 요리를 먹은 뒤에 엘리사는 그 곳
을 떠나 엘리야를 따라가 그의 제자가 되
었습니다.

벤하닷과 아합이 전쟁에 나가다

20 아람 왕 벤하닷이 모든 군대를 모
았습니다. 삼십이 명의 왕이 말과
전차를 이끌고 모여들었습니다. 벤하닷은
사마리아로 가서 그 성을 포위하고 공격했
습니다.
2 벤하닷 왕이 성 안에 있는 이스라엘의 아
합 왕에게 사자들을 보내어 말했습니다.
"벤하닷이 이렇게 말씀하셨다.
3 '너의 은과 금도 내놓고 너의 아름다운 아
내들과 자녀들도 내놓아라.'"
4 이스라엘의 아합 왕이 대답했습니다. "내
주 왕이시여, 왕의 말씀대로 하겠습니다.
나와 내가 가진 모든 것을 다 드리겠습니
다."
5 그러자 사자들이 다시 아합에게 와서 말
했습니다. "벤하닷이 이렇게 말씀하셨다.
'전에 내가 너에게 은과 금도 내놓고 너
의 아내들과 자녀들도 내놓으라고 말한
적이 있다.
6 내일 이맘때에 내 신하들을 보내 네 집과
네 신하들의 집을 뒤질 것이다. 마음에 드
는 것이 있으면 다 가져갈 것이다.'"
7 아합이 온 나라의 장로들을 다 모아 놓고
말했습니다. "벤하닷이 우리를 괴롭히고
있소. 내 아내와 자녀, 그리고 내 은과 금
을 내놓으라고 사람을 보내 왔는데, 나는
거절하지 못했소."
8 그러자 장로들과 모든 백성이 말했습니
다. "그의 말을 무시하고 들어 주지 마십
시오."
9 아합이 벤하닷의 사자들에게 말했습니다.
"내 주 왕에게 전하시오. 처음에 말씀하
신 것은 들어 줄 수 있지만, 두 번째로 말
씀하신 것은 들어 줄 수 없소." 그러자 벤
하닷 왕의 사자들이 돌아가서 그 말을 전
했습니다.
10 벤하닷이 다시 아합에게 사람들을 보내어
말했습니다. "내가 내 군인들을 보내 사마

알아두세요

19:8,9 '호렙 산'이라고도 불림.

멍에(19:21 yoke) 소나 말의 목에 얹어 수레나 쟁기를 끌게 하는 기구.

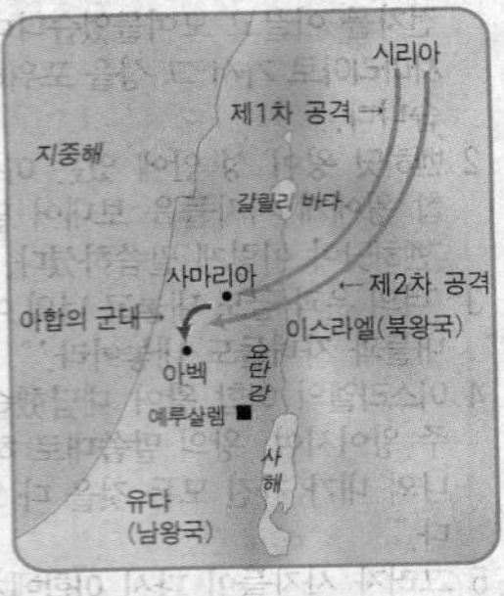

아람 왕 벤하닷의 이스라엘 공격 (20:1-34)

리아를 완전히 멸망시켜 버리겠다. 내 군
인들이 이 성에서 재를 한 줌이라도 모을
수 있다면, 신들이 나에게 무서운 벌을 내
려도 좋다."
11 아합이 대답했습니다. "벤하닷에게 전하여
라. 아직 싸우고 있는 군인은 이미 이긴
것처럼 뽐내어서는 안 된다고 일러라."
12 그 때에 벤하닷은 자기 장막에서 다른 왕
들과 함께 술을 마시고 있었습니다. 아합
에게서 돌아온 사자들이 전한 말을 들은
벤하닷은 신하들에게 성을 공격할 준비를
하라고 명령했습니다. 그래서 모두들 싸
울 준비를 갖추었습니다.
13 어떤 예언자가 이스라엘의 왕 아합에게 와
서 말했습니다. "여호와께서 이렇게 말씀
하셨소. '저 큰 군대가 보이느냐? 내가 오
늘 저 군대를 너에게 넘겨 주어 싸움에서
이기도록 해 주겠다. 그러면 너는 내가 여
호와인 줄을 알게 될 것이다.'"
14 아합이 말했습니다. "누구를 통해서 저들
을 물리치실 것입니까?" 예언자가 대답했
습니다. "여호와께서 이렇게 말씀하셨소.
'각 지역 장관들의 젊은 장교들이 그들을
물리칠 것이다.'" 왕이 다시 물었습니다.
"누가 군대를 지휘합니까?" 예언자가 대
답했습니다. "왕이 지휘하십시오."
15 아합이 각 지역 장관들의 젊은 장교들을
모았습니다. 모아 보니 모두 이백삼십이
명이었습니다. 그런 다음에 이스라엘 군대
를 모아 보니 모두 칠천 명이었습니다.
16 그들은 낮 12시에 공격을 시작했습니다.
그 때에 벤하닷과 그를 따르는 왕 삼십이
명은 장막 안에서 술에 취해 있었습니다.
17 각 지역 장관들의 젊은 장교들이 먼저 그
들을 공격했습니다. 벤하닷의 정찰병들은
군인들이 사마리아에서 나오고 있다고 왕
에게 보고했습니다.
18 그러자 벤하닷이 말했습니다. "싸우러 나
오는 것이든지 협상을 하러 나오는 것이
든지 저들을 무조건 잡아라."
19 각 지역 장관들의 젊은 장교들과 그들을
따르는 군대는 이미 성 바깥으로 나와 있
었습니다.
20 이스라엘의 장교들은 적군을 닥치는 대로
죽였습니다. 아람 사람들은 도망쳤고 이스
라엘 군인들은 그들을 뒤쫓았습니다. 아람
왕 벤하닷은 기병들과 함께 말을 타고 도
망쳤습니다.
21 이스라엘의 왕이 군대를 이끌고 나가서 말
과 전차들을 공격하고 아람 군대를 크게
무찔렀습니다.
22 그 예언자가 이스라엘의 왕 아합에게 가서
말했습니다. "아람의 왕은 이듬해 봄에 다
시 쳐들어올 것입니다. 그러므로 이제 돌
아가시면 강한 군대를 만들어야 합니다.
적을 막을 계획을 세우셔야 합니다."
23 아람 왕의 장교들이 그들의 왕에게 말했
습니다. "이스라엘의 신은 산의 신입니다.
우리가 산에서 싸웠기 때문에 이스라엘이
이긴 것입니다. 그러므로 그들과 싸우려
면 평지에서 싸워야 합니다. 그러면 우리
가 이길 것입니다.
24 삼십이 명의 왕들을 자리에서 쫓아 내고
그들 자리에 지휘관들을 임명하십시오.
25 싸움에 져서 잃어버린 군대만큼 다시 군
대를 모으십시오. 그리고 말과 전차도 그
만큼 모으십시오. 우리는 이제 평지에서
싸울 것입니다. 그러면 반드시 이깁니
다." 벤하닷은 그들의 말을 좋게 여겨서
그대로 했습니다.
26 이듬해 봄에 벤하닷이 아람 백성을 모았습

니다. 그는 이스라엘과 싸우려고 아벡으로
갔습니다.
27 이스라엘 백성도 전쟁 준비를 하여 아람
사람들을 맞으러 나가서 그들 앞에 진을
쳤습니다. 이스라엘 군대는 적은 수의 두
염소 떼처럼 보였으나, 아람 군대는 온 땅
을 덮었습니다.
28 하나님의 사람이 이스라엘의 왕에게 와서
말했습니다. "여호와께서 이렇게 말씀하
셨소. '아람 백성은 나 여호와가 산의 신
이지 평지의 신이 아니라고 말하고 있다.
그러므로 내가 이 큰 군대를 너에게 넘겨
주어 싸움에서 이기게 하겠다. 그러면 너
희는 내가 여호와인 줄을 알게 될 것이
다.'"
29 두 군대는 서로 마주 보며 칠 일 동안 진
을 치고 있었습니다. 칠 일째 되는 날에
싸움이 시작되었습니다. 이스라엘 군대가
하루 만에 아람 군인 십만 명을 죽였습니
다.
30 나머지는 아벡 성으로 도망쳤는데, 그 성
의 성벽이 그들 위에 무너져 내려서 이만
칠천 명이 죽었습니다. 그 때, 벤하닷은
그 성으로 도망쳐서 어떤 방 안에 숨었습
니다.
31 벤하닷의 신하들이 그에게 말했습니다.
"이스라엘의 왕들은 자비롭다고 들었습니
다. 베옷을 입어 우리의 슬픔을 나타내고
머리에 줄을 동여매어 항복의 표시를 보
입시다. 그리고 나서 이스라엘의 왕에게
갑시다. 왕이 우리를 살려 줄지도 모릅니
다."
32 신하들은 베옷을 입고 머리에 줄을 동여
맸습니다. 그리고 이스라엘의 왕에게 가서
말했습니다. "왕의 종 벤하닷이 제발 목숨
만 살려 달라고 말했습니다." 아합이 대답
했습니다. "그가 아직 살아 있느냐? 그는
내 형제다."
33 벤하닷의 신하들은 아합의 말을 좋은 징조
로 여겨 재빨리 그 말에 대답했습니다.
"그렇습니다. 벤하닷은 왕의 형제입니다."
아합이 말했습니다. "벤하닷을 데려오너
라." 벤하닷이 오자 아합은 그를 자기 전
차에 태웠습니다.
34 벤하닷이 아합에게 말했습니다. "아합이
여, 내 아버지가 왕의 아버지로부터 빼앗
은 마을들을 다 돌려 드리겠습니다. 그리
고 내 아버지가 사마리아에 상점들을 두었
던 것같이 왕도 다마스커스에 상점들을 만
드십시오." 아합이 말했습니다. "그런 조
건이라면 당신을 보내 주겠소." 그리하여
두 왕은 평화 조약을 맺었습니다. 그런 다
음에 아합은 벤하닷을 풀어 주었습니다.

어떤 예언자가 아합을 나무라다

35 예언자 가운데서 한 사람이 여호와의 명
령을 받아 다른 예언자에게 자기를 때리
라고 말했습니다. 그러나 그 예언자는 때
리지 않았습니다.
36 첫 번째 예언자가 말했습니다. "당신은
여호와의 명령에 복종하지 않았소. 그러
므로 당신이 나에게서 떠나가는 순간, 사
자가 당신을 죽일 것이오." 두 번째 예언
자가 떠나자, 사자가 나타나서 그를 죽였
습니다.
37 첫 번째 예언자가 또 다른 예언자에게 가
서 자기를 때리라고 말했습니다. 그러자
그 예언자가 첫 번째 예언자를 때려서 다
치게 했습니다.
38 맞은 예언자가 천으로 얼굴을 가려서 아
무도 자기를 알아보지 못하게 했습니다.
그리고 그는 길가로 나가서 왕을 기다렸
습니다.
39 이스라엘의 아합 왕이 지나가자, 그가 왕
을 불러서 말했습니다. "나는 전쟁터에
갔었습니다. 그런데 우리 편 군인 가운데
한 사람이 적군 한 명을 데려오더니 이렇
게 말했습니다. '이 사람을 지켜라. 만약
이 사람이 도망치면, 네가 대신해서 죽어
야 한다. 죽지 않으려면 은 한 달란트*를
내야 한다.'

알아두세요

20:39 1달란트는 약 34.27kg에 해당된다.

나봇의 포도밭을 탐내는 아합(21:1-7)

40 그러나 내가 다른 일로 바쁜 사이에 그 사
람이 도망치고 말았습니다." 이스라엘의
왕이 대답했습니다. "네가 스스로 정한
벌이니 너는 그 벌을 받아야 한다."
41 그 예언자가 재빨리 자기 얼굴을 가린 천
을 벗어 버렸습니다. 이스라엘의 왕은 그
를 보고 그가 예언자 가운데 한 사람이라
는 것을 알았습니다.
42 예언자가 왕에게 말했습니다. "여호와께
서 이렇게 말씀하셨소. '너는 내가 죽이
라고 한 사람을 살려 주었다. 그러므로 그
대신에 네가 죽을 것이며, 그의 백성 대
신에 네 백성이 죽을 것이다.'"
43 이스라엘 왕은 무겁고 우울한 마음으로 사
마리아로 돌아갔습니다.

나봇의 포도밭

21 그 일이 있은 후였습니다. 나봇이라
는 사람이 이스르엘에 포도밭을 가지
고 있었습니다. 그 밭은 아합의 궁에서 가
까운 곳에 있었습니다.
2 어느 날, 아합이 나봇에게 말했습니다.
"그대의 포도밭이 내 왕궁에서 가까우니
나에게 주시오. 그 밭을 내 정원으로 만
들고 싶소. 그 대
신에 그대에게 더 좋은
포도밭을 주겠소. 그대가
원하면 그 값만큼 돈으로 줄
수도 있소."
3 나봇이 대답했습니다. "조상에게서
물려받은 땅을 왕에게 드리는 것은 여호
와께서 금하신 일입니다."
4 그러자 아합은 분하고 상한 마음으로 집
에 돌아왔습니다. 왜냐하면 이스르엘 사람
나봇이 '내 조상에게서 물려받은 땅을 왕
에게 드릴 수 없습니다'라고 말했기 때문
입니다. 아합은 침대에 누워 얼굴을 벽쪽
으로 돌리고 음식도 먹지 않았습니다.
5 그의 아내 이세벨이 와서 물었습니다. "무
슨 일로 그렇게 마음이 상하셨습니까? 왜
음식을 드시지 않습니까?"
6 아합이 대답했습니다. "이스르엘 사람 나봇
에게 '그대의 포도밭을 파시오. 그대가
원하면 다른 포도밭을 주겠소'라고 말했
더니 그가 자기 포도밭을 줄 수 없다고 하
였소. 그래서 그러오."
7 이세벨이 말했습니다. "그러고도 당신이
이스라엘의 왕이십니까? 일어나셔서 음식
을 드시고 기운을 차리십시오. 이스르엘
사람 나봇의 포도밭을 왕의 것으로 만들
어 드리겠습니다."
8 이세벨이 아합의 이름으로 편지 몇 통을
쓰고 거기에 왕의 도장을 찍었습니다. 그
리고 나서 그 편지들을 나봇의 마을에 사
는 장로들과 귀족들에게 보냈습니다.
9 이세벨은 편지에 이렇게 썼습니다. "금식
일을 선포하고 백성을 불러모으시오. 그
리고 나봇을 높은 자리에 앉히고
10 불량배 두 사람을 나봇의 맞은편에 앉히
시오. 그들더러 나봇이 하나님과 왕을 욕

하는 말을 들었다고 거짓으로 말하게 하
시오. 그런 다음에 나봇을 성에서 끌어 내
돌로 쳐죽이시오."
11 이스르엘의 장로들과 귀족들은 이세벨의
명령을 그대로 따랐습니다.
12 그들은 백성이 아무 음식도 먹지 않는 날
을 선포하고 백성을 불러모았습니다. 그
리고 나봇을 높은 자리에 앉혔습니다.
13 불량배 두 사람이 들어와서 나봇의 맞은
편에 앉았습니다. 그들은 나봇이 하나님
과 왕을 욕하는 말을 들었다고 말했습니
다. 그러자 백성이 나봇을 성 밖으로 끌
고 가서 돌로 쳐죽였습니다.
14 마을의 지도자들이 나봇이 돌에 맞아 죽
었다는 말을 이세벨에게 전했습니다.
15 이세벨은 나봇이 죽었다는 말을 전해 듣
고 아합에게 말했습니다. "이스르엘 사람
나봇이 죽었습니다. 가셔서 왕에게 팔기
를 거절했던 그의 포도밭을 차지하십시
오."
16 아합은 나봇이 죽었다는 말을 듣고 이스르
엘 사람 나봇의 포도밭을 차지하려고 그
포도밭으로 갔습니다.
17 그 때에 여호와께서 디셉 사람 예언자 엘
리야에게 말씀하셨습니다.
18 "너는 일어나 사마리아에서 다스리고 있는
이스라엘 왕 아합에게 가거라. 그는 나봇
의 포도밭을 차지하려고 그 곳으로 내려
갔다.
19 아합에게 나의 말을 전하여라. '여호와께
서 말씀하셨다. 아합아, 너는 나봇을 죽이
고 그의 땅을 빼앗았다. 그러므로 개들이
나봇의 피를 핥았던 그 곳에서 네 피도 핥
을 것이다.'"
20 아합이 자기를 찾아온 엘리야를 보고 말했
습니다. "이 원수, 네가 또 나를 찾아왔
구나." 엘리야가 대답했습니다. "그렇소.
내가 왕을 찾아왔소. 내가 찾아온 까닭은
왕이 여호와께서 보시기에 나쁜 짓을 저
질렀기 때문이오.
21 여호와께서 이렇게 말씀하셨소. '내가 너
에게 재앙을 내리겠다. 너뿐만 아니라 종
이든지 자유인이든지 네 집안의 남자란
남자는 다 죽이겠다.
22 네 집안은 느밧의 아들 여로보암 왕의 집
안처럼 될 것이다. 그리고 아히야의 아들
바아사의 집안처럼 될 것이다. 내가 너의
집안에 이런 벌을 내리는 까닭은 네가 나
를 화나게 했고 네가 이스라엘 백성으로
하여금 죄를 짓게 했기 때문이다.'
23 여호와께서 이세벨에게도 이렇게 말씀하
셨소. '개들이 이스르엘 성에서 이세벨의
시체를 먹을 것이다.'
24 아합 집안의 사람이 성에서 죽으면 개들
이 먹을 것이요, 들에서 죽으면 공중의 새
들이 먹을 것이다.'"
25 아합처럼 여호와 앞에서 나쁜 짓을 그렇
게 자주 한 사람은 없었습니다. 아합은 그
의 아내 이세벨이 시키는 대로 나쁜 짓을
했습니다.
26 아합은 아모리 백성들과 같이 우상들을 섬
기는 무서운 죄를 지었습니다. 아모리 사
람들이 그런 죄를 지었기 때문에 여호와
께서는 그들을 그 땅에서 쫓아 내셨습니
다.
27 엘리야가 여호와의 말씀을 다 전하자, 아
합이 자기 옷을 찢었습니다. 그는 베옷을
입고 음식을 먹지 않았습니다. 누울 때에
도 베옷을 입은 채로 누웠습니다. 그가 그
렇게 한 까닭은 여호와의 말씀을 듣고서
두렵고 슬펐기 때문입니다.
28 여호와께서 디셉 사람인 예언자 엘리야에
게 말씀하셨습니다.
29 "아합이 내 앞에서 겸손해진 것을 보았다.

금식일(21:9 day of fasting) 하나님 앞에서 자신을 낮추는 수단으로 자의에 의해 먹는 것을 절제하는 날. 여기서는 국가가 비상시에 돌입했을 때 예외적으로 행한 것을 가리킨다.

선포(21:9 proclamation) 세상에 널리 알리는 것.

불량배(21:10 scoundrel) 상습적으로 도리나 도덕 또는 법규에 어긋나는 행위를 저지르는 사람. 또는 그런 무리.

겸손(21:29 humility) 남을 존중하고 자기를 내세우지 않는 태도.

그가 내 앞에서 겸손해졌으므로 그가 살
아 있는 동안에는 그에게 재앙을 내리지
않고, 그의 아들이 왕이 될 때, 그의 집
안에 재앙을 내리겠다."

아합의 죽음

22 이스라엘과 아람 사이에 삼 년 동
안, 평화가 있었습니다.
2 삼 년째 되는 해에 유다의 여호사밧 왕이
이스라엘의 왕을 찾아왔습니다.
3 그 때, 아합이 자기 신하들에게 말했습니
다. "아람의 왕이 길르앗 라못을 우리에게
서 빼앗아 간 것을 잊었소? 어찌하여 그
대들은 그 땅을 다시 찾을 생각도 하지 않
고 있소?"
4 아합이 여호사밧 왕에게 물었습니다. "우
리와 함께 가서 길르앗 라못에 있는 아람
의 군대와 싸우지 않겠습니까?" 여호사밧
이 대답했습니다. "왕과 함께 가겠습니
다. 내 군대와 말들은 당신의 군대와 말
들과 마찬가지입니다."
5 그러나 여호사밧이 이스라엘 왕에게 다시
말했습니다. "싸우러 가기 전에 먼저 여
호와께 여쭈어 봅시다."

성경 지명

길르앗 라못

요단 강 동쪽에 위치한 땅으로 라마(왕하 8:29), 라맛 미스베(수 13:26), 길르앗 미스베(삿 11:29)라고도 불립니다. 갓 지파에게 분배된 땅 중에서 레위 지파에게 준 땅이며(수 21:38), 이 곳에는 갓 지파의 도피성이 있었습니다. 이 곳은 남과 북을 연결하는 군사, 상업상의 요충지였기 때문에 이 곳을 두고 이스라엘과 시리아 사이에 전쟁이 끊이지 않았습니다(왕하 13:3-7,17-19). *솔로몬 왕 때에는* 왕궁의 식량을 책임지는 12 장관들의 본부였으며, 아합 왕이 아람과 싸우다 죽은 곳이기도 합니다. 본문 보기 22장 3절

예언(22:8 prophecy) 하나님의 계시에 의하여 장래에 나타날 일을 미리 말함. 또는 그 말.
보좌(22:10 throne) 왕이 앉는 자리.

6 아합이 예언자들을 불렀습니다. 모인 예
언자는 사백 명 가량 되었습니다. 아합이
그들에게 물었습니다. "길르앗 라못에 있
는 아람의 군대와 싸우러 나가는 것이 좋
겠소, 아니면 기다리는 것이 좋겠소?" 예
언자들이 대답했습니다. "싸우러 가십시
오. 주께서 그들을 왕의 손에 넘겨 주실
것입니다."
7 여호사밧이 물었습니다. "여호와께 여쭤
볼 다른 예언자는 없습니까?"
8 이스라엘의 왕이 대답했습니다. "여호와의
뜻을 여쭤 볼 다른 예언자가 있기는 합니
다. 그는 이믈라의 아들 미가야인데, 나는
그를 미워합니다. 그는 한 번도 나에게 좋
은 예언을 해 준 적이 없습니다. 그는 언
제나 나쁜 말만 합니다." 여호사밧이 말했
습니다. "왕이여, 그렇게 말씀하시면 안
됩니다."
9 그래서 이스라엘의 왕이 신하들 가운데 한
사람을 불러 당장 미가야를 데려오라고 말
했습니다.
10 이스라엘의 왕과 유다의 여호사밧 왕은 왕
의 옷을 입고 있었습니다. 그들은 사마리
아 성문 앞 마당에 보좌를 놓고 앉아 있
었습니다. 모든 예언자들은 왕들 앞에 서
서 예언을 하였습니다.
11 그 예언자들 가운데에 그나아나의 아들 시
드기야가 있었는데, 그는 쇠뿔을 만들어
가지고 있었습니다. 그가 아합에게 말했
습니다. "여호와께서 이렇게 말씀하셨습
니다. '너는 이 뿔들을 가지고 아람 사람
과 싸워라. 너는 그들을 멸망시킬 것이
다.'"
12 다른 예언자들도 다 똑같은 말을 했습니
다. "길르앗 라못을 치십시오. 그러면 이
기실 것입니다. 여호와께서 아람 사람을
왕에게 넘겨 주실 것입니다."
13 미가야를 데리러 갔던 사람이 미가야에게
말했습니다. "다른 예언자들은 한결같이
왕이 이길 것이라고 말하고 있소. 당신도
같은 말을 하시오. 왕에게 좋은 말을 해
주시오."

14 그러나 미가야가 대답했습니
다. "여호와께서 살아 계심을
두고 맹세하지만, 나는 오직
여호와께서 말씀해 주시는
것만을 전할 뿐이오."
15 미가야가 아합에게 오자 왕
이 그에게 물었습니다.
"미가야여, 우리가 길르앗
라못으로 싸우러 가는 것
이 좋겠소, 가지 않는 것
이 좋겠소?" 미가야가 대
답했습니다. "싸우러 가
서 이기시오. 여호와께
서 그들을 왕에게 넘겨
주실 것이오."
16 왕이 그에게 말했습니다.
"여호와의 이름으로 진실
만을 이야기하시오. 몇
번이나 말해야 알아듣겠
소?"
17 미가야가 대답했습니다.
"온 이스라엘이 목자 없는
양처럼 이 산, 저 산에 흩어
져 있는 것이 보이오. 여호와께서 말씀하
셨소. '이들에게 지도자가 없으니 싸우지
말고 집으로 돌아가게 하여라.'"
18 이스라엘의 아합 왕이 여호사밧에게 말했
습니다. "그것 보십시오. 이 예언자는 한
번도 좋은 말을 해 준 적이 없습니다. 언
제나 나쁜 말만 합니다."
19 미가야가 계속해서 말했습니다. "여호와
의 말씀을 들으시오. 여호와께서 보좌에
앉아 계시고 천사가 여호와의 양쪽 옆에
서 있는 것이 보이오.
20 여호와께서 말씀하셨소. '누가 아합을 속
여 길르앗 라못으로 싸우러 나가게 하겠느
냐?' 그러자 천사들마다 서로 다른 의견
을 말했소.
21 그 때에 한 천사가 나아와 여호와 앞에 서
서 '내가 그를 속이겠습니다' 하고 말했
소.
22 여호와께서 그에게 물으셨소. '어떻게 아

감옥에 갇힌 미가야 선지자(22:26-27)

합을 속이겠느냐?' 그 천사가 대답했소.
'아합의 예언자들에게 가서 거짓말을 하
도록 시키겠습니다.' 그러자 여호와께서
말씀하셨소. '좋다. 너는 그를 속일 수 있
을 것이다. 가서 말한 대로 하여라.'"
23 미가야가 말했습니다. "아합이여, 이 일은
이미 일어났습니다. 여호와께서는 왕의
예언자들이 왕에게 거짓말을 하게 하셨습
니다. 여호와께서는 왕에게 큰 재앙을 내
리셨습니다."
24 그러자 그나아나의 아들 시드기야가 미가야
에게 가서 미가야의 뺨을 때리며 말했습
니다. "여호와의 영이 언제 내게서 나가
너에게 말씀하셨느냐?"
25 미가야가 대답했습니다. "네가 구석 방으
로 들어가서 숨는 날에 그 사실을 알게 될
것이다."
26 이스라엘의 아합 왕이 명령했습니다. "미

폐허가 된 오므리와 아합의 상아궁(22:39)

가야를 붙잡아서 이 성의 영주인 아몬과
왕자 요아스에게 데려가거라.
27 그리고 미가야를 감옥에 넣으라고 그들에
게 말하여라. 내가 전쟁터에서 돌아올 때
까지 그를 감옥에 가두어 놓고 빵하고 물
만 죽지 않을 만큼 조금씩 주어라."
28 미가야가 말했습니다. "아합이여, 만약 왕
이 전쟁터에서 무사히 돌아온다면, 내가
전한 말은 여호와께서 하신 말씀이 아닙
니다. 여기에 있는 모든 백성이여, 내 말
을 기억하시오."
29 이스라엘의 아합 왕과 유다의 여호사밧 왕
은 길르앗 라못으로 갔습니다.
30 아합이 여호사밧에게 말했습니다. "나는
변장을 하고 싸움터에 갈 테니, 왕은 왕
의 옷을 입으십시오." 아합은 변장을 하고
싸움터로 갔습니다.
31 아람의 왕은 삼십이 명의 전차 지휘관을
두고 있었습니다. 그가 그들에게 명령했
습니다. "너희들은 높은 사람이든지 낮은
사람이든지 다른 사람과는 싸우지 말고
오직 이스라엘의 왕하고만 싸워라."
32 이 지휘관들은 여호사밧을 보고 그가 이스
라엘의 왕인 줄 알았습니다. 그래서 그에
게 달려들었습니다. 그러자 여호사밧이 소
리를 질렀습니다.
33 그 때에야 그 지휘관들은 그가 아합이 아
니라는 것을 알았습니다. 그들은 여호사밧
을 더 이상 뒤쫓지 않았습니다.
34 어떤 군인이 화살을 쏘았는데, 그 화살이
우연히 이스라엘의 아합 왕에게 맞았습니
다. 화살이 갑옷 틈새를 뚫고 아합의 몸에
꽂혔습니다. 아합 왕이 전차를 모는 군인
에게 말했습니다. "전차를 돌려서 이 싸움
터에서 빠져 나가거라. 내가 다쳤다."
35 싸움은 하루 종일, 계속되었습니다. 아합
왕은 전차 안에서 겨우 버티고 서서 아람
사람들과 싸웠습니다. 그러다가 저녁 때
에 숨을 거두었습니다. 상처에서 흘러나
온 피가 전차 바닥에 흥건히 고였습니다.
36 해질 무렵에 이스라엘 군대 안에서 외치는
소리가 들렸습니다. "각자 자기 성으로
돌아가거라. 각자 자기 고향으로 돌아가
거라."
37 아합 왕은 이처럼 죽었습니다. 그의 시체
는 사마리아로 옮겨져서 거기에 묻혔습니
다.
38 사람들이 아합의 전차를 사마리아의 연못
에서 씻었는데 개들이 와서 아합의 피를
핥았습니다. 그 연못은 창녀들이 목욕하
는 곳이었습니다. 모든 일이 여호와께서
말씀하신 대로 이루어졌습니다.
39 아합이 한 다른 모든 일은 이스라엘 왕들
의 역사책에 적혀 있습니다. 그 책에는 또
아합이 짓고 상아로 장식한 왕궁과 아합이
지은 여러 성에 대한 이야기도 적혀 있습
니다.
40 아합이 죽고, 그의 아들 아하시야가 뒤를
이어 왕이 되었습니다.

유다의 여호사밧 왕

41 아합이 이스라엘의 왕으로 있은 지 사 년
째 되는 해에 아사의 아들 여호사밧이 유
다의 왕이 되었습니다.
42 여호사밧은 삼십오 세에 왕이 되어 이십오
년 동안, 예루살렘에서 다스렸습니다. 그
의 어머니는 실히의 딸 아수바입니다.
43 여호사밧은 그의 아버지 아사처럼 살면서
여호와께서 보시기에 올바른 일을 했습니
다. 그러나 산당은 없애 버리지 않았습니
다. 그래서 백성들은 계속해서 산당에서
제물을 바치고 향을 피웠습니다.
44 여호사밧은 이스라엘의 왕과 평화롭게 지

냈습니다.
45 여호사밧은 전쟁을 많이 했습니다. 그의 전쟁 이야기와 전쟁에서 승리한 이야기들은 유다 왕들의 역사책에 적혀 있습니다.
46 나쁜 신들을 섬기는 신전에는 남자 창기들이 있었습니다. 여호사밧의 아버지인 아사는 그 남자 창기들을 다 쫓아 내지 않았습니다. 그러나 여호사밧은 남은 남자 창기들을 다 쫓아 냈습니다.
47 그 때에 에돔에는 왕이 없었습니다. 그래서 유다 왕이 보낸 장관이 에돔을 다스렸습니다.
48 여호사밧 왕은 오빌에서 금을 실어 오려고 다시스의 배를 만들었습니다. 그러나 그 배들은 에시온게벨에서 부서졌고 다시는 그 배들을 띄우지 못했습니다.
49 아합의 아들 아하시야가 여호사밧을 도와주러 갔습니다. 아하시야는 여호사밧의 사람들과 함께 배에 탈 사람들을 보내 주겠다고 말했지만, 여호사밧은 거절했습니다.
50 여호사밧은 죽어서 조상들과 함께 묻혔습니다. 그는 예루살렘, 곧 그의 조상인 다윗 성에 묻혔습니다. 그의 아들 여호람이 왕이 되었습니다.

이스라엘의 아하시야 왕

51 여호사밧이 유다의 왕으로 있은 지 십칠 년째 되는 해에 아합의 아들 아하시야가 사마리아에서 이스라엘의 왕이 되었습니다. 아하시야는 이 년 동안, 이스라엘을 다스렸습니다.
52 아하시야는 여호와께서 보시기에 악한 일을 저질렀습니다. 그는 그의 아버지 아합과 어머니 이세벨과 느밧의 아들 여로보암이 지은 죄를 그대로 따라 했습니다. 이들은 모두 이스라엘을 죄의 길로 인도했습니다.
53 아하시야는 바알을 섬기고 그에게 예배했습니다. 그래서 아하시야는 그의 아버지처럼 이스라엘 하나님 여호와를 크게 노하게 했습니다.

믿음을 키워 주는 이야기

추수감사절의 유래

기독교의 추수감사절은 미국에서 시작되었습니다.

1620년 9월 16일에 102명의 영국의 청교도들이 종교의 자유를 찾아 미국으로 가기 위해 '메이플라워' 호에 몸을 실었습니다. 그들은 65일간의 항해를 하고 12월 21일 미국 매사추세츠주(州) 연안에 도착하였습니다. 그들은 풍랑과 식량난으로 많은 고생을 하고 더러는 죽기도 했지만 땅을 밟을 수 있게 하신 하나님께 감사예배를 드렸습니다.

그리고 그들은 땅을 개간하고 나무를 베어 교회를 짓고 열심히 농사도 지었습니다. 그 동안 약 반수인 44명이 사망하였는데 장례식도 제대로 못 치렀습니다. 인디언에게 사람 수가 적어지는 것이 알려지면 위험했기 때문입니다.

그러나 얼마 후 그들은 인디언과 화친을 맺게 되었고, 그들에게 옥수수를 심는 법을 배웠고, 이듬해 1621년 10월 가을에는 첫 농사로 거두어들인 곡식을 하나님께 바치며 감사예배를 드렸습니다. 이것이 최초의 추수감사절이었습니다.

그것이 전통으로 이어졌고, 1789년에는 워싱턴 대통령이 11월 26일을 감사절로 공포하였으며, 여러 차례 의논을 거쳐 1941년에 비로소 11월 넷째 목요일이 추수감사절로 정착하게 되었습니다. 그리고 이것은 세계적인 기독교의 절기로 널리 퍼지게 되었습니다.

열왕기하

2 Kings

저자

저자는 알려져 있지 않으나 예레미야가 썼다는 설이 유력하다.

저작 연대

바빌론 포로 말기인 B.C. 561-538년 사이로 추정

주요 인물

엘리사, 수넴 여자, 나아만, 히스기야, 이사야, 므낫세, 요시야, 힐기야, 시드기야, 느부갓네살, 역대 왕들

핵심어 및 주요 내용

핵심어는 "심판", "포로 생활"이다.

열왕기상과 열왕기하는 모두 왕국이 쇠퇴해 가는 과정을 보여 주고 있다. 열왕기하에서는 열왕기상 12장에서 일어났던 이스라엘과 유다 두 왕국의 분열 관계가 계속되다가 17장에서 이스라엘 왕국이 멸망하는 것이 기록되어져 있으며 우상 숭배 때문에 백성들이 앗시리아에게 포로로 잡혀 가게 된 상황을 이야기한다. 그리고 18장부터는 유다 왕국 말기에 대해 기록하고 있다.

내용 소개

1. 북쪽 이스라엘의 멸망(1-17장)
2. 남쪽 유다의 멸망(18-25장)

엘리야와 아하시야 왕

1 아합 왕이 죽은 뒤에 모압이 이스라엘을
배반했습니다.
2 아하시야 왕이 사마리아에 있는 그의 이층
방 난간에서 떨어져 크게 다쳤습니다. 그
는 명령을 받고 심부름하는 사람들을 보
내며 말했습니다. "에그론의 신 바알세붑
에게 가서 내 다친 몸이 나을 수 있는지
물어 보아라."
3 여호와의 천사가 디셉 사람 엘리야에게 말
했습니다. "일어나 가서 아하시야 왕이 보
낸 사람들을 만나라. 그들에게 이렇게 말
하여라. '이스라엘에 하나님이 안 계셔서
에그론의 신 바알세붑에게 물으러 가느냐?
4 여호와께서 아하시야에게 말씀하셨다. 너
는 지금 누워 있는 침대에서 일어나지 못
하고 죽을 것이다.'" 그후, 엘리야는 길을
떠나 여호와의 천사가 일러 준 말을 그들
에게 그대로 전했습니다.
5 그러자 심부름하는 사람들이 즉시 아하시
야 왕에게 돌아왔습니다. 아하시야 왕이
그들에게 물었습니다. "왜 돌아왔느냐?"
6 그들이 대답했습니다. "어떤 사람이 우리
에게 오더니 왕께 이렇게 전하라고 했습
니다. '여호와께서 말씀하셨다. 이스라엘
에 하나님이 안 계셔서 에그론의 신 바알
세붑에게 물으러 가느냐? 그러므로 너는
지금 누워 있는 침대에서 일어나지 못하
고 죽을 것이다.'"
7 아하시야 왕이 그들에게 물었습니다. "그
대들을 만나서 그 말을 한 사람이 어떻게
생겼더냐?"
8 심부름하는 사람들이 대답했습니다. "그
사람은 털옷을 입고,* 허리에는 가죽띠를
매고 있었습니다." 아하시야 왕이 말했습
니다. "그 사람은 디셉 사람 엘리야다."
9 아하시야 왕이 오십부장과 그의 부하 오십
명을 엘리야에게 보냈습니다. 그들이 갔

알아두세요

1:8 개역 성경에는 '털이 많은 사람'이라고 표기되어 있다.

1:17 '요람'이라고 불리기도 한다.

배반(1:1 betrayal) 믿음을 저버리고 돌아섬.

명령(1:2 order) 윗사람이 아랫사람에게 시킴. 또는 시키는 말.

오십부장(1:9 officer of fifty) 오십 명의 부하를 거느린 지휘관.

을 때, 엘리야는 산꼭대기에 앉
아 있었습니다. 오십부장이 엘리
야에게 말했습니다. "하나님의
사람이여, 왕이 내려오라고 말
씀하셨소."
10 엘리야가 대답했습니다. "내가
하나님의 사람이라면, 하늘에서
불이 내려와 너와 네 부하 오십
명을 태워 버릴 것이다." 그러자
하늘에서 불이 내려와 오십부장
과 그의 부하 오십 명을 태워 버
렸습니다.
11 아하시야 왕이 다른 오십부장과
그의 부하 오십 명을 엘리야에게
보냈습니다. 오십부장이 엘리야
에게 말했습니다. "하나님의 사
람이여, 왕의 말씀이오. 어서 내
려오시오."
12 엘리야가 대답했습니다. "내가
하나님의 사람이라면, 하늘에서
불이 내려와 너와 네 부하 오십
명을 태워 버릴 것이다." 그러자
또 하늘에서 불이 내려와 오십부장과 그
의 부하 오십 명을 태워 버렸습니다.
13 아하시야 왕이 세 번째로 또 다른 오십부
장과 그의 부하 오십 명을 엘리야에게 보
냈습니다. 세 번째 오십부장이 가서 엘리
야 앞에 무릎을 꿇었습니다. 그가 엘리야
에게 빌었습니다. "하나님의 사람이여,
내 목숨과 내 부하 오십 명의 목숨을 하
찮게 여기지 말아 주십시오.
14 보십시오. 하늘에서 불이 내려와 먼저 왔
던 두 명의 오십부장과 그들의 부하들을
다 태워 버렸습니다. 그러나 이번에는 제
목숨을 귀하게 여겨 주십시오."
15 여호와의 천사가 엘리야에게 말했습니다.
"저 사람과 함께 가거라. 저 사람을 두려
워하지 마라." 그리하여 엘리야가 일어나
그 사람과 함께 왕을 보러 갔습니다.
16 엘리야가 아하시야 왕에게 말했습니다.
"여호와께서 이렇게 말씀하셨소. '너는 에
그론의 신 바알세붑에게 네 병에 관해 물

아하시야 왕이 2층 난간에서 떨어짐(1:2)

어 보려고 사람들을 보냈다. 이스라엘에는
여쭈어 볼 하나님이 계시지 않다고 생각
했느냐? 그러므로 너는 네 병상에서 일어
나지 못하고 죽을 것이다.'"
17 아하시야 왕은 여호와께서 엘리야를 통해
하신 말씀대로 죽었습니다. 아하시야 왕은
아들이 없었으므로, 여호람*이 아하시야의
뒤를 이어 왕이 되었습니다. 그 때는 여
호사밧의 아들 여호람이 유다의 왕으로 있
은 지 이 년째 되던 해였습니다.
18 아하시야가 행한, 다른 모든 일은 이스라
엘 왕들의 역사책에 적혀 있습니다.

엘리야가 하늘로 올라가다

2 여호와께서 엘리야를 회오리바람에 실
어 하늘로 데려가려고 하셨습니다. 그
때에 엘리야와 엘리사는 길갈에 있었습니
다.
2 엘리야가 엘리사에게 말했습니다. "여기에
남아 있어라. 여호와께서 나에게 벧엘로
가라고 말씀하셨다." 그러자 엘리사가 말

했습니다. "여호와의 살아 계심과 선생님
의 살아 계심을 두고 맹세합니다. 저는 결
코 선생님을 떠나지 않겠습니다." 그래서
그들은 함께 벧엘로 갔습니다.
3 벧엘에 있는 예언자의 무리가 엘리사에게
와서 말했습니다. "여호와께서 오늘 당신
의 선생님을 하늘로 데려가실 것을 알고
있습니까?" 엘리사가 말했습니다. "그렇
소. 알고 있소. 아무 말도 하지 마시오."
4 엘리야가 엘리사에게 말했습니다. "여기에
남아 있어라. 여호와께서 나를 여리고로
보내셨다." 엘리사가 말했습니다. "여호와
의 살아 계심과 선생님의 살아 계심을 두
고 맹세합니다. 저는 결코 선생님을 떠나
지 않겠습니다." 그래서 두 사람은 함께
여리고로 갔습니다.
5 여리고에 있는 예언자의 무리가 엘리사에
게 와서 말했습니다. "여호와께서 오늘
당신의 선생님을 하늘로 데려가실 것을
알고 있습니까?" 엘리사가 말했습니다.
"그렇소. 알고 있소. 아무 말도 하지 마
시오."

6 엘리야가 엘리사에게 말했습니다. "여기에
남아 있어라. 여호와께서 나를 요단 강으
로 보내셨다." 엘리사가 대답했습니다.
"여호와의 살아 계심과 선생님의 살아 계
심을 두고 맹세합니다. 저는 결코 선생님
을 떠나지 않겠습니다." 그래서 두 사람
은 함께 요단 강으로 갔습니다.
7 예언자의 무리 가운데 오십 명도 따라갔
습니다. 그들은 요단 강가에 있는 엘리야
와 엘리사에게서 멀찌감치 떨어져 두 사
람을 바라보았습니다.
8 엘리야가 자기 겉옷을 벗어 둘둘 말더니
그것으로 강물을 쳤습니다. 그러자 강물
이 양쪽으로 갈라졌습니다. 엘리야와 엘리
사는 강물 사이로 드러난 마른 땅 위로 강
을 건넜습니다.
9 강을 건넌 뒤에 엘리야가 엘리사에게 말했
습니다. "여호와께서 나를 데려가시기 전
에 내가 너에게 무엇을 해 주기를 원하느
냐?" 엘리사가 말했습니다. "선생님의 영
적인 능력에 두 배를 나에게 주십시오."
10 엘리야가 말했습니다. "어려운 것을 구하
는구나. 그러나 여호와께서 나를 데려가
시는 것을 네가 보면, 그것을 받을 수 있
을 것이다. 하지만 보지 못하면, 받지 못
할 것이다."
11 엘리야와 엘리사가 걸어가며 이야기하
고 있을 때에 불전차와 불말들이
나타나 두 사람을 갈라 놓았습니
다. 그러자 엘리야가 회오리바람
을 타고 하늘로 올라갔습니다.
12 엘리사가 그 모습을 보고 외쳤
습니다. "내 아버지여, 내 아
버지여, 이스라엘의 전차와 기
병이여!" 엘리야는 다시 보이
지 않았습니다. 엘리사는 너
무 슬퍼서 자기 옷을 두 조
각으로 찢었습니다.
13 엘리사는 엘리야가 떨어뜨린
겉옷을 주워 들었습니다. 그
리고 다시 돌아가 요단 강가
에 섰습니다.
14 엘리사가 엘리야의 옷으로
강물을 치며 말했습니다.
"엘리야의 하나님 여호와께
서는 어디에 계십니까?" 그
가 강물을 치자, 강물이 양쪽
으로 갈라졌습니다. 엘리사가
그 갈라진 곳으로 강을 건넜습
니다.
15 여리고에 있는 예언자의 무리가 엘
리사를 지켜 보고 있다가 말했습
니다. "엘리야의 영이 지금은
엘리사 위에 있도다." 그들은
엘리사를 맞으러 나와서 그
앞에 엎드려 절했습니다.
16 그들이 엘리사에게 말했습니
다. "우리에게 힘센 사람 오십 명
이 있습니다. 그들을 보내서 당신의
선생님을 찾게 하십시오. 어쩌면 여호
와의 영이 엘리야를 데려가시다가 산이나
골짜기에 떨어뜨렸는지도 모르지 않습니

까?" 엘리사가 대답했습
니다. "아니오. 보내지 마
시오."
17 그러나 예언자의 무리가 하
도 졸라대는 바람에 엘리사
는 "그 사람들을 보내시오"
라고 말했습니다. 그러자
그들은 예언자의 무리 오십
명을 보내어 삼 일 동안, 찾아
다녔으나 찾지 못했습니다.
18 그들이 여리고에 머무르고 있는
엘리사에게 돌아왔을 때, 엘리사는 "그
것 보시오. 내가 가지 말라고 하지 않
았소?" 하고 말했습니다.

엘리사가 물을 깨끗하게 하다

19 그 성에 사는 사람들이 엘리사에게 말했습니다.
"선생님, 보십시오. 선생님도 보시듯이 이 성은 살기
좋은 곳이지만 물이 좋지 않습니다. 그래서 이 땅에서는
열매가 익지 못하고 곧 떨어집니다."
20 엘리사가 말했습니다. "새 대접에 소금을 담아 오시오." 사
람들이 소금을 담아 왔습니다.
21 엘리사가 샘이 솟는 곳으로 가서 소금을 뿌리며 말했습니다. "여
호와께서 이렇게 말씀하셨소. '내가 이 물을 고치니 지금부터는 이 물
때문에 죽는 일이 없을 것이다. 그리고 이 물
때문에 열매 맺지 못하는 일도 없을
것이다.'"

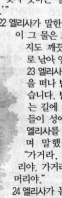

회오리 바람을 타고 하늘로
올라가는 엘리야(2:11)

22 엘리사가 말한 것과 같
이 그 물은 오늘날까
지도 깨끗한 상태
로 남아 있습니다.
23 엘리사가 그 곳
을 떠나 벧엘로 갔
습니다. 벧엘로 가
는 길에 어린아이
들이 성에서 나와
엘리사를 놀려 대
며 말했습니다.
"가거라, 이 대머
리야. 가거라, 이 대
머리야."
24 엘리사가 몸을 돌려
그들을 바라보며 여호

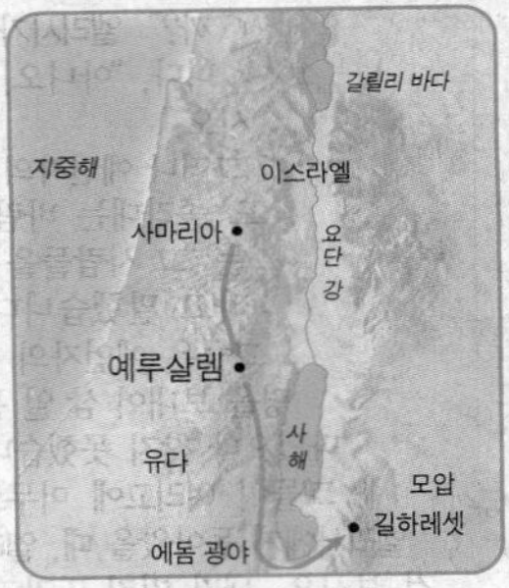

요람의 모압 정벌(3장)

와의 이름으로 저주했습니다. 그러자 암
곰 두 마리가 숲에서 나와 어린아이 마흔
두 명을 찢어 죽였습니다.
25 엘리사가 그 곳을 떠나 갈멜 산으로 갔다
가, 다시 사마리아로 돌아갔습니다.

이스라엘과 모압의 전쟁을 하다

3 여호사밧이 유다 왕으로 있은 지 십팔
년째 되는 해에 아합의 아들 요람이 사
마리아에서 이스라엘의 왕이 되었습니다.
요람 왕은 십이 년 동안, 이스라엘을 다스
렸습니다.
2 요람 왕은 여호와께서 보시기에 악한 일
을 했으나, 그의 부모처럼 악하지는 않았
습니다. 그는 그의 아버지가 바알을 위해
세운 돌 우상들을 없애 버렸습니다.
3 그러나 이스라엘 백성이 죄를 짓도록 만든
느밧의 아들 여로보암의 죄는 그대로 따라했
습니다. 그는 죄에서 돌이키지 않았습니다.
4 모압 왕 메사는 양을 치는 사람이었습니다.
그는 이스라엘의 왕에게 어린 양 십만 마리
와 숫양 십만 마리의 털을 바쳐야 했습니다.
5 그러나 아합이 죽자, 모압 왕은 이스라엘
을 배반했습니다.

알아두세요

3:8 히브리어 원문은 3인칭 남성 단수 '그'이다. 각각의 '그'가 누구를 가리키는지는 학자 간에 이견을 보이는 부분으로, 물어본 사람을 요람, 대답한 사람을 여호사밧으로 번역하기도 한다.

6 요람 왕은 사마리아에 나가서 모든 이스라
엘 백성을 불러 모았습니다.
7 요람이 유다의 왕 여호사밧에게 사람들을
보내어 말했습니다. "모압 왕이 우리를 반
역했습니다. 나와 함께 모압과 싸우러 가
지 않겠습니까?" 여호사밧이 말했습니다.
"왕과 함께 가겠습니다. 기꺼이 왕과 함
께 싸우러 가겠습니다. 나는 당신과 하나
이고, 내 군인들과 내 말들은 왕의 군대
나 마찬가지입니다."
8 그리고 나서 여호사밧*이 물었습니다. "어
느 길로 모압을 치러 가는 것이 좋겠습니
까?" 요람*이 대답했습니다. "에돔 광야
길로 갑시다."
9 그리하여 이스라엘 왕과 유다 왕은 에돔 왕
과 함께 길을 떠났습니다. 그들이 칠 일
동안, 행군하던 중에 군인들과 짐승들이
마실 물이 다 떨어졌습니다.
10 이스라엘 왕이 말했습니다. "이런 일이 일
어나다니! 여호와께서 우리 세 왕을 모압 사
람들에게 넘겨 주시려고 부르셨나 보다."
11 여호사밧이 물었습니다. "혹시 여기에 여호
와의 예언자는 없습니까? 예언자가 있으면
그를 통해서 여호와의 뜻을 여쭈어 볼 수
있을 것입니다." 이스라엘 왕의 신하들이 대
답했습니다. "엘리야를 섬겼던 그의 제자,
사밧의 아들 엘리사가 여기에 있습니다."
12 여호사밧이 말했습니다. "여호와께서 그를
통해 말씀하실 것입니다." 그래서 이스라
엘 왕과 여호사밧과 에돔 왕이 엘리사를 만
나러 갔습니다.
13 엘리사가 이스라엘 왕에게 말했습니다. "나
는 왕과 아무런 상관이 없습니다. 왕의 부
모님의 예언자들에게 가 보십시오." 이스
라엘 왕이 엘리사에게 말했습니다. "아니
오. 여호와께서 우리 세 왕을 부르시더니
우리를 모압 사람들에게 넘겨 주려 하오."
14 엘리사가 말했습니다. "내가 섬기는 만군
의 여호와의 살아 계심을 두고 맹세하지
만, 유다의 왕 여호사밧만 여기에 없었어
도 나는 왕을 쳐다보지도 않았고 왕에게
관심을 두지도 않았을 것이오.

15 거문고를 타는 사람을 데려오시오." 거문
고를 타는 사람이 거문고를 타자, 여호와
께서 엘리사에게 능력을 주셨습니다.
16 엘리사가 말했습니다. "여호와께서 골짜
기에 도랑을 여러 개 파라고 말씀하셨소.
17 여호와께서 이렇게 말씀하셨소. '너희는 바
람이 부는 것도, 비가 내리는 것도 보지 못
할 것이나, 이 골짜기에는 물이 가득 차게
될 것이다. 그리하여 너희와 너희가 기르는
가축과 짐승이 물을 마시게 될 것이다.'
18 여호와께서 보시기에 이 일은 작은 일에
불과하오. 여호와께서 왕들이 모압을 이
길 수 있게 해 주실 것이오.
19 왕들은 성벽이 있는 굳건한 성과 모든 중
요한 성을 멸망시킬 것이오. 모든 좋은 나
무를 넘어뜨릴 것이며, 모든 우물도 못 쓰
게 만들 것이오. 그리고 그 땅의 모든 기
름진 들을 돌무더기로 만들 것이오."
20 이튿날 아침, 제물을 바칠 때에 에돔 쪽
에서 물이 흘러 나오기 시작하더니, 골짜
기에 물이 가득 찼습니다.
21 모든 모압 백성들은 왕들이 자기들과 싸
우러 왔다는 소식을 들었습니다. 군복을
입을 나이가 된 사람은 다 모여서 국경에
줄을 지어 섰습니다.
22 이튿날 아침, 모압 사람들이 일찍 일어나
보니 해가 물 위를 비추고 있었는데, 건
너편 물이 피처럼 붉게 보였습니다.
23 모압 사람들이 말했습니다. "이것은 피다!
왕들이 자기들끼리 싸우다가 서로 죽인
것이 틀림없다. 모압 사람들이여, 가자!
물건들을 빼앗으러 가자!"
24 모압 사람들이 이스라엘의 진에 이르렀을
때, 이스라엘 사람들은 일어나 모압 사람
들을 공격했습니다. 모압 사람들이 도망
치니, 이스라엘 사람들은 모압 땅까지 쳐
들어가 그들과 싸웠습니다.
25 이스라엘 백성은 모압의 성들을 무너뜨리
고 모든 기름진 들에 돌을 던져 돌무더기
를 만들었습니다. 모든 우물도 못 쓰게 만
들었습니다. 그리고 모든 좋은 나무를 넘
어뜨렸습니다. 오직 길하레셋 성에만 돌
성벽이 남아 있었는데, 물매를 든 사람들
이 그 곳마저 점령했습니다.
26 모압 왕은 전쟁이 자기에게 불리하게 돌
아가는 것을 보고 칼을 쓰는 군인 칠백 명
을 이끌고 에돔 왕이 있는 쪽을 뚫고 나
가려 했습니다. 그러나 그들은 그것조차
도 실패했습니다.
27 그러자 모압 왕은 자기의 뒤를 이어 왕이
될 맏아들을 성벽 위에서 자기 신에게 태
워 드리는 번제로 바쳤습니다. 그러자 이
스라엘을 향한 맹렬한 분노가 일어났습니
다. 이것을 본 이스라엘 군대는 그 곳을
떠나 자기 나라로 돌아갔습니다.

과부가 엘리사에게 도움을 요청하다

4 예언자의 무리에 속한 한 사람의 아내
가 엘리사에게 와서 말했습니다. "선생
님의 종인 내 남편이 죽었습니다. 선생님
도 아시듯이 내 남편은 여호와를 잘 섬기
던 사람이었습니다. 그런데 내 남편이 죽
자, 빚쟁이가 찾아와 내 두 아들을 데려
다가 종으로 삼으려 하고 있습니다."
2 엘리사가 대답했습니다. "내가 어떻게 하
는 것이 도움이 되겠소? 당신 집에 무엇
이 있는지 알려 주시오." 여자가 말했습
니다. "가진 것이라고는 기름 한 병이 전
부입니다."
3 엘리사가 말했습니다. "이웃 사람들에게
가서 빈 그릇을 있는 대로 빌려 오시오.
그릇을 조금 빌리지 말고 많이 빌리시오.
4 그리고 당신은 두 아들만 데리고 집에 들
어가서 문을 닫으시오. 그런 다음, 빌려
온 항아리마다 기름을 부어 채워지는 대
로 옮겨 놓으시오."
5 그 여자는 엘리사 앞에서 물러난 뒤, 아들
들만 데리고 집으로 들어가 문을 닫았습
니다. 아들들이 빈 그릇을 가져오면, 여
자가 거기에 기름을 부었습니다.
6 그릇마다 기름이 가득 차게 되자, 여자가
아들에게 말했습니다. "다른 그릇을 가져
오너라." 아들이 말했습니다. "이제는 그
릇이 더 없습니다." 그러자 기름이 더 이
상 나오지 않았습니다.

기름을 팔아 빚을 갚은 과부(4:1-7)

7 여자가 엘리사에게 가서 그 사실을 알려
주었습니다. 엘리사가 여자에게 말했습니
다. "가서 기름을 팔아 빚을 갚으시오. 당
신과 당신의 아들들은 남은 것을 가지고
살아갈 수 있을 것이오."

수넴 여자

8 어느 날, 엘리사가 수넴으로 갔습니다. 그
곳에는 한 귀부인이 살고 있었습니다. 그
여자는 엘리사에게 자기 집에서 머물며 음
식을 먹으라고 간절히 부탁했습니다. 그
래서 엘리사는 그 곳을 지날 때마다 그 집
에 들러 음식을 먹고 갔습니다.
9 여자가 자기 남편에게 말했습니다. "내가
보기에 우리집 앞으로 자주 지나다니는
엘리사는 하나님께서 거룩하다고 여기는
사람입니다.
10 지붕 위에 작은 방 하나를 만들고 그 방
에 엘리사를 위해 침대와 책상과 의자와
등잔대를 들여 놓읍시다. 그래서 엘리사
가 우리 집에 들를 때마다 그 방에서 묵
어갈 수 있게 합시다."
11 어느 날, 엘리사가 그 여자의 집에 와서
그 방에 들어가 쉬었습니다.
12 엘리사가 자기 종 게하시에게 말했습니다.
"수넴 여자를 불러 오너라." 게하시
가 수넴 여자를 불러 왔습니다. 그
녀가 엘리사 앞에 섰습니다.
13 엘리사가 게하시에게 말했습니
다. "여자에게 이렇게 말하여라.
'보시오. 당신이 우리를 위해 이
렇게 세밀하게 준비했군요. 내
가 당신을 위해 무엇을 해 주
면 좋겠소? 왕이나 군대 사령
관에게 부탁할 것이 있으면 말
해 보시오.'" 여자가 대답했
습니다. "아닙니다. 나는 내
백성과 함께 살고 있으니, 별
어려움이 없습니다."
14 엘리사가 말했습니다. "그
렇다면 저 여자를 위해 무엇
을 해 주면 좋을까?" 게하시가
대답했습니다. "저 여자는 아들이 없고
남편은 늙었습니다."
15 엘리사가 말했습니다. "여자를 불러 오너
라." 게하시가 다시 여자를 부르자, 여자
가 문간에 와서 섰습니다.
16 엘리사가 말했습니다. "내년 이맘때쯤에
당신은 아들을 품에 안고 있을 것이오."
여자가 말했습니다. "아닙니다. 하나님의
사람이시여, 당신의 여종을 속이지 마십
시오."
17 그 여자는 엘리사가 말한 대로 임신하여
그 다음 해에 아들을 낳았습니다.
18 아이가 자랐습니다. 어느 날, 그 아이가
자기 아버지에게 갔습니다. 그의 아버지
는 곡식을 거두는 사람들과 함께 있었습
니다.
19 아이가 갑자기 자기 아버지 앞에서 외쳤
습니다. "아이고, 머리야. 아이고, 내 머
리야." 아버지가 종에게 말했습니다. "이
아이를 어머니에게 데려가거라."
20 종이 그 아이를 그의 어머니에게 데려갔
습니다. 아이는 낮 12시까지 어머니 무
릎 위에 누워 있다가 죽고 말았습니다.
21 어머니가 아이를 안고 올라가 하나님의
사람이 쓰는 침대에 눕혀 놓았습니다. 그

리고 문을 닫고 나왔습니다.
22 여자가 자기 남편을 불러 말했습니다. "종 한 명과 나귀 한 마리를 보내 주세요. 빨리 하나님의 사람에게 다녀와야겠어요."
23 여자의 남편이 말했습니다. "왜 오늘 그에게 가려 하오? 오늘은 초하루도 아니고, 안식일도 아니지 않소?" 여자가 말했습니다. "걱정하지 말아요. 괜찮을 거예요."
24 여자가 나귀에 안장을 지우고 종에게 말했습니다. "나귀를 몰아라. 내가 말하기 전에는 늦추지 마라."
25 그리하여 여자는 갈멜 산에 있는 엘리사에게 갔습니다. 엘리사는 멀리서 여자가 오는 모습을 보고 자기 종 게하시에게 말했습니다. "저기를 보아라. 수넴 여자가 오고 있구나.
26 달려가 여자를 맞이하여라. 그리고 '안녕하십니까? 남편도 안녕하시고 아이도 잘 있습니까?' 하고 물어 보아라." 여자가 대답했습니다. "다들 잘 있습니다."
27 그러더니 여자가 산에 있는 엘리사에게 와서 그의 발을 붙잡았습니다. 게하시가 가까이 와서 여자를 떼어 놓으려 하자, 엘리사가 말했습니다. "그대로 두어라. 여자가 큰 슬픔에 빠져 있다. 여호와께서는 이 일을 나에게 숨기시고 아무 말씀도 해 주지 않으셨다."
28 여자가 말했습니다. "선생님, 나는 아들을 달라고 말한 적이 없습니다. 오히려 거짓말을 하지 말라고 말씀드리지 않았습니까?"
29 엘리사가 게하시에게 말했습니다. "길을 떠날 채비를 하여라. 내 지팡이를 손에 들고 서둘러 떠나라. 가다가 누구를 만나도 인사하지 마라. 누가 인사를 하더라도 대꾸하지 마라. 내 지팡이를 그 아이의 얼굴 위에 놓아라."
30 그러나 아이의 어머니가 말했습니다. "여호와의 살아 계심과 당신의 살아 계심을 두고 맹세하지만 나는 선생님 곁을 떠나지 않겠습니다." 그래서 엘리사도 자리에서 일어나 여자를 따라갔습니다.
31 게하시가 먼저 가서 지팡이를 아이의 얼굴 위에 올려 놓았습니다. 그러나 아이는 소리도 내지 않고 움직이지도 않았습니다. 게하시가 돌아와서 엘리사를 맞이하며 말했습니다. "아이가 깨어나지 않습니다."
32 엘리사가 집으로 들어가 보니, 아이가 죽은 채 자기 침대에 누워 있었습니다.
33 엘리사는 방으로 들어가서 문을 닫았습니다. 방 안에는 엘리사와 아이밖에 없었습니다. 엘리사가 여호와께 기도를 드렸습니다.
34 그리고 나서 침대로 가서 아이 위에 엎드렸습니다. 자기 입을 아이의 입에 맞추고 자기 눈을 아이의 눈에 맞추고 자기 손을 아이의 손 위에 올려 놓았습니다. 그렇게 아이 위에 엎드려 있는 사이에 아이의 몸이 따뜻해지기 시작했습니다.
35 엘리사는 침대에서 내려와 방 안에서 왔다갔다한 다음, 다시 침대에 올라가 아이 위에 엎드렸습니다. 그러자 아이가 재채기를 일곱 번 하더니 눈을 떴습니다.
36 엘리사가 게하시를 불러 말했습니다. "수넴 여자를 불러 오너라." 게하시가 수넴 여자를 불렀습니다. 여자가 오자, 엘리사가 말했습니다. "아들을 데리고 가시오."
37 여자가 들어와서 엘리사의 발 앞에 엎드려 절한 다음, 아이를 데리고 밖으로 나갔습니다.

엘리사가 독을 없애다

38 엘리사가 길갈로 돌아왔을 때, 그 땅에는 가뭄이 들었습니다. 예언자의 무리가 엘

사령관(4:13 commander) 군대 · 함대 따위를 지휘 · 통솔하는 사람.
안식일(4:23 Sabbath) 하나님의 명령에 따라 휴일로 삼고 일을 멈추는 날로 일 주일의 일곱 번째 날.
채비(4:29 preparation) 갖추어 차림.

리사 앞에 앉아 있었습니다. 엘리사가 자
기 종에게 말했습니다. "불 위에 큰 솥을
올려 놓고 이 사람들을 위해 국을 끓여
라."
39 그 가운데서 한 사람이 나물을 캐려고 들
에 나갔다가 야생 덩굴을 발견했습니다.
그는 그 야생 덩굴에서 박을 따서 자기 옷
에 가득 담아 왔습니다. 그리고 그것을 국
을 끓이고 있는 솥에 썰어 넣었습니다. 그
들은 그것이 어떤 열매인지 몰랐습니다.
40 사람들이 국을 그릇에 담은 뒤, 먹기 시
작했습니다. 그러던 중에 그들이 소리를
질렀습니다. "하나님의 사람이여, 국에
독이 있습니다." 그들은 더 이상 국을 먹
을 수 없었습니다.
41 엘리사가 사람들에게 밀가루를 가져오라
고 말했습니다. 밀가루를 가져오자 엘리
사가 그것을 국에다 넣고 말했습니다. "사
람들에게 국을 떠 주어 먹게 하시오." 그
러자 국 안에 있는 독이 없어졌습니다.

엘리사가 여러 사람에게 빵을 먹이다

42 어떤 사람이 바알 살리사에서 엘리사에게
왔습니다. 그는 햇곡식으로 만든 보리빵
이십 개와 햇곡식을 자루에 담아서 엘리
사에게 가져왔습니다. 엘리사가 말했습니
다. "그것을 사람들에게 주어서 먹게 하
여라."
43 엘리사의 종이 말했습니다. "이렇게 적은
것을 가지고 어떻게 백 명에게 먹일 수 있
겠습니까?" 엘리사가 말했습니다. "그 빵
을 사람들에게 주어서 먹게 하여라. 여호
와께서 이렇게 말씀하셨다. '그들이 먹고
도 남을 것이다.'"
44 그래서 그 빵을 사람들에게 주니, 여호와
께서 말씀하신 대로 사람들이 먹고도 남
았습니다.

나아만의 병을 고치다

5 아람 왕의 군대 사령관인 나아만은 왕
이 사랑하고 아끼던 사람이었습니다.
왜냐하면 여호와께서 그를 통해 아람이
승리하게 하셨기 때문입니다. 그는 강하
고 용감한 사람이었지만 문둥병에 걸려
있었습니다.
2 아람 사람들이 전에 이스라엘에 쳐들어가
서 어린 소녀 한 명을 잡아온 일이 있었
습니다. 그 소녀는 나아만 아내의 시중을
들었습니다.
3 그 소녀가 여주인에게 말했습니다. "주인
님이 사마리아에 사는 예언자를 만나 보시
면 좋겠습니다. 그 예언자는 주인님의 병
을 고칠 수 있을 것입니다."
4 나아만이 왕에게 가서 이스라엘에서 잡아
온 소녀가 한 말을 일러 주었습니다.
5 아람 왕이 말했습니다. "그렇다면 가 보시
오. 내가 이스라엘 왕에게 편지를 써 보내
겠소." 나아만은 은 십 달란트* 가량과 금
육천 세겔*과 옷 열 벌을 가지고 길을 떠
났습니다.
6 나아만은 이스라엘 왕에게 편지를 전해 주
었습니다. 그 편지에는 "내 종 나아만을
왕에게 보내니 그의 문둥병을 고쳐 주시
오"라고 적혀 있었습니다.
7 그 편지를 읽은 이스라엘 왕은 기가 막혀
자기 옷을 찢었습니다. 왕이 말했습니다.
"나는 하나님이 아니다. 내가 어떻게 사
람을 죽이기도 하고 살리기도 하겠느냐?

성경 자세히 이해하기

예언자의 생도

4장 38절에 등장하는 '예언자의 무리'는 일반적인 예언자가 아니라 예언자를 보조하다 때가 되면 그들을 계승하던 '예언자의 생도들'을 가리킵니다. 이 '생도들'을 훈련시켰던 '선지 학교'의 기원과 역사는 분명치 않지만 사무엘이 설립한 것으로 추측됩니다. 이 학교는 벧엘과 라마(삼상 19:19,20), 여리고(왕하 2:5), 길갈(왕하 4:38) 등 여러 지역에 흩어져 있었으며, 그 생도 수만 해도 길갈에 100명(왕하 4:43), 여리고에도 최소한 50명이 있었던 것으로 보입니다.

본문 보기 4장 38절

알아두세요

5:5 10달란트는 약 342.7kg에 해당되며, 6,000세겔은 약 68.4kg에 해당된다.

어찌하여 이렇게 사람을 보내어 나더러
문둥병을 고치라고 하느냐? 아람 왕이
싸울 구실을 찾으려고 이런 일을 꾸
민 것이 틀림없다."
8 하나님의 사람인 엘리사는 이스라
엘 왕이 자기 옷을 찢었다는
소식을 들었습니다. 그
래서 왕에게 심부름
꾼을 보내어 말했습
니다. "어찌하여 옷을
찢으셨습니까? 그 사람
을 나에게 보내십시오.
이스라엘에 예언자가 있음
을 그에게 알려 주겠습니
다."
9 그래서 나아만은 말과 전차를 몰
아 엘리사의 집으로 가서 문 밖에
섰습니다.
10 엘리사가 나아만에게 심부름하는 사
람을 보내어 말했습니다. "요단 강으로
가서 일곱 번 씻으시오. 그러면 당신의
피부가 고침을 받아 깨끗해질 것이오."
11 나아만이 화가 나서 그 곳을 떠나며 말했
습니다. "나는 적어도 엘리사가 밖으로 나
와 내 앞에 서서 그의 주 하나님의 이름
을 부르며, 병든 자리에 손을 얹고 문둥
병을 고칠 줄 알았다.
12 다마스커스에 있는 아마나 강이나 바르발
강이 이스라엘에 있는 어떤 강보다 좋지
않느냐? 몸을 씻어서 병이 낫는다면 그런
강에서 씻는 것이 낫겠다." 나아만은 크게
화를 내며 발길을 돌렸습니다.
13 그러자 나아만의 종들이 가까이 와서 말
했습니다. "주인님, 만약 저 예언자가 그
보다 더 큰 일을 하라고 했더라도 그대로
하지 않았겠습니까? 그런데 기껏해야 몸
을 씻으라는 것뿐인데 그 정도도 하지 못
하시겠습니까?"
14 그리하여 나아만은 내려가서 엘리사가 말
한 대로 요단 강에 몸을 일곱 번 담갔습
니다. 그러자 나아만의 살결이 마치 어린
아이의 살결처럼 깨끗해졌습니다. 그렇게

나아만의 문둥병을 고치다(5:1-14)

해서 나아만의 병이 나았습니다.
15 나아만과 그를 따르는 모든 무리가 엘리사
에게 돌아왔습니다. 나아만이 엘리사 앞에
서서 말했습니다. "온 땅 가운데서 하나
님이 계시는 곳은 오직 이스라엘밖에 없다
는 것을 이제야 알았소. 부디 내 선물을
받아 주시오."
16 엘리사가 말했습니다. "내가 섬기는 여호
와의 살아 계심을 두고 맹세하지만, 나는
아무것도 받지 않겠소." 나아만이 선물을
받아 달라고 간청했으나, 엘리사는 거절
했습니다.
17 그러자 나아만이 말했습니다. "그러시다
면 나에게 나귀 두 마리에 실을 수 있는
분량의 흙을 주시오. 이제부터 불에 태워
드리는 제물인 번제물이나 그 밖의 제물
을 바칠 때는 다른 신들에게 바치지 않고
오직 여호와께만 바치겠소.
18 그러나 여호와께서 한 가지만은 용서해
주시기 원합니다. 내 주인이 림몬 신전에
들어가서 예배할 때는 내 부축을 받아서
신전에 들어갑니다. 그 때는 나도 머리를

숙여야 하는데 이것만은 여호와께서 용서
해 주시기 원합니다."
19 엘리사가 말했습니다. "평안히 가시오."
나아만이 엘리사를 떠나 얼마쯤 가고 있었
습니다.
20 하나님의 사람 엘리사의 종 게하시가 생각
했습니다. '내 주인은 아람 사람 나아만이
가져온 것을 받지 않았다. 내가 하나님께
서 살아 계심으로 결심하노니 나아만을 뒤
쫓아가서 뭔가 하나라도 꼭 받아 오고 말
것이다.'
21 그리하여 게하시는 나아만을 뒤쫓아갔습
니다. 나아만은 누군가가 자기를 뒤쫓아
오는 것을 보고 전차에서 내려 그를 맞이
하며 말했습니다. "안녕하시오?"
22 게하시가 말했습니다. "그렇습니다. 그런
데 내 주인이 나를 보내며 말했습니다.
'지금 막 예언자의 무리 가운데 두 사람
이 에브라임 산지에서 왔습니다. 그들에게
필요한 은 한 달란트*와 옷 두 벌을 주면
좋겠습니다.'"
23 나아만이 말했습니다. "은 두 달란트*를 받
으시오." 그러면서 나아만은 게하시에게
은을 억지로 주었습니다. 나아만은 은 두
달란트를 자루 두 개에 담아 옷 두 벌과
함께 자기 종들에게 주며 게하시 앞에서
지고 가게 했습니다.
24 그들이 언덕에 이르렀을 때에 게하시는 그
물건들을 나아만의 종에게서 받아 집에 들
여 놓았습니다. 그리고 나아만의 종들을
돌려 보냈습니다.
25 게하시가 들어가 주인 앞에 섰습니다. 엘
리사가 그에게 물었습니다. "게하시야, 어
디에 갔다 왔느냐?" 게하시가 대답했습니
다. "아무 데도 가지 않았습니다."
26 엘리사가 말했습니다. "어떤 사람이 전차
에서 내려 너를 맞이할 때 내 영이 너와
함께 있었다. 지금이 돈이나 옷이나 기름
이나 포도를 받을 때냐? 지금이 양이나
소나 남종이나 여종을 받을 때냐?
27 나아만의 문둥병이 너와 네 자손에게 영
원히 옮겨질 것이다." 게하시가 엘리사 앞
에서 물러나오자, 그에게 문둥병이 생겨
눈처럼 하얗게 되었습니다.

잃어버린 도끼를 찾다

6 예언자의 무리가 엘리사에게 말했습니
다. "우리가 선생님을 모시고 사는 이
곳은 너무나 좁습니다.
2 모두들 요단 강으로 가서 나무를 주워다
가 살 곳을 짓도록 합시다." 엘리사가 말
했습니다. "그렇게 하자."
3 그 가운데 한 사람이 말했습니다. "선생
님도 같이 가시지요." 엘리사가 말했습니
다. "그래, 나도 가마."
4 그리하여 엘리사도 그들과 함께 갔습니
다. 그들은 요단 강에 이르러서 나무를 베
기 시작했습니다.
5 어떤 사람이 나무를 찍다가 도끼를 물에
빠뜨리고 말았습니다. 그러자 그가 소리
쳤습니다. "선생님, 빌려 온 도끼인데 어
쩌면 좋습니까?"
6 엘리사가 물었습니다. "어디에 빠졌느
냐?" 그 사람이 엘리사에게 도끼가 빠진
곳을 가리켰습니다. 엘리사가 나뭇가지
하나를 꺾어서 그 곳에 던지자, 도끼가 떠
올랐습니다.
7 엘리사가 말했습니다. "도끼를 건져 내어
라." 그가 손을 내밀어 도끼를 건져 냈습
니다.

엘리사와 아람 군대

8 아람 왕이 이스라엘과 전쟁을 할 때였습니
다. 아람 왕이 신하들과 회의를 하던 중
에 말했습니다. "이 곳에 진을 쳐야겠소."
9 엘리사가 이스라엘 왕에게 심부름하는 사
람을 보내어 말했습니다. "조심하시오.
그 곳으로 지나가지 마시오. 아람 사람들
이 그리로 내려가고 있소."
10 이스라엘 왕은 엘리사가 말해 준 곳에 사
람들을 보냈습니다. 그리고 그 곳을 특별
히 잘 지키게 했습니다. 엘리사가 그렇게
알려 주어 미리 방비한 것이 한두 번이 아
니었습니다.
11 아람 왕이 그 일 때문에 화가 났습니다.
그가 신하들을 불러 놓고 말했습니다.

"우리 가운데서 이스라엘 왕과 내통하는
사람이 도대체 누구요?"
12 신하들 가운데서 한 사람이 아람 왕에게
말했습니다. "내 주 왕이시여, 그렇지 않
습니다. 그런 일을 하는 사람은 이스라엘
의 예언자 엘리사입니다. 그는 왕이 침대
에서 하는 말까지도 이스라엘 왕에게 알려
주는 사람입니다."
13 왕이 말했습니다. "가서 그 사람이 어디
에 있는지 알아보시오. 내가 사람을 보내
어 그를 붙잡아 오겠소." 신하들이 돌아
와서 왕에게 보고했습니다. "그는 도단에
있습니다."
14 그러자 왕이 말과 전차와 큰 군대를 도단
으로 보냈습니다. 그들은 밤에 그 곳에 이
르러 그 성을 에워쌌습니다.
15 엘리사의 종이 일찍 일어나 바깥으로 나
가 보니, 큰 군대가 말과 전차를 이끌고
성을 에워싸고 있었습니다. 종이 엘리사
에게 말했습니다. "주인님, 어떻게 하면
좋겠습니까?"
16 엘리사가 말했습니다. "두려워하지 마라.
우리를 위해 싸우는 군대는 저 군대보다
더 강하다."
17 그리고 나서 엘리사가 기도드렸습니다.
"여호와여, 내 종의 눈을 열어 주셔서 볼
수 있게 해 주십시오." 여호와께서 종의
눈을 열어 주시니 온 산에 불말과 불전차
가 가득하여 엘리사를 에워싸고 있는 모
습이 보였습니다.
18 적군이 엘리사에게 다가오자, 엘리사가 여
호와께 기도드렸습니다. "저 사람들의 눈
이 멀게 해 주십시오." 그러자 엘리사의
기도대로 여호와께서 아람 군대의 눈을
멀게 하셨습니다.
19 엘리사가 그들에게 말했습니다. "이 길은
다른 길이요, 이 성도 다른 성이니 나를
따라오시오. 당신들이 찾고 있는 사람에
게 데려다 주겠소." 그리하여 엘리사는 그
들을 사마리아로 데려갔습니다.
20 그들이 사마리아에 들어서자, 엘리사가 말
했습니다. "여호와여, 이 사람들의 눈을
열어 주셔서 볼 수 있게 해 주십시오." 여
호와께서 그들의 눈을 열어 주셨습니다.
아람 군대는 자기들이 사마리아 성에 와
있는 것을 알게 되었습니다.
21 이스라엘 왕이 아람 군대를 보고 엘리사에
게 물었습니다. "내가 저들을 죽여도 되
겠습니까?"
22 엘리사가 대답했습니다. "죽이지 마십시
오. 저 사람들은 왕의 칼과 활로 사로잡
은 것이 아니지 않습니까? 그들에게 먹을
것과 물을 주어서 먹고 마시게 한 다음,
그들의 주인에게 돌려 보내십시오."
23 그리하여 왕은 아람 군대를 위해 큰 잔치
를 베풀었습니다. 그들이 먹고 마시게 한
뒤, 왕은 그들을 돌려 보냈습니다. 그들
은 자기 주인에게 돌아갔습니다. 그 뒤로
얼마 동안, 아람 군대는 이스라엘 땅에 쳐
들어오지 않았습니다.

굶주림에서 벗어나다

24 얼마 뒤에 아람의 벤하닷 왕이 온 군대를
불러 모아 사마리아로 가서 그 곳을 에워
싸고 공격했습니다.
25 그래서 사마리아에 엄청난 굶주림이 있었
습니다. 심지어 나귀 머리 하나가 은 팔
십 세겔* 가량에 팔리고, 비둘기 똥 사분
의 일 가량이 은 오 세겔*에 팔렸습니다.
26 이스라엘의 왕이 성벽 위를 지나가고 있는

오므리, 아합 궁전의 폐허

알아두세요

5:22 1달란트는 약 34.27kg에 해당된다.
5:23 2달란트는 약 68.54kg에 해당된다.
6:25 80세겔은 약 912g에 해당되고, 5세겔은 약 57g에 해당된다.

문둥병자들이 아람 군대의 진으로
들어가다(7:3-10)

데 어떤 여자가 왕에게 부르짖었습니다.
"내 주 왕이여, 좀 도와 주십시오."
27 왕이 말했습니다. "여호와께서 돕지 않으
시는데, 내가 어찌 도울 수 있겠느냐? 나
에게는 너를 도울 곡식도 없고, 포도주도
없다."
28 그리고 왕이 또 물었습니다. "그런데 무
슨 일로 그러느냐?" 여자가 대답했습니
다. "이 여자가 나에게 '당신 아들을 내
놓아라. 오늘은 당신 아들을 잡아먹고 내
일은 내 아들을 잡아먹자' 라고 말했습니
다.
29 그래서 내 아들을 삶아서 먹었습니다. 다
음 날, 내가 여자에게 '당신 아들을 내놓
아라. 그 아이를 같이 잡아 먹자' 하고 말
했더니, 이 여자가 아이를 감추어 버렸습
니다."
30 왕은 여자의 말을 듣고 너무나 기가 막혀
자기 옷을 찢었습니다. 왕이 성벽을 따라
걷고 있었기 때문에 왕이 겉옷 안에 베옷
을 입고 있는 것을 백성이 볼 수 있었습
니다.
31 왕이 말했습니다. "오늘 사밧의 아들 엘리
사의 머리를 반드시 베어 내고 말겠다. 만
약 그렇게 하지 못하면 하나님께서 나에
게 무서운 벌을 내리실 것이다."
32 왕이 엘리사에게, 명령을 받고 심부름하
는 사람을 보냈습니다. 엘리사는 자기 집
에 앉아 있었고, 장로들도 엘리사 곁
에 앉아 있었습니다. 왕이 보낸
사람이 이르기도 전에 엘리사가
장로들에게 말했습니다. "보시
오. 이 살인자가 사람들을 보내
어 내 머리를 베려 하고 있소.
사자가 이르거든 문을 잠그고
열어 주지 마시오. 왕의 발자
국 소리도 들리오."
33 엘리사가 아직 장로들과 말하
고 있는데, 왕의 심부름꾼이 와
서 말했습니다. "이 재앙은 여호와
께서 내리신 것이오. 내가 어찌 여호
와께 더 기대할 수 있겠소?"

7 엘리사가 말했습니다. "여호와의 말씀
을 들어 보시오. 여호와께서 이렇게
말씀하셨소. '내일 이맘때쯤에 사마리아
성문에서 고운 밀가루 한 스아*를 은 한
세겔*에, 보리 두 스아*를 은 한 세겔에 살
수 있을 것이다.'"
2 그러자 왕 곁에 있던 보좌관이 엘리사에
게 대답했습니다. "여호와께서 하늘의 창
을 열고 곡식을 쏟아 부어 주신다 하더라
도 그런 일은 일어날 수 없소." 엘리사가
말했습니다. "당신은 당신 눈으로 그것을
볼 수 있을 것이오. 그러나 그것을 먹지
는 못할 것이오."
3 성문 입구에 문둥병자 네 명이 있었습니
다. 그들이 서로 말했습니다. "이렇게 앉
아서 죽을 수는 없지 않느냐?
4 성 안에 들어가 봐야 먹을 것이 없으니
굶어 죽을 테고, 여기에 가만히 앉아 있
어도 죽기는 마찬가지다. 그러니 아람 군
대에게 가서 항복하자. 그들이 우리를 살
려 주면 사는 것이고, 죽이면 죽는 것이
다."
5 그들은 땅거미가 질 무렵 자리에서 일어
나 아람 군대의 진으로 갔습니다. 그런데
그 곳에는 아무도 없었습니다.
6 주께서는 아람 군대의 귀에 전차와 말과
큰 군대의 소리가 들리도록 하셨습니다.

그들이 서로 말했습니다. "이스라엘 왕이 헷과 이집트의 왕들을 불러 우리를 치려 한다."
7 그래서 그들은 땅거미가 질 때에 장막과 말과 나귀들을 버려 두고 도망쳤습니다. 그들은 목숨을 건지려고 진을 그대로 내버려 둔 채 도망친 것입니다.
8 문둥병자들이 진의 가장자리로 가서 어느 장막 안으로 들어갔습니다. 그들은 거기에서 먹고 마셨습니다. 그리고 은과 금과 옷가지들을 진에서 가지고 나와 숨겨 두었습니다. 그런 다음에 그들은 다시 진으로 돌아가서 다른 장막으로 들어갔습니다. 거기에서도 여러 물건을 챙긴 뒤, 숨겨 두었습니다.
9 그러다가 그들이 서로 말했습니다. "우리는 지금 옳지 않은 일을 하고 있네. 이렇게 좋은 소식이 있는데도 아무 말을 않고 해가 뜰 때까지 기다린다면, 우리는 벌을 받을 것이네. 당장 가서 왕궁에 있는 사람들에게 이 사실을 알려 주세."
10 그리하여 그들은 성으로 가서 성의 문지기를 불러 말했습니다. "아람 군대의 진으로 갔더니 거기에 아무도 없었고 아무 소리도 들리지 않았습니다. 말과 나귀들은 그대로 매여 있고, 장막들도 그대로 세워져 있었습니다."
11 그러자 성의 문지기들이 소리를 지르며 왕궁 안에 있는 사람들에게 그 사실을 알려 주었습니다.
12 그 소리를 들은 왕이 밤중에 자리에서 일어나 신하들에게 말했습니다. "아람 사람들이 꾸민 계략을 내가 말해 보겠소. 그들은 우리가 굶주리고 있다는 것을 알고 있소. 그래서 그들은 진을 떠나 들에 숨어 있는 것이오. 그들은 '이스라엘 사람들이 성에서 나오면 그들을 사로잡고 그들의 성으로 쳐들어가자'고 말하고 있소."
13 신하 가운데서 한 사람이 대답했습니다. "이대로 있다가는 이 성 안에 남아 있는 모든 이스라엘 백성도 이미 죽은 사람들처럼 죽게 될 것이 뻔합니다. 그러니 몇 사람에게, 남아 있는 말 다섯 마리를 타고 밖으로 나가서 한번 살펴보게 하는 것이 어떻겠습니까?"
14 그래서 몇 명의 사람들이 전차 두 대와 말들을 끌고 왕 앞으로 나아왔습니다. 왕이 그들에게 말했습니다. "아람 군대의 뒤를 쫓아가서 무슨 일이 일어났는지 살펴보아라."
15 그들이 요단 강까지 아람 군대의 뒤를 쫓아가 보았습니다. 길에는 옷과 장비들이 잔뜩 널려 있었는데, 그것은 아람 군대가 서둘러 도망치면서 내버린 것이었습니다. 사자들이 왕에게 돌아와서 그 사실을 알려 주었습니다.
16 그러자 백성들이 밖으로 나가 아람 군대의 진을 뒤져 온갖 물건들을 훔쳤습니다. 여호와께서 말씀하신 대로 고운 밀가루 한 스아를 은 한 세겔에, 보리 두 스아를 은 한 세겔에 살 수 있었습니다.
17 왕이 가까이에 있던 보좌관을 시켜 성문을 지키게 했습니다. 그러나 백성들이 그를 밟고 지나가 죽고 말았습니다. 모든 일이 하나님의 사람인 엘리사가 왕과 그 신하들에게 말한 대로 이루어졌습니다.
18 전에 엘리사는 왕에게 이렇게 말했습니다. "내일 이맘때쯤에 사마리아 성문에서 고운 밀가루 한 스아를 은 한 세겔에, 보리 두 스아를 은 한 세겔에 살 수 있을 것이오."
19 그러자 왕의 보좌관이 대답했습니다. "여호와께서 하늘의 창을 열고 곡식을 쏟아부어 주신다 하더라도 그런 일은 일어날 수 없소." 엘리사가 그에게 말했습니다. "당신 눈으로 틀림없이 볼 수 있을 것이

알아두세요

7:1 1스아는 약 7.6ℓ에 해당되고, 1세겔은 약 11.4g에 해당되며, 2스아는 약 15.2ℓ에 해당된다.

계략(7:12 trick) 어떤 일을 이루기 위한 꾀나 수단.
장비(7:15 equipment) 일정한 장치와 설비를 갖추어 차림. 또는 그 장치와 설비.

오. 그러나 당신은 아무것도 먹지 못할 것
이오."
20 그 보좌관은 엘리사의 말대로 되었습니
다. 백성들이 성문에서 그를 밟고 지나가
는 바람에 그는 죽고 말았습니다.

수넴 여자가 자기 땅을 돌려받다

8 엘리사가 전에 그 아들을 살려 준 적
이 있는 수넴 여자에게 말했습니다.
"일어나서 가족과 함께 떠나시오. 어디든
지 살 만한 나라로 가서 머무르시오. 여
호와께서 이 땅에 칠 년 동안, 가뭄을 내
리실 것이오."
2 그 여자는 엘리사가 말한 대로 가족과 함
께 떠났습니다. 그들은 블레셋 사람들의
땅에서 칠 년 동안, 머물렀습니다.
3 칠 년이 지난 뒤에 그 여자는 블레셋 사
람들의 땅에서 돌아와 자기 집과 땅을 돌
려 달라고 말하기 위해 왕에게 갔습니다.
4 그 때, 왕은 엘리사의 종인 게하시와 이야
기를 나누고 있었습니다. 왕이 게하시에
게 말했습니다. "엘리사가 보여 준 놀라운
일들을 다 이야기해 보아라."
5 그러자 게하시는 왕에게 엘리사가 죽은 사
람을 다시 살려 낸 이야기를 들려 주었습
니다. 그 때, 마침 엘리사로 말미암아 아
들의 목숨을 살린 적이 있는 수넴 여자가
들어와서 왕에게 자기 집과 땅을 돌려 달
라고 부탁했습니다. 게하시가 말했습니
다. "내 주 왕이시여, 이 여자가 바로 그
여자입니다. 그리고 엘리사가 이 아이를
살려 주었습니다."
6 왕이 여자에게 물었습니다. 그러자 여자
가 그 일에 대해 이야기했습니다. 왕이 한
신하를 불러서 여자를 도와 주도록 명령
했습니다. 왕이 말했습니다. "이 여자의
재산을 다 돌려 주어라. 그리고 이 여자
가 떠난 날부터 지금까지 이 여자의 땅에
서 생긴 수입도 다 돌려 주어라."

> 자손(8:19 descendant) 아들과 손자. 여러 대가 지난 뒤의 자식.
> 문병하다(8:29 visit to a sick person) 앓는 사람을 찾아가 위로하다.

벤하닷이 죽임을 당하다

7 엘리사가 다마스커스에 갔습니다. 그 때,
아람 왕 벤하닷은 병들어 있었습니다. 누
군가가 그에게 말했습니다. "하나님의 사
람이 여기에 와 있습니다."
8 그러자 왕이 하사엘에게 말했습니다. "손
에 선물을 들고 하나님의 사람을 만나러
가시오. 여호와께 내 병이 나을지, 낫지
않을지 여쭤 봐 달라고 하시오."
9 하사엘이 선물을 가지고 엘리사를 만나러
갔습니다. 그는 다마스커스에서 나는 온갖
좋은 물건을 사십 마리의 낙타에 싣고 갔
습니다. 하사엘이 말했습니다. "아람 왕 벤
하닷이 나를 선생님에게 보냈습니다. 그
가 지금 앓고 있는 병이 나을지, 낫지 않
을지 여쭈어 보라고 했습니다."
10 엘리사가 말했습니다. "벤하닷에게 가서
틀림없이 나을 것이라고 전하시오. 그러
나 여호와께서는 그가 틀림없이 죽을 것
이라고 나에게 가르쳐 주셨소."
11 그리고 엘리사는 하사엘이 부끄러움을 느
낄 정도로 하사엘의 얼굴을 뚫어지게 쳐
다보더니 갑자기 울음을 터뜨렸습니다.
12 하사엘이 물었습니다. "아니, 선생님, 왜
그러십니까?" 엘리사가 대답했습니다.
"당신이 이스라엘 백성에게 어떤 악한 일
을 할지 내가 알고 있기 때문이오. 당신
은 이스라엘의 강하고 굳건한 성을 불태울
것이고, 젊은이들을 칼로 죽일 것이며,
아이들을 땅에 메어칠 것이고 임신한 여
자들의 배를 가를 것이오."
13 하사엘이 말했습니다. "나는 개만도 못한
사람인데 어떻게 그런 일을 할 수 있겠습
니까?" 엘리사가 대답했습니다. "당신이
아람의 왕이 될 것을 여호와께서 나에게
보여 주셨소."
14 하사엘이 엘리사 곁을 떠나 그의 주인에게
돌아갔습니다. 벤하닷이 하사엘에게 물었
습니다. "엘리사가 무슨 말을 했소?" 하사
엘이 대답했습니다. "왕이 틀림없이 나을
것이라고 말했습니다."
15 그러나 이튿날 하사엘은 담요를 물에 적

서서 벤하닷의 얼굴을 덮어 그를 죽였습
니다. 그리고 그의 뒤를 이어 왕이 되었
습니다.

유다의 여호람 왕

16 아합의 아들 요람이 이스라엘 왕으로 있은
지 오 년째 되는 해에 여호사밧의 아들 여
호람이 유다의 왕이 되었습니다.
17 여호람이 왕이 되었을 때, 그의 나이는 서
른두 살이었습니다. 그는 예루살렘에서 팔
년 동안, 다스렸습니다.
18 그러나 여호람은 아합의 딸을 아내로 맞
아들인 탓에 아합의 집안이 행한 것처럼
이스라엘 왕들의 길을 그대로 따랐습니
다.
19 여호와께서는 자기 종 다윗 때문에 유다를
멸망시키려 하지는 않으셨습니다. 왜냐하
면 주께서는 다윗과 그의 자손이 영원히
나라를 가지게 될 것이라고 약속하셨기
때문입니다.
20 여호람 왕이 유다를 다스리고 있을 때에
에돔이 유다에 반역했습니다. 에돔 백성은
자기들의 왕을 따로 세웠습니다.
21 그래서 여호람은 모든 전차를 이끌고 사일
로 갔습니다. 밤중에 에돔 사람들이 여호
람과 그의 전차 부대를 에워쌌습니다. 여
호람이 일어나 에돔 사람들을 공격했으나,
그의 군대는 자기 장막으로 도망쳤습니
다.
22 이처럼 에돔 사람이 유다를 배반해서 오늘
날까지 에돔이 유다의 지배를 벗어나 있습
니다. 그 때에 립나도 유다를 배반했습니
다.
23 여호람이 한 다른 모든 일은 유다 왕들의
역사책에 기록되어 있습니다.
24 여호람이 죽어 조상들과 함께 다윗 성에
묻히고, 그의 아들 아하시야가 여호람의
뒤를 이어 왕이 되었습니다.
25 아합의 아들 요람이 이스라엘의 왕으로 있
은 지 십이 년째 되는 해에 여호람의 아
들 아하시야가 유다의 왕이 되었습니다.
26 아하시야가 왕이 되었을 때, 그의 나이는
스물두 살이었습니다. 그는 예루살렘에서

예후의
쿠데타
(9-10장)

일 년 동안, 다스렸습니다. 그의 어머니
의 이름은 아달랴인데, 아달랴는 이스라엘
의 오므리 왕의 손녀입니다.
27 아하시야는 아합의 집안이 했던 길을 그대
로 따랐습니다. 그는 아합의 집안과 마찬
가지로 여호와께서 보시기에 악한 일을
했습니다. 그것은 그가 아합 집안의 사위
였기 때문입니다.
28 아하시야는 아합의 아들 요람과 함께 길르
앗 땅 라못으로 갔습니다. 그들은 그 곳에
서 아람 왕 하사엘과 싸웠습니다. 요람은
아람 사람들과 싸우던 중 부상을 당했습
니다.
29 요람 왕은 그 상처를 치료하려고 이스르엘
로 돌아왔습니다. 여호람의 아들이며 유다
의 왕인 아하시야가 부상을 당한 아합의
아들 요람을 문병하기 위해 이스르엘로 내
려갔습니다.

예후가 왕으로 뽑히다

9 엘리사가 예언자의 무리 가운데서 한
사람을 불러 말했습니다. "옷을 단단
히 동여매고 이 작은 기름병을 손에 들고
길르앗 땅 라못으로 가거라.
2 그 곳에 이르거든 님시의 손자이며 여호사
밧의 아들인 예후를 찾아라. 들어가서 예
후를 형제들 가운데서 불러 내어 골방으
로 데려가거라.
3 기름병을 가지고 예후의 머리에 기름을
부으면서 '여호와께서 당신을 이스라엘의
왕으로 세우셨다고 말씀하셨소' 하고 말

하여라. 그런 다음에 문을 열고 빨리 도
망쳐라. 머뭇거리지 마라."
4 그리하여 예언자인 그 젊은이가 일어나
길르앗 땅 라못으로 갔습니다.
5 그가 들어가서 보니, 군대에 있는 장군들
이 회의를 하고 있었습니다. 그가 말했습
니다. "장군님, 전할 말씀이 있습니다."
예후가 물었습니다. "우리 가운데서 누구
에게 말을 전하겠다는 거요?" 젊은이가
말했습니다. "바로 장군님입니다."
6 예후가 자리에서 일어나 집으로 들어갔습
니다. 그러자 젊은 예언자가 예후의 머리
에 기름을 부으며 말했습니다. "이스라엘
의 하나님 여호와께서 이렇게 말씀하셨습
니다. '내가 너를 여호와의 백성, 곧 이스
라엘의 왕으로 세웠다.
7 너는 네 주인인 아합의 집안을 멸망시켜
야 한다. 나는 내 종인 예언자들을 죽이
고 여호와의 모든 종들을 죽인 이세벨에
게 벌을 내려 그 죄값을 꼭 치르도록 하
겠다.
8 아합의 집안은 다 죽을 것이다. 아합 집안
의 남자는 종이든지 자유인이든지 한 명
도 살려 두지 않겠다.
9 아합의 집안을 느밧의 아들 여로보암의 집
안처럼 만들고, 아히야의 아들 바아사의
집안처럼 만들겠다.
10 개들이 이스르엘 땅에서 이세벨의 시체를
뜯어 먹을 것이며, 아무도 이세벨을 묻어
주지 않을 것이다.'" 이 말을 한 다음에
젊은 예언자는 문을 열고 도망쳤습니다.
11 예후가 자기 주인인 왕의 신하들에게 돌
아오자 그들 가운데 한 사람이 물었습니
다. "평안하오? 그 미친 녀석이 무슨 일
로 왔소?" 예후가 대답했습니다. "그 사
람이 누구며 그 사람이 무슨 말을 하는지
당신들도 알고 있지 않소?"
12 그들이 말했습니다. "그런 말 말고 그 사
람이 무슨 말을 했는지 우리에게도 일러
주시오." 예후가 말했습니다. "그는 '여호
와께서 이렇게 말씀하셨소. 내가 너를 이
스라엘의 왕으로 세웠다' 하고 말했소."
13 이 말을 들은 신하들은 급히 입고 있던 옷
을 벗어 돌 층계 위에 깔고 예후를 그 위
에 모셨습니다. 그리고 나팔을 불며 외쳤
습니다. "예후가 왕이다."

요람과 아하시야가 죽임을 당하다

14 그리하여 님시의 손자요, 여호사밧의 아들
인 예후가 요람을 배반했습니다. 그 당시
요람과 온 이스라엘은 아람 왕 하사엘과 맞
서 싸우며 길르앗 땅 라못을 지키고 있었
습니다.
15 요람 왕은 아람 왕 하사엘과 싸우다가 부
상을 당했기 때문에 상처를 치료하려고
이스르엘로 돌아와야 했습니다. 예후가 자
기를 따르기로 한 사람들에게 말했습니
다. "당신들의 뜻이 내 뜻과 같다면, 아
무도 이 성을 빠져 나가지 못하게 하시오.
이스르엘에 있는 왕에게 가서 우리의 상황
을 알리는 사람이 있으면 안 되기 때문이
오."
16 그런 다음에 예후는 자기 전차에 올라타

성경 인물

예후

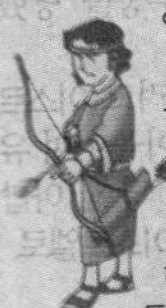

엘리사의 생도 한 사람에 의해 이스라엘의 10대 왕으로 기름부음을 받은 예후는 생도의 예언대로 아합 가문에 속한 요람 왕과 이세벨, 아합의 왕자 70명을 죽여 하나님의 심판을 대행했으며, 유다 왕 아하시야와 그의 형제 42명을 죽이기도 하였습니다. 거짓말로 바알 숭배자들을 모이게 하여 그들을 죽이고 바알 신당과 바알 상을 없애기도 한 인물이었지만, 정작 그 자신은 금송아지를 섬기는 악행을 저지르는 등 율법을 지키지 않았습니다. 결국, 이에 대한 벌로 아람 왕 하사엘의 침략을 받아 요단 동쪽의 지배권을 잃어버리게 되었습니다.

본문 보기 9장

망대(9:17 watchtower) 적의 동태를 살펴보는 높은 대.
파수꾼(9:17 watchman) 일정한 곳에 자리잡고 무엇을 지키는 사람.

고 요람이 쉬고 있는 이스르엘로 떠났습니
다. 유다 왕 아하시야도 요람을 문병하러
그 곳에 와 있었습니다.
17 이스르엘의 망대를 지키는 파수꾼이 예후
의 군대가 오는 모습을 보고 말했습니다.
"웬 군대가 보입니다." 요람이 말했습니
다. "기마병을 불러라. 그를 보내어 그들
을 맞이하게 하고 좋은 소식을 가져오는
지 물어 보게 하여라."
18 그리하여 기마병이 말을 타고 달려나가
예후를 맞이했습니다. 기마병이 말했습니
다. "왕이 좋은 소식을 가져오는지 물어
보라고 하셨습니다." 예후가 말했습니다.
"너와 상관 없는 일이다. 너는 내 뒤를 따
라라." 파수꾼이 보고했습니다. "기마병
이 저들에게 가기는 갔는데 돌아오지 않
고 있습니다."
19 그래서 요람이 두 번째 기마병을 보냈습
니다. 그 기마병이 그들에게 가서 말했습
니다. "왕이 좋은 소식을 가져오는지 물
어 보라고 하셨습니다." 예후가 대답했습
니다. "너와 상관 없는 일이다. 너는 내
뒤를 따라라."
20 파수꾼이 보고했습니다. "두 번째 기마병
도 저들에게 가기는 갔는데 돌아오지 않
고 있습니다. 전차를 몰고 오는 사람은 님
시의 아들 예후인 것 같습니다. 마치 미친
사람처럼 전차를 몰고 있습니다."
21 요람이 말했습니다. "내 전차를 준비하여
라." 신하들이 요람의 전차를 준비하자,
이스라엘 왕 요람과 유다 왕 아하시야가 각
자 자기 전차를 타고 예후를 만나러 나갔
습니다. 그들은 이스르엘 사람 나봇의 땅
에서 예후를 만났습니다.
22 요람이 예후를 보고 말했습니다. "예후여,
좋은 소식을 가지고 오는가?" 예후가 대
답했습니다. "왕의 어머니 이세벨이 우상
을 섬기고 요술을 부리고 있는데 어떻게
좋은 소식이 있을 수 있겠소?"
23 요람이 말을 돌려 도망치며 아하시야에게
소리쳤습니다. "아하시야여, 반역입니다!"
24 예후가 활로 요람의 두 팔 사이를 쏘았습

므깃도(9:27)

니다. 화살이 요람의 심장을 꿰뚫고 나왔
습니다. 그가 전차에서 쓰러져 죽었습니
다.
25 예후가 자기의 신하인 빗갈에게 말했습니
다. "요람의 시체를 들어서 이스르엘 사람
나봇의 밭에 던져라. 그대와 내가 요람의
아버지 아합의 뒤를 따라 나란히 말을 타
고 달릴 때에 여호와께서 아합에 대해 하
신 말씀을 기억하여라. 여호와께서 이렇
게 말씀하셨다.
26 '나는 어제 나봇과 그의 아들들이 흘린 피
를 보았다. 그러므로 내가 나봇의 밭에서
아합에게 벌을 내릴 것이다.' 그러니 여호
와께서 말씀하신 대로 요람의 시체를 들
어서 나봇의 밭에 던져라."
27 유다 왕 아하시야가 이 모습을 보고 동산
별장 길로 도망쳤습니다. 예후가 그를 뒤
쫓아가며 "전차에 탄 아하시야도 죽여라!"
하고 말했습니다. 아하시야는 이블르암에
서 가까운 구르로 올라가는 길에서 전차
를 타고 달리다 부상을 당했습니다. 아하
시야는 므깃도까지 도망쳤지만 그 곳에서
죽고 말았습니다.
28 아하시야의 신하들이 그의 시체를 전차에
실어 예루살렘으로 옮겨 가서 그의 조상들
이 묻혀 있는 다윗 성에 묻어 주었습니다.
29 아하시야는 아합의 아들 요람이 왕으로 있
은 지 십일 년째 되는 해에 유다의 왕이
되었습니다.

이세벨이 죽다

30 그후, 예후가 이스르엘에 돌아왔을 때에

이세벨이 그 소식을 들었습니다. 이세벨은
눈에 화장을 하고 머리를 손질한 뒤에 창
밖을 내다보았습니다.
31 예후가 성문으로 들어오자, 이세벨이 말했
습니다. "자기 주인을 죽인 너 시므리야!
평안하냐?"
32 예후가 창문을 쳐다보며 말했습니다. "내
편에 설 사람이 아무도 없느냐?" 그러자
내시 두세 사람이 밖을 내다보았습니다.
33 예후가 그들에게 명령했습니다. "저 여자
를 내던져라!" 그들이 이세벨을 내던지자,
말들이 그 시체를 밟았습니다. 이세벨의
피가 담과 말에 튀었습니다.
34 예후가 집으로 들어가 먹고 마신 뒤에 말
했습니다. "그 저주받은 여자가 어떻게
되었는지 보고 묻어 주어라. 그래도 그 여
자는 왕의 딸이다."
35 사람들이 이세벨을 묻어 주러 갔지만 이세
벨의 시체를 찾을 수 없었습니다. 찾아 낸
것이라고는 두골과 발과 손바닥뿐이었습
니다.
36 그들이 돌아와서 예후에게 보고하니 예후
가 말했습니다. "여호와께서 그의 종 디셉
사람 엘리야를 통해 이 일에 대해 말씀하
신 일이 있다. '개들이 이세벨의 시체를
이스르엘 땅에서 먹을 것이며,
37 이세벨의 시체는 이스르엘 땅에 있는 밭의
거름처럼 될 것이다. 그러므로 아무도 그
시체를 보고 이것이 이세벨이라고 말할 수
없을 것이다.'"

아합과 아하시야의 집안이 죽임을 당하다

10 아합의 아들 칠십 명은 사마리아에
살고 있었습니다. 예후는 사마리아
에 있는 이스르엘의 관리와 장로와 아합의
아들을 보호하고 있는 사람들에게 편지를
써서 보냈습니다. 예후는 그 편지에 이렇
게 썼습니다.
2 "왕의 아들들이 당신과 함께 있소. 당신
들에게는 전차와 말들이 있고 성벽이 있
는 굳건한 성과 무기가 있소. 그러므로 이
편지를 받거든
3 즉시 왕의 아들들 가운데 가장 뛰어나고
쓸 만한 사람을 왕으로 세우고 당신들은
왕의 집안을 위해 나와 싸울 준비를 하시
오."
4 그러나 사마리아의 관리와 장로들은 매우
두려워하며 말했습니다. "두 왕도 예후를
막지 못했는데, 우리가 어떻게 막을 수 있
겠소?"
5 왕궁 관리와 성의 지도자와 장로와 아합
의 아들을 보호하고 있는 사람들이 예후
에게 사자를 보내어 말했습니다. "우리는
당신의 종입니다. 당신 말이라면 무엇이
든지 따르겠습니다. 우리는 누구도 왕으
로 세우지 않겠습니다. 당신 마음에 좋을
대로 하십시오."
6 그러자 예후가 두 번째 편지를 써서 보냈
습니다. "당신들이 내 편을 들고 내 뜻을
따르겠다면 왕의 아들들의 목을 베시오.
그리고 내일 이맘때쯤 이스르엘로 나를 만
나러 오시오." 왕의 집안에는 아들이 칠
십 명 있었습니다. 그들은 왕자들을 보호
해 주던 그 성의 지도자들과 함께 있었습
니다.
7 그들은 편지를 받고 왕자 칠십 명을 붙잡
아 모두 죽였습니다. 그리고 그들의 머리
를 광주리에 담아 이스르엘에 있는 예후에
게 보냈습니다.
8 사자가 예후에게 와서 전했습니다. "그들
이 왕자들의 머리를 가져왔습니다." 그러
자 예후가 말했습니다. "그 머리들을 두
무더기로 나누어 아침까지 성문에 놓아
두어라."
9 아침이 되자, 예후가 나아가 백성 앞에 서
서 말했습니다. "여러분에게는 죄가 없
소. 보시오, 요람 왕을 없앨 계획을 세운
사람은 나요. 내가 그를 죽였소. 하지만
이들을 죽인 사람은 누구요?
10 여호와께서 하신 말씀은 절대로 어긋나지
않는다는 것을 여러분은 아셔야 하오. 여

숭배자(소제목 worshiper) 높이 우러러 공경하고 받드는 사람.
제사장(10:19 priest) 하나님께 백성을 대신하여 제사를 드리던 사람.

호와께서 아합의 집안에 대해 하신 말씀
은 다 이루어질 것이오. 여호와께서는 그
의 종 엘리야를 통해서 말씀하셨고, 말씀
하신 것을 그대로 이루셨소."
11 그리하여 예후는 아직 이스르엘에 살아 남
아 있는 아합의 집안 사람들을 모두 죽였
습니다. 그리고 아합을 섬기던 지도자와
아합의 가까운 친구와 제사장들도 다 죽
였습니다. 아합에게 속한 사람 중에는 한
사람도 살아 남은 사람이 없었습니다.
12 그런 다음, 예후는 그 곳을 떠나 사마리아
로 갔습니다. 사마리아로 가는 길에 목자
가 양털 깎는 집에 이르렀습니다.
13 그 곳에서 예후는 유다 왕 아하시야의 형
제들을 만나서 말했습니다. "당신들은 누
구요?" 그들이 대답했습니다. "우리는 아
하시야의 형제들인데 왕의 가족들과 왕의
어머니를 만나러 가는 길이오."
14 그러자 예후가 외쳤습니다. "이 사람들을
붙잡아라!" 예후를 따르던 사람들이 그들
을 붙잡아 양털 깎는 집의 한 웅덩이에서
그들을 죽였습니다. 죽은 사람은 모두 마
흔두 명이었습니다. 예후는 한 사람도 살
려 두지 않았습니다.
15 예후는 그 곳을 떠나 계속 길을 가다가 레
갑의 아들 여호나답을 만났습니다. 여호나
답도 예후를 만나러 오던 길이었습니다.
예후가 그에게 인사하며 말했습니다. "나
는 그대를 믿는데, 그대도 나를 믿소?" 여
호나답이 대답했습니다. "예, 믿습니다."
예후가 말했습니다. "그렇다면 손을 내미
시오." 여호나답이 손을 내밀자, 예후가 그
를 이끌어 자기 전차로 올라오게 했습니
다.
16 예후가 말했습니다. "나와 함께 가서 내가
얼마나 여호와를 위해 열성적인지 보시
오." 예후는 여호나답을 자기 전차에 태웠
습니다.
17 예후는 사마리아로 가서 아합의 집안 사람
을 한 사람도 남김없이 다 죽였습니다. 여
호와께서 엘리야를 통해 말씀하신 대로 된
것입니다.

바알 신(10:19-22)

바알의 숭배자들이 죽임을 당하다

18 예후가 모든 백성을 불러 모은 뒤에 말했
습니다. "아합은 바알을 조금 섬겼으나,
나는 많이 섬길 것이오.
19 이제 바알의 예언자와 제사장들을 다 불
러 주시오. 바알을 위해 큰 제사를 지내
려 하니 한 사람도 빠지지 않게 하시오.
거기에 빠지는 사람은 살아남지 못할 것
이오." 이는 예후가 바알을 섬기는 사람들
을 없애기 위해 그들에게 거짓말을 한 것
입니다.
20 예후가 말했습니다. "바알을 위해 거룩한
모임을 준비하시오." 그리하여 사람들이
거룩한 모임을 선포했습니다.
21 예후가 온 이스라엘에 자기 말을 전하게
하니, 바알을 섬기는 사람들이 하나도 빠
짐없이 다 모였습니다. 그들은 바알의 신
전으로 들어갔습니다. 그 곳은 사람들로
꽉 찼습니다.
22 예후가 예복을 맡은 사람에게 말했습니
다. "예복을 꺼내서 바알을 섬기는 사람들
에게 주어라." 그리하여 그가 예복을 내
왔습니다.
23 예후와 레갑의 아들 여호나답이 바알의 신
전으로 들어갔습니다. 예후가 바알을 섬기
는 사람들에게 말했습니다. "여러분 가운
데 여호와의 종은 한 명도 있지 못하게 하
시오. 여기에는 바알을 섬기는 사람들만
있어야 하오."
24 이처럼 바알을 섬기는 사람들이 태워 드

리는 제사인 번제와 다른 제사들을 드리
려고 신전으로 들어가자, 예후는 자기 부
하 팔십 명을 밖에서 기다리게 해 놓고 말
했습니다. "아무도 도망치지 못하게 하여
라. 한 사람이라도 놓치면, 놓치는 사람
이 대신 죽을 것이다."
25 예후는 번제 드리기를 마치자마자 호위병
과 장교들에게 말했습니다. "들어가서 바
알을 섬기는 사람들을 죽여라. 한 사람도
빠져 나가지 못하게 하여라." 그리하여
호위병과 장교들이 바알을 섬기는 사람들
을 칼로 죽이고 그 시체를 밖으로 내던졌
습니다. 그런 다음에 그들은 바알의 신전
내실로 들어갔습니다.
26 그들은 바알 신전의 나무 우상들을 끌어
내어 불태우고,
27 바알의 돌 우상도 깨뜨렸습니다. 그들은
바알 신전까지 무너뜨리고 그 곳을 변소
로 만들었습니다. 그 변소는 지금까지도
있습니다.
28 이처럼 예후는 이스라엘에서 바알 종교를
없애 버렸습니다.
29 그러나 예후도 느밧의 아들 여로보암이 저
지른 죄의 길에서 완전히 돌아서지는 않
았습니다. 여로보암은 이스라엘 백성이 벧
엘과 단에 있는 금송아지를 섬기도록 했
습니다.
30 여호와께서 예후에게 말씀하셨습니다.
"잘했다. 너는 내가 보기에 옳은 일을 했
다. 네가 아합 집안에게 행한 일이 내 마
음에 든다. 그러므로 너의 사 대 자손까
지 이스라엘 왕좌에 앉게 될 것이다."
31 그러나 예후는 마음을 다하여 하나님 여
호와의 율법을 지켜 따르지 않았습니다.
예후는 여로보암의 죄를 그대로 따랐습니
다.
32 그러자 여호와께서 이스라엘 나라의 땅들
을 떼어서 다른 나라에게 주기 시작하셨
습니다. 아람 왕 하사엘이 온 이스라엘 땅
에서 이스라엘 백성을 물리쳤습니다.
33 하사엘은 요단 강 동쪽 땅, 곧 길르앗 땅
을 다 차지했습니다. 그 땅은 갓과 르우벤
과 므낫세의 땅입니다. 하사엘은 아르논 강
옆의 아로엘에서부터 길르앗을 지나 바산
까지 차지했습니다.
34 예후가 행한, 다른 모든 일과 전쟁에서 승
리한 일은 이스라엘 왕들의 역사책에 기록
되어 있습니다.
35 예후가 죽어서 사마리아에 묻히고, 그의
아들 여호아하스가 뒤를 이어 왕이 되었습
니다.
36 예후는 사마리아에서 이십팔 년 동안, 이
스라엘의 왕으로 있었습니다.

아달랴와 요아스

11 유다 왕 아하시야의 어머니 아달랴는
자기 아들이 죽는 것을 보고 왕의 집
안 사람들을 다 죽이기 시작했습니다.
2 그러나 요람 왕의 딸이요, 아하시야의 누
이인 여호세바가 죽임을 당하는 왕자들 가
운데 아하시야의 아들 요아스를 빼내어 요
아스와 그의 유모를 침실에 숨겼습니다.
그래서 요아스는 아달랴로부터 죽임을 당
하지 않게 되었습니다.
3 요아스는 여호세바와 함께 여호와의 성
전에서 육 년 동안을 숨어 지냈습니다.
그 동안, 아달랴가 그 나라를 다스렸습
니다.
4 칠 년째 되던 해에 제사장 여호야다가 가
리 사람의 군인 백 명을 지휘하는 백부장
들과 호위병의 백부장들을 불렀습니다.
여호야다는 그들을 데리고 여호와의 성전
으로 가서 그들과 언약을 맺고 그들에게
충성을 맹세하게 한 다음에 요아스 왕자
를 보여 주었습니다.
5 여호야다가 그들에게 명령했습니다. "그대
들이 해야 할 일은 이러하오. 그대들 가

내실(10:25 inner shrine) 안쪽에 위치한 방.
언약(11:4 agreement) 양자나 혹은 다수가 상호 간의 권리와 의무를 정하여 협약하는 것.
관습(11:14 custom) 한 사회에서 오랜 시간에 걸쳐 내려오면서 굳어져 지켜지는 규범이나 생활 방식.

운데 안식일에 왕궁을 지키는 사람이 있
을 것이오. 그 사람 중 삼분의 일은 왕궁
을 지키고,
6 삼분의 일은 수르 문을 지키시오.
그리고 나머지 삼분의 일은 호위
대 뒤에 있는 문을 지키시오. 그
렇게 해서 왕궁을 지키시오.
7 안식일에 왕궁을 지키지 않아도
되는 사람은 왕을 위해서 여호와
의 성전을 지키시오.
8 그대들 모두는 손에 무기를 들고
왕이 가는 곳마다 따라다니며
왕을 지켜야 하오. 누구든지 가
까이 다가오는 사람은 죽이시오.
왕이 나가고 들어올 때, 왕에게 바
짝 붙어서 지키시오."
9 군인 백 명을 지휘하는 그 백부장들은
제사장 여호야다가 명령한 것을 다 지켰
습니다. 그들은 안식일에 일할 사람들과
쉬는 사람들을 이끌고 제사장 여호야다에
게 왔습니다.
10 여호야다가 백부장들에게 창과 방패를 나
누어 주었습니다. 그 창과 방패들은 다윗
왕이 쓰던 것으로 여호와의 성전 안에 보
관되어 있던 것입니다.

요아스가 왕이 되다

11 그리하여 성전 오른쪽에서부터 왼쪽까지,
호위병들이 손에 무기를 들고 섰습니다.
그들은 제단과 성전 둘레에 서서 왕을 지
켰습니다.
12 여호야다가 왕자 요아스를 데려와서 머리
에 왕관을 씌우고, 여호와의 율법책을 그
에게 주었습니다. 그들은 요아스에게 기
름을 부어 왕으로 세웠습니다. 그리고 손
뼉을 치며 외쳤습니다. "왕 만세!"
13 호위병과 백성이 외치는 소리를 들은 아
달랴는 여호와의 성전에 있는 백성에게
갔습니다.
14 아달랴가 보니, 거기에 왕이 있었습니다.
왕은 관습대로 받침대 위에 서 있었고, 관
리들과 나팔 부는 사람들이 그 곁에 서 있
었습니다. 온 땅의 백성이 매우 기뻐하며

요아스가 왕이 됨(11:12)

나팔을 불고 있었습니다. 아달랴는 옷을
찢으며 "반역이다! 반역이다!" 하고 소리
질렀습니다.
15 제사장 여호야다가 군대를 이끌고 있는 장
교들에게 명령했습니다. "저 여자를 쫓아
내시오. 그리고 누구든지 저 여자를 따르
는 사람은 칼로 죽이시오." 이렇게 명령
한 것은 그가 전에 "여호와의 성전 안에
서 아달랴를 죽이지 마시오"라고 말한 적
이 있었기 때문입니다.
16 그들은 아달랴가 나갈 길을 열어 주었습
니다. 그녀는 왕궁의 말이 다니는 길에서
죽임을 당했습니다.
17 여호야다가 여호와와 왕과 백성 사이에 언
약을 세웠습니다. 그리하여 그들이 여호
와의 백성이 되게 하고, 왕과 백성 사이
에도 언약을 맺게 했습니다.
18 그 땅의 모든 백성들이 바알 신전으로 가
서 제단과 우상들을 부숴 버리고 신전을
무너뜨렸습니다. 그리고 바알의 제사장 맛
단을 제단 앞에서 죽였습니다. 제사장 여
호야다는 여호와의 성전에 호위병들을 세
웠습니다.

19 여호야다는 군인 백 명을 거느리는 지휘관
인 백부장과 가리 사람과 호위병들과 그
땅의 모든 백성이 보는 중에 여호와의 성
전에서 왕을 모시고 나와 호위병들이 지
키는 문을 통해 왕궁으로 인도했습니다.
왕이 보좌에 앉게 되자,
20 유다의 모든 백성은 매우 기뻐했습니다.
아달랴가 왕궁에서 칼에 맞아 죽었기 때
문에 예루살렘에 다시 평화가 찾아오게 되
었습니다.
21 요아스는 그의 나이 일곱 살에 왕이 되었
습니다.

12 요아스는 예후가 이스라엘 왕으로 있
은 지 칠 년째 되던 해에 유다의 왕
이 되었습니다. 요아스는 사십 년 동안을
예루살렘에서 다스렸는데, 그의 어머니는
브엘세바 사람인 시비아입니다.
2 요아스는 제사장 여호야다가 가르쳐 준 대
로 여호와가 보시기에 옳은 일을 했습니
다.
3 그러나 산당은 없애지 않았으므로, 백성
들은 여전히 그 곳에서 제사를 지내고 향
을 피웠습니다.

성전을 수리하다

4 요아스가 제사장들에게 말했습니다. "백
성들이 여호와의 성전에 예물로 바친 모
든 돈, 곧 각 사람이 세금으로 바친 돈과
각 사람이 약속하여 바친 돈과 스스로 원
해서 바친 돈을 받아 두시오.
5 제사장마다 그가 섬기는 백성들에게 돈을
받아서 성전을 수리할 일이 있을 때마다
수리하도록 하시오."
6 그러나 요아스가 왕이 된 지 이십삼 년째
가 되었는데도 제사장들은 성전을 수리하
지 않았습니다.
7 요아스 왕은 제사장 여호야다와 다른 제사
장들을 불러 이렇게 말했습니다. "어찌하
여 성전을 수리하지 않고 있소? 이제부터
는 당신들이 섬기는 백성들에게 돈을 받
지 말고 그들이 성전을 수리하는 데 직접
바치도록 하시오."
8 제사장들은 백성에게 돈을 받지 않기로
하고, 또 성전 수리도 자신들이 하지 않
고 다른 사람들에게 맡기기로 했습니다.
9 제사장 여호야다가 상자 하나를 가져다가
그 위쪽에 구멍을 뚫고 제단 곁에 놓아 두
었는데, 그 상자는 성전에 들어가는 백성
이 볼 때 오른쪽에 있었습니다. 현관을 지
키는 제사장들은 백성이 여호와의 성전으
로 가져오는 모든 돈을 그 상자에 넣었습
니다.
10 그 안에 돈이 가득 차면, 왕의 신하와 대
제사장이 와서 여호와의 성전에 가져온
돈을 계산하고 그 돈을 자루에 담았습니
다.
11 돈 계산이 끝난 뒤에는 그 돈을 성전 공
사를 맡은 사람들에게 주어 여호와의 성
전에서 일하는 목수와 돌 쌓는 사람들의
품삯으로 쓰게 했습니다.
12 그리고 그 돈으로 미장이와 석수들에게
품삯을 주고, 여호와의 성전을 수리하는
데 필요한 나무와 돌을 사들이는 데에도
썼습니다. 그 밖에 성전을 수리하는 데에
드는 모든 비용에도 그 돈을 사용했습니
다.
13 여호와의 성전으로 들어온 돈으로는 은잔
을 만들지도 않았고, 부집게와 그릇, 나
팔, 금그릇과 은그릇을 만들 때도 쓰지 않

> **성경 인물** 요아스 그의 할머니 아달랴가 왕위를 빼앗기 위해 왕자들을 죽일 때 고모 여호세바의 도움으로 죽음을 모면하고, 대제사장 여호야다의 도움으로 7살에 유다의 8대 왕위에 올랐습니다. 여호야다의 영향으로 선정을 베풀었으나, 그가 죽은 후에는 아세라 신을 섬기는 악행을 저질렀으며, 이를 책망하는 예언자 스가랴를 죽이기까지 하였습니다. 아람 왕 하사엘의 침략을 받아 그에게 조공을 바치기도 한 그는 결국, 신하인 요사갈과 여호사바드에게 암살을 당하였습니다.
>
> 본문 보기 12장

알아두세요
13:9 '요아스'는 '여호아스'라고도 불렸다.

았습니다.
14 그들은 그 돈을 일꾼들에게 주어 여호와
의 성전을 수리하는 데에만 쓰게 했습니
다.
15 그들은 일꾼들이 정직했기 때문에 그 돈
을 어디에 썼는지 물어 보지 않았습니다.
16 허물을 벗는 제사인 속건제의 은과 죄를
씻는 제사인 속죄제의 은은 여호와의 성
전에 드리지 않고, 제사장에게 주었습니
다.

요아스가 예루살렘을 구하다

17 그 무렵, 아람 왕 하사엘이 가드로 쳐들어
와 그 땅을 점령한 후, 이어 예루살렘을
치려고 올라왔습니다.
18 그러자 유다 왕 요아스는 그의 조상이자
유다의 왕이었던 여호사밧과 여호람, 아하
시야가 하나님께 바쳤던 모든 거룩한 물
건인 성물을 아람 왕 하사엘에게 보냈습니
다. 또 자기가 하나님께 바친 거룩한 물
건인 성물과 성전의 보물 창고에 있는 금
과 왕궁에 있는 금을 다 하사엘에게 보냈
습니다. 그러자 하사엘이 예루살렘에서 물
러갔습니다.
19 요아스가 행한, 다른 모든 일은 유다 왕들
의 역사책에 기록되어 있습니다.
20 그의 두 신하가 그를 배신하여 실라로 내
려가는 길에 있는 밀로 궁에서 요아스를
죽였습니다.
21 요아스를 죽인 신하들은 시므앗의 아들 요
사갈과 소멜의 아들 여호사바드였습니다.
요아스가 죽어 그의 조상들과 함께 다윗
성에 묻혔습니다. 그의 아들 아마샤가 뒤
를 이어 왕이 되었습니다.

이스라엘의 여호아하스 왕

13 아하시야의 아들 요아스가 유다의 왕
으로 있은 지 이십삼 년째 되던 해
에 예후의 아들 여호아하스가 사마리아에
서 이스라엘의 왕이 되었습니다. 여호아하
스는 십칠 년 동안, 이스라엘을 다스렸습
니다.
2 그는 여호와께서 보시기에 악한 일을 저
질렀습니다. 그는 이스라엘 백성이 죄를
짓도록 만든 느밧의 아들 여로보암의 죄를
그대로 따라 했습니다. 그는 죄에서 돌이
키지 않았습니다.
3 이스라엘에게 화가 나신 여호와께서는 이
스라엘을 아람 왕 하사엘과 그 아들 벤하닷
에게 넘겨 주어 그들의 지배를 받게 하셨
습니다.
4 그러자 여호아하스는 여호와께 간절히 기
도드렸습니다. 여호와께서는 그의 기도를
들으시고 이스라엘이 당하고 있는 고통을
보셨습니다. 아람 왕이 이스라엘 백성을
심하게 괴롭히는 것을 보시고
5 이스라엘 백성을 구해 줄 사람을 보내 주
셨습니다. 이스라엘 백성은 아람의 손아귀
에서 벗어나 예전처럼 자기 집에서 살게
되었습니다.
6 그러나 이스라엘 백성은 여전히 여로보암
집안의 죄에서 돌이키지 않고 계속해서
죄를 지었습니다. 그리고 사마리아에 아세
라 우상을 그대로 남겨 두었습니다.
7 여호아하스의 군대에는 기마병 오십 명과
전차 열 대와 보병 만 명밖에 남지 않았
습니다. 아람 왕이 그들을 짓밟아 타작 마
당의 먼지같이 만들어 버렸기 때문입니
다.
8 여호아하스가 행한, 다른 모든 일과 전쟁
에서 승리한 일은 이스라엘 왕들의 역사책
에 기록되어 있습니다.
9 여호아하스가 죽어서 사마리아에 묻히고
그의 아들 요아스*가 뒤를 이어 왕이 되었
습니다.

이스라엘의 요아스 왕

10 요아스가 유다의 왕으로 있은 지 삼십칠
년째 되던 해에 여호아하스의 아들 요아스

미장이(12:12 plasterer) 건축 공사에서, 흙 따위를 바르는 일을 직업으로 하는 사람.
부집게(12:13 wick trimmer) 숯불 · 불덩이 · 석탄덩이 등을 집는 데 쓰는 집게.
타작(13:7 thresh) 익은 곡식의 이삭을 떨어서 그 낟알을 거두는 일.

가 사마리아에서 이스라엘의 왕이 되었습
니다. 요아스는 십육 년 동안, 이스라엘을
다스렸습니다.
11 그는 여호와께서 보시기에 악한 일을 저
질렀습니다. 그는 이스라엘로 하여금 죄를
짓게 한, 느밧의 아들 여로보암의 죄를 그
대로 따라 했습니다. 그는 죄에서 돌이키
지 않았습니다.
12 요아스가 행한, 다른 모든 일과 전쟁에서
승리한 일과 유다 왕 아마샤와 싸운 일은
이스라엘 왕들의 역사책에 기록되어 있습
니다.
13 요아스가 죽고 여로보암 2세가 뒤를 이어
왕이 되었습니다. 요아스는 이스라엘의 왕
들과 함께 사마리아에 묻혔습니다.

엘리사가 죽다

14 엘리사가 병들어 죽게 되었습니다. 이스라
엘 왕 요아스가 엘리사에게 가서 울며 말
했습니다. "내 아버지여, 내 아버지여! 이
스라엘의 전차와 기마병이여!"
15 엘리사가 요아스에게 말했습니다. "활과
화살을 가져오시오." 그가 활과 화살을
가져왔습니다.
16 엘리사가 말했습니다. "활을 잡으시오."
그가 활을 잡자, 엘리사가 자기 손을 왕의
손 위에 얹었습니다.
17 엘리사가 말했습니다. "동쪽 창문을 여시
오." 그가 창문을 열자, 엘리사가 말했습
니다. "쏘시오." 요아스가 활을 쏘자, 엘리
사가 말했습니다. "아람을 이길 여호와의
승리의 화살이여! 왕은 아벡에서 아람 군
대와 싸워 이기고 그들을 멸망시킬 것이
오."
18 엘리사가 말했습니다. "활을 잡으시오."
그가 활을 잡자, 엘리사가 말했습니다.
"땅을 치시오." 요아스가 세 번 땅을 치고
그만두었습니다.
19 하나님의 사람이 왕에게 화를 내며 말했
습니다. "어찌하여 대여섯 번 치지 않았
소? 그렇게만 했으면 아람을 완전히 멸망
시킬 때까지 크게 이길 수 있었는데. 그
러나 이제는 고작 세 번밖에 이기지 못할
것이오."
20 엘리사가 죽어 땅에 묻혔습니다. 해마다
봄이 되면 모압 나라의 도적 떼가 이스라
엘 땅에 쳐들어왔는데,
21 이스라엘 백성이 어떤 시체를 묻고 있던
중에 도적 떼가 쳐들어오는 것을 보고 놀
란 나머지 그 시체를 엘리사의 무덤에 던
졌습니다. 그런데 그 시체가 엘리사의 뼈
에 닿자, 다시 살아나 제 발로 일어서게
되었습니다.

아람과 전쟁을 하다

22 여호아하스가 왕으로 있는 동안, 아람 왕
하사엘이 줄곧 이스라엘을 괴롭혔습니다.
23 그러나 여호와께서는 아브라함과 이삭과
야곱과 맺으신 언약 때문에 이스라엘 백성
을 도우셨습니다. 여호와께서 이스라엘 백
성에게 은혜와 자비를 베푸셔서 그들을
멸망시키거나 저버리지 않으셨습니다.
24 아람 왕 하사엘이 죽고, 아들 벤하닷이 뒤
를 이어 왕이 되었습니다.
25 전쟁을 하는 동안, 하사엘이 요아스의 아
버지인 여호아하스가 갖고 있는 성 몇 개
를 빼앗은 적이 있습니다. 그런데 요아스
가 그 성들을 하사엘의 아들 벤하닷으로부
터 도로 빼앗아 왔습니다. 요아스는 벤하
닷을 세 번 물리쳐 이기고 이스라엘의 성
들을 되찾았습니다.

유다의 아마샤 왕

14 여호아하스의 아들 요아스가 이스라
엘의 왕으로 있은 지 이 년째 되는
해에 유다 왕 요아스의 아들 아마샤가 왕
이 되었습니다.
2 아마샤가 왕이 되었을 때, 나이는 스물다
섯 살이었습니다. 그는 예루살렘에서 이십
구 년 동안을 다스렸습니다. 그의 어머니
는 예루살렘 사람 여호앗단입니다.
3 아마샤는 여호와께서 보시기에 옳은 일을
했습니다. 아마샤는 그의 아버지 요아스가
행한 대로 모두 행하였습니다. 그러나 그
의 조상 다윗만큼은 못했습니다.
4 산당을 없애지 않은 까닭에 백성이 여전
히 그 곳에서 제사를 지내고 향을 피웠습

니다.

5 아마샤는 왕권을 굳게 세운 뒤에 자기 아버지를 살해한 신하들을 죽였습니다.

6 그러나 그들의 자녀는 죽이지 않았습니다. 그것은 모세의 율법책에 적혀 있는 말씀을 따른 것입니다. 여호와께서는 "자녀가 잘못했다고 해서 아버지를 죽이면 안 된다. 또한 아버지가 잘못했다고 해서 자녀를 죽여도 안 된다. 각 사람은 자기가 지은 죄에 따라 죽어야 한다"라고 명령하셨습니다.

7 아마샤는 '소금 골짜기'에서 에돔 사람 만 명을 죽였습니다. 그는 전쟁 중에 셀라 성을 점령하고 그 이름을 욕드엘이라고 불렀는데, 그 성은 지금까지도 그렇게 불립니다.

8 아마샤가 예후의 손자요, 여호아하스의 아들인 이스라엘 왕 요아스에게 사신들을 보내어 말했습니다. "자, 한번 만나서 겨루어 보자."

9 이스라엘 왕 요아스가 유다 왕 아마샤에게 대답했습니다. "레바논의 가시나무가 레바논의 백향목에게 사자를 보내어 '그대의 딸을 내 아들과 결혼시키자' 하고 말했다. 그러나 레바논에서 들짐승이 지나가다가 그 가시나무를 짓밟았다.

10 네가 에돔을 물리쳐 이겼다고 해서 교만해졌다. 그 기분으로 집안에 머물러 있어라. 괜히 나에게 싸움을 걸어 스스로 재앙을 부르지 마라. 그랬다가는 너와 유다가 망하고 말 것이다."

11 그래도 아마샤가 듣지 않자, 이스라엘 왕 요아스가 유다를 치러 나섰습니다. 요아스와 유다의 아마샤 왕은 유다 땅 벧세메스에서 마주쳤습니다.

12 싸운 결과 이스라엘이 유다를 물리쳐 이겼습니다. 유다 사람들은 뿔뿔이 흩어져 자기 집으로 도망쳤습니다.

13 벧세메스에서 이스라엘 왕 요아스가 아하시야의 손자요, 요아스의 아들인 유다 왕 아마샤를 사로잡았습니다. 요아스는 예루살렘으로 가서 에브라임 문에서부터 모퉁이 문에 이르기까지 예루살렘 성벽을 부쉈습니다. 부서진 성벽의 길이는 사백 규빗* 가량 되었습니다.

14 그런 다음에 요아스는 여호와의 성전 안에 있는 금과 은과 그 밖의 모든 것을 빼앗아 갔습니다. 그리고 왕궁의 보물도 다 가져갔습니다. 그는 사람들을 인질로 잡아 사마리아로 돌아갔습니다.

15 요아스가 행한, 다른 모든 일과 전쟁에서 승리한 일과 유다 왕 아마샤와 싸운 일은 이스라엘 왕들의 역사책에 기록되어 있습니다.

16 요아스가 죽어 이스라엘의 왕들과 함께 사마리아에 묻혔습니다. 그의 아들 여로보암 2세가 뒤를 이어 왕이 되었습니다.

17 유다 왕 요아스의 아들 아마샤는 이스라엘 왕 여호아하스의 아들 요아스 왕이 죽은 뒤에도 십오 년을 더 살았습니다.

18 아마샤가 행한, 다른 모든 일은 유다 왕들의 역사책에 기록되어 있습니다.

19 백성들이 예루살렘에서 아마샤에게 반란을 일으켰습니다. 아마샤는 라기스 성으로 도망쳤습니다. 그러나 백성들은 라기스로 사람들을 보내어 아마샤를 죽였습니다.

20 그들은 아마샤의 시체를 말 위에 실어 와 예루살렘에 있는 그의 조상들과 함께 다윗 성에 묻어 주었습니다.

21 유다의 모든 백성들이 아사랴*를 왕으로 세워 그의 아버지 아마샤의 뒤를 잇게 했습니다. 그 때, 아사랴의 나이는 열여섯 살이었습니다.

22 아사랴는 아마샤 왕이 죽은 뒤에 엘랏 마을을 다시 건설하여 유다 땅의 일부를 되

알아두세요

14:13 400규빗은 약 180m에 해당된다.
14:21 '아사랴'는 '웃시야'라고도 불렸다.

사신(14:8 messenger) 임금이나 나라의 명을 받고 다른 나라에 파견되는 신하.
인질(14:14 hostage) 어떤 일을 자기에게 유리하게 흥정하기 위하여 상대편 사람을 자기 쪽에 감금하는 일, 또는 감금당해 있는 그 사람.

돌려 놓았습니다.

이스라엘의 여로보암 2세

23 요아스의 아들 아마샤가 유다의 왕으로 있
은 지 십오 년째 되던 해에 이스라엘 왕
요아스의 아들 여로보암 2세가 사마리아에
서 이스라엘의 왕이 되었습니다. 여로보암
2세는 사십일 년 동안, 이스라엘을 다스
렸습니다.
24 그는 여호와께서 보시기에 악한 일을 저
질렀습니다. 그는 이스라엘로 하여금 죄를
짓게 한 느밧의 아들 여로보암의 죄를 그
대로 따라 했습니다. 그는 그의 죄에서 돌
이키지 않았습니다.
25 여로보암 2세는 하맛에서부터 사해*까지
이르는 이스라엘의 국경을 다시 찾았습니
다. 그것은 이스라엘의 하나님 여호와께서
그의 종 요나를 통해 말씀하신 대로였습
니다. 아밋대의 아들인 요나는 가드헤벨 사
람으로 예언자였습니다.
26 여호와께서는 모든 이스라엘 백성이 큰 고
통을 당하는 것을 보셨습니다. 이스라엘에
종이나 자유자나 남아있는 사람이 없었으
며, 도와 줄 사람은 한 명도 남지 않았습
니다.
27 그러나 여호와께서는 이스라엘을 완전히 없
애 버리겠다고 말씀하신 적이 없었습니다.
여호와께서는 요아스의 아들 여로보암 2세
를 통해 이스라엘 백성을 구원하셨습니다.
28 여로보암 2세가 행한, 다른 모든 일과 전
쟁에서 승리한 일과 또 유다가 차지하고
있었던 다마스커스와 하맛 땅을 다시 찾은
일들은 이스라엘 왕들의 역사책에 기록되
어 있습니다.
29 여로보암 2세가 죽자 그는 그의 조상들,
곧 이스라엘의 왕들과 함께 사마리아에 묻
혔습니다. 그의 아들 스가랴가 뒤를 이어
왕이 되었습니다.

유다의 아사랴 왕

15 여로보암 2세가 이스라엘의 왕으로 있
은 지 이십칠 년째 되던 해에 아마샤
의 아들 아사랴가 유다의 왕이 되었습니다.
2 아사랴가 왕이 되었을 때의 나이는 열여
섯 살이었습니다. 그는 오십이 년 동안,
예루살렘에서 다스렸습니다. 그의 어머니
는 예루살렘 사람 여골리야입니다.
3 아사랴는 그의 아버지 아마샤처럼 여호와
께서 보시기에 옳은 일을 하였습니다.
4 그러나 산당을 없애지 않았으므로, 백성
들은 여전히 그 곳에서 제사를 지내고 향
을 피웠습니다.
5 여호와께서 아사랴에게 벌을 내리셔서,
그는 죽을 때까지 문둥병으로 고생했습니
다. 그는 특별히 따로 지은 궁전에서 살
았고 그의 아들 요담이 왕궁을 관리하며
그 땅의 백성을 다스렸습니다.
6 아사랴가 행한, 다른 모든 일은 유다 왕들
의 역사책에 기록되어 있습니다.
7 아사랴가 죽자 그의 조상들과 함께 다윗
성에 묻혔습니다. 그리고 그의 아들 요담
이 뒤를 이어 왕이 되었습니다.

이스라엘의 스가랴 왕

8 아사랴가 유다의 왕으로 있은 지 삼십팔
년째 되던 해에 여로보암 2세의 아들 스
가랴가 사마리아에서 이스라엘의 왕이 되

성경 인물

아사랴 유다 10대 왕인 아사랴(=웃시야)는 블레셋, 아라비아, 마온, 암몬, 에돔 등을 정복하여 영토를 확장하고, 군대 육성과 군수 물자의 비축 등 국방을 강화하였으며, 아라비아와 무역을 꾀하는 부국강병책을 실시하였습니다. 스가랴 예언자가 살아 있는 동안에는 하나님을 열심히 찾았던 그였으나, 스가랴가 죽고 왕국이 부강해지자 스스로 교만하여 제사장만이 할 수 있는 성전의 분향을 시도하였습니다. 그에 대한 벌로 문둥병에 걸린 그는 죽는 날까지 별궁에 갇혀 살았습니다.

본문 보기 15장 1-6절

알아두세요

14:25 사해는 '아라바 바다'라고도 알려졌다.
15:13 '아사랴'는 '웃시야'라고도 불렸다.
15:19 '불'은 '디글랏빌레셀'의 또 다른 이름이다.
15:19 1,000달란트는 약 34.27t에 해당된다.
15:20 50세겔은 약 570g에 해당된다.

었습니다. 그는 여섯 달 동안, 나라를 다
스렸습니다.
9 스가랴는 여호와께서 보시기에 악한 일을
저질렀습니다. 그는 죄에서 돌이키지 않
았으며, 이스라엘이 죄를 짓게 만든 느밧
의 아들 여로보암의 죄를 그대로 따라 했
습니다.
10 야베스의 아들 살룸이 스가랴를 없애기 위
해 남이 모르게 나쁜 일을 꾸몄습니다. 그
는 스가랴를 그 백성들 앞에서 죽이고, 스
가랴의 뒤를 이어 왕이 되었습니다.
11 스가랴가 행한, 다른 모든 일은 이스라엘
왕들의 역사책에 기록되어 있습니다.
12 그리하여 여호와께서 전에 예후에게 "너
의 사 대 자손까지는 이스라엘의 왕좌에
앉게 될 것이다"라고 약속하신 말씀이 그
대로 이루어졌습니다.

이스라엘의 살룸 왕

13 웃시야*가 유다의 왕으로 있은 지 삼십구
년째 되던 해에 야베스의 아들 살룸이 왕
이 되었습니다. 그는 사마리아에서 한 달
동안, 다스렸습니다.
14 가디의 아들 므나헴이 디르사에서 사마리아
로 올라와 야베스의 아들 살룸을 공격했습
니다. 그리하여 므나헴이 살룸을 죽이고
살룸의 뒤를 이어 왕이 되었습니다.
15 살룸이 행한, 다른 모든 일과 음모를 꾸
민 일은 이스라엘 왕들의 역사책에 기록되
어 있습니다.

이스라엘의 므나헴 왕

16 그 때에 므나헴이 디르사를 떠나 딥사를 공
격했습니다. 그는 딥사 성의 사람들이 문
을 열어 주지 않은 것을 이유로 그 성과
성의 주변 지역을 파괴하고 임신한 여자
들의 배를 갈랐습니다.
17 아사랴가 유다의 왕으로 있은 지 삼십구
년째 되던 해에 가디의 아들 므나헴이 이
스라엘의 왕이 되었습니다. 므나헴은 사마
리아에서 십 년 동안, 나라를 다스렸습니
다.
18 그는 여호와가 보시기에 악한 일을 저질
렀습니다. 그는 왕으로 있는 동안, 이스라
엘로 하여금 죄를 짓게 한 느밧의 아들 여
로보암의 죄를 그대로 따라 했습니다. 그
는 죄에서 돌이키지 않았습니다.
19 앗시리아 왕 불*이 와서 그 땅을 공격했습
니다. 므나헴은 불의 도움을 받아 왕권을
굳게 세우기 위해 그에게 은 천 달란트*
가량을 주었습니다.
20 므나헴은 이스라엘의 모든 부자들에게 세
금을 매겨 그 돈을 거두었습니다. 그는 한
사람마다 은 오십 세겔*을 바치게 했습니
다. 므나헴이 그렇게 거둔 돈을 앗시리아
왕에게 주자, 앗시리아 왕은 그 땅에 머물
지 않고 떠났습니다.
21 므나헴이 행한, 다른 모든 일은 이스라엘
왕들의 역사책에 기록되어 있습니다.
22 므나헴이 죽고, 그의 아들 브가히야가 뒤
를 이어 왕이 되었습니다.

이스라엘의 브가히야 왕

23 아사랴가 유다의 왕으로 있은 지 오십 년
째 되는 해에 므나헴의 아들 브가히야가 사
마리아에서 이스라엘의 왕이 되었습니다.
브가히야는 이 년 동안, 나라를 다스렸습
니다.
24 그는 여호와께서 보시기에 악한 일을 저
질렀습니다. 그는 이스라엘로 하여금 죄를
짓게 한 느밧의 아들 여로보암의 죄를 그
대로 따라 했습니다. 브가히야는 죄에서
돌이키지 않았습니다.

세겜 북쪽 디르사 유적지(15:14-16)
현재의 주거지들은 왕궁 석재를 이용해 만든 것이다.

25 브가히야의 장교인 르말랴의 아들 베가가
브가히야를 배신했습니다. 그는 길르앗 사
람 오십 명을 이끌고 사마리아 왕궁에서
브가히야와 아르곱과 아리에를 죽였습니
다. 그리고 베가가 브가히야의 뒤를 이어
왕이 되었습니다.
26 브가히야가 행한, 다른 모든 일은 이스라
엘 왕들의 역사책에 기록되어 있습니다.

이스라엘의 베가 왕

27 아사랴가 유다의 왕으로 있은 지 오십이
년째 되는 해에 르말랴의 아들 베가가 사
마리아에서 이스라엘의 왕이 되었습니다.
베가는 이십 년 동안, 나라를 다스렸습니
다.
28 베가는 여호와께서 보시기에 악한 일을
저질렀습니다. 베가는 이스라엘로 하여금
죄를 짓게 한 느밧의 아들 여로보암의 죄
를 그대로 따라 했습니다. 베가는 죄에서
돌이키지 않았습니다.
29 베가가 이스라엘의 왕으로 있던 때에 앗시
리아 왕 디글랏빌레셀*이 쳐들어와서 이욘
과 아벨벳마아가와 야노아와 게데스와 하솔
과 길르앗과 갈릴리와 납달리 온 땅을 점
령했습니다. 그리고 그 곳의 백성들을 앗
시리아로 잡아갔습니다.
30 엘라의 아들 호세아가 르말랴의 아들 베가
를 죽이고 왕이 되었습니다. 그 때는 웃
시야의 아들 요담이 왕으로 있은 지 이십
년째 되던 해였습니다.
31 베가가 행한, 다른 모든 일은 이스라엘 왕
들의 역사책에 기록되어 있습니다.

유다의 요담 왕

32 르말랴의 아들 베가가 이스라엘의 왕으로
있은 지 이 년째 되던 해에 웃시야의 아
들 요담이 유다의 왕이 되었습니다.
33 요담이 왕이 되었을 때의 나이는 스물다
섯 살이었습니다. 그는 예루살렘에서 십육
년 동안, 다스렸습니다. 그의 어머니는 사
독의 딸 여루사입니다.
34 요담은 그의 아버지 웃시야처럼 여호와께
서 보시기에 옳은 일을 했습니다.
35 그러나 산당을 없애지 않았으므로 백성이
여전히 그 곳에서 제사를 지내고 향을 피
웠습니다. 요담은 여호와의 성전의 '윗문'
을 건축하였습니다.
36 요담이 행한, 다른 모든 일은 유다 왕들의
역사책에 기록되어 있습니다.
37 그 때에 여호와께서 아람 왕 르신과 르말
랴의 아들 베가를 보내어 유다를 치게 하
셨습니다.
38 요담이 죽어 그의 조상들과 함께 그의 조
상 다윗 성에 묻혔습니다. 뒤를 이어 아하
스가 왕이 되었습니다.

유다의 아하스 왕

16 르말랴의 아들 베가가 이스라엘의 왕
으로 있은 지 십칠 년째 되던 해에
요담의 아들 아하스가 유다 왕이 되었습니
다.
2 아하스가 왕이 되었을 때의 나이는 스무
살이었습니다. 아하스는 예루살렘에서 십
육 년 동안, 다스렸습니다. 그는 그의 조
상 다윗과 달리 여호와께서 보시기에 악
한 일을 하였습니다.
3 아하스는 이스라엘 왕들이 행했던 죄의 길
을 따라갔습니다. 그는 심지어 자기 아들
까지도 불에 태워 제물로 바쳤습니다.*
그는 여호와께서 이스라엘 백성 앞에서 쫓
아 내신 다른 나라들처럼 그들이 저질렀
던 더러운 죄를 그대로 따라 했습니다.
4 아하스는 산당과 언덕과 모든 푸른 나무
아래에서 제사를 지내고 향을 피웠습니
다.
5 아람* 왕 르신과 이스라엘 왕 르말랴의 아
들 베가가 예루살렘을 치러 올라왔습니다.
그들은 아하스를 에워쌌으나 정복하지는
못했습니다.

향(15:35 incense) 제사 때 피우는 향내가 나는 물건.
제단(16:10 altar) 하나님께 제사드리기 위해 만든 단.
설계도(16:10 sketch) 설계한 구조·형상·치수 등을 일정한 규약에 따라서 그린 도면.

6 그 때에 아람 왕 르신이 엘랏 성을 도로 찾
으면서 그 곳에 살고 있던 유다 백성을 쫓
아 냈습니다. 그리고 아람 사람들이 엘랏
으로 옮겨 왔습니다. 그들은 지금까지도
그 곳에서 살고 있습니다.
7 아하스가 앗시리아 왕 디글랏빌레셀에게,
명령을 받고 심부름하는 사람들을 보내어
말했습니다. "나는 왕의 종입니다. 오셔
서 나를 아람 왕과 이스라엘 왕에게서 구
해 주십시오. 그들이 나를 치고 있습니
다."
8 아하스는 여호와의 성전에 있는 은과 금
과 왕궁에 있는 보물들을 가져와서 앗시
리아 왕에게 선물로 주었습니다.
9 그리하여 앗시리아 왕이 아하스의 부탁을
받아들여 다마스커스를 쳐서 점령했습니
다. 그는 다마스커스의 모든 백성들을 길
성으로 보내고 르신을 죽였습니다.
10 아하스 왕이 앗시리아 왕 디글랏빌레셀을
만나려고 다마스커스로 갔습니다. 아하스
가 거기에서 한 제단을 보고 그 제단의 설
계도와 모형을 제사장 우리야에게 보냈습
니다.
11 우리야는 아하스 왕이 다마스커스에서 보
내 준 설계도에 따라 제단을 만들었습니
다. 우리야는 아하스 왕이 다마스커스에서
돌아오기 전에 제단을 모두 완성했습니
다.
12 아하스 왕이 다마스커스에서 돌아와서, 그
제단을 보고 가까이 나아가 그 위에 제물
을 바쳤습니다.
13 그는 태워 드리는 제물인 번제물과 곡식
제물을 바쳤고, 부어 드리는 제물인 전제
물도 부었으며 화목 제물의 피를 제단 위
에 뿌리기도 했습니다.
14 아하스는 여호와 앞, 곧 성전 앞에 있던
놋제단을 새로 만든 제단과 여호와의 성
전 사이에 옮겨 놓았습니다. 아하스는 놋
제단을 새로 만든 제단의 북쪽에 두었습
니다.
15 아하스 왕이 제사장 우리야에게 명령했습
니다. "아침 번제물과 저녁의 곡식 제물
과 왕의 번제물과 곡식 제물과 이 땅의 모
든 백성의 번제물과 그들의 곡식 제물과
그들의 전제물을 이 큰 제단 위에서 바치
도록 하시오. 그리고 모든 번제물의 피와
희생 제물의 피를 이 제단 위에 뿌리시오.
그러나 놋제단은 내가 여호와의 뜻을 여
쭈어 볼 때만 쓰겠소."
16 제사장 우리야는 아하스가 명령한 대로 했
습니다.
17 그 뒤에 아하스 왕은 물을 운반할 수 있
는 놋받침대*에서 옆에 있던 널빤지를 떼
어 내고, 위에 있던 놋대야도 뜯어 냈습
니다. 그는 놋황소 위에 놓여 있던 바다
라고 불리는 커다란 대야를 떼어 내서 돌
받침 위에 놓았습니다.
18 또 아하스는 안식일에 사용하는 성전 뜰
의 현관과, 왕이 밖에서 여호와의 성전으
로 들어가는 현관을 없애 버렸습니다. 그
가 이런 일을 한 까닭은 앗시리아 왕에게
잘 보이기 위한 것이었습니다.
19 아하스가 행한, 다른 모든 일은 유다 왕들
의 역사책에 기록되어 있습니다.
20 아하스는 죽어서 그의 조상들과 함께 다윗
성에 묻혔습니다. 그의 아들 히스기야가
뒤를 이어 왕이 되었습니다.

이스라엘의 마지막 왕 호세아

17 아하스가 유다의 왕으로 있은 지 십
이 년째 되는 해에 엘라의 아들 호세
아가 이스라엘의 왕이 되었습니다. 호세아
는 사마리아에서 구 년 동안, 이스라엘을
다스렸습니다.
2 호세아는 여호와께서 보시기에 악한 일을

알아두세요

15:29 '디글랏빌레셀'은 '불'의 또 다른 이름이다.
16:3 개역 성경에는 '자기 아들을 불 가운데로 지나게 하며'라고 표기되어 있다.
16:5 '아람'은 현재의 '시리아' 땅에 해당된다.
16:17 개역 성경에는 '물두멍'이라고 표기되어 있다.

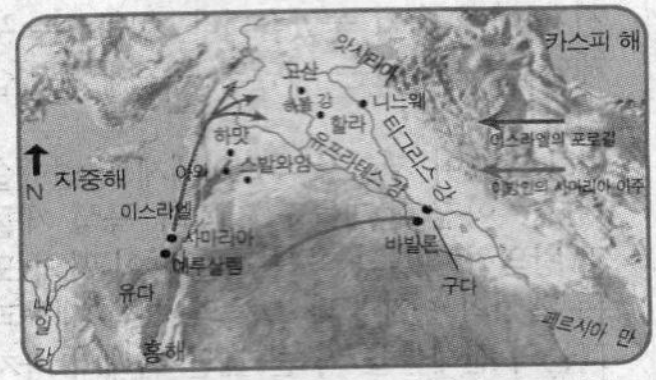

포로된 이스라엘과 이방 민족의 사마리아 이주(17장)

했지만, 그전의 이스라엘 왕들만큼 악하지
는 않았습니다.
3 앗시리아 왕 살만에셀이 호세아를 치러 올
라왔습니다. 호세아는 살만에셀의 종이 되
어 그가 달라는 대로 예물을 바쳤습니다.
4 그러나 앗시리아 왕 살만에셀은 호세아가
반역을 꾀하고 있다는 것을 알았습니다.
호세아가 이집트 왕 소에게 사신들을 보내
는가 하면 해마다 바치던 조공도 바치지
않았던 것입니다. 그래서 살만에셀 왕은
호세아를 감옥에 가두었습니다.
5 그 뒤에 앗시리아의 왕이 이스라엘 온 땅
을 공격하고 사마리아로 와서 삼 년 동안,
그 곳을 에워쌌습니다.
6 호세아가 왕으로 있은 지 구 년째 되는 해
에 앗시리아 왕이 사마리아를 점령했습니
다. 그는 이스라엘 백성을 앗시리아로 끌
고 가서 할라와 고산 강가의 하볼과 메대
의 여러 성에서 살게 했습니다.

이스라엘 백성이 죄값을 치르다

7 이 모든 일이 일어난 것은 이스라엘 백성
이 그들의 하나님 여호와께 죄를 지었기
때문입니다. 여호와는 이스라엘 백성을 이
집트에서 인도해 내셨고 이집트 왕 파라오
의 손에서 벗어나게 해 주셨습니다. 그런
데도 이스라엘 백성은 다른 신들을 섬겼습
니다.
8 그들은 여호와께서 그들 앞에서 쫓아 내
신 다른 민족들의 관습을 좇아 악한 왕들
이 저지른 죄를 그대로 따라 했습니다.
9 그들은 하나님 여호와께서 보시기에 옳지
않은 일을 몰래 저질렀습니다. 그들은 마
을마다 우상을 섬기는 산당을 지었습니
다. 망대에서부터 성벽이 있는 굳건한 성
에 이르기까지 산당이 없는 곳이 없었습
니다.
10 그리고 높은 언덕 위와 푸른 나무 아래마
다 돌 기둥과 아세라 우상을 만들어 세웠
습니다.
11 그들은 여호와께서 그들 앞에서 쫓아 내
신 다른 나라들처럼 모든 산당에서 향을
피우고 여호와를 노하게 하는 악한 일들
을 했습니다.
12 여호와께서 "너희는 우상을 섬기지 마라"
하고 말씀하셨는데도 그들은 우상을 섬겼
습니다.
13 여호와께서는 모든 예언자와 선견자들을
보내셔서 이스라엘과 유다에 경고하셨습
니다. "너희는 악한 길에서 돌이켜서 내
명령과 규례를 지켜라. 내가 나의 종 예
언자들을 통해 너희 조상에게 준 가르침
에 복종하여라."
14 그러나 이스라엘 백성은 들으려 하지 않았
습니다. 그들은 여호와 하나님을 믿지 않
았던 그들의 조상들처럼 고집을 부렸습니
다.
15 그들은 여호와의 율법과 여호와께서 그들
의 조상과 맺어 주신 언약을 받아들이지
않았습니다. 그들은 여호와께서 주신 경
고를 무시했습니다. 그리고 헛된 우상들
을 섬기며 어리석은 길에 빠져 들었습니
다. 그들은 여호와께서 하지 말라고 경고
하셨음에도 불구하고 주변의 다른 나라들
이 하는 것처럼 악한 우상을 섬기며 살았
습니다.
16 이스라엘 백성은 여호와 하나님께서 내리
신 모든 명령에 복종하지 않았습니다. 그
들은 쇠를 녹여 두 개의 송아지 형상을 만
들었으며 아세라 우상도 만들었습니다.
그들은 하늘의 모든 별에게 절하고 바알
을 섬겼습니다.
17 그들은 자식을 불에 태워 제물로 바치기
도 하고 마술이나 요술을 부려 점을 치기
도 했습니다. 그들은 언제나 여호와께서

보시기에 악한 일만 골라서 하므로 여호
와를 노하시게 만들었습니다.
18 이 때문에 여호와께서 이스라엘 백성에게
크게 노하셨습니다. 그래서 여호와께서는
그들을 자기 앞에서 내쫓으셨으며 오직
유다 지파만을 남겨 두셨습니다.

유다도 죄를 지었다

19 그러나 유다도 그들의 하나님 여호와의
명령에 복종하지 않았습니다. 그들도 이
스라엘 백성의 관습을 그대로 따라 했습
니다.
20 여호와께서는 이스라엘의 모든 백성을 내
버리셨습니다. 그들을 벌하셔서 침략자들
에게 넘겨 주시고 이스라엘 땅에서 내쫓으
셨습니다.
21 여호와께서 다윗의 집안을 찢어 그들을
두 나라로 갈라 놓으셨습니다. 그 때 이
스라엘 백성은 느밧의 아들 여로보암을 자
기 왕으로 삼았고, 여로보암은 이스라엘
백성을 잘못된 길로 이끌었습니다. 그는
이스라엘 백성으로 하여금 여호와를 떠나
큰 죄를 짓게 했습니다.
22 이스라엘 백성은 여로보암이 지은 죄를 그
대로 따라 했습니다. 그들은 죄에서 돌이
키지 않았습니다.
23 마침내 여호와께서는 그의 종인 예언자들
을 통해 말씀하신 대로 그 백성을 자기 앞
에서 내쫓으셨습니다. 그래서 이스라엘 백
성은 자기 땅에서 쫓겨나 앗시리아로 끌려
간 뒤 지금까지 거기에서 살고 있습니다.

사마리아 사람

24 앗시리아 왕은 바빌론과 구다와 아와와 하맛
과 스발와임에서 사람들을 데려다가 이스라
엘 백성을 대신해서 사마리아의 여러 성에
서 살게 했습니다. 그래서 그들은 사마리아
를 차지하고 여러 성에서 살았습니다.
25 그들은 여호와를 섬기지 않았기 때문에
여호와께서 사나운 사자들을 그들 가운데
보내어 몇 명을 물어 죽게 하셨습니다.
26 앗시리아 왕이 이 소식을 들었습니다. 그가
전해 들은 말은 이러합니다. "왕께서 사마
리아의 여러 성에 보낸 외국인들은 그 땅
의 하나님에 대한 법을 알지 못합니다. 그
래서 그 땅의 하나님이 그들에게 사자들을
보내어 죽게 하셨습니다. 이는 그 땅의 하
나님의 법을 알지 못하였기 때문입니다."
27 그러자 앗시리아 왕이 명령을 내렸습니다.
"사마리아에서 붙잡아 온 제사장들 가운데
서 한 명을 돌려 보내어 그 땅에서 살게
하여라. 그리고 그 땅의 하나님에 대한 법
을 백성에게 가르쳐 주게 하여라."
28 사마리아에서 붙잡혀 간 제사장들 가운데
서 한 명이 돌아와 벧엘에 살면서 여호와
를 섬기는 방법을 백성에게 가르쳐 주었
습니다.
29 그러나 각 민족은 제각기 자기들의 신을
만들어 성 안에 두었습니다. 그들은 사마
리아 사람들이 만든 산당 안에 자기들의
신을 두었습니다.
30 바빌론 사람은 숙곳브놋을 만들고, 구다 사
람은 네르갈을 만들고, 하맛 사람은 아시
마를 만들었습니다.
31 아와 사람은 닙하스와 다르닥을 만들고, 스
발와임 사람은 자기들의 신인 아드람멜렉
과 아남멜렉에게 자기 자녀를 불에 태워
바쳤습니다.
32 그들은 여호와도 섬겼습니다. 그들은 자
기들 중에 산당에서 일할 제사장을 뽑았
습니다. 그렇게 뽑힌 제사장은 그들을 위
해 제사를 지냈습니다.
33 백성은 여호와께 예배를 드리면서 자기들
의 신도 섬겼습니다. 그들은 잡혀 오기 전
에 살던 나라에서 섬기던 방법대로 자기
들의 신을 섬겼습니다.
34 그들은 오늘날까지도 옛 관습을 그대로
따르고 있습니다. 그들은 여호와를 섬기

침략자(17:20 invader) 남의 나라를 침범하여 땅을 빼앗는 사람.
예배(17:33 worship) '가치를 어떤 사람이나 사물에 돌리다'라는 뜻으로, 기도와 찬송을 하는 의식을 포함하여 하나님을 존경하는 삶 전체를 의미함.

지 않고 있으며 여호와께서 이스라엘이라
고 명하신 야곱의 자녀들에게 주셨던 여
호와의 명령과 규례와 가르침과 계명을
따르지 않습니다.
35 여호와께서 전에 야곱의 자손들과 언약을
맺으시며 명령하셨습니다. "다른 신을 섬기
지 마라. 다른 신에게 절하거나 예배하지
마라. 다른 신에게 제물을 바치지도 마라.
36 크신 능력과 힘으로 너희를 이집트 땅에
서 인도해 내신 여호와께 예배드려라. 여
호와께만 절하고 제물을 바쳐라.
37 언제나 여호와께서 너희에게 써 주신 규
례와 명령과 계명과 가르침을 지켜라. 다
른 신을 섬기지 마라.
38 내가 너희와 맺은 언약을 잊지 마라. 다
른 신을 섬기지 마라.
39 오직 너희 하나님 여호와만을 섬겨라. 그
가 너희의 모든 원수에게서 너희를 구원
해 주실 것이다."
40 그러나 이스라엘 백성은 들으려 하지 않았
습니다. 그들은 옛 관습을 그대로 따랐습
니다.
41 이스라엘 땅으로 옮겨 와 살게 된 다른 민
족들도 여호와께 예배드리기는 했지만 여
전히 자기들이 만든 우상을 같이 섬겼습
니다. 그들의 자녀와 자손도 오늘날까지
도 조상들이 한 일을 그대로 따라 하고 있
습니다.

유다의 히스기야 왕

18 엘라의 아들 호세아가 이스라엘의 왕
으로 있은 지 삼 년째 되던 해에 아
하스의 아들 히스기야가 유다의 왕이 되었
습니다.

알아두세요

18:14 300달란트는 약 10.28t에 해당되고, 30달란트는 약 1.03t에 해당된다.

국경(18:8 border) 나라와 나라 사이의 경계.
서기관(18:18 secretary) 왕의 비서, 회계 담당, 문서 기록 · 정리 등의 임무를 맡은 관리.
전략(18:20 strategy) 전쟁을 할 때 사용하는 책략이나 방책.

2 히스기야가 왕이 되었을 때의 나이는 스물
다섯 살이었습니다. 그는 예루살렘에서 이
십구 년 동안, 다스렸습니다. 그의 어머
니는 스가랴의 딸 아비입니다.
3 히스기야는 그의 조상 다윗처럼 여호와께
서 보시기에 옳은 일을 했습니다.
4 그는 산당들을 없애고 돌 기둥들을 부수고
아세라 우상을 찍어 버렸습니다. 그는 또 이
스라엘 백성들이 그 때까지도 모세가 만든
놋뱀에게 향을 피워 섬기는 것을 보고 그
놋뱀도 부숴 버렸습니다. 그 놋뱀은 느후스
단이라고 불렸던 것입니다.
5 히스기야는 이스라엘 하나님 여호와를 믿
고 의지했습니다. 유다의 모든 왕 가운데
서 히스기야 같은 사람은 전에도 없었고
그 뒤에도 없었습니다.
6 히스기야는 여호와께 충성했습니다. 그는
여호와를 떠나지 않고 여호와께서 모세에
게 명령하신 계명을 다 지켰습니다.
7 여호와께서 히스기야와 함께하셔서 히스기
야는 하는 일마다 성공했습니다. 히스기야
는 앗시리아 왕에게 등을 돌리고 섬기는
일을 그만두었습니다.
8 히스기야는 가사와 그 국경까지 블레셋 사
람들을 공격했습니다. 그는 블레셋 땅의
망대에서부터 성벽이 있는 굳건한 성에
이르기까지 쳤습니다.
9 히스기야가 왕으로 있은 지 사 년째 되는
해, 곧 엘라의 아들 호세아가 이스라엘 왕
으로 있은 지 칠 년째 되던 해에 앗시리아
왕 살만에셀이 사마리아를 에워싸고 공격
했습니다.
10 삼 년 뒤에 살만에셀이 사마리아를 점령했
습니다. 그 때는 히스기야가 왕으로 있은
지 육 년째 되는 해였고, 호세아가 이스라
엘의 왕으로 있은 지 구 년째 되는 해였
습니다.
11 앗시리아 왕은 이스라엘 백성을 앗시리아로
잡아 가서 고산 강가의 할라와 하볼과 메
대의 여러 성에서 살게 했습니다.
12 이런 일이 일어난 것은 이스라엘 백성이
그들의 하나님인 여호와께 복종하지 않았

기 때문입니다. 그들은 여호와의 언약을
어기고 여호와의 종인 모세가 명령한 모
든 것에 복종하지 않았습니다. 그
들은 그 명령을 들으려 하
지도 않았고 지키지도
않았습니다.

앗시리아가 유다를 공격하다

13 히스기야가 왕으로 있은 지 십사 년
째 되던 해에 앗시리아 왕 산헤립이
유다를 공격했습니다. 산헤립은 성
벽으로 굳건하게 둘러싸인 유다의 모든
성을 공격하여 점령했습니다.
14 그러자 유다 왕 히스기야가 라기스에 있는
앗시리아 왕에게 사신을 보내어 말했습니
다. "내가 잘못했습니다. 이 곳에서 떠나
주십시오. 그러면 요구하시는 대로 다 드
리겠습니다." 그러자 앗시리아 왕이 히스
기야에게 은 삼백 달란트* 가량과 금 삼십
달란트* 가량을 요구했습니다.
15 히스기야는 여호와의 성전과 왕궁 보물 창
고에 있는 모든 은을 산헤립에게 주었습
니다.
16 히스기야는 여호와의 성전 문과 문 기둥에
자기가 입혀 놓은 금을 벗겨 내어 앗시리
아 왕에게 모두 주었습니다.

앗시리아가 히스기야를 괴롭히다

17 앗시리아 왕이 군대 장관 다르단과 랍사리
스와 랍사게를 큰 군대와 함께 라기스에서
예루살렘에 있는 히스기야 왕에게 보내며
히스기야 왕을 치라고 명령하였습니다. 그
들은 예루살렘에 도착하여 윗 연못에서 흘
러 나오는 물길 곁에 멈추어 섰습니다. 윗
연못은 '빨랫집 밭'으로 가는 길가에 있
었습니다.
18 그들이 왕을 부르자, 엘리야김과 셉나와
요아가 그들을 맞으러 나갔습니다. 힐기야
의 아들 엘리야김은 왕궁 관리인이었고,
셉나는 왕의 서기관이었고, 아삽의 아들
요아는 역사 기록관이었습니다.
19 랍사게가 그들에게 말했습니다. "히스기야
에게 위대하신 앗시리아 왕의 말씀을 전하

앗시리아 왕이 히스기야 왕에게
금과 은을 요구하다(18:14)

여라. '너는 누가 너를 도와 줄 것이라고
믿느냐?
20 군사 전략을 짜고 전쟁할 힘을 갖는 것이
입만 가지고 되느냐? 너는 누구를 믿고
나에게 반역하느냐?
21 보아라. 네가 이집트를 믿고 의지하는 모
양인데, 이집트는 부서진 지팡이에 지나
지 않는다. 그것에 의지했다가는 찔려서
다칠 뿐이다. 이집트의 왕을 의지하는 사
람은 누구나 다 그렇게 될 것이다.'"
22 랍사게가 계속 말했습니다. "혹시 너희가
'우리는 우리 하나님 여호와를 의지한다'
고 말할지도 모르겠다. 히스기야가 여호와
의 제단과 산당을 없애 버리면서 유다와
예루살렘 백성에게 '너희는 이 예루살렘의
제단에서만 예배드려야 한다'고 말하지
않았느냐?
23 그렇다면 내 주이신 앗시리아 왕과 내기를
해 보자. 네가 말을 탈 사람 이천 명을 구
할 수 있다면, 내가 너에게 말 이천 마리
를 주겠다.
24 너희가 앗시리아의 가장 약한 병사라도 물
리칠 수 있겠느냐? 그러면서도 전차와 기
마병의 도움을 받으려고 이집트를 의지하
느냐?
25 내가 이 곳에 와서 멸망시키는 일도 다 여
호와의 허락을 받고 하는 것이다. 여호와
께서 나에게 이 땅으로 가서 이 땅을 멸

망시키라고 말씀하셨다."
26 힐기야의 아들 엘리야김과 셉나와 요아가
랍사게에게 말했습니다. "우리에게 아람
말로 말씀해 주십시오. 우리가 아람 말을
알아듣습니다. 성벽 위에 있는 백성이 듣
고 있으니 히브리 말로 말씀하지 말아 주
십시오."
27 그러자 랍사게가 말했습니다. "아니다. 앗
시리아 왕이 나를 보내신 것은 이 말을 너
희와 너희의 왕에게만 전하라고 보내신
것이 아니다. 이 말을 성벽 위에 앉아 있
는 백성에게도 전하라고 보내신 것이다.
그들도 너희처럼 자기 똥을 먹고 자기 오
줌을 마시게 될 것이다."
28 사령관이 일어나서 히브리 말로 크게 외
쳤습니다. "위대하신 앗시리아 왕의 말씀
을 들어라.
29 왕은 너희더러 히스기야에게 속지 말라고
말씀하셨다. 히스기야는 너희를 내 손에서
구할 수 없다.
30 히스기야가 너희에게 '여호와께서 틀림없
이 우리를 구하실 것이다. 이 성은 앗시리
아의 왕에게 넘어가지 않을 것이다' 라고
말하면서 여호와를 의지하게 하여도 믿지
마라."
31 "히스기야의 말을 듣지 마라. 앗시리아 왕
이 이렇게 말씀하셨다. '너희는 항복하고
나에게 나오너라. 그러면 누구나 자유롭
게 자기의 포도나무와 무화과나무의 열매
를 먹을 수 있을 것이다. 누구나 자유롭
게 자기의 샘에서 물을 마실 수 있을 것
이다.
32 내가 다시 와서 너희를 너희가 전에 살던
곳과 같은 땅으로 데려가 살게 하겠다. 그
땅은 곡식과 새 포도주의 땅이며 빵과 포
도나무의 땅이며 올리브 기름과 꿀의 땅
이다. 너희는 그 땅에 가서 살 수 있다.
결코 너희를 죽이지 않겠다.' 히스기야의

알아두세요
19:9 개역 성경에는 (히)'구스'라고 표기
되어 있다.

말을 듣지 마라. '여호와께서 우리를 구
하실 것이다' 라는 히스기야의 말은 거짓말
이다.
33 다른 어떤 나라의 신도 그 백성을 앗시리
아 왕의 손에서 구해 내지 못했다.
34 '하맛과 아르밧의 신들은 어디에 있느냐?
스발와임과 헤나와 아와의 신들은 어디에
있느냐? 그들이 사마리아를 내 손에서 구
해 냈느냐?
35 이 모든 나라의 그 어떤 신도 그 백성을
내 손에서 구해 내지 못했다. 그러니 여
호와도 예루살렘을 내 손에서 구해 내지
못할 것이다.'"
36 백성은 잠잠히 있었습니다. 그들은 랍사
게의 말에 대답하지 않았습니다. 히스기야
왕이 그에게 대답하지 말라고 명령했기
때문입니다.
37 엘리야김과 셉나와 요아가 기가 막혀 옷을
찢었습니다. 힐기야의 아들 엘리야김은 왕
궁 관리인이었고, 셉나는 왕의 서기관이
었고, 아삽의 아들 요아는 역사 기록관이
었습니다. 세 사람은 히스기야에게 돌아와
서 랍사게가 한 말을 전해 주었습니다.

예루살렘은 구원 받을 것이다

19 히스기야 왕도 그 말을 듣고 자기 옷
을 찢었습니다. 그는 너무나 슬퍼서
베옷을 입고 여호와의 성전으로 갔습니
다.
2 히스기야는 엘리야김과 셉나와 나이 든 제
사장들을 아모스의 아들인 예언자 이사야
에게 보냈습니다. 엘리야김은 왕궁 관리인
이었고, 셉나는 왕의 서기관이었습니다.
그들은 모두 베옷을 입고 이사야에게 갔
습니다.
3 그 사람들이 이사야에게 말했습니다. "히
스기야 왕께서 이렇게 말씀하셨습니다.
'오늘은 슬픔과 심판과 부끄러움의 날이
오. 마치 아이를 낳을 때가 되었는데도 아
이를 낳을 힘이 없는 여자와도 같소.
4 앗시리아 왕이 랍사게를 보내어 살아 계신
하나님을 조롱했소. 당신의 하나님 여호
와께서도 그 말을 들으셨을 것이요. 당신

의 하나님 여호와께서도 그를 책망하실
것이요. 그러니 살아 남은 이스라엘 백성
을 위해 기도드려 주시오.'"
5 이와 같이 히스기야의 신하들이 이사야에
게 오자,
6 이사야가 말했습니다. "그대들의 왕께 여
호와께서 하신 말씀을 전하시오. '너는 앗
시리아 왕의 신하들이 한 말 때문에 두려
워하지 마라.
7 내가 앗시리아의 왕에게 한 영을 넣으리
니, 그는 자기 나라에서 들려 오는 어떤
소문을 듣고 자기 나라로 돌아가게 될 것
이다. 그러면 내가 그를 그 곳에서 칼에
맞아 죽게 하겠다.'"
8 그 때, 랍사게가 돌아가다가 앗시리아 왕
이 라기스에서 떠났다는 말을 듣고 립나로
가서 만났습니다. 왕은 립나 성에서 싸우
는 중이었습니다.
9 앗시리아 왕은 에티오피아* 왕 디르하가가
자기를 치려 한다는 보고를 듣고 히스기
야에게 사람들을 보내어 말했습니다.
10 "네가 의지하는 하나님께 속지 마라. 앗시
리아 왕이 예루살렘을 정복하지 못할 것이
라는 네 하나님의 말을 믿지 마라.
11 너는 앗시리아의 왕들이 여러 나라들을 멸
망시킨 일을 들어 알고 있을 것이다.
너라고 해서 구원 받을 것이라고
생각하지 마라.
12 나의 조상들은 고산과 하란과 레
셉을 멸망시켰고, 들라살에 사
는 에덴 백성을 멸망시켰다.
하지만 그 백성들의 신들도 그
들을 구원하지는 못했다.
13 하맛과 아르밧의 왕들이 어디에
있느냐? 스발와임 성의 왕이 어
디에 있느냐? 헤나와 아와의 왕
들이 어디에 있느냐?"

히스기야가 여호와께 기도드리다

14 히스기야는 사신들이 보낸 편지를
받아 읽고는 여호와의 성전으로 올라가
그 편지를 여호와 앞에 펼쳐 놓았습니다.
15 히스기야가 여호와께 기도드렸습니다. "이
스라엘의 하나님 여호와여, 주의 보좌는
날개 달린 생물인 그룹들 사이에 있습니
다. 오직 주만이 땅 위 온 나라의 하나님
이십니다. 주께서는 하늘과 땅을 지으셨
습니다.
16 여호와여, 귀를 기울여 들어 주십시오.
여호와여, 눈을 열어 보아 주십시오. 산헤
립이 살아 계신 하나님을 조롱한 말을 들
어 주십시오.
17 여호와여, 앗시리아의 왕들은 정말로 여러
나라와 그 땅을 멸망시켰습니다.
18 그 왕들은 여러 나라의 신들을 불 속에 던
져 넣었습니다. 그러나 그 신들은 사람이
만든 나무요, 돌에 지나지 않습니다. 그
래서 그 왕들이 그것을 없앨 수 있었습니
다.
19 우리 하나님 여호와시여, 우리를 저 왕의
손에서 구해 주십시오. 그러면 온 땅의 나
라들이 주만이 오직 한 분이신 하나님이
라는 것을 알게 될 것입니다."

하나님께서 히스기야에게 대답하시다

20 아모스의 아들 이사야가 히스기야에게 사
람을 보내어 말했습니다. "이스라엘 하나

히스기야가 사신들이 보낸 편지를 펼쳐 놓고
여호와께 기도드리는 모습(19:14-19)

님 여호와께서 왕이 앗시리아 왕 산헤립에
대해 기도한 것을 들으셨소.
21 그리고 산헤립에 대해 여호와께서 이렇게
말씀하셨소. '시온 백성이 너를 미워하고
조롱할 것이다. 예루살렘 백성이 도망치는
너를 보고 비웃을 것이다.
22 네가 누구를 꾸짖으며 조롱하였느냐? 네
가 누구에게 목소리를 높였느냐? 네가 누
구에게 눈을 부릅떴느냐? 이스라엘의 거
룩하신 분에게냐?
23 너는 사자들을 보내어 여호와를 조롱하며
이렇게 비아냥거렸다. 나에게는 전차가
많이 있다. 나는 그 전차를 타고 산꼭대
기로 올라갔으며 거기서 레바논의 가장 높
은 산으로 올라갔다. 레바논의 키 큰 백향
목과 훌륭한 잣나무를 베어 버렸다. 가장
깊숙한 곳까지 들어갔고 가장 울창한 숲
까지 들어갔다.
24 또 나는 내가 빼앗은 다른 나라에서 샘을
파서 그 물을 마셨다. 내 발바닥으로 이
집트의 모든 강물을 마르게 했다.
25 앗시리아 왕아, 나 여호와가 오래 전에 이
일들을 결정했고 옛날에 이 일들을 계획
했다는 것을 네가 틀림없이 들었을 것이
다. 네가 성벽이 있는 저 굳건한 성들을
쳐서 잿더미로 만들 수 있게 한 것도 바
로 나 여호와이다.
26 그래서 그 성에 사는 백성들이 겁을 내고
두려움에 떤 것이다. 그들은 들의 식물과
같았고 연약한 풀과 같았다. 자라기도 전
에 말라 버리는 지붕 위의 풀과 같았다.
27 나는 네가 어디에 살고 있으며, 언제 나
가고 들어가는지도 다 알고 있다. 네가 나
에게 악한 말을 하고 있는 것과 분을 품
고 있는 것도 알고 있다.
28 너는 나에게 반역하였고 네 교만이 내 귀
에까지 들렸으므로 네 코에 갈고리를 걸
고 네 입에 재갈을 물리겠다. 그리고 네
가 왔던 그 길로 다시 돌아가게 하겠다.
29 히스기야야, 내가 너에게 이 증거를 보이
겠다. 너는 금년에 들에서 저절로 자란 곡
식을 먹겠고, 내년에도 들에서 저절로 자
란 곡식을 먹을 것이다. 그러나 삼 년째
되는 해에는 심고 거두며 포도밭을 가꾸
어서 그 열매를 먹을 것이다.
30 유다 집안의 남은 백성은 뿌리를 내리고
튼튼하게 자라나서 많은 열매를 맺게 될
것이다.
31 예루살렘에서 살아 남은 사람이 나오겠고
시온 산에서 살아 남은 사람이 나올 것이
다. 나 여호와는 열심으로 그 일을 이룰
것이다.'"
32 "여호와께서 앗시리아 왕에 대하여 이렇게
말씀하셨소. '그는 이 성에 들어오지 못
한다. 그는 화살 한 발도 쏘지 못하며 방
패를 가지고 가까이 오지도 못하고 성을
공격할 흙 언덕도 쌓지 못할 것이다.
33 그는 왔던 길로 다시 자기 나라로 돌아갈
것이다. 그는 이 성에 들어오지 못한다.
이것은 나 여호와의 말이다.
34 나를 위해, 그리고 내 종 다윗을 위해 이
성을 지켜 구원해 주겠다.'"

성경 지명

니느웨

메소포타미아 지역에서 가장 역사가 깊고 번영했던 고대 도시로, 산헤립(B.C. 708-681년)에 의해 앗시리아 제국의 수도가 되었습니다. 이어 에살핫돈(B.C. 681-669년), 앗수르바니팔(B.C. 669-633년) 때 크게 번성하였으며, 특히 앗수르바니팔 도서관은 세계적으로 유명한 고대 유적 중의 하나입니다. B.C. 612년 바빌로니아와 메대의 연합군에 의해 함락된 후, 폐허가 된 이 도시는 요나가 회개를 외쳤던 곳으로 유명하죠. 이 도시가 바로 니느웨입니다.

본문 보기 19장 36절

비아냥거리다(19:23 make fun of) 얄밉게 빈정거리다.

재갈(19:28 bit) 말의 입에 가로 물리는 쇠로 된 물건.

표적(20:8 sign) 겉으로 나타난 흔적.

히스기야의 병이 회복될 것을 이사야 선지자가 전함(20:1-7)

35 그 날 밤에 여호와의 천사가 앗시리아의 진으로 나아가서 앗시리아군 십팔만 오천 명을 죽였습니다. 백성이 이튿 날 아침 일찍 일어나 보니, 그 들이 모두 죽어 있었습니다.
36 그리하여 앗시리아 왕 산헤립은 그 곳을 떠나 니느웨로 돌아가서 그 곳에 머물렀습니다.
37 어느 날, 산헤립이 자기의 신 니스록의 신전에서 예배하고 있을 때에 그의 아들 아드람멜렉과 사레셀이 그를 칼로 죽이고 아라랏 땅으로 도망쳤습니다.
그리하여 산헤립의 아들 에살핫돈이 앗시리아의 왕이 되었습니다.

히스기야의 병

20 그 무렵에 히스기야가 심한 병에 걸려 거의 죽게 되었습니다. 아모스의 아들인 예언자 이사야가 그를 보러 와서 말했습니다. "여호와께서 이렇게 말씀하셨소. '너는 이제 죽을 것이다. 그러니 네 집안 일을 정리하여라. 너는 회복되지 못할 것이다.'"
2 히스기야가 벽쪽을 바라보며 여호와께 기도드렸습니다.
3 "여호와여, 제가 언제나 마음을 다하여 여호와께 복종하고, 여호와께서 보시기에 옳은 일을 한 것을 기억해 주십시오." 기도를 하던 히스기야가 슬프게 울었습니다.
4 이사야가 안뜰을 지날 때에 여호와께서 이사야에게 말씀하셨습니다.
5 "다시 돌아가서 내 백성의 지도자인 히스기야에게 전하여라. '네 조상 다윗의 하나님 여호와께서 이렇게 말씀하셨다. 내가 네 기도를 들었고 네 눈물을 보았다. 그러므로 내가 너를 고쳐 주겠다. 지금부터 삼 일 만에 너는 여호와의 성전으로 올라갈 것이다.
6 내가 네 목숨을 십오 년 더 연장해 주겠다. 그리고 너와 이 성을 앗시리아의 왕에게서 구해 주겠다. 나를 위해, 그리고 내 종 다윗을 위해 이 성을 지켜 주겠다.'"
7 이사야가 신하들에게 말했습니다. "무화과로 만든 연고를 가져오시오." 그들이 연고를 만들어 가져와서 왕의 상처 위에 바르니, 왕의 병이 나았습니다.
8 히스기야가 이사야에게 물었습니다. "여호와께서 나를 고쳐 주시고 내가 삼 일 만에 여호와의 성전에 올라가게 될 것이라 하였는데 그 표적이 무엇이오?"
9 이사야가 말했습니다. "여호와께서 약속하신 것을 그대로 이루신다는 표적이 임할 것이오. 왕은 해 그림자가 해시계 위에서 열 칸 앞으로 나아가게 하는 것이 좋겠소, 아니면 열 칸 뒤로 물러나게 하는 것이 좋겠소?"
10 히스기야가 대답했습니다. "열 칸 앞으로 나아가게 하는 것은 쉬운 일이니 열 칸 뒤로 물러나게 해 주시오."
11 예언자 이사야가 여호와께 부르짖자, 여호와께서는 아하스 왕이 만들어 놓은 해시계의 해 그림자를 열 칸 뒤로 물러나게 해 주셨습니다.

바빌로니아에서 온 사자들

12 그 무렵에 발라단의 아들인 바빌로니아 왕 부로닥발라단이 히스기야가 병들었다가 나

았다는 소식을 듣고 그에게 편지와 선물
을 보내 왔습니다.
13 히스기야는 부로닥발라단이 보낸 사자들을
보고 매우 기뻐서 그들에게 자기 보물 창
고에 있는 것을 다 보여 주었습니다. 은
과 금과 향료와 값진 향유를 보여 주고 자
기의 칼과 방패들도 보여 주었습니다. 히
스기야는 자기가 가진 귀한 것들과 왕궁
과 나라 안에 있는 것을 하나도 빠짐없이
보여 주었습니다.
14 예언자 이사야가 왕에게 가서 물었습니
다. "이 사람들이 무슨 말을 했소? 이 사
람들은 어디에서 온 사람들이오?" 히스기
야가 대답했습니다. "이 사람들은 먼 나
라, 바빌로니아에서 왔소."
15 이사야가 왕에게 물었습니다. "그들이 왕
궁에서 무엇을 보았소?" 히스기야가 대답
했습니다. "내 집에 있는 것은 다 보았소.
내 보물 창고에 있는 것은 하나도 빠짐없
이 다 보여 주었소."
16 그러자 이사야가 히스기야에게 말했습니
다. "여호와의 말씀을 들으시오.
17 장차 네 왕궁 안에 있는 모든 것을 바빌
로니아에 빼앗길 날이 올 것이다. 네 조상
들이 이 날까지 쌓아 놓은 모든 것을 빼
앗겨 아무것도 남지 않을 것이다. 이것은
나 여호와의 말이다.
18 또 네가 낳은 자녀들도 포로로 끌려가서,
바빌로니아 왕궁의 내시가 될 것이다.'"
19 히스기야가 이사야에게 말했습니다. "당신
이 전한 여호와의 말씀은 옳은 말씀이
오." 그가 이렇게 말한 것은 그가 마음속
으로 '내가 왕으로 있는 동안에는 평화와
안정이 있겠지'라고 생각했기 때문입니
다.
20 히스기야가 한, 다른 모든 일과 전쟁에서
승리한 일과 연못과 물 길을 만들어 물을
성 안으로 끌어들인 일은 유다 왕들의 역
사책에 기록되어 있습니다.
21 히스기야가 죽고, 그의 아들 므낫세가 뒤
를 이어 왕이 되었습니다.

유다의 므낫세 왕

21 므낫세가 왕이 되었을 때의 나이는
열두 살이었습니다. 그는 오십오 년
동안 예루살렘에서 다스렸습니다. 그의 어
머니의 이름은 헵시바입니다.
2 므낫세는 여호와께서 보시기에 악한 일을
저질렀습니다. 그는 여호와께서 이스라엘
백성 앞에서 쫓아 낸 다른 나라들이 했던
것처럼 더러운 짓들을 그대로 했습니다.
3 므낫세는 그의 아버지 히스기야가 없앤 산
당들을 다시 짓고 바알을 위해 제단들을
쌓았습니다. 그리고 그는 이스라엘의 아합
왕처럼 아세라 우상을 만들었으며 하늘의
온갖 별들을 예배하고 섬겼습니다.
4 므낫세는 여호와께서 "내가 예루살렘에 내
이름을 둘 것이다"라고 하셨던 여호와의
성전에 제단들을 쌓았습니다.
5 그는 여호와의 성전 안에 있는 두 뜰에 하
늘의 별들을 섬기는 제단을 쌓았습니다.
6 그는 자기 아들까지도 제물로 바쳤습니
다. 그는 요술을 부렸으며 표적과 꿈을 풀
어 점을 치기도 했습니다. 그는 무당과 점
쟁이를 불러 의논하기도 했습니다. 그는
여호와께서 악하다고 말씀하신 일을 많이
했습니다. 그래서 여호와를 노하시게 만
들었습니다.
7 므낫세는 아세라 우상을 새겨서 성전 안에
놓아 두었습니다. 여호와께서는 예전에
그 성전에 대해 다윗과 그의 아들 솔로몬

성경 인물

선한 아버지, 악한 아들

이스라엘 왕 가운데 가장 오래 집권했던 므낫세 왕은 아버지 히스기야 왕과는 달리 할아버지 아하스처럼 악한 정치를 하였습니다. 그는 이방 사람의 가증한 일을 본받아 아버지 히스기야가 허물어 버렸던 산당을 다시 세우고, 성전을 모독하며 예언자와 죄 없는 백성을 죽이는 등 악행을 저질렀습니다. 후에는 앗시리아의 침략을 받았을 뿐만 아니라 바빌로니아에 포로로 끌려가기도 하였으나, 회개한 뒤에는 우상을 제거하고 예배를 회복시키기도 하였습니다(대하 33:12-19).

본문 보기 21장

에게 이렇게 말씀하신 적이 있습니다.
"내가 이스라엘 모든 지파 중에서 뽑은 이
성전과 예루살렘에 내 이름을 영원히 둘
것이다.
8 이스라엘 백성이 내가 명령한 모든 말에
복종하고 내 종 모세가 명령한 모든 계명
대로 살기만 하면 다시는 내가 그들을 이
땅에서 떠나 방황하지 않게 하겠다."
9 그러나 그들은 그 말씀을 듣지 않았습니
다. 므낫세는 이스라엘을 잘못된 길로 이
끌었을 뿐만 아니라, 여호와께서 이스라엘
백성 앞에서 멸망시키신 다른 나라들보다
더 악한 일을 하게 했습니다.
10 여호와께서 그의 종인 예언자들을 통해
말씀하셨습니다.
11 "유다 왕 므낫세가 이런 악한 일을 저질렀
다. 그는 그전의 아모리 사람들보다 더 악
한 일을 저질렀다. 그는 또 유다 백성들
이 우상 섬기는 죄를 짓도록 만들었다.
12 그러므로 이스라엘 하나님 여호와가 말한
다. 내가 예루살렘과 유다에 큰 재앙을 내
리겠다. 누구든지 그 재앙에 대한 이야기
를 듣는 사람은 무서워서 벌벌 떨게 될 것
이다.
13 내가 사마리아와 아합의 집안에 벌을 내렸
던 것처럼 예루살렘에도 벌을 내리겠다.
사람이 접시를 닦아 엎어 놓듯 내가 예루
살렘을 말끔히 씻어 버리겠다.
14 또 내가 준 땅에서 살아 남은 내 백성을
내쫓아서 원수에게 넘겨 주겠다. 그들은
원수들로부터 모두 빼앗기고 도적질당할
것이다.
15 그들의 조상이 이집트에서 나오던 날부터
오늘까지 내 백성은 내가 보기에 악한 일
을 하여 나를 분노하게 했다."
16 므낫세는 유다 백성들이 죄를 짓게 만들었
습니다. 유다 백성은 여호와께서 보시기
에 악한 일을 했습니다. 더구나 므낫세는
죄 없는 사람을 많이 죽여 예루살렘을 이
쪽 끝에서 저쪽 끝까지 피로 가득 채웠습
니다.
17 므낫세가 행한, 다른 모든 일과 저지른 죄
는 유다 왕들의 역사책에 기록되어 있습
니다.
18 므낫세가 죽어 그의 왕궁 정원, 곧 웃사의
정원에 묻혔습니다. 그리고 므낫세의 아
들 아몬이 뒤를 이어 왕이 되었습니다.

유다의 아몬 왕

19 아몬이 왕이 되었을 때의 나이는 스물두
살이었습니다. 그는 예루살렘에서 이 년
동안, 다스렸습니다. 그의 어머니는 므술
레멧인데, 욧바 사람인 하루스의 딸입니
다.
20 아몬은 그의 아버지 므낫세처럼 여호와께
서 보시기에 악한 일을 저질렀습니다.
21 아몬은 그의 아버지 므낫세가 산 것처럼
살았습니다. 그는 그의 아버지와 마찬가
지로 우상을 섬겼고 그 앞에서 절을 했습
니다.
22 아몬은 그의 조상의 하나님 여호와를 저
버리고 여호와의 길을 따르지 않았습니
다.
23 아몬의 신하들이 아몬을 배신하여 왕궁에
서 그를 죽였습니다.
24 그러자 유다 백성은 아몬 왕을 반역하였던
사람들을 다 죽이고 그의 아들 요시야를
왕으로 세웠습니다.
25 아몬이 행한, 다른 모든 일은 유다 왕들의
역사책에 기록되어 있습니다.
26 아몬이 웃사의 정원에 묻히고, 그의 아들
요시야가 뒤를 이어 왕이 되었습니다.

유다의 요시야 왕

22 요시야가 왕이 되었을 때의 나이는
여덟 살이었습니다. 그는 삼십일
년 동안, 예루살렘에서 다스렸습니다. 그
의 어머니는 여디다인데 보스갓 사람 아다
야의 딸입니다.
2 요시야는 여호와께서 보시기에 옳은 일을
했습니다. 그는 그의 조상 다윗이 했던 대
로 행하였으며 나쁜 일을 하지 않았습니
다.
3 요시야가 왕으로 있은 지 십팔 년째 되던
해에 므술람의 손자요, 아살리야의 아들인
왕의 서기관 사반을 여호와의 성전으로

대제사장 힐기야가 성전을 수리하다가 율법책을 발견함(22:8)

보냈습니다. 요시야가 말했습니다.
4 “대제사장 힐기야에게 올라가시오. 가서 문지기들이 백성에게서 모은 돈, 곧 백성이 여호와의 성전으로 가져온 돈을 계산하라고 하시오.
5 그리고 그 돈을 성전 수리하는 일을 감독하는 사람들에게 주어 성전에서 부서진 곳을 고치도록 하시오.
6 곧 목수와 돌 쌓는 사람과 미장이에게 주게 하시오. 그리고 그 돈으로 성전을 수리하는 데에 필요한 나무와 돌을 사들이게 하시오.
7 그러나 그 돈을 어디에 썼는지 보고하게 할 필요는 없소. 왜냐하면 그들이 정직하게 일하고 있기 때문이오.”

율법책을 발견하다

8 대제사장 힐기야가 왕의 서기관 사반에게 말했습니다. “내가 여호와의 성전에서 율법책을 발견했소.” 힐기야가 그 책을 사반에게 주자, 사반이 그 책을 읽었습니다.
9 서기관 사반이 왕에게 가서 보고했습니다. “왕의 신하들이 여호와의 성전에서 꺼낸 돈을 여호와의 성전에서 일하는 감독들에게 주었습니다.”
10 그리고 또 왕에게 말했습니다. “제사장 힐기야가 저에게 책 한 권을 주었습니다.” 그리고 사반이 소리내어 그 책을 왕에게 읽어 주었습니다.
11 왕이 율법책의 말씀을 듣더니 너무나 슬퍼서 자기 옷을 찢었습니다.
12 왕이 제사장 힐기야와 사반의 아들 아히감과 미가야의 아들 악볼과 서기관 사반과 왕의 조언자 아사야에게 명령했습니다.
13 “가서 나와 모든 백성과 온 유다를 위하여 지금 발견된 이 책의 말씀에 대해 여호와의 뜻을 여쭈어 보도록 하시오. 우리 조상이 이 책의 말씀에 복종하지 않았기 때문에 우리를 향한 여호와의 분노가 너무나 크오. 우리 조상은 우리가 지켜야 할 것을 적어 주신 이 책의 말씀대로 따라 살지 않았소.”
14 그리하여 제사장 힐기야와 아히감과 악볼과 사반과 아사야가 여자 예언자 훌다에게 가서 여호와의 뜻을 여쭈어 보았습니다. 훌다는 할하스의 손자이며 디과의 아들인 왕의 옷을 관리하는 살룸의 아내입니다. 훌다는 예루살렘 성의 새 구역에서 살고 있었습니다.
15 훌다가 그들에게 말했습니다. “이스라엘의 하나님 여호와께서 이렇게 말씀하셨소. 당신들을 나에게 보낸 왕에게 전하시오.
16 ‘내가 이 곳과 여기에 사는 백성에게 재앙을 내리겠다. 유다 왕 요시야가 읽은 책에 따라 내가 재앙을 내리겠다.
17 유다 백성은 나를 저버리고 다른 신들에게 향을 피우며 온갖 우상을 만들어 나를 노하게 했다. 나의 분노가 이 곳을 향해 불붙는 듯하다. 아무도 나의 분노를 그치게 하지 못할 것이다.’
18 여호와의 뜻을 여쭤 보라고 당신들을 보낸 유다의 왕에게 전하시오. 이스라엘의 하나님 여호와께서 이렇게 말씀하셨소.
19 ‘너는 이 곳과 여기에 사는 백성에 대한 내 말, 곧 그들이 저주를 받아 멸망할 것이라는 말을 듣고 내 앞에서 뉘우치는 마

음과 겸손한 모습을 보였다. 너는 너무나
슬퍼서 네 옷을 찢었으며 내 앞에서 흐느
꼈다. 나는 네 기도를 들어 주겠다. 이것
은 나 여호와의 말씀이다.
20 그러므로 나는 너를 평안히 죽게 하여 너
의 조상들의 묘실에 묻히게 하겠다. 너는
내가 이 곳에 내릴 온갖 재앙을 네 눈으
로 보지 않게 될 것이다.'" 그들은 왕에
게 돌아가서 이 말을 전했습니다.

백성이 율법의 말씀을 듣다

23 왕이 유다와 예루살렘의 장로들을
불러 모았습니다.
2 왕이 여호와의 성전으로 올라가자, 유다
와 예루살렘에 사는 모든 백성도 그와 함
께 올라갔습니다. 제사장과 예언자와 젊
은 사람, 늙은 사람 할 것 없이 모든 백
성들이 왕과 함께 올라갔습니다. 왕이 그
들에게 여호와의 성전에서 발견한 언약의
책에 있는 모든 말씀을 읽어 주었습니다.
3 왕은 성전 기둥 곁에 서서 여호와 앞에서
언약을 맺었습니다. 그는 여호와를 따르
고 여호와의 계명과 규례와 율법을 마음
과 정성을 다하여 지키기로 약속했습니
다. 그는 또 그 책에 적혀 있는 언약의 말
씀을 다 지키기로 약속했습니다. 모든 백
성도 그 언약을 지키기로 약속했습니다.

요시야가 산당을 헐어 버리다

4 왕이 대제사장 힐기야와 그 아래 제사장
들과 문지기들에게 바알과 아세라와 하늘
의 모든 별을 위해 만든 것들을 여호와
의 성전에서 다 내오라고 명령했습니
다. 요시야는 그것들을 예루살렘 바
깥 기드론 들에서 태워 버렸습니
다. 그리고 그 남은 재는 벧엘로
가져갔습니다.
5 이전에 있던 유다의 왕들은 우상
을 섬기는 제사장들을 뽑아 유다
의 여러 성과 예루살렘 가까이에
있는 산당에서 향을 피우게 했
습니다. 그 제사장들은 바알과
해와 달에게 제사를 지냈고, 하
늘의 행성과 모든 별에게도 제사
를 지냈습니다. 그러나 요시야는 그런 제
사장들을 쫓아 냈습니다.
6 요시야는 여호와의 성전에서 아세라 우상
을 없애기 위해, 예루살렘 바깥 기드론 들
로 가져가서 불에 태워 재로 만든 다음에
그 재를 보통 사람들의 무덤 위에 뿌렸습
니다.
7 왕은 또 여호와의 성전에 있던 남자 창기
들의 집을 헐어 버렸습니다. 그 집은 여
자들이 아세라를 위해 천을 짜던 곳이기
도 합니다.
8 그리고 그는 유다의 여러 성에 사는 모든
제사장들을 예루살렘으로 불러들였습니
다. 그리고 게바에서 브엘세바에 이르기까
지 그들이 제사를 지내던 산당들을 모두
못 쓰게 만들었습니다. '여호수아의 문'
입구, 곧 성문 왼쪽에 있는 산당들도 부
쉈습니다. 여호수아는 그 성을 다스리던
사람입니다.
9 산당에 있었던 제사장들은 예루살렘에 있
는 여호와의 제단에서 여호와를 섬길 수
는 없었으나, 누룩을 넣지 않고 만든 빵
인 무교병은 다른 제사장들과 함께 나누
어 먹을 수 있었습니다.
10 요시야는 힌놈 골짜기에 있던 도벳을 더럽
혀 놓았습니다. 그래서 아무도 그 곳에서
자기 아들이나 딸을 몰렉에게 제물로 바
칠 수 없게 되었습니다.

율법책의 말씀을 듣고 슬퍼하는 요시야 왕(22:11)

11 요시야는 유다의 왕들이 여호와의 성전 입
구에 놓아 둔 말들을 없앴습니다. 그 말
들은 내시인 나단멜렉의 집 곁에 있었고,
해를 섬기려고 만든 것이었습니다. 요시
야는 해를 섬길 때 쓰는 수레들도 다 태
워 버렸습니다.
12 요시야는 그전에 유다의 왕들이 아하스의
윗방 지붕 위에 만들어 놓았던 제단들도
헐어 버렸습니다. 그리고 므낫세가 여호
와의 성전 안 두 뜰에 만들어 놓은 제단
들도 부수고 그 재를 기드론 골짜기에 뿌
렸습니다.
13 요시야 왕은 예루살렘 맞은편, 곧 '멸망의
산' 오른쪽에 있던 산당들을 더럽혀 놓았
습니다. 그 산당들은 솔로몬 왕이 시돈 사
람들의 역겨운 여신 아스다롯과 모압의 역
겨운 신 그모스와 암몬 사람들의 역겨운
신 밀곰*을 위해 세운 것입니다.
14 요시야는 돌 우상들을 부숴 버리고 아세라
우상을 베어 버렸습니다. 그리고 그 곳을
죽은 사람들의 뼈로 덮었습니다.

성경 자세히 이해하기

작은 우상 드라빔

23장 24절에서 말하는 '집 귀신'은 고대 근동 지방에서 가정을 지켜 주는 신으로 알려진 우상 신의 하나로 '드라빔'이라고 불리는 것이었습니다. 누지에서 출토된 법전에는 드라빔을 가진 사람에게 상속권이 있다고 쓰여 있는데, 그래서 라헬은 아버지의 드라빔을 훔쳐 야곱으로 하여금 재산을 상속받게 하려 했습니다(창 31:19). 한편 몇몇 유대인 작가들은 사람들이 드라빔을 원하는 정보를 제공해 주는 것으로 믿었다고 추측하였습니다.

본문 보기 23장 24절

알아두세요

23:13 암몬 족속이 섬기던 중요한 신으로 때때로 '말감'으로 발음하기도 한다.
23:33 100달란트는 약 3.43t에 해당되고, 1달란트는 약 34.27kg에 해당된다.
24:2 '아람'은 현재의 '시리아' 땅에 해당된다.

15 요시야는 느밧의 아들 여로보암이 세운 벧
엘의 제단도 헐어 버렸습니다. 여로보암은
이스라엘 백성들이 죄를 짓게 만든 왕이었
습니다. 요시야는 그 곳을 불태우고 제단
의 돌들을 부숴서 가루로 만들었습니다.
그리고 아세라 우상도 불태웠습니다.
16 요시야가 몸을 돌이켜 보니 산 위에 무덤
들이 있었습니다. 그는 사람들을 보내어
무덤에서 뼈를 꺼내게 하고 그 뼈를 제단
위에서 태워 제단을 부정하게 만들어 놓
았습니다. 이로써 여호와께서 하나님의
사람을 통해서 하신 말씀을 모두 이루었
습니다.
17 요시야가 물었습니다. "저기 보이는 저 비
석은 무엇이냐?" 그 성의 백성이 대답했
습니다. "그것은 유다에서 온, 하나님의
사람이 묻혀 있는 무덤입니다. 그는 왕이
벧엘의 제단에 대해서 하실 일을 예언한
사람입니다."
18 왕이 말했습니다. "그 무덤은 그대로 두
어라. 아무도 그 사람의 뼈를 옮기지 못
하게 하여라." 그래서 그 뼈와 사마리아에
서 온 예언자의 뼈를 그대로 두었습니다.
19 이스라엘의 왕들은 사마리아의 여러 성에
우상을 섬기는 신전들을 세워 여호와를
노하시게 했는데, 요시야는 벧엘에서 한
것처럼 그 신전들을 다 헐어 버렸습니다.
20 요시야는 그런 산당의 제사장들을 제단 위
에서 다 죽였습니다. 그리고 그들의 뼈를
제단 위에서 불태우고 예루살렘으로 돌아
갔습니다.

유월절을 다시 지키다

21 왕이 모든 백성에게 명령했습니다. "언약
의 책에 적혀 있는 대로 여러분의 하나님
여호와를 위해 유월절을 지키시오."
22 사사들이 이스라엘을 다스리던 때부터 이
스라엘과 유다의 왕들이 나라를 다스리던
때까지 유월절을 지킨 적은 한 번도 없었
습니다.
23 요시야가 왕으로 있은 지 십팔 년째 되던
해에 예루살렘에서 여호와께 유월절을 지
켰습니다.

24 요시야는 유다 땅과 예루살렘에 있는 무당
과 점쟁이와 집 귀신과 우상들과 온갖 역
겨운 신들을 없애 버렸습니다. 이렇게 하
여 그는 제사장 힐기야가 여호와의 성전
에서 발견한 율법책에 적혀 있는 대로 말
씀을 지켰습니다.
25 요시야와 같은 왕은 전에도 없었고 그 뒤
에도 없었습니다. 그는 마음과 정성과 힘
을 다하여 여호와를 섬겼습니다. 그리고
모세의 가르침을 다 지켰습니다.
26 그러나 여호와께서는 유다를 향한 크고
무서운 진노를 거두지 않으셨습니다. 여
호와의 분노는 유다를 향해 불붙었습니
다. 그것은 므낫세가 저지른 온갖 죄 때문
이었습니다.
27 여호와께서 말씀하셨습니다. "내가 이스
라엘을 없앴듯이 유다도 내 눈앞에서 없애
겠다. 그리고 내가 선택한 이 성 예루살렘
과 '내가 그 곳에 내 이름을 두겠다' 라고
말했던 이 성전도 내버리고 말겠다."
28 요시야가 행한, 다른 모든 일은 유다 왕들
의 역사책에 기록되어 있습니다.
29 요시야가 왕으로 있을 때에 이집트 왕 느
고가 앗시리아를 돕기 위해 유프라테스 강
으로 올라갔습니다. 요시야 왕이 이것을
막으려고 나갔으나, 이집트 왕이 므깃도에
서 요시야를 죽이고 말았습니다.
30 요시야의 신하들이 므깃도에서 그의 시체
를 전차에 싣고 예루살렘으로 옮겨 와서
묻어 주었습니다. 유다 백성은 요시야의
아들 여호아하스를 뽑아 그에게 기름을 붓
고 아버지의 뒤를 이어 왕이 되게 하였습
니다.

유다의 여호아하스 왕

31 여호아하스가 왕이 되었을 때의 나이는 스
물세 살이었습니다. 그는 예루살렘에서 세
달 동안, 다스렸습니다. 그의 어머니의
이름은 하무달입니다. 하무달은 립나 사람
인 예레미야의 딸입니다.
32 여호아하스는 그의 조상들처럼 여호와께
서 보시기에 악한 일을 저질렀습니다.
33 이집트 왕 느고가 하맛 땅 리블라에서 여호
아하스를 사로잡았습니다. 그래서 여호아하
스는 예루살렘에서 다스릴 수 없게 되었습
니다. 느고는 유다 백성에게 은 백 달란트*
가량과 금 한 달란트* 가량을 바치게 했습
니다.
34 느고 왕은 요시야의 다른 아들인 엘리아김
을 왕으로 세우고, 그의 이름을 여호야김
으로 고치게 하였습니다. 여호아하스는 이
집트로 끌려가 그 곳에서 죽었습니다.
35 여호야김은 이집트 왕 느고가 달라는 대로
은과 금을 주었습니다. 여호야김은 느고가
달라는 것을 채우기 위해 백성들의 재산
이 많고 적음에 따라 세금을 매겨 은과 금
을 거두어들였습니다.

유다의 여호야김 왕

36 여호야김이 왕이 되었을 때의 나이는 스물
다섯 살이었습니다. 그는 예루살렘에서 십
일 년 동안, 다스렸습니다. 그의 어머니
의 이름은 스비다입니다. 스비다는 루마 사
람인 브다야의 딸입니다.
37 여호야김은 그의 조상들처럼 여호와께서
보시기에 악한 일을 했습니다.

24

여호야김이 왕으로 있을 때, 바빌
로니아 왕 느부갓네살이 유다 땅으
로 쳐들어왔습니다. 그래서 여호야김은 삼
년 동안, 느부갓네살의 종이 되었습니다.
그 뒤에 여호야김이 느부갓네살에게 반역
하였습니다.
2 여호와께서 바빌로니아와 아람*과 모압과
암몬의 군대를 유다에 보내셔서 유다를 멸
망시키게 하셨습니다. 그래서 여호와께서
그의 종인 예언자들을 통해서 하신 말씀
을 이루셨습니다.
3 이 일이 유다 백성에게 일어난 것은 여호

유월절(23:21 Passover) 하나님께서 이스라엘 자손을 이집트로부터 구원해 내신 것을 기념하기 위해 유대인들이 봄마다 종교 의식으로 지키는 절기(축제).

사사(23:22 judge) 구약 시대에 백성들을 다스린 판관, 지도자.

재산(23:35 property) 개인이나 단체가 소유한 유형, 무형의 경제적 가치가 있는 것의 총체.

와의 명령에 따른 것입니다. 여호와께서
는 므낫세가 저지른 모든 죄 때문에 유다
백성을 여호와 앞에서 내쫓으셨습니다.
4 므낫세는 죄 없는 사람을 많이 죽였습니
다. 므낫세는 예루살렘을 피로 가득 차게
만들었습니다. 여호와께서는 그런 죄를
용서하려 하지 않으셨습니다.
5 여호야김이 왕으로 있는 동안, 일어난 일
과 그가 행한, 다른 모든 일은 유다 왕들
의 역사책에 기록되어 있습니다.
6 여호야김이 죽고, 그의 아들 여호야긴이
뒤를 이어 왕이 되었습니다.
7 이집트 왕은 자기 땅 밖으로 다시는 나오
지 못했습니다. 그것은 바빌로니아 왕이
이집트 시내에서 유프라테스 강에 이르는
이집트 왕의 땅을 다 점령했기 때문이었
습니다.

유다의 여호야긴 왕

8 여호야긴이 왕이 되었을 때의 나이는 열여
덟 살이었습니다. 그는 예루살렘에서 세
달 동안, 다스렸습니다. 그의 어머니의
이름은 느후스다입니다. 느후스다는 예루살
렘 사람인 엘라단의 딸입니다.
9 여호야긴은 그의 조상들처럼 여호와께서
보시기에 악한 일을 저질렀습니다.
10 그 무렵, 바빌로니아 왕 느부갓네살의 신하
들이 예루살렘으로 올라와서 그 성을 에워
쌌습니다.
11 느부갓네살 왕도 그의 신하들이 그 성을
에워싸고 있는 사이에 그 성에 왔습니다.
12 유다 왕 여호야긴이 자기 어머니와 신하들
과 장교들과 관리들과 함께 느부갓네살 왕
에게 항복했습니다. 그러자 바빌로니아 왕
이 여호야긴을 사로잡았습니다. 그 때는
느부갓네살이 왕으로 있은 지 팔 년째 되
던 해였습니다.
13 느부갓네살은 여호와의 성전과 왕궁에 있
는 보물을 다 빼앗아 갔습니다. 그리고 이
스라엘의 왕 솔로몬이 성전에서 쓰려고 만
든 금그릇들을 다 깨뜨렸습니다. 이 모든
일이 여호와께서 말씀하신 대로 이루어졌
습니다.
14 느부갓네살은 예루살렘에 있는 모든 백성
을 사로잡아 갔습니다. 모든 관리와 모든
용사와 모든 기술자와 대장장이들을 데려
갔는데, 그가 잡아 간 사람은 모두 만 명
에 이릅니다. 그 땅에는 가장 천한 사람
만이 남았습니다.
15 느부갓네살은 여호야긴을 바빌론으로 사로
잡아 갔을 뿐만 아니라, 여호야긴 왕의 어
머니와 왕의 아내들, 그리고 왕의 관리들
과 그 땅의 지도자들도 데려갔습니다.
16 바빌로니아 왕은 군인 칠천 명도 사로잡아
갔습니다. 그들은 모두 강하고 용감한 군
인들이었습니다. 그리고 기술자와 대장장
이들 천 명도 사로잡아 갔습니다.
17 바빌로니아 왕은 여호야긴을 대신해서 여
호야긴의 삼촌 맛다니야를 왕으로 세우고
이름을 시드기야로 고쳤습니다.

유다의 시드기야 왕

18 시드기야가 왕이 되었을 때의 나이는 스물
한 살이었습니다. 그는 예루살렘에서 십일
년 동안 다스렸습니다. 그의 어머니는 하
무달로서 립나 사람인 예레미야의 딸입니

성경 인물

유다 최후의 왕 시드기야

여호야긴 왕이 바빌로니아로 끌려간 뒤 느부갓네살 왕은 여호야긴의 삼촌이자 요시야 왕의 셋째 아들인 시드기야를 허수아비 왕으로 세웠습니다. 왕이 된 시드기야(원래 이름은 '맛다니야' 였음, 24:17)는 이집트의 원조를 받아 바빌로니아에 저항할 계획이었으나, 오히려 바빌로니아의 침공을 받아 포위된 지 18개월 만에 예루살렘의 함락과 멸망을 보게 되었습니다. 결국 두 눈이 뽑힌 채 바빌로니아에 끌려간 그는 감옥에 갇혀 있다가 죽임을 당했습니다.

본문 보기 25장

알아두세요

25:1 이 날은 B.C. 588년 1월 15일에 해당된다.
25:3 이 날은 B.C. 586년 7월 18일에 해당된다.
25:8 이 날은 B.C. 586년 8월 14일에 해당된다.
25:17 18규빗은 약 8.1m에 해당되고, 3규빗은 약 1.35m에 해당된다.

다.
19 시드기야는 여호야김처럼 여호와께서 보시
기에 악한 일을 저질렀습니다.
20 이 모든 일이 예루살렘과 유다에 일어난
까닭은 여호와께서 그들에게 노하셨기 때
문입니다. 여호와께서 마침내 그들을 여
호와 앞에서 내쫓으셨습니다. 시드기야 왕
이 바빌론 왕을 배반했습니다.

예루살렘의 멸망

25 시드기야가 왕으로 있은 지 구 년
째 되는 해의 열째 달 십 일*에
바빌로니아 왕 느부갓네살이 모든 군대를
이끌고 예루살렘으로 쳐들어왔습니다. 느
부갓네살은 성을 공격하기 위해서 그 주변
을 에워싸고 흙 언덕을 성 둘레에 쌓았습
니다.
2 성은 시드기야가 왕으로 있은 지 십일 년
째 되던 해까지 포위되어 있었습니다.
3 그 해 넷째 달 구 일*이 되자 성 안에 기
근이 심해졌습니다. 백성들은 먹을 것을
하나도 구할 수 없었습니다.
4 그리고 때맞춰 성벽도 뚫리고 말았습니
다. 모든 군대가 밤중에 도망쳤습니다.
그들은 왕의 정원 곁에 있는 두 성벽 사
이에 있는 성문 길로 빠져 나갔습니다. 그
때까지도 바빌로니아 사람들은 성을 에워
싸고 있었습니다. 시드기야와 그의 군대는
아라바 길로 달려갔습니다.
5 그러나 바빌로니아 군대가 시드기야 왕을
여리고 평야에서 붙잡았습니다. 시드기야
왕의 모든 군대는 뿔뿔이 흩어졌습니다.
6 바빌로니아 군대가 시드기야 왕을 사로잡
아 리블라에 있는 바빌로니아 왕에게 끌고
갔습니다. 바빌로니아 왕이 시드기야를 심
문했습니다.
7 그들은 시드기야가 보는 앞에서 그의 아들
들을 죽이고, 그의 눈을 뺀 뒤 쇠사슬로
묶어 바빌론으로 끌고 갔습니다.
8 바빌로니아의 느부갓네살이 왕으로 있은 지
십구 년째 되던 해의 다섯째 달 칠 일*에
경호대장인 느부사라단이 예루살렘으로 왔
습니다.

바빌론 유수(25:1-21)

9 느부사라단은 여호와의 성전과 왕궁에 불
을 지르고 예루살렘의 모든 집을 불태웠습
니다. 그래서 중요한 건물은 다 불타고 말
았습니다.
10 바빌로니아의 모든 군대가 예루살렘의 성
벽을 헐어 버렸습니다. 그 군대는 왕의 경
호대장이 지휘했습니다.
11 경호대장인 느부사라단은 예루살렘에 남아
있는 백성과 바빌로니아 왕에게 항복한 백
성과 나머지 백성을 사로잡아 갔습니다.
12 그러나 그 땅의 가장 천한 사람들은 남겨
두어 포도밭을 가꾸고 농사를 짓게 했습
니다.
13 바빌로니아 군대는 여호와의 성전에 있는
놋기둥과 놋받침대와 바다라고 부르는 커
다란 놋대야를 깨뜨려 그 놋쇠를 바빌론
으로 가져갔습니다.
14 그들은 또 성전에서 제사드릴 때 쓰는 솥
과 부삽과 부집게와 접시와 온갖 놋기구
들도 가져갔습니다.
15 왕의 경호대장은 화로와 대야들도 가져갔
고 금이나 은으로 만든 것도 다 가져갔습
니다.
16 또 놋기둥 두 개와 커다란 놋대야 하나와
솔로몬이 여호와의 성전을 위해 만든 놋
받침대도 모두 가져갔습니다. 경호대장이
가져간 놋은 너무 많아서 무게를 달 수 없
을 정도였습니다.
17 그 기둥은 각각 높이가 십팔 규빗*이었습
니다. 기둥 꼭대기에는 높이가 삼 규빗*
되는 기둥 머리가 놓여 있었습니다. 기둥
머리의 둘레는 그물과 놋석류로 장식되어

있었습니다. 다른 기둥에도 그물 장식이
있었는데 첫 번째 기둥과 같은 모양이었
습니다.

유다 백성이 포로가 되어 끌려가다

18 경호대장은 대제사장 스라야와 그 아래 제
사장 스바냐와 문지기 세 사람을 붙잡았
습니다.
19 그리고 성 안에 남아 있던 사람들, 곧 군
인들을 지휘하던 장교 한 사람과, 왕에게
도움말을 주던 신하 다섯 사람과, 군대에
갈 사람들을 뽑았던 왕의 시종 한 사람과,
그 밖에 성 안에 있던 다른 백성 육십 명
을 붙잡았습니다.
20 경호대장 느부사라단은 그들을 붙잡아서
리블라에 있는 바빌로니아 왕에게 끌고 갔
습니다.
21 바빌로니아 왕은 하맛 땅 리블라에서 그들
을 죽였습니다. 이처럼 유다 백성은 그들
의 땅에서 쫓겨나 포로가 되어 끌려갔습
니다.

그달리야가 총독이 되다

22 바빌로니아 왕 느부갓네살은 유다 땅에 남
아 있는 백성을 다스릴 총독으로 그달리
야를 세웠는데, 그는 사반의 손자이며 아
히감의 아들이었습니다.
23 바빌로니아 왕이 그달리야를 총독으로 세
웠다는 소식을 듣고, 유다 군대의 장교들
과 그 부하들이 모두 미스바에 있는 그달
리야에게 모여들었습니다. 그 곳에 모인
사람은 느다냐의 아들 이스마엘과 가레아
의 아들 요하난과 느도바 사람 단후멧의 아
들 스라야와 마아가 사람의 아들 야아사냐
와 그 부하들입니다.
24 그러자 그달리야가 군대 장교들과 그들의
부하들에게 약속했습니다. "바빌로니아의
관리들을 두려워하지 마시오. 이 땅에 살
면서 바빌로니아 왕을 섬기시오. 그러면
모든 것이 잘 될 것이오."
25 그러나 그 해 칠 월*에 이스마엘이 부하
열 사람을 데리고 와서 그달리야를 죽였습
니다. 이스마엘은 엘리사마의 손자이며 느
다냐의 아들로서 왕족이었습니다. 그들은
또 미스바에 그달리야와 함께 있던 유다 사
람과 바빌로니아 사람들도 죽였습니다.
26 그런 다음에 젊은 사람이나 늙은 사람 할
것 없이 다 이집트로 도망쳤습니다. 군대
장교들도 이집트로 도망쳤습니다. 이는 바
빌로니아 사람들*을 두려워한 까닭입니다.

여호야긴이 풀려나다

27 유다 왕 여호야긴이 사로잡혀 간 지 삼십
칠 년째 되던 해, 곧 에윌므로닥이 바빌로
니아 왕이 된 해 십이 월 이십칠 일*에 에
윌므로닥이 여호야긴을 감옥에서 풀어 주
었습니다.

알아두세요

25:25 이 달은 B.C.586년 10월과 11월에 해당된다.
25:26 '바빌로니아 사람들'은 '갈대아 사람들'을 가리킨다.
25:27 이 날은 B.C. 561년 4월 2일에 해당된다.

28 에윌므로닥은 여호야긴에게 친절하게 대하면서, 바빌론에 와 있던 다른 왕들의 자리보다 더 높은 자리를 주었습니다.
29 그리하여 여호야긴은 죄수가 입는 옷을 벗었습니다. 그는 죽기 전까지 왕의 상에서 왕과 함께 먹었습니다.
30 왕은 여호야긴이 살아 있는 동안에 날마다 그에게 용돈을 주었습니다.

바빌로니아에 포로로 끌려가는 유다 백성들(25:18-21)

역대상

1 Chronicles

저자
누가 기록했는지 알 수 없으나, 에스라가 기록했을 가능성이 있다.

저작 연대
B.C. 450-400년경

주요 인물
사울, 다윗, 유다의 여러 왕들, 이스라엘 지파의 주요 인물들

핵심어 및 주요 내용
핵심어는 "왕가의 계보"와 "헌신"이다. 예수 그리스도의 절대 왕권에 이르게 되는 다윗 왕가의 계보를 특별히 자세하게 설명하고 있다.

내용 소개
1. 창조로부터 회복기까지의 계보(1-9장)
2. 다윗의 통치(10-29장)

아담에서 아브라함까지

1 아담은 셋의 아버지입니다. 셋은 에노스의 아버지이고, 에노스는 게난의 아버지입니다.
2 게난은 마할랄렐의 아버지이고, 마할랄렐은 야렛의 아버지이고, 야렛은 에녹의 아버지입니다.
3 에녹은 므두셀라의 아버지이고, 므두셀라는 라멕의 아버지이고, 라멕은 노아의 아버지입니다.
4 노아의 아들은 셈과 함과 야벳입니다.
5 야벳의 아들은 고멜과 마곡과 마대와 야완과 두발과 메섹과 디라스입니다.
6 고멜의 아들은 아스그나스와 디밧과 도갈마입니다.
7 야완의 아들은 엘리사와 다시스와 깃딤과 도다님입니다.
8 함의 아들은 구스와 미스라임*과 붓과 가나안입니다.
9 구스의 아들은 스바와 하윌라와 삽다와 라아마와 삽드가입니다. 라아마의 아들은 스바와 드단입니다.
10 구스는 니므롯의 아버지인데, 니므롯은 그 땅에서 뛰어난 용사가 되었습니다.
11 미스라임은 루딤과 아나밈과 르하빔과 납두힘에 사는 백성의 조상이며
12 또 바드루심과 가슬루힘과 갑도림의 조상이기도 합니다. 블레셋 백성은 가슬루힘에서 나왔습니다.
13 가나안의 맏아들은 시돈이고, 또 다른 아들은 헷입니다.
14 가나안은 여부스 사람과 아모리 사람과 기르가스 사람의 조상이며,
15 또 히위 사람과 알가 사람과 신 사람과
16 아르왓 사람과 스말 사람과 하맛 사람의 조상이기도 합니다.
17 셈의 아들은 엘람과 앗수르와 아르박삿과 룻과 아람입니다. 아람의 아들은 우스와 훌과 게델과 메섹입니다.
18 아르박삿의 아들은 셀라이고, 셀라의 아들은 에벨입니다.
19 에벨에게는 두 아들이 있었습니다. 한 아들의 이름은 벨렉입니다. 그에게 이런 이름이 붙은 것은 그 시대에 그 땅이 나누어졌기 때문입니다. 벨렉의 동생은 욕단입니다.
20 욕단은 알모닷과 셀렙과 하살마웻과 예라와
21 하도람과 우살과 디글라와
22 에발과 아비마엘과 스바와
23 오빌과 하윌라와 요밥의 아버지입니다.
24 셈에서 아브라함까지의 족보는 셈, 아르박삿, 셀라,

알아두세요
1:8 일반적으로 이집트를 지칭하는 히브리어이며, '애굽'이라고 표기하기도 한다.
1:34 '이스라엘'은 하나님께서 '야곱'에게 주신 이름이다.

25 에벨, 벨렉, 르우,
26 스룩, 나홀, 데라,
27 아브람, 곧 아브라함의 순서로 되어 있습
니다.

아브라함의 자손

28 아브라함의 아들은 이삭과 이스마엘입니
다.
29 이삭과 이스마엘의 아들은 이러합니다. 이
스마엘의 맏아들은 느바욧입니다. 그 밖에
다른 아들의 이름은 게달과 앗브엘과 밉삼
과
30 미스마와 두마와 맛사와 하닷과 데마와
31 여둘과 나비스와 게드마입니다.
32 아브라함의 첩인 그두라는 시므란과 욕산
과 므단과 미디안과 이스박과 수아를 낳았
습니다. 욕산의 아들은 스바와 드단입니
다.
33 미디안의 아들은 에바와 에벨과 하녹과 아
비다와 엘다아입니다. 이들은 모두 그두라
의 자손입니다.
34 아브라함은 이삭의 아버지입니다. 이삭의
아들은 에서와 이스라엘*입니다.
35 에서의 아들은 엘리바스와 르우엘과 여우스
와 얄람과 고라입니다.
36 엘리바스의 아들은 데만과 오말과 스비와
가담과 그나스와 딤나와 아말렉입니다.
37 르우엘의 아들은 나핫과 세라와 삼마와 밋
사입니다.

세일의 자손

38 세일의 아들은 로단과 소발과 시브온과 아
나와 디손과 에셀과 디산입니다.
39 로단의 아들은 호리와 호맘입니다. 로단에
게는 딤나라는 누이가 있습니다.
40 소발의 아들은 알랸과 마나핫과 에발과 스
비와 오남이며 시브온의 아들은 아야와 아
나입니다.
41 아나의 아들은 디손이며 디손의 아들은 하
므란과 에스반과 이드란과 그란입니다.
42 에셀의 아들은 빌한과 사아완과 아아간이
며 디산의 아들은 우스와 아란입니다.

에돔의 왕들

43 이스라엘에 왕이 있기 전에 에돔에는 그
땅을 다스리던 왕들이 있었습니다. 브올
의 아들 벨라는 에돔의 왕이었는데 그가
다스린 성의 이름은 딘하바였습니다.
44 벨라가 죽자, 세라의 아들 보스라 사람 요
밥이 왕이 되었습니다.
45 요밥이 죽자, 데만 사람 후삼이 왕이 되었
습니다.
46 후삼이 죽자, 브닷의 아들 하닷이 왕이 되
었습니다. 하닷은 모압 땅에서 미디안을
무찔렀습니다. 그가 다스린 성의 이름은
아윗입니다.
47 하닷이 죽자, 사믈라가 왕이 되었습니다.
사믈라는 마스레가 사람입니다.
48 사믈라가 죽자, 사울이 왕이 되었습니다.
사울은 강가에 위치한 르호봇 사람입니다.
49 사울이 죽자, 악볼의 아들 바알하난이 왕
이 되었습니다.
50 바알하난이 죽자, 하닷이 왕이 되었습니
다. 그가 다스린 성의 이름은 바이입니다.
하닷의 아내는 므헤다벨입니다. 므헤다벨

대상

성경 자세히 이해하기

왜 성경에는 이스라엘의 족보가 여러 번 나오나요? 그렇게 중요한가요?

우리 민족도 그렇지만, 특히 유대인들에게 조상을 아는 일은 무척 주요한 일이었습니다. 그래서 유대인들은 가문의 기록을 소중하게 보관했습니다. 그들은 이런 계보를 간직함으로써 이스라엘의 왕위 계승권과 제사장 직분 등 이스라엘 백성들의 여러 가지 소중한 유산을 확립했습니다. 그리고 무엇보다도 그들은 이 계보를 통해 하나님께서 자신의 조상들에게 베풀어 주신 놀라운 일들을 항상 기억할 수 있었습니다.

믿음의 자손인 우리 그리스도인들도 이러한 이스라엘의 계보를 통해 중요한 신앙 교훈을 배울 수 있습니다. 하나님은 오늘날에도 여전히 아브라함의 믿음의 후손들인 우리들을 통해 하나님의 구속사역을 이루어나가실 것이기 때문입니다.

본문 보기 1장

은 마드렛의 딸이요, 메사합의 손녀입니
다.
51 하닷이 죽었습니다. 에돔의 족장은 딤나와
알랴와 여뎃과
52 오홀리바마와 엘라와 비논과
53 그나스와 데만과 밉살과
54 막디엘과 이람입니다. 이들이 에돔의 족장
입니다.

이스라엘의 자손

2 이스라엘*의 아들들은 다음과 같습니
다. 르우벤과 시므온과 레위와 유다와
잇사갈과 스불론과
2 단과 요셉과 베냐민과 납달리와 갓과 아셀
입니다.

유다의 자손

3 유다의 아들들은 에르와 오난과 셀라입니다.
이들의 어머니는 가나안 여자 수아의 딸입
니다. 유다의 맏아들 에르는 여호와 앞에
서 악한 일을 하였으므로, 여호와께서는
그를 죽이셨습니다.
4 유다의 며느리 다말은 유다에게 베레스와
세라를 낳아 주었습니다. 그래서 그의 아
들은 모두 다섯 명이 되었습니다.
5 베레스의 아들은 헤스론과 하물입니다.
6 세라의 아들은 모두 다섯 명인데, 그들의
이름은 시므리와 에단과 헤만과 갈골과 다
라입니다.
7 가르미의 아들은 아간*입니다. 아간은 완
전히 없애 버려야 할 물건들을 숨겨 놓았
다가 이스라엘에 재앙을 불러일으켰습니
다.
8 에단의 아들은 아사랴입니다.
9 헤스론의 아들은 여라므엘과 람과 글루배*
입니다.
10 람은 암미나답의 아버지이고, 암미나답은
나손의 아버지입니다. 나손은 유다 백성의
지도자입니다.
11 나손은 살마의 아버지이고, 살마는 보아스
의 아버지입니다.
12 보아스는 오벳의 아버지이고, 오벳은 이새
의 아버지입니다.
13 이새의 맏아들은 엘리압입니다. 둘째 아들
은 아비나답이고, 셋째 아들은 시므아입니
다.
14 넷째 아들은 느다넬이고, 다섯째 아들은
랏대입니다.
15 여섯째 아들은 오셈이고, 일곱째 아들은
다윗입니다.
16 이들의 누이는 스루야와 아비가일입니다.
스루야의 아들은 세 명이고, 그들의 이름
은 아비새와 요압과 아사헬입니다.
17 아비가일은 아마사의 어머니이고, 아마사
의 아버지는 이스마엘 사람 예델입니다.

갈렙의 자손

18 헤스론의 아들 갈렙은 그의 두 아내 아수
바와 여리옷을 통해 아들을 낳았습니다.
갈렙과 아수바 사이에서 태어난 아들은 예
셀과 소밥과 아르돈입니다.
19 아수바가 죽자, 갈렙은 에브랏*과 결혼했
습니다. 그들 사이에서 태어난 아들은 훌
입니다.
20 훌은 우리의 아버지이고, 우리는 브살렐의
아버지입니다.
21 그 뒤, 헤스론이 육십 세에 길르앗의 아버
지 마길의 딸과 결혼했습니다. 헤스론이
마길의 딸과 잠자리를 같이하니, 마길의
딸이 스굽을 낳았습니다.
22 스굽은 야일의 아버지입니다. 야일은 길르
앗 땅에 있는 성 스물세 개를 다스렸습니
다.
23 그러나 그술과 아람이 야일의 마을들을 빼
앗았습니다. 그들은 그낫과 그 주변의 작
은 마을들도 빼앗았습니다. 그들이 점령
한 마을은 모두 육십 개입니다. 이들은
모두 길르앗의 아버지인 마길의 자손입니
다.
24 헤스론이 갈렙 에브라다에서 죽은 뒤에 그
의 아내 아비야가 헤스론의 아들을 낳았습
니다. 그 아들의 이름은 아스훌입니다. 아
스훌은 드고아의 아버지가 되었습니다.

여라므엘의 자손

25 여라므엘은 헤스론의 맏아들입니다. 여라
므엘의 아들은 람과 브나와 오렌과 오셈과
아히야입니다.

26 여라므엘에게 다른 아내가 있었는데, 그의 이름은 아다라입니다. 아다라는 오남의 어머니입니다.
27 여라므엘의 맏아들 람의 아들은 마아스와 야민과 에겔입니다.
28 오남의 아들은 삼매와 야다이며 삼매의 아들은 나답과 아비술입니다.
29 아비술의 아내는 아비하일입니다. 아비술과 아비하일 사이에서 태어난 아들은 아반과 몰릿입니다.
30 나답의 아들은 셀렛과 압바임입니다. 셀렛은 자녀를 낳지 못하고 죽었습니다.
31 압바임의 아들은 이시입니다. 이시는 세산의 아버지이며, 세산은 알래의 아버지입니다.
32 야다는 삼매의 동생입니다. 야다의 아들은 예델과 요나단입니다. 예델은 자녀 없이 죽었습니다.
33 요나단의 아들은 벨렛과 사사입니다. 이들은 여라므엘의 자손입니다.
34 세산은 아들이 없고 딸만 있었습니다. 그에게는 야르하라는 이집트 종이 있었습니다.
35 세산은 자기 딸을 야르하와 결혼시켰는데, 세산의 딸이 앗대를 낳았습니다.
36 앗대는 나단의 아버지이고, 나단은 사밧의 아버지입니다.
37 사밧은 에블랄의 아버지이고, 에블랄은 오벳의 아버지입니다.
38 오벳은 예후의 아버지이고, 예후는 아사랴의 아버지입니다.
39 아사랴는 헬레스의 아버지이고, 헬레스는 엘르아사의 아버지입니다.
40 엘르아사는 시스매의 아버지이고, 시스매는 살룸의 아버지입니다.
41 살룸은 여가먀의 아버지이고, 여가먀는 엘리사마의 아버지입니다.

갈렙의 자손

42 갈렙은 여라므엘의 동생입니다. 갈렙의 맏아들은 메사이고, 메사는 십의 아버지입니다. 십의 아들은 마레사이고, 마레사는 헤브론의 아버지입니다.
43 헤브론의 아들은 고라와 답부아와 레겜과 세마입니다.
44 세마는 라함의 아버지이고, 라함은 요르그암의 아버지입니다. 레겜은 삼매의 아버지입니다.
45 삼매의 아들은 마온입니다. 마온은 벳술의 아버지입니다.
46 갈렙의 첩 에바는 하란과 모사와 가세스를 낳았습니다. 하란도 가세스라는 아들을 두었습니다.
47 야대의 아들은 레겜과 요단과 게산과 벨렛과 에바와 사압입니다.
48 갈렙은 마아가라는 첩을 또 두었습니다. 마아가는 세벨과 디르하나의 어머니입니다.
49 또 마아가는 사압과 스와의 어머니이기도 합니다. 사압은 맛만나의 아버지입니다. 스와는 막베나와 기브아의 아버지입니다. 갈렙의 딸은 악사입니다.
50 갈렙의 자손은 이러합니다. 훌은 에브라다의 맏아들입니다. 훌의 아들은 소발과 살마와 하렙입니다.

성경 인물

예후 히브리어의 뜻은 '그가 여호와이다' 인데, 구약에는 이 이름을 가진 사람들이 여러 명 나옵니다. 첫 번째 인물은 이스라엘 북 왕조의 10대 왕으로 28년간 통치한 여호사밧의 아들입니다(왕하 9:2;10:36). 두 번째 인물은 하나니의 아들로 이스라엘 왕 바아사의 죄를 책망하고 멸망을 예고했던 예언자입니다(왕상 16:1-7,12). 세 번째 인물은 아나돗 출신의 베냐민 지파 사람으로 시글락에서 다윗 편에 가담한 용사 중의 한 사람입니다(대상 12:3). 본문 보기 2장 38절

알아두세요

2:1 '이스라엘'은 하나님께서 '야곱'에게 주신 이름이다.
2:7 또는 '아갈'. '아간'은 '재앙'이라는 뜻이다.
2:9 '글루배'는 '갈렙'의 또 다른 이름이다.
2:19 '에브랏'은 '에브라다'의 또 다른 이름이다.

51 소발은 기럇여아림의 아버지이고, 살마는 베들레헴의 아버지이며 하렙은 벧가델의 아버지입니다.
52 기럇여아림의 아버지인 소발은 하로에와 므누훗 사람의 절반을 자손으로 두었습니다.
53 기럇여아림 족속은 이델 족속과 붓 족속과 수맛 족속과 미스라 족속의 조상이기도 합니다. 이들 족속에서 소라 족속과 에스다올 족속이 나왔습니다.
54 살마의 자손은 베들레헴과 느도바 족속과 아다롯벳요압과 마나핫 족속 절반과 소라 족속입니다.
55 야베스에 사는 서기관 족속은 디랏 족속과 시므앗 족속과 수갓 족속입니다. 이들은 레갑 가문의 조상 함맛에게서 나온 겐 족속입니다.

다윗의 자손

3 헤브론에서 태어난 다윗의 아들은 이러합니다. 그의 맏아들은 암논입니다. 암논의 어머니는 이스르엘 사람 아히노암입니다. 둘째 아들은 다니엘이고, 그의 어머니는 갈멜 사람 아비가일입니다.
2 셋째 아들은 압살롬이고, 그의 어머니는 그술 왕 달매의 딸 마아가입니다. 넷째 아들은 아도니야이고, 그의 어머니는 학깃입니다.
3 다섯째 아들은 스바댜이고, 그의 어머니는 아비달입니다. 여섯째 아들은 이드르암이고, 그의 어머니는 다윗의 아내 에글라입니다.
4 다윗의 여섯 아들은 헤브론에서 태어났습니다. 다윗은 헤브론을 칠 년 육 개월 동안 다스렸으며, 예루살렘을 삼십삼 년 동안 다스렸습니다.
5 예루살렘에서 태어난 다윗의 아들은 이러합니다. 다윗과 암미엘의 딸 밧세바* 사이에서 태어난 아들은 시므아와 소밥과 나단과 솔로몬입니다.
6 다윗의 다른 아들은 입할과 엘리사마와 엘리벨렛과
7 노가와 네벡과 야비아와
8 엘리사마와 엘랴다와 엘리벨렛이고, 모두 아홉 명입니다.
9 이들은 모두 다윗의 아들입니다. 그 밖에 첩이 낳은 아들들도 있었습니다. 다윗은 또 다말이라는 딸도 두었습니다.

유다의 왕들

10 솔로몬의 아들은 르호보암이고, 르호보암의 아들은 아비야입니다. 아비야의 아들은 아사이고, 아사의 아들은 여호사밧입니다.
11 여호사밧의 아들은 요람*이고, 요람의 아들은 아하시야이며, 아하시야의 아들은 요아스입니다.
12 요아스의 아들은 아마샤이고, 아마샤의 아들은 아사랴*이며, 아사랴의 아들은 요담입니다.
13 요담의 아들은 아하스이고, 아하스의 아들은 히스기야이며, 히스기야의 아들은 므낫세입니다.
14 므낫세의 아들은 아몬이고, 아몬의 아들은 요시야입니다.
15 요시야의 아들은 이러합니다. 맏아들은 요하난이고, 둘째 아들은 여호야김입니다. 셋째 아들은 시드기야이고, 넷째 아들은 살룸*입니다.
16 여호야김의 뒤를 이은 사람은 여고냐이고, 여고냐의 뒤를 이은 사람은 시드기야입니다.

바빌로니아 포로 시대 후 다윗의 자손

17 여호야긴*은 포로로 끌려갔습니다. 여호야긴의 아들은 스알디엘과
18 말기람과 브다야와 세낫살과 여가먀와 호사

알아두세요

3:5 '밧수아'라고도 한다.
3:11 '요람'의 또 다른 이름으로 '여호람'이 있다.
3:12 '아사랴'는 '웃시야'라고도 한다.
3:15 '살룸'은 '여호아하스'의 또 다른 이름이다.
3:17 '여고냐'의 또 다른 이름으로 '여호야긴'이 있다.
4:9 '야베스'는 '재앙' 혹은 '고통'이라는 뜻이다.

마와 느다뱌입니다.
19 브다야의 아들은 스룹바벨과 시므이이고, 스룹바벨의 아들은 므술람과 하나냐입니다. 그들의 누이는 슬로밋입니다.
20 스룹바벨은 다섯 아들을 또 두었는데, 그들은 하수바와 오헬과 베레갸와 하사댜와 유삽헤셋입니다.
21 하나냐의 자손은 블라댜와 여사야입니다. 여사야의 아들은 르바야이고, 르바야의 아들은 아르난입니다. 아르난의 아들은 오바댜이고, 오바댜의 아들은 스가냐입니다.
22 스가냐의 자손은 그의 아들 스마야와 스마야의 아들 핫두스와 이갈과 바리야와 느아랴와 사밧으로 모두 여섯 명입니다.
23 느아랴의 아들은 에료에내와 히스기야와 아스리감으로 모두 세 명입니다.
24 에료에내의 아들은 호다위야와 엘리아십과 블라야와 악굽과 요하난과 들라야와 아나니로 모두 일곱 명입니다.

유다의 다른 가문

4 유다의 자손은 베레스와 헤스론과 갈미와 훌과 소발입니다.
2 소발의 아들 르아야는 야핫의 아버지이고, 야핫은 아후매와 라핫의 아버지입니다. 이들은 소라 가문입니다.
3 에담의 아들은 이스르엘과 이스마와 잇바스이고, 그들의 누이는 하술렐보니입니다.
4 브누엘은 그돌의 아버지이고, 에셀은 후사의 아버지입니다. 이들은 베들레헴의 아비 에브라다의 맏아들 훌의 후손들입니다.
5 드고아의 아버지는 아스훌입니다. 아스훌은 헬라와 나아라라는 두 아내를 두었습니다.
6 아스훌과 나아라의 아들은 아훗삼과 헤벨과 데므니와 하아하스다리입니다. 이들은 나아라의 자손입니다.
7 헬라의 아들은 세렛과 이소할과 에드난입니다.
8 고스는 아눕과 소베바의 아버지입니다. 고스는 하룸의 아들 아하헬 가문의 조상이기도 합니다.
9 야베스라는 사람이 있었는데, 그는 다른 형제들보다 더 존경을 받았습니다. 야베스의 어머니는 '고통 중에 아들을 낳았다'는 뜻으로 그의 이름을 야베스*라고 지었습니다.
10 야베스가 이스라엘의 하나님께 기도드렸습니다. "나에게 복을 주십시오. 나에게 땅을 더 많이 주십시오. 나와 함께 계셔 주시고, 아무도 나를 해치지 못하게 해 주십시오. 내가 누구한테도 고통을 당하지 않게 해 주십시오." 하나님께서는 야베스의 기도를 들어 주셨습니다.
11 수하의 형제 글룹은 므힐의 아버지이고, 므힐은 에스돈의 아버지입니다.
12 에스돈은 베드라바와 바세아와 드힌나의 아버지이고, 드힌나는 이르나하스의 아버지입니다. 이들은 모두 레가의 자손들입니다.

성경 속의 궁금증

야베스의 기도가 왜 유명한가요?

'야베스'의 뜻은 '고통' 또는 '불행'입니다. 그의 어머니가 그렇게 이름을 붙여 주었습니다. 자식의 이름을 그렇게 지어 주고 싶은 사람은 없을 것입니다. 하지만 야베스는 그렇게 이름이 붙여졌습니다. 어쩌면 그의 어머니가 고통 끝에 난산을 했거나, 그가 태어날 당시 가정 환경이 몹시 불행했는지도 모릅니다.

하지만 야베스는 그런 자신의 고통을 기도로 바꾸었습니다. 그래서 자신의 땅을 넓혀 주실 것과 환난을 벗어난 평안의 복을 하나님께 구했습니다. 그는 어려운 환경을 불평하는 대신 큰 비전을 품고 하나님께 기도했던 것입니다. 결국 하나님께서는 야베스의 기도를 들어주셨고 그는 형제들보다 더 존경을 받는 사람이 되었습니다. 지금도 이 간단한 야베스의 기도문을 통해 많은 성도들이 은혜를 받고 삶의 기적을 경험하고 있습니다.

본문 보기 4장 10절

13 그나스의 아들은 옷니엘과 스라야이고, 옷
니엘의 아들은 하닷과 므오노대입니다.
14 므오노대는 오브라의 아버지입니다. 스라
야는 요압의 아버지이고, 요압은 게하라심
에 사는 사람들의 조상입니다. 그 곳에는
기술자들이 살았기 때문에 '기술자 골짜
기'라는 뜻으로 게하라심이라는 이름이 붙
었습니다.
15 갈렙은 여분네의 아들이고, 갈렙의 아들은
이루와 엘라와 나암이며, 엘라의 아들은 그
나스입니다.
16 여할렐렐의 아들은 십과 시바와 디리아와
아사렐입니다.
17 에스라의 아들은 예델과 메렛과 에벨과 얄
론입니다. 메렛은 파라오의 딸 비디아와 결
혼하여 미리암과 삼매와 에스드모아의 아
버지가 되는 이스바를 낳았습니다.
18 메렛은 유다 사람인 아내를 또 두었습니
다. 그 아내는 예렛과 헤벨과 여구디엘을
낳았습니다. 예렛은 그돌의 아버지가 되었
고, 헤벨은 소고의 아버지가 되었습니다.
그리고 여구디엘은 사노아의 아버지가 되
었습니다.
19 호디야의 아내는 나함의 누이입니다. 호디
야 아내의 아들은 에스드모아와 그일라의
아버지입니다. 그일라는 가미 사람이고,
에스드모아는 마아가 사람입니다.
20 시몬의 아들은 암논과 린나와 벤하난과 딜
론이고, 이시의 아들은 소헷과 벤소헷입니
다.
21 유다의 아들 셀라의 자손은 셀라의 아들이
며 레가의 아버지인 에르와 마레사의 아버
지인 라아다와 베를 짜는 집안의 아버지
아스베아이며,
22 모압과 야수비네헴을 다스렸던 요김과 고
세바 사람과 요아스와 사랍입니다. 이 가
문에 대한 기록은 매우 오래 된 것입니
다.

알아두세요

5:1 '이스라엘'은 하나님께서 '야곱'에게 주신 이름이다.

23 셀라의 아들들은 옹기장이입니다. 그들은
느다임과 그데라에서 왕을 섬기면서 살았
습니다.

시므온의 자손

24 시므온의 아들은 느무엘과 야민과 야립과
세라와 사울입니다.
25 사울의 아들은 살룸입니다. 살룸의 아들은
밉삼이고, 밉삼의 아들은 미스마입니다.
26 미스마의 아들은 함무엘이고, 함무엘의 아
들은 삭굴입니다. 삭굴의 아들은 시므이입
니다.
27 시므이는 아들 열여섯 명과 딸 여섯 명을
두었으나, 그의 형제들은 자녀를 많이 두
지 않았습니다. 그래서 그들의 가문은 유
다만큼 사람이 많지 않았습니다.
28 시므이의 자녀는 브엘세바와 몰라다와 하살
수알과
29 빌하와 에셈과 돌랏과
30 브두엘과 호르마와 시글락과
31 벧말가봇과 하살수심과 벧비리와 사아라임
에서 살았습니다. 이 성들은 다윗 왕 때
까지 그들이 다스렸습니다.
32 그 성들에서 가까운 다섯 마을은 에담과
아인과 림몬과 도겐과 아산입니다.
33 바알까지 다른 마을들도 있었는데, 그들
은 이 마을들에서 살았습니다. 그리고 그
들은 자기 가문의 기록을 남겼습니다.
34 또 메소밥과 야믈렉과 아마시야의 아들 요
사와
35 요엘과 예후가 있는데 예후는 요시비야의
아들이고, 요시비야는 스라야의 아들이고,
스라야는 아시엘의 아들입니다.
36 그리고 엘료에내와 야아고바와 여소하야
와 아사야와 아디엘과 여시미엘과 브나야
와
37 시사가 있는데 시사는 시비의 아들이고,
시비는 알론의 아들이고, 알론은 여다야의
아들이고, 여다야는 시므리의 아들이며,
시므리는 스마야의 아들입니다.
38 이들은 각 가문의 어른들이며, 이들의 집
안은 크게 불어났습니다.
39 이들은 '양을 칠 목장을 찾으려고 그돌 성

입구인 골짜기 동쪽까지 나아갔습니다.
40 이들은 기름지고 좋은 목장을 발견했습니다. 그 땅은 매우 넓고 평화로웠으며, 옛적에 함의 자손이 살던 땅이었습니다.
41 위에 기록된 사람들은 유다 왕 히스기야 때, 그돌에 왔습니다. 그들은 함 백성의 장막을 쳐서 그들을 멸망시키고, 그 땅을 빼앗았습니다. 그리고 그 곳에 살던 모우님 백성도 멸망시켰습니다. 그래서 지금도 그 곳에는 모우님 백성이 남아 있지 않습니다. 양을 칠 수 있는 목장이 있었으므로, 그들은 그 곳에서 살기 시작했습니다.
42 이시의 아들인 블라댜와 느아랴와 르바야와 웃시엘은 시므온 백성 오백 명을 이끌고 세일 산지에 사는 사람들을 공격했습니다.
43 그들은 그 곳에 남아 있던 아말렉 사람들을 죽이고, 지금까지 거기에서 살고 있습니다.

르우벤의 자손

5 르우벤은 이스라엘*의 맏아들입니다. 그는 맏아들로서 특별한 권리를 누릴 수 있었지만, 아버지의 첩과 잠자리를 같이한 까닭에 이스라엘의 아들인 요셉의 아들들에게 그 특권을 넘겨 주어야 했습니다. 심지어 족보에도 르우벤의 이름은 맏아들로 기록되지 못했습니다.
2 유다는 그의 형제들보다 더 강했고, 그의 집안에서 지도자가 나왔으나 맏아들의 권리는 요셉의 집안에게 돌아갔습니다.
3 이스라엘의 맏아들인 르우벤의 아들은 하녹과 발루와 헤스론과 갈미입니다.
4 요엘의 자손은 이러합니다. 스마야는 요엘의 아들이고, 스마야의 아들은 곡이며, 곡의 아들은 시므이입니다.
5 시므이의 아들은 미가이고, 미가의 아들은 르아야이며, 르아야의 아들은 바알입니다.
6 바알의 아들은 브에라이고, 브에라는 르우벤 지파의 지도자입니다. 앗시리아 왕 디글랏빌레셀이 브에라를 사로잡아 갔습니다.
7 요엘의 형제들과 그의 전체 가문은 그들의 족보에 적혀 있는 대로입니다. 여이엘이 족장이고, 그 다음이 스가랴와
8 벨라입니다. 벨라는 아사스의 아들이고, 아사스는 세마의 아들이며, 세마는 요엘의 아들입니다. 그들은 느보 산과 바알므온까지 이르는 아로엘 지역에서 살았습니다.
9 그들은 또한 동쪽에서도 살았습니다. 그들의 땅은 유프라테스 강가의 사막까지 이르렀습니다. 길르앗 땅에서 살기에는 가축이 너무 많았기 때문에 그 곳으로 옮겨가 살았습니다.
10 사울이 왕이 되었을 때, 벨라의 자손은 하갈 사람들과 싸워서 그들을 물리치고, 하갈 사람들의 장막에서 살았습니다. 그들은 길르앗 동쪽의 모든 지역에서 살았습니다.

갓의 자손

11 갓 지파 사람들은 르우벤 자손 가까이에서 살았습니다. 갓 자손은 살르가까지 이르는 바산 땅에서 살았습니다.
12 요엘이 족장이고, 그 다음 인물은 사밤입니다. 야내와 사밧도 지도자입니다.
13 갓 자손의 친척은 미가엘과 므술람과 세바와 요래와 야간과 시아와 에벨로서 모두 일곱 명입니다.
14 이들은 아비하일의 자손입니다. 아비하일은 후리의 아들이고, 후리는 야로아의 아들입니다. 야로아는 길르앗의 아들이고, 길르앗은 미가엘의 아들입니다. 미가엘은

풍요로운 바산(5:11)-바산의 암소

여시새의 아들이고, 여시새는 야도의 아들
입니다. 야도는 부스의 아들입니다.
15 아히는 압디엘의 아들이고, 압디엘은 구니
의 아들입니다. 아히는 그들 집안의 지도
자입니다.
16 갓 자손은 길르앗과 바산과 바산 근처의 작
은 마을들에서 살았습니다. 그들은 또한
사론의 모든 목장 끝에까지 퍼져 살았습
니다.
17 유다 왕 요담과 이스라엘 왕 여로보암 때에
이들의 이름은 모두 갓 가문의 족보에 올
랐습니다.

전쟁 용사들

18 르우벤과 갓과 동쪽 므낫세 반 지파는 사
만 사천칠백육십 명의 군인을 두고 있었
습니다. 그들은 방패와 칼을 쓸 줄 알고
활도 잘 다루는 용감한 군인들로서 전쟁
용사들입니다.
19 그들은 하갈 사람과 여두르와 나비스와 노
답 백성과 전쟁을 했습니다.
20 르우벤과 갓과 동쪽 므낫세 반 지파 군인
들은 전쟁을 할 때, 하나님께 도와 달라
고 기도드렸습니다. 그들이 하나님을 믿
고 의지하니, 하나님께서는 그들이 하갈
사람들을 물리칠 수 있게 도와 주셨습니
다. 그리하여 마침내 하갈 사람들과 힘을
합해 싸운 사람들까지도 모두 물리쳤습니
다.
21 그들은 하갈 사람들이 가지고 있었던 낙
타 오만 마리와 양 이십오만 마리와 나귀
이천 마리를 빼앗았으며 십만 명의 사람
을 사로잡았습니다.
22 하갈 사람들이 많이 죽었습니다. 하나님
께서 르우벤과 갓과 므낫세 자손을 도와
주셨으므로, 그들은 사로잡혀 갈 때까지
그 곳에서 살았습니다.

동쪽 므낫세 반 지파

23 동쪽 므낫세 반 지파에는 많은 백성이 있
었습니다. 그들은 바산에서부터 바알헤르
몬과 스닐과 헤르몬 산까지 이르는 땅 전
체에 흩어져 살았습니다.
24 각 가문의 지도자는 에벨과 이시와 엘리
엘과 아스리엘과 예레미야와 호다위야와
야디엘입니다. 이들은 모두 용감하고 유
명한 사람들로서 각 가문의 지도자입니
다.
25 그러나 그들은 그들의 조상이 섬
기던 하나님께 죄를 지었습니다.
그들은 그 땅의 백성 곧 하나
님께서 멸망시킨 백성의
신들을 섬기기 시작했습
니다.
26 이스라엘 하나님께서
디글랏빌레셀이라고도 하
는 앗시리아의 불 왕의
마음을 움직이셔서 전쟁
을 일으키게 하셨습니
다. 불 왕은 르우벤과 갓
과 동쪽 므낫세 반 지파
의 백성을 사로잡아서 할
라와 하볼과 하라와 고산
강가로 끌고 갔습니다.
그래서 그들은 지금까지
거기에서 살고 있습니
다.

용감한 군사(5:18)

레위의 자손

6 레위의 아들은 게르손과 고핫과 므라리
입니다.
2 고핫의 아들은 아므람과 이스할과 헤브론과
웃시엘입니다.
3 아므람의 자녀는 아론과 모세와 미리암입
니다. 아론의 아들은 나답과 아비후와 엘
르아살과 이다말입니다.
4 엘르아살은 비느하스의 아버지이고, 비느
하스는 아비수아의 아버지입니다.
5 아비수아는 북기의 아버지이고, 북기는 웃
시의 아버지입니다.
6 웃시는 스라히야의 아버지이고, 스라히야
는 므라욧의 아버지입니다.
7 므라욧은 아마랴의 아버지이고, 아마랴는
아히둡의 아버지입니다.
8 아히둡은 사독의 아버지이고, 사독은 아히
마아스의 아버지입니다.
9 아히마아스는 아사랴의 아버지이고, 아사
랴는 요하난의 아버지입니다.
10 요하난은 아사랴의 아버지입니다. 아사랴
는 솔로몬이 예루살렘에 지은 성전에서 제
사장으로 하나님을 섬겼습니다.
11 아사랴는 아마랴의 아버지이고, 아마랴는
아히둡의 아버지입니다.
12 아히둡은 사독의 아버지이고, 사독은 살룸
의 아버지입니다.
13 살룸은 힐기야의 아버지이고, 힐기야는 아
사랴의 아버지입니다.
14 아사랴는 스라야의 아버지이고, 스라야는
여호사닥의 아버지입니다.
15 여호와께서 느부갓네살을 시켜 유다와 예
루살렘 백성을 사로잡아 가게 하셨을 때
에 여호사닥도 끌려갔습니다.
16 레위의 아들은 게르손*과 고핫과 므라리입
니다.
17 게르손의 아들은 립니와 시므이입니다.
18 고핫의 아들은 아므람과 이스할과 헤브론과
웃시엘입니다.
19 므라리의 아들은 마흘리와 무시입니다. 이
들은 레위의 각 가문의 조상입니다.
20 게르손의 아들은 립니이고, 립니의 아들은
야핫이며 야핫의 아들은 심마입니다.
21 심마의 아들은 요아이고, 요아의 아들은
잇도입니다. 잇도의 아들은 세라이고, 세
라의 아들은 여아드래입니다.
22 고핫의 아들은 암미나답이고, 암미나답의 아
들은 고라이며, 고라의 아들은 앗실입니다.
23 앗실의 아들은 엘가나이고, 엘가나의 아들
은 에비아삽이며, 에비아삽의 아들은 앗실
입니다.
24 앗실의 아들은 다핫이고, 다핫의 아들은
우리엘입니다. 우리엘의 아들은 웃시야이
고, 웃시야의 아들은 사울입니다.
25 엘가나의 아들은 아마새와 아히못입니다.
26 아히못의 아들은 엘가나이고, 엘가나의 아
들은 소배이며, 소배의 아들은 나핫입니
다.
27 나핫의 아들은 엘리압이고, 엘리압의 아들
은 여로함입니다. 여로함의 아들은 엘가나
이고, 엘가나의 아들은 사무엘입니다.
28 사무엘은 맏아들 요엘과 둘째 아들 아비야
를 두었습니다.
29 므라리의 아들은 마흘리이고, 마흘리의 아
들은 립니이며, 립니의 아들은 시므이입니
다. 시므이의 아들은 웃사입니다.

성경 자세히 이해하기

므낫세 반 지파

므낫세 지파는 요셉의 장남인 므낫세에게서 시작된 지파입니다. 이스라엘이 가나안에 들어가기 전, 므낫세 지파의 반은 모세에게, 르우벤 · 갓 지파와 함께 요단강 동쪽에 살고 싶다고 요청했습니다. 이들의 요청은 가나안 정복 전쟁 때 앞서서 싸우겠다는 조건으로 받아들여졌습니다(민 32:33-42). 이들이 분배받은 땅은 남쪽은 갓, 북쪽은 헤르몬 산에 이르는 아주 비옥한 땅이었습니다. 한편 요단 서편 땅에 들어간 나머지 반 지파는 에브라임 지파 북쪽과 스불론, 잇사갈 지파의 남쪽 지역의 땅을 분배받았습니다(수 17:1-12).

본문 보기 5장 23절

알아두세요

6:16 '게르손'은 '게르솜'의 또 다른 이름이다.

30 웃사의 아들은 시므아이고, 시므아의 아들
은 학기야이며 학기야의 아들은 아사야입
니다.

성전 음악가

31 다윗은 여호와의 집에서 음악을 맡을 사
람들을 뽑았습니다. 그들은 여호와의 집
에 언약궤가 들어온 후부터 일을 시작했
습니다.
32 그들은 솔로몬이 예루살렘에 여호와의 성
전을 지을 때까지 회막*에서 찬양을 맡았
습니다. 성막은 회막이라고도 부릅니다.
그들은 규칙에 따라 일을 했습니다.
33 음악가들과 그들의 자손의 이름은 이러합
니다. 고핫의 집안 중에 노래하는 사람 헤
만이 있습니다. 헤만은 요엘의 아들이고,
요엘은 사무엘의 아들입니다.
34 사무엘은 엘가나의 아들이고, 엘가나는 여
로함의 아들입니다. 여로함은 엘리엘의 아
들이고, 엘리엘은 도아의 아들입니다.
35 도아는 숩의 아들이고, 숩은 엘가나의 아
들입니다. 엘가나는 마핫의 아들이고, 마
핫은 아마새의 아들입니다.
36 아마새는 엘가나의 아들이고, 엘가나는 요
엘의 아들입니다. 요엘은 아사랴의 아들이
고, 아사랴는 스바냐의 아들입니다.
37 스바냐는 다핫의 아들이고, 다핫은 앗실의
아들입니다. 앗실은 에비아삽의 아들이고,
에비아삽은 고라의 아들입니다.
38 고라는 이스할의 아들이고, 이스할은 고핫
의 아들입니다. 고핫은 레위의 아들이고,
레위는 이스라엘의 아들입니다.
39 헤만의 오른쪽에 서서 헤만을 돕는 아삽은
헤만의 형제였습니다. 아삽은 베레갸의 아
들이고, 베레갸는 시므아의 아들입니다.
40 시므아는 미가엘의 아들이고, 미가엘은 바
아세야의 아들이며, 바아세야는 말기야의
아들입니다.
41 말기야는 에드니의 아들이고, 에드니는 세
라의 아들이며, 세라는 아다야의 아들입니
다.
42 아다야는 에단의 아들이고, 에단은 심마의
아들이며, 심마는 시므이의 아들입니다.
43 시므이는 야핫의 아들이고, 야핫은 게르손
의 아들이며, 게르손은 레위의 아들입니
다.
44 헤만의 왼쪽에 서서 헤만을 돕는 또 한 사
람은 에단이었는데, 그는 므라리 집안의
대표자입니다. 에단은 기시의 아들이고,
기시는 압디의 아들이며, 압디는 말룩의 아
들입니다.
45 말룩은 하사뱌의 아들이고, 하사뱌는 아마
시야의 아들이며, 아마시야는 힐기야의 아
들입니다.
46 힐기야는 암시의 아들이고, 암시는 바니의
아들이며, 바니는 세멜의 아들입니다.
47 세멜은 마흘리의 아들이고, 마흘리는 무시
의 아들입니다. 무시는 므라리의 아들이
고, 므라리는 레위의 아들입니다.
48 다른 레위 사람은 하나님의 집인 성막에
서 제각기 특별한 일을 맡았습니다.
49 아론과 그의 자손은 번제단 위에서 제물
을 바치는 일과 향단 위에서 향을 피우는
일을 했습니다. 그들은 이스라엘을 위하여
죄를 씻는 제물인 속죄 제물을 하나님께
바쳤으며, 지성소에서 해야 할 모든 일들
을 맡아 했습니다. 그들은 하나님의 종 모
세가 명령한 것을 다 지켰습니다.
50 아론의 아들은 이러합니다. 엘르아살은 아

성경 인물

사독 아론의 셋째 아들인 엘르아살의 후손으로 아히둡의 아들입니다. 아히멜렉과 함께 다윗 시대에 제사장직을 수행하였는데(삼하 8:17), 특히 언약궤를 운반하는 일체의 직무를 담당하였습니다(삼하 15:24이하). 아도니야의 반란 때, 제사장 아비아달이 그를 지지한 데 반해(왕상 1:7이하) 사독은 솔로몬의 편에 섰으며, 이를 계기로 그의 후손은 B.C. 587년 유다가 멸망할 때까지 솔로몬 성전에서 제사장 직무를 수행하게 되었습니다.

본문 보기 6장 53절

알아두세요

6:32 '회막'은 '만남의 장막'이라는 뜻이다.

론의 아들이고, 엘르아살의 아들은 비느하
스이며, 비느하스의 아들은 아비수아입니
다.
51 아비수아의 아들은 북기이고, 북기의 아들
은 웃시이며, 웃시의 아들은 스라히야입니
다.
52 스라히야의 아들은 므라욧이고, 므라욧의
아들은 아마랴이며, 아마랴의 아들은 아히
둡입니다.
53 아히둡의 아들은 사독이고, 사독의 아들은
아히마아스입니다.

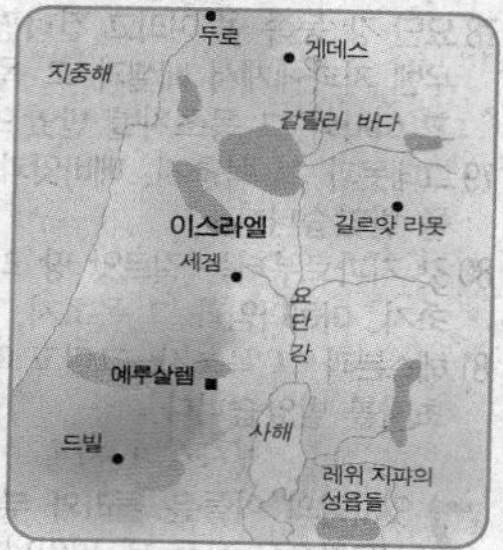

레위 지파의 성읍들 (6:54-81)

레위 사람의 땅

54 아론의 자손이 산 곳은 이러합니다. 아론
의 자손 가운데서 고핫 가문이 먼저 제비
를 뽑아 레위 사람 몫의 땅을 받았습니다.
55 그들은 유다 땅 헤브론 성과 그 주변의 목
초지를 받았습니다.
56 그러나 성 주변의 밭과 마을들은 여분네
의 아들 갈렙이 받았습니다.
57 이처럼 아론의 자손은 도피성 가운데 하
나인 헤브론을 받았습니다. 아론의 자손은
그 밖에도 립나와 얏딜과 에스드모아와
58 힐렌과 드빌과
59 아산과 벧세메스를 받았습니다. 그들은
이 성들과 그 주변의 목초지를 받았습니
다.
60 그들은 베냐민 지파로부터도 여러 성을 받
았습니다. 그들은 게바와 알레멧과 아나돗
과 그 목초지를 받았습니다. 이들 고핫 가
문은 모두 열세 개의 성을 받았습니다.
61 고핫 가문의 나머지 사람들은 제비를 뽑
아 서쪽 므낫세 반 지파로부터 열 개의 성
을 받았습니다.
62 게르손 가문은 잇사갈 지파와 아셀 지파와
납달리 지파와 바산에 사는 므낫세 지파로
부터 열세 개의 성을 받았습니다.
63 므라리 가문은 제비를 뽑아 르우벤 지파와
갓 지파와 스불론 지파로부터 열두 개의
성을 받았습니다.
64 이스라엘 백성이 레위 사람에게 이 모든
성과 목초지를 주었습니다.
65 유다 지파와 시므온 지파와 베냐민 지파가
갖고 있는 여러 성도 제비 뽑기를 통해 레
위 사람들에게 나누어 주었습니다.
66 고핫 가문의 일부 집안은 에브라임 지파로
부터 성과 목초지를 받았습니다.
67 그들은 에브라임 산지의 세겜을 받았는데,
그 곳은 도피성 가운데 하나입니다. 그 밖
에 그들이 받은 성은 게셀과
68 욕므암과 벧호론과
69 아얄론과 가드림몬입니다. 그들은 이 성들
과 그 주변에 있는 목초지를 받았습니다.
70 고핫 가문의 나머지 집안은 서쪽 므낫세
반 지파로부터 아넬과 그 목초지, 그리고
빌르암과 그 목초지를 받았습니다.
71 게르손 가문은 동쪽 므낫세 반 지파로부터
바산 땅 골란과 그 목초지, 그리고 아스다
롯과 그 목초지를 받았습니다.
72 잇사갈 지파로부터는 게데스와 그 목초지,
다브랏과 그 목초지와
73 라못과 그 목초지, 그리고 아넴과 그 목초
지를 받았습니다.
74 아셀 지파로부터는 마살과 그 목초지, 압
돈과 그 목초지와
75 후곡과 그 목초지, 그리고 르홉과 그 목초
지를 받았습니다.
76 납달리 지파로부터는 갈릴리 땅 게데스와
그 목초지, 함몬과 그 목초지, 그리고 기
랴다임과 그 목초지를 받았습니다.
77 므라리의 남은 자손은 스불론 지파로부터
림모노와 그 목초지, 그리고 다볼과 그 목
초지를 받았습니다.

78 요단 강 동쪽 곧 여리고 건너편에 사는 르
우벤 지파에게서 베셀과 그 목초지, 그리
고 야사와 그 목초지를 받았으며
79 그데못과 그 목초지, 메바앗과 그 목초지
를 받았습니다.
80 갓 지파로부터는 길르앗 땅 라못과 그 목
초지, 마하나임과 그 목초지,
81 헤스본과 그 목초지, 그리고 야셀과 그 목
초지를 받았습니다.

잇사갈의 자손

7 잇사갈의 아들은 돌라와 부아와 야숩과
시므론으로 모두 네 명입니다.
2 돌라의 아들은 웃시와 르바야와 여리엘과
야매와 입삼과 스므엘입니다. 이들은 각기
자기 집안의 지도자입니다. 다윗 왕 때에
돌라의 족보에 오른 용사의 수는 이만 이
천육백 명입니다.
3 웃시의 아들은 이스라히야이고, 이스라히야
의 아들은 미가엘과 오바댜와 요엘과 잇시
야입니다. 이 다섯 사람은 모두 지도자입
니다.
4 그들의 족보에 오른 사람 중 군대에 나갈
만한 용사는 다 합하여 삼만 육천 명입니
다. 그렇게 군인이 많은 것은 그들의 아
내와 자녀가 많았기 때문입니다.
5 잇사갈의 각 가문의 족보에 나타난 용사
는 모두 팔만 칠천 명입니다.

베냐민의 자손

6 베냐민의 아들은 벨라와 베겔과 여디아엘
모두 세 명입니다.
7 벨라의 아들은 에스본과 우시와 웃시엘과
여리못과 이리로 모두 다섯 명입니다. 이
들은 각기 자기 집안의 지도자입니다. 그
들의 족보에 오른 사람들 중에 군대에 나
갈 만한 용사는 모두 이만 이천삼십사 명
입니다.
8 베겔의 아들은 스미라와 요아스와 엘리에셀
과 엘료에내와 오므리와 여레못과 아비야와

용사(7:2 warrior) 전쟁 영웅이나 키가 크고 힘이 센 자들을 가리켰음.
원주민(7:21 native) 다른 민족이 들어오기 전부터 대대로 그 지역에 살아온 사람.

아나돗과 알레멧입니다. 이들은 모두 베겔
의 아들입니다.
9 이들의 족보에 올라 있는 용사는 이만 이
백 명입니다.
10 여디아엘의 아들은 빌한이고, 빌한의 아들
은 여우스와 베냐민과 에훗과 그나아나와
세단과 다시스와 아히사할입니다.
11 이 여디아엘의 아들들은 모두 각 집안의
지도자입니다. 군대에 나갈 만한 용사는
만 칠천이백 명입니다.
12 숩빔과 훕빔은 모두 일의 아들입니다. 후
심은 아헬의 아들입니다.

납달리의 자손

13 납달리의 아들은 야시엘과 구니와 예셀과
살룸입니다. 이들은 모두 야곱의 아내 빌
하의 손자들입니다.

므낫세의 자손

14 므낫세의 자손은 이러합니다. 므낫세는 아
람 여자를 첩으로 두었습니다. 그 첩은 아
스리엘과 마길을 낳았습니다. 마길은 길르
앗의 아버지입니다.
15 마길은 훕빔과 숩빔의 누이 마아가를 아내
로 얻었습니다. 므낫세의 둘째 아들은 슬
로브핫입니다. 그는 딸만 두었습니다.
16 마길의 아내 마아가는 아들을 낳고 그 이
름을 베레스라고 지었습니다. 베레스의 동
생은 세레스이고, 세레스의 아들은 울람과
라겜입니다.
17 울람의 아들은 브단입니다. 이들은 길르앗
의 자손입니다. 길르앗은 마길의 아들이
고, 마길은 므낫세의 아들입니다.
18 마길의 누이 함몰레겟은 이스홋과 아비에셀
과 말라를 낳았습니다.
19 스미다의 아들은 아히안과 세겜과 릭히와
아니암입니다.

에브라임의 자손

20 에브라임의 자손은 이러합니다. 에브라임
의 아들은 수델라이고, 수델라의 아들은
베렛이며 베렛의 아들은 다핫입니다. 다핫
의 아들은 엘르아다이고, 엘르아다의 아들
은 다핫입니다.
21 다핫의 아들은 사밧이고, 사밧의 아들은

수델라입니다. 에브라임이 또 에셀과 엘르
앗이라는 아들을 두었는데, 그들이 가드
로 가서 그 성 백성의 소와 양을 훔친 적
이 있었습니다. 그래서 가드 원주민들이
에셀과 엘르앗을 죽였습니다.
22 이 일 때문에 그들의 아버지 에브라임이
여러 날 동안을 슬퍼하자, 그의 가족이 와
서 그를 위로했습니다.
23 그 뒤에 그가 다시 아내와 잠자리를 같이
하여 아내가 임신을 하였습니다. 에브라임
은 아들을 얻었으나, 자기 집에 재앙이 내
렸으므로 그 아들을 브리아라고 불렀습니
다.
24 에브라임의 딸은 세에라입니다. 세에라는
아래 벧호론과 위 벧호론과 우센세에라 성
을 세웠습니다.
25 브리아의 아들은 레바와 레셉입니다. 레셉
의 아들은 델라이고, 델라의 아들은 다한
입니다.
26 다한의 아들은 라단이고, 라단의 아들은
암미훗이고, 암미훗의 아들은 엘리사마입
니다.
27 엘리사마의 아들은 눈이고, 눈의 아들은
여호수아입니다.
28 에브라임의 자손은 벧엘과 그 주변 마을에
살았으며 동쪽으로는 나아란과 그 주변 마
을, 서쪽으로는 게셀과 그 주변 마을, 그
리고 세겜과 그 주변 마을에 살았습니다.
그들의 땅은 아사와 그 주변 마을까지 이
르렀습니다.
29 므낫세 땅의 경계는 벧스안의 여러 마을과
다아낙과 그 주변 마을, 므깃도와 그 주변
마을과 돌과 그 주변 마을입니다. 이스라
엘의 아들인 요셉의 자손이 이 마을들에
서 살았습니다.

아셀의 자손

30 아셀의 아들은 임나와 이스와와 이스위와
브리아입니다. 그들의 누이는 세라입니
다.
31 브리아의 아들은 헤벨과 말기엘이며 말기엘
은 비르사잇의 아버지입니다.
32 헤벨은 야블렛과 소멜과 호담과 그들의 누
이 수아를 낳았습니다.
33 야블렛의 아들은 바삭과 빔할과 아스왓이
니, 이들이 야블렛의 아들입니다.
34 소멜의 아들은 아히와 로가와 호바와 아람
입니다.
35 소멜의 동생 헬렘의 아들은 소바와 임나와
셀레스와 아말입니다.
36 소바의 아들은 수아와 하르네벨과 수알과
베리와 이므라와
37 베셀과 홋과 사마와 실사와 이드란과 브에
라입니다.
38 예델의 아들은 여분네와 비스바와 아라입
니다.
39 울라의 아들은 아라와 한니엘과 리시아입
니다.
40 이들은 모두 아셀의 자손으로서 각 집안
의 지도자이며 뛰어나고 훌륭한 용사들입
니다. 이들의 족보에는 군대에 나갈 만한
용사 이만 육천 명이 올라 있습니다.

베냐민의 자손

8 베냐민의 맏아들은 벨라입니다. 둘째
아들은 아스벨이고, 셋째 아들은 아하
라입니다.
2 베냐민의 넷째 아들은 노하이고, 다섯째
아들은 라바입니다.
3 벨라의 아들은 앗달과 게라와 아비훗과
4 아비수아와 나아만과 아호아와
5 게라와 스부반과 후람입니다.
6 에훗의 자손은 이러합니다. 그들은 게바에
살고 있던 각 가문의 지도자로서, 포로로
사로잡혀 마나핫으로 끌려갔습니다.
7 에훗의 자손은 나아만과 아히야와 게라입
니다. 게라는 웃사와 아히훗의 아버지입니
다.
8 사하라임은 자기 두 아내 후심과 바아라를
쫓아 낸 후에 모압 땅에서 아들을 낳았습
니다.
9 사하라임과 새로 얻은 그의 아내 호데스는
요밥과 시비야와 메사와 말감을 낳았고
10 여우스와 사갸와 미르마를 낳았습니다. 이
아들들은 각 집안의 지도자가 되었습니
다.

11 사하라임은 또 아내 후심을 통해 아비둡과
엘바알을 낳았습니다.
12 엘바알의 아들은 에벨과 미삼과 세멧과 브
리아와 세마입니다. 세멧은 오노와 롯과 그
주변 마을들을 세웠습니다.
13 브리아와 세마는 아얄론에 사는 집안들의
지도자입니다. 이들은 가드에 사는 사람
들을 쫓아 냈습니다.
14 브리아의 아들은 아히요와 사삭과 여레못과
15 스바댜와 아랏과 에델과
16 미가엘과 이스바와 요하입니다.
17 엘바알의 아들은 스바댜와 므술람과 히스기
와 헤벨과
18 이스므래와 이슬리아와 요밥입니다.
19 시므이의 아들은 야김과 시그리와 삽디와
20 엘리에내와 실르대와 엘리엘과
21 아다야와 브라야와 시므랏입니다.
22 사삭의 아들은 이스반과 에벨과 엘리엘과
23 압돈과 시그리와 하난과
24 하나냐와 엘람과 안도디야와
25 이브드야와 브누엘입니다.
26 여로함의 아들은 삼스래와 스하랴와 아달랴
와
27 야아레시야와 엘리야와 시그리입니다.
28 이들은 족보에 오른 각 집안의 지도자이
며 예루살렘에서 살았습니다.
29 여이엘은 기브온에서 살면서 그 곳의 지도
자로 있었습니다. 그의 아내 이름은 마아
가입니다.
30 여이엘의 맏아들은 압돈입니다. 그의 다음
아들은 술과 기스와 바알과 나답과
31 그돌과 아히오와 세겔과
32 미글롯입니다. 미글롯은 시므아의 아버지
입니다. 이들도 예루살렘에서 친척들과 함
께 살았습니다.
33 넬은 기스의 아버지이고, 기스는 사울의
아버지입니다. 사울은 요나단과 말기수아
와 아비나답과 에스바알의 아버지입니다.
34 요나단의 아들은 므립바알이고, 므립바알
은 미가의 아버지입니다.
35 미가의 아들은 비돈과 멜렉과 다레아와 아
하스입니다.
36 아하스는 여호앗다의 아버지이고, 여호앗
다는 알레멧과 아스마웻과 시므리의 아버
지입니다. 시므리는 모사의 아버지입니
다.
37 모사는 비느아의 아버지입니다. 비느아의
아들은 라바이고, 라바의 아들은 엘르아사
이고, 엘르아사의 아들은 아셀입니다.
38 아셀은 여섯 명의 아들을 두었습니다. 그
들의 이름은 아스리감과 보그루와 이스마
엘과 스아랴와 오바댜와 하난입니다. 이들
은 모두 아셀의 아들입니다.
39 아셀의 동생 에섹의 맏아들은 울람입니다.
둘째 아들은 여우스이고, 셋째 아들은 엘
리벨렛입니다.
40 울람의 아들들은 활을 잘 쏘는 용사들입
니다. 그들은 모두 백오십 명의 아들과 손
자를 두었습니다. 이들은 모두 베냐민의
자손입니다.

9 모든 이스라엘 백성의 이름이 다 족보
에 올라 있습니다. 그리고 그 내용은
이스라엘 왕들의 책에 적혀 있습니다.

예루살렘으로 돌아온 백성

유다 백성은 하나님께 충성하지 않았기
때문에 바빌론으로 끌려갔습니다.
2 그 중 가장 먼저 자기 땅과 마을로 돌아
와서 살게 된 사람들은 이스라엘 제사장들
과 레위 사람들과 성전에 있던 종들이었
습니다.
3 유다와 베냐민과 에브라임과 므낫세 지파
사람들 가운데 예루살렘에서 산 사람들의
이름은 이러합니다.
4 유다의 아들 베레스 자손 중에 우대는 암미
훗의 아들이고, 오므리는 이므리의 아들이
고, 이므리는 바니의 아들입니다.
5 실로 사람 중에서는 맏아들 아사야와 그의
아들들입니다.
6 세라 사람 중에서는 여우엘과 세라의 친척
들 육백구십 명입니다.
7 베냐민 지파 가운데 살루는 므술람의 아들
이고, 므술람은 호다위아의 아들이고, 호다
위아는 핫스누아의 아들입니다.
8 여로함의 아들 이브느야와 미그리의 손자

인 웃시의 아들 엘라와 스바댜의 아들 므
술람입니다. 그의 아버지 스바댜는 르우엘
의 아들이고, 르우엘은 이브니야의 아들입
니다.
9 베냐민의 족보에 오른 사람 구백오십육 명
이 예루살렘으로 돌아와 살았습니다. 이들
은 각 집안의 지도자입니다.
10 제사장 가운데 이스라엘로 돌아온 사람은
여다야와 여호야립과 야긴과
11 하나님의 성전을 책임진 힐기야의 아들 아
사랴입니다. 힐기야는 므술람의 아들이고,
므술람은 사독의 아들이고, 사독은 므라욧
의 아들이고, 므라욧은 아히둡의 아들입니
다.
12 그 밖에는 여로함의 아들 아다야와 아디엘
의 아들 마아새가 있습니다. 여로함은 바
스훌의 아들이고, 바스훌은 말기야의 아들
입니다. 마아새의 아버지 아디엘은 야세라
의 아들이고, 야세라는 므술람의 아들이
고, 므술람은 므실레밋의 아들이고, 므실레
밋은 임멜의 아들입니다.
13 예루살렘으로 돌아온 제사장은 모두 천칠
백육십 명입니다. 이들은 각 집안의 지도
자들이며, 하나님의 성전에서 하는 모든
일을 맡았습니다.
14 레위 사람 가운데는 므라리 자손 핫숩의 아
들 스마야가 있습니다. 핫숩은 아스리감의
아들이고, 아스리감은 하사뱌의 아들입니
다.
15 그 밖에 박박갈과 헤레스와 갈랄과 미가
의 아들 맛다냐가 있습니다. 미가는 시그
리의 아들이고, 시그리는 아삽의 아들입
니다.
16 스마야의 아들 오바댜가 있는데, 그의 아
버지 스마야는 갈랄의 아들이고, 갈랄은 여
두둔의 아들입니다. 그리고 아사의 아들
베레갸가 있습니다. 아사는 엘가나의 아들
입니다. 엘가나는 느도바 사람의 마을에서
살았습니다.
17 문지기 가운데는 살룸과 악굽과 달몬과 아
히만과 그 친척들이 있었는데, 살룸이 그
들의 지도자입니다.
18 이 레위 지파 문지기들은 지금도 성 동쪽
의 '왕의 문' 곁을 지키고 서 있습니다.
19 살룸은 고레의 아들입니다. 고레는 에비아
삽의 아들이고, 에비아삽은 고라의 아들입
니다. 살룸과 그의 친척 곧 고라 가문은
문지기입니다. 그들은 거룩한 집인 성소
의 입구를 지키는 일을 맡았습니다. 그들
의 조상도 성전 입구를 지키는 사람이었
습니다.
20 옛적에 엘르아살의 아들 비느하스가 문지
기들의 감독이었습니다. 여호와께서는 항
상 비느하스와 함께 계셨습니다.
21 므셀레마의 아들 스가랴도 회막을 지키는
문지기였습니다.
22 문지기로 뽑힌 사람은 모두 이백십이 명
입니다. 그들의 이름은 마을에 따라 족보
에 올라 있습니다. 다윗과 선견자 사무엘
이 그들을 믿음직스럽게 여겨 그들에게
그 일을 맡겼습니다.
23 이 문지기들과 그들의 자손은 여호와의
집, 곧 성막을 지키는 일을 맡았습니다.
24 문지기들은 성전의 네 면, 곧 동서 남북
을 지켰습니다.
25 마을에 사는 문지기들의 친척들은 번갈아

성경 자세히 이해하기

느디님 사람들

9장 2절의 '성전에 있던 종들'은 히브리어로 '느디님 사람들'로 '바쳐진 사람들'이란 뜻입니다. 이들은 원래 전쟁 포로들로서 성전에서 봉사하도록 한 사람들입니다(민 31:40,42,47). 이들은 성전에서 청소와 제단의 물을 길어 나르는 일, 나무 패는 일, 제사에 쓰이는 그릇을 닦는 일 등을 하였습니다(수 9:23). 이들은 이스라엘 사회에서 하나의 계급을 이루어 특별히 지정된 성읍에서 살았으며, 세금이 면제되었습니다(스 7:24).

본문 보기 9장 2절

가며 그들을 도와야 했습니다. 친척들은
한 번 올 때마다 칠 일 간 문지기들을 도
왔습니다.
26 문지기 가운데 네 사람은 믿을 만했으므
로 다른 모든 문지기의 지도자가 되었습
니다. 그 네 문지기는 레위 사람입니다.
그들은 성전의 방과 창고들을 맡았습니
다.
27 그들은 밤새도록 하나님의 성전을 지키
고, 아침마다 성전 문을 열었습니다.
28 문지기 가운데 몇 사람은 성전에서 쓰는
기구와 그릇들을 맡았습니다. 그들은 기
구와 그릇들을 내가고 들여올 때마다 그
것들을 세는 일을 했습니다.
29 다른 문지기들은 가구들과 성소에 있는
물건들을 맡았습니다. 그들은 고운 가루
와 포도주와 기름과 향과 향품도 맡았습
니다.
30 그러나 향품을 섞는 일은 제사장들이 했
습니다.
31 맛디댜라는 레위 사람이 있었습니다. 그는
믿을 만한 사람이었으므로 제물로 쓸 빵
을 굽는 일을 했습니다. 그는 고라 가문
사람인 살룸의 맏아들입니다.
32 어떤 문지기들은 특별한 빵을 준비하는
일을 맡았습니다. 그 빵은 안식일에 쓰이
는 상 위에 쌓아 두는 빵인 진설병입니다.
이 일을 맡은 사람은 고핫 가문 사람입니
다.
33 어떤 레위 사람은 음악을 맡았습니다. 각
레위 집안의 지도자인 그들은 성전 안에
있는 방에 머물면서 밤낮으로 그 일만 하
고 다른 일은 하지 않았습니다.
34 이들은 레위 자손 각 집안의 지도자들로
서 족보에 이름이 올라 있습니다. 이들은
예루살렘에서 살았습니다.

사울 왕의 족보

35 여이엘은 기브온에서 살면서 그 곳의 지도
자로 있었습니다. 그의 아내의 이름은 마
아가입니다.
36 여이엘의 맏아들은 압돈이고, 그의 다른
아들은 술과 기스와 바알과 넬과 나답과
37 그돌과 아히오와 스가랴와 미글롯입니다.
38 미글롯은 시므암의 아버지입니다. 여이엘
의 집안은 예루살렘에서 친척들과 함께 살
았습니다.
39 넬은 기스의 아버지이고, 기스는 사울의
아버지이며 사울은 요나단과 말기수아와
아비나답과 에스바알의 아버지입니다.
40 요나단의 아들은 므립바알이고, 므립바알
은 미가의 아버지입니다.
41 미가의 아들은 비돈과 멜렉과 다레아와 아
하스입니다.
42 아하스는 야라의 아버지이고, 야라는 알레
멧과 아스마웻과 시므리의 아버지입니다.
시므리는 모사의 아버지입니다.
43 모사는 비느아의 아버지이고, 비느아의 아
들은 르바야입니다. 르바야의 아들은 엘르
아사이고, 엘르아사의 아들은 아셀입니다.
44 아셀은 여섯 명의 아들을 두었습니다. 그
들의 이름은 아스리감과 보그루와 이스마엘

성경 지명

길보아 산

이스르엘 골짜기 동쪽 끝, 모레 언덕 남쪽에 위치한 산으로 높이는 해발 530m 정도 되었습니다. 이 산은 요단 계곡에서 이스르엘 평야에 이르는 계곡 가까이에 있었기 때문에 전쟁이 많이 치러졌습니다. 기드온은 모레 산지 부근에 있는 미디안 족속을 공격하기 위해 이 부근에 진을 쳤으며(삿 7:1), 사울과 이스라엘 군대도 여기서 블레셋과 전투를 벌였습니다(삼상 28:4). 사울과 그의 세 아들이 전사한 곳도 바로 이 산이었습니다(대상 10:1,8).

본문 보기 10장 1절

과 스아랴와 오바댜와 하난입니다.

사울 왕의 죽음

10 블레셋 사람들이 이스라엘 백성과 맞
서 싸웠습니다. 이스라엘 백성은 블
레셋 사람들 앞에서 도망쳤습니다. 많은
이스라엘 백성이 길보아 산에서 죽었습니
다.
2 블레셋 사람들은 사울과 그의 아들들을 끝
까지 쫓아와서 사울의 아들 요나단과 아비
나답과 말기수아를 죽였습니다.
3 싸움은 사울에게 불리하게 돌아갔습니다.
그는 화살에 맞아 크게 다쳤습니다.
4 사울이 자기 무기를 들고 다니는 병사에
게 말했습니다. "네 칼을 뽑아서 나를 죽
여다오. 저 할례받지 않은 자들이 나를 조
롱하고 죽이기 전에 네가 나를 죽여다
오." 하지만 사울의 병사는 두려워서 그를
죽이지 못했습니다. 그래서 사울은 자기
칼을 뽑아 세우고 그 위에 자기 몸을 던
졌습니다.
5 사울의 병사는 그가 죽은 것을 보고 그도
자기 칼 위에 몸을 던져 죽었습니다.
6 이와 같이 사울과 사울의 세 아들과 그의
온 집안 사람들이 함께 죽었습니다.
7 골짜기에 살던 이스라엘 백성은 이스라엘
군대가 도망치는 모습과 사울과 그의 아
들들이 죽은 것을 보고서 자기들이 살던
성읍을 버리고 달아났습니다. 그래서 블
레셋 사람들이 그 곳에 와서 살게 되었습
니다.
8 이튿날 블레셋 사람들이 죽은 군인들의 옷
을 벗기려고 왔다가 길보아 산 위에 사울
과 그의 아들들이 죽어 있는 것을 발견했
습니다.
9 그들은 사울의 갑옷을 벗기고 그의 머리
를 자르고 갑옷을 빼앗은 후 사람을 보내
어 블레셋 사람들의 모든 땅에 그 소식을
전하게 했습니다. 그들은 자기들의 우상
과 백성들이 있는 곳에 그 소식을 전했습
니다.
10 블레셋 사람들은 사울의 갑옷을 그들의 신
전에 두었고, 사울의 시체는 다곤 신전에
매달았습니다.
11 블레셋 사람들이 사울에게 한 일을 길르앗
의 야베스에 사는 백성들이 들었습니다.
12 그래서 길르앗 땅 야베스의 용감한 군인들
이 사울과 그의 아들들의 시체를 거두어
길르앗의 야베스로 돌아왔습니다. 그들은
사울과 그의 아들들의 뼈를 야베스에 있는
상수리나무 밑에 묻었습니다. 그리고 칠
일 동안, 아무것도 먹지 않았습니다.
13 사울이 죽은 것은 그가 여호와께 충성하
지 않았기 때문입니다. 그는 여호와께 복
종하지 않았습니다. 심지어 무당한테까지
찾아가 무당의 도움을 받으려 했습니다.
14 사울은 여호와께 찾아가 도움을 구하지
않았습니다. 그래서 여호와께서는 사울을
죽이고 그의 나라를 이새의 아들 다윗에게
주셨습니다.

다윗이 왕이 되다

11 모든 이스라엘 백성이 헤브론에 있는
다윗에게 와서 말했습니다. "우리는 당
신의 백성입니다.
2 사울이 우리 왕이었을 때에도 싸움터에서
이스라엘을 이끈 사람은 당신입니다. 당신
의 하나님 여호와께서 당신에게 '다윗아,
너는 내 백성 이스라엘의 목자가 될 것이
다. 너는 그들의 지도자가 될 것이다'라
고 말씀하셨습니다."
3 이스라엘의 모든 장로들이 헤브론에 있던
다윗 왕에게 왔습니다. 헤브론에서 다윗은
여호와 앞에서 그들과 언약을 맺었습니
다. 장로들은 다윗에게 기름을 부어 그를
이스라엘의 왕으로 세웠습니다. 여호와께
서 사무엘에게 약속하신 대로 모든 것이
이루어졌습니다.

다윗이 예루살렘을 정복하다

4 다윗과 모든 이스라엘의 백성이 예루살렘
성으로 갔습니다. 그 때는 예루살렘을 여
부스라고 불렀으며 그 성에 사는 원주민
도 여부스 사람이라고 불렀습니다.
5 여부스 사람들이 다윗에게 말했습니다.
"너는 우리 성에 들어오지 못한다." 그러
나 다윗은 굳건한 성벽으로 둘러싸인 시

온 산성, 곧 다윗 성을 점령했습니다.
6 다윗이 말했습니다. "여부스 사람들을 무
찌르는 데에 앞장 서는 사람은 온 군대의
사령관이 될 것이다." 스루야의 아들 요압
이 앞장 서서 공격했습니다. 그래서 그가
군대 사령관이 되었습니다.
7 다윗은 굳건한 성벽으로 둘러싸인 성에서
살게 되었습니다. 그래서 사람들은 그 성
을 다윗 성이라고 불렀습니다.
8 다윗은 성을 다시 쌓았습니다. 그는 밀로
에서부터 시작해서 한 바퀴 돌아가며 성
을 쌓았습니다. 성의 나머지 부분은 요압
이 쌓았습니다.
9 만군의 여호와께서 다윗과 함께 계셨으므
로, 다윗은 점점 강해졌습니다.

다윗의 용사

10 다윗이 거느리는 용사들의 우두머리는 이
러합니다. 이 용사들은 여호와께서 약속
하신 대로 모든 이스라엘과 더불어 다윗을
도와 나라를 강하게 한 뒤, 다윗을 왕으
로 세웠습니다.
11 다윗의 용사들은 이러합니다. 첫째는 학몬
사람 야소브암입니다. 그는 삼십인 용사의
우두머리입니다. 그는 삼백 명을 상대로
창을 휘둘러 한꺼번에 그들 모두를 죽였
습니다.

보아스 들판에서 본 베들레헴 (11:16)

알아두세요

11:23 5규빗은 약 2.25m에 해당된다.

12 그 다음에는 아호아 사람 도도의 아들 엘
르아살이 있습니다. 그는 세 용사 중 하나
였습니다.
13 엘르아살은 블레셋 사람들이 이스라엘과
싸우러 왔을 때에 다윗과 더불어 바스담밈
에 있던 사람입니다. 거기에는 보리밭이
있었습니다. 이스라엘 군대는 블레셋 사람
들 앞에서 도망쳤습니다.
14 그러나 엘르아살과 다윗은 도망치지 않고
보리밭 한가운데에서 블레셋 사람들과 싸
워 그들을 죽였습니다. 여호와께서 이스
라엘이 크게 이기도록 해 주셨습니다.
15 삼십 명의 두목 가운데 세 용사가 다윗에
게 왔습니다. 그 때, 다윗은 아둘람 동굴
에 있었고, 블레셋 군대는 르바임 골짜기
에 진을 치고 있었습니다.
16 그 때, 다윗은 안전한 요새에 있었으며,
블레셋 군대는 베들레헴에 머물고 있었습
니다.
17 다윗은 갑자기 물이 몹시 마시고 싶어졌
습니다. 그가 말했습니다. "누가 베들레헴
성문 가까이에 있는 샘에 가서 물을 길어
다 주었으면 좋겠다."
18 그 말을 들은 세 용사는 블레셋 군대를 뚫
고 나가 베들레헴 성문 가까이에 있는 샘
에서 물을 길어 다윗에게 가지고 왔습니
다. 하지만 다윗은 그 물을 마시지 않고
여호와께 부어 드렸습니다.
19 다윗이 말했습니다. "하나님이여, 저는 이
물을 마실 수 없습니다. 이 물을 마시는
것은 곧 이 물을 길어 오려고 자기 목숨
을 내건 이 사람들의 피를 마시는 것과 같
습니다." 결국 다윗은 그 물을 마시지 않
았습니다. 세 용사는 이렇게 용감한 일을
했습니다.
20 요압의 동생 아비새가 바로 이 세 용사의
우두머리였습니다. 아비새는 창으로 적
삼백 명을 죽인 일이 있습니다. 이 일로
아비새는 세 용사 중에 유명해졌습니다.
21 아비새는 세 용사의 지휘관이 되었지만 처
음 세 용사만큼은 못했습니다.
22 여호야다의 아들 브나야는 갑스엘 사람으

로서 용감한 군인이었습니다. 브나야는
용감한 일을 많이 했습니다. 그는 모압의
최고 군인인 아리엘의 두 아들을 죽인 일
이 있습니다. 또 눈이 내리는 날, 구덩이
에 내려가서 사자를 죽인 일도 있습니다.
23 브나야는 키가 다섯 규빗*이나 되는 이집
트의 거인도 죽인 일이 있습니다. 그 이집
트 사람은 베틀채 같은 창을 손에 들고 있
었는데, 브나야는 작은 막대기 하나만을
들고 있었습니다. 브나야는 이집트 사람의
손에서 창을 빼앗아 그 창으로 거인을 죽
였습니다.
24 여호야다의 아들 브나야는 이처럼 용감한
일들을 했습니다. 그는 세 용사만큼이나
유명해졌습니다.
25 브나야는 삼십 명의 용사보다도 더 존경
을 받았습니다. 그러나 처음 세 용사만큼
은 못했습니다. 다윗은 브나야를 자기 경
호대장으로 삼았습니다.

삼십 명의 용사 부대

26 그 밖의 용사들은 이러합니다. 요압의 동
생 아사헬과 베들레헴 사람 도도의 아들 엘
하난과
27 하롤 사람 삼훗과 블론 사람 헬레스와
28 드고아 사람 익게스의 아들 이라와 아나돗
사람 아비에셀과
29 후사 사람 십브개와 아호아 사람 일래와
30 느도바 사람 마하래와 느도바 사람 바아나
의 아들 헬렛과
31 베냐민 땅 기브아 사람 리배의 아들 이대와
비라돈 사람 브나야와
32 가아스 골짜기에 사는 후래와 아르바 사람
아비엘과
33 바하룸 사람 아스마웻과 사알본 사람 엘리
아바와
34 기손 사람 하셈의 아들들과 하랄 사람 사
게의 아들 요나단과
35 하랄 사람 사갈의 아들 아히암과 울의 아
들 엘리발과
36 므게랏 사람 헤벨과 블론 사람 아히야와
37 갈멜 사람 헤스로와 에스배의 아들 나아래
와
38 나단의 동생 요엘과 하그리의 아들 밉할과
39 암몬 사람 셀렉과 스루야의 아들 요압의 무
기를 들고 다녔던 베롯 사람 나하래와
40 이델 사람 이라와 이델 사람 가렙과

세 용사가 가져 온 물을 먹지 않고 여호와께 부어 드리다(11:17-19)

41 헷 사람 우리아와 알래의 아들 사밧과
42 르우벤 자손 시사의 아들이며, 르우벤 자손의 지도자로서 군인 삼십 명을 거느린 아디나와
43 마아가의 아들 하난과 미덴 사람 요사밧과
44 아스드랏 사람 웃시야와 아로엘 사람 호담의 아들 사마와 여이엘과
45 시므리의 아들 여디아엘과 여디아엘의 동생 디스 사람 요하와
46 마하위 사람 엘리엘과 엘라암의 아들 여리배와 요사위아와 모압 사람 이드마와
47 엘리엘과 오벳과 므소바 사람 야아시엘입니다.

용사들이 다윗을 따르다

12 다음은 다윗이 기스의 아들 사울에게 쫓겨 다닐 때에 시글락으로 다윗을 찾아온 사람들입니다. 그들은 싸움터에서 다윗을 도운 용사이기도 합니다.
2 그들은 활을 가지고 다녔고, 화살을 쏠 때나 물맷돌을 던질 때에 양손을 다 사용할 줄 알았습니다. 그들은 베냐민 지파 사람으로서 사울의 친척입니다.
3 그들의 지도자는 아히에셀이며 요아스도 그들 가운데 한 사람입니다. 아히에셀과 요아스는 모두 기브아 사람 스마아의 아들입니다. 아스마웻의 아들 여시엘과 벨렛과 브라가와 아나돗 사람 예후도 당시의 용사들입니다.
4 기브온 사람 이스마야도 그 때의 용사입니다. 이스마야는 '삼십 명의 용사' 가운데 한 사람일 뿐만 아니라 지도자입니다. 그 밖에 예레미야와 야하시엘과 요하난과 그데라 사람 요사밧과
5 엘루새와 여리못과 브아랴와 스마랴와 하룹 사람 스바댜와
6 고라 사람 엘가나와 잇시야와 아사렐과 요에셀과 야소브암과
7 그돌 사람 여로함의 아들 요엘라와 스바댜도 그 때의 용사입니다.
8 갓 지파의 사람들 중에 광야의 요새에 있던 다윗을 찾아온 이들이 있었습니다. 그들 역시 전쟁에 익숙한 용사들이었습니다. 따라서 방패와 창을 다룰 뿐만 아니라 사자처럼 사나웠으며 산의 노루처럼 빨리 달렸습니다.
9 그 우두머리는 에셀입니다. 둘째는 오바댜이고, 셋째는 엘리압이며,
10 넷째는 미스만나이고, 다섯째는 예레미야입니다.
11 여섯째는 앗대이고, 일곱째는 엘리엘이며,
12 여덟째는 요하난입니다. 아홉째는 엘사밧이고,
13 열째는 예레미야이며, 제일 마지막은 막반내입니다.
14 이들은 갓 지파 군대의 지휘관입니다. 이들 가운데 가장 낮은 사람은 백 명을 지휘하고 가장 높은 사람은 천 명을 지휘합니다.
15 그들은 요단 강물이 넘쳐 흐르던 어느 해 첫째 달에 요단 강을 건너가 골짜기에 살던 백성을 쫓아 냈습니다. 그들은 동쪽과 서쪽으로 도망쳤습니다.
16 베냐민 지파와 유다 지파 가운데서도 요새에 있던 다윗을 찾아간 사람들이 있었습니다.
17 다윗이 그들을 맞으며 말했습니다. "여러분이 좋은 뜻으로 나를 도우러 왔다면 여러분을 환영하지만, 나에게 아무 잘못이 없는데도 나를 내 원수들에게 넘겨 주러 왔다면 우리 조상의 하나님께서 이 일을 보시고 여러분에게 벌을 내리실 것이오."
18 그 때에 '삼십인 용사'의 지도자 아마새에게 성령이 들어갔습니다. 아마새가 말했습니다. "다윗이여, 우리는 당신의 사람입니다. 이새의 아들이여, 우리는 당신과 함께 있습니다. 당신의 하나님께서 당신을 돕고 계시니 평강 위에 평강이 당신에게 있기를 바라며, 또한 당신을 돕는 이들에게 평강이 있기를 바랍니다." 그리하여 다윗은 그 사람들을 환영하고 그들을 자기 군대의 지도자로 삼았습니다.
19 므낫세 지파 가운데서도 다윗을 따른 사람들이 있었습니다. 다윗이 블레셋 사람들에게 가서 그들과 함께 사울을 무찌르고자 할 때에 다윗과 그의 부하들은 블레셋 사

람들을 돕지 못했습니다. 왜냐하면 블레
셋의 지도자들이 서로 의논한 뒤에 다윗
을 돌려 보냈기 때문입니다. 그들은 '다윗
이 우리를 죽이고 그의 주인 사울에게 항
복할지도 모른다' 라고 생각했습니다.
20 다윗이 시글락으로 갈 때에 므낫세 지파 사
람들이 다윗의 뒤를 따랐는데, 그들은 아
드나와 요사밧과 여디아엘과 미가엘과 요사
밧과 엘리후와 실르대입니다. 그들은 므낫
세 지파의 군인 천 명씩을 지휘하는 지도
자이며
21 모두 용사들입니다. 그들은 다윗을 도와
온 나라를 휘젓고 다니는 도적들과 싸웠
으며, 다윗 군대의 사령관이 되었습니다.
22 날마다 더 많은 사람들이 다윗을 따랐습
니다. 그래서 그의 군대는 하나님의 군대
와 같은 큰 군대가 되었습니다.

헤브론에서 다윗을 따른 사람들

23 다음은 헤브론에서 다윗을 따른 사람들의
숫자입니다. 그들은 여호와의 말씀대로
사울의 나라를 다윗에게 주기 위해 싸울
준비를 하고 다윗에게 왔습니다.
24 유다 자손 중에서는 육천팔백 명이 방패
와 창을 들고 왔습니다.
25 시므온 자손 중에서는 칠천백 명이 왔습
니다. 그들은 용사들입니다.
26 레위 자손 중에서는 사천육백 명이 왔습
니다.
27 이들 중 아론 가문의 지도자인 여호야다가
삼천칠백 명을 거느렸습니다.
28 젊은 용사 사독도 그의 가문의 지휘관 이
십이 명과 함께 왔습니다.
29 베냐민 자손 중에서는 삼천 명이 왔는데,
그들은 사울의 친척으로서 그 때까지 사
울의 집안에 충성했던 사람들입니다.
30 에브라임 자손 중에서는 이만 팔백 명이
왔는데, 그들은 각기 자기 가문 중에서 용
감한 용사들이었습니다.
31 서쪽 므낫세 반 지파에서는 만 팔천 명이
왔습니다. 이 사람들은 다윗을 왕으로 세
우고자 특별히 뽑혀서 온 사람들입니다.
32 잇사갈 자손 중에서는 지도자 이백 명이
왔습니다. 그들은 이스라엘이 해야 할 일
을 알고 있었으며, 때를 분간할 줄 아는
사람들이었습니다. 그들의 친척들도 그들
의 지휘를 받고 왔습니다.
33 스불론 자손 중에서는 오만 명이 왔습니
다. 그들은 훈련을 받은 군인들로서 온갖
전쟁 무기를 다룰 수 있는 기술을 익힌 사
람들이었습니다. 그들은 오직 다윗에게만
충성을 바쳤습니다.
34 납달리 자손 중에서는 방패와 창을 든 군
인 삼만 칠천 명을 거느리고 지휘관 천 명
이 왔습니다.
35 단 자손 중에서는 이만 팔천육백 명이 싸
울 준비를 하고 왔습니다.
36 아셀 자손 중에서는 훈련된 군인 사만 명
이 싸울 준비를 하고 왔습니다.
37 요단 강 동쪽의 르우벤 자손과 갓 자손, 그
리고 므낫세 반 지파에서도 십이만 명이
온갖 무기를 가지고 왔습니다.
38 이 모든 군인들은 싸울 준비를 한 뒤, 다
윗을 이스라엘 왕으로 세우려는 단 한 마
음으로 나아왔습니다. 다른 이스라엘 백성

성경 인물

다윗의 용사들 다윗의 주변에는 그를 따르고 도왔던 용사들이 많았습니다. 요압은 다윗의 조카로 이복 누이인 스루야의 아들이었으며(대상 2:16;18:15), 최고 지휘자인 야소브암은 한 번에 300명을 죽인 것으로 유명합니다(대상 11:11). 엘르아살은 바스담밈에서 다윗과 함께 블레셋과 맞서 보리밭을 보호하였으며(대상 11:12-14), 브나야는 사자와 이집트 사람을 죽였고 솔로몬 때에 군대 장관이 되었습니다(왕상 2:35). 유다 족속 이외에도 이스라엘의 전 지역에서 다윗을 도우려는 사람들이 많이 모였는데 그들은 30만 명이 훨씬 넘었습니다.

본문 보기 12장 23-38절

물맷돌(12:2 sling stone) 자갈, 작은 돌. 특히 베냐민 사람들은 물맷돌 던지는 기술이 뛰어났음.
지파(12:14 tribe) 종파에서 갈라져 나간 파. 부족.

웃사가 하나님의 궤를 붙잡음(13:9)

도 다윗을 왕으로 세우기를 원했습니다.
39 그들은 거기에서 다윗과 함께 삼 일 동안,
머무르면서 먹고 마셨습니다. 그들이 먹
은 음식은 친척들이 준비해 준 것입니다.
40 그리고 그들의 이웃도 음식을 가져왔습니
다. 그들은 잇사갈과 스불론과 납달리 땅에
서 나귀와 낙타와 노새와 소에 음식을 실
어 왔습니다. 또한 곡식 가루와 무화과 과
자와 건포도와 포도주와 기름과 소와 양
을 많이 가져왔습니다. 이스라엘 백성 가
운데 기쁨이 넘쳤습니다.

하나님의 궤를 다시 옮기다

13 다윗이 군인 백 명을 지휘하는 백부
장과 군인 천 명을 지휘하는 천부장
을 비롯하여 자기 군대의 모든 지도자들
과 의논했습니다.
2 그런 다음에 모든 이스라엘 백성에게 말했
습니다. "여러분이 좋게 여기고 또한 그
것이 우리 하나님 여호와의 뜻이라면, 이
스라엘 모든 땅에 남아 있는 우리 형제들
과 더불어 마을과 목초지에서 살고 있는
제사장과 레위 사람들에게 편지를 보내어
우리에게 오라고 합시다.
3 그런 후에 우리 하나님의 궤를 옮겨 옵시
다. 사울이 왕으로 있을 때에는 우리가 궤
앞에서 하나님의 뜻을 여쭈어 보지 못했
습니다."
4 모든 백성이 다윗의 말을 옳게 여겼으므
로 그렇게 따르기로 했습니다.
5 그리하여 다윗은 이집트의 시홀 강에서부터
하맛 어귀에 걸쳐 사는 모든 이스라엘 백성
을 불러 모았습니다. 그들은 기럇여아림에
서 하나님의 궤를 옮겨 와야 했습니다.
6 다윗과 그를 따르는 모든 이스라엘 백성은
여호와 하나님의 궤를 옮겨 오려고 유다
땅 바알라, 곧 기럇여아림으로 갔습니다.
하나님의 궤는 두 그룹* 사이에 모셔져 있
었습니다.
7 백성이 아비나답의 집에서 하나님의 궤를
옮겼습니다. 그들이 새 수레에 궤를 싣자
웃사와 아히오가 수레를 몰았습니다.
8 다윗과 모든 이스라엘 백성은 하나님 앞에
서 온 힘을 다하여 기뻐했습니다. 그들은
노래하며 수금과 비파를 타고 소고와 제
금과 나팔을 불었습니다.
9 그러나 그들이 기돈의 타작 마당에 이르

렀을 때, 수레를 끌던 소들이 갑자기 뛰
었습니다. 그래서 웃사가 손을 내밀어 궤
를 붙잡았습니다.
10 웃사가 궤를 만졌기 때문에 여호와께서 웃
사에게 크게 노하셨습니다. 여호와께서
웃사를 치시니, 웃사가 하나님 앞에서 죽
었습니다.
11 다윗은 여호와께서 웃사를 죽이셨기 때문
에 화가 났습니다. 그래서 지금까지도 '웃
사를 벌하심'이란 뜻으로 그 곳을 '베레스
웃사'라고 부릅니다.
12 다윗은 그 날, 하나님을 무서워했습니다. 다
윗은 "어떻게 하나님의 궤를 내가 있는 곳
으로 옮길 수 있겠느냐?"라고 말했습니다.
13 그래서 다윗은 하나님의 궤를 예루살렘으
로 옮기지 않고 가드 사람 오벧에돔의 집
으로 옮겼습니다.
14 하나님의 궤는 오벧에돔의 집에 세 달 동
안, 머물러 있었습니다. 여호와께서 오벧
에돔과 그의 온 집안에 복을 주셨습니다.

다윗의 나라가 크게 되다

14 두로 왕 히람이 다윗에게 사신들을
보냈습니다. 히람은 백향목을 보내
고 목수와 석수들도 보내어 다윗의 왕궁
을 짓게 했습니다.
2 그 때에 다윗은 여호와께서 자기를 이스라
엘 왕으로 세우셨다는 것과 자기 나라를
매우 강한 나라로 만드셨다는 것을 깨달
았습니다. 그것은 여호와께서 자기 백성
이스라엘을 사랑하셨기 때문이었습니다.
3 다윗은 예루살렘에서 아내를 더 많이 맞아
들여 아들과 딸들을 많이 낳았습니다.
4 다윗이 예루살렘에서 낳은 아들들은 삼무
아와 소밥과 나단과 솔로몬과
5 입할과 엘리수아와 엘벨렛과
6 노가와 네벡과 야비아와
7 엘리사마와 브엘랴다와 엘리벨렛입니다.

다윗이 블레셋을 물리치다

8 다윗이 기름부음을 받아 이스라엘의 왕이
되었다는 이야기를 블레셋 사람들이 듣고
그를 잡으러 왔습니다. 다윗은 그 소식을
듣고 그들과 맞서 싸우러 나갔습니다.
9 블레셋 사람들은 르바임 골짜기를 생각지
않았던 때에 갑자기 공격했습니다.
10 다윗이 하나님께 여쭈어 보았습니다. "가
서 블레셋 사람들을 공격할까요? 제가 그
들을 물리칠 수 있게 해 주시겠습니까?"
여호와께서 대답하셨습니다. "가거라! 그
들을 물리치도록 해 주겠다."
11 그래서 다윗은 바알브라심으로 올라가 그
곳에서 블레셋 사람들을 물리쳤습니다.
다윗이 말했습니다. "하나님께서는 마치
홍수처럼 나의 원수들을 덮치셨다." 다윗
은 그 곳을 바알브라심이라고 불렀습니
다.
12 블레셋 사람들은 바알브라심에 자기들의
우상을 버리고 도망갔습니다. 다윗은 그
우상들을 태워 버리라고 명령했습니다.
13 또다시 블레셋 사람들이 와서 골짜기에 있
는 백성들을 공격했습니다.
14 다윗이 하나님께 다시 기도드리자, 하나
님께서 말씀하셨습니다. "블레셋 사람들
을 앞쪽에서 공격하지 마라. 그들 뒤로 돌
아가서 뽕나무 숲 맞은편에서 그들을 공
격하여라.
15 뽕나무 밭 위쪽에서 행군하는 소리가 나
거든 재빨리 블레셋 사람들을 공격하여
라. 내가 너보다 먼저 가서 블레셋 군대를
물리치겠다."
16 다윗은 하나님께서 명령하신 대로 했습니
다. 그래서 그는 블레셋 사람들을 물리치
고 기브온에서 게셀까지 이르는 모든 길에
서 블레셋 사람들을 죽였습니다.
17 다윗의 이름이 모든 나라에 알려졌습니
다. 여호와께서는 모든 나라들이 다윗을
두려워하도록 만드셨습니다.

알아두세요

13:6 날개 달린 천상의 존재이다.

하나님의 궤(13:3 ark of our God) 십계명이 들어 있는 상자. 언약궤.
백향목(14:1 cedar) 레바논의 산간 지방이 주산지인 침엽수로, 생명이 소멸되지 않고 계속됨을 상징.

언약궤를 예루살렘으로 옮기다

15 다윗이 예루살렘에 자기 왕궁을 지었습니다. 그런 다음에 하나님의 궤를 모실 곳을 준비하고 거기에 장막을 세웠습니다.
2 다윗이 말했습니다. "레위 사람만이 하나님의 궤를 멜 수 있다. 여호와께서 그들을 뽑아 하나님의 궤를 메게 하셨으며 영원히 하나님을 섬기게 하셨다."
3 다윗이 모든 이스라엘 백성을 예루살렘으로 불러 모았습니다. 다윗은 여호와의 궤를 자기가 준비한 곳에 모시려 했습니다.
4 다윗은 아론의 자손과 레위 사람을 불러 모았습니다.
5 고핫 가문에서 백이십 명이 모였고, 우리엘이 지도자가 되었습니다.
6 므라리 가문에서는 이백이십 명이 모였고, 아사야가 지도자가 되었습니다.
7 게르솜* 가문에서는 백삼십 명이 모였고, 요엘이 지도자가 되었습니다.
8 엘리사반 가문에서는 이백 명이 모였고, 스마야가 지도자가 되었습니다.
9 헤브론 가문에서는 팔십 명이 모였고, 엘리엘이 지도자가 되었습니다.
10 웃시엘 가문에서는 백십이 명이 모였고, 암미나답이 지도자가 되었습니다.
11 다윗이 제사장 사독과 아비아달을 불렀습니다. 그리고 레위 사람 우리엘과 아사야와 요엘과 스마야와 엘리엘과 암미나답을 불렀습니다.
12 다윗이 그들에게 말했습니다. "여러분은 레위 가문의 지도자들이오. 여러분을 비롯해서 모든 레위 사람들은 스스로를 거룩하게 해야 하오. 그런 다음에 이스라엘 하나님 여호와의 궤를 옮겨 오시오.
13 지난 번에는 여러분이 이 상자를 메지 않고 다른 사람이 겁없이 다루었기 때문에, 하나님께서 벌을 내리신 것이오."
14 그리하여 제사장과 레위 사람들은 이스라엘 하나님 여호와의 궤를 메기 위해 스스로를 거룩하게 준비했습니다.
15 레위 사람은 모세가 여호와의 말씀에 따라 명령한 대로 하나님의 궤를 채에 꿰어 어깨에 멨습니다.
16 다윗이 레위 사람의 지도자들에게 명령하여 그들의 형제를 노래하는 사람으로 세웠습니다. 비파와 수금을 타고 제금을 울리면서 기쁜 노래를 부르도록 했습니다.
17 레위 사람들은 헤만과 그의 친척인 아삽과 에단을 세웠습니다. 헤만은 요엘의 아들이고 아삽은 베레야의 아들입니다. 므라리 가문 사람인 에단은 구사야의 아들입니다.
18 이들을 도와 줄 두 번째 무리도 세웠는데, 그 무리는 스가랴와 벤과 야아시엘과 스미라못과 여히엘과 운니와 엘리압과 브나야와 마아세야와 맛디디야와 엘리블레후와 믹네야와 문지기 오벧에돔과 여이엘입니다.
19 노래하는 사람 헤만과 아삽과 에단은 놋으로 만든 제금을 연주했습니다.
20 스가랴와 아시엘과 스미라못과 여히엘과 운니와 엘리압과 마아세야와 브나야는 높은 음으로 비파를 탔습니다.
21 맛디디야와 엘리블레후와 믹네야와 오벧에돔과 여이엘과 아사시야는 낮은 음으로 수금을 탔습니다.
22 레위 사람 지도자 그나냐는 노래를 아는 사람이었으므로, 찬양하는 사람들을 지휘하였습니다.
23 베레갸와 엘가나는 궤를 지키는 문지기입니다.
24 제사장 스바냐와 요사밧과 느다넬과 아미새와 스가랴와 브나야와 엘리에셀은 하나님의 궤 앞에서 나팔 부는 일을 맡았습니다. 오벧에돔과 여히야도 궤를 지키는 문지기 역할을 했습니다.

알아두세요

15:7 '게르솜'은 '게르손'의 또 다른 이름이다.

세마포(15:27 fine linen) 올이 고운 삼베. 가늘게 꼰 베실.
화목 제물(16:1 fellowship offering) 하나님과 사람간의 친교를 위한 제사인 화목제에 쓰이는 제물.

25 다윗과 이스라엘의 장로들과 천부장들이
오벧에돔의 집에서 여호와의 언약궤를 메
고 기쁜 마음으로 올라왔습니다.
26 하나님께서 여호와의 언약궤를 메는 레위
사람들을 도우셨습니다. 그래서 그들은
소 일곱 마리와 숫양 일곱 마리를 제물로
바쳤습니다.
27 궤를 멘 레위 사람들은 누구나 다 세마포
로 된 겉옷을 입고 있었습니
다. 찬양대를 지휘하는 그
나냐와 노래하는 사람들
도 세마포로 된 옷을 입
고 있었습니다. 다윗은 세마포
로 만든 에봇을 입고 있었습니다.
28 모든 이스라엘 백성들이 여호와의
언약궤를 옮겨 왔습니다. 그들은
소리를 지르며 각과 나팔을 불고
제금을 치며 비파와 수금을
연주했습니다.
29 여호와의 언약궤가 예루살
렘으로 들어올 때에 사울의
딸 미갈이 창 밖을 내다보
다가 다윗 왕이 춤을 추며 즐
거워하는 모습을 보고 마음속으
로 그를 업신여겼습니다.

16 그들이 하나님의 궤를 옮겨 와서 장
막 안에 놓아 두었습니다. 그 장막
은 다윗이 궤를 놓아 두려고 세운 것입니
다. 그런 다음에 그들은 태워 드리는 제
물인 번제물과 화목 제물을 하나님께 바
쳤습니다.
2 태워 드리는 번제물과 화목 제물을 바친
다윗이 여호와의 이름으로 백성에게 복을
빌어 주었습니다.
3 다윗은 모든 이스라엘의 남자와 여자들에
게 빵 한 조각과 고기 한 점과 건포도 과
자 한 개씩을 나누어 주었습니다.
4 다윗은 레위 사람 몇 명을 뽑아 여호와의
궤를 섬기며 이스라엘 하나님 여호와께 예
배드리는 것을 인도하게 했습니다. 그들
은 여호와께 감사드리며 찬양하는 일을
했습니다.
5 지도자인 아삽은 제금을 연주했습니다.
그 밑에서 일한 레위 사람은 스가랴와 여
이엘과 스미라못과 여히엘과 맛디디아와 엘
리압과 브나야와 오벧에돔과 여이엘입니다.
그들은 비파와 수금을 탔습니다.
6 제사장 브나야와 야하시엘은 하나님의 언
약궤 앞에서 정해진 때마다 나팔을 불었
습니다.

찬양대를 세우다(15:16-24)

7 그 날, 다윗은 아삽과 그의 친척들을 시켜
여호와께 감사하게 하고, 찬양하는 일을
처음으로 하게 했습니다.

다윗의 감사 노래

8 "여호와께 감사드리고 그의 이름을 불러
라. 그가 하신 일을 모든 나라에 알려라.
9 그를 노래하여라. 그를 찬양하여라. 그가
하신 모든 놀라운 일을 전하여라.
10 그의 거룩하신 이름을 찬양하여라. 여호
와를 찾는 사람은 기뻐하여라.
11 여호와를 찾고 그의 능력을 찾아라. 언제
나 그의 도움을 구하여라.
12 여호와께서 하신 놀라운 일들을 기억하여
라. 그 기적과 그의 판단을 기억하여라.
13 그의 종 이스라엘의 자손아, 그가 선택하
신 야곱의 자녀야.
14 그는 여호와 우리 하나님이시며, 그는 온

세계를 심판하신다.
15 그는 언약을 영원토록 기억하시며, 명하
신 말씀을 천 대에까지 기억하신다.
16 그는 아브라함과 맺으신 언약을 지키시고,
이삭에게 하신 맹세를 기억하신다.
17 그는 야곱에게 율례를 세우시고, 이스라엘
과 영원한 언약을 맺으셨다.
18 그는 말씀하셨다. '내가 가나안 땅을 너희
에게 주겠다. 이 약속의 땅을 너희의 몫
으로 주겠다.'
19 그 때에 하나님의 백성은 매우 적었고, 그
땅에서 나그네로 있었다.
20 그들은 이 나라에서 저 나라로 이 백성 가
운데서 저 백성 가운데로 떠돌아다녔다.
21 그러나 그는 아무도 너희를 해치지 못하
게 하셨고, 너희를 억누르지 말라고 왕들
에게 경고하셨다.
22 '내가 기름 부어 세운 사람을 건드리지 말
고 내 예언자들을 해치지 마라' 하고 말
씀하셨다.
23 온 땅아, 여호와께 노래하여라. 날마다
그의 구원을 전하여라.
24 모든 나라에 주님의 영광을 알리고 백성
들에게 그의 놀라운 일을 전하여라.
25 여호와는 위대하시니 그를 찬양하며 다른
어떤 신들보다 그를 두려워해야 한다.
26 모든 나라의 신들은 우상에 불과하나, 여
호와께서는 하늘을 지으신 분이다.
27 그에게는 영광과 위엄이 있고 그의 성전
에는 능력과 기쁨이 있다.
28 땅 위의 모든 나라들아, 여호와를 찬양하
여라. 여호와의 영광과 능력을 찬양하여
라.
29 여호와의 이름에 걸맞는 영광을 그에게
돌리고, 제물을 가지고 그 앞에 나아가 아
름답고 거룩한 것으로 여호와께 예배드려
라.
30 온 땅이여, 그 앞에서 떨어라! 세계가 굳
게 서고, 움직이지 않는도다.
31 하늘아 기뻐하고 땅아 즐거워하여라. 모
든 나라들 가운데 '여호와는 왕이시다' 라
고 외쳐라.
32 바다와 거기에 가득 찬 모든 것들아, 외
쳐라! 들과 그 안에 있는 모든 것들아, 기
뻐하여라!
33 주께서 세계를 심판하러 오시니, 숲의 나
무들도 여호와 앞에서 즐거이 노래할 것
이다.
34 여호와께 감사드려라. 그는 선하시며 그
의 사랑은 영원하시다.
35 너희는 외쳐라. '우리 구원의 하나님이시
여, 우리를 구해 주십시오. 우리를 모아
주시고 모든 나라들 가운데서 우리를 구
해 주십시오. 그러면 주께 감사드리고 기
쁘게 찬양하겠습니다.'
36 영원히, 영원히, 여호와 이스라엘의 하나
님을 찬양하여라." 그러자 모든 백성이
"아멘!"을 외치면서 여호와를 찬양했습니
다.
37 다윗은 아삽과 다른 레위 사람들을 여호와
의 언약궤 앞에 남겨 두고, 거기에서 날
마다 규정대로 섬기게 했습니다.
38 다윗은 또 오벧에돔과 다른 레위 사람 육
십팔 명에게 그들과 더불어 섬기게 했습
니다. 호사와 여두둔의 아들 오벧에돔은 문
지기입니다.
39 다윗은 제사장 사독과 다른 제사장들을 기
브온의 산당에 있는 여호와의 성막 앞에
남겨 두었습니다.
40 그들은 여호와께서 이스라엘에게 주신 율
법책에 적혀 있는 규례를 따라 아침 저녁
으로 제단 위에 태워 드리는 제물인 번제
물을 바쳤습니다.
41 헤만과 여두둔과 다른 레위 사람들도 함
께 일했는데, 그들은 여호와의 영원하신
사랑에 감사하며 그것을 찬양하였습니
다.
42 헤만과 여두둔은 나팔을 불며 제금을 치는
일을 했고, 하나님께 노래 부를 때에는 다
른 악기들도 연주했습니다. 여두둔의 아
들들은 문지기로 일했습니다.
43 그 뒤에 모든 백성들이 자기 집으로 돌아
갔습니다. 다윗도 자기 가족에게 복을 빌
어 주려고 집으로 돌아갔습니다.

하나님께서 다윗에게 약속하시다

17 다윗이 자기 왕궁으로 옮긴 뒤에 예
언자 나단에게 말했습니다. "나는 백
향목으로 지은 집에 살고 있는데, 여호와
의 언약궤는 장막에 있소."
2 나단이 다윗에게 말했습니다. "하나님께서
는 왕과 함께 계시니 무엇이든지 왕의 뜻
대로 하십시오."
3 그 날 밤에 하나님께서 나단에게 말씀하
셨습니다.
4 "가서 내 종 다윗에게 이렇게 전하여라.
'너는 내가 살 집을 지을 사람이 아니다.
5 나는 이스라엘 백성을 이집트에서 이끌어
낼 때, 어떤 집에서도 살지 않았다. 나는
지금까지 장막을 내 집으로 여기면서 옮
겨다녔다.
6 나는 계속해서 이스라엘의 지파들과 함께
옮겨다녔지만 한 번도 이스라엘의 지도자
들에게 백향목 집을 지어 달라고 하지 않
았다.'
7 너는 내 종 다윗에게 전하여라. '나는 네
가 양 떼를 따라다니며 돌볼 때에 너를 내
백성 이스라엘의 지도자로 세웠다.
8 나는 네가 어디로 가든지 너와 함께 있었
고, 너를 위해 네 원수들을 물리쳐 주었
다. 앞으로 나는 네 이름을 이 땅의 위대
한 사람들의 이름처럼 위대하게 해 줄 것
이다.
9 그리고 내 백성 이스라엘을 위해 한 곳을 정
해 주어 다시는 떠돌아다니지 않고 머물러
살도록 해 주겠다. 그들은 이제 더 이상 괴
로움을 당하지 않을 것이며 악한 백성도 전
처럼 그들을 괴롭히지 못할 것이다.
10 내가 사사들을 세웠을 때부터 너희를 계
속해서 괴롭히던 악한 나라들과 너의 모
든 원수들을 물리쳐 주겠다. 이제 내가 선
언한다. 네 뒤를 이어 네 자손을 이스라엘
왕으로 세울 것이다.
11 너의 날이 끝나서 네가 조상들에게 돌아
갈 때에 너의 아들 중 하나를 새 왕으로
삼겠다.
12 그러면 그가 나를 위해 성전을 지을 것이
며 나는 그의 집안이 이 나라를 영원히 다
스릴 수 있게 하겠다.

성전을 짓고 싶어하는 다윗(17:1-2)

13 나는 그의 아버지가 되고 그는 나의 아들
이 될 것이다. 나는 사울에게 베푼 사랑
을 거두어들였으나, 너의 아들은 영원히
사랑해 줄 것이다.
14 내 집과 나라를 그에게 영원히 맡기겠고,
그의 왕좌를 영원토록 없애지 않을 것이
다.'"
15 나단은 자기에게 들려 주신 하나님의 모
든 말씀을 다윗에게 전했습니다.

블레셋 5대 도시 중의 하나인
가드의 평원(18:1)

다윗의 기도

16 그후에 다윗 왕은 여호와 앞에 들어가 앉
았습니다. 다윗이 말했습니다. "여호와 하
나님 제가 누구이기에 저를 그토록 위해
주십니까? 제 집안이 무엇이기에 그토록
위해 주십니까?
17 하나님, 주께서는 제 집안에 일어날 일들
에 대해서까지 친절하게 말씀해 주셨습니
다. 저는 주의 종입니다. 여호와 하나님
께서는 저를 존귀한 사람과 같이 높이셨
습니다.
18 주께서 주의 종인 저를 귀하게 대해 주시
니 주께 무슨 말씀을 더 드리겠습니까?
주께서는 주의 종을 잘 아십니다.
19 여호와께서는 주의 종을 위하여 주의 뜻
대로 이처럼 놀라운 일을 해 주셨고, 이
큰 일들을 저에게 모두 알게 하셨습니다.
20 오! 여호와시여, 우리가 귀로 들은 것처럼
주와 같으신 분은 어디에도 없습니다. 주
밖에는 다른 참 신이 없습니다.
21 그리고 이스라엘과 같은 주의 백성이 어디
에 또 있겠습니까? 이스라엘은 하나님께
서 자기 백성으로 삼기 위해 구원하신 유
일한 백성입니다. 하나님께서는 그들을
통해 하나님의 이름을 널리 알리셨습니
다. 하나님께서는 그 백성에게 위대하고
놀라운 기적을 일으키셨습니다. 그들을
이끄셔서 다른 나라를 그 땅에서 쫓아 내
셨습니다. 또한 이집트의 노예로 있던 그
백성을 구해 주셨습니다.
22 주께서는 이스라엘 백성을 영원히 주의 백
성으로 삼으셨습니다. 그리고 친히 그들
의 하나님이 되어 주셨습니다.
23 여호와여 저의 집안과 주의 종인 저에게
하신 약속을 지켜 주십시오. 말씀하신 대
로 이루어 주십시오.
24 그렇게 해 주시면 백성이 주를 알고 영원
히 섬길 것입니다. 모든 백성이 '만군의
여호와께서 이스라엘을 통치하시니, 이스
라엘의 하나님이시다!' 라고 말할 것입니
다. 그리고 주의 종인 저의 집안도 주 앞
에서 굳게 설 것입니다.
25 나의 하나님 주께서 제 집안을 크게 해 주
시겠다고 말씀하셨으므로, 제가 감히 주
께 기도드립니다.
26 여호와여, 오직 주는 하나님이십니다. 주
께서 이 좋은 것을 주의 종인 저에게 약
속해 주셨습니다.
27 주께서 저의 집안에 복을 주시고 기뻐하셨
습니다. 여호와여, 주께서 복을 주셨으니
이 복을 영원히 누리겠습니다."

다윗이 여러 전쟁에서 이기다

18 그후에 다윗은 블레셋 사람들을 물리
쳤습니다. 다윗은 블레셋 사람들의
소유로 있던 가드와 그 주변 마을들을 빼
앗았습니다.
2 그는 또 모압을 물리쳤습니다. 모압 백성
은 다윗의 종이 되어서 그가 요구하는 대
로 조공을 바쳤습니다.
3 소바 왕 하닷에셀이 자기 나라를 넓히려고
유프라테스 강까지 나아가려 하자, 다윗이
그와 싸워 그의 군대를 하맛까지 쫓아 냈
습니다.
4 다윗은 하닷에셀의 전차 천 대와 기마병

칠천 명과 보병 이만 명을 사로잡았습니
다. 그는 전차를 끌던 말 백 마리만을 남
겨 두고 나머지 말들은 다리를 못 쓰게 만
들었습니다.
5 다마스커스의 아람* 사람들이 소바 왕 하닷
에셀을 도우려고 왔으나, 다윗은 그 아람
사람 이만 이천 명을 죽였습니다.
6 다윗은 자기 군대를 아람의 다마스커스에
두었습니다. 아람 사람들은 다윗의 종이
되어 다윗이 요구하는 대로 조공을 바쳤
습니다. 여호와께서는 다윗이 가는 곳마
다 승리하게 해 주셨습니다.
7 다윗은 하닷에셀의 신하들이 가지고 있던
금방패를 빼앗아 예루살렘으로 가져왔습
니다.
8 또 하닷에셀이 다스리던 디브핫*과 군에서
놋쇠로 만든 물건들을 많이 빼앗아 왔습
니다. 후에 솔로몬은 그것으로 바다라고
도 부르는 커다란 놋대야와 기둥과 놋그
릇들을 만들었습니다.
9 하맛 왕 도우가 다윗이 소바 왕 하닷에셀의
모든 군대를 물리쳤다는 이야기를 들었습
니다.
10 그래서 도우는 자기 아들 하도람*을 보내어
다윗 왕을 축하해 주도록 했습니다. 하도람
은 다윗이 하닷에셀을 물리친 것을 축하해
주었습니다. 하닷에셀은 전에 도우와 맞서
싸운 일이 있습니다. 하도람은 은과 금과
놋쇠로 만든 물건들을 가져왔습니다.
11 다윗 왕은 그 물건들을 받아서 여호와께
바쳤습니다. 또 자기가 물리친 나라, 곧
에돔과 모압과 암몬과 블레셋과 아말렉에서
빼앗은 은과 금도 함께 바쳤습니다.
12 스루야의 아들 아비새가 '소금 골짜기' 에
서 에돔 사람 만 팔천 명을 죽였습니다.
13 다윗은 에돔 땅에 군대를 두어 머물게 했
습니다. 모든 에돔 사람이 다윗의 종이 되
었습니다. 여호와께서는 다윗이 가는 곳
마다 승리하게 해 주셨습니다.

다윗의 곁에 있는 중요한 신하들

14 다윗은 온 이스라엘을 다스렸습니다. 그는
누구에게나 올바르고 공정하게 대했습니
다.
15 스루야의 아들 요압은 다윗의 군대 사령관
이고, 아힐룻의 아들 여호사밧은 역사 기
록관입니다.
16 아히둡의 아들 사독과 아비아달의 아들 아
히멜렉은 제사장이고, 사워사는 왕의 서기
관입니다.
17 여호야다의 아들 브나야는 왕의 경호대인
그렛 사람과 블렛 사람을 지휘했습니다.
그리고 다윗의 아들들은 다윗 왕을 모시는
중요한 자리를 차지하였습니다.

다윗이 암몬과 싸우다

19 얼마 후, 암몬 사람들의 왕 나하스가
죽었습니다. 그의 아들 하눈이 뒤를
이어 왕이 되었습니다.
2 다윗이 말했습니다. "나하스는 나를 사랑
했다. 그러니 나도 그의 아들 하눈에게 은
혜를 베풀어야겠다." 그래서 다윗은 자기
신하들을 하눈에게 보내어 그의 아버지 나
하스 왕의 죽음을 위로하게 했습니다. 다
윗의 신하들이 하눈을 위로하러 암몬 땅으
로 갔습니다.
3 그러나 암몬 자손의 지도자들은 하눈에게

성경 인물

나하스 암몬 왕으로 길르앗의 야베스를 공격하러 올라갔을 때, 그들이 평화 조약을 맺자고 하자 그들의 눈을 다 빼어야 하겠다며 모욕하였습니다. 이에 사울 왕이 그들을 공격하여 물리쳤습니다(삼상 11:1-11). 한편 다윗 왕과는 우호적인 관계를 유지하여 그가 죽었을 때, 다윗이 조문 사절을 보낼 정도였습니다. 그러나 그의 아들 하눈이 사절들의 수염을 자르는 등 모욕을 주었습니다. 그리고 나서 아람인들을 용병으로 사들여 이스라엘을 선제 공격했지만 패하여, 그는 죽임을 당하고 그 백성들은 이스라엘의 노예가 되었습니다(대상 19:1-20:3).

본문 보기 19장 1절

알아두세요

18:5 '아람'은 현재의 '시리아' 땅에 해당된다.
18:8 '데바'라고도 한다.
18:10 '요람'이라고도 한다.

이렇게 말했습니다. "다윗이 사람들을 보
내어 왕을 위로하는 것이 정말로 왕의 아
버지를 공경했기 때문인 줄 아십니까? 그
렇지 않습니다! 다윗은 이 성을 엿보게 하
려고 사람들을 보낸 것입니다. 그들은 이
성을 정복하려 하고 있습니다."
4 그래서 하눈은 다윗의 신하들을 붙잡아 수
염을 절반쯤 깎고 엉덩이 부분의 옷을 잘
라 내어 그들을 부끄럽게 했습니다. 그런
다음에 하눈은 그들을 다시 돌려 보냈습
니다.
5 사람들이 이 일을 다윗에게 알리자, 다윗
은 사람들을 보내어 자기 신하들을 맞이
하게 하였습니다. 이는 모욕을 당한 신하
들이 매우 부끄러워했기 때문입니다. 다
윗은 "수염이 다 자랄 때까지 여리고에서
기다리시오. 그런 다음에 예루살렘으로 돌
아오시오"라고 그들에게 지시하였습니다.
6 그 때에 암몬 사람들은 자기들이 다윗의
원수가 되었다는 사실을 깨달았습니다.
그래서 하눈과 암몬 사람들은 아람 나하라
임과 아람마아가와 소바에 은 천 달란트*를
보내어 전차와 기마병을 고용했습니다.
7 암몬 사람들은 전차 삼만 이천 대를 빌리
고 기마병들을 고용했습니다. 그들은 또
마아가 왕과 그의 군대도 고용했습니다. 그
래서 마아가와 그의 군대가 와서 메드바 근
처에 진을 쳤습니다. 암몬 사람들도 자기
들의 성에서 나와 싸울 준비를 했습니다.
8 이 소식을 들은 다윗은 요압을 비롯한 모
든 용사들을 보냈습니다.
9 암몬 사람들도 나와서 싸울 준비를 했습
니다. 그들은 성문 곁에 서 있었습니다.
도우러 온 왕들은 암몬 사람들과 따로 떨
어져 들에 있었습니다.
10 요압은 자기들의 앞과 뒤에 적이 진을 치
고 있는 것을 보고 이스라엘에서 가장 뛰
어난 용사들을 뽑아서 아람 사람들과 싸
울 준비를 하게 했습니다.
11 그리고 요압은 나머지 군대를 자기 동생
아비새에게 맡겨 암몬 사람들과 맞서 싸우
게 했습니다.
12 요압이 아비새에게 말했습니다. "만약 아
람 사람들이 너무 강해서 내가 어려워지
면 나를 도우러 오너라. 만약 암몬 사람
들이 너무 강해서 네가 어려워지면, 내가
도우러 가겠다.
13 용기를 내어라. 우리 백성과 우리 하나님의

암몬 왕 하눈이 다윗의 신하들을 모욕하다(19:4-5)

성들을 위해 용감히 싸우자. 여호와께서 스
스로 보시기에 옳으신 대로 하실 것이다."
14 요압과 그의 군대가 아람 사람들을 공격하
자 아람 사람들은 도망쳤습니다.
15 암몬 군대는 아람 사람들이 도망치는 모습
을 보고 아비새 앞에서 도망쳐 자기들 성
으로 돌아가 버렸습니다. 그래서 요압은
예루살렘으로 돌아갔습니다.
16 아람 사람들은 자기들이 이스라엘에게 진
것을 보고 전령들을 보내어 유프라테스 강
동쪽에 살고 있던 아람 사람들을 불렀습
니다. 하닷에셀의 군대 사령관인 소박이
그들을 지휘했습니다.
17 다윗은 이 소식을 듣고 모든 이스라엘 군
대를 불러 모아 그들을 이끌고 요단 강을
건넜습니다. 다윗이 그 곳에서 아람 사람
들과 맞섰을 때 아람 사람들이 이스라엘
군대를 공격했습니다.
18 그러나 아람 사람들은 이스라엘 군대에게
쫓겨 도망쳤습니다. 다윗과 그의 군대는
아람의 전차병 칠천 명과 아람의 보병 사
만 명을 죽였습니다. 그들은 또 아람 군
대의 사령관인 소박도 죽였습니다.
19 하닷에셀의 신하들은 이스라엘이 그들을
물리쳤다는 소식을 듣고 다윗과 평화롭게
지내기로 하고 다윗을 섬겼습니다. 그 뒤
로 아람 사람들은 암몬 사람들을 도우려
하지 않았습니다.

요압이 암몬을 멸망시키다

20 봄이 되어 요압이 이스라엘 군대를
이끌고 전쟁터로 나갔습니다. 그
때는 왕들이 전쟁터에 나갈 때였으나, 다
윗은 예루살렘에 머물러 있었습니다. 이스
라엘 군대는 암몬 땅을 멸망시키고 랍바 성
으로 가 성을 공격하여 멸망시켰습니다.
2 다윗이 그들 왕의 머리에서 금관을 벗겨
냈습니다. 한 달란트*나 되는 금관에는 값
진 보석들이 박혀 있었습니다. 그 금관은
다윗의 머리에 씌워졌습니다. 다윗은 그 성
에서 값진 물건들을 많이 빼앗았습니다.
3 다윗은 랍바 성에 있던 사람들을 끌어 내
어 톱질과 곡괭이질과 도끼질을 시켰습니
다. 또한 다윗은 암몬 사람들의 모든 성에
서도 그와 똑같은 일을 한 뒤, 군대를 거
느리고 예루살렘으로 돌아왔습니다.

블레셋의 거인들이 죽다

4 오래지 않아 게셀에서 이스라엘과 블레셋
사이에 전쟁이 일어났습니다. 그 때에 후
사 사람 십브개가 거인족의 자손 십배를
죽였습니다. 그래서 블레셋 사람들은 항
복했습니다.
5 이스라엘과 블레셋 사이에 또다시 전쟁이
일어났습니다. 야일의 아들 엘하난이 가드
사람 골리앗의 동생 라흐미를 죽였습니다.
라흐미의 창은 베틀채처럼 컸습니다.
6 그 뒤에 가드에서 이스라엘과 블레셋 사이
에 또다시 전쟁이 일어났습니다. 가드에
는 굉장히 큰 사람이 있었습니다. 그는 손
가락과 발가락이 여섯 개씩 모두 스물네
개가 있었습니다. 그도 역시 거인족의 자
손이었습니다.
7 그가 이스라엘을 조롱하자, 다윗의 형 시
므아의 아들 요나단이 그를 죽였습니다.
8 이 블레셋 사람들은 가드에 살던 거인족의
자손입니다. 다윗과 그의 부하들이 그들
을 죽였습니다.

다윗이 인구 조사를 하다

21 사탄이 이스라엘을 괴롭히려고 일어
났습니다. 사탄이 다윗의 마음속에
이스라엘 백성의 수를 세어 보고 싶은 욕
심을 주었습니다.
2 다윗이 요압과 군대 지휘관들에게 말했습
니다. "가서 브엘세바에서부터 단에 이르
기까지 모든 이스라엘 백성의 수를 세시
오. 그래서 그 수가 얼마나 되는지 나에
게 알려 주시오."
3 요압이 대답했습니다. "여호와께서는 왕
에게 백 배나 더 많은 백성을 주시기 원
하십니다. 내 주 왕이시여, 모든 이스라엘
백성이 다 왕의 종이 아닙니까? 그런데

알아두세요

19:6 1,000달란트는 약 34.27t에 해당된다.
20:2 1달란트는 약 34.27kg에 해당된다.

어찌하여 이런 일을 하려 하십니까?"
4 그래도 다윗 왕은 요압에게 명령대로 하라
고 했습니다. 그래서 요압은 다윗 앞에서
물러나와 온 이스라엘을 다니며 인구 조사
를 한 다음, 예루살렘으로 돌아왔습니다.
5 요압이 왕에게 백성의 수를 보고했습니
다. 이스라엘에는 칼을 쓸 수 있는 사람이
모두 백십만 명이었고, 유다에는 사십칠
만 명이 있었습니다.
6 그러나 요압은 다윗 왕의 명령을 못마땅하
게 여겨 레위 지파와 베냐민 지파의 수는
계산하지 않았습니다.
7 하나님께서도 이 일을 못마땅하게 생각하
셨습니다. 그래서 이스라엘에게 벌을 내리
셨습니다.
8 다윗이 하나님께 말했습니다. "제가 큰 죄를
지었습니다. 제발 저의 죄를 용서해 주십시
오. 제가 너무나 어리석은 일을 했습니다."
9 여호와께서 다윗의 선견자 갓에게 말씀하
셨습니다.
10 "가서 다윗에게 이렇게 전하여라. '내가 너
에게 세 가지 벌을 보여 줄 테니 그 중에
서 하나를 골라라. 네가 고른 대로 너에
게 벌을 내리겠다.'"
11 갓이 다윗에게 가서 말했습니다. "여호와
께서 이렇게 말씀하셨습니다. '네가 받을
벌을 골라라.
12 삼 년 동안, 가뭄이 들게 할 것인지, 칼
을 들고 쫓아오는 원수를 피해 세 달 동
안, 숨어 다닐 것인지, 아니면 삼 일 동
안, 여호와께서 내리시는 칼을 받을 것인
지 결정하여라. 그 삼 일 동안은 온 나라
에 무서운 병이 돌 것이다. 여호와의 천
사가 온 이스라엘을 두루 돌아다니며 백성
을 칠 것이다.' 이제 저를 보내신 이에게
대답할 말을 정해 주십시오."
13 다윗이 갓에게 말했습니다. "너무나 고통
스럽소. 사람들 손에 벌을 받는 것은 싫
소. 여호와께서는 매우 자비로우신 분이
오. 그러니 여호와께서 주시는 벌을 받는
편이 낫겠소."
14 여호와께서 이스라엘에 무서운 병을 내리
사 칠만 명이나 되는 사람이 죽었습니다.
15 하나님께서 천사를 보내시어 예루살렘을
치게 하셨습니다. 천사가 예루살렘을 멸망
시키려 사람들을 치자 여호와께서 그 모
습을 보시고 마음을 돌이키셨습니다. 여
호와께서 벌을 주고 있는 천사에게 말씀
하셨습니다. "이젠 되었다. 그만두어라."
그 때, 여호와의 천사는 여부스 사람 오르
난의 타작 마당 곁에 서 있었습니다.
16 다윗이 눈을 들어 보니, 여호와의 천사가
하늘과 땅 사이에 서서 칼을 빼어 손에 들
고 예루살렘을 겨누고 있었습니다. 그 모
습을 보고 다윗과 장로들이 얼굴을 땅에
대고 엎드렸습니다. 그들은 슬픔을 나타
내는 베옷을 입고 있었습니다.
17 다윗이 하나님께 말했습니다. "백성의 인
구를 조사하라고 명령한 사람은 제가 아
니었습니까? 제가 죄를 지었습니다. 제가
잘못했습니다. 이 백성들은 양처럼 저를
따르기만 했습니다. 그들이 무슨 잘못을
했습니까? 나의 하나님 여호와여, 저와
제 집안에만 벌을 내려 주십시오. 주의 백
성을 죽이고 있는 이 무서운 병을 멈춰 주
십시오."
18 그러자 여호와의 천사가 갓을 통해 다윗
에게 명령했습니다. "여부스 사람 오르난
의 타작 마당에 제단을 쌓아 여호와께 예
배를 드려라."
19 갓이 여호와의 이름으로 말씀을 전하자,
다윗은 순종하여 오르난의 타작 마당으로
갔습니다.
20 오르난이 밀을 타작하다 몸을 돌려 보니,
천사가 있었습니다. 그와 함께 있던 그의
네 아들이 몸을 숨겼습니다.
21 다윗이 오르난에게 갔습니다. 오르난은 다
윗이 오는 것을 보고 밖으로 나가 얼굴을
땅에 대고 절을 했습니다.
22 다윗이 오르난에게 말했습니다. "여호와께
제단을 쌓으려 하니 이 타작 마당을 나에
게 파시오. 그러면 이 무서운 병이 그칠
것이오. 값은 넉넉히 계산해 주겠소."
23 오르난이 다윗에게 말했습니다. "이 타작

마당을 가지십시오. 내 주 왕이시여, 좋
으실 대로 하십시오. 태워 드리는 제물인
번제물로 쓸 소와 땔감으로 쓸 타작 판과
곡식 제물로 쓸 밀을 드리겠습니다. 모두
다 왕에게 드리겠습니다."
24 왕이 오르난에게 대답했습니다. "아니오.
제 값을 다 주고 사겠소. 그대의 것을 가
져다가 여호와께 드리지는 않겠소. 거저
얻은 것을 태워 드리는 제물인 번제물로
바칠 수는 없소."
25 그리하여 다윗은 금 육백 세겔*을 주고 그
땅을 샀습니다.
26 다윗은 그 곳에서 여호와께 제단을 쌓고
태워 드리는 제사인 번제와 화목제를 드
렸습니다. 다윗이 여호와의 이름을 부르
자 여호와께서는 하늘로부터 번제물을 바
치는 제단 위로 불을 내리사 그의 기도에
응답해 주셨습니다.
27 여호와께서 천사에게 칼을 칼집에 꽂으라
고 명령하셨습니다.
28 다윗은 여호와께서 오르난의 타작 마당에
서 자기에게 대답해 주신 것을 보고 그 곳
에서 제사를 드렸습니다.
29 그 때에 여호와의 성막과 번제단은 기브
온 언덕에 있었습니다. 그 성막은 이스라
엘 백성이 광야에 있을 때, 모세가 만든
것입니다.
30 그러나 다윗은 여호와의 천사와 그의 칼
이 무서워 그 성막으로 들어가 하나님의
뜻을 여쭈어 볼 수 없었습니다.

다윗이 성전 지을 계획을 세우다

22 다윗이 말했습니다. "이 곳에 여호
와 하나님의 성전을 짓고 번제단
을 쌓을 것이다."
2 다윗이 이스라엘에 사는 모든 외국인을 불
러 모으라고 명령했습니다. 다윗은 그들
가운데서 석수들을 뽑아 성전을 짓는 데
필요한 돌을 다듬게 했습니다.
3 다윗은 쇠를 굉장히 많이 준비했습니다.
그 쇠는 문짝에 쓸 못과 돌쩌귀를 만드는
데에 쓰였습니다. 다윗은 또 무게를 달 수
없을 만큼 많은 놋쇠를 준비했습니다.
4 그리고 셀 수 없이 많은 백향목도 준비했
습니다. 그 백향목은 시돈과 두로 사람들
이 다윗에게 가져온 것입니다.
5 다윗이 말했습니다. "우리가 여호와를 위
해 짓는 성전은 세상에 이름을 떨칠 수 있
을 정도로 크고 아름다워야 한다. 그런데
내 아들은 아직 어리고 배워야 할 것도 많
으므로, 내가 성전 지을 준비를 해 놓아
야겠다." 그래서 다윗은 죽기 전에 필요한
것을 많이 준비해 놓았습니다.
6 그런 다음, 다윗은 자기 아들 솔로몬을 불
러서 이스라엘 하나님 여호와를 위해 성전
을 지으라고 일러 주었습니다.
7 다윗이 솔로몬에게 말했습니다. "내 아들
아, 나는 하나님 여호와께 예배드릴 성전
을 짓고 싶지만,
8 여호와께서 나에게 이렇게 말씀하셨다.
'네가 전쟁을 많이 치르는 동안, 사람을
수없이 죽였으므로, 너는 내 이름을 위하
여 성전을 지을 수 없다.
9 그러나 너에게 아들을 줄 것인데, 그는 평
화의 사람이 될 것이다. 내가 사방의 모
든 원수로부터 그를 지킬 것이며, 그에게
평화를 주도록 하겠다. 그 이름은 솔로몬*
이라 하리니, 그가 왕으로 있는 동안, 이
스라엘은 평화와 안정을 누릴 것이다.
10 그가 나의 이름을 위하여 성전을 지을 것
이다. 그는 나의 아들이 되고, 나는 그의

오르난의 타작 마당이 있었던 곳(21:18-19)

알아두세요

21:25 600세겔은 약 6.84kg에 해당된다.
22:9 '솔로몬'은 히브리어로 '평화'라는 뜻이다.

아버지가 될 것이다. 그의 나라를 강하게
하며 그의 자손 가운데서 이스라엘 왕을
세우고 그 보좌가 영원히 이어지게 할 것
이다.'"
11 다윗이 또 말했습니다. "내 아들아, 여호
와께서 너와 함께하시기를 바라고, 너를
번영케 하시기를 바란다. 여호와께서 너
를 두고 말씀하신 대로 네 하나님을 위해
성전을 짓기를 바란다.
12 또한 여호와께서 너를 이스라엘의 왕으로
세워 주실 텐데, 아무쪼록 여호와께서 너
에게 슬기와 깨달음을 주셔서 너의 하나
님 여호와의 율법을 잘 지킬 수 있게 하
시기를 바란다.
13 여호와께서 이스라엘을 위해 모세에게 주
신 규례와 율법을 잘 지켜라. 지키기만 하
면 성공할 것이다. 강하고 용감하여라.
두려워하거나 용기를 잃지 마라.
14 솔로몬아, 내가 어려운 가운데서 여호와
의 성전을 짓는 데 필요한 금 십만 달란
트*와 은 백만 달란트*와 무게를 달 수도
없을 만큼, 많은 구리와 쇠를 준비해 놓
았다. 또한 나무와 돌도 준비해 놓았다.
그러나 네가 보태야 할 것들이 있다.
15 너에게는 일꾼이 많이 있다. 채석공과 석
수와 목수가 있고, 온갖 일을 잘하는 기
술자들이 있다.
16 그들은 금과 은과 구리와 쇠로 만드는 일
을 잘 한다. 기술자는 셀 수도 없이 많다.
이제 일을 시작하여라. 여호와께서 너와
함께하실 것이다."
17 다윗이 이스라엘의 모든 지도자에게 자기
아들 솔로몬을 도우라고 말했습니다.
18 다윗이 말했습니다. "여러분의 하나님 여
호와께서 여러분과 함께 계셔 우리에게
평화를 주셨소. 그리고 이 땅 주민을 나
에게 넘겨 주어 여호와와 그의 백성 앞에
굴복시키셨소.
19 이제 여러분은 마음과 정성을 다하여 여
러분의 하나님 여호와를 찾으시오. 일어
나서 여호와 하나님의 성소를 지으시오.
여호와께 예배드릴 성전을 지으시오. 그
리고 여호와의 언약궤를 성전으로 옮기고
하나님의 거룩한 그릇들도 옮기시오."

레위 사람

23 다윗이 나이가 많이 들어 늙게 되
자 자기 아들 솔로몬을 이스라엘의
새 왕으로 세웠습니다.
2 다윗이 이스라엘의 지도자와 제사장과 레
위 사람들을 다 불러 모았습니다.
3 삼십 세 이상 된 레위 사람의 수를 계산해
보았더니 모두 삼만 팔천 명이었습니다.
4 이들 가운데 이만 사천 명은 여호와의 성
전 일을 맡았고, 육천 명은 관리와 재판
관의 일을 맡았습니다.
5 사천 명은 문지기가 되었고, 나머지 사천
명은 다윗이 찬양하는 데에 쓰려고 만든
악기로 여호와를 찬양하는 일을 맡았습니
다.
6 다윗은 레위 사람을 레위의 아들인 게르손
과 고핫과 므라리의 가문에 따라 세 무리
로 나누었습니다.

게르손의 자손

7 게르손 자손 가운데는 라단과 시므이가 있
습니다.
8 라단의 맏아들은 여히엘이고, 그 아래로
세담과 요엘이 있습니다.
9 시므이의 아들은 슬로밋과 하시엘과 하란이

성경 자세히 이해하기

"이제는 레위 사람이 주님의 성막을 옮길 필요가 없다"는 무슨 뜻인가요?

이스라엘 백성들이 이집트를 탈출한 때부터 솔로몬 왕 때 성전이 지어지기 전까지 이스라엘 백성들은 성막에서 제사를 드렸습니다. 때문에 그들이 이동할 때마다 성막도 함께 옮겨졌습니다. 그 일을 레위 지파 사람들이 맡았던 것입니다. 그러나 이제 성전이 지어지게 되면 레위 사람들은 성막을 옮길 필요가 없는 것입니다. 그렇다면 성전 건축 이후 레위 사람들은 어떤 일을 했을까요? 그들은 성전 업무를 맡아 보거나, 사무관과 재판관의 일을 맡았습니다. 또는 문지기, 성가대로도 봉사했습니다. 본문 보기 23장 26절며 이들은 라단 가문의 지도자입니다.
10 시므이의 다른 아들은 야핫과 시나와 여우
스와 브리아입니다.
11 야핫은 맏아들이고, 시사가 둘째 아들입니
다. 그러나 여우스와 브리아는 자녀가 많
지 않으므로, 그들은 한 집안으로 묶어 취
급되었습니다.

고핫의 자손

12 고핫의 아들은 아므람과 이스할과 헤브론과
웃시엘로 모두 네 명입니다.
13 아므람의 아들은 아론과 모세입니다. 아론
은 그의 자손과 함께 영원히 구별되었습
니다. 그들은 여호와를 섬기는 데 필요한
거룩한 물건인 성물들을 준비하고 여호와
앞에 제물을 바치고 제사장으로서 여호와
를 섬기며 영원히 그의 이름으로 복을 빌
어 주는 일을 위해 뽑혔습니다.
14 하나님의 사람 모세의 아들들은 레위 지파
에만 속했습니다.
15 모세의 아들은 게르솜과 엘리에셀입니다.
16 게르솜의 맏아들은 스브엘입니다.
17 엘리에셀의 맏아들은 르하뱌입니다. 엘리
에셀은 다른 아들이 없었으나 르하뱌는 아
들이 많았습니다.
18 이스할의 맏아들은 슬로밋이고,
19 헤브론의 맏아들은 여리야입니다. 둘째 아
들은 아마랴이고, 셋째 아들은 야하시엘이
고, 넷째 아들은 여가므암입니다.
20 웃시엘의 맏아들은 미가이고, 둘째 아들은
잇시야입니다.

므라리 자손

21 므라리의 아들은 마흘리와 무시이며 마흘리
의 아들은 엘르아살과 기스입니다.
22 엘르아살은 아들 없이 딸들만 두고 죽었습
니다. 엘르아살의 딸들은 사촌인 기스의
아들들과 결혼했습니다.
23 무시의 아들은 마흘리와 에델과 여레못으
로 모두 세 명입니다.

레위 사람의 할 일

24 이들이 가문별로 적은 레위의 자손이며
각 가문의 지도자입니다. 이십 세 이상의
사람은 모두 이름이 올라 있습니다. 그들
은 여호와의 성전에서 섬기는 일을 했습
니다.
25 다윗이 말했습니다. "이스라엘 하나님 여
호와께서는 그의 백성을 편안하게 쉴 수
있도록 해 주시며, 영원히 예루살렘에 계
실 것이다.
26 그러므로 이제는 레위 사람이 주님의 장
막인 성막을 옮길 필요가 없고, 여호와를
섬기는 데에 필요한 물건들도 옮길 필요
가 없다."
27 다윗의 마지막 지시는 레위 사람의 수를
세라는 것이었습니다. 그래서 이십 세 이
상 된 사람의 수를 다 세었습니다.
28 레위 사람은 아론의 자손을 돕는 일을 맡
았습니다. 그들은 여호와의 성전에서 섬
기는 일을 도왔습니다. 성전 뜰과 방을 관
리하고 모든 거룩한 것을 깨끗이 하고 그
밖에 하나님의 성전에서 섬기는 모든 일
을 맡아 했습니다.
29 상 위에 쌓아 두는 빵인 진설병과 곡식 제
물로 쓸 고운 가루와 누룩을 넣지 않고 만
든 빵인 무교전병을 관리하는 일이 그들
의 몫이었습니다. 그 밖에 굽고 반죽하고

성경 자세히 이해하기

레위 사람들의 임무

성전이 지어지고 난 뒤에 레위인들은 성막을 옮길 필요는 없게 되었지만, 자연스럽게 성전에서 봉사하게 되었습니다. 다윗은 레위 자손 중에서 30세 이상 된 사람들을 모았는데, 모두 38,000명이었습니다. 이들은 레위의 세 아들인 게르손, 고핫, 므라리의 후손을 따라 24집단으로 나누어 여러 가지 일들을 맡게 되었습니다. 그 중 24,000명은 성전 뜰에서 봉사하고 성물을 관리하며 음식을 만들고 절기를 준비하는 등의 임무를 맡았습니다. 6,000명은 율법을 가르치는 서기관이었고, 4,000명은 문지기, 4,000명은 성가대 임무를 맡았습니다. 본문 보기 23장 24-32절

알아두세요

22:14 100,000달란트는 약 3,427t에 해당되고, 1,000,000달란트는 약 34,270t에 해당된다.

온갖 물건의 부피나 크기를 재는 일도 맡
아 했습니다.
30 또한 레위 사람들은 날마다 아침 저녁으
로 여호와 앞에 서서 감사드리고 찬양하
는 일을 했습니다.
31 그리고 안식일과 초하루와 절기마다 여호
와께 태워 드리는 제사인 번제를 드렸습
니다. 그들은 규례에 정해진 수효에 따라
날마다 여호와 앞에서 섬겼습니다.
32 이처럼 레위 사람은 만남의 장막인 회막
과 거룩한 곳인 성소를 관리하고, 그들의
친척 아론의 자손이 여호와의 성전에서
섬기는 일을 도왔습니다.

제사장의 할 일

24 아론의 자손은 다음과 같이 나뉩
니다. 아론의 아들은 나답과 아비
후와 엘르아살과 이다말입니다.
2 나답과 아비후는 그들의 아버지보다도 먼
저 죽었습니다. 그들은 아들이 없었습니
다. 그래서 엘르아살과 이다말이 제사장이
되었습니다.
3 다윗은 엘르아살 가문과 이다말 가문을 둘
로 나누어서 따로따로 일을 맡겼습니다.
엘르아살의 자손 사독과 이다말의 자손 아
히멜렉이 다윗을 도왔습니다.
4 이다말의 가문보다 엘르아살의 가문에 지
도자가 더 많았습니다. 엘르아살의 가문에
는 지도자가 열여섯 명 있었고, 이다말의
가문에는 여덟 명 있었습니다.
5 제비를 뽑아 엘르아살과 이다말의 가문에
서 사람들을 선택했습니다. 각 가문에서
뽑힌 사람 가운데서 어떤 사람은 거룩한
곳인 성소를 맡고, 어떤 사람은 제사장이
되었습니다.
6 레위 사람이며 느다넬의 아들인 서기관 스
마야가 다윗 왕과 제사장 사독과 아비아달
의 아들 아히멜렉과 제사장과 레위 사람의
각 가문의 지도자들 앞에서 그 자손들의
이름을 적었습니다. 그리고 제비를 뽑아
엘르아살과 이다말 가문이 맡을 일을 나누
었습니다. 그래서 뽑힌 사람은 다음과 같
습니다.
7 처음으로 뽑힌 사람은 여호야립이고, 둘째
는 여다야입니다.
8 셋째는 하림이고, 넷째는 스오림입니다.
9 다섯째는 말기야이고, 여섯째는 미야민입
니다.
10 일곱째는 학고스이고, 여덟째는 아비야입
니다.
11 아홉째는 예수아이고, 열째는 스가냐입니
다.
12 열한째는 엘리아십이고, 열두째는 야김입
니다.
13 열셋째는 훕바이고, 열넷째는 예세브압입
니다.
14 열다섯째는 빌가이고, 열여섯째는 임멜입
니다.
15 열일곱째는 헤실이고, 열여덟째는 합비세
스입니다.
16 열아홉째는 브다히야이고, 스무째는 여헤
스겔입니다.
17 스물한째는 야긴이고, 스물두째는 가물입
니다.
18 스물셋째는 들라야이고, 스물넷째는 마아
시야입니다.
19 이들은 여호와의 성전에서 섬기도록 뽑힌
사람입니다. 이들은 이스라엘 하나님 여호
와께서 명령하신 대로 아론이 세운 규례
에 복종했습니다.

다른 레위 사람

20 나머지 레위 자손의 이름은 이러합니다.
수바엘*은 아므람의 자손이며 수바엘의 자
손은 예드야입니다.
21 잇시야는 르하뱌의 맏아들입니다.
22 이스할 가문에는 슬로못*이 있고, 슬로못의
자손은 야핫입니다.
23 헤브론의 맏아들은 여리야이며, 둘째는 아
마랴이고, 셋째는 야하시엘이고, 넷째는
여가므암입니다.
24 웃시엘의 아들은 미가이며, 미가의 아들은

알아두세요
24:20 '스브엘'로도 불렸다(23:16;26:24).
24:22 '슬로밋'으로도 불렸다(23:18).

사밀입니다.
25 미가의 동생은 잇시야이고, 잇시야의 아들은 스가랴입니다.
26 므라리의 자손은 마흘리와 무시입니다. 야아시야의 아들은 브노입니다.
27 야아시야의 또 다른 아들은 소함과 삭굴과 이브리입니다.
28 마흘리의 아들은 엘르아살이고, 엘르아살은 아들이 없었습니다.
29 기스의 아들은 여라므엘입니다.
30 무시의 아들은 마흘리와 에델과 여리못입니다. 이들이 가문별로 적은 레위 사람입니다.
31 그들도 그들의 친척인 아론 자손의 제사장들처럼 다윗 왕과 사독과 아히멜렉과 제사장과 레위 사람의 각 가문의 지도자들 앞에서 일을 맡기 위해 제비를 뽑았습니다. 맏아들의 집안이나 막내아들의 집안이나 똑같이 제비를 뽑았습니다.

음악을 맡은 사람들

25 다윗과 군대 사령관들이 아삽과 헤만과 여두둔의 자손을 뽑아 하나님의 말씀을 전하면서 수금과 비파와 제금을 연주하게 했습니다. 이런 일을 맡은 사람은 다음과 같습니다.
2 아삽의 아들 삭굴과 요셉과 느다냐와 아사렐라입니다. 다윗 왕은 아삽의 아들들을 뽑아 그들 아버지의 지도하에 왕의 명령을 따라 거룩한 노래를 부르게 했습니다.
3 여두둔의 아들 그달리야와 스리와 여사야와 하사뱌와 맛디디야는 여두둔의 지도를 받았습니다. 여두둔은 하나님의 말씀을 전하면서 수금을 가지고 하나님께 감사와 찬양을 드렸습니다.
4 헤만의 아들은 북기야와 맛다냐와 웃시엘과 스브엘과 여리못과 하나냐와 하나니와 엘리아다와 깃달디와 로암디에셀과 요스브가사와 말로디와 호딜과 마하시옷입니다.
5 이들은 모두 다윗의 선견자 헤만의 아들입니다. 하나님께서는 헤만에게 그를 높여 주겠다고 약속하셨습니다. 그리고 헤만에게 아들 열네 명과 딸 세 명을 주셨습니다.
6 헤만은 아들들을 지도하여 여호와 하나님의 성전에서 제금과 비파와 수금을 연주하며 노래를 하게 했습니다. 그들은 그런 방법으로 하나님의 성전에서 섬기는 일을 했습니다. 아삽과 여두둔과 헤만은 다윗 왕의 지도를 받았습니다.
7 이들과 이들의 친척 레위 사람은 모두 이백팔십팔 명이며 여호와께 찬양하는 일에 익숙한 사람들입니다.
8 각 사람이 제비를 뽑아 성전에서 일할 순서를 정했습니다. 젊은이나 늙은이나 선생이나 배우는 사람이나 모두 똑같이 제비를 뽑았습니다.
9 첫째로 아삽 가문의 요셉과 그의 아들과 친척 열두 명이 뽑혔습니다. 둘째는 그달리야와 그의 아들과 친척 열두 명이 뽑혔습니다.
10 셋째는 삭굴과 그의 아들과 친척 열두 명이 뽑혔습니다.
11 넷째는 이스리와 그의 아들과 친척 열두 명이 뽑혔습니다.
12 다섯째는 느다냐와 그의 아들과 친척 열두 명이 뽑혔습니다.
13 여섯째는 북기야와 그의 아들과 친척 열두 명이 뽑혔습니다.
14 일곱째는 여사렐라와 그의 아들과 친척 열두 명이 뽑혔습니다.
15 여덟째는 여사야와 그의 아들과 친척 열두 명이 뽑혔습니다.
16 아홉째는 맛다냐와 그의 아들과 친척 열두 명이 뽑혔습니다.
17 열째는 시므이와 그의 아들과 친척 열두 명이 뽑혔습니다.
18 열한째는 아사렐과 그의 아들과 친척 열두 명이 뽑혔습니다.
19 열두째는 하사뱌와 그의 아들과 친척 열두 명이 뽑혔습니다.
20 열셋째는 수바엘과 그의 아들과 친척 열두 명이 뽑혔습니다.
21 열넷째는 맛디디야와 그의 아들과 친척 열

두 명이 뽑혔습니다.
22 열다섯째는 여레못과 그의 아들과 친척 열 두 명이 뽑혔습니다.
23 열여섯째는 하나냐와 그의 아들과 친척 열 두 명이 뽑혔습니다.
24 열일곱째는 요스브가사와 그의 아들과 친척 열두 명이 뽑혔습니다.
25 열여덟째는 하나니와 그의 아들과 친척 열 두 명이 뽑혔습니다.
26 열아홉째는 말로디와 그의 아들과 친척 열 두 명이 뽑혔습니다.
27 스무째는 엘리아다와 그의 아들과 친척 열 두 명이 뽑혔습니다.
28 스물한째는 호딜과 그의 아들과 친척 열 두 명이 뽑혔습니다.
29 스물두째는 깃달디와 그의 아들과 친척 열 두 명이 뽑혔습니다.
30 스물셋째는 마하시옷과 그의 아들과 친척 열두 명이 뽑혔습니다.
31 스물넷째는 로암디에셀과 그의 아들과 친척 열두 명이 뽑혔습니다.

문지기

26 문지기는 다음과 같이 나뉩니다. 고라 가문에서는 므셀레먀와 그의 아들들입니다. 고레의 아들 므셀레먀는 아삽의 자손입니다.
2 므셀레먀는 아들들이 있었습니다. 맏아들은 스가랴이고, 둘째는 여디아엘이고, 셋째는 스바댜이고, 넷째는 야드니엘입니다.
3 다섯째는 엘람이고, 여섯째는 여호하난이고, 일곱째는 엘여호에내입니다.
4 오벧에돔과 그의 아들들도 있었습니다. 오벧에돔의 맏아들은 스마야입니다. 둘째는 여호사밧이고, 셋째는 요아이고, 넷째는 사갈이고, 다섯째는 느다넬입니다.
5 여섯째는 암미엘이고, 일곱째는 잇사갈이고, 여덟째는 브울래대입니다. 이들은 하나님께서 오벧에돔을 복 주셔서 주신 자녀들입니다.
6 오벧에돔의 아들 스마야도 아들들이 있었습니다. 그들은 능력 있는 사람들이라 각 집안의 지도자가 되었습니다.
7 스마야의 아들은 오드니와 르바엘과 오벳과 엘사밧과 엘리후와 스마갸입니다. 엘리후와 스마갸는 능력 있는 사람입니다.
8 이들은 모두 오벧에돔의 자손입니다. 그들과 그들의 아들과 친척들은 맡은 일을 잘할 수 있는 능력이 있는 사람들입니다. 오벧에돔의 자손은 모두 육십이 명입니다.
9 므셀레먀도 아들과 친척이 있었습니다. 그들도 능력 있는 사람들이며 모두 열여덟 명입니다.
10 므라리의 자손 호사의 아들들 가운데는 시므리가 우두머리입니다. 그는 맏아들은 아니었으나, 그의 아버지가 그를 우두머리로 삼았습니다.
11 그의 둘째 아들은 힐기야입니다. 셋째 아들은 드발리야이고, 넷째는 스가랴입니다. 호사의 아들과 친척은 모두 열세 명입니다.
12 이들이 각 가문별 우두머리로 문지기가 된 자들입니다. 이들은 그 친척과 마찬가지로 여호와의 성전에서 섬기는 일을 맡았습니다.
13 이들은 제비를 뽑아 각 가문이 지킬 문을 정했습니다. 젊은이나 늙은이나 똑같이 제비를 뽑았습니다.
14 셀레먀는 제비를 뽑아 동문을 지키게 되었습니다. 그의 아들 스가랴는 슬기로운 참모인데, 제비를 뽑아 북문을 지키게 되었습니다.
15 오벧에돔은 남문을 지키게 되었고, 그의 아들들은 창고를 지키게 되었습니다.
16 숩빔과 호사는 서문과 함께 길가에 있는 '살래겟 문'도 지키게 되었습니다. 문지기들은 나란히 늘어서서 자기들이 지킬 곳을 지켰습니다.
17 동문은 날마다 레위 사람 여섯 명이 지켰

성물(26:20 dedicated thing) 신성한 물건. 또는 종교적 의식에 쓰이는 여러 가지 거룩한 물건들을 가리킴.
선견자(26:28 seer) 하나님의 계시를 받아 백성들에게 전해 주는 사람.

고, 북문은 네 명, 남문도 네 명, 창고에 는 각각 두 명씩 서서 날마다 지켰습니다.
18 서쪽 뜰에서 두 명이 지켰고, 뜰로 가는 길에서는 네 명이 지켰습니다.
19 이것이 고라와 므라리 가문의 문지기 업무 입니다.

다른 지도자들

20 레위 사람은 하나님의 성전 창고와 거룩 한 물건인 성물들을 보관해 두는 곳을 맡 았습니다.
21 게르손의 아들 라단은 여러 가문의 조상입 니다. 그 가운데 한 가문의 지도자가 여 히엘리인데,
22 여히엘리의 아들은 스담과 그의 동생 요엘 입니다. 이들은 여호와의 성전 창고를 맡 았습니다.
23 아므람과 이스할과 헤브론과 웃시엘 가문에 서도 지도자들을 뽑았습니다.
24 모세의 아들 게르솜의 자손 스브엘이 성전 창고의 책임자입니다.
25 그의 친척 가운데 엘리에셀의 자손은 이러 합니다. 엘리에셀의 아들은 르하뱌이고, 르하뱌의 아들은 여사야이고, 여사야의 아 들은 요람이고, 요람의 아들은 시그리이 고, 시그리의 아들은 슬로못입니다.
26 슬로못과 그의 친척은 성전에 바친 모든 것, 곧 다윗 왕과 각 가문의 지도자와 군 인 천 명을 거느리는 천부장과 군인 백 명 을 거느리는 백부장과 지휘관들이 성전에 바친 모든 것을 관리했습니다.
27 그들은 또 전쟁에서 빼앗은 물건도 여호 와의 성전을 고치는 데에 쓰라고 바쳤습 니다.
28 슬로못과 그의 친척은 거룩한 물건인 성 물들을 관리했습니다. 그 가운데 어떤 것 은 선견자 사무엘과 기스의 아들 사울과 넬 의 아들 아브넬과 스루야의 아들 요압이 바 친 것도 있었습니다.
29 이스할 가문 사람 그나냐와 그의 아들들은 성전 밖에서 일했습니다. 그들은 이스라엘 의 여러 곳에서 관리와 재판관으로 일했 습니다.
30 헤브론 가문 사람 하사뱌와 그의 친척은 요 단 강 서쪽 이스라엘에서 여호와의 일과 왕을 섬기는 일을 감독했습니다. 하사뱌 의 가문에는 능력 있는 사람 천칠백 명이 있었습니다.
31 헤브론 가문에서는 여리야가 지도자입니 다. 다윗이 왕으로 있은 지 사십 년째 되 던 해에 족보에 따라 헤브론 가문의 능력 있는 사람들을 길르앗 땅 야셀에서 찾아 냈습니다.
32 여리야의 친척 이천칠백 명은 능력 있는 사람들이며 각 집안의 지도자들입니다. 다윗 왕은 그들에게 르우벤과 갓과 동쪽 므낫세 반 지파를 관리할 책임을 맡겼습 니다. 그래서 그들은 모든 하나님의 일과 왕의 일을 맡아서 했습니다.

군대의 여러 갈래

27 군대에서 일하며 왕을 섬긴 이스라 엘 백성의 이름은 이러합니다. 각 부대는 한 해에 한 달씩 당번을 맡았습니 다. 각 부대에는 가문의 지도자와 군인 백 명을 거느리는 백부장과 군인 천 명을 거 느리는 천부장과 그 밖의 지휘관들을 합 하여 모두 이만 사천 명이 속해 있었습니 다.
2 첫째 달에 일할 첫째 부대는 삽디엘의 아 들 야소브암이 맡았습니다. 이 부대에는 모두 이만 사천 명이 있었습니다.
3 야소브암은 베레스의 자손으로서 첫째 달에 일할 모든 지휘관의 우두머리입니 다.
4 둘째 달에 일할 둘째 부대는 아호아 사람 도대가 맡았습니다. 이 부대의 부지휘관 은 미글롯입니다. 도대의 부대에는 모두 이만 사천 명이 있었습니다.
5 셋째 달에 일할 셋째 부대는 제사장 여 호야다의 아들 브나야가 맡았습니다. 이 부대에는 모두 이만 사천 명이 있었습니 다.
6 브나야는 '삼십 명의 용사' 가운데 한 사 람으로서 그 삼십 명의 용사를 지휘한 바 로 그 브나야입니다. 브나야의 아들 암미

사밧이 그의 부대를 지휘했습니다.
7 넷째 달에 일할 넷째 부대는 요압의 동생 아사헬이 맡았습니다. 아사헬의 뒤를 이어 그의 아들 스바댜가 지휘관이 되었습니다. 이 부대에는 모두 이만 사천 명이 있었습니다.
8 다섯째 달에 일할 다섯째 부대는 이스라 가문 사람 삼훗이 맡았습니다. 이 부대에는 모두 이만 사천 명이 있었습니다.
9 여섯째 달에 일할 여섯째 부대는 드고아 사람 익게스의 아들 이라가 맡았습니다. 이 부대에는 모두 이만 사천 명이 있었습니다.
10 일곱째 달에 일할 일곱째 부대는 에브라임 자손인 발론 사람 헬레스가 맡았습니다. 이 부대에는 모두 이만 사천 명이 있었습니다.
11 여덟째 달에 일할 여덟째 부대는 세라 자손인 후사 사람 십브개가 맡았습니다. 이 부대에는 모두 이만 사천 명이 있었습니다.
12 아홉째 달에 일할 아홉째 부대는 베냐민 자손 아나돗 사람 아비에셀이 맡았습니다. 이 부대에는 모두 이만 사천 명이 있었습니다.
13 열째 달에 일할 열째 부대는 세라 자손 느

이스라엘의 군인

도바 사람 마하래가 맡았습니다. 이 부대에는 모두 이만 사천 명이 있었습니다.
14 열한째 달에 일할 열한째 부대는 에브라임 자손 비라돈 사람 브나야가 맡았습니다. 이 부대에는 모두 이만 사천 명이 있었습니다.
15 열두째 달에 일할 열두째 부대는 옷니엘 가문의 느도바 사람 헬대가 맡았습니다. 이 부대에는 모두 이만 사천 명이 있었습니다.

각 지파의 지도자

16 이스라엘 각 지파의 지도자는 이러합니다. 르우벤 지파의 지도자는 시그리의 아들 엘리에셀이고, 시므온 지파의 지도자는 마아가의 아들 스바댜입니다.
17 레위 지파의 지도자는 그무엘의 아들 하사뱌이고, 아론 자손의 지도자는 사독입니다.
18 유다 지파의 지도자는 다윗의 형 엘리후이고, 잇사갈 지파의 지도자는 미가엘의 아들 오므리입니다.
19 스불론 지파의 지도자는 오바댜의 아들 이스마야이고, 납달리 지파의 지도자는 아스리엘의 아들 여레못입니다.
20 에브라임 지파의 지도자는 아사시야의 아들 호세아이고, 서쪽 므낫세 반 지파의 지도자는 브다야의 아들 요엘입니다.
21 길르앗의 므낫세 반 지파의 지도자는 스가랴의 아들 잇도이고, 베냐민 지파의 지도자는 아브넬의 아들 야아시엘입니다.
22 단 지파의 지도자는 여로함의 아들 아사렐입니다. 이들이 이스라엘 각 지파의 지도자입니다.
23 여호와께서는 이스라엘 백성을 하늘의 별처럼 많게 해 주시겠다고 약속하셨습니다. 그래서 다윗은 이십 세 이상의 사람들의 수만 세었습니다.
24 스루야의 아들 요압이 인구 조사를 시작했지만 끝마치지는 못했습니다. 이는 백성의 수를 헤아린 일로 하나님께서 이스라엘에게 노하셨기 때문입니다. 그래서 다윗 왕의 통치를 적은 역사책에는 백성의 숫자가 적혀 있지 않습니다.

왕의 신하

25 아디엘의 아들 아스마웻은 왕의 창고를 맡
았습니다. 웃시야의 아들 요나단은 들과
성과 마을과 요새에 있는 창고를 맡았습
니다.
26 글룹의 아들 에스리는 밭에서 농사짓는 사
람들을 맡았습니다.
27 라마 사람 시므이는 포도밭을 맡았습니다.
스밤 사람 삽디는 포도밭에서 나는 포도주
를 저장하는 일을 맡았습니다.
28 게델 사람 바알하난은 서쪽 평야의 올리브
나무와 뽕나무를 맡았고, 요아스는 기름
창고를 맡았습니다.
29 사론 사람 시드래는 사론 평야에서 키우는
소 떼를 맡았습니다. 아들래의 아들 사밧
은 골짜기의 소 떼를 맡았습니다.
30 이스마엘 사람 오빌은 낙타를 맡았습니다.
메로놋 사람 예드야는 나귀를 맡았습니다.
31 하갈 사람 야시스는 양 떼를 맡았습니다.
이들이 다윗 왕의 재산을 관리한 사람들
입니다.
32 다윗의 삼촌 요나단은 다윗의 상담자입니
다. 그는 슬기로운 사람이며 율법 선생님
입니다. 학모니의 아들 여히엘은 왕자들을
보살폈습니다.
33 아히도벨은 왕의 조언자입니다. 아렉 사람
후새는 왕의 친구입니다.
34 여호야다와 아비아달은 아히도벨의 뒤를 이
어 왕의 조언자가 되었습니다. 여호야다는
브나야의 아들입니다. 요압은 왕의 군대
사령관입니다.

다윗이 성전 지을 계획을 세우다

28 다윗이 이스라엘의 모든 지도자를
예루살렘으로 불러 모았습니다.
부름을 받은 사람은 다음과 같습니다. 각
지파의 지도자와 왕을 섬기는 각 부대의
지휘관과 군인 천 명을 거느리는 천부장
과 군인 백 명을 거느리는 백부장과 왕과
왕자의 재산과 가축을 돌보는 신하, 왕궁
관리들, 강하고 용감한 용사들이 부름받
은 사람입니다.
2 다윗 왕이 일어나서 말했습니다. "내 형제
들과 내 백성이여, 내 말을 들으시오. 나
는 여호와의 언약궤를 놓아 둘 집을 지으
려 하오. 그것은 우리 하나님의 발판이 될
것이오. 나는 하나님께 예배드릴 성전을
지으려고 준비해 왔소.
3 그러나 하나님께서는 나에게 '너는 나에
게 예배드릴 성전을 지을 수 없다. 너는
군인으로서 너무나 많은 사람을 죽였기
때문에 그 일을 할 수 없다'고 말씀하셨
소.
4 이스라엘 하나님 여호와께서는 우리 온 가
문 중에서 나를 뽑아 영원히 이스라엘의
왕이 되게 해 주셨소. 여호와께서는 유다
지파를 지도자로 뽑으시고 유다 자손 가
운데서 내 아버지의 집안을 뽑으셨소. 특
별히 그 집안 가운데서도 나를 이스라엘의
왕으로 세우시기를 기뻐하셨소.
5 여호와께서는 나에게 아들을 많이 주시
고, 그 아들들 가운데서 솔로몬을 뽑으셨
소. 솔로몬은 여호와의 나라인 이스라엘의
왕이 될 것이오.
6 여호와께서 나에게 말씀하셨소. '네 아들
솔로몬이 나의 성전을 짓고 성전 뜰을 만
들 것이다. 내가 솔로몬을 뽑아 내 아들로
삼았으니, 내가 그의 아버지가 되어 주겠
다.
7 솔로몬이 지금처럼 앞으로도 내 율법과 명
령을 잘 지키면, 나는 그의 나라를 영원
히 세워 줄 것이다.'"
8 다윗이 또 말했습니다. "그러므로 온 이스
라엘 앞에서 그리고 하나님 앞에서 여러
분의 하나님 여호와의 명령을 잘 지키시
오. 그러면 이 좋은 땅을 차지할 수 있을
것이고, 여러분의 자손에게 이 땅을 영원
토록 넘겨 줄 수 있을 것이오.
9 나의 아들 솔로몬아, 네 조상의 하나님을
모셔 들이고 마음을 다하여 기쁨으로 하
나님을 섬겨라. 여호와께서는 모든 사람
의 마음을 다 아시고 사람의 생각도 다 헤
아리신다. 하나님께 도움을 구하면 대답
을 얻을 수 있을 것이다. 그러나 그에게
서 떠나가면 그도 너를 영원히 버리실 것

이다.
10 솔로몬아, 여호와께서 성소가 될 성전을
짓게 하시려고 너를 뽑으셨다는 것을 알
아야 한다. 힘을 내서 성전 짓는 일을 마
쳐라."
11 그런 다음, 다윗은 그의 아들 솔로몬에게
성전의 설계도를 주었습니다. 그것은 성
전 둘레의 현관과 성전 건물과 창고, 그
리고 윗방과 내실의 설계도였습니다. 그
리고 속죄소의 설계도도 주었습니다.
12 또한 성령께서 그에게 가르쳐 준 성전 짓
는 일에 관한 모든 것, 즉 여호와의 성전
둘레의 뜰과 성전 안의 모든 방과 성전 창
고와 성전에서 쓰는 거룩한 물건인 성물
들을 보관할 창고의 설계도를 주었습니
다.
13 다윗은 솔로몬에게 제사장과 레위 사람의
업무에 대해서 또 여호와의 성전에서 해
야 하는 모든 일에 대해서, 그리고 성전
예배 때에 쓰는 모든 물건에 대해서 설명
해 주었습니다.
14 성전에서는 금이나 은으로 만든 물건들을
많이 쓰게 될 텐데 다윗은 그 물건들을 만
들 때, 금이나 은이 어느 만큼씩 들어가
는지도 설명해 주었습니다.

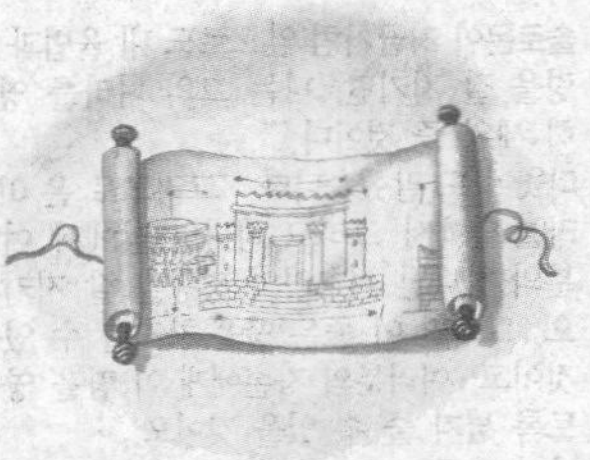

다윗이 솔로몬에게 성전 설계도를 줌(28:11)

15 금등잔대와 금등잔 하나에 금이 얼마씩
들어가며, 은등잔대와 은등잔 하나에 은
이 얼마씩 들어가는지도 설명해 주었습니
다. 등잔대나 등잔은 어디에 쓰느냐에 따
라서 무게나 모양이 달랐습니다.
16 다윗은 또 진설병을 놓을 상에는 금이 얼
마씩 들어가며, 은상에는 은이 얼마씩 들
어가는지도 설명해 주었습니다.
17 또 갈고리와 접시와 주전자에는 순금이
얼마씩 들어가며, 금잔에는 금이 얼마씩
들어가며, 은잔에는 은이 얼마씩 들어가
는지도 설명해 주었습니다.
18 또 향을 피우는 제단인 향단에 순금이 얼
마나 들어가는지도 설명해 주었습니다.
그리고 금수레의 설계도도 주었습니다.
그 수레는 날개 달린 생물인 그룹이 여호
와의 언약궤 위에서 날개를 펴고 있는 것
입니다.
19 다윗이 말했습니다. "이 모든 설계도는 여
호와께서 친히 손으로 써서 나에게 알려
주셨다."
20 다윗이 또 그의 아들 솔로몬에게 말했습니
다. "강하고 용감한 마음으로 이 일을 하
여라. 두려워하거나 용기를 잃지 마라.
나의 하나님 여호와께서 너와 함께 계시
니 성전 짓는 모든 일을 마칠 때까지 너
를 도우실 것이다. 너를 떠나지 않으실 것
이다.
21 제사장과 레위 사람들도 하나님의 성전을
짓는 데 필요한 모든 일을 할 준비가 다
되어 있다. 모든 기술자들이 너를 도울 것
이고, 지도자들과 모든 백성이 네 명령에
복종할 것이다."

성전을 짓기 위해 바친 예물

29 다윗이 모여 있는 모든 이스라엘
백성에게 말했습니다. "하나님께
서 내 아들 솔로몬을 선택하셨습니다. 솔

알아두세요

29:4 3,000달란트는 약 102.81t에 해당되고, 7,000달란트는 약 239.89t에 해당된다.
29:7 5,000달란트는 약 171.35t에 해당되고, 10,000다릭은 약 8.4g의 금화 10,000개에 해당되고, 10,000달란트는 약 342.7t에 해당되며, 18,000달란트는 약 616.86t에 해당되며, 100,000달란트는 약 3,427t에 해당된다.

로몬은 아직 젊고, 배울 것도 다 배우지 못했습니다. 그러나 이 일은 중요합니다. 왜냐하면 이 성전은 인간을 위한 집이 아니라 하나님을 위한 집이기 때문입니다.

2 나는 모든 힘을 다해 하나님의 성전 짓는 일을 준비했습니다. 금으로 만들 물건을 위해 금을 준비했고, 은으로 만들 물건을 위해 은을 준비했습니다. 구리로 만들 물건을 위해 구리를 준비했으며, 쇠로 만들 물건을 위해 쇠를 준비했습니다. 또 나무로 만들 물건을 위해 나무도 준비했습니다. 박아 끼울 마노와 옥도 준비했고, 색깔이 있는 돌과 여러 가지 보석과 대리석도 많이 준비했습니다.

3 나는 이미 이 모든 것을 성전을 위해 바쳤습니다. 뿐만 아니라 오직 하나님의 성전 짓기를 바라는 마음으로 내가 가지고 있던 은과 금도 바쳤습니다.

4 곧 오빌의 금 삼천 달란트*와 순은 칠천 달란트*로, 이것을 가지고 성전의 벽을 입힐 것입니다.

5 또한 온갖 금기구와 은기구도 만들 것입니다. 기술자들이 그 금과 은을 가지고 성전에서 쓸 물건을 만들 것입니다. 오늘 기쁜 마음으로 여호와께 예물을 바칠 사람은 없습니까?"

6 그러자 각 가문의 지도자와 이스라엘 각 지파의 지도자와 천부장과 백부장과 왕의 일을 맡아 하는 지도자들이 값진 것을 바쳤습니다.

7 그들이 하나님의 성전을 위해 바친 것은 금 오천 달란트*와 금 만 다릭*과 은 만 달란트,* 구리 만 팔천 달란트,* 쇠 십만 달란트*입니다.

8 보물이 있는 사람도 여호와의 성전 창고에 바쳤습니다. 게르손 가문의 여히엘이 보물을 관리했습니다.

9 지도자들은 기쁜 마음으로 여호와께 예물을 바쳤습니다. 그들이 한결같이 기쁜 마음으로 여호와께 바쳤으므로, 백성도 기뻐했고, 다윗도 기뻐했습니다.

다윗의 기도

10 다윗이 모여 있는 모든 백성 앞에서 여호와를 찬양했습니다. "여호와여, 여호와를 찬양합니다! 여호와께서는 우리 조상 이스라엘의 하나님이십니다. 여호와를 영원토록 찬양합니다.

11 여호와여, 여호와는 위대하시고 능력이 많으시며, 영광과 승리와 위엄이 주의 손에 있나이다. 하늘과 땅의 모든 것이 주의 것이고, 나라도 주의 것입니다. 여호와여, 주는 모든 것을 다스리시는 분이십니다.

12 부와 명예도 주에게서 나오며, 주는 모든 것을 다스리십니다. 누구든지 위대하고 강하게 할 수 있는 힘과 능력이 주께 있습니다.

13 우리 하나님 감사합니다. 주의 영광스런 이름을 찬양합니다.

14 사실 이 일들은 저와 제 백성에게서 나온 것이 아닙니다. 모든 것이 주께로부터 나왔습니다. 우리는 주께서 주신 것을 돌려드린 것뿐입니다.

15 우리는 주 앞에서 우리 조상들처럼 외국인이나 나그네에 지나지 않습니다. 이 땅에 사는 우리의 시간은 그림자와 같아서 아무런 희망이 없습니다.

성경 자세히 이해하기

다릭

페르시아 화폐의 일종으로, 명칭을 통하여 그것이 다리오 1세(B.C. 522-486년) 때에 주조되었음을 알 수 있습니다(스 8:27;느 7:70-72). 역대기 기자가 이 화폐 단위를 사용한 것은 독자들이 이 화폐에 익숙해 있었기 때문일 것입니다. '다릭'이라는 화폐는 이스라엘 백성들이 바빌론 포로 생활을 마치고 귀국한 후에도 팔레스타인 지역에서 유통되었습니다(대상 29:7;스 8:27). 오늘날의 화폐 가치로 환산하면 5달러 50센트 정도가 됩니다.

본문 보기 29장 7절

16 우리 하나님 여호와여, 우리는 주의 성전
을 지으려고 이 모든 것을 모았습니다. 성
전을 지어 주께 예배드리려고 합니다. 하
지만 모든 것이 주께로부터 나왔으며, 모
든 것이 주의 것입니다.
17 나의 하나님, 주께서는 사람의 마음을 시
험하시며 백성이 옳은 일을 할 때, 기뻐
하신다는 것을 나는 압니다. 저는 정직한
마음으로 이 모든 것을 기꺼이 주께 바쳤
습니다. 여기에 모인 주의 백성도 기꺼이
주께 바쳤습니다. 그 모습을 보니 저도 기
쁩니다.
18 여호와여, 주는 우리 조상의 하나님이십
니다. 아브라함과 이삭과 야곱의 하나님이
십니다. 주의 백성에게 언제나 주를 섬기
는 마음을 주시고 복종하는 마음을 주십
시오.
19 내 아들 솔로몬이 마음을 다하여 주를 섬
기게 하시고 주의 명령과 율법과 규례에
복종하게 해 주십시오. 내가 준비한 성전
을 그가 지을 수 있게 해 주십시오."
20 다윗이 모여 있는 모든 백성에게 말했습
니다. "여러분의 하나님 여호와를 찬양하
시오." 그러자 모든 백성이 그들의 조상
의 하나님 여호와를 찬양하고 여호와께
예배드렸습니다.

솔로몬이 왕이 되다

21 이튿날, 백성들이 여호와께 제사를 드렸
습니다. 그들은 태워 드리는 제물인 번제
물을 바쳤습니다. 수소 천 마리와 숫양 천

기드론 계곡. 솔로몬이 기름부음을 받은 기혼 샘은 기드론 계곡에 있다(29:22)

마리와 어린 암양 천 마리를 바치고 부어
드리는 제물인 전제물도 바쳤습니다. 모
든 이스라엘 백성을 위해 제물을 많이 바
쳤습니다.
22 그 날, 백성은 큰 기쁨으로 먹고 마셨습
니다. 여호와께서 그들과 함께하셨습니
다. 백성들이 다윗의 아들 솔로몬을 다시
왕으로 세웠습니다. 그들은 여호와 앞에
서 솔로몬에게 기름을 부어 왕으로 세웠
습니다. 그리고 사독에게도 기름을 부어
제사장으로 세웠습니다.
23 솔로몬이 그의 아버지 다윗의 뒤를 이어
여호와께서 주신 보좌에 앉았습니다. 솔
로몬은 아주 잘 다스렸습니다. 모든 이스
라엘 백성이 솔로몬에게 복종했습니다.
24 모든 지도자와 군인과 다윗 왕의 아들들
이 솔로몬을 왕으로 받아들였습니다. 그
들은 솔로몬에게 복종하기로 약속했습니
다.
25 여호와께서 솔로몬을 모든 이스라엘 백성
앞에서 크게 높여 주셨고, 그 전의 다른
어떤 왕도 누리지 못한 큰 권세를 누리게
해 주셨습니다.

다윗의 죽음

26 이새의 아들 다윗은 온 이스라엘의 왕이었
습니다.
27 그는 사십 년 동안, 왕으로 있었습니다.
그는 헤브론에서 칠 년을 다스리고, 예루
살렘에서 삼십삼 년을 다스렸습니다.
28 다윗은 오랫동안 살다가 나이가 많이 들
어서 죽었습니다. 그는 재산이 많고, 지
위가 높았으며, 마음껏 권력을 누렸습니
다. 다윗의 아들 솔로몬이 뒤를 이어 왕이
되었습니다.
29 다윗 왕이 한 모든 일은 처음부터 끝까지
선견자 사무엘의 기록과 예언자 나단의 기
록과 선견자 갓의 기록에 적혀 있습니다.
30 거기에는 다윗이 이스라엘의 왕으로서 한
일과 다윗의 권세와 다윗에게 일어난 모든
일이 적혀 있고, 이스라엘과 그 주변 나라
들에 일어난 일도 다 적혀 있습니다.

역대하

2 Chronicles

저자

누가 기록했는지 알 수 없으나, 에스라가 기록했을 가능성이 있다.

저작 연대

B.C. 450-400년경

주요 인물

솔로몬, 유다 왕들

핵심어 및 주요 내용

핵심어는 "성전"과 "개혁"이다. 힘들게 건축된 성전이 이방인의 침략으로 파괴되었으나, 고레스의 칙령에 의해 성전 재건이 시작되었다. 여러 왕들은 타락했던 유다 왕국을 개혁하는 운동을 일으켰다.

내용 소개

1. 솔로몬의 통치(1-9장)
2. 유다 왕국의 역사(10:1-36:14)
3. 유다 왕국의 멸망 및 회복에 대한 예언 (36:15-23)

솔로몬이 지혜를 구하다

1 다윗의 아들 솔로몬은 강력한 왕이 되었
습니다. 왜냐하면 그의 하나님 여호와께
서 그와 함께 계셨기 때문입니다. 여호와
께서 솔로몬을 위대한 왕으로 만드셨습니
다.
2 솔로몬이 이스라엘 백성의 지도자들, 즉
천부장, 백부장, 재판관, 이스라엘의 모든
지도자, 각 가문의 지도자들을 불렀습니
다.
3 솔로몬은 모든 백성을 거느리고, 기브온에
있는 산당으로 갔습니다. 그 곳에는 여호
와의 종 모세가 광야에서 만든 하나님의
회막이 있었습니다.
4 다윗은 이미 하나님의 궤를 기럇여아림에
서 예루살렘으로 가져왔습니다. 그리고 예
루살렘에 궤를 놓아 둘 곳을 마련하기 위
해 그 곳에 장막을 쳤습니다.
5 훌의 손자이며, 우리의 아들인 브살렐이
놋제단을 만들었는데, 그 제단은 기브온
의 여호와의 성막 앞에 있었습니다. 그래
서 솔로몬은 회중과 함께 그리로 나갔습
니다.
6 솔로몬은 여호와 앞, 곧 회막 앞에 있는
놋제단으로 올라갔습니다. 솔로몬은 천
마리의 짐승을 그 제단에서 번제로 드렸
습니다.
7 그 날 밤, 하나님께서 솔로몬에게 나타나
말씀하셨습니다. "솔로몬아, 무엇이든지
네가 원하는 것을 구하여라."
8 솔로몬이 하나님께 대답했습니다. "주께
서는 내 아버지 다윗에게 큰 은혜를 베풀
어 주셨습니다. 그리고 저를 선택하셔서,
제 아버지의 뒤를 이어 왕이 되게 해 주
셨습니다.
9 여호와 하나님이시여, 주께서 제 아버지
다윗에게 하신 약속을 이루어 주십시오.
주께서는 저를 매우 큰 나라의 왕으로 삼
아 주셨습니다. 이 나라의 백성은 마치 땅
의 먼지같이 많습니다.
10 그러므로 저에게 주의 백성을 올바른 길
로 이끌 수 있는 지혜와 지식을 주십시오.
주께서 도와 주지 않으시면, 아무도 이 백
성을 다스릴 수 없습니다."
11 하나님께서 솔로몬에게 말씀하셨습니다.

솔로몬의 산당이 있었던 기브온 지역(1:3)

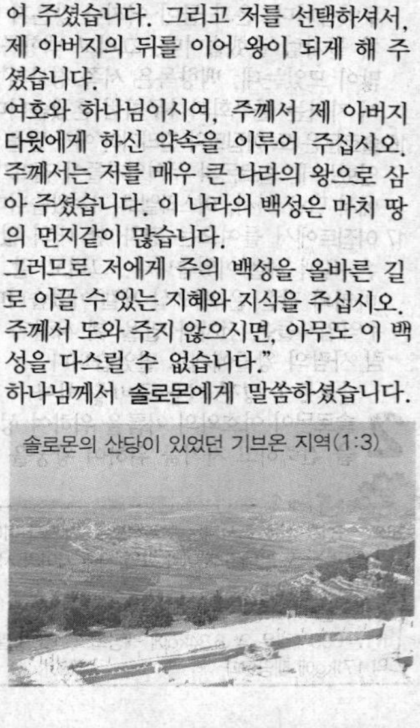

"너는 나에게 바른 것을 구했다. 내가 너
를 이 백성의 왕으로 뽑았는데, 너는 부
나 명예를 구하지 않았고, 원수들의 죽음
도 구하지 않았다. 오래 사는 것도 구하
지 않았고, 오직 내 백성을 인도할 지혜
와 지식만을 구했다.
12 그러므로 내가 너에게 지혜와 지식을 줄
뿐만 아니라, 어떤 왕도 누리지 못할 부
와 명예를 주겠다. 전에도 후에도 너와 같
은 이가 없을 것이다."
13 그 뒤에 솔로몬은 기브온의 산당에 있는
회막을 떠나, 예루살렘으로 돌아가서 이스
라엘을 다스렸습니다.

솔로몬의 부

14 솔로몬은 전차와 기마병을 모았는데, 전
차가 천사백 대였고, 기마병이 만 이천 명
이었습니다. 솔로몬은 전차와 기마병 가
운데, 얼마는 전차들을 두는 성에 두고,
얼마는 예루살렘에 두었습니다.
15 솔로몬은 예루살렘에 은과 금을 많이 모아
두었습니다. 은과 금이 어찌나 많은지 마
치 돌처럼 흔했습니다. 그리고 백향목도
많이 모았는데, 백향목은 서쪽 경사지*에
서 자라는 돌무화과나무처럼 흔했습니다.
16 솔로몬은 또 이집트와 길리기아*에서 말을 수
입했는데, 솔로몬의 무역업자들이 길리기아
에서 말을 사서, 이스라엘로 가져왔습니다.
17 이집트에서 들여오는 전차 한 대의 값은
은 육백 세겔*이었습니다. 그리고 말 한
마리의 값은 은 백오십 세겔*이었습니다.
무역업자들은 전차와 말을 헷 사람과 아
람 사람의 왕들에게도 팔았습니다.

솔로몬이 성전 지을 준비를 하다

2 솔로몬이 여호와의 이름을 위하여 성전
을 건축하고 자기를 위하여 왕궁을 짓
기로 결정했습니다.
2 솔로몬은 짐을 운반할 사람 칠만 명과, 산
에서 돌을 캐낼 사람 팔만 명, 그리고 그들
을 감독할 사람 삼천육백 명을 뽑았습니다.
3 그런 다음에 솔로몬은 두로 성의 왕 히람*
에게 사람을 보내어 이렇게 말했습니다.
"내 아버지 다윗을 도와 주셨던 것처럼 나
도 도와 주십시오. 왕은 내 아버지 다윗
에게 백향목을 보내어 왕궁을 지을 수 있
게 해 주셨습니다.
4 나는 나의 하나님 여호와께 예배드릴 성
전을 지어서 바치려고 합니다. 그리고 주
앞에 향기로운 향을 피우고, 우리가 하나
님 앞에 있음을 보여 주는 빵을 놓아 두
며, 날마다 밤낮으로 번제를 드리려고 합
니다. 우리는 안식일과 초하루마다 예배
드릴 것이며, 우리 하나님 여호와께서 지
키라고 명령하신 다른 절기에도 예배드릴
것입니다. 이것은 이스라엘이 지켜야 할
영원한 규례입니다.
5 나는 성전을 크게 지으려 합니다. 왜냐하
면 우리 하나님은 다른 모든 신보다 크시
기 때문입니다.
6 그러나 사실 우리 하나님을 모실 집을 지
을 수 있는 사람은 아무도 없습니다. 하
늘과 하늘의 하늘이라도 하나님을 모실
수 없는데, 하물며 내가 어떻게 하나님을
모실 성전을 지을 수 있겠습니까? 나는
다만 하나님께 제물을 바칠 집을 짓고 싶
을 뿐입니다.
7 왕은 저에게 금과 은과 놋과 쇠를 다루는
일에 익숙한 사람과 자주색 실, 빨간색
실, 그리고 파란색 실을 잘 다룰 줄 알며,
조각도 할 줄 아는 사람을 보내 주십시오.
그 사람은 유다와 예루살렘에 있는 기술자

알아두세요

1:15 서쪽 경사지는 구체적으로 '세펠라'이며, '세펠라'는 서부 해안 지대와 고원 지대 사이의 서부 경사지를 말한다.
1:16 '길리기아'는 '구에'라고도 한다.
1:17 600세겔은 약 6.84kg에 해당되고, 150세겔은 약 1.71kg에 해당된다.
2:3 '히람'은 '후람'이라고도 불렸다.
3:2 이는 4월에서 5월 초 사이에 해당된다.
3:3 1규빗이 약 45cm이므로, 60규빗은 약 27m에 해당되고, 20규빗은 약 9m에 해당된다.
3:8 600달란트는 약 20.56t에 해당된다.

들, 곧 내 아버지 다윗이 뽑은 사람들과
함께 일하게 될 것입니다.
8 그리고 레바논에서 백향목과 잣나무와 백
단목도 보내 주십시오. 왕의 종들은 레바
논의 나무를 베는 데 익숙한 사람들이라
는 것을 알고 있습니다. 내 종들을 시켜
그들을 돕게 하겠습니다.
9 내가 크고도 아름다운 성전을 지으려 하
니 나무를 많이 보내 주십시오.
10 나무를 베는 왕의 종들에게는 밀 3,640
킬로리터와 보리 3,640킬로리터와 포도
주 420킬로리터와 기름 420킬로리터를
주겠습니다."
11 그러자 두로의 히람 왕이 솔로몬에게 답장
을 보내 왔습니다. "솔로몬이여, 여호와께
서 자기 백성을 사랑하셔서, 당신을 그들
의 왕으로 세우셨습니다."
12 히람의 편지는 계속 이어졌습니다. "하늘
과 땅을 지으신 이스라엘의 하나님 여호와
를 찬양합니다. 여호와께서는 다윗 왕에
게 지혜로운 아들을 주셨습니다. 솔로몬
이여, 당신에게는 지혜와 지식이 있습니
다. 여호와께서는 당신이 성전과 왕궁을
지을 수 있게 도와 주실 것입니다.
13 당신에게 후람이라는 지혜로운 기술자를
보내 드리겠습니다.
14 후람의 어머니는 단 사람이고, 그의 아버
지는 두로 사람입니다. 후람은 금과 은과
놋과 쇠, 그리고 돌과 나무를 다루는 일
에 익숙하고, 자주색 실과 빨간색 실과 파
란색 실과 모시를 다룰 줄 알며 조각도 할
줄 압니다. 그는 어떤 모양이라도 부탁받
은 대로 만들 줄 아는 사람입니다. 그는
왕의 기술자들과 왕의 아버지 다윗의 기
술자들을 도와 줄 것입니다.
15 약속하신 대로 내 종들에게 밀과 보리, 그
리고 기름과 포도주를 보내 주십시오.
16 레바논에서 왕이 필요한 만큼 나무를 베
어, 뗏목으로 엮어서 바다에 띄워 욥바까
지 보내겠습니다. 욥바에서 예루살렘까지
는 왕이 나르십시오."
17 솔로몬은 이스라엘에 사는 이방인의 수를
다시 세어 보았습니다. 이것은 그의 아버
지 다윗이 인구 조사를 한 뒤에 한 일입
니다. 세어 보니 이방인은 모두 십오만 삼
천육백 명이었습니다.
18 솔로몬은 그 가운데에서 짐을 운반할 사
람 칠만 명과, 산에서 돌을 캐낼 사람 팔
만 명, 그리고 그들을 감독할 사람 삼천
육백 명을 뽑았습니다.

솔로몬이 성전을 짓다

3 솔로몬이 예루살렘의 모리아 산 위에 여
호와의 성전을 짓기 시작했습니다. 그
곳은 여호와께서 솔로몬의 아버지 다윗에
게 나타나셨던 곳입니다. 솔로몬은 다윗이
준비해 놓은 곳에 성전을 지었습니다. 그
곳은 원래 여부스 사람 오르난의 타작 마
당이었습니다.
2 솔로몬이 성전을 짓기 시작한 때는, 그가
이스라엘을 다스린 지 사 년째 되던 해의
둘째 달 이 일*이었습니다.
3 솔로몬이 지은 하나님의 성전의 규모는 이
러합니다. 성전은 길이가 육십 규빗,* 너
비가 이십 규빗*이었습니다.
4 성전 앞 현관은 길이가 이십 규빗, 높이
가 이십 규빗이었습니다. 솔로몬은 현관
안쪽 벽을 순금으로 입혔습니다.
5 솔로몬은 성전 본당 벽에 잣나무 판자를
대고, 순금으로 입히고, 종려나무와 금사
슬 모양을 새겼습니다.
6 그리고 보석으로 성전을 아름답게 꾸몄습
니다. 금은 바르와임에서 가져온 것을 썼
습니다.
7 솔로몬은 성전의 들보와 문지방과 벽과 방
들에 금을 입혔습니다. 그리고 벽에는 그
룹들을 새겼습니다.
8 그런 다음에 솔로몬은 지성소를 만들었습
니다. 그 방은 길이가 이십 규빗이고, 너
비도 성전 너비와 마찬가지로 이십 규빗
이었습니다. 솔로몬은 그 벽에 순금 육백
달란트*를 입혔습니다.

성전(2:9 temple) 하나님을 예배하는 집.
타작(3:1 thresh) 익은 곡식의 이삭을 떨어서 그 낟알을 거두는 일.

9 그 방에 쓴 금못의 무게도 오십 세겔*이
나 되었습니다. 솔로몬은 다락방들도 금
으로 입혔습니다.
10 솔로몬은 지성소 안에 두 그룹 형상을 만
들어 금으로 입혔습니다.
11 두 그룹은 날개를 펴고 있었는데, 그 길
이를 합하면 이십 규빗이었습니다. 한 그
룹의 한쪽 날개가 성전 벽에 닿았는데, 그
길이가 오 규빗*이었고, 다른 쪽 날개는
다른 그룹의 한쪽 날개 끝에 닿았는데, 그
길이도 오 규빗이었습니다.
12 다른 그룹의 한쪽 날개도 성전 벽에 닿
았는데, 그 길이가 오 규빗이었고, 첫 번
째 그룹의 날개 끝에 나머지 다른 쪽 날
개가 닿았는데, 그 길이도 오 규빗이었
습니다.
13 그래서 두 그룹의 날개 길이는 모두 이십
규빗이 되었습니다. 두 그룹은 본당 쪽을
바라보고 서 있었습니다.
14 솔로몬은 파란색 실과 자주색 실과 빨간
색 실, 그리고 값비싼 모시로 휘장을 만
들고, 거기에 그룹 모양을 수놓았습니
다.
15 솔로몬은 성전 앞에 기둥 둘을 세웠는데,
각 기둥의 높이는 삼십오 규빗이었습니
다. 각 기둥 위에는 높이가 오 규빗되는
기둥 머리가 놓여져 있고,
16 기둥 머리를 장식할 둥근 사슬이 만들어
져, 기둥 머리 위에 덮여 있었습니다. 또
석류 모양 백 개를 만들어서 둥근 사슬에
달았습니다.
17 솔로몬은 이 두 기둥을 성전 현관에 세웠
습니다. 한 기둥은 남쪽에 세웠고, 다른
기둥은 북쪽에 세웠습니다. 남쪽 기둥의
이름은 '그가 세우다'라는 뜻의 '야긴'이
고, 북쪽 기둥의 이름은 '그에게 힘이 있
다'라는 뜻의 '보아스'입니다.

성전 안의 여러 가지 물건

4 솔로몬은 놋제단을 만들었습니다. 놋
제단은 길이가 이십 규빗, 너비가 이십
규빗, 높이가 십 규빗이었습니다.
2 그리고 나서 솔로몬은 놋을 녹여서, 바다
라고 부르는 커다란 그릇을 만들었습니
다. 바다는 지름이 십 규빗, 깊이가 오 규
빗, 둘레가 삼십 규빗이었습니다.
3 그 가장자리 아래로는, 빙 둘러가며 황소
모양을 새겼습니다. 그것은 놋을 녹여 그
릇을 만들 때에 같이 만든 것입니다.
4 이 놋그릇은 놋황소 열두 마리의 등 위에
올려져 있었습니다. 세 마리는 북쪽을 바
라보고, 세 마리는 서쪽을 바라보고, 세
마리는 남쪽을 바라보고, 세 마리는 동쪽
을 바라보고 있었습니다.
5 그릇의 두께는 손바닥 너비만 했습니다.
그 가장자리는 잔의 테두리 같기도 하고,
나리꽃 같기도 했습니다. 그 그릇은 물 삼
천 바트*를 담을 수 있었습니다.
6 그리고 나서 솔로몬은 씻기 위한 물통 열
개를 만들어, 다섯 개는 성전 남쪽에, 다
섯 개는 성전 북쪽에 두었습니다. 그 물
통들은 태워 드리는 제물인 번제물을 씻
기 위해 사용되는 것들입니다. 제사장들
은 바다라고 부르는 커다란 놋그릇에 손
을 씻었습니다.
7 솔로몬은 또 하나님이 지시하신 대로 금
등대 열 개를 만들어, 다섯 개는 성전 남
쪽에, 다섯 개는 성전 북쪽에 두었습니
다.
8 상도 열 개를 만들어, 다섯 개는 성전 남
쪽에, 다섯 개는 성전 북쪽에 두었습니
다. 또한 금대접 백 개도 만들었습니다.
9 솔로몬은 제사장의 뜰과 큰 뜰과 뜰의 문
을 만들었습니다. 그리고 그 문을 놋으로
입혔습니다.
10 바다라고 부르는 커다란 놋그릇은 성전
남쪽 남동향에 두었습니다.
11 후람은 솥과 부삽과 작은 그릇들도 만들
었습니다. 마침내 후람은 솔로몬 왕이 만

알아두세요

3:9 50세겔은 약 570g에 해당된다.
3:11 5규빗은 약 2.25m에 해당된다.
4:5 1바트가 약 22ℓ이므로, 3,000바트는 약 66kℓ에 해당된다.

대하

들라고 한 것을 다 만들었습니다. 후람이 하나님의 성전을 위해 만든 것들은,
12 두 기둥과 두 기둥 꼭대기에 얹은 그릇 모양의 기둥 머리 둘, 기둥 머리를 덮는 둥근 그물 둘과,
13 둥근 그물을 두 줄로 장식한 놋석류 사백 개와,
14 받침대와 받침대 위에 놓을 대야와,
15 바다와 바다를 받치는 놋소 열두 마리와,
16 솥과 부삽과 고기 갈고리와 작은 그릇과 여호와의 성전에서 쓸 온갖 접시들이었습니다. 후람이 솔로몬 왕을 위해 만든 것은 모두 번쩍이는 놋으로 된 것이었습니다.
17 솔로몬 왕은 이 모든 것을 숙곳과 스레다 사이에 있는 요단 강 가까이에서, 진흙 틀에 부어서 만들게 했습니다.
18 만든 것이 너무 많았기 때문에 솔로몬은 그것들의 무게를 달아 보지 않았습니다. 그래서 놋의 무게가 모두 얼마인지 알 수가 없었습니다.
19 솔로몬은 성전을 위해 금으로도 여러 가지 물건을 만들게 했습니다. 그 물건들은, 금제단과 상 위에 쌓아 두는 빵인 진설병을 차려 놓는 금상과,
20 지성소 앞에서 규례대로 불을 켤 순금 등잔대와 그 등잔,
21 순금으로 만든 꽃 장식, 등잔, 부젓가락과,
22 순금 부집게, 순금 잔, 순금 숟가락, 불 옮기는 접시, 그리고 성전의 맨 안쪽 지성소의 문짝과 성전 본당의 문짝이었습니다.

5 이렇게 해서 솔로몬은 여호와의 성전을 짓는 일을 모두 마쳤습니다. 솔로몬은 그의 아버지 다윗이 성전을 위해 바친

놋소 열두 마리와 바다(4:15)

모든 것, 곧 금과 은과 모든 기구를 가져와서 성전의 창고에 넣어 두었습니다.

언약궤를 성전으로 옮기다

2 그런 다음에 솔로몬은 이스라엘의 모든 지도자들을 예루살렘으로 불러 모았습니다. 솔로몬은 장로들과 각 지파의 지도자들, 그리고 각 집안의 어른들을 불렀습니다. 솔로몬이 그들을 부른 까닭은 여호와의 언약궤를 다윗 성 곧 시온 성에서 옮겨 오기 위해서였습니다.
3 그리하여 이스라엘의 모든 백성이 솔로몬 왕 앞으로 모였습니다. 그 때는 칠 월의 초막절 때였습니다.
4 이스라엘의 모든 장로들이 도착하자, 레위 사람들이 궤를 어깨에 메고 옮기기 시작했습니다.
5 제사장과 레위 사람들이 그 궤와 회막과 그 안의 거룩한 물건들을 다 옮겼습니다.
6 솔로몬 왕과 이스라엘의 모든 백성이 그 궤 앞에 모였습니다. 그들은 셀 수도 없을 만큼 많은 수의 양과 소를 제물로 바쳤습니다.
7 그런 다음에 제사장들이 여호와의 언약궤를 제자리, 곧 성전 안의 지성소에 놓아 두었습니다. 언약궤는 곧 그룹의 날개 아래에 두었는데,

부삽(4:11 shovel) 숯불이나 재 따위를 담아 옮기는 데 쓰는 작은 삽.
부젓가락(4:21 tongs) (화로에 꽂아 두고) 불덩이를 집는 데 쓰는 쇠젓가락.
초막절(5:3 Feast of Tabernacle) 이스라엘의 3대 절기 가운데 맨 마지막 절기이며 수장절 또는 장막절이라고도 불렸다. 이집트를 탈출한 이스라엘 백성들이 광야에서 40년 동안 고생하던 것을 기억하며 언약을 다시 새롭게 하는 절기이다. 유대력 7월 15일에 시작되어 일 주일간 초막에 기거하면서 광야 생활을 회상하며 하나님의 구원을 감사한다.

8 그 그룹의 날개는 궤를 놓아 둔 곳 위에
펼쳐져, 궤와 그 상자를 메는 채를 덮었
습니다.
9 상자를 메는 채는 매우 길어서 지성소의
앞에서는 채의 끝이 보였습니다. 그러나
성소 밖에서는 보이지 않았습니다. 그 채
들은 아직까지도 거기에 놓여 있습니다.

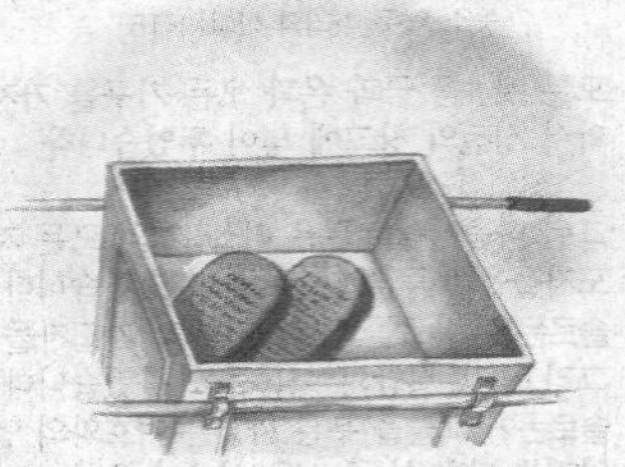

언약궤 안에 둔 돌판 두 개(5:10)

10 그 궤 안에는 돌판 두 개만 들어 있었습
니다. 그 돌판은 시내 산에서 모세가 넣어
둔 것입니다. 시내 산은 이스라엘 백성이
이집트에서 나온 뒤에 여호와와 언약을 맺
은 곳입니다.
11 그런 뒤에 모든 제사장들이 성소를 떠났
습니다. 그 곳에 있던 제사장들은 차례와
상관없이 몸을 깨끗이 한 뒤, 여호와를 섬
길 준비를 하고 있었습니다.
12 음악가인 레위 사람들, 곧 아삽과 헤만과
여두둔과 그들의 아들과 형제들은 제단 동
쪽에 서 있었습니다. 그들은 하얀 모시옷
을 입고, 제금과 비파와 수금을 연주했습
니다. 그들과 더불어 제사장 백이십 명이
나팔을 불었습니다.
13 나팔을 부는 사람들과 노래하는 사람들이
한 사람처럼 소리를 냈습니다. 그들은 찬
양하며 여호와께 감사드렸습니다. 그들은
나팔과 제금과 그 밖의 악기를 연주하며
노래를 불렀습니다. 그들은 이런 노래로
여호와를 찬양했습니다. "여호와는 선하
시다. 그의 사랑은 영원하시다." 그 때에
구름이 여호와의 성전을 덮었습니다.
14 제사장들은 그 구름 때문에 일을 계속할
수 없었습니다. 여호와의 영광이 하나님
의 성전을 가득 채웠습니다.

6 그 때에 솔로몬이 말했습니다. "여호와
께서는 캄캄한 구름 속에 계시겠다고
말씀하셨습니다.
2 그러나 저는 주를 위해 훌륭한 성전을 지
었습니다. 이 성전은 주께서 영원히 계실
곳입니다."

솔로몬의 연설

3 그리고 나서 솔로몬 왕은 몸을 돌려, 그
곳에 서 있는 이스라엘의 모든 백성에게
복을 빌어 주었습니다.
4 솔로몬이 말했습니다. "이스라엘의 하나님
이신 여호와를 찬양합시다. 여호와께서는
내 아버지 다윗에게 약속하신 것을 이루
어 주셨습니다. 여호와께서는 내 아버지
에게 이렇게 말씀하셨습니다.
5 '나는 내 백성 이스라엘을 이집트에서 인
도해 냈다. 그러나 나는 나에게 예배할 성
전을 어느 곳에다 지을지, 이스라엘의 어
느 지파에서도 선택하지 않았다. 그리고
내 백성 이스라엘을 인도할 사람도 선택하
지 않았다.
6 그러나 이제 나는 예배받을 곳으로 예루
살렘을 선택했고, 다윗을 선택하여 내 백
성 이스라엘을 다스리게 하였다.'
7 내 아버지 다윗은 이스라엘의 하나님이신
여호와께 예배드릴 성전을 짓고 싶어했습
니다.
8 그러나 여호와께서는 내 아버지 다윗에게
이렇게 말씀하셨습니다. '다윗아, 네가 나
에게 예배드릴 성전을 짓고 싶어하는 뜻
은 좋다.
9 그러나 너는 성전을 지을 사람이 아니다.
나에게 예배드릴 성전은 네 아들이 짓게
될 것이다.'
10 이제 여호와께서는 약속하신 것을 이루어
주셨습니다. 나는 이제 여호와께서 약속
하신 대로 내 아버지 다윗의 뒤를 이어 왕
이 되었습니다. 그리고 나는 이스라엘의

하나님이신 여호와께 예배드릴 성전을 지
었습니다.
11 나는 여호와께서 우리 조상과 맺으신 언
약이 들어 있는 궤를 성전 안에 놓아 두
었습니다."

솔로몬의 기도

12 그런 다음에 솔로몬은 여호와의 제단을 바
라보고 섰습니다. 솔로몬은 거기에 모인
모든 백성 앞에서 팔을 치켜들었습니다.
13 솔로몬은 예전에 놋단을 만들어 놓았습니
다. 그 단은 길이가 오 규빗,* 너비가 오
규빗, 높이가 삼 규빗*입니다. 솔로몬은
그 단을 바깥뜰 한가운데에 두었습니다.
솔로몬은 그 단 위에 올라가서, 거기에
모인 모든 이스라엘 백성 앞에서 무릎을
꿇고, 하늘을 향해 팔을 치켜들었습니
다.
14 그리고 이렇게 말했습니다. "이스라엘의
하나님 여호와여, 주와 같으신 신은 저 위
하늘에도 없고, 저 아래 땅에도 없습니
다. 주께서는 온 마음으로 주를 따르는 사
람들에게 사랑의 언약을 지켜 주셨습니
다.
15 주께서는 주의 종이요, 제 아버지인 다윗
에게 하신 약속을 지켜 주셨습니다. 주의
입으로 말씀하신 그 약속을, 오늘 주의 크
신 능력으로 이루어 주셨습니다.
16 이스라엘의 하나님 여호와여! 주의 종이
요, 제 아버지인 다윗에게 하신 다른 약
속도 지켜 주십시오. 주께서는 '네가 나
에게 복종했듯이 네 자손도 조심하여 나
에게 복종하면, 이스라엘을 다스릴 사람이
네 집안에서 끊이지 않고 나올 것이다' 라
고 말씀하셨습니다.
17 그러므로 이스라엘의 하나님 여호와여! 주
의 종이요, 제 아버지인 다윗에게 하신 약
속을 이루어 주십시오.
18 그러나 하나님이여, 하나님께서 정말로
땅에서 사시겠습니까? 하늘과 하늘의 하
늘이라도 하나님을 모실 수 없을 텐데, 제
가 지은 이 집이야 더 말해 무엇 하겠습
니까?
19 그러나 제 기도와 소원을 들어 주십시오.
나의 하나님 여호와여! 제가 주께 드리는
이 기도를 들어 주십시오.
20 주께서는 전에, 여기에 주의 이름을 두시
겠다고 말씀하셨습니다. 그러니 밤낮으로
이 성전을 지켜 봐 주십시오. 이 성전을
향해 기도드릴 때에 그 기도를 들어 주십
시오.
21 내 기도와 주의 백성 이스라엘의 기도를
들어 주십시오. 우리가 이 곳을 향해 기
도할 때에 그 기도를 들어 주십시오. 주
께서 계시는 하늘에서 들어 주시고 용서
해 주십시오.
22 어떤 사람이 이웃에게 죄를 지으면, 이 성
전의 제단으로 나아오게 될 것입니다. 그
런데 그 사람이 자기에게는 죄가 없다고
맹세하면,
23 하늘에서 그 맹세를 들으시고 판단해 주
십시오. 죄 있는 사람에게는 그가 이웃에
게 고통을 준 것만큼 고통을 주시고, 올
바른 사람에게는 죄가 없음을 밝혀 주십
시오.
24 주의 백성 이스라엘이 주께 죄를 지어 싸
움에서 졌을 때, 주께 돌아와 주를 찬양
하고 이 성전에서 주께 기도드리면,
25 그들의 기도를 하늘에서 들으시고, 주의
백성 이스라엘의 죄를 용서해 주십시오.
주께서 그들의 조상에게 주신 그 땅으로
그들이 다시 돌아오게 해 주십시오.
26 주의 백성 이스라엘이 주께 죄를 지어 그
것 때문에 주께서 비를 내려 주지 않으
실 때, 그들이 이 곳을 향해 기도드리고,
주를 찬양하며 더 이상 죄를 짓지 않으
면,

알아두세요

6:13 5규빗은 약 2.25m에 해당되고, 3규빗은 약 1.35m에 해당된다.

죄(6:22 sin) 양심이나 도의, 또는 법에 어긋난 행위.
맹세(6:22 oath) 굳게 약속하거나 다짐하는 것.

27 하늘에서 그들의 기도를 들으시고, 주의
종, 이스라엘 백성의 죄를 용서해 주십시
오. 그들에게 올바르게 사는 법을 가르쳐
주시고, 주께서 주의 백성에게 주신 이 땅
에 비를 내려 주십시오.
28 이 땅에 가뭄이 들거나, 백성들 사이에 무
서운 전염병이 돌거나, 병충해나 메뚜기
떼가 온갖 곡식을 갉아 먹거나, 주의 백
성이 적의 공격을 받게 되거나, 그들에게
무슨 병이 생기든지,
29 주의 백성 이스라엘 가운데, 한 사람 또는
모든 백성이 고통과 재앙을 깨닫고, 이 성
전을 향해 팔을 벌려 기도드리면,
30 주께서 계시는 하늘에서 그 기도를 들으
시고, 백성을 용서하여 주시고, 그들을
도와 주십시오. 주만이 사람의 속마음을
아십니다. 그러니 각 사람을 판단하시고,
그들의 한 일대로 그들에게 갚아 주십시
오.
31 그러면 주의 백성이 주께서 주신 이 땅에
서 주를 두려워하며, 늘 주를 따를 것입
니다.
32 주의 백성 이스라엘에 속하지 않은 이방인
이, 주의 크신 능력을 듣고, 먼 땅에서 이
성전으로 기도하러 오면,
33 주께서 계시는 하늘에서 그의 기도를 들
으시고, 그가 구하는 대로 해 주십시오.
그러면 주의 백성 이스라엘처럼 모든 땅의
백성이 주를 알고, 두려워할 것입니다.
그리고 제가 지은 이 성전이 주의 이름을
일컫는 곳임을 알게 될 것입니다.
34 주께서 주의 백성에게 적과 싸우라고 명
령하셔서, 그들이 이 성과, 주를 예배하
려고 지은 이 성전을 향해 주께 기도드리
면,
35 하늘에서 그들의 기도를 들으시고 그들을
도와 주십시오.
36 죄를 짓지 않는 사람은 없으니, 주의 백
성도 주께 죄를 지을 것입니다. 그러면 주
께서는 노하셔서 그들을 적에게 넘겨 주
실 것입니다. 적들은 그들을 사로잡아,
멀든지 가깝든지 자기 나라로 끌고 갈 것
입니다.
37 그러면 주의 백성은 다른 나라로 끌려가,
거기에서 정신을 차리고 마음을 돌려, 그
사로잡혀 간 땅에서 주께 기도할지 모릅
니다. '우리가 죄를 지었습니다. 우리가
잘못했습니다' 라고 말할지 모릅니다.
38 그들이 원수의 땅에서 마음과 정성을 다
하여 주께 돌아오고, 주께서 그들의 조상
에게 주신 땅과, 주께서 선택하신 이 땅
과, 내가 주의 이름을 위하여 지은 이 성
전을 향해 주께 기도드리면,
39 주께서 계시는 하늘에서 그들의 기도를
들으시고 그들을 도와 주십시오. 주께 죄
를 지은 그들을 용서해 주십시오.
40 나의 하나님이여, 우리를 눈으로 살펴 주
시고 이 곳에서 드리는 기도를 들어 주십
시오.
41 여호와 하나님이여! 이제 일어나셔서 주
의 쉬실 곳으로 오십시오. 주의 능력을 보
여 주는 궤가 있는 이 곳에 오셔서 편히
쉬십시오. 여호와 하나님이여! 주의 제사
장들에게 구원을 베풀어 주십시오. 주의
선하심으로 주의 거룩한 백성에게 기쁨을
주십시오.
42 여호와 하나님이여! 주께서 세우신 사람
을 버리지 마십시오. 주의 종 다윗에게 베
푸신 사랑을 기억해 주십시오."

주께 성전을 바치다

7 솔로몬이 기도를 마치자, 하늘에서 불
이 내려와 태워 드리는 제물인 번제물
과 제물들을 불태웠습니다. 그리고 여호
와의 영광이 성전에 가득 찼습니다.
2 여호와의 영광이 성전에 가득 차서, 제사
장들도 여호와의 성전에 들어갈 수 없었

알아두세요

7:8 이는 '초막절'을 가리킨다.

거룩한(6:41 holy) 구별되고 신성한, 더러운 것과 잘못됨에서 떠나 있는.

절기(7:8 festival) 민족적·종교적으로 중요한 사건들을 기념하기 위해 지키는 정기적인 의식 또는 축제.

습니다.
3 모든 이스라엘 백성도 불이 하늘에서
내려오는 모습과 여호와의 영광이
성전에 가득 찬 모습을 보았습니
다. 그래서 그들은 넓은 돌을 깔
아 놓은 땅 위에 얼굴을 대고 엎
드렸습니다. 그들은 여호와께 예
배하고 감사드리며, "여호와는
선하시다. 주의 사랑은 영원하시
다" 라고 말했습니다.
4 솔로몬 왕과 모든 이스라엘 백성
은 여호와 앞에 제물을 바쳤습니
다.
5 솔로몬 왕은 소 이만 이천 마리와
양 십이만 마리를 잡아서 제물로
바쳤습니다. 이렇게 왕과 모든 이스
라엘 백성은 여호와께 성전을 바치
는 예식을 올렸습니다.
6 제사장들은 여호와를 섬길 준비를 하
고 서 있었습니다. 레위 사람들도 음
악을 연주할 악기를 들고 서 있었습니다.
그 악기들은 다윗 왕이 여호와를 찬양하
려고 만든 악기들입니다. 제사장과 레위
사람들은 "여호와의 사랑은 영원하시다"
라고 노래했습니다. 레위 사람들 맞은편
에 서 있던 제사장들이 나팔을 부는 동안,
모든 이스라엘 백성은 그 자리에 서 있었
습니다.
7 솔로몬은 여호와의 성전 앞에 있는 뜰 한
가운데를 거룩하게 구별했습니다. 솔로몬
은 거기에서 번제물과 화목제의 기름을
바쳤습니다. 솔로몬이 만든 놋제단에는
모든 제물, 곧 번제물과 곡식 제물과 기
름을 다 놓을 수 없었기 때문에, 뜰 한가
운데를 사용한 것입니다.
8 솔로몬과 모든 이스라엘의 백성은 칠 일
동안, 절기*를 지켰습니다. 그 때에 북쪽
으로는 하맛 입구에서부터 남쪽으로는 이
집트 시내까지, 많은 이스라엘 사람들이
모여 있었습니다.
9 그들은 여호와께 성전을 바치는 예식을
올린 후, 칠 일 동안, 절기를 지키고, 팔

솔로몬에게 나타나신 하나님(7:12-22)

일째 되는 날에 모임을 가졌습니다.
10 솔로몬은 일곱째 달 이십삼 일에 백성을
집으로 돌려 보냈습니다. 그들은 여호와
께서 다윗과 솔로몬과 그의 백성 이스라엘
에게 은혜를 베풀어 주신 것을 기뻐하며
즐거워했습니다.

주께서 솔로몬에게 다시 나타나시다

11 솔로몬이 여호와의 성전과 자기의 왕궁을
다 짓고, 그 성전과 왕궁에 대해 마음속
에 계획했던 일을 무사히 다 마쳤습니다.
12 그러자 여호와께서 밤에 솔로몬에게 나타
나셔서 말씀하셨습니다. "솔로몬아, 네
기도를 들었다. 나는 네가 지은 이 성전
을 선택해서, 거기에서 제사를 받을 것이
다.
13 내가 하늘을 닫아서 비를 내리지 않거나,
메뚜기 떼에게 명령하여 땅을 망치게 하
거나, 내 백성에게 병을 보낼 때,
14 내 이름으로 일컫는 내 백성이 자기들이
한 일을 뉘우치고, 나에게 기도하고, 내
말을 따르며, 악한 길에서 돌이키면, 내

가 하늘에서 그들의 기도를 듣고, 그들의
죄를 용서해 주며, 그들의 땅을 고쳐 줄
것이다.
15 내가 그들을 돌보아 주며, 이 곳에서 드
리는 기도를 들어 주겠다.
16 내가 이 성전을 선택하여 거룩하게 했으
므로 내 이름이 영원히 이 곳에 있게 하
겠고, 내 눈과 내 마음이 영원토록 이 곳
에 머무르게 하겠다.
17 솔로몬아, 너는 네 아버지 다윗처럼 내 말
을 들어라. 나의 모든 명령과 율법과 규
례를 지켜라.
18 그렇게만 하면 내가 너의 나라를 강하게
해 주겠다. 이것은 내가 너의 아버지 다
윗과 맺은 언약이다. 나는 네 아버지에게
'다윗아, 네 집안에서 이스라엘을 다스릴
왕이 끊임없이 나올 것이다'라고 말하였
다.
19 그러나 나를 배반하면 안 된다. 내가 너
희에게 준 계명과 율법을 어기면 안 된다.
다른 신들을 섬겨, 예배해도 안 된다.
20 만약 그렇게 하면, 이스라엘 백성을 내
땅, 곧 내가 그들에게 준 땅에서 쫓아 내
겠다. 그리고 내가 내 이름을 위하여 거
룩하게 만든 이 성전을 버리겠다. 그러면
모든 나라들이 이 성전을 비웃으며, 조롱
할 것이다.
21 지금은 이 성전이 귀하게 여김을 받지만,
그 때에는 이 곳을 지나는 사람마다 놀라
며 '여호와께서 어찌하여 이 땅과 성전을
이 지경으로 만드셨을까?' 하고 말할 것
이다.
22 그 때에 사람들은 이렇게 대답할 것이다.
'이렇게 된 까닭은 이스라엘 백성이 그들
의 조상이 섬겼던 하나님, 곧 그들을 이
집트에서 인도해 내신 여호와 하나님을
떠났기 때문이다. 그들은 다른 신들에게
마음이 끌려 그들을 예배하고 섬겼다. 그
래서 여호와께서 이런 재앙을 그들에게
내리신 것이다.'"

솔로몬의 다른 활동

8 솔로몬이 여호와의 성전과 왕궁을 다
짓는 데는 이십 년이 걸렸습니다.
2 솔로몬은 히람 왕이 준 마을들도 다시 건
설하였습니다. 그리고 솔로몬은 이스라엘
백성을 그 마을들로 보내어 거기에서 살
게 했습니다.
3 그 뒤에 솔로몬은 하맛소바로 가서 그 성
을 점령했습니다.
4 또 솔로몬은 광야에 다드몰 마을을 건설하
였고, 하맛에는 갖가지 물건을 쌓아 두는
마을들도 건설했습니다.
5 그리고 위 벧호론과 아래 벧호론의 여러
마을도 다시 건설했습니다. 그는 그 마을
들에 성벽을 쌓고, 성문을 세우고, 성문
에 빗장을 질러 요새로 만들었습니다.
6 솔로몬은 또 바알랏을 다시 짓고, 갖가지
물건을 쌓아 둘 성도 만들고, 말과 전차
를 둘 성도 만들었습니다. 솔로몬은 예루
살렘과 레바논과 그가 다스리는 모든 땅
안에 자기가 건설하고 싶은 것을 건설했
습니다.
7 그 땅에는 이스라엘 백성이 아닌 사람, 곧
헷 사람과 아모리 사람과 브리스 사람과 히
위 사람과 여부스 사람들이 많이 남아서
살고 있었습니다.
8 그들은 이스라엘 백성이 멸망시키지 않고
남겨 둔 사람들의 자손입니다. 솔로몬은

솔로몬 시대의 예루살렘 성 모형도(8:1-2)

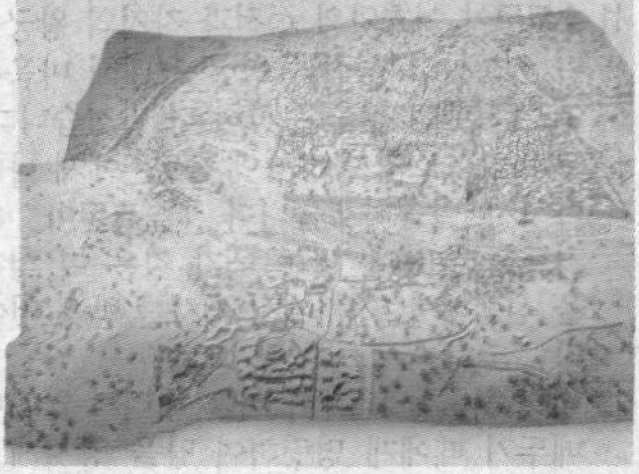

빗장(8:5 bar) 문을 닫고 가로질러 잠그는 막대기나 쇠장대.
요새(8:5 fortress) 적이 침입하지 못하도록 만들어 놓은 군사적인 시설.

그들 모두를 노예로 삼았습니다. 그들은
지금까지도 노예로 있습니다.
9 그러나 이스라엘 백성은 절대로 노예로 삼
지 않았습니다. 이스라엘 백성은 솔로몬의
군인이 되었고, 솔로몬의 장교와 전차 지
휘관과 전차병이 되었습니다.
10 어떤 사람들은 아주 중요한 관리가 되었
습니다. 그들의 수는 이백오십 명이며,
그들은 백성을 감독했습니다.
11 솔로몬은 이집트 왕의 딸을, 다윗 성에서
왕궁으로 데려왔습니다. 그 왕궁은 솔로
몬이 이집트 왕의 딸을 위해 지어 준 것입
니다. 솔로몬이 말했습니다. "내 아내가
이스라엘 왕 다윗의 왕궁에서 살 수는 없
다. 그 곳은 여호와의 궤가 놓여 있는 거
룩한 곳이기 때문이다."
12 솔로몬은 자기가 성전 현관 앞에 쌓은, 여
호와의 제단 위에서 태워 드리는 제사인
번제를 드렸습니다.
13 그는 모세가 명령한 대로 날마다 제물을
바쳤습니다. 제물을 바쳐야 할 날은 안식
일과 초하루와 해마다 세 차례씩 지키는
절기, 곧 무교절과 칠칠절*과 초막절입니
다.
14 솔로몬은 자기 아버지 다윗의 가르침을 따
라, 제사장들을 뽑아 지파의 순서대로 일
을 나누어 맡기고, 레위 사람을 뽑아 찬
양을 인도하게 했습니다. 그리고 제사장
들이 날마다 하는 일을 도와 주도록 했습
니다. 그리고 문지기들을 뽑아 맡은 날에
따라 각 문을 지키게 했습니다. 이 모든
일은 하나님의 사람 다윗이 명령한 일입
니다.
15 제사장과 레위 사람들은 솔로몬이 명령한
것을 다 지켰습니다. 그리고 창고에 대해
명령한 것도 그대로 따랐습니다.
16 솔로몬은 모든 일을 마쳤습니다. 여호와
의 성전의 기초를 놓을 때부터 시작해서
성전 짓는 일을 다 마칠 때까지 모든 일
이 솔로몬의 말대로 이루어졌습니다.
17 그후, 솔로몬은 에돔 땅 홍해에서 가까운
에시온게벨과 엘롯으로 갔습니다.
18 히람은 자기 신하들이 관리하는 배들과
바다에 대해 잘 알고 있는 신하들을 솔로
몬에게 보내 주었습니다. 히람의 신하들
은 솔로몬의 신하들과 함께 오빌로 가서
금 사백오십 달란트*를 솔로몬 왕에게 가
져왔습니다.

스바의 여왕이 솔로몬을 찾아오다

9 스바의 여왕이 솔로몬의 명성을 듣고,
그를 시험해 보기 위해 어려운 문제를
가지고 예루살렘으로 왔습니다. 스바의 여
왕은 수많은 신하들을 거느리고 왔습니
다. 향료와 보석과 금을 가득 실은 낙타
도 여러 마리 끌고 왔습니다. 스바의 여
왕은 솔로몬에게 와서, 마음속에 있는 모
든 생각을 솔로몬과 더불어 이야기했습니
다.
2 솔로몬은 여왕의 질문에 빠짐없이 대답해
주었습니다. 설명해 주기 어려운 문제는
하나도 없었습니다.
3 스바의 여왕은 솔로몬이 매우 지혜롭다는
것을 깨달았습니다. 여왕은 솔로몬이 지
은 왕궁과,
4 솔로몬의 식탁 위에 놓인 음식, 솔로몬의

성경 자세히 이해하기

스바의 여왕

고고학적 자료에 따르면 스바 왕국은 B.C. 900-450년경 아라비아 남서쪽에 번성했던 상업 국가였습니다. 이 나라는 인도와 동아프리카에 사치품을 수출하는 해상무역과 아라비아 사막을 통과하는 대상무역을 통해 막대한 부를 축적했습니다. 그런데 솔로몬 왕국의 세력이 갈수록 확장되자, 그 동안 장악했던 무역로와 상권에 위협을 느낀 스바의 여왕은 일종의 평화 조약을 맺기 위해 그를 방문한 것으로 보입니다. 물론 그녀의 방문에는 솔로몬의 지혜와 부귀를 직접 확인하려는 의도도 있었겠지요?

본문 보기 9장 1-12절

알아두세요

8:13 '칠칠절'은 '맥추절'이라고도 한다.
8:18 450달란트는 약 15.42t에 해당된다.

신하들과 왕궁 관리들, 그리고 그들이 차려 입은 옷과 식탁에서 시중드는 종들의 모습, 여호와의 성전에 올라가는 계단을 보고 너무나 놀랐습니다.

5 여왕이 솔로몬 왕에게 말했습니다. "내 나라에서 들은 왕의 업적과 지혜에 대한 소문이 사실이군요.

6 거기에서는 믿을 수 없었는데, 여기에 와서 내 눈으로 보니 듣던 것보다도 더 놀랍군요. 왕의 지혜와 부유함은 내가 듣던 것보다 훨씬 대단합니다.

7 언제나 왕을 섬기면서 왕의 지혜를 들을 수 있는 왕의 백성과 신하는 참 행복하겠습니다.

8 왕의 하나님이신 여호와를 찬양합니다. 여호와께서는 당신을 좋아하셔서 당신을 왕으로 삼으셨습니다. 여호와 하나님께서는 왕을 주의 보좌에 앉히셔서, 하나님을 위해 이 땅을 다스리게 하셨습니다. 왕의 하나님께서는 이스라엘을 사랑하시고, 영원히 이스라엘을 도우실 것입니다. 그래서 왕을 보좌에 앉히셔서, 율법과 질서를 지키게 하고, 공평하게 다스리도록 하셨습니다."

9 스바의 여왕은 솔로몬에게 금 백이십 달란트*와 많은 향료와 보석을 주었습니다. 그때부터 지금까지 스바의 여왕처럼 많은 향료를 가져온 사람은 없었습니다.

알아두세요

9:9 120달란트는 약 4.11t에 해당된다.

9:13 666달란트는 약 22.82t에 해당된다.

9:15-16 600세겔은 약 6.84kg에 해당되고, 300세겔은 약 3.42kg에 해당된다.

9:27 서쪽 경사지는 구체적으로 '세펠라'이며, '세펠라'는 서부 해안 지대와 고원 지대 사이의 서부 경사지를 말한다.

업적(9:5 achievement) 목적을 이루는 데 힘쓴 노력이나 수고. 또는 그 공적.

무역업자(9:14 trader) 외국과 상품 교역을 하는 상업의 한 분야에 종사하는 사람.

선견자(9:29 seer) 하나님의 계시를 백성들에게 전해 주는 사람.

10 (히람의 신하들과 솔로몬의 신하들은 오빌에서 금을 가져왔고, 그 밖에도 백단목과 보석을 가져왔습니다.

11 솔로몬 왕은 백단목을 여호와의 성전과 왕궁의 계단을 만드는 데 썼습니다. 그리고 음악가들이 쓸 수금과 비파를 만드는 데도 썼습니다. 지금까지도 유다에서는 그렇게 좋은 백단목을 본 사람이 없습니다.)

12 솔로몬 왕은 스바의 여왕에게, 여왕이 가지고 싶어하는 것과 달라는 것을 다 주었습니다. 여왕이 가져온 것보다 더 많은 것을 여왕에게 주었습니다. 여왕은 신하들과 함께 자기 나라로 돌아갔습니다.

솔로몬의 부

13 솔로몬은 해마다 금 육백육십육 달란트*를 받았습니다.

14 그것 말고도 솔로몬은 무역업자와 상인들에게서 금을 받았고, 아라비아의 왕들과 이스라엘 땅의 장관들에게서도 금과 은을 받았습니다.

15 솔로몬 왕은 금을 두드려서 큰 방패 이백 개를 만들었습니다. 방패 하나에 들어간 금은 육백 세겔*이었습니다.

16 솔로몬은 또 금을 두드려서 작은 방패 삼백 개를 만들었습니다. 그 방패 하나에 들어간 금은 삼백 세겔*이었습니다. 왕은 그 방패들을 '레바논 숲의 궁'에 두었습니다.

17 솔로몬 왕은 커다란 상아 보좌를 만들었습니다. 그리고 거기에 순금을 입혔습니다.

18 보좌로 올라가는 계단은 여섯 개였습니다. 보좌에는 금으로 만든 발받침대도 있었습니다. 보좌의 양쪽에는 팔걸이가 있었고, 팔걸이 양 옆에는 사자상이 있었습니다.

19 여섯 계단 위에는 열두 사자가 있었습니다. 각 계단의 양쪽 끝에 사자가 한 마리씩 있었습니다. 다른 어떤 나라에서도 이런 것은 만들지 못했습니다.

20 솔로몬 왕이 마시는 데에 쓰는 모든 그릇은 금으로 만들었습니다. '레바논 숲의 궁'에서 쓰는 모든 그릇도 다 순금이었습

니다. 은으로 만든 것은 하나도 없었습니
다. 솔로몬의 시대에는 사람들이 은을 귀
하게 여기지도 않았습니다.
21 솔로몬 왕에게는 무역을 하는 배가 많이
있었습니다. 그 배들은 히람의 사람들이
몰고 다시스로 다녔으며, 삼 년에 한 번씩
금과 은, 상아와 원숭이와 공작새들을 싣
고 돌아왔습니다.
22 솔로몬 왕은 이 세상의 어떤 왕보다 재산
과 지혜가 많았습니다.
23 온 세상의 백성이 솔로몬을 보러 왔습니
다. 그들은 하나님께서 솔로몬에게 주신
지혜를 듣고 싶어했습니다.
24 해마다 솔로몬을 만나러 오는 사람들은 누
구나 다 선물을 가지고 왔습니다. 그들은
금이나 은으로 만든 물건들과 옷과 무기
와 향료와 말과 노새를 가지고 왔습니다.
25 솔로몬은 말과 전차들을 두는 마구간을 사
천 개나 가지고 있었고, 말은 만 이천 마
리나 가지고 있었습니다. 솔로몬은 그것
들을 전차를 두는 특별한 성에 두기도 했
고, 자기가 사는 예루살렘에 두기도 했습
니다.
26 솔로몬은 유프라테스 강에서부터 블레셋
땅을 지나 이집트까지 모든 왕들의 왕이
었습니다.
27 솔로몬이 왕으로 있는 동안, 예루살렘에는
은이 돌처럼 흔했습니다. 백향목은 서쪽
경사지*에서 자라는 돌무화과나무처럼 흔
했습니다.
28 솔로몬은 이집트와 다른 모든 나라에서 말
을 사들였습니다.

솔로몬이 죽다

29 솔로몬이 한 다른 일은 처음부터 끝까지,
예언자 나단의 기록과 실로 사람 아히야의
예언과 잇도가 받은 계시에 적혀 있습니
다. 잇도는 느밧의 아들 여로보암에 대해
서 글을 쓴 선견자입니다.
30 솔로몬은 예루살렘에서 온 이스라엘을 사
십 년 동안, 다스렸습니다.
31 솔로몬이 죽어 예루살렘, 곧 그의 아버지
다윗 성에 묻혔습니다. 솔로몬의 아들 르
호보암이 그의 뒤를 이어 왕이 되었습니
다.

르호보암이 어리석은 짓을 하다

10 모든 이스라엘 백성이 르호보암을 왕
으로 세우려고 세겜에 모이자, 르호
보암도 세겜으로 갔습니다.
2 솔로몬을 피해서 이집트로 도망쳤던 느밧
의 아들 여로보암은 아직 이집트에 머물러
있었는데, 이스라엘 백성이 르호보암을 왕
으로 세우려 한다는 소식을 듣고, 이집트
에서 돌아왔습니다.
3 그러자 백성이 여로보암을 부르러 사람을
보냈습니다. 여로보암이 이스라엘 모든 무
리와 함께 르호보암에게 가서 말했습니다.
4 "왕의 아버지는 우리에게 매우 고된 일을
시켰습니다. 우리의 일을 좀 덜어 주십시
오. 왕의 아버지처럼 우리에게 고된 일을
시키지 마십시오. 그렇게 해 주시면 왕을
섬기겠습니다."
5 르호보암이 대답했습니다. "삼 일 뒤에 다
시 오너라." 그래서 백성이 그 자리를 떠
났습니다.
6 르호보암 왕은 솔로몬을 섬겼던 나이든 지
도자들과 의논했습니다. "이 백성에게 어
떻게 대답해 주면 좋겠소?"
7 그들이 대답했습니다. "왕은 이 백성에게
너그러워야 합니다. 그들을 기쁘게 해 주
시고, 그들에게 친절한 말로 대답해 주십
시오. 그러면 백성들은 언제나 왕을 섬길

성경 인물

여로보암 여로보암은 에브라임 사람 느밧의 아들로 솔로몬 왕 시절에 에브라임과 므낫세 지파의 공사 감독관이었습니다. 예언자 아히야가 이스라엘 백성이 범죄함으로 인해 왕국이 분열되고 여로보암이 왕이 될 것이라고 예언하자, 솔로몬은 여로보암을 죽이려 했고, 그는 이집트로 피신하였습니다(왕상 11:29-40). 솔로몬이 죽은 후에야 다시 돌아온 그는 예언대로 북 이스라엘의 초대 왕(B.C.928-907년)이 되었습니다. 한편 성경은 종종 그의 죄악을 이스라엘 모든 왕들의 죄악의 원형으로 말하기도 합니다. 본문 보기 10장 3절

것입니다."
8 그러나 르호보암은 그들의 충고를 듣지 않
고, 자기와 함께 자라나서 지금은 자기를
섬기는 젊은 사람들과 의논을 했습니다.
9 르호보암이 그들에게 말했습니다. "백성은
'왕의 아버지처럼 우리에게 고된 일을 시
키지 마십시오'라고 말하고 있는데, 내가
어떻게 대답하면 좋겠소? 그대들의 생각
은 어떻소?"
10 르호보암과 함께 자라난 젊은 사람들이 대
답했습니다. "이 백성은 왕에게 '왕의 아
버지는 우리에게 매우 고된 일을 시켰는
데, 왕은 우리의 일을 덜어 주십시오'라
고 말하지만, 왕은 그들에게 이렇게 말하
십시오. '내 새끼 손가락은 내 아버지의 허
리보다 더 굵다.
11 내 아버지는 너희에게 고된 일을 시켰지
만, 나는 너희에게 훨씬 더 고된 일을 시
키겠다. 내 아버지는 너희를 가죽 채찍으
로 쳤지만, 나는 너희를 전갈의 독침으로
치겠다.'"
12 르호보암이 백성에게 "삼 일 뒤에 다시 오
너라" 하고 말했으므로, 모든 백성이 삼
일 뒤에 다시 르호보암에게 왔습니다.
13 르호보암 왕은 백성에게 무자비한 말을 했
습니다. 르호보암은 나이 든 지도자들의
충고를 듣지 않고,
14 젊은 사람들이 일러 준 대로 말했습니다.
"내 아버지는 너희에게 고된 일을 시켰지
만, 나는 너희에게 훨씬 더 고된 일을 시
키겠다. 내 아버지는 너희를 가죽 채찍으
로 쳤지만, 나는 너희를 전갈의 독침으로
다스리겠다."

알아두세요

10:18 '하도람'은 '아도니람'(왕상 4:6), 단축형으로 '아도람'으로도 불렸다.

무자비한(10:13 ruthless) 사정없이 냉혹한.
동원(10:18 mobilization) 목적을 달성하기 위하여 사람이나 물건을 집중시킴.
반역(10:19 rebellion) 거역하고 배반하는 행위.

15 이처럼 르호보암 왕은 백성이 원하는 것
을 들어 주지 않았습니다. 이 일은 하나
님께서 그렇게 하도록 하신 일입니다. 여
호와께서 이 일을 하신 것은, 실로의 예
언자 아히야를 시켜 느밧의 아들 여로보암
에게 하신 약속을 이루시기 위해서였습
니다.
16 이스라엘 모든 백성은 르호보암 왕이 자기
들의 말을 들어 주지 않는 것을 보고 왕
에게 말했습니다. "다윗에게 우리가 받을
몫이 없다. 우리는 이새의 아들과 상관없
다. 이스라엘 백성아, 우리 집으로 돌아가
자. 다윗의 아들아, 네 백성이나 다스려
라." 그리하여 이스라엘 백성은 자기 집으
로 돌아갔습니다.
17 그러나 유다의 여러 마을에 사는 이스라엘
백성은 르호보암을 섬겼습니다.
18 하도람*은 강제로 동원된 일꾼들을 감독하
는 사람이었는데, 르호보암 왕이 그 하도
람을 이스라엘 백성에게 보내자, 백성은
돌을 던져서 하도람을 죽였습니다. 그러
자 르호보암 왕은 서둘러 전차를 타고, 예
루살렘으로 도망쳤습니다.
19 그 때부터 이스라엘은 다윗의 집안에 반역
을 했습니다.

11 르호보암은 예루살렘에 이르러 가장
뛰어난 군인 십팔만 명을 모았습니
다. 그들은 유다와 베냐민의 가문에서 모
은 백성입니다. 르호보암은 이스라엘 백
성과 싸워 자기 나라를 되찾으려 했습니
다.
2 그러나 여호와께서 하나님의 사람 스마야
에게 말씀하셨습니다.
3 "스마야야, 유다 왕 솔로몬의 아들 르호보
암에게 전하여라. 그리고 유다와 베냐민에
사는 모든 이스라엘 백성에게 이렇게 전하
여라.
4 '너희는 너희 형제인 이스라엘 백성과 싸
우지 말고, 모두 집으로 돌아가거라. 이
모든 일은 내가 일으킨 것이다.'" 그러자
르호보암 왕과 그의 군대는 여호와의 명령
에 복종했습니다. 그들은 여로보암을 치러

가지 않고 돌아섰습니다.

르호보암이 유다를 강하게 만들다

5 르호보암은 예루살렘에 살면서, 유다의 여러 성을 요새로 만들었습니다.
6 그는 베들레헴과 에담과 드고아와,
7 벧술과 소고와 아둘람과,
8 가드와 마레사와 십과,
9 아도라임과 라기스와 아세가와,
10 소라와 아얄론과 헤브론 성을 새로 쌓았습니다. 이 성들은 르호보암이 유다와 베냐민에 건설한 요새입니다.
11 르호보암은 그 성들을 요새로 만든 다음, 그 곳에 지휘관을 두었습니다. 그리고 음식과 기름과 포도주를 쌓아 두었습니다.
12 그리고 르호보암은 모든 성에 방패와 창을 두어, 그 성들을 강하게 만들었습니다. 르호보암은 유다와 베냐민의 모든 성에 사는 백성을 자기 밑에 두고 다스렸습니다.
13 이스라엘 모든 땅의 제사장과 레위 사람들이 르호보암에게로 왔습니다.
14 레위 사람들은 목초지와 밭까지 버리고, 유다와 예루살렘으로 왔습니다. 왜냐하면 그들이 여호와를 섬기는 제사장으로 일하는 것을 여로보암과 그의 아들들이 막았기 때문입니다.
15 여로보암은 자기 마음대로 제사장을 뽑았습니다. 그리고 그들에게 자기가 만든 염소 우상과 소 우상을 섬기게 했습니다.
16 이스라엘 모든 지파에는 이스라엘의 하나님이신 여호와를 섬기려는 사람들이 있었습니다. 그들은 여호와께 제사를 드리러 레위 사람들과 함께 예루살렘으로 가곤 했습니다.
17 이 사람들은 유다 나라를 강하게 해 주었습니다. 그리고 그들은 솔로몬의 아들 르호보암을 삼 년 동안, 도와 주었습니다. 그 삼 년 동안, 그들은 다윗과 솔로몬의 본을 받아서 살았습니다.

르호보암의 집안

18 르호보암은 마할랏과 결혼했습니다. 마할랏은 여리못과 아비하일의 딸입니다. 여리못은 다윗의 아들이고, 아비하일은 엘리압의 딸입니다. 엘리압은 이새의 아들입니다.
19 마할랏이 르호보암에게 낳아 준 아들은 여우스와 스마랴와 사함입니다.
20 그 뒤에 르호보암은 압살롬의 딸 마아가와 결혼했습니다. 마아가는 르호보암에게 아비야와 앗대와 시사와 슬로밋을 낳아 주었습니다.
21 르호보암은 다른 아내들과 첩들보다 마아가를 더 사랑했습니다. 르호보암에게는 아내 십팔 명과 첩 육십 명이 있었고, 아들 이십팔 명과 딸 육십 명이 있었습니다.
22 르호보암은 아비야를 뽑아 그의 형제들의 우두머리로 삼았습니다. 그것은 아비야를 왕으로 세우려 했기 때문입니다.
23 르호보암은 지혜롭게 행동했습니다. 그는 자기 아들들을 유다와 베냐민의 모든 지역으로 보냈습니다. 그는 모든 요새에 자기 아들들을 보냈습니다. 그리고 그들에게 양식을 넉넉하게 주었고, 아내들도 얻어 주었습니다.

시삭이 예루살렘을 공격하다

12 르호보암은 강한 왕이 되고 나라도 견고하게 세웠습니다. 그러자 온 이스라엘 백성은 여호와의 가르침을 저버리

성경 인물

르호보암 B.C. 922년경 솔로몬에 이어 왕이 된 르호보암은 무거운 세금과 강제 노역에 대한 백성들의 건의를 외면하여 북 이스라엘과 남 유다로 왕국이 분열되게 한 장본인이었습니다(왕상 12:12-14,20). 초창기에는 왕국을 재통일하기 위해 전쟁을 벌이려고도 하였으나, 하나님의 명령에 순종하여 포기하고(대하 11:4), 북 이스라엘로부터 레위 족속과 제사장을 받아들이는 등의 선정을 베풀어 경제, 군사적으로 부강했습니다. 그러나 이방 여인들과 결혼하고 우상을 숭배하는 악을 행하여 이집트 왕 시삭의 침공을 받기도 했습니다(대하 12:1-8). 본문 보기 11장 1절

기 시작했습니다.
2 르호보암이 왕으로 있은 지 오 년째 되던
해에 이집트의 왕 시삭이 예루살렘에 쳐들
어왔습니다. 그 일이 일어난 까닭은 르호
보암과 백성이 여호와를 따르지 않았기
때문입니다.
3 시삭은 전차 천이백 대와 기마병 육만 명
을 거느리고 왔습니다. 그는 셀 수도 없
이 많은 리비아와 숙과 에티오피아*의 군대
를 이끌고 이집트에서 쳐들어왔습니다.
4 시삭은 유다의 요새들을 점령하고, 예루살
렘까지 진격했습니다.
5 그 때에 예언자 스마야가, 시삭을 두려워
해서 예루살렘에 모여 있던 르호보암과 유
다의 지도자들에게 왔습니다. 스마야가 그
들에게 말했습니다. "여호와께서 이렇게
말씀하셨소. '너희가 나를 저버렸으니 나
도 너희를 버려 너희를 시삭에게 넘겨 주
겠다.'"
6 그러자 유다의 지도자들과 르호보암 왕이
잘못을 뉘우치고 말했습니다. "여호와께
서는 옳은 일만 하십니다."
7 여호와께서는 그들이 자기 잘못을 뉘우치
는 모습을 보시고, 스마야에게 말씀하셨
습니다. "왕과 지도자들이 잘못을 뉘우치
고 있으므로, 그들을 멸망시키지 않고 곧
구해 주겠다. 시삭을 시켜 예루살렘을 멸
망시키지는 않겠다.
8 그러나 예루살렘 백성은 시삭의 종이 될
것이다. 그래야 그들은 나를 섬기는 것과
다른 나라의 왕들을 섬기는 것이 어떻게
다른지 알게 될 것이다."
9 이집트의 왕 시삭은 예루살렘을 공격하여
여호와의 성전과 왕궁에서 보물을 빼앗아
갔습니다. 그는 하나도 남김없이 다 털어
갔습니다. 솔로몬이 만든 금방패까지 다
가져갔습니다.
10 그래서 르호보암 왕은 금방패 대신에 놋방
패를 만들어서 왕궁 문을 지키는 사람들
에게 주었습니다.
11 왕이 여호와의 성전에 들어갈 때마다 경
호원들이 그 방패들을 가지고 갔다가, 일
이 끝나면 다시 경호실에 놓아 두었습니
다.
12 르호보암이 잘못을 뉘우치자, 여호와께서
분노를 거두셨습니다. 그래서 르호보암을
완전히 멸망시키지는 않으셨습니다. 유다
는 그래도 형편이 좋았습니다.

성전의 보물을 다 빼앗기다(12:9)

13 르호보암 왕은 예루살렘에서 강한 왕이 되
었습니다. 그는 사십일 세에 왕이 되어,
십칠 년 동안, 예루살렘에서 왕으로 지냈
습니다. 예루살렘은 여호와께서 예배를 받
으시려고, 이스라엘 모든 지파 가운데서
뽑으신 성입니다. 르호보암의 어머니는 암
몬 사람 나아마입니다.
14 르호보암은 무슨 일을 할 때든지 여호와의
뜻을 여쭈어 보지 않고 악한 일을 했습니
다.
15 르호보암이 한 일은 처음부터 끝까지, 예
언자 스마야와 선견자 잇도가 쓴 역사책에
적혀 있습니다. 르호보암과 여로보암 사이
에는 늘 전쟁이 있었습니다.
16 르호보암이 죽어 다윗 성에 묻히고, 르호
보암의 아들 아비야가 왕이 되었습니다.

유다의 아비야 왕

13 여로보암이 이스라엘의 왕으로 있은
지 십팔 년째 되는 해에 아비야가 유
다의 왕이 되었습니다.
2 아비야는 예루살렘에서 삼 년 동안, 다스
렸습니다. 그의 어머니는 기브아 사람 우
리엘의 딸 미가야*였습니다. 아비야와 여로
보암 사이에는 전쟁이 있었습니다.
3 아비야는 뛰어난 군인 사십만 명을 이끌
고 전쟁터로 나갔고, 여로보암도 뛰어난
군인 팔십만 명을 이끌고 아비야와 싸울
준비를 했습니다.
4 아비야가 에브라임 산지의 스마라임 산 위
에 서서 말했습니다. "여로보암과 모든 이
스라엘아, 내 말을 들어라.
5 너희는 이것을 알아야 한다. 이스라엘의
하나님 여호와께서 다윗과 그의 아들들을
영원히 이스라엘의 왕이 되게 해 주셨다.
하나님께서 이 권리를 영원한 언약*과 함
께 다윗에게 주셨다.
6 그러나 솔로몬의 신하들 가운데 한 사람
인 느밧의 아들 여로보암이 자기 주인을
배반했다.
7 그러자 건달과 불량배들이 여로보암의 친
구가 되었다. 그들은 솔로몬의 아들 르호
보암에게 반역했다. 르호보암은 어려서 어
떻게 해야 할지 몰라 그들을 막지 못했다.
8 너희는 여호와의 나라에 대해 반역을 꾀
하고 있다. 여호와의 나라는 다윗의 아들
들의 것이다. 너희는 백성의 수도 많고,
여로보암이 너희의 신이라며 만들어 준 금
송아지들을 가지고 있다.
9 너희는 아론의 자손인 여호와의 제사장과
레위 사람들을 쫓아 내고, 다른 나라 백
성들처럼 너희 마음대로 제사장을 뽑았
다. 누구든지 수송아지 한 마리와 숫양 일
곱 마리만 갖다 바치면 제사장이 되었다.
하나님도 아닌 헛된 신들의 제사장이 되
었다.
10 그러나 여호와께서 우리의 하나님이 되시
니, 우리가 여호와를 저버리지 않았다.
여호와를 섬기는 제사장은 아론의 자손이
다. 그리고 레위 사람들이 제사장을 도와
제사장들과 함께 여호와를 섬긴다.
11 그들은 아침 저녁으로 여호와께 번제를
드리며, 성전 안의 특별한 상 위에 빵을
놓아 두고, 저녁마다 금등잔대에 불을 밝
힌다. 우리는 우리 여호와 하나님의 명령
에 복종하지만 너희는 그분을 저버렸다.
12 하나님께서 우리와 함께 계신다. 하나님
은 우리를 다스리는 분이시며, 하나님의
제사장들이 우리와 함께 있다. 제사장들
은 나팔을 불어 우리로 하여금 너희와 싸
우게 한다. 이스라엘 사람들아, 여호와와
맞서서 싸우지 마라. 너희는 이기지 못한
다. 여호와는 너희 조상의 하나님이시
다."

알아두세요

12:3 개역 성경에는 '흙과 숩과 구스'라고 표기되어 있다.
13:2 마아가(대하 11:20; 왕상 15:2 참조).
13:5 개역 성경에는 '소금 언약'이라고 표기되어 있다.

전차(12:3 chariot) 전쟁 · 사냥 · 경주에 쓰인 이륜 마차.
진격(12:4 advance) 앞으로 나아가 적을 침.
예언자(12:15 prophet) 하나님의 계시를 백성들에게 전해 주는 사람.

13 그러나 여로보암은 몇몇 부대를 아비야의
군대 뒤로 몰래 보냈습니다. 여로보암이
아비야의 군대 앞에 있는 동안, 여로보암
의 군인들은 아비야의 군대 뒤에 있었습
니다.
14 아비야의 군인들이 둘러보니, 여로보암의
군대가 앞과 뒤 양쪽에서 공격해 오는 것
이 보였습니다. 그래서 그들은 여호와께
부르짖었습니다. 그리고 제사장들은 나팔
을 불었습니다.
15 유다의 군인들이 함성을 지르자, 하나님
께서 여로보암과 이스라엘 군대를 물리쳐
주셨습니다. 그들은 아비야와 유다 군대를
피해 도망쳤습니다.
16 이스라엘 군인들은 유다 군인들을 피해 도
망쳤습니다. 하나님께서 유다 군대에게
승리를 안겨 주셨습니다.
17 아비야의 군대는 이스라엘 군인들을 많이
죽였습니다. 이스라엘의 용사 오십만 명이
죽었습니다.
18 이렇게 이스라엘 백성이 싸움에서 지고 유
다 백성이 이겼습니다. 유다 백성이 이긴
것은 그들이 그들의 조상의 하나님이신
여호와를 의지했기 때문입니다.
19 아비야의 군대가 여로보암의 군대를 뒤쫓
았습니다. 아비야의 군대는 여로보암에게
서 벧엘과 여사나와 에브론 성과 그 주변
마을들을 빼앗았습니다.
20 여로보암은 아비야가 살아 있는 동안에는
다시 더 강해지지 못했습니다. 여호와께
서 여로보암을 치시니, 여로보암이 죽었습
니다.
21 반면 아비야는 매우 강해졌습니다. 아비야
는 십사 명의 여자와 결혼하여 아들 이십
이 명과 딸 십육 명을 두었습니다.
22 아비야가 한 다른 모든 일, 곧 그가 한 말
과 행동은 선견자 잇도가 쓴 글에 적혀 있
습니다.

14 아비야가 죽어 다윗 성에 묻혔습니
다. 아비야의 아들 아사가 그의 뒤를
이어 왕이 되었습니다. 아사의 시대에 십
년 동안, 그 땅에 평화가 있었습니다.

유다의 아사 왕

2 아사는 여호와께서 보시기에 올바른 일을
했습니다.
3 아사는 우상을 섬기는 데에 썼던 이방 제
단과 산당들을 없애 버렸습니다. 그리고
헛된 신들을 기념하는 돌 기둥들을 부숴
버리고, 아세라 우상들을 찍어 버렸습니
다.
4 아사는 유다 백성에게 명령하여, 그들의
조상이 섬기던 하나님께 복종하게 했습니
다. 아사는 그들에게 여호와의 가르침과
계명을 지키라고 명령했습니다.
5 아사는 유다의 모든 마을에서 산당과 향
제단을 없애 버렸습니다. 그리하여 아사
가 왕으로 있는 동안에는 평화가 있었습
니다.
6 아사는 나라가 평화로운 때에 유다에 요새
들을 건설했습니다. 여호와께서 아사에게
평화를 주셨기 때문에 아사는 전쟁을 하
지 않아도 되었습니다.
7 아사가 유다 백성에게 말했습니다. "이 성

성경 인물

아사 왕 유다의 3대 왕인 아사의 치적을 정리하면 다음과 같습니다. (1) 처음 10년 간은 의로운 통치로 평화를 누렸습니다. (2) 강력한 에티오피아 군대를 격퇴하였습니다. (3) 예언자 아사랴의 예언을 듣고 더욱 철저한 개혁을 했습니다. (4) 이것 때문에 그후로 20년 간 평화를 누릴 수 있었습니다. (5) 재위 36년, 북왕국이 침략해 왔을 때는 하나님을 의지하지 않고 아람 군대의 지원을 요청하는가 하면, 그러한 행위를 책망한 선견자 하나니를 옥에 가두고 백성을 학대하기도 하였습니다. 결국 재위 39년에 병에 걸린 그는 *여전히 하나님을 의지하지 않다가*, 제 41년에 죽었습니다.

본문 보기 14장

계명(14:4 commandment) 하나님의 명령으로서 성도들이 마땅히 지켜야 할 생활 규범.
산당(14:5 high place) 우상, 특히 바알을 섬기던 곳.

들을 짓고 그 둘레에 성벽을 쌓읍시다. 망
대와 성문과 성문 빗장도 만듭시다. 우리
가 우리 하나님 여호와께 복종했으므로,
이 성은 우리 것이오. 우리가 애써 주께
복종하니, 주께서 온 둘레에 평화를 주셨
소." 그리하여 그들은 지으려고 계획했던
것들을 잘 지었습니다.
8 아사에게는 유다 백성으로 이루어진 군대
가 삼십만 명이 있었고, 베냐민 백성으로
이루어진 군대가 이십팔만 명 있었습니
다. 유다의 군인들은 큰 방패와 창을 가
지고 있었고, 베냐민의 군인들은 작은 방
패와 활을 가지고 있었습니다. 이들은 모
두 용감한 군인이었습니다.
9 에티오피아 사람 세라가 아사의 군대와 싸
우러 왔습니다. 세라에게는 많은 군대와
전차 삼백 대가 있었습니다. 세라의 군대
가 마레사 마을까지 왔습니다.
10 아사가 세라와 맞서 싸우려고, 마레사의 스
바다 골짜기에서 싸움을 준비했습니다.
11 아사가 그의 하나님 여호와께 부르짖었습
니다. "여호와여, 약한 백성이 강한 백성
과 맞서 싸울 때는, 오직 주께서 도와 주
셔야 이길 수 있습니다. 우리의 여호와 하
나님이시여, 우리를 도와 주십시오. 우리
는 여호와 하나님을 의지합니다. 우리는
주의 이름으로 이 큰 군대와 맞서 싸웁니
다. 여호와여, 주는 우리의 하나님이십니
다. 아무도 주와 싸워서 이기지 못하도록
해 주십시오."
12 그리고 나서 아사의 유다 군대는 에티오피
아 사람들을 공격하였습니다. 그러자 여
호와께서 에티오피아 사람들을 물리쳐 주
셨습니다. 에티오피아 사람들은 도망쳤습
니다.
13 아사의 군대는 그랄 마을까지 그들을 뒤쫓
았습니다. 에티오피아 사람들이 너무나 많
이 죽어서, 그들의 군대는 다시 싸울 힘
을 잃었습니다. 그들은 여호와와 그의 군
대에 멸망당했습니다. 아사와 그의 군대
는 적군으로부터 귀중한 물건들을 많이
빼앗았습니다.

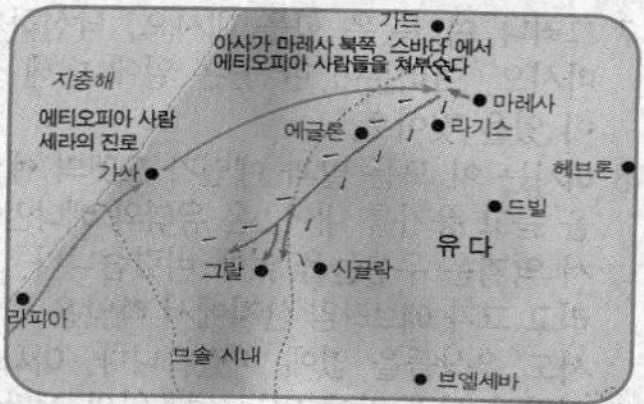

에티오피아 사람 세라와의 전쟁(14:9)

14 그들은 그랄 주변의 마을들을 다 멸망시
켰습니다. 그 마을들에 사는 백성은 여호
와를 두려워했습니다. 그 마을들에도 귀
중한 물건들이 많이 있었습니다. 아사의
군대는 그 물건들을 빼앗아 갔습니다.
15 아사의 군대는 목자들의 천막도 공격했습
니다. 거기에서 양과 낙타를 많이 빼앗았
습니다. 그런 다음에 그들은 예루살렘으로
돌아왔습니다.

아사의 개혁

15 하나님의 영이 오뎃의 아들 아사랴에
게 들어갔습니다.
2 아사랴가 아사를 만나서 말했습니다. "아
사 왕과 온 유다와 베냐민 백성은 내 말을
들으시오. 여러분이 여호와와 함께 있는
한, 여호와도 여러분과 함께 계실 것이
오. 여러분이 주를 찾으면 찾을 수 있겠
지만, 주를 버리면 주께서도 여러분을 버
리실 것이오.
3 이스라엘은 오랫동안, 참된 하나님 없이
살아 왔소. 그리고 그들을 가르칠 제사장
도 없었고 율법도 없었소.
4 그러나 그들은 어려움을 당하면, 이스라엘
의 여호와 하나님께 다시 돌아왔소. 주를
구하여 찾았소. 그러면 주께서 저희들을
만나 주셨소.
5 그 때는 아무도 마음놓고 다닐 수 없었소.
온 나라에 재앙이 가득했소.
6 한 나라가 다른 나라를 멸망시키고, 한 성
이 다른 성을 멸망시켰소. 그것은 하나님
께서 온갖 재앙으로 그들을 괴롭히셨기
때문이오.

7 그러나 여러분은 힘을 내시오. 낙심하지
마시오. 여러분이 한 좋은 일에 대해 상
이 있을 것이오."
8 아사는 이 모든 말과 예언자 오뎃의 예언
을 듣고 용기를 내어, 온 유다와 베냐민에
서 역겨운 우상들을 없애 버렸습니다. 그
리고 그가 에브라임 산지에서 빼앗은 성에
서도 우상들을 없애 버렸습니다. 아사는
성전의 현관 앞에 있는 여호와의 제단을
고쳤습니다.
9 그런 다음에 아사는 유다와 베냐민의 모든
백성을 불러모았습니다. 그리고 유다에
사는 에브라임과 므낫세와 시므온 지파의
백성도 불러모았습니다. 아사의 하나님
여호와께서 아사와 함께 계시는 것을 보
고, 이스라엘에서도 많은 백성이 왔습니
다.
10 아사와 모든 백성은 예루살렘에 모였습니
다. 그 때는 아사가 왕으로 있은 지 십오
년째 되던 해의 셋째 달*이었습니다.
11 그들은 그 때에 여호와께 소 칠백 마리와
양 칠천 마리를 바쳤습니다. 그 짐승들은
적에게서 빼앗아 온 것입니다.
12 그런 다음에 그들은 언약을 맺었습니다.
그들은 마음을 다해 그들의 조상이 섬기
던 여호와 하나님을 따르기로 약속했습니
다.
13 누구든지 이스라엘의 하나님이신 여호와
를 따르지 않는 사람은 죽이기로 했습니
다. 그 사람이 귀한 사람이든지 귀하지 않
은 사람이든지, 남자든지 여자든지 가리
지 않고 죽이기로 했습니다.
14 아사와 모든 백성은 여호와 앞에서 맹세
를 했습니다. 그들은 큰 소리로 함성을 질
렀습니다. 그리고 피리와 나팔을 불었습
니다.
15 온 유다 백성은 그런 맹세를 한 것이 기
뻤습니다. 그들은 마음을 다해서 맹세했
습니다. 그들은 하나님을 구하여 찾았습
니다. 그래서 여호와께서도 그들을 만나
주시고 사방에 쉼을 주셨습니다.
16 아사 왕은 자기 어머니 마아가를 태후의
자리에서 물러나게 했습니다. 그것은 마
아가가 주께서 역겨워하시는 아세라 우상
을 만들었기 때문입니다. 아사는 그 우상
을 베어서 토막을 낸 다음에 기드론 골짜
기에서 불태워 버렸습니다.
17 그러나 헛된 신들을 섬기던 산당들이 유
다에서 다 없어진 것은 아니었습니다. 아
사는 평생토록 온전한 마음으로 주를 섬
겼습니다.
18 아사는 자기와 자기 아버지의 거룩한 예
물을 하나님의 성전에 바
쳤습니다. 그 예물은 금
과 은으로 만들어진 것
입니다.
19 아사가 왕으로 있은
지 삼십오 년째 되던
해까지 전쟁이 없었습
니다.

발에 병이 난 아사 왕(16:12)

아사의 시대에 일어난 다른 일들

16 아사가 왕으로
있은 지 삼십
육 년째 되는 해에 이스
라엘의 바아사 왕이 유
다로 쳐들어왔습니다.
바아사는 라마로 가서 그 성

을 굳건하게 쌓고는 자기 나라 백성이 유
다로 들어가거나, 유다에서 나오는 것을
막으려 했습니다.
2 아사가 여호와의 성전과 자기 왕궁의 보
물 가운데 남아 있는 금과 은을 꺼내어,
사람들을 시켜 아람*의 왕 벤하닷에게 보
냈습니다. 벤하닷은 다마스커스 성에서
살고 있었습니다. 아사는 벤하닷에게 이
렇게 전했습니다.
3 "내 아버지와 그대의 아버지가 평화 조
약을 맺었듯이, 그대와 나도 조약을 맺
읍시다. 그대에게 금과 은을 보내니, 이
스라엘의 왕 바아사와 맺은 조약을 깨뜨
리시고, 그가 내 땅에서 자기 군대를 이
끌고 떠나게 해 주십시오."
4 벤하닷은 아사 왕의 말에 찬성했습니다.
그래서 그는 자기 군대의 지휘관들을 보
내어, 이스라엘 마을들을 공격하게 했습
니다. 그의 지휘관들은 이욘과 단과 아
벨마임*을 점령했습니다. 그리고 보물을
보관해 두는 납달리의 모든 성들도 점령
했습니다.
5 바아사가 그 소식을 듣고, 라마 성을 쌓는
일을 멈추었습니다.
6 아사가 유다의 모든 백성을 불러모았습니
다. 그들은 라마로 가서 바아사가 성을 쌓
을 때 쓰던 돌과 나무를 날랐습니다. 그
들은 그것으로 게바와 미스바를 지었습니
다.
7 그 때에 선견자 하나니가 유다의 아사 왕
에게 와서 말했습니다. "왕은 왕의 하나
님 여호와를 의지하지 않고, 아람 왕을 의
지했습니다. 그러므로 이제 아람 왕의 군
대는 왕의 손에서 벗어났습니다.
8 에티오피아 사람과 리비아 사람들에게는
크고 강한 군대가 있습니다. 그들에게는
전차와 기마병도 많이 있습니다. 그러나
왕이 여호와를 의지했기 때문에 여호와
께서 도우셔서 그들을 이길 수 있었습니
다.
9 여호와께서는 온 땅에서 온전히 여호와께
몸을 맡기는 사람을 찾고 계십니다. 여호
와께서는 그런 사람들을 강하게 해 주기
를 원하십니다. 아사 왕이여, 왕은 어리석
은 짓을 했습니다. 이제부터 왕은 여러 전
쟁에 시달려야 할 것입니다."
10 아사는 선견자 하나니의 말을 듣고 화가
나서 그를 감옥에 가두었습니다. 아사는
그 때에 다른 백성들도 압제했습니다.
11 아사가 한 일은 처음부터 끝까지, 유다와
이스라엘 왕들의 역사책에 적혀 있습니
다.
12 아사가 왕으로 있은 지 삼십구 년째 되던
해에 그의 발에 병이 났습니다. 그의 병
은 아주 심한 병이었습니다. 그러나 아사
는 그렇게 아프면서도 여호와를 찾지 않
고, 의사들만 찾았습니다.
13 그래서 아사는 왕으로 있은 지 사십일 년
째 되던 해에 죽었습니다.
14 백성들은 아사가 다윗 성에 미리 준비해
둔 무덤에 묻어 주었습니다. 백성은 아사
를 침대 위에 눕혔습니다. 그 침대는 온
갖 향료를 섞어 만든 향으로 가득한 침대
였습니다. 그리고 백성은 아사를 기념하
기 위해 큰 불을 밝혔습니다.

유다의 여호사밧 왕

17 아사의 아들 여호사밧이 아사의 뒤를
이어 유다 왕이 되었습니다. 여호사
밧은 이스라엘과 맞서 싸우려고, 유다를
강하게 만들었습니다.
2 그는 유다의 모든 요새에 군대를 두고, 그
의 아버지 아사가 점령한 에브라임의 여러
마을에도 군대를 두었습니다.
3 여호사밧이 올바른 일을 하였으므로, 여호
와께서 그와 함께 계셨습니다. 여호사밧은
처음 왕이 되었을 때에 그 조상 다윗처럼
살았습니다. 여호사밧은 바알 우상들을 찾
지 않았습니다.
4 그는 그의 아버지 아사처럼 하나님을 찾

알아두세요

15:10 이는 5월 혹은 6월에 해당된다.
16:2 '아람'은 현재의 '시리아' 땅에 해당된다.
16:4 '아벨마임'은 '아벨벧마아가'라고도 한다.

으며 하나님의 명령에 복종했습니다. 그
는 이스라엘 백성처럼 살지 않았습니다.
5 여호와께서 여호사밧을 유다의 강한 왕으로
만들어 주셨습니다. 유다의 모든 백성이 여
호사밧에게 선물을 가져왔습니다. 그래서
여호사밧은 큰 부와 명예를 얻었습니다.
6 여호사밧은 열심으로 여호와를 섬겼습니
다. 그는 유다에서 산당과 아세라 우상들
을 없앴습니다.
7 여호사밧은 왕이 된 지 삼 년째 되던 해
에, 자기 신하들을 유다의 모든 마을에 보
내어 백성을 가르치게 했습니다. 여호사밧
이 보낸 신하는 벤하일과 오바댜와 스가랴
와 느다넬과 미가야입니다.
8 여호사밧은 그들 말고도 레위 사람, 곧 스
마야와 느다냐와 스바댜와 아사헬과 스미라
못과 여호나단과 아도니야와 도비야와 도바
도니야도 보냈습니다. 그리고 제사장 엘리
사마와 여호람도 보냈습니다.
9 이 지도자와 레위 사람과 제사장들은 유
다 백성을 가르쳤습니다. 그들은 율법책
을 가지고 유다의 모든 마을을 다니며 백
성을 가르쳤습니다.
10 유다 근처의 나라들은 여호와를 두려워했
습니다. 그래서 그들은 여호사밧에게 싸움
을 걸지 못했습니다.
11 어떤 블레셋 사람들은 여호사밧에게 선물
과 은을 조공으로 바쳤습니다. 어떤 아
라비아 사람들은 여호사밧에게 짐승들을
바쳤습니다. 그들은 숫양 칠천칠백 마리
와 숫염소 칠천칠백 마리를 가져왔습니
다.
12 여호사밧은 점점 더 강해졌습니다. 그는
유다 안에 요새와 국고성들을 지었습니
다.
13 그는 유다의 여러 마을에 양식을 많이 저
장해 두었습니다. 그리고 훈련된 군인들
을 예루살렘에 두었습니다.
14 그 군인들은 집안별로 이름이 올라 있었
습니다. 유다 집안 사람으로서 천부장은
이러합니다. 아드나는 군인 삼십만 명을
거느렸고,
15 여호하난은 군인 이십팔만 명을 거느렸습
니다.
16 시그리의 아들 아마시야는 이십만 명을 거
느렸습니다. 그는 스스로 나서서 여호와
를 섬기기로 했습니다.
17 베냐민 집안 사람 가운데서는 엘리아다가
활과 방패를 쓰는 군인 이십만 명을 거느
렸고,
18 여호사밧은 무장한 군인 십팔만 명을 거느
렸습니다.
19 이 모든 군인들이 여호사밧 왕을 섬겼습니
다. 왕은 다른 군인들도 유다 전체의 요
새에 두었습니다.

미가야가 아합 왕에게 경고하다

18 여호사밧은 큰 부와 명예를 누렸습
니다. 그는 결혼을 통해서 아합 왕
과 동맹을 맺었습니다.
2 몇 해 뒤에 여호사밧이 사마리아로 내려가
서 아합을 방문했습니다. 아합은 여호사밧
과 그와 함께 온 사람들을 대접하려고 양
과 소를 많이 잡았습니다. 아합은 여호사

성경 인물

태평성대를 이룬 여호사밧 왕

유다 4대 왕인 여호사밧은 나라 안팎으로 왕국을 견고히 하여 평화를 이룩한 왕이었습니다. 그는 여러 성을 건축하고 군사를 주둔시킴으로써 왕권을 확립하였을 뿐만 아니라, 산당과 아세라 목상을 제거하는 등 종교 개혁도 계속하였습니다(대하 17:1–6). 또 레위 사람, 제사장, 관리들을 뽑아 지방을 순회하며 율법을 가르치고 공정한 재판을 시행하기도 했습니다(대하 17:7–9;19:2–11). 하지만 평화 유지의 수단으로 북 이스라엘 왕 아합의 딸인 아달라를 자신의 아들 여호람과 정략 결혼시킴으로써 훗날 나라를 망치는 원인을 제공하기도 했습니다.

본문 보기 17장

동맹(18:1 alliance) 공동 목적을 이루기 위하여 동일한 행동을 취하기로 서로 맹세하는 약속.
대접(18:2 hospitality) 음식을 차려서 손님을 접대하는 것.
한결같이(18:12 constantly) 처음부터 끝까지 꼭 같게.

밧을 부추겨 길르앗 라못을 치게 했습니
다.
3 이스라엘의 아합 왕이 유다의 여호사밧 왕
에게 물었습니다. "나와 함께 길르앗 라못
을 치러 가시겠습니까?" 여호사밧이 대답
했습니다. "왕과 함께 가겠습니다. 내 군
인들은 왕의 군인이나 마찬가지입니다.
왕과 함께 싸우러 나가겠습니다."
4 그리고 여호사밧이 또 아합에게 말했습니
다. "그러나 싸우러 가기 전에 먼저 여호
와께 여쭈어 보는 것이 좋겠습니다."
5 그래서 아합 왕이 예언자들을 불러 모았
습니다. 모인 예언자는 사백 명 가량 되
었습니다. 아합이 그들에게 물었습니다.
"길르앗 라못을 치러 가는 것이 좋겠소, 아
니면 가지 않는 것이 좋겠소?" 예언자들
이 대답했습니다. "싸우러 가십시오. 하
나님께서 그들을 왕의 손에 넘겨 주실 것
입니다."
6 그러나 여호사밧이 물었습니다. "여기에
여호와의 뜻을 여쭤 볼 만한 다른 예언자
는 없습니까?"
7 아합 왕이 여호사밧에게 말했습니다. "여
호와의 뜻을 여쭤 볼 다른 예언자가 있기
는 합니다만 나는 그를 미워합니다. 그는
이믈라의 아들 미가야라고 하는데 그는 한
번도 나에게 좋은 예언을 해 준 적이 없
습니다. 그는 언제나 나쁜 말만 합니다."
여호사밧이 말했습니다. "아합 왕이여, 그
렇게 말씀하시면 안 됩니다."
8 그래서 아합 왕이 신하들 가운데 한 사람
을 불러 당장 미가야를 데려오라고 말했
습니다.
9 이스라엘의 아합 왕과 유다의 여호사밧 왕
은 왕의 옷을 입고 있었습니다. 그들은 타
작 마당에 놓인 보좌 위에 앉아 있었습니
다. 그 곳은 사마리아 성문 입구에서 가까
웠습니다. 예언자들은 두 왕 앞에 서서,
예언을 하고 있었습니다.
10 그 예언자들 가운데에 그나아나의 아들 시
드기야가 있었는데, 그는 쇠뿔을 만들어
가지고 있었습니다. 그가 아합에게 말했
습니다. "여호와께서 이렇게 말씀하셨습
니다. '너는 이 뿔들을 가지고 아람 사람
과 싸워라. 너는 그들을 멸망시킬 것이
다.'"
11 다른 예언자들도 다 똑같은 말을 했습니
다. "길르앗 라못을 치십시오. 그러면 이
기실 것입니다. 여호와께서 아람 사람을
왕에게 넘겨 주실 것입니다."
12 미가야를 데리러 갔던 사람이 미가야에게
말했습니다. "다른 예언자들은 한결같이
아합 왕이 아람 사람들과 싸워 이길 것이
라고 말하고 있소. 당신도 같은 말을 하
는 것이 좋을 것이오. 왕에게 좋은 말을
해 주시오."
13 그러나 미가야가 말했습니다. "여호와의
살아 계심을 두고 맹세하지만, 나는 오직
하나님께서 말씀해 주시는 것만을 전할
뿐이오."
14 미가야가 아합 왕에게 이르자, 왕이 미가
야에게 물었습니다. "미가야여, 우리가 길
르앗 라못을 치는 것이 좋겠소, 치지 않는
것이 좋겠소?" 미가야가 대답했습니다.
"치시오. 그러면 이길 것이오. 그들을 물
리칠 수 있을 것이오."
15 아합 왕이 미가야에게 말했습니다. "여호
와의 이름으로 진실만을 이야기하시오.
몇 번이나 말해 줘야 알아듣겠소?"
16 그러자 미가야가 대답했습니다. "모든 이
스라엘 군대가 목자 없는 양처럼 이 산 저
산에 흩어져 있는 것이 보이오. 여호와께
서 말씀하셨소. '이들에게는 지도자가 없
다. 싸우지 말고 집으로 돌아가게 하여
라.'"
17 이스라엘의 아합 왕이 여호사밧에게 말했
습니다. "그것 보십시오. 이 예언자는 한
번도 좋은 말을 해 준 적이 없습니다. 언
제나 나에 대해 나쁜 말만 합니다."
18 그러나 미가야가 계속해서 말했습니다.
"여호와의 말씀을 들으시오. 여호와께서
보좌에 앉아 계시고, 하늘의 만군이 양쪽
옆에 서 있는 것이 보이오.
19 여호와께서 말씀하셨소. '누가 이스라엘의

아합 왕을 속여 길르앗 라못을 치러 가서
죽게 하겠느냐?' 그러자 영마다 서로 다
른 의견을 말했소.
20 그 때에 한 영이 나아와 여호와 앞에 서
면서 '내가 그를 속이겠습니다' 하고 말
했소. 여호와께서 그에게 물으셨소. '어
떻게 아합을 속이겠느냐?'
21 그 영이 대답했소. '아합의 예언자들에게
가서 거짓말을 하게 하겠습니다.' 그러자
여호와께서 말씀하셨소. '너는 그를 속일
수 있을 것이다. 가서 그대로 하여라.'"
22 미가야가 말했습니다. "아합이여, 이 일
은 이미 일어났소. 여호와께서는 왕의 예
언자들이 왕에게 거짓말을 하게 하셨소.
여호와께서는 큰 재앙을 왕에게 내리셨
소."
23 그러자 그나아나의 아들 시드기야가 미가
야에게 가더니, 미가야의 뺨을 때리며 말
했습니다. "여호와의 영이 언제 나에게서
나가서, 너에게 말씀하셨느냐?"
24 미가야가 대답했습니다. "네가 구석 방으
로 들어가서 숨는 날에 그 사실을 알게 될
것이다."
25 아합 왕이 명령했습니다. "미가야를 붙잡
아서 이 성의 영주인 아몬과 왕의 아들 요
아스에게 데려가거라.
26 미가야를 감옥에 넣으라고 그들에게 일러
라. 내가 전쟁터에서 돌아올 때까지 그를
감옥에 가두어 놓고, 빵하고 물만 주어
라."
27 미가야가 말했습니다. "아합이여, 만약 왕
이 전쟁터에서 무사히 돌아온다면, 내가
전한 말은 여호와께서 하신 말씀이 아닙
니다. 여기에 있는 모든 백성이여, 내 말
을 기억하시오."

아합이 죽다

28 이스라엘의 아합 왕과 유다의 여호사밧 왕
은 길르앗 라못으로 갔습니다.
29 아합 왕이 여호사밧에게 말했습니다. "나
는 변장을 하고 싸움터에 갈 테니, 왕은
왕의 옷을 입으십시오." 아합은 변장을 하
고 싸움터로 갔습니다.
30 아람의 왕이 자기의 전차 지휘관들에게
명령했습니다. "다른 사람은 높은 사람이
든지 낮은 사람이든지 상대할 것 없고, 오
직 이스라엘의 왕하고만 싸워라."

아합의 죽음(18:33-34)

31 이 지휘관들은 여호사밧을 보고, 그를 이
스라엘의 왕으로 생각해서 그에게 달려들
었습니다. 그러나 여호사밧이 소리를 지르
자, 여호와께서 그를 도와 주셨습니다.
32 지휘관들은 그가 아합 왕이 아니라는 것
을 알고, 여호사밧을 더 이상 뒤쫓지 않았
습니다.
33 어떤 군인이 화살을 쏘았는데, 그 화살이
우연히 이스라엘의 아합 왕에게 맞았습니
다. 화살이 갑옷 틈새를 뚫고 아합의 몸
에 꽂혔습니다. 아합 왕이 전차를 모는 군
인에게 말했습니다. "전차를 돌려서 이
싸움터에서 빠져 나가거라. 내가 다쳤
다."
34 싸움은 하루 종일 계속되었습니다. 아합
왕은 전차 안에 겨우 버티고 서서, 저녁
때까지 아람 사람들을 막았으나, 해질 무
렵에 숨을 거두었습니다.

19 유다의 여호사밧 왕은 무사히 예루살
렘의 자기 왕궁으로 돌아왔습니다.
2 하나니의 아들 예후가 와서 여호사밧 왕에
게 말했습니다. 예후는 선견자였습니다.
"어찌하여 악한 백성을 도와 주셨습니까?
어찌하여 여호와를 미워하는 사람들을 사
랑하십니까? 그 때문에 여호와께서 왕에
게 노하셨습니다.
3 그러나 왕은 좋은 일도 하셨습니다. 그것
은 왕이 아세라 우상들을 이 땅에서 쫓아
내고, 열심히 하나님을 찾으려고 했던 것
입니다."

여호사밧이 재판관들을 뽑다

4 여호사밧은 예루살렘에서 살았습니다. 그
는 브엘세바에서 에브라임 산지까지 다니
면서 백성의 사는 모습을 살피고, 그들을
그들 조상의 여호와 하나님께로 돌아오게
했습니다.
5 여호사밧은 모든 땅에 재판관들을 세웠습
니다. 그는 유다의 요새마다 재판관들을
세웠습니다.
6 여호사밧이 재판관들에게 말했습니다. "여
러분은 백성을 위해 재판하는 것이 아니
라, 여호와를 위해 재판하는 것이오. 그
러니 일을 할 때에 조심해서 하시오. 여
러분이 재판을 할 때에 여호와께서 여러
분과 함께 계실 것이오.
7 이제 여러분은 여호와를 두려워해야 하
오. 우리 여호와 하나님께서는 모든 백성
을 공평하게 다루기를 원하시며, 뇌물을
받고 잘못 재판하는 것을 싫어하시오."
8 여호사밧은 예루살렘에서 레위 사람과 제
사장과 이스라엘 각 집안의 지도자들을 재
판관으로 세웠습니다. 그들은 여호와의
율법에 관한 일들을 결정하는 책임을 맡
았습니다. 그리고 예루살렘에 사는 백성들
사이에서 일어나는 문제들을 해결해야 했
습니다.
9 여호사밧이 그들에게 명령했습니다. "여러
분은 언제나 마음을 다해 여호와를 섬겨
야 하오. 여호와를 두려워해야 하오.
10 여러분은 살인이라든지 가르침, 명령,
규례, 그리고 그 밖의 율법에 대해서 다
루게 될 것이오. 각 성에 살고 있는 여
러분의 백성들이 그것들에 관한 문제를
가지고 올 것이오. 그 모든 문제에 대해
서 여러분은 백성에게, 여호와께 죄를 짓
지 말라고 경고해야 하오. 그렇게 하지
않으면 여호와께서 여러분과 여러분의
백성에게 노하실 것이오. 그러나 백성에
게 경고를 해 주면 여러분의 죄는 없을
것이오.
11 여호와와 관계가 있는 모든 문제에 대해
서는 대제사장 아마랴가 여러분의 우두머
리가 될 것이오. 왕과 관계가 있는 모든
문제에 대해서는 유다 지파의 지도자 이
스마엘의 아들 스바댜가 여러분의 우두머
리가 될 것이오. 레위 사람들도 관리가 되
어 여러분을 도울 것이오. 용기를 가지시
오. 옳은 일을 하는 사람들에게 여호와께
서 함께 계시기를 바라오."

여호사밧이 전쟁을 하다

20 그 뒤에 모압 사람과 암몬 사람이
마온 사람과 함께 와서 여호사밧에
게 전쟁을 걸었습니다.
2 어떤 사람들이 여호사밧에게 와서 전했습

니다. "큰 군대가 에돔, 곧 사해 건너편에
서 왕을 향해 오고 있습니다. 그들은 벌
써 하사손다말, 곧 엔게디에 와 있습니다."
3 여호사밧은 두려웠습니다. 그래서 여호사
밧은 어찌해야 할지 여호와께 여쭤 보기
로 했습니다. 그는 유다 백성에게 하나님
께 특별히 기도드리는 기간에는 아무도
음식을 먹지 말라고 명령했습니다.
4 유다 백성이 유다의 모든 마을에 모여, 여
호와께 도와 달라는 기도를 드렸습니다.
5 유다와 예루살렘 백성이 여호와의 성전의
새 뜰 앞에 모였습니다. 그러자 여호사밧
이 그들 앞에 섰습니다.
6 여호사밧이 말했습니다. "여호와여! 여호
와께서는 우리 조상의 하나님이시고, 하
늘의 하나님이십니다. 주께서 세계 모든
민족의 나라들을 다스리십니다. 주께는
권세와 능력이 있습니다. 아무도 주 앞에
설 수 없습니다.
7 우리 하나님, 주는 주의 백성이 보는 앞
에서, 이 땅에 살던 백성을 쫓아 내셨습
니다. 그리고 그 땅을 영원히 주의 벗 아
브라함의 자손들에게 주셨습니다.
8 그들은 이 땅에 살면서 주를 섬길 성전을
지어 놓고 이렇게 말했습니다.
9 '우리에게 재앙, 곧 전쟁이나 심판이나
질병이나 가뭄의 때가 찾아오면, 우리는
주의 앞과 이 성전 앞, 곧 주의 이름이 있
는 이 성전 앞에 서서 주께 부르짖을 것
이다. 그러면 주께서 우리 기도를 들어 주
시고, 우리를 구해 주실 것이다.'
10 그런데 지금 암몬 사람과 모압 사람과 세
일 산 사람*이 우리를 치러 왔습니다. 이
스라엘 백성이 이집트에서 나왔을 때, 주
께서는 이스라엘 백성이 그들의 땅에 들어
가는 것을 허락하지 않으셨습니다. 그래
서 이스라엘 백성은 길을 돌려 그들을 멸
망시키지 않았습니다.
11 그런데 그들은 우리가 그들에게 해를 끼
치지 않았는데도, 우리에게 앙갚음을 하
려 하고 있습니다. 그들은 주께서 우리에
게 주신 땅에서 우리를 쫓아 내려고 왔습
니다.
12 우리 하나님, 저 백성들에게 심판을 내리
십시오. 우리를 공격하고 있는 이 큰 군
대를 당할 힘이 우리에게는 없습니다. 그
래서 주의 도움을 구하는 것입니다."
13 유다의 모든 백성이 여호와 앞에 섰습니
다. 그들의 아기와 아내와 아이들도 함께
섰습니다.
14 그 때에 여호와의 영이 야하시엘에게 내렸
습니다. 야하시엘은 스가랴의 아들입니다.
스가랴는 브나야의 아들이고, 브나야는 여
이엘의 아들이고, 여이엘은 맛다냐의 아들
입니다. 야하시엘은 레위 사람으로서 아삽
의 자손입니다.
15 야하시엘이 말했습니다. "여호사밧 왕이
여, 내 말을 들어 보십시오. 유다와 예루
살렘에 사는 모든 백성이여, 내 말을 들
어 보십시오. 여호와께서 여러분에게 이
렇게 말씀하셨습니다. '이 군대가 아무리
크다 해도 겁내거나 두려워하지 마라. 이
전쟁은 너희의 전쟁이 아니라 하나님의
전쟁이다.
16 내일 내려가서 저 백성들과 싸워라. 그들
은 시스 고개로 올라올 것이다. 너희는 여
루엘 광야로 이어지는 골짜기 끝에서 그
들을 만날 것이다.
17 너희는 이 전쟁에서 싸울 필요가 없다. 그
저 너희의 장소에서 굳게 서 있기만 하여

알아두세요
20:10 여기에서 '세일 산 사람'은 '에돔 사람'을 가리킨다.

사해(20:2 Dead Sea) 요단 골짜기 남단에 있는 염도가 매우 높은 바다.
거룩하다(20:21 holy) 구별되다, 신성하다, 더러운 것과 잘못됨에서 떠나 있다.
행진(20:21 march) 줄을 지어서 앞으로 걸어 나가는 것.
복병(20:22 ambush) 적을 기습하기 위하여 요긴한 길목에 군사를 숨김. 또는 그 군사.

라. 그러면 여호와께서 너희를 구하시는
것을 보게 될 것이다. 유다와 예루살렘아,
두려워하지 마라. 용기를 잃지 마라. 여
호와께서 너희와 함께 계시다. 그러니 내
일 저 백성들에게로 나가거라.'"
18 여호사밧이 땅에 엎드려 절했습니다. 유다
와 예루살렘의 모든 백성도 여호와 앞에
엎드려 경배드렸습니다.
19 그 때에 고핫과 고라의 자손 레위 사람들
이 자리에서 일어나 여호와를 찬양했습니
다. 그들은 큰 목소리로 이스라엘의 하나
님을 찬양했습니다.
20 여호사밧의 군대가 아침 일찍 드고아 광야
로 나갔습니다. 그들이 길을 떠나려 할 때
에 여호사밧이 서서 말했습니다. "유다와
예루살렘 백성이여, 내 말을 들으시오. 여
러분의 하나님, 여호와를 믿으시오. 그러
면 굳게 설 수 있을 것이오. 주의 예언자
들을 믿으시오. 그러면 성공할 수 있을 것
이오."
21 여호사밧은 백성과 의논하여 여호와께 노
래할 사람, 곧 거룩하고 놀라우신 여호와
를 찬양할 사람들을 뽑았습니다. 그들이
군대 앞에서 행진하며 찬양했습니다. "여
호와께 감사드리자. 여호와의 사랑은 영
원하시다."
22 그들이 노래를 시작하며 주를 찬양하자,
여호와께서는 유다를 치러 온 암몬과 모압
과 세일 산에서 온 사람을 공격할 복병을
숨겨 놓으셨습니다. 그리고 암몬과 모압과
세일 산 사람을 치게 하셨습니다.
23 그러자 암몬과 모압 사람이 세일 산 사람
을 공격하기 시작했습니다. 그들은 세일
산 사람을 죽여 멸망시켰습니다. 그러더
니 그들은 또 자기들끼리 서로 죽였습니
다.
24 유다 사람들이 광야를 내려다볼 수 있는
곳에 이르러 적의 큰 군대를 살펴보았습
니다. 그러나 보이는 것은 오직 땅 위에
널린 시체들뿐이었습니다. 아무도 도망치
지 못했습니다.
25 여호사밧과 그의 군대가 시체들로부터 값
나가는 물건을 빼앗으러 내려가 보니, 양
식과 옷가지와 그 밖의 값진 것들이 많았
습니다. 너무나 많아서 다 가지고 갈 수
없을 정도였고, 다 거두어들이는 데 삼 일
이나 걸렸습니다.
26 사 일째 되는 날에 여호사밧과 그의 군대
가 브라가 골짜기에 모여서 여호와를 찬
양했습니다. 그 곳의 이름을 지금까지 브
라가 골짜기라고 부르는 것도 그 까닭입
니다.
27 그 뒤에 여호사밧이 유다와 예루살렘의 모
든 백성을 거느리고 예루살렘으로 돌아갔
습니다. 여호와께서 그들의 적을 물리쳐
주셔서, 그들은 기뻤습니다.
28 그들은 비파와 수금과 나팔을 연주하며,
여호와의 성전으로 나아갔습니다.
29 유다 주변의 모든 나라가 여호와께서 이
스라엘의 적들을 물리쳐 주신 이야기를 듣
고, 하나님을 두려워했습니다.
30 그리하여 여호사밧의 나라는 평화를 누렸
습니다. 여호사밧의 하나님께서 사방으로
그에게 평화를 허락해 주셨습니다.

여호사밧의 다스림이 끝나다

31 여호사밧은 유다 땅을 다스렸습니다. 그가
왕이 되었을 때의 나이는 삼십오 세였습
니다. 그는 이십오 년 동안, 예루살렘에서
다스렸습니다. 그의 어머니는 실히의 딸
아수바입니다.
32 여호사밧은 그의 아버지 아사처럼 살면서,
여호와께서 보시기에 올바른 일을 했습니
다.

다시 찾아온 평화(20장)

33 그러나 헛된 신들을 섬기는 산당은 없애
버리지 않았습니다. 그리고 백성은 그들
의 조상들처럼 하나님을 열심으로 따르지
않았습니다.
34 여호사밧이 한 다른 모든 일은 처음부터
끝까지, 하나니의 아들 예후의 글에 적혀
있습니다. 그 글은 이스라엘 왕들의 역사
책에 있습니다.
35 그 뒤에 유다 왕 여호사밧은 이스라엘 왕
아하시야와 조약을 맺었습니다. 아하시야
는 매우 악한 왕이었습니다.
36 여호사밧은 아하시야와 함께, 에시온게벨
마을에서 무역을 하기 위한 배들을 만들
었습니다.
37 그러자 마레사 사람 도다와후의 아들 엘리
에셀이 여호사밧에게 말했습니다. "여호사
밧이여, 왕이 아하시야와 손을 잡았으므
로, 여호와께서 왕이 만든 것을 부수실 것
입니다." 그 말대로 배들은 부서졌습니
다. 그래서 여호사밧과 아하시야는 그 배
들을 띄우지 못했습니다.

21 여호사밧이 죽어 그의 조상들과 함께
다윗 성에 묻히고, 그의 아들 여호람
이 그의 뒤를 이어 왕이 되었습니다.
2 여호람에게는 동생들이 있었는데, 그들의
이름은 아사랴와 여히엘과 스가랴와 아사랴
와 미가엘과 스바댜입니다. 이들은 유다
왕 여호사밧의 아들들입니다.

> **성경 인물**
>
> **여호람** 유다 5대 왕인 여호람은 32세에 왕이 되어 8년 간 통치하면서 줄곧 악행을 저질렀습니다. 그는 왕이 되자마자 다른 형제들을 살해하고, 아합의 딸인 아달랴와 결혼하여 바알 신을 받들었습니다. 그 결과, 블레셋과 아라비아의 침략을 받아 왕궁이 약탈당하고, 왕자들과 후궁들이 살해당하였습니다(대하 21:16-19). 그는 창자에 생긴 불치병으로 죽음을 맞이했으며(대하 21:18,19), 왕실 무덤에도 묻히지 못하였습니다.
>
> 
>
> 본문 보기 21장

3 여호사밧은 자기 아들들에게 은과 금과 값
진 물건들을 선물로 주었습니다. 그리고
그들에게 유다의 요새들도 주었습니다.
그러나 여호람이 맏아들이기 때문에 나라
는 여호람에게 주었습니다.

유다의 여호람 왕

4 여호람은 자기 아버지의 나라를 손아귀에
넣은 뒤에 자기 동생들을 다 칼로 죽였습
니다. 그리고 이스라엘의 지도자들도 몇
명 죽였습니다.
5 여호람이 왕이 되었을 때의 나이는 삼십
이 세였습니다. 그는 예루살렘에서 팔 년
동안 다스렸습니다.
6 여호람은 아합의 집안처럼 이스라엘 왕들
의 길을 그대로 따랐습니다. 이는 그가 아
합의 딸과 결혼했기 때문입니다. 여호람은
여호와께서 보시기에 악한 일을 했습니
다.
7 그러나 여호와께서는 다윗의 집안을 멸망
시키려 하지는 않으셨습니다. 왜냐하면
여호와께서는 다윗과 언약을 맺으시고, 다
윗과 그의 자손이 영원히 왕위를 차지하
게 될 것이라고 약속하셨기 때문입니다.
8 여호람이 왕으로 있을 때에 에돔이 유다에
게 반역했습니다. 에돔 백성은 자기들의
왕을 따로 세웠습니다.
9 그래서 여호람이 그의 모든 지휘관과 전
차를 이끌고 에돔으로 갔습니다. 그런데
에돔 군대가 여호람과 그의 전차 부대를
에워쌌습니다. 그러나 밤에 여호람이 일
어나 에돔 군대를 뚫고 나왔습니다.
10 그 때부터 에돔 나라는 유다에게 반역을
해서 두 나라는 지금까지 서로 떨어져 있
습니다. 그 때에 립나 백성도 여호람에게
반역했습니다. 그런 일이 일어난 것은 여
호람이 그들의 조상이 섬기던 여호와 하
나님을 저버렸기 때문입니다.
11 여호람은 유다의 언덕들 위에 헛된 신들을
섬기는 산당을 지었습니다. 그는 예루살렘
백성으로 하여금 죄를 짓게 했습니다. 그
리고 유다 백성을 여호와로부터 멀어지게
했습니다.

12 여호람이 예언자 엘리야로부터 편지를 받았는데, 그 편지에는 이렇게 적혀 있습니다. "왕의 조상 다윗이 섬기던 하나님 여호와께서 이렇게 말씀하셨소. '여호람아, 너는 네 아버지 여호사밧처럼 살지 않았다. 너는 유다의 아사 왕처럼 살지 않았다.
13 너는 이스라엘의 다른 왕들처럼 살았다. 너는 마치 아합과 그의 집안이 그러했듯이, 유다와 예루살렘의 백성으로 하여금 하나님께 죄를 짓게 만들었다. 너는 너보다 나은 네 형제들을 죽였다.
14 그러므로 이제 여호와께서 네 백성에게 끔찍한 벌을 내리시며, 네 자녀와 아내들과 네 모든 재산에도 벌을 내리실 것이다.
15 네 창자에 심한 병이 걸릴 텐데, 그 병은 날마다 심해질 것이다. 그리하여 마침내 네 창자가 밖으로 빠져 나올 것이다.'"
16 여호와께서 블레셋과 아라비아 사람들의 마음을 움직여, 여호람을 미워하게 하셨습니다. 그들은 에티오피아 사람들 가까이에서 살았습니다.
17 그리하여 블레셋과 아라비아 사람들이 유다를 공격했습니다. 그들은 여호람의 왕궁에 있는 모든 것을 빼앗고, 여호람의 자녀와 아내들도 잡아 갔습니다. 여호람의 막내 아들 아하시야*만이 붙잡혀 가지 않았습니다.
18 이 일들이 있은 뒤에 여호와께서 여호람의 창자에 병이 나게 하셨습니다. 그 병은 고칠 수 없는 병이었습니다.
19 여호람은 이 년 동안, 그 병을 앓았는데 결국 그 병 때문에 창자가 빠져 나오게 되었습니다. 그는 몹시 아파하다가 죽었습니다. 백성은 여호람의 조상을 위해서 죽음을 슬퍼하는 향불을 피웠지만, 여호람을 위해서는 향불을 피우지 않았습니다.
20 여호람이 왕이 되었을 때의 나이는 삼십이 세였습니다. 그는 예루살렘에서 팔 년 동안을 왕으로 있었지만, 그가 죽었을 때는 아무도 슬퍼하지 않았습니다. 그는 다윗 성에 묻혔지만, 왕들의 무덤에는 묻히지 못했습니다.

유다의 아하시야 왕

22 예루살렘 백성이 아하시야를 왕으로 뽑아, 여호람의 뒤를 잇게 했습니다. 아하시야는 여호람의 막내 아들이었습니다. 아라비아 사람들과 더불어 여호람의 진에 쳐들어온 도둑들이 여호람의 다른 아들들을 다 죽였기 때문에, 아하시야가 유다를 다스리게 된 것입니다.
2 아하시야가 왕이 되었을 때의 나이는 사십이 세*였습니다. 그는 예루살렘에서 일 년 동안 다스렸습니다. 그의 어머니는 오므리의 손녀인 아달랴입니다.
3 아하시야도 역시 아합의 집안 사람들처럼 악한 일을 하며 살았습니다. 그의 어머니가 그를 부추겨 악한 일을 하게 했기 때문입니다.
4 아하시야는 아합의 집안처럼 여호와께서 보시기에 악한 일을 했습니다. 아하시야의 아버지가 죽은 뒤, 아합의 집안 사람들이 아하시야에게 나쁜 충고를 해 주었기 때문에 아하시야도 죽게 되었습니다.
5 아하시야는 그들의 충고를 받아들여 아람 왕 하사엘과 싸우러 나갔습니다. 아합의 아들인 이스라엘 왕 요람*도 그와 함께 싸우러 나갔습니다. 그들은 길르앗 라못에서 하사엘을 만났습니다. 그 싸움에서 아람* 사람들이 요람에게 부상을 입혔습니다.
6 요람은 길르앗에서 아람 왕 하사엘과 싸우다가 입은 상처를 치료하려고 이스르엘로 돌아왔습니다. 유다의 왕 아하시야*가 부상을 당한 아합의 아들 요람을 보려고, 이

알아두세요

21:17 개역 성경에는 '여호아하스'로 표기되어 있는데, '아하시야'는 '여호아하스', '아사랴'라고도 불렸다.
22:2 히브리어 원문에는 42세로 되어 있으나, 칠십인역과 시리아 사본은 22세로 되어 있다.
22:5 '요람'은 '여호람'의 또 다른 이름이고, '아람'은 현재의 '시리아' 땅에 해당된다.
22:6 개역 성경에는 '아사랴'라고 표기되어 있는데, '아하시야'는 '여호아하스', '아사랴'로도 불렸다.

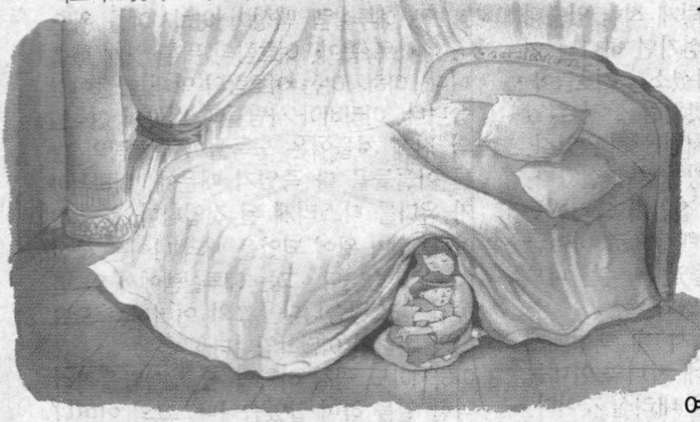
여호사브앗이 요아스와 유모를 숨김(22:10-11)

스르엘로 내려갔습니다.
7 그 곳에서 아하시야는 죽게 되었는데, 이
는 하나님께서 계획하신 일입니다. 아하
시야는 요람에게 갔다가 요람과 함께 임시
의 아들 예후를 만나게 되었습니다. 예후
는 여호와께서 아합의 집안을 멸망시키기
위해 세운 사람입니다.
8 예후는 아합의 집안을 징벌하다가, 유다의
지도자들과 아하시야를 섬기던 아하시야의
친척들을 보고 그들도 죽였습니다.
9 그런 뒤에 예후는 아하시야를 찾았습니다.
예후의 부하들이 사마리아에 숨어 있던 아
하시야를 붙잡아 예후에게 데려왔습니다.
그들은 아하시야를 죽이고 그 시체를 묻어
주며, "아하시야는 여호사밧의 자손이다.
여호사밧은 마음을 다해 여호와를 찾았
다."고 말했습니다. 이제 아하시야의 집안
에는 유다 나라를 다스릴 만한 사람이 하
나도 없게 되었습니다.

유다의 아달랴 여왕
10 아하시야의 어머니 아달
랴는 자기 아들이 죽은
것을 보고, 유다에 있는
왕의 집안 사람들을 다
죽이기 시작했습니다.
11 그러나 여호사브앗*은 아
하시야의 아들 요아스가
죽임을 당하기 바로 전
에 그를 구해 냈습니다.
여호사브앗은 요아스와
그의 유모를 침실에 숨
겼습니다. 여호사브앗은
여호람 왕의 딸이자, 아하시
야의 누이입니다. 또한 여호사브앗은 제사
장 여호야다의 아내이기도 합니다. 여호사
브앗이 요아스를 숨겼기 때문에 아달랴는
요아스를 죽일 수 없었습니다.
12 요아스는 그들과 함께 육 년 동안, 하나님
의 성전에 숨어 있었습니다. 그 동안에 아
달랴가 그 땅을 다스렸습니다.

23 칠 년째 되던 해에 여호야다가 결
정을 내렸습니다. 그는 백부장들
과 언약을 맺었습니다. 그와 언약을 맺은
장교들은 여로함의 아들 아사랴와, 여호하
난의 아들 이스마엘과, 오벳의 아들 아사랴
와, 아다야의 아들 마아세야와, 시그리의
아들 엘리사밧입니다.
2 그들은 유다 모든 마을을 다니면서 레위
사람들을 불러 모았습니다. 그들은 또 이
스라엘 각 집안의 지도자들도 불러모았습
니다. 그런 뒤에 그들은 예루살렘으로 갔
습니다.
3 모든 백성이 다 함께 하나님의 성전에 있
던 왕자 요아스와 언약을 맺었습니다. 여
호야다가 그들에게 말했습니다. "왕의 아
들이 나라를 다스려야 하오. 여호와께서
도 다윗의 자손에 관해서 그렇게 약속하
셨소.
4 여러분이 해야 할 일은 이러하오. 여러분
제사장과 레위 사람들은 안식일 당번을
맡을 텐데, 그 가운데서 삼분의 일은 성

알아두세요
22:11 '여호사브앗'은 '여호세바'라고도 불렸다.

기초문(23:5 Foundation Gate) 기초가 되는 문. 예루살렘에 있었던 한 문으로서 이 곳을 통해 왕궁에서 성전에 들어갔던 것으로 추측된다.
반역(23:13 rebellion) 거역하고 배반하는 행위.
신전(23:17 temple) 신을 모신 전각.

전 문을 지키시오.
5 그리고 삼분의 일은 왕궁을 지키고, 나머
지 삼분의 일은 '기초문'을 지키시오. 나
머지 백성은 여호와의 성전 뜰에 머무르
시오.
6 섬기는 일을 맡은 제사장과 레위 사람들
말고는, 아무도 여호와의 성전에 들어오
지 못하게 하시오. 제사장과 레위 사람은
여호와를 섬기도록 따로 구별된 사람이므
로 성전에 들어갈 수 있소. 그러나 다른
사람은 여호와께서 맡기신 일을 해야 하
오.
7 레위 사람들은 왕 곁에 있어야 하오. 그
들 모두는 손에 무기를 들고 지켜 서서,
누구든지 성전에 들어오려 하는 사람은
죽이시오. 그리고 왕이 어디를 가든지 잘
지키시오."
8 레위 사람들과 유다의 모든 백성은 제사장
여호야다가 명령한 것을 다 지켰습니다.
여호야다는 당번 일을 마친 사람들까지도
쉬지 못하게 했습니다. 그래서 장교들은
안식일 당번인 사람과 안식일 당번이 아
닌 사람을 모두 거느려야 했습니다.
9 여호야다가 백부장들에게 창과 크고 작은
방패를 나누어 주었습니다. 그 창과 방패
들은 다윗 왕이 쓰던 것으로, 하나님의 성
전 안에 보관되어 있던 것입니다.
10 그 뒤에 여호야다가 사람들에게 서 있어
야 할 곳을 일러 주었습니다. 사람들마다
손에 무기를 들고 서 있었습니다. 그들은
제단과 성전 둘레에 서서 왕을 지켰습니
다.
11 그 때에 여호야다와 그의 아들들이 왕자를
데려와서, 그의 머리에 왕관을 씌우고,
율법책을 그에게 주었습니다. 그들은 왕
자를 왕으로 세우고, 그에게 기름을 부었
습니다. 그리고 "왕 만세!" 하고 외쳤습니
다.
12 백성이 이리저리 달리며 왕을 찬양하자,
그 소리를 들은 아달랴는 백성이 모여 있
는 여호와의 성전으로 갔습니다.
13 아달랴가 보니, 왕이 성전 입구의 기둥 곁
에 서 있었습니다. 관리들과 나팔 부는 사
람들이 왕 곁에 서 있었고, 온 땅의 백성
도 기뻐하며 나팔을 불고 있었습니다. 노
래하는 자들은 악기를 연주하며, 찬양을
인도하고 있었습니다. 아달랴는 너무나
놀란 나머지 옷을 찢으며, "반역이다! 반
역이다!" 하고 소리질렀습니다.
14 제사장 여호야다가 군대를 이끄는 백부장
들에게 명령했습니다. "저 여자를 성전
밖으로 끌어 내시오. 그리고 누구든지 저
여자를 따르는 사람은 칼로 죽이시오."
그는 또 "아달랴를 여호와의 성전 안에서
는 죽이지 마시오"라고 명령했습니다.
15 그래서 사람들이 왕궁의 '말의 문' 입구
로 들어가는 그 여자를 붙잡아, 거기에서
그녀를 죽였습니다.
16 그런 뒤에 여호야다는 백성과 왕과 더불어
언약을 맺었습니다. 그들은 여호와의 백
성이 되기로 약속했습니다.
17 모든 백성은 바알의 신전으로 가서 그것
을 허물어 버렸습니다. 그리고 제단과 우
상들을 부숴 버리고, 바알의 제사장 맛단
을 제단 앞에서 죽였습니다.
18 그런 다음에 제사장 여호야다는 여호와의
성전을 맡을 레위 사람 제사장들을 뽑았
습니다. 예전에 다윗은 여호와의 성전에
서 할 일을 그들에게 맡긴 일이 있습니다.
그들은 모세의 율법에 적힌 대로 여호와

성경 인물

다윗 왕조의 정통성을 회복시킨 여호야다

유다 왕 아하시야가 예후에게 살해당한 후, 아합과 이세벨의 딸이자, 아하시야의 어머니인 아달라는 유다 왕족들을 살해하고 왕위를 빼앗았습니다. 뿐만 아니라 바알 숭배로 백성들을 타락시키기까지 하자, 당시의 대제사장이었던 여호야다는 반대 세력을 모아 아달라를 폐위시키고, 6년 동안 보호하였던 요아스를 다윗 왕가의 정통적인 계승자로 추대하였습니다. 요아스는 여호야다가 살아 있는 동안은 바른 통치를 하였지만, 여호야다가 죽자 악한 정치를 하였습니다.

본문 보기 23장

께 번제를 드려야 했습니다. 그들은 다윗
이 명령한 대로, 큰 기쁨으로 노래를 부
르며 제물을 바쳤습니다.
19 여호야다는 성전의 문마다 호위병들을 세
웠습니다. 그래서 누구든지 부정한 사람
은 성전에 들어가지 못하게 했습니다.
20 여호야다는 백부장들과 귀한 사람들, 백성
의 지도자들, 그리고 그 땅의 모든 백성
을 거느리고, 왕을 여호와의 성전에서 모
시고 나왔습니다. 그리고 그들은 '윗문'
을 통해 왕궁으로 들어가서 왕을 왕좌에
앉혔습니다.
21 유다의 모든 백성은 매우 기뻐했습니다.
아달랴가 칼에 맞아 죽은 이후로 예루살렘
에 다시 평화가 찾아왔습니다.

요아스가 성전을 다시 짓다

24 요아스가 왕이 되었을 때의 나이
는 칠 세였습니다. 요아스는 예루
살렘에서 사십 년 동안 다스렸습니다. 그
의 어머니의 이름은 시비아입니다. 시비아
는 브엘세바 사람입니다.
2 요아스는 제사장 여호야다가 살아 있는 동
안, 여호와께서 보시기에 옳은 일을 했습
니다.
3 여호야다가 요아스에게 두 아내를 얻어 주
었습니다. 요아스는 여러 아들과 딸을 낳
았습니다.
4 얼마 뒤에 요아스가 여호와의 성전을 고
치기로 결정했습니다.
5 요아스가 제사장과 레위 사람들을 불러서

성전을 수리할 돈을 모을 상자를 만듦(24:8-11)

말했습니다. "당신들은 유다의 여러 마을
로 가서, 모든 이스라엘 백성이 여호와의
성전에 바치는 돈을 해마다 모으시오. 그
것을 가지고 하나님의 성전을 고치시오.
지금 당장 그렇게 하시오." 그러나 레위
사람들은 왕의 말을 듣고도, 그 일을 서
둘러 하지 않았습니다.
6 그러자 요아스가 대제사장 여호야다를 불
러 말했습니다. "어찌하여 레위 사람들에
게 유다와 예루살렘에서 세금을 거두어들
이라고 하지 않았소? 여호와의 종 모세와
이스라엘 백성이 그 돈으로 거룩한 장막을
짓지 않았소?"
7 전에 악한 아달랴의 아들들이 하나님의 성
전을 부수고 들어가, 그 안에 있는 거룩
한 물건들을 가지고 바알 우상들을 섬기
는 데에 쓴 일이 있었습니다.
8 그래서 요아스 왕은 헌금을 넣을 상자를
만들어서, 여호와의 성전 문 밖에 놓으라
고 명령했습니다.
9 레위 사람들이 유다와 예루살렘에 선포하
여 여호와께 세금을 가져오라고 백성에게
말했습니다. 그 세금은 하나님의 종 모세
가 광야에서 이스라엘 백성에게 바치라고
한 돈입니다.
10 모든 관리들과 백성은 기쁜 마음으로 돈
을 바쳤습니다. 그들은 상자에 돈이 가득
찰 때까지 돈을 넣었습니다.
11 돈이 가득 차면, 레위 사람들이 그 상자
를 왕의 관리들에게 가져갔습니다. 그러
면 왕의 신하들과 대제사장의 관리들은
상자에 돈이 가득 들어 있나 살펴본 뒤에
돈을 꺼내고 상자는 제자리에 다시 가져
다 놓았습니다. 그들은 이 일을 되풀이하
여 많은 돈을 모았습니다.
12 요아스 왕과 여호야다는 그 돈을 성전 공
사를 맡은 사람들에게 주었습니다. 그러
면 그들은 그 돈으로 성전을 고칠 석수와
목수를 고용했습니다. 그리고 쇠와 놋을
다루는 사람들도 고용했습니다.
13 그 사람들은 열심히 일했습니다. 성전을
고치는 일은 잘 되어 갔습니다. 그들은 하

요아스 왕이 여호야다의 아들 스가랴를 죽임(24:21)

나님의 성전을 원래 모습대로 고쳤습니
다. 그리고 그 성전을 더욱 굳건하게 만
들었습니다.
14 일꾼들은 일을 마치고 나서, 남은 돈을 요
아스 왕과 여호야다에게 가져왔습니다. 그
들은 그 돈으로 여호와의 성전에서 쓸 물
건들을 만들었습니다. 그들은 성전에서
여호와를 섬길 때 쓰는 물건과 번제를 드
릴 때 쓰는 물건들을 만들었고, 또 여러
가지 그릇과 금그릇, 은그릇도 만들었습
니다. 여호야다가 살아 있는 동안에는 날
마다 여호와의 성전에서 번제를 드렸습니
다.
15 여호야다는 점점 늙어갔습니다. 그는 백삼
십 세까지 살다가 죽었습니다.
16 여호야다는 왕들과 함께 다윗 성에 묻혔습
니다. 그가 왕들이 묻히는 곳에 묻힌 것
은 그가 하나님과 하나님의 성전을 위해
좋은 일을 많이 했기 때문입니다.

요아스가 악한 일을 하다

17 여호야다가 죽은 뒤에 유다의 관리들이 요
아스 왕에게 와서 절을 했습니다. 왕은 그
사람들의 말을 들었습니다.
18 왕과 그 지도자들은 하나님 여호와의 성
전에서 예배드리는 일을 그만두었습니다.
왕과 관리들은 아세라 우상들과 그 밖의
우상들을 섬기기 시작했습니다. 그들이
악한 일을 하자, 하나님께서 유다와 예루
살렘의 백성에게 노하셨습니다.
19 여호와께서 예언자들을 보내셔서 백성들
을 여호와께로 돌아오게 하려 했지만, 백
성들은 예언자들의 말을 듣지 않았습니
다.
20 그 때에 하나님의 영이 제사장 여호야다의
아들 스가랴에게 내렸습니다. 스가랴가 백
성 앞에 서서 말했습니다. "하나님께서
이렇게 말씀하셨소. '너희는 어찌하여 나
의 명령을 어기느냐? 너희는 잘 살 수 없
을 것이다. 너희가 여호와를 저버렸으므
로 여호와께서도 너희를 저버리실 것이
다.'"
21 하지만 사람들은 스가랴를 해칠 궁리를 하

고, 왕의 명령에 따라 성전 뜰에서 그를
돌로 쳐죽였습니다.
22 요아스 왕은 여호야다가 자기에게 잘해 준
것을 기억하지 않고, 여호야다의 아들 스
가랴를 죽였습니다. 스가랴는 죽기 전에
"여호와께서 왕의 하는 일을 보시고 그대
로 되갚아 주소서."라고 말했습니다.
23 그 해가 다 갈 무렵에 아람 군대가 요아스
를 치러 왔습니다. 그들은 유다와 예루살
렘을 쳐서 백성의 지도자들을 다 죽였습
니다. 그리고 그들은 온갖 귀한 물건들을
다마스커스에 있는 자기들의 왕에게 보냈
습니다.
24 아람 군대는 사람의 수가 얼마 되지 않았
지만, 여호와께서 그들을 도와 유다의 큰
군대를 물리칠 수 있게 해 주셨습니다. 여
호와께서 그렇게 하신 것은 유다 백성이
그들의 조상이 섬기던 하나님 여호와를
저버렸기 때문입니다. 이렇게 요아스는
벌을 받았습니다.
25 아람 사람들이 떠난 뒤에 보니, 요아스가
심하게 부상을 당했습니다. 게다가 요아스
가 제사장 여호야다의 아들 스가랴를 죽인
일 때문에 요아스의 관리들이 요아스에게
반역할 계획을 세웠습니다. 그리하여 그
들은 요아스를 그의 침대 위에서 죽였습니
다. 요아스는 죽어서 다윗 성에 묻혔지만,
왕들의 무덤에 묻히지는 못했습니다.
26 요아스에게 반역할 계획을 세운 관리는 사
밧과 여호사밧입니다. 사밧은 암몬 여자 시
므앗의 아들입니다. 그리고 여호사밧은 모
압 여자 시므릿의 아들입니다.

알아두세요

25:6 100달란트는 약 3.42t에 해당된다.
25:23 400규빗은 약 180m에 해당된다.

노략질(25:13 plunder) 떼를 지어 돌아다니며 사람과 재물을 빼앗는 짓.
사자(25:18 messenger) 명령이나 부탁을 받고 심부름을 하는 사람.
허풍(25:19 exaggeration) 실제와 동떨어지게 너무 과장하여 믿음성이 적은 말과 행동.

27 요아스의 아들들 이야기와 요아스에게 내
린 중요한 예언들과 그가 하나님의 성전
을 고친 이야기는 왕들의 역사책에 적혀
있습니다. 요아스의 아들 아마샤가 그의
뒤를 이어 왕이 되었습니다.

유다의 아마샤 왕

25 아마샤는 나이 이십오 세에 왕이
되었습니다. 아마샤는 예루살렘에
서 이십구 년 동안 다스렸습니다. 그의 어
머니는 예루살렘 사람 여호앗단입니다.
2 아마샤는 여호와께서 보시기에 옳은 일을
했지만, 참마음으로 여호와를 섬기지는
않았습니다.
3 아마샤는 왕의 권위를 굳게 세운 뒤에 왕
이었던 자기 아버지를 살해한 신하들을
죽였습니다.
4 그러나 그들의 자녀는 죽이지 않았습니
다. 그것은 모세의 율법책에 그렇게 하라
고 적혀 있기 때문입니다. 여호와께서는
그 책에서 이렇게 명령하셨습니다. "자녀
가 잘못했다고 해서 아버지를 죽이면 안
된다. 또한 아버지가 잘못했다고 해서 자
녀를 죽여도 안 된다. 각 사람은 자기가
지은 죄에 따라 죽어야 한다."
5 아마샤는 유다 백성을 불러모은 다음에 유
다와 베냐민 백성을 집안에 따라 나누었습
니다. 그리고 천부장과 백부장을 세웠습
니다. 아마샤가 이십 세 이상 된 남자들의
수를 세어 보니, 싸울 수 있는 군인은 모
두 삼십만 명이었습니다. 그들은 창과 방
패를 잘 다루는 사람들이었습니다.
6 아마샤는 또 은 백 달란트*를 주고, 이스라
엘에서 군인 십만 명을 고용했습니다.
7 그런데 어떤 하나님의 사람이 아마샤에게
와서 말했습니다. "내 왕이여, 이스라엘
군대와 함께 가지 마십시오. 여호와께서
이스라엘과 함께 계시지 않습니다. 여호와
께서 에브라임 사람과 함께 계시지 않습니
다.
8 왕이 전쟁 준비를 아무리 잘 하더라도 하
나님께서 왕을 물리치실 것입니다. 하나
님께서는 왕을 이기게 하실 수도 있고, 지

게 하실 수도 있습니다."
9 아마샤가 하나님의 사람에게 말했습니다.
"하지만 내가 이스라엘 군대에게 준 은 백
달란트는 어떻게 하면 좋겠소?" 하나님의
사람이 대답했습니다. "여호와께서 그보다
더 많은 돈을 왕에게 주실 수 있습니다."
10 그리하여 아마샤는 에브라임에서 온 이스
라엘 군대를 돌려 보냈습니다. 그들은 유
다 백성에게 크게 화를 내며 자기 나라로
돌아갔습니다.
11 아마샤가 용기를 내어 자기 군대를 이끌
고, 에돔 땅에 있는 '소금 골짜기'로 나아
갔습니다. 아마샤는 거기에서 세일 사람
만 명을 죽였습니다.
12 그리고 유다 군대는 또 만 명을 사로잡았
습니다. 유다 군대는 사로잡은 사람들을 낭
떠러지 꼭대기로 끌고 가서 떨어뜨렸습니
다. 그래서 그들의 몸이 으스러졌습니다.
13 그 무렵, 아마샤가 전쟁에 데려가지 않고
되돌려 보낸 이스라엘 군대가, 유다의 마
을들에서 노략질을 하고 있었습니다. 그
들은 사마리아에서 벧호론에 이르기까지
여러 마을에서 노략질을 했습니다. 그들
은 사람을 삼천 명이나 죽이고, 값진 물
건도 많이 빼앗아 갔습니다.
14 아마샤가 에돔 사람들을 물리친 뒤에 자기
나라로 돌아왔습니다. 그는 돌아오면서 에
돔 사람들이 섬기던 우상들을 가져와서 그
것들을 섬기기 시작했습니다. 그는 그 우
상들에게 절을 하면서 제물도 바쳤습니다.
15 여호와께서 아마샤에게 크게 노하셨습니
다. 여호와께서 한 예언자를 보내셨습니
다. 그 예언자가 말했습니다. "왕은 어찌
하여 그들의 신들에게 도움을 구하고 있
습니까? 그 신들은 자기들의 백성조차 왕
의 손에서 구해내지 못한 신들이 아닙니
까?"
16 예언자의 말이 끝나기도 전에 아마샤가 말
했습니다. "우리가 언제 너에게 충고할
수 있는 권리를 주었느냐? 죽지 않으려거
든 입을 닥쳐라." 그러자 예언자는 잠시
그쳤다가 다시 말했습니다. "왕이 내 충
고를 귀담아듣지 않는 것을 보니, 하나님
께서 왕을 멸망시키기로 작정하신 것 같
습니다."
17 유다 왕 아마샤가 신하들과 더불어 의논을
한 뒤에 예후의 손자요, 여호아하스의 아
들인 이스라엘 왕 요아스에게 사자들을 보
내어 말했습니다. "자, 한번 만나서 겨루
어 보자."
18 이스라엘의 요아스 왕이 유다의 아마샤 왕
에게 대답했습니다. "레바논의 가시나무
가 레바논의 백향목에 사자를 보내어, '그
대의 딸을 내 아들과 결혼시키자' 고 말했
다. 그러나 레바논에서 들짐승이 지나가
다가 그 가시나무를 짓밟았다.
19 네가 에돔을 물리쳤다고 해서 교만해진
것 같은데, 허풍을 떨려거든 집에 가만히
앉아서 떨어라. 괜히 나에게 싸움을 걸어
스스로 재앙을 부르지 마라. 그랬다가는
너와 유다가 망하고 말 것이다."
20 그래도 아마샤는 듣지 않았습니다. 이 일
은 하나님께서 일으키신 일입니다. 하나
님께서는 이스라엘의 요아스가 유다를 이
기게 하려고 작정하셨습니다. 왜냐하면
유다가 에돔의 신들에게 도와 달라고 빌었
기 때문입니다.
21 그리하여 이스라엘의 요아스 왕이 유다를
치러 나섰습니다. 요아스와 유다의 아마샤
왕은 유다 땅 벧세메스에서 마주쳤습니다.
22 싸운 결과 이스라엘이 유다를 물리쳤습니
다. 유다 사람은 모두 뿔뿔이 흩어져 자
기 집으로 도망쳤습니다.
23 벧세메스에서 이스라엘의 요아스 왕은 유다
의 아마샤 왕을 사로잡아 예루살렘으로 데
려갔습니다. 요아스는 '에브라임 문' 에서부
터 '모퉁이 문' 에 이르기까지 예루살렘 성
벽을 부쉈습니다. 그렇게 해서 부서진 성
벽의 길이가 사백 규빗*이나 되었습니다.
24 그런 다음에 요아스는 하나님의 성전 안
에 있는 금과 은과 그 밖의 모든 것을 가
져갔습니다. 그 모든 것은 오벧에돔이 지
키던 것입니다. 그는 왕궁의 보물도 다 가
져갔고, 사람들도 인질로 잡아 사마리아로

돌아갔습니다.
25 유다 왕 요아스의 아들 아마샤는 이스라엘
왕 여호아하스의 아들 요아스가 죽은 뒤에
도 십오 년을 더 살았습니다.
26 아마샤가 한 다른 일은 처음부터 끝까지
유다와 이스라엘 왕들의 역사책에 적혀 있
습니다.
27 아마샤가 마음을 돌이켜 여호와를 섬기는
일을 그만두자, 백성이 예루살렘에서 아마
샤에게 반란을 일으켰습니다. 그래서 아
마샤는 라기스 마을로 도망쳤습니다. 그러
나 백성들은 라기스로 사람을 보내어 아마
샤를 붙잡아 죽였습니다.
28 그들은 아마샤의 시체를 말 위에 실어와
서, 그의 조상들과 함께 다윗의 성에 묻
어 주었습니다.

유다의 웃시야 왕

26 그 뒤에 유다의 모든 백성이 웃시
야를 왕으로 뽑았습니다. 웃시야는
그의 아버지 아마샤의 뒤를 이어 십육 세
에 왕이 되었습니다.
2 웃시야는 아마샤가 죽은 뒤, 엘롯 마을을
다시 세워 그 마을을 다시 유다 땅으로 넣
었습니다.

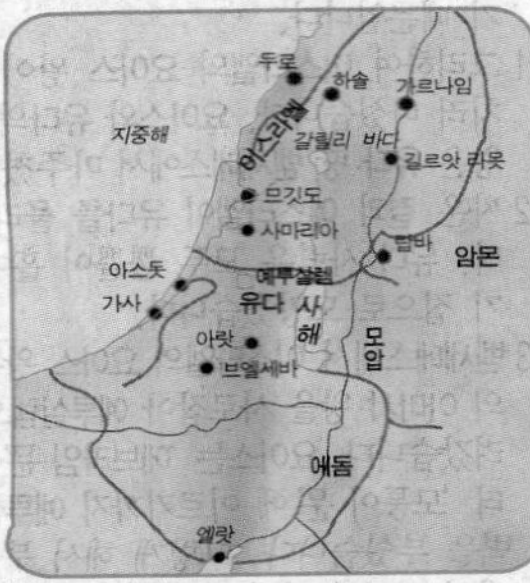

8세기 중엽의 이스라엘(26:1)

알아두세요

26:10 서쪽 경사지는 구체적으로 '세펠라' 이며, '세펠라'는 서부 해안 지대와 고원 지대 사이의 서부 경사지를 말한다.

26:19 전염성 피부병.

3 웃시야는 십육 세의 나이에 왕이 되었습
니다. 그는 오십이 년 동안, 예루살렘에서
다스렸습니다. 그의 어머니는 예루살렘 사
람 여골리아입니다.
4 그는 그의 아버지 아마샤처럼 여호와께서
보시기에 옳은 일을 했습니다.
5 웃시야는 스가랴가 살아 있는 동안, 하나
님께 복종했습니다. 스가랴는 웃시야에게
하나님을 두려워하는 법을 가르쳐 주었습
니다. 웃시야가 하나님을 섬기는 동안에
하나님께서 웃시야의 하는 일을 잘 되게
해 주셨습니다.
6 웃시야는 블레셋 백성과 전쟁을 했습니다.
그는 블레셋의 가드와 야브네와 아스돗 성
을 헐어 버렸습니다. 그리고 아스돗 주변
과 블레셋의 다른 지역에 새 마을들을 건
설했습니다.
7 하나님께서 웃시야를 도와 주셔서, 그는 블
레셋 사람과 구르바알에 사는 아라비아 사
람과 마온 사람을 물리칠 수 있었습니다.
8 암몬 사람은 웃시야가 요구한 대로 조공을
바쳤습니다. 웃시야는 매우 강해졌습니
다. 그래서 그의 이름이 이집트 국경에 이
르기까지 널리 퍼졌습니다.
9 웃시야는 예루살렘에 망대들을 세워 놓고,
그 망대들을 요새로 만들었습니다. 웃시
야는 '모퉁이 문'과 '골짜기 문'과 성벽이
굽어지는 부분에 망대를 세웠습니다.
10 웃시야는 또한 광야에 망대를 세우고, 샘
도 많이 팠습니다. 그는 서쪽 경사지*와
평야에 가축을 많이 가지고 있었으며, 자
기 밭과 포도밭에 농부들을 보내어 일을
시켰습니다. 그들은 언덕과 비옥한 땅에
서 일을 했습니다. 웃시야는 농사를 좋아
했습니다.
11 웃시야에게는 훈련된 군인들로 이루어진
군대가 있었는데, 왕의 신하인 여이엘과
관리인 마아세야가 그들의 수를 세어 부대
별로 나누었습니다. 왕의 지휘관 가운데
한 사람인 하나냐가 그들을 지휘했습니다.
12 군인들 가운데 장교는 모두 이천육백 명
이었습니다.

13 그들은 삼십만 칠천오백 명으로 이루어진
군대를 지휘했습니다. 그 군대는
대단히 강했습니다. 그들
은 왕을 도와 적과 맞서
싸웠습니다.
14 웃시야는 자기 군대에
게 방패와 창과 투구
와 갑옷과 활과 물매
를 주었습니다.
15 웃시야는 예루살렘에
서 기술자들이 생각
해 낸 기구를 만들어
서, 망대와 성벽 모퉁
이에 두었습니다. 이
기구는 화살과 큰 돌을
쏘아 날리는 데 쓰는 것이었
습니다. 그리하여 웃시야의 이름이 멀리
까지 퍼졌습니다. 그는 하나님의 많은 도
움을 받았기 때문에 강한 왕이 되었습니
다.
16 그러나 웃시야는 강해지면서 교만해지기
시작했습니다. 그리고 그 때문에 망하게
되었습니다. 그는 그의 하나님, 여호와를
섬기지 않았습니다. 그는 여호와의 성전
에 들어가서, 향을 피우는 제단 위에서 직
접 향을 피웠습니다.
17 아사랴를 비롯해서 여호와를 섬기는 용감
한 제사장 팔십 명이 웃시야의 뒤를 따라
성전으로 들어갔습니다.
18 그들은 웃시야가 하는 일을 말리면서 그에
게 말했습니다. "왕은 여호와께 향을 피울
권리가 없습니다. 아론의 자손으로서 그
일을 위해 특별히 구별된 제사장만이 향
을 피울 수 있습니다. 이 거룩한 곳을 떠
나십시오. 왕은 여호와의 말씀을 듣지 않
았습니다. 그러므로 여호와 하나님께서도
왕을 높여 주지 않으실 것입니다."
19 웃시야는 여호와의 성전 안에 있는 향을
피우는 제단 곁에 서 있었습니다. 손에는
향을 피우는 향로를 들고 있었습니다. 그
는 제사장들에게 화를 냈습니다. 그런데
그가 제사장들 앞에 서서 화를 낼 때에 그

제단 위에서 향을 피우려다
문둥병에 걸린 웃시야 왕(26:16-21)

의 이마에 문둥병*이 생겨났습니다.
20 대제사장 아사랴와 다른 제사장들이 그를
살펴보니, 그의 이마에 문둥병이 생겨난
것이 보였습니다. 그래서 그들은 서둘러
웃시야를 성전에서 쫓아 냈습니다. 여호
와께서 웃시야에게 벌을 내리셨으므로,
그는 밖으로 뛰쳐 나갔습니다.
21 그리하여 웃시야 왕은 죽을 때까지 그 병
에 걸려 있었습니다. 그는 따로 떨어진 집
에서 살아야 했습니다. 그는 여호와의 성
전에도 들어갈 수 없었습니다. 왕의 아들
요담이 왕궁을 관리하며 그 땅의 백성을
다스렸습니다.
22 웃시야가 한 다른 일은 예언자 이사야의
글에 적혀 있습니다. 아모스의 아들 이사
야는 웃시야가 다스린 것을 처음부터 끝까
지 적어 두었습니다.
23 웃시야가 죽어 그의 조상들과 함께 묻혔
습니다. 그가 묻힌 곳은 왕들의 무덤에서
조금 떨어진 묘지입니다. 그가 그런 곳에
묻힌 것은 문둥병에 걸렸기 때문입니다.
그의 아들 요담이 그의 뒤를 이어 왕이 되
었습니다.

유다의 요담 왕

27 요담이 왕이 되었을 때의 나이는
이십오 세였습니다. 그는 예루살렘

에서 십육 년 동안 다스렸습니다. 그의 어머니는 사독의 딸 여루사였습니다.

2 요담은 그의 아버지 웃시야처럼 여호와께서 보시기에 옳은 일을 했습니다. 그는 그의 아버지 웃시야처럼 향을 피우려고 여호와의 성전에 들어간 일은 없습니다. 하지만 백성은 계속해서 악한 일을 했습니다.

3 요담은 성전의 '윗문'을 다시 세우고, 오벨 성벽도 더 연장하여 쌓았습니다.

4 요담은 또한 유다의 산악 지방에 여러 마을을 건설했으며, 삼림 지대에는 요새와 망대를 세웠습니다.

5 요담은 암몬 백성의 왕과 싸워서 이기기도 했습니다. 그래서 암몬 백성은 삼 년 동안, 해마다 요담에게 은 백 달란트*와 밀 만 고르*와 보리 만 고르를 바쳤습니다.

6 요담은 언제나 여호와 하나님께 복종했기 때문에 점점 강해졌습니다.

7 요담이 한 다른 일은 이스라엘과 유다 왕들의 역사책에 적혀 있습니다.

8 요담이 왕이 되었을 때의 나이는 이십오 세였습니다. 그는 예루살렘에서 십육 년 동안 다스렸습니다.

9 요담이 죽어 다윗 성에 묻혔습니다. 요담의 아들 아하스가 그의 뒤를 이어 왕이 되었습니다.

여리고의 종려나무 꽃 (28:15)

알아두세요

27:5 100달란트는 약 3.43t에 해당되며, 10,000고르는 약 2,200kℓ에 해당된다.

28:18 구체적으로 '세펠라'이며 '세펠라'는 서부 해안 지대와 고원 지대 사이의 서부 경사지를 말한다.

유다의 아하스 왕

28 아하스가 왕이 되었을 때의 나이는 이십 세였습니다. 그는 예루살렘에서 십육 년 동안 다스렸습니다. 그는 그의 조상 다윗과 달리 여호와께서 보시기에 나쁜 일을 저질렀습니다.

2 아하스는 이스라엘 왕들의 죄의 길을 그대로 따라, 쇠로 우상들을 만들고 바알을 섬겼습니다.

3 그는 '힌놈의 아들 골짜기'에서 향을 피웠고, 자기 아들까지도 불에 태워 제물로 바쳤습니다. 그는 여호와께서 쫓아 낸 다른 나라들의 역겨운 죄를 그대로 따라 했습니다.

4 아하스는 산당과 언덕, 모든 푸른 나무 아래에서 제사를 지내고 향을 피웠습니다.

5 그래서 하나님께서 아람 왕으로 하여금 아하스를 치게 하셨습니다. 아람 사람들은 아하스를 치고, 많은 유다 백성을 포로로 붙잡아 다마스커스로 끌고 갔습니다. 여호와께서는 또 이스라엘 왕 베가로 하여금 아하스를 치게 하셨습니다. 베가의 군대가 아하스의 군인들을 많이 죽였습니다.

6 베가는 르말랴의 아들입니다. 베가의 군대는 하루 동안에 용감한 군인들을 십이만 명이나 죽였습니다. 베가가 그들을 칠 수 있었던 것은 그들이 여호와를 저버렸기 때문입니다.

7 시그리는 에브라임의 용사였는데, 그가 아하스 왕의 아들 마아세야를 죽였습니다. 시그리는 또한 왕궁을 관리하던 신하 아스리감과 왕의 다음가는 신하 엘가나도 죽였습니다.

8 이스라엘 군대는 자기들의 동족 이십만 명을 사로잡았습니다. 그들은 유다에서 여자아이와 남자아이, 그리고 부녀자들을 사로잡았으며, 값진 물건들도 많이 빼앗아 사마리아로 가져갔습니다.

9 그 때, 오뎃이라는 여호와의 예언자가 있었는데, 그는 사마리아로 돌아오는 이스라엘의 군대에게 말했습니다. "여러분이 유

다를 이길 수 있었던 것은, 여러분의 조
상이 섬기던 하나님께서 유다 백성에게
노하셨기 때문입니다. 그러나 하나님께서
여러분이 유다 백성을 잔인하게 죽인 것
을 보셨습니다.
10 여러분은 지금 유다와 예루살렘 백성을 여
러분의 노예로 만들 계획을 세우고 있지
만, 여러분도 여호와 하나님께 죄를 지었
다는 것을 알아야 합니다.
11 이제 내 말을 들으십시오. 여러분이 사로
잡은 여러분의 형제와 자매들을 돌려 보
내십시오. 여호와께서 여러분에게 노하셨
으므로 그렇게 해야만 합니다."
12 그 때에 에브라임의 어떤 지도자들이 전쟁
에서 돌아오는 군인들을 만났습니다. 그
지도자들의 이름은 요하난의 아들 아사랴,
무실레못의 아들 베레갸, 살룸의 아들 여히
스기야, 하들래의 아들 아마사입니다.
13 그들이 군인들에게 경고를 했습니다. "유
다에서 사로잡아 온 포로들을 이리로 데
려오지 마시오. 그렇게 했다가는 우리가
죄인이 될 것이오. 그렇지 않아도 우리 죄
가 커서 여호와께서 이스라엘에게 노하셨
는데, 그렇게 했다가는 우리의 죄와 허물
이 더욱 커질 것이오."
14 그래서 군인들은 그 곳의 관리와 백성이
보는 앞에서 포로들을 풀어 주고 값진 물
건들을 내놓았습니다.
15 앞에서 말한 지도자들이 그 포로들을 넘겨
받았습니다. 그 네 사람은 이스라엘 군대
가 빼앗은 옷가지를 헐벗은 사람들에게 입
혀 주었습니다. 그들은 포로들에게 옷과
신발과 먹을 것과 마실 것과 약을 주었습
니다. 몸이 약한 포로들은 나귀에 태워 주
었습니다. 그들은 포로들을 포로들의 친척
이 있는 여리고, 곧 종려나무 성으로 데려
다 준 다음, 사마리아로 돌아갔습니다.
16 그 때에 아하스 왕이 앗시리아 왕에게 사
람을 보내어 도움을 요청했습니다.
17 그것은 에돔 사람들이 다시 쳐들어와서 유
다를 공격하고, 사람들을 포로로 사로잡
아 갔기 때문입니다.

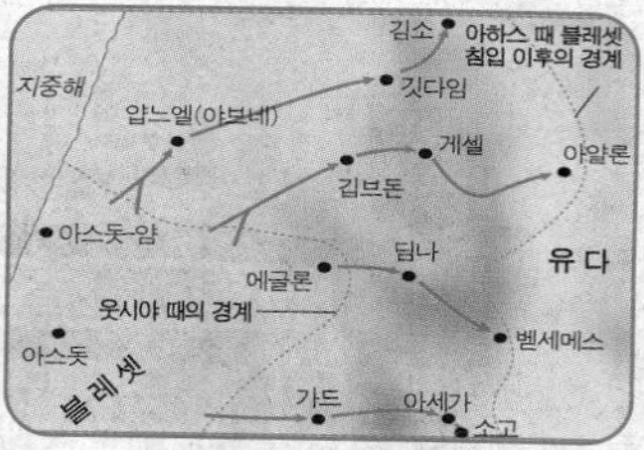

블레셋에 의한 영토 축소(28:18)

18 블레셋 사람들도 서쪽 경사지*와 유다 남
쪽의 여러 마을을 노략질했습니다. 그들
은 벧세메스와 아얄론과 그데롯과 소고와
딤나와 김소와 그 주변 마을들을 점령하
고, 거기에서 살았습니다.
19 여호와께서 유다에게 재앙을 내리신 것은
그들의 왕 아하스 때문입니다. 아하스는
유다 백성으로 하여금 죄를 짓게 했습니
다. 그는 여호와께 복종하지 않았습니다.
20 앗시리아의 디글랏빌레셀 왕이 아하스 왕에
게 왔지만, 그는 아하스를 도와 주기는커
녕 오히려 더 괴롭혔습니다.
21 아하스는 여호와의 성전과 왕궁과 귀족들
의 집에서 값진 물건들을 꺼내어 앗시리
아 왕에게 주었지만, 아무런 소용이 없었
습니다.
22 아하스는 괴로움을 당하면서도 오히려 여
호와께 죄를 더 많이 지었습니다.
23 그는 자기를 물리친 다마스커스의 백성이
섬기던 신들에게 제물을 바쳤습니다. 그
러면서 그는 '아람 왕들이 섬긴 신들이 그
들을 도와 주었으니, 내가 그 신들에게 제
물을 바치면, 신들이 나도 도와 주겠지'
라고 생각했습니다. 그러나 그 일 때문에
아하스와 온 이스라엘은 멸망하고 말았습
니다.
24 아하스는 하나님의 성전에서 기구들을 가
져다가 부순 다음에, 성전의 문들을 잠가
버렸습니다. 그리고 제단을 만들어서 예루
살렘의 거리마다 그것을 놓아 두었습니다.
25 아하스는 유다의 마을마다 다른 신들을 섬

성전의 문들을 고침(29:3)

기는 산당을 만들었습니다. 아하스는 그
의 조상들이 섬기던 여호와 하나님을 크
게 노하게 만들었습니다.
26 아하스가 한 다른 일은 처음부터 끝까지
유다와 이스라엘 왕들의 역사책에 적혀 있
습니다.
27 아하스가 죽어 예루살렘 성에 묻혔습니다.
그러나 이스라엘 왕들의 무덤에는 묻히지
못했습니다. 아하스의 아들 히스기야가 그
의 뒤를 이어 왕이 되었습니다.

히스기야가 성전을 깨끗이 하다

29 히스기야가 왕이 되었을 때의 나이
는 이십오 세였습니다. 그는 예루살
렘에서 이십구 년 동안 다스렸습니다. 그
의 어머니는 스가랴의 딸 아비야였습니다.
2 히스기야는 그의 조상 다윗처럼 여호와께
서 보시기에 옳은 일을 했습니다.
3 히스기야는 왕이 된 첫 해 첫째 달에 성전

의 문들을 열고 그 문들을 고쳤습니다.
4 히스기야는 성전 동쪽 뜰로 제사장과 레위
사람들을 불러모아 그들과 만났습니다.
5 히스기야가 말했습니다. "레위 사람들이여,
내 말을 들으시오. 그대들은 여호와를 섬
길 준비를 하시오. 그리고 여호와의 성전
을 거룩하게 하시오. 성전을 더럽히는 것
들은 성전에서 다 없애시오.
6 우리 조상들은 하나님께 복종하지 않았
고, 여호와께서 보시기에 악한 일을 했
소. 그들은 여호와를 저버렸소. 그들은
여호와가 계시는 성전에서 예배드리는 일
을 멈추고, 여호와를 배반했소.
7 그들은 성전 현관 문들을 닫아 버리고 등
불도 꺼 버렸소. 그들은 거룩한 곳에서 하
나님께 향을 피우지도 않았고, 번제도 드
리지 않았소.
8 그래서 여호와께서 유다와 예루살렘의 백
성에게 크게 노하시고, 그들에게 벌을 내
리신 것이오. 여호와께서 유다와 예루살렘
에 하신 일을 보고, 다른 백성들까지 놀
라고 두려워했소. 다른 백성들은 유다 백
성을 조롱했소. 내 말이 참말이라는 것을
그대들도 알 것이오.
9 우리 조상들이 전쟁에서 죽임을 당한 것
도 다 그 때문이오. 우리의 아들과 딸과
아내가 포로로 사로잡혀 간 것도 다 그 때
문이오.
10 이제 나 히스기야는 이스라엘의 하나님,
여호와와 언약을 맺기로 다짐했소. 그러
면 여호와께서 더 이상 우리에게 노하시
지 않을 것이오.
11 그대들이여, 이제는 시간을 낭비하지 마
시오. 여호와께서 그대들을 뽑아 여호와
를 섬기게 하셨으니, 그대들은 여호와를
섬기고 여호와께 향을 피워 드려야 하오."
12 일을 시작한 레위 사람들의 이름은 이러합
니다. 고핫 집안에서는 아마새의 아들 마
핫과 아사랴의 아들 요엘입니다. 므라리 집
안에서는 압디의 아들 기스와 여할렐렐의
아들 아사랴입니다. 게르손 집안에서는 심
마의 아들 요아와 요아의 아들 에덴입니다.
13 엘리사반의 집안에서는 시므리와 여우엘입
니다. 아삽의 집안에서는 스가랴와 맛다냐
입니다.
14 헤만의 집안에서는 여후엘과 시므이입니
다. 여두둔의 집안에서는 스마야와 웃시엘
입니다.
15 이 레위 사람들은 자기 형제들을 불러모
은 다음, 성전에서 여호와를 섬기기 위해
자기들의 몸을 거룩하게 했습니다. 그들
은 왕의 명령에 복종했습니다. 그들은 여
호와의 성전을 깨끗하게 하려고 그 곳으
로 들어갔습니다.
16 제사장들도 여호와의 성전을 깨끗하게 하
려고 그리로 들어갔습니다. 그들은 여호
와의 성전에 들어가 부정한 것은 보이는
대로 다 꺼내서 성전 뜰에 두었습니다. 그
러면 레위 사람들은 그것을 기드론 골짜기
로 가져갔습니다.
17 그들은 첫째 달 초하루*에 여호와의 성전
을 깨끗하게 하기 시작했습니다. 그 달 팔
일째 되는 날에 그들은 성전 현관에 이르
렀습니다. 그들은 팔 일 동안, 여호와의
성전을 깨끗하게 하는 일을 했습니다. 그
리하여 그 달 십육 일째 되던 날에 일을
마쳤습니다.
18 그들이 히스기야 왕에게 가서 말했습니다.
"우리가 여호와의 성전 전체를 깨끗이 했
습니다. 번제단과 거기에 딸린 기구들도
깨끗이 했고, 거룩한 빵을 놓아 두는 상
과 거기에 딸린 기구들도 깨끗하게 했습
니다.
19 아하스 왕은 성전 안에 있는 물건들을 없
앴지만, 우리는 그것들을 제자리에 가져
다 놓고 또 거룩하게 했습니다. 이 모든
것들이 이제 여호와의 제단 앞에 있습니

알아두세요

29:17 이는 3월 혹은 4월 초에 해당된다.

번제(29:7 burnt offering) 희생의 제물을 불에 태워 드리는 제사.
조롱(29:8 ridicule) 깔보거나 비웃으며 놀리는 것.

다."
20 이튿날 아침 일찍 히스기야 왕은 그 성의
지도자들을 불러모았습니다. 그들은 여호
와의 성전으로 올라갔습니다.
21 그들은 황소 일곱 마리, 숫양 일곱 마리,
어린 양 일곱 마리, 그리고 숫염소 일곱
마리를 가져왔습니다. 그 짐승들은 백성
과 유다 나라의 죄를 씻고, 성전을 깨끗
이 하기 위한 제물이었습니다. 히스기야
왕은 아론 집안의 자손인 제사장들에게
명령하여, 그 짐승들을 여호와의 제단 위
에 바치게 했습니다.
22 그리하여 제사장들은 황소를 잡은 다음,
그 피를 제단 위에 뿌렸습니다. 숫양도 잡
아서 그 피를 제단 위에 뿌렸습니다. 다
음에는 어린 양을 잡아서 그 피를 제단 위
에 뿌렸습니다.
23 그런 뒤에 제사장들은 숫염소들을 왕과
거기에 모인 백성 앞에 가져왔습니다. 그
숫염소들은 죄를 씻는 제물인 속죄 제물
이었습니다. 왕과 백성은 숫염소들 위에
손을 얹었습니다.
24 그러자 제사장들이 숫염소를 잡고, 그 피
를 제단 위에 뿌려 속죄제로 삼았습니다.
이렇게 이스라엘의 죄를 씻기 위해 숫염소
를 제물로 바쳤습니다. 이 모든 것은 왕
의 명령대로 되었습니다.
25 히스기야 왕은 여호와의 성전에 레위 사람
들을 두고 제금과 비파와 수금을 연주하
게 했습니다. 그 일은 다윗 왕과 선견자
갓과 예언자 나단이 명령한 일이었습니
다. 이는 여호와께서 이들을 시켜 내리신
명령이었습니다.
26 그리하여 레위 사람들은 다윗의 악기를 들
고 섰습니다. 그리고 제사장들은 나팔을
들고 섰습니다.
27 히스기야가 제단 위에 태워 드리는 제물
인 번제물을 바치라고 명령했습니다. 번
제물을 바치기 시작하면서 여호와
께 노래 부르는 일도 시작되었
습니다. 나팔도 불었습니다.
그리고 이스라엘의 왕 다윗
의 악기들도 연주되었습니
다.
28 모든 백성은 예배를 드렸
고, 노래하는 사람들은 노래
를 불렀으며, 나팔 부는 사
람들은 나팔을 불었습니다.
태워 드리는 제물인 번제물
을 다 바칠 때까지 그렇게 했
습니다.
29 제물을 모두 다 바치고 나
서, 히스기야 왕과 거기에 모
인 백성이 다 하나님께 예배
드렸습니다.
30 히스기야 왕과 그의 관리들
은 레위 사람들에게 명령하여
다윗과 선견자 아삽이 지은 노
래로 여호와를 찬양하게 했습
니다. 그들은 기쁨에 겨워 하나
님을 찬양했습니다. 그리고 하나

히스기야 왕이 유월절을 지키기 위해
백성들에게 편지를 보냄(30:1-9)

님께 경배를 드렸습니다.
31 그런 뒤에 히스기야가 말했습니다. "이제 그대들 유다 백성은 여호와께 바친 몸이 되었소. 여호와의 성전으로 가까이 나아오시오. 제물과 예물을 바쳐 여호와께 감사드리시오." 그리하여 백성들은 여호와께 감사드리며 제물과 예물을 바쳤습니다. 원하는 사람은 누구나 번제물을 바쳤습니다.
32 백성이 번제물로 가져온 것은 수소가 칠십 마리, 숫양이 백 마리, 어린 양이 이백 마리였습니다. 이 짐승들은 모두 여호와께 태워 드리는 제물인 번제물로 바쳐졌습니다.
33 여호와를 위해 거룩히 구별한 예물은 황소가 육백 마리, 양이 삼천 마리였습니다.
34 번제물로 바칠 짐승들의 가죽을 다 벗기기에는 제사장들의 수가 모자랐습니다. 그래서 제사장들의 친척인 레위 사람들이 그 일을 도왔습니다. 그들은 그 일을 마칠 때까지, 그리고 다른 제사장들이 여호와를 섬기기 위해 자기 몸을 거룩하게 할 때까지 제사장들을 도왔습니다. 오히려 레위 사람들이 제사장들보다 자기 몸을 거룩하게 하는 일에 더 열심이었습니다.
35 제사장들은 많은 번제물 외에도 화목 제물의 기름과 부어 드리는 제사인 전제도 드려야 했습니다. 여호와를 섬기는 일이 여호와의 성전에서 다시 시작되었습니다.
36 하나님께서 백성을 위해 모든 일을 잘 마칠 수 있도록 해 주셨고, 그 때문에 히스기야와 백성은 매우 기뻤습니다.

히스기야가 유월절을 지키다

30 히스기야 왕이 모든 이스라엘과 유다 백성에게 전갈을 보냈습니다. 그는 에브라임과 므낫세 백성에게도 편지를 보냈습니다. 히스기야는 그 모든 백성에게, 예루살렘에 있는 성전으로 와서 이스라엘의 하나님이신 여호와를 위해 유월절을 지키자고 말했습니다.
2 히스기야 왕과 그의 신하들, 그리고 예루살렘의 모든 백성은 둘째 달*에 유월절을 지키기로 했습니다.
3 유월절을 제때에 지키지 못한 것은 여호와를 섬기기 위해 자기 몸을 거룩히 구별한 제사장들이 부족한 데다, 백성도 아직 예루살렘에 모이지 않았기 때문입니다.
4 이 계획은 히스기야 왕과 모든 백성의 마음에 들었습니다.
5 그래서 그들은 브엘세바에서 단까지 모든 이스라엘에 선포하고, 백성들로 하여금 예루살렘으로 나아와 이스라엘의 하나님 여호와의 유월절을 지키게 했습니다. 백성들 대부분은 유월절을 오랫동안 지키지 않고 있었습니다.
6 그리하여 사자들은 왕과 신하들의 편지를 가지고, 온 이스라엘과 유다로 다니며 선포했습니다. 그 편지의 내용은 이러합니다. "이스라엘 백성이여, 아브라함과 이삭과 이스라엘의 하나님이신 여호와께로 돌아오시오. 그러면 하나님께서도 앗시리아 왕들의 손에서 벗어나 아직 살아 있는 그대들에게 돌아오실 것이오.
7 그대들의 조상이나 형제들을 본받지 마시오. 그들은 그들의 조상이 섬기던 여호와를 배반했소. 그래서 그대들도 알듯이 여호와께서 다른 백성을 시켜 그들을 멸망하게 하셨소.
8 그대들의 조상처럼 고집을 부리지 마시오. 기꺼이 여호와께 복종하시오. 여호와께서 섬김을 받으시려고 영원히 거룩하게 하신 성전으로 나아오시오. 그대들의 여호와 하나님을 섬기시오. 그러면 여호와께서도 그대들에게 노하지 않으실 것이오.
9 돌아와서 여호와께 복종하시오. 그러면

알아두세요

30:2 이는 4월에서 5월 사이에 해당된다.

속죄제(29:24 sin offering) 사람이 알지 못하는 가운데 지은 죄를 씻기 위하여 드리는 제사. 방법은 사람의 형편에 따라 달랐으며 희생 제사 중에서도 가장 중요하고 기본적인 제사임.

그대들의 친척과 자녀를 사로잡아 간 백
성도 그들에게 자비를 베풀어서, 이 땅으
로 돌려 보낼 것이오. 여호와 하나님께서
는 자비롭고 은혜로우신 분이오. 그대들
이 여호와께 돌아오기만 하면 여호와께서
도 그대들을 저버리지 않으실 것이오."
10 왕의 명령을 받은 사람들은 에브라임과 므
낫세의 모든 마을을 돌며 스불론까지 갔습
니다. 그러나 그 곳 백성은 그 사람들을
조롱하고 비웃었습니다.
11 하지만 아셀과 므낫세와 스불론의 백성 가
운데 얼마는 자기 잘못을 뉘우치고 예루
살렘으로 갔습니다.
12 하나님께서 모든 유다 백성의 마음을 움
직이셔서 히스기야 왕과 그의 신하들의 말
에 따르게 했습니다. 왕과 신하들이 내린
명령은 여호와께로부터 나온 명령이었습
니다.
13 둘째 달에 큰 무리가 유월절을 지키려고
예루살렘에 모여들었습니다.
14 백성은 예루살렘에 있던 제단들과 거짓 신
에게 향을 피우던 제단들을 헐어, 기드론
골짜기에 던져 버렸습니다.
15 백성은 둘째 달 십사 일*에 유월절 양을
잡았습니다. 제사장과 레위 사람들은 부
끄러웠습니다. 그래서 그들은 여호와를
위해 자기 몸을 거룩하게 구별했습니다.
그들은 여호와의 성전으로 번제물을 가져
왔습니다.
16 그들은 하나님의 사람 모세의 율법에 적
힌 대로 성전 안에서 자기 자리를 잡고 섰
습니다. 레위 사람들은 제사장에게 제물
의 피를 주었습니다. 그러자 제사장들은
그 피를 제단 위에 뿌렸습니다.
17 무리 가운데서 아직 많은 백성이 여호와
를 위해 자기 몸을 거룩하게 하지 못했습
니다. 그 때문에 그들은 유월절 양을 잡
을 수 없었습니다. 그래서 레위 사람들이
모든 부정한 사람을 위해 유월절 양을 잡
는 책임을 맡았습니다. 레위 사람들은 여
호와를 위해 모든 양을 거룩히 구별했습
니다.
18 에브라임과 므낫세와 잇사갈과 스불론에서
온 많은 백성이 자기 몸을 깨끗하게 하지
않은 채 유월절 음식을 먹었습니다. 그것
은 율법을 어기는 일이었습니다. 그래서
히스기야가 그들을 위해 기도했습니다.
"좋으신 하나님, 용서해 주십시오. 여호
와께서는 우리 조상이 섬기던 하나님이십
니다. 여호와를 섬기려고 애쓴 사람들을
다 용서해 주십시오.
19 비록 그들이 성전 규칙에 따라 자기 몸을
깨끗하게 하지 않았지만 그들을 용서해
주십시오."
20 여호와께서 히스기야의 기도를 들으시고
백성을 벌하지 않으셨습니다.
21 예루살렘의 이스라엘 백성은 무교절을 칠
일 동안 지켰습니다. 그들은 매우 기뻐
했습니다. 레위 사람과 제사장들은 날마
다 큰 음악 소리로 여호와를 찬양했습니
다.
22 어떤 레위 사람들은 여호와를 섬기는 일
을 능숙하게 했습니다. 그래서 히스기야가
그들을 격려해 주었습니다. 백성은 칠 일
동안, 절기 음식을 먹었습니다. 그리고
그들은 화목 제물을 바치고, 그들의 조상
이 섬기던 여호와를 찬양했습니다.
23 모든 백성은 칠 일 동안, 더 머물러 있기
로 결정했습니다. 그리하여 그들은 기쁜
마음으로 칠 일 동안, 유월절을 더 지켰
습니다.

알아두세요

30:15 이는 4월 말 혹은 5월 초에 해당된다.
31:7 셋째 달은 5월에서 6월 사이에 해당되고, 일곱째 달은 9월에서 10월 사이에 해당된다.

무교절(30:21 Feast of Unleavened Bread) 유월절 행사에 연이어 7일 동안 계속된 히브리인들의 축제.
임무(31:2 duty) 맡은 일.
화목제(31:2 fellowship offering) 하나님의 은혜를 감사하거나 소원을 드릴 때 하는 제사.
버금가다(31:12 rank next to) 서열이나 차례에서 첫째의 다음이 되다.

24 유다의 왕 히스기야는 황소 천 마리와 양
칠천 마리를 백성에게 주었습니다. 신하
들도 황소 천 마리와 양 만 마리를 백성
에게 주었습니다. 제사장들 가운데 여러
사람이 여호와를 위해 자기 몸을 거룩하
게 했습니다.
25 모든 유다 백성과 제사장들과 레위 사람들
과 이스라엘에서 온 사람들과 이스라엘에
서 온 외국인들과 유다에 사는 외국인들
이 크게 기뻐했습니다.
26 예루살렘에는 기쁨이 넘쳐 흘렀습니다. 이
스라엘의 왕 다윗의 아들 솔로몬의 시대부
터 그 때까지 그런 일은 한 번도 없었습
니다.
27 제사장과 레위 사람들이 일어나 백성에게
복을 빌어 주었습니다. 그들의 기도가 하
나님의 거룩한 집인 하늘에 닿아 하나님
께서 그 기도를 들으셨습니다.

히스기야의 개혁

31 유월절 행사가 다 끝나고, 예루살렘
에 있던 모든 이스라엘 백성은 유다
의 여러 마을로 가서, 거짓 신들을 섬길
때 쓰던 돌 기둥들을 부수고 아세라 우상
들을 찍어 버렸습니다. 그리고 유다와 베
냐민과 에브라임과 므낫세 지역에 있는 제
단과 산당들도 헐어 버렸습니다. 그들은
거짓 신들을 섬길 때에 쓰던 것을 하나도
남김없이 다 없애 버렸습니다. 그런 뒤에
모든 이스라엘 백성은 자기 마을과 고향으
로 돌아갔습니다.
2 히스기야 왕이 제사장과 레위 사람들의 무
리에게 특별한 임무를 맡겼는데, 그들이
할 일은 번제와 화목제를 드리는 것과, 여
호와께서 사시는 성전의 여러 문에서 예
배를 드리며 감사와 찬양을 드리는 것이
었습니다.
3 히스기야는 자기 짐승들 가운데서 얼마를
번제로 드리게 했습니다. 날마다 아침 저
녁으로 번제를 드렸습니다. 그리고 안식
일에도 바쳤고, 초하루에도 바쳤고, 여호
와의 율법이 명령하고 있는 다른 절기에
도 바쳤습니다.
4 히스기야는 예루살렘에 사는 백성에게 제
사장과 레위 사람들의 몫을 주게 했습니
다. 그래야 제사장과 레위 사람들이 여호
와의 율법을 위해 모든 시간을 바칠 수 있
기 때문입니다.
5 왕이 이스라엘 백성에게 명령을 내리자마
자 백성은 곡식과 포도주와 기름과 꿀과
밭에서 기른 모든 것의 첫 열매를 넘치도
록 가져왔습니다. 그리고 모든 것의 십분
의 일을 넉넉하게 가져왔습니다.
6 유다에 사는 이스라엘과 유다 사람들도 소
와 양의 십분의 일을 가져왔습니다. 그리
고 그들의 하나님 여호와께 바칠 거룩한
물건 가운데서도 십분의 일을 가져왔습니
다. 그들은 이 모든 것을 차곡차곡 쌓아
두었습니다.
7 백성이 물건들을 가져오기 시작한 때는
셋째 달*이었고, 가져오기를 마친 때는 일
곱째 달*이었습니다.
8 히스기야와 그의 신하들이 와서 산더미처
럼 쌓인 물건을 보고 여호와와 여호와의
백성 이스라엘을 찬양했습니다.
9 히스기야가 제사장과 레위 사람들에게 그
처럼 많은 물건에 대해 물었습니다.
10 사독 집안의 대제사장인 아사랴가 히스기
야에게 대답했습니다. "백성이 여호와의
성전에 예물을 가져오기 시작한 뒤로부터
우리에게는 먹을 것이 너무 많아서 이렇
게 남았습니다. 여호와께서 그의 백성에
게 복을 주셨습니다. 그래서 이만큼이나
남았습니다."
11 히스기야가 제사장들에게 명령하여 여호
와의 성전에 창고들을 준비하게 하니 그
의 명령대로 되었습니다.
12 제사장들은 백성이 가져온 예물과 십일조
와 여호와께 바친 모든 거룩한 것들을 창
고 안에 넣어 두었습니다. 레위 사람 고나
냐가 그 모든 것을 관리했고, 그의 아우
시므이가 버금가는 자리에 있었습니다.
13 고나냐와 그의 아우 시므이를 돕는 관리인
들도 있었습니다. 그들은 여히엘, 아사시
야, 나핫, 아시헬, 여리못, 요사밧, 엘리엘,

이스마갸, 마핫, 브나야였습니다. 그들은
히스기야 왕과, 하나님의 성전을 관리하는
아사랴가 뽑은 사람들이었습니다.
14 고레는 백성이 스스로 원해서 하나님께
바치는 예물을 맡았습니다. 그가 해야 할
일은 여호와께 바친 예물과 가장 거룩한
제물을 나누는 일이었습니다. 고레는 레위
사람 임나의 아들이며, '동문'의 문지기였
습니다.
15 에덴과 미냐민과 예수아와 스마야와 아마랴
와 스가냐가 고레를 도와서 함께 일했습니
다. 그들은 제사장들이 사는 마을에서 열
심히 일했습니다. 그들은 모아들인 것을
다른 제사장들에게 나누어 주었습니다.
젊은이나 늙은이를 가리지 않고 골고루
나누어 주었습니다.
16 레위 집안의 족보에 적힌 삼 세 이상 된
사내아이에게도 나누어 주었습니다. 그들
은 날마다 여호와의 성전에 들어가서 각
자 맡은 일을 해야 했습니다.
17 제사장들은 족보에 적힌 대로 집안별로
자기 몫을 받았습니다. 이십 세 이상 된
레위 사람들도 맡은 일에 따라 무리별로
자기 몫을 받았습니다.
18 레위 사람들의 아기와 아내와 아들과 딸
들도 족보에 적힌 대로 자기 몫을 받았습
니다. 왜냐하면 그들은 성실하게 자신들
을 거룩하게 했기 때문입니다.
19 아론의 자손 제사장들 가운데는 마을 근
처 밭에서 사는 제사장도 있고, 마을에서
사는 제사장도 있었습니다. 그 제사장들
의 집안 가운데서도 모든 남자와 족보에
이름이 적힌 레위 사람은 자기 몫을 받았
습니다.
20 히스기야 왕은 모든 유다 땅에서 이 일을
했습니다. 그는 하나님 여호와 앞에서 올
바른 일을 했으며 여호와께 복종했습니
다.
21 히스기야는 정성을 들여 하나님의 성전에
서 하는 모든 일을 했고, 하나님의 가르
침과 명령을 지켰습니다. 그는 마음을 다
해 하나님을 위해 일했습니다. 그래서 그
가 하는 일은 모두 잘 되었습니다.

산헤립이 히스기야를 괴롭히다

32 히스기야가 이 모든 일을 충성스럽
게 했습니다. 그 때에 앗시리아의
산헤립 왕이 유다에 쳐들어왔습니다. 산헤
립과 그의 군대는 성벽이 있고 굳건한 유
다의 모든 성을 에워싸고 공격해 왔습니
다. 그는 그 성들을 점령하려고 했습니
다.
2 히스기야는 산헤립이 예루살렘까지 와서 예
루살렘을 공격할 것을 알고
3 신하와 군대 지휘관들을 불러 의논했습니
다. 그들은 성 밖에 있는 샘의 물줄기를
막아 버릴 것을 결정했습니다. 신하와 군
대 지휘관들이 히스기야를 도왔습니다.
4 백성도 많이 와서 도왔습니다. 그들은 모
든 땅으로 흘러 나가는 샘과 시내의 물줄
기를 막았습니다. 그러면서 "앗시리아의
왕은 이 때문에 물을 많이 얻지 못할 것
이다"라고 말했습니다.
5 그런 뒤에 히스기야는 예루살렘을 더 굳건
하게 하고 성벽의 무너진 부분을 다시 지
었습니다. 그리고 성벽 위에 망대들도 세
웠습니다. 그리고 나서 성벽 밖에 또다시
성벽을 쌓았습니다. 또한 다윗의 성, 밀로
를 굳건한 요새로 만들었습니다. 그리고
무기와 방패들도 많이 만들었습니다.
6 히스기야는 군대 지휘관들을 백성 위에 세
웠습니다. 그리고 히스기야 왕은 성문 가
까이에 있는 광장에서 그들을 만나 격려
해 주었습니다.
7 "마음을 굳세게 하고 용기를 내시오. 앗시
리아 왕이나 그의 큰 군대를 보고 두려워
하거나 걱정하지 마시오. 앗시리아 왕과
함께 있는 자보다 더 크신 분이 우리와 함
께 계시오.
8 앗시리아 왕에게는 사람밖에 없지만 우리
에게는 우리의 하나님 여호와께서 함께
계시오. 주께서 우리를 도우실 것이고 우
리를 위해 싸워 주실 것이오." 백성은 유
다 왕 히스기야의 말을 듣고 용기를 얻었
습니다.

9 앗시리아의 산헤립 왕과 그의 모든 군대가
라기스를 에워싸고 공격했습니다. 그런
뒤에 산헤립이 자기 신하들을 예루살렘에
보내어 유다의 히스기야 왕과 예루살렘에
사는 모든 유다 백성에게 말했습니다.
10 "앗시리아의 산헤립 왕이 이렇게 말씀하셨
다. '너희가 의지할 것은 아무것도 없다.
공격을 당하고 있는 예루살렘에 머물러 있
어 봐야 아무 소용이 없다.
11 히스기야가 너희에게 하나님 여호와께서
너희를 앗시리아 왕에게서 구해 주실 것이
라고 말하고 있지만, 히스기야는 너희를
속이고 있다. 너희가 예루살렘에 머물러
있다가는 배고프고 목말라서 죽고 말 것
이다.
12 히스기야도 이미 여호와의 산당과 제단을
없애지 않았느냐? 그리고 유다와 예루살렘
에 이르기를, 오직 한 제단에서만 예배를
드리고 그 곳에 제물을 바치라고 하지 않
았느냐?
13 내 조상과 내가 온 나라의 백성들에게 한
일을 너희도 알 것이다. 그 나라의 신들은
그 백성을 내 손에서 구해 내지 못했다.
14 내 조상들이 그 나라들을 멸망시켰으나,
그들의 신 가운데 그 어느 누구도 그들을
내 손에서 구해 내지 못했다. 그러므로 너
희의 신도 너희를 내 손에서 구해 내지 못
할 것이다.
15 히스기야에게 속지 말고 그의 꾐에 빠지지
마라. 히스기야를 믿지 마라. 어떤 나라나
어떤 민족의 신들도 그 백성을 나나 내 조
상의 손에서 구해 내지 못했다. 하물며 너
희의 신이 어떻게 내 손에서 너희를 구해
내겠느냐?'"
16 산헤립의 신하들은 여호와 하나님과 그의
종 히스기야를 더욱 비방했습니다.
17 산헤립 왕도 이스라엘의 하나님이신 여호
와를 욕하는 편지를 썼습니다. 그 편지에
는 이러한 내용이 적혀 있었습니다. '다
른 나라의 신들이 그 백성을 내 손에서 구
해 내지 못했듯이, 히스기야의 하나님도
너희를 내 손에서 구해 내지 못할 것이
다.'
18 산헤립 왕의 신하들은 히브리 말로 외쳐댔
습니다. 그들은 예루살렘 성벽 위에 있는
백성에게 외쳐댔습니다. 그들은 그런 방
법으로 백성에게 겁을 주어 예루살렘을 점
령하려 했습니다.
19 그들은 세상 백성이 섬기는 신들, 곧 인
간이 손으로 지어 만든 신들을 욕하듯이
예루살렘의 하나님을 욕했습니다.
20 히스기야 왕과 아모스의 아들인 예언자 이
사야가 이 일 때문에 하늘을 향해 기도드
렸습니다.
21 그러자 여호와께서 천사를 앗시리아 왕의
진으로 보내셨습니다. 그 천사는 앗시리아
군대의 군인과 지휘관과 장교들을 다 죽
였습니다. 그리하여 앗시리아 왕은 부끄러
움을 당한 채 자기 나라로 돌아갔습니다.
그는 자기 신의 신전으로 들어갔는데 그
때에 그의 아들들이 그를 칼로 쳐서 죽였
습니다.
22 이처럼 여호와께서 히스기야와 예루살렘
백성을 구해 주셨습니다. 여호와께서는
앗시리아의 산헤립 왕과 온 나라 백성의
손에서 그들을 구해 주셨습니다. 여호와

성경 인물

산헤립

산헤립은 B.C. 721년 북왕조 이스라엘을 멸망시킨 사르곤 2세의 아들로, B.C. 705-681년 앗시리아 제국을 통치한 왕입니다. 그는 히스기야 왕을 치러 예루살렘으로 진격해 와서는 항복을 요구할 뿐만 아니라, 유다는 앗시리아인들을 막지 못하며 여호와 또한 유다를 구원하지 못할 것이라고 조롱했습니다(대하 32:17). 그러나 하나님께서는 천사를 보내 이들을 물리치셨습니다. 이후, 니느웨에서 니스록 신에게 제사를 드리던 산헤립은 자신의 두 아들에게 살해당했습니다(왕하 19:37).

본문 보기 32장 1-22절

문지기(31:14 gatekeeper) 문을 지키는 사람.
망대(32:5 watchtower) 적의 동태를 살펴보는 높은 대.
비방(32:16 slander) 남을 헐뜯거나 트집을 잡는 것.

께서는 히스기야와 예루살렘 백성을 보호
해 주셨습니다.
23 많은 백성이 여호와께 바칠 예물을 예루
살렘으로 가지고 왔습니다. 그들은 유다의
히스기야 왕에게도 값진 선물을 가져왔습
니다. 그 때부터 온 나라가 히스기야를 존
경했습니다.

히스기야가 죽다

24 그 때에 히스기야가 심한 병에 걸려 죽게
되었습니다. 그는 여호와께 기도드렸습니
다. 그랬더니 여호와께서 그에게 응답해
주시고 한 가지 표징을 주셨습니다.
25 그러나 히스기야는 교만해져서 자비를 베
풀어 주신 하나님께 감사드리지 않았습니
다. 그래서 여호와께서 히스기야와 유다와
예루살렘 백성에게 노하셨습니다.
26 그러자 히스기야와 예루살렘 백성이 자기
잘못을 뉘우치고 겸손해졌습니다. 그 때
문에 여호와께서는 히스기야가 살아 있는
동안에는 그들에게 벌을 내리지 않으셨습
니다.
27 히스기야는 부귀와 영화를 누렸습니다. 그
는 은과 금과 보석과 향료와 방패, 그 밖
의 값진 물건들을 보관할 보물창고를 만
들었습니다.
28 그리고 곡식과 새 포도주와 기름을 보관
할 창고도 지었습니다. 온갖 짐승을 위해
우리를 만들었고 양 떼를 위해서도 우리
를 만들었습니다.
29 히스기야는 마을도 더 건설했습니다. 그에

히스기야 터널(32:30)

게는 양 떼와 소 떼가 많았습니다. 하나
님께서 히스기야에게 많은 재산을 주신 것
입니다.
30 기혼 샘의 위 연못을 막은 사람도 히스기
야입니다. 그는 기혼 샘의 물줄기를 옛 다
윗 성의 서쪽으로 곧장 흐르게 했습니다.
히스기야는 하는 일마다 다 잘 되었습니
다.
31 그런데 한번은 바빌론의 지도자들이 히스
기야에게 사신들을 보내어, 그 땅에서 일
어나는 이상한 표징에 대해 물어 보았습
니다. 그들이 왔을 때에 하나님께서 히스
기야가 어떻게 하나 보시려고 히스기야가
하는 대로 내버려 두셨습니다. 하나님께
서 히스기야가 마음속에 어떤 생각을 품고
있는지를 다 알고 싶어하셨습니다.
32 히스기야가 하나님을 사랑한 것과 그가 한
다른 일은 아모스의 아들인 예언자 이사야
의 묵시록과 유다와 이스라엘 왕들의 역사
책에 적혀 있습니다.
33 히스기야가 죽어 어떤 언덕 위에 묻혔습니
다. 그 곳은 다윗의 조상들의 무덤이 있
는 곳입니다. 히스기야가 죽자, 온 유다와
예루살렘의 백성이 그의 죽음을 슬퍼했습
니다. 히스기야의 아들 므낫세가 그의 뒤
를 이어 왕이 되었습니다.

유다의 므낫세 왕

33 므낫세가 왕이 되었을 때의 나이는
십이 세였습니다. 그는 예루살렘에
서 오십오 년 동안, 왕으로 있었습니다.
2 므낫세는 여호와께서 보시기에 악한 일을
저질렀습니다. 그는 여호와께서 쫓아 낸
다른 나라들이 하던 역겨운 일들을 그대
로 했습니다.
3 므낫세의 아버지 히스기야는 거짓 신들을
섬기던 산당들을 헐어 버렸지만, 므낫세
는 그것들을 다시 쌓았습니다. 그리고 므
낫세는 바알 신들과 아세라 우상들을 위해
제단을 쌓았습니다. 그리고 하늘의 별들
을 예배하고 섬겼습니다.
4 여호와께서 성전에 대해 "내가 영원히 예
루살렘에서 예배를 받겠다"고 말씀하셨지

만, 므낫세는 여호와의 성전 안에 거짓
신들을 위한 제단을 쌓았습니다.
5 므낫세는 여호와의 성전의 두 뜰에도
별들을 섬기는 제단을 쌓았습니다.
6 그리고 그는 자기 아들들까지도 '힌
놈의 아들 골짜기'에서 제물로 바
쳤습니다. 그는 요술과 마술을
부렸으며, 표적과 꿈을 풀어서
점을 치기도 했습니다. 또한 무
당과 점쟁이를 불러 의논하기도
했습니다. 그는 여호와께서 악하
다고 하신 일을 많이 했습니다.
그래서 여호와를 노하게 만들었
습니다.
7 므낫세는 우상을 만들어서 하나님
의 성전 안에 두었습니다. 여호와께
서 그 성전에 관해 다윗과 솔로몬에게
이렇게 말씀하신 적이 있습니다. "내가
이 성전과 예루살렘에 내 이름을 영원히
두겠다. 예루살렘은 내가 이스라엘 온 지
파 가운데서 선택한 곳이다.
8 이스라엘 백성이 내가 명령한 것을 다 지
키고, 내가 모세를 통해서 준 가르침과 규
례와 계명에 복종하면, 내가 다시는 그들
을 그들의 조상에게 준 땅에서 쫓아 내지
않겠다."
9 그러나 므낫세는 유다와 예루살렘 백성을
그릇된 길로 이끌었습니다. 그들은 여호
와께서 멸망시키신 나라들보다 더 악한
일을 했습니다.
10 여호와께서 므낫세와 그의 백성에게 말을
해도 그들은 듣지 않았습니다.
11 그래서 여호와께서 앗시리아 왕의 군대를
보내 유다를 치게 하셨습니다. 그들은 므
낫세를 사로잡아 쇠사슬로 손을 묶어 바
빌론으로 끌고 갔습니다.
12 므낫세는 고통을 당하는 가운데 그의 하
나님 여호와께 빌었습니다. 므낫세는 자
기가 조상들의 하나님 앞에서 저지른 일
들을 뉘우쳤습니다.
13 므낫세가 기도드리니 여호와께서 들으시
고 그를 불쌍히 여기셨습니다. 그래서 여

회개하는 므낫세 왕(33:11-13)

호와께서 그를 예루살렘으로 돌려 보내 주
셨습니다. 그 때서야 므낫세는 여호와께
서 참하나님이신 것을 깨달았습니다.
14 그 일이 있은 뒤에 므낫세는 다윗 성의 바
깥 성벽을 다시 쌓았습니다. 그 성벽은 기
혼 샘의 서쪽 골짜기에서부터 '물고기 문'
입구를 지나 오벨 언덕 둘레까지 이어졌
습니다. 므낫세는 또 성벽을 높이 쌓아올
리고, 유다의 모든 요새에 지휘관들을 두
었습니다.
15 므낫세는 다른 나라의 우상들을 없애 버
리고 여호와의 성전에서도 우상을 없애
버렸습니다. 그는 성전 언덕과 예루살렘에
자기가 쌓아 놓은 제단들을 헐어 낸 다음,
성 밖으로 던져 버렸습니다.
16 그런 뒤에 그는 여호와의 제단을 쌓았습
니다. 그리고 그 위에 화목 제물과 감사
제물을 여호와께 바쳤습니다. 므낫세는
유다의 백성에게 명령하여 이스라엘의 하
나님이신 여호와를 섬기라고 명령했습니
다.
17 백성이 여전히 산당에서 제물을 바치기는
했지만 그들은 오직 여호와께만 제물을
바쳤습니다.

18 므낫세가 한 다른 일과 그가 하나님께 드
린 기도와 예언자들이 여호와의 이름으로
그에게 한 말은 이스라엘 왕들의 역사책에
적혀 있습니다.
19 므낫세가 기도드린 것과 하나님께서 그를
불쌍히 여기신 것과 므낫세가 저지른 모
든 죄와 그가 복종하지 않은 것, 또 그가
거짓 신들과 아세라 우상들을 위해 지은
산당들도 호새의 책에 다 적혀 있습니다.
그는 이 모든 일들을 했지만 그 뒤에 자
기 잘못을 뉘우쳤습니다.
20 므낫세가 죽어 그의 왕궁에 묻혔습니다.
므낫세의 아들 아몬이 그의 뒤를 이어 왕
이 되었습니다.

유다의 아몬 왕

21 아몬이 왕이 되었을 때의 나이는 이십이
세였습니다. 그는 예루살렘에서 이 년 동
안, 왕으로 있었습니다.
22 그는 그의 아버지 므낫세처럼 여호와께서
보시기에 악한 일을 저질렀습니다. 아몬
은 므낫세가 만든 온갖 우상들을 섬기고,
그것들에게 제물을 바쳤습니다.
23 아몬은 자기 아버지와는 달리 여호와 앞
에서 저지른 잘못을 뉘우치지 않았습니
다. 오히려 아몬은 더 많은 죄를 지었습
니다.
24 아몬의 신하들이 반역을 꾀하고 아몬을 왕
궁에서 죽였습니다.
25 그러나 유다 백성은 아몬에게 반역한 사람
들을 다 죽이고, 그의 아들 요시야를 왕으

요시야 시대의
히브리어로 기록된 편지

로 삼았습니다.

34 요시야가 왕이 되었을 때의 나이
는 팔 세였습니다. 그는 예루살렘
에서 삼십일 년 동안 다스렸습니다.
2 그는 그의 조상 다윗처럼 여호와께서 보
시기에 올바른 일을 했습니다. 요시야는
언제나 옳은 일만 했습니다.
3 요시야는 왕으로 있은 지 팔 년째 되던 해
에 그의 조상 다윗이 따르던 하나님을 섬
기기 시작했습니다. 그 때는 요시야가 아
직 어렸을 때였습니다. 요시야는 왕이 된
지 십이 년째 되던 해에 유다와 예루살렘
에서 거짓 신들을 몰아 내기 시작했습니
다. 그는 거짓 신들을 섬기는 산당들을 다
헐어 버리고, 아세라 우상과 나무로 만든
우상과 쇠로 만든 우상들을 없애 버렸습
니다.
4 백성도 요시야의 명령을 받아서 바알을 섬
기던 제단들을 헐어 버렸습니다. 요시야
는 제단 위에 있던 향 제단들도 찍어 버
렸습니다. 그는 아세라 우상과 나무로 만
든 우상과 쇠로 만든 우상들을 부수어 가
루로 만든 다음, 그 가루를 그런 신들에
게 제물을 바친 사람들의 무덤 위에 뿌렸
습니다.
5 그는 또 우상을 섬기던 제사장들의 뼈도
그 제단 위에서 불태웠습니다. 이처럼 요
시야는 유다와 예루살렘에서 우상 섬기던
것을 모두 없애 버렸습니다.
6 요시야는 므낫세와 에브라임과 시므온 땅의
여러 마을과, 멀리 납달리 땅과 그 둘레의
폐허에서도 같은 일을 했습니다.
7 요시야는 제단과 아세라 우상들을 부수어
가루로 만들었습니다. 그는 온 이스라엘에
있는 분향단도 찍어 버렸습니다. 그런 뒤
에 그는 예루살렘으로 돌아왔습니다.
8 요시야는 왕으로 있은 지 십팔 년째 되던
해에 그 땅과 성전을 깨끗하게 했습니다.
그는 아살랴의 아들 사반과 성의 지도자
마아세야와 요아하스의 아들인 서기관 요
아를 보내어 요시야의 하나님이신 여호와
의 성전을 수리하게 했습니다.

9 그들은 대제사장 힐기야에게 가서 백성이
하나님의 성전에 바친 돈을 주었습니다.
그 돈은 레위 사람 문지기들이 므낫세와
에브라임과 살아 남은 모든 이스라엘 백성
에게서 거둔 돈입니다. 그들은 또한 유다
와 베냐민과 예루살렘 백성에게서도 돈을
거두었습니다.
10 레위 사람들은 성전 수리를 감독하는 사
람들에게 그 돈을 주었습니다. 그 감독관
들은 성전을 다시 짓고 수리하는 일꾼들
에게 그 돈을 주었습니다.
11 그들은 목수와 돌을 쌓는 사람들에게 돈
을 주어 채석한 돌과 나무를 사들이게 했
습니다. 나무는 유다의 왕들이 폐허로 만
들어 버린 건물들을 다시 짓고 들보를 만
드는 데 쓸 것이었습니다.
12 사람들은 그 일을 열심히 했습니다. 그 일
을 감독한 사람은 야핫과 오바댜와 스가랴
와 무술람입니다. 야핫과 오바댜는 므라리
집안의 레위 사람입니다. 스가랴와 무술람
은 고핫 집안 사람입니다. 이 레위 사람들
은 모두 뛰어난 음악가였습니다.
13 그들은 물건을 나르는 일꾼들과 그 밖의
일꾼들을 감독했습니다. 어떤 레위 사람
들은 서기관과 관리와 문지기로 일했습니
다.

율법책을 발견하다

14 레위 사람들이 여호와의 성전에 있던 돈
을 꺼내고 있는데, 제사장 힐기야가 여호
와의 율법책을 발견했습니다. 그 율법은
하나님께서 모세를 통해서 주신 것입니
다.
15 힐기야가 서기관 사반에게 말했습니다.
"여호와의 성전에서 율법책을 발견했
다." 힐기야가 그 책을 사반에게 주었습
니다.
16 사반이 그 책을 요시야 왕에게 가져가서
보고했습니다. "왕이 명령한 대로 신하들
이 일을 잘 하고 있습니다.
17 그들은 여호와의 성전에 있는 돈을 감독
과 일꾼들에게 주었습니다."
18 그런 뒤에 서기관 사반이 왕에게 말했습
니다. "제사장 힐기야가 나에게 책을 주었
습니다." 사반이 그 책의 내용을 왕에게
읽어 주었습니다.
19 왕은 율법책의 말씀을 듣더니 너무 슬퍼
서 자기 옷을 찢었습니다.
20 그는 힐기야와 사반의 아들 아히감과 미가
의 아들 압돈과 서기관 사반과 왕의 종 아
사야에게 명령을 내렸습니다.
21 "가서 나와 이스라엘과 유다에 남아 있는
백성을 위하여, 발견된 이 책의 말씀에 대
해 여호와의 뜻을 여쭤 보시오. 우리 조
상이 이 책의 말씀에 복종하지 않았기 때
문에 우리를 향해 불붙는 여호와의 진노
가 크오. 우리 조상은 우리가 지켜야 할
이 말씀을 따르지 않았소."
22 그리하여 힐기야를 비롯해서 왕이 보낸 사
람들은 여예언자 훌다에게 가서 여호와의
뜻을 여쭤 보았습니다. 훌다는 하스라의
손자이며, 독핫의 아들인 살룸의 아내였습
니다. 살룸은 왕의 옷을 관리하는 사람이
었습니다. 훌다는 예루살렘 성의 둘째 구
역에서 살고 있었습니다.
23 훌다가 그들에게 말했습니다. "이스라엘의
하나님이신 여호와께서 이렇게 말씀하셨
으니, 당신들을 나에게 보낸 사람에게 전
하시오.
24 '내가 이 곳과 여기에 사는 백성에게 재
앙을 내리겠다. 내가 내릴 재앙은 유다의
왕이 읽은 책의 말씀 속에 있다.

성경 인물

여예언자 훌다 훌다는 요시야 왕 시대에 제사장들의 예복을 관리하던 살룸의 아내로 여예언자였습니다. 요시야 왕은 제사장 힐기야 등을 그녀에게 보내어 성전에서 발견된 율법책에 대해 묻게 했는데, 이 때 훌다는 하나님의 말씀을 근거로 예루살렘의 멸망을 예언하였습니다. 이 말을 들은 요시야 왕은 깊은 회개를 하고 대대적인 종교 개혁을 벌이게 됩니다. 당시의 예언자 예레미야는 이미 5년 전에 부르심을 받았지만 아직 연소한 관계로 그 역시 훌다의 자문을 구한 것 같습니다.

본문 보기 34장 22절

25 유다 백성은 나를 저버리고 다른 신들에
게 향을 피우며, 온갖 악한 일을 하여 나
를 노하게 했다. 내가 이 곳을 향해 내 노
를 쏟아 부으리니 아무도 나의 노를 멈추
지 못할 것이다.'
26 여호와의 뜻을 여쭤 보라고 당신들을 보
낸 유다의 왕에게 전하시오. 이스라엘의 하
나님이신 여호와께서 이렇게 말씀하셨소.
27 '너는 이 곳과 여기에 사는 백성에 대한
내 말을 듣고, 여호와 앞에서 뉘우치는 마
음과 겸손한 모습을 보였다. 너는 너무나
슬퍼서 네 옷을 찢었으며, 내 앞에서 흐
느꼈다. 그래서 내가 네 기도를 들어 주
겠다. 나 여호와의 말이다.
28 그러므로 네가 죽을 때 평안히 묻히겠고, 너
는 내가 이 곳에 사는 백성에게 내릴 온갖
재앙을 보지 않을 것이다.'" 그들이 훌다의
말을 받아가지고 왕에게 돌아갔습니다.
29 왕이 유다와 예루살렘의 장로들을 다 불러
모았습니다.
30 왕은 여호와의 성전으로 올라갔습니다.
유다와 예루살렘에서 온 백성도 왕을 따라
올라갔습니다. 제사장과 레위 사람과 온
백성, 곧 보잘것없는 사람에서부터 귀한
사람에 이르기까지 모두 다 왕과 함께 올
라갔습니다. 왕이 그들에게 여호와의 성
전에서 발견한 '언약의 책'에 있는 말씀
을 다 읽어 주었습니다.
31 그런 뒤에 왕은 기둥 곁에 섰습니다. 왕
은 여호와 앞에서 언약을 맺었습니다. 그

성경 인물

요시야 8세에 등극하여 단호한 종교 개혁을 단행한 왕으로서 바알 숭배를 배척하고 모든 산당과 우상들을 없앴습니다. 또 성전 수리 중 율법책을 발견하여 백성들에게 읽히고 순종할 것을 언약한 후, 율법대로 유월절을 지키는 등 하나님께 정직한 왕으로 인정받은 왕입니다. 본문보기 34장-35장

알아두세요

35:1 이는 3월 말에서 4월 초 사이에 해당된다.

유월절을 지키기 위해 양을 잡음(35:1)

는 여호와를 따르고 여호와의 명령과 규
례와 율법에 복종하기로 약속했습니다.
그리고 그 책에 적힌 언약의 말씀을 따르
기로 약속했습니다.
32 그런 뒤에 요시야는 예루살렘과 베냐민의
모든 백성에게도 언약을 지키게 했습니
다. 예루살렘의 백성은 그들의 조상이 섬
기던 하나님의 언약에 복종했습니다.
33 요시야는 이스라엘 백성이 차지하고 있던
온 땅에서 역겨운 우상들을 없애 버렸습
니다. 요시야는 이스라엘의 모든 사람으로
하여금 그들의 하나님 여호와를 섬기게
했습니다. 요시야가 살아 있는 동안, 백성
은 그들의 조상이 섬기던 여호와께 복종
했습니다.

요시야가 유월절을 지키다

35 요시야 왕이 예루살렘에서 여호와
께 유월절을 지켰습니다. 첫째 달
십사 일*에 사람들이 유월절 양을 잡았습
니다.
2 요시야는 제사장들을 뽑아 각자 할 일을
맡겼습니다. 그리고 여호와의 성전에서
일하는 그들을 격려해 주었습니다.
3 레위 사람들은 이스라엘 백성을 가르치며,
여호와를 섬기기 위해 자기 몸을 거룩히
구별했습니다. 요시야가 그들에게 말했습
니다. "다윗의 아들 솔로몬이 이스라엘의
왕으로 있으면서 지은 성전에 '거룩한
궤'를 놓아 두시오. 이제부터는 그것을
어깨에 메고 이리저리 옮기지 마시오. 이
제는 그대들의 하나님 여호와와 그 백성
이스라엘을 섬기시오.
4 집안별로 여호와를 섬길 준비를 하고, 다

윗 왕과 그의 아들 솔로몬이 그대들에게
시킨 일을 하시오.
5 레위 사람들의 무리와 더불어 거룩한 곳
에 서시오. 집안별로 준비하여 그들을 도
우시오.
6 유월절 양을 잡으시오. 그대들을 여호와
께 거룩히 구별하시오. 그리고 그대들의
형제인 이스라엘 백성을 위해 어린 양들을
준비하시오. 여호와께서 모세를 시켜 우
리에게 내리신 명령을 그대로 따르시오."
7 요시야는 이스라엘 백성에게 자기가 가지고
있던 짐승들 가운데서 양과 염소 삼만 마
리를 주어 유월절 제물로 쓰게 했습니다.
요시야는 또 소 삼천 마리도 주었습니다.
8 요시야의 신하들도 백성과 제사장과 레위
사람들에게 자기가 가지고 있는 것들을
기꺼이 내놓았습니다. 그들은 제사장들에
게 어린 양과 염소 이천육백 마리와 소 삼
백 마리를 유월절 제물로 주었습니다.
9 고나냐와 그의 동생들인 스마야와 느다넬
과 하사뱌와 여이엘과 요사밧도 레위 사람
들에게 양 오천 마리와 소 오백 마리를 주
어 유월절 제물로 삼게 했습니다. 그들은
레위 사람의 지도자들이었습니다.
10 유월절을 지킬 준비가 다 되자, 제사장과
레위 사람들은 왕이 명령한 대로 각자 맡
은 곳으로 갔습니다.
11 유월절 양을 잡은 뒤에 레위 사람들은 짐
승의 가죽을 벗기고 그 피는 제사장들에
게 주었습니다. 제사장들은 그 피를 제단
위에 뿌렸습니다.
12 그런 뒤에 그들은 번제물로 바칠 짐승들
을 집안별로 주어, 모세의 율법이 가르친
대로 여호와께 바칠 수 있게 했습니다. 소
를 가지고도 그와 같이 하였습니다.
13 레위 사람들은 명령을 받은 대로 유월절
제물을 불에 구웠습니다. 그리고 거룩한
제물을 솥과 가마와 냄비에 삶아서, 그 고
기를 재빨리 백성에게 나누어 주었습니다.
14 모든 일을 마친 뒤에 레위 사람들은 자기
들과 아론의 자손인 제사장들을 위해 고
기를 준비했습니다. 제사장들은 번제를
드리고 제물의 기름을 태우면서 밤까지
일했습니다.
15 레위 사람 가운데 노래하는 사람은 아삽
집안 사람이었습니다. 그들은 다윗 왕과
아삽과 헤만과 선견자 여두둔이 정해 준
곳에 섰습니다. 각 문을 지키는 문지기들
은 자기 자리를 떠날 필요가 없었습니다.
그것은 다른 레위 사람들이 유월절을 지
킬 준비를 다 해 놓고 있었기 때문입니다.
16 그리하여 그 날, 여호와께 예배드릴 준비
가 다 되었습니다. 모든 일이 요시야 왕이
명령한 대로 되었습니다. 사람들이 유월
절을 지키고 여호와의 제단에 태워 드리
는 제물인 번제물을 드렸습니다.
17 그 곳에 있던 이스라엘 백성은 유월절을
지키고, 연이어 무교절을 칠 일 동안 지
켰습니다.
18 예언자 사무엘이 살아 있던 때로부터 그
때까지 그렇게 유월절을 지킨 적은 한 번
도 없었습니다. 이스라엘의 그 어떤 왕도,
요시야가 제사장과 레위 사람과 온 유다와
이스라엘 무리와 예루살렘에 사는 사람들
과 함께 지킨 유월절처럼, 유월절 행사를
한 적은 한 번도 없었습니다.
19 이 유월절을 지킨 때는 요시야가 왕으로
있은 지 십팔 년째 되는 해입니다.

요시야가 죽다

20 요시야가 성전을 위해 이 모든 일을 한 후

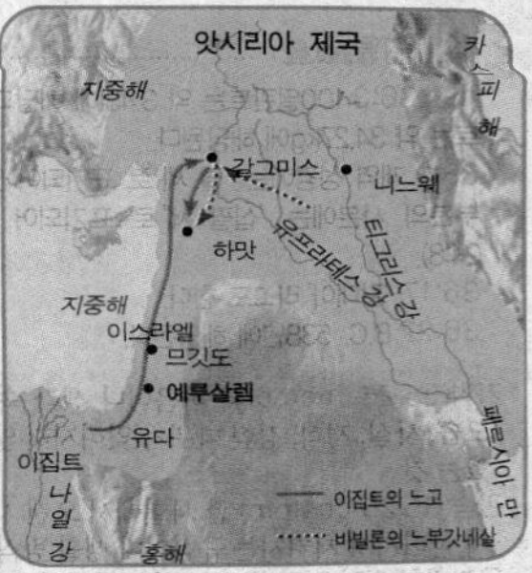

갈그미스 전투(35:20-27)

에 이집트의 느고 왕이 갈그미스를 치려고
군대를 이끌고 왔습니다. 갈그미스는 유프
라테스 강가에 있는 마을입니다. 요시야는
느고와 맞서 싸우려고 나갔습니다.
21 그러자 느고가 요시야에게 사람들을 보내
어 말했습니다. "요시야 왕이여, 그대와
나는 싸울 이유가 없소. 나는 내 원수와
싸우러 온 것이지 그대와 싸우러 온 것
이 아니오. 하나님은 나더러 서두르라
하셨소. 하나님은 내 편이시오. 그러니
하나님과 싸우려 들지 마시오. 그랬다가
는 하나님께서 그대를 멸망시키실 것이
오."
22 그러나 요시야는 되돌아가지 않았습니다.
요시야는 아무도 알아보지 못하게 변장을
했습니다. 요시야는 느고가 하나님의 명
령을 받아 한 말을 듣지 않았습니다. 요
시야는 므깃도 골짜기로 싸우러 나갔습니
다.
23 싸움을 하다가 요시야 왕은 화살에 맞았
습니다. 요시야가 자기 신하들에게 말했
습니다. "나를 다른 곳으로 데려가 다오.
내가 심하게 부상당했다."
24 그래서 신하들이 요시야를 들어 전차에서
내린 다음, 요시야가 전쟁터에 가져온 다
른 전차에 옮겨 태워서 예루살렘으로 데려
갔습니다. 요시야는 예루살렘에서 죽었습
니다. 요시야는 그의 조상들이 묻힌 무덤
에 묻혔습니다. 온 유다와 예루살렘 백성
이 요시야의 죽음을 슬퍼했습니다.
25 예레미야가 요시야에 관해 슬픈 노래들을
지었습니다. 오늘날까지도 모든 노래하는
남자와 여자는 그 노래들을 부르며 요시
야를 기억하고 기념합니다. 이스라엘에서
는 그 노래들을 부르는 것이 관습이 되었
습니다. 그 노래들은 애가집에 적혀 있습
니다.
26 요시야가 행한 다른 일과 여호와의 율법
에 기록된 대로 행한 선한 일들이
27 처음부터 끝까지 모두 이스라엘과 유다 왕
들의 역사책에 기록되었습니다.

유다의 여호아하스 왕

36 유다 백성이 요시야의 아들 여호아
하스를 뽑아 아버지의 뒤를 이어
예루살렘에서 왕이 되게 했습니다.
2 여호아하스가 왕이 되었을 때의 나이는 이
십삼 세였습니다. 그는 예루살렘에서 석
달 동안, 왕으로 있었습니다.
3 이집트의 느고 왕이 여호아하스를 예루살렘
의 왕의 자리에서 쫓아 냈습니다. 느고는
유다 백성에게 은 백 달란트*와 금 한 달
란트*를 바치게 했습니다.
4 그리고 이집트 왕은 여호아하스의 형제 엘
리아김을 유다와 예루살렘의 왕으로 세웠
습니다. 느고는 엘리아김의 이름을 여호야
김으로 바꾸고, 엘리아김의 형제 여호아하
스를 이집트로 끌고 갔습니다.

유다의 여호야김 왕

5 여호야김이 왕이 되었을 때의 나이는 이십
오 세였습니다. 그는 예루살렘에서 십일
년 동안 왕으로 있었습니다. 여호야김은
여호와께서 보시기에 악한 일을 했습니
다.
6 바빌로니아의 느부갓네살 왕이 유다로 쳐들
어와서, 여호야김을 붙잡아 쇠사슬로 묶어
바빌론으로 끌고 갔습니다.
7 느부갓네살은 여호와의 성전에 있던 기구
들을 빼앗아 바빌론으로 가져간 다음, 자
기 왕궁에 놓아 두었습니다.
8 여호야김이 한 다른 일과 그가 한 역겨운

알아두세요

36:3 100달란트는 약 3.43t에 해당되고, 1달란트는 약 34.27kg에 해당된다.
36:9 개역 성경에는 '팔 세'로 표기되어 있지만, 대부분의 사본에는 '십팔 세'로 표기되어 있다(왕하 24:8).
36:17 '갈대아'라고도 한다.
36:22 B.C. 538년에 해당된다.

기억(35:25 memory) 마음이나 생각 속에 어떤 모습, 사실, 지식, 경험 따위가 잊혀지지 않고 남아 있는 것.
관습(35:25 custom) 한 사회에서 오랜 시간에 걸쳐 굳어져서 지켜지는 규범이나 생활 방식.
무자비한(36:17 ruthless) 사정없이 냉혹한.

짓과 그가 저지른 모든 악한 일은 이스라
엘과 유다 왕들의 역사책에 적혀 있습니
다. 여호야김의 아들 여호야긴이 그의 뒤
를 이어 왕이 되었습니다.

유다의 여호야긴 왕

9 여호야긴이 유다 왕이 되었을 때의 나이는
십팔 세*였습니다. 그는 예루살렘에서 석
달 열흘을 왕으로 있었습니다. 그는 여호
와께서 보시기에 악한 일을 저질렀습니
다.
10 봄에 느부갓네살 왕이 자기 신하들을 보
내어 여호야긴을 데려오게 했습니다. 그
의 신하들은 여호야긴을 사로잡아 갔을
뿐만 아니라, 여호와의 성전에 있던 값진
보물들을 바빌론으로 가져갔습니다. 그런
뒤에 느부갓네살은 여호야긴의 친척 시드
기야를 유다와 예루살렘의 왕으로 세웠습
니다.

유다의 시드기야 왕

11 시드기야가 유다의 왕이 되었을 때의 나이
는 이십일 세였습니다. 그는 예루살렘에서
십일 년 동안, 왕으로 있었습니다.
12 시드기야는 그의 하나님 여호와께서 보시
기에 악한 일을 저질렀습니다. 예언자 예
레미야가 여호와의 말씀을 그에게 전했지
만, 그는 듣지 않았습니다.

예루살렘이 더럽혀지다

13 느부갓네살은 시드기야에게 충성을 맹세하
게 했습니다. 시드기야는 하나님의 이름으
로 충성을 맹세했습니다. 그러나 시드기야
가 완고해져서 느부갓네살 왕을 배반했습
니다. 그는 이스라엘의 하나님이신 여호와
의 말씀을 들으려 하지 않았습니다.
14 뿐만 아니라 지도자인 제사장들과 유다
백성도 점점 악해졌습니다. 그들은 다른
나라들의 악한 것을 본받았습니다. 여호
와께서는 예루살렘의 성전을 거룩하게 하
라고 말씀하셨지만, 지도자들은 성전을
더럽혔습니다.

예루살렘의 멸망

15 그들의 조상의 하나님이신 여호와께서는
자기 백성과 성전을 불쌍히 여기셔서 계
속 예언자들을 보내어 백성에게 경고하셨
습니다.
16 그러나 그들은 하나님의 예언자들을 비웃
었으며 하나님의 말씀을 미워했습니다.
또한 예언자들의 말씀을 듣지 않았습니
다. 마침내 하나님께서 자기 백성에게 노
하셨습니다. 아무도 여호와의 노를 멈추
게 할 수 없었습니다.
17 그리하여 하나님께서 바빌로니아* 왕을 보
내셔서 그들을 치게 하셨습니다. 바빌로니
아 왕은 젊은이들을 다 죽였습니다. 심지
어 성전에 있는 젊은이까지도 죽였습니
다. 바빌로니아 왕은 무자비했습니다. 그
는 남자와 여자를 다 죽였습니다. 늙은이
와 병든 사람까지도 죽였습니다. 느부갓네
살이 유다와 예루살렘의 백성에게 벌을 준
이 모든 것은, 하나님께서 허락하신 것입
니다.
18 느부갓네살은 하나님의 성전에서 크고 작
은 모든 것을 바빌론으로 가져갔습니다.
그는 여호와의 성전에 있던 보물과, 왕과
그의 신하들이 가지고 있던 보물을 다 가
져갔습니다.
19 느부갓네살과 그의 군대는 하나님의 성전
에 불을 질렀습니다. 그들은 예루살렘 성
벽을 무너뜨렸습니다. 그리고 왕궁을 다
불살랐습니다. 그들은 예루살렘에 있는 값
진 것은 모두 가져가거나 없애 버렸습니
다.
20 느부갓네살은 살아 남은 백성을 바빌론으
로 사로잡아 가서, 자기와 자기 자손의 노
예로 삼았습니다. 그들은 페르시아 왕국이
바빌로니아를 물리칠 때까지도 노예로 있
었습니다.
21 그리하여 여호와께서 예언자 예레미야를
통해서 하신 말씀, 곧 그 곳이 칠십 년 동
안, 황무지가 될 것이라고 하신 말씀이 이
루어졌습니다. 그 동안, 칠 년마다 한 번
씩 땅을 쉬게 하라는 여호와의 말씀이 지
켜지지 않았는데, 그런 일이 일어남으로
땅에 안식이 이루어졌습니다.
22 고레스가 페르시아의 왕이 된 첫 해*에 여

호와께서 고레스의 마음을 움직이셔서,
예레미야를 시켜서 하신 말씀을 이루셨
습니다. 고레스는 온 땅에 사람들을 보
내어 글로 적은 칙령을 선포하게 했습니
다.
23 페르시아의 고레스 왕이 선포한 칙령의 내
용은 이러합니다. "하늘의 하나님이신 여
호와께서 이 세상의 온 나라들을 나에게
주셨다. 그리고 나를 세우셔서 유다 땅 예
루살렘에 여호와를 위해 성전을 짓게 하
셨다. 이제 너희 모든 하나님의 백성은 예
루살렘으로 돌아가도 좋다. 너희의 하나
님 여호와께서 너희와 함께하시기를 바란
다."

성경 인물

고레스 왕의 조서

바빌로니아 왕국을 멸망시킨 페르시아의 고레스 왕은 하나님의 감동을 받아 이스라엘인들에 대한 정책을 발표하고 예루살렘 성전과 성벽의 재건에 관한 조서를 전국에 보냈습니다. 또한 고레스의 뒤를 이은

다리오와 아닥사스다 1세도 이 조서를 기초로 하여 성전과 성벽에 관한 법령을 발표했습니다. 고레스 왕은 이스라엘 백성을 고국으로 귀환시켰을 뿐만 아니라, 솔로몬 성전에서 가져왔던 금, 은, 그릇 등을 돌려주고 건축 자금까지 내주었습니다.

본문 복기 36장 22-23절

에스라

Ezra

저자

저자의 이름이 분명하게 나타나 있진 않지만 유대의 전승(탈무드)은 이 책을 에스라가 쓴 것으로 밝힌다.

저작 연대

B.C. 458-444년경

주요 인물

스룹바벨, 에스라

핵심어 및 주요 내용

"귀환"과 "재헌신"이다. 포로 생활에서 벗어난 이스라엘 백성은 이전에 다 잃어버렸던 성전, 제단, 하나님과 그분의 말씀에 대한 신앙을 다시 세우고 회복하기 위하여 스스로 재헌신을 해야만 했다.

내용 소개

1. 제1차 귀환과 성전의 재건(1-6장)
2. 에스라의 귀환과 개혁(7-10장)

고레스가 포로들이 돌아가는 것을 허락하다

1 고레스가 페르시아의 왕이 된 첫해*의 일
입니다. 여호와께서 예레미야를 통하여
하신 말씀을 이루시려고, 고레스의 마음을
움직이셨습니다. 그래서 고레스가 온 땅에
사신을 보내어, 명령을 내렸습니다. 고레
스가 명령한 내용은 아래와 같습니다.
2 "페르시아 왕 고레스가 말한다. 하늘의 하
나님이신 여호와께서 이 세상 온 나라를
나에게 주셨다. 그리고 나를 세우셔서, 유
다 땅 예루살렘에 성전을 짓게 하셨다.
3 이제 너희 모든 하나님의 백성은 예루살
렘으로 돌아가거라. 너희 하나님께서 너
희와 함께 계시기를 바란다. 너희는 예루
살렘에 계신 이스라엘의 하나님을 위해 성
전을 지어라.
4 나머지 사람들은 예루살렘으로 돌아가고
자 하는 사람들을 도와 주도록 하여라. 그
들에게 은과 금과 갖가지 물건과 가축을
주고, 예루살렘에 지을 하나님의 성전을
위해 예물도 주도록 하여라."
5 그리하여 유다와 베냐민 집안의 지도자들
이 예루살렘을 향해 길을 떠날 준비를 했
습니다. 제사장과 레위 사람들도 준비를
했습니다. 그들은 예루살렘으로 가서 여호
와의 성전을 지을 생각이었습니다. 하나님
께서 그 모든 사람의 마음을 움직이셔서,
예루살렘을 향해 떠나도록 하셨습니다.
6 모든 이웃이 그들을 도왔습니다. 그들은
은 기구와 금과 갖가지 물건과 가축과 값
진 선물을 주었습니다. 그리고 성전에 바
칠 예물도 주었습니다.
7 고레스 왕은 원래 여호와의 성전에 있던
그릇들을 꺼내 왔습니다. 그 그릇들은 느
부갓네살이 예루살렘에서 빼앗아 와서 자
기 신의 신전에 놓아 두었던 것들이었습
니다.
8 페르시아 왕 고레스가 재무 관리인 미드르
닷을 시켜서 그 그릇들을 꺼내 오게 했습
니다. 미드르닷은 그것들을 낱낱이 세어
서, 유다 총독 세스바살에게 넘겨 주었습
니다.
9 세스바살이 넘겨 받은 것은 금그릇 삼십
개와 은그릇 천 개와 칼 이십구 개와

고레스 왕의 접견실(1:1)

알아두세요

1:1 이는 B.C. 538년이다.

10 금대접 삼십 개와 다른 은대접 사백십 개
와 그 밖의 그릇 천 개입니다.
11 금그릇과 은그릇을 모두 합하면 오천사백
개입니다. 세스바살은 포로들이 바빌론에
서 예루살렘으로 갈 때, 그것들을 다 가져
갔습니다.

돌아온 포로들

2 포로 생활을 마치고 돌아온 사람은 이
러합니다. 그들은 바빌로니아 왕 느부갓
네살이 통치할 때, 바빌론으로 사로잡혀
간 사람들이었습니다. 이제 그들은 고향
인 예루살렘과 유다로 돌아왔습니다.
2 그들은 그들의 지도자 스룹바벨과 예수아
와 느헤미야와 스라야와 르엘라야와 모르드
개와 빌산과 미스발과 비그왜와 르훔과 바
아나와 함께 돌아왔습니다. 이스라엘 백성
의 숫자는 이러합니다.
3 바로스의 자손이 이천백칠십이 명이요,
4 스바댜의 자손이 삼백칠십이 명이요,
5 아라의 자손이 칠백칠십오 명이요,
6 바핫모압의 자손, 곧 예수아와 요압 집안
의 자손이 이천팔백십이 명이요,
7 엘람의 자손이 천이백오십사 명이요,
8 삿두의 자손이 구백사십오 명이요,
9 삭개의 자손이 칠백육십 명이요,
10 바니의 자손이 육백사십이 명이요,
11 브배의 자손이 육백이십삼 명이요,
12 아스갓의 자손이 천이백이십이 명이요,
13 아도니감의 자손이 육백육십육 명이요,
14 비그왜의 자손이 이천오십육 명이요,
15 아딘의 자손이 사백오십사 명이요,
16 아델의 자손, 곧 히스기야 집안의 자손이
구십팔 명이요,
17 베새의 자손이 삼백이십삼 명이요,
18 요라의 자손이 백십이 명이요,
19 하숨의 자손이 이백이십삼 명이요,
20 깁발의 자손이 구십오 명입니다.
21 베들레헴 사람이 백이십삼 명이요,
22 느도바 사람이 오십육 명이요,
23 아나돗 사람이 백이십팔 명이요,
24 아스마웻 사람이 사십이 명이요,
25 기럇여아림 사람과 그비라 사람과 브에롯
사람이 칠백사십삼 명이요,
26 라마와 게바 사람이 육백이십일 명이요,
27 믹마스 사람이 백이십이 명이요,
28 벧엘과 아이 사람이 이백이십삼 명이요,
29 느보 자손이 오십이 명이요,
30 막비스 자손이 백오십육 명이요,
31 다른 엘람의 자손이 천이백오십사 명이
요,
32 하림 자손이 삼백이십 명이요,
33 로드와 하딧과 오노 자손이 칠백이십오 명
이요,
34 여리고 자손이 삼백
사십오 명이요,
35 스나아 자손이 삼
천육백삼십 명입니
다.
36 제사장 중에서는
예수아 집안의 여다
야의 자손이 구백칠
십삼 명이요,
37 임멜 자손이 천오십
이 명이요,
38 바스훌 자손이 천이백
사십칠 명이요,
39 하림 자손이 천십칠 명
입니다.

고레스의 명령으로 예루살렘으로 돌아가는 이스라엘 백성들(1장)

40 레위 사람은 호다위야 자손, 곧 예수아와
갓미엘의 자손이 칠십사 명입니다.
41 노래하는 사람 아삽의 자손이 백이십팔
명이요,
42 성전 문지기는 살룸과 아델과 달몬과 악굽
과 하디다와 소배 자손이 백삼십구 명입니
다.
43 느디님* 사람들은 시하와 하수바와 답바옷
과
44 게로스와 시아하와 바돈과
45 르바나와 하가바와 악굽과
46 하갑과 살매*와 하난과
47 깃델과 가할과 르아야와
48 르신과 느고다와 갓삼과
49 웃사와 바세아와 베새와
50 아스나와 므우님과 느부심과
51 박북과 하그바와 할훌과
52 바슬룻과 므히다와 하르사와
53 바르고스와 시스라와 데마와
54 느시야와 하디바의 자손들입니다.
55 솔로몬의 종은 소대와 하소베렛과 브루다와
56 야알라와 다르곤과 깃델과
57 스바댜와 핫딜과 보게렛하스바임과 아미 자
손입니다.
58 성전 종인 느디님 사람과 솔로몬이 거느린
종의 자손 중 돌아온 사람은 모두 삼백구
십이 명입니다.
59 그 밖에 델멜라와 델하르사와 그룹과 앗단
과 임멜에서도 예루살렘으로 돌아온 사람
이 있습니다. 그러나 그들이 이스라엘 가
문 사람인지 아닌지는 분명하지 않습니
다.
60 그들은 들라야와 도비야와 느고다의 자손
인데, 모두 육백오십이 명입니다.
61 그리고 제사장들 가운데는 하바야와 학고
스와 바르실래의 자손이 예루살렘으로 돌
아왔는데, 바르실래는 길르앗 사람 바르실
래의 딸과 결혼하여 여자 쪽 집안의 이름
을 이어받았습니다.
62 이 사람들의 집안 기록을 찾았으나 찾을
수가 없었습니다. 그래서 그들을 부정하
게 여겨 제사장 일을 하지 못하게 했습니
다.
63 총독은 제사장이 우림과 둠밈을 가지고 그
들이 제사장의 자손인지 아닌지 결정을
내릴 때까지, 하나님께 바친 음식을 아무
것도 먹지 못하게 했습니다.
64 돌아온 무리의 수는 모두 사만 이천삼백
육십 명입니다.
65 그들의 남종과 여종 칠천삼백삼십칠 명은
그 수에 포함되지 않았습니다. 그 밖에 노
래하는 남자와 여자도 이백 명이 있었습
니다.
66 또 말이 칠백삼십육 마리, 노새가 이백사
십오 마리,
67 낙타가 사백삼십오 마리, 나귀가 육천칠
백이십 마리입니다.
68 그 모든 무리가 예루살렘에 있는 여호와의
성전에 이르렀습니다. 각 집안의 지도자
몇 사람이 특별 예물을 바쳤습니다. 그 예
물은 하나님의 성전을 다시 짓는 데 바쳐
진 것입니다. 성전은 전에 있던 곳에 다
시 지어질 예정이었습니다.

성경 인물

스룹바벨 바빌론 포로에서의 귀환과 성전 재건 운동을 지휘한 유다의 지도자로 다윗의 후손입니다. 그는 바빌론에서 예루살렘으로 귀환한 뒤, 페르시아의 고레스 왕에 의해 예루살렘 총독으로 임명되었습니다. 이후, 대제사장 예수아와 함께 예배를 부흥시키고 성전 건축을 시작했습니다. 사마리아 사람들의 방해로 16년간 공사가 중단되었으나 예언자 학개와 스가랴의 격려로 건축을 다시 시작하고 다리오 왕도 성전 건축을 허락하는 조서를 내려 B.C. 515년 초에 마침내 성전이 완공되었습니다. 이 성전을 제2성전, 또는 스룹바벨 성전이라고 부릅니다.

본문 보기 2장 2절

알아두세요

2:43 '느디님' 사람들은 레위인을 도와 성전에서 봉사하던 사람들이다.
2:46 개역 성경에는 (히) '사믈래' 라고 표기되어 있다.

69 그들은 육만 일천 다릭*의 금과 오천 마
네*의 은과 제사장을 위한 옷 백 벌을 바
쳤습니다.
70 제사장과 레위 사람과 노래하는 사람과
문지기와 성전 종들은 다른 이스라엘 사람
들과 함께 고향에 자리를 잡았습니다.

제단을 다시 쌓음

3 이스라엘 사람들이 자기 고향에 자리를
잡고 살기 시작한 지 일곱째 달이 되
었을 때, 그들은 예루살렘에 모였습니다.
2 요사닥의 아들 예수아와 그의 동료 제사장
들과 스알디엘의 아들 스룹바벨이 모여서
하나님의 제단을 쌓기 시작했습니다. 그
제단은 모세의 율법에 적혀 있는 대로 태
워 드리는 제물인 번제물을 바치는 제단
입니다.
3 그들은 주변에 사는 다른 나라 백성들을
두려워했지만, 제단을 다시 쌓는 일을 게
을리하지 않았습니다. 그리고 아침 저녁
으로 그 위에 여호와께 번제물을 바쳤습
니다.
4 그런 뒤에 율법에 적혀 있는 대로 초막절
을 지켰습니다. 그들은 절기 기간 동안 날
마다 정한 수대로 희생 제물을 바쳤는데,
5 초막절이 끝난 뒤에도 그들은 번제물과
달의 첫날에 드리는 초하루 제물과 여호
와께서 명령하신 온갖 절기의 제물을 바
쳤습니다. 그리고 여호와께 기쁘게 드리
는 예물도 바쳤습니다.
6 일곱째 달 첫날에 그들은 여호와께 번제
물을 바쳤습니다. 그러나 아직 성전의 기
초는 놓지 않은 상태였습니다.

성전을 다시 짓다

7 그 뒤에 그들은 돌 다듬는 사람과 나무를
다루는 사람에게 돈을 주어 일을 시켰습
니다. 시돈과 두로의 여러 성에 음식과 포
도주와 기름을 보내 주고, 레바논에서 욥
바 항구까지 백향목을 실어 오게 했습니
다. 그 일은 페르시아 왕 고레스가 허락하
였습니다.
8 그들이 예루살렘에 있는 하나님의 성전에
돌아온 지 이 년째 되는 해의 둘째 달에,
스알디엘의 아들 스룹바벨과 요사닥의 아
들 예수아가 일을 시작했습니다. 그들의
동료 제사장과 레위 사람들과 포로 생활
을 마치고 예루살렘으로 돌아온 사람들은
모두 일을 시작했습니다. 그들은 이십 세
이상 된 레위 사람을 뽑아서 여호와의 성
전 짓는 일을 맡겼습니다.
9 하나님의 성전 짓는 일을 맡은 사람은 예
수아와 그의 아들들과 형제들, 호다위야의
자손 갓미엘과 그의 아들들, 그리고 헤나
닷의 아들들과 손자들과 형제들로, 모두
레위 사람들로 이루어졌습니다.
10 일꾼들이 여호와의 성전의 기초를 놓는
일을 마치자, 제사장들이 제사장 옷을 입
고 나팔을 들었습니다. 레위 사람들과 아
삽의 아들들도 제금을 들고 모두 자리를
잡았습니다. 그리고 이스라엘의 왕 다윗이
말한 대로 여호와를 찬양했습니다.
11 그들은 찬양하고 감사하며 여호와께 노래
했습니다. "여호와는 선하시며, 이스라엘
에 대한 사랑은 영원하시다." 그러자 모
든 백성도 성전의 기초를 놓은 것을 보고,
여호와를 찬양했습니다.
12 그러나 나이 든 제사장과 레위 사람, 각
집안의 지도자들은 큰 소리로 울었습니
다. 왜냐하면 그들은 솔로몬 왕 때에 처음

회중의 합계 비교(2:64)

에스라·느헤미야서와 외경의 에스드라1서를 비교한 것으로, 숫자의 차이는 미확인된 제사장과 부녀들 그리고 어린이 때문인 것으로 추측된다.

구 분	에스라	느헤미야	에스드라 I
이스라엘 백성	24,144	25,406	25,947
제사장	4,289	4,289	5,288
레위 인, 노래하는 자 문지기	341	360	341
성전의 수종자들(느디님) 솔로몬의 신복의 자손들	392	392	372
계보가 불분명한 사람들	652	642	652
합 계	29,818	31,089	32,600

알아두세요

2:69 61,000다릭은 약 512.4kg에 해당되고, 5,000마네는 약 2.85t에 해당된다.

지었던 아름다운 성전을 기억하고 있었기
때문입니다. 그들은 지금 놓여진 이 성전
의 기초를 보고 큰 소리로 울었고, 다른
백성들은 기쁨에 겨워 소리를 질렀습니
다.
13 백성이 내는 소리가 너무 시끄러웠으므
로, 기쁨에 겨워 지르는 소리와 슬퍼서 우
는 소리를 구분할 수 없었습니다. 그 소
리는 멀리서도 들렸습니다.

성전 재건을 방해하는 사람들

4 유다와 베냐민의 적들은 돌아온 포로들
이 이스라엘의 하나님이신 여호와를 위
해 성전을 짓는다는 이야기를 듣고,
2 스룹바벨과 각 집안의 지도자들에게 와서
말했습니다. "성전 짓는 일을 우리도 돕
게 해 주시오. 우리도 당신들의 하나님을
섬기고 싶소. 우리는 앗시리아 왕 에살핫
돈에 의해 이 곳에 온 첫날부터 지금까지
당신들의 하나님께 제물을 바쳐 왔소."
3 그러나 스룹바벨과 예수아와 이스라엘의
지도자들이 대답했습니다. "안 되오. 당
신들은 우리 하나님의 성전을 짓는 일에
끼어들 필요가 없소. 성전은 우리가 지을
것이오. 이 성전은 이스라엘의 하나님 여
호와를 위한 것이오. 페르시아 왕 고레스
가 우리더러 그 성전을 지으라고 명령했
소."
4 그러자 그 땅 백성이 유다 백성의 기를 꺾
어 놓으려 했습니다. 그들은 유다 백성이
성전 짓는 일을 무서워하게 만들었습니
다.
5 그리고 다른 사람들을 시켜 성전 짓는 일
이 늦어지도록 방해했습니다. 그들의 방
해는 페르시아 왕 고레스의 시대를 지나 페
르시아 왕 다리오 시대까지 계속되었습니
다.

그 밖의 어려운 문제들

6 아하수에로가 왕이 되자, 그 적들이 유다
와 예루살렘 백성을 고발하는 편지를 썼습
니다.
7 그 뒤에 아닥사스다가 왕이 되자 비슬람과
미드르닷과 다브엘을 비롯한 무리들이 페
르시아 왕 아닥사스다에게 편지를 썼습니
다. 그 편지는 아람어로 적혀 있습니다.
8 총독 르훔과 서기관 심새도 아닥사스다 왕
에게 예루살렘을 고발하는 내용의 편지를
썼습니다.
9 그 편지에는 총독 르훔과 서기관 심새와
다른 보좌관들, 곧 재판관들과 중요한 관
리들뿐만 아니라, 디나와 아바삿과 다블래
와 아바새와 아렉과 바빌로니아와 수산과
데해와 엘람 사람들의 이름이 적혀 있습니
다.
10 그리고 오스납발이 쫓아 낸 사람들의 이름
도 함께 씌어 있습니다. 그들은 오스납발
이 사마리아 성과 유프라테스 강 서쪽의 다
른 지방에서 살게 한 사람들입니다.
11 그들이 아닥사스다 왕에게 보낸 편지의 내
용은 이러합니다. "유프라테스 강 서쪽 지
방에 사는 왕의 종들이 아닥사스다 왕에게
드립니다.
12 왕이시여, 왕께서 저희에게 보낸 유다인

에스라 시대의 페르시아 왕들

본문 보기 4장 5-7절

이름	재위 기간(B.C.)	업적
고레스	559 – 530	바빌로니아 정복. 이스라엘 포로들을 귀환시킴. 느부갓네살 왕이 빼앗아 온 성전의 기물들을 되돌려 보내고 스룹바벨을 예루살렘에 보냄
다리오	522 – 486	중단되었던 예루살렘 성전 건축을 재개시킴
아하수에로	486 – 465	에스더의 남편. 이스라엘 사람들을 학살하려던 하만의 음모로부터 보호해 줌
아닥사스다	465 – 424	느헤미야가 아닥사스다 왕의 술 관원이었음. 에스라, 느헤미야의 예루살렘 귀환을 허락함

들을 기억하실 줄로 압니다. 왕도 아시겠
지만, 그들은 예루살렘으로 가서 왕의 명
령을 어기고, 저 악한 성을 다시 짓고 있
습니다. 그들은 성벽을 다시 쌓고, 기초
를 다시 놓고 있습니다.
13 아닥사스다 왕이시여, 장차 무슨 일이 일
어날지 왕께서도 아셔야 합니다. 만약 예
루살렘이 지어지고, 그 성벽이 고쳐지고
나면, 예루살렘은 아무런 세금도 내지 않
을 것입니다. 그렇게 되면 왕께서 거두어
들이는 돈도 줄어들 것입니다.
14 우리는 나라에 충성을 다할 것을 맹세했
기 때문에, 왕에게 그런 명예롭지 못한 일
이 생기는 것을 보고만 있을 수 없습니다.
그래서 왕께 그 사실을 알려 드리려고 이
편지를 쓰는 것입니다.
15 왕이시여, 이전 왕들의 기록을 살펴보십
시오. 그러면 예루살렘 성이 반역의 성이
라는 것을 발견하게 될 겁니다. 예루살렘
은 왕들을 괴롭히던 곳이고, 페르시아가
다스렸던 다른 지역들까지 피해를 입혔던
곳입니다. 오래 전부터 그 곳은 반역을 일
삼았습니다. 그 성이 멸망한 것도 그 때
문입니다.
16 아닥사스다 왕이시여, 이 사실을 아셔야
합니다. 이 성을 다시 짓는 일과 성벽 보
수 작업이 끝나게 되면, 왕께서는 유프라
테스 강 서쪽 지방을 다 잃게 될 것입니
다."
17 그러자 아닥사스다 왕이 이런 답장을 보냈
습니다. "총독 르훔과 서기관 심새에게,
그리고 그들과 더불어 사마리아에 사는 모
든 백성과 유프라테스 강 서쪽 지방에 있
는 다른 사람들에게 보낸다. 너희들 모두
평안하기를 바란다.
18 그대들이 보낸 편지는 번역하여 잘 읽어
보았다.
19 내가 옛 기록을 찾아 내라고 명령하여 알
아본 결과, 예루살렘은 오랫동안 반역을
일삼던 곳임이 드러났다. 예루살렘은 문제
를 일으키고, 말썽을 부리던 곳이다.
20 예루살렘에는 강한 왕들이 있었다. 그들은
유프라테스 강 서쪽 지방 전체를 다스리면
서 온갖 세금을 거두어들였다.
21 이제 그들에게 명령을 내려 일을 멈추게
하여라. 내가 명령을 내리기 전까지는 예
루살렘 성을 다시 짓지 못한다.
22 이 일을 틀림없이 하도록 하여라. 예루살
렘 성을 짓는 일이 계속되면 나라가 피해
를 입게 된다."
23 르훔과 서기관 심새와 다른 사람들이 이
편지를 읽었습니다. 그리고는 재빨리 예
루살렘의 유다 사람들에게 가서 하던 일을
멈추게 했습니다.
24 그리하여 예루살렘에서 하나님의 성전을
짓는 일이 페르시아 왕 다리오 이 년까지
중단되었습니다.

다리오에게 보낸 닷드내의 편지

5 학개와 잇도의 아들 스가랴는 예언자입
니다. 그들은 유다와 예루살렘에 사는
유다 사람들에게 이스라엘의 하나님의 이
름으로 예언을 했습니다.
2 그 때, 스알디엘의 아들 스룹바벨과 요사닥
의 아들 예수아가 예루살렘에서 하나님의
성전을 다시 짓기 시작했습니다. 하나님
의 예언자들이 그들에게 도움을 주었습니
다.
3 닷드내가 유프라테스 강 서쪽 지방의 총독
으로 있을 때, 닷드내와 스달보스내와 다
른 사람들이 유다 사람들에게 가서 물었
습니다. "누구의 허락으로 이 성전을 다
시 짓고, 성벽을 보수하는 거요?"
4 그들이 또 물었습니다. "이 건물을 다시
짓는 사람들의 이름이 무엇이오?"
5 그러나 하나님께서 유다의 장로들을 돌봐
주셨으므로, 닷드내와 그의 부하들은 다리
오 왕에게 보고하여 왕의 답장을 받을 때
까지 성전 짓는 일을 막지 못했습니다.
6 다음은 닷드내와 스달보스내와 다른 사람
들이 다리오 왕에게 보낸 편지를 베낀 것
입니다. 닷드내는 유프라테스 강 서쪽 지
방의 총독이었고, 다른 사람들은 그 지방
의 중요한 관리들이었습니다.
7 그들이 보고한 내용은 이러합니다. "다리

오 왕이시여, 평안하시기를 빕니다.
8 다리오 왕이시여, 왕도 저희가 유다 지방
으로 간 것에 대해서 아실 줄로 믿습니다.
그 곳에는 위대한 하나님의 성전이 있습
니다. 그 곳에 사는 백성들은 큰 돌로 그
성전을 짓고 있습니다. 그리고 성벽 안에
목재를 넣고 있습니다. 백성들은 열심히
일하고 있으며, 매우 빠른 속도로 성전을
짓고 있습니다.
9 우리는 그들의 장로들에게 '누구한테 허
락을 받고 이 성전과 성벽을 다시 짓고 있
소?' 라고 물었습니다.
10 그리고 그들의 이름도 물었습니다. 왕께
서 아실 수 있도록 우리는 그들의 이름을
적어 두었습니다.
11 그들은 우리에게 이렇게 대답했습니다.
'우리는 하늘과 땅을 다스리시는 하나님
의 종입니다. 우리는 이스라엘의 한 위대
한 왕이 오래 전에 지었던 성전을 다시 짓
고 있습니다.
12 예전에 우리 조상들이 하늘의 하나님께
죄를 지어, 하나님께서 바빌로니아 왕 느
부갓네살을 시켜 우리 조상들을 치게 하셨
습니다. 느부갓네살이 이 성전을 무너뜨리
고, 우리 백성을 바빌론으로 사로잡아 갔
습니다.
13 그 뒤, 고레스가 바빌로니아 왕이 된 첫해
에 특별 명령을 내려 이 성전을 다시 짓
게 하셨습니다.
14 더구나 그 고레스 왕은 느부갓네살이 예루
살렘에 있는 성전에서 빼앗은 금그릇과
은그릇들을 바빌론 신전에서 꺼내어 세스
바살에게 주었습니다. 그는 세스바살을 총
독으로 임명했습니다.
15 고레스가 세스바살에게 말했습니다. "이
금그릇과 은그릇들을 가져가서 예루살렘
에 있는 성전에 다시 놓아 두어라. 그리
고 그 성전 터에 하나님의 성전을 다시 지
어라."
16 그래서 세스바살이 와서, 예루살렘에 성전
의 기초를 놓았습니다. 그 때부터 지금까
지 줄곧 그 일을 해 왔지만 아직 끝내지
못했습니다.'
17 왕이시여, 괜찮으시다면 한번 조사를 해
보십시오. 바빌론의 왕실 기록을 조사해
서 고레스 왕이 정말로 예루살렘에 이 성
전을 다시 지으라는 명령을 내렸는지를
알아보십시오. 그런 다음에 왕께서 결정
하신 것을 저희에게 일러 주십시오."

다리오의 명령

6 그리하여 다리오 왕이 기록을 조사해
보라고 명령했습니다. 그 기록은 바빌
론의 창고에 보관되어 있습니다.
2 메대 지방의 수도인 악메다 성에서 한 두
루마리가 발견되었습니다. 거기에는 이런
내용이 적혀 있었습니다.
3 "고레스 왕께서 왕이 되신 첫해에 예루살
렘에 있는 하나님의 성전에 관해 명령을
내리셨다. 그 명령은 다음과 같다. 성전
을 다시 짓도록 하여라. 그 성전은 제물
을 바칠 곳이다. 그 기초를 놓도록 하여
라. 성전은 높이가 육십 규빗,* 너비도 육
십 규빗이 되어야 한다.
4 잘 다듬은 돌 세 층마다 목재 한 층을 쌓
아 올려라. 비용은 왕의 창고에서 내어 주
어라.
5 느부갓네살이 예루살렘에 있는 성전에서
빼앗아 바빌론 신전에 놓아 둔 금그릇과
은그릇들을 돌려 주어라. 그것들을 예루
살렘에 있는 하나님의 성전 안, 원래 있
던 자리에 놓아 두어라."
6 그래서 다리오 왕은 다음과 같은 답장을
보냈습니다. "이제 나 다리오가 유프라테
스 강 서쪽 지방의 총독인 닷드내에게 명
령한다. 그리고 스달보스내와 그 지방의
모든 관리들에게 명령한다. 그 곳을 가까
이하지 마라.

알아두세요

6:3 60규빗은 약 27m에 해당된다.

보수(5:3 repair) 상했거나 부서진 부분을 손질하여 고침.

규빗(6:3 cubit) 치수의 단위로 1규빗은 약 45cm에 해당된다.

스

7 하나님의 성전 짓는 일을 방해하거나 막
지 마라. 유다의 총독과 장로들이 성전이
있던 곳에 그 성전을 다시 짓는 일을 내
버려 두도록 하여라.
8 그리고 하나님의 성전을 짓는 유다의 장
로들을 위해 그대들이 할 일을 내가 명령
하겠다. 건축에 들어가는 비용은 왕의 창
고에서 다 내어 주어라. 그 돈은 유프라테
스 강 서쪽 지방에서 거둔 세금에서 나올
것이다. 그렇게 하여 일이 중단되지 않도
록 하여라.
9 그 백성에게 필요한 것을 다 주어라. 수
송아지나 숫양이나 어린 양을 주어서 하
늘의 하나님께 태워 드리는 번제물로 바
칠 수 있게 하여라. 그리고 밀과 소금과
포도주와 올리브 기름도 주어라. 예루살렘
의 제사장이 원하는 것은 무엇이든지 주
어라. 날마다 빠짐없이 주어라.
10 그렇게 함으로 하늘의 하나님께서 기뻐
받으실 만한 제물을 그들이 바칠 수 있도
록 하여라. 그리고 나와 내 아들들의 생
명을 위해 기도할 수 있게 하여라.
11 내가 또 명령을 내린다. 누구든지 이 명
령을 바꾸면 그 사람의 집에서 들보를 빼
내고, 그의 몸을 그 들보에 묶은 다음에
박아 버릴 것이다. 그가 이런 죄를 지었
으므로 그의 집을 거름 더미로 만들 것이
다.
12 하나님께서는 예루살렘을 예배 받으실 곳
으로 정하셨다. 왕과 백성을 가리지 않고
이 명령을 바꾸려 하거나 성전을 무너뜨
리려는 사람은 하나님께서 물리치실 것이
다. 나 다리오가 이 명령을 내리니, 즉시
받아들여 빠짐없이 지키도록 하여라."

성전을 다 짓다

13 그리하여 유프라테스 강 서쪽 지방의 총독
인 닷드내와 스달보스내와 다른 사람들은
다리오 왕의 명령을 받자마자 빠짐없이 지
켰습니다.
14 유다 장로들은 성전 짓기를 계속했습니
다. 예언자 학개와 잇도의 아들 스가랴의
말씀 때문에 일이 잘 되어 나갔습니다. 그
들은 이스라엘의 하나님이 말씀하신 대로
성전 짓기를 마쳤습니다. 그 일은 페르시
아 왕 고레스와 다리오와 아닥사스다의 명
령에 따른 것이기도 합니다.
15 성전을 다 지은 때는 다리오가 왕이 된 지
육 년째 되던 해의 아달 월 삼일*입니다.
16 이스라엘 백성이 기뻐하며 성전을 하나님
께 바치는 예배를 드렸습니다. 제사장들
이나 레위 사람들이나 포로 생활을 마치
고 돌아온 유다 백성들은 누구 할 것 없
이 다 즐거워했습니다.
17 그들은 성전을 하나님께 바치면서, 수소
백 마리와 숫양 이백 마리와 어린 양 사
백 마리를 제물로 바쳤습니다. 그리고 온
이스라엘의 죄를 씻기 위한 제물로 숫염소
열두 마리를 바쳤습니다. 이스라엘의 각
지파대로 한 마리씩을 바친 것입니다.
18 그런 뒤에 그들은 제사장과 레위 사람들
을 여러 무리로 나누었습니다. 각 나누어
진 무리는 예루살렘 성전에서 정한 시간
동안 하나님을 섬겨야 했습니다. 이 모든
일이 모세의 책에 적힌 대로 되었습니다.

유월절

19 포로 생활을 마치고 돌아온 유다 사람들
이 첫째 달 십사 일에 유월절을 지켰습니
다.
20 제사장과 레위 사람들은 자기 몸을 깨끗
이 했습니다. 레위 사람들은 포로 생활을
마치고 돌아온 모든 유다 사람을 위해 유
월절 양을 잡았습니다. 그리고 그들의 친
척인 제사장들과 자기들을 위해서도 유월
절 양을 잡았습니다.
21 그리하여 포로 생활을 마치고 돌아온 모
든 이스라엘 사람이 유월절 양을 먹었습니

유월절(6:19 Passover) 하나님께서 이스라엘 자손을 이집트로부터 구원해 내신 것을 기념하기 위해 유대인들이 봄마다 종교 의식으로 지키는 절기(축제).

무교절(6:22 Feast of Unleavened Bread) 유월절 행사에 연이어 7일 동안 계속된 히브리인들의 축제.

초하루(7:9 New Moon) 그 달의 첫째 날.

다. 유다 사람이 아닌 이웃 사람들도 그
들의 부정한 생활 방식을 버리고, 유다 사
람들과 함께 유월절 양을 먹었습니다. 그
들은 이스라엘의 하나님 여호와께 예배를
드렸습니다.
22 그들은 칠 일 동안, 무교절을 매우 즐겁
게 지켰습니다. 여호와께서 당시 앗시리아
전역을 다스렸던 페르시아 다리오 왕의 마
음을 바꾸셔서, 하나님의 성전 짓는 일을
돕도록 하셨습니다.

에스라가 예루살렘에 오다

7 이런 일이 있은 뒤, 몇 십 년이 지났습
니다. 페르시아 왕 아닥사스다가 다스리
던 때에 에스라라는 사람이 있었습니다.
에스라는 스라야의 아들이고, 스라야는 아
사랴의 아들이며, 아사랴는 힐기야의 아들
입니다.
2 힐기야는 살룸의 아들이고, 살룸은 사독의
아들이며, 사독은 아히둡의 아들입니다.
3 아히둡은 아마랴의 아들이고, 아마랴는 아
사랴의 아들이며, 아사랴는 므라욧의 아들
입니다.
4 므라욧은 스라히야의 아들이고, 스라히야
는 웃시엘의 아들이며, 웃시엘은 북기의
아들입니다.
5 북기는 아비수아의 아들이고, 아비수아는
비느하스의 아들이며, 비느하스는 엘르아살
의 아들입니다. 엘르아살은 대제사장 아론
의 아들입니다.
6 이 에스라가 바빌론에서 예루살렘으로 돌
아왔는데, 그는 이스라엘의 하나님 여호와
께서 주신 모세의 율법을 연구한 학자입
니다. 그의 하나님 여호와께서 그를 도우
셨으므로, 그는 원하는 것이 있으면 무엇
이든지 왕으로부터 받을 수 있었습니다.
7 아닥사스다 왕 칠 년에 다른 이스라엘 사
람들이 또 예루살렘으로 돌아왔습니다. 그
들 가운데는 제사장과 레위 사람과 노래
하는 사람과 문지기와 성전 종들이 있었
습니다.
8 에스라가 예루살렘에 왔을 때는 아닥사스다
왕 칠 년 되던 해의 다섯째 달이었습니다.
9 에스라는 첫째 달 초하루에 바빌론을 떠나
서, 다섯째 달 초하루에 예루살렘에 이르
렀습니다. 하나님께서 에스라를 도우셨습
니다.
10 에스라는 여호와의 가르침을 알기 위해,
그리고 그것을 지키기 위해 열심히 일했
습니다. 에스라는 여호와의 명령과 규례
를 이스라엘 사람들에게 가르치기도 했습
니다.

아닥사스다가 에스라에게 보낸 편지

11 아닥사스다 왕이 제사장이면서 율법학자
인 에스라에게 편지를 보냈습니다. 그 편
지의 내용은 이러합니다.
12 "모든 왕의 왕 아닥사스다가 하나님의 율
법을 연구하는 학자이며, 제사장인 에스
라에게 보낸다.
13 이제 내가 명령을 내린다. 내 나라 안에
있는 이스라엘 사람 가운데 누구든지 원하
는 사람은 그대와 함께 예루살렘으로 가도
좋다. 제사장과 레위 사람이라도 괜찮다.
14 나는 나의 참모 일곱 사람과 의논한 후,
하나님의 율법이 유다와 예루살렘에서 잘
지켜지고 있는지 살펴보기 위해 에스라,
당신을 그 쪽으로 보내기로 했다.

성경 인물 에스라

아론의 후손으로 제사장이자 율법학자였으며 바빌로니아에서의 2차 귀환을 이끌었던 지도자였습니다. 그는 예루살렘으로 떠나기 전에 먼저 금식을 선포하고 기도했습니다(8:21-23). 예루살렘으로 돌아온 지 4개월 보름이 지났을 때 유다인들이 이방 족속들과 결혼하여 민족의 순수성을 잃고 있다는 보고를 듣고 에스라가 먼저 회개하자 나머지 백성들도 함께 회개했습니다. 그는 또 예루살렘에 귀환할 때 함께 데려온 이방 출신의 아내들과 자녀에게 이혼 증서를 주어 보내도록 지시했습니다. 또 성전이 완공된 뒤에는 백성들에게 율법을 가르쳐 주었습니다.

본문 보기 7장 1절

알아두세요

6:15 이 날은 B.C. 515년 3월 12일에 해당된다.

15 그리고 나와 나의 참모가 기꺼이 내어 준 은과 금도 가져가도 좋다. 그것은 예루살렘에 계시는 이스라엘의 하나님을 위해 주는 것이다.

16 또한 바빌론 지방에서 받은 은과 금도 가져가고, 이스라엘 사람과 그 제사장들이 여호와께 바친 제물, 곧 예루살렘에 있는 하나님의 성전을 위해 기꺼이 바친 예물도 가져가라.

17 그 돈으로 수소와 숫양과 어린 양을 사고 곡식 제물과 부어 드리는 제물인 전제물도 사라. 그것들을 예루살렘에 있는 하나님의 성전 제단 위에 바쳐라.

18 나머지 은과 금은 그대와 그대의 동료인 유다 사람들이 마음대로 쓰되, 하나님이 원하시는 대로 써라.

19 그대에게 맡긴 모든 것을 예루살렘의 하나님께 가져가라. 그것은 그대의 하나님의 성전에서 예배드릴 때에 쓸 것이다.

20 그 밖에도 하나님의 성전을 위해 필요한 것이 있다면 무엇이든지 가져가도 좋다. 왕의 창고에서 그것을 받아 가져가도록 하여라.

21 이제 나 아닥사스다가 유프라테스 강 서쪽 지방의 창고를 맡은 모든 사람에게 명령을 내린다. 제사장이자 하나님의 율법학자인 에스라가 달라고 하는 것은 무엇이든지 그대로 내주어라.

22 그에게 은은 백 달란트*까지, 밀은 백 고르*까지, 포도주는 백 바트*까지, 올리브 기름도 백 바트까지 내주어라. 그리고 소금은 달라는 대로 주어라.

23 하늘의 하나님이 원하시는 것이라면, 하늘의 하나님의 성전을 위해 무엇이든지 그대로 하여라. 하나님께서 왕과 그의 자손에게 노하실까 염려된다.

24 그대들은 제사장이나 레위 사람이나 노래하는 사람이나 문지기나 성전 종이나, 그 밖에 하나님의 성전에서 일하는 다른 사람들에게 어떤 세금도 거두지 마라.

25 그리고 그대 에스라는 하나님에게서 받은 지혜를 가지고, 유프라테스 강 서쪽 지방의 유다 사람들을 다스릴 재판관과 법관을 뽑아라. 그들은 하나님의 율법을 잘 아는 사람이어야 한다. 그리고 율법을 잘 모르는 사람에게는 율법을 가르쳐라.

26 그대의 하나님의 율법과 왕의 명령을 지키지 않는 사람에게는 벌을 내릴 것이다. 그런 사람은 죽임을 당하거나 멀리 귀양을 가거나 재산을 빼앗기거나 감옥에 갇히게 될 것이다."

27 에스라가 예루살렘으로 돌아와 이렇게 말했습니다. "우리 조상의 하나님이신 여호와를 찬양하십시오. 여호와께서 왕에게 예루살렘에 있는 여호와의 성전을 높이고자 하는 마음을 주셨습니다.

28 여호와께서 왕과 왕의 참모들과 왕의 관리들 앞에서 나 에스라에게 여호와의 사랑을 보여 주셨습니다. 나의 하나님 여호와께서 나를 도와 주셔서 용기를 얻었습

이스라엘 귀환의 역사적 배경

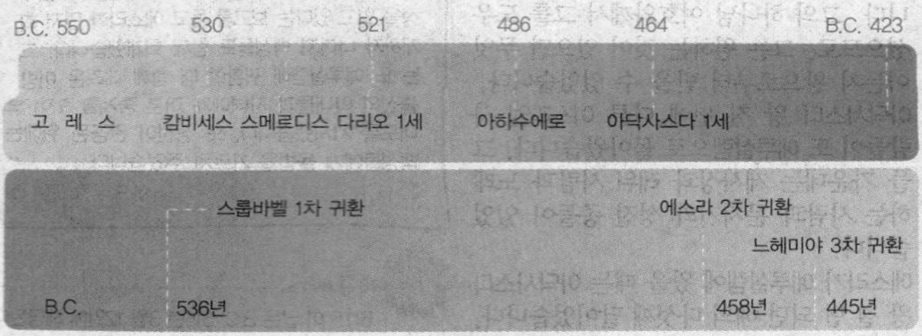

니다. 그래서 내가 이스라엘의 지도자들을
불러 함께 돌아올 수 있었습니다."

에스라와 함께 돌아온 지도자들

8 아닥사스다 왕이 다스릴 때, 나 에스라
와 함께 바빌론에서 돌아온 각 집안의
지도자들과 그들의 족보는 이러합니다.
2 비느하스의 자손 중에서는 게르솜입니다.
이다말의 자손 중에서는 다니엘입니다. 다
윗의 자손 중에서는 핫두스입니다.
3 바로스는 스가냐의 자손인데 바로스의 자
손 중에서는 스가랴입니다. 스가랴는 백오
십 명과 함께 왔습니다.
4 바핫모압의 자손 중에서는 스라히야의 아
들 엘여호에내와 그와 함께 온 이백 명이
있습니다.
5 스가냐의 자손 중에서는 야하시엘의 아들
과 그와 함께 온 삼백 명이 있습니다.
6 아딘의 자손 중에서는 요나단의 아들 에벳
과 그와 함께 온 오십 명이 있습니다.
7 엘람의 자손 중에서는 아달리야의 아들 여
사야와 그와 함께 온 칠십 명이 있습니다.
8 스바댜의 자손 중에서는 미가엘의 아들 스
바댜와 그와 함께 온 팔십 명이 있습니다.
9 요압의 자손 중에서는 여히엘의 아들 오바
댜와 그와 함께 온 이백십팔 명이 있습니
다.
10 슬로밋의 자손 중에서는 요시뱌의 아들과
그와 함께 온 백육십 명이 있습니다.
11 베배의 자손 중에서는 베배의 아들 스가랴
와 그와 함께 온 이십팔 명이 있습니다.
12 아스갓의 자손 중에서는 학가단의 아들 요
하난과 그와 함께 온 백십 명이 있습니다.
13 아도니감의 자손 중에서는 마지막에 온 사
람들, 곧 엘리벨렛과 여우엘과 스마야와 그
들과 함께 온 육십 명이 있습니다.
14 비그왜의 자손 중에서는 우대와 사붓과 그
들과 함께 온 칠십 명이 있습니다.

예루살렘으로 돌아오다

15 나 에스라는 그들을 아하와 강가에 불러
모아 삼 일 동안, 진을 쳤습니다. 나는 제
사장을 비롯한 모든 사람을 살펴보았지
만, 레위 사람은 한 사람도 보이지 않았
습니다.
16 그래서 나 에스라는 지도자인 엘리에셀과
아리엘과 스마야와 엘라단과 야립과 또 다
른 사람 엘라단과 나단과 스가랴와 므술람
을 불렀습니다. 그리고 학자인 요야립과
엘라단도 불렀습니다.
17 나는 그들을 가시뱌 지방의 지도자인 잇도
에게 보냈습니다. 나는 그들에게 잇도와
그 곳에서 성전 종으로 일하고 있는 그의
친척들에게 할 말을 일러 주었습니다. 내
가 그들을 보낸 것은 하나님의 성전에서
일할 종들을 데려오기 위해서였습니다.
18 하나님께서 우리를 도우셨습니다. 그래서
잇도의 친척들이 우리에게 세레뱌를 보내
주었습니다. 세레뱌는 말리의 자손으로 지
혜로운 사람입니다. 말리는 레위의 아들이
고, 레위는 이스라엘의 아들입니다. 그리
고 그들은 세레뱌의 아들과 형제들도 데
려왔는데, 모두 열여덟 명이었습니다.
19 그들은 또 하사뱌와 므라리 자손 가운데
여사야와 자기 형제와 조카들을 포함해서
이십 명을 데려왔습니다.
20 그들은 성전 종 이백이십 명도 데려왔습
니다. 그 사람들은 다윗과 그의 관리들이
레위 사람들을 돕기 위해 세운 사람들입
니다. 이들의 이름은 예루살렘으로 돌아온
사람들의 명단에 있습니다.
21 그 곳 아하와 강가에서 우리 모두는 금식
을 선언했습니다. 우리는 하나님 앞에서
겸손해지기를 원했습니다. 그리고 우리
자녀와 함께 모든 재산을 가지고 안전하
게 여행할 수 있게 되기를 하나님께 간구
했습니다.
22 나는 왕에게 군대와 기마병을 보내 달라
는 말을 하기가 부끄러웠습니다. 군대를

알아두세요

7:22 100달란트는 약 3.42t에 해당되고, 100고르는 약 22kℓ에 해당되며, 100바트는 약 2.2kℓ에 해당된다.

선언(8:21 proclamation) 자신의 뜻을 널리 펴서 말하는 것.

보내 준다면 길에서 만날지도 모르는 원
수들을 물리쳐 이길 수 있겠지만, 우리는
이미 왕에게 "누구든지 하나님께 복종하
는 사람은 하나님께서 도와 주시지만, 하
나님을 저버리는 사람은 진노를 받게 될
것입니다"라고 말한 적이 있기 때문입니
다.
23 우리는 금식을 하면서 여행하는 동안 안
전하게 지켜 달라고 하나님께 기도드렸습
니다. 그러자 하나님께서는 우리의 기도
를 들어 주셨습니다.
24 나는 제사장들 가운데서 지도자 열두 사
람을 뽑았습니다. 내가 뽑은 사람은 세레
뱌와 하사뱌와 그들의 친척 열 명입니다.
25 나는 그들에게 금과 은과 그릇들을 달아
주었습니다. 그것은 왕과 그의 참모들과
그의 관리들과 거기에 있던 모든 이스라
엘 사람이 우리 하나님의 성전을 위해서
바친 것입니다.
26 내가 그들에게 달아 준 것은 은 육백오십
달란트*와 은그릇 백 달란트*와 금 백 달란
트입니다.
27 그리고 천 다릭* 가량 되는 금그릇 스무
개와 금만큼 값진, 번쩍이는 좋은 놋그릇
도 두 개 주었습니다.
28 그리고 나서, 나는 제사장들에게 말했습
니다. "그대들은 여호와께 거룩한 사람이
요, 이 물건들도 여호와께 거룩한 물건입
니다. 은과 금은 그대들의 조상이 여호와
께 바친 예물입니다.
29 이것들을 조심스럽게 지키십시오. 이 물
건들은 제사장 대표들과 레위 사람들과 이
스라엘의 각 집안의 지도자들이 보는 앞
에서 그 무게가 재어질 것입니다."
30 그리하여 제사장과 레위 사람들은, 예루살
렘에 있는 하나님의 성전으로 옮기기 위
해 무게를 달아 놓은 은과 금과 그릇들을
넘겨 받았습니다.
31 첫째 달 십이 일에 우리는 아하와 강을 떠
나 예루살렘으로 출발했습니다. 길을 가는
동안 우리 하나님께서 원수와 도적들로부
터 우리를 지켜 주셨습니다.
32 마침내 우리는 예루살렘에 이르러 삼 일
동안 쉬었습니다.
33 사 일째 되던 날, 우리는 하나님의 성전
에서 은과 금과 그릇들을 달아 우리아의
아들 제사장 므레못에게 넘겨 주었습니
다. 비느하스의 아들 엘르아살이 므레못과
함께 있었습니다. 그리고 레위 사람인 예
수아의 아들 요사밧과 빈누이의 아들 노아
댜도 그들과 함께 있었습니다.
34 우리는 숫자와 무게를 모두 살핀 다음에,
그 자리에서 전체 무게를 적었습니다.
35 포로 생활을 마치고 돌아온 사람들이 이
스라엘의 하나님께 태워 드리는 제물인 번
제물을 바쳤습니다. 그들은 온 이스라엘을
위해 수소 열두 마리와 숫양 아흔여섯 마
리와 어린 양 일흔일곱 마리를 바쳤습니
다. 그 모든 짐승을 여호와께 번제물로 바
쳤습니다. 죄를 씻는 제물인 속죄 제물로
는 숫염소 열두 마리를 바쳤습니다.
36 그들은 왕의 명령을 왕의 신하들과 유프
라테스 강 서쪽 지방의 총독들에게 보냈
습니다. 그러자 그 사람들이 그 백성과 하
나님의 성전 짓는 일에 많은 도움을 주었
습니다.

에스라의 기도

9 이 모든 일이 이루어진 뒤에 지도자들
이 나 에스라에게 와서 말했습니다.
"이스라엘 백성과 제사장과 레위 사람들은
아직도 우리 주위에 사는 다른 민족들과
구별된 생활을 하지 못하고 있습니다. 우
리 이스라엘 백성들이 가나안 사람과 헷 사
람과 브리스 사람과 여부스 사람과 암몬 사
람과 모압 사람과 이집트 사람과 아모리 사
람처럼 역겨운 일을 하고 있습니다.
2 이스라엘 사람들은 유다 사람이 아닌 다른
민족들의 딸을 아내와 며느리로 맞아들
여, 이스라엘 백성의 거룩한 피가 이 땅에

알아두세요

8:26 650달란트는 약 22.27t에 해당되고, 100달란트는 약 3.42t에 해당된다.
8:27 1,000다릭은 약 8.4kg에 해당된다.

사는 세상 민족들의
피와 섞이게 되었습
니다. 이스라엘의 지
도자와 관리라는
사람들이 오히려
이런 일에 앞장을
섰습니다."
3 나는 이 말을 듣고
화가 나서 겉옷과
속옷을 찢고, 머리털과
수염을 쥐어뜯으며 주저
앉았습니다.
4 그러자 이스라엘의 하나님의 말씀을 두려
워하는 모든 사람들이 내 곁으로 모여들
었습니다. 그들은 포로 생활을 마치고 돌
아온 사람들의 죄를 보았습니다. 나는 저
녁 희생 제사를 드릴 때까지 그런 모습으
로 주저앉아 있었습니다.
5 그러다가 저녁 희생 제사를 드릴 시간이
되었을 때, 나는 자리에서 일어났습니다.
내 겉옷과 속옷은 찢어져 있었습니다. 나
는 무릎을 꿇고 앉아서, 내 하나님 여호
와께 두 손을 들고
6 기도를 드렸습니다. "나의 하나님이여,
하나님께 얼굴을 들기가 너무나 부끄러워
몸둘 바를 모르겠습니다. 우리가 저지른
죄가 너무 많아 우리의 키를 넘어 하늘까
지 닿았습니다.
7 우리 조상들의 시대로부터 지금까지 우리
는 많은 죄를 지었습니다. 우리 죄 때문
에 우리와 왕들과 제사장들은 벌을 받았
습니다. 우리는 칼에 위협을 받고, 포로
생활을 함으로 벌을 받았습니다. 다른 나
라 왕들이 우리의 물건을 빼앗아 가고, 우
리에게 욕을 보였습니다. 그런 일은 지금
도 마찬가지로 일어나고 있습니다.
8 하지만 우리 하나님 여호와께서 우리에게
자비를 베풀어 주셨으므로, 우리 가운데
몇몇은 포로 생활을 마치고 이 곳으로 돌
아오게 되었습니다. 이것은 여호와의 거
룩한 곳에서 잠시나마 우리가 안전하게
살 수 있도록 해 주신 것입니다. 우리 하

이스라엘 사람들이 이방 민족과 결혼하는 것을
보며 괴로워하는 에스라(9장)

나님께서는 우리에게 소망을 주셨고, 노
예 생활로부터 얼마 동안 안식을 얻게 해
주셨습니다.
9 우리가 종살이를 할 때도 하나님께서는
우리를 저버리지 않으셨습니다. 하나님께
서 페르시아 왕들의 마음을 움직이셔서 우
리를 돕게 하셨습니다. 하나님께서 우리
에게 새로운 삶을 주셨습니다. 그래서 우
리가 성전을 다시 짓고 허물어진 곳을 고
칠 수 있게 하셨습니다. 그리고 유다와 예
루살렘에 사는 우리를 보호해 줄 성벽을
쌓도록 하셨습니다.
10 우리 하나님이시여, 이 모든 일을 해주
신 하나님께 우리가 무슨 말씀을 드릴 수
있겠습니까? 우리는 하나님의 명령을 어
겼습니다.
11 하나님께서 하나님의 종인 예언자들을 통
해서 이렇게 명령하셨습니다. '너희가 들
어가는 땅은 더러워진 땅이다. 그 땅에 사
는 백성들이 역겨운 일을 하여 그 땅을 더
럽혔다. 이쪽 끝에서부터 저쪽 끝까지 그
땅을 더러운 것으로 가득 채웠다.
12 그러므로 너희의 딸을 그들의 아들과 결
혼시키지 마라. 그들의 딸도 너희의 아들
과 결혼시키지 마라. 그들의 평화나 번영

을 빌어 주지 마라. 그러면 너희가 강해
지고 그 땅의 좋은 것들을 먹을 수 있을
것이다. 그리고 이 땅을 너희의 자손에게
영원히 남겨 줄 수 있을 것이다.'
13 우리에게 일어난 일은 우리 잘못 때문입
니다. 우리는 악한 일을 했습니다. 하지
만 하나님께서 우리가 마땅히 받아야 할
벌보다 더 적게 벌을 내리시고, 우리들 가
운데 몇몇을 살려 주셨습니다.
14 우리는 이 역겨운 백성들과 결혼하여 또
다시 하나님의 명령을 어기는 죄를 지었
습니다. 그러므로 하나님의 진노 때문에
우리는 망하고 말 것이며, 우리들 가운
데 아무도 살아 남지 못하게 될 것입니
다.
15 이스라엘의 하나님 여호와시여, 여호와께
서 우리를 불쌍히 여기셨기 때문에 우리
가 지금처럼 살아 남았습니다. 우리는 죄
를 지었으므로 우리들 가운데 여호와 앞
에 서 있을 수 있는 사람은 아무도 없습
니다."

백성이 죄를 고백하다

10 에스라가 죄를 고백하는 기도를 드
리며 성전 앞에 엎드려 울었습니
다. 그 때에 이스라엘의 남자와 여자와 어
린아이들의 큰 무리가 에스라 둘레에 모
여들었습니다. 그들도 큰 소리로 울었습
니다.
2 엘람 사람 여히엘의 아들 스가냐가 에스라
에게 말했습니다. "우리가 우리 하나님
께 죄를 지었습니다. 우리가 우리 주위
에 있는 다른 민족들의 여자와 결혼했습
니다. 그러나 이스라엘에게는 희망이 있
습니다.
3 이제 우리 하나님 앞에서 언약을 맺읍시
다. 당신의 충고와 하나님의 명령을 존
중하는 사람들의 가르침대로 우리가 다
른 민족의 여자와 그 자녀들을 다 쫓아
내겠습니다. 하나님의 율법대로 하겠습
니다.
4 에스라여, 일어나십시오. 당신이 이 일을
맡으셔야 합니다. 하지만 우리도 당신을
돕겠습니다. 그러니 용기를 가지고 하십
시오."
5 에스라가 자리에서 일어났습니다. 에스라
는 제사장과 레위 사람과 이스라엘의 모든
백성에게 약속을 하게 했습니다. 그들은
에스라가 시킨 대로 약속을 했습니다.
6 에스라는 성전 앞을 떠나 엘리아십의 아들
여호하난의 방으로 들어갔습니다. 에스라
는 거기에 있으면서 먹지도 않고 마시지
도 않았습니다. 에스라는 포로 생활을 마
치고 돌아온 사람들의 믿음 없음에 대해
슬퍼했습니다.
7 포로 생활을 마치고 돌아온 모든 사람들
에게 예루살렘에 모이라는 명령이 온 유다
와 예루살렘에 내려졌습니다.
8 삼 일 안에 예루살렘에 오지 않는 사람은
재산을 빼앗기고, 포로 생활을 마치고 돌
아온 사람들의 모임에서도 쫓겨날 것이라
고 했습니다. 그것은 지도자와 장로들의
결정이었습니다.
9 그리하여 삼 일 안에 유다와 베냐민 사람
들이 다 예루살렘에 모였습니다. 그 때는
아홉째 달 이십 일이었습니다. 모든 백성
이 성전 앞 광장에 앉아 그 일에 대한 심
각성을 깨달으며 빗속에서 떨고 있었습니
다.
10 그 때 제사장 에스라가 일어나서 그들에
게 말했습니다. "여러분은 죄를 지었소.
여러분은 유다 백성이 아닌 여자들과 결
혼했소. 그리하여 이스라엘의 죄를 더 크
게 만들었소.
11 이제 여러분의 하나님이신 주께 고백하시
오. 주님의 뜻을 따르시오. 여러분 둘레
에 사는 백성과 헤어지고, 여러분의 이방
인 아내와도 헤어지시오."
12 그러자 모든 무리가 큰 목소리로 에스라
에게 대답했습니다. "당신 말씀이 옳습니
다. 우리는 당신 말씀대로 하겠습니다.
13 하지만 지금은 사람도 많은 데다가 장마
철이기 때문에 바깥에 서 있을 수가 없습
니다. 그리고 우리의 죄가 너무 크므로 이
문제는 하루 이틀 사이에 풀릴 수 없을 것

입니다.
14 지도자들에게 모든 무리의 일을 결정하게
합시다. 그리고 유다 백성이 아닌 여자들
과 결혼한 사람들은 모두 각 마을의 장로
와 재판관들과 정한 시간에 만나 우리 하
나님의 분노를 풀어 드리도록 합시다."
15 이 계획에 반대한 사람은 오로지 아사헬
의 아들 요나단과 디과의 아들 야스야였으
며, 므술람과 레위 사람 삽브대가 그들을
도왔습니다.
16 이 외에 포로 생활을 마치고 돌아온 사람
들은 그 의견을 따랐습니다. 제사장 에스
라가 각 가문의 지도자를 뽑았습니다. 에
스라는 각 집안에서 한 사람씩 이름을 불
렀습니다. 열째 달 초하루에 그들은 자리
에 앉아 그 문제를 조사하기 시작했습니
다.
17 그 다음 해 첫째 달 초하루에 그 일이 다
끝났습니다. 그들은 다른 민족의 여자와
결혼한 사람들을 다 조사했습니다.

이방 여자와 결혼한 죄를 지은 사람들

18 이방 여자와 결혼한 제사장들의 자손은
이러합니다. 요사닥의 아들 예수아와 그
형제들의 자손 중에서는 마아세야와 엘리
에셀과 야립과 그달랴입니다.
19 이들은 모두 아내와 헤어지기로 약속했습
니다. 그리고 각 사람은 숫양 한 마리씩
을 허물을 씻는 제물인 속건 제물로 바쳤
습니다.
20 임멜의 자손 중에서는 하나니와 스바댜입
니다.
21 하림의 자손 중에서는 마아세야와 엘리야
와 스마야와 여히엘과 웃시야입니다.
22 바스훌의 자손 중에서는 엘료에내와 마아
세야와 이스마엘과 느다넬과 요사밧과 엘라
사입니다.
23 레위 사람들 중에서는 요사밧과 시므이와
글리다라고도 하는 글라야와 브다히야와 유
다와 엘리에셀입니다.
24 노래하는 사람들 중에서는 엘리아십입니
다. 문지기들 중에서는 살룸과 델렘과 우
리입니다.
25 다른 이스라엘 사람들 가운데서 다른 민족
의 여자와 결혼한 사람은 이러합니다. 바
로스의 자손 중에서는 라먀와 잇시야와 말
기야와 미야민과 엘르아살과 말기야와 브나
야입니다.
26 엘람의 자손 중에서는 맛다냐와 스가랴와
여히엘과 압디와 여레못과 엘리야입니다.
27 삿두의 자손 중에서는 엘료에내와 엘리아
십과 맛다냐와 여레못과 사밧과 아시사입니
다.
28 베배의 자손 중에서는 여호하난과 하나냐
와 삽배와 아들래입니다.
29 바니의 자손 중에서는 므술람과 말룩과 아
다야와 야숩과 스알과 여레못입니다.
30 바핫모압의 자손 중에서는 앗나와 글랄과
브나야와 마아세야와 맛다냐와 브살렐과 빈
누이와 므낫세입니다.
31 하림의 자손 중에서는 엘리에셀과 잇시야
와 말기야와 스마야와 시므온과
32 베냐민과 말룩과 스마랴입니다.
33 하숨의 자손 중에서는 맛드내와 맛닷다와
사밧과 엘리벨렛과 여레매와 므낫세와 시므
이입니다.
34 바니의 자손 중에서는 마아대와 아므람과
우엘과
35 브나야와 베드야와 글루히와
36 와냐와 므레못과 엘랴십과
37 맛다냐와 맛드내와 야아수와
38 빈누이*와 시므이와
39 셀레먀와 나단과 아다야와
40 막나드배와 사새와 사래와
41 아사렐과 셀레먀와 스마랴와
42 살룸과 아마랴와 요셉입니다.
43 느보의 자손 중에서는 여이엘과 맛디디야
와 사밧과 스비내와 잇도와 요엘과 브나야
입니다.
44 이 사람들은 다 이방인 여자와 결혼했고,
그들 가운데 얼마는 그 아내들을 통해 자
녀를 낳은 사람들도 있었습니다.

알아두세요
10:38 또는 '바니와 빈누이'

느 헤 미 야

N e h e m i a h

저자

저자는 느헤미야이다.

저작 연대

B.C. 420년경

주요 인물

느헤미야, 에스라, 산발랏, 도비야, 게셈

핵심어 및 주요 내용

핵심어는 "목표", "재건"이다. 느헤미야는 예루살렘 성벽을 재건할 목표를 가지고 있었는데 완전한 성벽 재건이야말로 그에게 있어서 가장 큰 기쁨이었다.

내용 소개

1. 느헤미야의 첫 번째 사역(1-12장)
2. 느헤미야의 두 번째 사역(13장)

느헤미야의 기도

1 다음은 하가랴의 아들 느헤미야의 말입니
다. 나 느헤미야가 아닥사스다 왕 이십 년
기슬르 월*에 페르시아의 수도인 수산에 있
을 때의 일입니다.
2 나의 형제인 하나니가 다른 사람들과 함
께 유다에서 왔습니다. 나는 그들에게 포
로로 끌려오지 않고 남아 있는 유다 사람
들이 잘 있는지, 그리고 예루살렘은 어떠
한지 물었습니다.
3 그들이 대답했습니다. "포로로 끌려오지
않고 유다 지방에 남아 있는 사람들은 많
은 고생을 하고 있으며 멸시당하고 있습
니다. 예루살렘 성벽은 무너졌고 그 성문
들은 불타 버렸습니다."
4 나는 그 말을 듣고 자리에 주저앉아 여러
날 동안, 울었습니다. 슬퍼서 음식도 먹
지 않았습니다. 그리고 하늘의 하나님께
기도드렸습니다.
5 나는 이렇게 기도했습니다. "하늘의 하나
님이신 여호와여, 여호와는 위대하고 두
려운 하나님이시며, 주를 사랑하고 주의
계명을 지키는 사람들에게 사랑의 언약을
지키시는 하나님이십니다.
6 주의 종이 이스라엘을 위해 밤낮으로 드리
는 기도를 꼭 들어 주십시오. 저희 이스라
엘 백성이 주께 지은 죄를 제가 고백합니
다. 제 아비의 집과 저 역시 주께 죄를 지
었습니다.
7 저희가 주께 큰 잘못을 저질렀습니다. 주
께서 주의 종 모세에게 주신 계명과 규례
와 율법을 저희가 지키지 않았습니다.
8 주의 종 모세에게 말씀하신 것을 기억해
주십시오. 주님께서 이렇게 말씀하셨습니
다. '만약 너희가 죄를 짓는다면, 내가 너
희를 나라들 가운데 흩어 놓겠다.
9 그러나 나에게 돌아와 내 명령을 따르고
지키면 흩어진 백성이 땅 끝에 있더라도,
내가 그들을 모을 것이다. 그리고 그들을
나의 이름을 두려고 택한 곳으로 데려올
것이다.'
10 주께서는 그들을 크신 능력과 힘으로 구
원하셨습니다.
11 주여, 주의 종인 제 기도를 꼭 들어 주십
시오. 그리고 주의 이름을 섬기려는 주의
종들이 드리는 기도를 들어 주십시오. 이
제 주의 종인 제가 하는 일이 잘 되게 해
주십시오. 페르시아의 왕이 저를 돕게 해
주십시오." 그 때, 나는 왕에게 술을 따
라 올리던 사람이었습니다.

예루살렘으로 가게 되는 느헤미야

2 아닥사스다 왕 이십 년 니산 월*에 일어
난 일입니다. 왕이 포도주를 달라고 해
서 나는 포도주를 가져다가 왕께 드렸습
니다. 전과 달리 슬픔에 가득 찬 나의 모
습을 보고,
2 왕이 나에게 말했습니다. "어찌하여 그렇
게 슬픈 얼굴을 하고 있소? 아프지는 않

은 것 같은데, 무슨 걱정되는 일이라도 있
소?" 나는 너무나 놀라서
3 왕에게 말했습니다. "왕이여, 오래오래 사
시기를 빕니다. 제가 슬픈 얼굴을 한 까닭
은 제 조상이 묻혀 있는 성이 폐허가 되고
그 성문들이 불에 타 버렸기 때문입니다."
4 그러자 왕이 "그대가 원하는 것이 무엇이
오?"라고 물었습니다. 나는 하늘의 하나
님께 잠깐 기도드리고 나서
5 왕에게 대답했습니다. "괜찮으시다면, 그
리고 제가 왕의 마음에 드신다면 제 조상
이 묻혀 있는 유다의 그 성으로 저를 보내
주십시오. 제가 그 성을 다시 짓겠습니다."
6 그 때에 왕비도 왕의 곁에 앉아 있었습니
다. 왕이 나에게 물었습니다. "그대가 여
행하는 데 시간이 얼마나 걸리겠소? 언제
쯤 돌아올 수 있겠소?" 왕은 나를 기꺼이
보내 주려 했습니다. 그래서 나는 시간이
얼마나 걸릴지 말씀드렸습니다.
7 내가 또 왕에게 말했습니다. "괜찮으시다
면 유프라테스 강 서쪽 지방의 총독들에게
보내는 편지를 써 주십시오. 그래서 제가
유다까지 가는 길을 그들이 허락하게 해
주십시오.
8 그리고 왕의 숲을 관리하는 아삽에게도
편지를 써 주십시오. 아삽을 시켜 저에게
목재를 주게 해 주십시오. 성전 곁에 있
는 성의 문짝을 만드는 데 목재가 필요하
고 성벽과 제가 살 집을 만드는 데도 나
무가 필요합니다." 하나님께서 나에게 은
혜를 베풀어 주셔서 왕이 내 말을 듣고 편
지를 써 주었습니다.
9 그리하여 나는 유프라테스 강 서쪽 지방의
총독들에게 가서 왕이 쓴 편지를 건네 주
었습니다. 왕은 장교들과 기병들까지 주
어 나와 함께 가게 하였습니다.
10 호론 사람 산발랏과 암몬 사람의 지도자 도
비야가 그 말을 들었습니다. 그들은 이스
라엘 백성을 도우러 온 사람이 있다는 말
을 듣고 기분이 상했습니다.

예루살렘을 조사하는 느헤미야

11 나는 예루살렘에 이르러 삼 일 동안을 머
물렀습니다.
12 그러다가 밤에 몇 사람을 데리고 길을 나
섰습니다. 하나님께서 예루살렘을 위해 나
에게 명하신 것을 아무에게도 말하지 않
았습니다. 거기에는 내가 탄 당나귀 외에
다른 짐승은 한 마리도 없었습니다.
13 밤중에 나는 '골짜기 문'을 지나 밖으로
나갔습니다. '용의 샘'을 지나 '거름 문'
으로 가면서 예루살렘 성벽을 조사했습니
다. 성벽은 무너져 있었고, 문들은 불에
타 있었습니다.
14 나는 계속해서 '샘 문'과 '왕의 연못'으로
갔습니다. 하지만 내가 탄 짐승이 지나갈
길이 없었습니다.
15 그래서 그 날 밤에는 골짜기를 따라 올라
가면서 성벽을 조사했습니다. 그러다가
몸을 돌려 '골짜기 문'을 지나서 되돌아
왔습니다.
16 관리들은 내가 어디를 다녀왔으며 무슨

성경 자세히 이해하기

왕의 술 관원

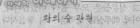

고대에 존재했던 직책으로 페르시아 궁전에서는 매우 높은 지위였습니다. 일반적으로 술 관원들은 환관(내시)들이었으며, 앗시리아의 유적들에서는 그 모습을 자주 발견할 수 있습니다. 이런 유적을 보게 되면 술 관원이 왼손에는 술잔을 들고, 오른손에는 종려나무 잎사귀로 만든 부채를 들고 있습니다. 그리고 왼쪽 어깨에는 왕의 입술을 닦아 주기 위해 화려한 장식으로 수를 놓은 긴 냅킨을 두르고 있습니다. 메대와 페르시아에서는 술에 독이 있는지 미리 알아보기 위해 자신의 왼쪽 손바닥에 약간의 술을 부어 마시곤 했습니다.

본문 보기 1장 11절

알아두세요

1:1 이달은 B.C. 446년 11월에서 12월 사이에 해당된다.

2:1 이달은 B.C. 445년 4월에서 5월 사이에 해당된다.

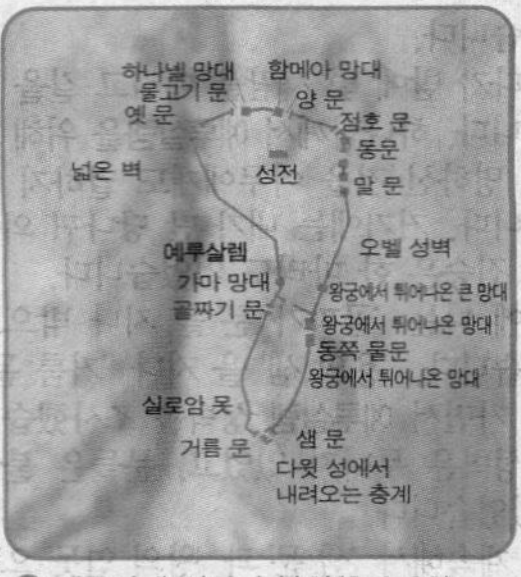

예루살렘 성벽의 복원(3:1-32)

일을 했는지 알지 못했습니다. 나는 그 때
까지도 유다 사람들이나 제사장들이나 귀
족들이나 관리들이나, 일을 맡아서 할 다
른 사람들에게 아무 말도 하지 않았습니
다.
17 그러다가 후에 그들에게 말했습니다. "여
러분은 우리가 어떤 고통을 겪고 있는지
알 것입니다. 예루살렘은 폐허가 되었고,
그 성문들은 모두 불타 버렸습니다. 자,
이제 예루살렘 성벽을 다시 쌓읍시다. 그
래서 더 이상 이런 부끄러움을 당하지 않
도록 합시다."
18 나는 그들에게 하나님께서 내게 은혜를
베풀어 주신 것과 왕이 나에게 한 말을 일
러 주었습니다. 그러자 그들이 대답했습
니다. "성벽 쌓는 일을 시작합시다." 그들
은 열심을 내서 일하기 시작했습니다.
19 호론 사람 산발랏과 암몬 사람의 지도자 도
비야와 아라비아 사람 게셈은 이 일에 대
해 듣자마자 우리를 놀리고 비웃으며 "무
슨 일을 하고 있는 거요? 왕에게 반역을
하겠다는 거요?" 하고 말했습니다.
20 그래서 나는 그들에게 대답했습니다. "하
늘의 하나님께서 우리가 하는 일이 성공
할 수 있도록 도와 주실 것이오. 우리는
하나님의 종이오. 우리는 성벽 쌓는 일을
시작할 것이오. 하지만 당신들은 예루살렘
과 아무 상관이 없소. 당신들은 예루살렘
에서 차지할 몫도 없고, 요구할 권한도 없
소."

성벽을 쌓은 사람들

3 대제사장 엘리아십과 그의 동료 제사장
들이 일을 하러 나섰습니다. 그들은
'양 문'을 다시 세웠습니다. 그리고 그 문
을 거룩히 구별하고 문짝을 제자리에 달
았습니다. 그들은 '함메아 망대'와 '하나
넬 망대'까지 성벽을 쌓고 거룩하게 구별
했습니다.
2 그 다음은 여리고 사람들이 쌓았고, 그 다
음은 이므리의 아들 삭굴이 쌓았습니다.
3 하스나아의 아들들은 '물고기 문'을 세웠
습니다. 그들은 들보를 얹고 문짝과 자물
쇠와 빗장을 달았습니다.
4 그 다음은 우리아의 아들 므레못이 보수했
습니다. 우리아는 학고스의 아들입니다.
그 다음은 베레갸의 아들 므술람이 보수했
습니다. 베레갸는 므세사벨의 아들입니다.
그 다음은 바아나의 아들 사독이 보수했습
니다.
5 그 다음은 드고아 사람들이 보수했습니다.
그러나 드고아의 귀족들은 그 감독들 밑
에서 일하지 않았습니다.
6 바세아의 아들 요야다와 브소드야의 아들
므술람이 '옛 문'을 보수했습니다. 그들은
들보를 얹고 문짝과 자물쇠와 빗장을 달
았습니다.
7 그 다음은 기브온 사람 믈라댜와 메로놋 사
람 야돈이 기브온과 미스바 사람들과 함께
보수했습니다. 이들은 유프라테스 강 서쪽
지방을 다스리는 총독 아래 있던 사람들
입니다.
8 그 다음은 금세공업자 할해야의 아들 웃시
엘이 보수했습니다. 그 다음은 향품을 만
드는 사람인 하나냐가 '넓은 벽'에 이르기
까지 예루살렘을 복구했습니다.
9 그 다음은 후르의 아들 르바야가 보수했습
니다. 르바야는 예루살렘의 절반을 다스리
던 사람입니다.
10 그 다음은 하루맙의 아들 여다야가 보수했
습니다. 그는 자기 집 맞은편에서 일했습
니다. 그 다음은 하삽느야의 아들 핫두스

가 보수했습니다.
11 하림의 아들 말기야와 바핫모압의 아들 핫
숩이 성벽의 다른 부분을 보수했습니다.
그리고 그들은 '가마 망대'를 보수했습니
다.
12 그 다음은 할로헤스의 아들 살룸이 보수했
습니다. 그는 예루살렘의 절반을 다스리던
사람입니다. 그의 딸들이 그를 도와 함께
일했습니다.
13 하눈과 사노아 사람들이 '골짜기 문'을 보
수했습니다. 그들은 문을 세우고 문짝과
자물쇠와 빗장을 달았습니다. 그들은 또
'거름 문'까지 성벽 천 규빗*을 보수했습
니다.
14 '거름 문'은 레갑의 아들 말기야가 보수했
습니다. 그는 벧학게렘 지역을 다스리던
사람입니다. 그는 문을 세우고 문짝과 자
물쇠와 빗장을 달았습니다.
15 '샘 문'은 골호세의 아들 살룬이 보수했습
니다. 그는 미스바 지역을 다스리던 사람
입니다. 그는 문을 세우고 그 위에 지붕
을 얹었습니다. 그리고 들보를 얹고 문짝
과 자물쇠와 빗장을 달았습니다. 그는 또
한 '왕의 정원' 곁에 있는 '실로암 연못'*
의 성벽도 수리했습니다. 그는 그 성벽을
다윗 성에서 내려오는 계단까지 보수했습
니다.
16 그 다음은 아스북의 아들 느헤미야가 보수
했습니다. 느헤미야는 벧술 구역의 절반을
다스리던 사람입니다. 그는 다윗의 묘지
맞은편에서부터 사람들이 만든 연못과
'용사의 집'에 이르기까지 보수했습니다.
17 그 다음은 레위 사람들이 보수했습니다.
그들은 바니의 아들 르훔 밑에서 일했습니
다. 그 다음은 하사뱌가 자기 구역을 보수
했습니다. 하사뱌는 그일라 구역 절반을
다스리던 사람입니다.
18 그 다음은 헤나닷의 아들 바왜가 친척인
레위 사람들과 함께 일했습니다. 바왜는
그일라 구역의 나머지 절반을 다스리던 사
람입니다.
19 그 다음은 예수아의 아들 에셀이 일했습니
다. 에셀은 미스바를 다스리던 사람입니
다. 그는 성벽의 다른 부분을 보수했습니
다. 그는 무기 창고로 올라가는 길 맞은
편에서부터 성벽이 꺾이는 곳까지 보수했
습니다.
20 그 다음은 삽배의 아들 바룩이 열심히 보
수했습니다. 그는 성벽이 꺾이는 곳에서
부터 대제사장 엘리아십의 집 문까지 보수
했습니다.
21 그 다음은 우리야의 아들 므레못이 보수했
습니다. 우리야는 학고스의 아들입니다.
그는 성벽의 다른 부분, 곧 엘리아십의 집
문에서부터 그 집 끝까지 보수했습니다.
22 그 다음은 그 주위에 사는 제사장들이 보
수했습니다.
23 그 다음은 베냐민과 핫숩이 자기 집 앞에
서 일했습니다. 그 다음은 마아세야의 아
들 아사랴가 자기 집 옆을 보수했습니다.
마아세야는 아나냐의 아들입니다.
24 그 다음은 헤나닷의 아들 빈누이가 성벽의
다른 부분, 곧 아사랴의 집에서부터 성벽
이 꺾이는 곳을 지나 모퉁이까지 보수했
습니다.
25 우새의 아들 발랄은 성벽이 꺾이는 곳의
맞은편과 윗 왕궁에서 튀어나온 망대를
보수했습니다. 그 망대는 왕의 경호대 뜰
에서 가까운 곳에 있습니다. 그 다음은 바
로스의 아들 브다야가 보수했습니다.

보수된 문들

본문 보기 3장 1-15절

예루살렘 성은 10개의 성문과 4개의 망대로 구성되었는데 느헤미야는 이중 7개의 문을 보수했다.

문	본 문	담당자
양 문	1절	대제사장 엘리아십
물고기 문	3절	하스나아의 아들들
옛 문	6절	요야다, 므술람
골짜기 문	13절	하눈, 사노아 사람들
거름 문	14절	말기야
샘 문	15절	살룬

알아두세요

3:13 1,000규빗은 약 450m에 해당된다.
3:15 또는 '셀라 못가'라고도 한다.

26 성전 종들인 느디님 사람들은 오벨 언덕
위에 살았습니다. 그들은 동쪽으로 '물
문' 맞은편까지, 그리고 왕궁에서 튀어나
온 망대가 있는 곳까지 보수했습니다.
27 그 다음은 드고아 사람들이 보수했습니다.
그들은 왕궁에서 튀어나온 큰 망대에서부
터 오벨 성벽까지 보수했습니다.
28 제사장들은 '말 문'에서 성벽까지 보수했
습니다. 그들은 각기 자기 집 앞 성벽을
보수했습니다.
29 그 다음은 임멜의 아들 사독이 자기 집 맞
은편을 보수했습니다. 그 다음은 동문의
문지기인 스가냐의 아들 스마야가 보수했
습니다.
30 그 다음은 셀레먀의 아들 하나냐와 살랍의
여섯째 아들 하눈이 다른 쪽 성벽을 보수
했습니다. 그 다음은 베레갸의 아들 므술람
이 자기 사는 곳 맞은편을 보수했습니다.
31 그 다음은 금세공업자 말기야가 보수했습
니다. 말기야는 성전 종들과 상인들의 집,
곧 '점호 문' 맞은편과 성벽 모퉁이 위의
방까지 보수했습니다.
32 성벽 모퉁이 위의 방에서 '양 문' 까지는
금세공업자들과 상인들이 보수했습니다.

성벽 쌓는 일을 방해한 사람들

4 산발랏은 우리가 성벽을 보수하고 있
다는 것을 듣고 몹시 화를 내며 분을
참지 못했습니다. 그는 유다 사람들을 비
웃었습니다.
2 그가 자기 친구들과 사마리아 군대 장교들
에게 말했습니다. "이 미약한 유다 사람들
이 도대체 무슨 일을 하고 있는 건가? 그
들이 성벽을 다시 쌓을 수 있을까? 그들
이 제물을 바칠 수 있을까? 그들은 하루
만에 성벽을 다시 쌓을 수 있다고 생각하
나 보다. 그러나 쓰레기요, 잿더미에 지
나지 않는 돌들을 다시 세울 수는 없을 것
이다."
3 암몬 사람 도비야가 산발랏 곁에 있다가 말
했습니다. "그들이 쌓고 있는 성벽은 여

절반의 사람들은 성벽을 쌓고 절반은 무장하고 성벽을 지킴(4:16-23)

우 한 마리가 올라가더라도 무너지게 될 것입니다."
4 나 느헤미야가 기도드렸습니다. "우리의 하나님, 우리의 기도를 들어 주십시오. 우리는 미움을 받고 있습니다. 산발랏과 도비야가 하는 욕이 그들에게 되돌아가게 해 주십시오. 그들이 다른 나라로 잡혀 가게 해 주십시오.
5 그들의 허물을 가리지 마십시오. 그들의 죄를 못 본 체하지 마십시오. 그들은 성벽을 쌓고 있는 사람들 앞에서 하나님을 욕되게 했습니다."
6 우리는 성벽 쌓는 일을 계속하여 절반쯤 쌓았습니다. 백성들은 힘 닿는 데까지 열심히 일했습니다.
7 그러나 산발랏과 도비야와 아라비아 사람들과 암몬 사람들과 아스돗 사람들은 예루살렘 성벽을 보수하는 일이 계속되고 성벽의 틈새도 메워지고 있다는 말을 듣자 화를 냈습니다.
8 그들은 예루살렘에 해를 끼칠 궁리를 했습니다. 예루살렘에 와서 싸움을 걸고 혼란에 빠뜨릴 계획을 세운 것입니다.
9 그래서 우리는 하나님께 기도드렸습니다. 또한 경비병을 세워 밤낮으로 지키게 했습니다.
10 그 때, 유다 백성이 이렇게 말했습니다. "일꾼들이 지쳐 가고 있다. 온통 먼지와 흙더미뿐이다. 우린 이제 성벽 쌓는 일에 지쳤다."
11 더구나 우리의 원수들은 이렇게 말했습니다. "우리는 아무도 모르게 유다 사람들을 죽여 버리고 그들이 하던 일을 그만두게 할 것이다."
12 원수들 가까이에 사는 유다 사람들이 와서 "적들이 우리를 공격하려고 호시탐탐 기회를 노리고 있습니다" 하고 열 번이나 일러 주었습니다.
13 그래서 나는 집안별로 몇 사람을 뽑아 성벽 뒤 가장 낮은 곳의 빈터에 두었습니다. 그들은 칼과 창과 활을 가지고 그 자리를 지켰습니다.
14 그런 뒤에 나는 둘레를 살펴보고 자리에서 일어나 귀족과 관리와 백성들에게 말했습니다. "그들을 두려워하지 마십시오. 주를 기억하십시오. 주는 두렵고 위대하신 분입니다. 여러분의 형제와 자녀와 가정을 위해 싸우십시오."
15 원수들은 자기들의 계획이 탄로났다는 것을 알게 되었습니다. 하나님께서 그들의 계획을 헛되게 하셨습니다. 그래서 우리 모두는 다시 성벽 쌓는 일을 시작했습니다. 사람마다 자기 일터로 돌아갔습니다.
16 그 날부터 내 종들 가운데 절반은 성벽 쌓는 일을 하고, 나머지 절반은 창과 방패와 활과 갑옷으로 무장했습니다. 그리고 관리들은 성벽을 쌓는 유다 백성 뒤에 섰습니다.
17 짐을 나르는 사람은 한 손으로 짐을 나르고 다른 한 손으로는 무기를 들었습니다.
18 성벽 쌓는 사람도 허리에 칼을 차고 일했습니다. 나팔을 부는 사람은 내 곁에 있었습니다.
19 나는 귀족과 관리와 백성들에게 말했습니다. "이 일은 매우 방대하오. 게다가 우리는 성벽을 따라 넓게 퍼져서 서로 떨어진 채 일하고 있소.
20 그러니 여러분은 어디에서든지 나팔 소리가 나거든 그 곳으로 모이시오. 우리의 하나님께서 우리를 위해 싸워 주실 것이오."
21 그렇게 우리는 일을 계속했습니다. 절반

성경 인물

느헤미야 느헤미야는 페르시아의 아닥사스다 왕 때 왕의 술을 맡은 관원이었습니다. 그는 유다 총독으로 임명 받았으며, 예루살렘 성벽 재건을 위한 모든 재료를 공급하라는 왕의 명령을 가지고 예루살렘으로 왔습니다. 반대 세력들의 방해에도 불구하고 그는 52일 만에 성벽 재건 작업을 끝냈습니다. 또 예루살렘의 세력을 강화하기 위하여 백성의 십분의 일을 예루살렘으로 이주시켰습니다. 또 에스라를 통해 율법을 교육시키고 초막절을 지키게 하고 금식일을 선포하였습니다.

본문 보기 4장

은 창을 들고 일했습니다. 우리는 해가 뜰 때부터 별이 보일 때까지 일했습니다.
22 그 때, 내가 또 백성에게 말했습니다. "밤에는 누구나 다 자기의 부하와 함께 예루살렘 안으로 들어와 묵으면서 보초를 서고, 낮에는 일을 하시오."
23 나와 형제들과 종들과 나를 따라다니는 경호병들은 그 누구도 자기 옷을 벗지 않았습니다. 물을 길으러 갈 때조차도 무기를 가지고 다녔습니다.

가난한 사람들을 돕는 느헤미야

5 백성 가운데 어떤 사람들이 자기 아내와 더불어 그 형제 유다 사람들에게 큰 소리로 불평했습니다.
2 그 사람들은 이렇게 말했습니다. "우리는 자식들이 많아서 식구가 많다. 살아 남으려면 먹을 곡식이 필요하다."
3 어떤 사람들은 이렇게 말했습니다. "먹을 것이 너무 부족하다. 곡식을 얻으려면 밭과 포도원과 집을 저당 잡힐 수밖에 없다."
4 또 어떤 사람들은 이렇게 말했습니다. "왕에게 세금을 바치려면 밭과 포도원을 저당 잡히고 돈을 빌려 쓸 수밖에 없다.
5 우리는 다른 유다 민족과 다를 바가 없으며, 우리의 아이들도 그들의 자녀만큼 귀하다. 그런데도 우리는 아들딸을 노예로 팔아야 한다. 우리의 딸들 중에는 벌써 팔린 아이도 있다. 더구나 우리의 밭과 포도원이 이미 다른 사람들에게 넘어갔는데도 우리가 할 수 있는 일은 아무것도 없다."
6 그들의 불평하는 말을 듣고, 나 역시 너무나 화가 났습니다.

알아두세요
5:15 40세겔은 약 456g에 해당된다.
6:6 '게셈'이라고도 한다.

이자(5:7 interest) 남에게 돈을 꾸어 쓴 대가로 치르는 일정한 비율의 돈.
집회(5:7 assembly) 어떠한 목적으로 여러 사람이 모이는 것.

7 나는 그 일에 대해서 생각한 뒤, 귀족들과 관리들을 나무랐습니다. 나는 이렇게 말했습니다. "여러분은 여러분의 형제들에게 빌려 준 돈에 대해서 이자를 너무나 많이 받고 있소." 나는 이 문제를 다루기 위해 집회를 열었습니다.
8 나는 그들에게 이렇게 말했습니다. "우리의 동포 유다 사람들이 다른 나라에 팔려 갔지만, 우리는 힘 닿는 대로 그들의 몸값을 치르고 데려왔소. 그런데 지금 여러분은 여러분의 동포를 팔고 있소. 우리가 우리 동포를 같은 동포에게 몸값을 받고 팔다니, 이게 말이나 되는 일이오?" 관리들은 잠자코 있었습니다. 그들은 아무 말도 할 수 없었습니다.
9 내가 또 말했습니다. "여러분이 하는 일은 옳지 않소. 여러분은 하나님을 두려워하며 살아야 하오. 우리의 이방인 원수들이 우리를 비웃는 일은 없어야 하지 않겠소?
10 나와 내 형제들과 내 종들도 이 백성들에게 돈과 곡식을 빌려 주고 있소. 하지만 이자를 받는 일은 하지 맙시다.
11 그들의 밭과 포도원과 올리브 나무와 집을 당장 돌려 주시오. 그리고 돈과 곡식과 새 포도주와 기름을 빌려 주고 받은 이자도 돌려 주시오."
12 그들이 말했습니다. "돌려 주겠습니다. 그들에게서 아무것도 받지 않겠습니다. 당신이 말한 대로 하겠습니다." 나는 제사장들을 불렀습니다. 그리고 귀족과 관리들에게 그들이 한 말을 지키겠다는 맹세를 하게 했습니다.
13 나는 내 옷의 주머니를 털어 보이며 말했습니다. "누구든지 자기 약속을 지키지 않는 사람은 하나님께서 그 집과 재산을 이렇게 털어 버리실 것이오. 그런 사람은 빈털터리가 되고 말 것이오." 그러자 그 곳에 있는 모든 사람이 "아멘"이라고 말했습니다. 그들은 여호와를 찬양했으며 사람들은 약속을 지켰습니다.
14 나는 아닥사스다 왕 이십 년에 유다 땅의

총독으로 임명되었습니다. 나는 아닥사스
다 왕 삼십이 년까지 십이 년 동안 총독
으로 있었습니다. 그 동안, 나와 내 형제
는 총독에게 지급되는 음식을 먹지 않았
습니다.
15 나보다 먼저 총독으로 있던 사람들은 백
성에게 무거운 짐을 지웠습니다. 그들은
각 사람에게서 은 사십 세겔*을 거두었습
니다. 그리고 그들은 음식과 포도주도 거
두어들였습니다. 심지어 그들의 종들까지
도 백성을 부려먹었습니다. 그러나 나는
하나님을 두려워하기 때문에 그런 일은
하지 않았습니다.
16 나는 성벽 쌓는 일에 힘을 쏟았습니다. 그
곳에 모인 내 종들도 그러했습니다. 우리
는 밭을 사들이지 않았습니다.
17 게다가 나는 우리 주변의 여러 나라에서
온 사람 말고도 유다 사람과 관리 백오십
명을 먹여 살렸습니다.
18 그들을 먹여 살리기 위해 날마다 황소 한
마리와 기름진 양 여섯 마리와 닭들을 준
비했습니다. 그리고 열흘에 한 번씩 각종
포도주도 준비했습니다. 그러나 나는 총
독이 되면 당연히 받아야 할 음식을 한 번
도 달라고 하지 않았습니다. 그렇게 한 까
닭은 백성들의 짐이 너무 크다는 것을 알
고 있었기 때문입니다.
19 "나의 하나님, 내가 이 백성을 위해 한 모
든 일을 기억하시고 나에게 자비를 베풀
어 주십시오."

느헤미야가 풀어야 할 다른 문제들

6 내가 빈틈 하나 남기지 않고 성벽을 다
쌓았다는 말을 산발랏과 도비야와 아라
비아 사람 게셈을 포함하여 우리의 원수들
이 들었습니다. 하지만 그 때까지도 문짝
은 달지 못한 상태였습니다.
2 산발랏과 게셈이 나에게 전갈을 보냈습니
다. "느헤미야여, 오노 평야의 한 마을에
서 만납시다." 그러나 그들은 나를 해칠
계획을 꾸미고 있었습니다.
3 그래서 나는 사람들을 보내어 이렇게 말
했습니다. "지금 중요한 일을 하고 있으
므로 내려갈 수 없소. 이 일을 끝마치기
전까지는 당신들을 만날 수 없소."
4 산발랏과 게셈은 똑같은 전갈을 네 번이나
보냈습니다. 그 때마다 나는 똑같은 대답
을 하였습니다.
5 산발랏이 다섯 번째로 자기 종을 시켜 나
에게 전갈을 보냈습니다. 그 종의 손에는
봉하지 않은 편지가 들려 있었습니다.
6 그 편지의 내용은 이러합니다. "당신과 유
다 사람들이 왕에게 반역할 계획을 세우
고 있다는 소문이 온 나라에 퍼지고 있소.
가스무*도 그 소문이 옳다고 말하고 있소.
당신이 성벽을 쌓고 있는 것도 그 때문이
라고 하오. 그 소문에 따르면, 당신이 그
들의 왕이 되려 하고 있다는 것이오.
7 또한 당신이 예언자들을 내세워 예루살렘
에서 '유다에 왕이 있다!' 라고 선언하게
한다는 것이오. 왕도 이 말을 듣게 될 것
이오. 그러니 이 문제를 가지고 함께 이
야기해 봅시다."
8 그래서 내가 그에게 답장을 보냈습니다.
"당신이 한 말은 사실이 아니오. 그것은
당신이 마음대로 지어 낸 생각일 뿐이
오."
9 우리의 원수들은 우리에게 겁을 주려 했
습니다. 그들은 그렇게 하면 우리가 힘을
잃고 성벽 쌓는 일도 하지 못할 줄 알았
던 것입니다. 그러나 나는 "하나님, 내 손
에 힘을 주십시오"라고 기도했습니다.
10 어느 날, 나는 들라야의 아들 스마야의 집
으로 갔습니다. 들라야는 므헤다벨의 아들

포로에서 돌아온 유다인들이 건축한 당시 성벽
제2성전 시대 예루살렘 모형

입니다. 스마야는 자기 집 안에서 나오지
못하고 있었습니다. 스마야가 말했습니
다. "느헤미야여, 하나님의 성전에서 만납
시다. 성전 안으로 들어가 문을 닫고 잠
가 버립시다. 밤이 되면, 사람들이 당신
을 죽이러 올 것입니다."
11 하지만 나는 이렇게 말했습니다. "나 같
은 사람이 왜 도망을 가야 하오? 왜 내가
성전으로 도망가서 목숨을 건져야 하오?
나는 가지 않겠소."
12 나는 스마야의 말을 들으면서 그것이 하
나님께 받은 말씀이 아니라는 사실을 깨
달았습니다. 도비야와 산발랏이 그에게 돈
을 주어 나에게 이런 예언을 하게 한 것
입니다.
13 그들이 스마야에게 돈을 준 까닭은 나에
게 겁을 주어 죄를 짓게 하려는 것이었습
니다. 그렇게 되면 나에 대해 좋지 않은
소문을 퍼뜨려 나를 해칠 수 있기 때문입
니다.
14 나는 이렇게 기도했습니다. "나의 하나님,
도비야와 산발랏을 잊지 말아 주십시오. 그
들이 한 일을 잊지 말아 주십시오. 그리
고 여예언자 노아댜와 나에게 겁을 주려
한 다른 예언자들도 잊지 말아 주십시오."

성벽 쌓는 일을 마치다

15 마침내 예루살렘의 성벽 쌓는 일을 마쳤습
니다. 그 때는 엘룰 월 이십오 일*이었습
니다. 성벽을 다 쌓는 데 오십이 일이 걸
렸습니다.
16 우리의 원수들이 그 소식을 들었고 주변
의 모든 나라들이 그 모습을 보았습니다.
그들은 이 일이 하나님의 도우심으로 이
루어진 사실을 알고 두려워 떨며 겸손히
있었습니다.
17 그런데 성벽을 쌓을 동안 유다의 귀족들
이 도비야와 편지를 여러 번 주고받았습
니다.
18 많은 유다 사람들이 도비야에게 충성을 맹
세했습니다. 왜냐하면 도비야는 아라의 아
들 스가냐의 사위였기 때문입니다. 도비야
의 아들 여호하난도 베레갸의 아들 므술람
의 딸과 결혼했습니다.
19 그 귀족들은 내 앞에서 도비야를 칭찬한
뒤, 내가 하는 말을 도비야에게 일러 바쳤
습니다. 그래서 도비야는 나에게 겁을 주
는 편지를 보냈습니다.

7 성벽을 다 쌓은 뒤에 나는 문들을 제자
리에 달고 문지기와 노래하는 사람과
레위 사람들을 뽑아 각각 일을 맡겼습니
다.
2 나는 내 동생인 하나니에게 왕궁의 지휘
관인 하나냐와 더불어 예루살렘을 맡겼습
니다. 하나냐는 정직하며 다른 누구보다도
하나님을 두려워하는 사람이었습니다.
3 내가 그들에게 말했습니다. "해가 떠서
더워지기 전에는 예루살렘의 문을 열지 마
시오. 문지기들이 문을 지키고 있을 때에
그들더러 문을 닫아 걸고 빗장을 지르라
고 하시오. 예루살렘에 사는 사람들을 경
비원으로 세우시오. 경비 초소와 자기 집
앞에 사람들을 세워 지키게 하시오."

포로 생활을 마치고 돌아온 사람들

4 성은 크고 넓었지만, 거기에 사는 사람은

바빌로니아 포로 귀환

〈본문 보기 7장 6절 이하〉

	1차 귀환	2차 귀환	3차 귀환
연도(B.C.)	538년	458년	445년
지도자	스룹바벨, 예수아	에스라	느헤미야
페르시아 왕	고레스	아닥사스다 1세	아닥사스다 1세
귀환자 수	일반인: 42,360명, 노비: 7,337명 노래하는 사람: 200명	남자: 1,496명, 레위인: 38명 수종자: 220명	통계 없음
관련 사건	성전 재건 시작, 제사드림, 장막절 지킴	이방인과의 결혼으로 잃어버린 민족적 순수성을 되찾기 위한 에스라의 개혁	예루살렘 성벽 재건

얼마 되지 않았습니다. 그리고 아직 집들
도 지어지지 않았습니다.
5 그래서 하나님께서 나에게 사람들을 모으
게 하셨습니다. 나는 귀족과 지도자와 평
민들을 모았습니다. 그런 다음, 집안별로
족보에 등록하도록 하였습니다. 나는 가
장 먼저 유다로 돌아온 사람들의 족보를
찾았습니다. 거기에는 다음과 같이 적혀
있었습니다.
6 바빌론의 느부갓네살 왕에게 포로로 잡혀
갔다가 예루살렘과 유다의 자기 마을로 돌
아온 사람들은 이러합니다.
7 그들을 이끌었던 지도자는 스룹바벨과 예
수아와 느헤미야와 아사랴*와 라아먀와 나
하마니와 모르드개와 빌산과 미스베렛*과
비그왜와 느훔*과 바아나입니다. 이스라엘
백성의 수는 이러합니다.
8 바로스의 자손이 이천백칠십이 명,
9 스바댜의 자손이 삼백칠십이 명,
10 아라의 자손이 육백오십이 명,
11 바핫모압의 자손, 곧 예수아와 요압의 자
손이 이천팔백십팔 명,
12 엘람의 자손이 천이백오십사 명,
13 삿두의 자손이 팔백사십오 명,
14 삭개의 자손이 칠백육십 명,
15 빈누이*의 자손이 육백사십팔 명,
16 브배의 자손이 육백이십팔 명,
17 아스갓의 자손이 이천삼백이십이 명,
18 아도니감의 자손이 육백육십칠 명,
19 비그왜의 자손이 이천육십칠 명,
20 아딘의 자손이 육백오십오 명,
21 아델의 자손, 곧 히스기야의 자손이 구십
팔 명,
22 하숨의 자손이 삼백이십팔 명,
23 베새의 자손이 삼백이십사 명,
24 하립*의 자손이 백십이 명,
25 기브온*의 자손이 구십오 명입니다.
26 베들레헴과 느도바 마을 사람이 백팔십팔
명,
27 아나돗 사람이 백이십팔 명,
28 벧아스마웻 사람이 사십이 명,
29 기럇여아림과 그비라와 브에롯 사람이 칠백
사십삼 명,
30 라마와 게바 사람이 육백이십일 명,
31 믹마스 사람이 백이십이 명,
32 벧엘과 아이 사람이 백이십삼 명,
33 다른 느보 사람이 오십이 명,
34 다른 엘람 사람이 천이백오십사 명,
35 하림 사람이 삼백이십 명,
36 여리고 사람이 삼백사십오 명,
37 로드와 하딧과 오노 사람이 칠백이십일
명,
38 스나아 사람이 삼천구백삼십 명입니다.
39 제사장은 이러합니다. 예수아 집안 여다야
의 자손이 구백칠십삼 명,
40 임멜의 자손이 천오십이 명,
41 바스훌의 자손이 천이백사십칠 명,
42 하림의 자손이 천십칠 명입니다.
43 레위 사람은 이러합니다. 호드야*의 자손,
곧 예수아와 갓미엘의 자손이 칠십사 명입
니다.
44 노래하는 사람은 이러합니다. 아삽의 자
손이 백사십팔 명입니다.
45 문지기는 이러합니다. 살룸과 아델과 달몬
과 악굽과 하디다와 소배의 자손이 백삼십
팔 명입니다.
46 성전 종들은 이러합니다. 그들은 시하와
하수바와 답바옷과

알아두세요

6:15 이 날은 B.C. 445년 10월 2일에 해당된다.
7:7 (히) '아사랴'는 '스라야'와 동일 인물이고(느 11:11), (히) '미스베렛'은 '미스발'과 동일 인물이며(스 2:2), (히) '느훔'은 '르훔'과 동일 인물이다(스 2:2).
7:15 (히) '빈누이'는 '바니'와 동일 인물이다(스 2:10).
7:24 (히) '하립'은 '요라'와 동일 인물이다(스 2:18).
7:25 (히) '기브온'은 '깁발'과 동일 인물이다(스 2:20).
7:43 (히) '호드야'는 '호다위야'와 동일 인물이다(스 2:40).

47 게로스와 시아*와 바돈과
48 르바나와 하가바와 살매와
49 하난과 깃델과 가할과
50 르아야와 르신과 느고다와
51 갓삼과 웃사와 바세아와
52 베새와 므우님과 느비스심*과
53 박북과 하그바와 할훌과
54 바슬릿*과 므히다와 하르사와
55 바르고스와 시스라와 데마와
56 느시야와 하디바의 자손입니다.
57 솔로몬 종들의 자손은 이러합니다. 그들
은 소대와 소베렛과 브리다*와
58 야알라와 다르곤과 깃델과
59 스바댜와 핫딜과 보게렛하스바임과 아몬*의
자손입니다.
60 성전 종들과 솔로몬 종들의 자손은 모두
삼백구십이 명입니다.
61 다음은 델멜라와 델하르사와 그룹과 앗돈*
과 임멜에서 예루살렘으로 온 사람들입니
다. 그러나 그들이 이스라엘 가문의 집안
인지는 분명하지 않습니다. 그들의 이름
과 수는 이러합니다.
62 들라야와 도비야와 느고다의 자손이 모두
육백사십이 명입니다.
63 제사장 가운데 그 집안이 이스라엘 가문의
집안인지 분명하지 않은 사람은 호바야와
학고스와 바르실래의 자손입니다. 바르실래
는 길르앗 사람 바르실래의 딸과 결혼하여
여자쪽 집안의 이름을 이어받았습니다.
64 그들은 족보를 찾아보았으나 찾지 못했습
니다. 그래서 그들은 부정한 사람으로 여
겨져서 제사장이 되지 못했습니다.

느헤미야의 신앙 부흥(8-10장)

말씀을 통해 회개하고 그 말씀에 대한 헌신을 결심하는 신앙 부흥의 과정을 잘 보여 준다.

내 용	본 문
율법이 선포되다	여호와를 기뻐함(8:10)
금식하며 회개함	자기 죄와 조상의 죄를 털어놓음(9:2)
언약을 세우고 헌신함	모든 명령과 규례와 율법을 지킴(10:29)

65 유다 총독은 그들에게 하나님께 바친 음
식은 아무것도 먹지 말라고 말했습니다.
그들은 제사장이 우림과 둠밈을 가지고 그
들이 제사장의 자손인지 아닌지 결정을
내릴 때까지 기다려야 했습니다.
66 돌아온 사람의 수는 모두 사만 이천삼백
육십 명입니다.
67 그러나 이 수에는 남종과 여종 칠천삼백
삼십칠 명이 포함되어 있지 않았습니다.
그 밖에도 노래하는 남자와 여자가 이백
사십오 명 있었습니다.
68 그리고 말이 칠백삼십육 마리, 노새가 이
백사십오 마리,
69 낙타가 사백삼십오 마리, 당나귀가 육천
칠백이십 마리 있었습니다.
70 집안의 지도자들 가운데는 성 쌓는 일을
위해 돈을 낸 사람이 있습니다. 총독은 창
고에 금 천 다릭*과 그릇 오십 개와 제사
장의 옷 오백삼십 벌을 내놓았습니다.
71 어떤 지도자들은 성 쌓는 일을 위해 금 이
만 다릭*과 은 이천이백 마네*를 창고에
내놓았습니다.
72 그 밖에 다른 백성이 바친 것을 모두 합하
면, 금이 이만 다릭이고, 은이 이천 마네*
이고, 제사장의 옷이 예순일곱 벌입니다.
73 그리하여 제사장과 레위 사람과 문지기와
노래하는 사람과 성전 종과 다른 모든 이
스라엘 백성들이 저마다 자기 마을에 자
리잡고 살았습니다.

에스라가 율법을 읽다

8 일곱째 달이 되자, 이스라엘 백성은 모
두 자기 마을에 자리잡고 살게 되었습
니다. 이스라엘의 모든 백성이 '물 문' 앞
광장에 모였습니다. 그들은 제사장이자
학자인 에스라에게 여호와께서 이스라엘에
게 주신 모세의 율법책을 읽어 줄 것을 요
청했습니다.
2 그래서 제사장 에스라가 무리를 위해 율
법책을 가져왔습니다. 그 때는 일곱째 달
초하루였습니다. 남녀노소 누구나 듣고
깨달을 만한 사람은 다 모여들었습니다.
3 에스라는 '물 문' 앞 광장에서 이른 아침

부터 한낮까지 율법책을 소리내어 읽었습
니다. 에스라는 듣고 깨달을 만한 모든 사
람에게 율법책을 읽어 주었고, 그들은 율
법책의 말씀에 귀를 기울였습니다.
4 에스라는 높은 나무 단 위에 섰습니다. 그
나무 단은 이번 일을 위해 따로 만든 것
이었습니다. 에스라의 오른쪽에는 맛디댜
와 스마와 아나야와 우리야와 힐기야와 마
아세야가 섰고, 왼쪽에는 브다야와 미사엘
과 말기야와 하숨과 하스밧다나와 스가랴와
므술람이 섰습니다.
5 에스라가 율법책을 폈습니다. 에스라가 높
은 데에 서 있었기 때문에 누구나 다 그
를 볼 수 있었습니다. 에스라가 책을 펴
자, 모든 백성이 자리에서 일어섰습니다.
6 에스라가 위대하신 하나님 여호와를 찬양
했습니다. 그러자 모든 백성들이 손을 들
고 "아멘! 아멘!" 하고 말하면서 엎드려 얼
굴을 땅에 대고 여호와께 경배하였습니다.
7 낭독을 듣기 위해 서 있는 백성들에게 레
위 사람인 예수아와 바니와 세레뱌와 야민
과 악굽과 사브대와 호디야와 마아세야와
그리다와 아사랴와 요사밧과 하난과 블라야
가 율법을 가르쳐 주었습니다.
8 그들은 하나님의 율법책을 백성들이 알아
듣기 쉽게 읽어 주었습니다. 그리고 그 뜻
을 설명해 주었으므로 백성들은 그들이
읽어 주는 말씀을 깨달았습니다.
9 그런 뒤에 총독 느헤미야와 제사장이자 학
자인 에스라, 그리고 백성들을 가르치던
레위 사람들이 모든 백성에게 말했습니다.
"오늘은 여러분의 하나님 여호와의 거룩
한 날이오. 울거나 슬퍼하지 마시오." 그
들이 이 말을 한 것은 백성들이 율법의 말
씀을 들으면서 울었기 때문입니다.
10 느헤미야가 말했습니다. "가서 기름진 음
식을 먹고 좋은 음료수를 드십시오. 그리
고 아무것도 먹을 것이 없는 사람에게는
먹을 것을 주십시오. 오늘은 주의 거룩한
날이오. 슬퍼하지 마시오. 여호와를 기뻐
하는 것이 곧 여러분에게 힘이 될 것이
오."
11 레위 사람들이 백성을 달래며 말했습니
다. "조용히 하시오. 오늘은 거룩한 날이
니 슬퍼하지 마시오."
12 그러자 모든 백성이 가서 먹고 마셨습니
다. 그들은 먹을 것을 다른 사람에게도 주
었고, 크게 기뻐하며 즐거워했습니다. 그
들이 마침내 들은 말씀을 깨달았기 때문
입니다.
13 이튿날, 모든 집안의 지도자들이 학자 에
스라를 만나러 왔습니다. 그들은 율법의
말씀을 배우러 모였습니다.
14 그들은 율법을 배우다가 여호와께서 모세
를 통해 이스라엘 백성에게 일곱째 달의
절기 동안 초막에서 살아야 한다고 명하
셨다는 것을 발견했습니다.
15 그리고 "산으로 올라가거라. 말씀에 적힌
대로 올리브 나무와 들 올리브 나무와 화
석류나무와 종려나무와 온갖 잎이 무성한
나무들의 가지를 가져다가 초막을 세워
라" 하는 말을 온 마을과 예루살렘에 전해
야 한다는 것도 알았습니다.
16 백성은 밖으로 나가 나뭇가지를 꺾어서
지붕 위와 마당에 초막을 세웠습니다. 그
리고 성전 뜰과 '물 문' 앞 광장과 '에브

알아두세요

7:47 (히) '시아'는 '시아하'와 동일 인물이다 (스 2:44).
7:52 (히) '느비스심'은 '느부심'과 동일 인물이다 (스 2:50).
7:54 (히) '바슬릿'은 '바슬룻'과 동일 인물이다 (스 2:52).
7:57 (히) '브리다'는 '브루다'와 동일 인물이다 (스 2:55).
7:59 (히) '아몬'은 '아미'와 동일 인물이다(스 2:57).
7:61 (히) '앗돈'은 '앗단'과 동일 인물이다(스 2:59).
7:70 1,000다릭은 약 8.4kg에 해당된다.
7:71 20,000다릭은 약 168kg에 해당되고, 2,200마네는 약 1.25t에 해당된다.
7:72 2,000마네는 약 1.14t에 해당된다.

라임 문' 앞 광장에도 초막을 세웠습니다.
17 포로 생활을 마치고 돌아온 모든 무리가
초막을 세워 놓고 칠 일 동안, 그 안에서
살았는데, 눈의 아들 여호수아 때로부터
이 때까지 이스라엘 백성이 이처럼 경축하
며 기뻐한 적이 없었습니다. 그들은 매우
기뻐했습니다.
18 에스라는 첫 날부터 마지막 날까지 날마
다 하나님의 율법책을 읽어 주었습니다.
이스라엘 백성은 칠 일 동안 절기를 지켰
습니다. 그러다가 팔 일째 되는 날에 율
법대로 다시 모였습니다.

이스라엘이 죄를 털어놓다

9 그 달 이십사 일에 이스라엘 백성이 모
두 모였습니다. 그들은 금식했으며 거
친 베옷을 입고 머리에 재를 뒤집어 썼습
니다.
2 이스라엘 사람들은 다른 모든 민족과의 관
계를 끊었습니다. 그들은 서서 자기와 자
기 조상의 죄를 털어놓았습니다.
3 그들은 세 시간 동안, 제자리에 서서 그
들의 여호와 하나님의 율법책을 읽었습니
다. 그리고 그 다음 세 시간 동안은 자기
들의 죄를 털어놓고 여호와 하나님께 예
배드렸습니다.
4 단 위에는 레위 사람인 예수아와 바니와 갓
미엘과 스바냐와 분니와 세레뱌와 또 다른
바니와 그나니가 서 있었습니다. 그들은
큰 소리로 여호와 하나님께 부르짖었습니
다.
5 또 레위 사람인 예수아와 갓미엘과 바니와
하삽느야와 세레뱌와 호디야와 스바냐와 브
다히야가 말했습니다. "일어나 영원하신
여러분의 하나님 여호와를 찬양하시오."

백성의 기도

"주여, 주의 놀라운 이름을 찬양합니다.
어떠한 말이나 행동으로도 주의 위대하심
을 표현할 수 없습니다.
6 오직 주만이 우리의 여호와이십니다. 주
께서는 하늘과 하늘 위의 하늘과 모든 별
들을 지으셨습니다. 땅과 그 위의 모든 것
을 지으시고 바다와 그 속의 모든 것도 지
으셨습니다. 그리고 모든 것에 생명을 주
셨습니다. 모든 하늘의 천사들이 주께 경
배드립니다.
7 주는 하나님 여호와이십니다. 주께서 아
브람을 선택하셨습니다. 그를 갈대아 우르
에서 불러 내시고 그의 이름을 아브라함이
라고 부르셨습니다.
8 아브라함의 마음이 주 앞에서 진실됨을 보
시고 그와 언약을 맺으셨습니다. 그의 자
손에게 가나안과 헷과 아모리와 브리스와
여부스와 기르가스 사람들의 땅을 주겠다
고 약속하셨습니다. 주는 그 약속을 지키
셨습니다. 주는 의로우십니다.
9 주는 우리 조상이 이집트에서 고통당하는
것을 보셨고, 홍해에서 부르짖는 것을 들
으셨습니다.
10 주는 파라오와 그의 신하와 모든 이집트
백성 앞에서 기사와 이적을 일으키셨습니
다. 주는 그들이 얼마나 교만한지 아시고
모든 이에게 주의 이름을 알게 하셨습니
다. 주의 이름은 오늘날까지도 명성을 떨
치고 있습니다.
11 주는 우리 조상 앞에서 바다를 가르시고,
우리 조상을 마른 땅 위로 걸어가게 하셨
습니다. 그러나 우리를 뒤쫓던 사람들은
깊은 물 속에 처넣으셨습니다. 돌이 거친
물살 속으로 빠지듯이 그들은 바다 밑으
로 가라앉았습니다.
12 낮에는 구름 기둥으로, 밤에는 불 기둥으
로 우리 조상이 가야 할 길을 인도하셨습
니다.
13 또 시내 산에 내려오셔서 우리 조상에게
말씀하셨습니다. 주는 그들에게 바른 규
례와 참된 율법을 주셨습니다.
14 그들에게 주의 거룩한 안식일을 가르치시
고 주의 종 모세를 통해 계명과 규례와 율
법을 주셨습니다.
15 그들이 굶주릴 때는 하늘로부터 양식을
주셨고, 목마를 때는 바위에서 물을 내셨
습니다. 또 그들에게 주시겠다고 약속하
신 땅으로 들어가 그 땅을 차지하라고 말
씀하셨습니다.

16 그러나 우리 조상은 교만하여 고집을 피
웠습니다. 그들은 주의 명령에 복종하지
않았습니다.
17 그들은 말씀을 듣지 않았고 주께서 그들
가운데 행하신 기적을 잊어 버렸습니다.
그들은 고집을 피우며 주께 반역을 꾀했
고 우두머리를 뽑아 종살이의 길로 되돌
아가려고 했습니다. 그러나 주는 용서하
는 하나님이십니다. 주는 은혜로우시고
자비로우시며 쉽게 노하지 않으시고 사랑
이 많으신 분이라 그들을 버리지 않으셨
습니다.
18 우리 조상은 송아지 우상까지 만들어 '이
것이 우리를 이집트에서 인도해 낸 우리
의 하나님이다' 라고 말했습니다. 그들은
하나님을 멸시하고 죄를 지었습니다.
19 주는 사랑이 많으셔서 그들을 광야에 버
리지 않으셨습니다. 낮에는 구름 기둥으
로 길을 인도하셨고, 밤에는 불 기둥으로
인도하셨습니다. 그들이 가는 길을 그 두
기둥이 밝혀 주었습니다.
20 또 주의 선한 영을 보내어 그들을 가르치
셨고 하늘에서 만나를 내려 먹게 하셨으
며, 목마를 때는 물을 주셨습니다.
21 그들을 광야에서 사십 년 동안 돌봐 주셨
습니다. 그들에게는 부족한 것이 없었습
니다. 그들의 옷은 해어지지 않았고, 그
들의 발은 부르트지 않았습니다.
22 주께서 많은 나라와 민족들로 하여금 우리
조상에게 복종하게 하시고 더 많은 땅을
주셨습니다. 그들은 헤스본 왕 시혼의 나라
와 바산 왕 옥의 나라를 차지했습니다.
23 주께서 그들에게 하늘의 별처럼 많은 자녀
를 주셨습니다. 그들의 조상에게 약속하신
땅으로 그 자녀들을 인도하셨습니다.
24 그래서 그 자녀들이 그 땅을 차지하게 되
었습니다. 그 곳에는 가나안 사람들이 살
고 있었지만 주께서 우리 조상을 위해 그
들을 물리치셨습니다. 우리 조상에게 그
땅에 살고 있는 가나안 백성들과 그들의
왕까지 넘겨 주셔서 마음대로 하게 하셨
습니다.
25 우리 조상은 성벽이 있는 강한 성들과 기
름진 땅을 점령했습니다. 또한 좋은 것들
로 가득한 집들과 다른 사람들이 파 놓은
우물과 함께 포도원과 올리브 밭과 온갖
과일나무도 차지했습니다. 배가 부르고
살이 찔 만큼 먹었으며, 주께서 주신 풍
성한 복을 마음껏 누렸습니다.
26 그러나 그들은 주께 복종하지 않고 반역

하나님을 배반하자 벌을 받음(9:26-27)

하였으며, 주의 가르침을 무시했습니다.
주께 돌아오라고 타이르던 예언자들을 죽
이고 주께 욕된 말을 했습니다.
27 그래서 주께서 그들의 원수들을 도와 그
들을 무찌르고 억누르게 하셨습니다. 하
지만 괴로움에 빠진 우리 조상이 주께 부
르짖자, 주께서는 하늘에서 들으시고 큰
자비를 베풀어 주셨습니다. 그들에게 구
원자를 보내 주셔서 원수들의 손아귀에서
벗어나게 하셨습니다.
28 그러나 그들은 안식을 누리자마자 또다시
악한 일을 행했습니다. 그래서 주께서 원
수들의 손에 넘겨 주어 원수들이 그들을
다스리게 하셨습니다. 하지만 그들이 또
다시 부르짖으면, 주께서는 하늘에서 들
으시고 자비를 베푸셔서 그들을 구해 주
셨습니다.
29 죄의 길에서 돌아와 주의 율법을 지키라
고 타일렀지만, 그들은 교만해서 주의 계
명을 듣지 않았습니다. 주의 율법을 지키
면 살 수 있는데도 그들은 주의 율법을 어
겼습니다. 그들은 고집을 피우고 교만했
습니다. 그들은 말씀을 듣지 않았습니다.
30 그러나 주께서는 여러 해 동안을 참으셨
습니다. 주의 예언자들을 보내셔서 주의
영으로 타일렀지만, 그들은 귀를 기울이
지 않았습니다. 그래서 주께서 다른 민족
들의 손에 그들을 넘기시고, 원수들이 그
들을 무찌르게 하셨습니다.
31 그러나 주는 사랑 그 자체이셔서 그들 모
두를 죽이지는 않으셨습니다. 그들을 버
리지도 않으셨습니다. 주는 은혜가 많으
시고 자비로우신 하나님이십니다.
32 우리 하나님, 주는 위대하시고 능력이 많
으시고 놀라우신 하나님이십니다. 주께서
는 사랑의 언약을 지켜 주십니다. 앗시리
아 왕 때로부터 지금까지 당한 이 고통,
곧 우리 왕과 지도자와 제사장과 예언자
와 우리 조상들과 주의 모든 백성들이 겪
은 이 고난을 작은 일로 여기지 말아 주
십시오.
33 우리에게 닥친 모든 일에 주는 공의로우
셨습니다. 우리는 죄를 많이 지었으므로
주께서 우리가 마땅히 받아야 할 벌을 받
게 하셨습니다.
34 우리의 왕과 지도자와 제사장과 조상들은
주의 율법을 행하지 않았습니다. 그들은
주께서 주신 명령과 경계의 말씀에 순종
하지 않았습니다.
35 우리 조상은 자기 나라를 가졌을 때도 주
를 섬기지 않았습니다. 그들은 주께서 주
신 온갖 복을 누리며 기름지고 넓은 땅에
살았지만 악한 길에서 벗어나지 않았습니
다.
36 보십시오. 우리는 지금 주께서 주신 땅에
서 노예가 되었습니다. 좋은 것들을 마음
껏 누리라고 주신 이 땅에서 우리는 노예
가 되고 말았습니다.
37 이 땅에서 나는 많은 것들은 이제 다른 나
라 왕들의 것이 되었습니다. 이렇게 된 것
은 다 우리가 지은 죄 때문입니다. 그 왕
들은 자기 마음대로 우리와 우리 가축을
다스립니다. 우리는 큰 고통 가운데 있습
니다."

백성의 약속

38 "이 모든 일을 생각하며 우리는 확고한 약
속을 하고 그것을 글로 적었으며, 우리 지
도자들과 레위 사람들과 제사장들이 그
위에 자기가 직접 서명하였습니다."

10 약속의 글에 이름을 적은 사람은 다
음과 같습니다. 하가랴의 아들 총독
느헤미야와 시드기야와
2 스라야와 아사랴와 예레미야와
3 바스훌과 아마랴와 말기야와
4 핫두스와 스바냐와 말룩과
5 하림과 므레못과 오바댜와
6 다니엘과 긴느돈과 바룩과
7 므술람과 아비야와 미야민과
8 마아시야와 빌개와 스마야입니다. 이들은
제사장입니다.
9 이름을 적은 레위 사람은 아사냐의 아들

알아두세요
10:32 1/3세겔은 약 3.8g에 해당된다.

예수아와 헤나닷의 자손인 빈누이와 갓미엘과
10 그들의 동료 스바냐와 호디야와 그리다와 블라야와 하난과
11 미가와 르홉과 하사뱌와
12 삭굴과 세레뱌와 또 다른 스바냐와
13 호디야와 바니와 브니누입니다.
14 백성의 지도자 가운데 이름을 적은 사람은 바로스와 바핫모압과 엘람과 삿두와 바니와
15 분니와 아스갓과 베배와
16 아도니야와 비그왜와 아딘과
17 아델과 히스기야와 앗술과
18 호디야와 하숨과 베새와
19 하립과 아나돗과 노배와
20 막비아스와 므술람과 헤실과
21 므세사벨과 사독과 얏두아와
22 블라댜와 하난과 아나야와
23 호세아와 하나냐와 핫숩과
24 할르헤스와 빌하와 소벡과
25 르훔과 하삽나와 마아세야와
26 아히야와 하난과 아난과
27 말룩과 하림과 바아나입니다.
28 나머지 백성, 곧 제사장과 레위 사람, 문지기, 노래하는 사람, 성전 종들은 맹세를 했습니다. 그리고 하나님의 율법을 지키려고 외국인과 관계를 끊은 사람들과 깨달을 만한 사람은 모두 다 맹세를 했습니다.
29 그들은 동료 이스라엘 백성 및 지도자들과 더불어 맹세를 했습니다. 그 맹세를 어기면 저주를 받게 됩니다. 그들은 하나님께서 종 모세를 통해 주신 하나님의 율법을 지키기로 약속했습니다. 그들은 또 우리 주 여호와의 모든 명령과 규례와 율법을 지키기로 약속했습니다.
30 "우리는 우리 딸과 아들을 외국인과 결혼시키지 않기로 약속합니다.
31 외국인이 안식일에 물건이나 곡식을 팔러 오더라도 안식일이나 그 밖의 거룩한 날에는 물건을 사지 않겠습니다. 일곱째 되는 해마다 땅에 아무것도 심지 않겠습니다. 그리고 우리에게 빚진 사람들의 빚을 받지 않겠습니다.
32 우리는 계명을 지키겠습니다. 우리는 우리 하나님의 성전에서 드리는 예배를 위해 돈을 충분히 내겠습니다. 우리는 해마다 각기 삼분의 일 세겔*씩 바치겠습니다.
33 그 돈은 상 위에 쌓아 두는 빵인 진설병을 위해 내는 돈이며 늘 바치는 곡식 제물과 태워 드리는 제물인 번제물을 위해 드리는 돈입니다. 또한 그 돈은 안식일과 초하루 절기, 특별 절기에 바치는 예물이며 이스라엘의 죄를 씻는 제물인 속죄 제물을 위해 내는 돈입니다. 또 그 돈은 우리 하나님의 성전에서 하는 일을 위해 내는 돈이기도 합니다.

처음으로 얻은 곡식과 가축, 자녀들을 하나님께 바치기로 약속함(10:35-36)

34 우리 백성들과 제사장들과 레위 사람들은 제비를 뽑아 어느 집안이 언제 하나님의 성전에 나무를 가져가야 할지 결정했습니다. 그래서 해마다 정한 때에 나무를 가져가기로 했습니다. 그 나무는 우리 하나님 여호와의 제단 위에 올려 놓고 태울 나무입니다. 우리는 율법에 적힌 대로 그 일을 하겠습니다.
35 우리는 또한 추수한 첫 곡식을 가져오겠습니다. 그리고 해마다 모든 나무의 첫 열매를 여호와의 성전에 가져오겠습니다.
36 율법에 적힌 대로 우리는 맏아들을 하나님께 바치기 위해 성전 제사장들에게 데

제비를 뽑아 예루살렘에 살 사람들을 선택함(11:1)

려가겠습니다. 또 소 떼와 양 떼의 첫 새
끼도 가져가겠습니다. 이것들을 하나님의
성전에서 섬기는 제사장들에게 갖다 주겠
습니다.
37 그리고 갖가지 물건을 하나님의 성전 창
고를 담당하는 제사장들에게 가져가겠습
니다. 땅에서 처음 거둔 밀과 예물과 온
갖 나무의 열매와 새 포도주와 기름도 가
져가겠습니다. 또 우리가 거둔 것의 십분
의 일을 레위 사람들에게 가져가겠습니
다. 레위 사람들이 우리가 일하는 모든 마
을에서 그것을 거둘 것입니다.
38 레위 사람들이 십분의 일을 받을 때는 아
론 집안의 제사장이 함께 있어야 합니
다. 레위 사람은 자기가 받은 것 가운데
십분의 일을 또 하나님의 성전에 바치
고, 그것을 성전 창고에 넣어 두어야 합
니다.
39 이스라엘 백성과 레위 사람은 창고에 예물
을 가져와야 합니다. 예물로 가져올 것은
곡식과 새 포도주와 기름입니다. 성전에
바친 물건은 창고에 넣어 두어야 하는데,
그 곳은 하나님을 섬기는 제사장과 문지
기와 노래하는 사람이 있는 곳입니다. 우
리는 하나님의 성전을 돌보지 않은 채 내
버려 두지 않겠습니다."

다른 백성이 예루살렘으로 옮겨 오다

11 이스라엘의 지도자들은
예루살렘에 살았습니
다. 백성들의 경우는 제비를
뽑아 십분의 일은 거룩한 성
예루살렘에서 살게 하고 나머
지는 자기 마을에서 살게 하였습니
다.
2 백성들은 예루살렘에서 살겠다고
스스로 나선 사람에게 복을 빌어 주
었습니다.
3 이스라엘 사람과 제사장과 레위 사람과 성
전 종과 솔로몬이 거느린 종의 자손들은
유다의 여러 성에 있는 자기 마을에서 살
았습니다.
4 예루살렘에서 살게 된 사람은 유다와 베냐
민 집안의 일부 사람들입니다. 예루살렘으
로 옮겨온 유다 자손은 이러합니다. 웃시
야의 아들 아다야가 있습니다. 웃시야는 스
가랴의 아들이고, 스가랴는 아마랴의 아들
입니다. 아마랴는 스바댜의 아들이고, 스
바댜는 마할랄렐의 아들이고, 마할랄렐은
베레스의 자손입니다.
5 바룩의 아들 마아세야도 있습니다. 바룩은
골호세의 아들이고, 골호세는 하사야의 아
들입니다. 하사야는 아다야의 아들이고,
아다야는 요야립의 아들입니다. 요야립은
스가랴의 아들이고, 스가랴는 실로 사람의
자손입니다.
6 예루살렘에서 산 베레스의 자손은 모두 사
백육십팔 명입니다. 그들은 모두 능력 있
는 사람들입니다.
7 예루살렘으로 옮겨온 베냐민 자손은 이러
합니다. 므술람의 아들 살루가 있습니다.
므술람은 요엣의 아들이고, 요엣은 브다야
의 아들입니다. 브다야는 골라야의 아들이
고, 골라야는 마아세야의 아들이며, 마아세
야는 이디엘의 아들입니다. 이디엘은 여사
야의 아들입니다.
8 살루를 따르는 사람은 갑배와 살래 등 모

두 구백이십팔 명입니다.
9 시그리의 아들 요엘이 그들의 우두머리이고, 핫스누아의 아들 유다가 그 다음 가는 자리를 맡았습니다.
10 예루살렘으로 옮겨온 제사장은 이러합니다. 요야립의 아들 여다야와 야긴,
11 힐기야의 아들 스라야가 있는데, 스라야는 하나님의 성전의 감독입니다. 힐기야는 므술람의 아들이고, 므술람은 사독의 아들입니다. 사독은 므라욧의 아들이고, 므라욧은 아히둡의 아들입니다.
12 그들과 더불어 성전을 위해 일한 사람은 모두 팔백이십이 명입니다. 또 여로함의 아들 아다야도 있습니다. 여로함은 블라야의 아들이고, 블라야는 암시의 아들입니다. 암시는 스가랴의 아들이고, 스가랴는 바스훌의 아들이고, 바스훌은 말기야의 아들입니다.
13 아다야와 함께 온 각 집안의 우두머리는 모두 이백사십이 명입니다. 또 아사렐의 아들 아맛새도 있습니다. 아사렐은 아흐새의 아들이고, 아흐새는 므실레못의 아들입니다. 므실레못은 임멜의 아들입니다.
14 아맛새와 함께 있던 용감한 사람은 모두 백이십팔 명입니다. 하그돌림의 아들 삽디엘이 그들의 우두머리입니다.
15 예루살렘으로 옮겨온 레위 사람은 이러합니다. 핫숩의 아들 스마야가 있습니다. 핫숩은 아스리감의 아들이고, 아스리감은 하사뱌의 아들입니다. 하사뱌는 분니의 아들입니다.
16 또 레위 사람들의 지도자 삽브대와 요사밧도 있습니다. 이들은 하나님 성전의 바깥일을 맡았습니다.
17 미가의 아들 맛다냐도 있습니다. 미가는 삽디의 아들이고, 삽디는 아삽의 아들입니다. 맛다냐는 기도와 감사의 찬송을 이끄는 지휘자입니다. 그의 동료 레위 사람 가운데서 박부갸가 그 다음 가는 자리를 맡았습니다. 삼무아의 아들 압다도 있습니다. 삼무아는 갈랄의 아들이고, 갈랄은 여두둔의 아들입니다.
18 거룩한 성에서 사는 레위 사람은 모두 이백팔십사 명입니다.
19 예루살렘으로 옮겨온 문지기는 이러합니다. 악굽과 달몬을 비롯해서 모두 백칠십이 명이 있습니다. 그들은 성문을 지켰습니다.
20 그 밖의 이스라엘 백성과 제사장과 레위 사람들은 유다 모든 성에 흩어져 각각 자기 땅에서 살았습니다.
21 성전 종들은 오벨 언덕에서 살았습니다. 시하와 기스바가 그들을 감독했습니다.
22 바니의 아들 웃시가 예루살렘에 사는 레위 사람들을 감독했습니다. 바니는 하사뱌의 아들이고, 하사뱌는 맛다냐의 아들입니다. 맛다냐는 미가의 아들입니다. 웃시는 아삽의 자손인데, 아삽의 자손은 노래하는 사람들로서 하나님의 성전에서 섬기는 일을 맡았습니다.
23 노래하는 사람들은 왕에게서 명령을 받았는데, 왕은 노래하는 사람들이 날마다 해야 할 일을 일러 주었습니다.
24 므세사벨의 아들 브다히야가 왕 곁에서 왕의 모든 일을 도왔습니다. 므세사벨은 유다의 아들 세라의 자손입니다.
25 유다 백성 가운데 일부는 마을과 그 주변의 들판에서 살았습니다. 일부는 기럇 아바와 그 주위에서 살았고, 다른 일부는 디본과 그 주위에 살았습니다. 또 나머지 일부는 여갑스엘과 그 주위에서 살았습니다.
26 어떤 사람들은 예수아와 몰라다와 벧벨렛과
27 하살수알과 브엘세바에서 살았으며 그 주위에서도 살았습니다.
28 어떤 사람들은 시글락과 므고나와 그 주위에서 살았습니다.
29 어떤 사람들은 에느림몬과 소라와 야르뭇과
30 사노아와 아둘람과 그 주변의 마을에서 살았습니다. 어떤 사람들은 라기스와 그 주변의 들판에 살았고, 어떤 사람들은 아세가와 그 주변의 들판에서 살았습니다. 이처럼 그들은 브엘세바에서 힌놈 골짜기에 이르는 곳까지 퍼져 살았습니다.

31 베냐민 자손은 게바에서부터 믹마스와 아야와 벧엘과 그 주변의 마을에서 살았습니다.
32 아나돗과 놉과 아나냐와
33 하솔과 라마와 깃다임과
34 하딧과 스보임과 느발랏과
35 로드와 오노와 '기술자들의 골짜기'에서도 살았습니다.
36 유다에서 온 레위 사람들 가운데 일부는 베냐민 땅에서 살았습니다.

제사장과 레위 사람

12 스알디엘의 아들 스룹바벨과 예수아와 함께 돌아온 제사장과 레위 사람은 이러합니다. 스라야와 예레미야와 에스라와
2 아마랴와 말룩과 핫두스와
3 스가냐와 르훔*과 므레못과
4 잇도와 긴느도이*와 아비야와
5 미야민과 마아댜*와 빌가와
6 스마야와 요야립과 여다야와
7 살루와 아목과 힐기야와 여다야입니다. 이들은 예수아 때의 제사장과 그 동료들의 지도자입니다.
8 레위 사람은 예수아와 빈누이와 갓미엘과 세레뱌와 유다와 맛다냐입니다. 맛다냐와 그의 친척들은 감사의 노래를 지휘했습니다.
9 그들의 친척 박부갸와 운노는 그들 맞은편에 서 있었습니다.
10 예수아는 요야김의 아버지입니다. 요야김은 엘리아십의 아버지입니다. 엘리아십은 요야다의 아버지입니다.

동쪽 성벽의 북쪽에 있는 성문은 양 시장이 있기에 '양 문'이라 부른다(12:39)

11 요야다는 요나단*의 아버지입니다. 요나단은 얏두아의 아버지입니다.
12 요야김의 시대에 제사장 집안의 지도자로 있던 사람은 이러합니다. 스라야 집안의 지도자는 므라야입니다. 예레미야 집안의 지도자는 하나냐입니다.
13 에스라 집안의 지도자는 므술람입니다. 아마랴 집안의 지도자는 여호하난입니다.
14 말루기* 집안의 지도자는 요나단입니다. 스바냐* 집안의 지도자는 요셉입니다.
15 하림 집안의 지도자는 아드나입니다. 므라욧* 집안의 지도자는 헬개입니다.
16 잇도 집안의 지도자는 스가랴입니다. 긴느돈 집안의 지도자는 므술람입니다.
17 아비야 집안의 지도자는 시그리입니다. 미냐민 집안과 모아댜 집안의 지도자는 빌대입니다.
18 빌가 집안의 지도자는 삼무아입니다. 스마야 집안의 지도자는 여호나단입니다.
19 요야립 집안의 지도자는 맛드내입니다. 여다야 집안의 지도자는 웃시입니다.
20 살래* 집안의 지도자는 갈래입니다. 아목 집안의 지도자는 에벨입니다.
21 힐기야 집안의 지도자는 하사뱌입니다. 여다야 집안의 지도자는 느다넬입니다.
22 레위 사람과 제사장 집안의 지도자들의 이름이 명단에 기록되었습니다. 그들의 이름이 명단에 기록된 때는 엘리아십과 요야다와 요하난과 얏두아의 시대입니다. 그들의 이름은 페르시아 왕 다리오 때에 기록되었습니다.
23 레위 사람들 가운데서도 각 집안 지도자들의 이름이 역사책에 적혀 있습니다. 그들의 이름은 엘리아십의 아들 요하난 때까지 기록되었습니다.
24 레위 사람들의 지도자는 하사뱌와 세레뱌와 갓미엘의 아들 예수아와 그들의 동료들입니다. 동료들은 그들의 맞은편에 섰습니다. 한 무리가 하나님께 찬양과 감사를 드리면, 다른 무리가 그것을 받아서 하나님께 찬양과 감사를 드렸습니다. 그것은 하나님의 사람 다윗이 명령한 것이었습니

다.
25 성문 곁의 창고들을 지킨 문지기는 맛다
냐와 박부갸와 오바댜와 므술람과 달몬과
악굽입니다.
26 그들은 예수아의 아들 요야김의 시대에 일
했습니다. 예수아는 요사닥의 아들입니다.
그들은 총독 느헤미야와 제사장이자 학자
인 에스라의 시대에도 일했습니다.

예루살렘 성벽을 하나님께 바치다

27 예루살렘 성벽을 하나님께 바치는 예배를
드리게 되었습니다. 사람들이 레위 사람
들을 그 살던 곳에서부터 예루살렘으로 데
려왔습니다. 데려온 이유는 성전을 바치
게 된 것을 기뻐하며 감사의 노래를 부르
고 제금과 비파와 수금을 연주하며 하나
님을 찬양하기 위해서였습니다.
28 노래하는 사람들도 예루살렘 주변과 느도
바 사람들의 마을에서 왔고
29 벧길갈과 게바와 아스마웻 땅에서도 왔습
니다. 노래하는 사람들은 예루살렘 주변에
마을을 지어 놓고 살았습니다.
30 제사장과 레위 사람들은 자기 몸을 깨끗
하게 한 후, 백성과 성문과 성벽을 깨끗
하게 했습니다.
31 나는 유다의 지도자들을 성벽 꼭대기로
올라가게 했습니다. 그리고 두 팀의 합창
단을 세워 감사의 노래를 부르게 했습니
다. 한 합창단은 성벽 오른쪽 꼭대기, 곧
'거름 문' 쪽으로 걸어갔습니다.
32 그 뒤로 호세야를 비롯해서 유다의 지도자
들 절반이 걸어갔습니다.
33 아사랴와 에스라와 므술람과
34 유다와 베냐민과 스마야와 예레미야도 그
뒤를 따랐습니다.
35 나팔을 든 일부 제사장들과 요나단의 아
들 스가랴도 그 뒤를 따랐습니다. 요나단
은 스마야의 아들이고, 스마야는 맛다냐의
아들입니다. 맛다냐는 미가야의 아들이고,
미가야는 삭굴의 아들이고, 삭굴은 아삽의
자손입니다.
36 스가랴의 동료들, 곧 스마야와 아사렐과 밀
랄래와 길랄래와 마애와 느다넬과 유다와
하나니가 그 뒤를 따랐습니다. 그들은 하
나님의 사람 다윗의 악기를 연주하는 사
람들입니다. 학자 에스라가 그들 앞에서
걸었습니다.
37 그들은 '샘 문'에서부터 비탈진 성벽 계
단을 타고 다윗의 성 쪽으로 곧장 올라갔
습니다. 그들은 다윗의 집을 지나 동쪽의
'물 문'까지 갔습니다.
38 다른 합창단은 왼쪽으로 돌아갔습니다.
나는 백성 절반과 더불어 성벽 위로 그들
뒤를 따랐습니다. 우리는 '가마 망대'에
서부터 '넓은 성벽'까지 갔습니다.
39 우리는 '에브라임 문'을 지나 '옛 문'을 거
쳐 '물고기 문'으로 갔습니다. 그리고 '하
나넬 망대'와 '함메아 망대'를 지나 '양
문'까지 갔다가 '경비대 문'에서 멈추었
습니다.
40 두 합창단은 하나님의 성전에서 자리를
잡고 섰습니다. 지도자들 가운데 절반은
나와 함께 자리를 잡았습니다.
41 나팔을 든 제사장은 엘리아김과 마아세야
와 미냐민과 미가야와 엘료에내와 스가랴와
하나냐입니다.
42 거기에 마아세야와 스마야와 엘르아살과 웃

알아두세요

12:3 (히) '르훔'은 '하림'과 동일 인물이다(느 7:42;12:15;스 2:39).
12:4 (히) '긴느도이'는 '긴느돈'과 동일 인물이다(느 12:16).
12:5 (히) '미야민'과 '마아댜'는 '미냐민', '모아댜'와 동일 인물이다(느 12:17).
12:11 (히) '요나단'은 '요하난'과 동일 인물이다(느 12:22).
12:14 (히) '말루기'는 '말룩'과 동일 인물이며(느 10:4;12:2), (히) '스바냐'는 '스가냐'와 동일 인물이다(느 12:3).
12:15 (히) '므라욧'은 '므레못'과 동일 인물이다(느 12:3).
12:20 (히) '살래'는 '살루'와 동일 인물이다(느 12:7).

시와 여호하난과 말기야와 엘람과 에셀도
있었습니다. 합창단은 예스라히야가 이끄
는 대로 노래를 불렀습니다.
43 그 날, 백성들은 제물을 많이 바쳤습니
다. 하나님께서 기쁨을 주셨기 때문에 그
들은 즐거워했습니다. 여자와 아이들도
기뻐했습니다. 예루살렘에서 기뻐하는 소
리가 멀리까지 퍼졌습니다.
44 그 때, 지도자들이 창고를 맡을 사람들을
세웠습니다. 그 창고는 예물과 첫 열매와
백성이 힘써 일해 얻은 것의 십분의 일을
보관하는 곳입니다. 율법에서는 마을 주
변의 밭에서 난 것 가운데서도 제사장과
레위 사람들의 몫으로 얼마를 가져와야
한다고 가르치고 있습니다. 유다 백성은
제사장과 레위 사람들을 위해 기쁜 마음
으로 바쳤습니다.
45 제사장과 레위 사람들은 하나님을 섬기는
일과 부정한 것을 깨끗하게 하는 일을 했
습니다. 그리고 노래하는 사람과 문지기
들도 다윗과 그의 아들 솔로몬이 명령한
대로 일했습니다.
46 옛날에 다윗과 아삽의 시대에도 노래하는
사람들의 지도자가 있었습니다. 그 때도
하나님께 드리는 찬양과 감사의 노래가
있었습니다.
47 스룹바벨과 느헤미야의 시대에도 마찬가지
입니다. 모든 이스라엘 백성은 노래하는
사람과 문지기들에게 쓸 것을 주었습니
다. 레위 사람들을 위해서도 쓸 것을 따
로 남겨 두었습니다. 레위 사람들은 또 아
론 자손의 몫을 따로 남겨 두었습니다.

외국인을 내보내다

13 그 날에 그들은 모세의 책을 백성에
게 읽어 주었습니다. 그러다가 그 책
에 암몬 사람이나 모압 사람은 하나님의
회중에 참석할 수 없다고 적힌 것을 알게
되었습니다.
2 암몬 사람과 모압 사람은 이집트에서 탈출
하여 나온 이스라엘 백성을 음식과 물을
가지고 따뜻하게 맞아들이지 않았습니다.
오히려 그들은 발람을 고용해서 이스라엘
을 향해 저주하게 했습니다. 그러나 우리
하나님께서 그 저주를 복으로 바꾸어 주
셨습니다.
3 백성은 이 가르침을 듣고 이스라엘 가운데
서 모든 외국인을 구분해 놓았습니다.

느헤미야가 예루살렘으로 돌아가다

4 그 일이 있기 전에 제사장 엘리아십은 하
나님의 성전 창고를 맡고 있었습니다. 엘
리아십은 도비야와 가깝게 지냈습니다.
5 엘리아십은 도비야가 큰 창고 가운데 하나
를 쓰도록 허락했습니다. 그 방은 성전에
서 쓸 곡식 제물과 향과 그릇과 곡식의 십
일조와 포도주와 기름을 보관하던 곳입니
다. 그 물건들은 레위 사람과 노래하는 사
람과 문지기들의 것이며 제사장에게 주는
예물로 쓰였습니다.
6 그 일이 일어났을 때에 나는 예루살렘에
없었습니다. 나는 바빌론 왕 아닥사스다에
게 돌아가 있었습니다. 내가 왕에게 돌아
간 때는 그가 왕으로 있은 지 삼십이 년
째 되는 해입니다. 얼마 뒤에
나는 왕에게 예루살렘으로 돌아
가게 해 달라고 말했습니다.
7 나는 예루살렘으로 돌아왔습
니다. 돌아와서야 엘리아십이
저지른 나쁜 것에 대해 알게 되
었습니다. 엘리아십은 도비야에
게 성전 뜰에 있는 방 하나를
내어 준 것입니다.
8 나는 너무나 화가 났습니다.
나는 도비야의 물건을 모두 방

느헤미야의 최종적 개혁 본문 보기 13장

내용	관련 구절
성전 뜰에서 도비야를 추방함	8절
고향으로 돌아간 레위인들을 다시 불러모음	11절
안식일에 노동을 금하고 거룩하게 함	21-22절
외국인과 결혼한 자들을 징계하고 외국인과의 결혼을 하지 않겠다는 맹세를 받음	25절
산발랏의 사위가 된 대제사장의 자손을 추방함	28절
제사장과 레위 사람들에게 임무를 맡김	30절
정한 기한에 나무와 처음 익은 것을 드리게 함	31절

밖으로 내던지고
9 사람들을 시켜 그
방을 깨끗이 하도
록 했습니다. 그런
다음에 하나님의
성전에서 쓸 그릇
들과 곡식 제물과
향을 다시 들여 놓
았습니다.
10 나는 또 백성들이
레위 사람들에게
주어야 할 몫을 주
지 않은 것을 알게
되었습니다. 이미
레위 사람들과 노래
하는 사람들은 자신이
맡은 일을 그만두고 각기 자기
고향으로 돌아가 버린 상태였습니다.
11 그래서 나는 "어찌하여 하나님의 성전을
돌보지 않았소?" 하고 관리들을 꾸짖었
습니다. 나는 레위 사람들과 노래하는 사
람들을 다시 불러모아 일을 하게 했습니
다.
12 그러자 모든 유다 백성이 곡식과 새 포도
주와 올리브 기름의 십분의 일을 가져왔
습니다. 그리고 창고에 놓아 두었습니
다.
13 나는 제사장 셀레먀와 서기관 사독과 레위
사람 브다야에게 창고를 맡겼습니다. 그
리고 삭굴의 아들 하난에게 그들을 도우라
고 했습니다. 삭굴은 맛다냐의 아들입니
다. 그들이 정직하다는 것은 누구나 다 알
고 있었습니다. 그들은 동료들에게 돌아
갈 몫을 나누어 주었습니다.
14 "나의 하나님, 이 일에 관하여 나를 기억
해 주십시오. 내가 하나님의 성전을 위
해, 그리고 하나님을 섬기는 일을 위해 행
한 모든 좋은 일들을 잊지 말아 주십시
오."
15 그 무렵에 나는 유다 백성이 안식일에도
술틀을 밟는 것을 보았습니다. 그리고 안
식일인데도 곡식을 날라다가 나귀 등에

안식일에 갖가지 물건을 파는 사람을 꾸짖음(13:15-21)

싣는 것을 보았습니다. 그 밖에 안식일에
포도주와 포도와 무화과를 예루살렘으로
실어 나르는 것을 보았습니다. 나는 안식
일에 음식을 팔지 말라고 경고했습니다.
16 그 때에 두로 사람들도 예루살렘에서 살고
있었는데, 그들도 물고기를 비롯해 갖가
지 물건을 안식일에 유다 백성에게 팔고
있었습니다.
17 그래서 나는 유다의 귀족들을 꾸짖으며
이렇게 말했습니다. "어떻게 이런 악한 짓
을 할 수가 있소? 어떻게 안식일을 더럽
힐 수가 있소?
18 당신들의 조상이 이런 짓을 해서 우리 하
나님께서 우리와 우리 성에 재앙을 내리
셨소. 당신들은 안식일을 더럽혀서 하나
님을 노하게 만들었소."
19 나는 안식일이 되기 전에 문을 닫게 하고,
안식일이 끝나서야 문을 열게 했습니다.
그리고 내 종들에게 문을 지키게 했습니
다. 그래서 안식일에는 잡상인들이 들어
오지 못했습니다.
20 상인들과 갖가지 물건을 파는 사람들이
예루살렘 밖에서 잠을 자는 일이 한두 번
있었습니다.
21 그래서 나는 그들에게 경고했습니다. "어

찌하여 성벽 앞에서 잠을 자는 거요? 한
번만 더 그랬다가는 쫓아 내고 말겠소."
그 일이 있은 뒤로 안식일에는 그들이 나
타나지 않았습니다.
22 나는 레위 사람들에게 몸을 깨끗이 하라
고 명령했습니다. 또한 성문을 지켜 안식
일을 거룩하게 지낼 수 있게 하라고 말했
습니다. "나의 하나님, 이 일로 인해 나
를 기억해 주십시오. 주의 크신 사랑으로
나를 불쌍히 여겨 주소서."
23 그 무렵에 나는 또 유다 남자들이 아스돗
과 암몬과 모압의 여자들과 결혼한 것을
알았습니다.
24 그들 자녀의 절반은 아스돗 말이나 다른
나라 말은 하면서도 유다 말은 하지 못했
습니다.
25 나는 그런 사람들을 꾸짖으며 저주했습니
다. 나는 그들 가운데 몇 사람을 때리고
머리털을 뽑았습니다. 나는 그들에게 하
나님의 이름으로 맹세하게 했습니다. 나
는 이렇게 말했습니다. "당신들의 딸을
외국인의 아들과 결혼시키지 마시오. 외
국인의 딸을 당신이나 당신 아들의 아내
로 삼지 마시오.
26 이스라엘의 솔로몬 왕이 죄를 지은 것도
바로 그런 외국인 여자 때문이었소. 그
어떤 나라에도 솔로몬 같은 왕은 없었소.
솔로몬은 하나님의 사랑을 받은 사람이
오. 그리고 하나님께서는 솔로몬을 온 이
스라엘의 왕으로 삼으셨소. 그런데도 외
국인 여자 때문에 솔로몬은 죄를 짓고 말
았소.
27 당신들은 이런 악한 짓을 함으로써 하나
님께 복종하지 않고 있소. 당신들은 외국
인 여자와 결혼함으로써 우리 하나님께
죄를 지었소."
28 대제사장 엘리아십의 아들 요야다의 아들
들 가운데 하나가 호론 사람 산발랏의 딸
과 결혼했습니다. 그래서 나는 그 요야다
의 아들을 내 앞에서 쫓아 냈습니다.
29 "나의 하나님, 그들을 잊지 말아 주십시
오. 그들은 제사장 자리를 더럽혔습니다.
그들은 제사장과 레위 사람의 약속과 맹
세를 어겼습니다."
30 그래서 나는 외국의 모든 부정한 것으로부
터 그들을 깨끗이 했습니다. 그리고 제사
장과 레위 사람들에게 해야 할 임무를 맡
겨서 저마다 자기 할 일을 하게 했습니다.
31 그리고 나는 정한 때에 나무와 첫 열매를
제단에 가져오게 했습니다. "나의 하나
님, 나에게 은혜를 베풀어 주소서. 나를
기억하시고, 복을 주소서."

성경 속의 궁금증

외국인 여자들 때문에 우상을 섬겼던 솔로몬은 구원을 받았을까요?

솔로몬의 인생은 처음과 끝이 판이하게 달랐습니다. 솔로몬이 이스라엘의 왕으로 즉위한 후 그는 하나님께 지혜를 구하고 성전을 건축하여 하나님을 기쁘시게 해드렸습니다. 그러나 시간이 지날수록 솔로몬은 우상을 섬기던 외국인 여자들을 받아들이고 많은 아내와 첩을 통해 자신도 우상을 섬기게 되었습니다. 그렇다면 하나님을 배반한 솔로몬은 구원을 얻을 수 없었을까요? 이 부분에 대해서 성경은 구체적으로 말씀하고 있지는 않습니다. 하지만 솔로몬이 구원받지 못하고 지옥에 갔다는 증거 역시 나타나 있지는 않습니다. 비록 단점은 있었지만 성경은 솔로몬을 나라를 잘 통치한 인물로, 다윗의 반열을 이은 왕으로 기록하고 있습니다. 또한 솔로몬은 노년기에 전도서 등을 통해 과거의 잘못을 뉘우치고 하나님을 경외하는 것이 참 지혜라고 고백하고 있습니다.

본문 보기 13장 26절

에 스 더

Esther

○ 저자

누가 이 책을 기록했는지는 확실하지 않다.

○ 저작 연대

B.C. 485-435년경

○ 주요 인물

에스더, 아하수에로 왕, 모르드개, 하만

○ 핵심어 및 주요 내용

핵심어는 "아름다움"과 "섭리"이다. 하나님께서는 에스더를 축복하사 아름다운 외모를 주셨다. 그러나 이런 아름다운 외모 때문에 하나님이 그녀를 사용하신 것이 아니라, 그녀의 헌신된 마음 때문에 그녀를 통하여 하나님의 역사를 이루셨다.

○ 내용 소개

1. 폐위된 와스디 왕비(1장)
2. 왕비가 된 에스더(2:1-18)
3. 왕의 생명을 구한 모르드개(2:19-23)
4. 유다인에 대한 하만의 음모(3장)
5. 에스더의 결심(4장)
6. 잔치를 베푼 에스더(5장)
7. 굴욕당하는 하만(6장)
8. 에스더의 두 번째 잔치(7장)
9. 모르드개의 조서(8장)
10. 유다인의 승리와 부림절의 기원(9-10장)

왕의 명을 거절한 와스디 왕후

1 아하수에로 왕 때에 일어난 일입니다. 아
하수에로는 인도에서 에티오피아*까지 백
이십칠 지역을 다스린 왕으로,
2 당시에 그는 수도인 수산에서 나라를 다
스리고 있었습니다.
3 왕이 된 지 삼 년째 되는 해에 귀족들과
신하들을 위해 잔치를 베풀어, 페르시아와
메대 지방의 군대 지휘관들과 각 지방의
귀족들과 총독들을 모두 초대했습니다.

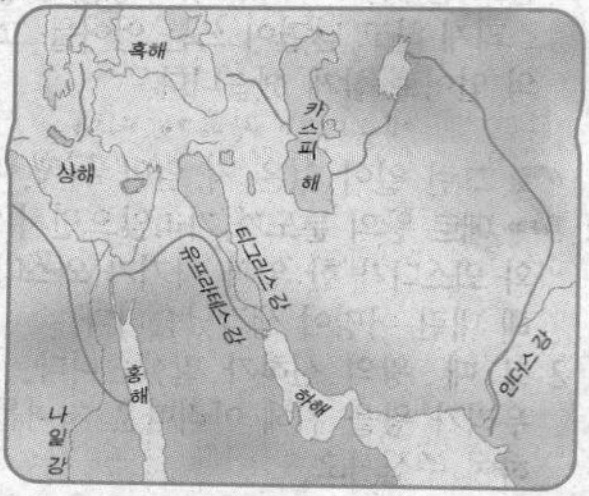

B.C. 5세기의 페르시아의 통치 영역(1:1)

알아두세요

1:1 개역 성경에는 (히) '구스'라고 표기되어 있다.

4 잔치는 백팔십 일이나 계속되었고, 그 동
안 아하수에로 왕은 자기 왕국의 부와 위
엄과 영광을 마음껏 뽐냈습니다.
5 그 잔치가 끝나자 왕은 신분의 높고 낮음
을 따지지 않고, 수산에 있는 모든 백성
들을 초대하여 왕궁 정원 뜰에서 칠 일 동
안 잔치를 베풀었습니다.
6 뜰에는 하얀색과 자주색 휘장이 대리석
기둥의 은고리에 자줏빛 끈으로 묶여서
걸려 있었고, 하얀 대리석과 조개와 보석
이 깔린 바닥 위에는 금의자와 은의자가
놓여 있었습니다.
7 왕은 갖가지 모양의 금잔에 포도주를 담
아 아낌없이 대접하였고,
8 손님들에게 마시고 싶은 만큼 마음껏 마
시라고 말했으며 왕궁 관리들에게는 손님
이 원하는 대로 포도주를 가져다 주라고
명령했습니다.
9 와스디 왕후도 아하수에로 왕의 왕궁에 있
는 여자들을 초대하여 잔치를 베풀었습니
다.
10 칠 일째 되는 날이었습니다. 포도주를 마
시고 기분이 좋아진 아하수에로 왕은 일곱
명의 내시, 곧 므후만과 비스다와 하르보나
와 빅다와 아박다와 세달과 가르가스에게,

11 와스디 왕후에게 왕후의 관을 씌워 자기 앞
에 나오게 하라고 명령했습니다. 왕후가
매우 아름다웠기 때문에 왕은 왕후를 백성
과 귀족들에게 보여 주고 싶어했습니다.
12 내시들은 와스디 왕후에게 가서 왕의 명
령을 전했습니다. 그러나 왕후는 왕에게
나오지 않았습니다. 왕은 몹시 화가 났습
니다. 마음속에서 불 같은 분노가 일어났
습니다.
13 당시에는 법과 제도를 잘 아는 사람들에
게 의견을 묻는 관습이 있었으므로, 아하
수에로 왕은 박사들을 불러 의논을 했습
니다.
14 왕이 늘 불러서 의논하던 지혜로운 사람
은, 가르스나와 세달과 아드마다와 다시스
와 메레스와 마르스나와 므무간이었습니
다. 이들은 페르시아와 메대의 일곱 귀족
으로서 왕을 직접 만날 수 있는 특권을 가
지고 있었으며, 나라 안에서 가장 높은 지
위를 차지하고 있었습니다.
15 왕이 그들에게 물었습니다. "내시들이 전
한 내 명령을 와스디 왕후가 따르지 않았
으니, 이를 법대로 하려면 어떻게 해야 하
오?"
16 므무간이 왕과 귀족들에게 말했습니다.
"와스디 왕후는 왕에게만 잘못한 것이 아
니라, 이 나라의 모든 귀족과 백성에게도
잘못한 것입니다.
17 왜냐하면 페르시아와 메대의 여자들이 왕
후가 한 일을 듣게 되면, '아하수에로 왕이
명령을 내려 와스디 왕후를 데려오게 했는
데 왕후가 가지 않았다'고 말하면서 자기
남편을 업신여길 것이기 때문입니다.
18 결국 페르시아와 메대의 귀부인들이 왕후
가 했던 것과 똑같이 자기 남편을 대할 것
이고, 그렇게 되면 업신여김과 분노가 끝
없이 이어지게 될 것입니다.
19 그러므로 왕만 좋으시다면 어명을 내려서
다시는 와스디를 왕 앞에 나오지 못하게
하시고, 그것을 페르시아와 메대의 법으로
정하여 누구도 고치지 못하게 하십시오.
그리고 왕후의 자리는 와스디보다 더 나은
사람에게 주시는 것이 좋을 것 같습니다.
20 그런 다음에 이 어명을 온 나라에 두루 알
리신다면, 높은 사람이든 낮은 사람이든,
여자들이 다 자기 남편을 존경할 것입니
다."
21 왕과 귀족들은 그의 충고를 옳게 여겼습니
다. 아하수에로 왕은 므무간이 말한 대로,
22 각 지방의 백성들에게 그 지방에서 쓰는
말로 편지를 보내어, 각 가정을 남편이 다
스리게 하고 남편이 쓰는 언어를 그 가정
의 언어로 삼게 했습니다.

에스더가 왕후가 되다

2 그런 일이 있은 지 얼마 뒤에, 아하수
에로 왕의 분노가 가라앉으면서 와스디
와 와스디가 한 일과 자기가 와스디에 관
해 내린 어명이 생각났습니다.
2 그 때, 왕의 신하가 말했습니다. "이제,
우리가 왕을 위해 *아리따운 처녀를 찾게*
하여 주십시오.
3 전국 각 지방에서 감독을 뽑아, 아리따운
처녀를 수산 왕궁으로 데려오게 하십시
오. 그들을 후궁에 보내어 궁녀들을 돌보
는 내시 헤개에게 맡기고, 몸을 가꿀 수

성경 인물

에스더 베냐민 지파 아비하일의 딸로 본명은 하닷사이며, 사촌 오빠인 모르드개가 일찍 부모를 잃고 고아가 된 에스더를 딸로 삼았습니다. 아하수에로 왕의 왕비인 와스디가 폐위된 뒤 왕비로 뽑혔습니다. 이 때, 왕은 하만이란 신하에게 높은 지위를 주고 모든 사람이 그에게 절하도록 시켰으나, 모르드개가 절을 하지 않자 하만은 유다 백성을 모두 죽이려고 했습니다. 이 때, 에스더는 3일을 유다인들과 함께 금식하며 하나님의 도움을 구하고 지혜롭게 하만의 음모를 왕에게 알려 민족을 구하였습니다. 이후, 이스라엘은 이날을 부림절로 지켰습니다.

본문 보기 2장

알아두세요

2:6 '여고냐'는 '여호야긴'이라고도 한다.

있도록 화장품을 보내 주십시오.
4 그런 뒤에 왕의 마음에 드는 여자를 와스
디 대신 왕후로 삼으십시오." 왕은 이 말
을 기쁘게 여겨서 그의 말대로 했습니다.
5 그 무렵 수산 성에는 모르드개라는 유다 사
람이 있었는데, 그는 베냐민 지파 사람으
로서 야일의 아들이고 시므이의 손자였으
며, 기스의 증손자였습니다.
6 모르드개는 바빌론 왕 느부갓네살이 예루살
렘에서 유다의 여고냐* 왕을 사로잡아 끌
고 왔을 때 함께 잡혀 온 사람이었습니다.
7 모르드개에게는 하닷사라는 사촌이 한 명
있었는데, 부모가 계시지 않아 모르드개가
자기 딸로 삼았습니다. 하닷사는 에스더라
고도 불렸으며, 몸매와 얼굴이 매우 아름
다웠습니다.
8 왕의 명령이 내려지자, 많은 여자들이 수
산 왕궁으로 뽑혀 와 헤개에게 맡겨졌습
니다. 에스더도 뽑혀 왕궁에 들어와 궁녀
들을 돌보던 헤개의 보호를 받게 되었습
니다.
9 에스더를 마음에 둔 헤개는 에스더에게 화
장품과 귀한 음식을 주고, 궁녀 일곱 명을
골라 그녀를 시중들게 했습니다. 헤개는
또 에스더와 그녀의 일곱 궁녀들을 후궁에
서 가장 좋은 곳으로 옮기게 했습니다.
10 에스더는 누구에게도 자기의 집안과 민족
에 대해 얘기하지 않았습니다. 왜냐하면
모르드개가 이에 대해 아무에게도 말하
지 말라고 했기 때문이었습니다.
11 모르드개는 에스더가 잘 있는지, 그리
고 에스더에게 무슨 일이 일어났는
지 알아보려고 날마다 후궁 근처를
서성거렸습니다.
12 처녀들은 아하수에로 왕 앞에 차례대
로 나아가기 전에 열두 달 동안, 몸을
가꿔야 했습니다. 여섯 달 동안은 기름
과 몰약으로, 그리고 나머지 여섯 달 동
안은 향수와 화장품으로 몸을 치장하였습
니다.
13 처녀가 왕에게 나아갈 때는 원하는 것을
다 주었으며, 그것을 후궁에서 왕궁으로
가져갈 수 있게 하였습니다.
14 처녀는 저녁이 되면 왕궁으로 들어갔다가
다음 날 아침이 되면 다른 후궁으로 돌아
와서, 궁녀들을 돌보는 사아스가스라는 내
시의 보호를 받게 되어 있었습니다. 그리
고 왕의 마음에 들지 않아 다시 이름이 불
리지 않는 처녀는 결코 왕에게 나아가지
못했습니다.
15 드디어 아비하일의 딸이며 모르드개의 사
촌이면서 모르드개가 자기 딸로 삼은 에스
더가 왕에게 나아갈 차례가 되었습니다.
에스더는 궁녀를 돌보는 내시인 헤개가 말
한 꼭 필요한 장식 말고는 아무것도 요구
하지 않았으나, 누가 보아도 아리땁기 그
지없었습니다.
16 에스더가 왕궁으로 들어가 왕 앞에 나아간
때는, 아하수에로가 왕이 된 지 칠 년째 되
는 해의 열째 달, 곧 데벳 월이었습니다.
17 왕은 모든 처녀들 가운데서도 에스더를 가
장 좋아했습니다. 드디어 아하수에로 왕은
에스더의 머리에 왕관을 씌워 주고, 와스
디를 대신해서 에스더를 왕후로 삼았습니
다.

왕후가 된 에스더(2:17)

하만에게 절하지 않는 모르드개(3:2)

18 왕은 에스더를 위해서 큰 잔치를 베풀고,
귀족들과 신하들을 모두 초대했습니다.
그리고 전국에 휴일을 선포하고, 사람들
에게 푸짐한 선물을 나누어 주었습니다.

모르드개가 음모를 발견하다

19 처녀들을 두 번째로 불러모았을 때, 모르
드개는 왕궁 문에 앉아 있었습니다.
20 그 때까지도 에스더는 모르드개의 지시대
로 누구에게도 자기의 집안과 민족에 대
해 말하지 않았습니다. 그녀는 모르드개
밑에서 자랄 때와 마찬가지로 그의 말을
잘 들었습니다.
21 모르드개가 왕궁 문에 앉아 있을 때, 문을
지키는 왕의 두 신하인 빅단과 데레스가
원한을 품고 아하수에로 왕을 죽일 음모를
꾸미는 것을 듣게 되었습니다.
22 이 음모를 알게 된 모르드개가 에스더 왕
후에게 이 사실을 알려 주자, 에스더는 모
르드개가 일러 주었다고 하면서 그 사실
을 왕에게 말했습니다.
23 사실을 조사한 후에 음모가 밝혀지자, 그
들은 나무에 달려 죽임을 당했습니다. 그
리고 이 모든 사실은 왕이 보는 앞에서 왕
궁 일지에 적혔습니다.

하만이 유다인을 없앨 음모를 꾸미다

3 이 일이 있은 뒤에 아하수에로 왕은 아
각 사람 함므다다의 아들 하만을 높여
귀족들 가운데서도 가장
높은 자리에 앉혔습니다.
2 왕의 명령에 따라 왕궁
의 모든 신하들은 하만 앞
에서 무릎을 꿇고 절을 했
습니다. 그러나 모르드개
는 절을 하지도 않았으며,
무릎을 꿇지도 않았습니
다.
3 그러자 왕궁 문에 있던
왕의 신하들이 모르드개에
게 물었습니다. "어찌하여
당신은 왕의 명령을 따르
지 않는 거요?"
4 날마다 모르드개에게 충고를
해도 듣지 않자, 그들은 그 사실을 하만
에게 알렸습니다. 모르드개가 스스로 유다
인이라고 했으므로, 그들은 하만이 모르드
개의 행동을 그대로 내버려 둘지 지켜 볼
생각이었습니다.
5 하만은 모르드개가 자기에게 절하지도 않
고, 무릎을 꿇지도 않는 것을 보고 크게
화가 났습니다.
6 그는 모르드개가 유다인인 것을 알고는 모
르드개만 죽이는 것으로는 충분치 않다고
생각하여, 아하수에로 왕국에 있는 모든
유다인, 곧 모르드개의 민족을 다 죽여 없
앨 방법을 찾았습니다.
7 그 때는 아하수에로가 왕이 된 지 십이 년
째 되는 해의 첫째 달, 곧 니산 월이었습
니다. 사람들은 유다인들을 죽일 날과 달
을 정하기 위해, 하만 앞에서 부르라고 불
리는 제비를 뽑았습니다. 그리고 그 날을
열두째 달인 아달 월로 정했습니다.
8 하만이 아하수에로 왕에게 말했습니다.
"왕이 다스리시는 나라의 모든 지방에 걸
쳐 다른 민족들 사이에 흩어져 사는 한 민
족이 있는데, 그들은 자기들끼리만 모여
삽니다. 그들은 어느 민족과도 다른 풍습
을 갖고 있으며, 왕의 법도 지키지 않고
있습니다. 그러므로 그들을 왕의 나라에
서 그대로 살게 내버려 두는 것은 옳지 않

다고 봅니다.
9 왕께서 좋으시다면, 그 백성을 완전히 없
애라는 명령을 내려 주십시오. 그러면 저
는 왕의 재정을 맡은 관리에게 은 만 달
란트*를 주어, 왕의 금고에 넣도록 하겠습
니다."
10 왕은 손에서 인장 반지를 빼어, 유다인의
원수인 아각 사람 함므다다의 아들 하만에
게 주었습니다.
11 왕이 하만에게 말했습니다. "그 돈과 백성
은 그대의 것이니, 그대가 좋을 대로 하
시오."
12 첫째 달 십삼 일에 왕의 서기관들이 부름
을 받고 모였습니다. 그들은 하만이 시키
는 대로 각 지방의 총독들과 군대 지휘관
들과 각 민족의 귀족들에게 각 지방과 민
족의 언어로 조서를 썼습니다. 그들은 조
서를 아하수에로 왕의 이름으로 적어서 왕
의 인장 반지로 봉인한 뒤,
13 사신들을 시켜 전국에 조서를 보냈습니
다. 조서의 내용은 열두째 달인 아달 월
십삼 일에 유다인을 젊은이, 늙은이, 여
자, 어린이 할 것 없이 다 죽여 없애 버
리고, 그들의 재산을 다 빼앗으라는 것이
었습니다.
14 각 지방에서는 이 조서를 베껴 법률로 선
포하고, 모든 백성에게 알려 그 날을 준
비하게 했습니다.
15 왕의 명령이 내려지자, 사신들은 서둘러
길을 떠나고, 수산 성에서도 조서가 선포
되었습니다. 왕과 하만이 자리에 앉아 술
을 마실 동안, 수산 성은 어지러움과 혼
란에 빠져 있었습니다.

모르드개가 에스더에게 도움을 청하다

4 이 모든 일을 알게 된 모르드개는 옷을
찢고 거친 베옷을 입은 다음, 재를 뒤
집어쓴 채 성 안으로 들어가 큰 소리로 슬
피 울었습니다.
2 그러나 거친 베옷을 입은 채 왕궁 문 안
으로 들어갈 수가 없기 때문에 모르드개는
왕궁 문 앞에서 멈춰 섰습니다.
3 왕의 명령이 각 지방에 이르자, 유다인들
은 크게 슬퍼하고 금식하며 통곡했습니
다. 그들 대부분은 거친 베옷을 입고 재
위에 누웠습니다.
4 에스더의 여종들과 내시들이 에스더에게
가서 모르드개에게 일어난 일을 일러 주
자, 그녀는 깊은 근심에 빠졌습니다. 에스
더는 모르드개에게 옷을 보내어 거친 베옷
을 벗고 다른 옷으로 갈아입기를 권했으
나 모르드개는 에스더가 보낸 옷을 입지
않았습니다.
5 에스더는 왕이 자기를 돌보라고 보낸 내
시 가운데 한 사람인 하닥을 불러, 모르드
개에게 무슨 일이 어떻게 일어났는지 알
아보게 했습니다.
6 하닥은 왕궁 문 앞, 도성 광장에 있는 모
르드개에게 갔습니다.
7 모르드개는 자기에게 일어난 일을 빠짐없
이 하닥에게 일러 주었습니다. 그리고 하
만이 유다인을 죽이기 위해, 왕의 금고에
들여 놓겠다고 약속한 돈이 얼마인지도
알려 주었습니다.
8 모르드개는 수산 성에 내려진 왕의 명령,
곧 유다인을 다 죽이라는 내용이 적힌 조
서의 사본을 하닥에게 주었습니다. 모르드

성경 인물

모르드개 바빌론에 포로로 잡혀 왔던 유다인의 한 사람으로, 모르드개라는 이름은 바빌론식의 이름인 마르두카야의 히브리식 표현입니다. 성경에는 히브리 이름과 이방 이름을 함께 가진 사람들이 종종 나옵니다. 예를 들어 다니엘은 벨드사살이란 바빌론식 이름이(단 1:6,7), 요셉은 사브낫바네아라는 이집트식 이름이 있었습니다(창 41:45). 모르드개의 본명은 알 수 없습니다. 바빌론의 유물에 마르두카야라는 이름이 나오는데, 그는 아하수에로 왕 초기에 수산 왕궁에서 수상을 지낸 인물입니다. 많은 학자들은 이 사람이 모르드개일 것이라고 추측합니다.

본문 보기 4장

알아두세요

3:9 10,000달란트는 약 342.7t에 해당된다.

왕이 에스더에게 금홀을 내밀다(5:2)

개는 하닥이 그것을 에스더에게 보이고, 그 내용을 설명해 줄 것을 요청했습니다. 그리고 에스더가 왕 앞에 직접 나아가, 자기 백성을 위해 왕에게 간절히 빌 것을 하닥에게 부탁했습니다.
9 하닥은 돌아가서 에스더에게 모르드개가 한 말을 그대로 전했습니다.
10 그러자 에스더는 모르드개에게 이렇게 전하라고 말했습니다.
11 "남자든지 여자든지 왕이 부르시지 않으면 안뜰로 들어갈 수 없습니다. 이를 어기는 사람은 죽게 되어 있습니다. 이것은 왕의 신하들과 왕이 다스리는 각 지방의 백성들이 다 아는 사실입니다. 다만 왕이 금홀을 내밀 때만 그 사람은 살 수 있습니다. 그런데 왕이 나를 부르지 않으신 지 벌써 삼십 일이나 되었습니다."
12 에스더의 말이 모르드개에게 전해졌습니다.
13 그러자 모르드개가 다시 사람을 시켜 에스더에게 다음과 같은 말을 전했습니다. "지금 왕비께서 왕궁에 살고 계신다고 하여, 다른 유다인이 다 당할 일을 왕비께서만 피하실 수 있다고 생각하지 마십시오.
14 지금 왕비가 잠잠히 있다 해도 다른 사람의 도움으로 유다인은 해방과 구원을 얻을 것입니다. 그러나 왕비와 왕비의 집안은 멸망을 당할 것입니다. 왕비가 지금 왕비의 자리에 오른 것도, 바로 이런 때를 위한 것인지 누가 압니까?"
15 그러자 에스더가 다시 그들을 시켜 모르드개에게 전했습니다.
16 "가서 수산 성에 있는 유다인들을 다 모으고 나를 위해 금식하게 하십시오. 밤낮으로 삼 일 동안 먹지 말고, 마시지도 말게 하십시오. 나와 내 여종들도 금식하겠습니다. 그런 뒤에 법을 어기고서라도 왕에게 나아가겠습니다. 그러다가 죽게 되면 죽겠습니다."
17 모르드개는 나가서 에스더가 일러 준 대로 했습니다.

에스더가 왕에게 말하다

5 금식한 지 삼 일째 되는 날, 에스더는 왕비의 옷을 입고 왕의 방이 마주 보이는 왕궁 안뜰에 섰습니다. 그 때, 왕은 방 안 보좌에 앉아 현관 쪽을 바라보고 있었습니다.
2 왕은 에스더 왕비가 뜰에 서 있는 모습을 보고 그녀를 어여삐 여겨 손에 들고 있던 금홀을 내밀었습니다. 그러자 에스더가 가까이 다가가 금홀 끝에 손을 대었습니다.
3 왕이 물었습니다. "에스더 왕후여, 무슨 일이오? 내게 무슨 부탁이라도 있소? 당신이 원한다면 내 나라의 절반이라도 주겠소."
4 에스더가 대답했습니다. "제가 오늘 왕을 위해 잔치를 준비했으니, 좋으시다면 하만과 함께 와 주십시오."
5 그러자 왕이 말했습니다. "곧 하만을 들라 하여라. 에스더의 소원을 들어 주겠다." 왕과 하만은 에스더가 준비한 잔치에 갔습니다.
6 포도주를 마시던 왕이 에스더에게 말했습니다. "당신이 바라는 것이 무엇이오? 내가 들어 주겠소. 당신이 요청하는 것이 대체 무엇이오? 내 나라의 절반이라도 주겠

소."
7 에스더가 대답했습니다. "제가 바라고 요
청하는 것은 이렇습니다.
8 왕이 저를 어여삐 보시고 제 소원과 요청
을 들어 주실 마음이 있으시다면, 내일도
잔치를 열겠으니 하만과 함께 와 주십시
오. 그 때에 제 소원을 왕께 말씀드리겠
습니다."

하만의 음모

9 그 날, 하만은 즐거운 마음으로 왕궁 문
을 나오던 중 모르드개를 만났습니다. 모
르드개는 여전히 일어나지도 않고, 자기
를 두려워하지도 않았습니다. 이를 본 하
만은 너무도 화가 났습니다.
10 하지만 그는 화를 참고 집으로 돌아가서
친구들과 자기 아내 세레스를 불렀습니
다.
11 그는 그들에게 자기의 재산과 아들이 많
은 것과 왕이 그에게 명예를 주어 다른 귀
족이나 신하들보다 높여 주신 것을 자랑
했습니다.
12 하만이 덧붙여서 말했습니다. "그뿐만이
아니라네. 에스더 왕후께서 잔치를 베풀
어 놓고 초대한 사람은 왕을 제외하고 나
밖에 없었다네. 그리고 왕후께서는 내일
도 나더러 왕과 함께 와 달라고 하셨네.
13 하지만 유다인 모르드개가 왕궁 문에 앉아
있는 것을 보면, 기쁜 마음이 싹 가신다
네."
14 하만의 아내 세레스와 모든 친구들이 말했
습니다. "오십 규빗* 되는 장대를 세우고,
내일 아침 왕에게 모르드개를 거기에 매달
아 달라고 부탁하세요. 그리고 나서 왕과
함께 기쁜 마음으로 잔치에 가세요." 하만
은 그 말을 좋게 여기고, 곧 장대를 세우
라고 명령했습니다.

왕이 모르드개를 높이다

6 그 날 밤, 왕은 잠이 오지 않아 신하
를 시켜 왕궁 일지를 가져오게 하여,
자기 앞에서 읽으라고 명령했습니다.
2 그 일지에는 왕궁 문을 지키던 왕의 두
내시인 빅다나와 데레스가 왕을 죽이려 한
음모를 모르드개가 일러 주었다는 내용이
적혀 있었습니다.
3 왕이 물었습니다. "이 일을 한 모르드개에
게 어떤 영광과 상을 주었느냐?" 신하들
이 대답했습니다. "아무것도 주지 않았습
니다."
4 왕이 다시 물었습니다. "누가 뜰에 있느
냐?" 마침 그 때, 하만이 자기가 세운 장
대에 모르드개를 매달기 위해서, 왕에게 부
탁하고자 왕궁 바깥 뜰에 와 있었습니다.
5 왕을 모시는 신하들이 말했습니다. "하만
이 뜰에 서 있습니다." 그러자 왕이 말했
습니다. "들라 하여라."
6 하만이 들어오자 왕이 그에게 물었습니
다. "내가 크게 높여 주고 싶은 사람이 있
는데, 그 사람에게 어떻게 해 주면 좋겠
소?" 하만은 속으로, '왕이 높여 주고 싶
은 사람이 나 말고 또 누가 있을까' 라고
생각하여
7 이렇게 대답했습니다. "왕께서 크게 높여
주고 싶은 사람이 있으시다면,
8 먼저 종들을 시켜, 왕께서 입으시는 옷과
왕께서 타시는 말을 내오게 하시고, 그 말
의 머리는 관으로 꾸미게 하십시오.
9 그런 다음에 그 옷과 말을 왕께서 높여 주
고 싶은 사람에게 주십시오. 그리고 왕의
신하 가운데 가장 높은 사람을 시켜, 그
사람에게 왕의 옷을 입히게 하고, 말에 태
운 사람을 성 안 거리로 다니게 하면서
'왕은 높여 주고 싶은 사람에게 이렇게 해
주신다' 하며 외치게 하십시오."
10 왕이 하만에게 명령했습니다. "어서 가서
왕궁 문에 앉아 있는 유다인 모르드개를
위해 그대가 말한 대로 옷과 말을 내어오
시오. 그대가 말한 것에서 하나도 빠뜨리
지 말고 그대로 하시오."
11 하만은 왕의 명령대로 옷과 말을 내어 와
서 모르드개에게 옷을 입히고, 그를 말에
태워 '왕은 높여 주고 싶은 사람에게 이

알아두세요
5:14 50규빗은 약 22.5m에 해당된다.

에스더에게 살려달라고 매달리는 하만(7장)

렇게 해 주신다' 하고 성 안 거리를 외치
고 다녔습니다.
12 그런 뒤에 모르드개는 다시 왕궁 문으로
돌아갔습니다. 하만은 당황하고 부끄러워
얼굴을 가린 채 서둘러 집으로 갔습니다.
13 하만은 아내 세레스와 모든 친구들에게 자
기에게 일어난 일을 빠짐없이 이야기했습
니다. 하만의 아내와 그의 친구들이 말했
습니다. "당신은 유다인인 모르드개 앞에
서 무릎을 꿇었으니, 이제 그에게 맞서 이
길 수 없소. 계속 맞서려 한다면 당신은
틀림없이 망할 것이오."
14 그들의 말이 끝나기도 전에 왕의 내시들
이 하만의 집에 와서, 에스더가 차린 잔치
에 하만을 서둘러 데려갔습니다.

하만의 죽음

7 왕과 하만은 에스더가 차린 잔치에 갔습
니다.
2 둘째 날에도 왕은 하만과 더불어 술을 마
시다가 에스더에게 물었습니다. "당신이
바라는 것이 무엇이오? 내가 들어 주겠
소. 당신이 요청하는 것이 무엇이오? 내
나라의 절반이라도 주겠소."
3 그러자 에스더 왕후가 대답했습니다. "왕
이 저를 어여삐 보신다면,
그리고 제 요청을 들어
주실 마음이 있으시다
면, 제 목숨을 살려
주십시오. 이것이 제
소원입니다. 그리고
제 민족도 살려 주
십시오. 이것이 제
요청입니다.
4 제 민족이나 저
나 이제는 다 죽고
망하여, 완전히 없어
지게 되었습니다. 우리
가 남종이나 여종으로 팔
려 가기만 해도 제가 잠자
코 있었을 것입니다. 그만한
일을 가지고 왕을 번거롭게 해 드
리지 않았을 것입니다."
5 아하수에로 왕이 에스더 왕후에게 물었습
니다. "그가 누구요? 그가 어디에 있소?
누가 그런 짓을 하려 하오?"
6 에스더가 말했습니다. "우리의 적, 우리의
원수는 바로 이 악한 하만입니다." 그 말
이 끝나자, 하만은 왕과 왕후 앞에서 두
려움에 사로잡혔습니다.
7 화가 머리 끝까지 난 왕은 자리에서 일어
나 왕궁 뜰로 나갔습니다. 하만은 왕이 이
미 자기를 죽이기로 결심한 것을 알고, 자
리에 남아 에스더에게 목숨만 살려 달라
고 빌었습니다.
8 왕이 왕궁 뜰에서 잔칫방으로 돌아와 보
니, 하만이 에스더가 기대는 침상에 엎드
려 있었습니다. 그 모습을 보고 왕이 말
했습니다. "내가 왕궁에 있는데도 이 놈
이 왕후를 덮치려 하는구나!" 왕의 그 말
이 떨어지기가 무섭게 종들이 달려들어
하만의 얼굴을 가렸습니다.
9 그 때, 왕을 모시던 내시 가운데 하르보나
가 말했습니다. "하만이 자기 집에 높이가
오십 규빗 되는 장대를 세워 놓았습니다.
그것은 왕을 해치려는 음모를 알려 준 모
르드개를 매달려고 준비해 놓은 것입니

다." 왕이 말했습니다. "하만을 거기에 매
달아라!"
10 그러자 사람들이 모르드개를 달려고 하만
이 세워 놓은 바로 그 장대에 하만을 매
달았습니다. 그런 뒤에야 왕의 분노가 가
라앉았습니다.

왕이 유다 민족을 돕다

8 바로 그 날, 아하수에로 왕은 유다인의
원수 하만의 모든 재산을 에스더 왕후
에게 주었습니다. 에스더가 자기와 모르드
개의 관계를 밝혔기 때문에 모르드개는 왕
에게 나아가게 되었습니다.
2 왕은 하만에게서 되찾은 자기의 인장 반
지를 빼서 모르드개에게 주었습니다. 에스
더는 하만이 남긴 모든 재산을 모르드개에
게 맡겼습니다.
3 에스더가 다시 왕에게 나아가, 그의 발 앞
에 꿇어 엎드려 울면서 하만의 악한 음모
를 막아 달라고 간청했습니다.
4 왕이 금홀을 내밀자, 에스더가 자리에서
일어나 왕에게 말했습니다.
5 "왕이여, 저를 어여삐 보시고, 이 일을 좋
게 여기시며 이렇게 하는 것이 옳은 일이
라 생각하신다면, 하만이 쓴 조서를 취소
해 주십시오.
6 제 민족에게 그런 끔찍한 일이 일어나는
것을 제가 어찌 볼 수 있으며, 가족이 죽
임당하는 것을 어찌 볼 수 있겠습니까?"
7 아하수에로 왕이 에스더 왕후와 유다인 모
르드개에게 대답했습니다. "하만이 유다인
을 죽이려 했기 때문에 내가 그의 재산을
에스더에게 주었고 군인들을 시켜 그를 매
달았소.
8 이제 나의 이름으로 다른 조서를 쓰시오.
그대들 보기에 좋을 대로 쓰고, 나의 인
장 반지로 봉인하시오. 나의 이름으로 쓰
여지고, 나의 인장 반지로 봉인된 조서는
아무도 취소할 수 없소."
9 셋째 달, 곧 시완 월 이십삼 일*에 왕의 서
기관들이 불려 왔습니다. 그들은 모르드개
가 시키는 대로 조서를 썼습니다. 그리고
인도에서부터 에티오피아*에 이르기까지
백이십칠 지역에 있는 유다인들과 총독들
과 군대 지휘관들과 귀족들에게 조서를
보냈습니다. 그것은 유다를 포함한 각 지
방과 민족의 언어로 기록되었습니다.
10 모르드개는 아하수에로 왕의 이름으로 조
서를 쓰고 왕의 인장 반지로 봉인을 한 다
음에 왕궁에서 쓰려고 특별히 기른 빠른
말들에 사신들을 태워 보내서 그 조서를
전했습니다.
11 왕의 조서 내용은, 각 성에 사는 유다인
들이 함께 모여서 목숨을 지킬 수 있도록
한 것이었습니다. 어느 지방의 민족이든
군대를 일으켜 유다인을 치려 하면, 그들
은 물론 그들의 아내와 자식들까지 다 죽
이고 멸망시켜 완전히 없애 버릴 수 있을
뿐만 아니라, 그들의 재산까지도 빼앗을
수 있게 하였습니다.
12 그러나 아하수에로 왕이 다스리는 모든 지
방에서 유다인이 그렇게 할 수 있는 날은,
열두째 달인 아달 월 십삼 일* 하루 동안
으로 정했습니다.
13 왕은 조서의 사본을 각 지방으로 보내어
법으로 삼게 했습니다. 그리고 그것을 왕
이 다스리는 지방의 모든 민족에게 알려,
유다인들이 원수에게 보복할 날을 미리
준비할 수 있게 했습니다.
14 사신들은 왕의 명령을 받고, 서둘러 왕궁
말을 타고 나갔습니다. 수산 성에도 왕의
조서가 선포되었습니다.
15 모르드개가 푸른색과 흰색으로 된 왕궁 옷
을 입고, 머리에는 큰 금관을 쓰고, 고운
모시로 만든 자줏빛 겉옷을 걸치고, 왕 앞
에서 물러나왔습니다. 그러자 수산 성 사
람들이 환호하며 기뻐했습니다.
16 그 날은 유다인에게 기쁘고 즐겁고 영광
스런 날이었습니다.

알아두세요

8:9 이 날은 B.C. 474년 6월 25일로 추정되며, '에티오피아'는 개역 성경에 (히)'구스'라고 표기되어 있다.

8:12 이 날은 B.C. 473년 3월 7일로 추정된다.

17 왕의 조서가 전달된 지방과 성마다, 그 곳
유다인들이 기뻐하고 즐거워했습니다. 그
들은 잔치를 베풀고, 그 날을 축제일로 삼
았습니다. 그리고 그 땅에 사는 많은 사
람이 유다인을 두려워하여 스스로 유다인
이 되었습니다.

유다 민족의 승리

9 드디어 열두째 달인 아달 월 십삼 일이
되어, 왕이 내린 명령을 지켜야 하는
날이 되었습니다. 그 날은 유다인의 원수
들이 유다인을 없애려고 한 날이었으나,
이제는 유다인이 그 원수들을 물리칠 수
있는 날로 바뀌었습니다.
2 유다인들은 아하수에로 왕이 다스리는 모
든 지방의 각 성에 모여, 자기들을 해치
려 하던 사람들을 공격했습니다. 나라 안
의 모든 사람이 유다인을 두려워했으므로
아무도 그들을 막지 못했습니다.
3 게다가 각 지방의 귀족들과 총독들과 군
대 지휘관들과 왕의 신하들도 모르드개를
두려워했기 때문에 유다인을 도왔습니다.
4 모르드개는 왕궁에서 높은 자리를 차지하
고 있었으며, 그의 세력 또한 점점 커져
서 나라 전체에 그의 이름을 모르는 사람
이 없게 되었습니다.
5 유다인들은 모든 원수를 칼로 쳐죽여 없
앴습니다. 그리고 그들을 미워하던 민족
에게 하고 싶은 대로 다 했습니다.
6 유다인들은 수산 성에서만 오백 명을 죽여
없앴습니다.
7 그들은 또한 함므다다의 아들이자 유다인
의 원수인 하만의 열 아들, 곧 바산다다와
달본과 아스바다와
8 보라다와 아달리야와 아리다다와
9 바마스다와 아리새와 아리대와 왜사다를 죽
였습니다.
10 그러나 유다인은 그들의 재산에는 손을
대지 않았습니다.
11 그 날, 수산 성에서 죽은 사람의 수가 왕
에게 보고되었습니다.
12 왕이 에스더 왕후에게 말했습니다. "유다인
들이 수산 성에서만 오백 명을 죽여 없앴
고, 하만의 열 아들도 죽였소. 그러니 다
른 지방에서는 어떠했을지 더 말할 나위도
없소. 이제 당신의 남은 소원을 말해 보시
오. 내가 들어 주겠소. 무엇을 더 바라시
오? 당신이 바라는 대로 해 주겠소."
13 에스더가 대답했습니다. "왕만 좋으시다
면, 수산 성에 있는 유다인들이 내일도 오
늘처럼 할 수 있게 해 주십시오. 그리고
하만의 열 아들의 주검을 장대에 매달아
주십시오."
14 왕이 에스더의 청을 허락하고, 명령을 내
렸습니다. 수산 성에 조서가 내려졌고, 하
만의 열 아들의 주검이 장대에 매달렸습
니다.
15 수산 성의 유다인들은 아달 월 십사 일에
모여서, 수산 성에서 삼백 명을 죽였습니
다. 그러나 그 재산에는 손을 대지 않았
습니다.
16 다른 지방의 유다인들도 모여서 자기 생
명을 지키고, 원수들을 물리쳤습니다. 그
들은 자기들을 미워하던 사람 칠만 오천
명을 죽였습니다. 그러나 재산에는 손을
대지 않았습니다.
17 이 일이 일어난 날은 아달 월 십삼 일이
었습니다. 십사 일에는 쉬면서 즐거운 잔
치를 열었습니다.

성경 자세히 이해하기

부림절

'부림'이란 말의 뜻은 '제비 뽑기'입니다. 이 날은 유다인들이 하만의 음모로부터 구원받은 것을 기념하기 위해 지금도 지키는 명절입니다. 부림절은 하만이 유다인들을 죽일 날을 제비 뽑아 정한 데서 유래합니다. 이 명절 전날에는 엄숙하게 금식을 하고, 명절 당일에는 회당에 모여 손뼉을 치고 발을 구르는 가운데 에스더서를 낭독합니다. 이것은 하만에 대한 경멸의 표시이자 기쁨의 표현입니다. 회당에서 의식을 마친 뒤에는 집에서 성대한 잔치를 벌이는데, 때로는 지나쳐서 유다인의 바쿠스 축제라고 빗대어 말하기도 합니다(바쿠스는 술의 신). 본문 보기 9장 26절

부림절

18 그러나 수산 성의 유다인들은 아달 월 십
삼 일과 십사 일에 모였으므로, 십오 일
에 쉬면서 그 날을 즐거운 잔칫날로 삼았
습니다.
19 시골과 작은 마을에 사는 유다인들이 아
달 월 십사 일에 잔치를 베풀면서 서로 선
물을 나누는 것은 바로 이러한 이유 때문
입니다.
20 모르드개는 이 모든 일을 다 적어 두었습
니다. 그리고 먼 곳이든지 가까운 곳이든
지, 아하수에로 왕이 다스리는 나라의 모
든 유다인에게 편지를 보내어
21 해마다 아달 월 십사 일과 십오 일을 명
절로 지키게 했습니다.
22 그 날은 유다인이 원수들을 물리친 날이
고, 슬픔이 기쁨으로 바뀐 날이며, 통곡
할 날이 즐거운 날로 바뀐 날입니다. 따
라서 모르드개는 그 날을 즐거운 명절로
정하고 서로 음식을 나누며, 가난한 사람
들에게 선물을 주는 날로 정하게 하였습
니다.
23 유다인들은 모르드개의 말에 따라, 해마다
그 날을 명절로 지켰습니다.
24 모든 유다인의 원수였던 함므다다의 아들
아각 사람 하만은 유다인들을 없앨 음모를
꾸미고 부르, 곧 제비를 던져 유다인을 멸
망시킬 날을 정했으나
25 왕이 그 음모를 알고 조서를 내려, 유다인
을 해치려고 꾸민 음모가 오히려 그에게
돌아가게 하였고, 하만뿐만 아니라 그의
열 아들까지도 장대에 매달게 했습니다.
26 그래서 제비를 뜻하는 부르라는 말을 따
라, 이 두 날을 부림이라 부르게 된 것입
니다.
27 유다인들은 이 일을 관습으로 삼아, 다른
민족에서 유다인이 된 사람들에 이르기까
지 자손 대대로 이 두 날을 지키게 했으
며, 모르드개가 편지에 명령한 대로, 해마
다 거르는 일이 없이 그 두 날을 지키게
했습니다.
28 어느 지방, 어느 성에 살든지 유다인이라
면 누구나 이 두 날을 기억하고 지켜야 했
습니다. 부림절은 유다인들에게는 거를 수
없는 명절이 되었고, 자손들에게도 잊어
서는 안 되는 날이 되었습니다.
29 아비하일의 딸 에스더 왕후는 유다인 모르
드개와 함께 부림절에 관한 두 번째 편지
를 써서, 자기들의 권력으로 부림절을 확
정했습니다.
30 모르드개는 아하수에로 왕이 다스리는 나
라의 백이십칠 지역에 사는 모든 유다인
에게 평화와 안녕을 비는 편지를 보냈습
니다.
31 그는 그 편지에서 정한 날에 부림절을 지
킬 것을 명령하고, 자신과 에스더 왕후
를 비롯한 모든 유다인이 이 두 날에 금
식을 하고 슬피 울며 지킬 것을 말하였
습니다.
32 부림절 관습은 에스더의 편지로 확실히 정
해졌고, 이 모든 일이 글로 적혔습니다.

높아진 모르드개

10 아하수에로 왕은 본토뿐만 아니라
바닷가의 성들도 조공을 바치게 했
습니다.
2 아하수에로 왕이 큰 권세와 능력으로 이룬
모든 업적과 그가 모르드개를 높여 영화롭
게 한 일은 메대와 페르시아의 왕들의 역
사책에 적혀 있습니다.
3 유다인 모르드개는 아하수에로 왕 다음으
로 높은 사람이었습니다. 그는 유다인 가
운데서 가장 세력이 컸는데, 자기 민족의
이익과 안전을 위해서 일했기 때문에 모
든 유다인의 존경을 받았습니다.

아하수에로 왕 당시 수산 성 근교인
초가잠빌의 거대한 지구라트 탑(10:1)

욥 기

Job

○ 저자

저자가 누구인지에 대해 뚜렷한 단서는 없으나 긴 대화를 상세하게 기록한 점을 보아 목격자가 이 책을 기록했다고 보는 것이 가장 바람직하다.

○ 저작 연대

욥의 나이나 기타 정황은 책의 내용이 족장시대에 일어났다고 암시해 준다. 기록 시기는 모세나 솔로몬 시대로 추정된다.

○ 주요 인물

욥, 엘리바스, 빌닷, 소발, 엘리후

○ 핵심어 및 주요 내용

핵심어는 "인내"와 "고통"과 "하나님의 절대 주권" 등이며, 고난 중에서도 믿음을 굳게 갖고 하나님을 원망하지 말아야 한다는 내용을 담고 있다.

○ 내용 소개

1. 머리말(1-2장)
2. 대화(3:1-42:6)
3. 맺는 말(42:7-17)

의로운 사람 욥

1 우스 땅에 욥이라는 사람이 살고 있었습
니다. 그 사람은 흠 없고 정직했으며, 하
나님을 경외하고 악을 미워했습니다.
2 그에게는 일곱 명의 아들과 세 명의 딸이
있었습니다.
3 그는 양 칠천 마리, 낙타 삼천 마리, 겨
릿소 오백 쌍, 암나귀 오백 마리를 가졌
고, 수많은 종들을 거느렸습니다. 그는
동방에서 으뜸가는 부자였습니다.
4 욥의 아들들은 자신의 생일이 돌아오면
형제와 누이들을 초대하여 잔치를 베풀어
함께 먹고 마셨습니다.
5 이렇게 잔치가 끝날 때마다, 욥은 자녀들
을 불러 몸과 마음을 깨끗하게 하고 아침
일찍 일어나 자녀 수대로 태워 드리는 제
사인 번제를 함께 드렸습니다. 이는 '혹
시 내 자녀들이 마음으로 죄를 짓거나 하
나님을 저주했을지 모른다'고 생각했기
때문입니다. 이와 같이 욥은 항상 신앙적
으로 행동하였습니다.

사탄이 여호와 앞에 서다

6 어느 날, 천사들*과 사탄이 여호와 앞에
섰습니다.
7 여호와께서 사탄에게 "어디에서 왔느냐?"
라고 물으셨습니다. 사탄이 여호와께 "세
상 여기저기 두루 돌아다니다 왔습니다"
라고 대답했습니다.
8 여호와께서는 사탄에게 "네가 내 종 욥을
주의하여 보았느냐? 욥처럼 흠 없고 정직
하며, 하나님을 경외하고 악을 미워하는
자는 세상 어디에도 없다"라고 말씀하셨
습니다.
9 그러자 사탄이 말했습니다. "욥이 아무런
이유 없이 하나님을 경외하는 줄 아십니까?
10 주께서 욥과 그 가정과 재산을 늘 지켜 주

성경 인물 — 욥

우스 땅에 살던 큰 부자로 하나님을 경외하면서 행복한 삶을 누리던 사람이었습니다. 그러던 어느 날, 그의 믿음을 시기한 사탄이 하나님께 허락을 받아 아들 일곱, 딸 셋, 그리고 그의 모든 재산을 잃게 하고, 온몸에는 종기가 나게 했으며, 아내에게 버림을 받게 하는 등의 시험을 합니다. 자신이 당하는 고난의 원인을 몰랐던 욥은 이에 대해 친구들과 논쟁을 벌였으며, 여기서 하나님은 욥의 무죄를 선언해 주셨습니다. 그후, 욥은 전보다 두 배 많은 재산과 새로이 아들 일곱, 딸 셋을 얻었습니다.

본문 보기 1장

알아두세요

1:6 개역 성경에는 '하나님의 아들들'이라고 표기되어 있다.

욥의 자녀들이 모두 죽다(1:18-19)

지 않으셨습니까? 주께서 그가 하는 일마
다 복을 주셔서 부유해진 것입니다.
11 그러나 이제 주께서 손을 내미셔서 그가
가진 모든 것을 빼앗아 보십시오. 그러면
그가 주님을 똑바로 쳐다보며 저주할 것
입니다."
12 여호와께서 사탄에게 말씀하셨습니다.
"좋다. 그가 가진 모든 것에 대해 네 마
음대로 시험해 보아라. 그러나 그의 몸에
는 손대지 마라!" 그러자 사탄은 곧 여호
와 앞에서 떠나갔습니다.
13 하루는 욥의 자녀들이 맏형 집에 모여 음
식을 먹으며 포도주를 마시고 있었습니다.
14 그 때, 한 심부름꾼이 욥에게 와서 이렇게
말했습니다. "소들은 쟁기질을 하고, 암나
귀들은 그 곁에서 풀을 뜯고 있었습니다.
15 그런데 스바 사람들이 들이닥쳐 소들과
암나귀들을 빼앗고 종들을 칼로 쳐서 죽
였습니다. 오직 저 혼자만 도망쳐 나와 이
렇게 주인께 보고 드리는 것입니다."
16 그의 말이 끝나기도 전에 다른 사람이 와
서 말했습니다. "하늘에서 하나님의 불이
떨어져 양 떼와 종들을 태워 버렸습니다.
오직 저만 간신히 도망쳐 주인께 보고 드
리는 것입니다."
17 아직 이 사람의 말이 끝나기도 전에 또 다
른 사람이 와서 말했습니다. "갈대아 강도
가 세 무리나 들이닥쳐 낙타들을 빼앗고
종들을 칼로 쳐서 죽였습니다. 오직 저만
도망쳐 나와서 주인께 보고 드리는 것입
니다."
18 아직 이 사람의 말이 끝나기도 전에 또 다
른 사람이 와서 말했습니다. "주인님의
자녀들이 큰아들 집에 모여서 음식을 먹
으며 포도주를 마시고 있었습니다.
19 그런데 갑자기 사막에서 강풍이 불어와
집의 네 모퉁이를 덮쳐 자녀분들이 깔려
죽고, 오직 저만 홀로 피해 나와서 보고

드리는 것입니다."
20 그러자 욥은 일어나 자기 옷을 찢으며 머
리를 삭발하고 땅에 엎드려 하나님께 경
배를 드리며
21 이렇게 말했습니다. "내 어머니 태에서
벌거벗은 채로 나왔으니, 벌거벗은 채로
그 곳으로 돌아갈 것입니다. 주신 분도 여
호와시요, 가져가신 분도 여호와시니 여
호와의 이름이 찬양을 받으시기 바랍니
다!"
22 이 모든 일을 겪고도 욥은 죄를 짓거나 어
리석게 하나님을 원망하지 않았습니다.

사탄이 또다시 여호와 앞에 서다

2 어느 날, 천사들과 사탄이 또 여호와
앞에 섰습니다.
2 여호와께서 사탄에게 "네가 어디에서 왔
느냐?" 하고 물으시자, 사탄이 "세상을
두루 돌아다녔습니다"라고 대답했습니다.
3 여호와께서 사탄에게 말씀하셨습니다.
"네가 내 종 욥을 주의하여 보았느냐? 욥
처럼 흠 없고 정직하며, 하나님을 경외하
고 죄를 미워하는 자는 세상 어디에도 없
다. 네가 아무런 이유 없이 나를 자극하
여 그를 해치고자 했으나, 그가 오히려 신
앙을 튼튼히 붙들고 있지 않느냐?"
4 그러자 사탄이 여호와께 대답하였습니다.
"가죽은 가죽으로 바꿉니다. 사람은 자기
의 목숨을 구하는 일이라면 무엇이든 내
놓게 됩니다.
5 이제 주께서 그의 뼈와 몸을 병들게 해보
십시오. 그러면 그가 주님을 똑바로 쳐다
보며 저주할 것입니다."
6 여호와께서 사탄에게 대답하셨습니다.
"좋다. 그를 네 맘대로 해도 좋다. 그러
나 그의 생명만은 건드리지 마라."
7 사탄이 여호와 앞에서 물러나 욥을 쳐서,
그의 발끝에서 머리끝까지 온몸에 종기가
나게 했습니다.
8 그는 잿더미에 앉아 기와 조각을 주워서
온몸을 긁었습니다.
9 그 때, 욥의 아내가 그에게 말했습니다.
"그래도 당신은 신앙을 지킬 것입니까?
차라리 하나님을 저주하고 죽어 버려
요!"
10 욥이 그녀에게 대답했습니다. "당신은 어
리석은 여자들처럼 말하는군요. 우리가
하나님께 복을 받았는데, 재앙인들 못 받
겠소?" 이 모든 일에도 욥은 입술로 범죄
하지 않았습니다.

욥의 세 친구

11 욥의 세 친구인 데만 사람 엘리바스, 수아
사람 빌닷, 나아마 사람 소발은 욥이 당한
모든 재앙들을 듣고, 집을 떠나 함께 모
여 욥을 위로하기로 했습니다.
12 그들은 멀리서 욥을 바라보았지만 알아볼
수가 없었습니다. 욥의 친구들은 크게 울
부짖으며, 각자 자기의 겉옷을 찢고 티끌
을 머리 위에 뿌렸습니다.
13 그들은 칠 일 밤낮을 욥과 함께 땅에 앉
아 있었지만, 그의 고통이 너무나 커 보
여 그에게 한 마디도 하지 못했습니다.

욥이 자기의 생일을 저주하다

3 그후, 욥은 입을 열어 자기의 생일을
저주하며
2 이렇게 말했습니다.
3 "내가 태어났던 그 날이 없었더라면, '아
들을 가졌다'고 말하던 그 밤이 없었더라
면!
4 그 날이 어둠에 가려 하나님께서 그 날을
찾지 않으시고, 빛도 그 날에 광채를 발
하지 않았더라면.
5 어둠과 그늘이 그 날을 삼켜 버리고, 구
름이 그 날을 덮어 버리고, 흑암이 그 날
을 덮쳤더라면.
6 그 날 밤이 칠흑같이 캄캄하며, 일 년 중
그 날이 없었더라면, 어느 달에도 그 날

알아두세요

3:8 개역 성경에는 '큰 악어'라고 표기되어 있다.

광채(3:4 light) 찬란한 빛.
폐허(3:14 ruins) 건물 따위가 허물어져 완전히 못 쓰게 된 터.
혹사시키다(3:18 overwork) 심하게 부리다.

이 없었더라면.
7 아, 그 밤에 아무도 아이를 가질 수 없었
더라면, 그 밤에 기쁜 외침이 없었더라
면.
8 바다 괴물*을 깨우기에 익숙한 사람들이
그 날을 저주했더라면.
9 그 밤의 새벽 별들이 빛나지 않았더라면,
바라던 빛도 없고, 새벽 햇살도 보이지 않
았더라면.
10 나를 낳던 어머니의 자궁 문이 열리지 않
았더라면, 내 눈이 슬픔을 보지 않았을 것
을.
11 내가 어머니의 배에서 죽어 나왔더라면,
나오자마자 죽었더라면,
12 어찌하여 어머니의 두 무릎이 나를 받았
던가? 어찌하여 어머니의 가슴이 나에게
젖을 먹였던가?
13 그렇지 않았다면 나는 편히 누워 있을 텐
데. 그렇지 않았다면 나는 잠자며 쉬고 있
을 텐데.
14 폐허 위에 성을 건축한 왕과 장관과 함께,
15 금과 은으로 집을 채웠던 귀족들과 함께
누워 쉴 텐데.
16 어찌하여 나는 죽은 채 태어나, 빛을 보
지 못한 아기처럼 묻히지 못했던가?
17 그 곳에서는 악인이 날뛰지 못하고, 피곤
한 자들이 휴식을 얻나니,
18 포로들도 마음을 푹 놓고, 더 이상 혹사
시키는 주인들의 고함 소리도 들리지 않
는구나.
19 그 곳에서는 보통 사람이나 위대한 사람
이나 다 똑같으며, 종이 자기 주인으로부
터 자유로운데.
20 어찌하여 비참한 사람에게 빛이 주어졌는
가? 어찌하여 마음이 괴로운 자들에게 생
명이 주어졌는가?
21 저들은 숨겨진 보물을 찾는 것보다 죽기
를 더욱 바라나 헛될 뿐이니,
22 저들이 무덤에 이를 때 얼마나 기뻐할까?
그 얼마나 즐거워할까?
23 아무 미래가 없이 비탄에 빠져 일생을 살
아갈 자에게 왜 생명을 주셨는가?
24 한숨 때문에 먹지 못하며, 탄식이 물처럼
쏟아져 나오는구나!
25 내가 가장 두려워하던 것이 임하였고, 무
서워하던 모든 것이 닥쳤구나.
26 나에게는 평안도, 쉼도, 안식도 없이 고
통만이 찾아오는구나!"

엘리바스가 말하다

4 그러자 데만 사람 엘리바스가 이렇게
대답했습니다.
2 "누군가 자네에게 충고 한마디 하려고 한
다면, 자네는 귀찮아 하겠지? 그렇지만
이제 더 이상 참을 수가 없네.
3 자네는 전에 많은 사람에게 신앙을 가르
치고, 약한 자들을 도와 주었네.
4 또한 믿음이 약해져 넘어지는 자들을 격
려하고, 연약한 무릎을 굳세게 했었지.
5 그런데 이제 자네에게 이런 일이 닥치니
감당하지 못하고, 자신이 이런 일을 당하
니 좌절하는군.
6 하나님을 경외하는 것이 자네에게 힘을
주지 않았는가? 자네의 소망은 흠 없는
삶이 아니었나?
7 생각해 보게. 죄 없이 망한 자가 있던가?
정직한 사람이 갑자기 죽던가?
8 내가 본 바로는, 악의 밭을 갈고 죄를 심
는 자들은 뿌린 대로 거두며,
9 하나님의 숨결에 망하고, 하나님의 진노

성경 인물

엘리바스 에서의 손자인 데만의 후손들이 사는 데만 지역의 사람으로, 그의 이름이 친구들 중에 가장 먼저 언급되어 있고, 세 차례에 걸친 대화에서도 가장 먼저 이야기를 하는 것으로 보아 세 친구들 중에 가장 나이가 많았던 것 같습니다. 그의 말은 다른 친구들의 말보다 길고, 내용 면에서도 더 깊이가 있는 것이 특징입니다. 또 하나님께서 친구들에게 진노하셨을 때에도, 대표로 그에게 말씀하셨습니다(42:7). 처음에는 욥의 고난을 위로해 주는 듯 보였지만 죄 없는 사람은 고난을 당하지 않는다는 인과응보의 논리를 펼쳐 결국에는 아무런 위로도 주지 못했습니다.

본문 보기 4장

에 끝장이 난다네.
10 난폭한 사자의 부르짖음도 그치고, 젊은
사자의 이빨도 부러지며,
11 강한 사자라도 먹이가 없어 죽고, 암사자
의 새끼들이 흩어지지 않는가?
12 어떤 소리가 나지막이 내게 속삭이는 것
을 들었다네.
13 밤의 환상으로 머리가 뒤숭숭할 때
14 두려움과 떨림으로 인해 내 모든 뼈들이
흔들렸지.
15 그 때, 한 영이 내 앞을 지나갔는데 온몸
의 털이 쭈뼛 섰다네.
16 그 영이 멈춰 서 있었지. 그 형상을 볼 수
는 없었으나, 그것이 내 앞에 있다는 것
을 알 수 있었다네. 조용한 가운데 이런
소리가 들렸어.
17 '사람이 어떻게 하나님 앞에서 의로울 수
있으며, 인간이 어떻게 창조주 앞에서 깨
끗할 수 있겠느냐?'
18 그분은 자기 종들도 믿지 아니하시며, 그
의 천사들 중에서도 허물을 찾으신다네.
19 하물며 진흙 집에서 사는 자들, 먼지로 돌
아갈 자들, 나방보다 쉽게 죽는 자들이야
오죽하겠는가?
20 하루 사이에 인생이 끝나고, 죽어도 안타
까워하는 이가 없네.
21 그들의 장막이 무너지니, 미련하게 죽어

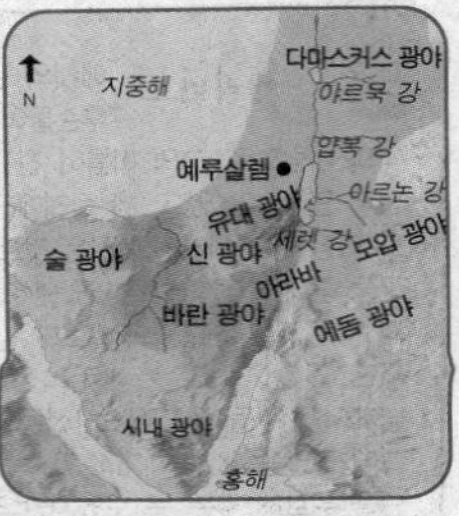

팔레스타인의 지형과 기후 (5:10)

알아두세요

5:1 개역 성경에는 '거룩한 자'라고 표기되어 있다.

가지 않는가?"

5

"불러 보게나, 자네에게 대답할 자가
있겠는가? 천사*에게 도움을 요청하겠
나?
2 분노는 미련한 자를 파괴하고, 시기는 어
리석은 자를 죽이네.
3 하나님을 떠난 어리석은 사람이 잠시 성
공하다가, 갑작스런 재앙으로 망하는 것
을 보았네.
4 그 자녀들이 안전하지 못하니, 성문에서
매를 맞아도 구해 줄 사람이 없다네.
5 그가 추수한 것은 굶주린 자들이 먹어 치
우고, 가시덤불에서조차 양식을 구하네.
목마른 자들이 저들의 재산을 탐낸다네.
6 악은 흙에서 생겨나는 것이 아니고, 불행
은 땅에서 싹트는 것이 아니라네.
7 그런데도 인생은 문제를 갖고 태어나네.
그것은 마치 불꽃들이 위로 솟는 것과 같
지.
8 내가 자네라면 하나님을 찾고, 내 문제를
하나님께 맡기겠네.
9 그분은 우리가 알 수 없는 위대하고 놀라
운 일들을 셀 수 없이 행하시기 때문이지.
10 그분이 땅에 비를 내리시고, 들판에 물을
보내신다네.
11 그분은 겸손한 자를 높이시고, 애통하는
자들을 안전한 곳으로 이끄시네.
12 그분은 꾀 부리는 자들을 좌절시키시고,
그들의 일을 성공할 수 없게 하시네.
13 자기 지식을 믿는 자들을 스스로 넘어지
게 하시고, 사악한 자들의 계획을 뒤엎으
시네.
14 그들은 대낮에도 어둠을 만나고, 한낮에
도 밤인 것처럼 더듬거리지.
15 그러나 그분은 그런 자들의 입의 칼에서,
흉악한 자의 손에서, 경건한 자들을 건지
시네.
16 그러니 경건한 사람에게는 소망이 있고,
불의는 설 자리가 없지.
17 하나님께서 잘못을 꾸짖는 자에게는 복이
있으니, 전능자의 징계를 거절하지 말게
나.

18 그분은 상처를 입히셨다가도 싸매 주시고, 치신 후에는 치료해 주시기 때문이지.
19 그분은 자네를 여섯 번의 곤경에서도 건지시고, 일곱 번째 곤경이 자네를 해치지 못하게 하실 것이네.
20 그분이 자네를 굶주림의 죽음에서 건지시고, 전쟁의 칼에서도 구하시네.
21 비방을 받아도 안전할 것이며, 파멸이 올지라도 두렵지 않을 것이네.
22 파멸과 굶주림이 올 때에 안심할 수 있고, 땅의 들짐승들을 두려워하지 않을 것이네.
23 자네가 들판의 돌들과 조약을 맺고, 들짐승들도 자네와 평화롭게 지낼 것이기 때문이지.
24 자네의 집이 안전하고, 양 우리를 살펴보아도 도둑맞은 것이 없을 것이네.
25 자네의 후손들이 많아져 땅의 풀처럼 될 것이네.
26 자네는 장수한 후에 무덤에 이를 것이니, 이는 마치 곡식단이 추수 때에 타작 마당에 도착하는 것과 같지.
27 보게나, 우리의 경험으로는 이것이 사실이라고 확신하네. 이제 자네는 내 말을 듣고 스스로 깨닫게나."

욥이 엘리바스에게 대답하다

6 욥이 이렇게 대답하였습니다.
2 "오! 내 분노와 내 모든 재앙을 저울에 한번 올려 봤으면.
3 그것은 바다의 모래보다 무거울 텐데. 내 말이 성급했던 것은 이 때문이라네.
4 전능자의 화살이 내 안에 박혀 내 영이 그 독을 마시고, 하나님의 공포가 나를 엄습하고 있네.
5 들나귀가 풀밭에서 울부짖는가? 황소가 꼴 앞에서 '음매!' 하고 우는가?
6 맛 없는 것을 소금 없이 먹을 수 있는가? 소금 없이 달걀 흰자가 무슨 맛이 있겠는가?
7 그런 것은 내 입맛에 맞지도 않고 보기도 싫은 음식이네.
8 나는 간청하고 싶구나. 하나님께서 내 소원을 들어 주시면 얼마나 좋을까?

욥이 "입맛에 맞지도 않고 보기도 싫은 음식"이라고 한 꽃(6:7). 원어로는 '쇠비름'(Purslane)

9 내 소원은 하나님께서 나를 치셔서 그 손으로 나를 죽이시는 것이네.
10 그렇게 해 주시면 얼마나 좋을까? 난 거룩하신 분의 말씀을 한 번도 거스른 적이 없다는 사실, 그것이 이 고통 중에서도 내게 기쁨이 되고 위로가 되네.
11 나에게는 이제 더 이상 견딜 힘이 없어. 견딘다고 무슨 소망이 있겠는가?
12 내가 바위같이 강한가? 내 몸이 무슨 놋쇠인가?
13 나는 이제 의지할 것이 하나도 없네. 살아날 방법이 전혀 없어.
14 고통당하는 친구를 동정하지 않는 것은 하나님을 무시하는 일이야.
15 나는 친구들을 믿을 수가 없구나. 자네들은 마치 말랐다 불어났다 하는 시냇물 같아.
16 그런 시냇물은 얼음으로 검게 되고, 눈이 녹으면 불어났다가도
17 가뭄 때는 물이 줄어들다가 아주 말라 버리고,
18 이리저리 구불거리다 나중에는 흔적조차 없어진다네.
19 데마의 상인들이나 스바의 여행객들도 시냇물을 찾으려 하지만,
20 너무 자신했기에 좌절하네. 도착해보면 결국 실망만 더하게 되지.
21 나는 정말 시냇물을 찾듯이 자네들을 찾

았네. 그렇지만 자네들은 내 몰골을 보고
기겁을 했어.
22 내가 자네들한테 무엇을 달라고 하던가?
돈을 달라고 하던가?
23 내가 언제 나를 원수들에게서, 포악한 자
들에게서, 구해 달라고 부탁하던가?
24 내게 무슨 잘못이라도 있는지 가르쳐 주
게. 난 아무 말도 하지 않겠네.
25 격려 한 마디가 힘이 될 텐데, 자네들은
날 나무라기만 하니,
26 자네들은 내 말을 탓하려는 것인가? 낙담
한 사람의 말은 바람같이 허무할 뿐인데.
27 자네들은 고아를 팔아 넘기고, 친구를 돈
과 바꿀 사람들일세.
28 제발 나를 좀 보게나. 내가 자네들한테 거
짓말을 한 적이 있나?
29 부디 고약한 일을 하지 말게. 난 정말이
지 잘못한 게 없네.
30 내 입술에 무슨 잘못이 있던가? 내 혀가
잘못을 분간하지 못할 것 같은가?"

7 "세상살이가 정말이지 쉽지 않아. 날마
다 힘든 일을 해야 하지 않는가.
2 인생이란 하루 해가 지길 바라는 종 같고,
일당 받기를 기대하는 품꾼과도 같지.
3 내가 사는 것이 그렇다네. 밤마다 견디기
어려워.
4 자리에 누울 때면 '언제 일어나야 하지?'
하고 생각하네. 밤은 왜 그리 긴지. 난 새
벽녘까지 이리저리 뒤척거리네.
5 내 살갗은 곪아서 터졌다 아물고, 구더기
가 가득하네.
6 내 생명이 베틀의 북처럼 지나가고 있구
나. 살아날 소망도 없구나.
7 주님 나를 기억해 주십시오. 내 생명이 너
무 허무합니다.* 내 눈은 이제 더 이상 기
쁜 순간을 보지 못하겠지요?
8 나를 아는 사람이 이제 더 이상 날 보지
못하고, 주께서 나를 찾으시더라도 나는
이미 죽어 있을 것입니다.
9 구름이 사라지듯, 무덤에 내려가는 사람
이 어찌 다시 살아나겠습니까?
10 그가 어떻게 다시 자기 집에 갈 수 있겠
습니까? 집도 그를 다시는 알아보지 못할
것입니다.
11 그러니 내가 어찌 잠잠할 수 있겠습니까?
내 영이 상하고, 마음이 괴로워 견딜 수
가 없습니다.
12 내가 무슨 바다 괴물입니까? 왜 나를 이
렇게 괴롭히고 감시하십니까?
13 침대에 누우면 좀 편할까, 잠이라도 자면
고통을 잊을까 하지만 아무 소용이 없습
니다.
14 주님은 꿈으로 나를 놀라게 하시고, 환상
들을 통해서 두려워 떨게 하십니다.
15 이 몰골보다 차라리 숨통이라도 막혀 죽
었으면 싶습니다.
16 사는 것도 싫고, 나는 영원히 살지도 아
니할 것입니다. 내 날들은 한 숨 호흡이
오니 내버려 두소서.
17 사람이 뭐 대단하다고 그렇게 소중하 여
기십니까?
18 아침마다 살피시고, 순간마다 시험하시는
이유가 무엇입니까?
19 왜 내게서 눈을 떼지 않으시고, 침 삼킬
틈도 주지 않으십니까?
20 사람을 감시하시는 주님! 내가 무엇을 잘
못했습니까? 왜 나를 표적으로 삼으십니
까? 내가 당신께 무슨 짐이라도 되는 것
입니까?
21 주님, 내 죄를 용서하시고 내 잘못을 없
애 주십시오. 이제 내가 흙 속에서 잠들
것인데 그 때에는 주님께서 나를 찾으셔
도 나는 없을 것입니다."

빌닷이 욥에게 말하다

8 그러자 수아 사람 빌닷이 욥에게 이렇
게 말했습니다.

베틀(7:6 weaver) 삼베 · 명주 · 무명 등을 짜는 틀.
표적(7:20 target) 목표로 삼는 물건.
왕골(8:11 papyrus) 논밭이나 습지에서 자라는 한해살이풀.
묘성(9:9 Pleiades) 적도를 중심으로 해서 서쪽으로 네 번째에 위치한 별자리. 120개 가량의 별로 구성되어 있다.

2 "자네는 언제까지 이런 말을 계속할 작정
인가? 자네의 말은 마치 태풍 같군.
3 하나님께서 잘못 판단하실 것 같은가?
전능자께서 실수라도 하실 것 같은가?
4 자네 자녀들이 죄를 지은 것이 분명하네.
그래서 그 죄값을 받은 걸세.
5 그러니 지금이라도 하나님을 찾고, 전능
자에게 자비를 구하게나.
6 만일 자네가 깨끗하고 정직하다면, 그분
이 자네를 도와 주실 걸세.*
7 그러면 지금은 보잘것없이 시작하겠지만,
나중에는 위대하게 될 걸세.
8 제발 조상들의 일을 기억하고 선조들에게
서 배우게나.
9 어제 태어난 우리가 안다면 얼마나 많이
알겠나? 땅에 사는 우리는 그림자 같은
존재가 아닌가?
10 선조들은 우리에게 지혜로운 이야기를 들
려 줄 걸세.
11 늪지 아닌 곳에서 왕골이 어떻게 자라겠
으며, 골풀이 물 없이 어떻게 자랄 수 있
겠는가?
12 이런 식물은 푸르름을 더하다가 곧장 시
들어 없어지지.
13 하나님을 배반하는 자들의 운명이 이렇다
네. 악인들의 소망도 이렇게 망해 버리지.
14 그들이 믿는 것은 정말 허무해서 마치 거
미줄을 의지하는 것과 같아.
15 혹시 그들이 집을 믿을 수도 있겠지만 집
도 의지할 것은 못 돼. 단단히 붙잡으려
고 하겠지만, 도움이 안 되지.
16 악인은 마치 식물 같아. 식물이 태양을 받
아 싱싱하게 피어 올라, 동산에 무성한 가
지들을 내고,
17 그 뿌리들이 돌부리를 휘감고 돌아서 살
아 남는다 해도,
18 그 곳에서 뿌리가 뽑히게 되면, 동산도
그 식물을 '본 적이 없어'라며 모른다고
한다네.
19 그러면 뽑힌 식물은 시들어 없어지고, 대
신 다른 식물이 그 곳에서 자라나겠지.
20 정말이지, 하나님은 정직한 사람을 버리
지 않으시고, 악인들을 돕지 않으신다네.
21 그분은 자네 입에 기쁨을 담아 주시고, 입
술에 즐거움을 채워 주실 걸세.
22 자네를 미워하는 자들은 망신을 당하고,
악인의 집은 망하고 말 걸세."

욥이 빌닷에게 대답하다

9 그러자 욥이 이렇게 대답했습니다.
2 "나도 자네 말이 옳다는 것을 알지
만, 하나님 앞에서 죄 없다고 할 사람이
어디 있을까?
3 하나님과 논쟁한다면, 누가 하나님의 천
번 말씀에 한 번이라도 대답할 수 있을까?
4 지혜로우시고, 강하신 그분 앞에서 누가
과연 그를 대적하여 이길 수 있을까?
5 진노하신 하나님께서 산들을 옮기고 없애
버리시는데, 사람이 그것을 알 수 있겠
나?
6 그분은 땅을 흔드시고, 땅을 떠받치는 기
둥들도 흔들어 버리시지.
7 그분은 해를 뜨지 못하게 하시고, 별을 움
직이지 못하게 하실 수도 있다네.
8 홀로 창공을 우주에 펼치시고, 바다의 파
도 위를 걸으시는 분,
9 그분은 북두칠성과 삼성, 묘성과 남방의
별자리들을 만드신 분,
10 측량할 수 없는 위대한 일들과 수없는 기
적을 행하시는 분이네.
11 그분이 내 앞을 지나가셔도 나는 그를 보
지 못하고, 그분이 나를 스쳐 가셔도 알
지 못하지.
12 그분이 가져가시면 누가 도로 찾을 수 있
으며, 누가 감히 그에게 '당신은 무엇을
하십니까?' 라고 말할 수 있을까?
13 하나님께서 진노를 풀지 아니하시면 라합*
을 돕는 자들이 겁내고 움츠리는데,

알아두세요

7:7 내 생명이 한 숨 호흡임을 기억해 주십시오.
8:6 정녕코 일어나 자네의 의로운 가정을 회복시켜 주실 걸세.
9:13 고대 근동 지방의 신화에 나오는 바다 괴물로, 혼돈 세력을 의미한다.

14 하물며 내가 무슨 대꾸를 하고, 할 말을
생각할 수 있겠는가?
15 내가 의롭다 해도, 대답은커녕 그저 긍휼
을 빌 수 있을 뿐인 것을.
16 설사 내가 그를 불러서 그가 대답하셨다
해도, 그가 내 주장을 들으셨다고 믿을 수
없네.
17 그분이 태풍으로 나를 치시고, 까닭 없이
나에게 상처를 입히시네.
18 숨쉴 틈도 주시지 않고, 그저 나에게 괴
로움만 더하시네.
19 힘으로 말하자면, 그분같이 강한 분이 누
가 있으며, 의로움으로 말한다 해도, 누
가 그를 재판한다고 할 수 있을까?
20 비록 나에게 죄가 없다 해도, 내 입이 나
를 정죄할 것이며, 비록 내가 흠 없다 해
도, 그것이 나를 죄인이라 선언할 걸세.
21 나는 죄가 없지만, 그런 것에 관심을 기
울일 힘도 없이 그저 내 삶을 경멸할 뿐
일세.
22 그는 죄 없는 자나 악한 자나 모두 죽이
시는 분이니 내가 무슨 말을 하겠나?
23 재앙이 내려와 죄 없는 자를 망하게 해도,
그분은 낙담하는 그를 비웃으시네.
24 악이 세상을 지배하고 재판관도 눈이 멀
었으니, 하나님이 아니시고는 누가 이렇
게 하겠는가?
25 이제 내 삶이 달리기 선수보다 빨리 지나
가니, 아무 소망이 없구나.
26 내 삶이 빠른 배처럼, 먹이를 낚아채려고
빠르게 내려오는 독수리처럼 날아가는구
나.
27 이제 내가 원망을 그치고, 얼굴빛을 바꿔
웃어 보려고 해도,
28 내 모든 고통이 두렵습니다. 당신은 나를
죄가 없다고 인정하지 않으시겠지요?
29 내가 죄인 취급을 받을 텐데, 공연히 수
고할 이유가 무엇입니까?
30 내가 깨끗한 물로 씻고 비누로 손을 닦는
다 해도,
31 당신은 나를 구덩이에 밀어넣으셔서 내
옷조차도 나를 싫어하게 하실 것입니
다.
32 하나님은 나처럼 사람이 아니시니 내가
그에게 대답할 수도 없고, 재판정에서 변
호할 수도 없으니 안타깝구나.
33 우리 둘 위에 손을 얹고 둘 사이를 판단
해 줄 판결자도 없으니 참 답답하구나.
34 제발 그분이 치시는 막대기를 거두시고,
나를 놀라게 하지 않으신다면 좋겠네.
35 그렇다면 내가 담대하게 말할 수 있을 텐
데, 그럴 수 없구나."

10 "나는 내 생명을 미워하고 원망할
수밖에 없어. 내 마음이 너무 아프
기 때문이지.
2 나는 하나님께 말할 것이라네. '제발 하
나님, 나를 죄인 취급하지 말아 주십시
오. 제발 당신이 왜 나를 치시는지 이유
라도 알려 주십시오.
3 당신이 손수 만드신 나를 학대하고, 멸
시하면서 악인들의 꾀는 왜 좋게 보십니
까?
4 당신의 눈이 사람의 눈과 같단 말입니까?
왜 사람이 보는 것처럼 판단하십니까?
5 당신의 날이 사람들의 날과 같지 않고 길
며, 당신의 햇수가 사람의 햇수와 같지 않
은데,
6 어찌 내 죄를 찾으시고, 내 허물에 주목

성경 자세히 이해하기

욥과 예수 그리스도

욥은 모든 친구와 친척, 심지어 아내와 형제들에게서도 따돌림을 받았는데, 예수님 역시 이와 흡사한 따돌림과 멸시를 받았습니다. "그는 사람들에게 미움과 멸시를 받았으며, 아픔과 고통을 많이 겪었다. 사람들은 그를 바라보려 하지도 않았다."(사 53:3) 하나님께 버림받았다는 욥의 말도 십자가에서 외치신 예수님의 말씀(마 27:46)과 일치합니다. 또한 "내가 알거니와 내 구세주께서 살아 계시다"(욥 19:25)라고 한 욥의 말은 "아버지여, 아버지의 손에 내 영혼을 맡깁니다"(눅 23:46)라고 하신 예수님의 말씀과 비슷합니다.

본문 보기 10장

하십니까?
7 당신은 나에게 죄가 없다는 것을 잘 아시
고, 아무도 당신의 손에서 나를 건져 낼
수 없다는 것도 잘 아십니다.
8 당신의 손으로 나를 빚어 만드시고 이제
나를 아예 없애려고 하십니까?
9 주님, 기억해 주십시오. 진흙으로 나를
만드시더니, 이제는 다시 흙으로 되돌려
보내시렵니까?
10 당신께서 나를 우유같이 쏟아 버리시고,
치즈처럼 엉기게 하셨습니다.
11 피부와 살로써 내게 옷 입히시고 뼈들과
힘줄로써 나를 온전케 하셨으며
12 내게 생명과 은혜를 주셨고, 내 영을 돌
보아 주셨습니다.
13 그렇게 하시고 다른 뜻이 있으셨습니까?
분명 다른 뜻이 있으셨겠지요?
14 만약 내가 죄를 짓는다면, 당신은 나를 주
목하시고 내 죄를 용서하지 않을 것입니
다.
15 만약 내가 악인이라면 벌을 받아 마땅합
니다. 설사 내가 의롭다 해도 머리를 들
지 못할 것입니다. 나는 수치를 당하고 괴
로움으로 가득 찼기 때문입니다.
16 만약 내가 머리를 치켜 세운다면 당신은
사자처럼 달려들어 당신의 힘으로 다시
나를 짓눌러 버리시겠지요?
17 당신이 나를 치는 새로운 증거들을 들이
대며, 내게 화풀이를 계속하시니, 괴로움
이 계속됩니다.
18 어찌하여 당신은 나를 태어나게 하셨습니
까? 내가 그 때 죽어 버려서 아무도 나를
보지 못했더라면 좋았을 텐데.
19 나는 없었어야 했습니다. 태에서 무덤으
로 바로 옮겨졌어야 했습니다.
20 이제 죽을 때가 다 되었으니, 제발 이 순
간이라도 편하게 해 주십시오.
21 내가 돌아오지 못할 땅, 어둡고 그늘진 그
곳에 가기 전에 제발 그렇게 해 주십시오.
22 그 캄캄하고 혼란스러우며, 빛조차도 흑
암과 같은 그 곳에 이르기 전에 제발 그
렇게 해 주십시오.'"

소발이 욥에게 말하다

11 그러자 나아마 사람 소발이 이렇게 말
했습니다.
2 "말이 너무 많으니 대답을 안 할 수 없네.
그렇게 말이 많아서야 변호를 받을 수 있
겠는가?
3 사람을 그런 말로 설득시킬 수 있다고 생
각하는가? 자네의 말을 들은 우리가 어찌

소발이 욥에게 말하다(11:1-20)

자네를 꾸짖지 않을 수 있겠는가?
4 자네는 '내 교훈은 바르고, 나는 하나님 눈앞에 온전하다' 라고 말했지?
5 정말이지, 하나님께서 입을 여시어 자네에게 말씀해 주시고,
6 지혜의 비밀들을 보여 주신다면 얼마나 좋겠나? 참된 지혜를 인간이 이해하기는 힘들지. 오히려 하나님께서는 자네의 죄를 얼마쯤 제하시고 벌을 내리신 것 같아.
7 자네가 하나님의 신비하심을 깨달을 수 있는가? 전능자에게서 어떤 한계를 찾을 수 있겠는가?
8 그것들은 하늘보다 높고 무덤보다 깊으니, 자네가 어떻게 알겠는가?
9 또한 그것들은 땅보다 길고, 바다보다도 더 넓다네.
10 그가 오셔서 자네를 잡아 가두고 재판을 하신다면, 누가 감히 그에게 반론하겠는가?
11 그분은 거짓된 사람을 잘 아시기 때문에, 그들의 죄를 모두 찾아 내신다네.
12 미련한 자가 지혜 얻기를 바라는 것보다 들나귀가 사람 낳기를 바라는 것이 더 나을 걸세.
13 이제 마음을 새롭게 다짐하고, 그를 향하여 두 손을 들고 부르짖게나.
14 자네 손에 있는 죄를 멀리 던져 버리고, 악이 집에 머물지 않도록 하게.

성경 인물

소발

나아마 사람 소발은 감정적이며 무례한 독선주의자로 보입니다. 고난 당하는 욥을 찾아가 위로해 주지도 못하면서 욥이 자신의 무죄를 주장하자 감정적으로 자신이 믿고 있는 논리를 통해 욥의 견해를 무살하며 회개를 촉구하였습니다. 소발의 원칙론적인 변론과 태도는 욥에게 위로가 되지 못했습니다. 본문 보기 11장

알아두세요

12:18 그분은 왕들의 권세를 빼앗기도 하시고

15 그러면 자네도 떳떳하게 고개를 들고, 두려워하지 않아도 될 것이네.
16 자네의 괴로움을 흘러가는 물과 같이 잊게 되고,
17 자네의 삶은 대낮보다 더 밝아지며, 흑암도 아침같이 될 걸세.
18 그러면 자네는 소망을 갖고 확신한 것에 흔들림이 없을 것이네. 사방을 둘러보아도 두려움이 없게 될 것일세.
19 자네가 잠자리에 들어도 놀라게 할 사람이 없고, 사람들은 자네의 도움을 바랄 걸세.
20 그렇지만 악인의 눈은 흐려져 도망갈 수가 없게 되고 결국 그들은 죽기만을 바라게 되지."

욥이 소발에게 대답하다

12 그러자 욥이 다시 대답했습니다.
2 "참으로 자네들은 모든 것을 다 알고 있는가? 자네들이 죽으면 지혜도 없어지겠군.
3 하지만 나에게도 자네들만큼의 생각은 있다네. 내가 자네들보다 못한 게 무엇이 있나? 그 정도도 모르는 사람이 세상에 어디 있나?
4 내가 내 친구들의 조롱거리가 되었구나. 하나님과 긴밀하게 교제했던 내가 이제는 웃음거리가 되었구나.
5 편안하게 사는 사람은 재앙을 경멸하지. 그러나 그 발이 견고치 못한 사람에게는 재앙이 덮치지.
6 강도들의 집은 형통하고, 하나님을 분노케 하는 자들은 평안하기 때문에 저들은 하나님을 자기 멋대로 주무른다고 생각하지.
7 이제 들짐승들에게 물어 보게. 그것들이 자네들에게 가르쳐 줄 테니. 공중의 새들에게 물어 보게. 그것들이 자네들에게 말해 줄 걸세.
8 땅에게 물으면 땅이 가르쳐 주고 바다의 고기들도 일러 줄 것이네.
9 이것들 중에 그 어떤 것이 보이는 모든 것을 여호와께서 만드신 줄 알지 못하겠나?
10 모든 숨쉬는 생물의 생명과 인생의 호흡

이 그분의 손에 달려 있지 않은가?
11 귀가 들리는 말을 판단하고, 혀가 음식 맛을 분별하지 않던가?
12 나이 든 사람에게 지혜가 있고, 노인에게 총명이 있네.
13 그러나 참된 지혜와 권능은 하나님께 있고, 모략과 총명도 그분께 있지.
14 보게나, 그분이 헐면 다시 세울 수 없고, 그분이 사람을 잡아 가두면 풀어 줄 자가 없다네.
15 만약 그분이 비를 내려 주시지 않으면, 땅이 마르고 말 걸세. 그러나 큰비를 일으키면 세상에 홍수가 나게 되지.
16 힘과 슬기가 그분에게 있고, 속는 자나 속이는 자나 모두 그분의 능력 아래 있네.
17 그분은 모략가를 맨발로 걷게 하시고, 판사들을 바보로 만드시기도 한다네.
18 왕들이 묶은 것을 풀어 버리고,* 왕들의 허리를 끈으로 묶으시며,
19 제사장들을 맨발로 걷게 하시고, 힘 있는 자들도 단번에 넘어뜨리시네.
20 그분은 신실한 자들의 입을 막아 버리기도 하시고, 노인의 총명을 빼앗아 버리기도 하시네.
21 귀족들을 멸시하고, 장군의 무기도 풀어 버리시며,
22 어둠에 숨은 깊은 비밀을 드러내시고, 흑암까지도 밝게 드러내신다네.
23 그분은 나라들을 흥하게도 하시고, 쇠하게도 하시며 민족들을 넓히기도 하시고, 흩어 버리기도 하시네.
24 그분은 이 세상 지도자들의 총명을 빼앗고, 길도 없는 광야에서 방황하게도 하신다네.
25 그분은 저들을 한줄기 빛도 없는 흑암에서 헤매며 술 취한 자처럼 비틀거리게 만드신다네."

13 "보게나, 이런 것들을 내 눈으로 보고, 내 귀는 들어서 깨달았다네.
2 자네들이 아는 것은 나도 알고 있으니, 내가 자네들보다 못하지도 않다네.
3 그러니 나는 오직 전능자에게만 말씀드리고 나의 처지에 대해 하나님과 의논하고 싶다네.
4 자네들은 거짓말쟁이들이며 돌팔이 의사와 같군.
5 자네들, 입 좀 다물 수 없나? 그렇게 하는 것이 현명할 걸세.
6 내 주장에 귀를 좀 기울여 주게. 내 간청을 이해해 주게나.
7 자네들은 하나님을 위한다면서 그런 허튼 소리와 거짓말을 하는가?
8 그분께 아첨을 하자는 것인가? 하나님을 위하여 변호를 한다는 것인가?
9 그분이 자네들 속마음을 다 아시겠지. 자네들은 사람을 속이듯 그분을 속일 수 있다고 믿나?
10 자네들이 계속 불공평하게 행하면, 분명히 그분이 자네들을 꾸짖으실 걸세.
11 그분이 그의 위엄으로 자네들을 놀라게 하시고, 공포에 떨게 하실 거야.
12 자네들의 교훈은 어떤 쓰레기 더미에서 가져왔나? 자네들 주장은 어디 흙더미에서 가져왔나?
13 제발 입 다물고 내 말 좀 들어 보게나. 무슨 일이 일어나더라도 내가 당할 것 아닌가?
14 왜 내가 내 자신을 위험에 밀어 넣고, 내 생명을 위험에 노출시킬 것인가?
15 비록 그분이 날 죽이실지라도, 나는 그분을 믿고 내 주장을 굽히지 않을 걸세.
16 오직 그것만이 내가 사는 길이라 믿네. 악인은 그분 앞에 감히 나아갈 수도 없기 때문이지.
17 내 말 좀 들어 주게나. 제발 내 말에 귀를 기울여 주게나.
18 난 내 주장을 이야기했고, 마침내 옳다고 인정받을 거라 확신하네.
19 누가 내 주장을 꺾을 수 있나? 만약 그럴 자가 있다면 난 입을 다물고 죽겠네.
20 하나님, 제발 두 가지 소원을 들어 주십시오. 그러면 주를 피하지 않겠습니다.
21 제게서 당신의 손을 치워 주시고 공포에

사로잡혀 떨지 않게 해 주십시오.
22 제게 말씀하시면 대답하겠습니다. 아니면 제가 묻는 말씀에 대답해 주십시오.
23 저의 허물과 죄가 얼마나 많습니까? 제가 반역한 일과 죄를 보여 주십시오.
24 왜 당신은 저를 피하시고 원수 취급하십니까?
25 바람에 날리는 낙엽과 같은 저를 왜 괴롭히십니까? 마른 풀과 같은 저를 왜 쫓아오시나요?
26 당신은 저의 죄를 모두 기록하시고, 어렸을 때의 잘못을 갚으십니다.
27 당신께서 제 발을 차꼬에 채우시고, 걸음마다 지켜 보시고 내 발자국까지 추적하시니,
28 내가 썩는 물건처럼 썩어져 가고, 좀먹은 옷처럼 생명이 약해져 갑니다."

14

"여인에게서 난 사람의 수명은 짧고, 괴로움으로 가득함이며,
2 그는 피었다 지는 꽃 같고, 미끄러져가는 그림자와 같아서 곧 사라집니다.
3 그런데도 당신은 그런 사람을 눈으로 살피시고, 심판을 하시겠다고 하십니다.

고통 중에 하나님께 신원하는 욥(14:1-6)

차꼬(13:27 shackle) 지난날, 중죄인을 가두어 둘 때 쓰던 형구로, 두 개의 나무 토막을 발에 고정시킨 후에 자물쇠로 채우게 되어 있음.
추적(13:27 pursuit) 도망하는 사람의 뒤를 밟아 쫓음.
증발(14:11 evaporation) 액체가 그 표면에서 기체로 변하는 일.
가증한(15:16 abominable) 여기서는 '몹시 싫고 역겨운' 것을 뜻함.

4 누가 더러운 것에서 깨끗한 것을 만들어 낼 수 있겠습니까? 아무도 없습니다.
5 당신이 사람의 날 수와 달 수를 정하셨기 때문에 사람은 정해 주신 그 선을 넘어가지 못합니다.
6 제발 사람을 내버려 두셔서 품꾼처럼 하루를 마칠 수 있게 해 주십시오.
7 적어도 나무는 소망이 있습니다. 그것은 찍히더라도 다시 움이 돋고 그 연한 가지들이 계속 나기 때문입니다.
8 비록 그 뿌리가 땅 속에서 늙고 그 그루터기가 땅에서 죽는다 해도,
9 물 기운만 있으면 새 나무처럼 다시 싹을 냅니다.
10 그렇지만 사람은 마지막 호흡이 끊어지면 시체로 드러눕지요.
11 바닷물이 증발하여 사라지듯, 강물이 말라 없어지듯,
12 사람이 드러누우면 다시 일어나지 못하고 하늘이 없어질 때까지 깨어나지도 못하고, 잠에서 일어나지도 못합니다.
13 제발 주님, 당신의 진노가 지나갈 때까지 나를 무덤에 숨겨 주시고, 때를 정해 두셨다가 그 때가 되면 저를 기억해 주십시오.
14 사람이 죽더라도 다시 살아날 수 있습니까? 만약 그렇다면 다시 살아날 때까지 아무리 어려워도 기다리겠습니다.
15 당신이 저를 부르신다면 제가 대답하겠습니다. 당신께서는 당신의 손으로 만드신 저를 보시고 불쌍히 여기실 것입니다.
16 당신은 저의 걸음걸이를 세셔도, 저의 죄를 뒤쫓지 않으시고
17 저의 허물을 주머니에 넣고 묶어서 제 잘못을 덮어 주십니다.
18 산사태가 나서 무너져 내리고, 바위가 옮겨지듯,
19 물이 돌을 닳게 하여 없애고, 물살이 흙을 씻어 내리듯, 당신은 사람의 소망을 꺾어 버리십니다.
20 당신이 사람을 덮어 누르시니, 사람이 떠나가고 맙니다. 당신은 사람의 얼굴빛을

변하게 하시고 멀리 보내 버립니다.
21 그의 자손이 잘 되어도 알 길이 없고 혹
시 잘못되더라도 그는 이것을 알 수 없습
니다.
22 다만 자기 몸의 고통만을 알고, 자기 자
신을 위해서 탄식할 뿐입니다."

엘리바스가 욥에게 대답하다

15 그러자 데만 사람 엘리바스가 이렇게
대답했습니다.
2 "지혜로운 사람이 어찌하여 쓸데없는 소
리나 늘어놓고, 자기 배를 허풍으로 채우
는가?
3 어째서 그런 소용 없는 이야기, 유익하지
못한 말만 늘어놓는가?
4 이제 하나님이 두렵지 않고, 그분을 경외
하는 마음도 없어졌는가?
5 자네 죄가 말할 것을 입에게 일러 주어 간
사한 말만 하게 하는군.
6 자네를 죄인이라 말하는 것은 내가 아니
라 자네 입술이네. 자네 입이 그렇게 말
하는군.
7 자네가 맨 처음 세상에 태어났는가? 자네
가 산보다 먼저 있었다는 말은 아니겠지?
8 자네는 하나님의 회의에 참석해 본 일이
있나? 자네만 지혜롭다고 생각하나?
9 우리는 모르고 자네만 아는 것이 무엇인
가? 우리가 알지 못하는 사실을 자네는
깨닫기라도 했단 말인가?
10 우리 중에는 머리가 희끗희끗한 자도 있
고 자네 아버지보다 나이가 많은 자도 있
다네.
11 하나님의 위로도 자네한테는 의미가 없을
테고 조용히 타일러도 소용이 없겠지.
12 진정하게나. 자네 눈은 분노로 가득하네.
13 하나님께 화까지 내니, 그런 말을 해서야
되겠는가?
14 사람이 도대체 무엇이길래 깨끗할 수 있
으며 여자에게서 난 사람이 어떻게 의로
울 수 있겠는가?
15 보게나. 하나님께서는 자신의 천사들도
신뢰하지 않으시며, 그분이 보시기에는
하늘도 더럽다네.
16 하물며 가증하고 타락한 사람, 악한 행동
을 물 마시듯 하는 사람은 어떠하겠는가?
17 내가 겪은 바를 말할 테니 들어 보게나.
18 조상들이 지혜로운 자들에게 전해 준 그
지혜를 말하겠네.
19 그 때는 이 땅에 우리 조상들만 살았지.
외국인들은 함께 살지 못했네.
20 조상들은 이렇게 말했네. 악인은 항상 괴
로움을 당하고, 포악자들의 수명은 아주
한정된다.
21 그 귀에는 두려움의 소리가 그치지 않고,
모든 일이 잘 되는 듯해도, 강도 떼의 습
격을 당한다.
22 그는 흑암에서 풀려날 소망을 갖지 못하
고 오직 칼을 기다릴 뿐이며,
23 '먹을 것이 어디 있나?' 하고 물으면서 이리
저리 헤매고, 어둠 속에서 방황할 뿐이다.
24 환난과 고통이 그를 놀라게 하고, 공격 준

성경 자세히 이해하기

하나님을 잘 섬기는 사람도 고난을 받을 수 있나요?

예수님을 잘 섬기는데도 교통사고, 질병, 부모님의 이혼 등 어려운 일을 겪게 되는 일을 많이 볼 수 있습니다. 하나님은 그분의 자녀들을 늘 돌보아 주신다고 하는데 왜 이런 일을 막아주시지 않을까요? 예수님을 믿는 그리스도인들의 고난은 불신자가 겪는 고난과는 다르기 때문입니다. 성경은 고난을 불순종으로 인한 저주의 대가가 아니라 우리의 유익을 위한 하나님의 사랑이라고 말합니다(히 12:4-11). 신자에게 고난과 축복은 서로 다른 것이 아니라 모두가 하나님의 선하신 뜻에 포함되는 한 가지입니다. 그러므로 고난이 올 때 '고난당하는 것이 내게는 좋았습니다.'(시 119:71)는 말씀을 의지하고 하나님의 사랑을 확신하도록 기도해야 합니다. 그 속에는 반드시 하나님의 축복이 있고, 하나님의 사랑이 담겨 있어서 결국에는 우리를 더 좋은 곳으로 이끌기 때문입니다.

본문 보기 15-16장

비를 마친 왕의 군대처럼 그를 치고야 만
다.
25 이는 그가 손을 들어 하나님께 대항하고,
교만하게 굴었기 때문이다.
26 고개를 치켜 세우고 큰 방패를 들어 감히
하나님께 대항하다니,
27 비록 그들이 배부르고 부유할지라도
28 그런 자는 아무도 살지 않는 황폐한 성에,
무너질 집에 살게 될 것이며,
29 그런 자는 더 이상 부유해지지 못할 것이
며 혹시 재물이 있다 해도 오래가지 못하
고 사라질 것이다.
30 그들은 흑암에서 벗어나지 못하고, 불꽃
이 그들을 태우며, 그분의 숨결이 그가 가
진 모든 것을 없애 버린다.
31 가치가 없는 것을 믿는 자들아, 스스로
속이지 마라. 아무것도 얻지 못할 것이
다.
32 그는 인생의 절정기가 오기도 전에 끝이
나고, 가지가 피기도 전에 멸망하리라.
33 그는 마치 포도가 익기 전에 떨어지듯,
올리브 나무 꽃이 덧없이 떨어지듯 그렇
게 되리라.
34 악한 자는 자손을 얻지 못하고, 뇌물을
좋아하는 사람의 집은 불에 타 버릴 것이
다.
35 그런 자들은 남에게 해를 끼칠 생각만 하
고 거짓만 만들어 낸다."

욥이 엘리바스에게 대답하다

16 그러자 욥이 대답했습니다.
2 "그런 말은 너무 많이 들었다네.
자네들은 위로는커녕 괴로움만 더해 주는
군.
3 그런 헛소리 이제 그만 하지 못하겠나?
그렇게 대답하다니 무엇이 그렇게 화나게
하는가?
4 내가 자네들 처지라면, 나도 그렇게 말할
수 있네. 자네들을 괴롭히는 말들을 하면
서 고개를 설레설레 흔들 수도 있지.
5 하지만 나는 자네들을 격려하고, 안심시
키는 말을 하겠네.
6 내가 어떤 말을 한들 내 고통이 사라질
까? 내가 아무 말도 하지 않더라도, 역시
고통은 사라지지 않겠지.
7 주님, 주께서 저를 기진맥진하게 하시고
가족을 망하게 하셨습니다.
8 당신께서 나를 여위게 하셔서 뼈와 가죽
만 남아 있으니 이것이 나의 죄를 증거하
고 있습니다.
9 하나님께서 나를 공격하시고, 내 살을 찢
으시며 이를 갈며 노여움에 가득 찬 눈길
로 바라보시네.
10 사람들도 입을 벌려 조롱하고 내 뺨을 치
며, 모두 하나같이 달려들어 나를 대적하
는구나.
11 하나님께서, 나를 악당들에게 넘기시고,
악인의 손에 던지셨구나.
12 그분이 평안히 살던 나를 박살내시고, 멱
살을 잡아 혼내시며, 표적으로 세우셨구
나.
13 그분의 화살들이 사방을 두르고, 인정사
정없이 내 심장을 쪼개니, 내 쓸개가 땅
바닥에 쏟아지는구나.
14 그분이 나를 계속해서 치시고, 내게 용사
처럼 달려드시는구나.
15 삼베로 내 피부를 싸매었다. 내 체면은 땅
바닥에 떨어졌다.
16 내 얼굴은 울어서 퉁퉁 부었고, 내 두 눈
에는 죽음의 그늘이 서렸구나.
17 그렇지만 난 내 손으로 폭력을 행한 일이
없고, 내 기도는 항상 진실하다.
18 오 땅이여, 내 피를 제발 숨기지 말아 다
오. 나를 위한 부르짖음을 그치지 말아 다
오.
19 아, 내 증인은 하늘에 계시고, 내 대변인
은 높은 곳에 계시네.

황폐한(15:28 desolate) 거두지 않고 그냥 버려 두어 거칠고 못 쓰게 된.
보증(17:3 guarantee) 어떤 사물이나 사실의 확실함을 책임지고 증명하는 것.
황무지(18:4 wasteland) 손을 대지 않고 버려 두어 거칠어진 땅.
추방(18:18 banishment) 해가 되는 것을 그 사회에서 몰아냄.

20 내 친구들이 나를 조롱하니, 나는 하나님
께 눈물을 쏟아 내네.
21 사람이 자기 친구를 위해 간구하듯, 누가
나를 위해 하나님께 간청해 준다면!
22 얼마 지나지 않아 난 영영 돌아오지 못할
그 길을 가겠지."

17 "내 호흡이 거칠어지고, 죽음이 가까
웠으니, 무덤만이 나를 기다리고 있
구나.
2 아, 나를 조롱하는 사람들만 내 곁에 있
으니 내 눈은 날 조롱하는 저들을 보아야
하는구나.
3 오 주님, 당신이 친히 나를 보증해 주십
시오. 누가 나에게 죄가 없다고 증거해 줄
수 있겠습니까?
4 당신께서 저들의 총명을 없애시어, 제 앞
에서 잘난 체하지 않게 해 주십시오.
5 대가를 바라고 친구를 팔아 넘기는 자들,
그런 자들의 자식은 눈이 멀 것입니다.
6 그분께서 나를 사람들의 웃음거리로 만드
시니, 사람들이 내 얼굴에 침을 뱉네.
7 내 눈은 슬픔으로 침침해지고, 내 몸은 이
제 그림자처럼 가볍구나.
8 정직한 사람은 이것을 보고 놀라며 죄 없
는 사람은 악인을 미워하겠지.
9 그럼에도 의인은 자기의 길을 계속 가고,
손이 깨끗한 자들은 점점 강해지리라.
10 자, 자네들이 다시 와서 해 보게. 자네들
중 이제 지혜를 터득한 자가 있을까?
11 내 날들이 지났고, 내 계획도 사라졌으
며, 내 소원도 날아가 버렸구나.
12 이 사람들은 밤을 낮이라 하고, 낮을 밤
이라 하는구나.
13 이제 무덤을 내 집으로 삼고, 어둠 속에
침상을 놓아야 할 때가 왔구나.
14 이제 무덤에게는 '내 아버지'라, 벌레에
게는 '내 어머니, 내 자매'라고 불러야 하
는구나.
15 과연, 내 희망이 어디 있겠나? 누가 내 안
에서 희망을 찾을 수 있겠는가?
16 희망이 나와 함께 무덤에 가 줄까? 희망
아, 나와 흙 속으로 함께 가겠니?"

빌닷이 욥에게 대답하다

18 그러자 수아 사람 빌닷이 이렇게 대
답했습니다.
2 "자네들, 언제까지 말장난만 할 텐가? 생
각을 하고 말하게.
3 어째서 우리를 짐승 취급하고, 어리석게
보는 건가?
4 화가 나서 제 몸을 찢는다고 땅이 황무지
가 되며 바위가 낭떠러지로 떨어지겠는가?
5 악인의 빛은 사라지고, 그 불꽃은 사그라
든다네.
6 그 집안의 빛은 어두워지고, 그의 등불도
꺼져 가고 말지.
7 그 활기차던 걸음이 약해지고, 자기 꾀에
스스로 넘어가고 말지.
8 자기 발로 그물에 들어가고, 올무에 빠지
고 만다네.
9 그 발꿈치가 덫에 걸려, 순식간에 올가미
에 빠지고 말지.
10 땅에는 함정이 숨겨져 있고, 길에는 덫이
놓여 있다네.
11 공포가 그를 덮치니, 걸을 때마다 더 놀
라게 된다네.
12 그 기운이 점점 약해지고, 사방에는 재앙
이 몰려와 있으며
13 질병이 그의 피부에 달려들어, 죽음의 사
자가 그의 손발을 삼킬 것이네.
14 안전하던 자기 집에서 쫓겨나 공포의 왕
앞으로 내몰리니,
15 악인의 거처에는 유황이 뿌려져 타게 되
고 결국에는 타인이 살게 되지.
16 그의 뿌리가 마르고, 가지가 잘라져 나갈
것이네.
17 그를 기억할 자가 아무도 없고, 그의 이
름은 기억에서 사라지게 되지.
18 그는 빛에서 어둠으로 쫓겨나고, 사람이
사는 세상에서 추방을 당할 것이며,
19 자기 민족 중에는 그의 후손이 없고, 그
가 살던 곳에는 생존자가 없을 것이네.
20 오는 세대 사람들이 이를 보고 놀라며, 이
전 사람들이 공포에 사로잡히네.
21 악인의 집이 처한 운명이 이러하고, 하나

님을 무시하는 자의 처소가 이렇다네."

욥이 빌닷에게 대답하다

19 그러자 욥이 이렇게 대답했습니다.
2 "언제까지 나를 괴롭히고, 말로 나
를 박살내려는가?
3 자네들은 열 번이나 나를 모욕하고도, 잘
못한 일을 부끄러워하지 않는군.
4 설령 내 잘못이라 해도 그것이 자네들과
무슨 상관이란 말인가?
5 자네들이 나를 누르고, 스스로 뽐내며,
나를 수치스럽게 만든다 해도,
6 나를 이렇게 만들고 그물로 덮어 씌우신
분은 하나님이시네.
7 내가 '폭력이야!' 하고 외치지만 아무런
대답이 없고, 부르짖어 도움을 구하지만,
그 곳에 정의는 없구나.
8 그분이 내 길을 막고 지나가지 못하게 하
시며, 내 길을 어둠으로 가리셨구나.
9 나에게서 영광을 가져가시고, 내 머리의
면류관을 벗기셨구나.

성경 자세이 이해하기

무기로 쓰인 그물

하박국 1장 14-15절에서 보듯 하나님은 세상의 대군주들도 손쉽게 그물로 잡아 이끄실 수 있습니다. 즉, 그물은 하나님의 절대주권과 능력을 말해 줍니다. 욥은 자신을 하나님과 전투하는 자로 묘사하면서 그물에 감긴 채 땅에 쓰러진 자신이 정복자에게 전적으로 자비를 구할 수밖에 없음을 표현하고 있습니다.

본문 보기 19장 6절

면류관(19:9 crown) 여기서는 재난당하기 이전에 누렸던 영광과 명예를 상징.
경건(20:5 piety) 조심하여 공경하는 마음. 성경에서는 하나님께 자신을 맡기며 하나님이 기뻐하시는 삶을 살려는 마음가짐을 의미함.
처소(20:9 place) 사람이 한 군데 자리잡고 사는 곳.
풀무질(20:26 fanning) 풀무(불을 피울 때 바람을 일으키는 기구)로 바람을 일으키는 일.

10 그가 사방에서 나를 치시니 내가 죽게 되
었고 나무를 뽑듯 내 희망을 뽑아 버리시
는구나.
11 내게 화를 내시고, 나를 마치 원수 대하
듯 하시며,
12 그의 군대를 내게 보내시니 그들이 내 집
주변을 둘러쌌구나.
13 그분이 내 형제들을 내게서 멀리 떠나게
하시니 내가 아는 사람들이 모두 낯설게
되었구나.
14 내 친척들이 나를 외면하고, 내 친구들 역
시 나를 잊어 버렸구나.
15 내 집에 사는 사람들이나 여종들도 나를
모른 체하고, 낯선 사람처럼 대하는구나.
16 내 종을 불러도 대꾸조차 하지 않으니 내
가 사정을 해도 소용 없구나.
17 아내마저도 내 숨기운을 싫어하고, 내 형
제들도 내 옆에 오기를 싫어하며,
18 심지어 어린이들까지 나를 멸시하고, 내
가 일어서면 나를 놀리는구나.
19 내 모든 친구들이 나를 거부하고, 내가 사
랑하는 자들도 등을 돌리는구나.
20 뼈와 가죽만 남은 채 잇몸으로 겨우 살아
가는 내 신세야.
21 나의 친구들이여, 제발, 제발, 나를 불쌍
히 여겨 다오. 하나님의 손이 나를 치셨
다는 것을 알아 주게나.
22 왜 자네들마저도 하나님처럼 나를 괴롭게
하는가? 내 살을 먹고도 만족하지 못하는
가?
23 아, 내 말들이 모두 기록된다면, 그것들
이 책에 기록된다면,
24 철필이나 납으로 기록하고 바위에 새겨
영원히 남겨진다면, 얼마나 좋겠는가?
25 내 구세주께서 살아 계신다는 것을 내가
이미 알고 있으니, 결국 그가 땅에 서실
것이네.
26 내 가죽이 썩은 후에라도, 이 몸이 썩은
후에라도 내가 하나님을 뵐 것이네.
27 내가 그분을 내 두 눈으로 바라볼 걸세.
내 심장이 기대감으로 두근거리네.
28 자네들은 '문제가 그에게 있으니 어떻게

그를 괴롭힐까?' 하고 이야기하겠지만,
29 칼을 조심하게나. 진노는 칼로 나타나게 되지. 그러면 자네들은 심판이 있다는 것을 알게 될 거야."

소발이 대답하다

20 그러자 나아마 사람 소발이 대답했습니다.
2 "내 마음이 불만스럽다고, 어서 자네 말에 답변하라고 이야기하네.
3 나를 모욕하는 말을 들으니, 내 총명이 답을 하라고 말하는군.
4 자네도 알겠지만 이 일은 세상의 처음부터 알려진 것일세.
5 악인의 형통은 잠시뿐이라는 것, 경건하지 못한 사람의 기쁨은 아주 잠시뿐이라는 것,
6 비록 그들의 교만이 하늘에 올라 그 머리가 구름에 닿을지라도 말일세.
7 악인은 자기 배설물같이 망하네. 그를 알던 사람은 '그가 지금 어디 있나?' 하고 묻지.
8 하지만 악인도 꿈처럼 지나가고, 사람들은 그를 찾을 수가 없네. 밤중의 환상처럼 허무하게 사라지지.
9 악인을 보았던 사람은 다시 그를 볼 수가 없네. 그 악인이 있던 처소도 그 악인을 다시 알지 못하지.
10 악인의 후손은 가난한 자에게 은혜를 구해야 하고, 그들은 빼앗은 부를 다시 돌려 주어야 하네.
11 악인이 한때 젊었을지라도 결국 먼지 구덩이에 누워야 한다네.
12 그가 악이 달콤해서 자기 혀 밑에 감추고,
13 악을 원하여 없애기 싫어하고 자기 입 속에 숨긴다면,
14 그의 음식이 위 속에서 뱀의 독으로 변할 것이네.
15 악인은 입으로 재산을 삼키겠지만, 하나님께서 그 재물을 토하게 하신다네.
16 악인이 독사의 독을 삼키니, 그는 뱀이 문 것처럼 그 독 때문에 죽게 되지.
17 악인은 젖과 꿀이 흐르는 강을 볼 수 없네.
18 얻은 것을 삼키지 못하고 돌려 주어야 하고, 장사로 얻은 이익도 누리지 못하네.
19 그것은 악인이 가난한 사람을 못살게 굴고 모른 척했기 때문이지. 그는 자기가 짓지도 않은 집을 강제로 빼앗았지.
20 악인은 항상 만족할 줄 모르고, 욕심이 가득해서 아무것도 놓지 않으려 하네.
21 악인은 무엇이든지 되는 대로 집어삼키지. 그래서 재산이 남아 있지 못한다네.
22 그러니 풍족함 속에서도 재앙을 당하고 불행하게 되는 것이네.
23 배를 채우려고 하지만, 하나님께서 진노하셔서 그를 치신다네.
24 악인이 철로 된 무기를 피하면, 놋화살이 그를 찌를 것일세.
25 그가 자기 등에서 그 화살을 빼내고 간에서 번쩍이는 촉을 꺼내니, 공포가 그를 사로잡네.
26 캄캄함이 악인의 보물을 덮고, 풀무질도 하지 않은 불꽃이 입을 벌려 그를 삼키고, 그 집에 남은 모든 것을 태울 것일세.
27 하늘이 악인의 죄악을 드러내고, 땅이 그를 고발할 것일세.
28 악인의 집은 홍수에 휩쓸려 가고, 하나님

성경 속의 궁금증

어려움을 당한 친구는 어떻게 위로해 줘야 하나요?

집안 일이나, 성적, 친구 관계 때문에 힘들어 하는 친구를 보면 어떻게 도와 줄 수 있을까요? 어떻게 하면 그 친구들이 우리를 통해 위로를 받고 용기를 가질 수 있을까요? 마음에서 우러나오지 않은 거창한 말이나 값비싼 선물 같은 것으로는 그들을 위로할 수 없습니다. 오히려 그 친구를 진정으로 걱정하는 따뜻한 마음이 더 중요합니다. 그리고 나서 어려움을 겪는 친구와 함께 있어 주어야 합니다. 다음으로는 친구의 이야기를 들어 주어야 합니다. 자기의 의견을 말하기 보다는 친구의 아픈 마음을 참을성 있게 들어주어야 합니다. 마지막으로 그 친구를 위해 기도해 주어야 합니다. 그 친구를 진정으로 도울 분은 하나님이시니까요.

본문 보기 20-21장

의 진노의 날에 그 재물은 급류가 쓸어 버
린다네.
29 이것이 바로 하나님께서 정하신 악인의
운명이요, 악인의 기업일세."

욥이 소발에게 대답하다

21 그러자 욥이 이렇게 대답하였습니
다.
2 "내 말을 잘 들어 보게나. 나를 좀 위로
해 주면 안 되겠나?
3 내가 말할 동안만이라도 참아 주게나. 내
가 말을 다한 후에는 조롱해도 좋네.
4 나는 사람이 아닌 하나님께 불평하고 있
는 것일세. 왜 나라고 마음이 급하지 않
겠는가?
5 나를 보면 깜짝 놀라 손으로 입을 막게 될
걸세.
6 다시 생각하기만 해도 떨리고 공포에 사
로잡히는구나.
7 어떻게 악인이 잘 살고, 오래 살며 권세
를 누리는가?
8 그들의 자녀도 번창하고, 손주들까지 잘
자라는 것을 보며 살고 있네.
9 악인의 집에는 공포도 없고, 하나님의 꾸
중하시는 채찍도 없는 듯하네.
10 악인의 황소는 어김없이 새끼를 치고, 암
소도 새끼를 잘 낳지.
11 그들의 자녀들이 양 떼처럼 춤추며 뛰어
놀고,
12 소고와 수금 연주에 맞춰 노래하며 피리
소리에 즐거워하는구나.
13 저들은 행복하게 지내다가 평안히 무덤으
로 내려가지.
14 그런데도 저들은 하나님께 '우리를 내버
려 두세요. 우리는 당신의 진리를 알고 싶
은 마음이 없어요.
15 전능자가 누구이기에 우리가 그를 섬기고
그에게 기도해야 하나요?' 라고 말한다네.
16 보게나, 저들의 행복은 저들의 손에 있는
것이 아니므로 나는 악인의 꾀를 멀리한
다네.
17 악인의 등불이 얼마나 자주 꺼지는지, 재
난이 얼마나 자주 오는지, 하나님은 저들
에게 화를 내시며 파멸을 주신다네.
18 저들은 바람에 날려 가는 지푸라기와 같
고, 폭풍에 날려 가는 겨와 같네.
19 그들은 '하나님께서 악인에 대한 처벌을
후손에게 내리시려고 쌓아 두신다' 라고
이야기하지만 그분은 그들의 자녀가 아
닌, 죄를 지은 바로 그 사람들에게 벌을
내리신다네.
20 자기 눈으로 자기의 멸망을 보게 하시고,
전능자의 진노를 알게 하시는 것이지.
21 그들이 죽을 때가 되면 자기 후손이 어떻
게 되든 무슨 상관이나 하겠나?
22 높은 자들까지 심판하시는 하나님을 누가
가르칠 수 있겠나?
23 어떤 사람은 평안하고 만족하게 살다가
도, 한창 힘이 넘칠 때 끊어진다네.
24 그 사람은 정말로 잘 먹고 잘 지내서 뼈
에도 윤기가 흐르지만,
25 또 다른 사람은 쓰라린 가슴으로 죽어 가
네. 그는 평생에 좋은 것을 맛보지도 못
했지.
26 그렇지만 이 두 사람 모두 먼지 구덩이에
눕게 되고, 벌레가 저들을 덮을 것일세.
27 보게나, 나는 자네들 생각을 다 아네. 자
네들이 나를 해치려 한다는 것을 안다네.
28 자네들은 부자들이 살던 집이 어디이며,
악인이 거하던 처소가 어디인지 묻겠지.
29 자네들이 길을 지나가는 사람들에게 묻지
않았나? 저들이 하는 소리를 듣지 못하였
나?
30 악인이 재앙의 날을 면하고, 진노를 발하
시는 날에 건짐을 받을 거라고 말하네.
31 누가 악인을 꾸짖으며, 그가 행한 것을 다
갚을 수 있겠나?
32 악인이 무덤으로 옮겨져도 무덤지기가 그
의 무덤을 지키고,

조객(21:33 visitors of condolence) 남의 죽음에 대하여 애도의 뜻을 표하러 온 사람.
저당(22:6 mortgage) 일정한 동산이나 부동산 따위를 채무의 담보로 삼음.
궁창(22:14 heaven) 지구를 둘러싸고 있는 대기권의 넓은 공간. 창공.

33 많은 조객들이 그의 뒤를 따르며, 언덕의
흙도 그를 부드럽게 덮어 줄 것이네.
34 그러니 어떻게 자네들이 헛되이 나를 위
로할 수 있겠나? 자네들 대답은 하나같이
거짓말이네."

엘리바스가 대답하다

22 데만 사람 엘리바스가 대답하였습
니다.
2 "사람이 하나님께 무슨 유익이 된다는 말
인가? 지혜로운 사람이라면 그분께 도움
이 된다는 것인가?
3 자네의 의로움이 전능자에게 무슨 기쁨이
될까? 자네의 행실이 올바르다 한들 그분
께 유익할까?
4 자네가 경건하기 때문에 그분이 책망하시
며, 자네를 심판하시겠는가?
5 자네의 악이 얼마나 크고, 자네 죄가 얼
마나 많은지 아는가?
6 형제의 물건을 까닭 없이 저당잡고, 사람
들의 옷을 빼앗아 벌거벗게 하지 않았나?
7 목마른 자에게 물을 주었나? 배고픈 자에
게 음식을 주었나?
8 그러면서 권세나 부리려 하고, 귀한 체하
며 살지 않았나?
9 과부를 빈손으로 쫓아 보내고, 고아들을
멸시하지 않았는가?
10 그러니 자네가 덫에 빠지고 공포에 휩싸
이지.
11 어둠에 둘러싸여 캄캄해지고, 홍수에 덮
인 이유가 무엇이겠나?
12 하나님께서 높은 하늘에 계시지 않는가?
저 하늘의 별들이 얼마나 높은지 아는가?
13 자네는 말하길, '하나님께서 무엇을 아실
까? 어둠이 덮였는데 그분이 판단하실 수
있을까?
14 구름이 그분을 가리우기 때문에 그가 보
실 수 없고, 그저 궁창을 지나다니실 뿐
이지' 라고 하는구나.
15 자네도 악인들이 걸던 그 옛길을 걷고자
하는가?
16 그들은 때가 되기 전에 망했고, 강물이 그
기초까지 씻어 버리지 않았던가?
17 그 악인들은 하나님께 '우리를 내버려 두
시오. 전능자가 우리에게 무엇을 할 수 있
겠소?' 라고 했다네.
18 하나님은 저들의 집에 보물을 채우셨건
만, 저들의 생각은 하나님과 상관이 없었
지.
19 의인은 악인의 멸망을 보며 기뻐하고 죄
없는 자들은 악인을 조롱하며 말하네.
20 '정말로 우리의 원수가 망했군. 악인들의
재물이 불타고 말았군.'
21 이제 하나님께 굴복하고 화해하게나. 그
러면 좋은 일이 기다릴 걸세.
22 그분의 교훈을 듣고, 자네 마음에 새겨 두
길 바라네.
23 자네가 전능자에게 돌아가면 살 것이네.
자네의 집에서 불의를 없애게나.
24 자네의 보물을 던져 버리고, 정금을 냇가
바위에 던져 버리게나.
25 그러면 전능자께서 자네의 금과 은이 되
실 것일세.
26 그래야 자네가 전능자로 말미암아 즐거워
할 수 있으며, 자네 얼굴을 그분께 들 수
있을 걸세.
27 그래야 그분께서 자네의 기도에 응답하시
고 자네가 그분 앞에 약속한 것을 지킬 수
있지 않겠나.
28 그러면 자네가 무슨 일을 하든지 형통하

하나님과 화목하는 방법

하나님과 화목해야만 인간은 그 삶 속에서 평안을 누릴 수 있다. 화목하는 길은 오직 그리스도만을 통해서 가능한 것이다. 그 길을 하나님께서 예비해 주셨다. 또한 복도 약속해 주셨다. 본문 보기 22장 21절

본 문	내 용
롬 5:10	하나님의 아들께서 죽으심
고후 5:18	그리스도
엡 2:13	그리스도의 피
엡 2:16	십자가
골 1:20	십자가의 피
골 1:22	예수님의 육체적 죽음

고, 자네가 가는 길에 빛이 환히 비칠 걸
세.
29 자네가 낮아진 때에, 믿음으로 '높아질지
어다!' 라고 말한다면, 그분께서 낮아진
자를 구원하실 것이네.
30 자네의 깨끗한 손으로 말미암아 죄인까지
도 구원을 받을 것일세."

욥이 대답하다

23 그러자 욥이 대답했습니다.
2 "오늘도 내 원망이 심한 것은 신
음 소리가 나는데도 그분의 손이 나를 누
르시기 때문이네.
3 어디에 가면 그분을 만날까? 그분이 계신
곳 가까이에 갈 수만 있다면!
4 그분 앞에 내 주장을 당당히 펼치고, 나
의 무죄를 호소할 텐데.
5 그분의 대답을 듣고 그가 나에게 말씀하
신 바를 깨달을 수 있을 텐데.

악인이 당하는 심판

참고 성경	심판의 모습
욥 15:20	한평생 고통당함
시 9:5	이름이 지워짐
시 32:10	많은 슬픔이 있음
시 37:28	자손이 끊어짐
시 92:7	영원히 멸망함
잠 4:19	가는 길이 어두움
잠 13:5	수치를 당함
잠 14:19	선인 앞에 엎드러짐
잠 28:1	쫓아오는 자가 없어도 도망함
전 8:13	인생이 그림자와 같음
사 57:21	평화가 없음

욥은 세상에서 나타나는 불의를 묘사한다. 그의 요점은 고난은 악인만 당하고 번영은 의인만 누린다는 친구들의 견해와는 달리 의인이나 악인이나 차별 없이 고난을 당하기도 하고 번영을 누리기도 하지만, 최후에는 악인에게 반드시 심판이 따른다고 주장하고 있다. 본문 보기 24장 18-25절

담보물(24:9 security) 장차 남에게 끼칠지도 모르는 손해의 보상이 되는 물건.
통찰력(26:3 insight) 사물이나 현상을 환하게 꿰뚫어보는 능력.
허공(26:7 empty space) 텅 빈 공중.

6 그분의 위엄으로 나를 물리치실까? 아니
야, 그분은 내 주장을 들어 주실 거야!
7 거기서는 의인이라면 그분과 변론할 수
있으니 나는 영원히 심판에서 구원 받을
것이네.
8 내가 동쪽으로 가도 그분은 아니 계시고,
서쪽을 돌아보아도 찾을 수 없구나.
9 그가 북쪽에서 일하실 텐데도, 뵐 수가 없
고 그가 남쪽으로 돌이키시나, 그를 뵐 수
없구나.
10 그러나 그분은 내가 가는 길을 아시지.
그분이 나를 시험하신 후에는 내가 정금
같이 되겠지.
11 내 발이 그분의 길에 붙어서, 그 길을 따
라가며 떠나지 않았지.
12 내가 그분의 명령을 떠나지 않았고, 그분
의 말씀을 내가 매일 먹는 음식보다 귀하
게 여겼어.
13 그렇지만 그분은 절대 주권자이시니 누가
그를 돌이킬 수 있을까? 그분은 자기 원
하시는 일을 모두 하시질 않나?
14 그분은 날 위해 계획하신 것을 행하시며,
아직도 많은 계획들을 갖고 계실 거야.
15 그러니 내가 그분 앞에서 놀라고, 생각만
으로도 그분을 두려워하는 것은 당연하
지.
16 하나님께서 나를 낙심하게 하시고, 전능
자께서 나를 좌절하게 만드시니
17 앞을 내다볼 수 없는 어둠이 나를 감싸고
있구나."

24 "어찌하여 전능자께서 심판의 날
을 정하지 않으셨을까? 그분을 아
는 자들이 어찌 그 날을 헛되이 기다리는
가?
2 어떤 사람들은 땅을 훔치려고 땅의 경계
표를 옮기고, 남의 양 떼를 억지로 빼앗
으며,
3 고아들의 나귀를 잡아 가고, 가난한 과부
가 빚진 것을 갚을 때까지 소를 잡아 두
며,
4 가난한 자를 길에서 밀쳐 버리니 그 가난
한 자들은 숨기에 바쁘구나.

5 그들은 들나귀처럼 먹을 것을 찾아 헤매
며 자녀에게 먹일 음식을 광야에서 찾고
있네.
6 가난한 자들이 남의 밭에서 곡식을 줍고,
악인의 포도원에서 떨어진 것을 주우며,
7 입고 덮을 것이 없어 밤새도록 추위에 떠
는구나.
8 산에서 쏟아져 내리는 소나기에 흠뻑 젖
으며 바위 밑으로 피하는구나.
9 또 악한 자들이 과부의 자식을 그 어머니
의 품에서 빼앗고, 가난한 자의 자식을 빚
때문에 담보물로 잡는구나.
10 가난한 자들은 옷이 없어 벗은 몸으로 다
니고, 굶주린 배를 쥐고 이삭을 나른다.
11 성 안에서 기름을 짜지만 가난한 자들은
맛보지 못하며, 포도주틀을 밟지만 목이
마르는구나.
12 성에서 사람들이 신음하고 병자가 부르짖
지만, 하나님은 그들의 신음에 대답하지
않으시는구나.
13 또 어떤 이들은 빛을 거스려 행하는구나.
그 길을 알지도 못하고, 그 길에 머물지
도 않는구나.
14 살인자가 이른 새벽에 일어나서 가난한
자를 죽이고, 저녁에는 도둑 노릇을 하며,
15 간통자는 해가 지기만을 기다리고 '아무
도 날 보지 않아' 하며, 자기 얼굴을 가
리는구나.
16 밤에는 남의 집을 침입하고 낮에는 자기
집 문을 잠그니, 빛을 알지 못하여
17 *아침과 어둠이 같기 때문에 칠흑 같은 어*
둠에도 익숙하구나.
18 그렇지만 이런 자들은 물 위의 거품처럼
세상에서 사라지고, 자기들 땅에서 저주
를 받아서 아무도 자신들의 포도원에 들
어갈 수 없네.
19 가뭄과 더위가 눈을 녹이듯, 죽음이 죄인
들을 삼켜 버릴 것이네.
20 아무도 그런 자를 기억하지 못하고 구더
기가 그를 파먹게 될 것이네. 악인을 누
가 기억이나 하겠나? 그런 자는 나무같이
꺾이고 말지.
21 그런 악인들은 자식이 없는 여인을 괴롭
히고, 과부도 불쌍히 여길 줄 모른다네.
22 그렇지만 하나님은 이런 포악자도 끌어
내리시고, 그들이 아무리 높은 위치에 있
다 해도 그 생명을 보장하지 않으시지.
23 하나님께서 잠시 저들에게 평안을 허락하
시고 도우시는 것처럼 보인다네. 그러나
저들의 길을 주목해 보시지.
24 저들이 잠시 높아진 것 같으나 금방 사라
지니, 저들은 낮아져서 곡식 이삭처럼 잘
린다네.
25 그렇지 않은가? 내 말이 거짓말인가? 내
가 헛말을 하는가?"

빌닷이 대답하다

25 그러자 수아 사람 빌닷이 대답했습
니다.
2 "권세와 위엄은 하나님께 있다네. 그분은
하늘 높은 곳에서 질서를 세우시지.
3 그분의 군대가 얼마나 많은 줄 아는가?
그분의 빛을 받지 않는 자가 세상에 어디
있는가?
4 감히 어떻게 사람이 하나님 앞에서 정당
하다 말하고, 여자의 몸에서 난 사람이 깨
끗하다 할 수 있는가?
5 하나님께서 보시기에는 달도 깨끗하지 못
하고 별도 순수하지 못한데,
6 하물며 구더기 같은 인생, 벌레 같은 사
람이야 더 말할 것이 있겠는가?"

욥이 빌닷에게 대답하다

26 욥이 이렇게 대답했습니다.
2 "자네는, 힘 없는 사람을 잘 도
와 주고 힘 없는 팔을 잘도 세워 주는군.
3 지혜 없는 자를 잘도 상담해 주며 통찰력
을 제공해 주는군.
4 자네는 누구한테 그런 말을 들었나? 어떤
영이 자네를 통해 말하고 있는가?
5 죽은 자들은 성난 파도 앞에서처럼 그 거
처에서 두려워 떨지.
6 하나님 앞에서는 죽음도 드러나며 멸망도
숨길 수 없어.
7 그분은 북쪽 하늘을 허공에 펼쳐 놓으시
고, 지구를 공중에 매달아 놓으셨네.

8 그는 물을 구름 속에 넣으시고 무게 때문
에 구름이 터지지 않도록 하시며,
9 구름으로 보름달을 가려서 희미하게 만드
시는 분이지.
10 빛과 어둠을 구분하도록 수면에 경계선을
그어 두셨네.
11 그가 꾸짖으시니 하늘 기둥들이 흔들리고
두려워 떠네.
12 그의 권능으로 바다를 잠잠케 하시고, 지
혜로써 괴물*을 산산조각 내셨지.
13 그의 호흡으로 하늘이 맑게 개이고, 그의
손으로 날쌔게 움직이는 뱀을 찌르셨네.
14 보게나, 이런 것들은 그분이 하시는 일들
의 시작일 뿐이야. 우리가 그분의 말씀을
얼마나 희미하게 듣는지. 그분의 힘 있는
천둥 소리를 누가 감히 이해할 수 있겠는
가?"

욥이 계속 이야기하다

27 욥이 계속해서 이렇게 말했습니
다.
2 "내 권리를 빼앗아 가신 하나님, 내 영혼
을 괴롭게 하신 전능자의 살아 계심을 가
리켜 맹세하네.
3 내게 생명이 있고 내 코에 하나님의 숨기
운이 있는 동안에는,
4 내 두 입술이 결코 악을 말하지 아니하고,
내 혀도 거짓을 말하지 않을 것이네.
5 나는 결코 자네들이 옳다고 인정할 수 없
네. 내가 죽더라도 내가 바르다는 생각을
굽히지 않겠네.
6 내가 나의 진실함을 굳게 붙들고 놓지 않
을 것이며, 내 양심에 걸리는 것이 없을
것일세.
7 내 원수는 악인같이, 나를 미워하는 자는
죄인같이 망하게 되기를 원하네.
8 하나님께서 경건하지 못한 자의 생명을
가져가실 때, 그에게 무슨 소망이 있을
까?
9 그에게 재앙이 임할 때, 하나님께서 그의
부르짖음을 들으실까?
10 그는 전능하신 분에게서 기쁨을 찾지도
않았고 하나님께 기도하지도 않았다네.
11 내가 하나님의 권능을 자네들에게 가르치
겠네. 전능자의 하시는 일을 숨기지 않겠
네.
12 자네들이 모두 보았으면서 어찌 이렇게
쓸데없는 말만 하는가?
13 악인이 하나님께 받는 벌이 무엇인가? 난
폭한 자가 전능자께 받는 것이 무엇이겠나?
14 그 자손이 많다 해도, 모두 칼에 죽고 굶
주릴 것일세.
15 남는 자가 있다 해도, 저들은 염병에 죽
어 묻히고, 그들의 아내조차도 그들의 죽
음을 슬퍼하지 않을 것이네.
16 비록 악인이 은을 태산같이, 의복을 산더
미같이 쌓는다 해도
17 의인들이 그 옷을 입고, 죄 없는 사람들
이 그 은을 나눠 가질 것이네.
18 악인이 짓는 집은 거미줄같이 망가지기
쉽고, 초막같이 보잘것 없다네.
19 악인이 부자인 채 잠을 잔다 해도, 눈을 뜨
면 온 재산이 모두 날아가 버렸을 것일세.
20 공포가 홍수처럼 그를 덮치고, 밤중에 폭
풍이 그를 날려 버리지.
21 동풍이 악인을 휩쓸어 가고, 그의 집에서
흔적도 없이 쓸어 갈 것일세.
22 악인이 제아무리 몸부림쳐도 태풍이 그를
덮치니,
23 사람들이 그를 보고 박수치고 조롱하며,
악인을 집에서 쫓아 내 버릴 것이네."
28 "은을 캐내는 광맥이 있고, 금을
다듬는 제련소가 있지 않나?
2 철은 땅 속에서 캐내고 구리는 광석을 녹

알아두세요

26:12 개역 성경에는 (히) '라합'이라고 표기되어 있다.
29:19 개역 성경에는 (히) '구스'라고 표기되어 있다.

초막(27:18 shelter) 산에서 가지가 풍성한 나무를 베어다가 옥상, 마당, 광장 등에 지은 집.
제련소(28:1 refinery) 광석이나 원료를 용광로에 녹여서 함유 금속을 뽑아 내어 정제하는 곳.
갱도(28:4 shaft) 광산에서 갱내에 뚫은 길.
경의(29:8 respect) 남의 훌륭한 행위나 인격 따위를 높여 공경함을 뜻함.

여 얻으며,
3 사람들은 어둠을 헤쳐 캄캄한 곳에서 광
석을 찾지.
4 사람이 살지 않는 먼 곳에 깊이 갱도를 파
고 그 속에서 혼자 줄에 매달려 이리저리
흔들리며 일을 한다네.
5 먹을 것은 땅에서 나오지만 그 아래에서
는 불이 땅을 녹여 버리지.
6 사람들은 광석에서 사파이어와 금을 얻을
수 있네.
7 그 지하의 길은 독수리도 알지 못하고, 매
도 본 적이 없어.
8 위엄 있는 짐승도 가 본 적이 없고, 사자
도 어슬렁거린 적이 없지.
9 사람들은 돌산을 깨고 산의 뿌리까지 파
헤치며
10 바위에 틈을 내고 그 사이에서 보물을 찾
지 않나.
11 사람은 댐을 만들어 물을 막고, 땅에 숨
겨진 보화를 찾아 내지.
12 그렇지만 지혜를 어디에서 찾을까? 총명
은 어디에 있을까?
13 사람은 그 가치를 알 길이 없네. 사람들
이 사는 곳에서는 찾을 수가 없다네.
14 대양이 말하길, '여기에 없어.' 바다가 말
하길, '여기에도 없어.'
15 지혜를 금으로 살 수 있겠나? 총명을 은
으로 살 수 있겠나?
16 지혜는 오빌의 금으로도 살 수 없네. 루비
나 사파이어로도 살 수 없지.
17 금이나 수정도 지혜와 비길 수 없네. 어
떤 보석과도 바꿀 수가 없다네.
18 산호나 수정으로 사겠다고? 지혜를 홍보
석 값으로 계산할 수 있겠나?
19 에티오피아*에서 나는 황옥도 지혜보다 못
하고, 순금 역시 그러하지.
20 그런데 그런 지혜는 어디에서 나오나? 총
명이 있는 곳은 어딜까?
21 어떤 생물도 볼 수 없고, 공중의 새조차
볼 수 없으니.
22 멸망과 사망도 '우리 귀로 지혜에 관한
소문을 들은 적은 있지' 라고만 말하네.
23 오직 하나님만이 지혜의 길을 아시고, 총
명이 어디 있는지 아신다네.
24 그분은 땅 끝까지 보시고, 하늘 아래 모
든 것을 살피시기 때문이지.
25 하나님은 바람의 무게도 재시고 물도 측
량하신다네.
26 그분은 비에게 명령하시고 천둥에게 갈
길을 지시하시네.
27 그 때에 그분은 지혜를 보고, 그것을 계
산하셨네. 지혜를 세우시고, 시험하셨지.
28 하나님께서 사람에게 이르시길, '주님을
경외함이 지혜며 악을 떠나는 것이 총명
이니라' 고 하셨다네."

욥이 이야기하다

29 욥이 자기 말을 이어 이렇게 말했
습니다.
2 "아, 지나간 날들이여, 하나님께서 나를
지켜 주시던 그 옛날이 그립구나.
3 그 때에 그분의 등불이 내 머리를 비추어
서, 그분의 빛으로 어둠 속에서 안전하게
걸었는데.
4 내가 한창 힘이 넘칠 때, 하나님과 집에
서 달콤한 교제를 나누던 날들,
5 전능자께서 나와 함께하시던 날들, 내 자
녀들이 나와 함께 있던 그 날들.
6 우유로 발을 씻으며, 반석에서 기름이 시
내처럼 흘러내렸던 그 시절,
7 성문에 나가서 성문 앞 광장의 높은 자리
에 앉았던 그 시절,
8 젊은이들은 나를 보고 길 옆으로 비켜 서
고, 노인들은 일어나서 경의를 표하며,
9 백성의 지도자들도 하던 말을 멈추고 손
으로 입을 가렸지.
10 귀족들도 소리를 낮추고, 혀가 입천장에
바짝 붙은 것처럼 말소리를 줄였지.
11 내 말을 들은 자는 나를 복되다 했고 나
를 본 자는 모두 나를 칭찬했지.
12 도움을 바라는 가난한 자들을 돌보고, 도
울 자 없던 고아들을 살폈기 때문이지.
13 희망을 거의 잃은 자들도 나를 축복해 주
었고, 과부들도 기뻐서 나에 대해 노래했
지.

14 그 때, 나는 의로움의 옷을 입고, 정직함
을 관처럼 머리에 썼지.
15 나는 보지 못하는 사람의 두 눈이 되었고,
다리를 저는 사람들에게는 두 발이 되어
주었어.
16 가난한 사람에게는 아버지가 되어 주고,
낯선 사람도 돌보아 주었지.
17 악인의 턱을 부수고 그 이 사이에 물린 희
생자들을 건져 주었지.
18 그러면서 '난 오래 살다가 내 보금자리에
서 죽겠지' 라고 생각했는데.
19 내 뿌리는 물가로 뻗어 나가고, 가지는 밤
새 내린 이슬에 젖었지.
20 나는 언제나 영광스러운 존재였고, 내 힘
은 늘 커져 갔지.
21 사람들은 내 말에 귀를 기울여 내가 말할
때면 조용히 기다렸고,
22 내 말이 끝나도 말을 삼가니, 오직 내 말
만이 저들의 귀에 잔잔히 내렸지.
23 저들은 비 기다리듯 나를 기다리고, 봄비
기다리듯 내 입술을 주목했지.
24 저들이 용기를 잃었을 때, 내가 그들을 향
해 웃어 주면, 저들은 내 얼굴의 광채를
귀하게 여겼지.
25 나는 그들이 해야 할 일을 지도하며 군대
를 거느린 왕과 같이 그들을 대했고, 애
통해 하는 자들을 위로하여 주곤 했는
데."

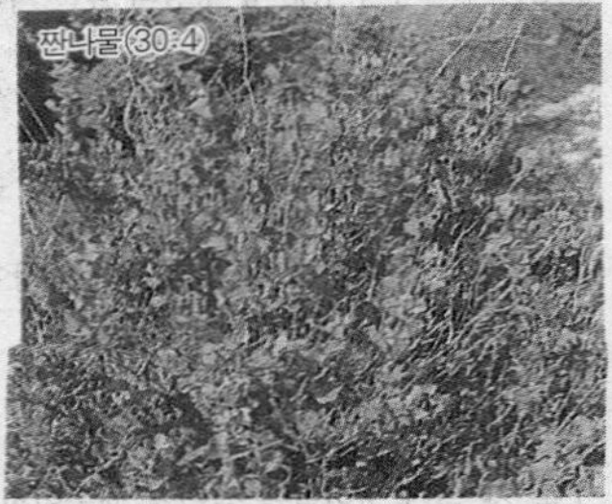
짠나물(30:4)

애통(29:25 sorrow) 슬퍼서 울부짖는 것. 속으로 한탄하는 것.
음침한(30:6 gloomy) 어두컴컴하고 스산한.

30 "이제는 나보다 어린 사람이 나를
조롱하는구나. 나는 그 아버지를
내 양 떼를 지키는 개보다 못한 자로 여
겼는데.
2 그 나이 든 자들이 무슨 힘으로 내게 도
움을 줄 수 있었겠나?
3 그들은 배고픔과 가난에 수척해져 밤중에
먹을거리를 찾아 광야를 배회하지 않았던
가?
4 덤불 속에서 나물을 캐 먹고, 싸리나무 뿌
리로 배를 채우던 저들이 아니었나?
5 도둑 취급을 받고 마을에서 쫓겨나,
6 음침한 산골짜기와 동굴과 바위 틈에서
살았지.
7 가시덤불 속에서 짐승처럼 부르짖고, 가
시나무에 모였지.
8 그들은 이름도 없는 미련한 자들로, 고향
에서도 쫓겨났지.
9 그런데 저들이 나를 조롱하고 있다니. 내
가 저들의 말거리가 되다니.
10 저들은 나를 싫어하여 멀리하고, 내 얼굴
에 마구 침을 뱉고 있구나.
11 하나님께서 내 활시위를 풀고 나를 괴롭
게 하시니, 저들이 나를 향해 덤비고 있
구나.
12 오른편에서 그 천한 자들이 일어나 내 두
발을 걷어차고, 나를 둘러싸며 죽이려 하
는구나.
13 저들이 내 길을 허물고 나를 죽이려 해도,
나를 도울 사람이 없구나.
14 저들이 무너진 성벽을 통해 공격하듯 밀
고 들어와 나를 치니,
15 나는 공포에 질리고 내 체면은 바람 앞에
날리듯 없어졌으며, 내 생명은 구름이 사
라지듯 위태롭네.
16 이제 내 영혼이 허물어지고 고난의 날들
만이 나를 기다리는구나.
17 밤마다 내 뼈가 쑤시고, 그 고통 때문에
쉴 틈이 없구나.
18 하나님의 강한 손이 내 옷을 움켜 잡으시
고 옷깃을 조이시는구나.

19 그분이 나를 진흙탕에 던지시니 먼지와
재처럼 되었구나.
20 주님! 내가 주님께 부르짖으나 응답하지
않으시고, 주 앞에 섰으나 주께선 바라보
기만 하십니다.
21 주께서 나를 잔인하게 다루시고, 그 강하
신 손으로 나를 치십니다.
22 주님이 나를 들어 바람 위에 두시고 태풍
가운데서 빙빙 돌리시니,
23 주님께서는 나를 죽이려 하십니까? 나를
저 무덤으로 보내려 하십니까?
24 절망 중에 도와 달라고 부르짖으나 나를
도울 자가 아무도 없구나.
25 내가 고생하는 사람을 보며 울지 않았던
가? 가난한 자를 보고 불쌍히 여기지 않
았던가?
26 행복을 기대했는데 재앙이 닥쳤고, 빛을
바랐는데 흑암이 덮치는구나.
27 마음이 뒤틀리니 쉴 수가 없고 고난의 날
들만이 나를 반기는구나.
28 태양도 외면하는데 검은 상복을 입고 배
회하며, 회중 가운데 서서 도와 달라고 외
치네.
29 난 이리 떼의 친구, 타조의 벗이로구나.
30 내 가죽이 검게 변하여 벗겨지고, 내 뼈
는 열기로 펄펄 끓어오르는구나.
31 내 수금은 장례식 노래를 연주하고 내 피
리는 슬픈 노래를 부르는구나."

31 "내가 내 눈과 약속했는데 어찌 처
녀를 주목하겠나?
2 그렇게 한다면 하늘의 하나님께서 내게
무엇을 주시며, 위에 계신 전능자께서 내
게 어떤 유산을 주시겠나?
3 사악한 자에게 재앙이 떨어지고 악을 행
하는 자에게 불행이 닥치지 않는가?
4 그분이 내 길을 살피시고 내 걸음을 헤아
리시지 않는가?
5 내가 거짓말을 하거나 남을 속였던 적이
있던가?
6 나를 정확한 저울에 달아 보면 하나님께
서는 내가 정직한 사람임을 아실 것이네.
7 언제 내가 바른 길에서 떠났던가? 내 마
음이 언제 눈의 유혹에 넘어갔던가? 내
손에 죄를 지은 흔적이 남아 있던가?
8 만약 내가 나쁜 사람이라면, 내가 뿌린 씨
를 남이 추수해 가고 내 농작물이 다 쓸
모없게 되어도 어쩔 수 없을 것이네.
9 내가 언제 예쁜 여인에게 유혹되어 이웃
집 문 밖에서 기웃거렸던가?
10 그랬다면 내 아내가 남의 집 하녀가 되고,
다른 남자들이 그녀를 끌어안아도 할 말
이 없다네.
11 그런 짓은 부끄러운 범죄 행위니 어찌 심
판을 피하겠는가?
12 그것은 모든 것을 집어삼키는 불과도 같
이, 내 농작물을 몽땅 태워 버릴 것이네.
13 내 집 안에 있는 종들이 내게 불만을 터
뜨린다고 저들을 괴롭힌 적이 있던가?
14 그랬다면 하나님께서 심판하시고 내게 따
지실 텐데 무슨 말을 할 수 있겠나?
15 나를 어머니 태에서 만드신 그분께서 그
종들도 만드시지 않았나? 하나님께서 우
리 모두를 만드시지 않았나?
16 내가 언제 가난한 사람의 기대를 저버리
고 과부의 소망을 무시했던가?
17 나 혼자 맛있게 먹으면서 고아들을 못 본
체했던가?
18 그렇지 않네. 사실은 내가 젊었을 때부터
저들을 돌보았고, 과부들에게 도움을 주
었다네.
19 내가 입을 옷이 없는 사람을 못 본 체하
고 덮을 이불이 없는 가난한 사람을 무시
했던가?
20 그들에게 양털 옷을 입혀 따뜻하게 해 주
었더니 그들이 나를 축복하였다네.
21 내가 언제 지위를 이용하여 고아들을 무
시하는 짓을 했던가?
22 만약 그랬다면 내 어깨가 떨어져 나가고
내 팔이 부러져도 좋네.
23 나는 하나님께서 보내시는 재앙을 두려워
하네. 그 위엄 앞에 내가 어떻게 서겠는가?
24 내가 언제 금에 소망을 두고 정금을 우상
처럼 소중히 여겼던가?
25 내가 언제 재산이 많다고 자랑하며, 내 손

에 돈이 굴러 들어온다고 우쭐대던가?
26 태양이 빛을 발하는 것을 보고 청명한 달을 보며,
27 내 마음이 유혹을 받아 손을 모아 경배하던가?
28 이것 역시 심판 받아 마땅한 죄악이네. 그랬더라면 위에 계신 하나님을 배반한 것이지.
29 내가 언제, 원수가 망했다고 즐거워하고 재앙을 당했다고 기뻐했던가?
30 절대 그렇지 않다네. 나는 내 입술을 함부로 움직여 원수를 저주한 적이 없네.
31 내 집에서 일했던 사람들이 '그분의 고기로 배불리 먹지 않은 사람이 없다'고 말하지 않았던가?
32 나는 나그네를 거리에서 자도록 내버려 둔 적이 없고, 지나는 여행자에게도 문을 열어 대접했다네.
33 내가 아담처럼 내 범죄 행위를 숨기고, 가슴에 묻어 둔 적이 있던가?
34 사람들이 모욕하는 것이 두려워서, 내 죄를 고백하지 않거나 밖으로 나가지 못한 적이 없네.
35 아, 누군가 내 말을 들을 사람이 있다면! 전능자께서 내 말을 판단해 주신다면. 아, 내 원수가 나를 기소한 기소장이 있어, 그분이 판단하실 수 있다면.
36 그렇다면 내가 그것을 내 어깨에 메고, 머리에 면류관처럼 쓰고 보일 텐데.
37 내가 행한 일들을 그분께 고하고, 왕자처럼 당당히 그분 앞에 나갈 수 있을 텐데.
38 내 토지가 학대를 당했다고 나를 고소했던가? 밭이랑들이 울부짖은 적이 있던가?
39 값도 지불하지 않고 남의 농작물을 먹었던가? 그 농사 지은 자들의 기운을 꺾어 놓은 적이 있던가?
40 그랬더라면 밀 대신 가시덤불이 자라고, 보리 대신에 엉겅퀴가 자라게 될 것이네." 이렇게 해서 욥의 말이 끝났습니다.

엘리후가 이야기하다

32 욥이 계속해서 자신은 떳떳하다고 주장하자, 세 친구들은 욥에게 대꾸하기를 중단했습니다.
2 그러자 람 족속의 부스 사람 바라겔의 아들 엘리후가 화를 냈습니다. 왜냐하면 욥이 하나님보다 자기가 의롭다고 주장했기 때문입니다.
3 그리고 그는 욥의 세 친구들에게도 화를 냈습니다. 그것은 그들이 '욥이 분명히 잘못했다'고 말하면서도, 욥의 말에 제대로 답변을 못했다고 여겼기 때문입니다.
4 엘리후는 세 친구들보다 나이가 어렸기 때문에 이제껏 참고 있었습니다.
5 이 세 사람들이 더 이상 대답하지 못하자, 엘리후는 화가 났습니다.
6 부스 사람 바라겔의 아들 엘리후가 이렇게 말했습니다. "나는 어리고, 당신들은 나이가 많기 때문에 내 생각을 말하지 못하고 머뭇거리고 있었습니다.
7 '나이가 많은 어른이라면 지혜로운 말을 할 수 있다'고 생각했지요.
8 그렇지만 사람에게 총명을 주는 것은 사람 안에 있는 영과 전능자의 호흡이더군요.
9 나이가 많다고 해서 지혜로운 것이 아니고, 바른 것을 아는 것도 아니더군요.
10 그러니 내 말을 들어 보십시오. 나도 의견을 말하겠습니다.
11 당신들이 답할 말을 생각할 동안 나는 그

성경 인물

엘리후 부스 사람 바라겔의 아들인 엘리후는 욥의 친구들 가운데 가장 나이가 어렸습니다. 그는 세 친구들의 말을 듣고 있다가 32장에 와서야 처음으로 말을 꺼냅니다. 그는 세 친구들에게는 욥의 변론에 제대로 대답하지 못한 것에 대해, 그리고 욥에 대해서는 자신을 의롭다고 주장한 것에 대해 화를 냈습니다(욥 32:2-3). 또한 하나님께서는 사람들의 유익을 위해 고난을 주신다고 말하면서, 하나님께 불평하는 욥의 태도를 책망하며 하나님 앞에서 겸손하라고 충고합니다. 욥의 세 친구들이 하나님께 책망을 들었을 때도 그는 책망받지 않았습니다(욥 42:7-8). 본문 보기 32장

말을 기다렸고, 당신들의 의견에 귀를 기
울였습니다.
12 나는 열심히 들었습니다만, 당신들 중에
그 누구도 욥의 주장을 반박하지 못하고,
그의 말에 제대로 답하지 못하더군요.
13 '우리가 지혜를 찾았다. 욥을 반박할 수
있는 분은 오직 하나님뿐이시다' 라고 말
씀하지 마십시오.
14 만일 욥과 내가 논쟁을 했다면 나는 당신
들과 같은 논리로 욥에게 답하지 않았을
것입니다.
15 당신들은 어리둥절하여 할 말을 못하고
있습니다.
16 당신들이 조용하니, 나도 조용히 기다려
야 할까요?
17 아니지요, 나도 할 말이 있습니다. 나도
아는 바를 말하겠습니다.
18 내 속에 할 말이 가득합니다. 내 속에 있
는 영이 내게 말하라고 하는군요.
19 지금 내 속은 술이 부글부글 끓는 것 같
고, 포도주 가죽 부대가 터지는 것과 같
습니다.
20 말하지 않으면 속이 터질 것 같군요. 그
러니 내가 입술을 열지 않을 수 없습니
다.
21 나는 누구의 눈치도 보지 않고, 어떤 사
람에게도 아첨하지 않을 것입니다.
22 만일 내가 그렇게 한다면 하나님께서 나
를 곧장 치실 겁니다."

33 "이제 욥 어르신, 내가 하는 말에
귀를 기울여 주십시오.
2 내가 입을 여니, 혀가 움직이는군요.
3 나는 양심대로 말하며, 내 혀는 항상 진
실만을 말합니다.
4 하나님의 영께서 나를 만드셨고, 전능자
의 호흡이 나에게 생명을 주셨지요.
5 할 수 있거든, 당신도 내 말을 듣고 반박
하십시오.
6 나나 당신이나 흙으로 만들어진 하나님의
피조물 아닙니까?
7 그러니 내가 당신을 두렵게 할 수도 없고,
내 손으로 당신을 누를 수도 없지요.
8 나는 당신이 하신 말씀을 잘 들었습니다.
9 당신은 주장했지요? '나는 깨끗하고 죄가
없다. 나는 순결하고 아무런 잘못이 없
다.
10 그런데도 하나님은 나에게서 허물을 찾으
시고, 나를 마치 원수 대하듯 하신다' 고
말입니다.
11 또 '하나님께서 나를 차꼬에 채우시고,
내 모든 길을 살피신다' 고 말입니다.
12 그렇지만 들어 보십시오. 당신의 주장은
옳지 않습니다. 왜냐하면 하나님은 사람
과 비교할 수 없이 위대하시기 때문이지
요.
13 어찌하여 당신은 하나님께서 답변을 하지
않으신다고 불만을 터뜨리십니까?
14 하나님께서는 여러 번 말씀하시지만 사람
은 깨닫지 못합니다.
15 그분은 사람이 곤히 잠들었을 때, 밤중의
꿈이나 환상으로 말씀하시지요.
16 사람들의 귀를 살짝 여시고 말씀하셔서,
17 사람들이 그들의 마음을 돌이켜 교만하지
않도록 해 주십니다.
18 그분은 사람이 무덤에 빠지지 않도록 지
키시고, 칼에 죽지 않도록 보호하십니다.
19 그분은 사람이 깨닫게 하시려고 뼈마디가
쑤시는 아픔과 고통을 주시기도 합니다.
20 그럴 땐 밥맛도 없고 진수성찬도 귀찮아
지며,
21 몸은 수척해지고 숨어 있던 뼈마디가 울
퉁불퉁 튀어나오지요.
22 그럼 결국 무덤에 떨어지고 사망으로 달
려가게 됩니다.
23 그 때, 그 사람에게 일천 명의 천사 중
하나가 도우러 와서 무엇이 옳은지 말

기소(31:35 indictment) 법원에 재판을 청구함.
족속(32:2 clan) 혈통, 언어, 풍속, 습관 따위가 같은 집단에 속하는 사람들.
논쟁(32:14 disputation) 생각을 달리하는 사람들이 말이나 글로 서로 남이 그르고 자기가 옳다고 주장하는 것.

할 것입니다.
24 그러면 하나님께서는 '그 사람이 무덤에
내려가지 않도록 살려 주어라. 내가 그 몸
값을 벌써 받았다' 라고 하실 것입니다.
25 그러면 그 병든 사람의 살이 아기처럼 다
시 고와지고, 어렸을 때처럼 회복되지요.
26 그 사람이 하나님께 기도하면 하나님께서
는 그 기도를 기쁘게 들으십니다. 그 사
람의 마음은 정말로 하나님께 대한 감사
로 가득 차게 되겠지요. 하나님께서 그 사
람을 의롭게 회복시켜 주실 것입니다.
27 그러면 그 사람은 사람들 앞에서 찬양하
면서, '나는 죄를 지었소. 부정한 짓을 저
질렀지요. 그러나 내가 받아야 할 벌을 받
지 않았습니다.
28 하나님은 나를 무덤에서 건져 주셨습니
다. 그래서 저는 이제 이렇게 환한 세상
을 봅니다' 라고 말할 것입니다.
29 하나님께서는 자주 사람들을 이렇게 다루
시지요.
30 무덤에 내려가던 사람을 다시 살리셔서,
생명이 약동하게 하십니다.
31 욥 어르신, 내 말에 귀 기울이십시오. 계
속 조용히 내 말을 들어 주십시오.
32 말하실 것이 있으면 대답해 보십시오. 그
러면 내가 분명히 대답해 드리겠습니다.
33 그렇지 않다면, 내 말을 계속 들어 주십
시오. 내가 지혜를 가르쳐 드리겠습니
다."

34

엘리후가 계속 말했습니다.
2 "현명한 어르신들이여, 내 말을
들으십시오. 총명한 여러분이시여, 내 이
야기에 귀 기울여 주십시오.
3 귀가 말을 알아듣듯, 혀는 음식 맛을 느
끼지요.
4 무엇이 옳고, 무엇이 선한 것인지 찾아보
도록 합시다.
5 욥은 '나는 의롭지만 하나님께서는 나를
옳지 않게 여기신다' 고 주장했습니다.
6 '나는 정직한데 거짓말쟁이 취급을 당한
다. 죄도 없는데 그분이 나를 쳐서 죽이
려 하신다.'
7 세상에 이렇게 옳지 못한 말을 물 마시듯
하는 사람이 또 어디 있습니까?
8 그가 바로 악인들의 친구요, 불의한 사람
들의 친구가 아니고 무엇이겠습니까?
9 욥은 겨우 '하나님을 기쁘시게 해도 별수
가 없다!' 라는 소리를 합니다.
10 그러니 현명하신 어른들이여, 내 말을 들
어 보십시오. 하나님은 절대 악을 행하지
않으십니다. 전능자는 절대 잘못 행하지
않습니다.
11 그것은 그분이 사람이 행한 대로 갚아 주
시고, 그들의 길을 보고 다루시기 때문입
니다.
12 진실로 하나님은 악하게 행하실 수 없으
며 전능자는 공의를 무너뜨리지 않습니
다.

성경 속의 궁금증

하나님이 내 기도를 듣고 계신다는 걸 어떻게 알 수 있어요?

하나님은 우리의 기도를 분명히 듣고 계세요. 성경 말씀 전체를 통해 하나님은 우리의 기도를 들으시고 또 응답해 주신다는 것을 약속해 주고 계십니다. 하나님께서 세상을 만드신 날부터 세상이 끝나는 날까지 말이지요. 기도는 하나님과 이야기 나누는 것입니다. 기도할 때 마음이 기뻐지고 편안해지나요? 좋은 생각이 떠오르고 새 힘이 생기나요? 모두 하나님이 우리의 기도를 듣고 계시다는 증거입니다. 또 여러분이 했던 기도 제목을 살펴보세요. 하나님께서 들어 주신 것을 알 수 있어요. 만일 배가 아프다면 손을 얹고 치료해 달라고 기도해 보세요. 정말 치료해 주신답니다. 하지만 분명한 응답을 받으려면 믿음을 가져야 해요. 우리는 믿음을 통해 하나님을 가장 기쁘시게 해드릴 수 있기 때문입니다. "여호와께서 히스기야의 기도를 들으시고 백성을 벌하지 않으셨습니다."(대하 30:20)

본문 보기 33장 26절

13 누가 하나님을 땅의 왕으로 세우셨습니까? 누가 하나님께 세상을 다스리도록 하셨습니까?
14 만일 그분이 자기만 생각하셔서 영과 숨기운을 거두어 가신다면, 어떻게 될까요?
15 모든 사람이 다 망하고, 다시 흙으로 돌아가고 말 것입니다.
16 총명한 욥 어르신, 내 말 뜻을 아시겠지요. 내 말을 귀담아 들으십시오.
17 공의를 미워하시는 분이라면 그가 어떻게 다스릴 수 있을까요? 당신이 의로우신 전능자가 잘못됐다고 말할 수 있습니까?
18 그분은 왕들에게도 '너희들은 쓸모없다' 하시고, 귀족들에게도 '너희들은 의롭지 못하다' 고 말씀하십니다.
19 귀한 사람이라고 더 돌보시거나, 부자라고 해서 가난한 사람보다 낫다고 여기지 않으십니다. 저들은 모두 그분이 만드신 피조물이니까요.
20 사람들은 밤중에 순식간에 죽을 수 있습니다. 부자라도 그분이 치시면 넘어져 죽고, 강한 자라도 하나님께서 손쉽게 없애 버릴 수 있습니다.
21 그분은 사람들의 행위를 늘 살피시고, 사람들의 모든 걸음걸이를 보시지요.
22 그렇기 때문에 악인들이 숨을 수 있는 곳은 아무 데도 없습니다. 캄캄한 데나 그늘진 곳에 숨을 수 있다고 생각하십니까?
23 하나님은 사람을 심판하시기 위해, 조사하실 필요도 없습니다.
24 그분은 물어 볼 필요도 없이 강한 사람이라도 금방 내리치시고, 그 자리에 다른 사람을 세우십니다.
25 이렇게 하나님은 사람들의 모든 행위를 다 아시기 때문에 밤중에 저들을 치셔서 망하게 하시지요.
26 하나님께서 사람들 앞에서 악인들을 처벌하여 치시는 것은,
27 저들이 하나님을 떠나, 하나님의 말씀과 상관없이 제멋대로 살기 때문입니다.
28 악인들이 가난한 사람들을 울리면 하나님께서는 그 울부짖음을 들으십니다.
29 하나님께서 잠잠하셔도 누가 그에게 뭐라 할 수 있습니까? 만약 그분이 자기 얼굴을 사람들에게서 숨기신다면 누가 그분을 볼 수 있습니까?
30 그렇게 하시는 이유는 경건하지 못한 자가 왕이 되지 못하게 하고, 백성을 괴롭히는 자들이 통치하지 못하게 하기 위해서입니다.
31 누가 하나님께 '제가 처벌을 받았으니, 이제 더 이상 죄를 짓지 않겠습니다.
32 제가 못 본 것을 보게 해 주십시오. 제가 잘못했다면, 다시는 그리하지 않겠습니다' 라고 말하겠습니까?
33 당신이 죄를 인정하지 않기 때문에 하나님께서 당신 뜻대로 움직이실 거라 생각하십니까? 이것은 당신이 결정할 일입니다. 그러니 답할 말이 있다면 해 보십시오.
34 총명한 자가 말하며, 내 말을 듣는 자가 말합니다.
35 '욥의 말은 무식하고 지혜가 부족하지.'

성경 속의 궁금증

하나님은 정말 우리가 하는 모든 것을 다 보고 계세요?

우리가 하나님을 보는 일은 불가능하지만 하나님은 우리가 하는 모든 것을 다 보고 계신답니다. 그렇다고 하나님이 범인을 쫓아다니는 형사처럼 우리를 감시하는 것은 아닙니다. 하나님은 우리가 잘못했을 때 즉각 벌을 내리시기보다는 잘못을 빌 기회를 주시고 참고 기다리십니다. 그리고 우리의 약하고 부족한 부분을 보면 더 잘할 수 있도록 도와 주십니다. 하나님은 우리를 사랑하시기 때문입니다. 우리는 늘 우리를 지켜보시는 하나님께 감사하며 하나님 앞에 부끄럽지 않게 말씀대로 살아야 하겠습니다.

본문 보기 34장 21절

약동하다(33:30 move lively) 생기 있고 활발하게 움직이다.
의롭다(34:5 righteous) 떳떳하고 옳다.
공의(34:12 justice) 선과 악을 공평하게 제재하는, 의로우신 하나님의 성품 중 하나.
귀족(34:18 noble man) 신분이 좋아 정치적 · 사회적 특권을 가진 사람.

36 나는 당신이 자기의 죄를 인정할 때까지 벌을 받아야 한다고 생각합니다.
37 당신은 죄를 인정하기는커녕 여전히 하나님을 모독하고, 조롱하듯 손뼉을 쳐대며 하나님께 대항하기 때문입니다."

35 엘리후가 계속 말을 이었습니다.
2 "욥 어르신, 당신은 계속 자신이 옳다고 말할 생각입니까? 하나님보다 의롭다는 주장을 계속하시겠습니까?
3 당신이 말했지요? '죄를 짓지 않는다고 무슨 유익이 되며, 내가 얻는 것이 무엇이냐'고.
4 나는 당신과 친구분들께 말씀드리고 싶습니다.
5 하늘을 보십시오. 당신 위에 높이 떠 있는 저 구름을 바라보십시오.
6 당신이 죄를 지은 것이 하나님께 무슨 영향이 있습니까? 당신의 죄가 많다고 해서, 그분께 무슨 해가 있을까요?
7 당신이 의롭다 하더라도, 그것이 그분께 무슨 유익이 되나요? 그분이 당신 손에서 무엇을 받기나 하십니까?
8 당신의 죄는 당신 같은 사람에게나 영향을 주고, 당신의 의로운 삶도 사람에게나 유익한 것이겠지요.
9 사람들은 학대를 받으면 부르짖으며 벗어나려고 애원합니다.
10 그렇지만 이렇게 말하는 사람은 드물지요. '나를 만드신 하나님은 어디 계십니까? 밤중에 노래를 부르게 하시는 그분은 어디 계십니까?
11 그분은 우리가 짐승보다 낫도록 가르치시고, 공중의 새보다 지혜롭게 만드시는 하나님이십니다.'
12 저들의 부르짖음에 하나님께서 대답하지 아니하시는 것은 악인들의 교만한 자세 때문입니다.
13 하나님은 사람들이 헛된 말로 부르짖는 것을 듣지 않으시며, 전능자는 그런 기도를 들은 체도 하지 않으십니다.
14 당신은 그분을 볼 수 없다고 말하지만, 이미 당신의 사정이 그분께 알려졌으니 그분을 기다리십시오.
15 당신은 그분이 처벌하시지도 않고, 악한 일에도 전혀 관심이 없으시다고 했지요?
16 어르신은 정말 헛된 말을 하고, 어리석은 사람처럼 말을 하시는군요."

엘리후가 계속 이야기하다

36 엘리후가 계속해서 말했습니다.
2 "내 말을 좀더 들어 주십시오. 하나님 편에서 할 말이 더 있습니다.
3 나는 먼 곳에서 내 지식을 얻었습니다. 나는 내 창조주의 의로우심을 말하겠습니다.
4 나는 지혜로 가득 차 있기 때문에 진실만을 말할 것입니다.
5 하나님은 전능하시지만 아무도 무시하지 않으십니다. 그분의 힘과 지혜는 무궁무진하지요.
6 악인을 살려 두지 않으시고, 경건한 자들에게 복을 주십니다.
7 그분은 의인들에게서 눈을 떼지 않으시고, 그들을 왕처럼 대하셔서 영원히 높여 주십니다.
8 때로는 사람들을 사슬로 묶으시고, 고난도 당하게 하십니다.
9 그렇게 해서 저들이 한 일을 보이시는데, 곧 자기들이 잘난 체하며 지은 죄를 알게 하시지요.
10 그리고 그분은 사람의 귀를 열어서 훈계하시고, 악한 일들을 회개하라고 경고하십니다.
11 만약 사람들이 마음을 돌려 순종하면, 저들은 결국 행복하게 되고, 평안을 누립니다.
12 그렇지만 순종하지 않으면, 칼을 보내어 치시고 망하게 하시지요.
13 경건하지 못한 자들은 마음에 원망을 품

모독하다(34:37 blaspheme) 하나님을 욕되게 하다.
무궁무진(36:5 endless) 끝이 없고 다함이 없음.
사슬(36:8 chain) 쇠고리를 여러 개 걸어 이은 줄.
연수(36:26 number of years) 해의 수.

고 그분이 벌을 내리실 때에도, '도와 주
세요!' 라고 기도하지 않습니다.
14 그런 자들은 부도덕하게 살다가 일찍 죽
고 맙니다.
15 그러나 경건한 자들이 고난당할 때, 그분
께서 구해 주시고, 고통당할 때에 귀를 여
시지요.
16 그분은 당신을 위험에서 끌어 내어 평안
의 자리로 인도해 주셨고, 기름진 음식으
로 늘 채워 주셨습니다.
17 그렇지만 이제 당신은 악인이 받아야 할
그 심판을 받고 있지 않습니까? 당신은
공의로운 심판을 받고 있는 중입니다.
18 당신이 화난다고 조소할까 두렵군요. 많
은 뇌물 때문에 곁길로 가지 마십시오.
19 당신의 재물을 다 허비하더라도, 그 고난
에서 벗어날 길이 없을 것입니다.
20 당신은 사람들이 자기 집에서 죽어 가는
그 밤을 기다리지 마십시오.
21 더 이상 죄를 짓지 마십시오. 괴롭다고 하
나님을 대적하다니요?
22 보십시오. 하나님은 정말 높고 존귀하십
니다. 누가 그분과 같은 스승이 될 수 있
겠습니까?
23 누가 그분의 길을 정하셨습니까? 누가 감
히 그분에게 '당신은 이것을 잘못했습니
다' 라고 말할 수 있겠습니까?
24 하나님의 하신 일을 두고 모두들 찬송합
니다. 그러니 당신도 그분께서 하신 일을
찬송하세요.
25 그 일을 보지 못한 사람은 없습니다. 멀
리 사는 자도 다 압니다.
26 하나님은 너무 위대하셔서 우리가 다 알
기 어렵습니다. 그분의 연수를 감히 인간
이 어떻게 알겠습니까?
27 하나님은 물방울을 끌어올리시고, 그것이
비가 되어 시냇물에 떨어지게 하시는 분
입니다.
28 구름 속에 비를 싸 두셨다가, 사람들에게
풍성하게 쏟아 붓습니다.
29 구름이 어떻게 널려 있는지, 그분이 천둥
을 어떻게 보내시는지 모두 알 수 있는 사
람이 어디 있습니까?
30 그분은 번개로 자신을 두르시고, 깊은 바
다를 덮으시는 분입니다.
31 이렇게 하나님은 세상 나라들을 다스리시
고, 음식을 풍성히 공급하시는 분입니다.
32 그는 번갯불을 손으로 쥐고, 표적을 향해
정확히 던지시지요.
33 천둥 소리는 폭풍이 오는 것을 알립니다.
심지어 가축까지도 그것이 오는 것을 알
지요."

37 "그 소리를 들으면, 내 심장도 두
근거립니다.
2 그분 입에서 나오는 천둥 소리를 잘 들어
보세요.
3 온 천지에 번개를 보내어, 땅 끝까지 환
하게 하시고,
4 그후에 천둥 소리는 우르릉거리고, 그분
의 위엄 있는 목소리가 우렁차게 울려 퍼
집니다. 그분의 음성은 사그라들지 않습
니다.
5 하나님의 천둥 소리는 정말 놀랍습니다.
사람이 이해 못할 엄청난 일들을 하십니
다.
6 하나님은 눈에게 '땅에 내려라' 하고 명
령하시고 쏟아지는 폭우에게 '세차게 퍼
부어라' 하고 말씀하십니다.
7 이처럼 사람들을 꼼짝 못하게 하시는 것
은, 하나님의 일에 대해 그들이 알게 하
기 위해서입니다.
8 그 때에는 들짐승도 숨을 곳을 찾고, 자
기 있는 곳에서 나오질 않습니다.
9 남쪽에서는 폭풍이 불어오고 북쪽에서는
차가운 바람이 몰아치며,
10 하나님께서 내뿜으시는 입 기운에 얼음이
생기고, 넓은 호숫물조차 꽁꽁 얼어붙습
니다.
11 그분은 구름에 습기를 가득 채우시고, 구
름 사이로 번갯불을 번쩍거리시지요.
12 그것들은 하나님의 명령대로 이리저리 움
직이며, 온 세상에서 그분의 명령을 수행
합니다.
13 그분은 사람을 벌하실 때나 땅에 비를 내

리실 때, 징계하실 때나 사람들에게 사랑을 보이실 때, 구름을 사용하십니다.
14 욥 어르신, 가만히 하나님의 기이한 일들을 한번 생각해 보십시오.
15 당신은 하나님께서 어떻게 구름을 만드시고, 어떻게 번개를 번쩍이게 하시는지 아십니까?
16 구름이 균형을 잃지 않고 떠다니는 것과 지혜가 온전하신 분이 행하시는 이적을 이해할 수 있나요?
17 남풍이 불어 땅이 조용할 때, 따뜻해지는 까닭을 아십니까?
18 당신은 하나님께서 청동 구리를 부어 만든 거울처럼 단단한 하늘을 펼 수 있습니까?
19 우리가 그분에게 할 말을 가르쳐 주십시오. 우리는 어둠에 싸여 있어 그분에게 무슨 말을 해야 할지 모르겠군요.
20 내가 하고 싶은 말을 하나님께 다 할 수는 없습니다. 내가 왜 하나님께 나를 삼키실 기회를 드리겠습니까?
21 바람이 하늘을 깨끗이 휩쓸고 간 후, 그 빛 때문에 태양을 똑바로 쳐다볼 수 있는 사람은 없을 것입니다.
22 그분은 영광의 빛에 휩싸여 북쪽에서 오시고, 위엄 가운데 임하시지요.
23 우리는 전능자의 권능을 상상조차 할 수 없습니다. 그분의 권능은 끝이 없으시고, 공의와 의가 많으신 분인데 어떻게 그런 분이 사람을 괴롭힐 수 있겠습니까?
24 그러니 사람들이 그분을 경외하지 않을 수 없지요. 스스로 지혜롭다고 생각하는 자를 그분은 무시하십니다."

알아두세요

38:7 개역 성경에는 '하나님의 아들들'이라고 표기되어 있다.

온전한(37:16 perfect) 결점이 없고 완전한. 참된 의미의 온전은 하나님께만 속한다.
모퉁잇돌(38:6 cornerstone) 주춧돌.
천체(38:33 heavenly body) 우주 공간에 떠 있는 온갖 물체를 통틀어 이르는 말.

여호와께서 욥에게 물으시다

38 그 때 여호와께서 폭풍 가운데서 욥에게 말씀하셨습니다.
2 "무식한 말로 나의 뜻을 어둡게 하는 자가 누구냐?
3 너는 허리띠를 동여매고 대장부처럼 일어나서 묻는 말에 대답하라.
4 내가 땅의 기초를 세울 때 너는 도대체 어디에 있었느냐? 네가 그렇게 많이 알거든 대답하라.
5 누가 그 수치들을 재고 줄자를 대어 보았느냐?
6 땅의 기초를 무엇으로 단단히 고정시켰는지, 그 모퉁잇돌을 누가 놓았는지 아느냐?
7 그 때에 새벽 별들이 노래하였고, 모든 천사들*이 흥에 겨워 소리를 질렀다.
8 바닷물이 태를 열고 나오는 아기처럼 넘쳐 흐를 때, 바다가 넘치지 못하도록 한계를 정해 놓은 자가 누구냐?
9 그 때 나는 구름으로 바다를 덮고 짙은 어둠으로 그것을 둘러쌌으며,
10 바다에 경계를 지었고 그것에 문빗장과 문을 달았다.
11 그 때 나는 바다를 향하여, '너는 여기까지만 오고, 더 이상 넘치지 마라! 너 교만한 파도야, 멈추어라!' 하고 명령했다.
12 네가 태어난 이후부터 한 번이라도 아침에게 명령하여, 동을 트게 한 적이 있었느냐?
13 그래서 새벽이 땅의 끝까지 빛을 비추어 악을 행하는 자를 멈추게 한 적이 있느냐?
14 해가 비춰진 땅이 도장 찍힌 진흙처럼 생겨나고, 그 모양이 주름진 옷과 같이 되었다.
15 악인들에게 빛을 주지 않고, 그 치켜든 팔을 꺾을 수 있느냐?
16 너는 바다의 샘에 가 본 적이 있느냐? 깊은 바다 계곡을 걸어다녀 본 적이 있느냐?
17 죽음의 문이 네게 나타난 적이 있느냐?

죽음의 그림자가 있는 문들을 본 적이 있
느냐?
18 너는 지구의 구석구석을 다 알고 있느냐?
알거든 대답하여라.
19 빛이 어디에서 오고, 어둠이 어디로 가는
지 아느냐?
20 그것들을 그들의 집으로 데리고 갈 수 있
느냐? 그것들이 사는 곳을 아느냐?
21 너는 그 때 태어나서 그것을 아는 사람인
가? 나이가 많아서 그런 것들을 아느냐?
22 너는 눈 창고에 들어가 본 적이 있느냐?
우박 창고에도 가 보았느냐?
23 그것들을 어려운 때, 전쟁이나 싸움에 사
용하기 위해 내가 보관하고 있다.
24 너는 번개가 흩어지는 곳이나, 동풍이 땅
에서 흩어지는 곳을 알고 있느냐?
25 누가 폭우의 길들을 내었느냐? 천둥의 길
을 누가 마련했는지 너는 아느냐?
26 사람의 흔적이 없는 곳, 아무도 없는 사
막에 비를 내리고,
27 더없이 메마른 땅에 물을 대고, 그 곳에
싹을 돋게 하는 이가 누구인가?
28 비를 낳은 아버지가 있느냐? 이슬 방울은
누가 낳았느냐?
29 얼음은 누구에게서 나왔으며 하늘의 서리
는 어디에서 태어났느냐?
30 물을 돌처럼 단단하게 얼리고, 물의 표면
을 꽁꽁 얼게 하는 이가 누구인지 아느
냐?
31 너는 묘성을 한데 묶고, 오리온 별자리의
고리를 풀 수 있느냐?
32 네가 별 무리를 계절에 따라 이끌어 내고,
큰곰자리, 작은곰자리 별 무리를 인도할
수 있느냐?
33 네가 천체의 운행 법칙을 아느냐? 네가
땅의 자연 법칙을 세웠느냐?
34 구름에게 소리를 질러, 물이 네게 홍수처
럼 덮이게 할 수 있느냐?
35 네가 번개에게 '번쩍거리며 나가라!' 고
명하면, 그것이 '예, 그대로 하겠습니다'
라고 답하느냐?
36 누가 가슴에 지혜를 주고, 마음에 총명을

고대의 청동 거울(37:18)

주었더냐?
37 누가 지혜가 뛰어나 구름의 수를 헤아리
겠느냐? 누가 하늘의 물병들을 기울여
38 먼지를 덩어리가 되게 하고, 흙을 흙덩이
가 되게 할 수 있느냐?
39 네가 사자의 먹이를 잡을 수 있느냐? 사
자들의 굶주림을 채울 수 있느냐?
40 사자들이 굴 속에 웅크려 있고 은신처에
숨어서 기다릴 때,
41 까마귀 새끼가 먹이가 없어 이리저리 날
며 나를 향해 까악까악 울부짖을 때, 누
가 까마귀들에게 먹이를 주는가?"

39 "너는 산에 사는 염소가 언제 태어
나는지 아느냐? 사슴이 새끼 낳는
것을 본 적이 있느냐?
2 그것들이 몇 달이나 배 속에 새끼들을 데
리고 다니는지, 언제 새끼를 낳는지 아느
냐?
3 그것들이 웅크리고 새끼를 낳게 되면, 해
산하는 고통에서 벗어나는 것을 아느냐?
4 그 새끼들이 들판에서 자라서 강하게 되
면, 어미를 떠나 다시는 돌아오지 않는
다.
5 누가 들나귀를 풀어 주었던가? 누가 재빠
른 들나귀의 끈을 놓아 주었던가?
6 내가 그들에게 광야를 집으로 주고, 소금
기 있는 땅을 그들의 살 곳으로 정해 주
었다.
7 들나귀는 도시의 소음을 싫어하고, 소리
치며 모는 사람을 알지 못하며
8 푸른 초장을 찾아 온 산을 헤매며, 푸른
풀을 찾아다닌다.
9 들소가 네게 온유하게 굴며 네 우리에서

하룻밤을 잘 것 같으냐?
10 너는 들소에게 굴레를 씌워 쟁기질을 시
킬 수 있느냐? 들소가 네 뒤를 따라 밭을
갈겠느냐?
11 그것이 힘이 세다고 믿고 일을 시킬 수 있
느냐?
12 네 곡식을 날라 오고 모아서 타작 마당에
옮기리라고 믿느냐?
13 타조가 화려하게 날갯짓을 한다 해도 황
새의 날개만 하겠느냐?
14 타조는 땅에 알을 낳고 모래로 그것을 따
뜻하게 덮지만,
15 곧 잊어 버리고 발로 밟아 깨뜨리거나 야
수들이 밟도록 그냥 내버려 둔다.
16 타조는 새끼를 마치 자기 새끼가 아닌 것
처럼 거칠게 다루고 그 새끼들이 죽는다
하더라도 신경쓰지 않는다.
17 그것은 내가 타조에게 지혜를 주지 않고,
총명도 베풀지 않았기 때문이다.
18 그렇지만 타조가 날개를 펼치고 달릴 때
는 말과 기수보다 빠르다.
19 네가 말에게 힘을 주고 말의 목을 갈기로
옷입혔느냐?
20 네가 말에게 메뚜기같이 뛰도록 하였느
냐? 그 당당한 콧소리는 두려움을 느끼게
한다.
21 말은 앞발로 힘차게 땅을 박차고 용사들
을 향해 전진하면서,
22 두려움을 모르고 칼을 피할 생각도 하지

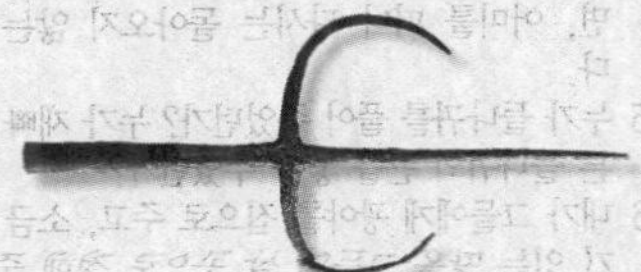

갈고리(41:2)

않는다.
23 화살통은 그 등에서 철커덕거리고, 창과
단창은 번쩍인다.
24 땅을 종횡무진으로 날뛰고, 나팔이 울려
퍼져도 멈출 줄 모른다.
25 나팔 소리 가운데서도 힝힝 콧소리를 치
며, 멀리서도 전쟁 냄새를 맡고 장군들
의 고함 소리와 아우성치는 소리를 듣는
다.
26 매가 두 날개를 남쪽으로 펴고, 날 것을
네가 명령했느냐?
27 독수리가 높이 치솟아 자기 둥지를 만드
는 것도 네 명령에 따른 것이냐?
28 매는 아찔한 낭떠러지에 살며, 사람이
접근할 수 없이 까마득한 바위 틈에 산
다.
29 독수리는 그 곳에서 먹이를 찾아 멀리까
지 내다본다.
30 시체가 있는 곳에 독수리가 있고, 그 새
끼들도 그 곳에서 피를 빨아 먹는다."

40

여호와께서 욥에게 말씀하셨습니
다.
2 "너는 아직도 전능자와 논쟁하려 하느냐?
나, 하나님을 비난하는 사람은 대답하여
라."
3 그러자 욥이 여호와께 대답했습니다.
4 "저는 정말, 무가치한 사람입니다. 제가
무슨 대답을 하겠습니까? 단지 입을 가릴
뿐입니다.
5 나는 한 번 말을 했고 대답지 않겠습니다.
두 번 말했고, 더 이상 않겠습니다."
6 그 때 여호와께서 폭풍 가운데서 욥에게
대답하셨습니다.
7 "너는 대장부처럼 허리를 동여매고, 묻는
말에 대답하여라.
8 네가 내 판단을 무시하여 자신을 옳게 여
기고 나를 비난하느냐?
9 네가 하나님처럼 강하단 말이냐? 네 목소

타작(39:12 thresh) 익은 곡식의 이삭을 떨어서 그 낟알을 거두는 일.
종횡무진으로(39:24 freely) 거침없이 마음대로.
단장하다(40:10 adorn) 손을 대어 꾸미다.
작살(41:7 harpoon) 작대기 끝에 뾰족한 쇠를 달아 물고기를 찔러 잡는 기구.
재갈(41:13 bit) 말의 입에 가로 물리는, 쇠로 된 물건.

리가 천둥 같단 말이냐?
10 그렇다면 너는 이제 위엄과 탁월함으로 단장하고 영광과 위엄으로 옷을 입어라.
11 그리고 네 분노를 터뜨려 보아라. 거만한 자들을 모조리 낮추어 보아라.
12 교만한 자들을 찾아서 겸손하게 굴복시키고 악인들을 그 자리에서 짓밟아 보아라.
13 그들을 모두 흙 속에 묻어, 저들의 얼굴을 무덤에 묻어라.
14 그렇게 하면, 나도 네 힘이 너를 구원할 수 있다고 인정하겠다.
15 저 하마를 한번 살펴보아라. 내가 너를 만들 때, 함께 만든 것이다. 그것은 황소처럼 풀을 먹는다.
16 그의 허리 힘이 얼마나 센지 보아라. 그 뱃가죽에 뻗치는 힘살을 주목해 보아라.
17 백향목처럼 꼬리를 치는 저 모습과 힘줄이 얽힌 저 허벅지 근육을 보아라.
18 그 뼈들은 청동관같이 단단하고, 갈비뼈는 무쇠 막대기 같구나.
19 그것은 내가 창조한 작품 중 최고의 작품이다. 그것을 만든 나도 칼을 가져야 그것에게 접근할 수 있다.
20 산들은 그것을 위해 식물을 만들어 내고, 모든 들짐승이 그 곁에서 뛰어논다.
21 그것이 연꽃 아래 누워 늪 속의 갈대 가운데 자기를 숨기면,
22 연꽃잎이 그것 위에 그늘을 드리우고, 강가 버드나무도 그를 둘러싼다.
23 강물이 차고 넘쳐도, 요단 강물이 넘쳐 흘러 자신을 삼키려 해도, 그것은 꿈쩍도 하지 않는다.
24 누가 감히 그것을 잡겠으며, 끌고 가서 그 코를 꿸 수 있겠느냐?"

41 "네가 낚시 고리로 악어를 끌어 낼 수 있겠느냐? 끈으로 그의 혀를 맬 수 있겠느냐?
2 그의 코에 끈을 꿰고 갈고리로 그의 턱을 낚아챌 수 있겠느냐?
3 그것이 네게, '살려 주세요!' 하며 애원하겠느냐? 부드러운 말로 간청하겠느냐?
4 그것이 너와 약속을 하여 평생 너의 노예가 될 것 같으냐?
5 네가 그것을 새와 놀 수 있는 것처럼 만들어 네 어린 소녀들에게 줘어 줄 수 있겠느냐?
6 어부들이 그것을 가지고 상인들에게 팔 수 있겠느냐? 상인들은 그것을 가게에 가지고 나와 팔 수 있겠느냐?
7 네가 그것의 가죽에 창을, 그 머리에 작살을 꽂을 수 있겠느냐?
8 그것에게 네 손을 대어 보아라. 그것이 날뛰면 네가 다시 그런 일을 할 생각이나 하겠느냐?
9 그것을 굴복시킬 수 있다는 생각은 헛된 것이 아니겠느냐? 보기만 해도 기가 꺾이지 않느냐?
10 아무리 용감한 자라 해도 그것조차 깨우지 못하는데, 누가 감히 내게 맞설 수 있겠느냐?
11 누가 내게 주고 나서 갚기를 바랄 수 있느냐? 세상의 모든 것이 내게 속하지 않았느냐?
12 그 악어의 다리와 그 힘과 위엄찬 모습을 어찌 말하지 않을 수 있겠느냐?
13 누가 그의 갑옷을 벗기고 감히 재갈을 가지고 그에게 다가설 수 있겠느냐?

성경 자세히 이해하기

리워야단

41장에 나오는 악어(히브리어로 '리워야단')는 바다에 산다고 생각되는 거대한 동물로, 고대인들은 이것을 혼돈을 가져 오는 신화 속의 짐승으로 이해했습니다. 우리말 성경에서는 주로 '악어'로 번역되며, 시편 74편 14절에서는 거대한 제국 이집트에 비유되고 있습니다. 성경뿐만 아니라 서구 문학에서도 자주 등장하는 짐승인 리워야단은 주로, 타락한 세상, 혼돈, 악마적 세력 등을 상징하지만 욥기에서는 이런 의미보다는 인간이 다룰 수 없는 엄청난 힘을 지닌 피조물로 말하고 있습니다.

본문 보기 41장

처음보다 더 큰 복을 받은 욥(42:12-17)

14 누가 감히 그 끔찍한 이빨들이 늘어선 턱
을 벌릴 수 있겠느냐?
15 그 등은 방패들이 서로 단단히 연결되어
늘어선 모습과 같고
16 비늘과 비늘은 서로 이어져 있어서 바람
조차 통할 수 없다.
17 이처럼 비늘들은 서로 이어져서 함께 붙
어 나눌 수 없다.
18 재채기와 함께 번갯불이 번쩍이고, 그 두
눈은 동틀 때의 쏟아지는 햇살 같구나.
19 입에서는 타는 횃불이 나오고 불똥이 튀
어 나온다.
20 그 두 콧구멍에서 연기가 뿜어 나오니,
마치 끓는 솥에서 나오는 것 같구나.
21 입김이 숯불을 일으킬 것 같으니, 그 입
에서는 불꽃이 쏟아진다.
22 그 목덜미에 힘이 있어, 그 앞에서는 절
망도 달아난다.
23 근육들은 서로 단단히 엉켜 있고, 견고하
여 떼어 낼 수 없구나.
24 그 심장은 돌같이 단단하고, 맷돌 아래짝
처럼 강하구나.
25 그 놈이 한번 일어나면, 강한 자도 그 위
세 앞에 겁을 먹고 뒷걸음질 친다.
26 칼로 찔러도 소용이 없고, 창이나 표창,
단창도 아무 소용 없구나.
27 악어는 철을 지푸라기처럼, 구리를 썩은
나무처럼 생각하니,
28 화살을 쏘아도 꿈쩍하지 않고, 물맷돌도
그것에게는 날리는 겨와 같다.
29 몽둥이를 지푸라기처럼 여기고, 표창을
날려도 코웃음만 칠 뿐이다.
30 그것의 밑바닥은 날카로운 질그릇 같아서
진흙에서 쟁기질한 것 같은 자국을 만든
다.
31 깊은 물을 마치 끓는 가마솥같이 만들고,
바다를 기름 가마처럼 만든다.
32 지나가며 번쩍이는 물보라를 날리니, 흰
머리를 날리는 것처럼 보인다.
33 지구상에 그것과 같이 두려움을 모르는
것이 없다.
34 그것이 교만한 자들을 모두 낮추어 보니,

모든 자랑하는 자들의 왕이로다."

욥이 여호와께 대답하다

42 그러자 욥이 여호와께 대답했습니
다.
2 "주께서는 무슨 일이든지 하실 수 있기 때
문에 아무도 주님의 뜻을 방해할 수 없는
줄 압니다.
3 '무식한 말로 내 뜻을 가리는 자가 누구
냐?' 라고 물으셨지요? 정말 저는 알지도
못하면서 말하였고, 깨닫지 못하는 일들
을 아는 체하였습니다.
4 주님께서, '들어라, 내가 말하겠다. 내가
묻겠으니 너는 대답하여라' 고 하셨지요?
5 주님에 대하여 귀로 듣기만 했는데, 이제
저는 주를 눈으로 직접 보았습니다.
6 이제 제 자신을 경멸합니다. 그리고 티끌
과 재 가운데서 회개합니다."
7 여호와께서 욥에게 말씀을 하신 후에 데
만 사람 엘리바스에게 말씀하셨습니다.
"너와 네 두 친구는 정말 나를 화나게 하
였다. 너희들은 내게 욥처럼 옳게 말하지
않았다.
8 그러므로 이제 너희는 수송아지 일곱 마
리와 숫양 일곱 마리를 잡아 내 종 욥에
게 가서, 너희들의 죄를 위해 번제로 바
쳐라. 그러면 내 종 욥이 너희를 위해 기
도해 줄 것이다. 나는 그의 기도를 듣고,
너희들을 너희 어리석음대로 다루지 않겠
다. 너희는 욥과 달리 나에 대해 옳게 말
하지 않았다."
9 그러자 데만 사람 엘리바스와 수아 사람 빌
닷, 나아마 사람 소발은 여호와께서 자기
들에게 명령하신 대로 하였고, 여호와께
서는 욥의 기도를 들으셨습니다.
10 욥이 자기 친구들을 위해 기도한 이후에
여호와께서는 그를 다시 번성케 하셔서,
그에게 전보다 두 배나 많은 복을 주셨습
니다.
11 그러자 그의 모든 형제 자매와 전에 그를
알았던 모든 자가 와서 그와 함께 식사를
하였습니다. 그들은 여호와께서 욥에게
내리셨던 모든 재앙을 생각하며 그를 위
로하고 슬퍼해 주었고, 각각 돈과 금고리
를 욥에게 선물로 주었습니다.
12 여호와께서 욥의 말년에 처음보다 더 큰
복을 주셔서, 그는 만 사천 마리의 양과
육천 마리의 낙타와 황소 천 겨리와 당나
귀 천 마리를 소유하게 되었습니다.
13 그리고 욥은 일곱 명의 아들과 세 명의 딸
을 낳았습니다.
14 그의 첫째 딸을 여미마라 하고, 둘째 딸을
긋시아, 셋째 딸을 게렌합북이라 불렀는데
15 온 땅에 욥의 딸같이 아름다운 사람이 없
었고, 욥은 그들에게도 아들과 같이 재산
을 나누어 주었습니다.
16 그후, 욥은 백사십 년을 더 살면서, 자손
을 사 대까지 보았고
17 오래 살다가 세상을 떠났습니다.

방해하다(42:2 disturb) 일이 제대로 되지 못하도록 훼방을 놓다.
경멸(42:6 contempt) 남을 깔보고 업신여김.
회개하다(42:6 repent) 하나님을 떠난 사람이 지난날의 죄를 깊이 후회하고 전인격적으로 하나님께로 돌이키는 것을 말한다.

시편

Psalms

저자

대부분은 다윗이 기록하였다. 그러나 적어도 6명의 다른 기록자들이 있다. 즉 모세, 솔로몬, 아삽, 에단, 헤만, 고라 자손 등이다. 몇몇의 시편은 누가 기록했는지 알려져 있지 않다.

저작 연대

B.C. 1400-430년경

핵심어 및 주요 내용

핵심어는 "찬양"과 "신뢰"이다. 150편의 시편들은 하나님의 위대한 성품, 그분이 행하신 일들과 앞으로 행하실 일들에 대한 찬양을 주로 다루고 있다. 시편 기자들은 자기의 백성을 보호하시고 사랑하시며 구원하시는 하나님을 온전히 신뢰하라고 계속해서 명령하고 있다.

내용 소개

총 150편의 시들이 다섯 권의 책으로 구분되어 있다.

1. 제1권(1-41편)
2. 제2권(42-72편)
3. 제3권(73-89편)
4. 제4권(90-106편)
5. 제5권(107-150편)

제 1 권

두 가지 삶의 길

1 행복한 사람은 나쁜 사람들의 꼬임에 따라가지 않는 사람입니다. 행복한 사람은 죄인들이 가는 길에 함께 서지 않으며, 빈정대는 사람들과 함께 자리에 앉지 않는 사람입니다.

2 그는 여호와의 가르침을 즐거워하고, 밤낮으로 그 가르침을 깊이 생각합니다.
3 그는 마치 시냇가에 옮겨 심은 나무와 같습니다. 계절을 따라 열매를 맺고 그 잎새가 시들지 않는 나무와 같습니다. 그러므로 그가 하는 일마다 다 잘 될 것입니다.
4 나쁜 사람들은 그렇지가 않습니다. 그들은 마치 바람에 쉽게 날아가는 겨와 같습니다.
5 그러므로 나쁜 사람들은 하나님께서 내리시는 벌을 견뎌 낼 수가 없을 것입니다. 죄인들은 착한 사람들과 함께 있을 수 없습니다.
6 착한 사람들이 가는 길은 여호와께서 보살펴 주시지만, 악한 사람들이 가는 길은 결국 망할 것입니다.

하나님께서 택하신 왕

2 어째서 나라들이 남몰래 나쁜 일을 꾸미며, 민족들이 왜 그토록 헛된 일들을 계획하고 있는 것일까?
2 세상 왕들이 여호와께 대항하여 싸울 준비를 하고, 세상의 통치자들이 여호

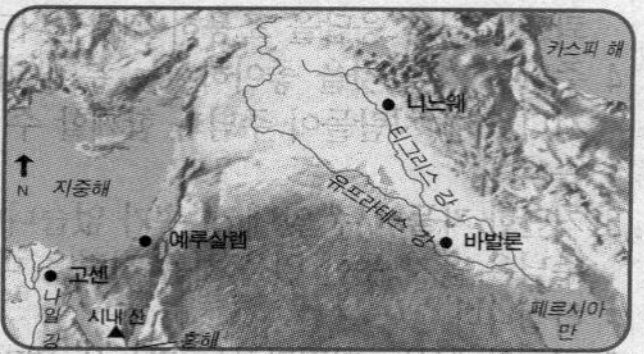

⬆ 시편의 무대는 예루살렘을 중심으로 북아프리카에서 팔레스타인을 거쳐 시리아 지역에 이르는 고대 근동 전체이다.

와께서 세우신 왕과 싸우려고 모여드는
구나.
3 그들은 "우리를 묶은 쇠사슬을 끊어 버리
자. 우리를 동여 맨 밧줄을 던져 버리자"
라고 말합니다.
4 그러나 하늘 보좌에 앉아 계신 분께서 웃
으시며 그들을 향해 비웃으십니다.
5 주께서 분노하시면서 그들을 꾸짖고, 그
들이 두려워 벌벌 떠는 가운데 말씀하시
기를
6 "내가 나의 왕을 내 거룩한 산, 시온 산
위에 세웠다!"라고 하십니다.
7 내가 이제 주님의 명령을 널리 선포합니
다. 여호와께서 내게 말씀하시기를 "너는
내 아들이다. 오늘 내가 너의 아버지가 되
었다.
8 나에게 구하여라. 그러면 내가 모든 나라
들을 네게 유산으로 주겠다. 그리고 지구
상의 모든 민족들이 다 네 소유가 될 것
이다.
9 너는 철로 된 지팡이로 그들을 질그릇같
이 부술 것이다"라고 하셨습니다.
10 그러므로 세상 왕들아! 지혜롭게 행동하
여라. 세상의 통치자들아! 조심하여라.
11 두려운 마음으로 여호와를 섬기고, 떨리
는 마음으로 그분을 찬양하여라.
12 그의 아들을 정중하게 섬겨라. 그렇지 않
으면 너희가 가는 길에서 망하게 된다. 왜
냐하면 주님의 분노가 순식간에 불붙듯이
타오를 것이기 때문이다. 여호와를 의지
하는 사람은 복을 받을 것이다.

아침 기도

다윗이 아들 압살롬을 피해 도망갈 때 부른 노래

3 여호와여, 나의 원수들이 얼마나 많은
지요! 나에게 대항하는 사람들이 너무
도 많습니다!
2 많은 사람들이 나에 관해 말하기를, "하
나님께서 그를 구해 주시지 않을 거야"라
고 합니다. (셀라)
3 그러나 여호와여, 주는 나의 방패시며, 나의
영광이시고, 내 머리를 드시는 분이십니다.
4 내가 여호와께 큰 소리로 부르짖을 때, 그
분은 그 거룩한 산에서 내게 응답하십니
다. (셀라)
5 내가 저녁에 누워 잠을 자고, 아침에 다
시 깨어나는 것은 여호와께서 나를 지켜
주시기 때문입니다.
6 수천 수만 명의 적들이 사방으로 나를 둘러
싸더라도 나는 두려워하지 않을 것입니다.
7 여호와여, 일어나소서! 오 나의 하나님이
시여, 나를 구해 주소서. 내 원수들의 턱
뼈를 부수뜨리고, 악한 사람들의 이를 부
러뜨려 주소서.
8 구원은 여호와께 있으니 주의 복을 주의
백성에게 내려 주소서. (셀라)

저녁 기도

다윗의 시. 지휘자를 따라 현악기에 맞춰 부른 노래

4 내가 당신께 부르짖을 때에 응답해 주
소서. 나의 의로우신 하나님! 내 근심

성경 자세히 이해하기

셀라

'셀라'라는 말은 39개의 시편에 모두 71번, 그리고 하박국서에 3번(3:3,9,13) 나옵니다. 정확한 뜻은 알 수 없으나, '높임', '중지'라는 뜻을 지닌 히브리어 '살랄'이란 단어에서 유래한 것으로 추측되는 음악 용어인 것 같습니다. 다시 말해 셀라는 찬양하다가 목소리를 높이거나 악기 연주 중에 음을 높이는 것, 또는 노래하는 사람들이 악기가 연주되는 동안 잠시 멈추는 것을 나타내는 용어인 것으로 생각됩니다.

본문 보기 3편 2절

을 떨어 주시고, 나에게 은혜를 베풀어 주
시고, 나의 기도를 들어 주소서.
2 사람들이여! 언제까지 나를 부끄럽게 하
려는가? 언제까지 잘못된 일을 좋아하고,
거짓된 신들을 따르려는가? (셀라)
3 여호와께서 경건한 사람들을 선택하셨다
는 사실을 너희들은 알아야 한다. 내가 기
도할 때에 여호와께서 듣고 계신다는 사
실을 알아야 한다.
4 화가 난다고 죄를 짓지 마라. 너희는 잠
들기 전에 조용히 생각하며 자기 마음을
살펴보아라. (셀라)
5 주께 올바른 제사를 드리고, 여호와를 믿
고 의지하여라.
6 많은 사람들이 "누가 우리에게 선한 것을
보여 주겠는가?"라고 물으니 여호와여,
주님의 얼굴을 우리에게 비추어 주소서.
7 주께서 나의 마음에 큰 기쁨을 채워 주시
니 이 기쁨은 곡식과 새 포도주가 가득할
때의 기쁨보다 더 큽니다.
8 내가 평안히 누워 잠을 자니 나를 이렇게
안전하게 돌보아 주시는 분은 오직 여호
와뿐이십니다.

보호해 달라는 아침 기도

다윗의 시. 지휘자를 따라 관악기에 맞춰 부른 노래

5 여호와여, 내 말에 귀 기울여 주소서.
나의 한숨 소리를 들어 주소서.
2 도와 달라고 외치는 나의 부르짖음을 들
어 주소서. 나의 왕, 나의 하나님이시여,
내가 주께 기도드립니다.
3 여호와여, 아침마다 주께서 내 소리를 들
으시니, 매일 아침 나의 소원들을 주께 아

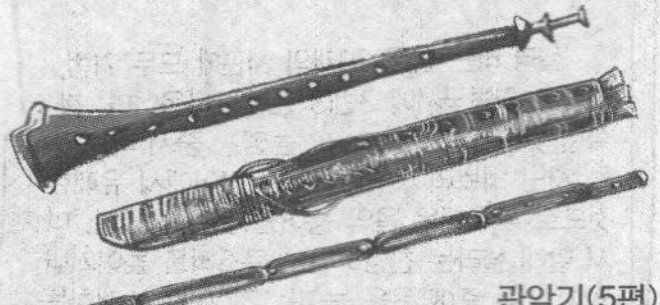

관악기(5편)

'칼릴', '할릴'이라고 하며 영어로는 '플루트'로 번역한다. 즐거운 행사나 장례식에 두루 사용되었으며 선지자의 생도들도 이 악기를 사용했었다(삼상 10:5).

뢰고 주님의 응답을 조용히 기다립니다.
4 주님은 악한 것을 좋아하시는 분이 아니
시니 악한 사람들이 주님과 함께할 수 없
습니다.
5 거만한 자들이 주 앞에 설 수가 없습니다.
주님은 옳지 못한 일을 하는 사람을 미워
하십니다.
6 여호와께서는 거짓말하는 자들을 멸망시
키시고, 다른 사람의 피를 흘리고 속이는
자들을 몹시 미워하십니다.
7 나는 오직 주님의 크신 사랑에 힘입어 주
님의 집 안으로 들어갈 것입니다. 존경하
는 마음으로 주님의 거룩한 전을 향하여
엎드리겠습니다.
8 여호와여, 내 주위에 적들이 많으니 주의
의로운 길로 나를 인도하여 주시고 주의
곧은 길을 보여 주소서.
9 원수들의 말은 한 마디도 믿을 수가 없고,
그들의 마음은 사람을 파멸시키려는 계획
들로 가득 차 있습니다. 그들의 목구멍은
열린 무덤과도 같고, 그들의 혀는 거짓말
하는 데 능숙합니다.
10 하나님이시여, 그들을 죄인이라 부르소
서! 자기들의 꾀에 스스로가 빠져들게 하
십시오. 죄값을 치르게 하여 그들을 쫓아
내십시오. 그들이 주님을 배반했기 때문
입니다.
11 그러나 주님을 피난처로 삼는 사람들은
누구나 즐겁게 해 주소서. 언제까지나 기
쁨의 노래를 부르게 해 주소서. 주님, 그
들을 지켜 보호해 주십시오. 주님의 이름
을 사랑하는 사람들이 주님 때문에 기뻐
할 것입니다.
12 여호와여, 정말로 주님은 의로운 사람에
게 복을 주십니다. 주님의 방패 같은 사
랑으로 그들을 지켜 주소서.

어려운 때에 자비를 구하는 기도

다윗의 시. 지휘자를 따라
현악기에 맞춰 낮은 음으로 부른 노래

6 여호와여, 주님의 노여움으로 나를 꾸
짖지 마시고, 주님의 불 같은 분노로
나를 벌하지 마소서.

2 여호와여, 나는 힘이 없으니 불쌍히 여겨
주소서. 여호와여, 나를 고쳐 주소서. 뼈
마디가 고통스럽습니다.
3 내 마음이 찢어질 듯이 아픕니다. 여호와
여, 언제까지 기다려야 합니까?
4 여호와여, 돌아오셔서 나를 구해 주시고,
주의 변함없는 사랑으로 나를 살려 주소
서.
5 죽으면 아무도 주를 생각할 수 없습니다.
무덤 속에서 누가 주를 찬양할 수 있단 말
입니까?
6 나는 신음하다가 지쳐 버렸습니다. 밤을
지새며 눈물로 침대를 적셨으며 울음으로
이불이 흠뻑 젖었습니다.
7 너무 많이 울어 눈앞이 잘 보이지 않습니
다. 원수들 때문에 흘린 눈물로 시력이 약
해졌습니다.
8 내게서 떠나가거라! 악한 일을 저지르는
모든 자들아! 여호와께서 내 울부짖음을
들으셨다.
9 여호와께서 자비를 간절히 구하는 내 외침
을 들으셨으니 내 기도를 받으실 것이다.
10 내 모든 원수들이 두려워하기를 바라고
창피를 당한 후 물러가기를 바랍니다.

사람이 한 일에 따라 심판하실 것에 대한 기도

베냐민 사람 구시가 한 말을 듣고
여호와께 부른 다윗의 식가욘*

7 여호와와 나의 하나님이시여, 내가 주께
피하니 나를 뒤쫓는 사람들에게서 나를
보호하시고 구해 주소서.
2 그렇지 않으면 그들이 사자처럼 달려들어
나를 갈기갈기 찢어 놓을 것입니다. 나를
구해 줄 사람은 아무도 없습니다.
3 여호와와 나의 하나님이시여, 내가 어떻게
살았습니까? 내가 무슨 잘못을 저지른
적이 있습니까?
4 내가 다른 사람에게 악을 행한 일이 있습
니까? 아무런 이유 없이 나의 원수의 물
건을 빼앗은 적이 있었습니까?
5 만약 내가 그랬다면, 원수가 나를 쫓아와
붙잡도록 내버려 두십시오. 그가 나를 땅
에 짓밟고, 나를 땅에 묻게 하소서. (셀
라)
6 여호와여! 분노하시면서 일어나소서. 나
의 성난 원수들을 대항하여 일어나 싸워
주소서. 나의 하나님이시여, 일어나소서!
정의를 선포하여 주소서.
7 모든 나라들을 불러 모아 주를 둘러싸게
하시고, 하늘에서 그들을 다스려 주소
서.
8 주께서 민족들을 심판해 주소서. 여호와
께서 내가 의롭게 행동했는지 판단해 주
소서. 가장 높으신 분이시여, 내가 순수
하게 행동하였는지 말씀해 주소서.
9 사람의 마음과 생각을 알고 계시는 의로
우신 하나님, 악한 사람들의 악을 막아 주
시고, 의로운 사람들을 안전하게 보호하
여 주소서.
10 가장 높으신 분, 하나님께서는 나의 방패
이십니다. 그분은 마음이 바른 사람들을
구원하여 주십니다.

다윗의 간구(3-9편)

알아두세요

7편 '식가욘'은 문학 또는 음악 용어이다.

시

11 하나님께서는 공평하신 재판장이십니다. 그분은 악인을 향해 날마다 분노하시는 하나님이십니다.
12 만일 그들이 마음을 고쳐 바르게 하지 않으면, 하나님께서는 칼을 가시며 활을 당겨 그들을 겨누실 것입니다.
13 하나님께서는 생명을 앗아갈 수 있는 무기로 불화살을 마련해 두셨습니다.
14 악한 생각을 가슴에 품고, 다른 사람에게 고통을 주는 악인은 자기가 만든 속임수에 빠질 것입니다.
15 다른 사람들을 빠뜨리기 위해 구덩이를 깊이 파는 사람들은 스스로 그 구덩이에 빠질 것입니다.
16 그들은 자신들이 일으킨 어려움에 스스로 빠지게 되고, 그들이 일으킨 폭력이 그들 머리 위로 돌아갈 것입니다.
17 의로우신 여호와여, 내가 감사드립니다. 가장 높으신 분, 주님의 이름을 찬송합니다.

하나님의 위대하심과 사람의 가치

다윗의 시. 지휘자를 따라 기쁜 곡조로 부른 노래

8 여호와, 우리의 주님이시여! 주님의 이름이 온 땅에 어찌 그리 장엄한지요? 주님께서 하늘 위에 주님의 찬란한 영광을 두셨습니다.
2 주님께서는 어린이들과 젖 먹는 아기들이 주님께 찬양을 올리도록 하셨습니다. 주님께 대항하는 원수들과 적들과 보복하려는 자들을 침묵시키기 위해서입니다.
3 주님의 하늘을 바라봅니다. 주님의 손가락으로 지으신 하늘을 생각해 봅니다. 주님께서 하늘에 자리를 정해 준 달과 별들을 생각해 봅니다.
4 사람이 무엇이기에 주님께서는 그를 기억하시고, 인간이 무엇이기에 주님께서는 그를 돌보아 주시는지요?
5 주님께서는 사람을 천사보다 조금 못하게 지으시고, 그 머리에 영광과 존엄의 왕관을 씌우셨습니다.
6 주님께서 만드신 모든 것을 사람이 다스리게 하시고, 모든 것들을 사람에게 맡기셨습니다.
7 모든 양 떼들과 소 떼들, 그리고 들판의 짐승들,
8 하늘을 나는 온갖 새들과 바닷속에 사는 모든 것들을 다스리게 하셨습니다.
9 여호와, 우리 주여! 주의 이름이 온 땅에 어찌 그리 장엄한지요?

승리에 대한 감사 기도

다윗의 시. 지휘자를 따라 "아들의 죽음"이라는 곡조에 맞춰 부른 노래

9 오 주님, 내가 온 마음을 다해 여호와를 찬양하며, 주께서 행하신 놀라운 일들을 모두 노래하겠습니다.
2 내가 주를 기뻐하고 즐거워할 것입니다. 가장 높으신 분, 주님의 이름을 찬송하겠습니다.
3 나의 원수들이 도망치다가 넘어지며, 주님 앞에서 멸망합니다.
4 주께서 나의 억울한 사정을 들으시고 보좌에 앉으셔서 공평하게 재판하셨습니다.
5 주께서 모든 나라들을 꾸짖으시고, 악한 사람들을 망하게 하시며, 그들의 이름을 영영 지워 버리셨습니다.
6 원수들이 끝없이 파멸하였습니다. 주님께서 그들이 살던 성을 뿌리 뽑으셨기 때문에 이제 아무도 그 성을 기억하지 못합니다.
7 여호와께서는 영원히 다스리십니다. 여호와께서 재판하시기 위해 보좌에 앉아 계십니다.

성경 자세히 이해하기

메시아를 예언하는 시

신약 히브리서의 기자는 시편 8편을 메시아에 대한 예언으로 이해하고 예수 그리스도께서 그 예언을 이루셨다고 선언합니다(히 2:5-9). 또한 예수님 자신도 이 말씀을 자신에게 적용하셨습니다(마 21:16). 즉, 예수님께서는 잠깐 동안 '천사보다 조금 못하게' 되셨지만, 부활을 통해 '영광과 존엄의 왕관을' 쓰셨습니다(5절). 나아가 하나님께서도 예수 그리스도로 하여금 '모든 것을 다스리게' 하셨다고 말씀하십니다(6절).

본문 보기 8편

8 여호와께서는 세상을 정의롭게 판단하실
것이며, 모든 민족들을 공의롭게 다스리
실 것입니다.
9 여호와는 억압받는 사람들의 피난처가 되
시며, 그들이 어려움 가운데 있을 때에 보
호자가 되십니다.
10 여호와여, 주의 이름을 아는 사람들은 모
두 주님을 믿고 의지할 것입니다. 왜냐하
면 주님은 주님께 오는 자들을 저버리지
않으시기 때문입니다.
11 시온의 왕이신 여호와를 찬양하여라. 여
호와께서 행하신 일을 모든 나라들에게
알려라.
12 살인자에게 복수하시는 이가 고통당한 자
를 기억하십니다. 여호와는 고통받는 사
람들의 외침을 잊지 않으십니다.
13 오 여호와여, 보소서. 얼마나 많은 적들
이 나를 대적하는지요! 나를 불쌍히 보시
고 내가 죽음의 문을 지날 때에 나를 구
해 주소서.
14 그러면 내가 시온 성문들에서 주를 높이
찬양하며, 주님의 구원을 찬송하고 즐거
워할 것입니다.
15 모든 나라들은 자기들이 판 구덩이에 빠
졌습니다. 자기들이 숨겨 놓은 그물에 스
스로 걸려들었습니다.
16 여호와께서는 정의로우신 분으로 잘 알려
져 있습니다. 악한 자들은 자신들이 놓아
둔 덫에 걸려들게 됩니다. (힉가욘,* 셀
라)
17 악한 자들은 무덤으로 갈 것입니다. 하나
님을 잊어 버린 모든 나라들도 그 곳으로
갈 것입니다.
18 그러나 가난한 자들이 항상 잊혀지는 것
은 아닙니다. 고통당하는 자들의 희망이
사라지는 것도 아닙니다.
19 여호와여, 일어나소서! 사람들이 우쭐대
지 못하게 하여 주소서. 거만한 나라들이
주님 앞에서 심판받게 하여 주소서.
20 여호와여, 저들을 내리치사 자신들은 한
낱 사람에 불과하다는 것을 저들이 알게
하여 주소서. (셀라)

악한 사람들에 대한 불평

10 여호와여, 어찌하여 그토록 멀리 계
십니까? 어찌하여 내가 어려움에 처
했을 때에 숨어 계십니까?
2 거만하고 악한 자들이 연약한 자들을 몹
시 괴롭게 합니다. 악한 자들을 그들이 만
든 함정에 빠지게 하소서.
3 악한 자들은 자기가 바라는 것을 자랑하
며, 지나치게 욕심이 많은 자들은 여호와
를 배신하며 멸시합니다.
4 악하고 교만한 자들은 하나님을 찾지 않
습니다. 그들의 머릿속에는 도무지 하나
님이 계시지 않습니다.
5 그런데 그들은 항상 번영하는 삶을 누리
며 주님의 가르침과는 거리가 먼 삶을 살
고 있습니다.
6 그들은 속으로, "내게 나쁜 일은 하나도
일어나지 않을 거야. 나는 절대로 실패하
지 않을 거야"라고 말합니다.
7 그들의 입은 욕지거리와 거짓말, 협박하
는 말들이 가득하고 온갖 저주와 악한 말
들을 내뱉습니다.
8 그들은 마을 근처에 몰래 숨어서 기다립
니다. 숲에 숨어서 기다리다가 무고한 사
람들을 죽입니다.
9 그들은 사자처럼 숨어서 기다립니다. 힘
없는 사람들을 잡아 죽이려고 숨어서 기
다립니다. 힘없는 사람들을 그물로 잡아
질질 끌고 갑니다.
10 잡힌 자들은 짓밟히고 쓰러집니다. 그들
은 힘없이 쓰러질 뿐입니다.
11 그들은 속으로 말하기를, "하나님께서 우
리를 잊어 버리셨어. 무슨 일이 일어나고
있는지 보고 계시지 않아"라고 합니다.

알아두세요

9:16 '힉가욘'은 다른 말로는 '명상'이라 할 수 있으며, 음악적 용어를 가리키는 듯하다.

함정(10:2 pitfall) 남을 어려움에 빠뜨리려는 계략.
협박(10:7 threat) 어떤 목적을 위하여 으르고 위협하는 것을 말함.

12 여호와여, 일어나소서. 오 하나님이여, 주님의 손을 들어 주소서. 힘없는 사람들을 잊지 마소서.

13 어찌하여 악한 사람들이 하나님을 업신여긴단 말입니까? 어찌하여 그들은 속으로 "하나님은 우리에게 책임을 묻지 않을 거야"라고 한단 말입니까?

14 그러나 주께서는 고통당하는 자들의 고통과 슬픔을 보고 계실 것입니다. 주께서는 그들의 고통과 슬픔을 속속들이 잘 아실 것입니다. 고통당하는 자들이 주께 도움을 구합니다. 주는 고아들을 돕는 자가 아니십니까!

15 악한 자들과 못된 자들의 팔을 꺾어 주소서. 그들의 악행을 철저하게 찾아 내어 무거운 책임을 물으시고 벌을 내려 주소서.

16 여호와께서는 영원한 왕이십니다. 주님께 대항하는 나라들은 주님의 땅에서 사라질 것입니다.

17 여호와여, 고통당하는 자들의 소원을 들어 보십시오. 그들을 격려해 주소서. 그들의 부르짖음에 귀 기울여 주소서.

18 고아들과 핍박받는 자들을 변호해 주소서. 그러면 땅의 사람들이 그들을 더 이상 공포에 몰아넣지 못할 것입니다.

여호와를 신뢰함

다윗의 시. 지휘자를 따라 부른 노래

11 내가 여호와께 피신합니다. 그런데 어찌하여 너희들은 나에게 이런 소리를 하는가? "새처럼 산으로 도망쳐라.

2 보라, 악한 자들이 사냥꾼처럼 활을 당기고, 화살을 쏘려고 한다. 어두운 곳에서 정직한 사람들을 향해 활을 쏘고 있다.

3 터가 무너져 내리는데 의로운 사람들이 할 수 있는 일이 무엇이겠는가?"

4 여호와께서 성전에 계시며, 여호와의 보좌는 하늘 높이 있습니다. 그리고 사람들을 눈여겨 보십니다. 눈길을 떼시지 않고 사람들을 자세히 살피십니다.

5 여호와는 의로운 사람들은 사랑하시지만 악한 자들과 다른 사람을 해치려는 사람들은 미워하십니다.

6 여호와는 악한 자들 위에 숯불과 유황불을 비오듯 쏟아 부을 것입니다. 태워 버리는 불바람이 그들의 운명이 될 것입니다.

7 여호와는 의로우시며, 정의를 사랑하십니다. 정직한 사람들이 그분의 얼굴을 보게 될 것입니다.

거짓말쟁이들에 대한 기도

다윗의 시. 지휘자를 따라 낮은 음에 맞춰 부른 노래

12 여호와여! 도와 주소서. 진실한 사람들이 없습니다. 충성스런 사람들을 이 땅에서 찾아볼 수가 없습니다.

2 사람들은 저마다 이웃들에게 거짓말을 합니다. 그들은 간사한 입술로 다른 사람을 속입니다.

3 여호와께서 교활한 입술을 멈추게 해 주소서. 자랑하는 이들의 혀를 끊어 주소서.

4 그들은 "우리 입으로 우리가 말하는데, 우리 혀로 우리가 말하는데, 누가 우리를 막는단 말인가?"라고 말합니다.

5 그렇지만 여호와께서 이렇게 말씀하십니다. "연약한 사람들이 핍박을 받고 가난한 자들이 신음하고 있으니 이제 내가 일어날 것이다. 그들을 고통스럽게 하는 자들로부터 보호할 것이다."

6 여호와의 말씀은 참입니다. 도가니에서 일곱 번 걸러 낸 은과 같습니다.

7 여호와여! 저희를 안전하게 지켜 주소서. 그런 악한 자들로부터 끝까지 보살펴 주소서.

8 이 땅 어디에서나 더러운 일들이 판을 치고, 악한 자들이 거침없이 활개치고 다닙니다.

하나님께 가까이 와 달라는 기도

다윗의 시. 지휘자를 따라 부른 노래

13 여호와여! 언제까지 나를 잊고 계실 것입니까? 언제까지 숨어 계실 것입니까?

2 언제까지 내가 걱정해야 합니까? 언제까지 내가 날마다 슬퍼해야 됩니까? 언제까지 원수가 나를 보고 우쭐대어야 한단 말입니까?

3 오 주님, 나의 하나님이시여, 나를 보시

고 내게 대답해 주소서. 내 눈을 밝혀 주
소서. 그렇지 않으면 나는 죽음의 잠을 잘
것입니다.
4 나의 원수들이 "내가 이겼다!"라고 말하
지 못하게 해 주소서. 내가 쓰러질 때, 나
의 원수들이 기뻐할 것입니다.
5 나는 주의 변함없는 사랑을 믿습니다. 내
마음이 주님의 구원을 기뻐합니다.
6 내가 여호와를 노래할 것입니다. 왜냐하
면 여호와께서 내게 은혜를 베푸셨기 때
문입니다.

실질적 무신론자들

다윗의 시. 지휘자를 따라 부른 노래

14 어리석은 자는 마음속으로 말하기
를, "하나님은 없다"라고 합니다. 그
들의 행위는 더럽고 썩었으며, 선한 일을
행하는 사람이 아무도 없습니다.
2 여호와께서 하늘에서 땅의 사람들을 굽어
보시니, 지혜로운 사람이 있는지 하나님
을 찾는 사람이 있는지 살펴보고자 하심
입니다.
3 그러나 모든 사람들이 뒤돌아서서 잘못된
길로 갔습니다. 그들 모두가 썩은 것입니
다. 선한 일을 하는 사람이 하나도 없습
니다.
4 악한 자들이 언제쯤 깨닫겠습니까? 그들
은 내 백성을 빵 먹어 치우듯이 먹어 버리
고, 여호와를 부르지 않습니다.
5 그러나 악한 자들은 두려워 떨 것입니다.
왜냐하면 하나님께서 의롭게 사는 사람들
과 함께하시기 때문입니다.
6 저희 악한 자들은 가난한 사람들의 계획
들을 방해하려 하지만 여호와께서는 가난
한 사람들의 피난처가 되십니다.
7 이스라엘을 위한 구원이 시온으로부터 올
것입니다! 여호와께서 그의 백성의 운명을
회복시키실 때에 야곱은 즐거워할 것이고,
이스라엘은 기뻐할 것입니다.

하나님께서 명령하시는 것

다윗의 시

15 여호와여, 주님의 거룩한 장막에 살
자가 누구입니까? 주님의 거룩한 산
에 살 자가 누구입니까?
2 깨끗하게 살고, 옳은 일을 행하며, 마음
으로부터 진실만을 말하고,
3 입으로 다른 사람을 모함하지 않는 사람

"나의 원수들이 '내가 이겼다!' 라고
말하지 못하게 해 주소서"(13편)

입니다. 이웃에게 해를 끼치지 않고, 이
웃을 모욕하지 않는 사람입니다.
4 악한 자들을 경멸하되 여호와를 두려워하
는 이들을 높이는 사람입니다. 손해가 나
더라도 맹세를 지키는 사람입니다.
5 많은 이자를 받고 돈을 꾸어 주거나 죄 없
는 사람을 뇌물을 받고 억울하게 하는 사
람이 아닙니다. 이렇게 사는 사람은 영원
히 흔들리지 않을 것입니다.

주께서 자기 백성을 돌보십니다

다윗의 믹담*

16 하나님이시여, 나를 보호해 주소서.
내가 주께로 피합니다.
2 내가 여호와께 말합니다. "당신은 나의
주님이시니 주님을 떠나서는 어디에도,
나의 행복이 없습니다."
3 이 세상에 있는 성도들은 영광스런 사람
들입니다. 나는 그 사람들을 자랑스럽게
생각합니다.
4 그러나 다른 신들을 따라가는 사람들은
커다란 쓰라림을 맛볼 것입니다. 나는 그
런 우상들에게 피의 잔을 바치지 않겠으
며, 그 이름조차 부르지 않겠습니다.
5 여호와는 내가 받을 재산과 마실 잔을 정
해 주셨습니다. 여호와는 내가 받을 몫을
안전하게 보호해 주십니다.
6 주께서 주신 땅은 매우 좋은 곳입니다. 정
말로 나는 아름다운 몫을 받았습니다.
7 여호와께서 내 갈 길을 보이시니 내가 여
호와를 찬양합니다. 밤에도 주께서 이끄
심을 마음으로 느낍니다.
8 나는 늘 내 앞에 여호와를 모셔 두었습니
다. 주님께서 늘 내 오른편에 계시므로 내
가 결코 흔들리지 않을 것입니다.
9 그러므로 내 마음이 기쁘고, 내 목소리를
높여 주님을 노래합니다. 내 몸이 편안히
쉴 수 있습니다.
10 그것은 주님께서 나를 무덤에 내버려 두
지 않으시고, 주님께서 주님의 거룩한 자
를 썩지 않게 하실 것이기 때문입니다.
11 주님께서 내게 생명의 길을 보여 주셨으
니, 주님의 앞에서는 나의 기쁨이 항상 넘
치고, 주님의 오른편에 있으면 언제까지
나 기쁨을 맛볼 것입니다.

보호를 바라는 기도

다윗의 시

17 여호와여, 나의 의로운 간청을 들어
보소서. 나의 부르짖음에 귀 기울여
들어 보소서. 내 기도에 귀를 기울여 주소
서. 내 기도는 결코 거짓되지 않습니다.
2 주께서 내가 옳다고 판단하실 것입니다.
주의 눈은 결백한 사람을 알아보실 수 있
을 것입니다.
3 주께서 내 마음을 살펴보시고, 밤에도 나
를 조사하셨습니다. 잘못을 찾으려 하셨
으나 아무 잘못도 발견하지 못하셨습니
다. 나는 입으로 죄를 짓지 않겠다고 결
심했습니다.
4 다른 사람들이 어떻게 행동하든지 상관없
이 나는 주님의 말씀을 따랐습니다. 나는
악한 자들의 길을 따르지 않고 내 자신을
보살폈습니다.
5 나는 주께서 가라고 하신 길로만 갔고, 곁
길로 간 적이 없습니다.
6 오 하나님, 내가 지금 주님을 부르니 나
의 부르짖음에 대답해 주소서. 내게 귀를
기울이시고 나의 기도에 응답해 주소서.
7 주님의 놀라운 큰 사랑을 내게 베풀어 주
소서. 원수들을 피해 주께 오는 자들에게
주님은 능력의 오른손으로 구원을 베푸시
는 분이십니다.
8 주님의 눈동자처럼 나를 지켜 주소서. 어
미새가 날개 아래로 새끼들을 숨기듯이
나를 보호해 주소서.
9 나를 공격하는 악한 자들로부터 지켜 주
소서. 나를 둘러싸고 있는 무서운 원수들
로부터 보호해 주소서.
10 그들의 마음은 기름기로 굳어졌고 거만하

알아두세요

16편 '믹담'은 문학 또는 음악 용어이다.

요새(18:2 fortress) 적이 침입하지 못하도록 만들어 놓은 군사적인 시설. 여기서는 여호와께서 보호자 되심을 비유.

게 말합니다.
11 나를 쫓아와서 이제는 나를 둘러싸고 있
습니다. 나를 땅에 메어치려고 노려보고
있습니다.
12 그들은 먹이에 굶주린 사자 같기도 하고, 숨
어서 노려보는 무서운 사자와도 같습니다.
13 여호와여, 일어나시어 적과 맞서십시오.
그들을 때려눕히십시오. 주님의 칼로 악
한 자들을 치시고 나를 건져 주십시오.
14 여호와여, 주님의 능력의 손으로 그들에게
서 나를 구원하여 주소서. 이 세상에서 받
을 몫을 다 받고 사는 그들에게서 나를 구
원하여 주소서. 주님은 주님이 기뻐하시는
자들의 배고픔을 채워 주실 것입니다. 그들
의 자녀들은 풍족할 것입니다. 그들은 자손
들을 위해 많은 재산을 쌓을 것입니다.
15 그리고 나는 떳떳하게 주님의 얼굴을 바
라볼 것입니다. 이 밤이 지나 깨어날 때
에 나는 주님의 모습을 보는 것으로 만족
할 것입니다.

승리의 노래

지휘자를 따라 부른 노래. 여호와의 종 다윗의 시.
여호와께서 사울과 다른 적들로부터
자신을 구해 주셨을 때

18 나의 힘이 되신 여호와여! 내가 주
님을 사랑합니다.
2 여호와는 나의 반석, 나의 요새, 나의 구
원자이십니다. 나의 하나님은 피할 바위
이십니다. 주님은 나의 방패, 구원하시는
뿔, 나의 산성이십니다.
3 내가 찬양받기에 합당하신 여호와께 부르
짖으니 그가 나를 수많은 원수들로부터
구하실 것을 확신합니다.
4 죽음의 줄이 나를 묶고, 멸망의 물살이 나
를 덮쳤습니다.
5 무덤의 줄이 나를 묶고, 죽음의 덫이 나
를 덮었습니다.
6 고통 중에 내가 여호와를 불렀고, 나의 하
나님께 도와 달라고 부르짖었습니다. 저
가 성전에서 내 목소리를 들으셨으며, 울
부짖는 내 외침이 그의 귀에 들렸습니다.
7 땅이 떨리고 뒤흔들리며, 산들의 뿌리가
흔들리기 시작했습니다. 이는 주님께서
노하셨기 때문입니다.
8 코에서는 연기를 뿜어 내시고, 입으로는
타오르는 불길을 토해 내셨습니다. 불타
는 숯불이 주님의 입으로부터 터져 나왔
습니다.
9 저가 하늘을 가르시고 내려오셔서 검은
구름을 발로 밟고 계셨습니다.
10 날개 달린 생물인 그룹을 타고 날아오셨습
니다. 바람 날개를 타고 내려오셨습니다.
11 어두움으로 몸을 덮으셔서 천막을 만드셨
으며 어두운 비가 하늘을 덮었습니다.
12 그 앞에 빛난 빛으로부터 짙은 구름이 나
왔으며 우박이 내리고 번개가 쳤습니다.
13 여호와께서 하늘로부터 천둥 소리를 내셨
습니다. 가장 높으신 하나님의 목소리가
울리기 시작했습니다.
14 주님께서 활을 쏘시어 원수들을 흩어 쫓
으셨습니다. 번개를 내리치시니 원수들이
놀라서 도망쳤습니다.
15 여호와께서 꾸짖으시고 콧김을 세차게 불
자 바닷속 골짜기들이 드러나고 땅의 밑
바닥이 훤히 드러나 보였습니다.

성경 자세히 이해하기

그룹

그룹은 하나님께서 타락한 아담과 하와를 에덴에서 쫓아내신 뒤, 에덴 동편의 생명 나무를 지키게 하셨다는 이야기에서 처음 등장합니다. 비록 그룹의 형상과 특징에 대한 정확한 언급은 없지만, 일반적으로 손과 발이 있고 날개가 달린 피조물로 묘사됩니다. 이 그룹들은 언약궤의 덮개 장식에(출 25:18-22), 성소와 지성소를 구별하는 휘장에(출 26:31), 솔로몬 성전의 내소와 외소의 벽 위에 새겨졌으며(왕상 6:29), 이 그룹들 위에 하나님께서 앉아 계신 것으로 묘사됩니다(시 99:1;삼상 4:4;왕하 19:15).

본문 보기 18편 10절

16 주님께서 높은 곳에서 손을 뻗으시어 나
를 잡으시고, 깊은 물 속에서 건져 내셨
습니다.
17 주님께서 힘센 원수들로부터 나를 구해
주셨습니다. 내가 감당하기에 그들은 너
무나 힘센 자들이었습니다.
18 내가 재난 가운데 있을 때, 그들이 내게
달려들었지만 여호와는 나를 붙잡아 주셨
습니다.
19 여호와께서 나를 안전한 곳으로 데리고
가시고, 나를 기뻐하심으로 구원해 주셨
습니다.
20 내가 옳은 일을 하므로 여호와께서 내게
상을 내리셨으며, 깨끗하게 살았다고 여
호와께서 내게 복을 주셨습니다.
21 나는 여호와의 길을 따랐습니다. 나의 하
나님을 떠나 나쁜 짓을 하지 않았습니다.

주께서 승리의 방패를 들려 주심(18:35)

22 나는 항상 주님의 법을 앞에 두고 살았고,
그분의 법을 저버린 적이 없습니다.
23 나는 하나님 앞에서 나무랄 데 없이 살
았고, 죄에 빠지지 않도록 조심하였습니
다.
24 내가 옳은 일을 하니 여호와께서 내게 상
을 내리셨으며, 깨끗하게 살았다고 여호
와께서 내게 복을 주셨습니다.
25 신실한 사람들에게는 주의 신실하심을 보
여 주시고, 흠 없는 사람들에게는 주의 흠
없음을 보여 주십니다.
26 마음이 깨끗한 사람들에게는 주의 깨끗하
심을 보여 주십니다. 그러나 주님은 못된
사람들에게는 못되게 갚아 주시는 분이십
니다.
27 주는 겸손한 사람들을 구원하시지만, 거
만한 눈을 가진 사람들은 초라하게 만드
십니다.
28 여호와께서 내 등잔에 불을 붙여 주
셨습니다. 나의 하나님께서 나를 둘러
싼 어두움을 빛으로 바꾸셨습니다.
29 주님의 도우심으로 나는 군대와 같
은 원수들을 칠 수 있습니다. 나의 하나
님과 함께 나는 어떤 담이라도 뛰어넘을
수 있습니다.
30 하나님의 길은 완전합니다. 여호와의 말
씀은 티가 없습니다. 저가 자기에게 피하
는 모든 자들에게 방패가 되십니다.
31 여호와 외에 누가 하나님이란 말입니까?
우리 하나님 외에 든든한 바위와 같은 자
가 누구란 말입니까?
32 나에게 힘을 주시고, 나의 가는 길을 완
전케 하시는 분은 하나님이십니다.
33 주님은 나의 발을 암사슴 발같이 하여,
가파른 산등성 위에 굳게 서도록 하십니
다.
34 내가 싸우도록 주님은 내 손에 힘을 길러
주셔서 내 팔은 놋활도 당길 수 있습니
다.
35 주님께서 승리의 방패를 내게 들려 주셨
고, 주님의 오른손이 나를 받쳐 주십니
다. 주의 온유함이 나를 크게 하셨습니

다.
36 주님께서 나의 가는 길을 넓히시어 내 발
이 미끄러지지 않게 하십니다.
37 내가 내 원수들을 쫓아가 잡았으며 원수
들이 패하여 망하기 전까지는 물러서지
않았습니다.
38 원수들이 다시 일어나지 못하도록 때려눕
히니 그들이 내 발 밑에 쓰러졌습니다.
39 주님은 싸움터에서 내게 힘을 주셨습니
다. 원수들을 내 앞에 엎드리게 하셨습니
다.
40 주님 앞에서 원수들이 도망쳤습니다.
나는 내 원수들을 남김없이 물리쳤습니
다.
41 원수들이 도와 달라고 소리쳤지만, 아무
도 그들을 도우러 오지 않았습니다. 여호
와께 부르짖었지만, 들은 체도 하지 않으
셨습니다.
42 내가 원수들을 바람에 나는 먼지처럼 부
수어 날려 보내고, 길바닥의 진흙처럼 쏟
아 버렸습니다.
43 주님은 백성들이 나를 공격할 때 나를 건
져 주셨고, 뭇 나라들의 으뜸으로 삼으셨
습니다. 내가 알지도 못하는 민족들마저
도 나를 섬기게 되었습니다.
44 내 소문을 듣고는 그들이 당장 내게 엎드
립니다. 다른 나라 사람들이 내게 무릎을
꿇습니다.
45 모두가 두려워하여 벌벌 떨면서 그들의
요새로부터 기어 나옵니다.
46 여호와께 영광을 돌립니다! 나의 바위에
게 찬양을 드립니다. 나의 구원자 하나님
을 높이 찬송합니다!
47 그분은 나의 원한을 갚아 주시는 하나님
이시며, 사람들을 내 발 앞에 엎드리게 하
는 분이시며,
48 나를 원수들에게서 구하시는 분이십니
다. 주는 내 원수들 위에 나를 높이시고,
사나운 사람들에게서 나를 건지셨습니
다.
49 그러므로 주님, 내가 뭇 나라 가운데서 주
께 감사하며, 주님을 찬양할 것입니다.
오 주님이시여, 내가 주님의 이름을 높이
며 노래할 것입니다.
50 여호와께서는 자기 왕에게 위대한 승리를
안겨 주십니다. 주께서 기름 부어 세운 다
윗과, 그 자손들에게 자비와 은총을 언제
까지나 베풀어 주십니다.

하나님의 솜씨와 말씀

다윗의 시. 지휘자를 따라 부른 노래

19 하늘이 하나님의 영광을 선포하고
창공은 주님의 솜씨를 알립니다.
2 낮은 낮에게 말하고, 밤은 밤에게 아는 것
을 알려 줍니다.
3 언어가 없고 말하는 소리도 없고 들리는
소리도 없지만,
4 그 소리들은 온 땅에 두루 퍼지고 땅 끝
까지 퍼져 나갑니다. 하나님이 해를 위하
여 하늘에 장막을 치셨습니다.
5 해는 마치 신방에서 나오는 신랑 같고,
씩씩하게 달리는 용사와도 같습니다.
6 해가 하늘 이 끝에서 나와 저 끝으로 돌
아갑니다. 그 뜨거운 열기로부터 숨을 자
가 없습니다.

시편의 유형

〈본문 보기 19편〉

유형	내용	실례
찬양시	하나님께 대한 경배와 찬양을 노래한 시	19, 92, 100, 103, 113편
탄식시	고난과 아픔을 노래한 시. 마지막엔 찬양으로 바뀌는 것이 특징	22, 28, 57, 102편
감사시	기도 응답에 대한 감사를 노래한 시	18, 30, 32, 65, 66편
신뢰시	하나님을 안전한 피난처로 노래하는 시	11, 16, 23, 27, 62, 91, 131편
회상시	하나님께서 과거에 베풀어 주신 구원을 노래한 시	78, 105, 106, 136편
지혜시	의와 지혜를 가르치는 시	1, 73, 119, 139편
제왕시	하나님을 왕으로 찬양하며, 이스라엘의 통치자를 찬양하는 시	21, 45, 47, 98, 145편

7 여호와의 가르침은 완전하여, 사람에게
새 힘을 줍니다. 여호와의 법은 믿을 만
하여, 어리석은 사람을 지혜롭게 합니다.
8 여호와의 율법은 올바르며, 사람들의 마
음에 기쁨을 줍니다. 여호와의 명령은 맑
고 깨끗하여, 사람의 눈을 밝혀 줍니다.
9 여호와를 높이는 일은 순수한 일이며, 그
마음은 언제까지나 계속될 것입니다. 여
호와의 법령은 참되고 언제나 바릅니다.
10 이러한 것들은 금보다 귀하고, 순금보다
값진 것입니다. 꿀보다 달고, 송이 꿀보
다 더 답니다.
11 주의 종들이 그것으로 훈계를 받고, 그것
을 지킴으로 후한 상을 받습니다.
12 누가 자신의 잘못을 낱낱이 깨달을 수 있
겠습니까? 모르고 지은 나의 죄를 용서하
여 주소서.
13 알면서 죄를 짓지 않게 막아 주시고, 그
죄들이 나를 휘어잡지 않게 하여 주소서.
그러면 큰 죄에서 벗어나 내가 깨끗해질
것입니다.
14 나의 바위요, 나의 구원자이신 여호와여!
내 입의 말과 내 마음의 생각이 주님께서
보시기에 흡족하기를 소원합니다.

왕을 위한 기도

다윗의 시. 지휘자를 따라 부른 노래

20 우리 왕이 어려울 때에 기도하면
여호와께서 왕에게 대답하여 주시
고, 야곱의 하나님의 이름이 왕을 보호해
주시기를 바랍니다.
2 여호와께서 주님의 성전에서 왕에게 도움
의 손길을 보내 주시고, 시온 산에서 왕
을 붙들어 주시기 바랍니다.
3 왕이 바친 모든 예물을 주님께서 기억하
여 주시고, 왕이 드린 태워 드리는 제사
인 번제를 다 받으시기 바랍니다. (셀라)
4 왕이 마음에 바라고 있는 것을 주님께서
베푸시고, 왕이 뜻하는 모든 일이 잘 되
시기를 바랍니다.
5 왕이 승리하면 우리가 기뻐 소리칠 것이
며, 우리 하나님의 이름으로 깃발을 높이
쳐들 것입니다. 여호와께서 왕이 구하는
모든 것들을 다 이루어 주시기를 바랍니
다.
6 이제 내가 여호와께서 기름 부어 택하신
왕을 도우시는 것을 압니다. 주님은 거룩
한 하늘에서 왕께 대답하십니다. 굳센 오
른손으로 왕을 구하여 주십니다.
7 병거를 믿는 사람이 있는가 하면, 기마를
믿는 사람도 있습니다. 그러나 우리는 여
호와 하나님의 이름을 믿습니다.
8 그들은 넘어지고 고꾸라지지만 우리는 일
어나 꿋꿋이 설 것입니다.
9 여호와여, 우리 왕을 보살펴 주소서. 우
리가 부를 때에 대답해 주소서.

왕에게 승리를 주심에 감사

다윗의 시. 지휘자를 따라 부른 노래

21 여호와여, 주님의 크신 힘 때문에 왕
이 기뻐합니다. 주님께서 주신 승리
때문에 그가 매우 즐거워합니다.
2 주님께서는 그가 간절히 바라는 것을 허
락해 주시고, 그가 요청한 것을 들어 주
셨습니다. (셀라)
3 주님께서 그에게 풍성한 복을 주셨으며
그의 머리에 순금으로 만든 왕관을 씌우
셨습니다.
4 그가 목숨을 건져 달라고 하자 주님은 그를
살려 주셨고, 오래오래 살게 하셨습니다.
5 주님 덕분에 그가 수많은 승리를 얻었으
며, 커다란 영광을 누리게 되었습니다.
주님께서 그에게 찬란한 위엄을 더해 주
셨습니다.
6 정말로 주님은 한없는 복을 그에게 주셨
습니다. 주님께서 그와 함께하심으로 그
가 큰 기쁨을 누리게 하셨습니다.
7 왕이 참으로 여호와를 굳게 의지합니다.
가장 높으신 하나님께서 변함없이 그를
사랑하시니, 그가 결코 흔들리지 않을 것
입니다.
8 주님의 손으로 모든 원수와 맞서 싸우시
고, 오른손으로 주님의 적들을 덮치소서.
9 여호와께서 나타나실 때에 불구덩이에 타
는 장작처럼 그들을 태우소서. 여호와께
서 분노의 불길로 그들을 삼켜 버리시며,

주님의 불길로 그들을 태우소서.
10 이 땅에서 그들의 씨를
말리시고, 이 세상에서
그들의 후손들을 끊어
버리소서.
11 그들이 주님께 맞서
음모를 꾸미고, 악한
생각을 계획하지만 성
공하지 못할 것입니
다.
12 주님께서 그들의 얼굴
을 향해 활을 겨누실
때에 그들이 허겁지겁
도망칠 것입니다.
13 여호와여, 주의 능력을 드러
내시고 높임을 받으소서. 우리가 주
님의 힘을 노래하고 찬양할 것입니다.

"주님은 내 어머니가 나를 낳으신 때부터 나의 하나님이셨습니다" (22:10)

고통을 겪는 사람의 기도

다윗의 시. 지휘자를 따라 "새벽의 암사슴"이란 곡조에 맞춰 부른 노래

22 나의 하나님, 나의 하나님, 어찌하
여 나를 버리십니까? 어찌하여 구
원해 주시지 않고, 멀리 떨어져 계십니
까? 너무 멀리 계셔서 나의 울부짖는 소
리를 듣지 못하십니까?
2 오 나의 하나님이시여, 내가 온종일 불러
도 대답이 없으십니다. 내가 밤에도 소리
높여 외쳐 보지만, 아무런 대답이 없으십
니다.
3 주님은 거룩한 분이시며, 보좌에 앉아 계
십니다. 주님은 이스라엘이 드리는 찬양을
받으시는 분이십니다.
4 우리 조상들이 주를 굳게 믿었습니다. 그
들이 주님을 믿고 의지하니 주께서 그들
을 구하셨습니다.
5 그들이 주님께 도와 달라고 부르짖자 그들
을 구해 주셨습니다. 주님을 굳게 믿었던
그들을 주님은 실망시키지 않으셨습니다.
6 나는 벌레요, 사람이 아닙니다. 사람들이
멸시하고 조롱합니다.
7 나를 쳐다보는 사람마다 깔보고 머리를
흔들며 빈정댑니다.
8 "여호와를 의지하니 그가 구원해 줄 거
야. 도와 달라고 부탁해 보지. 그가 너를
사랑하시니 아마 너를 구출해 줄 거야."
9 주님은 내 어머니를 통해 나를 낳게 하셨
을 때부터, 내가 젖 먹는 어린 아기였을
때부터, 주님을 의지하게 하셨습니다.
10 태어나던 날부터 나는 주님의 것이었으
며, 주님은 내 어머니가 나를 낳으신 때
부터 나의 하나님이셨습니다.
11 그러니 내게서 멀리 떠나지 마소서. 어려
움이 닥쳐오는데, 도와 줄 사람이 하나도
없습니다.
12 수많은 황소들이 나를 에워쌉니다. 바산의
힘센 들소들이 나를 둘러싸고 있습니다.
13 먹이를 찢으며 으르렁대는 사자처럼 나를
향해 입을 크게 벌리고 달려듭니다.
14 쏟아진 물처럼 맥이 다 빠졌으며, 뼈마디
가 모두 어그러졌습니다. 내 마음이 촛물
이 되어 속에서 녹아 내렸습니다.
15 내 힘이 다 말라 버려 깨어진 질그릇 조
각같이 되었으며, 내 혓바닥은 입천장에
붙어 버렸습니다. 주님께서 나를 죽음의
땅에 두셨습니다.
16 개들이 나를 에워쌌습니다. 악한 자들이
무리를 지어 나를 둘러쌌습니다. 그들이
내 손과 다리를 마구 찔렀습니다.

17 뼈마디가 드러나 셀 수 있게 되었습니다.
사람들이 따갑게 쳐다보며 빈정댑니다.
18 그들이 둘러서서 내 겉옷을 나누고, 내 속
옷을 놓고서는 제비를 뽑습니다.
19 여호와여, 제발 멀리 떠나가지 마소서.
오 나의 힘이여, 어서 오셔서 나를 도와
주소서.
20 칼에 맞아 죽지 않게 나를 구해 주시고,
사나운 개들의 입으로부터 내 목숨을 건
져 주소서.
21 사자의 입에서 나를 구출해 주시고, 들소
의 뿔에 받혀 죽지 않게 나를 보호해 주
소서.
22 내가 나의 형제들에게 주님의 이름을 알
리겠습니다. 예배드리기 위해 모인 백성
들 가운데서 주님을 찬양할 것입니다.
23 여호와를 공경하고 두려워하는 자들이여,
주님을 찬양하십시오. 야곱의 모든 자손
들이여, 주님을 높이십시오. 이스라엘 모
든 후손들이여, 주님께 경배하십시오.
24 그는 고통당하는 사람의 괴로움을 지나치
거나 모른 체하지 않으십니다. 그는 고통당
하는 자를 외면하지 않으시고, 그의 부르짖
음에 귀 기울이시고 응답하여 주십니다.
25 나는 큰 회중 가운데서 주님을 찬양할 것
입니다. 주님을 높이는 사람들 앞에서 내
가 약속드린 것을 지킬 것입니다.
26 가난한 사람들이 먹고 배부를 것입니다.
여호와를 찾는 사람들이 주님을 찬양할
것입니다. 그들의 마음이 영원히 살기를
바랍니다!
27 온 세상 사람들이 여호와를 기억하고 주
님께 돌아올 것입니다. 모든 민족들이 주
님께 엎드려 예배드릴 것입니다.
28 왜냐하면 여호와께서 모든 나라들을 다스
리시기 때문입니다.
29 세상의 모든 부유한 사람들이 배부르게
먹고 예배드릴 것이며, 멸망의 땅에 누워
있는 자들도 주님께 엎드려 절할 것이며,
죽음에 이른 자들도 그리할 것입니다.
30 모든 후손이 주님을 섬길 것이며, 모든 후

"여호와는 나의 목자시니
내게 부족함이 없습니다"(23:1)

손이 주님에 대한 말씀을 들을 것입니다.
31 그들은 주님의 의로우심을 선포할 것입니
다. 아직 태어나지 않은 세대도 하나님께
서 하신 일을 듣게 될 것입니다.

양을 치시는 주님

다윗의 시

23 여호와는 나의 목자시니 내게 부
족함이 없습니다.
2 그가 나를 푸른 풀밭에서 쉬게 하십니다.
여호와는 나를 잔잔한 물가로 이끌어 쉬
게 하시며
3 나에게 새 힘을 주십니다. 자신의 이름을
위하여, 주님은 나를 의로운 길로 인도하
십니다.
4 내가 음산한 죽음의 골짜기를 지나가게
된다 하더라도, 나는 겁나지 않습니다.
그것은 주님께서 나와 함께 계시기 때문
입니다. 주님의 막대기와 지팡이가 나를
든든하게 보호해 줍니다.
5 주님께서 원수들이 보는 앞에서 내게 식
탁을 차려 주십니다. 그리고 주님께서 내
머리 위에 향기로운 기름을 바르시며 내
잔이 넘치도록 가득 채워 주십니다.
6 여호와의 선하심과 사랑하심이 내가 죽는
날까지 나와 함께하실 것이 틀림없습니
다. 이제 나는 여호와의 집에서 영원히 살
것입니다.

성전에 들어오시는 하나님을 기뻐 맞이함

다윗의 시

24 땅과 그 안에 있는 모든 것이 여
호와의 것입니다. 세상과 그 안에
사는 모든 것이 여호와의 것입니다.
2 왜냐하면 여호와께서 바다 위에 땅을 세
우셨고, 물들 위에 그 터를 마련하셨기 때
문입니다.
3 누가 여호와의 산에 오를 수 있습니까?
누가 그 거룩한 곳에 설 수 있습니까?
4 깨끗한 손과 때묻지 않은 마음을 가진 사
람들, 헛된 것에 마음을 쏟지 않는 사람들,
거짓으로 맹세하지 않는 사람들입니다.
5 그들은 여호와께 복을 받게 될 사람들이
며 그들의 구원자이신 하나님께 옳다고
인정받은 사람들입니다.
6 오 야곱의 하나님이시여, 그들은 하나님
을 따르고 하나님의 얼굴을 찾는 사람들
입니다. (셀라)
7 오 너희 문들아, 머리를 들어라. 오 너희
영원한 문들아, 활짝 열려라. 영광의 왕
께서 들어가시려 한다.
8 누가 영광의 왕이신가? 힘세고 용맹스런
여호와이시다. 전쟁에 능한 여호와이시다.
9 오 너희 문들아, 머리를 들어라. 오 너희
영원한 문들아, 활짝 열려라. 영광의 왕
께서 들어가시려 한다.
10 누가 영광의 왕이신가? 하늘 군대를 다스
리시는 여호와 그분이 영광의 왕이시다.
(셀라)

하나님께서 인도하여 달라는 기도

다윗의 시

25 여호와여, 내 영혼이 주를 바라봅
니다.
2 오 나의 하나님, 내가 주를 굳게 믿습니다.
내가 부끄러움을 당하지 않게 하시고, 원
수들이 내게 으스대지 못하게 해 주소서.
3 주님께 희망을 두고 사는 사람은 누구도
부끄러움을 당하지 않을 것입니다. 그러
나 까닭없이 함부로 배신하는 자들은 부
끄러움을 당할 것입니다.

성경 풍속

머리에 기름을 붓는 이유는 무엇일까요?

주로 올리브 기름을 머리에 부었던 이 관습은 왕의 대관식이나 대제사장 임명식에서, 또 손님에 대한 호의와 예우의 표시로 시행되었습니다. 예수님께서는 예의가 결여되었다고 시몬을 책망하셨는데, 그 이유는 예수님을 식사에 초대해 놓고도 그분의 머리에 기름 붓는 일을 시몬이 무시했기 때문입니다(눅 7:46). 기름은 손님에게만 붓는 것뿐만 아니라 집에서 부어지기도 했는데, 기름부음을 받은 얼굴은 기쁨의 상징이었습니다. 본문 보기 23편 5절

4 여호와여, 주의 길을 보여 주시고, 내가
가야 할 길을 가르쳐 주소서.
5 주의 진리를 따라 나를 인도하시고 가르
쳐 주소서. 왜냐하면 주님은 나를 구원하
시는 하나님이시기 때문입니다. 내가 종
일토록 주님을 믿고 바라봅니다.
6 여호와여, 예로부터 한결같으신 주의 크
신 자비와 사랑을 잊지 마소서.
7 내가 어렸을 때 지었던 죄들과 주님께 반
항했던 잘못들을 기억하지 마시고 주님의
사랑으로 나를 기억해 주시기 원합니다.
오 주님, 주님은 좋으신 분이십니다.
8 여호와는 좋으시고 올바른 분이시기에 죄
인들에게 바른 길을 일러 주십니다.
9 겸손한 자들을 올바른 길로 이끄시고, 그
들에게 주님의 길을 가르쳐 주십니다.
10 여호와의 언약과 그 말씀을 지키는 사람
을 신실함과 자비로움으로 인도하십니다.
11 여호와여, 주님의 이름을 위해서라도 내
가 지은 수많은 죄악을 용서하여 주소
서.
12 여호와를 섬기며 따르는 사람이 누구입니
까? 주님께서 그에게 가장 좋은 길을 가
르쳐 주실 것입니다.
13 여호와는 그 사람이 번성하고, 그의 자손
들이 땅을 물려받도록 하실 것입니다.
14 여호와는 자기를 공경하고 두려운 마음으
로 섬기는 사람들에게 자신의 생각을 알
려 주시고, 자신의 언약을 가르쳐 주십니
다.
15 내가 언제나 여호와를 바라봅니다. 왜냐
하면 내가 덫에 걸리지 않도록 막아 주실
분이 주님밖에 없기 때문입니다.
16 나를 돌아보시고 불쌍히 여겨 주소서. 내
가 외롭고 괴롭습니다.
17 마음의 고통이 말할 수 없이 크오니 나를
이 괴로움에서 벗어나게 하여 주소서.
18 내 고통과 괴로움을 보소서. 내 모든 죄
를 용서해 주소서.
19 보십시오! 내 원수가 참으로 많습니다. 그
들이 나를 얼마나 미워하는지 보십시오.
20 내 생명을 지키시고 구원해 주소서. 부끄
러움을 당하지 않게 해 주소서. 내가 주
님께 피합니다.
21 순수하고 올바르게 살겠습니다. 나를 보
호하여 주소서. 나의 소망이 오직 주님께
있습니다.
22 오 하나님, 이스라엘을 모든 고통과 괴로
움에서 건져 주소서!

성경 자세히 이해하기

언약궤를 옮기며

예언자 사무엘의 시대에 블레셋과의 전쟁에서 패배한 이스라엘은 하나님의 언약궤까지 빼앗기게 됩니다. 그러나 블레셋에 하나님의 재앙이 내리자 블레셋은 언약궤를 돌려 보냅니다. 그리하여 언약궤는 기럇여아림에 있는 제사장 아비나답의 집에 20년간 보관되었다가 다윗에 의해 예루살렘으로 옮겨졌습니다. 그러나 이 과정에서 언약궤를 만진 웃사가 죽자 다시 3달 동안 오벧에돔의 집에 보관되었고, 이후 다윗 성으로 옮겨지면서 부른 찬양이 시편 24편입니다.

본문 보기 24편

정직한 사람의 기도

다윗의 시

26 여호와여, 나에게 죄가 없음을 밝
혀 주소서. 나는 깨끗하게 살아왔
습니다. 내가 여호와를 굳게 믿었으며,
한 번도 두 마음을 품은 적이 없습니다.
2 여호와여, 나를 이리저리 시험해 보시고,
내 마음과 생각을 깊이 살펴보소서.
3 주의 사랑이 항상 나를 감싸고 있기에 내
가 변함없이 주의 진리를 따라 살아갑니
다.
4 나는 거짓말쟁이들과 자리를 같이하지 않
고, 겉으로만 착한 체하는 사람들과 어울
리지도 않습니다.
5 악인들의 모임에 나가 어울리는 것을 싫
어하고, 나쁜 사람들과는 함께 앉지 않습

니다.
6 여호와여, 결백한 마음으로 손을 씻고 주
님의 제단에 나아갑니다.
7 소리 높여 주님을 찬양하며, 주님께서 행
하신 놀라운 일을 모두 전파합니다.
8 여호와여, 주님의 영광이 머물러 있는
곳, 주님이 계시는 집을 사랑합니다.
9 죄 있는 자들과 함께 내 목숨을 거두어 가
지 마소서. 살인자들과 함께 내 생명을 거
두어 가지 마소서.
10 그들은 악한 음모를 꾸미며, 그들의 오른
손에는 뇌물이 가득합니다.
11 그러나 나는 깨끗하게 살고 있습니다. 그
러니 나를 구원하시고 불쌍히 여겨 주소
서.
12 내가 안전한 곳에 서 있습니다. 예배드리
는 자리에서 내가 여호와를 높이 찬양하
겠습니다.

하나님을 굳게 믿는다는 노래
다윗의 시

27 여호와는 나의 빛이시며, 나의 구
원자시니, 내가 누구를 두려워하겠
습니까? 여호와는 내 인생의 요새가 되시
니 내가 누구를 무서워하겠습니까?
2 악한 사람들이 나를 잡아 죽이려고 무섭
게 달려들고, 원수들과 적들이 나를 공격
하지만 휘청거리다 모두 쓰러질 것입니
다.
3 군대가 몰려와 나를 포위하여도 내 마음
이 두려워 떨지 않을 것입니다. 나를 죽
이려고 큰 군대가 전쟁을 일으켜도 내 마
음은 더욱 든든할 것입니다.
4 내가 여호와께 간절히 구하는 오직 한 가
지는 이것입니다. 내 평생에 늘 여호와의
집에 살면서 여호와의 아름다우심을 보고
성전에서 주님을 뵙는 것입니다.
5 어려운 일을 당할 때에 주님은 주님의 날
개 아래 나를 안전하게 지켜 주시고, 나
를 여호와의 성막에 안전하게 숨겨 주실
것이며, 높은 산 위에 나를 안전하게 두
실 것입니다.
6 그 때, 나를 둘러싼 수많은 원수들을 향

"내 평생에 늘
여호와의 집에 살면서
여호와의 아름다우심을 보고
성전에서 주님을
뵙는 것입니다" (27:4)

해 내가 떳떳하게 고개를 들 것이며, 여
호와의 성전에서 기쁨의 노래를 부르며
제물을 드릴 것입니다.
7 여호와여, 부르짖는 내 목소리를 들으시
고, 불쌍히 여기셔서 내게 대답해 주소서.
8 "여호와의 얼굴을 바라보아야지!" 하며
스스로 다짐합니다. 그렇습니다. 여호와
여, 내가 주님의 얼굴을 바라봅니다.
9 주의 얼굴을 숨기지 마소서. 주님의 종을
버리지 마소서. 주님은 나를 돕는 분이십
니다. 오 하나님 나의 구원자시여, 제발
나를 내버려 두지 마소서.
10 내 아버지와 어머니가 나를 버린다 할지
라도 여호와는 나를 받아 주실 것입니
다.
11 여호와여, 주의 길을 가르쳐 주시고, 곧
은 길로 나를 인도하여 주소서. 그것은 원
수들이 숨어서 기다리기 때문입니다.
12 원수들이 나를 쓰러뜨리도록 내버려 두지
마소서. 그들이 나에 대해 독기를 품고 거
짓 증언하기 위해 일어납니다.

13 내가 참으로 굳게 믿는 것은 살아 생전에
여호와의 선하심을 맛보리라는 것입니
다.
14 여호와를 기다리십시오. 마음을 강하게
하고 용기를 갖고 여호와를 기다리십시
오.

어려울 때의 기도

다윗의 시

28 여호와여, 나의 바위시여, 내가 주
님께 부르짖습니다. 제발 못 들은
체 마소서. 주님께서 외면하시면, 나는
무덤에 있는 사람과 같게 될 것입니다.
2 손을 들고 도와 달라고 부르짖는 나의 소
리를 들어 주소서. 주님의 가장 거룩한 곳
을 향해 내 손을 높이 드니 대답해 주소
서.
3 악한 자들과 함께 나를 끌어 내지 마소서.
그들은 이웃에게 겉으로는 상냥하게 말하
지만 속으로는 악한 생각을 품고 있습니
다.
4 그들이 저지른 잘못대로, 그들이 행한 악
한 행동대로 갚아 주소서. 그들의 손이 저
지른 대로 갚으시고 마땅히 받아야 할 벌
을 내려 주소서.
5 그들은 여호와께서 손수 하신 일이나 이
루신 일들을 하찮게 여기는 자들입니다.
여호와께서 그들을 쳐부수시고 다시는 일
어나지 못하게 하십시오.
6 여호와를 찬양합니다. 여호와는 불쌍히
여겨 달라는 내 기도를 들으셨습니다.
7 여호와는 나의 힘이시며 방패이십니다.
내가 마음을 다해 주님을 믿으니 주님께
서 나를 도와 주십니다. 내 마음이 기뻐
찬양하며 주님께 감사의 노래를 부릅니
다.
8 여호와는 백성에게 큰 힘이시며, 주님께
서 택하신 자에게 승리를 주는 요새이십
니다.
9 주의 백성을 구원하시고, 주께 속한 백
성들을 축복하여 주소서. 언제까지나 그
들의 목자가 되시고, 그들을 보살펴 주
소서.

가데스 광야(29:8)
하나님의 소리가 힘과 위엄이 있음을 광야를 진동
시키는 폭풍우와 뇌성으로 표현하고 있다.

천둥 속의 하나님

다윗의 시

29 너희 하늘의 천사들이여, 여호와
의 영광을 찬양하고, 여호와의 권
능을 찬송하십시오.
2 그 이름에 맞는 영광을 여호와께 돌리십
시오. 거룩한 빛 가운데 계신 여호와께 경
배하십시오.
3 여호와의 목소리가 바다 위에 울려 퍼집
니다. 영광의 하나님께서 천둥처럼 소리
를 내십니다. 여호와께서 출렁거리는 바
다 위에 계십니다.
4 여호와의 목소리는 힘이 있고 위엄이 넘
쳐 흐릅니다.
5 여호와의 목소리는 높이 솟은 백향목을
부러뜨리고 레바논의 백향목을 산산조각
냅니다.
6 레바논 산을 뒤흔들어 황소처럼 뛰게 하
시고 헤르몬 산*을 들송아지처럼 펄쩍펄쩍
날뛰게 하십니다.
7 여호와의 목소리는 불꽃 튀기듯 하며 번
개 치듯 내리꽂힙니다.
8 여호와의 목소리는 황야를 흔들어 놓고,
가데스 광야를 뒤흔듭니다.
9 여호와의 목소리가 울려 퍼지니 참나무
숲이 흔들리고 울창한 숲이 벌거숭이가
됩니다. 여호와의 성전에 있는 사람들마
다 "주께 영광!"이라고 외칩니다.
10 여호와께서는 거센 물결 위에 보좌를 정

하시고, 우리 왕이 되시어 영원히 다스리
실 것입니다.
11 여호와께서 자기 백성에게 힘을 주시고,
자기 백성에게 평화의 복을 주십니다.

죽음을 피하게 하심에 감사드림

다윗의 시. 주께 성전을 바칠 때에 부른 노래

30 여호와여, 내가 주님을 높이 찬양
하겠습니다. 왜냐하면 주께서 나
를 깊은 구덩이에서 건지셨으며, 원수들이
나를 비웃지 못하게 하셨기 때문입니다.
2 여호와 나의 하나님이시여, 내가 도와 달
라고 주를 찾았더니 주님께서 나를 고쳐
주셨습니다.
3 여호와여, 주님께서 나를 무덤에서 들어
올리셨으며, 내가 구덩이 속으로 내려가
지 않게 하셨습니다.
4 주님께 속한 모든 성도들이여, 여호와를
찬양하며, 그의 거룩하신 이름을 찬양하
십시오.
5 그분의 분노는 잠깐이지만 그분의 사랑은
영원합니다. 긴 밤을 울면서 보내야 하지
만 아침에는 반드시 기쁨이 찾아옵니다.
6 안전하다는 생각이 들 때, 나는 "난 결코
흔들리지 않을 거야"라고 말했습니다.
7 여호와께서 나에게 은혜를 베푸셨을 때,
주는 산처럼 굳게 세우시고 나를 흔들리
지 않게 지키셨습니다. 그러나 주님께서
나를 돌아보지 않으셨을 때, 나는 무서워
어쩔 줄 몰랐습니다.
8 여호와여, 내가 주님께 부르짖었습니다.
나를 불쌍히 여겨 달라고 간절히 구하였
습니다.
9 "죽는다면 나는 끝장입니다. 무덤에 들어
간다면 주님께 무슨 소용이 있겠습니까?
흙먼지가 주님을 찬양할 수 있겠습니까?
시체가 주님의 성실하심을 널리 외칠 수
있겠습니까?
10 여호와여, 나의 간절한 소원을 들으시고,
나를 불쌍히 여겨 주소서. 여호와여, 나
를 도와 주소서."
11 주님께서 내 슬픔을 바꾸시어 춤이 되게
하셨습니다. 주님께서 내 슬픔의 옷을 벗
기시고, 기쁨의 옷을 입혀 주셨습니다.
12 이제 내가 가만히 있지 않고, 주님을 노
래하겠습니다. 여호와 나의 하나님이여,
내가 주님을 언제까지나 찬양하겠습니다.

어려울 때에 하는 믿음의 기도

다윗의 시. 지휘자를 따라 부른 노래

31 여호와여, 내가 주님께 피하오니 부
끄러움을 당하지 않게 해 주소서. 주
님의 의로우심으로 나를 구원하여 주소
서.
2 나의 애원하는 소리에 귀 기울여 주시고,
빨리 오셔서 나를 건져 주소서. 주님은 내
가 피할 바위가 되시고, 튼튼한 요새가 되
시어 나를 구해 주소서.
3 주님은 나의 바위이시며 내가 피할 요새
이십니다. 이는 주님의 이름을 위해서 나
를 인도하시고, 이끌어 주시기 때문입니
다.
4 내 앞에 놓여 있는 덫에 걸리지 않게 해
주소서. 주님은 내가 피할 곳입니다.
5 주님의 손에 내 목숨을 맡기오니 오 주님,
진리의 하나님이시여, 나를 구해 주소서.
6 나는 쓸모없는 우상들에 매달리는 자들을

성경 자세히 이해하기

시편 30편을 부르던 수전절

이 시편은 '주께 성전을 바칠 때에 부른 노래'라는 표제가 붙어 있는데, 학자들은 이 표제가 B.C. 165년 유다 마카비우스가 성전을 정결케 한 후, 붙인 것으로 봅니다. B.C. 162년 시리아가 침략해 성전에서 이방신에게 제사를 드려 성전을 더럽히자, 이에 항쟁하여 그들을 몰아냈는데, 이를 기념하여 지키는 날이 수전절입니다. 히브리어로 '하누카'라고 하는 이 명절은 8일 동안 계속되는데, 기쁨과 즐거움 속에서 감사의 찬송을 부르고 종려나무와 푸른 나무들을 흔들고 행진을 하였습니다. 본문 보기 30편

알아두세요

29:6 '헤르몬 산'의 또 다른 이름으로 개역 성경에는 (히)'시론'이라고 표기되어 있다.

경멸하고, 오직 여호와를 굳게 믿습니다.
7 나는 주님의 사랑을 받으면서 기뻐하고 즐거워할 것입니다. 주께서 나의 고통을 보셨고, 나의 영혼이 괴로워하는 것을 아십니다.
8 주는 나를 내 원수들에게 넘겨 주지 않으시고, 오히려 나를 안전한 곳에 두셨습니다.
9 여호와여, 나를 불쌍히 여겨 주소서. 너무나 괴롭습니다. 너무 슬피 울어서 눈이 잘 보이지 않고, 몸과 마음이 슬픔으로 지쳐 있습니다.
10 번민으로 신음하면서 세월을 보냅니다. 근심으로 기운을 잃었으며, 슬픔과 탄식으로 내 뼈가 점점 약해져 가고 있습니다.
11 내 원수들 때문에 내 이웃들에게도 철저하게 무시를 당하고 있습니다. 나의 창백한 모습을 보고 내 친구들이 놀라고, 거리에서 만나는 사람들마다 내 모습을 보고 무서워 도망칩니다.
12 마치 내가 죽기라도 한 듯이 나를 기억하지도 못합니다. 나는 깨어진 질그릇과도 같습니다.
13 나를 업신여기고 비방하는 말들을 들었습니다. 사방에서 무시무시한 소리가 내게 들려 옵니다. 저들이 악한 계획을 세우고, 나를 죽이려고 합니다.
14 그러나 여호와여, 내가 주님만을 굳게 믿습니다. "주님은 나의 하나님이십니다."
15 내 목숨이 주님의 손에 달려 있으니 나를 원수의 손아귀에서 건져 주시고, 나를 뒤쫓아오는 자들에게서 구하여 주소서.
16 주님의 얼굴을 주님의 종인 내게 비춰 주시고, 주님의 변함없는 사랑으로 나를 구해 주소서.
17 오 여호와여, 내가 주님께 부르짖으니 부끄러움을 당하지 않게 해 주소서. 그 대신 악한 자들이 부끄러움을 당하게 해 주시고, 그들이 무덤 속에서 조용히 누워 있게 해 주소서.
18 거짓말하는 악인들은 벙어리가 되게 해 주소서. 그들은 거만한 언어와 경멸하는 말투로 의로운 사람들의 마음을 아프게 합니다.
19 주님은 참으로 인자하신 분이십니다. 주님을 찾는 사람들을 위해 주님의 은총을 마련해 두셨습니다. 특별히 주님은 많은 사람들 앞에서 그들에게 은총을 주십니다.
20 주님의 피난처에 그들을 숨겨 주시고, 사람들이 그들을 해치려고 할 때에 보호해 주십니다. 그들을 안전하게 보살펴 주시고, 그들을 비난하는 말로부터 보호해 주십니다.
21 여호와를 찬양합니다. 내가 포위된 마을 안에 갇혀 있었을 때, 그분이 내게 놀라운 사랑을 보여 주셨습니다.
22 근심 중에 있었을 때, 나는 "하나님은 나를 보실 수 없어!"라고 말했습니다. 그러나 주님은 나의 부르짖음에 귀를 기울이시고, 나를 불쌍히 여기시고 도와 주셨습니다.
23 주의 모든 성도들이여, 여호와를 사랑하십시오. 여호와께서는 신실한 사람들을 보호하십니다. 그러나 거만한 사람들은 반드시 벌하실 것입니다.
24 여호와께 소망을 두는 여러분들이여, 마음을 굳게 하고 힘을 내십시오.

죄의 고백과 용서

다윗의 마스길*

32 죄를 용서받고 잘못을 용서받은 사람은 행복한 사람입니다.
2 여호와께서 더 이상 죄를 묻지 않는 사람과 그 마음에 거짓이 없는 사람은 행복한 사람입니다.
3 내가 죄를 고백하지 않고 입을 다물고 있을 때, 뼛속 깊이 사무치는 아픔을 느끼고 온종일 괴로워 신음하였습니다.

알아두세요

32편 '마스길'은 문학 또는 음악 용어이다.

번민(31:10 anguish) 마음이 번거롭고 답답하여 괴로워함.
창백한(31:11 pale) 푸른 기가 돌 만큼 해쓱한.

4 낮이고 밤이고 주께서 손으로 나를 짓누
르시니 무더운 여름날 과일의 진액이 빠
지듯 탈진하게 되었습니다. (셀라)
5 그래서 나는 내 죄를 덮어 두지 않고 주
님께 숨김없이 털어 놓았습니다. 지은 죄
를 숨기지 않았습니다. "내 죄를 주께 고
백할 것이다. 내 잘못을 여호와께 아뢰리
라" 하고 다짐했습니다. 그러자 주님은
내 죄와 내 잘못을 용서해 주셨습니다.
(셀라)
6 그러므로 경건한 사람들은 주가 찾으실
때에 그분께 기도드려야 할 것입니다. 그
러면 고난이 홍수처럼 밀려올지라도 그들
을 덮치지 못할 것입니다.
7 주님은 내가 숨을 곳입니다. 주께서 어
려움으로부터 나를 지켜 주시니 내 마음
이 구원의 노래로 주님을 찬양합니다.
(셀라)
8 주님께서 말씀하십니다. "내가 너희를 가
르치고, 너희들이 가야 할 길을 보여 줄
것이다. 내가 너를 이끌어 주며, 어디로
가든지 지켜 줄 것이다.
9 그러니 말이나 당나귀처럼 어리석게 굴지
마라. 그것들은 재갈과 굴레로 다루지 않
으면 너희 곁에 오지 않을 것이다.
10 악한 자들에게는 많은 불행들이 닥치지만
주님을 의지하는 자에게는 주님의 한결같
은 사랑이 넘칠 것이다."
11 의롭게 사는 사람들이여, 여호와를 즐거
워하고 감사하십시오. 마음이 정직한 사
람들이여, 기뻐하며 노래하십시오.

모든 것을 지으시고 구원하신 하나님을 찬양함

33 의롭게 사는 사람들이여, 즐겁게
여호와를 노래하십시오. 정직한
사람들은 마땅히 그를 찬양해야 합니다.
2 수금을 울리며 여호와께 찬양하십시오.
열 줄 비파로 주님을 위해 찬양하십시오.
3 새 노래로 주님께 찬송하십시오. 멋있게
악기를 연주하고, 기쁘게 노래하십시오.
4 여호와의 말씀은 올바르고 참됩니다. 그
분이 하시는 일은 모두 진실합니다.
5 주님은 정의롭고 공평한 것을 좋아하십니
다. 주님의 한결같은 사랑이 온 땅에 가
득합니다.
6 여호와는 말씀으로 하늘을 지으시고, 입
김으로 하늘의 별들을 만드셨습니다.
7 주님은 바닷물을 모아 항아리에 담으시
고, 깊은 바닷물을 창고에 넣으십니다.
8 온 땅이여, 여호와를 높이고 세상의 모든
사람들이여, 그분을 존경합시다.
9 주님께서 말씀하시니, 세상이 생겨났고,
주님께서 명령하시니, 세상이 나타났습니
다.
10 여호와께서 뭇 나라의 계획을 무너뜨리시
고, 민족들의 뜻을 꺾으십니다.
11 여호와의 계획은 언제까지나 한결같고,
그분의 뜻은 영원히 변하지 않을 것입니
다.
12 여호와를 자기 하나님으로 모신 나라는 행
복한 나라입니다. 하나님께서 자기 백성으
로 삼으신 민족은 행복한 민족입니다.
13 여호와께서 하늘에서 세상을 내려다보시
고, 사람들 한 사람 한 사람을 보고 계십
니다.
14 하늘에 계신 주님은 땅 위의 사람들 모두
를 지켜 보십니다.
15 그분은 모든 사람들의 마음을 만드셨기
때문에 사람들이 하는 일을 모두 알고 계
십니다.
16 군대가 많다고 왕
이 승리하는 것이
아니고, 힘이 세
다고 용사가 이기
는 것은 아닙니
다.
17 힘센 말을 타고
도망쳐도 피할
수 없으며, 모든
힘을 다해도 그
들은 살아남을
수 없습니다.
18 그러나 여호와는
주를 높이는 사

열 줄 비파(33:2)

람을 돌아보시고 주님의 사랑에 소망을
두는 사람을 지키십니다.
19 주님은 죽음에서 그들을 건지시고, 기근
때에 살아남게 하실 것입니다.
20 그러므로 우리가 여호와를 바라보면서 기
다립니다. 주님은 우리의 도움이시며 방
패이십니다.
21 주님 때문에 우리가 기뻐하고 즐거워합니
다. 그것은 주의 거룩한 이름을 굳게 믿
기 때문입니다.
22 여호와여, 우리가 주께 우리의 소망을 둡
니다. 주님의 변함없는 사랑을 우리에게
베풀어 주소서.

벌주시며 구원하시는 하나님

다윗이 아비멜렉 앞에서 미친 체하다가
쫓겨나서 지은 시

34 나는 언제나 여호와를 찬양하겠습
니다. 내 입술에서 주님을 찬양하
는 소리가 끊이지 않을 것입니다.
2 내 몸과 마음으로 여호와를 자랑할 것입
니다. 가난한 사람들이여, 듣고 기뻐하십
시오.
3 나와 함께 여호와의 영광을 노래합시다.
그의 이름을 함께 찬양합시다.
4 내가 여호와를 찾아 도움을 청했더니 내
게 대답하시고, 내가 두려워하던 모든 것
에서 나를 건지셨습니다.
5 주님을 바라보는 자의 얼굴은 빛이 나고,
어떤 일이 있어도 부끄러움을 당하지 않
을 것입니다.
6 이 불쌍한 사람이 여호와께 부르짖었더니
여호와께서 들으시고, 모든 어려움에서
건져 주셨습니다.
7 여호와의 천사들은 주님을 높이는 사람들
둘레에 진을 치고, 그들을 구원하십니다.
8 여호와께서 얼마나 좋으신 분인지 살피고
맛보십시오. 그분께 피하는 사람은 복 있
는 사람입니다.
9 너희 성도들이여, 여호와를 높이며 두려
워하십시오. 저를 높이며 두려워하는 사
람들은 부족함이 없을 것입니다.
10 젊은 사자도 힘이 없고 배가 고플 때가 있
지만, 여호와를 찾는 자들은 갖가지 좋은
것들을 모두 얻게 됩니다.
11 젊은이들이여, 이리 와서 내 말을 들어 보
십시오. 여호와를 높이고 두려워하는 방
법을 가르쳐 주겠습니다.
12 즐거운 날을 보내고 행복하게 오래 살고
싶으면 이 말을 잘 들어야 할 것입니다.
13 먼저 여러분은 나쁜 말을 하지 말고, 거
짓말을 하지 말아야 합니다.
14 나쁜 길에서 돌아서서 착하게 살고 평화
를 사랑하고 이웃과 사이좋게 지내야 합
니다.
15 여호와는 의로운 사람들을 보고 계시며,
그들이 부르짖는 소리에 귀를 기울이십니
다.
16 그러나 여호와는 악한 짓을 하는 사람들
을 불쾌하게 여기시고 사람들의 기억에서
그들의 이름을 지워 버립니다.
17 의로운 사람들이 부르짖을 때에 여호와께
서 들으시고, 모든 어려움으로부터 그들
을 건지십니다.
18 여호와는 마음이 상한 사람 곁에 계시고,
낙심한 사람들을 붙들어 주십니다.
19 의로운 사람에게도 어려움이 많을 수 있
습니다. 그러나 여호와께서 모든 어려움
에서 구해 주실 것입니다.
20 여호와께서 그들의 뼈마디 하나도 꺾이지
않게 완전하게 지켜 주실 것입니다.
21 악한 자들은 자기들이 저지른 악 때문에
죽을 것이고, 의로운 사람을 미워하는
자들은 반드시 벌을 받게 될 것입니다.
22 그러나 여호와는 자기 종들의 목숨을 구
해 주시니 주께 피하는 사람은 누구든 형
벌을 받지 않을 것입니다.

기근(33:19 famine) 식량이 모자라서 굶주림.
형벌(34:22 punishment) 국가 등이 범죄자에게 제재를 가함.
추격(35:3 pursuit) 뒤쫓아가며 공격함.
법정(35:11 court) 법관이 재판을 행하는 장소. 재판정.

도와 달라는 기도
다윗의 시

35 여호와여, 나와 다투는 자와 다투어 주시고, 나와 싸우는 자와 싸워 주소서.
2 방패와 갑옷을 집어 드시고 일어나 나를 도와 주소서.
3 나를 추격하는 자들을 향해 칼과 창을 모두 드시고 내게 "너를 구해 주겠다"라고 말씀해 주소서.
4 내 목숨을 노리는 사람들이 부끄러움을 당하게 해 주시고, 나를 해치려는 사람들이 창피해서 달아나게 해 주소서.
5 여호와의 천사가 그들을 쫓아 버릴 때에 바람에 날아가는 겨와 같게 하소서.
6 여호와의 천사가 그들을 뒤쫓을 때에 그들이 가는 길을 캄캄하고 미끄럽게 해 주소서.
7 그들은 아무 까닭 없이 나를 잡으려고 몰래 그물을 쳐 놓고 아무 이유 없이 나를 죽이려고 웅덩이를 파 놓았습니다.
8 오 주님, 그들을 망하게 해 주시고, 자기들이 쳐 놓은 그물에 걸리게 하시고, 자기들이 파 놓은 웅덩이에 빠지게 하여 주소서.
9 그리하시면 내가 여호와 안에서 즐거워하며, 여호와께서 베푸신 구원을 인하여 기뻐할 것입니다.
10 내가 온몸으로 외칠 것입니다. "여호와여, 주님 같은 분이 없습니다. 여호와는 힘센 사람들에게서 연약한 사람들을 건져 내시며, 힘없고 가난한 사람들을 강도들에게서 구하시는 분이십니다."
11 거짓을 말하는 증인들이 법정에 서서 내가 알지도 못하는 것을 캐묻습니다.
12 그들은 내게 선을 악으로 갚고, 내 목숨마저 노렸습니다.
13 그렇지만 그들이 병들었을 때, 나는 굵은 베옷을 걸치고 금식하며 기도했습니다. 그들을 위한 내 기도에 응답이 없을 때,
14 내 친구나 형제들을 위해 슬퍼하듯 나는 그들을 위해 슬퍼하며 울었습니다. 마치 어머니가 돌아가셨을 때에 내가 우는 것처럼 고개를 떨구고 슬퍼하였습니다.
15 그렇지만 내가 넘어지자 그들은 모여들어 나를 비웃었고, 느닷없이 나를 치고 때렸습니다. 그들은 그치지 않고 욕을 합니다.
16 하나님을 두려워하지 않는 자들처럼 그들은 나를 잔인하게 비웃었고 나를 보며 이를 갈았습니다.
17 주여, 언제까지 이러한 일들을 보고만 계시렵니까? 잔인하게 짓밟히는 내 목숨을 건져 주소서. 이 사자 같은 자들에게서 나를 구해 주소서.
18 내가 예배 모임 가운데서 주님께 감사할 것이며, 많은 사람들 가운데서 주님을 찬양할 것입니다.
19 아무 이유 없이 내게 달려든 원수들이 더 이상 나를 비웃지 못하게 하소서. 아무 까닭 없이 나를 미워하는 자들이 더 이상 음흉한 미소를 짓지 않게 해 주소서.
20 그들은 따뜻하게 말하지 않습니다. 조용히 지내는 착한 사람들에 대해 온갖 거짓말을 꾸며댑니다.
21 나를 향해 입을 크게 벌리면서, "하하! 저것 봐라, 네 꼴이 참 좋구나" 하며 빈정댑니다.
22 여호와여, 주님께서 다 보셨습니다. 더 이상 가만히 계시지 마소서. 오 주님이시여, 나를 홀로 내버려 두지 마소서.
23 나의 하나님, 나의 주여, 떨치고 일어나 나를 변호해 주소서. 나의 하나님이시여, 나를 위해 답변해 주소서.
24 여호와 나의 하나님, 주님의 올바른 법을 따라 옳고 그름을 가려 주시고, 그들이 나를 비웃지 못하게 해 주소서.

베옷(35:13 sackcloth) 삼실·무명실·명주실로 짠, 베로 만든 옷.
잔인하게(35:16 cruelly) 인정이 없이 몹시 모질게.
원수(35:19 enemy) 원한이 맺히게 한 사람.
음흉한(35:19 tricky) 마음이 내숭스럽고 흉악한.

25 그들이 "하하! 우리 뜻대로 되었다!"라고
생각하지 못하게 하시고 "하하! 우리가 이
겼어"라고 말하지 못하게 해 주소서.
26 내 불행을 좋아하는 사람들 모두 부끄러
움을 당하게 하시고 혼란스러워하게 해
주소서. 나에게 우쭐거리는 사람들 모두
수치와 창피로 덮으소서.
27 내 결백함을 즐거워하는 사람들이 웃고
소리지르며 즐거워하게 해 주소서. "여호
와는 높임을 받으실 분이시며 그의 종이
뜻하는 모든 일이 잘 되어 가는 것을 좋
아하시는 분이다"라고 말하게 해 주소서.
28 내 혀로 주님의 의로우심을 찬양하며, 온
종일 주님을 찬송할 것입니다.

못된 사람과 좋으신 하나님

여호와의 종 다윗의 시. 지휘자를 따라 부른 노래

36 악한 자들의 죄에 관하여 주님께
서 내게 알려 주셨습니다. 악한
자들은 하나님을 조금도 두려워하지 않습
니다.
2 그들은 자신을 대단하게 생각합니다. 그
래서 자기 죄를 깨닫지도 못하고, 그 죄
를 미워하지도 않습니다.
3 그들은 항상 악하고 거짓된 말을 내뱉습
니다. 더 이상 지혜롭거나 착한 일을 하
지 않습니다.
4 심지어 침대에 누워서도 악한 일을 꾸미
며, 나쁜 길로 가려고 마음을 단단히 먹고
나쁜 일들을 마다하지 않는 사람입니다.
5 여호와여, 주님의 사랑이 하늘에 닿고, 주
님의 성실하심이 하늘 끝까지 이릅니다.
6 주님의 의로우심이 우람한
산처럼 높고, 주님의
공평하심이 깊은 바
다와 같습니다. 여
호와여, 주는 사
람과 짐승을 모
두 돌보십니다.
7 하나님이여, 주
의 변함없는 사랑
이 얼마나 값진 것
인지요! 높은 사람이나
낮은 사람이나 모두가 주님의 날개 그늘
밑을 그들의 피난처로 삼습니다.
8 주님의 집에서 그들이 마음껏 먹습니다.
주님은 기쁨의 강에서 물을 길어 사람들
에게 마시게 하십니다.
9 주님께 생명의 샘이 있습니다. 주님의 빛
을 통하여 우리가 빛을 볼 수 있습니다.
10 주님을 사랑하는 사람들을 끊임없이 사랑
해 주시고, 마음이 올바른 사람들에게 주
의 의를 베푸소서.
11 거만한 자가 내게 발길질하지 못하게 하
시며, 악한 자가 손으로 나를 밀어 내지
못하게 하소서.
12 악한 자들이 쓰러져 다시는 일어나지 못
할 것입니다.

하나님께서는 바르게 갚아 주십니다

다윗의 시

37 악한 사람들 때문에 속상해하지 말
고, 나쁜 일하는 사람들을 부러워
하지 마십시오.
2 왜냐하면 그들은 풀처럼 곧 말라 버릴 것
이며, 채소처럼 시들 것이기 때문입니다.
3 이 땅에 사는 동안, 여호와를 굳게 믿고
착한 일을 하면서 주님의 모습을 닮아 가
십시오.
4 여호와를 생각하면서 즐거워하십시오. 그
러면 주님께서 여러분의 소원을 들어 주
실 것입니다.
5 여호와께 여러분의 길을 맡기고 그분을
굳게 믿으십시오. 그리하면 주님께서 다
이루어 주실 것입니다.
6 또 여러분이 하는 의로운 일
과 정의로운 행동들을 한
낮의 햇빛처럼 빛나게
해 주실 것입니다.
7 잠잠히 인내하면
서 여호와를 기다
리십시오. 악한
자들이 잘 산다고
해서 속상해하거나
그들의 악한 계획들이
이루어진다고 해서 좌절

'악한 자들은 곧 풀처럼
말라버릴 것입니다' (37:2)

하지 마십시오.
8 노여워하거나 화를 터뜨리지 마십시오. 속상해하지 마십시오. 자신에게 해로울 뿐입니다.
9 악한 사람들은 반드시 쫓겨날 것입니다. 그러나 주님께 소망을 두는 사람은 땅을 영원한 유산으로 받을 것입니다.
10 악한 사람들은 곧 이 땅에서 없어질 것입니다. 아무리 찾아보아도 그들은 없을 것입니다.
11 겸손한 사람들은 땅을 영원한 유산으로 얻을 것이고, 완전한 평화를 누리게 될 것입니다.
12 악한 자들은 의로운 사람들을 모함하고, 그들을 향해 이를 갑니다.
13 주님은 악한 자들을 보시고 그들을 비웃으십니다. 그것은 그들이 멸망하는 날이 가까워 오고 있음을 아시기 때문입니다.
14 악한 자들이 칼을 뽑고 활을 당겨 가난하고 불쌍한 사람들을 거꾸러뜨리고 정직한 사람들을 죽이려 합니다.
15 그러나 그들의 칼은 자기들의 가슴을 꿰뚫을 것이며, 그들의 활은 부러질 것입니다.
16 적은 재물을 가지고 의롭게 사는 것이 많은 재물을 가지고 악하게 사는 것보다 낫습니다.
17 악한 자들의 세력은 꺾일 것이고, 여호와께서는 의로운 사람들을 붙들어 주실 것입니다.
18 주님은 정직한 사람들의 삶을 지켜 보십니다. 그들이 받은 유산들은 대대로 번창할 것입니다.
19 그들은 재난이 닥쳐와도 어려움을 당하지 않을 것이며, 굶주림의 때에도 풍성히 먹을 것입니다.
20 그렇지만 악한 자들은 멸망할 것입니다. 여호와의 원수들은 들의 꽃처럼 될 것이고, 연기처럼 사라져 버릴 것입니다.
21 악한 자들은 꾸어 가지만 다시 갚지 않습니다. 그러나 의로운 사람들은 넉넉하게 베풀고 삽니다.
22 하나님께서 복 주시는 사람은 땅을 유산으로 받을 것이지만 하나님께서 저주하는 사람은 죽을 것입니다.
23 여호와께서 어떤 사람의 가는 길을 기뻐하신다면 그 사람의 발걸음을 굳게 붙잡아 주실 것입니다.
24 비틀거릴지라도 넘어지지 않을 것입니다. 왜냐하면 여호와께서 그의 손을 붙잡고 계시기 때문입니다.
25 내가 어려서부터 늙기까지 이제껏 살아오면서 여호와께서 의로운 사람을 내버려 두시는 것과 그들의 자녀들이 구걸하는 것을 보지 못했습니다.
26 의로운 사람은 언제나 넉넉하여 다른 사람에게 나눠 주기를 좋아합니다. 그래서 그들의 자손들이 복을 받습니다.
27 악한 일을 멈추고 착한 일을 하십시오. 그러면 여러분은 땅에서 영원히 살게 됩니다.
28 왜냐하면 여호와께서는 올바른 사람을 사랑하시고, 신실한 사람들을 떠나지 않으시기 때문입니다. 여호와께서 언제나 그들을 지키실 것입니다. 그러나 악한 자들의 자손들은 죽게 될 것입니다.
29 의로운 사람들은 땅을 유산으로 받게 될 것이며 영원히 그 땅에서 살 것입니다.
30 의로운 사람들은 지혜를 말하며, 바른 것만을 이야기합니다.
31 하나님의 교훈을 그 마음속에 두고 살기 때문에 결코 넘어지지 않습니다.
32 악한 자들은 의로운 사람을 잡아 죽이려고 숨어서 노려봅니다.
33 그렇지만 여호와는 의로운 사람들을 악한 자의 손에 두지 않으십니다. 그들이 법정

좌절(37:7 frustration) 뜻이나 기운 따위가 꺾이는 것.
모함(37:12 plot to injure) 남을 어려운 처지에 빠지게 하는 것.
저주(37:22 curse) 재앙이나 불행을 당하도록 비는 것.

에 서게 되더라도 벌을 받지 않게 하실 것
입니다.
34 여호와를 기다리십시오. 그분의 길을 따라
사십시오. 여호와께서 여러분을 높여 주시
고 땅을 주실 것입니다. 악한 자들이 쫓겨
나는 것을 여러분은 보게 될 것입니
다.
35 나는 악하고 무자비한 사람을 보았습니
다. 기름진 땅에 선 푸른 나무처럼 번성
한 듯 보였습니다.
36 그러나 그 사람은 곧 죽어 없어져 버렸습
니다. 아무리 찾으려 해도 그를 찾을 수
없었습니다.
37 깨끗한 사람을 생각하십시오. 정직한 사
람을 잘 보십시오. 평화의 사람에게는 미
래가 열려 있습니다.
38 그러나 악한 자들은 망할 것입니다. 악한
자들의 미래는 닫혀질 것입니다.
39 의로운 자들의 구원은 여호와께 있습니
다. 어려울 때에 여호와는 그들이 피할 요
새가 되어 주십니다.
40 여호와께서 그들을 도우시며 구원해 주십
니다. 악한 자로부터 구해 내시고 보호해
주십니다. 왜냐하면 그들이 여호와를 의
지하고, 여호와께 피하기 때문입니다.

아플 때의 기도

다윗의 시. 애원의 시

38 여호와여, 주의 분노로 나를 꾸짖
지 마시고, 노여움으로 나를 징계
하지 마소서.
2 주님이 쏜 화살이 내 몸에 꽂혔으며, 주
님의 손이 나를 내리치셨습니다.
3 주님께서 내게 분노하시니 내 몸이 온통
멍들었으며, 내 지은 죄 때문에 내 뼈가
성한 곳이 없습니다.
4 나의 죄들이 무거운 짐처럼 나를 짓누르
니 내 마음이 괴로워 견디기 힘듭니다.
5 내 몸의 상처가 점점 더 곪아 냄새나는
것은 내가 저지른 어리석은 죄들 때문입
니다.
6 내 허리가 구부러져 땅에 닿을 정도가 되
었으니 온종일 슬퍼합니다.
7 허리의 심한 통증으로 온몸이 욱신거리니,
내 몸에 성한 곳이 한 군데도 없습니다.
8 온몸이 떨리고 쓰러질 듯하니, 내가 실망
하여 신음합니다.
9 주님, 내가 얼마나 주님을 바라는지 아십
니다. 내 모든 한숨 소리를 주님은 모두
들으십니다.
10 내 가슴은 뛰며, 힘도 다 빠졌고 내 눈은
볼 수 없습니다.
11 내 상처 때문에 친구들과 이웃들이 나를
피하고, 친척들도 나를 멀리합니다.
12 나를 죽이려는 자들이 몰래 덫을 놓습니
다. 나를 해치려 하는 자들이 나의 불행
에 대해 말하고 다닙니다. 온종일 그들은
거짓말을 생각해 냅니다.
13 나는 듣지 못하는 사람처럼 들을 수 없게
되었고, 말 못하는 사람처럼 말할 수 없
게 되었습니다.
14 나는 듣지 못하는 사람처럼 되었고, 대답
할 줄 모르는 사람처럼 되었습니다.
15 여호와여, 내가 주를 간절히 기다립니다.
오 주님, 나의 하나님이여, 내게 대답해
주소서.
16 내가 이렇게 부르짖습니다. "악인들이 나

성경 자세히 이해하기

다윗의 회개시

시편 6편, 32편, 38편, 51편, 101편, 131편, 143편, 이 일곱 편을 다윗의 '7대 회개시'라고 부릅니다. 무엇에 대한 회개인지는 시 속에서 말하고 있지 않아 정확히 알 수 없으나, 다윗이 밧세바를 범하고 나서 쓴 것으로 보입니다. 즉 다윗이 밧세바의 남편 우리아를 전쟁터에서 적의 손에 죽게 함으로 자신의 죄를 은폐하려 한 뒤에 하나님의 징벌을 받고 회개하여 지은 것이라고 보는 견해입니다. 특히 51편에는 다윗이 범죄한 후, 예언자 나단이 와서 그의 죄를 지적한 것과 관련이 있다는 표제어가 붙어 있습니다.

본문 보기 38편

를 비웃지 못하게 해 주
소서. 내가 넘어질 때
에 조롱하지 못하도
록 해 주소서."
17 내가 당장 쓰러
질 것만 같습니
다. 고통이 계속
되어 견딜 수가
없습니다.
18 주님, 잘못을 고
백합니다. 내가
저지른 죄를 생각하
니 괴롭습니다.
19 내게 덤벼드는 원수
들은 강하고 많습니다.
아무 이유 없이 나를 미워하는 사람들이
수없이 많습니다.
20 내가 착한 일을 베풀었어도 악으로 갚는
사람들이 많습니다. 내가 선한 일을 하려
할 때에 그들은 늘 비방하고 다닙니다.
21 여호와여, 나를 버리지 마소서. 오 나의
하나님이여, 나를 멀리하지 마소서.
22 오 주 나의 구원자여, 빨리 오셔서 나를
구원하여 주소서.

인생의 헛됨(39:6)

인생은 짧습니다

다윗의 시. 지휘자 여두둔을 따라 부른 노래

39 내가 이렇게 말했습니다. "나는 행
동을 조심하고 내 혀로 죄를 짓지
않겠다. 못된 사람들이 내 주위에 있는 한
나는 입을 열지 않을 것이다."
2 그래서 나는 침묵하고 지냈습니다. 심지어
좋은 말이라도 입 밖에 내지 않았습니다.
그러나 내 마음은 점점 괴로워졌습니다.
3 점점 속에서 열이 끓어 오르기 시작했습
니다. 생각하면 할수록 화가 치밀어 올랐
습니다. 나는 견디다 못해 말했습니다.
4 "여호와여, 내 인생의 마지막이 언제이
며, 어느 때에 내 삶의 끝이 오는지 알려
주소서. 나의 삶이 날아가는 화살 같다는
것을 알았습니다.
5 주님께서 내게 고작 한 뼘밖에 안 되는 짧
은 인생을 주셨습니다. 내 일생이 주님 앞
에서는 아무것도 아닙니다.
사람들의 일생은 한 순간
의 입김일 뿐입니다." (셀
라)
6 사람의 분주한 인생
은 마치 신기루와 같
습니다. 이리저리 돌
아다녀 보지만 결국
모두 헛것입니다. 재
물을 모아 쌓아 두지만
누가 그것을 가져가는지
알지 못합니다.
7 "주님, 내가 무엇을 추구
해야 한단 말입니까? 주님만
이 나의 소망이십니다.
8 주님께서 내가 지은 모든 죄에서 나를 건
져 주소서. 어리석은 자들이 나를 비웃지
못하게 하소서.
9 나는 침묵했습니다. 내가 입을 열지 않았
습니다. 이는 주님께서 내 입을 닫으셨기
때문입니다.
10 주님, 이제 나를 그만 벌하소서. 주님께
서 손으로 내려치시니 내가 죽을 것 같습
니다.
11 주님은 죄지은 사람들을 꾸짖고 벌주십니
다. 좀먹듯이 그들의 재산을 먹어 버리십
니다. 그렇습니다. 사람의 일생은 한 순
간의 입김에 불과합니다." (셀라)
12 여호와여, 내 기도를 들어 주소서. 도움
을 청하는 나의 부르짖음에 귀를 기울여
주소서. 나의 울음 소리를 못 들은 체하
지 말아 주소서. 나그네와 같은 내가 주
님과 함께 있습니다. 우리 조상들처럼 내
가 이방인으로 여기에 살고 있습니다.
13 내게서 눈길을 돌려 주소서. 그러면 내
가 다시 즐겁게 살다 갈 수 있을 것입니
다.

도와 주심에 대한 감사와 기도

다윗의 시. 지휘자를 따라 부른 노래

40 내가 여호와를 기다리고 또 기다
렸습니다. 주님께서 나를 돌아보
시고, 나의 부르짖음을 들으셨습니다.

2 주님께서 나를 질퍽거리는 구렁텅이에서
끄집어 내시고 진흙 수렁에서 꺼내 주셨습
니다. 주님께서 나를 바위 위에 세우시고
굳건한 곳에 설 수 있도록 인도하셨습니다.
3 주님께서 내게 새 노래를 부르게 하셨습
니다. 우리 하나님을 찬양하는 노래입니
다. 많은 사람들이 이것을 보고 두려워 떨
것입니다. 그리고 여호와를 믿게 될 것입
니다.
4 여호와를 굳게 믿는 사람은 행복한 사람
입니다. 그들은 거만한 사람들을 쳐다보
지도 않으며, 거짓 신들을 따라가는 자들
을 경멸합니다.
5 여호와 나의 하나님이시여, 주님께서는
위대한 일들을 많이 하셨습니다. 주님께
서 우리를 위해 계획하신 일들이 많기 때
문에 사람들에게 다 말해 줄 수 없습니다.
6 주님은 제사와 제물을 바라지 않으십니
다. 주님은 태워 드리는 제사인 번제나 죄
를 씻는 제사인 속죄제를 바라지 않으십
니다. 내가 주님의 말씀을 바랐더니 주께
서 내 귀를 열어 주셨습니다.
7 그래서 내가 말했습니다. "보소서, 내가
왔습니다. 율법책에 나에 관한 기록이 있
습니다.
8 오 나의 하나님이여, 내가 주님께서 바라
시는 것을 기쁘게 행하려 합니다. 주님의
가르침이 항상 내 마음에 있습니다."
9 내가 많은 사람들이 모일 때에 주님의 의
로우심을 알리겠습니다. 내가 잠자코 있지
않으리라는 것을 여호와께서는 아십니다.
10 나는 주님의 의로우심을 내 마음속에 감

두루마리로 된 하나님의 말씀(40:7)

춰 두지 않습니다. 주님의 성실하심과 구
원에 관하여 말합니다. 나는 많은 사람들
이 모일 때에 주님의 사랑과 진리를 숨기
지 않습니다.
11 여호와여, 주님의 자비를 나에게서 멈추
지 마소서. 주님의 사랑과 진리가 나를 언
제나 지켜 주시기 바랍니다.
12 수많은 어려운 문제들이 나를 둘러싸고
있습니다. 내 죄가 나를 붙잡으니 내가 앞
을 볼 수 없습니다. 내가 지은 죄들이 내
머리카락 수보다 더 많아 실망하게 되었
습니다.
13 여호와여, 제발 나를 구해 주소서. 여호와
여, 어서 빨리 오셔서 나를 도와 주소서.
14 나를 죽이려고 달려드는 모든 자들이 수치
를 당하게 하시고 혼란스러움을 겪게 하소
서. 내가 망하는 것을 바라는 사람들 모두
가 창피를 당하여 도망가게 해 주소서.
15 나를 향해 "그럴 줄 알았지, 잘 되었군!"
하고 비웃는 사람들이 부끄러워 당황하게
해 주소서.
16 그러나 주님을 찾는 사람들은 주님으로
말미암아 기쁘고 즐거워하게 하소서. 주
님의 구원을 감사하는 사람들은 항상 "여
호와를 찬양하세!" 하고 외치게 하소서.
17 나는 가난하고 힘이 없습니다. 주님, 나를
기억하여 주소서. 주님은 나를 돕는 분이시
며, 나를 구원하는 분이십니다. 나의 하나
님이시여, 지체하지 마시고 빨리 오소서.

아플 때의 기도

다윗의 시. 지휘자를 따라 부른 노래

41 연약한 사람들을 돌보는 사람은 행
복한 사람입니다. 어려움이 닥칠 때
에 여호와께서 그 사람을 건져 주십니다.
2 여호와께서 그를 지키실 것이며, 그의 생명
을 보호하실 것입니다. 주님께서 이 땅에서
그에게 복 주실 것이며, 원수들에게 먹히지
않도록 그를 붙잡아 주실 것입니다.
3 그가 아플 때에 여호와께서 붙들어 주실
것이며, 병상에서 그를 일으켜 다시 건강
하게 해 주실 것입니다.
4 내가 "여호와여, 나를 불쌍히 여겨 주소

서. 내 병을 고쳐 주소서. 내가 주님께 죄
를 지었습니다"라고 말했습니다.
5 원수들이 나를 보고 나쁜 말들을 하고 다
닙니다. "저 자가 언제 죽어 없어져 그 이
름을 잊어 버리게 될까?"
6 사람들이 나를 보러 올 때마다, 그들은 거
짓말만 합니다. 속으로는 험담을 생각해 내
고, 좋지 않은 소문을 퍼뜨리고 다닙니다.
7 나의 원수들 모두가 나에 대해서 수군거
리고 다닙니다. 마음속으로 내게 가장 불
행한 일이 생기기를 바라는 자들입니다.
8 그들은 "그 자가 지독한 병에 걸렸다네.
다시는 자리에서 일어나지 못할 거야"라
고 말합니다.
9 나에게는 가장 친하고 믿을 만한 친구가
있었습니다. 그는 나와 함께 밥을 먹는 가
까운 친구였지만, 이제는 그 친구마저 나
에게 등을 돌렸습니다.
10 그러나 주 여호와여, 나를 불쌍히 여겨 주
소서. 내게 힘을 주셔서 그들에게 이를 갚
을 수 있게 하소서.
11 원수들이 내 앞에서 큰소리 치지 않으므로
주께서 나를 기쁘게 여기시는 줄 압니다.
12 내가 순전할 때에 주께서 나를 붙들어 주
시는 줄 압니다. 나를 언제까지나 주와 함
께 있게 해 주소서.
13 이스라엘의 하나님 여호와를 찬양합시다.
영원부터 영원까지 그분을 찬양합시다.
아멘! 아멘!

제 2 권

가까이에서 힘이 되시는 하나님

고라 자손의 마스길.* 지휘자를 따라 부른 노래

42 목마른 사슴이 시냇물을 찾아 헤
매이듯이 오 하나님이시여, 내 영
혼이 주를 찾아 헤매입니다.
2 내가 살아 계신 하나님을 애타게 그리워
합니다. 언제 내가 하나님을 만나러 갈 수
있겠습니까?
3 낮이면 낮마다, 밤이면 밤마다 내 눈물이
양식이 되었습니다. 사람들은 언제나 내게
말합니다. "너의 하나님이 어디 있지?"
4 지난 일들을 생각하면 할수록 내 가슴이
찢어집니다. 나는 사람들을 이끌고, 하나
님의 성전을 향해 들어가곤 했습니다. 기
뻐 소리를 지르고 감사의 찬송을 부르며,
그 행복한 사람들과 어울리곤 했습니다.
5 오 내 영혼아, 어찌하여 슬퍼하는가? 왜

사람들과 함께 하나님을
찬양하던 일을 기억함(42:4)

성경 자세히 이해하기

아멘

'아멘'이란 말은 '의지하다'라는 뜻을 지닌 히브리어 '아만'이란 단어에서 파생된 것으로, '진실로, 확실히'라는 의미를 지니고 있습니다. 구약 성경에서는 상대방이 한 말에 대하여 동의를 나타낼 때(왕상 1:36), 맹세나 저주의 결과를 기꺼이 받아들이겠다고 약속할 때, 이 말을 사용했습니다(신 27:15). 또 기도나 찬양이 끝났을 때에는 '진실로 그렇습니다', 혹은 '진실로 그렇게 되기를 바랍니다'라는 의미로 사용하였습니다(대상 16:36;시 41:13). 예수님께서도 자신의 말씀의 권위를 강조하기 위해 '아멘'(진실로)이란 말을 사용하셨습니다. 본문 보기 41편 13절

알아두세요

42편 '마스길'은 문학 또는 음악 용어이다.

그렇게 속상해하는가? 하나님께 희망을
가져야 할 것이다. 나를 구원하신 분이시
며 나의 하나님이신 그분을 마땅히 찬양
해야 할 것이 아닌가?
6 내가 몹시 슬프지만 주를 기억하겠습니
다. 요단 강이 시작되는 땅에서, 헤르몬
산에서, 미살 산에서, 내가 주를 기억할
것입니다.
7 주의 폭포수가 큰 소리를 내며 떨어지듯
이 어렵고 괴로운 일들이 계속 나에게 찾
아옵니다. 주의 파도와 물을 부수며 파괴
하는 소리가 나를 둘러 덮고 있습니다.
8 낮에는 여호와께서 사랑을 보여 주시고
밤이면 내가 주를 노래하며 나의 생명이
신 하나님께 기도합니다.
9 나는 나의 바위가 되시는 하나님께 외칩
니다. "왜 나를 잊어 버리셨습니까? 왜 내
가 슬피 울면서 돌아다녀야 합니까? 왜
원수들 때문에 괴로워해야 합니까?"
10 내 원수들의 비웃는 말을 들으면 내 뼈가
부서지는 듯 괴롭습니다. 원수들은 늘 이
렇게 말합니다. "네 하나님이 어디 있
지?"
11 오 내 영혼아, 어찌하여 슬퍼하는가? 왜
그렇게 속상해하는가? 하나님께 희망을
가져야 할 것이다. 나를 구원하신 분이시
며 나의 하나님이신 그분을 마땅히 찬양
해야 할 것이 아닌가?

보호해 달라는 기도

43 오 하나님, 나의 결백을 변호해 주
소서. 경건하지 않은 자들을 향해
내 사정을 변호해 주소서. 거짓말하는 사
람들, 악한 사람들로부터 나를 건져 주소
서.
2 주는 나의 안전한 피난처가 되시는 하나
님이십니다. 그런데 왜 나를 버리셨습니
까? 왜 내가 울면서 다녀야 한단 말입니
까? 왜 내가 원수들의 박해를 받아야 한
단 말입니까?
3 주의 빛과 진리를 보내 주소서.
그것들로 나를 인도해 주소서. 그것

'목마른 사슴이
시냇물을 찾아 헤매이듯이
내 영혼이 주를 찾아 헤매입니다' (42편)

들이 나를 주의 거룩한 산과 주님께서 사
시는 곳으로 인도하게 하소서.
4 그러면 내가 하나님의 제단 앞에, 내 기
쁨이며 즐거움이신 하나님 앞에 가겠습니
다. 하나님, 나의 하나님이시여, 내가 수
금으로 주를 찬양하겠습니다.
5 오 내 영혼아, 너는 어찌하여 그렇게 슬퍼
하는가? 왜 그렇게 속상해하는가? 너는 하
나님께 소망을 두어라. 내가 나의 구원자시
며 나의 하나님이신 그분을 찬양할 것이다.

도와 달라는 기도

고라 자손의 마스길. 지휘자를 따라 부른 노래

44 오 하나님, 우리는 우리 조상들이
우리에게 들려 준 이야기를 귀담
아들었습니다. 옛날 우리 조상들이 살던
때에 주께서 하신 일들에 대해서 말입니
다.
2 주의 손으로 뭇 나라를 몰아 내시고, 우
리 조상들을 이 땅에 살게 하셨습니다. 주
는 다른 민족들을 깨뜨려 부수시고, 우리
조상들은 더욱 번창하게 하셨습니다.
3 땅을 차지하게 된 것은 그들이 가진 칼
때문이 아니었으며, 승리하게 된 것도 그
들의 힘 때문이 아니었습니다. 주의 오
른손과 팔과 주의 얼굴빛 때문에 그들이
땅을 차지하고 승리를 얻었습니다. 이는
주께서 그들을 사랑하셨기 때문입니다.
4 주는 나의 왕, 나의 하나님이십니다. 야곱
백성들에게 승리를 주셨습니다.
5 주님 덕분에 우리가 적들을 물리쳤으며
주의 이름으로 우리가 우리의 적군들을
짓밟았습니다.
6 나는 내가 가지고 있는 활을 의지하지 않
습니다. 내가 가진 칼이 나에게 승리를 주
지 않습니다.
7 오직 주만이 우리의 적군들을 이기게 하
시며, 주만이 우리 원수들을 부끄럽게 만
드십니다.
8 우리가 온종일 하나님을 자랑합니다. 하
나님의 이름을 영원히 찬양하겠습니다.
(셀라)
9 그러나 지금은 주께서 우리를 버리시고
부끄러움을 당하게 하셨습니다. 주께서는
더 이상 우리 군사들과 함께 전쟁에 나가
지 않습니다.
10 주께서 우리를 원수들에게 쫓기게 하시니
원수들이 우리의 모든 것을 빼앗았습니다.
11 주께서 우리를 잡아 먹히는 양처럼 내버
려 두시고, 여러 나라 가운데 우리를 흩
어 놓으셨습니다.
12 주는 주의 백성을 헐값에 파셨습니다. 아
무런 이익도 없이 내다 파셨습니다.
13 주께서 우리를 이웃 나라들에게 조롱거리
가 되게 하시니 그들이 우리를 깔보고 비
웃습니다.
14 주께서 우리를 다른 나라들의 농담거리가
되게 하시니 그들이 우리를 향해 고개를
젓습니다.
15 내가 온종일 부끄럼을 당하고 삽니다. 창
피해서 얼굴을 들 수가 없습니다.
16 왜냐하면 나를 비웃고 업신여기며 내게
복수하려는 원수들 때문입니다.
17 이러한 모든 일들이 우리에게 일어났지만
우리는 주를 잊지 않았으며 주의 언약을
저버리지 않았습니다.
18 우리 마음이 주께로부터 돌아서지 않았으
며, 주의 길에서부터 벗어나지 않았습니
다.
19 그러나 주께서 우리를 부수시고 들개들의
사냥감이 되게 하셨으며 깜깜한 어두움으
로 우리를 덮으셨습니다.
20 만일 우리가 하나님의 이름을 잊었다거나
다른 신들에게 우리의 손을 들어 기도했
더라면
21 하나님께서는 그것을 다 아시지 않습니
까? 주께서는 사람 마음속의 비밀들을 모
두 알고 계시지 않습니까?
22 우리는 언제나 죽을 지경에 있습니다. 사
람들은 우리를 잡아 먹을 양처럼 생각합
니다.
23 오 주여, 일어나십시오. 어찌하여 주무시
고 계십니까? 자리에서 일어나십시오! 제
발 우리를 버리지 마십시오.
24 왜 주의 얼굴을 우리에게서 숨기십니까?

왜 우리의 비참함과 괴로움을 잊으십니까?
25 우리가 진흙 속에 처박혀졌으며 우리의
몸이 흙 속에 던져졌습니다.
26 일어나셔서 우리를 도우십시오. 주의 변함
없는 사랑으로 우리를 구원해 주십시오.

왕의 결혼을 위한 노래

고라 자손의 마스길. 사랑의 노래.
백합화 곡조에 맞춰 지휘자를 따라 부른 노래

45 왕을 위해 시를 지으려니 내 마음
속에 좋은 생각들이 넘쳐납니다.
내 혀는 솜씨 좋은 작가의 붓과 같습니다.
2 왕은 세상 누구보다도 훌륭하시며 왕의
입술은 우아한 말로 은혜가 넘치니, 이는
하나님께서 영원히 왕에게 복 주신 까닭
입니다.
3 힘 있는 용사여, 허리에 칼을 차고 찬란
한 위엄으로 옷을 입으십시오.
4 진리와 겸손과 의로움을 위하여 왕은 위
엄 있게 승리하십시오. 왕의 오른손으로
장엄한 일들을 나타내십시오.
5 왕의 날카로운 화살이 원수의 심장을 꿰
뚫을 것이며, 모든 나라들이 왕 앞에 쓰
러질 것입니다.
6 오 하나님, 주의 보좌는 영원히 있을 것
입니다. 주께서 정의의 지휘봉으로 주의

> **성경 풍속**
>
> **향기나는 옷**
>
> 근동 지역의 사람들은 옷에 향수 뿌리는 것을 좋아하는데, 유럽 사람들이 그 냄새에 질릴 정도로 많이 뿌린다고 합니다. 그들은 향료나 백단 나무에서 추출한 달콤한 향기나는 기름을 옷에 바르거나 향기나는 나무를 태워 그 연기가 옷에 스며들게 하기도 하며 강한 향수를 뿌리기도 한답니다. 이러한 풍습을 반영하는 대표적인 예로 "네 의복의 향기는 레바논 향기 같다"(아 4:11) 라는 구절이 있으며, 그 밖에도 많은 구절이 이를 암시하고 있습니다(잠 27:9;아 1:12-13).
>
> 본문 보기 45편 8절

> **알아두세요**
>
> 46편 '알라못'은 음악 용어이다.

왕국을 다스리실 것입니다.
7 왕은 옳은 것을 사랑하시고, 못된 행위들
을 미워하십니다. 그래서 하나님은 왕의
모든 친구들보다 왕을 더 높이 세우시고
기쁨의 향유를 부으셨습니다.
8 왕이 입은 옷은 몰약과 침향과 계피 냄새
로 향기롭습니다. 상아로 장식한 궁궐에
서 현악기의 음악이 흘러 나와 왕의 마음
을 흐뭇하게 합니다.
9 왕이 사랑하는 여자들 가운데는 여러 나
라의 공주들이 있습니다. 왕의 오른쪽에
는 오빌의 순금으로 꾸민 왕의 신부가 있
습니다.
10 따님이여, 내 말에 귀를 기울여 보시오.
당신의 민족과 당신의 아버지 집은 다 잊
어 버리시오.
11 왕께서 당신의 아름다움에 흐뭇해하시니
그분을 공경하시오. 왜냐하면 그분은 당
신의 주인이시기 때문이오.
12 두로 사람들이 선물을 가지고 올 것입니다.
부자들이 당신의 호의를 요구할 것입니다.
13 왕궁에 있는 공주가 더할 나위 없이 아름
답습니다. 그녀의 겉옷은 금실로 짠 것입
니다.
14 수놓은 옷을 입은 공주가 왕께 나아갈 것
입니다. 그녀의 친구들도 왕께 나아갈 것
입니다.
15 즐거움과 기쁨으로 그들이 왕궁으로 들어
갈 것입니다.
16 왕은 아들들을 낳아 왕의 자리를 잇게 할
것입니다. 왕은 그 자손들에게 온 땅을 다
스리게 할 것입니다.
17 내가 이제부터 왕에 대한 기억을 대대로
전하겠습니다. 그리하여 온 나라가 언제
나 왕을 찬양하게 될 것입니다.

택한 사람을 보호하시는 하나님

고라 자손의 시. 알라못*에 맞춰
지휘자를 따라 부른 노래

46 하나님은 우리의 피난처시며 힘이
십니다. 어려울 때에 언제나 우리
를 돕는 분이십니다. (셀라)
2 그래서 우리는 땅이 흔들려도, 산들이 바

닷속으로 무너져 내려도
3 바닷물이 넘실거리고, 파도가 치고, 사나
운 바다에 산들이 흔들려도 두려워하지
않을 것입니다. (셀라)
4 가장 높으신 분이 사시는 성소, 하나님의
성에 기쁨을 가져다 주는 시내가 하나 있
습니다.
5 하나님이 그 성 안에 계시므로, 그 성이
흔들리지 않을 것입니다. 하나님께서 새
벽부터 그 성을 도우실 것입니다.
6 나라들이 떨며 왕국들마다 흔들거립니다.
그가 목소리를 높이시자, 땅이 녹아 내립
니다.
7 만군의 여호와가 우리와 함께 계십니다.
야곱의 하나님은 우리의 피난처이십니다.
(셀라)
8 와서 여호와께서 하신 일을 보십시오. 주
께서 이 땅을 폐허가 되게 하셨습니다.
9 주는 온 땅에서 전쟁을 그치시고 활을 꺾
으시고 창을 부러뜨리시며 방패를 불로
사르십니다.
10 "조용히 하여라. 내가 하나님인 것을 알
라. 나는 모든 나라들 위에 높임을 받을
것이며, 온 지구상에서 가장 높은 자가 될
것이다."
11 만군의 여호와가 우리와 함께 계십니다.
야곱의 하나님은 우리의 피난처이십
니다. (셀라)

세계의 왕이신 하나님

고라 자손의 시. 지휘자를 따라 부른 노래

47 너희 모든 나라들아, 손뼉을 쳐라.
기뻐하며 하나님께 외쳐라.
2 온 땅을 다스리시는 위대한 왕, 가장 높으
신 여호와는 얼마나 장엄하신 분인가!
3 그분은 나라들을 우리 발 아래 엎드리게 하
셨으며, 우리 발 밑에 굴복하게 하셨습니다.
4 그분은 우리가 물려받을 땅을 정하셨습니
다. 우리는 하나님께서 사랑하셨던 야곱
의 자랑거리입니다. (셀라)
5 기뻐 외치는 소리 가운데 하나님께서 올
라가셨으며 나팔 소리가 울릴 때에 여호
와께서 올라가셨습니다.
6 하나님께 찬양의 노래를 드리십시오. 그
를 찬송하십시오. 우리의 왕께 찬양의 노
래를 드리십시오. 그를 찬송하십시오.
7 하나님은 온 땅의 왕이십니다. 그분께 찬
송의 시로 노래하십시오.
8 하나님은 모든 나라들을 다스리십니다.
하나님은 자신의 거룩한 보좌에 앉아 계
십니다.

피난처이시며 힘이 되시는 하나님(46:1)

하나님의 성, 예루살렘(48편)

9 모든 나라들의 귀족들이 아브라함의 하나
님의 백성이 되어 함께 모입니다. 그것은
땅 위의 왕들이 하나님께 속하였기 때문
입니다. 그분은 가장 위대하게 높임을 받
으십니다.

하나님의 성, 예루살렘

고라 자손의 시, 곧 노래

48 여호와는 위대하십니다. 우리 하
나님의 성, 그분의 거룩한 산 위
에서 찬양을 받으실 분이십니다.
2 그 성은 터가 높고 아름다우며 온 세상에
기쁨이 됩니다. 시온 산은 북방의 가장 높
은 산과 같습니다. 그 곳은 위대한 왕이
계신 성입니다.
3 하나님께서 그 성 안 궁궐에 계십니다. 하
나님께서 스스로 피난처가 되어 주셨습니
다.
4 수많은 왕들이 모여 그 성을 치러 왔습니다.
5 그러나 그 성을 보고 그들은 깜짝 놀라서
무서워하며 달아났습니다.
6 두려움이 덮치자, 아이를 낳는 여자처럼
그들이 고통하였습니다.
7 동풍에 부서지는 다시스의 배들처럼 주께
서 그들을 깨뜨리셨습니다.
8 전능하신 여호와의 성 안에서 우리가 귀
로 들었습니다. 우리 하나님의 성 안에서
우리가 눈으로 보았습니다. 하나님께서는
항상 그 성을 안전하게 하신다는 것을 우
리가 듣고 보았습니다. (셀라)
9 오 하나님, 주의 성전 안에서 주의 한결
같은 사랑을 우리가 생각합니다.
10 오 하나님, 주의 이름이 온 땅에 알려진 것
처럼 주를 향한 찬양이 온 땅에 퍼집니다.
주의 오른손은 의로움으로 가득합니다.
11 주의 판단은 항상 바르기 때문에 시온 산
이 즐거워하며 유다의 온 동네가 기뻐합
니다.
12 너희는 시온을 둘러보고, 그 주위를 걸어
보아라. 그리고 그 망대들을 세어 보아라.
13 그 성벽들을 자세히 보고 그 성 안의 궁
궐들을 살펴보아라. 그리고 자손들에게
그것들에 관해 말해 주어라.
14 이 하나님은 영원히, 영원히 우리의 하나
님이시다. 이분께서 앞으로 끝까지 우리
를 인도하실 것이다.

돈을 믿는 어리석음

고라 자손의 시. 지휘자를 따라 부른 노래

49 사람들이여, 이 말을 잘
들으십시오. 귀를 기울
이십시오. 이 땅에 사는 모
든 사람들이여,
2 높은 사람이나 낮
은 사람이나
부 자 나
가 난 한
사람이나
다 들어
보 십 시
오.
3 나의 입

돈을 믿는
어리석음(49장)

은 지혜를 말하겠고, 내 마음은 명철에 관
한 것을 말하겠습니다.
4 내가 지혜로운 말에 귀를 기울이고 수금
을 타면서 나의 수수께끼를 풀 것입니다.
5 불행할 때에 내가 어찌 두려워하겠습니
까? 간사하게 속이는 자들이 나를 둘러칠
때에 어찌 내가 무서워하겠습니까?
6 그들은 자기들의 돈을 믿고 사는 사람들
이며, 자기들의 재물을 자랑하는 사람들
입니다.
7 사람은 자신의 목숨을 돈 주고 살 수 없
으며, 하나님께 목숨을 사겠다고 돈을 낼
수도 없습니다.
8 사람의 생명 값은 너무도 비싸며, 아무리
많이 내어도 살 수 없습니다.
9 돈을 많이 낸다고 사람이 영원히 살고, 돈
이 많다고 죽지 않는 것은 아닙니다.
10 보십시오. 지혜 있는 사람도 죽고, 어리석
은 사람도, 멍청한 사람도 모두 죽습니다.
11 무덤이 영원히 그들의 집이 될 것이며, 묘
지가 대대로 그들이 사는 집이 될 것입니
다. 그들의 이름으로 땅을 사지만 결국 다
른 사람들이 그 땅을 차지하게 될 것입니
다.
12 사람이 아무리 돈이 있어도 영원히 살지
는 못합니다. 동물들처럼 그들도 죽을 것
입니다.
13 이것이 자신을 굳게 믿는 사람들에게 일
어나는 일이며, 그들의 말을 따르는 사람
들이 치르는 대가입니다. (셀라)
14 그들은 양같이 죽음 앞에 엎드릴 것이며,
사망이 그들을 치며 다스릴 것입니다. 아
침이 되면 정직한 사람들이 그들을 다스
릴 것입니다. 그들의 육체는 무덤에 묻혀
썩어질 것입니다. 무덤이 그들에게 호화
스런 저택이 될 것입니다.
15 그러나 하나님은 내 영혼을 무덤에서 건
지실 것입니다. 이는 그분이 나를 붙드시
기 때문입니다. (셀라)
16 어떤 사람이 부자가 된다고 하여, 두려워
하지 마십시오. 어떤 집이 번성한다고 하
여 못마땅하게 생각하지 마십시오.
17 그것은 사람은 죽을 때에 자기 소유를 가
져가지 못하고, 그가 쌓은 영광이 그 사
람을 따라가지 못하기 때문입니다.
18 그는 살아 있을 때만 자기가 복받은 사람
이라 생각하고, 사람들은 모든 일들이 잘
될 때에 그를 칭찬할 것입니다.
19 그러나 그는 반드시 그 조상들이 있는 곳
으로 돌아갈 것입니다. 그는 더 이상 빛
을 보지 못할 것입니다.
20 사람이 아무리 돈이 있어도 깨닫지 못하
면 멸망하는 동물들과 같습니다.

하나님이 원하시는 진정한 예배

아삽의 시

50 전능하신 하나님, 여호와께서 해
뜨는 데부터 해지는 곳을 향해 말
씀하시고 온 세상을 향해 부르십니다.
2 더할 나위 없이 아름다운 시온으로부터
하나님께서 빛을 비추십니다.
3 우리 하나님이 오실 때에 가만히 계시지
않을 것입니다. 불길이 하나님 앞에서 타
오르고 사나운 바람이 하나님을 둘러쌀
것입니다.
4 하나님께서 자기 백성을 심판하시는 것을
보이시려 하늘과 땅을 부르십니다.
5 "희생 제사를 통해 나와 언약을 맺은 자
들아, 내게 바쳐진 자들아, 다 함께 내게
모여라."
6 그러자 하늘들이 하나님의 의로우심을 선
포합니다. 그것은 하나님 자신이 재판관
이시기 때문입니다. (셀라)
7 "내 백성아, 들어라. 내가 말하련다. 이스

성경 인물

아삽 베레갸의 아들이었던 아삽은 다윗과 솔로몬 때에 찬양대의 지도자였습니다(대상 6:39;16:5). 헤만, 여두둔과 함께 다윗의 세 악사 중 한 사람이었던 그는(대상 16:4,5,7,37) 레위 자손의 제사장 계열이었으며, 당대에 하나님의 뜻을 전하는 선견자였습니다. 그는 언약궤 앞에 머무르면서 하나님을 섬겼고(대상 16:37), 시편 50편과 73-83편을 쓰거나 편집하였습니다.

본문 보기 50편

라엘이여, 내가 네 잘못에 대해 증언할 것
이다. 나는 하나님, 곧 너의 하나님이다.
8 나는 네가 드리는 제사를 탓하지 않는다.
네가 언제나 내게 태워 바치는 번제를 꾸
짖지 않는다.
9 나는 네 외양간의 소나 네 우리 속에 있
는 염소를 바라지 않는다.
10 그것은 숲에 있는 온갖 동물이 다 나의 것
이며, 언덕 위에 있는 수많은 소가 다 나
의 것이기 때문이다.
11 나는 산 위에 있는 모든 새들을 알고 있
다. 들판에 살아 있는 것들이 다 나의 것
이다.
12 내가 배고프다 할지라도, 너희에게 말하
지 않을 것이다. 땅과 그 위에 있는 모든
것이 다 나의 것이기 때문이다.
13 내가 소의 고기를 먹더냐? 내가 염소의
피를 마시더냐?
14 하나님께 감사하는 제사를 드려라. 가장
높으신 분께 네가 서약한 것을 갚아라.
15 그리고 어려울 때에 내게 부르짖어라. 내
가 너를 건지겠고, 그러면 네가 나를 높
일 것이다."
16 그러나 하나님께서 못된 사람들에게는 이
렇게 말씀하십니다. "너희가 무슨 권리로
나의 율법을 읽느냐? 너희가 무슨 권리로
내 언약에 대해 말하느냐?
17 너희는 나의 가르침을 미워하고, 내가 하
는 말에 등을 돌린다.
18 도둑을 보면 그와 함께 어울리고, 간음하
는 자들 편에 선다.
19 입으로 나쁜 말을 하며 너희 혀는 거짓말
을 꾸며 댄다.
20 너희 형제에 대해서는 계속해서 헐뜯고
다니고, 너희와 한 핏줄인 사람에 대해서
도 비난하고 다닌다.
21 너희가 이러한 일을 할 때에도 나는 잠잠
히 있었다. 아마 너희는 나를 너희와 똑
같이 생각했을 것이다. 그러나 이제 내가
너희를 꾸짖으며 너희의 죄를 하나하나
드러낼 것이다."
22 "하나님을 잊어 버린 너희들아, 이것을
기억하여라. 그렇지 않으면 내가 너희 몸
을 찢을 것이니, 아무도 너를 구원할 수
없을 것이다.
23 감사의 제사를 드리는 사람이 나를 높이
고 길을 예비하는 자이니 내가 그들에게
하나님의 구원을 보여 줄 것이다."

용서해 달라는 기도

지휘자를 따라 부른 노래. 다윗의 시. 다윗이 밧세바와
동침한 후 예언자 나단이 그에게 왔을 때

51 오 하나님, 주의 한결같은 사랑으로
내게 자비를 베풀어 주소서. 나를
불쌍히 여겨 주셔서 내 모든 잘못을 없애
주소서.
2 내 모든 죄악들을 다 씻으시고 내 모든 죄
들을 깨끗하게 해 주소서.
3 내가 저지른 잘못들을 알고 있으니, 내 죄
가 항상 내 앞에 있습니다.
4 내가 주께 죄를 지어 주께서 보시기에 악
한 짓을 했습니다. 그러므로 주께서 내게
뭐라고 하셔도 주의 말씀이 옳으며 주께
서 내리신 판단이 바릅니다.
5 그렇습니다! 나는 태어날 때부터 죄투성
이었습니다. 어머니가 나를 임신했을 때
부터 나는 죄인이었습니다.
6 주는 정말로 내 속에 진실이 있기를 바라
십니다. 주는 내 마음속에 지혜를 가르치
십니다.
7 우슬초로 나를 씻겨 주소서. 그러면 내가

우슬초 (51:7)
꿀풀에 속하는 향기로운 풀로 성경에서는 문둥병에서 고침을 받은 자와 시체를 만진 자의 정결례에 사용됐다.

알아두세요
53편 '마할랏'은 음악 용어이다.

깨끗해질 것입니다. 나를 씻어 주소서. 그
러면 내가 눈보다 더 하얗게 될 것입니다.
8 내 귀에 기쁨과 즐거움의 소리가 들리게
해 주소서. 주께서 꺾으셨던 내 뼈들이 즐
거워하게 해 주소서.
9 내 죄에서 주의 얼굴을 돌리시고 내 모든
죄를 없애 주소서.
10 오 하나님, 내 속에 깨끗한 마음을 만들
어 주시고 내 안에 올바른 마음을 새롭게
해 주소서.
11 나를 주 앞에서 쫓아 내지 마시고, 주의
성령을 내게서 거두어 가지 마소서.
12 주의 구원에 대한 기쁨을 내게 다시 주셔
서 내가 주께 순종하게 하소서.
13 그러면 내가 나쁜 일을 하는 사람들에게
주의 길을 가르치겠습니다. 그렇게 되면
죄인들이 주께로 돌아올 것입니다.
14 오 하나님, 사람을 죽인 죄에서 나를 건
져 주소서. 하나님, 주는 나를 구원하시
는 분이시니 내 입이 주의 의로우심을 노
래할 것입니다.
15 오 주여, 주께서 제 입술을 열어 주셔서
제가 주를 찬양하게 하소서.
16 주는 제사를 기뻐하시지 않습니다. 제사
를 좋아하신다면 제가 드릴 것이지만, 주
는 태워 드리는 제사인 번제를 좋아하지
않으십니다.
17 하나님께서 바라시는 제사는 깨어진 마음
입니다. 오 하나님, 상처난 가슴과 죄를
뉘우쳐 주님께 고백하는 마음을 주는 경
멸하지 않으실 것입니다.
18 주의 은혜로 시온을 번성케 해 주시고 예
루살렘 성벽들을 쌓아 주소서.
19 그러면 주께서 의로운 제사와 깨끗한 번
제를 받으시고 기뻐하실 것이며 수소도
주의 제단 위에 바쳐질 것입니다.

거만함을 벌하시는 하나님

지휘자를 따라 부른 노래. 다윗의 마스길.
에돔 사람 도엑이 사울에게 와서
'다윗이 아히멜렉의 집에 있다'고 말하던 때

52 힘센 자여, 왜 당신은 악한 계획
을 자랑합니까? 왜 당신은 하루
종일 으스대고 다닙니까? 당신은 하나님
의 눈 밖에 난 사람입니다.
2 당신의 혀는 파멸을 만들어 냅니다. 거짓
된 일을 하는 자여! 당신의 혀는 날카로
운 면도날 같습니다.
3 당신은 착한 일보다 악한 일을 더 좋아하
고, 진실을 말하기보다는 거짓을 더 좋아
합니다. (셀라)
4 당신은 온갖 해로운 말을 즐기며 거짓말
하는 혀를 좋아합니다.
5 하나님께서 반드시 당신을 영원히 망하게
하실 것입니다. 그분이 당신을 낚아채어
집 바깥으로 내어 쫓으실 겁니다. 그분이
살아 있는 사람들의 땅에서 당신을 뿌리
째 뽑아 버릴 것입니다. (셀라)
6 의로운 사람들이 이것을 보고 하나님을
두려워할 것입니다. 그들이 당신을 비웃
고 이렇게 말할 것입니다.
7 "하나님을 자신의 피난처로 삼지 않았던
사람에게 어떠한 일이 일어났는지 보십시
오! 하나님 대신에 자신의 많은 재산을 믿
고 다른 사람을 파멸시키면서 점점 힘을
키워 간 사람을 보십시오!"
8 나는 하나님의 집에서 자라는 올리브 나
무 같습니다. 나는 하나님의 한결같은 사
랑을 언제까지나 굳게 믿습니다.
9 주께서 하신 일에 대해 내가 언제까지나 주
를 찬송하겠습니다. 내가 주의 이름에 소망
을 두는 것은 주가 선하시기 때문입니다.
주의 성도들과 함께 주를 찬송하겠습니다.

믿지 않는 어리석음

다윗의 마스길. 마할랏*에 맞춰
지휘자를 따라 부른 노래

53 어리석은 자는 마음속으로 "하나
님은 없다"라고 말합니다. 그들은
썩었으며 그들의 행위는 더럽습니다. 착
한 일을 하는 사람이 아무도 없습니다.
2 하나님께서는 하늘에서 땅의 사람들을 굽
어보십니다. 이는 깨달음이 있는 사람들
이 있는지 하나님을 찾는 사람이 있는지
살펴보고자 하심입니다.
3 그러나 모든 사람들이 뒤돌아 서서 잘못된

길로 갔습니다. 그들 모두는 썩었으며, 착
한 일을 하는 사람이 하나도 없습니다.
4 악한 자들이 언제쯤 깨닫겠는가? 내 백성
을 빵 먹듯이 먹어 버리고 내 이름을 부르
지 않는데, 어떻게 깨달을 수 있겠는가?
5 아무것도 두려워할 것이 없는데, 악한 자
들은 두려워 떨 것입니다. 하나님께서 여
러분을 공격하는 원수들의 뼈를 부술 것입
니다. 하나님께서 그들을 버리셨으므로,
여러분은 그들을 쓰러뜨릴 수 있습니다.
6 이스라엘을 위한 구원이 시온으로부터 올
것입니다! 하나님께서 그의 백성의 운명
을 회복시키실 때에 야곱은 즐거워할 것
이고, 이스라엘은 기뻐할 것입니다.

도와 달라는 기도

현악에 맞춰 지휘자를 따라 부른 노래.
다윗의 마스길. 십 사람이 사울에게 가서
'다윗이 우리 중에 숨어 있다'라고 말하던 때

54 오 하나님, 주의 이름으로 나를
구원해 주소서. 주의 힘으로 나를
변호해 주소서.
2 오 하나님, 나의 기도를 들으시고 내 말
에 귀 기울여 주소서.
3 낯선 사람들이 나를 공격합니다. 무자비
한 사람들이 내 생명을 찾습니다. 그들은
하나님을 무시하는 자들입니다. (셀라)
4 하나님은 나를 돕는 분이시며, 지켜 주시
는 분이십니다.
5 나를 중상모략하는 자들에게 불행이 닥치
게 해 주소서. 주는 성실한 분이시니 그
들을 망하게 해 주소서.
6 내가 주께 기쁜 마음으로 감사의 예물을
바치겠습니다. 여호와여, 내가 주의 이름
을 찬송하겠습니다. 왜냐하면 주는 좋으
신 분이기 때문입니다.
7 주께서 나를 모든 어려움에서 건지셨고,
내가 내 원수들이 넘어지는 것을 보았기
때문입니다.

잘못된 친구에 관한 기도

다윗의 마스길. 현악에 맞춰 지휘자를 따라 부른 노래

55 오 하나님, 내 기도를 들어 주시
고, 내 간절한 소원을 모른 체하
지 마소서.
2 내 소리를 들으시고 대답해 주소서. 내 마
음이 괴롭고 혼란스럽습니다.
3 그것은 원수들이 말하는 소리와 악한 자
들의 눈초리 때문입니다. 그들은 나에게
고통을 줍니다. 화를 내면서 나에게 욕설
을 퍼붓습니다.
4 내 마음이 몹시 괴롭습니다. 그것은 죽음에
대한 두려움이 나를 덮치기 때문입니다.
5 무척 두렵고 온몸이 떨립니다. 두려움이

비둘기처럼 날아서 쉬기를 원함(55:6)

나를 덮쳤습니다.
6 나는 중얼거렸습니다. "비둘기처럼 날개
가 있다면 얼마나 좋을까? 멀리 날아가서
쉴 수 있으련만.
7 멀리멀리 날아가 광야에 머문다면 얼마나
좋을까? (셀라)
8 바람과 폭풍으로부터 멀리 떨어진 곳으
로, 몸을 숨길 수 있는 곳으로 달아날 수
있다면 얼마나 좋을까?"
9 주여, 악한 자들을 갈팡질팡하게 하시고,
그들의 말을 혼란스럽게 하소서. 왜냐하
면 제가 마을에 폭력과 싸움이 있는 것을
보았기 때문입니다.
10 밤낮 그들은 마을의 담을 어슬렁거리며
돌아다닙니다. 마을 안에는 학대와 악한
일들이 일어나고 있습니다.
11 마을 곳곳에서 치고 때리고 부수는 일들
이 허다합니다. 거리에는 위협과 거짓이
그치지 않습니다.
12 만일 나를 모욕하는 자가 원수였다면 아
마 나는 견딜 수 있었을 것입니다. 원수
가 내게 대들었다면 나는 그 사람으로부
터 숨을 수 있었을 것입니다.
13 그러나 나와 같이 다니던 당신들이 그들
이었습니다. 당신들은 나의 가장 친한 친
구들이었습니다.
14 한때, 우리는 친하게 지내며 함께 하나님
의 집에도 다니곤 했습니다.
15 내 원수들이 갑작스럽게 죽었으면 좋겠습
니다. 그들이 산 채로 무덤에 내려갔으면
좋겠습니다. 그것은 그들이 죄와 함께 살
기 때문입니다.
16 나는 하나님께 부르짖습니다. 그러면 여
호와께서 나를 건져 주실 것입니다.
17 저녁에도, 아침에도, 대낮에도 나는 탄식
하며 부르짖습니다. 그러면 여호와께서는
내 목소리를 들으실 것입니다.
18 비록 많은 사람들이 나를 대적하지만 나
를 죽이려는 전쟁터에서 주는 내 생명을
값을 주고 사시어 안전하게 하십니다.
19 영원히 보좌에 앉아 계시는 하나님은 내
기도를 들으시고 그들에게 벌을 내리실
것입니다. (셀라) 그들은 태도를 바꾸지 않
는 자들이며, 하나님을 두려워하지 않는
자들입니다.
20 내 친구였던 사람도 그의 친구들을 칩니
다. 그는 자기가 한 언약을 깨뜨립니다.
21 그의 말은 버터처럼 매끄러우나 그 마음
속에는 전쟁이 일어나고 있습니다. 그의
말은 기름보다 더 부드럽지만 칼집에서
뺀 칼과 같습니다.
22 여러분의 짐을 여호와께 맡기십시오. 그
러면 그분이 여러분을 돌보실 것입니다.
그분은 절대로 의로운 사람을 넘어지게
하지 않을 것입니다.
23 하나님, 주는 악한 자들을 끌어 내시어 썩
는 구덩이 속으로 집어 넣을 것입니다. 살
인하는 자와 사기치는 자들은 자기 사는
날의 반밖에 살지 못할 것입니다. 그러나
나는 주를 굳게 믿습니다.

하나님의 도우심을 믿음

'먼 떡갈나무 위의 비둘기'에 맞춰
지휘자를 따라 부른 노래. 다윗의 믹담*시
다윗이 가드에서 블레셋 사람에게 잡힌 때

56 오 하나님, 사람들이 나를 추격해 오
니 나를 불쌍히 여겨 주소서. 하루
종일 그들은 나를 끊임없이 공격해 옵니다.
2 원수들이 종일토록 나를 뒤좇습니다. 많은
사람들이 으스대면서 나를 공격합니다.
3 두렵고 떨릴 때에 나는 주를 굳게 믿습니다.
4 하나님의 말씀을 찬송하며 하나님을 굳게
믿고 두려워하지 않을 것입니다. 사람이
내게 어떻게 할 수 있겠습니까?
5 온종일 그들은 내 말을 왜곡시킵니다. 항
상 그들은 내게 해를 끼치려고 악한 일을
꾸밉니다.
6 그들은 오래 숨어서 기다리고 내 발걸음
을 살피며 나를 죽이려고 합니다.
7 어떤 경우에도 그들이 달아나지 못하게
해 주소서. 오 하나님, 분노하시고 그들
을 납작하게 낮추소서.

알아두세요
56편 '믹담'은 문학 또는 음악 용어이다.

8 나의 탄식과 고통을 적어 두소서. 내 눈
물을 주의 책에 기록해 두소서. 그것들이
주의 책에 없습니까?
9 내가 도와 달라고 부르짖는 날에 내 원수
들이 도망칠 것입니다. 그렇게 되면 나는
하나님이 내 편에 서 계신 줄 알 것입니다.
10 내가 하나님 안에서 하나님의 말씀을 찬
양합니다. 내가 여호와 안에서 여호와의
말씀을 찬양합니다.
11 하나님을 굳게 믿습니다. 두려워하지 않
을 것입니다. 사람이 나를 어떻게 하겠습
니까?
12 오 하나님, 주께 한 서약을 기억합니다.
내가 주께 감사의 제물을 드리겠습니다.
13 왜냐하면 주께서 나를 죽음에서 건지셨고
넘어지지 않도록 나를 붙드셨기 때문입니
다. 이제 나는 빛 가운데서, 하나님이 보
는 앞에서 걸어가겠습니다.

어려울 때의 기도

알다스헷*에 맞춰 지휘자를 따라 부른 노래.
다윗의 믹담 시. 다윗이 사울을 피하여 굴에 있을 때

57 오 하나님, 나를 불쌍히 여겨 주소
서. 나를 불쌍히 여겨 주소서. 내
가 주께 피하러 왔습니다. 나는 어려움이
다 지나갈 때까지 주의 날개 그늘 아래서
피하겠습니다.
2 가장 높으신 하나님께 내가 부르짖습니
다. 나를 위한 주의 목적을 이루시는 하
나님께 외칩니다.
3 주께서 하늘에서부터 도움의 손길을 뻗어
나를 건지십니다. 주는 나를 뒤쫓는 자들
을 벌하십니다. (셀라) 하나님이 그 사랑
과 신실하심을 내게 내려 주십니다.
4 내가 사자들 가운데 서 있습니다. 내가 무
시무시한 들짐승들 가운데 누워 있습니
다. 창과 화살이 그들의 이빨입니다. 날
카로운 칼이 그들의 혀입니다.
5 오 하나님, 하늘 위에 높임을 받으소서.
주의 영광이 온 땅에 두루 나타납니다.
6 원수들이 나를 잡으려고 덫을 놓습니다.
그래서 내가 근심 중에 엎드렸습니다. 그
들은 내가 가는 길에 구덩이를 파 놓았지
만 그들 스스로 구덩이에 빠졌습니다. (셀
라)
7 오 하나님, 내 마음은 변함이 없습니다.
내가 주를 노래하고 찬양할 것입니다.
8 내 영혼아, 일어나라. 비파야, 수금아, 잠
에서 깨어라! 내가 새벽을 깨우겠다.
9 주여, 내가 모든 나라들 가운데서 주를 찬
양하겠습니다. 내가 민족들 가운데서 주
를 찬송하겠습니다.
10 주의 사랑은 너무나 크셔서 하늘까지 닿
고, 주의 신실하심은 창공에 이릅니다.
11 하나님이여, 하늘 위에 높임을 받으소서.
주의 영광이 온 땅에 두루 나타납니다.

불공정한 재판관

다윗의 믹담 시. 알다스헷 곡조에 맞춰
지휘자를 따라 부른 노래

58 통치자들이여, 당신들은 참으로 옳
은 것을 말합니까? 재판장들이여,
당신들은 사람을 공정하게 심판합니까?
2 아닙니다. 당신들은 마음속으로는 불의를
꾸밉니다. 당신들은 이 땅에서 폭력을 휘
두릅니다.
3 못된 사람들은 태어날 때부터 잘못된 길
로 갑니다. 그들은 태어나자마자 그릇된
길로 가면서 거짓말을 합니다.
4 그들이 내뿜는 독은 뱀의 독과 같으며,
듣지 못하는 코브라의 독과 같습니다.
5 그들은 피리 부는 사람의 가락에 귀를 기
울이지 않으며, 아무리 아름답게 연주를
해도 귀를 기울이지 않습니다.
6 오 하나님, 그들 입 속의 이를 부러뜨려
주소서. 오 여호와여, 저 사자들의 어금
니를 뽑아 버리십시오!
7 흘러가 버리는 물처럼 그들을 사라지게
하소서. 부러진 화살처럼 꺾어 주소서.
8 그들이 움직일 때, 몸이 녹아 없어지는 달
팽이 같게 해 주시고, 해를 한 번도 보지
못하고 죽는 갓난아기 같게 하소서.
9 악한 자들이 푸르거나 말랐거나 상관없이
그들을 없애 버리실 것입니다. 타는 가시
나무가 가마를 덥히기도 전에 없애 버리
실 것입니다.

10 의로운 사람들은 악한 사람들이 되갚음 당하는 것을 볼 때에 기뻐할 것이며, 악한 사람들의 피로 그들의 발을 씻을 때에 즐거워할 것입니다.
11 사람들은 입을 모아 다음과 같이 말할 것입니다. "의로운 사람은 반드시 보상이 있을 것입니다. 세상을 심판하시는 하나님이 정말로 계십니다."

보호의 기도

알다스헷에 맞춰 지휘자를 따라 부른 노래. 다윗의 믹담 시. 사울이 사람을 보내어 다윗을 죽이려고 그 집을 지킬 때

59 오 하나님, 원수들에게서 나를 건져 주시고, 나를 치러 오는 자들로부터 지켜 주소서.
2 악한 짓을 하는 사람들에게서 나를 구출해 주시고, 피에 굶주린 사람들로부터 건져 주소서.
3 보십시오. 그들이 나를 치려고 숨어 엎드려 있습니다. 사나운 사람들이 나를 치려 듭니다. 여호와여, 나는 죄를 짓거나 나쁜 짓을 한 일이 없습니다.
4 아무런 잘못도 하지 않았는데, 그들이 나를 죽이려고 달려듭니다. 일어나 나를 도와 주시고 나의 불행을 살펴 주소서.
5 오 만군의 여호와 하나님, 이스라엘의 하나님이여, 오셔서 모든 나라들에게 벌을 내려 주소서. 주께 대항하는 악한 자들을 불쌍히 여기지 마소서. (셀라)
6 밤이면 그들은 다시 돌아옵니다. 마치 들개처럼 으르렁대며 마을을 어슬렁거리며 돌아다닙니다.
7 그들의 입에서 내뱉는 것이 무엇인지 살펴보십시오. 그들의 입에서 칼과 같은 말들이 나옵니다. 그들은 "듣는 사람이 어디 있어?"라고 말합니다.
8 오 여호와여, 주께서는 그들을 비웃으십니다. 주는 모든 나라를 우습게 여기십니다.
9 오 나의 힘이시여, 내가 주를 기다립니다. 오 하나님, 주는 나의 성벽이시며,
10 나를 사랑하는 하나님이십니다. 하나님께서 내 앞에 가실 것이며 나를 비방하는 자들이 망하는 것을 보여 주시고 나를 만족시켜 주실 것입니다.
11 나의 방패시여, 그들을 죽이지는 마소서. 그렇게 하시면 우리 백성이 잊어 버릴지도 모릅니다. 주의 힘으로 그들을 흩어지게 하시고 넘어뜨려 주소서.
12 그들은 입으로 죄를 짓습니다. 그들은 말로 죄를 짓습니다. 그들이 으스대다가 스스로 잡히게 해 주소서. 그들은 저주와 거짓말을 내뱉습니다.
13 주의 분노로 그들을 태우십시오. 그들을 아주 없애 버리십시오! 그러면 하나님께서 야곱 민족을 다스린다는 사실이 세상 끝까지 알려지게 될 것입니다. (셀라)
14 밤이면 그들은 다시 돌아옵니다. 마치 들개처럼 으르렁대며 마을을 어슬렁거리며 돌아다닙니다.
15 그들은 먹을 것을 찾아 헤매다가 먹이를 찾지 못하면 울부짖습니다.

성경 자세히 이해하기

다윗에 대한 사울의 핍박

시편에는 59편처럼 다윗이 사울로부터 시련을 당하던 시기에 쓴 시가 많습니다. 이런 시련은 다윗이 백성들로부터 '사울은 천천, 다윗은 만만'이라는(삼상 18:7) 칭송을 듣게 되면서부터 생긴 사울과 다윗 사이의 갈등에서 시작되는데, 급기야 사울은 딸 미갈을 다윗의 아내로 준 뒤, 그를 죽이려고까지 합니다. 그러나 다윗이 이를 모면하자 박해는 더욱 거세지게 되고 다윗은 아내 미갈의 집으로 피신하게 됩니다. 그러나 이를 알게 된 사울의 군사가 문 앞을 지키게 되고 그 날 밤, 다윗은 창을 타고 도망칩니다. 이 때부터 그의 길고 긴 도피 생활이 시작되었던 것입니다(삼상 18-27장). 본문 보기 59편

알아두세요

57편 '알다스헷'은 '파괴하지 않는다'라는 뜻.

16 나는 주의 힘을 노래할 것입니다. 아침에
내가 주의 사랑을 노래할 것입니다. 주는
나의 성벽이시며 어려울 때에 찾아갈 나
의 피난처이십니다.
17 오 나의 힘이시여, 내가 주를 찬양합니
다. 오 하나님, 주는 나의 성벽이시며, 나
를 사랑하는 하나님이십니다.

도우심을 간구하는 기도

수산에둣*에 맞춰 지휘자를 따라 부른 노래.
교육을 위한 다윗의 믹담 시.
다윗이 아람 나하라임*과 아람 소바*와
싸우는 중에 요압이 돌아와 에돔을
소금 골짜기에서 쳐서 만 이천 명을 죽인 때

60 오 하나님, 주는 우리를 버리시고
흩어지게 하셨습니다. 주는 우리
에게 분노를 퍼부으셨습니다. 그러나 이
제 우리에게 다시 마음을 돌리소서.
2 주께서 땅을 흔들고 갈라지게 하셨습니
다. 땅이 흔들리고 있으니 그 틈을 메워
주소서.
3 주께서 주의 백성들에게 고통의 시간을
주셨습니다. 주께서 우리를 술 취한 사람
처럼 비틀거리게 하셨습니다.
4 그러나 주를 두려워하는 사람들을 위해
깃발을 높이 올리셨습니다. 깃발은 적군
의 화살에 아랑곳하지 않고 펄럭입니다.
(셀라)

예루살렘을 방어하기 위한
견고한 다윗 망대(61:3)

알아두세요

60편 '수산에둣'은 '언약의 백합화'란 뜻이며,
'아람 나하라임'은 메소포타미아 서북 지방의 아람
사람들을 가리키고, '아람 소바'는 시리아 중부 지방
의 아람 사람들을 가리킨다.

5 주의 오른손으로 우리를 건져 주시고 도
와 주소서. 주께서 사랑하시는 백성들이
구출될 것입니다.
6 하나님께서 자신의 성전에서 말씀하셨습
니다. "내가 승리하면, 세겜 땅을 나누고
숙곳 골짜기를 재어 볼 것이다.
7 길르앗과 므낫세가 다 나의 것이다. 에브
라임은 내가 쓰는 투구며 유다는 나의 지
휘봉이다.
8 모압은 나의 목욕통이다. 에돔 땅 위에 내
가 신발을 던질 것이며, 블레셋에 대해 내
가 큰 소리로 승리를 외친다."
9 누가 나를 굳건한 성벽이 있는 성으로 데
리고 가겠습니까? 누가 나를 에돔으로 인
도할 것입니까?
10 하나님이여, 우리를 버리신 주가 아니십
니까? 더 이상 우리 군대와 함께 나아가
지 않는 주가 아니십니까?
11 우리가 적과 싸울 때에 도와 주소서. 사
람의 도움은 아무 소용이 없습니다.
12 하나님의 도우심으로 우리가 이길 수 있
습니다. 하나님께서 우리의 원수들을 짓
밟을 것입니다.

보호의 기도

다윗의 시. 현악에 맞춰 지휘자를 따라 부른 노래

61 하나님이여, 나의 부르짖는 소리를
들어 주소서. 내가 드리는 기도에 귀
기울여 주소서.
2 내가 먼지 구덩이에서 주를 부릅니다. 내
심장이 떨려 힘이 없을 때에 내가 주를 부
릅니다. 나를 높은 바위 위에 옮겨다 주
소서.
3 주는 나의 피난처이시며 원수들을 막기
위해 세운 굳건한 망대이십니다.
4 나는 주의 성막에 영원히 살며, 주의 날
개 아래로 피하겠습니다. (셀라)
5 오 하나님, 주는 제가 드린 서약을 들으셨
습니다. 주는 주의 이름을 높이는 사람들을
위해 마련해 두신 복을 제게 주셨습니다.
6 왕의 수명을 더해 주셔서 오래오래 살게
해 주소서.
7 왕이 영원히 하나님 앞에 살게 하시고 주

의 사랑과 신실하심으로 왕을 지켜 주소서.
8 그리하시면 내가 주의 이름을 언제까지나
찬양하며 내가 약속한 것을 날마다 지키
겠습니다.

하나님 안에는 오직 믿음뿐

다윗의 시. 여두둔에 맞춰 지휘자를 따라 부른 노래

62 내가 하나님 안에서만 참된 안식
을 누립니다. 나를 구원하실 분은
오직 하나님이십니다.
2 그분만이 나의 바위이시며, 나를 구원하
시는 분입니다. 그분은 나의 성벽이시니,
내가 흔들리지 않을 것입니다.
3 당신들이 언제까지 나를 공격할 것입니
까? 언제까지 당신들 모두가 힘을 합하여
나를 쓰러뜨리려고 하십니까? 나는 쓰러
지는 벽, 허물어지려는 담과 같습니다.
4 저희가 높은 곳에 앉아 있는 나를 끌어내
리려고 합니다. 저들은 나에 대해 거짓말
하기를 즐깁니다. 저희가 입으로는 나를
축복합니다만 마음속으로는 나를 저주합
니다. (셀라)
5 내가 하나님 안에서만 편안히 쉬렵니다.
나에게 희망을 주실 분은 오직 하나님이
십니다.
6 그분만이 나의 바위이시며 나를 구원하시
는 분이십니다. 그분은 나의 성벽이시니,
내가 흔들리지 않을 것입니다.
7 나의 구원과 명예는 오직 하나님께 달려
있습니다. 그분은 나의 단단한 바위시며
피난처가 되십니다.
8 사람들이여, 항상 하나님을 굳게 믿으십
시오. 그분께 여러분의 마음을 다 털어 놓
으십시오. 왜냐하면 하나님은 우리의 피
난처이시기 때문입니다. (셀라)
9 천한 사람들도 한낱 한숨에 지나지 않으
며 아무리 뛰어난 사람들도 헛될 뿐입니
다. 저울에 달아 보면 아무것도 아닙니
다. 그들 모두 달아 봐도 한낱 한숨에 지
나지 않습니다.
10 힘이 있다고 힘을 믿지 마십시오. 훔친 물
건에 대해 자랑하지도 마십시오. 재산이
늘어난다 하더라도 그 곳에 마음을 두지
마십시오.
11 하나님께서 말씀하실 때에 내가 귀담아들
었습니다. 하나님께서 또다시 말씀하실
때에 내가 들었습니다. 주만이 힘 있는 분
이십니다.
12 주는 사랑을 베푸는 분이십니다. 사람들이
행한 대로 주는 반드시 갚으실 것입니다.

가까이에서 힘이 되어 주시는 하나님

다윗의 시. 유다 광야에 있을 때

63 오 하나님, 주는 나의 하나님이십니
다. 내가 주를 간절하게 찾습니다.
물이라곤 찾아볼 수 없는 곳, 메마르고 거
친 땅에서 내 영혼이 주를 목마르게 찾습니
다. 온몸으로 주를 애타게 찾아 헤맵니다.
2 내가 주를 성소에서 뵈었습니다. 그 곳에
서 주의 능력과 영광을 보았습니다.
3 주의 사랑이 내 목숨보다도 좋기에 내가
주를 찬양할 것입니다.
4 내가 살아 있는 동안, 주를 찬양할 것입
니다. 내가 손을 들고 기도하며 주의 이
름을 찬송하겠습니다.
5 가장 좋은 음식을 먹은 것처럼 내가 만족
할 것입니다. 크게 기뻐하며 내가 주를 찬
송하겠습니다.
6 내가 침대에 누워서 주를 떠올립니다. 긴
밤이 지나도록 주를 생각합니다.
7 주는 나를 도우시는 분이시기에 내가 주
의 날개 그늘 아래서 노래합니다.
8 내가 주께 가까이 다가가니, 주께서 오른
손으로 나를 붙들어 주십니다.

⬆ 기브롯 핫다아와와 하세롯 사이의 광야 (63:1) 다윗은 사막에서 물을 찾듯이 자신의 영혼도 주를 찾으며 사모한다고 말하고 있다.

9 나를 죽이려고 하는 사람들은 무덤으로
내려갈 것입니다.
10 그들은 칼에 죽을 것이고, 그들의 시체는
들개들의 밥이 될 것입니다.
11 왕은 하나님 안에서 기뻐할 것이니 하나님
의 이름으로 맹세하는 사람들은 모두 하나
님을 찬양할 것입니다. 그러나 거짓말하는
사람들은 입을 닫아야 할 것입니다.

적에게 대항하는 기도

다윗의 시, 지휘자를 따라 부른 노래

64 오 하나님, 내 억울한 소리를 들
어 보소서. 원수들이 위협합니다.
내 목숨을 보호해 주소서.
2 악한 일을 일삼는 저 못된 사람들로부터
나를 숨겨 주시고, 나쁜 짓을 일삼는 저
패거리로부터 나를 보호해 주소서.
3 그들의 혀는 날카로운 칼과 같고, 그들의
말은 치명적인 화살과 같습니다.
4 그들은 숨어서 죄 없는 사람들을 향해 화
살을 쏘아댑니다. 죄 없는 사람을 쏘고서
도 두려워하지 않습니다.
5 그들은 서로 나쁜 짓을 하라고 부추깁니
다. 그들은 숨겨 놓은 덫에 대해 말합니
다. 그리고 "누가 이것을 알 수 있겠어?"
라고 말합니다.
6 그들은 못된 짓을 꾸며 놓고 이렇게 말합
니다. "이것은 기막힌 생각이야!" 사람의
마음과 생각은 정말로 알기가 힘듭니다.
7 그러나 하나님께서 그들을 향해 화살을
쏘시므로 그들이 갑작스레 맞아 고꾸라질
것입니다.
8 자기들이 내뱉은 말이 자기들에게 돌아갈
것입니다. 자신들이 던진 말에 스스로가
맞아 쓰러질 것입니다. 쓰러진 그들을 보
는 사람들마다 모두 고개를 절레절레 흔
들 것입니다.
9 그 때는 사람들마다 하나님을 두려워할
것입니다. 하나님께서 하신 일을 널리 알
리고, 깊이 생각하게 될 것입니다.
10 의로운 사람들은 여호와 때문에 즐거워할
것입니다. 그들은 주께로 피할 것입니다.
마음이 올바른 사람들은 모두 주를 찬양
하기 바랍니다.

하나님께 감사 찬양

다윗의 시, 지휘자를 따라 부른 노래

65 오 하나님, 시온에서 우리가 주를
찬양할 것입니다. 전에 우리가 주
께 드린 맹세를 지키겠습니다.
2 우리의 기도를 들으시는 주여, 모든 민족
들이 주께 나아올 것입니다.
3 우리가 죄 가운데 빠져 헤매일 때에 주는
우리 죄를 모두 용서하셨습니다.
4 주께서 특별히 정하시고 주의 왕궁 안에
머물게 하신 사람들은 복이 있습니다. 우
리가 주의 집 곧 주의 성전에 있는 좋은
것들을 마음껏 누립니다.
5 우리의 구원자이신 하나님이시여, 주는 의
로운 행동으로 우리에게 대답하십니다. 주
는 땅 끝 모든 사람들의 희망이시며, 먼
바다 끝에 사는 사람들의 소망이십니다.
6 주는 주의 능력으로 산들을 만드시고 힘
센 팔로 산들을 꾸미셨습니다.
7 주는 으르렁대는 바다와 그 파도 소리를
잠재우시고 세상 나라들의 소동을 그치게
하셨습니다.
8 땅 끝에 사는 사람들도 주가 이루신 놀라
운 일들에 두려움을 느낍니다. 새벽이 시작
됩니다. 그리고 다시금 저녁이 됩니다. 하
루 종일 찬양의 노래로 주를 찬양합니다.
9 주께서는 땅을 가꾸시며 물을 주십니다. 그
리고 땅을 기름지게 하십니다. 하나님의 강
은 물이 넘쳐 곡식이 잘 자랍니다. 이처럼
주께서는 사람들을 풍족하게 채우십니다.
10 주께서 밭고랑마다 흡족한 물로 채워 주
시고, 밭이랑마다 촉촉하게 적셔 주십니
다. 비를 내려 주시어 밭을 부드럽게 하
시고, 곡식들을 잘 여물게 하십니다.
11 한 해에 넉넉한 추수를 하게 하시고, 넘
치는 곡식을 마차에 실어 주십니다.
12 거친 들판이 푸른 초장으로 옷을 갈아입
었으며, 언덕들마다 기쁨의 소리가 울려
퍼집니다.
13 들판에는 양 떼가 가득하며 골짜기마다
곡식으로 덮여 있습니다. 기쁨의 노래가

온 하늘에 메아리칩니다.

하나님께서 주시는 복(65:10)

기도에 응답하시는 하나님을 찬양

찬양의 시.
지휘자를 따라 부른 노래

66 땅 위에 있는 모든
것들이여, 하나님
께 기쁨의 소리를 외치십
시오.
2 하나님의 찬란한 이름을
노래하십시오. 그분에게
영광스런 찬송을 드리십시오.
3 하나님께 말하십시오. "주께서
하신 일이 놀랍습니다! 주의 능력은
대단하셔서 주의 원수들이 주 앞에 고꾸
라집니다.
4 온 땅이 주께 머리를 숙입니다. 그들이 주
를 찬양하며 주의 이름을 찬송합니다."
(셀라)
5 와서 하나님께서 이루신 일을 보십시오.
하나님께서 사람들을 위해 하신 놀라운
일들을 보십시오.
6 주께서 바다를 마른 땅으로 바꾸셨습니
다. 그러자 사람들이 걸어서 바다를 건넜
습니다. 자, 다 함께 와서 하나님을 찬양
합시다.
7 하나님께서 그 능력으로 영원히 다스리십
니다. 하나님의 눈은 모든 나라들을 지켜
보십니다. 그러므로 배반하는 자들이여,
그분께 대항해서는 안 될 것입니다. (셀라)
8 모든 백성들이여, 우리 하나님을 찬양하
십시오. 모든 사람들이 들을 수 있게 큰
소리로 그분을 찬양하십시오.
9 하나님께서 우리의 목숨을 살려 두시고 우
리가 미끄러져 넘어지지 않게 하셨습니다.
10 오 하나님, 주는 우리를 시험하셨습니다.
주는 은처럼 우리를 불 속에다 달구셨습
니다.
11 주께서 우리를 감옥에 집어 넣으시고, 우
리 등 위에 무거운 짐을 지어 주셨습니다.
12 주께서 원수들로 우리 머리를 밟고 지나가
게 하셨습니다. 우리는 불과 물 속을 지나
가게 되었습니다. 그러나 주는 끝내 우리
를 풍부한 곳으로 데려다 주셨습니다.
13 내가 태워 드리는 제물인 번제물을 주의
성전에 가지고 가서 주께 맹세한 것을 갚
겠습니다.
14 이 맹세들은 내가 어려움을 겪고 있을 때
에 주께 약속하고 말씀드렸던 것입니다.
15 나는 주께 살진 것으로 제사를 드리며, 숫
양과 소와 염소를 제물로 드리겠습니다.
(셀라)
16 하나님을 두려워하는 모든 사람들이여, 와
서 잘 들으십시오. 그분이 내게 하신 일을
모두 여러분에게 말씀드리겠습니다.
17 나는 하나님께 간절히 부르짖었습니다.
내가 열심히 하나님을 찬양했습니다.
18 만일 내 마음속에 죄를 품고 있었다면, 주
는 내 소리를 듣지 않으셨을 것입니다.
19 그러나 하나님은 들으셨습니다. 하나님께
서 내 기도를 들으신 것입니다.
20 하나님을 찬양하십시오. 그분은 내 기도
를 거절하지 않으셨습니다. 그분은 나를
향한 사랑을 멈추지 않으셨습니다.

모두 하나님을 찬양해야 함

시 곧 노래. 현악에 맞춰
지휘자를 따라 부른 찬양의 노래

67 하나님, 우리를 불쌍히 여기시고
복을 내려 주소서. 주의 자비로우

신 얼굴을 우리에게 비춰 주소서. (셀라)
2 그러시면 주의 길이 세상에 널리 알려지
게 되고 주의 구원이 모든 나라들에게 전
파될 것입니다.
3 오 하나님, 모든 민족들이 주께 찬양드리
기를 바랍니다. 모든 백성들이 주를 찬송
하기를 바랍니다.
4 모든 나라들이 주를 기뻐하며 즐겁게 노
래하기를 바랍니다. 그것은 주께서 민족
들을 공평하게 다스리시고 땅 위의 모든
나라들을 인도하시기 때문입니다. (셀라)
5 오 하나님, 모든 민족들이 주께 찬양드리
기를 바랍니다. 모든 백성들이 주를 찬송
하기를 바랍니다.
6 땅에 곡식과 채소가 풍성하게 된 것은 하
나님께서 우리를 복 주셨기 때문입니다.
7 하나님께서 우리에게 복을 주실 것이니
땅 끝에 이르기까지 사람들이 주를 높일
것입니다.

나라를 구하신 하나님을 찬양

다윗의 시. 지휘자를 따라 부른 노래

68 하나님이시여, 오셔서 하나님의
원수들을 흩으소서. 하나님의 대
적자들을 쫓아 버리소서.
2 연기가 바람에 날아가듯이 그들을 날려
버리십시오. 불 앞에 양초가 녹아 내리듯
저 못된 자들을 하나님 앞에서 망하게 해
주소서.
3 그러나 올바른 사람은 하나님 앞에서 기
뻐하고 즐거워하게 하소서. 그러면 그들
은 행복해하고 기뻐할 것입니다.
4 하나님께 노래하며, 그분의 이름을 찬양
하십시오. 구름을 타고 다니시는 그분을
높이십시오. 그분의 이름은 여호와이십니
다. 그분 앞에서 기뻐하고 즐거워하십시
오.
5 성전에 계시는 하나님은 고아들의 아버지
이시며 과부들의 보호자이십니다.

보금자리(68:6 nest) 지내기에 매우 포근하고 평화롭고 아늑한 곳의 비유.
억수(68:8 downpour) 물을 퍼붓듯이 세차게 내리는 비.

6 하나님은 외로운 사람들에게 보금자리를
주시며, 갇힌 사람을 감옥에서 데리고 나
오시는 분입니다. 그들이 기뻐 노래하며
주를 따릅니다. 그러나 못된 자들은 태양
이 내리쬐는 거친 땅에서 살게 될 것입니
다.
7 오 하나님, 주께서 주의 백성 앞에서 앞
서 나아가시며 거친 들판을 힘차게 나아
가실 때, (셀라)
8 시내 산의 하나님 앞에서, 이스라엘의 하
나님 앞에서, 땅은 무섭게 흔들렸고, 하
늘은 억수같이 비를 쏟아 부었습니다.
9 오 하나님, 주께서 비를 듬뿍 내려 주셨
습니다. 주께서 지친 땅 위에 생기를 불
어 주셨습니다.
10 오 하나님, 주의 백성들이 그 곳에 자리
잡았습니다. 주는 풍성한 음식으로 가난
한 사람들을 먹이셨습니다.
11 주께서 말씀을 주셨습니다. 그러자 큰 무
리가 그 소식을 알렸습니다.
12 "치러 왔던 왕들과 군사들이 허겁지겁 달
아납니다. 그들이 놓고 간 물건들을 사람
들이 나눠 가집니다.
13 천막에서 잠자던 자들도 부자가 될 것이
며, 은과 금으로 깃과 날개를 단 비둘기
같을 것입니다."
14 전능하신 하나님께서 그 땅의 왕들을 흩
으시는 모습이 마치 살몬 산에 흩날리는
눈 같습니다.
15 바산의 산들은 아주 웅장하며 산봉우리도
많이 있습니다.
16 바산의 산들이여, 왜 너희들은 하나님께
서 보금자리로 삼으신 시온 산을 깔보느
냐? 왜 너희들은 여호와께서 영원히 사실
시온 산을 질투하느냐?
17 주의 전차는 수천 수만입니다. 주께서 수
많은 전차를 거느리시고 시내 산에서 성
전으로 행차하십니다.
18 주께서 높은 곳으로 오르실 때에 수많은
포로들을 이끄셨습니다. 하나님께서는 사
람들에게 예물을 받으셨으며, 하나님께
대항하는 사람들에게서도 예물을 받으셨

습니다. 오 여호와 하나님이시여, 주는
저희와 함께 사실 것입니다.
19 날마다 우리의 무거운 짐들을 지시는 우
리의 구원자 하나님께 찬양을 드리십시
오. (셀라)
20 우리의 하나님은 구원하시는 하나님이십
니다. 전능하신 여호와만이 우리를 죽음
에서 건지십니다.
21 하나님께서 반드시 원수들의 머리를 깨어
부수뜨릴 것이며, 끊임없이 죄짓는 사람
들의 머리를 깨뜨릴 것입니다.
22 주께서 말씀하셨습니다. "내가 바산에서
그들을 다시 데리고 오겠다. 내가 그들을
깊은 바닷속에서 다시 데려오겠다.
23 그러면 너희가 너희 발을 그들의 피에 담
글 것이며, 너희 개들도 그들의 피를 핥
을 것이다."
24 오 하나님, 사람들이 주의 장엄한 행진을
보았습니다. 나의 왕이신 하나님께서 성전
으로 나가시는 모습을 그들이 보았습니다.
25 성가대원들의 뒤를 따라 악대들이 행진하
고, 소고를 치는 소녀들이 그들의 뒤를 따
릅니다.
26 큰 회중 안에 계신 하나님을 찬양하십시
오. 이스라엘의 모임 가운데 계신 주를 찬
양하십시오.
27 가장 작은 베냐민 지파가 앞서서 이스라엘
을 이끕니다. 그 무리들과 함께 유다 지
파의 지도자들이 있습니다. 또한 스불론
과 납달리의 지도자들도 있습니다.
28 오 하나님, 주의 능력을 나타내 보여 주
소서. 전에 우리를 위해 나타내셨던 그 큰
힘을 보여 주소서.
29 주께서 예루살렘의 성전에 계시기 때문에
왕들이 주께 예물을 가지고 올 것입니다.
30 갈대 숲에 있는 짐승과 같은 이집트를 꾸
짖어 주소서. 암소 가운데 있는 수소들과
같은 온 세계 민족을 혼내 주소서. 그러면
그들은 수많은 은을 가지고 올 것입니다.
전쟁을 좋아하는 나라들을 흩어 주소서.
31 사절단들이 이집트에서 올 것이며 에티오
피아* 사람들이 하나님께 엎드려 절할 것
입니다.
32 이 땅의 모든 나라들이여, 하나님께 노래
하십시오. 주를 찬양하십시오. (셀라)
33 그분은 옛부터 있는 하늘을 타고 다니시
며 천둥 같은 목소리로 말씀하시는 분이
십니다.
34 하나님의 능력을 온 세상에 널리 알리십
시오. 그분의 위엄이 이스라엘 위에 있으
며 그분의 능력이 하늘에 있습니다.
35 오 하나님, 성전에 계시는 주는 장엄하십
니다. 이스라엘의 하나님은 자기 백성에게
힘과 능력을 주시는 분입니다. 하나님을
찬양하십시오!

도와 달라는 울부짖음

다윗의 시. 소산님*에 맞춰 지휘자를 따라 부른 노래

69 오 하나님, 나를 건져 주소서. 물
이 내 목까지 찼습니다.
2 내가 밑이 뚫려 있는 수렁 속으로 한없이
빠져 들어가고 있습니다. 내가 깊은 물 속
에 빠져 있습니다. 엄청난 파도가 나를 덮
칩니다.
3 내가 도와 달라고 부르짖다가 지쳤습니
다. 이제는 목이 잠겨 아픕니다. 하나님
을 간절히 기다리느라 내 눈도 침침해졌
습니다.
4 아무런 이유 없이 나를 미워하는 사람들
이 내 머리카락보다 더 많습니다. 아무런
까닭 없이 나를 쓰러뜨리려는 사람들과
나를 죽이려는 원수들이 너무나 많습니
다. 내가 훔치지도 않은 것을 물어내라고
원수들이 나에게 강요합니다.
5 하나님이여, 주는 나의 어리석음을 아시
오니 내 죄를 주께 숨길 수가 없습니다.

알아두세요

68:31 개역 성경에는 (히) '구스' 라고 표기되어 있다.
69편 '소산님' 은 '백합화' 라는 뜻이다.

수렁(69:2 mire) 곤죽이 된 진흙과 개흙이 많이 괸 곳. 빠지면 자꾸 들어가기만 함.
침침해지다(69:3 dim) 눈이 어두워 보이는 것이 흐릿해지다.

6 만군의 주 여호와시여, 주께 소망을 둔 사
람들이 나 때문에 창피를 당하지 않게 해
주소서. 오, 이스라엘의 하나님이시여, 주
를 찾는 사람들이 나 때문에 부끄러움을
당하지 않도록 해 주소서.
7 내가 부끄러워 얼굴을 들 수 없습니다. 그
러나 나는 주를 위해 이 부끄러움을 견딥
니다.
8 나는 내 형제들에게 낯선 사람이 되었습
니다. 한 피를 나눈 형제들에게도 외국인
취급을 받습니다.
9 이는 주의 집을 사랑하는 열정이 온통 나
를 태우기 때문이며, 주를 향한 모욕이 내
게도 쏟아지기 때문입니다.
10 내가 금식하며 슬퍼하였더니 오히려 사람
들이 비웃습니다.
11 내가 넝마와 같은 거친 옷을 입고 슬퍼하
면 사람들은 나를 웃음거리로 삼습니다.
12 심지어 동네 어른들도 나에게 빈정대며,
길거리의 술 주정꾼들도 나를 빗대어 노
래 부릅니다.
13 오 여호와여, 나는 주의 호의를 기다리면
서 주께 기도합니다. 오 하나님이여, 내
기도를 들어 주시고, 주의 크고도 크신 사
랑으로 구원을 베풀어 주소서.
14 나를 수렁에 빠지게 마시고 수렁에서 건
져 주소서. 나를 미워하는 사람들에게서
보호해 주시고, 깊은 물 속에서 나를 건
져 주소서.
15 큰 물결이 나를 휩쓸지 못하게 하시고, 깊
은 물이 나를 삼키지 못하게 하시고, 무
덤이 나를 덮치지 못하게 하소서.
16 오 여호와여, 주의 순결한 사랑으로 내게
대답하여 주소서. 주의 크신 사랑으로 나
를 돌보아 주소서.
17 나는 주의 종입니다. 주의 얼굴을 내게서
돌리지 마소서. 어서 빨리 내게 대답해
주소서. 내가 어려움 가운데 있습니다.
18 내게로 가까이 오셔서 나를 건져 주소서.
나를 내 원수들로부터 구해 주소서.
19 주는 내가 당하는 부끄러움과 창피를 아
십니다. 보십시오. 내 모든 원수들이 주
앞에 있습니다.
20 그들이 나를 업신여기므로, 내 마음이 몹
시 아픕니다. 나는 아무런 힘도 없는 자
가 되었습니다. 내가 주위를 둘러보았지
만 아무도 나를 불쌍히 여기는 자가 없었
습니다. 나를 위로해 줄 사람을 찾았지만
아무도 없었습니다.
21 그들은 내 음식에 쓴 것을 넣었으며 내가
목마를 때에 식초를 주었습니다.
22 그들의 잔치가 올무가 되게 하시고, 그들
의 식탁이 그들에게 덫이 되어 그들이 죄
값을 받게 하십시오.
23 그들의 눈이 감겨서 보지 못하게 하시고,
그들의 허리가 영원히 굽게 하소서.
24 주의 화를 그들에게 쏟아 부으시고, 주의
불타는 분노로 그들을 태우소서.
25 그들이 사는 곳이 폐허가 되게 하시고, 그
들의 집이 버려진 집이 되게 하소서.
26 그들은 주께서 책망하는 사람들을 박해하
며, 주께서 때리신 사람들의 상처를 입으
로 쑤셔 댑니다.
27 그들이 저지른 죄들을 낱낱이 기억하여
갚아 주시고, 주가 베푸시는 구원을 그들
이 얻지 못하게 하소서.
28 그들의 이름을 생명책에서 지우소서. 의
로운 사람들의 명단에서 그들의 이름을
빼소서.
29 내가 괴롭고 마음이 몹시 아픕니다. 오 하
나님, 나를 구원하시고 지켜 주소서.
30 내가 노래로 하나님의 이름을 찬양하겠습
니다. 감사를 드리며 하나님을 높여 드리
겠습니다.
31 그것이 수소 제물을 바치는 것보다 여호
와를 더욱 기쁘시게 하는 일이며 뿔과

올무(69:22 snare) 새나 짐승을 잡는 데 쓰는 올가미.
책망하다(69:26 blame) 잘못을 꾸짖고 나무라다.
생명책(69:28 book of life) 하나님이 정하신 구원 받을 자를 기록한 책.

굽이 있는 황소를 바치는 것보다 여호와
를 더욱 흐뭇하게 해 드리는 일일 것입
니다.
32 겸손한 자가 이러한 일을 보고 기뻐할 것
입니다. 하나님을 섬기는 사람들이여, 용
기를 가지십시오.
33 여호와는 가난한 사람들의 부르짖는 소리
에 귀를 기울이시며, 포로된 주의 백성을
업신여기지 않습니다.
34 하늘과 땅이여, 하나님을 찬양하여라. 바
다와 그 속에 있는 모든 것들아, 하나님
을 찬양하여라.
35 하나님께서 시온을 구원하시고 유다의 마
을들을 다시 세우실 것입니다. 그 때에는
사람들이 거기에 살면서 땅을 갖게 될 것
입니다.
36 하나님의 종들의 자녀들이 그 땅을 물려
받을 것입니다.

속히 도와 달라고 하나님께 울부짖음

다윗의 시. 간청하는 시. 지휘자를 따라 부른 노래

70 오 하나님, 빨리 오셔서 나를 구출
해 주소서. 오 여호와여, 어서 나
를 도와 주소서.
2 나를 죽이려는 사람들이 있습니다. 그들
을 부끄럽게 하시며 창피를 당하게 하소
서. 나를 해치고자 하는 사람들이 있습니
다. 그들이 부끄러워 달아나게 하소서.
3 나를 보고, "아하, 안됐구나!" 하고 비웃
는 사람들이 있습니다. 그들이 부끄러워
도망가게 하소서.
4 그러나 주를 찾는 사람들이 있습니다. 그
들 모두가 주 안에서 기뻐하고 즐거워하
게 해 주소서. 주의 구원을 감사하는 사
람들이 있습니다. 그들이 언제
나 "하나님은 위대하시다"라
고 말하게 해 주소서.
5 그러나 나는 연약하고 불쌍
한 사람이오니 오 하나님, 어
서 빨리 내게 오소서. 주는
나를 돕는 분이시며 나를 구
원하는 분이십니다. 오 여호
와여, 지체하지 마소서.

한 노인의 기도

71 오 여호와여, 내가 주께 피하였습니
다. 내가 다시는 부끄러움을 겪지 않
게 해 주소서.
2 주의 의로우심으로 나를 건져 주시고 구
출해 주소서. 내 말에 귀 기울이시고 나
를 구원해 주소서.
3 내가 언제든지 가서 피할 수 있는 안전한
나의 반석이 되어 주소서. 나를 구원하신
다는 명령을 내리소서. 주는 나의 바위이
시며 굳건한 성벽이십니다.
4 오 나의 하나님, 못된 사람들의 손에서 나
를 건져 주시고 악하고 잔인한 사람들의
손아귀에서 나를 구출해 주소서.
5 주 여호와여, 주는 나의 소망이십니다.
주는 내가 어렸을 때부터 굳게 믿어 온 분
이십니다.
6 내가 태어날 때부터 주께 기대어 왔습니
다. 주는 내 어머니의 배 속에서부터 나
를 붙들어 주셨습니다. 내가 늘 주를 찬
양하겠습니다.
7 나는 많은 사람들의 이상하게 쳐다보는
사람이 되었습니다. 그러나 주는 든든한
나의 피난처이십니다.
8 내 마음이 주를 향한 찬송으로 가득 차 있
습니다. 내가 종일토록 주의 위대하심을
찬송합니다.
9 내가 늙어 힘이 없을 때에도 나를 버리지
마시고, 나를 떠나지 마소서.

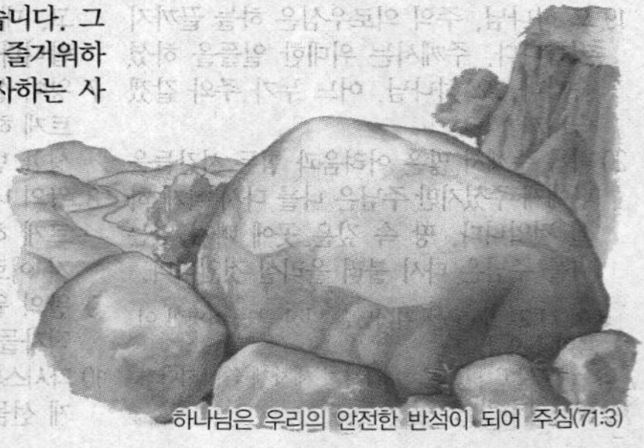
하나님은 우리의 안전한 반석이 되어 주심(71:3)

10 내 원수들이 나에 대해 나쁜 말을 합니다.
그들은 나를 죽이려고 남이 모르게 나쁜
일을 꾸밉니다.
11 그들은 말합니다. "하나님께서 그를 버렸
다. 그를 쫓아가 잡자. 아무도 그를 구해
주지 않을 거야."
12 오 하나님, 너무 멀리 떨어져 계시지 마
소서. 오 나의 하나님, 어서 오셔서 나를
도와 주소서.
13 나를 비난하는 사람들이 부끄러움 가운데
망하기를 바랍니다. 나를 해치려는 사람
들이 부끄러움과 창피를 뒤집어썼으면 좋
겠습니다.
14 그러나 나는 언제나 소망을 가지고 더욱
더 주를 찬양할 것입니다.
15 주께서 베푸신 구원과 의로우신 행동을
제가 어떻게 다 알 수 있겠습니까! 그러
나 나는 주의 의로우심과 주의 구원을 온
종일 사람들에게 전파하겠습니다.
16 오 주 여호와여, 내가 와서 주의 위대한
행동들을 널리 전파하겠습니다. 내가 주
의 의로우심만을 널리 알리겠습니다.
17 오 하나님, 주님은 내가 어렸을 때부터 나
를 가르치셨습니다. 그래서 지금까지도
나는 주께서 하신 놀라운 일들을 이야기
합니다.
18 오 하나님, 내가 늙고 머리가 희어졌다고
나를 버리지 마소서. 내가 늙어 죽을 때
까지 내 후손들에게 주의 크신 능력을 전
하겠습니다.
19 오 하나님, 주의 의로우심은 하늘 끝까지
이릅니다. 주께서는 위대한 일들을 하셨
습니다. 오 하나님, 어느 누가 주와 같겠
습니까?
20 비록 주께서 많은 어려움과 힘든 시간들을
나에게 주셨지만 주님은 나를 다시 살게 하
실 것입니다. 땅 속 깊은 곳에 빠져 있는
나를 주님은 다시 불러 올리실 것입니다.

명예(71:21 honor) 뛰어남을 인정 받는 어엿한 이
름이나 자랑.
소낙비(72:6 shower) 갑자기 세차게 쏟아지다가
곧 그치는 비.

21 주께서 나의 명예를 높여 주실 것이며 나
를 다시 위로해 주실 것입니다.
22 내가 비파로 주를 찬양하겠습니다. 오 나
의 하나님, 내가 주의 신실하심을 찬양하
겠습니다. 이스라엘의 거룩하신 분이시여,
내가 수금으로 주를 노래하겠습니다.
23 내가 주를 찬양할 때에 큰 목소리로 기뻐
소리지를 것입니다. 이는 주께서 나를 구
원하셨기 때문입니다.
24 내가 주의 의로우신 행동들을 온종일 사
람들에게 전하겠습니다. 그러면 나를 해
치고 싶어하는 사람들이 부끄러움을 당하
고 혼란스러워질 것입니다.

왕을 위한 기도

솔로몬의 시

72 하나님이여, 주의 판단력을 왕에게
주시고, 주의 공평하심을 왕의 아
들에게 주소서.
2 그러면 왕이 주의 백성을 정의롭게 재판
할 것이며, 가난한 자를 공평하게 다스릴
것입니다.
3 산들에는 번영과 평화가 언덕들에는 정의
의 열매들이 넘칠 것입니다.
4 왕이 가난한 자를 변호할 것이며 궁핍한
자의 자녀들을 돕고 그들을 괴롭히는 자
들을 벌할 것입니다.
5 해가 있는 한, 왕이 오래 살게 해 주시고,
달이 있는 동안, 대대로 그가 다스리게 해
주소서.
6 그가 풀을 벤 들판 위에 내리는 비와 같
고, 대지 위에 내리는 소낙비 같기를 바
랍니다.
7 왕이 살아 있는 동안, 그 땅에 정의가 싹
트게 하시고, 달이 뜨기를 그칠 때까지 풍
성한 번영이 있게 하십시오.
8 왕의 나라가 바다 이 끝에서 저 끝까지 이
르게 하시고, 유프라테스 강에서 땅 끝까
지 이르게 하십시오.
9 왕의 원수들이 그 앞에 엎드리고 그의 대
적자들이 바닥의 먼지를 핥게 하십시오.
10 다시스와 멀리 떨어진 섬나라 왕들이 왕에
게 선물을 바치게 해 주소서. 스바와 시바

왕들이 왕께 예물을 드리게 해 주소서.
11 모든 나라 왕들이 왕 앞에 엎드려 절하며,
모든 민족들이 왕을 섬기게 하소서.
12 왕은 도와 달라고 부르짖는 불쌍한 사람
들을 구출할 것이며, 왕은 아무도 도와 주
지 않는 가난한 사람들을 구원해 줄 것입
니다.
13 그는 힘이 없고 가난한 사람들을 불쌍히
여기시며, 죽게 된 사람들의 생명을 구해
주실 것입니다.
14 왕은 악한 자들로부터 그들을 구원하실
것입니다. 왜냐하면 왕의 눈에는 그들의
목숨이 소중하기 때문입니다.
15 왕이여, 오래오래 사십시오. 왕이 스바로
부터 금을 넉넉히 받기를 바라고, 사람들
이 왕을 위해 끊임없이 기도하기를 바라
며, 종일토록 그를 축복하기를 바랍니다.
16 들판마다 곡물이 넘치기를 바라고, 언덕
들 위로 과일들이 넘쳐 흐르기를 바라며,
그 과일들이 레바논의 나무 열매들처럼 탐
스럽고, 들판의 풀처럼 풍요롭기를 바랍
니다.
17 왕의 이름이 널리 알려지기를 바라고, 태
양이 있는 한, 그의 이름이 오래도록 기
억되기를 바라며, 모든 나라들이 왕을 통
해 복 받기를 바랍니다. 모든 나라들이 그
를 가리켜 행복한 분이라고 말하기를 바
랍니다.
18 여호와 하나님, 이스라엘의 하나님을 찬양
합니다. 그는 홀로 놀라운 일들을 하신 분
이십니다.
19 그의 크고 높으신 이름을 영원히 찬양합
니다. 온 땅이 그의 영광으로 가득 차기
를 바랍니다. 아멘! 아멘!
20 이것으로 이새의 아들 다윗의 기도가 끝납
니다.*

제 3 권

사악한 사람이 부자가 될 때

아삽의 시

73 참으로 하나님은 이스라엘을 선하
게 대하시며, 마음이 깨끗한 자들
에게는 더욱 그리 하십니다.
2 그러나 이제 나는 그 사실을 믿을 수 없
게 되었습니다. 내 믿음을 다 잃어버린 것
같습니다.
3 왜냐하면 악한 사람들이 잘 사는 것을 보
고 나는 그런 교만한 사람들에게 질투를
느꼈기 때문입니다.
4 그들은 마음에 갈등도 없고, 몸은 건강하
고 강합니다.
5 그들에게는 우리가 겪는 어려움들이 없
고, 다른 사람들처럼 불행한 일들도 일어
나지 않습니다.
6 그러므로 그들은 교만을 목걸이로 삼고
폭력을 옷으로 입고 있습니다.
7 그들의 굳어진 가슴에는 악한 생각이 들어
있으며, 교만한 생각은 끝이 없습니다.
8 그들은 다른 사람들을 헐뜯고 악한 말을
하며, 거만한 태도로 남을 위협하기도 합
니다.
9 입으로는 하늘을 대적하고 혀로는 땅을
두루 다니며 악한 말을 내뱉습니다.
10 하나님의 백성들도 그들을 따르는 무리와
한편이 되어 물을 들이키면서,
11 "하나님이 어떻게 알겠는가? 지극히 높은
하나님이 뭘 알고 계신가?"라고 말합니
다.
12 이것이 악한 자들이 사는 방식입니다. 언
제나 편안하게 살면서 재산은 점점 더 늘
어만 갑니다.
13 내가 무엇 때문에 마음을 깨끗이 하였단
말입니까? 내가 죄를 짓지 않고 성실하게
살려는 것이 무슨 소용이 있단 말입니까?
14 나는 하루 종일 고통을 당하였으며 매일
아침마다 벌을 받고 있습니다.
15 만일 내가 이 일에 대해 말하기로 결심했
다면 나는 주의 백성들을 속였을지도 모
릅니다.

알아두세요

72:20 개역 성경에는 19절이 포함되어 있으나 대부분의 사본에는 20절이 따로 분리되어 있다.

갈등(73:4 trouble) 마음 속에 두 가지 이상의 욕구 등이 동시에 일어나 갈피를 못잡고 괴로워하는 상태.

"주께서 주의 오른손으로 나를 꼭 붙들어 주십니다" (73:23)

16 나는 이 모든 일들을 이해해 보려고 무척
이나 애썼지만 그것은 너무나 힘든 일이
었습니다.
17 그러나 하나님의 성전으로 나아가서야,
비로소 그들에게 무슨 일이 일어날지 깨
닫게 되었습니다.
18 참으로 주께서는 그들을 미끄러지는 곳에
내버려 두시고 그들이 망하도록 하실 것
입니다.
19 순식간에 그들이 망하게 되며 공포 가운
데 그들이 모두 죽어 없어질 것입니다.
20 잠에서 깨면 꿈인 것을 알듯이 오 주여,
주께서 오시면, 주는 그들을 한낱 꿈처럼
무시하실 것입니다.
21 내 마음이 슬프고 가슴이 찢어질 듯 아파도
22 내가 어리석은 탓에 깨닫지 못하고 있었
습니다. 나는 주 앞에서 마치 짐승과 같
았습니다.
23 그러나 나는 이제 주와 항상 함께 있습니
다. 주께서 주의 오른손으로 나를 꼭 붙
들어 주십니다.
24 주의 가르침으로 나를 인도해 주시고 후
에는 나를 영광 가운데 영접해 주실 것입
니다.
25 하늘에서 주 외에 누가 내게 있겠습니까?
이 땅에서도 주밖에는 내가 사모할 분이
없습니다.
26 내 몸과 마음이 점점 약해집니다. 그러나
하나님은 내 마음의 힘이시며 영원한 나
의 전부이십니다.
27 주를 멀리하는 자는 망할 것입니다. 주께
신실하지 못한 자들은 주께서 멸하실 것
입니다.
28 나의 복은 하나님을 가까이하는 것입니다.
주 여호와는 나의 피난처이십니다. 주께서
하신 모든 일을 내가 전파하겠습니다.

근심 속에 간절히 기도하는 백성

아삽의 마스길*

74 오 하나님, 왜 이렇게 오랫동안 우
리를 버려 두십니까? 왜 당신이 기

르시는 양 같은 우리에게 화를 쏟으십니까?
2 오래 전에 주께서 값을 지불하시고 백성
을 사신 것을 기억하소서. 주께서 구원하
신 종족을 기억하소서. 주가 살고 계신 시
온 산을 기억하십시오.
3 완전히 폐허가 된 곳으로 주의 발걸음을
옮기소서. 원수들이 성소에 있는 모든 것
을 파괴해 버렸습니다.
4 주의 원수들이 주의 성소에서 승리하고 승
리의 표시로 그 곳에 깃발을 꽂았습니다.
5 그들은 마치 숲의 나무를 베는 사람처럼
도끼를 들고 나타났습니다.
6 그리고는 도끼와 낫으로 성소의 조각품들
을 다 부숴 버렸습니다.
7 그들이 주의 성소를 완전히 불사르며, 주
의 이름이 계시는 곳을 더럽혔습니다.
8 그들은 마음속으로 "우리가 이것들을 다
없애 버릴 것이다"라고 말하며, 이 땅에
서 하나님께 예배드리는 곳들을 모두 불
태워 버렸습니다.
9 이제는 기적과 같은 징조들은 하나도 볼
수 없고, 예언자도 찾아볼 수 없게 되었
습니다. 이런 일이 얼마나 오래 계속될지
아는 사람이 아무도 없었습니다.
10 오 하나님, 주를 조롱하는 원수들을 언제
까지 그대로 두시렵니까? 그들이 주의 이
름을 영원히 모욕하도록 내버려 두실 것
입니까?
11 왜 주의 힘 있는 오른손을 거두십니까?
손을 드시고 그들을 쳐서 멸하소서.
12 오 하나님, 주는 옛적부터 나의 왕이십니
다. 주는 이 땅 위에 구원을 베푸십니다.
13 크신 능력으로 바다를 가르시고, 바다 괴물
의 머리를 내리치신 분이 주님이셨습니다.
14 리워야단*의 머리를 부수고, 그것을 사막
의 짐승들에게 먹이로 주신 분이 주님이
셨습니다.
15 또한 샘물을 솟게 하고, 시냇물을 흐르게
도 하고, 흐르던 강물을 마르게도 하신 분
도 주님이셨습니다.
16 낮도 주의 것이며, 밤도 주의 것입니다.
주는 해와 달도 만드셨습니다.
17 이 땅의 모든 경계선들을 정하시고 여름과
겨울을 창조하신 분도 주님이셨습니다.
18 여호와여, 원수들이 얼마나 주를 모욕했는
지 생각하시고, 어리석은 사람들이 어떻게
주의 이름을 경멸했는지 기억하십시오.
19 주의 산비둘기의 생명을 들짐승에게 주지
마시고, 주의 불쌍한 백성들을 영원히 잊
지 마소서.
20 폭력과 싸움이 곳곳에서 벌어져 이 땅을
어둡게 하니 우리와 맺은 주의 언약을 기
억하십시오.
21 고통받는 주의 백성들이 부끄러움을 당하
지 않게 해 주소서. 가난하고 불쌍한 백성
들이 주의 이름을 찬양하게 해 주소서.
22 오 하나님, 일어나소서. 우리를 위해 변
호해 주소서. 어리석은 자들이 어떻게 온
종일 주를 조롱하는지 기억하십시오.
23 주께 맞서 대항하는 자들이 떠들어대는
말을 모른 체하지 마시고, 주의 원수들이
질러대는 소리를 기억하십시오.

재판관이신 하나님

아삽의 시. 알다스헷*에 맞춰 지휘자를 따라 부른 노래

75 오 하나님, 주께 마음을 다해 감사
를 드립니다. 주의 이름이 늘 우리
와 함께 계시니 감사합니다. 주께서 하신
놀라운 일들을 우리가 외칠 것입니다.
2 주께서 말씀하셨습니다. "재판할 날을 잡아
놓았으니 내가 공정하게 재판할 것이다.
3 이 땅과 세상 모든 사람들이 흔들릴지라
도 나는 이 땅의 기둥들을 굳게 잡고 있
다. (셀라)
4 거만한 자들에게 내가 말한다. '잘난 체
하지 마라.' 악한 자들에게 내가 말한다.
'네 뿔을 뽐내지 말고,

알아두세요

74편 '마스길'은 문학 또는 음악 용어이다.
74:14 개역 성경에는 '악어'라고 표기되어 있다.
75편 '알다스헷'은 '파괴하지 않는다'라는 뜻이다.

낫(74:6 sickle) 풀 · 곡식 · 나뭇가지 등을 베는 데 쓰는 'ㄱ' 자 모양의 농기구.
징조(74:9 sign) 어떤 일이 생기기 전에 미리 보이는 현상.

5 하늘을 향해 네 뿔을 들지 마라. 목을 뻣
뻣하게 세우고 거만하게 말하지 마라.'"
6 동쪽이나 서쪽이나, 아니면 사막에서 온
사람이라도 그 누구도 다른 사람을 높이
지 못합니다.
7 오직 재판관이신 하나님만이 사람을 낮추
시고 높이십니다.
8 여호와의 손 안에 분노의 잔이 있습니다.
쓰디쓴 독주의 거품이 일어나는 술잔입니
다. 주께서 이 땅 위에 술잔을 쏟아 부으
실 것입니다. 세상의 모든 악인들은 그 찌
꺼기까지 다 마셔야 할 것입니다.
9 나는 이 사실을 영원히 전하겠습니다. 그
리고 야곱의 하나님을 찬양할 것입니다.
10 악한 자들의 거만한 뿔은 모두 꺾여질 것
입니다. 그러나 의로운 자들의 뿔은 높이
들릴 것입니다.

항상 승리하시는 하나님

아삽의 시. 현악에 맞춰 지휘자를 따라 부른 노래

76 하나님은 유다 땅에서 잘 알려져
있고, 하나님의 이름은 이스라엘
땅에서 위대합니다.
2 그분의 장막은 살렘*에 있으며 그분이 사
시는 곳은 시온에 있습니다.
3 거기서 하나님은 전쟁의 불화살들과 방패
들과 칼들과 무기들을 부서뜨리셨습니다.
(셀라)
4 주는 찬란하게 빛나십니다. 주는 들짐승
들로 가득한 저 큰 산들보다도 장엄하십
니다.
5 용감한 병사들이 쓰러져 마지막 숨을 쉬
고 있습니다. 어떤 전사라도 죽음을 막을
자가 없습니다.
6 오, 야곱의 하나님, 주께서 큰 소리로 꾸
짖으시자, 말들과 병거들이 다 엎드러졌
습니다.
7 주만이 두려워할 분이십니다. 주께서 노
하시면, 누가 감히 주 앞에 설 수 있겠습
니까?
8 주께서 하늘에서 심판을 선언하시니, 땅
이 두려워 떨며 잠잠합니다.
9 오 하나님, 주께서 이 땅의 고통하는 자
들을 구원하시기 위해 심판하시려고 일어
나실 것입니다. (셀라)
10 주께서 악에 대해 분노하시니, 사람들이
주를 찬양합니다. 주의 분노에서 살아남
은 자들은 더 이상 악을 행하지 않을 것
입니다.
11 여러분은 여호와 하나님께 서약하고 그것
을 지키십시오. 이웃에 있는 모든 나라들
이여, 마땅히 두려워해야 할 그분에게 선
물을 드리십시오.
12 하나님께서 세상의 거만한 통치자들을 물
리치십니다. 땅의 왕들이 그분을 두려워
할 것입니다.

하나님의 도우심을 기억함

아삽의 시. 여두둔에 맞춰 지휘자를 따라 부른 노래

77 내가 하나님을 향하여 부르짖었습
니다. 내 목소리를 들으시라고 하
나님을 향하여 외쳤습니다.
2 나는 슬픔 가운데서 주를 찾았습니다. 밤
새도록 지칠 줄 모르고 손을 내리지 않았
지만, 나의 영혼은 위로를 받지 못했습니
다.
3 오 하나님, 내가 주를 기억할 때에 신음
하였으며, 내가 추억에 잠겼을 때에 내 영
혼이 쇠약해져 갔습니다. (셀라)
4 주께서 나를 잠 못 이루게 하셨으니 내가
너무도 괴로워 아무 말도 할 수 없게 되
었습니다.
5 나는 지나간 날들을 회상해 보았습니다.
옛날 옛적의 지나간 세월들을 기억해 보
았습니다.
6 밤이면 나는 마음속으로 생각했습니다.
생각에 잠기게 되자 나는 스스로에게 물
었습니다.

알아두세요

76:2 '살렘'은 '예루살렘'의 또 다른 이름이다.

신음(77:3 groan) 괴로워하며 앓는 소리를 내는 것.
회상(77:5 recollection) 지난 일을 돌이켜 생각함. 또는 그 생각.

7 "주께서 우리를 영원히 버리실 것인가?
다시는 우리에게 은혜를 베풀지 않으실
것인가?
8 주의 변함없는 사랑이 영원히 사라졌단
말인가? 주의 약속은 영영 헛되단 말인
가?
9 하나님께서 자비로우심을 잊으셨단 말인
가? 주의 노여움으로 우리를 불쌍히 여기
지 않으신단 말인가?" (셀라)
10 그 때, 나는 중얼거렸습니다. "하나님의
약속과 사랑을 믿는 나의 믿음이 약해진
거야."
11 그래서 나는 여호와가 행하신 일들을 회
상하기로 했습니다. 정말로 나는 옛적의
주의 기적들을 기억할 것입니다.
12 내가 주의 행하신 일들을 묵상하며 주가
행하신 위대한 일들을 생각할 것입니다.
13 오 하나님, 주의 길들은 거룩합니다. 그
어느 신이 우리의 하나님처럼 위대하단
말입니까?
14 주는 기적들을 행하시는 하나님이십니다.
주는 세상 나라들 가운데서 주의 능력을
드러내십니다.
15 주의 백성 곧 야곱과 요셉의 자손들을 주
의 능력의 팔로 구속하셨습니다. (셀라)
16 오 하나님, 바다가 주를 보았습니다. 바
다가 주를 보고, 뒤로 물러갔습니다. 바
다 깊은 곳까지 흔들렸습니다.
17 구름들이 비를 쏟아 부었습니다. 하늘들
이 천둥 소리를 내었습니다. 주의 번개
화살들이 사방에서 번쩍이며 날아갔습니
다.
18 주의 천둥 소리가 폭풍 가운데서 들렸습
니다. 주의 번개가 세상을 밝혔습니다.
땅이 진동하며 흔들렸습니다.
19 주는 바다를 가로질러 큰 길을 내셨습니
다. 주께서 바다 한가운데로 작은 길들을
내셨습니다. 물론 주의 발자국은 보이지
않았습니다.
20 주는 주의 백성을 양 떼처럼 인도하셨습
니다. 모세와 아론의 손을 통하여 주의 백
성을 인도하셨습니다.

이집트로부터 이스라엘을 구하신 하나님

아삽의 마스길

78 내 백성들이여, 내 가르침에 귀를
기울이십시오. 내가 하는 말에 귀
기울이십시오.
2 내가 비유로 말하겠습니다. 옛적 일들,
비밀스러운 일들을 이야기해 드리겠습니
다.
3 우리는 이 이야기들을 들어서 이미 알고
있습니다. 그것은 우리 조상들이 우리에
게 전해 주었기 때문입니다.
4 우리도 우리 자녀들에게 이것을 말해 줄
것입니다. 여호와의 찬양받으실 만한 행
동들과 그가 행하신 능력과 기적들을 우
리의 자손들에게 알릴 것입니다.
5 여호와는 야곱을 위해 증거를 세우시고 이
스라엘 안에 법규를 만드셨습니다. 그리
고 우리 조상들에게 그것을 자녀들에게
가르치라고 명령하셨습니다.
6 이렇게 하신 것은 그 자녀들이 그것을 배
우고 다시 그들의 자손들에게 가르쳐 대
대로 전하기 위해서였습니다.
7 그러면 그들은 모두 하나님을 믿고 의지
할 것이고, 하나님께서 하신 일들을 잊지
않을 것이며, 그분의 명령을 지킬 것입니
다.
8 그들은 그 명령을 지킴으로써 고집스럽고
불순종하던 조상들처럼 되지 않을 것입니
다. 그들의 조상들은 하나님께 충성하지
않았고, 그분만을 섬기지 않았습니다.
9 에브라임 사람들은 활로 무장하고 있었으
나, 전쟁이 일어나자 달아나고 말았습니
다.
10 그들은 하나님의 언약을 지키지 않았으며
그분의 법에 따라 살지도 않았습니다.
11 그들은 주께서 행하신 놀라운 일들을 잊
어 버렸고, 그들에게 보여 주신 기적들도
다 잊어 버렸습니다.
12 하나님께서는 이집트 땅, 소안 들판에서
그들의 조상들이 보는 앞에서 기적을 보
여 주셨습니다.
13 바다를 가르시고 그들을 그 가운데로 인

도하셨습니다. 바닷물을 벽처럼 우뚝 세
우셨습니다.
14 낮에는 구름으로 그들을 인도하시고, 밤
에는 불빛으로 그들을 인도하셨습니다.
15 사막에서 바위를 쪼개어 바닷물처럼 풍족
하게 마실 물을 주셨습니다.
16 바위 틈에서 생수가 나게 하시고, 강물처
럼 풍성히 흐르게 하셨습니다.
17 그러나 그들은 계속해서 하나님께 죄를
지었습니다. 그들은 광야를 지나는 동안,
가장 높으신 분께 대들었던 것입니다.
18 그들은 그들의 욕심대로 음식을 구하여
마음속으로 하나님을 시험하였습니다.
19 그들은 하나님을 향해 빈정대면서 말했습
니다. "하나님이 우리를 위해 광야에서
식탁을 차려 줄 수 있을까?
20 바위를 쳐서 물이 나오게 하셨고 물이 흘
러 나와 시내처럼 풍성하게 적셔 주셨지
만, 하나님께서 우리에게 먹을 밥을 주실
수 있을까? 하나님께서 우리에게 썹을 고
기까지 주실 수 있을까?"
21 여호와께서 이 말을 듣고 무척 노하셨습니
다. 여호와께서는 야곱의 자손을 향해서 불
같이 화를 내셨고, 이스라엘 자손을 향한
여호와의 분노는 점점 커져 갔습니다.
22 이는 그들이 하나님을 믿지 않았고 하나
님께서 베푸시는 구원도 믿지 않았기 때
문이었습니다.
23 그러나 하나님께서는 하늘에 명령을 내리
시고, 하늘의 문들을 여셨습니다.
24 하늘에서 만나를 비같이 풍성하게 내려
그들을 먹이시고, 하늘의 양식을 내려 주
셨으니
25 사람들이 천사의 음식을 먹은 것입니다.
하나님께서 그들에게 풍족한 양식을 보내
주신 것입니다.
26 또한 하나님은 하늘로부터 동풍을 불게
하시고, 크신 힘으로 남풍을 일으키셨습
니다.

아첨(78:36 flattery) 남에게 잘 보이려고 알랑거리며 비위를 맞춤.

27 하나님은 그들 위에 고기를 먼지처럼 많
이 부어 주셨습니다. 하늘을 나는 새들이
바닷가의 모래처럼 많았습니다.
28 하나님께서는 그 새들을 천막 가까이로
데려와 모두 그 주변에 떨어지게 하셨습
니다.
29 사람들은 배가 부르도록 먹었습니다. 그
들이 바라던 것을 하나님께서는 넉넉히
주셨습니다.
30 그러나 그들이 욕심을 버리지 못하고 아
직 그 음식이 입 안에 있을 때,
31 하나님께서 그들에게 분노하셨습니다. 하
나님은 그들 가운데서 건장한 자들을 죽
이셨고, 이스라엘의 청년들을 치셨습니
다.
32 하지만 그들은 계속해서 죄를 지었습니
다. 기적을 보면서도 그것을 믿지 않았습
니다.
33 그래서 하나님께서는 그들의 삶을 무가치
하게 만드셨고, 두려움으로 인생을 마치
게 하셨습니다.
34 하나님께서 그들을 죽이실 때마다 그들은
하나님을 찾았습니다. 하나님께로 다시
돌아왔던 것입니다.
35 그들은 하나님이 그들의 반석이셨으며 지
극히 높으신 분이 그들의 구원자라는 것
을 기억했습니다.
36 그러나 얼마 있지 않아, 그들은 하나님께
아첨하며 거짓말을 하곤 했습니다.
37 그들의 마음은 하나님께 진실하지 않았습
니다. 그들은 하나님의 언약을 충실히 지
키지 않았습니다.
38 그러나 하나님은 여전히 자비로우셨습니
다. 하나님은 그들의 죄를 용서하시고 그
들을 멸하지 않으셨습니다. 몇 번이고 하
나님은 화를 누그러뜨리시고 그 분노를
쏟지 않으셨습니다.
39 하나님께서는 그들이 보잘것없는 인간임
을 기억하셨습니다. 한 번 가면 다시 못
오는 바람 같은 존재라는 것을 말입니다.
40 광야에서 그들은 얼마나 자주 하나님을
거역하였던가! 그 곳에서 그들은 얼마나

많이 하나님을 슬프게 하였던가!
41 거듭해서 그들은 하나님을 시험하였고, 이스라엘의 거룩하신 분의 마음을 아프게 했습니다.
42 그들은 하나님의 능력을 기억하지 못했습니다. 그들은 자신들을 학대하던 자들로부터 구원 받았던 날을 잊어 버렸습니다.
43 하나님께서 기적과 같은 징조들을 이집트에서 보여 주셨던 날과 놀라운 기적들을, 소안 들판에서 보여 주셨던 날을 모두 잊어 버린 것입니다.
44 하나님께서는 이집트 사람들의 강물을 피로 바꾸어서 아무도 그 물을 마시지 못하게 하셨습니다.
45 파리 떼를 보내어 사람들을 괴롭게 하고, 개구리 떼를 보내어 엄청난 피해를 주었습니다.
46 메뚜기 떼에게 그들의 농작물을 주시고, 그들이 수고하여 추수한 곡식을 다 먹어 치우게 하셨습니다.
47 또 우박을 내려 포도나무를 죽이고, 서리를 내려 무화과나무를 못 쓰게 만드셨습니다.
48 우박으로 그들의 가축을 내리쳤으며, 양 떼는 번개에 맞아서 죽었습니다.
49 하나님께서는 노여움과 분노, 의분과 분통을 그들에게 보이셨습니다. 벌을 내리는 천사들을 보내어 그들을 멸하도록 하셨습니다.
50 하나님은 분노를 억제하지 않으셨습니다. 그들을 살려 두지 않으시고 끔찍한 염병에 걸리게 하셨습니다.
51 하나님께서 이집트의 처음 난 아들들을 다 죽이셨으니 함 자손의 모든 장자들이 죽음을 면치 못했습니다.
52 그러나 하나님께서는 자기 백성들을 마치 양 떼처럼 다 인도해 내셨으며 광야를 가로질러 그들을 이끄셨습니다.
53 하나님께서 그들을 안전하게 인도하셨으므로 그들은 무서워하지 않았습니다. 그러나 그들의 원수들은 모두 물에 빠져 죽고 말았습니다.
54 하나님은 그들을 거룩한 땅으로 인도하셨습니다. 주의 크신 능력으로 마련해 두신 산지였습니다.
55 그리고 하나님은 이스라엘이 보는 앞에서 다른 민족들을 쫓아 내시고, 이스라엘 지파에게 그들의 땅을 나누어 주셨으며, 이스라엘 백성들에게 그들의 집을 거처로 주셨습니다.
56 그러나 그들은 다시 하나님을 시험하고, 지극히 높으신 분께 반역하며, 그분의 계명을 지키지 않았습니다.
57 그들은 옛 조상들처럼 불순종하였고 믿음이 없었습니다. 굽은 화살처럼 믿을 수 없는 자들이었습니다.
58 그들은 산당을 만들어 하나님을 화나게 했고, 우상을 섬겨서 하나님을 질투나게 하였습니다.
59 하나님께서 그들을 보시며 분노하셨습니다. 그리고는 이스라엘 백성을 완전히 버리셨습니다.
60 하나님께서 실로의 성막, 즉 사람들 가운데 만들어 놓으신 성막을 떠나셨습니다.
61 주의 능력을 나타내는 법궤마저도 빼앗기게 하시어 자신의 영광을 원수의 손아귀에 넘기셨습니다.
62 하나님은 자신의 백성들을 원수들의 칼에 죽게 하셨으며, 자신의 백성에게 주신 기업에 대해서도 화를 내셨습니다.
63 젊은이들은 불에 타 죽고, 젊은 처녀들은 결혼할 사람을 잃게 되었습니다.
64 그들의 제사장들은 칼에 맞아 죽었으며, 남편을 잃은 여인들은 울 힘조차 없었습니다.
65 그 때, 주께서 잠에서 깨어난 듯 일어나셨습니다. 마치 포도주 기운에서 깨어난 사람처럼 일어나셨습니다.
66 하나님은 원수들을 물리치시고 그들을 영원히 부끄럽게 만드셨습니다.
67 그 때, 하나님께서는 요셉의 집안을 버리시

의분(78:49 righteous anger) 불의를 보고 일으키는 분노.

고 에브라임 지파를 택하지 않으셨습니다.
68 그 대신 유다 지파와 그가 사랑하셨던 시
온 산을 택하셨습니다.
69 하나님은 그의 성소를 산처럼 높이 세우
시고, 그가 옛적에 세우신 땅처럼 견고히
세우셨습니다.
70 하나님은 다윗을 양 우리에서 불러 내시
고, 그의 종으로 택하셨습니다.
71 하나님은 다윗을 양을 지키는 중에서 불러
내어 자기의 백성인 야곱의 목자로, 자기의
기업인 이스라엘의 목자로 삼으셨습니다.
72 그러자 다윗은 순전한 마음으로 그들을
잘 길렀고, 능숙한 솜씨로 그들을 잘 인
도하였습니다.

예루살렘을 위해 백성들이 울부짖음

아삽의 시

79 오 하나님, 이방 나라들이 주의 기
업에 침입하여 주의 성전을 더럽히
고 예루살렘을 폐허로 만들었습니다.
2 그들이 주의 종들의 시체를 공중의 새들
에게 밥으로 던지고, 주의 거룩한 무리들
의 시체를 들짐승에게 주었습니다.

성경 자세히 이해하기

매장되지 못한 시체

이스라엘 사람들은 매장되지 못하는 것을 사람이 겪을 수 있는 가장 큰 수치의 하나로 생각했습니다. 솔로몬도 몸이 매장되지 못하는 것을 가장 큰 불명예로 말하고 있는데(전 6:3), 본문은 시체들이 매장되지 못했을 뿐만 아니라 새와 짐승의 밥이 되는 것으로 묘사하고 있습니다. 이것은 모세 율법에서 불순종에 대해 모세가 선포한 저주들 가운데 하나였으며(신 28:26), 다윗과 골리앗 사이에 주고 받은 저주의 말이기도 합니다(삼상 17:44-46). 예레미야 예언자도 죽은 자의 시신에 대한 이런 수치스러운 취급에 대해 여러 차례 말했습니다(렘 7:33;8:1-3).

본문 보기 79편 2-4절

알아두세요

80편 '언약의 백합화'란 뜻이다.
81편 '깃딧'은 음악 용어이다.

3 그들은 온 예루살렘 주위를 피로 물들였습
니다. 그러나 죽은 자를 묻어 줄 사람이
하나도 없었습니다.
4 우리는 이웃에게 농담거리가 되고, 주위
사람들에게 조롱과 비방거리가 되었습니
다.
5 여호와여, 언제까지입니까? 주는 영원히
화를 풀지 않으실 것입니까? 언제까지 주
의 질투가 불붙듯 할 것입니까?
6 주를 인정하지 않는 나라들 위에 주의 분
노를 쏟아 부으소서. 주의 이름을 부르지
않는 나라들 위에 주의 분노를 쏟아 부으
소서.
7 그들이 야곱의 자손들을 삼켰으며 야곱의
조국을 멸망시켰습니다.
8 우리 조상들의 죄 때문에 우리에게 책임
을 묻지 마소서. 우리에게 속히 주의 자
비를 보여 주소서. 우리가 절망 가운데에
있습니다.
9 우리 구원자 하나님이시여, 주의 영광스
런 명예를 위해서 우리를 도와 주소서. 주
의 이름을 위해서 우리를 구원하시고 우
리 죄를 용서하여 주소서.
10 "너희 하나님이 어디 있느냐?"라고 이방
민족들이 빈정거리며 말합니다. 우리 눈
앞에서 주의 종들이 흘린 피를 꼭 갚아 주
소서. 주는 보복하시는 분이라는 것을 모
든 나라들이 알게 하소서.
11 감옥에 갇힌 자들의 신음 소리를 들어 주
시고 죽음에 처한 자들을 주의 능력의 팔
로 구해 주소서.
12 주여, 주를 모욕한 우리의 이웃들에게 일
곱 배로 갚아 주소서.
13 우리는 주의 백성이며 주께서 기르시는
양 떼들입니다. 우리가 영원히 주께 감사
하겠습니다. 영원히 우리가 주의 영광을
찬양하겠습니다.

이스라엘을 회복시켜 주실 것을 기도

아삽의 시. 소산님에듯*에 맞춰 지휘자를 따라 부른 노래

80 이스라엘의 목자 되신 주여, 우리
에게 귀를 기울여 주소서. 주는
요셉의 자손들을 양 떼같이 인도하는 분

이십니다. 주는 날개 달린 생물인 그룹들
사이의 보좌에 앉아 계신 분이십니다.
2 주는 에브라임과 베냐민, 므낫세 지파 앞에
빛나는 분이십니다. 주의 힘과 능력으로,
빨리 오셔서 우리를 구원해 주소서.
3 오 하나님, 우리를 회복시키시고, 주의
얼굴을 우리에게 비춰 주시고, 우리를 구
원해 주소서.
4 만군의 하나님 여호와여, 언제까지 화를
내시렵니까? 언제까지 주의 백성들의 기
도를 저버리시렵니까?
5 그들은 날마다 눈물로 밥을 먹으며, 사발
가득한 눈물이 그들의 마실 물이 되었습
니다.
6 우리는 이웃들의 다툼거리가 되었으며,
원수들의 조롱거리가 되었습니다.
7 전능하신 하나님이여, 우리를 회복시키시
고, 주의 얼굴을 우리에게 비춰 주셔서 우
리로 구원을 얻게 하소서.
8 주께서 포도나무 한 그루를 이집트에서 가
져다가 다른 민족들을 쫓으신 후, 그 땅
에 그것을 심으셨습니다.
9 주는 그 포도나무를 위해 미리 밭을 갈아
놓으셨습니다. 그래서 포도나무는 뿌리를
깊이 내리고 온 땅에 퍼져 가득 찼습니다.
10 포도나무 잎새가 큰 산들을 덮고 그 가지
가 백향목처럼 뻗었습니다.
11 그 뻗은 가지는 지중해에 이르고, 그 넝
쿨은 유프라테스 강까지 이르렀습니다.
12 그런데 주는 어찌하여 담을 허무셨습니
까? 지나가는 사람마다 모두 포도 열매를
따 먹습니다.
13 산돼지가 포도 덩굴을 짓밟고 들짐승들이
그 열매를 다 먹어 치우고 있습니다.
14 만군의 하나님이여, 어서 우리에게로 돌
아오십시오. 하늘에서 내려다보소서! 이
포도나무를 살펴보소서.
15 주의 능력의 손으로 심으신 뿌리입니다.
주께서 주를 위해 세우신 자손입니다.
16 이제 주의 포도나무가 잘리고, 불에 타 없
어지고 있습니다. 주께서 꾸짖자, 주의
백성이 망하게 되었습니다.
17 주의 오른편에 있는 자에게 힘을 주시고,
주께서 주를 위해 힘있게 세우신 사람을
지켜 주소서.
18 다시는 우리가 주를 떠나지 않겠습니다.
우리를 새롭게 해 주소서. 그러면 우리가
주의 이름을 부를 것입니다.
19 만군의 하나님 여호와여, 우리를 회복시
키시고, 주의 얼굴을 우리에게 비춰 주시
고, 우리를 구원해 주소서.

축제일의 노래

아삽의 시. 깃딧*에 맞춰 지휘자를 따라 부른 노래

81 우리의 힘이신 하나님께 기쁜 마음
으로 노래하십시오. 야곱의 하나님
께 큰 목소리로 외치십시오.
2 소고를 치고 수금을 타며 비파에 맞춰 음
악을 연주하십시오.
3 초승달이 뜰 때에 보름달이 뜰 때에 우리
들의 축제일에 숫양의 뿔로 나팔을 부십
시오.
4 이것은 이스라엘이 지켜야 할 법이며 야곱
자손의 하나님께서 정하신 규례입니다.
5 우리가 알아듣지 못하는 언어를 사용하던
이집트를 하나님께서 치실 때에 하나님께
서 이 법을 요셉의 자손들에게 주신 것입
니다.
6 하나님께서 말씀하십니다. "내가 너희 어
깨에서 짐을 벗기고, 너희 힘든 일손을 쉬
게 하였다.
7 너희가 괴로울 때에 내게 부르짖으므로

헤르첼 국립 묘지에 있는 백향목 (80:10)

내가 너희를 구원하였다. 내가 천둥 소리
가운데서 너희에게 응답했고, 므리바 물
가에서 너희를 시험하였다. (셀라)
8 내 백성들아, 들어라. 이스라엘아, 내 말에
귀를 기울여라. 내가 너희에게 경고한다.
9 너희 가운데에 다른 신들을 두어서는 안
된다. 어떤 다른 신에게 절해서도 안 된다.
10 나는 너희를 이집트에서 인도해 낸 여호
와 너희의 하나님이다. 네 입을 크게 벌
려라. 그러면 내가 채울 것이다.
11 그러나 내 백성은 내 말에 귀 기울이지 않
았으며, 이스라엘은 내게 복종하지 않았다.
12 그래서 내가 그들을 그들의 고집대로 내
버려 두었더니 자기들 마음대로 행하고
있구나.
13 내 백성들아, 내 말에 귀를 기울여 보아
라. 이스라엘 자손들아, 내 뜻에 따라 살
아 보아라.
14 그러면 내가 너희 원수들을 쳐부수고, 내
손으로 너희 적들을 칠 것이다.
15 여호와를 미워하는 자들이 모두 그 앞에
서 고개를 숙일 것이다. 그들은 영원히 형
벌을 받게 될 것이다.
16 그러나 너희는 내가 가장 좋은 밀가루로
먹일 것이고 바위에서 딴 꿀로 배부르게
할 것이다."

최고의 재판관이신 하나님

아삽의 시

82 하나님께서 하늘의 모임에서 회의
를 진행하십니다. 하나님께서 재
판관들에게 말씀하십니다.
2 "너희가 언제까지 악한 자를 변호해 주
고, 못된 자들의 편을 들려느냐? (셀라)
3 약한 자와 고아를 보살펴 주고, 가난한 자
와 고통받는 자의 권리를 찾아 주어라.
4 약한 자들과 어려운 자들을 구해 주고, 악
한 자들의 손에서 그들을 구해 주어라.
5 너희는 무지하며 분별력도 없이 어둠 속
을 헤매고 다니는구나. 그러니 세상이 온
통 흔들릴 수밖에 없지.
6 내 말을 들어라. '너희는 신들이며, 지극
히 높은 분의 아들들이다' 라고 하였으나,
7 너희는 보통 사람들처럼 똑같이 죽을 것
이다. 여느 지도자와 다를 바 없이 죽게
될 것이다."
8 오 하나님, 일어나셔서 이 땅을 심판하소
서. 이는 모든 나라가 다 주의 것이기 때
문입니다.

적에 대한 기도

아삽의 시 곧 노래

83 오 하나님, 더 이상 침묵하지 마
소서. 오 하나님, 더 이상 잠잠히
있거나 가만히 있지 마소서.
2 보십시오. 주의 원수들이 소리 높여 떠들
고, 주의 적들이 머리를 치켜들고 있습니
다.
3 그들이 주의 백성들을 죽이려고 계획하고
있습니다. 주께서 사랑하시는 사람들을
해치려고 음모를 꾸미고 있습니다.
4 그들은 이렇게 말합니다. "자, 저 나라를
완전히 쳐부수자. 이스라엘이란 이름마저
기억하지 못하도록 만들자."
5 그들이 마음을 합하여 음모를 꾸미고, 주
를 치려고 서로 손을 잡았습니다.
6 그들은 에돔 사람들과 이스마엘 사람들이
며, 모압 사람들과 하갈 사람들입니다.
7 그발 사람들과 암몬 사람들과 아말렉 사람
들, 그리고 블레셋 사람들과 두로 사람들
이 그들입니다.
8 심지어 앗시리아 사람들도 합세하여 롯의
후손을 도왔습니다. (셀라)
9 주께서 미디안 사람들에게 하신 것같이 그
들을 치십시오. 기손 강가에서 시스라와
야빈에게 하신 것같이 그들을 멸하십시
오.
10 그들은 엔돌에서 전멸하였고 그들의 시체
는 그 땅의 거름이 되었습니다.
11 오렙과 스엡에게 하신 것같이 그들의 장군
들에게 해 주시고 세바와 살문나에게 하신
것같이 그들의 왕자들에게 해 주소서.
12 그들은 이렇게 건방지게 말하던 자들이었
습니다. "하나님의 목장들을 빼앗아 우리
의 것으로 만들자."
13 오 나의 하나님, 그들을 바람에 날아가는

잡초 같게 하시고 지푸라기 같게 하소서.
14 숲을 사르는 무서운 불길같이 산 위로 번져 가는 불꽃같이
15 주의 폭풍으로 그들을 쫓아 내시고, 주의 돌풍으로 그들을 두렵게 하소서.
16 여호와여, 그들이 심한 수치를 당하게 하소서. 그러면 그들이 주의 이름을 부를 것입니다.
17 그들이 겁에 질려 두려워하게 하소서. 수모를 당하고 멸망하게 하소서.
18 주의 이름이 여호와이신 줄을 그들이 알게 하여 주시고, 주만이 온 세상에서 가장 높으신 분임을 알게 하소서.

성전 안에 머물기를 소원함

고라 자손의 시. 깃딧에 맞춰 지휘자를 따라 부른 노래

84 만군의 여호와여, 주가 계시는 곳이 얼마나 아름다운지요!
2 내가 여호와의 성전 뜰을 애타게 그리워하다가 쓰러질 지경이 되었습니다. 나의 온몸과 온 마음으로 살아 계신 주께 부르짖습니다.
3 만군의 여호와, 나의 왕이시며 나의 하나님이시여, 주의 제단 곁에는 참새도 깃들 곳이 있고, 제비도 새끼를 품을 보금자리가 있습니다.
4 주의 집에 사는 사람들은 행복합니다. 그들이 주를 영원히 찬송할 것입니다. (셀라)
5 주께로부터 힘을 얻는 사람은 행복합니다. 시온을 향하여 가는 것을 사모하는 사람은 행복합니다.
6 그들이 눈물의 골짜기를 지나갈 때에 그 곳을 샘이 되게 하며, 가을비가 우물을 가득 채워 줍니다.
7 예루살렘을 향해 걸어갈수록 점점 더 힘을 얻습니다. 모두들 시온에서 하나님을 만나게 될 것입니다.
8 만군의 여호와 하나님이여, 내 기도를 들어 주소서. 야곱의 하나님이여, 내 말에 귀를 기울여 주소서. (셀라)
9 오 하나님, 우리의 방패를 살펴 주소서. 주께서 기름 부으신 왕에게 은혜를 베풀어 주소서.
10 주의 성전 뜰에서 보내는 하루가 다른 곳에서 지내는 천 날보다 더 행복합니다. 내가 악한 자들의 집에서 사느니 차라리 내 하나님의 집에 문지기로 있겠습니다.
11 여호와 하나님은 우리의 태양이며 방패이십니다. 여호와는 우리에게 은혜와 명예를 주십니다. 주는 정직하게 사는 사람에게 가장 좋은 것을 아끼지 아니하시고 주십니다.
12 만군의 여호와여, 주를 의지하는 사람은 행복합니다.

백성들을 위한 기도

고라 자손의 시. 지휘자를 따라 부른 노래

85 여호와여, 주께서 이 땅에 은혜를 베푸시고, 야곱의 자손들을 다시 번영케 하셨습니다.
2 주의 백성들의 죄를 용서해 주시고 잘못을 다 덮어 주셨습니다. (셀라)
3 주께서 분노를 거두시고, 노여움을 푸셨습니다.
4 우리의 구원자, 하나님이여, 이제 우리를 다시 회복시켜 주소서. 우리를 향한 주의 노여움을 거두어 주소서.
5 언제까지 우리에게 화를 내시렵니까? 언제까지 우리 자손에게 노여움을 거두지

성경 자세히 이해하기

바빌로니아에서의 귀환을 노래함

바빌로니아를 정복한 페르시아의 고레스 왕은 이스라엘 백성의 해방을 칙령으로 선포했습니다(스 1:1). 이에 따라 바빌로니아에 끌려 갔던 이스라엘 백성은 본국으로 돌아갈 수 있게 되었으며, 이 귀환은 3차례에 걸쳐 이루어졌습니다. 제 1진이 돌아온 것이 B.C. 538년경이며, 에스라 1-3장은 이 시를 이해하는 데 도움이 될 것입니다. 이렇듯 시편 85편은 제 1진에 속해 돌아온 포로에 의해 쓰여졌습니다. 시인은 이 귀환을 하나님의 용서로 받아들이고 감사하며, 아직도 남아 있는 동포들을 위해 기도하고 있습니다. 시편 85편은 고라 자손이 보존해 온 시입니다.

본문 보기 85편

않으시렵니까?
6 다시 한 번 우리를 살려 주소서. 그러면
우리가 주께 감사하며 주를 기뻐할 것입
니다.
7 여호와여, 우리를 극진히 사랑해 주시고,
우리에게 구원을 베풀어 주소서.
8 여호와 하나님의 말씀에 내가 순종하겠
습니다. 주는 주의 백성, 거룩한 무리들
에게 행복을 약속하셨습니다. 그들이 다
시는 어리석게 살지 않도록 지켜 주소
서.
9 하나님을 높이고 존경하는 자들을 하나님
은 반드시 구원하실 것입니다. 그러면 이
땅에 하나님의 영광이 가득할 것입니다.
10 사랑과 진리가 서로 만나고, 의로움과 평
화가 포옹할 것입니다.
11 신실함이 땅에 가득하고, 의로움이 하늘
에서 내려옵니다.
12 여호와께서 참 좋은 것을 주시니 이 땅에
서 풍성한 곡식을 거두게 될 것입니다.
13 주의 의로움이 앞서 행하며 주께서 가시
는 길을 준비합니다.

도와 달라고 울부짖음

다윗의 기도

86 여호와여, 내 소리에 귀를 기울이
시고 대답해 주소서. 나는 불쌍하
고 힘이 없는 사람입니다.
2 내가 주께 헌신하오니, 나를 지켜 주소
서. 주는 나의 하나님이십니다. 주를 의
지하는 나를 구해 주소서.
3 주여, 나를 불쌍히 여겨 주소서. 내가 하
루 종일 주를 찾습니다.
4 주의 종에게 기쁨을 내려 주소서. 주여,
몸과 마음을 다하여 주를 바라봅니다.
5 주는 선하시고 죄를 용서해 주시는 분입
니다. 주를 찾는 모든 이들에게 크신 사
랑을 베푸시는 분입니다.
6 여호와여, 내 기도를 들어 주시고, 자비
를 베풀어 달라는 부르짖음에 귀를 기울
여 주소서.
7 주께서 내게 분명히 대답해 주실 것을 믿
으므로 어려운 시절에 주를 찾을 것입니다.
8 주여, 세상에 주와 같으신 신이 어디 있
습니까? 아무도 주께서 하신 일을 행하지
못합니다.
9 주여, 주께서 만드신 모든 나라가 주를 경
배할 것입니다. 그들이 주의 이름을 찬양
할 것입니다.
10 주는 놀라운 일들을 하시는 위대한 분이
십니다. 오직 주만이 참하나님이십니다.
11 여호와여, 주의 길을 나에게 가르쳐 주소
서. 내가 주의 진리를 따라 걷겠습니다.
나에게 변함없는 마음을 주소서. 내가 주
의 이름을 높이고 존경하겠습니다.
12 주 나의 하나님이여, 온 맘으로 주를 찬
양합니다. 영원히 주의 이름을 찬양하겠
습니다.
13 내게 보이신 주의 사랑이 너무도 크고 깊
습니다. 주께서 나를 죽음에서 건져 내셨
습니다.
14 오 하나님, 교만한 자들이 나를 공격합니
다. 잔인한 무리들이 나를 죽이려 듭니
다. 그들은 나를 멸시하고 무시합니다.
15 주는 불쌍히 여기시며, 은혜를 베푸시는
하나님이십니다. 쉽게 화를 내지 않으시
고, 사랑과 진실하심이 풍성하신 분이십
니다.
16 나를 돌아보시어 자비를 베풀어 주소서.
주의 종에게 힘을 더하여 주소서. 주의 종
의 아들을 구하여 주소서.
17 주의 선하신 증거를 내게 보여 주셔서 내
원수들이 그것을 보고 부끄러워하게 해
주소서. 오 여호와여, 주는 나를 도와 주
시고 위로하시는 분이십니다.

예루살렘을 사랑하시는 하나님

고라 자손의 시 곧 노래

87 주께서 거룩한 산 위에 성의 기초
를 놓으셨습니다.
2 여호와는 야곱의 자손들이 사는 어느 곳
보다 시온의 문들을 좋아하십니다.
3 오 하나님의 성이여, 너에 대한 칭찬이 자
자하다. (셀라)
4 하나님께서 말씀하십니다. "내가 이집트*
와 바빌로니아의 이름을 기록해 놓았다.

왜냐하면 그들은 나를 인정하는 자들이기
때문이다. 블레셋과 두로, 에티오피아*사람
들도 마찬가지다. 그들 모두가 시온 출신
이라고 할 것이다."
5 그렇습니다. 사람들이 시온에 대해 다음
과 같이 말할 것입니다. "이 사람도 저 사
람도 시온 출신이야. 지극히 높으신 분께
서 시온을 굳게 세우셨어."
6 여호와께서 민족들을 등록하실 때에 "이
사람도 시온에서 났구나" 하실 것입니다.
(셀라)
7 사람들은 음악을 연주하면서 노래할 것입
니다. "나의 모든 근원이 시온에 있다"라
고 말할 것입니다.

불평하며 슬퍼함

고라 자손의 찬송 시, 곧 에스라 사람 헤만의 마스길.
마할랏르안놋*에 맞춰 지휘자를 따라 부른 노래

88 여호와여, 나를 구원하시는 하나
님이여, 내가 밤낮으로 주께 부르
짖습니다.
2 내 기도가 주 앞에 이르기를 바랍니다.
내 부르짖음에 귀를 기울여 주소서.
3 내 영혼이 괴로움으로 심히 지쳐 내가 거
의 죽을 지경에 이르렀습니다.
4 사람들도 내가 곧 죽게 되었다고 생각합
니다. 나는 아무 힘이 없는 사람같이 되
었습니다.
5 사람들은 나를 죽은 사람처럼 취급합니
다. 무덤에 묻힌 사람처럼 쳐다봅니다.
주께서 더 이상 기억하지도 않는 자가 되
었습니다. 더 이상 주의 보호를 받지 못
하는 자가 되었습니다.
6 주께서 나를 깊은 구렁 속에 처넣었습니
다. 가장 어둡고 음침한 곳에 던져 넣었
습니다.
7 주의 분노가 나를 짓누르며, 주의 파도가
나를 덮쳐 괴롭게 합니다. (셀라)
8 주께서 내 친구들을 내게서 떼어 놓으시
니 그들이 나를 싫어합니다. 내가 덫에 걸
려 갇힌 몸이 되었습니다.
9 내 눈이 눈물에 젖어 흐려졌습니다. 오 여
호와여, 내가 매일같이 주께 부르짖습니
다. 내가 주를 향해 손을 들고 간구합니다.
10 죽은 자에게 주의 기적을 보이시겠습니
까? 죽은 자들이 일어나 주를 찬송할 수
있겠습니까? (셀라)
11 무덤 속에서 주의 사랑을 어떻게 외치겠
습니까? 죽은 자가 주의 신실하심을 어떻
게 알리겠습니까?
12 주의 기적이 무덤 속에서 알려지겠습니
까? 주의 신실하심이 잊혀진 땅에서 드러
나겠습니까?
13 여호와여, 내가 주께 부르짖으며 도움을 청
합니다. 아침마다 주께 기도를 드립니다.
14 여호와여, 어찌하여 나를 버리십니까? 어
찌하여 내게서 숨으십니까?
15 어려서부터 나는 약하여 여러 번 죽을 뻔
하였습니다. 주가 무서워 앞이 캄캄합니다.
16 주의 분노가 나를 휩쓸고, 주의 두려움에
내가 죽을 것 같습니다.
17 매일같이 주의 분노가 홍수처럼 내게 밀
어닥쳐 나를 덮쳤습니다.
18 주께서 나의 사랑하는 사람들과 친구들을
다 앗아가시니 어둠만이 나의 가까운 친
구가 되었습니다.

성실하신 하나님을 찬양

에스라 사람 에단의 마스길

89 내가 여호와의 크신 사랑을 영원
히 노래하겠습니다. 내가 주의 신
실하심을 대대로 전하겠습니다.
2 "주의 사랑은 영원하며, 주의 성실하심은
하늘처럼 흔들리지 않습니다."
3 주께서 말씀하셨습니다. "내가 나의 택한
자와 언약을 맺었고, 내 종 다윗에게 이
렇게 맹세하였다.

알아두세요

87:4 '이집트'를 가리키는 시적 표현으로 개역 성경에는 (히) '라합'이라고 표기되어 있고, '에티오피아'는 개역 성경에 (히) '구스'라고 표기되어 있다.
88편 '마할랏르안놋'은 '역경의 고통'이라는 뜻이다.

등록(87:6 registration) 문서에 올림.
지경(88:3 situation) 형편이나 정도.
구렁(88:6 pit) 땅이 움쑥 패어 들어간 곳.

4 '내가 너를 왕위에 앉히고, 네 자손이 대
대로 왕 노릇 하게 할 것이다.'" (셀라)
5 여호와여, 하늘이 주의 기적들을 찬양하
며, 거룩한 무리가 주의 성실하심을 찬송
합니다.
6 하늘에서 여호와와 비교할 만한 이가 누
구입니까? 어느 천사가 감히 여호와와 비
교될 수 있습니까?
7 하늘의 천사들 가운데서 오직 두려워할
분은 하나님 한 분이십니다. 주는 그들 가
운데서 가장 위엄이 있는 분이십니다.
8 여호와 만군의 하나님이여, 주와 같은 이
가 누구입니까? 오 여호와여, 주는 힘이
세고 신실한 분이십니다.
9 주는 거친 바다를 다스리시고, 파도치는
물결을 잠잠하게 하십니다.
10 주께서 라합을 찔러 죽이시고, 주의 힘센
팔로 적들을 흩으셨습니다.
11 하늘도 땅도 모두 다 주의 것입니다. 주
께서 세상과 그 안의 모든 것을 만드셨습
니다.
12 주는 남과 북을 만드셨습니다. 다볼 산과
헤르몬 산이 즐겁게 주의 이름을 찬양합
니다.
13 주의 팔은 힘이 있고, 주의 손은 억세며,
주의 오른팔은 강합니다.

성경 자세히 이해하기

에단의 노래

시편 89편은 에스라 사람 '에단의 시'라는 표제어가 붙어 있는데, 에단은 다윗 왕 때의 성가대장이었습니다. 또한 솔로몬의 아들 르호보암 때에 지어진 것으로 알려져 있어 에단 가문이 보존하고 있는 시라고 볼 수 있습니다. 이 시를 지을 때가 이스라엘이 남북으로 분열되고, 이집트 왕 시삭이 예루살렘까지 진격해 와서 성전과 왕궁의 보물을 탈취해 갈 만큼 어려운 시기였으므로, 시의 저자는 하나님께서 다윗과 맺은 언약을 생각하면서 하나님의 인자하심과 성실하심에 근거하여 왕과 국가를 위해 간구하고 있습니다.

본문 보기 89편

14 주가 세우신 왕국의 기초는 의와 공평입
니다. 사랑과 신실하심이 주와 함께 있습
니다.
15 오 여호와여, 주를 찬양하며 사는 사람은
행복합니다. 그들은 항상 주의 빛 가운데
에 사는 사람들입니다.
16 그들은 온종일 주의 이름을 부르고 즐거
워하며, 주의 의로우심을 생각하고 기뻐
합니다.
17 주는 그들의 영광이며 힘이십니다. 주께
서 힘과 은혜를 주시고 우리를 높이셨습
니다.
18 그렇습니다! 우리의 방패는 여호와이십니
다. 우리 왕은 이스라엘의 거룩한 분에게
속하였습니다.
19 한번은 주께서 환상 가운데 말씀하셨습니
다. 주의 충성스런 자들에게 말씀하신 것
입니다. "내가 한 젊은 용사에게 힘을 주
었고, 내 백성 가운데서 한 청년을 택하
여 왕을 세웠다.
20 내 종 다윗을 찾아 그에게 거룩한 기름을
부어 왕으로 삼았다.
21 내가 손으로 그를 굳게 잡고, 팔로 그를
강하게 할 것이다.
22 원수가 그를 굴복시키지 못할 것이며, 악
한 자들이 그를 괴롭히지 못할 것이다.
23 내가 그의 눈앞에서 그의 원수들을 멸하
고 그의 적들을 쳐부술 것이다.
24 내가 변함없이 그를 사랑할 것이며 그가
내 이름으로 강하게 될 것이다.
25 내가 그의 손을 바다 위에 뻗치게 할 것
이며, 그의 오른손을 강까지 뻗치게 할 것
이다.
26 그가 큰 소리로 나에게 말하기를, '주는
나의 아버지이시며 나의 하나님, 나의 구
원자, 나의 바위이십니다'라고 할 것이다.
27 내가 그를 나의 맏아들로 삼고, 이 땅에
서 가장 위대한 왕으로 만들 것이다.
28 그에 대한 나의 사랑을 영원히 간직할 것이
니 그와 맺은 나의 언약은 영원할 것이다.
29 내가 그의 후손을 길이길이 이어 줄 것이
니, 그의 왕조는 하늘이 있는 동안 영원

할 것이다.
30 그러나 그의 자손들이 나의 법을 저버리
고 나의 법규들을 따르지 않거나
31 내 규례들을 어기고 내 명령을 지키지 않
으면
32 내가 막대기로 그들의 죄를 다스리고 채
찍으로 그들의 잘못을 칠 것이다.
33 그러나 내 사랑만은 거두지 않을 것이며,
나의 성실함만은 지킬 것이다.
34 나는 내 언약을 깨뜨리지 않을 것이며, 내
입으로 말한 것을 바꾸지 않을 것이다.
35 나의 거룩함을 걸고 맹세하였기 때문에
다윗을 절대 속이지 않을 것이다.
36 그의 왕조는 계속 이어질 것이며, 그의 왕
위는 내 앞에서 해처럼 영원할 것이다.
37 하늘의 진실한 증인인 달처럼 영원히 이
어질 것이다." (셀라)
38 그러나 주는 이제 주께서 기름 부으신 자
를 버리시고, 그를 물리치시며, 분노를
쏟으셨습니다.
39 주는 주의 종과 맺은 언약을 깨뜨리시고,
그의 왕관을 땅에 내팽개치셨습니다.
40 주는 그의 성벽들을 모두 허무시고, 철벽
같은 성을 돌무더기로 만드셨습니다.
41 지나가는 사람들이 그의 물건을 마구 빼
앗아 가고, 이웃들이 그를 비웃었습니다.
42 주께서 오히려 그의 원수들의 오른손을
들어 주셨습니다. 그러자 그들이 좋아서
기뻐하게 되었습니다.
43 주는 그의 칼을 무디게 하셨으며, 전쟁에
서 그를 돕지도 않으셨습니다.
44 주는 그의 찬란한 영광을 빼앗으시고 그
의 왕좌를 땅에 던져 버리셨습니다.
45 주는 그의 젊은 시절을 빨리 지나가게 하
셨으며 그를 부끄러움으로 덮으셨습니다.
(셀라)
46 여호와여, 언제까지 숨어 계실 것입니까?
언제까지 불 같은 화를 쏟으시려 하십니
까?
47 내 인생이 짧다는 사실을 기억해 주소서.

"내가 너를 왕위에 앉히고, 네 자손이
대대로 왕 노릇 하게 할 것이다" (89:4)

주께서 지으신 모든 삶이 너무도 허무합니다!
48 이 세상에서 죽지 않고 영원히 살 사람이 어디 있습니까? 무덤의 세력을 피할 사람이 누가 있습니까? (셀라)
49 주여, 지난 날 보여 주신 주의 크신 사랑은 다 어디에 있습니까? 진실하신 주께서 전에 다윗에게 맹세하지 않으셨습니까?
50 주여, 주의 종이 얼마나 모욕을 당하였는지 기억해 주소서. 내 가슴에 사무친 다른 나라들의 조롱을 기억해 주소서.
51 여호와여, 주의 원수들이 한 모욕들을 기억하소서. 주의 기름 부음 받은 자를 따라다니면서 모욕한 것을 기억하소서.
52 여호와를 영원히 찬송합니다! 아멘, 아멘.

제 4 권

하나님은 영원하시나 우리는 그렇지 않습니다

하나님의 사람, 모세의 기도

90 주여, 주는 대대로 우리의 안식처와 피난처가 되셨습니다.
2 산들이 생겨나기 전, 주께서 이 땅과 세상을 만드시기 전, 옛날부터 영원히 주는 우리의 하나님이십니다.
3 주께서 사람들을 흙으로 되돌아가게 하시면서 말씀하십니다. "사람아, 흙으로 돌아가거라."
4 주가 보시기에는 천 년도 지나간 어제와 같고, 긴 세월도 밤중의 한 시간과 같습니다.
5 주께서 죽음의 잠으로 휩쓸어 가시면 사람은 아침에 돋아나는 풀과 같습니다.
6 아침에는 싱싱하게 피었다가도 저녁이 되면 시들어 마르는 풀입니다.
7 주의 분노가 우리를 다 태워 버립니다. 주가 화내시면 우리는 두려워 떱니다.
8 우리가 저지른 악한 행위들이 다 주 앞에 있고, 우리가 숨어서 지은 죄들도 다 주가 보고 계십니다.
9 우리 인생이 주의 분노 아래 있으니 우리는 일생을 한숨 지으면서 보냅니다.
10 우리의 수명은 칠십 년, 힘이 있으면 팔십 년이지만, 인생은 고생과 슬픔으로 가득 차 있습니다. 날아가듯 인생은 빨리 지나갑니다.
11 주의 분노가 무섭다는 것을 누가 알겠습니까? 주의 분노의 힘이 크다는 것을 누가 알겠습니까?
12 우리의 인생이 얼마나 짧은지 깨닫게 해 주소서. 그러면 우리의 마음이 지혜로워질 것입니다.
13 여호와여, 돌아오십시오. 언제까지 멀리 계실 것입니까? 주의 종들을 불쌍히 여겨 주소서.
14 아침마다 주의 변함없는 사랑으로 우리를 배부르게 해 주소서. 그러면 우리가 평생토록 기뻐하며 즐겁게 노래하겠습니다.
15 주께서 우리에게 괴로움을 주신 날만큼 이제 우리에게 기쁨의 날들을 되돌려 주소서. 우리가 괴로워한 그 날만큼 우리가 즐거운 인생을 보내게 하소서.
16 주의 놀라운 일들을 주의 종들에게 보여 주시고, 주의 위대하심을 우리의 자녀들에게 나타내 주소서.
17 주 우리 하나님의 은혜가 우리와 함께하셔서 우리가 하는 일이 잘 되게 해 주소서. 우리가 하는 일이 잘 되게 해 주소서.

성경 자세히 이해하기

모세의 시

모세의 시는 시편 90편 이외에 신명기 32:1-43과 출애굽기 15:1-18에도 나옵니다. 그 시들이 이스라엘의 역사에 관한 것이라면, 시편 90편은 인생의 본질 문제를 다루고 있습니다. '인간의 수명은 길게 잡아도 칠, 팔십이다. 그런 다음 흙으로 돌아간다. 왜 그런가? 이는 하나님의 진노 때문이다. 그러므로 삶 자체가 허무하다. 풀과 같다. 이것을 아는 것이 삶의 지혜이다. 이 짧은 인생을 하나님의 자비와 긍휼 속에서 즐겁게 보내야 하지 않겠는가? 그리고 하나님의 목적을 알아서 의미있게 살아야 하지 않겠는가?' 하는 것이 이 시의 내용입니다.

본문 보기 90편

주와 함께 있으면 안전합니다

91 가장 높으신 분의 피난처에 사는 사
람은 전능하신 하나님의 그늘 밑에
서 편안히 쉬게 될 것입니다.
2 내가 여호와께 말합니다. "주는 나의 피
난처이시며 성벽이십니다. 나의 하나님,
내가 주를 굳게 믿습니다."
3 주는 반드시 여러분을 사냥꾼의 덫에서
구하시고, 무서운 병에서 건져 주실 것입
니다.
4 주는 주의 깃털로 여러분을 감싸 주시고,
주의 날개 아래 여러분을 보호해 주실 것
입니다. 주의 신실하심이 여러분의 갑옷
과 방패가 되어 주실 것입니다.
5 밤의 적막함이 여러분을 두렵게 하지 못
할 것입니다. 낮에 날아다니는 화살이 여
러분을 해하지 못할 것입니다.
6 밤중에 퍼지는 전염병도 여러분을 두렵게
하지 못하고, 대낮에 닥치는 재앙도 여러
분을 해하지 못할 것입니다.
7 천 명이 여러분의 옆에서 죽어 엎드러지
고, 만 명이 여러분의 오른편에서 쓰러질
지라도 여러분은 조금도 다치지 않을 것
입니다.
8 오직 여러분은 가만히 서서 악인들이 벌
받는 것을 쳐다보게 될 것입니다.
9 가장 높으신 분을 여러분의 피난처로 삼
고 나의 피난처이신 여호와를 여러분의
보호자로 모셨으니
10 어떤 불행도 여러분을 덮치지 않을 것이
며, 아무런 재난도 여러분 집에 가까이하
지 못할 것입니다.
11 주께서 천사들을 시켜 여러분을 지키게
하실 것입니다. 여러분이 어디로 가든지
저들이 여러분을 보호해 줄 것입니다.
12 천사들이 손으로 여러분을 붙들어 주시
고, 발이 돌부리에 부딪히지 않도록 해 주
실 것입니다.
13 여러분은 사자와 독사 위를 짓밟고 지나
가고 힘센 사자와 뱀을 짓누를 것입니다.
14 하나님께서 말씀하십니다. "나를 사랑하
는 자를 구원할 것이다. 내 이름을 높이
는 자를 내가 보호해 줄 것이다.
15 그가 나를 부르면 내가 그에게 대답할 것
이다. 그가 어려울 때, 내가 그와 함께 있
을 것이다. 내가 그를 구원하고 그를 높
여 줄 것이다.
16 그를 오래 살게 해 줄 것이며, 나의 구원
을 그에게 보일 것이다."

하나님의 선하심을 감사함

안식일의 노래

92 가장 높으신 분이여, 여호와를 찬양
하는 것은 즐거운 일입니다. 주의
이름을 노래하는 것은 행복한 일입니다.
2 이른 아침에 주의 사랑을 선포하고, 밤에
는 주의 신실하심을 노래합니다.
3 십현금과 비파와 수금의 가락에 맞추어
주를 찬양합니다.
4 여호와여, 주가 하신 일들을 듣고 기뻐합
니다. 주께서 하신 일들을 보며 내가 기
뻐 노래합니다.
5 여호와여, 주가 하신 일은 참으로 위대합
니다. 주의 생각은 너무나 깊습니다.
6 미련한 자들이 그것을 알지 못하고, 어리
석은 자들이 이해하지 못합니다.
7 악한 자들이 풀처럼 쑥쑥 자라고 악을 행
하는 자들이 잘 되는 것처럼 보이지만 그
들은 영원히 망하고 말 것입니다.
8 여호와여, 주는 영원히 높임을 받으실 분

성경 자세히 이해하기

사냥꾼의 덫

새를 사냥하는 데 사용하는 덫을 가리키는 히브리어는 여러 가지가 있는데, 원문의 '파흐'라는 단어는 스프링 내지 그물 덫을 가리킵니다. 이것은 두 부분으로 나누어져 있는데, 설치할 때 땅에 활짝 펼친 후 막대기로 약하게 고정시켜 놓습니다. 새나 짐승이 그 막대기를 건드리는 순간 둘로 나누어져 있던 것이 하나로 합쳐지면서 새가 그 안에 갇히거나 짐승의 발이 덫에 걸리게 됩니다.

본문 보기 91편 3절

이십니다.
9 여호와여, 주의 원수들은 반드시 망할 것
입니다. 악을 행하는 자들도 모두 다 흩
어지게 될 것입니다.
10 그러나 주는 나의 뿔을 들소처럼 강하게
하셨으며, 내게 신선한 기름을 부어 주셨
습니다.
11 내가 두 눈으로 적들이 전쟁에 패하는 것
을 보고, 두 귀로 악한 원수들이 도망치
는 소리를 들었습니다.
12 의로운 자들은 종려나무처럼 무성하며
레바논의 백향목처럼 울창할 것입니다.
13 그들은 마치 여호와의 성전 뜰에 심기운
나무처럼 우리 하나님의 정원에서 우거지
게 될 것입니다.
14 그들은 늙어서도 열매를 맺으며 항상 싱
싱하고 푸를 것입니다.
15 그들은 "여호와는 올바르시다. 주는 나의
바위이시며 그분께는 굽은 데가 없다" 라
고 말할 것입니다.

하나님의 위엄

93 여호와께서 위엄으로 옷 입으시고
세상을 다스리십니다. 여호와께서
위엄으로 옷 입으시고 능력의 띠를 두르
셨습니다. 세상이 굳게 서고 흔들림이 없
습니다.
2 주의 보좌가 옛적부터 굳게 서 있습니다.
주는 영원부터 계신 분이십니다.
3 여호와여, 바다가 뛰놉니다. 바다가 출렁
이며 소리를 높이고 철썩거리며 큰 물결
을 일으킵니다.
4 높은 곳에 계신 여호와의 능력은 더욱 강
하십니다. 큰 물결이 치는 소리보다 세시
고 파도가 깨어지는 소리보다 더 강하십
니다.
5 여호와여, 주의 법도는 굳게 서 있습니
다. 주의 집은 영원히 거룩함으로 가득 차
있습니다.

하나님께서 원수들을 심판하심

94 여호와여, 사람들이 행한 대로 갚
으시는 하나님이시여, 보복하시는
하나님이시여, 빛을 비추소서.
2 이 땅을 심판하시는 재판장이시여, 일어
나십시오. 교만한 자들이 마땅히 받아야
할 벌을 주소서.
3 여호와여, 악인들이 언제까지 흥에 겨워
날뛰도록 내버려 두실 것입니까?
4 그들은 교만한 말을 함부로 내뱉고 다니
며, 악한 일을 하는 자들은 떠벌리고 다
닙니다.
5 여호와여, 그들이 주의 백성을 짓누르고,
주의 민족을 괴롭힙니다.
6 과부와 나그네를 살해하고, 고아들도 죽
입니다.
7 그들은 말합니다. "여호와는 이런 일을
보지 않으신다. 야곱의 하나님은 이런 일
에 관심도 없다."
8 미련한 사람들아, 조심하라. 멍청한 사람
들아, 언제나 깨닫겠느냐?
9 귀를 만드신 분이 듣지 못하시겠느냐? 눈
을 지으신 분이 보지 못하시겠느냐?
10 세상 나라를 교훈하시는 분이 너희를 벌
하지 못하시겠느냐? 사람을 가르치시는
분이 모든 것을 알지 못하시겠느냐?
11 여호와는 사람의 생각을 아십니다. 사람의
생각들이 바람결 같다는 것을 아십니다.
12 여호와여, 주의 교훈을 받는 자는 행복한
사람입니다. 주의 법으로 가르침을 받는
자는 행복한 사람입니다.
13 고난의 날에 주는 그들을 보호하실 것이
나 악인은 무덤에 내려갈 것입니다.
14 여호와는 자기 백성을 버리지 않을 것입
니다. 결코 자기 민족을 포기하지 않을 것
입니다.
15 판단이 의로 돌아가 공정한 재판이 있게
될 것입니다. 정직한 자들은 다 만족할 것

위엄(93:1 majesty) 존경이나 우러러보는 마음을 일으킬 만한 태도나 분위기.
법도(93:5 laws and institutions) 지켜야 할 예절이나 격식.
교훈(94:10 instruction) 도움이 되거나 따를 만한 것을 가르치는 것.

입니다.
16 누가 나를 도와서 악인을 치러 일어날 것
입니까? 누가 내 편이 되어 악인과 싸울
것입니까?
17 여호와께서 나를 돕지 않으셨다면 나는
벌써 적막한 무덤에 있었을 것입니다.
18 여호와여, 내가 "쓰러질 것 같아!"라고
외칠 때에 주의 사랑이 나를 붙들어 주셨
습니다.
19 내 마음에 큰 두려움과 걱정이 있었을 때
에 주의 위로가 나에게 커다란 기쁨을 주
었습니다.
20 부패한 왕권이 하나님의 친구가 될 수 없
습니다. 그들이 만든 법은 백성들을 불행
하게 만듭니다.
21 그들이 모여서 의로운 사람을 해치려고
하고, 죄 없는 사람들에게 형벌을 선고합
니다.
22 그러나 여호와는 나의 성벽이 되셨습니다.
나의 하나님은 내가 피할 바위이십니다.
23 주는 악한 자들이 지은 죄대로 갚으실 것
입니다. 우리 하나님 여호와께서 그들을
멸망시킬 것입니다.

찬송과 순종을 바라심

95 다 와서 여호와께 기쁜 노래를 부
릅시다. 우리 구원의 반석이 되시
는 주님께 큰 소리로 외칩시다.
2 감사의 노래를 부르면서 주 앞에 나아갑
시다. 음악과 노래로 주를 높입시다.
3 여호와는 위대한 하나님이십니다. 그분은
모든 신들 위에 뛰어난, 위대한 왕이십니
다.
4 땅의 가장 깊은 곳도 그분의 것이며, 가
장 높은 산들도 그분의 것입니다.
5 바다도 그분의 것입니다. 이는 주가 만드
셨기 때문입니다. 그분은 손으로 마른 땅
도 지으셨습니다.
6 다 와서 엎드려 주를 경배합시다. 우리를
지으신 여호와 앞에 무릎을 꿇읍시다.
7 그분은 우리의 하나님이십니다. 우리는
그분 목장의 백성이며 그분이 기르는 양
떼들입니다. 오늘날 여러분에게 하시는
여호와의 말씀을 들으십시오.
8 "너희 조상들이 므리바에서 그랬던 것처
럼, 광야의 맛사에서 그랬던 것처럼 고집
부리지 마라.
9 그 곳에서 그들은 나를 시험하였다. 내가
행한 일을 두 눈으로 보고서도 나를 시험
한 것이다.
10 나는 사십 년 동안, 그들에게 분노하였
다. 그리고 이렇게 말했다. '그들은 마음
을 다른 곳에 두고 있다. 나의 길을 도무
지 알지 못하는 백성이다.'
11 나는 화가 나서 맹세하였다. '그들은 결
코 내 안식에 들어오지 못할 것이다!'"

하나님의 영광을 노래하여라

96 새 노래로 여호와께 노래하십시
오. 온 땅이여, 여호와께 노래하
십시오.
2 여호와께 노래하고 그분의 이름을 찬양하
십시오. 날마다 그분의 구원을 선포하십
시오.
3 세상 모든 나라들에게 그분의 영광을 선
언하고, 모든 민족들에게 그가 행하신 놀
라운 일들을 전하십시오.
4 여호와는 위대하시며 찬양받으실 분입니
다. 그분은 모든 신들보다 더 높임 받으
실 분입니다.
5 세상 모든 나라의 신들은 다 헛된 우상들
입니다. 그러나 여호와는 하늘을 만드신
분이십니다.
6 주께는 찬란한 위엄이 있고 그분의 성소
에는 능력과 아름다움이 있습니다.
7 온 땅의 나라들이여, 여호와께 영광과 능
력을 돌리십시오. 여호와께 영광과 능력
을 돌리십시오.

적막한(94:17 desolate) 고요하고 쓸쓸한.
부패한(94:20 corrupt) 법규나 제도 등이 문란하여 바르지 못한.
선고(94:21 sentence) 재판의 판결을 공표하는 일.
경배(95:6 worship) 하나님을 공경하여 절함.

8 여호와의 이름에 알맞는 영광을 그에게
돌리며 예물을 들고 그분의 성전에 들어
가십시오.
9 거룩한 광채로 옷 입으신 여호와를 경배하
십시오. 온 땅이여, 주님을 경외하십시오.
10 온 세상에 전하십시오. "여호와는 왕이십
니다." 이 세상이 굳게 서고 흔들리지 않
을 것입니다. 주께서 모든 민족을 공평하
게 심판하실 것입니다.
11 하늘이여, 기뻐하고 땅이여, 즐거워하여
라. 바다와 그 안에 있는 모든 것들아, 높
이 외쳐라.
12 밭과 그 안에 있는 모든 것들아, 기뻐 소
리쳐라. 숲의 모든 나무들아, 즐거이 노
래하여라.
13 여호와께서 오실 때, 그분이 이 세상을 심
판하러 오실 때, 그들이 여호와 앞에서 노
래할 것입니다. 주는 이 세상을 공평하게
심판하시고 진리로 민족들을 판단하실 것
입니다.

하나님의 능력을 찬송함

97 여호와께서 다스리시니 온 땅이 기
뻐하며 땅 끝에 있는 섬들도 즐거
워합니다.
2 짙은 안개와 구름이 그분을 두르고, 정의
와 공평 위에 그 나라가 세워졌습니다.
3 불길이 그 앞에서 나와 사방에 있는 주의
원수들을 태웁니다.
4 그 번개가 번쩍이며 세상을 비추고 사람
들이 그것을 보고 두려워 벌벌 떱니다.
5 산들이 여호와 앞에서 양초처럼 녹습니다.
큰 산들이 온 땅의 주 앞에서 녹습니다.
6 하늘들이 그 공평하심을 노래하고, 모든
민족들이 그 영광을 바라봅니다.
7 우상을 섬기는 자들은 부끄러움을 당할
것입니다. 그들은 허수아비들을 자랑하고
있습니다. 모든 신들아, 여호와께 엎드려
경배하여라!
8 여호와여, 주의 공평한 심판 때문에 시온
이 듣고 기뻐하며 유다 마을들이 즐거워
합니다.
9 여호와여, 주는 온 땅 위에 가장 높으신
분이십니다. 주는 모든 신들 위에 가장 뛰
어나신 분이십니다.
10 여호와를 사랑하는 자들은 악을 미워합니
다. 주는 신실하게 주님을 따르는 자의 생
명을 보호하시며, 악한 자의 손에서 그들
을 구원하십니다.
11 바르게 사는 사람들에게 빛을 비추시며,
마음이 정직한 사람들에게 넘치는 기쁨을
주십니다.
12 바르게 사는 여러분, 여호와 안에서 기뻐
하십시오. 그분의 거룩한 이름을 찬양하
십시오.

능력과 정의의 하나님

98 새 노래로 여호와께 찬양하십시
오. 그분이 놀라운 일들을 행하시
고 능력의 오른손과 거룩한 팔로 우리에
게 승리와 구원을 주셨습니다.
2 여호와는 온 세상에 그의 구원을 알리시
고, 온 세계에 그의 의로우심을 알리셨습
니다.
3 주는 이스라엘 백성을 향한 그의 사랑을
기억하셨습니다. 이스라엘 집을 향한 주의
성실하심을 기억하셨습니다. 세상 끝에
있는 사람들까지도 우리 하나님의 구원을
바라보게 되었습니다.
4 온 땅이여, 기쁨으로 여호와께 즐거이 외
치며, 악기에 맞추어 기쁨의 노래를 부르
십시오.
5 수금으로 아름다운 음악을 여호와께 드리
십시오. 수금과 노랫소리로 주를 찬양하
십시오.
6 나팔과 호각을 불면서 왕이신 여호와 앞
에서 즐거이 외치십시오.
7 바다와 그 안에 있는 모든 것들아, 높이

심판(96:10 judgment) 하나님께서 세상의 선악을 재판하심.
허수아비(97:7 scarecrow) 막대기와 짚 등으로 사람 모양을 만들어 논밭에 세우는 물건.
거룩한(97:12 holy) 구별되고 신성한. 더러운 것과 잘못된 것에서 떠난.

외쳐라. 온 세계와 그 안에 있는 모든 것
들아, 다 노래하여라.
8 강들아, 손뼉을 치고 산들아, 함께 즐거
워하며 노래하여라.
9 여호와 앞에서 노래하십시오. 그것은 그
가 세상을 심판하러 오시기 때문입니다.
그가 이 세상을 바르게 심판하시고 민족
들을 공정하게 판단하실 것입니다.

거룩한 왕이시며 공평하신 하나님

99 여호와께서 다스리시니 모든 나라
들이 두려워 떱니다. 여호와께서
날개 달린 생물인 그룹들 사이에 앉아 계
시니 땅이 흔들립니다.
2 여호와는 시온에서 위대한 분이십니다.
주는 모든 나라들 위에 가장 높은 분이십
니다.
3 모든 나라들이 주의 위대하고 높으신 이름
을 찬송할 것입니다. 그는 거룩하십니다.
4 우리의 왕은 능력이 크시고 정의를 사랑
하십니다. 주는 공평의 법을 세우셨습니
다. 주는 야곱의 집안에 정의와 공평을 세
우셨습니다.
5 여호와 우리 하나님을 높이십시오. 그분 발
아래 엎드리십시오. 그는 거룩하십니다.
6 모세와 아론은 그분의 제사장들이었습니
다. 사무엘도 주의 이름을 부르던 사람이
었습니다. 그들이 여호와를 부를 때에 주
께서 그들에게 대답하셨습니다.
7 여호와께서 구름 기둥에서 그들에게 말씀
하셨고, 그들은 주가 주신 법규와 명령들
을 지켰습니다.
8 여호와 우리 하나님이여, 주는 그들에게
응답하셨습니다. 때때로 그들의 잘못을
벌하셨지만 주는 그들을 용서하시는 하나
님이셨습니다.
9 여호와 우리 하나님을 높이십시오. 그의
거룩한 산에서 그분에게 경배하십시오. 여
호와 우리 하나님은 거룩하신 분입니다.

하나님을 찬양하는 소리

감사의 노래

100 온 땅이여, 여호와께 즐겁게
외치십시오.
2 즐거움으로 여호와를 섬기십시오. 기쁨의
노래를 부르면서 그분 앞으로 나아오십시
오.
3 여호와께서 우리의 하나님이심을 아십시
오. 그분이 우리를 지으셨으니, 우리는
그분의 것입니다. 우리는 그분의 백성이
며 그분이 돌보는 양 떼들입니다.
4 감사의 노래를 부르면서 그분의 성문으로
들어가십시오. 찬양을 드리면서 그분의
뜰 안으로 들어가십시오. 그분에게 감사
하고 그분의 이름을 찬양하십시오.
5 여호와는 선하시며, 그분의 사랑은 영원
합니다. 그분의 성실하심은 대대로 이어
질 것입니다.

다스림의 약속

다윗의 노래

101 여호와여, 내가 주의 사랑과 정의
를 노래합니다. 내가 주께 찬양을
드리겠습니다.
2 내가 흠 없는 삶을 살도록 하겠습니다. 주
님은 언제쯤 내게 오시렵니까? 내가 티없
이 깨끗한 마음으로 내 집 안에서 살겠습
니다.
3 악한 것은 그 무엇이라도 거들떠보지 않
겠습니다. 주를 따르지 않는 자들을 싫어
하며 그런 사람들과는 어울리지 않을 것
입니다.
4 삐뚤어진 마음을 내게서 버리겠습니다. 악
한 일과는 아무런 상관없이 살겠습니다.
5 자기 이웃을 몰래 헐뜯는 자들을 내가 잠
잠케 하겠습니다. 거만한 눈과 교만한 마
음을 가진 자들을 내가 가만두지 않을 것
입니다.
6 이 땅에서 신실한 사람을 찾아 나와 함께
살게 할 것입니다. 깨끗한 길로 걸어가는
사람이 나를 받들게 할 것입니다.
7 속이는 사람들은 그 누구도 내 집에서 살
지 못할 것입니다. 거짓말하는 사람들도

제사장(99:6 priest) 하나님께 백성을 대신하여 제사를 드리던 사람.
응답(99:8 answer) 물음이나 부름에 대답함.

내 앞에 서지 못할 것입니다.
8 매일 아침마다 이 땅에 사는 악한 자들의
입을 다물게 만들 것이며, 악한 일을 행
하는 사람들을 여호와의 성에서 없애 버
릴 것입니다.

도움을 구하는 부르짖음
고통당하는 자가 마음이 상하여
여호와께 그의 근심을 털어 놓는 기도

102 여호와여, 나의 기도를 들어 주
소서. 도와 달라는 나의 부르짖
음이 주께 이르게 해 주소서.
2 내가 고통스러워하고 있을 때에 주의 얼
굴을 내게서 숨기지 마소서. 내게 귀를 기
울여 주소서. 내가 부르짖을 때에 어서 빨
리 내게 대답해 주소서.
3 나의 세월은 연기처럼 사라져 가고, 내 뼈
는 숯불처럼 타들어 갑니다.
4 내 마음은 풀처럼 말라 시들었으며, 음식
먹는 것조차 잊어 버렸습니다.
5 신음하다 지쳐 버려 이제는 뼈와 가죽만
남았습니다.
6 나는 사막의 올빼미와 같습니다. 폐허가
된 집터의 부엉이와 같습니다.
7 지붕 위의 외로운 한 마리 새처럼 뜬눈으
로 밤을 지새우고 있습니다.
8 온종일 원수들이 나를 빈정대며 모욕합니
다. 나를 조롱하는 자들이 내 이름을 들
먹이며 저주합니다.
9 내가 재를 음식같이 먹고, 눈물을 물처럼
마십니다.
10 주께서 크게 분노하시고 나를 들어 내던
지셨습니다.
11 나의 인생은 석양의 그림자와 같고 마치
풀처럼 시들어 갑니다.
12 여호와여, 주는 영원히 왕좌에 앉아 계십니
다. 주의 명성은 대대로 영원할 것입니다.
13 주께서 오셔서 시온에게 자비를 베풀어
주소서. 이제는 시온을 불쌍히 여겨 주실
때입니다.
14 주의 종들은 폐허가 된 시온의 돌들을 아
낍니다. 그 먼지 하나에도 그들은 눈물을
짓습니다.
15 세상의 모든 나라들이 여호와의 이름을
두려워할 것입니다. 이 땅의 모든 왕들이
주의 영광을 높일 것입니다.
16 여호와는 시온을 다시 세우시고, 영광 중
에 그 곳에 나타나실 것입니다.
17 여호와께서 가난한 자들의 기도에 응답하
시며 그들의 기도를 물리치지 아니할 것
입니다.
18 미래의 세대들을 위해 이 일들을 기록해
놓아 새로운 백성들이 여호와를 찬양하게
합시다.
19 여호와께서 저 높은 성소에서 굽어보시
며, 하늘에서 이 땅을 살펴보셨습니다.
20 갇힌 자들의 신음 소리를 들으셨고, 사형
선고 받은 자들을 풀어 주셨습니다.
21 그러므로 여호와의 이름이 시온에 선포되
며, 그를 찬양하는 소리가 예루살렘에 가
득 퍼지는 가운데서
22 나라들과 민족들이 함께 모여 여호와를
경배할 것입니다.
23 내가 사는 동안에 주는 나의 힘을 꺾으시
고, 내가 살 날을 단축시키셨습니다.
24 내가 이렇게 주께 아뢰었습니다. "나의
하나님, 내 삶의 중간에 나를 데려가지 마
소서. 주의 세월은 끝이 없습니다.
25 태초에 주는 땅의 기초를 놓았습니다. 하
늘도 주의 손으로 만드신 것입니다.
26 하늘과 땅은 사라질지라도 주는 영원하십
니다. 그것들은 옷과 같이 낡아집니다.
주는 그것들을 의복처럼 바꿀 수 있으며,
언제라도 버리실 수 있습니다.
27 그러나 주는 언제나 한결같으시니 주의
세월은 결코 끝이 없을 것입니다.
28 주의 종들의 자녀들이 주 앞에서 살 것이
고, 그들의 자손들도 주와 함께 영원히 있
을 것입니다."

다윗의 무덤

사랑의 하나님께 찬양

다윗의 노래

103 내 영혼아, 여호와를 찬양하여
라. 마음을 다해 그분의 거룩한
이름을 찬송하여라.
2 내 영혼아, 여호와를 찬양하며, 그분의
모든 은혜를 잊지 마라.
3 주는 나의 모든 죄들을 용서하시며, 나의
모든 질병을 고쳐 주십니다.
4 무덤에서 내 생명을 구원하시고, 사랑과
자비를 베푸십니다.
5 주는 좋은 것으로 나의 소원을 만족시켜
주시니 내가 독수리처럼 새롭고 힘이 넘
칩니다.
6 여호와는 억눌린 자를 위해 정의롭고 공
평한 일을 행하십니다.
7 그분은 그의 뜻을 모세에게 보이시고 그
의 행동들을 이스라엘 백성에게 보이셨습
니다.
8 여호와는 자비롭고 은혜로우시며 화를 참
으시고 사랑이 넘치는 분이십니다.
9 그분은 항상 꾸짖거나 따지지 않으시며,
화를 오랫동안 품고 계시지 않습니다.
10 그분은 우리의 죄값을 그대로 갚지 않으
시며, 우리가 저지른 잘못에 따라 처벌하
지도 않으십니다.
11 하나님을 두려워하는 자에게 베푸시는 그
분의 사랑은 땅에서 하늘이 높음같이 높
고 위대합니다.
12 동이 서에서 먼 것처럼 그분은 우리로부
터 죄를 멀리 치우셨습니다.
13 마치 아버지가 그의 자녀들을 깊이 사랑
하듯이 주는 그를 존경하는 자들을 깊이
사랑하십니다.
14 주는 우리가 어떻게 만들어졌는지를 아시
며, 우리가 한낱 먼지임을 기억하고 계십
니다.
15 인생은 풀과 같습니다. 들판에 핀 꽃처럼
자랍니다.
16 바람이 불면 그 꽃은 떨어지고 그 있던 자
리는 흔적조차 남지 않습니다.
17 그러나 주를 높이고 두려워하는 자에
게 여호와의 사랑이 영원히 함께할 것
입니다. 여호와의 정의는 그들의 자손
들과
18 그분의 언약을 지키는 자들과 그분의 법
규들을 기억하고 따르는 자들에게 이를
것입니다.
19 여호와께서 하늘에 왕좌를 놓으시고 온
세상을 다스리십니다.
20 그분의 뜻을 행하고 그 말씀을 순종하는
자여, 여호와를 찬양하십시오. 그분의 천
사들이여, 여호와를 찬양하십시오.

'주께서 소원을
만족시켜 주시므로
독수리처럼 힘이 넘칩니다'(103:5)

21 하늘에 있는 군대들이여, 여호와를 찬양
하십시오. 그분의 뜻을 행하는 그분의 종
들이여, 여호와를 찬양하십시오.
22 여호와의 지으심을 받은 만물들이여, 그
분이 다스리는 모든 곳에서 여호와를 찬
양하십시오. 내 영혼아, 여호와를 찬양하
여라.

세상을 만드신 하나님을 찬양

104 내 영혼아, 여호와를 찬양하여
라. 여호와 나의 하나님, 주는
참으로 위대하십니다. 찬란한 위엄의 옷
을 입으셨습니다.
2 빛을 겉옷 삼아 두르시고 하늘을 천막처
럼 펼치시고
3 물 위에 궁궐을 지으시며 구름들을 주의
병거로 삼으시고 바람 날개를 타고 다니
십니다.
4 바람을 심부름꾼으로 삼으시고 불꽃을 주

의 종으로 사용하십니다.
5 주께서 굳건한 기초 위에 땅을 세우셨으
므로 결코 흔들리지 않을 것입니다.
6 옷을 입히듯이 깊은 물로 땅을 입히시니
물이 산들을 덮었습니다.
7 그러나 주께서 꾸짖으시니 물들이 물러갔
습니다. 주의 천둥 소리 같은 목소리에 물
들이 도망쳤습니다.
8 물들이 산들을 넘어 물러가 계곡으로 내
려갔습니다. 주께서 정해 주신 곳으로 되
돌아간 것입니다.
9 주께서 바닷물의 경계선을 정하사 물이
넘치지 못하게 하시고 다시는 땅을 덮지
못하게 하셨습니다.
10 주께서 샘물을 터뜨리시어 계곡으로 흐
르게 하시니 산과 산 사이로 흘러내립니
다.
11 들짐승들이 샘에 와서 물을 마시며 들나
귀들도 목을 축입니다.
12 하늘의 새들이 물가에 깃들고 나뭇가지에
앉아 노래합니다.
13 주께서 하늘의 궁궐에서 산들 위에 물을
주시니 온 땅이 주가 주신 열매로 가득합
니다.
14 가축을 위해 풀을 자라게 하시고 사람이
농사를 지어 먹을 수 있도록 땅에서 곡식
이 자라게 하셨습니다.
15 사람의 마음을 즐겁게 하는 포도주와 얼
굴에 윤기를 내는 기름과 힘을 돋워 주는
양식을 주셨습니다.
16 여호와의 나무들과 주가 심으신 레바논의
백향목들이 물을 흡족히 마십니다.
17 새들이 그 곳에 둥지를 틀고, 황새가 전
나무에 집을 지었습니다.
18 높은 산에는 산양들이 살고, 바위 틈에는
오소리들이 숨어 삽니다.
19 달은 계절을 알려 주고, 해는 그 지는 시
각을 알려 줍니다.
20 주께서 어둠을 드리워 밤이 되게 하셨으
니 들짐승들이 어슬렁거리기 시작합니다.
21 사자들은 먹이를 찾아 으르렁거리고 하나
님께 먹이를 달라고 부르짖습니다.
22 그러다가 해가 뜨면 슬그머니 물러나 동
굴로 돌아가 잠자리에 눕습니다.
23 한편 사람들은 그 때, 일어나 일하러 갑
니다. 그리고 저물도록 수고합니다.
24 여호와여, 주께서 하신 일이 얼마나 많은
지요! 주는 지혜로 이 모든 것들을 만드
셨습니다. 이 땅에 주가 지으신 것들로 가
득 차 있습니다.
25 바다를 보니 얼마나 크고 넓은지요! 그 속
에 크고 작은 생물들이 셀 수 없이 많습니
다.
26 바다 위로 배들이 이리저리 오갑니다. 주
가 만드신 악어가 그 속에서 놉니다.
27 이 모든 것들이 주께서 때를 따라 먹이를
주시기를 기다립니다.
28 주께서 먹이를 주실 때에 그들이 모두 모
여듭니다. 주께서 손을 벌리시고 좋은 것
을 주시면 그들이 풍족하게 먹고 배부르
게 됩니다.
29 그러나 주께서 얼굴을 돌리시면, 그들은
두려워 떱니다. 주께서 그들의 호흡을 끊
으시면, 그들은 죽어 흙으로 돌아갑니다.
30 그러나 주께서 입김을 불어넣으시면, 그
들은 다시 창조됩니다. 주는 이 땅을 새
롭게 만드십니다.
31 여호와의 영광이 영원하소서. 여호와께서
지으신 것들로 즐거워하소서.
32 주가 땅을 보시자, 땅이 흔들립니다. 산
들을 만지시자, 산들이 연기를 뿜어 냅
니다.
33 내가 평생토록 여호와를 찬송하며, 사는
동안 나의 하나님을 찬양할 것입니다.
34 주를 생각하는 나의 마음을 주께서 어여
삐 보소서. 내가 여호와 때문에 즐거워합

윤기(104:15 shine) 모양과 빛깔이 부드럽고 번지르르한 기운.
저물도록(104:23 till late) 해가 져서 어두워질 때까지.
입김(104:30 steam of breath) 입에서 나오는 더운 김.

니다.
35 그러나 이 땅에서 죄인들이 사라지고 악
한 자들이 더 이상 없기를 바랍니다. 내
영혼아, 여호와를 찬양하여라. 여호와를
찬양하여라.*

이스라엘을 향한 하나님의 사랑

105 여호와께 감사하며, 그분의 이
름을 부르십시오. 그분이 행하
신 일들을 모든 나라에게 알리십시오.
2 주께 노래하고, 그분께 찬양을 드리십시
오. 그가 행하신 놀라운 일들을 전하십시
오.
3 그분의 거룩한 이름은 영광스럽습니다.
여호와를 찾는 자들은 마음이 기쁠 것입
니다.
4 여호와를 찾고 그분의 능력을 간절히 구
하십시오. 그분 곁을 떠나지 마십시오.
5 그분이 행하신 놀라운 일들을 기억하고,
그분의 기적과 그분이 선언한 심판들을
생각하십시오.
6 그 종 아브라함의 후손들이여, 곧 택하신
백성, 야곱의 자손이여,
7 그분은 여호와 우리 하나님이십니다. 그
분은 정의롭게 온 세상을 다스리십니다.
8 그분은 자기의 언약을 영원히 기억하십니
다. 그가 하신 말씀을 대대로 지키실 것
입니다.
9 그분은 아브라함과 언약을 맺으셨습니다.
그분은 이삭에게 맹세하셨습니다.
10 그분은 그 언약을 야곱의 백성에게 법으
로 주셨습니다. 이스라엘에게 영원한 언약
으로 주신 것입니다.
11 "내가 가나안 땅을 너희에게 주어, 그 땅
을 너희의 소유가 되게 할 것이다."
12 처음에 그들의 숫자는 너무도 적었습니다.
그들은 그 땅에서 나그네들이었습니다.
13 그들은 이 나라 저 나라로, 이 민족 저 민
족에게로 떠돌아다녔습니다.
14 그러나 주는 누구도 그들을 억누르지 못
하게 하셨고, 그들을 위해 다른 나라 왕
들을 꾸짖으셨습니다.
15 "내가 기름 부은 자들을 건드리지 마라.
나의 예언자들을 해치지 마라."
16 주께서 그 땅에 기근을 내리시고 모든 식
량 공급을 막으셨습니다.
17 그리고 먼저 한 사람을 보내셨는데 그가
종으로 팔렸던 요셉이었습니다.
18 사람들이 그 발에 족쇄를 채우고, 목에는
쇠사슬을 매었습니다.
19 그러나 마침내 그가 예언한 것이 이루어
지게 되었습니다. 여호와의 말씀이 요셉
의 진실을 보여 준 것입니다.
20 왕이 사람을 보내어 그를 풀어 주었습니
다. 민족의 통치자가 그를 풀어 준 것입
니다.
21 그리고 그가 요셉에게 그 나라 일을 맡겼
습니다. 요셉은 왕의 모든 소유를 맡아 관
리하게 된 것입니다.
22 왕자들을 마음대로 가르치고 장로들에게
지혜를 가르치게 되었습니다.
23 그 때, 이스라엘이 이집트로 들어가게 되
었습니다. 야곱은 함의 땅에서 외국인처
럼 살게 된 것입니다.
24 여호와께서 자기 백성을 크게 번성하게
하셨습니다. 그들의 적보다 더 많고 강하
게 하신 것입니다.
25 주께서 이집트 사람들이 그 백성을 미워
하도록 만드셨습니다. 주의 종들을 괴롭
히게 하셨습니다.
26 그 때, 주는 그의 종 모세와 그가 택한 아
론을 보내셨습니다.
27 그들은 이집트 사람들에게 주의 표적들을
나타냈습니다. 함의 나라에서 기적들을
나타낸 것입니다.
28 여호와는 흑암을 보내어 그 땅을 어둡게
하셨습니다. 그러나 이집트 사람들은 그

알아두세요

104:35 개역 성경에는 '할렐루야'라고 표기되어 있다. 이는 '여호와를 찬양하라'는 의미이다.

예언자(105:15 prophet) 하나님의 계시를 백성들에게 전해 주는 사람.

공급(105:16 supply) 필요한 것을 마련하여 주는 것.

분의 말씀을 거역하였습니다.
29 주는 그 땅의 모든 물을 피로 변하게 하셨습니다. 그러자 고기 떼들이 다 죽었습니다.
30 또 개구리들을 보내어 온 땅을 덮치게 하자 그 개구리들이 왕의 침실까지 기어올라갔습니다.
31 여호와께서 말씀하시자, 엄청난 파리 떼들이 덮쳤습니다. 그리고 온 나라 안에 이가 생겼습니다.
32 주께서 비를 우박으로 바꾸시고 온 나라에 벼락을 보내어
33 포도나무와 무화과나무를 치시고 온 나라의 나무들을 모두 꺾으셨습니다.
34 여호와께서 말씀하시자, 셀 수 없이 많은 메뚜기 떼가 몰려와서
35 그 땅의 모든 풀들을 갉아먹고 땅에서 나는 온갖 곡식들을 다 먹어 치웠습니다.
36 여호와께서 그 땅의 모든 맏아들, 곧 각 집안의 가장 큰아들을 죽이셨습니다.
37 주는 자기 백성으로 은과 금을 가지고 그 땅을 나오게 하셨습니다. 그들 중 어느 한 사람도 낙오되는 자가 없었습니다.
38 그들이 떠나자, 이집트 사람들이 기뻐했습니다. 왜냐하면 이집트 사람들이 이스라엘을 너무도 두려워했기 때문입니다.
39 여호와는 낮에 구름을 펼쳐 그들을 덮어 주시고 밤에는 불로 비추어 주셨습니다.
40 그들이 먹을 것을 요구하자, 메추라기를 보내 주시고 하늘에서 양식을 내리시어 그들을 배불리 먹이셨습니다.
41 바위를 열어 샘물이 솟게 하셨으니 마치 사막 가운데 흐르는 강물 같았습니다.
42 주는 자기의 종 아브라함에게 주셨던 주의 거룩한 약속을 기억하셨기 때문이었습니다.
43 주는 자기 백성이 즐거운 마음으로 나오게 하시고, 자기의 택한 자들이 기뻐 외치며 나오게 하셨습니다.
44 그리고 다른 민족들의 땅들을 빼앗아 그들에게 주셨으며, 다른 백성들이 땀 흘려 수고한 것들을 그들에게 물려주셨습니다.
45 이렇게 하신 것은 그들에게 주의 법을 따르게 하고, 주의 명령에 순종하게 하기 위함이었습니다. 여호와를 찬양하십시오.

하나님을 믿지 못한 이스라엘의 실패

106

여호와를 찬양하십시오. 여호와께 감사하십시오. 그분은 좋으신 분입니다. 그분의 사랑은 영원합니다.
2 누가 여호와의 놀라우신 행동들을 선포할 수 있으며, 누가 그분의 업적을 다 찬양할 수 있겠습니까?
3 항상 바르게 살고 옳은 일을 하는 사람은 행복한 사람입니다.
4 여호와여, 주의 백성에게 은혜를 베푸실 때에 나를 기억하십시오. 그들을 구원하실 때에 나를 도와 주십시오.
5 주의 택한 자들이 잘 되는 것을 보며 함께 기뻐하고, 주의 백성들과 함께 즐거움을 나누며, 주의 백성들과 함께 찬양하겠습니다.
6 우리 조상들처럼 우리가 죄를 지었습니다. 못된 짓을 하고 악한 일을 저질렀습니다.
7 우리 조상들이 이집트에 있었을 때에 그들은 주의 기적들을 깨닫지 못했습니다.

성경 자세히 이해하기

이스라엘의 타락의 역사

시편 106편은 인간의 불성실을 주제로 하여, 이스라엘이 저지른 범죄들을 다루고 있습니다. 그 내용들로는 홍해 앞에 이르러 모세를 원망한 사건(출 14:10-12), 만나에 싫증을 느끼고 이집트의 고기를 요구한 사건(민 11:4-6), 고라와 다단과 아비람의 반역(민 16장), 금송아지를 만들어 섬긴 사건(출 32장), 가나안 정탐꾼의 보고를 듣고 불신에 빠진 사건(민 13-14장), 모압 땅 브올에서 바알신을 섬긴 사건(민 25장), 므리바의 불평 사건(민 20:1-13), 가나안의 우상 숭배를 본받은 사건(삿 2:11-3:6), 사사 시대의 불복종 등입니다.

본문 보기 106편

그들은 주의 친절함을 기억하지도 못하
고 오히려 홍해에서 주를 거역했습니다.
8 그러나 여호와께서 자기 이름을 위하여
그들을 구원하시고 주의 큰 능력을 세상
에 알리셨습니다.
9 홍해를 꾸짖자, 바다는 말라 버렸습니다.
그들을 인도하여 마른 땅을 지나듯이 깊
은 바다 한가운데로 건너게 하셨습니다.
10 주는 원수들의 손에서 그들을 구원하시고,
적들의 손에서 그들을 건져 내셨습니다.
11 그리고 바닷물로 적군들을 덮으셨습니다.
그들 중 아무도 살아남은 자가 없었습니
다.
12 그제야 그들은 주의 약속을 믿었습니다.
그리고 그분께 찬송하였습니다.
13 그러나 그들은 어느 새 주가 하신 일들을
잊었습니다. 그분의 지시를 기다리지 못
했습니다.
14 그들은 광야에서 불평하기 시작했으며
그 곳에서 하나님을 시험했습니다.
15 그러자 주는 그들이 요구한 것을 내주시
면서 무서운 전염병을 함께 보내셨습니
다.
16 광야에 진을 치고 있을 때에 그들은 모세
를 시기하고 여호와의 거룩한 제사장 아
론을 질투하였습니다.
17 그러자 땅이 갈라져 다단을 삼키고 아비람
일당들을 묻어 버렸습니다.
18 불길이 나와 그들을 따르는 사람들을 태
웠고 불꽃이 악한 무리를 살랐습니다.
19 호렙에서 그들은 황소 상을 만들었습니
다. 금으로 부어 만든 우상을 숭배한 것
입니다.
20 그들의 영광이신 하나님을 풀 먹는 황소
의 형상으로 바꾸어 버린 것입니다.
21 자기들을 구원하신 하나님을 잊은 것입니
다. 이집트에서 위대한 일을 하신 분을 잊
은 것입니다.
22 함의 땅에서 기적을 일으키시고 홍해에
서 놀라운 일을 행하신 분을 잊은 것입
니다.
23 여호와께서 그들을 없애겠다고 말씀하셨
을 때에 주가 택하신 모세가 가운데 서서
백성을 향한 하나님의 분노를 멈추게 하
였습니다.
24 그들은 아름다운 땅을 싫어하고, 주의 약
속을 믿지 않았습니다.
25 장막에 들어앉아 불평만 하고, 여호와께
순종하지 않았습니다.
26 그러자 주께서 손을 들고 그들에게 맹세
하셨습니다. 그들이 광야에서 죽을 것이
라고 하셨고,
27 그들의 자녀들도 다른 민족에게 죽임을
당하고 사방에 흩어지게 될 것이라고 말
씀하셨습니다.
28 그들이 브올 지방의 바알에게 제사드리고
생명도 없는 신들에게 바쳐진 음식을 먹
었습니다.
29 이런 악한 일들이 여호와를 노엽게 하였
습니다. 이 일로 무서운 전염병이 퍼지기
시작했습니다.
30 비느하스가 나서서 처형하자 전염병이 멈
추게 되었습니다.
31 주께서 비느하스의 행동을 의롭다고 하셨
으니, 이런 일은 두고두고 기억될 것입니
다.
32 므리바 샘터에서 그들이 여호와를 분노하
게 만들었습니다. 그들 때문에 모세가 어
려움에 빠지게 되었습니다.
33 그들이 하나님의 성령을 거역하자 모세가

성경 자세히 이해하기

죽은 자를 위한 제사

106:28에서 말하는 '생명도 없는 신들에게 바쳐진 음식'의 원문 표현은 '죽은 자에게 제사한 음식'입니다. 이것은 고대의 여러 민족에서 행해지던 죽은 자에 대한 제사, 즉 죽은 자를 기리며 드리는 제사를 암시하고 있습니다. 이집트의 장례식을 기록한 서판에도 이런 제사를 새겨 놓은 내용들이 있으며, 그리스인들에게도 장례식 후에 여러 가지 고기와 야채가 마련된 잔치에 참석하는 관습이 있었습니다.

본문 보기 106편 28절

함부로 말하였던 것입니다.
34 여호와께서 명령하신 대로 그들은 다른 민족들을 멸하지 않았습니다.
35 오히려 다른 민족과 어울려 살며 그들의 풍습을 배웠습니다.
36 그들의 우상들을 섬겼고 그것이 결국 그들에게 덫이 되었습니다.
37 심지어 자기의 아들딸들을 귀신들에게 제물로 바쳤습니다.
38 그들은 죄 없는 사람들을 죽였습니다. 가나안의 우상들에게 제물로 바치기 위해 무죄한 사람의 아들과 딸들을 죽였습니다. 그 땅이 그들의 피로 더럽혀졌습니다.
39 그들의 이런 행동으로 그들 스스로가 더러워졌습니다. 그들은 우상을 섬김으로 자신의 몸을 더럽힌 것입니다.
40 그러므로 여호와께서 자기 백성에게 분노하셨으며, 자신의 자녀인 그들을 미워하게 되셨습니다.
41 주는 그들을 다른 나라들에게 넘기셨습니다. 그들의 적국들이 그들을 지배하게 되었습니다.
42 원수들이 그들을 괴롭히고 힘으로 그들을 억눌렀습니다.
43 여호와께서 여러 번 그들을 구원하셨지만, 그들은 또다시 반역하며 점점 더 죄에 빠져들었습니다.
44 그러나 그들이 신음하며 부르짖을 때, 주는 그들의 고통을 돌아보셨습니다.
45 그들을 위해 주는 자기의 언약을 기억하시고, 크신 사랑으로 그들을 불쌍히 여기셨습니다.
46 그들을 포로로 잡아간 자들이 그들에게 동정을 베풀게 하셨습니다.
47 여호와 우리 하나님, 우리를 구원해 주소서. 세상 나라들에 흩어진 우리를 불러모으소서. 우리가 주의 거룩한 이름을 높이며 감사드립니다. 주를 찬양하며 영광을 드립니다.
48 여호와 이스라엘의 하나님을 영원부터 영원까지 찬양합시다. 모든 백성들이여, "아멘!" 하십시오. 여호와를 찬양하십시오.

제 5 권

많은 위험으로부터 구하시는 하나님

107 여호와께 감사하십시오. 그분은 선하시며, 그분의 사랑은 영원하십니다.
2 여호와께 구원받은 사람들이여, 이렇게 말하십시오. 여러분은 여호와께서 원수의 손으로부터 구원하시고,
3 모든 나라들 중에 부르시고, 동서남북으로부터 모은 사람들입니다.
4 어떤 사람들은 버려진 광야에서 헤매고 정착할 만한 마을을 찾지 못했습니다.
5 배고프고 목말랐으며 기운을 잃고 점점 약해졌습니다.
6 그 때에 그들이 고통 가운데서 여호와께 부르짖었습니다. 그러자 그분은 그들을 구해 주셨습니다.
7 여호와는 그들을 바른 길로 인도하셨고, 그들이 정착하여 살 만한 곳으로 인도하셨습니다.
8 여호와의 변함없는 사랑에 대해 감사하십시오. 사람들을 위해 행하신 그분의 놀라운 일들에 대해 감사하십시오.
9 여호와는 목마른 자를 만족게 하시고 배고픈 자를 좋은 것들로 채우시는 분이십니다.
10 어떤 사람들은 어두움과 사망의 그늘 속에 앉아 있습니다. 쇠사슬에 매여 고통 중에 있는 죄수들과 같았습니다.
11 이는 그들이 하나님의 말씀을 거역하고 가장 높으신 분의 가르침을 무시하였기 때문입니다.
12 여호와는 그들을 쓰라린 괴로움 속에 처넣으셨습니다. 그들이 넘어져도 돕는 사람이 아무도 없었습니다.
13 그 때에 그들이 고통 중에 여호와께 부르짖었습니다. 그러자 여호와께서 그들을 고난 가운데서 구원하셨습니다.
14 여호와는 끝없는 어둠 속에서 그들을 이끌어 내시고, 그들의 쇠사슬을 끊으셨습니다.
15 여호와의 변함없는 사랑에 대해 감사하십

시오. 사람들을 위해 행하신 그분의 놀라
운 일들에 대해 감사하십시오.
16 그분이 놋문을 부수고, 쇠빗장을 깨뜨리
셨습니다.
17 어떤 사람들은 반항하다가 어리석은 자가
되었으며, 죄를 짓다가 어려움을 겪게 되
었습니다.
18 그들은 모든 음식을 싫어하게 되었으며,
결국 죽음의 문턱 가까이에 가게 되었습
니다.
19 그 때에 그들이 괴로움 가운데에서 여호
와께 부르짖었습니다. 그러자 그분은 그
들의 괴로움으로부터 그들을 구해 내셨습
니다.
20 여호와께서 말씀을 보내어 그들을 치료하
시고, 무덤에서 그들을 건지셨습니다.
21 여호와의 변함없는 사랑에 대해 감사하십
시오. 사람들을 위해 행하신 그분의 놀라
운 일들에 대해 감사하십시오.
22 감사의 예물을 드리고 기쁨의 노래로 여
호와께서 행하신 일들을 모든 사람들에게
전하십시오.
23 또 어떤 사람들은 배를 타고 바다로 나갔
습니다. 그들은 큰 바다 위에서 장사하는
상인들이었습니다.
24 그들은 여호와께서 행하신 일들을 보았으
며, 깊은 바다에서 행하신 주의 놀라운 일
들을 보았습니다.
25 여호와께서 명령하시자, 폭풍우가 몰아쳤
습니다. 높은 파도를 일으키는 폭풍우였
습니다.
26 그들의 배가 높이 올랐다가 깊은 바닷속
으로 내려갔습니다. 그들은 두려움으로
인하여 간담이 녹아 내렸습니다.
27 그들은 술 취한 사람처럼 비틀거리고 흔
들거렸으며, 어찌할 바를 몰라 하였습니
다.
28 그 때에 그들이 고통 중에 여호와께 부르
짖었습니다. 이 때도 주께서 그들을 구해
내셨습니다.
29 여호와께서 폭풍우에게 속삭이시고 풍랑
을 잠재우셨습니다. 바다의 파도가 잠잠
해진 것입니다.
30 바다가 잔잔해지자 그들이 즐거워했으며,

여호와의 변함없는 사랑(107:23-30)

여호와께서 그들이 바라던 항구로 그들을
인도하셨습니다.
31 여호와의 변함없는 사랑에 대해 감사하십
시오. 사람들을 위해 행하신 그분의 놀라
운 일들에 대해 감사하십시오.
32 백성들의 모임 중에서 주를 높이며, 장로
들의 모임 중에서 그분을 찬양하십시오.
33 여호와께서는 강을 광야가 되게 하셨으며
넘치는 샘을 마른 땅이 되게 하셨습니다.
34 과일 맺는 땅을 소금밭이 되게 하신 것은,
거기에 사는 사람들이 악하기 때문이었습
니다.
35 여호와께서는 광야를 연못이 되게 하셨
고, 마른 땅을 샘으로 바꾸셨습니다.
36 여호와는 배고픈 자들을 인도하여 그 곳
에 살게 하시며, 그들이 살 만한 마을을
만드셨습니다.
37 그들은 들에 씨를 뿌리고, 포도원을 가꾸
었습니다. 그리고 풍성한 포도 열매를 거
둬들였습니다.
38 여호와께서는 그들을 축복하셨고, 그들의
자손을 많게 하셨으며, 그들의 가축이 줄
지 않게 하셨습니다.
39 그러나 다시 압박과 재난과 고난으로 그
들의 수효가 줄어들었습니다. 여호와께서
그들을 낮아지게 하셨습니다.
40 높은 자들을 부끄럽게 하신 여호와께서,
그들을 길 없는 광야에서 방황하게 하셨
습니다.
41 그러나 여호와는 가난한 자들을 그들의
고통 가운데서 건지셨고, 그들의 가족을
양 떼처럼 많게 하셨습니다.
42 정직한 사람들은 이것을 보고 기뻐하지
만, 악한 사람들은 불만스럽게 입을 다물
고 있습니다.
43 지혜 있는 사람들아, 이러한 일들에 귀를
기울이며, 여호와의 크신 사랑을 생각하
십시오.

승리의 기도

다윗의 찬송 시

108

오 하나님, 나의 마음은 흔들리
지 않습니다. 내가 마음을 다해
노래하며 찬양합니다.
2 비파야, 수금아, 일어나라! 내가 새벽을
깨울 것이다.
3 여호와여, 모든 나라 가운데서 내가 주께
감사드리며, 모든 백성들 가운데서 주를
찬양하겠습니다.
4 왜냐하면 주의 크신 사랑은 하늘보다 더
높으며 주의 신실하심은 하늘에 이르기
때문입니다.
5 오 하나님, 하늘 위에 높이 들리시고, 주
의 영광이 온 땅 위에 가득하게 하십시오.
6 주의 오른손으로 우리를 구원하시고, 우
리를 도와 주소서. 주가 사랑하는 자들을
구원하소서.
7 하나님이 그의 성소에서 말씀하셨습니다.
"전쟁에서 승리하였으니, 내가 세겜 땅을
분배하고 숙곳 골짜기를 나누어 줄 것이
다.
8 길르앗이 나의 것이요, 므낫세도 나의 것
이다. 에브라임은 나의 투구요, 유다는 나
의 다스리는 지팡이다.
9 모압은 나의 목욕통이요, 에돔 위에 나의
신발을 던지며, 블레셋에게 내가 승리를
외친다."
10 누가 나를 굳건한 성벽으로 둘러싸인 성
으로 데려갈 것입니까? 누가 나를 에돔으
로 인도할 것입니까?
11 오 하나님, 나를 내치신 분이 주가 아니
십니까? 이제 주는 더 이상 우리 군대와
함께 계시지 않습니다.
12 원수로부터 우리를 도와 주소서. 사람의
도움은 아무 소용이 없습니다.
13 하나님이 우리와 함께하시면, 우리는 승
리할 것입니다. 주께서 우리의 적들을 물

수효(107:39 number) 사물의 낱낱의 수.
분배(108:7 distribution) 몇 개로 갈라서 나눔.
공격(109:3 attack) 나아가 적을 침.
고소자(109:6 accuser) 경찰이나 법률 기관에 피
해 사실을 알려 가해자를 처벌해 줄 것을 요구하
는 사람.

리치실 것입니다.

적에게 대항하는 기도

다윗의 시. 지휘자를 따라 부른 노래

109 내가 찬양하는 하나님이여, 잠
잠치 마소서.
2 악하고 거짓말하는 자들이 그들의 입을
열어 거짓된 혀로 나에 대해 나쁘게 말하
고 있습니다.
3 그들은 증오의 말들로 나를 에워싸고 아
무 이유 없이 나를 공격합니다.
4 그들은 우정에 대한 보답으로 나를 비난
하고 있습니다. 그러나 나는 기도의 사람
입니다.
5 그들은 나에게 선을 악으로 갚으며, 나의
우정을 증오로 갚습니다.
6 악한 자가 일어나 그를 대항하게 하소서.
고소자가 그의 오른편에 서게 하소서.
7 그가 재판받을 때에 죄가 있음이 드러나
게 하시고, 그의 기도도 죄가 되게 하소
서.
8 그의 수명이 짧아지게 하시고, 지도자로
서의 그의 할 일을 다른 사람이 대신하게
하소서.
9 그의 자녀들이 고아가 되게 하시며, 그의
아내는 과부가 되게 하소서.
10 그의 자녀들은 음식을 구걸하는 거지들이
되게 하시고, 폐허가 된 그들의 집에서 쫓
겨나게 하소서.
11 빚쟁이가 그의 가진 모든 것을 빼앗게 하
시고, 낯선 자들이 그의 수고의 열매들을
약탈하게 하소서.
12 그에게 동정을 베푸는 자가 한 사람도 없
게 하시고, 고아가 된 그의 자녀들을 불
쌍히 여기는 자도 없게 하소서.
13 그의 자손들이 끊어지게 하시고, 다음 세
대에 그들의 이름을 완전히 지워 주소서.
14 그의 조상들의 죄악이 여호와 앞에서 기
억되게 하시며, 그의 어머니의 죄가 결코
지워지지 않게 하소서.
15 그들의 죄가 항상 여호와 앞에 머물러 있
게 하시고, 세상에서 그 누구도 그들을 기
억하지 못하게 하소서.
16 그는 남에게 친절을 베푼 적이 없으며,
가난하고 불쌍하고 슬퍼하는 자들을 못살
게 굴었습니다.
17 그가 저주하기를 좋아하였으니 그 저주를
그에게 내려 주소서. 그는 축복하는 즐거
움을 모르는 사람이오니 그에게 그런 즐
거움이 없게 하소서.
18 그는 저주하는 일을 자신의 옷 입듯 하였
습니다. 저주하는 일이 물처럼 그의 몸 속
에 들어가며 기름처럼 그의 뼛속으로 들
어가게 하소서.
19 그 저주가 그를 둘러싼 옷처럼 되게 하시
고, 그의 허리에 영원히 채워져 있는 혁
대같이 되게 하소서.
20 이것이 나를 비난하는 자들에 대한 여호
와의 보상이 되게 하시며, 나를 저주하는
자들에 대한 여호와의 보상이 되게 하소
서.
21 주 여호와여, 주의 이름을 위하여 나를 도
와 주시고, 주의 선하신 사랑으로 나를 구
원하소서.
22 나는 가난하고 힘이 없으며, 나의 마음의
상처는 깊습니다.
23 나는 저녁 그림자처럼 사라지고 있으며,
메뚜기처럼 날려가고 있습니다.
24 금식으로 내 무릎은 약해졌으며 내 몸은
야위었습니다.
25 나는 나를 조롱하는 자들에게 비웃음의
대상이 되었고, 그들은 나를 보면서 머리
를 설레설레 흔듭니다.
26 여호와 나의 하나님이여, 나를 도와 주소
서. 주의 사랑으로 나를 구원하여 주소
서.
27 주님이 나를 구원하시는 분이심을 나의

폐허(109:10 ruins) 건물 따위가 허물어져 완전히 못쓰게 된 터.
빚쟁이(109:11 creditor) '빚을 준 사람'을 얕잡아 이르는 말.
약탈(109:11 plunder) 폭력을 써서 남의 것을 강제로 빼앗음.

원수들이 알게 해 주소서. 여호와여, 주
님의 손이 나를 구원하셨음을 알게 해 주
소서.
28 그들은 저주할지라도 주는 나에게 복을 주
소서. 그들이 공격할 때, 그들은 부끄러움
을 당하고 주의 종은 기뻐할 것입니다.
29 나를 비방하는 자들은 욕을 옷 입듯 할 것
이며, 수치를 겉옷처럼 몸에 두를 것입니
다.
30 내 입으로 내가 크게 주를 찬송하며, 큰
무리 중에서 내가 주를 찬양할 것입니다.
31 왜냐하면 주는 연약한 자의 오른편에 서
서, 그가 죄 있다고 하는 자들로부터 그
의 생명을 구원하시기 때문입니다.

왕을 임명하시는 주님

다윗의 시

110 여호와께서 나의 주께 말씀하십
니다. "내가 너의 원수들을 너의
발판이 되게 하기까지 너는 내 오른편에
앉아 있어라."
2 여호와께서 권능의 지팡이를 시온에서부
터 널리 보내시니, 주께서 주의 원수들을
다스리실 것입니다.
3 주의 백성이 스스로 원하여, 주의 권능의
날에 참여할 것입니다. 거룩하고 위엄 있
게 단장한 새벽에 맺히는 이슬처럼 신선
한 청년들이 주님께 나올 것입니다.

성경 자세히 이해하기

신약에 가장 많이 인용된 시편

시편 110편은 다윗의 시로 신약에서 가장 많이 인용되는 시편입니다(마 22:42-45;막 12:35-37;눅 20:41-44;행 2:33-36;고전 15:25;히 1:13;5:5-6;7:17;10:12-13). 그 이유는 메시아에 대한 결정적인 예언이 나타나 있고, 왕이요, 제사장이신 예수 그리스도를 시의 주제로 삼고 있기 때문입니다. 이스라엘의 왕들 중에는 이 시에서 말하는 내용에 해당되는 왕이 없었습니다. 그리하여 바빌로니아에서 귀환한 후부터 이스라엘 백성은 이 시가 그리는 왕을 메시아로 이해하며 기다렸습니다.

본문 보기 110편

4 여호와는 맹세하시고 자기 마음을 바꾸지
않으실 것입니다. "너는 영원한 제사장이
다. 멜기세덱의 계통에 속하는 제사장이다."
5 주는 여호와의 오른편에 계시며, 주께서
노하시는 날에 모든 왕들을 쳐부술 것입
니다.
6 주는 세상 나라들을 심판하시고, 죽은 자
의 시체를 높이 쌓으시며, 온 땅의 지배
자들을 쳐부술 것입니다.
7 주는 길 옆에 있는 시냇물을 마실 것이며,
머리를 높이 드시고 계속 승리하실 것입
니다.

하나님의 선하심을 찬양

111 여호와를 찬양하십시오. 내가 마음
을 다하여 여호와를 높입니다. 정직
한 자들의 모임에서 여호와를 높이 찬양
하겠습니다.
2 여호와께서 행하신 일들은 위대합니다.
그것들을 생각할수록 기쁩니다.
3 주의 일들은 영광스럽고 위엄이 있습니
다. 그분의 의로우심은 영원합니다.
4 사람들이 주께서 행하신 기적들을 기억합
니다. 여호와는 은혜롭고 자비로우십니다.
5 여호와께서는 주를 두려워하는 자들에게
양식을 주시며, 그 언약을 영원히 기억하
십니다.
6 여호와께서 행하신 일들의 능력을 자기
백성에게 보이셨으며, 다른 나라들의 땅
을 그들에게 주셨습니다.
7 그 손으로 행하신 일들은 신실하고 정의
로우며, 그 모든 교훈들은 믿을 수 있습
니다.
8 여호와의 일들은 영원토록 흔들리지 않으
며, 신실함과 올바름 가운데서 행해지고
있습니다.
9 여호와께서 그 백성에게 구원을 베푸시고,
주는 주의 언약을 영원히 세우셨습니다.
주의 이름은 거룩하고 위엄이 있습니다.
10 여호와를 높이고 두려워하는 것이 지혜의
시작이며, 그분의 교훈을 따르는 자마다
좋은 분별력을 갖게 됩니다. 영원히 여호
와를 찬양합니다.

정직한 사람들은 복이 있습니다

112 여호와를 찬양하십시오. 여호와를
두려워하는 사람은 행복한 사람입
니다. 그분의 명령에서 큰 기쁨을 얻는 사
람이 행복한 사람입니다.
2 그의 자녀들은 땅에서 강한 자가 될 것이
며, 정직한 자들의 후손은 복을 받을 것
입니다.
3 부와 재물이 그의 집에 있으며, 그의 의
로움은 영원히 지속됩니다.
4 정직한 자에게는 어둠 가운데서도 빛이
떠오르며, 은혜와 자비가 임합니다. 의로
운 자에게 빛이 떠오릅니다.
5 관대하며, 거저 빌려 주는 자에게 복이 찾
아옵니다. 자기 일을 정의롭게 행하는 자
에게 복이 찾아옵니다.
6 이런 사람은 결코 흔들리지 않을 것입니다.
의로운 사람은 영원히 기억될 것입니다.
7 그는 나쁜 소식을 두려워하지 않으며, 그
의 마음은 흔들리지 않고, 여호와를 의지
합니다.
8 그의 마음은 안정되어 있고, 아무런 두려
움이 없으며, 결국 그는 승리 가운데서 자
신의 적들을 바라보게 됩니다.
9 그는 자신의 선물들을 가난한 자들에게
널리 나눠 주고, 그의 의로움은 영원히 지
속됩니다. 그의 뿔이 영화롭게 높이 들릴
것입니다.
10 악한 사람이 보고 분히 여길 것이며, 이
를 갈며 야위어 갈 것입니다. 악한 자들
이 바라는 것들은 물거품이 될 것입니다.

하나님의 선하심을 찬양

113 여호와를 찬양하십시오. 여호와의
종들아, 찬양하십시오. 여호와의
이름을 찬양하십시오.
2 지금부터 영원히 여호와의 이름을 높이
찬송하십시오.
3 해뜨는 데부터 해지는 데까지, 여호와의
이름은 마땅히 찬양을 받아야 합니다.
4 여호와는 모든 나라 위에 높이 계시며, 그
분의 영광은 하늘 위에 높이 계십니다.
5 누가 여호와 우리 하나님과 같으며, 높은
보좌 위에 앉으신 그분과 같겠습니까?
6 누가 몸을 굽혀 하늘과 땅을 내려다 보시
는 그분과 같겠습니까?
7 여호와는 가난한 자들을 흙더미 가운데서

해뜨는 데부터
해지는 데까지 찬양받으실 하나님(113:3)

들어올리시고 궁핍한 자들을 잿더미에서
끌어 내십니다.
8 여호와는 이런 자들을 높은 사람들 옆에
함께 앉히시며, 백성들의 귀족들과 함께
앉히십니다.
9 여호와는 임신하지 못하는 여자에게 자녀
를 주셔서 행복한 엄마가 되게 해 주십니
다. 여호와를 찬양하십시오.

이집트로부터 이스라엘을 건져 내신 하나님

114 이스라엘이 이집트에서 나왔을 때,
야곱의 집이 다른 언어를 쓰는 백
성들로부터 나왔을 때,
2 유다는 하나님의 성전이 되었고, 이스라엘
은 그의 영토가 되었습니다.
3 바다가 보고 도망갔으며, 요단 강이 뒤로
물러섰습니다.
4 산들이 숫양같이 뛰었고, 언덕들은 어린
양처럼 뛰었습니다.
5 바다야, 왜 네가 도망갔으며, 요단 강아,
왜 네가 물러섰느냐?
6 너희 산들아, 왜 네가 숫양처럼 뛰었으
며, 너희 언덕들아, 왜 어린 양처럼 뛰었
느냐?
7 땅이여, 주 앞에서 떨지어다. 야곱의 하나
님 앞에서 떨지어다.
8 그분은 바위를 연못이 되게 하신 분이요,
단단한 바위를 샘이 되게 하신 분이시다.

단 한 분, 진실하신 하나님

115 여호와여, 우리에게 영광을 돌리
지 마십시오. 오직 주의 이름만
영화롭게 하십시오. 주는 사랑이 많으시
고 신실하신 분이십니다.
2 어찌하여 나라들이 "그들의 하나님은 어
디에 있느냐?"라고 말합니까?
3 우리 하나님은 하늘에 계십니다. 자기를
즐겁게 하는 것은 무엇이든지 하시는 분
입니다.
4 그러나 그들이 섬기는 우상들은 은과 금
이요, 사람의 손으로 만들어진 은과 금입
니다.
5 우상들은 입이 있으나 말을 할 수 없고,
눈이 있으나 볼 수 없습니다.
6 그것들은 귀가 있으나 듣지 못하며, 코가
있으나 냄새를 맡지 못합니다.
7 그것들은 손이 있으나 만지지 못하며, 발
이 있으나 걷지 못합니다. 그것들은 목구
멍으로 아무런 소리를 낼 수 없습니다.
8 그런 우상들을 만드는 자들은 우상들과
같을 것이며, 그것들을 의지하는 자들도
그러할 것입니다.
9 오 이스라엘의 집이여, 여호와를 의지하십
시오. 그분은 여러분을 돕는 분이요, 방
패가 되십니다.
10 오 아론의 집이여, 여호와를 의지하십시
오. 그분은 여러분을 돕는 분이요, 방패
가 되십니다.
11 여호와를 두려워하는 여러분이여, 여호와
를 의지하십시오. 그분은 여러분을 돕는
분이요, 방패가 되십니다.
12 여호와는 우리를 기억하시며 우리에게 복
을 주실 것입니다. 그분은 이스라엘의 집
에 복을 주실 것이며, 아론의 집에 복을
주실 것입니다.
13 그분은 여호와를 두려워하는 자들에게 복
을 주실 것입니다. 작은 자들이나 큰 자
들에게나 똑같이 복을 주실 것입니다.
14 여호와께서 여러분을 번성케 하시기를 바
랍니다. 여러분과 여러분의 자녀 모두를
번창하게 하시기를 바랍니다.
15 여호와께서 여러분에게 복 주시기를 바랍
니다. 하늘과 땅을 지으신 그분이 복 주
시기를 바랍니다.
16 가장 높은 하늘이 여호와의 것입니다. 그
러나 그분은 땅을 사람에게 주셨습니다.
17 여호와를 찬양하는 자는 죽은 자들이 아
닙니다. 적막한 곳으로 내려가는 자들이

의지하다(115:8 lean on) 마음을 기대어 도움을 받다.
번성(115:14 prosperity) 커지고 널리 퍼지는 것.
번창(115:14 flourish) 한창 잘되어 성함.
순진한(116:6 innocent) 마음에 꾸밈이 없이 순박하고 참된.

아닙니다.
18 여호와를 찬송하는 자는 우리입니다. 우
리는 지금부터 영원히 찬송할 것입니다.
여호와를 찬양하십시오.

죽음에서 살리심을 감사

116 나는 여호와를 사랑합니다. 이는
주께서 내 목소리를 들으셨기 때
문입니다. 주께서 도와 달라는 나의 울부
짖음을 들으셨습니다.
2 주께서 내게 귀를 기울이셨으므로 나는 내
가 살아 있는 동안 주를 부를 것입니다.
3 죽음의 밧줄이 나를 옭아맸으며, 무덤의
고통이 나를 덮쳤습니다. 나는 괴로움과
슬픔으로 억눌려 있었습니다.
4 그 때에 내가 여호와의 이름을 불렀습니
다. "여호와여, 나를 구원해 주소서."
5 여호와는 은혜로우시고, 올바른 분이십니
다. 우리 하나님은 불쌍히 여기시는 분입
니다.
6 여호와는 순진한 자들을 보호하시며 내가
큰 위험에 빠졌을 때, 나를 구원하셨습니
다.
7 오 나의 영혼아, 이제 편히 쉬어라. 이는
여호와께서 지금까지 나에게 선을 베푸셨
기 때문이다.
8 주는 내 영혼을 죽음에서 구해 내셨고, 나
의 눈에서 눈물을 씻어 주셨으며, 나의 발
이 걸려 넘어지지 않게 해 주셨습니다.
9 이제 내가 여호와 앞에서 걸을 수 있고,
살아 있는 자들의 땅에서 살 수 있게 되
었습니다.
10 나는 굳게 믿고 말했습니다. "나는 큰 고
통 가운데 있습니다!"
11 또 나는 실망 가운데서 여호와께 말했습
니다. "모든 사람은 거짓말쟁이다!"
12 여호와께서 나에게 모든 좋은 것으로 베
풀어 주셨습니다. 내가 어떻게 여호와께
보답할 수 있겠습니까?
13 나는 구원의 잔을 들고, 여호와의 이름을
부를 것입니다.
14 나는 여호와께 드린 나의 맹세를 지킬 것
입니다. 여호와의 모든 백성 앞에서 나의
약속을 이룰 것입니다.
15 주의 거룩한 자들이 죽는 것을 여호와는
귀중하게 보십니다.
16 여호와여, 정말로 나는 주의 종입니다. 나
는 주의 종이요, 주의 여종의 아들입니다.
주는 나를 쇠사슬에서 풀어 주셨습니다.
17 내가 주께 감사의 찬양을 드리고, 여호와
의 이름을 부를 것입니다.
18 나는 여호와께 드린 나의 서원들을 지킬
것입니다. 주의 모든 백성 앞에서 그리할
것입니다.
19 여호와의 집 뜰에서 나의 서원들을 지킬
것입니다. 오 예루살렘이여, 네 가운데서
내가 서원들을 이룰 것이다. 여호와를 찬
양하십시오!

찬양 중에 찬양

117 모든 나라들이여, 여호와를 찬양
하십시오. 모든 백성들이여, 주를
높이 찬송하십시오.
2 이는 여러분을 향한 여호와의 사랑이 너무
크고, 여호와의 신실하심이 영원히 지속되
기 때문입니다. 여호와를 찬양하십시오!

승리 주심을 감사

118 여호와께 감사하십시오. 그는 선
하시며, 그분의 사랑은 영원히 계
속될 것입니다.
2 이스라엘이 말할 것입니다. "주의 사랑은
영원합니다."

성경 자세히 이해하기

가장 짧은 시편

150개의 시편 중에서 가장 짧은 시편이 117편입니다. 지은이와 지어진 시기는 알 수 없지만, 나라와 민족을 초월하여 하나님을 찬양하라는 것이 이 시의 주제입니다. 또한 이 시는 시의 결론이 없다는 특징을 가지고 있지만 범 우주적인 선교에 관심을 가지고 있다는 데에 의미가 있다 하겠습니다. 그래서 바울은 1절을 인용하여 신약 시대 선교의 이론적 기틀을 확립하기도 했습니다(롬 15:11).

본문 보기 117편

3 아론의 집이 말할 것입니다. "주의 사랑은
영원합니다."
4 여호와를 두려워하는 자들이 말할 것입니
다. "주의 사랑은 영원합니다."
5 내가 고통 가운데 있을 때, 여호와께 울
부짖었습니다. 그러자 여호와께서 대답하
시고 나를 풀어 주셨습니다.
6 여호와께서 나와 함께 계시니 내가 무서
워하지 않습니다. 사람들이 내게 무슨 일
을 할 수 있겠습니까?
7 여호와가 나와 함께 계십니다. 그분은 나
를 돕는 분이십니다. 나는 승리 가운데서
나의 적들을 바라볼 것입니다.
8 사람을 의지하는 것보다 여호와께 피하는
것이 더 좋습니다.
9 왕자들을 의지하는 것보다 여호와께 피하
는 것이 더 좋습니다.
10 모든 나라들이 나를 둘러쌌습니다. 그러
나 여호와의 이름으로 내가 그들을 물리
쳤습니다.
11 그들이 사방에서 나를 둘러쌌습니다. 그
러나 여호와의 이름으로 내가 그들을 물
리쳤습니다.
12 그들은 벌 떼처럼 내 주위에 몰려들었습
니다. 그러나 불타는 가시덤불처럼 빠르
게 죽어갔습니다. 여호와의 이름으로 내
가 그들을 물리쳤습니다.
13 나는 뒤로 밀려나 넘어질 뻔했습니다. 그
러나 여호와께서 나를 도우셨습니다.
14 여호와는 나의 힘이요, 나의 노래이십니
다. 그분은 나의 구원이 되셨습니다.
15 기쁨과 승리의 외침들이 의로운 자들의
동네에 울려 퍼집니다. "여호와의 오른손
이 위대한 일들을 행하셨습니다!
16 여호와께서 오른손을 높이 드셨습니다.
여호와의 오른손이 위대한 일들을 행하셨
습니다!"
17 나는 죽지 않고 살 것입니다. 그리고 여
호와께서 하신 일을 선포할 것입니다.
18 여호와께서 나를 엄하게 벌하셨으나 죽음
에 이르게 하지는 않으셨습니다.
19 나를 위해 의로운 문들을 열어 놓으십시오.
내가 들어가 여호와께 감사할 것입니다.
20 이것이 여호와의 문입니다. 의로운 자가
이 문을 통해 들어갈 것입니다.
21 내가 주께 감사드릴 것입니다. 주께서 내
게 대답하셨고 주는 나의 구원이 되셨습
니다.
22 건축자들이 버린 돌이 머릿돌이 되었습니
다.
23 여호와께서 행하신 일들이 우리 눈에는
놀라울 뿐입니다.
24 이 날은 여호와께서 만드신 날입니다. 이
날에 우리가 기뻐하고 즐거워합시다.
25 여호와여, 우리를 구원하십시오. 여호와
여, 우리에게 성공을 허락하소서.
26 여호와의 이름으로 오는 자는 복 있는 사
람입니다. 여호와의 집에서 우리가 그들
을 축복합니다.
27 여호와는 하나님이십니다. 그분은 자신의
빛을 우리 위에 환히 비추셨습니다. 손에
큰 가지를 들고, 축제의 행렬에 참여하십
시오. 제단의 뿔에 이르기까지 행렬에 참
여하십시오.
28 주는 나의 하나님이십니다. 내가 주께 감
사를 드릴 것입니다. 주는 나의 하나님이
시니, 내가 주를 높일 것입니다.
29 여호와께 감사하십시오. 주는 선하시며
그분의 사랑은 영원합니다.

하나님의 세계

119 흠잡을 데 없는 올바른 길로 가는
사람들은 복 있는 사람입니다. 여
호와의 법에 따라 걷는 자들은 복 있는 사
람입니다.
2 여호와의 법규들을 지키는 자들은 복 있
는 사람입니다. 마음을 다해 여호와를 찾

행렬(118:27 procession) 여럿이 줄 지어 감. 또는 그 줄.
제단(118:27 altar) 하나님께 제사드리기 위해 만든 단.
조언자(119:24 counselor) 도움이 되는 말로 거들거나 깨우쳐 주는 사람.

는 자들은 복 있는 사람입니다.
3 그들은 결코 잘못된 일들을 하지 않으며, 그들은 주의 길을 따라 걷습니다.
4 주는 교훈들을 정해 주셨습니다. 이 교훈들은 반드시 잘 지켜야 할 것들입니다.
5 나의 길이 변하지 않기를 바랍니다. 내가 주의 법령에 변함없이 순종하기를 바랍니다.
6 그 때에 나는 부끄러움을 당하지 않을 것입니다. 내가 주의 모든 명령들을 잘 지키면 부끄러움을 당하지 않을 것입니다.
7 내가 정직한 마음으로 주를 찬양하겠습니다. 내가 주의 의로운 법들을 배우면서 주를 찬양할 것입니다.
8 내가 주의 법령들을 지키겠습니다. 나를 완전히 버리지 마소서.
9 젊은이가 어떻게 그의 길을 깨끗하게 유지할 수 있겠습니까? 주의 말씀에 따라 살면 깨끗하게 유지할 수 있습니다.
10 내가 마음을 다해 주를 따르렵니다. 내가 주의 말씀에서 떠나지 않게 하소서.
11 내가 주의 말씀을 내 마음속에 두었습니다. 내가 주께 죄를 짓지 않기 위해서입니다.
12 여호와여, 주께 찬양을 드립니다. 나에게 주의 법령들을 가르쳐 주소서.
13 주의 입에서 나오는 모든 규례들을 내가 큰 소리로 선포합니다.
14 나는 주의 법규에 따르는 것을 기뻐합니다. 재산을 많이 가지는 것보다 더 좋아합니다.
15 나는 주의 교훈들을 읊조리며, 주의 길들을 깊이 생각합니다.
16 나는 주의 법령들을 기뻐합니다. 나는 주의 말씀을 가볍게 여기지 않을 것입니다.
17 주의 종에게 은혜 내려 주소서. 그리하면 내가 잘 살 수 있을 것입니다. 나는 주의 말씀에 순종할 것입니다.
18 나의 눈을 열어 주셔서 내가 볼 수 있게 하소서. 주의 법 안에 있는 놀라운 진리를 깨닫게 해 주소서.
19 나는 이 땅에서 나그네입니다. 주의 계명들을 내게서 숨기지 마소서.
20 나의 영혼이 간절히 바라고 있습니다. 언제나 주의 규례에 대한 갈망으로 불타고 있습니다.
21 주는 거만한 자들을 꾸짖습니다. 그들은 저주받은 자들입니다. 주는 교만한 자를 책망하십니다. 그들은 주의 명령을 멀리하는 자들입니다.
22 더 이상 내가 조롱과 비웃음을 당하지 않게 해 주소서. 이는 내가 주의 법규들을 지키고 있기 때문입니다.
23 비록 세상의 권력자들이 모여 앉아 나에 대해 험담을 할지라도, 주의 종은 주의 법령들을 깊이 생각할 것입니다.
24 주의 법규들은 나의 기쁨입니다. 그것들은 나의 조언자들입니다.
25 내가 먼지를 뒤집어쓰고 앉아 있습니다. 주의 말씀으로 나의 영혼을 새롭게 하소서.
26 내가 나의 행위를 고백했더니 주는 내게 대답하셨습니다. 내게 주의 법령들을 가르쳐 주소서.
27 나로 주의 교훈들과 가르침들을 이해하게 해 주소서. 그러면 내가 주의 기적들을 깊이 생각할 것입니다.
28 나의 영혼이 슬픔으로 지쳐 있습니다. 주

성경 자세히 이해하기

알파벳 시

시편 119편은 히브리어 알파벳 22개를 순서에 따라 시의 첫머리로 삼고 각각 8행씩 지었기 때문에 알파벳 시라고도 합니다(1-8절, 9-16절, 7-24절, 25-32절, 33-40절, 41-48절, 49-56절, 57-64절, 65-72절, 73-80절, 81-88절, 89-96절, 97-104절, 105-112절, 113-120절, 121-128절, 129-136절, 137-144절, 145-152절, 153-160절, 161-168절, 169-176절). 하나님의 말씀을 주제로 한 이 시에는 176절 중 네 구절(84,121,122,132절)만을 제외한 모든 구절에 율법, 법, 말씀, 증거, 법도, 율례, 계명 등의 말이 나옵니다.

본문 보기 119편

의 말씀으로 나에게 힘을 주소서.
29 악한 길에 빠지지 않도록 나를 보살펴 주
소서. 주의 법을 가르치시고 내게 은혜를
베풀어 주소서.
30 내가 진리의 길을 선택했습니다. 나의 마
음을 주의 법도들에 맞추어 놓았습니다.
31 여호와여, 나는 주의 법규들을 단단히 붙
들고 있습니다. 내가 부끄러움을 당하지
않게 해 주소서.
32 내가 주께서 명령하신 길로 가고 있는 것
은 주께서 나의 마음을 편안하게 하셨기
때문입니다.
33 여호와여, 나를 가르치시고 주의 법령들
을 따르게 해 주소서. 그러면 내가 끝까
지 그것들을 지킬 것입니다.
34 나에게 깨달음을 주소서. 내가 주의 법을
지킬 것입니다. 내가 마음을 다하여 주의
법에 순종할 것입니다.
35 내가 주께서 명령하신 길로 가기를 원합
니다. 이는 내가 그 길에서 기쁨을 발견
하기 때문입니다.
36 나의 마음이 주의 법규들로 향하게
하시고, 이기적인 이익들로 향
하지 않게 해 주소서.
37 내가 무가치한 것들에게서
눈을 떼게 해 주시고, 주의
말씀으로 나를 보호해 주소
서.
38 주의 종에게 주의 약속을 이
루어 주소서. 내가 주를 존경
하겠습니다.
39 나는 수치를 두려워하오니 내
게서 수치를 제거해 주소서. 주의
법은 선하고 완전합니다.
40 나는 주의 교훈들을 너무도 갈망합
니다! 주의 의로움으로 나의 영혼을
새롭게 하소서.
41 여호와여, 주의 변치 않는 사랑을 내
게 주소서. 주의 말씀대로 주의 구
원이 내게 임하게 하소서.
42 그러면 내가 나를 비웃는 자들에게
대답할 것입니다. 내가 주의 말씀을
믿습니다.
43 진리의 말씀을 나의 입에서 빼앗아 가지
마소서. 내가 나의 소망을 주의 규례에 두
었습니다.
44 나는 언제나 주의 법을 지킬 것입니다. 영
원토록 순종할 것입니다.
45 내가 자유롭게 걸어다닐 것입니다. 이는
내가 주의 교훈들을 따랐기 때문입니다.
46 내가 왕들 앞에서 주의 법규들에 대해 말
할 것입니다. 내가 그 곳에서 부끄러움을
당하지 않을 것입니다.
47 이는 내가 주의 명령들을 기뻐하고, 내가
그것들을 사랑하기 때문입니다.
48 나의 손을 들어 내가 사랑하는 주의 명령
들을 찬양합니다. 내가 주의 법령들을 깊
이 생각합니다.
49 주의 종에 대해 하신 주의 말씀을 기억하
십시오. 주께서 내게 소망을 주셨습니다.
50 주의 약속이 나의 생명을 보존합니다. 이
것이 내가 고통 가운데 있을 때에 내게 위
로가 됩니다.

"주께서 명령하신 길로
가기를 원합니다" (119:35)

51 교만한 자들이 한없이 나를 조롱합니다.
그러나 나는 주의 법으로부터 돌아서지
않습니다.
52 여호와여, 내가 주의 옛 법도들을 기억합
니다. 그리고 그 안에서 위로를 얻습니
다.
53 악한 자들 때문에 몹시 화가 납니다. 그
들은 주의 법을 버린 자들입니다.
54 주의 법령들은 내 노래의 주제입니다. 내
가 사는 곳 어디에서나 내 노래의 주제입
니다.
55 여호와여, 밤에 내가 주의 이름을 기억하
며, 내가 주의 법을 지킬 것입니다.
56 주의 교훈에 순종하는 것이 나에게 축복
이 됩니다.
57 여호와여, 주는 나의 몫입니다. 내가 주
의 말씀에 순종하기로 약속하였습니다.
58 내가 나의 마음을 다해 주의 얼굴을 바라
보았습니다. 주의 약속에 따라 내게 은혜
를 베풀어 주소서.
59 내가 나의 길을 깊이 생각해 봤습니다. 그
리고 나의 발걸음을 주의 법규들을 향해
돌렸습니다.
60 나는 지체하지 않고 서둘러 주의 명령들
을 지킬 것입니다.
61 비록 악한 자들이 나를 줄로 묶을지라도,
나는 주의 법을 잊지 않을 것입니다.
62 한밤중에 내가 일어나 주께 감사드립니
다. 주의 의로운 규례들에 대해 감사드립
니다.
63 나는 주를 두려워하는 모든 사람들의 친
구입니다. 주의 교훈들을 따르는 모든 사
람들의 친구입니다.
64 여호와여, 땅이 주의 사랑으로 가득 차 있
습니다. 내게 주의 법령들을 가르쳐 주소
서.
65 주의 종에게 선을 베풀어 주소서. 여호와
여, 주의 말씀에 따라 선을 베풀어 주소
서.
66 내게 지식과 선한 판단에 대해 가르쳐 주
소서. 이는 내가 주의 명령들을 믿기 때
문입니다.
67 고난받기 전에는 내가 잘못된 길로 갔으
나, 이제는 주의 말씀에 순종합니다.
68 주는 선하시고, 주가 하는 일도 선하십니
다. 저에게 주의 법령들을 가르쳐 주소
서.
69 비록 교만한 자들이 거짓말로 나를 더럽
혔어도, 나는 마음을 다해 주의 교훈들을
지킵니다.
70 그들의 마음은 차디차고 아무런 느낌이
없습니다. 그러나 나는 주의 법을 기뻐합
니다.
71 고난당하는 것이 내게는 좋았습니다. 그
때문에 나는 주의 법령들을 배우게 되었
습니다.
72 주의 입으로부터 나오는 법은 내게 더욱
귀중합니다. 수천 개의 은과 금보다 더욱
귀중합니다.
73 주의 손이 나를 만들었고 나를 지으셨습
니다. 내게 깨달음을 주시고 주의 명령들
을 배우게 해 주소서.
74 주를 두려워하는 자들이 나를 볼 때에 기
뻐하게 해 주소서. 이는 내가 나의 소망
을 주의 말씀에 두었기 때문입니다.
75 여호와여, 나는 주의 법도가 의롭다는 것
을 알고 있습니다. 신실하심을 따라 내게
어려움 주신 것을 압니다.
76 주의 변함없는 사랑이 나의 위로가 되게
해 주소서. 주의 종에게 약속하신 대로 위
로하여 주소서.
77 주께서 나를 불쌍히 여겨 주시면 내가 살
수 있습니다. 이는 주의 법이 나의 기쁨
이기 때문입니다.
78 교만한 자들이 까닭 없이 나를 못살게 굽
니다. 그들을 부끄럽게 해 주소서. 나는

법규(119:36 laws and regulations) 법률의 규정 · 규칙 · 규범을 통틀어 이르는 말.
법도(119:52 laws and institutions) 지켜야 할 예절이나 격식.
주제(119:54 theme) 작가가 표현하고자 하는 근본적인 의도 · 사상.

주의 교훈들을 깊이 생각할 것입니다.
79 주를 두려워하는 자들을 내게로 돌아오게
하시며, 주의 법규들을 이해하는 자들이
내게로 돌아오게 해 주소서.
80 나의 마음이 주의 법령들을 향해 순결하
게 하시고, 내가 부끄러움을 당하지 않게
해 주소서.
81 내가 주의 구원을 기다리다 지쳤습니다.
그러나 나는 주의 말씀에 희망을 두고 있
습니다.
82 나의 눈은 주의 약속을 기다리다가 약해
졌습니다. 내가 묻습니다. "주는 언제쯤
나를 위로하실 것입니까?"
83 비록 내가 연기 속에 있는 포도주 가죽 부
대 같을지라도, 나는 주의 법령들을 잊지
않습니다.
84 주의 종이 얼마나 더 기다려야만 합니까?
주는 나를 박해하는 자들을 언제 벌하실
것입니까?
85 교만한 자들이 나를 잡으려 함정을 파고
있습니다. 주의 법을 어기며 함정을 파고
있습니다.
86 주의 모든 계명들을 신뢰할 수 있습니다.
나를 도와 주소서. 사람들이 이유 없이 나
를 박해합니다.
87 그들이 나를 이 땅에서 쫓아 내었지만, 나
는 주의 교훈들을 버리지 않았습니다.
88 주의 사랑으로 나의 생명을 보살펴 주소
서. 그러면 내가 주의 법규에 순종할 것
입니다.
89 여호와여, 주의 말씀은 영원합니다. 주의
말씀은 하늘에서 굳건히 서 있습니다.
90 주의 신실하심은 대대에 이릅니다. 주는
땅을 세우셨고, 이 땅은 지금도 계속되고
있습니다.
91 주의 법도는 이 날까지도 지속되고 있습
니다. 이는 모든 것들이 주를 섬기고 있
기 때문입니다.
92 만일 주의 법이 지금까지 나의 기쁨이 아
니었다면, 아마 나는 고통 가운데서 죽어
갔을 것입니다.
93 나는 주의 교훈들을 결코 잊지 않을 것입
니다. 이는 이것들을 통해, 주가 나의 생
명을 보존하셨기 때문입니다.

"주의 명령들은 우주보다 넓습니다"(119:96)

94 나는 주의 것이오니 구원해 주소서. 내가
주의 교훈들을 따르고자 열심히 노력했습
니다.
95 악한 자들이 나를 무너뜨리려고 기다리고
있습니다. 그러나 나는 주의 법규들을 깊
이 생각할 것입니다.
96 완전하게 보이는 어떠한 것들도 다 한계
가 있습니다. 그러나 주의 명령들은 우주
보다 넓습니다.
97 얼마나 내가 주의 법을 사랑하는지, 나는
하루 종일 그것만을 깊이 생각합니다.
98 주의 명령들은 나의 적들보다 나를 더 지
혜롭게 만듭니다. 이는 그것들이 나와 항
상 함께 있기 때문입니다.
99 나는 나의 스승들보다 더 많은 통찰력이
있습니다. 이는 내가 주의 법규들을 깊이
생각하고 있기 때문입니다.
100 나는 노인들보다 더 많은 깨달음을 가지
고 있습니다. 이는 내가 주의 교훈들에
순종하기 때문입니다.
101 나는 지금까지 악한 길로 가지 않았습니
다. 내가 주의 말씀에 순종하기 위함이
었습니다.
102 나는 지금까지 주의 법도로부터 떠나지
않았습니다. 이는 주께서 친히 나를 가
르치셨기 때문입니다.
103 주의 말씀이 나의 입에 얼마나 단지요.
나의 입에 꿀보다 더 답니다.
104 나는 주의 교훈들로부터 깨달음을 얻고
있습니다. 그러므로 나는 모든 악한 길
을 미워합니다.
105 주의 말씀은 내 발의 등불이며, 내 길의
빛입니다.
106 나는 맹세했습니다. 다시금 확인도 했습
니다. 내가 주의 의로운 규례들을 따를
것입니다.
107 나는 많은 고통을 당했습니다. 여호와여,
주의 말씀에 따라 나를 보호해 주소서.
108 여호와여, 자발적으로 드리는 내 입술의
찬양을 받으시고, 내게 주의 법도를 가
르쳐 주소서.
109 내가 계속적으로 죽음의 위험을 무릅쓰

'주의 말씀은 나의 입에 꿀보다
더 답니다' (119:103)

고 있지만, 나는 주의 법을 잊지 아니할
것입니다.
110 악한 자들이 나를 잡으려고 덫을 놓았습
니다. 그러나 나는 주의 교훈들로부터 떠
나지 않았습니다.
111 주의 법규들은 영원히 내가 가질 상속물
입니다. 그것들은 내 마음의 기쁨입니다.
112 내가 주의 명령들을 지키기로 마음을 확
실히 정합니다. 바로 마지막 순간까지 주
의를 기울여 지키려 합니다.
113 나는 마음이 간사한 사람들을 싫어합니
다. 나는 주의 법을 사랑합니다.
114 주는 나의 피난처이시며 방패이십니다.
나는 나의 소망을 주의 말씀에 두었습니
다.
115 악을 행하는 자들이여, 내게서 떠나십시
오. 내가 나의 하나님의 명령들을 지키
려 합니다.
116 여호와의 약속에 따라 나를 살려 주시면
내가 살 수 있을 것입니다. 나의 소망들
이 깨어지지 않게 해 주소서.
117 나를 붙들어 올려 주시면 내가 구출될 것
입니다. 내가 항상 주의 법령들을 존중
할 것입니다.
118 주는 주의 법령들로부터 떠나 있는 모든
자들을 거절하십니다. 이는 그들의 거짓
됨이 헛되기 때문입니다.
119 주는 땅의 모든 악한 자들을 쓰레기같이
버리십니다. 그러므로 내가 주의 법규들
을 사랑합니다.
120 내가 주를 두려워하여 떨고 있습니다. 그
러므로 나는 주의 법도를 공경하고 두려

워합니다.
121 나는 지금까지 의롭고 정의로운 일을 해
왔습니다. 나를 나의 압제자들에게 넘기
지 마소서.
122 주의 종의 행복을 보장해 주소서. 교만한
자들이 나를 괴롭히지 않게 해 주소서.
123 나의 눈이 주의 구원을 찾다가 쇠약해졌
습니다. 주의 의로운 약속을 찾다가 흐
리게 되었습니다.
124 주의 변함없는 사랑으로 주의 종을 다루
어 주소서. 내게 주의 법령들을 가르쳐
주소서.
125 나는 주의 종입니다. 내게 분별력을 주
소서. 그러면 내가 주의 법규들을 이해
할 수 있을 것입니다.
126 여호와여, 주께서 일하실 때입니다. 주의
법이 깨어지고 있습니다.
127 내가 주의 명령들을 사랑합니다. 순금보
다 더 사랑합니다.
128 내가 주의 모든 교훈들을 옳다고 생각합
니다. 나는 잘못된 모든 길들을 미워합
니다.
129 주의 법규들은 놀랍습니다. 나는 그것들
에 순종합니다.
130 주의 말씀들을 드러내니 빛이 비춰집니
다. 주의 말씀들을 드러내니 순진한 자
가 깨달음을 얻게 됩니다.

'내가 주의
명령들을 순금보다
더 사랑합니다' (119:127)

131 내가 나의 입을 열어 헐떡거리며, 주의
명령들을 갈망합니다.
132 주의 이름을 사랑하는 자들에게 항상 하
시듯이 제게도 자비를 베풀어 주소서.
133 주의 말씀에 따라 나의 발걸음을 인도해
주소서. 어떤 죄도 나를 지배하지 못하
게 해 주시고,
134 사람들의 압박에서 나를 구원해 주소서.
내가 주의 교훈에 순종할 것입니다.
135 주께서 주의 종을 향해 얼굴을 비춰 주
시고 내게 주의 법령을 가르쳐 주소서.
136 내 눈에서 눈물이 홍수같이 쏟아져 내립
니다. 이는 주의 법이 지켜지지 않고 있
기 때문입니다.
137 여호와여, 주는 의로우십니다. 주의 법도
는 옳습니다.
138 주께서 만드신 법규들은 의롭습니다. 그
것들은 모두 믿을 수 있습니다.
139 내가 열정에 지쳤습니다. 이는 나의 적
들이 주의 말씀을 무시하고 있기 때문입
니다.
140 주의 약속은 확실하므로 주의 종이 그것
을 사랑합니다.
141 비록 내가 보잘것없고 무시를 당하고 있
지만, 나는 주의 교훈들을 잊지 않고 있
습니다.
142 주의 의로움은 영원하며, 주의 법은 진
리입니다.
143 어려움과 걱정이 내게 있지만, 주의 명
령들이 나의 기쁨이 됩니다.
144 주의 법규들은 영원히 옳습니다. 내게 깨
달음을 주셔서 살게 하소서.
145 여호와여, 내가 마음을 다해 주를 부릅
니다. 내게 대답하여 주소서. 그리하면
내가 주의 법령들에 복종할 것입니다.
146 내가 주께 부르짖습니다. 나를 구원해 주
소서. 그리하면 내가 주의 법규들에 복
종할 것입니다.
147 내가 새벽 이전에 일어나 도움을 요청하
며 울부짖습니다. 나는 나의 소망을 주
의 말씀에 두었습니다.
148 내가 밤새도록 깨어 있습니다. 내가 주의

약속들을 깊이 생각하고 있습니다.
149 주의 사랑에 따라 나의 소리를 들어 주소서. 여호와여, 주의 법도에 따라 나의 생명을 보존하소서.
150 악한 일들을 생각하는 자들이 가까이 있습니다. 그들은 주의 법으로부터 멀리 떨어져 있습니다.
151 여호와여, 주는 가까이 계십니다. 주의 모든 명령들은 진리입니다.
152 오래 전부터 나는 주의 법규들을 배웠습니다. 주의 법규들은 주께서 영원토록 지속되게 하신 것들입니다.
153 나의 고통을 보시고 나를 구원해 주소서. 내가 주의 법을 잊지 않았습니다.
154 내가 주장하는 것을 변호해 주시고, 나를 구원해 주소서. 주의 약속에 따라 나의 생명을 보존해 주소서.
155 구원은 악한 자들로부터 멀리 있습니다. 그들은 주의 법령들을 따르지 않았습니다.
156 여호와여, 주는 불쌍히 여기시는 분이십니다. 주의 법도에 따라 나의 생명을 보존해 주소서.
157 나를 박해하는 적들이 많습니다. 그러나 나는 주의 법규들에서 떠나지 않았습니다.
158 나는 신실하지 않은 자들을 보고 분노합니다. 이는 그들이 주의 말씀에 순종하지 않기 때문입니다.
159 내가 주의 교훈을 얼마나 사랑하는지 보소서. 여호와여, 주의 사랑에 따라 나의 생명을 보존해 주소서.
160 주의 모든 말씀은 진리입니다. 주의 의로운 법도는 모두 영원합니다.
161 권력자들이 까닭 없이 나를 박해합니다. 그러나 나의 마음은 주의 말씀만 두려워합니다.
162 나는 주의 약속을 기뻐합니다. 많은 전리품을 얻은 자처럼 기뻐합니다.
163 나는 거짓을 미워하고 싫어합니다. 나는 오직 주의 법을 사랑합니다.
164 하루 일곱 번씩 나는 주의 의로운 법도로 인해 찬양합니다.
165 주의 법을 사랑하는 자들은 마음이 평안하여 아무도 그들을 넘어뜨릴 수 없습니다.
166 여호와여, 내가 주의 구원을 기다리며 주의 명령들을 따릅니다.
167 내가 주의 법규들을 지킵니다. 이는 내가 그 법규를 많이 사랑하기 때문입니다.
168 내가 주의 교훈들과 법규들을 지키는 것은 주께서 내가 가는 모든 길을 알고 계시기 때문입니다.
169 여호와여, 나의 울부짖음이 주 앞에 이르기를 바랍니다. 주의 말씀에 따라 내게 깨달음을 주소서.
170 나의 간구가 주 앞에 이르기를 바랍니다. 주의 약속에 따라 나를 구원해 주소서.
171 나의 입술이 찬양으로 넘치기를 바라는 것은 주께서 내게 주의 법령들을 가르치시기 때문입니다.
172 내가 주의 말씀에 대해 노래하는 것은 주의 모든 명령들은 의롭기 때문입니다.
173 주의 손이 나를 도와 주시기 바랍니다. 이는 내가 주의 교훈들을 선택했기 때문입니다.
174 여호와여, 내가 주의 구원을 갈망합니다. 주의 법은 나의 기쁨입니다.
175 나를 살려 주소서. 내가 주를 찬양하겠

목자를 찾아
헤매는 양(119:175-176)

습니다. 주의 법도는 나를 살립니다.
176 나는 길 잃은 양처럼 길을 잃었습니다.
주의 종을 찾아 주소서. 내가 주의 명령
들을 잊지 않고 있습니다.

집으로부터 멀리 떨어져 있는 누군가의 기도

예배드리러 올라가는 자의 노래

120 내가 고통 가운데 여호와께 부
르짖었더니 그분께서 내게 대
답하셨습니다.
2 여호와여, 거짓말하는 자로부터 나를 구
원해 주소서. 거짓된 혀들로부터 나를 구
해 주소서.
3 하나님이 너에게 무엇을 행하실 것 같으
냐, 그 밖의 무엇을 더하실 것 같으냐? 오
거짓된 혀여!
4 주가 너를 무사의 날카로운 화살로 벌하
실 것이요, 말라깽이 나무로 만든 불타는
숯불로 벌하실 것이다.
5 내가 메섹에 살고 있고, 게달 사람들의 동
네에 살고 있으니 불행합니다.
6 너무 오랫동안 살았습니다. 내가 평화를
싫어하는 사람들과 너무 오랫동안 살았습
니다.

성경 자세히 이해하기

성전에 올라가면서 부르는 노래

시편 120-134편은 '성전에 올라가면서 부르는 노래'로 알려진 시편들입니다. 이 시는 이스라엘 백성이 바빌로니아에서 귀환했을 때의 상황을 노래하고 있지만, 그후, 이 시는 외국에 흩어져 사는 유대인들(이들을 '디아스포라'라고 합니다)이 매년 절기를 지키러 예루살렘 성전으로 순례를 행할 때에 부른 애창시가 되었습니다. 따라서 이 시편들은 하나님을 모르는 이방 세계에 살던 시인이, 이방인들과의 삶 속에서 지치고 상한 몸과 마음을 이끌고 성전을 찾으며 하나님께 부르짖었던 노래 형식으로 되어 있습니다.

본문 보기 120편

7 나는 평화를 원하지만, 내가 말할 때에 그
들은 싸우려 합니다.

그의 사람들을 지키시는 주님

예배드리러 올라가는 자의 노래

121 내가 눈을 들어 산들을 바라봅니
다. 나의 도움이 어디에서 옵니
까?
2 나의 도움은 여호와로부터 옵니다. 하늘
과 땅을 만드신 그분으로부터 옵니다.
3 여호와께서 여러분의 발이 미끄러지지 않
게 하실 것입니다. 여러분을 지켜 주시는
그분은 졸지 않으십니다.
4 정말로 이스라엘을 지켜 주시는 그분은 졸
지도 주무시지도 않습니다.
5 여호와는 여러분을 지켜 주십니다. 여호
와는 여러분의 오른편에 있는 그늘이십니
다.
6 낮에 태양이 여러분을 해하지 못하며, 밤
에 달이 여러분을 해하지 못할 것입니다.
7 여호와는 여러분을 모든 재앙으로부터 지
켜 주십니다. 그분은 여러분의 생명을 보
호하십니다.
8 여호와는 여러분의 들고 나는 것을 지금
부터 영원토록 지키십니다.

예루살렘의 행복한 사람들

다윗의 시. 예배드리러 올라가는 자의 노래

122 사람들이 내게 "우리 함께 여호
와의 집에 가자" 라고 말할 때,
나는 기뻐하였습니다.
2 오 예루살렘이여, 우리의 발이 네 문 안에
서 있습니다.
3 예루살렘은 건물이 단단하게 연결된 도시
처럼 건설되었습니다.
4 그 곳은 각 지파들, 곧 여호와의 지파들
이 여호와의 이름을 찬양하기 위해 올라
가는 곳입니다. 이스라엘에게 주어진 법규
에 따라 찬양하러 가는 곳입니다.
5 재판하기 위해 다윗의 집의 왕좌들이 거
기에 모였습니다.
6 예루살렘의 평화를 위해 기도하십시오.
"예루살렘을 사랑하는 자들이여, 안전하기
바랍니다.

7 예루살렘의 성벽 안에 평화가 있고, 예루살렘 성 안에 안정이 있기 바랍니다."
8 나의 형제들과 친구들을 위해, "너희 안에 평화가 있을 것이다" 라고 내가 말할 것입니다.
9 여호와 우리 하나님의 집을 위해, 내가 그 집이 번영하기를 기도할 것입니다.

자비를 구하는 기도

예배드리러 올라가는 자의 노래

123 내가 눈을 들어 주를 바라봅니다. 하늘에 계신 주를 바라봅니다.
2 종들의 눈이 그들의 주인의 손을 바라보듯이, 여종의 눈이 여주인의 손을 바라보듯이, 그렇게 우리의 눈이 여호와 우리 하나님을 바라봅니다. 주께서 우리에게 자비를 베푸실 때까지 여호와를 바라봅니다.
3 우리를 불쌍히 여겨 주소서. 여호와여, 우리를 불쌍히 여겨 주소서. 우리가 수많은 멸시를 견뎌 냈습니다.
4 우리가 거만한 자들로부터 받은 수많은 조롱을 참아 냈으며, 교만한 자들로부터 받은 수많은 멸시를 견뎌 냈습니다.

주님은 그의 사람들을 구하십니다

다윗의 시. 예배드리러 올라가는 자의 노래

124 이스라엘아, 말해 보아라. 만일 여호와께서 우리편이 아니셨다면, 어떻게 되었을까?
2 만약 여호와께서 우리편이 아니셨다면, 원수들이 우리를 공격했을 때,
3 그들의 분노가 우리를 향해 불타올랐을 때, 그들은 우리를 산 채로 삼켰을 것입니다.
4 홍수가 우리를 삼켰을 것입니다. 급류가 우리를 뒤덮었을 것입니다.
5 넘치는 물들이 우리를 휩쓸어 버렸을 것입니다.
6 여호와를 찬양하십시오. 그분은 우리의 울타리가 그들의 이에 찢어지지 않게 해 주셨습니다.
7 우리는 새처럼 사냥꾼의 그물에서 벗어났습니다. 그물은 끊어졌고, 우리는 벗어났습니다.
8 우리의 도움은 여호와의 이름 안에 있습니다. 하늘과 땅을 지으신 그분의 이름 안에 있습니다.

진실한 자를 하나님은 보호하십니다

예배드리러 올라가는 자의 노래

125 여호와를 의지하는 자들은 흔들리지 않고 영원히 서 있는 시온 산과 같습니다.
2 산들이 예루살렘을 둘러싸고 있듯이, 여호와께서 주의 백성들을 둘러싸고 계십니다. 지금부터 영원토록 보호하십니다.
3 악한 자가 의로운 자를 다스리게 하지 못할 것입니다. 의로운 자들의 땅 위에 악한 자의 권세가 남아 있지 않을 것입니다. 이는 의로운 자들이 악을 행하기 위해 그들의 손을 사용할지도 모르기 때문입니다.
4 여호와여, 선한 자들에게 선하게 대해 주소서. 마음이 곧은 자들에게도 선하게 대해 주소서.
5 그러나 비뚤어진 길로 향하는 자들은 악을 행하는 자들과 함께 내쫓아 주소서. 이스라엘에게 평화가 있기를 바랍니다.

성경 자세히 이해하기

주인의 손을 바라보는 종

종종 주인의 명령은 손짓이나 몸짓으로 표현되었기 때문에 종들은 언제나 주인의 손을 바라보고 있어야 했습니다. 따라서 이들은 주인의 손짓이나 몸짓을 바라보고 그 속에 담긴 명령을 알아차리는 훈련을 받기도 했는데, 이 절의 후반부에선 주인이 종의 잘못에 대해 처벌하라는 명령을 내렸을 때에 주인이 체벌을 멈추라는 뜻의 손짓을 할 때까지 애원의 눈빛으로 주인을 쳐다보는 다른 의미의 표현도 나타나고 있습니다.

본문 보기 123편 2절

행복한 집(128편)

주님은 우리에게 부요를 다시 주십니다

예배드리러 올라가는 자의 노래

126 여호와께서 포로들을 시온에 돌
아오게 하셨을 때, 우리는 꿈을
꾸는 것 같았습니다.
2 우리의 입은 웃음으로 가득 찼고, 우리의
혀는 기쁨의 노래로 가득 찼습니다. 그 때
에 세상 나라들이 "여호와께서 그들을 위
해 위대한 일들을 하셨다" 라고 말하였습
니다.
3 여호와는 우리를 위하여 위대한 일을 행
하셨습니다. 우리는 너무나 기쁩니다.
4 여호와여, 포로된 우리를 자유롭게 해 주
소서. 네게브 사막을 흐르는 시내처럼 자
유롭게 해 주소서.
5 눈물을 흘리며 씨를 뿌리는 사람은 기쁨
의 노래를 부르며 추수할 것입니다.
6 울며 씨를 뿌리러 나가는 사람은 기뻐 노
래하며 추수단을 들고 돌아올 것입니다.

모든 좋은 것은 하나님으로부터 옵니다

솔로몬의 시. 예배드리러 올라가는 자의 노래

127 여호와께서 집을 짓지 않으시면,
집 짓는 자들의 수고가 헛됩니
다. 여호와께서 성을 지키지 않으시면,
경비병들의 보초가 헛됩니다.
2 헛되이 일찍 일어나고, 늦게까지 일할 뿐
입니다. 먹을 음식을 위해 수고할 뿐입니
다. 그러므로 여호와께서는 그의 사랑하
는 자들이 편하게 잠을 잘 수 있도록 하
십니다.
3 아들들은 여호와께로부터 온 상속이며,
자녀들은 여호와께서 주신 상급입니다.
4 젊어서 낳은 아들은 무사의 손에 있는 화
살과 같습니다.
5 화살통에 화살이 가득 차 있는 사람은 복
있는 사람입니다. 그들이 성문에서 원수
들과 다툴 때에 부끄러움을 당하지 않을
것입니다.

행복한 집

예배드리러 올라가는 자의 노래

128 여호와를 공경하고 두려워하는
자는 복 있는 사람입니다. 그분의
말씀대로 사는 자는 복 있는 사람입니다.
2 그는 수고의 열매를 먹게 될 것입니다. 복
과 번영이 그의 것이 될 것입니다.
3 그의 아내는 열매 맺는 포도나무와 같을
것입니다. 그의 집안에 있는 포도나무와

같을 것입니다. 그의 식탁에 둘러앉은 그
의 아들들은 올리브 나무의 새싹들과 같
을 것입니다.
4 여호와를 공경하고 두려워하는 자들은 이
처럼 복 있는 사람입니다.
5 여호와께서 시온에서 그에게 복 주시기
바랍니다. 평생토록 복 주시기를 바랍니
다. 그가 예루살렘의 번영을 볼 것입니다.
6 그가 살아서 그의 자손들을 보기 바랍니다.
이스라엘에게 평화가 있기를 바랍니다.

적에게 대항하는 기도

예배드리러 올라가는 자의 노래

129

그들은 내가 어렸을 때부터 나
를 무척이나 괴롭혔습니다. 이스
라엘은 이 사실을 알 것입니다.
2 그들은 내가 어렸을 때부터 나를 무척이
나 괴롭혔습니다. 그러나 그들은 나를 이
기지 못했습니다.
3 밭을 가는 사람들이 나의 등을 갈아서 밭
고랑을 길게 만들었습니다.
4 그러나 여호와는 의로우십니다. 그분은
악한 자의 사슬을 끊으시고, 나를 자유롭
게 하셨습니다.
5 시온을 미워하는 모든 자들이 수치를 당
하고 물러가기를 바랍니다.
6 그들이 지붕 위에 있는 풀과 같이 되기를
바랍니다. 자랄 수 있기 전에 말라 버리
는 풀처럼 되기를 바랍니다.
7 추수꾼은 곡식으로 그의 손을 가득 채울
수 없으며, 모아들이는 자가 곡물로 그의
품을 가득 채울 수는 없습니다.
8 지나가는 사람들이 다음과 같이 말하지
못하게 해 주소서. "여호와의 복이 너희
들 위에 임하기를 바라노라. 우리가 여호
와의 이름으로 너희를 축복하노라" 하고
말하지 못하게 해 주소서.

자비를 구하는 기도

예배드리러 올라가는 자의 노래

130

여호와여, 깊은 절망 속에서 내
가 주께 부르짖습니다.
2 주여, 내 목소리를 들으소서. 주의 귀를
내게 기울이시고, 자비를 구하는 나의 울
부짖음을 들어 보소서.
3 여호와여, 만약 주께서 죄를 기록하셨다
면, 주여, 누가 견뎌 낼 수 있겠습니까?
4 그러나 용서하심이 주께 있으니 사람들이
주를 두려워하며 높입니다.
5 내가 여호와를 기다리고, 또 기다립니다.
나는 주의 말씀에 나의 소망을 두고 있습
니다.
6 나의 영혼이 주를 기다리니 파수꾼이 아
침을 기다리는 것보다 더 간절히 기다리
며, 참으로 파수꾼이 아침을 기다리는 것
보다 더 사모합니다.
7 오 이스라엘이여, 여러분의 소망을 여호와
께 두십시오. 변함없는 사랑이 여호와께
있으며 충만한 구원이 그분께 있습니다.
8 주가 친히 이스라엘을 구속하실 것입니다.
그들의 모든 죄로부터 이스라엘을 구속하
실 것입니다.

하나님 안에서 어린아이같이 진실함

다윗의 시. 예배드리러 올라가는 자의 노래

131

여호와여, 내 마음은 허황되지 않
으며, 나의 눈은 교만하지 않습니
다. 나는 커다란 일들에 관심을 두지 않
으며, 너무 놀라운 일들에도 관심을 두지
않습니다.
2 그 대신 나는 잠잠하고 조용히 있습니다.
내 영혼이 어머니와 함께 있는 젖뗀 아이
와 같습니다.
3 오 이스라엘이여, 여러분의 소망을 여호와
께 두십시오. 지금부터 영원토록 소망을
여호와께 두십시오.

성전을 위한 찬양

예배드리러 올라가는 자의 노래

132

여호와여, 다윗을 기억하십시
오. 그가 견뎌 냈던 모든 어려
움들을 기억해 주십시오.
2 그는 여호와께 맹세했습니다. 야곱의 전
능하신 그분께 서원했습니다.
3 "나는 집에 들어가지 않겠습니다. 침실에
도 들어가지 않겠습니다.
4 잠을 자지 않겠습니다. 졸지도 않겠습니
다.

5 내가 여호와를 위한 한 장소를 찾을 때까
지, 야곱의 전능하신 하나님의 집을 찾을
때까지 잠을 자지 않겠습니다."
6 우리는 에브라다에 그런 장소가 있다는 것
을 들었습니다. 야르의 들판*에 있는 그
곳을 발견했습니다.
7 "우리 함께 여호와의 거처로 갑시다. 그
분의 발 밑에서 예배합시다.
8 여호와여, 일어나셔서 주께서 쉴 만한 그
곳으로 가소서. 주의 능력의 언약궤와 함
께 그 곳으로 가소서.
9 주의 제사장들을 의로움으로 옷 입혀 주
시고, 주의 성도들이 기뻐 노래하게 하소
서."
10 주의 종 다윗을 위하여, 주의 기름 부은
자를 물리치지 마소서.
11 여호와는 다윗에게 맹세하셨습니다. 취소
하지 않으실 확실한 맹세를 하신 것입니
다. "네 자손들 중 하나를 내가 너의 왕
좌에 앉힐 것이다.
12 만약 네 아들들이 나의 언약을 지킨다면,
내가 그들에게 가르치는 법규들을 지킨다
면, 그들의 자손들이 왕좌에 앉을 것이다.
너의 왕좌 위에 영원토록 앉을 것이다."
13 여호와께서 시온을 선택하셨고, 그분은 시
온이 자신의 거처가 되기를 원하셨습니
다.
14 "이 곳이 영원토록 내가 쉴 만한 곳이다.
여기에서 내가 보좌에 앉을 것이니, 내가
바라던 일이다.
15 내가 풍성한 양식들로 이 곳에 복을 줄 것
이다. 이 곳의 가난한 사람들에게 내가 음
식을 가득 채워 줄 것이다.
16 내가 이 곳의 제사장들을 구원으로 옷 입
힐 것이며, 이 곳의 성도들은 기뻐 영원
히 노래할 것이다.
17 이 곳에 내가 다윗을 위해 뿔 하나를 자
라게 할 것이며, 나의 기름부음 받은 자
를 위해 등불 하나를 세울 것이다.
18 내가 다윗의 적들을 부끄러움으로 옷 입
힐 것이나, 그의 머리에는 왕관을 씌워 눈
부시게 빛나게 하리라."

하나님의 사람들을 사랑하심

다윗의 시. 예배드리러 올라가는 자의 노래

133 형제들이 함께 다정하게 살고
있을 때, 그것이 얼마나 좋고 즐
거운 일입니까!
2 그것은 머리 위에 부어 수염으로 흘러내
리되 아론의 수염으로 흘러내려 아론의 예
복의 깃으로 흘러내리는 향유와 같습니
다.
3 그것은 마치 헤르몬 산의 이슬이 시온 산
위로 떨어지는 것과 같습니다. 이는 그 곳
에 여호와께서 주의 복을 주시기 때문입
니다. 그리고 생명을 영원토록 주시기 때
문입니다.

성전을 지키시는 하나님을 찬양

예배드리러 올라가는 자의 노래

134 여호와의 모든 종들이여, 주를
찬양하십시오. 밤에 여호와의
집에서 봉사하는 종들이여, 주를 찬양하
십시오.
2 성소에서 여러분의 손을 높이 들고, 여호
와를 찬양하십시오.
3 하늘과 땅을 만드신 여호와께서 시온에서

성경 자세히 이해하기

헤르몬 산

요단 강의 발원지라고 할 수 있는 헤르몬 산은 해발 약 2,800m의 장엄한 모습을 하고 있으며, 그 봉우리는 팔레스타인의 여러 지역에서 볼 수 있다고 합니다. 오늘날에는 일 년 내내 눈으로 덮여 있는 이 산의 정상 때문에 아랍어로 '제벨엣쉭', 즉 '백발의 산'으로 불리워지고 있으며 이 눈이 녹아 흘러들어가는 요단 강이 팔레스타인 지역에 물을 공급해 주고 있습니다. 또 산 정상의 낮은 온도로 생긴 많은 양의 이슬은 강우량이 적은 팔레스타인의 식물들에게 수분을 공급하는 중요한 역할을 해 줍니다.

본문 보기 133편 3절

알아두세요

132:6 개역 성경에는 '나무 밭'이라고 표기되어 있다.

여러분에게 복 주시기를 바랍니다.

우상을 섬기지 않는 자를 구하심

135 여호와를 찬양하십시오. 여호와의 이름을 찬양하십시오. 너희 여호와의 종들이여, 주를 찬양하십시오.
2 여호와의 집에서 봉사하는 사람들이여, 우리 하나님의 성전 뜰에서 섬기는 너희 종들이여, 여호와를 찬양하십시오.
3 여호와를 찬양하십시오. 여호와는 선하신 분입니다. 아름다운 여호와의 이름을 찬양하십시오.
4 여호와께서 야곱을 선택하시고 자기 것이 되게 하셨습니다. 그분이 이스라엘을 택하시고 귀중한 소유가 되게 하셨습니다.
5 나는 여호와의 위대하심을 알고 있습니다. 우리 주가 모든 신들보다 뛰어나심을 알고 있습니다.
6 여호와께서는 자신을 기쁘게 하는 모든 일들을 하늘과 땅에서, 바다와 바닷속에서 하십니다.
7 그분은 땅 끝에서 구름을 올라오게 하십니다. 비와 함께 번개를 보내시며 창고에서 바람을 내보내십니다.
8 여호와는 이집트의 맨 처음 태어난 모든 것들을 내리치셨습니다. 사람과 동물들의 첫 번째 태어난 모든 것들을 치신 것입니다.
9 오 이집트여, 여호와께서 너희 중에 징조와 이적들을 보내셨습니다. 파라오와 그의 모든 신하들을 향해 보내신 것입니다.
10 그분은 수많은 나라를 내리치셨으며, 강력한 왕들을 죽이셨습니다.
11 아모리 사람들의 왕 시혼과 바산 왕 옥과 가나안의 모든 왕들을 죽이셨습니다.
12 그리고 주는 그들의 땅을 상속으로 주셨습니다. 주의 백성 이스라엘에게 상속으로 주신 것입니다.
13 여호와여, 주의 이름은 영원할 것입니다. 여호와여, 주의 명성이 대대로 지속될 것입니다.
14 여호와께서 자기의 백성을 대신 변호하시고, 주의 종들에게 자비를 베푸실 것입니다.
15 모든 나라의 우상들은 은이요, 금이며, 사람들의 손으로 만들어진 은과 금입니다.
16 우상들은 입을 갖고 있지만, 말을 할 수 없으며, 눈을 갖고 있어도 볼 수 없습니다.
17 그들은 귀가 있어도 들을 수 없으며, 그들의 입에는 숨도 없습니다.
18 우상을 만드는 자들은 우상과 같습니다. 우상들을 의지하는 모든 자들도 그와 같을 것입니다.
19 오 이스라엘의 집이여, 여호와를 찬양하십시오. 오 아론의 집이여, 여호와를 찬양하십시오.
20 오 레위의 집이여, 여호와를 찬양하십시오. 여호와를 공경하고 두려워하는 자들이여, 여호와를 찬양하십시오.
21 시온으로부터 여호와께 찬양이 있기를 바랍니다. 예루살렘에 거하시는 그분에게 찬양이 있기를 바랍니다. 여호와를 찬양하십시오.

하나님의 사랑은 변치 않고 영원합니다

136 여호와께 감사하십시오. 주는 선하시고, 그분의 사랑은 영원합니다.
2 모든 신 위에 뛰어나신 하나님께 감사하십시오. 그분의 사랑은 영원합니다.
3 모든 주들의 주께 감사하십시오. 그분의 사랑은 영원합니다.
4 홀로 위대한 기적들을 행하시는 그분께 감사하십시오. 그분의 사랑은 영원합니다.
5 지혜로 하늘을 만드신 그분께 감사하십시오. 그분의 사랑은 영원합니다.
6 물 가운데 땅을 펼치신 그분께 감사하십시오. 그분의 사랑은 영원합니다.
7 커다란 빛들을 만드신 그분께 감사하십시시

향유(133:2 fragrant oil) 향을 내는 기름.
번개(135:7 lightning) 대기 속에 양전기나 음전기를 띤 입자들이 서로 부딪쳐서 순간적으로 내는 강한 빛.
지혜(136:5 wisdom) 사물의 도리나 이치를 잘 분별하는 정신 능력.

오. 그분의 사랑은 영원합니다.
8 낮을 다스리도록 해를 만드신 그분께 감
사하십시오. 그분의 사랑은 영원합니다.
9 밤을 다스리도록 달과 별들을 만드신 그
분께 감사하십시오. 그분의 사랑은 영원
합니다.
10 이집트의 처음 난 모든 것을 치셨던 그분
께 감사하십시오. 그분의 사랑은 영원합
니다.
11 이스라엘을 이집트에서 인도하신 그분께 감
사하십시오. 그분의 사랑은 영원합니다.
12 강한 손과 펴신 팔로 이스라엘을 이끄신
그분께 감사하십시오. 그분의 사랑은 영
원합니다.
13 홍해를 둘로 나누셨던 그분께 감사하십시
오. 그분의 사랑은 영원합니다.
14 이스라엘을 홍해에서 이끄신 그분께 감사
하십시오. 그분의 사랑은 영원합니다.
15 파라오와 그의 군대를 홍해에 빠뜨리신 그
분께 감사하십시오. 그분의 사랑은 영원
합니다.
16 자기 백성을 인도하여 광야를 지나가게
하신 그분께 감사하십시오. 그분의 사랑
은 영원합니다.
17 큰 왕들을 내리치셨던 그분께 감사하십시
오. 그분의 사랑은 영원합니다.
18 힘센 왕들을 죽이신 그분의 사랑은 영원
합니다.
19 아모리 사람들의 왕 시혼을 죽이신 그분의
사랑은 영원합니다.
20 바산 왕 옥을 죽이신 그분의 사랑은 영원
합니다.
21 그들의 땅을 상속으로 주신 그분께 감사
하십시오. 그분의 사랑은 영원합니다.
22 주의 종 이스라엘에게 그 땅을 상속으로
주신 그분의 사랑은 영원합니다.
23 우리가 비천한 가운데 있을 때에 우리를
기억하셨던 그분께 감사하십시오. 그분의
사랑은 영원합니다.
24 적들로부터 우리를 자유롭게 하셨던 그분
의 사랑은 영원합니다.
25 모든 피조물에게 음식을 주시는 그분께 감
사하십시오. 그분의 사랑은 영원합니다.
26 하늘의 하나님께 감사하십시오. 그분의
사랑은 영원합니다.

포로가 된 이스라엘 백성

137 바빌론의 강가에 앉아 우리는 울
었습니다. 우리가 시온을 기억하
면서 울었습니다.
2 우리는 버드나무 위에다 수금을 걸어 놓
았습니다.
3 이는 우리를 잡아 온 자들이 우리에게 노
래하라고 시켰기 때문입니다. 그리고 우
리를 괴롭히는 자들이 기쁨의 노래를 부
르라고 했기 때문입니다. 그들은 말했습
니다. "시온의 노래 중 한 곡을 불러 보아
라!"
4 어떻게 우리가 여호와의 노래를 부를 수
있겠습니까? 낯선 땅에서 어떻게 주의 노
래를 부를 수 있겠습니까?
5 오 예루살렘아, 내가 너를 잊는다면, 내
오른손이 그 재주를 잃게 될 것이다.
6 내가 너를 기억하지 못한다면, 내가 예루
살렘을 생각하지 않는다면, 나의 최고의
기쁨인 예루살렘을 생각하지 않는다면,
나의 혀가 나의 입천장에 붙어 버릴 것
이다.
7 여호와여, 에돔 사람들이
한 일을 기억하십시오. 예루
살렘이 멸망하던 날 한 일을
기억하십시오. "예루살렘을
헐어 버려라" 하고 그들은
소리 질렀습니다. "그 기초
까지도 완전히 헐어 버려
라!" 하고 외쳤습니다.

홍해(136:13)

8 오 멸망당할 딸 바빌론이여, 네게 되갚는
자는 복 있는 사람이다. 네가 우리에게
한 것에 대해 되갚는 자는 복 있는 사람
이다.
9 너의 어린아이들을 붙잡아 그들을 바위에
내리치는 자는 복 있는 사람이다.

감사의 찬양

다윗의 시

138 여호와여, 내가 마음을 다해 주
를 찬양할 것입니다. 신들 앞에
서 내가 주를 위해 찬양할 것입니다.
2 내가 주의 성전을 향해 엎드려 주의 이름
을 찬양할 것입니다. 주의 사랑과 신실하
심에 대해 찬양할 것입니다. 주는 세상의
모든 것들 위에 주의 이름과 말씀을 높이
셨습니다.
3 내가 불렀을 때, 주는 내게 대답하셨습니
다. 주는 내게 힘을 주셔서 담대하게 하
셨습니다.
4 여호와여, 이 땅의 모든 왕들이 주를 찬
양하게 하십시오. 그들이 주의 말씀을 들
을 때에 찬송하게 하십시오.
5 그들이 여호와의 행하신 일들을 노래하게
하십시오. 이는 여호와의 영광이 크시기
때문입니다.
6 여호와는 높이 계셔도 낮은 자들을 내려
다보십니다. 멀리서도 주는 거만한 자들
을 알고 계십니다.
7 내가 어려움 중에 있어도 주는 나의 생명
을 보호하십니다. 주는 손을 내미시고 나
의 원수들의 분노로부터 나를 구해 내시
며, 주의 오른손으로 나를 구원하십니다.
8 여호와는 나를 위해 주의 목적을 이루실
것입니다. 여호와여, 주의 사랑은 영원합
니다. 주의 손으로 지으신 것을 버리지 마
소서.

모든 것을 아시는 하나님

다윗의 시. 지휘자를 따라 부른 노래

139 여호와여, 주께서 지금까지 나
를 살피셨으니 주는 나를 알고
계십니다.
2 주는 내가 언제 앉고, 언제 일어서는지를
알고 계십니다. 주는 멀리서도 나의 생각
들을 아십니다.
3 주는 내가 나가고 눕는 것을 아십니다. 주
는 나의 모든 길에 대해 잘 알고 계십니다.
4 내가 무슨 말을 하려는지, 여호와여, 주
는 그것을 다 알고 계십니다.
5 주는 앞뒤로 나를 둘러싸고 계십니다. 주
는 주의 손으로 나를 붙잡고 계십니다.
6 이것을 안다는 것은 내게 너무도 엄청난
일입니다. 그런 지식은 내가 알기에는 너
무도 깊고 오묘합니다.
7 내가 주의 영을 떠나 어디로 갈 수 있겠
습니까? 내가 주가 계신 곳을 떠나 어디
로 도망갈 수 있겠습니까?
8 만일 내가 하늘 위로 올라간다 해도, 주
는 거기 계십니다. 내가 깊은 곳에 눕는
다 해도, 주는 거기 계십니다.
9 만일 내가 새벽의 날개 위에 오른다 해도,
내가 바다의 저 끝 쪽에 자리를 잡는다 해
도,
10 주의 손이 거기서 나를 인도하실 것이요,
주의 오른손이 나를 굳게 잡으실 것입니다.
11 만일 내가 "어두움이 확실하게 나를 숨겨

성경 지명

바빌론

유프라테스 강과 티그리스 강 사이에 위치해 있던 고대 바빌로니아 제국은 함의 손자, 구스의 아들인 니므롯에 의해 건설된 바빌론을 수도로 삼았습니다. 이 바빌론은 함무라비 왕이 남 메소포타미아 전 지역을 거의 정복했을 때에 정치, 종교, 무역의 중심지가 되었으며, 느부갓네살 왕이 예루살렘을 정복했던 때에는 이스라엘 백성들이 70여 년 간 포로 생활을 한 곳이기도 합니다. 그 후, 페르시아 왕 고레스에 의해 바빌로니아가 정복되자(B.C. 539년) 이스라엘 백성들은 본국으로 돌아오게 됩니다. 본문 보기 137편

비천한(136:23 lowly) 낮고 천한.
피조물(136:25 creature) 하나님께서 만드신 모든 것.
담대(138:3 boldness) 겁이 없고 용감함.

줄 것이다" 라고 말한다 해도, "빛이 내 주
위에서는 밤이 된다" 라고 말한다 해도,
12 어둠이 주께는 어둡지 않을 것입니다. 밤
이 낮처럼 빛날 것입니다. 이는 어둠이 주
께는 빛과 같기 때문입니다.
13 주께서 나의 가장 깊은 곳을 지으셨으며,
나의 어머니의 배 속에서 나를 만드셨습
니다.
14 내가 주를 찬양합니다. 이는 내가 신기하
고 놀랍게 만들어졌기 때문입니다. 주께
서 하신 일들은 놀랍습니다. 나는 그것을
아주 잘 알고 있습니다.
15 내 몸은 주께로부터 피하여 숨을 수 없습
니다. 이는 내가 은밀한 곳에서 만들어질
때에 그러했습니다. 내가 땅의 깊은 곳에
서 만들어졌을 때,
16 주의 눈이 아직 형태를 갖추지 않은 내 몸
을 보셨습니다. 내게 정해진 모든 날들이
주의 책 속에 기록되었습니다. 이 날들의
하루가 시작되기 전에 이미 기록되었습니
다.
17 오 하나님, 주의 생각들이 내게 얼마나 소
중한지요! 그것들이 얼마나 크고 많은지
요!
18 만일 내가 그것들을 셀 수 있다면, 아마
모래알의 숫자보다 더 많을 것입니다. 내
가 잠에서 깰 때도, 나는 여전히 주와 함
께 있습니다.
19 오 하나님, 주님은 반드시 악한 자들을 죽
이실 것입니다. 피에 굶주린 사람들이여,
내게서 떠나십시오!
20 그들은 악한 의도로 주에 대해 말합니다.
주의 원수들이 주의 이름을 욕합니다.
21 여호와여, 주를 미워하는 자들을 내가 어찌
미워하지 않으며, 주께 대항하는 자들을 내
가 어찌 싫어하지 않을 수 있겠습니까?
22 내게는 그들에 대한 미움만이 있을 뿐입
니다. 나는 그들을 나의 원수로 생각하고
있습니다.
23 오 하나님, 나를 살피시고 나의 마음을 알
아 주소서. 나를 시험하시고 나의 뜻을 살
펴 주소서.
24 혹시 내 안에 무슨 악한 길이 있는지를 살
피시고, 나를 영원한 길로 인도해 주소서.

보호해 달라는 기도

다윗의 시. 지휘자를 따라 부른 노래

140 여호와여, 나를 악한 자들로부
터 구출해 주소서. 폭력을 행하
는 자들로부터 나를 보호해 주소서.
2 그들은 마음속에 악한 계획들을 세우며,
매일 싸움을 일으키는 자들입니다.
3 그들의 혀는 뱀의 혀처럼 날카롭습니다.
독사의 독이 그들의 입술에 있습니다. (셀
라)
4 여호와여, 나를 악한 자들의 손에서 지켜
주소서. 나를 폭력을 저지르는 자들로부
터 보호해 주소서. 그들은 내가 넘어지도
록 남이 모르게 나쁜 일을 꾸미는 사람들
입니다.
5 교만한 자들이 나를 잡으려 덫을 놓았습
니다. 그들은 그물 망을 펼쳐 놓았고, 나
를 잡으려고 길가에 함정을 만들어 놓았
습니다. (셀라)
6 여호와여, 내가 주께 말씀드립니다. "주
는 나의 하나님이십니다." 여호와여, 나
를 불쌍히 여겨 주시고, 내 기도를 들어
주소서.
7 오 전능하신 여호와여, 나의 힘이 되신 구
원자시여, 주는 전쟁의 날에 나의 머리를
보호하시는 분이십니다.
8 악한 자들에게 그들이 바라는 것들을 주
지 마소서. 여호와여! 그들의 계획들이
성공하지 못하게 하십시오. 그렇지 않으
면 그들이 교만하게 될 것입니다. (셀라)
9 나를 둘러싸고 있는 자들의 우두머리들이
그들이 내뱉은 말로 인해 어려움을 당하
게 해 주소서.
10 타오르는 숯불이 그들 위에 떨어지게 해

신기한(139:14 wonderful) 묘하고 기이한.
의도(139:20 intention) 하고자 하는 생각이나 계획. 또는 무엇을 하려고 꾀함.
폭력(140:4 violence) 몹시 거칠고 사나운 힘.

주시고, 그들을 불 속에 던지시고, 더러운
구덩이를 빠져 나오지 못하게 해 주소서.
11 남을 욕하는 자들이 이 땅에 자리잡지 못
하도록 해 주소서. 폭력을 행하는 자들이
재앙에 빠지게 해 주소서.
12 나는 여호와께서 가난한 자들을 위해 정
의를 세우시고, 어려움 당하는 자들의 간
청을 들어 주시는 것을 알고 있습니다.
13 의로운 자들이 주의 이름을 찬양할 것이
고, 정의로운 자들이 주 앞에서 살아갈 것
입니다.

죄를 짓지 않게 해 달라는 기도

다윗의 시

141 여호와여, 내가 주께 부르짖습니
다. 속히 내게 오소서. 내가 주께
부르짖을 때에 나의 목소리를 들어 주소
서.
2 나의 기도가 향처럼 주 앞에 놓여지기를
바랍니다. 나의 손을 높이 드는 것이 저
녁의 제사 같기를 바랍니다.
3 여호와여, 내 입에 파수꾼을 세워 주시
고, 나의 입술을 지켜 주소서.
4 나의 마음이 악한 것에 이끌려, 악을 행
하는 자들과 함께 악한 일들에 참여하지
않게 해 주소서. 내가 그들과 함께 앉아
음식을 먹지 않겠습니다.
5 의로운 자가 나를 때리는 것은 은혜로운
일입니다. 그가 나를 꾸짖게 해 주소서.
그것은 내 머리 위에 붓는 향유입니다. 내
가 그것을 싫어하지 않을 것입니다. 나는
악을 행하는 자들을 위해 항상 기도하겠
습니다.
6 그들을 다스리는 자들은 낭떠러지 밑으로
던져질 것입니다. 악한 자들은 내가 옳은
말을 했음을 알게 될 것입니다.
7 그들은 말할 것입니다. "사람이 밭을 갈
고 땅을 파 일구는 것처럼, 우리의 뼈가
무덤의 입구에 흩어졌다."
8 주 여호와여, 내가 주만 바라봅니다. 내
가 주께로 피합니다. 나를 죽음에 넘겨 주
지 마소서.
9 악한 자들이 내 앞에 쳐 놓은 덫에서 나
를 구해 주시고, 악한 자들이 만든 함정
에서 나를 구해 주소서.
10 그들이 쳐 놓은 그물에 악한 자들을 빠지
게 하소서. 내가 안전히 지나간 후에 그
들이 빠지게 하소서.

안전을 위한 기도

다윗의 마스길. 그가 굴에 있을 때에 드린 기도

142 내가 여호와께 크게 부르짖습니
다. 내가 불쌍히 여겨 달라고 여
호와께 나의 목소리를 드높입니다.
2 내가 주 앞에 나의 불만을 쏟아 놓습니다.
주 앞에 나의 어려움을 호소합니다.
3 나의 영혼이 점점 약해져 갈 때, 나의 길
을 아시는 분은 주님이십니다. 내가 걸어
가는 길에 사람들이 나를 잡으려 덫을 숨
겨 놓았습니다.
4 나를 쳐다보십시오. 아무도 나에 대해 관
심을 가지는 사람이 없습니다. 내가 피할
곳이 없습니다. 아무도 나의 생명을 돌보
는 자가 없습니다.
5 여호와여, 내가 주께 부르짖습니다. 내가
말합니다. "주는 나의 피난처이십니다.
주는 살아 있는 자의 땅에 있는 나의 몫
입니다."
6 나의 울부짖음을 들으십시오. 내가 어려
움 가운데 있습니다. 나를 뒤쫓는 자들로
부터 나를 구해 주소서. 이는 그들이 나
보다 강하기 때문입니다.
7 나를 나의 감옥에서 풀어 주소서. 내가 주
의 이름을 찬양하겠습니다. 의로운 자들
이 내 주위에 모일 것입니다. 이는 주께
서 나를 선하게 대해 주셨기 때문입니다.

죽이지 않을 것을 기도

다윗의 시

143 여호와여, 나의 기도를 들어 주
소서. 나를 불쌍히 여겨 주소

교만(140:5 arrogance) 잘난 체하며 남을 깔봄.
재앙(140:11 disaster) 불행한 사고.
간청(140:12 entreaty) 어떤 일을 진정한 태도와 말씨로 해 달라고 하는 것.

서. 주의 신실하심과 의로우심으로 나를
찾아오시고 구원하여 주소서.
2 주의 종을 심판에 이르지 않게 도와 주소
서. 이는 살아 있는 자는 그 누구도 주 앞
에서 의롭지 않기 때문입니다.
3 원수가 나를 쫓고 있습니다. 그는 나를 땅
바닥에다 내동댕이치고 짓밟습니다. 그는
나를 어둠 속에 집어 넣었습니다. 오래 전
에 죽은 자처럼 어둠 속에 살게 합니다.
4 그래서 내 영혼이 점점 약해집니다. 내가
불안에 떨며 당황해 합니다.
5 나는 오래 전의 날들을 기억합니다. 나는
주께서 하신 일들을 깊이 생각하며, 주의
손이 하신 것을 생각합니다.
6 내 손을 주께 높이 듭니다. 내 영혼이 바
싹 마른 땅과 같이 주를 갈망합니다. (셀
라)
7 여호와여, 내게 속히 대답해 주소서. 나
의 영혼이 한없이 약해져 있습니다. 주의
얼굴을 내게 숨기지 마소서. 내가 무덤으
로 내려가는 자들과 같습니다.
8 아침에 주의 변함없는 사랑의 말씀을 주
소서. 내가 주를 믿고 의지합니다. 내가
가야 할 길을 보여 주
소서. 내가 주께
내 영혼을 드립니다.
9 여호와여, 나를 원수들로부터 구원해 주
소서. 내가 주께 숨었습니다.
10 나를 가르치시고 주의 뜻을 알게 해 주소
서. 주는 나의 하나님이십니다. 주의 선
하신 성령으로 나를 바른 길로 인도하여
주소서.
11 여호와여, 주의 이름을 위하여, 나의 생
명을 보호해 주소서. 주의 의로움으로 나
를 어려움 속에서 이끌어 내 주소서.
12 주의 변치 않는 사랑으로 나의 적들을 잠
잠하게 하소서. 나의 모든 적들을 쳐부
수소서. 왜냐하면 나는 주의 종이기 때
문입니다.

승리의 기도

다윗의 시

144 나의 바위이신 여호와께 찬양을
드립니다. 그분은 전쟁을 위해
나의 팔을 훈련시키시고, 전투를 위해 나
의 손을 훈련시키시는 분이십니다.
2 주는 나의 사랑하는 여호와시며, 나의 요
새이십니다. 주는 나의 산성이시요, 나의
구원자시며, 나의 방패시요, 나의 피난처
시며, 내 백성들을 복종케 하시는 분이십
니다.
3 여호와여, 사람이 무엇인데 주께서 그를

오히려 악한 자들이 자기들이 놓은 그물에 걸림 (141:10;143:12)

돌보시며, 인간이 무엇인데 주께서 그를
생각하십니까?
4 사람은 숨결과 같습니다. 그의 인생은 지
는 그림자 같습니다.
5 여호와여, 하늘을 여시고, 내려오소서. 산
들을 만지시면 그 곳에서 연기가 납니다.
6 번개를 보내어 적들을 흩으시고, 주의 화
살을 쏘아 적들을 물리치소서.
7 높은 곳에서 아래로 주의 손을 내미시어
나를 구원하시고 나를 구출해 주소서. 강
력한 물들로부터 나를 구출하시고, 낯선
자들의 손으로부터 나를 구원해 주소서.
8 그들의 입은 거짓말로 가득 찼으며, 그들
의 오른손은 거짓을 행합니다.
9 오 하나님, 내가 주께 새 노래를 부르겠
습니다. 열 줄로 된 비파로 내가 주께 연
주할 것입니다.
10 그분은 왕들에게 승리를 주시는 분이시
며, 주의 종 다윗을 무서운 칼날에서 구
하시는 분이십니다.
11 나를 구원하시고 나를 구출해 주소서. 낯
선 자들의 손으로부터 나를 구해 주소서.
그들의 입은 거짓말로 가득 찼으며, 그들
의 오른손은 거짓을 행합니다.
12 그러면 우리의 젊은 아들들이 잘 자란 나
무와 같이 될 것입니다. 우리의 딸들은 궁
궐을 장식하기 위해 깎아 만든 기둥들과
같이 될 것입니다.
13 우리 창고는 온갖 곡식으로 가득 찰 것입
니다. 우리 양 떼는 수천 마리로 늘어날
것이며, 들판의 양 무리는 수만 마리가 될
것입니다.
14 우리의 소 떼는 무거운 짐들을 끌 것입니
다. 성벽이 무너지는 일이 없을 것이며,
포로로 끌려가는 일도 없을 것입니다. 거
리에는 더 이상 고통스런 울부짖음이 없
을 것입니다.
15 이러한 자들은 복 있는 사람입니다. 여호
와를 자기 하나님으로 삼는 자들은 복 있
는 사람입니다.

왕이신 하나님을 찬양

다윗의 찬송 시

145 왕이신 나의 하나님, 내가 주를
높입니다. 내가 주의 이름을 영
원히 찬송할 것입니다.
2 내가 매일 주를 찬양하며, 영원히 주의 이
름을 찬송할 것입니다.
3 여호와는 위대하시며, 높이 찬양을 받으
실 만한 분이십니다. 아무도 주의 위대하
심을 헤아릴 수 없습니다.
4 대대로 주가 하신 일들을 매우 칭찬할 것
입니다. 그들은 주의 위대하신 일들에 대
해 이야기할 것입니다.
5 그들은 주의 위엄 있고 영광스러운 찬란
함에 대해 말할 것입니다. 나는 주의 놀
라운 일들을 깊이 생각할 것입니다.
6 그들은 주의 놀랍고 신기한 일들에 대해
말할 것입니다. 나는 주의 크신 일들을 선
포할 것입니다.
7 그들은 주의 풍성한 은혜를 기념하여 축
하할 것입니다. 기쁨으로 주의 의로우심
에 대해 노래할 것입니다.
8 여호와는 은혜로우시며 자비하시고, 노하
기를 천천히 하시며 사랑이 풍성하십니다.
9 여호와는 모든 사람들에게 좋으신 분입니
다. 주는 그가 만드신 모든 것들을 불쌍
히 여기십니다.
10 여호와여, 주가 만드신 모든 것들이 주를
찬양할 것입니다. 주의 성도들이 주를 찬
송할 것입니다.
11 그들이 주의 나라의 영광에 대해 이야기
할 것입니다. 주의 능력에 대해 이야기할
것입니다.
12 그래서 모든 사람들이 주가 하신 위대한
일들을 알게 될 것입니다. 주의 나라의 찬
란한 영광을 알게 될 것입니다.

심판(143:2 judgment) 하나님께서 세상의 선악을 재판하심.
훈련(144:1 training) 어떤 일을 배우거나 익히기 위해 되풀이하여 연습하는 일.
요새(144:2 fortress) 적이 침입하지 못하도록 만들어 놓은 군사적인 시설.

'높은 사람들에게 의지하지 마십시오.
그들은 사람을 구원할 수 없습니다.' (146:3)

20 여호와는 자기를 사랑하는 모
든 자들을 지켜 주십니다. 모든
악한 자들을 주는 멸망시키실
것입니다.
21 내가 큰 목소리로 여호와를
찬양할 것입니다. 모든 피조물
이 주의 거룩한 이름을 찬양할
것입니다. 영원히 그분을 찬양
할 것입니다.

약한 자를 도우시는 하나님을 찬양

146 여호와를 찬양하
십시오. 오 내 영
혼아, 여호와를 찬양하여라.
2 나는 내 평생 여호와를 찬
양할 것입니다. 살아 있는
동안, 나의 하나님께 찬양
을 드릴 것입니다.
3 높은 사람들에게 의지하
지 마십시오. 죽을 운명의
사람들을 의지하지 마십시
오. 그들은 사람을 구원할
수 없습니다.
4 영혼이 떠날 때, 그들은 흙으로 돌아갑니
다. 바로 그 날에 그들이 세웠던 계획들
은 쓸모없게 됩니다.
5 야곱의 하나님을 자기의 도움으로 삼는
자는 복 있는 사람입니다. 여호와 자기 하
나님께 소망을 두는 자는 복 있는 사람입
니다.
6 그분은 하늘과 땅을 만드셨습니다. 바다와
그 안에 있는 모든 것들을 만드신 분입니
다. 여호와는 영원히 신실하신 분이십니다.
7 그분은 박해당하는 자들이 부르짖는 내용
을 아십니다. 그리고 배고픈 자들에게 음
식을 주십니다. 여호와는 갇힌 자들을 풀
어 주시며,
8 여호와는 보지 못하는 사람에게 시력을
주십니다. 낮아진 자들을 들어올리시며,
의로운 자들을 사랑하시는 분입니다.
9 여호와는 나그네를 지켜 보호하시며, 고
아와 과부들을 돌보시지만 악한 자들의

13 주의 나라는 영원한 나라입니다. 주의 다
스림은 대대로 계속됩니다. 여호와는 주
가 하신 모든 약속들에 대해 믿음성 있고,
진실하시며 주가 만드신 모든 것들에 대
해 사랑을 베푸십니다.
14 여호와는 넘어지는 모든 자들을 붙잡으시
며, 낮아진 모든 자들을 들어올리십니다.
15 모든 자들이 주를 바라봅니다. 주는 때를
따라 그들에게 음식을 주십니다.
16 주는 주의 손을 열어 살아 있는 모든 것
들의 소원을 채워 주십니다.
17 여호와는 모든 일에 있어서 의로우시며,
그분이 만드신 모든 것들에 대해 사랑을
베푸십니다.
18 여호와는 주를 부르는 모든 자들에게 가
까이 계시며, 진실로 주를 부르는 자들에
게 가까이 계십니다.
19 그분은 자기를 두려워하는 자들이 바라는
것들을 이루어 주십니다. 그들이 부르짖는
것을 들으시고 그들을 구원하십니다.

길은 좌절시키십니다.
10 여호와는 영원히 다스리십니다. 오 시온
아, 여호와 너의 하나님이 대대로 다스리
실 것입니다. 여호와를 찬양하십시오!

택한 자를 도우시는 하나님을 찬양

147 여호와를 찬양하십시오! 우리 하
나님께 찬양을 드리는 것이 얼마
나 좋은지요! 그분께 찬양하는 것이 얼마
나 즐겁고 기쁜지요!
2 여호와는 예루살렘을 세우십니다. 그분은
포로로 끌려갔던 이스라엘 백성을 다시 모
으십니다.
3 그분은 마음이 상한 자들을 고치시며, 그
들의 상처를 싸매십니다.
4 그분은 별들의 수효를 결정하시며, 별들
하나하나에 이름을 주셨습니다.
5 우리 주는 위대하시며 능력이 크십니다.
그분의 분별력은 끝이 없습니다.
6 여호와는 겸손한 자를 살게 하시지만 악
한 자는 땅에 내던지십니다.
7 감사함으로 여호와께 노래하십시오. 수금
으로 하나님께 연주하십시오.
8 그분은 구름으로 하늘을 덮으십니다. 땅
에 비를 내리시고 언덕 위에 풀들이 자라
게 하십니다.
9 그분은 가축들에게 음식을 주시며 어린
까마귀들이 울 때에 그들에게 먹이를 주
십니다.
10 그분의 즐거움은 말의 힘에 있지 않으며,
그분의 기쁨은 사람의 다리에 있지 않습
니다.
11 여호와는 주를 두려워하는 사람들을 기뻐
하시며, 주님의 변치 않는 사랑에 소망을
두는 사람들을 기뻐하십니다.
12 오 예루살렘아, 여호와를 찬송하십시오.
오 시온아, 여러분의 하나님을 찬양하십
시오.
13 그분은 네 문들의 빗장을 단단하게 하시
며, 네 안에 거하는 백성들에게 복을 주
는 분이십니다.
14 그분은 네 국경에 평화를 주시며, 가장 좋
은 곡식으로 배불리 먹이는 분이십니다.
15 그분은 온 땅에 명령을 내리십니다. 그분
의 말씀은 신속하게 이루어집니다.
16 그분은 눈을 양털같이 펼치시며, 서리를
재처럼 흩으십니다.
17 그분은 우박을 조약돌같이 집어던지십니
다. 누가 그분의 차디찬 돌풍을 견딜 수
있겠습니까?
18 그분은 말씀을 보내어 그들을 녹이십니
다. 그분은 바람을 불게 하여 물이 흘러
가게 합니다.
19 그분은 말씀을 야곱에게 전하셨고, 법도
와 법령들을 이스라엘에게 알리셨습니다.
20 그분은 다른 나라에게 이렇게 행하신 적이
없습니다. 다른 나라들은 그분의 법도를
알지 못합니다. 여호와를 찬양하십시오!

세계를 지으신 하나님을 찬양

148 여호와를 찬양하십시오. 하늘
에서 여호와를 찬양하며, 위의
높은 곳에서 그분을 찬양하십시오.
2 주의 모든 천사들이여, 주를 찬양하며 하늘
의 모든 군대들이여, 주를 찬양하십시오.
3 해와 달아, 주를 찬양하여라. 빛나는 너
희 모든 별들아, 주를 찬양하여라.
4 가장 높은 너희 하늘아, 주를 찬양하며 하
늘 위에 있는 너희 물들아, 주를 찬양하
여라.
5 너희 만물들이여, 여호와의 이름을 찬양하
여라. 주의 명령으로 그들이 창조되었다.
6 주께서 이 모든 것들을 영원히 제자리에
두셨습니다. 주는 결코 사라지지 않을 법
령을 주셨습니다.
7 땅에서도 여호와를 찬양하여라. 너희 큰 바
다 동물들과 해양들아, 주를 찬양하여라.
8 번개와 우박과 눈과 구름들아, 주의 명령
을 따르는 폭풍들아, 주를 찬양하여라.
9 너희 산들과 모든 언덕들아, 과일나무들
과 모든 백향목들아, 주를 찬양하여라.
10 들짐승들과 모든 가축들아, 작은 생물들
과 날아다니는 새들아, 주를 찬양하여라.
11 땅의 왕들과 모든 나라들아, 땅에 있는 너
희 귀족들과 통치자들아, 주를 찬양하여라.
12 청년들과 처녀들아, 노인들과 어린이들

아, 주를 찬양하여라.
13 이 모든 것들아, 여호와의 이름을 찬양하
여라. 그분의 이름만이 위대하며, 그분의
영광이 땅과 하늘 위에 빛납니다.
14 그분은 주의 백성을 강하게 하셨습니다.
그분은 모든 성도들의 찬양이요, 이스라
엘의 찬양이며, 주를 가까이하는 백성들
의 찬양입니다. 여호와를 찬양하십시오!

이스라엘의 하나님을 찬양

149

여호와를 찬양하십시오. 여호와
께 새 노래로 노래하며, 성도들
의 모임 중에 그분을 찬양하십시오.
2 이스라엘이 그들을 지으신 분을 기뻐할 것
입니다. 시온의 백성들이 그들의 왕으로
인해 즐거워할 것입니다.
3 그들이 춤추며 주의 이름을 찬양합니다.
소고와 수금으로 주께 음악을 연주할 것
입니다.
4 여호와는 주의 백성을 기뻐하십니다. 그
분은 겸손한 자들에게 구원으로 왕관을
씌우십니다.
5 성도들이 이러한 명예를 기뻐할 것입니
다. 그들의 침대 위에서 기쁨으로 노래할
것입니다.
6 성도들이 입으로 하나님에 대한 찬양을
드리게 하십시오. 양날을 가진 칼이 그들
의 손에 있게 하십시오.
7 이방 나라들에게 원수를 갚게 하시며, 이
방 백성들에게 징벌을 가하게 해 주소서.
8 그들의 왕들을 쇠사슬로 묶게 하시고, 그
들의 귀족들을 쇠고랑으로 묶게 해 주소
서.
9 그들을 향해 기록된 판결대로 집행되게
해 주소서. 이것이 주의 모든 성도들의 영
광입니다. 여호와를 찬양하십시오!

노래하며 주님을 찬양

150

여호와를 찬양하십시오. 주의 성
전에서 하나님을 찬양하십시오.
주의 크신 하늘에서 그분을 찬양하십시오.
2 주께서 하신 능력 있는 일들에 대해서 주
를 찬양하십시오. 주의 뛰어난 위대하심
에 대해서 주를 찬양하십시오.
3 나팔 소리로 주를 찬양하며, 비파와 수금
으로 주를 찬양하십시오.
4 소고 치고 춤추어 주를 찬양하며, 현악기
들과 퉁소로 주를 찬양하십시오.
5 제금을 치며 주를 찬양하며, 울려 퍼지는
제금으로 주를 찬양하십시오.
6 숨을 쉬는 모든 것들이여, 여호와를 찬양
하십시오. 여호와를 찬양하십시오!

열방이 하나님을 찬양함(150편)

잠언

Proverbs

저자

주로 솔로몬 왕 자신이 직접 기록했지만, 아굴, 르무엘 왕, 그 밖의 몇몇 사람들도 잠언을 기록하는 데 큰 도움을 주었다.

저작 연대

B.C. 1000-700년경

주요 인물

솔로몬, 아굴, 르무엘

핵심어 및 주요 내용

핵심어는 "지혜"와 "진리"이다. 지혜는 우리에게 선과 악, 진리와 거짓, 하나님의 뜻과 사람의 생각을 분별할 수 있게 해 주며, 진리는 하나님 말씀대로 사는 길을 제시해 준다.

내용 소개

1. 솔로몬의 잠언(1:1-22:16)
2. 지혜자의 잠언(22:17-24:34)
3. 솔로몬의 잠언(25:1-29:27)
4. 아굴과 르무엘의 잠언(30:1-31:9)
5. 현숙한 여인에 대한 노래(31:10-31)

잠언의 중요성

1 이스라엘의 왕, 다윗의 아들, 솔로몬의 잠
언입니다.
2 이 글을 쓰는 것은 지혜와 교훈을 얻게 하
고, 슬기로운 가르침을 깨닫게 하고,
3 훈련과 지혜로운 생활을 얻게 하고, 의롭
고, 올바르고, 정직한 삶을 살며,
4 어리석은 자들에게는 사리 분별력을 주
고, 젊은이에게는 체험적인 지식과 옳은
것을 깨닫는 능력을 주기 위함이다.
5 지혜로운 사람은 듣고 학식을 더할 것이
며, 지각 있는 자는 모략을 얻을 것이
다.
6 이로써 잠언과 비유, 지혜자의 가르침,
그리고 오묘한 일들을 깨닫게 될 것이다.
7 여호와를 경외하는 것이 지식의 시작이지
만, 어리석은 자들은 지혜와 교훈을 멸시
한다.

악에 대한 경고

8 내 아들아, 네 아버지의 교훈을 듣고, 네
어머니의 가르침을 배척하지 마라.
9 그것은 네 머리에 쓸 아름다운 화관이요,
네 목에 걸 목걸이다.
10 내 아들아, 죄인들이 너를 유혹하더라도
따르지 마라.
11 저들이 이렇게 말할 것이다. "같이 가서,
숨어 있다가 사람을 잡자. 무조건 숨어서
죄 없는 사람을 기다리자.
12 우리가 저들을 무덤처럼 산 채로 삼켜 버
리자! 지옥에 떨어지는 자처럼 통째로 삼
켜 버리자.
13 온갖 종류의 보물들을 취하여, 우리 집을
약탈물로 채우자.
14 너도 이 가운데서 제비를 뽑아라. 우리 모
두 한 부대씩 나눠 가지자."
15 내 아들아, 저들과 같이 길을 다니지 말
고 저들이 있는 곳에 발도 내딛지 마라.
16 왜냐하면 저들의 발은 범죄하러 내달리
고, 저들은 사람 죽이기에 재빠르기 때문
이다.
17 새가 보는 앞에서 그물을 펼치는 것은 헛
수고가 아니냐?
18 이 사람들은 결국 자기 피를 흘리려고 숨
어서 기다리며, 자기 생명을 해하려고 기
다릴 뿐이다.
19 옳지 않은 방법으로 이득을 노리는 자의
결과는 다 이러하니, 결국 자기 생명만 해
칠 뿐이다.

지혜의 말

20 지혜가 길거리에서 소리치고, 광장에서

외친다.
21 지혜가 성벽 위에서 소리치고, 성문 어귀
에서 외친다.
22 미련한 자들아, 언제까지 미련하게 행동
할 것이냐? 비웃는 자들아, 언제까지 비
웃음을 즐기겠느냐? 어리석은 자들아, 언
제까지 지식을 미워하겠느냐?
23 내 책망을 듣고 너희가 회개하면, 내가 내
영을 너희에게 부어 주고, 내 말들을 너
희에게 깨닫게 해 줄 것이다.
24 내가 부를 때에 너희는 나를 배척했고, 내
가 손을 펼쳤을 때에 너희는 들은 척도 하
지 않았다.
25 너희는 내 조언을 무시하고, 내 책망을 받
아들이지 않았다.
26 그러므로 나도 네가 재앙을 만날 때에 비
웃고, 두려운 일이 너를 덮칠 때에 조롱
할 것이다.
27 재앙이 폭풍같이 너를 덮치고, 재난이 태
풍같이 너에게 내리치며 좌절과 근심이
너에게 닥쳐올 때,
28 그제서야 너희는 나를 부르겠지만, 나는
대답하지 않을 것이다. 저들이 나를 찾겠
지만, 나를 찾지 못할 것이다.
29 그것은 너희가 지식을 미워하고, 여호와
를 경외하는 것을 택하지 않았기 때문이
다.
30 그것은 너희가 내 교훈을 받아들이지 않
고, 내 책망을 업신여겼기 때문이다.
31 그러므로 저들은 자기가 뿌린 씨의 열매
를 먹고, 자기 꾀의 결과로 배부를 것이
다.
32 미련한 자들은 제멋대로 행동하다 죽고,
어리석은 자들은 태만히 행하다가 망할
것이다.
33 그러나 내 말을 순종하는 사람들은 안전
하게 살고, 해를 걱정하지 않고 평안할 것
이다.

지혜가 주는 상

2 내 아들아, 네가 내 말을 듣고, 내 명
령을 마음에 깊이 간직한다면,
2 네 귀를 지혜에 기울이고, 네 마음을 총
명에 둔다면,
3 네가 명철을 찾아 부르짖고, 총명을 찾아
외친다면,
4 은을 찾듯 네가 그것을 찾고 숨은 보화를
찾듯 한다면,
5 너는 여호와를 경외하는 법을 깨닫고, 하
나님을 아는 지식을 찾을 것이다.
6 왜냐하면 여호와께서 지식을 주시고, 그분
으로부터 지식과 총명이 나오기 때문이다.
7 그분은 정직한 사람들을 위해 성공을 예
비하시고, 흠 없는 사람을 보호해 주시
니,
8 그것은 그분이 의로운 사람의 길을 지키
시고, 주께 충성하는 사람들의 길을 보호
하시기 때문이다.
9 그러면 너는 무엇이 바르고, 의롭고, 공
평한 것인지, 곧 모든 좋은 길을 깨닫게
될 것이다.
10 지혜가 네 마음에 들어가고, 지식이 네 영
혼을 달콤하게 만들 것이다.
11 너의 분별력이 너를 지키며, 총명이 너를
보호할 것이다.
12 지혜가 악한 자의 길에서 너를 지키며, 악
한 말을 내뱉는 자들로부터 너를 지킬 것
이다.
13 그들은 바른 길을 버리고, 어두컴컴한 길
을 택하는 자들이며,
14 범죄를 즐기고, 악한 일을 좋아할 것이
다.
15 저들의 길은 구불구불하고, 그들은 잘못
된 길로 걷는다.
16 또한 지혜는 창녀로부터 너를 지켜 주고,
유혹하는 말로부터 너를 지켜 줄 것이다.
17 창녀는 젊은 시절의 남편을 떠나, 하나님

잠

어귀(1:21 entrance) 드나드는 목의 첫머리.
총명(2:2 intelligence) 아주 영리하고 재주가 있음.
명철(2:3 wisdom) 총명하여 사리에 밝고 지혜가 뛰어남.
서약(2:17 covenant) 맹세하고 약속하는 것.

앞에서 한 서약을 깨뜨린 자이다.
18 그녀의 집은 죽음에 이르는 길이며, 그녀
의 길은 죽은 자들의 영이 있는 곳으로 향
한다.
19 누구든지 그녀에게 가는 사람은 돌이킬
수도, 생명의 길에 이를 수도 없다.
20 그러므로 너는 선한 사람들의 길을 걸으
며, 의로운 사람의 길에 굳게 서라.
21 정직한 사람은 땅에서 잘 되고, 흠 없는
사람은 성공한다.
22 그러나 악한 사람은 땅에서 끊어지고, 사
기꾼은 땅에서 뿌리째 뽑힐 것이다.

자녀에게 교훈하다

3 내 아들아, 내 가르침을 잊지 말고, 내
명령들을 네 마음에 소중히 간직하여라.
2 그렇게 하면, 너는 오래 살고, 성공하게
될 것이다.
3 너는 성실과 사랑을 절대 버리지 말고, 그
것을 네 목에 걸고, 네 마음판에 잘 새겨라.
4 그리하면 네가 하나님과 사람 앞에서 은
총과 칭찬을 받을 것이다.
5 네 마음을 다하여 여호와를 신뢰하고, 절
대로 네 슬기를 의지하지 마라.
6 너는 네 모든 길에서 그분을 인정하여라.
그러면 그분이 너의 길을 형통하게 만들
어 주실 것이다.
7 스스로 지혜로운 체하지 말고, 여호와를
경외하고 악한 일은 피하여라.
8 그것이 네 몸을 치료하고, 네 뼈들을 윤
택하게 해 줄 것이다.
9 네 재물과 네 수확물의 첫 열매를 드려 여
호와를 공경하여라.
10 그러면 네 창고들이 차고 넘치게 될 것이
며, 네 포도주통들이 포도주로 가득 찰 것
이다.
11 내 아들아, 여호와의 징계를 멸시하지 말
고, 그의 책망을 언짢게 여기지 마라.
12 여호와께서는 자신이 사랑하는 자들을 징
계하시되, 아버지가 사랑하는 아들에게
하는 것과 같이 하신다.
13 지혜를 발견하고, 총명을 얻는 자는 복이
있다.

근동 지방의
곡식 저장 창고(3:9-10)

14 지혜는 은보다 더 소득이 많고, 금보다 더
많은 이익을 준다.
15 지혜는 보석보다 값지니, 네가 탐하는 그
어떤 것과도 비길 수 없다.
16 지혜의 오른손에는 장수가 있고, 그 왼손
에는 부와 명예가 있다.
17 지혜의 길은 즐거움의 길이며, 그 모든 길
은 평안이다.
18 지혜는 그것을 붙잡는 자에게 생명나무가
되어 주며, 그것을 잡는 자에게 복을 준다.
19 여호와는 지혜로 땅의 기초를 세우셨고,
총명으로 하늘을 그 자리에 만드셨다.
20 그분의 지식으로 깊은 바다가 갈라지고,
구름에서 이슬이 내린다.
21 내 아들아, 바로 판단하고 분별하여, 그
것을 한시도 잊지 마라.
22 그것을 너의 생명이자, 네 목에 걸 목걸
이로 삼아라.
23 그러면 너는 네 길에서 안전할 것이며, 발
이 걸려 넘어지지 않을 것이다.
24 네가 누울 때, 너는 두려워하지 않고, 네
가 누울 때, 네 잠이 달 것이다.
25 너는 악인에게 갑작스럽게 닥치는 재난이
나 파멸을 조금도 두려워하지 마라.
26 여호와는 너의 의지가 되시고, 네 발이 올
무에 걸려 넘어지지 않도록 지키실 것이다.
27 네게 행할 능력이 있거든, 도움이 필요한
사람에게 기꺼이 도움을 주어라.
28 네게 지금 물건이 있다면, 네 이웃에게
"갔다가 다시 오게나. 내일 주겠네"라고
말하지 마라.
29 네 이웃이 평안히 네 곁에서 살거든, 네

이웃을 해칠 음모를 꾸미지 마라.
30 너에게 해를 끼치지 않은 사람을 아무 까
닭 없이 비난하지 마라.
31 난폭하게 구는 사람을 부러워하거나 그의
행위를 본받지 마라.
32 여호와께서는 비뚤어진 사람을 가증히 여
기시고, 정직한 사람을 신뢰하신다.
33 여호와께서는 악인의 집은 저주하시지만,
의인의 집에는 복을 주신다.
34 그분은 교만한 자를 비웃으시고, 겸손한
자에게 은혜를 주신다.
35 지혜로운 사람은 영광을 얻지만, 어리석
은 사람은 수치를 당할 것이다.

지혜의 중요성

4 아들들아, 너희는 아버지의 교훈을 듣
고, 순종하여 총명을 얻어라.
2 내가 너희에게 선한 가르침을 주리니, 내
가르침을 잊지 마라.
3 내가 어려서 내 아버지에게 아들이었고,
어머니의 온순한 사랑을 받는 자였을 때,
4 아버지는 내게 이렇게 가르쳐 주셨다.
"너는 내 가르침을 마음에 굳게 새겨, 내
명령들을 지켜라. 그러면 살 것이다.
5 지혜를 얻고, 총명을 사거라. 내 가르침
을 잊지 말고, 그것에서 떠나지 마라.
6 지혜를 잊지 마라. 그러면 지혜가 너를 보
호할 것이다. 지혜를 사랑하면 그것이 너
를 지켜 줄 것이다.
7 지혜가 최고이니, 지혜를 사거라. 네 모
든 소유를 가지고 총명을 사거라.
8 지혜를 존중하여라. 그러면 지혜가 너를
높여 줄 것이다. 지혜를 취하여라. 그러
면 너를 영예롭게 해 줄 것이다.
9 지혜가 네 머리에 아름다운 화관을 씌워
주며, 영화로운 면류관을 줄 것이다."
10 내 아들아, 내가 하는 말을 귀담아들어
라. 그러면 너의 생명이 길 것이다.
11 나는 너를 지혜의 길로 인도하고, 곧은 길
로 이끌 것이다.
12 네가 걸을 때, 네 걸음이 방해받지 않고,
네가 달릴 때, 넘어지지 않을 것이다.
13 교훈을 굳게 붙들고, 놓지 마라. 교훈을
잘 지켜라. 그것이 네 생명이다.
14 악한 사람들의 길에 발도 들여 놓지 말고,
악인들의 길로 다니지 마라.
15 그 길을 피하고 그 길에 서지 마라. 그 길
에서 돌이켜 지나가라.
16 저들은 죄를 짓지 않으면 자지 못하며, 남
을 쓰러뜨리지 않으면 잠도 오지 않는 사
람들이다.
17 저들은 부정하게 얻은 음식을 먹고, 폭력
으로 얻은 술을 마신다.
18 의인의 길은 동틀 때의 첫 햇살 같아서,
점점 환해져 정오의 해같이 될 것이다.
19 악인들의 길은 짙은 어둠 같아서, 무엇에
걸려 넘어졌는지도 모른다.
20 내 아들아, 내가 하는 말에 귀를 기울여
라. 내 말들을 귀담아 들어라.
21 내 말을 잊지 말고 네 마음속 깊이 간직
하여라.
22 내 말은 깨닫는 자에게 생명이 되고 온몸
을 건강하게 해 준다.
23 무엇보다 네 마음을 지켜라. 이는 생명의
근원이 마음에서부터 흘러 나오기 때문이
다.
24 더러운 말을 피하고 거짓말을 하지 마라.
25 앞만 바라보고 네 앞에 놓여져 있는 것에
시선을 두어라.
26 너의 발걸음을 곧게 하고 네 모든 길을 곧
게 하여 안전하게 행하라.
27 곁길로 벗어나지 말고, 네 발을 악으로부
터 멀리하여라.

간음에 대한 경고

5 내 아들아, 내 지혜에 주목하고, 내 명
철에 네 귀를 기울여라.
2 그러면 네가 늘 분별력을 갖게 되어 네 입
은 지혜로운 말만 할 것이다.

알아두세요

5:5 개역 성경에는 '음부'라고 표기되어 있다. 이는 (히) '스올'을 의미한다.

화관(4:9 wreath) 여기에서는 빛나는 관을 의미.
매혹(5:20 captivation) 매력으로 남의 마음을 사로잡는 것.

3 간음녀의 입술은 꿀과 같이 달콤하고, 기름보다 더 매끄럽지만,
4 결국에는 독처럼 쓰고, 양쪽에 날이 선 칼같이 날카롭게 된다.
5 그녀의 두 발은 죽음을 향하고, 그녀의 걸음은 곧장 무덤*으로 향한다.
6 그녀는 생명의 길에는 관심이 없고, 굽은 길을 걸으면서도 그 길이 굽었는지 깨닫지 못한다.
7 그런즉, 내 아들아, 내 말을 듣고, 내가 말하는 것에서 벗어나지 마라.
8 그런 여자를 멀리하고 그녀의 집 근처에는 얼씬거리지도 마라.
9 네 명예를 다른 사람들에게 빼앗기고, 네 목숨을 잔인한 자에게 빼앗길까 두렵다.
10 다른 사람들이 네 재산을 탕진하고, 네 수고가 다른 사람의 재산만 불어나게 할까 두렵다.
11 마지막에 네 몸이 병든 뒤, 너는 탄식할 것이다.
12 그 때, 너는 말할 것이다. "어째서 내가 교훈을 싫어하고, 꾸지람을 업신여겼을까?
13 어째서 선생님의 말씀을 듣지 않고, 스승들의 말도 귀담아듣지 않았을까?
14 모든 사람들 가운데서 나만 멸망에 빠지게 되었구나!"
15 너는 네 우물에서 물을 마시며 네 샘에서 흐르는 물만 마셔라.
16 어찌 네 샘물이 길에 흘러 넘치게 하며 네 물이 광장에 넘치게 하겠느냐?
17 그 물은 너 혼자 마시고, 다른 사람들과 함께 마시지 마라.
18 네 샘을 복되게 하고, 네가 젊어서 얻은 아내를 즐거워하여라.
19 그녀는 사랑스러운 암사슴이고, 아름다운 암노루이다. 너는 그녀의 젖가슴을 항상 만족하게 여기고 항상 그녀의 사랑에 만족하여라.
20 내 아들아, 네가 어찌 창녀에게 매혹당하여 남의 아내를 품에 안겠느냐?
21 여호와는 사람의 모든 길을 다 보고 검사하신다.
22 악인은 자기의 악한 행실로 인해 함정에 빠지고, 그 죄는 자신을 붙들어 매는 밧줄이 되고 만다.
23 악인은 교훈을 받지 않는 까닭에 죽게 되고, 자신의 큰 어리석음 때문에 망하고 말 것이다.

어리석은 자들을 조심하여라

6 내 아들아, 만약 네가 네 이웃에 빚 보증을 서고, 다른 사람을 위해 증인이 되었다면,

더러운 말을
피하고
거짓말을
하지 마라(4:24)

2 너는 네 말 때문에 덫에 걸린 것이다.
3 내 아들아, 너는 네 이웃의 손아귀에 사로잡혔으니, 가서 이렇게 하여라. 겸손하게 엎드려서 네 이웃에게 간절히 부탁하여 거기서 빠져 나오도록 하여라.
4 네 눈이 잠들지 않게 하고, 네 눈꺼풀도 감기지 않게 하여라.
5 노루가 사냥꾼의 손에서 벗어나듯, 새가 그물치는 자의 손에서 벗어나듯 빠져 나와라.
6 게으른 자여, 개미가 하는 것을 잘 보고 지혜를 얻어라.
7 개미는 지도자도, 장교도, 통치자도 없지만,
8 여름에는 먹이를 준비하고, 추수 때에는 그 음식을 모은다.
9 게으른 자여, 네가 언제까지 누워 뒹굴겠느냐? 네가 언제쯤 잠에서 깨겠느냐?
10 "좀더 자자, 조금만 더 눈을 붙이자. 일손을 멈추고 조금만 더 쉬자" 하면
11 네게 가난이 강도 떼처럼, 궁핍이 군대처럼 들이닥칠 것이다.
12 불량하고 악한 사람은 남을 헐뜯고 돌아다닌다.
13 그는 눈짓, 발짓, 손짓으로 남을 속인다.
14 그는 비뚤어진 마음으로 죄를 저지르고 자나깨나 싸움을 벌인다.
15 그러므로 갑자기 그에게 재앙이 임하고, 순식간에 망하고 말 것이다.
16 여호와께서 미워하시는 것, 곧 싫어하시는 것 예닐곱 가지가 있다.*
17 그것은 교만한 눈, 거짓말하는 혀, 죄 없는 사람을 죽이는 손,
18 악한 일을 꾸미는 마음, 범죄하러 급히 달려가는 발,
19 거짓말하는 거짓 증인, 형제 사이를 이간질하는 사람이다.
20 내 아들아, 네 아버지의 명령을 지키고, 네 어머니의 가르침을 잊지 마라.
21 그것을 네 마음에 영원히 간직하고 네 목에 영원히 매달아라.
22 네가 걸을 때, 그것이 너를 인도하겠고, 네가 잘 때, 그것이 너를 지켜 주며, 네가 깰 때, 그것이 네게 말할 것이다.
23 이 명령은 등불이요, 이 가르침은 빛이요, 이 교훈은 생명의 길이다.
24 이것들이 너를 부도덕한 여인에게서, 바람난 여인의 매끄러운 혀에서 지켜 줄 것이다.
25 너는 그런 여자의 아름다움을 탐내지 말고, 그 눈길에 매혹당하지 마라.
26 왜냐하면 너는 창녀 때문에 빵 한 조각을 구걸하게 되고, 너의 목숨까지 위협당할 것이기 때문이다.
27 사람이 불을 가슴에 품고, 자기 옷을 태우지 않을 수 있겠느냐?
28 사람이 데지 않고, 타는 숯불 위를 걸을 수 있겠느냐?
29 남의 아내와 함께 잠자는 사람도 이와 같으니, 남의 여자를 건드리는 사람은 벌을 받을 것이다.
30 허기진 배를 채우기 위해 도둑질하면 용서를 받을 수는 있으나,
31 훔치다 잡히면 일곱 배를 갚아야 하고, 돈이 없으면 자기 집의 좋은 것들을 모두 주어야 할 것이다.
32 그러나 간음하는 자는 정신이 나간 사람으로, 자기 영혼을 망치는 사람이다.

게으른 자여, 개미가 하는 것을 잘 보고 지혜를 얻어라(6:6-8)

알아두세요

6:16 원문을 직역하면 '여호와께서 미워하시는 것은 여섯 가지, 곧 싫어하는 것 일곱 가지가 있다'이다.

33 그런 일을 하다가 잡히는 사람은 매를 맞고 수치를 당하여, 그 부끄러움이 영원히 지워지지 않을 것이다.
34 그 남편이 질투심에 불타 보복할 때, 눈에 무엇이 보이겠는가?
35 아무리 많은 보상이나 온갖 선물을 준다 해도 그 분노가 풀리지 않을 것이다.

간음하는 여인

7 내 아들아, 내 말을 따르고, 내 명령들을 네 마음속에 깊이 간직하여라.
2 내 명령을 지키면 너는 살 것이다. 내 가르침을 네 눈동자같이 지켜라.
3 그것을 네 손가락에 매어, 네 마음판에 새겨라.
4 지혜를 너의 누이라 하고, 총명을 너의 친척이라 칭하여라.
5 그것들이 너를 창녀의 유혹에서 지켜 줄 것이다.
6 내가 우리 집 창문에서 밖을 내다보다가,
7 미련한 젊은이들 가운데서, 한 정신 나간 젊은이를 보았다.
8 그는 길모퉁이를 지나, 창녀의 집 쪽으로 걷고 있었다.
9 날이 저무는 황혼녘에, 어둠이 찾아들 때쯤,
10 한 여인이 창녀처럼 꾸미고, 그 남자를 유혹하기 위해 그에게로 다가왔다.
11 그 여자는 집에 붙어 있지 않고 멋대로 돌아다니며,
12 때로는 거리에서, 때로는 광장에서, 때로는 길모퉁이에서, 유혹할 사람을 기다린다.
13 그 여인이 그를 붙잡고 입맞추며, 부끄러움도 없이 말한다.
14 "화목제 고기가 집에 있어요. 난 서약한 제사를 드렸거든요.
15 그래서 당신을 찾으러 나왔다가 이렇게 만났답니다.
16 내 침대에는 이집트에서 만든 화려한 이불들이 깔려 있고
17 그 위에 몰약, 침향, 계피향을 뿌려 놓았어요.
18 들어가요. 아침까지 마음껏 사랑하며 즐겨요.

팔과 이마에 붙이는 경문. 경문 안에는 하나님의 말씀이 들어 있다(7:3)

19 남편은 먼 여행을 떠나고 집에 없답니다.
20 지갑에 잔뜩 돈을 채워서 떠났으니 보름이나 되어야 돌아올 거예요."
21 그녀는 달콤한 말로 이 젊은이를 유혹하여 그를 넘어가게 했다.
22 그 젊은이가 그녀를 선뜻 따라가니, 도살장으로 끌려가는 황소와 같고, 졸지에 올무에 걸려든 수사슴 같구나.
23 결국 화살이 그 심장에 꽂힐 것이다. 그것은 그물을 향해 날아드는 새가 자기 생명의 위험을 알지 못하는 것과 같구나.
24 아들들아, 이제 내 말을 듣고 내 입의 가르침에 귀를 기울여라.
25 너희 마음을 창녀의 길로 향하게 하지 말고 그녀가 있는 길에서 서성이지 마라.
26 그 여자는 많은 사람을 희생시켰고, 그녀가 죽인 자는 셀 수도 없다.
27 그녀의 집은 무덤에 내려가는 길이며, 사망의 방으로 이르게 한다.

지혜에 귀 기울여라

8 지혜가 부르지 않느냐? 명철이 소리치지 않느냐?
2 길가 높은 곳에서, 사거리에서 지혜가 서서 외치지 않느냐?
3 성문들 곁에서, 여러 출입문 밖에서 지혜가 소리친다.
4 "사람들아, 내 말을 들어라. 인생들아, 내 목소리를 들어라.
5 어리석은 자들아, 명철을 얻어라. 미련한 자들아, 지식을 깨달아라.
6 너희는 내 말에 귀를 기울여라. 내가 말해 줄 값진 것이 있다. 내가 하는 모든 말이 옳은 것이다.
7 내 입은 진실을 말하고, 나는 악을 미워

한다.
8 내가 하는 말은 모두 의로우며 그 가운데 잘못되거나 왜곡된 것이 없다.
9 나의 말은 분별력이 있는 사람에게 쉬우며 지식을 배우려고 하는 자들에게는 명확하다.
10 은 대신에 내 교훈을, 금 대신에 지식을 택하여라.
11 지혜는 보석보다 값지니, 네가 탐내는 그 어떤 것도 지혜와 비길 수 없다.
12 나 지혜는 명철과 함께 살며, 지식과 분별력도 갖고 있다.
13 여호와를 경외하는 것은 악을 미워하는 것이다. 나는 교만과 거만, 악한 행실과 거짓된 말을 미워한다.
14 내게는 모략과 바른 판단이 있으며, 명철과 능력도 있다.
15 왕들이 나를 통해 나라를 다스리며, 통치자들이 나를 통해 바른 법령을 제정한다.
16 나를 통해 고관들, 즉 지도자들이 세상을 다스린다.
17 나는 나를 사랑하는 자들을 사랑하며, 나를 찾는 자들이 나를 발견할 것이다.
18 부귀와 영예, 수많은 재물과 형통함도 내게 있다.
19 내 열매는 정금보다 나으며, 나의 유익은 순은보다 더 크다.
20 나는 의로운 길과 공의의 길을 걸으며,
21 나를 사랑하는 자들에게 엄청난 재물을 주어 그들의 금고를 가득 채워 준다.
22 여호와께서 모든 것을 창조하시기에 앞서 태초에 나를 가지고 계셨다.
23 영원 전, 맨 처음에, 세상이 시작되기 전에 나는 세워졌다.
24 아직 대양들이 있기 전, 샘들이 있기 전, 내가 태어났다.
25 산들이 제자리에 세워지기 전, 언덕들이 만들어지기 전, 내가 생겨났으니,
26 하나님이 세상과 들판을 만드시기 전, 세상의 먼지를 만드시기 전이다.
27 그분이 하늘을 제자리에 두실 때, 깊은 바다 둘레에 테를 두르실 때, 내가 그 곳에 있었다.
28 그분이 구름을 위에 두시고, 바다의 샘을 확실히 정하실 때,
29 그분이 바다의 한계를 명하셔서 물이 그 경계를 넘지 못하게 하실 때, 그분이 세상의 토대를 세우실 때,
30 나는 그분 곁에서 건축사가 되어 매일 기쁨으로 충만하였고, 항상 그분 앞에서 춤추며,
31 그분이 만드신 온 땅에서 춤추며, 사람들에게서 기쁨을 얻었다.
32 이제 아들들아, 내 말을 들어라. 내 길을 지키는 자들은 복이 있다.
33 교훈을 듣고 지혜를 얻어라. 그것을 소홀히 하지 마라.
34 내 말을 순종하는 자는 행복하다. 날마다 문간에서 기다리며, 내 문에서 기다리는 자는 복이 있다.
35 나를 찾는 자는 생명을 얻고, 여호와께 은총을 받을 것이다.
36 그러나 나를 찾지 못하는 자는 자신을 해치는 자이고, 나를 미워하는 자는 사망을 사랑하는 자이다."

어리석은 자와 지혜로운 자

9 지혜가 일곱 기둥을 깎아서, 자기 집을 건축하였다.
2 지혜가 짐승을 잡고, 혼합한 포도주로 상을 차리고,
3 자기 여종을 보내어, 마을 높은 곳에서 소리쳐 사람들을 초대하게 하였다.
4 "어리석은 자는 누구나 이리로 오시오." 지혜 없는 사람들에게 지혜가 말했다.

어릴 때부터 자녀 교육에 힘쓰는 유대인들 (8:32–36)

5 "와서, 준비한 음식을 먹고 포도주를 마
셔요.
6 어리석음을 버리고 거기에서 멀리 떠나세
요. 그러면 살 것입니다. 명철의 길을 걸
으세요."
7 비웃는 자를 꾸짖는 사람은 오히려 모욕
을 받게 될 것이고, 악한 사람을 책망하
는 사람은 해를 입을 것이다.
8 비웃는 자를 꾸짖지 마라. 오히려 미움만
산다. 지혜로운 사람을 꾸짖어라. 그는
네 꾸지람을 고맙게 생각할 것이다.
9 지혜로운 사람을 훈계하여라. 그는 더 지
혜롭게 될 것이다. 의로운 사람을 가르쳐
라. 그는 더 많이 배울 것이다.
10 여호와를 경외함이 지혜의 근본이요, 거
룩한 분을 아는 것이 명철의 시작이다.
11 나 지혜를 통해서 네가 오래 살고, 네 생
명이 길어질 것이다.
12 네가 만일 지혜롭다면, 지혜가 네게 유익
하지만, 만약 네가 거만하다면, 너만 손
해를 볼 것이다.
13 미련한 여인은 시끄럽고, 제멋대로 하면
서 부끄러움을 깨닫지 못한다.
14 그 여인은 집의 대문이나 마을 높은 곳에
앉아서,
15 자기 길을 똑바로 지나가는 사람들을 불
러,
16 "어리석은 자는 누구나 이리로 오세요"라
고 말한다. 또 지혜 없는 사람들에게 이
렇게 말한다.
17 "훔친 물이 더 달고, 몰래 먹는 음식이 더
맛있어요!"
18 그러나 어리석은 자들은 그녀의 손님들이
무덤 깊이 있다는 것을 알지 못한다.

솔로몬의 잠언

10 솔로몬의 잠언입니다. 지혜로운 아
들은 자기 아버지를 기쁘게 하지만,
어리석은 아들은 자기 어머니의 근심이
다.
2 부정하게 얻은 소득은 무가치하지만, 의
롭게 살면 생명을 구한다.
3 여호와께서 의로운 사람은 굶주리지 않게
하시지만, 악인의 탐욕은 물리치신다.
4 게으른 손은 가난하게 만들고, 부지런한
손은 부유하게 만든다.
5 여름에 일하는 사람은 지혜롭지만, 추수
때에 잠자는 사람은 부끄러움을 당한다.
6 의인의 머리에는 복이 임하지만, 악인의
입에는 난폭한 말이 숨어 있다.
7 의인을 기억하는 것은 복된 일이지만,
악한 사람의 이름은 곧 기억에서 사라진
다.
8 마음이 지혜로운 자는 명령에 순종하지
만, 미련한 수다쟁이는 망할 뿐이다.
9 똑바로 걷는 자는 안전하게 걷지만, 굽은
길을 걷는 자는 악행이 모두 드러난다.
10 눈짓하는 사람은 문제를 만들고, 미련한
수다쟁이는 망할 것이다.
11 의인의 입은 생명샘이지만, 악인의 입에
는 난폭한 말이 숨어 있다.
12 미움은 다툼을 일으키나, 사랑은 모든 허
물을 덮는다.
13 명철한 사람의 입술에는 지혜가 있지만,
지혜 없는 자의 등은 채찍으로 때려야 한
다.
14 지혜로운 사람은 지식을 담고 있지만, 미
련한 자의 입은 파멸을 가져온다.
15 부자의 재물은 그에게 안전한 성과 같지
만, 가난한 자의 빈궁은 그에게 파멸을 가
져다 준다.
16 의인의 품삯은 생명이지만, 악인은 죄값
만 받게 될 것이다.
17 책망을 듣는 자는 생명길로 가지만, 책망
을 무시하는 자는 길을 잃고 방황한다.
18 미움을 감추는 자는 거짓 입술을 가진 사
람이요, 남을 헐뜯는 자는 바보이다.

영예(8:18 honor) 많은 사람의 칭찬과 존경을 받아 자랑스럽고 유명하게 됨.
형통(8:18 prosperity) 모든 일이 뜻대로 잘 되어 가는 상태.
훈계(9:9 admonition) 타일러 가르침.
유익(9:12 advantage) 이롭거나 도움이 됨.

여호와께서는 속이는 저울은 미워하시나,
정확한 저울추는 기뻐하신다(11:1)

19 말이 많으면 죄가 생기지만, 자기 혀를 잘
조절하는 자는 지혜롭다.
20 의인의 혀는 최고의 은이지만, 악인의 마
음은 무가치하다.
21 의인의 입술은 많은 사람을 가르치지만,
미련한 자는 지식이 없어 죽고 만다.
22 여호와의 복으로 부자가 되면 그 재물에
는 근심이 따르지 않는다.
23 미련한 자는 악한 행동에서 쾌락을 찾지만,
슬기로운 자는 지혜에서 즐거움을 얻는다.
24 악인은 두려워하는 것을 당하게 되고, 의
인은 그 바라는 것을 얻게 된다.
25 폭풍이 지나갈 때, 악인은 같이 휩쓸려 사
라지나, 의인은 영원히 견고하다.
26 게으른 종은 그 주인에게 고통이 된다. 그
들은 눈에 매운 연기 같고, 상한 이빨에
신 포도주 같다.
27 여호와를 경외하면 오래 살지만, 악인은
오래 살지 못한다.
28 의인의 소망은 이루어져 즐거움을 주나,
악인의 소망은 끊어진다.

알아두세요

11:16 칠십인역과 개역성경에는 '근면한 남자들'로 되어 있다.

29 여호와의 가르침은 의인의 피난처가 되지만,
악을 행하는 사람에게는 파멸의 원인이 된다.
30 의인은 결코 뿌리가 뽑히지 않으나, 악인
은 땅에서 오래 살지 못한다.
31 의인의 입은 지혜를 말하지만, 사악한 혀
는 잘릴 것이다.
32 의인의 입술은 적절한 말을 하지만, 악인
의 입은 사악한 것만 말한다.

11 여호와께서는 속이는 저울은 미워하시
나, 정확한 저울추는 기뻐하신다.
2 교만한 자는 수치를 당하나, 겸손한 자는
지혜롭다.
3 정직한 사람은 성실하여 형통하나, 사기
꾼은 자기 꾀로 말미암아 스스로 망한다.
4 재물이 많아도 하나님이 노하시면 아무
쓸모가 없지만, 의로운 삶은 죽을 자리에
서도 목숨을 건진다.
5 흠 없는 사람의 의로운 삶은 그의 앞길을 환하게
만들지만, 악인은 자기 악행으로 망하고 만다.
6 정직한 사람의 의로운 행실은 그를 구원
하지만, 사기꾼은 자기의 악한 생각에 스
스로 걸려 넘어진다.
7 악인은 죽을 때에 그의 소망도 함께 사라
지고, 하나님을 저버린 자가 거는 모든 기
대는 허무하다.

8 의인은 재난에서 구원받고, 오히려 그 재
난은 악인에게 돌아간다.
9 하나님을 저버린 자는 그 입으로 자기 이
웃을 해치지만, 의인은 지혜롭게 피한다.
10 의인이 잘 되면 마을이 기뻐하고, 악인이
망하면 사람들이 즐거워 소리친다.
11 정직한 자의 축복을 통해 마을 전체가 자
랑스럽게 되지만, 악인의 입은 그 마을을
망하게 한다.
12 지혜 없는 사람은 자기 이웃을 비웃지만,
슬기로운 자는 자기 혀에 재갈을 물린다.
13 할 일 없이 남을 헐뜯는 사람은 남의 비밀을
드러내지만, 진실한 사람은 비밀을 지킨다.
14 지혜로운 지도자가 없으면 나라가 망하여
도, 조언자들이 많으면 그 나라가 평화롭다.
15 남을 위해 보증서는 사람은 손해를 보지
만, 그것을 거절하는 사람은 안전하다.
16 덕이 있는 여인은 존경을 받고, 무자비한
남자들*은 재물을 얻는다.
17 남에게 인자하게 대하면 자기도 잘 되지
만, 잔인한 사람은 재앙을 불러들인다.
18 악인이 얻는 소득은 허무하나, 의를 행하
는 사람은 확실한 보상을 받는다.
19 늘 의롭게 살면 생명을 얻지만, 악을 행
하는 사람은 죽고 만다.
20 여호와께서는 마음이 비뚤어진 사람을 미
워하시나, 바른 길을 행하는 사람을 보면
기뻐하신다.
21 악인은 반드시 처벌을 받지만, 의로운 사
람은 구원을 받을 것이다.
22 외모가 아름다운 여인이 제멋대로 행동하
는 것은 돼지코의 금고리와 같다.
23 의인의 소원은 성취되지만, 악인의 소망
은 하나님의 진노만 가져온다.
24 후하게 베푸는 사람은 더 많이 얻지만, 인
색하게 구는 사람은 가난해질 뿐이다.
25 후한 사람은 잘 되고, 남을 기분 좋게 하
는 자는 자기의 기분도 좋아진다.
26 어려움이 있을 때에 곡식을 혼자 차지하
는 자는 사람들의 저주를 받지만, 기꺼이
나누는 사람은 축복을 받는다.
27 선을 간절히 구하는 사람은 은총을 입지
만, 악을 찾는 자에게는 재앙이 임한다.
28 자기 재물을 의지하는 사람은 넘어지나,

자기 재물을 의지하는 사람은
넘어지나, 의인은 푸른 잎사귀처럼
번성할 것이다(11:28)

의인은 푸른 잎사귀처럼 번성할 것이다.
29 자기 가족을 괴롭히는 자는 바람을 상속
받고, 바보는 지혜로운 사람의 종이 되고
말 것이다.
30 의인의 열매는 생명나무이며, 지혜로운
자는 사람을 얻는다.
31 의인들도 세상에서 죄값을 받는데, 하나
님을 저버린 죄인들이야 무엇을 더 말하
겠는가!

12 징계를 달게 받는 사람은 슬기롭지
만, 책망을 싫어하는 자는 어리석다.
2 선한 사람은 여호와께 은총을 얻지만, 악
을 행하는 사람은 여호와께서 심판하신다.
3 죄를 짓는 사람은 견고하지 못하나, 의인
의 뿌리는 결코 뽑히지 않는다.
4 덕이 있는 아내는 그 남편에게 영광스런
면류관과 같으나, 부덕한 여인은 남편의
뼈를 썩게 하는 것과 같다.
5 의인의 생각은 의롭지만, 악인은 남을 해
칠 생각만 한다.
6 악인은 숨어서 사람을 죽이려고 하지만,
의인은 사람을 살리려고 한다.
7 악인은 넘어지면 다시 일어서지 못하지
만, 의인의 집은 흔들림이 없다.
8 사람은 그 지혜대로 칭찬을 받겠지만, 마
음이 비뚤어진 사람은 멸시를 받는다.
9 부자이면서 아무것도 없는 듯 행동하는
것이 가난뱅이가 무엇인가 가진 듯 행동
하는 것보다 낫다.
10 의인은 자기 짐승의 생명까지도 중하게
여기지만, 악인은 고작 생각한다는 것이
사람을 잔인하게 괴롭히는 일뿐이다.
11 자기 토지를 경작하는 사람은 먹을 양식
이 넉넉하겠지만, 허영을 좇는 자는 정신
이 없는 자이다.
12 악인은 부정한 이익을 탐하여도, 의인은
형통한다.
13 악인은 자기의 더러운 말 때문에 올무에
걸리지만, 의인은 재앙을 피한다.
14 입술을 잘 열면 좋은 것으로 배부르고, 반
드시 자기 손이 행하는 대로 보상을 받는다.
15 미련한 자는 자기 행동이 바르다고 여기
지만, 지혜로운 자는 남의 조언을 귀담아
듣는다.
16 미련한 자는 참지 못하고 발칵 성을 내지만,
슬기로운 사람은 수치를 당해도 참는다.
17 진실한 증인은 정직하게 증언하지만, 거
짓 증인은 거짓말을 내뱉는다.
18 되는 대로 하는 말은 비수처럼 찌르지만, 지
혜로운 자의 혀는 상한 마음을 고쳐 준다.
19 진실한 입술은 영원히 남지만, 거짓된 혀
는 곧 사라지고 만다.
20 악을 꾀하는 자의 마음에는 거짓이 있지
만, 평안을 추구하는 자의 마음에는 즐거
움이 있다.
21 의인은 해를 당하지 않으나, 악인에게는
많은 재앙이 있다.
22 여호와께서는 거짓된 입술을 미워하시지
만, 진실한 사람은 기뻐하신다.
23 슬기로운 사람은 자기 지식을 잘 드러내
지 않지만, 미련한 자는 자기 미련을 드
러낸다.
24 부지런한 사람은 남을 다스리겠지만, 게
으름뱅이는 남의 종노릇이나 할 것이다.
25 마음에 근심이 있으면 절망에 빠지지만,
격려의 말은 그를 다시 일으켜 준다.
26 의인은 이웃을 바른 길로 인도하지만,
악인은 자기 스스로 불행한 길로 나아간
다.
27 게으른 사람은 자기가 잡은 사냥감도 요
리하기 싫어하지만, 부지런한 사람은 보
화를 캔다.
28 의로운 길에는 생명이 있고, 그 길에는 사
망이 없다.

13 지혜로운 아들은 자기 아버지의 교
훈에 순종하지만, 거만한 아들은 책
망을 듣지 않는다.
2 입술을 잘 열면 좋은 것을 먹지만, 사기

비수(12:18 dagger) 날이 매우 날카롭고 길이가 짧은 칼.

격려(12:25 encouragement) 용기나 의욕이 솟아나도록 북돋워 주는 것.

꾼은 늘 폭력을 휘두를 생각만 한다.
3 자기 입을 잘 지키는 사람은 생명을 보존하
지만, 입술을 함부로 여는 사람은 망한다.
4 게으른 사람은 원하는 것을 얻지 못하지
만, 부지런한 사람은 원하는 대로 얻는다.
5 의인은 거짓을 미워하지만, 악인은 수치
와 모욕을 당한다.
6 행위가 온전한 사람은 의가 보호하지만,
악인은 죄 때문에 망한다.
7 부자인 체하나 아무것도 없는 사람이 있
는가 하면, 가난한 체하여도, 부자인 사
람이 있다.
8 부자는 자기 재물로 생명을 구할지도 모르
나, 가난한 사람은 위협받을 일이 없다.
9 의인의 빛은 환하게 빛나지만, 악인의 등
불은 꺼진다.
10 교만은 다툼을 초래하나, 충고를 잘 듣는
사람에게는 지혜가 있다.
11 부정하게 쌓은 재물은 점점 줄어드나, 힘
들여 모은 돈은 점점 증가한다.
12 소망이 좌절되면 마음에 병이 들지만, 소
망이 이루어지면 그 안에 생명이 있고 기
쁨이 넘치게 된다.
13 말씀을 멸시하는 자는 파멸에 이르지만,
명령을 존중하는 자는 보상을 받는다.
14 지혜자의 가르침은 생명샘 같아서, 사람
을 사망의 올무에서 건져 준다.
15 슬기로운 마음은 은총을 입지만, 사기꾼
의 앞길은 험난하기만 하다.
16 슬기로운 사람은 매사에 신중하나, 어리
석은 사람은 자기 미련을 드러낸다.
17 못된 심부름꾼은 재앙을 가져오나, 신실
한 심부름꾼은 평안을 가져다 준다.
18 징계를 무시하는 자는 가난과 수치를 당
하지만, 책망을 달게 받는 자는 존귀하게
된다.
19 소원을 성취하면 마음이 즐거우나, 어리
석은 자들은 악에서 떠나기를 싫어한다.
20 지혜로운 자들과 함께 걸으면 지혜롭게
되지만, 어리석은 자들과 친구가 되면 해
만 당한다.
21 재앙은 죄인을 찾아다니고, 선한 보상은
의인을 따라다닌다.
22 선한 사람은 자기 재산을 후손 만대에 물
려주지만, 죄인의 재산은 의인에게 돌아
간다.
23 가난한 사람은 열심히 노력하여 양식이
많아지지만, 불의한 사람은 재산을 모두
잃게 된다.
24 회초리를 들지 못하는 사람은 자기 자식
을 미워하는 자니, 자기 자식을 사랑하는
부모는 부지런히 자식을 훈련시킨다.
25 의인은 배불리 먹으나, 악인은 항상 배고
프다.

14 지혜로운 여인은 자기 집을 번영하
게 하지만, 미련한 여인은 자기 손
으로 집을 망친다.
2 정직하게 행하는 사람은 여호와를 경외하
지만, 행위가 악한 사람은 그분을 멸시한
다.
3 미련한 사람은 말 때문에 자기 등에 회초
리를 맞으나, 지혜로운 자의 입술은 자신
을 보호한다.
4 소가 없으면 외양간이 깨끗하겠지만, 소
의 힘으로 얻는 것이 많다.
5 진실한 증인은 거짓말을 하지 않지만, 거
짓 증인은 거짓말을 밥먹듯 내뱉는다.
6 거만한 자는 지혜를 찾아도 발견하지 못하
나, 명철한 사람은 쉽게 지식을 얻는다.
7 어리석은 자에게서 속히 떠나라. 그의 입
술에서 무슨 배울 것이 있겠는가?
8 슬기로운 사람의 지혜는 그의 길을 밝혀
주지만, 어리석은 자의 미련은 속이는 것
뿐이다.
9 미련한 사람은 죄 용서받는 일을 비웃지
만, 정직한 사람들은 은총을 입는다.
10 마음의 고통은 남이 모르고, 기쁜 마음도
역시 모른다.

좌절(13:12 frustration) 뜻이나 기운 따위가 꺾이는 것.

번영(14:1 prosperity) 일이 성하게 잘 되어 영화로움.

11 악인의 집은 망하지만, 정직한 자의 살림
은 번창한다.
12 어떤 길은 사람이 보기에 좋아 보여도, 결
국은 죽음의 길이다.
13 웃을 때도 고통이 숨어 있고, 기쁨의 끝
에도 슬픔이 있다.
14 마음이 비뚤어진 사람은 행한 대로 보응
을 받겠고, 선한 사람도 자기 행실로 보
상을 받는다.
15 미련한 자는 남의 말을 곧이곧대로 듣지
만, 슬기로운 사람은 신중하게 행동한다.
16 지혜로운 사람은 여호와를 경외하고 악한
일을 멀리하나, 어리석은 자는 제멋대로
행동한다.
17 성미가 조급한 사람은 미련한 짓을 하고,
음모를 꾸미는 자는 미움을 받는다.
18 미련한 사람은 미련을 상속 받지만, 슬기
로운 사람은 지식의 왕관을 쓴다.
19 사악한 자들은 선인들 앞에서 고개를 숙
여야 하고, 악인들은 의인의 문 앞에 엎
드린다.
20 가난한 사람은 이웃도 피하지만, 부자는
친구가 많다.
21 자기 이웃을 업신여기는 사람은 죄를
짓는 것이지만, 가난한 자를 돕는 사
람은 복이 있다.
22 음모를 꾸미는 자는 길을 잃고 방황
할 것이지만, 선한 것을 생각하는 사
람은 사랑과 신실함을 보장받는다.
23 모든 수고는 이득을 가져오나, 말로
만 하면 가난해질 뿐이다.
24 지혜로운 자가 쓸 면류관은 자기의
지혜이지만, 미련한 사람이 쓸 화관
은 자기의 미련이다.
25 진실한 증인은 죄 없는 사람들을 구
하지만, 거짓 증인은 사람을 해친다.
26 여호와를 경외하는 사람은 견고한 요
새를 가진 자이며, 그 후손도 그로 인
해 피난처를 얻는다.
27 여호와를 경외하는 것이 생명의 샘이
니, 사람을 사망의 올무에서 건진다.
28 백성이 많은 것은 왕의 영광이지만,
백성이 없는 왕은 망한다.
29 화를 참는 자는 지혜로우나, 성미가 조급
한 사람은 미련을 드러낸다.
30 마음이 편하면 신체도 건강하나, 질투심
은 뼈를 썩게 만든다.
31 가난한 사람을 학대하는 자는 저들을 만드
신 주를 멸시하는 것이며, 궁핍한 자에게
베푸는 자는 하나님을 경외하는 것이다.
32 재앙이 오면 악인은 망하지만, 의인은 죽
을 자리에서도 피난처를 얻는다.
33 지혜는 슬기로운 사람의 마음에는 간직되
지만, 심지어 어리석은 사람 중에서도 알
려진다.
34 의로운 사람들은 자기 나라를 번창하게
하지만, 죄는 백성을 부끄럽게 만든다.
35 왕은 지혜로운 신하를 기뻐하나, 해를 끼
치는 신하에게는 진노를 발한다.

15 부드러운 대답은 화를 가라앉히지
만, 과격한 말은 노를 일으킨다.
2 지혜 있는 자의 혀는 지식을 전달하지만,
어리석은 자의 입은 미련을 토해 낸다.
3 여호와의 눈은 미치지 않는 곳이 없어,

마음이 즐거우면 얼굴이 환하지만, 마음의 근심은 영혼을 상하게 한다(15:13)

악인이나 선인 모두를 보고 계신다.
4 온화한 말은 생명나무와 같지만, 잔인한
말은 마음을 상하게 한다.
5 미련한 사람은 자기 아버지의 징계를 업
신여기나, 책망을 듣는 자는 슬기롭다.
6 의인의 집에는 많은 재물이 있지만, 악인
의 소득은 오히려 괴로울 뿐이다.
7 지혜로운 자의 입술은 지식을 전파하나,
어리석은 자의 마음은 그렇지 않다.
8 악인의 제사는 여호와께서 미워하시지만,
정직한 자의 기도는 기뻐하신다.
9 악인의 길은 여호와께서 미워하시나, 의
를 따라가는 자는 기뻐하신다.
10 바른 길에서 떠나는 자는 엄중한 처벌을
받고, 책망을 싫어하는 자는 죽는다.
11 무덤과 사망*도 여호와 앞에는 환히 드러
난다. 하물며 여호와께서 사람의 마음을
어찌 모르시겠는가?
12 거만한 사람은 책망을 싫어하여, 지혜로
운 사람에게 가지 않는다.
13 마음이 즐거우면 얼굴이 환하지만, 마음
의 근심은 영혼을 상하게 한다.
14 슬기로운 마음은 지식을 추구하나, 어리
석은 자들의 입은 미련을 먹고 산다.
15 고통당하는 자의 나날은 비참하나, 마음
이 즐거운 자는 늘 축제를 연다.
16 재물이 없어도 여호와를 모신 삶이, 많은
재산을 갖고 있으면서 문제가 많은 것보
다 낫다.
17 채소만 먹어도 서로 사랑하는 것이, 쇠고
기로 잔치하면서 싸우는 것보다 낫다.
18 성미가 급한 사람은 다툼을 일으키나, 참
는 사람은 싸움을 그치게 한다.
19 게으른 사람의 길은 가시밭이나, 정직한
사람의 길은 넓고 평탄한 길이다.
20 지혜로운 아들은 아버지를 기쁘게 하나,
어리석은 사람은 자기 어머니를 멸시한다.
21 지혜롭지 못한 사람은 미련을 즐기지만,
명철한 사람은 바른 길을 걷는다.
22 의논이 없으면 계획이 실패하고, 조언자
들이 많으면 성공한다.
23 사람은 대답하는 말을 듣고 기쁨을 얻나
니, 적절하게 맞는 말을 하는 것이 얼마
나 값진 일인가?
24 지혜로운 자의 길은 위로 생명 길과 연결
되어, 아래 무덤으로 떨어지는 것을 막아
준다.
25 여호와께서는 교만한 사람의 집은 허시지
만, 과부의 밭은 지켜 주신다.
26 악인의 생각은 여호와께서 미워하시나,
선한 자의 생각은 기뻐하신다.
27 탐욕을 부리는 자는 자기 가족에게 재앙
을 가져오나, 뇌물을 미워하는 자는 형통
할 것이다.
28 의인은 신중히 대답하나, 악인의 입은 악
을 마구 토해 낸다.
29 여호와께서는 악인을 멀리하시나, 의인의
기도는 들으신다.
30 마음의 기쁨은 눈을 통해 빛나고, 좋은 소
식은 뼈를 건강하게 만들어 준다.
31 생명을 주는 책망에 귀기울이는 자는 지
혜로운 자들 가운데 살 것이다.
32 훈계를 무시하는 사람은 자기를 멸시하는
자이지만, 책망을 듣는 자는 총명을 얻는다.
33 여호와를 경외하는 것은 사람에게 지혜를
준다. 겸손하면 영예가 뒤따른다.

16 마음의 계획은 사람이 세우지만, 그
일을 이루시는 분은 여호와이시다.
2 사람의 행위가 자기 보기에는 모두 깨끗
하여도, 여호와께서는 마음을 살피신다.
3 너의 일을 여호와께 맡겨라. 그러면 너의
계획이 성공할 것이다.
4 여호와께서 모든 것을 자기 목적대로 지
으셨나니, 악인은 재앙의 날을 위해 만드
셨다.
5 마음이 교만한 자는 여호와께서 미워하시

알아두세요

15:11 개역 성경에는 '음부와 유명'이라고 표기되어 있다. 이는 (히)'스올'과 '아바돈'을 의미한다.

요새(14:26 fortress) 적이 침입하지 못하도록 만들어 놓은 군사적인 시설.
조언자(15:22 counselor) 도움이 되는 말로 거들거나 깨우쳐 주는 사람.

마른 빵 한 조각만
있어도 화목한 것이,
먹을 것을 많이 차려 놓고
싸우는 집안보다 낫다(17:1)

며, 반드시 그들을 처벌하신다.
6 사랑과 신실함으로 죄를 용서받고, 여호
와를 경외함으로 악을 멀리하게 된다.
7 사람의 행위가 여호와를 기쁘시게 하면,
그 사람의 원수까지도 화목하게 하신다.
8 적은 재물로 의롭게 사는 것이, 부정하게
얻은 재물을 쌓아 놓고 사는 것보다 낫다.
9 사람은 자기 마음에 앞날을 계획하지만,
그 걸음을 정하시는 이는 여호와이시다.
10 왕의 입술은 지혜를 말하고, 그의 입은 바
른 것에서 떠나지 말아야 한다.
11 정확한 저울과 천칭은 여호와께서 정하신
것이요, 모든 저울추 역시 그분이 정하신다.
12 왕은 악한 일을 미워해야 한다. 공의로만
왕위가 튼튼히 세워지기 때문이다.
13 왕은 정직한 입술을 기뻐하고, 진리를 말
하는 사람을 귀하게 여겨야 한다.
14 왕이 노하면 사람을 죽일 수 있으나, 지
혜로운 자는 그 진노를 풀게 한다.
15 왕의 얼굴빛이 환하면 살 수 있으니, 그
의 은총은 봄비를 담은 구름과 같다.
16 지혜를 얻는 것이 금을 얻는 것보다 낫
고, 명철을 얻는 것이 은을 얻는 것보다
낫다.
17 악을 피하면 정직한 자의 길이 뚫리나니,
그 길을 걷는 사람은 자기 생명을 지킨다.
18 교만은 파멸의 선봉장이고, 거만한 마음
은 넘어짐의 앞잡이다.
19 겸손한 자들과 함께 사는 것이, 교만한 자
들과 빼앗은 물건을 나누는 것보다 낫다.
20 가르침에 순종하는 사람은 잘 되며, 여호
와를 신뢰하는 자는 복이 있다.
21 마음이 지혜로운 자는 슬기롭다 하고, 사
람들은 부드러운 말을 잘 듣는다.
22 명철한 사람은 생명샘을 가진 자이나, 미련
한 사람은 그 미련함 때문에 벌을 받는다.
23 지혜로운 자의 마음은 그의 입을 다스리
고, 그의 입술을 잘 가르친다.
24 부드러운 말은 송이꿀과 같아서, 영혼에
달며 뼈를 치료한다.
25 어떤 길은 바르게 보일지 모르나 결국은
죽음으로 인도한다.
26 사람은 배가 고파야 일을 하고, 허기져야
일거리를 찾는다.

27 불량배는 범죄를 꾀하고, 그의 말은 모조리 태워 버리는 불과 같다.
28 비뚤어진 사람은 다툼을 일으키고, 남의 말을 좋아하는 사람은 친구 사이를 갈라놓는다.
29 사악한 사람은 자기 이웃을 꾀어서 멸망의 길로 인도한다.
30 눈짓하는 사람은 음모를 꾸미는 자이며, 입술을 심술궂게 다문 사람은 죄를 저지른다.
31 백발은 영예로운 면류관이니, 의로운 삶을 통해 얻는다.
32 노하기를 더디 하는 사람은 용사보다 낫고, 자기를 다스릴 줄 아는 자는 성을 정복하는 자보다 낫다.
33 사람이 제비를 뽑지만, 그 결정은 여호와께서 하신다.

17 마른 빵 한 조각만 있어도 화목한 것이, 먹을 것을 많이 차려 놓고 싸우는 집안보다 낫다.
2 지혜로운 종은 주인의 부끄러운 아들을 다스리고, 그 아들이 받을 재산을 함께 받을 것이다.
3 도가니가 은을, 풀무가 금을 녹이듯, 여호와는 사람의 마음을 시험하신다.
4 악을 행하는 사람은 악한 말을 따르고, 거짓말하는 사람은 험담에 귀를 기울인다.
5 가난한 자를 비웃는 사람은 그를 만드신 분을 멸시하는 것이며, 남이 망하는 것을 기뻐하는 사람은 절대 벌을 면치 못할 것이다.
6 손자는 노인의 면류관이고, 부모는 자식들의 자랑이다.
7 미련한 자가 거만하게 말하는 것이 어울리지 않는 것처럼 통치자가 거짓말하는 것도 합당하지 않다.
8 뇌물은 그것을 주는 자가 생각하기에 요술과 같아서, 옳지 않은 일을 마음대로 하게 한다.
9 모욕을 갚지 않는 것은 사랑을 구하는 것이지만, 지난 일을 자꾸 끄집어 내면 친구도 원수가 된다.
10 슬기로운 자는 한 마디 책망에 깨우치나, 어리석은 자는 매를 백 대 맞아도 알지 못한다.
11 악인은 늘 대들려고 하니, 그런 자에게는 무자비한 처벌이 있을 것이다.
12 새끼들을 빼앗긴 암곰을 만나는 것보다도, 미련하고 어리석은 자를 만나는 것이 더 두렵다.
13 배은망덕하면, 재앙이 그의 집에서 늘 떠나지 않을 것이다.
14 다툼의 시작은 댐의 작은 구멍과 같으니, 싸움이 일어나기 전에 따지기를 그만두어라.
15 범죄자를 무죄 석방시키고, 무고한 자를 죄인으로 만드는 일은 여호와께서 모두 미워하신다.
16 어리석은 자가 가진 돈은 가치가 없다. 왜냐하면 그는 지혜를 살 생각을 못하기 때문이다.
17 친구는 변함없이 사랑하고, 형제는 어려울 때에 돕는다.
18 지혜롭지 못한 사람은 남의 보증을 서 주고, 자기 이웃의 보증인이 된다.
19 다툼을 좋아하는 자는 죄를 사랑하는 자이며, 높은 문을 만드는 자는 파괴를 구하는 자이다.

성경 자세히 이해하기

높은 문과 낮은 문

유랑하는 아랍인들에게 가옥이 노출되어 있는 중동 지방의 나라에서는, 약탈자들이 대문을 통해 집 안으로 들어오는 것을 막기 위해 출입구를 매우 낮게 만들었습니다. 때로는 내부의 부유한 모습을 드러내지 않으려고 출입문의 모양을 볼품없이 만들었습니다. 따라서 자기 집에 높은 문을 설치한 사람은 자신의 부를 과시하는 것이었으며 출입하는 데 어려움이 없다는 것을 보여 줌으로써 스스로 강도를 불러들이는 것과 마찬가지였습니다. 그 사람은 한마디로 '파괴를 구하는 자'였던 것입니다.

본문 보기 17장 19절

20 마음이 비뚤어진 사람은 형통하지 못하
고, 그 혀로 남을 해치는 말을 하는 자는
재앙에 빠진다.
21 어리석은 자를 자식으로 둔 자는 근심하
고, 바보 자식을 둔 아버지에게는 도대체
즐거움이 없다.
22 마음이 즐거우면 신체가 건강하나, 영이
상하면 뼈가 마른다.
23 악인은 은밀히 뇌물을 받고 재판을 잘못
되게 한다.
24 명철한 자는 늘 지혜를 바라보나, 어리석
은 자의 두 눈은 땅 끝을 헤맨다.
25 어리석은 자식은 그의 아버지에게 근심을
주고 어머니에게는 고통을 안겨 준다.
26 죄가 없는 자를 처벌하는 것이나, 존귀한
사람을 정직하다고 해서 때리는 것은 옳
지 않다.
27 지식이 있는 사람은 말을 신중히 사용하
고, 명철한 사람은 감정을 잘 조절한다.
28 바보라도 침묵하면 지혜롭게 보이고, 입
술을 다물면 지성인으로 여겨진다.

18 이기적인 자는 자기만 생각하고, 남
의 도움을 무시한다.
2 어리석은 자는 명철에 도무지 관심이 없
고, 자기 생각만 떠벌린다.
3 죄를 지으면 멸시를 당하고, 수치와 불명
예까지 따라온다.
4 사람의 말은 깊은 물과 같고, 지혜의 샘
은 쉬지 않고 흐르는 시내와 같다.
5 범죄자 편을 들어서, 무고한 사람을 죄 있
다고 재판하는 것은 옳지 않다.
6 어리석은 자의 입술은 분쟁을 일으키고,
그의 입은 매를 자초한다.
7 어리석은 자의 입은 그를 파멸로 이끌고,
그의 입술은 자기에게 올무가 된다.
8 고자질은 맛있는 음식 같아서 마음 깊이
남는다.
9 자기 일을 게을리하는 자는 멸망하는 자
의 형제이다.
10 여호와의 이름은 강력한 망대 같아서 그
리로 피하는 의인은 안전하다.
11 부자들의 재물은 자기들에게 요새와 같
다. 저들은 재물이 자기들을 보호해 줄 거
라고 믿는다.
12 마음의 교만은 멸망의 선봉장이요, 겸손
은 존귀의 앞잡이다.
13 듣기 전에 대답하는 자는 미련하여 수치
를 당한다.
14 사람의 영이 병을 이기게 하는데, 영이 상
하면 어떻게 할 수 있을까?
15 명철한 자의 마음은 지식을 얻고, 지혜자
의 귀는 지식을 찾는다.
16 선물을 주는 자는 그 앞길이 열려서, 중
요한 사람 앞으로 나아가게 될 것이다.
17 재판에서 원고의 말이 옳은 듯해도, 피고
가 오면 사정이 달라진다.
18 제비를 뽑아 분쟁을 해결하고, 서로 싸우
는 둘 사이를 판결할 수 있다.
19 모욕을 당한 형제의 마음은 요새보다 정
복하기 어렵고, 다툼은 요새의 빗장같이
마음을 닫게 한다.
20 말은 음식이 배를 채워 주는 것처럼 그 영
혼을 만족시킨다. 곧 입술의 바른 말이 사
람을 만족시킨다.
21 혀는 살리기도, 죽이기도 하는 힘을 가졌
으니, 혀를 놀리기 좋아하는 자는 그 대

성경 자세히 이해하기

제비뽑기

고대국가에서 제비뽑기는 거의 모든 생활에서 활용되었습니다. 제비뽑기로 관리들이나 사제들을 선출했으며, 정복한 나라의 땅도 분배하였습니다. 이스라엘에서는 속죄 염소를 결정할 때(레 16:8), 약속의 땅을 각 지파에게 분배할 때(수 14:2), 요나가 탄 배가 폭풍을 만난 것이 누구 때문인지 가려낼 때에(욘 1:7) 제비뽑기가 사용되었습니다. 신약 시대에는 로마 군인들이 예수님의 겉옷을 나누어 가질 때(마 27:35), 가룟 유다를 대신할 제자로 맛디아가 선택되었을 때에 제비뽑기가 사용되었습니다(행 1:26).

본문 보기 18장 18절

가를 받을 것이다.
22 아내를 찾은 자는 행복을 찾은 자요, 여
호와께 은총을 입은 자이다.
23 가난한 자는 긍휼을 구하나, 부자는 거만
하게 말할 뿐이다.
24 친구인 척하는 자도 많지만, 어떤 친구는
형제보다 낫다.

19 흠없이 행하는 가난한 사람을 입술
이 사악하고 어리석은 사람에게 비
길 것인가?
2 지식 없는 열심은 위험하고, 조급히 일을
처리하면 그르친다.
3 자기의 미련 때문에 망하고서도 마음으로
여호와를 원망한다.
4 부유하면 친구가 많지만, 가난한 사람의
친구는 그를 버린다.
5 거짓 증인은 처벌을 면치 못하고, 거짓말
을 내뱉는 자 역시 벌을 피하기 어렵다.
6 너그러운 사람에게는 은혜를 구하는 자가
많고, 선물을 주는 자에게는 누구나 가까
이 가려 한다.
7 가난하면 친척들도 멀리하니 친구들이야
말할 것도 없다. 사정해도 친구들은 달아
날 뿐이다.
8 지혜를 얻는 자는 자기를 사랑하는 자이
며, 명철을 귀히 여기는 자는 형통할 것
이다.
9 거짓 증인은 처벌을 면치 못하고, 거짓말
을 내뱉는 자도 망할 것이다.
10 어리석은 자의 사치가 옳지 못하듯, 종이
주인을 다스리는 것도 옳지 못하다.
11 슬기로운 사람은 쉽게 화내지 않으며, 허
물을 덮어 주어 자신의 영광으로 삼는다.
12 왕의 노함은 사자의 부르짖음 같고, 그의
은총은 풀에 내리는 이슬 같다.
13 어리석은 아들은 그 부친을 망하게 하고,
다투는 아내는 계속 떨어지는 빗방울과
같다.
14 집과 재물은 부모에게서 상속받지만, 슬
기로운 아내는 여호와께서 주신다.
15 게으름은 사람을 깊은 잠에 빠지게 하고,
게으른 사람은 굶주린다.
16 교훈에 순종하는 사람은 자기 생명을 지
키나, 말씀대로 살지 않는 사람은 죽을 것
이다.
17 가난한 자에게 베푸는 일은 여호와께 빌
려 드리는 것이니, 그분이 후하게 보상하
신다.
18 아직 희망이 있을 때에 자식을 징계하여
라. 그가 망할 때까지 내버려 두지 마라.
19 성미가 조급한 사람은 화를 자초하여, 건
져 주어도 또 같은 잘못을 저지른다.
20 조언을 듣고 교훈에 순종하여라. 그러면
마침내 지혜롭게 될 것이다.
21 사람의 마음에는 많은 계획이 있지만, 결
국 여호와의 뜻대로 성취된다.
22 사람이 바라는 것은 변함 없는 사랑이다.
거짓말을 하는 것보다는 가난함이 낫다.
23 여호와를 경외하면 형통하고, 만족감을
얻으며, 재난을 피한다.
24 게으른 사람은 손을 밥그릇에 얹고도, 자
기 입에 집어 넣기를 귀찮아한다.
25 거만한 자를 매질하여라. 그러면 미련한
자가 깨닫게 될 것이다. 명철한 자를 책
망하여라. 그러면 그가 지식을 얻을 것이
다.

성경 자세히 이해하기

이슬

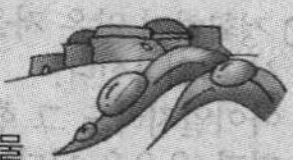

팔레스타인 지방은 강우량이 별로 많지 않습니다. 게다가 가뭄이라도 들게 되면 농작물이 큰 피해를 입게 됩니다. 따라서 팔레스타인 지방에서 8, 9월에 내리는 이슬은 곡식에 부족한 수분을 보충해 주는 중요한 역할을 합니다. 이런 이유로 성경에서 이슬은 종종 하나님의 축복을 상징합니다. 이삭이 야곱과 에서를 축복할 때(창 27:28,39), 모세가 이스라엘 백성을 축복할 때(신 33:13,28)도 이슬이란 표현을 사용하고 있습니다. 그러므로 이슬이 그친다는 것은 곧 하나님의 진노를 의미합니다(학 1:10).

본문 보기 19장 12절

26 자기 아버지를 구박하고 자기 어머니를
쫓아 내는 자식은, 수치와 부끄러움의 자
식이다.
27 내 아들아, 교훈을 듣지 않으면, 결국 너
는 지식의 말씀에서 벗어날 것이다.
28 악한 증인은 법을 비웃고, 악인의 입은 죄
를 물 마시듯 한다.
29 징계는 거만한 자들을 위한 것이요, 매는
어리석은 자들에게 필요한 것이다.

20 포도주를 마시면 우쭐해지고, 독
주를 마시면 싸움질을 한다. 이것
들에 빠진 자는 지혜가 없다.
2 왕의 진노는 사자의 부르짖음과 같고, 왕
을 화나게 하면 생명을 잃는다.
3 다툼을 피하는 것은 영예로운 일이나, 미
련한 자는 조급히 싸우려 든다.
4 게으른 사람은 농사철에 쟁기질을 안 하
니, 추수 때에 거두려고 해도 거둘 것이
없다.
5 사람의 마음에 세운 계획들은 깊은 물과
같지만, 명철한 사람은 그것도 알아챈다.
6 사람들은 저마다 자기가 신실하다고 하지
만, 누가 신실한 사람을 찾을 수 있을까?
7 의인은 흠 없는 삶을 살고, 그의 후손들
은 복되다.
8 판사 자리에 앉은 왕은 죄인을 한눈에 알
아본다.
9 "나는 마음이 깨끗하다, 나는 정결하여
죄가 없다"고 주장할 사람이 있겠는가?
10 정확하지 않은 저울추나 되들은 여호와께
서 미워하신다.
11 아이일지라도 그 행동으로 자신들의 깨끗
함과 옳음을 나타낸다.
12 듣는 귀와 보는 눈은 모두 여호와께서 만
드셨다.
13 잠자기를 좋아하면 가난해진다. 깨어 있
어라. 그러면 쌓아 둘 양식이 생길 것이
다.
14 물건을 살 때는 "이것도 별로군요, 저것
도 별로군요"라고 하지만, 산 다음에는
자기가 산 물건을 자랑한다.
15 세상에는 금과 귀한 보석들이 많지만, 지
식을 말하는 입이 가장 귀한 보물이다.
16 타인을 위해 보증 서는 사람의 의복을 취
하여라. 다른 지방 사람을 위해 보증 섰
다면 꼭 그 사람을 잡아 두어라.
17 속여서 얻은 음식은 정말 맛있는 것 같지
만, 나중에는 입 안에 자갈이 가득할 것
이다.
18 조언을 듣고 계획을 세워라. 전쟁을 하려
면 지혜로운 조언을 들어라.
19 수다쟁이는 비밀을 누설하니 피하여라.
20 자기 부모를 저주하는 자의 등불은 캄캄
함 중에 꺼질 것이다.
21 일확천금은 결과적으로 복이 되지 아니한
다.
22 "내가 이 모욕을 갚으리라"고 말하지 말
고, 여호와를 기다려라. 그러면 그분이
너를 구원해 주실 것이다.
23 속이는 저울추는 여호와께서 미워하신
다. 부정확한 저울들도 좋아하지 않으신
다.
24 사람의 가는 길을 여호와께서 인도하시
니, 사람이 어찌 자기 앞길을 알랴!
25 조급하게 "이것을 주님께 바치리라"고 서
원하면, 나중에 후회할 수 있다.
26 지혜로운 왕은 죄인을 분별해 내니, 탈곡
기에 그들을 돌리는 것과 같다.
27 여호와의 등불이 사람의 영을 비추니, 그
것이 사람의 마음속을 드러낸다.
28 왕은 변하지 않는 사랑과 신실함으로 강
대해지고, 사랑을 통해 왕위가 견고해진
다.
29 젊은이의 영광은 그 힘이지만, 노인의 영
광은 백발이다.
30 상처를 입히도록 때려야 죄를 저지를 생각

누설하다(20:19 reveal) 비밀을 새어 나가게 하다.
일확천금(20:21 inheritance quickly gained at the beginning) 힘들이지 않고 단번에 많은 재물을 얻음.
탈곡기(20:26 threshing machine) 곡식의 낟알을 이삭에서 털어 내는 데 쓰는 농기구.

을 안 하고, 매질은 마음속까지 청소한다.

21 왕의 마음이 여호와의 손 안에 있다. 그분은 자기 원하시는 대로 물길처럼 그 마음을 바꾸신다.
2 사람의 모든 행위가 자기에게 옳게 여겨져도, 여호와께서는 마음을 살피신다.
3 의로운 생활이 형식적인 제사보다 여호와를 기쁘시게 한다.
4 거만한 두 눈과 교만한 마음, 악인의 형통한 것 등은 모두 하나님의 뜻에 어긋난다.
5 부지런한 자의 계획은 부유하게 만들지만, 조급한 행동은 궁핍함만 가져온다.
6 거짓된 혀로 모은 재산은 흩어지는 수증기 같고, 죽음을 불러 오는 함정이다.
7 악인은 난폭하게 굴다 다친다. 왜냐하면 저들은 올바르게 살려 하지 않기 때문이다.
8 범죄자의 길은 비뚤지만, 죄 없는 자의 행동은 곧다.
9 옥상 한 구석에 사는 것이, 다투는 여인과 함께 집에 사는 것보다 낫다.
10 악인은 늘 범죄할 궁리를 하니, 그 이웃까지 무자비하게 희생시킨다.
11 거만한 자가 처벌을 당하면 미련한 자가 지혜를 얻고, 지혜자가 교훈을 받으면 지식을 얻는다.
12 의로우신 분은 악인의 집을 주목하시고, 악인을 멸망시키신다.
13 가난한 자의 부르짖음에 귀를 막으면, 자기가 부르짖을 때에 응답을 받지 못할 것이다.
14 은밀하게 건네 준 선물은 노를 풀게 하고, 옷에 숨겨 전달된 뇌물은 화를 그치게 한다.
15 법을 올바로 시행하면, 의인은 기뻐하고 악한 자는 두려워한다.
16 명철한 자의 길에서 떠난 자는 죽은 자들 가운데 이를 것이다.
17 쾌락을 좋아하는 자는 궁핍해지고, 술과 기름을 탐하는 자는 결코 부자가 되지 못한다.
18 악인은 의인을 구하기 위해 주어지고, 사기꾼은 정직한 자를 구하기 위해 사용될 것이다.

가난한 자의 부르짖음에 귀를 막으면,
자기가 부르짖을 때에 응답을 받지 못할 것이다(21:13)

19 따지고 바가지 긁는 아내와 함께 사는 것
보다, 사막에 홀로 사는 것이 낫다.
20 지혜 있는 자의 집에는 귀한 보배와 기름
이 있으나, 어리석은 자는 가진 모든 것
을 삼켜 버린다.
21 의롭고 신실하게 사는 사람은 형통하고,
번창하고, 영예를 얻는다.
22 지혜로운 사람은 용사가 지키는 성을 공
격하여 저들이 의지하는 요새를 허물어
버린다.
23 자기 입과 혀를 지키는 사람은 재난에서
자신을 지킨다.
24 교만하고 거만한 사람을 비웃는 자라고
부르니, 이는 그가 아주 거만하게 행동하
기 때문이다.
25 게으름뱅이는 손으로 일할 생각은 안 하
고 꿈만 꾸다 죽고 만다.
26 어떤 사람은 하루 종일 욕심만 부리지만,
의인은 아낌없이 베푼다.
27 악인의 제물은 가증한데, 악한 동기로 바
치는 경우라면 더욱 그렇다.
28 거짓 증인은 망하고, 그의 말을 듣는 자
도 영원히 망할 것이다.
29 악인은 뻔뻔스럽게 행동하지만, 정직한
사람은 신중히 행동한다.
30 여호와를 거스르는 것은 그 어떤 지혜, 통
찰력, 계획으로도 성공하지 못한다.
31 전쟁을 대비하여 말을 준비해도, 승리는
여호와께 달려 있다.

22 명예가 많은 재물보다 귀하고, 좋
은 평판이 금은보화보다 훨씬 낫
다.
2 부자와 가난한 자가 섞여 사니, 여호와께
서 그들 모두를 만드셨다.
3 슬기로운 사람은 위험을 보면 피하나, 미
련한 자는 제 발로 들어가 화를 당한다.
4 사람이 겸손히 여호와를 경외하면 재물과
영예와 생명을 얻는다.
5 사악한 사람의 길에는 도처에 가시와 함
정이 있지만, 자기를 지키는 자는 그런 것
들을 피한다.
6 아이에게 올바른 길을 가르쳐라. 그러면
늙어서도 그 길을 떠나지 않을 것이다.
7 부자는 가난한 자를 다스리고, 빚진 자는
꾸어 준 자의 종이다.
8 악을 행하는 자는 재난을 거두고, 그런 자
의 분노는 쇠약해진다.
9 남을 동정하는 사람은 축복을 받으리니, 가
난한 자와 자기 음식을 나누기 때문이다.
10 거만한 자를 쫓아 내어라. 그러면 분쟁과
다툼과 모욕이 그칠 것이다.
11 정결한 마음을 사랑하는 자, 그 말이 은
혜로운 자는 왕의 친구가 될 것이다.
12 여호와의 눈은 지식 있는 자를 지키시나,
사기꾼의 말은 패하게 하신다.
13 게으른 사람은 "사자가 밖에 있으니, 길
거리에 나가면 죽을 것이다"라고 말한다.
14 창녀의 입은 깊은 구덩이와 같으니, 여호
와의 진노를 받는 자는 그 곳에 떨어질 것
이다.
15 어린이의 마음에는 미련이 담겨 있다. 징
계의 채찍으로 때리면 없앨 수 있다.
16 자기 재산을 늘리려고 가난한 자를 학대
하는 자와 부자에게 뇌물을 바치는 자는
모두 가난에 떨어질 것이다.

들어야 될 지혜 있는 자의 말

17 귀를 기울여 지혜자의 말을 들어라. 나의
교훈을 네 마음에 두어라.
18 그것들을 네 마음속에 간직하여, 언제든
지 입술로 말할 수 있다면 얼마나 좋을
까?
19 여호와를 의지하도록 하기 위해 나는 오
늘 너에게 특별히 권한다.
20 내가 너에게 모략과 지식의 말씀 서른 가
지를 기록해 주었다.
21 바르고 신뢰할 수 있는 말씀으로 너를 가
르쳐, 너를 보낸 자에게 올바르게 대답할
수 있게 하였다.

보배(21:20 treasure) 아주 귀하고 소중한 물건.
통찰력(21:30 insight) 환하게 꿰뚫어보는 능력.
평판(22:1 reputation) 세상 사람들의 평가나 비평.

22 가난한 자를 힘 없다고 이용하지 말고, 약한 자를 성문*에서 압제하지 마라.
23 여호와께서는 그들의 사정을 듣고, 그들을 학대한 자들을 벌하실 것이다.
24 화풀이 잘하는 사람과 사귀지 말고, 성 잘 내는 사람과 사귀지 마라.
25 네가 그의 행위를 본받아 올무에 빠질까 두렵다.
26 너는 타인의 보증을 서지 말고, 타인의 빚 보증인이 되지 마라.
27 네가 갚을 돈이 없으면, 네가 누운 침대마저 차압당할 것이다.
28 네 조상이 세운 밭 울타리를 함부로 옮기지 마라.
29 자기 일에 충실한 사람을 봤느냐? 그런 사람은 하찮은 사람을 섬길 인물이 아니니, 왕을 섬길 것이다.

23 네가 높은 관리와 함께 식사를 할 때, 네 앞에 무엇이 있는지 잘 보아라.
2 식욕이 일어나거든, 네 목에 칼을 들이대라.
3 그의 진미를 탐하지 마라. 그것은 사람을 속인다.
4 부자가 되려다 건강을 해친다. 분수에 맞게 사는 지혜를 배워라.
5 아무리 재물에 눈독을 들여도, 재물은 날개가 달린 독수리처럼 창공으로 훨훨 날아가 버릴 것이다.
6 구두쇠의 음식은 먹지 말고, 그의 진수성찬을 탐하지 마라.
7 그런 사람은 속으로 '저것이 얼마인데!' 하고 계산한다. "먹고 마시라"고 말은 하겠지만, 마음으로는 아까워한다.
8 네가 조금 먹은 것도 토하겠고, 네가 말한 칭찬도 소용 없게 될 것이다.
9 어리석은 자가 듣는 데서 말하지 마라. 그가 네 지혜를 비웃을 것이다.
10 조상들이 세운 밭 울타리를 옮기지 말고, 고아의 밭이라고 야금야금 취하지 마라.
11 그들의 보호자는 힘이 있으니, 그 보호자가 그들의 사정을 듣고 너를 벌할 것이다.
12 훈계를 명심하고, 지식의 말씀에 귀를 기울여라.
13 아이에게 회초리를 아끼지 마라. 매질한다고 죽지는 않는다.
14 따끔하게 처벌해서 바로잡아야 아이가 올바르게 될 것이다.
15 내 아들아, 네 마음이 지혜를 깨우친다면, 내가 얼마나 기쁘겠느냐?
16 네 입술이 올바른 것을 말한다면, 내 심장이 얼마나 기뻐하겠느냐?
17 네 마음으로 죄인들을 부러워하지 말고, 언제나 여호와를 경외하여라.
18 그러면 네 앞길이 환하게 열릴 것이고, 네 소망이 끊어지지 않을 것이다.
19 내 아들아, 내 말을 듣고 지혜를 얻어라. 네 마음을 바른 길에 두어라.
20 술이나 고기를 탐하는 자와 어울리지 마라.
21 술에 취하고 먹는 것만 밝히는 사람은 가난에 떨어지고, 게으른 사람은 누더기를 걸칠 것이다.
22 너를 낳은 아버지에게 순종하고, 네 어머니가 나이 들어도 무시하지 마라.
23 진리를 사고, 팔지는 마라. 지혜와 훈계, 명철을 사라.
24 의인의 아버지는 크게 기뻐하리라. 지혜로운 아들을 낳은 자는 그 아들 때문에 기쁨을 얻을 것이다.
25 네 부모를 즐겁게 해 드려라. 너를 낳아 주신 분을 기쁘게 해 드려라.
26 내 아들아, 네 마음을 내게 주고, 네 눈으로 내가 사는 모습을 보고 즐거워하여라.
27 창녀는 깊은 구덩이며, 바람난 여인은 좁은 웅덩이다.
28 그녀는 강도처럼 숨어서 기다리다가 수많은 남자들을 망친다.
29 재앙이 누구에게 있는가? 슬픔이 누구에게 있는가? 분쟁이 누구에게 있는가? 불

알아두세요
22:22 법정을 의미한다.

평이 누구에게 있는가? 누가 불필요한 상
처와 충혈된 눈을 가지고 있는가?
30 술독에 빠진 자에게 있고, 독한 술을 들
이키는 자에게 있다.
31 술잔에 따라진 포도주가 붉고, 번쩍이며,
목으로 술술 넘어가도 너는 거들떠 보지
마라.
32 마침내 그것이 뱀같이 물 것이요, 독사같
이 쏠 것이다.
33 너의 눈은 이상한 것들을 보고, 입은 허
튼 소리를 지껄이게 될 것이다.
34 너는 망망대해 가운데서, 돛대 꼭대기에
누워 잠자는 자 같을 것이다.
35 "아무리 때려 봐라. 하나도 아프지 않다.
아무리 때려 봐라. 아무 느낌도 없다. 술
이 언제 깰 것인가? 깨면 또 마셔야지!"
라고 말할 것이다.

24 악인들을 부러워하지 마라. 그들
의 친구가 될 생각을 하지 마라.
2 악인들은 늘 범죄만 생각하고, 그 입술은
문제 일으킬 궁리만 한다.
3 지혜로 인해 집이 세워지고, 슬기를 통해
집이 견고해진다.
4 지식을 통하여 그 방에는 온갖 귀하고 아
름다운 보물들이 채워진다.
5 지혜로운 사람이 힘센 자보다 낫고, 지식
있는 사람이 무사보다 낫다.
6 전략을 세우고 전쟁하라. 전략가들이 많
아야 승리를 얻는다.
7 지혜는 미련한 자에게는 너무 높이 있어
서, 성문 앞 광장에서 할 말이 없다.
8 남을 해할 음모를 꾸미는 자는 음모자라
불린다.
9 미련한 자는 범죄할 생각만 하고, 거만한
자는 사람들에게 혐오의 대상이 된다.
10 어려움을 당하여 낙담하는 것은 너의 연
약함을 드러내는 것이다.
11 억울하게 사형장으로 끌려가는 자를 건져
주고 처형장으로 잡혀 가는 자를 구해 주
어라.
12 네가 아무것도 알지 못했다 할지라도 마
음을 재는 분이 그것을 알지 못하시랴! 네
인생을 인도하시는 분이 알지 못하시랴!
그분께서 각 사람이 행한 대로 갚으실 것
이다.
13 내 아들아, 꿀은 몸에 좋으니 꿀을 먹어
라. 꿀은 네 입에 달 것이다.
14 그리고 지혜가 네 영혼에 달다는 것도 알
아라. 지혜를 찾으면, 네 앞길이 열리고,
네 소망이 꺾이지 않을 것이다.
15 악인처럼 의인의 집을 숨어서 엿보지 말
고, 그의 집을 망가뜨리지 마라.
16 의인은 일곱 번 넘어져도 다시 일어나지
만, 악인은 재앙이 닥치면 망하고 만다.
17 네 원수가 넘어질 때, 고소하게 여기
지 마라. 그가 비틀거려도 기뻐하지
마라.
18 여호와께서 그것을 보시고 불쾌히 여기시
어, 그에게서 진노를 거두실까 두렵다.
19 악인 때문에 불평하지 마라. 악인을 부러
워하지 마라.
20 악인은 장래에 소망이 없다. 악인의 등불
은 곧 꺼질 것이다.
21 내 아들아, 여호와를 경외하고 왕을 두려
워하여라. 반역자들과 어울리지 마라.
22 하나님과 왕을 반역하는 자들에게 갑자기
재앙이 내리리니, 그들에게 임할 재앙을
누가 막겠는가?

지혜 있는 자의 거듭된 말

23 이것도 지혜자의 말씀이다. 재판할 때 편
드는 것은 옳지 않다.
24 죄인에게 "너는 죄가 없다"고 선고하는
자는 백성의 저주를 받고, 여러 사람의 비
난을 면치 못할 것이다.
25 죄인을 바로 재판하는 자는 형통할 것이
며, 축복이 그들에게 풍성히 임할 것이
다.
26 적절하게 대답하는 자는 입술에 입맞춤하
는 것과 같다.
27 바깥일을 잘 처리하고, 밭일도 잘한 후
에, 네 집을 세워라.
28 근거 없이 네 이웃에게 불리한 증언을 하
지 말고, 네 혀를 놀려 남을 속이지 마라.
29 "그가 나에게 행한 대로 나도 행하고, 그

가 행한 대로 나도 갚을 것이다" 하고 말
하지 마라.
30 내가 게으른 자의 밭과 미련한 자의 포도
원을 지나가 보니,
31 가시덤불이 사방을 덮고, 잡초가 무성하
였으며, 돌담은 여기저기 무너져 있었
다.
32 내가 유심히 관찰하고 생각을 많이 하여
깨우친 것이 많았다.
33 좀더 자자. 좀더 졸자. 좀더 쉬자.
34 그러면, 가난이 강도 떼처럼, 궁핍이 군
사들처럼 너를 덮칠 것이다.

또 다른 솔로몬의 잠언

25 이것들도 솔로몬의 잠언으로서 유
다 왕 히스기야의 신하들이 모은
것입니다.
2 일을 숨기는 것은 하나님의 영광이요, 일
을 잘 살피는 것은 왕의 영광이다.
3 하늘은 높고 땅은 깊듯이, 왕의 마음은 헤
아리기 어렵다.
4 은에서 찌꺼기를 없애라. 그래야 금속 세
공업자가 쓸 만한 은그릇을 만들 수 있다.
5 왕 앞에서 악한 자를 없애라. 그러면 의
를 통하여 왕위가 굳게 세워진다.
6 왕 앞에서 잘난 체하지 말고, 높은 관리
들 자리에 끼어들지 마라.
7 말석에서 상석으로 올라오라고 초대받는
것이 대중 앞에서 말석으로 쫓겨 내려가
는 것보다 훨씬 낫지 않겠는가?
8 네가 눈으로 본 것을 조급하게 법정에 알
리지 마라. 나중에 네 이웃이 너를 망신
시키면, 어떻게 할 것이냐?
9 너는 이웃과 다툴 때, 남의 비밀을 말하
지 마라.
10 그것을 듣는 자가 너를 망신시킬 것이요,
나쁜 평판이 너를 계속 따라다닐 것이다.
11 경우에 합당한 말은 은쟁반에 놓여진 금
사과와 같다.
12 지혜자의 책망은 들을 줄 아는 귀에 금귀
고리와 순금목걸이 같다.
13 믿을 만한 심부름꾼은 그를 보낸 주인에게
추수하며 땀흘릴 때에 마시는 얼음물 같아
서, 그 주인의 마음을 시원하게 한다.
14 선물한다고 말만 하는 사람은 비 없는 구
름과 바람 같다.
15 끈기 있게 설득하면 통치자의 마음도 움
직이고, 부드러운 혀는 뼈도 녹인다.
16 꿀을 찾았거든, 먹을 만큼만 먹어라. 너
무 많이 먹으면 토할 것이다.
17 이웃집에 너무 들락거리지 마라. 그가 싫
증내고, 미워할까 두렵다.
18 자기 이웃을 해치고자 거짓 증언하는 사람
은 몽둥이나 칼, 날카로운 화살과 같다.
19 어려울 때, 신용이 없는 사람을 의지하는
것은 썩은 이나 다친 발을 의지하는 것과
같다.
20 마음이 무거운 자 앞에서 노래하는 것은
추운 날 남을 발가벗기는 것과 같고, 터
진 상처에 식초를 붓는 것과 같다.
21 네 원수가 굶주리거든 그에게 먹을 것을
주어라. 목말라 하거든 마실 물을 주어라.
22 그리하면 그는 머리에 숯불을 둔 것같이
부끄러워하고, 여호와께서는 네게 상을
주실 것이다.
23 북풍이 비를 몰고 오듯, 험담하는 혀는 분
노를 초래한다.
24 옥상 한 구석에서 사는 것이 다투는 아내
와 같이 사는 것보다 낫다.
25 먼 나라에서 보내 온 좋은 소식은 목마른

성경 자세히 이해하기

원수의 머리에 숯불을 올려놓다

잠언은 악을 선으로 갚는 것을, 원수의 머리에 숯불을 올려놓는 것에 비유하고 있습니다. 이스라엘에서는 대부분의 가정에서 난방과 간단한 요리를 위해 화로를 사용했으므로, 화롯불은 절대로 꺼뜨리지 말아야 했습니다. 만약 불이 꺼지게 되면 옆집으로 화로를 가지고 가서 불을 빌려 와야 했습니다. 이 때, 빌린 불은 이마 높이까지 쳐들고 왔습니다. 이런 풍습을 배경으로, 원수에게 악을 사랑으로 갚는 것을 원수의 머리에 숯불을 올려놓는다는 표현으로 나타낸 것입니다.

본문 보기 25장 22절

영혼에 냉수와 같다.
26 의인이 악인에게 굴복하는 것은 우물이
흐려지고, 샘이 썩는 것과 같다.
27 꿀을 너무 많이 먹으면 몸에 해롭고, 자
기 영광을 구하는 것도 명예롭지 못하다.
28 자기를 다스리지 못하는 자는 성벽이 무
너진 성과 같다.

26 여름에 오는 눈이나 추수 때의 비
처럼, 어리석은 자에게 영예는 적
절하지 않다.
2 근거 없는 저주는 참새가 퍼덕거리고, 제
비가 쏜살같이 날아가는 것처럼 상대방에
게 미치지 못한다.
3 말에게는 채찍을, 나귀에게는 재갈을, 어
리석은 자의 등에는 몽둥이를 휘둘러야
한다.
4 어리석은 자의 어리석음을 따라 대답하지
마라. 그렇지 않으면 너도 그와 같이 될
것이다.
5 어리석은 자에게는 그의 어리석음에 따라
대답하여라. 스스로 지혜로운 체할까 두
렵다.
6 어리석은 자를 시켜 편지를 전하는 것은
자기 발을 자르고, 극약을 마시는 것과 같
다.
7 어리석은 자들이 잠언을 말하는 것은 다
리 저는 사람의 다리와 같다.
8 어리석은 자에게 영예를 주는 것은 마치
물매에 돌을 매다는 것과 같다.
9 어리석은 자들이 잠언을 말하는 것은
술 취한 자가 가시나무를 휘두르는 격
이다.
10 미련한 자나 지나가는 자를 품꾼으로 부
리는 자는 활을 마구 쏘는 궁수와 같다.
11 개가 그 토한 것을 다시 먹듯, 어리석은
자는 자기 미련을 되풀이한다.
12 스스로 지혜로운 체하는 사람을 보았는
가? 차라리 그보다는 미련한 자에게 희망
이 있다.
13 게으른 자는 "사나운 사자가 길에 있으
니, 가지 않겠다"고 말한다.
14 문짝이 돌쩌귀를 따라 돌듯, 게으름뱅이
는 침대에서만 뒹군다.
15 게으른 자는 자기 손을 밥그릇에 갖다 대
고도, 입에 넣을 생각을 안 한다.
16 게으른 자는 '나는 슬기롭게 대답을 전하
는 일곱 명보다 낫다'라고 스스로 생각한
다.
17 자기와 상관도 없는 다툼에 참견하는 행
인은 개의 귀를 잡아당기는 사람과 같
다.
18 횃불을 던지고, 독이 묻은 화살을 쏘아대
는 미친 사람과 같이
19 지혜 없는 사람은 자기 이웃을 속이고도
"그저 장난삼아 했을 뿐이야!"라고 말한
다.
20 나무가 없으면 불이 꺼지듯, 험담꾼이 없
으면 다툼도 그친다.
21 숯불에 숯을 더하고 불에 나무를 더하듯,
싸움꾼은 싸움에 부채질만 한다.
22 고자질은 맛난 음식과 같아서, 배 속 깊
이 내려간다.
23 마음은 악하면서 입술만 부드러운 사람은
유약을 바른 토기와 같다.
24 악의를 품은 사람은 입술로는 그럴싸하게
말하지만, 마음에는 독을 품고 있다.

성경 자세히 이해하기

7이라는 숫자

성경에서 자주 사용되는 7이라는 숫자는 '완전' 혹은 '완성'의 개념을 담고 있습니다. 7이라는 숫자를 이렇게 상징적으로 사용하는 일은 오늘날 근동 지방에서도 찾아볼 수 있습니다. 그것은 종종 무한한 수, 엄청난 수를 가리킵니다. 따라서 충족함이란 개념을 전달합니다. 7이라는 숫자가 사용되고 있는 성경의 본문들은 너무 많아서 일일이 다 열거할 수 없을 정도입니다. 특히 예언서에 많이 나오며, 무엇보다 요한계시록에서는 이 숫자를 가장 상징적으로 사용하고 있습니다.

본문 보기 26장 25절

25 그런 자가 듣기 좋은 말을 할지라도 믿지
마라. 일곱 가지 혐오스런 것들이 그 마
음에 들어 있다.
26 그의 악의가 교묘하게 숨겨져 있다 해도,
그의 악한 생각이 회중 앞에서 드러날 것
이다.
27 함정을 파는 자는 자신이 그 곳에 빠질 것
이요, 돌을 굴리는 자는 그 돌에 치일 것
이다.
28 거짓말하는 혀는 상대를 미워하고, 아첨
하는 입은 상대를 파멸로 이끈다.

27 내일을 자랑하지 마라. 오늘 무슨
일이 일어날지 누가 알 것인가?
2 타인이 너를 칭찬하게는 해도, 네 입으로
는 하지 마라.
3 돌도 무겁고 모래도 무겁지만, 바보가 주
는 모욕은 이것보다 더 무겁다.
4 분노는 잔인하고 화는 사람을 삼키지만,
질투처럼 파괴적이지는 않다.
5 면전에서 책망하는 것이 숨겨진 사랑보다
낫다.
6 친구가 주는 상처들은 믿음에서 난 것이
지만, 원수는 입맞추고 배반한다.
7 배부른 사람은 꿀도 싫지만, 배고픈 자에
게는 쓴 것도 달다.
8 자기 고향을 떠난 사람은 둥지를 떠나 떠
도는 새와 같다.
9 향유나 향이 마음을 기쁘게 하듯이, 친구
의 충심어린 조언이 마음을 포근하게 해
준다.
10 너의 친구든지, 아버지의 친구든지, 아무
도 버리지 말며, 위급할 때, 형제의 집에
가지 마라. 가까운 이웃이 멀리 있는 형
제보다 낫다.
11 내 아들아, 부디 지혜를 깨우쳐서 내 마
음을 기쁘게 해 다오. 그리하면 나를 경
멸하는 자에게 내가 할 말이 있을 것이다.
12 슬기로운 자는 위험을 보면 피하지만, 미
련한 자는 제 발로 들어가 화를 자초한
다.
13 타인을 위해 보증하는 사람의 의복을 취
하여라. 다른 지방 사람을 위해 보증 섰
다면 꼭 그 사람을 잡아 두어라.
14 이른 아침에 큰 소리로 이웃에게 인사하
는 것은 저주하는 말처럼 들린다.
15 비오는 날에 연달아 떨어지는 물방울이나
다툼 잘하는 여인은 마찬가지이다.
16 그런 여자를 다스리는 것은 손바닥으로
태풍을 막으려는 것과 같고, 손으로 기름
을 움켜잡으려는 것과 같다.
17 쇠는 쇠에 갈아야 날카롭게 되듯이 사람
은 사람에게 부딪혀야 다듬어진다.
18 무화과나무를 재배하는 자는 그 열매를
먹고, 자기 주인을 잘 섬기는 자는 영예
를 얻는다.
19 얼굴이 물에 비치듯, 사람의 마음도 다른
사람에게 비친다.
20 무덤과 죽음이 만족하는 법이 없듯이 사
람의 눈도 만족할 줄을 모른다.
21 도가니로 은을, 풀무로 금을 연단하듯,
사람은 칭찬을 통해 시험을 받는다.
22 미련한 사람을 절구에 넣고, 공이로 곡식
찧듯 찧어도, 그의 미련은 벗겨지지 않는
다.
23 네 양 떼의 형편을 잘 살피고, 네 소 떼
도 잘 돌봐라.
24 재물은 오래가지 않고, 면류관은 대대로

성경 자세히 이해하기

절구와 공이

곡식을 공이로 찧어서 가루로 만드는 절구는 근동 지방에서 자주 사용되고 있습니다. 이 절구는 금속이나 나무, 혹은 돌로 만들었으며, 절굿공이는 길이가 약 150cm 정도였습니다. 때로는 하나의 절구에서 두 사람이 교대로 찧기도 하였습니다. 광야에서 이스라엘 백성들은 만나를 찧을 때 절구를 사용했습니다(민 11:8). 한편 고대 터키와 인도에서는 사람을 절구에 넣고, 죽을 때까지 찧는 형벌이 있었다고 합니다.

본문 보기 27장 22절

물려지지 않는다.
25 풀을 베면 다시 싹이 나니, 언덕 여기저
기에서 꼴을 얻을 수 있다.
26 양 떼는 옷 지을 털을 주고, 염소 떼는 밭
을 살 만한 돈을 준다.
27 염소 젖은 넉넉하여 너와 네 가족, 너의
여종들이 모두 먹고도 남을 것이다.

28 악인은 쫓는 자가 없어도 도망치
나, 의인은 사자처럼 담대하다.
2 나라가 부패하면 지도자가 자주 바뀌지
만, 슬기롭고 지혜로운 지도자는 나라를
안정시킨다.
3 가난한 자를 압제하는 권력자는 곡식을 낟
알 하나 남김없이 쓸어 가는 폭우와 같다.
4 법을 무시하는 자는 악인을 칭찬하나, 법
을 지키는 자는 악인들과 싸운다.
5 악한 사람들은 법을 무시하나, 여호와를
찾는 자들은 온전히 법을 지킨다.
6 흠없이 행동하는 가난뱅이가 행실이 비뚤
어진 부자보다 낫다.
7 법을 지키는 자는 분별이 있는 사람이지
만, 불량배의 친구는 아버지를 망신시킨
다.
8 고리대금으로 재산을 늘리는 자는 가난한
자에게 후히 베푸는 사람을 위해 재산을
늘릴 뿐이다.
9 법을 지키지 않는 자의 기도는 거짓된 기
도이다.
10 정직한 자를 미혹하는 자는 자신의 함정
에 빠질 것이나, 흠 없는 사람은 복을 받
는다.
11 부자는 스스로 지혜롭다고 여기지만, 명
철을 지닌 가난한 사람은 자신을 살핀다.
12 의인이 권력을 잡으면 나라가 잘 되지만,
악인이 권력을 잡으면 백성들이 모조리
피해 도망간다.
13 자기 죄를 숨기는 자는 형통하지 못할 것
이나, 죄를 자백하고 버리는 자는 긍휼을
얻을 것이다.
14 항상 여호와를 경외하는 사람은 복되지
만, 고집쟁이는 재난에 떨어진다.
15 힘 없는 백성을 압제하는 악한 권력자는
으르렁거리는 사자요, 굶주린 곰과 같다.
16 무식한 통치자는 압제만 일삼지만, 부정
한 소득을 미워하는 자는 장수할 것이다.
17 살인자는 죽을 때까지 피해 다녀야 한다.
아무도 그를 돕지 않을 것이다.
18 흠없이 행동하는 사람은 위험에서 보호받
으나, 그 행실이 비뚤어진 자는 졸지에 망
한다.
19 자기 논을 경작하는 자는 먹을 양식이 많
겠지만, 공상만 하는 자는 가난하게 될 것
이다.
20 성실한 사람은 크게 복을 받지만, 일확천금
을 노리는 자는 처벌을 면치 못할 것이다.
21 편애하는 것은 좋지 못하다. 사람은 빵 한
조각 때문에 범죄할 수 있다.
22 구두쇠는 부자 되기에 정신이 없어서, 가
난이 자기를 찾아올 줄 예상하지 못한다.
23 책망하는 사람이 아첨하는 사람보다 나중
에 더욱 귀히 여김을 받을 것이다.
24 부모의 물건을 훔치고도 죄가 아니라고
하는 자는 강도나 마찬가지이다.
25 탐심이 가득한 사람은 분쟁을 일으키지만,
여호와를 의지하는 자는 형통할 것이다.
26 자기를 믿는 자는 어리석지만, 지혜를 따
르는 사람은 구원을 얻을 것이다.
27 가난한 자에게 베푸는 사람은 부족함이
없겠고 가난한 자들을 못 본 체하는 자는
저주를 배로 받을 것이다.
28 악인이 권력을 잡으면 백성들이 숨지만,
악인이 망하면 의인은 번창한다.

29 자주 책망을 받으면서도 계속 고
집을 부리는 사람은 졸지에 망할
것이다. 아무런 구제책이 없다.
2 의인이 권력을 잡으면 백성이 기뻐하나,
악인이 권력을 휘두르면 백성이 신음한
다.
3 지혜를 사랑하는 자는 자기 아버지에게
기쁨을 주지만, 창녀와 사귀는 아들은 아

긍휼(28:13 pity) 가엾게 여김.
구제책(29:1 remedy) 어려운 처지에 있는 사람
을 도와 줄 수 있는 대책.

구두쇠는 부자가 되기에 정신이 없어서,
가난이 자기를 찾아올 줄 예상하지 못한다(28:22)

버지의 재산을 탕진한다.
4 공의로운 왕은 나라를 견고히 하나, 뇌물
을 좋아하는 왕은 나라를 망친다.
5 이웃에게 아첨하는 자는 그의 발 밑에 함
정을 파는 자이다.
6 악인의 죄는 스스로 올무에 걸리게 하지
만, 의인은 노래하며 기뻐한다.
7 의인은 가난한 사람의 인격을 존중하나,
악인은 인정사정이 없다.
8 거만한 자는 도시에 폭동을 일으키나, 지
혜로운 자는 화를 가라앉힌다.
9 지혜로운 사람과 미련한 사람이 재판을
하면, 미련한 자는 길길이 날뛰며 비웃고
잠잠하지 않는다.
10 피에 굶주린 자는 정직한 자를 미워하여
그의 생명을 노린다.
11 어리석은 자는 자기 분노를 드러내지만,
지혜로운 자는 절제한다.
12 통치자가 거짓말에 귀를 기울이면 그의
신하들이 모두 타락한다.
13 가난한 자와 압제자가 함께 살지만, 여호
와께서는 모두의 눈에 빛을 비추신다.
14 왕이 가난한 자를 공평하게 재판하면, 그
의 왕위가 영원히 견고할 것이다.
15 행실을 고치라고 후려치는 매는 지혜를
주지만, 멋대로 내버려 둔 아들은 어머니
를 망신시킨다.
16 악인이 권력을 잡으면 죄가 기승을 부리
지만, 의인은 반드시 그들이 망하는 것을
볼 것이다.
17 네 아들을 징계하여라. 그러면 그가 네게
평안을 줄 것이다. 그가 네 영혼에 기쁨
을 안겨 줄 것이다.
18 계시가 없으면 백성이 제멋대로 날뛰지
만, 율법을 지키는 자는 복이 있다.
19 말로만 하면 종은 절대로 행동을 고치지
않는다. 알면서도 행실을 고치지 않는다.
20 조급하게 말하는 사람을 보았는가? 미련
한 자가 그보다 더 희망이 있다.
21 종이 어리다고 곱게 다루면, 나중에는 자
식인 양 행동할 것이다.
22 노하는 자는 다툼을 일으키고, 성미가 조
급한 사람은 많은 죄를 짓게 된다.
23 사람이 교만하면 낮아지고, 마음이 겸손

하면 영예를 얻을 것이다.
24 만약 네가 도둑을 돕는다면, 스스로 자신
을 해치는 꼴이 될 것이며 법정에서 선서
를 하여도 증언할 말이 없을 것이다.
25 사람을 두려워하면 올무에 걸리지만, 여
호와를 신뢰하는 자는 안전할 것이다.
26 많은 사람이 통치자를 만나 아첨하고자
하나, 공정한 판결은 여호와께로부터 나
온다.
27 의로운 자들은 부정직한 사람을 미워하
나, 악인은 행실이 바른 자를 미워한다.

아굴이 쓴 지혜의 말

30 야게의 아들, 아굴의 교훈입니다.
아굴이 이디엘과 우갈에게 이 가르
침을 선포하였습니다.
2 나는 정말 짐승같이 무지한 사람이다. 나는
사람에게 있어야 할 총명을 갖지 못했다.
3 나는 지혜를 배우지 못했고, 거룩하신 분
을 아는 지식도 갖지 못했다.
4 누가 하늘에 올라갔다 내려왔던가? 누가
자기 손바닥에 바람을 모았던가? 누가 자
기 옷에 물을 댔던가? 누가 땅 끝을 만들
었던가? 그의 이름이 무엇이며, 그의 아들
의 이름은 무엇인가? 네가 알면 말해 다오.
5 모든 하나님의 말씀은 믿을 만하다. 그분
은 자기를 피난처로 삼는 자에게 방패가
되신다.
6 그분의 말씀에 다른 것을 더하지 마라. 그
분이 너를 책망하고 거짓말쟁이로 생각하
실까 두렵다.
7 내가 두 가지를 여호와께 구하였사오니,
내가 죽기 전에 이루어 주소서.
8 곧 허황한 거짓말을 내게서 멀리하여 주
시고, 가난도 부함도 허락하지 마시고,
오직 일용할 양식만 주소서.
9 그렇지 않으면, 내가 배불러서 "여호와께
서 누구인가?" 하고 당신을 부인할까 두
렵습니다. 아니면 내가 가난하여져서 도
둑질하고 내 하나님의 이름을 모욕할까
두렵습니다.
10 너는 종을 주인에게 고자질하지 마라. 그
가 너를 저주하면, 네가 처벌을 받을까 두
렵다.
11 자기 아버지를 저주하고 자기 어머니를
축복하지 않는 불효자식들이 있다.
12 자기 스스로 깨끗하다 여기고 자기 더러
움을 씻지 않는 자들도 있다.
13 아주 거만하여 그 눈꺼풀들이 치켜 올려
있는 자들이 있다.
14 앞니는 긴 칼 같고 어금니는 군인이 허리
에 찬 칼 같아서, 가난한 자를 땅에서 집
어삼켜 없애고, 궁핍한 자를 무시하는 자
들이 있다.
15 거머리에게는 두 딸이 있어, "주세요, 주
세요"라고 한다. 결코 만족을 모르는 서
너 가지가 있으니,*
16 곧 무덤과 아이 배지 못하는 태와 메마른
땅과 이글거리는 불이다.
17 아버지를 비웃고 어머니를 경멸하여 불순
종하는 자의 눈은, 골짜기의 까마귀에게
쪼이고 독수리에게 먹힐 것이다.
18 내가 이해하지 못할 기이한 것 서너 가지
가 있으니,*
19 곧 공중에서 독수리가 날아다니는 길과
바위에서 뱀이 기어다니는 길과 대해에서
항해하는 배의 항로와 젊은 여자와 동침
하며 지나간 남자의 길이다.
20 간음한 여자의 길도 이와 같으니 그녀는
죄를 짓고도 잘못한 것이 없다고 말한다.
21 세상을 뒤흔드는 서너 가지가 있으니,*
22 왕이 된 종과 배부른 바보와
23 사랑받지 못한 여인이 시집간 일과 여주
인을 대신한 여종이다.
24 아주 작지만 아주 지혜로운 것 네 가지가
세상에 있으니,
25 곧 힘이 없지만, 여름에 음식을 장만하는
개미와
26 힘이 없지만, 돌 틈에 집을 짓는 오소리*
와
27 왕이 없지만, 줄을 지어 행진하는 메뚜기
들과
28 손에 잡힐 것 같으면서도, 왕궁에 드나드
는 도마뱀이다.
29 위풍당당하게 걷는 것 서너 가지가 있으

니,*
30 동물의 왕으로서 어떤 것 앞에서도 물러서지 않는 사자와
31 꼬리를 치켜 세우는 수탉과 숫염소와 군대를 거느린 왕이다.
32 만일 네가 미련하여 스스로 높은 체하거나, 악한 생각을 품었다면, 손으로 네 입을 막아라.
33 우유를 저으면 버터가 되고, 코를 비틀면 코피가 나오듯, 화를 돋우면 싸움이 생긴다.

르무엘 왕이 쓴 지혜의 말

31 르무엘 왕*의 어머니가 그를 가르쳤던 말씀입니다.
2 오, 내 아들아, 오, 내 태에서 나온 내 아들아, 오, 내가 서원해서 얻은 내 아들아!
3 네 힘을 여자들에게 쏟지 마라. 왕을 멸망시킨 여자들에게 네 기력을 탕진하지 마라.
4 오, 르무엘아, 포도주를 마시는 것은 왕에게 합당하지 않다. 독주를 탐하는 것은 통치자에게 합당하지 않다.
5 술을 마시고 법을 망각하고 압제당하는 자들을 무자비하게 다룰까 두렵다.
6 독주는 죽게 된 자에게나 주고, 포도주는 근심하는 자나 마시게 하여라.
7 그것으로 잠시나마 그들의 고통을 잊게 하여라.
8 너는 스스로 자기 사정을 알리지 못하는 자들을 살펴 주고, 힘 없는 자들을 대변하여라.
9 공평하게 재판하여라. 가난한 자와 궁핍한 자의 권리를 변호해 주어라.

현숙한 여인

10 누가 현숙한 아내를 얻겠는가? 그녀는 비싼 진주에 비길 수 없이 귀하다.
11 그녀의 남편은 아내를 신뢰하여 아무런 부족함이 없을 것이다.
12 그녀는 평생 남편을 잘 되게 하고 결코 해를 끼치지 않는다.
13 그녀는 양털과 삼을 구하여 손을 부지런히 놀려 일하고
14 상선처럼 멀리서 양식을 구해 온다.
15 그녀는 이른 새벽에 일어나 가족의 밥상을 차려 주고 여종들에게 일감을 할당해 준다.
16 그녀는 밭을 잘 골라 사고, 손수 포도원을 가꾼다.
17 힘있게 허리띠를 묶고, 자기 할 일을 당차게 처리한다.
18 자기의 일이 유익한 것을 알고, 저녁에도 등불을 끄지 않는다.
19 손을 놀려 물레질을 하고, 베를 짜며,
20 팔을 벌려 가난한 자들을 돌보고 궁핍한 자에게 후히 베푼다.
21 온 식구는 눈이 와도 겁내지 않는다. 왜냐하면 가족 모두 따뜻한 옷*을 입었기 때문이다.
22 그녀는 침대를 위한 이불을 만들고, 세마포와 자색옷을 입는다.
23 그녀의 남편은 유명 인사가 되고, 고위 관리들과 함께 앉는다.
24 삼베옷을 만들어 팔고, 띠를 만들어 상인들에게 판다.
25 그녀는 힘있고 기품이 있다. 그녀는 미래를 계획하며 웃는다.
26 입을 열어 지혜를 가르치니, 그녀의 혀에는 진실한 가르침이 있다.

알아두세요

30:15 세 가지가 있고, '충분하다'고 절대로 말하지 않는 네 가지가 있으니
30:18 내게 너무 기이한 것 세 가지가 있고, 내가 이해하지 못하는 네 가지가 있으니
30:21 세 가지가 있고, 세상이 견딜 수 없는 네 가지가 있으니
30:26 '토끼', '바위너구리'라고도 한다.
30:29 세 가지가 있고, 아주 당당하게 움직이는 네 가지가 있으니
31:1 '맛사의 왕 르무엘'이라고도 한다.
31:21 개역 성경에는 '홍색옷'이라고 표기되어 있다.

태(30:16 womb) 뱃속의 아기를 싸고 있는 태반과 탯줄의 총칭. 아기집.
항로(30:19 route of a ship) 배가 다니는 바닷길을 이르는 말이다.

27 집안일을 자상히 보살피고, 태만하게 밥
을 먹는 일이 없다.
28 그녀의 아들들은 그녀를 축복하고 남편
역시 그녀를 칭찬한다.
29 "뛰어난 여자들이 많지만 당신이 최고
요."
30 매력도 헛되고, 아름다움도 허무하나, 여
호와를 경외하는 자는 칭송을 받을 것이
다.
31 그녀가 행한 일이 보상을 받고, 모든 사
람들이 그녀를 칭송할 것이다.

믿음을 키워 주는 이야기

앤 설리번의 변화

어느 정신 병동에 한 소녀가 격리 수용돼 있었습니다. 이 소녀는 정신병이 너무 심해서 사람들이 다가오면 고함을 지르며 거친 욕설을 퍼붓고 사납게 공격을 했습니다. 의사들은 소녀의 회복이 불가능하다고 판단하고 독방에 수용했으며 소녀의 부모도 더 이상 딸의 회복을 기대하지 않았습니다. 소녀는 온종일 독방에서 지냈습니다.

어느 은퇴한 늙은 간호사가 이 소녀에게 사랑을 쏟기 시작했습니다. 소녀는 먹을 것을 주면 집어던졌고 말을 건네면 침묵했지만 늙은 간호사는 6개월 동안 끊임없이 사랑과 관심을 보였습니다. 결국 간호사의 지극한 사랑으로 소녀는 마음이 열리기 시작했고 간호사의 사랑을 받아들였습니다. 소녀의 정신병은 완전히 치유되었습니다.

이 소녀의 이름은 '앤 설리번' 입니다. '앤 설리번' 은 성인이 되어서는 어려운 사람들을 돕는 생활을 하였습니다. '헬렌 켈러' 도 설리번의 교육으로 세계적인 인물이 될 수 있었습니다.

전 도 서

Ecclesiastes

저자

저자는 자신을 "다윗의 아들"(1:1)이며, "이스라엘의 왕"(1:12)이 된 사람이라고 소개한다. 이는 솔로몬을 가리킨다.

저작 연대

B.C. 935년경

주요 인물

솔로몬

핵심어 및 주요 내용

핵심어는 "헛되다"와 "야망"이다. 하나님이 우리와 함께 하시지 않는다면, 우리들이 하는 모든 일들은 아무런 의미가 없다. 모든 것은 헛되고 공허하며 소망이 없다. 우리가 만약 이 세상에서 만족을 누리려는 것을 인생의 목표로 삼는다면 우리는 계속해서 좌절하고 낙망할 수밖에 없을 것이다.

내용 소개

1. 머리말(1:1-11)
2. 인간 업적의 헛됨(1:12-6:9)
3. 인간 지혜의 헛됨(6:10-12:8)
4. 결론(12:9-12:14)

이 세상 모든 것은 헛되다

1 다윗의 아들로 예루살렘에서 이스라엘의
왕으로 있었던 설교자*가 한 말입니다.
2 설교자가 말합니다. 인생은 정말 허무하고
허무하다. 세상 만사가 너무 허무하다!
3 사람이 해 아래서 일하는 모든 수고가 무
슨 유익이 있는가?
4 한 세대가 가고, 다른 세대가 오지만, 땅
은 영원히 변하지 않는다.
5 해는 떴다가 지고, 다시 떠오르기 위해 그
떴던 곳으로 급히 돌아가는구나.
6 바람은 남쪽으로 분다 싶더니, 다시 북쪽
으로 향하고, 다시 이리저리 돌아 제자리
로 돌아간다.
7 강들은 모두 바다로 흘러들지만, 바다는
결코 넘치는 법이 없다. 강물도 다시 돌
고 돌아 제자리로 돌아간다.
8 세상 만사 말로 다 할 수 없이 피곤하니,
눈은 보고 또 보아도 만족하지 않고, 귀
는 듣고 또 들어도 채워지지 않는다.
9 이미 있던 것들이 다시 생기고, 사람들은
전에 했던 일들을 다시 한다. 해 아래 새
로운 것이 없다.
10 누가 "보라, 여기 새것이 있다"라고 말할
수 있겠는가? 그것은 이미 오래 전에 있
었던 것이며, 우리가 나기 전에 이미 존
재하던 것일 뿐이다.
11 이전 사람들이 기억에서 사라지는 것처
럼, 이제 태어날 사람들 역시 기억에서 사
라질 것이다.

지혜도 헛되다

12 나 설교자는 예루살렘에서 이스라엘의 왕
이었다.
13 나는 하늘 아래서 일어나는 모든 일들을 지
혜로써 연구하고 깊이 생각하기로 작정했
다. 하나님께서 사람들에게 얼마나 무거운
짐을 지워 주셨는지 알게 되니 괴로웠다.
14 내가 해 아래서 되어지는 모든 일들을 살
펴보니, 그 모두가 마치 바람을 잡으려고
하는 것처럼 허무하였다.
15 구부러진 것을 곧게 할 수 없고, 부족한
것은 너무 많아서 헤아릴 수가 없다.
16 나는 스스로 말하였다. "예루살렘에서 왕
노릇 한 사람치고 나보다 지혜와 지식을
크게 깨친 자는 없을 것이다."
17 나는 지혜가 무엇이며, 미친 짓과 어리석

알아두세요

1:1 이는 (히)'코헬렛'으로, 개역 성경에는 '전도자'라고 표기되어 있다.

음이 무엇인지를 알고자 생각해 보았으나
이것 역시 바람을 잡는 일과 같다는 결론
을 내렸다.
18 지혜가 많으면 괴로움도 많고, 지식을 쌓
으면 그만큼 고통도 늘어난다.

쾌락도 헛되다

2 나는 스스로 말하였다. "이제 내가 시
험적으로 마음껏 즐기리니 쾌락이 무
엇인지 알아보자." 그러나 그것 역시 허
무한 일일 뿐이었다.
2 내가 웃음을 생각해 보니 그것도 미친 짓
이었다. 즐기는 것에서 무슨 보람을 얻을
수 있겠는가?
3 이번에는, 내 마음으로는 여전히 지혜를
찾으면서 술을 잔뜩 마셔 보기로 했다. 나
는 사람이 하늘 아래서 잠시 사는 동안 무
엇이 정말 보람된 일인지를 알아보기 원
했던 것이다.

모든 수고도 헛되다

4 나는 큰 사업들을 이루었다. 대궐들을 전
축하고, 포도원도 만들었다.
5 나를 위해 동산과 공원을 만들고, 그 안
에 온갖 과일 나무를 심었으며,
6 심은 나무들이 푸른 숲을 이루도록 연못
을 파서 물을 대었다.
7 남종과 여종을 샀고, 집에서 태어난 종들
도 있었다. 소 떼와 양 떼도 예루살렘에
살았던 그 누구보다도 많았다.
8 금은보화, 왕의 보물들, 그리고 여러 지
방의 진귀한 물건들을 대량으로 모아들였
다. 남녀 가수들은 물론 남자들이 좋아하
는 첩도 많이 두었다.
9 나는 전에 있던 예루살렘의 그 누구보다도
위대하게 되었고 지혜도 늘 나와 함께 있
었다.
10 나는 내 눈이 원하는 것이라면 무엇이든
거절하지 않았다. 그 어떤 쾌락도 사양하
지 않았다. 나는 이 모든 일들로 인하여
기쁨을 누렸고, 이것은 내 모든 수고의 보
상이었다.
11 그런데 내 손이 한 일과 노력한 수고를 돌
이켜보니, 모든 것이 바람을 잡는 것처럼
허무했다. 해 아래서 도대체 무슨 보람을
얻겠는가?

모든 인간의 운명이 헛되다

12 나는 다시 지혜와 미친 짓, 우둔함이 무
엇인지 깨치려고 작정했으나, 왕위를 계
승하는 자는 이미 되어진 일 외에는 달리
어떤 일도 하지 않는다는 것을 알았다.
13 빛이 어둠보다 나은 것과 같이 지혜가 우
둔함보다 낫다.
14 현명한 사람은 자기 앞을 보고 어리석은
사람은 어둠 가운데서 살지만 내가 깨닫
고 보니, 둘 다 결국은 같은 운명이었다.
15 그래서 나는 스스로 말하였다. "어리석은
자의 운명을 나도 당할 것인데, 내가 지
혜롭게 살아도 아무 소용 없으니 이것 역
시 허무하다."
16 지혜로운 자도 어리석은 자처럼 오래 기
억되지 못하고, 조만간 둘 다 잊혀지고 말
것이다. 어리석은 사람처럼 지혜로운 사
람도 역시 죽어야 할 운명일 뿐이다.

성경 자세히 이해하기

인생의 헛됨과 지혜

솔로몬은 사람들이 최고라고 여기는 것들을 모두 소유하고 누린 사람입니다. 전도서는 그런 그가 인생에서 허무와 좌절을 맛본 후 다시금 하나님께 돌아와 겸손히 털어놓는 자기 고백입니다. 그는 인간의 지혜(전 1:9-10), 인간의 수고(전 2:22-23), 인간의 목적(전 2:26), 인간의 성공(전 4:4), 인간의 욕심(전 4:8), 인간의 명성(전 4:16), 인간의 부(전 5:10-11) 등 모든 것이 헛되다는 것을 알았습니다. 그래서 그는 이미 헛된 것으로 드러난 것들을 추구하는 것은 젊음을 허비하는 것이요, 창조주 하나님을 경외하고 그분의 명령을 지키는 것이 인생의 참지혜라고 말합니다.

본문 보기 1장

알아두세요

2:25 70인역에는 다음과 같다. "누가 그분을 떠나 먹고 즐기는 일을 할 수 있을까?"

인생의 진정한 행복은 어디에 있는가?

17 그래서 나는 산다는 것이 싫어졌다. 왜냐하면 해 아래서 되어지는 일이 내게 슬픔만 주고 모든 것이 바람을 잡으려는 듯 허무하기 때문이다.
18 정말, 해 아래서 내가 수고했던 모든 일들을 내 후대에게 물려주어야 한다고 생각하니 이 모든 일이 싫어졌다.
19 그 사람이 지혜로울지, 어리석을지 누가 알까? 나의 후계자도 내가 수고하고 노력했던 모든 일을 자기 마음대로 할 것이니 이것도 허무하다.
20 그래서 나는 내가 했던 모든 수고에 실망했다.
21 사람이 지혜와 지식과 재주를 가지고 자기 일을 하지만, 결국 그 모든 것을 수고하지 않은 다른 사람에게 물려주어야 하니, 이것 역시 허무하고 크게 잘못되었다.
22 사람의 모든 수고와 마음의 염려로 얻는 것이 무엇인가?
23 날이면 날마다 일하는 수고는 괴로움뿐이며, 밤이라고 마음 편히 쉴 수도 없으니 이것도 허무한 일이다.
24 사람에게 먹고, 마시고, 자기 일에 만족하는 것 이상으로 좋은 일은 다시 없다. 내가 보니, 이것 역시 하나님의 손이 정하신 대로다.
25 누가 나보다 먹고 즐기는 일에 나은 자가 있을까?*
26 하나님께서 보시기에 좋은 사람에게는 지혜와 지식과 행복을 주시지만, 죄인에게는 수고를 주신다. 그리고 하나님을 기쁘시게 하는 사람에게 죄인이 쌓은 부를 주도록 하신다. 이것 역시 바람을 잡는 것처럼 허무하다.

모든 일에는 때가 있다

3 하늘 아래 모든 일에는 정한 때가 있고, 시기가 있는 법이다.
2 날 때가 있고, 죽을 때가 있고, 심을 때가 있고, 심은 것을 뽑을 때가 있다.
3 죽일 때가 있고, 고칠 때가 있고, 허물 때가 있고, 건축할 때가 있다.
4 울 때와 웃을 때가 있고, 슬퍼할 때와 춤출 때가 있다.
5 돌을 던져 버릴 때가 있고, 돌들을 모을 때가 있고, 껴안을 때가 있고, 그것을 멀리할 때가 있다.
6 찾을 때가 있고, 포기할 때가 있고, 간직할 때가 있고, 버릴 때가 있다.
7 찢어 버릴 때가 있고, 수선할 때가 있고, 침묵해야 할 때가 있고, 말해야 할 때가 있다.
8 사랑할 때가 있고, 미워할 때가 있고, 전쟁할 때가 있고, 화평할 때가 있다.

하나님께서 모든 세상을 다스리신다

9 일한 사람이 자기의 수고로 얻는 것이 무

모든 수고가 헛되다(2:4-11)

엇인가?
10 나는 하나님께서 사람들에게 지워 주신
짐을 보았다.
11 하나님은 모든 것을 제때에 아름답게 지
으셨고 사람의 마음에 영원의 감각을 주
셨지만, 하나님께서 처음부터 마지막까지
행하실 일은 다 깨달을 수가 없다.
12 내가 알기에, 살아 생전에 행복하고 선을
행하는 일보다 더 좋은 일은 없다.
13 이처럼 하나님의 선물은 사람마다 먹고,
마시고, 자기의 수고에서 만족을 느끼는
것이다.
14 하나님께서 무엇을 하시든지 그것은 영원
하다. 그것에 아무것도 더하거나 뺄 수가
없으니 하나님께서 그렇게 하신 것은 사람
들이 그분을 경외하도록 하기 위함이다.
15 지금 있는 것은 이전에도 있었고, 장차 있
게 될 것도 이미 있었던 것이다. 하나님
은 지난 것을 다시 찾으신다.

사악이 만연한 세상

16 다시 해 아래서 살펴보니, 공의가 있어야
할 자리에 불의가 있고, 정의가 있어야 할
자리에 악이 있었다.
17 나는 혼자 이런 생각을 하였다. '하나님은
의인과 악인 모두를 심판하실 것이다. 왜
냐하면 모든 일과 모든 활동에 때가 있기
때문이다.'
18 나는 사람에 관하여 스스로 말하였다.
"사람이 짐승과 마찬가지라는 사실을 깨
닫도록 하나님은 사람을 시험하신다.
19 사람의 운명과 짐승의 운명은 비슷하다.
사람이 죽는 것처럼 짐승도 죽으므로, 사
람이나 짐승이나 호흡은 동일하다. 이렇
게 모든 것이 헛되니 사람이 짐승보다 나
은 것이 무엇인가?
20 모두가 흙에서 와서 흙으로 돌아가듯, 다
같은 곳으로 돌아간다.
21 사람의 영은 위로 올라가고, 짐승의 영은
땅으로 내려가는 것을 누가 알겠는가?"
22 내가 살펴보니, 사람이 자기 일을 즐기는
것보다 나은 것이 없다. 그것은 그의 몫
이기 때문이며, 그에게 죽은 다음에 일어
날 일을 보여 줄 사람이 없기 때문이다.

학대

4 내가 다시 살펴보니, 해 아래서 온갖
학대가 자행되고 있었다. 학대하는 자
들에게 권세가 있으니 학대당하는 자들의
눈물을 위로하는 사람이 없구나.
2 그래서 나는 말했다. "죽은 자가 살아 있
는 사람보다 행복하다!"
3 그러나 아예 세상에 나지 아니하여, 해 아
래서 행해지는 악을 보지 않은 자가 이 둘

도와 줄 친구가 있는 사람은 행복하다(4:10)

보다 더 낫다.

헛된 수고

4 또 살펴보니, 모든 수고와 성취는 이웃에
대한 시기심에서 발생하였다. 이것 역시
바람을 잡으려는 것처럼 허무한 일이다.
5 어리석은 자는 팔짱끼고 지내다 굶어 죽
는다고 하지만,
6 바람을 잡고자 두 손 벌려 수고하는 것보
다는 한 줌으로 만족함이 더 낫다.
7 내가 살펴보니, 해 아래 허무한 것이 또
있었다.
8 어떤 사람은 아들이나 형제도 없는 외톨이
지만, 끝없이 수고하며, 자기 재산에 만족
할 줄을 모른다. 그는 말한다. "내가 누굴
위해 이렇게 수고를 하지? 왜 나는 즐기지
못하는 걸까?" 이것 역시 허무한 일이다.

친구의 가치

9 왜냐하면 두 사람이 한 사람보다 나은 것
은 두 사람이 힘을 합치면 더 큰 일을 할
수 있기 때문이다.
10 한 사람이 넘어지면 다른 사람이 일으켜
준다. 그렇지만 넘어져도 일으켜 줄 사람
이 없는 사람은 불쌍하다.
11 둘이 함께 누우면 따뜻해진다. 하지만 혼
자라면 어떻게 따뜻해질 수 있을까?
12 혼자서는 원수에게 패하더라도, 둘이라면
능히 방어할 수 있다. 세 겹으로 꼰 줄은
쉽게 끊어지지 않는 법이다.

출세와 권력도 헛되다

13 충고를 싫어하는 나이 많고 어리석은 왕보
다는, 가난하지만 지혜로운 소년이 더 낫다.
14 나는 그런 젊은이가 왕이 되는 것을 보았
다. 그는 가난한 집에서 태어났고, 감옥
에도 간 적이 있었지만,
15 모든 사람들이 왕이 된 그를 따랐다.
16 그러나 그가 다스리는 무리가 수도 없이
많았지만 이후의 세대는 아무도 그를 좋
아하지 않았다. 이것 역시 허무한 일이
요, 바람을 잡는 것이다.

약속을 신중히 하여라

5 하나님의 집에 예배하러 들어갈 때에
발걸음을 조심하여라. 형식적으로 예배
드리는 어리석은 자보다 말씀을 듣기 위해
조용히 나아가는 자가 더 낫다. 어리석은
자들은 악을 행하면서도 알지 못한다.
2 하나님 앞에서 함부로 입을 놀리지 마라.
조급한 생각으로 무엇을 말하지 마라. 하
나님은 하늘에 계시고 너는 땅에 있으니,
너는 말을 적게 하여라.
3 걱정이 많으면 꿈자리가 사납고, 말이 많
으면 어리석은 소리를 한다.
4 하나님께 약속했거든, 신속히 이행하여
라. 하나님은 어리석은 자들을 기뻐하지
않으시니, 너는 약속을 지켜라.
5 약속을 하고 지키지 않는 것보다는 약속
을 하지 않는 것이 낫다.
6 네 입술로 죄짓지 마라. 하나님의 사자에
게 "내 약속은 실수였습니다"라고 말하지
마라. 하나님께서 화내실 만한 말을 하
여, 그분이 네 손의 수고를 망치게 할 이
유가 무엇이냐?
7 꿈이 많고 말이 많은 것도 허무하니 하나
님을 경외하여라.

관리가 감독한다

8 만일 가난한 자가 학대를 당하고, 정의와
인권이 무시되는 것을 보거든, 그런 일들
에 대해 놀라지 마라. 왜냐하면 그것을 처
리할 관리가 있고, 이들 위에는 더 높은
고위 관리가 있기 때문이다.
9 땅의 산물은 모두를 위한 것이다. 왕도 들
판에서 나는 곡식을 먹는다.

부자도 행복을 사지 못한다

10 돈을 사랑하는 사람치고 돈에 만족하는
이가 없고, 재물을 사랑하는 사람치고 자
기 수입에 만족하는 이가 없다. 이것 역
시 허무한 일이다.
11 재산이 불어나면, 식솔도 많아지는 법이
거늘, 주인이 재산을 바라보며 즐기는 일
외에 그가 얻는 유익은 무엇인가?
12 노동자는 적게 먹든지 많이 먹든지 잠이
달콤하지만, 부자는 재물이 많으므로 걱
정 때문에 잠을 이루지 못한다.
13 내가 살펴보니, 해 아래 큰 재앙이 있는
데, 그것은 재물이 그것을 축적한 자에게

해를 끼친다는 것이다.
14 투자를 잘못하여 재산을 날려 버리니, 그
아들에게는 한 푼도 돌아가지 않는다.
15 우리는 태에서 알몸으로 나올 때처럼, 알
몸으로 돌아간다. 손으로 수고한 그 어떤
것도 지니고 가지 않는다.
16 이것 역시 큰 재앙이다. 사람은 세상에 태
어난 모습 그대로 돌아간다. 그렇다면,
바람을 위해 수고한 것이 아닌가? 도대체
무슨 유익이 있는가?
17 사람은 평생 근심 중에 식사를 하고, 크
게 좌절하고, 병들고, 분노한다.

자기 일을 즐겨라

18 내가 관찰해 보니, 하나님께서 주신 자신의
생애 동안 먹고, 마시며, 자신이 하는 일에
서 보람을 느끼는 것이 행복이요, 적절한
일이다. 그것이 인생의 몫이기 때문이다.
19 하나님께서 재산과 부를 주시고, 또 그것
들을 누리게 해 주실 때, 자기 몫을 받아
서 자기 하는 일에 즐거워하는 것이 바로
하나님의 선물이다.
20 사람은 자기 삶을 심각하게 생각할 겨를이
없다. 왜냐하면 하나님께서 그의 인생이
즐거움에 빠지도록 만드시기 때문이다.

6 나는 사람들 가운데 흔히 일어나는 또
다른 악을 보았다.
2 하나님께서 어떤 사람에게는 부와 재산,
영예를 모두 주셔서 더 바랄 것이 없게 하
셨지만, 동시에 그가 이 모든 것을 누리
지 못하도록 하시며, 타인이 대신 누리게
하신다는 것이다. 이것 역시 허무한 일,
큰 재앙이 아닌가?
3 사람이 자녀를 백 명이나 낳고 장수한다고
하자. 제아무리 그가 오래 산다 하여도 그
마음이 행복을 찾지 못하고, 죽어서 매장
되지 못한다면, 나는 "차라리 낙태된 아기
가 그 사람보다 낫다"라고 말하겠다.
4 사산아는 허무하게 왔다가 어둠 속으로 사라
지고, 그 이름조차 어둠 속에 묻히고 만다.
5 사산아가 비록 햇빛도 보지 못하고, 아무
것도 알지 못한다 하더라도 그 사람보다
더 많은 안식을 누린다.
6 설령 그 사람이 천 년의 두 배를 산다 할
지라도, 행복을 맛보지 못한다면 둘 다 같
은 곳으로 가는 것이 아닌가?
7 사람의 모든 수고가 다 먹기 위함이지만
그 식욕은 만족할 줄을 모른다.
8 지혜자가 어리석은 자보다 나은 것이 무
엇인가? 가난한 사람이 타인 앞에서 예절
바르게 행동한다고 하자. 그렇다고 해서,
그가 얻을 유익이 무엇인가?
9 두 눈으로 보는 것이 마음의 공상보다 낫
다. 그렇지만 이것 역시 허무하여 바람을
잡는 것과 같다.

누가 하나님의 계획을 알 수 있을까?

10 지금 존재하고 있는 것은 이미 오래 전부
터 이름을 가지고 있다. 사람이 무엇인지
도 알려져 있다. 그러나 사람은 자기보다
강한 자와 다투는 일을 할 수 없다.
11 말을 많이 할수록 허무함도 더해진다면,
말을 많이 하는 것이 사람에게 무슨 유익
이 있겠는가?
12 그림자와 같이 허무한 며칠을 사는 인생
중 삶의 최선이 무엇인지 아는 자가 누구
일까? 사람이 죽은 후, 해 아래서 무엇이
일어날지 누가 그에게 말해 줄 수 있을까?

지혜

7 좋은 이름이 값진 향수보다 낫고, 죽는
날이 태어나는 날보다 낫다.
2 초상집에 가는 것이 잔칫집에 가는 것보
다 낫다. 이는 모든 사람이 죽을 것이기
때문이다. 살아 있는 사람은 이것을 명심
해야 한다.
3 또한 슬픔이 웃음보다 낫다. 왜냐하면 슬
픈 안색이 마음에는 약이기 때문이다.
4 지혜자의 마음은 죽을 때를 생각하지만,
어리석은 자들은 즐길 생각만 한다.
5 지혜자의 꾸지람을 듣는 것이 어리석은
자들의 칭송을 받는 것보다 낫다.
6 어리석은 자들의 웃음소리는 가마솥을 달
구는 가시나무 타는 소리와 같다. 이것 역
시 허무하다.
7 탐욕이 지혜로운 자를 어리석게 만들고
뇌물이 그 마음을 어둡게 한다.

8 일의 끝이 시작보다 낫고, 인내가 마음의 교만보다 낫다.
9 네 급한 마음으로 화내지 마라. 왜냐하면 화는 어리석은 자의 품 속에 머물기 때문이다.
10 "옛날이 지금보다 훨씬 좋은 것은 웬일이죠?"라고 말하지 마라. 그런 질문은 어리석다.
11 지혜는 재산처럼 좋은 것이고, 해 아래 사는 사람에게 혜택을 준다.
12 지혜도 사람을 보호하고 돈도 사람을 보호해 주지만, 지혜가 돈보다 나은 것은 생명을 주기 때문이다.
13 하나님께서 하시는 일을 살펴보아라. 그가 굽게 하신 것을 누가 바르게 할 수 있을까?
14 형통한 날에는 기뻐하고, 재앙의 날에는 살펴보아라. 이 모든 날들은 하나님께서 만드신 것이다. 그래서 사람들은 자기 미래를 알지 못한다.

진정으로 선하기는 어렵다

15 나는 내 허무한 인생을 살면서 이런저런 일을 다 보았다. 의로운 생활을 하면서도 망하는 의인이 있는가 하면, 죄악된 생활을 하면서도 오래 사는 악인이 있다.
16 지나치게 의로운 체하지 말고, 지나치게 지혜로운 체하지 마라. 그러다가 망할 필요는 없지 않은가?
17 지나치게 악하게 굴지 마라. 어리석은 자처럼 굴지도 마라. 어찌하여 제 수명을 다 채우지도 못하고 죽으려 하는가?
18 이것도 잡고, 저것도 놓지 않는 것이 좋다. 하나님을 경외하는 자는 이 모든 극단을 피할 것이다.
19 지혜가 주는 힘은 한 성을 지키는 열 장군의 힘보다 강하다.
20 제아무리 의롭다 해도, 죄짓지 않는 사람은 세상에 없다.
21 누가 뭐라 하건, 모두 알려고 하지 마라. 그러다가 네 종이 너를 저주하는 말까지 들을까 두렵다.
22 너도 알다시피, 때로는 너도 남을 저주하지 않았느냐?
23 이 모든 것을 알고자 나는 지혜를 써서 시험하였다. '정말 지혜롭게 행동해야지' 라고 했지만, 그렇게 하기는 어려웠다.
24 세상 일을 알기란 너무나 어렵고, 이해하는 것 역시 곤란하다. 누가 과연 이를 다 알 수 있으랴?
25 나는 거듭 마음에 작정하고 지혜와 세상 이치를 깨닫고자 공부하고, 탐구하고, 연구하였다. 그리고 악하게 사는 일이 어리석고, 어리석음이 미친 짓임을 알았다.
26 내가 깨우친 것은, 마음이 함정과 그물 같고, 그 손이 사슬과 같은 여인은 죽음보다 무섭다는 것이다. 하나님을 기쁘시게 하는 사람은 그 여인을 피하나, 죄인은 그녀의 함정에 걸리고 만다.
27 설교자가 말한다. "자, 이것이 내가 깨우친 것이다. 이것저것을 살펴 전부를 깨치고자 하였다.
28 지금도 찾고 있지만 아직까지 완전히 깨치지는 못하였다. 천 명의 남자들 중에서 의로운 사람 한 명을 찾았으나, 여인들 중에서는 한 명도 찾지 못하였다.
29 내가 깨우친 한 가지는 하나님께서 사람을 정직하게 만드셨지만, 사람들이 많은 꾀를 찾았다는 것이다."

왕에게 복종하여라

8 누가 지혜로운 사람인가? 누가 사물의 이치를 깨우쳤는가? 지혜는 사람의 안색을 밝게 하여 찡그린 얼굴을 바꾸어 준다.
2 하나님 앞에서 맹세했다면, 왕의 명령에 순종하여라.
3 왕은 자기 마음대로 하는 자이니, 왕 앞에서 경솔하게 물러나지 말고 무례한 일

가시나무(7:6)

전

은 주장하지 마라.
4 왕의 말은 절대적이니, 누가 감히 그에게
"당신이 무엇을 합니까?"라고 하겠는가?
5 그의 명령을 지키는 자는 해를 입지 않을
것이다. 지혜로운 마음은 적절한 때와 절
차를 알고 처신한다.
6 비록 재앙이 덮쳐 무겁게 누른다 하더라
도, 세상 만사에는 적절한 때와 절차가 있
는 법이다.
7 사람이 미래를 알지 못하니, 장차 될 일
을 누가 사람에게 말할 것인가?
8 바람을 붙잡아 둘 사람이 아무도 없듯이,
자기 죽을 날을 마음대로 정할 수 있는 사
람은 없다. 누구도 전쟁에서 자유로울 수
없듯이 악을 행하는 사람은 처벌을 피할
수 없다.

정의, 보상, 처벌

9 해 아래 되어지는 이 모든 일들에 내 마
음을 쏟아, 이 모든 것들을 살펴보았다.
사람들은 타인을 조종하려고 하다가, 스
스로 화를 자초하는 때가 있다.
10 그런데 나는 악인들이 묻히는 것을 보았
다. 그들은 한때 성소에 드나들었던 자들
이다. 그들은 성읍에서 악행을 하곤 했으
나 사람들은 그들을 칭송하였다. 이것 역
시 허무한 일이다.
11 악한 일을 해도 당장 처벌을 받지 않기 때
문에, 사람들은 죄를 짓고자 하는 마음을
갖게 된다.
12 악인은 백 번이나 죄를 짓고도 장수할 수
있다. 그러나 내가 알기에, 하나님을 경
외하고 하나님 앞에서 그분을 섬기는 사
람들이 잘 될 것이다.
13 왜냐하면 악인은 하나님을 섬기지 않기
때문에, 형통할 수 없고, 그들의 날은 그
림자처럼 오래갈 수 없을 것이다.
14 세상에서 일어나는 일 중에 또 다른 허무
한 일이 있다. 그것은 악인이 받아야 할
처벌을 의인이 받고, 의인이 받아야 마땅
한 보상을 악인이 받는 것이다. 이것 역
시, 내가 보기에 허무한 일이다.
15 이러므로 나는 삶을 즐기라고 권하고 싶
다. 왜냐하면 해 아래서 먹고, 마시고, 만
족하는 것보다 더 나은 것이 없기 때문이
며, 하나님께서 그에게 주신 전 생애 동
안 기쁨이 있을 것이기 때문이다.

사람은 세상 일을 다 깨닫지 못한다

16 내가 지혜를 얻고, 사람들의 수고를 알고
자 작정했을 때, 나는 밤낮 잠을 이루지
못하였다.
17 나는 하나님께서 하시는 모든 일을 살펴
보았다. 그러나 그 누구도 해 아래서 되
어지는 것을 다 깨달을 수는 없다. 사람
이 제아무리 깨우치려고 노력해도, 그 의
미를 발견하는 것은 어렵다. 혹 지혜로운
사람이 안다고 말할지 모르지만, 사실 안
다고 할 수 없다.

같은 운명에 처해 있는 인간

9 내가 이 모든 것을 마음으로 생각하여
탐구해 본 결과, 의인이나 지혜로운 사
람이나, 그들이 하는 일은 모두 하나님의
손 안에 있다는 것을 알았다. 그러나 아
무도 자기를 기다리는 것이 사랑인지, 미
움인지 알지 못한다.
2 모든 사람은 공통의 운명을 갖는다. 의인
이나 악인이나, 선인이나 강도나, 깨끗한
자나 더러운 자나, 예배를 드리는 자나 드
리지 않는 자나 모두 마찬가지이다. 선인
에게 임하는 일이나 죄인에게 임하는 일
이나, 맹세하는 자나 두려워 맹세하지 못
하는 자나 일반이다.
3 모든 사람이 다 같은 운명에 떨어진다는
것은 악한 일이다. 이로 인해 사람의 마
음은 악으로 가득하고, 사는 동안 미친 짓
을 생각하다, 결국은 죽고 만다.
4 그러나 "살아 있는 개가 죽은 사자보다 낫
다"라는 말처럼 살아 있는 사람에게는 소
망이 있다.
5 왜냐하면 산 사람은 자신들이 죽을 것을
알지만, 죽은 사람은 아무것도 모르며,
아무런 보상도 없고, 그들에 대한 기억도
잊혀지고 말기 때문이다.
6 죽은 사람은 사랑과 미움, 시기하는 일을
오래 전에 그치고, 해 아래서 일어나는 어

떤 일에도 다시는 참여할 수 없다.

살아 있는 동안 생을 즐겨라

7 그러니 너는 가서 즐겁게 먹고, 기쁜 마
음으로 네 포도주를 마셔라. 왜냐하면 이
미 하나님께서 네가 하는 일을 인정하셨
기 때문이다.
8 언제나 흰 옷을 말끔하게 차려 입고, 머
리에는 기름을 발라라.
9 하나님께서 주신 이 허무한 생애 동안, 네
가 사랑하는 네 아내와 생을 즐겨라. 이것
이 네 삶의 몫이요, 네 수고의 보상이다.
10 네 손이 발견하는 것이 무엇이든, 힘을 다
해 일하라. 왜냐하면 네가 장차 들어갈 무
덤에서는 일하는 것도, 계획하는 것도,
지식도, 지혜도 없기 때문이다.

때와 기회

11 내가 세상을 살펴보니, 발이 빠른 자라고
해서 경주에서 이기는 것이 아니며, 강한
자라고 해서 전쟁에서 이기는 것도 아니
다. 지혜자라고 해서 음식이 생기는 것도
아니고, 슬기롭다고 해서 재물이 더해지는
것도 아니며, 재주가 있다고 해서 은총을
얻는 것도 아니다. 이는 모든 이에게 때와
기회가 동일하게 찾아오기 때문이다.
12 아무도 자기 때를 알지 못한다. 물고기가
무자비한 그물에 걸리고 새가 덫에 걸리
듯, 사람 역시 자기에게 닥치는 예기치 못
한 불운의 덫에 걸릴 때가 있다.

때로 지혜가 무시되기도 한다

13 또 내가 세상을 살펴보다가, 인상 깊게 받
은 지혜가 있는데, 이는 다음과 같다.
14 어떤 작은 성에 적은 수의 사람들이 살고
있었다. 그런데 한번은 어떤 강한 왕이 공
격하여, 그 도성을 포위하고 거대한 공격
용 탑을 설치하였다.
15 그 때에 그 도성에는 가난하지만 지혜로
운 사람이 살고 있었는데, 바로 그 사람
이 그의 지혜로 그 도성을 구원하였다. 그
런데도 이 가난한 사람을 기억해 주는 사
람은 없었다.
16 "지혜가 무력보다 강하다"고 내가 늘 말했
지만, 그 가난한 사람의 지혜는 무시되었
고, 더 이상 이것을 들으려 하지 않았다.
17 조용히 들리는 지혜자의 가르침이 어리석
은 통치자들의 외침보다 훨씬 낫다.
18 지혜는 무기보다 낫지만, 한 사람의 죄인
이 다수의 행복을 파괴하고 만다.

10 죽은 파리들이 향수에서 악취가 나
게 하듯, 조그만 어리석음이 지혜와
영예를 더럽히고 만다.
2 지혜자의 마음은 옳은 곳으로 향하지만,
어리석은 자의 마음은 그릇된 곳으로 향
한다.
3 어리석은 자는 길을 걸을 때에도, 지혜가 모
자라 자신의 우둔함을 모두에게 드러낸다.
4 통치자가 네게 화를 낸다 해도, 네 자리
를 떠나지 마라. 왜냐하면 침착하기만 하
면 큰 실수를 막을 수 있기 때문이다.
5 내가 또한 살펴보니 통치자와 연관된 폐
단이 있었다.
6 어리석은 자들이 높은 자리에 앉고, 부한
자들이 낮은 자리에 앉았다.
7 또 살펴보니, 노예들은 말을 타고, 귀족
들은 노예처럼 걸어갔다.
8 함정을 파는 자는 자신이 그 곳에 빠질 수
있고, 벽을 허는 자는 독사에 물릴 수 있다.
9 돌을 떠내는 자는 돌 때문에 상할 수 있
고, 장작을 패는 자는 장작 때문에 죽을
수 있다.

성경 자세히 이해하기

순결의 상징인 흰 옷

흰 옷은 변함 없는 순수함을 상징합니다. 근동 지방에서 일반적으로 쓰이는 저주의 말은 "하나님이여, 그의 얼굴을 검게 하소서"라는 말이었습니다. 성경에서도 순결의 표상으로 흰 옷을 많이 언급합니다. 다니엘 7장 9절에서는 신의 형상을 묘사하면서 "옷은 희기가 눈 같고"라는 표현을 쓰고 있습니다. 예수님께서 변화산에서 변형되셨을 때에 "옷이 빛과 같이 희어졌다"고 했습니다(마 17:2). 구원받은 사람들도 흰 옷을 입게 될 것입니다(계 7:13-14;19:14).

본문 보기 9장 8절

10 무딘 도끼 날을 갈지 않으면 힘이 많이 들
지만, 지혜를 쓰면 성공한다.
11 뱀에게 마술을 걸기 전에 물린다면 그의
마술이 무슨 소용이 있겠는가?
12 지혜자의 말은 은혜롭지만, 어리석은 자
는 자기 두 입술로 신세를 망친다.
13 어리석은 자는 미련하게 말하기 시작하다
가 나중에는 미치광이처럼 말을 하고 만다.
14 이렇듯 어리석은 자는 말을 많이 한다. 일
분 앞도 알지 못하는 사람들이, 죽은 다음
에 일어날 일을 어떻게 말할 수 있겠는가?
15 어리석은 자는 자기 일에 지쳐서, 자기 동
네 가는 길도 찾지 못해 허둥댄다.

일의 가치

16 왕이 노예 출신이고, 대신들이 아침부터
잔치에 빠져 있는 나라여, 화가 있을 것
이다.
17 반면, 왕이 귀한 집안 출신이고, 대신들
이 즐기기 위함이 아니라, 건강을 위해 먹
는 나라여, 복되도다.
18 게으르면 서까래가 내려앉고, 태만히 손
을 놀리면 집이 샌다.
19 잔치는 즐거움을 위한 것이고, 포도주는
인생을 즐겁게 해 주는 것이며, 돈은 모
든 것을 해결해 준다.
20 마음으로도 왕을 저주하지 말고, 잠자리
에서라도 부자를 저주하지 마라. 왜냐하
면 공중의 새가 네 말을 전하고, 날짐승
이 네 말을 전파할 것이기 때문이다.

슬기롭게 인생에 대처하여라

11 씨앗을 물 위에 던져라. 수일 후에 그
것을 거두게 될 것이기 때문이다.
2 재산을 일곱 군데, 아니 여덟 군데에 투
자하여라. 이 세상에 어떤 불운이 닥칠지
모르지 않는가?
3 구름에 물이 가득 차면, 조만간 땅 위로
쏟아진다. 나무가 남쪽으로든 북쪽으로든
쓰러지면, 그것이 쓰러진 자리에 그냥 놓
일 것이다.
4 바람만 살피는 자는 씨 뿌리지 못하고,
구름만 살피는 자는 추수하지 못한다.
5 네가 바람이 다니는 길을 알지 못하고,
태아의 뼈가 어머니 배 속에서 어떻게 형
성되는지 알지 못하는 것처럼 모든 것을
행하시는 하나님의 일을 어찌 알 수 있겠
는가?
6 아침에 씨를 뿌리고, 저녁에 네 손을 태
만히 놀리지 마라. 이것이 잘 될지, 저것
이 잘 될지 혹은 둘 다 잘 될지 누가 알
겠는가?

젊었을 때에 하나님을 잘 섬겨라

7 환한 세상이 좋으니, 태양을 바라보는 눈
이 얼마나 행복한가?
8 사람이 오래 살 때, 매일의 삶을 즐겨라.
그렇지만 어두운 날들도 기억하여라. 이
는 그런 날들도 많을 것이기 때문이다. 장
래 일은 허무하다.
9 청년이여, 네 젊은 시절을 즐거워하여라.
네 젊은 날에 마음을 기쁘게 하여라. 네
마음이 원하는 것과 네 눈이 보는 것을 따
라 즐겨라. 그렇지만, 이 모든 일들에 하
나님의 심판이 있다는 것도 기억하여라.
10 그러므로 네 마음에서 불안을 없애고, 나
쁜 일을 없애라. 너의 젊은 때는 빨리 지
나가 버린다.

늙었을 때에 생기는 문제들

12 그러므로 너는 네 젊음의 날에, 곧
네 괴로운 날들이 닥치기 전에, "이
제는 사는 것이 낙이 없구나!"라고 말할
때가 닥치기 전에 창조주를 기억하여라.
2 해와 달과 별이 어두워지기 전, 비바람이
휩쓸고 지나간 후, 다시 구름이 몰려오기
전에 그분을 기억하여라.
3 그 날이 오면, 너를 보호하던 팔도 힘을 잃
을 것이며, 강한 다리도 약해지고 구부러질
것이며, 너의 치아가 다 빠져 씹지 못하게

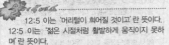

12:5 이는 '머리털이 희어질 것이고'란 뜻이다.
12:5 이는 '젊은 시절처럼 활발하게 움직이지 못하며'란 뜻이다.

태만(10:18 negligence) 게으르고 느림.
경구(12:9 proverb) 어떤 생각이나 진리를 짧고 날카롭게 나타낸 문구.

될 것이며, 너의 눈도 희미해질 것이다.
4 귀도 어두워져 거리에서 나는 소리도 잘
들리지 않을 것이며, 노랫소리도 거의 듣
지 못할 것이며, 맷돌 소리도 희미해질 것
이다. 새가 첫 노래를 부를 때에 네가 깰
것이다.
5 그 때, 너는 언덕 오르기를 무서워하고,
거리에 나서는 것조차 두려워할 것이다.
살구나무에 꽃이 피고,* 메뚜기도 다리를
질질 끌 것이며,* 식욕도 나지 않을 것이
다. 네가 영원한 네 집으로 돌아가면, 조
문객들이 분주히 길거리를 오갈 것이다.
6 은줄이 풀리고, 금그릇이 깨어지기 전에,
물 항아리가 샘 곁에서 깨어지고, 두레박
끈이 우물에서 끊어지기 전에 너는 창조
주를 기억하여라.
7 그 때에 흙으로 만들어진 인간은 흙으로
돌아가고, 그 영은 그것을 주신 하나님께
로 돌아간다.
8 설교자가 외친다. "인생은 정말 허무하
다. 세상 만사가 너무 허무하다."

결론

9 설교자는 지혜롭게 사람들에게 지식을 전
달하였다. 또 그는 탐구하고, 연구하여,
많은 경구들을 만들었다.
10 설교자는 격려를 주는 말을 탐구하여 찾
았다. 그래서 그가 기록한 교훈은 정직하
며, 진실하다.
11 지혜자의 교훈은 채찍 같고, 그가 수집한
말씀은 잘 박힌 못과 같으니, 이는 모두
한 목자의 말씀이다.
12 내 아들아, 이런 말씀에 더하여 다른 가
르침을 주의하라. 책을 쓰는 일은 끝이 없
고, 공부는 하면 할수록 사람을 피곤하게
만든다.
13 세상 만사의 결론을 들었으니, 하나님을
경외하고, 그분의 명령을 지켜라. 이것이
사람이 해야 할 본분이다.
14 하나님은 선악간의 모든 행위와 남몰래
한 모든 일을 심판하실 것이다.

늙어 괴로움이 닥치기 전에
창조주를 기억하여라(12:1-8)

아가

Song of Songs

○ 저자
저자는 솔로몬이다.

○ 저작 연대
B.C. 10세기경

○ 주요 인물
솔로몬, 술람미 여인

○ 핵심어 및 주요 내용
핵심어는 "사랑"과 "결혼"이다. 아가서는 순수한 사랑의 특성들이 어떤 것이며 행복한 결혼 생활에 필요한 요소들이 무엇인지를 아름답게 묘사하고 있다. 이런 관계를 더욱 발전시켜 나가기 위해서는 서로를 온전히 신뢰하고 상대방을 먼저 생각하며 섬겨야 한다.

○ 내용 소개
1. 사랑을 구함(1:1-2:7)
2. 만남과 헤어짐-다시 만남(2:8-3:5)
3. 결혼 예식과 첫날 밤(3:6-5:1)
4. 잃었다가 다시 찾음(5:2-8:4)
5. 사랑의 성숙과 확인(8:5-14)

1 솔로몬이 지은 최고의 노래입니다.
2 (여자) 감미로운 당신과의 입맞춤을 원
해요. 그것은 당신의 사랑이 포도주보다
달콤하기 때문입니다.
3 당신의 향긋한 그 내음. 당신의 이름은 부
어 놓은 향수 같아요. 아가씨들이 당신을
사랑하는 것도 이상한 일이 아니지요.
4 나를 빨리 데려가 주세요. 나를 당신의 침
실로 데려가 주세요. 오, 왕이시여. (합창)
우리는 당신을 즐거워하고 기뻐합니다.
우리는 포도주보다 달콤한 당신의 사랑을
노래합니다. (여자) 아가씨들이 당신을 사
랑하는 것은 당연하지요.
5 예루살렘 딸들이여, 내가 비록 게달의 장
막처럼 검지만, 솔로몬의 휘장들처럼 아
름답습니다.
6 내가 햇볕에 타서 검을지라도 나를 업신
여기지 마세요. 오빠들 성화에 못 이겨 포
도원을 지키느라 내 포도원은 소홀히 하
였습니다.
7 사랑하는 당신이여, 어디서 양 떼를 치시
는지, 대낮에는 어디서 양 떼를 쉬게 하
시는지 말해 주세요. 내가 왜 얼굴을 가
린 여인같이 당신 친구들의 양 떼들 사이
에서 당신을 찾아 헤매야 합니까?
8 (합창) 가장 아름다운 아가씨! 그대가 알
지 못하겠거든, 양 떼가 걷는 길들을 따
라가세요. 그리고 목동들의 천막들 곁에
서 그대의 어린 염소들을 놓아 기르세요.
9 (남자) 내 사랑, 그대는 파라오가 끄는 병
거의 준마 같소.
10 땋은 머리채에 살짝 가려진 그대의 두 볼
과 보석을 드리운 그대의 목이 아름답소.
11 (합창) 우리가 그대에게 은을 박은 금목걸
이를 만들어 주겠습니다.
12 (여자) 왕이 자기 침상에 누울 때, 나의 향
유가 향내를 풍기네.
13 내 사랑은 품에 안은 몰약 주머니 같네.
14 나의 사랑은 엔게디 포도원에서 취한 고벨
화 꽃송이들 같네.
15 (남자) 아, 내 사랑, 그대는 아름다워. 아,
얼마나 아름다운지! 그대 두 눈은 비둘기
같소.
16 (여자) 아, 나의 애인, 당신은 멋져. 오,
당신은 정말 멋져. 우리의 침대는 푸른 풀
밭이라네.
17 우리 집 들보는 백향목, 우리 집 서까래

감미로운(1:2 sweet) 정서적으로 달콤한 느낌이 있는.
업신여기다(1:6 despise) 얕보거나 하찮게 여기다. 보잘것 없게 여기다.

는 전나무라네!
2 (여자) 나는 샤론의 꽃, 골짜기의 백합
화.
2 (남자) 아가씨들 중에 내 사랑은 가시나무
들 중의 한 송이 백합화.
3 (여자) 남자들 중에 나의 사랑은 삼림 속
의 한 그루 사과나무. 나 그대 그늘에 앉
아 즐기네. 그대 열매는 내 입에 달구나.
4 그가 나를 연회장으로 데리고 가네. 내 위
에 펄럭이는 깃발 같은 그대 사랑.
5 사랑 때문에 병든 이 몸, 건포도로 기운
을 북돋워 주세요. 사과로 새 힘을 주세
요.
6 그대 왼팔에 나를 눕혀 오른팔로 나를 안
아 주네.
7 예루살렘 아가씨들이여, 내가 노루와 들사
슴으로 당신들에게 부탁합니다. 제발 내
사랑이 원할 때까지 깨우지 마세요. 제발
내 사랑을 깨우지 마세요.
8 (여자) 아, 내 애인의 목소리. 산을 뛰어
올라, 언덕을 넘어 그가 오시네.
9 나의 애인은 노루와도 같고 어린 수사슴
과도 같네. 아, 저기 우리 벽 뒤에 서서,
창문을 통해 들여다보시네. 창살들을 통
해 엿보시네.
10 나의 애인이 내게 말씀하시네. "내 사랑
이여, 일어나시오. 내 어여쁜 자여, 이리
오시오.
11 자, 이제 겨울도 지났고 비도 오지 않소.
12 땅 위에는 꽃들이 피어나고, 새들이 지저
귀는 시절이 왔소. 땅에서 비둘기 짝 찾
는 소리가 들리지 않소?
13 무화과나무에는 열매가 달리기 시작했고,
이제 막 새싹이 돋는 포도나무들은 그 향
긋한 냄새를 풍긴다오. 내 사랑이여, 일어
나시오. 내 어여쁜 자여, 내게로 오시오."
14 (남자) 바위 틈에 숨은 나의 비둘기, 벼랑
에 숨은 나의 비둘기여, 그대 얼굴을 보여
주오. 그대 목소리를 들려 주오. 그대 목
소리는 달콤하고 그대 얼굴은 아름다워.
15 (여자) 우리를 위해 여우 떼를 잡으세요.
포도원을 망치는 여우 새끼들을. 왜냐하
면 우리 포도원 나무들이 이제 막, 싹을
내기 시작했기 때문입니다.
16 내 애인은 나의 것, 나는 그대의 것. 그
가 자기 양 떼를 백합화 꽃밭에서 먹이시
네.
17 산들바람이 불고, 땅거미가 지기 전, 나
의 애인이여, 돌아오세요. 저 거친 언덕
에서 뛰노는 노루와 어린 수사슴같이.
3 (여자) 밤이면 밤마다 침상에서 내 마음
에 사모하는 자를 찾네. 찾고 찾았으나
찾지 못하였네. 불렀으나 대답이 없네.
2 이제 일어나 도성의 거리와 광장으로 나
가서 내 사랑을 찾으리라. 내가 그를 찾
았으나 찾지 못하였네.
3 순찰 다니는 야경꾼들이 나를 발견했네.
"당신들, 내 사랑을 보셨나요?"
4 그들을 지나치자마자 내가 사랑하는 사람
을 찾았네. 내가 그를 붙잡아서, 내 어머
니의 집으로 데리고 왔네. 나를 임신한 바
로 그 방으로 데리고 왔네.
5 예루살렘 아가씨들이여, 내가 노루와 들사
슴으로 당신들에게 부탁합니다. 제발 내
사랑이 원할 때까지 깨우지 마세요. 제발
내 사랑을 깨우지 마세요.
6 (합창) 마치 연기 기둥같이, 유향과 향료
냄새를 풍기며, 광야에서부터 올라오는

성경 풍속

몰약

아라비아, 에티오피아, 인도 등에서 자라는 발삼나무 껍질에서 채취한 향기로운 기름을 말합니다. 보통 여성용 화장품으로 사용되었으며(에 2:12;잠 7:17), 왕의 혼례복을 향기롭게 하는 데도 쓰였습니다(시 45:8;출 30:23). 또 시체에 바르기도 하고(요 19:39), 사형수에게 마취제로 사용하기도 하였습니다(막 15:23). 한편 예수님께서 탄생하셨을 때에 동방 박사들이 가져온 예물 중에 몰약이 있었는데, 이것은 장차 십자가에서 죽으실 그리스도를 위해 가져온 것이라고 해석합니다.

본문 보기 1장 13절

것은 무엇입니까?
7 보세요, 그것은 솔로몬이 타고 오는 가마
랍니다. 이스라엘 용사 육십 명이 호위하
네요.
8 다 칼을 잡은, 전쟁에 능숙한 용사들. 각
자 옆구리에 칼을 차고 밤중의 어떤 폭동
이라도 막을 준비를 하였네요.
9 솔로몬 왕은 레바논의 목재로 자기가 탈
가마를 만들었습니다.
10 그 기둥들은 은으로, 바닥은 금으로 만들
었습니다. 그 의자에는 자줏빛 천을 깔
고, 내부는 예루살렘 아가씨들이 예쁘게
수놓았습니다.
11 시온의 아가씨들이여, 나와서 면류관을
쓴 솔로몬 왕을 보세요. 그의 결혼식 날,
그의 마음이 설레던 날, 그의 모친이 그
의 머리에 씌워 준 면류관이 그 머리에 있
네요.

4 (남자) 아, 그대는 아름다워, 정말 아
름다워! 가리개 너머 그대의 두 눈은
비둘기 같고, 그대 머리는 길르앗 산에서
내려오는 염소 떼 같아.
2 그대 이는 털을 깎고 목욕시킨 흰 양 떼
들 같아. 각기 짝을 이뤄, 하나도 홀로 된
것이 없네.

성경 풍속

왕이 타던 가마

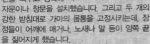

히브리어로 '아피리온'이라 하는데, 이것은 고대로부터 지금까지 근동 지역에서 사용되고 있는 1인승 가마를 가리킵니다. 이 가마는 가벼운 재질인 목재로 제작되며 그 위에 천을 씌우고 양쪽에 격자문이나 창문을 설치했습니다. 그리고 두 개의 강한 받침대로 가마의 몸통을 고정시키는데, 장정들이 어깨에 매거나, 노새나 말 등이 양쪽 끝을 짊어지게 했습니다.

본문 보기 3장 9-10절

3 그대 입술은 홍색실 같아. 그대 입은 아
름다워라. 가리개 너머로 보이는 그대 두
뺨은 쪼개 놓은 석류 반쪽 같아.
4 그대 목은 빼어나게 아름다워서 용사들의
방패 천 개를 두려고 건축한 다윗 성 망
대 같아.
5 그대의 두 젖가슴은 새끼 사슴 한 쌍 같
아. 백합화 꽃밭에서 풀을 뜯는 쌍둥이 노
루 같아.
6 산들바람이 불고, 땅거미가 지기 전, 나
는 몰약 산으로, 유향 언덕으로 가리라.
7 나의 사랑이여, 그대는 정말 아름다워.
그대에게는 흠 하나 없네.
8 나의 신부여, 레바논에서 나와 같이 갑시
다. 아마나 산 꼭대기에서, 스닐 산 정상
에서, 헤르몬 산 꼭대기에서 내려오시오.
사자 굴에서, 표범들이 들끓는 산에서 내
려오시오.
9 나의 누이, 나의 신부여, 그대가 내 마음
을 훔쳤소. 그대 눈짓 한 번에, 그대 보
석 목걸이에 그만 반했소.
10 나의 누이, 나의 신부여, 그대 사랑이 얼
마나 달콤한지. 그대 사랑은 포도주보다
달콤하고 그대 향기는 어떤 향수보다 향
기롭소.
11 나의 신부여, 그대 입술에서는 송이 꿀 같
은 달콤함이 흘러 나오고, 그대 혓바닥 아
래에는 젖과 꿀이 있소. 그대 옷에서 풍
기는 향기는 레바논의 향기 같아.
12 나의 누이, 나의 신부여, 그대는 비밀의
동산이오. 그대는 덮어 놓은 우물, 울타
리를 두른 샘이오.
13 그대 식물은 석류들과 최상급 과실들과
14 나도화와 번홍화와 창포와 계수나무와 향
나무들과 몰약과 침향과 가장 귀한 향료
들이오.
15 그대는 동산의 샘, 생수가 솟는 우물, 레
바논에서 흐르는 시내.
16 (여자) 깨어라, 북풍아! 오라, 남풍아! 내
동산에 불어 다오. 그래서 그 향기가 널
리 퍼지게 해 다오. 그러면 나의 애인이
그 동산에 들어가 그 최상급 과실들을 맛

보지 않겠니?
5 (남자) 나의 누이, 나의 신부여, 내가
내 동산에 들어와서, 내 향품과 몰약을
모으고, 내 꿀송이와 내 꿀을 따 먹고, 포
도주와 우유도 마셨소. 오, 친구들아, 먹
게나. 사랑하는 자들아, 맘껏 마시게나.
2 (여자) 나는 잘지라도 마음은 깨었네. 나
의 애인이 문 두드리는 소리. "나의 누이,
내 사랑, 내 비둘기, 내 완전한 자여, 그
대 문 좀 열어 주오. 내 머리가 이슬에 젖
었고, 내 머리털도 밤 이슬에 촉촉하오."
3 "난 옷을 벗었어요. 다시 입어야 하나요?
난 발을 씻었어요. 다시 흙을 묻혀야 하
나요?"
4 나의 사랑하는 자가 문틈으로 자기 손을
들이미시네. 내 심장이 그분 때문에 두근
거리네.
5 일어나 나의 사랑하는 자를 위해 문을 열
었네. 내 두 손에서 몰약이 뚝뚝 떨어지
네. 몰약의 즙이 떨어지는 손으로 문고리
를 잡았네.
6 내 사랑하는 자를 위하여 문을 열었으나,
내 사랑하는 이는 떠나고 없네. 그가 가
시다니, 내 마음이 무너지네. 내가 그를
찾았으나 찾지 못했네. 그를 불렀으나 대
답이 없네.
7 야경꾼들이 야간 순찰을 할 때, 나를 발
견했네. 그들이 나를 때리고, 다치게 했
네. 성벽을 지키던 순찰꾼들이 내 겉옷을
빼앗아 가 버렸네.
8 예루살렘 아가씨들이여, 내가 부탁합니다.
혹시 내 사랑하는 님을 만나거든 내가 사
랑 때문에 병이 났다고 전해 주세요.
9 (합창) 여자들 중에서 가장 아름다운 아가
씨. 그대 애인이 다른 남성들보다 나은 것
이 무엇이죠? 그대 애인이 무엇이 남달라
우리에게 그렇게 부탁하죠?
10 (여자) 나의 애인은 건강하고 불그스름하
여 다른 이들보다 뛰어나답니다.
11 그의 머리는 정금 같고, 그의 머리털은 곱
슬곱슬하고 검기가 까마귀 같아요.
12 그의 두 눈은 우유로 목욕한 물가의 비둘
기 같고, 보석처럼 박혔어요.
13 그의 두 볼은 향기를 토하는 향료밭 같고,
그의 입술은 몰약을 떨어뜨리는 백합화
같답니다.
14 그의 두 팔은 황옥이 박힌 황금방망이 같
고, 그의 몸은 청옥으로 장식한 빛나는 상
아 같아요.
15 그의 두 다리는 정금 받침에 세운 대리석
기둥 같고, 그의 모습은 레바논 같고, 백
향목처럼 멋지답니다.
16 그의 입은 달콤하기 그지없어요. 그의 모
습은 정말 멋져요. 이분이 저의 애인이랍
니다. 예루살렘 아가씨들이여, 이분이 저
의 친구랍니다.
6 (합창) 여인들 중에 가장 아름다운 아
가씨여, 그대 애인은 어디로 갔나요?
어디로 가셨는지, 우리가 그대와 함께 그
를 찾을 것입니다.
2 (여자) 나의 애인은 자기 동산, 향기로운
꽃밭으로 내려갔을 거예요. 동산에서 양
떼를 먹이고, 백합화를 모으러 갔을 테지
요.
3 나는 내 애인의 것, 나의 애인은 나의 것.
그가 백합화 가운데서 양 떼를 먹이네.
4 (남자) 나의 사랑, 그대는 디르사같이 아
름답고, 예루살렘같이 사랑스러우며 깃발
들을 날리는 군대처럼 당당하오.
5 그대 두 눈을 내게서 떼시오. 그대의 눈
이 나를 삼킬 듯하오. 그대 머리털은 길
르앗에서 내려오는 염소 떼 같소.
6 그대 이는 새로 목욕한 양 떼 같소. 모두
짝이 있고, 하나도 홀로 있지 않소.
7 가리개 너머 그대의 두 뺨은 쪼개 놓은 석
류 반쪽 같소.

석류(4:3 pomegranate) 붉은 빛을 띠고 신맛이 나며, 익으면 가운데가 벌어지는 열매.
유향(4:6 frankincense) 향의 일종. 유향목에서 진액을 짜내어 말린 고급 향료.
정금(5:11 purest gold) 불순물이 섞이지 않은 순수한 황금.

8 왕후가 육십 명, 후궁이 팔십 명, 궁녀들
은 셀 수도 없이 많지만,
9 나의 비둘기, 나의 완전한 자는 오직 하
나뿐. 그 모친의 외동딸이자, 그녀를 낳
은 자의 총애하는 자. 아가씨들은 그녀를
보고 복되다 하고, 왕후나 후궁들도 모두
그녀만 칭찬하네.
10 새벽빛같이 솟아오르고, 달처럼 아름답
고, 해같이 빛나며, 기를 높이 든 군대같
이 당당한 이 사람은 누구인가?
11 (여자) 호두나무 숲에 내려가, 골짜기에
새움이 텄는지, 포도나무에 싹이 돋았는
지, 석류꽃이 피었는지 보고자 했더니,
12 나도 몰래, 그가 어느새 내 백성의 귀한
병거에 나를 태우네.
13 (합창) 술람미 아가씨여, 제발 돌아오세요.
당신이 보고 싶으니, 제발 돌아오세요.
(남자) 어찌하여 그대들은 두 줄로 늘어선
무희들을 보듯 술람미 아가씨를 바라보고
자 하오?*

7

(남자) 오, 귀한 분의 딸이여, 신발을 신
은 그대 두 발이 어찌나 아름다운지.
그대의 멋진 두 다리는 보석 세공인이 공
들여 만든 보석 같소.
2 그대 배꼽은 혼합 포도주를 가득 채운 둥
근 잔이며, 그대 허리는 백합화로 둘러싸
인 밀짚단 같소.
3 그대 두 젖가슴은 두 새끼 사슴, 노루 한
쌍 같소.
4 그대 목은 상아 망대 같고, 그대 두 눈은 헤
스본, 바드랍빔 문 곁의 연못 같구려. 그대
코는 다마스커스를 향한 레바논 망대 같소.
5 그대 머리는 갈멜 산 같고, 그대의 치렁
거리는 머리채는 자줏빛 벽걸이 융단 같

왕의 총애를 받는 술람미 여인(6:9)

소. 왕은 그대의 치렁거리는 머리채에 마
음이 빼앗겼다오.
6 오 내 사랑, 그대는 정말 아름답고, 그대
는 정말 매혹적이오.
7 그대 키는 종려나무같이 장대하고, 그대
젖가슴은 포도송이들 같구려.
8 난 종려나무에 올라, 그 열매를 잡으리라
고 혼자 말했소. 그대 젖가슴이 포도송이
들 같다면, 그대 숨결의 향기는 사과와 같
다오.
9 그대 입은 최상급 포도주 같고, 그 포도
주는 술술 흘러 입술과 이 사이로 흘러가
오.
10 (여자) 나는 내 애인 것, 그가 나를 사모
하네.
11 나의 사랑이여, 우리 시골에 가서, 마을
에서 한밤을 지내요.
12 우리 일찍 포도원 들로 나가, 포도나무에
싹이 돋았는지, 꽃잎이 피었는지, 석류꽃
이 피었는지 살펴봐요. 거기서 그대에게
내 사랑을 드리겠어요.
13 합환채가 그 향기를 발하고, 우리 문 앞
에는 온갖 먹음직한 것들이 있어요. 그것
들은 모두 내가 당신을 위해 준비한 것들,
햇것이 묵은 것만큼 많아요.

8 (여자) 그대가 내 어머니의 젖을 먹고
자란 형제라면 밖에서 내가 그대를 만
나 입맞추어도, 아무도 날 멸시하지 않을
것을.
2 나는 그대를 모셔서, 내 어머니의 집으로
인도하고 싶어요. 어머니는 나를 가르치
셨지요. 나는 그대에게 향기로운 포도주,
곧 내 석류즙을 마시게 하고 싶어요.
3 그대 왼손에 나를 눕혀, 그대 오른손으로
나를 안네.
4 예루살렘 아가씨들이여, 제발 부탁하니 우
리가 바라기까지 깨우지 말고, 흔들지 말
아 주세요.
5 (합창) 자기 애인에게 기대어 광야에서 올
라오는 저 사람은 누구입니까? (여자) 사
과나무 아래서 내가 그대를 깨웠지. 그 곳
에서 그대의 어머니가 그대를 잉태하였
고, 거기서 그대를 낳은 분이 해산의 진
통을 가졌었지.
6 나를 옥새같이 그대 마음에 두세요. 나를
도장같이 그대 팔에 새기세요. 사랑은 죽
음같이 강하고, 그 질투는 무덤같이 끈질
기니, 그 사랑은 불꽃처럼, 강력한 불길
처럼 타오르네.
7 사랑은 바닷물로 끌 수 없고, 강물로도 어
림없네. 자기 재산을 전부 드려 사랑을 구
한들, 멸시만 잔뜩 받을 것 아닌가.
8 (합창) 우리에겐 아직 젖가슴이 없는 어린
누이가 있어요. 누군가 청혼하면 우리는
무엇을 해야 할까요?
9 누이가 성벽이라면, 우린 그녀 위에 은으
로 망대를 세울 것입니다. 그녀가 문이라
면, 백향목 널판으로 그녀를 두를 것입니
다.
10 (여자) 나는 성벽, 내 젖가슴은 망대랍니
다. 그래서 나는 그대 보시기에 만족을 줄
거예요.
11 솔로몬에겐 바알하몬에 포도원 하나가 있
었네. 그는 자기 포도원을 빌려 농사짓는
농부들에게, 열매를 갖는 대신, 각기 은
천 세겔*씩 바치게 했네.
12 내 포도원은 내 마음대로 할 수 있답니다.
오, 솔로몬이시여, 천 세겔은 당신 것, 이
백 세겔*은 농부들 몫.
13 (남자) 동산에 있는 그대여, 내 친구들이 그
대 목소리를 들으니, 나 또한 듣게 하오.
14 (여자) 나의 사랑하는 이시여, 빨리 오세
요. 향나무 우거진 산들을 달리는 노루나
젊은 수사슴처럼 달려오세요.

알아두세요

6:13 개역 성경에는 6장이 14절로 끝나지만 대부분의 사본에는 13절로 끝난다.

8:11 1,000세겔은 약 11.4kg에 해당된다.

8:12 200세겔은 약 2.28kg에 해당된다.

이 사 야

Isaiah

저자

저자는 이사야이다.

저작 연대

B.C. 745-680년경

주요 인물

이사야, 히스기야

핵심어 및 주요 내용

핵심어는 "심판"과 "구원"이다. 이사야서의 66장 전체는 성경을 축소해 놓은 것과 같다. 앞부분의 39장은 회개하고 하나님께 다시 돌아오기를 거부한, 이스라엘 민족에 대한 하나님의 심판을 강조하는 구약의 39권의 내용과 서로 유사하다. 그리고 뒷부분의 27장은 우리를 구원하실 메시아에 초점이 모아진 신약과 비슷한 내용을 다루고 있다.

내용 소개

1. 유다 민족에 대한 책망과 약속(1-6장)
2. 임마누엘과 메시아 왕국에 대한 예언(7-12장)
3. 이방 나라에 대한 예언(13-23장)
4. 하나님의 심판과 약속(24-27장)
5. 이스라엘의 불신자에 대한 경고(28-35장)
6. 히스기야에 대한 역사적 기록(36-39장)
7. 바빌론 포로에서의 구원과 회복에 대한 예언(40-66장)

하나님께서 이사야에게 환상을 보여 주시다

1 이것은 아모스의 아들 이사야가 유다 왕
웃시야와 요담과 아하스와 히스기야 시대
에 본 환상입니다. 하나님께서 이사야에
게 유다와 예루살렘에 일어날 일을 보여
주셨습니다.

하나님께서 백성을 꾸짖으시다

2 하늘이여, 들어라! 땅이여, 귀를 기울여
라! 여호와께서 말씀하신다. "내가 내 자
녀를 키우고 길렀으나, 그들이 나를 배반
했다.
3 소도 제 주인을 알고, 나귀도 제 주인의
여물통을 알지만, 이스라엘은 알지 못하
고, 내 백성은 깨닫지 못하는구나."
4 죄를 지은 민족, 이스라엘에게 재앙이 닥
친다. 이 백성은 허물이 가득하다. 그들
은 몹쓸 짓을 하는 자녀요, 악으로 가득
한 자식들이다. 그들은 여호와를 저버리
고 이스라엘의 거룩하신 분, 하나님을 무
시하고 등을 돌렸다.
5 어찌하여 너희가 맞을 짓만 하느냐? 어찌
하여 자꾸 하나님을 배반하느냐? 너희 머
리는 상했고, 마음도 병들었구나.
6 머리부터 발끝까지 성한 곳 한 군데도 없
이, 온몸이 다치고 멍들고 상처투성이구
나. 그런데도 치료하지 못하고, 싸매지도
못하고, 기름을 바르지도 못하는구나.
7 너희 땅이 황폐해졌고, 너희 성들이 불타
버렸다. 너희가 보는 앞에서 원수들이 너
희 땅을 약탈했고, 이방인에 의하여 멸망
당한 것처럼 너희 땅이 폐허가 되어 버렸
다.
8 딸 시온이 마치 포도밭의 텅 빈 초막처럼
홀로 남았다. 수박밭의 원두막같이, 원수
들에게 포위된 성같이 되어 버렸다.
9 만군의 여호와께서 우리 백성 가운데 얼
마를 남겨 두지 않으셨다면, 우리는 소돔
과 고모라 성처럼 완전히 망했을 것이다.
10 소돔의 통치자들과 같은 너희 예루살렘 통
치자들아, 여호와의 말씀을 들어라. 고모
라 백성과 같은 너희 백성들아, 우리 하
나님의 가르침에 귀 기울여라.
11 여호와께서 말씀하신다. "나는 너희가 바
친 이 모든 제물을 바라지 않는다. 이제
는 너희의 숫양 번제물과 살진 짐승의 기
름이 지겹다. 수송아지와 양과 염소의 피
도 반갑지 않다.
12 너희는 나를 만나러 오지만, 누가 너희더
러 이렇게 들락날락하며 내 마당만 밟으
라고 했느냐?
13 다시는 헛된 제물을 가져오지 마라. 너희
가 태우는 향이 역겹다. 너희가 초하루 축

제일과 안식일과 특별 절기에 모이는 것
도 참을 수 없고, 거룩한 모임에 모여서
악한 짓을 하는 것도 견딜 수 없다.
14 정말로 나는 너희의 초하루 축제일과 특
별 절기들이 역겹다. 그것들은 오히려 내
게 무거운 짐이 될 뿐이다. 나는 그것들
을 짊어지기에는, 너무 지쳤다.
15 너희가 팔을 벌려 내게 기도해도 나는 눈
을 감고 너희를 쳐다보지 않겠다. 아무리
기도를 많이 해도 들어 주지 않겠다. 왜
냐하면 너희 손이 피로 가득하기 때문이
다.
16 너희는 몸을 씻어 깨끗이 하여라. 내가 보
는 앞에서 하던 악한 짓을 멈추어라. 못
된 짓을 그만두어라.
17 옳은 일을 배우고 정의를 찾아라. 억눌림
받는 사람을 구해 주고, 재판에서 고아들
을 지켜 주며, 과부들의 억울한 사정을 들
어 주어라."
18 여호와의 말씀이다. "오너라, 우리 서로
이야기해 보자. 너희 죄가 심하게 얼룩졌
을지라도 눈처럼 깨끗해질 것이며, 너희
죄가 진홍색처럼 붉을지라도 양털처럼 희
어질 것이다.
19 너희가 기꺼이 내게 복종하면, 땅에서 나
는 좋은 작물을 먹을 것이다.
20 그러나 나를 따르지 않고 등을 돌리면, 너
희 원수의 칼에 망할 것이다." 이것은 여
호와께서 친히 하신 말씀이다.

하나님께 충성하지 않은 예루살렘

21 하나님을 잘 따르던 예루살렘 성이 어찌하
여 창녀처럼 되었는가! 한때는 정의가 가
득하고, 하나님께서 원하시던 대로 살던
곳이었는데, 이제는 살인자들의 성이 되
어 버렸다.
22 예루살렘아, 너는 은을 제련하다 남은 찌
꺼기같이 되었고, 물을 섞은 포도주같이
되었구나.
23 네 지도자들은 반역자들이요, 도둑의 친
구들이다. 모두들 뇌물을 좋아하고, 선물
받기를 바란다. 재판에서 고아들을 지키
려 하지 않고, 과부들의 억울한 사정도 들
어 주려 하지 않는다.
24 그러므로 주님, 곧 만군의 여호와, 이스라
엘의 전능하신 분이 말씀하신다. "오호라,
내가 내 원수들에게 진노를 쏟아 붓고, 보
복하겠다.
25 내가 너희를 치겠다. 잿물로 씻어 내듯 너
희의 허물을 씻어 내겠다. 너희의 찌꺼기
를 모두 없애 버리겠다.
26 옛날처럼 재판관들을 다시 세우고, 처음
에 한 것처럼 참모들을 다시 세우겠다. 그
런 다음에야 너를 '의로운 성', '충성스
런 성'이라 부를 것이다."
27 시온은 공평으로 구원을 얻을 것이다. 그
리고 시온으로 돌아오는 백성은 의로 구
원을 얻을 것이다.
28 그러나 하나님을 배반하는 죄인은 망하
고, 여호와를 떠난 사람은 죽을 것이다.
29 너희가 상수리나무 아래에서 헛된 신을
섬겼으므로 부끄러움을 당할 것이며, 너
희 동산에서 우상을 섬겼으므로 망신을
당할 것이다.
30 너희는 그 잎사귀가 시들어 가는 상수리
나무같이 될 것이며, 물이 없는 동산처럼
될 것이다.

이사야 시대의 유다 왕들

왕	통치 연대(B.C.)	업적
웃시야	791–739	유다 11대 왕. 선한 왕이며, '아사랴'라고도 불렸음
요담	750–731	부친 웃시야의 문둥병으로 인해 B.C. 739년까지는 부친과 공동으로 통치함 하나님을 공경하며 의롭게 통치함
아하스	732–715	앗시리아 우상을 섬기고, 아들을 제물로 바침
히스기야	728–686	경건한 왕으로 종교 개혁을 실행함 병들었을 때 기도하여 수명이 15년 연장됨

사

31 강한 백성이 가는 나무토막처럼 되며, 그
하는 일은 불티와 같이 될 것이다. 백성
이나 그들이 하는 일이 다 같이 불타 버
릴 것이며, 아무도 그 불을 끄지 못할 것
이다.

예루살렘에 관한 말씀

2 이것은 아모스의 아들 이사야가 유다와
예루살렘에 관해 본 것입니다.
2 마지막 날에 여호와의 성전이 서 있는 산
이 모든 산들 꼭대기에 우뚝 서게 될 것이
며, 모든 언덕보다 높이 솟을 것이다. 그
리고 모든 민족이 그리로 모여들 것이다.
3 많은 백성들이 가면서 이르기를, "자, 여
호와의 산으로 올라가자. 야곱의 하나님
의 성전으로 가자. 주가 그의 길을 우리
에게 가르치시리니, 우리는 그의 길로 행
하자"라고 할 것이다. 여호와의 가르침이
시온에서 나오며, 주의 말씀이 예루살렘에
서 나온다.
4 주께서 나라들 사이를 재판하시고, 많은
백성들을 꾸짖으신다. 나라마다 칼을 부
러뜨려서 쟁기로 만들고 창을 낫으로 만
들 것이다. 다시는 나라들이 서로 칼을 들
지 않으며, 다시는 군사 훈련도 하지 않
을 것이다.
5 야곱 집안아, 자, 여호와의 빛 안에서 행
하자.

재앙의 날이 온다

6 주께서 주의 백성, 곧 야곱 집안을 버리
신 것은 그들이 동쪽 나라의 못된 풍습을
따르고, 블레셋 사람들처럼 점을 치고, 이
방인의 풍습을 그대로 받아들였기 때문이
다.
7 그들의 땅에는 은과 금이 가득하고, 보물
이 셀 수 없이 많다. 그들의 땅에는 말이
가득하고, 전차도 셀 수 없이 많다.
8 그들의 땅에는 우상이 가득하고, 백성은
자기 손으로 만든 우상에게 절하며 그것
을 섬기고 있다.
9 사람마다 모두 천하고 낮아졌으니, 주님,
그들을 용서하지 마십시오.
10 너희는 절벽에 난 동굴로 들어가고, 땅 속
에 숨어서, 여호와의 진노와 그분의 영광
스런 위엄을 피하여라.
11 사람의 교만한 눈은 낮아질 것이요, 거만
한 사람은 꺾일 것이다. 그 날이 되면, 여
호와께서 홀로 높임을 받으실 것이다.
12 만군의 여호와께서 그 날을 계획하셨다.
그 날이 오면 주께서 모든 거만한 사람과
거드름 피우는 사람을 심판하실 것이다.
그리하여 모든 교만한 사람들을 꺾어 놓
으실 것이다.
13 레바논의 높이 솟은 백향목들과 바산의 거
대한 상수리나무들을 꺾으실 것이다.
14 모든 높은 산과 높이 솟은 언덕을 낮추실
것이다.
15 모든 높은 망대와 요새화된 성벽을 허무
실 것이다.
16 모든 무역하는 배*와 아름다운 선박을 가
라앉히실 것이다.

예언자란?

하나님께서 하나님의 말씀을 사람들에게 대신 전하도록 선택한 사람을 예언자라고 합니다. 이스라엘에서 예언자들이 활동했던 시기는 B.C. 9세기부터 5세기까지 약 500년간이었으며, 이 기간 동안 하나님의 말씀을 기록으로 남겨 놓은 예언자는 16명에 이릅니다. 또한 세례 요한이 등장하기까지 약 400년간은 예언자가 전혀 나타나지 않았는데 이 기간을 가리켜 '침묵의 기간'이라고 합니다.

본문 보기 2장

북왕국 이스라엘이 앗시리아에게 멸망당할 때까지 활동	남왕국 유다가 바빌로니아에게 멸망당할 때까지 활동	유다가 바빌로니아에서 귀환할 때 활동
이사야, 요엘, 요나 아모스, 호세아, 미가	예레미야, 에스겔, 다니엘 오바댜, 나훔, 하박국, 스바냐	학개, 스가랴, 말라기

17 교만한 사람은 낮아질 것이요, 거만한 사
람은 꺾일 것이다. 그 날이 되면, 여호와
께서 홀로 높여질 것이다.
18 모든 우상은 완전히 사라질 것이다.
19 여호와께서 일어나 땅을 뒤흔드실 때에,
백성이 절벽에 난 동굴로 들어갈 것이며,
땅 속에 구멍을 파고 숨을 것이다. 주의
진노와 영광스런 위엄을 피하여 숨을 것
이다.
20 그 때가 되면, 사람들이 금과 은으로 만
든 우상을 던져 버릴 것이다. 자기들이 섬
기려고 만든 그 우상들을 박쥐와 두더지
에게 던질 것이다.
21 여호와께서 일어나 땅을 뒤흔드실 때에,
사람들이 바위 틈 구멍과 절벽에 난 동굴
로 들어갈 것이다. 주의 진노와 크신 위
엄을 피하여 숨을 것이다.
22 너희는 사람을 의지하지 마라. 그들은 곧
꺼질 숨을 내쉴 따름이니, 능력이 얼마나
있겠는가?

하나님께서 유다와 예루살렘을 심판하시다

3 보아라! 주님, 곧 만군의 여호와께서
예루살렘과 유다에 필요한 모든 것을
없애 버리실 것이다. 주께서 모든 음식과
물을 없애 버리실 것이다.
2 모든 영웅과 용사들, 재판관과 예언자들,
점쟁이와 장로들을 없애 버리실 것이다.
3 오십부장과 고관들, 모사와 재주 좋은 기
술자와 능란한 마술사들을 없애 버리실
것이다.
4 주께서 말씀하신다. "내가 아이들을 그들
의 지도자로 세우고, 어리석은 아이들이
그들을 다스리도록 하겠다.
5 사람마다 서로서로 짓누르고, 젊은이는
노인 앞에서 건방지게 굴고, 천한 사람은
귀한 사람을 존경하지 않을 것이다.
6 그 때가 되면, 사람이 자기 집안의 형제
가운데 하나를 붙잡고 '너는 겉옷을 가졌
으니, 우리의 지도자가 되어 다오. 그리
고 이 멸망을 네 손으로 해결해 다오' 하
고 말할 것이다.
7 그러나 그 때에 그가 일어나 말하기를,
'나는 너희를 싸매 주는 사람이 될 수 없
다. 내 집에는 음식도 없고 옷도 없으니
나를 백성의 지도자로 세우지 마라' 고 할
것이다."
8 드디어 예루살렘이 넘어졌고 유다가 쓰러
졌다. 왜냐하면 그들이 말과 행동으로 여
호와를 거스르며, 드러내 놓고 주의 영광
을 무시하였기 때문이다.
9 그들의 얼굴이, 그들이 죄인이라는 것을
드러낸다. 그들이 소돔 백성처럼 자기들
의 죄를 드러내 놓고 말하며, 감추지 아
니한다. 오호라, 그들의 목숨이 위태로울
것이다. 그들이 스스로 재앙을 불러들였
다.
10 의로운 사람에게 일러 주어라. 그들에게
좋은 일이 일어날 것이다. 그들이 자기 행
실에 대해 그 상을 받을 것이다.
11 오호라, 악한 사람에게는 재앙이 닥칠 것
이다. 그들은 자기 손으로 저지른 모든 일
에 대해 벌을 받을 것이다.
12 아이들이 내 백성을 억누르며, 여자들이
내 백성을 다스린다. 내 백성이여, 너희
지도자들이 도리어 너희를 잘못 인도하
고, 그들이 너의 갈 길을 무너뜨린다.
13 여호와께서 법정에 자리를 잡으셨다. 백
성들을 심판하시려고 일어나셨다.
14 여호와께서 자기 백성의 장로들과 그 지
도자들을 심문하신다. "너희가 포도원을
먹어 치웠다. 가난한 사람들로부터 빼앗
은 것이 너희 집에 있다.
15 어찌하여 너희가 내 백성을 짓밟느냐? 어
찌하여 가난한 사람들을 못살게 구느냐?"
주, 곧 만군의 여호와의 말씀이다.

예루살렘 여자들에게 경고하시다

16 여호와께서 말씀하신다. "시온의 여자들

알아두세요

2:16 개역 성경에는 '다시스의 모든 배' 라고 표기되어 있다.

우상(2:8 idol) 신과 같이 여겨 섬기는 대상.
심문(3:14 examination) 자세히 따져서 묻는 것.

은 교만하다. 그들은 목을 꼿꼿이 세우고
다니며, 흘리는 눈으로 쳐다본다. 점잔
빼며 걷기도 하고, 발목에서 소리를 내며
다니기도 한다."
17 그러므로 주께서 시온 여자들의 정수리에
딱지가 생기게 하시며, 여호와께서 그들
의 하체를 들춰 내신다.
18 그 때가 되면, 주께서 그들의 모든 장식
품, 곧 발목 장식과 머리띠와 달 모양 목
걸이와
19 귀고리와 팔찌와 면사포와
20 머리 덮개와 발찌와 허리띠와 향수병과
부적과
21 반지와 코걸이와
22 고운 옷과 겉옷과 목도리와 지갑과
23 손거울과 모시옷과 머릿수건과 어깨 걸치
개를 다 없애 버리실 것이다.
24 그들은 향수 냄새 대신 썩은 냄새를 풍길
것이며, 허리띠 대신 밧줄에 묶일 것이
다. 곱게 장식한 머리카락은 대머리가 되
고, 화려한 옷 대신 거친 상복을 입게 될

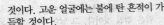

성경 풍속

춤추는 여인들의 장신구

예루살렘의 여자들이 '발목에서 소리를 내며 다닌다'는 말은 발목 장식이 서로 부딪혀서 나는 소리를 말하거나, 발목에 부착했던 방울이나 다른 장신구들에 의해서 발생하는 소리를 가리키는 말이었을 것입니다. 이 발목 장식들은 착용자의 기호에 따라 금이나 은, 혹은 철로 만들어졌으며, 지금도 동양의 여인들은 이 장식을 차고 있습니다. 이집트와 인도에서는 발목 장식들에 둥근 종을 달고 그 종 속에 작은 조약돌을 넣어서 작은 소리가 나도록 만들기도 합니다.

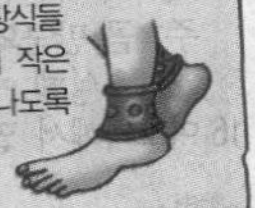

본문 보기 3장 16절

알아두세요

5:10 1바트는 약 22ℓ에 해당되고, 1호멜은 약 220ℓ에 해당되며, 1에바는 약 22ℓ에 해당된다.
5:14 개역 성경에는 '음부'라고 표기되어 있다. 이는 (히)'스올'이다.

것이다. 고운 얼굴에는 불에 탄 흔적이 가
득할 것이다.
25 너희 장정들은 칼에 맞아 죽을 것이며, 너
희 용사들은 전쟁으로 죽을 것이다.
26 그 성 전체가 슬피 울 것이며, 시온은 폐
허가 되어 땅에 주저앉을 것이다.
4 그 때가 되면, 일곱 여자가 한 남자를
붙잡고 말하기를 "먹을 것도 우리가 대
고 입을 것도 우리가 댈 테니, 그저 우리
의 남편이 되어 주세요. 제발 우리의 부
끄러움을 거두어 주세요"라고 할 것이다.

여호와의 가지

2 그 때가 되면, 여호와의 가지가 매우 아
름답고 영광스럽게 될 것이다. 그리고 그
땅에서 나는 열매가 이스라엘의 남은 백성
에게 자랑과 영광이 될 것이다.
3 시온에서 살아남은 사람들의 명단에 이름
이 적힌 사람은 거룩한 백성이라고 불릴
것이다.
4 주께서 시온의 여자들에게 있는 더러운
것을 씻어 내시고, 심판의 영과 소멸의 영
으로 예루살렘의 핏자국을 깨끗하게 하실
것이다.
5 여호와께서 시온 산 위와 그 곳의 모든 모
임 위에, 낮에는 구름과 연기를, 밤에는
밝게 타는 불꽃을 만드실 것이다. 그 모
든 영광스러운 곳을 장막처럼 덮어 지켜
주실 것이다.
6 그것이 한낮의 뜨거운 햇볕으로부터 사람
들을 보호해 줄 것이며, 홍수와 비를 피
하여 숨을 수 있는 피난처가 되어 줄 것
이다.

하나님의 포도밭 이스라엘

5 내가 사랑하는 사람에게 노래를 불러
주겠다. 이는 그의 포도원에 관해 노
래한 것이다. 나의 사랑하는 친구가 기
름진 언덕 위에 포도밭을 가꾸고 있었
네.
2 그가 땅을 일구고 돌을 골라 내어 가장 좋
은 포도나무를 심었다네. 그 한가운데에
망대를 세우고, 그 안에 포도주틀도 만들
었다네. 그는 거기에 좋은 포도가 열리기

를 바랐지만 나쁜 포도가 열렸다네.
3 "자, 예루살렘에 사는 백성아, 유다 사람
들아, 나와 내 포도밭 사이에서 판단해 보
아라.
4 내가 내 포도밭을 위해 무슨 일을 더 할
수 있겠느냐? 내가 할 수 있는 일은 다 했
다. 좋은 포도가 열리기를 바랐지만 어찌
하여 나쁜 포도가 열렸을까?
5 이제 내가 내 포도밭을 어떻게 할지 너희
에게 일러 주겠다. 울타리와 담을 무너뜨
려 짐승들에게 짓밟히도록 하겠다.
6 내가 그 밭을 황무지로 만들겠다. 거기서
더 이상 김매기나 손질도 못하게 하겠다.
그 밭에서는 잡초와 가시가 자랄 것이다.
내가 또 구름에게 명령하여 그 위에 비를
내리지 못하게 하겠다."
7 만군의 여호와의 포도밭은 이스라엘 민족
이요, 주께서 아끼고 사랑하는 나무는 유
다 백성이다. 주께서 정의를 바라셨으나
압제뿐이었고, 의로운 삶을 바라셨으나
고통의 부르짖음뿐이었다.
8 오호라, 다른 사람들이 집과 밭을 차지할
수 없도록 집에 집을 더하고 밭에 밭을 더
하여, 이 땅 가운데 홀로 살려 한 너희에
게 재앙이 닥칠 것이다.
9 만군의 여호와께서 내 귀에 대고 이렇게
말씀하셨다. "많은 집들이 버려져서, 제
아무리 크고 아름다운 집이라 하더라도
사는 사람이 없을 것이다.
10 그 때가 되면, 열흘갈이 포도밭에서 포도
주가 한 바트*밖에 나오지 않을 것이며,
씨앗 한 호멜*지기에서 곡식은 한 에바*밖
에 나오지 않을 것이다."
11 오호라, 아침에 일찍 일어나 독한 술을 찾
는 사람과 밤늦도록 포도주에 취한 사람
에게 재앙이 닥친다.
12 그들은 잔치를 베풀어 수금과 비파와 소
고와 피리를 연주하며 포도주를 마시지
만, 여호와께서 이루시는 일에는 관심이
없고, 주께서 하시는 일도 거들떠보지 않
는다.
13 그러므로 내 백성이 나를 알지 못하고 사
로잡힌 채 끌려갈 것이며, 귀족들은 굶주
림으로 죽어 가고, 백성들은 목이 말라 죽
어 갈 것이다.
14 그러므로 죽음의 세계*가 자리를 넓게 차

많은 집들이 버려져 사람이 살지 않게 됨(5:9)

지하고, 그 입을 한없이 크게 벌릴 것이
다. 예루살렘의 귀족들과 일반 백성들이
그리로 내려가며, 떠들썩한 소리와 흥겹
게 외치는 소리도 그리로 내려갈 것이다.
15 그러므로 일반 백성이나 귀족들이 다 낮
아지고, 교만한 사람들의 눈도 낮아질 것
이다.
16 만군의 여호와께서 공정한 재판으로 영광
을 받으시고, 거룩한 하나님께서 의로운
일로 거룩함을 나타내실 것이다.
17 그 때에 어린 양들은 무너진 곳이 마치 자
기들의 초원인 양 마음껏 다닐 것이며, 어
린 양들과 나그네가 그 곳에서 먹을 것이
다.
18 오호라, 거짓의 줄로 죄악을 끌어당기며,
수레 줄을 끌듯이 죄를 잡아당기는 사람
에게 재앙이 닥칠 것이다.
19 그들은 이스라엘의 거룩하신 분을 비웃기
까지 한다. "빨리 아무 일이라도 행하세
요! 당신께서 하실 수 있는 일을 어서 우
리에게 나타내 보이세요. 우리는 당신의
계획을 보기 원해요."
20 오호라, 악한 것을 선하다고 하고, 선한
것을 악하다고 하는 사람에게 재앙이 닥
친다. 어둠을 빛이라 하고 빛을 어둠이라
하는 사람, 쓴 것을 달다고 하고 단 것을
쓰다고 하는 사람에게 재앙이 닥친다.
21 오호라, 스스로 지혜롭다고 하고, 스스로
똑똑하다고 하는 사람에게 재앙이 닥친
다.
22 포도주를 마시는 데 익숙하며, 온갖 술을
섞어 마시는 데 능한 사람에게 재앙이 닥
친다.
23 그들은 뇌물을 받고 악인을 의롭다 하며,
의로운 사람을 공평하게 재판하지 않는
다.
24 그러므로 불꽃이 지푸라기를 삼키고, 마
른 풀이 불에 타 오그라들듯이, 그들의 뿌
리는 썩고, 꽃은 말라 죽어 티끌처럼 흩
날려 올라갈 것이다. 그들은 만군의 여호
와의 가르침을 따르지 않았고, 이스라엘의
거룩하신 하나님의 말씀을 멸시하였다.
25 그러므로 여호와께서 자기 백성에게 크게
노하셔서 손을 들어 그들을 치시니, 산들
마저 흔들리고 사람의 시체가 쓰레기처럼
거리에 나뒹군다. 그런데도 하나님의 분
노가 꺼지지 않고, 그의 손은 여전히 뻗
쳐 있다.
26 하나님께서 깃발을 드셔서 먼 곳의 나라
들을 부르시고, 신호를 보내어 땅 끝에서
부터 백성을 부르신다. 보아라, 그들이
빠른 속도로 달려오고 있다.
27 그들 가운데 지치거나 쓰러지는 사람이
없고, 졸거나 잠자는 사람도 없다. 허리
띠가 풀린 사람도 없고, 신발끈이 풀어진
사람도 없다.
28 그들의 화살은 날카로우며, 활을 쏠 모든
준비가 되어 있다. 말들의 발굽은 바위처
럼 단단하고, 전차 바퀴는 회오리바람처
럼 돌아간다.
29 그들의 함성은 사자가 울부짖는 소리 같
고, 어린 사자의 으르렁거리는 소리 같
다. 그들이 함성을 지르며 사냥감을 움켜
쥐지만 아무도 그들을 막지 못한다.
30 그 날에 그들이 바다의 파도처럼 함성을
지를 것이다. 사람들이 땅을 바라보면 오
직 어둠과 고통만 보일 것이다. 빛 또한
구름에 가려져 어두워질 것이다.

이사야가 예언자가 되다

6 웃시야 왕이 죽던 해에, 내가 보니 주
께서 높이 들린 보좌 위에 앉아 계셨
다. 그리고 주의 옷자락이 성전을 가득 채
우고 있었다.
2 주님의 위쪽에는 스랍이라고 하는 천사들
이 서 있었는데, 스랍들마다 각각 날개가
여섯 개씩 달려 있었다. 두 날개로는 얼
굴을 가렸고, 두 날개로는 발을 가렸으
며, 두 날개로는 날아다녔다.
3 천사들이 서로를 부르며 말했다. "거룩하
시다, 거룩하시다, 거룩하시다, 만군의
여호와시여! 여호와의 영광이 온 땅에 가
득합니다."
4 스랍들이 내는 소리 때문에 문지방이 흔
들리고 성전에 연기가 가득 찼다.

5 내가 말했다. "재앙이 내게 닥쳤구나. 나
는 망하게 되었구나. 나는 입술이 더러운
사람이요, 또 입술이 더러운 백성 가운데
서 사는데, 이런 내가 왕이신 만군의 여
호와를 내 눈으로 직접 뵈었구나."
6 스랍들 가운데 하나가 부집게로 제단에서
뜨거운 숯을 꺼내 손에 들고 내게 날아와서
7 그것을 내 입에 대며 말했다. "보아라, 이
숯이 네 입술에 닿았으니 네 허물은 사라
지고 네 죄도 용서받았다."
8 그 때에 내가 주님의 목소리를 들었다. 주
께서 말씀하셨다. "내가 누구를 보낼까? 누
가 우리를 위해 갈까?" 내가 말했다. "제
가 여기에 있습니다. 저를 보내십시오."
9 그러자 주께서 말씀하셨다. "가서 이 백
성에게 전하여라. '너희가 듣기는 들어도
알아듣지 못하고, 보기는 보아도 알아보
지 못할 것이다.'
10 너는 이 백성을 고집 센 백성으로 만들어
라. 그들의 귀를 닫고 그들의 눈을 어둡
게 하여, 듣고 보아도 깨닫지 못하게 하
여라. 혹시 그들이 눈으로 보고 귀로 들
어서 마음에 깨달음이 생겨, 내게 돌아와
고침을 받을까 걱정된다."
11 그 때에 내가 여쭈었다. "주님, 언제까지
이런 일을 계속하시겠습니까?" 주께서
대답하셨다. "성들이 멸망하고 사람들이
사라질 때까지, 집마다 살아 남은 사람이
없고, 땅이 멸망하여 황폐해질 때까지 그
렇게 할 것이다.
12 나는 사람들을 쫓아 버릴 것이며, 그 땅
을 황무지로 만들 것이다.
13 이 땅 백성의 십분의 일이 남는다고 해도
그 땅은 다시 황무지가 될 것이다. 그러
나 밤나무,* 상수리나무가 잘리더라도 그
루터기는 남는 것같이, 거룩한 자손들이
그루터기가 되어 거기에서 다시 싹이 틀
것이다."

유다와 아람의 싸움

7 웃시야의 손자이며, 요담의 아들인 아하
스가 유다 왕으로 있을 때에, 아람* 왕
르신과 르말리야의 아들인 이스라엘 왕 베
가가 예루살렘을 치러 올라왔습니다. 그러
나 그들은 예루살렘을 무너뜨리지 못했습
니다.
2 아람과 에브라임* 군대가 서로 힘을 합쳤
다는 소식이 유다 왕 아하스에게 전해지
자, 아하스와 모든 백성이 크게 놀라며 두
려워했습니다. 그들은 너무나 무서워서
바람에 흔들리는 수풀처럼 떨었습니다.
3 그러자 여호와께서 이사야에게 말씀하셨
습니다. "너와 네 아들 스알야숩*은 '세탁
자의 들판'으로 가는 길에 위치한, 윗못
으로 흐르는 물길 끝으로 가서 아하스를
만나라.
4 그리고 그를 만나 '조심하고 침착하게 행
동하라'고 일러 주어라. '두려워 마라. 타
다 만, 연기 나는 부지깽이와 같은 르신
과 르말리야의 아들 베가 때문에 겁먹지
마라'고 일러 주어라. 그들이 화를 낸다
해서 두려워할 필요는 없다."
5 아람과 에브라임과 르말리야의 아들이 모
여서 악한 음모를 꾸몄습니다. 그들이 유
다를 공격하며 말하기를,

성경 인물 — 르신과 베가

앗시리아가 강성해지자 유다 왕 아하스는 처음부터 친앗시리아 정책을 폈습니다. 앗시리아와 유다의 긴밀한 관계에 위협을 느낀 아람 왕 르신(B.C. 740-732년)은 이스라엘 왕 베가와 동맹하여 예루살렘을 포위하고 유다로 하여금 앗시리아에 반역할 것을 요구하였습니다. 그러나 그는 앗시리아의 디글랏빌레셀에게 사로잡혀 죽임을 당했습니다. 베가는 북이스라엘의 왕으로(B.C. 754-733년), 우상 숭배의 죄에서 벗어나지 못했습니다. 그는 B.C. 730년 엘라의 아들 호세아에 의해 살해되었습니다.

본문 보기 7장 1절

알아두세요

6:13 테레빈스(terebinth) 나무에 가깝다.
7:1 '아람'은 현재의 '시리아' 땅에 해당된다.
7:2 여기에서는 '북 이스라엘'을 가리킨다.
7:3 '스알야숩'은 '남은 사람이 돌아올 것이다'라는 뜻이다.

6 "우리가 유다로 올라가서 그것을 정복하
자. 그리고 그 땅을 갈라서 우리끼리 나
누어 가지고 그 나라에는 다브엘의 아들
을 새 왕으로 세우자"고 합니다.
7 하지만 주 여호와께서는 이처럼 말씀하십
니다. "그들의 계획은 성공하지 못한다.
그들 뜻대로는 되지 않는다.
8 아람의 가장 강하다고 하는 도시가 수도
다마스커스인데, 그 곳을 다스리는 왕은
연약한 르신 왕이기 때문이다. 에브라임은
육십오 년 안에 망하여 다시는 나라를 이
루지 못할 것이다.
9 이스라엘의 중심 도시는 수도 사마리아인
데, 사마리아는 연약한 르말리야의 아들이
왕이 되어 다스린다. 너희의 믿음이 굳세
지 못하면 너희는 결코 바로 서지 못한다."

임마누엘 – 하나님이 우리와 함께 계시다

10 여호와께서 또 아하스에게 말씀하셨습니다.
11 "네 하나님 여호와께 이 모든 일이 일어
날 표적을 구하여라. 저 깊은 죽음의 세
계에서 저 높은 하늘에 이르기까지 무엇
이든 구하여라."
12 아하스가 대답했습니다. "나는 표적을 구
하지 않겠습니다. 여호와를 시험하지 않
겠습니다."
13 이사야가 말했습니다. "다윗의 자손, 아하
스여, 잘 들으십시오. 왕은 백성의 참을
성을 시험하는 것으로도 부족해서 이제는
하나님의 인내심까지 시험하십니까?
14 그러므로 주님께서 당신들에게 몸소 표적
을 주실 것입니다. 보시오! 처녀가 잉태하
여 아들을 낳을 것이며, 그 이름을 하나
님께서 우리와 함께 계시다는 뜻인 임마
누엘이라고 부를 것입니다.

알아두세요

7:23 1,000세겔은 11.4kg에 해당된다.
8:1 '마헬살랄하스바스'는 '빨리 빼앗긴다'라는 뜻이다.

덤불(7:19 bush) 어수선하게 엉클어진 수풀.
찔레(7:23 brier) 장미과의 나무로 봄에 흰 꽃이 피고 줄기에 가시가 난다.

15 그 아이가 옳지 않은 것을 거절하고 올바
른 것을 선택할 줄 알 때면, 그 아이는 버
터와 꿀을 먹을 것입니다.
16 왕은 지금 에브라임과 아람 왕들을 두려워
하고 있습니다. 그러나 그 아이가 옳고 그
른 것을 판단할 줄 알기 전에 에브라임 땅
과 아람 땅은 황무지가 될 것입니다.
17 여호와께서 왕과 왕의 집안과 왕의 백성
에게 저주를 내리실 것입니다. 그러한 일
들은 에브라임이 유다로부터 갈라져 나간
이후로 겪어 보지 못한 일들일 것입니다.
주께서 앗시리아 왕을 보내셔서 왕을 치게
하실 것입니다.
18 그 날에 여호와께서 신호를 보내시어 이집
트 강 끝에 있는 파리 떼를 부르시고, 또
앗시리아 땅의 벌 떼를 부르실 것입니다.
19 그들이 와서 골짜기와 바위 틈과 가시나
무 덤불과 샘물 곁에 진을 칠 것입니다.
20 그 날에 여호와께서 면도칼과 같은 앗시
리아 왕을 이용해 유다를 심판하시고, 유
다의 머리털과 다리털을 밀고, 수염까지
밀어 버리실 것입니다.
21 그 날에 비록 한 사람이 어린 암소 한 마
리와 양 두 마리밖에 키우지 못해도
22 그것들이 내는 젖은 넉넉하여 버터를 만
들어 먹을 수 있을 것입니다. 그 땅에 남
아 있는 모든 사람들은 버터와 꿀을 먹을
것입니다.
23 은 천 세겔*의 가치가 있는 포도나무 천
그루가 들어설 수 있는 모든 장소도 그 날
이 되면, 찔레와 가시나무로 뒤덮일 것입
니다.
24 그 땅이 모두 찔레와 가시나무 밭이 되어
야생동물이 들끓는 사냥터가 될 것입니다.
25 그러나 사람들이 괭이로 땅을 갈아야 하
는 산지에서는 잡초와 가시나무에 대한
두려움이 없을 것입니다. 그런 곳에서는
다만 사람들이 소 떼를 풀어 놓고, 양 떼
들이 밟고 다닐 것입니다."

앗시리아가 곧 온다

8 여호와께서 내게 말씀하셨다. "너는 큰
두루마리를 가져와서 보통 사용하는

글씨체로 '마헬살랄하스바스'*라고 써라.
2 내가 믿을 만한 증인인 제사장 우리야와
여베레기야의 아들 스가랴를 세워 증언하
게 하겠다."
3 그후, 내가 아내를 가까이했더니, 그녀가
임신하여 아들을 낳았다. 그 때에 여호와
께서 내게 말씀하셨다. "그 아이의 이름
을 마헬살랄하스바스라고 하여라.
4 그 아이가 커서 '아빠, 엄마'라고 부를 줄
알기 전에, 앗시리아 왕이 다마스커스와 사
마리아의 모든 재물을 빼앗아 갈 것이다."
5 여호와께서 다시 내게 말씀하셨다.
6 "이 백성이 천천히 흐르는 실로아 연못물
을 버리고 르신과 르말리야의 아들인 베가
를 좋아하는구나.
7 그러므로 보아라. 내가 힘있고 거대한 유
프라테스 강물, 곧 앗시리아 왕과 그 군대
를 보내 그들을 덮치도록 하겠다. 앗시리
아 사람들이 물처럼 강둑 위로 솟아올라
그 땅에 흘러 넘칠 것이다.
8 그 물이 유다로 흘러들어와 휘감아 돌면
서, 유다의 목까지 차오를 것이다." 이 군
대가 새처럼 그 날개를 펴서 너희 온 나
라를 뒤덮을 것이다. 임마누엘, 하나님께
서 우리와 함께하신다!
9 너희 모든 민족들아, 힘을 합쳐 보아라.
그러나 너희는 망하고 말 것이다. 너희 멀
리 떨어진 나라들아, 잘 듣고, 싸울 준비
를 하여라. 너희는 망할 것이다! 싸울 준
비를 한다 해도 너희는 망할 것이다!
10 너희는 전략을 세워 보아라. 그러나 실패
할 것이다. 계획을 말해 보아라. 그러나
이루어지지 않을 것이다. 왜냐하면 하나
님께서 우리와 함께 계시기 때문이다.

이사야에게 주신 경고

11 여호와께서 내 손을 굳게 잡으시고 이렇
게 말씀하셨다. "너희는 이 백성의 길을
따라가지 마라.
12 너희는 이 백성이 말하는 '반역'에 끼어
들지 마라. 그들이 두려워하는 것을 두려
워하지 말고, 무서워하지도 마라."
13 너희는 오직 만군의 여호와, 주님만을 거
룩하다고 하여라. 주님만이 너희가 두려
워하며 떨어야 할 분이시다.
14 여호와께서는 너희의 피난처가 되시지만,
이스라엘과 유다에게는 거치는 돌과 걸려
넘어질 바위가 되시며 예루살렘 백성에게
는 함정과 올가미가 되신다.
15 많은 사람이 이 바위에 걸려 넘어져 다시
는 일어나지 못할 것이며, 덫에 걸린 채
로 사로잡힐 것이다.
16 나는 이 모든 것을 적어서 여호와께서 하
실 일의 증거로 삼을 것이다. 나는 이 증
거의 말씀을 다음 세대에 전해 줄 내 제
자들에게 맡길 것이다.
17 여호와께서 야곱 집안을 부끄럽게 여기시
지만, 나는 주를 의지하며 기다릴 것이다.
18 보아라, 내가 여기에 있고, 여호와께서
내게 주신 아이들도 여기에 있다. 우리는
이스라엘 백성을 위한 표적이며 증거이다.
만군의 여호와께서 우리를 보내셨다.
19 사람들이 너희에게 말하기를 "소곤대고
중얼거리며 죽은 사람을 불러내 점을 치
는 무당과 점쟁이들에게 물어 보라"고 한
다. 그러나 마땅히 자기 하나님께 물어 보
아야 하지 않겠느냐? 어찌하여 산 사람이
죽은 것에게 묻느냐?
20 너희는 여호와의 가르침을 따르고, 그가
주시는 증거의 말씀을 지켜야 한다. 만일
그들이 이 말씀대로 따르지 않는다면, 동
트는 것도 보지 못할 것이다.
21 그런 사람은 괴로움과 굶주림 속에서 이
땅을 헤맬 것이다. 그들은 굶주림을 이기
지 못해 화를 내고 위를 쳐다보며 자기들
의 왕과 하나님을 저주할 것이다.
22 그들이 땅을 둘러볼지라도, 오직 고통과
어둠과 무서운 그늘만 보일 것이다. 그들
은 어둠 속으로 내몰릴 것이다.

새 날이 온다

9 고통의 땅에 그늘이 걷힐 것이다. 옛
날에는 여호와께서 스불론 땅과 납달리
땅으로 하여금 부끄러움을 당하게 하셨
다. 하지만 앞으로는 지중해로 나가는 길
과 요단 강 건너편, 그리고 북쪽으로는 이

스라엘 백성이 아닌 외국인이 살고 있는
갈릴리까지, 이 모든 지역을 영광스럽게
하실 것이다.
2 어둠 속에 살던 백성이 큰 빛을 보고, 짙
은 그늘의 땅에 살던 백성에게 환한 빛이
비칠 것이다.
3 "하나님, 주께서 그 민족을 크게 하시고,
그 백성을 행복하게 하십니다. 추수할 때
에 사람들이 기뻐하듯이, 그들이 주님 앞
에서 즐거워합니다. 전쟁에서 빼앗은 물
건을 나누는 백성처럼 기뻐합니다."
4 주께서 미디안을 물리치시던 때처럼 그들
이 진 무거운 멍에를 내려 주시고, 그들
의 어깨를 짓누르던 무거운 막대기를 벗
겨 주시며, 주의 백성을 치던 몽둥이를 없
애 주실 것이다.
5 군인들이 요란스런 소리를 내며 신고 다
니던 군화와 피로 얼룩진 군복이 모두 땔
감이 되어 불에 사라질 것이다.

메시아의 이름과 의미

"왜냐하면 우리에게 한 아기가 태어날 것이기 때문입니다. 하나님께서 우리에게 아들을 주실 것입니다. 그의 어깨 위에 왕권이 주어질 것입니다. 그의 이름은 기묘자, 모사, 전능하신 하나님, 영원히 살아 계신 아버지, 평화의 왕입니다." 본문 보기 9장 6절

이름	의미
기묘자 모사	현명한 계획과 탁월한 기술로 전쟁을 승리로 이끄는 자
전능하신 하나님	대적할 수 없는 정복자
영원히 살아계신 아버지	메시아의 영원한 신적 속성
평화의 왕	메시아의 영원 무궁한 평화의 통치를 나타냄

알아두세요

9:10 여기서 '무화과나무'는 보통의 무화과나무가 아니라, 히브리어로 '쉬크마'라고 불리는 나무로서, 잎이 뽕나무 잎과 비슷한 커다란 돌(야생) 무화과나무이고, 무화과나무나 삼나무나 건축 재료로서의 목재를 가리킨다.
9:10 '백향목'은 '개잎갈나무'라고도 한다.

6 왜냐하면 우리에게 한 아기가 태어날 것
이기 때문이다. 하나님께서 우리에게 아
들을 주실 것이다. 그의 어깨 위에 왕권
이 주어질 것이다. 그의 이름은 기묘자,
모사, 전능하신 하나님, 영원히 살아 계
신 아버지, 평화의 왕이시다.
7 그의 왕권은 점점 커지겠고, 평화가 그의
나라에서 영원히 이어진다. 그가 다윗의
보좌와 다윗의 나라에서 다스릴 것이다.
그가 정의와 공평으로, 이제부터 영원토
록 그 나라를 견고하게 세울 것이다. 만
군의 여호와께서 이 일을 이루실 것이다.
왜냐하면 주께서 자기 백성을 뜨겁게 사
랑하시기 때문이다.

하나님이 이스라엘을 심판하신다

8 주께서 야곱 백성에게 말씀하시니, 그것
이 이스라엘 위에 그대로 이루어졌다.
9 에브라임의 모든 백성과 사마리아의 주민
들까지도 주께서 그들을 심판하신다는 것
을 알 수 있을 것이다. 그런데도 교만하
고 잘난 체하는 그들은 말하기를,
10 "벽돌이 무너지면 다듬은 돌로 다시 쌓
고, 무화과나무*가 찍히면 그 자리에 백
향목*으로 심겠다"고 한다.
11 이 때문에 여호와께서 그들을 치시려고
르신의 원수를 강하게 하셨고, 그들을 칠
원수를 움직이셨다.
12 아람 사람들은 동쪽에서 오고, 블레셋 사
람들은 서쪽에서 와서 입을 크게 벌려 이
스라엘을 삼켰다. 그런데도 여호와께서는
진노를 풀지 않으시고, 여전히 손을 들어
백성을 치려 하신다.
13 그런데도 이 백성은 그들을 치신 분에게 돌
아오지 않고, 만군의 여호와를 찾지 않는다.
14 그러므로 여호와께서 이스라엘의 머리와
꼬리를 자르시고, 종려 가지와 갈대를 한
날에 찍어 버리실 것이다.
15 장로와 귀족들이 곧 머리이고, 거짓말을
하는 예언자들이 곧 꼬리이다.
16 이 백성을 인도하는 사람들이 도리어 잘
못된 길로 가니, 그들을 따르는 백성은 망
하게 된다.

17 그러므로 주께서 그들의 젊은이들을 기뻐하
지 않으시며, 그들 가운데 고아와 과부도
불쌍히 여기지 않으신다. 왜냐하면 그들 모
두가 하나님을 떠나 악한 짓을 하고 어리석
은 말을 하기 때문이다. 이 모든 일이 일어
난 후에도 여호와께서 진노를 풀지 않으시
고, 여전히 손을 들어 백성을 치려 하신다.
18 악은 불과 같이 타오른다. 그 불은, 처음
에는 잡초와 가시를 태우다가, 끝내는 숲
의 나무들을 태운다. 그것들이 연기 기둥
이 되어 하늘로 올라간다.
19 만군의 여호와께서 진노하셨으니, 땅이 불
에 타 버릴 것이다. 모든 백성은 마치 그
불에 타는 땔감과 같이 될 것이며, 아무도
자기 형제를 가련하게 여기지 않을 것이다.
20 오른손으로 움켜쥐어도 굶주릴 것이고,
왼손으로 먹어도 배부르지 않을 것이며,
마침내 그들이 자기 자식까지도 잡아먹을
것이다.
21 므낫세는 에브라임을 공격하고, 에브라임은
므낫세를 공격하며, 또 그들 둘이 힘을 합
하여 유다를 칠 것이다. 이 모든 일이 일어
난 후에도 여호와께서 진노를 풀지 않으시
고, 여전히 손을 들어 백성을 치려 하신다.

10 악한 법을 만들어 내는 사람, 백성
을 괴롭히는 법을 만들어 내는 사람
에게 재앙이 닥친다.
2 그들은 재판할 때에 가난한 사람에게 공평
하지 않았고, 내 백성 가운데 불쌍한 사람
들의 권리를 빼앗았다. 과부들의 물건을 훔
치고, 고아들에게 돌아갈 것을 빼앗았다.
3 형벌의 날에 너희가 저지른 짓들을 어떻
게 변명할 테냐? 멀리서 너희의 멸망이
다가올 때 너희는 어떻게 할 테냐? 누구
에게로 도망하여 도움을 요청할 것이며,
너희의 재산을 어디에 숨길 것이냐?
4 오직 너희는 포로들 아래에 엎어지거나,
죽은 사람들 아래에 쓰러질 것이다. 이 모
든 일이 일어난 후에도 여호와께서 진노
를 풀지 않으시고, 여전히 손을 들어 백
성을 치려 하신다.

하나님께서 앗시리아를 심판하신다

5 "앗시리아에게 재앙이 닥친다. 내가 그를
내 진노의 몽둥이로 이용했고, 내 분노를
쏟기 위한 막대기로 삼았다.
6 내가 그를, 나에게 등을 돌린 민족에게 보
냈다. 나를 노하게 한 백성에게 보내어 치
게 하며, 앗시리아가 그들을 약탈하고 탈
취하며, 유다를 거리의 진흙같이 짓밟도
록 하였다.
7 그러나 앗시리아 왕은 내가 그를 도구로 삼
아 이용하고 있다는 것을 알지 못하고, 그
런 생각을 전혀 하지 못한다. 그는 다만 마
음속으로 세계를 정복할 계획의 일부로써
내 백성을 공격할 생각을 하고 있다.
8 앗시리아 왕이 이렇게 말했다. '내 지휘관
들은 모두 왕이나 마찬가지다.
9 갈로는 갈그미스처럼 우리에게 멸망당할
것이고, 하맛은 아르밧처럼 우리 발 아래
떨어질 것이며, 사마리아는 다마스커스처

성경 지명

고대 근동 역사의 중심지, 갈그미스

갈그미스는 유프라테스 강을 건너는 주요 나루터를 수비하는 요새였습니다. 마리 문서(B.C. 18세기)에는 갈그미스가 B.C. 15세기 이집트의 투트모세 3세에 의하여 정복될 때까지 독립된 왕국의 중심지로 영화를 누렸던 곳으로 언급하고 있습니다. B.C. 2,000년대에는 시리아의 도시 국가로 우가리트 및 다른 도시 국가들과 맹약을 맺었습니다. 이니테숍(대략 B.C. 1,100년)에 이어 신힛타이트 국가로 존속하다가 B.C. 717년 사르곤 2세에 의해 피시리시가 멸망한 후, 앗시리아의 영토로 통합되었습니다.

본문 보기 10장 9절

종려(9:14 palm) 야자과에 속하는 상록교목이다. 높이는 3~7cm 가량 되고 잎이 무성하다. 나무는 장막절 초막을 짓는 데 쓰이고 번영 · 아름다움 · 승리를 상징한다.

탈취(10:6 capture) 남의 것을 억지로 빼앗아 가지는 것.

럼 우리에게 멸망당할 것이다.
10 우상을 섬기는 나라들을 내가 멸망시켰
다. 예루살렘과 사마리아의 우상보다 더 많
은 우상을 섬기는 나라들을 멸망시켰다.
11 내가 사마리아와 그 우상들을 멸망시켰으
므로, 예루살렘과 그 우상들도 멸망시키지
못할 까닭이 없다.'"
12 주께서 시온 산과 예루살렘에서 하실 일을
다 이루신 뒤에 저 마음이 교만하고 잘난
척하는 앗시리아 왕을 심판하실 것이다.
13 앗시리아 왕이 이렇게 말했다. "내가 내
힘으로 이런 일들을 했다. 내 지혜와 모
략으로 많은 나라를 무찔렀다. 그들의 재
산을 빼앗았고, 엄청난 숫자의 사람들을
포로로 사로잡았다.
14 새의 둥지에 손을 대듯, 내가 민족들의 재
물을 빼앗았다. 어미새가 버린 알들을 모
아들이듯, 내가 온 땅을 차지했다. 아무
도 손을 들어 내게 대들지 못했고, 입을
열어 나를 비난하지 못했다."
15 도끼가 도끼를 휘두르는 사람 앞에서 자
랑할 수 없으며, 톱이 톱을 켜는 사람 앞
에서 자랑할 수 없는 법이다. 막대기가 어
찌 막대기 든 사람을 잡을 수 있겠으며,
몽둥이가 어찌 몽둥이 든 사람을 들어 올
릴 수 있겠느냐?
16 그러므로 주, 만군의 여호와께서 앗시리아
의 군인들에게 무서운 질병을 보내실 것
이다. 앗시리아의 힘이 다 빠지게 되고,
모든 것이 없어질 때까지 타 버릴 것이다.
17 이스라엘의 빛이신 하나님은 불과 같으시
고, 이스라엘의 거룩하신 분은 불꽃과 같
으시다. 그런 하나님께서 하루 사이에 찔
레와 가시와 같은 앗시리아 군인을 태워
없애실 것이다.
18 앗시리아의 큰 군대는 울창한 숲 같으나
곧 멸망당할 것이다. 여호와께서 앗시리아
용사를 완전히 무찌르셔서, 그들이 전염
병에 걸린 사람처럼 야위고 쇠약해질 것
이다.
19 그 큰 군대에서 단지 몇 사람만이 살아남
아 어린아이라도 그 수를 셀 수 있을 정
도가 될 것이다.
20 그 날이 오면, 이스라엘과 야곱의 살아 남
은 사람들이 다시는 자기들을 친 앗시리
아를 의지하지 않고, 다만 여호와, 곧 이
스라엘의 거룩하신 분을 진실한 마음으로
의지할 것이다.
21 야곱 자손의 남은 사람들이 전능하신 하
나님께로 돌아올 것이다.
22 이스라엘아, 네 백성이 바다의 모래처럼
많더라도, 그들 중에서 오직 소수의 사람
들만 돌아올 것이다. 공의로우신 여호와
께서 이미 그의 백성들을 치실 것을 결정
하셨다.
23 이미 파멸이 작정되었다. 주, 곧 만군의
여호와께서 온 땅에 이 일을 이루실 것이
다.
24 그러므로 주, 곧 만군의 여호와께서 이렇
게 말씀하셨다. "시온에 사는 내 백성아,
앗시리아를 두려워하지 마라. 그가 몽둥이
로 너를 때리고 이집트가 했던 것처럼 막
대기로 너를 치더라도, 두려워하지 마라.
25 조금만 지나면 네게 내린 진노를 그치겠
고, 내 분노를 옮겨 그들에게 쏟아 붓겠
다."
26 만군의 여호와께서 오렙 바위에서 미디안
을 치셨듯이, 채찍으로 앗시리아를 치실
것이다. 이집트에서처럼 막대기를 바다
위로 들어 올리실 것이다.
27 그 날이 되면, 앗시리아가 너에게 주었던
무거운 짐이 어깨에서 내려질 것이며, 앗
시리아의 멍에가 네 목에서 벗겨질 것이
다.

알아두세요

11:11 *개역 성경에는* 〈히〉'구스'라고 표기되어 있다.

군수품(10:28 military supplies) 군사상 필요한 물품.

우람한(10:34 grand) 매우 크고 모양이 으리으리한.

적개심(11:13 hostility) 적에 대하여 몹시 화내는 마음.

앗시리아가 이스라엘을 공격하다

28 앗시리아 군대가 아얏 근처로 들어와, 미그론을 지나 믹마스에 그의 군수품을 쌓아 두었다.

29 그리고 샛길을 가로질러 게바에서 하룻밤을 묵겠다고 하니, 이를 알고 라마 사람들이 두려워하였고, 사울의 고향 기브아 사람들이 달아났다.

30 갈림 사람들아, 크게 외쳐라. 라이사야, 귀를 기울여라. 불쌍한 아나돗아! 대답하여라.

31 맛메나 사람들은 도망하며, 게빔에 사는 사람들은 몸을 피하였다.

32 바로 이 날에 적군이 놉에 이르고, 예루살렘에 있는 시온 산을 향하여 주먹을 휘두른다.

33 그러나 보아라! 주, 곧 만군의 여호와께서 도끼를 가지고 나뭇가지를 치듯 그들을 찍어 낼 것이다. 큰 앗시리아 군대가 베임을 당하고, 귀족들이 땅에 쓰러질 것이다.

34 도끼로 레바논의 우람한 나무들을 찍듯이, 여호와께서 그들을 찍으실 것이다.

평화의 왕이 오신다

11 이새의 그루터기에서 한 싹이 나며, 그의 뿌리에서 한 가지가 나와 열매를 맺을 것이다.

2 여호와의 영이 그에게 내릴 것이고, 주의 영이 그에게 지혜와 총명과 분별력과 능력을 주시며, 주를 알고 경외하게 하실 것이다.

3 그는 여호와를 경외하는 것을 즐거움으로 여길 것이고, 겉모습만 보고 판단하지 않으며, 사람들이 하는 말만 듣고 판결을 내리지 않을 것이다.

4 그는 가난한 사람들을 정직하게 재판하며, 이 땅의 힘 없는 사람들에게 공평한 판결을 내릴 것이다. 그는 사악한 사람들 위에서 통치하며, 자기의 입김으로 그들을 멸할 것이다.

5 그는 정의와 성실을 허리띠처럼 두를 것이다.

유대 광야의 양 떼들(11:6)

6 그 때에 이리와 어린 양이 평화롭게 살며, 표범이 새끼 염소와 함께 누우며, 송아지와 새끼 사자와 어린 황소가 함께 다니고, 어린아이가 그것들을 이끌고 다닐 것이다.

7 암소와 곰이 사이좋게 풀을 뜯을 것이며, 그것들의 새끼들이 함께 누우며, 사자가 소처럼 풀을 먹을 것이다.

8 젖먹이가 독사의 구멍 앞에서 장난치고, 어린아이가 살모사의 굴에 손을 넣을 것이다.

9 하나님의 거룩한 산 어디에도 그들을 해치는 것이나 다치게 하는 것이 없을 것이다. 물이 바다를 덮듯이, 그 땅에는 여호와를 아는 지식이 가득 찰 것이다.

10 그 날이 오면, 이새의 뿌리가 온 백성의 구원의 깃발로 세워질 것이며, 민족들이 그를 찾아올 것이다. 그리하여 그가 있는 곳은 영광으로 가득 찰 것이다.

11 그 날이 오면, 주님께서 다시 손을 펴셔서 앗시리아와 이집트와 바드로스와 에티오피아*와 엘람과 시날과 하맛과 바다 건너 모든 해변의 땅에서 살아남은 백성을 돌아오게 하실 것이다.

12 주께서 모든 백성이 볼 수 있도록 깃발을 세워 표시로 삼고, 온 땅에 사방으로 흩어진 유다 백성을 다시 모으실 것이다.

13 그 때에 에브라임의 질투심이 사라질 것이며, 유다의 적개심도 끊어질 것이다. 그 둘은 더 이상 다투지 않을 것이다.

14 에브라임과 유다가 서쪽으로는 블레셋의

바빌론의 멸망(13장)

후방을 공격하고, 그들이 함께 동방 사람
들을 약탈하며, 에돔과 모압을 정복하고,
암몬 사람을 다스릴 것이다.
15 여호와께서 이집트 홍해에 마른 길을 내
실 것이다. 유프라테스 강 위로 손을 휘저
어 뜨거운 바람을 일으켜 강물을 마르게
하실 것이다. 여호와께서 그 강을 나누셔
서 일곱 개울로 만드시니 누구나 신을 신
고 강을 건널 수 있을 것이다.
16 그리하여 살아남은 하나님의 백성이 앗시
리아를 떠나 돌아올 길이 생길 것이니, 이
는 이스라엘 백성이 이집트 땅에서 올라오
던 때와 같을 것이다.

찬양의 노래

12 그 날에 네가 노래할 것이다. "여호
와여, 내가 주님을 찬양합니다. 주
께서 전에는 내게 진노하셨으나, 이제는
진노를 거두시고 나를 위로해 주셨습니
다.
2 하나님은 나의 구원이십니다. 하나님을
믿으니 내게 두려움이 없습니다. 여호와
는 나의 힘이시며, 나의 노래이시며 나의
구원이십니다."
3 너희가 기쁨으로 구원의 우물에서 물을
길을 것이다.
4 그 날에 너희가 말할 것이다. "여호와를
찬양하고 주께 예배하여라. 주께서 하신
놀라운 일들을 민족들 가운데 전하여라.
그의 위대하신 이름을 알려라.
5 여호와께서 위대한 일을 하셨으니, 그를
찬양하여라. 주께서 하신 일을 온 세계에
전하여라.
6 시온에 사는 사람들아, 기쁨으로 외치고
노래하여라. 이스라엘의 거룩하신 분이 너
희 가운데 위대한 일을 하셨다."

바빌론을 향한 심판의 말씀

13 이것은 아모스의 아들 이사야가 바빌
론에 관해 받은 경고의 말씀입니다.
2 "산 위에 깃발을 세우고, 소리를 높여 군
사를 불러라. 손을 흔들어 바빌론 왕국을
공격할 것이라는 신호를 보내어라.
3 내가 거룩히 구별한 나의 용사들에게 명

령을 내려, 나의 진노를 쏟으라고 하였
다. 그들은 내 뜻을 따르는 것을 기뻐하
고 즐거워하였다."
4 산에서 나는 큰 소리를 들어 보아라. 많
은 나라의 민족들이 모여서 떠드는 소리
이다. 만군의 여호와께서 많은 나라의
군사들을 불러 전투 준비를 하게 하신
다.
5 이 군대는 먼 땅, 지평선 저 너머에서 온
다. 여호와께서 자신의 진노를 무기로 삼
아, 온 땅을 멸망시키실 것이다.
6 울어라! 여호와의 심판의 날이 가까이 왔
다. 전능하신 하나님께서 뜻밖의 재앙을
일으키신다.
7 그러므로 사람들의 손은 두려움에 떨고,
모든 인간의 마음은 겁에 질릴 것이다.
8 사람마다 겁에 질려 고통과 괴로움에 사
로잡힐 것이다. 그들이 아기를 낳는 여자
처럼 고통을 당할 것이며, 겁에 질려 얼
굴이 붉어진 채, 놀라서 서로 쳐다볼 것
이다.
9 보아라. 여호와께서 심판하실 날이 다가
온다. 그 날은 무시무시한 날이며, 하나
님께서 진노하시는 날이다. 하나님께서
땅을 황무지로 만드시고, 땅 위에 있는 죄
인들을 멸망시키신다.
10 하늘의 별들이 그 빛을 발하지 못하고, 해
가 떠도 어둡고, 달이 떠도 밝지 않을 것
이다.
11 "내가 세상의 악을 심판하고, 악한 사람
의 죄를 심판하겠다. 거만한 사람의 교만
을 꺾고, 폭력을 일삼는 사람의 거만을 낮
추겠다.
12 사람을 찾기가 순금을 찾기보다 어려울
것이며, 오빌의 좋은 금보다 사람의 수가
더 적을 것이다.
13 내가 하늘을 진동시키고, 땅을 흔들어 놓
겠다." 만군의 여호와께서 크게 노하시
고, 그 진노가 불타는 날에 이 일이 이루
어질 것이다.
14 사람들이 쫓기는 사슴처럼 도망칠 것이
며, 모는 사람이 없는 양 떼같이 달아날
것이다. 각자 자기 백성에게로 돌아가며,
각자 자기 땅으로 도망칠 것이다.
15 그러나 눈에 띄는 사람마다 모두 창에 찔
릴 것이요, 붙잡힌 사람마다 칼에 죽을 것
이다.
16 어린아이들은 부모가 보는 앞에서 메어쳐져
갈기갈기 찢겨지고, 집에 있는 것은 모두 빼
앗기고, 아내들은 겁탈을 당할 것이다.
17 "보아라. 내가 메대 군대를 일으켜 그들을
치게 하겠다. 그들은 은에도 관심이 없
고, 금도 좋아하지 않는다.
18 그들은 젊은이들을 활로 쏘아 죽이고, 갓
난아기들을 가엾게 여기지 않고, 아이들
을 불쌍히 여기지 않는다."
19 바빌론이 전에는 가장 아름다운 나라여서
갈대아* 사람들의 자랑거리였으나, 하나
님께서 소돔과 고모라처럼 바빌론을 멸망
시키실 것이다.
20 그 곳에는 영원히 사람이 살지 못하며, 다
시는 사람이 머무르지 못할 것이다. 아라
비아 사람도 거기에는 천막을 치지 않으
며, 목자들도 거기에서는 양을 치지 않을
것이다.
21 오직 들짐승들만 거기에 살며, 사람이 살
던 집에는 부엉이들이 가득할 것이다. 타
조들이 거기에 살고, 들염소들이 거기서
뛰놀 것이다.
22 그 성 안에서는 승냥이들이 울부짖고 화
려했던 궁전 안에서는 늑대들이 짖어댈
것이다. 바빌론의 끝이 가까워 온다. 이제
바빌론의 때가 다 끝났다.

이스라엘이 고향으로 돌아간다

14 여호와께서 야곱 백성을 불쌍히 여
기시고, 이스라엘을 다시 선택하셔서

알아두세요

13:19 '갈대아'는 '바빌로니아'를 가리킨다.

지평선(13:5 horizon) 평평한 땅의 끝과 하늘이 맞닿아 보이는 경계선.
승냥이(13:22 jackal) 개과의 짐승. 이리와 비슷하나 더 작고 꼬리가 길다. 성질이 사나우며 초식성 동물을 잡아먹는다. 주로 낮에 사냥을 한다.

그들을 고향에서 살게 하실 것이다. 그 때
에 외국 백성도 이스라엘 사람들에게 와서
야곱 백성과 하나가 될 것이다.
2 여러 민족이 이스라엘 사람을 고향으로 데
려다 줄 것이며, 이스라엘 백성은 여호와
의 땅에서 그들을 남종과 여종으로 삼을
것이다. 옛날에는 이스라엘 사람이 그들에
게 사로잡혀 갔으나 이제는 그들을 사로
잡고, 자기들을 압제하던 자들을 다스릴
것이다.

바빌로니아 왕은 쓰러진다

3 여호와께서 힘든 일로 슬퍼하고 고생하는
이스라엘 사람을 쉬게 하실 것이다. 그들이
다시는 종으로 일하게 되지 않을 것이다.
4 그 날이 오면, 이스라엘은 바빌로니아 왕
을 가리켜 이렇게 노래할 것이다. "우리
를 억누르던 무자비한 왕이 죽어 버렸네.
다시는 다스리지 못하게 되었네.
5 여호와께서 악한 통치자들의 홀을 꺾으시
고, 압제자들의 권력을 빼앗아 가셨네.
6 바빌로니아 왕이 노하여 민족들을 쳐부수
고, 끊임없이 백성들을 치고, 나라들에게
화를 내며 몹쓸 짓을 하더니,
7 이제 온 땅이 편히 쉬며 평화를 누리게 되
었네. 모든 백성이 기뻐하며 노래를 시작
하네.
8 바빌로니아 왕의 일로 소나무들도 기뻐하
고, 레바논의 백향목들도 즐거워하네. 나
무들이 말하기를 '드디어 바빌로니아 왕이
쓰러졌다. 이제는 아무도 우리를 찍지 못
한다' 라고 했다네."
9 네가 온다 하니 지하 죽음의 세계가 너를
맞으려고 들떠 있다. 땅 위의 지도자들이
었던 죽은 영혼들마저 너를 맞으려고 깨
어난다. 민족의 통치자들이었던 죽은 왕
들이 보좌에서 일어나 너를 맞이한다.
10 이 모든 지도자들이 너를 비웃으며 "너도
우리처럼 힘을 잃었구나. 우리와 똑같이
되었구나"라고 말한다.
11 네 영광이 죽음의 세계로 떨어지고, 네 비
파 소리도 함께 떨어진다. 구더기들이 네
밑에 침대처럼 깔리고 지렁이들이 네 몸
을 이불처럼 덮는다.
12 아침의 아들, 오 새벽별이여, 네가 하늘
에서 떨어졌구나. 옛날에는 세계 모든 민
족이 네 앞에서 엎드려 절하더니, 이제는
네가 땅바닥에 나뒹굴고 말았구나.
13 너는 마음속으로 '내가 하늘로 올라가 내
보좌를 하나님의 별들보다 더 높은 곳에
두겠다. 또 내가 신들의 거룩한 산 위에*
자리를 잡고 앉겠다.
14 구름 꼭대기까지 올라가 가장 높으신 하
나님과 같아지겠다' 라고 하더니,
15 이제 너는 무덤 속으로, 죽음의 세계 밑
바닥으로 떨어졌구나.
16 너를 보는 사람마다 너를 자세히 살피며,
생각에 잠길 것이다. 그들이 말하기를
"이 사람이 온 땅에 두려움을 몰고 왔던
그 사람인가? 나라들을 뒤흔들던 그 사람
인가?
17 세계를 황무지로 바꾸어 놓고, 성들을 멸
망시키며, 사람들을 포로로 사로잡아 고
향으로 돌려 보내지 않았던 바로 그 사람
인가?" 할 것이다.
18 모든 민족들의 왕들이 전부 영광스럽게
묻혔고, 왕마다 모두 제 무덤에 묻혔지만,
19 너는 네 무덤에서 내어 쫓길 것이다. 더
러운 오물처럼 너는 내던져지고 말 것이
다. 칼에 찔려 죽은 사람들의 시체가 네
몸을 뒤덮고, 사람들이 구덩이 밑바닥으
로 너를 내던지니, 너의 시체를 사람들이
짓밟을 것이다.
20 네가 네 나라를 폐허로 만들었고, 네 백
성을 죽였으므로, 너는 다른 사람들처럼

홀(14:5 scepter) 고대 이집트, 페르시아 등지에서 왕이 손에 쥐었던 일종의 지휘봉으로 권력을 상징하였다.
오물(14:19 filth) 지저분하고 더러운 물건.
소굴(14:23 den) 좋지 못한 짓을 하는 사람들이 근거지로 삼는 곳.
사신(14:32 envoy) 임금이나 나라의 명을 받고 다른 나라에 파견되는 신하.
산당(15:2 high place) 우상, 특히 바알을 섬기던 곳.

묻히지 못할 것이다. 너는 악인의 후손이
기 때문에, 다시는 아무도 네 이름을 부
르지 않을 것이다.
21 그의 자손을 죽일 준비를 하여라. 그들의
조상이 죄를 지었으므로, 그들도 죽여라.
그들이 다시는 땅을 차지하지 못할 것이
며, 다시는 땅 위에 성을 쌓지 못할 것이
다.
22 만군의 여호와께서 이렇게 말씀하셨다. "내
가 그 백성을 치겠다. 바빌론의 이름과 그
남은 자들을 지워 버리고, 그들의 자손까지
도 멸망시키겠다." 여호와의 말씀이다.
23 "내가 바빌론을 고슴도치의 소굴이 되게
하고, 물웅덩이로 만들며, 멸망의 빗자루
로 깨끗이 쓸어 버리겠다." 만군의 여호
와의 말씀이다.

하나님이 앗시리아를 심판하신다

24 만군의 여호와께서 이렇게 맹세하셨다.
"이 모든 일을 내가 계획한 그대로 실행
하며, 내가 작정한 그대로 이루겠다.
25 내가 앗시리아를 내 땅에서 멸망시키고,
내 산에서 짓밟겠다. 그가 내 백성에게 무
거운 짐을 지웠으나, 내가 그 멍에를 어
깨에서 벗겨 버리겠다."
26 이것이 여호와께서 온 땅에 대해 세우신
계획이다. 주께서 손을 들어 모든 민족을
치겠다고 하셨다.
27 만군의 여호와께서 계획을 세우시면, 아
무도 막을 수 없다. 주께서 손을 들어 백
성을 심판하시면, 아무도 그것을 돌이킬
수 없다.

블레셋에 관한 하나님의 말씀

28 이것은 아하스 왕이 죽던 해에 여호와께
서 하신 말씀입니다.
29 "블레셋아, 너를 치던 막대기가 부러졌다고
그렇게 기뻐하지 마라. 뱀이 더 위험한 새끼
를 낳을 수도 있는 법이다. 그 새끼가 일어
나 날쌔고 무서운 뱀처럼 너를 물 것이다.
30 내 백성 가운데는 가장 가난한 사람도 배
불리 먹고, 생활이 어려운 사람도 평안히
누울 것이다. 그러나 네 집안은 내가 굶
주려 죽게 하고, 살아남은 네 모든 백성
도 죽게 할 것이다."
31 성문 안에 사는 사람들아, 슬피 울어라!
블레셋 전체가 다 없어지게 되었구나. 북
쪽에서 먼지 구름이 몰려온다. 전투 준비
를 끝낸 군대가 몰려온다.
32 블레셋의 사신들에게 무엇이라고 전할까?
여호와께서 시온을 굳게 세우셨으니, 굶
주린 백성이 그리로 피한다고 전하여라.

모압에 관한 하나님의 말씀

15 이것은 모압에 관한 경고의 말씀입
니다. "하룻밤에 모압 땅 알과 길이
무너지고, 그 밤에 모압이 망했다.
2 디본 사람들이 산당에 올라가 울고, 모압
사람들이 느보와 메드바를 생각하며 슬퍼
한다. 사람마다 슬픔을 이기지 못하여,
머리를 밀고 수염을 깎았다.
3 모압 거리에는 상복을 입은 사람들이 가
득하고, 지붕 위와 광장에서는 모두가 큰
소리로 울부짖으면서 하염없이 눈물을 흘
린다.
4 헤스본과 엘르알레 사람들이 부르짖는 소
리가 저 멀리 야하스까지 들린다. 그러므
로 모압의 용사들마저 겁에 질려 두려움
에 떨며 넋을 잃고 있다.

성경 자세히 이해하기

모압

모압 족속은 롯의 후손들로 이루어진 민족입니다(창 19:37). 그들은 이스라엘이 가나안에 들어가기 전에 이미 사해 동편의 구릉지대에 거주하고 있었습니다. 모압 왕 발락은 예언자 발람을 보내어 이스라엘을 저주하게 한 사건으로 유명하며(민 22-24장), 이스라엘 사람들이 바알을 숭배하고 음란한 죄를 짓게 하였습니다(민 25:1-9). 그 후 사사 시대에는 이스라엘을 괴롭히기도 했으나(삿 3:12-30), 다윗 왕 때는 이스라엘의 지배를 받고 조공을 바치기도 했습니다. 후에는 바빌로니아에게 정복당하고, 로마에게 완전히 멸망당하였습니다.

본문 보기 15장

알아두세요

14:13 만남의 산 위에

5 내 마음이 모압을 생각하며 부르짖는다.
모압 사람들이 소알로 피하고, 에글랏 슬
리시야로 도망한다. 그들이 울며 루힛으로
가는 산길을 올라가, 호로나임으로 가는
길에서 처참하게 부르짖는다.
6 니므림 물은 말라 버렸고, 풀도 시들었고,
나무들도 다 죽었고, 푸른 것이라고는 하
나도 남지 않았다.
7 그러므로 그들이, 모아 두었던 것을 거두
어 가지고, 그것들을 버드나무 골짜기로
가져간다.
8 울부짖는 소리가 모압 온 땅에 퍼져, 에글
라임과 브엘엘림에까지 들린다.
9 디몬 물에는 피가 가득하게 되었다. 내가
디몬에 재앙을 더 내릴 것이다. 모압에 얼
마 남지 않은 사람들과 적군을 피한 사람
들을, 내가 사신을 보내어 죽이겠다."

16

"너희는 그 땅 왕에게 양을 보내라.
셀라에서 광야를 지나 시온 산으로
조공을 보내라.
2 아르논 강 나루터의 모압 여자들이 마치
둥지에서 떨어진 작은 새들과 같다.
3 그들이 말한다. '우리가 어찌하면 좋습니
까? 무슨 일을 해야 할지 말해 주십시오.
뜨거운 한낮에도 밤처럼 그늘을 드리워
주십시오. 우리가 피할 테니 숨겨 주십시
오. 우리를 적군 손에 넘기지 마십시오.

성경 지명

유능한 인재가 많았던 야셀

야셀은 모세 시대에 이스라엘에게 정복당한, 요단 동편 길르앗 땅에 있던 아모리 족속의 성읍입니다(민 21:32). 초기에는 이스라엘이 점령한 후 갓 지파에게 분배되었으나, 후에는 므라리 계열의 레위인에게 분배되었고, 그 뒤에는 모압인에게 점령되었습니다. 요압이 다윗을 위해 인구 조사를 시작할 때 야셀 맞은편에 장막을 친 적이 있었습니다(삼하 24:4-5). 이 성에는 유능한 인재들이 많이 살고 있었기 때문에 다윗 왕은 말년에 이 곳 사람들을 많이 등용하였습니다(대상 26:31). B.C. 852년 아합 왕이 죽자 모압 왕 메사에게 정복되었습니다. 본문 보기 16장 8절

4 모압에서 쫓겨난 우리를 당신들 땅에서
살게 해 주십시오. 우리를 해치려고 하는
사람들로부터 우리를 보호해 주십시오.'
폭력이 사라질 것이며, 약탈이 그칠 것이
고, 남을 짓밟던 사람들이 땅에서 사라질
것이다.
5 그 때에 자비로운 왕좌가 세워질 것이다.
다윗 집안에서 진실한 왕이 나와 그 위에
앉을 것이다. 그는 공평하게 재판하며 정
의로운 일만 할 것이다.
6 모압 백성이 교만하고 매우 거만하다는
말을 들었다. 그들은 교만할 뿐 아니라 화
를 잘 낸다. 그러나 그들은 허풍만 칠 뿐
이다.
7 그러므로 모압이 통곡할 것이다. 모압에
있는 모든 사람들이 통곡할 것이다. 길하
레셋에서 먹던 건포도 떡을 생각하며, 몹
시 슬퍼하고 괴로워할 것이다.
8 이제는 헤스본의 과수원들과 십마의 포도
나무가 말라 비틀어졌다. 전에는 그 포도
나무 가지들이 야셀까지 닿고 광야까지
이르렀으며, 그 싹이 자라나 바다까지 뻗
쳤다.
9 그러므로 내가 야셀을 위하여 애통하며,
십마의 포도나무를 위하여 운다. 헤스본
아, 엘르알레아, 너희를 위한 내 눈물이
멈추지 않는다. 익은 과일을 따거나 곡식
을 거둬들이는 일이 없으므로, 다시는 즐
거움으로 외치는 소리도 없을 것이다.
10 비옥한 땅에서도 기뻐하는 소리와 즐거워
하는 소리가 사라질 것이고, 포도밭에서
도 다시는 노랫소리와 기뻐 떠드는 소리
가 들리지 않을 것이며, 포도주틀에서 포
도를 밟아 즙을 내는 일도 없을 것이다.
내가 그들에게서 추수의 기쁨을 빼앗아
갈 것이다.
11 그러므로 마치 수금처럼, 내 마음이 모압
을 생각하며 통곡한다. 내 속에서부터 길
하레셋을 생각하며 슬피 운다.
12 모압 사람이 산당에 올라가 제사를 지내
지만 헛된 수고만 한다는 사실을 깨닫고,
자기들의 신전으로 찾아가서 기도를 하지

만 아무 소용이 없을 것이다."
13 이것이 전에 여호와께서 모압에 관해 하
신 말씀이다.
14 이제 여호와께서 다시 말씀하신다. "삼
년이 못 되어 모압이 자랑하던 것들과 그
모든 백성의 무리가 다 모욕을 당할 것
이다. 이 삼 년은 품꾼이 정해 놓고 일
하는 햇수와도 같다. 살아남는 자가 별
로 없을 것이며, 그들조차도 쇠약해질 것
이다."

아람에 관한 하나님의 말씀

17 이것은 다마스커스에 관한 경고의 말
씀입니다. "보아라, 다마스커스는 망
하여 황폐해질 것이다.
2 사람들이 아로엘의 성들을 버리고 떠나,
양 떼의 차지가 되어, 그것들이 마음대로
누워도 건드릴 사람이 없을 것이다.
3 에브라임의 요새들이 무너지고, 다마스커
스의 권세도 힘을 잃을 것이다. 아람의 살
아 남은 사람들이 이스라엘 자손의 영광처
럼 될 것이다." 만군의 여호와의 말씀이
다.
4 "그 날이 오면, 야곱의 영광이 빛을 잃을
것이고, 건강하던 사람이 야윌 것이다.
5 야곱은 추수가 끝난 르바임 골짜기의 곡식
들판처럼 버려질 것이다.
6 또 그들은 열매를 따고 난 올리브 나무처
럼 될 것이다. 올리브 나무를 흔들어 그
열매를 떨어뜨릴 때에, 가장 높은 가지나
무성한 가지 끝에 남게 되는 네다섯 개의
열매처럼 소수의 사람들만 살아남게 될
것이다." 여호와, 곧 이스라엘의 하나님께
서 말씀하셨다.
7 그 날이 오면, 사람이 자기를 지으신 분
을 바라보고, 눈길을 이스라엘의 거룩하신
분에게 돌릴 것이다.
8 자기들의 손으로 만든 우상에게 더 이상
도움을 요청하거나 경배하지 않고, 아세
라 우상에게 절하지 않으며, 그들이 지은
제단에 향을 피우지도 않을 것이다.
9 그 날이 오면, 굳건한 성들이 텅 비어 버
릴 것이며, 이스라엘 백성이 쳐들어올 때
히위 사람들과 아모리 사람들이 버리고 떠
난 성들처럼 황폐해질 것이다.
10 이는 네가 구원의 하나님이시며, 피난처
가 되시는 하나님을 저버렸기 때문이다.
그러므로 네가 가장 좋다는 포도나무들을
심고,
11 심자마자 그것이 자라서 그 이튿날 아침
에 꽃이 피었다 하더라도, 너는 결코 그
것들에게서 열매를 얻지 못할 것이다. 그
것들은 오히려 너에게 크나큰 슬픔과 고
통만 안겨 줄 것이다.
12 보아라! 군사들이 마치 요란하게 철썩대
는 파도처럼 함성을 지르며 돌진한다.
13 그들이 파도 소리처럼 요란한 소리를 내
더라도, 하나님이 꾸짖으시면 잠잠하게
될 것이다. 언덕 위에서 바람에 날리는 겨
와 같을 것이며, 폭풍에 흩날리는 티끌 같
을 것이다.

성경 지명

다마스커스

다마스커스는 아람(시리아)의 수도입니다. 고대에 다마스커스는 아마나 강과 바르발 강을 끼고 있어 동서남북을 이어 주는 교통과 상업, 군사적인 요충지였습니다. 따라서 오랫동안 남쪽의 도시들이 동맹을 맺어 북쪽 도시들의 침략에 대비하는 데 이용되었습니다. 다마스커스에 대한 이사야의 예언은 앗시리아 왕 디글랏빌레셀이 다마스커스 왕 르신을 죽이고 다마스커스를 정복함으로써 일차적으로 이루어지고(왕하 16:9, B.C. 732년), 그후 바빌로니아, 페르시아, 그리고 알렉산더에 의해 완전히 정복당함으로써 최종적으로 성취되었습니다.

본문 보기 17장

요새(17:3 fortress) 적이 침입하지 못하도록 만들어 놓은 군사적인 시설.
경배(17:8 bowing respectfully) 존경하여 겸손히 절함.
돌진(17:12 rush) 중간에 걸리거나 막힘이 없이 곧장 나아감.

14 밤에 두려워하며 떨던 이스라엘 백성들이,
아침이 오기 전에 적들이 모두 죽어 있는
것을 발견하게 될 것이다. 이것이 하나님
의 백성을 약탈하고 멸망시키려는 사람들
에 대한 하나님의 징계이다.

에티오피아에 관한 하나님의 말씀

18 에티오피아*의 강 건너편 땅, 벌레들
이 날개를 퍼드덕거리는 소리가 가
득한 땅에 재앙이 닥칠 것이다.
2 그 곳 사람들이 사신들을 배에 태워, 나
일 강 하류로 보낸다. 너희 날쌘 사신들
아, 키가 크고 피부가 매끄러운 백성에게
로 가거라. 그 땅이 강들에 의해 나뉘었
고, 멀리 있는 다른 민족들까지 정복하여
두려움을 주는 나라의 백성에게로 가거
라.
3 이 땅에 사는 사람들아, 다 보아라. 산 위
에 깃발을 올리는 것을 보아라. 나팔 소
리가 울려 퍼지는 것을 들어라.
4 여호와께서 이처럼 내게 말씀하셨다. "내
가 나의 처소에서 뜨거운 더위 속에 내리
쬐는 햇볕같이, 가을 추수 때에 맺히는 이
슬과도 같이, 잠잠히 바라볼 것이다.
5 꽃은 피었으나 아직 추수하기 전, 새 포
도가 맺혀 익어 갈 때에, 칼로 나무를 베
어 버리고 가지를 찍어 버리듯이, 적군에
게 이같이 할 것이다.
6 죽은 너희 군사들은 산새들과 들짐승의
먹이가 될 것이다. 새들이 그것으로 여름
을 나고, 땅의 모든 짐승들이 그것으로 겨
울을 날 것이다."
7 그 때에 키가 크고 피부가 매끄러운 사람
들, 어디에서나 남에게 두려움을 주는 백
성, 다른 민족을 정복하는 강한 백성, 그
땅이 강들로 나뉜 나라의 백성이 예물을
가지고 만군의 여호와의 이름만이 높임을
받는 시온 산으로 올 것이다.

이집트에 관한 하나님의 말씀

19 이것은 이집트에 관한 경고의 말씀
입니다. 보아라, 여호와께서 빠른
구름을 타고 오셔서 이집트로 들어가실 것
이니, 이집트의 우상들이 그 앞에서 떨며,
이집트는 모든 용기를 잃어버릴 것이다.
2 "내가 이집트 사람들을 부추겨 자기들끼
리 싸우게 하겠다. 형제와 형제가 싸우고
이웃과 이웃이 싸우며, 도시와 도시가 싸
우고 나라와 나라가 서로 싸우게 하겠다.
3 이집트 사람들이 겁에 질릴 것이다. 내가
그들의 계획을 꺾어 놓겠다. 그들이 우상
과 죽은 사람의 영과 무당과 점쟁이에게
물을 것이다.
4 내가 이집트를 잔인한 주인에게 넘기겠
다. 그렇게 되면 사나운 왕이 그들을 다
스릴 것이다." 주, 곧 만군의 여호와께서
말씀하셨다.
5 바닷물이 줄어들 것이며, 나일 강은 물이
말라 땅이 갈라질 것이다.
6 운하에서는 썩은 냄새가 나며, 이집트의
시내는 물이 빠져 나가 마를 것이다. 갈
대와 골풀도 다 썩어 버릴 것이다.
7 나일 강가에서 자라는 나무도 다 죽고, 밭
에 심은 것도 다 말라 죽을 것이다.
8 어부들이 통곡할 것이다. 나일 강에서 낚
싯줄을 던지는 모든 사람들이 슬퍼할 것
이며, 그물을 던지는 사람들이 낙심할 것
이다.
9 베를 짜는 사람들이 슬퍼하며, 모시를 짜
는 사람들이 희망을 잃을 것이다.
10 천을 짜는 사람들이 실망하고, 모든 품꾼
마다 슬픔에 빠질 것이다.
11 소안의 지도자들은 어리석다. 파라오에게
모사 노릇을 하는, 지혜 있다고 하는 사
람들도 잘못된 모략을 주었다. 그들이 어
떻게 자기들이 지혜 있는 사람이라고 왕

알아두세요

18:1 개역 성경에는 (히)'구스'라고 표기되어 있다.

운하(19:6 canal) 땅을 파서 강을 내고 배가 다니게 한 물길.
서원(19:21 vow) 하나님께 은혜를 구하고, 그 보답으로 어떤 선행을 하겠다고 맹세하는 일.
동맹(19:24 alliance) 개인이나 단체 또는 국가들이 서로 같은 목적을 이루기 위해 동일한 행동을 하겠다고 맹세하는 약속.

에게 말할 수 있겠느냐? 그들이 어떻게 옛 왕들의 자손이라고 말할 수 있겠느냐?
12 이집트야, 도대체 네 지혜의 사람들은 어디에 있느냐? 만일 그들이 지혜롭다면, 만군의 여호와께서 이집트에 대하여 무슨 계획을 가지고 계신지, 말해 보라고 하여라.
13 소안의 지도자들은 어리석었고, 놉의 지도자들은 헛된 것에 속았다. 이집트의 지도자들이 그 땅을 그릇된 길로 이끌었다.
14 여호와께서 그들을 혼란스럽게 만드셨으므로, 그들이 헤매며 이집트를 잘못된 길로 이끌었다. 그들은 마치 술에 취하여 비틀거리는 자와 같았다.
15 이집트가 할 수 있는 일은 아무것도 없으며, 아무도 이집트에게 도움을 줄 수 없다.
16 그 날이 오면, 이집트 사람은 겁에 질린 여자처럼 되어, 만군의 여호와를 두려워할 것이다. 왜냐하면 주께서 손을 들어 그들을 치실 것이기 때문이다.
17 그들은 유다라는 이름만 듣고도 모두 무서워할 것이다. 왜냐하면 만군의 여호와께서 이집트를 치려는 계획을 세우셨기 때문이다.
18 그 날이 오면, 이집트 땅의 다섯 성에서 사람들이 가나안 말, 곧 히브리 말을 하며, 만군의 여호와께 충성을 맹세할 것이다. 그 다섯 성 가운데 한 성은 '태양의 성'이라는 이름으로 불리게 될 것이다.
19 그 날이 오면, 이집트 땅 한가운데에 여호와를 섬기는 제단이 세워지고, 이집트 국경에는 여호와를 기리는 기념비가 세워질 것이다.
20 이것이 이집트 땅에서 만군의 여호와를 나타내는 표적과 증거가 될 것이다. 그들이 억눌림을 당하여 여호와께 부르짖으면, 주께서 그들을 구원해 줄 사람을 보내어, 억누르는 사람들의 손에서 그들을 구하게 하실 것이다.
21 이처럼 여호와께서 자신을 이집트 사람들에게 알리실 것이다. 그 날에 이집트 사람

앗시리아 도시 중의 하나인
갈라 왕궁 입구(19:23)

들이 여호와를 알고, 여호와께 제물과 예물을 바치면서 예배할 것이요, 여호와께 서원을 하고, 또 그 서원한 것을 갚을 것이다.
22 여호와께서 이집트 사람들을 심판하신 후에는 그들을 고쳐 주실 것이다. 이집트 사람들이 여호와께로 돌아올 것이며, 여호와께서 그들의 기도를 들어 주시고 치료해 주실 것이다.
23 그 날이 오면, 이집트에서 앗시리아로 이어지는 큰 길이 놓일 것이다. 그래서 앗시리아 사람과 이집트 사람이 서로 오가며, 그들이 함께 여호와를 섬길 것이다.
24 그 날이 오면, 이스라엘과 앗시리아와 이집트가 삼국 동맹을 맺을 것이니, 이것이 온 세계에 복이 될 것이다.
25 만군의 여호와께서 그 나라들에게 복을 주시며 말씀하시기를, "이집트야, 너는 나의 백성이다. 앗시리아야, 내가 너를 지었다. 이스라엘아, 너는 내 것이다. 너희 모두 복을 받아라." 하실 것이다.

앗시리아가 이집트와 에티오피아를 친다

20 앗시리아 왕 사르곤이 보낸 군대 장관 다르단이 아스돗에 도착한 해의 일입니다. 다르단은 아스돗을 공격하여 그 성을 점령했습니다.
2 그 때에 여호와께서 아모스의 아들 이사야에게 말씀하셨습니다. "네 몸에 걸친 베옷을 벗고 네 발에서 신을 벗어라." 이사야가 여호와의 말씀대로 벗은 몸과 맨발로 다녔습니다.

3 그 때에 여호와께서 말씀하셨습니다. "내
종 이사야가 삼 년 동안 벗은 몸과 맨발
로 다녔다. 이것이 이집트와 에티오피아에
게 보여 준 표적이요, 징조이다.
4 앗시리아 왕이 이집트와 에티오피아를 쳐서
이긴 후에, 젊은이와 늙은이의 옷과 신발
을 모두 벗겨 포로로 사로잡아 갈 것이다.
이집트 사람들이 엉덩이까지 드러낸 채로
끌려갈 것이다.
5 에티오피아를 의지하던 백성이 두려워할
것이며, 이집트의 영광을 보고 놀라던 백
성이 부끄러움을 당할 것이다.
6 그 날이 오면, 블레셋 바닷가 근처에 사는
백성이 이렇게 말할 것이다. '보아라, 우
리가 의지하던 나라, 우리가 달려가 앗시
리아 왕의 손에서 구해 달라고 청했던 나
라가 이렇게 되었으니, 이제 우리는 어디
로 피해야 할까?'"

바빌론에 관한 하나님의 말씀

21 이것은 바빌로니아에 관한 경고의 말
씀입니다. 광야에서부터 재앙이 불
어 닥친다. 네게브에서 불어오는 바람처
럼 무서운 땅에서 올라오고 있다.

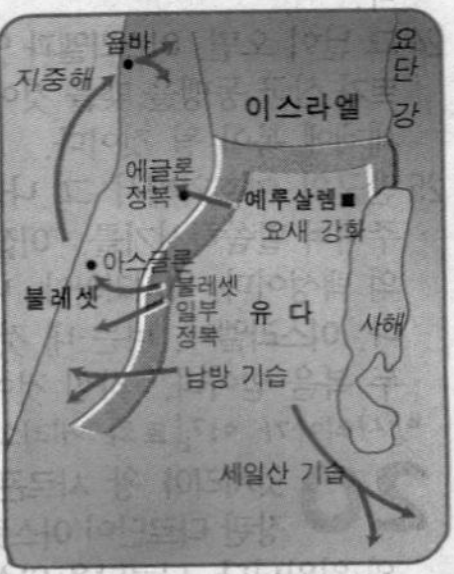

히스기야의 앗시리아 배척 정책 (22:8-11)

계시(21:2 revelation) 하나님께서 감추어진 사실, 신비스러운 진리 등을 사람에게 가르쳐 알게 하심. 또는 알게 하신 그 내용.
갈피를 잡지 못하다(21:4 confuse) 일의 갈래·방향을 잡지 못하고 이리저리 헤매다.
이상 골짜기(22:1 Valley of Vision) 골짜기와 언덕으로 둘러싸인 예루살렘 성을 가리킴.

2 내가 끔찍한 계시를 받았다. 반역자들이
반역하고, 약탈하는 사람이 약탈한다. 엘
람아, 공격하여라. 메대야, 성을 에워싸
라. 저 성안의 모든 신음 소리를 내가 그
치게 하겠다.
3 그 무서운 계시로 인해, 산모가 아기를 낳
을 때 겪는 고통처럼 온몸이 견딜 수 없
이 아팠다. 내가 들은 것 때문에 무서웠
고, 내가 본 것 때문에 두려움에 떨었다.
4 나의 마음은 갈피를 잡지 못하고 겁에 질
렸다. 기분 좋은 저녁이 공포의 밤으로 변
했다.
5 상을 차려 놓아라. 자리를 깔고, 먹고 마
셔라. 지도자들아, 일어나라. 방패에 기
름을 발라라.
6 주께서 내게 이처럼 말씀하셨다. "너는
가서 파수꾼을 세워 그에게 본 대로 보고
하라고 하여라.
7 전차나 기마병을 보거나, 나귀 탄 자나 낙
타 탄 자를 보거든, 주의 깊게 살피라고
하여라."
8 파수꾼이 사신과 같이 외쳤다. "주여, 저
는 날마다 밤낮으로 망대 위로 올라가 지
키고 있습니다.
9 보십시오, 저기 사람이 전차를 타고 기마
병과 함께 옵니다." 파수꾼이 다시 외쳤
다. "바빌론 성이 포위당했다! 무너졌다!
바빌론의 우상들이 모두 땅에 떨어져 깨
져 버렸다."
10 내 백성이 타작 마당의 곡식처럼 으깨졌
다. 내 백성아, 나는 만군의 여호와, 이스
라엘의 하나님께 들은 것을 그대로 너희
에게 전한다.

에돔에 관한 하나님의 말씀

11 이것은 두마에 관한 경고의 말씀입니다.
누가 나를 세일에서 부른다. "파수꾼아,
아침이 오려면 얼마나 더 있어야 하느냐?
파수꾼아, 밤이 지나가려면 얼마나 더 있
어야 하느냐?"
12 파수꾼이 대답한다. "아침이 오지만, 다
시 밤이 될 것이다. 물어 볼 것이 있거든
다시 와서 물어 보아라."

아라비아에 관한 하나님의 말씀

13 이것은 아라비아에 관한 경고의 말씀입니
다. 드단에서 온 상인들이 아라비아의 사
막에서 밤을 지샜다.
14 데마 사람들아, 여행하느라 지친 사람들
에게 먹을 것과 마실 것을 주어라.
15 그들은 칼을 피해 도망하는 사람들이었
다. 칼이 그들을 치려 하고, 활이 그들을
쏘아 맞추려 한다. 그들은 전쟁이 치열해
져서 도망다니는 신세가 되었다.
16 주께서 내게 이처럼 말씀하셨다. "일 년
이 지나지 않아서 게달의 모든 영광이 사
라질 것이다. 이 일 년은 품꾼이 정해 놓
고 일하는 햇수와 같다.
17 그 때에 활을 쏘는 사람이 얼마 남지 않
을 것이며, 게달의 용사 가운데 남는 사
람이 매우 적을 것이다." 여호와, 곧 이스
라엘의 하나님께서 말씀하셨다.

예루살렘에 관한 하나님의 말씀

22 이것은 '이상 골짜기'에 관한 경고
의 말씀입니다. 너희 백성에게 무
슨 일이 있기에 모두 지붕에 올라가 있느
냐?
2 이 성은 소란스러웠던 성, 떠들썩하고 요
란했던 성이다. 너희 백성은 칼에 죽은 것
도 아니고 전쟁으로 죽은 것도 아니다.
3 너희 지도자들은 다 달아났고, 모두 멀리
도망쳤으나, 활 한번 쏘아보지 못하고 모
두 사로잡혔다. 너희 가운데 남아 있는 자
들도 결국 모두 사로잡히고 말았다.
4 그러므로 내가 말한다. "모두 물러나라.
혼자 울게 나를 내버려 두어라. 나의 가
련한 백성이 멸망했다고 나를 위로하려
들지 마라."
5 주, 곧 만군의 여호와께서 특별한 날을 정
하셨다. 그 때에 소동과 혼란이 일어나
고, 사람들이 '이상 골짜기'에서 서로를
짓밟을 것이다. 성벽은 무너지고 백성의
울부짖는 소리가 산까지 퍼질 것이다.
6 엘람 군대는 화살통을 메고 전차와 기병
대가 함께 공격할 것이다. 기르 군대는 방
패를 준비할 것이다.
7 너의 아름다운 골짜기에는 전차들로 가득
차고 성문에는 기병대가 진을 칠 것이며,
8 유다를 지키는 방어선이 무너질 것이다.
그 날이 오면, 예루살렘 백성은 '무기 창
고'에 보관되어 있는 무기에 의존할 것이
다.
9 너희가 다윗 성에 갈라진 틈들을 조사하
였고, 아래 저수지에 물을 모았다.
10 예루살렘에 있는 집을 조사하여, 낡은 집
들을 헐어서 그 돌로 성벽을 수리했다.
11 또 옛 연못에서 흘러 나오는 물을 담아 두
려고 두 성벽 사이에 저수지를 만들었다.
그러나 너희는 이 모든 일을 하신 하나님
을 바라보지 않았다. 오래 전부터 그 일
을 계획하신 분을 쳐다보지도 않았다.
12 그 날에 주, 곧 만군의 여호와께서 백성
에게 슬피 울고 머리를 밀고 거친 베옷을
입으라고 말씀하셨다.
13 그러나 보아라. 오히려 백성은 기뻐하고
즐거워하였다. 소와 양을 잡고, 고기와
술을 마셨다. 그러면서 말하기를 "내일이
면 죽을 테니 먹고 마시자"라고 하였다.
14 만군의 여호와께서 내게 말씀하셨다. "이
죄는 너희가 죽기까지 용서받지 못한다."
주, 곧 만군의 여호와께서 말씀하셨다.

셉나에 관한 하나님의 말씀

15 주, 곧 만군의 여호와께서 이렇게 말씀하
셨다. "너는 왕궁 관리인 셉나에게 가라.
16 가서 그에게 전하여라. '여기에서 무엇을
하고 있느냐? 누가 여기에 네 무덤을 파
라고 하더냐? 어찌하여 네가 높은 곳에
너의 무덤을 만드느냐? 어찌하여 네 자신
을 위하여 바위에 누울 장소를 파느냐?
17 권력을 잡은 사람아, 보아라. 나 여호와
가 너를 단단히 묶어서 던져 버릴 것이다.
18 너를 머릿수건처럼 돌돌 말아서 넓은 땅
으로 던져 버릴 것이다. 네가 거기에서 죽
을 것이고, 네가 자랑하던 전차도 거기에
있을 것이며, 너는 네 주인의 집에서 부
끄러운 사람이 될 것이다.
19 내가 너를 이 높은 자리에서 쫓아 내고,
네 자리에서 너를 몰아 내겠다.

20 그 날이 오면, 내가 힐기야의 아들인 내
종 엘리아김을 부르겠다.
21 내가 네 옷을 빼앗아 그에게 입혀 주고 네
허리띠를 그에게 둘러 주겠다. 그리고 네
가 차지하고 있는 높은 자리까지 그에게
주고, 그를 예루살렘 백성과 유다 집안의
아버지가 되게 하겠다.
22 내가 또 다윗 집의 열쇠를 그의 어깨에 걸
어 주겠다. 그가 문을 열면 아무도 닫지
못하며, 그가 문을 닫으면 아무도 열지 못
할 것이다.
23 그가 단단한 판에 굳게 박힌 못처럼 견고
해질 것이다. 그가 자기 집안을 영예롭게
할 것이다.
24 그의 집안의 모든 영광이 그에게 달릴 것
이며, 어른이나 어린아이나 다 그에게 의
지할 것이다. 그들이 마치 그에게 매달린
접시와 항아리들 같을 것이다.'"
25 만군의 여호와의 말씀이다. "그 날이 오
면, 단단한 판에 박힌 못이 삭아서 부러
져 떨어질 것이고 거기에 매달린 것도 다
깨져 버릴 것이다." 여호와의 말씀이다.

두로에 관한 하나님의 말씀

23 이것은 두로에 관한 경고의 말씀입
니다. 다시스의 배들아, 통곡하여
라. 두로의 집들과 항구가 파괴되었다. 키
프로스 땅에서 떠도는 이야기가 모두 사
실이다.
2 바닷가에 사는 사람들아, 잠잠하여라. 시
돈의 상인들아, 입을 다물어라. 무역하는
사람들이 너희를 부자로 만들었다.
3 무역 상인들이 시홀의 곡식, 즉 나일의 추
수한 곡식을 바다 위로 실어 날라, 두로
의 수입을 올리고 두로를 세계의 시장으
로 만들었다.
4 시돈아, 바다의 요새야, 부끄러운 줄 알아
라. 바다의 피난처인 두로가 말했다. "나
는 진통을 겪어 본 일이 없고, 아기를 낳
지도 않았으며, 남자 아이나 여자 아이를
길러 본 적도 없다."
5 이집트가 두로에 관한 소식을 듣자 마자
큰 슬픔이 뒤따를 것이다.
6 다시스로 도망가거라. 바닷가에 사는 사
람들아, 슬피 울어라.
7 이것이 너희가 뽐내던 성이냐? 아주 오래
전부터 내려온 옛 성이냐? 주민들이 먼
곳까지 옮겨 가서 살던 바로 그 성이냐?
8 왕관을 쓰고 있는 두로, 상인들이 왕처럼
대접받던 성, 무역상들에게 크게 존경받
던 성인 두로에 대하여 누가 이런 계획을
세웠느냐?
9 만군의 여호와께서 이 일을 계획하셨다.
주께서 이 교만한 사람들을 낮추시고, 땅
에서 존경받던 사람들을 부끄럽게 만들기
로 결정하셨다.
10 다시스야, 나일 강이 이집트를 가로지르며
흐르듯 네 땅을 다녀 보아라. 이제는 네
가 머무를 항구가 없다.
11 여호와께서 바다 위로 손을 뻗쳐 나라들
로 두려움에 떨게 만드신 후, 가나안의 요
새들을 허물라고 명령하셨다.
12 여호와께서 말씀하셨다. "시돈아, 네가 다
시는 기쁨을 누리지 못할 것이다. 처녀 딸
시돈아, 너는 멸망할 것이다. 네가 바다를
건너 키프로스*로 가더라도 쉴 곳을 찾지
못할 것이다."
13 바빌로니아* 사람의 땅을 보아라. 바빌로니
아는 이제 더 이상 나라가 아니다. 앗시리
아가 바빌론에 배들을 위하여 기초를 쌓았

성경 지명

두로

두로는 베니게의 대표적인 도시였습니다. 베니게는 항해, 조선술이 발달해 일찍이 해상 무역을 장악하고 식민지를 건설했던 나라였습니다. 두로 왕 히람은 성전을 건축하는 데 백향목과 석공을 보냈고(왕상 5:8-9), 솔로몬의 무역을 위해 항해사까지 보냈습니다(왕상 9:27). 베니게와 주변국들은 두로를 통해 많은 이익을 얻었습니다. 이집트의 곡식과 다시스의 은, 철, 납 등의 무역이 두로를 통해 이루어졌기 때문입니다. 이사야는 이익을 위해 거짓된 상거래를 하고, 부로 말미암아 교만해진 두로의 심판에 대해 예언을 했습니다.

본문 보기 23장

다. 그들이 망대와 흙 언덕을 쌓아 공격
하여, 바빌론을 폐허로 만들었다.
14 그러므로 너희 다시스의 배들아, 슬피 울
어라. 너희의 요새가 무너져 버렸다.
15 그 날이 오면, 두로는 한 왕이 사는 햇수
만큼, 곧 칠십 년 동안, 잊혀질 것이다.
칠십 년이 지난 후에는 다음과 같은 노래
에 나오는 창녀처럼 될 것이다.
16 "너 잊혀진 창녀야, 네 수금을 들고 성을
돌아다녀라. 아름답게 수금을 타고 노래
를 많이 불러서, 사람들이 다시 너를 기
억하게 하여라."
17 칠십 년이 지나면, 여호와께서 두로를 돌
아보시어 옛날처럼 다시 무역을 할 수 있
게 하실 것이다. 그 때에 두로는 다시 땅
위에 있는 세계 모든 나라에 제 몸을 팔
아 돈을 벌 것이다.
18 그러나 두로가 벌어서 남긴 것은 여호와
의 몫이 될 것이며, 두로는 제 몫을 가지
지 못할 것이다. 여호와를 섬기며 사는 백
성이 두로가 벌어들인 것으로 양식과 좋
은 옷을 살 것이다.

하나님이 세상을 심판하신다

24 보아라! 여호와께서 온 땅을 멸망
시키시고 폐허로 만드신다. 땅을
뒤엎으시고 그 백성을 흩으신다.
2 그 때에 이 일이 누구에게나 일어난다. 보
통 사람과 제사장에게, 종과 주인에게,
여종과 여주인에게, 사는 사람과 파는 사
람에게, 빌리는 사람과 빌려 주는 사람에
게, 빚진 사람과 빚을 준 사람에게 똑같
이 일어난다.
3 땅이 완전히 황무지로 변하고, 재산은 약
탈당할 것이다. 여호와께서 이같이 말씀
하셨다.
4 땅이 메마르고 시든다. 세상이 힘을 잃고
만다. 이 땅의 위대한 지도자들도 힘을 잃
는다.
5 사람들 때문에 땅이 더럽혀졌다. 그들이
하나님의 가르침을 어기고 하나님의 율법
을 범하였으며, 영원한 언약을 깨뜨렸기
때문이다.
6 그러므로 저주가 땅을 삼킬 것이다. 죄를
지은 사람들은 불에 의해 멸망당하여, 오
직 적은 수의 사람만이 살아남을 것이다.
7 새 포도주가 상하며 포도나무가 시들 것이
다. 행복했던 사람이 모두 탄식할 것이다.
8 소고를 치며 기뻐하던 소리도 그칠 것이
고, 즐거운 잔치 소리도 그칠 것이며, 아
름다운 수금 소리도 그칠 것이다.
9 사람들이 다시는 노래 부르며 포도주를
마시지 않을 것이다. 독한 술을 마시는 사
람은 입 안에서 쓴맛으로 변했음을 느낄
것이다.
10 마을이 혼란에 빠지고, 사람들이 약탈당
하지 않기 위해 문을 걸어 잠근다.
11 거리에서는 포도주를 달라고 아우성치고,
모든 기쁨이 슬픔으로 바뀌며, 땅의 행복
은 사라진다.
12 성은 폐허가 되어 버려지고 성문은 부서
져 조각난다.
13 온 땅과 온 민족에게 이런 일이 일어난다.
그리하여 마치 다 떨어져 열매가 몇 개 남
지 않은 올리브 나무와 포도나무 같을 것
이다.
14 살아남은 사람들이 소리를 높여 기쁜 노
래를 부를 것이고, 서쪽에서는 사람들이
여호와의 위대하심을 찬양할 것이다.
15 그러므로 동쪽에서도 사람들이 여호와를
찬양하며, 바닷가 땅에서도 여호와, 곧 이
스라엘 하나님의 이름을 찬양할 것이다.
16 땅 끝에서부터 노랫소리가 우리에게 들려
온다. "의로우신 분에게 영광을!" 그러나
나의 마음은 슬픔으로 무겁다. 악이 여전

알아두세요

23:12 히브리어로 '깃딤'
23:13 '갈대아'를 가리킨다.

영예(22:23 honor) 많은 사람의 칭찬과 존경을 받아 자랑스럽고 유명하게 됨.
무역(23:2 trade) 국제간에 상품 · 기술 등을 사고파는 경제적인 활동.
언약(24:5 covenant) 하나님과 사람, 하나님과 민족간의 약속.

히 행해지고, 곳곳에서 배신 행위를 일삼
기 때문이다.
17 땅에 사는 사람들아, 너희들에게 두려움
과 함정과 올가미가 놓여 있다.
18 두려움으로부터 도망가다가 함정에 빠지
고, 함정 밖으로 빠져 나온 사람도 올가미
에 걸린다. 하늘에서 홍수의 문이 열리고,
너희가 밟고 있는 세상이 흔들릴 것이다.

뜨거운 햇볕을 가릴 그늘이 되시는 주님(25:4)

19 땅이 부서지고, 쩍쩍 갈라지며, 심하게
흔들린다.
20 땅이 술취한 사람처럼 심하게 비틀거리
며, 폭풍 속의 오두막처럼 이리저리 흔들
린다. 세상의 죄가 무거운 짐처럼 세상을
짓누르니, 세상이 넘어져 다시는 일어나
지 못할 것이다.
21 그 날이 오면, 여호와께서 높은 곳에서는
하늘의 군대를 벌하시고 땅 위에서는 땅
의 왕들을 심판하실 것이다.
22 여호와께서 그들을 모아, 죄수처럼 구덩
이에 던져 넣으실 것이다. 그들은 갇혀 있
다가 여러 날 후에 벌을 받을 것이다.
23 달이 당황해하고, 해가 부끄러워할 것이
다. 왜냐하면 만군의 여호와께서 왕이 되
시어 시온 산에서 다스리실 것이며, 예루
살렘의 지도자들이 여호와의 영광을 볼
것이기 때문이다.

하나님께 드리는 찬양

25 여호와여, 주님은 나의 하나님이
시니, 내가 주님을 존귀히 여기며
주님의 이름을 찬양합니다. 주께서 놀라
운 일을 보이셨고, 언제나 말씀대로 이루
셨으며, 오래 전에 계획하신 일 그대로 행
하셨습니다.
2 주께서 성을 폐허 더미로 만드
시고, 성벽으로 둘린 마을을
무너뜨리셨습니다. 적들이 굳
건하게 지은 성이 사라지니,
그들이 결코 다시 짓지 못할
것입니다.
3 그러므로 강한 나라 백성이
주님을 섬길 것이며, 잔인한
나라들이 주님을 두려워할
것입니다.
4 주님은 가난한 사람들과 위
험에 처한 사람들의 구원자
가 되십니다. 주님은 폭풍을
피할 피난처가 되시며, 뜨거운
햇볕을 가릴 그늘이 되십니다.
잔인한 사람들이 폭풍처럼 성벽을 몰
아치고,
5 이방인들의 분노가 사막의 열처럼 뜨겁게
달구어질 때, 주께서 차가운 구름으로 그
열기를 식히시며, 무자비한 그들의 노랫
소리를 그치게 하십니다.

하나님께서 종들을 위해 잔치를 베푸시다

6 만군의 여호와께서 시온 산에서 온 백성
을 위해 잔치를 베푸실 것이다. 가장 좋
은 음식과 잘 익은 포도주와 맛있는 고기
로 잔치를 베푸실 것이다.
7 하나님께서 이 산에서 모든 민족을 덮은
덮개를 벗겨 내실 것이다.
8 하나님께서 영원히 죽음을 치워 버리실
것이다. 주 여호와께서 모든 사람의 얼굴
에서 눈물을 닦아 주시고, 자기 백성의 부
끄러움을 온 땅 위에서 없애 주실 것이다.
여호와께서 이같이 말씀하셨다.
9 그 날이 오면, 사람들이 "보라, 이분이 우

라 하나님이시다. 우리가 하나님을 믿고
따르니, 하나님께서 우리를 구원해 주셨
다. 이분이 우리가 믿는 여호와이시다.
여호와께서 우리를 구원해 주셨으니 기뻐
하고 즐거워하자" 라고 말할 것이다.
10 여호와의 손이 이 산 위에 내려올 것이다.
모압은 짓밟힌 지푸라기처럼 으깨진 채
썩고 말 것이다.
11 주께서 모압 사람들을 수영 선수가 물을
밀어 내듯 밀어 내시며 그들의 자랑과 악
한 행동을 끝내실 것이다.
12 모압의 높고 굳건한 성벽을 주께서 무너
뜨려 땅바닥의 먼지로 만드실 것이다.

찬양의 노래

26 그 날에 유다 땅에서 이런 노래를
부를 것이다. 우리의 성은 굳건하
다. 우리는 하나님의 구원의 성벽에 둘러
싸여 있다.
2 성문들을 열어라. 의로운 백성, 하나님을
믿고 따르는 백성이 들어가게 하여라.
3 주께서 주를 믿고 따르는 사람에게 참된
평화를 주신다.
4 그러므로 영원토록 여호와를 의지하여라.
여호와는 우리의 영원한 반석이시다.
5 주께서 교만한 사람들을 낮추시고, 높이
솟은 성을 무너뜨리신다. 주께서 그 성을
땅바닥에 으깨셔서, 먼지로 만드신다.
6 가난한 사람과 억눌린 사람들이 발로 그
성을 짓밟을 것이다.
7 공평하신 하나님이시여, 주께서 의로운
사람의 길을 곧게 하심으로 그 길이 순탄
합니다.
8 여호와여, 우리가 주님의 의의 길을 따르
기를 기뻐하며, 주님의 이름을 영화롭게
하기를 원합니다.
9 내 영이 밤새도록 주님을 찾는 이유는, 주
께서 세상을 심판하실 때, 악을 물리치시
고 이 땅에 정의를 가져오실 것이기 때문
입니다.
10 주께서 악한 사람에게 선하게 대하셔도
그들은 의롭게 살려고 노력하지 않습니
다. 정직한 땅에 살면서도 여전히 악한 일
만 하며, 여호와의 위대하심을 보려 하지
않습니다.
11 여호와여, 주께서 그들을 심판하려 하시
지만, 그들은 그것을 보지 못합니다. 주
께서 주의 백성을 얼마나 사랑하는지 그
들에게 보여 주십시오. 그러면 악한 백성
이 부끄러움을 당할 것입니다. 주께서 준
비하신 불로 주의 원수들을 태우십시오.
12 여호와여, 우리에게 평화를 주십시오. 주
께서는 또한 우리의 모든 일을 우리를 위
하여 이루어 주십니다.
13 여호와 우리 하나님이여, 다른 주인들이
우리를 지배하였으나, 우리는 오직 주님
의 이름만 기억합니다.
14 그들은 죽어 없어졌으니, 결코 다시 돌아
오지 못합니다. 진실로 주께서 그들을 쳐
서 멸망시키시고, 그들의 모든 기억을 지
워 버리셨습니다.
15 여호와여, 우리는 주님을 찬양합니다. 주
께서 이 나라를 크게 이루시고 이 땅의 경
계를 사방으로 넓히셨습니다.
16 여호와여, 주께서 주의 백성들을 책망하
실 때, 그들이 괴로워하며 주께 엎드려 기
도하였습니다.
17 우리는 마치 임신한 여자가 이제 막 아기
를 낳으려는 때처럼 너무나 고통스러워
울부짖었습니다. 여호와여, 우리가 주님
앞에서
18 임신한 여자가 아기를 낳는 듯한 고통을
겪었으나, 우리가 낳은 것이라곤 아무것
도 없습니다. 우리는 세상을 구원할 아무
런 일도 하지 못했고, 이 세상에 사람을
내보내지도 못했습니다.
19 주의 백성이 죽었으나 다시 살아날 것입
니다. 그 시체들이 다시 일어날 것입니
다. 먼지 가운데 누워 있는 사람들아, 일
어나라. 그리고 기뻐하라. 이는 하나님의
생명의 빛이 무덤 속에서 잠자는 사람들
에게 이슬같이 떨어질 것이기 때문이다.

심판

20 내 백성아, 네 방으로 들어가서 문을 닫
아라. 하나님의 진노가 풀릴 때까지 잠시

숨어 있어라.
21 보아라, 여호와께서 그 계신 곳에서 나오
셔서 이 세상 사람들의 죄를 심판하실 것
이다. 땅이 더 이상 죽임당한 사람들을 숨
기지 않고, 모든 사람이 보도록 세상에 내
놓을 것이다.

27 그 날이 오면, 여호와께서 그 단단
하고 날카로운 큰 칼로 행동이 재빠
르고 구불구불한 모양의 뱀 리워야단을 벌
하시고, 바다에 있는 용을 죽이실 것이다.
2 그 날이 오면, 사람들이 아름다운 포도밭
을 두고 노래할 것이다.
3 "나 여호와가 그 포도밭을 지키겠다. 때를
맞추어 그것에 물을 주고, 아무도 해치지
못하게 밤낮으로 포도밭을 돌보겠다.
4 포도밭에 대한 나의 진노는 사라졌다. 누
구든지 가시와 엉겅퀴를 내어 내게 맞선
다면, 내가 달려들어 그것들을 몽땅 태워
버리겠다.
5 그러나 누구든지 피난처를 찾아 내게로
오면 나와 평화롭게 지낼 것이다. 내게로
와서 나와 평화롭게 지낼 것이다."
6 앞으로 야곱 백성이 뿌리를 내리고, 이스
라엘이 싹을 내며 꽃을 피울 것이니, 세
계가 그들의 자녀로 가득 찰 것이다.

하나님께서 이스라엘과 이혼하시다

7 주께서 이스라엘의 원수들을 치듯이 자기
백성을 치지는 않으셨으며, 주의 백성을
죽인 원수들을 죽이듯이 자기 백성을 죽
이지도 않으셨다.
8 주께서 이스라엘을 멀리 쫓아 내심으로, 그
것을 이스라엘에 대한 벌로 삼으셨다. 주
께서 동쪽에서 불어 온 뜨거운 바람에 날
려 보내듯 이스라엘을 쫓아 내셨을 뿐이다.
9 이렇게 해서 이스라엘의 죄가 용서받을 것
이다. 이것이 바로 야곱의 허물을 씻기 위
하여 치러야 할 모든 대가이다. 이스라엘
은 모든 제단의 돌들을 마치 부서진 석회
석처럼 다 깨뜨려 버려야 하며, 아세라 우
상도 태양 신상도 다시는 세우지 말아야
할 것이다.
10 그 때가 되면 요새 성들이 폐허로 변하고,
사람들이 살던 곳은 사막처럼 버려질 것이
다. 송아지들이 거기에서 풀을 뜯고 누우
며, 나무의 잎사귀를 다 먹어 치울 것이다.
11 나뭇가지가 마르면 여자들이 꺾어서 땔감
으로 가져갈 것이다. 이 백성이 이렇듯 깨
닫지 못하고 있으니, 그들을 지으신 분이
그들을 불쌍히 여기지 않으시고, 그들에
게 은혜를 베풀지 않으실 것이다.
12 그 날이 오면, 여호와께서 자기 백성을 유
프라테스 강에서 이집트의 시내에 이르기
까지 겨에서 알곡을 골라 내듯 모으실 것
이다. 이스라엘 자손들아, 여호와께서 너
희들을 찾아 모으실 것이다.
13 그 날이 오면, 큰 나팔 소리가 울려 퍼지
고 앗시리아 땅으로 끌려갔던 사람들과 이
집트 땅으로 도망간 사람들이 돌아와 예
루살렘의 거룩한 산에서 여호와께 엎드려
절할 것이다.

예루살렘 성(27:13)

북이스라엘에 대한 경고

28 에브라임의 술 취한 사람들에게
자랑이자 기쁨인 사마리아 성에 재
앙이 닥칠 것이다. 술 취한 사람들이 사
는 기름진 골짜기 언덕에 아름다운 화관
처럼 놓여 있는 네가 시들어 죽을 것이다.
2 보아라, 주님께서 강하고 힘있는 사람을
보내신다. 그 사람이 우박처럼, 폭풍처
럼, 극심한 홍수처럼 들이닥쳐서 사마리아
를 뒤엎어 버릴 것이다.
3 술 취한 에브라임 백성에게 자랑스러운 면
류관이던 그 성이 사람들의 발에 짓밟힐
것이다.
4 술 취한 사람들이 사는 기름진 골짜기에

아름다운 화관처럼 놓여 있는 네가 시들
어 죽을 것이다. 그 성은 잘 익은 무화과
같아서, 사람들이 그것을 보면 따서 삼키
는 것처럼 그 성의 찬란함도 삼킴을 당할
것이다.
5 그 날이 오면, 만군의 여호와께서 아름다
운 왕관이 되시며, 주의 살아남은 백성에
게 화려한 화관이 되실 것이다.
6 그 때에 여호와께서 자기 백성을 다스리
는 재판관에게는 재판의 영을 내려 주시
며, 성문에 서 있는 병사들에게는 용기의
영을 주실 것이다.
7 그러나 그 지도자들이 포도주와 독한 술
에 취하여 비틀거린다. 제사장과 예언자
들이 술에 취해 비틀거리니, 예언자들은
환상을 제대로 보지 못하며, 제사장들은
재판을 제대로 하지 못한다.
8 상마다 토한 것과 오물이 가득하여, 깨끗
한 곳이 한 군데도 없다.
9 그들은 비꼬며 말한다. "도대체 이 자가 누
구를 가르치고, 누구한테 설교를 하려 드
는 거야? 이제 막 젖을 뗀 아이들이나, 엄
마 품에서 떨어진 애들한테 한다는 건가?"
10 또 그들은 여호와의 예언자를 비웃으며
'단순한 말을 똑같은 방법으로 되풀이하
는 사람들'이라고 말한다.
11 그러므로 주께서 낯선 말과 다른 나라 말
로 이 백성에게 말씀하실 것이다.
12 주께서 그들에게 말씀하신다. "여기에 쉴
곳이 있으니, 지친 사람은 와서 쉬어라.
이 곳은 평화로운 곳이다." 그러나 그들
은 들으려 하지 않는다.
13 그래서 여호와께서 그들에게 단순한 말을
똑같은 방법으로 되풀이하여 말씀하신다.
그들이 물러가다가 뒤로 넘어질 것이며,
올가미에 걸려 붙잡힐 것이다.
14 그러므로 너희 뽐내기를 좋아하는 사람들
아, 여호와의 말씀을 들어라. 예루살렘에
서 이 백성을 다스리는 지도자들아, 귀를
기울여라.
15 너희가 말하기를 "우리는 죽음과 언약을
맺었고, 무덤의 세계와 계약을 맺었다. 큰
홍수가 닥쳐와도 우리를 해치지 못한다.
우리는 거짓말로 몸을 피할 수 있으며, 속
임수를 써서 숨을 수 있다"라고 하였다.
16 그러므로 주 여호와께서 이렇게 말씀하셨
다. "보아라. 내가 시온에 주춧돌을 놓겠
다. 그 돌은 얼마나 견고한지 시험해 본
모퉁잇돌이다. 이 돌은 귀하고 단단한 돌
이니, 누구든지 그것을 의지하는 사람은
절대로 실망하지 않을 것이다.
17 내가 정의로 자를 삼고, 의로 저울을 삼
겠다. 거짓말로 몸을 숨긴 사람은 우박에
크게 다치고 홍수에 휩쓸려 갈 것이다.
18 너희가 죽음과 맺은 언약은 깨어지고, 저
승 세계와 맺은 계약도 아무런 도움이 되
지 않을 것이다. 큰 홍수가 닥쳐올 때에
휩쓸리고 말 것이다.
19 홍수가 닥쳐올 때마다 너희는 그대로 당
할 것이다. 재앙이 아침마다 찾아오고 밤
낮으로 너희를 칠 것이다. 이 심판의 말
씀을 깨닫는 사람은 두려움에 사로잡힐
것이다."
20 너희는 마치 짧은 침대 위에서 힘들게 자
는 사람 같을 것이고, 이불이 작아서 제
대로 덮지 못하는 사람 같을 것이다.
21 여호와께서 브라심 산에서 싸우셨듯이 싸
우실 것이며, 기브온 골짜기에서 노하셨

성경 지명

브라심 산과 기브온 골짜기

브라심은 '바알브라심'이라고도 불립니다(삼하 5:20). 예루살렘과 베들레헴 사이에 위치하며, 다윗이 블레셋 군을 물리친 곳입니다(삼하 5:18-20). 기브온 골짜기는 팔레스타인 중부 산악 지대에 있는 히위 족속의 성읍으로, 여호수아가 아모리 족속과 싸울 때 해가 중천에 머물러 있던 곳입니다(수 10:12). 이사야는 여호와께서 마치 다윗의 시대에 브라심 산에서 블레셋 사람들을 치고, 여호수아의 시대에 기브온에서 아모리 족속을 치셨던 것과 같이 유다에 진노를 내리실 것이라고 예언합니다.

본문 보기 28장 21절

듯이 노하실 것이다. 그리하여 주께서 그
의 신비한 일을 이루실 것이고, 그 놀라
운 일을 마치실 것이다.
22 그러므로 너희는 내 말을 비웃지 마라. 그
렇게 하다가는 네 몸의 밧줄이 더 조여질
것이다. 만군의 주 여호와께서 온 세상을
멸망시키겠다고 내게 말씀하셨다.

여호와의 심판은 공평하다

23 내 말에 귀를 기울여라. 내가 하는 말을
잘 들어라.
24 농부가 씨를 뿌리려고 늘 밭만 가는 것도
아니고, 언제나 써레질만 하는 것도 아니
다.
25 땅 표면을 고르고 나면, 소회향 씨를 뿌
리거나 대회향 씨를 심지 않겠느냐? 밀을
줄줄이 심고 보리를 정한 자리에 심으며,
귀리를 알맞은 곳에 심는다.
26 하나님께서 그에게 가르쳐 주셨고, 올바
른 방법을 일러 주셨다.
27 소회향을 도리깨로 떨지 않으며, 대회향
을 수레바퀴로 떨지 않는다. 작은 막대기
로 소회향을 떨고 막대기로 대회향을 떤
다.
28 곡식을 떨어서 빵을 만들지만, 낟알을 완
전히 으깨지는 않는다. 수레를 굴려 알곡
을 떨기는 하지만, 완전히 가루로 만들지
는 않는다.
29 이것 역시 만군의 여호와께서 가르치신
것이다. 여호와께서 주시는 교훈은 놀라
우며, 그분의 지혜는 뛰어나시다.

예루살렘에 대한 경고

29 "오호라, 아리엘이여, 아리엘이여!
다윗이 진을 쳤던 성인 너에게 재
앙이 닥친다. 해마다 절기들이 돌아오지
만
2 내가 아리엘을 치겠다. 그러면 그 성에 슬
픔과 통곡이 가득할 것이고, 그 성이 내
게 제단처럼 될 것이다.
3 예루살렘아, 내가 군대로 너를 에워싸고
탑을 쌓아 너를 포위하고 흙 언덕을 쌓아
너를 공격하겠다.
4 네 목소리는 네가 죽어서 묻힐 땅에서부
터 들려 오는 유령의 소리처럼 희미한 속
삭임 같을 것이다.
5 그러나 너의 많은 원수는 가는 흙먼지처
럼 날아가며, 그 잔인한 무리는 바람 앞
의 겨처럼 흩날릴 것이다. 이 모든 일이
순식간에 일어날 것이다."
6 만군의 여호와께서 오실 것이다. 천둥과
지진과 함께 큰 소리를 내며 오시고, 폭
풍과 강한 바람과 멸망의 불을 이끌고 오
실 것이다.
7 그 때에 아리엘을 에워싸고 공격하는 민
족들이 한밤의 환상처럼 사라져 버릴 것
이다.
8 배고픈 사람이 꿈 속에서 무엇을 먹어도
깨어나면 여전히 배가 고프고, 목마른 사
람이 꿈 속에서 무엇을 마셔도 깨어나면
여전히 피곤하고 목마르듯이, 시온 산을
치는 모든 민족들의 무리가 그러할 것이
다.
9 너희는 놀라고 기절하며, 네 눈은 멀어서
앞 못 보는 사람이 될 것이다. 그들은 포
도주를 마시지 않았는데 취할 것이며, 독
한 술을 마시지 않았는데 비틀거릴 것이
다.
10 여호와께서 너희를 깊은 잠에 빠지게 하
셨다. 너희 눈인 예언자들을 감기셨고,

성경 풍속

타작에 쓰인 수레바퀴

여기서 말하는 수레바퀴는 이집트에서 지금도 '모우레이'라고 불리는 도구를 가리킵니다. 이 도구는 서너 개의 무거운 롤러로 이루어져 있습니다. 이 롤러는 목재나 철, 혹은 돌로 만들었으며 표면을 거칠게 만들되 망치나 써레처럼 사각형 모양으로 만들었습니다. 그 롤러들은 오르간의 울림통처럼 들쑥날쑥하게 만들어졌습니다. 그리고 각각의 롤러에는 실린더가 달려 있어서 그것에 따라 돌게 되어 있고, 이 롤러가 돌 때 날카로운 사각형 면이 곡식단을 내리치게 됩니다.

본문 보기 28장 27-28절

너희 머리인 선견자들을 덮으셨다.
11 그러므로 이 모든 계시는 봉인한 책에
적힌 말씀과 같다. 너희가 글을 읽을 줄
아는 사람에게 이 책을 가져가서 읽어
달라고 해도 그 사람은 "이 책은 봉인되
어 있어서 읽을 수 없다"라고 말할 것이
다.
12 또 너희가 글을 읽을 줄 모르는 사람에게
이 책을 가져가서 읽어 달라고 해도, 그
사람은 "나는 글을 읽을 줄 몰라서 못 읽
겠다"라고 말할 것이다.
13 주께서 말씀하셨다. "이 백성이 그 입으
로는 나를 존경한다고 말하지만, 그 마음
은 내게서 멀리 떨어져 있다. 그들이 나
를 경배한다고 하지만, 그것은 사람들이
해 오던 대로 형식적으로 하는 것일 뿐이
다.
14 그러므로 보아라, 내가 놀랍고 신기한 일
로 이 백성을 다시 놀라게 하겠다. 지혜
로운 사람들은 지혜를 잃고 똑똑한 사람
들은 총명함을 잃을 것이다."

다른 민족들에 대한 경고

15 오호라, 여호와 몰래 무슨 일을 하려는 사
람에게 재앙이 닥친다. 어둠 속에서 일을
꾸미는 사람에게 재앙이 닥친다. 그들은
"누가 우리를 보겠는가? 누가 우리의 하
는 일을 알겠는가?" 라고 말한다.
16 너희들은 얼마나 비뚤어진 자들인가? 진
흙과 토기장이가 어찌 같을 수 있느냐?
만들어진 물건이 자기를 만든 사람을 향
해 "그가 나를 만들지 않았다"라고 말할
수 있겠느냐? 그릇이 그릇을 만든 사람에
게 "그는 아무것도 모른다"라고 말할 수
있겠느냐?

좋은 날이 온다

17 이제 곧 있으면 레바논이 기름진 땅으로
변할 것이며, 그 기름진 땅이 푸른 숲이
될 것이다.
18 그 날이 오면, 듣지 못하는 사람이 책 읽
는 소리를 듣고, 어둠과 짙은 그늘 속에
있는 눈이 안 보이는 사람이 앞을 보게 될
것이다.
19 겸손한 사람들이 여호와로 인해 행복할
것이요, 가난한 사람들이 이스라엘의 거룩
하신 분 안에서 기뻐할 것이다.
20 그 때에 무자비한 사람은 사라지며, 하나
님을 두려워하지 않는 사람도 없어지고,
악한 일을 즐겨하는 사람도 사라질 것이
다.
21 법정에서 거짓말을 하여 사람에게 죄를
뒤집어씌우고, 재판정에서 속임수를 쓰는
사람들은 다 사라질 것이다.
22 그러므로 아브라함을 구원하신 여호와께
서 야곱 집안을 두고 이렇게 말씀하셨다.
"이제 다시는 야곱이 부끄러움을 당하지
않을 것이며, 다시는 그의 얼굴빛이 붉어
지는 일이 없을 것이다.
23 그들은 내 손으로 지은 그들의 모든 자녀
를 보고, 내 이름을 거룩하게 여길 것이
다. 이스라엘의 거룩하신 분을 두려움으로
섬길 것이다.
24 잘못을 저지른 사람이 뉘우치고 돌아오
며, 불평하던 사람이 가르침을 받아들일
것이다."

이집트를 의지하는 유다

30 여호와께서 말씀하셨다. "이 반역
하는 자녀에게 재앙이 닥친다. 그

성경 자세히 이해하기

아리엘

'아리엘'이란 '하나님의 제단'이란 뜻입니다. 아리엘은 제단 아래로 떨어진 제물의 피를 모아 불태우는 데 사용했던 번제단의 불타는 부분을 말합니다. 그러므로 이사야가 예루살렘을 향하여, '네가 아리엘과 같이 될 것이다'라고 한 말은 예루살렘이 적들의 침략을 받아 아리엘처럼 불타오르고 피로 물들게 될 것이라는 뜻입니다. 이사야는 유다 사람들이 형식적이고 위선적인 제사를 드리며(사 29:13-14), 악을 행했기 때문에 하나님께서 예루살렘을 심판하실 것이라고 예언했습니다. 본문 보기 29장 1절

토기장이(29:16 potter) 진흙을 빚어서 구워 낸 그릇인, 토기를 만드는 사람.

들은 계획을 세울 때, 내 뜻대로 세우지
않으며, 다른 민족과 조약을 맺을 때에도
내 영에게 묻지 않는다. 그들은 죄에 죄
를 더할 뿐이다.
2 그들이 먼저 내 뜻을 묻지 않고, 이집트로
내려가 도움을 요청한다. 파라오의 도움
을 받으려 하며, 이집트가 그들을 지켜 주
기를 바란다.
3 그러나 너희가 파라오에게 피하는 것은 부
끄럽게 될 뿐이며, 이집트의 보호 아래 있
는 것은 실망만을 안겨 줄 뿐이다.
4 너희 관리들이 소안으로 가고, 너희 사신
들이 하네스로 가지만,
5 이집트는 쓸모가 없는 민족이기 때문에 모
두가 부끄러움만 당할 뿐이다. 도움도 유
익도 주지 못하고 부끄러움과 망신만 당
할 뿐이다."

네게브에 관한 하나님의 말씀

6 이것은 남쪽 네게브의 짐승들에 관한 경
고의 말씀입니다. 남쪽 네게브는 위험하
고 거친 곳이다. 그 곳은 수사자와 암사
자가 가득하고, 독사와 날아다니는 뱀이
가득한 땅이다. 이런 땅을 사신들이 당나
귀 등에 물건을 싣고 다니며, 낙타 등에
보물을 싣고 다닌다. 아무런 도움도 주지
못할 나라로 그것들을 싣고 간다.
7 이집트는 헛것이요, 돕는다고 해 봐야 아
무런 쓸모도 없다. 그러므로 내가 그 나
라를 '가만히 앉은 라합'이라고 불렀다.
8 이제 이것을 백성을 위해 판에 쓰고 책에
적어라. 장차 올 날을 위해 적어서 영원
한 증거로 삼아라.
9 이들은 반역하는 백성이요, 거짓말을 하
는 자녀이므로, 여호와의 가르침을 들으
려 하지 않는다.
10 그들은 선견자에게 "다시는 환상을 보지
마라" 하고, 예언자에게 이르기를 "우리
를 위하여 진리를 말하지 마라. 듣기에 좋
은 말만 하고 달콤한 말만 하여라.
11 우리의 길을 막지 말고 길을 비켜 주어라.
우리 앞에서 더 이상 이스라엘의 거룩하신
분에 관한 이야기를 하지 마라"고 한다.
12 그러므로 이스라엘의 거룩하신 분이 이렇
게 말씀하셨다. "너희가 이 말씀을 업신
여기고 폭력과 거짓말만 일삼았다.
13 그러므로 너희는 이 죄값을 면치 못할 것
이다. 너희가 높은 성벽에 금이 가는 것
처럼 될 것이고, 갑자기 무너져 산산조각
이 날 것이다.
14 항아리가 깨져 산산조각이 나듯 너희도
그렇게 깨질 것이다. 아궁이에서 숯을 담
아 내지 못하고, 물웅덩이에서 물을 담아
내지 못할 정도로 그렇게 완전히 깨질 것
이다."
15 주 여호와, 곧 이스라엘의 거룩하신 분께
서 이렇게 말씀하셨다. "너희가 내게 돌
아와 나를 의지하면 구원을 받을 것이다.
잠잠하고 나를 믿으면 힘을 얻을 것이다.
그러나 너희는 그렇게 하려 하지 않았
다."
16 오히려 너희는 말하기를 "아닙니다. 우리
는 말을 타고 도망치겠습니다"라고 하였
다. 그러므로 너희가 그렇게 도망칠 것이
다. 또 너희가 말하기를 "우리는 빠른 말
을 타고 달아나겠습니다"라고 하였다. 그
러므로 너희 뒤에 오는 사람도 빨리 뒤쫓
아올 것이다.
17 적군 한 명이 위협을 해도 너희가 천 명
이나 도망치니, 적군 다섯 명이 위협하면
너희 모두가 도망칠 것이다. 너희가 산꼭
대기의 깃대처럼, 언덕 위의 깃발처럼 홀
로 남을 것이다.
18 그러나 여호와께서 너희에게 은혜 베풀기
를 원하시며, 너희를 위로하기를 원하신

파라오(30:2 Pharaoh) 고대 이집트 왕의 칭호.
환상(30:10 vision) 눈앞에 없는 사물이나 물건의 모습이 있는 것처럼 보이다가 가뭇없이 사라져 버리는 현상을 일컫는다. 여기서는 하나님께서 선견자들에게 주신 특별한 전달을 가리킨다.
체질하다(30:28 sift) 체로 가루 따위를 치다.
전차(31:1 chariot) 전투 · 경주 등에 쓰인 2륜 마차.

다. 주는 정의의 하나님이시므로, 누구든
지 주의 도우심을 기다리는 사람은 행복
하다.

하나님께서 자기 백성을 도우신다

19 시온 산에 사는 백성아, 너희는 다시 울
지 않게 될 것이다. 여호와께서 너희의 부
르짖는 소리를 들으시고 너희를 위로하시
며 도와 주실 것이다.
20 비록 주께서 너희에게 슬픔의 빵과 고통
의 물을 주셨으나, 여호와께서 여전히 너
희와 함께 계시며 너희를 가르치실 것이
다. 너희가 직접 너희를 가르치시는 분을
뵙게 될 것이다.
21 너희가 오른쪽이든 왼쪽이든 잘못된 길로
가려 하면 뒤에서 "이 길이 옳은 길이니
이 길로 가거라" 하는 소리가 너희 귀에
들릴 것이다.
22 너희에게 은이나 금을 입힌 우상들이 있
지만 너희가 그것들을 부정하게 여기고,
더러운 쓰레기를 버리듯 그것들을 내어
던지며 "빨리 사라져 버려라!" 하고 말할
것이다.
23 그 때가 오면, 여호와께서 너희에게 비를
내려 주셔서, 땅에 씨를 심으면 그 땅에
서 많은 작물을 거두게 될 것이다. 그 날
이 오면, 가축에게 먹일 것도 많을 것이
며, 양 떼가 풀을 뜯을 목장도 넓어질 것
이다.
24 밭가는 소와 나귀도 삽과 갈퀴로 까부른
사료를 마음껏 먹을 것이다.
25 수많은 적들이 죽임을 당하고 망대들이
무너지는 날에, 모든 높이 솟은 산과 언
덕 아래로 시냇물이 흐를 것이다.
26 여호와께서 자기 백성의 상처를 싸매어
주시고, 주께서 백성들을 치셔서 생긴 상
처를 고치시는 날에, 달빛은 햇빛처럼 밝
아질 것이다. 그리고 햇빛은 지금보다 일
곱 배나 밝아져서 마치 일곱 개의 태양을
한데 모은 것만큼 밝아질 것이다.
27 보아라! 여호와께서 친히 먼 곳에서부터
가까이 오신다. 여호와의 진노가 불처럼
타오르며, 짙은 연기 기둥처럼 치솟는다.
여호와의 입술은 진노로 가득하고, 그의
혀는 삼키는 불과 같다.
28 여호와의 숨은 넘쳐 흐르는 강물 같아서
목까지 차 오른다. 주께서 멸망의 체로 민
족들을 체질하여 멸망의 길로 이끄는 재
갈을 그들의 입에 물리실 것이다.
29 너희는 명절의 전날 밤처럼 기쁜 노래를
부를 것이다. 여호와께서 이스라엘의 반석
이 되시므로, 피리 소리를 들으며 여호와
의 산으로 올라가는 사람처럼 행복할 것
이다.
30 여호와께서 분노에 차셔서, 모든 것을 불
태워 버리는 큰 불 같은 진노로, 엄청난
비와 우박을 내리는 큰 폭풍으로 적들을
내려치실 것이다.
31 앗시리아가 여호와의 목소리를 듣고 두려
워할 것이다. 주께서 앗시리아를 몽둥이로
치실 것이다.
32 여호와께서 채찍으로 앗시리아를 치실 때,
소고와 수금 소리에 맞추어 치실 것이다.
주께서 친히 그들과 싸우실 것이다.
33 이미 오래 전에 불태우는 곳인 도벳이 준
비되었다. 앗시리아 왕을 심판하려고 만들
어진 도벳은 넓고도 깊으며, 장작과 불도
넉넉하다. 여호와께서 숨을 내쉬면, 화산
에서 불이 나오듯이 그것을 태워 버릴 것
이다.

이집트를 의지하지 마라

31 이집트로 내려가 도움을 요청하는
사람에게 재앙이 닥칠 것이다. 그들
은 말을 의지하고 수많은 전차와 강한 기
병대를 믿으면서도 이스라엘의 거룩하신

새(New) 문 또는 이삭문
고대 근동 지역에서 성문은 단순히 통로 이상의 의미를 지니고 있었다. 성문은 교역, 회합의 장소로 왕이 백성들의 이야기를 들어주기도 하고 재판을 행하기도 했다.

새가 둥지를 지키듯이 여호와께서
예루살렘을 지키실 것임(31:5)

분은 의지하지 않고 여호와께 도움을 요
청하지도 않는다.
2 그러나 여호와께서는 지혜로우셔서 그들
에게 재앙을 내리실 것이다. 여호와께서
는 이미 하신 말씀을 거두지 않으신다. 주
께서 일어나셔서 악한 백성과 싸우시며,
악을 행하는 자들을 돕는 백성과 싸우신
다.
3 이집트 사람은 사람이지 하나님이 아니
며, 그들의 말도 한낱 짐승에 불과할 뿐
영은 아니다. 여호와께서 진노의 팔을 펴
시면, 돕는 사람이나 도움받는 사람이나
모두 넘어지고 쓰러져 망하고 만다.
4 여호와께서 내게 이렇게 말씀하셨다. "사
자나 새끼 사자가 먹이를 잡고 으르렁거
릴 때에, 수많은 목자들이 무리를 지어 몰
려오더라도 사자는 그들이 외치는 소리에
꿈쩍도 하지 않는다. 그들이 소리를 질러
도 놀라지 않는다." 이와 같이 만군의 여
호와께서도 내려오셔서 시온 산 위에서
싸우실 것이다.
5 새가 날개를 치며 둥지를 지키듯이 만군
의 여호와께서 예루살렘을 지키실 것이다.
예루살렘을 보호하시고 구원하실 것이다.
예루살렘을 넘어와서 구하실 것이다.
6 너희 이스라엘의 자손아, 너희가 반역했던
하나님께 돌아오너라.
7 그 날이 오면, 너희가 직접 손으로 만든
금 우상과 은 형상들을 다시는 섬기지 말
아야 한다. 우상을 만든 것은 분명히 너
희의 죄다.
8 "앗시리아가 망하겠으나, 사람의 칼로 망
하지 않는다. 내 칼을 피해 앗시리아 사람
들이 도망하며, 앗시리아의 젊은이들은 사
로잡혀 노예가 될 것이다.
9 지휘관들도 내 전투 깃발을 보면 겁에 질
려서 도망칠 것이다." 예루살렘의 타오르
는 불꽃이 되시는 여호와 하나님의 말씀
이다.

정의의 나라

32 보아라, 한 왕이 일어나 정의로 다
스리며, 통치자들이 공평하게 재
판할 것이다.
2 통치자마다 바람을 피하는 곳 같겠고, 폭
풍우 속의 피난처 같을 것이다. 그는 또
한 메마른 땅의 시냇물 같을 것이며, 사
막의 큰 바위 그늘 같을 것이다.
3 보는 자들의 눈이 흐려지지 아니하고, 듣
는 자들은 귀 기울여 들을 것이다.
4 성질이 급한 사람도 깨달음을 얻고, 말을
더듬는 사람도 또렷하고 빠르게 말할 수
있을 것이다.
5 더 이상 어리석은 사람을 훌륭한 사람이
라고 부르는 일도 없고, 악한 사람을 존
경하는 일도 없을 것이다.
6 어리석은 사람은 어리석은 말을 하며, 마
음으로는 악한 일을 꾸민다. 잘못된 일을
하려 하고, 여호와 앞에서 말을 함부로 한
다. 굶주린 사람에게 먹을 것을 주지 않
고, 목마른 사람에게 물을 주지 않는다.
7 악한 사람은 악을 도구처럼 이용한다. 그
는 가난한 사람들의 물건을 빼앗을 궁리
를 하고, 그들에게 거짓말을 하여 망하게
한다.
8 그러나 의로운 지도자는 선한 일을 계획

하고, 그 선한 일을 행함으로 굳게 선다.

심판

9 평안히 사는 여자들아, 일어나 내 말을 들어라. 평화를 누리는 여자들아, 내 말에 귀를 기울여라.
10 일 년 하고도 조금 더 지나면 너희에게 두려운 일이 닥칠 것이다. 포도를 거두는 일도 없고, 여름 과일을 수확하는 일도 없을 것이다.
11 평안히 사는 여자들아, 너희가 두려움에 떨게 될 것이다. 평화를 누리는 여자들아, 너희에게 두려운 일이 닥칠 것이다. 고운 옷을 다 벗어 버리고, 슬픔을 상징하는 거친 베옷을 입어라.
12 마음을 즐겁게 해 주던 밭이 황무지로 변했으니 너희 가슴을 쳐라. 포도가 풍성하게 열리던 나무에서 포도가 열리지 않으니 통곡하여라.
13 내 백성의 땅에서 가시와 엉겅퀴만 자랄 것이니 슬피 울어라. 행복했던 집, 기쁨이 가득했던 마을을 생각하며 슬피 울어라.
14 왕궁은 텅 비고, 백성들은 붐비던 성에서 떠나갈 것이다. 요새와 망대가 영원히 폐허로 변하여, 들나귀가 뛰어놀고 양 떼가 풀을 뜯는 곳이 될 것이다.

회복

15 이러한 심판은 하나님이 높은 곳에서 우리에게 영을 부어 주실 때까지 계속될 것이다. 그 때에 사막이 기름진 밭으로 변하고, 기름진 밭은 푸른 숲으로 변할 것이다.
16 사막에서도 정의를 찾을 수 있고, 기름진 땅에서도 공평을 찾을 수 있을 것이다.
17 공평히 행함으로 평화가 찾아 오고, 그 결과 영원히 평안하고 안전할 것이다.
18 내 백성이 평화로운 장소에서 살고, 안전한 집에서 살며, 평안히 쉴 수 있는 곳에서 살 것이다.
19 우박이 내려 숲이 망가지고 성이 완전히 무너져도,
20 물가에 씨를 뿌리고, 소와 나귀를 풀어서 먹이는 너희에게는 복이 있을 것이다.

경고와 약속

33 남을 망하게 하고도 아직 망하지 않은 사람에게 재앙이 닥칠 것이다. 반역을 하고도 아직 배반 당하지 않은 사람에게 재앙이 닥칠 것이다. 남을 망하게 하던 일을 그치면 남들이 너를 망하게 할 것이고, 남을 반역하던 일을 그치면 남들이 너를 배반할 것이다.
2 여호와여, 우리에게 은혜를 베풀어 주소서. 우리가 주의 도움을 기다립니다. 아침마다 우리에게 힘을 주시고, 어려운 일을 당할 때에 구원해 주소서.
3 주의 힘찬 소리를 듣고 사람들이 두려움에 빠져 달아나며, 크신 여호와를 보고 민족들이 흩어집니다.
4 황충 떼가 모이는 것처럼 너희들의 전리품이 모일 것이며, 메뚜기 떼가 달려들듯이 너희들의 재산을 빼앗아 가져갈 것이다.

땅에서는 가시와 엉겅퀴만 자랄 것이다(32:13)

5 여호와는 위대하시다. 여호와는 높은 곳
에 계시며, 시온을 정의와 공평으로 채우
신다.
6 여호와는 너의 피난처이시다. 주께는 구
원과 지혜와 지식이 가득하다. 주를 경외
하는 것이 가장 큰 보물이다.
7 보아라, 용사들이 거리에서 울부짖고, 평
화의 사자들이 쓰라리게 통곡한다.
8 길마다 황량하게 변하고, 거리를 다니는
사람이 하나도 없다. 사람들이 맺은 언약
을 깨뜨리고, 도시들은 모두 버려졌다.
아무도 다른 사람을 존경하지 않는다.
9 이 땅이 아파서 죽어 간다. 레바논이 부끄
러움을 당하며 죽어 간다. 사론 평야는 사
막처럼 메말랐고, 바산과 갈멜의 나무들도
죽어 간다.
10 여호와께서 말씀하신다. "이제는 내가 일
어나 스스로 높아지겠다. 이제 내 영광을
사람들에게 나타내겠다.
11 너희가 헛된 일을 한다. 겨와 지푸라기같
이 아무 쓸모 없는 것을 생산할 뿐이다.
너희 호흡이 불처럼 너희를 태워 버릴 것
이다.
12 백성들이 불에 타서 석회가 되고, 마른 가
시덤불처럼 불에 쉽게 타 버릴 것이다.
13 먼 곳에 있는 백성아, 내가 한 일을 들어
라. 가까운 곳에 있는 백성아, 나의 능력
을 깨달아라."
14 시온의 죄인들이 두려움에 떨고 하나님을
떠난 사람들이 겁에 질려 있다. 그들이 말
하기를, "우리 가운데 누가 이 멸망의 불
에서 살아남을 수 있을까? 우리 가운데
누가 이 영원히 꺼지지 않는 불을 견뎌 낼
수 있을까?"라고 한다.
15 의로운 일을 하고 정직하게 말하는 사람,
부정한 돈은 받지 않고 뇌물을 거절하는
사람, 살인자의 나쁜 계획에 귀를 막고,
악한 일은 보는 것조차 하지 않으려고 눈
을 감는 사람,
16 이런 사람은 안전한 곳에 거할 것이다. 높
고 굳건한 바위 요새가 그들의 피난처가
되며, 빵이 부족하지 않고 물이 떨어지지
않게 될 것이다.
17 너희 눈이 영광의 왕을 볼 것이며, 끝없
이 펼쳐진 땅을 볼 것이다.
18 네가 옛적 두려워했던 일을 생각하며 "셈을
하던 자가 어디론가 가고 없고, 무게를 재
던 자도 이제는 없고, 망대들을 세던 사
람도 없어졌구나"라고 할 것이다.
19 네가 저 교만한 외국인들을 다시는 보지
않게 될 것이다. 알아듣지도 못할 그들의
말을 다시는 듣지 않게 될 것이다.

하나님께서 예루살렘을 지켜 주신다

20 우리의 절기를 지키는 성, 시온을 보아라.
너의 눈은 아름다운 안식처인 예루살렘을
볼 것이다. 예루살렘은 영원히 움직이지
않을 장막이다. 그 모든 말뚝이 절대로 뽑
히지 않을 것이며, 그 모든 밧줄이 절대
로 끊기지 않을 것이다.
21 거기에서 여호와께서 우리의 전능하신 분
이 되시니, 마치 그 땅은 시내와 넓은 강
이 흐르는 곳과 같다. 그 강으로는 적군
의 배가 다니지 못하고 적군의 큰 배가 뜨
지 못한다.
22 왜냐하면 여호와께서는 우리의 재판관이
시자, 입법자이시며, 우리의 왕이시기 때
문이다. 그분이 우리를 돌보며 구원해 주
실 것이다.
23 너희 적국의 뱃사람들아, 들어라. 너희
배의 밧줄이 느슨하여 돛대를 바로 세우
지 못하고 돛을 넓게 펴지 못할 것이다.
여호와께서 너희가 가진 재산을 우리에게
나누어 주실 것이다. 심지어 다리를 저는
사람들까지 자기 몫이 있을 것이다.

황량하다(33:8 desolate) 거두지 않고 그냥 버려 두어 거칠고 쓸쓸하다.
콩팥(34:6 kidney) 신장. 척추의 양쪽에 하나씩 있는 내장의 한 가지. 강낭콩 모양을 하고 검붉은 데, 몸 안의 불필요한 물질을 오줌으로 배설하는 구실을 함.
유황(34:9 sulfur) 비금속 원소의 하나로 의약품 · 화약 · 성냥 등의 원료로 쓰임.
역청(34:9 pitch) 탄화수소로 이루어진 화합물의 일반적인 총칭. 보통 아스팔트 · 피치 등을 말함.

24 예루살렘에 사는 사람은 아무도 "내가 병
들었다"라고 말하지 않을 것이니, 여호와
께서 그들의 죄를 용서해 주실 것이기 때
문이다.

하나님께서 원수들을 벌하신다

34 온 땅의 민족들아, 가까이 와서 들
어라. 세계와 그 안에 있는 모든
것들아, 귀를 기울여라.
2 여호와께서 모든 민족에게 진노하시고,
그들의 모든 군대에 대해 노하셨다. 주께
서 그들을 완전히 멸망시켜 없애 버리실
것이다.
3 그들의 시체가 밖으로 내던져지고, 그 시
체에서 악취가 올라오며 피가 산 아래로
흘러내릴 것이다.
4 하늘에 있는 모든 것이 녹아 없어지고, 하
늘이 두루마리처럼 말릴 것이다. 포도나
무 잎과 무화과나무 열매가 시들어 떨어
지듯이, 하늘에 있는 모든 것이 떨어질 것
이다.
5 하늘에서 여호와의 칼이 피로 물들었으
니, 보아라, 이제 그 칼이 에돔 위에 내려
올 것이다. 이 백성은 여호와의 심판으로
멸망하게 될 것이다.
6 여호와의 칼이 피에 젖고, 기름으로 뒤덮
일 것이다. 어린 양과 염소의 피에 젖고,
숫양의 콩팥 기름으로 뒤덮일 것이다. 왜
냐하면 여호와께서 보스라에서 희생 제물
을 잡으셨고, 에돔 땅에서 큰 살육을 행
하셨기 때문이다.
7 스스로 강하다고 믿는 사람들도 소가 쓰
러져 죽는 것처럼 죽을 것이다. 땅이 피
로 물들고 흙이 기름으로 덮일 것이다.
8 여호와께서 심판의 날, 곧 시온을 괴롭힌
사람들의 죄값을 치르는 해를 정하셨다.
9 에돔의 강들이 유황으로 변하고, 그 땅이
불타는 역청으로 변할 것이다.
10 불이 밤낮으로 타오르고, 연기가 끊임없
이 치솟을 것이다. 대대로 에돔이 황무지
로 변하여, 더 이상 그 땅으로 지나는 사
람이 없을 것이다.
11 그 땅이 부엉이와 올빼미의 소굴로 변하
고, 까마귀의 집으로 변할 것이다. 하나
님이 그 땅을 황무지로 만드셔서 그 땅에
아무것도 남지 않을 것이다.
12 다스릴 사람을 찾아도 다스릴 사람이 없
겠고, 지도자도 모두 사라지고 없을 것이
다.
13 요새가 있던 자리에 가시나무가 자라고,
튼튼한 성이 있던 자리에 야생 덤불이 자
랄 것이다. 이리가 그 곳을 자기 굴로 삼
고 타조가 그 곳에서 살 것이다.
14 살쾡이들이 하이에나와 만나고, 들염소들
이 서로를 부를 것이다. 밤에 활동하는 짐
승들이 쉴 자리를 찾을 것이다.
15 부엉이가 집을 지어 알을 낳고, 알이 깨
면 자기 그늘로 덮어 줄 것이다. 또한 솔
개들도 자기 짝과 함께 모일 것이다.
16 여호와의 책을 찾아서 읽어 보아라. 이 짐
승들 가운데 하나도 빠진 것이 없겠고, 그
짝이 없는 짐승도 없을 것이다. 하나님께
서 그것들을 모으겠다고 친히 말씀하셨고
하나님의 영이 그것들을 모으셨다.
17 하나님께서 그 짐승들에게 땅을 나누어
주시고, 짐승들이 그 땅을 차지하게 경계
를 정해 주셨다. 그 짐승들이 그 땅을 영
원히 차지할 것이며, 대대로 그 땅에서 살
것이다.

위로하시는 하나님

35 광야와 메마른 땅이 기뻐하며, 사
막이 꽃을 피울 것이다.
2 사막이 풍성한 꽃들과 함께 기뻐 외치며
즐거워할 것이다. 레바논의 숲처럼, 갈멜
의 산과 사론의 평야처럼 아름다울 것이
다. 모든 사람이 여호와의 영광을 보며 우
리 하나님의 광채를 볼 것이다.
3 약한 손을 강하게 하고, 떨리는 무릎을 굳
세게 하여라.
4 마음에 근심하는 사람에게 일러 주어라.
"굳세어라. 두려워하지 마라. 보아라. 너
희 하나님이 오신다. 하나님이 너희의 원
수를 심판하실 것이며, 그들이 행한 대로
갚아 주실 것이다. 오셔서 너희를 구해 주
실 것이다."

5 그 때에 보지 못하는 사람이 다시 보고,
듣지 못하는 사람이 다시 들을 것이다.
6 다리를 저는 사람이 사슴처럼 뛰고, 말을
못하던 사람이 기쁨으로 노래할 것이다.
광야에 샘물이 흐르고, 메마른 땅에 시냇
물이 흐를 것이다.
7 불타는 사막이 연못으로 변하고, 마른 땅
이 물을 뿜어 내는 샘으로 변하며, 이리
가 살던 곳에 풀과 갈대와 왕골이 자랄 것
이다.
8 사막이었던 땅에 큰 길이 날 것이며, 그
길은 '거룩한 길'이라 불릴 것이다. 악
한 백성은 그 길로 다니지 못하고, 오직
의로운 백성만 다닐 수 있을 것이다. 어
리석은 사람도 그 길을 밟지 못할 것이
다.
9 거기에는 사자가 없고, 사나운 짐승이 다
니지 못할 것이다. 그 길에서 그런 짐승
은 찾아보지 못할 것이다. 그 길로는 오
직 하나님이 구원하신 백성만 다닐 것이
다.
10 여호와께서 자유를 주신 백성이 시온에
돌아와 영원한 기쁨의 노래를 부를 것이
다. 슬픔과 고통은 멀리 사라지고, 즐거
움과 행복이 넘칠 것이다.

성경 자세히 이해하기

랍사게

'랍사게'는 히브리어로서 어떤 사람을 가리키는 고유 명사가 아니라, '왕의 술잔을 따르는 자들의 장(長)'이란 뜻입니다. 앗시리아 왕 산헤립의 군대 장관쯤으로 생각하면 될 것 같습니다. 그는 당시 앗시리아에서 사용하던 아람어 뿐만 아니라 히브리어에도 능통했습니다. 그는 하나님을 의지하려고 하는 이스라엘 백성들을 향해 하나님은 그들의 도움이 되지 못한다고 조롱하고, 히스기야 왕을 모욕했습니다(사 36:12-20). 그러나 이스라엘 백성들은 그 말에 흔들리지 않고 히스기야 왕과 이사야의 말만 들었습니다(사 36:21).

본문 보기 36장 2절

앗시리아가 유다를 공격하다

36 히스기야가 왕으로 있은 지 십사
년이 되는 해에 앗시리아의 산헤립
왕이 유다를 공격했습니다. 산헤립은 유다
의 모든 요새들을 공격하여 점령했습니
다.
2 앗시리아의 왕은 자기의 야전 사령관 랍사
게를 큰 군대와 함께 라기스에서 예루살렘
에 있는 히스기야 왕에게 보냈습니다. 그
들은 윗못에서 흘러 나오는 물길 곁에 이
르러 멈춰 섰습니다. 윗못은 '빨래하는
자의 들판'으로 가는 길가에 있습니다.
3 엘리아김과 셉나와 요아가 그들을 맞으러
나갔습니다. 힐기야의 아들 엘리아김*은
왕궁 관리인이었고, 셉나는 서기관이었
고, 아삽의 아들 요아는 기록관이었습니
다.
4 랍사게가 그들에게 말했습니다. "히스기야
에게 전하여라. 위대한 왕이신 앗시리아의
왕이 이렇게 말씀하셨다. '너는 누가 너
를 도와 줄 것이라고 믿느냐?
5 군사 전략을 짜고 전쟁할 힘을 갖는 것이
입만 가지고 되느냐? 너는 누구를 믿고
내게 반역하느냐?
6 보아라. 네가 이집트를 믿고 의지하나, 이
집트는 부러진 갈대 지팡이에 지나지 않
는다. 그것에 의지했다가는 찔려서 다칠
뿐이다. 이집트의 왕 파라오를 의지하는
사람은 누구나 다 그렇게 될 것이다.
7 혹시나 너희가 여호와 너희 하나님을 의
지한다고 내게 말할지도 모른다. 하지만
히스기야가 여호와의 산당들과 제단들을
없애 버리면서 유다와 예루살렘에 사는 백
성에게 예루살렘의 제단에서만 예배드려
야 한다고 말하지 않았느냐?'
8 그러니 내 주인이신 앗시리아의 왕과 내기
를 해 보아라. 내가 너에게 말 이천 마리
를 준다 하더라도 그 말을 탈 사람을 네
가 구할 수 있겠느냐?
9 너는 내 주 왕의 가장 약한 신하라도 물
리칠 수 없다. 그런데도 전차와 기마병의
도움을 받으려고 이집트에 의지하느냐?

10 내가 이 땅으로 올라와서 이 곳을 멸망시
키는 일도 다 여호와의 허락을 받고 하는
것이다. 여호와께서 내게 가서 이 땅을 멸
망시키라고 말씀하셨다.”
11 엘리아김과 셉나와 요아가 랍사게에게 말했
습니다. “우리에게 아람 말로 말씀해 주십
시오. 우리가 아람 말을 들을 줄 압니다.
성벽 위에 있는 백성이 듣고 있으니 히브
리 말로 말씀하지 말아 주십시오.”
12 그러자 랍사게가 말했습니다. “아니다. 내
주인이 나를 보내신 것은 이 말들을 너희
의 왕과 너희에게만 전하라고 보내신 것
이 아니다. 이 말들을 성벽 위에 앉아 있
는 백성에게도 전하라고 보내신 것이다.
그들도 너희처럼 자기 똥을 먹고 자기 오
줌을 마시게 될 것이다.”
13 랍사게가 일어나서 히브리 말로 크게 외쳤
습니다. “위대하신 앗시리아 왕의 말씀을
들어라.
14 왕은 너희에게 ‘히스기야에게 속지 마라.
히스기야는 너희를 내 손에서 구할 수 없
다’ 라고 말씀하셨다.
15 히스기야가 너희에게 ‘여호와께서 틀림없
이 우리를 구하실 것이다. 이 성은 앗시리
아의 왕에게 넘어가지 않을 것이다’ 라고
말하면서 여호와를 의지하게 하여도 믿지
마라.
16 히스기야의 말을 듣지 마라. 앗시리아의
왕이 이렇게 말씀하셨다. ‘나와 화친하고
내게 나아오너라. 그러면 누구나 자유롭
게 자기의 포도나무와 무화과나무의 열매
를 먹을 수 있을 것이며, 누구나 자유롭
게 자기의 샘에서 물을 마실 수 있을 것
이다.
17 내가 다시 와서 너희를 너희의 땅과 같은
땅으로 데려가겠다. 그 땅은 곡식과 포도
주의 땅이며 빵과 포도나무가 가득한 땅
이다.
18 너희는 히스기야의 말을 듣지 마라. 여호
와께서 너희를 구하실 것이라는 히스기야
의 말은 거짓말이다. 다른 어떤 나라의 신
도 그 백성을 나 앗시리아 왕의 손에서 구
해 내지 못했다.
19 하맛과 아르밧의 신들은 어디에 있느냐?
스발와임의 신들은 어디에 있느냐? 그들
이 사마리아를 내 손에서 구해 냈느냐?
20 이 나라의 그 어떤 신도 그들의 백성을 내
손에서 구해 내지 못했다. 그러니 여호와
도 예루살렘을 내 손에서 구해 내지 못할
것이다.’”
21 백성은 잠잠했습니다. 그들은 랍사게의 말
에 한 마디도 대답하지 않았습니다. 히스
기야 왕이 그들에게 대답하지 말라고 명
령했기 때문입니다.
22 엘리아김과 셉나와 요아는 돌아와서 낙심
이 되어 옷을 찢었습니다. 힐기야의 아들
엘리아김은 왕궁 관리인이었고, 셉나는 서
기관이었고, 아삽의 아들 요아는 기록관이
었습니다. 세 사람은 히스기야 왕에게 가
서 랍사게가 한 말을 전해 주었습니다.

히스기야가 하나님께 도움을 요청하다

37 히스기야 왕도 그 말을 듣고 자기
옷을 찢었습니다. 그는 너무나 슬
퍼서 베옷을 입고 여호와의 성전으로 갔
습니다.
2 히스기야는 왕궁 관리인 엘리아김과 서기
관 셉나와 나이 든 제사장들을 이사야에게
보냈습니다. 그들은 모두 베옷을 입고 이
사야에게 갔습니다. 이사야는 아모스의 아
들로서 예언자였습니다.
3 그 사람들이 이사야에게 말했습니다. “히스
기야 왕께서 이렇게 말씀하셨습니다. ‘오
늘은 슬픔과 심판과 부끄러움의 날이오.
마치 아이를 낳을 때가 되었는데도 아이를
낳을 힘이 없는 임신한 여인과도 같소.
4 앗시리아의 왕이 랍사게를 보내어 살아 계
신 하나님을 조롱했소. 당신의 하나님 여
호와께서도 그 말을 들으셨을 것이오. 당

알아두세요

36:3 ‘엘리아김’은 ‘엘리야김’과 동일 인물이
다.

기마병(36:9 cavalry) 말을 타고 싸우는 군사.
화친(36:16 peace) 서로 의좋게 지내는 것.

신의 하나님 여호와께서 그 들으신 말에
대하여 심판을 내리시기를 원하오. 그러
니 살아 남은 이스라엘 백성을 위해 기도
드려 주시오.'"
5 히스기야 왕의 신하들이 이사야에게 오자
6 이사야가 그들에게 말했습니다. "그대들의
주인에게 이렇게 전하시오. 여호와께서
이렇게 말씀하셨소. '네가 들은 말 때문에
두려워하지 마라. 앗시리아 왕의 신하들이
나를 모독한 말 때문에 놀라지 마라.
7 보아라, 내가 앗시리아의 왕에게 한 영을
넣겠다. 그는 어떤 소문을 듣고 자기 나
라로 돌아가게 될 것이다. 내가 그를 그
의 땅에서 칼에 맞아 죽게 하겠다.'"
8 그 때, 랍사게는 앗시리아의 왕이 라기스를
떠났다는 말을 듣고 후퇴하였습니다. 그
리고 립나 성을 공격하고 있는 앗시리아
왕에게 갔습니다.
9 앗시리아의 왕은 에티오피아의 디르하가 왕
이 자기를 치기 위해 오고 있다는 보고를
듣고 히스기야에게 사자들을 보내어 말했
습니다.
10 "유다의 히스기야 왕에게 이렇게 전하여
라. 네가 의지하는 하나님께 속지 마라.
앗시리아 왕이 예루살렘을 정복하지 못할
것이라는 네 하나님의 말을 믿지 마라.
11 보아라, 너는 앗시리아의 왕들이 지금까지
한 일을 들어 알고 있을 것이다. 앗시리아
의 왕들은 모든 나라를 완전히 멸망시켰
다. 너만은 구원받을 것이라고 생각하지
마라.
12 그 백성들의 신들도 그들을 구원하지 못
했다. 내 조상들이 그들을 멸망시켰다.
내 조상들은 고산과 하란과 레셉을 멸망시
켰고, 들라살에 사는 에덴 백성을 멸망시
켰다.
13 하맛과 아르밧의 왕들이 어디에 있느냐?
스발와임 성의 왕이 어디에 있느냐? 헤나
와 이와의 왕들이 어디에 있느냐?"

히스기야가 여호와께 기도드리다

14 히스기야는 사자들이 보낸 편지를 받아 읽
고 여호와의 성전으로 올라가 그 편지를
여호와 앞에 펼쳐 놓았습니다.
15 히스기야가 여호와께 기도드렸습니다.
16 "만군의 여호와여, 주는 이스라엘의 하나
님이십니다. 주의 보좌는 날개 달린 생물
인 그룹들 사이에 있습니다. 오직 주만
이 땅 위 모든 나라의 하나
님이십니다. 주께
서 하늘과 땅을 지
으셨습니다.
17 여호와여, 귀를
기울여 들어 주십
시오. 여호와여, 눈
을 열어 보아 주십
시오. 산헤립이 사
람을 보내어 살아
계신 하나님을 조
롱한 모든 말을 들
어 주십시오.
18 여호와여, 앗시
리아의 왕들은 정말
로 여러 나라와 그
땅들을 멸망시켰습니다.
19 그 왕들은 그 나라의 신

이사야를 통해 앗시리아 왕이
칼에 맞아 죽을 것을 예언하심(37:7)

들을 불 속에 던져 넣었습니다. 그러나 그
신들은 사람이 손으로 만든 나무와 돌에
지나지 않습니다. 그래서 그 왕들이 그것
을 없앨 수 있었습니다.
20 우리 하나님 여호와여, 이제 우리를 저 왕
의 손에서 구해 주십시오. 그러면 땅 위
의 모든 나라들이 오직 여호와 한 분만이
하나님이라는 것을 알게 될 것입니다."

하나님께서 히스기야에게 대답하시다

21 아모스의 아들 이사야가 히스기야에게 사
람을 보내어 말했습니다. "이스라엘의 하
나님 여호와께서는 왕이 앗시리아의 왕 산
헤립에 대해 드린 기도를 들으셨다고 말
씀하셨습니다.
22 그리고 산헤립에 대해 이렇게 말씀하셨습
니다. '시온 백성이 너를 비웃고 조롱할
것이다. 그들이 도망하는 너를 보고 머리
를 흔들며 비웃을 것이다.
23 누구 앞이라고 네가 감히 나를 욕하고 모
독하며, 목소리를 높였느냐? 누구 앞이라
고 감히 이스라엘의 거룩하신 분께 눈을
부릅떴느냐?
24 너는 너의 신하들을 보내어 나 여호와를
욕했다. 너는 이렇게 말했다. "내게는 전
차가 많이 있다. 나는 그 전차를 타고 산
꼭대기로 올라갔으며, 레바논의 가장 높
은 산으로 올라갔다. 레바논의 키 큰 백향
목과 훌륭한 잣나무를 베어 버렸다. 가장
깊숙한 곳까지 들어갔고, 가장 울창한 숲
까지 탐험하였다.
25 나는 다른 나라에서 샘을 파서 그 물을 마
셨으며, 내 발바닥으로 이집트의 모든 강
물을 마르게 했다."
26 앗시리아의 왕아, 네가 틀림없이 들었을
것이다. 나 여호와가 오래 전에 이 일들
을 결정했고, 지금 일어나고 있는 일들도
예전에 이미 계획한 일들이다. 그래서 이
제 네가 성벽이 있는 저 굳건한 성들을 잿
더미로 만들 수 있게 된 것이다.
27 그래서 그 성에 사는 백성들이 겁을 내고
두려움에 떤 것이다. 그들은 연약한 들풀
같았다. 자라기도 전에 말라 버리는 지붕
위의 풀과도 같았다.
28 나는 네가 언제 머물고, 언제 가고, 언제
오는지 알고 있다. 네가 내게 악한 말을
하고 있다는 것도 알고 있다.
29 네가 내게 악한 말을 하였고, 너의 떠들
썩함이 내 귀에까지 들렸으므로, 네 코에
갈고리를 걸고 네 입에 재갈을 물리겠다.
그리고 네가 왔던 그 길로 다시 돌아가게
하겠다.'
30 여호와께서 히스기야 왕에게 이렇게 말씀
하셨습니다. '히스기야야, 내가 너에게 이
표적을 주겠다. 너는 올해에 들에서 저절
로 자란 곡식을 먹겠고, 새해에도 역시 그
러할 것이다. 그러나 삼 년째 되는 해에
는 심고 거두어라. 포도밭을 가꾸어서 그
열매를 먹어라.
31 유다 집안의 남은 백성이 구원을 받을 것
이다. 마치 아래로 뿌리를 내리고, 위로는
튼튼하게 자라서 열매를 주렁주렁 맺는
식물처럼 많은 자녀를 가지게 될 것이다.
32 예루살렘과 시온 산에서 살아남은 사람들
이 나올 것이다. 만군의 여호와께서 열심
으로 그 일을 이룰 것이다.'
33 또한 여호와께서 앗시리아의 왕에 대하여
이렇게 말씀하셨습니다. '그는 이 성에
들어오지 못하며, 이 곳에 화살 한 발도
쏘지 못할 것이다. 방패를 가지고 가까이

성경 풍속

입의 재갈

코르사밧에서 발견된 조각들에는 죄수들을 왕 앞으로 끌고 오는 모습이 새겨져 있는데, 이 때 각각의 죄수들의 아랫 입술을 꿰뚫어 쇠로 된 고리를 채운 장면을 볼 수 있습니다. 이런 고리에 끈을 달아서 왕이 왼손으로 그 끈을 잡고 오른손으로 창을 들어 죄수들의 눈을 찔렀다고 합니다.

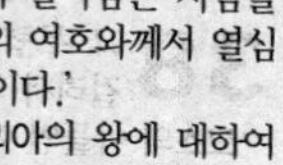

본문 보기 37장 29절

갈고리(37:29 hook) 끝이 꼬부라져서 무엇을 걸어 잡아당기는 데 쓰는 도구.

오지도 못하며, 흙으로 성을 공격할 언덕
도 쌓지 못할 것이다.
34 그는 왔던 길로 해서 자기 나라로 돌아갈
것이고, 이 성에는 들어오지 못할 것이
다.' 여호와의 말씀입니다.
35 '나를 위해, 그리고 내 종 다윗을 위해 이
성을 지켜 구원해 주겠다.'"
36 그 날 밤에 여호와의 천사들이 내려와 앗
시리아의 진에서 십팔만 오천 명을 죽였
습니다. 백성이 이튿날 아침에 일찍 일어
나 보니, 그들이 모두 죽어 시체들로 가
득하였습니다.
37 앗시리아의 왕 산헤립은 그 곳을 떠나 니
느웨로 돌아갔습니다.
38 어느 날 산헤립이 자기의 신 니스록의 신
전에서 예배하고 있을 때에, 그의 아들들
인 아드람멜렉과 사레셀이 그를 칼로 죽이
고 아라랏 땅으로 도망쳤습니다. 그리하
여 산헤립의 아들 에살핫돈이 그를 이어서
앗시리아의 왕이 되었습니다.

히스기야의 병

38 그 무렵에 히스기야가 심한 병에
걸려서 거의 죽게 되었습니다. 아
모스의 아들인 예언자 이사야가 그를 보러
와서 말했습니다. "여호와께서 이렇게 말
씀하셨습니다. '너는 이제 죽을 것이다.
그러니 네 집안 일을 정리하여라. 너는 다
시 회복되지 못할 것이다.'"
2 히스기야가 얼굴을 벽쪽으로 향하여 여호
와께 기도드렸습니다.
3 "오, 여호와여, 내가 언제나 진실하고 순
전한 마음으로 주께 복종하고, 주께서 보
시기에 옳은 일을 한 것을 기억해 주십시
오." 이렇게 기도하고 나서 히스기야는 크
게 통곡하였습니다.
4 그 때에 여호와께서 이사야에게 말씀하셨
습니다.
5 "다시 돌아가서 히스기야에게 전하여라.
'네 조상 다윗의 하나님이신 여호와께서
이렇게 말씀하셨다. 내가 네 기도를 들
었고, 네 눈물을 보았다. 그러므로 보아
라. 내가 네 목숨을 십오 년 더 늘려 주
겠다.
6 그리고 너와 이 성을 앗시리아의 왕에게서
구해 주겠다. 내가 이 성을 지켜 주겠
다.'"
7 이사야가 말했습니다. "여호와 하나님은
약속하신 것을 그대로 이루십니다. 여호
와께서 그 증거를 왕에게 보여 주실 것입
니다.
8 보십시오. 왕의 해시계에 비친 해 그림자
를 열 칸 뒤로 물러나게 하시겠다고 말씀
하셨습니다." 그 말대로 해 그림자가 아하
스의 해시계에서 열 칸 뒤로 물러났습니다.
9 유다 왕 히스기야는 병이 나은 뒤에 이 노
래를 지었습니다.
10 "나는 아직 한창 나이인데 죽음의 문으로
들어가야 하나? 나의 남은 생명을 빼앗겨
야 하나?
11 내가 사람 사는 땅에서는 여호와를 뵙지
못하겠구나. 이 땅에 사는 사람들을 다시
보지 못하겠구나.
12 목자의 장막처럼 내 집도 뽑혀서 옮겨질
것이며, 베 짜는 사람이 베를 말아 베틀
에서 베어 내듯이 내 생명도 끝날 것이다.
얼마 안 가서 여호와께서 내 생명을 거두
어 가실 것이다.
13 나는 밤새도록 울부짖었다. 여호와께서 사
자같이 내 모든 뼈를 꺾으셨다. 얼마 안 가
서 주께서 내 생명을 거두어 가실 것이다.
14 나는 제비처럼, 학처럼 울었고, 비둘기처
럼 신음하며, 내 눈이 아프도록 하늘을 쳐
다보았다. 여호와여, 괴롭습니다. 나를
구해 주십시오.
15 여호와께서 내게 하신 말씀을 그대로 이
루셨는데, 내가 무슨 말을 할 수 있을까?
내 영혼이 이러한 고통을 당하니 내 잠마
저 모두 달아났다.
16 여호와여, 이 모든 일이 일어났지만 내 생
명은 살아날 것입니다. 나의 영혼이 이 모
든 일을 극복하고 살아날 것입니다. 주께
서 나를 낫게 해 주시고 살려 주셨습니다.
17 내가 이런 고통을 겪은 것이 내게는 유익
이었습니다. 여호와께서 나를 사랑하시

므로 나를 죽음의 구덩이에서 건지시고,
내 죄를 주께서 멀리 던져 버리셨습니다.
18 죽은 사람은 주께 찬양의 노래를 부르지
못합니다. 죽은 사람은 주를 의지하지 못
합니다.
19 살아 있는 사람만이 내가 지금 주를 찬양
하듯 주를 찬양할 수 있습니다. 아버지들
은 자녀에게 여호와께서 미쁘신 분임을
가르칩니다.
20 여호와께서 나를 구하셨습니다. 내 평생
악기 연주에 맞추어 여호와의 성전에서
여호와를 찬양하겠습니다."
21 그런 뒤에 이사야가 말했습니다. "무화과
나무로 만든 연고를 가져오시오." 신하들
이 연고를 만들어 가져와서 왕의 상처 위
에 바르니, 왕의 병이 나았습니다.
22 히스기야가 이사야에게 물었습니다. "여호
와께서 나를 고쳐 주실 표적이 무엇이오?
내가 여호와의 성전에 올라가게 될 표적
이 무엇이오?"

바빌로니아에서 온 사자들

39 그 무렵에 발라단의 아들인 바빌로
니아의 므로닥발라단 왕이 히스기야
가 병들었다가 나았다는 소식을 듣고 그
에게 편지와 선물을 보내 왔습니다.
2 히스기야는 므로닥발라단이 보낸 사신들을
보고 매우 기뻤습니다. 그래서 그는 그들
에게 자기 보물 창고에 있는 것을 다 보
여 주었습니다. 은과 금과 향료와 값진 향
유를 보여 주고 무기고에 있는 칼과 방패
들도 보여 주었습니다. 히스기야는 자기가
가진 귀한 것들을 다 보여 주었습니다. 왕
궁과 나라 안에 있는 것을 하나도 빠짐없
이 보여 주었습니다.
3 예언자 이사야가 히스기야 왕에게 가서 물
었습니다. "이 사람들이 무슨 말을 했습
니까? 이 사람들은 어디에서 온 사람들입
니까?" 히스기야가 대답했습니다. "이 사
람들은 멀리 떨어진 바빌로니아에서 나를
찾아왔소."
4 이사야가 왕에게 물었습니다. "그들이 왕
궁에서 무엇을 보았습니까?" 히스기야가
대답했습니다. "내 집에 있는 것은 다 보
았소. 내 보물 창고에 있는 것은 하나도
빠짐없이 다 보여 주었소."
5 그러자 이사야가 히스기야에게 말했습니
다. "군대들의 주이신 여호와의 말씀을
들으십시오.
6 '보아라, 장차 네 왕궁 안에 있는 모든 것
을 바빌로니아에 빼앗길 날이 올 것이다.
네 조상들이 이 날까지 모아 놓은 모든 것
을 빼앗길 날이 올 것이다. 아무것도 남
지 않을 것이다.' 여호와께서 또 말씀하
셨습니다.
7 '네가 낳은 네 자녀들도 사로잡혀 갈 것
이다. 그들은 바빌로니아 왕의 왕궁에서
내시가 될 것이다.'"
8 히스기야가 이사야에게 말했습니다. "당신
이 전한 여호와의 말씀은 옳소." 그는 속
으로 '내가 왕으로 있는 동안에는 평화와
안정이 있겠지' 라고 생각했기 때문에 이
렇게 말하였습니다.

심판이 끝난다

40 너희 하나님이 말씀하신다. "위로
하여라, 내 백성을 위로하여라.
2 예루살렘 백성에게 친절하게 말하여라. 그
들의 복역 기간이 끝났고, 그들의 죄값으
로 이미 지은 죄의 두 배에 해당하는 여
호와의 심판을 받았다고 일러 주어라."
3 어떤 사람이 외친다. "광야에서 여호와의
길을 준비하여라. 메마른 땅에서 우리 하

성경 자세히 이해하기

왕의 길을 예비하라

근동의 군왕들이 정복지를 여행하려고 할 때 앞서 사람들을 보내 자신이 갈 길을 마련하도록 하는 것은 고대로부터 내려온 관습이었습니다. 먼저 간 사람들은 돌을 제거한다든가(사 62:10), 거친 지역들을 평탄케 한다든가, 웅덩이를 메워 놓았습니다. 전설의 여왕 세미라미스는 여행을 하다가 거친 산악 지역을 만나게 되면 그 언덕들을 평탄케 하고 웅덩이들을 메우도록 명령을 내렸는데, 여기에는 막대한 비용이 들었다고 합니다.

본문 보기 40장 3-4절

나님의 길을 곧게 하여라.
4 모든 골짜기가 높아지고, 모든 산이 낮아
진다. 거친 땅이 평탄하게 되고, 험한 땅
이 평야가 된다.
5 그 때에 여호와의 영광이 나타나, 모든 사
람이 하나같이 그것을 보게 된다. 여호와
께서 몸소 말씀하셨다."
6 어떤 사람이 외친다. "외쳐라!" 그래서 내
가 물었다. "무엇이라고 외쳐야 합니까?"
"모든 사람은 풀과 같고, 그들의 모든 아
름다움은 들의 꽃과 같다.
7 여호와께서 그 위에 숨을 내쉬면, 풀은 마
르고 꽃은 시든다. 정말로 이 백성은 풀
에 지나지 않는다.
8 풀은 마르고 꽃은 시들지만, 우리 하나님
의 말씀은 언제나 이루어진다."
9 좋은 소식을 전하는 시온아, 높은 산으로
올라가라. 좋은 소식을 전하는 예루살렘
아, 두려워 말고 힘껏 외쳐라. 유다의 마
을들을 향해 "보아라, 너희의 하나님이시
다" 라고 말하여라.
10 보아라, 주 여호와께서 능력의 하나님으
로 오신다. 주께서 그 능력으로 모든 백
성을 다스리실 것이다. 보아라, 주께서
백성에게 주실 상을 가지고 오시며 그들
이 행한 대로 갚아 주실 것이다.
11 여호와께서 목자처럼 자기 백성을 돌보시
고, 팔에 양을 안으시듯 가슴에 품으시고
어미와 그 새끼를 친절하게 이끄신다.

가장 높으신 하나님

12 누가 손으로 바닷물의 무게를 달아 보았
으며, 뼘으로 하늘을 재어 보았느냐? 누
가 온 땅의 티끌을 그릇에 담아 보았으며,
저울로 산과 언덕을 달아 보았느냐?
13 누가 여호와의 마음을 알겠으며, 누가 주
께 충고의 말을 해 줄 수 있겠느냐?
14 여호와께서 누구에게 도움을 청하겠으며,
누구에게 공평의 길을 배우시겠느냐? 누
가 주께 지식을 가르치겠으며, 깨닫는 길
을 일러 주겠느냐?
15 여호와께는 많은 나라들도 통에 있는 한
방울의 물일 뿐이며, 저울 위의 티끌에 지
나지 않는다. 주께는 바닷가 땅들도 먼지
로 보일 뿐이다.
16 레바논의 모든 나무도 제단 장작으로 충
분하지 않고, 레바논의 모든 짐승도 태워
드리는 제물인 번제물로 충분하지 않다.
17 여호와 앞에서는 모든 민족이 아무것도

사람이 만든 인형에 불과한 우상(40:19)

아니며, 주께서 보시기에 민족들은 없는
것이나 마찬가지다.
18 너희가 하나님을 누구와 같다 하겠으며,
하나님을 어떤 형상에 비교하겠느냐?
19 우상은 목공이 그 형상을 만든 다음에 금
속 세공 기술자가 그 위에 금을 입히고,
은 사슬을 걸친 것에 불과하다.
20 가난하여 형편이 넉넉하지 못한 사람은
잘 썩지 않을 나무를 골라서, 넘어지지 않
는 우상을 만들려고 재주가 좋은 기술자
를 찾는다.
21 너희가 알지 못하였느냐? 너희가 듣지 못
하였느냐? 너희가 처음부터 들은 것이 아
니냐? 땅의 기초가 어떻게 지어졌는지 너
희가 알지 못하였느냐?
22 하나님께서 땅 위의 하늘 보좌에 앉아 계
신다. 하나님 보시기에 땅 위에 사는 사
람들은 메뚜기 떼와 같다. 하나님께서 하
늘을 휘장처럼 펼치셔서, 사람이 사는 장
막처럼 만드셨다.
23 하나님께서는 통치자들을 초라하게 만드
시며, 이 세상의 재판관들을 쓸모없게 만
드신다.
24 그들은 식물처럼 심겨지기가 무섭게, 씨
가 뿌려지기가 무섭게, 그리고 그 가지가
흙 속에 미처 뿌리를 내리기도 전에, 바
람에 날리는 겨처럼 하나님의 입김에 의
해 날아가 버린다.
25 거룩하신 분, 곧 하나님께서 말씀하신다.
"너희가 나를 누구에게 비기겠느냐? 누구
를 나와 견줄 수 있겠느냐?"
26 눈을 들어 하늘을 바라보아라. 누가 이것
들을 창조하였느냐? 그분께서 모든 별들
을 하나씩 이끌어 내시며 각각 그 이름대
로 부르신다. 그분은 매우 강하시고 능력
이 많으셔서 그 이름을 하나도 빠뜨리지
않으신다.
27 야곱 백성아, 너희가 어찌하여 불평하느
냐? 이스라엘 백성아, 어찌하여 말하기를,
"여호와께서는 나의 어려움을 모르고 계
신다. 내 하나님께서는 나의 간절한 부르
짖음을 무시하신다"라고 하느냐?
28 너희가 알지 못하였느냐? 너희가 듣지 못
하였느냐? 여호와께서는 영원하신 하나님
이시며, 온 세계를 창조하신 분이다. 주
께서는 지치지도 않으시고 피곤해하지도
않으신다. 아무도 주의 크신 지혜를 알지
못한다.
29 여호와께서 지친 사람에게 힘을 주시며,
약한 사람에게 능력을 넘치도록 주신다.
30 아이라도 지치고 피곤해하며 젊은이라도
넘어지고 쓰러지지만,
31 여호와를 의지하는 사람은 새 힘을 얻으
며, 독수리가 하늘 높이 솟아오르듯 올라
갈 수 있다. 그러한 사람은 뛰어도 지치
지 않으며, 걸어도 피곤하지 않을 것이다.

여호와께서 이스라엘을 도우신다

41 "바다 건너 나라들아, 내 앞에 조용
히 있어라. 민족들아, 힘을 새롭게
하여라. 가까이 와서 말해 보아라. 함께
모여서 누가 옳은지 가려 보자.
2 누가 동쪽에서 한 정복자를 일으켰느냐?
누가 그를 불러 하나님의 발 밑에 두었느
냐? 그를 일으키신 분이 민족들을 그에게
넘기셨고, 그가 왕들을 물리치게 해 주셨
다. 그가 칼을 휘두르니 왕들이 티끌처럼
되었고, 그가 활을 쏘니 그들이 바람 앞
의 겨처럼 흩날렸다.
3 그는 아무런 방해도 받지 않고 그들을 뒤
쫓아가며, 그 무엇도 그의 발길을 가로막
지 못한다.
4 누가 이런 일을 일어나게 하였느냐? 누가
처음부터 역사를 결정하였느냐? 나 여호
와가 바로 그이다. 나는 처음부터 있었
고, 마지막 때에도 있을 것이다."
5 바다 건너에 있는 나라들이 보고 두려워
하며, 땅 끝에 사는 사람들이 두려움에 떤
다. 그들이 가까이 모여서
6 서로 도우며, "힘을 내라"고 말한다.
7 나무를 다듬는 사람은 금을 다루는 사람
을 격려하고, 망치로 쇠를 고르게 하는 사
람은 모루를 치는 사람을 격려하면서,
"잘하였다"라고 말한다. 각 분야의 사람
들이 서로 협력하며, 우상을 고정시켜서

넘어지지 않게 만든다.

여호와만이 우리를 구하실 수 있다

8 "이스라엘 백성아, 너희는 내 종이다. 야
곱 백성아, 내가 너희를 선택했다. 너희
는 내 친구 아브라함의 자손이다.
9 내가 너희를 땅 끝에서 데려왔고, 너희를
먼 나라에서 불러 냈다. 그리고 너희에게
말하기를 '너희는 내 종이다' 라고 하였
다. 내가 너희를 선택했고, 너희를 저버
리지 않았다.
10 내가 너희와 함께 있으니 걱정하지 마라.
내가 너희의 하나님이니 두려워하지 마라.
내가 너희를 강하게 하고 너희를 돕겠다.
내 승리의 오른팔로 너희를 붙들겠다.
11 너희에게 화를 내는 모든 백성이 부끄러
움을 당하며 모욕을 당할 것이다. 너희와
맞서는 사람들이 모두 죽을 것이다.
12 너희의 원수를 찾아보아도 찾지 못할 것
이다. 너희와 싸우던 사람들이 완전히 사
라질 것이다.
13 나는 너희의 여호와 하나님이다. 내가 너
희의 오른팔을 붙잡고 있다. 내가 너희에
게 말한다. '두려워하지 마라. 내가 너희
를 돕겠다.'
14 지렁이 같은 야곱아, 얼마 남지 않은 너
희 이스라엘 백성아, 두려워하지 마라. 내
가 너희를 돕겠다. 이는 나 여호와의 말
이다. 나 이스라엘의 거룩한 하나님이 너
희를 구원하겠다.
15 보아라. 내가 너희를 타작판처럼 만들었
다. 너희는 날이 날카로운 새 타작판이

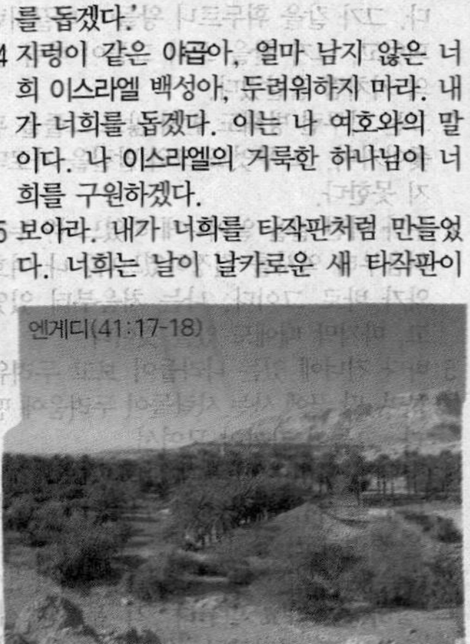
엔게디(41:17-18)

다. 너희가 산들을 타작하여 부술 것이
며, 언덕들을 겨처럼 만들 것이다.
16 너희가 그것들을 까부르면, 바람이 날려
버리고 폭풍이 흩어 버릴 것이다. 그 때
에 너희는 나 여호와 안에서 즐거워할 것
이며, 나 이스라엘의 거룩한 하나님을 자
랑할 것이다.
17 가난하고 불쌍한 사람들이 물을 찾으나
얻지 못하여 목마름으로 혀가 마를 때에,
나 여호와가 그들의 기도에 응답하겠다.
나 이스라엘의 하나님이 그들을 내버려 두
지 않겠다.
18 내가 메마른 언덕에 강이 흐르게 하겠고,
골짜기에 샘물이 솟게 하겠다. 광야를 호
수로 바꾸어 놓고, 메마른 땅을 물이 솟
는 곳으로 바꾸어 놓겠다.
19 내가 광야에서 백향목과 조각목*과 화석
류와 올리브 나무가 자라게 하겠고, 사막
에서 소나무와 회양목과 느릅나무가 다
같이 자라게 하겠다.
20 사람들이 이것을 보고 나의 능력으로 이
일을 이루었음을 깨달을 것이다. 나 이스
라엘의 거룩한 하나님이 이 모든 일을 창
조하였음을 알게 될 것이다."

여호와께서 거짓 신들을 꾸짖으시다

21 "너희 입장을 말해 보아라." 여호와의 말
씀이다. "너희 주장을 펼쳐 보아라." 야곱
의 왕이신 여호와의 말씀이다.
22 "너희 우상을 가져와 장차 일어날 일을 말
해 보아라. 옛날에 무슨 일이 일어났는지
말해 보아라. 그러면 우리가 그 일을 살
펴서 그 결과가 어떠한지 알아보겠다. 아
니면 앞으로 일어날 일을 우리에게 말해
보아라.
23 다음에 일어날 징조들을 말해 보아라. 그
러면 너희가 신이라는 것을 믿겠다. 좋은
일이든지, 나쁜 일이든지 우리를 놀라게
할 만한 기적을 행하여 보아라. 그러면 우
리가 너희를 두려워하겠다.
24 너희 거짓 신들은 아무것도 아니며, 너희
가 하는 일도 아무것도 아니다. 너희를 섬
기는 사람들은 너희만큼이나 역겨운 사람

들이다.
25 내가 북쪽과 동쪽에서 한 지도자를 일으
켜 세웠다. 그가 와서, 토기장이가 진흙
을 밟듯이 왕들을 짓밟을 것이다.
26 이 일이 있기 전에 누가 이 일을 우리에
게 알려 주었느냐? 누가 이 일을 미리 알
려 주어 우리가 '그가 옳다'라고 말할 수
있게 했느냐? 아무도 말해 주지 않았고,
아무도 미리 일러 주지 않았다. 너희 가
운데 그 일에 관해 말하는 것을 들은 사
람은 아무도 없다.
27 내가 처음으로 시온에 그 일을 일러 주었
다. 보아라. 그 일이 이르렀다. 내가 예루살
렘에 기쁜 소식을 전하는 사신을 보내었다.
28 내가 우상들을 둘러보았으나, 이 일에 관
해 말해 주는 우상은 없었으며, 아무도 내
물음에 한 마디도 대답하지 못했다.
29 보아라. 이 모든 우상은 헛된 신들이다.
그들은 아무것도 할 수 없으며, 그들의 형
상은 아무 쓸모도 없다."

여호와의 종

42 "내가 붙드는 나의 종을 보아라.
그는 내가 선택한 사람이며, 내가
기뻐하는 사람이다. 내가 내 영을 그에게
주었으니, 그가 모든 민족에게 정의를 베
풀 것이다.
2 그는 외치거나 소리를 높이지 않으며, 거
리에서 큰 소리로 말하지 않는다.
3 그는 상한 갈대를 꺾지 않으며, 꺼져 가
는 등불을 끄지 않는다. 그는 정의를 베
풀며 진리를 구한다.
4 그는 세계에 정의를 베풀 때까지 희망을
잃지 않으며 포기하지 않는다. 바다 건너
먼 나라 백성들도 그의 가르침을 믿고 의
지한다."
5 여호와 하나님께서 이렇게 말씀하셨다.
그분은 하늘을 만들어 펼치신 분이며, 땅
과 그 안에 있는 모든 것을 지으신 분이
다. 그분은 땅 위의 모든 사람에게 호흡
과 생명을 주시는 분이다.
6 여호와의 말씀이다. "나 여호와가 의로운
일을 하려고 너를 불렀다. 내가 네 손을
붙들고 너를 지켜 주겠다. 너는 내가 백
성과 맺은 언약의 표적이 되고, 민족들을
비추는 빛이 될 것이다.
7 네가 보지 못하는 사람의 눈을 뜨게 할 것
이며, 갇힌 사람을 갇힌 데서 풀어 주고,
어둠 속에 사는 사람을 감옥에서 이끌어
낼 것이다.
8 나는 여호와다. 이것이 내 이름이다. 나는
내 영광을 다른 것에게 주지 않겠고, 내가
받을 찬양을 우상들이 받게 하지 않겠다.
9 내가 전에 말한 일들이 다 이루어졌다. 이
제 내가 너희에게 새로운 일들을 말한다.
그 일들이 일어나기 전에 내가 너희에게
일러 준다."

찬양의 노래

10 여호와께 새 노래를 불러 드려라. 땅 위
모든 곳에서 주를 찬양하여라. 바다에서
항해하는 사람과 바다 속에 사는 모든 짐
승아, 주를 찬양하여라. 바다 건너 먼 땅
에 사는 백성들아, 주를 찬양하여라.
11 광야의 마을들아, 여호와를 찬양하여라.
게달의 주민들아, 주를 찬양하여라. 셀라
에 사는 사람들아, 기쁘게 노래하여라.
산꼭대기에서 주를 찬양하여라.
12 여호와께 영광을 돌려라. 바다 건너 먼 땅
에서도 주를 찬양하게 하여라.
13 여호와께서 용사처럼 전진하신다. 싸우러
나가는 군인처럼 분노에 차서 나가신다.
주께서 천둥 같은 고함소리와 함께 적군
을 물리치신다.
14 "내가 오랫동안 아무 말도 하지 않고 조
용히 참았으나, 이제는 분노하겠다. 아기
를 낳는 여자처럼 부르짖겠다.
15 내가 산과 언덕들을 황폐하게 하고, 그 안
의 식물들을 메마르게 하겠다. 강들을 메
마른 땅으로 만들고 호수들을 마르게 하
겠다.
16 내가 앞 못 보는 사람들을 그들이 알지 못

알아두세요

41:19 '조각목'은 일종의 '아카시아 나무'이다.

하는 길로 이끌겠다. 그들을 새로운 길로
인도하겠다. 그들 앞에서 어둠을 빛으로
바꾸며, 거친 땅을 평탄하게 하겠다. 내
가 내 말을 지키겠고, 그들을 저버리지 않
겠다.
17 그러나 우상을 의지하고 우상을 향해 '당
신들은 우리의 신입니다' 라고 말하는 사
람은 버림을 받고 부끄러움을 당하게 될
것이다."

하나님의 말씀을 듣지 않은 이스라엘

18 "듣지 못하는 사람들아, 들어라. 보지 못
하는 사람들아, 잘 보아라.
19 내 종 이스라엘보다 더 보지 못하는 사람
은 없다. 내가 보낸 심부름꾼보다 더 듣
지 못하는 사람도 없다. 내가 택한 사람
보다 더 눈먼 사람이 없고, 나의 종보다
더 눈먼 사람이 없다.
20 이스라엘아, 너희가 많은 것을 보았으나
복종하지 않았다. 너희가 귀는 열어 두었
으나 듣지 않았다."
21 여호와께서는 정의를 기뻐하시는 분이며,
훌륭하고 놀라운 가르침을 베푸시는 분이
다.
22 그러나 이 백성이 빼앗기고 약탈당했다.
그들이 모두 덫에 걸렸고 감옥에 갇혔다.
적군이 도둑처럼 그들을 사로잡아 갔으
나, 그들을 구해 줄 사람이 없다. 적군이
그들을 끌고 갔으나, "그들을 돌려 주어
라"고 말하는 사람이 없다.
23 너희 가운데 누가 이 일에 귀를 기울이겠
느냐? 누가 앞으로 일어날 일을 귀담아듣
겠느냐?
24 야곱 백성이 끌려가게 내버려 둔 분이 누
구냐? 도둑들이 이스라엘을 약탈하게 내
버려 둔 분이 누구냐? 우리가 여호와께
죄를 지었기 때문에 주께서 그런 일이 일
어나게 하셨다. 우리가 주께서 가라 하신
길로 가지 않고 주의 가르침을 따르지 않
았다.
25 그러므로 여호와께서 우리에게 크게 노하
셨고, 우리를 향해 무서운 전쟁을 일으키
셨다. 마치 사방에서 불이 일어나 이스라
엘을 덮치는 듯했다. 그런데도 그들은 무
슨 일이 일어나는지 몰랐고, 불이 그들을
태웠는데도 관심을 두지 않았다.

언제나 함께하시는 하나님

43 이제 여호와께서 이렇게 말씀하셨
다. "야곱 백성아, 내가 너희를 창
조하였다. 이스라엘 백성아, 내가 너희를
만들었다. 내가 너희를 구원하였으니 두
려워하지 마라. 내가 너희 이름을 불렀으
니 너희는 내 것이다.
2 너희가 물 가운데로 지날 때에 내가 너희
와 함께하겠다. 너희가 강을 건널 때에 물
이 너희를 덮치지 못할 것이며, 불 사이
로 지날 때에도 타지 않을 것이고, 불꽃
이 너희를 해치지 못할 것이다.
3 왜냐하면 나 여호와가 너희의 하나님, 곧
이스라엘의 거룩한 자이며 너희를 구원할
구원자이기 때문이다. 내가 이집트를 속
량물로 삼아 너희를 구했고, 에티오피아와
스바를 몸값으로 넘겨 주어 너희를 내 것
으로 삼았다.
4 너희가 내게는 소중하므로, 다른 사람들
의 목숨과 너희를 바꾸어 그들로 너희 대
신 죽게 하겠다. 내가 너희를 사랑하므
로, 너희가 또한 영화롭게 될 것이다.
5 내가 너희와 함께 있으니 두려워하지 마
라. 내가 동쪽에서 너희 자녀를 데려오겠
고, 서쪽에서 너희를 모으겠다.
6 내가 북쪽을 향해 말하기를 '내 백성을 내
어 놓아라' 하겠고 남쪽을 향해 말하기를
'내 백성을 가두지 마라' 하겠다. 내 아
들들을 먼 곳에서 데려오너라. 내 딸들을
땅 끝에서 데려오너라.
7 내 이름으로 불리는 모든 백성을 내게로
인도하여라. 내가 내 영광을 위해 그들을
지었다. 내가 그들을 창조하였다."

유다는 하나님의 증인이다

8 눈이 있으나 보지 못하는 백성, 귀가 있

창조하다(43:1 create) 처음 만들다.
애통(43:14 grief) 슬퍼서 울부짖는 것. 속으로 한탄하는 것.

으나 듣지 못하는 백성을 데려오너라.
9 모든 민족들아, 다 모여라. 그들의 신 가
운데 누가 이 일이 일어날 것을 말하였느
냐? 어떤 신이 옛날에 무슨 일이 일어났
는지 우리에게 말할 수 있겠느냐? 그 신
들은 증인을 데려다가 자기들이 옳음을
증명해야 한다. 다른 사람들이 듣고 '그
말이 옳다'라고 말하게 해야 한다.
10 여호와께서 말씀하신다. "이스라엘아, 너
희는 내 증인이며 내가 선택한 종이다. 내
가 너희를 선택한 것은 나를 알고 믿게 하
려는 것이며, 내가 참 하나님임을 깨닫게
하려는 것이다. 내 앞에 다른 하나님이 없
었고, 내 뒤에도 다른 하나님이 없을 것
이다.
11 내가 바로 여호와이다. 나 말고는 구원자
가 없다.
12 바로 내가 너희에게 말하였고, 너희를 구
원하였고, 이 일을 너희에게 일러 주었
다. 너희 가운데 있는 어떤 이방신이 그
렇게 한 것이 아니다. 너희는 내 증인이
다. 내가 하나님이다." 여호와의 말씀이
다.
13 "처음부터 내가 하나님이다. 내 능력의
손에서 벗어날 사람은 아무도 없다. 내가
하는 일을 누가 막을 수 있겠느냐?"
14 그러므로 여호와, 곧 너희를 구
하신 이스라엘의 거룩하
신 분께서 이렇게
말씀하셨다. "내
가 너희를 위해
바빌론에 군대
를 보내어 바빌
론의 성문 빗장
을 다 부수게
하겠다. 바빌로
니아 사람들의
노랫소리가 변
하여 애통하는
소리가 될 것이
다.
15 나는 여호와, 곧
너희의 거룩한 하나님이다. 이스라엘을 지
은 하나님이며, 너희의 왕이다."

하나님이 다시 자기 백성을 구하신다

16 여호와께서 이렇게 말씀하셨다. "내가 백
성을 위해 바다에 길을 내고 거센 물결 사
이에 길을 만들었다.
17 내가 전차와 말들을 물리치고 용맹스런
군대를 모두 쳐서 이겼다. 그들이 쓰러져
다시는 일어나지 못하고, 꺼져가는 불꽃
처럼 스러지고 말았다.
18 너희는 전에 일어난 일을 기억하지 마라.
과거의 일을 생각하지 마라.
19 보아라. 내가 이제 새 일을 시작하겠다.
그 일이 이미 나타나고 있는데 너희는 알
지 못하겠느냐? 내가 사막에 길을 내겠
고, 메마른 땅에 강을 내겠다.
20 들짐승들도 내게 감사할 것이며, 이리와
타조도 그리할 것이다. 왜냐하면 내가 메
마른 땅에 강을 내고, 내가 선택한 내 백
성에게 물을 줄 것이기 때문이다.
21 이들은 내가 나를 위하여 지은 백성이다.
그들이 나를 찬양할 것이다.
22 그러나 야곱 백성아, 너희가 나를 부르지
않았다. 이스라엘 백성아, 너희가 내게 싫
증을 내었다.
23 너희가 내게 번제 양을 가져오지 않았고,

불 속에서도 지켜 주실 것을 약속하심(43:2)

제물을 바쳐 나를 섬기지도 않았다. 내가
너희에게 제물을 가져오게 하지도 않았
고, 지치도록 향을 피우라고 하지도 않았
다.
24 그래서 너희가 나를 위해 돈을 주고 향을
사지도 않았고, 제물의 기름을 내게 가져
오지도 않았다. 오히려 너희는 수많은 죄
로 내게 짐을 지웠으며, 온갖 허물로 나
를 지치게 만들었다.
25 내가 바로 너희의 모든 죄를 용서하는 하
나님이다. 너희 죄를 용서하는 것은 나를
위한 것이니, 너희의 죄를 기억하지 않겠
다.
26 그러나 너희는 나를 기억해야 한다. 만나
서 누가 옳은지 가려 보자. 너희가 옳다
는 것을 증명해 보아라.
27 너희의 첫 조상 때부터 이미 죄를 지었으
며, 너희 지도자들은 내게서 등을 돌렸
다.
28 그래서 내가 너희의 거룩한 지도자들을
더럽혔고, 야곱 백성에게 재앙을 내렸으
며, 이스라엘이 모욕을 당하도록 내버려
두었다."

성경 자세히 이해하기

여수룬

히브리어 '여수룬'은 '곧은 사람', '정직한 사람'이란 뜻으로 이스라엘을 가리키는 시적 표현입니다. 이것은 이스라엘이 갖추어야 할 이상적인 모습을 나타낼 때 사용하는 말이었습니다. 신명기 32장 15절에서 모세도 이 말을 사용하고 있는데, 거기에서는 이스라엘이 곧은 자로서 마땅히 의롭게 살아야 하는데 타락했기 때문에 이를 책망하며 탄식조로 그렇게 불렀습니다. 이사야도 *이스라엘을 시적으로* 표현하여, 의로운 이스라엘이란 뜻으로 여수룬이라고 불렀던 것입니다.

본문 보기 44장 2절

알아두세요

44:2 '여수룬'은 '이스라엘'을 부르는 애칭이다.

여호와만이 하나님이시다

44 "내 종 야곱 백성아, 내가 선택한
이스라엘 백성아, 귀를 기울여라."
2 너희를 만드신 분, 너희를 어머니 배 속
에서 지으셨고 너희를 도우시는 여호와께
서 이렇게 말씀하셨다. "내 종 야곱 백성
아, 두려워하지 마라. 여수룬*아, 내가 너
를 선택했다.
3 내가 메마른 땅에 물을 붓고, 시내가 흐
르게 하겠다. 너희의 자손에게 내 영을 부
어 주고, 너희 집안에 내 복을 시냇물처
럼 흐르게 하겠다.
4 너희 자녀가 풀밭의 나무처럼, 시냇가의
버드나무처럼 자랄 것이다.
5 '나는 여호와의 것이다'라고 말하는 사람
도 있겠고, '나는 야곱의 자손이다'라고
말하는 사람도 있을 것이다. 자기의 팔에
'나는 여호와의 것'이라고 적는 사람도
있겠고, 자신의 이름을 이스라엘이라고 부
르는 사람도 있을 것이다."
6 이스라엘의 왕이신 여호와, 이스라엘을 구
원하시는 만군의 여호와께서 이렇게 말씀
하셨다. "나는 처음이요, 끝이다. 나밖에
는 다른 신이 없다.
7 누가 나처럼 선포하며 미리 말하겠는가?
만약 있다면 나와서 나와 견주어 보라고
하여라. 내가 옛날 사람들에게 미래 일을
미리 밝혀 주었듯이, 만약 있다면 그들로
하여금 장차 일어날 사건들을 말해 보게
하여라.
8 두려워하지 마라. 걱정하지 마라. 내가
옛날부터 너희에게 장차 일어날 일을 일
러 주지 않았느냐? 내가 미리 말하였다.
너희는 내 증인이다. 나밖에 다른 하나님
이 또 있느냐? 나만이 유일한 반석이며,
다른 반석은 없다."

우상은 쓸데없다

9 우상을 만드는 사람들이 있으나, 그들은
모두 헛되다. 우상을 좋아하는 사람이 있
으나, 다 쓸데없다. 그런 사람은 우상의
증인이지만, 그들은 보지도 못하고 알지
도 못한다. 그러므로 그들은 부끄러움을

당한다.
10 누가 이런 우상을 만들었느냐? 누가 이런
쓸모없는 신들을 만들었느냐?
11 보아라, 그런 무리들은 모두 부끄러움을
당할 것이다. 그들은 단순히 대장장이들
일 뿐이요, 사람에 불과하다. 그들로 하
여금 모두 모여 서도록 하여라. 그들은 다
같이 두려움에 떨게 되며, 부끄러움을 당
하게 될 것이다.
12 쇠를 다루는 대장장이는 연장을 가지고
뜨거운 숯불에 쇠를 달구고, 망치질하여
우상의 모양을 만든다. 그의 힘을 다하여
그 작업을 한다. 배가 고프면 힘을 잃고
물을 마시지 않으면 지친다.
13 나무를 다루는 목공은 줄을 늘여 치수를
재고, 석필로 그 모양을 뜨고, 대패로 밀
며 양각기로 재어서, 사람 모양의 우상을
만들어 집에 들여 놓는다.
14 다른 사람이 백향목을 베어 오기도 하고,
삼나무나 상수리나무를 가져오기도 하는
데, 그런 나무들은 숲에서 저절로 자란 것
들이다. 그가 소나무를 심으면, 비가 내
려 나무를 자라게 한다.
15 이런 나무들은 땔감으로 쓰이기도 한다.
그것으로 불을 피워 몸을 따뜻하게 하기
도 하고, 빵을 굽는 데 쓰기도 한다. 그
리고 바로 그 나무로 신상을 만들어 절하
고, 우상을 만들어 엎드려 경배한다.
16 나무의 일부로는 불을 피우고, 고기를 구
워서 먹는다. 고기를 잘 구워서 배부르게
먹고 그 나무를 태워 몸을 따뜻하게 하면
서 "아, 따뜻하다. 불을 보니 좋구나." 라
고 말한다.
17 그러나 나머지 나무로는 우상을 만들어
그것을 자기 신이라 부르며, 엎드려 절하
고 섬긴다. 그것을 향해 기도하기를, "나
의 신이시여, 나를 구해 주십시오"라고
한다.
18 그들은 알지도 못하고 깨닫지도 못한다.
그들은 눈이 가려져 보지 못하고, 마음이
어두워져 깨닫지 못한다.
19 그들에게는 생각도 없고, 지식도 없고,
깨달음도 없다. 그래서 그들은 '나무의
절반은 불태우는 장작으로 썼고, 그 뜨거
운 불로 빵을 구워 먹기도 했으며, 고기
를 요리해 먹기도 했다. 그런데 그 남은
나무로 이 가증스런 우상을 만들어야 하
는가? 이런 나무 토막을 섬겨야 하는가?'
라는 생각을 한 번도 하지 않는다.
20 그는 마치 양잿물을 먹은 사람처럼, 정신
이 흐려져 그릇된 길로 나아간다. 그는 자
기를 구하지 못한다. "내가 붙들고 있는
이 우상은 헛된 신이다"라고 말하지 못한
다.

여호와는 참 하나님이시다

21 "야곱 백성아, 이 일들을 기억하여라. 이
스라엘 백성아, 너희가 내 종이라는 것을
잊지 마라. 내가 너희를 지었다. 너희는
내 종이다. 그러므로 이스라엘아, 너희는
결코 나를 잊지 마라.
22 내가 짙은 구름과 같은 너희 죄악을 지워
버렸고, 안개와 같은 너희 죄를 사라지게
하였다. 내가 너희를 구했으니 내게로 돌
아오너라."
23 하늘아, 여호와께서 이 큰 일을 하셨으니
기쁘게 노래하여라. 땅아, 네 깊은 곳까
지 기쁨으로 외쳐라. 산들아, 숲과 그 안
의 모든 나무들아, 주님께 노래하여라.
주께서 야곱 백성을 구하셨고, 이스라엘을
구원하심으로 큰 영광을 나타내셨다.
24 너희를 구원하신 여호와, 너희가 아직 어
머니 배 속에 있을 때에 너희를 지으신 주

대장장이(44:11 blacksmith) 쇠를 달구어서 온갖 기구와 연장을 만드는 사람.
연장(44:12 tool) 물건을 만들거나 일을 하는 데 쓰는 간단한 도구.
석필(44:13 scriber) 납석 따위를 붓 모양으로 만들어 석판 위에 글씨를 쓰거나 그림을 그리는 데 쓰는 문구.
양각기(44:13 compass) 자유롭게 폈다 오므렸다 할 수 있는, 두 개의 다리가 달려 있는 제도 기구.
양잿물(44:20 lye) 빨래에 쓰려고 재에 물을 부어서 우려낸 물.

께서 말씀하셨다. "나 여호와가 땅과 그
안에 있는 모든 것을 지었다. 내가 홀로
저 하늘을 펼쳤다.
25 내가 거짓말하는 예언자들의 표적을 헛것
이 되게 하였고, 마술하는 사람들을 바보
로 만들었으며, 지혜로운 사람들을 헷갈
리게 하여, 그들의 지식을 어리석은 것으
로 만들었다.
26 그러나 나 여호와가 내 예언자들의 예언을
이루어지게 했다. 예루살렘을 가리켜 '사람
들이 다시 여기에 살 것이다' 라고 하였고,
유다의 성들을 가리켜 '이 성들이 다시 세
워질 것이다' 라고 하였다. 폐허가 된 예루
살렘을 내가 다시 일으켜 세우겠다.
27 내가 강을 향해 마르라고 말하면, 강이 마
를 것이다.
28 나는 고레스를 가리켜 '그는 내 목자다.
그가 나의 모든 뜻을 이룰 것이다.' 라고
하였다. 또 나는 예루살렘을 가리켜 '너는
다시 세워질 것이다' 라고 하였고, 성전을
가리켜 '너의 기초가 다시 놓일 것이다'
라고 하였다."

하나님께서 고레스를 세우시다

45 여호와께서 기름 부어 세우신 고
레스에게 이렇게 말씀하셨다. "내
가 네 오른손을 붙들어 민족들을 물리치
게 하고, 왕들을 네 앞에서 무릎 꿇게 하
겠다. 네가 가는 곳마다 문빗장을 열어 주
어 성문이 네 앞길을 막지 못하게 하겠다.
2 내가 너보다 앞서 가며 꾸불꾸불한 곳들
을 평탄하게 만들겠다. 놋쇠 성문을 부수
고 쇠빗장을 깨뜨리겠다.
3 감추어진 보물을 너에게 주며, 숨겨진 재
물을 너에게 주겠다. 그리하여 너로 하여
금 내가 여호와라는 것과 나, 곧 이스라엘
의 하나님이 네 이름으로 너를 불렀다는
것을 알게 하겠다.
4 내가 이렇게 하는 것은 내 종, 야곱 백성
을 위함이요, 내가 선택한 백성, 이스라엘
을 위함이다. 나는 네 이름으로 너를 불
렀다. 네가 아직 나를 몰랐을 때, 나는 네
이름으로 너를 불렀다.
5 나는 여호와다. 나 외에 다른 하나님은 없
다. 네가 나를 알지 못하나, 내가 너를 강
하게 해 주겠다.
6 그렇게 하여 나밖에 다른 하나님이 없다
는 것을 모든 사람이 알게 하겠다. 해 뜨
는 동쪽에서부터 해지는 서쪽에 이르기까
지 나만이 여호와요, 다른 신은 없다는 것
을 모든 사람이 알게 하겠다.
7 내가 빛을 만들고 어둠을 창조하였다. 나
는 평화를 가져오기도 하고 재앙을 일으
키기도 한다. 나 여호와가 이 모든 것을
한다.
8 높은 하늘아, 구름아, 승리를 비처럼 쏟
아 부어라. 땅아, 너는 넓게 열려서 구원
과 정의가 자라게 하여라. 나 여호와가 그
것을 창조하였다."
9 자기를 지으신 하나님과 다투는 사람에게
재앙이 닥친다. 그들은 깨진 질그릇 조각
에 지나지 않는다. 진흙이 토기장이에게
"너는 무엇을 만드느냐?"고 할 수 있느
냐? 지음을 받은 것이 지은 사람에게 "너
에게는 손이 없다"고 할 수 있느냐?
10 아버지에게 "왜 나를 태어나게 하셨습니
까?" 하는 자녀에게 재앙이 닥친다. 여자
에게 "무엇을 낳았습니까?" 하는 자에게
재앙이 닥친다.
11 여호와, 곧 이스라엘의 거룩하신 분, 이스
라엘을 지으신 분께서 이처럼 말씀하셨

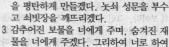

성경 인물

고레스 고레스는 바빌로니아 제국을 멸망시킨 페르시아 제국의 초대 왕이었습니다. 고레스는 정복한 국가들에 대하여 관용 정책을 펴 그들이 섬기는 신을 인정해 주었습니다. 이 같은 정책의 일환으로 고레스 왕은 바빌로니아에게 멸망하여 포로로 끌려 온 이스라엘 백성들을 해방시켜 본국으로 돌아가게 해 주었을 뿐만 아니라, 하나님의 성전을 다시 짓도록 허락했습니다 (스 1:3). 이사야는 고레스가 열국을 정복하고 예루살렘과 성전을 회복할 사람이라고 예언했습니다. 본문 보기 44장 28절

다. "장차 일어날 일을 내게 물어라. 내
자녀에 관해 묻고, 내가 지은 것에 관해
내게 부탁하여라.
12 내가 땅을 만들었고, 그 위에 사는 모든
사람을 지었다. 내가 내 손으로 하늘을 펼
쳤고, 하늘의 모든 군대에게 명령하였다.
13 내가 고레스를 보내어 의로운 일을 하게
할 것이고 그의 일을 쉽게 해 주겠다. 고
레스가 내 성을 다시 쌓을 것이며, 포로
로 잡혀 간 내 백성을 아무런 대가 없이
풀어 줄 것이다." 만군의 여호와께서 하
신 말씀이다.
14 여호와께서 이처럼 말씀하셨다. "이집트
와 에티오피아가 수고하여 얻은 물품이 네
것이 되며, 스바의 키 큰 사람들이 너에
게로 와서 네 소유가 될 것이다. 그들이
너를 따를 것이며, 사슬에 묶여 와서 네
앞에 엎드려 절할 것이다. 너에게 기도하
며 이르기를 '하나님이 당신과 함께 계십
니다. 그 밖에 다른 하나님은 없습니다'
라고 할 것이다."
15 정말로 주께서는 사람들이 볼 수 없는 하
나님이시며, 이스라엘의 하나님이시며 구
원자이시다.
16 우상을 만드는 사람은 다 부끄러움을 당
하며, 한결같이 모욕을 당하며 물러날 것
이다.
17 그러나 이스라엘은 여호와의 손에 구원을
받을 것이다. 그 구원은 영원할 것이며,
다시는 이스라엘이 부끄러움을 당하지 않
을 것이다.
18 여호와께서 하늘을 창조하셨다. 그분은
땅을 만드신 하나님이시다. 그러나 주께
서 헛되이 창조하신 것이 아니라, 땅 위
에 사람이 살 수 있도록 만드셨다. 주께
서 이렇게 말씀하셨다. "나는 여호와다.
나 외에는 다른 하나님이 없다.
19 나는 은밀하게 말하지 않는다. 어두운 곳
에서 내 말을 감추지 않았고, 야곱 자손
에게 헛되이 나를 찾으라고 하지 않았다.
나 여호와는 진리를 말하고 옳은 것을 말
한다.
20 다른 나라에서 피해 온 사람들아, 다 함
께 모여 오너라. 나무 우상을 들고 다니
는 사람들은 자기가 무슨 일을 하고 있는
지 모른다. 그들은 구원하지도 못하는 신
에게 기도한다.
21 너희는 모여서 함께 의논해 보아라. 누가
오래 전에 이 일을 일러 주었느냐? 누가
옛날에 이 일을 말했느냐? 나 여호와가
아니냐? 나 외에 다른 하나님은 없다. 나
만이 의로운 하나님이며 구원자다. 나 외
에 다른 하나님은 없다.
22 온 땅의 모든 사람들아, 내게 돌아와 구
원을 받아라. 내가 하나님이다. 다른 하
나님은 없다.
23 내가 내 이름으로 맹세한다. 내 맹세는 참
되며 내가 한 말은 바뀌지 않는다. 내 맹
세는 이러하다. 곧 모든 사람이 내게 무
릎을 꿇을 것이며, 나를 따르기로 약속할
것이다."
24 사람들이 말하기를 '정의와 능력은 오직
여호와께만 있다' 고 할 것이다. 여호와께
화를 냈던 사람이 다 주께 돌아와 부끄러
움을 당하게 될 것이다.
25 그러나 여호와의 도우심으로 이스라엘의
모든 후손은 의롭다는 인정을 받고 주를
찬양할 것이다.

우상은 헛되다

46 바빌론의 우상인 벨과 느보를 짐승
들이 싣고 간다. 그 우상들은 실
어 날라야 할 무거운 짐이며, 짐승들을 지
치게 하는 것일 뿐이다.
2 이 헛된 신들이 모두 고꾸라졌다. 그들은
자기를 구하지 못하고, 모두가 포로처럼
끌려간다.
3 "야곱의 자손아, 내 말을 들어라. 살아남
은 이스라엘 백성아, 귀를 기울여라. 너희
가 태어날 때부터 내가 너희를 안고 다녔
고, 어머니 배 속에서 나올 때부터 너희
를 돌보았다.
4 너희가 늙을 때까지 내가 너희를 돌보겠
고, 너희 머리가 희어질 때까지 내가 너
희를 품어 주겠다. 내가 너희를 지었으니

너희를 돌보겠다. 너희를 인도하며 구원
해 주겠다.
5 너희가 나를 누구에게 비기겠느냐? 누구
를 나와 견줄 수 있겠느냐?
6 금을 많이 가진 사람, 은을 저울에 다는
사람이 금세공인을 고용하여 그 금과 은
으로 우상을 만들게 하고, 그 우상에게 엎
드려 절한다.
7 그들이 우상을 어깨에 메어다가 우상을
둘 곳에 내려놓으면, 우상은 거기에 서서
움직이지 못한다. 사람들이 그것에게 제
아무리 외쳐도 대답하지 못하고 고통당하
는 사람도 구하지 못한다.
8 이것을 기억하고 잊지 마라. 하나님을 배
반한 사람들아, 이 일을 생각하여라.
9 옛날에 일어난 일을 기억하여라. 나는 하
나님이며, 나 외에 다른 하나님은 없다.
나는 하나님이며, 나와 같은 이는 없다.
10 옛적부터 내가 장차 일어날 일을 알려 주
었다. 내가 계획한 일은 반드시 이루어지
며, 내가 하고자 하는 일은 반드시 한다.
11 내가 내 뜻을 이룰 사람을 동쪽에서 불렀
다. 그가 먼 나라에서 독수리처럼 올 것
이다. 내가 한 말을 이루겠고, 내가 계획
한 그대로 행하겠다.
12 너희 고집 센 백성아, 의로운 길에서 멀
리 떨어진 백성아, 내 말을 들어라.
13 내가 멀지 않은 날에 의로운 일을 하겠다.
나의 구원 계획이 곧 이루어질 것이다. 내
가 시온을 구하고 이스라엘을 영화롭게 하
겠다."

하나님께서 바빌론을 멸망시키신다

47 "바빌론 성아, 내려와 티끌에 앉아
라. 바빌로니아 백성아, 땅 위에 앉
아라. 바빌로니아 사람들아, 이제 너희는
통치자가 아니다. 너희가 다시는 곱거나
아름답다는 말을 듣지 못할 것이다.
2 맷돌을 가져와 곡식을 갈아라. 너희 너울
을 걷어올리고 멋진 치마를 벗어라. 다리
를 드러내고 강을 건너라.
3 너희의 벗은 몸이 드러날 것이요, 너희의
부끄러운 모습이 들춰질 것이다. 내가 원
수를 갚겠다. 어느 누구도 나를 방해하지
못한다."
4 우리의 구원자는 그 이름이 만군의 여호
와이시며, 이스라엘의 거룩하신 분이다.
5 "바빌로니아 사람들아, 어둠 속에 앉아 잠
잠히 있어라. 네가 다시는 민족들의 여왕
이라는 이름을 듣지 못할 것이다.
6 내가 내 백성에게 노하여 내게 속한 백성
들을 저버리고, 그들을 너에게 넘겨 주었
다. 그런데 너는 내 백성을 무자비하게 다
루고, 노인들에게까지 고된 일을 시켰다.
7 네가 말하기를 '나는 영원히 여왕으로 있

바빌론에 임한 심판

바빌론은 이스라엘을 징계하기 위한 하나님의 도구였으나, 도구로서의 역할을 넘어서 교만하였기 때문에 멸망당하고 말았습니다. 이를 통해 세상의 모든 역사는 하나님께서 주관하고 계심을 알 수 있습니다.

본문 보기 47장

성경 본문	심판 내용
2절 상반절	여종의 신세가 됨
2절 하반절, 3절	포로로 잡혀 감, 부끄러움을 당함
9절	자녀를 잃고 과부가 됨
11절	재앙과 고통이 임함
14절	점성가와 마술사들이 지푸라기같이 불에 탐

쾌락(47:8 pleasure) 기분이 좋고 즐거움. 또는 욕망을 만족시키는 즐거움.
속임수(47:9 trickery) 남을 꾀어 속이는 것. 또는 그 수단.
단련(48:10 training) 몸과 마음을 닦음.
정련(48:10 refining) 광석이나 그밖의 다른 원료에서 함유 금속을 뽑아 내어 더 좋고 순도 높은 것으로 만듦.
용광로(48:10 furnace) 높은 온도로 금속 · 광석을 녹일 수 있는 가마.

을 것이다'라고 한다. 네가 이런 일들을
생각하지 않았고 장차 일어날 일들을 마
음에 두지 않았다.
8 쾌락을 사랑하는 사람아, 너는 이제 들어
보아라. 너는 스스로 안전하다고 생각하
고 마음에 이르기를 '이 세상에는 오직 나
뿐이다. 나 말고는 아무도 없다. 나는 과
부가 되지도 않을 것이고, 자녀를 잃지도
않을 것이다'라고 한다.
9 그러나 그 두 가지 일이 한 날에 갑자기
닥칠 것이니, 네가 자녀와 남편을 잃을 것
이다. 이 일이 반드시 너에게 일어날 것
이며, 너의 온갖 마술과 속임수도 너를 구
원하지 못한다.
10 네가 악한 일을 하고도 스스로 안전하다
고 생각하며 말하기를 '내가 하는 일을 보
는 사람이 없다'라고 한다. 네 지혜와 지
식이 너를 속였다. 너는 마음속으로 '이
세상에는 오직 나뿐이다. 나 말고는 아무
도 없다'라고 말한다.
11 그러나 재앙이 너에게 닥칠 것이며, 그것
을 막을 길이 없을 것이다. 고통이 너를
덮치겠으나, 네가 피할 길이 없을 것이
다. 너는 순식간에, 너무나 빨라 깨닫지
도 못하는 사이에 망할 것이다.
12 네가 젊어서부터 해오던 속임수와 마술을
부려 보아라. 혹시 그것이 너에게 도움이
될지도 모른다. 그것으로 네가 다른 사람
에게 겁을 줄 수 있을지도 모른다.
13 그러나 너는 많은 조언들 때문에 지쳐 버
렸다. 하늘을 연구하는 사람, 별을 보며 미
래를 알려 주는 사람을 불러 보아라. 너에
게 닥칠 일을 알아 내어 너를 구해 보아라.
14 보아라, 그들은 지푸라기처럼 불에 쉽게
타 버린다. 그 불은 몸을 따뜻하게 해 주
는 숯불도 아니고, 곁에 앉아 쬘 수 있는
불도 아니어서 그 불꽃의 힘으로부터 스
스로를 구할 수 없을 것이다.
15 너와 함께 일해 온 사람들, 네가 젊었을
때부터 너와 함께 있던 상인들도 너를 구
하지 못한다. 모두가 제 갈 길로 가 버리
고 너를 구할 사람이 남지 않을 것이다."

하나님께서 미래를 다스리신다

48 "야곱의 자손아, 내 말을 들어라.
이스라엘이라고 불리는 유다 자손
아, 귀를 기울여라. 너희가 여호와의 이
름으로 맹세하기도 하고, 이스라엘의 하나
님을 찬양하기도 하지만, 너희는 정직하
지도 않고 진실하지도 않다.
2 스스로 거룩한 성의 백성이라 부르고, 만
군의 여호와, 곧 이스라엘의 하나님을 의
지한다고 하는 자들아,
3 옛적부터 내가 장차 일어날 일을 일러 주
었다. 이 일들에 관해 말해 주고 알려 주
었다. 그리고 갑작스레 행함으로, 내가
한 말을 그대로 이루었다.
4 그렇게 한 것은 너희가 고집이 세다는 것
을 내가 알기 때문이다. 너희 목 힘줄은
쇠 같고 너희 이마는 놋쇠 같다.
5 그래서 내가 옛적부터 이 일들을 일러 주
었고, 그 일들이 일어나기 전에 미리 알
려 주었던 것이다. 너희가 '내 우상들이
이 일을 했다. 내 나무 우상과 쇠 우상이
이 모든 일을 일으켰다'라고 말하지 못하
게 하기 위함이었다.
6 일어난 모든 일을 너희가 듣고 보았다. 그
러니 이 소식을 남들에게 알려 주어라. 이
제 내가 너희에게 새 일을 일러 주겠다.
너희가 아직 알지 못하는 비밀을 가르쳐
주겠다.
7 그 일들은 이제 막 창조된 것이요, 옛적
일이 아니다. 그것은 오늘까지 너희가 들
어 본 적이 없는 일이므로, '우리는 이미
알고 있었다'라고 말할 수 없다.
8 그러나 너희는 듣지 않았고, 깨닫지도 못
했다. 옛적부터 너희는 내 말을 듣지 않
았다. 나는 너희가 틀림없이 나를 배반하
리라는 것을 알았다. 너희는 태어날 때부
터 반역을 일삼았다.
9 그러나 내 이름을 위해 내가 참았고, 내
영광을 위해 너희를 멸망시키지 않았다.
10 내가 너희를 단련시켰으나, 은을 정련하
듯 하지 않고 오히려 너희를 고난의 용광
로에서 단련시켰다.

11 그것은 나를 위해, 내 이름을 위해 한 것
이다. 나는 사람들이 내 이름을 더럽히지
못하게 하겠다. 헛된 신이 내 영광을 가
져가지 못하게 하겠다."

약속받은 구원

12 "야곱 백성아, 내 말을 들어라. 내가 불러
낸 이스라엘 백성아, 귀를 기울여라. 나는
유일한 하나님이다. 내가 곧 처음이요,
끝이다.
13 내가 내 손으로 땅을 지었고, 내 오른손
으로 하늘을 펼쳤다. 내가 땅과 하늘을 부
르면, 그들이 내 앞에 와서 선다.
14 너희는 모두 와서 귀를 기울여라. 우상들
가운데서 이런 일들을 미리 일러 준 우상
이 있느냐? 내가 선택한 사람이 내가 바
라는 일을 바빌론에게 행할 것이다. 그가
바빌로니아 사람들을 공격하여 내 뜻을 이
룰 것이다.
15 내가 말했고, 그를 불렀으며, 데려왔으
니, 그가 하는 일마다 잘 되게 해 주겠다.
16 내게 다가와서 이 말을 들어라. 나는 처
음부터 은밀하게 말하지 않았다. 이 일이
시작될 때부터 나는 거기에 있었다." 이
제 주 여호와께서 나를 보내시며 그의 영
을 함께 보내셨다.

성경 지명

갈대아

원래 유프라테스, 티그리스 강 하류 지역을 일컫는 말로, 일반적으로 바빌로니아의 최후 왕조(B.C. 626-539년)를 가리킵니다. 갈대아 왕조의 창시자이며 바빌로니아를 통일, 정복한 나보폴라살은 니느웨를 정복함으로써(B.C. 614년) 앗시리아 제국을 멸망시켰습니다. 그의 큰아들 느부갓네살 왕은 이집트를 시리아와 팔레스타인 지역 밖으로 몰아 내고 영토를 확장시켰습니다. 그러나 이 나라도 신생 페르시아 제국에게 멸망당하였습니다. 본문 보기 48장 20절

지파(49:6 tribe) 종파에서 갈라져 나간 파. 부족.
헐벗은(49:9 bare) 산에 나무가 없어서 맨바닥이 다 드러난.

17 너희 구원자이시며, 이스라엘의 거룩하신
분인 여호와께서 이렇게 말씀하셨다. "나
는 여호와 너희 하나님이다. 나는 너희에
게 유익한 일을 가르치며 마땅히 가야 할
길로 너희를 이끈다.
18 너희가 내 명령에 복종했으면, 평화가 강
같이 흘렀을 것이며, 좋은 일이 파도처럼
몰려왔을 것이다.
19 너희의 자손이 해변의 모래처럼 늘어났을
것이다. 그 이름이 내 앞에서 끊기지도 않
고 영원히 멸망하지도 않았을 것이다."
20 내 백성아, 바빌론을 떠나라. 갈대아 사람
들에게서 도망쳐라. "여호와께서 자기 종
야곱을 구하셨다"라고 말하여라. 이 소식
을 백성에게 즐겁게 외치고 온 땅에 퍼뜨
려라.
21 여호와께서 그들을 사막으로 인도하실 때
에도 그들이 목마르지 않았다. 여호와께
서 그들을 위해 바위를 쪼개셔서 물이 솟
아나게 하셨다.
22 "악한 사람들에게는 평화가 없다." 여호
와의 말씀이다.

여호와의 종

49 바닷가 땅에 사는 백성들아, 내 말
에 귀를 기울여라. 멀리 떨어진 곳
의 민족들아, 내 말을 들어라. 내가 태어
나기도 전에 여호와께서 나를 부르셨고,
내가 아직 어머니 배 속에 있을 때에 여
호와께서 내 이름을 부르셨다.
2 주께서 내 혀를 날카로운 칼처럼 만드셨
고, 나를 주의 손 그늘에 숨기셨다. 주께
서 나를 날카로운 화살처럼 만드셔서 주
의 화살통 속에 감추셨다.
3 주께서 내게 말씀하셨다. "이스라엘아, 너
는 내 종이다. 내가 너를 통해 내 영광을
나타내겠다."
4 그러나 나는 말하였다. "저는 헛되이 수
고했습니다. 온 힘을 다했으나 쓸모가 없
었습니다. 그러나 여호와께서 내 일을 판
단해 주실 것이며, 내 하나님께서 내가 받
을 보상을 결정하실 것입니다."
5 여호와께서 나를 어머니 배 속에서 지으

시고 나를 종으로 삼으셨다. 나로 하여금
야곱 백성을 여호와께 인도하게 하시고,
이스라엘을 다시 불러 모으게 하셨다. 여
호와께서 나를 높이셨고, 내게 힘을 주셨
다. 이제 그 여호와께서 내게 말씀하셨
다.
6 주께서 말씀하시기를, "네가 내 종이 되
어, 야곱 지파들과 살아 남은 이스라엘 백
성을 돌아오게 할 일은 작은 일이다. 더
욱이 내가 너를 온 민족의 빛으로 삼아,
세상 끝까지 나의 구원이 이르게 할 것이
다"라고 하셨다.
7 이스라엘의 구원자이시며 이스라엘의 거
룩하신 분께서 사람들에게 멸시를 받고
민족들에게 미움을 받는 사람, 통치자들
의 종에게 이렇게 말씀하셨다. "왕들이
너를 보고 일어나서 너에게 절할 것이다.
위대한 지도자들이 네 앞에서 엎드릴 것
이다. 그것은 너를 선택한 이스라엘의 거
룩한 하나님, 신실한 나 여호와 때문이
다."

구원의 날

8 여호와께서 이렇게 말씀하셨다. "때가 되
면, 내가 너의 기도를 들어 주겠다. 구원
의 날에 내가 너를 돕고 너를 지켜 주겠
다. 너는 내가 백성과 맺은 언약의 표적
이 될 것이다. 너는 백성을 그들의 땅으
로 돌려 보내어 폐허가 된 땅을 그 주인
들에게 돌려 줄 것이다.
9 네가 죄수들에게 '감옥에서 나오너라'

세상 끝까지 하나님의 구원이 이루어짐(49:6)

고 할 것이며, 어둠 속에 있는 사람에
게는 '밝은 곳으로 나오너라'고 할 것
이다. 그들이 길가에서도 음식을 먹으
며, 헐벗은 산에서도 먹을 것을 찾게 될
것이다.
10 그들이 굶주리지도 않고, 목마르지도 않
을 것이다. 뜨거운 바람이나 햇볕도 그들
을 해치지 못할 것이다. 왜냐하면 그들을
위로하시는 하나님께서 그들을 샘가로 인
도하실 것이기 때문이다.
11 내가 내 모든 산들을 내 백성을 위해 길
로 만들겠고, 모든 길을 닦아 놓겠다.

종의 노래 ♬♪

이사야서에는 '종의 노래'라고 불리는 4개의 노래가 나옵니다. 이 종은 그를 통해 이스라엘의 꿈이 실현되며, 하나님의 백성들과 세상에 대한 하나님의 계획을 성취하는 인물을 가리킵니다. 따라서 이 종은 장차 오실 메시아 예수님을 가리킵니다(마 12:17-21). 한편으로 종의 임무는 이스라엘 자체에 적용될 수도 있습니다.

본문 보기 49장 1-6절

종의 노래	내 용	본 문
첫 번째 노래	여호와의 종은 이스라엘과 이방에게 여호와의 의를 베풀 것이다	42:1-4
두 번째 노래	어머니의 뱃속에서부터 이스라엘을 회복시킬 사명과 이방에 빛을 비추어 구원을 위해 베풀 사명을 부름받았다	49:5-6
세 번째 노래	여호와께서는 그의 종에게 원수의 공격을 견딜 수 있는 지혜를 주실 것이다	50:4-9
네 번째 노래	여호와의 종은 사람들의 죄 때문에 고통받는 고난의 종이다	52:13-53:12

12 보아라. 내 백성이 먼 곳에서부터 온다.
북쪽에서도 오고 서쪽에서도 온다. 이집
트 남쪽의 시님*에서도 온다."
13 하늘아, 기뻐하여라. 땅아, 즐거워하여
라. 산들아, 소리를 높여라. 여호와께서
그의 백성을 위로하신다. 여호와께서 고
통당하는 사람들을 불쌍히 여기신다.

예루살렘과 그 자녀

14 그러나 시온이 말하기를 "여호와께서 나
를 버리셨다. 주께서 나를 잊으셨다"고
한다.
15 여호와께서 대답하신다. "여자가 자기의
젖 먹는 아이를 잊겠느냐? 자기가 낳은
아이를 불쌍히 여기지 않겠느냐? 혹시 어
머니가 자기 아이를 잊는다 하더라도 나
는 너를 잊지 않겠다.
16 보아라. 내가 네 이름을 내 손바닥에 적
었다. 예루살렘아, 내가 언제나 네 성벽을
내 마음에 두고 있다.
17 네 자녀가 곧 너에게로 돌아올 것이다.
너를 무너뜨리고 멸망시킨 사람들은 너에
게서 떠날 것이다.
18 네 눈을 들어 사방을 둘러보아라. 네 모
든 자녀가 너에게로 모여들고 있다. 내가
살아 있는 한, 네 자녀는 보석과 같을 것
이다. 신부가 자기 보석을 자랑하듯 네가
네 자녀를 자랑할 것이다.
19 너는 파괴되었고 망하였다. 네 땅이 쓸모
없게 되었다. 그러나 이제는 백성이 너무
많아서 땅이 비좁다. 너를 멸망시킨 백성
은 멀리 떠날 것이다.
20 네가 잃었다고 생각한 네 자녀들이 너에
게 와서 말하기를, '이 곳은 너무 비좁으
니 우리가 살 수 있게 더 넓은 곳을 주십
시오'라고 할 것이다.
21 그 때에 네가 스스로 말하기를, '누가 나
에게 이 모든 자녀를 낳아 주었는가? 많
은 자녀들이 죽고 살아 남은 자들은 포로
로 끌려가 나 홀로 남겨졌다. 그런데 이
아이들이 다 어디에서 왔는가? 누가 이
아이들을 길렀는가?'라고 할 것이다."
22 주 여호와께서 이렇게 말씀하셨다. "보아
라. 내가 민족들에게 손짓을 하겠고, 깃
발을 들어 뭇 백성들에게 신호를 보내겠
다. 그러면 그들이 네 아들들을 품에 안
고 돌아오며, 네 딸들을 업고 돌아올 것
이다.
23 왕들이 네 자녀를 보살펴 줄 것이며, 왕
비들이 네 자녀를 돌볼 것이다. 그들이 네
앞에서 엎드릴 것이며, 네 발의 먼지에 입
맞출 것이다. 그 때에 너는 내가 여호와
라는 것을 알게 될 것이다. 나를 의지하
는 사람은 부끄러움을 당하지 않을 것이
다."
24 전쟁 때 용사의 손에 빼앗긴 물건을 다시
가져올 수 있느냐? 폭군에게 사로잡힌 포
로를 빼내 올 수 있느냐?
25 그러나 여호와께서 이렇게 말씀하셨다.
"내가 용사에게 사로잡힌 포로를 빼내 오
겠다. 폭군이 빼앗은 물건을 다시 가져오
겠다. 내가 네 적과 맞서 싸워 네 자녀를
구해 내겠다.
26 너에게 고통을 안겨 준 사람들로 하여금
제 살을 먹게 만들고, 포도주를 마신 것
처럼 그들 자신의 피를 먹고 취하게 할 것
이다. 그 때에 나 여호와가 너의 구원자
이자 구속자며, 야곱의 전능한 하나님이
라는 것을 모든 사람이 알게 될 것이다."

이스라엘이 죄값을 받는다

50 여호와께서 이렇게 말씀하셨다.
"이스라엘 백성아, 너희는 내가 너
희 어머니를 쫓아 냈다고 말하는데 그 이
혼서가 어디 있느냐? 내가 어느 누구에게
빚을 갚으려고 너희들을 판 줄로 아느냐?
아니다. 너희 죄 때문에 너희가 스스로 팔
렸으며, 너희 어머니가 쫓겨난 것은 너희
허물로 인해서이다.
2 내가 왔을 때에 아무도 없었고, 내가 불
렀을 때에 아무도 대답하지 않았다. 내가
너희를 구하기에 내 손이 짧다고 생각하

알아두세요
49:12 현재의 '아스완'에 해당된다.

느냐? 내게 너희를 구할 힘이 없느냐? 보
아라. 내가 꾸짖기만 해도 바다가 마르
며, 강이 사막이 된다. 물고기들은 물이
없어서 죽고, 썩어서 악취를 낼 것이다.
3 나는 하늘을 어둡게 만들 수 있으며 거친
베처럼 만들 수도 있다."

여호와의 종

4 주 여호와께서 내게 가르칠 능력을 주셨
다. 악한 사람을 강하게 할 수 있는 말을
내게 일러 주셨다. 아침마다 나를 깨우쳐
주시고, 학생처럼 배우게 하셨다.
5 주 여호와께서 내 귀를 열어 주셨다. 나
는 여호와께 반역하지 않았고, 등을 돌리
지도 않았다.
6 나는 나를 때리는 사람들에게 등을 대 주
었고, 내 수염을 뽑는 사람들에게 뺨을 대
주었다. 그들이 나를 조롱하고 내게 침을
뱉을 때에 내 얼굴을 가리지 않았다.
7 주 여호와께서 나를 도우시니, 내가 수치
를 당하지 않았다. 그러므로 마음을 굳게
먹고 부끄러움을 당하지 않을 것이다.
8 나를 의롭다 하신 여호와께서 가까이 계
시니, 누가 나와 다툴 수 있겠느냐? 있다
면 함께 법정으로 가자. 나를 고발할 사
람이 있으면 내게 가까이 와라.
9 보아라. 주 여호와께서 나를 도우시니 누
가 나에게 죄가 있다고 하겠느냐? 그들이
모두 헌 옷처럼 닳아 없어지고, 좀에게 먹
히게 될 것이다.
10 너희 가운데 누가 여호와를 두려워하며,
누가 여호와의 종에게 복종하느냐? 어둠
속을 걷는 사람, 빛이 없는 길을 가는 사
람이라도 여호와의 이름을 의지하고 하나
님을 믿어라.
11 그러나 지켜 보아라. 너희가 자신의 빛으
로 살고, 자신의 불로 몸을 데우나, 내게
서 받을 것은 이러하니 너희가 큰 고통 속
에 눕게 될 것이다.

예루살렘은 구원을 받는다

51 "의로운 길을 가려는 사람, 나 여호
와를 따르려는 사람아, 내 말을 들
어라. 너희가 떨어져 나온 바위를 파낸 채
석장을 곰곰이 생각해 보아라.
2 너희 조상 아브라함과 사라를 바라보아라.
내가 아브라함을 불렀을 때, 오직 그 사람
하나뿐이었다. 그러나 내가 그에게 복을
베풀어 수많은 자녀를 주었다.
3 나 여호와가 시온을 위로한다. 그 폐허 속
에 사는 사람들에게 자비를 베푼다. 그 광
야를 에덴 동산처럼 만들고, 그 황무지를
나 여호와의 동산처럼 만든다. 거기에 기
쁨과 즐거움이 가득할 것이며, 감사와 노
랫소리가 가득할 것이다.
4 내 백성아, 내 말을 들어라. 이스라엘아,
내 말에 귀를 기울여라. 내게서 가르침이
나오며, 내 정의가 온 백성의 빛이 될 것
이다.
5 내가 곧 나의 의로움을 드러내겠고, 곧 너
희를 구원하겠다. 내가 능력으로 모든 민
족을 심판하겠다. 섬에 사는 민족들이 다
나를 기다리며, 내 능력으로 그들을 구하
기를 바라고 있다.
6 너희 눈을 들어 하늘을 바라보아라. 그리
고 아래로 땅을 둘러보아라. 하늘이 연기
처럼 사라지고 땅이 헌 옷처럼 닳아 없어
질 것이며, 거기 사는 사람들은 파리처럼
죽을 것이다. 그러나 내 구원은 영원하
며, 내 의는 끝없이 이어질 것이다.
7 정의를 아는 백성아, 내 말을 들어라. 내
가르침을 따르는 사람들아, 내 말에 귀를
기울여라. 사람들의 멸시와 그들의 헐뜯
는 말을 두려워하지 마라.
8 좀이 옷을 망치듯이 그들을 망칠 것이며,
벌레가 양털을 먹듯이 그들을 먹을 것이
다. 그러나 내 의는 영원하며, 내 구원은
끝없이 이어질 것이다."
9 깨어나십시오, 여호와여! 능력으로 옷 입
으십시오. 오래 전에 나일 강의 용과 같
은 이집트를 토막내셨던 것처럼 깨어나십
시오.
10 주께서 바닷물을 말리시고, 바다의 깊은
곳에 길을 내셔서, 구원받은 주의 백성이
건너가게 하셨습니다.
11 여호와께서 자유를 주신 백성이 돌아올

것입니다. 그들이 기뻐하며 시온으로 올
것입니다. 그들의 행복이 영원할 것이며,
기쁨과 즐거움이 넘치고 슬픔과 고통은
사라질 것입니다.
12 "내가 바로 너희를 위로하는 하나님이다.
죽을 수밖에 없는 인간을 어찌하여 너희
는 두려워하느냐? 풀처럼 쓰러져 갈 인간
들을 왜 무서워하느냐?
13 나 여호와가 너희를 지었다는 것을 잊었
느냐? 나 여호와가 하늘을 펼쳤고 땅을
지었다. 너희가 어찌하여 너희를 괴롭히
는 성난 백성을 늘 두려워하느냐? 남을
멸망시키려고 하는 그 원수들이 지금 어
디에 있느냐?
14 갇혀 있는 포로들이 곧 풀려날 것이다.
그들은 감옥에서 죽지 않을 것이고, 음식
이 부족하게 되는 일도 없을 것이다.
15 왜냐하면 내가 여호와 너희의 하나님이기
때문이다. 내가 바다를 휘저어 거친 파도
를 일으켰다. 내 이름은 만군의 여호와
다.
16 내가 내 말을 너희에게 전해 주고 내 손
으로 너희를 감싸 보호해 주었다. 내가 하
늘과 땅을 지었고, 시온을 향해 '너는 내
백성이다' 라고 하였다."

하나님께서 이스라엘을 치셨다

17 깨어라, 깨어라, 예루살렘아! 네가 여호와
의 손에서 그분의 진노의 잔을 받아 마셨
다. 여호와께서 진노의 잔을 너에게 주셔
서, 네가 비틀거리도록 마시게 하셨다.
18 예루살렘에 사람이 많으나, 이끌 사람은
하나도 없고, 예루살렘에서 자라난 자녀
가운데 인도할 사람이 없다.
19 두 가지 재앙이 너에게 닥쳤으니, 곧 황
폐와 멸망이고 굶주림과 싸움이다. 그러
나 아무도 너를 불쌍히 여기지 않으며, 아
무도 너를 위로해 주지 않는다.
20 네 백성이 약해졌다. 마치 그물에 걸린 영
양처럼 쓰러져 거리 모퉁이마다 누워 있
다. 그들이 여호와의 무서운 진노를 받았
고, 하나님의 노한 목소리를 들었다.
21 포도주를 마시지 않았으면서도 취해 있는
불쌍한 예루살렘아, 그러므로 내 말을 들
어라.
22 너의 주 여호와, 곧 자기 백성을 위해 싸
우시는 네 주 하나님께서 이렇게 말씀하
셨다. "보아라. 내가 너에게 준 진노의
잔, 네가 마시고 비틀거렸던 그 잔을 이
제는 거두어들이겠다. 다시는 네가 그 잔
을 마시지 않을 것이다.
23 내가 이제 그 고난의 잔을 너에게 고통을
준 사람들에게 마시게 하겠다. 너희에게
'엎드려라. 우리가 너희를 딛고 가겠다'
라고 한 사람들에게 주겠다. 그들이 흙을
밟듯 너희 등을 짓밟았으며, 거리를 다니
듯 너희 등을 밟고 다녔다."

예루살렘이 구원을 받는다

52 깨어라, 깨어라, 시온아! 힘을 내
어라. 거룩한 성 예루살렘아, 다시
아름다운 옷을 입어라. 할례받지 않은 자
와 부정한 사람이 다시는 네게로 들어가
지 못할 것이다.
2 한때 포로였던 예루살렘아, 이제는 티끌을
떨어 버리고 일어서라. 한때 포로였던 딸
시온아, 이제는 네 목의 사슬을 풀어 버
려라.

성경 지명

시온

시온은 원래 예루살렘 남동쪽의 언덕에 위치한 여부스 족의 영토이자 요새였습니다(삼하 5:6). 그런데 다윗이 이 곳을 점령하고 다윗 성이라 이름 붙였습니다(삼하 5:7-9). 그후 솔로몬 왕이 이 곳에 성전을 세우고 하나님의 언약궤를 안치하면서부터(왕상 8:1) 이스라엘의 중심지가 되었습니다. 하나님의 성전이 있는 시온은 하나님께서 거하시는 곳의 대명사로 사용되었으며, 거룩한 산으로 여겨졌습니다. 따라서 이스라엘은 포로 기간 중에도 시온의 회복을 사모했는데, 시온의 회복은 곧 하나님의 축복과 임재의 회복을 뜻하기 때문이었습니다. 본문 보기 52장 1절

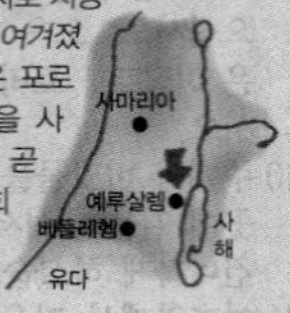

3 여호와께서 이렇게 말씀하셨다. "너희가
값없이 포로로 팔려 갔으니, 값없이 구원
받을 것이다."
4 주 여호와께서 이렇게 말씀하셨다. "처음
에 내 백성이 이집트로 살려고 내려갔다.
그리고 앗시리아가 아무 이유 없이 그들을
압제하였다."
5 여호와의 말씀이다. "여기 내게 무슨 유
익이 있는가? 보아라, 다른 민족이 내 백
성을 까닭 없이 붙잡아 갔다. 그 다스리
는 사람들이 나를 비웃는다." 여호와의
말씀이다. "그들이 하루 종일 내 이름을
욕되게 한다.
6 그러나 그 날에 내 백성에게 내 이름을 드
러낼 것이며, 내 능력을 알게 할 것이다.
그들은 내가 그들에게 말한 하나님이었다
는 것을 알게 될 것이다."
7 아름다워라. 기쁜 소식을 가지고 산을 넘
어오는 사람이여. 아름다워라. 평화를 선
포하며, 좋은 소식을 가져오고, 구원을
선포하는 사람이여. 아름다워라. 시온에
"네 하나님은 왕이시다"라고 전하러 다니
는 사람의 발이여.
8 들어 보아라! 파수꾼들이 외치고 있다. 그
들이 모두 기쁨을 못 이겨 외치고 있다.
여호와께서 시온으로 돌아오실 때, 그 모
습을 그들이 눈으로 직접 볼 것이다.
9 폐허로 변한 예루살렘아, 이제는 소리를
높여 다 함께 기뻐하여라. 여호와께서 자
기 백성을 위로하시고, 예루살렘을 구하셨
으니 즐거워하여라.
10 여호와께서 모든 민족에게 거룩하신 능력
을 나타내신다. 그 때에 이 땅의 모든 사
람이 우리 하나님의 구원을 볼 것이다.
11 너희 백성아, 떠나라. 바빌론에서 나오너
라. 부정한 것을 만지지 마라. 여호와를
예배드릴 때 쓰는 물건들을 나르던 사람
들아, 그 곳을 떠나 네 몸을 깨끗하게 하
여라.
12 너희가 바빌론에서 나올 때 황급히 빠져
나오지 않아도 된다. 도망치듯 나오지 않
아도 된다. 여호와께서 너희 앞에서 가실
것이다. 이스라엘의 하나님께서 뒤에서 너
희를 지켜 주실 것이다.

고난받는 종

13 여호와께서 말씀하셨다. "보아라. 내 종이
지혜롭게 행동하여, 사람들에게서 존경과
칭찬을 받을 것이다. 그가 높이 들릴 것
이다.
14 그를 보고 여러 사람이 놀랐다. 매맞고,
피흘림으로, 그의 얼굴과 모습이 너무 상
하여 사람처럼 보이지 않았다.
15 이제는 그가 여러 백성을 놀라게 할 것이
며, 왕들은 놀라 입을 다물 것이다. 그는
아무도 일러 주지 않은 것을 볼 것이며,
아무도 듣지 못한 것을 깨달을 것이다."

53 우리가 들은 것을 누가 믿었느냐?
여호와의 팔이 누구에게 나타났느
냐?
2 그는 여호와 앞에서 부드러운 새싹처럼,
메마른 땅에서 자라는 나무 줄기처럼 자
라났다. 그에게는 아름다움도 없었고, 우
리의 눈길을 끌 만한 위엄도 없었다.
3 그는 사람들에게 미움과 멸시를 받았으

고난의 종으로 오심

고난의 종이신 예수님을 따르기보다는 얻을 복에 더 관심을 갖는 것은 정치적 메시아를 기다리던 이스라엘 백성과 다를 바가 없는 태도입니다. 그러나 예수님은 고난을 통해 영원한 구원을 이루셨습니다. 이것이 이사야서의 핵심 사상입니다. 본문 보기 52:13-53:12

고난의 종으로 오심(53:1-3)	육체를 입고 낮아지심
고난받는 이유(53:4-6)	우리의 허물과 죄악 때문에
고난받는 태도(53:7-9)	입을 열지 않고 잠잠히 고난당하심
고난받는 목적(53:10-12)	죄를 대속해 구원에 이르게 하심

며, 아픔과 고통을 많이 겪었다. 사람들
은 그를 바라보려 하지도 않았다. 그는 미
움을 받았고, 우리 가운데 아무도 그를 귀
하게 여기지 않았다.
4 정말로 그는 우리의 질병을 짊어지고, 우
리의 아픔을 대신 겪었다. 그러나 우리는
그가 하나님께 벌을 받아서 고통을 당한
다고 생각했다.
5 그러나 그가 상처 입은 것은 우리의 허물
때문이고, 그가 짓밟힌 것은 우리의 죄 때
문이다. 그가 맞음으로 우리가 평화를 얻
었고, 그가 상처를 입음으로 우리가 고침
을 받았다.
6 우리는 모두 양처럼 흩어져 제 갈 길로 갔
으나, 여호와께서 우리의 모든 죄짐을 그
에게 지게 하셨다.
7 그는 매를 맞고 고난을 당했으나, 마치 도
살장으로 끌려가는 어린 양과 같이 아무
말도 하지 않았다. 털을 깎이는 양과 같
이 잠잠하고 입을 열지 않았다.
8 사람들이 정의를 짓밟고 그를 거칠게 끌
고 갔다. 그가 살아 있는 사람들의 땅에
서 끊어졌으니, 그 세대 사람들 가운데서
어느 누가 자기들의 죄 때문에 그가 죽임
을 당했다고 생각하겠는가?
9 그는 악한 일을 한 적이 없으며, 거짓말
을 한 적이 없는데도 악한 사람들과 함께
묻혔으며, 그의 무덤이 부자들 사이에 있
었다.
10 그러나 그에게 상처를 입히고 고통을 준
것은 여호와의 뜻이었다. 여호와께서 그
의 목숨을 죄를 씻는 제물인 속죄 제물로
삼으셨다. 그는 자기 자손을 볼 것이며,
오래오래 살 것이다. 여호와께서 바라시
는 뜻을 그가 이룰 것이다.
11 많은 고통을 겪은 뒤에 그는 고난의 결
과를 보고 만족할 것이다. 내 의로운 종
이 많은 사람을 의롭게 할 것이며, 그들
의 죄를 짊어질 것이다.
12 그러므로 내가 그를 위대한 사람으로 높
여 주며, 강한 사람들과 함께 재물을 나
누어 가지게 하겠다. 그는 기꺼이 자기 목
숨을 죽음에 내놓았으며 죄인 취급을 받
았다. 그는 많은 사람의 죄를 짊어졌고,
죄지은 사람들을 대신해서 용서를 빌었
다."

백성이 예루살렘으로 돌아온다

54 "아기를 낳지 못하는 여자와 같은
예루살렘아, 노래하여라. 노래를
부르고 큰 소리로 기뻐하여라. 네가 한 번
도 아기를 낳는 아픔을 겪지 못했으나, 남
편을 둔 여자보다 더 많은 자녀를 가질 것
이다." 여호와의 말씀이다.
2 네 장막을 넓혀라. 네가 사는 천막을 마
음껏 펼치고 넓혀라. 밧줄을 길게 늘이고
말뚝을 단단히 박아라.
3 네가 오른쪽과 왼쪽으로 넓게 퍼져 나갈
것이며, 네 자녀가 다른 나라들을 차지할
것이다. 그들이 폐허로 변한 성에서 다시
살 것이다.
4 두려워하거나 당황하지 마라. 네가 부끄
러움을 당하지 않을 것이다. 네가 젊었을
때의 부끄러움과 네 남편을 잃었을 때의
부끄러움을 다시는 기억하지 않을 것이
다.
5 너를 지으신 분이 네 남편이 되실 것이다.
그분의 이름은 만군의 여호와이시다. 너
를 구하신 분은 이스라엘의 거룩하신 분이
다. 그분은 온 땅의 하나님이라고 불리시
는 분이다.
6 남편에게서 버림받고 큰 슬픔에 빠져 있
던 너, 젊어서 결혼했다가 버림받은 너를
여호와께서 부르셨다. 네 하나님의 말씀
이다.
7 "내가 잠시 너를 버렸으나, 큰 은혜로 너
를 다시 데려오겠다.
8 내가 크게 노하여 잠시 너에게서 피했으
나, 영원한 사랑으로 너에게 은혜를 베풀
겠다." 너의 구원자이신 여호와의 말씀이
다.

속죄 제물(53:10 sin offering) 속죄를 위해 드리는 제물.
장막(54:2 tent) 사람이 들어가 별이나 비를 피할 수 있도록 머리 위를 가리는 막.

"목마른 사람아, 다 와서 마셔라.
돈이 없는 사람도 와서 마셔라. 포도주와 우유를
마시되 돈 없이, 값없이 와서 마셔라."(55:1)

9 "지금은 노아 때와 비슷하다. 그 때, 내가
다시는 세계를 홍수로 멸망시키지 않겠다
고 약속했다. 이제 또 내가 약속한다. 내
가 다시는 너에게 노하거나 너를 심판하
지 않겠다.
10 산들이 사라지고 언덕들이 옮겨진다 하더
라도, 너에 대한 나의 사랑은 절대로 변
하지 않는다. 내 평화의 약속은 없어지지
않는다." 너에게 자비를 베푸는 여호와의
말씀이다.
11 "너 불쌍한 성아, 폭풍에 시달려도 위로
받지 못한 성아, 보아라. 내가 옥으로 너
를 다시 쌓으며 청옥으로 네 기초를 다시
놓겠다.
12 홍옥으로 네 성벽을 쌓고, 반짝이는 보석
으로 네 성문을 만들고, 귀한 보석으로 바
깥 벽을 쌓겠다.
13 네 모든 자녀를 나 여호와가 가르치겠고,
네 자녀가 평화를 누리게 될 것이다.
14 너는 정의롭고 공평한 통치 아래서 살게
될 것이다. 아무도 너를 해치지 못할 것
이니, 너에게 두려움이 사라질 것이다.
아무것도 너를 무섭게 하지 못할 것이다.
15 보아라. 나는 너를 공격할 사람을 보내지
않겠다. 누구든 너를 공격하는 사람은 네
앞에서 넘어질 것이다.
16 보아라. 내가 대장장이를 만들었다. 그가
숯불을 달구어 원하는 연장을 만든다. 같
은 방법으로 나는 파괴하는 무기들도 만
들었다.
17 그러므로 어떤 무기도 너를 해치지 못할
것이다. 너를 재판에 거는 사람을 네가 물
리칠 것이다. 이것이 나 여호와의 종들이
받을 몫이다. 그들의 승리는 내게서 나온
다." 여호와의 말씀이다.

좋은 것을 주시는 하나님

55 "너희 목마른 사람아, 다 와서 마
셔라. 돈이 없는 사람도 와서 마
셔라. 포도주와 우유를 마시되 돈 없이,
값없이 와서 마셔라.
2 어찌하여 너희는 진정한 음식이 못 되는
것을 위해 돈을 쓰느냐? 어찌하여 만족시
켜 주지도 못할 것을 위해 애쓰느냐? 내
말을 잘 들어라. 그러면 너희가 영혼을 살

찌우는 음식을 먹게 될 것이다.
3 내게 와서 귀를 기울여라. 내 말을 잘 들
어라. 그러면 너희가 살 것이다. 내가 너
희와 영원한 언약을 맺으며, 다윗에게 약
속한 복을 너희에게 주겠다.
4 보아라. 내가 다윗을 온 민족 앞에서 내
증인으로 삼았고, 많은 나라의 통치자와
지휘관으로 세웠다.
5 많은 나라들이 너희에게 복종하기 위해
달려올 것이다." 이것은 여호와 너희 하
나님 때문이다. 이스라엘의 거룩하신 분께
서 너희를 높이셨다.
6 너희는 찾을 만한 때에 여호와를 찾아라.
가까이 계실 때에 여호와를 불러라.
7 악한 사람은 그 길에서 돌이키고, 죄인은
자기의 악한 생각을 버려라. 여호와께 돌
아오너라. 그러면 여호와께서 자비를 베
푸실 것이다. 우리 하나님께 돌아오너라.
그러면 여호와께서 너그럽게 용서하실 것
이다.
8 "내 생각은 너희 생각과 다르며 내 길은
너희 길과 다르다." 여호와의 말씀이다.
9 "하늘이 땅보다 높음같이, 내 길은 너희
길보다 높으며, 내 생각은 너희 생각보다
높다.
10 비와 눈이 하늘에서 내리면, 그리로 다시
돌아가지 않는다. 오직 그 물이 땅을 적
셔, 그것으로 식물이 싹이 터 사람들의 먹
을 양식으로 자라난다.
11 내 입에서 나오는 말도 그러하다. 내 말
은 헛되이 내게로 돌아오지 않는다. 내 뜻
을 이룬 뒤에야, 내가 하라고 보낸 일을
다한 뒤에야 내게로 돌아온다."
12 그러므로 너희는 기쁨과 평화를 누리며
살 것이다. 산과 언덕이 너희 앞에서 큰
소리로 노래하며, 숲의 모든 나무가 손뼉
을 칠 것이다.
13 가시나무가 자라던 곳에 잣나무가 자랄
것이고, 잡초가 자라던 곳에 화석류가 자
랄 것이다. 이것이 여호와의 약속의 기념
이 되어 없어지지 않고 영원히 남을 것이
다.

모든 민족이 여호와께 복종할 것이다

56 여호와께서 이렇게 말씀하셨다.
"너희는 정의를 지키고 올바른 일
만 하여라. 내 구원이 곧 이를 것이며, 나
의 의가 곧 나타날 것이다."
2 이 일을 굳게 지키고 행하는 사람은 복을
받을 것이며, 안식일을 더럽히지 않고 지
키는 사람은 복을 받을 것이다. 자기 손
을 삼가서 악한 일을 하지 않는 사람은 복
을 받을 것이다.
3 외국 사람 가운데 여호와께 온 사람이 "여
호와께서 나를 여호와의 백성으로 받아
주지 않으실 것이다"라고 말하지 못하게
하여라. 고자가 "보아라, 나는 마치 마른
나뭇가지와 같아서, 자녀를 낳지 못한다"
라고 말하지 못하게 하여라.
4 여호와께서 이렇게 말씀하셨다. "나의 안
식일을 지키고, 내가 기뻐하는 일을 행하
고, 내 언약을 굳게 지키는 고자들에 대
하여는,
5 내가 내 성전과 성벽 안에서 그들의 이름
과 명성이 기억되도록 하겠다. 그것이 그
들에게는 자녀를 두는 것보다 더 나을 것
이다. 내가 그들에게 영원한 이름을 주어
영원토록 잊혀지지 않도록 하겠다.
6 나에게 나아와 나 여호와를 섬기며, 나의
이름을 사랑하며, 기꺼이 나 여호와의 종
이 되며, 안식일을 더럽히지 않고 지키
며, 나와 맺은 언약을 굳게 지키는 외국
인에 대하여는,
7 내가 그들을 내 거룩한 산으로 인도하고,
내 기도하는 집에서 기쁨을 누리게 하겠
다. 그들이 내 제단 위에 바치는 태워 드
리는 제물인 번제물과 희생 제물을 내가
받을 것이다. 내 집은 온 백성이 모여 기
도하는 집이라 불릴 것이기 때문이다."
8 쫓겨 간 이스라엘 백성을 모으시는 여호와
께서 이렇게 말씀하셨다. "내가 이미 모
인 사람들 외에 다른 사람들을 더 모아들
이겠다."

이스라엘의 지도자들은 악하다

9 오너라, 들짐승과 숲 속의 짐승들아! 다

와서 내 백성들을 먹어치워라.
10 백성을 지켜야 할 파수꾼들이 눈이 멀었
다. 그들 모두가 자기들이 하는 일이 무
엇인지도 모르고, 모두 짖을 줄 모르는 개
같아서, 그저 누워서 늘어지게 잠자는 것
이나 좋아한다.
11 그들은 굶주린 개 같아서 만족할 줄을 모
르고, 목자이면서도 자기가 하는 일이 무
엇인지도 모른다. 모두 제 갈 길로만 가
고 자기 이익만 찾으려고 한다.
12 그들이 말하기를 "오너라, 포도주를 마시
자. 마음껏 독한 술을 마시자. 내일도 오
늘처럼 마시자. 아니, 내일은 오늘보다
더 신날지도 모르겠다"고 한다.

이스라엘은 하나님을 따르지 않는다

57 하나님을 따르는 의로운 사람이 죽
어도 아무도 마음에 두지 않는다.
경건한 사람이 이 세상을 떠나도 아무도
의문을 갖지 않는다. 아무도 하나님께서
악으로부터 의인들을 보호하신다는 것을
깨닫지 못한다.
2 그러나 그는 평화를 얻을 것이다. 의로운
길을 가는 사람은 죽을 때에도 안식을 누
릴 것이다.
3 "그러나 너희 마술사들아, 오너라. 음란
한 자의 자녀와 음탕한 짓을 하는 사람들
아, 오너라.
4 너희가 누구를 조롱하고 있느냐? 너희가
입을 벌려 누구를 욕하고 있느냐? 누구를
향해 혀를 내미느냐? 너희는 악인의 자식
들이요, 거짓말쟁이의 종자들이다.
5 너희는 모든 울창한 나무 아래에서 음란
하게 우상들을 섬겼고, 골짜기에서 자식
들을 죽여 바위 틈에서 제물로 바쳤다.
6 너희가 받을 몫은 그것들 가운데 있다. 바
로 그것들이 너희가 받을 몫이다. 너희가
그것들에게 부어 드리는 제물인 전제물을
바쳤고, 곡식 제물도 바쳤으니, 어찌 내
가 너희를 용서할 수 있겠느냐?
7 너희는 높이 솟은 산에 잠자리를 마련해
놓고, 그리로 올라가서 우상에게 희생 제
물을 바쳤다.
8 너희 집과 문설주 뒤에는 너희 우상을 숨
겨 놓고, 나를 버리고 너희 벌거벗은 몸
을 드러냈다. 우상들과 사랑에 빠졌으며,
그것들에게 경배하였다. 너희가 음란한
마음을 먹은 사람들과 더불어 언약을 맺
고, 그들과 자는 것을 좋아하였다. 너희
는 음탕한 길을 택하였다.
9 그리고 기름과 많은 향수를 가지고 왕에
게로 떠났다. 또 섬길 신들을 찾기 위해
사신들을 먼 나라로 보냈으며, 죽음의 세
계에까지 내려보냈다.
10 너희는 힘들여 이런 일을 하면서도 한 번
도 포기하지 않았고, 오히려 새 힘을 얻
어서 지치지도 않고 같은 일을 반복하였
다.
11 너희가 그처럼 두려워하는 신이 누구이기
에 나를 속이기까지 하느냐? 나를 잊고
생각조차 하지 않으면서 그 신을 무서워
하느냐? 내가 오랫동안 잠잠히 있어서 너
희가 나를 두려워하지 않는 것이냐?
12 내가 너희의 이른바 '의'와 너희가 행한
'옳은 행실'을 일러 주겠다. 그러나 그것

성경 자세히 이해하기

왕 일부 성경에서는 본 절의 왕을 '몰렉'으로 번역하기도 합니다. 몰렉은 암몬 사람들이 섬기던 신으로(왕상 11:7), 몰록, 밀곰이라고도 불렸습니다(왕상 11:5;왕하 23:13). 몰렉 신에게 제사를 드릴 때에는 어린아이를 제물로 불태워 바치기도 했습니다(레 18:21;20:2-5;렘 32:35). 솔로몬 왕은 이방 여인들을 아내로 맞이하면서 그들을 위해 몰렉 제단을 만들어 제사 지내게 해 주었습니다(왕상 11:5-7). 그후, 이스라엘 백성들은 힌놈의 골짜기에 있는 도벳 산당에서 몰렉 신에게 제사를 드렸습니다(렘 7:31).

본문 보기 57장 9절

지휘관(55:4 commander) 군대에서 부대를 지휘하고 통솔하는 직책에 있는 사람.
화석류(55:13 myrtle) 진초록의 타원형 잎이 달린, 흰빛 또는 분홍빛의 꽃나무.
안식일(56:2 Sabbath) 하나님의 명령에 따라 휴일로 삼고 일을 멈추는 날로 일 주일의 일곱 번째 날.

들이 너희에게 아무런 도움이 되지 못하
며, 너희를 구해 내지도 못한다.
13 너희가 모아 놓은 우상들에게 도와 달라
고 부르짖어 보아라. 그것들은 너무나 힘
이 없어서 바람이 한번 휙 불기만 해도 쓰
러져 버릴 것이다. 그러나 나를 의지하는
사람은 이 땅을 차지하고 내 거룩한 산을
물려받게 될 것이다."

여호와께서 자기 백성을 구원하신다

14 여호와의 말씀이다. "길을 다시 닦아라.
내 백성이 사로잡혀 갔던 곳에서 돌아올
수 있게 길에 놓여 있는 바위와 돌들을 치
워 놓아라."
15 높고 크신 하나님, 영원히 사시며 그 이
름이 거룩하신 분께서 말씀하셨다. "나는
높고 거룩한 곳에 산다. 그러나 나는 또
한 마음이 슬프고 겸손한 사람들과 함께
산다. 내가 그들에게 새 생명을 줄 것이
다.
16 나는 너희와 영원히 싸우지는 않을 것이
며, 항상 노하기만 하지도 않을 것이다.
내가 계속해서 노하면 사람의 목숨이 약
해져서, 결국 내가 지은 사람이 죽게 될
것이기 때문이다.
17 사람들이 돈 때문에 정직하지 않음으로
내가 노하였다. 그들을 심판하였고, 진노
가운데 그들에게서 돌아섰다. 그런데도
그들은 악한 짓을 버리지 않았다.
18 나는 그들이 한 행동들을 지켜 보았다. 그
러나 나는 그들을 고쳐 줄 것이다. 나는
그들을 인도하고 슬퍼하는 사람들을 위로

물이 귀한 이스라엘에서는 샘에서 수로를
만들어 동산에 물을 댄다(58:11)

해 줄 것이다.
19 내가 먼 곳과 가까운 곳에 사는 사람에게
진정한 평화를 주겠다. 내가 그들 모두를
고쳐 주겠다." 여호와의 말씀이다.
20 그러나 악한 사람은 성난 바다처럼 안식
을 누리지 못한다. 그 파도가 쓰레기와 진
흙을 쉼 없이 쳐올릴 뿐이다.
21 "악한 사람에게는 평화가 없다." 내 하나
님의 말씀이다.

하나님을 섬기는 법

58 "크게 외쳐라. 목소리를 아끼지
마라. 나팔처럼 네 목소리를 높여
라. 야곱 자손들에게 그 죄를 알려 주어
라.
2 그들이 날마다 나를 찾으며, 내 길을 배
우기를 좋아하는 것처럼 보이는구나. 그
들이 의로운 일을 즐겨 행하고, 자기 하
나님의 계명을 떠나지 않는 백성처럼, 나
에게 공평한 재판을 요청하고, 내게 가까
이 나아오기를 기뻐하는구나."
3 그들이 말하기를 "우리가 금식을 했는데
도 주께서 보지 않으셨습니다. 우리가 스
스로를 괴롭히며 기도하였는데도 주께서
알아 주지 않으셨습니다"라고 한다. 그러
나 여호와께서 말씀하신다. "너희가 금식
하는 날에 너희는 마음에 드는 일만 했고,
너희 일꾼들을 억눌렀다.
4 보아라, 금식하는 날에 다투고 싸우면서
못된 주먹이나 휘둘렀다. 그런 식으로 금
식을 하면서 내가 너희 기도를 들어 줄 거
라고 생각하지 마라.
5 그런 금식은 내가 바라는 금식이 아니다.
사람이 그런 식으로 스스로 자기 몸을 괴
롭히는 것을 나는 좋아하지 않는다. 바람
앞의 풀잎처럼 머리를 숙이고 거친 베옷
을 입으며, 재 위에 앉는다고 해서 내가
기뻐하는 것이 아니다. 그렇게 한다고 해
서 내가 바라는 금식이 되겠느냐?
6 내가 바라는 금식은 너희가 부당하게 가
두어 놓은 사람을 풀어 주고, 그들의 사
슬을 끊어 주며, 억눌림 당하는 사람들을
풀어 주고, 그들이 하는 고된 일을 쉽게

해 주는 것이다.
7 너희 음식을 굶주린 사람에게 나누어 주
고, 가난하고 집 없는 사람을 너희 집에
들이며, 헐벗은 사람을 보면 그에게 너희
옷을 주고, 기꺼이 너희 친척을 돕는 것
이 내가 바라는 것이다."
8 그러면 너희 빛이 새벽 햇살처럼 빛날 것
이며, 너희 상처가 쉽게 나을 것이다. 너
를 의롭다 하시는 분이 네 앞에 가시며,
여호와의 영광이 뒤에서 너희를 지켜 주
실 것이다.
9 그 때에 너희가 여호와를 부르면 여호와
께서 대답하실 것이다. 너희가 부르짖으
면 여호와께서 "내가 여기에 있다"고 말
씀하실 것이다. 남을 고통스럽게 하지 말
고, 남을 향해 거친 말과 손가락질을 하
지 마라.
10 굶주린 사람에게 먹을 것을 주고, 고통 가
운데 있는 사람을 도와 주어라. 그러면 너
희 빛이 어둠 가운데서 빛나며, 대낮같이
밝을 것이다.
11 그리고 여호와께서 늘 너희를 인도하실
것이다. 메마른 땅에서 너희를 만족시키
시고, 너희 뼈에 힘을 주실 것이다. 너희
는 마치 물이 넉넉한 동산처럼 되고, 마
르지 않는 샘처럼 될 것이다.
12 너희가 폐허로 변한 옛 성을 다시 건설하
며, 오래된 성의 기초를 다시 놓을 것이
다. 너희는 무너진 곳을 고친 사람, 길과
집을 다시 지은 사람으로 알려질 것이다.
13 "너희는 안식일에 관한 나의 가르침을 지
켜야 한다. 그 거룩한 날에 너희 사업을
멈추고, 안식일을 기쁜 날이라 부르고,
나 여호와의 거룩한 날을 귀하게 여겨야
한다. 그 날에는 너희 마음에 드는 일만
하지 말고, 너희 멋대로 말하지 말아야 한
다.
14 그러면 너희가 내 안에서 기쁨을 누릴 것
이다. 나 여호와가 땅 위의 높은 곳으로
너희를 이끌고, 너희 조상 야곱이 물려준
땅의 작물로 너희를 먹이겠다." 여호와께
서 하신 말씀이다.

백성의 죄

59 보아라! 여호와의 능력이 부족하
여 너희를 구원하지 못하는 것이
아니다. 여호와께서 귀가 어두워서 너희
기도를 듣지 못하시는 것이 아니다.
2 다만 너희의 죄악이 너희와 너희 하나님
을 갈라 놓은 것이며, 너희 죄 때문에 주
께서 너희에게 등을 돌리셨고, 너희 말을
들어 주지 않으신 것이다.
3 너희 손은 살인한 피로 더럽혀져 있으며,
손가락은 죄악으로 가득하고, 입술은 거
짓말을 하였고, 혀는 악한 말을 하였다.
4 사람들이 서로를 부당하게 고발하고, 재
판을 할 때에도 정직하게 말하지 않는다.
거짓으로 서로 고소하고 거짓말을 한다.
재앙을 일으키고 악에 악을 더한다.
5 그들은 독사가 알을 품듯이 악한 것을 계
획하고, 거미줄을 짜듯이 거짓말을 짜낸
다. 그 알은 먹으면 죽는 알이며, 그 알
을 깨뜨리면 독사가 나와 다른 사람들을
죽게 만든다.
6 그들이 짠 것으로는 옷을 만들 수도 없고
몸을 덮지도 못한다. 그들의 손은 남을 해
치는 손이며, 그들이 하는 모든 일은 악
하다.
7 그들의 발은 악한 일을 하려고 달려가고,
사람을 죽이려고 재빠르게 뛰어간다. 그
들의 생각은 악으로 가득하고, 그들이 가
는 길에는 파괴와 멸망이 있을 뿐이다.
8 그들은 평화롭게 사는 법을 모른다. 그들
의 삶에 정의란 없으며, 정직이란 단어조
차 없다. 그들을 따르는 사람에게도 결코
평화는 없다.

이스라엘의 죄 때문에 재앙이 닥쳤다

9 그러므로 정의가 우리에게서 멀리 사라졌
고, 공평을 찾을 길이 없다. 우리가 빛을
바랐으나 어둠뿐이며, 캄캄한 어둠 속에

작물(58:14 crop) 논이나 밭에 심어 가꾸는 식물. 농작물의 준말.
고소하다(59:4 accuse) 피해자가 경찰이나 법률 기관에 사실을 알려 가해자를 처벌해 줄 것을 요구하다.

서 걷고 있다.
10 우리가 앞을 못 보는 사람처럼 벽을 따라
더듬으며 나아간다. 밝은 낮에도 밤길을
다니듯 넘어지니, 우리는 건강한 사람들
사이에서 죽은 사람과도 같다.
11 우리 모두가 곰처럼 울부짖으며, 비둘기
처럼 슬피 운다. 정의를 바라지만 정의는
없고, 구원 받기를 바라지만 그 구원이 우
리에게서 멀다.
12 우리가 우리 하나님께 많은 죄를 지었다.
우리의 죄가 우리의 악함을 드러낸다. 우
리가 하나님께 배반한 것을 숨길 수 없고,
우리가 저지른 악한 짓을 숨길 수 없다.
13 우리가 여호와께 죄를 짓고 여호와를 배
반했다. 우리가 우리 하나님께 등을 돌렸
다. 우리가 남을 해칠 궁리나 하며 하나
님께 복종하지 않았고, 거짓말을 계획하
여 그대로 행했다.
14 정의를 멀리 몰아 내고 공평을 쫓아 냈다.
거리에서 진리가 사라졌으며, 성 안에서
정직이 없어졌다.
15 어디에서도 진리를 찾을 수 없게 되었고,
오히려 악한 짓을 그만두려는 사람이 공
격을 당한다. 여호와께서 정의가 없는 것
을 보시고 진노하셨다.
16 아무도 남을 도우려 하지 않는 것을 보시
고 놀라셨다. 그래서 여호와께서 몸소 사
람들을 구원하셨다. 여호와의 의로움으로
능력을 나타내셨다.
17 여호와께서 정의를 갑옷으로 입으시고,
구원의 투구를 쓰셨다. 심판의 옷을 입으
시고, 뜨거운 사랑의 겉옷을 입으셨다.
18 여호와께서 원수들에게 그들이 한 일대로
갚으시며, 적에게 보복하신다. 바닷가 땅
의 백성을 심판하시며, 그들이 행한 대로
벌을 주신다.
19 서쪽 사람들이 여호와의 이름을 두려워하
며, 해뜨는 동쪽 사람들이 여호와의 영광
을 두려워한다. 여호와께서 여호와의 입
김 때문에 세차게 흐르는 홍수처럼 오실
것이다.
20 여호와께서 너희를 구할 구원자로서 시온
에 오신다. 죄를 지었으나, 하나님께 돌
아온 야곱 백성들에게 오신다. 여호와의
말씀이다.
21 "내가 이 백성과 언약을 맺겠다. 내가 너
희에게 주는 내 영과 너희 입에 두는 내
말이 너희와 너희 자손의 입에서 영원토
록 떠나지 않을 것이다. 지금부터 영원까
지 그리할 것이다." 여호와의 말씀이다.

예루살렘의 영광

60 예루살렘아, 일어나 빛을 비추어
라. 네 빛이 이르렀다. 여호와의
영광이 네 위에 떠올랐다.
2 밤처럼 짙은 어둠이 온 땅의 백성들을 덮
을 것이나, 오직 여호와께서 네 위에 떠
오르시며, 주의 영광이 네 위에 나타날 것
이다.
3 민족들이 네 빛을 향해 나아오고, 왕들이
떠오르는 밝은 해와 같은 너를 보고 찾아
올 것이다.
4 네 눈을 들어 주위를 둘러보아라. 사람들
이 모여 너에게로 오고 있다. 멀리서부터
네 아들과 딸들이 함께 올 것이다.
5 그들을 보는 네 얼굴이 기쁨으로 빛날 것
이며, 흥분한 네 마음이 즐거움으로 가득
찰 것이다. 바다 건너편 나라들의 재물이
너에게로 오며, 민족들의 재물이 너에게
로 올 것이다.
6 낙타 떼가 네 땅을 덮을 것이며, 어린 낙
타들이 미디안과 에바에서 올 것이다. 사
람들이 스바에서 금과 향을 가져오고 여
호와께 찬양의 노래를 부를 것이다.
7 게달의 모든 양 떼가 다 네 것이 되며, 느
바욧의 숫양들이 너에게로 올 것이다. "그

알아두세요

61:1 어떤 역본에는 '눈먼 사람의 눈을 뜨게 하셨다'라고 기록되어 있다.

성전(60:13 temple) 하나님을 예배하는 집.
전능한(60:16 almighty) 모든 일을 다 할 수 있는 절대의 능력이 있는.
해방(61:1 release) 억압이나 속박에서 벗어나는 것.

것들이 내 제단 위에 받을 만한 제물이 될
것이다. 내가 내 아름다운 성전을 더 아
름답게 할 것이다."
8 구름 떼처럼 너에게로 몰려드는 이 사람
들이 누구인가? 자기 보금자리를 찾아 날
아오는 비둘기처럼 몰려오는 이들이 누구
인가?
9 바닷가에 사는 사람들이 나를 기다린다.
다시스의 배들이 먼 곳에서 네 자녀들을
데리고 가장 먼저 은과 금을 싣고 온다.
이스라엘의 거룩하신 분이며 너를 위해 놀
라운 일을 하신 여호와 너의 하나님을 섬
기려고 온다.
10 "예루살렘아, 외국 사람들이 네 성벽을 쌓
으며, 그들의 왕이 너를 섬길 것이다. 내
가 노하여 너를 쳤으나, 이제는 너에게 자
비를 베풀고 너를 위로해 주겠다.
11 네 성문이 언제나 열려 있어서 밤낮으로
닫히지 않을 것이다. 그리하여 나라들이
그 재물을 너에게로 가져오며, 그 왕들이
그것들을 가지고 네게로 나아올 것이다.
12 너를 섬기지 않는 민족과 나라는 망할 것
이다. 그런 나라는 완전히 폐허가 될 것
이다.
13 레바논의 큰 나무들, 곧 소나무와 전나무
와 회양목이 너에게로 올 것이다. 네가 이
나무들로 내 성전을 아름답게 만들 것이
다. 내가 내 발 둘 곳을 영화롭게 하겠다.
14 너를 해치던 사람들이 너에게 와서 절할
것이며, 너를 미워하던 사람들이 네 발 앞
에 엎드릴 것이다. 그들이 너를 이스라엘
의 거룩하신 분의 성, 시온이라 부를 것
이다.
15 네가 전에는 버림을 받고 미움을 받아 지
나다니는 사람마저 없었으나, 이제부터
내가 너를 영화롭게 하겠다. 영원히 행복
한 곳이 되게 하겠다.
16 아기가 어머니 젖을 빨듯이 네가 민족들
에게서 필요한 것을 얻어 낼 것이다. 네
가 왕들의 젖을 빨며 자랄 것이다. 그 때
에 네가, 나 여호와가 너를 구원하고 야
곱의 전능한 하나님이 너를 지킨다는 것
을 알게 될 것이다.
17 내가 놋쇠 대신 너에게 금을 가져오며, 쇠
대신 은을 가져오겠다. 나무 대신 놋쇠를
가져오고, 돌 대신 쇠를 가져오겠다. 너
에 대한 심판을 평화로 바꾸겠다. 너는 정
의로운 다스림을 받을 것이다.
18 네 땅에 다시는 폭력이 없을 것이며, 네
땅이 파괴되거나 망하지도 않을 것이다.
구원이 성벽처럼 너를 둘러쌀 것이며, 그
문으로 들어가는 사람들의 입술에는 찬양
이 흘러 넘칠 것이다.
19 더 이상 해가 낮을 밝히는 빛이 되지 않
을 것이며, 더 이상 달이 밤을 밝히는 빛
이 되지 않을 것이다. 나 여호와가 영원
토록 네 빛이 될 것이며, 네 영광이 될 것
이다.
20 나 여호와가 영원히 네 빛이 되고 네 슬
퍼하는 날이 끝날 것이므로 네 해가 다시
는 지지 않고, 네 달이 다시는 어두워지
지 않을 것이다.
21 네 모든 백성이 의로운 백성이 되고, 영
원히 땅을 차지할 것이다. 그들은 내가 심
은 나무다. 내가 내 영광을 나타내려고 내
손으로 그들을 지었다.
22 가장 작은 집안이 큰 족속을 이루고, 너
희 가운데 가장 보잘것 없는 사람이 큰 나
라를 이룰 것이다. 나는 여호와다. 때가
되면, 내가 서둘러 이 모든 일을 이루겠
다."

여호와의 구원

61 주 여호와께서 내게 영을 주셨다. 여
호와께서 내게 기름을 부으셔서 가
난한 사람들에게 기쁜 소식을 전하게 하
셨다. 주께서 나를 보내셔서 마음이 상한
사람을 위로하고, 포로에게 자유를 선포
하고, 갇힌 사람에게 해방을 선포하게 하
셨다.*
2 또 여호와께서 자비를 베푸실 때와 악한
백성을 심판하실 날을 선포하여 슬퍼하는
모든 사람을 위로하게 하셨다.
3 여호와께서는 시온에서 슬퍼하는 사람들
에게 재를 뿌리는 대신 왕관을 씌워 주며,

슬픔 대신 기쁨의 기름을 발라 주며, 절
망 대신 찬양의 옷을 입혀 주실 것이다.
이제 그들은 의의 나무라 불릴 것이며, 여
호와께서 자신의 영광을 나타내시려고 심
으신 나무라 불릴 것이다.
4 그들은 옛 폐허 위에 다시 건설하며, 오
래 전에 망했던 곳을 다시 세울 것이다.
폐허가 된 성들, 오랫동안 황무지로 남아
있던 곳을 다시 쌓을 것이다.
5 내 백성아, 낯선 사람들이 와서 너희 양
떼를 칠 것이며, 다른 나라 사람들이 네
밭과 과수원을 가꿀 것이다.
6 너희는 여호와의 제사장이라 불릴 것이
며, 우리 하나님의 종이라는 이름을 얻을
것이다. 세계 모든 나라들의 재물이 너희
것이 되어 너희가 그것을 자랑할 수 있을
것이다.
7 너희가 이제까지 당한 부끄러움과 불명예
대신에, 갑절의 부와 더불어 영원한 기쁨
을 누릴 것이다.
8 "나 여호와는 정의를 사랑하며, 도둑질과
모든 악한 짓을 미워한다. 그동안 내 백
성이 받은 고통에 대하여 성실히 보상하
겠다. 그리고 그들과 영원한 언약을 맺겠
다."
9 모든 민족들이 내 백성의 자녀를 알게 될
것이며, 그들의 자녀가 세계 모든 나라에
알려질 것이다. 그들을 보는 사람마다 여
호와께서 그들에게 복 주셨다는 사실을
알게 될 것이다.
10 여호와께서 나를 매우 기쁘게 해 주셨다.
내가 온 마음으로 내 하나님 안에서 즐거
워한다. 여호와께서 나에게 구원의 옷을
입혀 주셨고, 의의 겉옷을 입혀 주셨다.
나는 결혼식을 위해 단장한 신랑 같고, 보
석으로 치장한 신부 같다.
11 땅이 식물을 자라게 하며 동산이 그 곳에
뿌려진 씨를 자라게 하듯이, 주 여호와께
서 의와 찬송을 모든 나라 앞에서 솟아나
게 하실 것이다.

새 예루살렘

62 내가 시온을 위하여 잠잠히 있지
않겠다. 예루살렘을 위해 쉬지 않
겠다. 시온의 의가 밝은 빛처럼 비출 때
까지, 예루살렘의 구원이 횃불처럼 타오를
때까지 내가 조용히 있지 않겠다.
2 예루살렘아, 나라들이 네 의를 볼 것이며,
모든 왕이 네 영광을 볼 것이다. 그 때에
네가 여호와께서 주실 새 이름으로 불릴
것이다.
3 너는 여호와의 손에 들려 있는 아름다운
왕관이 될 것이다.
4 사람들이 다시는 너를 '버림받은 백성'이
라 부르지 않을 것이며, 다시는 네 땅을
'황폐한 땅'이라 부르지 않을 것이다. 너
는 헵시바*라는 이름을 얻을 것이며, 네
땅은 쁄라*라는 이름을 얻을 것이다. 이
는 여호와께서 너를 사랑하시기 때문이
며, 신랑이 신부를 기쁘게 맞이하듯 하나
님께서 네 땅을 기뻐하실 것이기 때문이
다.
5 젊은 남자가 젊은 여자와 결혼하듯이, 네
아들들이 네 땅과 결혼할 것이다. 신랑이
신부를 보고 기뻐하듯이, 네 하나님이 너
를 보고 기뻐하실 것이다.
6 예루살렘아, 내가 네 성벽 위에 파수꾼을
세웠다. 그들은 밤이나 낮이나 쉬지 않을
것이다. 여호와께 자신의 약속을 기억나
게 해 드려야 할 너희는 결코 잠잠히 있
어서는 안 된다.
7 여호와께서 예루살렘을 세우실 때까지 너
희는 쉬지 말고 기도해야 한다. 여호와
께서 예루살렘을 온 백성이 찬양할 성으
로 만드실 때까지 너희는 쉬지 말아야 한

알아두세요

62:4 (히) '헵시바'는 '하나님께서 사랑하시는 백성'이라는 뜻이며, (히) '쁄라'는 '하나님의 신부'라는 뜻이다.

치다(61:5 raise) 가축을 기르다.
갑절(61:7 double) 어떤 수나 양을 두 번 합친 것. 배.
은혜(63:9 grace) 사람, 특히 그분의 백성에 대한 하나님의 값없는 사랑을 말한다.

다.
8 여호와께서 그의 능력을 걸고 맹세하셨
다. 여호와께서 말씀하셨다. "내가 다시
는 네 곡식을 네 원수들의 식량으로 주지
않겠다. 네가 애써 만든 포도주를 외국 사
람들이 마시지 못하게 하겠다.
9 곡식을 거둔 그 사람이 그것을 먹고 여호
와를 찬양할 것이다. 포도를 거둔 그 사
람이 내 성전 뜰에서 포도주를 마실 것이
다."
10 나가거라, 성문으로 나가거라! 백성을 위
해 길을 만들어 놓아라. 길을 닦아라, 길
을 닦아라! 돌을 다 치우고, 백성이 볼 수
있도록 깃발을 세워라.
11 여호와께서 멀리 떨어진 땅에 이르기까지
말씀하신다. "시온 백성에게 일러라. '보
아라, 네 구원자가 오신다. 그가 네 상을
가져오신다.'"
12 사람들이 그의 백성을 '거룩한 백성' 이
라 부르고, '여호와께 구원 받은 백성' 이
라 부를 것이다. 또 예루살렘을 가리켜
'하나님께서 찾으신 성' 이라 부르고, '하
나님께서 버리지 않은 성' 이라 부를 것
이다.

여호와께서 백성을 심판하신다

63 에돔에서 오시는 분, 붉은 옷을 입
고 보스라에서 오시는 이분이 누
구신가? 화려한 옷을 입고 당당하게 걸어
오시는 이분이 누구신가? "그는 나다. 나
주는 의를 말하는 자요, 구원의 능력을 가
진 자다."
2 어찌하여 네 옷이 붉으냐? 어찌하여 네
옷이 포도를 밟아 즙을 만드는 사람의 옷
같으냐?
3 여호와께서 말씀하셨다. "나 홀로 포도주
틀을 밟을 때, 아무도 나를 돕지 않았다.
내가 진노하여 포도를 밟듯이 나의 적들
을 발로 짓밟아서, 내 옷이 피로 얼룩졌
다.
4 내 백성의 원수를 갚고, 그들로부터 내 백
성을 구해 낼 때가 이르렀다.
5 주위를 둘러보아도 나를 도울 사람이 없

예루살렘 성 설경(62장)

었다. 아무도 나를 거들어 줄 사람이 없
어서 놀랐다. 그래서 내 능력으로 내 백
성을 구했고, 나의 진노가 나를 거들어 주
었다.
6 내가 노하여 민족들을 짓밟았다. 내가 노
하여 그들을 심판했으며, 그들의 피를 땅
에 쏟았다."

여호와께서 자기 백성에게 자비를 베푸신다

7 내가 여호와의 사랑을 이야기하리라. 여
호와께서 하신 일로 여호와를 찬양하리
라. 여호와께서 우리에게 많은 복을 주셨
고, 이스라엘 백성에게 너그러움을 보이셨
다. 여호와께서 우리에게 자비와 은혜를
베푸셨다.
8 여호와께서 말씀하시기를 "이들은 내 백
성이다. 내 자녀는 나를 속이지 않는다"
고 하셨다. 그리고 여호와께서 그들의 구
원자가 되셨다.
9 그들이 고통당할 때, 여호와께서도 고통
당하셨다. 여호와께서 천사들을 보내셔서
그들을 구하셨고, 사랑과 은혜로 그들을
구하셨다. 오래 전부터 그들을 들어 올리
시고 안아 주셨다.
10 그러나 그들은 여호와께 등을 돌리고, 여
호와의 거룩한 영을 슬프게 했다. 그리하
여 여호와께서 그들의 원수가 되시고 그
들과 맞서 싸우셨다.
11 그 때에 백성이 옛적 일을 기억했다. 그
리고 모세를 기억했다. 백성을 바다 사이

로 인도하신 분이 어디에 계신가? 그들을
백성의 지도자들과 함께 데려오신 분이
어디에 계신가? 그의 거룩한 영을 그들에
게 주신 분이 어디에 계신가?
12 여호와께서 오른손으로 모세를 이끄셨고,
놀라운 능력으로 그를 인도하셨다. 여호
와께서 그들 앞에서 바다를 가르셨으며,
이 일로 여호와의 이름을 영원히 기억하
게 하셨다.
13 주께서 백성을 깊은 물 사이로 인도하셨
다. 말이 광야를 달리듯 그들은 넘어지지
않고 힘차게 나아갔다.
14 골짜기로 내려가는 가축 떼처럼 여호와
의 영이 그들을 쉴 곳으로 인도하셨다.
주님께서는 이렇게 주님의 백성을 인도
하셔서, 주님의 이름을 영화롭게 하셨습
니다.

"우리는 진흙이요,
주님은 토기장이이십니다."(64:8)

도움을 구하는 기도

15 주여, 주님의 거룩하고 영화로운 하늘 집
에서 굽어 살펴 주소서. 여호와의 뜨거운
사랑과 능력이 어디에 있습니까? 어찌하
여 여호와의 사랑과 자비를 우리에게서
감추십니까?
16 주님은 우리의 아버지이십니다. 아브라함
은 우리를 모르고, 이스라엘도 우리를 알
지 못하지만, 여호와여, 주님은 우리의
아버지가 되십니다. 주님의 이름은 '언제
나 우리를 구하시는 분'이십니다.
17 여호와여, 어찌하여 우리를 주님의 길에
서 벗어나게 하십니까? 왜 우리의 마음을
굳어지게 하셔서 주님을 섬기지 않게 하
십니까? 우리들을 보시고 우리에게 돌아
와 주소서. 우리는 주님의 종이며, 주님
의 것입니다.
18 주님의 거룩한 백성이 잠시 주님의 성전
을 차지했으나, 이제는 우리의 원수들이
주님의 거룩한 곳을 짓밟습니다.
19 이제 우리는 주님께서 다스리시지 않는
백성, 주님의 이름으로 불리지 않는 백성
처럼 되었습니다.

64 주께서 하늘을 가르시고 땅으로
내려오시면, 산들이 여호와 앞에
서 떨 것입니다.
2 불이 나무를 태우고 물을 끓게 함같이, 모
든 민족이 주님의 오심을 두려워 떨게 만
드소서. 그리하여 주님의 원수들에게 주
님이 어떤 분인가를 알리소서.
3 주님은 우리가 생각지도 못한 놀라운 일
을 하셨습니다. 주께서 내려오셨을 때에
산들이 주님 앞에서 떨었습니다.
4 옛적부터 이런 일을 들어 본 사람은 아무
도 없습니다. 주님 아닌 다른 하나님을 본
사람도 없습니다. 주님은 주를 의지하는
사람을 도우십니다.
5 주님은 즐거운 마음으로 의로운 일을 하
는 사람과 주께서 바라시는 길을 기억하
는 사람을 도우십니다. 그러나 우리가 죄
를 지었기 때문에 주께서 노하셨습니다.
우리가 오랫동안 주님께 복종하지 않았으
니, 어떻게 구원받을 수 있겠습니까?
6 우리는 모두 죄로 더러워졌습니다. 우리
의 모든 의로운 행동도 더러운 옷과 같고,
죽은 잎사귀 같습니다. 우리의 죄가 바람
처럼 우리를 몰아갑니다.
7 아무도 주님을 섬기지 않고, 주님께 도움
을 요청하지 않습니다. 그래서 주님은 우
리에게서 등을 돌리셨고, 우리 죄 때문에
우리를 망하게 하셨습니다.
8 하지만 여호와여, 주님은 우리의 아버지
이십니다. 우리는 진흙이요, 주님은 토기
장이이십니다. 우리 모두는 주께서 손으

로 빚어 만드신 것입니다.
9 여호와여, 진노를 거두어 주십시오. 우리
죄를 영원히 기억하지 마십시오. 우리를
보십시오. 우리는 모두 주님의 백성입니
다.
10 주님의 거룩한 성들이 파괴되고, 시온이
광야가 되었습니다. 예루살렘조차 황무지
가 되었습니다.
11 우리 조상이 여호와를 찬양하던 거룩하고
아름다운 성전이 이제는 불에 타 버렸습
니다. 우리의 소중한 것들도 다 사라져 버
렸습니다.
12 여호와여, 이 모든 것을 보시고도 우리를
돕지 않으시겠습니까? 우리는 견딜 수 없
는데, 어째서 여호와께서는 잠잠히 계시
기만 하십니까? 어찌하여 우리로 하여금
무거운 벌을 받게 하십니까?

모든 백성이 하나님을 알게 된다

65 "나는 나를 찾지 않는 백성에게
나를 알려 주었다. 내게 도움을
요청하지 않는 그들에게 나를 밝히 드러
냈다. 내 이름을 부르지도 않던 나라에게
'내가 여기 있다' 라고 말하였다.
2 내게 등을 돌린 백성을 맞이하려고 하루
종일 팔을 벌리고 있었다. 그러나 그들은
의로운 길을 가지 않았으며 제멋대로 살
았다.
3 그들은 바로 내 앞에서 항상 나를 진노하
게 하는 일들만 했다. 그들의 동산에서 우
상에게 제물을 바쳤고, 벽돌 제단 위에 향
을 피웠다.
4 그들은 무덤 속에 앉았고 은밀한 장소에
서 밤을 새웠다. 그들은 돼지고기를 먹었
고, 그들의 냄비에는 부정한 고깃국물이
가득했다.
5 그러면서도 그들은 다른 사람들에게 말
하기를, '물러서라. 가까이 오지 마라.
나는 거룩한 몸이다' 라고 하였다. 이런
사람들은 내 코의 콧김 같고, 하루 종일
타는 불 같아서 나를 끊임없이 진노하게
만든다.
6 보아라. 그들에 대한 심판이 내 앞에 적
혀 있으니, 내가 잠잠히 있지 않고, 반드
시 갚아 주겠다. 너희가 한 그대로 너희
를 심판하겠다.
7 너희 죄와 너희 조상의 죄를 함께 심판하
겠다. 그들이 산 위에서 우상에게 향을 피
웠으며, 언덕 위에서 나를 욕되게 했다.
그러므로 그들이 한 일에 따라 내가 그들
을 심판하겠다."
8 여호와께서 이렇게 말씀하셨다. "포도에
즙이 남아 있으면 사람들이 포도를 없애
지 않는다. 왜냐하면 그 안에 좋은 것이
남아 있음을 알기 때문이다. 나도 내 종
들에게 그렇게 하겠다. 그들을 완전히 멸
망시키지는 않겠다.
9 내가 야곱의 자녀 가운데 얼마를 씨앗으
로 남겨 두겠다. 유다 백성 가운데 얼마
는 내 산을 물려받을 것이다. 내가 뽑은
사람이 그 산을 차지할 것이며, 내 종들
이 거기에서 살 것이다.
10 사론 평야는 양 떼를 칠 목초지가 되고,
아골 골짜기는 소 떼가 쉴 곳이 될 것이
다. 나를 따르는 백성이 그 곳을 차지할
것이다.
11 그러나 나 여호와를 떠난 사람, 내 거룩
한 산을 잊은 사람, 상을 차려 놓고 '행
운' 이라는 우상을 섬기는 사람, '운명' 이
라는 우상을 위해 잔치를 베푸는 사람은
심판을 받는다.
12 너희의 운명은 내가 정한다. 내가 내 칼
로 너희 모두를 심판하겠다. 왜냐하면 내
가 너희를 불러도 너희가 대답하지 않았
고, 말해도 듣지 않았기 때문이다. 너희
는 내가 악하다고 말한 일과 내가 좋아하
지 않는 일만을 골라 했다."

가르다(63:12 divide) 쪼개거나 나누어 따로따로 구별되게 하다.
심판하다(65:6 judge) 하나님께서 세상의 선악을 재판하시다.
목초지(65:10 pasture) 소 · 양 등의 가축에게 먹일 풀이 자라는 땅.
운명(65:11 destiny) 여기에서는 신으로 여기며 섬긴 운명의 신, '므니' 를 의미한다.

13 그러므로, 주 여호와께서 이렇게 말씀하
셨다. "내 종들은 먹겠으나, 너희 악한 백
성은 굶주릴 것이다. 내 종들은 마시겠으
나, 너희 악한 백성은 목마를 것이다. 내
종들은 기뻐하겠으나, 너희 악한 백성은
부끄러움을 당할 것이다.
14 보아라. 내 종들은 기쁜 마음으로 노래를
부르겠지만, 너희 악한 백성은 마음이 상
하여 통곡할 것이다.
15 너희의 이름이 내 종들 사이에서 저주의
말이 될 것이다." 이는 주 여호와께서 너
희를 죽이시고, 다른 이름으로 주의 참된
종들을 부르실 것이기 때문이다.
16 이 땅에서 복을 비는 사람은 미쁘신 하나
님께 빌며, 맹세를 하는 사람은 미쁘신 하
나님의 이름으로 맹세할 것이다. 옛날의
고통은 잊혀질 것이며, 여호와께서 옛날
의 고통을 사라지게 하실 것이다.

새 시대가 온다

17 "보아라. 내가 새 하늘과 새 땅을 창조할
것이다. 옛날 일은 더 이상 생각하지 않
을 것이다.
18 내 백성이 내가 창조하는 것 때문에 영원
히 즐거워하고 기뻐할 것이다. 내가 예루
살렘을 기쁨이 가득한 성으로 만들고, 그
백성을 즐거움이 가득한 백성으로 만들겠
다.
19 내가 예루살렘을 기쁨으로 여기고, 내 백
성을 즐거움으로 여기겠다. 그 성에서 다
시는 우는 소리와 부르짖는 소리가 들리
지 않을 것이다.
20 다시는 그 성에 며칠 살지 못하고 죽는 아
이가 없을 것이며, 수명을 다하지 못하고
죽는 노인도 없을 것이다. 백 살에 죽는
사람을 젊은이라 부를 것이며, 백 살이 되
기 전에 죽는 사람을 저주받은 사람으로

새로운 시대에 찾아올 평화(65:25)

여길 것이다.
21 집을 지은 사람이 자기가 지은 집에서 살
것이며, 포도밭을 가꾼 사람이 자기가 기
른 포도 열매를 먹을 것이다.
22 집을 지은 사람이 따로 있는데 다른 사람
이 그 집에서 사는 일도 없고, 심은 사람
이 따로 있는데 다른 사람이 그 열매를 먹
는 일도 없을 것이다. 내 백성이 나무처
럼 오래오래 살겠고, 자신들이 애써서 얻
은 것을 마음껏 누릴 것이다.
23 사람들이 헛되이 수고하는 일이 없을 것
이며, 낳은 자녀가 죽는 일이 없을 것이
다. 내 백성과 그들의 자녀가 모두 나 여
호와가 주는 복을 받을 것이다.
24 그들이 부르기도 전에 내가 대답하겠고,
그들이 미처 말을 마치기도 전에 내가 들
어 주겠다.
25 이리와 어린 양이 평화롭게 함께 먹으며,
사자들이 소처럼 마른 풀을 먹
을 것이다. 뱀이 흙을 먹고 살
며 아무도 해치지 않을 것이
다. 내 거룩한 산에서는 서로
해치는 일도 없고, 상하게 하
는 일도 없을 것이다." 여호
와의 말씀이다.

하나님께서 모든 민족을 심판하신다

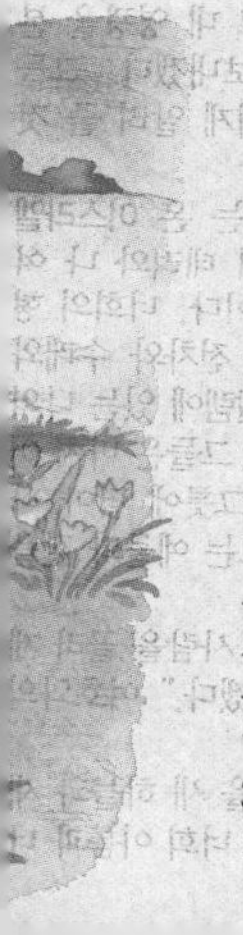

66 여호와께서 이렇
게 말씀하셨다.
"하늘은 내 보좌요, 땅은 내
발판이다. 그러니 누가 내 집
을 지을 수 있겠으며, 내가
쉴 곳이 어디 있겠느냐?
2 내 손이 이 모든 것을 지었
다. 이 모든 것은 다 내 것이
다." 여호와의 말씀이다. "겸
손하고 자기 죄를 뉘우치는
사람, 나를 두려워하고 내 말
을 따르는 사람, 이런 사람이
내가 좋아하는 사람이다.
3 소를 죽여 내게 제물로 바
치는 것은 살인하는 것과 다
름이 없고 양을 죽여 내게 제물로 바치는
것은 개의 목을 부러뜨리는 것과 다름이
없다. 제사드리는 예물이 돼지의 피와 같
고, 향을 피우는 것이 우상을 섬기는 것
과 다를 바 없다. 이런 사람은 자기 멋대
로 하며 내 뜻을 따르지 않는 사람들이다.
그들은 그런 역겨운 짓하는 것을 좋아한
다.
4 그러므로 내가 그들을 심판하겠다. 그들
이 가장 무서워하는 것으로 그들을 심판
하겠다. 그들은 내가 불러도 대답하지 않
았고, 내가 말해도 귀담아듣지 않았다. 그
들은 내가 악하다고 말한 일을 행했으며,
내가 좋아하지 않는 일만을 골라 했다."
5 여호와의 말씀을 두려움으로 따르는 사람
들아, 여호와께서 하시는 말씀을 들어라.
"너희가 나를 따르므로, 네 형제들이 너
를 미워하고 너희에게 등을 돌렸다. 너희
형제들이 이르기를 '여호와께서 영화롭게
되면 우리도 돌아와 너희와 함께 기뻐하
겠다' 고 한다. 그러나 그들은 부끄러움을
당할 것이다."
6 성에서 나는 큰 소리를 들어 보아라. 성
전에서 나는 소리를 들어 보아라. 여호와
께서 원수들을 심판하시며, 그들이 행한
대로 벌하시는 소리다.
7 "한 여자가 진통을 겪기도 전에 아기를 낳
았다. 해산의 고통을 당하기도 전에 아들
을 낳았다.
8 누가 이런 일을 들었느냐? 누가 이런 일
을 보았느냐? 나라가 어떻게 하루 만에
생길 수 있겠느냐? 민족이 어떻게 한 순
간에 생길 수 있겠느냐? 그러나 시온은 해
산의 고통을 느끼자마자 자녀를 낳았다.
9 이처럼 어떤 고통이 있을 때, 내가 반드
시 새 생명을 낳게 하겠다." 여호와의 말
씀이다. "생명을 주는 이가 어찌 태를 닫
겠는가?" 너희 하나님의 말씀이다.
10 "예루살렘을 사랑하는 사람들아, 예루살렘
과 함께 즐거워하여라. 예루살렘을 생각하
며 슬퍼하던 사람은 예루살렘과 함께 기쁨
의 노래를 불러라.

평화가 강물처럼 흐를 것이다(66:12)

11 아기가 어머니 젖을 빨며 만족해하듯, 너
희가 예루살렘의 좋은 것을 배불리 먹으
며, 예루살렘의 귀한 것을 차지하고 기쁨
을 누릴 것이다."
12 여호와께서 이렇게 말씀하셨다. "내가 예
루살렘에 평화가 강물처럼 흐르게 하겠
다. 민족들의 재물이 예루살렘으로 흘러
들어오게 하겠다. 너희는 아기처럼 젖을
빨며 내 품에 안길 것이고, 내 무릎 위에
서 귀여움을 받을 것이다.
13 어머니가 자식을 위로하듯 내가 너희를
위로하겠다. 너희가 예루살렘에서 위로를
받을 것이다."
14 너희가 이것을 보고 기뻐할 것이며, 너
희의 몸과 마음이 건강해질 것이다. 여호
와의 종들은 여호와의 능력을 보겠으나,
여호와의 원수는 여호와의 진노를 볼 것
이다.
15 보아라. 여호와께서 불에 싸여 오신다.
여호와의 군대가 먼지 구름을 일으키며
온다. 여호와께서 진노와
징계의 불꽃으로 그들을
심판하러 오실 것이다.
16 여호와께서 불과 칼로
써 세상을 심판하실 것이
니, 많은 사람이 여호와
께 죽임을 당할 것이다.
17 "이 백성이 자기 몸을
'거룩'하게 하고 동산에
들어가 헛된 신을 섬겼
다. 무리를 지어 동산에
들어가 돼지고기와 쥐와
갖가지 역겨운 것을 먹었
다. 그들은 모두 멸망할 것
이다." 여호와의 말씀이다.
18 "내가 그들의 악한 행실과 생
각을 안다. 그러므로 내가 그들을 심판
하러 오겠다. 모든 민족과 백성을 모을 때
가 올 것이니, 그들이 와서 내 영광을 볼
것이다.
19 내가 백성 가운데 몇 사람에게 표시를 해
주겠다. 내가 그들 중에서 구원받은 사
람들을 다시스와 리비아*와 활쏘는 사람
들의 나라인 리디아*와 두발과 그리스*와
내 이름을 들은 적도 없고 내 영광을 본
적도 없는 먼 나라들로 보내겠다. 그들
이 내 영광을 이 민족들에게 알려 줄 것
이다.
20 그들이 너희의 형제가 되는 온 이스라엘
사람을 모든 민족들에게서 데려와 나 여
호와에게 예물로 바칠 것이다. 너희의 형
제 이스라엘 사람은 말과 전차와 수레와
나귀와 낙타를 타고 예루살렘에 있는 나의
거룩한 산으로 올 것이다. 그들은 마치 이
스라엘 사람들이 깨끗한 그릇에 담아 나
여호와의 성전으로 가져오는 예물과 같을
것이다.
21 내가 그 사람들 가운데 몇 사람을 골라 제
사장과 레위 사람으로 삼겠다." 여호와의
말씀이다.
22 "내가 내 앞에 영원히 있을 새 하늘과 새
땅을 만들겠다. 이와 같이 너희 이름과 너

알아두세요

66:19 (히)'뿔'의 또 다른 이름은 '리비아'이고, (히)'룻'의 또 다른 이름은 '리디아'이며, (히)'야완'의 또 다른 이름은 '그리스'이다.

희 자손도 언제나 나와 함께 있을 것이
다." 여호와의 말씀이다.
23 "안식일과 초하루 축제일마다 모든 사람
이 내게 예배하러 올 것이다." 여호와의
말씀이다.
24 "그들이 나가서 내게 죄를 지은 사람들의
시체를 볼 것이다. 그들을 먹는 벌레가 죽
지 않으며, 그들을 태우는 불이 꺼지지 않
을 것이다. 모든 사람이 그들을 보고 역
겨워할 것이다."

믿음을 키워 주는 이야기

헨델과 메시아

음악가 헨델은 교회에 다니기는 했지만, 술과 쾌락으로 방탕한 생활을 보내고 있었습니다. 어느 날 밤도 술에 취해 집에 들어왔는데 친구에게서 편지가 와 있었습니다. 그 편지에는 한 편의 시와 그 시에 맞는 곡을 작곡해 달라는 내용이 있었습니다. 헨델은 그 시를 읽으면서 마음이 변했습니다.

"위로하라. 위로하라. 내 백성을 위로하라. 오 주 하나님이 말씀하신다. 주의 영광은 드러나고야 말리. 그 육체가 그 영광을 보리라."

이사야 40장의 말씀을 인용한 시였습니다. 헨델은 이 시를 읽으면서 자기의 신앙생활을 반성하고 방탕한 습관을 버리기로 다짐하였습니다. 그리고 하나님의 영광을 나타내고자 하는 마음으로 작곡에 들어갔습니다.

헨델의 나이 56세이던 1741년 8월 헨델은 거의 모든 것을 잊고 작곡에만 전념하였습니다. 헨델은 22일 동안 잠도 안 자고 먹는 것도 잊은 채 마치 흥분한 듯이 들뜬 상태로 작곡에만 전념하였고, 마침내 9월 15일 역사적인 명곡 '메시아'가 완성되었습니다. 그 곡은 많은 작곡가들의 찬사를 받았으며 시대를 초월하여 오늘날도 수많은 사람들에게 감동을 주고 있습니다.

하나님의 말씀 한 구절에 감동을 받은 헨델은 방탕한 생활을 끊고 하나님의 영광을 나타내며 하나님을 높이는 작곡가가 되었습니다.

예 레 미 야

J e r e m i a h

○ 저자

예레미야가 그의 비서 바룩을 통해 대필했다.

○ 저작 연대

B.C. 627-580년경

○ 주요 인물

예레미야, 바룩, 요시야, 시드기야, 느부갓네살, 그다랴

○ 핵심어 및 주요 내용

핵심어는 "죄"와 "비탄"이다. 예레미야는 하나님의 심판을 유다 민족에게 선포하도록 부름을 받았다. 예레미야는 자신이 핍박을 받을 뿐만 아니라 자기 민족이 당하는 쓰라린 괴로움으로 인해서 비통해한다.

○ 내용 소개

1. 예레미야의 소명(1장)
2. 유다와 예루살렘에 대한 하나님의 심판(2-25장)
3. 예레미야와 거짓 예언자들의 논쟁(26-29장)
4. 위로의 책(30-33장)
5. 예레미야의 예언의 성취(34-45장)
6. 열방들에 대한 하나님의 경고(46-51장)
7. 예루살렘의 멸망과 바빌론 유수(52장)

여호와의 말씀이 예레미야에게 내리다

1 이것은 베냐민 땅 아나돗에 살던 제사장
가문의 힐기야의 아들 예레미야가 한 말
입니다.
2 아몬의 아들 요시야가 유다의 왕이 되어
십삼 년째 다스리고 있을 때*에 여호와께
서 예레미야에게 말씀하셨습니다.
3 요시야의 아들 여호야김이 유다 왕이 되어
다스리던 때에도 여호와께서 그에게 말씀
하셨고, 그후, 요시야의 아들 시드기야가
유다 왕이 되어 십일 년 동안 다스리고 있
을 때에도 여호와께서 그에게 말씀하셨습
니다. 그 해 다섯째 달*에 예루살렘 사람
들이 포로로 잡혀 갔습니다.
4 여호와께서 나에게 말씀하셨다.
5 "나는 너를 네 어미 배 속에서 만들기 전
부터 알았고, 네가 태어나기도 전에 너를
거룩하게 구별하여 여러 나라에 보낼 예
언자로 세웠다."
6 내가 대답하였다. "주 여호와여, 보십시
오. 저는 너무 어려서 말할 줄을 모릅니
다."
7 그러나 여호와께서 나에게 말씀하셨다.
"너는 '아이 같다'고 말하지 마라. 내가
너를 누구에게 보내든지 너는 가고, 네게
무슨 말을 명하든지 그대로 전하여라.
8 그들을 두려워하지 마라. 내가 너와 함께
하여 너를 구해 주겠다."
9 그런 뒤에 여호와께서는 손을 뻗쳐 내 입
에 대시고 말씀하셨다. "보아라. 이제 내
말을 네 입에 두겠다.
10 내가 오늘 너를 온 나라와 민족들 위에 세
워 네가 그들을 뽑으며, 허물며, 멸망시
키며, 무너뜨리며, 세우며, 심게 하겠다."
11 여호와께서 나에게 말씀하셨다. "예레미야
야, 무엇이 보이느냐?" 내가 대답하였다.
"아몬드 나뭇가지가 보입니다."
12 여호와께서 나에게 말씀하셨다. "잘 보았
다. 이것은 내 말이 그대로 이루어지는지
내가 지켜 보고 있다는 것을 뜻한다."
13 여호와께서 두 번째로 나에게 말씀하셨
다. "무엇이 보이느냐?" 내가 대답하였
다. "물이 끓고 있는 가마솥이 보이는데
북에서부터 기울어졌습니다."
14 그러자 여호와께서 나에게 말씀하셨다.
"북쪽에서부터 재앙이 넘쳐 흘러 이 땅의
모든 백성에게 닥칠 것이다.
15 내가 북쪽에 있는 모든 나라 백성들을 불
러들이겠다. 그들이 와서 예루살렘 성문
입구에 각각 자기의 보좌를 두고, 사방으

로부터 예루살렘의 온 성벽과 유다의 모든
성을 칠 것이다.
16 유다 사람들이 나를 저버리고 다른 신들
에게 분향하며 자기 손으로 지은 우상을
섬기는 악한 짓을 했으므로 내가 그들을
심판하겠다.
17 그러므로 너는 허리띠를 조이고 일어나,
내가 네게 명하는 모든 말을 그들에게 전
하여라. 그들을 두려워하지 마라. 그들을
두려워하면 내가 너를 그들 앞에서 무서
워 떨게 하겠다.
18 보아라. 오늘 내가 너를 굳건한 요새와 같
은 성으로, 쇠기둥으로, 놋성벽으로 만들
겠다. 너는 유다의 왕들과 장관들과 제사
장들과 이 땅의 백성들과 이 땅에 있는 그
누구와도 맞설 수 있을 것이다.
19 그들이 너와 맞서 싸우더라도 너를 이기
지 못할 것이다. 이는 내가 너와 함께하
여 너를 구할 것이기 때문이다. 나 여호
와의 말이다."

이스라엘이 하나님을 배반하다

2 여호와께서 나에게 말씀하셨다.
2 "가서 예루살렘을 향하여 외쳐라. '주
여호와의 말이다. '네가 젊었을 때에 너
는 내게 충성하였고, 신부처럼 나를 사랑
하였다. 아무것도 심은 적이 없는 메마른
광야에서 나를 따랐다.
3 이스라엘 백성은 거룩하여 내 소산 중의
첫 열매 같았다. 이스라엘을 해치려 하는
사람은 벌을 받아, 재앙이 그들에게 닥쳤
다. 나 여호와의 말이다.'"
4 야곱의 집과 이스라엘 집의 모든 백성아,
여호와의 말씀을 들어라.
5 여호와께서 이렇게 말씀하셨다. "내가 너
희 조상에게 무엇을 잘못했기에 나에게서
멀리 떠났느냐? 그들은 헛된 우상을 섬김
으로 스스로 헛된 사람이 되었다.
6 너희 조상은 '우리를 이집트에서 이끌어
내신 여호와, 광야 가운데서, 메마르고
험한 땅에서, 어둡고 위험한 땅에서, 아
무도 다니지 않고 아무도 살지 않는 땅에
서, 우리를 인도해 내신 여호와께서 지금
은 어디에 계시는가?' 하고 묻지도 않는
다.
7 나는 너희를 기름진 좋은 땅으로 인도하
여 그 열매와 곡식을 먹게 했다. 그런데
너희는 내 땅으로 들어와서 그 땅을 더럽
히고 그 곳을 역겨운 곳으로 만들었다.
8 제사장들은 '여호와께서 어디에 계시는
가?' 하고 묻지도 않고, 율법을 다루는
사람들은 나를 알지도 못한다. 지도자들
은 나를 배반하고, 예언자들은 바알의 이
름으로 예언한다. 그들은 아무런 유익이
되지 않는 우상을 섬긴다."
9 "그러므로 내가 다시 한 번 너희를 책망
하고, 너희 자손을 책망할 것이다. 나 여
호와의 말이다.
10 너희는 바다를 건너 깃딤* 섬에 가 보아
라. 게달 땅에 사람을 보내어 이런 일이
일어난 적이 있는지 자세히 알아보아라.
11 어느 나라가 자신들의 신을 다른 신으로
바꿨느냐? 물론 그들의 신은 진짜 신이
아닌데도 말이다. 내 백성은 영광의 하나
님을 아무 쓸데 없는 우상들로 바꾸어 버
렸다.

성경 인물 **예레미야** 눈물의 예언자라고 불리는 예레미야는 예루살렘 북쪽 4.8km 지점에 위치한 아나돗 출신으로, 유다의 마지막 다섯 왕인 요시야부터 시드기야 때까지 약 40여년 간 예언한 예언자입니다. 그는 태어날 때부터 하나님께 부르심을 받았으며(1:5), 하나님의 심판과 회복에 대한 약속을 전하였습니다. 시드기야 왕 때에는 바빌로니아에 항복해야 한다고 선포하여 반역죄로 몰려 고난을 당했습니다(38:1-6). B.C. 586년 예루살렘이 바빌로니아에 의해 함락된 후에 그는 강제로 이집트에 끌려가 그 곳에서 예언했습니다(41:1-44:30). 본문 보기 1장

알아두세요

1:2 B.C. 627년에 해당된다.
1:3 이 달은 B.C. 586년에 8월과 9월에 해당된다.
2:10 '깃딤'은 '키프로스'라고도 한다.

멍에를 부러뜨린 소처럼 행동하는
이스라엘을 하나님께서 꾸짖으심(2:20)

12 하늘아, 이 일을 보고 놀라라. 큰 두려움
으로 떨어라. 나 여호와의 말이다."
13 "내 백성이 두 가지 죄를 지었다. 그들은
생명수 샘인 나에게서 멀리 떠났고, 스스
로를 위하여 우물을 팠다. 그러나 그것은
물을 담지 못하는 터진 우물이다.
14 이스라엘 백성이 노예가 되었느냐? 어찌
하여 그들이 노예로 태어난 사람과 같이
되었느냐? 왜 그들은 원수들에게 모든 것
을 빼앗겼느냐?
15 원수들이 사자처럼 이스라엘을 향해 으르
렁거리고 울부짖는다. 원수들이 이스라엘
땅을 망쳐 놓았다. 이스라엘의 성들은 불
탔고 모든 백성은 그 성을 떠났다.
16 놉*과 다바네스 같은 이집트의 성에서 온 사
람들도 네 머리를 밀어 너희를 욕보였다.
17 이런 일은 네 스스로 불러들인 것이니 이
는 네 하나님 여호와가 네 길을 인도하는
데도 나를 버리고 떠났기 때문이다.
18 이제 네가 이집트로 가서 시홀 강물을 마
셔 보아야 아무 소용이 없다. 앗시리아로
가서 유프라테스 강물을 마셔 보아도 아무
소용이 없다.
19 네가 저지른 악이 너를 벌
하고, 네가 저지른 잘못이 너
를 꾸짖을 것이다. 네 하나님
여호와를 떠나는 것은 참으로
무서운 죄이며 네가 나를 두
려워하지 않는 것은 큰 잘못
이니 생각해 보고 깨달음을
얻도록 하여라. 주 만군의 여
호와의 말이다.
20 소가 그 멍에를 부러뜨리듯
이 옛적부터 너는 내게 순종하
지 않았고, 너를 묶은 밧줄을
끊으며 '나는 주를 섬기지 않겠
다' 고 말했다. 높은 언덕 위에
있을 때마다 푸른 나무 아래에 있
을 때마다 너는 창녀처럼 몸을 눕혔다.
21 나는 가장 좋은 씨를 골라 너를 특별한 포
도나무로 심었는데 어찌하여 너는 나쁜
열매를 맺는 들포도나무가 되었느냐?
22 잿물로 몸을 닦고 비누로 아무리 몸을 씻
어도 네 죄의 흔적은 여전히 내 앞에 남
아 있다. 주 여호와의 말이다.
23 네가 어찌 '나는 죄가 없다. 나는 바알 신
들을 섬기지 않았다' 고 말할 수 있느냐?
네가 그 골짜기에서 한 짓들을 생각해 보
아라. 네가 한 일들을 생각해 보아라. 너
는 마치 짝짓기 철을 맞아 이리저리 날뛰
는 암낙타와 같고,
24 너는 마치 광야에 사는 들나귀와 같다. 짝
짓기 철이 돌아와 암컷이 헐떡거리며 다
닐 때는, 아무도 그것을 막을 수 없다. 짝
짓기 철이 돌아오면 아무 수컷과 짝짓기
를 한다.
25 맨발로 돌아다니지 마라. 목이 타도록 돌
아다니지 마라. 하지만 너는 '소용 없습
니다. 나는 다른 신들이 좋습니다. 그들
을 따라가겠습니다' 하고 말했다."
26 "도둑이 도둑질하다 붙잡히면 부끄러움을
당하듯 이스라엘 백성도 부끄러움을 당할
것이니 왕과 신하들, 제사장과 예언자들
이 부끄러움을 당하게 될 것이다.

알아두세요
2:16 '놉' 은 '멤피스' 라고도 한다.

27 그들은 나무로 만든 것을 보고 '당신은 나
의 아버지' 라고 말하며, 돌로 만든 우상
을 보고 '당신이 나를 낳았다' 고 말한다.
그들은 나를 바라보려 하지 않고 내게서
등을 돌렸다. 그러나 재앙을 당할 때 말
하기를, '일어나 우리를 구해 주소서' 라
고 한다.
28 네가 만든 우상들은 어디 있느냐? 네가
재앙을 만나거든 그 우상들에게 너를 구
해 달라고 해라. 유다 백성아, 네가 사는
성만큼 네 우상도 많구나!
29 너희가 어찌하여 나와 다투려 하느냐? 너
희 모두는 나를 배반했다. 나 여호와의 말
이다."
30 "내가 너희 자녀들을 벌했으나 소용이 없
었다. 그들은 벌을 받고도 돌아오지 않았
다. 너희는 예언자들을 사나운 사자와 같
이 칼로 죽였다.
31 이 세대 사람들아, 너희는 여호와의 말씀
에 귀 기울여라. 내가 이스라엘 백성에게
광야와 같았던 적이 있었느냐? 어둡고 위
험한 땅 같았던 적이 있었느냐? 어찌하여
내 백성이 '우리가 자유롭게 다닐 수 있
게 되었으니 이제는 더 이상 여호와께 돌
아가지 않겠다' 고 말하느냐?
32 젊은 여자가 어찌 자기 보물을 잊겠으며,
신부가 어찌 그 고운 옷을 잊겠느냐? 그
런데 내 백성은 셀 수 없이 많은 날 동안
나를 잊었다.
33 너는 연애하는 일에 익숙하다. 경험 많은
창녀도 오히려 너에게 배워야 하겠다.
34 네 옷자락에 가난한 사람과 죄 없는 사람
들의 피가 묻었다. 그들이 집을 털려고 들
어오다 붙잡힌 도둑도 아닌데 너는 그들
을 죽였다. 이 모든 짓을 저질러 놓고도
35 '나는 죄가 없다. 하나님은 나에게 분노
하시지 않을 것이다' 라고 말한다. 그러나
네가 '나는 죄를 짓지 않았다' 라고 말하
므로 내가 너를 심판할 것이다.
36 너는 네 멋대로 마구 마음을 바꾸는구나.
앗시리아가 너를 부끄럽게 했듯이 이집트
도 너를 부끄럽게 할 것이다.
37 그러면 너는 마침내 그 곳에서도 쫓겨날
것이다. 포로처럼 두 손을 머리 위에 얹
은 채 나오게 될 것이다. 네가 그 주위의
강한 나라들을 믿었지만 그들에게서 도움
을 받을 수 없을 것이다. 이는 나 여호와
가 그들을 버렸기 때문이다."

진실하지 못한 유다

3 "어떤 사람이 자기 아내와 이혼했다 하
자. 그 여자가 남편을 떠나 다른 남자
와 결혼하면 첫 번째 남편이 그 여자에게
다시 돌아오겠느냐? 만약 다시 돌아온다
면 그 땅이 몹시 더러워지지 않겠느냐?
네가 많은 남자들과 더불어 창녀처럼 살
고서도 다시 내게로 돌아오려느냐? 나 여
호와의 말이다."
2 "유다야, 눈을 들어 저 벌거숭이 언덕들을
바라보아라. 네가 창녀처럼 행동하지 않
은 곳이 어디 있느냐? 길가에 앉아 남자
들을 기다리기를 마치 유목민이 광야에
앉아 있듯 했다. 너는 창녀처럼 살며 악
한 짓을 하여 이 땅을 더럽혔다.
3 그래서 단비가 그쳤고, 늦은 비도 그치고
말았다. 그런데도 너는 창녀의 얼굴을 하

성경 풍속

두 손으로 머리를 싸고

두 손으로 머리를 싸는 행동은 커다란 슬픔을 표현하는 근동 지방 사람들의 표현 방식이며, 성경에서는 하나님의 고통의 손이 슬퍼하는 자에게 임하고 있음을 상징합니다. 다말이 암논에게 잔인한 성폭행을 당한 후에 애통의 표시로 이 같은 행동을 취했습니다(삼하 13:19). 대영 박물관에는 이집트에서 장례식 때 호곡하는 상주들의 석판이 있는데, 그들도 이처럼 머리에 손을 얹고 있습니다.

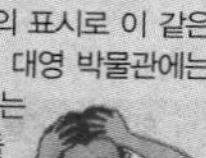

본문 보기 2장 37절

멍에(2:20 yoke) 소나 말의 목에 얹어 수레나 쟁기를 끌게 하는 둥그렇게 구부러진 막대.
재앙(2:27 disaster) 불행한 사고.
분노(2:35 anger) 분하여 몹시 성을 내는 것.
포로(2:37 captive) 사로잡은 적의 군사나 인원.

고 부끄러워할 줄 모른다.
4 그러던 네가 지금 나를 부르고 있다. '내
아버지여, 아버지는 내가 어렸을 적부터
내 친구였습니다.
5 언제까지 나에게 분노하시겠습니까? 영원
토록 노를 거두지 않으시렵니까?' 라고 말
하고 있다. 유다야, 보아라. 네가 입으로
는 그런 말을 하면서도 네가 하고 싶은 대
로 온갖 악을 다 저질렀다."

유다와 이스라엘은 자매와 같다

6 요시야 왕 때에 여호와께서 내게 말씀하
셨다. "예레미야야, 너는 진실하지 못한
저 이스라엘이 한 짓을 보았느냐? 이스라
엘은 간음죄를 지었다. 이스라엘은 높은
산과 모든 푸른 나무 아래마다 우상을 두
었다.
7 나는 속으로 '이스라엘이 이런 악한 짓을
한 뒤에 내게로 다시 돌아오겠지' 라고 생
각했다. 그러나 이스라엘은 내게 돌아오지
않았다. 이스라엘의 악한 누이 유다도 이
스라엘이 한 짓을 보았다.
8 진실하지 못한 이스라엘이 간음하므로 내
가 이혼 증서를 주고, 그를 내어 쫓았다.
그러나 그의 악한 누이 유다 역시 그것을
보고 두려워하지 않고 계속 간음하는 것
을 내가 보았다.
9 유다는 창녀처럼 살면서 온 나라를 더럽
혔다. 유다는 돌과 나무로 만든 우상을 섬
김으로써 간음죄를 지었다.
10 이스라엘의 악한 누이 유다는 이 모든 일
을 행하고도 진심으로 내게 돌아오지 않
았다. 유다는 거짓으로 돌아오는 척만 했
다. 나 여호와의 말이다."
11 여호와께서 내게 말씀하셨다. "이스라엘은
진실하지 않지만 그래도 악한 유다보다는
나은 데가 있다.
12 너는 가서, 북쪽을 향해 이 모든 말을 다
전하여라. '돌아와라, 진실하지 못한 이스
라엘 백성아.' 여호와의 말이다. '너를 향
한 나의 노여움을 거두겠다. 나는 매우 자
비로운 하나님이다.' 여호와의 말이다.
'내가 영원히 노여움을 품지 않겠다.
13 너는 오직 네 죄를 인정하기만 하면 된다.
너는 네 하나님 여호와를 배반했고, 다른
나라의 헛된 신들을 섬겼다. 너는 산당이
있는 모든 푸른 나무 아래에서 그 신들을
섬기며, 내게 순종하지 않았다.' 나 여호
와의 말이다."
14 "너희 진실하지 못한 백성들아, 내게로
돌아오너라. 나 여호와의 말이다. 나는
너희의 남편이다. 내가 너희를 모든 성에
서 한 명씩, 모든 집안에서 두 명씩 택하
여 시온으로 데려오겠다.
15 내가 또 진실한 마음으로 나를 따르는 지
도자들을 너희에게 줄 것이니 그들이 지
식과 깨달음으로 너희를 인도할 것이다.
16 그 날에 너희의 수가 이 땅에 많아지고 번
창할 것이다. 그 때에는 사람들이 여호와
의 언약궤에 대해 다시는 말하지 않을 것
이며 생각하지도 않을 것이다. 그것을 기

예레미야 시대의 왕들

(본문 보기 3장)

왕	통치 연도(B.C.)	주요 업적
요시야	640-609	8세에 왕이 됨. 성전을 수리하고 종교 개혁을 단행함. 이집트 왕 느고와 싸우다 므깃도에서 전사
여호아하스	609	이집트 왕 느고에 의해 이집트로 끌려가 죽음. 예레미야서에서는 '살룸'이라 불림
여호야김	609-598	이집트 왕 느고에 의해 왕이 됨. 예레미야의 예언을 듣고도 회개치 않음 바빌로니아의 느부갓네살 왕에게 굴복했다가 또다시 반역함
여호야긴	598-597	3개월 간 포악하게 통치. 바빌로니아에 항복하여 볼모로 잡혀 갔으나 융숭한 대접을 받음
시드기야	597-586	유다 마지막 왕. 예레미야의 예언을 무시하고 바빌로니아에 포로로 끌려감

억하지도 않고, 찾지도 않고, 다시 만들
지도 않을 것이다.
17 그 때에는 예루살렘을 '여호와의 보좌'라
고 부르게 될 것이며, 모든 나라들이 여
호와의 이름으로 예루살렘에 모일 것이다.
그들이 다시는 자기들의 악한 마음에서
나오는 고집대로 행하지 않을 것이다.
18 그 날에는 유다 집안과 이스라엘 집안이
합쳐질 것이니 그들은 북쪽 땅에서 함께
나와서 내가 그들의 조상에게 준 땅에 이
를 것이다."
19 "나 주 여호와가 말한다. 나는 너희를 입
양하여 내 자녀로 삼고, 너희에게 좋은 땅
을 주었다. 내가 준 땅은 다른 어떤 나라
의 땅보다 아름다운 땅이다. 나는 너희가
나를 '나의 아버지'라고 부르며, 배반하
지 않을 것이라고 생각했다.
20 그런데 이스라엘 백성아, 너희는 마치 남
편에게 진실하지 못한 여자처럼 나에게
진실하지 않았다. 나 여호와의 말이다."
21 벌거숭이 언덕 위에서 소리가 들리니 이
는 이스라엘 백성이 자비를 구하며 부르짖
는 소리다. 그들은 너무나 악해지고 그들
의 하나님 여호와를 잊었다.
22 "돌아오너라, 진실하지 못한 자식들아,
내가 진실하지 못한 너희를 용서해 줄 것
이다." "보십시오. 이제 우리가 여호와께
돌아갑니다. 주님은 여호와 우리 하나님
이십니다.
23 언덕 위에서 우상을 섬기는 것은 참으로
어리석은 짓이었습니다. 산 위에서 떠들
어댄 온갖 소리는 거짓이었습니다. 참으
로 이스라엘의 구원은 우리 하나님 여호와
께만 있습니다.
24 우리가 어렸을 때부터 우리 조상이 애써
일해 얻은 모든 것을 저 부끄러운 우상들
이 삼켜 버렸습니다. 우리 조상의 양 떼
와 소 떼를 삼켜 버렸고, 아들과 딸들을
삼켜 버렸습니다.
25 우리는 이제 우리의 부끄러움을 요로 삼
고, 망신거리를 이불로 삼겠습니다. 왜나
하면 우리가 우리 하나님 여호와께 죄를
지었기 때문입니다. 또한 우리와 우리 조
상 모두가 죄를 지었고, 어릴 때부터 지
금까지 우리 하나님 여호와께 순종하지
않았기 때문입니다."

4 "이스라엘아, 네가 돌아오려거든 내게
로 돌아오너라. 나 여호와의 말이다.
내가 미워하는 네 우상들을 버리고, 마음
이 흔들리지 않도록 하여라.
2 너는 진실과 정직과 정의로 여호와의 살
아 계심을 두고 맹세하여라. 그러면 모든
나라들이 여호와의 복을 받고, 여호와를
찬양할 것이다."
3 여호와께서 유다와 예루살렘 사람들에게
이렇게 말씀하셨다. "묵은 땅을 갈아라.
가시덤불 속에 씨를 뿌리지 마라.
4 유다 사람들과 예루살렘 백성아, 너희의
생각과 마음을 깨끗이 하여라. 그렇지 않
으면 너희의 악한 행실 때문에 나의 분노
가 너희 사이에 불같이 퍼질 것이니, 아
무도 그것을 막을 수 없을 것이다."

북쪽에서 오는 재앙

5 "유다에게 선포하고 예루살렘에 전하여라.
온 땅에 나팔을 불라고 크게 외쳐라. '모
두 모여 굳건한 요새 성으로 들어가자!'
고 하여라.
6 시온을 향해 깃발을 올려라! 지체하지 말
고 대피하여라! 내가 북쪽으로부터 재앙
을 몰고 올 것이니, 그것은 끔찍한 멸망
이 될 것이다.
7 사자가 사자굴에서 나온 것처럼 세계를
파괴할 자가 제자리에서 나와 행진을 시
작했다. 그가 네 땅을 황폐하게 하려고 자
기 집을 떠나왔으니 네 성들이 황폐하게
될 것이다. 그 성들에서 아무도 살지 못
할 것이다.
8 그러니 거친 베옷을 입고, 네 슬픔을 드
러내어 크게 부르짖어라. 여호와의 무서
운 진노가 우리에게서 떠나가지 않았다.
9 그 날에는 왕과 신하들도 용기를 잃을 것
이다. 제사장들은 놀랄 것이며, 예언자들
도 깜짝 놀랄 것이다."
10 나 예레미야가 말했다. "주 여호와여, 주

렘

께서 이 백성과 예루살렘 백성을 속이셨습
니다. 주님은 '너희에게 평화가 있으리
라'고 말씀하셨으나, 칼이 우리 목숨을
겨누고 있습니다."
11 그 때에 이 백성과 예루살렘에 이 말씀이
들릴 것이다. "뜨거운 바람이 광야의 벌
거숭이 산에서 여호와의 백성에게로 불어
온다. 그 바람은 농부들이 쭉정이를 가려
내려고 키질할 때 이용하는 부드러운 바
람이 아니다.
12 그것보다 더 강한 바람이니 그것은 여호
와께서 명하신 바람이다. 이제 여호와께
서 유다 백성에게 심판을 선포하실 것이
다."
13 보아라! 원수가 구름처럼 몰려오고, 그 전
차들이 회오리바람같이 밀려온다. 그 말
들은 독수리보다 빠르다. 재앙이 곧 닥칠
것이니 이제 우리는 망했다.
14 예루살렘아, 네 마음의 악을 깨끗이 씻어
라. 그러면 구원을 얻을 것이다. 어느 때
까지 네 가운데 악한 생각을 품겠느냐?

예루살렘에 재앙이 구름같이 몰려옴(4:13)

15 단과 에브라임 산에서 나쁜 소식이 들려
온다.
16 "이것을 모든 나라에 알려라. 이 소식을
예루살렘에 퍼뜨려라. 원수들이 먼 나라에
서 와서 유다 성들을 향해 전쟁의 함성을
지른다.
17 사람들이 밭을 지키듯이 원수가 예루살렘
을 에워쌌다. 이는 유다가 나를 배반했기
때문이다. 나 여호와의 말이다.
18 너희의 악한 행위가 이런 재앙을 불렀다.
이것이 네가 받을 심판이다. 얼마나 끔찍
한가! 그 고통이 네 마음까지 찌른다!"

예레미야의 외침

19 아이고, 아파라! 아이고, 아파라! 제가 고
통 때문에 몸부림칩니다. 저의 가슴이 너
무 아픕니다. 심장이 몹시 두근거려서 잠
자코 있을 수 없습니다. 이는 제가 직접
나팔 소리와 전쟁을 알리는 소리를 들었
기 때문입니다.
20 재앙이 꼬리를 물고 일어나고 온 나라가
파괴되었습니다. 저희의 장막이 갑자기 무
너졌고, 휘장이 순식간에 찢어졌습니다.
21 언제까지 저 전쟁 깃발을 보며, 언제까지
전쟁 나팔 소리를 들어야 합니까?
22 여호와께서 말씀하셨다. "내 백성은 어
리석다. 그들은 나를 알지 못하는 미련한
자식들이라서 깨닫지도 못한다. 그들은
악한 일을 하는 데는 뛰어나지만 좋은
일은 할 줄 모른다."

재앙이 오고 있다

23 내가 땅을 바라보니 텅 비고 아무
런 형태도 없었다. 하늘을 바라보니
빛도 보이지 않았다.
24 산들을 바라보니 그것들은 흔들리
고 있었고, 모든 언덕들도 떨고 있었
다.
25 둘러보니 아무 사람도 없었고, 하
늘의 새도 모두 날아가고 없었다.
26 둘러보니 기름진 땅은 황무지가 되
었고, 땅의 모든 성들은 파괴되었다. 여
호와 앞에서, 여호와의 크신 분노 앞에서
그렇게 되고 말았다.

27 여호와께서 이렇게 말씀하셨다. "온 땅이
황폐하게 될 것이다. 그러나 완전히 멸망
시키지는 않겠다.
28 그 일 때문에 땅이 크게 부르짖을 것이며,
하늘이 어두워질 것이다. 내가 말하였으
니 마음을 바꾸지 않겠고, 내가 계획했으
니 뜻을 돌이키지 않겠다.
29 기병들과 활 쏘는 군인들의 함성을 듣고
모든 성의 백성들이 도망칠 것이다. 덤불
속에 숨는 사람도 있고, 바위 틈에 숨는
사람도 있을 것이다. 유다의 모든 성이 텅
비어 그 성에 아무도 살지 않을 것이다.
30 유다야, 너는 망한 나라인데 지금 무슨 짓
을 하고 있느냐? 어찌하여 화려한 옷을
입고 금장식으로 몸을 꾸미며 눈 화장을
하느냐? 네가 화장을 하지만 모두 다 쓸
데없다. 네 연인들이 너를 미워하며 너를
죽이려 들 것이다.
31 나는 아기 낳는 여자가 내는 신음 소리 비
슷한 것을 들었다. 그것은 마치 첫 아이
를 낳는 여자가 내지르는 소리와 같았다.
그것은 숨이 막혀 헐떡거리는 시온의 소
리다. 시온이 손을 들어 기도하며 말한다.
'아, 나는 이제 망했구나. 나를 죽이려 하
는 사람들 때문에 내가 지쳤다!'"

올바른 사람이 아무도 없다

5 여호와께서 말씀하셨다. "너희는 예루
살렘 거리를 이리저리 다니며, 두루 살
피고, 생각해 보아라. 성의 광장을 모두
뒤져, 정직한 일을 하는 사람이 한 명이
라도 있는지 찾아보아라. 진리를 구하는
사람이 한 명이라도 있는지 찾아보아라.
너희가 찾을 수 있다면 내가 이 성을 용
서해 주겠다.
2 사람들은 '여호와의 살아 계심을 두고 맹
세한다' 고 말하지만 그들의 맹세는 거짓
일 뿐이다."
3 여호와여, 주께서는 사람들 가운데서 진
실을 찾고 계시지 않습니까? 주께서 유다
백성을 치셨어도 그들은 아파하지 않습니
다. 주께서 그들을 멸망시키셨어도 그들
은 교훈을 얻으려 하지 않고 얼굴을 바위
보다 더 굳게 하여 하나님께 돌아오기를
거절합니다.
4 그래서 나는 생각했습니다. "이들은 가난
하고 어리석은 백성일 뿐이다. 그들은 여
호와의 길을 알지 못한다. 그들은 자기 하
나님께서 바라시는 공평이 무엇인지도 모
른다.
5 그러니 내가 유다의 지도자들에게 가 보겠
다. 가서 그들에게 말해 보겠다. 틀림없이
그들은 여호와의 길과 하나님께서 바라시
는 공평이 무엇인지 알고 있을 것이다."
그러나 그 지도자들도 주님을 배반하고
떠나가기는 마찬가지였습니다. 그들은 주
님과 이어진 끈을 끊어 버렸습니다.
6 그러므로 사자가 숲 속에서 나와 그들을
칠 것이며, 늑대가 사막에서 나와 그들을
죽일 것입니다. 표범이 그들의 성 가까이
에 숨어 기다리고 있다가 성에서 나오는
사람은 누구든지 찢어 죽일 것입니다. 이
런 일이 일어나는 것은 유다 백성이 큰 죄
를 지었고 여러 번 주님을 배반했기 때문
입니다.
7 여호와께서 말씀하셨다. "내가 너희를 어
떻게 용서하겠느냐? 네 자녀들이 나를 버
리고 떠나서 신이 아닌 것들에게 맹세를
했다. 내가 그들에게 필요한 것을 다 주
었지만, 그들은 나에게 부정한 아내같이
하며 창녀들의 집에 드나들었다.
8 그들은 살지고 정욕이 가득한 수말같이
이웃의 아내를 탐냈다.
9 이런 짓을 한 유다 백성을 내가 어찌 벌
하지 않겠느냐? 이런 백성은 벌을 받아야
마땅하다. 나 여호와의 말이다."
10 "가서 유다의 포도밭을 망쳐 놓아라. 그러
나 완전히 망쳐 놓지는 마라. 그 백성이
여호와를 버리고 떠나갔으니 가지를 치듯
그들을 잘라 내어라.
11 이스라엘과 유다 백성들이 나 여호와를 완
전히 배반했다. 나 여호와의 말이다."
12 그 백성들이 여호와를 부인하며 이렇게 거
짓말을 했다. "여호와는 우리에게 아무런
일도 하지 않으실 것이다. 어떤 나쁜 일도

우리에게 일어나지 않을 것이며, 우리는
전쟁이나 굶주림을 겪지 않을 것이다.
13 예언자들은 헛된 바람에 지나지 않는다.
그들에게는 하나님의 말씀이 없으므로 예
언자들이 말하는 나쁜 일은 그들에게만
일어날 것이다."
14 그러므로 만군의 하나님 여호와께서 이렇
게 말씀하셨다. "백성이 이런 말을 하였
으므로 내가 네 입에 주는 말은 불이 되
게 하고, 이 백성들은 장작이 되게 할 것
이니, 그 불이 그들을 삼킬 것이다.
15 보아라. 이스라엘 백성아, 이제 곧 내가
먼 곳에서 한 나라를 데려와 너를 칠 것
이다. 그 나라는 옛적부터 있던 오래된 나
라이다. 그 나라 백성이 네가 알지 못하
는 말을 하니, 그들이 말을 하여도 너는
깨닫지 못할 것이다.
16 그들의 화살은 죽음을 불러 오는 열린 무
덤이요, 그 나라 사람들은 모두 강한 용
사이다.
17 그들은 네가 거둔 곡식과 양식을 먹을 것
이며, 네 아들과 딸들을 삼켜 버릴 것이
다. 그들이 네 양 떼와 소 떼도 먹고, 네
포도와 무화과도 먹을 것이다. 네가 믿고
의지하는 굳건한 성들도 그들이 칼로 무
너뜨릴 것이다."
18 "그러나 그 때에도 내가 너희를 완전히 멸

성경 자세히 이해하기

성경에서 언급하는 바람

성경에는 몇 가지 널리 알려진 바람들이 있습니다. 초목을 마르게 하는 강한 동풍은 이집트에 메뚜기 재앙을 몰고 왔고(출 10:13), 홍해 바다를 갈라 놓았으며(출 14:21), 바다 위에 떠 있는 배를 부서뜨렸고, 그 외에도 여러 가지 파괴적인 힘을 발휘했습니다(겔 19:12;호 13:15). 팔레스타인 지방에서 유익한 바람으로 알려진 서풍은 이집트에서 메뚜기를 몰아 냈고(출 10:19), 이스라엘 백성들이 먹을 메추라기 떼를 몰고 왔습니다(민 11:31). 한편, 북풍은 비를 동반했고(잠 25:23), 남풍은 매우 뜨거운 열기를 몰고 왔습니다.

본문 보기 5장 13절

망시키지는 않겠다. 여호와의 말이다.
19 유다 백성이 '어찌하여 우리 하나님 여호
와께서 이 모든 일들을 우리에게 행하셨
는가?' 하고 묻거든 너는 그들에게 '너희
가 여호와를 저버리고 너희의 땅에서 이
방 신들을 섬겼으므로 이제는 남의 땅에
서 이방인들에게 종노릇하며 그들을 섬겨
야 할 것이다'라고 대답하여라."
20 "야곱 집에 이 말을 전하고, 유다 백성에
게 이 말을 들려 주어라.
21 '미련하고 어리석은 백성아, 이 말을 들
어라. 눈이 있어도 보지 못하고, 귀가 있
어도 듣지 못하는 백성아.
22 너희는 내가 두렵지 않느냐?' 나 여호와
의 말이다. 너희는 왜 내 앞에서 떨지 않
느냐? 내가 모래로 바다에 경계를 지었으
니 바닷물은 영원히 그 모래를 넘지 못한
다. 파도가 아무리 높고 세차게 쳐도 모
래를 넘지 못한다.
23 그러나 유다 백성은 고집이 세어 나를 배반
했다. 그들은 나를 저버리고 멀리 떠났다.
24 그들은 마음속으로 '우리는 우리 하나님
여호와를 두려워해야 한다. 하나님은 철
을 따라 이른 비와 늦은 비를 주시고, 정
해진 기간이 되면 추수를 할 수 있게 해
주신다'라고 말하지도 않는다.
25 그러므로 너희의 악한 것이 비와 추수를
가로막고 너희의 죄가 너희의 복을 앗아
갔다.
26 내 백성 가운데 악한 사람들이 있다. 그
들은 새를 잡으려고 엎드려 기다리는 사
람처럼 그물을 쳐 놓고 사람을 잡는다.
27 새들로 가득한 새장처럼 그들의 집에는
속임수가 가득하다. 그렇게 해서 그들은
부자가 되고 힘센 사람이 되었다.
28 살도 찌고 피부에는 윤기가 흐른다. 그들
은 악한 짓을 끝도 없이 하면서 고아의 억
울한 사정을 들어 주지 않고 가난한 사람
들을 공정하게 재판하지 않는다.
29 이런 짓을 하는 유다 백성을 내가 어찌 벌
하지 않을 수 있겠느냐? 이런 백성은 벌을
받아야 마땅하다. 나 여호와의 말이다."

30 "놀랍고도 끔찍한 일이 유다 땅에서 일어
나고 있다.
31 예언자들은 거짓을 말하고, 제사장들은
제멋대로 권력을 휘두르고, 내 백성은 그
런 제사장들을 좋게 여기니 마지막 때가
오면 너희가 어떻게 하려느냐?"

예루살렘이 포위되다

6 "베냐민 자손들아, 목숨을 건지려면 예
루살렘에서 도망쳐 피하여라! 드고아
마을에서 전쟁 나팔을 불고, 벧학게렘 마
을 위에서 경고의 깃발을 올려라! 재앙이
북쪽에서부터 몰려오고 있다. 끔찍한 멸
망이 다가오고 있다.
2 사랑스럽고 부드러운 딸 시온아, 내가 너
를 멸망시키겠다.
3 목자들이 양 떼를 거느리고 예루살렘으로
와서 사방에 장막을 치며 자기 가축 떼를
돌볼 것이다.
4 그들이 말하기를 '예루살렘을 칠 준비를
하여라! 일어나라! 정오에 공격할 것이다.
오호라, 벌써 날이 기울어 저녁 그림자가
길어지고 있다.
5 그러니 일어나라! 밤에 공격하여 저 굳건
한 예루살렘 성을 무너뜨리자' 라고 한다."
6 만군의 여호와께서 이렇게 말씀하셨다.
"예루살렘 주변의 나무들을 베어라. 예루
살렘 성을 공격할 수 있는 흙언덕을 쌓아
라. 이 성은 반드시 벌을 받아야 한다. 이
성 안에는 사악한 일이 가득하다.
7 우물이 물을 솟구쳐 내듯이 예루살렘은 악
을 솟구쳐 낸다. 성 안에서 들리는 것은
폭력과 파괴의 소리니 내 앞에 보이는 것
은 병들고 다친 사람들뿐이다.
8 예루살렘아, 이 책망의 말씀을 들어라. 그
렇지 않으면 내가 너를 버리고 네 땅을 황
무지로 만들어 그 땅에 아무도 살지 못하
게 할 것이다."
9 만군의 여호와께서 이렇게 말씀하셨다.
"너희의 원수들이 포도나무에서 마지막
포도를 거둬들이듯 살아남은 이스라엘 백
성을 찾아 낼 것이다. 그러니 너는 아직
시간이 있을 때에, 포도를 거둬들이는 사
람처럼 가지마다 다시 한 번 잘 살펴보아
라."
10 내가 누구에게 말하겠습니까? 누구를 향
해 경고하겠습니까? 누가 내 말에 귀 기
울이겠습니까? 이스라엘 백성은 귀를 막
고 있어서 내 경고를 듣지 못합니다. 그

선지자의 말을 듣지 않는 이스라엘 백성(6:10)

들은 여호와의 말씀을 비웃으면서, 그 말
씀에 귀 기울이기를 싫어합니다.
11 내게 여호와의 분노가 가득하니 더 이상
품고 있을 수만은 없습니다. "그러면 나
의 분노를 길거리에서 놀고 있는 아이들
과 모여 있는 젊은이들에게 쏟아라. 남편
과 그 아내가 나의 분노 가운데 사로잡힐
것이며 장로들과 늙은이들도 사로잡힐 것
이다.
12 그들의 집은 남들에게 넘어갈 것이며, 그
들의 밭과 아내도 함께 넘어갈 것이다. 내
가 손을 들어 이 땅에 사는 사람들에게 벌
을 내릴 것이다. 나 여호와의 말이다."
13 "작은 사람에서부터 큰 사람에 이르기까
지 누구나 돈에 욕심내고 있다. 예언자와
제사장들까지 모두 거짓말을 하고 있다.
14 내 백성이 큰 상처를 입었는데도 그들은
아무렇지도 않게 여긴다. 평화가 없는데
도 '평화, 평화' 하고 말한다.
15 그들은 역겨운 짓을 하고도 부끄러워할
줄 모른다. 수치를 알지도 못하고, 얼굴
을 붉힐 줄도 모른다. 그러므로 그들은 쓰
러질 것이다. 내가 그들에게 벌을 내릴 때
에 그들은 멸망할 것이다. 나 여호와의 말
이다."
16 여호와께서 이렇게 말씀하셨다. "갈림길
에 서서 살펴보아라. 너희 조상들이 걷던
선한 옛길이 어디인지 물어 보고 그 길로
가거라. 너희가 쉴 곳을 찾을 것이다. 그
러나 너희는 '우리는 그 길로 가지 않겠
다' 고 말했다.
17 내가 너희를 지키려고 파수꾼을 세우고
'전쟁 나팔 소리에 귀 기울여라' 하고 말
했다. 그러나 너희는 '귀 기울여 듣지 않
겠다' 고 말했다.
18 너희 모든 나라들아, 들어라. 무리들아,
내가 유다 백성에게 할 일을 눈여겨 보아
라.
19 땅이여, 들어라. 내가 유다 백성에게 재앙
을 보내겠다. 그들이 악한 일을 꾸몄으므
로 재앙을 당할 것이다. 그들은 내 말을
귀담아 듣지 않았고, 내 가르침을 저버렸
다.
20 너희가 어찌하여 시바 땅에서 향을 들여
와 내게 제물로 바치려 하느냐? 어찌하여
먼 나라에서 좋은 향료를 들여와 내게 가
져오느냐? 너희가 태워 드리는 제물인 번
제물을 받지 않겠다. 너희가 바치는 화목
제물도 내게 기쁨이 되지 못한다."
21 그러므로 여호와께서 이렇게 말씀하셨다.
"보아라. 내가 이 백성 앞에 걸림돌을 놓
겠다. 아버지와 아들이 다 같이 그 위에
넘어지고, 이웃과 친구들이 죽을 것이
다."
22 여호와께서 이렇게 말씀하셨다. "보아라.
군대가 북쪽 땅에서 오고 있다. 크고 힘
센 나라가 땅 끝에서부터 일어나고 있다.
23 그 군인들은 활과 창을 잡고 있으며 잔인
하고 무자비하다. 말을 타고 달리는 소리
가 성난 바다와 같다. 그 군대가 전열을
갖추고 딸 같은 너 시온을 치러 오고 있
다."
24 우리가 그 군대에 대한 소식을 듣고 두려
워 떨며 어쩔 줄을 몰라합니다. 우리는 재
앙의 덫에 빠진 듯합니다. 아기를 낳는 여
자처럼 고통을 당하고 있습니다.
25 너희는 들로 나가지 마라. 거리에서 돌아
다니지 마라. 적이 칼을 가지고 있으며 곳
곳마다 두려움에 휩싸여 있다.
26 딸 같은 내 백성아, 거친 베옷을 입고 잿
더미에서 뒹굴어라. 외아들을 잃은 사람
처럼 슬피 울부짖어라. 파괴자가 갑자기
네게 닥칠 것이다.
27 "예레미야야, 내가 너를 내 백성을 감독하

화목 제물(6:20 fellowship offering) 하나님의 은혜에 감사하거나 소원을 빌 때 드리는 제사인 화목제에 쓰이는 제물.

전열(6:23 battle line) 전쟁에 참가하는 부대의 대열.

풀무질(6:29 blowing the bellows) 풀무(불을 피울 때 바람을 일으키는 기구)로 바람을 일으키는 일.

제련(6:29 smelting) 광석이나 원료를 용광로에 녹여서 함유 금속을 뽑아 내어 정제하는 것.

는 사람으로 삼았다. 너는 내 백성 가운
데 요새와 같이 살피는 자가 될 것이다.
너는 내 백성의 행동과 생활을 살피고 쇠
붙이를 검사하듯 그들을 자세히 조사해야
한다.
28 내 백성이 모두 나를 배반했다. 그들은 모
두 고집불통이며, 다른 사람들에 대해 거
짓말을 하고 다닌다. 그들은 모두 녹슨 구
리와 쇠처럼 썩은 자들이다.
29 풀무질을 세게 하면 그 불에 납이 녹아 내
리게 되는데 너희는 아무리 제련을 하여
도 헛될 뿐이구나. 악한 것이 내 백성에
게서 없어지지 않는다.
30 내 백성은 '버림받은 은'이라 불릴 것이
다. 이는 나 여호와가 그들을 버렸기 때
문이다."

예레미야의 성전 설교

7 이것은 여호와께서 예레미야에게 하신
말씀입니다.
2 "너는 여호와의 성전 문 앞에 서서, 이 말
을 외쳐 말하여라. '유다 나라의 모든 백
성아, 여호와의 말씀을 들어라. 여호와를
경배하러 이 문으로 들어가는 사람들아,
다 이 말씀을 들어라.
3 만군의 여호와, 이스라엘의 하나님께서 이
렇게 말씀하셨다. 너희의 길과 행실을 바
꾸어 올바른 일을 하여라. 그러면 내가 너
희를 이 곳에 살게 하겠다.'
4 '이것이 여호와의 성전이다, 이것이 여
호와의 성전이다, 이것이 여호와의 성전
이다' 하는 사람들의 거짓말을 믿지 마
라.
5 너희는 너희의 길과 행실을 바꾸어 올바
른 일을 해야 한다. 이웃끼리 정직하게 살
아야 한다.
6 나그네와 고아와 과부를 억누르지 마라.
이 곳에서 죄 없는 사람을 죽이지 마라.
다른 신들을 섬기지 마라. 거짓으로 말하
는 그들은 너희의 삶을 망칠 뿐이다.
7 그렇게 하기만 하면 내가 너희를 이 땅,
곧 내가 너희 조상에게 영원토록 준 이 땅
에서 살게 하겠다.
8 그러나 보아라. 너희가 거짓말을 믿고 있
으니 그것은 쓸데없는 짓이다.
9 너희는 훔치고, 죽이고, 간음하고, 거짓
으로 맹세하고, 헛된 신 바알에게 제물을
바치고, 너희가 알지도 못하는 신들을 찾
아가서 섬긴다.
10 그러고도 너희가 내 앞으로 나와 설 수 있
다고 생각하느냐? 내 거룩한 이름으로 불
리는 이 성전에 너희가 설 수 있겠느냐?
그런 역겨운 짓들을 해 놓고도 '우리는 안
전하다'고 말할 수 있겠느냐?
11 이 곳은 내가 예배를 받으려고 정한 곳이
다. 그런 이 곳이 너희에게는 도둑들이 숨
는 곳으로만 보일 뿐이냐? 나는 너희를
쭉 지켜 보았다. 나 여호와의 말이다.
12 너희 유다 백성아, 내가 예배를 받으려고
제일 처음에 택한 실로 마을에 가 보아라.
내 백성 이스라엘이 저지른 악한 짓 때문
에 내가 그 마을을 어떻게 했는지 보아라.
13 나 여호와가 말한다. 너희 이스라엘 백성
은 온갖 악한 짓을 저질렀다. 내가 부지
런히 너희에게 말하고 또 말했지만, 너희
는 듣지 않았다. 내가 너희를 불렀지만,
너희는 대답하지 않았다.
14 그러므로 내가 예배를 받기 위해 예루살
렘에 정한 성전을 멸망시키겠다. 너희는
내가 너희와 너희 조상에게 준 그 성전을
의지했지만, 내가 실로를 멸망시켰듯이

성경 지명

실로

여호수아의 가나안 정복 시대부터 사무엘 때에 이르기까지 하나님의 언약궤와 성소가 있었던 이스라엘의 중심지였습니다. 그러나 이스라엘의 범죄로 인해 블레셋이 침략하여, 이스라엘은 참패하고 실로의 성소는 완전히 폐허가 되어 버렸습니다. 게다가 하나님의 언약궤마저 블레셋 사람들에게 빼앗기게 됩니다(삼상 4장). 실로의 폐허는 예루살렘 성전의 운명을 내다보게 하고, 백성들에게 참된 예배의 의미를 가르쳐 주는 교훈이 되었습니다.

본문 보기 7장 12절

그 곳도 멸망시키겠다.
15 내가 너희의 형제인 에브라임* 자손을 모
두 쫓아 냈듯이 너희도 내 앞에서 쫓아 내
고 말겠다."
16 "예레미야야, 너는 이 백성을 위해 기도하
지 마라. 그들을 위해 부르짖지도 말고 무
엇이든 구하지도 마라. 그들을 구해 달라
고 빌지도 마라. 네 기도를 들어 주지 않
겠다.
17 그들이 유다의 여러 마을에서 하는 짓을
너는 보지 못하느냐? 그들이 예루살렘의
여러 거리에서 하는 짓을 너는 보지 못하
느냐?
18 자식들은 장작을 모으고 아비들은 그 장작
으로 불을 피우며 여자들은 이방 신인 하
늘 여신에게 바칠 빵을 만든다. 또 그들은
다른 신에게 부어 드리는 제사인 전제를
바치고 절함으로 나를 분노하게 만든다.
19 그러나 유다 백성이 참으로 해치고 있는
것은 내가 아니다. 그들이 해치고 있는 것
은 바로 그들 자신이다. 그들 스스로가 수
치를 불러들이고 있는 것이다. 나 여호와
의 말이다."
20 그러므로 주 여호와께서 이렇게 말씀하셨
다. "보아라. 나의 노여움과 진노를 이 곳
에 쏟아 붓고 사람과 짐승에게, 그리고 들
의 나무들과 땅의 곡식들 위에도 쏟아 붓
겠다. 내 분노는 뜨거운 불과 같을 것이
니 아무도 그것을 끄지 못할 것이다."

순종이 제사보다 낫다

21 만군의 여호와, 이스라엘의 하나님께서 이
렇게 말씀하셨다. "너희는 가서 마음껏
번제물과 화목 제물을 바쳐 보아라. 그리
고 바친 제물의 고기를 너희가 먹어라.
22 내가 너희 조상들을 이집트 땅에서 이끌
어 내던 날에, 번제물이나 화목 제물에 대
해서는 그들에게 말하지도 않았고, 명령
하지도 않았다.
23 오직 내가 명령한 것은 '나에게 순종하여
라. 그러면 나는 너희의 하나님이 되고,
너희는 내 백성이 될 것이다. 내가 명령
하는 길로만 행하라. 그러면 너희에게 좋
은 일이 생길 것이다' 하는 것뿐이었다.
24 그러나 너희 조상은 내 말에 순종하지도
않았고, 귀 기울이지도 않았다. 그들은
자기 고집을 따르며 자기들의 악한 마음
대로 살았다. 그들은 앞으로 나아가지 않
고 오히려 뒷걸음질쳤다.
25 너희 조상이 이집트 땅을 떠난 날부터 오
늘에 이르기까지 나는 내 종 예언자들을
너희에게 보냈다. 그들을 끊임없이 너희
에게 보내고 또 보냈다.
26 그러나 너희 조상은 내 말에 순종하지도
않았고, 귀 기울이지도 않았다. 그들은
매우 고집이 셌다. 그들은 그 조상들보다
도 더 악한 짓을 했다."
27 "예레미야야, 네가 이 모든 말을 유다 백
성에게 전하더라도 그들은 네 말에 귀 기
울이지 않을 것이다. 네가 그들을 불러도
그들은 대답하지 않을 것이다.
28 너는 그들에게 이렇게 말하여라. '너희는
하나님이신 여호와께 순종하지 않는 나라
이다. 너희의 하나님 여호와께서 꾸짖었
을 때도 너희는 들은 척도 하지 않았다.
너희가 진리를 말하지 않았으니 진리가
너희의 입에서 사라져 버렸다.
29 예루살렘아, 네 머리털을 잘라 던져 버려
라. 벌거숭이 언덕에 올라가 슬프게 울어
라. 왜냐하면 여호와께서 너희에게서 등
을 돌리시고 너희를 버렸기 때문이다.'"

살인 골짜기

30 주 여호와께서 이렇게 말씀하셨다. "유다
백성은 내가 보는 앞에서 악한 짓을 했다.
그들은 내가 예배를 받으려고 정한 성전
에 역겨운 우상들을 세워 놓고 그 성전을
더럽혔다.
31 유다 백성은 힌놈의 아들 골짜기에 도벳
산당을 지어 놓고 자기 자식들을 불살라
제물로 바쳤다. 그것은 내가 명령한 것이
아니며 그런 일은 생각해 보지도 않았다.

알아두세요

7:15 '에브라임'은 '북이스라엘'을 가리킨다.

32 그러므로 보아라, 내가 너희에게 경고한
다. 사람들이 이 곳을 도벳이나 힌놈 골짜
기라고 부르지 않고, '살인 골짜기'라고
부를 날이 올 것이다. 나 여호와의 말이
다. 그 날이 오면, 더 이상 묻을 곳이 없
을 정도로 그 곳에 시체가 가득 차게 될
것이다.
33 이 백성의 시체가 맨땅 위에 놓여서 하늘
의 새와 들짐승들의 먹이가 되어도 그 새
나 들짐승들을 쫓아 줄 사람이 아무도 없
을 것이다.
34 내가 유다 마을들과 예루살렘 거리에서 기
뻐하는 소리와 즐거움의 소리가 끊어지게
하겠다. 신랑의 소리와 신부의 소리도 사
라지게 할 것이니 온 땅이 황무지로 변할
것이다."

파헤쳐지는 무덤

8 여호와께서 말씀하셨다. "그 때에 사
람들이 무덤에서 유다 왕들의 뼈와 그
신하들의 뼈와 제사장들의 뼈와 예언자들
의 뼈와 예루살렘 백성들의 뼈를 꺼내어
2 그들이 좋아하고 섬기고 쫓아다니며 찾아
경배하던 해와 달과 하늘의 모든 별들 아
래에 펼쳐 놓을 것이다. 그 뼈들을 모아
묻어 줄 사람이 아무도 없으므로, 그 뼈
들은 땅에 버려진 거름과 같이 될 것이다.
3 내가 유다 백성을 그 집과 땅에서 쫓아 내
겠다. 이 악한 백성 중에
남아 있는 사람들은 자
기들이 쫓겨난 곳에서
사는 것보다 차라리 죽
는 게 낫다고 생각할 것
이다. 만군의 여호와의
말이다."

죄와 벌

4 "너는 유다 백성에게 말
하여라. 나 여호와가 이
렇게 말한다. 사람이 넘
어지면 다시 일어나지
않겠느냐? 그릇된 길로
가면 다시 돌아오지 않
겠느냐?
5 그런데 어찌하여 이 백성은 그릇된 길로
가며 다시 돌아오지 않느냐? 그들이 거짓
에 사로잡혀서 돌아오기를 거부한다.
6 내가 귀를 기울여 들어 보았지만, 그들은
정직한 말을 하지 않았다. 그들은 악한 짓
을 하고도 뉘우칠 줄 몰랐다. 도리어 '내
가 무슨 잘못을 했는가'라고 한다. 전쟁
터로 달려가는 말처럼 그들은 모두 각기
제 갈 길로 갔다.
7 하늘의 황새도 제 때를 알고 비둘기와 제
비와 두루미도 돌아올 때를 지키는데 내
백성은 여호와가 바라는 공평을 알지도
못한다.
8 너희가 어찌하여 '우리는 지혜롭고 우리
에게는 여호와의 율법이 있다'고 말하느
냐? 실은 서기관들은 여호와의 율법을 거
짓말로 기록하였다.
9 지혜롭다 하는 사람들이 부끄러움을 당할
것이며, 두려움 속에 사로잡힐 것이다.
보아라. 그들이 여호와의 말씀을 거절하
였으니, 그들은 참으로 지혜로운 사람이
아니다.
10 그러므로 내가 그들의 아내를 다른 사람
에게 주겠고, 그들의 밭을 새 주인에게 주
겠다. 작은 사람에서부터 큰 사람에 이르
기까지 누구나 돈을 욕심내고 있다. 예언
자와 제사장들까지 모두 거짓을 행하고

유다 왕들의 무덤이 파헤쳐짐(8:1-2)

있다.
11 내 백성이 큰 상처를 입었는데도, 그들은
아무렇지도 않게 여긴다. 평화가 없는데
도 '평화, 평화' 하고 말한다.
12 그들은 역겨운 짓을 하고도 부끄러워할
줄 모른다. 수치를 알지도 못하고 얼굴을
붉힐 줄도 모른다. 그들은 쓰러질 것이며
내가 그들에게 벌을 내릴 때에 그들은 멸
망할 것이다. 여호와의 말이다.

민족의 고통 때문에 눈물 흘리는 예레미야(9:1-2)

13 내가 그들을 완전히 망하게 하겠다. 나 여
호와의 말이다. 포도밭에는 포도가 없을
것이며, 무화과나무에는 무화과가 없을
것이며, 잎사귀도 말라 죽을 것이다. 내
가 그들에게 준 것을 빼앗아 갈 것이다.
14 그 때, 백성들은 이렇게 말할 것이다. '어
찌하여 우리가 이렇게 앉아만 있느냐? 우
리 모두 모여 굳건한 요새 성으로 가자.
거기에서 우리의 죽음을 맞이하자. 우리
*하나님 여호와께서 우리를 죽이기*로 작정
하시고 독이 든 물을 주어 마시게 하셨다.
그것은 우리가 여호와께 죄를 지었기 때
문이다.
15 우리가 평화를 바랐으나 좋은 것은 하나
도 오지 않았다. 우리를 고쳐 주실 때를
기다렸으나, 보아라. 찾아온 것은 재앙뿐
이었다.
16 적군의 말들이 내는 콧소리가 단에서부터
들려 오고, 그 큰 말들이 울부짖는 소리
가 온 땅을 흔들어 놓는다. 그들이 쳐들
어와서 이 땅과 그 안의 모든 것을 삼키
고, 이 성과 그 안에 사는 모든 백성을 삼
킨다.'
17 보아라! 내가 독뱀을 너희에게 보내겠다.
길들여 부릴 수 없는 그 뱀이 너희를 물
것이다. 나 여호와의 말이다."

예레미야의 슬픔

18 내가 근심 중에 위로받
기를 원할 때, 내 마음 안
에 병이 깊었습니다.
19 보십시오. 저 백성의
외치는 소리에 귀 기울여
주십시오. 그들이 먼 땅
에서 도와 달라고 부르짖
고 있습니다. "여호와께서
시온에 계시지 않은가? 시
온의 왕이 그 안에 계시지
않은가?"라고 말하고 있습
니다. 그러나 하나님께서는
"어찌하여 백성들이 헛된 다
른 나라의 우상들을 예배하여
나를 분노하게 하였느냐?"라고
말씀하십니다.
20 백성은 "추수 때가 지나고 여름도 끝났지
만, 우리는 아직 구원 받지 못했다"고 말
합니다.
21 제 백성이 아파하므로 저도 아픕니다. 제
가 슬퍼하고 그들 때문에 놀랍니다.
22 길르앗 땅에 유향이 있지 않습니까? 그 곳
에 의사가 있지 않습니까? 그런데 제 백
성의 상처가 어찌하여 낫지 않는 것입니
까?

9 내 머리가 물이었으면, 내 눈이 눈물
의 샘이었으면, 죽임을 당한 내 백성
을 위해 밤낮으로 울 수 있을 텐데.
2 누군가 나를 광야에 두어 나그네들이 묵
는 집에 있게 하였으면, 내 백성을 떠나
멀리 갈 수 있을 텐데. 그들은 모두 하나

님께 충성하지 않고 하나님을 배신한 사
람들이다.

유다의 죄악

3 주 여호와께서 말씀하셨다. "그들이 활처
럼 혀를 놀리며 화살처럼 입으로 거짓을
쏘아대니, 그 땅에는 진실이 아니라 거짓
이 커 가고 있다. 그들은 더욱더 악한 짓
을 찾아 이리저리 돌아다니며, 내가 누구
인지도 모르고 있다.
4 너희 각 사람은 너희 친구들을 조심하고,
형제일지라도 믿지 마라. 형제마다 속임
수를 쓰고, 친구마다 거짓말을 하고 있
다.
5 모두 다 자기 친구에게 거짓말을 하고, 사
람마다 진실을 말하지 않는다. 유다 백성
은 그 혀에게 거짓말하기를 가르치고 지
치는 법도 없이 죄를 짓는다.
6 예레미야야, 너는 속임수 한가운데에 살고
있다. 그들은 속임수 가운데 살면서 나를
알려 하지 않는다."
7 그러므로 만군의 여호와께서 이렇게 말씀
하셨다. "보아라. 사람들이 쇠를 불에 시
험해 보듯이 내가 유다 백성을 시험하겠
다. 내 백성이 죄를 지었으니 다른 길은
없다.
8 그들의 혀는 날카로운 화살과 같다. 그들
은 거짓을 말하고 입으로는 이웃에게 좋
은 말을 하지만 속으로는 그를 해칠 생각
을 하고 있다.
9 이런 짓을 하는 백성에게 내가 어찌 벌을
내리지 않겠느냐? 내가 어찌 이런 민족에
게 보복하지 않겠느냐?"
10 저 예레미야는 산들을 위하여 크게 부르짖
고, 광야에 있는 목장을 위하여 슬픈 노
래를 부르겠습니다. 산과 들이 황무지가
되었으므로, 아무도 지나다니지 않습니
다. 소 떼의 소리도 들리지 않습니다. 공
중의 새들도 날아가 버리고, 짐승들도 사
라졌습니다.
11 "나 여호와가 말한다. 내가 예루살렘 성을
폐허 더미로 만들고 늑대들의 소굴로 만
들겠다. 유다 땅의 성들을 무너뜨려서 아
무도 살지 못하게 하겠다."
12 이 일들을 깨달을 만한 지혜가 있는 사람
이 누구입니까? 여호와의 가르침을 받아
서 이 일들을 설명할 수 있는 사람이 있
습니까? 왜 이 땅이 폐허가 되었습니까?
왜 이 땅이 아무도 다니지 않는 황무지같
이 되었습니까?
13 여호와께서 대답하셨다. "그것은 그들이
내가 그들 앞에 베푼 가르침을 저버렸기
때문이다. 그들은 내게 순종하지 않았고,
내가 하라고 명령한 일을 하지 않았다.
14 그들은 마음대로 고집을 부리며 살고 그
들의 조상이 가르쳐 준 대로 거짓 신 바
알을 따랐다."
15 그러므로 만군의 여호와, 이스라엘의 하나
님께서 이렇게 말씀하셨다. "보아라. 내
가 곧 이 백성에게 쓴 음식을 먹이고 독
이 든 물을 마시게 하겠다.
16 내가 그들을 그들과 그 조상들이 모르는
낯선 나라들 가운데 흩어 놓겠다. 그들을
전멸시킬 때까지 나의 칼은 그들을 뒤쫓
을 것이다."
17 만군의 여호와께서 이렇게 말씀하셨다.
"너희는 잘 생각해 보고 초상집에서 곡
하는 여자들을 불러 오너라. 사람을 보
내어 그런 일에 익숙한 여자들을 불러 오
너라.
18 그들에게 빨리 와서 우리를 위해 큰 소리
로 울라고 하여라. 그래서 우리 눈에 눈
물이 줄줄 흘러내리게 하여라.
19 시온에서 크게 울부짖는 소리가 들린다.
'우리는 완전히 망했다. 정말로 부끄러움
을 당하게 되었다. 우리는 이 땅을 떠나
야 한다. 우리가 살던 집을 버려야 한
다.'"
20 유다의 여인들아, 여호와의 말씀을 들어
라. 귀를 기울여 그 입에서 나오는 말씀
을 들어 보아라. 너희 딸들에게 슬피 우
는 법을 가르치고 너희들도 소리내어 우
는 법을 배우도록 하여라.
21 죽음이 우리의 창문을 넘어 들어오고 우
리의 굳건한 성으로 들어와서 거리에서

놀던 우리의 아이들을 앗아 갔고 광장에
모여 있는 젊은이들을 데려갔다.
22 "너는 이렇게 말하여라. '여호와께서 이
렇게 말씀하셨다. 사람의 시체가 거름처
럼 빈 들판에 널릴 것이며, 농부가 베어
놓고 거둬들이지 않은 곡식처럼 널릴 것
이다.'"
23 여호와께서 이렇게 말씀하셨다. "지혜로
운 사람은 자기의 지혜를 자랑하지 말고,
힘 있는 사람은 자기의 힘을 자랑하지 말
며, 부유한 사람은 자기의 부유함을 자랑
하지 마라.
24 오직 자랑하고 싶은 사람은 나를 깨닫고
아는 것을 자랑하고, 나 여호와가 자비롭
고 공평하다는 것을 자랑하고 내가 땅 위
에서 올바른 일만 한다는 것을 자랑하여
라. 이런 자랑이 나를 기쁘게 한다. 나 여
호와의 말이다."
25 여호와께서 말씀하셨다. "보아라. 때가
되면 몸에만 할례를 받은 사람을 내가 벌
하겠다.
26 곧 이집트와 유다와 에돔과 암몬과 모압 백
성을 벌하고, 머리를 짧게 깎는 광야 백
성도 벌하겠다. 모든 이방인들은 몸에 할
례를 받지 않았고, 모든 이스라엘 백성은
마음에 할례를 받지 않았다."

여호와와 우상들

10 이스라엘 집아, 여호와께서 너희에
게 하시는 말씀을 들어라.
2 여호와께서 이렇게 말씀하셨다. "이방 사

진실의 입-생기가 없는 우상(10장)

람들의 풍습을 본받지 마라. 이방 사람들
이 하늘의 이상한 현상을 보고 두려워하
더라도 너희는 그런 것을 두려워하지 마
라.
3 이방 사람들의 풍습은 헛된 것이다. 그들
의 우상은 숲의 나무를 잘라 기술자가 도
끼를 가지고 만든 것에 지나지 않는다.
4 그들은 그 우상을 은과 금으로 장식하고
망치와 못으로 고정시켜서 움직이지 않게
해 놓는다.
5 그 우상들은 원두밭의 허수아비 같아서
말도 못하고 걷지도 못하여 사람들이 메
고 다녀야 한다. 너희는 그런 것들을 두
려워하지 마라. 그것들은 너희를 해치지
도 못하고 너희에게 복을 내리지도 못한
다."
6 여호와여, 주님과 같으신 분은 없습니다.
주님은 위대하시고, 주님의 이름은 크고
놀랍습니다.
7 온 나라의 왕이시여, 누가 주님을 두려워
하지 않겠습니까? 주님은 존경을 받으시
기에 마땅한 분이십니다. 세계 모든 민족
중에는 지혜로운 사람도 많고 나라마다
왕도 많지만 주와 같은 분은 아무도 없습
니다.
8 그들은 모두 미련하고 어리석으며 그들의
교훈은 아무 쓸데도 없는 나무 조각에 불
과할 뿐입니다.
9 편편하게 만든 그들의 은은 다시스에서 가
져온 것이고 금은 우바스에서 수입해 온
것입니다. 그들의 우상은 기술자와 대장
장이의 손으로 만든 것입니다. 그들은 노
련한 숙련공들이 만든 파란색 옷과 자주
색 옷을 우상에게 입힙니다.
10 그러나 오직 여호와만이 참하나님이시며,
살아 계신 하나님, 영원한 왕이십니다.
주께서 분노하시면 땅이 흔들리고 세계
모든 나라가 주님의 분노를 견디지 못합
니다.
11 너희는 이처럼 그들에게 전하여라. '하늘
과 땅을 만들지 않은 이 거짓 신들은 땅
과 하늘 아래에서 없어져 버릴 것이다.'

12 여호와께서 능력으로 땅을 만드셨습니다. 주님은 그 지혜로 세계를 세우셨고, 그 명철로 하늘을 펴셨습니다.
13 주님이 소리를 내시면 하늘에서 물이 출렁입니다. 주님은 땅 끝에서 수증기를 끌어올리시고, 비를 내리는 번개를 일으키시며, 창고에서 바람을 내보내십니다.
14 모든 사람은 어리석고 아는 것이 적습니다. 모든 대장장이는 자기가 만든 우상 때문에 부끄러움을 당합니다. 그것은 그들이 부어 만든 우상은 헛된 신에 지나지 않고, 그 안에는 생명이 없기 때문입니다.
15 그것들은 헛된 것일 뿐입니다. 사람들의 노리개에 지나지 않습니다. 여호와께서 심판하실 때에 망하고 말 것입니다.
16 '야곱의 몫'이신 하나님은 그런 우상들과는 다릅니다. 하나님은 모든 것을 만드셨고, 이스라엘을 특별한 백성으로 삼아 주셨습니다. 그분의 이름은 만군의 여호와이십니다.

멸망의 때가 온다

17 땅에 있는 너희 짐을 다 꾸리고 떠날 준비를 하여라. 너희 유다 백성은 적군에 둘러싸여 있다.
18 여호와께서 이렇게 말씀하셨다. "보아라. 이번에는 이 땅에 사는 사람들을 쫓아 버리고, 그들에게 고통과 재앙을 안겨 주어 아픔을 느끼도록 하겠다."
19 오호라. 내가 상처를 입었으니 큰일났구나. 내 상처가 너무 심하구나. 하지만 나는 속으로 '이것은 내 병이니 내가 견뎌야 한다'고 말했다.
20 내 장막이 부서졌고, 내 장막의 줄은 다 끊어졌다. 내 자녀들은 모두 나를 떠나고 남아 있지 않으니 장막을 다시 세워 주고 휘장을 달아 줄 사람이 없다.
21 목자들은 어리석어서 여호와의 뜻을 묻지 않는다. 그리하여 그들이 하는 일마다 이루어지지 않고, 그들의 양 떼가 뿔뿔이 흩어지고 말았다.
22 들어라! 소식이 들려 오고 있다. 북쪽 땅에서부터 요란한 소리가 들려 온다. 그 소리와 함께 유다의 성들은 폐허가 되고, 늑대들의 소굴이 될 것이다.

예레미야의 기도

23 여호와여, 사람의 인생이 자기의 것이 아니라는 것을 깨달았습니다. 아무도 자신의 인생 행로를 결정할 수 없습니다.
24 여호와여, 나를 꾸짖으시되 공평하게 해 주십시오. 노여움 가운데서 저를 벌하지 마십시오. 저의 존재가 사라질까 두렵습니다.
25 주님의 노여움을 주님을 알지 못하는 다른 나라들에게 쏟으십시오. 주님의 이름을 부르지 않는 족속들에게 쏟으십시오. 그들은 야곱의 집안을 멸망시켜 삼키고 그들이 살던 땅까지도 폐허로 만들어 버렸습니다.

깨지고 만 언약

11 여호와께서 예레미야에게 말씀하셨다.
2 "이 언약의 말을 들어라. 그리고 유다 백성과 예루살렘에 사는 사람들에게 전하여라.
3 너는 그들에게 이스라엘의 하나님이신 여호와께서 이렇게 말씀하셨다고 전하여라. '누구든지 이 언약의 말에 순종하지 않는 사람에게는 재앙이 올 것이다.
4 이 언약은 내가 너희 조상을 쇠를 녹이는 용광로와 같았던 이집트 땅에서 인도해 낼 때에 그들에게 명령한 것이다.' 나는 그들에게 이렇게 말했다. '나에게 순종하고 내가 너희에게 명령하는 모든 것을 그대로 지켜라. 그러면 너희는 내 백성이 되고, 나는 너희의 하나님이 될 것이다.
5 나는 너희 조상들에게 젖과 꿀이 흐르는 땅을 주겠노라고 맹세한 것을 지키겠다. 그 약속이 오늘날 이루어졌다.'" 나 예레미야는 "아멘, 여호와여!"라고 대답했다.
6 여호와께서 나에게 또 말씀하셨다. "유다

숙련공(10:9 skilled worker) 무슨 일에 숙달하여 능숙하게 물건을 만드는 사람.
명철(10:12 intelligence) 지혜가 뛰어남.
언약(11:3 covenant) 하나님과 사람, 하나님과 민족간의 약속.

의 여러 성과 예루살렘 거리에서 이 모든
말을 선포하여라. '이 언약의 말을 듣고
순종하여라.
7 나는 너희 조상들을 이집트 땅에서 인도
해 낼 때부터 오늘에 이르기까지 내게 순
종하라고 거듭해서 경고했다.
8 그러나 너희 조상은 내 말을 듣지 않았다.
내 말에 귀 기울이지 않고, 사람마다 제
각기 고집을 부리며 악한 마음으로 살았
다. 그 언약을 지키지 않으면 저주를 내
릴 것이라고 말했는데도 그들은 지키지
않았다. 그래서 내가 그 모든 저주를 그
들에게 내렸다.'"
9 여호와께서 또 나에게 말씀하셨다. "유다
백성과 예루살렘 사람들이 음모를 꾸미고
있다는 것을 내가 안다.
10 그들은 옛날 조상들이 저지른 것과 똑같
은 죄를 짓고 있다. 그들의 조상은 내 말
을 들으려 하지 않고, 다른 신들을 따르
며 섬겼다. 이스라엘 집과 유다 집은 내
가 그들의 조상과 맺은 언약을 깨뜨렸
다.
11 그러므로 나 여호와가 이렇게 말한다. '보
아라. 내가 곧 유다 백성에게 피할 수 없
는 재앙을 내릴 것이다. 그들이 나에게 도
와 달라고 부르짖어도 듣지 않겠다.
12 유다의 여러 성과 예루살렘에 사는 백성이
우상들을 찾아가 도와 달라고 부르짖고,
향을 피우며 제사를 지내겠지만, 재앙의
날이 이를 때, 그 우상들은 그들을 구원

익은 올리브 나무 (감람 나무) 열매(11:16)

하지 못할 것이다.
13 유다 백성에게는 우상들이 유다의 여러 성
들만큼이나 많다. 그들은 저 부끄러운 신
바알을 섬기려고 수많은 제단을 쌓았다.
그런 제단이 예루살렘의 거리들만큼이나
많다.'
14 예레미야야, 너는 이 백성을 위해 기도하
지 마라. 그들을 위해 부르짖거나 구하지
마라. 그들에게 닥치는 재앙 때문에 그들
이 나를 부를 때에도 내가 듣지 않을 것
이다.
15 나의 사랑 유다가 악한 계획을 수없이 세
우더니 나의 성전에서 무엇을 하고 있느
냐? 짐승을 잡아 제사를 드리면 벌을 피
할 수 있다고 생각하느냐? 너는 악한 짓
을 하고 기뻐하는구나.
16 한때는 내가 너를 '아름다운 열매가 달
린, 잎이 무성한 올리브 나무'라고 불렀지
만 내가 이제 요란한 폭풍 소리와 함께 그
나무를 불사르고, 그 가지를 잘라 버릴 것
이다.
17 만군의 여호와인 내가 너를 심었지만 또
한 너에게 재앙을 내릴 것을 선언한다. 왜
나하면 이스라엘 집과 유다 집이 악한 짓
을 하였기 때문이다. 그들은 바알에게 제
물을 바침으로 나 여호와를 진노케 했
다."

예레미야에 대한 음모

18 여호와께서 나에게 알려 주셔서 제가 비
로소 깨달았습니다. 주께서 그 때 그들이
하고 있는 악한 일을 나에게 보여 주셨습
니다.
19 저는 도살장으로 끌려가는 순한 어린 양
같아서 그들이 나에 대해 음모를 꾸미고
있다는 것을 몰랐습니다. 그들은 이렇게
말했습니다. "저 나무를 그 열매와 함께
없애 버리자. 산 자들의 땅에서 그를 죽
여 버리자. 그러면 사람들이 더 이상 그
의 이름을 말하지 않을 것이다."
20 하지만 만군의 여호와여, 주님은 공정한
재판관이십니다. 주님은 사람들의 생각과
마음을 살피십니다. 저로 하여금 주께서

그들에게 원수 갚으시는 것을 보게 해 주
십시오. 오직 주께만 제 사정을 말씀드립
니다.
21 그러자 여호와께서 예레미야를 죽일 계획
을 세운 아나돗 사람들에 대해 이렇게 말
씀하셨다. "그들은 '너는 여호와의 이름
으로 예언하지 마라. 그렇지 않으면 너는
우리 손에 죽을 것이다'라고 말했다."
22 그러므로 만군의 여호와께서 이렇게 말씀
하셨다. "보아라. 내가 곧 아나돗 사람들
을 벌하겠다. 그 젊은이들은 칼에 죽을 것
이며 그 아들과 딸들은 굶주려 죽을 것이
다.
23 내가 아나돗 사람에게 재앙을 내릴 것이
니 곧 그들을 벌할 때가 왔다. 아나돗 사
람은 하나도 살아남지 못할 것이다."

예레미야의 첫 번째 불평

12 여호와여, 제가 주께 불평할 때마다
언제나 주님이 옳으셨습니다. 그래
도 정의의 문제에 대하여 주께 드릴 말씀
이 있습니다. 어찌하여 악한 사람은 모든
일이 뜻대로 잘 되어 나갑니까? 어찌하여
속이며 배반하는 사람이 그렇게 편안하게
삽니까?
2 주께서 악한 사람들을 이 곳에 심으셨기
때문에 그들이 뿌리를 내리고, 잘 자라서
열매를 맺습니다. 그들은 입으로는 주님
을 가까이 모신다고 말하지만 마음은 주
님으로부터 멀리 떨어져 있습니다.
3 여호와여, 주님은 저를 아십니다. 저를
보시고 제 마음을 시험하시어 제 마음이
주께 있음을 아십니다. 잡을 양을 끌고 가
듯이 악한 사람들을 끌어가십시오. 죽일
날을 정하시고 그들을 따로 떼어 놓으십
시오.
4 이 땅이 언제까지 신음하고 있어야 합니
까? 온 들판의 풀이 언제까지 메말라 있
어야 합니까? 들짐승과 공중의 새들이 죽
어 버렸습니다. 그것은 땅에 사는 사람들
이 악하기 때문입니다. 그런데도 그들은
"하나님은 우리의 일을 내려다보시지 않
는다"라고 말합니다.

하나님의 대답

5 "네가 사람들과 더불어 달릴 때 지친다면
어떻게 말들과 경주할 수 있겠느냐? 네가
안전한 땅에서 걸려 넘어졌다면 요단 강
가의 짙은 덤불 속에서는 어떻게 되겠느
냐?
6 심지어는 네 형제들과 네 친척까지도 너
를 속이고 너를 향해 소리를 질렀다. 그
들이 네게 좋은 말을 하더라도 너는 그들
을 믿지 마라.
7 나는 나의 성전을 버렸고, 내 소유인 나
의 백성을 버렸다. 내가 사랑하는 백성을
그 원수들에게 넘겨 주었다.
8 내 소유인 나의 백성이 숲의 사자처럼 변
하여 나를 향해 으르렁거린다. 그래서 내
가 그들을 미워한다.
9 내 소유인 나의 백성이 얼룩무늬 매처럼
변하였고, 다른 매들은 그것을 에워싸며
공격하려 한다. 모든 들짐승들을 모아서
그 새를 뜯어먹게 하여라.
10 많은 목자들이 내 포도밭을 망쳐 놓았다.
내 땅에 심은 모든 것을 짓밟고, 내 아름
다운 땅을 황무지 사막으로 만들어 버렸
다.
11 그들이 내 땅을 폐허로 만들어 온 땅이 황
무지로 변하여 슬픔을 토해 내건만 그 누
구도 마음에 두는 사람이 없다.
12 약탈하는 자들이 저 황폐해진 광야 언덕
위를 행군할 것이다. 나 여호와의 칼이 그
땅과 함께 그들을 삼킬 것이니 땅 이 끝
에서 저 끝까지 누구나 벌을 받을 것이다.
안전한 사람은 아무도 없을 것이다.
13 백성이 밀을 심어도 가시를 거둘 것이며,
지치도록 수고하여도 아무런 유익이 없
고, 거둔 것이 너무 적어 부끄러움을 당
할 것이다. 이 모든 것은 나 여호와의 분
노 때문에 일어났다."
14 여호와께서 나에게 이렇게 말씀하셨다.
"내가 내 백성 이스라엘에게 준 땅을 망쳐
버린 저 악한 이웃들에게 이렇게 하겠다.
보라. 내가 그들을 그 땅에서 뽑아 버리
고 그들 가운데서 유다 백성을 뽑아 버리

겠다.
15 그러나 내가 그들을 뽑아 낸 후에는 돌이
켜 그들을 불쌍히 여겨, 각 사람을 그의
재산이 있는 땅으로 돌려 보내겠다.
16 나는 그들이 내 백성의 도를 부지런히 배
우기를 바란다. 그들이 옛적에 내 백성인
이스라엘에게 바알의 이름으로 맹세하라
고 가르쳤으나, 이제부터 '여호와의 살아
계심을 두고' 맹세하면, 그들도 내 백성
이스라엘과 함께 살도록 해 주겠다.
17 그러나 그들이 내 말을 듣지 않으면 내가
그 나라를 완전히 뽑아 멸망시키겠다. 나
여호와의 말이다."

예레미야의 허리띠

13 여호와께서 나에게 이렇게 말씀하셨
다. "너는 가서 베띠를 사서 허리에
띠고 그 베띠가 물에 젖지 않게 하여라."
2 나는 여호와께서 말씀하신 대로 베띠를
사서 허리에 둘렀다.
3 여호와께서 또다시 나에게 말씀하셨다.
4 "네가 사서 허리에 띤 띠를 가지고 브랏*
으로 가서 바위 틈에 그 띠를 감추어 두
어라."
5 나는 여호와께서 내게 명하신 대로 브랏
에 가서 그 띠를 감추어 두었다.
6 여러 날이 지난 뒤에 여호와께서 나에게
말씀하셨다. "이제 브랏으로 가서 내가 네
게 감추어 두라고 명령한 띠를 그 곳에서
가져오너라."
7 나는 브랏으로 가서 내가 띠를 감추어 두
었던 곳에서 그 띠를 파냈다. 그러나 그
띠는 썩어서 아무 쓸모가 없게 되어 있었
다.
8 그 때에 여호와께서 나에게 말씀하셨다.
9 "나 여호와가 이렇게 말한다. 내가 이와
같이 유다 백성의 교만과 예루살렘 백성의
큰 교만을 썩게 하겠다.
10 이 악한 백성들은 내 말 듣기를 거부하고
자기 고집대로만 살았다. 그들은 다른 신
들을 따라가서 섬기고 경배하였으므로 아
무 쓸모 없는 이 베띠처럼 될 것이다."
11 "나 여호와가 말한다. 띠가 사람의 허리
를 동여매듯이 내가 이스라엘 온 백성과
유다 온 백성을 내게 동여매고 그들을 내
백성으로 삼아, 내게 명예와 찬양과 영광
을 돌리게 하였으나 내 백성은 내 말을 들
으려 하지 않았다."

포도주 부대에 빗대어 한 경고

12 "너는 그들에게 이 말을
전하여라. '이스라엘의 하
나님이신 여호와께서 이렇
게 말씀하셨다. 모든 가죽
부대는 포도주로 가득 차
야 한다.' 그러면 백성들이
네게 '우리도 모든 가죽 부
대가 포도주로 가득 차야
한다는 것을 압니다'라고
말할 것이다.
13 너는 그들에게 말하여
라. '여호와께서 이렇게 말
씀하셨다. 보아라. 내가 이
땅에 사는 모든 사람을 취
하게 만들겠다. 다윗의 보좌
위에 앉은 왕이나 제사장이
나 예언자나 예루살렘에 사

썩어서 쓸모 없게 된 예레미야의 허리띠(13:1-7)

는 모든 백성을 다 취하게 만들겠다.
14 내가 그들로 서로 부딪혀 넘어지게 할 것
이니, 아버지와 아들도 서로 부딪혀 넘어
지게 될 것이다. 여호와의 말씀이다. 그
들을 불쌍히 여기지도 않고 가엾게 여기
지도 않겠다. 자비를 베풀지도 않고 그들
을 멸망시키겠다.'"

노예가 될 위험

15 귀 기울여 잘 들어라. 너무 교만하지 마
라. 여호와께서 너희에게 말씀하신다.
16 여호와 너희 하나님을 존경하여라. 그분
이 어둠을 몰고 오시기 전에 하나님께 영
광을 돌려라. 너희가 어두운 산에서 쓰러
지기 전에 하나님을 찬양하여라. 너희가
빛을 원해도 주께서는 빛을 어둠으로 바
꾸시고, 짙은 그늘로 바꾸실 것이다.
17 너희가 여호와의 말씀을 듣지 않으면 나
는 몰래 울 것이다. 너희의 교만 때문에
눈물을 흘리며 통곡하고 내 눈에 눈물이
마르지 않을 것이다. 그것은 여호와의 백
성이 사로잡혔기 때문이다.
18 왕과 왕후에게 이렇게 전하여라. "보좌에
서 내려와 낮은 곳에 앉으시오. 왕과 왕후
의 아름다운 왕관이 머리에서 떨어졌소."
19 유다 남쪽 네게브의 성들이 닫혔으나 열
수 있는 사람이 아무도 없으니 온 유다가
낯선 땅으로 사로잡혀 갈 것이다. 한 사
람도 남김없이 사로잡혀 갈 것이다.
20 예루살렘아, 눈을 들어 북쪽에서부터 오는
사람들을 보아라. 하나님이 네게 주신 양
떼, 네가 자랑하던 양 떼는 어디에 있느
냐?
21 네가 가르쳤던 사람들을 네 위에 통치자
로 세운다면 너는 무슨 말을 하겠느냐?
네게 큰 고통이 있지 않겠느냐? 너의 고
통이 아기를 낳는 여자의 고통과 같을 것
이다.
22 너는 "어찌하여 이런 일이 내게 일어났을
까?" 하고 스스로 물을 것이다. 이 모든
것은 네가 저지른 많은 죄 때문이다. 네
죄 때문에 네 치마가 들춰졌고 네 사지가
드러난 것이다.
23 에티오피아* 사람이 피부 색깔을 바꿀 수
있겠느냐? 표범이 그 얼룩을 바꿀 수 있
겠느냐? 만약 바꿀 수 있다면 언제나 악
한 일만 하는 너희도 착한 일을 할 수 있
을 것이다.
24 여호와께서 말씀하셨다. "예루살렘아, 사
막에서 불어 오는 바람에 날리는 겨처럼
내가 너희를 흩어 놓을 것이다.
25 이것이 너희가 받을 몫이다. 내가 세워 놓
은 계획 가운데 너희가 받을 몫이다. 이
는 네가 나를 잊어 버리고, 거짓된 우상
을 의지하였기 때문이다.
26 내가 너의 치마를 네 얼굴까지 걷어올려
서 너의 부끄러운 모습을 드러낼 것이다.
27 네가 저지른 끔찍한 일들을 내가 보았다.
네가 간음을 한 것과 음란한 소리를 낸 것
과 창녀처럼 사는 것을 내가 보았다. 네
가 언덕과 들판에서 행한 역겨운 짓을 다
보았다. 예루살렘아, 너에게 재앙이 이를
것이다. 네가 언제까지 그렇게 더럽게 지
내려느냐?"

가뭄

14 여호와께서 가뭄에 대하여 예레미야
에게 하신 말씀이다.
2 "유다가 울고 있다. 유다의 성들이 다 죽
어 가고 있다. 땅 위에 쓰러져 통곡하니
예루살렘에서 슬피 우는 소리가 하늘로 울
려 퍼진다.
3 귀족들이 물을 길어 오라고 종들을 보내
지만 우물가에 가도 물이 없어 빈 항아리
만 가지고 돌아온다. 종들은 부끄럽고 당
황하여 얼굴을 가린다.
4 땅 위에 비가 내리지 않아 땅이 갈라지니
농부들도 낙심하여 얼굴을 가린다.

알아두세요

13:4 히브리어 '페라트'(perath)를 '브랏'으로 음역하였다. '브랏'은 유프라테스와 같은 곳으로 본다.
13:23 개역 성경에는 (히) '구스'라고 표기되어 있다.

명예(13:11 honor) 뛰어남을 인정받는 어엿한 이름이나 자랑.
자비(13:14 mercy) 하나님이 베푸시는 친절.

5 들판의 어미 사슴도 풀이 없어서 자기의
갓 태어난 새끼를 내버린다.
6 들나귀도 벌거숭이 언덕 위에 서서 늑대
처럼 헐떡이고, 풀이 없으므로 눈이 흐려
진다."
7 "비록 우리의 죄 때문에 우리가 고통을 받
기는 하지만 여호와여, 주님의 이름을 위
해서라도 우리를 도와 주십시오. 우리는
여러 번 주님을 저버렸고, 주께 죄를 지
었습니다.
8 주님은 이스라엘의 희망이십니다. 주님은
이스라엘을 재앙의 때에 구하셨습니다. 하
지만 어찌하여 지금은 이 땅에 사는 이방
인처럼 계신 것입니까? 하룻밤을 묵어가
는 나그네처럼 행동하십니까?
9 여호와는 놀라서 어쩔 줄을 몰라하는 사
람처럼 보입니다. 아무도 구해 줄 힘이 없
는 용사처럼 보입니다. 하지만 여호와여,
주님은 우리들 가운데 계십니다. 우리는
주님의 이름으로 불리는 백성입니다. 그
러니 우리를 버리지 마십시오."
10 여호와께서 이 백성에 대하여 이렇게 말
씀하셨다. "그들은 나를 저버리고 이리저
리 돌아다니기를 좋아하고, 한 곳에 붙어
있지를 못한다. 그러므로 나 여호와는 그
들을 받아들이지 않겠다. 이제 그들이 저
지른 악한 짓을 기억하고, 그들의 죄를 벌
하겠다."
11 그 때에 여호와께서 내게 말씀하셨다.
"너는 이 백성이 잘 되게 해 달라고 기도
하지 마라.
12 그들이 금식을 하여도 그들의 부르짖는
소리를 들어 주지 않겠다. 그들이 태워 드
리는 제물인 번제물과 곡식 제물을 바쳐
도 받지 않고 그들을 전쟁과 굶주림과 무
서운 병으로 멸망시키겠다."
13 그래서 내가 여호와께 말씀드렸다. "아!
주 여호와여, 보십시오. 거짓 예언자들이
이 백성에게 이상한 말을 하고 있습니다.
그들은 '너희는 적의 칼에 시달리지 않을
것이다. 굶주리는 고통도 당하지 않을 것
이다. 주께서 이 곳에 진정한 평화를 주
실 것이다'라고 말하고 있습니다."
14 그 때, 여호와께서 나에게 말씀하셨다.

심한 가뭄(14:1-6)

"그 예언자들은 내 이름으로 거짓을 예언
하고 있다. 나는 그들을 보내지 않았다.
그들을 예언자로 세우지도 않았고, 그들
에게 말하지도 않았다. 그들이 예언하는
것은 거짓 환상과 가짜 점과 헛된 마술이
다. 그들은 자기 마음대로 거짓 예언을 하
고 있다.
15 그러므로 내 이름으로 예언하고 있는 그
예언자들에 대하여 나 여호와가 이처럼
말한다. 내가 그들을 보내지 않았는데도
그들은 '이 땅에는 절대로 전쟁과 굶주림
이 없을 것이다' 라고 말한다. 그런 말을
하는 예언자들을 굶겨 죽일 것이며, 적군
의 칼로 그들을 쳐죽일 것이다.
16 그 예언자들의 말을 들은 백성들도 예루
살렘 거리로 내쫓길 것이다. 그들은 굶주
림과 적군의 칼에 죽을 것이다. 그들을 묻
어 줄 사람이 아무도 없을 것이다. 그들
의 아내와 아들과 딸을 묻어 줄 사람도 없
을 것이다. 그것은 내가 그들이 저지른 죄
악에 대한 대가를 그들 위에 쏟아 부을 것
이기 때문이다."
17 "너는 이 말을 유다 백성에게 전하여라.
'내 눈에 눈물이 가득할 것이다. 밤낮으
로 눈물을 흘리며 멈추지 않고 눈물을 쏟
을 것이다. 왜냐하면 처녀 같은 내 백성
이 무서운 재앙을 만나 크게 다쳤기 때문
이다.
18 들판에 나가 보면 칼에 맞아 죽은 사람들
이 보이고, 성으로 들어가 보면 굶주려
병든 사람들이 보인다. 제사장들과 예언
자들은 어찌 줄을 모르고 온 땅을 헤맨
다.'"
19 주님, 주께서는 유다를 완전히 버리셨습
니까? 주께서는 시온을 미워하십니까? 어
찌하여 나을 수도 없을 정도로 우리를 이
렇게 심하게 치셨습니까? 우리는 평화를
원했으나 좋은 일이 생기지 않았습니다.
치료받기를 기다렸으나 오히려 재앙이 찾
아왔습니다.
20 여호와여, 우리는 우리의 사악함과 우리
조상의 죄를 인정합니다. 우리가 주께 죄
를 지었습니다.
21 주님의 이름을 위해서라도 우리를 미워하
지 마십시오. 주님의 영광스런 보좌를 욕
되게 하지 마십시오. 주께서 우리와 맺으
신 언약을 기억하시고 그 언약을 깨지 말
아 주십시오.
22 이방의 우상들이 비를 내릴 수 있겠습니
까? 하늘이 스스로 소나기를 내릴 수 있
겠습니까? 아닙니다. 그리할 수 있는 분
은 오직 주님, 곧 우리 하나님 여호와뿐
이십니다. 주님만이 우리의 희망이십니
다. 이 모든 것을 지으신 분은 주님이십
니다.

네 가지 벌로 백성을 침

15 여호와께서 내게 말씀하셨다. "모세
와 사무엘이 내 앞에 서서 부탁한다
하더라도 나는 이 백성을 불쌍히 여기지
않겠다. 내 앞에서 이 백성을 쫓아 낼 것
이다.
2 그들이 너에게 '우리가 어디로 나가야 합
니까?' 하고 묻거든 그들에게 대답하여
라. '여호와께서 이렇게 말씀하셨다. 죽
을 사람은 죽음으로 나아가고, 칼에 죽을
사람은 칼에 죽고, 굶주려 죽을 사람은 굶
주려 죽고, 포로로 끌려갈 사람은 포로로
끌려갈 것이다.'
3 내가 그들에게 네 가지 벌을 내리겠다. 곧
칼을 보내어 그들을 죽이겠고, 개들을 보
내어 그들을 찢게 하겠고, 하늘의 새들과
땅 위의 짐승들을 보내어 그들의 시체를
먹어 치워 멸망하게 하겠다.
4 유다 왕 히스기야의 아들 므낫세가 예루살
렘에서 한 일 때문에 땅 위의 모든 나라
들이 유다 백성을 미워하게 될 것이다."
5 "예루살렘아, 누가 너를 불쌍히 여기겠느
냐? 너를 위해 슬피 울 사람이 누구이며,

곡식 제물(14:12 grain offering) 성결한 생애를 하나님 앞에 약속하는 표시로 태워 드린 밀가루와 기름, 유향, 구운 떡을 말한다.
예언(14:15 prophecy) 하나님의 계시에 의하여 장래에 나타날 일을 미리 말함. 또는 그 말.
포로(15:2 captive) 적에게 사로잡힌 군사나 인원.

네 안부를 물으러 찾아올 사람이 어디에
있겠느냐?
6 예루살렘아, 너는 나를 저버렸다. 나 여호
와의 말이다. 너는 점점 더 멀리 가 버렸
다. 그러므로 내가 네 위에 손을 뻗어서
너를 멸망시키겠다. 나도 내 노여움을 거
두어들이기에 지쳤다.
7 내가 유다 백성을 갈퀴로 갈라 놓겠다. 이
땅의 모든 성문에서 그들을 흩어 놓겠다.
내 백성이 그 길을 돌이키지 않았으므로
그들의 자녀를 빼앗아 버리겠다. 내가 그
들을 멸망시키겠다.
8 수많은 여자들이 남편을 잃어버려 바다의
모래보다 많은 과부가 생길 것이다. 내가
대낮에 침략자를 끌어들여 젊은이들과 그
들의 어머니들을 함께 칠 것이고 유다 백
성에게 고통과 두려움이 찾아오게 하겠
다.
9 자녀를 일곱이나 둔 여자라도 자녀를 모
두 잃고 힘이 빠져 기절할 것이다. 밝은
대낮이 슬픈 어둠으로 변하여 그 여자는
절망에 빠지고 수치스럽게 될 것이다. 유
다의 살아남은 사람들은 적군의 칼날에
죽게 될 것이다. 나 여호와의 말이다."

예레미야의 두 번째 불평

10 아, 어머니! 어찌하여 날 낳으셨습니까?
나는 온 세계와 더불어 다투고 싸워야 할
사람입니다. 나는 아무것도 빌려 주지 않
았고, 빌리지도 않았는데 사람마다 다 나
를 저주합니다.
11 여호와께서 말씀하셨다. "내가 진실로 너
를 강하게 하고 복을 누리게 하겠다. 네
원수들로부터 재앙과 고통이 찾아올 때에
네 기도를 들어 주겠다.
12 쇠가 북쪽에서 오는 쇠와 놋쇠를 부술 수
있겠느냐?
13 유다 백성들이 온 나라 곳곳에서 죄를 지
었기 때문에 그들의 재산과 보물을 원수
들에게 값없이 주겠다.
14 내가 너희를 너희 원수에게 넘겨 주면 너
희는 너희가 알지도 못하는 땅으로 잡혀
갈 것이다. 내 노여움이 불처럼 타올라 너
희를 태워 없앨 것이다."
15 여호와여, 주님은 아십니다. 저를 기억하
시고 돌보아 주시며 저를 해치는 사람들
에게 벌을 내려주십시오. 저들의 악한 것
을 참고 보시는 가운데 제가 멸망하는 일
은 없게 해 주십시오. 제가 주님 때문에
모욕당하는 것을 생각해 주십시오.
16 주님의 말씀이 내게 이르렀을 때에 저는
그 말씀을 삼켰습니다. 주님의 말씀을 듣
고 저는 행복했습니다. 저는 주님의 이름
으로 불리게 되었습니다. 주님의 이름은
만군의 하나님 여호와이십니다.
17 저는 웃으며 즐거워하는 무리와 함께 앉
은 적이 없습니다. 주님의 손에 이끌려 홀
로 앉아 있던 것은 주께서 저를 분노로 가
득 채우셨기 때문입니다.
18 어찌하여 제 고통이 끝나지 않는 것입니
까? 제 상처는 어찌하여 고칠 수 없고, 낫
지 않는 것입니까? 주는 제게 물이 넘쳤
다가 말랐다가 하는 믿을 수 없는 시내와
도 같습니다.
19 여호와께서 이렇게 말씀하셨다. "네가 마
음을 돌이켜 내게 돌아오면 너를 다시 맞
아들여 나를 섬기게 하겠다. 너는 헛된 말
을 하지 말고 값진 말을 해야 한다. 그러
면 나를 대신해서 말하는 나의 입이 될 수
있다. 유다 백성이 네게로 돌아와야지, 네
가 변하여 유다 백성처럼 되면 안 된다.
20 내가 너를 이 백성 앞에서 굳건한 성벽처
럼 만들 것이니 너는 놋쇠 성벽처럼 굳건
할 것이다. 그들이 너와 맞서 싸워도 너
를 이기지 못할 것이다. 내가 너와 함께
하여 너를 돕고 구원해 주겠다. 나 여호
와의 말이다.
21 내가 너를 이 악한 백성에게서 구해 내겠
다. 이 잔인한 사람들에게서 건져 내겠
다."

재앙의 날

16 여호와께서 내게 말씀하셨다.
2 "너는 결혼하지 말아야 한다. 이
곳에서 아들이나 딸을 낳지 말아야 한
다."

3 여호와께서 이 곳에서 태어난 아들과 딸
들에 대하여 이렇게 말씀하셨다. 그리고
이 땅에서 자녀들을 낳은 어머니와 아버
지들에 대해서도 말씀하셨다.
4 "그들은 무서운 병으로 죽을 것이다. 그
들을 위해 울어 줄 사람도 없고 묻어 줄
사람도 없을 것이니 그들의 시체가 거름
처럼 땅바닥에 버려질 것이다. 그들은 전
쟁에서 죽거나 굶주려 죽을 것이다. 그들
의 시체는 공중의 새들과 들짐승들의 먹
이가 될 것이다."
5 여호와께서 이렇게 말씀하셨다. "예레미야
야, 너는 초상집에 들어가지 마라. 가서
죽은 사람을 위해 울지도 말고, 슬퍼하지
도 마라. 왜냐하면 내가 이 백성에게서 내
평화와 사랑과 자비를 거두어들였기 때문
이다.
6 유다 땅에서 높은 사람이나 낮은 사람이
나 다 죽을 것이다. 그들을 묻어 줄 사람
도 없고, 그들을 위하여 울어 줄 사람도
없을 것이다. 슬프다고 자기 몸을 베거나
자기 머리를 밀 사람도 없을 것이다.
7 죽은 사람 때문에 슬피 우는 사람을 위해
음식을 가져올 사람도 없을 것이다. 어머
니나 아버지를 잃은 사람을 위로해 줄 사
람도 없고, 그들에게 위로의 잔을 건네 줄
사람도 없을 것이다.
8 너는 잔칫집에도 들어가지 마라. 거기에
앉아서 먹고 마시지 마라."
9 만군의 여호와, 이스라엘의 하나님께서 이
렇게 말씀하셨다. "보아라. 내가 곧 유다
땅에서 기뻐하는 소리와 즐거워하는 소리
를 그치게 하겠다. 신랑의 소리와 신부의
소리도 그치게 하겠다. 이 일은 너희가 살
아 있는 날 동안, 너희 앞에서 일어날 것
이다.
10 네가 유다 백성에게 이 모든 말을 전하면
그들이 네게 이렇게 물을 것이다. '어찌
하여 여호와께서 이런 무서운 일을 우리
에게 말씀하시는가? 우리가 무슨 잘못을
했는가? 여호와 우리 하나님께 우리가 무
슨 죄를 지었는가?'
11 그러면 너는 그들에게 이렇게 말하여라.
'여호와께서 말씀하시되, 그것은 너희 조
상이 나를 저버렸기 때문이다. 그들은 다
른 신들을 따르고 섬기며 경배하였다. 너
희 조상은 나를 버렸고, 내 법을 지키지
않았다.
12 그런데 너희는 너희 조상보다도 더 악한
짓을 했다. 너희 각 사람은 매우 고집이
세서 자기 악한 마음대로 살며 내 말을 듣
지 않았다.
13 그러므로 내가 너희를 너희와 너희 조상
이 알지 못하는 땅으로 쫓아 낼 것이다.
너희는 그 곳에서 다른 신들을 밤낮으로
섬기게 될 것이다. 나는 너희를 돕지도 않
을 것이며 자비를 베풀지도 않을 것이
다.'
14 그러므로 보아라. 사람들이 '이스라엘 백
성을 이집트에서 인도해 내신 여호와의 살
아 계심을 두고 맹세한다'라고 말하지만
때가 되면 다시는 그런 맹세를 하지 않게
될 것이다.
15 그 때에는 '북쪽 땅과 그들이 쫓겨났던 모
든 땅에서 이스라엘 백성을 인도해 내신
여호와의 살아 계심을 두고 맹세한다'고
말하게 될 것이다. 내가 그들을 그들의 조
상에게 주었던 땅으로 다시 인도할 것이
다."
16 "보아라. 내가 많은 어부들을 이 땅에 보

성경 자세히 이해하기

아내를 얻지 마라

이스라엘에서는 결혼을 통해 많은 후손을 얻는 것을 하나님의 축복으로 여겼고(창 22:17;시 127:3,4), 아이를 낳지 못하고 자식이 없는 것을 저주로 여겼습니다(창 30:1;삼상 1:6-8). 나아가 결혼을 통한 인류의 번성은 하나님의 창조 원리였습니다(창 1:28). 그러므로 예레미야가 하나님의 명령대로 독신으로 생활한 것은 하나님의 창조 세계 전체에 대한 심판을 상징하며, 당대 이스라엘의 종말이 임박했음을 웅변적으로 보여 주는 것이라 할 수 있습니다. 본문 보기 16장 2절내어 그들이 유다 백성을 잡게 할 것이다.
나 여호와의 말이다. 그런 다음에는 많은
사냥꾼들을 이 땅에 보내어 모든 산과 언
덕에서, 그리고 바위틈에서 유다 백성을
사냥하게 할 것이다.
17 나는 그들이 하는 일을 다 보고 있으니,
그들은 내 앞에서 그 어떤 것도 감추지 못
한다. 그들의 죄를 내 눈앞에서 감출 수
없다.
18 나는 우선 유다 백성이 저지른 악한 짓에
대해 갚겠다. 그들의 모든 죄를 두 배로
갚겠다. 왜냐하면 그들이 더러운 시체들
과 역겨운 우상들로 내 땅을 가득 채워 더
럽혔기 때문이다."
19 여호와여, 주님은 저의 힘, 저의 요새이
십니다. 재앙의 때에 제가 피할 피난처이
십니다. 온 세계의 모든 나라들이 주께 와
서 말할 것입니다. "우리 조상은 헛된 신
들만을 우리에게 물려 주었습니다. 그들
은 아무런 도움도 주지 못하는 헛된 우상
들을 섬겼습니다.
20 사람들이 자기 힘으로 신을 만들 수 있겠
습니까? 그런 신은 신이 아닙니다."

성경 자세히 이해하기

흙 위에 기록되다

흙 위에 기록된 이름은 바위에 새겨진 이름과는 대조적으로 쉽게 지워지고 잊혀지는 것처럼 여호와를 떠난 사람들의 운명도 그와 같다는 것을 나타냅니다. 땅에 글을 쓰는 것이 예레미야 시대에 실제로 행해졌다는 직접적인 증거는 없지만, 지금도 근동 지방의 일부 학교에서는 아이들이 배운 것을 흙이나 모래 위에 쓰고 다시 지우는 모습이 목격된다고 합니다. 한편 이 행위는 예수님께서 간음한 여인이 잡혔을 때, 손가락으로 땅에 쓰셨던 일을 연상케 해 줍니다(요 8:6).

본문 보기 17장 13절

아세라(17:2 Asherah) 고대 셈족의 여신으로, 가나안인들이 다산의 여신, 행복의 여신, 바다의 여신 등으로 숭배하던 우상 신 중의 하나.

21 여호와께서 말씀하셨다. "그러므로 보아
라. 내가 이번에는 우상을 만드는 사람들
이 깨닫도록 하겠다. 곧 내 힘과 내 능력
에 대하여 그들에게 가르치겠다. 그러면
그들도 내 이름이 여호와라는 것을 알게
될 것이다."

유다의 죄

17 "유다 백성의 죄는 쇠로 만든 연필로
적혀 있다. 그들의 죄가 그들의 마음
판에 뾰족한 쇠끝으로 새겨져 있고, 그들
의 제단 모퉁이에도 새겨져 있다.
2 그들의 자녀도 푸른 나무 아래와 높은 언
덕 위에 있는 그들의 제단과 아세라 우상
을 기억한다.
3 내 산 위에 있는 제단과 들판에 있는 제
단을 기억한다. 네가 온 땅에서 저지른 죄
값으로 내가 네 재산과 보물을 다른 백성
에게 주겠다. 그들은 또한 네 땅의 산당
들을 무너뜨릴 것이다.
4 네 잘못 때문에 너는 내가 준 땅을 빼앗
길 것이다. 너는 알지도 못하는 땅에서 네
원수들을 섬기게 될 것이다. 너희가 내 분
노를 불처럼 타오르게 했으니 그 불이 영
원히 꺼지지 않을 것이다."

사람이냐, 하나님이냐?

5 여호와께서 이렇게 말씀하셨다. "사람을
의지하며 육체를 자기 힘으로 삼고 여호
와에게서 마음을 돌린 사람은 저주를 받
을 것이다.
6 그들은 사막의 키 작은 나무 같아서 좋은
일이 찾아와도 보지 못한다. 그들은 아무
도 살지 않는 소금 땅, 황무지에서 살게
될 것이다.
7 그러나 여호와를 믿고 여호와만을 의지하
는 사람은 복을 받을 것이다.
8 그는 물가에 심은 나무 같아서 든든한 뿌
리가 물가로 뻗어 있으니 날이 뜨거워도
두려울 것이 없고 그 잎사귀가 늘 푸르다.
비가 오지 않아도 걱정할 것이 없으며 언
제나 열매를 맺는다.
9 그 어느 것보다도 비뚤어진 것은 사람의
마음이다. 사람의 마음은 심히 악하기 때

문에 아무도 그 속을 알 수 없다.
10 그러나 나 여호와는 사람의 속을 살필 수
있고, 사람의 마음을 시험해 볼 수 있다.
그러므로 나는 각 사람이 일하고 행동한
대로 갚을 수 있다."
11 남을 속여서 부자가 된 사람은 자기가 낳
지도 않은 알을 품고 있는 자고새와 같아
서 인생의 중반에 이르면 그 재산을 잃어
버릴 것이요, 늙으면 그의 어리석음이 밝
히 드러날 것이다.
12 예레미야가 여호와께 찬양드렸다. 오, 옛
적부터 높이 들림받은 영광의 보좌시여,
하나님의 거룩한 성전이여!
13 여호와여, 주님은 이스라엘의 희망이십니
다. 주님을 버리는 사람은 부끄러움을 당
할 것입니다. 여호와를 따르지 않고 떠나
간 사람은 흙 위에 쓴 이름과 같습니다.
이는 생명수의 근원이신 여호와를 버렸기
때문입니다.

예레미야의 세 번째 불평

14 여호와여, 저를 고쳐 주십시오. 그러면
제가 나을 것입니다. 저를 구해 주십시
오. 그러면 제가 구원받을 것입니다. 주
님은 제가 찬양할 분이십니다.
15 유다 백성이 제게 하는 말을 들어 보십시
오. "여호와의 말씀이 어디에 있느냐? 그
말씀이 그대로 이루어지는지 어디 한번
보자."
16 주님, 저는 주님을 따르는 목자의 직분을
저버리지 아니하였고, 재앙의 날을 바라
지도 않았습니다. 주님은 제 입에서 나오
는 말들을 다 알고 계십니다. 그 말들은
항상 주님 앞에 있습니다.
17 주님, 저를 무섭게 하지 마십시오. 재앙
의 날에 주님은 제 피난처가 되십니다.
18 저를 해치는 사람들이 부끄러움을 당하게
하시고, 저는 부끄러움을 당하지 않게 해
주십시오. 그들을 무섭게 하시고, 저는
무섭게 하지 말아 주십시오. 제 원수들에
게 재앙의 날이 닥치게 하시고, 그들을 멸
망시켜 주십시오. 두 배로 벌을 내려 그
들을 멸망시켜 주십시오.

안식일을 거룩히 지켜라

19 여호와께서 내게 이렇게 말씀하셨다. "너
는 가서 유다의 왕들이 드나드는 '백성의
문'과 예루살렘의 다른 모든 문에 서라.
20 그리고 그들에게 이렇게 전하여라. '여호
와의 말씀을 들어라. 유다의 왕들아, 들어
라. 유다의 모든 백성과 이 성문으로 들
어오는 예루살렘의 모든 주민들아, 들어
라.
21 여호와께서 이렇게 말씀하셨다. 너희 자
신을 위하여 스스로 삼가고, 안식일에는
짐을 옮기지 마라. 안식일에는 예루살렘
성문 안으로 짐을 나르지 마라.
22 그리고 안식일에는 너희 집 밖으로 짐을
내가지도 말고, 아무 일도 하지 마라. 내
가 너희 조상에게 명령한 대로 안식일을
거룩히 지켜라.
23 그러나 너희 조상은 내 말을 듣지 않았다.
그들은 내 말에 귀 기울이지 않았다. 그
들은 고집을 피우며 순종하지 않았다. 내
가 벌을 내려도 소용이 없었다.
24 그러나 너희는 내 말을 잘 지켜야 한다.
여호와의 말이다. 안식일에는 예루살렘 성
문 안으로 짐을 나르지 말고, 안식일을 거
룩히 지켜야 한다. 그 날에는 어떠한 일
도 하지 말아야 한다.
25 너희가 이 명령에 순종하면 다윗의 보좌
에 앉는 왕들이 신하들을 이끌고 예루살
렘 성문으로 들어올 것이다. 그들은 마차
와 말을 타고 올 것이다. 왕들과 신하들
뿐만 아니라 유다 백성과 예루살렘 주민들
도 함께 올 것이다. 예루살렘 성에서는 영
원히 사람이 살 것이다.
26 유다의 여러 성들과 예루살렘 주변의 여러
마을에서 백성들이 올 것이다. 베냐민 땅
에서도 오고, 서쪽 구릉 지대와 산악 지
대에서도 오고, 남쪽 네게브에서도 올 것
이다. 그들은 모두 태워 드리는 제물인 번
제물과 화목 제물과 곡식 제물과 유향과
하나님께 드리는 감사 제물을 여호와의
성전으로 가져올 것이다.
27 너희는 안식일을 거룩히 지키고, 안식일

에는 예루살렘 성문으로 짐을 나르지 말아
야 한다. 만일 너희가 내 말을 듣지 않고
그렇게 행하지 않으면 내가 아무도 끌 수
없는 불을 예루살렘 성문에서부터 일으켜
요새까지 태울 것이다.'"

토기장이와 진흙

18 이것은 여호와께서 예레미야에게 하
신 말씀이다.
2 "너는 일어나 토기장이의 집으로 내려가
라. 내가 거기에서 내 말을 네게 주겠다."
3 그래서 내가 토기장이의 집으로 내려갔더
니, 토기장이가 질그릇을 만드는 데 쓰는
물레를 돌리며 일을 하고 있었다.
4 토기장이는 진흙으로 그릇을 빚고 있었는
데 그릇이 잘 만들어지지 않으면 그 진흙
으로 다른 그릇을 빚었다. 그렇게 그 토
기장이는 자기 마음에 드는 그릇을 빚었
다.
5 그 때에 여호와께서 내게 말씀하셨다.
6 "이스라엘 집아, 내가 이 토기장이가 하
는 것처럼 너희에게 하지 못하겠느냐?
보아라. 진흙이 토기장이의 손에 달린 것
처럼 너희 이스라엘 집은 내 손에 달려
있다.
7 때가 되면, 내가 어떤 나라나 민족을 뿌
리째 뽑아 버리거나 완전히 멸망시키겠다
고 말할 것이다.
8 그러나 만약 그 나라 백성이 내가 하는 말
을 듣고 자기들이 저지른 죄를 뉘우치면
내 마음을 바꾸어 그 나라를 멸망시키지
않을 것이다.
9 또 내가 어떤 나라나 민족에 대해서 그 나
라를 세우고 심겠다고 말할 것이다.
10 그러나 만약 그 나라가 내 명령을 따르지
않고 내가 보기에 악한 짓을 하면 내 마
음을 바꾸어 그 나라를 위해 좋은 일을 하
려던 계획을 거둬들일 것이다.
11 그러므로 유다 백성과 예루살렘 사람들에
게 이 말을 전하여라. '여호와께서 이렇
게 말씀하셨다. 보아라. 내가 곧 너희에
게 내릴 재앙을 준비하고 있으며 너희를
칠 계획도 세우고 있다. 그러므로 각 사
람은 지금 하고 있는 악한 짓을 멈추어라.
너희 길과 행실을 바르게 고쳐라.'
12 그러나 유다 백성은 '아무 소용 없는 일
이다. 우리는 우리 식대로 살아가겠다.
각자 우리 고집대로, 우리의 악한 마음대
로 살아가겠다'라고 대답할 것이다."
13 여호와께서 이렇게 말씀하셨다. "이런 일
을 들어 본 적이 있는지 다른 나라 백성
들에게 물어 보아라. 이스라엘 백성은 끔
찍한 짓을 저질렀다.
14 레바논 산의 바위 틈에 있는 눈은 녹는 법
이 없고, 그 산에서 흘러내리는 차가운 시

예레미야의 비유들

성경 본문	비 유	의 미
1:11-12	아몬드 나무	하나님의 말씀은 반드시 지켜짐
1:13	끓는 가마	북방의 바빌론이 유다를 침공할 것임
13:1-11	썩은 베띠	썩은 베띠처럼 바빌론에 의해 유다가 부스러짐
13:12-14	포도주로 가득 찬 가죽 부대	하나님을 떠난 백성의 마음이 죄로 가득 참
18:1-17	토기장이	민족의 흥망성쇠는 하나님의 절대 주권에 속한 것임
19:1-12	항아리를 깨뜨림	유다에 임할 심판의 불가피함과 철저함을 나타냄
24:1-10	무화과 두 광주리	사로잡혀 간 자들의 회복과 남은 자들에 대한 징벌
27:2-11	멍에	바빌론의 멍에를 받아들일 것을 지시
43:8-13	큰 돌들을 바로의 왕궁 입구에 묻음	애굽이 바빌론에 의해 멸망할 것을 나타냄
51:59-64	책을 돌에 매어 유프라테스 강에 던짐	하나님의 재앙으로 바빌론이 멸망할 것임

냇물은 마르는 법이
없다.
15 그러나 내 백성은
나를 잊어 버렸
다. 그들은 헛된
우상에게 분향하
고, 조상들이 걸
어온 옛 길에서
벗어나 비틀거렸
다. 넓고 좋은 길
을 버리고, 샛길로
들어섰다.
16 그러므로 그들의 땅은
황무지가 될 것이고,
영원히 사람들의 비웃음
거리가 될 것이다. 지나가는
사람마다 그 나라가 망한 것을
보고 놀라며 머리를 흔들 것이다.
17 강한 동풍이 모든 것을 날려 버리듯이 내
가 그들을 원수 앞에서 흩어 놓을 것이다.
그들이 무서운 재난을 당할 때에 나는 그
들에게서 등을 돌리고, 그들을 돕지 않을
것이다."

예레미야의 네 번째 불평

18 그 때에 백성이 말했다. "자, 예레미야를
칠 계획을 세우자. 제사장에게서는 율법
이, 지혜로운 사람에게서는 지혜가, 예언
자에게서는 예언의 말씀이 우리에게 그치
지 않을 테니, 예레미야에게 말로 공격하
자. 그가 하는 무슨 말에도 귀를 기울이
지 말자."
19 여호와여, 제 말을 들어 주십시오. 저를
비난하는 사람들이 하는 말을 들어 보십
시오.
20 선을 악으로 갚아도 됩니까? 그들은 저를
죽이려고 함정을 팠습니다. 주님, 제가
주님 앞에 서서 저 백성을 위해 복을 빈
일을 기억해 주십시오. 주님께서 그들을
향해 분노하셨을 때, 주님의 분노를 거두
어 달라고 기도한 것을 기억해 주십시오.
21 그러므로 그들의 자녀는 굶어 죽게 하시
고, 그들의 원수가 그들을 칼로 치게 하

유다와 예루살렘이 깨진 항아리처럼
될 것을 예언하는 예레미야(19:1-12)

시고, 그들의 아내들은 자식과 남편을 잃
게 하시고, 그들 가운데 남자들은 죽임을
당하게 하시고, 젊은이들은 전쟁에서 칼
에 맞아 죽게 하십시오.
22 그들이 자기 집에서 울부짖게 하십시오.
갑자기 군대를 보내어 그들을 치게 하십
시오. 그들이 저를 잡으려고 함정을 팠고
덫을 숨겨 놓았으니 그런 벌을 내리십시
오.
23 여호와여, 주님은 저를 죽이려는 그들의
모든 계획을 아십니다. 그들의 악한 짓을
용서하지 마십시오. 그들의 죄를 지워 버
리지 마십시오. 그들이 주님 앞에서 걸려
넘어지게 하시고, 주께서 분노하셨을 때
에 그들을 벌하십시오.

깨진 항아리

19 여호와께서 내게 이처럼 말씀하셨
다. "가서 토기장이에게서 항아리를
하나 사라. 그런 다음에 백성과 제사장들
가운데 몇 사람을 데리고
2 질그릇 조각 성문 입구에 있는 힌놈의 아
들 골짜기로 나가서 내가 네게 이르는 말
을 선포하여라.
3 너는 이렇게 말하여라. '유다의 왕들과 예
루살렘에 사는 사람들아, 여호와께서 하

시는 말씀을 들어라. 만군의 여호와, 이스
라엘의 하나님께서 이렇게 말씀하셨다.
보아라. 내가 곧 이 곳에 재앙을 보낼 것
이다. 누구든지 그 소식을 듣는 사람은 놀
라고 두려움에 가득 차게 될 것이다.'
4 내가 이렇게 하는 것은 유다 백성이 나를
저버렸기 때문이다. 그들은 이 곳을 내게
낯선 곳으로 만들어 놓았다. 그들은 여기
서 그들뿐 아니라 그들의 조상도 알지 못
하는 이방 신들에게 제물을 바쳤다. 유다
왕들은 이 곳을 죄 없는 사람들의 피로 가
득 채웠다.
5 그들은 바알의 산당들을 세워 놓고 자기
자식들을 불살라 바알에게 번제물로 바쳤
다. 나는 그런 일을 말하지도 않았고, 명
령하지도 않았으며, 그런 일은 생각조차
해 보지 않았다.
6 지금 백성들은 이 곳을 힌놈의 아들 골짜
기나 도벳이라고 부른다. 그러나 보아라.
그 날이 오면, 사람들이 이 곳을 '살인 골
짜기'라고 부를 것이다. 나 여호와의 말
이다.
7 내가 이 곳에서 유다와 예루살렘 백성의
계획을 꺾어 놓겠다. 그들을 적군의 칼에
찔려 죽게 하고, 그들의 시체는 공중의 새
와 들짐승들의 먹이가 되게 하겠다.
8 이 성을 완전히 멸망시켜 사람들이 이 성
을 보고 비웃으며 조롱하게 할 것이다. 예
루살렘을 지나다니는 사람마다 그 망한 모
습을 보고 놀라며 조롱할 것이다.
9 적군이 성을 포위하여 아무도 음식을 얻
으러 성 밖으로 빠져 나가지 못할 것이다.
사람들이 너무나 굶주려 자기 자식들까지

알아두세요

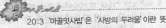

20:3 '마골밋사빕'은 '사방의 두려움'이란 뜻
이다.

포위(19:9 envelopment) 둘레를 에워쌈.
만군(19:11 host) 우주에 존재하는 모든 것.
차꼬(20:2 shackle) 긴 두 개의 나무토막으로 두
발목을 고정시켜 자물쇠를 채우는 것. 죄인을 가
두어 둘 때 씀.

잡아먹을 것이며 이웃끼리도 잡아먹기 시
작할 것이다."
10 여호와께서 말씀하셨다. "너는 이 말을
한 다음에 너와 함께 내려간 사람들이 보
는 앞에서 그 항아리를 깨뜨려라.
11 그리고 그들에게 이렇게 말하여라. '만군
의 여호와께서 이렇게 말씀하셨다. 항아
리는 한 번 깨지면 합칠 수 없다. 나도 이
백성과 이 성을 항아리를 깨뜨리듯이 깨
뜨려 버리겠다. 더 이상 묻을 곳이 없을
정도로 수많은 사람들이 이 곳 도벳에 묻
힐 것이다.
12 나 여호와가 말한다. 이 곳과 여기 사는
사람들에게 이와 같이 하겠다. 예루살렘
성을 도벳처럼 만들겠다.
13 예루살렘의 집들과 유다 왕들의 궁궐들도
이 곳 도벳처럼 더럽혀질 것이다. 그것은
백성들이 자기 집 지붕 위에서 헛된 신들
을 섬겼기 때문이다. 그들은 별들도 섬기
며 별들에게 향을 피워 올렸다. 그리고 다
른 신들에게 부어 드리는 제물인 전제물
을 바쳤다.'"
14 예레미야는 여호와께서 예언하라고 보내
신 도벳에서 돌아와 여호와의 성전 뜰에
서서 모든 백성에게 말했다.
15 "만군의 여호와, 이스라엘의 하나님께서
이렇게 말씀하셨다. '보아라. 이 백성들
이 고집을 피우고 내 말을 듣지 않았으므
로 내가 이미 선포한 재앙을 이제 곧 내
리겠다.'"

예레미야와 바스훌

20 임멜의 아들 바스훌은 제사장이었
습니다. 그는 여호와의 성전에서
가장 높은 자리에 있었습니다. 그는 예레
미야가 성전 뜰에서 하는 예언을 들었습
니다.
2 바스훌은 예언자 예레미야를 때리고, 여호
와의 성전의 '베냐민 윗문'에 있던 형틀
차꼬에 예레미야를 채웠습니다.
3 이튿날, 바스훌은 예레미야를 차꼬에서 풀
어 주었습니다. 그러자 예레미야가 그에게
말했습니다. "여호와께서 이제는 당신의

이름을 바스훌이라 하지 않으시고 마골밋
사빕*이라 하실 것이오.
4 여호와께서 이렇게 말씀하셨소. '보아라.
내가 이제 곧 너와 네 모든 친구들을 두
려움에 넘겨 주겠다. 너는 네 친구들이 원
수의 칼에 찔려 죽는 것을 네 눈으로 보
게 될 것이다. 내가 모든 유다 백성을 바
빌로니아 왕에게 넘겨 주겠다. 바빌로니아
왕이 유다 백성을 바빌론으로 사로잡아 갈
것이고 바빌로니아의 군대가 유다 백성을
칼로 죽일 것이다.
5 또 내가 이 성의 모든 재산을 그 원수들
에게 주겠다. 그들이 수고하여 얻은 여러
가지 물건과 값진 것들, 그리고 유다 왕
들의 보물을 그 원수들에게 주겠다. 그들
이 그 모든 것을 빼앗아 바빌론으로 가져
갈 것이다.
6 바스훌아, 너와 네 집안의 모든 사람이 사
로잡혀 바빌론으로 끌려갈 것이다. 너는
거기에서 죽어서 묻힐 것이다. 너뿐만 아
니라 네 거짓 예언을 들은 네 친구들도 바
빌론에서 죽어 그 곳에 묻힐 것이다.'"

예레미야의 다섯 번째 불평

7 여호와여, 주께서 저를 속이셨고, 저는
속았습니다. 주께서 저보다 강하시므로
저를 이기셨습니다. 저는 하루 종일 노리
개가 되었습니다. 만나는 사람마다 저를
비웃습니다.
8 저는 말할 때마다 폭력과 멸망을 외쳤습
니다. 여호와의 말씀을 백성들에게 전했
지만 그 때문에 저는 모욕만 당했습니다.
백성은 하루 종일 저를 비웃습니다.
9 때로는 '여호와를 잊어 버리겠다. 다시는
여호와의 이름으로 말하지 않겠다'고 다
짐해 보지만 여호와의 말씀이 내 안에서
타오르는 불길 같아서 그 말씀이 내 뼛속
깊은 곳까지 태우는 듯합니다. 여호와의
말씀을 제 안에 담느라고 지쳤습니다. 저
는 더 이상 견딜 수가 없습니다.
10 수많은 사람들이 저에 관해 수군거리는
소리를 들었습니다. 사방에 두려움뿐입니
다. "예레미야를 고발하자! 예레미야를 고
발하자!" 제 친구들도 모두 제가 실수하
기만을 기다립니다. "어쩌면 우리가 예레
미야를 꾈 수 있을 것이다. 그러면 그를
쳐서 우리 원수를 갚자"고 말합니다.
11 하지만 여호와는 힘센 용사처럼 저와 함
께 계십니다. 그러므로 저를 치려고 뒤쫓
는 사람은 넘어지고 쓰러집니다. 저를 이
길 수 없습니다. 그들은 크게 실망하고 부
끄러움을 당하여 모든 일을 이룰 수가 없
습니다. 그들은 영원히 잊지 못할 부끄러
움을 당합니다.
12 만군의 여호와여, 주님은 의로운 사람을
시험하여 사람의 마음과 생각의 깊은 곳
을 살피십니다. 제 사정을 여호와께 말씀
드렸으니 그들이 마땅히 받아야 할 벌을
주셔서 그 모습을 제가 볼 수 있게 해 주
십시오.
13 여호와께 노래하여라! 여호와를 찬양하여
라! 여호와께서 가난한 사람의 생명을 구
하신다. 악한 사람들의 손에서 건져 주신
다.

예레미야의 여섯 번째 불평

14 내가 태어난 날이 저주받기를! 내 어머니
가 나를 낳으신 날에 복이 없기를!
15 내 아버지에게 "당신에게 아들이 태어났
습니다!"라는 소식을 전해서 아버지를 기
쁘게 한 사람에게 저주가 있기를!
16 그 사람이 여호와께서 사정없이 멸망시켜
버린 성들처럼 되어야 할 텐데. 아침에는
크게 울부짖는 소리를 듣고 한낮에는 전
쟁의 함성을 들어야 할 텐데.
17 내가 어머니 배 속에 있을 때에 죽었더라
면. 그러면 내 어머니가 내 무덤이 되었
을 텐데. 나는 영원히 태어나지 않았을 텐
데.
18 어찌하여 내가 어머니 배 속에서 나왔는
가? 내가 겪은 것은 오직 재앙과 슬픔뿐.
내 세월이 부끄러움 속에서 끝나가는구나.

하나님이 시드기야 왕의
소원을 물리치시다

21 이것은 시드기야 왕이 말기야의 아들
바스훌과 제사장 마아세야의 아들 스

예루살렘 성 안에 머무르는 사람은 죽고,
바빌로니아 군대에 항복하는 사람은
살 것을 예언함(21:8-9)

바냐를 예레미야에게 보냈을 때에 여호와
께서 예레미야에게 하신 말씀입니다.
2 그 때에 그들은 이렇게 말했습니다. "우
리를 위해서 여호와께 기도해 주십시오.
바빌로니아 왕 느부갓네살이 우리를 공격
하려 합니다. 혹시 여호와께서 우리를 위
해 기적을 일으켜 주시면 느부갓네살이 우
리에게서 물러날 것입니다."
3 예레미야가 그들에게 대답했습니다. "시드
기야 왕에게 이와 같이 전하시오.
4 '이스라엘의 하나님 여호와께서 이렇게 말
씀하셨다. 너희 손에는 전쟁 무기가 들려
있다. 너희는 그 무기로 바빌로니아 왕과
바빌로니아 군대를 막는 데 쓰고 있다. 그
러나 내가 그 무기들을 쓸모없게 만들겠
다. 바빌로니아 군대가 성벽 밖에서 너희
를 에워싸고 있는데 내가 곧 그 군대를 이
성 한가운데로 모으겠다.
5 나는 너희 때문에 크게 노했다. 나의 이
엄청난 분노를 참을 수가 없어서 내가 직
접 손을 뻗어 힘센 팔로 너희와 싸우겠다.
6 사람이든 짐승이든 이 성에 사는 것은 다
치겠다. 그들은 무서운 병에 걸려 죽을 것
이다.
7 여호와께서 또 말씀하셨다. 유다 왕 시드
기야와 그의 신하
들과 무서운 병
과, 칼과, 굶주림
에도 죽지 않고
이 성에 살아남은
사람들을 바빌로
니아 왕 느부갓네
살에게 넘겨 주겠
다. 모든 백성이
자기들의 목숨을
해하고자 하는 원
수들의 손에 넘어
갈 것이다. 그러
면 느부갓네살은
그들을 칼날로 쳐
죽일 것이다. 느부갓
네살은 그들을 불쌍히
여기거나 가엾게 여기
지도 않으며 자비를 베풀지도 않을 것이
다.'
8 너는 예루살렘 백성에게 이와 같이 전하여
라. '여호와께서 이렇게 말씀하셨다. 내
가 생명의 길과 죽음의 길을 너희 앞에 두
겠다.
9 누구든지 예루살렘 성 안에 머무르는 사람
은 칼이나 굶주림이나 무서운 병 때문에
죽을 것이다. 그러나 예루살렘 성 밖으로
나아가 너희를 에워싸고 있는 바빌로니아
군대에게 항복하는 사람은 살 것이다. 누
구든지 성을 빠져 나가는 사람은 자기 목
숨을 건질 것이다.
10 나는 이 성에 복을 내리지 않고, 재앙을
내리기로 결정했다. 여호와의 말씀이다.
이 성을 바빌로니아 왕에게 주겠다. 그러
면 그는 이 성을 불로 태워 버릴 것이다.'
11 유다의 왕실에도 이 말을 전하여라. '여호
와의 말씀을 들어라.
12 다윗의 집아, 여호와께서 이렇게 말씀하
셨다. 날마다 공정한 재판을 해야 한다.
강도 당한 사람을 압제자들로부터 지켜
주어야 한다. 그렇게 하지 않으면 내가 크
게 노할 것이다. 너희가 악한 짓을 하였

으므로 내 분노가 불처럼 타오를 것이며
아무도 그것을 끌 수 없을 것이다.
13 나 여호와가 말한다. 예루살렘아, 네가 산
한가운데 바위 평평한 곳에 앉아 있으면
서 그리고 이 골짜기 위에 앉아 있으면서
아무도 우리를 칠 수 없고, 아무도 우리
의 굳건한 성으로 들어올 수 없다고 말하
고 있다.
14 내가 네 행위대로 벌할 것이며 네 숲에 불
을 질러 네 주변의 모든 것을 태워 버릴
것이다. 나 여호와의 말이다.'"

악한 왕들을 심판함

22 여호와께서 이렇게 말씀하셨다.
"유다 왕의 왕궁으로 내려가서 이
말을 전하여라.
2 너는 이처럼 말하여라. '다윗의 보좌에 앉
은 유다의 왕이여, 여호와의 말씀을 들어
라. 너와 네 신하들은 잘 들어라. 이 문
으로 들어오는 모든 백성들도 들어라.
3 여호와께서 이렇게 말씀하셨다. 올바르고
의로운 일을 하여라. 도둑들로부터 도둑
맞은 사람을 지켜 주어라. 너희와 함께 사
는 외국인과 고아와 과부에게 악한 짓을
하지 말고 그들을 해치지 마라. 이 곳에
서 죄 없는 사람들을 죽이지 마라.
4 너희가 이 명령에 순종하면 다윗의 보좌
에 앉는 왕들이 신하들과 백성을 이끌고
이 왕궁의 문 안으로 들어올 것이다. 그
들은 모두 마차와 말을 타고 올 것이다.
5 그러나 너희가 이 명령에 순종하지 않으
면, 내 이름으로 맹세하지만 이 왕궁은 폐
허가 될 것이다. 여호와의 말씀이다.'"
6 여호와께서 유다 왕이 사는 왕궁을 가리
켜 이렇게 말씀하셨다. "이 왕궁은 길르앗
의 수풀처럼 장엄하고 레바논의 산봉우리
처럼 높다. 그러나 내가 너를 아무도 살
지 않는 사막으로 만들겠다.
7 내가 사람들을 보내어 이 왕궁을 멸망시
키겠다. 그들은 각기 무기를 들고 너의 단
단하고 아름다운 백향목* 기둥을 찍어서
불에 던져 넣을 것이다.
8 여러 나라에서 온 백성들이 이 성을 지나
가다가 서로 묻기를 '여호와께서 이 큰 성
예루살렘을 이렇게 만들어 놓으신 까닭이
무엇인가?' 할 것이다.
9 그러면 그들이 서로 대답하기를 '유다 백
성이 그들의 여호와 하나님과 맺은 언약
을 어기고 다른 신들을 섬기며 예배했기
때문이다' 라고 할 것이다."

살룸을 심판함

10 죽은 사람을 위해 울지 마라. 그를 위해
슬퍼하지 마라. 오히려 사로잡혀 간 사람
을 위해 슬피 울어라. 왜냐하면 그는 다
시는 자기의 고향 땅을 보지 못할 것이기
때문이다.
11 유다 왕 요시야의 아들, 곧 그의 아버지 요
시야가 죽은 뒤에 유다 왕이 되었다가 이
집트로 잡혀 간 살룸*을 가리켜 여호와께
서 이렇게 말씀하셨다. "그는 절대로 고
국으로 돌아오지 못할 것이다.
12 그는 잡혀 간 땅에서 죽을 것이며 이 땅
을 다시는 보지 못할 것이다."

여호야김을 심판함

13 "악한 짓을 통해 왕궁을 짓고 속임수로 다
락방을 올리며 자기 이웃에게 일을 시키
고도 그 품삯을 주지 않는 사람은 저주를
받을 것이다.
14 그는 '내가 살 왕궁을 크게 짓고 다락방
들도 넓게 만들어야지' 하며 왕궁을 지어
큰 창문들을 내고 벽에는 백향목을 입히
고 붉은색을 칠한다.
15 네 집에 백향목이 많다고 해서 네가 위대
한 왕이 되겠느냐? 네 아버지는 먹고 마

알아두세요

22:7 '백향목' 은 '개잎갈나무' 를 가리킨다.
22:11 '살룸' 은 '여호아하스' 의 또 다른 이름이다.

공정한(21:12 fair) 공평하고 올바른.
압제자(21:12 oppressor) 권력이나 폭력으로 남의 말이나 행동을 억압하고 남의 자유를 억누르는 사람.
고국(22:11 one's native country) 남의 나라에 가 있는 사람의 처지에서 '자기 나라' 를 이르는 말.
다락방(22:14 upper room) 지붕과 천장 사이의 공간에 만든 방.

시는 것으로 만족했다. 그는 옳고 바르게
살았기 때문에 하는 일마다 잘 되었다.
16 그는 가난하고 어려운 사람의 사정을 들
어 주었다. 그래서 하는 일마다 잘 되었
다. 하나님을 안다는 것은 바로 그렇게 하
는 것이다. 나 여호와의 말이다.
17 그러나 네 눈과 마음은 정직하지 않은 것
을 바라고 얻는 데만 쏠려 있어서 죄 없
는 사람을 죽이고 백성들을 억누르고 그
들의 것을 훔치고 있다."
18 그러므로 여호와께서 유다 왕 요시야의 아
들 여호야김에게 이렇게 말씀하셨다. "여
호야김이 죽어도 유다 백성은 슬피 울지
않을 것이다. '슬프다, 내 형제여' 하지도
않고 '슬프다, 내 자매여' 하지도 않을 것
이다. 유다 백성은 '아, 내 주, 내 왕이여'
하며 슬퍼하지 않을 것이다.
19 예루살렘 백성들은 그를 나귀 묻듯이 파
묻어 버릴 것이다. 또한 그를 끌고 가서
예루살렘 성문 밖으로 던져 버릴 것이다.
20 유다야, 레바논으로 올라가 슬피 울어라.
바산에서 소리를 높이고 아바림에서 통곡
하여라. 네 친구들이 다 멸망했다.
21 유다야, 네가 잘 될 때에 내가 경고했으
나 너는 듣지 않았다. 너는 어렸을 때부
터 내 말에 순종하지 않았다.
22 내가 네 목자들을 다 날려 버리겠다. 네
친구들은 포로로 끌려갈 것이며, 너는 참
으로 부끄러움을 당할 것이다. 네가 저지
른 모든 악한 짓 때문에 멸시를 받을 것
이다.
23 왕아, 네가 지금은 레바논 왕궁에 살고 백
향목 방 안에서 평안하게 있지만, 네가 벌
을 받을 때에는 신음하며 아기를 낳는 여
자처럼 아파할 것이다."

여호야긴을 심판함

24 "나의 삶을 두고 맹세하지만, 유다 왕 여
호야김의 아들 고니야*야, 네가 내 오른
손의 도장 가락지라 하더라도 내가 너를
뽑아 버리고 말겠다. 나 여호와의 말이
다.
25 네 목숨을 노려, 네가 두려워하는 바빌로
니아 왕 느부갓네살과 바빌로니아 사람들에
게 내가 너를 넘겨 주겠다.
26 내가 너와 네 어미를 고향의 땅에서 다른
나라로 쫓아 내겠다. 너희는 그 곳에서 죽
게 될 것이다.
27 너희는 고향으로 간절히 돌아오고 싶겠지
만, 절대로 돌아오지 못할 것이다."
28 고니야는 누군가 던져 버린 깨진 항아리
처럼 아무도 거들떠보지 않는다. 어찌하
여 고니야와 그의 자녀가 쫓겨나 그들이
알지 못하는 낯선 땅으로 들어갔는가?
29 땅이여, 땅이여, 땅이여, 여호와의 말씀
을 들어 보아라.
30 여호와께서 이렇게 말씀하셨다. "고니야
에 관하여 이렇게 기록하여라. 그는 자녀
를 가지지 못할 사람이며, 평생토록 성공
하지 못할 사람이다. 그의 자손 중에 어
느 누구도 성공하지 못할 것이며, 아무도
다윗의 보좌에 앉아 유다를 다스리지 못할
것이다."

거짓 예언자들의 특징

거짓 예언자들의 메시지는 여호와의 입이 아닌 자기 마음에서 비롯된 것입니다. 그들은 옛날이나 지금이나 성도들을 미혹시키므로 성도들은 이를 잘 분별하여 하나님을 올바로 섬기는 데 힘써야 합니다.

본문 보기 23장 9-40절

특징	거짓 예언자 분별 기준
· 평안을 예언함(렘 23:17)	· 율법과 증거의 말씀 (사 8:20)
· 거짓을 믿게 함(렘 28:15)	· 예언(왕상 13:1-32)
· 참 예언자 노릇함 (마 7:22-23)	· 생활의 열매(마 7:15-16)
· 더러움을 가르침 (벧후 2:10-22)	

악한 지도자들

23 "목자들, 곧 유다의 지도자들에게
재앙이 있을 것이다. 그들은 양 떼
와 같은 내 백성을 망쳐 놓으며 뿔뿔이 흩
어 놓고 있다. 나 여호와의 말이다."
2 그러므로 이스라엘의 하나님이신 여호와
께서 백성의 목자가 되는 그들에게 이렇
게 말씀하셨다. "너희는 양 떼와 같은 내
백성을 뿔뿔이 흩어 놓고 내쫓아 버렸다.
너희는 그들을 돌보지 않았다. 보아라.
너희가 저지른 악한 짓 때문에 내가 너희
를 벌하겠다. 나 여호와의 말이다.
3 내가 내 백성을 여러 나라로 쫓아 버렸으
나 살아남은 내 백성을 다시 그들의 땅으
로 모아들이겠다. 그들은 자기 땅으로 돌
아와 자녀를 낳고 번성할 것이다.
4 내가 내 백성 위에 새 지도자들을 세워 내
백성을 돌보게 할 것이다. 그들이 다시는
두려워하거나 무서워하지 않을 것이며 하
나라도 잃어 버리는 사람이 없을 것이다.
나 여호와의 말이다."

의로운 자손

5 "보아라. 그 날이 오고 있다. 나 여호와
의 말이다. 그 날이 오면 내가 다윗의 집
에서 의로운 가지를 일으킬 것이다. 그는
왕이 되어 지혜롭게 다스릴 것이며, 이 땅
에서 옳고 바른 일을 할 것이다.
6 그 때가 되면 유다는 구원을 받고, 이스라
엘은 평안히 살 수 있을 것이다. 그의 이
름은 '여호와는 우리의 의'라고 불릴 것
이다.
7 그러므로 보아라. 나 여호와의 말이다.
지금은 사람들이 '이스라엘 백성을 이집트
에서 인도해 내신 여호와'의 살아 계심을
두고 맹세하지만,
8 그 때에는 '이스라엘 백성을 북쪽 땅과 쫓
아 내신 모든 땅에서 고국으로 돌아오게
하신 여호와'의 살아 계심을 두고 맹세할
것이며, 이스라엘 백성은 자기들의 땅에서
살게 될 것이다."

거짓 예언자들

9 예언자들을 두고 말한다. 내 속에서 내 심
장이 터졌고, 내 온 뼈마디가 흔들린다.
나는 술 취한 사람처럼 되었고, 포도주에
취한 사람처럼 되었다. 이것은 여호와 때
문이요, 여호와의 거룩하신 말씀 때문이
다.
10 유다 땅에는 음란한 사람들이 가득하므로
여호와께서 그 땅을 저주하셨다. 그래서
그 땅이 메말랐고, 광야의 목초지가 메말
라 버렸다. 그 땅의 백성은 악하고 그들
이 쓰는 힘도 옳지 못하다.
11 "예언자와 제사장들이 모두 악하다. 심지
어 내 성전 안에서도 악한 짓 하는 것을
내가 보았다. 나 여호와의 말이다.
12 그러므로 그들이 위험한 길에 빠질 것이
다. 어둠 속으로 미끄러질 것이며, 떠밀
려 쓰러질 것이다. 내가 그들에게 재앙을
내리리니 그 때에 내가 악한 예언자와 제
사장들을 벌할 것이다. 나 여호와의 말이
다.
13 사마리아의 예언자들이 못된 짓을 하는 것
을 내가 보았다. 그들은 거짓 신 바알의
이름으로 예언하고, 내 백성 이스라엘을
그릇된 길로 이끌었다.
14 예루살렘의 예언자들이 끔찍한 짓을 하는
것을 내가 보았다. 그들은 음란한 짓을 하
며 거짓말을 하고 악한 백성을 부추겨 악
한 짓을 계속하게 한다. 백성이 죄짓기를
그치지 않으니 모든 백성이 소돔 성같이
되었다. 예루살렘 백성이 내게는 고모라
성같이 되었다."
15 그러므로 만군의 여호와께서 예언자들에
게 이렇게 말씀하셨다. "보아라. 내가 그
들에게 쓴 음식을 먹게 하며 독이 든 물
을 마시게 하겠다. 이는 예루살렘 예언자

알아두세요

22:24 '고니야'는 '여호야긴'의 또 다른 이름이다. '여호야긴'은 '고니야' 외에도 '여고냐'로도 불렸다(렘 24:1).

예언(23:13 prophecy) 하나님의 계시에 의하여 장래에 나타날 일을 미리 말함. 또는 그 말.

들이 온 나라에 죄악을 퍼뜨렸기 때문이
다."
16 만군의 여호와께서 이렇게 말씀하셨다.
"너희는 그 예언자들이 하는 말에 귀 기
울이지 마라. 그들은 너희를 속이고 있
다. 그들은 나 여호와에게서 받은 환상을
말하지 않고 자기 마음대로 환상을 말한
다.
17 그들은 나를 멸시하는 사람들에게 '너희
가 평안할 것이다. 여호와의 말씀이다' 라
고 말하며, 고집을 피우고 자기 멋대로 사
는 모든 사람들에게도 '너희에게 아무런
재앙도 일어나지 않을 것이다' 라고 말한
다.
18 그러나 이 예언자들은 여호와의 회의에
참석하지 않았다. 내 말을 듣거나 보지 못
했고, 내 말에 귀 기울이지도 않았다.
19 보아라. 나의 분노가 폭풍과 태풍처럼 몰
아쳐 악한 사람의 머리를 칠 것이다.
20 나 여호와의 분노는 내 마음속에 계획한
것을 모두 이룰 때까지 멈추지 않을 것이
다. 마지막 날에 너희가 이것을 분명히 깨
달을 것이다.
21 나는 그 예언자들을 보낸 적이 없는데도
그들은 달려나가 자기 마음대로 말한다.
나는 그들에게 말한 적이 없는데도 그들
은 자기 마음대로 예언한다.
22 그들이 나 여호와의 회의에 참석했다면,
내 말을 내 백성에게 전하여 그들을 악
한 길과 악한 짓에서 돌아서게 했을 것
이다.
23 내가 가까운 곳에 계신 하나님이고 먼 곳
에 계신 하나님은 아니더냐? 나 여호와의
말이다.
24 사람이 아무리 숨어도 나를 피할 수는 없
다. 나는 하늘과 땅, 그 어느 곳에나 있
다. 나 여호와의 말이다."
25 "나는 예언자들이 내 이름으로 거짓을 말
하는 것을 들었다. 그들은 '내가 꿈을 꾸
었다! 내가 꿈을 꾸었다!' 고 말한다.
26 이 거짓말하는 예언자들이 언제까지 그런
마음을 품겠느냐? 그들은 자기 마음대로
예언을 한다.
27 그들은 서로 그런 꿈 이야기를 하여, 그
들의 조상이 나를 잊고 바알을 섬겼듯이
내 백성도 나를 잊게 하려 한다.
28 꿈을 꾼 예언자가 그 꿈 이야기를 할 수
있으나, 내 말을 받은 사람은 그 말을 진
실하게 전해야 한다. 겨와 밀은 결코 같
을 수 없다. 나 여호와의 말이다.
29 내 말은 불과 같고 바위를 부수는 망치와
같다.
30 그러므로 보아라. 내가 거짓 예언자들을
치겠다. 그들은 서로 내 말을 도적질하고
있다.
31 보아라. '이 예언은 여호와에게서 받은
것이다' 라고 혀를 놀리는 이 거짓 예언자
들을 내가 치겠다.
32 보아라. 내가 거짓 꿈을 예언하는 예언자
들을 치겠다. 그들은 거짓말과 헛된 가르
침으로 내 백성을 그릇된 길로 이끌고 있
다. 나는 그들을 보낸 적도 없고, 세운 적
도 없다. 그러므로 그들은 내 백성에게 아
무런 도움도 줄 수 없다. 나 여호와의 말
이다."

여호와께서 주신 슬픈 말씀

33 "이 백성이나 예언자나 제사장이 너에게
'예레미야야, 여호와의 말씀이 무엇이
냐?' 고 묻거든, 너는 그들에게 '너희가
여호와께 무거운 짐이 되므로, 여호와께
서 너희를 던져 버릴 것이다. 여호와의 말
씀이다' 라고 대답하여라.
34 어떤 예언자나 제사장이나 백성 가운데
한 사람이 '이것이 여호와의 말씀이다' 라
고 말한다면 그 사람은 거짓말을 한 것이
다. 내가 그와 그의 온 집에 벌을 내리겠
다.
35 너희는 서로 이웃과 형제에게 단지 '여호와
께서 무엇이라고 대답하셨느냐?', '여호와
께서 무슨 말씀을 하셨느냐?' 라고 묻고
36 절대로 '여호와의 말씀' 이라는 말은 하
지 마라. 왜냐하면 너희가 하는 그 말이
짐이 되기 때문이다. 네가 그런 말을 하
면 그것은 살아 계신 하나님, 만군의 여

호와 우리 하나님의 말씀을 그르치는 것
이다.
37 너는 예언자에게 '여호와께서 네게 무엇
이라고 대답하셨느냐? 여호와께서 무슨
말씀을 하셨느냐?' 하고 물어 보아라.
38 내가 그들에게 사람을 보내어 '여호와의
말씀'이라는 말은 하지 말라고 명령하였
으나 그들은 '여호와의 말씀'이라고 말하
였다.
39 내가 너희를 들어올려 내 앞에서 내쳐 버
리겠다. 내가 너희를 던져 버리고 너희 조
상과 너희에게 준 이 성, 곧 예루살렘도
던져 버리겠다.
40 그리고 너희를 영원한 웃음거리로 만들겠
다. 너희는 영원토록 잊혀지지 않는 부끄
러움을 당할 것이다."

좋은 무화과, 나쁜 무화과

24 바빌로니아 왕 느부갓네살이 유다
왕 여호야김의 아들 여고냐*와 유다
의 신하들과 기술자들과 대장장이들을 예
루살렘에서 바빌론으로 잡아 간 뒤에 여호
와께서 여호와의 성전 앞에 놓여 있는 무
화과 광주리 두 개를 나에게 보여 주셨다.
2 광주리 하나에는 처음 열려 잘 익은 좋은
무화과들이 들어 있었다. 그러나 다른 광
주리에는 썩어서 먹을 수 없는 나쁜 무화
과들이 들어 있었다.
3 여호와께서 나에게 말씀하셨다. "예레미야
야, 무엇이 보이느냐?" 나는 이렇게 대답
했다. "무화과가 보입니다. 좋은 무화과
는 아주 좋은데, 나쁜 무화과는 너무 썩
어서 먹을 수가 없습니다."
4 그러자 여호와께서 나에게 말씀하셨다.
5 이스라엘의 하나님 여호와께서 이렇게 말
씀하셨다. "내가 이 땅에서 바빌로니아 땅
으로 쫓아 낸 유다 백성을 그 좋은 무화
과처럼 좋게 여기겠다.
6 내가 그들을 잘 돌보아 주겠고, 그들을 다
시 유다 땅으로 데려오겠다. 내가 그들을
헐지 않고 세우겠으며, 뽑지 않고 심어서
자라게 하겠다.
7 또한 그들에게 내가 여호와라는 것을 알
수 있는 마음을 주겠다. 나는 그들의 여
호와가 되고, 그들은 나의 백성이 될 것
이다. 왜냐하면 그들이 온전한 마음으로
나에게 돌아올 것이기 때문이다.
8 나 여호와가 이와 같이 말한다. 유다 왕
시드기야와 그의 신하들과 이 땅에 살아
남은 모든 예루살렘 백성과 이집트 땅에
살고 있는 백성들은 너무 썩어서 먹을 수
가 없는 나쁜 무화과와 같다.
9 내가 이 땅의 모든 나라들로 하여금 그 백
성을 악한 백성으로 여기며 미워하게 하
겠다. 모든 나라 백성들이 유다 백성을 비
웃고 조롱하며 손가락질을 할 것이다. 그
들은 어디든 내가 흩어 놓은 곳에서 저주
를 받을 것이다.
10 내가 전쟁과 굶주림과 전염병을 그들에게
보내어 그들이 모두 죽임을 당할 때까지
칠 것이다. 그들은 내가 그들과 그 조상들
에게 준 땅에서 다시는 살지 못할 것이다."

예레미야의 가르침을 정리함

25 이것은 요시야의 아들 여호야김이
유다 왕으로 있은 지 사 년째 되는
해, 곧 느부갓네살이 바빌로니아 왕이 된
첫 해*에 예레미야가 모든 유다 백성에 관
해 받은 말씀입니다.
2 예언자 예레미야가 모든 유다 백성과 예루
살렘에 사는 모든 사람들에게 전한 말씀
은 이러합니다.
3 여호와께서 지난 이십삼 년 동안, 나에게
계속해서 말씀하셨다. 나는 유다 왕 아몬
의 아들 요시야가 왕으로 있은 지 십삼 년
째 되는 해*부터 지금까지 여호와께서 주

알아두세요

24:1 '여고냐'는 '여호야긴'의 또 다른 이름이다. '여호야긴'은 '여고냐' 외에도 '고니야'라고도 불렸다(렘 22:24).

25:1 이 해는 B.C. 605년에 해당된다.

25:3 이 해는 B.C. 627년에 해당된다.

대장장이(24:1 blacksmith) 쇠를 달구어 연장 따위를 만드는 일을 직업으로 삼는 사람.
손가락질하다(24:9 point at) 깔보거나 흉보다.

신 말씀을 너희에게 거듭해서 전하였다.
그러나 너희는 그 말씀을 듣지 않았다.
4 여호와께서 그의 모든 종 예언자들을 너
희에게 거듭해서 보내셨으나 너희는 그들
의 말을 듣지도 않았고, 귀를 기울이지도
않았다.
5 그들은 이렇게 말했다. "너희 각 사람은
악한 길에서 돌이켜라. 나쁜 짓을 그만두
어라. 그래야 너희가 이 땅에서 살아갈 수
있다. 이 땅은 옛적에 여호와께서 너희와
너희 조상들에게 주셔서 영원토록 살게
해 주신 땅이다.
6 다른 신들에게 이끌려 섬기거나 예배하지
마라. 손으로 만든 우상을 섬기지 마라.
그런 일을 하면 여호와께서 분노하셔서
너희에게 벌을 내리실 것이다."
7 "그러나 너희는 내 말을 듣지 않았다. 너
희는 너희의 손으로 만든 우상을 섬김으
로 나를 분노하게 만들었다. 그래서 내가
너희에게 벌을 내렸다. 나 여호와의 말이
다."
8 만군의 여호와께서 이렇게 말씀하셨다.
"너희는 내 말에 귀 기울이지 않았다.

성경 자세히 이해하기

포로와 귀환

이스라엘 백성들은 4차례에 걸쳐 바빌로니아에 포로로 잡혀 갔습니다. 1차엔 다니엘과 왕족, 귀족 계급의 사람들이(B.C. 605년), 2차엔 여호야긴 왕을 포함한 백성들과 관리, 군인, 기술자들이(B.C. 597년), 3차엔 예루살렘이 함락되고 성전이 파괴될 때 시드기야 왕과 백성들이(B.C. 586년), 4차엔 느부갓네살 왕의 시위 대장인 느브사라단에 의해 남아 있던 유다인들이(B.C. 581년) 잡혀 갔습니다. 70년 간의 포로 생활 후 페르시아 왕 고레스에 의해 해방되어 귀환하게 되었는데(B.C. 538년), 3차례에 걸쳐 고국으로 돌아왔습니다.

본문 보기 25장

족속(25:24 clan) 혈통, 언어, 풍속, 습관 따위가 같은 집단에 속하는 사람들.
거룩한(25:30 holy) 구별되고 신성한. 더러운 것과 잘못된 것에서 떠난.

9 그러므로 보아라. 내가 북쪽의 모든 민족
들과 내 종 바빌로니아 왕 느부갓네살을 불
러 오겠다. 그들을 데려와 유다 땅을 비
롯하여 그 곳에 사는 사람들과 그 주변의
다른 모든 나라들까지 치게 하겠다. 내가
그 나라들을 완전히 멸망시켜서 영원히
폐허로 남게 하겠다. 그리하여 백성들이
폐허가 된 그 모습을 보고 놀라게 할 것
이다.
10 내가 그들 가운데서 기뻐하는 소리와 즐
거워하는 소리와 신랑과 신부의 기뻐하는
소리를 그치게 하겠다. 사람들이 맷돌질
하는 소리도 그치게 하겠으며, 등불 빛도
없애 버리겠다.
11 이 땅 전체가 메마른 황무지가 될 것이며,
이 나라들은 칠십 년 동안, 바빌로니아 왕
을 섬기게 될 것이다.
12 그러나 칠십 년이 다 차면, 내가 바빌로니
아 왕과 그의 나라를 벌하겠다. 내가 악
한 일을 한 바빌로니아 사람들을 심판하
고, 그 땅을 영원히 황무지로 만들어 버
리겠다.
13 내가 그 땅에 선포한 무서운 일들이 그대
로 일어날 것이다. 그것은 예레미야가 모
든 나라들에 대하여 예언한 것으로, 모두
이 책에 기록되어 있다.
14 바빌로니아 사람들도 결국에는 여러 나라
와 많은 큰 왕들을 섬겨야 할 것이다. 나
는 그들이 내 백성에게 행한 것만큼 그들
에게 벌할 것이다."

나라들을 심판함

15 이스라엘의 하나님 여호와께서 내게 말씀
하셨다. "너는 내 손에 있는 이 진노의 포
도주 잔을 받아라. 내가 너를 온 나라에
보내니 이 진노의 포도주 잔을 마시게 하
여라.
16 그들은 이것을 마신 뒤에 똑바로 걷지도
못하고 미친 사람처럼 될 것이다. 그것은
내가 그들 가운데에 전쟁을 일으킬 것이
기 때문이다."
17 그래서 나는 여호와의 손에서 그 잔을 받
아 여호와께서 나를 보내신 모든 나라에

가서 그 잔을 마시게 했다.
18 나는 그 예루살렘과 유다 온 마을들에게
그 포도주를 마시게 했다. 또 유다의 왕
과 신하들에게도 마시게 했다. 그러자 그
땅은 폐허가 되었고, 사람들은 그 모습을
보고 놀랐으며 비웃고 저주했다. 오늘날
보는 모습 그대로 된 것이다.
19 나는 이집트 왕 파라오와 그의 신하들과
모든 백성들도 진노의 잔을 마시게 했다.
20 이집트에 사는 모든 외국인들과 우스 땅의
모든 왕들과 블레셋 땅의 모든 왕들 곧,
아스글론과 가사와 에그론의 왕들, 그리고
아스돗에 남아 있는 백성들과
21 에돔과 모압과 암몬 백성과
22 두로의 모든 왕들과 시돈의 모든 왕들, 바
다 건너 멀리 떨어진 섬의 모든 왕들,
23 드단과 데마와 부스와 머리카락을 짧게 깎
은 모든 백성,
24 아라비아의 모든 왕들, 광야에 서로 섞여
사는 모든 족속의 왕들,
25 시므리의 모든 왕들과 엘람의 모든 왕들과
메대의 모든 왕들,
26 그리고 북쪽에서 멀리 떨어져 있거나 가
까이 위치해 있는 땅의 모든 왕들도 그 잔
을 마시게 했다. 땅 위에 있는 세계의 모
든 나라에 여호와의 진노의 잔을 주었으
며 바빌로니아 왕은 마지막으로 그 잔을
마시게 될 것이다.
27 "너는 그들에게 이렇게 전하여라. '만군
의 여호와, 이스라엘의 하나님께서 이렇게
말씀하셨다. 이 진노의 잔을 마셔라. 너
희는 취하고 토하여라. 쓰러져서 일어나
지 마라. 왜냐하면 내가 전쟁을 일으켜 너
희를 죽일 것이기 때문이다.'
28 그들이 네 손에서 잔을 받아 마시려 하지
않으면 너는 이렇게 말하여라. '만군의
여호와께서 이렇게 말씀하셨다. 너희는
반드시 이 잔을 마셔야 한다.
29 보아라. 내가 내 이름으로 부르는 성, 예
루살렘에 이미 재앙을 내리기 시작했는데
너희가 심판을 받지 않을 거라고 생각하
느냐? 너희는 반드시 심판을 받을 것이

지중해안 아스글론 유적지(25:20)

다. 내가 세계의 모든 백성들에게 전쟁을
일으킬 것이다. 만군의 여호와의 말씀이
다.'
30 너는 그들을 향해 이렇게 예언하여라. 그
들에게 이렇게 말하여라. '여호와께서 하
늘에서 외치시고 거룩한 성전에서 소리를
내신다. 그의 땅을 향해 외치시니 포도주
를 만들려고 포도를 밟는 사람처럼 세상
에 사는 모든 사람들을 향해 소리를 내신
다.
31 이는 그 소리가 온 땅에 퍼질 것이니 여
호와께서 온 나라를 심판하시기 때문이
다. 여호와께서 모든 사람을 심판하시고
악한 사람을 칼로 죽이신다. 여호와의 말
씀이다.'"
32 만군의 여호와께서 이렇게 말씀하셨다.
"보아라. 곧 이 나라에서 저 나라로 재앙
이 퍼질 것이니 마치 세찬 폭풍처럼 땅 끝
까지 퍼져 나갈 것이다."
33 그 때에는 땅 이 끝에서 저 끝까지 여호
와의 심판을 받은 시체들이 널려 있을 것
이다. 그들의 죽음을 슬퍼해 줄 사람도 없
을 것이며, 시체들을 거두어 묻어 줄 사
람도 없이 그들은 거름덩이처럼 땅 위에
뒹굴게 될 것이다.
34 너희 지도자들아, 울어라. 크게 울부짖어
라. 백성의 지도자들아, 재 속에서 뒹굴
어라. 너희가 죽임을 당할 때가 되었다.
너희가 한때는 귀중한 것이었으나 이제는
깨진 항아리 조각처럼 곳곳에 흩어지게
될 것이다.

35 지도자들은 숨을 곳도 없을 것이다. 이 백
성의 신하들은 아무 데도 피하지 못할 것
이다.
36 지도자들의 울부짖는 소리가 들린다. 백
성의 지도자들이 외치는 소리가 들린다.
그것은 여호와께서 그들의 땅을 멸망시켰
기 때문이다.
37 그 평화롭던 목장이 황무지처럼 될 것이
다. 그것은 여호와께서 크게 분노하셨기
때문이다.
38 여호와께서 사자처럼 그 우리에서 나오셨
다. 여호와의 무서운 진노 때문에, 여호
와의 맹렬한 분노 때문에, 그들의 땅이 황
무지가 되었다.

예레미야의 성전 설교

26 이것은 요시야의 아들 여호야김이
유다 왕이 된 첫해*에 여호와께서
주신 말씀입니다.
2 여호와께서 이렇게 말씀하셨다. "예레미야
야, 여호와의 성전 뜰에 서서 그 곳으로
경배하러 오는 유다의 모든 백성들에게
내가 너를 명하여 전하라고 한 모든 말을
하나도 빠짐없이 전하여라.
3 혹시 그들이 그 말을 듣고 자기의 악한 길
에서 돌이킬지도 모른다. 만약 그들이 돌
이킨다면 그들의 악한 짓 때문에 재앙을
내리려 한 나의 생각을 바꾸겠다.
4 너는 그들에게 이렇게 전하여라. '여호와
께서 이렇게 말씀하셨다. 내가 너희에게
준 가르침을 너희는 지키고 그대로 따라
야 한다.
5 너희는 내가 거듭해서 보낸 내 종 예언자
들의 말에 귀 기울여야 한다. 그러나 너
희는 그들의 말을 듣지 않았다.
6 너희가 내 말에 순종하지 않으면, 내가 이
성전을 실로에 있던 성막처럼 무너뜨리겠
다. 예루살렘을 세계 모든 백성의 저주 거
리가 되게 하겠다.'"

알아두세요

26:1 이 해는 B.C. 608년에 해당된다.

7 제사장들과 예언자들과 모든 백성들은 예
레미야가 여호와의 성전에서 전한 이 말
을 다 들었습니다.
8 여호와께서 모든 백성에게 전하라고 명하
신 모든 말씀을 예레미야가 전하자, 제사
장들과 예언자들과 모든 백성이 예레미야
를 붙잡고 "너를 죽이고 말겠다!
9 네가 어찌 감히 여호와의 이름으로 그런
예언을 하느냐? 어찌 감히 이 성전이 실
로의 성막처럼 무너질 것이라고 말하느
냐? 어찌 감히 예루살렘이 아무도 살지 못
할 황무지가 될 것이라고 말하느냐?" 하
고 외치면서 예레미야에게 몰려들었습니
다.
10 유다의 지도자들이 그 소식을 듣고 왕궁
에서 나와 여호와의 성전으로 올라갔습니
다. 그들은 '여호와의 새 문' 입구에 자
리를 잡고 앉았습니다.
11 제사장들과 예언자들이 유다의 지도자들
과 모든 백성들을 향해 말했습니다. "예레
미야는 죽어야 합니다. 여러분도 여러분
의 귀로 직접 들었듯이 예레미야는 예루살
렘에 대해 좋지 않은 예언을 하였습니다."
12 그러자 예레미야가 유다의 모든 지도자들
과 모든 백성들을 향해 말했습니다. "여
호와께서 나를 보내셔서 이 성전과 이 성
에 대해 이 말을 예언하라고 하셨소. 여
러분이 들은 것은 다 여호와께서 주신 말
씀이오.
13 이제 여러분의 생활을 바꿔 올바른 일을
하도록 하시오. 여러분의 하나님 여호와
께 순종해야 하오. 그러면 여호와께서도
마음을 바꾸셔서 여러분에게 내리려 하셨
던 재앙을 거둬들이실 것이오.
14 보시오. 나는 여러분 손 안에 있으니 여
러분 마음대로 하시오.
15 그러나 나를 죽이더라도 이것만은 분명히
알아 두시오. 나를 죽이면 여러분은 죄 없
는 사람을 죽이는 것이 되오. 여러분뿐만
아니라 이 성과 이 성에 사는 모든 사람
들도 그 죄에서 벗어날 수 없소. 그것은
나를 여러분에게 보내신 분은 정말로 여

호와이시고, 여러분이 들은 이 말씀도 여
호와께서 주신 말씀이기 때문이오."
16 유다의 지도자들과 모든 백성이 제사장들
과 예언자들에게 말했습니다. "예레미야를
죽여서는 안 됩니다. 예레미야가 우리에게
한 말은 우리 하나님 여호와께서 주신 말
씀입니다."
17 그러자 그 땅의 장로들 가운데서 몇 사람
이 일어나 거기 모인 모든 백성에게 말했
습니다.
18 "히스기야가 유다 왕으로 있을 때에 모레
셋 사람 예언자 미가가 모든 유다 백성을
향해 이렇게 말한 적이 있습니다. '만군
의 여호와께서 이렇게 말씀하셨다. 시온
은 밭을 갈듯 뒤집힐 것이며, 예루살렘은
폐허 더미로 바뀔 것이다. 성전 언덕은 수
풀만 무성하게 될 것이다.'
19 유다 왕 히스기야는 미가를 죽이지 않았습
니다. 유다의 그 어떤 백성도 미가를 죽이
지 않았습니다. 도리어 히스기야는 여호와
를 두려워하며 그분을 기쁘게 해 드렸습
니다. 그래서 여호와께서도 생각을 바꾸
시고 유다에 내리려 하셨던 재앙을 내리
지 않으셨습니다. 만약 우리가 예레미야를
해치는 무서운 악을 행한다면 우리 스스
로 무서운 재앙을 불러들이는 것이 됩니
다."
20 그 무렵에 여호와의 이름으로 예언한 사
람이 또 한 명 있었습니다. 그는 기럇여아
림 사람, 스마야의 아들 우리야였습니다.
그는 이 성과 땅을 향해 예레미야와 똑같
은 말씀을 전했습니다.
21 우리야의 말을 들은 여호야김 왕과 그의
모든 군대 장교들과 유다의 모든 신하들
은 우리야를 죽이려 했습니다. 우리야는
그 소식을 듣고 무서워서 이집트로 도망
갔습니다.
22 그러나 여호야김 왕은 악볼의 아들 엘라단
을 비롯해 몇 사람을 이집트로 보냈습니
다.
23 그들은 이집트에서 우리야를 붙잡아 여호
야김 왕에게 데려왔습니다. 여호야김은 우
리야를 칼로 쳐죽이라고 명령했습니다.
그들은 우리야를 죽여 그 시체를 보통 사
람들의 무덤에 내던졌습니다.
24 사반의 아들 아히감이 예레미야를 도와 주
었습니다. 아히감은 사람들이 예레미야를
죽이려는 것을 막아 주었습니다.

느부갓네살이 멍에를 지우다

27 유다 왕 요시야의 아들 여호야김이
나라를 다스리기 시작할 무렵에 여
호와께로부터 예레미야에게 다음과 같은
말씀이 임하였습니다.
2 여호와께서 나에게 이렇게 말씀하셨다.
"줄과 막대기로 멍에를 만들어 네 목에 메
어라.
3 유다 왕 시드기야를 만나려고 예루살렘으
로 온 사신들을 시켜 에돔 왕과 모압 왕과
암몬 자손의 왕과 두로 왕과 시돈 왕에게
말을 전하여라.
4 그들에게 이 말을 그 주인들에게 전하라
고 하여라. '만군의 여호와, 이스라엘의
하나님께서 이렇게 말씀하셨다. 너희 주
인들에게 전하여라.
5 나는 큰 힘과 강한 팔로 땅과 땅 위의 모
든 사람과 짐승을 만들었다. 그러므로 그
땅을 내 마음에 드는 사람에게 주겠다.
6 이제 나는 이 모든 땅을 나의 종인 바빌
로니아 왕 느부갓네살에게 주겠고, 들짐승
들조차 그에게 순종하게 하겠다.
7 모든 나라가 느부갓네살과 그의 아들과 손
자를 섬기게 될 것이다. 그런 뒤에 바빌로

성경 인물

우리야 이름의 의미는 '여호와는 나의 빛'이며, 기럇여아림 출신으로 예레미야와 같이 활동했던 무명의 예언자였습니다. 이 곳에만 유일하게 등장하는 우리야는 예레미야처럼 침략 세력인 바빌로니아에게 항복하라는 매국적인 예언을 당시 위정자들에게 하여 여호야김 왕에게 사형당했습니다. 우리야는 처음에 이집트로 피신했지만, 여호야김이 이집트에 의해 세워진 왕이며 유다와 이집트는 주종관계에 있었기 때문에 그를 유다로 인도해 올 수 있었습니다. 본문 보기 26장 20절

니아가 망할 날이 올 것이다. 그 때가 되
면 여러 나라들과 위대한 왕들이 바빌로
니아 사람들을 종으로 삼을 것이다.
8 그러나 바빌로니아 왕 느부갓네살을 섬기
려 하지 않거나 바빌로니아 왕의 지배를
받지 않으려 하는 민족이나 나라가 있으
면, 내가 그 민족을 전쟁과 굶주림과 무
서운 병으로 심판하여 멸망시키겠다. 느
부갓네살과 맞서 싸우는 민족은 망할 것이
다. 나 여호와의 말이다.
9 그러므로 너희는 너희가 바빌로니아 왕의
노예가 되지 않을 것이라고 말하는 거짓
예언자나 점쟁이나 꿈의 뜻을 풀어 주는
사람이나 무당이나 마술사의 말에 귀 기
울이지 마라.
10 그들은 너희에게 거짓을 예언하며 너희를
고향 땅에서 멀리 쫓겨나게 할 뿐이다. 만
약 너희가 그들의 말을 들으면 내가 너희
를 고향에서 쫓아 낼 것이고, 그러면 너
희는 다른 나라 땅에서 죽을 것이다.
11 그러나 스스로 바빌로니아 왕의 지배를 받
고 그를 섬기는 민족은 내가 그 고향 땅
에서 농사를 지으며 그대로 살게 할 것이
다. 나 여호와의 말이다.'"

성경 자세히 이해하기

바빌로니아의 신전으로 옮겨진 성전의 기구들

예루살렘 성전의 기구들은 바빌로니아의 2차 침략 때, 즉 B.C. 597년 여호야긴 왕 때 바빌로니아로 옮겨졌습니다(왕하 24:12-13). 고대에는 정복자가 피정복민들이 섬기는 신상을 자기 나라의 신전으로 옮겨 가는 것이 관습이었는데, 이것은 완전한 승리를 상징하고, 자신들의 승리를 도운 민족신에게 보고 내지는 감사하는 의미가 있었습니다. 그러나 이스라엘에는 신상이 없었기 때문에 대신 성전의 모든 기구들을 가져가게 되었던 것입니다. 본문 보기 27장 16절

알아두세요

27:20 개역 성경에는 '여고니야'로 표기되어 있는데 이는 '여호야긴'을 가리킨다.

12 나는 또 유다 왕 시드기야에게도 이 모든
말을 그대로 전하였다. "너희는 바빌로니아
왕의 지배를 받으며 그를 섬겨야 한다. 그
와 그의 백성을 섬기면 너희는 살 것이다.
13 여호와께서 바빌로니아 왕을 섬기지 않는
백성은 전쟁과 굶주림과 전염병으로 죽을
것이라고 말씀하셨는데 너와 너의 백성은
어찌하여 그런 백성들처럼 죽으려 하느냐?
14 거짓 예언자들은 너희가 절대로 바빌로니
아 왕의 노예가 되지 않을 것이라고 말한
다. 그러나 그들은 너희에게 거짓 예언을
하고 있으므로 그 말에 귀 기울이지 마라.
15 여호와께서 이렇게 말씀하셨다. '나는 그
들을 보내지 않았다. 그럼에도 불구하고
내 이름으로 거짓 예언을 하는 너희를 내
가 이 땅에서 쫓아 버리겠다. 너희와 너희
에게 예언하는 예언자들은 죽을 것이다.'"
16 내가 또 제사장들과 모든 백성들에게 말
하였다. "여호와께서 이렇게 말씀하셨다.
'여호와의 성전에 있던 물건들을 바빌론
에서 곧 되찾아 올 수 있을 것이라고 예
언하는 소리를 듣지 마라. 그들은 거짓을
예언하고 있다.
17 너희는 그 예언자들의 말을 듣지 마라. 바
빌로니아 왕을 섬겨라. 그러면 살 수 있
다. 예루살렘이 폐허가 되어야 하겠느냐?
18 그들이 정말 예언자라면, 그들이 정말 여
호와의 말씀을 받았다면 그들은 만군의
여호와께 기도해야 할 것이다. 그들은 여
호와의 성전 안에 남아 있는 물건들과 유
다의 왕궁과 예루살렘에 남아 있는 것들을
바빌로니아 사람들이 빼앗아 가지 못하도
록 기도해야 한다.'"
19 만군의 여호와께서 성전 안에 있는 기둥
들과 바다라고 부르는 커다란 놋대야와
받침대와 그 밖의 남아 있는 물건들에 관
해 이렇게 말씀하셨다.
20 "이것은 바빌로니아 왕 느부갓네살이 유다
왕 여호야김의 아들 여호야긴*을 비롯하여
유다와 예루살렘의 귀족들을 사로잡아 갈
때 남겨 놓고 간 것이다."
21 만군의 여호와, 이스라엘의 하나님께서 여

호와의 성전과 유다의 왕궁과 예루살렘에
남아 있는 물건들에 관해 이렇게 말씀하
셨다.
22 "이 모든 것도 바빌론으로 실려 갈 것이
다. 내가 가서 다시 찾아올 때까지 그 곳
에 있게 될 것이다. 그후에 내가 그것들
을 이 곳에 다시 옮겨 놓을 것이다. 나 여
호와의 말이다."

거짓 예언자 하나냐

28 유다 왕 시드기야가 나라를 다스리
기 시작하여 사 년째 되는 해 다
섯째 달에 일어난 일입니다. 앗술의 아들
이며 기브온 사람인 예언자 하나냐가 여호
와의 성전에서 제사장들과 모든 백성들이
보는 앞에서 나 예레미야에게 말했습니다.
2 "만군의 여호와, 이스라엘의 하나님께서
이렇게 말씀하셨다. 바빌로니아 왕이 유다
에게 메게 한 멍에를 내가 꺾어 버리겠다.
3 이 년 안에 바빌로니아 왕 느부갓네살이 이
곳 여호와의 성전에서 바빌론으로 가져간
물건들을 내가 다시 이 곳으로 가져오겠
다.
4 유다 왕 여호야김의 아들 여호야긴과 포로
가 되어 바빌론으로 끌려갔던 유다 백성들
도 내가 다시 이 곳으로 데려오겠다. 내
가 바빌로니아 왕이 유다에게 메게 한 멍
에를 꺾어 버리겠다. 여호와의 말씀이
다."
5 그러자 예언자 예레미야가 여호와의 성전
에 서 있는 제사장들과 모든 백성들이 보
는 앞에서 예언자 하나냐에게 대답했습니
다.
6 예언자 예레미야가 말하였다. "아멘! 여호
와께서 그렇게 해 주시기만 하면 얼마나
좋겠소. 당신이 예언한 말을 여호와께서
이루어 주시면 정말 좋겠소. 여호와께서
여호와의 성전 안에 있던 모든 물건들을
바빌론에서 이 곳으로 가져오시고 포로로
잡혀 갔던 사람들도 다시 이 곳으로 데려
오시면 좋겠소.
7 그러나 내가 당신과 모든 백성들에게 하
는 이 말을 들으시오.
8 하나냐여, 오래 전부터 나나 당신보다 먼
저 예언한 예언자들이 있었소. 그들은 여
러 나라와 큰 왕국들에게 전쟁과 굶주림
과 무서운 병이 닥칠 것을 예언했소.
9 평화를 예언하는 예언자는 그의 예언이
이루어진 뒤에야 그가 여호와께서 보내신
참 예언자라는 것을 인정받을 수 있을 것
이오."
10 그러자 예언자 하나냐가 예언자 예레미야
의 목에서 멍에를 빼앗아 그것을 꺾어 버
렸습니다.
11 그리고 하나냐는 모든 백성들이 보는 앞
에서 이렇게 말했습니다. "여호와께서 이
렇게 말씀하셨소. '내가 이처럼 바빌로니
아 왕 느부갓네살이 세계 온 나라의 목에
건 멍에를 이 년 안에 꺾어 버리겠다.'"
하나냐의 말이 끝나자 예언자 예레미야는
그 자리를 떠났습니다.
12 예언자 하나냐가 예레미야의 목에서 멍에
를 꺾은 지 얼마 지나지 않은 때에 여호
와께서 예레미야에게 말씀하셨습니다.
13 "하나냐에게 가서 이렇게 전하여라. '여호
와께서 말씀하셨다. 네가 나무 멍에를 꺾
었으나 그 대신에 쇠 멍에를 만들어야 할
것이다.
14 만군의 여호와, 나 이스라엘의 하나님이
말한다. 내가 이 모든 나라의 목에 쇠 멍
에를 씌울 것이다. 그리하여 그들이 바빌
로니아 왕 느부갓네살을 섬기고 그의 종이
되게 할 것이다. 내가 들짐승들조차 그를
순종하게 할 것이다.'"
15 예언자 예레미야가 예언자 하나냐에게 말
했습니다. "하나냐여, 들으시오. 여호와께
서는 당신을 보내지 않으셨소. 그런데도
당신은 이 백성들이 거짓말을 믿게 만들
었소.
16 그러므로 여호와께서 이렇게 말씀하셨소.
'보아라. 내가 곧 너를 이 땅에서 없애 버

예언자(28:10 prophet) 하나님의 계시를 백성들에게 전해 주는 사람.
멍에(28:11 yoke) 행동에 구속을 받거나 무거운 짐을 진 것을 비유하여 하는 말.

리겠다. 너는 올해에 죽을 것이다. 네가
여호와를 배반하도록 백성들에게 가르쳤
기 때문이다.'"
17 예언자 하나냐는 그 해 일곱째 달에 죽었
습니다.

바빌론 포로에게 보낸 편지

29 예언자 예레미야가 느부갓네살이 바
빌론으로 잡아간 장로들과 제사장
들, 그리고 예언자들과 모든 백성들에게
예루살렘에서 편지를 보냈습니다.
2 그 때는 여호야긴 왕과 그의 어머니, 내시
들, 유다와 예루살렘의 신하들, 그리고 기
술자들과 대장장이들이 예루살렘에서 포
로로 끌려간 후였습니다.
3 유다 왕 시드기야가 사반의 아들 엘라사와
힐기야의 아들 그마랴를 바빌로니아 왕 느
부갓네살에게 보냈습니다. 그래서 예레미
야는 그 편지를 그들에게 주어 바빌론으로
보냈습니다. 편지의 내용은 이러합니다.
4 만군의 여호와, 이스라엘의 하나님께서 예
루살렘에서 바빌론으로 쫓아 버린 모든 백
성에게 이렇게 말씀하셨다.
5 "너희는 집을 짓고 그 땅에 머물러 살아
라. 과수원도 짓고 거기에서 자라는 열매
를 먹어라.
6 결혼하여 아들딸을 낳고 너희 아들들도
장가가게 하고 너희 딸들도 시집가게 해
서 그 곳에서 아들딸을 낳게 하여라. 너
희는 그 곳에서 자녀를 많이 낳아 너희 수
가 줄어들지 않게 하여라.
7 그리고 내가 너희를 쫓아 보낸 그 성에 평
안이 임하도록 기도하고 너희가 살고 있
는 성을 위해 여호와께 기도하여라. 그 성
이 평안해야 너희도 평안할 것이다."
8 만군의 여호와, 이스라엘의 하나님께서 이
렇게 말씀하셨다. "너희 가운데 있는 예
언자들과 점쟁이들에게 속지 마라. 그들
의 꿈 이야기에도 귀 기울이지 마라.
9 나는 그들을 보내지 않았는데 그들은 내
이름으로 너희에게 거짓 예언을 하고 있
다. 나 여호와의 말이다."
10 여호와께서 이렇게 말씀하셨다. "칠십 년
동안은 바빌로니아가 강한 나라가 될 것이
다. 그 기간이 지난 뒤에 내가 너희를 찾
아가 예루살렘으로 데려오겠다고 한 내 약
속을 지키겠다.

70년 후에 이스라엘 백성들을 바빌로니아에서
해방시켜 주실 것을 말씀하심(29:10-14)

11 너희를 위해 세운 나의 계획을 내가 알고
있으니 내가 너희에게 재앙이 아닌 희망
이 넘치는 미래를 주려 한다.
12 너희가 내 이름을 부르고 내게 와서 기도
하면 내가 너희의 기도를 들어 주겠다.
13 너희가 온전한 마음으로 나를 찾고, 찾으
면 나를 만날 것이다.
14 내가 너희를 만나 주겠다. 나 여호와의 말
이다. 그리고 내가 너희를 포로 상태에서
풀어 주겠다. 너희를 쫓아 보낸 세상의 모
든 나라에서 너희를 모아 다시 이 곳으로
데려오겠다. 나 여호와의 말이다."
15 너희는 '여호와께서 바빌론에서도 우리에
게 예언자들을 주셨다'고 말한다.
16 그러나 지금 다윗의 보좌에 앉아 있는 왕
과 아직 예루살렘 성에 살고 있는 모든 백
성, 곧 바빌론으로 끌려가지 않은 너희의
형제들에 관해 여호와께서 이렇게 말씀하
셨다.
17 만군의 여호와께서 이렇게 말씀하셨다.
"보아라. 내가 아직 예루살렘에 살고 있는
백성들에게 전쟁과 굶주림과 무서운 병을
보내어 그들을 썩어서 먹을 수 없는 나쁜
무화과처럼 만들겠다.
18 내가 전쟁과 굶주림과 무서운 병을 보내
어 그들을 세계 온 나라 중에 역겨운 백
성으로 만들겠다. 그들은 백성들의 저주
와 놀림과 웃음거리와 부끄러움이 될 것
이다. 그들은 내가 쫓아 낸 온 땅에서 비
웃음을 당할 것이다.
19 이는 내 종 예언자들을 거듭 보내어 내 말
을 전하게 했으나 그들이 내 말을 듣지 않
았기 때문이다. 나 여호와의 말이다.
20 그러므로 내가 예루살렘에서 바빌론으로
쫓아 낸 너희 포로들아, 너희는 나 여호
와의 말을 들어라."
21 만군의 여호와, 이스라엘의 하나님께서 골
라야의 아들 아합과 마아세야의 아들 시드
기야에 관해 이렇게 말씀하셨다. "이 두
사람은 내 이름으로 너희들에게 거짓 예
언을 했다. 보아라. 내가 그들을 바빌로니
아 왕 느부갓네살에게 넘겨 주겠다. 느부
갓네살이 너희 앞에서 그들을 죽일 것이
다.
22 그들의 일 때문에 바빌론으로 사로잡혀 온
모든 유다 포로들이 남을 저주할 때 '너
도 여호와께서 내리시는 벌을 받아 바빌
로니아 왕이 불로 태워 죽인 시드기야와 아
합처럼 되어라' 하고 말할 것이다.
23 그들은 이스라엘 백성 가운데서 악한 짓을
했다. 그들은 자기 이웃의 아내들과 간음
하였고, 나 여호와의 이름을 팔아 시키지
도 않은 거짓말을 했다. 나는 그들이 한
짓을 안다. 내가 바로 증인이다. 나 여호
와의 말이다."
24 "너는 느헬람 사람 스마야에게도 전하여
라."
25 만군의 여호와, 이스라엘의 하나님께서 이
렇게 말씀하셨다. "스마야야, 너는 예루살
렘에 사는 모든 백성과 마아세야의 아들
제사장 스바냐와 다른 모든 제사장에게 편
지를 보냈다.
26 '여호와께서 제사장 여호야다를 대신하여
당신을 제사장으로 삼으셔서 당신은 여호
와의 성전을 책임지는 사람이 되었습니
다. 그러니 당신은 스스로 예언자 행세를
하는 미친 사람들을 혼내 주어야 합니다.
그런 사람을 붙잡아 손과 발에 차꼬를 채
우고 목에는 칼을 씌워야 합니다.
27 그런데 지금 아나돗 사람 예레미야가 당신
들에게 스스로 예언자 행세를 하고 있는
데도 그를 혼내 주지 않는 것입니까?
28 그는 바빌론에 있는 우리에게 편지를 보
내어 우리가 이 곳에 오랫동안 살게 될 것
이라고 말하면서 이 곳에 집을 지어 머물
러 살고 과수원을 지어 거기에서 자라는
열매를 먹으라고 합니다.'"
29 제사장 스바냐가 그 편지를 예언자 예레미
야가 듣는 데서 읽어 주었습니다.
30 그 때에 여호와께서 예레미야에게 말씀하
셨습니다.
31 "바빌론에 사는 모든 포로에게 이 말을 전
하여라. '여호와께서 느헬람 사람 스마야
에 관해 이렇게 말씀하셨다. 스마야가 너

희에게 예언하고 있으나 나는 그를 보내
지 않았다. 그는 너희에게 거짓말을 믿게
하고 있다.
32 그러므로 여호와께서 이렇게 말씀하셨다.
보아라. 내가 곧 느헬람 사람 스마야와 그
의 자손을 벌하겠다. 그의 집안 사람은 아
무도 이 백성 가운데 살아 남지 못할 것
이다. 그는 내가 내 백성을 다시 고향으
로 돌아가게 하는 좋은 일을 보지 못할 것
이다. 왜냐하면 그가 백성에게 나 여호와
를 배반하도록 가르쳤기 때문이다. 여호
와의 말씀이다.'"

희망의 약속

30 이것은 여호와께서 예레미야에게
하신 말씀입니다.
2 "이스라엘의 하나님 여호와가 말한다. 예
레미야야, 내가 너에게 한 모든 말을 책에
기록하여라.
3 보아라. 때가 되면 내가 내 백성 이스라엘
과 유다를 포로 생활에서 해방시키겠다.
내가 그들을 그들의 조상에게 준 땅으로
돌아오게 할 것이니 내 백성이 그 땅을 다
시 차지할 것이다. 나 여호와의 말이다."
4 이것은 여호와께서 이스라엘과 유다 백성
에 관해 하신 말씀입니다.

성경 자세히 이해하기

위로의 책

지금까지 이스라엘에 대한 하나님의 심판을 예언해 왔던 예레미야는 30-33장에서는 심판이 아니라 오히려 미래에 대한 소망을 제시하는 '위로'를 주제로 삼고 있습니다. 물론 앞에서도 위로나 소망이 전혀 없었던 것은 아니지만 여기서는 그것을 보다 구체적이고도 집중적으로 묘사하고 있습니다. 그래서 이 부분은 특히 '위로의 책'이라고 일컬어져 왔습니다. 여기서 예레미야는 하나님께서 심판으로 이스라엘 백성과의 관계를 끊으신 것이 아니라, 그들과 더 새롭고 영원한 관계를 재정립하실 것이라고 말하고 있습니다.

본문 보기 30장

5 여호와께서 이렇게 말씀하셨다. "백성들
이 무서워하며 울부짖는 소리가 들린다.
두려움만 가득할 뿐 평화가 없다.
6 물어 보아라. 그리고 생각해 보아라. 남
자가 아기를 잉태할 수 있느냐? 그런데
어찌하여 남자들마다 모두 아기를 낳는
여자처럼 손으로 자기 허리를 움켜잡고
있느냐? 어찌하여 사람들마다 죽은 사람
처럼 창백해지느냐?
7 아아! 무시무시한 날이다. 이런 날이 다시
는 없을 것이다. 야곱의 백성에게 큰 재
앙의 날이다. 그러나 그들은 그 재앙으로
부터 구원을 받을 것이다."
8 만군의 여호와께서 이렇게 말씀하셨다.
"그 날이 오면 내가 그들의 목에서 멍에
를 꺾어 버리고, 그들을 묶은 사슬을 끊
어 버리겠다. 앞으로는 다른 나라 백성이
내 백성을 노예로 만들지 못할 것이다.
9 그들은 그들의 하나님 나 여호와를 섬기
고, 내가 그들에게 보내 줄 그들의 왕 다
윗을 섬길 것이다.
10 그러므로 내 종 야곱아, 너는 두려워하지
마라. 이스라엘아, 무서워하지 마라. 나
여호와의 말이다. 보아라. 저 멀리 떨어
진 곳에서 내가 너희를 구해 내겠고, 너
희가 포로로 끌려간 그 땅에서 너희 자손
을 구원하겠다. 야곱 백성은 다시 평화와
안정을 누릴 것이며, 아무도 그들을 위협
하지 못할 것이다.
11 나 여호와가 말한다. 내가 너와 함께하며
너를 구원하겠다. 내가 너를 여러 나라로
흩어 버렸지만 이제 그 나라들을 완전히 멸
망시키겠다. 그러나 너만은 내가 멸망시키
지 않겠다. 내가 너를 공정하게 심판하겠
으며, 너는 심판을 피하지 못할 것이다."
12 여호와께서 이렇게 말씀하셨다. "너희 백
성은 치료할 수 없는 상처를 입었다. 네
가 당한 부상은 고칠 수 없다.
13 네 아픈 사정을 들어 주고 도와 줄 사람
이 아무도 없고, 네 종기를 치료할 약도
없으니 너는 나을 수 없다.
14 네 친구였던 나라들이 모두 너를 잊었고,

다시는 너를 찾지 않는다. 내가 너를 원
수처럼 쳤고, 무서운 벌을 주었다. 이는
네 죄가 너무 크고 허물이 너무 많기 때
문이다.
15 네가 어찌하여 상처를 입었다고 울부짖느
냐? 네 아픔은 고칠 수 없다. 네 죄가 너
무 크고 허물이 너무 많아 나 여호와가 이
런 벌을 네게 내린 것이다.
16 그러나 이제는 너를 멸망시킨 나라들이
다 멸망할 것이다. 너의 모든 원수들이 포
로로 끌려갈 것이다. 너의 것을 도적질한
사람은 도적질당할 것이고, 너의 것을 빼
앗은 사람은 빼앗길 것이다.
17 그들이 너를 가리켜 '버려진 자'라고 하
며, '아무도 시온을 찾지 않는다'고 말하
지만 내가 너를 다시 건강하게 만들고 네
상처를 고쳐 주겠다. 나 여호와의 말이
다."
18 여호와께서 이렇게 말씀하셨다. "보아라.
내가 야곱 백성의 장막을 회복시키고, 이
스라엘 집을 불쌍히 여기겠다. 폐허의 언
덕 위에 성이 다시 세워지겠고, 왕궁이 제
자리에 다시 설 것이다.
19 너희 백성이 감사의 노래를 부르고 그들
에게서 웃음 소리가 터져 나올 것이다. 내
가 너희에게 많은 자녀를 주어 너희의 수
가 적지 않게 될 것이다. 내가 너희를 존
귀하게 하여 아무도 너희를 얕보지 못하
게 하겠다.
20 너희 자손이 옛날과 같이 될 것이다. 그
회중은 내 앞에 굳게 설 것이며 너희를 해
친 모든 나라에 내가 벌을 내릴 것이다.
21 너희의 지도자는 너희 중에서 나오고, 너
희를 다스리는 자가 그 백성 가운데서 나
올 것이다. 내가 부를 때에 그가 가까이
나아올 것이다. 누가 감히 부르지도 않았
는데 나에게 나아올 수 있겠느냐? 나 여
호와의 말이다."
22 "그러므로 너희는 나의 백성이 되고, 나
는 너희의 하나님이 될 것이다."
23 보아라. 여호와께서 크게 분노하셨다. 심
판이 폭풍과 태풍처럼 와서 악한 백성의
머리를 쳤다.
24 백성들을 다 벌하시기까지 여호와의 분노
가 그치지 않는다. 계획하신 심판이 끝나
기까지 진노를 거두시지 않는다. 마지막
날이 오면, 너희가 이것을 깨달을 것이
다.

새 이스라엘

31 "나 여호와가 말한다. 그 날이 오면
내가 모든 이스라엘 가족의 하나님이
되고, 그들은 내 백성이 될 것이다."
2 여호와께서 이렇게 말씀하셨다. "원수의
칼에 죽지 않고 살아남은 백성이 광야에
서 은혜를 입을 것이다. 내가 이스라엘을
편안히 쉬게 하겠다."
3 옛날에 여호와께서 이스라엘 백성에게 나
타나 말씀하셨다. "내가 영원한 사랑으로
너를 사랑하였고, 내 한결같은 사랑을 너
에게 베풀었다.
4 처녀 이스라엘아, 내가 너를 다시 세우리
니 너는 다시 설 것이다. 네가 다시 소고
를 들고 기뻐하는 사람들과 함께 춤출 것
이다.
5 네가 다시 사마리아 산에서 포도밭을 가꿀
수 있을 것이며, 포도밭을 만든 농부들이
그 열매를 맛볼 수 있을 것이다.
6 파수꾼들이 에브라임 산에서 '자, 일어나
라. 우리 하나님 여호와께서 계신 시온으
로 올라가자' 하고 외칠 날이 올 것이다."
7 여호와께서 이렇게 말씀하셨다. "너희는
이스라엘 백성을 위하여 기뻐 노래하여라.
온 나라들이 만나는 곳에서 소리 높여 찬
양하기를, '여호와여, 주의 백성 이스라엘
의 남은 사람을 구원해 주십시오'라고 하
여라.
8 보아라! 내가 이스라엘을 북쪽 나라에서
데려오겠다. 그들을 땅 끝에서부터 모아
오겠다. 그들 가운데는 눈멀고 절뚝거리
는 사람도 있을 것이며, 아기를 밴 여자
와 곧 아기를 낳을 여자도 있을 것이다.

종기(30:13 swelling) 살갗의 한 부분이 곪아 고름이 생기는 병. 부스럼.
허물(30:14 fault) 저지른 잘못. 그릇된 실수.

큰 무리가 함께 이 곳으로 돌아올 것이다.
9 그들은 눈물을 흘리며 돌아올 것이며, 나
는 가엾게 여기는 마음으로 그들을 데려올
것이다. 내가 그들을 시냇가로 인도하며
걸려 넘어지지 않도록 평탄한 길로 인도할
것이다. 이는 내가 이스라엘의 아버지이며,
에브라임은 내 맏아들이기 때문이다.
10 나라들아, 너희는 나의 말을 듣고 저 먼
바닷가 땅에 이 말을 전하여라. 너희는 이
처럼 말하여라. '이스라엘 백성을 흩으신
분이 그들을 다시 모으시고, 목자처럼 양
떼와 같은 그들을 돌보신다.'
11 여호와가 야곱 백성을 구원하고, 그들보
다 강한 백성에게서 그들을 구할 것이다.
12 이스라엘 백성이 돌아와 시온의 높은 곳에
서 기뻐 외칠 것이다. 여호와가 베풀어 준
온갖 좋은 것, 곧 곡식과 새 포도주와 기
름과 양 새끼와 송아지들을 보고 그들의
얼굴이 환해질 것이다. 이스라엘 백성의
마음은 물 댄 동산 같아서 다시는 괴로운
일을 만나지 않을 것이다.
13 그 때에 젊은 여자들이 기뻐하며 춤을 추
고, 젊은이와 늙은이가 함께 즐거워할 것
이다. 내가 그들의 슬픔을 기쁨으로 바꾸
어 놓고 고통 대신 기쁨과 위로를 주겠다.

성경 자세히 이해하기

라헬의 통곡

예레미야는 이스라엘 백성이 라마에서 통곡하는 것을 라헬의 통곡에 비유하고 있습니다. 라마는 예루살렘 북쪽 약 6km 지점에 위치한 도시로 이스라엘 백성들이 바빌로니아의 포로로 끌려가기 위해 집결해 있던 곳입니다(렘 40:1). 라헬은 야곱이 가장 사랑했던 아내로서, 처음에는 자식을 갖지 못해 안타깝게 부르짖었습니다. 그러나 후에는 요셉을 낳았고, 또 베냐민을 낳다가 죽었습니다(창 30:22-24;35:16-22).

본문 보기 31장 15절

알아두세요

31:18 '에브라임'은 '북 이스라엘'을 가리킨다.
32:1 이 해는 B.C. 587년에 해당된다.

14 제사장들은 살진 제물을 넉넉히 얻을 것
이며 내 백성은 내가 주는 좋은 것으로 배
부를 것이다. 나 여호와의 말이다."
15 여호와께서 이렇게 말씀하셨다. "라마에
서 한 소리가 들리니 그것은 괴로움과 슬
픔으로 울부짖는 소리이다. 라헬이 자기
자녀를 위해 운다. 그 자녀가 죽었으므로
위로받기를 거절한다."
16 그러나 여호와께서 이렇게 말씀하셨다.
"네 우는 소리를 그치고, 네 눈에서 눈물을
거두어라. 네가 한 일에 상이 있을 것이며,
백성이 원수의 나라에서 돌아올 것이다.
17 너의 장래에는 희망이 있으니 네 자녀가
고향 땅으로 돌아올 것이다. 나 여호와의
말이다.
18 내가 에브라임*의 슬피 우는 소리를 분명
히 들었다. '여호와여, 주께서 나를 벌하
셨으므로 내가 교훈을 얻었습니다. 나는
길들여지지 않은 송아지와 같았습니다.
주는 나의 하나님 여호와시니 나를 돌이
켜 주십시오. 내가 돌아가겠습니다.
19 나는 주님을 떠나 헤맸지만 이제는 뉘우
치고 있습니다. 내 잘못을 깨달은 후에는
가슴을 치며 슬퍼했습니다. 내가 젊었을
때, 저지른 어리석은 짓 때문에 부끄럽고
수치스럽습니다.'
20 에브라임은 나의 가장 귀한 아들이요, 귀
여워하는 아들이다. 내가 가끔 이스라엘을
꾸짖었지만 나는 여전히 이스라엘을 기억
한다. 내 마음이 이스라엘을 무척 사랑하
니 내가 다시 그를 가엾게 여길 것이다.
나 여호와의 말이다.
21 처녀 이스라엘아, 푯말을 세우고 길 표지
판을 만들어라. 길을 잘 살펴보아라. 네
가 걸었던 길을 주의하여 보아라. 처녀 이
스라엘아, 돌아오너라. 네 고향 마을로 돌
아오너라.
22 방탕한 딸아, 네가 언제까지 헤매겠느냐?
여호와가 이 땅에 새 일을 일으킬 것이니
여자가 남자를 안을 것이다."
23 만군의 여호와, 이스라엘의 하나님께서 이
렇게 말씀하셨다. "내가 유다 백성을 옛날

처럼 다시 회복시킬 때에 유다 땅과 그 온
마을에 사는 백성이 이러한 말을 다시 할
것이다. '너 정의의 보금자리, 거룩한 산이
여, 여호와께서 네게 복을 베푸실 것이다.'
24 그 때에 유다와 그 모든 마을의 백성이 평
화롭게 모여 살 것이며, 농부들과 양 떼
를 몰고 다니는 목자들이 평화롭게 모여
살 것이다.
25 내가 목말라 지친 자에게는 물을 주고, 배
고파 힘 없는 자에게는 배불리 먹을 것을
주겠다."
26 나 예레미야는 그 말을 듣고 단잠에서 깨
어나 눈을 떴다.
27 여호와의 말씀이다. "보아라. 날이 이를
것이다. 내가 이스라엘과 유다에 사람과
가축의 수를 헤아릴 수 없을 만큼 많게 할
것이다.
28 옛적에는 내가 이스라엘과 유다를 감시하
며 그들을 뽑고 허물고 멸망시키고 재앙
에 빠뜨렸으나 이제는 세우고 심는 일을
철저히 하겠다. 나 여호와의 말이다."
29 "그 날이 오면 백성이 다시는 '아버지가
신 포도를 먹었으므로 자녀의 이가 시게
되었다'라는 말을 하지 않을 것이다.
30 오직 각 사람이 자기의 죄 때문에 죽을 것
이다. 신 포도를 먹은 그 사람의 이만 시
게 될 것이다."

새 언약

31 "보아라. 날이 이를 것이다. 나 여호와의
말이다. 그 날이 오면 내가 이스라엘 백성
과 유다 백성에게 새 언약을 세울 것이다.
32 그 언약은 내가 그들의 조상의 손을 붙잡
고 이집트 땅에서 끌어 내던 때에 세운 언
약과 다른 것이다. 나는 그들의 남편이 되
었으나 그들은 그 언약을 깨뜨렸다. 나 여
호와의 말이다.
33 그러나 내가 그 날 이후에 이스라엘 집과
언약을 맺을 것이니 나의 법을 그들의 마
음속에 두고 그들의 가슴에 새겨 두어 나
는 그들의 하나님이 되고 그들은 내 백성
이 될 것이다.
34 그 날이 오면 각 사람이 자기의 이웃이나
형제에게 여호와를 알도록 가르칠 필요가
없다. 이는 모든 백성이 나를 알게 될 것이
기 때문이다. 내가 그들의 허물을 용서하고
그들의 죄를 다시는 기억하지 않겠다."

여호와께서는 절대로 이스라엘을 저버리시지 않는다

35 여호와께서 이렇게 말씀하셨다. "나 여호
와가 낮에는 해를 주어 빛을 비추게 하고
밤에는 달과 별들을 지정하여 빛을 비추
게 하였다. 또 바다를 뒤흔들어 파도 소
리가 나게 하였다. 내 이름은 만군의 여
호와이다.
36 나 여호와 앞에서 이 법칙이 어긋나지 않
는 한 이스라엘의 자손도 내 앞에서 항상
나라로서 존재할 것이다."
37 여호와께서 이렇게 말씀하셨다. "만약 사
람이 위로 하늘을 잴 수 있고 아래로 땅
의 기초를 잴 수 있다면 몰라도 그런 일
이 있기 전에는 내가 이스라엘의 모든 자
손이 한 일로 그들을 저버리지 않을 것이
다. 나 여호와의 말이다."

새 예루살렘

38 여호와의 말씀이다. "보아라. 때가 이를
것이다. 그 날이 오면 나 여호와를 위해
예루살렘이 다시 세워질 것이다. 하나넬
망대에서부터 '모퉁이 문'에 이르기까지
모든 것이 다시 세워질 것이다.
39 측량하는 줄이 가렙 언덕까지 곧게 이어
지다가 고아 쪽으로 꺾어질 것이다.
40 시체와 잿더미로 가득 찬 골짜기와 기드
론 시내에서 동쪽의 '말 문' 모퉁이까지
이르는 모든 밭이 여호와의 거룩한 땅이
되고, 다시는 무너지거나 허물어지지 않
을 것이다."

예레미야가 밭을 사다

32 이것은 시드기야가 유다 왕으로 있
은 지 십 년째 되는 해에 여호와
께서 예레미야에게 하신 말씀입니다. 그
해는 느부갓네살 왕이 나라를 다스린 지
십팔 년 되는 해*입니다.
2 그 때에 바빌로니아 군대가 예루살렘을 에
워싸고 있었습니다. 그리고 예언자 예레

미야는 유다 왕궁의 경호대 뜰에 갇혀 있
었습니다.
3 예레미야를 그 곳에 가둔 사람은 유다 왕
시드기야입니다. 시드기야가 물었습니다.
"그대는 어찌하여 그런 예언을 하였소?"
예레미야가 한 예언은 이러합니다. "여호
와께서 이렇게 말씀하셨다. '보아라. 내
가 예루살렘 성을 바빌로니아 왕에게 넘겨
주겠다. 느부갓네살이 이 성을 점령할 것
이다.
4 유다 왕 시드기야는 바빌로니아 군대에게
서 벗어나지 못하고 꼼짝없이 바빌로니아
왕에게 넘겨져 바빌로니아 왕과 얼굴을 맞
대고 직접 이야기하게 될 것이다.
5 바빌로니아 왕이 시드기야를 바빌론으로 데
려갈 것이니 시드기야는 내가 내리는 벌이
끝날 때까지 그 곳에 머물러 있을 것이다.
나 여호와의 말이다. 너희가 바빌로니아
군대와 싸워도 이기지 못할 것이다.'"
6 예레미야가 말했습니다. "여호와께서 내게
말씀하셨소.
7 예레미야야, 네 숙부 살룸의 아들 하나멜이
네게 와서 이렇게 말할 것이다. '당신은
나의 가장 가까운 친척이니 아나돗에 있
는 내 밭을 사십시오. 그 밭을 사는 것이
당신의 권리이자 책임입니다.'

성경 자세히 이해하기

거래 문서

고대 이스라엘에서 토지를 매매할 때는 두 종류의 계약서를 작성했습니다. 원본이라 할 수 있는 계약서는 영구히 보존할 수 있도록 항아리에 담은 후 역청으로 봉인하여 땅 속에 묻었습니다. 한편, 사본이라 할 수 있는 또 다른 증서는 누구나 볼 수 있도록 봉하지 않았습니다. 살룸의 아들 하나멜에게 토지를 산 예레미야도 이렇게 두 종류의 매매 증서를 만든 후 봉인한 증서와 사본을 바룩에게 보냈습니다. 이는 포로에서 다시 돌아와 이전처럼 생활하게 될 것임을 예언한 행위였습니다.

본문 보기 32장 11절

8 얼마 후에 여호와께서 말씀하신 대로 내
숙부의 아들 하나멜이 경호대 뜰로 나를
찾아와 말했소. '베냐민 땅 아나돗에 있는
내 밭을 사십시오. 그 땅을 사는 것이 당
신의 권리이자 의무입니다. 그 땅을 사서
당신의 것으로 삼으십시오.' 그래서 나는
이것이 여호와의 말씀임을 깨달았소.
9 나는 내 숙부의 아들 하나멜에게서 아나돗
에 있는 그 밭을 샀소. 그리고 그 값으로
은 열일곱 세겔*을 달아 주었소.
10 나는 땅문서에 내 이름을 써 넣고 그 문
서에 도장을 찍어 증인들을 세운 뒤에 은
을 저울에 달아 주었소.
11 나는 법률과 관습에 따라 도장 찍은 거래
문서와 도장 찍지 않은 거래 문서를 모두
받아 두었소.
12 그리고 그 거래 문서를 내 숙부의 아들 하
나멜과 증인들이 보는 앞에서 마세야의 손
자요, 네리야의 아들인 바룩에게 넘겨 주
었소. 그 증인들도 그 거래 문서에 자기
의 이름을 썼소. 경호대 뜰에는 다른 유
다 사람들도 많이 앉아 있었는데 그들도
내가 거래 문서를 바룩에게 넘겨 주는 것
을 보았소.
13 나는 모든 사람들이 지켜 보는 가운데 바
룩에게 지시했소.
14 '만군의 여호와, 이스라엘의 하나님께서
이렇게 말씀하셨다. 이 문서들, 곧 도장
을 찍은 거래 문서와 도장을 찍지 않은 거
래 문서를 가져다가 항아리에 넣어 두고
오랫동안 보관하여라.
15 만군의 여호와, 이스라엘의 하나님인 내가
이렇게 말한다. 사람들이 이 땅에서 다시
집과 밭과 포도밭을 살 것이다.'
16 나는 거래 문서를 네리야의 아들 바룩에게
넘겨 주고 여호와께 이렇게 기도했소.
17 '아! 주 여호와여, 보십시오. 주께서 주님
의 크신 능력과 펴신 팔로 하늘과 땅을 만
드셨으니, 주께서는 무엇이든지 못하시는
일이 없습니다.
18 주께서는 수천 대에 이르기까지 자비를
베푸시지만 부모의 죄에 대해서는 그 자

손에게까지 그 죄값을 치르게 하십니다.
위대하시고 전능하신 하나님, 하나님의
이름은 만군의 여호와이십니다.
19 주께서는 큰 일을 계획하시고 이루십니
다. 주께서는 모든 인간이 행하는 길을 다
지켜 보고 계시며 각 사람의 살아가는 모
습과 하는 일에 따라 갚아 주십니다.
20 주께서는 이집트 땅에서 기적과 놀라운 일
들을 나타내셨고 오늘날까지도 이스라엘
과 모든 사람에게 기적을 나타내 보이십
니다. 그리하여 오늘날 우리가 보듯이 주
님의 이름을 널리 떨치셨습니다.
21 주께서는 표징과 기적으로, 그리고 크신
능력과 펴신 팔로 주님의 백성 이스라엘을
이집트 땅에서 인도해 내시고 적들을 무
서워 떨게 하셨습니다.
22 주께서 이스라엘 백성에게 주신 이 땅은
그 조상들에게 주시겠다고 약속하신 땅이
요, 젖과 꿀이 흐르는 땅입니다.
23 이스라엘 백성은 이 땅에 와서 이 곳을 차
지했습니다. 그러나 그들은 주님께 순종
하지 않았고 주님의 가르침을 따르지 않
았습니다. 주께서 그들에게 명하신 모든
말씀을 행하지 않았습니다. 그래서 주께
서는 이 모든 재앙이 그들에게 일어나게
하셨습니다.
24 보십시오. 마침내 적군이 이 성을 점령하
러 와서 성벽 꼭대기에 이르는 흙길을 쌓
고 있습니다. 이 성은 바빌로니아 사람들
의 손에 넘어갈 것입니다. 바빌로니아 군
대가 이 성을 공격하고 있습니다. 이제 곧
전쟁과 굶주림과 무서운 병이 닥칠 것입
니다. 주께서도 지금 보고 계시듯이 주께
서 말씀하신 일이 그대로 이루어지고 있
습니다.
25 하지만 주 여호와여, 주께서는 바빌로니아
군대가 곧 이 성을 점령할 텐데도 저에게
밭을 사고 증인을 세우라고 말씀하셨습니
다.'"
26 그러자 여호와께서 예레미야에게 말씀하
셨습니다.
27 "보아라. 나는 여호와이며 모든 사람의 하
나님이다. 나에게는 할 수 없는 일이 없다.
28 그러므로 나 여호와가 이렇게 말한다. 보
아라. 내가 곧 이 예루살렘 성을 바빌로니
아 군대와 바빌로니아 왕 느부갓네살의 손
에 넘겨 주겠다. 그러면 그 군대가 이 성
을 점령할 것이다.
29 바빌로니아 군대는 이미 예루살렘 성을 공
격하고 있다. 그들은 곧 이 성에 들어와
불을 질러 성을 태워 버릴 것이다. 예루살
렘 백성은 그들의 집 지붕 위에서 바알에
게 제사를 지내고 다른 우상들에게 부어
드리는 제물인 전제물을 바쳐서 나를 분
노케 했다. 그러므로 내가 그 집들도 태
워 버릴 것이다.
30 이스라엘 자손과 유다 백성은 젊었을 때부
터 내가 보기에 악한 짓만 일삼았다. 이
스라엘 자손은 자기 손으로 만든 우상들
을 섬겨서 나를 분노케 했다. 나 여호와
의 말이다.
31 예루살렘 성은 세워진 때부터 지금까지 나
를 분노하게 만들었으므로 내가 이 성을
내 앞에서 없애 버리겠다.
32 이스라엘 자손과 유다 백성이 저지른 악한
짓 때문에 내가 이 성을 멸망시키겠다. 그
백성과 그들의 왕들과 그들의 신하들이
나를 분노케 했다. 그리고 그들의 제사장
과 예언자들, 유다의 모든 사람과 예루살
렘에 사는 모든 사람들이 나를 분노케 했
다.
33 그들은 나를 바라보지 않고 도리어 내게
서 등을 돌렸다. 내가 쉬지 않고 그들을
가르치려 했으나 그들은 내 말을 들으려
하지 않았다. 그들을 바른 길로 이끌려 했
으나 소용이 없었다.

알아두세요

32:9 17세겔은 약 193.8g이다.

세겔(32:9 shekel) 돈의 단위이면서 무게의 단위도 된다. 1세겔은 약 11.4g의 무게에 해당된다.
관습(32:11 custom) 한 사회에서 오랜 시간에 걸쳐 굳어져서 지켜지는 규범이나 생활 방식.
표징(32:21 sign) 겉으로 드러나는 특징.

34 그들은 내 이름으로 불리는 성전 안에 역
겨운 우상들을 놓아 두어 그 곳을 더럽혔
다.
35 그 백성은 자기 자식들을 몰렉에게 태워
바치려고 힌놈의 아들 골짜기에 바알 산당
을 세워 놓았다. 나는 이렇게 유다를 죄
에 빠뜨리는 역겨운 일을 하라고 명령한
적이 없다. 그런 것은 생각해 본 적도 없
다.
36 너희가 말하기를 '이 성은 바빌로니아 왕
의 손에 넘겨질 것이다. 그리하여 전쟁과
굶주림과 무서운 병이 닥칠 것이다'라고
한다. 그러므로 이제 이스라엘의 하나님
나 여호와가 이 성에 대하여 이렇게 말한
다.
37 '나는 너무나 분하고 노여워 이스라엘과
유다 백성을 그 땅에서 쫓아 냈다. 그러
나 보아라. 이제는 내가 쫓아 낸 모든 땅
에서 그들을 불러모아 이 곳으로 데려오
겠다. 그들은 평화와 안정 속에서 살아갈
것이다.
38 그들은 내 백성이 되고 나는 그들의 하나
님이 될 것이다.
39 내가 그들에게 한 마음과 한 길을 주어 그
들이 언제나 참마음으로 나만을 경외하여
자기들뿐 아니라 그 자손들까지도 복을
받게 만들겠다.
40 내가 그들과 영원한 언약을 맺고 절대로
그들에게서 떠나지 않겠다. 언제나 그들
에게 좋은 일을 해 주겠다. 그들에게 나
를 존경하는 마음을 주어서 절대로 나를
떠나지 않게 하겠다.
41 내가 기쁜 마음으로 그들에게 좋은 일을
하며 내 온 마음을 다하여 그들을 이 땅
에 심고 잘 자라나게 하겠다.'
42 나 여호와가 이렇게 말한다. 내가 이 백
성에게 큰 재앙을 내렸으나 이제는 재앙
을 내린 만큼 내가 약속한 모든 좋은 일
들을 이루겠다.
43 너희가 말하기를 '이 땅은 사람도 없고 짐
승도 살지 않는 황무지이다. 이 땅은 바
빌로니아 군대에게 넘어가 버렸다'라고 한
다. 그러나 장차 사람들이 이 땅에서 다
시 밭을 사들일 것이다.
44 돈을 주고 밭을 사며 문서에 자기 이름을
쓰고 도장을 찍고 증인들도 세울 것이다.
베냐민 땅뿐만 아니라 예루살렘 부근 지역
과 유다의 여러 마을과 산지 마을들과 서
쪽 구릉 지대의 마을들과 유다 남쪽 네게
브의 마을들에서도 살 것이다. 왜냐하면
내가 모든 것을 옛날처럼 회복시킬 것이
기 때문이다. 나 여호와의 말이다."

하나님의 약속

33 예레미야가 아직 경호대 뜰에 갇혀
있을 때에, 여호와께서 두 번째로
그에게 말씀하셨습니다.
2 "일을 계획하시는 여호와, 일을 이루시고
성취하시는 여호와, 그 이름을 여호와라
하는 분이 이렇게 말씀하셨다.
3 '너는 나에게 부르짖어라. 그러면 내가
네게 응답하겠고 네가 전에 알지 못하던
놀라운 일들과 비밀들을 일러 주겠다.'
4 이스라엘의 하나님 여호와께서 바빌로니아
군대의 공격을 막으려다 무너진 예루살렘
성의 집들과 유다 왕궁들에 관해 이렇게
말씀하셨다.
5 '그들이 와서 바빌로니아 군대와 싸웠으
나, 나의 분노와 진노 때문에 이 성은 죽
은 사람들의 시체로 가득 찼다. 나는 그
들의 온갖 악한 짓 때문에 이 성을 저버
렸다.
6 그러나 보아라. 내가 이 성 백성을 치료
하여 낫게 해 주고 평화와 번영을 누릴 수
있게 해 주겠다.
7 이스라엘과 유다를 옛날처럼 회복시켜 주
겠고 다시 세워 주겠다.

경외(32:39 reverence) 두려운 마음으로 공경함.
구릉(32:44 hill) 언덕.
공경(33:9 respect) 윗사람을 공손히 받들어 모시는 것.
황폐하다(33:12 desolate) 거두지 않고 그냥 버려 두어 거칠고 못 쓰게 되다.

8 그들이 나에게 죄를 지었으나 그 죄를 씻
어 주겠다. 악한 짓을 하고 내게서 등을
돌렸으나 용서해 주겠다.
9 그러면 예루살렘은 나로 말미암아 다시 세
상에 널리 이름을 떨치게 되겠고, 그 곳
에 사는 백성은 행복해질 것이다. 모든 나
라 백성이 예루살렘을 찬양하고 공경할 것
이다. 이는 내가 나의 백성에게 베풀 좋
은 일들을 그들도 들을 것이기 때문이다.
내가 예루살렘에 가져다 줄 복과 평화를
보고 모든 나라들이 놀라며 떨 것이다.'
10 나 여호와가 이렇게 말한다. 너희가 말하
기를 '이 땅은 사람도 살지 않고 짐승도
살지 않는 황무지가 되었다' 라고 한다.
지금은 예루살렘 거리와 유다 마을들이 조
용하다. 사는 사람도 없고 짐승도 살지 않
는다. 그러나 그 곳에 다시 사람 사는 소
리가 들릴 것이다.
11 기뻐하고 즐거워하는 소리와 신랑 신부의
기뻐하는 소리도 들릴 것이다. 백성들이
감사의 표시로 여호와의 성전에 제물을
가져와 바치는 소리도 들릴 것이다. 그들
이 말하기를, '만군의 여호와를 찬양하여
라. 여호와는 좋으시다. 여호와의 사랑은
영원하다' 라고 할 것이다. 내가 옛날처럼
이 땅을 회복시킬 것이기 때문이다. 나 여
호와의 말이다.
12 나 만군의 여호와가 이렇게 말한다. '지
금 이 곳은 황폐하다. 그 모든 마을에 사
람도 살지 않고, 짐승도 살지 않는다. 그
러나 목자들이 양 떼를 쉬게 할 목초지가
생길 것이다.
13 산지 마을들과 구릉 지대의 마을들에서,
유다 남쪽 네게브의 마을들과 베냐민 땅에
서, 그리고 예루살렘 주변과 유다의 다른
마을들에서 목자들이 자기 양 떼의 수를
셀 것이다.' 나 여호와의 말이다."

좋은 가지

14 "나 여호와가 말한다. 내가 이스라엘 집과
유다 집에 약속한 선한 일을 이룰 날이 오
고 있다.
15 그 날이 오고 그 때가 되면 내가 다윗의
집안에서 의로운 가지가 나게 하겠다. 그
는 이 땅에서 옳고 의로운 일을 할 것이
다.
16 그 날에 유다는 구원받을 것이며, 예루살
렘은 안전하게 살 것이다. 그 가지는 '우
리의 의가 되시는 여호와' 라는 이름을 얻
을 것이다.
17 나 여호와가 이렇게 말한다. '보좌에 앉
아 이스라엘을 다스릴 사람이 다윗의 집안
에서 끊어지지 않고 나올 것이다.
18 레위 집안에서는 제사장이 끊어지지 않고
그 제사장들은 내 앞에 서서 평생 동안 태
워 드리는 제물인 번제물과 곡식 제물과
화평 제물인 화목 제물을 바칠 것이다.'"
19 여호와께서 예레미야에게 말씀하셨습니다.
20 "나 여호와가 말한다. 내가 낮과 밤과 더
불어 언약을 맺어 언제나 낮과 밤이 정한
시간에 오게 하였다. 너희가 만약 그 언
약을 바꿀 수 있다면,
21 내가 내 종 다윗과 레위 사람들과 맺은 언
약도 바꿀 수 있을 것이다. 그러면 내 종
다윗의 자손이 보좌에 앉아 왕이 되는 일
도 없을 것이며 레위 집안이 제사장이 되
는 일도 없을 것이다.
22 그러나 하늘의 별이 너무 많아 셀 수 없
고, 바닷가의 모래를 측량할 수 없는 것
처럼, 내가 내 종 다윗과 나를 섬기는 레
위 집안에게 많은 자손을 주겠다."
23 여호와께서 예레미야에게 말씀하셨습니다.
24 "예레미야야, 이 백성들이 하는 말을 들어
보았느냐? 그들은 '여호와께서 택하신 이
스라엘과 유다 두 족속을 버리셨다' 고 말
한다. 이처럼 그들은 내 백성을 욕하고,
이스라엘은 더 이상 나라가 될 수 없다고
생각한다.
25 나 여호와가 이렇게 말한다. 내가 만약 낮
과 밤과 더불어 언약을 맺지 않았거나 하
늘과 땅에 법칙을 세워 주지 않았다면
26 야곱의 자손도 내가 저버리겠고 내 종 다
윗의 자손이 아브라함과 이삭과 야곱의 자
손을 다스리는 일도 없게 하겠다. 내가 그
백성에게 자비를 베풀겠고 그들을 옛날처

럼 회복시켜 주겠다."

시드기야에게 경고하다

34 바빌로니아 왕 느부갓네살이 자기
의 모든 군대와 자기가 다스리고
있던 모든 나라의 군대와 백성을 이끌고
예루살렘과 그 주변 성읍들을 공격하고 있
던 때에 여호와께서 예레미야에게 말씀하
셨습니다.
2 "이스라엘의 하나님 나 여호와가 말하노
라. 예레미야야, 유다 왕 시드기야에게 가
서 여호와께서 이렇게 말씀하셨다고 하여
라. 보아라. 내가 곧 이 예루살렘 성을 바
빌로니아 왕의 손에 넘겨 주겠다. 그러면
그가 이 성을 불로 태워 버릴 것이다.
3 너는 바빌로니아 왕의 손에서 벗어나지 못
하고 꼼짝없이 붙잡혀 그에게 넘겨질 것
이다. 그리하여 바빌로니아 왕과 얼굴을
맞대고 마주 보며 직접 이야기하게 될 것
이며 너는 바빌론으로 끌려갈 것이다.
4 그러나 유다 왕 시드기야야, 나 여호와의
약속을 들어라. 나 여호와가 너에 관해 이
같이 말한다. 너는 칼에 맞아 죽지 않을
것이다.
5 너는 평화롭게 죽을 것이며, 사람들은 너
희 조상 왕들을 위해 향불을 피웠던 것처
럼 너를 위해서도 향불을 피우며 슬퍼할
것이다. 그러면서 '슬프다, 주여' 라고 말
할 것이다. 이것은 내가 하는 약속이다.
나 여호와의 말이다."
6 그래서 예언자 예레미야가 이 모든 말씀을

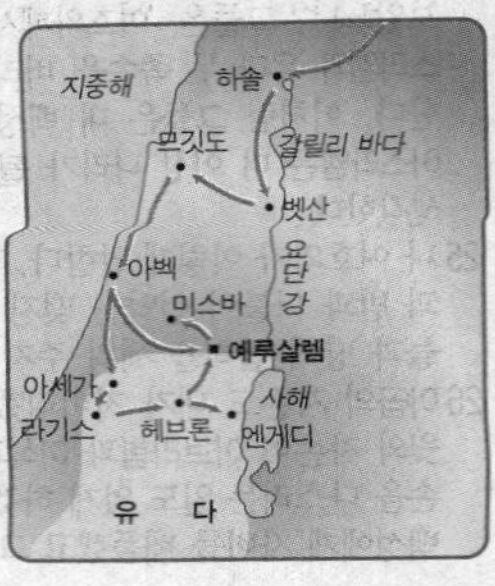

유다를 침공한 바빌로니아 (34:6-7)

예루살렘에 있던 유다 왕 시드기야에게 전
했습니다.
7 그 때는 바빌로니아 군대가 예루살렘과 아
직 점령되지 않은 유다의 성들, 곧 라기스
와 아세가를 공격하던 때입니다. 유다 땅
에 점령되지 않고 남아 있던 요새는 그 둘
뿐이었습니다.

종들을 풀어 주다

8 시드기야 왕은 히브리 종들을 다 풀어 주
기로 예루살렘에 살던 모든 백성과 언약을
맺었습니다. 그 일이 있은 뒤에 여호와께
서 예레미야에게 말씀하셨습니다.
9 그 언약에 따르면 남자나 여자를 가리지
말고 히브리 종을 다 풀어 주어야 했습니
다. 누구도 같은 민족인 유다 사람을 종
으로 삼을 수 없었습니다.
10 이 언약을 받아들이기로 한 모든 신하들
과 백성들은 각기 남종과 여종을 자유롭
게 풀어 주고 다시는 그들을 종으로 삼지
않기로 했습니다. 그리하여 모든 종들이
풀려났습니다.
11 그러나 그 뒤에 그들은 마음이 바뀌어 풀
어 주었던 남종들과 여종들을 다시 데려
다가 종으로 삼았습니다.
12 그 때에 여호와께서 예레미야에게 말씀하
셨습니다.
13 "이스라엘의 하나님 나 여호와가 말한다.
내가 너희 조상을 종살이하던 이집트 땅
에서 인도해 낼 때 그들과 언약을 맺었다.
14 그들에게 '칠 년째 되는 해마다 너희 각 사
람은 너희 히브리 종을 풀어 주어야 한다.
너희에게 팔려 와 육 년 동안 일한 종이
있거든 그를 자유롭게 풀어 주어야 한다'
고 말했다. 그러나 너희 조상은 내 말을 듣
지도 않았고 귀를 기울이지도 않았다.
15 그러다가 얼마 전에 너희가 비로소 잘못
을 뉘우치고 내가 보기에 올바른 일을 했
다. 같은 민족인 히브리 사람을 종으로 삼
았던 사람들마다 종에게 자유를 선포하였
고 내 이름으로 불리는 성전에 나아와 내
앞에서 언약을 맺기까지 했다.
16 그런데 이제 와서 너희가 마음을 바꾸어,

풀어 주었던 남종과 여종을 다시 데려와
종으로 삼아서 내 이름을 더럽혔다.
17 그러므로 나 여호와가 이렇게 말한다. 너
희는 내 말을 따르지 않고 히브리 사람에
게 자유를 주지 않았다. 보아라. 너희가
언약을 지키지 않았으므로 내가 너희에게
자유를 선포한다. 이 자유는 전쟁과 굶주
림과 무서운 병으로 죽는 자유이다. 나 여
호와의 말이다. 세상의 모든 나라가 너희
의 모습을 보고 두려워 떨 것이다.
18 송아지를 둘로 쪼개어 놓고 그 사이로 지
나감으로써 사람들과 내가 언약을 맺었으
나 내 언약을 어긴 사람들은 그 송아지처
럼 둘로 쪼개질 것이다.
19 내 앞에서 언약을 맺은 유다와 예루살렘의
신하들과 왕궁 관리들과 제사장들과 이
땅의 모든 백성들을
20 그 원수들과 그들의 목숨을 노리는 사람
들에게 넘겨 주겠다. 그들의 시체는 공중
의 새와 땅의 들짐승의 먹이가 될 것이다.
21 내가 유다 왕 시드기야와 그 신하들을 그
원수들과 그들의 목숨을 노리는 사람들에
게 넘겨 주고, 예루살렘에서 물러난 바빌
로니아 왕의 군대에게 넘겨 주겠다.
22 보아라. 내가 명령을 내려 바빌로니아 군
대를 다시 이 예루살렘 성으로 불러 오겠
다. 그들은 예루살렘을 공격하여 점령하고
불을 놓아 태워 버릴 것이다. 내가 유다
땅의 여러 마을들을 멸망시킬 것이니 그
마을들은 아무도 살지 않는 황무지처럼
될 것이다."

레갑 사람

35 유다 왕 요시야의 아들 여호야김
때에 여호와께서 예레미야에게 말
씀하셨습니다.
2 "예레미야야, 레갑 사람들의 집으로 가거
라. 그들을 여호와의 성전으로 초대하여
어느 한 방으로 데려다가 포도주를 주어
마시게 하여라."
3 그래서 나는 하바시냐의 손자요, 예레미야
의 아들인 야아사냐와 그의 형제들과 그의
모든 아들들과 모든 레갑 사람을 불러모
았다.
4 그리고 그들을 여호와의 성전으로 데려갔
다. 우리는 익다랴의 아들이며 하나님의
사람 하난의 아들들의 방으로 들어갔다.
그 방은 신하들의 방과 붙어 있었고 살룸
의 아들이며 성전 문지기인 마아세야의 방
위에 있었다.
5 나는 포도주를 가득 따른 사발들과 잔들
을 레갑 사람들 앞에 내어 놓으며 "포도
주를 드시지요" 하고 말했다.
6 그러자 레갑 사람들이 대답했다. "우리는
포도주를 마시지 않습니다. 우리의 조상
레갑의 아들 요나답이 우리에게 이렇게 명
령했습니다. '너희와 너희 자손은 절대로
포도주를 마시지 마라.
7 또한 너희는 집도 짓지 말고 씨를 심거나
포도밭을 가꾸지도 마라. 너희는 그런 것
들을 소유하지도 마라. 너희는 평생 동안
장막에서만 살아야 한다. 그래야 너희가
나그네로 사는 땅에서 오래오래 살 수 있
을 것이다.'
8 그래서 우리 레갑 사람들은 우리 조상 레
갑의 아들 요나답이 우리에게 명령한 모든
것을 다 지켰습니다. 우리는 일평생 포도
주를 마신 적이 없습니다. 우리뿐만 아니
라 우리의 아내들과 아들딸들도 포도주를
마신 적이 없습니다.

성경 자세히 이해하기

레갑 족속

이스라엘의 변방 사막에 거주하는 유목민으로, 이집트에서 탈출할 당시 이스라엘에 편입되었습니다. 이들은 포도주를 마시지 않을 뿐만 아니라 재배조차 하지 않았으며, 광야에서 장막을 치고 살았는데, 이 전통은 그들의 선조인 요나답에게까지 거슬러 올라갑니다(왕하 10:15-24). 요나답은 일찍이 예후가 이스라엘을 바알 천지로 만든 아합 왕조와 왕비 이세벨을 학살할 때 동참했었습니다. 이후, 요나답은 바알 숭배에 환멸을 느끼고 광야로 나가 금욕적인 생활을 하게 됩니다.

본문 보기 35장 2절

9 우리는 우리가 살 집을 짓지도 않았고, 포
도밭이나 밭도 가지지 않았고, 곡식도 심
은 적이 없습니다.
10 우리는 장막에서 살면서 우리 조상 요나
답이 우리에게 명령한 모든 것을 그대로
따랐습니다.
11 그런데 바빌로니아 왕 느부갓네살이 유다
땅에 쳐들어왔을 때 우리는 '바빌로니아*
군대와 시리아* 군대를 피해 예루살렘으로
들어가자' 라고 말했습니다. 그래서 우리
가 지금 예루살렘에 머물고 있는 것입니
다."
12 그 때에 여호와께서 예레미야에게 말씀하
셨습니다.
13 "만군의 여호와, 이스라엘의 하나님이 말
하노라. 예레미야야, 유다 사람들과 예루살
렘 백성에게 전하여라. '너희는 나의 교
훈을 받아 내 말에 순종하여야 한다.' 나
여호와의 말이다.
14 레갑의 아들 요나답*은 자기 아들들에게
포도주를 마시지 말라고 명령했고, 그 명
령은 지켜졌다. 오늘까지도 요나답의 자손
은 조상의 명령에 순종하여 포도주를 마
시지 않는다. 그러나 나 여호와가 너희에
게 거듭해서 명령했으나 너희는 내 말을
듣지 않았다.
15 너희에게 내 종 예언자들을 거듭해서 보
냈고 그들은 '너희 각 사람은 악한 짓을
멈추고 돌이켜 새 사람이 되어야 한다. 다
른 신들을 따르거나 섬기지 마라. 그러면
너희와 너희 조상에게 준 땅에서 너희가
살 수 있을 것이다' 라고 말했다. 그러나
너희는 내 말을 듣지도 않고, 귀 기울이
지도 않았다.
16 레갑의 아들 요나답의 자손은 그들 조상이
명령한 대로 따랐으나 유다 백성은 내게
순종하지 않았다.
17 그러므로 나 만군의 여호와, 이스라엘의
하나님이 말하노라. 보아라. 내가 유다와
예루살렘 주민에게 선포한 모든 재앙을 이
제 그들에게 내리겠다. 이는 내가 말하여
도 그들이 듣지 않았고, 그들을 불러도 대
답하지 않았기 때문이다."
18 그런 뒤에 예레미야가 레갑 사람들에게 말
했습니다. "만군의 여호와, 이스라엘의 하
나님께서 말씀하셨다. 너희는 너희 조상
요나답의 명령에 순종했고, 그의 모든 가
르침을 따르며, 그가 너희에게 명령한 것
을 다 지켰다.
19 그러므로 만군의 여호와, 이스라엘의 하나
님께서 이렇게 말씀하셨다. 나를 섬길 레
갑의 아들 요나답의 자손이 언제까지나 끊
어지지 않을 것이다."

여호야김이 예레미야의 두루마리를 불태우다

36 유다 왕 요시야의 아들 여호야김
사 년에 여호와께서 예레미야에게
말씀하셨습니다.
2 "예레미야야, 두루마리 책을 가져다가 요
시야가 왕이었을 때부터 지금까지 내가 이
스라엘과 유다와 온 나라에 대해 네게 한
모든 말을 기록하여라.
3 혹시 유다 집안이 내가 그들에게 내리려

성경 인물

예레미야의 서기관 바룩

네리야의 아들이며, 예레미야의 서기관이자 개인적인 친구였습니다. 바룩은 예레미야의 의뢰로 하나님의 말씀을 두루마리에 기록했을 뿐만 아니라, 그 두루마리를 가끔씩 성전에서 백성들에게 낭독해 주었습니다(36:10). 여호야김 왕은 두루마리를 불태워 버리고 바룩과 예레미야를 체포하라고 명령합니다. 그러나 하나님께서 그들을 안전한 곳에 숨겨 주십니다(36:22-26). 예루살렘이 함락된 후 예레미야와 바룩은 유다인들에 의해 이집트로 끌려갑니다(43:6). 아마도 바룩은 그 곳에서 자기 동족들에게 돌에 맞아 죽었을 것으로 생각됩니다(44장).

본문 보기 36장 4절

알아두세요

35:11 '바빌로니아'는 '갈대아'라고도 한다. '시리아'는 개역 성경에 '수리아'로 표기되어 있는데 이는 현재 '시리아'를 말한다.

35:14 '요나답'은 '여호나답'이라고도 불렸다(왕하 10:15).

고 하는 모든 재앙을 들으면 악한 짓을 멈
추고 돌아올지도 모르겠다. 그러면 내가
그들의 모든 허물과 죄를 용서해 주겠
다."
4 그래서 예레미야는 네리야의 아들 바룩을
불렀습니다. 예레미야는 여호와께서 주신
모든 말씀을 불러 주었고 바룩은 그 말씀
을 두루마리 책에 받아 적었습니다.
5 그런 뒤에 예레미야가 바룩에게 말했습니
다. "나는 갇혀 지내는 형편이라서 여호
와의 성전으로 갈 수가 없다.
6 그러니 네가 여호와의 성전으로 가라. 백
성이 금식하는 날에 성전으로 가서, 유다
여러 마을에서 예루살렘을 찾아온 백성들
에게 두루마리에 기록한 여호와의 말씀을
읽어 주어라.
7 그러면 그들이 여호와께 기도하고 악한
짓을 멈출지도 모른다. 이는 여호와께서
이 백성을 향해 말씀하신 진노가 매우 크
기 때문이다."
8 그리하여 네리야의 아들 바룩은 예언자 예
레미야가 명령한 대로 여호와의 성전에서
책에 적힌 여호와의 말씀을 읽었습니다.
9 요시야의 아들 여호야김이 왕이 된 지 오
년째 되는 해의 아홉째 달에 금식이 선포
되었습니다. 모든 예루살렘 주민과 유다
여러 마을에서 예루살렘을 찾아온 모든 백
성은 여호와를 섬기는 표시로 음식을 먹
지 말아야 했습니다.
10 그 때에 바룩이 여호와의 성전에 모인 모
든 사람들을 향해 예레미야의 말을 적은
책을 읽었습니다. 그가 책을 읽은 방은 사
반의 아들이며 왕의 서기관인 그마랴의 방
이었습니다. 그 방은 성전 '여호와의 새
문' 입구의 위뜰에 있었습니다.
11 사반의 손자요, 그마랴의 아들인 미가야가
책에 적힌 여호와의 말씀을 들었습니다.
12 미가야는 왕궁에 있는 서기관의 방에 들
어갔습니다. 거기에는 모든 신하들이 모
여 있었습니다. 곧 서기관 엘리사마와 스
마야의 아들 들라야와 악볼의 아들 엘라단
과 사반의 아들 그마랴와 하나냐의 아들 시
드기야를 비롯해서 모든 신하들이 앉아 있
었습니다.
13 미가야는 거기에 모여 있던 신하들에게 바
룩이 백성을 향해 읽었던 책의 내용을 모
두 전해 주었습니다.
14 그러자 모든 신하들이 구시의 증손이요,
셀레먀의 손자이며, 느다냐의 아들 여후디
를 바룩에게 보내어 "당신이 백성들이 듣
는 앞에서 읽었던 두루마리를 가지고 이
리 오시오"라고 전했습니다. 그러자 네리
야의 아들 바룩이 두루마리를 가지고 그
들에게로 갔습니다.
15 신하들이 바룩에게 말했습니다. "앉으시
오. 그리고 우리가 듣는 데서 그 두루마리
를 읽어 보시오." 그래서 바룩은 그들이 듣
는 데서 그 두루마리를 읽어 주었습니다.
16 두루마리에 적힌 말을 다 듣고 난 신하들
이 놀라 서로 쳐다보며 바룩에게 말했습
니다. "이 모든 말씀을 왕에게 꼭 전해야
되겠소."
17 그들이 바룩에게 물었습니다. "말해 보시
오. 이 모든 말씀을 누구에게서 받아 적
었소? 예레미야가 불러 준 대로 적은 것이
오?"
18 바룩이 대답했습니다. "그렇습니다. 예레
미야가 불러 준 모든 말씀을 나는 먹으로
이 두루마리에 받아 적었습니다."
19 그러자 신하들이 바룩에게 말했습니다.
"당신은 예레미야와 숨어 있으시오. 아무
에게도 당신들이 숨어 있는 곳을 일러 주
지 마시오."
20 신하들은 그 두루마리를 서기관 엘리사마
의 방에 맡겨 두고 궁정으로 가 왕이 듣
는 데서 그 모든 말씀을 낱낱이 보고했습
니다.
21 여호야김 왕은 여후디를 보내어 두루마리
를 가져오게 했습니다. 여후디는 서기관
엘리사마의 방에서 두루마리를 가져와 왕
과 왕의 곁에 서 있는 모든 신하들 앞에
서 그것을 읽어 주었습니다.
22 그 때는 아홉째 달이어서 여호야김 왕은
겨울 별궁에 거주하고 있었고 왕 앞에는

불피운 난로가 놓여 있었습니다.
23 여후디가 서너 단씩 읽을 때마다 왕은 서
기관의 칼로 두루마리를 베어 내더니 난
롯불에 던져 넣었습니다. 그런 식으로 왕
은 두루마리 전체를 난롯불에 넣어 태워
버렸습니다.
24 여호야김 왕과 그의 신하들은 두루마리에
적힌 모든 말씀을 듣고도 놀라지 않았고
슬퍼하는 표시로 자기들의 옷을 찢지도
않았습니다.
25 엘라단과 들라야와 그마랴가 여호야김 왕에
게 두루마리를 태우지 말아 달라고 간청했
으나 왕은 그들의 말을 듣지 않았습니다.
26 오히려 왕은 왕자 여라므엘과 아스리엘의
아들 스라야와 압디엘의 아들 셀레먀를 보
내어 서기관 바룩과 예언자 예레미야를 붙
잡아 들이라고 명령했습니다. 그러나 여
호와께서 바룩과 예레미야를 숨겨 주셨습
니다.
27 여호야김 왕이 예레미야가 불러 주고 바룩
이 받아 적은 두루마리를 불태운 뒤에 여
호와께서 예레미야에게 말씀하셨습니다.
28 "예레미야야, 다른 두루마리를 가져다가
유다 왕 여호야김이 불태운 첫 번째 두루
마리에 적혀 있던 그 말들을 거기에 모두
옮겨 적어라.
29 그리고 유다 왕 여호야김에게 전하여라.
여호와께서 말씀하셨다. 너는 이 두루마
리를 태우고 '어찌하여 예레미야는 바빌로
니아 왕이 이 땅에 쳐들어와 이 땅을 멸
망시킬 것이라고 적었느냐? 그리고 예레
미야는 어찌하여 바빌로니아 왕이 이 땅의
사람과 짐승을 모두 없애 버릴 것이라고
말하였느냐?' 라고 말했다.
30 그러므로 나 여호와가 유다 왕 여호야김에
관해 말하노라. 여호야김의 자손은 다윗의
보좌에 앉지 못할 것이다. 여호야김이 죽
으면 그의 시체는 땅에 버려져 낮의 뜨거
운 햇볕과 밤의 차가운 서리를 그대로 맞
을 것이다.
31 나, 여호와가 여호야김과 그의 자녀에게
벌을 내리겠고 그의 종들에게도 벌을 내
리겠다. 그들이 악한 짓을 했기 때문이
다. 내가 경고한 대로 그들과 예루살렘 주
민과 유다 백성에게 모든 재앙을 내리겠
다. 그것은 그들이 내 말을 듣지 않았기
때문이다."
32 그리하여 예레미야는 다른 두루마리를 가
져다가 네리야의 아들 서기관 바룩에게 주
었습니다. 예레미야가 불러 주면 바룩이
두루마리에 받아 적었습니다. 유다 왕 여
호야김이 불태워 버린 책에 적혀 있던 말
씀을 그대로 적었고 그와 비슷한 많은 말
씀도 더 적어 넣었습니다.

감옥에 갇힌 예레미야

37 바빌로니아 왕 느부갓네살이 요시야
의 아들 시드기야를 유다 왕으로
세웠습니다. 시드기야는 여호야김의 아들
여호야긴*을 대신해 왕이 되었습니다.
2 그러나 시드기야와 그의 종들과 유다 백

고난의 특징과 목적

소명을 받고 하나님의 말씀을 선포했던 예레미야 예언자도 엄청난 고난을 받았습니다. 그리스도인들도 세상에서 고난을 받게 되는데(고후 1:6), 그 고난의 특징과 목적을 살펴봅시다.

본문 보기 37-38장

특징
- 말씀 때문에 고난받음(막 4:17)
- 고난은 잠시 받는 것임(고후 4:17)
- 참 성도는 주를 위한 고난을 겪게 됨(눅 9:23)
- 때로는 감당하기 어려운 고난을 당하게 됨(고후 1:8-10)
- 하나님께서 고난을 능히 이기게 하심(롬 8:36-37)
- 그리스도의 재림으로 고난이 끝남(살후 1:4-10)

목적
- 하나님의 사랑과 은혜를 알게 함(사 63:9)
- 하나님을 간절히 찾게 함(호 5:15)
- 겸손하게 함(대하 33:12)
- 기도하게 함(약 5:13)
- 주를 본받게 함(살전 1:6)
- 환난 중에서도 믿음이 흔들리지 않게 함(살전 3:3)

성은 여호와께서 예언자 예레미야를 통해
전하신 말씀을 듣지 않았습니다.
3 시드기야 왕은 셀레먀의 아들 여후갈과 마
아세야의 아들 제사장 스바냐를 예언자 예
레미야에게 보내어 "예레미야여, 우리를
위해 우리 하나님 여호와께 기도해 주시
오"라고 말했습니다.
4 그 때는 예레미야가 아직 감옥에 갇혀 있
지 않던 때라 백성 가운데 자유롭게 다니
고 있었습니다.
5 한편 이집트 왕 파라오의 군대가 이집트를
떠나 유다 쪽으로 행진해 오고 있었습니
다. 예루살렘을 에워싸고 있던 바빌로니아
군대는 그 소식을 듣고 예루살렘에서 철수
했습니다.
6 여호와께서 예언자 예레미야에게 말씀하
셨습니다.
7 "이스라엘의 하나님 나 여호와가 이같이
말하노라. 여후갈과 스바냐야, 너희를 보
내어 나에게 물어 보도록 한 유다 왕 시드
기야에게 전하여라. '보아라. 너희를 도와
바빌로니아 군대를 치려고 온 파라오의 군
대는 이집트 땅으로 되돌아갈 것이다.
8 그리고 바빌로니아 군대가 다시 와서 예루
살렘을 공격하고 점령하여 불태워 버릴
것이다.'
9 여호와께서 이같이 말씀하셨다. '예루살렘
백성아, 너희 스스로를 속이지 마라. 바빌
로니아 군대가 너희에게서 떠나가 버릴 것
이라고 생각하지 마라. 그들은 절대로 철
수하지 않는다.
10 혹시 너희가 바빌로니아 군대를 다 물리치
고 바빌로니아 군대의 장막에 부상당한 사
람들만 남아 있다 하더라도 그 사람들이
각각 자기 장막에서 나와 이 예루살렘 성
을 불로 태워 버릴 것이다.'"
11 파라오의 군대가 가까이 오므로 바빌로니
아 군대가 예루살렘에서 철수하였습니다.
12 그 때에 예레미야는 자신의 재산 일부를
상속받기 위해 예루살렘을 떠나 베냐민 땅
에 있는 자기 고향으로 가려 했습니다.
13 예언자 예레미야가 예루살렘의 '베냐민 문'

성경을 베껴 항아리에 넣어
동굴 속에 숨겨 놓던 곳(36:27-32)

을 나서자 문지기들 가운데 우두머리 되
는 사람이 그를 체포했습니다. 그의 이름
은 하나냐의 손자이며 셀레먀의 아들인 이
리야였습니다. 이리야는 예언자 예레미야
를 체포하면서 "당신은 우리를 배신하고
바빌로니아에 항복하러 가고 있소"라고 말
했습니다.
14 예레미야가 이리야에게 말했습니다. "그렇
지 않소. 나는 바빌로니아에 항복하러 가
는 길이 아니오." 그러나 이리야는 예레미
야의 말을 듣지 않고 그를 체포하여 왕의
신하들에게 데려갔습니다.
15 신하들은 예레미야에게 화를 내며 때린 다
음에 서기관 요나단의 집에 그를 가뒀습
니다. 그 때 요나단의 집은 감옥으로 쓰였
습니다.
16 그리하여 예레미야는 지하 감옥에 끌려가
여러 날 동안 갇혀 있었습니다.
17 그후에 시드기야 왕이 사람을 보내어 예레
미야를 왕궁으로 불러들이더니 몰래 그에
게 물었습니다. "혹시 여호와께서 무슨
말씀을 하신 것이 없소?" 예레미야가 대답
했습니다. "있습니다. 시드기야 왕이여,

알아두세요

37:1 '여호야긴'은 '고니야', '여고냐'로도 불렸다.

행진(37:5 march) 줄을 지어 앞으로 걸어 나가는 것.
상속(37:12 inheritance) 호주로서의 권리와 의무 또는 재산상의 권리와 의무를 물려받음.
체포(37:13 arrest) 죄인 혹은 그런 혐의가 있는 사람을 강제로 잡음.

왕은 바빌로니아 왕의 손에 넘겨질 것입니
다."
18 예레미야가 또 시드기야 왕에게 말했습니
다. "내가 왕에게 무슨 죄를 지었습니까?
내가 왕의 신하들이나 이 백성들에게 무
슨 죄를 지었습니까? 어찌하여 나를 감옥
에 가두는 것입니까?
19 바빌로니아 왕이 왕과 유다 땅을 치러 오
지 않을 것이라고 예언한 그 예언자들은
어디에 있습니까?
20 내 주, 유다 왕이여, 이제 내 말을 들으십
시오. 제발 내 말대로 하십시오. 나를 서
기관 요나단의 집으로 돌려 보내지 마십
시오. 그 곳에 가면 나는 죽습니다."
21 그러자 시드기야 왕이 명령을 내려 예레미
야를 경호대 뜰에 두어 지키게 했습니다.
그리고 성 안에 빵이 떨어질 때까지 날마
다 빵 만드는 사람들의 거리에서 빵을 가
져다가 예레미야에게 주도록 시켰습니다.
그리하여 예레미야는 경호대의 뜰에 갇혀
지내게 되었습니다.

예레미야가 진흙 웅덩이에 갇히다

38 맛단의 아들 스바댜와 바스훌의 아
들 그다랴와 셀레먀의 아들 유갈*
과 말기야의 아들 바스훌이 예레미야가 모
든 백성에게 다음과 같이 예언하는 것을
들었습니다.
2 "여호와께서 이같이 말씀하셨다. '누구든
지 예루살렘에 머물러 있는 사람은 전쟁이
나 굶주림이나 무서운 병으로 죽을 것이
다. 그러나 바빌로니아 군대에 항복하는
사람은 누구든지 살 것이다. 적어도 목숨
은 건져서 살아남을 수 있을 것이다.'
3 여호와께서 이같이 말씀하셨다. '이 예루
살렘 성은 틀림없이 바빌로니아 왕의 군대
에게 넘어갈 것이다. 그가 이 성을 점령
할 것이다.'"
4 그러자 신하들이 왕에게 말했습니다. "예
레미야를 반드시 죽여야 합니다. 왜냐하
면 그가 이런 말을 하며 아직 성 안에 남
아 있는 군인들과 모든 백성들의 사기를
떨어뜨리고 있기 때문입니다. 그는 이 백
성의 평안을 바라지 않고 예루살렘 백성이
망하기를 바라고 있습니다."
5 시드기야 왕이 그들에게 말했습니다. "보
시오. 예레미야를 그대들 뜻대로 처리하
시오. 나는 그대들이 하는 대로 내버려
두겠소."
6 그러자 신하들은 예레미야를 붙잡아 왕자
말기야의 웅덩이에 그를 집어넣었습니다.
그 웅덩이는 경호대 뜰 안에 있었는데 그
들은 밧줄을 이용해 예레미야를 웅덩이에
내려놓았습니다. 그 웅덩이에는 물은 없
고 진흙만 있었습니다. 그래서 예레
미야는 진흙 속에 빠졌습니다.
7 왕궁 내시이며 에티오피아 사
람인 에벳멜렉은 사람들이 예
레미야를 웅덩이에 집어 넣
었다는 소식을 들었습니
다. 그 때 시드기야 왕은
'베냐민 문'에 앉아 있었
습니다.
8 에벳멜렉이 왕궁에서 나
와 왕에게 가서 말했습니
다.
9 "내 주 왕이여, 이 사람
들이 한 모든 일은 악한 일
입니다. 그들은 예언자 예레

진흙 웅덩이에 갇힌 예레미야(38:1-6)

미야에게 못할 짓을 했습니다. 예레미야를
웅덩이에 집어넣고 거기서 죽게 내버려
두었습니다. 성 안에는 이제 먹을 것이 없
으니 그는 굶어 죽고 말 것입니다."
10 그러자 시드기야 왕이 에티오피아 사람 에
벳멜렉에게 명령했습니다. "왕궁에서 사
람 삼십 명을 데리고 가서 예언자 예레미
야가 죽기 전에 그를 웅덩이 속에서 끌어
올려라."
11 에벳멜렉이 사람들을 데리고 왕궁 창고로
가서 누더기와 해어진 옷을 가져다가 밧
줄에 묶어 웅덩이 안에 있는 예레미야에게
내려 주었습니다.
12 에티오피아 사람 에벳멜렉이 예레미야에게
말했습니다. "누더기와 해어진 옷을 겨드
랑이 밑에 대고 밧줄을 그 위에 대고 매
달리십시오." 예레미야는 그대로 했습니
다.
13 사람들이 밧줄을 잡아당겨 예레미야를 웅
덩이 밖으로 끌어올렸습니다. 그래서 예
레미야는 경호대 뜰에 머물게 되었습니
다.

시드기야가 예레미야를 불러 묻다

14 시드기야 왕이 사람을 보내어 예언자 예레
미야를 여호와의 성전 셋째 문으로 데려
왔습니다. 왕이 예레미야에게 말했습니다.
"물어 볼 것이 있으니 아무것도 감추지 말
고 정직하게 말해 주시오."
15 예레미야가 시드기야에게 말했습니다. "내
가 대답을 하면 왕은 나를 죽일 것입니다.
그리고 내가 충고를 하더라도 왕은 내 말
을 듣지 않을 것입니다."
16 그러자 시드기야 왕이 예레미야에게 비밀
리에 맹세를 했습니다. "우리에게 생명을
주신 여호와의 살아 계심을 두고 맹세하
지만 결코 그대를 죽이지 않겠소. 그대의
목숨을 노리는 이 사람들에게 그대를 넘
겨 주지도 않겠소."
17 그 말을 듣고 예레미야가 시드기야에게 말
했습니다. "만군의 하나님이신 이스라엘의
하나님 여호와께서 이렇게 말씀하셨습니
다. '너는 바빌로니아 왕의 신하들에게 항
복해야 한다. 그러면 네 목숨을 건질 수
있겠고 예루살렘은 불에 타지 않을 것이며
너와 네 집이 살아남을 것이다.
18 그러나 네가 바빌로니아 왕의 신하들에게
항복하지 않으면 이 성은 바빌로니아 군대
의 손에 넘어갈 것이고 그들은 이 성을 불
태워 버릴 것이다. 그리고 너도 그들의 손
아귀에서 빠져 나갈 수 없을 것이다.'"
19 시드기야 왕이 예레미야에게 말했습니다.
"나는 바빌로니아 군대에게 항복한 유다
사람들이 두렵소. 바빌로니아 사람들이 나
를 그들에게 넘겨 주면 그들이 나를 학대
할 것이오."
20 예레미야가 대답했습니다. "바빌로니아 사
람들은 왕을 유다 사람들에게 넘겨 주지
않을 것입니다. 내가 왕께 전해 드린 여
호와의 말씀에 순종하십시오. 그러면 모
든 일이 잘 풀리고 왕의 목숨도 구할 수
있을 것입니다.
21 그러나 왕께서 바빌로니아 군대에게 항복
하지 않으면 여호와께서 나에게 보여 주
신 대로 이와 같은 일들이 일어날 것입니
다.
22 보십시오. 유다 왕궁에 남아 있던 여자들
이 다 바빌로니아 왕의 신하들에게 끌려가
며 이렇게 말할 것입니다. '너와 친하게
지내던 친구들이 너를 꾀어 속였다. 이제
네 발이 진창에 빠지니 친구들이 너를 버
리고 떠났다.'
23 왕의 모든 아내들과 자녀들도 바빌로니아
군대에게 끌려갈 것이고 왕도 그들의 손
아귀에서 벗어나지 못할 것입니다. 왕은
바빌로니아 왕에게 붙잡힐 것이고 예루살
렘은 불타 버릴 것입니다."

알아두세요

38:1 '유갈'은 '여후갈'의 또 다른 이름이다.

충고(38:15 advice) 남의 허물을 충심으로 타이름.
학대(38:19 mistreatment) 심하게 괴롭힘.
진창(38:22 mud) 땅이 질어서 질척질척하게 된 곳.

24 시드기야가 예레미야에게 말했습니다. "내
가 그대와 나눈 말을 아무도 모르게 하시
오. 그렇지 않으면 당신은 죽을 것이오.
25 내가 그대와 만나 이야기한 사실을 신하
들이 알면 그대에게 와서 '시드기야 왕에
게 무슨 말을 했소? 그리고 시드기야 왕은
당신에게 무슨 말을 했소? 우리에게 아무
것도 감추지 말고 이야기하시오. 그러면
당신을 죽이지 않겠소'라고 물어 볼 것이
오.
26 그러면 그대는 그들에게 이렇게만 대답하
시오. '나를 요나단의 집으로 보내면 나는
거기서 죽게 될 테니 나를 그 곳으로 돌
려 보내지 말아 달라고 왕에게 빌었소.'"
27 과연 모든 신하들이 예레미야에게 와서 물
어 보았습니다. 예레미야는 왕이 명령한
대로 그들에게 그렇게 대답했습니다. 그
러자 신하들은 예레미야에게 더 이상 묻지
않았습니다. 이는 예레미야와 왕이 나눈
말을 엿들어 알고 있는 사람이 아무도 없
었기 때문입니다.
28 그리하여 예레미야는 예루살렘이 함락되는
날까지 경호대 뜰에 머물러 있었습니다.

예루살렘의 함락

39 시드기야가 유다 왕으로 있은 지
구 년째 되는 해 열 번째 달에 바
빌로니아 왕 느부갓네살이 모든 군대를 이
끌고 예루살렘으로 쳐들어와서 성을 에워
싸고 공격했습니다.
2 시드기야가 왕으로 있은 지 십일 년째 되
는 해, 넷째 달 구 일에 마침내 성벽이 뚫
렸습니다.
3 바빌로니아 왕의 신하들이 모두 예루살렘
성 안으로 들어와서 '중앙 문'에 앉았습
니다. 그 곳에는 네르갈사레셀과 삼갈르보
와 지휘관인 살스김과 참모장인 네르갈사
레셀과 나머지 바빌로니아 왕의 모든 신하
들이 모여 앉았습니다.
4 유다 왕 시드기야와 그의 모든 군인들은
그들을 보고 달아났습니다. 시드기야와 그
의 군인들은 밤에 예루살렘 성을 빠져 나
와 왕의 정원 길을 지나서 두 성벽 사이
의 문을 통해 아라바*로 나갔습니다.
5 그러나 바빌로니아 군대가 그들을 뒤쫓아
와서 여리고 평야에서 시드기야 왕을 붙잡
아 하맛 땅 리블라에 있는 바빌로니아 왕
느부갓네살에게 끌고 갔습니다. 바빌로니
아 왕은 시드기야를 심문했습니다.
6 리블라에서 바빌로니아 왕은 시드기야가 보
는 앞에서 그의 아들들을 죽였습니다. 그
리고 유다의 귀족들도 다 죽였습니다.
7 그런 다음에 시드기야의 눈을 빼고 그를
쇠사슬로 묶어 바빌론으로 끌고 갔습니
다.
8 바빌로니아 군대가 왕궁에 불을 지르고 예
루살렘 백성들의 집에도 불을 질렀습니
다. 그리고 예루살렘 성벽을 헐어 버렸습
니다.
9 경호대 대장인 느부사라단은 예루살렘에
남아 있는 백성과 바빌로니아 왕에게 항복
한 백성과 나머지 백성을 바빌론으로 사
로잡아 갔습니다.
10 그러나 경호대장 느부사라단은 아무것도
없는 가난한 백성들을 유다 땅에 남겨 두
고 그들에게 포도밭과 땅을 주었습니다.
11 바빌로니아 왕 느부갓네살이 경호대장 느부
사라단을 시켜 예레미야에 관해 명령했습
니다.
12 "예레미야를 데려다가 그를 잘 돌봐 주어
라. 그를 절대로 해치지 말고 무엇이든 그
가 원하는 대로 해 주어라."
13 그리하여 경호대장 느부사라단과 높은 관
리 느부사스반과 귀족 네르갈사레셀을 비
롯하여 바빌로니아 왕의 모든 신하들이 사
람을 보내어
14 경호대 뜰에 있던 예레미야를 데려다가 사
반의 손자이며 아히감의 아들인 그다랴에

알아두세요

39:4 '아라바'는 '요단 계곡'을 가리킨다.

평야(39:5 plain) 넓게 펼쳐진 들.
심문(39:5 examination) 자세히 따져서 묻는 것.
총독(40:7 governor) 식민지 또는 일정 관할 구역에 파견되어 통치하는 책임자.

게 맡겨서 집으로 돌려 보내게 했습니다.
그래서 예레미야는 자기 백성들과 더불어
살았습니다.
15 예레미야가 아직 경호대 뜰에 갇혀 있을
때에 여호와께서 그에게 말씀하셨습니다.
16 "가서 에티오피아 사람 에벳멜렉에게 전하
여라. 만군의 여호와, 이스라엘의 하나님
께서 이렇게 말씀하셨다. '보아라. 이제
곧 내가 예루살렘에 관해 한 말을 그대로
이루겠다. 내 말은 평화가 아니라 재앙으
로 나타날 것이다. 그 날에 그 모든 일이
이루어지는 것을 네 눈으로 직접 보게 될
것이다.
17 나 여호와가 말한다. 그 날에 내가 너 에
벳멜렉을 구해 주겠다. 너는 네가 두려워
하는 사람들의 손에 넘겨지지 않을 것이
다.
18 내가 너를 꼭 구해 주겠다. 너는 칼에 죽
지 않을 것이다. 네가 나 여호와를 의지
했으므로 내가 너를 살려 주겠다. 나 여
호와의 말이다.'"

예레미야가 풀려나다

40 경호대장 느부사라단이 라마 성에
서 예레미야를 풀어 준 뒤에 여호
와께서 예레미야에게 말씀하셨습니다. 그
때에 예레미야는 다시 사로잡혀 바빌론으
로 끌려가는 예루살렘과 유다의 모든 포로
들과 함께 쇠사슬에 매여 있었습니다.
2 경호대장 느부사라단이 예레미야를 찾아
내어 말했습니다. "당신의 하나님 여호와
께서 이 곳에 이런 재앙을 내리시겠다고
말씀하셨소.
3 그리고 이제 여호와께서 그 모든 일을 그
대로 이루셨소. 이런 재앙이 일어난 것은
당신들이 여호와께 죄를 짓고 여호와의
말씀에 순종하지 않았기 때문이오.
4 그러나 보시오. 오늘 내가 당신을 풀어 주
겠소. 당신 손목에서 쇠사슬을 풀어 주겠
소. 당신 생각에 나와 함께 바빌론으로 가
는 것이 좋다면 함께 갑시다. 내가 당신
을 잘 돌봐 주겠소. 그러나 바빌론으로 같
이 갈 생각이 없다면 가지 않아도 좋소.
보시오. 온 땅이 당신 앞에 있으니 당신
가고 싶은 곳으로 가시오."
5 예레미야가 몸을 돌려 떠나기 전에 느부사
라단이 말했습니다. "아니면 사반의 손자
요, 아히감의 아들인 그다랴에게 돌아가시
오. 바빌로니아 왕이 그다랴를 유다 성읍들
의 총독으로 세우셨소. 가서 그다랴와 함
께 백성들 가운데서 사시오. 그것도 싫으
면 당신 마음대로 가고 싶은 곳으로 가시
오." 경호대장 느부사라단은 예레미야에게
먹을 것과 선물을 주어 보냈습니다.
6 예레미야는 미스바에 있는 아히감의 아들
그다랴에게 가서 유다에 남아 있던 백성들
과 함께 살았습니다.

그다랴 총독

7 유다 군대의 장교들과 그 부하들은 들판
에 있으면서, 바빌로니아 왕이 아히감의
아들 그다랴를 유다 땅의 총독으로 세웠다
는 소식을 들었습니다. 바빌로니아 왕은
그다랴에게 남자와 여자와 어린아이들,
곧 바빌론으로 끌려가지 않은 그 땅의 가
난한 사람들을 맡겼습니다.
8 그 군인들은 미스바에 있는 그다랴에게 왔
습니다. 그들은 느다냐의 아들 이스마엘과
가레아의 아들 요하난과 요나단, 단후멧의
아들 스라야, 느도바 사람 에배의 아들들,
그리고 마아가 사람의 아들 여사냐와 그
부하들입니다.
9 사반의 손자요, 아히감의 아들인 그다랴가

> **성경 인물**
>
> **그다랴** 요시야 왕 때 성전 청결 작업을 하던 중 율법책을 발견했던(왕하 22:3-13) 사반의 손자이자, 예레미야가 성전 설교 후 심한 공격을 받았을 때 구해 준(렘 26:24) 아히감의 아들입니다. 그는 시드기야 왕 때 내각의 일원이었는데 바빌로니아 왕에 의해 유다 총독으로 임명되었습니다. 그를 죽이려는 이스마엘의 음모를 알려 주며 대비책을 제시한 요하난의 충고를 무시하여, 결국 이스마엘에게 암살당합니다(렘 40:14-16;41:2-3).
>
> 본문 보기 40장 5절

그들에게 약속했습니다. "바빌로니아 사람
을 섬기는 것에 대해 두려워하지 마시오.
이 땅에 살면서 바빌로니아 왕을 섬기면
모든 일이 잘 될 것이오.
10 보시오. 나는 미스바에서 살면서 당신들
을 대표해서 이 곳으로 오는 바빌로니아
사람들을 만나겠소. 당신들은 포도주와
여름 과일과 기름을 모아 항아리에 저장
해 놓고 당신들이 차지한 마을에서 살도
록 하시오."
11 모압과 암몬과 에돔과 그 밖에 여러 나라
에 흩어져 살던 유다 사람들도 바빌로니아
왕이 유다 땅에 사람들을 남겨 두었으며
사반의 손자요, 아히감의 아들인 그다랴를
총독으로 세웠다는 소식을 들었습니다.
12 그 소식을 듣고 여러 곳에 흩어져 살던 유
다 사람들이 다시 유다로 돌아와 미스바에
있는 그다랴를 찾아갔습니다. 그리고 그
들은 포도주와 여름 과일을 많이 모아들
였습니다.
13 가레아의 아들 요하난을 비롯하여 아직 들
판에 있던 유다 군대의 장교들이 미스바로
그다랴를 찾아왔습니다.
14 그들은 그다랴에게 말했습니다. "암몬 사
람의 왕 바알리스가 총독을 죽이려 한다는
사실을 알고 있습니까? 그가 총독을 죽이
려고 느다냐의 아들 이스마엘을 보냈습니
다." 그러나 아히감의 아들 그다랴는 그들
의 말을 믿지 않았습니다.
15 그러자 가레아의 아들 요하난이 미스바에
있던 그다랴에게 몰래 말했습니다. "내가
가서 느다냐의 아들 이스마엘을 아무도 모
르게 죽이겠습니다. 그래야 이스마엘이 총
독을 죽이지 못할 것입니다. 만약 총독이
죽으면 지금 총독에게 모여 있는 모든 유
다 사람들이 다시 흩어지고 유다의 얼마
남지 않은 사람들마저 없어지고 말 것입
니다."
16 그러나 아히감의 아들 그다랴는 가레아의
아들 요하난에게 "이스마엘을 죽이지 마시
오. 그대가 이스마엘에 관해 한 말은 사실
이 아니오"라고 말했습니다.

41 그 해 일곱째 달*에 엘리사마의 손자
요 느다냐의 아들인 이스마엘이 아히
감의 아들 그다랴에게 왔습니다. 이스마엘
은 부하 열 명을 데리고 미스바로 왔습니
다. 그는 왕족이었으며 높은 자리에 있던
왕의 신하이기도 했습니다. 이스마엘과 그
의 부하들은 미스바에서 그다랴와 함께 밥
을 먹었습니다.
2 밥을 먹던 중에 이스마엘이 부하 열 명과
함께 자리에서 일어나더니 사반의 손자
요, 아히감의 아들인 그다랴를 칼로 쳐죽
였습니다. 그다랴는 바빌로니아 왕이 유다
총독으로 세운 사람이었습니다.
3 이스마엘은 그다랴와 함께 있던 모든 유다
사람들과 그 곳에 있던 바빌로니아 사람들
과 군인들도 죽였습니다.
4 그다랴가 죽임을 당한 이튿날, 아직 아무
도 그 사실을 알지 못할 때였습니다.
5 수염을 깎고 옷을 찢고 자기 몸에 상처를
낸 사람 팔십 명이 세겜과 실로와 사마리
아에서 와서 여호와의 성전에 곡식 제물
과 향을 바치려 했습니다.
6 느다냐의 아들 이스마엘이 그들을 맞으려
고 미스바에서 나왔습니다. 이스마엘은 그
들을 맞으러 가는 동안, 줄곧 울다가 그
들을 만나자 이렇게 말했습니다. "나와
함께 아히감의 아들 그다랴를 만나러 갑시
다."
7 그리하여 그들은 미스바 성 안으로 들어
가게 되었습니다. 그들이 성 안으로 들어
갔을 때에 느다냐의 아들 이스마엘과 그의
부하들이 그들을 죽이고 그 시체를 깊은
웅덩이에 던져 넣었습니다.
8 그러나 그들 가운데 살아남은 사람 열 명
이 이스마엘에게 말했습니다. "살려 주십
시오. 우리에게 밀과 보리와 기름과 꿀이
있는데 그것을 밭에 감추어 두었습니다."
그래서 이스마엘은 그들을 죽이지 않고 살
려 두었습니다.
9 이스마엘이 그 사람들을 죽이고 그 시체를
던져 넣은 웅덩이는 유다 왕 아사가 이스
라엘 왕 바아사의 공격을 막으려고 만들었

던 것입니다. 그러나 느다냐의 아들 이스
마엘은 그 웅덩이를 자기가 죽인 사람들
의 시체로 가득 채웠습니다.
10 그런 뒤에 이스마엘은 미스바에 남아 있던
사람들을 다 사로잡았습니다. 그는 경호
대장 느부사라단이 아히감의 아들 그다랴에
게 맡긴, 유다 왕의 공주들과 남은 백성
들을 모두 붙잡아 들였습니다. 느다냐의
아들 이스마엘은 그들을 포로로 잡아서 암
몬 사람들의 나라로 넘어가려 했습니다.
11 가레아의 아들 요하난을 비롯하여 그와 함
께 있던 모든 군대 장교들은 느다냐의 아
들 이스마엘이 저지른 악한 짓에 관한 소
문을 들었습니다.
12 그리하여 요하난과 장교들은 부하들을 거
느리고 느다냐의 아들 이스마엘과 싸우려
고 그를 뒤쫓았습니다. 그러다가 기브온
에 있는 큰 연못 근처에서 이스마엘을 만
났습니다.
13 이스마엘에게 끌려가던 포로들은 요하난과
장교들을 보고 매우 기뻐했습니다.
14 이스마엘의 포로가 되어 미스바로부터 끌
려가던 사람들은 몸을 돌려 가레아의 아
들 요하난에게 달려갔습니다.
15 그러나 느다냐의 아들 이스마엘은 부하 여
덟 명과 함께 요하난을 피하여 암몬 사람
들에게로 도망갔습니다.
16 이처럼 느다냐의 아들 이스마엘이 아히감
의 아들 그다랴를 죽인 뒤에 미스바에 있
던 사람들을 사로잡아 끌고 갔지만 가레
아의 아들 요하난을 비롯한 모든 군대 장
교들이 그 포로들을 구해 냈습니다. 살아
남은 사람 가운데는 군인들과 여자들과
어린아이들과 왕궁 관리들도 있었습니다.
요하난은 그들을 기브온에서 데려왔습니
다.

이집트로 도망가다

17 그들은 이집트로 가는 길에 베들레헴에서
가까운 게룻김함에 머물러 있었습니다.
18 요하난을 비롯한 군대 장교들은 바빌로니
아 군대가 두려워서 이집트로 도망가기로
했습니다. 왜냐하면 바빌로니아 왕이 유다
의 총독으로 세운 아히감의 아들 그다랴를
느다냐의 아들인 이스마엘이 죽였기 때문
입니다.

42 그 때에 가레아의 아들 요하난과 호
사야의 아들 여사냐와 모든 군대
장교들과 가장 낮은 사람으로부터 가장
높은 사람에 이르기까지 모든 백성들이
예레미야에게 모여들었습니다.
2 그들이 예레미야에게 말했습니다. "우리의
부탁을 들어 주십시오. 우리를 위하여 당
신의 하나님 여호와께 기도해 주십시오.
유다 집의 남아 있는 모든 백성을 위해 기
도해 주십시오. 우리 백성이 전에는 많이
있었으나 보시는 것처럼 지금은 조금밖에
남지 않았습니다.
3 그러니 우리가 어디로 가야 할지, 그리고
어떻게 해야 할지 알려 달라고 당신의 하
나님 여호와께 기도해 주십시오."
4 예언자 예레미야가 그들에게 대답했습니
다. "여러분의 뜻을 잘 알았소. 여러분이
부탁한 대로 여러분의 하나님 여호와께
기도하겠소. 그래서 여호와께서 여러분에
게 하시는 말씀을 조금도 숨기지 않고 그
대로 전해 주겠소."
5 그러자 백성이 다시 예레미야에게 말했습
니다. "당신의 하나님 여호와께서 당신을
통해 우리에게 하시는 말씀이라면 무엇이
든 그대로 따르겠습니다. 이 일에 여호와

기브온에서 발견된
원통형 저수조(41:12)

알아두세요

41:1 이 달은 B.C. 586년 10월과 11월에 해당된다.

께서 우리의 참되고 진실하신 증인이 되
십니다.
6 그 말씀이 좋든 나쁘든, 우리는 우리 하
나님 여호와의 말씀에 순종하겠습니다.
우리는 여호와의 말씀을 받기 위해 당신
을 여호와께 보냅니다. 우리의 하나님 여
호와께서 하시는 말씀에 순종하면 모든
일이 잘 될 것입니다."
7 십 일 뒤에 여호와께서 예레미야에게 말씀
하셨습니다.
8 그래서 예레미야는 가레아의 아들 요하난
을 비롯하여 그와 함께한 모든 군대 장교
들과 가장 낮은 사람으로부터 가장 높은
사람에 이르기까지 모든 백성을 불러모았
습니다.
9 그리고 그들에게 말했습니다. "여러분이
나를 보내어 물어 보게 한 이스라엘의 하
나님 여호와께서 이렇게 말씀하셨소.
10 '너희가 이 유다 땅에 남아 있으면 내가
너희를 허물지 않고 세우겠으며 뽑지 않
고 심을 것이다. 그것은 내가 너희에게 재
앙을 내렸으나 이제는 그 일을 슬퍼하고
있기 때문이다.
11 너희가 바빌로니아 왕을 두려워하고 있으
나 그를 두려워하지 마라. 나 여호와의 말
이다. 내가 너희와 함께 하여 너희를 구
해 주고 그의 손에서 건져 주겠다.
12 내가 너희에게 자비를 베풀고 이제는 바
빌로니아 왕도 너희에게 자비를 베풀어 너
희를 너희 땅으로 돌려 보낼 것이다.'
13 그러나 당신들이 '우리는 이 유다 땅에 남
아 있지 않겠다'고 말하며 하나님 여호와
의 말씀에 순종하지 않고
14 또 '아닙니다. 우리는 이집트 땅에 가서
살겠습니다. 이집트로 가면 전쟁에 시달
리지도 않고 전쟁 나팔 소리를 듣지 않아
도 되고 밥이 없어 굶주리는 일도 없을 것
입니다'라고 말한다면 잘못될 것이오.
15 유다에 남아 있는 백성들은 여호와의 말
씀을 들으시오. 만군의 여호와, 이스라엘
의 하나님께서 이렇게 말씀하셨소. '너희
가 이집트로 가서 거기서 살기로 마음을
먹는다면
16 너희가 두려워하는 전쟁이 이집트 땅까지
쫓아가 너희를 덮칠 것이며, 너희가 염려
하는 굶주림이 이집트에 있는 너희에게 찾

이집트로 가면 재앙이 내릴 것을
경고하심(42:15-22)

아올 것이다. 그리하여 너희는 이집트에
서 죽을 것이다.
17 누구든 이집트 땅에 가서 살려고 하는 사
람은 전쟁과 굶주림과 무서운 병으로 죽
게 될 것이다. 이집트로 가는 사람은 아무
도 살아남지 못하리니, 내가 내릴 재앙을
아무도 피하지 못할 것이다.'
18 만군의 여호와, 이스라엘의 하나님께서 이
렇게 말씀하셨소. '나의 분노와 진노를 예
루살렘 백성에게 쏟아 부었듯이 너희가 이
집트로 가면 너희에게도 그와 똑같은 진
노를 쏟아 붓겠다. 다른 나라들이 너희를
역겨워할 것이며 너희 모습을 보고 놀라
며 저주하고 욕할 것이다. 너희가 다시는
이 땅을 보지 못할 것이다.'
19 유다에 남아 있는 여러분이여, 여호와께
서 여러분에게 이집트로 가지 말라고 말
씀하셨소. 내가 오늘 여러분에게 경고한
말을 새겨 두시오.
20 여러분은 죽음을 부를지도 모르는 실수를
저질렀소. 여러분은 나를 여러분의 하나
님 여호와께 보내며 이렇게 말했소. '우
리를 위해 우리 하나님 여호와께 기도해
주십시오. 우리 하나님 여호와께서 하시
는 말씀을 빠짐없이 우리에게 전해 주십
시오. 그러면 우리가 그대로 하겠습니
다.'
21 그래서 내가 오늘 여러분에게 여호와께서
하신 말씀을 전해 주었소. 그러나 여러분
은 여호와 하나님의 말씀을 듣지 않았소.
여호와께서 나를 보내어 여러분에게 이르
게 하신 말씀을 따르지 않았소.
22 그러므로 이것을 분명히 알아 두시오. 여
러분은 이집트로 가서 살기를 원하지만 여
러분이 원하는 바로 그 땅에서 여러분은
전쟁과 굶주림과 무서운 병으로 죽을 것
이오."

43

예레미야가 모든 백성에게 하나님
여호와의 말씀, 곧 하나님 여호와
께서 예레미야를 통해 그들에게 전하게 하
신 말씀을 다 전했습니다.
2 호사야의 아들 아사랴와 가레아의 아들 요
하난과 다른 교만한 사람들이 예레미야에
게 말했습니다. "당신은 거짓말을 하고
있소! 우리 하나님 여호와께서 당신을 보
내셔서 '너희는 이집트로 가서 살면 안 된
다'라고 전하게 하셨을 리가 없소.
3 네리야의 아들 바룩이 당신을 꾀어서 이렇
게 된 것이 분명하오. 그는 우리를 바빌로
니아 사람들에게 넘겨 주어 우리를 그들
의 손에 죽게 하거나 그들에게 사로잡혀
바빌론으로 끌려가게 하려 하고 있소."
4 이처럼 가레아의 아들 요하난과 군대 장교
들과 모든 백성들은 유다 땅에 머물러 살
라는 여호와의 명령에 따르지 않았습니
다.
5 가레아의 아들 요하난과 모든 군대 장교들
은 유다에 남아 있던 사람들을 이끌고 이
집트로 갔습니다. 그들은 바빌로니아 사람
들에게 쫓겨나서 모든 나라 중에 흩어져
있다가 다시 유다 땅으로 돌아온 사람들
입니다.
6 요하난과 군대 장교들은 남자와 여자와 어
린아이들을 비롯하여 공주들까지 이집트
로 데려갔습니다. 이들은 경호대장 느부
사라단이 사반의 손자요, 아히감의 아들인
그다랴에게 맡겼던 사람들입니다. 요하난
은 예언자 예레미야와 네리야의 아들 바룩
도 데려갔습니다.
7 그들은 여호와의 말씀을 듣지 않고 이집
트 땅으로 가서 다바네스 마을에 이르렀습
니다.
8 여호와께서 다바네스에서 예레미야에게 말
씀하셨습니다.
9 "커다란 돌을 몇 개 가져다가 유다 사람
들이 보는 앞에서 다바네스에 위치한 이집
트 왕 파라오의 왕궁 입구에 있는 포장된
길 밑에 묻어 두어라.
10 그리고 그 유다 사람들에게 전하여라. '만
군의 여호와, 이스라엘의 하나님께서 이렇
게 말씀하셨다. 보아라. 내가 사람을 보
내어 내 종 바빌로니아 왕 느부갓네살을 데
려오겠다. 그리고 내가 묻어 둔 이 돌들
위에 그의 보좌를 놓겠다. 그가 이 돌들

위에 화려한 장막을 칠 것이다.
11 그가 이집트 땅을 칠 것이다. 그리하여 죽
일 사람을 죽이고, 포로로 데려갈 사람을
포로로 잡아가고, 칼에 맞아 죽을 사람을
칼로 죽일 것이다.
12 그리고 그가 이집트의 신전들에 불을 놓
아 태워 버릴 것이며 그 곳의 우상들을 가
져가 버릴 것이다. 목자가 자기 몸에 옷
을 둘러 입듯이 느부갓네살이 이집트를 둘
러 입을 것이다. 그리고 안전하게 이집트
를 떠날 것이다.
13 그가 이집트 땅의 벧세메스*에 있는 돌 기
둥들을 무너뜨릴 것이며 이집트의 신전들
을 불태워 버릴 것이다.'"

이집트에 내릴 재앙

44 예레미야가 여호와의 말씀을 받았
습니다. 그 말씀은 이집트 땅의 믹
돌과 다바네스와 놉과 바드로스*에 사는 유
다 사람들에게 하신 말씀입니다.
2 "만군의 여호와, 이스라엘의 하나님께서
이렇게 말씀하셨다. '너희는 내가 예루살
렘과 유다 여러 마을에 내린 재앙을 보았
다. 보아라. 그 마을들은 오늘날 아무도
살지 않는 폐허가 되었다.
3 이는 그 곳에 살던 백성이 악한 짓을 했
기 때문이다. 그들은 너희도 알지 못하고
너희 조상들도 알지 못했던 다른 신들에
게 향을 피우며 제사하여 나를 분노하게
했다.
4 내가 내 종인 예언자들을 거듭 그들에게
보내어 그런 역겨운 짓을 하지 말며 다른
신을 섬기는 것을 내가 싫어한다고 전하
게 했다.

알아두세요

43:13 '벧세메스'는 태양신 신전을 가리킨다.
44:1 '바드로스'는 이집트 남쪽을 가리킨다.

저주(44:12 curse) 재앙이나 불행을 당하도록 비
는 것.
전제물(44:17 drink offering) 번제단 위에 부어
서 드리는 제사인 전제에 쓰이는 제물. 주로 붉은
포도주로 드렸으나 독주로 드릴 때도 있었다.

5 그러나 그들은 예언자들의 말을 듣지도
않았고 귀 기울이지도 않았다. 그들은 악
한 짓에서 돌아서지 않고 다른 신들에게
향을 피우며 제사하는 일도 멈추지 않았
다.
6 그래서 내가 내 큰 진노를 유다 여러 마
을과 예루살렘 거리에 쏟아 부은 것이다.
그리하여 예루살렘과 유다의 여러 마을은
황무지가 되었고 지금까지도 폐허로, 돌
무더기로 남아 있다.'
7 그러므로 만군의 하나님, 이스라엘의 하나
님 여호와께서 이렇게 말씀하셨다. '어찌
하여 너희는 큰 죄악을 저질러 너희 스스
로를 해치고 있느냐? 어찌하여 너희는 남
자와 여자와 어린이들과 아기들을 유다
집에서 끊어 놓아 아무도 살지 못하게 하
려느냐?
8 어찌하여 너희는 너희 손으로 만든 우상
으로 나를 분노하게 하며, 너희가 살고 있
는 이집트 땅의 신들에게 향을 피우며 제
사를 지내느냐? 그것은 너희 스스로를 망
치는 짓이다. 너희는 세계 온 나라의 저
주와 비웃음거리가 될 것이다.
9 너희는 너희 조상이 저지른 죄를 잊었느
냐? 유다의 왕과 왕비들, 그리고 너희와
너희 아내들이 유다 땅과 예루살렘 거리에
서 저지른 죄를 잊었느냐?
10 유다 백성은 오늘날까지도 너무 교만하
다. 나를 존경할 줄 모르고 내 가르침을
따르지 않는다. 내가 너희와 너희 조상에
게 가르쳐 준 율법에 순종하지 않는다.'
11 그러므로 만군의 여호와, 이스라엘의 하나
님께서 이렇게 말씀하셨다. '보아라. 내
가 너희에게 재앙을 내리기로 작정했다.
내가 온 유다 집을 멸망시키겠다.
12 유다의 남은 사람들이 이집트로 가서 머물
러 살 생각을 하고 있으나 그들은 이집트
에서 전쟁과 굶주림으로 다 죽을 것이다.
가장 낮은 사람으로부터 가장 높은 사람
에 이르기까지 그들은 이집트에서 전쟁과
굶주림으로 죽을 것이다. 다른 나라들이
너희를 역겨워할 것이며 너희 모습을 보

고 놀랄 것이다. 너희를 보고 저주하고 욕
할 것이다.
13 내가 예루살렘을 심판했듯이 이집트 땅에
사는 사람들도 전쟁과 굶주림과 무서운
병으로 심판하겠다.
14 유다 백성 가운데 살아서 이집트로 간 사
람은 아무도 나의 심판을 피할 수 없을 것
이다. 그들이 유다로 다시 돌아가 살고 싶
어하더라도 아무도 돌아가지 못할 것이
다. 도망간 사람 몇 명을 빼고는 아무도
돌아가지 못할 것이다.'"
15 바드로스에 사는 유다 사람들의 큰 무리가
와서 예레미야에게 말했습니다. 그들은 자
기 아내들이 다른 신에게 제사를 지낸다
는 것을 알고 있었습니다. 이집트에 살면
서 다른 신에게 제사를 지내고 있는 여자
들도 그 자리에 있었습니다.
16 "당신이 여호와의 이름으로 우리에게 말
하는 것을 듣지 않겠소.
17 우리는 우리 입으로 맹세한 것을 빠짐없
이 지켜서 '하늘 여신'에게 향을 피워 올
리고 부어 드리는 제물인 전제물을 바쳐
여신을 섬기겠소. 옛적에 우리와 우리의
조상과 우리의 왕들과 신하들이 유다의
여러 마을과 예루살렘 거리에서 한 대로
여신을 섬기겠소. 그 때에 우리는 먹을 것
이 풍족하였고 모든 일이 잘 되었고 재앙
도 없었소.
18 그러나 하늘 여신에게 희생 제물과 전제
물을 바치기를 그친 뒤부터 우리에게 어
려움이 닥쳐왔소. 우리가 전쟁이나 굶주
림으로 죽게 되었소."
19 여자들도 말했습니다. "우리가 하고 있는
일을 우리 남편들도 알고 있습니다. 우리
는 남편들의 허락을 받아서 하늘 여신에
게 향을 피우고 전제물을 바쳤습니다. 우
리가 하늘 여신의 모습을 새긴 과자를 만
든 것과 여신에게 전제물을 바친 것을 남
편들도 알고 있습니다."
20 그러자 예레미야가 모든 백성, 곧 남자 여
자 할 것 없이 그렇게 대답한 모든 사람
들에게 말했습니다.

여인들의 태양신 숭배
이집트 텔엘-아마르나에 있는 부조(44:15-19)

21 "여러분이 향을 피운 일은 여호와께서도
기억하고 계시오. 여러분과 여러분의 조
상, 그리고 여러분의 왕들과 신하들과 유
다 땅의 백성들이 유다 여러 마을과 예루
살렘 거리에서 향을 피운 일은 여호와께
서도 알고 계시며 마음에 기억하고 계시
오.
22 여호와께서는 여러분이 악한 짓을 저지르
는 것에 대해 더 이상 참지 못하시고 여
러분이 저지른 역겨운 죄를 견디지 못하
셨소. 그래서 여러분의 나라를 황무지로
만드셨고 오늘날 그 땅은 사람들의 비웃
음거리와 저주거리가 되어 그 곳에 아무
도 살지 않게 되었소.
23 이 모든 일이 일어난 까닭은 여러분이 다
른 신들에게 향을 피워 올리고 여호와께
죄를 지었기 때문이오. 여러분은 여호와
께 순종하지 않았고 여호와께서 주신 가
르침과 율법을 따르지 않았소. 그리고 언
약의 말씀을 지키지 않았소. 그래서 오늘
날과 같은 이런 재앙이 여러분에게 내린
것이오."
24 예레미야가 모든 백성에게, 그리고 여자들
에게 말했습니다. "이집트에 살고 있는 모
든 유다 백성은 여호와의 말씀을 들으시
오.
25 만군의 여호와, 이스라엘의 하나님께서 이
렇게 말씀하셨소. '너희와 너희 여자들이
하늘 여신에게 희생 제물과 전제물을 바
치기로 서원했으며 그 서원을 그대로 지

키겠다고 했다. 또 실제로 너희 손으로 직
접 지켰다. 좋다. 너희가 서원한 대로 해
보아라.'
26 그러나 여호와의 말씀을 들어 보시오. 이
집트에 살고 있는 모든 유다 사람들은 들
으시오. 여호와께서 이렇게 말씀하셨소.
'보아라. 내가 나의 큰 이름을 두고 맹세
한다. 지금 이집트 온 땅에 살고 있는 유
다 백성들은 다시는 내 이름으로 맹세하
지 못할 것이다. 그들은 절대로 '주 여호
와의 살아 계심을 두고' 라는 맹세를 하지
못하게 될 것이다.
27 보아라. 내가 그들을 지켜 보겠다. 돌보
려고 지켜 보는 것이 아니라 해치려고 지
켜 보는 것이다. 이집트에서 살고 있는 유
다 사람들은 칼이나 굶주림으로 죽어 모
두 멸망할 것이다.
28 칼에 죽지 않고 살아서 이집트 땅에서 유
다 땅으로 돌아오는 사람은 매우 적을 것
이다. 유다 백성 중 살아서 이집트 땅에
내려가서 사는 모든 사람들은 내 말이 옳
은지, 그들의 말이 옳은지 알게 될 것이
다.
29 내가 이 곳에서 너희를 심판하겠다는 표
징을 하나 주겠다. 나 여호와의 말이다.
그 표징을 주어, 너희를 반드시 심판하겠
다는 내 말이 이루어진다는 것을 너희가
알게 하겠다.'
30 여호와께서 이렇게 말씀하셨소. '보아라.
내가 유다 왕 시드기야를 그의 목숨을 노
리던 바빌로니아 왕 느부갓네살에게 넘겨
주었던 것처럼 이집트 왕 파라오 호브라를
그의 목숨을 노리는 원수들에게 넘겨 주
겠다.'"

바룩에게 주신 말씀

45 요시야의 아들 여호야김이 유다 왕
이 된 지 사 년째 되는 해에 예언
자 예레미야가 이 말씀을 네리야의 아들 바
룩에게 불러 주어 책에 받아 적게 했습니
다. 예레미야가 바룩에게 전한 말은 이러
합니다.
2 "이스라엘의 하나님 여호와께서 너 바룩에
게 이렇게 말씀하셨다.
3 언젠가 그가 '아, 슬프다. 여호와께서 내
고통에 슬픔을 더하셨다. 나는 괴로움으
로 지쳤다. 나에게는 평안이 없다' 라고
말한 것을 들으시고
4 여호와께서 나에게 이 말을 그대에게 전
하라고 하셨다. 여호와께서 이렇게 말씀
하셨다. '보아라. 내가 세운 것을 허물겠
고 내가 심은 것을 뽑겠다. 유다 땅 어느
곳에서든지 그리하겠다.
5 바룩아, 네가 너 자신을 위하여 큰 일을
찾고 있느냐? 그만두어라. 보아라. 내가
모든 사람에게 재앙을 내릴 것이다. 그러
나 네가 어디로 가든지 네 목숨만은 내가
건져 주겠다. 나 여호와의 말이다.'"

이집트에 대한 말씀

46 이것은 다른 나라들에 대해 여호
와께서 예언자 예레미야에게 하신
말씀입니다.
2 이는 이집트에 대한 말씀으로 이집트 왕
파라오 느고의 군대에 관한 말씀입니다.
그의 군대는 요시야의 아들 여호야김이 유
다 왕이 된 지 사 년째 되는 해에 유프라
테스 강가의 갈그미스에서 바빌로니아 왕
느부갓네살에게 졌습니다.
3 "크고 작은 방패를 준비하여 싸움터로 나
아가거라!
4 말에 마구를 채워라. 군인들아, 말 위에
올라타라. 투구를 쓰고 전열을 가다듬어
라. 창을 갈고 갑옷을 입어라.
5 내가 보고 있는 것이 무엇이냐? 저 군대
가 겁에 질려 도망치고 있다. 그 용사들

알아두세요

46:9 개역 성경에는 '리비아'가 (히)'붓'이라고 표기되어 있으며, '리디아'는 (히)'루딤'이라고 표기되어 있다.

서원(44:25 vow) 하나님께 은혜를 구하고, 그 보답으로 어떤 선행을 하겠다고 맹세하는 일.
마구(46:4 harness) 말을 부리는 데 쓰이는 기구.
투구(46:4 helmet) 군인이 싸움에서 머리를 보호하기 위하여 쓰던 두껍고 튼튼한 모자.

마저 쓰러져 도망가기에 바쁘다. 온통 겁
에 질려 뒤도 돌아보지 않고 도망간다."
나 여호와의 말이다.
6 "발이 빠른 사람도 달아나지 못하고 용사
들도 도망가지 못한다. 북쪽, 유프라테스
강가에서 걸려 넘어지고 쓰러진다.
7 나일 강처럼 넘쳐 흐르는 저것이 무엇이
냐? 강들처럼 물을 솟구쳐 내는 저것이
무엇이냐?
8 이집트가 나일 강처럼 넘쳐 흐르고 있다.
강들처럼 물을 솟구쳐 내고 있다. 이집트
가 '내가 넘쳐 흘러 땅을 덮어 버리겠다.
성과 그 안의 주민들을 멸망시키겠다' 고
말한다.
9 말들아, 싸움터로 달려나가거라. 전차들
아, 돌격하여라. 용사들아, 전진하여라.
방패를 든 에티오피아 군대와 리비아* 군대
도 전진하고 활을 든 리디아* 군대도 전진
하여라.
10 그러나 그 날은 주 만군의 여호와의 날이
다. 주께서 그의 원수들을 심판하시는 날
이다. 칼을 휘두르되 칼이 만족할 때까지
휘두를 것이며 마른 목을 피로 채울 때까
지 칼로 죽일 것이다. 그것은 주 만군의
여호와께서 희생 제물을 잡으시기 때문이
다. 그 일은 북쪽 땅, 유프라테스 강가에
서 이루어진다.
11 처녀 딸 이집트야, 길르앗으로 올라가서
향유를 가져오너라. 약을 아무리 많이 써
보아도 너는 낫지 못한다.
12 네 부끄러움을 모든 나라들이 들었고 네
울부짖음이 온 땅에 가득하다. 용사들끼
리 서로 뒤얽혀 넘어지고 모두 함께 쓰러
져 버렸다."
13 이것은 여호와께서 예언자 예레미야에게
이집트를 공격하러 올 바빌로니아 왕 느부
갓네살에 관해 하신 말씀입니다.
14 "이 말씀을 이집트에 알리고 믹돌과 놉과
다바네스에서 선포하여라. '사방에 전쟁이
일어났으니 굳게 서서 전쟁 준비를 하라'
고 말하여라.
15 이집트야, 어찌하여 너의 용사들이 거꾸
러졌느냐? 여호와께서 그들을 밀쳐 버리
셨으므로, 그들은 설 수 없었다.
16 많은 군인들이 넘어지고 쓰러져서 서로
뒤엉켜 버렸다. 그리고 서로 말하기를
'일어나 돌아가자. 우리를 짓누르는 이
무서운 전쟁을 피해서 우리 민족이 있는
곳으로, 우리 고향 땅으로 돌아가자' 고
한다.
17 그들은 고향 땅에서 '이집트 왕 파라오는
허풍선이에 지나지 않는다. 이제 그의 때
는 지나갔다' 고 말한다.
18 만군의 여호와께서 말씀하신다. 나의 삶
을 두고 맹세한다. 산들 가운데 우뚝 솟
은 다볼 산같이, 바닷가에 높이 솟은 갈멜
산같이 강한 군대가 올 것이다.
19 이집트 백성아, 짐을 꾸려 포로가 될 준비
를 하여라. 놉은 황무지가 되어 아무도 살
지 않는 폐허로 변할 것이다.
20 이집트는 예쁜 암송아지 같지만 북쪽에서
쇠파리가 와서 달라붙는다.
21 이집트가 돈으로 산 군인들은 살진 송아
지 같아서 몸을 돌려 도망가니 그들에게
는 적의 공격을 막아 낼 힘이 없다. 그들
이 멸망할 때가 다가오고 있다. 그들은 곧

성경 지명

갈그미스

유프라테스 강 근처에 위치한 도시로 메소포타미아와 유럽, 이집트를 연결하는 교통, 군사상의 요충지였습니다. 따라서 역사적으로 이곳에서는 전투가 끊이지 않았습니다. B.C. 7세기경에는 앗시리아의 영토였지만 앗시리아의 세력이 쇠퇴함에 따라 이집트가 이 지역의 주도권을 잡고서 바빌로니아와 대치하였습니다. 그러나 B.C. 605년경 바빌로니아의 느부갓네살 왕이 갈그미스 전투에서 이집트에 승리를 거둠으로써 이 지역의 주도권은 바빌로니아로 넘어가게 됩니다.

본문 보기 46장 2절

향유(46:11 fragrant oil) 향을 내는 기름.
허풍선이(46:17 boaster) 지나치게 과장하거나, 믿음성이 적은 말이나 행동을 마구 하는 사람.

심판받을 것이다.
22 이집트는 소리를 내며 도망가는 뱀과 같
다. 적군이 점점 가까이 다가온다. 마치
나무를 베는 사람들처럼 도끼를 들고 이
집트를 치러 온다.
23 이집트 군대가 아무리 측량할 수 없는 큰
숲과 같다 하더라도 그들이 모두 베어 버
릴 것이다. 나 여호와의 말이다. 적군은
메뚜기 떼보다 많아서 셀 수조차 없다.
24 이집트 백성은 부끄러움을 당하고 북쪽에
서 오는 적군의 손에 넘어갈 것이다."

룩소 신전
노의 신 아몬은 애굽의 룩소를 말한다(46:25)

25 만군의 여호와, 이스라엘의 하나님께서 이
렇게 말씀하셨다. "보아라. 내가 노*의 신
아몬에게 벌을 내리겠다. 그리고 파라오와
이집트와 그 신들과 그 왕들에게도 벌을
내리고, 파라오뿐만 아니라 그를 의지하
는 사람들에게도 벌을 내리겠다.
26 내가 그들의 목숨을 노리는 사람, 곧 바
빌로니아 왕 느부갓네살과 그의 부하들에
게 그들을 넘기겠다. 그러나 그런 다음에
는 이집트에서 옛날처럼 사람들이 평화롭
게 살게 될 것이다. 나 여호와의 말이다."

이스라엘에 대한 말씀

27 "내 종, 야곱 백성아, 너는 두려워하지 마
라. 이스라엘아, 무서워하지 마라. 보아
라. 내가 저 먼 곳에서부터 너를 구원하
고, 너희 후손을 포로로 잡아 간 땅에서
구해 내겠다. 야곱 백성은 돌아와서 다시
평화와 안정을 누릴 것이며 아무도 그들
을 위협하지 못할 것이다.
28 내 종, 야곱 백성아, 너는 두려워하지 마
라. 나 여호와의 말이다. 내가 너와 함께
하겠다. 내가 너를 쫓아 여러 나라로 흩
어 버렸지만 이제 그 모든 나라들을 완전
히 멸망시키겠다. 그러나 너만은 멸망시
키지 않겠다. 내가 너를 공정하게 심판하
겠다. 그러나 심판을 피하지는 못한다."

블레셋에 대한 말씀

47 이것은 이집트 군대가 가사 성을 치
기 전에 여호와께서 블레셋 백성에
대해 예언자 예레미야에게 하신 말씀입니다.
2 여호와께서 이렇게 말씀하셨다. "보아라.
불어 오른 물처럼 북쪽에서부터 적군이
몰려온다. 넘쳐 흐르는 시내처럼 밀려든
다. 홍수처럼 땅과 땅 위에 있는 모든 것
을 뒤덮을 것이며 마을과 그 주민을 덮칠
것이다. 사람들이 도와 달라고 소리치고
그 땅의 모든 주민이 울부짖을 것이다.
3 요란한 말발굽 소리가 들려 온다. 전차들
이 내는 요란한 소리, 바퀴가 덜컹거리는
소리가 들려 온다. 아버지들은 맥이 빠져
서 자녀들을 돌볼 힘도 없다.
4 블레셋 사람들을 멸망시킬 날이 왔다. 두
로와 시돈에서 지원하러 오는 모든 군대
를 멸망시킬 날이 왔다. 여호와께서 곧 블
레셋 사람들과 갑돌* 섬에 남아 있는 사람
들을 멸망시키실 것이다.
5 가사 사람은 슬퍼하며 머리를 삭발하고 아
스글론 사람은 잠잠해질 것이다. 골짜기에
있는 살아남은 사람들아, 너희가 언제까
지 너희 몸에 상처를 내려느냐?
6 너희가 외치기를 '오호라! 여호와의 칼아,
언제 잠잠해지려느냐? 네 칼집으로 돌아
가라. 잠잠하여라. 가만히 있어라' 한다.
7 그러나 여호와께서 명령하셨으니 어떻게
여호와의 칼이 잠잠할 수 있겠느냐? 여호
와께서 그 칼에게 명령하여 아스글론과 바
닷가를 치게 하셨다."

모압에 대한 말씀

48 이것은 모압에 대한 말씀입니다.
만군의 여호와, 이스라엘의 하나
님께서 이렇게 말씀하셨다. "슬프다, 느보
여. 폐허가 되었구나. 기랴다임 마을이 부

끄러움을 당하고 정복되었으며 그 요새가
부끄러움을 당하고 허물어졌다.
2 모압의 영광이 이제는 사라져 버렸다. 헤
스본에서 사람들이 모압을 멸망시킬 계획
을 세우고 '자, 이제 그 나라를 없애 버리
자' 하고 말한다. 맛멘 마을아, 너도 잠잠
하게 될 것이며 칼이 너를 뒤쫓을 것이다.
3 호로나임 마을에서 울부짖는 소리가 들려
온다. '망하였다. 완전히 멸망하였다' 라고
외친다.
4 젊은 사람들이 '모압이 망했다' 고 울부짖
는다.
5 모압 사람들이 큰 소리로 울면서 루힛 언
덕으로 올라간다. 호로나임으로 내려가는
길에서는 고통의 울부짖는 소리가 들려
온다.
6 달아나라! 목숨을 건져라! 광야의 떨기나
무가 바람에 날리듯 그렇게 가라.
7 네가 네 사업과 네 재산을 의지했으므로
너도 정복당할 것이다. 그모스 신도 그 제
사장들과 관리들과 함께 포로로 끌려갈
것이다.
8 멸망시키는 자가 성마다 쳐들어오리니 어
떤 성도 피하지 못할 것이다. 골짜기는 폐
허가 되고 평야는 황무지가 되어 여호와
의 말대로 될 것이다.
9 모압의 밭에 소금을 뿌려라. 그 곳은 황
무지가 될 것이다. 모압의 마을들은 아무
도 살지 않는 폐허가 될 것이다.
10 여호와의 일을 속임수로 행하는 사람은
저주를 받을 것이며 칼을 거둬들이고 죽
이지 않는 사람도 저주를 받을 것이다.
11 모압 백성은 젊었을 때부터 평안하게 살
았으며 포로로 끌려간 적이 없다. 이 병
에서 저 병으로 옮겨 부은 적이 없어 찌
끼가 가라앉은 포도주와 같이 평온하였
다. 그래서 그 맛이 예전과 같고 그 향기
가 변함이 없다.
12 하지만 보아라. 내가 사람을 보내어 너희를
병에서 쏟아 버릴 날이 곧 올 것이다. 나 여
호와의 말이다. 그들은 모압의 병을 비워 버
릴 것이며 잔들을 깨뜨려 버릴 것이다.
13 이스라엘 백성이 벧엘 신을 의지하다가 부
끄러움을 당했듯이 모압도 그모스 신 때문
에 부끄러움을 당할 것이다.
14 너희가 어찌하여 '우리는 용사다! 용감한
군인이다!' 라고 말하느냐?
15 적군이 와서 모압과 그 성들을 쳐, 모압의
가장 뛰어난 젊은이들이 죽을 것이니 이
는 왕의 말씀이요, 그의 이름은 만군의 여
호와이시다.
16 모압의 마지막 날이 가까워 왔으므로 그
들이 곧 멸망할 것이다.
17 모압의 모든 이웃아, 모압을 위해 울어라.
모압의 이름을 아는 모든 자들아, 그를 위
해 울어라. '그 강력했던 권세가 무너졌고
그 권력과 영광이 사라졌다' 고 말하여라.
18 너희 디본에 사는 백성아, 그 영광의 자
리에서 내려와 메마른 땅에 앉아라. 모압
을 멸망시킨 자가 너희를 치러 와서 너희
의 요새를 무너뜨렸다.
19 너희 아로엘에 사는 백성아, 길가에 서서
살펴보아라. 남자들이 달아나고 여자들이
도망치는 것을 보고 무슨 일이 일어났는
지 그들에게 물어 보아라.
20 모압이 망하여 사방에 부끄러움뿐이다.
울어라, 모압아. 소리쳐 울어라. 모압이
망했다고 아르논 강에서 외쳐라.
21 평야에 사는 사람들과 홀론과 야사와 메바
앗에 심판이 내렸다.
22 디본과 느보와 벧디블라다임과
23 기랴다임과 벧가물과 벧므온과
24 그리욧과 보스라와 모압 땅의 멀고 가까운
모든 성에 심판이 내렸다.
25 이제 모압의 뿔이 잘리고 팔이 부러졌다.
여호와의 말이다.
26 모압 백성이 나 여호와를 거슬러 자만하
였으니 모압을 쳐서 술 취한 상태로 만들
어라. 그들이 토한 것 위에 쓰러지고 뒹

알아두세요

46:25 남부 이집트의 주요 도시 '테베' 를 말한다.
47:4 '크레타' 를 말한다.

굴게 하여라. 모압은 사람들의 조롱거리
가 될 것이다.
27 모압아, 너는 이스라엘을 비웃었다. 마치
이스라엘이 도둑질하다가 붙잡힌 것처럼
말하고 머리를 흔들며 이스라엘을 조롱했
다.
28 모압에 사는 백성아, 너희 마을을 비우고
떠나 바위 틈에 가서 살아라. 동굴 어귀
에 둥지를 트는 비둘기처럼 되어라.
29 우리는 모압 백성이 교만하고 으스댄다는
소문을 들었다. 그들이 뽐내고 우쭐대니
마음에 거만함이 가득하다.
30 나 여호와가 말한다. 나는 모압의 거만함
을 안다. 하지만 그의 자랑도 헛것이요,
그의 우쭐댐도 헛것이다.
31 그러므로 내가 모압을 위해 울고 모압의
모든 백성을 위해 통곡하며 길헤레스 사람
들을 위해 슬피 운다.
32 내가 야셀 백성보다 십마의 포도나무를 위
해 더 운다. 옛적에는 너의 덩굴이 바다
를 넘어 야셀 바다까지 뻗쳤으나, 멸망시
키는 자가 네 열매와 포도를 빼앗아 갔다.
33 모압 땅의 기름진 들판에서 기쁨과 행복
이 사라져 버렸다. 내가 포도주틀에 포도
주가 흐르지 않도록 했다. 기뻐하며 포도
를 밟는 사람이 아무도 없고 외치는 소리
는 있으나 그것은 기뻐 외치는 소리가 아
니다.
34 그들의 울부짖는 소리가 헤스본에서 엘르
알레를 지나 야하스까지 들린다. 그리고
소알에서 호로나임과 에글랏셀리시야까지
들리니 이는 니므림 물까지 말라 버렸기
때문이다.
35 산당에서 제물을 바치고 그들의 신에게
제사 지내는 일을 모압에서 완전히 없애
겠다. 나 여호와의 말이다.
36 내 마음이 모압을 위한 슬픈 플루트 소리
처럼 탄식하며 길헤레스 사람을 위해 탄식
한다. 이는 그들이 모은 재산이 모두 없
어졌기 때문이다.
37 모든 사람들이 머리를 밀고 수염을 깎으
며 손에 상처를 내고 허리에 베옷을 걸쳤
다.
38 모압의 모든 집 지붕 위에서, 모든 광장
에서, 슬피 우는 소리가 들린다. 아무도
가지려 하지 않는 항아리처럼 모압을 깨
뜨렸더니 사방에 슬픔뿐이다. 나 여호와
의 말이다.
39 모압이 산산조각 났으므로, 그들이 통곡
한다. 모압은 부끄러워 등을 돌린다. 사방
의 모든 나라가 모압에게 닥친 일을 보고
놀라며 비웃는다.
40 나 여호와가 이렇게 말한다. 보아라. 하
늘에서 독수리가 날아와 그 날개를 모압
위로 펼칠 것이니
41 크리욧은 점령되고 요새들은 정복될 것이
다. 그 때에 모압의 용사들은 두려움에 겁
낼 것이며 아기를 낳는 여자처럼 고통을
느낄 것이다.
42 모압은 망하여 더 이상 나라를 이루지 못
할 것이다. 이는 그들이 교만하여, 자기들
이 여호와보다 크다고 생각했기 때문이
다.
43 나 여호와가 말한다. 모압 백성아, 두려움
과 깊은 함정과 덫이 너를 기다리고 있다.
44 사람들이 두려워 달아나겠으나 함정에 빠
지고 함정에서 나오는 사람은 덫에 걸릴
것이다. 내가 모압에 심판의 때가 오게 하
겠다. 나 여호와의 말이다.
45 백성들이 강한 적군을 피해 도망쳤다. 안
전을 위해 헤스본으로 달아났으나 헤스본
에서 불이 타오르기 시작하고 시혼의 마
을에서 불꽃이 터져 나와 모압의 지도자
들을 태우고 교만한 백성의 정수리를 삼
킨다.
46 모압아, 너에게 재앙이 닥쳤다. 그모스 신
을 믿는 백성은 망하니, 네 아들딸들이 포
로로 사로잡혀 간다.
47 그러나 마지막 때에 내가 모압을 회복시
켜 주겠다. 여호와의 말이다." 이것으로
모압을 심판하는 말씀이 끝났다.

암몬에 대한 말씀

49 이것은 암몬에 대한 말씀입니다.
여호와께서 이렇게 말씀하셨다.

"너희는 이스라엘에 아들이 없다고 생각하
느냐? 부모의 땅을 물려받을 사람이 없다
고 생각하느냐? 어찌하여 밀곰 신이 갓의
땅을 빼앗고 그의 백성이 갓의 마을을 차
지하고 사느냐?
2 그러므로 나 여호와가 말하노라. 보아라.
내가 암몬의 수도 랍바에서 전쟁의 큰 아
우성이 들리게 하겠다. 그 곳은 폐허 더
미로 변할 것이며 그 주변 마을들은 불타
버릴 것이다. 그 백성이 이스라엘을 그 땅
에서 쫓아 냈으나 이제는 이스라엘 백성이
그들을 쫓아 낼 것이다. 나 여호와의 말
이다.
3 헤스본 백성아, 아이 성이 멸망했으니 슬피
울어라. 랍바에 사는 백성아, 통곡하여라.
거친 베옷을 입고 크게 울어라. 울타리 안
에서 이리 뛰고 저리 뛰며 몸을 피하여라.
적군이 몰렉 신을 사로잡아 갈 것이며 그
제사장과 관리들도 잡아 갈 것이다.
4 너희가 너희 골짜기를 자랑하는구나. 너
희 골짜기의 열매들을 뽐내는구나. 너희
는 제멋대로 행동하는 자녀와 같다. 너희
는 너희 재산을 의지하며 '누가 나를 칠
것인가?' 하고 생각한다.
5 주 만군의 여호와가 말한다. 보아라. 내
가 사방에서 너에게 두려움을 내리겠다.
너희는 모두 쫓겨날 것이며 아무도 너희
를 불러모으지 못할 것이다.
6 그러나 그런 뒤에는 내가 암몬 자손을 회
복시켜 주겠다. 여호와의 말이다."

에돔에 대한 말씀

7 이것은 에돔에 대한 말씀입니다. 만군의
여호와께서 이렇게 말씀하셨다. "이제 데
만에는 지혜가 없느냐? 에돔의 현자들에
게 지혜로운 생각이 끊어져 버렸느냐? 그
들의 지혜가 이제는 사라져 버렸느냐?
8 너희 드단에 사는 백성아, 어서 도망쳐 깊
숙한 곳에 피하여라. 내가 에서에게 내린
재앙을 그에게 내릴 것이다.
9 포도 거두는 일꾼들이 와서 포도를 거둘
때에도 약간의 포도를 남겨 두고 밤에 도
둑이 들어오더라도 자기가 원하는 것만
가져가지 않겠느냐?
10 그러나 내가 에서를 발가벗기고 그들이
숨어 있는 곳을 다 찾아 내었으니 그들이
숨을 곳이 없다. 자녀와 친척과 이웃이 다
멸망할 것이다.
11 고아들은 남겨 두어라. 내가 길러 주겠
다. 너희 과부들도 나를 의지할 수 있을
것이다."
12 여호와께서 이렇게 말씀하셨다. "보아라.
심판을 받지 않아도 될 사람들도 고통의
잔을 마셔야 했는데 하물며 너희 에돔 백
성이 허물이 없다며 고통의 잔을 피할 수
있겠느냐?
13 나 여호와가 말하노라. 내가 내 이름으로
맹세한다. 보스라가 폐허 더미가 되어, 그
곳에서 일어난 일을 본 사람들이 놀랄 것
이다. 사람들이 그 성을 보고 욕하며 조
롱할 것이다. 보스라 주변의 모든 마을도
영원히 폐허가 될 것이다."
14 여호와께서 하시는 말씀을 내가 들었다.
여호와께서 온 나라에 사자를 보내며 말
씀하셨다. "너희 군대들은 모여라. 와서
에돔을 쳐라. 일어나 싸울 준비를 하여
라.
15 보아라. 내가 곧 너를 나라들 가운데서 가
장 하찮은 나라로 만들어 사람들의 멸시
거리가 되게 하겠다.
16 에돔아, 너의 잔인함과 네 마음의 교만이
너를 속였다. 너는 절벽의 바위 틈과 높
은 산지에 살고 있다. 네가 독수리 둥지
처럼 높은 곳에 집을 지어도 내가 너를 그
곳에서 끌어내리겠다. 나 여호와의 말이
다.
17 에돔이 망한 것을 보고 지나가는 사람들
이 놀랄 것이며 그 곳에 내린 재앙을 보
고 비웃을 것이다.
18 나 여호와가 말하노라. 소돔과 고모라 성
과 그 주변 성들이 망한 것처럼 아무도 그
곳에 살지 않을 것이며 에돔에 아무도 머
물지 않을 것이다.
19 보아라. 사자가 요단 강가의 깊은 숲에서
뛰쳐나와 평온한 목장을 덮치듯이 나도

에돔을 갑자기 그 땅에서 몰아 내고 내가
선택한 사람을 그 위에 세우겠다. 누가
나와 같겠느냐? 내게 때를 정해 줄 사람
이 누구이며, 나와 맞설 지도자가 누구
냐?"
20 그러므로 여호와께서 에돔을 향해 세우
신 계획을 들어 보아라. 데만에 사는 백
성을 향해 결심하신 생각을 들어 보아라.
양 떼 중에서 어린 것들까지도 끌려갈 것
이며 그들의 목초지는 황무지로 변할 것
이다.
21 에돔이 쓰러지는 소리에 땅이 흔들리고
그들의 울부짖는 소리는 홍해에서도 들릴
것이다.
22 보아라. 그가 독수리처럼 날아 올라 그 날
개를 보스라 성 위에 펼치실 것이니 그 때
에 에돔의 군인들이 무서워 떨며 아기를
낳는 여자처럼 두려워 울부짖을 것이다.

다마스커스에 대한 말씀

23 이것은 다마스커스에 대한 말씀입니다.
"하맛과 아르밧이 부끄러움을 당했으며 나
쁜 소식을 듣고 두려워한다. 그들이 용기
를 잃었고 파도치는 바다처럼 그 마음이
흔들렸다.
24 다마스커스 성이 약해져 그 백성이 달아나
려 한다. 그들이 겁에 질려 아기를 낳는
여자처럼 고통과 슬픔에 사로잡혀 있다.
25 저 유명한 성, 내 기쁨의 성이었던 다마스
커스가 이렇게 버림을 받는구나.
26 그러므로 그 성의 젊은이들이 성 광장에
서 죽고 군인들도 그 날에 다 죽을 것이
다. 나 만군의 여호와의 말이다.
27 내가 다마스커스의 성벽에 불을 질러 벤하
닷의 요새들을 완전히 태워 버리겠다."

게달과 하솔에 대한 말씀

28 이것은 바빌로니아 왕 느부갓네살이 멸망
시킨 게달과 하솔 왕국에 대한 말씀입니
다. 여호와께서 이렇게 말씀하셨다. "일
어나 게달을 향하여 진군하여라. 동쪽 백
성을 멸망시켜라.
29 그들의 장막과 양 떼를 빼앗고 휘장과 재
산도 모두 빼앗아라. 그들의 낙타를 끌고
가며 사람들을 향해 '너희 사방에 재앙이
가득하다!' 고 외쳐라.
30 나 여호와가 말한다. 재빨리 달아나라. 하
솔 백성아, 깊숙한 곳에 숨어라. 바빌로니
아 왕 느부갓네살이 너희를 칠 계획을 세
웠고 공격할 마음을 정했다.
31 나 여호와가 말한다. 일어나 평안한 나라
로 진군하여라. 안전하게 사는 나라를 쳐
라. 그 나라는 나라를 지켜 줄 문과 빗장
이 없이 홀로 살고 있다.
32 적군이 그들의 낙타 떼를 훔칠 것이며 그
들의 무수한 가축 떼를 빼앗을 것이다. 옆
머리를 깎아 낸 사람들을 내가 땅 끝까지
흩어 놓겠으며 사방에서 그들에게 재앙을
내리겠다. 나 여호와의 말이다.
33 하솔은 들개들이 사는 땅으로 변할 것이
며 영원히 황무지가 될 것이다. 아무도 그
곳에서 살지 않으며 아무도 그 곳에 머물
지 않을 것이다."

엘람에 대한 말씀

34 시드기야가 유다 왕이 되어 얼마 지나지
않았을 때에 여호와께서 예언자 예레미야
에게 말씀하셨습니다. 이것은 엘람에 대
한 말씀입니다.
35 만군의 여호와께서 이렇게 말씀하셨다.
"보아라. 내가 엘람의 활을 꺾으며 그 힘
의 원천을 꺾어 놓겠다.
36 내가 하늘의 네 모퉁이에서 바람을 일으
켜 엘람에게 보내고 그 백성을 사방으로
흩어 놓겠다. 그러면 그 포로들이 여러 나
라로 끌려갈 것이다.
37 내가 엘람을, 그 목숨을 노리는 원수들 앞
에서 꺾어 놓겠다. 내가 엘람에 재앙을 내
리겠으며 불붙는 듯한 진노를 그들에게
보여 주겠다. 나 여호와의 말이다. 내가
칼을 보내어 그들을 뒤쫓으며 하나도 빠
짐없이 죽이겠다.
38 내가 내 보좌를 엘람에 두고 그 곳의 왕
과 신하들을 멸망시키겠다. 나 여호와의
말이다.
39 그러나 마지막 날에는 내가 엘람을 회복
시켜 주겠다. 나 여호와의 말이다."

바빌로니아에 대한 말씀

50 이것은 바빌론과 바빌로니아 사람
의 땅에 대해 여호와께서 예언자
예레미야를 시켜 하신 말씀입니다.
2 "세계 여러 나라에 이것을 선포하여라.
기를 높이 들어 숨기지 말고 말하여라.
'바빌론이 정복당했다. 벨 신이 부끄러움
을 당했고 마르둑* 신이 두려움에 빠져 있
다. 바빌론의 우상들이 부끄러움을 당했
고 공포에 질려 있다.'
3 북쪽에서 한 나라가 일어나 바빌로니아를
칠 것이다. 그 나라가 바빌로니아 땅을 황
무지로 만들 것이니 아무도 그 곳에 살지
않고 사람과 짐승이 모두 달아날 것이다.
4 그 날 그 때에 이스라엘과 유다 백성이 함
께 돌아올 것이다. 나 여호와의 말이다.
그들이 울며 와서 하나님 여호와를 찾을
것이다.
5 그들이 시온으로 가는 길을 물으며 그 곳
으로 향할 것이다. 그들이 영원토록 잊지
않을 언약을 가지고 나 여호와와 연합할
것이다.
6 내 백성은 길 잃은 양과 같았다. 그 목자
들이 그릇된 길로 이끌어 그들이 산과 언
덕에서 헤매고 쉴 곳마저 잊어 버렸다.
7 내 백성을 보는 사람마다 그들을 해치며
원수들이 말하길, '우리는 나쁜 짓을 하
지 않았다. 저 백성이 그들의 참된 쉴 곳
이신 여호와, 그 조상들이 의지하던 여호
와께 죄를 지었다' 고 했다.
8 너희는 바빌로니아에서 도망가거라. 바빌
로니아 사람들의 땅에서 떠나라. 양 떼를
이끄는 숫염소처럼 앞장서서 걸어라.
9 보아라. 내가 북쪽 땅의 여러 나라들을 일
으켜 바빌로니아를 치게 하겠다. 그 나라
들이 바빌로니아에 맞서 진을 칠 것이며
마침내 바빌로니아를 정복할 것이다. 그들
의 화살은 싸움터에서 빈 손으로 돌아오
지 않는 노련한 용사와 같을 것이다.
10 적군이 바빌로니아의 재물을 빼앗고 마음
에 드는 것을 모두 가져갈 것이다. 나 여
호와의 말이다.
11 나의 땅을 빼앗은 자야, 네가 기뻐하고 즐
거워하는구나. 네가 곡식을 타작하는 송
아지처럼 뛰어 놀고 수말처럼 소리를 내
는구나.
12 하지만 네 어머니인 너희 나라가 크게 부
끄러움을 당하고 너를 낳은 여자가 수치
와 모욕을 당할 것이다. 보아라. 바빌로니
아는 모든 나라들 가운데서 가장 보잘것
없는 나라가 되며 황폐하고 메마른 사막
이 될 것이다.
13 나 여호와의 분노 때문에 바빌론은 아무
도 살지 않는 황무지로 변할 것이다. 바
빌론을 지나는 사람마다 놀라며 그 망한
모습을 보고 머리를 흔들 것이다.
14 활을 가진 모든 군인들아, 바빌론을 향해
사방에 진을 치며 화살을 아끼지 말고 활
을 쏘아라. 그것은 바빌론이 나 여호와에
게 죄를 지었기 때문이다.
15 바빌론을 에워싼 군인들아, 함성을 질러
라. 바빌론이 항복했고 바빌론의 요새가
무너졌으며 성벽이 허물어졌다. 여호와가
너희들이 받아야 할 심판을 내렸으니 너
희 나라들도 바빌론에게 복수하여라. 바빌
론이 너희에게 한 대로 갚아 주어라.

성경 자세히 이해하기

벨과 마르둑

벨은 바빌로니아의 주요 신이었으며, 앗시리아에서는 서열 3위에 해당하는 신이었습니다. 벨이란 이름은 바알의 갈대아식 표현으로 추측됩니다. 한편 마르둑은 벨과 구별되는 신이라기보다는 벨의 별명으로 생각되며, 고대 유적에 보면 '벨 마르둑' 으로 알려지고 있습니다. 바빌로니아의 느부갓네살 왕은 그를 가리켜 '천지의 왕', '신들의 최고', '통치권의 수호자' 등으로 부르고 있으며, 자신의 모든 영광과 성공의 원인을 그에게 돌리고 있습니다. 본문 보기 50장 2절

알아두세요

50:2 개역 성경에는 '므로닥' 이라고 표기되어 있다.

16 바빌론에 씨를 뿌리거나 추수 때에 낫을
드는 사람이 없게 하여라. 바빌로니아 군
인들이 그 포로들을 잔인하게 다루었으니
모두 다 자기 집으로 돌아가거라. 모두 자
기 나라로 달아나라.
17 이스라엘 백성은 사자에게 쫓겨서 흩어진
양 떼와 같다. 처음에는 앗시리아 왕이 그
들을 삼켰고 그 다음에는 바빌로니아 왕
느부갓네살이 그들의 뼈를 부수었다.
18 그러므로 만군의 여호와, 이스라엘의 하나
님이 이렇게 말한다. 보아라. 내가 앗시리
아 왕을 심판했듯이 바빌로니아 왕과 그의
나라를 심판하겠다.
19 그러나 이스라엘 백성은 그들의 목초지로
다시 데려다 놓겠다. 그들이 갈멜 산과 바
산에서 풀을 뜯고 에브라임 산지와 길르앗
에서 배불리 먹을 것이다.
20 그 날 그 때가 오면 사람들이 이스라엘의
죄를 찾아 내려고 해도 찾지 못하겠고 유
다의 죄를 찾아 내려고 해도 찾지 못할 것
이다. 그것은 내가 그 남겨 둔 사람들을
용서해 줄 것이기 때문이다. 나 여호와의
말이다.
21 므라다임 땅을 공격하여라. 브곳에 사는
사람들을 쳐라. 그들을 뒤쫓아 남김없이
죽이고 완전히 멸망시켜라. 내가 명령한
모든 것을 그대로 지켜라. 나 여호와의 말
이다.
22 온 나라에 전쟁 소리가 들린다. 온통 파
괴와 멸망의 소리이다.
23 온 세계를 부수던 쇠망치 같은 바빌로니아
가 지금은 깨어지고 부서졌다. 바빌로니아
가 세계 모든 나라들 가운데서 가장 비참
하게 되었다.
24 바빌로니아야, 내가 너를 잡으려고 덫을
놓았는데 네가 그것도 모르고 걸려들었
다. 네가 나 여호와와 맞서 싸웠기 때문
에 붙잡힌 것이다.
25 나 여호와가 무기 창고를 열고 진노의 무
기들을 꺼내 놓았다. 그것은 주 만군의 여
호와인 내가 바빌로니아 사람들의 땅에서
할 일이 있기 때문이다.
26 멀리 있는 너희는 와서 바빌로니아를 치고
그 곡식 창고들을 열어라. 그들의 시체들
을 곡식 더미처럼 쌓아올리고 완전히 멸
망시켜, 아무것도 남겨 두지 마라.
27 바빌로니아의 황소들을 모두 죽여 없애라.
그들이 멸망할 때가 되어 재앙이 그들에
게 닥쳤다. 심판받을 때가 되었다.
28 바빌로니아에서 빠져 나온 사람들이, 바빌
로니아가 여호와의 성전을 무너뜨렸으므
로, 우리 하나님 여호와께서 바빌로니아를
심판하셨다고 시온에 전하고 있다.
29 활 쏘는 사람들을 모두 불러 바빌론을 치
게 하여라. 바빌론을 에워싸서 아무도 빠
져 나가지 못하게 하여라. 그가 저지른 악
한 짓을 갚아 주어라. 그가 다른 나라들
에게 하였던 것과 똑같이 하여라. 그가 이
스라엘의 거룩한 분, 나 여호와에게 교만
하였다.
30 그러므로 바빌로니아의 젊은이들이 그 광
장에서 죽고 바빌로니아의 군인들이 모두
죽을 것이다. 나 여호와의 말이다.
31 보아라. 교만한 바빌로니아야, 내가 너를
치겠다. 나 만군의 여호와의 말이다. 네
가 심판받을 날이 가까이 왔다.
32 교만한 바빌로니아가 넘어지고 쓰러져도
아무도 일으켜 주지 않을 것이다. 내가 바
빌로니아 마을들에 불을 질러 그 주변의
모든 것을 완전히 태워 버리겠다.
33 만군의 여호와가 이렇게 말한다. 이스라엘
과 유다 백성이 모두 억눌리고 있다. 적
군이 그들을 사로잡고 놓아 주지 않는다.
34 그러나 그들을 구원할 자는 강하니 그 이
름은 만군의 여호와이다. 내가 그들의 사
정을 듣고 그 땅에 평화를 줄 것이다. 그
러나 바빌로니아에 사는 사람들에게는 안
식을 주지 않겠다.
35 바빌로니아 사람들을 칼로 쳐라. 나 여호
와의 말이다. 그 신하들과 이름 있는 자
들을 칼로 쳐라.
36 거짓 예언자들을 칼로 쳐서 그들을 바보
로 만들어라. 바빌로니아의 용사들을 칼로
쳐서 그들을 두려움에 떨게 하여라.

37 바빌로니아의 말과 전차
들을 쳐라. 다른 나라
에서 사들인 군인들을
쳐라. 그래서 그들을
여자처럼 벌벌 떨게
하여라. 바빌로니아의
모든 보물을 쳐서 보
물을 도적질하여라.
38 바빌로니아의 물을 쳐서
물이 마르게 하여라. 그
땅은 우상의 땅이니 그
우상들이 두려움에 빠져
미칠 것이다.
39 그러므로 바빌론에 살쾡
이들과 이리들이 살 것이며 타조가 그 곳
에 살 것이다. 다시는 사람이 살지 않을
것이며 사람이 그 땅에 영원토록 머물지
않을 것이다.
40 나 하나님이 소돔과 고모라 성을 그 주변
성들과 함께 완전히 멸망시켰듯이 바빌론
에는 아무도 살지 않고 머물지 않게 될 것
이다. 나 여호와의 말이다.
41 보아라. 북쪽에서 강한 나라의 군대가 온
다. 땅 끝에서부터 많은 왕들이 함께 몰
려온다.
42 그 군인들은 활과 창으로 무장하였고 잔
인하며 인정이 없다. 바다가 파도치는 것
과 같은 소리를 내며 말을 타고 온다. 전
열을 갖추고 너 바빌로니아를 치러 온다.
43 바빌로니아 왕이 그들에 대한 소식을 듣고
두려워 온몸에 힘이 빠진다. 아기를 낳는
여자처럼 고통에 사로잡힌다.
44 보아라. 요단 강가의 깊은 숲에서 사자가
뛰쳐나와 평온한 목장을 덮치듯이 나도
갑자기 바빌로니아 사람들을 그 땅에서 몰
아 내고 내가 선택한 사람을 그 위에 세
우겠다. 누가 나와 같겠느냐? 나에게 대
들 자가 누구이며, 나와 맞설 지도자가 누
구냐?
45 그러므로 내가 바빌론을 향해 세운 계획을
들어 보아라. 바빌로니아에 사는 백성을
향해 결심한 생각을 들어 보아라. 양 떼

사자가 목장을 덮치듯이 바빌로니아 사람들을
몰아내실 것을 예언함(50:44)

중에서 어린 것들까지도 끌려갈 것이며
그 목초지들이 황무지로 변할 것이다.
46 바빌론이 쓰러지는 소리에 땅이 흔들릴 것
이며 그들의 소리가 세계 온 나라에 들릴
것이다."

51

여호와께서 이렇게 말씀하셨다. "보
아라. 내가 멸망의 바람을 불러 일
으켜 바빌로니아와 그 백성을 치겠다.
2 내가 다른 나라 백성을 보내어 키질하듯
바빌로니아를 멸망시키겠다. 그들이 그 땅
을 황무지로 만들 것이다. 재앙의 날이 이
르면 군대들이 그 성을 에워쌀 것이다.
3 활 쏘는 자는 활을 당기도록 하여라. 갑
옷을 입고 전열에 서 있도록 하여라. 바
빌로니아 젊은이들을 불쌍히 여기지 말고
그 군대를 완전히 멸망시켜라.
4 바빌로니아 군인들이 자기들의 땅에서 죽
고 자기들이 사는 거리에서 칼에 찔릴 것
이다.
5 이스라엘과 유다가 이스라엘의 거룩한 분
을 거역하여 그 땅이 죄로 가득 찼으나 하
나님 만군의 여호와가 그들을 저버리지
않았다."
6 "바빌로니아에서 달아나, 너희 목숨을 건
져라. 바빌로니아의 죄 때문에 너희까지
죽지 마라. 여호와께서 심판하실 때가 되
었으니 바빌로니아가 마땅히 받아야 할 심
판을 내리실 것이다.

7 바빌로니아는 여호와의 손에 들린 금잔과
같았다. 그 잔이 온 세계를 취하게 하고
온 나라가 그 포도주를 마시고 미쳐 버렸
다.
8 바빌로니아가 갑자기 쓰러져 망하였으니
그를 위해 울어라. 유향을 가져다가 상처
에 발라 보아라. 혹시 그가 나을지도 모
른다.
9 바빌로니아에 사는 다른 나라 사람들이 말
한다. '우리가 바빌로니아를 치료해 보려
했으나 치료할 수 없었다. 그러니 바빌로
니아를 떠나 각자 자기 나라로 돌아가자.
바빌로니아의 형벌이 하늘까지 이르고 그
의 죄가 구름에까지 높이 닿는다.'
10 유다 백성이 말한다. '여호와께서 우리의
옳음을 보여 주셨다. 자, 시온에서 우리
하나님 여호와의 일을 널리 전하자.'
11 화살촉을 갈고 방패를 들어라. 여호와께
서 바빌로니아를 멸망시키기로 작정하시
고 메대의 왕들을 움직이셨다. 여호와께
서 바빌로니아 백성에게 그들이 마땅히 받
아야 할 심판을 내리실 것이다. 그들이 예
루살렘에 있는 여호와의 성전을 무너뜨렸
기 때문이다.
12 바빌론 성벽을 향해 기를 높이 들어라. 경
계를 강화하고 보초를 세워라. 복병을 숨
겨 두어라. 여호와께서 바빌로니아 백성에
게 하시겠다고 말씀하신 계획을 이루실
것이다.
13 큰 물가에 살며 보물을 많이 가진 바빌로
니아 백성아, 네게 종말이 다가왔다. 네가
멸망할 때가 되었다.
14 만군의 여호와께서 그의 이름으로 맹세하
셨다. '내가 메뚜기 떼처럼 많은 군대를
너에게 보내겠다. 그들이 너를 누르고 승
리의 환성을 지를 것이다.'"
15 여호와께서 그 능력으로 땅을 지으셨고
지혜로 세계를 세우셨으며 지식으로 하늘
을 펼치셨다.
16 여호와께서 목소리를 내시면 하늘의 물이
출렁인다. 여호와께서는 땅 끝에서 수증
기가 피어 오르게 하시며 번개를 일으켜
비를 내리시며 창고에서 바람을 내보내신
다.
17 사람은 다 어리석고 무식하다. 은장이들
은 그들이 만든 우상 때문에 부끄러움을
당한다. 그들이 만든 신상은 거짓 신일 뿐
이며 그 속에는 생명이 없다.
18 그것들은 헛것이요, 모두가 비웃음거리일
뿐이니 심판받을 때에 멸망당하고 말 것
이다.
19 그러나 '야곱의 분깃'이신 하나님은 그런
우상들과 같지 않다. 하나님은 모든 것을
지으셨으며 이스라엘을 그의 특별한 백성
으로 삼으셨다. 그의 이름은 만군의 여호
와이시다.
20 "너는 나의 쇠몽둥이요, 전쟁 무기다. 내
가 너를 가지고 민족들을 부수었고 나라
들을 멸망시켰다.
21 내가 너를 가지고 말과 기병을 부수고 전
차와 전차병을 부수었다.
22 내가 너를 가지고 남자와 여자를 부수고
노인과 젊은이를 부수며 젊은 남자와 젊
은 여자를 부수었다.
23 내가 너를 가지고 목자와 양 떼를 부수고
농부와 소를 부수며 총독과 관리들을 부
수었다.
24 그러나 이제는 내가 바빌로니아에게 갚아
주겠다. 바빌로니아 백성이 시온에서 저지
른 모든 악한 짓을 그대로 갚아 주겠다.
나 여호와의 말이다.
25 온 세계를 멸망시킨 멸망의 산아, 보아
라. 내가 너를 치겠다. 나 여호와의 말이
다. 내가 내 손을 펴 너를 치겠다. 너를
낭떠러지에서 굴려 떨어뜨리고 너를 불타
버린 산으로 만들겠다.
26 사람들이 바빌로니아에서 모퉁잇돌로 쓸
만한 돌 하나, 주춧돌로 쓸 만한 돌 하나
도 얻지 못할 것이다. 왜냐하면 바빌로니

전차병(51:21 charioteer) 전차를 모는 군사.
전령(51:31 messenger) 부대간에 명령을 전달하는 병사.
타작(51:33 thresh) 익은 곡식의 이삭을 떨어서 그 낟알을 거두는 일.

아는 영원토록 폐허더미가 될 것이기 때
문이다. 나 여호와의 말이다."
27 "그 땅에서 기를 높이 들어라. 온 나라에
나팔을 불어라. 모든 민족들에게 바빌로니
아를 칠 준비를 하게 하여라. 아라랏과 민
니와 아스그나스와 같은 나라들을 불러 바
빌로니아를 치게 하여라. 사령관을 세워
군대를 이끌게 하여라. 메뚜기 떼처럼 많
은 말들을 보내어라.
28 모든 민족들에게 바빌로니아를 칠 준비를
하게 하여라. 메대의 왕들을 준비시켜라.
그 총독들과 관리들을 준비시키고 그들이
다스리는 온 나라를 준비시켜라.
29 바빌로니아 땅이 흔들리고 뒤틀린다. 여호
와께서 바빌로니아를 향해 세우신 계획을
이루시기 때문이다. 하나님의 계획은 바
빌로니아를 황무지로 만드는 것이므로 그
땅에는 아무도 살지 않게 될 것이다.
30 바빌로니아의 용사들이 싸움을 멈추고 요
새에 머물러 있다. 그들은 힘이 빠지고 겁
먹은 여자처럼 되었다. 바빌로니아의 집들
이 불타고 문빗장들이 부서졌다.
31 전령이 잇달아 달린다. 한 전령이 가면 또
다른 전령이 온다. 그들이 바빌로니아 왕에
게 마침내 온 성이 정복당했음을 알린다.
32 강나루들이 점령당했다. 갈대밭이 불에
타 버렸다. 바빌로니아 군인들이 모두 두
려움에 떨고 있다."
33 만군의 여호와, 이스라엘의 하나님께서 이
렇게 말씀하셨다. "바빌로니아 성은 추수
때에 사람들이 곡식을 밟는 타작 마당과
같으니 곧 적들이 와서 그들을 곡식처럼
짓밟아 버릴 것이다.
34 '바빌로니아 왕 느부갓네살이 우리를 멸망
시켰다. 옛적에 우리 백성을 쫓아 내서 우
리는 빈 항아리처럼 되었다. 그는 용처럼
우리를 삼켰고 우리의 가장 좋은 것으로
배불리 먹고 나서 우리를 뱉어 버렸다.
35 바빌로니아가 악한 짓을 하여 우리를 해쳤
으니 그가 한 그대로 갚아 주십시오' 하
고 시온 백성이 말한다. '바빌로니아 백성
이 우리를 죽였으니 그들이 저지른 악한
짓을 심판하십시오' 하고 예루살렘이 말한
다."
36 그러므로 여호와께서 이렇게 말씀하셨다.
"보아라. 내가 너 유다의 사정을 들어 주
겠다. 반드시 바빌로니아에 벌을 내리겠
다. 바빌로니아의 바다와 샘들을 마르게
하겠다.
37 바빌로니아는 폐허더미가 되어 들개들이
그 땅에 살 것이다. 그 곳에서 일어난 일
을 보고 사람들이 놀라며 비웃을 것이다.
아무도 그 땅에 살지 않을 것이다.
38 바빌로니아 사람은 으르렁거리는 사자와
같다. 마치 새끼 사자처럼 으르렁거린다.
39 그들이 흥분할 때에 내가 그들을 위해 잔
치를 베풀어 그들을 취하게 하고 즐거워
하며 소리치게 하겠다. 그러다가 영원히
깨어나지 못할 잠에 빠지게 하겠다. 나 여
호와의 말이다.
40 내가 바빌로니아 백성을 죽이겠다. 죽임당
할 어린 양이나 숫양이나 숫염소처럼 만
들겠다.
41 바빌론이 사로잡혔구나! 온 세계의 자랑거
리가 붙잡히고 말았구나! 모든 나라 백성
이 바빌론의 모습을 보고 놀라고 두려워
할 것이다.
42 바다가 바빌론을 덮친다. 솟구치는 파도
가 바빌론에 밀려온다.
43 바빌로니아의 성들이 폐허로 변하고 바빌
론이 메마른 사막으로 변한다. 아무도 살
지 않는 땅, 아무도 지나다니지 않는 땅
이 된다.
44 내가 바빌로니아의 신 벨을 심판하고 그가
삼킨 것을 그의 입에서 토해 내게 하겠다.
나라들이 다시는 그에게 몰려오지 않을
것이다. 바빌론 성벽이 무너질 것이다.
45 내 백성아, 바빌로니아에서 나오너라! 너
희 목숨을 건져라. 여호와의 무서운 분노
를 피해 달아나라.
46 용기를 잃지 말고 이 땅에 소문이 퍼지더
라도 두려워하지 마라. 올해에는 이런 소
문이 떠돌고 내년에는 저런 소문이 떠돌
것이다. 이 땅에 무서운 전쟁 소문과 통

치자들끼리 서로 싸운다는 소문도 들릴
것이다.
47 그러므로 보아라. 내가 바빌론의 우상들
을 심판할 날이 반드시 온다. 그 날에 바
빌론의 온 땅이 부끄러움을 당할 것이다.
온 땅에 수많은 사람의 시체들이 널리게
될 것이다.
48 그 때에 하늘과 땅과, 그 안에 있는 모든
것이 바빌론을 보고 기뻐하며 외칠 것이
다. 군대가 북쪽에서 와서 바빌론을 치는
것을 보고 기뻐할 것이다. 나 여호와의 말
이다.
49 바빌로니아가 이스라엘 백성을 죽였고 세
계 모든 나라의 백성을 죽였다. 그러므로
바빌로니아는 반드시 쓰러질 것이다.
50 칼에 맞지 않고 살아남은 백성아, 서둘러
바빌로니아를 떠나라. 머뭇거리지 마라.
먼 곳에서도 여호와를 생각하고 예루살렘
을 네 마음에 기억하여라.
51 우리 유다 백성이 부끄러움을 당했고 모
욕과 수치를 당했다. 이는 다른 나라 사
람들이 여호와의 거룩한 성전에 들어갔기
때문이다.
52 그러므로 보아라. 내가 바빌론의 우상들
을 심판할 날이 온다. 나 여호와의 말이
다. 그 온 땅에서 다친 사람들이 신음할
것이다.
53 바빌론이 하늘까지 닿는다 하더라도, 요
새 성을 드높게 든든히 쌓는다 하더라도,
내가 사람들을 보내어 그 성을 무너뜨리
겠다. 나 여호와의 말이다."
54 "바빌론에서 울부짖는 소리가 들린다. 바
빌로니아 사람들의 땅에서 멸망의 소리가
들린다.
55 여호와께서 바빌론을 파괴하시고 바빌론
의 요란한 소리를 잠잠하게 하신다. 원수
들이 큰 파도가 되어 밀려 온다. 그 소리
가 온 땅에 들린다.
56 멸망시킬 자가 바빌론으로 쳐들어오니 바
빌론의 군인들은 포로로 잡히고 그들의
활은 꺾인다. 여호와께서는 사람들의 악
한 짓을 심판하시는 하나님이시다. 사람
들이 마땅히 받아야 할 벌을 내리시는 하
나님이시다."
57 만군의 왕이신 여호와께서 이렇게 말씀하
셨다. "내가 바빌로니아의 통치자들과 이
름 있는 자들을 취하게 하겠다. 총독들과
관리들과 군인들도 취하게 하겠다. 그들
을 영영 깨어나지 못할 잠에 빠지게 하겠
다.
58 나 만군의 여호와가 이렇게 말한다. 바빌
론의 두꺼운 성벽이 허물어지고 높이 솟
은 성문은 불에 타 버릴 것이다. 그 백성
이 아무리 애써도 소용없겠고 온 나라가
불 때문에 지칠 것이다."

바빌론에게 주는 말씀

59 이것은 예언자 예레미야가 마세야의 손자
요, 네리야의 아들인 스라야에게 준 말씀
입니다. 왕의 관리인 스라야는 시드기야가
유다 왕으로 있은 지 사 년째 되는 해에
시드기야와 함께 바빌로니아로 갔습니다.
60 예레미야는 바빌로니아에 내릴 모든 재앙
을 한 권의 책에 적었습니다. 바빌로니아
에 대한 이 모든 말씀을 적었습니다.
61 예레미야가 스라야에게 말했습니다. "당신
이 바빌론에 도착하면 이 말씀을 읽어 주
어 모든 백성이 듣게 하시오.
62 그리고 나서 '여호와여, 주께서 이 곳을
멸망시키셔서 사람이든 짐승이든 아무도
이 곳에 살지 못하게 하시겠다고 말씀하
셨습니다. 이 곳을 영원히 폐허로 만들겠
다고 말씀하셨습니다' 라고 말하시오.
63 이 책을 다 읽은 뒤에는 그것에 돌을 매
달아서 유프라테스 강에 던져 버리시오.
64 그런 뒤에 이렇게 말하시오. '이와 같이
바빌로니아도 가라앉을 것이다. 내가 내리
는 재앙으로 인하여 다시 일어나지 못할
것이다. 그들이 기진하게 될 것이다.'" 여
기까지가 예레미야의 말입니다.

예루살렘의 멸망

52 시드기야가 왕이 되었을 때의 그의
나이는 스물한 살이었습니다. 그
는 예루살렘에서 십일 년 동안, 왕으로 있
었습니다. 그의 어머니의 이름은 하무달

입니다. 하무달은 립나
사람인 예레미야의 딸
입니다.
2 시드기야는 여호야김
이 그랬던 것처럼
여호와께서 보시기
에 악한 일을 했습
니다.
3 이 모든 일이 예루살
렘과 유다에 일어난
까닭은 여호와께서
그들에게 진노하셨기
때문입니다. 여호와께
서 마침내 그들을 그
앞에서 내쫓으셨습니
다. 시드기야가 바빌로니
아 왕에게 반역했습니다.

바빌로니아 멸망에 대한 예언이 기록된 책을 돌에 매달아 강에 던짐(51:63-64)

4 그러자 바빌로니아 왕 느부갓네살이 온 군
대를 이끌고 예루살렘으로 쳐들어왔습니
다. 그 때는 시드기야가 왕으로 있은 지
구년 째 되는 해의 열 번째 달 십 일이었
습니다. 느부갓네살은 성을 에워싸고 성을
공격하기 위해 흙 언덕을 성 둘레에 쌓았
습니다.
5 성은 시드기야가 왕으로 있은 지 십일 년
째 되는 해까지 포위되어 있었습니다.
6 넷째 달 구 일이 되자 성 안에 굶주림이 심
해져서 먹을 것이 하나도 없게 되었습니다.
7 때 맞추어 성벽도 뚫리고 말았습니다. 온
군대가 밤중에 도망쳤습니다. 그들은 왕
의 정원 곁에 있는 두 성벽 사이의 성문
길로 빠져 나가 요단 골짜기 쪽으로 도망
쳤습니다. 그 때까지도 바빌로니아 사람들
은 성을 에워싸고 있었습니다.
8 그러나 바빌로니아 군대가 시드기야 왕을
뒤쫓아가서 여리고 평야에서 시드기야 왕
을 붙잡았습니다. 시드기야의 온 군대는
그를 버리고 뿔뿔이 흩어졌습니다.
9 바빌로니아 군대가 시드기야 왕을 사로잡
아서 하맛 땅 립나에 있는 바빌로니아 왕
에게 끌고 갔습니다. 바빌로니아 왕이 시
드기야를 심문했습니다.
10 바빌로니아 왕은 립나에서 시드기야가 보
는 앞에서 그의 아들들을 죽였습니다. 그
리고 유다의 모든 신하들도 립나에서 죽였
습니다.
11 그런 다음에 시드기야의 눈을 뽑고 그의
몸을 쇠사슬로 묶은 뒤 그를 바빌론으로
끌고 갔습니다. 바빌로니아 왕은 시드기야
가 죽는 날까지 그를 옥에 가두었습니다.
12 바빌로니아의 느부갓네살이 왕으로 있은
지 십구 년째 되는 해의 다섯째 달 십 일
에 경호대장 느부사라단이 바빌로니아 왕
의 명을 받고 예루살렘으로 왔습니다.
13 느부사라단은 여호와의 성전과 왕궁에 불
을 놓고 예루살렘의 집집마다 불을 놓았습
니다. 그래서 중요한 건물은 다 불타고 말
았습니다.
14 바빌로니아의 모든 군대가 예루살렘의 성
벽을 두루 헐어 버렸습니다. 그 군대는 왕
의 경호대장이 지휘하는 군대였습니다.
15 경호대장 느부사라단은 백성 가운데서 가
장 가난한 백성과 예루살렘에 남아 있던
사람들과 바빌로니아 왕에게 항복한 백성
과 나머지 기술자들을 사로잡아 갔습니
다.
16 그러나 경호대장 느부사라단은 그 땅의 가

장 가난한 백성 가운데 일부는 남겨 두어
서 포도밭을 가꾸고 농사를 짓게 했습니
다.
17 바빌로니아 군대는 여호와의 성전에 있는
놋기둥과 놋받침대, 그리고 바다라고 부
르는 커다란 놋대야를 부수어 놋쇠를 바
빌론으로 가져갔습니다.
18 그들은 또 성전에서 제사드릴 때 쓰는 솥
과 부삽과 부집게와 접시와 온갖 놋기구
들도 가져갔습니다.
19 왕의 경호대장은 화로와 대야들도 가져
갔고 솥과 등잔대와 접시와 전제물을 바
칠 때 쓰는 잔도 가져갔습니다. 그리고
순금이나 은으로 만든 것도 다 가져갔습
니다.
20 모든 놋기구들에서 가져다 모은 놋은 너
무 많아서 무게를 달 수 없을 정도였습니
다. 놋기둥이 두 개 있었고 놋으로 만든
소 열둘이 받치고 있는 커다란 놋대야 하
나와 솔로몬이 여호와의 성전을 위해 만
든 놋받침대들이 있었습니다.
21 각 기둥은 높이가 십팔 규빗*이었습니다.
각 기둥의 둘레는 십이 규빗*이었고 속은
비어 있었습니다. 기둥의 두께는 손가락
네 개의 너비*쯤 되었습니다.
22 기둥 꼭대기에는 높이가 오 규빗* 되는 놋
쇠 기둥 머리가 놓여 있었습니다. 기둥 머
리는 둘레에 그물과 놋석류로 장식되어 있
었습니다. 다른 기둥에도 그물 장식이 있
었고 첫 번째 기둥과 모양이 같았습니다.
23 기둥 둘레에는 석류가 구십육 개 있었습
니다. 그물 장식 위에는 석류가 모두 백
개 있었습니다.
24 경호대장이 대제사장 스라야와 부제사장
스바냐와 세 명의 성전 문지기들을 붙잡
았습니다.
25 그리고 성에서 내시 한 사람을 붙잡았는
데, 그는 자기의 명령을 따르는 군인들을
거느리고 있었습니다. 또 성 안에 있던 왕
의 가까운 참모들 일곱 사람과 군대 장관
의 서기관으로서 군사를 모으는 사람 한
명과 성 안에 있던 일반 백성 육십 명도
붙잡았습니다.
26 경호대장 느부사라단이 그들을 사로잡아
리블라에 있는 바빌로니아 왕에게 끌고 갔
습니다.
27 바빌로니아 왕이 하맛 땅 리블라에서 그들
을 다 처죽였습니다. 이와 같이 유다 백
성은 고향 땅 밖으로 사로잡혀 갔습니다.
28 느부갓네살이 사로잡아 간 백성은 이렇습
니다. 느부갓네살 왕 칠 년에는 유다 사람
삼천이십삼 명이 사로잡혀 갔습니다.
29 느부갓네살 왕 십팔 년에는 예루살렘에서
팔백삼십이 명이 사로잡혀 갔습니다.
30 느부갓네살 왕 이십삼 년에 경호대장 느부
사라단이 사로잡아 간 유다 사람은 칠백사
십오 명이었습니다. 그 전체 수가 사천육
백 명에 달했습니다.
31 유다 왕 여호야긴이 사로잡혀 간 지 삼십
칠 년 열두째 달 이십오 일에, 바빌로니아
왕이 되어 다스리기 시작한 에윌므로닥이
유다 왕 여호야긴을 감옥에서 풀어 주고
그의 머리를 들게 하였습니다.
32 바빌로니아 왕은 그를 친절하게 대해 주었
습니다. 그리고 그의 자리를 바빌로니아에
있는 다른 왕들의 자리보다 더 높여 주었
습니다.
33 또 그의 죄수복을 벗게 하고, 남은 생애
동안 항상 바빌로니아 왕의 식탁에서 밥을
먹게 하였습니다.
34 그가 먹는 음식은 날마다 바빌로니아 왕의
지시를 따라 받는 음식으로서, 죽는 날까
지 끊이지 않았습니다.

알아두세요

52:21 18 규빗은 약 8.1m에 해당되며, 12 규빗은 약 5.4m에 해당되고, 손가락 네 개의 너비는 약 8cm에 해당된다.

52:22 5규빗은 약 2.25m에 해당된다.

부삽(52:18 shovel) 숯불이나 재 따위를 담아 옮기는 데 쓰는 작은 삽.

부집게(52:18 fire nipper) 숯불 · 불덩이 · 석탄덩이 등을 집는 데 쓰는 집게.

화로(52:19 brazier) 숯불을 담아두는 그릇.

예레미야애가

Lamentations

○ 저자

전통적으로 저자는 예레미야라고 전해진다.

○ 저작 연대

B.C. 586-585년경

○ 주요 인물

예레미야

○ 핵심어 및 주요 내용

핵심어는 "분노"와 "비탄"이다. 하나님의 분노로 말미암아 예루살렘 성은 멸망되었고 그 분의 의로우심과 공의는 드러났다. 이제 예레미야가 할 수 있는 일이란, 한때 영광스럽고 위대한 성이었던 예루살렘을 바라보면서 슬퍼우는 것뿐이다.

○ 내용 소개

1. 예루살렘의 황폐(1장)
2. 주가 진노하신 날의 참상(2장)
3. 파괴된 시온의 환난(3장)
4. 고난당하는 시온의 백성(4장)
5. 회개하는 시온의 간구(5장)

예루살렘의 멸망

1 예전에는 예루살렘에 그렇게 사람이 많더
니 이제는 쓸쓸한 성으로 변했구나. 예
전에는 나라들 중에서 큰 성이더니 이제
는 과부처럼 되었구나. 예전에는 모든 성
가운데서 여왕이더니 이제는 노예가 되었
구나.
2 예루살렘이 밤에 목놓아 우니, 눈물이 뺨
을 타고 흐른다. 아무도 위로해 주는 사
람이 없다. 사랑하던 사람들도 다 가고 없
으며, 친구들은 다 배반하여 원수가 되었
다.
3 유다가 사로잡혀 고통당하고 고된 일에
시달린다. 뭇 나라에 흩어진 채 쉴 곳을
찾지 못하며 뒤쫓던 사람들이 재앙에 빠
진 유다를 붙잡는다.
4 시온으로 가는 길이 슬픔에 잠겼다. 명절
이 되어도 오는 사람이 없고, 문마다 사
람의 발길이 끊겼다. 제사장들은 탄식하
고 젊은 여자들은 슬퍼한다. 예루살렘이
끔찍한 고통에 처한다.
5 그 원수들이 우두머리가 되었고 적들은
제멋대로 하였다. 죄가 많은 예루살렘을
여호와께서 벌하셨다. 그 자녀들은 원수
에게 사로잡혀 낯선 땅으로 끌려갔다.
6 딸 시온의 모든 아름다움이 사라져 버렸
다. 그 지도자들은 꼴을 찾지 못하는 사
슴처럼 되어 뒤쫓는 사람 앞에서 힘없이
달아났다.
7 예루살렘이 고통을 당하며 떠도는 중에 지
난날 있었던 모든 소중한 일을 떠올린다.
백성이 원수의 손에 붙잡혀도 돕는 사람
이 없고, 적이 그의 망하는 모습을 보고
비웃는다.
8 예루살렘이 무서운 죄를 지어 더러운 몸이
되었다. 그를 떠받들던 사람들도 그의 벌
거벗은 모습을 보고 업신여기니, 예루살렘
자신도 탄식하며 몸을 뒤로 돌린다.
9 예루살렘의 더러움이 제 치마 속에 있으나
앞으로 자기에게 닥칠 일을 생각하지 않
는다. 그의 멸망이 놀라울지라도 아무도
위로해 주지 않는다. "여호와여, 원수가
이겼으니 제 고통을 살펴 주십시오."
10 적이 그가 갖고 있는 것을 강제로 다 빼
앗아 갔다. 주님께서는 다른 나라 사람이
주의 성전에 들어오는 것을 금하셨으나
다른 나라 사람들이 성소에 쳐들어오는
것을 예루살렘이 보았다.
11 예루살렘의 모든 백성이 먹을 것을 찾아
탄식하고 목숨을 잇기 위해 소중한 것을
팔아 먹을 것을 산다. "여호와여, 이 비
참한 모습을 살펴 주십시오."
12 "길 가는 사람들아, 이 일이 너희에게는
상관이 없느냐? 와서 내 모습을 보아라.

내게 닥친 고통만한 것이 어디에 있느냐?
여호와께서 크게 진노하신 날에 내게 고
통을 내리셨다."
13 "주님께서는 높은 곳에서 불을 내리셔서
내 뼛속으로 들어가게 하셨고, 내 발에 그
물을 치셔서 나를 뒤로 물러가게 하셨다.
또한 나를 슬프고 외롭게 만드셔서 하루
종일 힘없게 하셨다."
14 "주께서 내 죄를 묶어 그 손으로 멍에를
만드셨고, 그것을 내 목에 얽어매어 내가
힘을 쓸 수 없게 만드셨다. 주께서 나보
다 강한 사람의 손에 나를 넘기셨다."
15 "주님은 내 성벽 안에 있는 용사들을 다
없애시고 내 젊은이들을 무찌르게 하셨
다. 주께서 포도를 술틀 안에 넣고 마구
짓밟듯이 처녀 딸 유다를 짓밟으셨다."
16 "내가 이 일로 우니 내 눈에서 눈물이 흐
른다. 가까이에 나를 위로해 줄 사람이 없
고, 내게 다시 힘을 북돋워 줄 사람이 없
다. 원수가 우리를 이기니, 내 자녀들이
슬픔과 외로움에 잠긴다."
17 시온이 손을 뻗었으나 아무도 위로해 줄
사람이 없다. 여호와께서 사방에 있는 원
수들을 보내셔서 야곱 백성을 치게 하셨
다. 예루살렘이 주변 백성들처럼 더럽고
추하게 되었다.
18 "여호와께서는 의로우시나 나는 여호와의
말씀을 따르지 않았다. 너희 모든 백성
아, 들어라. 내 당하는 고통을 보아라. 내
게 속한 젊은 남자와 여자들이 사로잡혀
갔다."
19 "내가 사랑하는 자들을 불렀으나 그들은
등을 돌려 버렸다. 내 제사장들과 장로들
은 목숨을 유지하려고 먹을 것을 찾다가
힘이 다해 성 안에서 쓰러지고 말았다."
20 "여호와여, 저를 살펴 주십시오. 저는 절
망에 빠졌습니다. 제가 주를 배반했으므
로 심히 괴로워합니다. 거리에서는 사람
이 칼에 맞아 죽고 집 안에는 죽음이 도
사리고 있습니다."
21 "사람들이 제 신음 소리를 들었으나 아무
도 저를 위로해 주지 않습니다. 저의 모
든 원수들이 제가 재앙을 당했다는 것을
듣고 주께서 이 일을 하신 줄 알고 즐거
워합니다. 주께서 선포하신 날이 이르게
하심으로 제 원수들도 저같이 되게 하십
시오."
22 "여호와여, 그들이 저지른 모든 악을 보
십시오. 제 모든 죄 때문에 저에게 하신
일을 그들에게도 하십시오. 제 신음 소리
가 끝이 없고 제 마음에 두려움이 가득합
니다."

여호와께서 예루살렘을 멸망시키셨다

2 주께서 진노하셔서 딸 시온을 비참하게
만드시고, 이스라엘의 영광을 하늘에서
땅으로 던지셨다. 진노하신 날에 주의 발
판, 곧 예루살렘을 기억하지 않으셨다.
2 주께서 야곱의 모든 보금자리를 무자비하
게 삼키시고, 진노하셔서 딸 유다의 요새
들을 바닥까지 허무셨다. 나라와 통치자
들을 욕되게 하셨다.
3 주께서 진노하셔서 이스라엘의 모든 힘을
빼앗으시고, 원수가 쳐들어올 때에 이스
라엘의 권세를 거두어 가셨다. 불이 활활
타올라 주변의 모든 것을 태우듯이 야곱

성경 자세히 이해하기

'예레미야 애가'에서 '애가'는 무슨 뜻인가요?

'애가'(哀歌)란 말은 헬라어의 '큰 소리로 소리 높여 운다'는 단어에서 유래했습니다. 히브리어 성경의 제목은 '어찌하여…'라는 비통의 감정을 의미하는 단어인 '에카'(ekah)입니다. 따라서 제목만 봐도 이 말씀의 내용이 무엇인지는 쉽게 짐작을 할 수 있습니다. 예레미야 선지자는 바빌론 군대에 의해 예루살렘 도성이 멸망하자 그 슬픈 마음을 다섯 편의 슬픈 노래로 지어 불렀습니다. 이 노래에는 하나님의 무서운 징벌을 초래한 이스라엘의 죄악과 함께 하나님께서 다시 이스라엘을 회복시키실 것이라는 소망이 담겨져 있습니다.

본문 보기 1장

도사리다(1:20 lurk) 몸을 웅크리고 한 곳에 틀어박히다.

백성을 태워 버리셨다.
4 마치 원수처럼 주께서 활을 당기셨다. 우
리를 죽이러 오는 적처럼 오른손을 치켜
드시고 건강하게 보이는 사람을 다 죽이
셨다. 딸 시온의 장막에 진노를 불처럼 쏟
으셨다.
5 주께서 원수같이 되어 이스라엘을 삼키셨
다. 모든 왕궁을 삼키시고 모든 요새를 무
너뜨리셔서 딸 유다에 탄식과 신음을 더
하셨다.
6 동산의 초막을 허물듯 성전을 허무셨으
며, 여호와께서 백성과 만나시던 곳도 무
너뜨리셨다. 시온으로 하여금 절기와 안
식일을 잊어 버리게 하셨고, 큰 진노 가
운데 왕과 제사장을 멸시하셨다.
7 여호와께서 자기 제단을 멸시하시고 자기
성소를 버리셨으며 왕궁 성벽을 원수의
손에 넘겨 주시니 원수들이 절기 때처럼
여호와의 성전에서 환성을 올렸다.
8 여호와께서 딸 시온의 성벽을 허물기로
결심하셨다. 성벽을 측량줄로 재시고 성
벽이 허물어질 때까지 손을 떼지 않으셨
다. 성벽과 요새가 통곡하며 함께 허물어
졌다.
9 예루살렘 성문들이 땅바닥에 떨어졌고 성
문 빗장이 꺾여졌으며, 왕과 대신들은 여
러 나라로 사로잡혀 갔다. 여호와의 가르
침이 그쳤고 예언자들도 여호와의 계시를
받지 못했다.
10 딸 시온의 장로들이 말을 잃은 채 땅에 주
저앉았다. 머리에는 재를 뒤집어썼고 몸
에는 거친 베옷을 걸쳤다. 예루살렘의 젊
은 여자들은 머리를 땅에 숙였다.
11 내 눈이 눈물로 상하고 간과 심장이 녹는
듯하다. 딸 같은 내 백성이 망했으므로,
창자가 끊어진다. 어린이와 아기들이 성
광장에서 쓰러져 죽어 가고 있다.
12 그들이 자기 어머니에게 "곡식과 포도주
가 어디에 있어요?" 라고 묻는다. 그들이
부상당한 군인들처럼 성 광장에서 쓰러지
고 어머니 품에서 죽어 간다.
13 딸 예루살렘아, 내가 무슨 말을 할 수 있
겠느냐? 너를 무엇에 비하겠으며 무엇에
견주겠느냐? 처녀 딸 시온아, 내가 어떻
게 너를 위로하겠느냐? 너의 폐허가 바다
같이 크니 누가 너를 고칠 수 있겠느냐?
14 네 예언자들이 너에 관한 환상을 보았으
나 헛되고 거짓될 뿐이다. 그들이 네 죄
를 드러내지 못하여 네가 사로잡혀 가는
것을 막지 못했으니, 그들의 예언은 헛된
것뿐이었다. 그들이 너를 속였다.
15 지나가는 사람들마다 너를 보고 손뼉을
친다. 딸 예루살렘을 조롱하고 머리를 흔
들며 "이 성이 가장 아름답다는 성이냐?
이 땅 위에서 가장 행복하다는 성이냐?"
하고 비웃는다.
16 네 모든 원수가 입을 열어 너를 욕하고 비
웃으며 이를 간다. 그들은 "우리가 그를
삼켰다. 우리가 기다리던 날이 바로 이 날
이다. 드디어 그 날이 왔구나!" 라고 말한
다.
17 여호와께서 이미 계획하신 일을 이루시고
옛날에 명령하셨던 말씀을 다 이루셨다.
주께서 사정없이 너를 무너뜨리시니, 네
원수들이 네게 일어난 일을 보고 즐거워
하며 이 일로 네 원수들의 힘이 더욱 솟
구쳤다.
18 백성이 마음을 다하여 주께 부르짖기를
딸 시온의 성벽아, 네 눈물을 밤낮으로 강
물처럼 흘려라. 네 눈동자를 쉬게 하지 말
고 눈물을 흘려라.
19 일어나 밤에 부르짖어라. 밤새도록 시간

성전 문의 흔적과 계단(2:6-7)

을 알릴 때마다 부르짖어라. 물을 쏟
듯 네 마음을 주님 앞에 쏟아 부
어라. 손을 높이 들어 주께
기도하여라. 거리 어귀마다
굶주림으로 쓰러져 죽어
가고 있는 네 자녀들을 살
려 달라고 기도하여라.
20 "여호와여, 살펴 주십시
오. 주께서 전에도 다른
사람에게 이같이 행하신
적이 있으십니까? 여자들
이 어린 자식을 잡아먹고
있습니다. 제사장과 예언
자들이 주님의 성소에서
죽임을 당하고 있습니다."
21 "젊은이와 늙은이가 길바닥
에 쓰러져 있습니다. 젊은
여자와 청년들은 칼에 맞아
쓰러졌습니다. 주께서 진노하
신 날에 저들을 무자비하게 죽이셨
습니다."
22 "주께서 제가 두려워하는 재앙을 부르셔
서 사방에서 저를 치게 하셨습니다. 마치
잔치에 사람을 부르듯 재앙을 부르셨습니
다. 여호와께서 진노하신 날에 아무도 도
망치거나 살아남지 못했습니다. 제가 낳
아 기른 자들을 제 원수가 죽였습니다."

'일어나 밤에 부르짖어라. 밤새도록, 물을 쏟듯,
손을 높이 들어 주께 자녀들을 살려달라고
기도하여라.' (2:19)

고난의 뜻

3 나는 여호와께서 내리신 진노의 매를
맞아 고난당하는 사람이다.
2 주께서 나를 어둠 속으로 데려가시고
3 하루 종일 손을 드시어 나를 치고 또 치
셨다.
4 내 살과 살갗을 약하게 하시고 내 뼈를 꺾
으셨다.
5 슬픔과 아픔으로 나를 에워싸시고
6 죽은 지 오래된 사람처럼 나를 어둠 속에
앉히셨다.
7 내가 빠져 나갈 수 없도록 가두시고 무거
운 사슬로 매셨다.
8 내가 부르짖어 도움을 청했으나 내 기도
를 듣지 않으셨다.
9 돌로 내 앞길을 막으시고 내 삶의 길을 어
렵게 만드셨다.
10 주께서는 엎드려 기다리는 곰과 같으시며
숨어서 기다리는 사자와 같으시다.
11 나를 그릇된 길로 이끄시고 갈기갈기 찢
으셔서, 쓸쓸한 곳에 내버려 두시며
12 나를 과녁으로 삼아 활을 당기신다.
13 주께서 화살통의 화살로 내 심장을 맞추
셨으니
14 내가 내 모든 백성에게 조롱거리가 되었
고 그들은 하루 종일 노래를 부르며 나를
놀려 댄다.
15 주께서 나를 쓴 것으로 배불리시고 고통
으로 채우셨다.
16 주께서 자갈로 내 이를 부수시고 나를 재
속에 밀어 넣으셨다.
17 이제는 내게 평안이 없다. 행복이 무엇인
지도 잊어 버렸다.
18 나는 "이제는 힘이 다 빠졌다. 여호와께
서 도와 주시리라는 희망도 사라졌다"고
말한다.

19 주님, 제 고난과 제 괴로움을 기억해 주
십시오. 쓰라림과 고통을 기억해 주십시
오.
20 제가 모든 것을 기억하므로 제 마음이 몹
시 슬픕니다.
21 그러나 이런 것을 생각하면 저에게 희망
이 있습니다.
22 여호와의 사랑은 한결같고, 여호와의 자
비는 끝이 없다.
23 주의 사랑과 자비가 아침마다 새롭고 주
의 진실과 참되심이 크도다.
24 내가 스스로 말하기를 "여호와께서 내가
받을 수 있는 유산의 전부이시니 내게 희
망이 있다"고 하였다.
25 여호와께서는 주께 희망을 두는 사람과
주께 도움을 청하는 사람에게 선하시
다.
26 조용히 여호와의 구원을 기다리는 것이
좋다.
27 사람이 젊을 때에 자기 멍에를 메는 것이
좋다.
28 주께서 힘든 일을 맡기셨으므로 홀로 앉
아서 조용히 있어야 한다.
29 겸손하게 입을 땅에 대야 한다. 혹시 희
망이 있을지도 모르기 때문이다.
30 때리려는 사람에게 뺨을 대 주고, 사람들
이 더러운 말을 할지라도 묵묵히 참고 들
어야 한다.
31 주께서는 자기 백성을 영원토록 버리지
않으신다.
32 혹 우리를 슬픔에 빠지게 하시더라도 그
크신 사랑으로 우리에게 자비를 베푸신
다.
33 주님은 백성을 심판하거나 슬프게 하는
것을 즐기지 않으신다.
34 이 땅의 모든 갇힌 사람이 주의 발 아래
밟히지나 않을까,
35 지극히 높으신 분 앞에서 억눌림을 당하
는 사람이 있지 않을까,
36 재판을 받는 사람이 억울한 판결을 받지
않을까를 염려하신다.
37 주께서 명령하지 않으시면 그 누가 말로
뜻을 이룰 수 있겠는가?
38 선한 일이든 악한 일이든 지극히 높으신
주님의 명령에 따라 일어난다.
39 살아 있는 사람이 자기 죄값으로 받는 벌
을 어찌 불평할 수 있겠는가?
40 우리가 한 일을 살펴서 돌이켜보고 여호
와께 돌아가자.
41 손을 높이 들고 마음을 열어 하늘에 계신
하나님께 기도하자.
42 "우리가 죄를 지었고 주님을 배반했습니
다. 주께서는 우리를 용서하지 않으셨습
니다."
43 "주께서는 진노를 둘러 입으시고 우리를
쫓으셨습니다. 사정없이 우리를 죽이셨습
니다.
44 주께서는 구름을 둘러 입으시고 우리 기
도가 주께 이르지 못하게 하셨습니다.
45 우리를 여러 민족들 가운데서 찌꺼기와
쓰레기로 만드셨습니다."
46 "우리의 모든 원수가 입을 열어 우리를 욕
합니다.
47 두려움과 공포, 멸망과 파괴가 우리를 덮
쳤습니다."
48 제 백성이 멸망하였으므로 제 눈에서는

◆ 예레미야의 투옥 ◆

		1차 투옥	2차 투옥
예레미야 예언자는 하나님의 말씀을 전하다가 두 번씩이나 투옥되었습니다.	이유	예루살렘이 바빌로니아에 의해 함락될 것이라고 말했기 때문(렘 37:8-10)	스바댜, 그다랴, 유갈 등 관리들의 고발로 투옥(렘 38:1-4)
	장소	서기관 요나단의 집 토굴(렘 37:15)	물이 없고 진흙만 있는 깊은 구덩이에서 지냄(렘 38:6)
	구출	예레미야 자신이 직접 왕에게 탄원함으로 풀려남(렘 37:18-21)	왕궁 환관 구스인 에벳멜렉의 도움으로 구출됨(렘 38:8-13)

눈물이 시내처럼 흐릅니다.
49 제 눈물이 그치지 않고 쉼 없이 흐릅니다.
50 여호와께서 살피시고 하늘에서 돌아보시
기를 기다립니다.
51 제 성의 모든 여자들에게 닥친 일을 보면
제게 슬픔이 임합니다.
52 아무 까닭 없이 원수가 된 사람들이 새를
사냥하듯 저를 쫓습니다.
53 저를 산 채로 구덩이에 처넣고 저를 향해
돌을 던집니다.
54 물이 제 머리 위로 넘쳐서 "나는 이제 죽
는구나" 하고 말했습니다.
55 여호와여, 제가 깊은 구덩이에서 주의 이
름을 불렀습니다.
56 "제가 도움을 청할 때에 귀를 막지 마시
고 저를 구해 주십시오"라고 기도했을 때
주께서 들어 주셨습니다.
57 제가 주께 부르짖을 때에 주께서 가까이
오셔서 "두려워하지 마라" 하고 말씀해
주셨습니다.
58 주님, 주께서 제 사정을 살펴 주셨고, 제
목숨을 구해 주셨습니다.
59 여호와여, 주께서는 제가 억울한 일에 처
한 것을 보셨으니 제게 바른 판결을 내려
주십시오.
60 주께서는 제 원수들이 제게 복수한 것과
저를 해칠 음모를 꾸민 것을 다 알고 계
십니다.
61 여호와여, 주께서는 그들이 저를 향해 하
는 욕과 저를 치려고 꾸민 음모를 다 들
으셨습니다.
62 제 원수들의 말과 생각은 종일토록 저를
해치려는 것으로 가득 차 있습니다.
63 주여, 보십시오. 그들은 앉으나 서나 항
상 저를 놀려 댑니다.
64 여호와여, 그들이 저지른 대로 그들에게
벌을 내리시며 그들이 한 대로 갚아 주십
시오.
65 그들의 마음을 처량하게 하시고 그들에게
주의 저주를 내리십시오.
66 진노로 그들을 뒤쫓으시고 여호와의 하늘
아래에서 그들을 없애 주십시오.

예루살렘이 공격당하다

4 금이 빛을 잃고 순금이 변해 버렸다.
성전 보석들이 거리 모퉁이마다 흩어
졌다.
2 금보다 더 귀했던 시온의 귀족들이 토기
장이가 빚어 만든 질그릇처럼 업신여김을
받는다.
3 들개들도 제 새끼에게 젖을 물리는데 가련
한 내 백성은 광야의 타조처럼 잔인하다.
4 젖먹이는 목이 말라서 혀가 입천장에 달
라붙었고 어린이들이 빵을 달라고 하여도
떼어 주는 사람이 없다.
5 맛있는 음식을 먹던 사람이 길거리에서
굶주림에 처하고 화려한 옷을 입고 자란
사람이 쓰레기 더미를 뒤지고 다닌다.
6 손을 쓸 새가 없을 만큼 순식간에 무너져
내린 소돔의 죄보다 가련한 내 백성의 죄
악이 더 컸다.
7 우리의 통치자들이 전에는 눈보다 깨끗하
고 우유보다 더 희고 그 몸이 홍옥보다 더
붉고 그 얼굴이 청옥보다 더 빛났다.
8 그러나 이제 그들의 얼굴은 숯보다 더 검
어서, 거리에서 아무도 그들을 알아보는
이가 없다. 살갗과 뼈가 서로 달라붙어 막
대기처럼 마른 모습이다.
9 칼에 죽은 사람이, 굶주려 죽은 사람보다
낫다. 밭에 먹을 것이 없으므로 사람들이
고통 속에 굶주려 죽는다.
10 가련한 내 백성이 멸망할 때에 착한 여자
들마저 제 손으로 자기 자식을 잡아먹어
서 자녀들이 부모의 음식이 되었다.
11 여호와께서 대단히 분노하셔서 무서운 진
노를 쏟아 부으셨다. 시온을 불 지르시고
그 터를 태우셨다.
12 예루살렘 성문으로 원수들이 쳐들어오는
것에 대해 세계의 어느 왕도, 땅 위의 어
느 백성도 믿지 못했다.
13 그러나 그런 일이 일어나고 말았으니 예
언자들이 죄를 짓고 제사장들이 악한 일
을 했기 때문이다. 그들은 성 안에서 의
로운 사람들을 죽였다.
14 그들이 보지 못하는 사람처럼 거리를 헤

매고 다니며 피로 몸이 더러워진 까닭에
아무도 그들의 옷자락을 만지지 않는다.
15 사람들이 그들을 향해 "더럽다! 꺼져라!"
"비켜라! 비켜라! 가까이 오지 마라!" 하
고 소리친다. 그리하여 그들이 그 곳에서
나와 이리저리 떠돌아다니지만 다른 민족
들도 "다시는 여기에 머물지 마시오" 하
고 말한다.
16 여호와께서 그들로부터 얼굴을 돌리시며
다시는 그들을 돌보지 않으신다. 제사장
을 소중히 여기지 않으시고 장로들에게
자비를 베풀지 않으신다.
17 우리도 눈이 빠지도록 도와 줄 사람을 기
다렸으나 헛일이었다. 헛되이 망대에 올
라 우리를 구해 줄 나라를 기다렸다.
18 원수들이 우리를 노리고 있으므로 거리를
다닐 수도 없었다. 우리의 끝이 가까웠고
우리의 날이 다해 마지막에 이르렀다.
19 우리를 쫓는 사람은 공중의 독수리보다
빨랐다. 그들이 산 위에서 우리를 쫓았고
광야에 숨어서 우리를 기다렸다.
20 여호와께서 기름을 부어 세우신 왕, 곧 우
리 코의 생기와 같은 사람이 그들의 덫에
걸렸다. 우리가 "민족들 가운데서 그의
보호를 받을 것이다"라고 말했던 사람이
덫에 걸렸다.
21 우스 땅에 사는 딸 에돔아, 기뻐하고 즐거
워하여라. 하지만 너희도 여호와께서 내
리신 진노의 잔을 마셔야 할 것이니 취하
여 벌거벗게 될 것이다.
22 딸 시온아, 네 벌이 다 끝났다. 주께서 다
시는 네가 사로잡히지 않게 하실 것이다.
그러나 딸 에돔아, 주께서 네 죄를 심판
하실 것이고 네 죄를 드러내실 것이다.

기도

5 여호와여, 우리에게 닥친 일을 기억해 주
십시오. 우리의 수치를 살펴 주십시오.
2 우리 땅이 낯선 사람들에게 넘어갔고 우
리 집이 다른 나라 사람들에게 넘어갔습
니다.
3 우리는 아버지 없는 고아가 되었고 우리
의 어머니는 과부가 되었습니다.
4 우리는 물도 돈을 내야만 마실 수 있고,
땔감의 값도 치러야만 합니다.
5 그들이 우리를 맹렬하게 추격하므로 우리
가 지친 와중에도 쉬지 못합니다.
6 먹을 것을 넉넉히 얻으려고 이집트와 앗시
리아와 조약을 맺었습니다.
7 우리 조상들이 죄를 지었으나 이제는 가
고 없습니다. 그들의 죄 때문에 우리가 고
통을 당합니다.
8 종들이 우리의 통치자가 되었으나 그들로
부터 우리를 구해 줄 사람이 없습니다.
9 광야에 칼을 든 사람들이 있는데도 먹을
것을 얻기 위해 목숨을 겁니다.
10 무서운 가뭄에 시달리던 중 우리 살갗은
아궁이처럼 까맣게 타 버렸습니다.
11 원수들이 쳐들어와 시온의 여자들과 유다
성들의 처녀들을 짓밟았습니다.
12 그들이 우리 대신들을 매달아 죽이고 장
로들을 업신여겼습니다.
13 젊은이들은 맷돌로 곡식을 갈고 나뭇짐을
지던 아이들은 비틀거립니다.
14 장로들은 성문 곁에 앉지 못하고 젊은이
들은 노래를 부르지 못합니다.
15 우리 마음속에 있던 기쁨은 다 사라지고,
우리의 춤은 슬픔으로 바뀌었습니다.
16 우리 머리 위에서 면류관은 사라졌습니
다. 우리가 죄를 지었으므로 재앙이 닥쳤
습니다.
17 이 일로 우리 마음이 병들었고, 그것 때
문에 우리 눈은 어두워졌습니다.
18 시온 산은 폐허로 변하여 이제는 여우들
만 어슬렁거립니다.
19 그러나 여호와여, 주께서는 영원히 다스리
십니다. 주님의 보좌는 영원무궁합니다.
20 어찌하여 주께서는 그토록 철저히 우리를
잊으셨습니까? 어찌하여 그토록 오랫동안
우리를 버려 두십니까?
21 여호와여, 우리를 주께 돌이켜 주십시오.
우리가 돌아가겠습니다. 우리의 날이 영
광스러웠던 옛날처럼 되게 해 주십시오.
22 주께서 우리를 아주 버리셨습니까? 영원
토록 진노를 풀지 않으시렵니까?

에스겔

Ezekiel

○ 저자

저자는 에스겔이다.

○ 저작 연대

B.C. 593-571년경

○ 주요 인물

에스겔, 시드기야, 느부갓네살

○ 핵심어 및 주요 내용

핵심어는 "환상"과 "파수꾼"이다. 에스겔은 하나님의 계획에 대한 환상을 보았는데, 그는 이러한 환상을 가지고 백성들을 권면하고 때로는 경고하기도 하는 하나님의 파수꾼 일을 잘 감당하였다.

○ 내용 소개

1. 에스겔의 소명(1-3장)
2. 이스라엘에 대한 심판의 메시지(4-24장)
3. 열방들을 향한 심판의 메시지(25-32장)
4. 이스라엘의 회복에 대한 예언(33-39장)
5. 새 성전과 새 이스라엘(40-48장)

에스겔의 환상

1 제 삼십 년 넷째 달 오 일이었다. 포로
로 잡혀 온 사람들과 함께 그발 강가에
있을 때, 하나님께서 하늘을 열어 환상을
보여 주셨다.
2 그 날은 여호야긴 왕이 포로로 잡혀 온 지
오 년째 되는 날이었다.
3 여호와께서 바빌로니아 사람들의 땅 그발
강가에서 부시의 아들인 나 제사장 에스겔
에게 말씀하셨고, 여호와의 능력이 내 위
에 내렸다.
4 나는 북쪽에서 폭풍이 불어 오는 것을 보
았다. 번개가 번쩍거리고 환한 빛으로 둘
러싸인 커다란 구름이 밀려오고 있었는
데, 불 한가운데에는 쇠붙이 같은 것이 빛
나고 있었다.
5 불 속에는 살아 있는 네 생물의 모양이 보
였는데, 겉으로 보면 모두 사람의 형체 같
았다.
6 그 생물들은 각각 네 얼굴과 네 날개가 있
었고,
7 그 다리는 곧고, 그 발은 소 발굽 같으며,
잘 닦은 놋쇠같이 빛났다.
8 생물의 네 면에 달린 날개 밑에는 사람의
손들이 있었고, 네 생물에게 모두 얼굴과
날개가 있었다.
9 날개들은 서로 맞닿아 있었고, 생물들이
움직일 때에는 몸을 돌리지 않고 앞으로
똑바로 나아갔다.
10 생물들의 얼굴은, 앞쪽은 사람의 얼굴,
오른쪽은 사자의 얼굴, 왼쪽은 황소의 얼
굴, 뒤쪽은 독수리의 얼굴이었다.
11 그들의 날개는 위로 펼쳐져 있었는데, 두
날개는 다른 생물의 날개들과 맞닿아 있

성경 자세히 이해하기

에스겔이 본 네 가지 생물

에스겔은 네 생물의 이상을 보았는데, 그것들은 사람, 사자, 소, 독수리의 모습이었습니다. 그것들이 무엇을 의미하는지 몇 가지 해석을 소개합니다. 먼저 지혜(사람), 힘(사자), 충성(소), 민첩함(독수리)을 의미한다고 보는 해석이 있습니다. 또 하나님이 창조하신 피조물 가운데 가장 대표적인 것들 - 사람, 야생 동물(사자), 가축(소), 새(독수리) - 을 언급한 것으로 보기도 합니다. 한편 인간으로 오신 예수님(사람), 왕으로 오신 예수님(사자), 종으로 오신 예수님(소), 하나님의 아들로 오신 예수님(독수리)을 의미한다고 보는 해석도 있습니다.

본문 보기 1장 4-24절

었고 다른 두 날개로는 몸을 가리고 있었다.
12 생물들은 움직일 때, 앞으로 똑바로 나아갔는데, 주님의 영이 어디든 가려 하면, 생물들도 뒤로 돌지 않고 앞으로 움직였다.
13 생물들 사이로 마치 활활 타는 숯불이나 횃불과 같은 불이 왔다갔다 했는데 그 불은 밝았으며, 가운데서 번개 같은 것이 번쩍였다.
14 생물들은 번개가 번쩍이듯 이리저리로 빠르게 달렸다.
15 내가 생물들을 보니 그들 곁의 땅 위에 바퀴가 보였는데 그 바퀴는 생물들의 네 얼굴을 따라 하나씩 있었다.
16 바퀴의 모양은 번쩍이는 녹주석 같고 네 개의 바퀴는 같은 모양으로, 마치 바퀴 안에 바퀴가 있는 것 같았다.
17 그 바퀴는 생물들이 향하는 어느 곳으로든 나아갔고 방향을 틀지 않고 움직였다.
18 바퀴의 둘레는 무척 높고 컸으며, 돌아가며 눈이 가득 달려 있었다.
19 생물들이 움직일 때, 그 곁에 있는 바퀴들도 움직였는데, 생물들이 땅에서 떠오르면 바퀴들도 같이 떠올랐다.
20 주님의 영이 어디로 가든지 생물들도 함께 따라갔고 바퀴들도 그 곁에서 떠올랐다. 그것은 생물들의 영이 그 바퀴 안에 있었기 때문이다.
21 생물들이 움직이면 바퀴들도 움직였고, 생물들이 멈추면 바퀴들도 멈췄으며, 생물들이 땅에서 떠오르면 바퀴들도 그 곁에서 떠올랐다. 그것은 생물들의 영이 그 바퀴 안에 있었기 때문이었다.
22 생물들의 머리 위로 장엄한 창공이 펼쳐져 있었는데, 그것은 마치 수정처럼 빛났다.
23 창공 밑으로 생물들의 날개가 서로 맞닿아 펼쳐져 있었으며 각 생물은 두 날개로 몸을 가리고 있었다.
24 생물들이 움직일 때에 날개 치는 소리가 났는데 그것은 몰아쳐 내리는 물소리 같기도 하고, 전능자의 목소리 같기도 하고, 군대의 함성 같기도 했다. 생물들이 멈추어 설 때에는 날개를 내렸다.
25 그런데 생물들이 날개를 내리고 멈추어 서 있을 때에도 생물들의 머리 위에 있는 창공으로부터 소리가 들려 왔다.
26 창공 너머로 청옥으로 만든 보좌 같은 것이 있었고, 보좌 위에는 사람과 같은 형체가 보였다.
27 그의 허리 위쪽은 속이 환히 들여다보이는 불에 달군 쇠같이 보였고, 허리 아래쪽으로는 사방으로 비취는 불처럼 보였다. 이처럼 밝은 빛이 그를 둘러싸고 있었다.
28 그를 둘러싸고 있는 광채는 마치 비오는 날 구름 속에 나타나는 무지개처럼 보였다. 그것은 여호와의 영광과 같은 모습이었다. 그 광경을 보고 나는 땅에 엎드렸다. 그러자 어떤 목소리가 들려왔다.

하나님께서 에스겔에게 말씀하시다

2 주님께서 내게 말씀하셨다. "사람아, 일어서라. 내가 너에게 할 말이 있다."
2 주님께서 말씀하실 때에 주님의 영이 내게로 들어와 나를 일으켜 세웠다. 나는 주님께서 내게 하시는 말씀을 들었다.
3 주님께서 내게 말씀하셨다. "사람아, 내가 너를 이스라엘 백성에게 보낸다. 그들은 지금까지 나를 반역하고 그들과 그들의 조상은 이 날까지 내게 대들었다.
4 내가 너를 고집스럽고 말을 듣지 않는 백성에게 보낸다. 너는 그들에게 '주 여호와께서 이렇게 말씀하셨다'라고 전하여라.
5 그들은 반항하는 백성들이다. 그들이 네 말을 듣든지 안 듣든지, 그들 가운데 예언자가 있다는 사실을 알게 될 것이다.
6 너 사람아, 그들을 겁내거나 두려워하지 마라. 네가 찔레와 가시에 둘러싸이고, 독벌레 가운데서 살더라도 두려워하지 마라. 그들이 무엇이라 말하든지 겁내지 마라. 이는 그들은 내게 반항하는 백성이기

창공(1:22 blue sky) 푸른 하늘.
전능자(1:24 the Almighty) 못하는 일이 없는 분.

때문이다.
7 그들이 듣든지 안 듣든지 너는 반드시 내
말을 전해야 한다. 그들은 내게 반항하는
백성이다.
8 너 사람아, 내가 네게 하는 말을 잘 들어
라. 너는 이 반항하는 백성처럼 내게 반
항하지 마라. 네 입을 벌려 내가 주는 것
을 받아먹어라."
9 그 때에 내가 보니 어떤 손이 내 앞으로
뻗쳐 있었는데, 그 손에는 두루마리 책이
있었다.
10 주님께서 그 두루마리를 내 앞에 펼치셨
는데 앞뒤로 탄식과 애가와 재앙의 글이
적혀 있었다.

3 주님께서 내게 말씀하셨다. "사람아,
네 앞에 있는 것을 먹어라. 이 두루마
리를 먹고, 가서 이스라엘 백성에게 전하
여라."
2 그래서 내가 입을 벌렸더니, 주님께서 두
루마리를 내 입에 넣어 주셨다.
3 주님께서 내게 말씀하셨다. "사람아, 내
가 네게 주는 이 두루마리를 먹어 네 배
를 채워라." 그래서 내가 먹었더니 그것
이 내 입에 꿀같이 달았다.
4 그 때, 주님께서 내게 말씀하셨다. "사람
아, 이스라엘 백성에게 가서 내 말을 그들
에게 전하여라.
5 내가 너를 이해하기 어려운 말을 하는 백
성에게 보내는 것이 아니라 이스라엘 백성
에게 보내는 것이다.
6 만일 내가 너를 이해하기 어려운 말을 하
는 민족들에게 보냈더라면, 그들은 네 말
을 들었을 것이다.

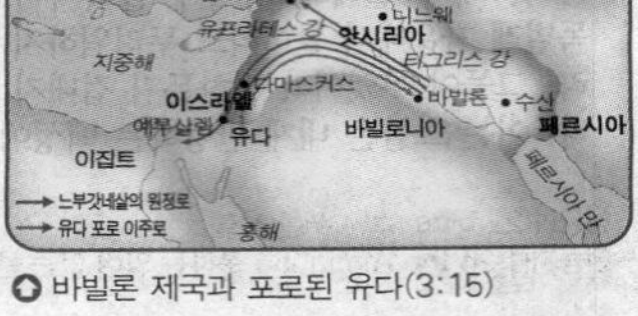

바빌론 제국과 포로된 유다(3:15)

7 그러나 이스라엘 백성은 네 말을 들으려
하지 않을 것이다. 그것은 그들 모두가 고
집이 세고 마음이 닫혀 있기 때문이다.
8 나도 너를 그들처럼 억세고 굳세게 하며
9 네 이마를 바윗돌보다, 부싯돌보다 더 단
단하게 할 것이다. 그러니 그들을 겁내거
나 두려워하지 마라. 그들은 반항하는 백
성이다."
10 주님께서 또 내게 말씀하셨다. "사람아,
내가 네게 하는 말을 잘 듣고 마음에 간
직하여라.
11 그리고 포로로 잡혀 간 네 동포에게 지금
가서 내 말을 전하여라. 그들이 듣든지 안
듣든지, '주 여호와께서 이렇게 말씀하셨
다' 라고 말하여라."
12 그러더니 주님의 영이 나를 들어 올리셨
다. 그 때에 내 뒤에서 진동하는 소리가
크게 들렸는데 "성소에서 여호와의 영광
을 찬양하라!" 는 소리였다.
13 또한 생물들의 날개가 서로 맞닿는 소리
와 그들 곁에 있는 바퀴의 소리도 들렸다.
크게 진동하는 소리였다.
14 주님의 영이 나를 들어 올려 데리고 가실
때 괴롭고 불안했으나, 여호와의 강력한
손이 나를 잡고 계셨다.
15 나는 그발 강가의 델아빕 지역에 살고 있
던 유다 포로민들에게로 갔다. 나는 어리
둥절한 채로 그 곳에서 칠 일 동안, 머물
러 있었다.

이스라엘에 대한 경고

16 칠 일 뒤에 여호와께서 내게 말씀하셨다.
17 "사람아, 내가 너를 이스라엘 민족의 파수
꾼으로 세웠다. 내가 하는 말을 잘 듣고
그들에게 경고하여라.
18 내가 악한 사람을 향해 '너는 반드시 죽
을 것이다' 라고 말하면 너는 그대로 그에
게 경고해야 한다. 만일 그렇게 하지 않
으면 그 악한 사람은 자기의 죄 때문에 죽
겠지만, 나는 그 사람이 죽는 것에 대한
책임을 너에게 물을 것이다.
19 그러나 네가 악한 사람에게 경고했는데도
그가 그 악한 길에서 돌아서지 않는다면

그는 자기 죄값을 받아 죽을 것이
며 너는 아무런 책임을 지
지 않을 것이다.
20 또 어떤 착한 사람이
올바른 길에서 떠나
죄를 지으면, 내가
그 앞에 걸림돌을
놓아 그를 넘어
뜨릴 것이다.
네가 그에게
경고하지 않으
면 그는 자기 죄
때문에 죽게 되고,
그가 한 올바른 일
들은 아무 소용이 없
을 것이다. 나는 그
사람이 죽은 책임을 너
에게 물을 것이다.
21 하지만 네가 그 착한 사람에게
죄를 짓지 말라고 경고하여 그가 죄를 짓
지 않는다면, 그는 반드시 살게 될 것이
다. 그리고 너도 네 목숨을 건질 것이다."
22 그 때에 거기에서 여호와의 손이 나를 강
하게 잡으시면서 말씀하셨다. "일어나 들
로 나가거라. 내가 거기서 너에게 할 말
이 있다."
23 나는 일어나 들로 나갔다. 여호와의 영광
이 거기 있었는데, 그것은 내가 그발 강
가에서 본 것과 같았다. 나는 땅에 엎드
렸다.
24 그 때에 주님의 영이 내게 와, 나를 일으
켜 세우시고 내게 말씀하셨다. "집에 가
서 문을 닫고 있어라.
25 너 사람아, 사람들이 밧줄로 너를 묶을 것
이니, 너는 바깥에 나가 사람들을 만날 수
없게 될 것이다.
26 또 네 혀가 입천장에 붙어 벙어리가 될 것
이니 네가 더 이상 사람들을 꾸짖지 못할
것이다. 그들은 반항하는 백성이다.
27 그러나 내가 너에게 말할 때에는 네 입을
열어 주겠다. 그러면 너는 '주 여호와께
서 이렇게 말씀하셨다'라고 말해야 한다.

재앙의 글이 적힌 두루마리를 에스겔의
입에 넣어 주심(3:1-3)

들을 사람도 있고 듣지 않을 사람도 있을
것이다. 왜냐하면 그들은 내게 반항하는
백성이기 때문이다."

예루살렘의 지도

4 "너 사람아, 토판 하나를 가져와 네 앞
에 놓고 그 위에 예루살렘 지도를 새겨
라.
2 그리고 예루살렘 바깥으로 포위망을 쳐 놓
아라. 흙을 쌓아 성을 공격할 길을 내고,
성 주변에 진지를 만들고 성벽을 부술 무
거운 돌 포탄을 성 주변에 늘어놓아라.
3 그리고 철판을 가져다가 너와 성 사이에
철 성벽처럼 세워 두어라. 그리고 네 얼
굴을 성 쪽으로 향하여 성을 에워싸고 포
위망을 좁혀 들어가거라. 이것이 이스라엘
민족에게 보여 주는 징조다.
4 그런 다음 너는 왼쪽으로 누워라. 이것은
네가 이스라엘의 죄를 네 몸에 지는 것이
다. 네가 그렇게 누워 있는 날수만큼 네
가 그들의 죄를 떠맡아야 할 것이다.
5 백성들이 죄를 지은 햇수만큼 너에게 날
수를 정해 놓았다. 그러므로 삼백구십 일
동안 너는 이스라엘 민족의 죄를 떠맡아야

한다.
6 날수를 다 채운 후에 이번에는 오른쪽으
로 누워서 유다 민족의 죄를 네 몸에 져
야 할 것이다. 하루를 한 해로 쳐서 내가
너에게 사십 일을 정해 준다.
7 너는 또 포위당한 예루살렘 쪽으로 고개를
돌려 보아라. 팔을 걷어붙이고 예루살렘을
향해 심판을 예언하여라.
8 내가 너를 밧줄로 묶어서, 네가 묶여 있
는 동안에 몸을 움직이지 못하게 할 것이
다.
9 그릇에다 밀과 보리와 콩과 팥과 조와 귀
리를 담아 빵을 만들어 네가 옆으로 누워
있는 삼백구십 일 동안, 그것을 먹어라.
10 시간을 정해 놓고 하루에 이십 세겔*씩 먹
고
11 물은 하루에 육분의 일 힌* 정도 마시되
시간을 정해 놓고 마셔라.
12 너는 그 음식을 보리빵처럼 만들어 먹어
라. 사람들이 보는 앞에서 인분으로 불을
지펴 빵을 구워라."

성경 자세히 이해하기

390일과 40일

에스겔이 왼쪽으로 눕게 되면 북쪽 이스라엘을 향하게 되고, 오른쪽으로 눕게 되면 남쪽 유다를 향하게 됩니다. 그의 행동은 백성들이 저지른 죄악의 햇수를 상징합니다(4:5). 즉, 1일은 1년인데(6절), 390일은 여로보암의 반역 때(B.C. 931년 경)부터 이스라엘이 페르시아의 고레스 왕에 의해 해방될 때(B.C. 538년)까지의 기간을 가리키고, 한편 40일은 유다인들이 바빌로니아로 잡혀 갔을 때(B.C. 586년)부터 고레스 왕에 의해 본토로 귀환할 때(B.C. 538년)까지의 기간을 가리킨다고 성경 학자들은 해석합니다.

본문 보기 4장 5-6절

알아두세요

4:10 세겔은 돈의 단위이면서 무게의 단위도 되는데, 1세겔은 약 11.4g의 무게에 해당된다. 20세겔은 약 228g이다.
4:11 1/6 힌은 약 0.6ℓ에 해당된다.

13 여호와께서 또 내게 말씀하셨다. "내가 이
스라엘을 다른 나라로 쫓아 낼 것이며, 그
들이 그 곳에서 이와 같은 부정한 음식을
먹게 될 것이다."
14 그래서 내가 주님께 말씀드렸다. "주 여
호와여, 절대로 그럴 수 없습니다. 나는
이제껏 한 번도 내 몸을 더럽힌 적이 없
습니다. 어려서부터 지금까지 나는 한 번
도 죽은 것이나, 들짐승에 물려 죽은 고
기를 먹은 일이 없습니다. 한 번도 부정
한 음식을 먹은 적이 없습니다."
15 주님께서 말씀하셨다. "좋다. 그렇다면
인분 대신에 쇠똥을 사용해 빵을 구워
라."
16 주님께서 다시 말씀하셨다. "사람아, 내
가 예루살렘에 식량이 모자라게 할 것이
다. 사람들이 식량과 물을 배급 받으면서
걱정과 두려움에 떨 것이다.
17 식량과 물이 부족하여 사람들이 뼈만 남
아 서로의 얼굴을 바라보는 것조차 무섭
게 될 것이다. 이것은 모두 그들의 죄 때
문이다."

에스겔이 머리카락을 자르다

5 "너 사람아, 이제 면도날처럼 날카로
운 칼을 가져다가 네 머리카락과 수염
을 깎아라. 그리고 그것을 저울에 달아 나
누고
2 예루살렘 포위가 끝나는 날, 삼분의 일은
성 안에서 불에 태우고, 삼분의 일은 칼
로 쳐 성 주위에 뿌리고, 삼분의 일은 바
람에 날려라. 내가 칼을 뽑아 들고 그들
을 뒤쫓겠다.
3 그리고 그것을 조금 남겨 두었다가 네 옷
자락에 싸 두고
4 그 중 얼마를 꺼내어 불에 던져 태워 버
려라. 거기에서 불이 나와 모든 이스라엘
백성에게 번질 것이다."
5 주 여호와께서 이렇게 말씀하신다. "내가
예루살렘을 다른 민족들 가운데에 두고 그
들에 의해 둘러싸이게 하였지만,
6 예루살렘은 악을 저지르면서 내 율법과 규
례를 지키지 않았다. 그들은 주변 나라들

보다 더 악하여 내 율법을 거스르고 내 규례를 거역하였다.

7 너희는 주변에 있는 나라들보다 더 소란을 피우고 내 규례와 율법도 지키지 않았다. 심지어 너희 주변 나라들의 규례도 따르지 않았다.

8 그러므로 내가 예루살렘을 치겠다. 다른 나라들이 보는 앞에서 너희에게 벌을 내리겠다.

9 너희는 내가 역겨워하는 우상들을 섬겼으므로, 내가 전에도 하지 않았고 앞으로도 하지 않을 가장 무서운 형벌을 너희에게 내릴 것이다.

10 부모가 자식을 잡아먹고, 자식이 그 부모를 잡아먹을 것이다. 내가 너희에게 벌을 내릴 것이며, 살아남은 사람들이 있다면 그들마저도 사방으로 흩어 버릴 것이다.

11 내가 맹세한다. 너희가 온갖 악한 우상과 역겨운 짓으로 내 성소를 더럽혔으므로 내가 더 이상 너희에게 자비를 베풀지 않을 것이다. 불쌍히 여기지도 않고 남겨 두지도 않을 것이다.

12 너희 가운데 삼분의 일은 전염병에 걸려 죽거나 성 안에서 굶어 죽을 것이며, 삼분의 일은 성 밖에서 칼로 인해 죽을 것이다. 그리고 나머지 삼분의 일은 내가 칼을 들고 뒤쫓아가 사방으로 흩어 버리겠다.

13 내 분노를 다 쏟아 부어야 내 마음이 가라앉을 것이다. 그 때에 그들은 나 여호와가 왜 그렇게 격렬하게 말했는지를 알게 될 것이다.

14 내가 너희를 폐허로 만들어 너희 주변 나라들의 비웃음거리가 되게 하겠다. 지나다니는 사람마다 너를 보고 비웃을 것이다.

15 내가 몹시 화가 나서 너희를 심판하고 엄히 꾸짖을 때에 주변 나라들이 너희를 보고 비웃을 것이다. 너희는 그들에게 경고와 두려움이 될 것이다. 나 여호와의 말이다.

16 내가 화살을 쏘듯이, 치명적인 기근을 보내어 너희를 쏘아 죽일 것이다. 그리고 더 심한 기근을 보내 너희의 식량 줄을 끊어 놓을 것이니, 살아남을 자가 없을 것이다.

17 내가 기근을 보내어 너희를 치고 들짐승을 보내어 너희 자식을 잡아먹게 할 것이다. 질병과 피흘림이 너희를 휩쓸 것이다. 내가 너희를 칼로 칠 것이다. 나 여호와의 말이다."

에스겔은 예루살렘의 멸망을 예언하는 상징적인 행동으로 자신의 머리카락과 수염을 자름(5:1)

산을 향한 예언

6 여호와께서 다시 내게 오셔서 말씀하셨다.

2 "사람아, 이스라엘의 산들을 바라보며 심판을 예언하여라.

3 이렇게 말하여라. '이스라엘의 산들아, 주 여호와의 말씀을 들어라. 주 여호와께서 산과 언덕들, 계곡과 산골짜기에 이렇게

말씀하신다. 내가 칼로 너희를 치고 너희
속에 있는 산당들을 부수겠다.
4 너희의 제단을 부수고 향 피우는 제단을
무너뜨릴 것이다. 내가 우상들 앞에서 너
희 백성들을 죽일 것이다.
5 내가 이스라엘 백성의 시체들을 그 우상들
앞에 늘어놓고, 너희의 뼈들을 제단 둘레
에 흩어 놓겠다.
6 너희가 사는 마을들이 모두 황무지가 될
것이며 우상을 섬기던 산당은 폐허가 될
것이다. 제단은 무너지고 너희의 우상은
산산조각이 날 것이다. 향 피우는 제단도
파괴되고 너희가 만든 장식품들도 하나같
이 없어질 것이다.
7 너희 백성은 죽어 너희 산중에 쓰러질 것
이니, 그 때에 너희는 내가 여호와인 줄
알게 될 것이다.
8 그러나 내가 너희 가운데 얼마는 남겨 두
겠다. 칼을 피해 살아남는 사람은 외국 땅
으로 흩어져 살게 될 것이다.
9 그들은 그들이 잡혀 간 그 나라에서 나를
기억할 것이고, 나를 저버리고 간음하는
마음과 우상을 따르려는 욕정의 눈 때문
에 내 마음이 얼마나 상했는가를 기억할
것이다. 그들은 자기들이 저지른 역겨운
짓들과 악한 짓들에 대해 스스로 구역질
을 느낄 것이다.
10 그 때에 그들은 내가 여호와라는 것을 알
게 될 것이다. 내가 아무런 이유 없이 이
런 재앙을 그들에게 내린 것이 아니었
다.'"
11 주 여호와께서 또 내게 말씀하셨다. "너
는 손뼉을 치고 발을 구르며 '아이고' 하
고 소리질러라. 이스라엘 백성이 악한 죄
와 구역질 나는 짓을 저질렀기 때문에 그
들은 전쟁과 굶주림과 병으로 죽을 것이
다.
12 멀리 있는 자는 병에 걸려 죽고 가까이 있
는 자는 전쟁으로 죽고, 병이나 칼을 피
한 자는 굶어 죽을 것이다. 내가 이처럼
내 분노를 그들에게 쏟아 붓겠다.
13 그들의 시체가 제단 주변 우상들 사이에,
높은 언덕과 산꼭대기에, 모든 푸른 나무
아래, 잎이 무성한 상수리나무 아래와 그
들이 향을 피워 우상에게 제사지내던 곳
에 널려 있을 것이다. 그 때에 너희는 내
가 여호와라는 것을 알게 될 것이다.
14 내가 손을 들어 그들을 내리칠 것이며 사
막에서 디블라에 이르기까지 그들이 사는
모든 땅을 황무지로 만들겠다. 그 때에 그
들은 내가 여호와라는 것을 알게 될 것이
다."

에스겔이 종말을 말하다

7 여호와께서 다시 내게 말씀하셨다.
2 "사람아, 주 여호와가 이스라엘 땅에
대하여 이렇게 말하노라. 끝이 왔다! 이
땅에 종말이 왔다.
3 너희에게 종말이 왔으니 내 분노를 쏟아
붓고 너희가 한 행동에 따라 심판하겠다.
너희가 저지른 역겨운 행동들에 대해 갚
아 주겠다.
4 너희를 더 이상 불쌍히 여기거나 봐 주지
않겠다. 너희가 행동한 대로 반드시 갚아
주고 너희가 저지른 역겨운 짓을 심판하
겠다. 그 때에 너희는 내가 여호와라는 것
을 알게 될 것이다."
5 주 여호와께서 말씀하시기를, "재앙이다!

질병으로 심판하심

질병은 하나님께서 형벌로 보낸 치명적인 병으로 칼, 기근, 재난과 함께 일반적으로 나오는 신적 형벌의 전형적인 예입니다. 질병은 개인이 아닌 단체를 염두에 둔 병으로 염병(욥 27:15), 죽음(계 6:8)으로 번역하기도 했습니다.

〈본문 보기 6장 11-12절〉

성경 본문	성경의 용례
출 9:1-6	하나님이 이집트에 내린 다섯 번째 재앙
삼하 24:13-15	다윗이 인구 조사로 인하여 받은 재앙
왕상 8:37-40	솔로몬이 질병에서의 구원을 위해 기도함
겔 6:11,12	하나님이 질병으로 이스라엘 백성을 칠 것을 말씀하심
겔 38:22	하나님의 백성의 대적에게 임하는 재앙
합 3:5	하나님의 심판 때에 나타남
눅 21:11	말세의 징조로 질병의 재앙이 나타남

무서운 재앙이
닥쳐온다.
6 종말이 왔다!
종말이 왔다!
너희는 끝장이
다! 종말이 왔다!
7 불행이 너희에게
닥쳤다. 불행의
날이 가까이 다가
왔다. 기쁨 대신
에 비명 소리가 산
위에서 들려올 것
이다.
8 내가 분노를 너희 위에
쏟아 부을 것이며, 너희에
대해 크게 화를 낼 것이다. 너희가 한 행
동에 따라 심판하고 너희가 저지른 역겨
운 행동들에 대해 갚아 주겠다.
9 더 이상 너희를 불쌍히 여기거나 봐 주지
않고 너희가 한 행동에 따라 갚겠다. 너
희들 가운데 저지른 역겨운 행동들에 대
해 반드시 심판할 것이다. 그 때에 너희
를 치는 이가 나 여호와라는 것을 알게 될
것이다.
10 보라, 마침내 그 날이 왔다. 그 날이 온
것이다. 재앙에 잎이 나고, 심판의 막대
기에 싹이 트고, 오만함이 무성하게 되었
구나.
11 폭력이 난무하자 심판의 막대기가 악한
자들을 내리친다. 이 백성 가운데 살아남
을 사람이 없을 것이니 사람도, 재물도,
귀중품도 하나도 남지 않을 것이다.
12 때가 되었고 그 날이 왔다. 무엇을 샀다
고 기뻐하지 말고 팔았다고 서운해하지
마라. 내 분노가 모든 사람들에게 내리기
때문이다.
13 땅을 사고 판 사람은 그들이 살아 있는 동
안, 땅을 무를 수 없을 것이다. 모든 백
성에게 보여 준 환상은 돌이킬 수 없기 때
문이다. 그들은 죄 때문에 아무도 제 목
숨을 보존하지 못할 것이다.
14 나팔을 불고 전쟁 준비를 다 마쳤어도 아

은과 금을 쓰레기처럼 버리고 도망감(7:19)

무도 전쟁에 나갈 수 없을 것이니 이는 내
분노를 모든 백성에게 쏟았기 때문이다.
15 성 밖에는 칼이 있고, 성 안에는 질병과
굶주림이 있으니 들에 있는 사람은 칼에
맞아 죽고, 성 안에 있는 사람은 굶주림
과 전염병으로 죽을 것이다.
16 살아남아 피한 사람들은 모두 산 위에서
골짜기의 비둘기처럼 구슬프게 울 것이
다. 자기들이 지은 죄 때문에 탄식할 것
이다.
17 손에 힘이 빠지고 무릎이 물처럼 흐느적
댈 것이다.
18 그들이 두려워 떨며 굵은 베옷을 걸칠 것
이다. 사람마다 수치를 느끼고 머리마다
대머리가 될 것이다.
19 은과 금을 쓰레기같이 길거리에 내던질
것이니 이는 여호와가 분노하시는 날에
금과 은이 그들을 구하지 못하기 때문이
다. 또한 돈이 그들의 허기진 배를 채우
지도 못할 것이다. 오히려 그것들이 그들
을 죄에 빠뜨렸다.
20 그들은 아름다운 보석을 자랑하였고 그것
으로 주님이 미워하시는 우상과 더러운
형상들을 만들었다. 그러므로 내가 그것
들을 혐오스러운 것이 되게 할 것이다.
21 그리고 그것을 적국에게 전리품으로 주고

세상의 악한 사람들에게 약탈품으로 주어
더럽히게 할 것이다.
22 그들이 내 은밀한 처소를 더럽히고 도둑
들이 들어와 그 곳을 더럽혀도 이스라엘
백성에게서 내 얼굴을 돌이킬 것이다.
23 너는 쇠사슬을 만들어라. 이 땅에는 사람
을 죽이는 일이 흔하고, 마을은 폭력으로
가득하다.
24 그러므로 내가 가장 악독한 나라들을 불
러와 이 땅 백성의 집들과 재산들을 차지
하도록 하겠고 부자들의 교만을 꺾으며
그들의 신당을 더럽힐 것이다.
25 재앙을 당하였을 때, 평안을 바라지만,
평안은 없을 것이다.
26 재앙에 재앙이 잇따르며 소문에 소문이
꼬리를 물 때, 그들이 예언자에게서 계시
를 구하지만 소용이 없을 것이다. 제사장
에게서 하나님의 가르침이 끊어지고, 장
로들에게서 지혜가 사라질 것이다.
27 왕이 통곡할 것이며 신하들은 절망의 옷
을 입으며, 백성들의 손은 두려움에 떨 것
이다. 그들이 저지른 죄악대로 내가 그들
을 심판하겠으며 그들이 한 행위대로 갚
을 것이다. 그 때에 그들은 내가 여호와
라는 것을 알게 될 것이다."

에스겔의 환상

8 육 년 여섯째 달 오 일에 유다 장로들
과 함께 집에 앉아 있었는데, 주 여호
와의 능력이 내게 임하였다.
2 내가 사람의 모습을 보았는데, 허리 아래
쪽은 불과 같고, 허리 위쪽은 불에 달군
쇠처럼 빛났다.
3 그가 손 같은 것을 펴더니 내 머리털을 붙
잡았다. 하나님의 환상 속에서 주님의 영
이 나를 공중으로 들어 올려 예루살렘으로
데려갔다. 그리고는 성전 안뜰로 들어가
는 북쪽 문 입구에 내려놓았는데, 그 곳
은 질투를 일으키는 질투의 우상이 있는
곳이었다.
4 이스라엘 하나님의 영광이 그 곳에 있었는
데 그것은 내가 이전에 들에서 본 모습과
같았다.
5 그 때, 주님이 내게 말씀하셨다. "사람아,
북쪽을 바라보아라." 그래서 내가 북쪽을
바라보았더니 문 북쪽에는 제단이 있었
고, 문 입구에는 질투의 우상이 있었다.
6 또 주님께서 내게 말씀하셨다. "사람아,
이스라엘 백성들이 무슨 짓을 하고 있는지
보이느냐? 그들이 여기에서 얼마나 더러
운 짓을 많이 하고 있는지 보이느냐? 그
들의 더러운 짓 때문에 내가 내 성전을 떠
난 것이다. 그러나 너는 이보다 더 역겨
운 광경을 보게 될 것이다."
7 주님께서 나를 데리고 뜰 입구로 가셨다.
내가 그 곳에서 보니 벽에 구멍이 있었다.
8 주님께서 내게 말씀하셨다. "사람아, 지
금 이 벽을 파 보아라." 그래서 내가 벽
을 팠더니 문 하나가 나타났다.
9 주님께서 다시 내게 말씀하셨다. "너는
그 곳에 들어가서 그들이 저지르고 있는
끔찍하고 악한 일들을 보아라."
10 그래서 내가 들어가 보았더니 온갖 종류
의 기어다니는 것과 징그러운 짐승과 이
스라엘 백성의 우상들이 온통 벽면에 그
려져 있었다.
11 그림들 앞에는 이스라엘의 장로 칠십 명이
서 있었는데, 사반의 아들 야아사냐도 그
들과 함께 서 있었다. 그들은 모두 향로
를 들고 있었고 그 향의 연기가 구름처럼
올라가고 있었다.
12 주님께서 내게 말씀하셨다. "사람아, 이스
라엘의 장로들이 이 어두운 곳에서 무슨
짓을 하고 있는지 보았느냐? 그들이 각각
자기가 섬기는 우상의 방에 있는 것을 보
았느냐? 그들이 뭐라고 말하더냐? '여호
와께서 우리를 보고 있지 않으시며 이 땅
을 버리셨다'고 말하지 않더냐?"
13 주님께서 또 내게 말씀하셨다. "이제 너
는 그들이 이보다 더 못된 짓을 하고 있
는 광경을 보게 될 것이다."
14 주님은 다시 나를 성전 북문 입구로 데려
가셨는데, 여자들이 그 곳에 앉아서 담무
스 신을 위해 울고 있는 모습이 보였다.
15 주님께서 내게 말씀하셨다. "사람아, 이

것을 보았느냐? 이제 이보다 더 역겨운
광경을 보게 될 것이다."
16 주님께서 다시 나를 성전 안뜰로 데려가
셨다. 성전 입구, 곧 현관과 제단 사이에
이십오 명 정도의 사람들이 여호와의 성
전을 등진 채 동쪽을 바라보며 태양을 향
해 절하고 있었다.
17 주님께서 내게 말씀하셨다. "사람아, 너
는 보았느냐? 유다 백성이 여기에서 하고
있는 저 더러운 짓들을 하찮다고 하겠느
냐? 그들은 온 땅을 폭력으로 가득 채워
놓고 계속해서 나를 분노하게 만들고 심
지어 코에 나뭇가지를 대며 우상을 섬기
고 있다.
18 그러므로 이제 내가 그들의 죄를 갚을 것
이며, 그들을 불쌍히 여기지 않고 아끼지
도 않을 것이다. 그들이 큰 소리로 부르
짖어도 들은 척도 안 할 것이다."

심판받는 예루살렘

9 주님께서 내 귀에 큰 소리로 말씀하셨
다. "이 성을 심판할 사람들아, 손에
무기를 들고 가까이 오너라."
2 그러자 북쪽을 향한 윗문 쪽에서 여섯 사
람이 나왔는데, 각 사람마다 손에 강력한
무기를 들고 있었다. 그 중에 한 사람은
모시옷을 입고 옆구리에 글을 쓰는 도구
를 차고 있었다. 그들은 들어와서 놋제단
곁에 섰다.
3 그러자 지금까지 두 날개 달린 생물인 그
룹들 위에 있었던 이스라엘 하나님의 영광
이 그 위에서 떠올라 성전 문지방으로 옮
겨 갔다. 주님께서 모시옷을 입고 옆구리
에 글쓰는 도구를 찬 사람을 불러
4 그에게 말씀하셨다. "예루살렘 성을 두루
다니면서 성 안에서 일어나고 있는 온갖
더러운 일 때문에 한숨지으며 슬퍼하는
사람들의 이마에 표시를 해 놓아라."
5 주님께서는 내가 듣는 앞에서 남은 사람
들에게 말씀하셨다. "저 모시옷을 입은
사람 뒤를 따라 성 안을 두루 다니면서 사
람들을 다 죽여라. 아무도 그들을 동정하
거나 불쌍히 여기지 마라.
6 노인이나 청년이나 처녀나 아이들이나 부
녀자나 가릴 것 없이 다 죽여라. 그러나
이마에 표시가 있는 사람은 건드리지 마
라. 내 성소에서부터 시작하여라." 그러
자 그들은 성전 앞에 있던 장로들부터 죽
이기 시작했다.
7 주님께서 그 사람들에게 말씀하셨다. "성
전을 더럽히고, 사람들의 시체로 뜰을 가
득 채워라. 이제 가거라!" 그러자 그 사
람들이 밖으로 나가 성 안에 있는 사람들
을 죽이기 시작했다.
8 그들이 백성을 죽이고 있는 동안, 나는 홀
로 남아 있었다. 땅에 엎드려 주님께 부
르짖었다. "오, 주 여호와여! 예루살렘을
향해 이처럼 진노를 쏟아 부으시니 이스
라엘의 남은 자들마저 다 죽이시렵니까?"
9 주님께서 내게 대답하셨다. "이스라엘과
유다 백성의 죄가 너무 크다. 땅은 살인
자들이 흘린 피로 가득하고 성은 온통 불
법투성이다. 그런데도 사람들은 '여호와
께서 이 땅을 버리시고 쳐다보시지도 않
는다'고 말한다.
10 그러므로 내가 그들을 동정하거나 불쌍히
여기지 않을 것이다. 그들이 저지른 악한
행위대로 돌려 주겠다."
11 모시옷을 입고 옆구리에 글쓰는 도구를
찬 사람이 주님께 보고했다. "주님께서
명령하신 대로 모든 일을 다 마쳤습니
다."

주의 영광이 성전을 떠나다

10 내가 보니 두 날개 달린 생물인 그
룹들의 머리 위로 창공이 있었고,
그 위로 청옥으로 된 보좌 같은 것이 보
였다.
2 하나님께서 모시옷을 입은 사람에게 말씀
하셨다. "너는 그룹 밑 바퀴 사이로 들어
가서 생물들 사이에 있는 숯불을 두 손 가
득 움켜쥐고 이 성 위에 뿌려라." 그는 내

담무스(8:14 Tammuz) 식물의 성하고 말라 죽는 것에 관한 일을 맡은 바빌로니아의 신. 담무스를 위해 울고 있는 것은 이 신의 죽음을 애도하는 모습이다.

가 보는 앞에서 그 곳으로 들어갔다.
3 그 사람이 들어갈 때, 그룹들은 성전 남
쪽에 서 있었고 구름이 안뜰을 가득 채우
고 있었다.
4 여호와의 영광이 그룹들에게서 떠올라 성
전 문지방으로 옮겨가니 성전은 구름으로
가득 차고 뜰은 여호와의 영광에서 비치
는 밝은 빛으로 가득 찼다.
5 그룹들의 날개 치는 소리가 바깥뜰까지
들렸는데 전능하신 하나님이 말씀하시는
음성 같았다.
6 주님께서 모시옷을 입은 사람에게 명령하
셨다. "바퀴 사이, 곧 두 날개 달린 생물
인 그룹들 사이에서 불을 가져오너라." 그
러자 그 사람이 들어가 바퀴 옆에 섰다.
7 한 그룹이 그룹들 사이에 손을 내밀고 불
을 집어 모시옷을 입은 사람에게 넘겨 주
었더니 그가 그것을 받아 들고 밖으로 나
갔다.
8 그 때, 그룹들의 날개 아래로 사람의 손
같은 것이 나타났다.
9 그룹들 곁에 네 바퀴가 있는데, 각 그룹
곁에 바퀴가 하나씩 있었고 그 바퀴의 모
양은 녹주석 같았다.
10 네 바퀴의 모양은 다 똑같았는데 마치 바
퀴 안에 다른 바퀴가 있는 것 같았다.
11 그룹들이 움직일 때에는 방향을 바꾸지
않고 오직 머리가 있는 쪽으로만 움직였
다.
12 등과 손과 날개를 포함하여 그룹들의 온
몸은 마치 네 바퀴에 눈이 가득 달려 있
듯이 눈으로 가득 차 있었다.
13 누군가가 바퀴의 이름을 '도는 것'이라고
불렀다.
14 그룹들은 각각 네 얼굴을 가졌는데, 첫째
얼굴은 두 날개 달린 생물인 그룹의 얼굴
이었고, 둘째 얼굴은 사람의 얼굴이었고,
셋째 얼굴은 사자의 얼굴이었고, 넷째 얼
굴은 독수리의 얼굴이었다.
15 그 때, 그룹들이 위로 날아올랐다. 그들은
내가 그발 강가에서 보았던 것과 같은 생
물들이었다.
16 그룹들이 움직이자 바퀴들도 그 곁에서
함께 움직였고, 그룹들이 땅에서 날개를
펴고 날아오르자, 바퀴들도 그 곁을 떠나
지 않았다.
17 그룹들이 멈추면 바퀴들도 멈췄고, 그룹들
이 올라가면 바퀴들도 올라갔다. 그것은
생물들의 영이 바퀴 안에 있었기 때문이
었다.
18 여호와의 영광이 성전 문지방을 떠나 그
룹들 위에 머물렀다.
19 내가 보는 앞에서 그룹들이 날개를 펴고
날아오르자 바퀴들도 그 곁에서 함께 올
라갔다. 그룹들이 여호와의 성전 동문 입
구에 머물렀고 이스라엘 하나님의 영광이
그들 위에 있었다.
20 이들은 그발 강가에서 이스라엘 하나님의
아래에 있었던 생물들이었다. 나는 그들
이 두 날개 달린 생물인 그룹이라는 것을
알게 되었다.
21 각 생물은 얼굴이 넷이었고, 날개가 넷이
었으며, 그들의 날개 밑에는 사람의 손처
럼 보이는 것이 있었다.

성경 자세히 이해하기

그룹

성경에서 그룹들은 하나님의 시종이자 아름다운 천사들로 묘사됩니다. 그들의 임무는 에덴동산을 지키는 일이었으며(창 3:24), 하나님의 위엄을 나타내고 하나님의 처소와 탈 것이 되었습니다(삼상 4:4;삼하 22:11;대상 13:6;시 18:9-10). 그룹은 또한 하나님의 정직하심과 공의로우심을 표현해 줍니다(겔 1:9,12,17). 성막에서 그룹은 속죄소의 금판 위 양쪽 끝에 순금으로 만들어져 있었는데, 날개는 위로 펴서 보좌를 이루었고, 하나님의 영광이 그 위에 임하여 모세에게 말씀하셨습니다(출 25:18-22).

본문 보기 10장 1-22절

그룹(10:8 cherubim) 일반적인 사람의 형체를 한 천사로 두 얼굴과 두 날개가 있다.
예언(11:4 prophecy) 하나님의 계시에 의하여 장래에 나타날 일을 미리 말함.

22 그들의 얼굴 모습은 내가 그발 강가에서
보았던 것과 똑같았으며 각 생물들은 앞
을 향하여 곧게 움직였다.

악한 지도자들에 대한 예언

11 주님의 영이 나를 들어 올려 성전 동
문으로 데려가셨다. 문 어귀에 사람
이십오 명이 서 있었다. 그들 사이로 앗
술의 아들 야아사냐와 브나야의 아들 블라
댜의 모습도 보였는데, 그들은 백성의 지
도자들이었다.
2 주님께서 내게 말씀하셨다. "사람아, 이
들은 이 성에서 악한 마음을 품고 못된 짓
을 꾸미는 자들이다.
3 그들이 말하기를 '아직 집을 지을 때가 되
지 않았다. 이 성은 솥이고 우리는 고기
다'라고 한다.
4 그러므로, 사람아, 그들을 향해 심판을
예언하고 또 예언하여라."
5 그 때 주님의 영이 내게 오셔서 다음과 같
이 전하라고 말씀하셨다. "여호와께서 이
렇게 말씀하신다. 이스라엘 백성아, 너희
가 그런 말을 하지만 나는 너희가 무슨 생
각을 하는지 다 안다.
6 너희는 이 성에서 수많은 사람을 죽였고,
그 시체로 거리를 메웠다.
7 그러므로 내가 말한다. 이 성은 솥이고,
너희가 그 곳에 던져 버린 시체들은 고기
이다. 그러나 나는 너희를 이 성에서 쫓
아 내겠다.
8 나 주 여호와가 말한다. 너희가 칼을 두
려워하므로 내가 너희에게 칼을 보내겠
다.
9 내가 너희를 이 성에서 끌어 내어 다른 나
라 사람들에게 넘겨 주고 박해를 받게 하
겠다.
10 너희는 칼로 말미암아 죽을 것이다. 내가
너희를 이스라엘 국경에서 심판하겠다. 그
때에 너희는 내가 여호와라는 것을 알게
될 것이다.
11 이 성은 너희의 솥이 되지 않고 너희는 이
성의 고기가 되지 않을 것이다. 내가 너
희를 이스라엘 국경에서 처벌하겠다.
12 그 때에 너희는 내가 여호와라는 것을 알
게 될 것이다. 너희는 내가 만든 법대로
살지 않고 내 규례를 지키지 않았다. 오
히려 너희 주변에 있는 나라들과 똑같이
살았다."
13 내가 예언하는 사이에 브나야의 아들 블라
댜가 죽었다. 그래서 내가 땅에 엎드려 큰
소리로 외쳤다. "주 여호와여! 이스라엘 백
성 가운데 살아남은 자마저 완전히 없애
시렵니까?"

이스라엘의 회복을 약속하시다

14 여호와께서 내게 말씀하셨다.
15 "사람아, 예루살렘의 주민들이 네 친척,
너와 같이 포로가 된 이스라엘 백성들에게
'여호와께서 당신들을 멀리 떠나셨다. 이
제 이 땅은 우리의 재산이 되었다'라고 한
다.
16 그러므로 너는 그들에게 주 여호와의 말
씀을 알려라. '내가 비록 너희를 여러 민
족들 가운데로 쫓고 사방에 흩어 놓았지
만, 너희가 쫓겨 간 나라에서 내가 잠시
동안, 그들의 성소가 되어 주겠다.'
17 너는 또 그들에게 주 여호와의 말씀을 전
하여라. '내가 여러 민족들 가운데서 너
희를 다시 모아들이겠다. 여러 나라에 흩
어진 너희를 데려와 이스라엘 땅을 다시
너희에게 주겠다.'
18 그러면 그들이 그 땅으로 가서 그 곳의 온
갖 더럽고 추악한 우상들을 제거할 것이
다.
19 내가 그들에게 한 마음을 주고 새 영을 넣
어 주겠다. 돌같이 굳은 마음을 제거하고
살같이 부드러운 마음을 주겠다.
20 그러면 그들이 내 규례대로 살고 내 법을
지킬 것이다. 그들은 내 백성이 되고 나
는 그들의 하나님이 될 것이다.
21 그러나 악하고 역겨운 우상을 따르는 자
에게는 그들이 행한 대로 갚아 주겠다. 나
주 여호와의 말이다."

환상에서 깨어난 에스겔

22 그 때에 두 날개 달린 생물인 그룹들이 날
개를 들었고 바퀴들은 그 곁에 있었다. 이

스라엘 하나님의 영광이 그 위에 있었다.
23 여호와의 영광이 성 안에서 떠올라 성의
동쪽 산 위에 머물렀다.
24 환상 가운데 주님의 영이 나를 들어 올려
바빌로니아*로 끌려간 포로들이 있는 곳으
로 데려가셨다. 그런 뒤에 나는 환상에서
깨어났다.
25 나는 여호와께서 내게 보여 주셨던 모든
것을 잡혀 온 사람들에게 이야기해 주었
다.

포로에 대한 에스겔의 상징적인 행위

12 여호와께서 내게 말씀하셨다.
2 "사람아, 너는 반역하는 백성 가운
데 살고 있다. 그들은 눈이 있어도 보지
못하고 귀가 있어도 듣지 못한다. 왜냐하
면 그들은 반역하는 백성이기 때문이다.
3 그러므로 사람아, 포로로 잡혀 가는 것처
럼 네 짐을 싸고 대낮에 그들이 보는 앞
에서 이리저리로 옮겨다녀라. 이는 그들
이 반역하는 백성이라 하더라도 혹시 깨
달을지 모르기 때문이다.
4 대낮에 그들이 보는 앞에서, 포로로 끌려
갈 사람처럼 짐을 꾸려 밖에 내놓아라. 그
리고 저녁이 되면 그들이 보는 앞에서 포
로로 잡혀 가는 사람처럼 밖으로 나가거
라.
5 그들이 지켜 보는 가운데 벽에 구멍을 뚫
고 네 짐을 그리로 갖고 나가거라.
6 너는 그들이 지켜 보는 가운데 짐을 어깨
에 메고 어두울 때에 밖으로 나가거라. 나
갈 때 네 얼굴을 가려서 땅을 보지 않도
록 하여라. 이는 내가 너를 이스라엘 백성
에게 보여 줄 징조로 삼았기 때문이다."
7 그래서 나는 명령대로 포로로 잡혀 갈 사
람처럼 대낮에 내 짐들을 모두 싸서 밖으
로 내놓았다. 그리고 저녁에는 손으로 벽
에 구멍을 뚫고 사람들이 보는 앞에서 내
짐을 어깨에 메고 밖으로 나갔다.
8 다음날 아침에 여호와께서 내게 말씀하셨
다.
9 "사람아, 반역하는 이스라엘 백성들이 너
에게 '도대체 무슨 일을 하고 있느냐?' 라
고 묻지 않았느냐?
10 너는 그들에게 말하여라. '이것은 예루살
렘의 왕과 그 도시 안에 사는 이스라엘 백
성 모두에 대한 말씀이다.'
11 또한 그들에게 이렇게 말하여라. '나는
너희의 징조이다. 내가 한 것과 똑같은 일
이 너희에게 일어날 것이다. 너희들이 포
로가 되어 다른 나라로 끌려갈 것이다.
12 그들 중 왕은 어두울 때에 짐을 어깨에 메
고, 벽에 뚫린 커다란 구멍을 통해 밖으
로 나갈 것이다. 그가 자기 얼굴을 가렸
기 때문에 그 땅을 보지 못하고 떠날 것
이다.'
13 내가 그물을 그 위에 쳐서 내가 만든 함
정에 그를 빠뜨려, 바빌로니아 땅 바빌론
으로 끌고 갈 것이다. 그러나 그는 앞을
보지 못하고 거기서 죽을 것이다.
14 내가 그의 신하들과 군대들을 포함하여
왕 주변에 있는 모든 사람들을 사방으로
흩어 버리고 칼을 빼들어 그들을 끝까지

이스라엘이 포로가 될 것을 상징하는
행동을 하는 에스겔(12:3-7)

뒤쫓을 것이다.
15 내가 그들을 여러 민족들 가운데로 쫓아
내고, 여러 나라들 속에 흩어 놓을 때에,
그들은 내가 여호와라는 것을 알게 될 것
이다.
16 그러나 그들 가운데 얼마는 전쟁과 굶주
림과 전염병으로부터 남겨 둘 것이다. 그
러면 그들은 그들이 흩어져 사는 곳에서
전에 그들이 저지른 일들이 얼마나 더러
운 일들이었는가를 알게 될 것이다. 그 때
에 그들은 내가 여호와라는 것을 알게 될
것이다."
17 여호와께서 또 내게 말씀하셨다.
18 "사람아, 음식을 먹을 때에 몸을 떨면서
먹고, 물을 마실 때에도 두려움에 떨면서
마셔라.
19 그리고 이 땅 백성에게 말하여라. 주 여
호와께서 예루살렘과 이스라엘 땅에 사는
사람들에 대해 이렇게 말씀하신다. 그들
이 걱정과 두려움에 사로잡혀 빵과 물을
먹고 마실 것이다. 그 곳에 사는 모든 사
람들이 저지른 악한 행위들 때문에 그들
의 땅이 폐허가 될 것이기 때문이다.
20 사람들이 살던 마을들은 버려질 것이며
그 땅은 폐허가 될 것이다. 그 때에 너희
는 내가 여호와라는 것을 알게 될 것이
다."

이스라엘을 향한 속담

21 여호와께서 내게 말씀하셨다.
22 "사람아, 이스라엘 땅에서 사용되고 있는
속담, 곧 '세월은 흐르지만 환상은 이루
어지지 않는다' 라는 말이 어떻게 된 것이
냐?
23 그들에게 말하여라. '주 여호와의 말씀이
다. 내가 이제 이 속담을 멈추게 할 것이
다. 다시는 이스라엘에서 이 속담이 인용
되지 않을 것이다.' 너는 그들에게 이렇
게 전하여라. '모든 환상이 이루어질 때
가 가까이 왔다.
24 이스라엘 백성들 가운데 다시는 거짓된 환
상이나 달콤한 예언들이 없을 것이다.
25 나는 주 여호와다. 내가 말하려고 하는 것
은 지체없이 반드시 이루어질 것이다. 반
역하는 백성들아, 너희 때에 내가 말한 것
을 반드시 이룰 것이니, 나 주 여호와의
말이다.'"
26 여호와께서 다시 내게 말씀하셨다.
27 "사람아, 이스라엘 백성이 말하기를 '에스
겔이 본 환상은 먼 훗날에 이루어질 일들
이다. 그는 아득히 먼 훗날의 일을 예언
하고 있다' 라고 한다.
28 그러므로 너는 그들에게 말하여라. '주
여호와의 말씀이다. 나의 말은 하나라도
더 이상 미뤄지지 않을 것이다. 내가 한
말은 반드시 이루어질 것이다.'"

에스겔이 거짓 예언자들에게 말하다

13 여호와께서 내게 말씀하셨다.
2 "사람아, 지금 거짓 예언하고 있는
이스라엘의 예언자들을 향해 말하여라. 자
기들 마음대로 예언하는 자들에게 말하여
라. '너희는 여호와의 말씀을 들어라.
3 아무것도 본 것이 없이 자기 마음대로 예
언하는 어리석은 예언자들에게 재앙이 내
릴 것이다.
4 이스라엘 백성들아, 너희 예언자들은 황무
지에 사는 여우와 같다.
5 너희의 성벽에 구멍이 뚫리고 무너질 것
같은데도 그들은 그 곳을 고치려 하지 않
았다. 그러니 그 성이 어떻게 여호와의 날
에 전쟁을 견딜 수 있겠는가?
6 너희가 보는 환상은 거짓이며 너희가 하
는 예언 역시 가짜다. 내가 너희를 보낸
적이 없는데도, 너희는 내가 말했다고 하
면서, 자기들 말이 이루어지기를 바란다.
7 너희는 나의 이름을 빌어 거짓 환상과 속
이는 예언을 하지만, 나는 그렇게 예언하

알아두세요

11:24 개역 성경에는 '갈대아'라고 표기되어 있다.

환상(11:24 vision) 눈앞에 없는 사물이나 물건의 모습이 있는 것처럼 보이다가 감쪽같이 사라져 버리는 현상. 여기서는 하나님께서 당신의 뜻을 예언자들에게 나타내시는 독특한 방법을 말한다.

라고 말한 적이 없다.
8 그러므로 나 주 여호와가 또 말한다. 너
희가 거짓 환상을 보고 속이는 말을 하니
내가 가만히 놔 두지 않겠다. 나 주 여호
와의 말이다.'
9 내가 헛된 환상을 보고 거짓 예언을 하는
예언자들을 칠 것이다. 그들의 이름은 내
백성의 명단에 적혀 있지 않을 것이며, 이
스라엘 백성의 호적에도 기록되지 않을 것
이다. 그들이 이스라엘 땅에 들어가지 못
할 것이니 그 때에 그들이 내가 주 여호
와라는 것을 알게 될 것이다.
10 그들이 벌을 받게 되는 것은 내 백성을 잘
못된 길로 인도하고, 평화가 없는데도 평
화가 있는 것처럼 말했기 때문이다. 이스
라엘 백성들이 벽을 허술하게 쌓아도 겉
에 회칠을 해서 굳건하게 보이게 했기 때
문이다.
11 그러므로 벽에 회칠을 하여 단단하게 보
이려 하는 자들에게 그 벽이 무너질 것이
라고 말하여라. 비가 격렬하게 올 것이
다. 내가 주먹만한 우박을 내리고 폭풍을
보내어 벽을 무너뜨릴 것이다.
12 벽이 무너져 내리면 백성들은 회칠한 벽
이 어디로 갔냐고 물을 것이다.
13 그러므로 나 여호와가 말한다. 내가 분노
하여 폭풍을 보내고 진노하여 비를 내리
고 우박을 쏟아 부어 벽을 무너뜨리겠다.
14 너희가 수고하여 회칠한 벽을 내가 무참
히 허물어 그 바닥이 드러나게 하겠다. 벽
이 무너져 너희가 그 밑에 깔려 죽을 것
이니 그 때에 너희는 내가 여호와라는 것
을 알게 될 것이다.
15 내가 이처럼 벽과 벽에 회칠한 사람들을
내리친 후에 이렇게 말할 것이다. '벽이
없어졌다. 그리고 벽에 회칠한 사람들도
없어졌다.
16 예루살렘에 대해 예언하면서 평화가 없는
데도 평화의 환상을 본 이스라엘의 예언자
들도 없어졌다.' 나 주 여호와의 말이다.
17 너 사람아, 너는 네 백성 가운데서 자기
마음대로 예언하는 여자들을 바라보고 그
들을 향하여 심판을 예언하여라.
18 '주 여호와께서 이렇게 말씀하신다. 팔목
에 부적을 매다는 여자들과 길고 작은 온
갖 너울을 만들어 사람들을 덫에 빠뜨리
는 자들에게 재앙이 있을 것이다. 너희는
내 백성의 목숨을 노리면서 너희의 목숨
은 지키려 하느냐!
19 너희는 보리쌀 한 움큼과 빵 몇 조각을 벌
기 위해 내 백성 가운데서 나를 욕되게 했
다. 너희는 거짓말을 곧이 듣는 내 백성
에게 거짓말을 하여, 죽어서는 안 될 사
람들을 죽이고 죽어야 할 사람들을 살렸
다.
20 그러므로 나 주 여호와가 말한다. 너희가
새들을 유인하듯이 사람들을 유인하는
데 사용하는 부적들을 내가 너희 팔목에
서 떼어 버리겠다. 그리고 너희가 새처럼
덫을 놓아 유인했던 사람들을 풀어 주겠
다.
21 너희가 쓰고 다니던 너울도 찢어 버려 너
희 손에서 내 백성을 구해 낼 것이다. 그
들이 다시는 너희의 손아귀에 붙잡히지
않을 것이니, 그 때에 너희는 내가 여호
와라는 것을 알게 될 것이다.
22 의로운 사람의 마음을 슬프게 한 것은 내
가 아니었다. 거짓말로써 의로운 사람의
마음을 근심하게 한 사람은 너희다. 너희
는 악한 사람을 부추겨서 그들이 가고 있
는 악한 길에서 돌이키지 못하게 했다. 그

성경 자세히 이해하기

부적을 매고 너울을 만드는 여자들

본문의 여자들의 행동은 다음의 두 가지로 해석된다. (1) '부적'은 신의 지시를 받는 도구로 팔에 매고, '너울'은 머리에 얹어 예언 받을 준비를 시킨 것이다(Plummer). (2) '부적'은 하나님의 경고와 책망의 말씀이 백성들에게 역사하지 못하도록 거짓 예언으로 하나님의 능력(팔뚝)을 가로막은 것이며, '너울'은 아첨과 거짓으로 사람들이 하나님의 말씀을 가리는 행위를 비유한 것이다(Keil).

본문 보기 13장 18절

들이 목숨을 건지지 못한 것은 너희들 때
문이었다.
23 그러므로 너희가 다시는 헛된 환상을 보
지 못하고 거짓 예언을 못할 것이다. 내
가 내 백성을 너희의 손아귀에서 건져 낼
것이니 그 때에 너희는 내가 여호와라는
것을 알게 될 것이다.'"

우상 숭배를 멈추게 하시다

14 몇몇 이스라엘 장로들이 내 앞에 나
아와 앉았다.
2 그 때에 여호와께서 내게 말씀하셨다.
3 "사람아, 이 사람들은 마음속에 우상을
만들어 섬기고, 악하고 걸림돌이 되는 것
들을 앞에 놓고 절하는 자들이다. 이런 사
람들이 내게 찾아온다고 내가 만나 줄 수
있겠느냐?
4 그러므로 그들에게 다음과 같이 전하여
라. '주 여호와께서 이렇게 말씀하신다.
어떤 이스라엘 사람이 그 마음속에 우상을
만들어 섬기고, 악하고 걸림돌이 되는 것
들을 만들어 섬기면서 하나님의 뜻을 물
으러 예언자를 찾아가면, 나 여호와가 그
런 사람에게 반드시 대답해 주겠다. 그가
큰 우상을 섬겼으므로, 내가 그를 죽일 것
이다.
5 내가 이렇게 행동하는 것은 나를 버리고
온갖 우상을 섬기는 이스라엘 백성의 마음
을 돌이키기 위해서이다.'
6 그러므로 이스라엘 백성에게 말하여라.
'주 여호와께서 이렇게 말씀하신다. 회개
하여라. 우상 섬기는 일에서 돌아서라.
내가 미워하는 모든 일을 멀리하여라.
7 이스라엘 백성이나 이스라엘에 사는 외국
인 가운데서 나를 저버리고 그 마음에 우
상 섬기기를 좋아하며 악한 것으로 걸림
돌을 만들어 섬기는 사람이 내 뜻을 물으
려고 예언자를 찾아가면, 나 여호와가 몸
소 대답해 주겠다.
8 내가 그를 저버려 후대를 위한 표본과 속
담거리가 되게 하겠다. 내가 그를 내 백
성 가운데서 없애 버릴 것이니, 그 때에
너희는 내가 여호와라는 것을 알게 될 것
이다.
9 만일 어떤 예언자가 유혹을 받아 예언하
면 그것은 나 여호와가 그를 유혹하여 예
언하게 한 것이다. 내가 내 능력으로 그
를 쳐서 내 백성 이스라엘 가운데서 그를
없애 버릴 것이다.
10 예언자에게 묻는 사람이나 예언자나 모두
죄가 같으므로 둘 다 자기 죄값을 받을 것
이다.
11 그 때에 이스라엘 백성이 다시는 나를 저
버리지 않을 것이며, 다시는 온갖 죄로 자
기 몸을 더럽히지 않을 것이다. 그들은 내
백성이 되고, 나는 그들의 하나님이 될 것
이다. 나 주 여호와의 말이다.'"

피할 수 없는 하나님의 심판

12 여호와께서 내게 말씀하셨다.
13 "사람아, 어떤 나라가 내게 신실하지 않
음으로 죄를 지었다고 하자. 그러면 내가
손을 뻗쳐 그들의 양식을 끊어 버리고 그
땅에 기근을 보내어 사람들과 짐승들을
모두 멸망시키겠다.
14 비록 그 나라에 노아와 다니엘과 욥과 같
은 위대한 사람이 있다 하더라도 그들은
자기들의 의로움으로 자기 목숨만 건질
수 있을 뿐이다. 나 주 여호와의 말이다.
15 내가 그 땅에 사나운 들짐승들을 보내어
그 땅을 황무지로 만들고 거친 들판이 되
게 하여 아무도 지나다니지 못하게 하였
다고 하자.
16 나의 삶을 두고 맹세하지만 그 때에 노아
와 다니엘과 욥이 그 땅에 있다 하더라도
그들은 자기 자녀들도 구하지 못할 것이

호적(13:9 registration of houses) 집의 수효 나 식구별로 기록한 책.
허술하다(13:10 shabby) 헐어서 짜임새가 없어 보이다.
회칠(13:10 whitewash) 석회를 벽 따위에 칠함.
우박(13:11 hail) 하늘에서 떨어지는 얼음 덩어리.
부적(13:18 charm) 악귀나 잡신을 쫓기 위해 야릇한 글씨나 모양을 그린 종이.
너울(13:18 veil) 예전에 여자들이 얼굴을 가리기 위하여 머리에 쓰던 물건.

다. 그들 자신들만 구원받을 것이며 그 땅
은 황무지가 될 것이다. 나 주 여호와의
말이다.
17 만일 내가 그 땅에 전쟁을 일으키고 말하
기를 '그 땅에 전쟁이 일어나 사람과 짐
승을 멸망시켰다' 라고 하자.
18 나의 삶을 두고 맹세하지만 그 때에 이 세
사람이 그 땅에 있다 하더라도 그들은 자
기 자녀들도 구출하지 못하고 자신들만
구원받을 것이다.
19 만일 내가 그 땅에 전염병을 퍼뜨리고 내
분노를 쏟아 부어 사람과 짐승을 멸망시
켰다 하자.
20 나의 삶을 두고 맹세하지만 그 때에 노아
와 다니엘과 욥이 그 땅에 있다 하더라도
그들은 자기 자녀들도 구출하지 못할 것
이다. 그들은 자기의 의로움으로 오직 자
기 목숨만을 구해 낼 것이다.
21 나 여호와가 말한다. 내가 네 가지 무서
운 재앙들, 곧 전쟁과 기근과 사나운 들
짐승들과 전염병을 예루살렘에 보내서 그
안에 사는 사람들과 가축들을 죽인다면
그 피해가 얼마나 크겠느냐?
22 그러나 그 가운데서도 살아남는 자녀들
이 있을 것인데 그들은 예루살렘 성에서
끌려 나와 너희에게로 올 것이다. 너희는
그들의 행동과 행위들을 보고 내가 예루
살렘에 내린 재앙에 대해 위로를 받을 것
이다. 다시 말해서 내가 그 곳에 내린 온
갖 재앙들과 불행들에 대해 위로를 받을
것이다.
23 너희는 그들의 행동들과 행위들을 보고
위로를 받을 것이다. 너희는 내가 예루살
렘에 한 모든 일에 다 이유가 있었다는 것
을 알게 될 것이다. 나 주 여호와의 말이
다."

포도나무 이야기

15 여호와께서 내게 말씀하셨다.
2 "사람아, 포도나무가 다른 나무보
다 더 쓸모가 있느냐? 숲 속의 다른 나무
보다 무엇이 더 나으냐?
3 포도나무로 무엇을 만들겠느냐? 그것으로
못을 만들어 물건을 걸어 둘 수 있겠느
냐?
4 포도나무는 땔감밖에 달리 사용할 곳이
없다. 불이 나뭇가지의 양쪽 끝 부분을 태
우고, 가운데 부분까지 태우면 그것을 어
느 곳에 쓰겠느냐?
5 곧게 자란 포도나무로도 만들 수 있는 것
이 하나도 없는데 하물며 불에 타 버린 포
도나뭇가지로 무엇을 할 수 있겠느냐?
6 그러므로 나 주 여호와가 말한다. 내가 수
풀 가운데서 포도나무를 베어 땔감으로
불에 던져 넣었듯이 예루살렘에 사는 백성
들도 그렇게 만들 것이다.
7 내가 그들을 여지없이 치겠다. 그들이 불
을 피하더라도 불이 그들을 좇아가 태워
버릴 것이다. 내가 그들을 칠 때에 너희
는 내가 여호와라는 것을 알게 될 것이
다.

에스겔서의 비유들

비유	본문	의미
쓸모없는 포도나무	15:1-8	이스라엘이 죄로 인해 심판받음
버려진 아이	16장	우상숭배의 죄로 이스라엘이 심판받음
두 마리 독수리와 포도나무	17장	시드기야 왕이 이집트에 의지하여 바빌로니아에 대항하다 망함
용광로	22:17-22	예루살렘의 포위라는 시련을 통해 백성들을 단련시키심
두 음녀	23장	이스라엘과 유다의 영적 간음
녹슨 가마솥	24:1-14	철저한 심판
부서진 배	27장	분명한 두로의 심판
무책임한 목자	34장	무책임한 지도자에 대한 심판
마른 뼈	37:1-14	이스라엘의 회복

8 내가 그 땅을 거친 들판으로 만들 것이니
이는 그 백성이 내게 신실하지 않았기 때
문이다. 나 주 여호와의 말이다."

타락한 예루살렘

16 여호와께서 내게 말씀하셨다.
2 "예루살렘에게 그들이 저지른 악한
일들을 알려라.
3 주 여호와께서 예루살렘을 향해 이렇게 말
씀하신다. 너희 조상들이 가나안 땅에 있
었고, 너희도 가나안 땅에서 태어났다. 너
희 아버지는 아모리 사람이고, 너희 어머
니는 헷 사람이다.
4 네가 태어난 날을 기억하여라. 아무도 네
탯줄을 잘라 주지 않았고, 네 몸을 물로
깨끗하게 씻기지도 않았다. 아무도 네 몸
을 소금으로 문지르지 않았고, 천으로 따
스하게 감싸 주지도 않았다.
5 너를 불쌍히 여기며 너에게 이렇게 해 준
사람이 아무도 없었다. 너는 들판에 버려
진 아기였다. 네가 태어난 날에 너를 반
기는 사람이 없어 너를 들판에 버린 것이
다.
6 그 때에 내가 네 곁을 지나가게 되었다.
네가 피투성이가 된 채로 버둥거리고 있
는 것을 보고, '너는 살아야 돼! 반드시
살아나야 해!' 라고 소리질렀다.
7 내가 너를 밭의 식물처럼 키웠더니 너는
잘 자라나 아름다운 보석처럼 되었다. 젖
가슴이 나오고 머리가 자라났다. 하지만
너는 벌거벗고 있었다.
8 그 뒤에 내가 네 곁을 지나가다가 보니 너
는 성숙한 처녀가 되어 있었다. 그래서 내
가 내 옷을 벗어 네 벌거벗은 몸을 가려
주었고, 너에게 엄숙히 맹세하고 너와 언
약을 맺어서 너는 내 것이 되었다. 나 주
여호와의 말이다.
9 내가 물로 네 몸의 피를 씻겨 내고 기름
을 발라 주었다.
10 수놓은 옷을 입히고 발에는 고운 가죽신
을 신겨 주었다. 고운 모시로 감싸 주고
값비싼 비단옷을 입혀 주었다.
11 팔에는 팔찌를, 목에는 목걸이를 걸어 주
고, 값진 보물로 네 몸을 꾸며 주었다.
12 코에는 코걸이를, 귀에는 귀고리를 해 주
었고, 머리에는 아름다운 관을 씌워 주었
다.
13 이처럼 너는 금과 은으로 치장하고 고운
모시옷과 비단옷과 수놓은 옷을 입었다.
그리고 고운 가루와 꿀과 올리브 기름을
먹고 점점 아름다워지면서 왕비처럼 되었
다.
14 너무 아름다워 온 세상에서 가장 유명한
사람이 되었으니, 이는 내가 너를 화려하
게 만들었으므로 네 아름다움이 완전해진
것이다. 나 주 여호와의 말이다.
15 그러나 너는 네 아름다움을 믿고, 네 명
성을 사용하여 간음하기 시작하였다. 너
는 창녀가 되어 지나가는 사람들과 잠자
리를 같이하였다. 네 몸은 그들의 것이 된
것이다.
16 네 아름다운 옷들을 가져다가 산당에 펼
쳐 놓고 거기에서 더러운 짓을 했다. 그
런 일은 있어서도 안 되고 있을 수도 없
는 일들이었다.
17 너는 내가 네게 준 금과 은으로 만든 보
석을 가지고 남자 우상을 만들고 그것을
가지고 더러운 짓을 했다.
18 내가 네게 주었던 화려한 옷들을 그 우상
에 입혔고 내가 준 기름과 향을 그것들에
게 제물로 바쳤다.
19 너는 또 내가 네게 준 음식과 고운 가루
와 기름과 꿀들을 거짓 신들에게 향기로
운 제물로 바쳤다. 네가 이런 것을 하였
다. 나 주 여호와의 말이다.
20 너는 또 너와 나 사이에 태어난 자녀들을
우상에게 제사 음식으로 바쳤다. 너의 창
녀 짓이 아직도 부족하느냐?
21 너는 내 자녀들도 죽여 우상에게 희생 제
물로 바쳤다.

의로움(14:20 righteousness) 떳떳하고 옳음.
언약(16:8 covenant) 하나님과 사람간의 약속.
치장(16:13 adornment) 매만져 곱게 꾸밈.
명성(16:15 fame) 세상에 떨친 이름.
산당(16:16 high place) 우상을 섬기던 곳.

22 너는 온갖 더러운 짓과 몸을 파는 짓을 하
면서도 네가 어렸을 적, 네가 벌거벗은 채
피투성이인 몸으로 버둥거리던 때를 기억
하지 않았다.
23 나 주 여호와가 말하노라. 너에게 재앙이
내릴 것이다. 네가 이 모든 악한 짓을 하
고서도
24 사방에 제단들을 쌓고, 광장마다 신당들
을 높이 만들었다.
25 거리 입구마다 신당을 세워 그 곳을 지나
가는 사람에게 창녀처럼 네 몸을 팔았다.
네 아름다운 몸을 천하게 만든 것이다.
26 너는 음란한 이웃 이집트 사람들에게도 몸
을 팔았다. 나는 점점 더 심해지는 너의
음란한 욕정에 대해 견딜 수 없어 심하게
분노하였다.
27 그래서 내가 손으로 너를 심하게 쳐서 네
땅 가운데 얼마를 빼앗았고 너의 적수들
인 블레셋 여자들에게 넘겨 주었다. 그들
까지도 네가 저지른 더러운 짓에 놀랐다.
28 그래도 너는 만족하지 않고 앗시리아 사람
들에게 몸을 팔았다. 하지만 너는 여전히
만족하지 않았다.
29 너의 걷잡을 수 없는 음란한 욕망은 상인
들의 땅인 바빌로니아까지 이르렀다. 그러
나 그것으로도 너는 만족하지 못했다.
30 나 주 여호와가 말한다. 뻔뻔스러운 창녀
나 할 짓을 네가 저질렀다. 네 마음의 의
지가 참으로 약하기 그지없구나.
31 거리 입구마다 제단들을 세웠고 광장마다
신당들을 만들고 몸을 팔면서 돈도 받지
않았으니 창녀라고도 할 수 없구나.

알아두세요

16:57 다른 사본에는 '에돔'이라고 표기되어
있다.

심문(16:38 examination) 자세히 따져서 묻는 것.

타락(16:47 corruption) 올바른 길에서 벗어나 잘못된 길로 빠지거나 떨어지는 것.

운명(16:53 destiny) 앞으로의 존재와 멸망, 삶과 죽음에 관한 처지.

32 너는 간음하는 아내다. 너는 남편보다 낯
선 남자들을 더 좋아한다.
33 창녀들은 몸을 파는 값으로 돈을 받기 마
련인데 너는 오히려 선물을 주어 가며 남
자들을 불러들였다. 돈을 주면서 그들과
잠자리를 같이했다.
34 너는 다른 창녀들과는 전혀 다르구나. 세
상에 너 같은 창녀가 어디 있겠느냐? 돈
을 받기는커녕, 오히려 돈을 주어 가며 몸
을 파는구나. 세상에 너 같은 여자가 어
디 있느냐?"

창녀에 대한 심판

35 "그러므로 너 창녀야, 나 여호와의 말을
들어라.
36 나 주 여호와가 말하노라. 너는 네 재산
을 다 쏟아 부었고 네 연인들과 잠자리를
같이하며 네 알몸을 드러냈다. 너의 모든
혐오스런 우상들과도 그 짓을 했다. 심지
어 너는 네 자녀의 피를 네 우상들에 바
쳤다.
37 그러므로 함께 즐기던 너의 모든 연인들
을 불러모으겠다. 네 연인들뿐만 아니라
네가 미워하던 자들까지 사방에서 불러모
아 너를 치게 하겠다. 그들이 보는 앞에
서 네 몸을 벌거벗겨 부끄러움을 당하게
하겠다.
38 간음하고 살인한 여자들을 심문하듯이 내
가 너를 심문하고 형벌을 내릴 것이다. 나
의 진노와 질투로 너에게 피의 복수를 할
것이다.
39 내가 너를 네 연인들의 손에 넘겨 주겠다.
그러면 그들이 네가 세운 제단들을 헐고,
헛된 신을 섬기던 신당들을 무너뜨릴 것
이며, 너를 벌거벗겨 버리고, 네 보물을
빼앗아 갈 것이다.
40 그들이 무리를 데려와 너를 향해 돌을 던
지고 칼로 찌를 것이다.
41 네 집을 불로 태우고 다른 여자들이 보는
앞에서 너를 벌할 것이다. 이렇게 해서 내
가 네 음란한 행동을 끝내겠다. 네가 다
시는 네 연인들에게 돈을 주고 몸을 팔지
못할 것이다.

42 그 때에야 비로소 너를 향한 내 분노가 풀
리겠고 더 이상 네 일 때문에 질투하지 않
을 것이며, 내 마음이 평온을 되찾아 다
시는 노여워하지 않을 것이다.
43 너는 네 어렸을 때의 일을 기억하지 않고
이 모든 일로 나를 분노하게 만들었다. 그
러므로 네가 저지른 행동대로 내가 반드
시 갚아 주겠다. 네가 혐오스러운 모든 짓
을 저지르고도 그 위에 음란한 죄를 더하
지 않았느냐? 나 주 여호와의 말이다.
44 사람마다 너를 두고 '그 어머니에 그 딸'
이라는 속담을 말할 것이다.
45 너는 자기 남편과 자녀들을 싫어하던 네
어머니와 닮았다. 그리고 자기 남편과 자
식들을 미워하던 네 언니들과도 닮았다.
네 어머니는 헷 여자이고, 네 아버지는 아
모리 남자이다.
46 네 언니는 딸들과 함께 북쪽에 사는 사마
리아이고, 네 아우는 딸들과 함께 남쪽에
사는 소돔이다.
47 너는 그들보다 더 타락하여 그들이 가는
길보다 한 걸음 더 나갔고, 그들이 저지
른 악한 행동보다 더 심하게 행동했다.
48 나 주 여호와가 말하노라. 내 삶을 두고
맹세하지만 네 아우 소돔과 그 딸들도 너
와 네 딸들처럼 그렇게 악하지는 않았다.
49 네 아우 소돔의 죄는 다음과 같다. 소돔과
그의 딸들은 거만하였다. 많이 먹어서 살
찌고 평안했지만 다른 사람들에 대해선
무관심했다. 가난하고 어려운 사람들을
돕지 않았다.
50 소돔과 그의 딸들은 교만했고 내 앞에서
혐오스러운 짓들을 저질렀다. 그래서 너
희가 아는 것처럼 내가 그들을 쫓아 냈다.
51 사마리아는 네가 저지른 죄의 절반도 죄를
짓지 않았다. 너는 그들보다 혐오스런 짓
을 더 많이 저질렀다. 네가 저지른 혐오
스런 짓 때문에 네 언니와 아우는 오히려
착한 사람으로 보일 정도였다.
52 너에 비하면 네 언니와 아우가 저지른 죄
는 가벼운 심판을 받았다. 그러므로 너는
부끄러움을 느껴야 할 것이다. 네가 저지

소알에서 내려다 본 소돔 일대(16:49)

른 죄가 너무 혐오스럽기 때문에 그들은
오히려 착한 사람처럼 보였다. 그만큼 네
죄가 무거운 것이다. 그러므로 네가 부끄
러운 줄 알고 수치를 당함이 마땅하다.
53 그러나 내가 소돔과 그 딸들의 명예를 회
복시켜 주겠다. 사마리아와 그 딸들의 운
명도 회복시켜 주겠다. 그리고 그들과 함
께 너도 회복시켜 주겠다.
54 그 때에 너는 수치를 당하고 네가 저지른
모든 짓 때문에 부끄러워질 것이다. 네가
저지른 죄가 너무 커서 네 언니와 아우가
오히려 위로를 받을 것이다.
55 네 아우 소돔과 그 딸들이 옛 지위를 다
시 찾을 것이며 네 언니 사마리아와 그 딸
들도 옛날에 누렸던 지위를 회복할 것이
다. 그리고 너와 네 딸들도 옛 지위를 다
시 누리게 될 것이다.
56 네가 교만하던 때에 너는 네 아우 소돔을
무시했었다.
57 즉 네 죄가 드러나기 전에는 네 아우 소
돔을 무시했었다. 그런데 이제는 아람* 여
자들과 그 이웃들이 너를 조롱하고 블레
셋 여자들까지 너를 욕한다. 네 주변에 있
는 모든 사람들이 너를 경멸한다.
58 너는 네가 저지른 음란한 죄와 혐오스런
일들에 대해 무거운 책임을 지게 될 것이
다. 나 여호와의 말이다."

약속을 지키시는 하나님

59 "나 주 여호와가 말한다. 너는 내 맹세를
무시하고 언약을 깨뜨렸으므로, 네가 행
한 대로 내가 너에게 갚아 주겠다.

60 그러나 나는 네 어린 시절에 너와 맺은 내
언약을 기억하고 너와 영원한 언약을 맺
겠다.
61 그러면 너는 네가 네 언니와 아우를 맞아
들일 때에 네가 한 일들을 기억하고 부끄
러워할 것이다. 내가 그들을 네 딸들로 삼
아 줄 것이나, 너와 맺은 내 언약 때문에
그들을 주는 것은 아니다.
62 자, 내가 너와 언약을 세우리니 그 때에
너는 내가 여호와라는 것을 알게 될 것이
다.
63 네가 한 모든 일들을 내가 용서해 줄 때
에 너는 옛일을 기억하고 부끄럽고 창피
하여 다시는 입을 열지도 못할 것이다. 나
주 여호와의 말이다."

독수리와 포도나무

17 주님께서 내게 말씀하셨다.
2 "사람아, 수수께끼와 비유를 이스라
엘 백성에게 말하여라.
3 그들에게 말하기를, '주 여호와의 말씀에
날개가 크고 깃은 길며, 털이 수북하고 색
깔이 화려한 독수리 한 마리가 레바논으
로 날아가 백향목* 꼭대기에 올라앉아
4 연한 가지를 꺾어 가지고 상인들의 땅으
로 가져갔다. 그리고 그것을 상인들의 마
을에 심었다.

백향목(17:22)

알아두세요

17:3 이는 개잎갈나무이다.

5 그리고 독수리는 그 땅에서 씨를 가져다
가 물가에 심은 버드나무처럼 비옥한 땅
에 심었다.
6 그러자 심은 씨앗이 자라 땅 위에 낮게 퍼
진 싱싱한 포도나무가 되었다. 그 가지들
은 독수리를 향해 뻗었고 그 뿌리는 독수
리 아래쪽으로 뻗었다. 거기에서 굵고 가
는 온갖 가지들이 자라고 새로운 잎새들
이 나왔다.
7 또 날개가 크고 깃이 많은 큰 독수리 한
마리가 있었다. 그런데 그 포도나무가 뿌
리를 그 독수리 쪽으로 뻗기 시작했다. 그
독수리에게서 더 많은 물을 받으려고 가
지들도 그 독수리를 향해 뻗어 나갔다.
8 그 포도나무를 물가의 비옥한 땅에 심은
것은, 가지를 무성하게 하고 많은 열매를
맺어 풍성한 포도나무가 되게 하기 위함
이었다.'
9 너는 그들에게, 주 여호와께서 다음과 같
이 말씀하신다고 전하여라. '그 포도나무
는 더 뻗어 나가지 않을 것이다. 첫 번째
독수리가 그 뿌리를 뽑고 그 열매를 따먹
으면, 포도나무가 시들어 버리고 연한 새
싹들도 말라 죽을 것이다. 그 포도나무를
뿌리째 뽑는 데 많은 힘이나 사람이 필요
하지 않을 것이다.
10 그 포도나무를 다른 곳에 다시 심어도 살
아나지 못할 것이다. 동풍이 불어오면 완
전히 시들어 죽어 버릴 것이다. 자라던 그
땅에서 말라 버릴 것이다.'"
11 여호와께서 다시 내게 말씀하셨다.
12 "저 반역하는 백성에게 '이 모든 것이 무
엇을 뜻하는지 아느냐?' 하고 묻거라. 바
빌로니아 왕이 예루살렘에 와서 왕과 귀족
들을 붙잡아 바빌론으로 데려갔다.
13 그는 왕족 중 한 사람을 세워 언약을 맺
고 충성할 것을 맹세하게 했다. 또 그는
이스라엘의 지도자들도 붙잡아 갔다.
14 이는 이스라엘을 힘 없는 나라로 만들어
다시는 강한 나라가 되지 못하게 하고, 바
빌로니아 왕과 맺은 언약을 지켜야만 살아
남을 수 있게 한 것이었다.

15 그런데도 이스라엘 왕은 이집트로 사신들
을 보내어 말과 많은 군인들을 보내 달라
고 함으로써 바빌로니아 왕을 배반하였다.
이스라엘 왕이 살아남을 수 있겠는가? 그
런 일을 한 사람이 피할 수 있겠느냐? 언
약을 어기고도 피할 수 있겠느냐?
16 나 주 여호와가 말하노라. 나의 삶을 두
고 맹세하지만 그는 바빌론에서 죽는다.
바빌로니아 왕이 그를 이스라엘 왕으로 세
웠지만, 그가 맹세를 어기고 바빌로니아
왕과 맺은 언약을 깨뜨렸으므로 그는 바
빌론 땅에서 죽을 것이다.
17 바빌론 사람들이 토성을 쌓고 예루살렘을
공격하여 많은 사람을 죽이려 할 때, 이
집트 왕은 강한 군대와 많은 군사들이 있
어도 이스라엘 왕을 돕지 않을 것이다.
18 이스라엘 왕은 언약을 어김으로써 맹세를
업신여겼다. 그는 손을 들고 바빌로니아
왕에게 충성을 맹세했지만 이 모든 일을
했으므로 형벌을 피할 길이 없을 것이다.
19 그러므로 나 주 여호와가 말한다. 나의 삶
을 두고 맹세하지만 내 맹세를 무시하고
내 언약을 깨뜨린 이스라엘 왕에게 반드시
보복할 것이다.
20 내가 그 위에 그물을 쳐서 내 덫에 걸리
게 하고 그를 바빌론으로 끌고 가서 내게
대항한 모든 죄를 심판하겠다.
21 도망가는 모든 군사들은 칼에 맞아 죽을
것이며, 살아남은 사람들도 바람에 날려
흩어질 것이다. 그 때에 너희는 나 여호
와가 말했다는 것을 알게 될 것이다.
22 나 주 여호와가 말한다. 내가 백향목 꼭
대기에서 어린 가지 하나를 꺾어다가 심
겠다. 나무 꼭대기 가지 끝에서 연한 가
지를 꺾어, 높고 큰 산 위에 심겠다.
23 내가 그 가지를 이스라엘의 높은 산 위에
심으면, 그 가지가 무성해지고 많은 열매
를 맺어 큰 백향목이 될 것이다. 온갖 새
들이 그 나무에 둥지를 틀고 나뭇가지 사
이에 보금자리를 만들어 살 것이다.
24 그 때에 내가 높은 나무는 낮추고, 낮은
나무는 높이고, 푸른 나무는 마르게 하
고, 마른 나무는 무성하게 하는 여호와인
줄 알게 하겠다. 나 여호와가 말했으니 그
대로 이루어질 것이다."

공의로우신 하나님

18 여호와께서 내게 말씀하셨다.
2 "이스라엘 땅에 '아버지가 신 포도
를 먹었으므로 자녀의 이가 시다' 라는 속
담이 떠도니 그것이 어떻게 된 일이냐?
3 나 주 여호와가 말한다. 나의 삶을 두고
맹세하지만 너희가 다시는 이스라엘에서
이 속담을 쓰지 못하게 될 것이다.
4 모든 생명은 다 내 것이다. 아버지의 생
명이 내 것이듯, 그 아들의 생명도 내 것
이니 죄를 짓는 그 사람이 죽을 것이다.
5 만일 어떤 사람이 의롭게 살면서 올바른
일을 하고
6 산 위의 신당에서 음식을 먹지 않고 이스
라엘의 우상들에게 눈길을 주지 않으며,
이웃의 아내와 간음하지 않으며, 월경을
하고 있는 여자와 잠자리를 같이하지 않
으며,
7 또 그가 사람을 학대하지 않고 빚진 사람
이 담보로 맡긴 것을 돌려 주며, 남의 물
건을 빼앗지 않으며, 배고픈 사람에게 먹
을 것을 주며, 헐벗은 사람에게 입을 옷
을 주며,
8 부당한 이익을 얻기 위해서 돈을 빌려 주
거나 지나친 이자를 받지 않고, 악한 일
에서 손을 떼며, 사람들 사이의 일을 공
정하게 판단하고,
9 또 그가 내 계명들을 지키고, 내 율법들
을 잘 지킨다면 그 사람은 의로운 사람이

비유(17:2 parable) 어떤 현상이나 사물에 그와 비슷한 것을 끌어대어 표현하는 일.
비옥한(17:5 fertile) 식물이 잘 자랄 수 있게 하는 성분이 많이 들어 있어서 땅이 걸고 기름진 상태를 말한다.
백향목(17:22 cedar) 레바논의 산간 지방이 주산지인 침엽수로, 생명이 소멸되지 않고 계속되는 것을 상징한다.

다. 그는 반드시 살 것이다. 나 주 여호
와의 말이다.
10 그런데 이 사람에게, 선한 일은 하나도 하
지 않고 사람을 죽이는 난폭한 아들이 있
다고 하자.
11 그의 아버지와는 반대로 이러한 죄들을
이 아들이 저질렀다 하자. 곧 그가 산 위
의 신당에서 음식을 먹거나 이웃의 아내
와 잠자리를 같이하거나,
12 또 가난하고 어려운 사람을 학대하거나
남의 것을 강도질하거나, 빚진 사람이 담
보로 맡긴 것을 돌려 주지 않거나, 우상
들에게 눈길을 주거나, 혐오스런 일들을
하거나,
13 또 옳지 못한 이익이나 지나친 이자를 바
라고 돈을 빌려 주었다고 한다면 이 아들
이 살 수 있겠느냐? 아니다. 그는 살 수
없다. 그가 이 모든 혐오스런 일들을 저
질렀으므로 그는 반드시 죽어야 할 것이
다. 자기 피는 자기에게로 돌아가야 한
다.
14 그런데 그에게 아들이 있다 하자. 자기 아
버지가 저지른 모든 죄를 보고도 아버지
처럼 살지 않고,
15 산 위의 신당에서 음식을 먹지 않으며, 이
스라엘의 우상들에게 눈길을 주지 않으
며, 이웃의 아내와 잠자리를 같이하지 않
으며,
16 또 사람을 학대하지 않으며, 돈을 빌려 줄
때 담보를 받지 않고, 남의 물건을 빼앗
지 않으며, 배고픈 사람에게 음식을 주
고, 헐벗은 사람에게 옷을 주며,
17 또 그가 악한 일에서 손을 떼며, 돈을 빌
려 줄 때에 높은 이자나 부당한 이익을 얻
으려 하지 않으며, 내 율법대로 살아가
며, 내 규정들을 잘 지킨다고 한다면, 그
사람은 자기 아버지의 죄 때문에 죽지 않
고 반드시 살 것이다.
18 하지만 그의 아버지는 옳지 못한 방법으
로 남의 돈을 빼앗고, 형제의 것을 훔쳤
으며, 그의 백성 가운데서 좋지 않은 일
을 했으므로, 그는 자기 죄 때문에 죽을
것이다.
19 그런데 너희는 '아버지가 죄를 지었는데
왜 아들이 벌을 받지 않느냐?' 고 묻는다.
그러나 아들은 옳고 바른 일을 했으며 내
규례들을 다 잘 지켰으므로 반드시 살 것
이다.
20 죄를 짓는 바로 그 사람이 죽을 것이다.
아버지의 죄 때문에 아들이 벌을 받는 일
은 없을 것이다. 또 아들의 죄 때문에 아
버지가 벌을 받는 일도 없을 것이다. 이
는 의로운 사람의 의는 그 사람의 것이며,
악한 사람의 악도 자기의 몫이기 때문이
다.
21 하지만 악한 사람이라도 자기가 저지른
온갖 죄로부터 돌아서서 내 모든 규례들
을 지키며 의롭고 올바른 일을 한다면 그
는 죽지 않고 반드시 살 것이다.
22 그가 저지른 잘못들은 잊혀질 것이다. 그
가 행한 의로운 행동들 때문에 그는 살 것
이다.
23 나는 악한 사람이 죽는 것을 즐거워하지
않는다. 나 주 여호와의 말이다. 나는 그
가 그 악한 길에서 돌아서서 살기를 바란
다.
24 그러나 의로운 사람이 그의 의로움에서
돌아서서 죄를 짓고 악한 사람들처럼 혐
오스런 일들을 저지른다면 그가 살 수 있
겠느냐? 그가 한 모든 의로운 일들은 다
잊혀질 것이다. 그가 의로운 길에서 돌아
서서 죄를 지었으므로, 그는 자기의 죄 때
문에 죽을 것이다.
25 그런데도 너희는 '주님의 방식은 공정하

규례(18:19 rules and regulations) 일정한 규칙.
공정(18:25 fairness) 공평하고 올바름.
심판(18:30 judgment) 하나님께서 세상의 선악을 재판하심.
함정(19:4 trap) 남을 어려움에 빠뜨리려는 계략.
홀(19:11 scepter) 왕이 손에 쥐었던 일종의 지휘봉으로 권력을 상징하였다.

지 않다'고 불평한다. 이스라엘 백성아,
들어라. 내가 공정하지 않더냐? 오히려
너희가 하는 일이 공정하지 못하다.
26 의로운 사람이 의로운 길에서 돌아서서
죄를 짓는다면 그는 죽을 것이다. 그는 죄
를 지었기 때문에 죽는 것이다.
27 반대로, 악한 사람이 악한 길에서 돌아서
서 의롭고 올바른 일을 한다면 그는 자기
목숨을 건질 것이다.
28 그는 자기가 저지른 못된 행위들을 생각
하고 모든 죄에서 떠났으므로 반드시 죽
지 않고 살 것이다.
29 그런데도 이스라엘 백성은 '주님의 방식은
공정하지 않다'라고 말한다. 이스라엘 백
성아, 내가 하는 일이 공정하지 않더냐?
오히려 너희가 하는 일이 공정하지 못하
다.
30 그러므로 이스라엘 백성들아, 내가 너희를
각 사람이 한 일에 따라 심판하겠다. 나
주 여호와의 말이다. 회개하고 죄에서 돌
아서라. 그러면 죄 때문에 망하는 일이 없
을 것이다.
31 너희가 지은 모든 죄를 버리고 새 마음과
새 정신을 가져라. 이스라엘 백성아, 왜
너희가 죽으려고 하느냐?
32 나 주 여호와가 말한다. 나는 누구든 죽
는 것을 즐거워하지 않는다. 회개하여라.
그러면 살 수 있다."

19 "이스라엘의 지도자들을 위해 슬픈
노래를 불러라.
2 너는 이렇게 노래하여라. '네 어머니는
많은 사자들 가운데 용맹스런 암사자였
다. 젊은 사자들 가운데서 어린 새끼들을
길렀다.
3 어린 새끼들 가운데 한 마리를 키웠더니,
훗날 힘센 사자가 되어 먹이를 사냥하는
법을 배웠고, 사람도 잡아먹었다.
4 나라들이 그 이야기를 듣고 함정을 파서
그를 잡아 갈고리로 꿰어서 이집트 땅으
로 끌고 갔다.
5 암사자는 기다리다가 희망이 없어진 것을
알고 새끼들 가운데서 하나를 데려다가
힘센 사자로 키웠다.
6 그 새끼는 사자들과 어울려 다니다가 힘
센 사자가 되었다. 먹이를 잡는 법을 배
웠고 사람도 잡아먹었다.
7 그가 사람들의 굳건한 성벽을 헐고 성을
파괴하였다. 그가 으르렁거리니 온 땅과
그 안에 있는 모든 사람들이 두려워 벌벌
떨었다.
8 그러다가 여러 나라들이 그를 치려고 사
방에서 몰려왔다. 그들이 그의 위에 그물
을 치고 함정을 파서 그를 잡았다.
9 그들은 갈고리로 꿰어 철창 속에 집어 넣
고 바빌로니아 왕에게 끌고 갔다. 그리고
그를 옥에 넣으니 다시는 이스라엘 산에서
그의 으르렁대는 소리가 들리지 않았다.
10 네 어머니는 물가에 심은 포도나무 같아
서, 풍부한 물 덕분에 가지가 무성하고 열
매를 많이 맺었다.
11 그 포도나무의 가지는 튼튼하여 왕이 지
니는 홀이 되었다. 그 가지는 높이 자라
서 다른 나무들 가운데 돋보였고 높고 가
지가 많아 눈에 띄는 나무가 되었다.
12 그러나 분노 가운데 그 뿌리가 뽑혀 땅에
내던져지니 동풍이 불어와 그 과일이 마
르고 튼튼한 가지들은 말라서 불에 타 버
렸다.
13 이제는 그 나무가 메마르고 물이 없는 사
막에 심겨져 있다.
14 불이 포도나무의 큰 가지에 붙어 그 과일
마저 삼켜 버리니 왕의 홀로 적합한 튼튼
한 가지가 하나도 남지 않게 되었다.' 이
것은 슬픈 노래이니 장례식 때 불려져야
할 것이다."

20 칠 년째 되는 해 다섯째 달 십 일
에 이스라엘의 장로들 가운데 몇
사람이 여호와의 뜻을 물으러 내 앞에 와
앉았다.
2 그 때, 여호와께서 내게 말씀하셨다.
3 "사람아, 이스라엘의 장로들에게 전하여
라. 주 여호와께서 다음과 같이 말씀하신
다. '너희가 내 뜻을 물으려고 왔느냐? 나
주 여호와가 말하노라. 나의 삶을 두고 맹

세하지만 나는 너희가 묻는 것을 허락하
지 않겠다.'
4 너 사람아, 네가 그들을 재판하겠느냐?
네가 그들을 심판하겠느냐? 그러면 그들
의 조상이 저지른 혐오스런 짓들을 그들
에게 알려 주어라."
5 여호와께서 이렇게 말씀하셨다. "내가 이
스라엘을 선택하던 날에, 내가 손을 들고
야곱의 자손에게 맹세하였고, 이집트 땅에
서 그들에게 나타나 나를 알렸다. 손을 들
고 그들에게 내가 여호와, 너희 하나님인
것을 맹세했다.
6 그 때에 내가 그들을 이집트에서 이끌어
내고 그들에게 내가 고른 땅, 곧 젖과 꿀
이 흐르는 땅이요, 모든 땅 중에서 가장
좋은 땅을 주겠다고 약속했다.
7 내가 또 그들에게 '너희 각 사람은 혐오
스런 우상들로부터 눈을 떼라. 이집트의
우상들로 너희 몸을 더럽히지 마라. 나는
여호와 너희의 하나님이다'라고 말했다.
8 그러나 그들은 나를 반역하고 내 말을 듣
지 않았다. 그들은 더러운 우상을 제거하
지 않았고 이집트의 우상들에게서 떠나지
않았다. 그래서 나는 이집트 땅에 사는 그
들을 향해 내 분노를 쏟아 부어야겠다고
생각했다.
9 그러나 나는 내 이름을 위하여 이스라엘
백성이 살고 있던 여러 나라들 앞에서 내
평판이 더럽혀지지 않게 했다. 나는 그 나
라들이 보는 앞에서 이스라엘 백성을 이집
트에서 이끌어 내어 내가 누구인가를 이
스라엘 백성에게 알려 주었다.
10 그래서 나는 그들을 이집트에서 이끌어 내
어 광야로 들어갔다.
11 그 곳에서 나는 지키기만 하면 살 수 있
는 규례와 율법을 일러 주었다.
12 나는 또 그들에게 안식일도 주었다. 그것
은 그들과 나 사이의 징표였다. 안식일은
나 여호와가 그들을 구별하여 거룩하게
했다는 것을 알게 하려고 준 것이었다.
13 그러나 이스라엘 백성은 광야에서 나에게
반역했다. 그들은 지키기만 하면 살 수 있
는 내 규례를 따르지 않고 내 율법을 거
절했다. 그들은 내 안식일도 더럽혔다.
그래서 그들에게 진노를 쏟아 부어 그들
을 광야에서 멸망시켜야겠다고 생각했다.
14 그러나 나는 내 이름을 위하여 그렇게 하
지 않았다. 나는 내가 이스라엘 백성을 이
집트에서 이끌어 내는 것을 본 여러 나라
들 앞에서 내 명예가 더럽혀지지 않게 했
다.
15 그리고 나는 손을 들고 광야에서 이스라
엘 백성에게 맹세하였다. 그것은 내가 그
들에게 주겠다고 한 땅, 곧 젖과 꿀이 흐
르는 땅이요, 모든 땅 중에서 가장 좋은
땅으로 그들을 인도하지 않겠다는 맹세였
다.
16 이는 그들이 내 율법을 버리고 내 규례를
따르지 않을 뿐만 아니라 내 안식일을 더
럽혔기 때문이었다. 그들의 마음은 우상
에게 있었다.
17 그러나 그들을 보자 불쌍한 마음이 생겨
그들을 광야에서 멸망시키지 않았다.
18 광야에서 나는 그들의 자녀들에게 '너희
는 너희 부모들의 규례를 따르지 말고 그
들의 율법을 지키지 마라. 그들이 섬긴 우
상들로 너희 몸을 더럽히지 마라.
19 나는 여호와 너희의 하나님이다. 너희는
내 규례를 따르고 내 율법을 지켜라.

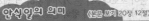

안식일의 의미 〈본문 보기 20장 12절〉

의미	하나님의 창조를 기억하게 함(출 20:11) 하나님의 구원을 기념하게 함(신 5:12-15)
특징	복되고 거룩한 날임(창 2:3) 안식일을 지키는 것은 영원한 언약임(출 31:16-17) 안식일은 장래 일의 그림자임(골 2:16-17) 하나님이 베푸시는 안식에 사람이 동참하는 것임(히 4:4-5) 가나안 땅에서 누리는 안식은 영원한 안식의 모형임(히 4:8) 안식일은 그리스도 안에서 내세 가운데 완성됨(히 4:10-11) 사람을 위한 안식일임(막 2:27) 그리스도는 안식일의 주인임(눅 6:5)
그리스도인의 태도	주님을 위한 날임을 직시해야 함(눅 6:5) 안식일은 모형적인 성격을 가짐(골 2:16-17, 히 4:8) 문자적인 행함은 복음을 헛되게 하고 율법 아래 매이는 것임 (갈 4:8-11) 복음의 순종을 통하여 영원한 안식에 들어가도록 힘써야 함(히 4:9-11)

20 또 내 안식일을 거룩하게 지켜라. 그것이
너희와 나 사이에 표징이 되어 내가 여호
와 너희 하나님인 줄 알게 될 것이다'라
고 말했다.
21 그러나 그 백성도 나를 반역했다. 누구든
지키기만 하면 살 수 있는 내 규례를 따
르지 않았고 내 율법을 지키지 않았다. 그
리고 내 안식일을 더럽혔다. 그래서 나는
광야에서 내 진노를 그들에게 쏟아 부어
야겠다고 결심했다.
22 그러나 나는 내가 이스라엘 백성을 이집트
에서 이끌어 내는 것을 본 여러 나라들 앞
에서 내 이름이 더럽혀지지 않도록 분노
를 거두어들였다.
23 이스라엘 백성을 여러 민족들 가운데 흩어
여러 나라로 쫓아 버리겠다고 내가 광야
에서 단단히 결심한 것은
24 그들이 내 율법을 저버렸기 때문이었다.
그들은 내 규례를 따르지 않고 내 안식일
을 더럽혔으며 자기 부모들이 섬기던 우
상을 섬겼다.
25 나는 그들이 좋지 않은 규례와 지켜도 살
수 없는 율법을 따르도록 내버려 두었다.
26 나는 이스라엘 백성이 우상에게 예물을 바
치고 그들의 첫 자녀를 불에 태워 희생 제
물로 바침으로써 자기 몸을 더럽히도록
내버려 두었다. 내가 그렇게 한 것은 그
들이 공포에 질려 내가 여호와라는 것을
알게 하기 위해서였다.
27 그러므로 너 사람아, 이스라엘 백성에게
전하여라. 주 여호와께서 이렇게 말씀하
신다. 너희 조상은 이처럼 내게 반역함으
로 내 이름을 더럽혔다.
28 내가 약속한 땅으로 그들을 데리고 들어
갔지만 그들은 높은 언덕과 잎이 무성한
나무를 보고 그 곳에서 제사를 드렸다. 그
들은 거기에서 나를 분노하게 하는 제물
을 바쳤고, 향을 피워 올렸으며, 부어 드
리는 제사인 전제를 드렸다.
29 그래서 내가 그들에게 '너희가 찾아다니
는 그 산당이 도대체 무엇이냐?'고 물었
다. (그런 곳의 이름을 지금도 '바마'라고
부른다.)
30 그러므로 이스라엘 백성에게 전하여라. 너
희도 너희 조상들처럼 너희 몸을 더럽히
려느냐? 그들의 혐오스런 우상들을 따라
다니려느냐?
31 너희는 너희 자녀를 불에 태워 바치고 오
늘날까지도 온갖 우상들로 너희 몸을 더
럽히고 있다. 그러니 이스라엘 백성아, 너
희가 내게 묻는 것을 어떻게 허락할 수 있
겠느냐? 나 주 여호와가 말한다. 나의 삶
을 두고 맹세하지만 나는 너희가 내게 묻
는 것을 허락하지 않겠다.
32 너희는 '우리도 다른 나라, 다른 땅의 백
성처럼 나무와 돌로 만든 우상을 섬기고
싶다'라고 하지만 너희 마음에 품은 생각
이 이루어지지 않을 것이다.
33 나 주 여호와가 말한다. 나의 삶을 두고
맹세하지만 내가 힘센 손과 편 팔로 분노
를 쏟아 너희를 다스리겠다.
34 내가 힘센 손과 팔로 분노를 쏟아 너희를
여러 나라로부터 데려오고, 흩어져 사는
이방 민족들로부터 너희를 모아들이겠다.
35 내가 너희를 여러 민족들의 광야로 데리
고 들어가 거기서 직접 너희를 심판하겠
다.
36 이집트 땅 광야에서 너희 조상을 심판했
듯이 너희를 심판하겠다. 나 주 여호와의
말이다.
37 내가 너희를 잘 보살피고 언약을 맺을 것

이스라엘이 죄를 짓게 만든 북왕국 단의 제단
(20:28-32)

평판(20:9 fame) 세상 사람들의 평가나 비평.
바마(20:29 high place) 히브리어로 '높은 곳'이라는 뜻. 산당.

이다.
38 내게 순종하지 않는 사람과 내게 반역하
는 사람을 모두 없애겠다. 나는 그들을 지
금 살고 있는 땅에서 인도하여 나오게 할
것이나, 이스라엘 땅으로는 절대로 들여
보내지 않겠다. 그 때에 너희는 내가 여
호와인 줄 알게 될 것이다.
39 나 주 여호와가 말한다. 이스라엘 백성아,
가서 네 마음대로 너희의 우상들을 섬겨
라. 그러나 너희가 내 말을 들은 후에는,
너희의 예물과 우상들로 내 거룩한 이름
을 더 이상 더럽히지 않을 것이다.
40 나의 거룩한 산, 곧 이스라엘의 높은 산에
서 모든 이스라엘 백성이 나를 섬길 것이
다. 나 주 여호와의 말이다. 거기에서 내
가 너희를 맞아들이고 너희의 제물과 너
희의 첫 추수한 예물과 온갖 거룩한 예물
을 받을 것이다.
41 내가 너희를 여러 민족들 가운데서 데려
올 때, 너희가 흩어져 사는 여러 나라에
서 너희를 모을 때에 너희를 아름다운 향
기로 받아들이겠다. 그 때에 내가 여러 나
라들이 보는 앞에서 너희 가운데 나의 거
룩함을 드러내겠다.
42 내가 너희를 이스라엘 땅, 곧 내가 너희
조상에게 약속한 땅으로 인도하여 들일
때에 너희는 내가 여호와라는 것을 알게
될 것이다.
43 거기서 너희는 너희의 몸을 더럽혔던 과
거의 모든 악한 일들을 기억하고 너희 스
스로를 미워하게 될 것이다.
44 이스라엘 백성아, 내가 너희의 악한 길과
부패한 습성에 따라 벌을 주지 않고, 내
이름을 위해 너희를 너그럽게 대할 때에
너희는 내가 여호와라는 것을 알게 될 것
이다. 나 주 여호와의 말이다."
45 여호와께서 내게 말씀하셨다.
46 "사람아, 남쪽을 바라보아라. 남쪽을 향
해 선포하고 남쪽 지방의 숲을 쳐서 예언
하여라.
47 남쪽 지역의 숲에 다음과 같이 전하여라.
'너희는 여호와의 말씀을 들어라. 나 주
여호와가 이렇게 말한다. 내가 너희 숲에
불을 질러 다 태워 버릴 것이다. 숲의 모
든 푸른 나무와 마른 나무를 다 태울 것
이다. 타오르는 그 불꽃은 꺼지지 않을 것
이며 남쪽에서 북쪽에 이르는 온 지역이
그 불에 타 버릴 것이다.
48 그 때에 모든 백성이 나 여호와가 그 불
을 놓았다는 것을 알게 되고 아무도 그 불
을 끄지 못할 것이다.'"
49 그 때, 내가 말씀드렸다. "아, 주 여호와
여! 백성이 나를 가리켜 말하기를 '그는
비유로 말하는 자가 아니냐?' 라고 합니
다."

주님의 칼

21 여호와께서 내게 말씀하셨다.
2 "사람아, 예루살렘을 바라보며 그
성전을 향해 예언하여라. 이스라엘 땅을
향해 예언하여라.
3 '내가 너희를 치겠다. 칼을 뽑아 너희 가
운데서 의로운 사람과 악한 사람을 모두
치겠다.
4 내가 악한 사람과 의로운 사람을 모두 칼
로 칠 것이니 내 칼을 칼집에서 뽑아 남
쪽에서 북쪽까지 살아 있는 모든 사람들
을 치겠다.
5 그 때에 사람들이 나 여호와가 내 칼을 칼
집에서 뽑은 줄 알게 될 것이다. 나는 내
칼을 다시 칼집에 꽂지 않을 것이다.'
6 사람아, 탄식하여라. 백성들이 보는 앞에
서 허리가 끊어질 듯이 크게 슬퍼하여라.
7 그들이 '어찌하여 슬퍼하느냐?' 고 묻거든
너는, '들려 오는 소문 때문이다. 사람마
다 두려움에 간장이 녹고 모든 손을 떨 것
이다. 모든 무릎이 물처럼 흐느적거릴 것
이다. 보아라, 재앙이 다가오고 있다. 반
드시 재앙이 닥칠 것이다. 주 여호와의 말
씀이다' 하고 대답하여라."
8 여호와께서 내게 말씀하셨다.

부패(20:44 rot) 타락하고 바르지 못함.
탄식(21:6 sigh) 한탄하여 한숨을 쉼.
홀(21:13 scepter) 왕이 손에 쥐었던 일종의 지
휘봉으로 권력을 상징하였다.

9 "사람아, 예언하여라. 나 여호와가 이렇
게 말한다. '칼이다, 칼이다, 날이 선 날
카로운 칼이다.
10 사람을 죽이려고 칼을 갈았다. 번개처럼
번뜩이는 날 선 칼이다. 나의 백성이 모
든 경고를 무시하니 어찌 즐거워할 수 있
겠는가?
11 그 칼은 사형집행인을 위해 날카롭게 번
쩍인다.
12 사람아, 외치고 부르짖어라. 칼이 내 백
성을 치고 이스라엘의 귀족들을 칠 것이
다. 그들이 칼에 쓰러지고 내 백성도 칼
에 맞아 죽을 것이다. 그러므로 너는 가
슴을 치며 슬퍼하여라.
13 시험할 때가 반드시 올 것이다. 만일 업
신여기는 홀이 없어지면 어찌 될까? 주
여호와의 말씀이다.
14 그러므로 사람아, 예언하여라. 손뼉을 힘
껏 치고 칼을 두세 번 내리쳐라. 그 칼은
죽이는 칼이며 수많은 사람을 죽이는 칼
이다. 그 칼이 사방으로 무리를 조여 들
어간다.
15 사람들의 간장이 녹고 수많은 사람이 쓰
러진다. 내가 성문마다 죽이는 칼을 놓아
두었다. 아, 칼이 번개처럼 번쩍인다. 사
람을 죽이려고 칼이 손에 들려 있다.
16 칼아, 오른쪽을 내리쳐라. 칼아, 왼쪽을
내리쳐라. 칼날이 닿는 곳마다 어디든지
내리쳐라.
17 나도 손뼉을 치겠다. 그러면 내 분노도 풀
릴 것이다. 나 여호와의 말이다.'"

멸망할 예루살렘

18 여호와께서 내게 말씀하셨다.
19 "사람아, 바빌로니아 왕이 칼을 가지고 올
두 길을 그려라. 두 길은 같은 땅에서 시
작되어야 한다. 그리고 성으로 들어가는
갈림길에는 표시를 해 두어라.
20 한 길은 바빌로니아 왕이 칼을 가지고 암
몬 땅 랍바로 갈 길이고, 다른 길은 유다
와 예루살렘 성으로 들어가는 길이다.
21 바빌로니아 왕은 길이 갈라지는 곳에 이르
러 화살을 흔들어 점을 치기도 하고 우상

하나님이 심판의 칼을 드심(21:9-12)

들에게 묻기도 할 것이며 희생 제물의 간
을 살피기도 할 것이다.
22 점을 친 점괘는 오른쪽, 곧 예루살렘으로
가서 커다란 통나무로 성문을 허물고, 군
사들이 함성을 지르며, 흙 언덕을 쌓아 성
안으로 들어가는 진로를 만들어 공격할
작업을 하라는 것이다.
23 바빌로니아에게 충성을 맹세했던 자들에
게는 이것이 헛된 점괘로 보이겠지만 바
빌로니아 왕은 그들의 죄를 기억나게 해
줄 것이며 그들을 포로로 잡아갈 것이다.
24 그러므로 나 주 여호와가 말한다. 너희가
노골적으로 반역함으로 너희 죄를 스스로
에게 드러내 보였다. 너희가 하는 모든 일
에 너희 죄가 나타나 있다. 그러므로 너
희는 적군에게 포로가 되어 잡혀 갈 것이
다.
25 너 더럽고 악한 이스라엘 왕아, 네 마지막
날이 가까이 왔다. 형벌의 시간이 가까이
왔다.
26 나 주 여호와가 말한다. 머리에 두른 것
을 풀고 왕관을 벗어라. 이전과 같지 않
을 것이니 높은 사람은 낮아지고 낮은 사
람은 높아질 것이다.
27 재앙이다! 재앙이다! 내가 재앙을 보낼 것
이다! 마땅히 다스려야 할 사람이 오기 전

까지는 이 곳이 다시 회복되지 않을 것이
다. 그가 오면, 그에게 주어질 것이다."

암몬의 죄악

28 "너 사람아, 예언하고 전하여라. 암몬 사
람들과 그들이 받을 모욕에 관해 나 여호
와가 이렇게 말한다. 칼이다, 칼이다. 사
람을 죽이려고 칼을 빼어 들었다. 사람을
삼키려고 칼을 갈았다. 번개처럼 휘두르
려고 칼을 갈았다.
29 너에 관해 헛된 환상을 보고 거짓 예언을
한다 하더라도 죽어 마땅한 악한 자들의
목에 칼이 떨어질 것이다. 그 날이 이르
렀다. 마지막 심판의 날이 이르렀다.
30 칼을 다시 칼집에 넣어라. 네가 지음받은
곳에서 내가 너를 심판하겠다. 네 조상의
땅에서 내가 너를 심판하겠다.
31 나의 분노를 너에게 쏟아 붓고 불 같은 내
진노를 너에게 내뿜겠다. 내가 너를 잔인
한 사람들의 손에 넘겨 주겠다. 파괴하는
기술이 있는 자들에게 넘겨 줄 것이다.
32 너는 땔감같이 될 것이며 네가 네 땅에서
죽을 것이니 아무도 너를 기억하지 않을
것이다. 이는 나 여호와가 말했기 때문이
다.'"

예루살렘의 죄

22 여호와께서 내게 말씀하셨다.
2 "사람아, 네가 저 성을 심판하겠
느냐? 저 살인자들의 성을 심판하겠느냐?
그렇다면 먼저 그들이 저지른 모든 혐오
스런 행위들을 일러 주어라.
3 너는 주 여호와께서 이렇게 말씀하신다고
전하여라. '사람을 죽임으로 재앙을 불러
들이고, 우상을 만듦으로 네 몸을 더럽히
는 성아,
4 너는 살인하여 죄를 짓고 우상을 만들어
서 네 몸을 더럽히며 죄를 지었다. 그러
므로 네 심판의 날이 가까이 왔고 너의 햇
수가 다 찼다. 네가 여러 나라로부터 부
끄러움을 당하게 될 것이다. 온 세상이 너
를 경멸하고 조롱할 것이다.
5 가까이 있는 사람이나 멀리 떨어져 있는
사람 모두 너를 비웃을 것이다. 너는 악
명 높은 도시이며, 혼란스러운 성이다.
6 네 안에 사는 이스라엘의 지도자들이 권력
을 사용하여 사람들을 얼마나 많이 죽였
는지 보아라.
7 성 안에서 그들은 아버지와 어머니를 멸
시하고 외국인을 학대하며 고아와 과부를
함부로 대했다.
8 너는 내 거룩한 것들을 멸시했고 내 안식
일을 더럽혔다.
9 성 안에는 남을 헐뜯고 죽이려는 자들이
있으며, 산 위 신당에서 우상들에게 바친
음식을 먹으며 음란한 짓을 저지르는 사
람도 있다.
10 또 성 안에는 자기 아버지의 아내와 잠자
리를 같이하는 사람이 있으며, 월경 중에
있는 여자와 잠자리를 같이하는 사람도
있다.
11 또 이웃의 아내와 몹쓸 짓을 하는 사람이
있으며, 며느리와 음란한 짓을 하고, 누
이와 잠자리를 같이하는 사람도 있다.
12 돈을 받고 살인을 하는 사람도 있으며, 지
나친 이자를 받는 사람도 있으며, 이웃을
착취함으로 이익을 얻는 사람도 있으니
그들은 나를 잊어 버린 것이다. 나 주 여
호와의 말이다.
13 그러므로 불의한 이익을 챙기고 사람을
죽인 너를 내 손으로 치겠다.
14 내가 너를 처벌하는 날에 너에게 감히 견
딜 수 있는 용기와 힘이 있겠는가? 나 여
호와가 말하였으니 반드시 이룰 것이다.
15 내가 너를 여러 민족들 중에 흩어 쫓아 버
리고 너의 더러운 것을 없애 버릴 것이다.
16 네가 여러 민족들 앞에서 더럽혀지게 될
때, 너는 내가 여호와라는 것을 알게 될
것이다.'"

쓸모없게 된 이스라엘

17 여호와께서 내게 말씀하셨다.
18 "사람아, 이스라엘 백성이 내게는 쓸모없
는 찌꺼기처럼 되었다. 그들은 은을 정련
한 뒤에 용광로 속에 남아 있는 구리와 주
석, 쇠와 납처럼 되었다.
19 그러므로 나 주 여호와가 말한다. 너희가

찌꺼기처럼 쓸모없게 되었으므로 내가 너
희를 예루살렘에 모을 것이다.
20 사람이 은과 구리와 쇠와 납과 주석을 모
아서 용광로에 넣고 뜨거운 불에 녹이듯
이 나도 내 불붙는 진노 속에 너희를 모
아 녹여 버릴 것이다.
21 내가 너희를 모아 진노의 불을 내뿜으면
22 은이 용광로 속에서 녹듯이 너희도 이 성
안에서 완전히 녹을 것이다. 그 때에 너
희는 나 여호와가 진노를 너희에게 쏟아
부었다는 것을 알게 될 것이다."

지도자들의 죄

23 여호와께서 내게 말씀하셨다.
24 "사람아, 이 땅을 향해 말하여라. '너는
진노의 날에 비도 없고 소나기도 내리지
않는 땅이다.'
25 이스라엘의 지도자들은 음모를 꾸미고 으
르렁거리는 사자처럼 잡은 먹이를 갈기갈
기 찢는다. 그들은 사람을 해치고 보물과
귀중품을 빼앗으며 많은 여자들을 과부로
만든다.
26 이스라엘의 제사장들은 내 율법을 함부로
다루고 내 거룩한 성소를 더럽혔으며 거
룩한 것과 거룩하지 않은 것을 구별하지
않았고, 깨끗한 것과 부정한 것을 구별하
도록 가르치지 않았으며, 내 안식일을 기
억하지도 않았다. 그래서 내가 그들 가운
데서 더럽혀진 것이다.
27 예루살렘의 지도자들은 먹이를 뜯는 늑대
와 같다. 그들은 불의한 이익을 얻으려고
피를 흘리고 사람을 죽였다.
28 그런데 예언자들은 헛된 환상과 거짓 예
언으로 그들의 죄를 감쪽같이 덮으려 한
다. 그들은 여호와께서 말씀하시지 않았
는데도 '주 여호와께서 이렇게 말씀하신
다' 라고 한다.
29 그 땅의 사람들은 남을 속이고 훔치며, 가
난하고 어려운 사람들을 학대하고 외국인
을 속여 정당한 보호를 받지 못하게 한다.
30 나는 이 땅을 위해 성벽을 쌓고 내 앞에
서서 성벽의 무너진 곳을 지키는 사람이
있는가 하고 두루 찾아보았다. 찾으면,
이 성을 멸망시키지 않으려 했으나 아무
리 찾아도 그런 사람은 없었다.
31 그러므로 이제 내 분노를 그들에게 쏟아
부어 불 같은 진노로 그들을 멸망시키겠
다. 그들이 저지른 모든 악한 짓에 따라
갚아 주겠다. 나 주 여호와의 말이다."

사마리아와 예루살렘

23 여호와께서 내게 말씀하셨다.
2 "사람아, 한 어머니에게 두 딸이
있었다.
3 그들은 어렸을 때부터 이집트로 가서 창
녀가 되었다. 이 남자 저 남자가 그들의
몸에 손을 대었고, 젖가슴을 어루만졌다.
4 언니의 이름은 오홀라였고, 동생의 이름
은 오홀리바였다. 그들은 내게 속한 사람
이었고, 각기 아들과 딸을 낳았는데 오홀
라는 사마리아이고, 오홀리바는 예루살렘이
다.
5 그런데 오홀라가 나를 버리고, 그 연인인
앗시리아*에게로 갔다.
6 그들은 푸른색 옷을 입은 총독과 지휘관

성경 자세히 이해하기

오홀라와 오홀리바

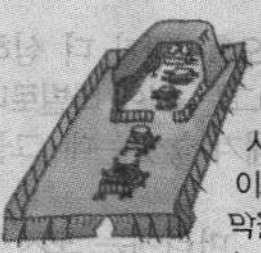

'오홀라' 는 히브리어로 '그녀의 장막' 이란 뜻입니다. 오홀라가 의미하는 것은 사마리아로 대표되는 북왕국 이스라엘이 자기 스스로의 장막을 소유하고 있다는 것입니다. 즉 거짓 장막, 곧 우상을 숭배하는 사당들을 갖고 있었다는 뜻입니다. 한편, 오홀리바는 히브리어로 '내 장막이 그녀 안에 있음' 이란 뜻입니다. 사마리아와는 달리 예루살렘에는 하나님의 성전이 있었습니다. 비슷한 발음을 지닌 두 개의 상징적인 이름을 쓴 까닭은 이름이 비슷하듯이 그들이 지은 죄악도 같다는 것을 보여 주기 위함입니다. 본문 보기 23장

알아두세요

23:5 개역 성경에는 '앗수르' 라고 표기되어 있다.

으로 모두 잘생기고 말을 잘 타는 매력적
인 용사들이었다.
7 오홀라는 앗시리아의 모든 높은 사람들과
음란한 짓을 하며 자기가 좋아하는 사람
들의 우상들로 몸을 더럽혔다.
8 오홀라는 이집트에서부터 시작한 음란한
짓을 그치지 않았고 젊었을 때부터 남자
들과 잠자리를 같이했다. 남자들이 그녀
의 젖가슴을 만졌고, 그녀와 잠자리를 같
이했다.
9 그래서 내가 그녀를 그녀의 연인, 곧 그
녀가 마음을 빼앗긴 앗시리아 사람들에게
넘겨 주었다.
10 그랬더니 그들은 그녀의 몸을 벌거벗기고
그녀의 아들딸들을 붙잡아 갔으며, 결국
그녀를 칼로 죽였다. 그녀는 모든 여자들
의 이야깃거리가 되었다.
11 그녀의 동생 오홀리바는 오홀라에게 일어
난 일을 보고도 자기 언니보다 더 음란하
였다.
12 오홀리바도 앗시리아 사람들을 사랑했다.
그들은 총독과 지휘관과 군복을 입은 용
사들과 기병들로서 모두 잘생겼다.
13 내가 보니, 그녀도 역시 몸을 더럽혔다.
두 여자가 모두 똑같은 길을 걸었던 것이
다.
14 그러나 그 둘 가운데 오홀리바가 더 심하
게 창녀 짓을 하였다. 그는 벽에 바빌로니
아 남자들의 모습을 새겨 놓았는데 그들
은 붉은 옷을 입었고,
15 허리에는 띠를 찼으며, 머리에는 모자를
썼다. 그들은 바빌로니아 출신의 전차 장
교들처럼 보였다.
16 오홀리바는 그들을 바라보면서 음란한 생
각을 하고 바빌로니아에 있는 그들에게 사
람을 보내기까지 하였다.
17 그러자 바빌로니아 사람들이 와서, 그녀와
잠자리를 같이하여 그녀를 더럽혔다. 그
들에 의해 더러워지자 그녀는 그들에게서
싫증이 나 그들을 떠나게 되었다.
18 그녀는 이와 같이 드러내 놓고 창녀 짓을
하였으며 벌거벗은 몸으로 다니기도 하였
다. 그래서 내가 그의 언니를 싫어했듯이
그녀도 싫어하게 되었다.
19 그런데도 그녀는 젊었을 때, 이집트에서
음란하게 살던 일을 생각하면서 더욱더
음란한 짓을 하였다.
20 그 곳에서 그녀는 짐승 같은 남자들을 뒤
쫓아다녔다. 그들의 하체는 나귀의 그것
과 같고, 그들의 정력은 말의 그것과 같
았다.
21 그녀는 이집트 남자들이 가슴을 만지고 음
란한 짓을 하던 때를 그리워하였다."

하나님께서 예루살렘을 심판하시다

22 "그러므로 오홀리바야, 나 주 여호와가 말
한다. 네가 싫증을 낸 네 연인들을 부추
겨 너를 치게 하며 사방으로 너를 에워싸
게 만들겠다.
23 바빌로니아 사람과 브곳 사람과 소아 사람
과 고아 사람들이 모든 앗시리아 사람들과
함께 너를 치러 올 것이다. 그들은 총독
과 지휘관과 귀족들과 용사들로서 모두
기병들이다.
24 그들은 무기와 전차와 수레를 거느리고
큰 군대와 함께 올 것이다. 그들은 크고
작은 방패와 투구로 무장하고 너를 에워
쌀 것이다. 내가 너를 그들에게 넘겨 주
어 너를 치게 할 것이다. 그러면 그들은
자기들의 방식대로 너를 심판할 것이다.
25 그 때에 너는 내가 얼마나 크게 노했는가
를 알게 될 것이다. 그들은 잔인하게 너
를 다룰 것이다. 네 코와 귀를 베어 버리
고, 네 아들딸들을 잡아 가며, 남은 자들
은 불에 태우고,
26 네 옷과 보석들을 빼앗아 갈 것이다.
27 이렇게 해서 나는 네가 이집트에서 시작

전차(23:24 chariot) 전쟁 · 사냥 · 경주에 쓰인 이륜 마차.
투구(23:24 helmet) 군인이 싸움에서 머리를 보호하기 위하여 쓰던 두껍고 단단한 모자.
약탈(23:46 plunder) 폭력을 써서 남의 것을 강제로 빼앗음.

해서 지금까지 해온 음란한 생활을 그치
게 하겠다. 네가 다시는 그런 짓들을 그
리워하지 않을 것이며, 다시는 이집트를
기억하지 않을 것이다.
28 나 주 여호와가 말한다. 나는 네가 싫증
을 낸 자들에게, 즉 네가 미워하는 자들
의 손에 너를 넘겨 주겠다.
29 미움으로 가득 찬 그들이 너를 함부로 다
루고 네가 열심히 일해서 얻은 것을 빼앗
아 가며, 너를 벌거숭이로 만들 것이니 네
가 저지른 모든 죄가 온 세상에 드러날 것
이다.
30 너의 음란한 죄 때문에 이 모든 일이 너
에게 일어난 것이다. 네 몸이 더럽혀진 것
은 네가 그들의 우상을 섬겼기 때문이다.
31 언니의 길을 그대로 갔기 때문에 너도 언
니가 받은 심판을 받게 될 것이다.
32 나 여호와가 말한다. 너는 네 언니가 마
신 크고 넓은 잔을 마실 것이다. 그 잔이
넘치도록 가득 찼으니 이는 사람들의 조
롱과 경멸로 가득 찬 잔이다.
33 그 잔은 취함과 슬픔을 주는 잔이요, 파
멸과 폐허의 잔이요, 네 언니 사마리아의
잔이다.
34 너는 그 잔을 한 방울도 남김없이 다 마
실 것이다. 그런 뒤에 너는 그 잔을 깨뜨
리고 네 젖가슴을 쥐어 뜯을 것이다. 나
주 여호와의 말이다.
35 그러므로 나 주 여호와가 말한다. 네가 나
를 잊고 내게서 등을 돌렸으므로 네가 저
지른 음란과 창녀 짓의 대가를 단단히 치
러야 할 것이다."

사마리아와 예루살렘에 대한 심판

36 여호와께서 내게 말씀하셨다. "사람아,
네가 오홀라와 오홀리바를 심판하겠느냐?
그렇다면 그들이 저지른 혐오스런 모든
짓들을 일러 주어라.
37 그들은 간음하였고, 사람을 죽여 그 피가
손에 남아 있다. 그리고 우상과 간음하였
으며, 심지어 그들이 내게서 낳은 자녀들
까지 불에 태워 우상에게 제물로 바쳤다.
38 또한 그들은 나에게 이런 짓을 했다. 곧
그들은 내 성전을 더럽혔으며 내 안식일
도 더럽혔다.
39 자기 자녀를 우상들에게 바치던 바로 그
날에, 내 성전에 들어와 내 성전을 더럽
혔다. 이것이 그들이 내 성전에서 저지른
짓들이다.
40 그들은 멀리 사람을 보내어 남자들을 불
러들였다. 두 자매는 그들을 맞으려고 목
욕을 하고 눈 화장을 하고 보석으로 몸을
치장했다.
41 그리고 그들은 화려한 소파에 걸터앉아
그 앞에 상을 차려 놓았는데 그 상 위에
는 내가 준 향과 기름을 올려 놓았다.
42 성 안에서 떠들썩한 소리가 들리니, 광야
쪽에서 사람들이 술에 취한 채 몰려오고
있었다. 그들은 두 자매의 팔에 팔찌를 끼
워 주고 머리에는 아름다운 관을 씌워 주
었다.
43 그 때에 내가 간음으로 닳아빠진 여자에
대해 다음과 같이 말했다. '자, 저 여자
를 창녀처럼 데리고 놀아 보아라. 저 여
자는 창녀와 다를 바가 없다.'
44 그들은 그녀들과 잠자리를 같이했다. 마
치 창녀와 잠을 자듯, 그들은 그렇게 음
란한 오홀라와 오홀리바와 잠을 잤던 것이
다.
45 그러나 의로운 사람이 나타나 간음을 저
지르고 사람을 죽인 이 여인들을 심판할
것이다. 이는 이 여인들은 음란한 짓을 했
고 그들의 손에는 피가 묻어 있었기 때문
이다.
46 나 주 여호와가 말한다. 폭도들을 불러모
아 오홀라와 오홀리바를 약탈하고 치게 하
여 공포와 두려움에 떨게 할 것이다.
47 폭도들이 돌과 칼로 그들을 칠 것이다. 그
리고 그들의 아들딸을 죽이고 그들의 집
을 불태울 것이다.
48 이렇게 해서 나는 이 땅의 음란한 짓들을
뿌리째 뽑을 것이다. 그러면 모든 여자들
에게 경고가 되어 너희의 음란한 짓을 본
받지 않을 것이다.
49 너희는 음란한 짓에 대한 죄값으로 형벌

을 받을 것이며, 우상을 섬긴 죄로 심판
받을 것이다. 그 때에 너희는 내가 주 여
호와라는 것을 알게 될 것이다."

솥과 고기

24 구 년 열째 달 십 일에 여호와께
서 내게 말씀하셨다.
2 "사람아, 오늘 날짜를 잘 기록해 두어라.
바빌로니아 왕이 바로 이 날에 예루살렘을
포위하였다.
3 내게 반역하는 이 백성에게 비유를 들어
서 말하여라. '주 여호와가 말씀하신다.
가마솥을 걸어라. 가마솥을 걸어라. 그
안에 물을 부어라.
4 거기에 고기를 잘게 썰어 넣어라. 가장 좋
은 넓적다리와 어깨 부분을 넣고 가장 좋
은 뼈들로 가득 채워라.
5 양 떼 가운데서 가장 좋은 것을 잡아라.
솥 아래에 장작불을 피워 고기를 삶아라.
고기를 삶되 뼈까지 푹 고아라.
6 나 주 여호와가 말하노라. 피로 물든 성
위에 재앙이 있을 것이다. 녹슨 가마솥에
재앙이 내릴 것이니 그 녹이 없어지지 않
을 것이다. 가마솥에서 고기를 한 점씩 꺼
내어라. 이것저것 가리지 말고 모두 꺼내
어라.
7 낭자한 핏자국이 성 안에 남아 있다. 맨
바위 위에도 피가 묻어 있다. 땅에 흘린
피는 흙으로 덮었기 때문에 보이지 않는
구나.
8 이제 내가 복수의 분노를 쏟아 붓겠다.
내가 너의 피를 맨 바위 위에 쏟아 붓겠
다. 아무도 그것을 흙으로 덮지 못할 것
이다.
9 그러므로 나 주 여호와가 말한다. 피로 물
든 성 위에 재앙이 있을 것이다. 내가 장
작더미를 높이 쌓아 올리겠다.
10 장작을 쌓고 불을 지펴라. 고기를 푹 삶
고 양념을 잘 섞어 넣어라. 그리고 뼈는
태워라.
11 그런 뒤 빈 가마솥을 숯불에 올려놓아라.

솥을 뜨겁게 하며 놋쇠를 벌겋게 달구어
라. 그리하여 솥 안의 더러운 찌꺼기를 녹
이고 붉은 녹을 태워 버릴 것이다.
12 내가 아무리 불로 달구어도 두껍게 낀 녹
은 없어지지 않았다.
13 너의 더러운 찌꺼기는 음탕함이다. 내가
아무리 너를 깨끗하게 하려 해도 너의 찌
꺼기는 제거하지 못했다. 너를 향한 나의
분노가 다 지나가기 전까지는 네가 깨끗
해지지 않을 것이다.
14 나 여호와가 말했으니 이제 행동할 때가
되었다. 내가 마음을 돌이키지 않고, 후
회하지도 않을 것이며, 더 이상 불쌍히 여
기지도 않을 것이다. 네 행동과 행위에 따
라서 네가 심판을 받을 것이다. 나 주 여
호와의 말이다.'"

에스겔의 아내가 죽다

15 여호와께서 내게 말씀하셨다.
16 "사람아, 내가 단숨에 너의 가장 사랑하
는 아내를 빼앗아 가겠다. 그렇더라도 슬
퍼하거나 울거나 눈물을 흘리지 마라.
17 죽은 사람을 위해 소리내어 울지 말고 조
용히 슬퍼하여라. 머리에 수건을 두르고,
신발을 신되, 얼굴의 아랫부분은 가리지
마라. 그리고 문상객을 위한 음식을 먹지
마라."
18 그래서 내가 아침에 사람들에게 이야기해
주었는데, 저녁이 되자 내 아내가 죽었
다. 이튿날, 나는 여호와께서 명령하신
대로 했다.
19 그 때 사람들이 내게 와서 물었다. "도대
체 이런 일들이 무슨 뜻인지 우리에게 말
씀해 주시겠습니까?"
20 내가 그들에게 말했다. "여호와께서 내게
말씀하셨다.
21 이스라엘 백성에게 다음과 같이 전하라고
하셨다. '주 여호와의 말씀에, 너희의 긍
지와 자랑이요, 너희 눈의 즐거움이며,
애정의 대상인 내 성전을, 내가 더럽힐 것
이다. 그리고 너희가 뒤에 두고 온 너희
의 아들딸들도 칼에 죽을 것이다.
22 에스겔이 한 대로 너희도 하게 될 것이다.
너희는 너희 얼굴의 아랫부분을 가리지
못할 것이며, 문상객을 위한 음식도 먹지
못할 것이다.
23 머리에 수건을 두르고 신발을 신은 채 소
리내어 울지도 못할 것이다. 너희는 너희
죄 가운데서 사라질 것이며, 서로를 바라
보고 탄식할 것이다.
24 그러므로 에스겔이 너희에게 표징이 되
고, 너희도 에스겔이 행동한 대로 하게 될
것이다. 이런 일이 일어날 때에 너희는
내가 주 여호와라는 것을 알게 될 것이
다.'"
25 여호와께서 말씀하셨다. "너 사람아, 내
가 그들의 성벽과 요새, 그들의 기쁨과 영
광, 그들 눈의 즐거움, 그들 마음의 바람,
그리고 그들의 아들딸들을 데려가는 날,
26 바로 그 날에 한 도망자가 네게 와서 소
식을 전해 줄 것이다.
27 그 때가 되면 네 입이 열릴 것이니 너는
말을 할 수 있으며, 더 이상 침묵할 필요
가 없게 될 것이다. 그렇게 해서 너는 그
들에게 표징이 될 것이며, 그들은 내가 여
호와라는 것을 알게 될 것이다."

암몬에 대한 예언

25 여호와께서 내게 말씀하셨다.
2 "사람아, 암몬 사람들이 있는 쪽
을 바라보고 그들을 향해 예언하여라.
3 그들에게 말하여라. '주 여호와의 말씀을
들어라. 주 여호와의 말씀에 너희가 나의
성전이 더럽혀졌을 때에 기뻐했고, 이스
라엘의 땅이 폐허가 되었을 때에 즐거워
했다. 그리고 유다 백성이 포로로 끌려갔
을 때에도 기뻐했다.
4 그러므로 내가 너희를 동쪽의 백성들에게
넘겨 줄 것이다. 그들이 너희 가운데에 진
을 치고 집을 세울 것이다. 그들이 너희
의 열매를 먹고 너희의 우유를 마실 것이
다.

낭자(24:7 disorder) 마구 흩어져 있어 어지러움.
음탕(24:13 lewdness) 행동이 음란하고 방탕함.
표징(24:24 sign) 겉으로 드러나는 특징.

유다의 적들

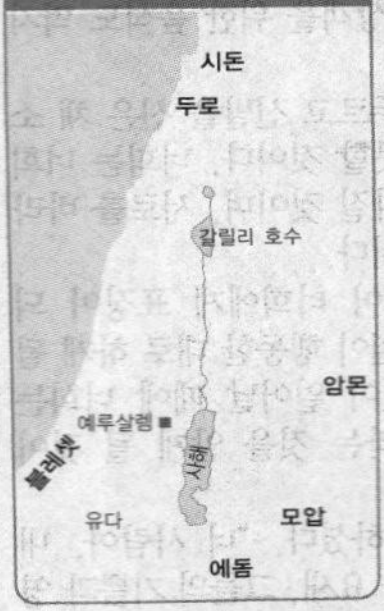

5 내가 랍바 성을
낙타들의 목장으
로 만들겠고, 암몬
땅을 양 떼의 우리
로 만들 것이니 그
때에 너희는 내가
여호와라는 것을
알게 될 것이다.
6 나 주 여호와가
말한다. 너희가 이
스라엘의 땅에 대
하여, 손뼉을 치며
발을 굴렀고, 너의
마음이 온갖 악의
로 가득 차 기뻐했으므로,
7 내가 너를 향해 나의 손을 펼쳐, 너를 다
른 나라들에게 약탈물로 넘겨 줄 것이다.
내가 너를 모든 나라들로부터 끊어 버릴
것이요, 모든 지역으로부터 완전히 제거
할 것이다. 내가 너를 멸망시킬 것이니 그
때에 너는 내가 여호와라는 것을 알게 될
것이다.'"

모압에 대한 예언

8 여호와께서 말씀하셨다. "모압과 세일이
말하기를 '보아라, 유다의 집이 다른 모든
나라들과 같이 되었다'라고 했다.
9 그러므로 내가 모압의 국경 도시들, 곧 그
땅의 영광인 벧여시못과 바알므온 그리고
기랴다임이 공격받게 할 것이다.
10 그리고 모압을 암몬 백성과 함께 동쪽 백
성들에게 넘겨 주어 그들의 소유가 되게
하리니 암몬 사람들이 여러 나라 가운데
기억되지 못할 것이다.
11 내가 모압에게 벌을 내리면 그 때에 그들
이 내가 여호와라는 것을 알게 될 것이
다."

에돔에 대한 예언

12 "나 주 여호와가 말한다. 에돔이 유다의
집에 복수를 함으로써 커다란 죄를 지었
다.
13 그러므로 나 주 여호와가 말한다. 내가 손
을 들어 에돔을 칠 것이요, 에돔 사람들과
짐승들을 죽일 것이다. 내가 에돔을 황폐
하게 만들 것이요, 데만에서부터 드단까지
사람들이 칼에 쓰러질 것이다.
14 내가 내 백성 이스라엘의 손으로 에돔에
복수할 것이니 이스라엘 백성이 나의 분노
와 진노에 맞게 에돔에 행할 것이다. 그
때에 에돔 백성들이 나의 복수를 알게 될
것이다. 나 주 여호와의 말이다."

블레셋에 대한 예언

15 "나 주 여호와가 말하노라. 블레셋 백성이
증오로 가득 찬 마음으로 복수를 꾀했으
며, 악의를 갖고 유다를 멸망시키려 했다.
16 그러므로 나 주 여호와가 말하노라. 내가
손을 들어 블레셋 백성을 치고 그렛 사람
들을 없애 버리며, 해변에 남아 있는 사
람들을 멸망시킬 것이다.
17 내가 그들에게 크나큰 복수를 행할 것이
요, 진노로 그들을 심판할 것이다. 내가
그들에게 원수를 갚을 그 때에 그들은 내
가 여호와라는 것을 알게 될 것이다."

두로에 대한 예언

26 십일 년 어느 달 초하루에 여호와
께서 내게 말씀하셨다.
2 "사람아, 두로가 예루살렘에 대해 말하기
를 '아하! 만국으로 나가는 예루살렘의 성
문이 깨어졌으며, 작은 문들이 활짝 열렸
구나. 예루살렘이 폐허가 되었으니, 내가
번성할 것이다'라고 하였다.
3 그러므로 나 주 여호와가 말한다. 두로야,
내가 너를 칠 것이다. 파도치는 성난 바
다처럼, 수많은 나라들이 네게로 몰려와
칠 것이다.
4 그 나라들이 두로의 성벽을 허물고 망대
를 무너뜨릴 것이다. 또 내가 두로의 깨
진 조각들을 쓸어 내어 그를 맨 바위가 되
게 할 것이다.
5 두로는 바다 가운데 그물 치는 곳이 될 것
이니, 이는 나 여호와가 말하였기 때문이
다. 나 주 여호와의 말이다. 모든 나라에
두로는 약탈물이 될 것이요,
6 내륙 중심부에 있는 두로의 정착지들도
칼에 의해 파괴될 것이다. 그 때에 그들

이 내가 여호와라는 것을 알게 될 것이
다."

느부갓네살이 두로를 공격하다

7 "나 주 여호와가 말한다. 내가 북쪽에서
왕들의 왕인 바빌로니아 왕 느부갓네살을
데려와 두로를 칠 것이다. 그가 말과 전
차와 기병과 큰 군대를 이끌고 올 것이다.
8 그가 내륙 중심부에 있는 너의 정착지들
을 칼로 멸망시킬 것이요, 너를 칠 공격
용 대를 세우고, 너의 성벽 꼭대기에 이
르는 흙 언덕을 쌓을 것이며, 너에게 맞
서 방패를 들어 올릴 것이다.
9 그가 통나무로 성벽을 치고 들어갈 것이
며, 무기로 망대들을 무너뜨릴 것이다.
10 그의 말들이 너무 많아서, 그 말들이 일
으키는 흙먼지가 너를 덮을 것이다. 느부
갓네살 왕이 네 무너진 성문으로 들어가
면, 네 성벽은 병마들과 마차와 전차들 소
리에 흔들릴 것이다.
11 그가 말발굽으로 네 거리를 짓밟고 칼로
네 백성을 죽일 것이다. 네 굳건한 기둥
들도 땅 위로 무너져 내릴 것이다.
12 그의 군대가 네 재산을 빼앗고 네가 팔던
물건들을 약탈할 것이다. 그들이 네 성벽
을 무너뜨리고 네 아름다운 집들을 허물
것이다. 그리고 네 석재와 목재와 흙덩이
까지도 바다에 던져 넣을 것이다.
13 내가 네 노래를 그치게 할 것이며, 다시
는 네 수금 소리가 들리지 않게 할 것이
다.
14 내가 너를 맨 바위가 되게 할 것이요, 너
는 그물을 펼치는 곳이 될 것이다. 다시
는 네가 세워지지 못할 것이니 이것은 나
여호와가 말하였기 때문이다. 나 주 여호
와의 말이다."
15 주 여호와께서 두로에게 다음과 같이 말씀
하셨다. "상처 입은 자들이 신음하고 너를
죽이는 자들이 네 안에서 일어날 때, 너
의 멸망하는 소리에 해안 지역들이 두려
움에 떨지 않겠느냐?
16 그 때에 바닷가의 모든 지도자들이 그 왕
좌에서 내려올 것이며, 그들의 관복을 벗
어 놓고 아름답게 수놓은 옷을 벗을 것이
다. 그들은 두려움에 떨며, 네 모습에 몸
서리 칠 것이다.
17 그 때에 그들이 너에 대한 탄식의 노래를
지어 부를 것이다. '항해자들이 살던, 이
름 있는 도성이여! 네가 어떻게 그렇게 망
하였느냐! 너와 너의 시민들은 바다에서
강한 자들이었고, 해변에 사는 모든 사람
들이 너를 두려워했었다.
18 이제 모든 바닷가들이 네가 망하던 날에
무서워 떤다. 바다의 섬들이 네가 무너지
는 것을 보고 크게 놀라고 있다.'
19 나 주 여호와가 말하노라. 내가 너를 사
람이 살지 않는 도시처럼 황폐한 성이 되
게 하고, 거대한 바닷물로 너를 덮어 버
릴 것이다.
20 내가 너를 땅 밑 죽음의 세계로, 즉 아주
옛적 죽은 사람들에게 내려가도록 하고
그들과 함께 살게 할 것이다. 너는 산 자
의 땅으로 되돌아오지 못할 것이며, 이 땅
에서 다시는 살지 못할 것이다.
21 내가 너로 무서운 마지막을 맞게 하여 네
가 더 이상 여기에 있지 아니할 것이니 사
람들이 너를 찾더라도 다시는 만나지 못

블레셋 평야(25:15-17)

약탈물(25:7 plunder) 폭력을 써서 강제로 빼앗은 물건.
관복(26:16 robe) 관리의 옷.
항해자(26:17 navigator) 배에서 일하는 사람 중 하나. 배의 방위를 측정하고 승무원을 지휘·감독하는 역할을 함.

할 것이다. 나 주 여호와의 말이다.”

두로에 대한 탄식의 노래

27 여호와께서 내게 말씀하셨다.
2 “사람아, 두로에 대한 탄식의 노
래를 불러라.
3 바다로 나가는 어귀에 자리잡고, 많은 해
안선에 살고 있는 사람들과 거래하는 두
로에게 여호와께서 다음과 같이 말씀하신
다고 일러 주어라. ‘오 두로야, 너는 스스
로 아름답다고 말하는구나.
4 너의 경계선은 높은 바다 위에 있으며, 너
를 세운 자들은 너의 아름다움을 극치에
이르게 했다.
5 그들이 스닐*의 잣나무로 너의 모든 재목
을 만들었고, 레바논의 백향목을 가져다
가 너를 위해 돛대를 만들었다.
6 바산의 상수리나무로 너의 노를 만들었
고, 깃딤 해안의 삼나무로 너의 갑판을 만
들어 상아로 장식하였다.
7 이집트에서 온 곱게 수를 놓은 아마포로
네 돛을 만들고 너의 깃발로도 같이 사용
하였다. 너의 갑판 위의 차일은 푸른색과
자주색으로, 엘리사의 해변에서 가져온
것이었다.
8 시돈과 아르왓 사람들이 네 노를 저었다.
오 두로여, 너의 숙련된 자들이 선원으로
배에 탔다.
9 그발의 노련한 기술자들이 배의 틈새를
메우기 위한 기술자로 배에 올랐다. 바다
의 모든 배와 그 뱃사공들이 너와 무역하
기 위해 함께 왔다.
10 페르시아와 리디아와 리비아* 사람들이 네
군대의 군인이 되어 네 성벽에 방패와 투
구를 걸어 놓았으며, 너를 빛나게 했다.
11 아르왓과 헬렉의 사람들이 너의 성벽 주위
를 둘러 지켰으며, 가맛 사람들이 네 망
루에 있었다. 그들이 네 성벽을 빙 둘러
방패를 걸어 놓았고, 네 아름다움을 극치
에 이르게 했다.
12 다시스는 너의 풍부한 물품들 때문에 너
와 장사를 했고, 그들은 너의 물품에 대
해 은과 철과 주석과 납을 대신 주었다.
13 야완*과 두발과 메섹도 너와 무역을 했는
데, 그들은 노예와 놋쇠 제품을 주고 네
물품들을 가져갔다.
14 도갈마 사람들은 네 물품들을 사고, 일하
는 말과 군마, 그리고 노새로 값을 지불
했다.
15 드단* 백성도 너와 교역을 했고 많은 해안
들이 너의 고객이었으니, 그들은 네게 상
아와 값진 흑단으로 물건값을 지불했다.
16 아람*은 너의 많은 물품들 때문에 너와 장
사를 했는데, 그들은 남보석과 자주색 천
과 수놓은 천, 그리고 고운 베와 산호, 홍
옥을 가져와서 네 물건들과 바꾸어 갔다.
17 유다와 이스라엘도 너와 장사를 했는데,
그들은 민닛에서 만든 밀과 과자, 그리고
꿀과 기름과 유향을 가져와서 네 물품들
을 사 갔다.
18 다마스커스는 너의 많은 물건과 풍부한 물
품들 때문에 너와 장사를 했는데, 헬본의
포도주와 자하르 지역의 양털로 너와 장
사를 했다.
19 워단과 야완 사람들도 네 물품들을 사 갔

성경 인물

다시스 성경에는 야완의 아들(창 10:4;대상 1:7)로 나오며, 또 그 후손들이 거주한 지역을 가리키기도 합니다. 일반적으로 오늘날, 스페인 남단의 지브로올터 해협에 위치한 타르터소스로 추정하고 있습니다. 당시에 다시스는 동쪽의 스바와 대조적으로 세상의 서쪽 끝으로 알려졌습니다. 다시스는 금속 생산과 가공업으로 유명했는데, 페니키아인들(두로, 시돈)이 이를 개발하거나 이들과 무역을 했습니다(렘 10:9;겔 27:12,25).

본문 보기 27장 12,25절

알아두세요

27:5 또는 ‘헤르몬’이라고도 한다.
27:10 개역 성경에는 ‘바사와 룻과 붓’이라고 표기되어 있는데 이는 각각 ‘페르시아, 리디아, 리비아’를 가리킨다.
27:13 ‘그리스’를 가리킨다.
27:15 ‘로데스’를 가리킨다.
27:16 다른 사본에는 ‘에돔’이라고 표기되어 있다.

는데, 그들은 철과 계피와 사탕수수를 가
져와서 네 물건들과 바꾸어 갔다.
20 드단은 안장에 덮는 담요를 가지고 너와
장사했다.
21 아라비아와 게달의 모든 통치자들도 너의
고객이 되어 양과 숫양과 염소들을 갖고
너와 장사했다.
22 스바와 라아마의 상인들도 너와 장사를 했
다. 그들은 너의 물품을 사고, 온갖 종류
의 최고의 향료와 값진 보석들, 그리고 금
을 지불했다.
23 하란과 간네와 에덴 사람들과 스바와 앗시
리아와 길맛의 상인들도 너와 무역을 했
다.
24 그들은 아름다운 옷과 청색 옷감과 수놓
은 작품들과 여러 가지 색깔로 물들인 양
탄자와 단단히 꼰 밧줄을 너에게 주고 물
품을 교환해 갔다.
25 다시스의 배들이 너의 물품들을 실어 나
른다. 너는 무거운 화물들을 가득 채우
고, 바다 한가운데로 나간다.
26 너의 노를 젓는 사람들이 너를 깊은 바다
로 데리고 나가지만 동풍이 불어와 바다
한가운데서 너를 산산조각낼 것이다.
27 너의 재산과 물품들과 상품들, 네 뱃사람
들과 사공들, 그리고 배 일꾼들, 네 상인
들과 너의 모든 군인들, 그리고 배에 탄
그 밖의 모든 사람들이 바다 한가운데에
빠지게 될 것이다. 네 배가 좌초하는 날
에 그렇게 될 것이다.
28 네 뱃사람들이 울부짖을 때, 해변가의 사
람들이 무서워 떨 것이다.
29 노를 젓는 모든 사람들이 배를 버리고 선
원들과 모든 뱃사람들이 바닷가에 서서,
30 목소리를 높여 너를 향해 크게 울부짖을
것이다. 그들은 티끌을 자기 머리 위에 뿌
리며 재 속에서 뒹굴 것이다.
31 너로 인하여 그들은 머리를 밀며 베옷을
입을 것이다. 고통 속에서 크나큰 소리로
슬피 울 것이다.
32 그들이 너를 향해 통곡하며, 너를 위해 애
도의 노래를 부를 것이다. 누가 두로처럼
침묵한 적이 있고 바다에 둘러싸인 적이
있었는가?
33 네 상품들이 바다로 팔려 나갔을 때, 너
는 많은 나라들을 만족시켰다. 너의 커다
란 재물과 너의 물품들로 너는 땅의 왕들
을 부유하게 만들었다.
34 그런데 이제 너는 바다에 빠져 산산조각
났고, 깊은 바다에 잠기니, 너의 물품들
과 너의 모든 동행자들이 너와 함께 깊은
바다에 빠졌다.
35 바닷가에 사는 모든 자들이 너를 보고 크
게 놀라고 그들의 왕들도 몸서리를 치며,
그 얼굴이 두려움으로 일그러졌다.
36 모든 나라의 상인들이 너를 비웃으니, 너
는 비참한 최후를 맞았고 이제 끝장나 버
렸다.'"

두로 왕에 대한 예언

28 여호와께서 내게 말씀하셨다.
2 "사람아, 두로 왕에게 전하여라."
여호와께서 말씀하셨다. "네가 마음에 교
만한 생각을 품으며 '나는 신이다. 나는
바다 한가운데 있는 신의 보좌에 앉아 있
다'라고 말한다. 네가 네 자신을 신처럼
지혜롭다고 생각하지만 너는 신이 아니라
사람일 뿐이다.
3 네가 다니엘보다 지혜로워서 세상의 모든
비밀을 다 아느냐?
4 너는 네 지혜와 명철로 재물을 모아 부자
가 되었으며, 금과 은을 모아들여 네 창
고에 가득 채웠다.
5 뛰어난 무역 기술로 네 재산을 많이 늘렸
지만 재산이 많아져서 네 마음이 거만해
졌다.
6 그러므로 나 여호와가 이렇게 말한다. 네

차일(27:7 awning) 햇볕을 가리기 위해 치는 포장.
망루(27:11 watchtower) 망을 보기 위해 세운 높은 다락집.
교역(27:15 trade) 물건을 서로 사고 파는 일.
좌초(27:27 stranding) 배가 암초에 얹힘.

가 스스로 '내가 신처럼 지혜롭다'고 말
하지만,
7 내가 세상에서 가장 잔인한 외국인들을
불러들여 너를 치도록 할 것이다. 그들이
칼로 너의 아름다움과 지혜를 내리치고,
너의 찬란한 영광을 무너뜨릴 것이다.
8 그들이 너를 구덩이에 넣으리니 네가 바
다 한가운데서 끔찍하게 죽을 것이다.
9 그런데도 네가 '나는 신이다'라고 말할
수 있겠느냐? 너를 죽이는 사람들 앞에서
그렇게 말할 수 있겠느냐? 너는 그들 앞
에서, 신이 아니라 사람일 뿐이다.
10 너는 외국인들 앞에서 할례받지 못한 이
방인처럼 죽음을 맞을 것이다. 나 주 여
호와의 말이다."
11 여호와께서 내게 말씀하셨다.
12 "사람아, 두로 왕에 대한 애가를 지어 그
에게 전하여라. '너는 완전한 것의 모델
이었으며 많은 지혜와 완전한 아름다움을
소유했다.
13 너는 하나님의 동산 에덴에 있으면서 그
곳에서 온갖 값진 보석으로 치장하였다.
홍옥과 황옥과 취옥과 금강석과 녹주석과
벽옥과 청옥과 남보석과 감람석으로 몸을
치장하였다. 네가 지닌 장식품들은 모두
금이었다. 네가 지음받던 날에 그 보석들
이 모두 준비되었다.
14 내가 너를 택하고 향유로 기름부어, 지키
는 그룹으로 세웠다. 너는 하나님의 거룩
한 산에 있었고, 빛나는 보석들 사이로 다
녔다.
15 너는 지음받았던 날부터 티 없이 깨끗하
게 살아 왔다. 그러나 언제부터인가 네 안
에 악한 것이 드러났다.
16 멀리 떨어진 나라들과 무역을 하면서 너
는 폭력을 배웠고, 죄를 짓기 시작했다.
그래서 내가 너를 하나님의 산에서 쫓아
내고 부끄러움을 당하게 했다. 그러므로
너 지키는 그룹아, 내가 너를 추방하고 빛
나는 보석들 사이에서 몰아 낸 것이다.
17 네 아름다움 때문에 네 마음이 너무 교만
해졌다. 네 찬란한 영광 때문에 네 지혜
를 썩게 만들었다. 그래서 내가 너를 땅
바닥에 내던지고 모든 왕들 앞에서 창피
하게 하였다.
18 너는 많은 죄와 부정직한 무역으로 너의
성소들을 더럽혔다. 그래서 내가 네 한가
운데에 불을 질러 너를 삼키고 너를 구경
하던 사람들 앞에서 잿더미로 만들어 버
렸다.
19 너를 알던 모든 나라들이 네 모습을 보고
놀랐다. 네가 끔찍한 종말을 맞이하게 되
었으니, 너는 이제 영원히 사라져 버릴 것
이다.'"

시돈에 대한 예언

20 여호와께서 내게 말씀하셨다.
21 "사람아, 시돈 성을 바라보고 그 성을 향
해 예언하여라.
22 너는 '주 여호와께서 이렇게 말씀하셨다'
라고 하여라. '오 시돈아, 내가 너를 치겠
다. 내가 네 가운데서 영광을 나타내겠
다. 내가 시돈을 심판하여 나의 거룩함을
드러낼 때, 그들은 내가 여호와라는 것을
알게 될 것이다.
23 내가 시돈에 전염병을 보내겠다. 시돈의
거리들마다 피가 넘쳐 흐를 것이다. 사방

성경 지명

시돈

시돈은 페니키아를 대표하는 지중해 연안의 항구 도시였습니다. 한 때는 '큰 시돈'(수 11:8;19:28)이라고 불릴 만큼 페니키아의 도시 국가들을 지배하였습니다. 그러나 B.C. 9세기에 이르러 세력이 약해져 정치적으로 두로에 종속되었습니다. 시돈 사람들은 바알과 아스다롯을 섬겼는데, 솔로몬 시대에는 이들의 종교에 많은 영향을 받았습니다(왕상 11:5). 아합 왕이 시돈 왕 엣바알의 딸 이세벨과 결혼함으로써 바알 숭배가 이스라엘에 퍼지게 됩니다. 시돈은 이집트에 의해 지배를 받다가 바빌로니아의 느부갓네살 왕에게 정복당했습니다.

본문 보기 28장 21-23절

에서 시돈을 향해 칼을 휘두르니 수많은
사람들이 죽어 넘어진다. 그 때에 그들이
내가 여호와라는 것을 알게 될 것이다.'"

하나님께서 이스라엘을 도우시다

24 여호와께서 말씀하셨다. "이제 다시는 이
스라엘 백성에게 찔레나 가시와 같은 악
한 이웃 나라들이 없을 것이다. 그 때에
그들이 내가 여호와라는 것을 알게 될 것
이다.
25 내가 이스라엘 백성을 그들이 흩어져 살던
여러 민족들로부터 다시 모아들이고 여러
민족들 앞에서 나의 거룩함을 드러낼 것
이다. 그 때에 이스라엘 백성은 자기 땅,
곧 내 종 야곱에게 준 땅에서 살게 될 것
이다.
26 그들이 그 땅에서 평안히 살면서 집도 짓
고 포도밭도 가꿀 것이다. 그들을 못살게
굴던 이웃 나라들에 벌을 줄 것이다. 그
때, 이스라엘 백성은 평안히 살 것이다.
그 때에 그들이 내가 그들의 하나님 여호
와라는 것을 알게 될 것이다."

이집트에 대한 예언

29 십 년 열째 달 십이 일에 여호와께
서 내게 말씀하셨다.
2 "사람아, 이집트 왕 파라오를 향해 예언하
여라. 그와 온 이집트를 쳐서 예언하여라.
3 너는 전하여라. '이집트 왕 파라오야, 내
가 너를 치겠다. 너는 강에 기어다니는 커
다란 괴물이다. 네가 말하기를, "나일 강
은 내 것이다. 내가 나를 위해 나일 강을
만들었다"라고 한다.
4 그러나 내가 갈고리로 네 아가미를 꿰고
강의 물고기를 네 비늘에 붙게 할 것이다.
네 비늘에 붙은 모든 물고기와 함께 내가
너를 강에서 끌어 낼 것이다.
5 내가 너뿐만 아니라 강의 모든 물고기들
을 사막에 내버려 둘 것이다. 네가 들판
에 내던져질 것이니 아무도 너를 거두거
나 줍지 않을 것이다. 내가 너를 들짐승
들과 하늘의 새들에게 먹이로 줄 것이다.
6 그 때에 이집트에 사는 모든 사람들이 내
가 여호와라는 것을 알게 될 것이다. 너
이집트는 이스라엘 백성에게 갈대 지팡이
일 뿐이었다.
7 이스라엘 백성이 손으로 너를 붙잡으면 너
는 갈라지면서 그들의 어깨를 찢었고 그
들이 네게 기대면, 너는 부러지면서 그들
의 등에 통증을 가져다 주었다.
8 그러므로 내가 칼로 너를 치겠다. 네 군
사와 가축을 모두 죽일 것이다.
9 이집트 땅은 사람이 살지 않는 버려진 땅
이 될 것이다. 그 때에 그들은 내가 여호
와라는 것을 알게 될 것이다. 너는 말하
기를, "나일 강은 내 것이다. 내가 나를
위해 나일 강을 만들었다"라고 하였으므
로
10 내가 너와 네 강들을 칠 것이다. 내가 이
집트 땅을 폐허로 만들 것이며, 북쪽 믹돌
에서 남쪽 아스완,* 곧 에티오피아의 국경
에 이르기까지 온통 황무지로 만들 것이
다.
11 사람이나 짐승이 그 곳을 지나가지 않으
며 사십 년 동안 그 곳에 아무도 살지 않
을 것이다.
12 내가 이집트 땅을 황폐한 나라들 가운데
하나처럼 되게 할 것이다. 그리고 사십 년
동안, 이집트의 도시들도 폐허가 된 다른
도시들 가운데 하나처럼 될 것이다. 내가
이집트 사람들을 세계 여러 민족들과 뭇
나라들 가운데 흩어 놓을 것이다.
13 그러나 사십 년 뒤에, 내가 여러 나라에
흩어져 살던 이집트 사람들을 모아들일 것
이다.
14 포로로 잡혀 갔던 이집트 사람들을 이집트
남부의 바드로스 땅, 곧 그들이 원래 살던

알아두세요

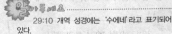

29:10 개역 성경에는 '수에네'라고 표기되어 있다.

할례(28:10 circumcision) 남자 아이가 태어난 지 8일 만에 생식기 끝의 껍질을 끊어내는 의식.
애가(28:12 lamentation) 슬픈 노래. 죽은 사람이나 죽은 것으로 간주되는 사람, 또는 비참한 처지에 놓인 무리들을 위해 불렀다.

땅으로 되돌아가게 할 것이다. 그러나 그
들은 그 곳에서 보잘것 없는 나라가 될 것
이다.
15 모든 나라들 가운데서 가장 보잘것 없는
나라가 되어 다시는 다른 나라들에 뽐내
지 못할 뿐만 아니라 다른 나라를 지배하
지도 못하게 될 것이다.
16 이스라엘 백성은 다시는 이집트에 의지할
필요가 없게 될 것이다. 이집트의 몰락을
통하여 이스라엘 백성은 자기들의 죄, 곧
하나님께 의지하지 않고 이집트에 의지한
죄를 깨닫게 될 것이다. 그 때에 그들은
내가 주 여호와라는 것을 알게 될 것이
다.'"

이집트를 바빌로니아에게 주다

17 이십칠 년 첫째 달 초하루에 여호와께서
내게 말씀하셨다.
18 "사람아, 바빌로니아 왕 느부갓네살이 군대
를 일으켜 두로와 싸웠다. 치열한 전투를
벌여 머리가 깨지고 어깨가 벗겨지도록
싸웠으나, 그들이 얻은 것은 아무것도 없
었다.
19 그러므로 내가 이집트 땅을 바빌로니아 왕
느부갓네살에게 넘겨 줄 것이다. 느부갓네
살이 이집트의 재물들을 빼앗아 갈 것이
다. 그가 그 땅의 사람들과 재산을 자기
군대의 삯으로 삼아 빼앗아 갈 것이다.
20 내가 이집트 땅을 느부갓네살에게 주었으
니 그것은 그가 나를 위해 이집트를 물리
친 것에 따른 보상이다. 나 주 여호와의
말이다.
21 그 날에 내가 이스라엘 백성에게 한 뿔이
자라나게 하고, 내가 그들 가운데 네 입
을 열어 말하게 할 것이다. 그 때에 그들
이 내가 주 여호와라는 것을 알게 될 것
이다."

심판받을 이집트

30 여호와께서 내게 말씀하셨다.
2 "사람아, 예언하고 전하여라. 나
주 여호와가 이렇게 말한다. 소리내어 부
르짖어 외쳐라. '아이고, 재앙의 날이 오
고 있다.'
3 그 날이 가까이 왔다. 여호와의 날이 가
까이 왔으니 그 날은 구름 가득한 날이며
온 세상에 닥칠 재앙의 날이다.
4 칼이 이집트를 칠 것이며 에티오피아가 두
려워 떨 것이다. 이집트에 시체가 널려 있
고 그들의 재물을 빼앗길 때에, 나라의 기
초가 허물어질 것이다.
5 에티오피아, 리비아, 리디아, 아라비아, 굽
과 함께 모든 동맹국의 백성들이 죽고 이
집트도 칼에 맞아 쓰러질 것이다.
6 이집트의 동맹국들이 무너질 것이며 이집
트가 자랑하던 세력이 꺾일 것이다. 북쪽
믹돌에서부터 남쪽 아스완에 이르기까지
이집트 백성이 칼에 찔려 죽을 것이다. 나
주 여호와의 말이다.
7 그 땅은 황폐한 나라들 중에서도 가장 황
폐할 것이며 이집트의 성들은 폐허로 변
할 것이다.
8 내가 이집트에 불을 질러 이집트의 동맹국
들까지도 망하게 할 것이다. 그 때에 그
들이 내가 여호와라는 것을 알게 될 것이
다.
9 그 날에 내가 특사들을 에티오피아로 보내
어 그들을 놀라게 할 것이다. 왜냐하면 그
들은 스스로 안전하다고 생각하는 자들이
기 때문이다. 이집트가 재앙을 당할 때 에
티오피아 백성들이 두려워 떨 것이다. 그
런 날이 반드시 올 것이다.
10 내가 바빌로니아 왕 느부갓네살을 보내어
이집트의 수많은 백성을 없애 버릴 것이
다.
11 그와 그의 군대는 세상에서 가장 잔인한
군대이다. 그들이 이 땅을 짓밟으러 올 것
이다. 칼을 뽑아 이집트를 칠 것이며 시체

꼭 알아두세요

30:13 현재의 '멤피스'를 가리킨다.
30:14 현재의 '테베'를 가리킨다.
30:17 개역 성경에 표기된 '아웬과 비베셋'의 현대 지명이다.
30:18 이집트 동북쪽에 있는 하나님께서 저주하신 성읍이다.

들이 온 나라를 덮을 것이다.
12 내가 나일 강의 물줄기를 마르게 하고 그
땅을 악한 백성에게 팔 것이다. 외국인들
의 손을 빌려 그 땅과 그 안에 있는 모든
것을 없애 버릴 것이다. 나 여호와의 말
이다."

이집트의 우상을 없애 버리시다

13 주 여호와께서 이렇게 말씀하셨다. "내가
우상들을 없애 버리고 놉* 성의 우상들을
헐어 버릴 것이다. 다시는 이집트에서 왕
이 나오지 못하게 하고 온 땅을 공포에 몰
아넣을 것이다.
14 내가 이집트 남부의 바드로스 땅을 황무지
로 만들 것이다. 소안 지방에 불을 지르
고 노* 지역을 칠 것이다.
15 내 분노를 이집트의 요새 펠루시움에 쏟아
붓고 노 지역에 사는 수많은 사람들을 없
애 버릴 것이다.
16 내가 이집트에 불을 지를 것이니 펠루시움
이 크게 괴로워할 것이다. 노의 성벽이 뚫
릴 것이며 놉은 대낮에 적군의 침략을 당
할 것이다.
17 헬리오폴리스와 부바스티스*의 젊은이들이
칼에 맞아 죽을 것이며 백성들은 포로로
끌려갈 것이다.
18 내가 이집트의 권세를 꺾을 때에 드합느
헤스*는 대낮에도 캄캄해질 것이다. 구
름이 이집트를 덮을 것이며 이집트의 딸
들은 포로로 끌려갈 것이다.
19 이처럼 내가 이집트를 심판할 것이니 그
때에 그들은 내가 여호와라는 것을 알게
될 것이다."

무너지는 이집트

20 십일 년 첫째 달 칠 일에 여호와께서 내
게 말씀하셨다.
21 "사람아, 내가 이집트 왕 파라오의 강한 팔
을 꺾어 놓았다. 그 팔을 싸매지 않고 붕
대로도 감지 않았으므로 그 상처가 아물
지 않을 것이며, 전쟁 때 칼을 쥘 힘도 없
을 것이다.
22 내가 이집트 왕 파라오를 치고 그의 팔을
꺾어 놓을 것이다. 성한 팔과 부러진 팔
을 모두 다 꺾어 놓아 칼을 쓰지 못하게
할 것이다.
23 내가 이집트 사람들을 온 세계에 흩어 놓
아 방황하게 할 것이다.
24 그 대신 내가 바빌로니아 왕의 팔을 강하
게 만들어 내 칼을 그의 손에 쥐어 줄 것
이다. 그러나 파라오의 팔은 꺾어 놓을 것
이니 그가 부상당한 사람처럼 고통하며
신음할 것이다.
25 내가 바빌로니아 왕의 팔을 강하게 하고
파라오의 팔은 벌벌 떨리게 만들 것이다.
내 칼을 바빌로니아 왕의 손에 쥐어 주어
이집트 땅을 치게 할 것이니, 그 때에 그
들이 내가 여호와라는 것을 알게 될 것이
다.
26 이집트 사람들을 온 세계에 흩어 놓아, 방
랑하게 할 것이다. 그 때에 그들은 내가
여호와라는 것을 알게 될 것이다."

이집트 왕 파라오를 질책하시다

31 십일 년 셋째 달 초하루에 여호와께
서 내게 말씀하셨다.
2 "사람아, 이집트 왕 파라오와 그의 백성에
게 전하여라. '너보다 더 위엄이 있는 사
람이 누구인가?
3 앗시리아는 한때 레바논의 백향목 같았다.

성경 지명

앗시리아

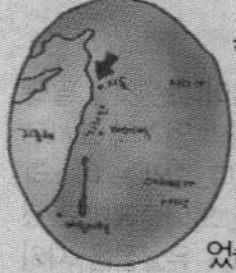

티그리스 강 상류, 소위 '비옥한 초승달 지대'의 동북부에 위치한 국가였습니다. 앗시리아라는 이름은 아카드어의 '앗슈르'에서 유래하는데, 그것은 본래 그 나라 국가신의 이름이었습니다. 그것이 초기의 수도 이름이 되고, 이어서 나라 이름이 되었습니다. 디글랏빌레셀 3세(B.C. 744-727년) 때에 세력을 떨쳐 크게 발전했고, 살만에셀 5세 때에는 북왕국 이스라엘을 멸망시키고 주민들을 포로로 잡아갔습니다(B.C. 721년, 왕하 17:1-6). B.C. 612년 메데에 의해 멸망하였습니다.

본문 보기 31장 3절

그 아름다운 가지로 온 숲을 덮었다. 그
키는 하늘에 닿았고 그 꼭대기는 구름에
닿았다.
4 물이 풍부하여 그 나무가 잘 자랐고 샘이
깊어 그 나무가 높이 자랐다. 강이 숲으
로 흘러 그 나무 밑을 흠뻑 적시었다.
5 들판의 다른 나무들보다 그 나무는 키가
더 컸고, 물을 흠뻑 받아 가지도 길게 잘
뻗었다.
6 하늘을 나는 새들이 그 나뭇가지에 깃들
고 들의 짐승들도 그 나무 아래에서 새끼
를 낳았다. 세상의 모든 큰 민족들이 그
나무 그늘 아래에서 살았다.
7 그 나무는 크고 아름다웠으며, 그 가지는
길게 뻗어 있었다. 그 뿌리는 밑으로 깊
숙이 뻗어 흠뻑 물을 머금었다.
8 하나님의 동산에 있는 어떤 백향목들도
그 나무와 비교가 되지 못했다. 크기에 있
어서 어떤 잣나무도 그 나뭇가지와 상대
가 되지 못했다. 단풍나무 가지도 이 나
뭇가지에 비하면 아무것도 아니었다. 하
나님의 동산에 있는 어떤 나무도 그 나무
의 아름다움을 앞서지 못했다.
9 내가 그 나무를 무성하고 아름답게 만들
었기 때문에 하나님의 동산 에덴에 있는
모든 나무들이 그 나무를 부러워했다.

성경 자세히 이해하기

할례

남자 성기의 포피를 약간 끊어내는 것을 말합니다. 이스라엘에서는 하나님과의 언약의 표시로 생후 8일만에 할례를 행했습니다. 할례는 이스라엘 사람의 자녀들 뿐만 아니라, 노예들에게도 했으며, 함께 거주하는 이방인들도 유월절을 지키려면 할례를 받아야 했습니다. 할례는 고대에 널리 행해졌는데, 바빌로니아와 앗시리아를 제외한 대부분의 셈족 사람들과 이집트인들도 할례를 행했습니다. 할례는 청결, 위생의 의미가 담겨 있었고 성인식의 일종으로 하기도 했는데, 이스라엘에서는 특별히 언약 사회의 일원임을 나타내는 징표였습니다.

본문 보기 31장 18절

10 그러므로 나 주 여호와가 말한다. 나무가
높이 자라 그 끝이 구름에 닿자, 그 나무
는 교만해지기 시작했다.
11 그러므로 내가 그를 세상 나라들을 다스
리는 왕에게 넘기고, 그 나무가 저지른 악
한 행동에 따라, 그가 그 나무를 심판하
게 할 것이다.
12 세상에서 가장 무서운 나라가 그 나무를
베어 나뭇가지들을 산과 골짜기에 던져
버렸다. 부러진 가지들이 골짜기마다 가
득 차 있다. 그러자 세계 모든 나라들이
더 이상 그 나무 그늘에 있지 않게 되었
다.
13 쓰러진 나무 둥지에는 하늘의 새들이 살
고, 꺾인 가지들 사이에는 들짐승이 산
다.
14 물가에서 자라는 나무들도 키가 크다고
더 이상 자랑하지 못할 것이며, 그 끝이
구름에 닿는다고 뽐내지 못할 것이다. 물
을 흠뻑 받고 자란다고 다 크게 자라지는
못할 것이다. 사람이 죽어 무덤으로 내려
가듯이 그 모든 것들도 죽어서 땅 속에 묻
힐 것이다.
15 그가 죽어서 무덤에 내려가던 날에 내가
깊은 샘물을 닫고 시내를 막고 큰 강도 흐
르지 못하게 하였으며, 레바논에게 그 큰
나무의 죽음을 슬퍼하며 울도록 하였다.
그 나무의 죽음 때문에 들판의 모든 나무
가 두려워 시들어 버렸다.
16 그 나무가 넘어지는 소리에 온 세상이 두
려워 떨게 되었다. 내가 그 나무를 무덤
으로 내려가는 사람들처럼 죽음의 세계로
내려 보낼 때, 모두가 벌벌 떨었다. 에덴
의 나무들과 레바논의 가장 좋은 나무들
과 물을 흠뻑 받고 자란 나무들도 땅 밑
에서 위로를 받았다.
17 그 큰 나무 그늘 아래 살던 나무들과 큰
나무와 동맹을 맺은 나라들도 그 큰 나무
와 함께 무덤으로 내려가 칼에 찔려 죽은
사람들과 하나가 되었다.
18 이집트야, 에덴의 어떤 나무가 너처럼 위
엄이 있고 장엄하더냐? 너도 에덴의 나무

들과 함께 땅 밑으로 내려갈 것이다. 너
는 할례받지 못하고 칼에 살육당한 사람
들과 함께 죽어 눕게 될 것이다. 이 일은
파라오와 그의 모든 백성에 대한 것이다.
나 주 여호와의 말이다.'"

이집트 왕 파라오에 대한 탄식의 노래

32 십이 년 열두째 달 초하루에 여호
와께서 내게 말씀하셨다.
2 "사람아, 이집트 왕 파라오에 대해 애가를
불러라. 그에게 다음과 같이 말하여라.
'너는 네가 나라 가운데 젊은 사자와 같
다고 생각하지만 너는 바다의 괴물일 뿐
이다. 네가 강물에서 철썩거리고 다니며
물을 튀기고 휘저어 흙탕물을 만들었다.
3 그러므로 나 주 여호와가 말한다. 내가 많
은 사람들을 거느리고 와서 네 위에 그물
을 쳐서 너를 끌어올릴 것이다.
4 내가 너를 물 밖으로 건져 내어 들판에 내
팽개칠 것이다. 그러면 하늘의 새들과 땅
의 모든 짐승이 네 몸을 뜯어먹을 것이다.
5 네 고기를 이 산 저 산에 흩어 놓고 네 시
체로 골짜기를 채울 것이다.
6 너의 흐르는 피로 땅을 적셔 산꼭대기까
지 푹 적시고 네 시체로 골짜기를 가득 채
울 것이다.
7 내가 너를 멸망시킬 때, 하늘을 가리고 별
들을 어둡게 하며 구름으로 해를 가릴 것
이니 달도 더 이상 빛을 비추지 못할 것
이다.
8 하늘의 모든 밝은 빛들을 네 위에서 어두
워지게 할 것이며 어둠으로 네 땅을 덮을
것이다. 나 주 여호와의 말이다.
9 네가 망할 것이라는 소식을 네가 알지 못
하는 먼 나라에 내가 전할 것이니, 그 때
에 많은 사람들이 두려워 떨 것이다.
10 너를 보고 많은 백성이 놀랄 것이며 내가
칼을 휘두를 때에 그 왕들이 너 때문에 두
려워 떨 것이다. 네가 쓰러지는 날, 그들
은 하루 종일 너무 무서워 벌벌 떨 것이
다.
11 그러므로 나 주 여호와가 말하노라. 바빌
로니아 왕의 칼이 너를 치러 올 것이다.
12 내가 네 군대들을 무서운 용사들의 칼에
맞아 쓰러지게 할 것이니, 그들은 민족들
중에서 가장 잔인한 사람들이기 때문이
다. 그들이 이집트의 교만을 쳐부수고 모
든 이집트 백성을 멸망시킬 것이다.
13 내가 풍부한 물가에 사는 이집트의 모든
가축을 쓸어 버릴 것이다. 그러면 사람의
발이 그 물을 휘젓지 못하고 짐승의 발굽
도 그 물을 흐리게 하지 못할 것이다.
14 그후에 내가 이집트 백성의 물을 맑게 할
것이며, 그 물이 올리브 기름처럼 흐르게
할 것이다. 나 주 여호와의 말이다.
15 내가 이집트 땅을 황무지로 만들고 그 땅
을 사막으로 만들 때, 그리고 그 곳에 사
는 모든 사람들을 멸망시킬 때, 그들은 내
가 여호와라는 것을 알게 될 것이다.'
16 이것이 네가 부를 애가이다. 모든 민족의
여자들이 이집트와 그 백성을 위해 이 노
래를 슬피 부를 것이다. 나 주 여호와의
말이다."

멸망하게 될 이집트

17 십이 년 그 달 십오 일에 여호와께서 내
게 말씀하셨다.
18 "사람아, 이집트 백성을 위해 울어라. 강
한 나라의 여자들을 구덩이로 내려가는
사람들과 함께 땅 속으로 던져라.
19 그들에게 '너희가 다른 사람들보다 더 아
름다우냐? 내려가서 할례받지 않은 부정
한 사람들과 함께 누워라' 하고 말하여
라.
20 그들은 칼에 죽은 사람들 사이에 쓰러질
것이다. 적군이 그 백성을 포로로 잡아 갈
것이다.
21 용사들 중에 힘센 사람들이 지하의 세계*
에서 이집트 왕과 그를 돕던 나라들을 두

알아두세요

32:21 이는 (히) '스올' 이다.

살육(31:18 slaughter) 많은 사람을 마구 죽임.
애가(32:2 lamentation) 슬픈 마음을 읊조린 노
래.

고 말하기를 '왕과 그를 돕던 나라들이 이
곳으로 내려왔다. 그들이 할례받지 않은
사람들, 즉 칼에 맞아 죽은 사람들 가운
데 누워 있다'라고 할 것이다.
22 앗시리아와 그 모든 군대가 죽어 거기에
누워 있다. 사방에 그들의 무덤들이 있
다. 모두 다 전쟁에서 칼에 맞아 죽었다.
23 앗시리아인들의 무덤과 그 군대의 무덤이
이 곳 저 곳에 널려 있다. 산 사람들을 공
포에 떨게 했던 그들이 이제는 칼에 쓰러
져 다 멸망했다.
24 거기에 엘람 나라와 그 모든 군대들이 죽
어 있다. 그들은 살아 있을 때 여러 나라
사람들을 공포에 떨게 했으며, 할례받지
못한 이방인들이었다. 그들은 죽음의 세
계로 먼저 내려간 사람들과 함께 부끄러
움을 당하게 될 것이다.
25 죽은 사람들 가운데는 엘람의 자리도 있
고, 그 둘레에는 그의 군대들의 무덤이 있
다. 그들 모두는 할례를 받지 않은 부정
한 사람들이며, 모두 칼에 맞아 죽은 사
람들이다. 그들은 살아 있는 사람들의 땅
을 공포로 몰아 갔던 사람들이었지만, 이
제는 무덤에 먼저 들어간 사람들과 함께
부끄러움을 당하여 죽은 사람들과 나란히
누워 있다.
26 메섹과 두발이 그들의 군대들과 함께 무덤
에 묻혀 있다. 그들은 모두 할례를 받지
않은 부정한 사람들로 전쟁에서 칼에 맞
아 죽었다. 그들도 이 땅 위에 사는 사람
들을 공포에 떨게 한 사람들이었다.
27 그들은 전쟁으로 죽은 다른 할례받지 않은
부정한 군인들과 함께 죽었다. 그들을 장
사할 때 그들이 사용하던 무기들도 함께
묻었고, 그들이 사용하던 칼들은 그들의
머리 위에 함께 묻었다. 그들은 공포의 전
사들로서 산 사람들을 두렵게 하였다.
28 너 이집트여, 너는 할례받지 않은 부정한
사람들과 함께 망하고, 칼에 쓰러져 죽을
것이다.
29 에돔과 그 왕들과 귀족들도 죽은 사람들
가운데 함께 누워 있다. 그들은 비록 강
한 군대였지만 칼에 쓰러진 자들과 함께
무덤에 누워 있다. 그들은 할례받지 않은
부정한 사람들과 함께 죽음의 세계로 내
려가 누워 있다.
30 북쪽에 사는 모든 귀족들과 왕들, 그리고
모든 시돈 사람들도 무덤에 있다. 그들이
세상에서는 공포를 휘둘렀지만 이제는 수
치스럽게 죽어 무덤으로 내려가 있다. 그
들은 할례받지 않은 부정한 사람들과 함
께 전쟁에서 죽어 수치를 당한 채 무덤으
로 내려갔다.
31 파라오와 그의 군대가 전쟁으로 죽은 다
른 사람들을 보고 마음에 위로를 받을 것
이다. 나 주 여호와의 말이다.
32 나는 한때 파라오가 살아 있는 사람들의
땅에 공포를 몰아치도록 허락하였지만 이
제는 그렇지 않을 것이다. 파라오와 그의
군대들이 전쟁터에서 죽어서 할례받지 않
은 부정한 자들과 함께 묻힐 것이니, 나
주 여호와의 말이다."

경계병 에스겔

33 여호와께서 내게 말씀하셨다.
2 "사람아, 네 백성들에게 말하여
라. 그들에게 전하여라. 내가 어떤 땅을
향하여 칼을 드니, 그 땅의 사람들이 그
들 중 한 명을 선택해서, 그를 경계병으
로 세웠다.
3 그는 이 칼이 그 땅을 향해 오는 것을 보

성경 자세히 이해하기

엘람

바빌론 동쪽 티그리스 강 유역 산악 지대에 위치한 셈족 계통의 호전적인 민족으로, 전성기에는 바빌론을 자신들의 위성 도시로 만들고 북쪽으로는 메대의 낮은 산악 지대, 남쪽으로는 페르시아 만까지 세력을 확장하였다. B.C. 1300년경 바빌로니아 느부갓네살 1세의 공격으로 수도인 수사가 함락된 후 바빌로니아의 지배를 받다가, B.C. 640년 앗시리아 왕 아슈르바니팔에 의해 멸망하였다. 후에 이 지역은 페르시아 제국에 합병되었으며 수도인 수사는 페르시아 제국의 수도가 되었다. 본문 보기 32장 24-25절

고 백성들에게 알리고자 나팔을 불었는데,
4 그 때에 만약 어떤 사람이 나팔 소리를 듣
고도 경고를 받아들이지 않아, 칼이 와서
그의 생명을 가져갔다면, 그의 피흘림은
그 자신의 탓일 것이다.
5 그가 나팔 소리를 듣고도 경고를 받아들
이지 않았기 때문에, 그의 피흘림은 그 자
신의 탓이다. 만약 그가 경고를 받아들였
다면, 그는 자신을 구할 수 있었을 것이
다.
6 그러나 경계병이 칼이 오는 것을 보고도
나팔을 불지 않아 사람들에게 알리지 않
았다면, 칼이 와서 그들 중 하나를 죽일
것이요, 그 사람은 자신의 죄 때문에 죽
게 될 것이나, 나는 그의 피를 경계병의
잘못으로 돌릴 것이다.
7 사람아, 내가 너를 이스라엘의 경계병으로
세웠다. 그러니 너는 내가 하는 말을 듣
고, 그들에게 내가 주는 경고를 전하여
라.
8 내가 악한 사람들에게, '오 악한 자여, 네
가 반드시 죽을 것이다' 라고 말하면, 너
는 그에게 악한 길을 단념하라고 목소리
를 높여야 한다. 그렇지 않으면 그 악한
자는 자신의 죄 때문에 죽을 것이나, 나
는 그의 피를 네 탓으로 돌릴 것이다.
9 그러나 만약 네가 그 악한 사람에게 그의
길에서 돌이키도록 경고했으나, 그가 돌
이키지 않는다면, 그는 자신의 죄 때문에
죽을 것이며 너는 목숨을 건질 수 있을 것
이다."
10 사람아, 이스라엘의 집에 말하여라. 그들
은 '우리의 잘못과 죄악이 우리를 짓누르
고 있고, 이것들 때문에 우리가 야위어 가
고 있다. 그러하니 우리가 어떻게 살 수
있을까?' 라고 말하고 있다.
11 그들에게 말하여라. '주 여호와께서 말씀
하신다. 맹세코, 나는 악한 사람이 죽는
것을 즐거워하지 않으며, 오히려 그들이
악한 길에서 돌이켜 살기를 바란다. 돌아
오너라! 너의 악한 길에서 돌아오너라! 오
이스라엘의 집이여, 왜 네가 죽으려 하느
냐?'
12 사람아, 네 백성들에게 말하여라. '의로운
자의 의로움이라도 그가 순종하지 않을
때는 그를 구하지 못할 것이요, 악한 사
람의 악함이라도 그가 악에서 돌이킬 때
는 그를 넘어지게 하지 않을 것이다. 의
로운 사람이라도 그가 죄를 짓게 된다면,
이전의 그의 의로움 덕분에 살지는 못할
것이다.'
13 만약 내가 의로운 사람에게 말하기를 '너
는 반드시 살 것이다' 라고 하였어도, 그
가 자신의 의로움을 믿고 악을 행하면, 그
가 이전에 행했던 모든 의로운 일들이 하
나도 기억되지 않을 것이다. 그는 악한 일
들 때문에 죽게 될 것이다.
14 또 내가 악한 사람에게 말하기를 '너는 반
드시 죽을 것이다' 라고 하였어도, 그가 죄
에서 돌이켜 정의롭고 옳은 일을 행하여,
15 빚에 대한 담보로 받은 것을 돌려 주고,
그가 이전에 훔쳤던 것을 되돌려 주며,
생명에 이르게 하는 규정들을 그가 따른
다면, 그는 반드시 살고 죽지 않을 것이
다.
16 그가 과거에 저지른 모든 죄가 하나도 기
억되지 않을 것이며, 그가 정의롭고 옳은
일을 행하였기에, 그는 반드시 살 것이
다.
17 그러나 네 백성들은 '여호와의 길은 정의
롭지 않다' 라고 말하고 있다. 그러나 정
의롭지 않은 것은 바로 그들의 길이다.
18 만약 의로운 사람이 그의 의로움에서 돌
이켜 악을 행한다면, 그는 죽을 것이다.

할례(32:27 circumcision) 남자 아이가 태어난 지 8일 만에 생식기 끝의 껍질을 끊어내는 의식.
위로(32:31 comfort) 몸이나 마음의 괴로움이나 피로가 풀어지도록 좋은 말과 행동으로 따뜻하게 대하는 것.
경고(33:4 warning) 어떤 일을 금지하는 명령.
정의(33:14 justice) 기본 원칙에 맞는 옳고 바른 도리.

19 또한 만약 어떤 악한 사람이 그의 악에서
돌이켜 정의롭고 옳은 일을 한다면, 그는
살게 될 것이다.
20 오 이스라엘의 집이여, 너는 '여호와의 길
이 정의롭지 않다'라고 말하고 있다. 그
러나 나는 너희 모두를 각 사람이 행한 대
로 심판할 것이다."

예루살렘 함락의 소식

21 우리가 포로로 잡혀 온 지 십이 년째 되
는 해 열째 달 오 일에, 예루살렘으로부터
탈출한 한 사람이 내게 와서 "예루살렘이
함락되었습니다!"라고 말했다.
22 이 사람이 도착하기 전날 저녁에, 여호와
의 손이 내게 임했고, 이 사람이 아침에
내게 오기 전에, 여호와께서 나의 입을 여
셨다. 그래서 이제 나는 더 이상 잠잠치
않았다.
23 그 때에 여호와께서 내게 말씀하셨다.
24 "사람아, 폐허가 된 이스라엘 땅에 살고
있는 사람들이 말하기를, '아브라함은 단
지 한 사람에 불과했는데도, 이 땅을 차
지했다. 그런데 우리는 수가 많으니 분명
히 이 땅은 우리의 것으로 우리에게 주어
졌다'라고 한다.
25 그러므로 너는 그들에게 말하여라. '너희
가 고기를 피째로 먹으며, 우상에게 눈을
돌리고, 사람들의 피를 흘리게 하고도,
그 땅을 차지하려고 하느냐?
26 너희는 칼을 의지하며, 역겨워하는 일들
을 행하고, 이웃의 아내를 더럽히고 있
다. 그런데도 너희가 이 땅을 차지하려고
하느냐?'

목자와 양 떼(34:2)

27 그들에게 말하여라. '맹세코, 폐허 가운
데 남아 있는 사람들이 칼에 쓰러질 것이
요, 들에 나가 있는 사람들은 들짐승들에
게 잡혀 먹게 할 것이며, 요새와 동굴에
있는 사람들은 전염병으로 죽게 할 것이
다.
28 내가 이 땅을 버려진 사막으로 만들겠으
며, 이 땅이 자랑하는 힘을 사라지게 하
고, 이스라엘의 산들이 황폐하게 됨으로
아무도 그 곳으로 지나다니지 않을 것이
다.
29 그들이 행했던 모든 역겨운 일들 때문에
내가 이 땅을 황무지로 만들 그 때에 그
들이 내가 여호와인 줄 알게 될 것이다.'
30 사람아, 네 백성이 담 옆이나 집 문간에
모여 너에 관해 말하기를 '가서 여호와께
로부터 왔다는 말씀을 들어 보자'라고 한
다.
31 항상 그랬듯이, 내 백성이 네게 와서, 네
앞에 앉아 너의 말을 듣고 있으나, 그들
은 들은 것을 실천하지는 않는다. 입으로
는 헌신을 표현하지만, 그들의 마음은 부
정한 이익들을 탐하고 있다.
32 정말로, 그들에게 너는 아름다운 목소리
로 사랑의 노래를 부르는 사람일 뿐이며,
악기를 잘 연주하는 사람일 뿐이다. 그것
은 그들이 너의 말을 들으나, 그것들을 실
천하지는 않기 때문이다.
33 이 모든 것들이 반드시 실현될 것이니, 그
때에 그들은 한 예언자가 그들 가운데 있
었다는 사실을 알게 될 것이다."

이스라엘의 목자들

34

여호와께서 내게 말씀하셨다.
2 "사람아, 이스라엘의 목자들을
향해 예언하여라. 그들에게 예언을 전하
여라. '이것이 주 여호와께서 말씀하시는
것이다. 오직 자신들만을 돌보는 이스라엘
의 목자들에게 재앙이 있을 것이다! 목자
들은 마땅히 양 떼를 돌봐야 하지 않느
냐?
3 너희는 살진 양을 잡아 그 기름진 것을 먹
고 양털로 옷을 만들어 입을 뿐, 양 떼들

을 돌보지 않는다.
4 너희는 약한 사람들에게 힘을 북돋아 주
지 않았고, 병든 사람들을 고쳐 주지 않
았으며, 상처 입은 사람들을 싸매 주지 않
았다. 길을 잃고 헤매는 사람들을 찾아 데
리고 오지 않았으며, 잃어버린 사람들을
찾아 나서지 않았다. 오히려 그들을 거칠
고 잔인하게 다스렸다.
5 목자가 없기에 그들은 흩어졌고, 모든 들
짐승의 먹이가 되고 말았다.
6 내 양들이 온 산과 언덕들을 헤매며 온 땅
에 흩어졌으나, 아무도 그들을 찾아 나서
지 않았다.
7 그러므로 너희 목자들아, 나 여호와의 말
을 들어라.
8 내가 확실히 말하노니, 나의 양 떼들이 목
자가 없어 약탈당하고, 모든 들짐승들의
먹이가 되었다. 또한 목자들이 나의 양 떼
들을 찾아 나서지 않고 자신들만 돌볼 뿐,
내 양을 돌보지 않았다.
9 그러므로 오 너희 목자들아, 나 여호와의
말을 들어라.
10 내가 목자들을 대적하여 내 양 떼에 대한
책임을 그들에게 물을 것이다. 나는 그들
이 양 떼를 치지 못하게 할 것이요, 목자
들이 더 이상 자신들만 배부르지 못하게
할 것이다. 내가 나의 양 떼들을 그들의
입으로부터 구출해 내어 내 양 떼들이 더
이상 그들의 먹이가 되지 않도록 할 것이
다.
11 내가 친히 나의 양 떼들을 찾아 내어 그
들을 돌볼 것이다.
12 목자가 흩어진 양 떼를 찾아 그들을 돌보
듯이, 내가 나의 양 떼들을 돌볼 것이다.
구름과 어두움이 가득한 그 날에 사방으
로 흩어진 모든 곳에서 내가 그들을 구해
낼 것이다.
13 내가 그들을 모든 국가로부터 이끌어 내
고 모을 것이며, 그들을 그들의 땅으로 되
돌아가게 할 것이다. 그리하여 이스라엘의
산과 골짜기, 그리고 그 땅에 거하는 모
든 곳들에서 그들을 돌볼 것이다.
14 내가 그들을 좋은 풀밭에서 기를 것이며,
이스라엘의 높은 산에서 풀을 뜯게 할 것
이다. 그들은 좋은 풀이 있는 땅에 누울
것이며, 이스라엘의 산에 있는 좋은 풀밭
에서 풀을 뜯게 될 것이다.
15 내가 몸소 나의 양 떼들을 기르며, 그들
을 눕게 할 것이다.
16 내가 잃어버린 사람들을 찾아 나설 것이
요, 길 잃은 사람들을 찾아올 것이다. 상
처 입은 사람들을 싸매며, 약한 사람들에
게 힘을 북돋아 줄 것이다. 그러나 사람
을 속이는 자들과 강한 사람들은 멸망시
킬 것이다. 내가 양 떼들을 정의롭게 돌
볼 것이다.
17 나의 양 떼들아, 내가 양과 양 사이에서
심판하고, 숫양과 숫염소 사이에서 심판
할 것이다.
18 너희가 좋은 풀밭에서 풀을 뜯어 먹고 사
는 것으로 충분하지 않느냐? 네 발로 너
희 풀밭의 나머지를 짓밟아야만 하겠느
냐? 너희가 깨끗한 물을 마시는 것으로
충분하지 않느냐? 네 발로 나머지 물을
진흙탕으로 만들어야만 하겠느냐?
19 내 양 떼들이 너희가 짓밟은 풀밭에서 풀
을 뜯고, 너희가 진흙탕으로 만든 물을 마
셔야만 하겠느냐?'
20 그러므로 주 여호와께서 그들에게 이렇게
말씀하신다. '보라, 내가 직접 살진 양과
여윈 양 사이에서 심판할 것이다.
21 너희가 옆구리와 어깨로 떠밀고 뿔로 들
이받아 끝내 모든 약한 양들을 좇아 냈다.
22 내가 내 양 떼들을 구해 낼 것이요, 그들

정의(33:19 justice) 기본 원칙에 맞는 옳고 바른 도리.
함락(33:21 fall) 적의 성, 진지를 공격하여 빼앗음.
요새(33:27 fortress) 적이 침입하지 못하도록 만들어 놓은 군사적인 시설. 여기서는 여호와께서 보호자되심을 비유.
약탈(34:8 plunder) 폭력을 써서 남의 것을 강제로 빼앗음.

세일 산이 있는 에돔 일대(35:1-3)

이 더 이상 약탈당하지 않을 것이다. 내
가 양과 양 사이에서 심판할 것이다.
23 내가 그들 위에 한 목자, 곧 나의 종 다
윗을 세울 것이요, 그가 그들을 기르고 돌
볼 것이다. 그가 그들을 돌보고 그들의 목
자가 될 것이다.
24 나 여호와가 그들의 하나님이 될 것이요,
나의 종 다윗은 그들 중에 왕이 될 것이
다. 나 여호와의 말이다.
25 내가 그들과 평화의 언약을 맺고, 그 땅
에서 들짐승을 없애 버려, 그들을 광야에
서도 살고, 숲 속에서도 안심하고 자게 할
것이다.
26 내가 그들에게 복을 주며, 나의 언덕을 둘
러싸고 있는 지역들에 복을 줄 것이다. 계
절에 따라 비를 내려 줄 것이니, 복의 비
가 내릴 것이다.
27 그리하여 들의 나무들이 열매를 맺을 것
이요, 땅이 그 농작물들을 낼 것이니, 사
람들이 그 땅에서 평안하게 살 것이다. 내
가 그들의 멍에줄을 끊고 그들을 종으로
삼은 사람들의 손으로부터 구해 낼 때에
그들이 내가 여호와인 줄 알게 될 것이다.
28 그들은 더 이상 다른 나라에 의해 약탈당
하지 않을 것이며, 들짐승들도 그들을 삼
키지 않을 것이다. 그들은 안전한 가운데
살게 될 것이며, 아무도 그들을 무섭게 하
지 못할 것이다.
29 내가 그들을 위해 기름진 땅을 준비할 것
이요, 그들은 더 이상 기근의 희생자가 되
지 않을 것이며, 모든 나라들의 멸시를 당
하지 않을 것이다.
30 그 때에 그들이 나 여호와 하나님이 그들
과 함께 있다는 것과 그들, 곧 이스라엘의
족속이 내 백성임을 알게 될 것이다. 나
주 여호와의 말이다.
31 나의 양이요, 내 목장의 양 떼들인 너희
는 내 백성이며, 나는 너희 하나님이다.
나 주 여호와의 말이다.'"

에돔에 대한 예언

35 여호와께서 내게 말씀하셨다.
2 "사람아, 세일 산을 향해 바라보
고 예언하여라.
3 이렇게 말하여라. 이것이 주 여호와께서
말씀하신 것이다. 세일 산아, 내가 너를
대적하여 내 손을 펴고 쳐서, 버려진 사
막으로 만들 것이다.
4 내가 네 마을들을 폐허로 만들고 황무지
가 되게 할 것이다. 그 때에 너는 내가 여
호와인 줄 알게 될 것이다.
5 네가 오래 전부터 원한을 품고 이스라엘
백성이 자기 죄 때문에 재난을 당할 때에
그들을 칼날에 넘겨 주었다.
6 그러므로 맹세코 내가 너에게 피로 갚을
것이다. 네가 잔인한 피흘림을 미워하지
않았기에, 피비린내 나는 일이 너를 뒤쫓
도록 할 것이다.
7 내가 세일 산을 버려진 황무지로 만들겠
으며, 그 곳을 드나드는 모든 사람들을 없
애 버릴 것이다.
8 내가 너의 산들을 시체로 가득 차게 할 것
이요, 칼에 의해 죽은 사람들이 네 언덕
과 골짜기와 네 모든 계곡에 가득 찰 것
이다.
9 내가 너를 영원히 황폐하게 만들어 너희
마을에 아무도 살지 않게 할 것이다. 그
때에 너는 내가 여호와인 줄 알게 될 것
이다.
10 너는 심지어 나 여호와가 이스라엘과 유다
땅에 있는데도, '이 두 민족과 나라가 우
리의 것이 될 것이며, 우리가 그들을 차
지하게 될 것이다' 라고 말했다.
11 그러므로 맹세코 너희가 그들에게 보여

주었던 분노와 질투에 맞게 내가 너희를
벌할 것이며, 내가 너를 심판할 때에 내
자신을 드러낼 것이다.
12 네가 '이스라엘의 산들이 폐허가 되었으니
우리가 삼킬 것이다' 라고 말하였다. 그
때에 너는 네가 이스라엘의 산들을 향하여
말했던 모욕적인 말들을 나 여호와가 다
들었다는 것을 알게 될 것이다.
13 너희가 거만하게 자랑하고, 거침없이 나
를 대적하여 말하는 것을 나는 모두 들었
다.
14 내가 너를 황폐하게 만들 때에 온 땅이 기
뻐할 것이다.
15 이스라엘 족속의 기업이 황폐하게 되었을
때, 네가 기뻐한 것같이, 나도 너를 그렇
게 다룰 것이다. 오, 세일 산과 에돔의 모
든 것들아, 너희는 폐허가 될 것이다. 그
때에 너희는 내가 여호와임을 알게 될 것
이다."

회복하는 이스라엘

36 여호와께서 이스라엘의 산들을 향
해 이렇게 예언하라고 하셨다.
"오 이스라엘의 산들아, 주의 말씀을 들어
라.
2 너의 원수가 너에 대해 말하기를 '아하!
예전의 높은 곳들이 우리의 소유가 되었
다' 라고 한다."
3 여호와께서 말씀하셨다. "그들이 너희를
황폐하게 만들고 쫓아 내어, 모든 나라들
의 소유가 되게 하였고, 사람들의 조롱거
리가 되게 하였다.
4 그러므로 이스라엘의 산들아, 나 주 여호
와의 말을 들어라. 내가 산과 언덕, 골짜
기와 계곡, 황량하게 폐허가 된 것들과 네
주변의 모든 나라들에 의해서 약탈당하고
웃음거리가 되어 버린 마을들에 이렇게
말한다.
5 내가 불붙는 열정으로 모든 나라들에 대
해, 그리고 에돔을 향해 말한다. 그들은
내심 환희와 악의를 품고 나의 땅을 자신
들의 소유로 만들어 이 땅의 목초지를 약
탈했다.
6 그러므로 이스라엘의 땅에 관해 예언하고,
산과 언덕, 골짜기와 계곡에 말하여라.
너희가 이방 나라들로부터 모욕을 당했기
때문에 내가 분노와 진노로 말한다.
7 그러므로 내가 손을 들어 맹세하건대, 네
주위에 있는 나라들 역시 모욕을 당할 것
이다.
8 오 이스라엘의 산들아, 너희는 내 백성 이
스라엘을 위해 가지들과 과실을 맺을 것
이니, 그들이 곧 고향으로 돌아올 것이
다.
9 나는 너희들에 대해 관심을 갖고 있으며,
호의로 너희를 대할 것이다. 사람들이 너
희를 갈고, 씨를 뿌릴 것이다.
10 내가 너희 위에, 이스라엘 족속의 인구를
증가시켜 마을마다 사람들을 살게 할 것
이며, 폐허 된 것들을 다시 세울 것이다.
11 너희 위에 사람과 짐승들이 번성하여 많
아질 것이다. 예전처럼 네 위에 사람들을
많이 살게 하여 너희를 처음보다 더 좋게
해 줄 것이다. 그 때에 너희는 내가 여호
와인 줄 알게 될 것이다.
12 내가 내 백성 이스라엘을 너희 위에 다시
다니게 하겠다. 내 백성이 너희를 차지하
여 너희는 내 백성의 소유가 될 것이다.
너희가 다시는 내 백성의 자녀를 빼앗지
못할 것이다.
13 백성들이 너를 빗대어 말하기를, '너는
백성을 삼키고, 자기 백성에게서 자식을
빼앗는 땅이다' 라고 한다.
14 그러나 이제는 네가 다시는 사람을 삼키
지 못할 것이며, 네 나라의 자녀를 빼앗

족속(34:30 clan) 혈통, 언어, 풍속, 습관 따위가 같은 집단에 속하는 사람들.
원한(35:5 enmity) 원망스럽고 한스러운 생각.
기업(35:15 inheritance) 부모나 가까운 친족에게 물려 받은 재산(토지).
환희(36:5 joy) 즐겁고 기쁨.
목초지(36:5 pasture) 소나 양 등의 가축에게 먹일 풀이 자라는 땅.

지 못할 것이다. 나 주 여호와의 말이다.
15 내가 다시는 다른 나라들이 너를 비웃거
나 모욕하지 않도록 하겠다. 나 주 여호
와의 말이다."
16 여호와께서 다시 내게 말씀하셨다.
17 "사람아, 이스라엘 백성들은 자기 땅에 살
면서 온갖 행위로 그 땅을 더럽혔다. 내
눈에는 그들의 행위가 월경 중에 있는 여
자와 같이 부정했다.
18 그들이 이 땅에서 살인을 했고, 우상으로
이 땅을 더럽혔기 때문에 내가 그들에게
내 진노를 쏟아 부었다.
19 내가 그들을 여러 민족들 가운데로 쫓아
내고 여러 나라로 흩어 놓은 것은, 그들
이 저지른 못된 행위들을 심판하기 위해
서였다.
20 그들은 쫓겨 가 사는 나라에서도 내 거룩
한 이름을 더럽혔다. 다른 나라 사람들이
그들을 가리켜 말하기를, '이들은 여호와
의 백성이면서도 그가 주신 땅에서 쫓겨
났다'고 하였다.
21 그러나 나는 내 이름에 대해 깊은 관심을
가졌다. 비록 이스라엘 백성들이 흩어져
살던 이방 나라에서 내 거룩한 이름을 더
럽혔지만 나는 내 이름을 아꼈던 것이다.
22 그러므로 이스라엘 백성들에게 전하여라.
나 주 여호와가 이렇게 말한다. 이스라엘
백성들아, 내가 이렇게 하는 것은 너희를
위해서가 아니다. 너희가 여러 나라에 흩
어져 살면서 더럽힌 내 거룩한 이름을 위
해서이다.
23 너희가 이 땅에서 쫓겨나 여러 나라에 흩
어져 살면서 더럽힌 내 위대한 이름이 거
룩하다는 것을 온 천하에 나타낼 것이다.
내가 너를 통해 그들 앞에서 나의 거룩함
을 나타낼 그 때에 민족들은 내가 여호와
라는 것을 알게 될 것이다. 나 주 여호와
의 말이다.
24 내가 너희를 민족들 가운데서 다시 불러
내고 온 나라들로부터 불러모아 너희의
땅으로 다시 돌아가게 하겠다.
25 내가 너희 위에 맑은 물을 뿌릴 것이니 너
희가 저지른 온갖 부정한 것과 너희의 우
상들로부터 깨끗하게 하겠다.
26 내가 또 너희에게 나를 온전히 섬기는 법
을 가르치겠다. 너희 안에 새로운 마음과
새로운 영을 넣어 주겠다. 돌처럼 굳은 마
음을 제거하고, 그 대신 살과 같은 부드
러운 마음을 주겠다.
27 너희 안에 내 영을 두어 내 법을 잘 지키
도록 하겠다.
28 그 때에 너희는 내가 너희 조상에게 준 땅
에서 살 것이며, 너희는 내 백성이 되고,
나는 너희 하나님이 될 것이다.
29 또 내가 너를 모든 부정하고 더러운 것들
로부터 구해 주겠다. 그리고 곡식을 잘 자
라게 하며 다시는 흉년이 들지 않게 하겠
다.
30 들에는 추수할 것이 많아져 다시는 굶주
리는 일이 없을 것이다. 굶주리는 일 때
문에 다른 나라들이 너희를 조롱하는 일
이 없을 것이다.
31 그 때에 너희가 행하던 악한 길과 나쁜 일
들을 기억하게 될 것이다. 내가 역겨워하
는 못된 짓과 죄 때문에 너희는 스스로를
미워하게 될 것이다.
32 기억하여라. 내가 이 일을 하는 것은 너
희를 위해서가 아니다. 이스라엘 백성들
아, 너희가 저지른 짓이 얼마나 부끄럽고
수치스러운 것인지 알아라.
33 내가 너희의 온갖 죄를 씻는 그 날에 마
을마다 다시 사람이 살게 하겠으며 무너
진 곳마다 다시 건축하게 할 것이다.
34 그 때에 사람들이 황폐하였던 땅을 개간
할 것이니, 더 이상 그 곳은 폐허가 아닐
것이다.
35 사람들이 '황무지였던 이 땅이 이제는 에
덴 동산처럼 되었다. 폐허가 되어 아무도

월경(36:17 menstruation) 성숙한 여성의 자궁에서 매월 정기적으로 피가 나오는 생리적 현상.
개간(36:34 cultivation) 버려둔 거친 땅을 처음으로 일구어서 논밭으로 만드는 것.
에덴(36:35 Eden) 여기에서는 하나님의 동산, 살기 좋고 비옥한 낙원을 뜻한다.

살지 않았던 성들마다 성벽들이 둘러쳐지
고 사람들이 사는 마을이 되었다'고 말할
것이다.
36 그 때에 너희 주변에 있는 나라들은, 폐
허로 변한 것을 나 여호와가 다시 세웠으
며, 황폐한 곳을 다시 건축하였다는 것을
알게 될 것이다. 나 여호와가 말하였으므
로 내가 반드시 이룰 것이다.
37 내가 이스라엘 백성의 탄원을 듣고 다시
그들을 위해 이 일을 행할 것이다. 내가
그 백성을 양 떼처럼 수없이 많게 해 주
겠다.
38 마치 절기 때 예루살렘에서 제사로 드려지
는 수많은 양 떼처럼 그들의 수를 많게 하
고 폐허가 된 성마다 사람들로 가득 차게
할 것이다. 그 때에 그들은 내가 여호와
라는 것을 알게 될 것이다."

마른 뼈에 대한 환상

37 여호와의 손이 내게 임했고, 여호
와의 영이 나를 이끌어 내어, 한
계곡 가운데 두셨는데, 그 곳에는 뼈들로
가득 차 있었다.
2 그가 나를 뼈들 가운데로 이리저리 이끄
셨고, 나는 그 계곡 바닥에 있는 수많은
뼈들을 보았는데, 그 뼈들은 아주 메말라
있었다.
3 그가 내게 "사람아, 이 뼈들이 살 수 있
겠느냐?" 하고 물으셨다. 나는 "주 여호
와여, 주님만이 아십니다"라고 말했다.
4 그 때에 여호와께서 내게 말씀하셨다.
"이 뼈들에게 나 주 여호와의 일을 예언
하여라. '마른 뼈들아, 여호와의 말씀을
들어라.
5 내가 너희 속에 숨을 불어 넣으면, 너희
가 살아날 것이다.
6 내가 너희에게 힘줄을 붙이고 네 위에 살
을 입히며 살갗으로 덮을 것이다. 그리고
네 속에 숨을 불어 넣을 것이니, 너희가
살아날 것이다. 그 때에 너희는 내가 여
호와라는 것을 알게 될 것이다.'"
7 그래서 나는 명령대로 예언하였다. 내가
예언을 할 때에 덜컹거리는 소리가 들렸
고, 뼈들이 서로 한데 모이더니 뼈끼리 이
어졌다.
8 힘줄과 살이 뼈들 위에 나타났고 살갗이
덮였으나 아직 그들 안에 생기가 없었다.

메마른 뼈에 대한 환상을 보여 주심(37:1-10)

9 그 때에 여호와께서 내게 말씀하셨다.
"생기에게 예언하여라. 사람아, 생기에게
예언하여 말하여라. '주 여호와께서 이렇
게 말씀하신다. 오 생기여, 죽임당한 이
들 속으로 들어가 이들을 살게 하여라.'"
10 그래서 나는 여호와께서 명하신 대로 예
언했고, 생기가 그들 가운데 들어가, 그
들이 살아났다. 그들은 발을 딛고 일어
나, 매우 큰 군대를 이루었다.
11 그 때에 여호와께서 내게 말씀하셨다.
"사람아, 이 뼈들은 이스라엘 백성이다.
그들이 말하기를 '우리의 뼈가 말라 버렸
고, 우리의 희망이 사라졌으며, 우리는
망하였다' 라고 한다.
12 그러므로 너는 그들에게 예언하여 말하여
라. '오 내 백성이여, 내가 너희 무덤을
열고 너희를 그 곳에서 끄집어 낼 것이다.
내가 너희를 이스라엘 땅으로 되돌아가게
할 것이다.
13 내 백성아, 내가 너희의 무덤을 열고 너
희를 그 곳에서 끌어 낼 때에 너희는 내
가 여호와라는 것을 알게 될 것이다.
14 내가 나의 영을 너희 속에 두고 너희가 살
수 있게 할 것이다. 그리고 내가 너희를
너희 땅에 정착시킬 것이다. 그 때에 너
희는 나 여호와가 그것을 말하였고, 이루
었다는 것을 알게 될 것이다. 나 여호와
의 말이다.'"

유다와 에브라임의 통일

15 여호와의 말씀이 내게 임했다.
16 "사람아, 막대기 하나를 가져다가 그 위
에 '유다, 그리고 유다와 연관된 이스라엘
사람들에게 속하다' 라고 써라. 그리고 나
서, 다른 막대기 하나를 가져다가 그 위
에 '요셉, 그리고 요셉과 연관된 이스라엘
의 모든 집에 속한 에브라임의 막대기' 라
고 써라.
17 그런 뒤에 그 두 막대기를 함께 연결시켜
하나의 막대기가 되게 하여라. 그것들이
네 손에서 하나가 될 것이다.
18 네 백성들이 네게 묻기를, '이것이 무슨
뜻인지 우리에게 말해 주지 않겠는가?'
하면,
19 너는 그들에게 말해 주어라. '내가 에브라
임의 손에 있는 요셉의 막대기, 즉 요셉과
연관된 이스라엘 지파들의 막대기를 취해
서, 그것을 유다의 막대기와 연결시켜 하
나의 막대기가 되게 할 것이요, 그들은 내
손에서 하나가 될 것이다.'
20 그리고 글쓴 막대기들을 그들이 보는 앞
에서 들고,
21 그들에게 여호와께서 이렇게 말씀하셨다
고 전해 주어라. '나 여호와가 이스라엘
백성들을, 그들이 끌려갔던 나라들로부터
이끌어 낼 것이다. 내가 그들을 사방으로
부터 모아 그들의 땅으로 돌아가게 할 것
이다.
22 그들이 그 땅, 즉 이스라엘의 산들 중에서
한 나라를 이룰 것이다. 한 왕이 그들 모
두를 다스릴 것이요, 그들이 다시는 두 나
라가 되지 않을 것이며, 두 왕국으로 나
누어지지 않을 것이다.
23 그들이 다시는 자신들의 우상과 역겨운
형상과 모든 형태의 역겨운 것들로 자신
들을 더럽히지 않을 것이니, 이는 내가 그
들을 모든 악한 죄의 길에서 구해 내어 깨
끗하게 할 것이기 때문이다. 그들은 내 백
성이 될 것이며, 나는 그들의 하나님이 될
것이다.
24 나의 종 다윗이 그들의 왕이 될 것이며,
그들 모두는 한 목자를 갖게 될 것이다.
그들이 내 법을 따를 것이요, 주의 깊게
나의 법령을 지킬 것이다.
25 그들은 내가 나의 종 야곱에게 준 땅, 즉
너희 조상들이 살았던 땅에서 살게 될 것
이다. 그들과 그들의 자녀들, 그리고 그

생기(37:9 vitality) 싱싱하고 힘찬 기운.
형상(37:23 shape) 사람이나 물건의 겉으로 나타나 보이는 모양.
법령(37:24 law) 사회생활을 유지하기 위한 강제적인 규범인 법률과 명령.
진군(38:9 march) 군대가 전진함.

후손들이 거기서 영원히 살 것이요, 나의
종 다윗이 영원히 그들의 왕이 될 것이다.
26 내가 그들과 평화의 언약을 맺을 것이니,
그 언약은 영원한 언약이 될 것이다. 내
가 그들을 일으켜 세울 것이며, 그들의 수
를 많게 할 것이요, 나의 성전을 영원히
그들 가운데 둘 것이다.
27 내 처소가 그들 가운데 있을 것이며, 나
는 그들의 하나님이 되고 그들은 내 백성
이 될 것이다.
28 나의 성전이 그들 가운데 영원히 있게 될
때에 온 나라들은 나 여호와가 이스라엘을
거룩하게 만든다는 것을 알게 될 것이
다.'"

곡에 대한 예언

38 여호와께서 내게 말씀하셨다.
2 "사람아, 너의 얼굴을 마곡 땅에
있는 로스와 메섹과 두발의 왕 곡을 향해
돌려, 그에 대해 예언하여라."
3 여호와께서 이렇게 말씀하셨다. "로스와
메섹과 두발의 왕 곡아, 내가 너를 대적할
것이다.
4 내가 너를 돌려 세우고 갈고리로 네 턱을
꿰고, 너와 너의 모든 군대, 곧 말과 완
전히 무장한 기병들, 크고 작은 방패를 들
고 칼을 휘두르는 큰 군대를 끌어 낼 것
이다.
5 페르시아와 에티오피아와 리비아가 방패와
투구를 쓰고 너희와 함께할 것이며,
6 군사를 거느린 고멜과 군대와 함께 저 멀
리 북쪽으로부터 온 도갈마 족속들이 너
희와 함께할 것이다.
7 너와 네 주위에 모여든 모든 군대들은 준
비하고 너는 그들을 지휘하여라.
8 여러 날 후에 너는 부름을 받을 것이다.
앞으로 몇 년 뒤에 너는 전쟁으로부터 회
복된 한 땅을 침략하게 될 것인데, 그 땅
의 백성들은 오랫동안 황무지로 남아 있
던 이스라엘의 산으로 모여든 백성들이다.
이 백성들은 이방 나라들로부터 돌아와,
안전하게 살고 있다.
9 너와 너의 모든 군대들, 그리고 너와 함
께한 많은 나라들이 폭풍우처럼 진군하며
올라갈 것이요, 그 땅을 구름과 같이 뒤
덮을 것이다.
10 그 날에 네 마음속에 수많은 생각들이 떠
오를 것이며, 너는 한 악한 계획을 세울
것이다.
11 네가 이렇게 말할 것이다. '내가 성벽이
없는 마을에 쳐들어 갈 것이요, 내가 마
음놓고 평안히 사는 백성, 곧 성벽과 성
문, 그리고 빗장 없이 사는 백성을 공격
할 것이다.
12 내가 노략질하고 약탈할 것이요, 내 손을
들어 폐허 위에 다시 세워진 땅과 이방 나
라들로부터 모여든 백성들, 곧 가축과 재
물이 많고, 그 땅의 중심에 살고 있는 백
성들을 칠 것이다.'
13 스바와 드단, 그리고 다시스의 상인들과 다
시스의 모든 마을들이 네게, '네가 약탈하
려고 왔는가? 노략질하여 은과 금을 가져
가고, 가축과 재물들을 빼앗고, 수많은
약탈물들을 취하려고 너의 군대들을 모집
했는가?' 라고 말할 것이다.
14 그러므로 사람아, 곡을 향해 예언하여 말
하여라. '여호와께서 이렇게 말씀하신다.
그 날, 곧 나의 백성 이스라엘이 안전하게
살고 있을 때, 네가 그 사실을 모르겠느
냐?
15 네가 저 멀리 북쪽에 있는 너의 거처로부
터 많은 나라들과 함께 올 것이요, 그들
모두는 말을 탄 대군이요, 강한 군대이
다.
16 네가 그 땅을 뒤덮고 있는 구름처럼, 나
의 백성 이스라엘을 대항해 진군할 것이
다. 오 곡아, 장차 내가 너를 들어 그 땅
을 대적하게 할 것이요, 그 결과 이방 나
라들이 나를 알게 될 것이니, 그 때에 그
들의 눈앞에서 나 자신이 거룩하다는 것
을 보여 줄 것이다.
17 너는 이전에 나의 종 이스라엘의 예언자들
을 통해 내가 말한 적이 있는 바로 그 사
람이 아니냐? 그 때에 그 예언자들은 내
가 너를 들어서 이스라엘을 대적할 것이라

고 여러 해 동안 예언했었다.'
18 곧이 이스라엘의 땅을 공격할 때, 나의 뜨
거운 분노가 일어날 것이다.
19 나의 뜨겁고 불 같은 진노 가운데 선언하
니, 이스라엘의 땅에 커다란 지진이 있을
것이다.
20 바다의 물고기와 공중의 새, 들짐승과 땅
위에 움직이는 모든 생물들, 그리고 땅 표
면에 사는 모든 사람들이 내 앞에서 벌벌
떨 것이다. 산들이 뒤집어지고, 절벽마다
무너져 내리며, 모든 성벽이 다 허물어질
것이다.
21 내가 나의 모든 산에서 곡을 대적할 칼을
부를 것이다. 모든 사람들의 칼이 서로를
대적할 것이다.
22 내가 그 위에 전염병과 피흘림을 보내어
심판할 것이다. 내가 폭우와 우박과 불과
유황을 그와 그의 군대 위에, 그리고 그
와 함께한 많은 나라들 위에 쏟아 부을 것
이다.
23 내가 이렇게 나의 위대함과 거룩함을 나
타내어, 많은 나라들이 보는 가운데 나 자
신을 드러내 보일 것이다. 그 때에 그들
은 내가 여호와라는 것을 알게 될 것이
다."

침략자 곡의 죽음

39 "사람아, 곡을 향해 예언하여 말하
여라. '나 주 여호와의 말이다. 로
스와 메섹과 두발 왕 곡아, 내가 너를 대
적할 것이다.
2 내가 너를 돌아서게 하여, 너를 이끌 것
이다. 내가 저 멀리 북쪽에서 너를 끌어
내어 이스라엘의 산들을 대적하게 할 것이
다.
3 그리고 나서 내가 네 왼손으로부터 네 활
을 내리칠 것이요, 너의 화살을 네 오른
손으로부터 땅에 떨어지게 할 것이다.
4 너는 이스라엘의 산에 쓰러질 것이요, 너
와 너의 모든 군대들과 너와 함께한 모든
나라들이 쓰러질 것이다. 내가 너를 온갖
육식하는 새와 들짐승의 먹이로 내어 줄
것이다.
5 내가 말하였으므로 너는 들판 가운데서
쓰러질 것이다. 나 주 여호와의 말이다.'
6 내가 마곡 위에, 그리고 해변의 땅에서 안
전하게 살고 있는 사람들 위에 불을 내릴
것이니, 그 때에 그들은 내가 여호와인 줄
을 알게 될 것이다.
7 내가 나의 거룩한 이름을 내 백성 이스라
엘 가운데에 나타내 알게 할 것이다. 내
가 더 이상 내 이름이 더럽혀지지 않게 할
것이요, 여러 나라들이 나 여호와가 이스
라엘 가운데 있는 거룩한 자임을 알게 할
것이다.
8 그 날이 오고 있다! 내가 말했던 그 날이
반드시 올 것이다.
9 그 때에 이스라엘의 마을에 사는 사람들이
밖으로 나가, 무기들을 연료로 사용할 것
이니, 곧 크고 작은 방패들과 활과 화살
들, 전투용 곤봉들과 창들을 불살라, 칠
년 동안 연료로 사용할 것이다.
10 그들은 들판에서 나무를 모으거나, 숲에
서 나무를 자를 필요가 없을 것이니, 무
기들을 연료로 사용하기 때문이다. 또한
그들은 전에 자기들을 약탈했던 사람들을

성경 자세히 이해하기

하나님의 이름

하나님의 이름은 하나님의 존재 자체와 그분의 속성을 보여 줍니다. 구약 성경에 나타난 하나님의 이름에는 다음과 같은 것들이 있습니다.

- 하나님: '엘'(위엄과 권위, 강하고 능력이 많으신 분), '엘로아'(두려움과 존경의 대상), 엘로힘(주권자, 통치자).
- 주(主): '아도나이'(통치자, 소유자, 전능자. 뜻은 '나의 주님'으로 하나님의 대명사).
- 여호와: 이스라엘 백성과 언약을 맺으실 때 사용한 이름으로 언약의 성취자를 의미함.
- 전능하신 하나님: '엘 솨다이'(전능자).
- 만군의 하나님: 힘과 영광의 하나님, 문제 해결의 하나님.
- 지극히 높으신 하나님: '엘 엘리욘'.

본문 보기 39장 7절

약탈하고 자기들의 물건을 노략질한 사람
들의 물건을 노략질할 것이다. 나 주 여
호와의 말이다.
11 그 날에 내가 이스라엘 가운데, 즉 사해
동쪽을 향해 여행하는 사람들이 다니는
골짜기에, 곡을 위해 무덤 하나를 줄 것
이다. 곡과 그의 군대들이 거기에 묻혀 여
행자들의 길을 막을 것이니, 그 곳이 '하
몬곡의 골짜기'라고 불릴 것이다.
12 칠 개월 동안, 이스라엘 족속이 그들을 묻
어 그 땅을 깨끗하게 할 것이다.
13 그 땅의 모든 백성이 그들을 묻을 것이며,
내가 영광을 얻게 될 그 날이 백성들에게
기억에 남는 날이 될 것이다. 나 주 여호
와의 말이다.
14 사람들이 정기적으로 고용되어 그 땅을
청소하게 될 것이다. 어떤 이들은 그 땅
전체를 돌아다닐 것이요, 또 어떤 사람들
은 땅 위에 남아 있는 시체들을 묻게 될
것이다. 칠 개월이 지난 후, 그들이 다시
시체를 찾아다닐 것이다.
15 그들이 그 땅을 돌아다니다가 사람의 뼈
를 발견하게 되면, 무덤을 파는 자들이 그
뼈를 '하몬곡의 골짜기'에 묻을 때까지 그
옆에 표시물을 세워 둘 것이다.
16 또한 '하모나'라고 불리는 마을 하나가 거
기에 생길 것이다. 그렇게 해서, 그들은
그 땅을 깨끗하게 할 것이다.
17 사람아, 나 주 여호와가 말한다. 모든 종
류의 새와 들짐승에게 소리쳐 말하여라.
'사방에서 모두 모여, 내가 너희를 위해
준비하는 희생 제사, 곧 이스라엘의 산에
서 있을 커다란 희생 제사에 나오너라. 거
기서 너희가 살을 먹고 피를 마실 것이다.
18 마치 바산의 모든 살진 짐승들, 곧 숫양
과 어린 양과 염소와 수송아지를 먹듯이,
너희는 강한 사람들의 살을 먹고, 온 땅
의 장수들의 피를 마실 것이다.
19 내가 너희를 위해 준비할 희생 제사에서
너희는 배부를 때까지 기름진 고기를 먹
을 것이며, 취할 때까지 피를 마실 것이
다.
20 너희는 내 식탁에서 말들과 기병들과 용
사들과 모든 군인들을 배불리 먹을 것이
다. 나 주 여호와의 말이다.'
21 내가 나의 영광을 모든 나라 가운데에 밝
히 드러낼 것이요, 모든 나라들이 내가 저
들에게 내린 벌을 볼 것이며, 그들 위에
내민 나의 손을 볼 것이다.
22 그 날 이후로 이스라엘의 족속은 나를 자
기들의 하나님인 줄 알게 될 것이다.
23 또한 모든 나라들은 이스라엘 백성이 내게
신실하지 못했기 때문에, 자기들의 죄로
인하여 포로로 끌려갔음을 알게 될 것이
다. 그런 이유 때문에, 나는 나의 얼굴을
그들로부터 숨겼고, 그들을 원수들에게
내어 주어 칼에 넘어지게 하였다.
24 나는 그들의 부정함과 잘못에 따라 그들
을 다루었으며, 그들로부터 내 얼굴을 감
추었다.
25 그러므로 나 주 여호와가 말한다. 내가 이
제 야곱의 후손을 포로 생활로부터 풀려
나게 할 것이요, 이스라엘의 모든 백성들
에게 자비를 베풀 것이며, 나의 거룩한 이
름을 위해 뜨거운 열정을 보일 것이다.
26 그들이 어느 누구도 두려워하지 않고 그
들의 땅에서 안전하게 살 때에, 그들은 내
게 보여 주었던 수치와 반역을 잊게 될 것
이다.
27 내가 그들을 이방 나라들로부터 이끌어
내고, 그들을 원수의 나라들로부터 모을
때, 나는 많은 나라들이 보는 앞에서 그
들을 통해 나의 거룩함을 보여 줄 것이다.
28 그 때에 그들이 나를 여호와 자기들의 하

선언(38:19 declaration) 자신의 뜻을 널리 펴서 말하는 것.
지진(38:19 earthquake) 지각 내부의 급격한 변화로 지면이 일정 기간 동안 진동하는 현상.
표면(38:20 surface) 사물의 겉으로 드러난 면.
연료(39:9 fuel) 열, 빛, 동력 등을 얻기 위하여 태우는 물질을 통틀어 이르는 말.
곤봉(39:9 club) 짤막한 몽둥이.

나님인 줄 알게 될 것이다. 이는 비록 내
가 그들을 이방 나라들 가운데 포로로 보
냈지만, 그들 자신의 땅으로 불러모을 것
이요, 하나도 뒤에 남겨 두지 않을 것이
기 때문이다.
29 내가 더 이상 나의 얼굴을 그들로부터 숨
기지 않을 것이니, 이는 나의 영을 이스라
엘 백성에게 쏟아 부을 것이기 때문이다.
나 주 여호와의 말이다."

새 성전

40 우리가 포로로 잡혀 온 지 이십오
년째 되는 해, 예루살렘이 함락된
지 십사 년째 되는 해의 첫째 달, 그 달
십 일, 바로 그 날에, 여호와의 손이 내
위에 임했고, 그가 나를 이스라엘 땅으로
데리고 가셨다.
2 하나님의 환상 중에, 그가 나를 이스라엘
땅으로 데려가서 대단히 높은 산 위에 두
셨는데, 그 산 남쪽에 도시처럼 보이는 건
물들이 있었다.
3 하나님께서 나를 그 곳으로 데리고 가셨
고, 나는 놋과 같은 모양을 한 사람을 보
았는데, 그는 모시로 만든 끈과 측량하는
막대기를 손에 들고 건물 입구에 서 있었
다.
4 그 사람이 내게 말했다. "사람아, 내가 네
게 보여 줄 모든 것들을 네 눈으로 보고,
네 귀로 듣고, 자세히 주목하여라. 왜냐
하면 그것이 바로 너를 여기로 데리고 온
이유이기 때문이다. 네가 보는 모든 것을
이스라엘 백성에게 말하여라."

동쪽 문

5 나는 성전 지역을 완전히 둘러싸고 있는
담 하나를 보았다. 그 사람의 손에 있는
측량 막대기의 길이는 3.2미터였고, 그가
담을 재었더니, 두께가 측량 막대기 하나
정도의 두께였고, 높이도 측량 막대기 하
나의 높이였다.
6 그리고 나서 그가 동쪽을 향해 있는 문으
로 들어갔다. 계단을 올라가 문의 입구를
재어 보니, 그 길이가 측량 막대기 정도
의 길이였다.
7 문지기들을 위한 방들은 측량 막대기 하
나 정도의 길이와 너비였고, 이 방들 사
이의 벽 두께는 2.5미터 정도였다. 현관
옆에 있는 문의 입구는 측량 막대기 하나
정도의 두께였다.
8 그런 다음, 그는 출입문의 현관을 재었는
데,
9 그 두께는 4미터 정도였고, 현관 기둥들
은 두께가 1미터 정도였다. 출입문의 현
관은 성전을 향해 있었다.
10 동쪽 문 안쪽에, 양쪽으로 작은 방이 셋
씩 있었는데, 이 방들은 크기가 모두 같
았으며, 양쪽에 있는 돌출된 벽면들도 모
두 같은 크기였다.
11 또한 그 사람이 문 입구의 너비를 재었더
니 5미터였고, 길이는 6.5미터였다.
12 각 방 앞에는 높이가 50센티미터 되는 담
이 있었고, 각 방의 길이와 너비는 모두
3미터였다.
13 그가 또 한 방의 뒤편 담 꼭대기에서부터
앞쪽 담 꼭대기에 이르는 문을 재었는데,
그 거리가 한 쪽 난간 입구로부터 다른 쪽
난간 입구까지 12.5미터 가량이었다.
14 또 출입문 안쪽을 싸고 있는 돌출된 벽면
들을 재었더니, 길이가 30미터였다.
15 문의 입구로부터 출입문 현관의 끝까지의
거리는 25미터였다.
16 문 안쪽에 있는 방들과 돌출된 벽과 현관
에 모두 창이 있었고, 돌출된 벽들의 표
면은 종려나무로 장식되어 있었다.

바깥뜰

17 그 뒤, 그가 나를 바깥뜰로 데려갔다. 거
기서 나는 여러 개의 방과 성전 뜰을 따
라 만들어진 포장된 길을 보았다. 포장된
길을 따라서 방이 삼십 개가 있었다.
18 포장된 길은 문 양쪽을 따라 연결되어 있
었고, 그 길이는 문들의 길이와 같았다.
이것은 아래쪽의 길이었다.
19 그 사람이 바깥벽에서부터 안쪽 벽까지
길이를 재었더니 두 벽 사이에 있는 바깥
뜰의 길이가 50미터였다. 동쪽과 북쪽도
모두 마찬가지였다.

북쪽 문

20 그 사람이 북쪽을 향하면서 바깥뜰로 이
어지는 문의 길이와 너비를 재보았다.
21 각 면에는 방이 세 개씩 있었는데, 각 방
의 돌출된 벽과 현관은 첫 번째 문과 크
기가 똑같았다. 길이가 25미터였고, 너비
가 12.5미터였다.
22 창문과 현관과 종려나무를 새긴 것도 동
쪽 문의 것들과 크기가 같았다. 일곱 계
단을 오르면 문으로 들어갈 수 있으며, 계
단 맞은편에 현관이 있었다.
23 안뜰에도 동쪽 문처럼 북쪽 문 맞은편에
문 하나가 있었다. 그 사람이 안문과 바
깥문 사이의 거리를 재니 50미터였다.

남쪽 문

24 그 사람이 나를 데리고 남쪽으로 갔다. 거
기에도 남쪽으로 난 문이 있었다. 그가 그
안벽과 현관을 재니 크기가 다른 두 문과
똑같았다.
25 이 문과 그 현관 양쪽에도 창문이 나 있
었는데, 다른 문 창문에 있는 것과 같았
다. 문의 길이는 25미터였고, 너비는
12.5미터였다.
26 일곱 계단을 오르면 문으로 들어갈 수 있
으며 계단 맞은편에 현관이 있었다. 그 돌
출된 벽에는 종려나무가 새겨져 있었다.
27 안뜰의 남쪽에도 문 하나가 있었는데, 그
사람이 그 문과 남쪽 문 사이의 거리를 재
니 50미터였다.

안뜰

28 그 사람이 나를 데리고 남쪽 문을 지나 안
뜰로 들어가더니 남쪽 문을 재었다. 그 크
기가 다른 문들과 똑같았다.
29 문 안쪽의 방들과 돌출된 벽들과 현관의
크기가 다른 문들의 것과 같았다. 이 문
과 그 현관 양쪽에도 창문이 나 있었다.
이 문의 길이는 25미터였고, 너비는
12.5미터였다.
30 안쪽 문의 각 현관은 길이가 12.5미터,
너비가 2.5미터가 조금 못 되었다.
31 그 문의 현관은 바깥뜰 쪽으로 나 있었고,
그 돌출된 벽에는 종려나무가 새겨져 있
었다. 그 문으로 들어가는 길에는 여덟 계
단이 있었다.
32 그 사람이 나를 데리고 동쪽으로 난 안뜰
로 들어갔다. 그가 안쪽 동문을 재니 그
크기가 다른 문들과 똑같았다.
33 문 안쪽의 방들과 돌출된 벽들과 현관의
크기가 바깥벽의 다른 문들의 것과 같았
다. 이 문과 그 현관 양쪽에도 창문이 나
있었다. 이 문의 길이는 25미터였고, 너
비는 12.5미터였다.
34 그 문의 현관은 바깥뜰 쪽으로 나 있었고,
그 안벽에는 종려나무가 새겨져 있었다.
그 문으로 들어가는 길에는 여덟 계단이
있었다.
35 그 사람이 나를 데리고 북쪽 문으로 들어
가더니 북쪽 문을 재었다. 그 크기가 다
른 문들과 똑같았다.
36 문 안쪽의 방들과 돌출된 벽들과 현관의
크기가 바깥벽의 다른 문들의 것과 같았
다. 이 문과 그 현관 양쪽에도 창문이 나
있었다. 이 문의 길이는 25미터였고, 너
비는 12.5미터였다.
37 그 문의 현관은 바깥뜰 쪽으로 나 있었고,
그 돌출된 벽에는 종려나무가 새겨져 있
었다. 그 문으로 들어가는 길에는 여덟 계
단이 있었다.

제물을 준비하는 방

38 북쪽 문 곁에는 문이 달린 방이 하나 있
었는데, 제사장들이 태워서 드리는 번제
물을 씻는 방이었다.
39 그 방 양쪽에는 상이 두 개씩 있었는데,
그 위에서 태워 드리는 번제물과 죄를 씻

환상(40:2 vision) 눈앞에 없는 사물이나 물건의 모습이 있는 것처럼 보이다가 감쪽같이 사라져 버리는 현상. 여기서는 하나님께서 당신의 뜻을 예언자들에게 나타내시는 독특한 방법을 말한다.

측량(40:3 measurement) 기기를 써서, 물건의 높이 · 크기 · 거리 · 방향 따위를 잼.

주목(40:4 attention) 특별히 관심을 가지고 자세히 살핌.

는 속죄 제물과 허물을 씻는 속건 제물을
잡았다.
40 현관 바깥, 곧 북쪽 문으로 들어가는 양
쪽 입구에도 각각 상이 두 개씩 있었다.
41 그렇게 문 이쪽에 상이 네 개 있었고, 저
쪽에도 상이 네 개 있었다. 제사장들이 제
물을 잡는 상이 모두 여덟 개 있었다.
42 태워서 드리는 번제물을 바칠 때 쓰는, 돌
을 깎아 만든 상이 네 개 있었다. 이 상
들은 각각 길이가 80센티미터 가량, 너비
도 80센티미터 가량, 높이가 50센티미터
가량이었다. 그 위에는 제사장들이, 태워
서 드리는 번제물과 그 밖의 제물을 잡을
때 쓰는 도구들이 놓여 있었다.
43 방 안 네 벽에는 길이가 손바닥 넓이 만
한 갈고리가 걸려 있었으며, 상 위에는 제
물로 쓸 고기들이 놓여 있었다.

제사장들의 방

44 안뜰에는 방이 두 개 있었는데 하나는 북
쪽 문 곁에 위치하여 남쪽을 향하고 있었
고, 다른 방은 남쪽 문 곁에 위치하여 북
쪽을 향하고 있었다.
45 그 사람이 내게 말했다. "남쪽을 향한 이
방은 성전에서 일하는 제사장들의 방이
다.
46 그리고 북쪽을 향한 이 방은 제단에서 일
하는 제사장들의 방이다. 그들은 사독의
자손들로서 레위 후손들 가운데 여호와께
가까이 나아가 여호와를 섬길 수 있는 사
람들이다."
47 그가 성전 뜰을 재니 길이가 50미터요,
너비도 50미터인 정사각형이었다. 그리
고 제단은 성전 앞쪽에 있었다.

성소의 현관

48 그 사람이 나를 데리고 성전 현관으로 들
어가서 현관의 각 벽을 재니, 두께가 2.5
미터였다. 문의 너비는 7미터였고, 문의
양 옆에 있는 벽은 두께가 150센티미터
였다.
49 현관의 너비는 10미터였고, 길이는 6미
터였다. 현관으로 들어가는 길에는 계단
이 열 개가 있었다. 그리고 벽 곁에는 입
구 양쪽으로 기둥이 하나씩 있었다.

성전의 지성소

41 그 사람이 나를 데리고 바깥 성소로
가서 그 벽을 재니 두께가 양쪽 모
두 3미터였다.
2 입구의 너비는 5미터였고, 입구 양쪽 벽
의 두께는 각각 2.5미터였다. 그가 바깥
성소를 재니 길이가 20미터, 너비가 10
미터였다.
3 그후에 그 사람이 안쪽 성소로 들어가 입
구의 벽을 재니 그 두께가 1미터였다. 입
구의 너비는 3미터였고, 양쪽편 돌출된
벽두께는 3.5미터 가량 되었다.
4 그 사람이 안쪽 성소 끝에 있는 방을 재
니 길이와 너비가 모두 10미터였다. 그
사람이 내게 말하기를, "이 방이 가장 거
룩한 곳인 지성소이다"라고 하였다.
5 그후에 그 사람이 성전 벽을 재었는데 두
께가 3미터였다. 성전의 삼면 벽을 따라
나 있는 곁방들은 너비가 1.5미터 가량이
었다.
6 그 곁방들은 방 위에 방이 있어서 삼층을
이루고 있었고, 층마다 방이 삼십 개씩 있

성경 자세히 이해하기

사독의 자손

제사장 직무는 원래 아론의 후손 모두에게 맡겨진 일이었습니다(출 27:20-21;28:1;29:1,9,44). 그러나 다윗 왕 때에는 둘로 갈라졌는데 즉, 아론의 두 아들(원래는 네 아들이 있었는데 나답과 아비후는 하나님의 벌을 받아 죽었습니다) 중 엘르아살의 후손인 사독의 자손들과 이다말의 후손인 아히멜렉의 자손들이었습니다(대상 24:3). 그런데 솔로몬 왕 때 아히멜렉의 자손인 제사장 아비아달이 아도니야와 함께 반역하자 솔로몬은 그를 떼워시키고, 오직 사독과 그 자손만이 제사장 직무를 담당하게 했습니다(왕상 1:7-8;2:26-27,35).

본문 보기 40장 46절

지성소(41:4 Most Holy Place) 이스라엘 성막 깊숙한 안쪽에 있는 방을 말한다. 가장 거룩한 영역으로 대제사장 외에 누구도 들어갈 수 없었다.

었다. 곁방들은 벽의 힘으로 지탱된 것이
아니라 벽에서 나온 선반의 힘으로 지탱
되었다.
7 성전 둘레의 곁방들의 구조를 살펴보면
위층으로 올라갈수록 넓어졌다. 그리고
아래층에서 가운데층을 거쳐 꼭대기층으
로 올라가는 계단이 있었다.
8 내가 보니 성전 둘레의 지대가 다른 곳보
다 3미터 더 높았는데, 그것은 곁방들의
기초를 닦아 그렇게 된 것이다.
9 곁방의 바깥벽 두께는 2.5미터였다. 성전
곁방들과 제사장의 방들 사이에는 넓은
공터가 있었는데
10 그 너비는 10미터였고, 성전을 돌아가며
나 있었다.
11 곁방의 문은 공터 쪽으로 나 있는데 한 문
은 북쪽으로, 다른 문은 남쪽으로 나 있
었다. 성전 주위의 이 공터의 너비는 2.5
미터였다.
12 서쪽으로 성전 뜰을 마주하고 있는 건물
이 있는데 그 너비는 36미터였고, 벽의
두께는 모두 2.5미터였고, 건물의 길이는
45미터였다.
13 그 사람이 성전을 재었더니 길이가 50미
터였다. 성전 뜰과 건물과 벽을 모두 합
한 길이도 50미터였다.
14 성전 동쪽과 그 뜰의 너비도 50미터였다.
15 그 사람이 서쪽으로 성전 뜰을 마주하고
있는 건물과 곁방들의 길이를 재니 합해
서 50미터였다. 바깥 성소, 안쪽 성소,
그리고 뜰을 마주 보고 있는 현관,
16 그리고 문간, 좁은 창문들과 복도에 나무
판자를 대 놓았는데, 바닥에서 창문이 있
는 곳까지 모두 나무판자를 대 놓았다.
17 안쪽 성소로 들어가는 입구 바깥쪽 위에,
그리고 안쪽 성소와 바깥쪽 성소 둘레에
도 나무판자를 대 놓았다.
18 그 나무 판자에는 날개 달린 생물인 그룹
과 종려나무의 조각이 있었는데, 그룹 사
이에 종려나무가 있었고 그룹은 모두 두
얼굴을 가지고 있었다.
19 하나는 사람의 얼굴이었고, 다른 하나는
사자의 얼굴이었는데 각각 종려나무를 바
라보고 있었다. 성전 벽 전체가 다 이와
같았다.
20 성전 바닥부터 문 위까지 성소의 벽마다
종려나무와 날개 달린 생물인 그룹이 조
각되어 있었다.
21 바깥 성소의 벽은 사각형이었다. 가장 거
룩한 곳인 지성소의 정면에는
22 나무 제단처럼 보이는 것이 있었는데, 높
이는 1.5미터 가량, 너비는 1미터 가량이
었다. 그 모서리와 받침대와 옆부분은 모
두 나무로 되어 있었다. 그 사람이 내게
말했다. "이것은 여호와 앞에 놓는 상이
다."
23 바깥 성소와 안쪽 성소에는 이중문이 나
있었다.
24 문마다 문짝이 두 개 있었고, 그것은 밀
어서 여는 문이었다.
25 바깥 성소의 문에도 성전 벽에 새겨진 것
과 같이 날개 달린 생물인 그룹과 종려나
무 조각이 새겨져 있었다. 그리고 성전 현
관 앞에는 나무 지붕이 있었다.
26 현관의 양쪽 벽에는 종려나무가 조각된
좁은 창문들이 있었고, 성전 곁방들에도
돌출된 조각들이 있었다.

제사장들의 방

42 그 사람이 나를 데리고 북쪽 바깥
뜰로 나가 성전 뜰 맞은편에 있는
방들로 갔다.
2 북쪽으로 문이 난 건물을 재니 길이가 50
미터, 너비가 25미터였다.
3 성전 안뜰에서 10미터쯤 되는 지역과 바
깥뜰 돌을 깔아 놓은 반대편에는 각각 삼
층으로 된 복도들이 서로를 향하고 있었
다.
4 방 북쪽으로는 통로가 있는데 너비는 5미
터, 길이는 50미터였으며, 문들은 모두
북쪽을 향해 나 있었다.
5 맨 위층의 방들이 가장 좁았는데, 그것은
복도가 차지하는 면적이 일층과 이층보다
삼층이 더 넓기 때문이었다.
6 이 방들은 삼층으로 되어 있는데, 뜰의 기

둥과 같은 기둥이 없기 때문에 맨 위층의
방들은 아래층 방들보다 더 안쪽으로 물
려서 좁게 지어졌다.
7 이 방들과 함께 바깥뜰과도 나란히 쌓인
담이 있었는데 담의 길이는 25미터였다.
8 바깥뜰로 향해 나 있는 방들의 길이는 25
미터였고, 성전을 마주 보고 있는 방들의
길이는 50미터였다.
9 아래층 방들의 입구는 그 건물의 동쪽 끝
에 있어서 뜰에서 방 안으로 들어갈 수 있
게 되어 있었다.
10 바깥뜰의 벽과 나란히 남쪽에도 방들이
있었는데, 이 방들은 성전뜰에 인접해 있
었으며 바깥벽을 마주 보고 있었다.
11 그리고 이 방들 앞에는 통로가 있었는데
그 모양이 북쪽의 방들과 같았다. 길이와
너비가 같았고 출입구와 모습도 같았다.
12 모든 방으로 통하는 통로의 동쪽 끝에는
문이 있었다.
13 그 사람이 내게 말했다. "성전뜰을 마주
보고 있는 북쪽과 남쪽 방들은 제사장들
의 방인데, 여호와께 나아가는 제사장들
이 가장 거룩한 제물을 먹는 곳이며, 제
사장들은 그 곳에 가장 거룩한 제물, 곧
곡식 제물과 죄를 씻는 속죄 제물과 허물
을 씻는 속건 제물을 놓는다. 그 곳이 가
장 거룩한 장소이기 때문이다.
14 한번 거룩한 지역 안에 들어가면 제사장
들은 그 곳에서 봉사할 때 입던 옷을 벗
어 놓은 뒤에야, 성전 바깥뜰로 나갈 수
있다. 이는 그 옷들이 거룩하기 때문이
다. 다른 옷으로 갈아입은 뒤에야 제사장
들은 백성들이 있는 곳으로 나갈 수 있
다."

알아두세요

43:7 또는 '기둥을 세움으로써'라고도 한다.

문설주(43:8 doorpost) 문의 양쪽에 세워 문짝을 끼워 달게 된 기둥.
도안(43:11 design) 그 형상이나 모양, 색채, 배치 등에 관한 것을 그림으로 나타낸 것.
규례(43:11 rules and regulations) 일정한 규칙.

성전 주변

15 그 사람이 성전 안쪽을 다 잰 다음에 나
를 데리고 동쪽 문으로 나가서 성전 주변
지역을 쟀다.
16 그가 자를 가지고 동쪽을 재니 그 자로
250미터였다.
17 북쪽을 재니 북쪽도 250미터였다.
18 남쪽을 재니 남쪽도 그 자로 250미터였
다.
19 서쪽으로 돌아가서 서쪽을 재니 그 곳도
250미터였다.
20 그는 이렇게 성전 사방을 다 재었다. 성
전 사방으로 담이 있었는데, 그 길이가
250미터, 너비도 250미터였다. 그 담은
거룩한 성소와 일반 지역을 가르는 담이
었다.

성전에 가득한 여호와의 영광

43 그 사람이 나를 데리고 동쪽 문으
로 갔다.
2 내가 보니 이스라엘 하나님의 영광이 동쪽
에서 오는데, 하나님의 목소리가 마치 소
리를 내며 흐르는 물소리 같았다. 땅이 하
나님의 영광으로 환하게 빛났다.
3 내가 본 환상은 주님께서 예루살렘 성을
멸망시키러 오셨을 때에 본 환상과 같았
고, 그발 강가에서 본 환상과도 같았다.
그래서 나는 얼굴을 아래로 떨구었다.
4 여호와의 영광이 동쪽 문을 거쳐 성전으
로 들어갔다.
5 그 때에 여호와의 영이 나를 들어올려 안
뜰로 데려갔는데, 성전은 여호와의 영광
으로 가득 차 있었다.
6 그 사람이 내 곁에 서 있을 때, 성전 안
에서 내게 말하는 소리가 들려왔다.
7 "사람아, 이 곳은 내 왕좌요, 내 발을 두
고 있는 곳이다. 내가 여기에서 이스라엘
사람들과 영원히 살 것이다. 이스라엘 백
성이 다시는 내 거룩한 이름을 더럽히지
않을 것이다. 백성이나 왕들이 음란한 짓
을 하거나, 아니면 산당에서 죽은 왕들의
형상을 섬김으로써* 내 거룩한 이름을 더
럽히지 않을 것이다.

8 그들은 자기 문간을 내 성소의 문간과 나
란히 만들어 놓고, 자기 문설주를 내 문
설주와 나란히 만들어 내 거룩한 이름을
더럽혔다. 그래서 내가 진노하여 그들을
멸망시킨 것이다.
9 자, 이제 그들은 음란한 짓과 죽은 왕들
의 형상을 멀리해야 한다. 그러면 내가 그
들 가운데서 영원히 살 것이다.
10 사람아, 이스라엘 백성에게 이 성전에 관
해 잘 설명해 주어라. 그러면 그들이 자
기 죄를 부끄럽게 여길지 모른다.
11 그들이 저지른 모든 짓들을 스스로 부끄
럽게 여기거든 이 성전의 설계도를 알려
주어라. 구조와 출입구들을 가르쳐 주고
성전에 관한 모든 도안과 규례와 법에 대
해 알려 주어라. 그들이 보는 앞에서 그
것들을 적어서 그들이 성전의 법과 규례
를 신실하게 따를 수 있게 하여라.
12 성전의 법은 다음과 같다. '성전이 지어
진 산 꼭대기 주변 모든 지역은 가장 거
룩하다.' 이것이 '성전의 법'이다."

제단

13 "제단의 크기는 다음과 같다. 제단 밑받
침의 높이는 60센티미터이고 그 밑받침의
가장자리 폭도 60센티미터이며, 가장자리
를 두르고 있는 턱의 높이는 약 20센티미
터이다.
14 밑받침 위에 있는 제단 아래층은 높이가
1미터이고 그 가장자리 폭이 50센티미터
이다. 그리고 중간층의 높이가 2미터이며
그 가장자리 폭이 50센티미터이다.
15 이 번제단의 제일 위층은 높이가 2미터이
며, 네 모서리에는 뿔 네 개가 위로 솟아
있다.
16 그리고 번제단 제일 위층은 가로 세로가
6미터인 정사각형이다.
17 중간층도 가로 세로가 모두 7미터인 정사
각형이며, 밑받침을 두르고 있는 턱의 폭
은 25센티미터이고, 그 턱의 받침 폭은
50센티미터이다. 그리고 제단의 계단은
동쪽으로 향해 있다."
18 그 때, 그 사람이 내게 말했다. "사람아,
나 주 여호와가 말한다. 제단을 만들 때,
태워 드리는 제사인 번제와 피를 뿌리는
일에 대한 규정은 다음과 같다.
19 너는 레위 사람 중 사독 가문의 사람으로
서 내게 가까이 나아와 섬기는 제사장들
에게, 어린 수송아지 한 마리를 주어 죄
를 씻는 속죄 제물로 삼게 하여라. 주 여
호와의 말씀이다.
20 너는 송아지의 피를 가져다가 제단의 네
모서리와 위쪽 네 모서리와 둘레에 모두
발라서 제단을 깨끗이 하고, 죄를 씻는 속
죄제를 드려야 한다.
21 그런 뒤에 죄를 씻는 속죄 제물로 바친 송
아지를 성소 바깥 성전 지역의 지정한 장
소에서 태워라.
22 다음 날에는 흠 없는 숫염소 한 마리를 바
쳐서 죄를 씻는 속죄 제물로 삼아라. 수
송아지로 제단을 깨끗이 했던 것처럼 제
단을 깨끗이 해야 한다.
23 제단을 깨끗이 한 뒤에는 흠 없는 어린 수

성경의 성전

본문 보기 40-44장

솔로몬 성전	다윗이 재료를 준비하고 솔로몬이 건축하였음. B.C. 587-586년 바빌로니아에 의해 예루살렘이 함락될 때 파괴됨
스룹바벨 성전	바빌로니아에서 귀환한 이스라엘 백성들이 스룹바벨의 지도 아래 재건한 성전. 잃어버린 하나님의 언약궤는 다시 찾지 못함
헤롯 성전	헤롯 왕이 유대인들의 환심을 사기 위해 B.C. 20-19년에 착공하여 A.D. 64년에야 완공함. A.D. 70년 로마에 의해 예루살렘이 함락될 때 불탐
에스겔 성전	에스겔이 환상 중에 본 성전. 솔로몬 성전과 비슷했지만 실제로 지어지지는 않았음

송아지 한 마리와 양 떼 가운데서 흠 없
는 숫양 한 마리를 바쳐라.
24 네가 그것을 여호와 앞에 바칠 때에 제사
장들은 그 위에 소금을 뿌린 다음, 여호
와께 태워 드리는 번제물로 바쳐야 한다.
25 너는 칠 일 동안 날마다 숫염소를 드려 죄
를 씻는 속죄 제물로 바쳐야 한다. 그리
고 흠 없는 수송아지와 양 떼 가운데서 숫
양을 준비해야 한다.
26 칠 일 동안, 제단을 깨끗이 한 뒤에 제물
을 드려라.
27 칠 일이 다 지나고 팔 일이 되면 제사장
은 너희가 태워 드리는 번제물과 화목 제
물을 바쳐야 한다. 그러면 내가 너희를 받
아들일 것이다. 나 주 여호와의 말이다."

동문 사용과 성전 출입, 제사장에 관한 규정

44 그 사람이 나를 데리고 성소 바깥
동쪽 문으로 데려갔는데, 그 문은
닫혀 있었다.
2 여호와께서 내게 말씀하셨다. "이 문은
닫아 놓아야 하며 열어서는 안 된다. 아
무도 이 문으로 들어가서는 안 된다. 이
스라엘 하나님, 나 여호와가 이 문으로 들
어왔기 때문에 이 문은 닫아 두어야 한다.
3 오직 왕만 문 안에 앉아 여호와 앞에서 음
식을 먹을 수 있다. 왕은 현관 문으로 들
어오고 반드시 그리로 나가야 한다."
4 그후에 그 사람이 나를 데리고 바깥 북쪽
문을 지나 성전 앞으로 갔다. 그 곳에서
내가 보니, 여호와의 영광이 여호와의 성
전에 가득 차 있었다. 그래서 나는 얼굴
을 땅에 대고 엎드렸다.
5 여호와께서 내게 말씀하셨다. "사람아,
여호와의 성전에 관한 모든 규례와 법을
말해 주겠으니, 주의를 기울이고 잘 들어
라. 성전으로 들어가는 입구와 성소에서
나오는 출구들을 잘 보아 두어라.
6 너는 반역하는 이스라엘 백성들에게 말하
여라. '주 여호와께서 이렇게 말씀하신
다. 이스라엘아! 이제 너희의 모든 역겨운
짓들을 그만하여라.
7 너희는 마음과 몸에 할례를 받지 않은 외
국인들을 내 성소에 데려왔고, 음식과 기
름과 피를 내게 바칠 때, 그들을 성소에
있게 하여 내 성전을 더럽히고 내 언약을
깨뜨렸다.
8 또 너희는 내 거룩한 물건인 성물을 함부
로 다루었다. 그것들을 다루어서는 안 될
사람들에게 너희의 의무를 맡겼다.
9 몸과 마음에 할례를 받지 않은 외국인들
은 내 성소에 들어올 수 없다. 심지어 이
스라엘 백성 가운데 사는 외국인들도 들
어올 수 없다.'
10 이스라엘이 나를 버리고 우상을 따를 때에
레위 사람들도 내게서 떠났기 때문에 레
위 사람들은 그들이 저지른 죄의 책임을
지고 심판을 받아야 한다.
11 그들은 내 성소에서 성전 문들을 지키고
성전 안에서 일을 하였다. 백성들이 바치
는 태워 드리는 번제물이나 그 밖의 제물
을 잡고 백성 앞에 서서 시중을 들었다.
12 그러나 그들은 백성들이 우상을 섬기는
것을 도왔고, 이스라엘 백성이 죄를 짓게

성경 자세히 이해하기

왜 외국인들은 성소에 들어올 수 없다고 하셨나요?

구약 시대 성전에는 하나님의 자녀, 곧 할례를 받은 사람들만 들어갈 수 있었습니다. 때문에 할례를 받지 않은 이방인은 절대로 성전에 들어갈 수가 없었습니다. 구약 시대의 할례는 신약 시대의 세례와 같습니다. 오늘날에도 교회의 진정한 일원이 되기 위해서는 마음과 몸의 세례가 필요합니다. 진심으로 회개하고 세례를 받은 자만이 하나님의 자녀가 될 수 있기 때문입니다.

본문 보기 44장 9절

성물(44:8 sacred gifts) 신성한 물건. 또는 종교적 의식에 쓰이는 여러 가지 거룩한 물건들을 가리킴.
제사장(44:13 priest) 하나님께 백성을 대신하여 제사를 드리던 사람.
희생 제물(44:15 sacrifice) 하나님께 제사지낼 때 쓰던 제물. 산양, 소, 염소 등.

하였으므로 그들의 지은 죄의 책임을 면
치 못할 것이다.
13 그들은 제사장으로서 내게 나아와 나를
섬기지 못할 것이며, 나의 거룩한 물건인
성물들이나 가장 거룩한 제물인 지성물에
도 접근하지 못할 것이다. 그들이 저지른
모든 역겨운 짓 때문에 그들은 부끄러움
을 당할 것이다.
14 그래도 나는 그들에게 성전을 돌보는 일
과 그 안에서 이루어지는 일들을 맡길 것
이다.
15 이스라엘이 나를 버렸을 때에 레위 사람
중 사독의 자손인 제사장들은, 성소의 모
든 규정들을 성실하게 수행하였기 때문
에, 내게 가까이 나아와 나를 섬기게 될
것이다. 그들은 내 앞에서 기름과 희생 제
물의 피를 바칠 수 있을 것이다.
16 그들만이 내 성소에 들어올 수 있으며 그
들만이 내 상에 가까이 와서 나를 섬기고
내가 맡긴 일들을 수행할 수 있을 것이다.
17 안뜰 문으로 들어올 때, 제사장들은 반드
시 모시옷을 입어야 한다. 안뜰 문이나 성
전 안에서 주님을 섬길 때에는 양털 옷을
입지 말아야 한다.
18 머리에는 모시 관을 써야 하며, 모시 바
지를 입어야 한다. 땀이 나는 것은 입지
말아야 한다.
19 그들이 백성들이 있는 바깥뜰로 나갈 때
는 나를 섬길 때 입던 옷을 벗어서 구별
된 방에 두고 다른 옷으로 갈아 입고 나
가야 한다. 그렇게 함으로써 옷 때문에 백
성이 해를 당하지 않게 하여야 한다.
20 제사장들은 머리털을 완전히 밀어서도 안
되고 길게 자라게 해서도 안 된다. 머리
털을 적당히 알맞게 깎아야 한다.
21 안뜰에 들어갈 때에 포도주를 마셔서는
안 된다.
22 그들은 과부나 이혼한 여자와 결혼을 해
서는 안 된다. 결혼을 하려면 이스라엘 백
성 가운데서 처녀나, 다른 제사장의 아내
였다가 과부가 된 여자와 결혼할 수 있다.
23 제사장은 내 백성에게 거룩한 것과 그렇
지 않은 것을 구별하는 방법을 가르쳐야
하며, 부정한 것과 깨끗한 것을 구별하는
방법도 일러 주어야 한다.
24 만일, 사람들 사이에 다툼이 일어나면 제
사장은 재판관이 되어야 한다. 그들은 판
단을 내릴 때에 내 규정들을 따라야 한다.
그리고 제사장은 내 특별한 절기를 지킬
때마다 내 율법과 규례를 따라야 하며, 안
식일을 거룩하게 지켜야 한다.
25 제사장은 죽은 사람을 가까이하여 자기
몸을 더럽혀서는 안 된다. 그러나 죽은 사
람이 친척일 때, 곧 그의 아버지나 어머
니, 아들이나 딸, 형제, 그리고 결혼하지
않은 누이일 때에는 가까이할 수 있다.
26 그 때, 제사장은 자기 몸을 다시 깨끗하
게 한 후, 칠 일을 기다려야 한다.
27 그런 뒤에 성소의 안뜰로 들어가 제사장
의 임무를 수행할 때, 그는 먼저 자신을
위해 죄를 씻는 속죄 제물을 바쳐야 한다.
나 주 여호와의 말이다.
28 내가 바로 제사장들의 유일한 재산이다.
너희는 이스라엘 가운데서 제사장들에게
땅을 주어 재산을 삼게 해서는 안 된다.
내가 그들의 재산이 될 것이다.
29 제사장은 곡식 제물과 죄를 씻는 속죄 제
물과 허물을 씻는 속건 제물을 먹을 것이
며, 이스라엘이 바친 모든 것이 그들의 것
이 될 것이다.
30 모든 첫 수확들 가운데서 가장 좋은 것과
너희가 바치는 특별한 예물들 가운데 가
장 좋은 것은 제사장 몫이다. 또한 너희
의 첫 밀가루를 제사장들에게 주면 내가
너희 가정에 복을 내릴 것이다.
31 제사장들은 새든지 짐승이든지, 저절로
죽은 것을 먹어서는 안 된다. 또한 들짐
승들에 찢겨 죽은 것들은 무엇이든지 먹
어서는 안 된다."

거룩한 땅

45 "너희 이스라엘 지파들이 제비를
뽑아 땅을 나누어 가질 때에는 한
구역을 여호와께 드려라. 그 땅의 길이는
11킬로미터 가량이고, 너비는 10킬로미

터 가량이다. 너희는 이 지역 전체를 거
룩하게 구별하여라.
2 그 가운데서 길이가 250미터, 너비도
250미터 되는 정사각형 땅은 성전이 들어
설 자리이며 그 둘레에 사방으로 너비가
25미터 되는 땅은 그대로 남겨 두어라.
3 이 거룩한 구역 가운데서 길이가 11킬로
미터, 너비가 5킬로미터 되는 땅을 따로
재어서 가장 거룩한 곳인 성소가 들어설
자리로 남겨 두어라.
4 그 땅의 거룩한 구역은 성소에서 일을 하
며 여호와를 섬기는 제사장들의 몫이다.
그 곳은 제사장들이 살 집과 성소를 지을
곳이다.
5 또 길이가 11킬로미터, 너비가 5킬로미터
되는 다른 땅을 떼어 성전에서 섬기는 레
위 사람들에게 주어 마을을 이루어 살게
하여라.
6 또 거룩한 구역 옆에 길이가 11킬로미터,
너비가 2.5킬로미터 되는 지역을 성에 딸
린 땅으로 정하여 이스라엘 백성의 몫으로
삼아라.
7 이 거룩한 구역과 성의 양 옆 땅은 왕의
몫이다. 왕의 몫은 거룩한 구역의 서쪽으
로는 지중해까지 미치며, 동쪽으로는 동
쪽 국경까지 이르는 지역으로 그 길이는
각 지파가 차지할 땅의 길이와 같다.
8 이 땅을 이스라엘 안에서 왕이 차지하게
되면, 왕들은 내 백성을 괴롭혀서는 안 된
다. 그리고 왕들은 이스라엘 백성들이 각
지파들에게 나누어진 대로 땅을 소유하게
하여라.
9 너희 이스라엘의 지도자들아, 너희가 너무
나 지나쳤다. 다시는 백성을 괴롭히거나
해치지 말고 정의롭고 옳게 행동하여라.
내 백성의 재산을 빼앗지 마라. 나 주 여
호와의 말이다.
10 너희는 정확한 저울과 공평한 에바와 공
평한 바트를 사용하여라.
11 마른 것을 재는 에바와 액체를 재는 바트
는 그 용량이 같아야 한다. 일 호멜*은 십
에바이며, 십 바트이다. 호멜은 양쪽의 표
준이 되어야 한다.
12 일 세겔*은 이십 게라이고, 일 마네는 육
십 세겔*이다."

절기를 위한 예물

13 "너희가 바쳐야 할 예물은 다음과 같다.
밀은 일 호멜 수확의 육분의 일 에바를 바
치고, 보리도 일 호멜 수확의 육분의 일
에바를 바쳐라.
14 기름은 일 고르 수확의 십분의 일 바트를
바쳐라. 십 바트는 일 호멜이며, 일 고르
이다.
15 또 이스라엘의 푸른 초장에서 자라는 양
떼 이백 마리 가운데서 한 마리를 잡아라.
이런 것들은 백성들의 죄를 씻기 위해 드
리는 곡식 제물과 태워 드리는 제물인 번
제물과 화목 제물을 바칠 때에 사용하게
될 것이다. 나 주 여호와의 말이다.
16 이 땅의 모든 백성은 이 예물을 이스라엘
왕에게 주어라.
17 왕은 절기와 초하루 축제일*과 안식일과
이스라엘의 모든 절기에, 태워 드리는 제
물인 번제물과 곡식 제물과 부어 드리는
제물인 전제물을 바쳐라. 왕은 또 이스라
엘의 죄를 씻기 위해 드리는 속죄 제물과
곡식 제물과 화목 제물을 바쳐야 한다.
18 첫째 달 초하루에는 흠 없는 수송아지 한
마리를 잡아서 성소를 깨끗하게 하는 데

알아두세요

45:11 곡식과 같은 고체를 재는 단위로 10에바 또는 10바트와 동일하다. 1호멜은 약 220ℓ에 해당된다.

45:12 세겔은 돈의 단위이면서 무게의 단위도 되는데, 1세겔은 약 11.4g의 무게에 해당된다. 60세겔은 약 684g이다.

45:17 개역 성경에는 '월삭'이라고 표기되어 있다.

게라(45:12 gerah) 무게의 단위로서 세겔의 1/20과 똑같다. 거의 0.57g 정도이다.

마네(45:12 mina) 무게의 한 단위로 약 571g에 해당된다.

고르(45:14 kor) '둥근 그릇'이라는 뜻. 도량형의 단위로서 액체 용량의 제일 큰 단위. 1고르는 약 220ℓ이다.

사용하여라.
19 제사장은 속죄 제물의 피를 가지고 성전
문설주와 제단 아래층의 네 모서리와 안
뜰 문의 문설주에 발라라.
20 그 달 칠 일에도 우연히 죄를 지었거나,
모르고 죄를 지은 사람을 위해서 그렇게
하여라. 너는 이러한 방식으로 성전을 위
하여 죄를 깨끗이 하여야 한다."

유월절

21 "첫째 달 십사 일에 유월절을 지켜라. 이
때에는 칠 일 동안, 누룩 없는 빵을 먹어
라.
22 그 날에 왕은 자기와 이 땅 모든 백성을
위해 송아지 한 마리를 바쳐 죄를 씻는 속
죄 제물로 삼아라.
23 절기 기간인 칠 일 동안 왕은 매일 흠 없
는 수송아지 일곱 마리와 숫양 일곱 마리
를 여호와께 태워 드리는 제물인 번제물
로 바쳐라. 그리고 매일 숫염소 한 마리
를 죄를 씻는 제물인 속죄 제물로 바쳐
라.
24 또 왕은 수송아지 한 마리에 곡식 제물 일
에바, 숫양 한 마리에도 곡식 제물 일 에
바를 바쳐라. 그리고 곡식 제물 일 에바마
다 올리브 기름 일 힌씩을 바쳐라.
25 일곱째 달 십오 일부터는 장막절을 지켜
라. 이 절기에도 왕은 똑같이 칠 일 동안,
속죄 제물과 번제물과 곡식 제물과 올리
브 기름을 바쳐야 한다."

경배에 대한 규정

46 "나 주 여호와가 이렇게 말한다.
동쪽을 향하고 있는 안쪽 정원의
문은 일하는 육 일 동안은 닫아 두었다가
안식일과 초하루 축제일에는 열어라.
2 왕은 바깥 통로를 지나 현관으로 들어와
서 문기둥 곁에 서 있고, 제사장은 왕을
대신하여 태워 드리는 제물인 번제물과
화목 제물을 바쳐라. 왕은 그 동안 문 입
구에서 경배한 후에 밖으로 나갈 것이며,
문은 저녁까지 닫지 마라.
3 이 땅 백성도 안식일과 초하루 축제일에
문 입구에 서서 여호와 앞에 경배하여라.
4 안식일에 왕이 여호와께 바쳐야 할 번제
물은 흠 없는 어린 양 여섯 마리와 흠 없
는 숫양 한 마리이다.
5 숫양 한 마리와 함께 드리는 곡식 제물의
양은 일 에바이다. 하지만 어린 양들과 함
께 드리는 곡식 제물은 그가 원하는 만큼
바칠 수 있다. 그리고 이 경우, 곡식 일
에바를 바칠 때마다 올리브 기름 일 힌도
함께 바쳐라.
6 초하루 축제일에는 모두 흠 없는 수송아
지 한 마리와 흠 없는 어린 양 여섯 마리
와 흠 없는 숫양 한 마리를 바쳐라.
7 수송아지 한 마리와 함께 드리는 곡식 제
물의 양은 일 에바이다. 숫양 한 마리의
경우도 마찬가지이다. 하지만 어린 양을
드릴 경우, 곡식 제물의 양은 그가 원하
는 만큼 바칠 수 있다. 그리고 이 경우,
곡식 일 에바를 바칠 때마다 올리브 기름
일 힌도 함께 바쳐라.
8 왕은 성전에 들어올 때 현관으로 들어오
고 나갈 때도 그 곳으로 나가거라.
9 이 땅 백성이 절기를 맞아 여호와 앞에 나
아올 때에 북쪽 문으로 들어온 사람은 남
쪽 문으로 나가고, 남쪽 문으로 들어온 사
람은 북쪽 문으로 나가거라. 누구든지 같
은 문으로 들어와서 같은 문으로 나가면
안 되고, 반드시 들어온 문과 반대 되는
쪽으로 나가야 한다.
10 왕은 백성들과 함께 들어왔다가 그들과
함께 나가거라.
11 절기들과 특별한 날들에는, 밀가루 일 에
바를 곡식 제물로 바치되 수송아지 한 마
리와 함께 바쳐라. 그리고 숫양 한 마리
에도 밀가루 일 에바를 곁들여 바쳐라. 하
지만 어린 양을 드릴 때에는, 드리고 싶
은 만큼 곡식 제물을 바칠 수 있다. 곡식
일 에바를 바칠 때마다 올리브 기름 일 힌
도 함께 바쳐라.
12 왕이 여호와께 번제물이나 화목 제물을
바치고자 할 때에는 왕을 위해 동쪽 문을
열어 놓아야 한다. 왕은 안식일에 하듯이
번제물과 화목 제물을 바치고 나갈 것이

며 왕이 나가면 문을 닫아야 한다.
13 너희는 매일 아침마다 일 년 된 흠 없는
어린 양을 여호와께 태워 드리는 번제물
로 바쳐라.
14 또 아침마다 곡식 제물과 함께 어린 양을
바쳐라. 어린 양을 바칠 때에는 밀가루 육
분의 일 에바와 기름 삼분의 일 힌을 함
께 바쳐라. 이것이 여호와께 바칠 곡식 제
물이며, 지금부터 영원히 지켜야 할 규정
이다.
15 그러므로 제사장은 언제나 이와 같이 어
린 양과 곡식 제물과 올리브 기름을 번제
물로 바쳐라."

통치자들에 대한 규정

16 "왕이 자기 아들에게 땅을 선물로 주면 그
땅은 그 아들의 자손의 것이 되어 그들 가
족의 재산이 될 것이다.
17 그러나 왕이 자기 종에게 땅을 선물로 주
면 그 땅은 자유의 해까지만 그 종의 것
이 되고, 그 뒤에는 다시 왕의 것이 된다.
왕의 땅은 오직 왕의 아들에게만 주어진
다.

성경 자세히 이해하기

희년(자유의 해)

7년을 주기로 마지막 7년 되는 해를 안식년이라 하고 이 안식년을 일곱 번 보낸 다음 해인 50년째 해를 희년이라고 했습니다. 희년은 대제사장이 나팔을 부는 것으로 선포되었습니다. 이 해에는 땅을 쉬게 했으며(레 25:11-12), 땅의 소유권을 원래 주인에게 돌려주었습니다(레 25:23-28). 노예도 해방되었습니다(레 25:39-55). 이사야 예언자는 희년을 '은혜의 해'로 선포하였으며(사 61:1-2), 예수님께서 오셔서 이 땅의 모든 사람에게 참된 자유와 회복의 희년을 다시 선포하셨습니다(눅 4:18-19).

본문 보기 46장 17절

알아두세요

47:8 '요단 골짜기'를 뜻한다.
47:13 각각의 몫은 요셉의 두 아들 '에브라임'과 '므낫세'에게 주어졌다.

18 왕은 백성의 땅을 빼앗고 그들을 쫓아 내
서는 안 된다. 왕이 자기 아들에게 땅을
줄 때에는 자기 땅 가운데서만 주어라. 그
리하여 내 백성이 자기 땅에서 쫓겨나는
일이 없어야 한다."

성전 부엌

19 그 때 그 사람이 나를 데리고 문 곁에 있
는 통로를 지나 제사장들이 사용하는 거
룩한 방으로 들어갔는데, 그 방은 북쪽을
향해 있었다. 그 곳에서 그는 내게 서쪽
끝에 있는 한 곳을 보여 주었다.
20 그 사람이 내게 말했다. "이 곳은 제사장
이 허물을 씻는 제물인 속건 제물과 죄를
씻는 제물인 속죄 제물을 삶고, 곡식 제
물을 굽는 곳이다. 이 곳에서 삶으면 제
사장이 그 제물들을 바깥뜰로 가져나갈
필요가 없어지고, 따라서 백성은 다치지
않게 된다."
21 그런 후에 그 사람은 나를 데리고 바깥뜰
로 나가서 뜰 네 모퉁이를 돌았다. 뜰 모
퉁이마다 작은 뜰이 있었다.
22 뜰 네 모퉁이에 작은 뜰들이 있었는데, 그
뜰의 길이는 20미터요, 너비는 15미터였
다. 모퉁이에 있는 네 뜰의 크기는 모두
같았다.
23 작은 네 뜰을 빙 둘러 돌담이 있었고 돌
담 안에는 불을 지피는 부엌이 있었다.
24 그 사람이 내게 말했다. "이 곳은 부엌이
다. 성전 제사장들이 백성의 제물을 여기
에서 삶는다."

성전에서 흘러 나오는 물

47 그 사람이 나를 데리고 성전 출입
문으로 갔다. 내가 보니 성전 문지
방 아래로부터 물이 나와 성전 동쪽을 향
해 흐르다가 성전 남쪽 끝, 곧 제단 남쪽
으로 흘러내리고 있었다.
2 그 사람이 나를 데리고 북쪽 문을 지나 동
쪽 문 바깥으로 갔다. 내가 보니 그 물이
남쪽으로부터 흘러내리고 있었다.
3 그 사람이 손에 줄자를 가지고 동쪽으로
가서 500미터쯤 잰 뒤에 나를 이끌어 발
목까지 차오르는 그 물을 건너게 했다.

4 그 사람이 또 500미터쯤 되는 거리를 잰
뒤에 나를 이끌어 물을 건너게 했는데, 물
이 무릎까지 차 올랐다. 다시 그가 또
500미터쯤 되는 거리를 잰 뒤에 나를 이
끌어 물을 건너게 했는데, 이번에는 허리
까지 물이 차 올랐다.
5 다시 그가 500미터쯤 되는 거리를 쟀는
데, 이번에는 그 물이 걸어서는 건널 수
없고 헤엄을 쳐야만 건널 수 있는 강이 되
었다.
6 그 사람이 내게 물었다. "사람아, 이것이
보이느냐?" 그런 뒤에 그 사람이 나를 데
리고 강 언덕으로 다시 올라갔다.
7 그 곳에 도착하여 보니, 강 양쪽에 나무
가 무척 많이 있었다.
8 그 사람이 내게 말했다. "이 물이 동쪽 지
역으로 흘러서 아라바*로 내려갔다가 사해
로 흘러 들어가면 사해 물은 맑은 물이 될
것이다.
9 이 강이 흐르는 곳마다 온갖 생물들이 살
게 될 것이다. 사해 주변에 물고기들이 살
게 될 것이니, 이는 이 물이 흘러가는 곳
마다 짠물이 변하여 민물이 되기 때문이
다. 이 물이 흐르는 곳마다 생물이 번성
할 것이다.
10 바닷가에는 어부들이 많이 모여들 것이
며, 엔게디부터 에네글라임까지 모두 그물
치는 곳이 될 것이다. 마치 지중해의 물
고기 종류처럼 이 곳에도 물고기 종류가
수없이 많아질 것이다.
11 하지만 늪과 갯벌은 살아나지 못하고 소
금 땅이 될 것이다.
12 그 강 언덕 양편에는 온갖 종류의 과일 나
무가 자랄 것이며 그 잎사귀가 시들지도
않고 열매가 떨어지지도 않을 것이다. 물
이 성소에서부터 흘러나와 과일 나무들을
적시기 때문에 나무들이 달마다 열매를
맺을 것이다. 나무 열매는 식량으로 쓰고
나무 잎사귀는 약으로 쓸 것이다."

땅의 경계

13 주 여호와께서 말씀하셨다. "이스라엘의
열두 지파에게 나누어 줄 땅의 경계선들
은 다음과 같다. 요셉 지파에게는 두 몫*
이 주어진다.
14 땅을 나눌 때는 공평하게 똑같이 나누어
야 한다. 이 땅은 내가 너희 조상에게 주
기로 약속한 땅이므로 이 땅은 너희의 영
원한 재산이 될 것이다.
15 땅의 경계선은 다음과 같다. 북쪽 경계선
은 지중해에서부터 헤들론을 따라 하맛 어
귀를 지나 스닷을 거쳐
16 다마스커스와 하맛 지역 사이에 있는 브로
다, 시브라임에 이르고, 하우란 땅 경계에
있는 하셀핫디곤에까지 이른다.
17 이렇게 북쪽 경계선은 지중해에서부터 하
살에논까지 이르는데, 이 경계선은 하맛과
다마스커스 사이에 있다.
18 동쪽 경계선은 하우란과 다마스커스 사이
에서 시작하여 길르앗과 이스라엘 땅 사이
의 요단 강을 지나 사해 옆의 다말까지 이
른다. 이것이 동쪽 경계선이다.
19 남쪽 경계선은 다말에서 시작하여 므리봇
가데스의 샘을 지나 이집트 시내를 거쳐
지중해에 이른다. 이것이 남쪽 경계선이
다.
20 서쪽 경계선은 지중해가 경계선인데 하맛
어귀 건너편까지이다. 이것이 서쪽 경계
선이다.
21 그러므로 너희는 이 땅을 이스라엘 지파별
로 나누어라.
22 너희가 이 땅을 나누어 재산으로 삼되, 너
희뿐 아니라 너희와 함께 사는 외국인들
과 그들의 자녀들에게도 그 땅을 나누어
재산으로 삼게 하여라. 너희는 그 외국인
들을 이스라엘에서 태어난 사람과 똑같이
여겨 이스라엘 지파들과 함께 땅을 나누어
야 한다.
23 외국인이 어느 지파와 함께 살든지 상관

힌(46:14 hin) 바트의 육분의 일에 해당하는 용량이며, 1힌은 약 3.6*l* 이다.
번성(47:9 increase) 커지고 널리 퍼지다.
경계선(47:15 boundaryline) 어떤 한 지역과 다른 지역이 맞닿는 선.

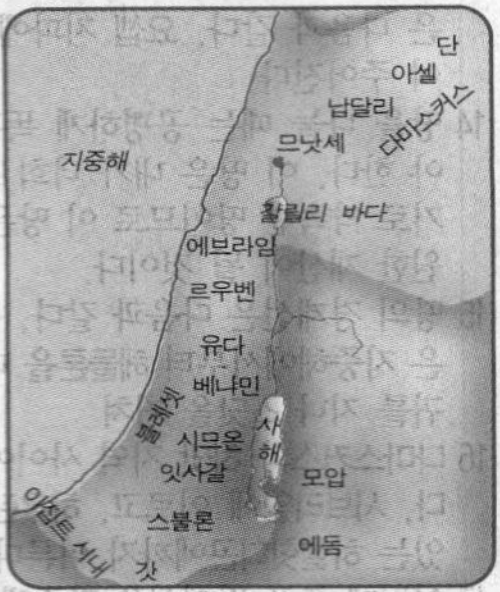

○ 에스겔 환상 중에 나타난 이스라엘 (48:1-29)

없이 그들에게도 땅을 나누어 주어야 한
다. 나 주 여호와의 말이다.”

땅의 분배

48 “지파들의 이름은 다음과 같다.
단의 몫은 북쪽 경계선에서 시작
하여 헤들론 길을 따라 하맛 어귀를 지나
다마스커스 북쪽 경계에 있는 하살에논까
지, 곧 하맛의 경계까지 이르는 동쪽에서
부터 서쪽까지의 땅이다.
2 아셀의 몫은 단 지파를 경계선으로 해서
동쪽에서 서쪽까지이다.
3 납달리의 몫은 아셀 지파를 경계선으로 해
서 동쪽에서 서쪽까지이다.
4 므낫세의 몫은 납달리 지파를 경계선으로
해서 동쪽에서 서쪽까지이다.
5 에브라임의 몫은 므낫세 지파를 경계선으
로 해서 동쪽에서 서쪽까지이다.
6 르우벤의 몫은 에브라임 지파를 경계선으
로 해서 동쪽에서 서쪽까지이다.
7 유다의 몫은 르우벤 지파를 경계선으로 해
서 동쪽에서 서쪽까지이다.
8 너희는 유다 지파를 경계선으로 해서 동
쪽에서 서쪽까지의 몫을 거룩한 지역으로
지정하여 특별한 예물로 바쳐야 한다. 그
너비는 12.5킬로미터이고 동쪽에서 서쪽
까지의 길이는 다른 지파들의 몫과 똑같
고 이 지역 한가운데에는 성전을 세워야
한다.
9 너희가 나 여호와께 바쳐야 할 특별한 땅
은 길이가 12.5킬로미터이고 너비가 5킬
로미터이다.
10 이 땅은 제사장들을 위해 마련한 거룩한
몫이 될 것이다. 북쪽으로는 길이가
12.5킬로미터, 서쪽으로는 너비가 5킬로
미터, 동쪽으로도 너비가 5킬로미터, 남쪽
으로는 길이가 12.5킬로미터이다. 그리
고 그 한가운데에 여호와의 성전이 있어
야 할 것이다.
11 이 땅은 거룩하게 구별된 제사장들인 사
독의 자손들을 위한 몫이다. 이스라엘 백
성이 나를 저버렸을 때에 그들과 함께 나
를 저버린 레위 사람들과는 달리, 사독 자
손들은 나를 저버리지 않았기 때문이다.
12 그러므로 이 땅 가운데서 특별히 구별된
몫은, 그들에게 특별한 선물로 가장 거룩
한 몫이 될 것이며, 레위 지파의 땅과 경
계선을 맞댈 것이다.
13 제사장들의 땅 경계선을 따라서 레위 사
람들에게도 땅을 주어야 할 것이다. 그 길
이는 12.5킬로미터이고 너비는 5킬로미
터이다. 전체의 길이는 12.5킬로미터이
고 전체의 너비는 5킬로미터이다.
14 레위 사람은 이 땅을 팔아서도 안 되고 바
꾸어서도 안 된다. 이 땅은 가장 좋은 땅
이기 때문에 다른 사람들에게 넘겨서도
안 된다. 이 땅은 여호와께 거룩하게 구
별된 땅이기 때문이다.
15 나머지 땅, 곧 너비가 2.5킬로미터 가량
이요, 길이가 12.5킬로미터인 땅은 그 성
의 일반적인 용도로 사용할 것이며, 주로
집을 짓거나 목초지로 사용하게 될 것이
다. 그리고 성은 땅 한가운데에 있어야 한
다.
16 성의 크기는 다음과 같다. 북쪽의 길이는
2.25킬로미터 가량, 남쪽의 길이도 2.25
킬로미터 가량, 동쪽의 길이도 2.25킬로
미터 가량, 서쪽의 길이도 2.25킬로미터
가량이다.
17 목초지로 쓸 땅은 북쪽으로 125미터 가

량, 남쪽으로도 125미터 가량, 동쪽으로
도 125미터 가량, 서쪽으로도 125미터
가량이다.
18 거룩하게 구별한 땅과 붙어 있는 나머지
땅은 동쪽으로 5킬로미터이고, 서쪽으로
도 5킬로미터이며, 이 땅에서 생산되는
것들은 성에서 일하는 사람들의 양식으로
주어져야 한다.
19 그리고 성에 사는 사람들로서 이 땅을 일
구는 사람들은 이스라엘의 모든 지파로부
터 온 사람들이어야 한다.
20 이 전체 지역은 사방이 12.5킬로미터 되
는 정사각형이다. 너희는 성에 딸린 땅과
함께 거룩한 땅을 주님께 드리는 특별한
선물로 바쳐야 한다.
21 거룩하게 구별한 땅의 양 옆과 성에 딸린
땅의 양 옆에 있는 나머지 땅은 왕의 몫
이다. 그 땅은 거룩하게 구별한 땅 동쪽
옆으로 동쪽 경계선까지이며, 서쪽 옆으
로는 지중해까지이다. 두 지역의 길이는
지파들이 차지할 땅의 길이와 같다. 이
땅이 왕의 몫이다. 거룩한 땅과 성전 안
의 성소가 그 땅의 한가운데에 있어야 한
다.
22 레위 사람의 땅과 성에 딸린 땅은 왕의 몫
으로 돌아갈 땅 중간에 자리잡게 된다. 왕
에게 속한 땅은 유다의 경계선과 베냐민의
경계선 사이에 있게 될 것이다."

나머지 지파의 땅

23 "나머지 지파들이 받을 땅은 다음과 같
다. 베냐민의 몫은 동쪽에서부터 서쪽으
로 지중해까지이다.
24 시므온의 몫은 베냐민 지파를 경계선으로
해서 동쪽에서 서쪽까지이다.
25 잇사갈의 몫은 시므온 지파를 경계선으로
해서 동쪽에서 서쪽까지이다.
26 스불론의 몫은 잇사갈 지파를 경계선으로
해서 동쪽에서 서쪽까지이다.
27 갓의 몫은 스불론 지파를 경계선으로 해서
동쪽에서 서쪽까지이다.
28 갓의 남쪽 경계선은 동쪽으로 사해 부근
의 다말에서부터 므리바가데스 샘까지 이
르고, 또 거기에서부터 이집트 시내들을
따라 지중해까지이다.
29 이것이 너희가 제비를 뽑아 이스라엘 지파
들 사이에 나누어야 할 땅이다. 이 땅들
이 그 지파들의 몫이다. 나 주 여호와의
말이다."

성의 문

30 "성의 문은 다음과 같다. 북쪽 성벽의 길
이는 2.5킬로미터 가량이다.
31 북쪽의 문은 모두 세 개가 있는데, 그 이
름은 르우벤 문, 유다 문, 레위 문이다. 성
문의 이름은 이스라엘 지파의 이름에서 따
온 것이다.
32 동쪽 성벽의 길이는 2.5킬로미터 가량이
다. 동쪽의 문은 모두 세 개가 있는데 그
이름은 요셉 문, 베냐민 문, 단 문이다.
33 남쪽 성벽의 길이는 2.5킬로미터 가량이
다. 남쪽의 문은 모두 세 개가 있는데 그
이름은 시므온 문, 잇사갈 문, 스불론 문이

성경 자세히 이해하기

여호와 삼마

'여호와께서 거기에 계시다'라는 뜻입니다. 에스겔은 성읍 이름을 '여호와 삼마'라고 부르면서 에스겔서와 그의 활동의 대단원을 장식하고 있습니다. 에스겔은 25년 동안의 포로 생활 중에 48장의 에스겔서를 통하여 (1) 이스라엘의 죄로 말미암아 하나님의 영광이 성전을 떠나는 것과 (2) 여호와께서 이스라엘 백성과 새 언약을 맺으실 것을 약속하시면서 성전에 다시 돌아오시는 모습을 보았습니다. 그 때가 되면 하나님은 자기 백성 가운데 계시고 영원히 떠나지 않으실 것입니다. 이 약속은 임마누엘이신 예수님의 성육신으로 성취되었습니다.

본문 보기 48장 35절

몫(48:8 share) 여럿으로 나누어 가지는 각 부분.
목초지(48:15 pastureland) 소나 양 등의 가축에게 먹일 풀이 자라는 땅.
제비(48:29 lot) 여럿 가운데 어느 하나를 골라, 적힌 기호에 따라 승부나 차례 등을 결정하는 방법. 또는 그것에 쓰이는 물건.

다.
34 서쪽 성벽의 길이도 2.5킬로미터 가량이
다. 서쪽의 문도 모두 세 개가 있는데, 그
이름은 갓 문, 아셀 문, 납달리 문이다.
35 이렇게 성의 둘레는 9킬로미터 가량이다.
그 때부터 이 성의 이름은 '여호와께서 거
기에 계시다'라는 뜻의 '여호와 삼마'가
될 것이다."

믿음을 키워 주는 이야기

명 지휘자가 된 이유

이탈리아의 유명한 오케스트라 지휘자 '토스카니니'는 어려서부터 글씨를 읽을 수 없을 만큼 눈이 나빴습니다. 그러나 토스카니니는 흐리지만 약간은 볼 수 있는 것을 감사하고 있었습니다.

그는 음악을 매우 좋아했는데 어머니에게 악보를 읽어 달라고 하고는 그 악보를 모조리 외워서 악기를 연주했습니다. 이러한 노력 끝에 그는 오케스트라의 일원이 되었습니다. 그러던 어느 연주회 때에 지휘자가 독감으로 나올 수가 없게 되었는데 토스카니니가 지휘봉을 잡게 되었습니다. 지휘자가 되려면 악보를 다 외워야만 하는데 악보를 다 외우고 있는 사람은 단원 중에 토스카니니 한 사람뿐이었던 것입니다.

토스카니니는 기대 이상으로 지휘를 잘 하여 관중들의 기립 박수를 받았고, 그 때부터 그는 오케스트라의 지휘자로 활동을 시작하여 세계적인 명 지휘자가 되었습니다.

자신과 주변환경에 만족하고 감사하며 성실히 노력하는 사람에게는 그의 단점까지도 기회가 되어 줍니다. 자족하고 감사하는 생활이 성공의 비결입니다.

다 니 엘

D a n i e l

○ 저자

저자는 다니엘이다.

○ 저작 연대

B.C. 605-530년경

○ 주요 인물

다니엘, 사드락, 메삭, 아벳느고, 느부갓네살

○ 핵심어 및 주요 내용

핵심어는 "용기"와 "보호"이다. 다니엘서에는 참된 용기와 하나님에 대한 헌신을 보여 주는 이야기가 기록되어 있으며, 다니엘서에서의 하나님은 자신을 온전히 의지하는 자를 어떤 역경 속에서도 보호하시는 분임을 알 수 있다.

○ 내용 소개

1. 바빌론 궁전에서의 다니엘(1장)
2. 느부갓네살이 본 큰 신상(2장)
3. 풀무불에서 건져진 다니엘의 세 친구(3장)
4. 느부갓네살의 꿈과 그의 겸손(4장)
5. 벨사살의 잔치와 다리오의 박해(5-6장)
6. 네 짐승에 대한 환상(7장)
7. 숫염소와 숫양에 대한 환상(8장)
8. 다니엘의 기도와 칠십 이레(9장)
9. 환상과 예언과 마지막 때(10-12장)

다니엘, 바빌론으로 사로잡혀 가다

1 유다 왕 여호야김이 왕이 된 지 삼 년째
되는 해에 바빌로니아 왕 느부갓네살이 군
대를 이끌고 예루살렘에 쳐들어와 성을 포
위했습니다.
2 그러자 주께서 유다 왕 여호야김을 느부갓
네살 왕에게 포로로 넘겨 주셨습니다. 그
래서 그는 하나님의 성전 기구들 가운데
일부를 가져다가 바빌론에 있는 자기 신
전의 보물창고에 두었습니다.
3 느부갓네살 왕이 아스부나스 환관장에게
명령하여 포로로 잡혀 온 이스라엘의 왕족
과 귀족의 아들들 중에서 몇 명을 왕궁으
로 데려오게 했습니다.
4 데려오는 소년들은 몸이 튼튼하고 잘생겨
야 하며, 교육을 많이 받은 사람, 지혜와
총명이 있는 사람, 그리고 왕궁에서 왕을
모실 수 있는 사람이어야 했습니다. 왕은
그들에게 바빌로니아의 언어와 문학을 배
우도록 하였습니다.
5 왕은 그들에게 매일 그가 먹는 음식과 그
가 마시는 포도주를 주면서 삼 년 동안 교
육시킨 후에 왕을 모시게 하려 하였습니다.
6 그들 가운데 다니엘과 하나냐와 미사엘과
아사랴가 있었는데, 이들 모두 유다의 자
손들이었습니다.
7 환관장이 그들에게 바빌로니아식 이름을
지어 주어, 다니엘은 벨드사살로, 하나냐는
사드락으로, 미사엘은 메삭으로, 아사랴는
아벳느고로 불렸습니다.
8 다니엘은 왕이 준 음식과 포도주로 자신
을 더럽히지 않기로 다짐했습니다. 그래
서 환관장에게 자신을 더럽히지 않게 해
달라고 간청하였습니다.
9 하나님께서 환관장의 마음을 움직이셔서 다
니엘의 말을 좋게 여기도록 해 주셨습니다.
10 환관장이 다니엘에게 말했습니다. "그렇
지만 나는 나의 상전이 두렵다. 왕께서 너

다니엘과 세 친구 〈본문 보기 1장 7절〉

히브리식 이름	의 미	바빌로니아식 이름	의 미
다니엘	하나님은 재판관이시다	벨드사살	그의 생명을 보호하소서
하나냐	여호와의 자비	사드락	월신 아쿠의 명령
미사엘	하나님과 같은 자 누구냐	메삭	아쿠와 같은 자 누구냐
아사랴	여호와께서 도우시리라	아벳느고	느고 신의 종

희가 먹고 마실 것을 정해 주셨는데, 너
희가 이 음식을 먹지 않아 너희 얼굴이 너
희 또래의 다른 젊은이들보다 못하게 보
인다면 이 때문에 내 목숨은 왕 앞에서 위
험하게 될 것이다."
11 다니엘은 환관장이 다니엘과 하나냐와 미
사엘과 아사랴를 지키라고 세운 감독관에
게 말하였습니다.
12 "우리를 십 일 동안 시험해 보십시오. 우
리는 채소와 물만 먹겠습니다.
13 감독관께서는 십 일 뒤에 우리의 얼굴과
왕의 음식을 먹는 다른 젊은이들의 얼굴
을 비교하여 보시고 당신들의 종인 우리
를 마음대로 하십시오."
14 감독관이 그 말대로 십 일 동안 시험해 보
았습니다.
15 십 일이 지났을 때, 그들의 얼굴빛은 왕
의 음식을 먹는 다른 젊은이들의 얼굴빛
보다 더 좋고 건강해 보였습니다.
16 그 때부터 감독관은 다니엘과 하나냐와 미
사엘과 아사랴에게 왕이 내린 음식과 포도
주 대신에 채소를 주었습니다.
17 하나님은 이 네 사람에게 지혜를 주셔서
모든 문학과 학문에 뛰어나도록 해 주셨
습니다. 또한 다니엘에게는 환상과 꿈을
해석하는 특별한 능력을 주셨습니다.
18 왕이 그들을 데려오라고 정한 그 기간이
끝나자, 환관장은 젊은이들을 느부갓네살
왕에게 데려갔습니다.
19 왕이 젊은이들과 이야기해 보았을 때 다
니엘과 하나냐와 미사엘과 아사랴만한 사
람이 없었기 때문에 그들이 왕을 모시게
되었습니다.
20 왕이 그들에게 여러 가지 지혜와 지식에
관한 문제를 물어 보고, 그들의 지혜와 판
단력이 전국에 있는 어떤 마술사나 주술
가보다도 열 배는 뛰어나다는 것을 알게
되었습니다.
21 그리하여 다니엘은 고레스가 왕이 된 첫해
까지 왕궁에 남게 되었습니다.

왕의 음식을 거절한
다니엘과 세 친구(1:8-16)

느부갓네살의 꿈

2 느부갓네살이 왕이 된 지 이 년째 되는
해에 꿈을 꾸었는데, 이 꿈 때문에 마
음이 답답해서 잠을 이룰 수 없었습니다.
2 왕은 자기의 꿈을 알아 내려고 왕궁에 마
술사와 점성가, 점쟁이와 바빌로니아 주술
사*를 불러들이라고 명하였습니다.
3 왕이 그들에게 말했습니다. "내가 어떤
꿈을 꾸었는데, 그 꿈 때문에 내 마음이
답답하다."
4 그러자 바빌로니아 주술사가 아람 말로 왕
에게 대답했습니다. "왕이시여, 만수무강
하십시오. 종들에게 그 꿈을 말씀해 주시
면 우리가 그 뜻을 풀어 드리겠습니다."
5 느부갓네살 왕이 바빌로니아 주술사에게 말
했습니다. "내가 분명하게 명령한다. 너희
가 내 꿈이 무슨 꿈인지를 나에게 말해 주
지 못하면 너희의 몸은 토막날 것이며, 너
희의 집은 쓰레기 더미가 될 것이다.
6 그러나 내가 꾼 꿈과 그 뜻을 이야기해 주
는 사람에게는 선물과 함께 큰 명예를 주
겠다. 그러니 어서 내 꿈을 말해 보아라."
7 그들이 다시 대답하였습니다. "왕이시여,
종들에게 그 꿈을 말씀해 주십시오. 그러
면 그 뜻을 풀어 드리겠습니다."
8 왕이 대답했습니다. "이제 보니 너희가
시간을 벌려고 하는구나! 내 명령은 분명
하다.
9 너희가 내 꿈을 말하지 못하면 반드시 벌
을 받을 것이다. 너희가 내 앞에서 거짓
말과 속임수를 말하여 상황이 바뀌기를
바라느냐? 이제 그 꿈을 내게 말해 보아
라. 그러면 너희가 그 뜻도 풀 수 있는 줄
로 알겠다."
10 바빌로니아 주술사가 왕에게 대답하였습
니다. "이 세상의 어느 누구도 왕이 요구
하시는 것을 대답할 수 없습니다. 어떤 왕
이나 통치자도, 마술사나 점성가나 주술
사에게 이와 같은 일을 물어 본 적이 없
습니다.
11 왕께서는 너무 어려운 일을 원하고 계십
니다. 그런 일을 말해 줄 수 있는 자는 우
리 인간들과는 다른 세계에 사는 신들뿐
입니다."
12 왕이 그 말을 듣고 크게 화가 나서 바빌
론의 모든 지혜자들을 찾아서 죽이라고
명령했습니다.
13 명령이 떨어지자 지혜자들은 다 죽게 되
었습니다. 사람들이 다니엘과 그의 친구
들도 죽이려고 찾아다녔습니다.
14 다니엘은 지혜자들을 죽이려고 나온 왕의
경호대장 아리옥에게 조심스러우면서도
지혜롭게 물어 보았습니다.
15 "왜 왕이 그런 끔찍한 명령을 내리셨습니
까?" 그러자 아리옥이 그 일을 다니엘에
게 설명해 주었습니다.
16 다니엘이 왕을 찾아가서 조금 더 시간을
주면 그 꿈과 그 뜻을 풀어 드리겠다고 말
했습니다.
17 그리고 다니엘은 자기 집으로 돌아와서 그
의 친구 하나냐와 미사엘과 아사랴에게 그
일에 대해 알려 주었습니다.
18 그러자 다니엘과 그의 친구들은 하나님께
서 그들을 불쌍히 여기셔서 이 비밀을 알
려 주심으로 바빌론의 다른 지혜자들과 함
께 죽지 않게 해 달라고 간절히 기도하였
습니다.
19 그 날 밤에 다니엘은 환상을 통해 그 비
밀을 알게 되었습니다. 다니엘은 하늘의
하나님을 찬양했습니다.
20 다니엘은 이렇게 찬양했습니다. "지혜와
권능이 하나님의 것이니 그의 이름을 찬
양하여라.
21 하나님은 때와 계절을 바꾸시고 왕을 폐
하기도 하시고 세우기도 하신다. 지혜자
들에게 지혜를 더하시고 총명한 사람들에
게 지식을 주신다.
22 깊이 감추어진 비밀을 드러내시고 어둠
속에 감추인 것을 아시며 빛으로 둘러싸
여 계신 분이다.

알아두세요

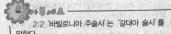

2:2 '바빌로니아 주술사'는 '갈대아 술사'를 말한다.

23 내 조상의 하나님, 주께 감사와 찬양을 드
립니다. 주는 제게 지혜와 능력을 주셨습
니다. 우리가 주께 구한 것을 주시고 왕
의 일을 우리에게 알려 주셨습니다. 내게
지혜와 능력을 주시는 주께 감사와 찬양
을 드립니다."

다니엘이 꿈을 풀다

24 그런 후에 다니엘은 바빌론의 지혜자들을
죽이라는 왕의 명령을 받았던 아리옥을 찾
아갔습니다. 다니엘이 그에게 말했습니
다. "바빌론의 지혜자들을 죽이지 마십시
오. 나를 왕에게 데려다 주시면, 왕의 꿈
을 풀어 드리겠습니다."
25 아리옥이 급히 다니엘을 왕에게 데려가서
말했습니다. "유다 포로 중에서 왕의 꿈
을 풀어 줄 수 있는 사람을 찾았습니다."
26 왕이 벨드사살이라고도 불리는 다니엘에게
물었습니다. "네가 내가 꾼 꿈을 말하고
그 꿈의 뜻을 풀어 줄 수 있겠느냐?"
27 다니엘이 왕에게 대답했습니다. "왕이 물
어 보신 그 비밀은 어떤 지혜자나 점성가
나 마술사나 점쟁이도 왕에게 알려 드릴
수 없습니다.
28 오직 하늘에 계신 하나님만이 유일하게
그 비밀을 알려 주실 수 있는 분이십니다.
하나님은 느부갓네살 왕에게 장차 일어날
일을 보여 주셨습니다. 왕이 꾸신 꿈, 즉
왕이 잠자리에 누워 계실 때, 보신 환상
은 이러합니다.
29 왕이시여, 왕이 자리에 누우셔서 장차 일
어날 일을 생각하고 계실 때, 비밀을 나
타내시는 하나님께서 장래 일을 보여 주
셨습니다.
30 하나님께서 이 비밀을 제게 알려 주신 이
유는 제가 다른 사람들보다 지혜가 많아
서가 아니라, 그 꿈의 뜻을 풀어 드림으
로 왕이 마음으로 생각하던 것을 아실 수
있게 하기 위해서입니다.
31 왕이시여, 왕은 꿈에서 어떤 커다란 신상
을 보셨습니다. 그 신상은 왕 앞에 서 있
는데, 크고 번쩍거리며 무시무시한 모습
을 하고 있었습니다.
32 그 신상의 머리는 순금이고, 가슴과 팔은
은이고, 배와 넓적다리는 놋쇠였습니다.
33 그리고 그 종아리와 발의 반쪽만이 쇠이
고, 나머지는 진흙이었습니다.
34 왕이 신상을 보고 있는데, 아무도 떠내지
않은 돌이 어디선가 날아와 쇠와 진흙으로
된 신상의 발을 쳐서 부수어 버렸습니다.
35 그 때에 쇠와 진흙과 놋쇠와 은과 금도 동
시에 산산조각이 나서 타작 마당의 겨처
럼 작아지더니 바람에 날려 흔적도 남지
않았습니다. 그러나 신상을 친 돌은 매우
큰 산이 되어 온 땅을 덮었습니다.
36 이것이 왕이 꾸신 꿈입니다. 이제 왕에게
그 꿈의 뜻을 풀어 드리겠습니다.
37 왕이시여, 왕은 왕들 가운데 가장 위대한
왕이십니다. 하늘의 하나님께서 왕에게
나라를 주셨고, 또 능력과 권세와 영광도
주셨습니다.
38 하나님은 사람과 들짐승과 공중의 새들까
지도 왕에게 주셨으며, 왕을 그들을 다스
리는 통치자로 세우셨습니다. 금으로 된
머리가 바로 왕이십니다.
39 왕의 뒤를 이어 다른 나라가 일어나지만
왕의 나라만큼 크지 못할 것입니다. 그 다
음에 놋쇠로 된 세 번째 나라가 온 땅을
다스릴 것입니다.
40 네 번째 나라는 쇠처럼 강할 것입니다. 쇠
가 모든 물건을 부수고 깨뜨리듯이 네 번
째 나라도 다른 나라들을 부수고 깨뜨릴
것입니다.
41 왕께서 보신 발과 발가락은 쇠와 진흙이
섞여 있는데 이것은 이 나라가 나뉠 것을
말해 줍니다.
42 신상 발가락에서 보여지듯이 이 나라의

아듀세요

3:1 60규빗은 약 27m에 해당되고, 6규빗은 약 2.7m에 해당된다.
3:8 '갈대아'는 '바빌로니아'를 의미한다.

인종(2:43 race) 신체적인 여러 형질에 따라 구분되는 사람의 집단.
제막식(3:2 dedication) 동상 · 기념비 따위를 다 만든 후, 가렸던 막을 걷어 완공을 축하하는 의식.

일부는 쇠처럼 강하고 일부는 진흙처럼
약해질 것입니다.
43 왕께서 쇠와 진흙이 섞여 있는 것을 보신
것처럼, 그들도 다른 인종과 함께 살게 되
지만, 쇠와 진흙이 서로 섞이지 못하는 것
처럼 그 백성들도 하나되지 못할 것입니다.
44 이 왕들의 시대에 하늘의 하나님이 한 나
라를 세우실 터인데, 그 나라는 절대로 멸
망하지 않을 것이며 다른 백성에게 넘어
가지도 않을 것입니다. 오히려 이 나라가
다른 모든 나라를 쳐서 멸망시키고 영원
히 설 것입니다.
45 아무도 떠내지 않은 돌이 산에서 날아와
쇠와 놋쇠와 진흙과 은과 금을 부수는 것
을 보셨는데, 이것은 위대하신 하나님이
장차 일어날 일을 왕에게 보여 주신 것입
니다. 이 꿈은 확실하며 그 꿈 풀이도 틀
림없습니다."
46 이에 느부갓네살 왕이 엎드려 다니엘에게
절하고 예물과 향품을 그에게 주라고 명
령했습니다.
47 그리고 왕이 다니엘에게 말했습니다. "너
희 하나님은 모든 신들 가운데서 가장 위
대하시며, 모든 왕들의 주가 되시는 것을
알았다. 네가 이 비밀을 내게 말했으니,
네 하나님은 참으로 비밀을 밝히 나타내
는 분이시다."
48 왕은 다니엘을 나라의 높은 지위에 앉히고
많은 선물을 주었으며, 온 바빌론 지방의
통치자로 삼았을 뿐 아니라 바빌로니아의
모든 지혜자들의 지도자로 세웠습니다.
49 왕은 또한 다니엘의 요구를 받아들여서 사
드락과 메삭과 아벳느고에게 바빌론 지방
을 다스리게 하였습니다. 다니엘은 계속
왕궁에 머무르게 되었습니다.

황금 우상

3 느부갓네살 왕이 금으로 신상을 만들어
바빌론 지방의 두라 평지에 세웠습니
다. 그 신상은 높이가 육십 규빗,* 넓이가
여섯 규빗* 가량이었습니다.
2 느부갓네살 왕이 사람을 보내어 지방장관,
사령관, 총독, 고문관, 재무관, 재판관과
법률가들을 포함해 지방의 모든 관리들에
게 자기가 세운 신상의 제막식에 참석하
라고 했습니다.
3 그래서 그들 모두가 제막식에 모여 느부
갓네살 왕이 세운 신상 앞에 섰습니다.
4 그 때에 전령이 큰 소리로 외쳤습니다.
"모든 나라와 민족들아, 왕의 명령을 전
한다!
5 나팔과 피리와 수금과 삼현금과 양금과
생황과 온갖 악기 소리가 나면 모두 엎드
려 느부갓네살 왕이 세우신 황금 신상에
절해야 한다.
6 누구든지 엎드려 절하지 않는 사람이 있
으면 즉시 불타는 용광로 속에 던져 넣을
것이다."
7 모든 백성과 나라와 민족들이 나팔과 피
리와 수금과 삼현금과 양금과 온갖 악기
소리가 들려 오자 엎드려 느부갓네살 왕이
세운 황금 신상에 절했습니다.
8 그 때에 어떤 갈대아* 사람들이 왕에게 와
서 유다 사람들을 고발했습니다.
9 그들이 느부갓네살 왕에게 말했습니다.
"왕이시여, 만수무강하소서.
10 왕이시여, 왕은 누구든지 나팔과 피리와

느부갓네살 왕의 꿈과 꿈풀이

〈본문 보기 2장〉

꿈의 내용	다니엘의 해석	성 취
순금으로 된 머리	바빌로니아를 다스리는 느부갓네살	신 바빌로니아 제국(B.C. 605-538년)
은으로 된 가슴과 팔	바빌로니아만큼 크지 못할 나라	메대-페르시아 제국(B.C. 538-333년)
놋쇠로 된 배와 넓적다리	온 세계를 다스릴 나라	그리스 제국(B.C. 333-63년)
쇠로 된 종아리	모든 나라를 부수고 깨뜨릴 나라	로마 제국(B.C. 63-A.D. 576년)
쇠와 진흙으로 된 발과 발가락	다른 인종과 서로 섞이며 나뉠 나라	로마 이후 열강들(A.D. 476년-현재)
아무도 떠내지 않은 돌	모든 나라를 멸하고 영원히 서게 될 나라	하나님의 나라

수금과 삼현금과 양금과 생황과 온갖 악기 소리가 들리면 엎드려 황금 신상에 절해야
한다고 명령하셨습니다.
11 그리고 엎드려 절하지 않는 사람은 누구나 즉시 불타는 용광로 속에 던져질 것이라고
하셨습니다.
12 왕께서 바빌론 지방을 다스리도록 임명한 유다인들이 있습니다. 그들은 사드락, 메삭,
아벳느고입니다. 그런데 왕이시여, 이 사람들이 왕이 명한 것을 따르지 않습니다. 그들
은 왕의 신들을 섬기지 않았고, 왕이 세우신 황금 신상에 절하지도 않았습니다."
13 그러자 느부갓네살 왕이 크게 화를 내며 사드락과 메삭과 아벳느고를 데려오라고 명령했
고, 그들은 왕 앞에 끌려왔습니다.
14 느부갓네살 왕이 물었습니다. "사드락, 메삭, 아벳느고야, 너희가 참으로 내 신들을 섬기
지 않고 내가 세운 황금 신상에 절하지 않았느냐?
15 지금이라도 준비하고 있다가 나팔과 피리와 수금
과 삼현금과 양금과 생황과 온갖 악기 소리가 들
려 오면 엎드려 내가 세운 신상에 절하여라. 그
러나 절하지 않는다면 즉시 너희를 불타는 용광
로 속으로 던져 넣겠다. 어느 신이 너희를 내 손
에서 구해낼 수 있겠느냐?"
16 사드락과 메삭과 아벳느고가 왕에게 대답했습니
다. "느부갓네살 왕이시여, 이 일에 대해서는 우
리가 왕께 답할 필요가 없습니다.
17 만약 우리가 용광로 속에 던져진다 하더라도, 우
리가 섬기는 하나님께서 우리를 불타는 용광로와
왕의 손에서 구해내실 것입니다.
18 왕이시여, 하나님께서 우리를 구해 주지 않으셔
도 우리는 왕의 신들을 섬기지 않을 것이며, 왕
이 세운 황금 신상에도 절하지 않을 것이니 그리
알아 주십시오."

황금 우상에 절하지 않은
사드락, 메삭, 아벳느고(3:12)

19 느부갓네살 왕은 사드락과 메삭과 아벳느고에게 잔뜩 화가 나서 얼굴빛마저 달라졌습니다. 그리고 용광로를 보통 때보다 일곱 배나 더 뜨겁게 하라고 명령했습니다.
20 그리고 군대에서 힘센 용사 몇 사람에게 사드락과 메삭과 아벳느고를 묶어 불타는 용광로 속으로 던져 넣도록 명령하였습니다.
21 그러자 용사들은 그들을 옷을 입은 채로 묶어서 불타는 용광로 속에 던져 넣었습니다.
22 그만큼 왕이 화가 난 것입니다. 용광로는 매우 뜨거워서 사드락과 메삭과 아벳느고를 붙잡고 있던 힘센 용사들이 불길에 타 죽었습니다.
23 사드락과 메삭과 아벳느고 세 사람은 단단히 묶인 채 불타는 용광로 속으로 던져졌습니다.
24 그 때, 느부갓네살 왕이 깜짝 놀라 급히 자리에서 일어나면서 보좌관들에게 물었습니다. "우리가 묶어서 용광로 불 속에 던져 넣은 사람이 세 사람이 아니더냐?" 그들이 대답했습니다. "그렇습니다."
25 왕이 말했습니다. "보아라! 내가 보기에는 네 사람이다. 모두 결박이 풀린 채로 불 가운데로 다니고 있으며 아무런 상처도 없다. 더욱이 네 번째 사람의 모습은 신의 아들과 같구나!"
26 느부갓네살 왕이 불타는 용광로 입구로 다가가서 외쳤습니다. "지극히 높으신 하나님의 종 사드락과 메삭과 아벳느고야, 이리로 나오너라!" 그러자 사드락과 메삭과 아벳느고가 불 가운데서 나왔습니다.
27 지방장관들과 총독들과 왕의 고문들이 모여서 이들을 보았는데, 옷이 타지도 않았고 머리털도 그을리지 않았으며, 그들에게서 불에 탄 냄새조차 나지 않았습니다.

불 속에 들어간 세 친구를 구해 주신 하나님(3:13-27)

28 느부갓네살 왕이 말했습니다. "사드락과 메삭과 아벳느고의 하나님을 찬양하여라. 그는 천사를 보내어 그를 믿고 따르는 종들을 구하셨다. 이들은 왕의 명령을 무시하고 자신의 몸을 바쳐서까지 저희의 하나님이 아닌 다른 신들을 섬기거나 절하지 않았다.
29 그러므로 이제 내가 조서를 내린다. 모든 백성이나 나라나 민족들 중에 사드락과 메삭과 아벳느고의 하나님에 대하여 함부로 말하는 사람은 그 몸이 찢길 것이며, 그들의 집은 쓰레기 더미가 될 것이다. 이런 방법으로 구원할 수 있는 신은 어디에도 없다."
30 왕은 사드락과 메삭과 아벳느고를 바빌론 지방에서 더 높은 자리에 앉혔습니다.

느부갓네살 왕의 두 번째 꿈

4 느부갓네살 왕이 전국에 있는 모든 백성과 나라와 민족들에게 다음과 같은 조서를 내렸습니다. "너희에게 평강이 넘치기를 원한다.
2 지극히 높으신 하나님께서 내게 보여 주신 기적과 놀라운 일을 너희들에게 기꺼이 알리고자 한다.

3 그가 행하신 기적은 크시며, 그의 기사는
놀랍도다! 그의 왕국은 영원할 것이며, 그
의 통치는 대대에 미칠 것이다.
4 나 느부갓네살이 집에서 편히 쉬며 궁정에
서 평안을 누릴 때,
5 꿈을 꾸었는데 그 꿈 때문에 두려워하였
다. 침상에서 누워 생각하는 중에 환상을
보고 잠을 이루지 못하였다.
6 나는 그 꿈과 그 뜻을 알아보려고 명령을
내려 바빌론의 모든 지혜자들을 내 앞으
로 불러 오게 하였다.
7 마술사와 점성가와 주술가와 점쟁이들이
왔을 때에 그들에게 꿈 이야기를 해 주었
으나, 그들은 그 꿈을 풀지 못했다.
8 마지막으로 다니엘이 내 앞에 나타났다.
그는 내가 내 신의 이름을 따서 벨드사살
이라 불렀던 자였다. 그는 거룩한 신들의
영을 지닌 사람이어서 내가 꾼 꿈을 그에
게 말해 주었다.
9 '마술사들의 우두머리인 벨드사살아, 네게
거룩한 신들의 영이 있어 네게는 어떤 비
밀이라도 어려울 것이 없다는 것을 안다.
그러니 내가 본 꿈의 의미를 말해 보아라.
10 내가 침상에 누워 있는 동안에 본 환상은
이러하다. 나는 땅의 한가운데에서 매우
높은 한 그루의 나무를 보았다.
11 그 나무는 크게 자라 튼튼하게 되고, 그
높이는 하늘까지 닿아서 땅 끝에서도 잘
보였다.
12 나뭇잎은 매우 푸르렀으며, 누구나 먹을
수 있을 만큼 열매도 아주 많았다. 나무
아래에서는 들짐승들이 쉬었고, 가지에는
새들이 모여들고, 모든 생물이 그 나무에
서 먹이를 얻었다.
13 또한 나는 환상 속에서 한 거룩한 감시자
가 하늘로부터 내려오는 것을 보았다.

알아두세요

4:16 또는 '일곱 해'.

14 그가 큰 소리로 이렇게 외쳤다. "이 나무
를 베어 내고 그 가지를 꺾어라. 잎사귀
는 다 떨어 버리고 열매는 흩어 버려라.
나무 아래서 쉬는 짐승들은 쫓아 내고 가
지에 모여든 새들도 쫓아 버려라.
15 그러나 그루터기는 뿌리와 함께 땅에 남
겨 두고 쇠줄과 놋줄로 묶어서 들풀 가운
데 내버려 두어라. 하늘의 이슬에 젖게 하
고 땅의 풀 가운데서 들짐승과 함께 살게
하여라.
16 또 그에게 사람의 마음 대신에 짐승의 마
음을 주어서 일곱 때*를 지내게 할 것이
다.
17 이 일은 감시자들이 명령한 것이요, 거룩
한 이들이 선언한 것이다. 이는 지극히 높
으신 하나님께서 인간의 나라를 다스리시
며, 그가 원하는 사람에게 그 나라를 주
시며, 가장 낮은 사람을 그 위에 세우시
는 것을 모든 사람들로 알게 하려는 것이
었다."
18 이것이 나 느부갓네살 왕이 꾼 꿈이다. 그
러니 벨드사살아, 이 꿈의 뜻을 풀어 보아
라. 내 나라에 있는 모든 지혜자들도 이
꿈의 뜻을 풀지 못했으나, 거룩한 신들의
영이 네게 있으니, 너는 풀 수 있을 것이
다.'"

다니엘의 꿈 풀이

19 그러자 벨드사살이라고도 불리는 다니엘은
놀라 한동안 마음이 어지러웠습니다. 그
래서 왕이 그에게 말했습니다. "벨드사살
아, 이 꿈과 그 뜻 때문에 놀라지 않기를
바란다." 이에 벨드사살이라고도 불리는
다니엘이 왕에게 대답하였습니다. "왕이
시여, 그 꿈이 왕의 원수에 관한 꿈이며,
그 뜻도 왕의 적에 대한 것이었으면 좋겠
습니다.
20 왕이 꿈에서 보셨던 나무는 크고 튼튼하
게 자랐으며, 그 꼭대기가 하늘까지 닿아

감시자(4:13 watcher) 경계하며 지켜 보는 사람을 가리켜 이르는 말이다.
선언(4:17 declaration) 자신의 뜻을 널리 펴서 말하는 것.
영화(4:27 glory) 권력과 부귀를 마음껏 누리는 일.

서 땅 끝에서도 잘 보였습니다.
21 그 잎사귀는 아름다웠으며, 열매는 누구
나 먹을 수 있을 만큼 매우 많았습니다.
들짐승들이 나무 아래에 와서 쉬었고, 가
지에는 새들이 모여들었습니다.
22 왕이시여, 그 나무는 바로 왕이십니다.
왕은 크고 강해지셨습니다. 왕의 강대함
은 하늘에 닿았고, 왕의 통치는 땅 끝까
지 미쳤습니다.
23 왕께서 볼 때, 거룩한 감시자가 하늘에서
내려와서 '이 나무를 베어 없애 버리되,
뿌리의 그루터기는 땅 속에 남겨 두고, 그
것을 쇠줄과 놋줄로 동이고 들풀 가운데
내버려 두어, 이슬에 젖게 하고 들짐승과
함께 어울리게 하여 일곱 때를 지내도록
하여라' 라고 말했습니다.
24 왕이시여, 꿈의 뜻은 이러합니다. 이것은
지극히 높으신 하나님께서 장차 일어날
일을 왕에게 미리 보여 주신 것입니다.
25 왕은 사람들에게서 쫓겨나 들짐승들과 함
께 살게 될 것입니다. 왕은 소처럼 풀을
뜯게 될 것이며, 하늘에서 내리는 이슬에
젖게 될 것입니다. 일곱 때가 지난 뒤에
야 왕은 비로소 지극히 높으신 하나님께
서 인간의 나라를 다스리신다는 것과 그
나라를 자기 뜻에 맞는 사람에게 주신다
는 것을 알게 될 것입니다.
26 또 나무 뿌리의 그루터기를 땅에 남기라
명한 것은 왕이 하나님께서 다스리신다는
것을 깨달으신 뒤에 왕의 나라가 굳게 선
다는 뜻입니다.
27 그러므로 왕이시여, 저의 충고를 받아들
이십시오. 죄악을 버리고 옳은 일을 하십
시오. 가난한 백성을 불쌍히 여기시고,
악한 길에서 벗어나십시오. 그렇게 하면
혹시 왕의 영화가 계속 이어질 수 있을지
모릅니다."

왕의 꿈이 그대로 이루어지다

28 "이 모든 일이 그대로 나 느부갓네살 왕에
게 일어났다.
29 열두 달이 지난 뒤, 내가 바빌론 왕궁의
옥상을 걷고 있을 때였다.
30 나는 이렇게 말했다. '이 바빌로니아는 위
대하지 않은가? 내가 내 힘과 권력으로
세웠지 않은가? 내 영광을 위해 세운 것
이 아닌가?'
31 이 말을 마치기도 전에 한 목소리가 하늘
에서 들렸다. '느부갓네살 왕아, 네게 말
하노니, 왕권이 너에게서 떠나갔다.
32 너는 사람들에게서 쫓겨나 들짐승들과 함
께 살게 되고, 소처럼 풀을 뜯어 먹게 될
것이다. 일곱 해가 지난 후에 너는 비로
소 지극히 높으신 하나님께서 인간의 나
라를 다스리신다는 것과 그 나라를 자기
마음에 드는 사람에게 주신다는 것을 알
게 될 것이다.'
33 그 말은 곧장 나 느부갓네살 왕에게 그대
로 이루어졌다. 나는 사람들에게서 쫓겨
나 소처럼 풀을 뜯어 먹었으며, 내 몸은
하늘에서 내리는 이슬에 젖었다. 나의 머
리털은 독수리의 깃털처럼 자랐고, 나의
손톱은 새의 발톱처럼 길게 자랐다.
34 정해진 기간이 지나자 나 느부갓네살은 하
늘을 우러러보고 정신을 되찾을 수 있게
되었다. 나는 지극히 높으신 하나님, 영
원히 살아 계신 분에게 찬양과 영광을 돌

느부갓네살 왕

〈본문 보기 4장 28-33절〉

느부갓네살	신 바빌로니아의 왕(B.C. 605-562년). 느부갓네살과 같은 시대의 예언자로 예레미야, 에스겔, 다니엘이 있었으며, 그 당시 유다는 여호야김과 여호야긴 왕이 다스리고 있었음
생애	이집트를 대파하고 시리아와 팔레스타인의 주도권을 획득함. B.C. 597년 유다를 침공하여 여호야긴 왕을 잡아가고 시드기야를 왕으로 세움. 시드기야가 반역하자 예루살렘을 공격하여 함락시킴(B.C. 586년). 왕과 백성들을 포로로 잡아감
최후	하나님의 도구로 사용되었으나 교만에 빠져 저주를 받고 비참한 최후를 맞이함(단 4:30-33)

벽에 적힌 글씨(5:5)

렸다. 하나님의 다스리심은 영원하며 그
의 나라는 대대로 이어질 것이다.
35 그는 땅의 백성들을 없는 것같이 여기시
며, 하늘의 군대와 땅의 백성들을 뜻대로
다루신다. 어느 누구도 그가 행하시는 일
을 막을 수 없으며, 어느 누구도 무엇을
행하셨느냐고 물을 수 없다.
36 내가 정신을 되찾았을 때, 나의 명예와 위
엄과 나라의 권세가 회복되었고, 나의 고
문관들과 관리들이 나를 찾아왔으며, 왕
위가 회복되자 전보다 더 위세가 커졌다.
37 이제 나 느부갓네살은 하늘의 왕께 찬양하
며 영광을 돌린다. 그의 일은 모두 참되
며, 그의 행하심은 의로우시다. 그는 교
만한 사람을 낮추신다."

벽에 적힌 글씨

5 벨사살 왕이 귀한 손님 천 명을 불러
서 큰 잔치를 베풀어 그들과 함께 술
을 마셨습니다.
2 벨사살은 술을 마시다가 명령을 내려 그
의 아버지, 느부갓네살이 예루살렘 성전에
서 가져온 금잔과 은잔들을 가져오게 했
습니다. 이는 왕과 지방장관들과 왕비들
과 후궁들이 그 잔으로 술을 마시도록 하
기 위해서였습니다.
3 예루살렘에 있는 하나님의 성전에서 가져
온 금잔들을 내어 오자, 왕과 그의 귀한
손님들과 왕비들과 후궁들이 그 잔으로
술을 마셨습니다.
4 그들은 술을 마시면서 금과 은과 놋쇠와
쇠와 나무와 돌로 만든 신들을 찬양했습
니다.
5 바로 그 때, 사람의 손가락이 나타나더니
촛대 맞은편 왕궁 석고벽 위에 글자를 쓰
기 시작했습니다. 왕은 그 손가락이 글자
를 쓰는 것을 보았습니다.
6 왕은 두려움에 사로잡혀 얼굴이 창백해지
고 다리에 힘이 없어져 무릎이 후들후들
떨렸습니다.
7 왕은 점성가들과 주술사들과 점쟁이들을
불러 오게 하였습니다. 왕이 바빌론의 지
혜자들에게 말했습니다. "누구든지 이 글
을 읽고 그 뜻을 내게 풀어 주는 사람에
게, 자주색 옷을 입혀 주고 목에는 금사
슬을 걸어 주고 이 나라에서 셋째 가는 통
치자로 삼겠다."

8 왕의 지혜자들이 모두 왔으나, 그 글자를
읽거나 그 뜻을 설명할 수 있는 사람은 아
무도 없었습니다.
9 벨사살 왕이 더욱 두려워하여 얼굴이 더
창백해졌고 손님들도 당황하였습니다.
10 그 때에 왕의 어머니가 왕과 귀한 손님들
의 떠드는 소리를 듣고 연회장으로 들어
와서 이렇게 말했습니다. "왕이시여, 만
수무강하십시오. 두려워하지 마시고, 얼
굴에서 근심을 거두십시오.
11 왕의 나라에 거룩한 신들의 영을 받은 사
람이 있습니다. 그는 왕의 아버지 때에 신
들의 지혜와 같은 지혜와 명철을 보여 준
사람입니다. 선왕이신 느부갓네살 왕은 그
사람을 마술사, 점성가, 주술가와 점쟁이
들의 우두머리로 세우셨습니다.
12 제가 말하는 사람은 다니엘입니다. 느부갓
네살 왕은 그에게 벨드사살이라는 이름을
지어 주셨습니다. 그는 매우 총명하며 지
식과 통찰력을 가진 사람입니다. 그는 꿈
과 비밀을 말할 수 있고, 아무리 어려운
문제라도 풀 수 있습니다. 다니엘을 부르
십시오. 벽 위의 글자가 무슨 뜻인지 그
가 왕에게 설명해 줄 것입니다."
13 다니엘이 부름을 받아 왕 앞에 나왔습니
다. 왕이 그에게 물었습니다. "네 이름이
다니엘이냐? 네가 내 부왕이 유다에서 데
려온 포로 가운데 한 사람이냐?
14 네 안에 신들의 영이 있다는 말을 들었다.
네가 매우 총명하며 지식과 통찰력이 있
다는 말도 들었다.
15 내가 지혜자들과 마술사들을 불러 벽 위
에 적힌 이 글자를 읽고 그 뜻을 말해 보
라고 했으나 아무도 설명하지 못했다.
16 그런데 너는 해석을 잘하고 어려운 문제
도 잘 푼다고 들었다. 그러니 벽 위에 적
힌 글을 읽고 설명해 보아라. 네가 그렇
게만 할 수 있다면 내가 네게 자주색 옷
을 입혀 주고 목에는 금사슬을 걸어 주고
이 나라의 셋째 가는 통치자로 삼아 주겠
다."
17 다니엘이 왕에게 대답했습니다. "선물은
왕이 가져가시고 상도 다른 사람에게 주
십시오. 하지만 나는 왕을 위해 벽 위의
글을 읽고 그 뜻을 풀어 드리겠습니다.
18 왕이시여, 지극히 높으신 하나님께서 왕
의 아버지 느부갓네살을 위대하고 강한 왕
으로 만드셨습니다.
19 하나님께서 그에게 큰 권세를 주셨기 때
문에 백성들과 나라들과 각기 다른 말을
쓰는 모든 사람이 느부갓네살 왕을 무서워
했습니다. 그는 마음대로 사람을 죽이기
도 하고 살리기도 했으며, 높이기도 하고
낮추기도 했습니다.
20 하지만 느부갓네살 왕은 너무 높아지고 교
만해졌습니다. 그래서 왕의 보좌에서도
쫓겨나고 누리던 영광도 빼앗겼습니다.
21 느부갓네살 왕은 사람들에게서 쫓겨나 그
마음이 들짐승처럼 되어, 들나귀처럼 살
며 소처럼 풀을 먹었고, 몸은 이슬로 젖
었습니다. 그러다가 비로소 지극히 높으
신 하나님께서 인간의 나라를 다스리신다
는 것과 하나님의 마음에 드는 사람에게
그 나라를 주신다는 것을 알게 되었습니
다.
22 느부갓네살의 자손인 벨사살 왕이시여, 왕
께서는 이 모든 일을 알면서도 마음을 낮
추지 않으셨습니다.
23 오히려 하늘의 주를 거스르고, 주의 성전
에 있던 잔들을 가져오게 하여 귀한 손님
들과 왕비들과 후궁들과 함께 그 잔으로
술을 마셨습니다. 그리고 왕은 왕의 생명
과 왕이 하시는 모든 일을 다스리시는 하
나님을 섬기지 않고, 은과 금과 놋쇠와 쇠
와 나무와 돌로 만든 신들을 찬양하였습
니다. 보지도 못하고 듣지도 못하고 아무

연회장(5:10 banquet hall) 여러 사람이 모여 술을 마시거나 음식을 먹으며 즐기는 잔치가 베풀어지는 곳.
통찰력(5:14 insight) 사물이나 현상을 환하게 꿰뚫어 보는 능력.
권세(5:19 power) 아주 큰 권력.

것도 깨닫지 못하는 그것들은 참 신이 아
닙니다.
24 그래서 하나님께서 이 손을 보내셔서 벽
에 글자를 쓰게 하신 것입니다.
25 벽에 적힌 글자는 '메네, 메네, 데겔, 바르
신'*입니다.
26 그 뜻은 이렇습니다. 메네는 하나님께서
왕의 나라의 끝날을 정하셨다는 뜻입니
다.
27 데겔은 왕이 저울 위에 달리셨는데, 무게
가 모자란다는 뜻입니다.
28 바르신은 왕의 나라가 나뉘었다는 뜻입니
다. 왕의 나라는 메대와 페르시아 사람들
에게 넘어갈 것입니다."
29 이에 벨사살이 명령을 내려 다니엘에게 자
주색 옷을 입히고 금사슬을 목에 걸어 주
고 그를 나라의 셋째 가는 통치자로 세웠
습니다.
30 바로 그 날 밤에 바빌로니아의 왕 벨사살
이 죽임을 당했습니다.
31 메대 사람 다리오가 새 왕이 되었습니다.
다리오의 나이는 육십이 세였습니다.

사자굴 속에 들어간 다니엘

6 다리오는 총독 백이십 명을 세워 나라
전체를 다스리게 하는 것이 좋겠다고
생각했습니다.
2 그는 또 그들 위에 총리 세 명을 세웠는
데, 다니엘도 그 가운데 한 사람이었습니
다. 왕이 그들을 세운 이유는 나라를 다
스리는 데 어려움이 없도록 하기 위함이
었습니다.
3 다니엘은 다른 총리나 총독들보다 더 뛰
어났기 때문에 왕은 그에게 나라 전체를
맡기려 했습니다.
4 그러자 다른 총리와 총독들이 다니엘을 고
소하려고 그의 잘못을 찾으려 했지만, 그
가 충성스럽게 나라 일을 잘 맡아 처리했
으므로 아무런 잘못이나 흠을 찾을 수 없
었습니다.
5 그러자 그들이 말했습니다. "다니엘은 하
나님의 율법에 관한 것이 아니면 흠을 찾
을 방법이 없겠소."
6 그래서 총리와 총독들이 모여 왕에게 가
서 말했습니다. "다리오 왕이시여, 만수
무강하십시오.
7 우리 총리들과 수령들과 총독들과 보좌관
들과 지휘관들이 의논한 것이 있습니다.
우리는 왕이 한 가지 법을 세우셔야 한다
고 생각합니다. 그것은 바로, 앞으로 삼
십 일 동안 왕 이외에 다른 신이나 다른
사람에게 기도를 하는 자가 있으면 누구
든지 사자굴에 넣어야 한다는 것입니다.
8 왕이시여, 이 법을 세우십시오. 메대와 페
르시아의 법은 예로부터 고치지 못하는 것
이었으니, 이 법에도 도장을 찍어 고치지
못하게 하십시오."
9 다리오 왕은 법을 세우고 거기에 도장을
찍었습니다.
10 다니엘은 왕이 새 법에 도장을 찍은 것을
알고도 자기 집 다락방으로 올라가 늘 하
던 것처럼 하루에 세 번씩 무릎을 꿇고 하
나님께 기도하며 감사를 드렸습니다. 그
방 창문은 예루살렘 쪽을 향해 열려 있었
습니다.
11 그 사람들이 무리를 지어 가다가 다니엘
이 하나님께 간절히 기도드리는 모습을
보았습니다.
12 그들은 왕에게 가서 왕이 세운 법에 대해
말했습니다. "왕이시여, 왕은 앞으로 삼
십 일 동안 왕 외에 다른 신이나 다른 사
람에게 기도를 하면 누구든지 사자굴에
넣는다는 법을 세우시고 거기에 도장을
찍지 않으셨습니까?" 왕이 대답했습니
다. "그렇다. 내가 그 법을 세웠다. 또한

알아두세요

5:25 개역 성경에는 '메네, 메네, 데겔, 우바르신'이라고 표기되어 있다. '우바르신'의 '우'는 '그리고'라는 뜻이다.

고소하다(6:4 charge) 피해자가 피해 당한 사실을 알려 가해자를 처벌해 줄 것을 요구하다.

도장(6:17 signet) 개인이나 단체의 이름을 나무·돌 등에 새긴 물건.

메대와 페르시아의 법은 고칠 수 없다."
13 그 사람들이 왕에게 말했습니다. "유다에
서 잡혀온 사람 중 다니엘이 왕께서 도장
을 찍으신 법을 무시하고 아직도 날마다
하루에 세 번씩 자기 하나님께 기도하고
있습니다."
14 왕은 그 말을 듣고 매우 괴로워했습니다.
왕은 다니엘을 구하고 싶어서 해가 질 때
까지 그를 구할 방법을 찾으려 애썼습니
다.
15 그 사람들이 무리를 지어 왕에게 가서 말
했습니다. "왕이시여, 메대와 페르시아의
법은 왕이 한 번 법이나 명령을 내리고 나
서는 그것을 다시 고칠 수 없다는 것을 기
억하십시오."
16 그래서 다리오 왕은 명령을 내려 다니엘을
붙잡아 사자굴에 넣게 했습니다. 왕이 다
니엘에게 말했습니다. "네가 늘 섬기던 너
의 하나님이 너를 구해 주실 것이다."
17 사람들이 큰 돌 하나를 굴려
와서 사자굴 입구를 막
았습니다. 그러자
왕이 도장으
로 사용하는 반지와 신하들의 도장으로
바위 위에 찍었습니다. 아무도 그 바위를
옮겨 다니엘을 꺼내지 못하게 하기 위한
것이었습니다.
18 그런 뒤에 다리오 왕은 왕궁으로 돌아갔
습니다. 그 날 밤, 왕은 아무것도 먹지 않
았으며 오락도 금지시켰습니다. 왕은 잠
도 자지 못했습니다.
19 이튿날 아침, 다리오 왕은 새벽에 일어나
급히 사자굴로 가 보았습니다.
20 왕은 굴에 가까이 이르러 걱정하는 목소리
로 다니엘을 불렀습니다. "살아 계신 하나
님의 종 다니엘아, 네가 늘 섬기는 하나님
이 너를 사자들로부터 구해 주셨느냐?"
21 다니엘이 대답했습니다. "왕이시여, 만수
무강하십시오.
22 나의 하나님께서 천사들을 보내셔서 사자
들의 입을 막으셨습니다. 하나님께서는
내가 죄가 없다는 것을 아시기 때문에 사
자들이 나를 해치지 못
하게 하셨습니
다. 왕이시

사자굴에 던져진 다니엘(6:16-23)

여, 나는 왕에게 잘못한 일이 없습니다."
23 다리오 왕은 너무 기뻤습니다. 그는 종들
에게 다니엘을 사자굴에서 꺼내라고 말했
습니다. 왕의 종들이 다니엘을 꺼내 보니
다니엘의 몸에는 아무런 상처도 없었습니
다. 그것은 다니엘이 자기 하나님을 믿었
기 때문입니다.
24 왕이 명령을 내려 다니엘을 고소한 사람
들뿐 아니라 그 아내와 자녀들까지 데려
와 사자굴에 넣게 했습니다. 사람들이 그
들을 굴에 넣었더니 바닥에 닿기도 전에
사자들이 덮쳐서 그들의 뼈까지 부수어
버렸습니다.
25 왕이 백성들과 나라들과 각기 다른 말을
쓰는 모든 사람들에게 조서를 내렸습니
다. "너희에게 평안이 넘치기를 원하노
라.
26 내가 새 법을 세운다. 내 나라에서 사는
백성은 모두 다니엘의 하나님을 두렵고 떨
림으로 섬겨야 한다. 다니엘의 하나님은
살아 계신 하나님이시며, 영원히 사시는
분이시다. 그의 나라는 결코 망하지 않으
며, 그의 다스리심은 영원할 것이다.
27 하나님은 백성을 건져내기도 하시고 구원
하시기도 하신다. 하늘과 땅에서 놀라운
기적을 일으키신다. 하나님께서 다니엘을
사자들의 입에서 구해 주셨다."
28 다니엘은 다리오 왕과 페르시아 사람 고레
스 왕이 다스리는 동안 평안히 살았습니
다.

다니엘이 본 네 마리 짐승 환상

7 벨사살이 바빌로니아 왕이 된 첫해에 다
니엘이 꿈을 꾸었습니다. 다니엘은 잠자
리에 누워 있다가 환상을 보고 그 꿈의 내
용을 적어 두었습니다.
2 다니엘이 말했습니다. "내가 밤에 환상을
보았는데 사방에서 바람이 불어와 바다
물결이 매우 높아졌다.
3 그 때, 커다란 짐승 네 마리가 바다에서
올라왔다. 짐승들의 모양은 각기 달랐다.
4 첫 번째 짐승은 사자처럼 보였으나 독수
리의 날개가 달려 있었다. 내가 바라보는
동안 그 날개가 찢겨 나갔다. 그 짐승은
몸을 세우더니 사람처럼 두 발로 섰다. 게
다가 사람의 마음을 가지고 있었다.
5 두 번째 짐승은 마치 곰처럼 생겼다. 그
짐승의 몸은 한쪽으로만 치켜 올라갔다.
이빨 사이에는 갈빗대 세 대가 물려 있었
다. 누군가가 그 짐승에게 '일어나 고기
를 많이 먹어라' 고 말했다.
6 그후에 다른 짐승이 나타나는 것을 보았
다. 이 짐승은 표범처럼 생겼는데, 등에
는 새의 날개 네 개가 나 있었고 머리도
네 개였다. 이 짐승은 다스릴 권세를 받
았다.
7 그 날 밤, 환상 가운데서 계속 살펴보았
더니, 내 앞에 네 번째 짐승이 보였다. 이
짐승은 무섭고 잔인하고 매우 강하게 생
겼다. 이 짐승의 이빨은 쇠였는데 그 이
빨로 먹이를 으스러뜨려 잡아먹고, 발로
는 그 남은 먹이를 짓밟았다. 이 짐승은
전에 본 다른 짐승들과 달랐고 열 개의 뿔
이 나 있었다.
8 내가 그 뿔들을 가만히 살펴보고 있는데
다른 뿔 하나가 이 뿔들 사이에서 나왔다.
그 뿔에는 사람의 눈 같은 것이 달려 있
었고 또 입도 있어서 큰 소리로 떠들어 댔
다. 이 작은 뿔이 다른 뿔 세 개를 뽑아
버렸다.
9 보좌들이 자리에 놓인 것도 보았다. 영원
전부터 살아 계신 하나님이 그 보좌 가운
데 앉으셨다. 하나님의 옷은 눈처럼 희
고, 머리카락은 양털처럼 깨끗했다. 그
보좌에는 불꽃이 타오르고 있었고, 보좌
의 바퀴에서는 불길이 이글거렸다.
10 불이 강처럼 그 앞에서 흘러 나왔다. 수
천 천사가 그를 섬기고 있었고, 수만 천
사가 그를 모시고 서 있었다. 심판이 시

평안(6:25 peace) 몸과 마음이 무사하여 걱정이 없음.

갈빗대(7:5 rib) 가슴을 둘러싼 골격을 구성하는 갈비의 낱낱의 뼈.

작되었을 때, 책들은 이미 펼쳐져 있었
다.
11 작은 뿔이 계속해서 떠들어 대길래 나도
계속 바라보았다. 내가 살펴보는 사이에
네 번째 짐승이 죽임을 당했고, 그 시체
는 타는 불 속으로 던져졌다.
12 나머지 세 짐승은 그 권세를 빼앗겼지만,
얼마 동안은 죽지 않고 살아남도록 허락
되었다.
13 내가 밤에 환상을 보고 있는데 마치 사람
같이 생긴 분이 하늘 구름을 타고 왔다.
그가 영원 전부터 살아 계신 하나님께 나
아가자 누군가가 그를 하나님께 인도했
다.
14 하나님이 사람처럼 생긴 분에게 권세와
영광과 나라를 주셨다. 백성들과 나라들
과 각기 다른 말을 쓰는 모든 사람은 그
를 섬겨야 했다. 그의 다스림은 영원할 것
이며 그의 나라는 절대로 망하지 않을 것
이다."

꿈의 뜻

15 "나 다니엘은 걱정을 했다. 내가 본 환상
들 때문에 두려워졌다.
16 나는 보좌 옆에 서 있는 한 천사에게 가
까이 가서 이 모든 일의 뜻을 물었다. 그
는 내게 설명해 주었다.
17 '이 네 마리의 큰 짐승은 앞으로 땅에서
생겨날 네 나라다.
18 지극히 높으신 하나님의 백성들이 나라를
다스릴 권세를 받을 것이며, 지금부터 영
원히 그 권세를 누릴 것이다.'
19 나는 네 번째 짐승의 뜻을 알고 싶었다.
이 짐승은 전에 본 다른 짐승들과는 달랐
고 무섭게 생겼다. 이 짐승의 이는 쇠였
고, 발톱은 놋이었다. 이 짐승은 이빨로
먹이를 부수고 잡아먹었다. 그리고 그 나
머지는 발로 짓밟았다.
20 나는 또 이 짐승의 머리에 난 뿔 열 개와
그 뿔들 가운데서 자라난 작은 뿔에 대해
서도 알고 싶었다. 이 작은 뿔은 다른 뿔
세 개를 뽑아 버렸다. 그 뿔은 다른 뿔들
보다 강해 보였다. 그 뿔에는 눈이 달려
있었으며 입도 있어서 큰 소리로 떠들어
댔다.
21 내가 보니, 그 작은 뿔이 하나님의 백성
과 맞서서 싸워 이기고 있었다.
22 그러다가 영원부터 살아 계신 하나님께서
오셔서 지극히 높으신 하나님의 백성 편
을 들어 심판하셨다. 때가 되자, 그들이
다스릴 권세를 얻었다.
23 그 천사가 내게 설명해 주었다. '네 번째
짐승은 땅에서 생겨날 네 번째 나라다. 그
나라는 다른 모든 나라와 다를 것이다. 그
나라는 모든 세상 백성을 멸망시키며 짓
밟고 부수어 버릴 것이다.
24 그 열 개의 뿔은 이 네 번째 나라에서 일
어날 열 왕이다. 이 열 왕 뒤에 또 한 왕
이 일어날 것인데, 그는 그전 왕들과 다
를 것이다. 그는 다른 세 왕을 눌러 이길
것이다.
25 이 왕은 지극히 높으신 하나님께 대항하
며 하나님의 백성을 해치고 죽일 것이다.
또 그가 이미 정해진 때와 법을 고치려 할
것이다. 하나님의 백성이 그의 손아귀에
들어 삼 년 반을 지내야 한다.
26 그러나 심판이 내려 그의 권세는 빼앗기
고 그의 나라는 완전히 멸망해 없어질 것
이다.
27 그 때에 지극히 높으신 하나님의 백성이
나라의 권세를 잡을 것이다. 그들이 하늘
아래의 모든 나라를 권세와 영광으로 다
스릴 것이다. 그들의 권세는 영원할 것이
며, 다른 모든 나라 백성이 그들을 섬기
고 따를 것이다.'
28 이것으로 그 꿈이 끝났다. 나 다니엘은 너
무 두려워서 얼굴까지 창백해졌다. 그러
나 나는 모든 것을 마음속에 간직해 두었
다."

심판(7:22 judgment) 하나님께서 세상의 선악을 재판하심.

대항(7:25 opposition) 지지 않으려고 맞서서 버티는 것.

다니엘이 본 환상

8 벨사살이 왕이 된 지 삼 년째 되는 해
에 나 다니엘은 환상을 보았다. 전에
본 것에 이어 두 번째 환상이었다.
2 그 환상 속에서 보니 내가 엘람 지방의 수
도인 수산 성의 을래 강가에 서 있었다.
3 눈을 들어 보니, 강가에 숫양 한 마리가
서 있었다. 그 숫양의 뿔은 두 개였는데,
뿔 하나가 다른 뿔보다 더 길었다. 긴 뿔
이 짧은 뿔보다 늦게 나왔으나 더 빨리 자
랐다.
4 내가 보니, 그 숫양이 서쪽과 북쪽과 남
쪽을 향해 들이받는데 아무 짐승도 그 앞
에서 맞서지 못했다. 또 아무도 그의 손
에서 다른 짐승을 구해내지 못했다. 그는
무엇이든 하고 싶은 대로 했으며, 매우 강
해졌다.
5 내가 이것에 대해 생각하고 있는데, 숫염
소 한 마리가 서쪽에서부터 오는 것이 보
였다. 이 숫염소의 두 눈 사이에 뚜렷하
게 잘 보이는 커다란 뿔 하나가 있었다.
그가 온 땅을 두루 다녔는데 그 발이 땅
에 닿지도 않을 정도로 빨랐다.
6 이 숫염소가 성난 모습으로 두 뿔 달린 숫
양, 곧 내가 강가에서 본 그 숫양을 들이
받았다.
7 내가 보니, 그 숫염소가 숫양을 공격하여
숫양의 두 뿔을 부러뜨렸다. 숫양은 숫염

숫염소(8:5)

제사(8:12 sacrifice) 하나님에 대한 경배의 표현. 오늘날의 예배에 해당됨.

소를 막을 힘이 없었다. 숫염소가 숫양을
땅에 넘어뜨리더니 발로 짓밟았다. 아무
도 그 숫양을 숫염소에게서 구해내지 못
했다.
8 그 숫염소는 점점 더 강해지더니 그 때,
그의 큰 뿔이 부러지고 대신 뚜렷하게 잘
보이는 뿔 넷이 사방을 향해 자라났다.
9 그러다가 그 중 하나에서 다시 작은 뿔
하나가 자라났다. 그 뿔은 남쪽과 동쪽과
아름다운 유다 땅을 향해 크게 뻗어 나갔
다.
10 그 작은 뿔이 하늘에 닿을 만큼 자라나더
니 하늘 군사들 중에서 몇 명을 땅에 떨
어뜨려 짓밟았다.
11 심지어 그 뿔이 하늘의 군대 사령관에게
대항할 정도까지 되어서, 주께 날마다 드
리던 제사마저 못하게 하고 주께 예배 드
리던 전마저 헐어버렸다.
12 그 뿔 때문에 하나님을 반역하는 일이 일
어났고, 백성들은 날마다 드리던 제사를
멈추었으며, 진리는 땅에 내던져졌다. 그
뿔은 하는 일마다 다 성공했다.
13 그 때, 두 천사가 말하는 것을 들었는데,
한 거룩한 자가 다른 천사에게 물었다.
"이 환상 속의 일들이 언제까지 계속되겠
소? 날마다 드리던 제사가 금지되고 하나
님께 반역하여 멸망을 부르고 성전을 헐
고 하늘 군사를 짓밟는 일이 언제까지 계
속되겠소?"
14 천사가 내게 말했다. "이 일은 밤낮으로
이천삼백 일이 지날 때까지 계속될 것이
다. 그런 뒤에야 성소가 다시 깨끗해질 수
있을 것이다."
15 나 다니엘이 이 환상을 보고 그 뜻을 이
해하려고 애썼다. 그 때에 사람처럼 생긴
분이 갑자기 내 앞에 나타났다.
16 을래 강으로부터 사람의 목소리가 들려
왔다. "가브리엘아, 이 사람에게 그 환상
을 설명해 주어라."
17 가브리엘이 내가 서 있는 곳으로 왔는데,
그가 가까이 올 때에 나는 매우 두려워 얼
굴을 땅에 대고 엎드렸다. 가브리엘이 내

게 말했다. "사람의 아들아! 깨달아 알아
라. 이 환상은 세상 끝에 관한 것이다."
18 가브리엘이 말하고 있을 때 나는 땅에 얼
굴을 대고 깊이 잠들었다. 그러자 그가 내
몸에 손을 대어 나를 일으켜 세웠다.
19 가브리엘이 말했다. "그 환상을 너에게 설
명해 주겠다. 하나님의 진노의 때가 끝난
뒤에 일어날 일을 일러주겠다. 네가 본 환
상은 정한 때, 곧 끝날에 관한 것이다.
20 네가 본 두 뿔 달린 숫양은 메대와 페르시
아 왕들이다.
21 숫염소는 그리스 왕을 말하며, 두 눈 사이
의 큰 뿔은 그 첫째 왕이다.
22 그 뿔이 부러진 뒤에 그 자리에 네 뿔이
자라났는데, 그 네 뿔은 네 나라다. 그 네
나라는 첫째 왕의 나라에서 분열되어 나
오지만, 첫째 나라만큼 강하지는 못할 것
이다.
23 이 네 나라의 마지막 때에 뻔뻔하고 잔인
한 왕이 나올 것이다. 많은 백성이 하나
님께 반역할 때에 이 왕은 거짓말을 일삼
을 것이다.
24 이 왕은 매우 강하겠지만, 그의 힘은 그
에게서 나오는 것이 아니다. 그는 무서운
힘으로 파괴할 것이며, 하는 일마다 성공
할 것이다. 강한 백성과 하나님의 백성까
지 이길 것이다.
25 그가 꾀를 내어 남을 속이고 스스로를 높
일 것이다. 그가 평화롭게 사는 백성을 많
이 죽일 것이며, 왕의 왕이신 하나님과도
싸우려 할 것이다. 하지만 이 잔인한 왕
은 사람의 힘이 아닌 다른 힘으로 망할 것
이다.
26 마지막 때에 관해 네가 본 환상은 그대로
이루어진다. 그러나 그 일은 나중에 이루
어질 것이므로, 그 환상을 비밀로 해 두
어라."
27 나 다니엘은 그 환상을 본 뒤에 매우 약
해져서 여러 날 동안 앓다가, 다시 일어
나 왕이 맡긴 일을 계속했다. 그러나 나
는 그 환상 때문에 매우 놀랐고 그 뜻이
무엇인지 깨닫지 못했다.

다니엘의 기도

9 메대 족속 사람으로서 아하수에로의 아
들 다리오가 바빌로니아의 왕이 된 첫
해의 일이다.
2 다리오 왕 일 년에 나 다니엘이 성경을 읽
다가 여호와께서 예레미야에게 하신 말씀,
곧 예루살렘이 칠십 년 동안, 황무지가 될
것이라는 말씀을 보았다.
3 나는 아무런 음식도 먹지 않고 베옷을 입
고 재 위에 앉아서 주 하나님께 매달려 기
도하고 간절히 구했다.
4 하나님 여호와께 죄를 고백하였다. "주
하나님, 주는 크고 두려운 하나님이십니
다. 주는 주를 사랑하고 주의 계명에 복
종하는 모든 사람에게 사랑의 언약을 지
켜 주십니다.
5 그러나 우리는 죄를 지었고 잘못을 저질
렀습니다. 우리는 악하였고 주를 배반했
습니다. 주님의 계명과 가르침에 따르지
않았습니다.
6 우리는 주의 종인 예언자들이 주의 이름
으로 우리의 왕들과 지도자들과 조상들과
이 땅의 모든 백성에게 한 말을 듣지 않
았습니다.
7 주여, 주는 의로우십니다. 그러나 지금
우리에게는 부끄러움이 가득합니다. 유다
와 예루살렘과 모든 이스라엘 백성이 부끄
러움을 당했습니다. 가까운 곳에서부터
먼 곳까지 주님께서 여러 나라에 흩어 놓
으신 모든 백성이 부끄러움을 당했습니
다. 우리는 주께 충성하지 않았습니다.
8 주여, 우리와 우리의 왕들과 지도자들과
조상들이 부끄러움을 당했습니다. 그것은

다리오의 이름이 새겨진 그릇
B.C. 5세기 이란의 하마다(9:1)

우리가 주님 앞에 죄를 지었기 때문입니
다.
9 하지만 우리 주 하나님께서는 우리를 불
쌍히 여기셨습니다. 우리가 주님을 배반
했을 때에도 주님은 우리를 용서해 주셨
습니다.
10 그런데도 우리는 우리 하나님 여호와께
복종하지 않았습니다. 하나님께서 여호와
의 종인 예언자들을 통해 우리에게 주신
가르침을 따르지 않았습니다.
11 모든 이스라엘 백성이 주님의 율법을 따르
지 않았습니다. 그들 모두가 주를 배반하
고 주의 뜻을 어겼습니다. 그래서 우리에
게 하나님의 종인 모세의 율법에 적힌 저
주와 심판이 내렸습니다. 그것은 우리가
주께 죄를 지었기 때문입니다.
12 주께서 우리에게 큰 재앙을 내리셔서 우
리와 우리 지도자들에게 하신 말씀을 이
루셨습니다. 예루살렘에 내린 재앙과 같
은 것은 이 땅 위에 일어난 적이 없었습
니다.
13 이 모든 재앙이 모세의 율법에 적힌 대로
닥쳤습니다. 그런데도 우리는 죄의 길에
서 돌이키지 않았습니다. 주님의 진리의
말씀에 귀 기울이지 않았습니다.
14 여호와께서 재앙을 준비해 두셨다가 우리
에게 닥치게 하셨습니다. 하나님 여호와
께서 하시는 일은 다 의로우신데도 우리
는 주님을 따르지 않았습니다.
15 우리 주 하나님, 주는 주님의 능력으로 우
리를 이집트에서 이끌어 내셨습니다. 그
일로 지금까지 주의 이름이 유명해졌습니
다. 주여, 우리가 죄를 지었고 잘못을 저
질렀습니다.
16 주여, 주의 의로우심을 따라 주의 거룩한
산이자 주의 성인 예루살렘에서 주님의 진
노를 거두어 주십시오. 우리의 죄와 우리
조상의 악한 죄 때문에 우리 주변의 모든
백성이 예루살렘과 주님의 백성을 욕하고
비웃습니다.
17 우리 하나님, 이제 주의 종의 기도와 간
절한 부탁을 들어 주십시오. 주를 위해 폐
허가 된 주의 성전을 다시 일으켜 주십시
오.
18 나의 하나님, 내 말을 귀 기울여 들어 주
시고, 눈을 떠서 우리에게 닥친 끔찍한 일
을 봐 주십시오. 우리가 도움을 받을 만
해서가 아니라 오직 주님의 자비하심을
의지해서 구합니다.
19 주여, 들어 주십시오. 주여, 용서해 주십
시오. 주여, 들으시고 이루어 주십시오.
주를 위해서 늦추지 마십시오. 왜냐하면
이 곳은 주의 성이고 우리는 주의 백성이
기 때문입니다."

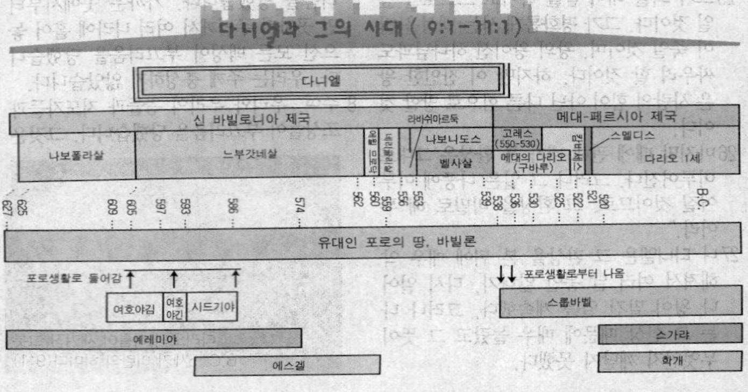

가브리엘의 설명

20 내가 이렇게 나의 하나님 여호와께 기도
하고, 내 죄와 이스라엘 백성의 죄를 털어
놓으며 하나님의 거룩한 산인 예루살렘을
위해 간절히 기도하였다.
21 내가 아직 기도하고 있을 때에 저녁 제사
를 드릴 무렵에 지난 번 환상에서 보았던
가브리엘이 급히 내게 날아왔다.
22 가브리엘이 내게 말했다. "다니엘아, 내가
너에게 지혜와 총명을 주려고 왔다.
23 네가 처음 기도를 시작할 때부터 하나님
의 응답이 있었다. 하나님께서 너를 무척
사랑하시므로 내가 너에게 일러 주러 왔
다. 그러니 이 말을 잘 생각하고 환상을
깨닫도록 하여라.
24 하나님께서 네 백성과 거룩한 성을 위해
일흔 이레*로 기간을 정하셨다. 이 기간
이 지나야 하나님께 반역하는 것이 그치
고, 죄악이 그치고, 악한 것이 없어지고,
영원한 의가 드러나며, 환상과 예언이 이
루어지고, 지극히 거룩한 것이 세워질 것
이다.
25 너는 배우고 깨달아라. 예루살렘을 다시
건설하라는 명령이 있을 때부터 하나님이
세우시는 지도자가 올 때까지 일곱 이레
와 예순두 이레가 지날 것이다. 예루살렘
이 다시 건설되어 거리와 도랑이 이루어
질 것이나 그 때는 힘든 때이다.
26 예순두 이레 뒤에 하나님께서 세우신 지
도자가 죽임을 당하며, 장차 한 통치자가
그 도시와 거룩한 것을 파괴할 것이다.
그 마지막이 홍수처럼 밀려오며 마지막
때까지 전쟁이 있을 것이다. 하나님께서
그 곳이 완전히 멸망될 것을 선언하셨
다.
27 그 통치자는 많은 백성과 더불어 한 이레
동안, 언약을 맺을 것이다. 그는 그 이레
의 절반 동안, 예물과 제사를 못 드리게
막을 것이다. 그리고 멸망의 끔찍한 것이
성전의 가장 높은 곳에 놓이게 되지만, 하
나님께서는 그 사람을 없애라는 명령을
이미 내리셨다."

다니엘이 본 다른 환상

10 페르시아의 고레스가 왕이 된 지 삼
년째 되는 해에 벨드사살이라고도
불리는 나 다니엘이 어떤 말씀을 받았다.
그 말씀은 참된 말씀으로, 큰 전쟁에 관
한 것이었다. 환상 가운데 누군가가 그 말
씀을 설명해 주었으므로, 나는 그 뜻을 깨
달았다.
2 그 때에 나 다니엘은 삼 주 동안 큰 슬픔
에 빠져 있었다.
3 나는 좋은 음식과 고기를 먹지 않았고, 술
도 마시지 않았으며, 몸에 기름도 바르지
않았다.
4 첫째 달 이십사 일에, 나는 저 큰 티그리
스 강가에 서 있었다.
5 그 곳에 서서 눈을 들어 보니, 한 사람이
모시 옷을 입고 있었고 허리에는 순금으
로 만든 허리띠를 두르고 있었다.
6 그의 몸은 황옥 같았고, 그의 얼굴은 번
개처럼 환했으며, 그의 눈은 불 같았고,
그의 팔과 다리는 빛나는 놋쇠처럼 반짝
였다. 또한 그의 목소리는 많은 무리가 외
치는 소리와 같았다.
7 나 다니엘만 이 환상을 보았고 나와 함께
있던 다른 사람들은 보지 못했다. 그들은
크게 무서워하며 달아나 숨었다.
8 그래서 나만 혼자 남아 이 놀라운 환상을
지켜 보았다. 나는 힘이 빠져서 얼굴은 죽
은 사람처럼 창백해졌고, 아무것도 할 수
가 없었다.
9 그 때, 그 사람이 말하는 소리를 들었다.
나는 얼굴을 땅에 대고 깊은 잠이 들었다.
10 한 손이 나를 어루만지더니 그 때까지도
떨고 있던 내 손과 무릎을 일으켜 세웠다.
11 그가 내게 말했다. "하나님의 크신 사랑을
받는 다니엘아, 내가 하는 말을 잘 들어라.

알아두세요

9:24 '일흔 이레'는 한정할 수 없는 어떤 기간을 나타낸다. '이레'는 일주일을 가리키는 것으로 보는 것이 옳지만 7년으로 해석하는 경우도 있다. 7이란 숫자는 완전을 상징한다. 따라서 7은 하나님의 사역을 뜻하는 완전수이다.

내가 보내심을 받아 네게 왔으니 일어서
라." 나는 그가 이렇게 말할 때에 일어섰
다. 하지만 그 때까지도 떨고 있었다.
12 그가 내게 말했다. "다니엘아, 두려워하지
마라. 얼마 전에 네가 깨달음을 얻으려고
하나님 앞에서 겸손해지기로 결심한 때부
터 하나님께서 네 기도를 들으셨다. 내가
온 것도 네 기도 때문이다.
13 그러나 페르시아의 왕이 이십일 일 동안
나를 막아서 그와 싸우고 있을 때, 가장
귀한 천사 가운데 하나인 미가엘이 와서
나를 도와 주었다.
14 다니엘아, 이제 내가 너에게 왔으니 장차
네 백성에게 일어날 일을 설명해 주겠다.
이 환상은 앞으로 일어날 일에 관한 것이
다."
15 그가 말하고 있는 동안 나는 머리를 땅에
대고 있었다. 나는 아무 말도 할 수 없었
다.
16 그 때에 사람처럼 생긴 분이 내 입술을 만
지니 내가 입을 열어 내 앞에 서 있는 사
람에게 말하기 시작했다. "주여, 내가 환
상을 보았기 때문에 놀랍고 두려워 힘이
빠져 버렸습니다.
17 주여, 주의 종인 내가 어떻게 주와 함께
말할 수 있겠습니까? 나는 힘이 빠져 숨
쉬기조차 어렵습니다."
18 사람처럼 생긴 분이 또 나를 만지며 내게
힘을 주셨다.
19 그가 말했다. "하나님의 크신 사랑을 받
는 사람아, 두려워하지 마라. 평안하여
라. 이제 강해져라, 강해져라." 그가 내게
말할 때에 내게 힘이 생겨났다. 그래서 내
가 말했다. "주여, 내게 힘을 주셨으니 이
제 말씀하십시오."
20 그가 내게 말했다. "다니엘아, 내가 네게
온 까닭을 아느냐? 나는 이제 돌아가서
페르시아의 왕과 싸워야 한다. 내가 나가
면 그리스의 왕이 올 것이다.
21 하지만 내가 가기 전에 너에게 '진리의
책'에 적힌 것을 일러주겠다. 네 백성을
다스리는 천사 미가엘 외에는 아무도 그
들과 맞서 싸울 수 없다."

11 메대 사람 다리오가 왕이 된 첫해에 나
는 그가 강해지도록 도와 주었다.

남쪽과 북쪽 왕국

2 "다니엘아, 내가 너에게 진실을 말하겠다.
페르시아에 세 왕이 더 일어날 것이고 그
후에 네 번째 왕이 일어날 텐데, 그는 페
르시아의 그 어떤 왕보다 부자가 될 것이
다. 그가 자기 재산으로 권력을 얻으며 모
든 사람을 움직여 그리스를 칠 것이다.
3 그러다가 강한 왕이 일어나게 된다. 그가
큰 능력으로 나라를 다스리며 하고 싶은
일은 무엇이든 할 것이다.
4 그러나 그 왕의 세력이 가장 강할 때에 그
의 나라가 망하여 네 개의 나라로 나뉠 것
이다. 그 나라가 뽑혀서 다른 백성에게 넘
어갈 것이므로 그 나라는 더 이상 권세를
누리지 못하고, 그 자손에게로 이어지지
도 않게 된다.
5 남쪽 왕이 강해질 것이지만 그의 지휘관
가운데 한 명이 그보다 더 강해진다. 그
가 큰 권세로 자기 나라를 다스릴 것이다.
6 몇 년 뒤에, 남쪽 왕과 그의 지휘관은 서
로 도와 주기로 약속하며, 남쪽 왕의 딸
이 북쪽 왕과 결혼하여 평화가 찾아올 것
이다. 그러나 그 여자는 권력을 잡지 못

다니엘 시대의 왕들

왕	나라	특징	성경 본문
느부갓네살	바빌로니아	다니엘의 친구 사드락, 메삭, 아벳느고를 풀무불에 던짐	1-4장
벨사살	바빌로니아	연회 도중 벽에 쓰여진 글씨를 다니엘이 해석하고, 바빌로니아의 최후를 알려 줌	5,7,8장
다리오	메대-페르시아	다니엘을 사자굴에 던짐	6,9장
고레스	메대-페르시아	이스라엘 백성들을 귀환시킴	10-12장

하고 그의 집안도 오래가지 못한다. 그 여
자와 가족, 그리고 그 여자를 그 나라에
데려온 사람들이 다 죽임을 당하게 된다.
7 그러나 그 여자의 집안에서 나온 한 사람
이 남쪽 왕이 되어 북쪽 왕의 군대를 공
격하며 그의 요새에 쳐들어가서 싸워 이
길 것이다.
8 그가 그들의 신들과 쇠로 만든 우상들과
은이나 금으로 만든 값진 물건을 빼앗아
이집트로 가져간다. 그리고 몇 해 동안은
북쪽 왕을 괴롭히지 않을 것이다.
9 그러다가 북쪽 왕이 남쪽 왕을 치지만 이
기지 못하고 자기 나라로 쫓겨날 것이다.
10 북쪽 왕의 아들들이 전쟁을 준비하여 큰
군대를 조직하여 홍수처럼 휩쓸고 다니다
가 남쪽 왕의 요새에 이르게 될 것이다.
11 남쪽 왕은 크게 노하여 북쪽 왕의 군대와
맞서 싸우러 나가며, 북쪽 왕은 큰 군대
를 일으키지만 전쟁에서 질 것이다.
12 남쪽 왕은 큰 군대를 무찌른 후에 교만해
져서 수많은 사람을 죽이지만, 계속 이기
지는 못할 것이다.
13 북쪽 왕은 처음보다 더 많은 군대를 일으
켜서 몇 해 뒤에 큰 군대와 많은 무기로
공격하게 된다.
14 그 때에 많은 사람이 일어나 남쪽 왕을 치
며, 너희 백성 가운데서 싸우기 좋아하는
사람들이 남쪽 왕과 맞서 싸울 것이다. 그
들은 하나님의 뜻이 이루어질 때가 되었
다고 생각하지만 실패하게 된다.
15 그 때에 북쪽 왕이 와서 성벽 꼭대기까지
흙무더기를 쌓아 올려 요새처럼 튼튼한
그 성을 빼앗을 것이다. 남쪽 군대의 용
사들은 북쪽 군대를 막을 힘이 없다.
16 북쪽 왕은 무엇이든 하고 싶은 대로 하지
만 아무도 그를 막지 못할 것이다. 그는
아름다운 이스라엘 땅을 빼앗아 다스리며
그 땅을 멸망시킬 것이다.
17 북쪽 왕은 온 힘을 다해 남쪽 왕과 싸우
려 하다가, 남쪽 왕과 조약을 맺게 된다.
북쪽 왕은 자기 딸들 가운데 한 딸을 남
쪽 왕의 아내로 주어 그를 멸망시키려 하
지만, 그의 계획은 실패하게 될 것이다.
18 그 뒤에 북쪽 왕은 다른 곳으로 관심을 돌
려 지중해 해안의 여러 성을 빼앗는다. 그
러나 한 지휘관이 일어나 북쪽 왕의 교만
을 꺾어 놓게 된다.
19 그런 일이 있은 후에 북쪽 왕은 요새가 있
는 자기 나라로 돌아가지만, 결국 권력을
잃고 망하게 된다.
20 북쪽의 다음 왕은 세리들을 보내어 많은
돈을 모은다. 하지만 몇 년 지나지 않아
그는 죽임을 당할 것이다. 그러나 그는 전
쟁으로 죽는 것도 아니며 은밀하게 죽임
을 당한다.
21 그 왕의 뒤를 이어 매우 잔인하고 못된 사
람이 왕이 될 것이다. 그는 왕이 될 자격
도 없는 사람이지만 백성을 속여 나라를
몰래 빼앗을 것이다.
22 그의 앞에서는 크고 강한 군대도 힘없이
밀려난다. 그는 조약을 맺은 왕까지도 공
격하여 물리친다.
23 여러 나라들이 그와 조약을 맺으나 그는
그 나라들을 속이며, 적은 백성을 거느리
고도 큰 권세를 누릴 것이다.
24 그는 부유한 지방을 아무런 예고도 없이
쳐들어가서, 그의 조상이 거두지 못했던
큰 성공을 거둘 것이다. 그는 자기가 정
복한 나라들에서 빼앗은 물건을 자기를
따르는 사람들에게 나누어 준다. 그는 요
새들을 물리칠 계획을 세우지만 잠시 동
안만 성공한다.
25 그는 힘과 용기를 내어 남쪽 왕을 치려고
큰 군대를 일으킬 것이다. 남쪽 왕도 매
우 크고 강한 군대를 일으켜 전쟁을 준비
한다. 그러나 남쪽 왕은 북쪽 왕의 작전

세력(11:4 influence) 남을 누르고 자기가 마음대로 행동할 수 있는 힘.
권력(11:6 power) 남을 지배하여 강제로 복종시키는 힘.
요새(11:7 fortress) 적이 침입하지 못하도록 만들어 놓은 군사적인 시설.

에 휘말리고 말 것이다.
26 남쪽 왕과 친하게 지내던 사람들이 왕을
배신하여 그의 군대는 패하고, 많은 군인
이 죽임을 당한다.
27 그 두 왕은 서로를 해치려고 한다. 두 왕
은 한 식탁에 앉지만 서로 속이려 든다.
하지만 두 왕 모두 이익을 얻지는 못할 것
이다. 왜냐하면 그들의 멸망의 때를 하나
님이 정해 놓으셨기 때문이다.
28 북쪽 왕은 많은 재물을 가지고, 거룩한 언
약을 어기고 자기 마음대로 행동하며 그
의 나라로 돌아갈 것이다.
29 정한 때에 북쪽 왕이 다시 남쪽 왕을 공
격하게 된다. 그러나 이번에는 전처럼 성
공하지 못할 것이다.
30 그를 치려고 서쪽에서 배들이 오는 모습
을 보고 그는 두려워서 되돌아간다. 돌아
가는 길에 거룩한 언약을 지키는 하나님
의 백성에게 화를 내며, 그와 반대로 거
룩한 언약을 저버린 사람들을 소중히 여
긴다.
31 북쪽 왕이 군대를 보내어 예루살렘 성전을
부정하게 만들 것이다. 백성이 날마다 바

성경 인물

안티오쿠스 에피파네스 알렉산더 대제가 죽은 후 그의 장군 셀레우코스가 세운 수리아 지역의 왕조인 셀레우코스 왕조의 왕이었습니다. B.C. 170-169년에 이집트와의 전쟁에서 대승을 거두고 돌아오는 길에 이스라엘의 반란군을 진압하기 위해 예루살렘을 침공하여 유다인들을 학살하고, 성전의 보물들을 약탈해 갔습니다. 그후 유다를 그리스와 같이 만들려는 목적으로 칙령을 발표하여 여호와 대신 그리스의 신들을 섬기도록 번제단 위에 우상을 세워 놓기도 하였습니다. 이에 이스라엘의 항쟁이 계속되다가 B.C. 165년 결국 그를 몰아내고 성전을 되찾게 됩니다. 본문 보기 11장 21-35절

알아두세요

11:43 개역 성경에는 (히)'구스'라고 표기되어 있다.

치는 제물을 바치지 못하게 하며, 멸망의
역겨운 것을 세울 것이다.
32 언약을 어긴 사람들은 아첨으로 더럽혀질
것이지만 하나님을 아는 사람들은 강해질
것이고 용감해질 것이다.
33 지혜로운 사람들이 많은 사람을 가르치지
만, 그 가운데는 칼에 죽고 화형을 당하
고 사로잡히고 약탈을 당하는 사람이 있
을 것이다. 이러한 일이 여러 날 동안 계
속된다.
34 지혜로운 사람들은 고통을 당할 때에 약
간의 도움을 받겠지만, 많은 사람들이 그
들을 거짓으로 도울 것이다.
35 지혜로운 사람 중에 얼마는 죽임을 당하
게 된다. 어려운 때는 오지만 이 일 때문
에 그들은 강해지고 순결해지며, 마지막
때에 흠이 없게 된다. 하나님이 정하신 마
지막 때는 여전히 온다.

스스로 높아지는 왕

36 북쪽 왕은 무엇이든 하고 싶은 대로 하며,
스스로를 높이고, 자기가 신보다 크다고
생각하여 아무도 들어 보지 못한 말로 신
들의 하나님께 맞선다. 그의 성공은 하나
님의 진노가 끝나면서 함께 끝날 것이다.
그것은 하나님께서 정하신 일은 반드시
이루어지기 때문이다.
37 그 북쪽 왕은 자기 조상들이 섬기던 신들
과 여자들이 섬기던 신들을 섬기지 않는
다. 그는 어떤 신도 섬기지 않고 자기를
더 귀하게 여긴다.
38 북쪽 왕은 권세와 능력을 섬기며 그의 조
상들이 알지 못하던 신을 섬긴다. 그는 금
과 은과 값비싼 보석과 예물로 권세의 신
을 섬기게 된다.
39 그는 외국 신의 도움으로 요새를 공격한
다. 자기를 따르는 백성들을 높여 주고,
그들에게 다른 백성을 다스릴 권세를 주
며, 그들에게 땅을 나누어 주고 그 값을
받을 것이다.
40 마지막 때가 오면, 남쪽 왕이 북쪽 왕과
맞서 싸우게 된다. 북쪽 왕이 전차대와 기
병대와 수많은 큰 배들을 이끌고 남쪽 왕

을 칠 것이다. 그는 홍수처럼 여러 나라
를 휩쓸고 다닌다.
41 북쪽 왕은 아름다운 유다 땅을 치고 여러
나라를 물리치지만, 에돔과 모압과 암몬의
지도자들은 그의 손아귀에서 벗어날 것이
다.
42 북쪽 왕이 큰 능력으로 여러 나라를 치면
이집트도 당해 내지 못한다.
43 북쪽 왕은 금과 은과 이집트의 모든 보물
을 모을 것이며 리비아와 에티오피아* 백성
이 그를 따르게 된다.
44 그러나 동쪽과 북쪽에서 들려 오는 소식
이 북쪽 왕을 두려움에 빠뜨리자, 그는 분
노에 차서 여러 나라를 멸망시킨다.
45 그는 바다와 영화로운 거룩한 산 사이에
그의 장막을 세울 것이다. 그러나 마침내
그의 끝이 이르며, 그가 죽을 때에 아무
도 그를 돕지 않을 것이다."

마지막 때

12 "다니엘아, 그 때에 네 백성을 지키
는 위대한 통치자 미가엘이 일어날
것이다. 이 땅 위에 나라들이 생긴 뒤로
한 번도 없던 큰 고난의 때가 온다. 그러
나 네 백성은 살아날 것이다. 누구든지 하
나님의 책에 적힌 사람은 구원 받을 것이
다.
2 이미 죽은 사람 가운데서 많은 사람이 다
시 살아날 것이다. 그들 가운데 어떤 사
람은 다시 깨어나 영원히 살며, 어떤 사
람은 깨어나 영원히 부끄러움과 멸시를
당할 것이다.
3 지혜로운 사람은 하늘의 밝은 별처럼 빛
날 것이다. 사람들을 올바른 길로 이끈 사
람은 영원히 별처럼
빛날 것이다.
4 그러나 너 다니엘아,
너는 마지막 때까지
이 책을 닫아 놓고 봉
인해 두어라. 많은 사
람이 참된 지식을 얻
으려고 왔다갔다 할
것이다."
5 그 때에 나 다니엘이 보니 다른 두 사람
이 있는데, 한 사람은 강 이쪽 편에 서 있
었고, 다른 사람은 강 저쪽 편에 서 있었
다.
6 한 사람이 모시 옷을 입은 사람, 곧 강물
위에 있는 사람에게 말했다. "이 놀라운
일들이 일어날 때까지 얼마나 더 있어야
합니까?"
7 모시 옷을 입고 물 위에 서 있던 사람이
하늘을 향해 손을 치켜들었다. 그가 영원
히 살아 계신 하나님의 이름으로 맹세하
는 소리가 들렸다. "삼 년 반이 지나야 한
다. 거룩한 백성의 권세가 깨어진 뒤에 이
모든 일이 이루어질 것이다."
8 나는 그 말을 듣고도 깨닫지 못하여 다시
물었다. "주여, 이 모든 일이 일어난 뒤
에는 어떤 일이 일어나겠습니까?"
9 그가 대답했다. "다니엘아, 네 길을 가거
라. 이 말은 마지막 때까지 닫힌 채 봉인
되었다.
10 많은 사람이 깨끗해지고 순결해지고 흠없
이 될 것이다. 그러나 악한 사람은 여전
히 악할 것이다. 그들은 이 일들을 깨닫
지 못하며, 오직 지혜로운 사람만이 깨달
을 것이다.
11 날마다 드리는 제사가 없어질 것이며 멸
망의 역겨운 것이 세워질 것이다. 그 때
부터 천이백구십 일이 지날 것이다.
12 마지막 천삼백삼십오 일을 기다리는 사람
은 복될 것이다.
13 너 다니엘아, 끝까지 네 길을 가거라. 네가
죽어 평안히 쉬다가 마지막 때에 죽은 사
람들 가운데서 일어나 상을 받을 것이다."

다니엘의 무덤이 있는 수사 전경(12:13)

호 세 아

H o s e a

○ 저자

저자는 호세아이다.

○ 저작 연대

B.C. 790–710년경

○ 주요 인물

호세아, 고멜, 호세아의 자녀들

○ 핵심어 및 주요 내용

핵심어는 "결혼"과 "용서"이다. 호세아가 고멜과 결혼한 것처럼 하나님과 이스라엘 백성의 언약 관계는 결혼 관계로 묘사된다. 그리고 호세아가 간음한 자기의 아내를 용서하고 노예 시장에서 다시 찾아오기 위해 나선 것처럼, 하나님께서는 타락한 이스라엘을 용서하시기 위해 그들을 찾고 계신다.

○ 내용 소개

1. 호세아의 결혼 생활(1–3장)
2. 이스라엘의 불신과 그 심판(4–13장)
3. 이스라엘의 회개와 축복(14장)

부정한 아내와 같은 이스라엘

1 여호와께서 브에리의 아들 호세아에게 말
씀하셨습니다. 그 때는 웃시야와 요담과
아하스와 히스기야가 유다 왕으로 있던 때
이며, 요아스의 아들 여로보암이 이스라엘
왕으로 있던 때입니다.

호세아의 아내와 자녀들

2 여호와께서 호세아를 통해서 말씀하시기
시작하셨습니다. "가서 부정한 여자와 결
혼하여 부정한 자식을 낳아라! 그것은 이
나라가 여호와를 버리고 부정한 짓을 하
였기 때문이다."
3 그래서 호세아는 디블라임의 딸 고멜과 결
혼했습니다. 고멜이 임신하여 호세아의 아
들을 낳았습니다.
4 여호와께서 호세아에게 말씀하셨습니다.
"그 아이의 이름을 이스르엘이라 하여라.
이스르엘에서 벌어진 살육에 대하여 내가
예후의 집안을 심판하겠다. 그리고 이스라
엘 나라를 멸망시키겠다.
5 또 그 날에 이스르엘 골짜기에서 이스라엘
군대의 힘을 꺾어 버리겠다."
6 고멜이 또 임신하여 딸을 낳았습니다. 여
호와께서 호세아에게 말씀하셨습니다.
"그 아이의 이름을 로루하마라 하여라.
내가 다시는 이스라엘을 긍휼히 여기지
않겠다. 다시는 그들을 용서하지 않겠
다.
7 그러나 내가 유다 백성에게는 긍휼을 베
풀겠다. 그리고 그들의 하나님인 여호와
나 자신이 직접 그들을 구원하겠다. 결코
내가 그들을 활이나 칼이나 말이나 기병
으로 구원하지 않겠다."
8 로루하마가 젖을 뗀 후에 고멜이 다시 임
신하여 아들을 낳았습니다.
9 여호와께서 말씀하셨습니다. "그 아이의
이름을 로암미라 하여라. 너희는 내 백성
이 아니며, 나는 너희 하나님이 아니기 때
문이다."

하나님이 이스라엘에게 약속하시다

10 "그러나 후에는 이스라엘 백성이 바닷가의
모래알처럼 달아보거나 세어 볼 수 없을
정도로 많을 것이다. 지금은 이스라엘을
가리켜 '너희는 내 백성이 아니다'라고
하였으나, 후에는 그들을 '살아 계신 하
나님의 자녀'라고 부를 것이다.
11 그 때, 유다와 이스라엘 백성이 하나가 될
것이다. 그들이 한 지도자를 세우고 그 땅
으로부터 돌아올 것이다. 이스르엘*의 날
이 위대해질 것이다."

알아두세요

1:11 '이스르엘'은 '하나님이 심으신다'라는 뜻이다.

2 "너희는 너희 형제를 '암미'라 부르고 너희 자매를 '루하마'라고 불러라."

이스라엘의 심판과 회복

2 "너희는 어머니를 탓하여라. 이제 그는
내 아내가 아니며, 나는 그의 남편이 아
니기 때문이다. 그녀의 얼굴에서 음란을
없애고 그녀의 유방 사이에서 음행을 제
거하여라.
3 그렇게 하지 않으면 그녀를 발가벗겨 그
녀가 태어난 날처럼 맨몸으로 만들어 놓
겠다. 마른 땅처럼 메마르게 하고 광야처
럼 만들어, 그녀를 목말라 죽게 하겠다.
4 내가 그의 자녀들에게 긍휼을 베풀지 않
겠다. 그들은 부정한 아내의 자녀들이기
때문이다.
5 그들의 어머니가 창녀와 같은 짓을 했고,
그들을 배었던 여자가 부끄러운 짓을 했
다. 여자가 말하기를, '내 사랑하는 자들
을 뒤쫓겠다. 그들이 내게 먹을 것과 마
실 물을 주었다. 내게 털옷과 모시옷도 주
었고 포도주와 기름도 주었다'라고 한다.
6 그러므로 내가 그녀의 길을 가시나무로
막고, 담을 쌓아서 길을 찾지 못하게 하
겠다.
7 그녀가 사랑하는 자들을 쫓아다녀도 따라
잡지 못할 것이요, 찾아다녀도 찾지 못할
것이다. 그제서야 그녀는 '이제 첫 남편
에게 돌아가야겠다. 지금보다 그 때가 더
살기 좋았다'라고 말할 것이다.
8 그녀에게 곡식과 포도주와 기름을 준 이
가 바로 나라는 것을 그녀는 알지 못하고
있다. 내가 그녀에게 은과 금도 많이 주
었으나, 그녀는 그것으로 바알 우상을 만
들었다.
9 그러므로 추수할 때에 내가 내 곡식을 빼
앗으며, 포도주가 익을 무렵에 내 포도주
를 빼앗겠다. 그녀의 발가벗은 몸을 가리
운 양털과 모시옷도 빼앗겠다.
10 내가 그녀의 사랑하는 자들 앞에서 그 벗
은 몸을 드러내게 해도 그녀를 내 심판의
손에서 구해 낼 사람이 아무도 없을 것이
다.
11 내가 그녀의 모든 기뻐하는 것과 명절과
초하루 절기와 안식일과 모든 특별한 절
기를 없애겠다.
12 그녀가 '내 사랑하는 자들이 내게 몸값으
로 주었다'라고 말한 포도나무와 무화과
나무를 없애 버리겠다. 그것들을 수풀로
만들어서 들짐승들이 삼키게 하겠다.
13 그녀는 귀고리와 보석을 몸에 걸치고 사
랑하는 자들을 뒤쫓아다니며 나를 잊어버
렸다. 그녀가 바알을 섬긴 세월만큼 그녀
를 벌하겠다. 나 여호와의 말이다.
14 그러므로 이제 내가 그녀를 꾀어서 광야
로 데려가 다정하게 말해 주겠다.
15 거기에서 그녀의 포도밭을 돌려주고 아골
골짜기를 희망의 문으로 만들어 주겠다.
그러면 그녀가 젊었을 때와 이집트에서 나
올 때처럼 나를 대할 것이다.
16 그 날에 그녀가 나를 가리켜 '내 남편'이
라 할 것이며, 다시는 바알을 가리켜 '내
남편'이라 하지 않을 것이다. 나 여호와
의 말이다.
17 그녀가 다시는 바알의 이름을 부르지 못
하게 하겠다. 백성들도 바알의 이름을 부
르지 않을 것이다.
18 그 때에 내가 그들을 위해, 하늘의 새와
땅의 기는 것과 언약을 맺을 것이다. 내
가 이 땅에서 활과 칼과 전쟁 무기를 없
애 버리겠다. 그래서 내 백성이 안전하게
살 수 있도록 하겠다.
19 내가 너를 나의 영원한 아내로 맞아들이

호세아의 자녀들 〈본문 보기 1장 4-9절〉

이름	의미
이스르엘	맏아들. 하나님이 흩으신다는 뜻. 그러나 11절에서는 하나님이 심는다는 뜻으로 쓰였음
로루하마	딸. '루하마'는 사랑을 받는다는 뜻이고, '로루하마'는 사랑을 받지 못한다는 뜻임. 나중에는 '로루하마'라 불린 자들을 '루하마'라고 하셨음
로암미	아들. '암미'는 내 백성이란 뜻이고, '로암미'는 내 백성이 아니라는 뜻. 그러나 하나님의 긍휼로 백성이 아니었던 자들을 백성으로 삼겠다고 하셨음

겠다. 너를 정의와 공평으로 대하고 너에
게 사랑과 긍휼을 보여 주겠다.
20 내가 진실함으로 너를 아내로 맞아들이겠
다. 그러면 너도 내가 여호와임을 알게 될
것이다.
21 그 날에 내가 너에게 대답하겠다. 나 여
호와의 말이다. 내가 하늘에게 말하면,
하늘이 땅에 비를 내릴 것이다.
22 그러면 땅이 곡식과 포도주와 기름을 낼
것이다. 그리고 이것들이 이스르엘 땅에서
자랄 것이다.
23 내가 내 백성을 이 땅에 심겠다. 전에 '불
쌍히 여김을 받지 못한다' 라고 불렀던 백
성을 불쌍히 여기며, '내 백성이 아니다'
라고 불렀던 백성을 내 백성이라 부르겠
다. 그러면 그들도 나를 '주는 나의 하나
님이십니다' 라고 부를 것이다."

3 여호와께서 내게 말씀하셨다. "너는 가
서 네 아내를 다시 사랑해 주어라. 그
녀에게는 다른 사랑하는 자가 있으며, 너
에게 부정한 아내였다. 그러나 이스라엘
백성이 다른 신들을 섬기며 건포도 빵을
좋아하더라도 내가 그들을 사랑했듯이 너
도 그녀를 사랑해야 한다."
2 그래서 나는 은 열다섯 세겔*과 보리 한
호멜 반* 가량을 주고 고멜을 다시 데려왔
다.
3 그리고 고멜에게 "당신은 여러 날 동안
나를 기다려야 하오. 창녀가 되지 말고 다
른 남자의 연인도 되지 말아야 하오. 나
도 당신을 기다리겠소" 하고 말했다.
4 이와 같이 이스라엘도 여러 날 동안에 왕
도 지도자도 없이, 희생 제물도 돌 기둥도
없이, 에봇이나 드라빔도 없이 살 것이다.
5 그런 뒤에 이스라엘 백성은 돌아와 그들의
하나님 여호와를 찾고 다윗 왕을 따를 것
이다. 마지막 날에 그들은 여호와께 나아
올 것이며, 주께서 그들에게 복을 주실 것
이다.

이스라엘을 향한 주님의 꾸짖음

4 이스라엘 자손아, 여호와의 말씀을 들
어라. 여호와께서 이 땅의 주민들을
꾸짖으신다. "이 땅에는 진실도 없고 인
애도 없고 하나님을 아는 지식도 없다.
2 오히려 그들은 저주하고 거짓말하며 죽이
고 도적질하고 간음한다. 그들은 포악하

부정한 아내를
용서하라고
말씀하시는 하나님(3:1-3)

여 살인에 살인이 계속된다.
3 그러므로 이 땅이 메마르며 그 땅에 거하
는 모든 사람이 비참해지며 들짐승과 하
늘의 새와 바다의 물고기까지도 없어질
것이다."

하나님이 제사장들을 꾸짖으시다

4 "그러나 아무도 다른 사람과 다투지 말고
비난하지 마라. 너희 제사장들아, 백성이
너희와 다투어도 그들을 나무라지 마라.
5 낮에는 너희가 넘어지고, 밤에는 예언자
들이 너희와 함께 넘어질 것이다. 내가 또
한 너희의 어머니, 이스라엘을 망하게 하
겠다.
6 내 백성이 지식이 없어서 망한다. 네가 지
식을 거부했기 때문에 나도 너희가 내 제
사장이 되지 못하게 하겠다. 너희가 너희
하나님의 가르침을 잊어 버렸으므로 나도
너희 자녀를 잊을 것이다.
7 제사장이 많아질수록 나에게 짓는 그들의
죄도 더 많아지니, 내가 그들의 영광을 거
두어가고 대신 부끄러움만을 안겨 주겠
다.
8 제사장들은 백성의 죄를 씻는 제물인 속
죄제물을 먹고 살면서 백성이 죄를 더욱
많이 짓기를 바란다.
9 제사장들도 백성들 못지 않게 악하다. 내
가 그들의 행동대로 벌하겠다. 그들이 저
지른 죄악에 따라 갚아 주겠다.
10 그들이 먹어도 배부르지 않을 것이요, 창
녀들과 음란한 짓을 하여도 자녀가 생기
지 않을 것이다. 이는 그들이 나 여호와
를 따르지 않고 떠나 버렸기 때문이다."

하나님이 백성들을 꾸짖으시다

11 "내 백성이 음란한 짓과 묵은 포도주와
새 포도주에 마음을 빼앗겼다.
12 내 백성이 나무 우상에게 묻고 나무 막대
기에게 가르침을 구한다. 이는 그들이 그
들의 음란한 영에 미혹되어 하나님을 떠
나 행음하였기 때문이다.
13 그들은 산꼭대기에서 제물을 드리며 언덕
위에서 분향한다. 참나무와 버드나무와
상수리나무 아래에서 그 나무 그늘이 좋
다며 제물을 바친다. 그래서 너희 딸들이
행음하고 며느리들이 간음을 한다.
14 너희 딸들이 행음하여도, 너희 며느리들
이 간음을 해도, 내가 그들을 벌하지 않
겠다. 이는 너희도 창녀들과 음란한 짓을
했으며, 신전 창녀들과 함께 제물을 바쳤
기 때문이다. 백성이 깨닫지 못하면 망할
것이다.
15 이스라엘아, 너희는 행음하여도 유다는 죄
를 짓지 마라. 제물을 바치러 길갈로 가
지 말고 벧아웬*으로도 가지 마라. '여호
와의 살아 계심'을 두고 맹세하지 마라.
16 이스라엘 백성은 고집 센 암송아지처럼 말
을 듣지 않으니 어떻게 내가 그들을 초원
의 어린 양처럼 먹이겠느냐?
17 에브라임*이 우상과 결합하였으니 그대로
내버려 두어라.
18 그들의 술은 시어졌고, 그들은 계속 음란
한 짓을 한다. 그들은 그런 부끄러운 짓
을 좋아한다.
19 회오리바람이 그들을 날려 버릴 것이다.

성경 자세히 이해하기

대제사장의 제복, 에봇

에봇은 대제사장이 직무를 수행할 때, 가슴에 붙이는 흉패 속에 입던 매우 값비싼 옷이었습니다. 에봇은 하나는 가슴을 덮고, 다른 하나는 등을 덮는 두 조각을 어깨 부분과 허리 부분에서 각각 띠로 연결하여 조끼처럼 입었습니다. 금색, 청색, 자색, 홍색실로 수놓아 만들었으며, 어깨에는 호마노 두 개를 매달았는데, 거기에 야곱의 열두 아들들의 이름을 새겨 놓았습니다. 그리고 앞 부분에는 12지파를 상징하는 12개의 서로 다른 보석이 박힌 가슴패를 찼습니다. 본문 보기 3장 4절

알아두세요

3:2 15세겔은 약 171g에 해당되고, 1.5호멜은 약 330ℓ에 해당된다.
4:15 '벧아웬'은 '악의 집'이라는 뜻이다.
4:17 북 이스라엘을 가리키는 말이다.

우상 숭배의 중심지 다볼 산(5:1)

그들의 제물이 오히려 그들을 부끄럽게
만들 것이다."

지도자들을 향한 주님의 말씀

5 "제사장들아! 이것을 들어라. 이스라엘
백성아! 귀를 기울여라. 왕들아! 귀를
기울여라. 너희에게 심판이 있으리니, 이
는 너희가 미스바의 덫과 같고 다볼 산에
펼쳐 놓은 그물과 같기 때문이다.
2 너희가 나쁜 짓을 많이 했으므로, 내가 너
희 모두를 심판하겠다.
3 나는 에브라임을 잘 안다. 이스라엘은 나
를 피해 숨지 못한다. 그들은 모두 창녀
와 같이 자기 스스로를 더럽혔다."

호세아의 책망

4 그들이 악한 짓을 저질렀으므로 하나님께
로 돌아오지 못한다. 왜냐하면 음란한 생
각만 가득하여 여호와를 알지 못하기 때
문이다.
5 이스라엘의 교만이 그들에게 불리한 증언
이 된다. 이스라엘은 그 죄 때문에 넘어질
것이다. 유다도 그들과 함께 넘어질 것이
다.
6 그 백성이 양 떼와 소 떼를 몰고 여호와
를 찾아 나서더라도 주께서 이미 그들을
버리셨으므로 찾지 못할 것이다.
7 그들은 여호와께 진실하지 않았다. 그들
이 낳은 자녀는 그들의 자녀가 아니다. 그
러므로 그들의 거짓된 예배가 그들과 그
들의 땅을 망하게 할 것이다.
8 "기브아에서 나팔을 불어라. 라마에서 나
팔을 불어라. 벧아웬에서도 전쟁의 경보
를 울려라. 오! 베냐민아, 네 뒤에 적군이
있도다.
9 에브라임은 심판의 날에 망할 것이다. 이
스라엘의 모든 지파에게 경고한다. 이 일
은 틀림없이 일어난다.
10 유다의 지도자들은 남의 재산을 훔치려는
도둑과 같으니, 내 심판이 마치 홍수처럼
그들을 삼킬 것이다.
11 에브라임은 우상을 좇았으므로 심판을 당
하여 부서질 것이다.
12 좀이 옷을 해치듯 내가 에브라임을 망하게
하겠고, 썩게 하는 것이 나무를 망치듯 내
가 유다를 망하게 하겠다.
13 에브라임이 자기가 아픈 것을 알며, 유다
가 자기 병을 깨달았다. 에브라임이 도움
을 청하기 위해 앗시리아의 야렙 왕을 찾
아갔다. 그러나 그는 너희를 고치지 못하
고 너희의 병을 낫게 하지 못한다.
14 내가 에브라임에게는 사자와 같고 유다 백
성에게는 젊은 사자와 같으니, 그들을 쳐
서 갈기갈기 찢어 놓겠다. 내가 그들을 끌
고 가도 아무도 구해 내지 못할 것이다.
15 백성이 그 죄를 깨달을 때까지 나는 내 처
소로 돌아가서 기다리겠다. 그들이 고난
을 당하여 나를 찾으며 내게 돌아올 것이
다."

회개하지 않는 이스라엘

6 가서 여호와께로 돌아가자. 여호와께
서 우리를 치셨으나 다시 낫게 해 주
실 것이요, 우리에게 상처를 내셨으나 다
시 아물게 해 주실 것이다.
2 여호와께서 이틀 뒤에 우리를 다시 살려
주시고, 사흘 째에 우리를 다시 일으켜 주
실 것이다. 그래서 우리가 주 앞에서 살
수 있게 될 것이다.
3 여호와를 알자. 우리가 여호와를 아는 데
전력하자. 날마다 새벽이 오듯이 주도 틀
림없이 오실 것이다. 소나기처럼, 땅을
적시는 봄비처럼 주께서 오실 것이다.
4 "에브라임아, 내가 네게 어떻게 하면 좋겠

느냐? 유다야, 내가 네게 어떻게 하면 좋
겠느냐? 너희들의 인애가 아침의 구름 같
고 쉽게 사라지는 아침 이슬 같구나.
5 그러므로 내가 예언자들을 보내어 너희를
죽이고 망하게 하겠다고 경고했다. 내 심
판이 번개처럼 너희를 향해 나갔다.
6 내가 바라는 것은 제사가 아니라 진실한
사랑이며, 태워 드리는 제사인 번제가 아
니라 하나님을 아는 지식이다.
7 그러나 아담이 언약을 어겼듯이 너희도
언약을 어겼고, 내게 진실하지 않았다.
8 길르앗은 악한 사람들로 가득하다. 피의
발자국으로 덮여 있다.
9 강도 떼가 숨어서 사람을 기다리듯 제사
장들이 숨어서 기다리며, 세겜으로 가는
길에서 살인을 하고 악한 죄를 짓는다.
10 이스라엘에서 끔찍한 일이 일어나는 것을
내가 보았다. 그 백성은 하나님께 진실하
지 못했고, 이스라엘은 몸을 더럽혔다.
11 또한 유다야, 내가 너를 심판할 때를 정
해 놓았다. 나는 내 백성을 회복시켜 주
려 했다."

7 "이스라엘을 고쳐 주려 할 때마다 에브
라임의 죄와 사마리아가 지은 죄가 드러
났다. 그들이 서로를 속이고, 남의 집에
몰래 들어가 도둑질하고, 거리에서는 강
도짓을 한다.
2 내가 그들의 죄를 모두 기억하고 있는데
도 그들은 그것을 마음에 두지 않는다. 그
들의 악한 짓이 사방에 널려 있으니 그 모
든 죄가 분명히 보인다."

이스라엘의 악한 지도자들

3 "그들이 악한 짓으로 왕을 기쁘게 하며 거
짓말로 지도자들을 즐겁게 한다.
4 그러나 그들 모두는 간음하는 자이다. 그
들은 마치 빵 굽는 사람이 반죽이 발효될
때 말고는 늘 뜨겁게 달구어 놓은 화덕처
럼, 정욕에 달아올라 있다.
5 왕의 잔칫날이 되면 신하들은 포도주에
취하며 왕은 악한 계획을 세운 사람들과
손을 잡는다.
6 그들의 마음은 음모로 달구어진 화덕과
같다. 그들의 음모는 밤새도록 가라앉아
있다가 아침이 오면 뜨겁게 달아오른다.
7 모든 백성이 화덕처럼 뜨겁게 달구어져
있어서 그 지도자들을 삼켜 버린다. 왕이
하나씩 넘어지는데 어느 누구도 나를 부
르지 않는다."

이스라엘과 다른 나라들

8 "에브라임이 다른 나라들과 뒤섞여서, 뒤
집지 않고 한쪽만 구운 빵처럼 쓸모 없게
되었다.
9 다른 나라들이 에브라임의 힘을 빼앗는데
도 에브라임은 그 사실을 알지 못한다. 노
인처럼 약해지고 힘이 없어졌는데도 그
사실을 알지 못한다.
10 이스라엘의 교만이 그들에게 불리한 증언
이 된다. 그런데도 그들은 여호와 하나님
께로 돌아오지 않고 찾지도 않는다.
11 에브라임은 어리석은 비둘기처럼 되었다.
백성에게 깨달음이 없어서 도움을 구하러
이집트로 가기도 하고 앗시리아로 가기도
한다.
12 그들이 가는 곳에 하늘의 새를 잡듯 내가
그물을 던져 그들을 잡겠다. 내가 경고한
대로 그들을 심판하겠다.
13 그들에게 화가 있을 것이다. 이는 그들이
내게서 떠났기 때문이다. 그들에게 멸망
이 있을 것이다. 이는 그들이 나를 거역
하며 범죄하였기 때문이다. 내가 그들을
구원하려고 했지만, 나를 거역하여 거짓
말을 하였다.
14 그들은 진심으로 나를 부르지도 않으면서
침대에 누워 울기만 한다. 곡식과 새 포
도주를 달라고 빌 때도 마음은 내게서 떠
나 있다.

경보(5:8 alarm) 위험 또는 재해가 닥쳐올 때 사람들에게 미리 조심하도록 알리는 일.
전력하다(6:3 do one's best) 오직 한 일에만 힘 쓰다.
발효(7:4 fermentation) 효모 · 박테리아 등 미생물에 의해 유기물이 분해되는 작용.

15 그들을 훈련시켜 힘을 주었지만, 그들은
나를 해칠 악한 계획만 세웠다.
16 그들은 가장 높은 하나님께 돌아오지 않으
며, 화살을 쏠 수 없는 굽은 활처럼 되었
다. 그 지도자들은 자기 힘을 자랑하지만
오히려 칼에 맞아 죽을 것이다. 그래서 이
집트 땅에서 조롱 거리가 되고 말 것이다."

헛된 것을 의지하는 이스라엘을 주께서 꾸짖으심

8 "나팔을 불어 경보를 울려라. 적군이
독수리처럼 내 백성을 덮치려 하고 있
다. 이는 이스라엘 백성이 내 언약을 어겼
고 내 가르침을 저버렸기 때문이다.
2 이스라엘이 내게 '도와 주소서, 당신은 우
리의 하나님이십니다' 라고 부르짖었다.
3 그러나 이스라엘이 이미 선한 것을 쫓아
버렸으므로, 적군이 그들을 뒤쫓을 것이
다.
4 그들이 내 허락을 받지 않고 자기들 마음
대로 왕을 뽑는다. 내가 알지도 못하는 사
람을 지도자로 세우고 은과 금을 가지고
우상을 만드니, 결국 망하고 말 것이다.
5 사마리아여, 네 송아지 우상을 내가 버렸
다. 내 진노가 너희를 향하여 타오르니 네
가 언제까지 더러운 채로 있으려느냐?
6 그 우상은 대장장이가 만든 것이요, 하나
님이 아니니, 사마리아의 송아지 우상은
산산조각나고 말 것이다.
7 이스라엘의 어리석은 계획은 바람을 심으
려는 것과 같아서 그들이 거둘 것은 회오
리바람뿐이다. 이스라엘의 계획이 알곡이
없는 줄기 같아서 아무 열매도 맺지 못하
고, 열매를 맺을지라도 다른 나라들이 삼
켜 버리고 만다.
8 이스라엘은 이미 삼켜졌으니 그 백성이 다
른 나라들 가운데 섞여서 깨진 그릇처럼
되어 버렸다.
9 이스라엘은 마치 들나귀처럼 앗시리아로
달려가서 그들의 몸을 많은 연인들에게
팔았다.
10 이스라엘이 많은 나라에게 몸을 팔아 도움
을 구하였지만, 내가 다시 그들을 모아들
이겠다. 그들이 앗시리아 대왕 밑에서 고
통당하면서 점점 약해질 것이다.
11 이스라엘이 죄를 씻으려고 제단을 많이 쌓
을수록 그 제단으로 말미암아 그들의 죄
가 더욱 많아졌다.
12 내가 그들을 위하여 내 율법의 많은 것을
기록하였지만 그들은 이것을 이상한 것으
로 여기고 지키지 않았다.
13 이스라엘 백성이 내게 제물을 바치고 그
고기를 먹지만, 여호와는 그것을 기뻐하
지 않는다. 여호와는 그들이 저지른 악한
짓을 기억하고 그 죄를 심판할 것이다. 그
들은 다시 이집트로 돌아가게 될 것이다.
14 이스라엘 백성이 그 창조주를 잊어버리고
자기들이 지은 왕궁을 의지했다. 유다도
그 많은 요새를 의지했다. 그러나 내가 불
을 보내어 그 성을 태우고 그 요새들을 무
너뜨리겠다."

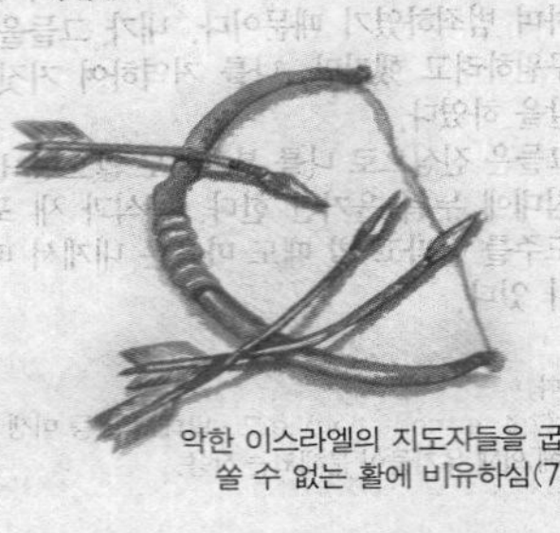
악한 이스라엘의 지도자들을 굽어져 쏠 수 없는 활에 비유하심(7:16)

임박한 심판의 날에 대한 호세아의 선언

9 이스라엘아, 기뻐하지 마라. 다른 나라
들처럼 즐겁게 뛰놀지 마라. 너희는
너희 하나님을 떠나 못된 짓을 했으며, 타
작 마당 위의 곡식을 좋아했다. 그 곡식
을 우상이 준 것으로 믿어서 우상을 섬겼
다.
2 그러나 백성이 먹을 곡식이 부족할 것이
며 백성이 마실 포도주도 부족할 것이다.
3 그들은 여호와의 땅에 머물지 못할 것이
다. 이스라엘은 이집트로 다시 돌아갈 것
이며, 앗시리아에서 부정한 음식을 먹을
것이다.

4 이스라엘 백성이 여호와께 부어 드리는 제
사인 전제를 바치지 못할 것이며, 그들의
희생 제물이 여호와를 기쁘게 하지 못할
것이다. 그들의 제물은 초상집에서 먹는
음식처럼 부정하여 그것을 먹는 사람마다
부정해질 것이다. 그들의 음식은 허기진
배만을 채울 수 있을 뿐, 여호와의 전에
바칠 제물은 되지 못한다.
5 명절이 돌아오면 너희가 무엇을 하겠느
냐? 여호와의 절기가 되면 무엇을 하겠느
냐?
6 백성이 멸망을 피해 달아난다 하더라도
이집트가 그들을 포로로 끌고 갈 것이요,
그들이 놉* 땅에 묻히게 될 것이다. 그들
의 금은 보화 위에 잡초가 자랄 것이며 그
들의 집에 가시나무가 자랄 것이다.
7 이스라엘아, 이것을 알아 두어라. 심판의
때가 이르고 네 죄값을 치를 때가 왔다.
너희의 죄가 너무 많고 미움이 너무 커
서, 너희는 예언자를 바보라고 생각하고
하나님의 영을 받은 사람을 미쳤다고 말
한다.
8 예언자는 나의 하나님을 위해 에브라임을
지키는 파수꾼이었지만, 그가 가는 모든
길에 덫이 놓여 있었고, 하나님의 집에서
조차도 예언자에게 증오를 품었다.
9 이스라엘 백성이 기브아 사람들 못지 않게
죄를 지었다. 여호와께서 그들이 저지른
악한 짓을 기억하시고 그 죄를 심판하실
것이다.
10 "내가 이스라엘을 처음 만났을 때, 마치
광야의 포도와 같았다. 너희 조상은 마치
무화과나무의 첫 열매와 같았다. 그러나
그들이 바알브올에 이르러 우상을 섬기기
시작하면서 그들이 섬긴 우상처럼 역겨워
지기 시작했다.
11 이스라엘의 영광이 새처럼 날아갈 것이니
아기를 잉태하는 일도, 아기를 낳는 일
도, 아기가 자랄 일도 없을 것이다.
12 혹시 이스라엘 백성이 자녀를 기르더라도
내가 빼앗아 갈 것이다. 내가 그들을 버
리는 날에 그들에게 재앙이 내릴 것이다.
13 내가 보기에 이스라엘은 두로처럼 좋은 땅
에 심겼으나, 이스라엘 백성은 곧 그 자녀
를 끌어 내 살인자에게 죽게 할 것이다."
14 여호와여 그들에게 주소서. 무엇을 주실
것입니까? 차라리 여자들이 아이를 가지
지 못하게 하시고 젖이 나오지 않는 젖가
슴을 주소서.

이스라엘에 대한 주님의 심판

15 "이스라엘 백성이 길갈에서 악한 일을 했
기 때문에 내가 그 곳에서 그들을 미워하
기 시작했다. 그들이 악한 짓을 저질렀으
므로 내 땅에서 그들을 쫓아 냈다. 다시
는 그들을 사랑하지 않겠다. 그 지도자들
은 모두 나를 거스렸다.
16 이스라엘은 병든 나무와 같다. 그 뿌리는
말라 버렸고 열매도 맺지 못한다. 그러므
로 그 백성이 자녀를 가지지 못할 것이며,
자녀를 가진다 하더라도, 그들이 사랑하
는 자녀를 내가 죽일 것이다."

예언자의 경고

17 백성이 하나님의 말씀을 듣지 않으니 나
의 하나님이 그들을 저버리실 것이다. 그
들이 나라들 가운데서 떠돌게 될 것이다.

성경 자세히 이해하기

바알브올 사건

이스라엘이 40년간의 광야 생활을 거의 다 마치고 가나안에 들어가기 전 싯딤에 이르렀을 때, 모압 여자들이 자기들의 신에게 드리는 제사에 이스라엘 백성들을 초대하였습니다. 초대에 응한 백성들은 그곳에서 바알브올에게 절했고, 모압 여자들과 음행을 하였습니다. 이같은 죄악에 대한 심판으로 이스라엘 백성들 사이에 전염병이 돌아 약 24,000명이 죽었습니다. 이 전염병은 비느하스가 음행을 저지른 이스라엘 남자와 미디안 여자를 죽임으로써 그치게 되었습니다(민 25:1-8). 본문 보기 9장 10절

알아두세요

9:6 북 이집트의 주요 도시로서 '멤피스'를 말한다.

이스라엘을 향한 여호와의 심판

10 이스라엘은 열매를 많이 맺는 포도
나무와 같다. 그 백성이 열매를 많
이 거둘수록 우상을 위한 제단도 많이 쌓
는다. 땅이 아름다울수록 헛된 신들을 위
한 돌 기둥도 더 많이 세운다.
2 그들의 마음이 거짓되니 그 죄값을 치러
야 한다. 하나님께서 그들의 제단을 부수
시고 돌 기둥을 무너뜨리실 것이다.
3 그 때에 이스라엘 백성이 말하기를, "우리
가 여호와를 두려워하지 않았으므로 우리
에게 왕이 없다. 하지만 왕이 있다 하더
라도 그가 우리를 위해 무슨 일을 할 수
있겠는가?"라고 한다.
4 그들은 거짓 맹세를 많이 하며, 지키지도
않을 언약을 맺었다. 그러므로 백성이 서
로 법정에 고발하니, 마치 밭이랑에 자라
는 독초와 같다.
5 사마리아 주민이 벧아웬의 송아지 우상을
잃은 후 걱정하고, 백성과 제사장이 그
들이 섬기던 우상의 영광을 잃고 슬퍼한
다.
6 그 우상은 앗시리아로 옮겨져 앗시리아의
대왕*에게 선물로 바쳐질 것이다. 그러나
이스라엘은 부끄러움을 당할 것이다. 그
우상을 의지함으로 그 백성이 수치를 당
할 것이다.
7 사마리아의 왕은 물위의 거품처럼 망할 것
이다.
8 이스라엘이 죄를 짓던 아웬의 산당이 무너
져, 가시나무와 잡초가 제단을 덮을 것이
다. 그 때에 그들이 산을 향해 "우리를 가
려 다오" 하며, 언덕을 향해 "우리 위에
무너져 다오" 할 것이다.
9 "이스라엘아, 너는 기브아 때부터 죄를 지
었다. 그 곳 백성이 계속해서 죄를 지어
왔다. 그들이 악한 짓을 저질렀기 때문에
틀림없이 전쟁이 그들을 덮칠 것이다.
10 내가 준비해 둔 때가 되면 그들을 심판하
리니, 여러 군대가 모여 그들을 칠 것이
다. 그들은 자기들이 지은 많은 죄 때문
에 심판받을 것이다.
11 이스라엘은 길이 잘든 암소와 같아서 곡식
밟기를 좋아했다. 그러나 내가 그 아름다
운 목에 멍에를 메우고 밭에서 열심히 일
하게 만들겠다. 유다는 밭을 갈고, 야곱은
써레질을 할 것이다.
12 정의의 좋은 씨를 심고 사랑의 열매를 거
두어라. 지금은 나 여호와를 찾을 때이니
묵은 땅을 갈아라. 내가 가서 너희에게 정
의를 비처럼 내려주겠다.
13 그러나 너희가 악한 것을 심었기 때문에
죄의 수확을 거둘 것이다. 너희의 힘과 수
많은 군대를 믿고 따랐기 때문에 너희는
거짓의 열매를 먹게 될 것이다.
14 그러므로 너희의 군대가 전쟁 소리를 들
을 것이며 너희의 모든 요새가 무너질 것
이다. 그것은 살만 왕이 벧아벨을 공격하
던 때와 같으며, 그 때에 어머니와 자녀
들이 함께 죽을 것이다.
15 너희가 악한 짓을 너무 많이 저질렀기 때
문에 너희 벧엘 백성에게 그와 똑같은 일
을 일으키겠다. 그 때가 되면 이스라엘 왕
이 죽을 것이다."

이스라엘을 향한 하나님의 사랑

11 "이스라엘이 어린아이였을 때에 내가
그를 내 아들처럼 사랑하여 이집트에
서 불러 냈다.
2 그러나 내가 부르면 부를수록 이스라엘 백
성은 내게서 더 멀어졌다. 그들은 바알에
게 희생 제물을 바치며, 우상들에게 향을
피웠다.
3 이스라엘에게 걸음마를 가르쳐 준 이도 나

알아두세요

10:6 '아렙 왕'을 가리킨다.
12:12 또는 '아람 들'.

써레질(10:11 harrowing a field) 써레로 논바닥을 고르거나 흙덩이를 잘게 부수는 일.
미쁘다(11:12 reliable) 하나님의 성품에 대한 표현으로 '믿음성이 있다'는 뜻.
협정(12:1 treaty) 협의하여 결정함, 또는 그 내용(특히, 국가와 국가 사이의 합의).

요, 품에 안아 준 이도 나다. 내가 그들
을 치료해 주었으나 그들은 깨닫지 못했
다.
4 내가 사람의 줄, 곧 사랑의 줄로 그들을
이끌었고 그들의 목에서 멍에를 벗겨 주
었다. 몸을 굽혀 그들을 먹여 주었다.
5 이스라엘 백성은 이집트에서처럼 다시 포
로가 될 것이다. 앗시리아 왕이 그들의 왕
이 될 텐데, 이는 그들이 하나님께 돌아
오지 않았기 때문이다.
6 전쟁이 이스라엘의 성들을 휩쓸 것이다.
그들의 계획이 악하므로, 전쟁이 그들을
멸망시킬 것이다.
7 내 백성이 내게서 등을 돌리기로 작정했
다. 그들이 나를 부르지만 아무도 나를 진
정으로 존경하지는 않는다.
8 이스라엘아, 내가 어찌 너를 버리겠느냐?
내가 어찌 너를 남에게 넘겨 주겠느냐?
내가 어찌 너를 아드마처럼 만들며, 내가
어찌 너를 스보임처럼 만들겠느냐? 너 때
문에 내 가슴이 뛰고, 너를 불쌍히 여기
는 마음이 불붙는 듯하구나.
9 내 진노로 너를 심판하지 않겠고, 다시는
이스라엘을 멸망시키지 않으리니 그것은
나는 사람이 아니요, 하나님이기 때문이
다. 나는 너희 가운데 있는 거룩한 자이
니 내가 진노함으로 너희에게 나아가지
않겠다.
10 사자가 그 새끼를 부르듯이, 나 여호와가
내 백성을 부르겠다. 그러면 서쪽에서 내
자녀가 급히 달려와 나를 따를 것이다.
11 그들이 이집트에서 새같이 떨며 오고 앗시
리아에서 비둘기같이 올 것이다. 내가 그
들을 그 고향에서 다시 살게 해 주겠다.
나 여호와의 말이다."

주님께서 이스라엘을 꾸짖으시다

12 이스라엘은 거짓말과 속임수로 나를 둘러
쌌다. 유다도 미쁘시고 거룩하신 하나님
을 여전히 배반하고 있다.

12 이스라엘은 바람을 뒤쫓고 종일 동풍
을 따라가면서 거짓말과 폭력을 매
일 더해간다. 앗시리아와 협정을 맺고 이
집트에 기름을 선물로 바친다.
2 여호와께서 유다를 책망하시고 야곱이 한
일에 따라 심판하시며, 그가 마땅히 받아
야 할 대로 주신다.
3 야곱은 어머니 배 속에 있을 때에 그 형
과 다투었으며, 어른이 되어서는 하나님
과 다투었다.
4 야곱은 천사와 싸워 이겼으며 복을 달라
고 울며 빌었다. 하나님께서 그를 벧엘에
서 만나시고 그 곳에서 우리에게 이야기
하셨다.
5 주님은 만군의 하나님 여호와이시다. 우리
가 기억해야 할 그 이름은 여호와이시다.
6 그러니 너희는 하나님께 돌아와서 주께
충성하고 진실하여라. 정직하고 올바른
일을 하며 언제나 주를 너희 하나님으로
의지해야 한다.
7 이스라엘은 저울을 속여 파는 장사꾼처럼
백성을 속이기를 즐겨한다.
8 이스라엘은 '나는 부자이다. 스스로 노력
해서 부자가 되었으므로 아무도 나의 죄
를 찾지 못할 것이다'라고 생각한다.
9 "그러나 나는 너희를 이집트에서 인도해
낸 너희 하나님 여호와다. 너희가 광야에
서 그랬듯이 내가 너희를 다시 장막에서
살게 하겠다.
10 내가 예언자들에게 말하고 여러 환상들을
보여 주었다. 그들을 시켜 내 교훈을 너
희에게 주었다."
11 길르앗 백성은 악하다. 그들은 아무런 쓸
모가 없다. 백성이 길갈에서 수송아지를
제물로 바치고 있으니, 그들의 제단이 밭
이랑의 돌무더기처럼 될 것이다.
12 옛날에 야곱은 메소포타미아 북서쪽*으로

호세아가 지적하는 이스라엘의 죄악 〈본문 보기 6-12장〉

성경 본문	내 용
6:7-11, 8:4-6, 8:11-13, 9:1-9	다른 우상들을 섬김
6:8-9	살인과 악한 죄를 지음
7:8-16	하나님을 떠나 다른 나라들을 의지함
12:7	백성을 속이기를 즐겨함

도망했으며, 아내를 얻으려고 그 곳에서
일하고 다른 사람의 양 떼를 돌보았다.
13 여호와께서 예언자를 시켜 야곱의 자손
들, 즉 이스라엘 백성을 이집트에서 인도
해 내셨다. 주께서 예언자를 시켜 이스라
엘 백성을 돌보게 하셨다.
14 그러나 이스라엘 백성이 주를 분노하게 했
다. 주께서 그의 죄에 대해 벌하셨으며,
주께서 받으신 그의 조롱을 그들에게 그
대로 갚아 주실 것이다.

이스라엘을 향한 마지막 말씀

13 에브라임이 경건하게 말할 때 그는
이스라엘 가운데서 높임을 받았다.
그러나 그들이 바알을 섬겨 죄를 지었으
니, 그들은 죽어야 한다.
2 그런데도 그들은 더욱더 죄를 많이 지었
고 자기들을 위해 은으로 우상을 만들었
다. 그것은 사람의 손으로 교묘하게 만든
우상, 즉 모두 대장장이들이 만든 것이
다. 하지만 이스라엘 백성이 말하기를,
"저 송아지 우상에게 입을 맞추고 거기에
제물을 바쳐라"라고 한다.
3 그러므로 그 백성은 아침 안개처럼, 아침
이슬처럼 사라질 것이다. 타작 마당에서
바람에 날려가는 쭉정이처럼 되며, 굴뚝
에서 올라오는 연기처럼 사라질 것이다.
4 "나는 네가 이집트 땅에 노예로 있을 때부
터 너희의 하나님 여호와였다. 너희는 나
외에 다른 하나님을 알지 못했고, 나 말
고는 구원자가 없었다.
5 나는 광야, 메마른 땅에
서 너를 돌보아 주었
다.
6 내가 그들에게 음
식을 주어서 그들
이 배부르고 만족했
으나, 이내 교만해져서
나를 잊고 말았다.
7 그러므로 내가 그들에게 사자처럼
되겠다. 길가에서 기다리는 표범처럼 되
겠다.
8 새끼를 빼앗긴 곰처럼 달려들어 그들의
몸을 갈기갈기 찢어 놓겠다. 사자처럼 그
들을 뜯어먹고 들짐승처럼 너희를 찢어
놓을 것이다.
9 이스라엘아, 너는 멸망할 것이다. 이는 네
가 너를 도와 주는 나를 대적하였기 때문
이다.
10 너희가 '우리에게 왕과 지도자
들을 주십시오' 하고 말했
지만, 지금 그 왕과

하나님께서 다시 이스라엘을 뿌리를 굳게 내린 백향목처럼 아름답고 향기롭게 하실 것을 약속하심(14:4-6)

지도자들이 무슨 소용이 있느냐? 그들이
너희 모든 성에서 너희를 구할 수 있겠
느냐?
11 내가 진노 가운데 너에게 왕을 주었으나,
이제 나의 노함으로 그들을 없애 버리겠
다.
12 에브라임의 죄악을 적은 문서가 모아져서
쌓여 있다.
13 해산하는 여인의 고통이 그에게 임할 것
이다. 그는 현명하지 못하다. 해산할 때
에 태 밖으로 나오지 않겠다고 하는 아이
와 같기 때문이다.
14 내가 음부의 권세로부터 그들을 구원할
것이며, 사망으로부터 그들을 건져 낼 것
이다. 오, 사망아! 네 재앙이 어디에 있느
냐? 오, 음부의 권세야! 네 멸망이 어디
에 있느냐? 나는 너희를 불쌍히 여기지
않겠다.
15 에브라임이 나라들 가운데서 귀해지더라
도 여호와께서 동쪽에서부터 멸망자를
보내실 것이다. 광야에서 바람이 불어와
모든 샘과 우물을 마르게 할 것이다. 모
든 보물, 모든 귀한 것을 없애 버릴 것이
다.
16 사마리아가 하나님께 반역하였으므로 심
판을 받을 것이다. 이스라엘 백성은 칼로
죽을 것이다. 그 자녀는 갈기갈기 찢어지
고 임신한 여자들은 배가 찢길 것이다."

호세아의 호소

14 이스라엘아, 네 하나님 여호와께 돌
아오너라. 네가 네 죄악 때문에 쓰
러졌구나.
2 여호와께 돌아와 이렇게 말하여라. "모든
죄를 다 없애 주시고 선한 것으로 받아 주
십시오. 수송아지 대신에 우리의 입술로
찬양을 드립니다.
3 앗시리아는 우리를 구할 수 없습니다. 이
제는 우리 군사력을 의지하지 않겠습니
다. 다시는 우리 손으로 지은 것을 '우리
하나님'이라고 부르지 않겠습니다. 주께
서는 고아와 같은 우리에게 자비를 베푸
셨습니다."

하나님의 약속

4 "나를 떠난 그들을 용서해 주겠다. 그들
을 한껏 사랑해 주겠다. 다시는 그들에게
노하지 않겠다.
5 내가 이스라엘에게 하늘에서 내리는 이슬
과 같을 것이니 이스라엘이 나리꽃처럼 필
것이다. 레바논의 백향목처럼 그 뿌리를
굳게 내릴 것이다.
6 나무의 가지가 자라서 올리브 나무처럼 아
름다워지고 레바논의 백향목처럼 향기로
워질 것이다.
7 이스라엘 백성이 다시 내 보호를 받으며
살게 되고, 마치 곡식처럼 자라날 것이
다. 포도나무처럼 꽃이 피고 레바논의 포
도주처럼 유명해질 것이다.
8 이스라엘이 말하기를, '내가 우상들과 더
이상 무슨 상관이 있으리요' 하는구나.
나는 푸른 전나무와 같으니, 너희는 나로
인해 열매를 얻을 수 있을 것이다."
9 지혜로운 사람은 이 모든 것을 깨닫고, 깨
닫는 사람은 그것을 마음에 새겨 둔다. 여
호와의 길은 올바르기 때문에 의인은 그
길을 따라 살지만, 죄인은 그 길에 걸려
넘어질 것이다.

교묘하게(13:2 shrewdly) 솜씨 있고 약삭빠르게.
타작 마당(13:3 threshing floor) 익은 곡식의 이삭을 떨어서 그 낟알을 거두기 위하여 사용된 평평한 지역.
대적(13:9 opposition) 적과 맞섬.
해산(13:13 childbirth) 아이를 낳음.
음부(13:14 world of the dead) 지하 세계. 죽은 사람들의 영혼이 가게 되는 땅 밑의 세계.

요엘

Joel

○ 저자

저자에 대하여는 "브두엘의 아들 요엘"(1:1) 이란 사실 외에 더 알려진 것이 없다.

○ 저작 연대

저작 연대에 관하여는 여러 견해가 있다.

• B.C. 830년 요아스 통치 초기

• B.C. 400년 바빌로니아 포로에서의 귀환 후. 이 두 견해는 나름대로 근거를 가지고 있는 듯하지만 완전한 설명을 해주지는 못한다.

○ 주요 인물

요엘, 유다 백성들

○ 핵심어 및 주요 내용

핵심어는 "메뚜기"와 "성령"이다. 요엘서는 두 개의 중요한 사건을 기록하고 있다. 하나는 엄청난 수의 메뚜기가 날아와 하나님께 배역하는 유다 민족의 땅을 황폐화시킨 사건이고, 다른 하나는 성령이 모든 사람들에게 임하여서 그 결과로 자녀들이 예언을 하며 늙은이가 꿈을 꾸고, 젊은이들이 환상을 보게 되는 사건이다.

○ 내용 소개

1. 예언서의 저자(1:1)
2. 여호와의 날의 징조인 메뚜기 재앙 (1:2-2:17)
3. 심판의 면함과 축복의 제공(2:18-3:21)

메뚜기 떼가 농사를 망치다

1 여호와께서 브두엘의 아들 요엘에게 말씀
하셨습니다.
2 늙은 자들아, 들어라. 이 땅에 사는 온 백
성아, 귀를 기울여라. 너희가 사는 날이
나 너희 조상이 살던 날에 이런 일이 일
어난 적이 있느냐?
3 이 일을 너희 자녀에게 전하여라. 그리고
너희 자녀는 또 그 자녀에게 전하게 하고,
그들은 또 그 다음 자녀에게 전하게 하여
라.
4 풀무치가 먹다 남긴 것은 메뚜기가 먹고,
메뚜기가 남긴 것은 누리가 먹고, 누리가
남긴 것은 황충이 먹었다.
5 술 취한 사람들아, 깨어서 울어라! 포도주
를 즐기는 사람들아, 통곡하여라. 달콤한
포도주가 이제는 다 없어져 버렸도다!
6 강한 나라가 내 땅에 쳐들어왔다. 그 군
대가 너무 많아 셀 수도 없다. 그 이빨은
사자의 이빨과 같고, 어금니는 암사자의
송곳니와 같이 날카롭다!
7 그 군대가 내 포도나무를 먹어 버렸고, 내
무화과나무를 망쳐 놓았다. 내 나무의 껍질
을 먹어치워서 그 줄기가 하얗게 변했다.
8 통곡하여라! 약혼자를 잃은 젊은 여자가
삼베옷을 입고 울듯이 통곡하여라.
9 곡식 제물과 부어 드리는 제물인 전제물
이 여호와의 성전에서 끊어졌고, 여호와
를 섬기는 제사장들이 슬퍼한다.
10 밭이 황폐해지고 땅이 메말랐다. 곡식이
다 죽고 포도주가 없어졌다. 기름도 다 떨
어졌다.
11 농부들아, 슬퍼하여라. 포도나무를 기르
는 사람들도 통곡하여라. 밀과 보리를 위
해 슬피 울어라. 밭의 곡식이 다 죽어 버
렸다.
12 포도나무가 마르고 무화과나무가 죽어 간
다. 석류나무와 종려나무와 사과나무가
말랐고 밭의 모든 나무가 시들었다. 백성
의 기쁨도 사라져 버렸다.
13 제사장들아, 거친 베옷을 입고 슬피 울어
라. 제단 앞에서 섬기는 자들아, 소리 높
여 울어라. 내 하나님을 위해 일하는 자
들아, 베옷을 입고 자거라. 너희 하나님
의 성전에 바칠 곡식 제물과 부어 드리는
전제물이 떨어졌으니 슬퍼하여라.

14 백성을 불러모아라. 금식일을 정하고 거
룩한 모임을 선포하여라. 장로들과 이 땅
의 온 백성을 모아라. 그들을 너희 하나
님 여호와의 성전에 모으고 여호와께 부
르짖어라.
15 아, 재앙의 날이여! 여호와의 심판날이 가
까웠다. 그 날에 전능자가 심판을 내릴 것
이다.
16 우리가 지켜 보는 가운데 우리의 먹을 것
이 없어졌다. 우리 하나님의 성전에서 기
쁨과 행복이 사라졌다.
17 우리가 씨를 심었으나 흙덩이 아래서 메
말라 죽었다. 곡식이 말랐기 때문에 창고
가 텅텅 비고 헛간이 무너졌다.
18 짐승들이 배고파 울부짖고 소 떼는 헤매
고 있다. 먹을 풀이 없으니 양 떼조차 고
통을 당한다.
19 여호와여, 내가 주께 부르짖습니다. 불이
일어나 들의 풀을 태워 버렸고, 불꽃이 밭
의 모든 나무를 태웠습니다.
20 들짐승조차 주께 부르짖습니다. 시냇물이
마르고 들의 풀이 다 타 버렸습니다.

심판의 날이 다가온다

2 시온에서 나팔을 불어라. 내 거룩한 산
에서 경고의 나팔을 불어라. 이 땅에
사는 온 백성이 두려움에 떨게 하여라. 여
호와의 심판의 날이 오고 있다. 그 날이
가까웠다.
2 그 날은 어둡고 캄캄한 날, 구름이 덮이
고 짙은 어둠이 깔린다. 산 위에 어둠이
깔리듯 크고 강한 군대가 밀려온다. 그런
날은 전에도 없었고 앞으로도 없을 것이
다.
3 그들의 선봉 부대는 태우는 불과 같으며
그들의 후방 부대는 삼키는 불꽃과 같다.
그들이 닥치기 전에는 에덴 동산 같던 땅
이, 그들이 닥친 뒤에는 황무지가 되었
다. 그들이 지나간 후에는 아무것도 살아
남지 못했다.
4 그들은 떼를 지어 달려오는 말과 같이, 마
치 군마처럼 달려온다.
5 저 소리를 들어 보아라! 그 소리는, 전차
들이 산을 넘어가며 내는 큰 소리와 같고
불꽃이 마른 줄기를 태우는 소리와 같다.
마치 전열을 갖춘 강한 군대와 같다.
6 그 군대 앞에 있는 백성들이 두려움에 떨
어 얼굴이 창백해졌다.
7 그들은 용사처럼 공격해 오고 군인처럼
성벽을 기어오른다. 제각기 앞만 보고 나
아가며 그 길에서 벗어나지 않는다.
8 서로 부딪치지 않고 제각기 자기 길만을
따라간다. 앞을 가로막는 것을 뚫고 나가
지만, 그들은 상하지 않게 될 것이다.
9 성 안으로 뛰어들며 성벽 꼭대기를 타고
달려간다. 집집마다 기어오르고 창문을
통해 도둑처럼 들어간다.
10 그들 앞에서 땅과 하늘이 흔들린다. 해와
달이 어두워지고 별들도 빛을 잃는다.
11 여호와께서 큰 소리로 그의 군대를 다스
리신다. 크고 강한 그 군대가 주의 명령
에 복종한다. 여호와의 심판의 날은 참으
로 무섭고 끔찍하다. 누가 이 날을 견뎌
낼 수 있을까?

너희 마음을 바꾸어라

12 여호와의 말씀이다. "지금이라도 너희의
온 마음을 다하여 내게 돌아오너라. 금식
하고 울며 슬퍼하여라."
13 옷을 찢지 말고 너희 마음을 찢어라. 너
희 하나님 여호와께로 돌아오너라. 그분

성경 자세히 이해하기

여호와의 심판날

이 말은 요엘서에서 다섯 번이나 나옵니다(1:15;2:1,11,31;3:14). '그날' 이라고도 하는 여호와의 심판날은 하나님께서 인류의 역사에 결정적으로 간섭하시는 날을 말합니다. 이날은 두 가지 의미를 지니고 있습니다. 하나는 원수들에 대한 하나님의 심판과 승리이고, 다른 하나는 여호와를 섬기는 '남은 자들' 에 대한 보상과 축복입니다. 당시 유다인들은 이날을 희망의 날로 생각했지만, 요엘은 타락한 유다를 향해 이날이 절망의 날이 될 것이라고 선언하였습니다.

본문 보기 1장 15절

은 은혜롭고 자비로우시다. 그분은 쉽게
노하지 않으시고 사랑이 많으시며 벌을
내리지 아니하신다.
14 주께서 그 마음을 바꾸시며 너희에게 복
을 주실지 누가 아느냐? 그래서 너희가
여호와께 곡식 제물과 부어 드리는 전제
물을 바칠 수 있게 될지 누가 아느냐?
15 시온에서 나팔을 불어라. 금식일을 선포
하고 백성을 모아 거룩한 모임을 만들어
라.
16 백성을 불러모아라. 모임을 거룩하게 하
여라. 장로들을 불러모으고 어머니의 젖
을 먹는 아기에 이르기까지 모든 자녀를
불러모아라. 신랑도 그 방에서 나오게
하고 신부도 그 침실에서 나오게 하여
라.
17 여호와의 종인 제사장들은 제단과 성전
입구 사이에서 눈물을 흘리며 이렇게 말
하여라. "여호와여, 주의 백성에게 긍휼
을 베풀어 주십시오. 그들이 부끄러움을
당하지 않도록 해 주시고 다른
나라들이 그들을 조롱하지 못하게 해 주
십시오. 이방인들이 '그들의 하나님이 어
디 있느냐'는 말을 할 수 없도록 해 주십
시오."

여호와께서 땅을 회복시키시다

18 그 때에 여호와께서 그분의 땅을 기억하
시고 그분의 백성을 가엾게 여기셨다.
19 여호와께서 그들에게 대답하셨다. "내가
너희에게 곡식과 포도주와 기름을 주어
너희가 만족하도록 하겠다. 다시는 너희
가 다른 나라의 웃음거리가 되지 않게 하
겠다.
20 북쪽에서 온 군대를 너희 땅에서 몰아 내
겠다. 그들을 메마르고 황폐한 땅으로 쫓
아 내겠다. 앞에 있는 군인들은 사해로 몰
아넣고 뒤에 있는 군인들은 지중해로 몰
아넣겠다. 그들이 못된 짓을 했으므로,
그들의 몸이 썩어 고약한 냄새가 날 것이
다." 주께서 위대한 일을 행하셨다.
21 땅들아, 두려워하지 마라. 기뻐하고 즐거
워하여라. 여호와께서 놀라운 일을 행하

적들이
성벽을 기어올라
도둑처럼 들어옴(2장)

셨다.
22 들짐승들아, 두려워하지 마라. 광야에 푸
른 풀이 자라며 나무들은 열매를 맺을 것
이다. 무화과나무와 포도나무가 많은 열
매를 맺을 것이다.
23 그러므로 시온의 백성들아, 기뻐하여라.
너희 하나님 여호와 앞에서 즐거워하여
라. 그분은 의로운 일을 하시며 너희에게
비를 내려 주실 것이다. 옛날처럼 너희에
게 이른 비와 늦은 비를 내려 주실 것이
다.
24 타작 마당에는 곡식이 가득하고 독마다
포도주와 기름이 넘칠 것이다.

여호와께서 말씀하시다

25 "내가 너희를 치도록 보낸 큰 군대, 곧 풀
무치와 메뚜기, 누리와 황충이 먹어 치운
것을 갚아 주겠다. 너희가 여러 해 동안
고통당한 것을 갚아 주겠다.
26 이제 너희가 배부르게 먹으며, 너희 주
하나님 여호와의 이름을 찬양할 것이
다. 내가 너희를 위해 기적을 일으켰으
므로 다시는 부끄러움을 당하지 않을
것이다.
27 그 때에 너희는 내가 이스라엘 백성 가운
데 있으며 내가 너희의 하나님 여호와라
는 것과 나 외에 다른 신이 없다는 것을
알게 될 것이다. 내 백성이 다시는 부끄
러움을 당하지 않을 것이다.
28 그런 뒤에 내가 내 영을 모든 사람에게 부
어 주겠다. 너희의 아들딸은 예언할 것이
고, 너희의 노인은 꿈을 꿀 것이며, 너희
의 젊은이는 환상을 볼 것이다.
29 그 때에 내가 내 영을 종들에게 부어 주
되 남자와 여자에게 모두 부어 주겠다.
30 내가 하늘과 땅에 기적을 보이리니 피와
불과 짙은 연기가 나타날 것이다.
31 해가 어두워지고 달이 핏빛으로 변할 것
이다. 그런 뒤에 무섭고 두려운 나 여호
와의 심판의 날이 올 것이다.
32 그 때에 누구든지 나 여호와의 이름을 부
르는 사람은 구원을 받을 것이다. 나 여
호와가 말한 대로 시온 산과 예루살렘에도
구원받을 사람이 있을 것이다. 심판의 날
뒤에도 나 여호와가 부른 사람은 살아남
을 것이다."

유다의 원수들에 대한 심판

3 "그 날이 되고 그 때가 되면 내가 유다
와 예루살렘을 회복시켜 주겠다.
2 그리고 온 나라를 다시 불러모으겠다. 그
들을 여호사밧 골짜기로 데려가서 심판하
겠다. 그 나라들은 내 백성 이스라엘을 흩
어 놓았고, 내 백성을 강제로 다른 나라
에서 살게 했으며, 내 땅을 갈라 놓았다.
3 또한 제비를 뽑아 내 백성을 나누어 가졌
으며, 소년을 팔아 창녀를 사고 소녀를 팔
아 포도주를 사 마셨다.
4 두로와 시돈과 블레셋 모든 지역아, 너희
가 내게 무슨 짓을 하려느냐? 내가 한 일
을 보복할 생각이냐? 아니면 나를 해칠
생각이냐? 만약 그렇다면 너희가 내게 한

성경 자세히 이해하기

여호사밧 골짜기

'여호사밧'은 '여호와께서 심판하시다'라는 뜻인데 요엘은 이스라엘이 회복되는 날, 하나님께서 만국을 소집하여 심판하실 곳이 여호사밧 골짜기라고 말하고 있습니다. 하지만 이곳은 '심판의 골짜기'(3:14)라고도 불리므로 실제의 어떤 장소를 가리킨다기보다 하나님께서 심판하시는 장소를 상징한다고 볼 수 있습니다. 또한 이곳을 여호사밧 왕이 모압과 암몬의 연합군을, 찬송을 불러 무찔렀던 브라가 골짜기(대하 20:26)로 생각하는 견해도 있습니다.

본문 보기 3장 2절

여호사밧 골짜기(기드론 골짜기)

그대로 내가 곧장 갚아 주겠다.
5 너희는 내 은과 금을 빼앗아 갔으며, 내
보물을 너희 신전으로 가져갔다.
6 너희는 유다와 예루살렘 백성을 그리스 사
람에게 팔아서, 그 백성을 그들의 땅에서
멀리 떨어진 곳으로 보냈다.
7 너희가 내 백성을 그렇게 먼 곳으로 보냈
지만 내가 그들을 다시 데려오겠다. 너희
가 그들에게 한 그대로 너희에게 갚아 주
겠다.
8 너희의 아들과 딸을 유다 백성에게 팔아
넘기겠다. 유다 백성은 그들을 멀리 스바*
백성에게 팔 것이다." 여호와께서 이같이
말씀하셨다.

하나님께서 나라들을 심판하시다

9 모든 나라에 이렇게 선포하여라. 전쟁을
준비하여라. 용사들을 깨워라. 모든 군사
들을 모이게 하여라.
10 쟁기로 칼을 만들고 낫으로 창을 만들어
라. 약한 사람에게는 "나는 강하다"라고
말하게 하여라.
11 모든 나라들아, 서둘러 오너라. 사방에서
함께 오너라. 여호와여, 주의 용사들을
그 곳에 내려보내소서.
12 "나라들아, 깨어라. 여호사밧 골짜기로 모
여라. 내가 거기에 앉아 사방에 있는 모
든 나라를 심판하겠다.
13 낫을 들어라. 곡식을 추수할 때가 되었도
다. 포도주틀이 가득 찼으니 포도를 밟듯
그들을 밟아라. 술통마다 그들의 죄가 가
득 차 넘쳐 흐르고 있다. 그 백성들이 너
무나 악하다."
14 심판의 골짜기에 수많은 사람이 몰려 있
다. 여호와께서 심판의 골짜기에서 심판
하실 날이 가까이 왔다.
15 해와 달은 어두워질 것이며, 별들도 빛을
잃을 것이다.
16 여호와께서 사자처럼 시온에서 외치시고
예루살렘에서 큰 소리를 내시니, 하늘과
땅이 흔들릴 것이다. 그러나 여호와께서
는 그의 백성에게 피난처가 되시며 이스
라엘 백성에게 요새가 되실 것이다.
17 "그 때에 내가 너희 하나님 여호와라는 것
을 너희가 알게 될 것이다. 나는 내 거룩
한 시온 산에 머무를 것이다. 예루살렘은
거룩한 곳이 될 것이며, 다시는 외국인이
예루살렘 성을 점령하지 못할 것이다."

유다에게 약속하신 새로운 생활

18 "그 날이 되면 산들이 달콤한 포도주를 떨
어뜨리고 언덕에 젖이 흘러 넘칠 것이다.
유다의 개울마다 물이 흐르며, 여호와의
성전에서 샘물이 흘러 나와 싯딤 골짜기*
를 적실 것이다.
19 그러나 이집트는 황무지가 되고 에돔은 사
막으로 변할 것이다. 그것은 그들이 유다
백성에게 폭력을 휘두르고 유다 땅의 죄
없는 사람들을 죽였기 때문이다.
20 그러나 유다에는 영원히 사람들이 살 것
이고, 예루살렘에도 사람들이 끊이지 않을
것이다.
21 이집트와 에돔이 내 백성을 죽였으므로,
내가 그들을 심판하겠다. 나 여호와가 시
온에 산다."

알아두세요

3:8 '스바'는 '아라비아'를 뜻한다.
3:18 '싯딤 골짜기'는 '아카시아 나무 골짜기'라고도 불린다.

아모스

Amos

저자

저자는 아모스이다.

저작 연대

B.C. 760-753년경

주요 인물

아모스, 아마샤, 여로보암 2세

핵심어 및 주요 내용

핵심어는 "다림줄"과 "희망"이다. 하나님께서는 아모스에게 백성들을 시험하시고 심판하실 다림줄을 환상으로 보여 주셨다. 그러나 하나님은 희망의 빛도 비춰 주신다. 그분은 자기 백성과 그 땅을 다시 회복시켜 주실 것이다.

내용 소개

1. 열방에 대한 예언(1-2장)
2. 이스라엘에 대한 선포(3-6장)
3. 이스라엘에 대한 환상과 심판 선언 (7:1-9:10)
4. 이스라엘의 회복(9:11-15)

1 아모스는 드고아 마을의 목자였는데, 하
나님께서 그에게 이스라엘에 대한 환상을
보여 주셨습니다. 그 때는 웃시야가 유다
왕이었고, 요아스*의 아들 여로보암이 이스
라엘 왕이었으며, 지진이 일어나기 두 해
전이었습니다.
2 아모스가 말했습니다. "여호와께서 사자
처럼 시온에서 부르짖고 예루살렘에서 큰
소리를 내시니 목자의 풀밭이 시들고 갈
멜 산조차 메마른다."

이스라엘의 이웃 나라들에 내린 심판

다마스커스 백성

3 여호와께서 이렇게 말씀하셨다. "다마스
커스가 많은 죄를 지었으므로, 내가 그들
을 심판하겠다. 이는 그들이 쇠톱니가 달
린 타작판으로 길르앗 백성을 압제했기 때
문이다.
4 그러므로 내가 하사엘의 집에 불을 보내
겠다. 그 불이 벤하닷의 요새들을 태울 것
이다.
5 내가 다마스커스의 문을 부수고 아웬* 골
짜기의 주민들을 없애고 벧에덴의 왕도 없
애겠다. 아람 백성은 길 땅으로 끌려갈 것
이다." 여호와의 말씀이다.

블레셋 백성

6 여호와께서 말씀하셨다. "가사가 죄를 많
이 지었으므로, 내가 그들을 심판하겠다.
이는 그들이 그 곳의 온 백성을 사로잡아
에돔으로 팔아 넘겼기 때문이다.
7 그러므로 내가 가사 성에 불을 보내겠다.
그 불이 그 성의 요새들을 태울 것이다.
8 내가 또 아스돗의 주민을 없애고 아스글론
의 왕을 없애겠다. 나의 손을 돌이켜 에
그론 백성을 치고 블레셋의 남은 사람을
벌할 것이다." 주 여호와의 말씀이다.

두로 백성

9 여호와께서 말씀하셨다. "두로가 죄를 많
이 지었으므로, 내가 그들을 심판하겠다.
이는 그들이 이스라엘과 맺은 형제의 언약
을 기억하지 않고, 그 곳의 모든 백성을
사로잡아 에돔에 종으로 팔아넘겼기 때문
이다.
10 그러므로 내가 두로 성에 불을 보내겠다.
그 불이 그 성의 요새들을 태울 것이다."

에돔 백성

11 여호와께서 말씀하셨다. "에돔이 죄를 많
이 지었으므로, 내가 그들을 심판하겠다.
이는 그들이 칼을 들고 그의 형제인 이스
라엘 백성을 뒤쫓았으며, 자비로운 마음

알아두세요

1:1 '요아스'의 또 다른 이름은 '여호아스'이다.

1:5 '아웬'은 '악'이라는 뜻이다.

을 버렸기 때문이다. 에돔 백성은 언제나
화를 냈으며 분노를 거두어들이지 않았
다.
12 그러므로 내가 데만 성에 불을 보내겠다.
그 불이 보스라의 요새들을 태울 것이다."

암몬 백성

13 여호와께서 말씀하셨다. "암몬이 죄를 많
이 지었으므로, 내가 그들을 심판하겠다.
이는 그들이 땅을 넓히려고 길르앗으로 쳐
들어가서 아이 밴 여자들의 배를 갈랐기
때문이다.
14 그러므로 내가 랍바 성에 불을 보내겠다.
그 불이 그의 요새들을 태울 것이다. 전
쟁하는 동안, 폭풍 속의 회오리바람 같은
거친 함성이 들리고, 싸움은 맹렬할 것이
다.
15 그 때에 그들의 왕과 신하들은 모두 포로
로 사로잡혀 갈 것이다." 여호와의 말씀
이다.

모압 백성

2 여호와께서 말씀하셨다. "모압이 죄를
많이 지었으므로, 내가 그들을 심판하
겠다. 이는 그들이 에돔 왕의 뼈를 태워
재로 만들었기 때문이다.
2 그러므로 내가 모압에 불을 보내겠다. 그
불이 그리욧의 요새들을 태울 것이다. 모
압 백성은 함성과 나팔 소리가 요란한 가
운데 죽을 것이다.

> **성경 인물 — 아모스**
>
> 아모스는 베들레헴에서 약 6마일 남쪽에 있는 드고아 고원에서 목축을 하며 뽕나무를 재배하던 농부였습니다. 그는 상당 수준의 학문을 갖추고 있었으며, 매우 부유했던 것으로 보입니다. 하나님께서 그를 부르셨을 때, 아모스는 자신이 누리고 있던 모든 삶을 포기하고 부르심에 순종했습니다. 그는 남쪽 유다 출신이면서도 기꺼이 북쪽 이스라엘의 중심지인 사마리아와 벧엘에 나타나 위험을 무릅쓰고 정의를 선포했던 예언자였으며, 이스라엘 멸망에 대한 다섯 가지 환상을 보고, 그들을 위해 중보기도를 드렸습니다.
>
> 본문 보기 1장

3 내가 모압의 왕을 없애고 그의 신하들도
다 죽이겠다." 여호와의 말씀이다.

유다 백성

4 여호와께서 말씀하셨다. "유다가 죄를 많
이 지었으므로, 내가 그들을 심판하겠다.
이는 그들이 나 여호와의 율법을 저버리
고 나 여호와의 명령을 따르지 않았기 때
문이다. 또, 그들의 조상이 따르던 거짓
신들을 좇았기 때문이다.
5 그러므로 내가 유다에 불을 보내겠다. 그
불이 예루살렘의 요새들을 태울 것이다."

이스라엘에 내린 심판

6 여호와께서 말씀하셨다. "이스라엘이 죄를
많이 지었으므로, 내가 그들을 심판하겠
다. 이는 그들이 은을 받고 의로운 사람
을 팔았으며, 가난한 사람을 신발 한 켤
레 값에 팔았기 때문이다.
7 또 흙을 밟듯이 가난한 사람을 짓밟았고,
연약한 자의 길을 굽게 하였다. 아버지와
아들이 한 여자와 잠자리를 같이하여 나
의 거룩한 이름을 더럽혔다.
8 그들의 신전에서 예배할 때도 가난한 사
람에게서 빼앗은 옷 위에 누웠다. 벌금으
로 거둔 돈으로 포도주를 사서 그들의 신
전에서 마셨다.
9 내가 그들 앞에서 아모리 사람들을 멸망
시켰다. 그들의 키는 백향목처럼 컸으며
상수리나무처럼 튼튼했지만 내가 그들을
완전히 멸망시켰다.
10 내가 너희를 이집트 땅에서 이끌어 내어
사십 년 동안 광야에서 인도하였고, 마침
내 아모리 사람들의 땅을 너희에게 주었
다.
11 내가 너희의 아들들을 예언자로 세웠고
젊은이들 중에서 나실인을 삼았다. 이스라
엘 백성아, 그렇지 아니하냐?" 여호와의
말씀이다.
12 "그러나 너희는 나실인에게 포도주를 먹
였고, 예언자들에게 말하기를 '너희는 예
언하지 마라' 하였다.
13 그러므로 곡식이 가득 찬 수레가 흙을 짓
누르는 것처럼 내가 너희를 짓누르겠다.

14 아무리 빠른 사람도 피할 수 없고, 아무
리 강한 사람도 힘을 내지 못하고, 용사
라도 제 목숨을 건질 수 없을 것이다.
15 활과 화살을 가진 군인도 버티지 못하고,
발이 빠른 군인도 피하지 못하고, 말을 탄
군인도 제 목숨을 구하지 못할 것이다.
16 그 날에는 용사 중의 용사도 벌거벗은 채
도망갈 것이다." 여호와의 말씀이다.

복원된 제단의 뿔(3:14-15)

이스라엘을 향한 경고

3 이스라엘 백성아, 여호와께서 너희에게
하신 말씀을 들어라. 주께서 이집트에
서 인도해 내신 백성 모두에게 하신 말씀
을 들어라.
2 "나는 이 땅의 모든 족속 가운데서 오직
너희만을 알았다. 그러므로 너희가 행한
모든 죄대로 너희를 심판하겠다."
3 서로 약속도 하지 않고 어떻게 두 사람이
같이 갈 수 있겠느냐?
4 숲속의 사자가 먹이를 잡지 않고서야 어
찌 울부짖겠느냐? 젊은 사자가 잡은 것도
없이 어찌 굴에서 소리를 지르겠느냐?
5 어찌 새가 미끼도 없는 덫에 걸리겠느냐?
아무것도 걸린 것이 없는데 어찌 덫이 튀
어오르며 닫히겠느냐?
6 나팔을 불어 경고하는데 어찌 백성이 두
려워 떨지 않겠느냐? 여호와께서 보내시
지 않았는데 어찌 성에 재앙이 내리겠느
냐?
7 주 여호와께서 일을 하실 때는 반드시 그
종인 예언자들에게 미리 알려 주신다.
8 사자가 부르짖는데 누가 두려워하지 않겠
느냐? 주 여호와께서 말씀하시는데 누가
예언하지 않겠느냐?
9 아스돗의 요새들과 이집트 땅의 요새들에
게 이렇게 전하여라. "사마리아의 산으로
와서 저 큰 혼란을 보아라. 백성이 다른
백성을 해치는 저 모습을 보아라.
10 이 백성은 올바른 일을 할 줄 모른다." 여
호와의 말씀이다. "그들의 요새는 강제로
빼앗은 보물로 가득하다."
11 그러므로 주 여호와께서 이렇게 말씀하셨
다. "적군이 이 땅을 차지할 것이다. 요
새들을 무너뜨리고 그 안에 감추어 둔 보
물을 빼앗아 갈 것이다."
12 여호와께서 말씀하셨다. "목자가 사자 입
에서 자기 양의 두 다리뼈나 귓조각을 구
해내는 것처럼, 사마리아에 살고 있던 이
스라엘 백성도 침대의 모서리나 부러진 의
자의 조각처럼 몇몇 사람만이 피할 수 있
을 것이다.
13 너희는 들어라! 너희는 야곱의 집에 증언
하라!" 만군의 하나님 주 여호와의 말씀
이다.
14 "이스라엘 백성이 죄를 지었으므로 내가
그들을 심판할 것이며, 그 날에 벧엘의 제
단도 무너뜨리겠다. 그 제단 뿔을 꺾어 땅
에 떨어뜨릴 것이다.
15 내가 겨울 별장과 여름 별장을 부수겠다.
상아로 장식한 집을 무너뜨리겠다. 큰 집
들이 허물어질 것이다." 여호와의 말씀이
다.

이스라엘이 돌아오지 않다

4 사마리아 산에 사는 바산의 암소들아,
이 말을 들어라. 너희 여자들은 가난
한 사람의 것을 빼앗고 어려운 사람을 짓
밟는다. 남편에게 "마실 술을 가져다 줘
요" 하고 말한다.

율법(2:4 law) 하나님이 인간에게 지키도록 내린 규범.
나실인(2:11 Nazirite) 종교적 순수성을 보존하기 위해 하나님께 헌신한 사람.
족속(3:2 clan) 혈통, 언어, 풍속, 습관 따위가 같은 집단에 속하는 사람들.

2 주 여호와께서 그의 거룩한 이름으로 맹
세하셨다. "너희 코가 갈고리에 꿰어 끌
려갈 날이 반드시 온다. 너희 가운데 남
은 사람마저 낚시에 걸린 물고기처럼 끌
려갈 것이다.
3 너희는 성벽의 무너진 곳을 통해 밖으로
끌려나가 하르몬에 던져질 것이다." 여호
와의 말씀이다.
4 "벧엘로 가서 죄를 지어라. 길갈로 가서
죄를 더 지어라. 아침마다 제물을 바치고
삼 일마다 십일조를 바쳐라.
5 누룩 넣은 빵을 감사 제물로 바쳐라. 자
발적으로 바치는 제물을 큰 소리로 자랑
해라. 이스라엘 백성아, 이것이 너희가 기
뻐하는 일이 아니더냐?" 주 여호와의 말
씀이다.
6 "내가 너희에게 양식을 주지 않아서 너희
가 사는 마을에 먹을 것이 떨어졌다. 그
런데도 너희는 내게 돌아오지 않았다."
여호와의 말씀이다.
7 "추수하기 세 달 전엔 너희에게 비를 내
려 주지 않았다. 어떤 성에는 비를 내렸
고 어떤 성에는 비를 내리지 않았다. 어
떤 밭에는 비가 내렸고 어떤 밭에는 비가
내리지 않아 땅이 말라 버렸다.
8 목 마른 사람들이 물을 얻으려고 이 마을,
저 마을로 다녔으나 충분히 목을 축이지
는 못했다. 그런데도 너희는 내게 돌아오
지 않았다." 여호와의 말씀이다.
9 "내가 너희의 농작물을 병충해로 죽게 했
다. 너희 동산과 포도밭도 황폐하게 하였
다. 메뚜기 떼가 무화과나무와 올리브 나
무를 먹어치우도록 했다. 그런데도 너희
는 내게 돌아오지 않았다." 여호와의 말
씀이다.
10 "내가 전에 이집트에 재앙을 내렸듯이 너
희에게도 전염병을 내렸다. 너희 젊은이
들을 칼로 죽이고 너희 말들도 약탈당하
게 했다. 너희 진영에 시체 썩는 냄새가
나게 했다. 그런데도 너희는 내게 돌아오
지 않았다." 여호와의 말씀이다.
11 "내가 소돔과 고모라를 멸망시킨 것처럼
너희를 멸망시켰다. 그 때 너희는 마치 불
속에서 갓 꺼낸, 타다만 막대기 같았다.
그런데도 너희는 내게 돌아오지 않았다."
여호와의 말씀이다.
12 "그러므로 이스라엘아, 내가 말한 이 모든
재앙을 너희에게 내릴 것이다. 이스라엘
아, 네 하나님 만날 준비를 하여라."
13 산을 지으시고 바람을 일으키신 분, 그 생
각을 사람들에게 알려 주시고 새벽빛을
어둠으로 바꾸시는 분, 이 땅의 높은 곳
위로 걸어다니시는 분, 그분의 이름은 만
군의 하나님 여호와이시다.

이스라엘아, 회개하라

5 이스라엘 백성아, 내가 너희를 향해 부
르는 이 장송곡을 들어라.
2 "처녀 이스라엘이 쓰러져서 다시는 일어나
지 못하게 되었네. 버림받은 채 땅에 쓰
러져 있으나 일으켜 줄 사람이 아무도 없
도다."
3 주 여호와께서 말씀하셨다. "천 명의 군
인이 싸우러 나간 성에 백 명만이 돌아오
겠고, 백 명이 싸우러 나간 성에는 열 명
만이 돌아올 것이다."
4 여호와께서 이스라엘 족속에게 이렇게 말
씀하셨다. "나를 찾아라, 그러면 살 것이
다.
5 벧엘을 찾지 말고 길갈로 가지 말고 브엘
세바로도 내려가지 마라. 길갈 백성은 포
로로 잡혀 가겠고 벧엘은 폐허가 될 것이
다."
6 여호와를 찾아라, 그러면 살 것이다. 그
렇지 않으면 주께서 불같이 요셉의 자손
을 멸망시킬 것이다. 불이 벧엘을 태워도

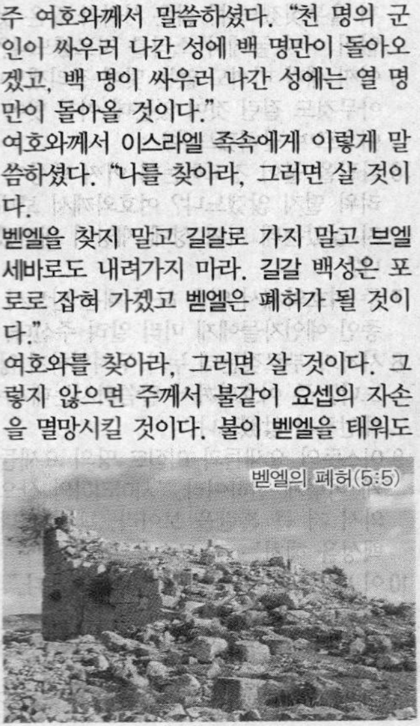
벧엘의 폐허(5:5)

그 불을 끌 사람이 아무도 없을 것이다.
7 너희는 정의를 하찮게 여겼으며 올바른 것을 땅에 버렸다.
8 황소자리의 일곱 별과 오리온 자리를 만드신 분, 어둠을 새벽빛으로 바꾸시며 낮을 밤으로 바꾸시는 분, 바닷물을 불러 땅 위에 쏟으시는 분, 그분의 이름은 여호와이시다.
9 그분은 요새를 무너뜨리시며 강하고 튼튼한 성을 폐허로 만드신다.
10 너희는 정직한 재판을 싫어하며, 진실을 말하는 사람을 미워한다.
11 너희는 가난한 사람을 짓밟으며, 그들에게서 강제로 세금을 거둬들인다. 너희가 다듬은 돌로 멋진 집을 지어도 거기에서 살지 못할 것이다. 아름다운 포도밭을 만들어도 거기에서 너희는 포도주를 마시지 못할 것이다.
12 나는 너희가 지은 많은 죄와 반역을 알고 있다. 너희는 의로운 사람을 못살게 굴었으며, 뇌물을 받고 나쁜 짓을 저질렀다. 법정에서 가난한 사람을 억울하게 만들었다.
13 그러한 때에 지혜로운 사람은 입을 다물었다. 이는 때가 악하기 때문이다.
14 악한 일을 피하고 옳은 일을 하여라. 그러면 살 수 있을 것이다. 너희 말대로 만군의 하나님 여호와께서 너희를 도우실 것이다.
15 악한 것을 미워하고 올바른 것을 사랑하여라. 법정에서 정의를 지켜라. 혹시, 만군의 하나님 여호와께서 살아남은 요셉의 백성에게 자비를 베푸실지 모른다.
16 주 만군의 하나님 여호와께서 말씀하셨다. "광장마다 통곡하는 사람들이 있겠고, 거리마다 슬피 우는 사람들이 있을 것이다. 사람들이 농부를 불러 울게 하며, 우는 사람을 불러 통곡하게 할 것이다.
17 모든 포도밭에서 우는 소리가 들릴 것이다. 이는 내가 너희 한가운데를 지나며 너희를 심판할 것이기 때문이다." 여호와의 말씀이다.

여호와의 날

18 여호와의 날을 기다리는 사람에게 재앙이 있다. 너희가 어찌하여 여호와의 날을 기다리느냐? 그 날은 빛의 날이 아니요, 어둠의 날이다.
19 사자를 피해 달아나다가 곰을 만나는 것과 같고, 집에 들어가 벽에 손을 대다가 뱀에게 물리는 것과 같다.
20 여호와의 날은 빛이 아니라 어둠이다. 기쁨이나 희망의 날이 아니라 슬픔의 날이다.
21 "나는 너희의 절기를 미워한다. 너희의 종교 모임이 역겹기만 하다.
22 너희가 태워 드리는 번제물과 곡식 제물을 내게 바쳐도 나는 받지 않겠다. 화목 제물로 좋은 것을 바쳐도 나는 거들떠보지 않겠다.
23 너희의 노래를 멈추어라! 나는 너희의 비파 소리도 듣지 않겠다.
24 오직 정의를 강물처럼 흐르게 하고 의의 강이 마르지 않게 하여라.
25 이스라엘 백성아, 너희가 광야에서 사십 년을 사는 동안, 내게 희생 제물과 소제물을 바친 적이 있느냐?
26 이제는 너희의 우상인 거짓 왕 식굿과 너희의 별신 기윤을 짊어지고 다녀야 할 것이다.
27 내가 너희를 다마스커스 저 너머로 사로잡혀 가게 하겠다." 여호와의 말씀이다. 그 분의 이름은 만군의 하나님이시다.

이스라엘의 멸망

6 시온에서 평안히 있는 사람과 사마리아 산에서 안심하고 사는 사람에게 재앙이 내릴 것이다. 너희는 스스로 으뜸가는

하르몬(4:3 Harmon) 자세하게 밝혀지지 않았지만 사마리아의 범죄한 여인들이 던져진 장소로 추측된다.

전염병(4:10 plague) 병의 원인이 되는 독기가 남에게 옮겨지는 병.

장송곡(5:1 funeral march) 장례 때 연주하는 곡.

민족이라고 생각하며, 이스라엘 백성도 너
희를 믿고 따른다.
2 갈레 성으로 가서 살펴보아라. 거기에서
큰 성 하맛으로 가 보아라. 블레셋 땅 가
드로 내려가 보아라. 너희가 그 나라들보
다 더 나으냐? 너희의 땅이 그들 것보다
더 넓으냐?
3 너희는 다가오는 재앙을 피하려 하지만,
너희의 행동이 오히려 심판의 날을 가까
이 불러들였다.
4 너희는 상아로 장식한 침대에 누워서 부
드러운 양고기와 살진 송아지 고기를 먹
었다.
5 비파를 연주하며 다윗처럼 악기에 맞추어
노래도 지었다.
6 포도주를 대접 가득히 마시고 가장 좋은
향수를 쓰면서도 요셉의 멸망은 슬퍼하지
않았다.
7 그러므로 너희가 가장 먼저 포로로 끌려
갈 것이다. 너희의 잔치는 끝나게 될 것
이다.
8 만군의 하나님 여호와께서 스스로를 가리
켜 맹세하신 말씀이다. "나는 야곱*의 교
만을 미워한다. 그들의 요새가 역겹다.
그러므로 그 성과 그 안의 모든 것을 원
수에게 넘겨 주겠다."
9 그 때에 한 집에 열 사람이 남더라도, 결

아모스의 고향 드고아(7:14)

알아두세요

6:8 '야곱'은 '이스라엘'을 뜻한다.
6:13 '로드발'은 '아무것도 아니다', '허무하다'라는 뜻을 가진 지명이다.
7:2 '야곱'은 '이스라엘'을 가리킨다.

국 다 죽을 것이다.
10 죽은 사람을 장사지낼 친척이 와서, 화장
하기 위해 시체들을 집 밖으로 내가며 남
아 있는 사람에게 "아직 시체가 더 있소?"
하고 묻는다면 그가 "없소" 하고 대답할
것이다. 그러면 그 친척이 "조용히 하시
오. 여호와의 이름을 속삭이지도 마시오.
그가 들을까 두렵소"라고 말할 것이다.
11 보라! 여호와께서 명령하신다. 큰 집이 산
산조각으로 부서질 것이고 작은 집도 완
전히 허물어질 것이다.
12 말들이 바위 위로 달릴 수 있느냐? 소를
몰아 바위를 갈게 할 수 있겠느냐? 그런
데도 너희는 정의를 독으로 바꾸었고, 올
바른 것을 악으로 바꿔 놓았다.
13 너희는 로드발*이 점령되었다고 기뻐하고
"우리가 우리 힘으로 가르나임을 정복했
다"고 말한다.
14 "이스라엘아, 내가 한 나라를 보내어 너를
치겠다. 그들이 북쪽의 하맛 어귀에서부
터 아라바 남쪽 골짜기까지 너희를 괴롭
힐 것이다." 만군의 하나님 여호와의 말
씀이다.

메뚜기 떼 환상

7 주 여호와께서 내게 보여 주신 것이 이
러하다. 주께서 메뚜기 떼를 보낼 준비
를 하고 계셨다. 왕이 첫 작물 가운데서
그의 몫으로 재물을 받은 뒤이며, 두 번
째 작물이 막 자라기 시작할 때였다.
2 메뚜기 떼가 땅 위의 작물을 모두 먹어치
웠다. 그런 일이 있은 뒤에 내가 말했다.
"주 여호와여, 용서해 주소서. 야곱* 가운
데 그 누구도 이 일을 견뎌 낼 수 없습니
다. 이스라엘은 너무 작습니다."
3 그러자 여호와께서 이 일에 대해 생각을
바꾸셨다. "이 일은 일어나지 않을 것이
다." 주께서 말씀하셨다.

불 환상

4 주 여호와께서 내게 보여 주신 것이 이러
하다. 주 여호와께서 심판하시려고 불을
준비하고 계셨다. 불이 바다 깊은 곳까지
마르게 하고, 온 땅을 황폐하게 했다.

5 그 때에 내가 외쳤다. "주 여호와여, 그
치게 해 주십시오. 야곱 가운데 그 누구
도 이 일을 견뎌 낼 수 없습니다. 이스라
엘은 너무 작습니다."
6 그러자 주 여호와께서 이 일에 대해 생각
을 바꾸셨다. "이 일은 일어나지 않을 것
이다." 여호와께서 말씀하셨다.

다림줄 환상

7 주 하나님께서 내게 보여 주신 것이 이러
하다. 주께서는 다림줄을 이용하여 쌓은
벽 옆에 서서, 그 벽이 반듯한가를 다림
줄로 검사하고 계셨다.
8 주께서 내게 말씀하셨다. "아모스야, 무엇
이 보이느냐?" 내가 대답했다. "다림줄이
보입니다." 주께서 다시 말씀하셨다. "보
아라. 내가 내 백성 이스라엘 가운데 다림
줄을 늘어뜨려서 그들이 얼마나 굽었는지
보여 주겠다. 다시는 그들을 불쌍히 여기
지 않겠다."
9 "이삭의 산당들이 황폐하게 될 것이다. 이
스라엘의 거룩한 곳들이 폐허로 변할 것
이다. 내가 여로보암 왕의 집을 칼로 치겠
다."

아모스와 아마샤

10 그러자 벧엘의 제사장 아마샤가 이스라엘
왕 여로보암에게 사람을 보내어 이렇게 전
했습니다. "아모스가 이스라엘 백성과 함
께 왕에 대한 반란을 꾀하고 있습니다. 이
나라는 더 이상 그의 모든 말을 참을 수
없습니다.
11 아모스는 '여로보암은 칼로 죽을 것이고 이
스라엘 백성은 사로잡힌 채 포로로 끌려
갈 것이다'라고 말했습니다."
12 이어서 아마샤가 아모스에게 명령하였습
니다. "예언자야, 여기를 떠나라! 유다 땅
으로 가 버려라. 거기에 가서 예언하면서
벌어먹고 살아라!
13 다시는 이 곳 벧엘에서 예언하지 마라. 이
곳은 여로보암 왕의 거룩한 곳이요, 이스
라엘의 성전이다!"
14 그러자 아모스가 아마샤에게 대답했습니
다. "나는 예언자도 아니고 예언자의 아
들도 아니다. 나는 단지 목자이며, 무화
과나무를 기르며 사는 사람일 뿐이다.
15 그러나 여호와께서 양 떼를 치던 나를 불
러 내셔서 '가서 내 백성 이스라엘에게 예
언하여라' 하고 말씀하셨다.
16 그러므로 이제는 여호와의 말씀을 들어
라. 너는 나에게 '이스라엘에 대한 예언을
하지 말고 이삭의 자손을 치는 예언을 그
만두어라' 하고 말했다.
17 너의 말 때문에 여호와께서 이렇게 말씀
하셨다. '네 아내는 성에서 창녀가 될 것
이며, 네 아들과 딸들은 칼로 죽을 것이
다. 다른 사람들이 네 땅을 빼앗아 나누
어 가질 것이며 너는 낯선 땅에서 죽을 것
이다. 이스라엘 백성은 틀림없이 그 땅에
서 쫓겨나 포로로 끌려갈 것이다.'"

여름 과일 환상

8 주 여호와께서 또 내게 보여 주신 것
은 이러하다. 그것은 여름 과일이 가
득 담긴 광주리였다.
2 여호와께서 말씀하셨다. "아모스야, 무엇
이 보이느냐?" 내가 대답했다. "여름 과
일이 담긴 광주리가 보입니다." 그러자
여호와께서 내게 말씀하셨다. "내 백성
이스라엘의 심판의 때가 다가왔다. 다시는
그들의 죄를 내버려 두지 않겠다.
3 시체가 곳곳에 널리게 될 것이며, 침묵만

심판에 대한 다섯 가지 환상

하나님의 공의의 심판은 이스라엘을 멸망시키려는 것이 아니라, 이스라엘을 정화시킨 후 메시아를 통해 회복시키시려는 것입니다.

〈본문 보기 7-9장〉

환상의 모습	의 미	성경본문
메뚜기 떼	심판을 돌이키심	7:1-3
불	심판을 유보함	7:4-6
다림줄	심판이 타당함을 보여 줌	7:7-9
여름 과일	심판이 임박했음을 보여 줌	8:1-14
제단과 성전의 파괴	심판이 시행됨	9:1-10

이 가득할 것이다. 그 날에 왕궁에서 부
르는 노래가 장송곡으로 바뀔 것이다."
주 여호와의 말씀이다.
4 어려움에 빠진 사람들을 짓밟고 가난한
사람들의 것을 빼앗는 너희들아, 들어라.
5 너희 장사꾼은 "초하루가 언제 지나서 우
리가 곡식을 팔 수 있을까? 언제 안식일
이 지나서 우리의 밀을 내다 팔 수 있을
까? 물건은 적게 주고 돈은 많이 받자. 가
짜 저울로 사람들을 속이자.
6 은 한 닢으로 가난한 사람을 사고, 신 한
켤레 값에 가난한 사람을 사자. 밀 찌꺼
기까지 팔아먹자"라고 말한다.
7 여호와께서 '야곱의 자랑'인 주의 이름을
걸고 맹세하셨다. "이 백성이 한 짓을 내
가 결코 잊지 않을 것이다.
8 그 때문에 온 땅이 흔들리고 이 땅에 사
는 모든 사람이 슬퍼하며 울 것이다. 온
땅이 이집트의 나일 강처럼 솟구쳤다가 다
시 가라앉을 것이다."
9 여호와의 말씀이다. "그 날에 내가 한낮
에 해를 지게 해서 온 땅이 어두워지게 하
겠다.
10 너희의 절기를 통곡하는 날로 바꾸고, 너
희의 노래를 죽은 사람을 위해 부르는 슬
픈 노래로 만들겠다. 너희
모두가 베옷을 입
게 하겠고, 너
희 머리를 밀어 대머리가 되게 하겠다. 외
아들을 잃은 날과 같이 슬퍼하게 만들겠
고, 그 끝을 매우 고통스럽게 하겠다.
11 내가 이 땅을 주리게 할 것이다. 주 여호
와의 말이다. 빵이 없어서 배고픈 것이 아
니며, 물이 없어서 목마른 것이 아니다.
여호와의 말씀이 없어서 배고플 것이다.
12 그들이 지중해에서 사해까지 헤맬 것이
요, 북쪽에서 동쪽으로 여호와의 말씀을
찾아다녀도 찾지 못할 것이다.
13 그 날에 아름다운 여자와 젊은 남자가 목
이 말라 지칠 것이다.
14 사마리아 우상의 이름으로 맹세하는 사람
들, '단의 살아 있음을 두고 맹세한다'고
말하는 사람들, '브엘세바 신의 살아 있음
을 두고 맹세한다'고 말하는 사람들은 쓰
러져서 다시는 일어나지 못할 것이다."

이스라엘이 망할 것이다

9 주께서 제단 곁에 서 계신 것을 내가
보았다. 주께서 말씀하셨다. "기둥 꼭
대기를 쳐서 문지방까지 흔들리게 하여
라. 기둥들이 사람들의 머리에 무너져 내
리게 하여라. 살아남은 사람은 내가 칼로
죽이겠다. 아무도 피하지 못할 것이다.
누구도 도망하지 못할 것이다.
2 그들이 죽음의 세계까지 뚫고 내려 가
더라도 내가 끌어올리겠고, 하늘
높이 올라가더라도 내가 끌어
내리겠다.
3 갈멜 산 꼭대기에 숨더라
도 내가 찾아서 데려오
겠고, 나를 피해 바다
밑바닥까지 숨더라도
뱀을 시켜 물게 하겠다.
4 그들이 사로잡혀 적군
에게 끌려가더라도 내가
칼에게 명령하여 그들을 죽
이게 하겠다. 내가 그들을 지
켜 보리니, 복을 주기 위해서가 아
니라 재앙을 주기 위해서이다."
5 주 만군의 여호와께서 땅에 손을 대시니
땅이 흔들릴 것이다. 그 땅에 사는 사람

여름 과일이 가득 담긴
광주리를 환상으로 보여 주심(8:2-3)

은 누구나 통곡하게 될 것이다. 온 땅이
나일 강처럼 솟아오르며 다시 가라앉을
것이다.
6 여호와께서 하늘에 다락을 지으시며, 그
기초를 땅에 세우신다. 바닷물을 불러 땅
위에 쏟으시는 분, 그분의 이름은 여호와
이시다.
7 여호와의 말씀이다. "이스라엘아, 너희는
나에게 에티오피아* 백성과 다를 것이 없
다. 내가 이스라엘을 이집트 땅에서, 블레
셋 백성을 크레타*에서, 아람* 백성을 길
땅에서 이끌어 냈다.
8 나 주 여호와가 죄 많은 나라, 이스라엘을
지켜 보고 있다. 내가 이스라엘을 땅에서
없애 버리겠다. 그러나 야곱의 자손을 완
전히 없애지는 않겠다." 여호와의 말씀이
다.
9 "내가 이스라엘을 온 나라 가운데에서 체
질하도록 명령하겠다. 곡식 가루를 체로
치면 가루가 떨어지고 돌멩이는 남듯이
이스라엘에게도 그렇게 하겠다.
10 내 백성 가운데 '우리에게는 재앙이 닥치
지 않는다' 고 말하는 죄인은 칼에 죽을 것
이다."

이스라엘의 회복을 여호와께서 약속하시다

11 "그 날이 오면 내가 다윗의 무너진 장막
을 일으키고, 부서진 틈새를 막으며, 무
너져 내린 것을 다시 일으켜 세우겠다. 옛
날처럼 다시 회복시켜 주겠다.
12 그리하여 이스라엘이 에돔의 남은 사람들
과 나에게 속한 다른 나라들을 차지하게
하겠다." 이 일을 이루실 여호와의 말씀
이다.
13 여호와의 말씀이다. "그 날이 오면 곡식
을 베자마자 밭을 갈아야 하고, 씨를 뿌
리자마자 포도주를 만들어야 할 것이다.
이스라엘의 산마다 포도주가 흘러 언덕마
다 넘칠 것이다.
14 사로잡혀 간 내 백성 이스라엘을 내가 다
시 데려오겠다. 그들은 폐허가 되어 버린
성읍들을 다시 일으켜 세워 그 안에서 살
것이다. 포도밭을 만들어 거기에서 나오
는 포도주를 마실 것이며, 과수원을 가꾸
어 거기에서 나오는 열매를 먹을 것이다.
15 내가 내 백성을 그들의 땅에 심겠다. 내
가 그들에게 준 땅에서 그들이 다시는 뽑
히지 않을 것이다." 너의 하나님 여호와
의 말씀이다.

성경 자세히 이해하기

치욕을 의미하는 대머리

당시 이스라엘에서 의도적으로 머리털을 미는 것은 부끄러움과 치욕(사 7:20;겔 29:18), 그리고 종됨(사 3:24)의 표시로 여겨졌습니다. 따라서 '대머리' 라는 호칭은 치욕을 의미하였고, 그렇기 때문에 엘리사는 자신의 자연적인 대머리를 조롱한 젊은 아이들을 저주하였던 것입니다(왕하 2:23-24). 그러나 이사야 22장 12절에서는 회개의 표시로, 미가 1장 16절에서는 이스라엘 동포의 국외 추방에 대한 애도의 뜻으로 머리를 밀라고 말하고 있습니다.

본문 보기 8장 10절

알아두세요

9:7 개역 성경에는 '에티오피아' 는 (히) '구스' 라고 표기되어 있고, '크레타' 는 (히) '갑돌' 이라고 표기되어 있다. '아람' 은 현재의 '시리아' 땅에 해당된다.

오 바 댜
Obadiah

○ 저자

저자는 오바댜이다.

○ 저작 연대

B.C. 848-841년경

○ 주요 인물

오바댜, 에돔 족속

○ 핵심어 및 주요 내용

핵심어는 "교만"과 "형제"이다. 교만한 에돔 족속은 자기들과 한 핏줄을 나눈 이스라엘 민족을 멸시했고 그들에게 관심조차 갖지 않았다. 자기 형제를 동정과 사랑으로 돌볼 수 있는 참된 자부심은 오직 주님 안에 있을 때만 가질 수 있게 된다.

○ 내용 소개

1. 에돔에 대한 심판(1:1-9)
2. 에돔의 죄악(1:10-14)
3. 주의 날(1:15-21)

여호와께서 에돔을 심판하신다

1 이것은 오바댜가 받은 계시입니다. 주 여
호와께서 에돔에 관해 이렇게 말씀하셨
다. 여호와께서 온 나라에 사자를 보내시
며 "일어나 에돔을 치러 가자!"라고 말씀
하시는 것을 우리가 들었다.

여호와께서 에돔 백성에게 말씀하시다

2 "내가 너를 온 나라 가운데서 가장 작은
나라로 만들겠다. 너는 크게 멸시를 받을
것이다.
3 네가 바위 틈에서 살며 높은 곳에 집을
짓고, 마음속으로 '아무도 나를 땅바닥으
로 끌어내리지 못한다'고 말하지만 너의
교만이 너를 속이고 있다.
4 네가 독수리처럼 높이 날며 별들 가운데
둥지를 튼다 하여도 내가 너를 거기에서
끌어내리겠다." 여호와의 말씀이다.
5 "도둑이 들어오거나 밤에 강도가 들이닥
치는 것이 오히려 네게는 더 나았을 것이
다. 그들은 필요한 것만 훔쳐간다. 일꾼
들이 와서 포도나무의 포도를 딴다 하더
라도 얼마 정도는 남겨 놓는다.
6 그러나 에서*가 어떻게 약탈을 당하며 보
물까지 빼앗길 수 있느냐!
7 한때 너와 친구였던 사람들마저 너를 네
땅에서 쫓아 낼 것이다. 너와 평화롭게
지내던 사람들까지 너를 속이고 정복할
것이다. 지금 너와 함께 밥을 먹는 사람
들이 너를 함정에 빠뜨릴 궁리를 하고 있
는데도 너는 그것을 깨닫지 못하고 있
다."
8 여호와의 말씀이다. "그 날에 내가 에돔의
지혜로운 사람을 없애겠다. 에돔 산지에
사는 슬기로운 사람들을 모두 없애겠다.
9 데만아, 너의 용사들이 두려워 떨 것이다.
에서 산지의 모든 백성이 죽을 것이다."
10 "너는 네 친척, 야곱*에게 폭력을 휘둘렀
다. 그러므로 네가 부끄러움을 당할 것이
며 영원히 멸망할 것이다.

○ 오벨리스크 무덤(1:3)
바위가 많은 이 지역의 산들은 붉은 색의 사암으로 되어 있어 자연석을 파서 만든 무덤과 건축물들이 장관을 이룬다.

알아두세요

1:6 '에서'는 '에돔'을 뜻한다.
1:10 '야곱'은 '이스라엘'을 가리킨다.

11 낯선 사람들이 이스라엘의 보물을 빼앗아
갈 때에도 너는 멀리서 지켜 보기만 했다.
외국인들이 이스라엘의 성문에 들이닥쳐
제비를 뽑아 예루살렘을 나누어 가질 때에
도 너는 그들과 한패였다.

에돔이 어긴 명령

12 네 형제가 재앙 당하는 것을 보고 비웃지
마라. 유다가 망하는 것을 보고 기뻐하지
마라. 유다 백성이 어려움에 빠진 것을 보
고 우쭐대지 마라.
13 내 백성이 재앙을 만난 날에 그들의 성문
으로 들어가지 마라. 유다가 재앙을 만난
날에 그들이 당한 어려움을 보고 비웃지
마라. 그들이 재앙을 만난 날에 그들의 재
산을 빼앗지 마라.
14 도망하는 사람들을 죽이려고 갈림길에 지
키고 서 있지 마라. 재앙을 만난 날에 살
아남은 사람들을 사로잡지 마라."

세계 모든 나라가 심판받는다

15 "세계 모든 나라에 대한 여호와의 심판의
날이 다가오고 있다. 너희가 행한 대로 당
할 것이며, 너희의 악한 행동이 네 머리
로 돌아갈 것이다.
16 너희들이 나의 거룩한 산에서 마신 그 잔
으로 모든 나라들이 계속하여 마실 것이
다. 그들은 끊임없이 마시다가 사라지게
될 것이다.
17 그러나 시온 산 위에 살아남을 사람이 있
을 것이니, 그 곳은 거룩한 곳이 될 것이
다. 야곱 백성은 그들의 땅을 빼앗은 자
들에게서 그 땅을 되찾아 올 것이다.
18 그 때에 야곱의 집, 곧 이스라엘 백성은 불
이 되고 요셉 백성은 불꽃이 될 것이다.
그러나 에서의 집, 곧 에돔 백성은 마른
줄기가 될 것이다. 야곱 백성이 그 줄기
에 불을 놓아 에돔 백성을 태워 버릴 것
이므로 에서의 집에 살아남을 사람이 없
을 것이다." 여호와께서 말씀하셨으므로
반드시 그렇게 될 것이다.
19 유다의 남쪽 백성이 에서의 산지를 차지할
것이며, 유다 언덕의 백성이 블레셋 땅을
차지할 것이다. 그들이 에브라임과 사마리
아 땅을 되찾을 것이며, 베냐민은 길르앗
을 차지할 것이다.
20 그 날이 오면 한때 제 집을 떠나야 했던
이스라엘 백성은 가나안 백성의 땅을 사르
밧까지 차지할 것이다. 한때 예루살렘을
떠나 스바랏에 살아야 했던 유다 백성도
그 날이 오면 남쪽 유다의 성들을 차지할
것이다.
21 구원자들이 시온 산에 올라가 에돔 땅에
사는 백성을 다스릴 것이니, 그 나라가 여
호와의 나라가 될 것이다.

성경 자세히 이해하기

에돔

에돔 족속의 시조는 에서입니다(창 36:1,8-9). 그리고 에돔의 수도는 오늘날 '페트라'(바위)라고 부르는 곳인데, 거대한 바위 도시입니다. 에돔 성은 사면이 깎아지른 듯한 견고한 바위로 둘러싸인 난공불락의 요새였습니다. 에돔 사람들은 바로 이 천연 요새만을 믿고 교만이 하늘을 찌를 듯하였습니다. 에돔 사람들은 이스라엘 백성들이 정중하게 대우해 주었음에도 불구하고(신 2:4;23:7) 출애굽 길에 자신들의 영토를 통과하지 못하게 했습니다(민 20:14-21). 또 에돔 자손은 그의 형제 유다가 재앙을 받던 날 기뻐하며 조롱했습니다(1:12).

본문 보기 1장 1절

요 나

J o n a h

○ 저자

저자는 요나이다.

○ 저작 연대

B.C. 760년경

○ 주요 인물

요나

○ 핵심어 및 주요 내용

핵심어는 "물고기"와 "순종"이다. 큰 물고기가 요나를 삼킨 사건은 요나의 종말이 아닌 그를 향해 뻗치신 하나님의 구원의 손을 의미한다. 그는 물고기 뱃속에 있는 동안 회개하였고, 다시 큰 구원을 선포할 수 있는 기회를 얻게 되었다. 많은 사람들은 요나가 니느웨로 간 행동을 복음을 전하려고 하는 큰 열정으로 이해하고 있다.

○ 내용 소개

1. 도망가는 요나(1장)
2. 기도하는 요나(2장)
3. 전도하는 요나(3장)
4. 배우는 요나(4장)

하나님의 부르심을 피해 달아난 요나

1 여호와께서 아밋대의 아들 요나에게 말씀
하셨습니다.
2 "일어나 저 큰 성 니느웨로 가서 그 성을
향해 외쳐라. 그들의 죄가 내 앞에까지 이
르렀다."
3 그러나 요나는 여호와를 피해 다시스로 도
망쳤습니다. 그는 욥바 성으로 내려가 마
침 다시스로 떠나는 배를 발견하고, 뱃삯
을 낸 뒤 다른 사람들과 함께 배에 올라
탔습니다.
4 여호와께서 바다 위에 큰 바람을 보내시
니, 파도가 높게 일어 배가 부서지게 되
었습니다.
5 뱃사람들은 두려움에 빠져 각자 자기 신
에게 부르짖었습니다. 사람들은 짐을 바
다로 내던지며 배를 가볍게 만들어 가라
앉지 않게 했습니다. 그 때, 요나는 배 밑
창에서 잠자고 있었습니다.
6 배의 선장이 와서 요나를 보고 말했습니
다. "어찌하여 잠을 자고 있소? 일어나서
당신의 신에게 부르짖으시오. 혹시 당신
의 신이 우리를 생각해 주어 우리가 살아
날지도 모르잖소."
7 사람들이 서로 말했습니다. "제비를 뽑아
서 누구 때문에 우리가 이런 재앙을 만나
게 되었는지 알아봅시다." 그래서 사람들
이 제비를 뽑았는데, 요나에게 그 제비가
떨어졌습니다.
8 사람들이 요나에게 물었습니다. "어째서
우리에게 이런 재앙이 내렸는지 말해 보
시오. 당신은 무엇하는 사람이며, 어디에
서 오는 길이오? 어느 나라 사람이며, 어
떤 백성이오?"

성경 자세히 이해하기

니느웨와 다시스

니느웨는 메소포타미아 지역에서 가장 역사가 긴 커다란 도시들 중의 하나였습니다. 산헤립(B.C. 708-681년)에 의해 앗시리아 제국의 수도가 되었으며, 에살핫돈(B.C. 681-669년), 앗수르바니팔(B.C. 669-633년) 때 크게 번성하였습니다. B.C. 612년 바빌로니아와 메대 연합군의 공격으로 함락된 후 완전히 폐허가 되었습니다. 한편, 다시스는 스페인의 남부 지브로올터에 가까운 타르터소스로 추정되며, 당시에는 동쪽의 스바와 반대로 가장 서쪽에 있는 땅으로 통했습니다. 본문 보기 1장

희생제물(1:16 sacrifice) 하나님께 제사 지낼 때 쓰던 제물. 산양, 소, 염소 등.

9 요나가 대답했습니다. "나는 히브리 사람
입니다. 나는 바다와 땅을 지으신 하늘의
하나님, 곧 여호와를 섬기는 사람입니
다."
10 요나의 말을 들은 사람들은 그가 여호와
를 피해 도망쳤다는 것을 알고 더욱 두려
워하며 요나에게 소리쳤습니다. "어떻게
그런 무서운 일을 했소?"
11 바다에 바람과 파도가 점점 더 거세졌습
니다. 그러자 사람들이 요나에게 물었습
니다. "당신을 어떻게 해야 저 바다가 잔
잔해지겠소?"
12 요나가 대답했습니다. "나를 바다에 던져
넣으십시오. 그러면 바다가 잔잔해질 것
입니다. 나 때문에 이런 큰 폭풍이 몰려
왔다는 것을 나도 알고 있습니다."
13 요나가 그렇게 말했지만 사람들은 배를
육지 쪽으로 저어 가려고 애썼습니다. 그
러나 바람과 파도가 점점 더 거세질 뿐 아
무런 소용이 없었습니다.

요나가 벌을 받다

14 사람들이 여호와께 부르짖었습니다. "여
호와여, 우리가 이 사람을 죽인다고 해서
우리를 죽이지 마십시오. 우리가 죄 없는
사람을 죽인다고 생각하지 마십시오. 주
여호와여, 이 모든 일은 여호와께서 바라
시는 대로 일어난 것입니다."
15 사람들은 요나를 바다에 던졌습니다. 그
러자 바다가 잔잔해졌습니다.
16 사람들은 그 모습을 보고 여호와를 더욱
두려워하여 여호와께 희생 제물을 바치고
주께 맹세했습니다.
17 여호와께서는 매우 큰 물고기를 준비하셔
서 요나를 삼키게 하셨습니다. 요나는 삼
일 밤낮을 그 물고기 배 속에 갇혀 있었
습니다.

2 요나는 물고기 배 속에 있으면서 그의
하나님 여호와께 기도했습니다.
2 "내가 고통 중에서 여호와께 기도했더니,
주께서 내게 응답하셨습니다. 내가 죽게
되었을 때에 부르짖었더니, 주께서 내 목
소리를 들어 주셨습니다.
3 여호와께서 나를 깊은 바다로 던져 넣으
셨습니다. 물이 나를 에워싸고 주의 큰 물

다시스로 도망가는 요나에게
큰 폭풍을 보내심(1:1-13)

물고기가
요나를 마른 땅에
뱉어내다(2:10)

결과 파도가 나를 덮쳤습니다.
4 나는 '내가 주 앞에서 쫓겨났으나 다시 주
의 거룩한 성전을 보기를 원합니다' 라고
말했습니다.
5 바닷물이 나를 덮어 죽게 되었습니다. 깊
은 바다가 나를 에워쌌고 바다풀이 내 머
리를 휘감았습니다.
6 내가 저 깊은 바닷속 산의 밑까지 내려갔
습니다. 영원히 이 땅의 감옥에 갇혔다고
생각했습니다. 그러나 나의 하나님 여호
와여, 주께서 나를 구덩이로부터 건져 주
셨습니다.
7 내 목숨이 거의 사라져 갈 때에 여호와를
기억하였더니 나의 기도가 주의 거룩한
성전에 이르렀습니다.
8 헛된 우상을 섬기는 사람들은 주께서 베
푸신 은혜를 저버렸습니다.
9 그러나 나는 주께 감사하고 찬양하며 제
물을 바칩니다. 주께 맹세한 것은 무엇이
든 지키겠습니다. 구원은 여호와께 있습
니다."
10 여호와께서 그 물고기에게 말씀하시니 물
고기가 요나를 마른 땅 위에 뱉어 놓았습
니다.

하나님께서 요나를 부르시자 요나가 복종하다

3 여호와께서 또다시 요나에게 말씀하셨
습니다.
2 "일어나 저 큰 성 니느웨로 가거라. 그 곳
에서 내가 너에게 전하는 말을 외쳐라."
3 요나는 여호와께 복종하여 일어나 니느웨
로 갔습니다. 니느웨는 둘러보는 데만 삼
일이나 걸리는 매우 큰 성이었습니다.
4 요나는 하루 종일 걸어다니면서 "사십 일
이 지나면, 니느웨는 멸망한다!"라고 백
성에게 외쳤습니다.
5 니느웨 백성은 하나님을 믿었습니다. 그
래서 그들은 금식을 선포하고, 가장 높은
사람에서부터 가장 낮은 사람에 이르기까
지 모두가 굵은 베옷을 입었습니다.
6 니느웨의 왕도 그 소식을 듣고 자리에서
일어나 입던 옷을 벗고 거친 베옷을 입었
습니다. 그리고 잿더미에 앉았습니다.
7 왕은 니느웨 온 성에 다음과 같이 선포했
습니다. "왕과 귀족들이 내리는 명령이
다. 사람이든 짐승이든, 소 떼든 양 떼든

입에 어떤 것이라도 대서는 안 된다. 음
식을 먹어서도 안 되고 물을 마셔서도 안
된다.
8 사람이든 짐승이든 굵은 베옷을 입고 여
호와께 힘껏 부르짖어야 한다. 누구나 악
한 길에서 돌이켜야 하고 폭력을 쓰지 말
아야 한다.
9 혹시 하나님께서 그 마음을 바꾸셔서 더
이상 노하지 않으실지 모른다. 그러면 우
리도 죽지 않게 될 것이다."
10 하나님께서는 그 백성이 하는 것, 곧 그
악한 길에서 돌이키는 모습을 보시고 마
음을 바꾸셔서 그들에게 내리기로 작정하
셨던 재앙을 내리지 않으셨습니다.

하나님의 자비하심을 보고 요나가 화를 내다

4 그러나 요나는 하나님께서 그 성을 멸
망시키지 않으신 것에 대해 매우 못마
땅히 여겨 화를 냈습니다.
2 요나가 여호와께 불평하며 말했습니다.
"나는 고국에 있을 때부터 이런 일이 일
어날 줄 알았습니다. 내가 급히 다시스로
도망쳤던 것도 그런 까닭에서였습니다.
나는 주께서 자비롭고 은혜가 많으신 하
나님이라는 것을 알았습니다. 주께서는
노하기를 더디하시고 사랑이 많으시기 때
문에, 그들을 심판하시기보다 용서해 주
시리라는 것을 알고 있었습니다.
3 그러니 여호와여, 제발 나를 죽여 주십시
오. 내게는 사는 것보다 죽는 것이 더 낫
습니다."
4 그러자 여호와께서 "네가 그렇게 화를 내
는 것이 과연 옳으냐?"라고 말씀하셨습
니다.
5 요나는 성 밖으로 나가 성의 동쪽에 머물
렀습니다. 그는 오두막을 짓고 그 그늘 아
래에 앉아 성이 어떻게 되는가를 지켜 보
며 기다리고 있었습니다.

박넝쿨(4:6)

6 하나님 여호와께서 요나의 위로 박넝쿨을
자라게 하셨습니다. 그러자 그 나무가 요
나의 머리 위에 그늘을 만들었습니다. 요
나는 그 그늘 때문에 좀더 편해졌으므로
기분이 좋았습니다.
7 이튿날 새벽녘에, 하나님께서 벌레 한 마
리를 보내셔서 그 나무를 해치도록 하셨
습니다. 그 나무는 곧 죽어 버렸습니다.
8 해가 떠오르자 하나님께서 뜨거운 동풍을
불게 하셨습니다. 그래서 요나의 머리 위
로 햇볕이 내리쬐었습니다. 요나는 온몸
의 힘이 빠졌습니다. 그는 죽고 싶은 마
음에 "내게는 사는 것보다 죽는 것이 더
낫습니다"라고 말했습니다.
9 하나님이 요나에게 말씀하셨습니다. "네
가 그 나무 때문에 화를 내는 것이 과연
옳으냐?" 요나가 대답했습니다. "그렇습
니다. 죽고 싶도록 화가 납니다."
10 그러자 여호와께서 말씀하셨습니다. "네
가 심지도 않았고 가꾸지도 않았으며, 밤
새 나타났다가 이튿날 죽고 만 그 나무를
그렇게 아끼는데,
11 하물며 옳고 그름을 가릴 줄 모르는 사람
이 십이만 명도 넘게 살고 있으며, 짐승
들도 수없이 많은 저 큰 성 니느웨를 내
가 아끼지 않을 수 있겠느냐?"

선포(3:5 proclamation) 어떤 일을 세상에 널리 알리는 것.
작정(3:10 decision) 마음속으로 어떤 일을 결정하는 것. 어떤 일에 대한 결정.
고국(4:2 one's native country) 남의 나라에 가 있는 사람이 '자기 나라'를 이르는 말.

미 가

Micah

○ 저자

저자는 미가이다.

○ 저작 연대

B.C. 700년경

○ 주요 인물

미가, 유다의 지도자들

○ 핵심어 및 주요 내용

핵심어는 "정의", "자비", "겸손"이다. 미가는 계속해서 하나님의 백성에게 그들의 모든 삶 속에서 정의를 드러내며 다른 사람들에게 자비를 베풀고 하나님 앞에서 겸손하라고 외친다.

○ 내용 소개

1. 사마리아와 유다의 멸망에 관한 메시지 (1:1–2:11)
2. 심판과 구원에 관한 메시지(2:12–5장)
3. 죄를 정복한 하나님의 은혜에 대한 메시지(6–7장)

심판받을 사마리아와 이스라엘

1 유다의 요담 왕, 아하스 왕, 히스기야 왕
때에 여호와의 말씀이 모레셋 사람 미가
에게 임했습니다. 미가는 사마리아와 예루
살렘에 대한 계시를 받았습니다.
2 너희 모든 나라들아, 들어라. 이 땅에 있
는 모든 것들아, 귀를 기울여라. 주 여호
와께서 그 거룩한 성전에서 너희들에게
증언하실 것이다.
3 보아라! 여호와께서 그 계시던 곳에서 나
오신다. 이 땅에 내려오셔서 산꼭대기를
밟으신다.
4 주의 발 밑에서 산들이 불 속의 밀초처럼
녹고, 골짜기들이 가파른 산 위에서 흘러
내리는 물처럼 갈라진다.
5 이 모든 것은 이스라엘의 죄와 야곱의 허
물 때문이다. 이스라엘이 저지른 죄의 책
임이 누구에게 있느냐? 사마리아가 아니
냐? 유다가 우상들을 섬긴 책임이 누구에
게 있느냐? 예루살렘이 아니냐?

여호와께서 말씀하신다

6 "그러므로 내가 사마리아를 들판의 쓰레기
로 만들어서 포도나무를 심을 만한 곳으
로 삼겠다. 사마리아의 돌들을 그 골짜기
로 쏟아 붓고 성의 기초까지 완전히 무너
뜨리겠다.
7 사마리아의 모든 우상은 박살날 것이며
그 우상에게 바친 선물은 불타 버릴 것이
다. 내가 그 모든 우상을 없애 버리겠다.
사마리아가 몸을 팔아서 벌었으므로 그
돈이 다시 창녀의 몸값으로 나갈 것이
다."

미가의 슬픔

8 그러므로 내가 슬퍼하며 통곡하고 벌거벗
은 몸과 맨발로 다닌다. 들개처럼 큰 소
리로 울부짖고 타조처럼 슬피 운다.
9 사마리아의 상처는 고칠 수 없으며 그 병
은 유다에까지 퍼지고 내 백성의 성문, 예
루살렘에까지 미친다.
10 가드에 알리지 말고 절대로 울지 마라. 베
들레아브라의 재 속에서 울며 뒹굴어라.
11 사빌에 사는 사람들아, 벌거벗은 몸으로
부끄러워하며 포로로 잡혀 가거라! 사아난
에 사는 사람들은 그들의 성 바깥으로 나
오지도 못할 것이다. 벧에셀에 사는 백성
이 통곡하여도 너희를 돕지는 않을 것이
다.
12 마롯에 사는 사람들은 좋은 소식이 오기
만을 애타게 기다리지만, 여호와께서 내
리신 재앙이 예루살렘 성문에까지 이르렀
다.
13 라기스에 사는 백성아, 빠른 말을 전차에
매어 도망가거라. 라기스는 딸 시온*의 죄
의 시작이니 이는 이스라엘의 범죄가 너희

에게 미쳤기 때문이다.
14 그러므로 너희는 가드 땅 모레셋에 이별
의 선물을 주어라. 악십의 집들이 이스라
엘 왕들에게는 마른 우물과 같이 될 것이
다.
15 마레사에 사는 사람들아, 내가 너희 원수
를 너희에게 보내겠다. 그가 너희를 정복
할 것이며 이스라엘의 영광이 아둘람까지
이를 것이다.
16 너희는 사랑하는 자녀를 위해 머리를 밀
고 대머리를 만들어라. 너희의 자녀가 낯
선 땅으로 끌려갈 것이니 너희는 독수리
처럼 대머리를 만들어라.

백성의 악한 계획

2 그들의 침상에서 악을 계획하고 동이
트면 그것을 실천하는 자들에게 심판
이 있다. 그것은 그들의 손에 권력이 있
기 때문이다.
2 그들은 밭이 탐나면 밭을 빼앗고 집이 탐
나면 집을 빼앗는다. 사람을 속여 그의 집
을 빼앗고 그의 재산을 빼앗는다.
3 그러므로 여호와께서 이렇게 말씀하셨다.
"보아라. 내가 너희에게 재앙을 내리기로
계획했으니 너희는 이 재앙을 피하지 못
할 것이다! 너희가 다시는 거만하게 걷지
못할 것이다. 왜냐하면 그 날은 재앙의 날
이 될 것이기 때문이다.
4 그 날에 백성들이 너희를 조롱할 것이다.
다음과 같은 슬픈 노래를 지어 부를 것이
다. '내 백성의 몫을 내 손에서 빼내시고
우리의 밭을 원수에게 나누어 주셨으니
우리는 완전히 망하게 되었도다.'"
5 그러므로 너희 중 어느 누구도 여호와의
백성이 모일 때에 제비를 던져 땅을 나눌
자가 없을 것이다.

거짓 예언자들

6 사람들이 말한다. "우리에게 예언하지 마
라. 그런 듣기 싫은 말은 하지 마라. 그
런 일은 우리에게 닥치지 않는다."
7 "그러나 야곱 백성아, 어찌하여 '여호와의
인내가 짧은가? 이것이 그가 행한 일인
가?' 라고 말하느냐? 너희가 올바르게 살
았다면 내 말이 친근할 것이다.
8 그러나 근래에 내 백성이 오히려 원수가
되었다. 전쟁이 끝난 후 집으로 돌아가는
사람들처럼 안심하며 지나가는 그들에게
서 너희는 그들의 겉옷을 빼앗았다.
9 너희는 내 백성의 여자들을 그 멋진 집에
서 내쫓았고 그 자녀에게서 내 영광을 영
영 빼앗았다.
10 일어나 떠나라. 이 곳은 이제 너희에게 약
속한 안식처가 아니다. 너희가 이 곳을 더
럽혔기에 멸망할 곳으로 저주받았다.
11 너희는 거짓말쟁이나 사기꾼이 와서 '내
가 너희에게 포도주와 독주의 즐거움에
대해 예언하겠다' 라고 하면, 그 사람을
예언자로 생각하고 좋아한다."

여호와께서 그 백성을 구하기로 약속하시다

12 "야곱 백성아, 내가 너희를 모으겠다. 이
스라엘의 살아남은 백성을 다 모으겠다.
그들을 우리 안의 양처럼 모으고 초원의
양 떼처럼 모으겠다. 그 곳이 내 백성으
로 가득 찰 것이다.
13 누군가가 길을 열어 그들을 이끌고 나가
며, 그들은 성문을 부수고 갇혀 있던 성
을 떠나갈 것이다. 그들의 왕이신 여호와께
서 앞장 서서 그 백성을 이끄실 것이다."

> **성경 인물**
>
> **미가**
>
> 미가는 팔레스타인의 서남방에 있는 산악 지방의 작은 마을에서 태어났습니다. 그는 아모스 예언자처럼 시골에서 평범하고 소박한 생활을 하고 있었습니다. 이 점에서 활동 시기가 같았던 이사야 예언자와 많은 대조를 보이고 있습니다. 이사야 예언자가 예루살렘 상류 계급에서 태어나서 정치 문제에 많이 접촉하고 있었다면, 미가는 도덕 문제와 하층민을 학대하는 권력자에 대한 언급을 많이 했으며 탐욕스런 부자들과 방백들로부터 백성들을 보호하려고 애썼습니다.
>
> 본문 보기 1장

알아두세요

1:13 '시온'은 '예루살렘'을 말한다.

이스라엘 지도자들의 죄

3 그 때에 내가 말했다. "야곱의 지도자
들아, 들어라. 이스라엘 족속의 지도자
들아, 귀를 기울여라. 너희는 마땅히 정
의를 알아야 한다.
2 그런데도 너희는 선을 미워하고 악을 사
랑했다. 산 채로 내 백성의 가죽을 벗기
고 뼈에서 그 살을 뜯어 냈다.
3 너희는 내 백성의 살을 먹고 있으며 가죽
을 벗기고 뼈를 부러뜨리고 있다. 가마에
넣을 고기처럼 내 백성을 잘게 썰고 있다.
4 그러므로 너희가 여호와께 부르짖어도 주
께서 듣지 않으실 것이다. 너희가 악한 짓
을 했으므로, 주께서 얼굴을 감추실 것이
다."
5 자기 백성에게 거짓된 삶의 길을 가르치
는 예언자들을 두고, 여호와께서 이렇게
말씀하셨다. "그들은 사람들이 먹을 것을
가져다 주면 평화를 외치지만 먹을 것을
주지 않으면 전쟁을 준비한다.
6 그러므로 그들은 마치 밤을 만난 것처럼
될 것이니 나 주의 계시를 더 이상 받지
못할 것이요, 어둠에 휩싸여 장차 무슨 일
이 일어날지 알 수 없게 될 것이다. 그러
한 예언자들에게는 해가 질 것이며 낮이
밤으로 변하게 될 것이다.
7 선견자들이 부끄러움을
당하며 미래를 점치
는 사람들이 수치
를 당할 것이다.
하나님이 응답해
주시지 않으니
그들 모두가 얼
굴을 가리게 될
것이다."

하나님의 정직한 예언자 미가

8 그러나 여호와
의 영이 나에게
는 정의를 외칠
힘과 능력을 채워
주셨다. 내가 야곱
백성의 허물을 지적하고 이스라엘 백성의
죄를 밝히겠다.
9 야곱의 지도자들과 이스라엘의 통치자들
아, 내 말을 들어라. 너희는 정의를 미워
하고 올바른 것을 그르쳐 놓는다.
10 살인으로 시온을 세우고 죄로 예루살렘을
쌓는다.
11 예루살렘의 재판관들은 뇌물을 받은 뒤에
야 재판을 하고 제사장들은 삯을 받아야
가르치며 예언자들은 돈을 받은 후에 예
언한다. 그러면서도 그들은 "여호와께서
우리와 함께 계시니 우리에게는 해로운
일이 생기지 않는다"고 말한다.
12 너희 때문에 시온이 밭처럼 뒤집히고 예
루살렘이 돌무더기로 변하며 성전이 서 있
는 언덕은 수풀로 뒤덮일 것이다.

여호와의 산

4 그 날이 오면 여호와의 성전이 서 있
는 산은 모든 언덕 위에 높이 솟아 산
들 가운데 가장 중요하게 될 것이며, 모
든 나라의 민족들이 그 곳으로 몰려올 것
이다.
2 많은 민족들이 와서 말하기를 "자, 여호
와의 산으로 올라가자. 야곱의 하나님의
성전으로 올라가자. 하나님께서 그의 길

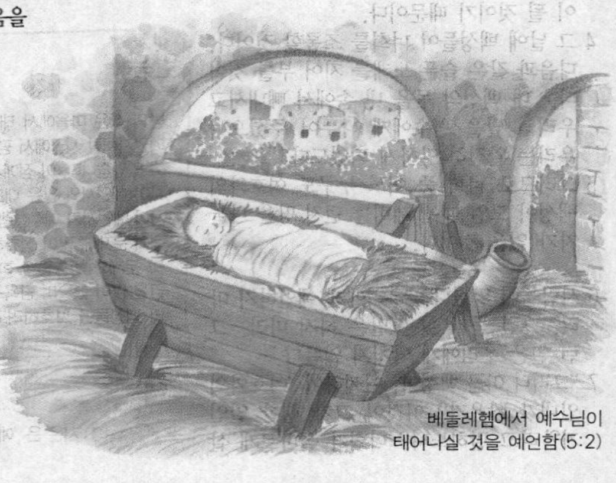

베들레헴에서 예수님이
태어나실 것을 예언함(5:2)

을 우리에게 가르쳐 주실 것이니 우리가
그의 길을 따르자"라고 할 것이다. 왜냐
하면 주의 가르침이 시온에서 나오며 여
호와의 말씀이 예루살렘에서 나오기 때문
이다.
3 주께서 나라들 사이의 다툼을 판단하시고
멀리 떨어진 강한 나라들을 꾸짖으실 것
이니 나라마다 칼을 쟁기로 만들고 창을
낫으로 만들 것이다. 다시는 나라들이 서
로 싸우지 않으며 전쟁 연습도 하지 않을
것이다.
4 사람마다 자기 포도나무와 무화과나무 아
래 앉을 것이다. 아무도 그들을 두려움에
빠뜨리지 않을 것이니 이는 만군의 여호
와께서 말씀하셨기 때문이다.
5 다른 모든 민족은 각기 자기 신을 따를 것
이나 우리는 우리 하나님 여호와의 이름
을 영원토록 따를 것이다.
6 여호와의 말씀이다. "그 날이 오면 저는
사람을 내게로 불러모으고 쫓겨나고 상처
입은 사람을 다시 데려오겠다.
7 내가 저는 사람을 살려 주고 쫓겨난 자들
이 강한 나라를 세우도록 해 주겠다. 나
여호와가 영원토록 시온 산에서 그들의
왕이 될 것이다.
8 너, 양 떼의 망대와 같은 굳건한 예루살렘
아, 너는 옛날처럼 다시 나라가 될 것이다.
왕의 권세가 다시 네게로 올 것이다."

이스라엘 백성이 바빌로니아로 가야 하는 까닭

9 어찌하여 너희가 그렇게 큰 소리로 우느
냐? 너희 가운데 왕이 없느냐? 너희 지도
자가 없어졌느냐? 그래서 아이를 낳는 여
자처럼 몸부림치느냐?
10 시온의 백성아, 아이를 낳는 여자처럼 몸
부림치고 소리쳐라. 이제 너희는 이 성을
떠나 들에서 살아야 한다. 너희는 바빌론
으로 끌려갈 것이나 그 곳에서 구원받을
것이다. 여호와께서 그 곳으로 가셔서,
원수의 손에서 너희를 건지실 것이다.
11 이제 많은 나라들이 너희를 치러 왔다. 그
들이 말하기를 "시온을 멸망시키자. 시온
을 무너뜨린 것을 자랑하자"고 한다.
12 그러나 그들은 여호와께서 무엇을 생각하
고 계신지 모르고 있다. 주의 계획을 깨
닫지 못하고 있다. 여호와께서는 타작 마
당 위의 곡식단을 타작하듯 그들을 치실
것이다.
13 "시온의 딸들아, 일어나 그들을 쳐라. 내
가 너희를 쇠뿔을 가진 것처럼 강하게 해
주겠다. 놋쇠굽을 가진 것처럼 굳세게 해
주겠다. 너희가 여러 나라를 쳐서 산산조
각 낼 것이며 그들의 재산을 내게로 가져
올 것이다. 그들의 보물을 온 땅의 주인
인 내게 가져올 것이다."

5 그러므로 굳센 성아, 너희 군인들을
모아라. 우리가 에워싸여 공격받고 있
다. 적군이 몽둥이를 휘둘러 이스라엘 지
도자의 얼굴을 칠 것이다.

베들레헴에 태어날 지도자

2 "그러나 너 베들레헴 에브라다야, 너는 유
다 족속들 가운데서 가장 작은 마을이지
만 네게서 이스라엘을 다스릴 지도자가 나
를 위해 나올 것이다. 그는 아주 먼 옛날,
멀고 먼 옛날로부터 온다."
3 주께서는 진통 중인 예루살렘이 아이를 낳
을 때까지 그 백성을 바빌론에 남겨 두실
것이다. 그런 뒤에 포로로 끌려갔던 그의

성경 지명

베들레헴 에브라다

800여 년 전에 예언자 미가는 예수님께서 베들레헴에서 태어나실 것이라고 예언했습니다. 베들레헴은 예루살렘에서 남쪽으로 8km 정도 떨어진 곳에 위치한 아주 작은 마을입니다. 이 곳은 야곱의 아내 라헬이 묻힌 곳이며(창 48:7), 다윗이 출생한 곳(삼상 17:12)이기도 합니다. 베들레헴은 '떡 집'이란 뜻을 지니며, 에브라다는 '열매를 맺다'라는 의미로 풍성함과 비옥함을 나타냅니다. 유대인들은 미가의 예언대로 메시아가 베들레헴에서 태어날 것으로 믿었습니다. 그래서 예수님이 갈릴리 출신이기 때문에 그 분을 메시아로 인정할 수 없다고 했습니다.

본문 보기 5장 2절

형제들이 유다에 사는 이스라엘 백성에게
로 돌아올 것이다.
4 그러면 이스라엘의 지도자가 서서 그의 하
나님 여호와의 능력과 놀라운 이름으로
그 백성을 돌볼 것이다. 그로 인해 그들
은 평안하게 살 것이며 그의 위대함이 온
세계에 널리 알려질 것이다.
5 그가 그들에게 평화를 가져올 것이다.

구원과 심판

앗시리아 군대가 우리 나라로 쳐들어와서
우리의 큰 집들을 무너뜨릴 것이다. 그러
나 우리는 일곱 명의 지도자와 여덟 명의
군왕을 뽑아 우리 백성의 목자가 되게 할
것이다.
6 그들이 앗시리아 백성을 칼로 멸망시킬 것
이며 뺀 칼로 니므롯 땅을 정복할 것이다.
앗시리아 사람들이 우리 땅으로 쳐들어오
고 우리의 국경을 넘어 들어와도 그가 우
리를 구해낼 것이다.
7 그 때에 살아남은 야곱 백성은 여호와께
서 내려주신 이슬 같을 것이며, 풀 위에
내리는 단비 같아서, 사람을 기다리거나
의지하지 않을 것이다.
8 살아남은 야곱 백성은 민족들 가운데 흩
어져서 여러 나라들에 둘러싸일 것이다.
그들은 숲 속 짐승들 가운데 있는 사자처
럼 될 것이며 양 떼 사이로 다니는 젊은
사자처럼 될 것이다. 그가 다니는 길 앞
에 있는 것들을 짓밟으니
9 아무도 하나님의 백성의 손에서 구원받지
못할 것이다.
10 여호와의 말씀이다. "그 날이 오면 너희
가 가진 말들을 내가 빼앗고 너희의 전차
들을 없애 버리겠다.
11 너희 나라의 성들을 무너뜨리고 요새들을
다 헐어 버리겠다.
12 너희가 다시는 마술을 하지 못할 것이며
미래를 점치지 못할 것이다.
13 내가 너희의 우상들을 깨뜨리고 너희가
섬기는 돌 기둥들을 헐어 버리겠다. 너희
가 다시는 너희 손으로 만든 것을 섬기지
못할 것이다.
14 내가 아세라 우상들을 뽑아 버리고 너희
성들을 무너뜨리겠다.
15 나에게 복종하지 않는 백성에게 나의 진
노와 심판을 쏟아 붓겠다."

여호와의 고발

6 여호와께서 하시는 말씀을 들어라.
"일어나라. 산들 앞에서 변호해 보아
라. 언덕들에게 네 이야기를 들려 주어
라.
2 산들아, 나 여호와의 고발을 들어라. 땅
의 기초야, 나 주의 말에 귀 기울여라. 나
여호와가 나의 백성을 고발하였고 이스라
엘의 죄를 밝힐 것이다.
3 내 백성아, 내가 너희에게 무슨 잘못을 했
느냐? 내가 너희를 무슨 일로 지치게 했
느냐? 대답해 보아라.
4 나는 너희를 이집트 땅에서 데려왔고 노
예였던 너희를 해방시켜 주었다. 모세
와 아론과 미리암을 너희에게 보내 주었
다.
5 내 백성아, 모압 왕 발락의 악한 계획을
기억하여라. 브올의 아들 발람이 발락에게
한 말을 기억하여라. 싯딤에서 길갈에 이
르기까지 어떤 일이 일어났는지 기억하여
라. 그러면 나 여호와의 의를 알게 될 것
이다."
6 내가 무엇을 가지고 여호와께 나아갈까?

성경 인물

발락과 발람

모압의 왕이었던 발락은 이스라엘이 아모리 족속을 물리쳤다는 소문을 듣고(민 21:21-35), 군대로 대항하기보다는 발람을 불러 이스라엘을 저주하려 했습니다. 그러나 이런 그의 계획이 실패로 돌아가자 이번에는 이스라엘 백성들로 하여금 바알브올에서 우상을 숭배하고 음행을 저지르도록 유혹하였습니다(민 25:1-5;31:16). 발람은 유프라테스 강변 메소포타미아의 브돌 출신의 술사(민 22:5;신 23:4)로, 돈에 눈이 어두워 모압 왕 발락의 초대를 받아 이스라엘을 저주하려 했습니다. 그러나 하나님께서는 오히려 그를 통해 이스라엘을 축복하셨습니다.

본문 보기 6장 5절

무엇을 가지고 높으신 하나님께 예배할
까? 태워 드리는 제물인 번제물로 일 년
된 송아지를 가지고 주께 나아갈까?
7 여호와께서 천 마리 양을 기뻐하실까? 강
줄기 만 개를 채울 만한 기름을 기뻐하실
까? 내 허물을 벗기 위해 내 맏아들이라
도 바칠까? 내 죄를 씻기 위해 내 몸으로
낳은 자식이라도 바칠까?
8 사람아! 그분이 네게 말씀하셨다. 무엇이
선하며, 여호와께서 너희에게 요구하시는
것이 무엇이냐? 그것은 의를 행하고 인자
를 사랑하며 너희 하나님과 함께 겸손히
행하는 것이 아니냐?
9 여호와께서 성을 향해 외치시니, 들어라!
지혜로운 사람은 주를 존경한다. "심판의
막대기로 심판하실 분을 조심하여라.
10 악한 사람들이 아직도 그 집에 훔친 보물
을 가지고 있는데 남을 속이는 그들을 어
찌 내가 잊겠느냐? 나는 속이는 자를 저
주한다.
11 가짜 저울과 자로 남을 속이는 사람을 내
가 어찌 용서하겠느냐?
12 성 안의 부자들이 아직도 못된 짓을 하고
있다. 백성은 아직도 거짓말을 하며 진실
을 말하지 않는다.
13 그러므로 내가 너희를 심판하기 시작했
다. 너희의 죄를 물어 너희를 멸망시키겠
다.
14 너희는 먹어도 배부르지 않고 오히려 배
고프고 허기질 것이다. 쌓아 두어도 남는
것이 없으며 너희가 쌓아 둔 것을 칼로 없
앨 것이다.
15 심어도 거두지 못하고 올리브 기름을 짜
도 그것을 몸에 바르지 못하며 포도를 밟
아도 포도주를 마시지 못할 것이다.
16 너희가 오므리 왕의 못된 율법을 따르고
아합 집의 모든 악한 짓을 본받아 그들의
가르침을 그대로 따랐으므로 내가 너희를
멸망시킬 것이다. 너희 성 안에 사는 백
성이 너희를 비웃을 것이며 다른 나라들
이 조롱할 것이다."

악한 이스라엘

7 내게 화가 있도다! 나는 굶주린 사람과
같이 되었도다. 여름 과일을 다 따냈는
데도 내게는 포도송이 하나 남지 않고 좋
아하는 무화과 열매 하나 없구나.
2 이 땅에 성실한 사람들은 사라지고 이 나
라에 정직한 사람은 하나도 남지 않았다.
누구나 자기 형제를 걸려 넘어지게 하려
할 뿐이다.
3 사람마다 그 손으로 악한 짓을 하는 데 익
숙하다. 지도자들은 돈을 달라 하고 재판
관들은 뇌물을 받고 재판하며 권력자들은
자기 소원을 밝히고 다닌다. 모두가 못된
짓만을 꾸민다.
4 그들 가운데서 가장 낫다고 하는 사람도
가시나무 같고 가장 정직하다고 하는 사
람도 가시나무 울타리와 같다. 너희의 파
수꾼이 경고한 그 날, 곧 심판의 날이 이
제 왔다. 이제 너희는 심판을 받고 그로
말미암아 혼란에 빠질 것이다.
5 너희는 너희 이웃을 믿지 말고 친구를 의
지하지 말며 너희 아내에게도 말을 조심
해라.
6 아들이 그 아버지를 존경하지 않고 딸이
그 어머니에게 대들며 며느리가 시어머니
와 다투니 너희의 원수는 다름 아닌 너희
의 식구가 될 것이다.

자비로우신 여호와

7 나는 여호와의 도우심을 바라며 하나님께
서 나를 구해 주시기를 기다린다. 하나님
께서 내 기도를 들어 주실 것이다.
8 원수야, 나를 비웃지 마라. 내가 쓰러졌
으나 다시 일어날 것이요, 지금은 재앙의
그늘 속에 앉아 있으나 여호와께서 내게
등불이 되어 주실 것이다.
9 내가 여호와께 죄를 지어 주께서 노하셨
다. 그러나 주는 법정에서 나를 변호하시

조롱(6:16 ridicule) 남을 깔보거나 비웃으며 놀리는 것.

파수꾼(7:4 watchman) 일정한 곳에 자리잡고 무엇을 지키는 사람.

요나가 도망가려고 배를 탄 욥바 항(7:19)

며 나를 위해 의로운 판결을 내려주실 것
이다. 주께서 나를 빛으로 이끄시며 내가
주께서 의롭게 하신 일을 볼 것이다.
10 그 때에 나에게 "너희 하나님 여호와가 어
디 있느냐" 하고 말하던 내 원수들도 그것
을 보고 부끄러움을 당할 것이다. 이제는
내가 그들을 비웃으리니, 그들은 거리의
진흙처럼 사람들의 발에 짓밟힐 것이다.

돌아올 유다 백성

11 성벽을 다시 세워야 할 그 날이 오면 너
희의 나라가 넓어질 것이다.
12 그 날에 너희 백성이 앗시리아에서부터 이
집트에 이르기까지, 이집트에서부터 유프
라테스 강에 이르기까지, 서쪽의 지중해에
서부터 동쪽의 산지에 이르기까지, 여러
나라로부터 너희 땅으로 돌아올 것이다.
13 그러나 그 나머지 땅은 그 곳에 사는 백
성들의 죄 때문에 황폐하게 될 것이다.

여호와께서 그 백성을 불쌍히 여기시다

14 주여, 주의 지팡이로 인도해 주십시오.
양 떼를 지키듯 주의 백성을 지켜 주십시
오. 푸른 초원에서 외롭게 살아가는 백성
을 옛날처럼 바산과 길르앗에서 먹여 주십
시오.
15 "내가 너희를 이집트에서 인도해 낼 때처
럼 너희에게 많은 기적을 보여 주겠다."
16 나라들이 그 기적을 보면 다시는 그들의
힘을 뽐내지 못할 것입니다. 놀라서 손
으로 입을 가릴 것이며 귀는 막힐 것입
니다.
17 그들이 뱀처럼 잿더미 속을 기어가고 구
멍에서 기어 나온 벌레처럼 땅 위를 기어
갈 것입니다. 무서움에 빠져 우리 하나님
여호와께 나아오며 주 앞에서 두려워 떨
것입니다.
18 주와 같은 분은 없습니다. 주께서는 죄 지
은 백성을 용서해 주시며 살아남은 여호
와의 백성의 죄도 용서해 주십니다. 주는
영원토록 노하지 않으시며 자비를 베풀기
를 좋아하십니다.
19 주여, 주께서는 우리에게 다시 자비를 베
푸시고 우리의 모든 죄를 밟아 깊은 바닷
속으로 던져 주십니다.
20 오래 전에 우리 조상에게 약속하신 대로
야곱 백성에게 진실하시며 아브라함 백성
에게 자비로우십니다.

판결(7:9 judicial decision) 재판에서 일의 옳고 그름을 판단하여 결정함.
황폐(7:13 desolation) 그냥 버려 두어 거칠고 못 쓰게 됨.
자비(7:18 mercy) 다른 사람을 귀중히 여기고 불쌍히 여김.

나 훔

Nahum

저자

저자는 나훔이다.

저작 연대

B.C. 663~612년경

주요 인물

나훔, 니느웨의 백성들

핵심어 및 주요 내용

나훔서 전반에 퍼져 있는 주제는 하나님의 절대 주권이다. 곧 하나님께서는 대적 앗시리아 제국 위에는 피할 수 없는 징벌을 주실 것이며, 하나님의 선민에게는 불가항력적인 하나님의 구원이 베풀어진다는 것이 본서의 주제이다.

내용 소개

1. 니느웨의 멸망에 대한 선포(1장)
2. 니느웨가 멸망하는 광경(2장)
3. 니느웨의 패배를 노래함(3장)

1 이것은 엘고스 사람 나훔이 니느웨에 관해
받은 계시입니다.

니느웨를 향한 여호와의 진노

2 여호와는 질투하시며 심판하시는 하나님
이시다. 여호와는 악한 사람에게 보복하
시며 몹시 노하시는 하나님이다. 여호와
는 주를 거스르는 사람에게 보복하시며
원수에게 노하신다.
3 여호와는 쉽게 노하지 않으시며 능력이
크신 분이다. 죄인을 심판하지 않은 채 내
버려 두지 않으신다. 여호와께서 가시는
곳에는 회오리바람과 폭풍이 일어나 주의
능력을 드러낸다. 구름은 주의 발에 밟혀
일어난 흙먼지다.
4 주께서 바다와 강을 향해 말씀하시면 바
다가 마르고, 모든 강물이 마른다. 바산과
갈멜 지역이 메마르고 레바논의 꽃들이 시
든다.
5 산들을 흔드시고 언덕들을 녹아 내리게 하
신다. 주께서 오시면 땅이 흔들리며 세계와
그 곳에 있는 모든 사람들이 두려워 떤다.
6 주께서 노하시면 아무도 살아남지 못한
다. 주의 크신 진노를 아무도 당하지 못
한다. 주의 진노가 불처럼 쏟아지니 바위
가 부서진다.
7 여호와는 선하시다. 어려움을 당할 때에
피난처가 되시며 그는 그에게 피하는 자
를 알고 계신다.
8 그러나 홍수로 니느웨를 완전히 멸망시키시
고, 그의 원수들을 암흑 속으로 쫓아 내신다.
9 너희가 여호와를 대적하여 무엇을 꾀하느
냐? 그가 완전히 멸하리니, 어느 대적도
두 번 다시 그를 반대하지 않을 것이다.
10 그들은 엉클어진 가시덤불 같고 포도주에
취한 사람 같다. 말라 버린 지푸라기처럼
이내 타 버릴 것이다.
11 여호와를 거스려 악한 계획을 꾸민 자가
니느웨에서 나오지 않았느냐?
12 여호와께서 말씀하셨다. "그들이 강하고

성경 자세이 이해하기

요나 이후의 니느웨

나훔은 니느웨의 멸망을 예언합니다. 150여 년 전 요나가 니느웨의 멸망을 예언했을 때, 그들은 회개했지만, 또다시 교만하고 잔혹해졌습니다. 나훔은 특히 니느웨 사람들의 잔혹함을 비난하였습니다. 그는 그 곳을 '피의 도성'이라고 부를 정도였습니다(3:1). 실제로 앗시리아인들은 피정복민들을 말뚝을 박아 죽이고 죽은 사람들의 해골로 피라밋을 쌓는 등 잔혹한 짓을 저질렀습니다. 니느웨는 또한 수많은 사람들을 간음하게 하는 매춘부로 불렸습니다. 니느웨는 피정복국가에서 수많은 공물을 약탈해 갔으며, 사악한 관습을 그 곳에 심었습니다. 본문 보기 1장

그 수가 많을지라도 망하여 없어질 것이
다. 유다야, 내가 너를 심판했지만 다시는
너를 심판하지 않겠다.
13 그들이 네게 지운 멍에를 내가 꺾어 버리
겠다. 너를 묶어 놓은 사슬을 내가 끊어
버리겠다."
14 니느웨야, 여호와께서 너에게 명령하셨다.
"네 이름을 이을 자손이 네게서 끊어질 것
이다. 너희 신들의 신전에 있는 새겨 만든
우상과 부어 만든 우상을 내가 없애 버리
겠다. 네가 악하므로 네 무덤을 파겠다."
15 보아라. 언덕 위에 좋은 소식을 전하는 사
람이 있다. 유다 백성아, 너희 절기를 지
키고 하나님께 맹세한 것을 지켜라. 악한
사람들이 완전히 사라졌으니 다시는 너희
를 괴롭히지 못할 것이다.

니느웨는 망한다

2 파괴자가 너를 치러 오고 있다. 성벽을
지키고 길을 잘 살펴라. 네 허리를 튼
튼히 하고 있는 힘을 다해 지켜라.
2 파괴자들이 하나님의 백성을 약탈하고 그
포도나무를 망쳐 놓았지만, 여호와께서
야곱 백성을 이스라엘 백성처럼 회복시켜
주실 것이다.
3 적군이 붉은색 방패를 들었다. 그들의 주
홍색 갑옷을 보아라. 공격용 전차들에 씌
운 쇠붙이가 번쩍이고, 소나무 창이 그들
머리 위로 흔들린다.
4 전차들이 거리를 내달리고 성 광장에서
이리저리 달린다. 그 모양이 횃불 같고 달
리는 모습이 번개 같다.
5 왕이 장교들을 부른다. 그들은 쓰러질 듯
급히 성벽으로 달려가 방어 태세를 갖춘다.
6 그러나 때는 늦었다. 강의 수문이 열리
고, 왕궁이 허물어진다.
7 니느웨 백성은 사로잡혀 끌려간다. 여종
들은 비둘기처럼 신음하고 슬픔에 싸여
자기 가슴을 친다.
8 니느웨는 옛적부터 연못과 같았으나 이제
물이 빠져 나가고 있다. 사람들이 "멈추
어라! 멈추어라!" 하고 소리지르지만, 아
무도 돌아오지 않는다.
9 은을 빼앗아라! 금을 빼앗아라! 보물이 끝
도 없이 많다. 값진 것들이 쌓여 있다.
10 니느웨는 털리고 망하고 폐허가 되었다.
백성들은 공포로 마음이 녹아 내리고 무
릎이 후들거린다. 사람들이 하얗게 질린
얼굴로 떨고 있다.
11 사자들의 굴이 어디에 있느냐? 사자들이
새끼를 먹이던 곳이 어디에 있느냐? 수사
자와 암사자와 새끼사자가 마음대로 드나
들던 곳이 어디에 있느냐? 그들이 두려워
하지 않던 곳이 어디에 있느냐?
12 수사자가 새끼들과 암컷에게 주려고 먹이

니느웨를 포도주에 취한
사람에 비유하심(1:10)

를 많이 잡았다. 잡아 온 먹이로 굴을 가
득 채우고 갈기갈기 찢은 고기로 사자굴
을 가득 채웠다.
13 "니느웨야, 내가 너를 치겠다." 만군의 여
호와의 말씀이다. "네 전차들을 불살라
연기와 함께 사라지게 하고 네 젊은 사신
들을 칼로 죽일 것이다. 내가 네 먹이를
땅에서 끊으리니 네가 보낸 사신들의 목
소리가 다시는 들리지 않을 것이다."

니느웨에게 재앙이 닥친다

3 화로다! 피의 도성이여! 거짓말이 가득
하고 강포가 가득하며 살육이 떠나지
않는다.
2 말채찍 소리를 들어 보고 전차 바퀴 소리
를 들어 보아라. 말들이 달려오고 전차들
이 몰려온다.
3 기마병들이 쳐들어온다. 그들의 칼이 번
쩍이며 그들의 창이 번뜩인다. 시체가 마
치 산처럼 쌓여 있어 셀 수조차 없다. 사
람들이 시체에 걸려 넘어진다.
4 그 성은 창녀 같았다. 한껏 멋을 부렸고
마술을 좋아했다. 음란한 짓으로 나라들
을 꾀었고 마술로 민족들을 유혹했다.
5 "보라! 내가 너를 치겠다." 만군의 여호와의
말씀이다. "네 치마를 네 얼굴 위로 걷어올
려 네 벌거벗은 몸을 온 나라가 보게 하겠
다. 네 부끄러운 곳을 왕국들이 보게 하겠다.
6 더러운 것을 네게 던지겠고 너를 조롱거
리로 만들겠다. 사람들이 네 모습을 보고
비웃을 것이다.
7 너를 보는 사람마다 달아나며 '니느웨가
폐허가 되었다. 누가 망한 니느웨를 위해
슬퍼하랴?' 고 말한다. 니느웨야, 너를 위
로할 사람을 찾을 수 없구나."
8 니느웨야, 너는 테베*보다 나은 것이 없
다. 나일 강가에 자리잡고 있는 테베는 강
물에 둘러싸여 있다. 테베에게는 강이 곧
방벽이며 강물이 곧 성벽이다.
9 에티오피아*와 이집트가 힘이 되어 주고 붓
과 리비아*가 도와 주었다.
10 그러나 테베도 정복되었다. 그 백성은 포
로로 끌려가고, 길 모퉁이마다 어린아이
들이 내동댕이쳐졌다. 제비 뽑기에 걸린
귀족들은 종이 되어 끌려가고 지도자들은
모두 사슬에 묶였다.
11 니느웨야, 너 역시 술 취한 사람처럼 비틀
거릴 것이다. 이리저리 도망할 것이며 원
수를 피해 숨을 곳을 찾아다닐 것이다.
12 네 모든 요새는 잘 익은 무화과나무 열매
같아서 나무를 흔들면 입 안으로 열매가
떨어지는 것과 같을 것이다.
13 네 군인들을 보아라. 여자처럼 힘이 없구
나! 네 땅의 성문은 모두 활짝 열려 있고,
성문 빗장은 불에 타 버렸다.
14 적들에게 둘러싸이기 전에 물을 길어 두
어라. 요새를 굳건히 해 두어라. 진흙을
이겨 벽돌을 만들어 성벽을 수리하여라.
15 메뚜기들이 작물을 먹어 치우듯이 그 곳
에서 불이 너를 삼킬 것이다. 칼이 너를
죽일 것이다. 풀무치 떼처럼 불어나라.
메뚜기 떼처럼 불어나라.
16 네가 상인들을 하늘의 별보다 많게 하였
으나 그들이 메뚜기 떼처럼 땅을 황폐하
게 하고 날아가 버릴 것이다.
17 네 수비대와 관리들도 차가운 날에 담장 위
에 날아와 앉는 메뚜기 떼 같다. 그들은 해
가 떠오르면 날아가 버리는 메뚜기 떼같이
아무도 모르는 곳으로 사라져 버린다.
18 앗시리아의 왕아, 네 통치자들이 잠들었고
네 귀족들이 잠에 빠져 있다. 네 백성이
이 산 저 산으로 흩어졌으나 아무도 불러
모을 사람이 없다.
19 아무도 네 상처를 고치지 못한다. 네 부
상은 치명적이다. 네 소식을 듣는 사람마
다 손뼉을 칠 것이다. 계속된 너의 잔인
함을 겪지 않은 자가 누가 있겠느냐?

알아두세요

3:8 개역 성경에는 (히) '노아몬' 이라고 표기되어 있다.
3:9 개역 성경에 '에티오피아' 는 (히) '구스' 라고 표기되어 있고, '리비아' 는 (히) '루빔' 이라고 표기되어 있다.

하 박 국

Habakkuk

저자

저자는 하박국이다.

저작 연대

B.C. 609-589년경

주요 인물

하박국, 유다의 백성들, 바빌로니아 백성들

핵심어 및 주요 내용

핵심어는 "믿음"과 "정의"이다. 의인은 믿음으로 말미암아 살리라는 하박국서의 위대한 주제는 사도 바울과 히브리서 기자에 의해 더욱 발전되었으며 종교 개혁자 루터의 개혁 이념이 되었다.

내용 소개

1. 머리말(1:1)
2. 하박국의 물음과 하나님의 대답(1:2-2:4)
3. 불의에 대한 5가지 저주(2:5-20)
4. 하박국 예언자의 기도(3장)

1 이것은 예언자 하박국이 받은 경고의 계
시입니다.

하박국의 호소

2 여호와여, 그렇게 도와 달라고 부르짖었
는데, 언제까지 들어 주지 않으시렵니까?
"폭력이 일어나고 있다"고 외쳤는데도 어
찌하여 구해 주지 않으십니까?
3 어찌하여 나로 하여금 불의를 보게 하십
니까? 어찌하여 악을 그대로 내버려 두십
니까? 내 앞에서 파괴행위와 폭력이 일어
나고 다툼과 싸움이 이어지고 있습니다.
4 율법이 효력을 잃고 공의가 시행되지 않
습니다. 악인이 의인을 에워싸고 있으므
로, 재판이 잘못 진행되고 있습니다.

여호와께서 대답하시다

5 "너와 너희 백성아, 나라들을 보아라. 그
들을 지켜 보아라. 그러면 놀랄 것이다.
너희가 살아 있는 동안, 내가 놀라운 일
을 하겠다. 너희가 듣기는 들어도 믿지 못
하는 일을 내가 하겠다.
6 내가 바빌로니아 사람을 시켜 악한 백성을
심판하겠다. 바빌로니아 사람은 잔인하고
격렬하게 싸우는 민족이다. 그들은 온 땅
을 휘젓고 다니며 남의 땅을 정복할 것이
다.
7 바빌로니아 사람은 잔인하기로 유명하다.
그들은 무엇이든 마음 내키는 대로 하며
자기들이 하는 일을 스스로 옳다고 여긴
다.
8 그들의 말은 표범보다도 날쌔며 해질 무
렵의 늑대보다도 사납다. 그들의 기병은
재빨리 공격하는데 멀리서 와서 먹이를
덮치는 독수리처럼 날쌔게 달려든다.
9 그들은 모두 싸우러 온다. 그 군대는 사
막의 회오리바람처럼 빠르게 행군하며 모
래알처럼 많은 사람을 포로로 잡아간다.
10 바빌로니아 군인은 왕들을 조롱하고 통치
자들을 비웃는다. 그들은 모든 요새를 업
신여기고 성벽 꼭대기까지 흙더미를 쌓아
서, 마침내 성을 점령한다.
11 그런 뒤에 그들은 바람처럼 사라져 간다.
그들은 자신들의 힘을 경배하는 죄를 범
하고 있다."

하박국이 다시 호소하다

12 여호와 나의 하나님, 주는 영원 전부터 살
아 계신 주님이십니다. 주님은 나의 하나
님, 나의 거룩하신 하나님이시며 우리를
죽이지 않으실 것입니다. 여호와여, 주는
백성을 심판하시려고 바빌로니아 사람을
택하셨습니다. 우리의 반석이신 주님은
백성을 심판하시려고 그들을 세우셨습니
다.
13 주의 눈은 정결하셔서 차마 악을 보지 못
하시고 백성이 나쁜 짓 하는 것을 참지 못

하십니다. 그런데 어찌하여 저 악한 백성
을 그대로 내버려 두시며, 악한 백성이 의
로운 백성을 쳐서 이겨도 잠잠히 보기만
하십니까?
14 주께서는 어찌하여 백성을 바다의 물고기
처럼 여기시고 지도자도 없는 바다 짐승
처럼 여기십니까?
15 원수가 그들 모두를 낚싯바늘로 낚고 그
물로 잡아 올립니다. 그들을 끌어모으고
기뻐합니다.
16 그 원수는 "그물 때문에 부자가 되었고,
좋은 음식을 맛볼 수 있게 되었다"라고 소
리치며 그물에게 희생 제물을 바치고 향
을 피워 올리며 제사를 지냅니다.
17 그가 언제까지 그 그물로 부자가 되고 언
제까지 백성들을 무자비하게 멸망시키도
록 할 생각이십니까?
2 내가 보초처럼 서서 지키겠습니다. 망
대 위에 서 있겠습니다. 주께서 내게
무슨 말씀을 하실지 기다리겠습니다. 내
가 호소하는 것에 주께서 어떻게 대답하
실지 기다리겠습니다.

여호와께서 대답하시다

2 여호와께서 내게 대답하셨다. "내가 네게
보여 주는 것을 적어라. 그것을 돌판 위
에 뚜렷이 새겨서 달려가면서도 쉽게 읽
을 수 있게 하여라.
3 아직은 그 말이 이루어질 때가 되지 않았
다. 그러나 곧 그 때가 올 것이다. 그 말
은 꼭 이루어진다. 비록 더디게 이루어지
는 것처럼 보일지라도 참고 기다려라. 그
일은 이루어진다. 미루어지지 않는다.
4 보아라. 그의 마음은 교만하여 정직함이
없다. 그러나 의인은 믿음으로 인하여 산
다.
5 포도주를 즐기는 바빌로니아 사람은 교만
하기 때문에 가만히 있지 않는다. 그들의
욕심은 무덤과 같아서 죽음처럼 절대로
채워지지 않는다. 그들은 다른 나라들을
모아들이고 모든 민족을 사로잡아 자기
것으로 삼는다.
6 그러나 사로잡힌 모든 사람들이 그에 대
하여 조롱하고 그에 관하여 풍자하며 말
할 것이다. '너희 것이 아닌 것을 모으는
자들아, 너희가 얼마나 오랫동안 쌓아 놓
을 것이냐? 이제 너희가 탄압하고 강탈했
던 것에 대한 대가를 받을 것이다.'
7 네 빚쟁이들이 분노하여 갑자기 일어날
것이며, 너를 괴롭게 할 자가 깨어날 것
이며, 너는 그들에게 약탈당할 것이다.
8 네가 여러 나라들을 털었으므로, 살아남
은 모든 백성들이 너희 것을 빼앗을 것이
다. 이는 네가 사람에게 죄를 범하고 땅
에 잘못을 행하며, 도시를 파괴하고 모든
거주민에게 폭력을 행했기 때문이다.
9 화가 있을 것이다! 자기의 집을 위해 악
한 탐심을 내는 자야! 재난을 피하기 위
하여 높은 집에 둥지를 세우는 자야!
10 너는 여러 나라를 망하게 할 계획을 세웠
으나 그것 때문에 바로 네 집이 부끄러움
을 당할 것이며 네 생명을 잃을 것이다.
11 성벽의 돌들이 너를 향해 부르짖을 것이

하박국의 질문과 하나님의 대답

〈본문 보기 1-3장〉

질문 1	하나님의 백성들이 불의를 행하는데도 왜 보고만 계십니까?
대답 1	잔혹한 바빌로니아를 도구로 사용하여 유다를 징계할 것이다.
질문 2	유다보다 더 악한 바빌로니아를 사용하시는 이유는 무엇입니까?
대답 2	그들은 나의 심판의 도구일 뿐이다. 그들 역시 나의 심판을 받을 것이다.
하나님의 결론	오직 의인은 믿음으로 살아야 할 것이다.
하박국의 결론	하나님의 말씀이 빨리 이루어지기를 바랍니다. 그러나 심판 중에도 긍휼을 베풀어 주십시오. 영광과 능력의 하나님을 즐거워하며 구원의 하나님을 기뻐할 것입니다.

며, 천장을 떠받치는 들보가 네 잘못을 증
언할 것이다.
12 화가 있을 것이다! 피로 성읍을 건축하며
불의로 성을 세우는 자야!
13 나 여호와가 불을 보내어 이러한 백성이
세운 것을 태울 것이다. 온 민족이 애써
한 일을 허사로 만들 것이다.
14 마치 물이 바다를 덮음과 같이 나 여호와
의 영광을 아는 지식이 땅에 가득 찰 것
이다.
15 분노하여 남에게 고통을 주는 나라에 재
앙이 닥친다! 분노함으로 다른 백성에게
술을 먹이고 그들을 벌거벗기고 알몸을
보려는 자에게 화가 있을 것이다!
16 너희 바빌로니아 사람은 영광이 아니라 진
노를 받을 것이다. 그 진노는 나 여호와
의 오른손에 들린 심판의 잔과 같을 것이
다. 너희는 그 진노를 맛보게 되고 마침
내 취한 사람처럼 땅에 쓰러질 것이다. 너
희는 그 잔을 마시고 영광이 아닌 부끄러
움을 당하게 될 것이다.
17 너희가 레바논에서 많은 사람을 해쳤으므
로 이제는 너희가 상처를 입을 것이다. 너
희가 거기에서 수많은 짐승을 죽였으므로
이제는 너희가 두려움에 휩싸일 것이다.
그 곳의 여러 성과 그 성 주민들에게 저
지른 폭력 때문에 너희는 두려움에 떨게
될 것이다."

우상들에 관한 말씀

18 "우상은 사람이 만든 것이니 무슨 쓸 데
가 있겠느냐? 우상은 새겨 만든 것으로
거짓말을 가르칠 뿐이다. 우상을 만든 사
람은 자기가 만든 우상이 자신을 돕기를
바라지만 그것은 말도 할 줄 모른다.
19 나무 우상을 가리켜 '깨어나라' 고 말하며,
말할 수 없는 돌을 가리켜 '일어나라' 고
말하는 자에게 재앙이 닥칠 것이다. 그런
것들이 사람에게 무엇을 가르칠 수 있겠느
냐? 그것들은 금과 은을 입힌 우상에 지나
지 않을 뿐더러 그 안에는 생명이 없다.
20 그러나 나 여호와는 나의 거룩한 성전에
있으니 온 땅은 내 앞에서 잠잠할지니
라."

하박국의 기도

3 이것은 예언자 하박국이 시기오놋*에
맞춘 기도입니다.
2 여호와여, 내가 주의 명성을 들었으며,
주께서 하신 일을 보고 놀랐습니다. 여호
와여, 우리 시대에 주의 놀라운 일을 다
시 행하여 주십시오. 우리 시대에 그런 일

어떤 환경에서도
하나님 때문에 기쁘다고 고백하는
하박국 선지자(3:17-18)

이 다시 일어나게 해 주십시오. 주께서 노
하셨을 때에도 잊지 마시고 자비를 베풀
어 주십시오.
3 하나님은 남쪽 데만에서 오십니다. 거룩
하신 분께서 바란 산에서 오십니다. (셀라)
주의 영광이 하늘을 덮고, 하나님 찬양이
땅에 가득합니다.
4 주는 밝은 빛과 같습니다. 주의 손에서 광
선이 나옵니다. 주께서 광선 속에 그 능
력을 감추십니다.
5 전염병이 주 앞에서 행하고 질병이 그 뒤
를 따릅니다.
6 주께서 멈추시니 땅이 흔들리고 주께서
바라보시니 나라들이 두려움에 떱니다.
영원토록 서 있던 산들이 무너져 내리고
오래 된 언덕들이 가라앉습니다. 하나님
은 언제나 다름이 없는 하나님이십니다.
7 내가 보니 구산의 장막들이 어려움에 빠
져 있고 미디안의 장막들이 떨고 있습니
다.
8 여호와여, 말을 타고 달리시고 전차를 몰
아 승리의 길로 나아가는 것은 강을 향해
노하시는 것입니까? 시내를 향해 노여워
하시는 것입니까? 바다를 향해 진노하시
는 것입니까?
9 주께서 활을 꺼내시고 화살을 날리셨습니
다. (셀라) 주께서 강으로 땅을 나누셨습
니다.
10 산들이 주를 보고 두려움에 떨었습니다.
거센 물줄기가 흘러 내려갑니다. 바다가
큰 소리를 내며 파도가 높이 솟구칩니다.
11 주께서 쏘신 화살이 날아가는 모습을 보
고, 주께서 던지신 번쩍이는 창을 보고 해
와 달이 하늘에서 멈추어 섰습니다.
12 주께서 진노하심으로 땅을 밟으시며, 노
하심으로 나라들을 짓밟으십니다.
13 주께서 주의 백성과 주가 선택한 사람들
을 구원하러 오셨습니다. 주께서 악한 백
성의 지도자를 누르셨고, 그들의 것을 다
빼앗으셨습니다. (셀라)
14 원수의 군대가 폭풍처럼 밀려와 우리를
흩어 버리고, 가난한 사람을 아무도 모르
게 삼키고 좋아합니다. 그러나 주께서 바
로 그 원수의 창으로 그 군대의 지도자를
찌르셨습니다.
15 주께서 말을 타시고 바다를 지나시고 큰
물을 휘저으셨습니다.
16 이 모든 것을 들으니 내 몸이 떨립니다.
그 소리를 들으니 내 입술이 떨립니다. 내
뼈에 힘이 빠지고 다리가 후들거립니다.
그러나 나는 우리를 치러 오는 백성에게
닥칠 재앙의 날을 참고 기다리겠습니다.
17 무화과나무에 무화과가 없고, 포도나무에
포도가 없고, 올리브 나무에 거둘 것이 없
고, 밭에 거둘 곡식이 없으며, 우리에 양
이 없고 외양간에 소가 없더라도
18 나는 여호와 때문에 기뻐하겠습니다. 나
를 구원하시는 하나님을 즐거워하겠습니
다.
19 주 여호와는 나의 힘이십니다. 내 발을 사
슴의 발과 같게 해 주셔서 가파른 산 위
에서도 다닐 수 있게 하십니다. 이 노래
는 음악 지휘자를 따라서 내 수금에 맞춘
것이다.

알아두세요

3:1 음악 용어로서 그 뜻은 분명하지 않지만, 그 다음에 나오는 시를 노래할 때 '애가' 형식으로 부르라는 뜻인 듯하다.

셀라(3:3 selah) 히브리어로 정확한 의미는 알려져 있지 않으나, 몇 가지 제시되고 있는 의미로는 "소리를 높여라, 떠받치다, 솟아오르다, 들어올리다, 쉼, 되풀이하다" 등이 있다.
장막(3:7 tent) 사람이 들어가 볕이나 비를 피할 수 있도록 머리 위를 가리는 막.

스 바 냐

Zephaniah

저자

저자는 스바냐이다.

저작 연대

B.C. 640-630년경

주요 인물

스바냐, 요시야

핵심어 및 주요 내용

핵심어는 "보복", "주의 날", "남은 자들"이다. 스바냐는 모든 나라들이 다가올 "주의 날"에 그들의 죄에 대해서 심판을 받게 될 것이라고 큰 소리로 외쳤다. 그러나 하나님은 주의 백성을 남겨 놓으실 것이며, 그들 가운데 주님이 함께하셔서 그들을 높이시고 위로하시며 그들에게 기쁨을 줄 것이라고 약속하셨다.

내용 소개

1. 서론(1:1)
2. 심판에 대한 경고(1:2-18)
3. 회개의 권면(2:1-3:8)
4. 구원의 약속(3:9-20)

1 이것은 아몬의 아들 요시야가 유다 왕으
로 있을 때에 여호와께서 스바냐에게 하
신 말씀입니다. 스바냐는 구시의 아들이고
구시는 그다랴의 아들이며 그다랴는 아마랴
의 아들이고 아마랴는 히스기야의 아들입
니다.

여호와의 심판

2 "내가 이 땅 위의 모든 것을 완전히 없애
버리겠다. 나 여호와의 말이다.
3 사람과 짐승도 없애 버리고 공중의 새들
도 없애 버리고 바다의 물고기도 없애 버
리겠다. 악한 사람을 멸망시키고 모든 사
람을 이 땅 위에서 쓸어 버리겠다. 나 여
호와의 말이다."

유다의 미래

4 "내가 유다와 예루살렘의 모든 거주민들
위에 내 손을 뻗쳐 바알의 남아 있는 것
과 그마림*과 그들의 제사장들을 그 곳에
서 없애 버리겠다.
5 지붕 위에서 하늘의 별을 섬기는 사람들
과 나 여호와를 예배하고 나의 이름으로
맹세하면서도 말감*을 예배하고 맹세하는
사람들을 내가 없애겠다.
6 나 여호와에게서 등을 돌린 사람들과 나
를 따르지 않고 나의 뜻을 묻지 않은 사
람들을 내가 없애겠다."
7 주 여호와 앞에서 잠잠하여라. 여호와의
심판의 날이 다가왔다. 여호와께서 그분
의 백성을 희생 제물로 준비하시고 그들
을 암살할 자들을 구별해 놓으셨다.
8 "그 날에 나 여호와가 유다를 희생 제물
로 삼을 것이다. 나 여호와가 왕과 왕자
들을 심판하겠다. 그리고 외국인의 옷을
입은 사람들을 심판하겠다.
9 그 날에 문턱을 뛰어넘어서 불법과 사기
로 왕궁을 채운 자들을 내가 벌하겠다.
10 그 날이 오면 '물고기 문'에서 울부짖는
소리가 들릴 것이다. 예루살렘의 둘째 구
역에서는 통곡하는 소리가 들릴 것이며
언덕에서는 크게 무너지는 소리가 들릴
것이다. 나 여호와의 말이다.
11 막데스에 사는 사람들아, 슬피 울어라. 상

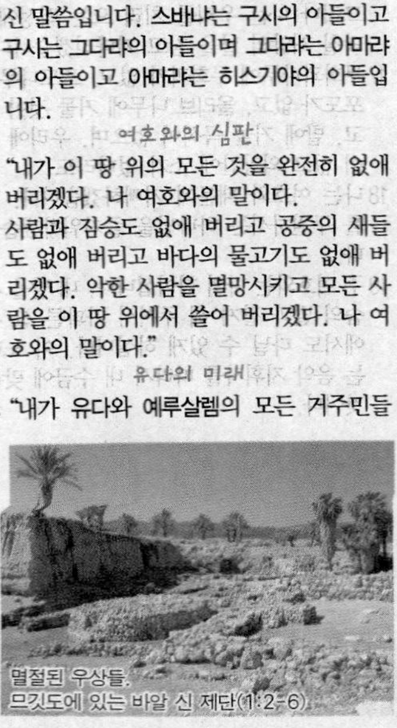

멸절된 우상들.
므깃도에 있는 바알 신 제단(1:2-6)

인마다 다 죽을 것이며 은을 파는 사람들
이 다 사라질 것이다.
12 그 때에 나 여호와가 등불을 들고 예루살
렘을 뒤지겠다. 찌꺼기 같은 인생에 괴로
워하지 않고, '여호와는 아무 일도 하시
지 않는다. 도와 주시지도 않고 심판하시
지도 않는다'라고 마음속으로 생각하는
사람을 벌하겠다.
13 그들의 재산은 털리며 집은 헐릴 것이다.
집을 지어도 거기에서 살지 못할 것이며
포도밭을 가꾸어도 포도주를 마시지 못할
것이다."

여호와의 심판의 날

14 여호와의 심판의 날이 다가오고 있다. 그
큰 날이 가까이 달려오고 있다. 그 날에
울부짖는 소리가 매우 슬플 것이다. 군인
들도 목놓아 울 것이다.
15 그 날은 진노의 날이 될 것이다. 재앙과
고통의 날, 파괴와 멸망의 날, 어둠과 암
흑의 날이 될 것이다.
16 나팔을 불어 경고하고 견고한 성읍을 공
격하며 높은 망대를 공격하는 날이 될 것
이다.
17 "내가 사람들에게 고통을 안겨 주겠다.
그들이 나 여호와에게 죄를 지었으므로
마치 눈먼 사람처럼 걸을 것이다. 그들의
피가 흙먼지처럼 쏟아지고 시체가 쓰레기
처럼 쌓일 것이다."
18 여호와의 진노가 드러날 그 날에 그들의
은과 금이 그들을 구하지 못할 것이다. 여
호와의 노는 불 같아서 전 세계를 태워 버
릴 것이다. 여호와께서 순식간에 땅 위에
사는 모든 사람을 없애실 것이다.

의롭고 겸손한 사람을 찾으시는 하나님

2 부끄러움을 모르는 백성아, 함께 모여
라.
2 심판이 시작되기 전에, 기회가 겨처럼 날
아가기 전에, 여호와의 무서운 진노가 너
희에게 미치기 전에, 여호와의 진노의 날
이 너희에게 이르기 전에 모여라.
3 주의 율법을 지키는 땅의 모든 겸손한 사
람들아, 너희는 여호와를 찾으며 올바른
일을 하고 겸손을 배워라. 혹시 여호와의
진노의 날을 피할 수 있을지도 모른다.

블레셋을 심판하신다

4 가사 성은 버림받을 것이며 아스글론 성은
폐허가 될 것이다. 아스돗은 대낮에 텅 빌
것이며 에그론 백성은 쫓겨날 것이다.
5 화로다! 해변에 사는 그렛 민족에게 재앙
이 있을 것이다. 블레셋 백성의 땅, 가나
안아! 너희에게 재앙이 닥친다. 여호와께
서 하신 이 말씀은 너희를 향한 것이다.
"내가 너희를 없애어 아무도 살아남지 못
하게 할 것이다."
6 너희가 살고 있는 지중해 해안은 목초지
가 되어 목자의 움막과 양 떼를 위한 우
리가 될 것이다.
7 그 땅은 살아남은 유다 자손의 땅이 될 것
이다. 유다 자손은 거기에서 양 떼에게 풀
을 먹이고, 밤이 되면 아스글론에 있는 집
에서 잠잘 것이다. 그들의 하나님 여호와
께서 그들과 함께하실 것이며 그들의 번
영을 회복시켜 주실 것이다.

모압과 암몬을 심판하신다

8 "모압과 암몬 사람들이 내 백성을 욕하는

성경 인물

스바냐

스바냐는 아몬의 아들인 유다 왕 요시야 시대의 예언자였습니다. 아몬은 성전에까지 우상을 세운 극악한 왕 므낫세의 아들입니다. 아몬 역시 우상을 섬긴 악한 왕이었으며, 2년 후 자신의 신복에게 살해당하였습니다(왕하 21:20-23). 그때 백성들은 하나님을 경외하는 그의 아들 요시야를 왕으로 추대했습니다(대하 33:25). 이 때, 활동한 스바냐는 유다의 왕족이었으며, 유다가 부도덕과 우상 숭배로 반드시 심판받을 것이라고 예언했습니다. 그러나 하나님의 규례를 지키는 이스라엘의 남은 자는 구원을 얻으리라고 선포했습니다.

본문 보기 1장

알아두세요

1:4 '그마림'은 '이교의 제사장'을 가리키는 칭호이다.

1:5 '말감'은 '몰렉'이라고도 한다. '그들의 왕'이라는 뜻이다.

것을 들었다. 그들이 내 백성을 조롱하고
국경을 침범하였다.
9 그러므로 나 만군의 여호와, 이스라엘의
하나님이 말한다. 나의 삶을 두고 맹세하
니 모압은 소돔처럼 망할 것이요, 암몬은
고모라처럼 망할 것이다. 그들의 땅은 잡
초와 소금으로 뒤덮일 것이며 영원히 황
무지가 될 것이다. 살아남은 내 백성이 그
들을 약탈하며 내 나라의 남은 백성이 그
들의 땅을 차지할 것이다."
10 이것은 모압과 암몬이 받을 몫이다. 그들
이 교만하여 만군의 여호와의 백성을 욕
하고 조롱했기 때문이다.
11 그들이 여호와를 두려워하게 될 것이다.
주께서 땅 위의 모든 신들을 없애실 것이
다. 그 때에 먼 곳의 백성들도 각자 자기
나라에서 여호와를 예배할 것이다.

에티오피아와 앗시리아를 심판하신다

12 여호와께서 말씀하신다. "너희 에티오피아*
사람아! 너희도 내 칼에 죽을 것이다."
13 여호와께서 북쪽으로 손을 뻗어 앗시리아
를 멸하시고, 니느웨를 치셔서 사막처럼
메마른 땅으로 만드실 것이다.
14 온갖 종류의 짐승들이 그 가운데 떼로 누
울 것이며, 까마귀와 올빼미가 폐허 사이
의 돌 기둥 위에 앉을 것이며 창문과 문
턱에서 울 것이다. 깨진 벽돌 조각이 문
간에 이르는 길에 널려져 있을 것이며 백
향목 들보가 썩어 버릴 것이다.
15 이 성은 행복하고 안전한 성이며 "나보다
굳건한 성은 없다"라고 자랑하던 성이다.
그러나 이 성은 멸망하여 짐승들만이 살
게 되었다. 지나가는 사람마다 조롱하며
주먹을 흔들 것이다.

예루살렘을 심판하신다

3 화 있으리로다! 더럽고 오염되고 억압
받는 성이여!
2 너는 주의 말씀을 듣지도 않고 가르쳐도
따르지 않는다. 여호와를 의지하지도 않
고 자신의 하나님을 섬기지도 않는다.
3 성 안의 관리들은 으르렁거리는 사자와
같고, 재판관들은 아침까지 남기지 않고
먹어치우는 저녁의 굶주린 늑대와 같다.
4 예언자들은 교만하여 믿을 수 없고 제사
장들은 거룩한 곳인 성소를 더럽히며 잘
못된 법을 가르친다.
5 그러나 성 안에 계신 여호와께서는 의로
우셔서 악한 일을 하지 않으신다. 아침마

니느웨를 폐허로
만들 것을 예언함(2:13-15)

다 백성을 공정하게 다스리시며 날마다
정의를 나타내신다. 그러나 악한 백성은
부끄러워할 줄을 모른다.
6 "내가 다른 나라들을 파괴했고 그 요새들을
무너뜨렸다. 그 거리들을 텅텅 비게 하여
다니는 사람이 아무도 없게 하였다. 성은
폐허가 되었고 이제는 아무도 살지 않는다.
7 내가 말하기를 '이제 예루살렘은 오직 나
를 두렵고 떨림으로 경외하여라. 이제는
내 가르침을 받아들여라. 그러면 너희들
이 살던 곳이 망하지 않을 것이며 나도 너
희들을 심판하지 않을 것이다' 라고 했다.
그러나 그들은 일찍 일어나 못된 짓을 했
다. 하는 짓마다 모두 악했다.
8 그러므로 나를 기다려라. 나 여호와의 말
이다. 내가 재판을 열고 재판장이 되겠다.
나라들을 불러모으고 왕국들을 모아들이
겠다. 내 노를 그들에게 쏟아 붓겠다. 끓
어오르는 나의 진노, 불같이 타오르는 나
의 분노로 온 세상이 불타 버릴 것이다."

하나님의 백성을 위한 새 날

9 "그 때에 내가 모든 나라 백성의 말을 깨
끗이 하겠다. 누구나 나 여호와의 이름을
부르며 모두 함께 나를 섬기게 할 것이다.
10 흩어졌던 내 백성이 에티오피아 강 건너편
에서부터 예물을 가지고 나에게 올 것이다.
11 그 날이 오면 네가 나에게 지은 모든 죄
로 인하여 부끄러움을 당하는 일이 없을
것이다. 내가 이 성에서 자랑하기 좋아하
는 사람을 없애겠다. 다시는 예루살렘에
있는 내 거룩한 산에 교만한 사람이 없게
하겠다.
12 나는 가난하고 겸손한 사람들을 내 성에
남겨 놓을 것이다. 그들이 나 여호와의 이
름을 의지할 것이다.
13 이스라엘의 살아남은 사람은 다시는 악한
짓을 하지 않고 거짓말을 하지 않으며 남
을 속이지 않을 것이다. 그들은 양처럼 잘
먹고 편히 누울 것이니 아무도 그들을 괴
롭히지 못할 것이다."

행복한 노래

14 오! 시온의 딸아! 노래하여라. 이스라엘아,
즐겁게 외쳐라. 예루살렘의 딸아, 마음껏
기뻐하고 즐거워하여라.
15 여호와께서 너에 대한 심판을 그치셨고
네 원수를 쫓아 버리셨다. 이스라엘의 왕
이신 여호와께서 너와 함께 계시니, 네가
다시는 해로운 일을 당할까봐 두려워하지
않게 될 것이다.
16 그 날에 사람들이 예루살렘을 가리켜 이렇
게 말할 것이다. "시온의 딸아, 두려워하
지 마라. 아무 일도 할 수 없다고 낙심하
지 마라.
17 네 하나님 여호와께서 너와 함께 계신다.
능력의 하나님께서 너를 구해 주실 것이
다. 주께서 너를 기뻐하실 것이며 너는 주
의 사랑 안에서 편히 쉴 것이다. 너를 보
시고 노래하며 즐거워하실 것이다."
18 "너에게 안겨 주려 했던 슬픔을 거두어들
이겠다. 그래서 네가 수치를 당하지 않게
하겠다.
19 보라! 그 때에 너를 해친 사람들을 내가
모두 벌하겠다. 다친 내 백성을 구하겠
다. 흩어진 내 백성을 모아들이고 그들이
부끄러움을 당한 모든 곳에서 영광과 찬
송을 받게 하겠다.
20 그 때에 내가 너희를 모으겠다. 너희를 다
시 집으로 데려오겠다. 이 땅의 모든 백
성들 가운데서 너희가 영광과 찬송을 받
게 하겠다. 너희가 보는 앞에서 내가 너
희를 회복시킬 때에 이 모든 일이 일어날
것이다"고 여호와께서 말씀하셨다.

알아두세요

2:12 개역 성경에는 (히) '구스' 라고 표기되어 있다.

들보(2:14 crossbeam) 두 기둥을 가로 질러 걸치는 나무.

수치(3:18 shame) 부끄러운 사실. 부끄러워하는 마음.

학 개

Haggai

○ 저자

저자는 학개이다.

○ 저작 연대

B.C. 520년경

○ 주요 인물

학개, 스룹바벨, 여호수아

○ 핵심어 및 주요 내용

핵심어는 "재건"과 "우선권"이다. 학개는 성전 재건이 완성되기 전에 자신의 마음을 먼저 세우도록 백성들을 권면했다. 그 결과 하나님의 영광이 재건된 성전 위에 충만히 임하게 되었다.

○ 내용 소개

1. 성전 재건을 촉구함(1장)
2. 격려와 영광에 대한 약속(2:1-9)
3. 정결한 생활을 요청함(2:10-19)
4. 스룹바벨에 대한 미래의 축복(2:20-23)

성전을 지을 때가 되었다

1 다리오 왕 이 년 여섯째 달 초하루에 예
언자 학개가 여호와의 말씀을 스알디엘의
아들이며 유다 총독인 스룹바벨과, 여호사
닥의 아들이며 대제사장인 여호수아에게
전했습니다.
2 만군의 여호와께서 이렇게 말씀하셨다.
"백성이 '아직 여호와의 성전을 지을 때
가 되지 않았다'고 말한다."
3 예언자 학개가 여호와의 말씀을 전했습니
다.

성경 자세히 이해하기

스룹바벨 성전

바빌로니아를 멸망시킨(B.C. 537년) 페르시아 왕 고레스의 칙령으로 본국으로 돌아온 이스라엘 백성들이 폐허가 된 솔로몬 성전의 기초 위에 다시 건축한 성전을 말합니다. 총독 스룹바벨의 지도 아래 성전을 재건했다 하여 스룹바벨 성전이라고 불렸습니다. 솔로몬 성전에 비해 규모도 작고 볼품도 없었지만 하나님의 영광이 이전 성전보다 더 크게 나타났습니다(학 2:9). 한때 사마리아 사람들의 반대로 거의 15년간 중단되기도 하였지만 예언자 학개와 스가랴의 격려로 다시 시작되어 B.C. 520년에 완성되었습니다.

본문 보기 1장

4 "성전이 아직도 폐허로 남아 있는데 너희
가 그렇게 멋진 집에서 사는 것이 옳으
냐?
5 그러므로 만군의 여호와가 말한다. 너희
가 한 일을 생각해 보아라!
6 너희가 심기는 많이 심었으나 거두기는
적게 거두었다. 먹어도 배부르지 않으며,
마셔도 여전히 목마르며, 옷을 입어도 따
뜻하지 않으며, 돈을 벌어도 마치 구멍난
주머니에 넣은 것처럼 모두 잃어버리고
만다.
7 나 만군의 여호와가 말한다. 너희가 한 일
을 생각해 보아라.
8 산에 올라가 나무를 가져다가 성전을 지
어라. 그러면 내가 그 성전으로 인해 기
뻐하고 영광을 받겠다. 여호와의 말씀이
다.
9 너희가 바라는 것은 많았으나 찾은 것은
적었다. 너희가 집으로 가져간 것도 내가
없애 버렸다. 무엇 때문이냐? 그것은 내
집이 폐허로 남아 있는데도 너희가 각기
자기 집 일에만 정신을 쏟고 있기 때문이
다.
10 그러므로 너희 때문에 하늘은 비를 내리
지 않았고, 땅은 작물을 내지 않았다.
11 내가 땅에 가뭄이 들게 하였다. 비가 내
리지 않아 곡식과 새 포도주와 올리브 기

름이 나지 않았다. 땅에서 나는 식물과 사
람과 짐승들 모두 가뭄을 겪었다. 가뭄 때
문에 너희가 하는 모든 일이 헛수고가 되
었다."
12 스알디엘의 아들 스룹바벨과 여호사닥의 아
들인 대제사장 여호수아가 살아남은 백성
과 함께 그들의 하나님 여호와의 말씀에
복종했습니다. 그리고 예언자 학개의 말
에도 복종했습니다. 이는 그들이 하나님
여호와께서 학개를 보내셨다는 것을 깨달
았기 때문입니다. 그들은 여호와를 두려
워했습니다.
13 여호와의 사자 학개가 백성들에게 여호와
의 말씀을 전했습니다. "'내가 너희와 함
께 있겠다.' 여호와의 말씀이다."
14 여호와께서 스룹바벨과 여호수아의 마음을
움직이셔서 성전을 짓게 하셨습니다. 스
알디엘의 아들 스룹바벨은 유다 총독이었
고, 여호사닥의 아들 여호수아는 대제사장
이었습니다. 주께서는 살아남은 나머지
백성의 마음도 움직이셨습니다. 그래서
그들은 와서 만군의 여호와의 성전을 짓
기 시작했습니다.
15 그 때는 다리오가 페르시아 왕으로 있은
지 이 년째 되는 해 여섯째 달 이십사 일
이었습니다.

아름다운 성전

2 여호와께서 일곱째 달 이십일 일에 예
언자 학개에게 말씀하셨습니다.
2 "너는 스알디엘의 아들이며 유다 총독인
스룹바벨과 여호사닥의 아들이며 대제사장
인 여호수아와 살아남은 백성에게 이렇게
전하여라.
3 '너희 살아남은 백성 가운데 저 성전의 아
름다웠던 모습을 기억하는 사람이 있느
냐? 지금은 그 성전이 어떻게 보이느냐?
하찮은 것으로밖에 보이지 않을 것이다.
4 여호와의 말씀이다. 그러나 스룹바벨아,
용기를 내어라. 여호사닥의 아들, 대제사
장 여호수아야, 용기를 내어라. 이 땅의
모든 백성아, 용기를 내어라. 여호와의
말씀이다. 내가 너희와 함께할 테니 일을
하여라. 만군의 여호와의 말씀이다.
5 너희가 이집트에서 나올 때에 내가 너희
에게 약속을 해 주었다. 내 영이 아직도
너희와 함께 있다. 그러므로 두려워하지
마라.
6 만군의 여호와께서 말씀하신다. 조금 뒤
에 내가 다시 하늘과 땅을 흔들어 놓겠다.
바다와 육지도 흔들어 놓겠다.

많이 심으나 적게 거두며,
옷을 입어도 따뜻하지 않음(1:6)

다리오 왕의 무덤

7 그리고 모든 민족을 흔들어 놓겠다. 그들
에게 보물을 이리로 가져오게 하겠다. 그
때에 내가 이 성전을 영광으로 채울 것이
다. 만군의 여호와의 말씀이다.
8 은도 내 것이요, 금도 내 것이다. 만군의
여호와의 말씀이다.
9 저 옛날 아름다웠던 성전보다 이 성전이
더 아름다울 것이다. 만군의 여호와의 말
씀이다. 내가 이 곳에서 백성에게 평화를
주겠다. 만군의 여호와의 말씀이다.'"
10 여호와께서 다리오가 페르시아 왕이 된 지
이 년째 되는 해 아홉째 달 이십사 일에
예언자 학개에게 말씀하셨습니다.
11 "나 만군의 여호와가 이르노니, 너는 제
사장들에게 율법에 대하여 물어 보아라.
12 '어떤 사람이 주께 바치려고 거룩히 구별
한 고기를 옷자락에 싸서 가져가는데 그
옷자락이 빵이나, 요리한 음식이나, 포도
주나, 올리브 기름이나, 다른 음식에 닿았
을 경우, 그 옷자락에 닿은 것도 거룩해
지느냐?'" 학개가 제사장들에게 묻자 그
들은 "그렇지 않다"고 대답했습니다.
13 학개가 다시 물었습니다. "시체에 몸이 닿
아서 더러워진 사람이 이것들 가운데 하
나를 만지면 그것도 역시 더러워지느
냐?" 이에 제사장들이 "더러워진다"고 대
답했습니다.
14 그러자 학개가 말했습니다. "이는 여호와
의 말씀이다. '이 나라 백성이 바로 그렇
게 되었다. 그들은 더러우며 그들이 그 손
으로 하는 일도 다 더럽다. 그리고 그들
이 내게 바치는 것도 다 더럽다.
15 지금부터 이 일을 생각해 보아라. 너희가
여호와의 전을 짓기 위하여 돌 위에 돌을
쌓기 전에 무슨 일이 있었는지 생각해 보
아라.
16 곡식이 스무 섬 있을 것으로 기대하고 왔
으나 열 섬밖에 없었고 포도주틀에 포도
주가 쉰 항아리 있을 것으로 기대하고 왔
으나 스무 항아리밖에 없었다.
17 내가 너희의 일을 온갖 병과 곰팡이와 우
박으로 망쳐 놓았다. 그런데도 너희는 내
게 돌아오지 않았다.' 이는 여호와의 말
씀이다.
18 '오늘은 아홉째 달 이십사 일이다. 오늘
백성이 나 여호와의 전에 기초 쌓는 일을
마쳤다. 이제부터 이러한 일들을 생각해
보아라.
19 너희 곳간에 씨앗이 있느냐? 포도나무나
무화과나무나 석류나무나 올리브 나무나
아직 열매를 맺지 않았다. 그러나 오늘부
터 내가 너희에게 복을 내리겠다.'"

여호와께서 스룹바벨에게 약속하심

20 그 달 이십사 일에 여호와께서 두 번째로
학개에게 말씀하셨습니다.
21 "유다 총독 스룹바벨에게 전하여라. '내가
하늘과 땅을 흔들어 놓겠다.
22 다른 나라들을 멸망시키고, 민족들이 가
진 왕국의 권세를 없애겠다. 전차들과 거
기에 탄 사람들을 뒤집어 엎겠다. 말들과
말 탄 사람들이 넘어질 것이다. 사람들이
저희끼리 칼로 죽일 것이다.
23 만군의 여호와께서 말씀하신다. 그 날에
내가 스알디엘의 아들, 내 종 스룹바벨을
선택하겠다. 여호와께서 말씀하신다. 내
가 너를 선택했기 때문에 너를 내 옥새처
럼 귀하게 여기겠다.' 나 만군의 여호와
의 말이다."

여호와의 전(2:15 Temple of the Lord) 하나님을 예배하는 집. 성전.

섬(2:16 measure) 곡식의 용량 단위.
멸망(2:22 destruction) 망하여 없어짐.

스 가 랴

Zechariah

○ 저자

저자인 스가랴는 예레미야, 에스겔처럼 예언자이면서 또한 제사장이었다.

○ 저작 연대

- 1-8장: B.C. 520-518년경
- 9-14장: B.C. 480-470년경

○ 주요 인물

스가랴, 스룹바벨, 여호수아

○ 핵심어 및 주요 내용

핵심어는 "순종"과 "메시아"이다. 스가랴는, 이스라엘이 축복을 누릴 수 있는지의 여부는 하나님과 하나님의 말씀에 대한 백성의 순종에 달렸다고 백성들에게 알려 주면서, '다가올 메시아'를 이 책의 중심 내용으로 삼고 있다.

○ 내용 소개

1. 회개의 촉구(1:1-6)
2. 스가랴가 본 여덟 가지 환상(1:7-6:8)
3. 대제사장 여호수아에게 씌운 면류관(6:9-15)
4. 금식 문제와 예루살렘의 회복에 대한 약속(7-8장)
5. 두 개의 경고: 메시아의 미래와 하나님 나라의 완전한 실현(9-14장)

여호와께서 자기 백성에게 돌아오라고 말씀하시다

1 다리오 왕 이 년 여덟째 달*에 여호와께서 잇도의 손자이며 베레갸의 아들인 예언자 스가랴에게 말씀하셨습니다.
2 "나 여호와가 너희 조상에게 크게 노하였다.
3 그러므로 너는 백성에게 말해라. 만군의 여호와께서 말씀하셨다. 나에게로 돌아오라. 만군의 여호와의 말씀이다. 나도 너희들에게 돌아가겠다. 만군의 여호와께서 말씀하셨다.
4 너희 조상처럼 되지 마라. 옛적에 예언자들이 너희 조상을 향해 '만군의 여호와께서 너희의 악한 길과 악한 짓을 버리라고 말씀하셨다' 하고 말했다. 그러나 너희 조상은 내 말을 듣지도 않았고 귀를 기울이지도 않았다. 여호와의 말씀이다.
5 너희 조상들이 어디 있느냐? 예언자들이 영원히 살겠느냐?
6 내가 내 종 예언자들에게 명령하였던 내 말과 규례들을 너희 조상이 무시하였다. 결국 그들은 '만군의 주께서 우리의 행실과 행위에 따라 우리를 벌하시려고 생각하셨던 대로 우리에게 그같이 행하셨도다'라고 후회하며 말했다."

첫 번째 환상: 말 탄 사람

7 다리오 왕 이 년 열한째 달, 곧 스밧 월 이십사 일*에 여호와께서 잇도의 손자이며 베레갸의 아들인 예언자 스가랴에게 임하셨습니다.
8 지난 밤에 내가 환상을 보았다. 어떤 사람이 붉은 말을 타고 골짜기의 화석류나무 사이에 서 있었다. 그 사람 뒤에는 붉은 말, 갈색 말, 흰 말들이 있었다.
9 내가 물었다. "주여, 이것들이 무엇입니까?" 나와 더불어 말하던 천사가 대답했다. "이 말들이 무엇인지 내가 보여 주겠다."
10 그 때에 화석류나무 사이에 서 있는 사람이 말했다. "이 말들은 여호와께서 온 땅을 둘러보라고 보내신 말들이다."
11 그 때에 말 탄 사람들이 화석류나무 사이에 서 있는 여호와의 천사에게 말했다. "우리가 온 땅을 둘러보니 모든 것이 조

알아두세요

1:1 이 달은 B.C. 520년 10월, 11월에 해당된다.
1:7 이날은 B.C. 519년 2월 15일에 해당된다.

용하고 평안했습니다."
12 그러자 여호와의 천사가 말했다. "만군의
여호와여, 언제까지나 예루살렘과 유다 성
들에게 긍휼을 베풀지 않으시렵니까? 벌
써 칠십 년 동안이나 그들을 향해 진노하
고 계십니다."
13 그러자 여호와께서 나와 함께 말하던 천
사에게 대답하셨다. 주의 말씀은 은혜로
운 위로의 말씀이었다.
14 천사가 내게 말했다. "이 말씀을 선포하
여라. 만군의 여호와께서 이렇게 말씀하
셨다. '내가 예루살렘과 시온을 열렬히 사
랑한다.
15 그러나 안일함을 즐기는 다른 나라들에게
는 크게 진노한다. 내가 나의 백성에게 조
금밖에 화내지 않았으나 그들은 나의 생
각보다 더 많이 내 백성을 괴롭혔다.
16 그러므로 나 여호와가 이렇게 말한다. 내
가 긍휼을 보이기 위해 예루살렘으로 돌아
가겠다. 내 성전이 다시 세워질 것이다.
나 만군의 여호와의 말이다. 사람들이 측
량줄을 가지고 예루살렘을 다시 짓게 될
것이다.
17 또 이와 같이 선포하여라. 만군의 여호와께
서 이렇게 말씀하셨다. 내 성들이 다시 번
영하게 될 것이다. 내가 다시 시온을 위로하
겠다. 내가 다시 예루살렘을 선택하겠다.'"

두 번째 환상: 네 뿔

18 내가 위를 올려다보니 짐승 뿔 네 개가 보
였다.
19 그래서 나와 더불어 말하던 천사에게 물
었다. "이것이 무엇입니까?" 천사가 말했
다. "이것은 유다와 이스라엘과 예루살렘을
흩어 버린 강한 뿔이다."
20 그 때에 여호와께서 내게 대장장이 네 명
을 보여 주셨다.
21 내가 물었다. "이들은 무슨 일을 하려고
왔습니까?" 주께서 대답하셨다. "그들은
저 네 뿔들을 두려움에 떨게 만들며 또
꺾어 버리려고 왔다. 저 뿔들은 유다 백
성을 흩어지게 하여 유다 백성들 중 아무
도 머리를 쳐들지 못하게 한 나라들이다.
그들은 유다를 흩어 놓고 짓밟아 놓은 저
네 뿔을 꺾으러 온 사람들이다. 그들이
저 뿔들을 두렵게 하고 파멸시킬 것이
다."

세 번째 환상: 측량줄

2 내가 위를 바라보니 측량줄을 잡은 사
람이 보였다.
2 내가 그에게 물었다. "어디로 가십니까?"
그가 내게 말했다. "예루살렘을 측량해서
그 너비와 길이가 어떠한지 알아보러 간
다."
3 그 때에 나와 더불어 말하던 천사가 앞으
로 나아가자, 다른 천사가 그를 맞으려고
나아왔다.
4 두 번째 천사가 그에게 말했다. "달려가
서 저 소년에게 이렇게 전하여라. 예루살
렘에 사람과 짐승이 너무 많아져서 성벽
이 없는 성이 될 것이다.
5 여호와의 말씀이다. 내가 밖으로는 예루
살렘을 에워싸는 불 성벽이 되어 주겠고,

스가랴가 본 8가지 환상

〈본문 보기 1-6장〉

환 상	성경 본문	의 미
말 탄 사람	1:7-17	성전을 재건하다 지치고 실망한 이스라엘에게 용기와 희망을 줌
네 뿔과 대장장이	1:18-21	때가 되면 하나님이 원수를 물리치실 것임
측량줄	2:1-13	예루살렘이 완전히 재건됨
대제사장 여호수아	3:1-10	택한 백성의 죄가 하나님의 은혜로 용서됨
등잔대와 올리브 나무	4:1-14	낙심한 스룹바벨에게 용기를 줌
날아다니는 두루마리	5:1-4	율법을 깨뜨린 자들은 그 율법에 의해 징계를 받음
광주리 속의 여인	5:5-11	모든 죄악이 제거됨
전차 네 대	6:1-8	이스라엘의 대적을 정복하시는 하나님

성 안에서는 예루살렘의 영광이 되겠다.
6 서둘러라. 북쪽 땅에서 도망가거라! 내가
너희를 하늘의 사방 바람처럼 흩어지게
하였다. 여호와의 말씀이다.
7 서둘러라. 바빌론에 거하는 시온아, 도망
쳐라!
8 너희를 해치는 사람은 곧 내게 보물과 같
은 것을 해치는 사람이다." 그러므로 주
께서 나를 높이실 것이며 나를 보내셔서
너희를 흩은 나라들을 향해 이렇게 말씀
하실 것이다.
9 "보라! 내가 손을 들어 그들을 치겠다. 그
들은 자기 종들에게 약탈당할 것이다. 그
때에 너희는 만군의 여호와께서 나를 보
내셨다는 것을 알게 될 것이다.
10 시온의 딸들아, 노래하며 즐거워하여라.
내가 가서 너희와 더불어 살겠다." 여호
와의 말씀이다.
11 그 날에 세계 여러 나라 백성이 여호와께
올 것이며, 또한 그분의 백성이 될 것이
다. 너희는 만군의 여호와께서 나를 너희
에게 보내셨다는 것을 알게 될 것이다. 여
호와께서 너희와 함께 사실 것이다.
12 유다는 거룩한 땅에서 여호와의 특별한
소유가 될 것이며, 예루살렘은 다시 여호
와의 선택된 성이 될 것이다.
13 모든 육체들아, 여호와 앞에서 잠잠하여
라! 여호와께서 그분이 살고 계시는 거룩
한 처소에서 일어나셨다.

네 번째 환상: 대제사장

3 여호와께서 나에게 대제사장 여호수아
를 보여 주셨다. 여호수아는 여호와의
천사 앞에 서 있었고, 사탄이 여호수아의
오른쪽에 서서 그를 고소하고 있었다.
2 여호와께서 사탄에게 말씀하셨다. "사탄아,
나 여호와가 너를 꾸짖는다. 예루살렘을 선
택한 나 여호와가 너를 꾸짖는다. 이 사람
은 불에서 꺼낸 그슬린 나무와 같다."
3 여호수아는 더러운 옷을 입고 천사 앞에
서 있었다.
4 여호와께서 자기 곁에 서 있던 다른 천사
들에게 말했다. "저 더러운 옷을 여호수아
에게서 벗겨 내라." 그리고 나서 여호와
께서 여호수아에게 말했다. "보아라. 내가
네 죄를 없앴다. 이제 너에게 새 옷을 주
겠다."
5 그 때에 내가 말했다. "그의 머리에 깨끗
한 관을 씌워 주십시오." 그러자 천사들
이 그의 머리 위에 깨끗한 관을 씌워 주
었다. 그리고 여호와의 천사가 서 있는 앞
에서 그에게 옷을 입혀 주었다.
6 다시 여호와의 천사가 여호수아에게 말했
다.
7 "만군의 여호와께서 이렇게 말씀하셨다.

예루살렘을 측량하기 위해
가는 사람을 환상으로 보여 주심(2:1-2)

'내가 말한 대로 하고 나를 섬겨라. 그러
면 네가 내 성전을 맡을 것이며 내 뜰을
돌볼 것이다. 내가 너를 여기에 서 있는
천사들과 함께 있게 해 주겠다.
8 대제사장 여호수아야, 그리고 여호수아와
함께 있는 사람들아, 잘 들어라. 보라! 내
가 이제 새순이라고 부르는 내 종을 보내
겠다.
9 보아라. 내가 이 돌을 여호수아 앞에 둔
다. 이 돌에는 일곱 면이 있다. 내가 이
돌 위에 글을 새겨 두겠다. 만군의 여호
와의 말씀이다. 내가 이 땅의 죄를 하루
만에 없애겠다.
10 만군의 여호와의 말씀이다. 그 날이 오면
너희는 서로 이웃을 초대하여 자기 포도
나무와 무화과나무 아래에 함께 앉을 것
이다.'"

다섯 번째 환상: 등잔대

4 나와 이야기하던 천사가 내게로 돌아
와서 나를 깨웠는데, 나는 마치 잠에
서 깨어난 듯했다.
2 천사가 내게 물었다. "무엇이 보이느냐?"
내가 대답했다. "순금으로 된 등잔대가
보입니다. 그 꼭대기에는 그릇이 있고 등
잔이 일곱 개 있습니다. 그리고 심지 받
침도 일곱 개 있습니다.
3 그 곁에는 올리브 나무 두 그루가 있는데
하나는 그릇 오른쪽에 있고, 다른 하나는
그릇 왼쪽에 있습니다."
4 내가 나와 이야기하던 천사에게 물었다.
"이것들이 무엇입니까?"
5 천사가 말했다. "이것들이 무엇인지 모르느
냐?" 내가 대답했다. "내 주여, 모릅니다."
6 그러자 천사가 내게 말했다. "이것은 여
호와께서 스룹바벨에게 하시는 말씀이다.
'네 능력이나 힘으로 되는 것이 아니라 오
직 내 영으로만 된다' 고 만군의 여호와께
서 말씀하셨다.
7 어떤 산도 스룹바벨이 나아가는 길을 가로
막을 수 없다. 모든 산이 낮아질 것이다.
그러면 그가 꼭대기 돌을 가져올 것이며,
'은혜, 은혜!' 하고 외치는 소리가 들릴
것이다."
8 여호와께서 내게 다시 말씀하셨다.
9 "스룹바벨이 이 성전의 기초를 놓았으니
또 이 성전 짓는 일을 마무리 할 것이다."
그 때에 너희는 만군의 여호와께서 나를
너희에게 보내셨다는 것을 알게 될 것이
다.
10 "시작이 초라하다고 해서 하찮은 것으로
여기면 안된다. 그렇게 여기는 사람들도
스룹바벨이 연장을 가지고 성전을 짓는 모
습을 보면 기뻐하게 될 것이다. 이 일곱
등잔은 온 세상을 두루 살피는 나 여호와
의 눈을 나타낸다."
11 그 때에 내가 천사에게 물었다. "등잔대
오른쪽과 왼쪽에 있는 올리브 나무 두 그
루는 무엇입니까?
12 두 올리브 나뭇가지는 무엇입니까? 두 금
대롱을 통해 올리브 기름이 등잔으로 흘
러듭니다."
13 천사가 말했다. "그것들이 무엇인지 모르
느냐?" 내가 대답했다. "모릅니다. 내 주
여!"
14 그러자 천사가 말했다. "그것들은 온 세
상을 다스리시는 여호와를 섬기도록, 주
께서 기름부어 거룩히 구별하신 두 사람
을 나타낸다."

여섯 번째 환상: 날아다니는 두루마리

5 내가 위를 바라보니 날아다니는 두루
마리가 보였다.
2 천사가 내게 물었다. "무엇이 보이느냐?"
내가 대답했다. "날아다니는 두루마리가
보입니다. 길이가 이십 규빗*이고, 너비는
십 규빗*입니다."

알아두세요

5:2 20규빗은 약 9m, 10규빗은 약 4.5m에 해당된다.

6:5 '하늘의 네 개의 영' 이라는 뜻이다.

심지(4:2 wick) 양초 · 등잔 따위에 실 헝겊을 꼬아서 불을 붙이게 된 물건.

광주리(5:6 basket) 대나 버들 따위로 엮어 만든 큰 그릇.

3 천사가 내게 말했다. "이것은 온 땅 위에
내릴 저주다. 한 쪽에는 모든 도둑들이 없
어진다고 쓰여 있고, 다른 쪽에는 거짓 맹
세를 하는 사람들이 다 없어진다고 쓰
여 있다.
4 만군의 여호와의 말씀이다. '내가 저
주를 도둑들의 집과 내 이름으로 거짓
맹세를 하는 사람들의 집에 보내겠다.
그 저주가 그러한 사람의 집에 머물
면서 그 집의 나무와 돌까지 허물어
버릴 것이다.'"

일곱 번째 환상: 광주리 속의 여자

5 나와 이야기하던 그 천사가 앞으로 나
아와 내게 말했다. "고개를 들어 가까이
다가오는 것을 보아라."
6 내가 물었다. "이것이 무엇입니까?" 천사
가 대답했다. "이것은 곡식의 무게를 다
는 광주리다. 그것은 온 땅에 사는 백성
의 죄를 나타낸다."
7 그 때에 납으로 만든 뚜껑이 열리면서 광
주리 안에 여자가 앉아 있는 모습이 보였
다.
8 천사가 말했다. "저 여자는 죄를 나타낸
다." 그런 뒤에 천사는 여자를 광주리 속
으로 밀어넣고 다시 뚜껑을 덮었다.
9 내가 위를 바라보니 두 여자가 보였다. 그
들은 날개로 바람을 일으키고 있었다. 그
들의 날개는 황새의 날개 같았다. 그들은
광주리를 가지고 하늘 높이 날아갔다.
10 내가 나와 더불어 말하던 천사에게 물었
다. "저 여자들이 광주리를 어디로 가져
가는 것입니까?"
11 천사가 대답했다. "시날 땅, 곧 바빌로니아
로 가고 있다. 그들은 거기에서 광주리를
둘 집을 지을 것이다. 집이 다 지어지면
광주리를 제자리에 둘 것이다."

여덟 번째 환상: 전차

6 내가 또 위를 보니 두 산 사이로 전차
네 대가 오는 것이 보였다. 그 산은 놋
쇠 산이었다.
2 첫째 전차는 붉은 말들이 끌었고, 둘째 전
차는 검은 말들이 끌었다.

광주리 속에 여자가 앉아 있는
환상을 보여 주심(5:5-11)

3 셋째 전차는 흰 말들이 끌었고, 넷째 전
차는 힘센 얼룩말들이 끌었다.
4 내가 나와 더불어 말하던 천사에게 물었
다. "내 주여! 이것들은 무엇입니까?"
5 천사가 대답했다. "이것들은 하늘의 네
바람*이다. 지금 막 온 세상의 주를 뵙고
떠나는 길이다.
6 검은 말들이 끄는 전차는 북쪽으로 가고
흰 말들이 끄는 전차는 서쪽으로 가고, 얼
룩말들은 남쪽으로 갈 것이다."
7 힘센 말들은 온 땅을 돌아다니려 했다. 그
러자 천사가 말했다. "온 땅을 돌아다녀
라." 말들은 천사가 말한 대로 했다.
8 천사가 나에게 큰 소리로 말했다. "너는
보아라, 북쪽 땅에서 나오는 말들을. 그
들이 북쪽 땅에서 내 영을 쉬게 했다."

여호수아를 위한 왕관

9 여호와께서 내게 말씀하셨다.
10 "너는 바빌론으로 사로잡혀 갔던 헬대와
도비야와 여다야에게서 은과 금을 받아라.
그리고 같은 날, 스바냐의 아들 요시야에
게로 가라.
11 그 은과 금으로 왕관을 만들어라. 그리고
그것을 여호사닥의 아들, 대제사장 여호수
아에게 씌워 주어라.
12 그에게 이렇게 전하여라. '만군의 여호와

의 말씀이다. 새순이라 부르는 사람이 있
다. 그는 그 밑에서부터 솟아나와 나 여
호와의 전을 지을 것이다.
13 그가 나 여호와의 전을 지을 것이다. 그
리고 다른 사람이 왕의 영광을 받을 것이
다. 첫째 사람은 자기 보좌에 앉아 다스
릴 것이며, 다른 사람은 자기 보좌 위에
서 제사장이 될 것이다. 이 두 사람은 평
화롭게 함께 일할 것이다.'
14 그 왕관은 나 여호와의 전에 두어 헬대*
와 도비야와 여다야와 스바냐의 아들 요시
야*를 기념할 것이다."
15 먼 곳에 사는 백성이 와서 여호와의 전을
지을 것이다. 그 때에 너희는 만군의 여
호와께서 나를 너희에게 보내셨다는 것을
알게 될 것이다. 너희가 너희 하나님 여
호와께 온전히 복종하면 이 일이 이루어
질 것이다.

자비를 원하시는 하나님

7 다리오 왕 사 년 아홉째 달, 곧 기슬래
월 사 일*에 여호와께서 스가랴에게 말
씀하셨습니다.
2 벧엘 백성이 사레셀과 레겜멜렉과 그 하인
들을 보내어 여호와의 은혜를 구하며
3 만군의 여호와의 전에 있던 예언자들과
제사장들에게 가서 물었습니다. "지난 여
러 해 동안, 우리는 다섯째 달을 특별한
달로 지켰습니다. 우리는 이 달에 슬퍼하
며 금식을 했습니다. 앞으로도 계속해서
그렇게 해야 합니까?"
4 만군의 여호와께서 내게 말씀하셨다.
5 "이 땅의 온 백성과 제사장들에게 전하여
라. 너희가 지난 칠십 년 동안, 다섯째 달
과 일곱째 달에 금식하며 슬퍼하기는 했
지만 그것이 진정으로 나를 위한 것이었
느냐?
6 너희가 먹고 마실 때에 너희 자신을 위해
먹고 마신 것이 아니냐?
7 예전에도 나는 예언자들을 통해서 똑같은
말을 전하게 하였다. 그 때에는 예루살렘에
사람들이 살고 번영하였다. 사람들이 남쪽
지역과 서쪽 경사지에도 살고 있었다."
8 여호와의 말씀이 스가랴에게 있었다. 말
씀하시기를
9 "만군의 여호와의 말씀이다. 의롭고 올바
른 재판을 하여라. 서로 사랑과 긍휼을 베
풀어라.
10 과부와 고아와 외국인과 가난한 사람을
억누르지 마라. 다른 사람을 해칠 마음조
차 품지 마라.
11 그러나 그들은 내 말에 복종하지 않았다.
그들은 등을 돌리고 귀를 막았다.
12 그들은 마음을 돌처럼 굳게 하고 나 만군
의 여호와의 가르침을 들으려 하지 않았
다. 내가 옛적 예언자들을 시켜서 한 말
을 들으려 하지 않았다. 그래서 나 만군
의 여호와가 크게 노하였다.
13 만군의 여호와의 말씀이다. 내가 그들을
불렀으나 그들은 들으려 하지 않았다. 그
러므로 그들이 나를 불러도 내가 듣지 않
겠다.
14 그래서 내가 그들을 그들이 알지 못하는
모든 민족 가운데로 회오리바람으로 흩어
버렸다. 그래서 그 땅은 황폐하여 사람이
살 수 없게 되었다. 그것은 그들이 즐거움
의 땅을 황폐하도록 만들었기 때문이다."

여호와께서 예루살렘을 회복시키신다

8 만군의 여호와께서 다시 내게 말씀하
셨다.
2 "만군의 여호와의 말씀이다. 내가 시온을
뜨겁게 사랑한다. 마치 내 속에서 불이 붙
듯 시온을 향한 내 사랑이 뜨겁다.

유투에서

6:14 '헬대'는 (히)'헬렘'이며, '요시야'는 (히)'헨'이다.

7:1 이 날은 B.C. 518년 12월 7일에 해당된다.

기슬래(7:1 Kisleu, Kislev) 바빌론 포로기 이후 유다력의 아홉 번째 달. 오늘날의 11월, 12월에 해당된다. '기슬르' 라고도 한다.

진정으로(7:5 sincerely) 참으로, 바로, 정말.

과부(7:10 widow) 결혼을 한 뒤 남편이 죽고 홀로 된 여자.

3 나 여호와가 말한다. 내가 시온으로 돌아
가겠다. 내가 예루살렘에서 살겠다. 예루
살렘은 '진리의 성'이라고 불리고, 나 만
군의 여호와의 산은 '거룩한 산'이라 불
릴 것이다.
4 만군의 여호와의 말씀이다. 늙은 어른들
이 다시 예루살렘 거리에 앉게 될 것이다.
사람마다 장수하여 지팡이를 짚고 다닐
것이다.
5 거리에는 뛰어노는 소년과 소녀가 가득할
것이다.
6 만군의 여호와의 말씀이다. 그 때에 살아
남은 사람들이 그런 일은 불가능하다고
생각하겠지만 나에게도 불가능하겠느냐?
만군의 여호와의 말씀이다."
7 만군의 여호와께서 이와 같이 말씀하셨
다. "내가 내 백성을 동쪽과 서쪽 나라에
서 구해 내겠다.
8 내가 그들을 예루살렘으로 데려와 살게 하
겠다. 그들은 내 백성이 될 것이며 나는
그들의 성실하고 의로운 하나님이 될 것
이다."
9 만군의 여호와께서 이와 같이 말씀하셨
다. "오늘 이 말을 듣는 너희는 힘을 내
어라. 이 말은 성전을 지으려고 기초를 놓
을 때에 예언자들이 한 말이다.
10 그 전에는 사람이나 짐승이나 자기 몫을
받을 수 없었다. 원수들 때문에 사람들이
자유롭게 오고 갈 수도 없었다. 이는 내
가 모든 사람을 그 이웃의 원수가 되게 하
였기 때문이다.
11 그러나 이제 살아남은 이 백성은 내가 옛
날처럼 다루지 않겠다. 나 만군의 여호와
의 말이다.
12 그들이 뿌린 씨는 잘 자랄 것이며, 포도
나무는 열매를 맺을 것이다. 땅은 좋은 작
물을 낼 것이고, 하늘은 비를 내릴 것이
다. 내가 이 모든 것을 살아남은 사람들
에게 주겠다.
13 유다와 이스라엘아, 너희가 전에는 이방
가운데 저주가 되었지만, 이제는 내가 너
희를 구해 주겠다. 너희는 복이 될 것이
다. 그러므로 두려워하지 마라. 용기를
내어라.
14 만군의 여호와의 말씀이다. 너희 조상은
나를 노하게 만들었다. 그래서 내가 너희
를 심판하기로 작정했다. 그리고 내가 돌
이키지 않았다. 나 만군의 여호와의 말이
다.
15 그러나 이제는 내가 예루살렘과 유다에 선
을 행하기로 작정했다. 그러므로 두려워
하지 마라.
16 너희는 이렇게 하여라. 서로 진실을 말하
고, 법정에서는 참되고 의로운 재판을 하
여라.
17 이웃을 해치려 하지 말고, 거짓 맹세를 하
지 마라. 이 모든 것은 내가 미워하는 것
이다. 나 여호와의 말이다."
18 만군의 여호와께서 다시 내게 말씀하셨
다.
19 "만군의 여호와의 말씀이다. 너희가 금식
하기로 작정한 날, 곧 넷째 달과 다섯째
달과 일곱째 달과 열째 달의 금식하는 날
이 유다에서 기쁘고 즐겁고 흥겨운 잔치
가 될 것이다. 너희는 진리와 평화를 사
랑해야 한다.
20 만군의 여호와의 말씀이다. 여러 성에서
많은 백성이 올 것이다.
21 한 성 주민이 다른 성 주민에게 말하기를
'우리는 여호와께 기도하러 가는 길이오.
만군의 여호와께 은혜를 구하려고 가는
길이오. 자, 우리와 함께 갑시다'라고 할
것이다.
22 많은 백성과 강한 나라들이 예루살렘으로
올 것이다. 그리고 그들은 만군의 여호와
를 찾고 여호와 앞에 은혜를 구할 것이다.

황폐하다(7:14 desolate) 거두지 않고 그냥 버려 두어서 거칠고 못쓰게 되다.
진리(8:3 truth) 참된 이치. 거짓이 아닌 사실.
작물(8:12 crop) 논이나 밭에 심어 가꾸는 식물.
작정하다(8:14 determine) 마음속으로 어떤 일을 결정하다.

23 만군의 여호와의 말씀이다. 그 때에 서로
말이 다르고 나라가 각기 다른 열 명의 사
람이 올 것이다. 그들이 유다 사람 한 명
의 옷자락을 붙잡고 '우리도 같이 가게 해
주시오. 하나님께서 당신들과 함께 계시
다는 말을 들었소' 라고 할 것이다."

이스라엘의 원수들에게 내릴 심판

9 여호와의 경고의 말씀이다. 이 말씀이
하드락 땅과 다마스커스 성에 임하였다.
이스라엘의 모든 지파와 같이 온 백성의
눈이 여호와를 우러러보았다.
2 또 여호와의 말씀은 하드락 땅 경계에 있
는 하맛 성을 향한 경고이며 지혜롭다고
하는 두로와 시돈을 향한 경고이다.
3 두로는 요새를 지었고 은을 흙먼지처럼
쌓아올렸으며 길거리의 진흙같이 많은 금
을 가졌다.
4 그러나 주께서 그들이 가진 것을 다 없애
실 것이다. 바다에서 떨치던 그 세력을 꺾
으시고 불로 그 성을 태우실 것이다.
5 아스글론 성이 그것을 보고 두려워하고 가
사 백성이 두려움에 떨며 에그론 백성이
희망을 잃을 것이다. 가사에 왕이 끊길 것
이며 아스글론에 다시는 사람이 살지 않을
것이다.
6 아스돗에는 혼혈아들이 살 것이다. "내가
블레셋의 교만을 꺾겠다.
7 내가 그 입에서 피를 제거하며 그 이 사이
에서 역겨운 음식을 제거하겠다. 그들 가
운데 살아남은 사람은 내 백성이 될 것이
다. 그들이 유다의 한 지파처럼 살 것이
며 에그론은 여부스 사람처럼 내 백성이
될 것이다.
8 내가 오고 가는 군대들로부터 내 성전을
지키겠다. 내가 지키므로 그 누구도 다시
는 내 백성을 해치지 못한다."

왕이 오신다

9 시온 백성아, 기뻐하여라. 예루살렘 백성
아, 즐거이 외쳐라. 보라 네 왕이 네게로
오신다. 그분은 의로우시며 구원하시는
왕이시다. 그분은 겸손하시어 나귀를 타
신다. 나귀 새끼를 타고 오신다.
10 "내가 에브라임에서 전차들을 없애겠고 예
루살렘에서 말들을 없애겠다. 전쟁에서
쓰이는 활들은 부러질 것이다. 그 왕이 나
라들에게 평화를 말할 것이다. 그의 나라
가 바다에서 바다까지, 유프라테스 강에서
땅 끝까지 미칠 것이다.
11 내 백성아, 내가 너희와 언약을 맺었으며
희생 제물의 피로 그 언약을 봉인했다. 그
러므로 내가 너희 가운데 포로 된 사람을
물 없는 웅덩이에서 풀어 주겠다.
12 희망을 가진 너희 포로들아, 너희의 요새
로 돌아오너라. 내가 오늘 너희에게 이른
다. 너희를 옛날보다 두 배로 회복시켜 주
겠다.
13 내가 유다를 내 활처럼 쓰겠고 에브라임을
내 화살처럼 쓰겠다. 시온아, 내가 너희의
사람을 써서 그리스 사람을 치게 하겠다.
너희를 용사의 칼처럼 쓰겠다."
14 그 때에 여호와께서 그들에게 나타나실
것이다. 번개처럼 그분의 화살을 쏘실 것
이다. 주 여호와께서 나팔을 부시며 남쪽
의 회오리바람 속으로 행군하실 것이다.
15 백성이 술 취한 사람처럼 전쟁터에서 소리
지를 것이며 적군의 피를 포도주처럼 마실
것이다. 그들은 피로 가득한 그릇과 같고,
피로 흠뻑 젖은 제단의 모퉁이와도 같다.
16 그 날에 그들의 하나님 여호와께서 그분
의 백성을 양 떼로 여겨 구해 주실 것이
다. 그들은 여호와의 땅에서 왕관에 달린
보석처럼 빛날 것이다.

스가랴의 메시아 예언

스가랴서에는 구약의 어떤 책보다도 메시아와 그분의 활동에 대한 예언이 많습니다. 〈본문 보기 9-10장〉

예언의 내용	성경 본문
하나님의 백성을 괴롭히는 원수를 멸하실 것임	9:1-8
전쟁을 그치게 하고 평화를 이루실 것임	9:10
포로들을 해방시키실 것임	9:11-13; 10:8-10
하나님의 백성들에게 승리를 주실 것임	9:14-15
하나님의 백성을 축복하실 것임	9:16-17
하나님의 백성을 구원하실 것임	10:6

17 그들은 매우 예쁘고 아름다울 것이다. 젊
은 남자들은 곡식으로 굳세질 것이며 젊은
여자들은 새 포도주로 아름다워질 것이다.

여호와의 약속

10 봄철에 여호와께 비를 내려 달라고
구하여라. 여호와께서는 비를 만드
시고 소나기를 내리시며 모든 이에게 밭
에 채소를 주시는 분이다.
2 우상들은 거짓말을 하고 점쟁이들은 헛된
환상을 본다. 그들은 거짓 꿈 이야기를 하
며 헛된 말로 위로한다. 그러므로 백성은
길을 잃은 양과 같고 목자가 없으므로 고
통을 당한다.
3 "내 분노가 목자들을 칠 것이며 내가 그
숫염소들을 칠 것이다. 왜냐하면 만군의
여호와께서 그의 양 떼, 유다 족속을 방
문하셨고 그리고 그가 그들을 전쟁의 영
광스러운 말처럼 두셨기 때문이다.
4 유다에서 모퉁잇돌 같은 사람이 나오고
장막의 말뚝 같은 사람이 나온다. 그에게
서 전쟁터의 활 같은 사람이 나오고, 모
든 통치자가 나온다.
5 그들은 진흙길을 지나 전쟁터로 나아가는
용사들과 같다. 나 여호와가 그들과 함께
있다. 그러므로 그들이 싸워 기마병들을
물리칠 것이다.
6 내가 유다 백성을 강하게 하며 요셉 족속
을 구하겠다. 내가 그들을 긍휼히 여기므
로 그들을 다시 데려오겠다. 내가 그들을
한 번도 저버린 적이 없는 것처럼 하겠다.
나는 그들의 하나님 여호와이다. 그들이
부르짖을 때 들어 주겠다.
7 에브라임 백성은 용사같이 되며 그 마음이
포도주를 마셨을 때처럼 즐거울 것이다.
그들의 자녀가 그것을 보고 기뻐할 것이
며 나 여호와 안에서 즐거워할 것이다.
8 내가 내 백성을 부르고 그들을 모으겠다.
그들을 구해 주겠다. 그들은 옛날처럼 그
수가 많아질 것이다.
9 내가 내 백성을 다른 나라로 쫓아 버렸으
나 그들은 그 먼 곳에서도 나를 기억할 것
이다. 그 자녀와 더불어 살다가 돌아올 것

아스돗 유적 발굴지(9:6)

이다.
10 내가 그들을 이집트에서 다시 데려오겠
다. 앗시리아에서 다시 모아들이겠다. 길
르앗과 레바논으로 데려가서 그 땅이 비좁
을 정도가 되게 하겠다.
11 그들이 고통의 바다를 지나올 때, 내가 바
다의 파도를 잠잠하게 할 것이다. 나일 강
이 말라 버릴 것이다. 내가 앗시리아의 교
만을 꺾겠다. 이집트가 다른 나라들에게
부린 권세도 꺾겠다.
12 내가 그들을 여호와로 강하게 하겠고, 그
들이 여호와의 이름으로 행할 것이다. 여
호와의 말씀이다."

11 레바논아, 네 문을 열어라. 불이 네 백
향목을 태울 것이다.
2 소나무야, 울어라. 백향목이 넘어졌도다.
큰 나무들이 꺾였다. 바산의 상수리나무
야, 울어라. 울창한 삼림이 베어졌다.
3 목자들이 우는 소리를 들어라. 그들의 목
장이 시들었다. 사자들의 울부짖는 소리
를 들어라. 요단 강가의 무성한 숲이 황
폐하게 되었다.
4 여호와 나의 하나님께서 이렇게 말씀하셨
다. "너는 죽임당할 양 떼를 먹여라.
5 양 떼를 산 사람이 양 떼를 죽여도 벌을
받지 않는다. 양 떼를 판 사람도 '주를 찬
양하여라. 나는 부자가 되었다' 라고 한
다. 목자들조차 자기 양 떼를 불쌍히 여
기지 않는다.
6 나도 다시는 이 땅의 백성을 불쌍히 여기
지 않는다. 여호와의 말씀이다. 내가 모
든 사람을 그 이웃과 왕의 손에 넘겨 주

겠다. 그들이 이 땅에 재앙을 몰고 와도
구원하지 않을 것이다."
7 그래서 나는 죽임당할 양 떼, 그 가운데
서도 가장 약한 양들을 먹였다. 나는 지
팡이 두 개를 가져다가 하나는 '은혜'라
고 부르고, 다른 하나는 '연합'이라고 불
렀다. 그리고 나는 양 떼를 먹였다.
8 한 달 사이에 나는 세 목자를 쫓아냈다.
왜냐하면 나는 양 떼가 싫어졌고, 그들도
나를 싫어했기 때문이다.
9 나는 이렇게 말했다. "이제는 다시 너희
의 목자 노릇을 하지 않겠다. 죽을 것은
죽고 망할 것은 망해라. 살아남는 것들도
자기들끼리 서로 잡아먹어라."
10 그런 뒤에 나는 '은혜'라는 이름을 붙인
지팡이를 꺾었다. 그것은 하나님이 그의
백성과 맺으신 언약을 깨신 표시였다.
11 그 날에 그 언약이 깨졌다. 그 때에 약한
양들이 나를 지켜보고 있었고, 그들은 나
의 행동을 통해서 여호와께서 말씀하고
계시는 것을 알았다.
12 내가 그들에게 말했다. "나에게 삯을 주
고 싶으면 주고, 주기 싫으면 주지 말아
라." 그러자 그들은 나에게 은돈 삼십 개
를 주었다.
13 여호와께서 나에게 말씀하셨다. "그 돈을
옹기장이에게 던져 버려라." 그들은 내가
그만큼밖에 가치가 없다고 생각했던 것이
다. 그래서 나는 여호와의 성전에서 그 돈
을 옹기장이에게 던져 버렸다.
14 그런 뒤에 나는 '연합'이라는 이름을 붙
인 지팡이를 꺾었다. 그것은 유다와 이스
라엘 사이의 우정을 꺾은 표시였다.
15 여호와께서 나에게 말씀하셨다. "다시 가
서 우매한 목자의 노릇을 하여라.
16 내가 이 나라에 새 목자를 두겠다. 그는
죽어 가는 양을 돌보지 않으며 어린 양을
찾지 않으며 상처 입은 양을 고쳐 주지 않
으며 튼튼한 양을 먹이지 않고 살진 양을
잡아먹으며 그 발굽까지 떼어 낸다.
17 양 떼를 버리는 쓸모없는 목자에게 재앙
이 있을 것이다. 칼이 그의 팔과 그의 오
른 눈을 칠 것이다. 그의 팔이 마르고, 그
의 오른 눈은 실명할 것이다."

예루살렘은 구원받는다

12 이것은 여호와께서 이스라엘에게 하
신 경고의 말씀이다. 하늘을 펼쳐 놓
으셨고 땅의 기초를 놓으신 분, 그 안에
사람의 영을 만드신 여호와께서 이렇게
말씀하셨다.
2 "내가 예루살렘을 독이 든 잔처럼 만들어
그 주변 나라들을 다치게 하겠다. 그 나라
들은 예루살렘과 유다를 치러 올 것이다.
3 장차 이 땅 위의 모든 나라가 예루살렘을
치러 올 것이다. 그 때에 내가 예루살렘을
무거운 바위처럼 만들겠다. 누구든지 바
위를 옮기려 하는 사람은 다칠 것이다.
4 그 날에 내가 모든 말을 두려움에 떨게 하
고, 말 탄 사람을 미치게 하겠다. 여호와
의 말씀이다. 내가 유다는 지키겠지만 그
원수들의 모든 말은 눈이 멀게 하겠다.
5 그러면 유다의 지도자들이 마음속으로 말
하기를 '예루살렘 백성은 강하다. 이는 만
군의 여호와께서 그들의 하나님이시기 때
문이다'라고 할 것이다.
6 그 날에 내가 유다의 지도자들을 나뭇단
을 태우는 불처럼 만들겠다. 그들은 짚을
태우는 불이 되어 왼쪽과 오른쪽의 주변
나라들을 다 멸망시킬 것이다. 그러나 예
루살렘은 그 때에도 안전할 것이다.
7 나 여호와가 유다의 장막을 구원할 것이
다. 다윗의 성 예루살렘에 사는 백성이 누
릴 영광이 유다가 누릴 영광보다 크지 못
할 것이다.
8 그 날에 나 여호와가 예루살렘에 사는 백
성을 지켜 줄 것이다. 그리하여 그들 가

연합(11:7 union) 여러 단체나 조직을 합쳐 하나의 조직을 만드는 것.
단련(13:9 temper) 쇠붙이를 불에 달구어 단단하게 함.
강간(14:2 rape) 원하지 않는 상대방과 강제로 성관계를 갖게 되는 것.

운데서 가장 약한 사람도 다윗처럼 강해
질 것이다. 그리고 다윗 집안은 마치 하
나님처럼 될 것이다. 그들은 여호와의 천
사처럼 되어 백성을 인도할 것이다.
9 그 날에 내가 예루살렘을 치러 오는 모든
나라를 멸망시키겠다."

예루살렘 백성이 슬피 울다

10 "내가 다윗 집안과 예루살렘에 사는 백성에
게 자비와 은혜의 영을 주겠다. 그들은,
자신들이 찔러 죽인 나를 보고 마치 외아
들을 잃은 사람처럼 슬피 울 것이다. 마치
맏아들을 잃은 사람처럼 슬퍼할 것이다.
11 그 날에 예루살렘에서 크게 울부짖는 소리
가 들릴 것이다. 마치 므깃도 평야의 하다
드림몬을 위해 슬피 우는 것과 같은 소리
가 들릴 것이다.
12 온 땅이 슬피 울 것이다. 집집마다 각각
울 것이다. 다윗 집안과 그 아내들도 각
각 슬피 울 것이다. 나단 집안과 그 아내
들도 각각 울 것이다.
13 레위 집안과 그 아내들도 각각 울 것이다.
시므이 집안과 그 아내들도 각각 울 것이다.
14 나머지 모든 집안과 그 아내들도 각각 울
것이다."

13 "그 날에 다윗의 자손과 예루살렘 백
성을 위해 샘이 터질 것이다. 그 샘
이 그들의 죄와 허물을 씻어 줄 것이다.
2 만군의 여호와의 말씀이다. 그 날에 내가
우상들의 이름을 땅에서 지워 버리겠다.
아무도 다시는 그 이름을 기억하지 않을
것이다. 그리고 예언자들과 더러운 영들
도 이 땅에서 없애 버리겠다.
3 그런데도 예언을 계속하는 사람이 있으면
그의 부모가 그에게 '너는 여호와의 이름
으로 거짓말을 했으므로 죽어야 한다'라고
말할 것이다. 예언을 하는 사람이 있으면,
그의 부모가 그를 찔러 죽일 것이다.
4 그 날에 예언자들은 자기의 환상과 예언
을 부끄러워할 것이다. 그들은 털로 만든
예언자의 옷을 입고 백성을 속이려고도
하지 않을 것이다.
5 그들은 말하기를 '나는 예언자가 아니다.
나는 농부다. 나는 젊었을 때부터 농부였
다'라고 할 것이다.
6 누군가가 그에게 '당신 몸에 있는 상처는
어떻게 해서 생긴 거요?' 하고 물으면 그
는 '친구 집에서 입은 상처요' 하고 대답
할 것이다."

목자의 죽음

7 "칼아, 목자를 찔러라. 내 친구인 사람을
쳐라. 만군의 여호와의 말씀이다. 목자를
죽여라. 그러면 양 떼가 흩어질 것이다.
내가 어린 것들을 심판하겠다.
8 여호와의 말씀이다. 온 땅의 백성 가운데
서 삼분의 이는 죽고 삼분의 일은 살아남
을 것이다.
9 내가 그 살아남은 사람들을 불로 시험하
겠다. 그들을 은처럼 단련시키고 금처럼
시험하겠다. 그러면 그들이 나를 부르고
나는 그들에게 대답할 것이다. 나는 그들
을 '너희는 내 백성이다'라고 할 것이며
그들은 '여호와는 우리 하나님이십니다'
라고 할 것이다."

심판의 날

14 여호와의 심판의 날이 오고 있다.
너희가 빼앗은 재물이 너희 가운데
서 나뉠 것이다.
2 내가 모든 나라들을 모아 예루살렘과 싸우
게 하겠다. 예루살렘은 함락되고 집들은
약탈당하고 여자들은 강간당할 것이다.
백성들 가운데 절반은 포로로 끌려갈 것
이다. 그러나 남은 백성은 이 성에서 쫓
겨나지 않을 것이다.
3 그 때에 여호와께서 나아가셔서 그 나라

엘리사의 샘(13:1)

들과 싸우실 것이다. 전쟁 때에 싸우듯 싸
우실 것이다.
4 그 날에 주께서 예루살렘 동쪽 올리브 산 위
에 서실 것이다. 그러면 올리브 산은 둘로
갈라져서, 동쪽에서 서쪽으로 깊은 골짜기
가 생길 것이다. 그리하여 산의 절반은 북
쪽으로, 절반은 남쪽으로 옮겨질 것이다.
5 너희는 아셀까지 뻗어 있는 이 산 골짜기
를 통해 도망할 것이다. 마치 유다 왕 웃시
야 시대에 지진을 피해 도망한 것처럼 도
망할 것이다. 그 때에 내 주 하나님께서 모
든 거룩한 사람을 거느리고 오실 것이다.
6 그 날이 오면 영광의 빛이 없을 것이다.
7 이와 같은 날은 없을 것이다. 언제 그 날
이 올지는 여호와만이 아신다. 그 때가 되
면 낮도, 밤도 없을 것이다. 밤에도 낮처
럼 빛이 비출 것이다.
8 그 날이 오면 예루살렘에서 생수가 흘러 넘
쳐 절반은 동쪽 사해로 흘러 들어가고 절
반은 서쪽 지중해로 흘러 들어갈 것이다.
여름에도, 겨울에도 그렇게 흐를 것이다.
9 여호와께서 온 세계의 왕이 되실 것이다.
그 날에는 오직 여호와만이 주가 되실 것
이며 여호와의 이름만이 홀로 빛날 것이다.
10 게바에서 예루살렘 남쪽 림몬까지 온 땅이
평야로 변할 것이다. 그러나 예루살렘은
'베냐민 문'에서 '첫 문'을 지나 '모퉁이
문'에 이르기까지, 그리고 '하나넬 망대'
에서 왕의 포도주틀까지 제자리에 높이
솟아 있을 것이다.
11 백성이 거기에 살 것이며 다시는 그 성이
멸망하지 않을 것이다. 예루살렘은 안전할
것이다.
12 그러나 예루살렘을 친 나라들은 여호와께
서 심판하실 것이다. 그들에게 무서운 재
앙을 내리실 것이다. 그들이 서 있는 동
안에도 그들의 살이 썩고, 눈이 눈구멍 속
에서 썩고, 혀가 입 안에서 썩을 것이다.
13 그 날이 오면 여호와께서 공포를 퍼뜨리
실 것이다. 사람마다 이웃을 붙잡고 서로
칠 것이다.
14 유다 백성도 예루살렘에서 싸울 것이다.
이웃 나라들의 재물, 곧 금과 은과 옷가
지가 예루살렘에 쌓일 것이다.
15 이와 똑같은 재앙이 말과 노새와 낙타와
나귀들에게도 내릴 것이다. 적진에 있는
모든 짐승에게 재앙이 내릴 것이다.
16 예루살렘을 치러 온 백성 가운데 살아남은
사람이 해마다 예루살렘으로 와서 만군의
여호와, 영원한 왕께 예배할 것이다. 그
리고 초막절을 지킬 것이다.
17 세계 온 나라 백성들 가운데 예루살렘에
와서 만군의 여호와, 영원한 왕께 예배하
지 않는 백성이 있으면 그 백성의 땅에는
비가 내리지 않을 것이다.
18 이집트 사람들이 예루살렘에 와서 초막절
을 지키지 않으면 여호와께서 다른 나라
들에 내린 것과 똑같은 재앙을 그들에게
도 내리실 것이다.
19 이집트를 비롯해서 초막절을 지키지 않는
나라마다 이런 심판을 받을 것이다.
20 그 날이 오면 말방울에도 '여호와께 거룩
히 구별된 것'이라는 글이 새겨져 있을 것
이며, 여호와의 성전의 솥들도 거룩한 제
단 그릇들처럼 될 것이다.
21 예루살렘과 유다에 있는 모든 솥도 만군의
여호와께 거룩히 구별하여 바친 성물이
될 것이며, 제물을 바치는 사람마다 그 솥
들로 고기를 삶을 수 있을 것이다. 그 날
이 오면 만군의 여호와의 성전에 다시는
상인*들이 없을 것이다.

올리브 산의 전경(14:4)

알아두세요

14:21 개역 성경에는 (히)'가나안 사람'이라고 표기되어 있다.

말 라 기

Malachi

저자
저자는 말라기이다.

저작 연대
저작 연대를 정확히 규명하기란 어려운 문제이나, 스룹바벨 성전과 제사장들의 부패상이 언급된 것으로 보아, 말라기 예언자가 성전 재건(B.C. 516년경) 이후에 활동하였으리라는 점은 추정할 수 있다.

주요 인물
말라기, 종교 지도자들

핵심어 및 주요 내용
핵심어는 "십일조"와 "준비"이다. 저자는 백성들에게 온전한 십일조의 필요성을 이야기하고 있다. 또한 말라기의 중요한 사역의 한 부분은 우리의 주님이신 예수 그리스도, 곧 메시아의 길을 준비하기 위해서 보내진 세례 요한을 예비하는 일이다.

내용 소개
1. 하나님의 사랑에 대한 질문과 답변(1:1-5)
2. 이스라엘을 향한 책망(1:6-4:4)
3. 예언자 엘리야를 보내리라는 약속(4:5-6)

1 이것은 여호와께서 말라기*를 시켜 이스라엘에게 하신 경고의 말씀입니다.

하나님은 이스라엘을 사랑하신다

2 "나는 너희를 사랑했다"고 여호와께서 말씀하셨다. 그러나 너희는 말하기를 "여호와께서 어떻게 우리를 사랑하셨습니까?" 라고 한다. 여호와의 말씀이다. "에서는 야곱의 형제가 아니냐? 나는 야곱을 사랑했으나,

3 에서는 미워했다. 내가 에서의 산악지방을 폐허로 만들고, 그의 땅을 광야의 여우들에게 넘겨 주었다."

4 에돔 백성이 말하기를 "우리가 비록 망했지만 폐허된 곳을 다시 일으키겠다"라고 한다. 그러나 만군의 여호와께서 말씀하신다. "그들이 다시 일으키더라도 내가 또 헐어 버리겠다. 사람들이 말하기를 '에돔은 악한 나라다. 여호와께서는 언제나 에돔 백성에게 진노하신다'라고 할 것이다.

5 너희가 이것을 너희 눈으로 직접 보고 말하기를 '여호와께서는 이스라엘 경계 밖에서도 위대하시다'라고 할 것이다!"

제사장들이 여호와를 두려워하지 않는다

6 만군의 여호와의 말씀이다. "아들은 그 아버지를 존경하고, 종은 그 주인을 존경한다. 나는 아버지다. 그러나 너희가 나를 언제 존경했느냐? 나는 주인이다. 그러나 너희가 나를 언제 존경했느냐? 하지만 너희는 묻기를 '우리가 언제 주를 업신여겼습니까?'라고 한다.

7 너희는 내 제단에 부정한 제물을 가져옴으로 나를 업신여겼다. 하지만 너희는 묻기를 '우리가 언제 제물을 부정하게 했습니까?'라고 한다. 너희는 주의 제단을 업신여겨도 괜찮다고 생각했다.

8 너희는 눈먼 짐승을 제물로 바쳤다. 그것이 잘못된 것이 아니냐? 또 너희는 다리를 절거나 병든 짐승을 제물로 바치기도 했다. 그것이 잘못된 것이 아니냐? 그런 것을 너희 총독에게 바쳐 보아라. 그가 너희를 반갑게 맞이하겠느냐? 너희를 좋아하겠느냐? 나 만군의 여호와의 말이다.

9 이제 나에게 자비를 베풀어 달라고 빌어 보아라. 그러나 그런 제물을 바치고도 나의 자비를 얻을 수 있겠느냐? 나 만군의 여호와의 말이다.

알아두세요
1:1 '말라기'는 '내 사자'라는 뜻이다.

10 너희 가운데 누가 성전 문을 닫아서 내 제
단 위에 헛된 불을 피우지 못하게 하면 좋
겠다. 나는 너희들을 좋아하지 않는다.
너희가 바치는 제물도 받지 않겠다. 나 만
군의 여호와의 말이다.
11 해뜨는 곳에서부터 해지는 곳까지 내가
모든 민족들 가운데서 영광을 받을 것이
다. 곳곳마다 사람들이 향과 깨끗한 제물
을 내게 바칠 것이다. 내가 모든 민족들
가운데서 영광을 받을 것이다. 나 만군의
여호와의 말이다.
12 그러나 너희는 나를 존경하지 않는다. 너
희는 말하기를 '주의 제단은 부정하며 그
위에 있는 음식은 업신여겨도 괜찮다' 라
고 한다.
13 또 너희는 '이 일은 귀찮다' 라고 말하면
서 코웃음을 친다. 나 만군의 여호와의 말
이다. 너희가 다쳤거나 절거나 병든 짐승
을 가져와 제물로 바치지만 나는 그런 것
을 받지 않겠다. 나 여호와의 말이다.
14 속이는 사람, 즉 짐승 떼 가운데서 수컷
을 바치기로 약속해 놓고 흠 있는 것을 바
치는 사람은 저주를 받는다. 나는 위대한
왕이다. 나 만군의 여호와의 말이다. 모
든 민족이 내 이름을 두려워한다."

제사장이 지켜야 할 규례

2 "제사장들아, 이것은 너희에게 하는 명
령이다.
2 귀를 기울여 내가 하는 말을 잘 들어라.
내 이름을 존경하여라. 나 만군의 여호
와의 말이다. 그렇게 하지 않으면 내가
너희에게 저주를 내리겠다. 너희 복을 저
주하겠다. 너희가 내 말을 귀담아듣지 않
았으므로 내가 이미 너희 복을 저주했다.
3 내가 너희 자손을 심판하겠다. 너희가 절
기 때 바친 제물의 똥을 너희 얼굴에 바
르겠다. 그리고 너희를 그 똥과 함께 던
져 버리겠다.
4 그 때에 너희는 내가 이 명령을 내린 까
닭을 알게 될 것이다. 그것은 내가 레위
와 맺은 언약을 이어 가기 위함이다. 나
만군의 여호와의 말이다.
5 내가 레위와 맺은 언약은 생명과 평강의
언약이다. 내가 이 언약을 그들과 맺은 것
은 그들로 하여금 나를 경외하게 하기 위
함이었다. 그리하여 그들이 나를 두려워
하고 내 이름을 두려워했다.
6 그들이 바른 가르침을 베풀었고 거짓말을
하지 않았다. 그들이 평화와 정직으로 내
명령을 잘 지켰다. 그들이 많은 사람을 죄
에서 떠나도록 했다.
7 제사장은 지식을 지켜야 하고, 그들은 율
법을 구해야 한다. 그것은 제사장은 만군
의 여호와의 사자이기 때문이다.
8 그러나 너희 제사장들은 바른 길에서 벗
어났다. 너희는 그릇되게 가르쳐 많은 사
람들이 죄를 짓게 만들었다. 너희는 레위
지파와 맺은 언약을 어겼다. 나 만군의 여
호와의 말이다.
9 너희는 내 말을 지키지 않았고 재판을 할
때에 공평하지 않게 한 쪽 편만 들었다.
그러므로 나도 너희가 모든 사람 앞에서
미움을 받고 수치를 당하게 하였다."

성경 자세히 이해하기

올바른 예배

포로 생활 이후 이스라엘 백성들은 거짓되고 무성의한 제사를 드렸습니다. 이에 말라기 예언자는 참된 예배에 대해 다음과 같이 충고합니다. (1) 하나님을 진심으로 경외하지 않으면서 드리는 제물은 받지 않으신다(1:8-9). (2) 하나님의 명령대로 행하지 않고, 그 뜻을 어기는 사람의 제물은 받지 않으신다(2:11-13). (3) 하나님의 법을 백성들에게 올바로 가르치지 않고 임무를 성실하게 행하지 않는 제사장들의 예배는 받지 않으신다(2:9). (4) 회개하고, 하나님과 올바른 관계를 가지면서 정결한 제물로 드려진 예배는 기뻐 받으시고 축복하신다(3:7-12).

본문 보기 1-3장

알아두세요

2:12 개역 성경에는 '야곱의 장막' 이라고 표기되어 있다.

하나님께 성실하지 않은 유다

10 우리 모두의 아버지는 한 분이시다. 한 하
나님이 우리를 지으셨다. 그런데 어찌하
여 사람들이 서로 약속한 것을 어기느냐?
어찌하여 우리 조상이 하나님과 맺은 언
약을 더럽히느냐?
11 유다 백성은 거짓을 행하고 그들은 여호
와께서 역겨워하시는 일을 이스라엘과 예
루살렘에서 저질렀다. 유다 백성은 여호와
께서 사랑하시는 성전을 두려워하지 않았
다. 유다의 남자들은 외국 우상을 섬기는
여자들과 결혼했다.
12 이런 일을 하는 사람은 만군의 여호와께
제물을 바치더라도, 여호와께서 그를 이
스라엘 집*에서 쫓아 내실 것이다.
13 너희가 저지른 짓이 또 있다. 너희는 여
호와의 제단을 너희 눈물로 적셨다. 여호
와께서 너희 제물을 좋아하시지도 않고
받아 주시지도 않는다고 너희는 울고 탄
식했다.
14 그러면서 "왜 제물을 받지 않으십니까?"
라고 물었다. 그것은 네가 젊어서 결혼한
네 아내와 어떻게 지냈는지 여호와께서
다 보셨기 때문이다. 그녀는 네 동반자이
며 언약으로 맺어진 네 아내인데도 너는
네 아내와 맺은 약속을 어겼다.
15 여호와께서는 남편과 아내를 만드시고 둘
이 한 몸과 영이 되어 하나님의 것이 되
게 하셨다. 그리고 그들이 하나님께 성실
한 자녀를 낳기를 바라셨다. 그러므로 마
음에 새겨 두어라. 너희가 젊어서 결혼한
아내와 맺은 언약을 어기지 마라.
16 이스라엘의 하나님 여호와께서 말씀하셨
다. "나는 이혼을 미워한다. 또 폭력을 휘
두르기를 마치 옷을 입듯이 너무나 쉽게
하는 사람을 미워한다. 나 만군의 여호와
의 말이다. 그러므로 조심하고 언제나 성
실하여라."

심판의 날

17 너희는 말로 여호와를 괴롭혔다. 그러고
도 너희는 "우리가 어떻게 여호와를 괴롭
혔습니까?" 하고 묻는다. 너희는 "하나님
은 악한 일을 하는 사람도 좋게 보신다.
하나님은 그런 사람을 좋아하신다"라고
말하여 여호와를 괴롭혔다. 또 "공평한
하나님이 어디 계시냐?"라고 물어 여호

부정한 제물을 가져온
이스라엘을 꾸짖으심(1:13-14)

와를 괴롭혔다.

3 만군의 여호와께서 말씀하셨다. "내가
내 사자를 보내어 내 앞길을 닦게 하
겠다. 너희가 찾던 여호와가 갑자기 여호
와의 성전에 이를 것이다. 너희가 바라는
언약의 사자가 이를 것이다."
2 그러나 그가 오시는 날에는 아무도 견디
지 못하며 그가 나타나실 때에 아무도 살
아 남지 못한다. 그는 연단하는 불과 같
을 것이며 깨끗하게 하는 비누와 같을 것
이다.
3 그는 은을 달구어 연단하는 사람과 같을
것이다. 그는 레위 사람들을 연단하여 금
과 은처럼 만들 것이다. 그러면 그들이 여
호와께 올바른 제물을 가져올 것이다.
4 그 때에 여호와께서 옛날처럼 유다와 예
루살렘의 제물을 받으실 것이다.
5 만군의 여호와께서 말씀
하셨다. "그 때에 내
가 가서
너희를 심판하겠다. 마술하는 사람, 간음
하는 사람, 거짓말하는 사람, 일꾼들의
품삯을 떼어먹는 사람, 과부와 고아를 속
이는 사람, 외국인을 학대하는 사람, 나
를 존경하지 않는 사람의 악함을 증언하
는 증인이 되겠다."

하나님의 것을 훔치지 마라

6 "나는 여호와이다. 나는 변하지 않는다.
그러므로 너희 야곱의 자손은 멸망하지
않는다.
7 너희 조상 때부터 너희는 내 규례를 따르
지 않고 지키지 않았다. '나에게로 돌아
오너라. 그러면 나도 너희에게 돌아가겠
다.' 나 만군의 여호와가 말했다. 그러나
너희는 '돌아가려면 어떻게 해야 합니
까?' 하고 묻는다.
8 어찌 사람이 하나님의 것을 훔치겠느냐?
그러나 너희는 나의 것을 훔쳤다.
그러고도 너희는 '우리가
언제 주 하나님의 것

심판날에 하나님을
섬기는 자들이 받을 축복(4:2)

말

을 훔쳤습니까?' 라고 하였다. 너희가 내
게서 훔친 것은 십일조와 예물이다.
9 온 나라가 나의 것을 훔쳤으므로 너희에
게 저주가 내렸다.
10 너희는 창고에 너희가 거둔 것의 온전한
십일조를 가져와 나의 집에 먹을 것이 있
게 하여라. 그것으로 나를 시험하여라.
내가 하늘 문을 열고 너희가 쌓을 공간
이 넘치도록 너희에게 복을 붓지 않나 보
아라.
11 내가 너희 작물을 해충들이 먹어치우지
못하도록 하겠으며, 너희 포도밭의 포도
가 익기 전에는 떨어지지 않도록 하겠다.
나 만군의 여호와의 말이다.
12 모든 민족이 너희를 복되다고 말할 것이
며 너희가 좋은 땅을 가지게 될 것이다.
나 만군의 여호와의 말이다."

여호와의 약속

13 여호와께서 말씀하셨다. "너희가 거친 말
로 나 주를 욕되게 했다. 그러고도 너희
가 묻기를 '우리가 무슨 말로 주를 욕되
게 했습니까?' 라고 하였다.
14 너희가 말하기를 '하나님을 섬기는 것이
헛되다. 하나님의 율법을 지켜 보아야 아
무 소용이 없다. 만군의 여호와 앞에서 우
리의 한 일을 뉘우쳐 보아야 아무 소용이
없다.
15 오히려 교만한 사람이 복이 있고, 악한 사
람이 성공한다. 하나님께 도전하는 사람
이 화를 면한다' 라고 하였다."
16 그 때에 주를 두려워하는 사람들이 서로
하는 말을 들었다. 여호와께서 그들의 말
을 분명히 들으시고 주를 두려워하는 자
와 섬기는 사람들의 이름을 책에 적게 하
셨다. 여호와께서 그들의 이름을 기억하
실 것이다.
17 만군의 여호와께서 말씀하셨다. "그들은
내 것이다. 그 날이 오면 그들은 내 소유
가 될 것이다. 아버지가 자기를 섬기는 아
들을 아끼듯이 내가 내 백성을 아끼겠다.
18 그 때, 너희가 선한 사람과 악한 사람의
차이를 보게 될 것이며, 나 주를 섬기는
사람과 섬기지 않는 사람의 차이를 보게
될 것이다."

심판의 날

4 "뜨거운 용광로와 같은 날이 오고 있
다. 그 날에 모든 교만하고 악한 사람
이 지푸라기같이 완전히 타 없어질 것이
다. 뿌리나 가지가 다 타 버릴 것이다. 나
만군의 여호와의 말이다.
2 그러나 나를 섬기는 너희에게는 의로움이
해처럼 비출 것이다. 거기에서 치료하는
광선이 나올 것이다. 너희는 외양간에서
풀려난 송아지처럼 뛰놀 것이다.
3 그 때에 너희가 악한 사람들을 짓밟을 것
이다. 그들이 너희 발 밑에 재처럼 밟힐
것이다. 그 날에 내가 이 일을 이루겠다.
나 만군의 여호와의 말이다.
4 너희는 내 종 모세의 가르침, 곧 내가
온 이스라엘 백성을 위해 시내* 산에서
모세에게 명령한 율법과 규례를 기억하
여라.
5 나 여호와의 크고 두려운 심판의 날이 이
르기 전에, 내가 예언자 엘리야를 너희에
게 보내 주겠다.
6 엘리야가 와서 아버지가 자녀를 사랑하게
하고, 자녀가 아버지를 사랑하게 할 것이
다. 그들이 사랑하지 않으면, 내가 와서
이 땅에 저주를 내리겠다."

말아두세요

4:4 '시내'의 또 다른 이름으로 개역 성경에는 '호렙'이라고 표기되어 있다.

십일조(3:8 tithe) 자신에게 주어진 모든 수입 중 감사한 마음으로 하나님께 바치는 10분의 1.
율법(3:14 law) 하나님께서 인간에게 지키도록 내린 규범.
교만(3:15 arrogance) 잘난 체하면서 남을 깔보는 것.

THE NEW TESTAMENT

신약 성경

신약성경 목차

신약 총 260장

마 태 복 음

Matthew

저자

저자는 열두 사도 중의 한 사람인 마태이다.

저작 연대

A.D. 50년대 후반-70년 이전

주요 인물

예수님, 예수님의 부모(요셉과 마리아), 세례 요한, 예수님의 제자들

기록 목적과 대상

유대인 독자들에게 예수님이 메시아임을 입증하기 위해 기록하였다. 이 복음서는 주로 유대인들을 위해 쓰였으나 그리스도인이 된 이방인들을 위해서도 쓰여졌다.

내용 소개

1. 예수님의 탄생과 유년기(1:1-2:23)
2. 예수님의 세례와 시험(3:1-4:25)
3. 산상 설교(5:1-7:29)
4. 열 가지 이적과 관련된 사건들(8:1-9:35)
5 열두 제자의 파송(9:36-10:42)
6. 세례 요한의 질문과 예수님의 답변(11:1-30)
7. 바리새인들의 반대(12:1-50)
8. 천국 비유(13:1-52)
9. 예수님이 배척당하심(13:53-17:27)
10. 메시아적 공동체 내에서의 삶의 원리들(18:1-35)
11. 예루살렘으로의 여행과 도전들(19:1-22:46)
12. 심판에 대한 경고와 예언(23:1-25:46)
13. 예수님의 수난과 죽으심(26:1-27:66)
14. 예수님의 부활하심(28:1-20)

예수님의 족보

1 아브라함의 후손이며, 다윗의 후손인 예
수 그리스도의 족보입니다.
2 아브라함은 이삭을 낳고, 이삭은 야곱을 낳
았습니다. 야곱은 유다와 그의 형제들을
낳았습니다.
3 유다는 베레스와 세라를 낳았는데, 이들의
어머니는 다말입니다. 베레스는 헤스론을
낳고, 헤스론은 람을 낳았습니다.
4 람은 아미나답을 낳고, 아미나답은 나손을
낳았습니다. 나손은 살몬을 낳았습니다.
5 살몬은 보아스를 낳았는데, 보아스의 어머
니는 라합입니다. 보아스는 오벳을 낳았는
데 오벳의 어머니는 룻입니다. 오벳은 이
새를 낳았습니다.
6 이새는 다윗 왕을 낳고, 다윗은 솔로몬을
낳았습니다. 솔로몬의 어머니는 우리아의
아내, 밧세바였습니다.
7 솔로몬은 르호보암을 낳고, 르호보암은 아
비야를 낳았습니다. 아비야는 아사를 낳았
습니다.
8 아사는 여호사밧을 낳고, 여호사밧은 요람
을 낳았습니다. 요람은 웃시야를 낳았습니
다.
9 웃시야는 요담을 낳고, 요담은 아하스를 낳
았습니다. 아하스는 히스기야를 낳았습니
다.
10 히스기야는 므낫세를 낳고, 므낫세는 아몬
을 낳았습니다. 아몬은 요시야를 낳았습니
다.
11 요시야는 여고냐와 그 형제들을 낳았는데,
이 때는 백성들이 바빌론으로 끌려갈 무
렵이었습니다.
12 백성들이 바빌론에 포로로 끌려간 후에 여
고냐는 스알디엘을 낳고, 스알디엘은 스룹
바벨을 낳았습니다.
13 스룹바벨은 아비훗을 낳고, 아비훗은 엘리
아김을 낳았습니다. 엘리아김은 아소르를
낳았습니다.
14 아소르는 사독을 낳고, 사독은 아킴을 낳
았습니다. 아킴은 엘리웃을 낳았습니다.
15 엘리웃은 엘르아살을 낳고, 엘르아살은 맛
단을 낳았습니다. 맛단은 야곱을 낳았습니
다.

16 야곱은 마리아의 남편이 되는 요셉을 낳았
습니다. 그리스도라고 하는 예수님은 마리
아에게서 태어났습니다.
17 그래서 아브라함부터 다윗까지 십사 대이
고, 다윗부터 바빌론으로 끌려간 때까지
십사 대입니다. 그리고 바빌론으로 끌려
간 때부터 그리스도가 태어난 때까지 십사
대입니다.

예수 그리스도의 탄생

18 예수 그리스도는 이렇게 태어나셨습니다.
예수님의 어머니인 마리아는 요셉과 약혼
을 했는데, 두 사람이 결혼도 하기 전에
성령에 의해서 마리아가 임신하게 된 사
실이 밝혀졌습니다.
19 마리아의 남편 요셉은 의로운 사람이었습
니다. 그는 마리아를 창피하게 만들고 싶
지 않아서 조용히 파혼하려고 하였습니
다.
20 요셉이 이 일을 생각하고 있을 때, 꿈에
주의 천사가 나타났습니다. 천사는 요셉
에게 이렇게 말했습니다. "다윗의 자손 요
셉아, 마리아를 아내로 삼는 것을 두려워
하지 마라. 마리아가 아기를 가진 것은 성
령께서 하신 일이다.
21 마리아가 아들을 낳을 것인데, 이름을 예
수라고 하여라. 그가 자기의 백성을 죄에
서 구원해 낼 것이다."
22 이렇게 하여, 주께서 예언자를 통해서 예
언하신 말씀이 이루어졌습니다.
23 "보라! 처녀가 임신하여 아들을 낳을 것이
며, 사람들이 그의 이름을 임마누엘이라고
부를 것이다."* 임마누엘은 '우리와 함께
계시는 하나님'이라는 뜻입니다.
24 요셉은 잠에서 깬 후, 주의 천사가 명령
한 대로 했습니다. 요셉은 마리아와 결혼
하였습니다.
25 그러나 마리아가 아들을 낳을 때까지 요셉
은 잠자리를 같이하지 않았습니다. 그리
고 아들을 낳자 이름을 예수라고 불렀습
니다.

성경 속의 궁금증

동방박사들은 누구였을까요?

동방박사들(그리스어, '마고이')의 정체에 관해서는 여러 가지 추측과 가설이 있지만 확실하게 증명된 사실은 아무것도 없답니다. 그들이 왕이었다거나 세 명이었다는 속설이 있긴 하지만 이것도 확실한 것은 아니랍니다. 다만 고대 근동 지역의 역사를 통해 그들이 점성술과 자연 과학에 특별한 관심을 갖고 있었던 지식인이자 종교적 영향력이 많았던 계급이었다는 사실이 밝혀졌습니다. 참고로 성경 학자들 사이에서 가장 많은 지지를 받고 있는 견해는 박사들이 페르시아 사람들이라고 하는 것입니다.

본문 보기 2장 1절

동방박사들이 예수님을 찾아옴

2 예수님께서는 헤롯이 왕으로 있던 시대
에 유대의 베들레헴이라는 마을에서 태
어나셨습니다. 그 때, 동쪽 나라에서 몇
명의 박사들이 예루살렘으로 왔습니다.
2 그들은 이렇게 물었습니다. "유대인의 왕
으로 태어나신 아기가 어디 계십니까? 우
리는 동쪽에서 그 아기의 별을 보고, 아
기에게 경배하러 왔습니다."
3 헤롯 왕은 이 소리를 듣고 깜짝 놀랐습니
다. 예루살렘 사람들도 모두 놀랐습니다.
4 헤롯은 모든 대제사장들과 율법학자들을
불러모으고, 그리스도가 어디에서 태어나
실 것인지 물었습니다.
5 그들은 대답하였습니다. "유대의 베들레헴
이란 마을입니다. 예언자들이 이렇게 기
록해 놓았습니다.
6 '그러나 유대 지방에 있는 너 베들레헴아,
너는 유대의 통치자들 가운데서 결코 작
지 않다. 네게서 한 통치자가 나올 것이
다. 그가 나의 백성 이스라엘을 돌볼 것이
다.'*"
7 그 소리를 듣고 헤롯은 박사들을 조용히
불렀습니다. 그리고 별이 처음 나타난 때
를 알아 냈습니다.

8 그리고 박사들을 베들레헴으로 보내면서
말했습니다. "가서 아기를 잘 찾아보시
오. 아기를 찾으면 나에게도 알려 주시
오. 그러면 나도 가서 그 아기에게 경배
하겠소."
9 박사들은 왕의 말을 듣고 출발했습니다.
그러자 동쪽 나라에서 보았던 바로 그 별
이 박사들 앞에 나타나 그들을 안내해 주
었습니다. 그러다가 아기가 있는 곳 위에
서 멈추어 섰습니다.
10 박사들은 별을 보자, 매우 기뻤습니다.
11 그들은 아기가 있는 집에 들어가서 어머
니 마리아와 함께 있는 아기를 보았습니
다. 그들은 아기에게 무릎을 꿇어 경배를
드리고 보물함을 열어 아기에게 황금과
유향과 몰약을 예물로 드렸습니다.
12 그리고서 그들은 꿈에 "헤롯에게 돌아가
지 마라" 하는 명령을 받고, 다른 길로 자
기 나라에 돌아갔습니다.

예수님의 가족이 이집트로 피난 감

13 박사들이 떠난 뒤에 주의 천사가 요셉의
꿈에 나타나 말했습니다. "일어나라! 아기
와 아기 엄마를 데리고 이집트로 도망가
거라. 헤롯이 아기를 죽이려고 하니, 내가
지시할 때까지 이집트에 머물러 있어라."
14 그래서 요셉은 한밤중에 일어나 아기와
아기 엄마를 데리고 이집트로 떠났습니
다.
15 요셉은 헤롯이 죽을 때까지 이집트에 있었
습니다. 이것은 주께서 예언자를 통하여
하신 말씀을 이루신 것입니다. "내가 나
의 아들을 이집트에서 불러 내었다."*

헤롯이 사내아이들을 죽임

16 헤롯은 박사들에게 속은 것을 알고 매우
화가 났습니다. 그래서 사람을 보내어 베
들레헴과 그 주변에 있는 두 살 아래의 모
든 사내아이들을 죽였습니다. 이것은 그
가 박사들로부터 알아 낸 때를 기준으로
한 것입니다.
17 그래서 하나님께서 예언자 예레미야를 통
해 말씀하신 것이 이루어졌습니다.
18 "라마에서 소리가 들려 왔다. 슬피 울며
통곡하는 소리다. 라헬이 자기 아이들을
위해 우는데, 자식이 없으므로 위로받으
려 하지 않는다."*

예수님의 가족이 이집트에서 돌아옴

19 헤롯이 죽자, 주의 천사가 이집트에 있는
요셉의 꿈 속에 나타났습니다.
20 "일어나라! 아기와 아기 엄마를 데리고 이
스라엘 땅으로 돌아가거라. 아기의 목숨
을 노리던 사람들이 죽었다."
21 그래서 요셉은 아기와 아기 엄마를 데리
고 이스라엘 땅으로 갔습니다.
22 그러나 아켈라오가 아버지 헤롯의 뒤를 이
어 유대의 왕이 되었다는 소식을 듣고, 요
셉은 그 곳으로 가는 것을 두려워했습니
다. 꿈에서 지시를 받고 나서 요셉은 갈릴
리 지방으로 갔습니다.
23 그는 나사렛이라는 마을로 가서, 거기서
살았습니다. 그래서 예언자를 통해서 "그
는 나사렛 사람이라 불릴 것이다"라고 말
씀하신 것이 이루어졌습니다.

세례자 요한의 전도

3 그 무렵, 세례자 요한이 나타나서, 유
대의 광야에서 전도를 시작하였습니

성경 인물

헤롯왕

헤롯은 에돔 출신으로 그의 선조가 개종하여 유대인이 되었습니다. B.C. 37년에 로마로부터 이스라엘의 분봉왕으로 임명되었고('헤롯 대제'라 불림), 유대인의 환심을 사기 위해 예루살렘 성전을 건축한 것으로 유명합니다. 그는 자신의 왕권을 지키기 위해 왕비와 그녀의 남동생, 그의 두 아들과 할아버지, 어머니를 살해할 정도로 잔인했으며, 예수님의 탄생 소식을 듣고는 유아들을 살해하라는 명령까지 내리게 됩니다.

본문 보기 2장 19절

알아두세요

1:23 사 7:14에 기록되어 있다.
2:6 미 5:2에 기록되어 있다.
2:15 호 11:1에 기록되어 있다.
2:18 렘 31:15에 기록되어 있다.

다.
2 요한은 이렇게 말했습니다. "회개하시오.
하늘 나라가 가까이 왔습니다."
3 세례자 요한은 예언자 이사야가 말한 바로
그 사람입니다. "광야에서 외치는 한 사
람의 소리가 있다. '주님의 길을 준비하
고, 주님의 길을 곧게 펴라.'"*
4 요한은 낙타털로 만든 옷을 입고, 허리에
가죽띠를 둘렀습니다. 그는 메뚜기와 들
에서 나는 꿀을 먹고 살았습니다.
5 예루살렘과 유대 지방과 요단 강 주변에 사
는 사람들이 모두 요한에게 나아왔습니다.
6 그들은 자신이 지은 죄를 고백하고, 요단
강에서 요한에게 세례를 받았습니다.
7 수많은 바리새파 사람과 사두개파 사람들
이 세례를 받으러 왔습니다. 요한은 그들
을 보고 이렇게 말했습니다. "독사의 자
식들아! 누가 너희들에게 다가올 하나님
의 벌을 피하라고 일러 주었느냐?
8 너희는 회개의 열매를 맺어라.
9 속으로 '아브라함이 우리의 조상이다' 라고
생각하지 마라. 하나님께서는 이 돌로도
아브라함의 자손이 되게 하실 수 있다.
10 도끼가 이미 나무 뿌리에 놓여 있다. 좋
은 열매를 맺지 못하는 나무들은 모두 찍
혀 불에 던져질 것이다.
11 나는 물로 회개의 세례를 준다. 내 뒤에
오실 분은 나보다 능력이 더 많으신 분이
다. 나는 그분의 신발을 들고 다닐 자격
도 없다. 그분은 너희에게 성령과 불로 세
례를 주실 것이다.
12 그분은 손에 키를 들고 타작 마당을 깨끗
이 하여 알곡은 곳간에 두시고, 쭉정이는
꺼지지 않는 불에 태우실 것이다."

예수님께서 세례자 요한에게 세례를 받으심

13 그 때, 예수님께서 갈릴리로부터 요단 강
에 오셨습니다. 예수님께서는 요한에게 오
셔서 세례를 받으려고 하셨습니다.
14 그러자 요한은 이를 말리면서 말했습니
다. "제가 예수님께 세례를 받아야 되는
데, 도리어 예수님께서 제게 오셨습니
까?"
15 예수님께서 대답하셨습니다. "지금은 그
렇게 하자. 우리가 이와 같이 하여 모든
의를 이루는 것이 옳다." 그제서야 요한이
예수님의 말씀을 따랐습니다.
16 예수님께서 세례를 받으시고 물 밖으로 나
오시자, 하늘이 열렸습니다. 예수님은 하
나님의 성령이 비둘기처럼 자신에게 내려
오는 것을 보셨습니다.
17 그 때, 하늘로부터 "이는 내 사랑하는 아
들이며, 내가 기뻐하는 아들이다"라는 소
리가 들려왔습니다.

예수님께서 시험을 받으심

4 그후, 예수님께서는 성령에게 이끌려
광야로 가셔서, 마귀에게 시험을 받으
셨습니다.
2 예수님께서는 사십 일 내내 금식하셔서,
매우 배가 고팠습니다.
3 시험하는 자가 예수님께 와서 이렇게 말
했습니다. "만일 당신이 하나님의 아들이
라면, 이 돌에게 빵이 되라고 명령해 보
시오."
4 예수님께서 대답하셨습니다. "성경에 '사

성경 속의 궁금증

예수님께서 시험받으신 성전꼭대기는 어디에 있을까요?

성전 꼭대기는 기드론 골짜기 모퉁이에 있는, 헤롯 성전 안에 위치한 왕의 행각 꼭대기를 말한다고 알려져 있습니다. 이 골짜기의 골은 위에서 내려다보면 바닥이 보이지 않을 정도로 깊었습니다. 그처럼 높은 곳에 행각을 세웠기 때문에 그곳에 서서 아래를 내려다보면 현기증으로 쓰러질 정도였다고 합니다. 성전의 외벽 꼭대기에서 골짜기의 바닥까지의 거리는 약 210m 정도라고 전해집니다.

본문 보기 4장 5절

알아두세요

3:3 사 40:3에 기록되어 있다.
4:4 신 8:3에 기록되어 있다.
4:6 시 91:11-12에 기록되어 있다.

람이 빵으로만 살 것이 아니라, 하나님의
입에서 나오는 모든 말씀으로 살 것이다'*
라고 기록되어 있다."
5 그러자 마귀는 예수님을 거룩한 성으로 데
리고 가서 성전 꼭대기에 세웠습니다.
6 마귀가 말했습니다. "만일 당신이 하나님
의 아들이라면 뛰어내리시오. 성경에 '하나
님께서 당신을 위해 천사들에게 명령하실
것이다. 그들은 손으로 당신을 붙잡아 발
이 돌에 부딪히지 않도록 할 것이다'* 라
고 기록되어 있소."
7 예수님께서 마귀에게 대답하셨습니다.
"성경에 '주 너의 하나님을 시험하지 마
라'*고 기록되어 있다."
8 다시 마귀는 예수님을 높은 산으로 데리
고 갔습니다. 마귀는 예수님께 세상의 모
든 나라와 그 영화로운 모습을 보여 주었
습니다.
9 마귀는 이렇게 말했습니다. "만일 당신이
나에게 절하고 경배한다면, 이 모든 것을
주겠소."
10 예수님께서 마귀에게 말씀하셨습니다. "사
탄아, 썩 물러가거라! 성경에 '오직 주 너
희 하나님께만 경배하고, 그를 섬겨라!'*
고 기록되어 있다."
11 그러자 마귀가 예수님에게서 떠나가고,
천사들이 예수님께 와서 시중을 들었습니
다.

갈릴리에서 전도를 시작하심

12 예수님께서 요한이 감옥에 갇혔다는 소식
을 들으시고, 유대에서 갈릴리로 돌아가셨
습니다.
13 예수님께서는 나사렛을 떠나, 스불론과 납
달리 지역의 갈릴리 호숫가에 있는 가버나
움으로 옮기시고, 거기서 사셨습니다.
14 이렇게 하여, 예언자 이사야의 말이 이루
어졌습니다.
15 "스불론 땅과 납달리 땅, 호수로 가는 길
목, 요단 강 건너편, 이방 사람들이 사는
갈릴리,
16 이 곳 어둠에 사는 백성들이 큰 빛을 보
았다. 죽음의 그늘과 같은 땅에 앉아 있
는 사람들에게 빛이 비취었다."*

예수님께서 첫 제자들을 부르심

17 이 때부터, 예수님께서 "회개하라. 하늘
나라가 가까이 왔다"라고 외치며 전도를
시작하셨습니다.
18 예수님께서 갈릴리 호숫가를 거니시다가
두 형제, 베드로라고 하는 시몬과 그의 동
생 안드레가 호수에 그물을 던지는 것을
보셨습니다. 그들은 어부였습니다.
19 예수님께서 그들에게 말씀하셨습니다.
"나를 따라오너라. 내가 너희를 사람을
낚는 어부로 삼겠다."
20 그 즉시, 시몬과 안드레는 그물을 버려 두
고 예수님을 따랐습니다.
21 예수님께서는 계속 거니시다가, 또 다른
두 형제, 세베대의 아들 야고보와 그의 동
생 요한이 배 안에서 아버지 세베대와 함
께 그물을 수선하고 있는 것을 보았습니
다. 예수님께서 그들을 부르셨습니다.
22 그들도 그 즉시, 배와 아버지를 버려 둔
채, 예수님을 따랐습니다.

성경 속의 궁금증

예수님께서 받으신 시험의 순서를 말해 볼까요?

마태복음에는 성전에서 뛰어내리라는 시험이 두 번째로, 마귀에게 절하라는 시험이 세 번째로 나와 있는 반면, 누가복음에는 둘의 순서가 바뀌어 있습니다. 어떤 게 맞는 것일까요? 이 문제는 성경의 원문에 사용된 글의 연결사를 보면 알 수 있습니다. 마태복음에서는 "그러자"(그리스어로 '토테'), "다시"(팔린)란 말을 쓰고 있으며, 누가복음에서는 단지 "또"(카이), "그리고"(데)라는 연결사를 사용하고 있습니다. 즉, 마태복음이 누가복음보다 시간적인 순서를 살려 기록한 것임을 알 수 있습니다. 본문 보기 4장 1-11절

알아두세요

4:7 신 6:16에 기록되어 있다.
4:10 신 6:13에 기록되어 있다.
4:15-16 사 9:1-2에 기록되어 있다.

예수님께서 사람들을 가르치시고
병을 고치심

23 예수님께서 갈릴리 모든 곳을 다니시며 유
대인들의 회당 안에서 가르치시고, 하늘
나라에 대한 기쁜 소식을 전해 주셨습니
다. 그리고 사람들의 갖가지 병을 고쳐 주
셨습니다.
24 예수님에 대한 소문이 시리아 전역으로 퍼
졌습니다. 사람들은 병든 사람을 모두 데
리고 예수님께 나아왔습니다. 그들은 여
러 가지 병으로 고통받고 있었는데, 통증
에 시달리는 사람, 귀신들린 사람, 간질
병에 걸린 사람, 그리고 중풍에 걸린 사
람들이었습니다. 예수님께서 그들을 고쳐
주셨습니다.
25 그리하여 갈릴리, 데가볼리, 예루살렘, 유
대, 그리고 요단 강 건너편에서 온 많은
사람들이 예수님을 따랐습니다.

여덟 가지 복

5 예수님께서 사람들을 보시고 산으로
올라가 앉으셨습니다. 그러자 제자들
이 예수님께 다가왔습니다.
2 예수님께서 입을 열어 사람들을 가르치셨
습니다.
3 "마음이 가난한 사람은 복이 있다. 하늘
나라가 그들의 것이다.
4 슬퍼하는 사람은 복이 있다. 그들이 위로
를 받을 것이다.
5 마음이 온유한 사람은 복이 있다. 그들이
땅을 상속받을 것이다.

6 의를 위해 주리고 목마른 사람은 복이 있
다. 그들이 배부를 것이다.
7 자비로운 사람은 복이 있다. 그들이 하나
님의 자비를 입을 것이다.
8 마음을 깨끗이 한 사람은 복이 있다. 그
들이 하나님을 볼 것이다.
9 평화를 위해 일하는 사람은 복이 있다. 그
들이 하나님의 아들이라고 불릴 것이다.
10 의롭게 살려고 하다가, 박해를 받는 사람
은 복이 있다. 하늘 나라가 그들의 것이
다.
11 사람들이 나 때문에 너희를 모욕하고 박
해하고 온갖 나쁜 말을 할 때, 너희에게
복이 있다.
12 기뻐하고 즐거워하여라. 하늘에서 너희의
상이 크다. 너희보다 먼저 살았던 예언자
들도 이처럼 박해를 받았다."

너희들은 소금과 빛이다

13 "너희는 세상의 소금이다. 만일 소금이 그
맛을 잃으면, 무엇으로 짠맛을 내겠느냐?
맛을 잃은 소금은 아무 쓸모가 없게 되어
밖에 버려져 사람들에게 밟힐 뿐이다.
14 너희는 세상의 빛이다. 산 위에 있는 도
시는 숨겨질 수 없다.
15 등불을 됫박 안에 두지 않고 등잔대 위에
놓는다. 그래야 등불이 그 집에 있는 모
든 사람에게 빛을 비추게 될 것이다.
16 이와 같이 너희 빛을 사람들에게 비춰라.
그래서 사람들이 너희의 선한 행동을 보
고 하늘에 계신 너희 아버지께 영광을 돌
리게 하여라."

율법의 중요성

17 "내가 모세의 율법이나 예언자들의 말씀
을 깨뜨리러 온 줄로 생각하지 마라. 나
는 그들의 말씀을 깨뜨리러 온 것이 아니
라 완성하러 왔다.
18 나는 너희에게 진정으로 말한다. 하늘과
땅이 없어지기 전에는 율법의 아무리 작
은 부분이라도 사라지지 않고, 반드시 다
이루어질 것이다.
19 그러므로 누구든지 이 계명 가운데에 가
장 작은 것 하나라도 어기거나 다른 사람

에게 그렇게 하라고 가르치는 사람은 하
늘 나라에서 가장 작게 될 것이다. 그러
나 누구든지 계명을 지키고 가르치면 하
늘 나라에서 크게 될 것이다.
20 내가 말한다. 너희 의가 율법학자들이나
바리새파 사람보다 훨씬 낫지 않으면, 하
늘 나라에 들어가지 못할 것이다."

화내고 무시하는 것에 대하여

21 "예전에는 '살인하지 마라. 누구든지 살
인을 하는 사람은 재판을 받을 것이다' 라
는 계명을 받았다고 너희가 들었다.
22 그러나 나는 너희에게 말한다. 자기 형제
에게 화를 내는 사람은 재판정에 설 것이
며, 자기 형제에게 나쁜 말을 하는 사람
도 산헤드린 법정에 설 것이다. 또한 자기
형제에게 바보라고 하는 사람은 지옥 불
에 던져질 것이다.
23 그러므로 네가 제단에서 예물을 드릴 때,
네 형제가 너에게 나쁜 감정을 갖고 있는
것이 생각나거든,
24 제단에 예물을 놓아 두고, 가서 먼저 네
형제와 화해하여라. 그후에 다시 와서 예
물을 바쳐라.
25 너를 고소하는 사람이 함께 길에 있을 때
에 빨리 화해하여라. 그렇지 않으면 그가
너를 재판관에게 넘기고, 재판관이 너를
간수에게 넘겨 줘, 감옥에 갇히게 될 것
이다.
26 내가 진정으로 너희에게 말한다. 너희가
마지막 한 푼까지 다 갚기 전에는 그 감
옥에서 나오지 못할 것이다."

간음에 대하여

27 "'간음하지 마라' 는 계명을 너희가 들었
다.
28 그러나 나는 너희에게 말한다. 누구든지
음란한 생각으로 여자를 바라보는 사람은
이미 마음속으로 그 여인과 간음한 것이
다.
29 만일 네 오른쪽 눈이 죄를 짓게 하거든,
그 눈을 빼어 던져 버려라. 네 몸 전체가
지옥에 던져지는 것보다 신체 중 하나를
잃는 것이 낫다.
30 만일 네 오른손이 죄를 짓게 하거든, 그
손을 잘라 내어 던져라. 네 몸 전체가 지
옥에 던져지는 것보다 신체 중 하나를 잃
는 것이 낫다."

이혼에 대하여

31 "'누구든지 아내와 이혼하는 사람은 이혼
증서를 주어야 한다' 라는 계명을 너희가
들었다.
32 그러나 내가 너희에게 말한다. 음행한 경
우 외에 자기 아내와 이혼하는 사람은 아
내로 하여금 간음하게 하는 것이다. 이혼
한 여자와 결혼하는 사람도 간음하는 것
이다."

맹세에 대하여

33 "또한 예전에는 '거짓 맹세를 하지 마라.
주께 한 맹세는 꼭 지켜야 한다' 라는 계
명을 받았다고 너희가 들었다.
34 그러나 내가 너희에게 말한다. 결코 맹세
하지 마라. 하늘을 두고 맹세하지 마라.
하늘은 하나님의 보좌이기 때문이다.
35 땅을 두고 맹세하지 마라. 땅은 하나님의
발을 두시는 곳이기 때문이다. 예루살렘을
두고 맹세하지 마라. 예루살렘은 위대한
왕의 성이기 때문이다.
36 네 머리를 두고 맹세하지 마라. 너희는 머
리카락 하나도 희게 하거나, 검게 할 수
없기 때문이다.
37 너희는 '그렇다' 라고 할 때만 '예' 하고,
아닐 때는 '아니오' 라고 말해라. '예' 나
'아니오' 이상의 말은 악한 생각에서 나
오는 것이다."

보복하지 마라

38 "너희는 '눈에는 눈으로, 이에는 이로' 라
는 말을 들었다.

바리새파(5:20 바리새인, Pharisees) 유대의 종교 당파들 중의 하나. 현실과 타협하지 않고 율법의 순수성을 보존하려는 동기에서 출발했으나 대부분 형식에만 치우치게 되어 분리주의자 · 형식주의자로 통함.

산헤드린(5:22 Sanhedrin) 유대인들의 최고 회의. 대제사장, 장로, 바리새인, 서기관 등으로 구성되었으며 최고 의장은 대제사장이 맡음.

39 그러나 내가 너희에게 말한다. 나쁜 사람
과 맞서지 마라. 만일 누가 네 오른쪽 뺨
을 때리거든 다른 뺨도 돌려 대라.
40 만일 누가 너희를 재판에 걸어 네 속옷을
가지려고 하거든 겉옷까지 내어 주어라.
41 만일 누가 너를 강제로 약 1.5킬로미터를
가게 하거든 그와 함께 약 3킬로미터를 가
주어라.
42 네게 달라고 하는 사람에게 주어라. 네게
꾸러 온 사람을 거절하지 마라."

원수까지도 사랑하여라

43 "너희는 '네 이웃을 사랑하고 원수를 미
워하라'고 말하는 것을 들었다.
44 그러나 나는 너희에게 말한다. 너희의 원
수를 사랑하여라. 너희를 박해하는 사람
들을 위해 기도하여라.
45 그러면 너희가 하늘에 계신 아버지의 아
들이 될 것이다. 너희 아버지는 악한 사
람이나 선한 사람 모두에게 햇빛을 비추
시고, 의인과 죄인에게 비를 내려주신다.
46 만일 너희를 사랑하는 사람만 사랑한다
면, 무슨 상을 받을 수 있겠느냐? 심지어
세리도 그만큼은 하지 않느냐?
47 만일 너희 형제들에게만 인사한다면, 다
른 사람들보다 너희가 더 나을 것이 무엇
이냐? 심지어 이방 사람들도 그만큼은 하
지 않느냐?
48 그러므로 하늘에 계신 너희 아버지가 완
전하신 것처럼 너희도 완전하도록 하여
라."

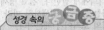

성경 속의 궁금증

자선 행위를 할 때 나팔을 불었나요?

자선 행위를 할 때 나팔을 부는 것이 당시의 관습이었다고 생각하는 사람들도 있지만 실제로 그런 증거는 찾아볼 수 없습니다. 회당에서 그렇게 하면 예배 의식에 방해가 되겠지요? 예수님의 이 표현은, 명령을 전하는 사람들이 어떤 일을 공개적으로 알릴 때, 로마의 배우나 투사들이 극장 안으로 들어갈 때, 안식일에 회당지기가 지붕에 올라가 안식일임을 알릴 때 나팔을 불었던 것에 빗대어 위선적으로 자선을 베풀었던 사람들의 과장된 행위를 비판한 말씀이었다고 이해할 수 있습니다.

본문 보기 6장 2절

도와 주는 것에 대하여

6 "남들에게 보이려고 다른 사람들 앞에
서 의를 행하지 않도록 주의하여라. 그
렇지 않으면 하늘에 계신 아버지께 아무
런 상도 받지 못할 것이다.
2 자선을 베풀 때, 위선자들처럼 네 앞에 나
팔을 불지 마라. 그들은 사람들로부터 영
광을 얻으려고 회당이나 길에서 나팔을
분다. 내가 너희에게 진정으로 말한다.
그들은 이미 자기 상을 다 받았다.
3 자선을 베풀 때에는 네 오른손이 하는 일
을 왼손이 모르게 하여라.
4 아무도 너의 구제함을 모르게 하여라. 그
러면 숨어서 보시는 네 아버지께서 네게
갚아 주실 것이다."

예수님께서 가르쳐 주신 기도

5 "기도할 때에 위선자들처럼 하지 마라.
그들은 사람들에게 보이려고 회당이나 길
모퉁이에 서서 기도하기를 좋아한다. 내
가 너희에게 진정으로 말한다. 그들은 이
미 자기 상을 다 받았다.
6 기도할 때에 골방에 들어가 문을 닫고, 숨
어 계시는 네 아버지께 기도하여라. 숨어
서 보시는 네 아버지께서 네게 갚아 주실
것이다.
7 기도할 때에 이방 사람들처럼 아무 의미
없는 말을 되풀이하지 마라. 그들은 많이
말해야 하나님께서 들어 주실 것으로 생
각한다.
8 그들을 닮지 마라. 너희 아버지께서는 구
하기도 전에 너희에게 무엇이 필요한지
이미 아신다.
9 그러므로 이렇게 기도하여라. '하늘에 계

알아두세요

6:13 어떤 고대 사본에는 이 구절이 없다.

신 우리 아버지, 아버지의 이름이 거룩하
게 여김을 받으소서.
10 아버지의 나라가 이루어지게 하소서. 아
버지의 뜻이 하늘에서처럼 이 세상에서도
이루어지게 하소서.
11 오늘 우리에게 필요한 양식을 주소서.
12 우리에게 잘못한 사람을 우리가 용서해
준 것처럼 우리의 죄를 용서하여 주소서.
13 우리들을 시험에 빠지지 않게 하시고, 악
으로부터 구원해 주소서.' (아버지는 나라
와 권세와 영광을 가지고 계십니다. 아
멘)*
14 만일 너희가 다른 사람의 잘못을 용서하
면, 하늘에 계신 너희 아버지께서도 너희
의 죄를 용서해 주실 것이다.
15 그러나 만일 다른 사람을 용서하지 않는
다면, 너희 아버지께서도 너희들의 잘못
을 용서하지 않으실 것이다."

금식에 대하여

16 "금식할 때에 위선자들처럼 초췌한 모습
을 보이지 마라. 그들은 자신들이 금식하
는 것을 사람들에게 보이려고 초췌한 모
습을 드러내려 한다. 내가 너희에게 진정
으로 말한다. 그들은 이미 자기의 상을 다
받았다.
17 너는 금식할 때에 머리에 기름을 바르고
얼굴을 씻어라.
18 그렇게 하여 다른 사람들에게 금식하는
것을 나타내지 말고 오직 숨어 계시는 아
버지께만 보여라. 숨어서 보시는 네 아버
지께서 네게 갚아 주실 것이다."

재물에 대하여

19 "너희를 위하여 세상에 재물을 쌓아 두지
마라. 땅에서는 좀이 먹거나 녹슬어 못 쓰
게 되고 도둑이 와서 훔쳐 갈 것이다.
20 그러므로 너희의 재물을 하늘에 쌓아 두
어라. 하늘에서는 좀이 먹거나 녹슬지 않
으며 도둑이 들어와 훔쳐 가지도 못할 것
이다.
21 네 재물이 있는 곳에 네 마음도 있다."

눈은 몸의 등불

22 "눈은 몸의 등불이다. 만일 네 눈이 밝으
면, 네 온몸이 밝을 것이다.
23 그러나 네 눈이 나쁘면, 온몸이 어두울 것
이다. 그러므로 네 안에 있는 빛이 어두
우면, 그 어두움이 얼마나 심하겠느냐?"

하나님과 재물

24 "아무도 두 주인을 섬기지 못한다. 한쪽
을 미워하고 다른 쪽을 사랑하든지, 한쪽
을 귀중히 여기고 다른 쪽을 업신여길 것
이다. 너희는 하나님과 재물을 같이 섬길
수 없다."

걱정하지 마라

25 "그러므로 내가 너희에게 말한다. 너희
목숨을 위하여 무엇을 먹을까, 또는 무엇
을 마실까 걱정하지 마라. 몸을 위하여 무
엇을 입을까 걱정하지 마라. 목숨이 음식
보다 훨씬 소중하지 않느냐? 몸이 옷보다
훨씬 소중하지 않느냐?
26 하늘에 있는 새를 보아라. 새는 심지도 않
고, 거두지도 않고, 창고에 쌓아 두지도
않는다. 그러나 하늘에 계신 너희 아버지
께서 새들을 먹이신다. 너희는 새보다 훨
씬 더 귀하지 않느냐?
27 너희 중에 누가 걱정해서 자기의 수명을
조금이라도 연장할 수 있느냐?

산상설교를 전하셨던 산 정상에 세워진
팔복 교회(5-7장)

세리(5:46 tax collector) 세금을 매기고 거두어들이는 사람.
회당(6:5 synagogue) 유대인들의 중심적인 종교 집회소.
좀(6:19 moth) 곡식이나 낟알을 해치는 빈대좀, 나무좀 등의 총칭.

28 너희는 왜 옷에 대해 걱정하느냐? 들에
피는 백합꽃이 어떻게 자라는가 생각해
보아라. 백합은 수고도 하지 않고, 옷감
을 짜지도 않는다.
29 그러나 내가 너희에게 말한다. 온갖 영화
를 누린 솔로몬도 이 꽃 하나에 견줄 만
큼 아름다운 옷을 입어 보지 못하였다.
30 하나님께서 오늘 있다가 내일이면 불 속
에 던져질 들풀도 이렇게 입히시는데, 너
희를 더 소중하게 입히시지 않겠느냐? 믿
음이 적은 사람들아!
31 그러므로 '무엇을 먹을까?', '무엇을 마실
까?', 혹은 '무엇을 입을까?' 하면서 걱정
하지 마라.
32 이런 걱정은 이방 사람들이나 하는 것이
다. 하늘에 계신 너희 아버지께서는 너희
에게 이 모든 것이 필요한 줄을 아신다.
33 먼저 아버지의 나라와 아버지의 의를 구
하여라. 그러면 이 모든 것들이 너희에게
덤으로 주어질 것이다.
34 그러므로 내일 일을 걱정하지 마라. 내일
일은 내일 걱정할 것이고, 오늘의 고통은
오늘로 충분하다."

다른 사람을 비판하지 마라

7 "비판을 받지 않으려면, 비판하지 마
라.
2 너희가 비판한 그대로 비판을 받을 것이
며, 너희가 판단한 기준에 따라 너희도 판
단받을 것이다.
3 어찌하여 네 형제의 눈 속에 있는 작은 티
는 보면서, 네 눈 속에 있는 나무토막은
보지 못하느냐?
4 네 눈 속에 나무토막이 있으면서, 어떻게
네 형제에게 '네 눈 속에 있는 작은 티를
빼주겠다' 라고 말할 수 있느냐?
5 위선자들아! 먼저 네 눈 속에 있는 나무
토막을 빼내어라. 그후에야 잘 보여서 네
형제의 눈 속에 있는 티를 빼낼 수 있을
것이다.
6 거룩한 것을 개에게 주지 마라. 진주를 돼
지 앞에 던지지 마라. 개나 돼지는 그것
을 짓밟고, 뒤돌아 서서 너희를 물어 버
릴 것이다."

구하라, 찾아라, 문을 두드려라

7 "구하라, 그러면 너희에게 주실 것이다.
찾아라, 그러면 발견할 것이다. 두드려
라, 그러면 문이 너희에게 열릴 것이다.
8 구하는 사람은 누구든지 받을 것이다. 찾
는 사람은 찾을 것이다. 그리고 두드리는
사람에게는 문이 열릴 것이다.
9 아들이 빵을 달라고 하는데, 너희 중에서
누가 돌을 주겠느냐?
10 아들이 생선을 달라고 하는데, 누가 뱀을
주겠느냐?
11 비록 너희가 나쁜 사람이라 할지라도, 자
녀에게 좋은 것을 주려고 하는데, 하물며
하늘에 계신 너희 아버지께서 구하는 사
람에게 좋은 것을 주시지 않겠느냐?"

황금과 같은 법칙

12 "다른 사람이 너희에게 해 주었으면 하는
대로, 너희가 다른 사람들에게 모두 해 주
어라. 이것이 율법과 예언서의 내용이
다."

좁은 문으로 들어가라

13 "좁은 문으로 들어가거라. 멸망으로 가는
문은 넓고 그 길이 쉬워, 많은 사람들이
그 곳으로 들어간다.
14 그러나 생명으로 가는 문은 작고 그 길이
매우 좁아, 그 곳을 찾는 사람이 적다."

좋은 열매는 좋은 나무에서 열린다

15 "거짓 예언자들을 조심하여라. 그들은 양
의 옷을 입고 너희에게 다가온다. 그러나
그 속은 굶주린 늑대이다.
16 그들의 열매를 보고, 그들을 알 것이다.
가시나무에서 포도를 딸 수 있느냐? 엉겅
퀴에서 무화과를 딸 수 있느냐?
17 마찬가지로 좋은 나무는 모두 좋은 열매를
맺고, 나쁜 나무는 나쁜 열매를 맺는다.
18 좋은 나무가 나쁜 열매를 맺을 수 없고,
나쁜 나무가 좋은 열매를 맺을 수 없다.
19 좋은 열매를 맺지 못하는 나무는 모두 잘
려서 불 속에 던져진다.
20 그러므로 열매를 보고 그들을 알 것이
다."

예수님의 말씀을 듣고 그대로 행하는 사람은 바위 위에 집을 지은 사람과 같다(7:24-27)

하나님의 뜻대로 행해야 한다

21 "나에게 '주님, 주님' 이라
고 말하는 사람 모두가
하늘 나라에 들어가는 것
은 아니다. 하늘에 계신
내 아버지의 뜻대로 행하
는 사람만이 하늘 나라에
들어갈 것이다.
22 그 날에 많은 사람이 나
에게 이렇게 말할 것이
다. '주님, 주님, 우리가
주님의 이름으로 예언하
고, 주님의 이름으로 귀
신을 내쫓고, 주님의 이름
으로 많은 기적을 베풀지 않았
습니까?'
23 그 때, 내가 분명하게 그들에게 말할 것
이다. '나는 너희를 모른다. 악한 일을 행
하는 자들아, 내게서 썩 물러나라.'"

바위 위에 지은 집

24 "내 말을 듣고, 그대로 행하는 사람은 바
위 위에 집을 지은 지혜로운 사람과 같다.
25 비가 내리고, 홍수가 나고, 바람이 불어
그 집에 몰아쳐도 그 집은 무너지지 않았
다. 왜냐하면 그 집은 바위 위에 지어졌
기 때문이다.
26 내 말을 듣고도 행하지 않는 사람은 모래
위에 집을 세운 어리석은 사람과 같다.
27 비가 내리고, 홍수가 나고, 바람이 불어
그 집에 몰아쳤을 때, 그 집은 쉽게 무너
졌는데, 그 무너진 정도가 심하였다."
28 예수님께서 이 모든 말씀을 마치셨습니
다. 사람들은 예수님의 가르침에 놀랐습
니다.
29 그것은 율법학자들과는 달리 예수님께서
권위를 지닌 분처럼 가르치셨기 때문입니
다.

문둥병 환자를 고치심

8 예수님께서 산에서 내려오시자, 많은
사람들이 따라왔습니다.
2 어떤 문둥병 환자가 예수님께 다가와서 절
을 하고 말했습니다. "주여, 주님은 하고
자 하시면 저를 낫게 하실 수 있습니다."
3 예수님께서 손을 내밀어 그 사람에게 대
시며 말씀하셨습니다. "내가 너를 고쳐
주길 원한다. 깨끗하게 나아라!" 그러자
바로 그 사람의 문둥병이 나았습니다.
4 예수님께서 그에게 말씀하셨습니다. "아
무에게도 이 일을 말하지 마라. 다만 가
서 제사장에게 네 몸을 보여 주어라. 그
리고 모세가 명령한 대로 예물을 바쳐서,
사람들에게 증거로 삼아라."

백부장의 종을 고치심

5 예수님께서 가버나움이라는 마을에 들어가
셨을 때, 한 백부장이 예수님께 와서 도움
을 청했습니다.
6 백부장이 말했습니다. "주님, 제 종이 집
에 중풍으로 누워 있는데, 매우 고통을 받
고 있습니다."
7 예수님께서 말씀하셨습니다. "내가 가서
고쳐 주겠다."
8 백부장이 대답했습니다. "주님, 저는 주
님을 집에 모실 만한 자격이 없습니다. 그
저 말씀만 해 주십시오. 그러면 제 종이
나을 것입니다.
9 제 자신도 다른 사람의 부하이고, 제 밑
에도 부하들이 있습니다. 제가 부하에게

가거라' 하면 그가 가고, '오너라' 하면
그가 옵니다. 그리고 부하에게 '이것을
하라' 하면 그것을 합니다."
10 예수님께서 이 말을 들으시고 놀라시며,
따라오던 사람들에게 말씀하셨습니다.
"내가 진정으로 말한다. 나는 지금까지 이
스라엘에서 이같이 큰 믿음을 가진 사람
을 본 적이 없다.
11 내가 너희에게 말한다. 많은 사람들이 동
쪽과 서쪽에서 와서, 하늘 나라에서 아브
라함, 이삭 그리고 야곱과 함께 앉아서 먹
을 것이다.
12 그러나 이 나라의 아들들은 바깥 어두운
곳에 던져져, 그 곳에서 슬피 울며 고통
스럽게 이를 갈 것이다."
13 예수님께서 백부장에게 말씀하셨습니다.
"가거라. 네가 믿은 대로, 네게 이루어질
것이다." 그러자 백부장의 종이 그 순간
에 치료되었습니다.

많은 사람들을 고치심

14 예수님께서 베드로의 집에 가셨을 때, 베
드로의 장모가 열이 높아서 누워 있는 것
을 보셨습니다.
15 예수님께서 그 여자의 손을 만지시니, 열
이 사라졌습니다. 그 여자가 일어나 예수

귀신들린 자를 고친 거라사 전경(8:28-34)
바다로 이어진 낭떠러지로, 군대 귀신이 돼지 떼에게로 들어가 비탈길을 내달아 물 속에서 몰사한 곳으로 유명하다.

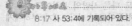

알아두세요
8:17 사 53:4에 기록되어 있다.

님을 대접했습니다.
16 저녁이 되자, 사람들이 예수님께 귀신들
린 사람들을 많이 데리고 왔습니다. 예수
님께서 말씀으로 귀신을 쫓아 내시고, 모
든 병자들을 고쳐 주셨습니다.
17 이것은 예언자 이사야가 말한 것을 이루
려고 하신 것입니다. "그는 우리의 연약
함을 짊어지셨고 우리의 질병을 떠맡으셨
다."*

예수님을 따르려면

18 주위에 모여든 사람들을 보시고, 예수님
께서 제자들에게 호수 건너편으로 가자고
말씀하셨습니다.
19 그 때, 한 율법학자가 예수님께 나아와
말했습니다. "선생님, 저도 선생님이 가
시는 곳이라면 어디든지 따라가겠습니
다."
20 예수님께서 그에게 대답하셨습니다. "여
우도 굴이 있고, 공중의 새도 둥지가 있
지만, 인자는 머리 둘 곳조차 없다."
21 제자들 중에서 한 사람이 예수님께 말했
습니다. "주님, 제가 먼저 가서 아버지의
장례를 치르도록 허락해 주십시오."
22 예수님께서 그에게 말씀하셨습니다. "나
를 따르라. 죽은 사람의 장례는 죽은 사
람이 치르도록 하여라."

폭풍을 멈추게 하심

23 예수님께서 배를 타시자, 제자들이 함께
따라왔습니다.
24 호수에 매우 거친 폭풍이 일어나, 파도가
배를 뒤덮었습니다. 그러나 예수님께서는
주무시고 계셨습니다.
25 제자들이 가서 예수님을 깨웠습니다. "주
님, 살려 주십시오! 우리가 빠져 죽을 지
경입니다."
26 예수님께서 "왜 무서워하느냐? 믿음이 적
은 자들아!" 하고 말씀하셨습니다. 그리
고 일어나 바람과 바다를 꾸짖으시자, 아
주 잠잠해졌습니다.
27 사람들이 놀라서 말했습니다. "도대체 예
수님은 어떤 분이길래 바람과 바다도 이
분의 말씀에 순종하는가!"

폭풍을 멈추신 예수님(8:23-27)

귀신들린 두 사람을 고쳐 주심

28 예수님께서 호수 건너편 가다라 지방에 오
셨을 때였습니다. 귀신들린 두 사람이 무
덤 사이에서 나오다가 예수님과 마주쳤습
니다. 이들은 너무 사납기 때문에 아무도
그 길로 지나다닐 수 없을 정도였습니다.
29 그 두 사람이 소리쳤습니다. "하나님의
아들이여, 당신이 우리와 무슨 상관이 있
습니까? 때가 되기도 전에 우리를 괴롭히
려고 여기에 오셨습니까?"
30 마침, 거기서 얼마간 떨어진 곳에 많은 돼
지 떼가 먹이를 먹고 있었습니다.
31 귀신들이 예수님께 간청했습니다. "만일
우리를 이 사람들에게서 쫓아 내시려면,
저 돼지 떼 속으로 보내 주십시오."
32 예수님께서 그들에게 말씀하셨습니다. "가
거라!" 귀신들은 그 사람들에게서 빠져 나
와 돼지 떼 속으로 들어갔습니다. 그러자
돼지 떼가 산 아래에 있는 호수로 달려가
더니, 모두 물 속에 빠져 죽었습니다.
33 돼지를 치던 사람들은 마을로 달려가서,
귀신들린 사람들에게 일어난 모든 일들을
사람들에게 이야기했습니다.
34 그러자 온 마을 사람들이 예수님께 나아
와 예수님을 보고 자기 마을을 떠나가 달
라고 말했습니다.

중풍병 환자를 고치심

9 예수님께서 배를 타시고, 호수를 가로
질러 고향으로 돌아오셨습니다.
2 그 때, 사람들이 중풍병 환자 한 사람을
침상에 누인 채 예수님께로 데려왔습니
다. 예수님께서 사람들의 믿음을 보시고
중풍병 환자에게 말씀하셨습니다. "안심
하여라, 아들아! 네 죄가 용서받았다."
3 몇몇 율법학자들이 속으로 말했습니다.
'이 사람이 하나님을 모독하는구나.'
4 예수님께서 그들의 생각을 아시고 말씀하
셨습니다. "어찌하여 너희가 마음속으로
악한 생각을 하느냐?
5 '네 죄가 용서받았다' 라고 하는 것과 '일

어나 걸어라' 하고 말하는 것 중에서 어
느 것이 더 쉽겠느냐?
6 그러나 인자가 땅에서 죄를 용서할 권세
를 가지고 있다는 것을 너희에게 보여 주
기 위함이었다." 그리고 예수님께서 중풍
병 환자에게 말씀하셨습니다. "일어나 네
침상을 가지고 집으로 가거라."
7 그러자 그 사람이 일어나 집으로 갔습니
다.
8 사람들이 이것을 보고 두려워하며, 사람
에게 이런 권세를 주신 하나님께 영광을
돌렸습니다.

죄인을 부르러 오심

9 예수님께서 그 곳을 떠나 길을 가시다가,
마태라는 사람이 세관에 앉아 있는 것을
보셨습니다. 예수님께서 그에게 말씀하셨
습니다. "나를 따라오너라." 그러자 마태
는 일어나서 예수님을 따라갔습니다.
10 예수님께서 마태의 집에서 식사를 하실 때
였습니다. 많은 세리들과 죄인들이 와서,
예수님과 제자들로 더불어 함께 식사를 하
고 있었습니다.
11 바리새파 사람들이 이것을 보고 제자들에
게 말했습니다. "어째서 너희 선생님은
세리들과 죄인들하고 함께 어울려 식사를
하느냐?"
12 예수님께서 이 소리를 들으시고 말씀하셨
습니다. "건강한 사람은 의사가 필요 없
으나, 환자들은 의사가 필요하다.
13 너희는 가서 '나는 희생 제물보다 자비를
원한다'라는 말씀이 무슨 뜻인지 배워라.
나는 의인을 부르러 온 것이 아니라, 죄
인을 부르러 왔다."

새 포도주는 새 부대에

14 그 때, 요한의 제자들이 예수님께 와서 말
했습니다. "우리들과 바리새파 사람들은
자주 금식을 하는데, 왜 선생님의 제자들
은 전혀 금식을 하지 않습니까?"
15 예수님께서 이들에게 대답하셨습니다.
"결혼식에 참석한 사람들이 신랑과 함께
있을 때, 슬퍼할 수 있느냐? 그러나 신랑
을 빼앗길 날이 올 텐데, 그 때는 금식할
것이다.
16 그 누구도 새 천조각을 낡은 옷에 대고 깁
지 않는다. 만일 그렇게 하면, 새 천조각
이 그 옷을 잡아당겨 더 심하게 찢어질 것
이다.
17 그 누구도 새 포도주를 낡은 가죽 부대에
담지 않는다. 만일 그렇게 하면, 낡은 부
대가 터져 포도주가 쏟아지고, 가죽 부대
도 못 쓰게 될 것이다. 새 포도주는 새 가
죽 부대에 넣어야 한다. 그래야 둘 다 보
존될 수 있다."

회당장의 딸과 예수님의 옷을 만진 여자

18 예수님께서 이 말씀을 하시는 동안, 회당
장이 와서 예수님께 절하고 말했습니다.
"제 딸이 조금 전에 죽었습니다. 오셔서
손을 얹어 주십시오. 그러면 다시 살아날
것입니다."
19 예수님께서 일어나 회당장을 따라가셨습
니다. 제자들도 같이 갔습니다.
20 가는 길에, 십이 년 동안, 혈루증을 앓아
온 한 여자가 예수님의 뒤로 와서 옷깃을
만졌습니다.
21 그녀는 속으로 '예수님의 옷을 만지기만
해도 내가 나을 거야!'라고 생각했던 것
입니다.

성경 자세히 이해하기

가죽부대

오늘날도 그렇지만 고대 근동 지역에서는 짐승의 가죽을 이용해 병을 만들어 썼습니다. 이때 염소나 염소 새끼의 가죽이 가장 많이 사용되었는데, 보통 그 짐승의 외형이 그대로 활용되었습니다. 먼저 짐승의 머리와 발을 잘라 내고 껍질을 완전히 벗겼습니다. 짐승의 목은 병의 주둥이로 쓰였으며, 앞발을 잘라 낸 부분은 액체를 쏟아내는 통로로 사용되었습니다. 넓적다리 부분은 병을 잡는 데 사용되었는데, 그 넓적다리에 가죽끈을 묶어 안장에 매달거나 사람의 어깨에 짊어지기도 했답니다.

본문 보기 9장 17절

22 예수님께서 뒤돌아 서서 그
여자를 보고 말씀하셨습
니다. "안심하여라,
딸아! 네 믿음이 너
를 구원하였다."
그 즉시, 그 여자
의 병이 나았습니
다.
23 예수님께서 회당장
의 집에 도착했을
때였습니다. 예수님
은 피리를 부는 사
람들과 떠드는 사
람들을 보셨습니
다.
24 예수님께서 말씀하셨습니
다. "물러나라. 소녀는 죽은 것이
아니라 자고 있는 것이다." 그러자 사람
들이 예수님을 비웃었습니다.
25 사람들을 밖으로 내보낸 뒤, 예수님께서
들어가셔서 소녀의 손을 잡았습니다. 그
러자 소녀가 일어났습니다.
26 이 소식은 온 동네 사방으로 퍼져 나갔습
니다.

보지 못하는 사람을 고치심

27 예수님께서 거기를 떠나가실 때, 보지 못
하는 두 사람이 예수님을 따라오면서 소
리질렀습니다. "다윗의 자손이여, 우리를
불쌍히 여겨 주소서."
28 예수님께서 집 안으로 들어가시자, 보지
못하는 사람들이 예수님께 나아왔습니다.
예수님께서 그들에게 물으셨습니다. "내가

보지 못하는 사람을 고치신 예수님(9:27-31)

너희를 보게 할 수 있다고 믿느냐?" 그들
이 대답했습니다. "그렇습니다, 주님."
29 예수님께서 그들의 눈을 만지시며 말씀하
셨습니다. "너희의 믿음대로 너희에게 이
루어져라."
30 그러자 그들의 눈이 뜨였습니다. 예수님
께서 그들에게 매우 엄중히 이르셨습니
다. "이 일을 아무에게도 알리지 마라."
31 그러나 두 사람은 나가서 예수님에 대한
소문을 사방에 퍼뜨렸습니다.

말 못하는 사람을 고치심

32 그들이 떠나갔을 때, 사람들이 귀신들려
말하지 못하는 사람을 데리고 예수님께 왔
습니다.
33 예수님께서 귀신을 내쫓자, 말 못했던 사

성경 속의 궁금증

혈루증 앓는 여자가 만진 예수님의 '옷깃'은 어디일까요?

모세의 율법에 따르면 모든 유대인들은 외투의 각 단의 귀에 술을 달도록 되어 있습니다. 이 술의 한 것은 꼭 파란색이어야 했는데, 이 술과 깃을 통해 언제나 하나님의 백성임을 기억하고 율법을 떠올리라는 의미였지요.

바리새인들은 이 옷술에 대단한 자부심을 갖고 있었으며, 그것이 자신들의 지위와 고결함을 나타내 준다고 생각하여 이 옷술의 모양을 크게 하고 다녔답니다(마 23:5). 여자가 만진 부분도 바로 이 부분이었습니다. 그녀는 그곳에 특별한 효험이 있다고 믿었던 것이겠지요.

본문 보기 9장 20-22절

람이 말을 하게 되었습니다. 사람들은 놀
라서 말했습니다. "이스라엘에서 이와 같
은 일이 일어난 적이 없었다."
34 그러나 바리새파 사람들은 말했습니다.
"그는 우두머리 귀신의 힘으로 귀신을 내
쫓는 것이다."

추수할 일꾼을 위한 기도

35 예수님께서 모든 성읍과 마을을 두루 다
니셨습니다. 예수님께서는 유대인의 회당
에서 가르치기도 하셨고, 하나님 나라에
대한 기쁜 소식을 전하기도 하셨습니다.
그리고 온갖 질병과 고통을 치료해 주셨
습니다.
36 예수님께서는 사람들을 불쌍히 여기셨습
니다. 그것은 사람들이 마치 목자 없는 양
처럼 내팽개쳐져 고통을 당하고 있었기
때문입니다.
37 예수님께서 제자들에게 말씀하셨습니다.
"추수할 것은 넘쳐나는데, 일꾼이 적구
나.
38 그러므로 추수할 밭의 주인에게 간청하여
일꾼들을 추수할 밭으로 보내 달라고 하
여라."

열두 제자들을 선택하심

10 예수님께서 열두 명의 제자를 부르
셨습니다. 그리고 제자들에게 더러
운 영을 쫓고, 모든 병과 허약함을 치료

성경 속의 궁금증

발의 먼지를 털어 버려라! 무슨 의미일까요?

당시 서기관과 선생들은 이방 땅의 먼지는 불결한 것이라고 가르쳤습니다. 심지어 이방에서 식물을 가져오면 거기에 묻은 흙까지도 이스라엘의 성소를 더럽힌다고 여겼습니다. 이런 배경에서 예수님은 만일 제자들을 영접하지 않고 그들이 전하는 하나님의 말씀을 받아들이지 않으면 그들은 깨끗하지 못하고 불경건한 이방인들과 다를 바 없다는 사실을 보여 주기 위해 이 말씀을 하셨던 것이라고 볼 수 있지요.

본문 보기 10장 14절

하는 권능을 주셨습니다.
2 열두 제자의 이름은 이렇습니다. 베드로
라고도 불리는 시몬과 그의 동생 안드레,
세베대의 아들 야고보와 그의 동생 요한,
3 빌립과 바돌로매, 도마와 세리 출신인 마
태, 알패오의 아들 야고보, 다대오,
4 열심당원 시몬과 가룟 출신 유다입니다.
유다는 예수님을 배반한 사람입니다.
5 예수님께서 열두 제자를 보내시며 이렇게
지시하셨습니다. "이방 사람의 길로 가지
말고, 사마리아 성에도 들어가지 마라.
6 너희는 이스라엘 집의 잃은 양에게로 가거
라.
7 가면서 이렇게 전하여라. '하늘 나라가 가
까이 왔다.'
8 환자들을 고쳐 주고, 죽은 사람을 일으켜
세워라. 문둥병 환자를 깨끗하게 하고,
귀신을 내쫓아라. 너희가 거저 받았으니,
거저 주어라.
9 금이나, 은이나, 동전을 네 허리의 돈 주
머니에 넣어 두지 마라.
10 여행용 가방도 가지지 말고, 옷 두 벌이
나, 신발이나, 지팡이도 가지지 마라. 일
꾼은 자기 생활비를 받는 것이 당연하다.
11 어느 도시나 마을에 들어가든지 거기서
마땅한 사람을 찾아 떠날 때까지 그 곳에
머물러라.
12 그 집에 들어가면서 평안을 빌며 인사하
여라.
13 만일 그 집이 평안을 받을 만하면 너희가
빌어 준 평안이 거기에 머물게 하고, 평
안을 받을 만하지 않다면 다시 그 평안이
너희에게 돌아갈 것이다.
14 누구든지 너희를 맞아들이기를 거절하거
나 너희 말을 귀 기울여 듣지 않으면, 그
집이나 도시를 떠날 때, 네 발의 먼지를
털어 버려라.
15 내가 너희에게 진정으로 말한다. 심판의
날에 그 마을이 소돔과 고모라보다 더 많
은 심판을 받을 것이다."

박해받을 것에 대하여

16 "들어라! 내가 너희를 보내는 것이 마치

늑대 무리 속으로 양을 보내는 것과 같다.
그러므로 뱀처럼 지혜롭고 비둘기처럼 순
결하여라.
17 사람들을 조심하여라. 그들은 너희를 법
정에 넘기고, 회당에서 채찍질할 것이
다.
18 나 때문에 너희는 총독들과 왕들 앞에 끌
려갈 것이다. 너희는 그들과 이방 사람들
에게 증언하게 될 것이다.
19 사람들이 너희를 잡아 넘길 때, 무엇을 어
떻게 말해야 할지 걱정하지 마라. 그 때
에 너희가 말해야 할 것을 다 알려 주실
것이다.
20 말하는 이는 너희가 아니다. 너희 아버지
의 영이 너희 속에서 말씀하시는 것이다.
21 형제가 형제를 배신하여 죽게 하고, 아버
지 또한 자녀를 그렇게 할 것이다. 자녀
가 부모를 대적하여 죽게 할 것이다.
22 내 이름 때문에 너희가 미움을 받을 것이
다. 그러나 끝까지 견디는 사람은 구원을
얻을 것이다.
23 이 마을에서 너희를 핍박하면, 다른 마을
로 피하여라. 내가 진정으로 너희에게 말
한다. 너희가 이스라엘 모든 마을을 다 다
니기 전에 인자가 올 것이다.
24 제자가 스승보다 높지 않고, 종이 주인보
다 높지 않다.
25 제자가 스승만큼 되고, 종이 주인과 같이
된다면 더 바랄 것이 없다. 그들이 집주
인을 바알세불이라고 불렀으니, 그 가족들
을 부를 때는 얼마나 심한 말로 부르겠느
냐?"

두려워할 대상

26 "그러므로 사람들을 두려워하지 마라. 덮
였던 것은 모두 벗겨질 것이고, 감추어졌
던 것은 다 알려질 것이다.
27 내가 어두운 데서 말한 것을 너희는 빛 가
운데서 말하여라. 너희가 귓속말로 들은
것을 지붕 위에서 외쳐라.
28 몸은 죽일 수 있으나 영혼은 죽일 수 없
는 사람들을 두려워 마라. 영혼과 몸을 모
두 지옥에 던져 멸망시킬 수 있는 분을 두
려워하여라.
29 참새 두 마리가 동전 한 개*에 팔리지 않
느냐? 그러나 너희 아버지가 아니고서는
한 마리도 땅에 떨어질 수 없다.
30 심지어 너희 머리카락의 수까지도 하나님
은 아신다.
31 그러므로 두려워 마라. 너희는 참새 여러
마리보다 훨씬 더 귀하다."

사람들 앞에서 믿음을 보여라

32 "누구든지 사람들 앞에서 나를 인정하는
사람은, 나도 하늘에 계신 나의 아버지 앞
에서 그를 인정할 것이다.
33 그러나 누구든지 사람들 앞에서 나를 모
른다고 하면, 나도 하늘에 계신 나의 아
버지 앞에서 그를 모른다고 할 것이다."

칼을 주려고 오심

34 "내가 세상에 평화를 주러 온 줄로 생각
하지 마라. 평화가 아니라 칼을 주러 왔
다.
35 나는 아들이 아버지를, 딸이 어머니를,
며느리가 시어머니를 거슬러서 서로 다투
게 하려고 왔다.
36 사람의 원수가 자기의 가족이 될 것이다.
37 누구든지 나를 사랑하는 것보다 자기 부
모를 더 사랑하면, 나의 제자가 될 자격
이 없다. 누구든지 나를 사랑하는 것보다
자기 아들과 딸을 더 사랑하면, 나의 제
자가 될 자격이 없다.
38 자기 십자가를 지고 나를 따르지 않는 사
람은 내 제자가 될 자격이 없다.
39 자기의 목숨을 찾으려고 하는 사람은 잃
게 될 것이며, 나를 위하여 자기 목숨을
버리는 사람은 얻게 될 것이다."

알아두세요

10:29 개역 성경에는 (그) '앗사리온' 이라고 표기되어 있다. 로마의 소액 동전으로 1/16 데나리온에 해당된다.

순결(10:16 innocence) 마음에 더러움이 없이 깨끗함.
대적하다(10:21 fight against) 서로 맞서서 겨루어 싸우다.
핍박(10:23 persecution) 괴롭게 굶.

상을 받을 자

40 "너희를 맞아들이는 사람은 나를 맞아들
이는 것이다. 나를 맞아들이는 사람은 나
를 보내신 분을 맞아들이는 것이다.
41 예언자의 이름으로 예언자를 맞아들이는
사람은 예언자의 상을 받을 것이다. 의인
의 이름으로 의인을 맞아들이는 사람은
의인의 상을 받을 것이다.
42 내가 진정으로 말한다. 제자의 이름으로
보잘것 없는 사람에게 냉수 한 잔이라도
주는 사람은 반드시 하늘 나라에서 상을
받을 것이다."

세례자 요한의 질문

11 예수님께서 열두 제자들에게 지시하기
를 마치시고, 여러 마을에서 가르치고
전도하기 위해 그 곳을 떠나셨을 때의 일
입니다.
2 세례자 요한은 감옥에서 그리스도의 하신
일을 들었습니다. 요한은 제자들을 예수님
께 보냈습니다.
3 요한은 그들을 통해 예수님께 물었습니다.
"오신다고 했던 분이 바로 당신입니까?
아니면 다른 분을 기다려야 합니까?"
4 예수님께서 대답하셨습니다. "요한에게 가
서 너희가 듣고 본 것을 말하여라.
5 보지 못하는 사람이 보고, 걷지 못하는 사
람이 걷고, 문둥병 환자가 깨끗해지고,
듣지 못하는 사람이 듣고, 죽은 사람이 살

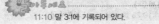

벳새다에서 본 갈릴리 주변(11:21)

알아두세요

11:10 말 3:1에 기록되어 있다.

아나며, 가난한 사람에게 복음이 전해진
다고 하여라.
6 나를 의심하지 않는 사람은 복이 있다."

세례자 요한에 대하여

7 요한의 제자들이 떠난 뒤에, 예수님께서
모인 사람들에게 요한에 대해 말씀하기
시작하셨습니다. "너희는 무엇을 보러 광
야에 나갔느냐? 바람에 흔들리는 갈대를
보러 갔느냐?
8 아니면 무엇을 보러 갔느냐? 화려한 옷을
입은 사람을 보려고 나갔느냐? 화려한 옷
을 입은 사람은 왕궁에 있다.
9 그러면 너희는 무엇을 보러 나갔느냐? 예
언자를 보려고 나갔느냐? 그렇다. 내가
너희에게 말한다. 이 사람은 예언자보다
더 나은 사람이다.
10 이 사람에 대하여 성경에 이렇게 기록되
어 있다. '보라, 내가 너보다 앞서 나의
사자를 보낸다. 그는 너의 길을 준비할 것
이다.'*
11 내가 너희에게 진정으로 말한다. 여자가
낳은 사람 중에 그 누구도 세례자 요한보
다 더 위대한 사람은 없다. 그러나 하늘
나라에서는 아무리 낮은 사람이라도 세례
자 요한보다 더 위대하다.
12 세례자 요한 때로부터 지금까지 하늘 나
라는 힘있게 성장하고 있다. 힘있는 사람
들이 하늘 나라를 차지할 것이다.
13 모든 예언자들과 율법에 예언한 것이 요
한까지이다.
14 너희가 이 예언을 받아들일 마음이 있다
면, 오기로 되어 있는 엘리야가 바로 요한
이다.
15 들을 수 있는 귀를 가진 사람은 모두 들
어라!
16 내가 이 세대의 사람들을 무엇에 비유할
수 있겠느냐? 이들은 마치 장터에 앉아
있는 아이들이 다른 아이들을 부르는 것
과 같다.
17 '우리가 너희를 위하여 피리를 불었는데,
왜 춤을 추지 않았느냐? 우리가 슬픈 노
래를 불렀는데, 왜 울지 않았느냐?'

18 요한은 와서 먹지도 않고, 마시지도 않았
다. 그러자 사람들이 이렇게 말했다. '그
는 귀신들렸어.'
19 인자가 와서 먹고 마시니, 사람들이 말했
다. '저 사람을 봐! 탐욕이 많은 사람이
야. 저 사람은 술꾼이야. 세리와 죄인의
친구야.' 그러나 지혜는 그 행한 일 때문
에 옳다는 것이 증명된다."

회개하지 않는 도시

20 그 때, 예수님께서 자신이 가장 많은 기적
을 베푸셨던 도시들을 꾸짖기 시작하셨습
니다. 그것은 이들이 회개를 하지 않았기
때문입니다.
21 "화가 미칠 것이다. 고라신아! 화가 있을
것이다. 벳새다야! 너희에게 베풀었던 기
적이 두로와 시돈에서 있었다면, 그 곳 사
람들은 벌써 베옷을 입고, 재를 뒤집어 쓰
며 회개했을 것이다.
22 내가 너희에게 말한다. 심판의 날에 너희
가 두로와 시돈보다 더 많은 심판을 받을
것이다.
23 그리고 너 가버나움아, 네가 하늘까지 높
아질 줄 아느냐? 오히려 너희는 지옥에
떨어질 것이다. 너희에게 베푼 기적이 소
돔에서 일어났다면, 그 도시가 오늘까지
남아 있었을 것이다.
24 내가 너희에게 말한다. 심판의 날에는 너
희가 소돔보다 더 큰 심판을 받을 것이다."

나에게로 와서 쉬어라

25 그 때에 예수님께서 대답하여 말씀하셨습
니다. "하늘과 땅의 주인이신 아버지, 이
것들을 지혜롭고 영리한 사람에게는 감추
시고, 어린아이들에게는 보여 주셨으니
감사합니다.
26 그렇습니다. 아버지, 이것이 아버지께
서 기뻐하시는 뜻입니다."
27 "나의 아버지께서 내게 모든
것을 주셨다. 아버지 외에는
아들을 아는 이가 없고, 아들
과 아들이 나타내 주고자
하는 사람 외에는 아버지
를 아는 이가 없다.
28 무거운 짐을 지고 지친
사람은 모두 나에게 오너
라. 내가 너희를 쉬게 할
것이다.
29 나는 마음이 온유하고
겸손하니, 나의 멍에를
메고 내게 배워라. 그러
면 너희 영혼이 쉼을 얻을
것이다.
30 나의 멍에는 쉽고 나의
짐은 가볍다."

"무거운 짐을 지고 지친 사람은 모두 나에게 오너라. 내가 너희를 쉬게 할 것이다." (11:28)

예수님께서
안식일의 주인이심

12 그 무렵, 안
식일에 예수
님께서 밀밭 사이를 걸
어가셨습니다. 제자들이

너무 배가 고파서 밀 이삭을 잘라 먹기 시
작했습니다.
2 바리새파 사람들이 이것을 보고 예수님께
말했습니다. "보시오! 당신의 제자들이 안
식일에 금지된 일을 하고 있습니다."
3 예수님께서 대답하셨습니다. "너희는 다윗
과 그 군사들이 굶주렸을 때에 했던 일을
읽어 보지 못하였느냐?
4 다윗은 하나님의 전에 들어가 자신도 먹
을 수 없고 그 부하들도 먹을 수 없으며,
오직 제사장만이 먹을 수 있는 진설병을
먹었다.
5 너희가 또한 안식일에 성전 안에서 만큼
은 제사장들이 안식일을 어겨도 죄가 되
지 않는다는 것을 율법에서 읽어 보지 못
하였느냐?
6 내가 너희에게 말한다. 성전보다 더 큰 이
가 여기 있다.
7 '나는 희생 제물보다 자비를 원한다' 라고
하신 말씀이 무슨 뜻인지 너희가 알았더
라면, 죄 없는 사람들을 죄인으로 단정하
지 않았을 것이다.
8 인자는 안식일의 주인이다."

손이 오그라진 사람을 고치심

9 예수님께서 그 곳을 떠나 유대인의 회당으
로 들어가셨습니다.
10 회당 안에 손이 오그라진 사람이 있었습
니다. 사람들이 예수님을 고발하려고, "안
식일에 병을 고치는 것이 옳습니까?" 하
고 예수님께 여쭈었습니다.
11 예수님께서 그들에게 대답하셨습니다.
"만일 너희 중에서 어떤 사람이 양 한 마
리를 가지고 있는데, 그 양이 안식일에 구
덩이에 빠지면 그것을 끌어 내지 않겠느
냐?

알아두세요

12:18-21 사 42:1-4에 기록되어 있다.

모의(12:14 plot) 여럿이 같이 나쁜 일을 계획하고 실행 수단을 의논함.
신성 모독(12:31 blasphemy against the Holy Spirit) 거룩한 것을 욕되게 하는 일.

12 하물며 사람은 양보다 얼마나 더 귀중하
냐! 그러므로 안식일에 선한 일을 하는 것
이 옳다."
13 그리고 나서 예수님께서 손이 오그라진 사
람에게 말씀하셨습니다. "손을 펴 보아
라." 그 사람이 손을 펴자, 그 손이 다른
손처럼 회복되었습니다.
14 바리새파 사람들은 가서, 예수님을 어떻게
없앨지 모의를 하였습니다.

예수님은 하나님께서 선택하신 종

15 예수님께서 이것을 아시고, 그 곳을 떠나
셨습니다. 많은 사람들이 예수님을 따라
왔고, 예수님께서는 병든 사람들을 모두
고쳐 주셨습니다.
16 그러나 예수님께서는 자신에 대해 이야기
하지 말라고 이르셨습니다.
17 이것은 예언자 이사야의 말을 이루려는 것
입니다.
18 "내가 선택한 종을 보아라. 내가 그를 사
랑하고 기뻐한다. 내 영을 그에게 줄 터
인데, 그가 이방 사람들에게 정의를 선포
할 것이다.
19 그는 다투지도 않고, 울부짖지도 않을 것
이다. 거리에서 아무도 그의 소리를 들을
수 없을 것이다.
20 그는 상한 갈대도 꺾지 않을 것이고 꺼져
가는 불꽃도 끄지 않을 것이다. 그래서 그
는 결국 정의가 이기게 할 것이다.
21 모든 이방 사람들이 그 이름에 소망을 걸
것이다."*

예수님과 바알세불

22 그 때, 사람들이 귀신이 들려서 보지 못
하고, 말하지 못하는 사람을 예수님께 데
리고 왔습니다. 예수님께서 이 사람을 고
쳐 주시자, 그 사람이 말도 하고 볼 수 있
게 되었습니다.
23 사람들이 놀라 말했습니다. "이 사람이
혹시 다윗의 후손 메시아가 아닐까?"
24 바리새파 사람들이 이 말을 듣고 말했습
니다. "이 사람이 귀신의 우두머리인 바알
세불의 힘을 빌려 귀신을 내쫓는다."
25 예수님께서 바리새파 사람들의 생각을 아

시고, 그들에게 말씀하
셨습니다. "어느 나라든
지 자기들끼리 나뉘어
싸우면 망할 것이다. 어
느 도시나 가정도 나뉘
면, 제대로 서지 못할
것이다.
26 마찬가지로 사탄이 사탄
을 내쫓는다면, 사탄이
자신을 대적한다는 말
인데, 그렇다면 어떻게
사탄의 나라가 설 수
있겠느냐?
27 내가 바알세불의 힘을 빌
어 귀신을 내쫓는다고
하는데, 그렇다면 너희 아
들들은 누구의 힘을 빌어 귀신
을 내쫓느냐? 그러므로 그들이 너희의 재
판관이 될 것이다.
28 내가 만일 하나님의 영으로 귀신을 내쫓
는다면, 하나님의 나라가 이미 너희에게
온 것이다.
29 또한 누구든지 힘센 사람을 먼저 묶어 놓
지 않으면, 어떻게 힘센 사람의 집에 들
어가 물건을 빼앗을 수 있겠느냐? 묶어
놓은 뒤에야 그 집을 약탈할 것이다.
30 누구든지 나와 함께 하지 않으면, 나를 반
대하는 것이다. 나와 함께 모으지 않는 사
람은 흩트리는 것이다.
31 그러므로 내가 너희에게 말한다. 어떠한
죄나 신성 모독의 말은 다 용서를 받겠지
만, 성령을 모독하는 죄는 용서받을 수 없
다.
32 인자를 거역하는 말을 하는 사람은 용서
받을 수 있다. 그러나 성령을 거역하는 말
을 하면, 이 세상에서도, 오는 세상에서
도 용서받지 못할 것이다."

열매로 나무를 안다

33 "나무도 좋고 열매도 좋다고 하든지, 나
무도 나쁘고 열매도 나쁘다고 해야 한다.
나무는 그 열매를 보고 알 수 있다.
34 독사의 자식들아! 너희가 악하면서 어떻

예수님이 바알세불의 힘을 빌려 귀신을 쫓는다고
말하는 바리새파 사람들(12:22-24)

게 선한 것을 말할 수 있겠느냐? 입은 그
마음속에 가득 찬 것을 말하는 것이다.
35 선한 사람은 선한 것을 쌓았다가 선한 것
을 내고, 악한 사람은 악한 것을 쌓았다
가 악한 것을 낸다.
36 내가 너희에게 말한다. 사람이 무심코 내
뱉은 사소한 말이라도 심판의 날에는 책
임을 져야 한다.
37 네 말에 근거하여 네가 의롭다고 판정을
받을 수도 있고, 죄가 있다고 판정을 받
을 수도 있다."

요나와 같은 증거

38 그 때, 몇몇 율법학자들과 바리새파 사람
들이 예수님께 말했습니다. "선생님, 우리
에게 증거를 보여 주십시오."
39 예수님께서 대답하셨습니다. "악하고 죄
많은 이 세대가 증거를 보여 달라고 한다.
그러나 예언자 요나의 증거 외에는 보여
줄 것이 없다.
40 요나가 삼 일 낮, 삼 일 밤 동안 꼬박 커
다란 물고기 배 속에 있었듯이, 인자도 삼
일 낮, 삼 일 밤 동안 땅 속에 있을 것이
다.
41 심판의 날에 니느웨 사람들이 이 세대와
함께 일어서서 이 세대를 심판할 것이다.
왜냐하면 그들은 요나의 전도를 듣고 회

개했기 때문이다. 보아라, 요나보다 더 큰
이가 여기 있다!
42 심판의 날에 남쪽 나라의 여왕이 이 세대
와 함께 일어서서 이 세대를 심판할 것이
다. 왜냐하면 그 여왕은 솔로몬에게 지혜
를 들으려고 땅 끝에서부터 왔기 때문이
다. 보아라, 솔로몬보다 더 큰 이가 여기
있다!"

악으로 가득 찰 세상

43 "더러운 영이 어떤 사람에게서 나와, 쉴
곳을 찾아 물이 없는 곳에서 헤맸으나 찾
지 못하고,
44 이렇게 말했다. '내가 나왔던 집으로 다
시 돌아가야겠다.' 돌아와보니 그 집이
여전히 비어 있을 뿐만 아니라, 깨끗이 청
소되고 정리되어 있는 것을 알았다.
45 그 때, 그 더러운 영이 나가서 자기보다
훨씬 더 악한 일곱 영을 데리고 왔다. 그
영들 모두 그 사람에게 들어가 살게 되어,
그 사람의 나중 상태가 처음보다 훨씬 더
나쁘게 되었다. 이 악한 세대도 이렇게 될
것이다."

예수님의 어머니와 형제들

46 예수님께서 사람들에게 말씀하고 계실 때
에 예수님의 어머니와 형제들이 예수님에
게 할 말이 있다면서 밖에 서 있었습니다.
47 어떤 사람이 예수님께 말씀드렸습니다.
"보십시오. 선생님의 어머니와 형제들이
선생님께 말을 하려고 밖에 서 있습니
다."
48 예수님께서 그 말을 전해 준 사람에게 대
답하셨습니다. "누가 나의 어머니이고,
누가 나의 형제들이냐?"
49 그리고 나서 제자들을 가리키면서 말씀하
셨습니다. "보아라! 내 어머니와 내 형제
들이다.
50 누구든지 하늘에 계신 나의 아버지의 뜻
을 행하는 사람이 내 형제요, 자매요, 어
머니이다."

씨를 뿌리는 사람

13 그 날, 예수님께서 집에서 나와 호숫
가에 앉으셨습니다.
2 많은 사람들이 예수님의 주위에 몰려들었
습니다. 그래서 예수님께서는 배에 올라
가 앉으셨고, 사람들은 호숫가에 그대로
서 있었습니다.
3 예수님께서 사람들에게 많은 것을 비유로
말씀하셨습니다. "농부가 씨를 뿌리러 나
가
4 씨를 뿌리는데, 어떤 씨는 길가에 떨어
졌다. 그러자 새들이 날아
와 씨를 모두 먹어 버렸
다.
5 어떤 씨는 흙이 별
로 없고, 돌이 많은
곳에 떨어졌다. 곧
싹이 났지만, 흙이
깊지 않아서
6 해가 뜨자 시들어
버렸고, 뿌리가 없어
서 곧 말라 버렸다.
7 어떤 씨는 가시덤
불에 떨어졌다. 가시
덤불이 자라서 그 씨
를 자라지 못하게 하
였다.
8 어떤 씨는 좋은 땅에 떨어

씨 뿌리는 비유-길가에 떨어진 씨는
새들이 모두 먹어 버림(13:4)

쳤다. 열매를 맺었는데, 어떤 것은 백 배,
어떤 것은 육십 배, 또 어떤 것은 삼십 배
의 열매를 맺었다.
9 귀 있는 사람은 들어라!"

비유로 가르치신 이유

10 제자들이 예수님께 와서 물었습니다. "왜
사람들에게 비유로 가르치십니까?"
11 예수님께서 대답하셨습니다. "너희들에
게는 하늘 나라의 비밀을 아는 것이 허
락되었으나, 다른 사람들에게는 그렇지
않다.
12 가진 사람은 더 많은 것이 주어져 풍부해
질 것이다. 그러나 가진 것이 없는 사람
은 있는 것마저 빼앗길 것이다.
13 그래서 내가 비유로 사람들에게 말한다.
그들은 보아도 보지 못하고, 들어도 듣지
못하고, 이해하지도 못한다.
14 따라서 이사야의 예언이 이 사람들에게 이
루어지는 것이다. '너희는 들어도 깨닫지
못할 것이고, 보아도 알아보지 못할 것이
다.
15 이 백성들의 마음이 둔해졌고, 귀는 듣지
못하고, 눈은 감겨 있다. 그들이 눈으로
보고, 귀로 듣고, 마음으로 깨닫고 돌아
와, 내가 그들을 고치는 일이 없게 하려
함이다.'*
16 그러나 너희 눈은 보고 있으니 복되다. 너
희 귀는 듣고 있으니 복되다.
17 내가 너희에게 진정으로 말한다. 많은 예
언자들과 의인들이 너희가 지금 보는 것
을 보고 싶어했지만 보지 못했다. 너희가
듣는 것을 듣고 싶어했지만 듣지 못했
다."

씨 뿌리는 사람의 비유를 설명하심

18 "씨 뿌리는 사람의 비유를 들어라.
19 누구든지 하늘 나라의 말씀을 듣고도 깨
닫지 못하면, 악한 자가 와서 마음 속에
뿌려진 것을 빼앗아 가 버린다. 이런 사
람은 길가에 뿌려진 씨와 같은 사람이
다.
20 돌무더기에 뿌려진 씨와 같은 사람은 말
씀을 들을 때, 기쁘게 얼른 받아들이는 사
람이다.
21 그러나 뿌리가 없어 오래가지 못한다. 말
씀 때문에 어려움이 생기고 박해를 당하
면, 곧 넘어진다.
22 가시덤불에 떨어진 씨와 같은 사람은 말
씀을 들으나, 세상 염려와 재물의 유혹이
말씀을 가로막아 결국 열매를 맺지 못한
다.
23 좋은 땅에 떨어진 씨와 같은 사람은 말씀
을 듣고 깨닫는 사람이다. 이런 사람은 열
매를 맺는데, 어떤 사람은 백 배, 어떤 사
람은 육십 배, 어떤 사람은 삼십 배의 열
매를 맺는다."

밀과 가라지

24 예수님께서 그들에게 또 다른 비유로 말
씀하셨습니다. "하늘 나라는 자기 밭에
좋은 씨를 심은 사람에 빗댈 수 있다.
25 사람들이 잠들었을 때, 원수가 와서 밀 사
이에 가라지를 뿌리고 갔다.
26 밀이 자라서 낟알이 익을 때에 가라지도
보였다.
27 주인의 종들이 와서 말했다. '주인님, 밭
에 좋은 씨를 뿌리지 않았습니까? 그런데
어디서 이런 가라지가 나왔을까요?'
28 주인이 대답했다. '원수가 그랬구나.' 종
들이 주인에게 물었다. '저희가 가서 가
라지를 다 뽑아 버릴까요?'
29 주인이 대답했다. '아니다. 너희가 가라
지를 뽑을 때에 밀도 함께 뽑힐라.
30 추수할 때까지 함께 자라게 놔 두어라. 추
수할 때, 내가 일꾼들에게 먼저 가라지를
거두어 묶어서 불에 태우고, 밀은 거두어
곳간에 쌓으라고 하겠다.'"

겨자씨와 누룩

31 예수님께서 또 다른 비유를 그들에게 말
씀해 주셨습니다. "하늘 나라는 마치 겨
자씨와 같다. 어떤 사람이 겨자씨를 가져
다가 자기 밭에 심었다.

알아두세요

13:14-15 사 6:9-10에 기록되어 있다.

32 이 씨는 다른 어떤 씨보다도 작다. 그런
데 이것이 완전히 자라면, 다른 어떤 풀
보다도 더 큰 식물이 된다. 그러면 하늘
의 새들이 와서, 그 가지에 둥지를 틀 수
있게 된다."
33 예수님께서 또 다른 비유를 그들에게 말
씀해 주셨습니다. "하늘 나라는 누룩에
빗댈 수 있다. 여자가 누룩을 가져다가 밀
가루 세 포대*에 섞어 넣었더니, 반죽이
부풀어 올랐다."

비유로 말씀하심

34 예수님께서 이 모든 것들을 사람들에게 비
유로 말씀해 주시고, 비유가 아니면 아무
것도 말씀하지 않으셨습니다.
35 이것은 예언자가 말한 것을 이루려고 하
신 것입니다. "내가 입을 열어 비유를 말
할 것이다. 이 세상이 세워질 때부터 지
금까지 숨겨졌던 것을 말할 것이다."*

밀과 가라지의 비유를 설명하심

36 그 때, 예수님께서 사람들에게서 떠나 집
으로 들어가셨습니다. 제자들이 예수님께
와서 말했습니다. "밭에 난 가라지의 비
유에 대해 저희들에게 설명해 주십시오."
37 예수님께서 대답해 주셨습니다. "밭에 좋
은 씨를 뿌리는 이는 인자이다.
38 그리고 밭은 세상이다. 좋은 씨는 하늘 나
라의 모든 아들들이다. 가라지는 악한 자
의 아들들이다.
39 그리고 나쁜 씨를 심은 원수는 마귀이다.
추수 때는 세상의 마지막 날이다. 추수하
는 일꾼들은 천사들이다.
40 가라지는 다 뽑혀서 불에 태워지는 것같
이, 세상의 마지막 날에도 그렇게 될 것
이다.
41 인자가 천사들을 보낼 것인데, 이들은 죄
를 짓게 만드는 자들과 불법을 행하는 자
들을 모두 하늘 나라에서 추려 내
42 불타는 아궁이에 던질 것이다. 사람들이
그 곳에서 슬피 울고, 고통스럽게 이를 갈
것이다.
43 그 때, 의인은 아버지의 나라에서 해처럼
빛날 것이다. 귀 있는 자는 들어라!"

보물과 진주의 비유

44 "하늘 나라는 밭에 숨겨진 보물과 같다.
어떤 사람이 그 보물을 발견하고 다시 밭
에 숨겼다. 그는 매우 기뻐하며 돌아가서
가진 것을 모두 팔아 그 밭을 샀다.
45 또한 하늘 나라는 진주를 찾는 상인과 같
다.
46 아주 값진 진주를 발견하자, 그 사람은 가
서 가진 것을 모두 팔아 그 진주를 샀다."

고기 잡는 그물의 비유

47 "또한 하늘 나라는 호수에 던져 온갖 종
류의 고기를 잡은 그물과 같다.
48 그물이 가득 찼을 때, 어부들은 바닷가로
그물을 끌어당겼다. 그들은 앉아서 좋은
물고기는 바구니에 담고, 나쁜 것들은 던
져 버렸다.
49 세상 끝날에도 이렇게 될 것이다. 천사가
와서 의인들 가운데서 악한 사람들을 구
별하여 낼 것이다.
50 천사가 그들을 불타는 아궁이에 던질 것
이다. 사람들이 그 곳에서 슬피 울고, 고
통스럽게 이를 갈 것이다."

새것과 낡은 것

51 "너희가 이 모든 것을 이해하겠느냐?" 제
자들이 "예"라고 대답했습니다.
52 예수님께서 제자들에게 말씀하셨습니다.

꽃이 핀
겨자나무
(13:31-32)

알아두세요

13:33 (그) '세 사톤' 으로 약 22ℓ 에 해당된다.
13:35 시 78:2에 기록되어 있다.

"그러므로 하늘 나라의 제자
가 된 율법학자는 창고에서
새것과 헌것을 꺼내 오는 집
주인과 같다."
53 예수님께서 이 비유들을 다
말씀하시고, 그 곳을 떠나
셨습니다.

나사렛에서 배척을 받으심

54 예수님께서 고향에 가셔서 유
대인의 회당에서 사람들을 가
르치셨습니다. 사람들은 놀라
서 말했습니다. "이 사람이 이
러한 지혜와 기적을 베푸는 힘
을 어디서 얻었을까?
55 이 사람은 목수의 아들이 아니
냐? 그의 어머니는 마리아이
고, 동생들은 야고보, 요셉, 시
몬 그리고 유다가 아니냐?
56 그리고 그의 누이들도 우리
와 함께 있지 않은가? 그런데
이 사람이 이런 모든 것들을
어디서 터득했을까?"
57 그들은 예수님을 믿으려고 하지
않았습니다. 예수님께서 그들에게 말씀하
셨습니다. "예언자는 자기 고향이나 자기
집에서는 존경을 받지 못하나, 거기 외에
는 어디서나 존경을 받는다."
58 사람들이 믿지 않았기 때문에, 예수님께
서는 그 곳에서 기적을 많이 베풀지 않으
셨습니다.

"하늘 나라는 밭에 숨겨진 보물과 같다" (13:44)

세례자 요한의 죽음

14 그 때, 헤롯 왕이 예수님에 대한 소
식을 들었습니다.
2 헤롯이 신하들에게 말했습니다. "이 사람
은 세례자 요한이다. 그가 죽었다가 다시
살아난 것이 틀림없어. 그 사람에게서 기
적이 나타나는 것도 바로 이 때문일 거
야."
3 헤롯은 예전에 요한을 체포하여 결박하고,
감옥에 가둔 적이 있었습니다. 헤롯이 이
렇게 한 것은 자기 동생 빌립의 아내였던
헤로디아 때문이었습니다.
4 요한이 헤롯에게 "당신이 헤로디아를 아내
로 삼은 것은 잘못이오"라고 말했던 것입
니다.
5 헤롯은 요한을 죽이려고 했지만, 사람들이
두려웠습니다. 이는 사람들이 요한을 예
언자라고 생각하고 있었기 때문이었습니
다.
6 그런데 헤롯의 생일에 헤로디아의 딸이 손
님들 앞에서 춤을 추었습니다. 헤롯은 매
우 기분이 좋았습니다.
7 그래서 헤롯은 딸이 요청하는 것은 무엇
이든지 주겠다고 맹세하였습니다.
8 어머니로부터 지시를 받은 딸은 헤롯에게
말했습니다. "쟁반 위에 세례자 요한의 머
리를 담아 주세요."
9 왕은 망설였지만 자기가 한 맹세 때문에,
그리고 함께 식사를 하던 손님들 때문에
요한의 머리를 주라고 명령을 내렸습니
다.

10 그는 사람을 보내어, 감옥 안에 있는 요
한의 머리를 베게 하였습니다.
11 요한의 머리가 쟁반에 담겨서 왕에게 왔
고, 왕은 그것을 소녀에게 주었습니다.
소녀는 그것을 자기 어머니에게 가져다
주었습니다.
12 요한의 제자들이 와서 시체를 거두어 장
사를 지냈습니다. 그들은 예수님께 와서
이 소식을 전했습니다.

오천 명을 먹이심

13 예수님께서 이 소식을 들으시고, 그 곳을
떠나 배를 타고 혼자 조용한 곳으로 가셨
습니다. 그러나 여러 마을에서 사람들이
이 사실을 전해 듣고, 걸어서 예수님을 따
라왔습니다.
14 예수님께서 배에서 내려 많은 사람들이 모
여 있는 것을 보셨습니다. 예수님께서는
그들을 불쌍히 여기시고 병든 사람들을
고쳐 주셨습니다.
15 저녁이 되자, 제자들이 예수님께 와서 말
했습니다. "이 곳은 외딴 곳이고, 시간도
너무 늦었습니다. 사람들을 이제 보내어,
마을에 가서 먹을 것을 각자 사도록 하는
것이 좋겠습니다."
16 예수님께서 제자들에게 대답하셨습니다.
"갈 필요가 없다. 너희가 그들에게 먹을
것을 주어라."
17 제자들이 대답했습니다. "우리가 가진 것
이라고는 빵 다섯 개와 생선 두 마리뿐입
니다."
18 예수님께서 말씀하셨습니다. "그것들을
내게 가져오너라."
19 사람들을 풀밭에 앉게 하신 후, 예수님께
서는 빵 다섯 개와 생선 두 마리를 손에
들고 하늘을 바라보며 감사 기도를 드리
셨습니다. 그 다음에 제자들에게 그것들
을 떼어 주셨고, 제자들은 그것을 사람들
에게 나누어 주었습니다.
20 모든 사람들이 먹고 배가 불렀습니다. 먹
고 남은 조각들을 거두었더니, 열두 바구
니에 가득 찼습니다.
21 먹은 사람은 약 오천 명이나 되었는데, 이
는 여자와 어린이가 포함되지 않은 숫자
입니다.

예수님께서 물 위를 걸으심

22 그 즉시, 예수님께서는 제자들을 배에 타
게 하시고, 호수 건너편으로 먼저 가 있
으라고 하셨습니다. 그 동안에 예수님께
서는 사람들을 되돌려 보내셨습니다.
23 사람들을 보내신 후, 예수님께서는 기도
하러 홀로 산 위에 올라가셨습니다. 그리
고 저녁 때까지 그 곳에 혼자 계셨습니
다.
24 배는 이미 육지에서 멀리 떨어져 있을 때
였습니다. 제자들은 큰 파도와 거친 바람
으로 어려움을 겪게 되었습니다.
25 새벽 3시에서 6시 사이에 예수님께서 호
수 위를 걸어서 제자들에게 오셨습니다.
26 제자들은 예수님께서 호수 위를 걸어오시
는 것을 보고 겁에 질렸습니다. 그들은
"유령이다!"라고 소리쳤습니다. 너무 무
서워서 비명을 지른 것입니다.

성경 자세히 이해하기

유대인들의 바구니

유대인들은 여행을 다닐 때 언제나 바구니를 가지고 다녔습니다. 그들은 바구니에 식량을 넣고 다님으로써 이방인들이 먹는 정결치 못한 음식을 먹어 불결해지는 것을 근본적으로 막으려 했던 것이지요. 뿐만 아니라 그 바구니 안에 건초를 넣어 두었다가 밤에 잘 때, 그 건초들을 깔고 자기도 했답니다. 그렇게 함으로써 유대인들은 이방인의 음식과 집으로부터 자신을 깨끗하게 지킬 수 있다고 생각했던 것입니다.

본문 보기 14장 20절

장로(15:2 elder) 유대인들의 최고 통치 기관의 일원으로 율법과 유전의 준수를 감독하는 백성의 지도자들.

전통(15:3 tradition) 어떤 집단이나 세대로부터 그 다음 세대로 전해져 내려오는 사상 · 관습 · 행동 따위의 양식 또는 그것의 핵심을 이루는 정신.

27 예수님께서 얼른 그들에게 말씀하셨습니
다. "안심해라! 나다! 두려워하지 마라."
28 베드로가 예수님께 말했습니다. "주여, 정
말 주님이시라면 저에게 물 위로 걸어오
라고 하소서."
29 예수님께서 말씀하셨습니다. "오너라." 베
드로는 배에서 내려 물 위를 걸어 예수님
께로 향했습니다.
30 그런데 베드로는 거센 바람을 보자, 겁이
났습니다. 물에 빠지기 시작하자, 소리를
질렀습니다. "주님, 살려 주십시오!"
31 예수님께서는 즉시 손을 내밀어 베드로를
잡아 주시며 말씀하셨습니다. "믿음이 적
은 사람아, 왜 의심하느냐?"
32 베드로와 예수님이 배 안에 오르자, 바람
이 잔잔해졌습니다.
33 배 안에 있던 사람들이 예수님께 경배하
며 말했습니다. "주님은 분명히 하나님의
아들이십니다!"

게네사렛에서 병자를 고치심

34 예수님과 제자들은 호수를 건너 게네사렛
이라는 곳에 이르렀습니다.
35 그 곳 사람들이 예수님을 알아보았습니
다. 그들은 근처에 있는 모든 지역으로 사
람들을 보내어, 환자들을 예수님께 모두
데리고 왔습니다.
36 이들은 예수님의 옷깃에라도 손을 대게 해
달라고 매달렸고, 손을 댄 사람들은 모두
병이 나았습니다.

장로들의 전통

15 그 때, 몇몇 바리새파 사람과 율법학
자들이 예루살렘으로부터 예수님께
와서 물었습니다.
2 "당신의 제자들은 어째서 장로들이 우리
에게 전하여 준 법을 지키지 않습니까?
당신의 제자들은 음식을 먹기 전에 손을
씻지 않습니다!"
3 예수님께서 이들에게 대답하셨습니다.
"너희는 어째서 장로들의 전통을 지키려
고 하나님의 명령을 지키지 않느냐?
4 하나님께서는 '네 아버지와 어머니를 공
경하라'고 말씀하셨다. 또한 '아버지나
어머니를 욕하는 사람은 반드시 죽으리
라'고 말씀하셨다.

물 위를 걷다가 믿음이 적어 물에 빠진 베드로(14:28-33)

5 그런데 너희는 '아버지나 어머니에게 드
리려던 것을 하나님께 드렸다고 하면,
6 자기 부모를 공경하지 않아도 된다'라고
말하면서, 너희 전통을 빌미로 하나님의
말씀을 무시하고 있다.
7 위선자들아! 이사야가 너희에 대해 예언한
것이 옳다.
8 '이 백성들이 입술로는 나를 공경하나,
마음은 내게서 멀구나.
9 헛되이 내게 예배를 드리고, 사람의 훈계
를 교리인 양 가르친다.'*"

입에서 나오는 것이 사람을 더럽힌다

10 예수님께서 사람들을 불러모으시고 말씀
하셨습니다. "너희는 듣고 깨달아라.
11 입으로 들어가는 것이 사람을 더럽히는
것이 아니라, 입에서 나오는 것이 사람을
더럽힌다."
12 그 때, 제자들이 예수님께 와서 물었습니
다. "바리새파 사람들이 이 말씀을 듣고
감정이 상한 것을 아십니까?"
13 예수님께서 대답하셨습니다. "하늘에 계
신 나의 아버지께서 직접 심지 않으신 나
무는 모두 뿌리 뽑힐 것이다.
14 그들을 내버려 두어라. 이들은 앞 못 보
는 인도자이다. 보지 못하는 사람이 다른
보지 못하는 사람을 안내하면, 둘 다 구
덩이에 빠질 것이다."
15 베드로가 예수님께 말했습니다. "이 비유
를 설명해 주십시오."
16 예수님께서 말씀하셨습니다. "아직도 이
해하지 못하느냐?
17 입으로 들어가는 것은 모두 배 속으로 들어
갔다가, 결국 뒤로 나가는 것을 모르느냐?
18 그러나 입에서 나오는 것은 마음에서 나
온다. 이런 것들이 사람을 더럽게 만든다.
19 마음에서는 악한 생각, 살인, 간음, 음행,
도둑질, 거짓말, 그리고 비방이 나온다.
20 이러한 것들이 사람을 더럽게 만드는 것
이다. 씻지 않은 손으로 먹는 것이 사람
을 더럽히는 것이 아니다."

가나안 여자의 믿음

21 예수님께서 그 곳을 떠나 두로와 시돈 지
방으로 가셨습니다.
22 그런데 그 지역에 사는 어떤 가나안 여자
가 예수님께 와서 소리쳤습니다. "주님,
다윗의 자손이여, 저를 불쌍히 생각하시
고 도와 주세요! 제 딸이 귀신들려서 매
우 고통받고 있습니다."
23 그러나 예수님께서는 그 여자에게 한 마
디도 대답하지 않으셨습니다. 제자들이
예수님께 와서 청했습니다. "저 여자를 돌
려 보내십시오. 우리를 따라다니면서 소
리지르고 있습니다."
24 예수님께서 대답하셨습니다. "나는 이스라
엘 집의 잃어버린 양에게로만 보냄을 받
았다."
25 그 때, 그 여자가 예수님께 와서 절을 하
고 간청했습니다. "주님, 도와 주십시오!"
26 예수님께서 대답하셨습니다. "자기 자식
의 빵을 집어서, 개에게 던져 주는 것은
옳지 않다."
27 그 여자가 대답했습니다. "그렇습니다.
주님, 그러나 개라도 주인의 식탁에서 떨
어진 음식 부스러기는 먹습니다."
28 그러자 예수님께서 말씀하셨습니다. "여

성경 속의 궁금증

사두개파 사람들은 누구일까요?

B.C. 152년 유대 하스몬 왕가의 요나단이 왕직과 함께 대제사장직까지 겸하자 소위 '경건한 사람들'(히브리어, '하시딤')이 이에 반기를 들었습니다. 그 중 평신도들이 중심이 되어 바리새파를, 일부 제사장들은 에센파를 만들었습니다. 한편, 대부분의 제사장들과 고위층들은 하스몬 왕가에 동조하여 사두개파를 만들었습니다. 이들은 현실주의자들로서 이스라엘의 상류 계급에 속했습니다. 이들은 *모세 오경만을 성경으로 인정하*고 내세와 부활, 천사의 존재를 부인하였습니다.

본문 보기 16장 1절

알아두세요

15:8-9 사 29:13에 기록되어 있다.
16:10 바구니

자야, 너의 믿음이 크구나! 네가 원하는
대로 될 것이다." 바로 그 때, 그 여자의
딸이 나았습니다.

많은 환자들을 고치심

29 예수님께서는 그 곳을 떠나 갈릴리 호숫가
로 가셨습니다. 그리고 산 위에 올라가서
앉으셨습니다.
30 그러자 많은 사람들이 예수님께 왔습니
다. 다리를 저는 사람, 걷지 못하는 사람,
보지 못하는 사람, 말 못하는 사람, 그 밖
에 많은 병자들을 데리고 왔습니다. 이들
은 병자들을 예수님의 발 앞에 두었고, 예
수님께서는 이들을 고쳐 주셨습니다.
31 사람들은 말하지 못하던 사람이 말을 하
고, 지체 장애인이 성한 몸을 갖게 되고,
다리를 저는 사람이 다시 걷고, 보지 못
하는 사람이 다시 보는 것을 보고 모두 놀
랐습니다. 그리고 이스라엘의 하나님께 영
광을 돌렸습니다.

사천 명이 넘는 사람들을 먹이심

32 예수님께서 제자들을 부르시고 말씀하셨
습니다. "이 많은 사람들이 나와 함께 삼
일 동안이나 있었는데, 먹을 것이 없으니
불쌍하구나. 그들을 주린 채로 돌려 보내
고 싶지 않다. 저들이 길에서 쓰러질지도
모른다."
33 제자들이 예수님께 물었습니다. "여기는
빈 들인데, 이처럼 많은 사람들을 배불리
먹일 만한 빵을 어디서 구하겠습니까?"
34 예수님께서 물으셨습니다. "너희가 빵을
얼마나 가지고 있느냐?" 그들이 대답했습
니다. "일곱 개입니다. 그리고 작은 생선
몇 마리가 있습니다."
35 예수님께서는 사람들에게 바닥에 앉으라
고 지시하셨습니다.
36 일곱 개의 빵과 생선을 들고 감사 기도를
드린 후, 예수님께서는 이것을 나누어 제
자들에게 주셨습니다. 제자들은 그것을
사람들에게 주었습니다.
37 모든 사람들이 먹고 배가 불렀습니다. 제
자들이 남은 빵 조각을 거두어 들이니, 일
곱 개의 커다란 광주리에 가득 찼습니다.
38 먹은 사람들은 모두 사천 명이었습니다.
이는 여자와 어린아이를 계산하지 않은
수입니다.
39 예수님께서 사람들을 돌려 보내시고, 배를
타고 마가단이라는 곳으로 가셨습니다.

사람들이 증거를 요구함

16 바리새파 사람들과 사두개파 사람들
이 예수님께 왔습니다. 이들은 예수
님을 떠보려고 하늘에서 오는 증거를 보
여 달라고 하였습니다.
2 예수님께서 대답하셨습니다. "저녁 때에
너희는 '하늘이 불그스레하니 내일은 맑
겠구나' 라고 말한다.
3 그리고 아침에 너희는 '하늘이 불그스레
하고, 어둑어둑하니 오늘은 날씨가 궂겠
구나' 라고 말한다. 하늘의 모습은 구별할
줄 알면서, 어찌 시대의 증거는 구별하지
못하느냐?
4 악하고 음란한 세대가 증거를 요구한다.
그러나 요나와 같은 증거 외에는 아무것
도 받지 못할 것이다." 그리고 나서 예수
님께서는 그들에게서 떠나셨습니다.

바리새파 사람과 사두개파 사람의 잘못된 가르침

5 제자들이 호수 건너편으로 왔는데, 빵을
가져오는 것을 잊었습니다.
6 예수님께서 제자들에게 말씀하셨습니다.
"바리새파 사람과 사두개파 사람의 누룩을
조심하여라."
7 제자들은 서로 수군거렸습니다. "빵을 가
져오지 않았어."
8 예수님께서 제자들이 말하는 것을 알아채
시고, 말씀하셨습니다. "믿음이 적은 자
들아, 어째서 빵이 없는 것을 두고 서로
수군대느냐?
9 아직도 깨닫지 못하느냐? 빵 다섯 개로
오천 명을 먹인 것을 기억하지 못하느냐?
그 때, 남은 것을 몇 바구니에 거두어들
였느냐?
10 그리고 빵 일곱 개로 사천 명을 먹인 것
을 기억하지 못하느냐? 그 때, 남은 조각
을 몇 광주리*에 거두었느냐?

베드로에게 하늘 나라의 열쇠를 줄 것이라고 말씀하심(16:19)

*예수님 시대 때 사용했던 열쇠의 모양

11 내가 빵에 대하여 말하는 것이 아님을 어
째서 깨닫지 못하느냐? 바리새파 사람들과
사두개파 사람들의 누룩을 주의하여라."
12 그제서야 제자들은 빵의 누룩에 대해 말
씀하시는 것이 아니라, 바리새파 사람들
과 사두개파 사람들의 교훈을 주의하라는
말씀인 줄 깨달았습니다.

베드로의 고백

13 예수님께서 가이사랴 빌립보에 가셨습니
다. 예수님께서 제자들에게 "사람들이 인
자를 누구라고 하느냐?" 하고 물으셨습
니다.
14 제자들이 대답했습니다. "어떤 사람들은
세례자 요한이라고도 하고, 또 어떤 사람
들은 엘리야라고 합니다. 또 어떤 사람들
은 예레미야나 예언자 가운데 한 사람이라
고 합니다."
15 예수님께서 제자들에게 물으셨습니다.
"그러면 너희는 나를 누구라고 하느냐?"
16 시몬 베드로가 대답했습니다. "주님은 그
리스도시며, 살아 계신 하나님의 아들이
십니다."
17 예수님께서 베드로에게 말씀하셨습니다.
"요나의 아들 시몬*아 네가 복되다. 네 혈
육이 이것을 네게 알려 준 것이 아니라,
하늘에 계신 내 아버지께서 알려 주신 것
이다.
18 내가 네게 말한다. 너는 베드로다. 내가
이 돌 위에 내 교회를 지을 것이니, 지옥
의 문이 이것을 이기지 못할 것이다.
19 내가 네게 하늘 나라의 열쇠를 줄 것이다.
무엇이든지 네가 땅에서 잠그면 하늘에서
도 잠겨 있을 것이요, 무엇이든지 네가 땅
에서 열면 하늘에서도 열려 있을 것이
다."
20 그리고 나서 예수님께서 제자들에게 자신
이 그리스도라는 것을 아무에게도 말하지
말라고 엄히 일렀습니다.

예수님께서 자신의 죽음을 미리 말씀하심

21 그 때부터, 예수님께서는 자신이 예루살렘
에 반드시 가야만 하며, 거기서 장로들과
대제사장 그리고 율법학자들에게 고난을
받아 결국엔 죽임을 당하지만 삼 일째 되
는 날에 다시 살아나실 것을 제자들에게
설명하기 시작하셨습니다.
22 그러자 베드로가 예수님을 붙들고 말렸습
니다. "절대로 그럴 수는 없습니다, 주님!
이런 일이 결코 일어나지 않을 것입니
다!"
23 예수님께서 돌아서며 베드로에게 말씀하
셨습니다. "사탄아, 내 뒤로 썩 물러가라!
네가 나를 넘어지게 한다. 너는 하나님의
일을 생각지 않고, 오직 사람의 일만 생
각하는구나."

십자가를 지고 따르라

24 그 때, 예수님께서 제자들에게 말씀하셨
습니다. "만일 누구든지 나를 따라오려면

알아 둡시다

16:17 개역 성경에는 '바요나 시몬아'라고 표기되어 있다.

자기를 부정하고, 자기 십자가를 지고,
나를 따르라.
25 누구든지 자기 목숨을 건지려고 하는 사
람은 잃을 것이다. 그러나 누구든지 나를
위하여 자기 목숨을 잃는 사람은 얻을 것
이다.
26 만일 어떤 사람이 온 세상을 얻고도 자기
영혼을 잃으면 무슨 소용이 있겠느냐? 사
람이 무엇과 자기 영혼을 바꿀 수 있겠느
냐?
27 인자는 아버지의 영광을 가지고 천사들과
함께 올 것이다. 그 때는 사람의 행위대
로 갚아 줄 것이다.
28 내가 너희에게 진정으로 말한다. 여기 서
있는 사람 가운데 몇몇은 인자가 자신의
나라에 오는 것을 볼 때까지 죽음을 맛보
지 않을 사람도 있다."

영광스런 모습으로 변화되신 예수님

17 육 일 뒤에 예수님께서는 베드로와 야
고보, 그리고 야고보의 동생 요한을
데리고 따로 높은 산에 올라가셨습니다.
2 그들 앞에서 예수님의 모습이 변화되었습
니다. 예수님의 얼굴은 해같이 빛나고, 옷
은 빛처럼 희게 되었습니다.
3 그 때에 모세와 엘리
야가 나타나 예수
님과 함께 말씀을
나누었습니다.
4 베드로가 예수님께
말했습니다. "주
님, 우리가 여기
있는 것이 좋습니
다. 원하신다면 제
가 여기에 천막 세
개를 세우겠습니
다. 하나는 주님
을 위해, 또 하나
는 모세를 위해,
그리고 마지막 하
나는 엘리야를 위
해서 말입니다."
5 베드로가 말하는
동안에 갑자기 빛나는 구름이 그들 위를
덮고, 그 속에서 "이는 내가 사랑하며 기
뻐하는 아들이다. 너희는 그의 말을 들어
라!" 하는 소리가 들려왔습니다.
6 제자들이 그 소리를 듣고, 얼굴을 땅에 대
고 엎드리며 무서워하였습니다.
7 예수님께서 그들에게 오셔서, 어루만지시
며 말씀하셨습니다. "일어나라, 무서워하
지 마라."
8 제자들이 눈을 들어 보니 아무도 보이지
않고, 예수님만 혼자 계셨습니다.
9 산 아래로 내려올 때에 예수님께서 제자
들에게 당부하셨습니다. "인자가 죽음에
서 다시 살아날 때까지, 너희가 본 것을
아무에게도 말하지 마라."
10 제자들이 예수님께 여쭈었습니다. "어째
서 율법학자들은 그리스도가 오기 전에 엘
리야가 먼저 와야 한다고 말하는 것입니
까?"
11 예수님께서 대답하셨습니다. "엘리야가 와
서 모든 것을 회복시킬 것이다.
12 그러나 내가 너희에게 말한다. 엘리야는
이미 왔다. 그런데 사람들은 그를 알아보
지 못하고, 그에게 자기들 마음대로 하였

영광스런 모습으로 변화되신 예수님(17:1-8)

다. 이처럼 인자도 그들로부터 고통을 받
을 것이다."
13 그 때서야, 제자들이 예수님께서 세례자
요한을 두고 말씀하셨다는 것을 깨달았습
니다.

귀신들린 소년을 고치심

14 예수님과 제자들이 사람들에게 갔을 때,
어떤 사람이 예수님께 와서 무릎을 꿇고
절을 하며 말했습니다.
15 "주님, 제 아들에게 자비를 베풀어 주십
시오. 이 아이가 간질에 걸려서 너무나 고
생하고 있습니다. 이 아이는 가끔 불에도
뛰어들고, 물에도 뛰어듭니다.
16 제가 이 아이를 제자들에게 데리고 왔었
는데, 고칠 수 없었습니다."
17 예수님께서 말씀하셨습니다. "아! 믿음이
없고, 뒤틀어진 세대여! 도대체 언제까지
내가 너희와 함께 있어야 하겠느냐? 언제
까지 내가 너희를 참아야 하겠느냐? 그
아이를 내게 데리고 오너라."
18 예수님께서 귀신을 꾸짖으셨습니다. 그러
자 귀신이 아이에게서 나가고, 그 아이는
즉시 나았습니다.
19 제자들이 예수님께 따로 와서 물었습니
다. "어째서 우리는 귀신을 쫓아낼 수 없
었습니까?"
20 예수님께서 대답해 주셨습니다. "너희 믿
음이 적어서이다. 내가 너희에게 진정으
로 말한다. 너희에게 겨자씨 한 알만한 믿
음이 있으면, 이 산을 향하여 '여기서 저
기로 움직여라' 말할 것이다. 그러면 산
이 움직일 것이다. 너희가 못할 일이 아
무것도 없을 것이다."
21 (없음)*

죽음에 대해서 다시 말씀하심

22 제자들이 갈릴리에 모여 있었을 때, 예수
님께서 그들에게 말씀하셨습니다. "인자
가 사람들의 손에 넘겨질 것이고,
23 사람들은 그를 죽일 것이다. 그러나 삼 일
째 되는 날에 다시 살아날 것이다." 그러
자 제자들은 몹시 슬퍼하였습니다.

성전세에 대하여

24 예수님과 제자들이 가버나움에 이르렀을
때, 성전세를 걷는 사람들이 베드로에게
와서 물었습니다. "당신네 선생님은 성전
세를 내지 않습니까?"
25 베드로가 대답했습니다. "내십니다." 베드
로가 집에 들어가자, 예수님께서 먼저 말
씀을 꺼내셨습니다. "어떻게 생각하느냐?
시몬아, 이 세상의 왕들은 관세와 세금을
누구에게서 받느냐? 왕의 자녀들한테서
냐? 아니면 다른 사람들한테서냐?"
26 베드로가 대답했습니다. "다른 사람들에
게서입니다." 예수님께서 베드로에게 말씀
하셨습니다. "그러므로 왕의 자녀들은 세
금을 낼 필요가 없다.
27 그러나 성전세 걷는 사람들을 자극해서는
안 되겠다. 그러니 호수에 가서 낚시를 던
져라. 그리고 첫 번째 낚은 물고기의 입
을 벌려 보아라. 은돈 한 개가 있을 것이
다. 그것을 가져다가 성전세 걷는 사람에

성경 자세히 이해하기

연자 맷돌

당시에 사용되었던 연자 맷돌은 보통 윗돌의 지름이 40cm에서 60cm 정도였습니다. 그러니 이것을 사람의 목에 매달아 바다에 빠뜨릴 수도 있었지요. 하지만 여기서 예수님께서 말씀하신 연자 맷돌은 가정에서 보통 사용하는 맷돌보다 훨씬 큰 것으로 짐승이 돌려야 할 정도의 크기였습니다. 고대 시리아, 로마, 마케도니아, 그리스에서는 극악한 죄를 범한 자나 반역죄 또는 신성 모독죄를 지은 사람에게 이런 맷돌을 매달아 바다에 빠뜨리는 형벌이 실제로 있었다고 합니다.

본문 보기 18장 6절

알아두세요

17:21 어떤 사본에는 다음과 같은 구절이 있다. "기도와 금식이 아니면 이런 귀신은 나가지 않는다."
18:11 어떤 사본에는 다음과 같은 구절이 있다. "인자는 잃어버린 자를 구원하러 왔다."

게 나와 네 몫으로 주
어라."

가장 높은 사람

18 그 때, 제자들
이 와서 예수님께
물었습니다. "하늘 나
라에서는 누가 가장
높은 사람입니까?"
2 예수님께서 한 어린아
이를 부르시더니 제자
들 앞에 세워 놓으셨
습니다.
3 그리고 말씀하셨습니
다. "내가 너희에게 진
정으로 말한다. 너희
가 돌이켜 어린아이처
럼 되지 않으면, 하늘
나라에 들어갈 수 없다.
4 이 어린아이처럼 자신을 낮추는 사람이
하늘 나라에서 가장 높은 사람이다.
5 누구든지 내 이름으로, 이와 같은 어린아
이를 환영하는 사람은 나를 환영하는 것
이다."

어린아이와 같지 않으면 천국에 들어갈 수 없다고 말씀하심(18:1-5)

죄의 유혹

6 "누구든지 나를 믿는 이런 어린아이 한 명
이라도 죄를 짓게 하는 사람은 차라리 자
기 목에 연자 맷돌을 매고, 깊은 바다에
빠지는 것이 더 나을 것이다.
7 사람들을 넘어지게 하는 방해물 때문에
이 세상에 화가 미친다. 방해물이 없을 수
는 없다. 그러나 사람들을 걸려 넘어지게
하는 방해물과 같은 사람에게는 화가 있
다.
8 만일 너희의 손이나 발이 너를 넘어지게
하거든, 잘라서 던져 버려라. 장애인으로
영원한 생명에 들어가는 것이, 두 손과 두
발을 가지고 영원한 불에 던져지는 것보
다 훨씬 낫다.
9 만일 너희의 눈이 죄짓게 하거든 뽑아서
던져 버려라. 한 눈만 가지고 영원한 생
명에 들어가는 것이, 두 눈을 가지고 지
옥 불에 던져지는 것보다는 훨씬 낫다."

잃어버린 양

10 "이 어린아이 한 명이라도 업신여기지 마
라. 내가 너희에게 말한다. 그들의 천사
들이 하늘에 계신 내 아버지의 얼굴을 항
상 뵙고 있다.
11 (없음)*
12 너희는 어떻게 생각하느냐? 만일 어떤 사
람에게 백 마리의 양이 있는데 그 중에서
한 마리가 길을 잃었다면, 산에 아흔아홉
마리의 양을 남겨 두고 길 잃은 그 양을
찾으러 가지 않겠느냐?
13 내가 진정으로 말한다. 만일 양을 찾게 되
면, 길을 잃지 않은 아흔아홉 마리의 양
보다 그 양 한 마리 때문에 더욱 기뻐할
것이다.
14 마찬가지로 이 어린아이 중 하나라도 잃
어버리는 것은, 하늘에 계신 너희 아버지
의 뜻이 아니다."

죄를 지은 사람에 대하여

15 "만일 네 형제가 네게 죄를 짓거든, 가서
단 둘이 있을 때에 잘못을 지적하여라. 만
일 그가 네 말을 들으면, 네 형제를 얻은
것이다.
16 그러나 만일 네 말을 듣지 않으면, 한두
사람을 데리고 다시 가거라. 그래서 네가

하는 모든 말에 두세 사람의 증인을 대라.
17 만일 그들의 말도 들으려고 하지 않으면,
교회에 말하여라. 만일 교회의 말도 듣지
않으려고 하면, 이방 사람이나 세리처럼
여겨라.
18 내가 너희에게 진정으로 말한다. 너희가
이 세상에서 묶은 것은, 하늘에서도 묶여
있을 것이다. 이 세상에서 너희가 푼 것
은, 하늘에서도 풀려 있을 것이다.
19 다시 너희에게 진정으로 말한다. 너희 가
운데 두 사람이 이 세상에서 마음을 같이
하여 무엇을 구하면, 하늘에 계신 내 아
버지께서 이루어 주실 것이다.
20 두세 사람이 나의 이름으로 모인 곳에는
나도 그들 가운데 있을 것이다."

용서받지 못하는 종

21 그 때, 베드로가 예수님께 와서 물었습니
다. "주님, 형제가 제게 죄를 지으면 몇
번이나 용서해 주어야 합니까? 일곱 번까
지입니까?"
22 예수님께서 대답하셨습니다. "일곱 번까
지가 아니라, 일곱 번씩 일흔 번까지라도
용서해 주어야 한다.
23 그러므로 하늘 나라는 자기 종들과 셈을
가리려는 왕에 빗댈 수 있다.
24 왕이 셈을 시작할 때에 만 달란트를 빚진
종이 불려 왔다.
25 그 종은 왕에게 돈을 갚을 수가 없었다.
그래서 주인은 종에게 아내와 자녀들과
가진 것을 다 팔아 빚을 갚으라고 명령했
다.
26 종은 주인의 무릎 아래 엎드려 빌었다.
'기다려 주십시오. 제가 모든 것을 갚겠
습니다.'
27 주인은 그 종을 불쌍히 여기고, 풀어 주
며 빚을 없던 것으로 해 주었다.
28 그런데 그 종이 나가서 자기에게 백 데나
리온을 빚진 동료를 만났다. 그는 동료의
멱살을 잡고 말했다. '나에게 빌린 돈을
어서 갚아라!'
29 동료는 그 종의 무릎 아래 엎드려 빌었다.
'기다려 주게. 내가 모든 것을 갚겠네.'
30 그러나 그 종은 들어 주지 않았다. 가서
동료를 감옥에 넣고, 자기에게 빚진 것을
다 갚을 때까지 갇혀 있게 하였다.
31 다른 동료들이 이 광경을 보고 매우 딱하
게 여겨, 주인에게 가서 일어난 일을 자
세히 말씀드렸다.
32 그러자 주인이 그 종을 불러 말했다. '이
악한 종아! 네가 나에게 빌기에 내가 네
모든 빚을 없던 것으로 해 주었다.
33 내가 네게 자비를 베풀었던 것처럼, 너도
네 동료에게 자비를 베풀어야 하지 않느
냐?'
34 그 주인은 매우 화가 나서 그 종을 감옥
에 넣고, 자기에게 빚진 것을 다 갚을 때
까지 감옥에 있게 하였다.
35 이와 같이 너희가 형제를 마음으로부터
용서하지 않는다면, 하늘에 계신 내 아버
지께서도 너희에게 이같이 하실 것이다."

이혼에 대하여

19 이 말씀을 다 마치시고, 예수님은 갈
릴리를 떠나 요단 강 건너편에 있는

성경 자세히 이해하기

일만 달란트

예수님 당시의 1달란트는 약 6,000데나리온이고, 1데나리온은 노동자의 하루 품삯이었습니다. 따라서 1달란트는 노동자가 16년 동안 일한 임금과 같고 1만 달란트는 약 16만 년의 임금에 해당합니다. 당시 노예 한 사람의 최고가가 2,000데나리온이었으니 최고가로 쳐도 30,000명의 노예를 넘겨야 갚을 수 있는 액수가 됩니다. 또 로마가 팔레스타인 전역에서 거둔 세금의 총액이 약 800달란트였다고 하니, 1만 달란트가 얼마나 큰 금액인지는 충분히 짐작이 가겠지요?

본문 보기 18장 21-35절

멱살(18:28 throat) 사람의 목 앞쪽의 살. 목 아래에 여민 옷깃.
부정(19:9 unfaithfulness) 정조를 지키지 않음.
고자(19:12 castrator) 생식기가 불완전한 남자.
증언(19:18 testimony) 어떤 사건이나 내용이 사실인지 아닌지를 말로써 밝히는 것.

유대 지방으로 가셨습니다.
2 많은 사람들이 예수님을 따라오자, 예수님
께서는 그 곳에서 그들을 치료해 주셨습
니다.
3 몇몇 바리새파 사람이 와서 예수님을 시험
하려고 물었습니다. "무엇이든 이유만 있
으면, 자기 아내와 이혼하는 것이 괜찮습
니까?"
4 예수님께서 대답하셨습니다. "너희가 이
말씀을 읽지 못했느냐? '맨 처음 사람을
만드신 분이 남자와 여자로 지으셨다.'
5 그리고 이렇게 말씀하셨다. '그러므로 남
자는 부모를 떠나 아내와 합할 것이다. 두
사람이 한 몸이 될 것이다.'
6 이처럼 두 사람은 이제 둘이 아니라 한 몸
이다. 하나님께서 묶으신 것을 사람이 나
누지 마라."
7 바리새파 사람들이 물었습니다. "그러면
왜 모세는 이혼 증서를 주고, 아내와 헤
어지라고 명령하였습니까?"
8 예수님께서 대답하셨습니다. "모세가 아내
와의 이혼을 허락한 것은, 너희 마음이 악
하기 때문이다. 그러나 원래부터 그랬던
것은 아니다.
9 내가 너희에게 말한다. 부정을 저지르지
않았는데도 아내와 이혼하고, 다른 여자
와 결혼하는 것은 간음죄를 짓는 것이
다."
10 제자들이 예수님께 말했습니다. "만일 남
편과 아내와의 관계가 이와 같다면, 차라
리 결혼하지 않는 것이 낫겠습니다."
11 예수님께서 대답하셨습니다. "모든 사람
이 이 말을 받아들일 수는 없다. 오직 하
나님께서 허락하신 사람들만이 그렇게 할
수 있다.
12 어머니 배에서 나올 때부터 고자로 태어
난 사람이 있고, 다른 사람에 의하여 고
자가 된 사람도 있고, 하늘 나라를 위해
스스로 고자가 된 사람도 있다. 이 말을
받아들일 수 있는 사람은 받으라."

어린이들을 반기심

13 그 때, 사람들이 자기의 자녀들을 데리고
와서, 예수님께서 손을 얹고 기도해 주시
기를 바랐습니다. 그러자 제자들이 이들
을 꾸짖었습니다.
14 예수님께서 말씀하셨습니다. "어린아이들
이 내게 오는 것을 막지 마라. 하늘 나라
는 이런 어린아이와 같은 사람들의 것이
다."
15 예수님께서 어린아이들에게 손을 얹어 기
도해 주시고, 그 곳을 떠나셨습니다.

부자 청년의 질문

16 어떤 사람이 예수님께 와서 물었습니다.
"선생님, 영원한 생명을 얻으려면 어떤
선한 일을 해야 합니까?"
17 예수님께서 대답하셨습니다. "왜 선한 것
에 대하여 내게 묻느냐? 선하신 분은 오
직 한 분뿐이다. 영원한 생명을 얻고 싶
다면, 계명을 지켜라."
18 그 사람이 물었습니다. "어떤 계명을 지
켜야 합니까?" 예수님께서 대답하셨습니
다. "살인하지 마라. 간음하지 마라. 도둑
질하지 마라. 거짓 증언 하지 마라.
19 네 부모를 공경하여라. 네 이웃을 네 자
신처럼 사랑하여라."
20 그 청년이 말했습니다. "이 모든 것을 지
금까지 다 지켜 왔습니다. 그 밖에 제게
부족한 것이 무엇입니까?"
21 예수님께서 대답하셨습니다. "만일 네가
완전해지길 원한다면, 가서 네가 가진 것
을 다 팔아 가난한 사람에게 나누어 주어
라. 그러면 하늘에서 보물을 얻게 될 것
이다. 그런 후에 와서 나를 따르라!"
22 이 말씀을 들은 청년은 매우 슬퍼하며 떠
나갔습니다. 왜냐하면 그가 가진 재산이
너무 많았기 때문입니다.
23 예수님께서 제자들에게 말씀하셨습니다.
"내가 너희에게 진정으로 말한다. 부자가
하늘 나라에 들어가는 것은 어렵다.
24 다시 너희에게 말한다. 부자가 하나님의
나라에 들어가는 것은 낙타가 바늘 구멍
에 들어가는 것보다 더 어렵다."
25 제자들이 이 말씀을 듣고 매우 놀라서 물
었습니다. "그러면 누가 구원을 받을 수

있습니까?"
26 예수님께서 그들을 보시며 말씀하셨습니
다. "사람은 할 수 없지만, 하나님께서는
모든 것을 하실 수 있다."
27 베드로가 예수님께 말했습니다. "그렇다면
모든 것을 버리고 주님을 따른 저희에게
는 무엇이 있겠습니까?"
28 예수님께서 그들에게 말씀하셨습니다.
"내가 너희에게 진정으로 말한다. 나를
따라오는 너희들은, 인자가 영광의 보좌
에 앉는 새 시대에, 열두 보좌에 앉아 이
스라엘 열두 부족을 심판하게 될 것이다.
29 나를 위하여 집, 형제와 자매, 부모와 자
식, 그리고 밭을 버리는 사람은 몇 배로
보상을 받을 것이며 영원한 생명을 얻을
것이다.
30 그러나 첫째가 꼴찌가 되고, 꼴찌가 첫째
가 되는 사람이 많을 것이다."

포도밭 일꾼 이야기

20 "하늘 나라는 자신의 포도밭에서
일할 일꾼을 찾으려고 아침 일찍
나간 주인과 같다.
2 그는 일꾼들에게 하루 품삯으로 한 데나
리온을 주기로 하고, 그 일꾼들을 포도밭

예수께서 나귀타고 입성하시던 길(20:17)

고용(20:9 hiring) 보수를 주고 사람을 부림.
분개(20:24 indignation) 매우 분하게 여기는 것.
고관(20:25 high official) 지위가 높은 관직이나 그런 자리에 있는 사람.
행사(20:25 exercise) 부려서 씀. 사용함. 특히 권리나 권력, 힘 따위를 실제로 사용하는 일.

으로 보냈다.
3 주인이 오전 9시쯤에 다시 시장에 나갔다
가 거기서 빈둥거리며 서 있는 몇몇의 사
람들을 보았다.
4 주인이 그 사람들에게 말했다. '당신들도
포도밭에 가서 일하시오. 적당한 품삯을
주겠소.' 그러자 그들은 포도밭으로 갔
다.
5 이 사람이 다시 낮 12시와 오후 3시쯤에
나갔다. 그리고 똑같이 말했다.
6 또 오후 5시쯤에도 시장에 나가 또 다른
사람들이 거리에 서 있는 것을 보고 물었
다. '왜 당신들은 하루 종일 빈둥거리며
서 있습니까?'
7 그들이 대답했다. '아무도 우리에게 일자
리를 주지 않았습니다.' 주인이 그들에게
말했다. '당신들도 나의 포도밭에 가시
오.'
8 저녁이 되자, 포도밭 주인이 관리인에게
말했다. '일꾼들을 불러 마지막에 온 사
람부터 맨 처음에 왔던 사람까지 품삯을
주어라.'
9 오후 5시에 고용된 일꾼들이 와서, 각각
한 데나리온씩을 받았다.
10 이제 맨 처음에 고용되었던 일꾼들이 왔
다. 그들은 더 많은 품삯을 받게 될 것이
라고 기대했지만, 그들도 한 데나리온씩을
받았다.
11 그러자 그들은 포도밭 주인에게 불평을
하였다.
12 '저 사람들은 겨우 한 시간밖에 일하지 않
았는데, 하루 종일 뙤약볕 아래서 수고한
우리들과 똑같이 취급하는군요.'
13 그러자 포도밭 주인이 말했다. '친구여,
나는 당신에게 잘못한 것이 없소. 당신들
은 한 데나리온을 받기로 나와 약속하지
않았소?
14 당신 것이나 가지고 돌아가시오. 나는 나
중 사람에게도 당신과 똑같이 주고 싶소.
15 내 것을 가지고 내 뜻대로 하는 것이 무
슨 잘못이오? 내가 자비로운 사람이라서
당신의 눈에 거슬리오?'

16 그러므로 꼴찌가
첫째가 되고, 첫
째가 꼴찌가 될
것이다."

야고보와 요한의 어머니가 예수님께 와서 아들들을 부탁함(20:20-23)

예수님의 죽음에 대해서

17 예수님께서 예루살
렘으로 가실 때,
열두 명의 제자만
따로 데리고 가셨
습니다. 가시는 도
중에 예수님께서
제자들에게 말씀하
셨습니다.
18 "보아라. 우리가 예루살렘으
로 간다. 인자가 대제사장들과 율
법학자들에게 넘겨질 것이고, 그들은 인
자에게 사형죄를 씌울 것이다.
19 그들은 인자를 이방 사람들에게 넘겨, 비
웃고 채찍질하고 십자가에 매달아 죽게
할 것이다. 그러나 삼 일째 되는 날에 인
자가 다시 살아날 것이다."

야고보와 요한의 어머니의 부탁

20 그 때, 세베대의 아들들을 데리고 그 어머
니가 예수님께 왔습니다. 그 여자는 예수
님께 절하고, 간청하였습니다.
21 예수님께서 물으셨습니다. "무엇을 원하
느냐?" 어머니가 예수님께 말했습니다.
"주님의 나라에서 제 한 아들은 주님의 오
른쪽에, 또 다른 한 명은 주님의 왼쪽에
앉으라고 말씀해 주십시오."
22 그러자 예수님께서 말씀하셨습니다. "너
희가 무엇을 요구하는지 깨닫지 못하고
있다. 내가 마실 잔을 너희도 마실 수 있
느냐?" 그들이 대답했습니다. "예, 마실
수 있습니다!"
23 예수님께서 그들에게 말씀하셨습니다.
"내 잔을 너희가 마실 것이다. 그러나 내
오른쪽과 왼쪽에 누구를 앉힐 것인지 결
정하는 것은 내가 할 일이 아니다. 그 자
리는 내 아버지께서 미리 정하신 사람들
의 것이다."
24 다른 열 명의 제자들이
이것을 듣고, 그 두 형제에게 분개하였습
니다.
25 예수님께서 제자들을 모두 불러 말씀하셨
습니다. "이방 사람의 통치자들은 다른
사람의 주인이 되려고 한다는 것을 너희
가 안다. 그 고관들은 사람들에게 권력을
행사한다.
26 그러나 너희는 저희들과 같이 되어서는
안 된다. 누구든지 너희 중에서 높아지려
면, 먼저 섬기는 자가 되어야 한다.
27 만일 누구든지 너희 가운데서 첫째가 되
려면, 너희의 종이 되어야 한다.
28 인자는 섬김을 받으러 온 것이 아니라 섬
기러 왔고, 자기 목숨을 많은 사람들을 위
하여 주려고 왔다."

보지 못하는 두 사람을 고쳐 주심

29 예수님과 제자들이 여리고를 떠날 때, 많
은 사람들이 예수님을 따라갔습니다.
30 보지 못하는 사람 두 명이 길가에 앉아 있
다가, 예수님께서 지나가시는 소리를 듣
고 외쳤습니다. "주님, 저희들을 불쌍히
여겨 주십시오! 다윗의 아들이시여!"
31 사람들이 그들을 꾸짖으며 조용히 하라고
했습니다. 그러나 이 사람들은 더욱 크게
소리질렀습니다. "주님, 저희들을 불쌍히

여겨 주십시오! 다윗의 자손이시여!"
32 예수님께서 가던 길을 멈추시더니 그 사
람들을 불러 말씀하셨습니다. "내가 너희
에게 무엇을 해 주길 원하느냐?"
33 그들이 대답했습니다. "주님, 눈을 뜨기
를 원합니다."
34 예수님께서 그 보지 못하는 사람들을 불
쌍히 여기시고, 그들의 눈을 만지셨습니
다. 그 즉시 그들은 시력을 회복하였습니
다. 그리고 나서 그들은 예수님을 따랐습
니다.

왕으로 예루살렘에 들어가심

21 예수님과 제자들이 예루살렘에 가까
이 오시다가, 올리브 산 기슭에 있는
벳바게라는 곳에 이르렀습니다. 예수님께
서는 거기서 두 명의 제자들을 마을로 보
내셨습니다.
2 예수님께서 말씀하셨습니다. "너희는 맞
은편 마을로 들어가거라. 그러면 당나귀
한 마리가 새끼와 함께 묶여 있는 것을 발
견할 것이다. 그 당나귀를 풀어서 나에게
가져오너라.

> **성경 자세히 이해하기**
>
> **성전 안의 시장**
>
> 이방 지역의 신전에는 시장이 있어 제사에 필요한 물품들을 팔았는데, 바빌론 포로 생활을 마치고 돌아온 유대인들은 그것을 모방해 성전 안에 시장을 만들었다고 합니다. 성전에는 이방인의 뜰이라는 구역이 있는데 이곳이 그런 역할을 하였고, 제사에 바칠 짐승들을 여기서 팔았습니다. 또한 일 년에 한 번, 반 세겔의 성전세를 내야 했는데 한 세겔의 돈을 반 세겔짜리 두 개로 바꾸거나 외국돈을 유대인의 돈으로 바꾸어 주기도 했습니다.
>
> 본문 보기 21장 12절

알아두세요

21:5 슥 9:9에 기록되어 있다.
21:9 시 118:26과 148:1에 기록되어 있다.
21:13 사 56:7에 기록되어 있고, 렘 7:11에 기록되어 있다.

3 만일 누가 너희에게 무슨 말을 하거든,
'주님이 필요하시답니다'라고 하여라. 그
러면 즉시 내어 줄 것이다."
4 이것은 예언자가 말한 것을 이루려고 하
신 것이었습니다.
5 "시온의 딸에게 말하여라. '보아라. 네 왕
이 네게로 오신다. 그는 겸손하여 당나귀
를 탔는데, 어린 당나귀, 곧 나귀 새끼를
타고 오신다.'"*
6 두 제자들이 가서 예수님께서 지시하신 그
대로 했습니다.
7 그들은 당나귀와 그 새끼를 데리고 와서,
그 등에 자기들의 옷을 깔았습니다. 예수
님께서는 그 위에 앉으셨습니다.
8 수많은 사람들이 자기 옷을 벗어 길에 깔
았고, 나뭇가지를 잘라 똑같이 했습니
다.
9 예수님의 앞뒤에서 따라가던 사람들이 소
리쳤습니다. "다윗의 아들에게 호산나! 주
님의 이름으로 오시는 분이 복되도다! 높
은 곳에서 호산나!"*
10 예수님께서 예루살렘으로 들어가셨을 때,
온 도시는 흥분으로 가득 찼습니다. 사
람들이 물었습니다. "이 사람이 누구
냐?"
11 사람들이 대답했습니다. "이 사람은 갈릴
리 나사렛 출신의 예수라는 예언자입니
다."

성전을 깨끗케 하심

12 예수님께서 성전에 들어가셨습니다. 예수
님께서는 성전에서 사고파는 사람들을 모
두 내쫓으시며, 돈 바꾸어 주는 사람들의
책상과 비둘기 파는 사람들의 의자를 둘
러엎으셨습니다.
13 그리고 사람들에게 말씀하셨습니다. "'내
집은 기도하는 집이라 불릴 것이다'*라고
성경에 기록되어 있는데, 너희는 오히려
'강도들의 소굴'*로 바꾸어 버렸다."
14 성전에서 보지 못하는 사람들과 다리를
저는 사람들이 예수님께 오자, 예수님께서
는 그들을 고쳐 주셨습니다.
15 대제사장들과 율법학자들이, 예수님께서

하신 여러 가지 놀라운 일들과 "다윗의
자손에게 호산나!"라고 외치는 아이들을
보았습니다. 그들은 매우 화가 났습니
다.
16 그래서 예수님께 말했습니다. "이 어린이
들이 말하는 것이 들립니까?" 예수님께서
대답하셨습니다. "그렇다. 너희는 성경에
서 읽지 못하였느냐? '어린이와 젖먹이들
의 입으로 찬양을 준비하셨다.'"
17 예수님께서 그 곳을 떠나 베다니라는 마
을로 가셔서, 거기서 밤을 보내셨습니
다.

말라 버린 무화과나무

18 아침이 되어, 예수님께서 예루살렘으로 돌
아오실 때, 몹시 시장하셨습니다.
19 마침 길 옆에 있는 무화과나무 한 그루를
보시고, 나무 곁으로 다가가셨습니다. 그
러나 그 나무에는 잎사귀만 있을 뿐 열매
는 보이지 않았습니다. 예수님께서 그 나
무를 향해 말씀하셨습니다. "다시는 네가
열매를 맺지 못할 것이다!" 그러자 즉시
나무가 말라 버렸습니다.
20 이것을 본 제자들이 놀라서 물었습니다.
"어떻게 무화과나무가 그렇게 빨리 말라
버렸습니까?"
21 예수님께서 제자들에게 대답하셨습니다.
"내가 너희에게 진정으로 말한다. 너희가
만일 의심하지 않고 믿기만 한다면, 내가
이 나무에게 한 것을 너희도 할 수 있다.
그뿐 아니라 이 산더러 '산아, 들려서 바
다에 떨어져라' 하고 말하면, 이것 역시
그대로 될 것이다.
22 너희가 믿고 기도로 구하는 것은 모두 받
을 것이다."

예수님의 권한

23 예수님께서 성전에 오셔서 가르치실 때,
대제사장과 백성의 장로들이 와서 물었습
니다. "당신은 무슨 권한으로 이런 일을
하는 것이오? 누가 당신에게 이런 권한을
주었소?"
24 예수님께서 이들에게 대답하셨습니다.
"나도 너희들에게 한 가지를 묻겠다. 만

성전을 깨끗하게 하신 예수님(21:12-13)

일 나에게 대답하면, 내가 무슨 권한으로
이런 일을 하는지 말해 주겠다.
25 요한의 세례가 하늘로부터 온 것이냐? 아
니면 사람에게서 온 것이냐?" 제사장들과
장로들이 서로 의논을 하였습니다. "만일
우리가 '하늘로부터 왔다' 고 하면, '그러
면 어째서 너희는 요한을 믿지 않았느
냐?' 라고 말할 것이고,
26 그렇다고 '사람에게서 왔다' 고 하자니,
백성들이 두렵구나. 왜냐하면 모든 백성
들이 그를 예언자라고 믿고 있기 때문이
다."
27 그래서 그들은 예수님께 대답했습니다.
"우리는 알지 못하오." 그러자 예수님께서
말씀하셨습니다. "그러면 나도 너희에게
내가 어떤 권한으로 이런 일들을 하는지
말하지 않겠다!"

아버지의 뜻대로 한 아들

28 "너희는 어떻게 생각하느냐? 어떤 사람에
게 두 아들이 있었다. 그가 첫째 아들에
게 가서 말했다. '아들아, 오늘은 포도밭
에 가서 일해라.'
29 그 아들은 '싫습니다' 라고 대답했다. 그
러나 나중에 마음을 바꾸고 포도밭으로
갔다.*

포도밭(21:33)

알아두세요

21:29 다른 고대 사본들에는 "그런데 그는 '예, 가겠습니다. 아버지!' 하고서는 가지 않았다"라고 표기되어 있다.

30 이번에는 둘째 아들에게 가서 아까와 똑
같이 말했다. 둘째 아들은 대답했다. '예,
그렇게 하겠습니다.' 그러나 실제로는 가
지 않았다.*
31 두 아들 가운데서 누가 아버지의 뜻대로
행했느냐?" 그들이 대답했습니다. "첫째
아들입니다."* 예수님께서 그들에게 말씀
하셨습니다. "내가 너희에게 진정으로 말
한다. 세리와 창녀들이 너희보다 먼저 하
나님의 나라에 들어갈 것이다.
32 요한이 올바른 길로 너희에게 왔으나, 너
희는 그를 믿지 않았다. 그러나 세리와 창
녀들은 그를 믿었다. 너희는 이것을 보고
도 여전히 회개하지 않고, 그를 믿지 않
았다."

포도밭 소작농의 비유

33 "다른 비유도 잘 들어 보아라. 어떤 밭 주
인이 있었다. 그가 포도밭을 일구고, 담
장을 두르고, 포도즙을 짤 구덩이를 파
고, 망대를 세웠다. 그리고 포도밭을 농
부들에게 빌려 주고 여행을 떠났다.
34 추수할 때가 다가오자, 주인은 농부들에
게 종을 보내어 자기 몫의 수확을 받아오
게 했다.
35 그러나 농부들은 그 종들을 잡아서, 하나
는 때리고, 하나는 죽이고, 또 하나는 돌
로 쳐죽였다.
36 그 주인은 처음보다 더 많은 종들을 그들
에게 보냈다. 그러나 농부들은 그 종들에
게 똑같은 짓을 했다.
37 결국 주인은 자기 아들을 농부들에게 보
냈다. 그는 '농부들이 내 아들은 존중할
것이다' 라고 생각했다.
38 그러나 농부들은 아들을 보며 서로 말했
다. '이 아들은 상속자니, 이 사람을 죽
이고 유산을 가로채자.'
39 농부들은 그 아들을 잡아, 포도밭 밖으로
끌고가서 죽였다.
40 그렇다면 포도밭 주인이 왔을 때, 이 농
부들을 어떻게 하겠느냐?"
41 그들이 예수님께 대답했습니다. "그 못된
농부들을 죽일 것입니다. 그리고 그 포도

받은 제때에 수확한 것을 바칠 수 있는 다
른 농부들에게 빌려 줄 것입니다."
42 예수님께서 그들에게 말씀하셨습니다.
"성경에서 이 말씀을 읽지 못하였느냐?
'건축자가 버린 돌이 모퉁이의 머릿돌이
되었다. 이것은 주님께서 하신 일이니,
우리 눈에 놀라운 일이다.'*
43 그러므로 내가 너희에게 말한다. 하나님
께서는 하나님의 나라를 너희에게서 빼앗
아 열매를 맺는 민족에게 주실 것이다.
44 이 돌 위에 떨어진 사람은 깨어질 것이며,
또한 이 돌이 사람 위에 떨어지면, 그는
산산조각이 날 것이다."
45 대제사장들과 바리새파 사람들은 예수님
의 이 비유를 듣고, 자신들을 두고 하시
는 말씀이란 것을 알았습니다.
46 그들은 예수님을 체포하고 싶었지만 사람
들이 두려웠습니다. 왜냐하면 사람들은
예수님을 예언자로 생각하고 있었기 때문
입니다.

결혼 잔치의 비유

22 예수님께서 사람들에게 다른 비유
를 들어 말씀하셨습니다.
2 "하늘 나라는 아들의 결혼 잔치를 마련한
왕에 빗댈 수 있다.
3 왕이 종들을 보내어 잔치에 초대한 사람
들을 모셔오게 하였다. 그러나 이들은 오
려고 하지 않았다.
4 그러자 왕은 다시 다른 종들을 보내며 말
했다. '초대받은 사람들에게 잔치가 준비
되었다고 말해라. 소와 살진 송아지도 잡
았고, 모든 것이 다 준비되었으니, 어서
결혼 잔치에 오라고 하여라.'
5 그러나 사람들은 종들의 말을 듣지 않고,
제 갈길로 갔다. 어떤 사람은 밭에 나갔
고, 어떤 사람은 장사하러 갔다.
6 나머지 사람들은 종들을 잡아다가, 그들
을 모욕하고 죽였다.
7 왕은 매우 화가 났다. 그는 군사를 보내
어 살인자들을 죽였다. 그리고 온 도시를
불태워 버렸다.
8 그리고 자기 종들에게 말했다. '결혼 잔
치가 준비되었으나, 초대받은 사람들은
자격이 없다.
9 너희는 큰 길에 가서, 너희가 만나는 사
람마다 결혼 잔치에 초대하여라.'
10 종들은 거리에 나가, 만나는 사람들이 좋
은 사람이건 나쁜 사람이건 가리지 않고
불러들였다. 그래서 결혼 잔치 마당은 잔
치 손님들로 가득 찼다.
11 왕이 그들을 보러 들어왔다가 결혼 잔치
예복을 입지 않은 사람을 보았다.
12 그 사람에게 왕이 말했다. '친구여, 결혼
잔치 예복을 입지 않고 어떻게 여기에 들
어왔는가?' 그 사람은 아무 말도 하지 못
했다.
13 왕이 종들에게 말했다. '이 사람의 손과
발을 묶어서 바깥 어두운 곳에 던져 버려
라. 그 곳에서 슬피 울고 고통스럽게 이

성경 속의 궁금증

예복을 입지 않으면 어떻게 되었을까요?

연회가 열리면 손님들은 예복을 입고 자리에 앉아 있었습니다. 그러면 군주나 주인이 손님들을 보러 나왔습니다. 갑자기 그 잔치에 초대된 것이 아니라면, 아무리 가난해도 예복을 입고 오는 것이 관례였습니다. 게다가 잔치가 벌어지는 곳에서 손님들을 위해 예복을 빌려 주는 것이 일반적이었답니다. 예복을 준비해 놓은 커다란 의상실을 갖고 있는 것은 부의 상징이기도 했지요. 그러니 초대받은 손님이 예복을 입지 않고 있는 것을 보면 왕은 놀랄 뿐만 아니라 화가 날만도 했겠지요? 본문 보기 22장 11-13절

알아두세요

21:30 다른 고대 사본들에는 "아버지가 둘째 아들에게 가서 같은 말을 하였다. 작은 아들은 '싫습니다' 하고 말하였다. 그러나 그 뒤에 뉘우치고 일하러 갔다"라고 표기되어 있다.
21:31 다른 고대 사본들에는 "둘째 아들입니다"라고 표기되어 있다.
21:42 시 118:22-23에 기록되어 있다.

를 갈 것이다.'
14 초대받은 사람은 많으나, 선택된 사람은
적다."

가이사에게 바치는 세금

15 그 때, 바리새파 사람들이 가서, 예수님의
말씀을 트집잡아 예수님을 함정에 빠뜨리
려고 공모했습니다.
16 그들은 자기들의 제자들을 헤롯 당원들과
함께 예수님께 보냈습니다. 이들이 말했
습니다. "선생님, 우리는 선생님이 진실
한 분이며, 하나님의 길을 올바르게 가르
치시며, 사람의 얼굴을 보지* 않으시므로
아무에게도 치우치지 않으신다고 생각합
니다.
17 선생님이 생각하시는 것을 우리에게 말씀
해 주십시오. 가이사에게 세금을 바치는
것이 옳습니까? 옳지 않습니까?"
18 예수님께서는 이 사람들의 악한 생각을 아
셨습니다. 그래서 말씀하셨습니다. "너희
위선자들아! 왜 나를 시험하느냐?
19 세금으로 내는 돈을 내게 보여라." 사람
들이 은돈 한 데나리온을 예수님께 보여 드

성경 속의 궁금증

헤롯 당원은 누구일까요?

B.C. 4년부터 A.D. 39년까지 갈릴리 지방을 다스렸던 헤롯 안디바와 가까운 사람들을 말합니다. 이들은 헤롯 가문의 정치적 운에 자신의 운명을 걸었던 사람들로서 친로마적 성향을 띠었습니다. 이들은 바리새인들이 정한 엄격한 종교적 규율을 많이 거부한 반면에 바리새파는 율법에 충실하였고 유대주의에 입각하여 로마의 지배를 거부했습니다. 그러나 이처럼 서로 상반된 입장에 서 있던 바리새파와 헤롯 당원들도 예수님께 대항할 때는 하나로 뭉쳤습니다.

본문 보기 22장 16절

알아두세요

22:16 사람을 겉모습으로 판단하지
22:44 시 110:1에 기록되어 있다.
23:5 개역 성경에는 '경문'이라고 표기되어 있다.

렸습니다.
20 예수님께서 물으셨습니다. "이것은 누구
의 얼굴이고, 누구라고 쓰여 있느냐?"
21 사람들이 대답했습니다. "가이사의 것입
니다." 그러자 예수님께서 그들에게 말씀
하셨습니다. "가이사의 것은 가이사에게
주어라. 그리고 하나님의 것은 하나님께
바쳐라."
22 사람들이 예수님의 말씀을 듣고 놀랐습니
다. 그리고 예수님께로부터 떠나갔습니다.

부활에 대하여

23 같은 날, 부활이 없다고 말하는 사두개파
사람 몇 명이 예수님께 나아와 질문했습
니다.
24 "선생님, 모세는 '남자가 아들이 없이 죽
으면, 그 동생이 형수와 결혼해서 형을 대
신하여 아들을 낳아 주어야 한다'라고 했
습니다.
25 우리 가운데 일곱 형제가 있었습니다. 첫
째가 결혼했지만 아들을 낳지 못하고 죽
어, 아내를 자기 동생에게 남겨 놓았습니
다.
26 그런데 둘째도, 셋째도, 그리고 일곱째까
지 첫째와 똑같이 되었습니다.
27 결국엔 그 여자도 죽었습니다.
28 일곱 형제 모두가 이 여자를 아내로 맞
아들였으니, 부활 때에 이 여자는 이 일
곱 형제 중에 누구의 아내가 되겠습니
까?"
29 예수님께서 이들에게 대답하셨습니다.
"너희는 성경도 알지 못하고, 하나님의
능력도 알지 못하므로, 잘못 생각하고 있
다.
30 부활할 때에는 누구도 장가가거나, 시집
가지 않으며, 오직 사람들이 하늘에 있는
천사처럼 될 것이다.
31 죽은 자의 부활에 대해 말하자면, 하나님
께서 이렇게 말씀하신 것을 읽어 보지 못
했느냐?
32 '나는 아브라함의 하나님, 이삭의 하나님,
야곱의 하나님이다.' 하나님은 살아 있는
사람들의 하나님이시지, 죽은 사람들의

하나님이 아니시다."
33 사람들이 이 말씀을 듣고, 예수님의 가르
침에 놀랐습니다.

가장 중요한 계명

34 예수님께서 사두개파 사람들의 말문을 막
으셨다는 소식을, 바리새파 사람들이 듣
고 함께 모였습니다.
35 그 가운데 율법의 전문가 한 사람이 예수
님을 시험하려고 질문을 하였습니다.
36 "선생님, 율법에서 어느 것이 가장 중요
합니까?"
37 예수님께서 그에게 대답하셨습니다. "'네
모든 마음과 모든 목숨과 모든 정성을 다
해서, 네 하나님을 사랑하여라.'
38 이것이 가장 중요하고, 우선되는 계명이
다.
39 두 번째 계명은 '네 이웃을 네 자신처럼
사랑하여라' 인데 이것도 첫째 계명과 똑
같이 중요하다.
40 모든 율법과 예언자들의 말씀이 이 두 계
명에서 나온 것이다."

그리스도와 다윗의 자손

41 바리새파 사람들이 함께 모여 있을 때, 예
수님께서 그들에게 질문하셨습니다.
42 "너희는 그리스도에 대해서 어떻게 생각하
느냐? 그가 누구의 자손이냐?" 바리새파
사람들이 대답했습니다. "다윗의 자손입
니다."
43 그러자 예수님께서 그들에게 말씀하셨습
니다. "그러면 다윗이 성령의 감동을 받
아, 어찌 그리스도를 '주님' 이라고 불렀겠
느냐? 그는,
44 '여호와께서 내 주님에게 말씀하셨습니
다. 내가 네 원수를 네 발 아래 굴복시
킬 때까지, 너는 내 오른쪽에 앉아 있어
라.'* 하고 말하였다.
45 다윗이 이처럼 그리스도를 '주님' 이라고
불렀는데, 어떻게 그리스도가 다윗의 자손
이 되느냐?"
46 아무도 예수님께 한 마디도 대답하지 못
했습니다. 그 이후로 아무도 예수님께 감
히 질문을 하려고 하지 않았습니다.

율법학자와 바리새파 사람을 꾸짖으심

23 그 때, 예수님께서 무리들과 제자
들에게 말씀하셨습니다.
2 "율법학자들과 바리새파 사람들은 모세의
자리에 앉았다.
3 그러므로 너희는 그들이 말하는 것을 다
행하고 지켜라. 그러나 그들의 행동을 따
라하지는 마라. 그들은 말만 하고 행하지
는 않는다.
4 그들은 무거운 짐을 묶어 다른 사람들의
어깨에 올리지만 정작 자신들은 그 짐을
지기 위해 손가락 하나 움직이려고 하지
않는다.
5 그들은 다른 사람들에게 보이려고 모든
일을 한다. 그래서 말씀 상자*를 크게 만
들고, 옷술을 길게 늘어뜨린다.
6 이들은 잔치에서 윗자리에 앉기를 좋아하
고, 회당에서 높은 자리에 앉기를 좋아한
다.

성경 자세이 이해하기

말씀 상자

예수님 당시의 유대인들은 출애굽기 13:1-10, 11-16, 신명기 6:4-9, 11:13-21 등 네 구절을 양피지에 히브리어로 적어 갖고 다녔습니다. 말씀 상자는 손목에 매는 것과 머리에 두르는 것으로 나누어져 있었습니다. 손목에 매는 것은, 양피지나 송아지 가죽으로 만든 작은 사각형 상자 안에 위의 구절을 적은 양피지를 넣고 얇고 긴 가죽끈으로 왼쪽 팔에 묶었습니다. 머리에 묶는 말씀 상자는 네 개의 작은 조각으로 만들어서 이마에 묶었습니다.

본문 보기 23장 5절

공모하다(22:15 conspire) 두 사람 이상이 공동으로 좋지 못한 일을 꾀하고 의논하다.
위선자(22:18 hypocrite) 겉으로만 착한 체하는 사람.
계명(22:38 commandment) 하나님의 명령, 특히 율법을 가리킴.

인사받기를 좋아하는 바리새파 사람들(23:7)

7 이들은 장터에서 인사 받는 것을 좋아하
고, 선생이라고 불리는 것을 좋아한다.
8 그러나 너희는 '선생'이라는 소리를 듣지
마라. 너희의 선생님은 오직 한 분이고,
너희 모두는 형제들이다.
9 그리고 세상에서 그 누구에게도 '아버지'
라고 부르지 마라. 아버지는 오직 한 분
인데, 하늘에 계시다.
10 너희는 '지도자' 소리를 듣지 마라. 너희
의 지도자는 오직 한 분뿐인 그리스도시다.
11 너희 가운데 큰 자는, 너희의 종이 될 것
이다.
12 누구든지 자신을 높이는 사람은 낮아질
것이고, 낮추는 사람은 높아질 것이다.
13 율법학자와 바리새파 위선자들이여, 너희
에게 화가 있다! 너희는 사람들 앞에서 하
늘 나라의 문을 막는다. 너희가 들어가지
않으면서, 다른 사람들도 들어가지 못하
게 막는다.
14 (없음)*
15 율법학자와 바리새파 위선자들이여, 너희
에게 화가 있다! 너희는 개종자 하나를 만
들려고 바다와 육지를 두루 다닌다. 그러
다가 한 사람을 찾으면 너희보다 더한 지
옥의 아들로 만든다.
16 앞 못 보는 인도자인 너희에게 화가 있다!
너희는 '만일 너희가 성전을 두고 맹세하
면 아무래도 좋지만 성전에 있는 금을 두
고 맹세하면 반드시 지켜야 한다'라는 말
을 한다.
17 바보 같고 눈이 먼 너희들아! 어느 것이
더 중요하냐? 금이냐, 그 금을 거룩하게
만드는 성전이냐?
18 또한 너희는 이런 말도 한다. '만일 어떤
사람이 제단을 두고 맹세하면 아무래도
좋지만 제단 위에 있는 제물을 두고 맹세
하면 반드시 지켜야 한다.'
19 너희 눈먼 사람들아! 어느 것이 더 중요
하냐? 제물이냐, 제물을 거룩하게 하는
제단이냐?
20 제단을 두고 맹세하는 사람은 제단과 제
단 위에 있는 모든 것을 두고 맹세하는 것

이다.
21 성전을 두고 맹세하는 사람은 성전과 성
전 안에 계신 분을 두고 맹세하는 것이다.
22 하늘을 두고 맹세하는 사람은 하나님의
보좌와 거기에 앉으신 분을 두고 맹세하
는 것이다.
23 율법학자와 바리새파 위선자들이여, 너희
에게 화가 있다! 너희는 박하와 회향과 뿌
리채소의 십일조까지 드리면서, 정의, 자
비, 믿음과 같은 율법의 더 중요한 부분
은 무시한다. 십일조도 중요하지만, 더
중요한 일을 무시해서는 안 된다.
24 눈이 먼 너희여, 너희는 모기는 걸러 내
어도 낙타는 삼켜 버린다!"
25 율법학자와 바리새파 위선자들이여, 너희
에게 화가 있다! 너희가 잔과 접시의 겉
을 깨끗하게 하지만 그 안에는 탐욕과 방
종이 가득 차 있다.
26 너희 눈먼 바리새파 사람들이여, 먼저 잔
과 접시의 안을 깨끗하게 하여라. 그래야
겉도 깨끗해질 것이다.
27 율법학자와 바리새파 위선자들이여, 너희
에게 화가 있다! 너희는 하얗게 칠한 무
덤과 같다. 겉은 아름다워 보이지만 그 안
은 시체들의 뼈와 온갖 더러운 것으로 가
득 차 있다.
28 너희가 겉으로는 사람들에게 의롭게 보이
지만, 속에는 위선과 악이 가득하다.
29 율법학자와 바리새파 위선자들이여, 너희
에게 화가 있다! 너희는 예언자들의 무덤
을 만들고, 의인의 묘비를 꾸미면서
30 '만일 우리가 우리 조상들이 살았던 때에
살았더라면, 우리는 예언자의 피를 흘리
는 데 함께 하지 않았을 것이다'라고 말
한다.
31 그러나 너희는 예언자들을 죽인 살인자들
의 자손이라는 것을 스스로 나타내고 있
구나.
32 그러므로 너희는 너희 조상들의 악한 일
을 마저 채워라.
33 뱀들아, 너희 독사의 자식들아! 지옥의 심
판을 너희가 어떻게 피할 수 있느냐?
34 그러므로 내가 너희에게 예언자와 지혜
있는 사람과 율법학자들을 보낸다. 너희
는 이 사람들 가운데서 몇 명은 죽이고,
십자가에 못박고, 몇 명은 회당에서 때릴
것이다. 그리고 이 마을에서 저 마을로 뒤
쫓으며 박해할 것이다.
35 따라서 의인 아벨의 피로부터, 성전과 제
단 사이에서 살해당한 바라갸의 아들 스가
랴*의 피에 이르기까지, 너희는 세상에서
피를 흘린 의인에 대한 죄값을 치를 것이
다.
36 내가 너희에게 진정으로 말한다. 이 모든
것들이 이 세대에 올 것이다."

예루살렘을 불쌍히 여기심

37 "예루살렘아, 예언자들을 죽이고 하나님께
서 네게 보내신 사람들을 돌로 친 예루살
렘아! 암탉이 병아리들을 날개 아래에 품
듯이, 얼마나 내가 너희 자녀를 모으려고
했느냐! 그러나 너희들은 원하지 않았다.
38 보아라. 네 집이 버려져 못 쓰게 될 것이
다.
39 내가 너희에게 말한다. '주님의 이름으로
오시는 분이 복되다!'라고 너희가 고백할

히에라볼리 입구의 무덤들(23:27)

알아두세요

23:14 어떤 사본에는 다음과 같은 구절이 있다. "율법학자와 바리새파 위선자들이여, 너희에게 화가 있다. 너희는 과부의 집을 삼키고, 거짓으로 길게 기도한다. 그러므로 너희가 더 큰 심판을 받을 것이다."

23:35 '스가랴'는 '사가랴'와 동일 인물이다.

때까지 지금 이후로 너희는 나를 보지 못
할 것이다."

성전 파괴의 예언

24 예수님께서 성전을 떠나 걸어가실
때, 제자들이 와서 성전 건물을
가리켜 보였습니다.
2 예수님께서 말씀하셨습니다. "너희가 이
모든 것을 보고 있지 않느냐? 내가 너희에
게 진정으로 말한다. 여기에 있는 돌 하나
도 돌 위에 남지 않고 다 무너질 것이다."

마지막 시대의 징조

3 예수님께서 올리브 산 위에 앉아 계실 때,
제자들이 조용히 와서 말했습니다. "이런
일들이 언제 일어날지 말해 주십시오. 선
생님께서 다시 오시는 때와 세상의 마지
막 때에 어떤 징조가 있겠습니까?"
4 예수님께서 대답하셨습니다. "아무도 너
희를 속이지 못하게 조심하여라.
5 많은 사람들이 내 이름으로 와서, '내가
바로 그리스도다' 라고 말할 것이다. 그리
고 많은 사람들을 속일 것이다.
6 또한 너희는 전쟁에 대한 소식과 소문을
들을 것이다. 그러나 두려워하지 마라.
이런 일들은 반드시 일어나야 한다. 그러
나 아직 마지막 때는 아니다.
7 민족이 다른 민족과 싸우기 위해 일어나
고, 나라가 다른 나라와 싸우기 위해 일

올리브 산의 설경(24:3)

알아두세요

24:29 사 13:10과 34:4에 기록되어 있다.

어날 것이다. 여러 곳에서 기근과 지진이
있을 것이다.
8 이런 일들은 해산의 고통이 시작되는 것
에 불과하다.
9 그 때, 사람들이 너희를 박해하고, 심지
어 죽이기까지 할 것이다. 나 때문에 너
희가 모든 민족에게 미움을 받을 것이다.
10 그 때에 많은 사람들이 넘어질 것이며, 서
로를 넘겨 주고, 미워할 것이다.
11 그리고 많은 거짓 예언자들이 일어나, 많
은 사람들을 속일 것이다.
12 또한 불법이 더욱 많아져서 많은 사람들
의 사랑이 식을 것이다.
13 그러나 끝까지 견디는 사람은 구원을 얻
을 것이다.
14 이 하늘 나라의 복음이 온 세상에 전파될
것이며, 모든 나라에 증거될 것이다. 그
때서야 세상의 끝이 올 것이다."

가장 큰 재난

15 "그러므로 예언자 다니엘이 말한 '멸망케
하는 혐오할 만한 것'이 거룩한 곳에 서
있는 것을 보면 (읽는 사람은 깨달아라)
16 유대에 있는 사람들은 산으로 도망하여라.
17 지붕 위에 있는 사람은 집 안에 있는 것
을 가지러 내려가지 마라.
18 밭에 있는 사람은 겉옷을 가지러 되돌아
가지 마라.
19 그 때에는 임신한 여자와 젖먹이는 여자
에게 화가 있을 것이다!
20 너희가 도망하는 때가 겨울이나 안식일이
아니기를 기도하여라.
21 그 때에는 많은 어려움이 있을 것이기 때
문이다. 세상이 생기고 나서 지금까지 이
같은 환난은 일어난 적이 없었고, 이후로
도 없을 것이다.
22 하나님께서 그 기간을 줄여 주시지 않으
시면, 아무도 구원받지 못할 것이다. 그
러나 하나님께서는 선택한 사람들을 위하
여 그 기간을 줄여 주실 것이다.
23 그 때에 사람들이 '여보시오, 그리스도가
여기 계십니다!' 또는 '저기 계십니다!' 라
고 할 것이다. 그러나 믿지 마라.

24 거짓 그리스도들과 거짓 예언자들이 일어
나서 큰 증거를 내보일 것이고, 기적을 일
으킬 것이다. 그래서 사람들을 속일 것이
다. 그리고 할 수만 있으면 선택하신 사
람까지 속일 것이다.
25 보아라. 내가 미리 너희에게 일러 주었
다.
26 그러므로 사람들이 '여보시오, 그가 광야
에 계십니다'라고 말해도 거기에 가지 마
라. '여보시오, 그리스도가 골방에 계십니
다'라고 말해도 믿지 마라.
27 번개가 동쪽에서 서쪽까지 번쩍이듯이 인
자가 오는 것도 이와 같을 것이다.
28 시체가 있는 곳에는 독수리가 모여들 것
이다."

인자의 오심

29 "그 환난의 날이 지난 직후에 '태양이 어
두워지고, 달이 그 빛을 잃을 것이다. 별
들이 하늘에서 떨어지고, 하늘에 있는 모
든 권세가 흔들릴 것이다.'*
30 그 때에 인자가 올 징조가 하늘에 있을 것
이다. 그 때에 세상의 모든 민족들이 울
며, 인자가 큰 권능과 영광으로 하늘 구
름을 타고 오는 것을 볼 것이다.
31 인자가 큰 나팔 소리와 함께 천사들을 보
낼 것이다. 그들은 하늘 이 끝에서 저 끝
까지 사방에서 택함받은 백성들을 모을
것이다."

무화과나무의 교훈

32 "무화과나무의 비유를 배우라. 그 가지가
연해지고, 새잎을 내면 여름이 가까운 줄
안다.
33 마찬가지로 이 모든 것이 일어나는 것을
보면, 인자가 가까이 와 문 앞에 있는 줄
을 알아라.
34 내가 너희에게 진정으로 말한다. 이 세대
가 지나가기 전에 이 모든 것이 일어날 것
이다!
35 하늘과 땅이 없어질지라도, 내 말은 결코
없어지지 않을 것이다!"

예수님께서 다시 오실 때

36 "그 날과 그 때는 아무도 모른다. 심지어
하늘의 천사와 아들까지도 모르고, 오직
아버지께서만 아신다.
37 노아의 때처럼 인자가 다시 올 때도 그와
비슷할 것이다.
38 홍수가 나기 전, 노아가 배에 들어가기 전
까지도 사람들은 먹고 마시며, 장가가고
시집가며 지냈다.
39 홍수가 나서 모든 사람들을 쓸어가기 직
전까지, 사람들은 전혀 깨닫지 못하였다.
인자가 올 때도 그와 같을 것이다.
40 두 사람이 밭에 있는데 한 사람은 데려가
고 다른 사람은 남겨 둘 것이다.
41 두 여자가 맷돌을 갈고 있는데 한 사람은
데려가고, 다른 사람은 남겨 둘 것이다.
42 그러므로 항상 깨어 있어라. 왜냐하면 언
제 너희 주님께서 오실지 너희가 알지 못
하기 때문이다.
43 이것을 명심하여라. 만약 도둑이 언제 들
어올지 집주인이 안다면 미리 준비를 하
고, 도둑이 집에 들지 못하도록 할 것이
다.
44 그러므로 너희도 준비를 해야 한다. 인자
는 생각지도 않은 때에 올 것이다."

신실한 종과 신실하지 않은 종

45 "주인이 집안을 맡기고, 제때에 양식을
내주도록 맡긴, 신실하고 슬기로운 종이
누구겠느냐?
46 주인이 돌아와서 볼 때, 주인이 명한 대
로 일하고 있는 종은 복되다.
47 내가 너희에게 진정으로 말한다. 주인은
그 종에게 자신의 모든 소유를 맡길 것이
다.
48 그러나 악한 종이, 주인이 오랫동안 돌아
오지 않을 것이라고 마음속으로 생각하여,

징조(24:3 sign) 어떤 일이 일어날 것을 예상하게 하는 조짐.
기근(24:7 famine) 흉년이 들어 식량이 모자람.
해산(24:8 childbirth) 아이를 낳는 일.
혐오(24:15 abomination) 싫어하고 미워함.
신실한(24:45 faithful) 믿음성이 있고 진실한.
소유(24:47 possession) 자기 것으로 가짐, 또는 그 물건.

신랑을 맞이한 지혜로운 다섯 처녀(25:1-13)

49 다른 종들을 때리기 시작하고 술꾼들과
함께 먹고 마신다면,
50 생각지도 않은 날, 알지 못하는 때에 그
종의 주인이 올 것이다.
51 그 때에 주인은 그 종에게 벌을 내리고 그
종을 위선자처럼 여길 것이다. 그 종은 거
기서 슬피 울고, 고통스럽게 이를 갈 것
이다."

열 처녀의 비유

25 "하늘 나라는 등을 들고 신랑을 맞
으러 나간, 열 명의 처녀에 빗댈
수 있다.
2 그 가운데 다섯 명의 처녀는 어리석고, 다
섯 명의 처녀는 지혜로웠다.
3 어리석은 처녀들은 등을 가지고 있었지만
기름이 없었다.
4 지혜로운 처녀들은 등뿐만 아니라 통에
기름까지 넣어 가지고 있었
다.
5 신랑이 오는 것이 매
우 늦어져서, 처녀들
이 모두 졸다가 잠
이 들었다.
6 한밤중에 어떤 사
람이 소리쳤다. '여
보시오. 신랑이 옵
니다! 나와서 맞이
하십시오!'
7 그러자 모든 처녀
들이 깨어나 등불을
준비하였다.
8 어리석은 처녀들이
지혜로운 처녀들에게
말했다. '등불이 꺼져 가
니, 우리에게 기름을 조금
만 나누어 다오.'
9 지혜로운 처녀들이 대답했다. '안 돼! 우
리가 함께 쓰기엔 기름이 충분치 않아. 기
름 파는 사람에게 가서 사렴.'
10 어리석은 다섯 처녀가 기름을 사러 간 사
이에 신랑이 왔다. 준비된 처녀들은 신랑
과 함께 결혼 잔치에 들어가고, 문은 닫
혀 잠겼다.
11 나중에 나머지 처녀들이 와서 '주님, 주
님, 문 좀 열어 주세요'라고 간청했다.
12 그러나 신랑이 대답했다. '내가 너희에게
진정으로 말한다. 나는 너희를 알지 못한
다.'
13 그러므로 항상 깨어 있어라. 그 까닭은 너
희가 그 날과 그 때를 알지 못하기 때문
이다."

달란트 비유

14 "하늘 나라는 여행을 떠날 때, 종들을 불
러서 자기 재산을 맡긴 사람과 같다.
15 주인은 종들의 능력에 따라, 어떤 사람은
다섯 달란트*를, 어떤 사람에게는 두 달란
트를, 또 어떤 사람에게는 한 달란트를 맡
기고 여행을 떠났다.
16 다섯 달란트를 받은 종은 얼른 가서, 그것

알아두세요

25:15 1달란트가 구약 시대에는 약 34.27kg의 무게와 동일한 중량을 가리켰다. 신약 시대는 돈의 단위로서 약 6,000드라크마와 동일한 가치를 나타내었다.

으로 장사를 하였다. 그래서 다섯 달란트
를 더 벌었다.
17 마찬가지로 두 달란트를 받은 종도 두 달
란트를 더 벌었다.
18 그러나 한 달란트를 받은 종은 나가서 땅
을 파고 그 곳에 주인의 은돈을 숨겼다.
19 세월이 오래 지난 뒤에, 종들의 주인이 집
에 돌아와서 종들과 셈을 하였다.
20 다섯 달란트를 받았던 종이 다섯 달란트를
더 가지고 와서 말했다. '주인님, 제게 다
섯 달란트를 맡기셨는데, 보십시오. 다섯
달란트를 더 벌었습니다.'
21 주인이 대답했다. '참 잘했구나. 너는 착
하고 신실한 종이다. 네가 작은 것에 최
선을 다했으니 내가 훨씬 더 많은 것을 너
에게 맡기겠다. 주인과 함께 기쁨을 누려
라.'
22 두 달란트를 받았던 종도 와서 말했다.
'주인님, 제게 두 달란트를 맡겨 주셨는
데, 보십시오. 두 달란트를 더 벌었습니
다.'
23 주인이 그에게 대답했다. '참 잘했구나.
너는 착하고 신실한 종이다. 네가 작은 것
에 최선을 다했으니, 내가 훨씬 더 많은
것을 너에게 맡기겠다. 주인과 함께 기쁨
을 누려라.'
24 그리고 한 달란트를 받았던 종이 주인에
게 와서 말했다. '주인님, 저는
주인님이 심지 않은 데서 거두
고, 씨 뿌리지 않은 데서 거
두는 완고한 분이라 생각
했습니다.
25 그래서 두려운 마음으로
밖에 나가 돈을 땅에 숨
겼습니다. 이제 주인님
이 제게 주신 돈을 도로
받으십시오.'
26 주인이 대답했다. '이
악하고 게으른 종아! 너
는 내가 심지도 않은 데
서 거두어 들이고, 씨
뿌리지 않은 곳에서 거
두어 들인다고 생각했느냐?
27 그렇다면 너는 내 돈을 은행에 넣어 두었
어야 했다. 그러면 내가 다시 돌아왔을 때
이자와 함께 내 돈을 돌려받았을 것이다.
28 저 종에게서 돈을 빼앗아 열 달란트 가진
종에게 주어라.'
29 가진 사람은 더 많이 받아 풍성하게 될 것
이고, 없는 사람은 있는 것마저 빼앗길 것
이다.
30 '저 쓸모없는 종을 바깥 어두운 곳에 던
져라. 거기서 슬피 울고, 고통스럽게 이
를 갈 것이다.'"

마지막 심판

31 "인자가 모든 천사들과 함께 영광 가운데
다시 와서, 영광의 보좌에 앉을 것이다.
32 그 때에 세상 모든 나라가 그 앞에 모일
것이며, 목자가 양과 염소를 구분하듯이,
인자가 사람들을 나눌 것이다.
33 인자는 자신의 오른쪽에는 양을, 왼쪽에
는 염소를 둘 것이다.
34 그 때 왕이 오른쪽에 있는 사람들에게 말
할 것이다. '내 아버지로부터 복을 받은
너희들이여, 와서 세상이 만들어질 때부
터 하나님께서 너희를 위해 준비하신 나
라를 물려받아라.
35 내가 배가 고플 때, 너희는 내게 먹을 것
을 주었다. 내가 목마를 때, 너희는 마실

"너희가 이 형제들 중 가장 보잘것없는 사람에게
한 일이 곧 나에게 한 것이다."(25:35-40)

것을 주었다. 내가 나그네로 있을 때, 너
희는 나를 초대해 주었다.
36 내가 헐벗었을 때, 너희는 내게 옷을 입
혀 주었다. 내가 아플 때, 너희는 나를 돌
보아 주었다. 내가 감옥에 있을 때, 너희
는 나를 찾아 주었다.'
37 그 때, 의로운 사람들이 그에게 대답할 것
이다. '주님, 언제 주님께서 배고프신 것
을 보고, 우리가 음식을 주었습니까? 언
제 목마른 것을 보고, 마실 것을 주었습
니까?
38 언제 나그네 된 것을 보고, 우리가 초대
하였습니까? 언제 헐벗으신 것을 보고,
우리가 옷을 입혀 주었습니까?
39 언제 감옥에 있는 것을 보고, 또 아프신
것을 보고, 우리가 찾아갔습니까?'
40 그 때, 왕이 대답할 것이다. '내가 너희
에게 진정으로 말한다. 보잘것 없는 사람
에게 한 일, 곧 너희가 이 형제들 중 가
장 보잘것 없는 사람에게 한 일이 곧 나
에게 한 것이다.'
41 그리고 나서 왼쪽에 있는 사람들에게 이
렇게 말할 것이다. '저주받은 자들아, 내
게서 떠나 악마와 그 부하들을 위해 준비
한 영원한 불에 들어가거라.
42 내가 배가 고플 때, 너희는 내게 아무것
도 주지 않았다. 내가 목마를 때, 너희는
마실 것도 주지 않았다.
43 내가 나그네 되었을 때, 너희는 나를 초
대하지 않았다. 내가 헐벗었을 때, 너희
는 내게 아무것도 입혀 주지 않았다. 내
가 아플 때나 감옥에 있을 때, 너희는 나
를 돌보지 않았다.'
44 그 때, 그 사람들이 대답할 것이다. '주
님, 언제 주님이 배고프거나, 목마르거
나, 나그네 되었거나, 헐벗었거나, 아프
거나, 감옥에 있는 것을 보고 우리가 돌
보지 않았습니까?'
45 그 때, 왕이 대답할 것이다. '내가 너희
에게 진정으로 말한다. 이 사람들 가운데
가장 작은 자 한 사람에게 하지 않은 것
이 곧 나에게 하지 않은 것이다.'

마지막 만찬(26:17-29)

46 이 사람들은 영원히 형벌을 받게 될 것이
다. 그러나 의로운 사람들은 영원한 생명
에 들어갈 것이다."

예수님을 죽일 계획

26 예수님께서 이 모든 말씀을 마치
셨을 때입니다. 예수님께서 제자
들에게 말씀하셨습니다.
2 "너희도 알다시피 이틀 뒤가 유월절이다.
그 때에 인자는 넘겨져 십자가에서 죽을
것이다."
3 그 때, 대제사장과 장로들이 가야바라고
하는 대제사장 공관에 모였습니다.
4 그들은 조용히 예수님을 잡아 죽일 계획
을 세웠습니다.
5 그러나 그들은 "명절 기간에는 안 돼. 사
람들 사이에 폭동이 일어날 수 있으니까"
라고 말했습니다.

예수님께 향유를 부은 여자

6 예수님께서 베다니에서 문둥병에 걸렸던
시몬의 집에 계셨을 때입니다.
7 한 여자가 비싼 향유 한 병을 가지고 와
식사하고 계시는 예수님의 머리에 이 향
유를 부었습니다.
8 이 광경을 본 제자들이 화를 냈습니다.
"왜 이 값비싼 향유를 낭비하는 것이오?
9 그것을 비싼 값에 팔아서 가난한 사람들
에게 줄 수도 있었을 텐데."
10 예수님께서 이것을 아시고 말씀하셨습니
다. "왜 이 여자를 괴롭히느냐? 그는 나
에게 좋은 일을 하였다.
11 가난한 사람들은 항상 너희 가운데 있을
것이다. 그러나 나는 너희와 항상 함께 있
지 않을 것이다.
12 이 여자는 내 몸에 향유를 부어 내 장례
를 준비한 것이다.
13 내가 진정으로 너희에게 말한다. 온 세상
에 복음이 전해지는 곳마다, 이 여자가 한
일도 전해져 그를 기억할 것이다."

유다의 배반

14 그 때, 열두 제자 가운데 한 명인 가룟 출
신의 유다가 대제사장들에게 갔습니다.
15 가룟 유다가 말했습니다. "내가 예수를 당
신들에게 넘기면, 나에게 얼마를 주겠
소?" 제사장들은 유다에게 은 삼십 개를
주었습니다.
16 그후로부터 유다는 예수님을 넘길 기회를
노렸습니다.

유월절 음식을 나누심

17 무교절의 첫 번째 날에, 제자들이 예수님
께 와서 말했습니다. "유월절 음식을 어
디에다 준비할까요?"
18 예수님께서 대답하셨습니다. "성 안에 들
어가 한 사람에게 이렇게 말하여라. '선
생님께서 때가 가까웠으니, 당신 집에서
제자들과 함께 유월절을 보내겠다고 말씀
하십니다.'"
19 제자들이 예수님께서 말씀하신 대로 행하
여 유월절을 준비하였습니다.
20 그 날 저녁에 예수님께서 열두 명의 제자
들과 함께 음식을 드시기 위해 앉으셨습
니다.
21 모두들 식사를 하고 있을 때, 예수님께서
말씀하셨습니다. "내가 너희에게 진정으
로 말한다. 너희 중에 하나가 나를 배반
할 것이다."
22 제자들은 매우 슬퍼하며, 한 사람씩 예수
님께 묻기 시작했습니다. "주님, 제가 그
사람은 아니지요?"
23 예수님께서 대답하셨습니다. "나와 함께
그릇에 손을 넣는 자가 나를 배반할 것이
다.
24 성경에 쓰여진 대로 인자는 떠나갈 것이
다. 그러나 인자를 넘겨 주는 그 사람에
게는 화가 있다. 차라리 태어나지 않았더

유월절(26:2 Passover) 이스라엘의 이집트 탈출을 기념하는 절기.

폭동(26:5 riot) 폭력으로 사회의 질서를 어지럽히는 일.

무교절(26:17 Feast of Unleavened Bread) 유월절 행사가 끝난 직후부터 7일 동안 계속된 히브리인들의 축제이다. 이 기간 중에는 누룩을 넣지 않고 반죽하여 만든 빵만 먹었다.

라면, 자신에게 더 좋았을 것이다."
25 예수님을 배반한 유다가 예수님께 말했습
니다. "선생님이여, 설마 제가 그 사람입
니까?" 예수님께서 그에게 "네가 말했다"
하고 대답하셨습니다.

마지막 만찬

26 식사 때에 예수님께서는 빵을 들어 감사
기도를 드리시고, 그것을 떼어 제자들에
게 주시며 말씀하셨습니다. "받아 먹어
라. 이것은 내 몸이다."
27 또한 예수님께서 잔을 들어 감사드리신
후, 그것을 제자들에게 주시며 말씀하셨
습니다. "너희 모두, 이것을 마셔라.
28 이것은 죄를 용서하기 위하여 많은 사람
들을 위해 붓는 나의 피, 곧 언약의 피이
다.
29 내가 너희에게 말한다. 내가 아버지의 나
라에서 너희와 함께 새롭게 마시는 그 날
까지, 지금부터는 포도 열매로 빚은 것을
마시지 않을 것이다."
30 그들은 찬송을 부르고 올리브 산으로 올
라갔습니다.

베드로가 모른다고 할 것을 예언하심

31 예수님께서 제자들에게 말씀하셨습니다.
"오늘 밤, 너희는 모두 나를 버릴 것이다.

예수님이 체포당하신 겟세마네 동굴(26:36)

시험(26:41 temptation) 인간 스스로 죄와 쾌락에 끌려 받는 유혹과 사탄이 꾀는 유혹을 말함.
군단(26:53 legion) 두 개 이상의 사단으로 편성되는 전술 부대.

성경에 이렇게 쓰여 있다. '내가 목자를
칠 것이니, 양이 흩어질 것이다.'
32 그러나 내가 살아난 뒤에, 너희보다 먼저
갈릴리로 갈 것이다."
33 베드로가 말했습니다. "다른 모든 제자들
이 주님을 버릴지라도 저는 결코 버리지
않겠습니다."
34 예수님께서 대답하셨습니다. "내가 진정
으로 너에게 말한다. 바로 오늘 밤 닭이
울기 전에, 네가 나를 세 번이나 모른다
고 할 것이다."
35 베드로가 예수님께 말했습니다. "주님과
함께 죽을지라도 결코 주님을 모른다고
하지 않을 것입니다!" 다른 제자들도 모
두 똑같이 말했습니다.

겟세마네에서 기도하심

36 그 때, 예수님께서 제자들과 함께 겟세마
네라고 불리는 곳으로 가셨습니다. 예수님
께서 제자들에게 말씀하셨습니다. "내가
저기에 가서 기도하는 동안, 여기 앉아 있
어라."
37 그리곤 베드로와 세베대의 두 아들을 데리
고 가셨습니다. 예수님께서는 매우 근심
하시며, 괴로워하기 시작하셨습니다.
38 예수님께서는 세 제자에게 말씀하셨습니
다. "내 마음이 괴로워 죽을 지경이다. 여
기서 머무르며 나와 함께 깨어 있어라."
39 그리고 나서 약간 떨어진 곳으로 가서 얼
굴을 땅에 대고 기도하셨습니다. "나의
아버지, 할 수만 있다면 제게서 이 잔을
지나가게 해 주십시오. 그러나 내 뜻대로
하지 마시고, 아버지의 뜻대로 하시길 원
합니다."
40 기도하신 후 제자들에게 오셔서, 제자들
이 자고 있는 것을 보시고 베드로에게 말
씀하셨습니다. "너희들은 한 시간도 나와
함께 깨어 있을 수 없느냐?
41 깨어서 너희가 시험에 빠지지 않도록 기
도하여라. 영은 원하지만 육체가 약하구
나."
42 예수님께서 다시 가셔서 두 번째 기도를
하셨습니다. "나의 아버지여, 이것이 제

게서 지나갈 수 없고, 제가 마셔야만 한
다면, 아버지의 뜻대로 되기를 기도합니
다."
43 그리고 나서 다시 제자들에게 가셔서 제
자들이 자고 있는 것을 보셨습니다. 그들
은 너무 졸렸던 것입니다.
44 그래서 예수님께서는 제자들을 놔 두고 다
시 세 번째로 기도하셨습니다. 예수님께
서는 같은 기도를 한 번 더 하셨습니다.
45 그 다음에 예수님께서 제자들에게 돌아오
셔서 말씀하셨습니다. "아직도 자고 있
고, 쉬고 있느냐? 보아라, 때가 가까이 왔
다. 인자가 죄인들의 손에 넘겨진다.
46 일어나라, 가자. 나를 배반한 사람이 가
까이 오고 있다."

예수님께서 잡히심

47 예수님께서 말씀하시는 동안, 열두 제자
가운데 하나인 유다가 왔습니다. 대제사
장과 백성들의 장로들이 보낸 많은 사람
들이 칼과 몽둥이를 들고 유다와 함께 왔
습니다.
48 예수님을 배반한 유다가 이들에게 "내가
입 맞추는 사람이 바로 그 사람입니다. 그
를 잡으시오"라며 신호를 정해 주었습니
다.
49 곧바로 유다는 예수님께 가서 말했습니다.
"선생님, 안녕하십니까!" 그러면서 입을
맞추었습니다.
50 예수님께서 "친구여, 무엇하러 여기에 왔
느냐?" 하고 묻자 사람들이 와서 예수님
을 붙잡았습니다.
51 그러자 예수님과 함께 있던 제자 중 한 사
람이 칼을 뽑았습니다. 그리고 대제사장
의 종에게 칼을 휘둘러 그 종의 귀를 잘
랐습니다.
52 예수님께서 그에게 말씀하셨습니다. "칼
을 도로 제자리에 꽂아라. 칼을 쓰는 사
람은 칼로 죽을 것이다.
53 너는 내가 내 아버지께 말씀드리면 즉시
열두 군단도 넘는 천사들을 보내 주실 것
을 생각하지 못하느냐?
54 그러나 만일 그렇게 하면, 이 일이 반드
시 일어난다고 한 성경 말씀이 어떻게 이
루어지겠느냐?"
55 그리고 나서 예수님께서 사람들에게 말씀
하셨습니다. "너희는 마치 강도를 잡을
것처럼 칼과 몽둥이를 가지고 왔구나! 내
가 성전에 앉아 매일 가르쳤지만, 너희는
나를 잡지 않았다.
56 이 모든 것은 예언자의 글을 이루기 위해
일어난 것이다." 그 때, 모든 제자들이 예
수님을 버리고 도망갔습니다.

대제사장 앞에 서신 예수님

57 예수님을 잡은 사람들이 예수님을 대제사
장 가야바에게로 끌고 갔습니다. 거기에
는 율법학자들과 장로들이 모여 있었습니
다.
58 베드로가 예수님과 멀찍이 떨어져 따라가
대제사장의 공관 마당에 들어갔습니다.
그리고 결과를 보려고 경비원들 틈에 끼
어 함께 앉았습니다.
59 대제사장들과 전체 의원들이 예수님을 죽
이기 위해, 예수님을 고소할 거짓 증거를
찾으려고 하였습니다.

성경 자세히 이해하기

산헤드린

59절에서 말하는 '전체 의원'은 '산헤드린'이라고 불리는 유대인들의 최고 법정으로서, 하위 법정에서 상고한 사건이나 상대적으로 매우 중대한 사건을 다루었습니다. 산헤드린은 대제사장, 장로, 서기관으로 이루어진 70명의 의원들로 구성되었으며 최고 의장은 대제사장이 맡았습니다. 산헤드린의 주요 기능은 백성들의 종교 생활에 관해 재판하는 것으로, 벌금형이나 태형(매로 때렸던 형벌)을 선고할 수 있었고 경찰권을 행사할 수도 있었습니다. 그러나 사형권은 로마에 있었으므로 사형을 집행할 수는 없었습니다.

본문 보기 26장 59절

고소(26:59 accusation) 피해자가 경찰이나 법률 기관에 사실을 알려 가해자를 처벌해 줄 것을 요구하는 것.

60 많은 거짓 증인들이 나왔으나, 아무 증거도 얻지 못하던 중, 마침내 두 사람이 나왔습니다.
61 이들은 "이 사람이 '나는 하나님의 성전을 헐고, 그것을 삼 일 만에 다시 세울 수 있다' 라고 말했습니다"라고 증언했습니다.
62 대제사장이 일어서서 예수님께 물었습니다. "당신은 아무 대답도 하지 않겠소? 이 사람들이 당신에게 불리한 증언을 하는 것에 대한 당신의 답변은 무엇이오?"
63 그러나 예수님께서는 아무것도 말씀하시지 않았습니다. 다시 대제사장이 예수님께 물었습니다. "내가 살아 계신 하나님께 맹세하고 당신에게 명령하니 우리에게 말하시오. 당신이 하나님의 아들 그리스도요?"
64 예수님께서 대답하셨습니다. "네가 말했다. 그러나 내가 너희에게 말한다. 이제 이후로, 인자가 전능하신 자의 오른쪽에 앉아 있는 것과 하늘 구름을 타고 오는 것을 볼 것이다."
65 그러자 대제사장이 자기 옷을 찢으며 말했습니다. "이 사람이 하나님을 모독했다! 더 이상 증인이 필요없다. 여러분 모두가 이 사람이 하나님을 모독하는 것을 들었다.
66 어떻게 생각하는가?" 사람들이 대답했습니다. "죽어 마땅합니다."
67 그리고 사람들은 예수님의 얼굴에 침을 뱉고, 주먹으로 치고, 손바닥으로 때리며
68 "그리스도야! 누가 너를 때렸는지 맞혀 보아라!" 하고 말했습니다.

성경 자세히 이해하기

예수님의 재판 과정

성경을 토대로 추적해 보았을 때 예수님의 재판 과정은 다음과 같습니다. 먼저 유대인들에 의한 재판은 (1) 전직 대제사장이었던 안나스에 의한 예비 심문(요 18:12-14;19-23에만 기록) (2) 대제사장 가야바와 산헤드린에 의한 심문 (3) 산헤드린의 최종 판결의 순서로 이루어졌고, 다음으로 로마에 의한 재판은 (1) 빌라도의 심문 (2) 분봉왕 헤롯 안디바의 심문(눅 23:6-15에만 기록) (3) 빌라도의 계속된 심문과 최종 판결의 과정으로 이루어졌습니다.

본문 보기 27장 1절

가책(27:3 remorse) 잘못을 꾸짖음.
사면(27:15 release) 죄를 용서하여 형벌을 면제함.

베드로가 예수님을 알지 못한다고 말함

69 베드로가 대제사장 공관 마당의 바깥쪽에 앉아 있었습니다. 그 때, 어떤 여자 하인이 와서 말했습니다. "당신도 갈릴리 사람, 예수와 함께 있었지요?"
70 그러자 베드로는 "당신이 무슨 말을 하는지 모르겠소"라며 모든 사람들 앞에서 그렇지 않다고 말했습니다.
71 베드로가 대문 있는 데로 나가자, 다른 여자 하인이 거기 있던 사람들에게 말했습니다. "이 사람은 나사렛 예수와 함께 있던 사람이에요."
72 또다시, 베드로는 "나는 그 사람을 모릅니다"라고 맹세를 하며 그렇지 않다고 말했습니다.
73 잠시 후, 서 있던 어떤 사람들이 베드로에게 가서 말했습니다. "분명히 너는 그들과 한패다. 네 말씨를 보니 틀림없다."
74 그러자 베드로는 저주를 하며 맹세했습니다. "나는 저 사람을 모릅니다." 그러자 바로 닭이 울었습니다.
75 베드로는 지난번 예수님께서 자기에게 하신 말씀이 기억났습니다. "닭이 울기 전에 너는 나를 세 번이나 모른다고 할 것이다." 베드로는 밖으로 나가 몹시 울었습니다.

예수님께서 빌라도에게 끌려가심

27 다음 날 아침이 되자, 모든 대제사장과 백성의 장로들이 예수님을 죽이려고 논의를 하였습니다.
2 그들은 예수님을 묶어, 총독인 빌라도에게 데려가, 그에게 넘겨 주었습니다.

유다가 자살함

3 예수님을 배반한 유다는 예수님이 유죄 판
결을 받은 것을 보고, 양심에 가책을 느
꼈습니다. 그래서 은 삼십 개를 대제사장
과 장로들에게 돌려 주었습니다.
4 유다가 말했습니다. "내가 죄없는 피를 팔
아 넘기는 죄를 지었습니다." 그들이 대
답하였습니다. "그게 우리와 무슨 상관이
냐? 그것은 너의 문제다."
5 유다는 은화를 성전 안에 내던지고 나가
서 목매어 자살했습니다.
6 대제사장들이 성전에서 그 돈을 거두고
말했습니다. "이 돈은 피값이니, 성전에
두는 것은 안 될 일이다."
7 그들은 서로 의논하여 그 돈으로 토기장
이의 밭을 사, 나그네들의 묘지로 삼기로
결정했습니다.
8 그 밭은 지금까지 피밭이라고 불립니다.
9 그래서 예언자 예레미야가 말한 것이 이루
어졌습니다. "그들이 은화 삼십 개, 즉 이
스라엘 사람들이 몸값이라고 정한 값을 받
았다.
10 그리고 토기장이의 밭을 샀는데 밭값으로
그 돈을 주었다. 이것은 주께서 내게 지
시하신 그대로이다."

빌라도가 예수님께 질문함

11 예수님께서 총독 앞에 서셨습니다. 총독
이 예수님께 물었습니다. "당신이 유대인
의 왕이오?" 예수님께서 "네가 말하였다"
라고 대답하셨습니다.
12 대제사장과 장로들이 예수님을 고발하였
지만, 예수님께서는 아무 대답도 하지 않
으셨습니다.
13 그래서 빌라도가 예수님께 말했습니다.
"이 사람들이 너를 여러 가지로 고발하는
것이 들리지 않느냐?"
14 그러나 예수님께서는 빌라도에게 단 한 마
디도 대답하지 않으셨습니다. 빌라도는
이것을 보고 이상하게 생각했습니다.

바라바와 예수님

15 명절이 되면, 백성들이 원하는 죄수 한 명
을 총독이 사면해 주는 관례가 있었습니
다.
16 당시 감옥에는 바라바라고 하는 아주 악
명 높은 죄수가 한 명 있었습니다.
17 사람들이 모였을 때, 빌라도가 말했습니
다. "너희는 누구를 놓아 주기를 원하느
냐? 바라바냐, 아니면 그리스도라고 하는
예수냐?"
18 빌라도가 이렇게 말한 것은 사람들이 예수
님을 시기해서, 자기에게 넘겨 준 것을 알
고 있었기 때문이었습니다.
19 빌라도가 재판석에 앉아 있을 때, 그의 아
내가 사람을 보내 말했습니다. "저 죄없
는 사람에게 아무 일도 하지 마세요. 어
젯밤 꿈 속에서 제가 이 사람 때문에 몹
시 고통을 받았습니다."
20 그러나 대제사장들과 장로들은 군중들에
게 바라바를 놓아 주고, 예수님을 죽이도
록 요청하라고 시켰습니다.
21 빌라도가 사람들에게 말했습니다. "이 두
사람 중에 누구를 석방시켜 주길 원하느
냐?" 사람들이 대답했습니다. "바라바요!"
22 빌라도가 물었습니다. "그러면 그리스도라
고 하는 예수는 어떻게 해야 하겠느냐?"
그들이 모두 대답했습니다. "그를 십자가
에 매달아 죽이시오!"

예수님이 재판을 받으신 곳(27:8)

관례(27:15 usage) 오랫동안 거듭해서 버릇처럼 된 일.
석방(27:21 release) 구속된 사람을 풀어 자유롭게 하는 것.

23 빌라도가 물었습니다. "그 이유가 무엇이
냐? 그가 무슨 악한 일을 했느냐?" 그러
자 사람들은 더 크게 소리쳤습니다. "그
를 십자가에 매달아 죽이시오!"
24 빌라도는 자기로서는 어찌할 도리가 없다
는 것을 깨달았습니다. 그리고 잘못하면
폭동이 일어날지도 모른다고 생각하였습
니다. 그래서 그는 물을 떠다가 사람들 앞
에서 손을 씻으며 말했습니다. "나는 이
사람의 피에 대하여 아무런 책임이 없다.
너희가 알아서 해라."
25 사람들이 한결같이 대답했습니다. "그의
피에 대한 책임은 우리와 우리 아이들이
지겠습니다."
26 결국 빌라도는 바라바를 풀어 주었습니다.
그리고 예수님을 채찍으로 때리게 한 후,
십자가에 매달도록 내어 주었습니다.
27 총독의 군인들이 예수님을 총독의 관저로
끌고 들어갔습니다. 그러자 모든 부대원
이 예수님 주위로 모였습니다.
28 그들은 예수님의 옷을 벗기고, 대신 붉은
색 옷을 입혔습니다.
29 그리고 가시로 왕관을 엮어, 예수님의 머
리 위에 씌웠습니다. 그들은 예수님의 오
른손에 지팡이를 쥐어 주었습니다. 그리
고 "유대인의 왕, 만세!"라고 말하며 예수
님께 무릎 꿇고 절하면서 놀렸습니다.
30 그들은 예수님께 침을 뱉고 지팡이를 빼
앗아 예수님의 머리를 쳤습니다.
31 예수님을 실컷 조롱한 후에, 붉은색 옷을
벗기고, 원래의 옷으로 다시 입혔습니다.
그리고 예수님을 십자가에 매달아 죽이려
고 끌고 갔습니다.

십자가에 못박히심

32 군인들이 나가다가 구레네 출신의 시몬이
라는 사람을 만났습니다. 군인들은 그에
게 강제로 예수님의 십자가를 지고 가게
하였습니다.
33 그들은 골고다라는 곳으로 갔습니다. 골고
다는 '해골의 땅'이라는 뜻입니다.
34 군인들은 예수님께 쓸개즙을 섞은 포도주
를 주어 마시게 하였습니다. 그러나 예수
님께서는 맛을 보시고는 마시려고 하지
않으셨습니다.
35 군인들이 예수님을 십자가에 못박고, 제
비를 뽑아 예수님의 옷을 나누어 가졌습
니다.
36 그리고 거기 앉아서, 예수님을 계속 지켜
보았습니다.
37 그들은 예수님의 머리 위에 "이 사람은 유
대인의 왕 예수다"라고 쓴 죄패를 걸어 놓
았습니다.
38 그 때, 두 강도가 예수님과 함께 십자가에
못박혔습니다. 한 사람은 오른쪽에, 다른
한 사람은 왼쪽에 매달렸습니다.
39 지나가던 사람들이 고개를 저으면서 예수
님께 욕을 하였습니다.
40 "성전을 헐고 삼 일 만에 다시 세운다는
사람아! 네 자신이나 구원하여라. 만일 하
나님의 아들이라면, 십자가에서 내려와
보아라!"
41 이와 같이 대제사장들도 율법학자들과 장
로들과 함께 예수님을 조롱하며 말했습니
다.
42 "이 사람이 다른 사람들은 구하면서, 자
기 자신은 구하지 못하는구나! 그는 이스
라엘의 왕이니, 지금 십자가에서 내려오
라지. 그러면 우리가 그를 믿겠다.
43 그가 하나님을 믿는다는데, 하나님께서
원하신다면 그를 당장 구원해 주시라고
그래라. 자신이 '나는 하나님의 아들이
라'고 했으니까 말이다."
44 예수님과 함께 십자가에 못박힌 강도들도
똑같은 욕을 예수님께 했습니다.

예수님께서 돌아가심

45 낮 12시부터 오후 3시까지 온 땅이 어둠

폭동(27:24 riot) 폭력으로 소동을 일으켜 사회의 질서를 어지럽히는 일.
관저(27:27 official residence) 고관들의 거처.
조롱(27:31 mock) 깔보거나 비웃으며 놀리는 것.
죄패(27:37 notice of the change) 죄목을 기록한 패.

에 덮였습니다.
46 오후 3시쯤에 예수님께서 "엘리, 엘리, 라
마 사박다니" 하고 큰 소리로 외치셨습니
다. 이 말은 "나의 하나님, 나의 하나님,
어찌하여 나를 버리셨습니까?"라는 뜻입
니다.
47 거기 서 있던 사람들이 이 말을 듣고 말
했습니다. "이 사람이 엘리야를 부른다."
48 그러자 얼른 한 사람이 뛰어가서 해면을
가져다, 신 포도주를 적셨습니다. 그리고
예수님께서 마시도록 지팡이에 매달아 주
었습니다.
49 나머지 사람들이 말했습니다. "가만 놔
두어라. 엘리야가 그를 구원하러 오나 보
자."
50 다시 예수님께서 큰 소리로 외치셨습니
다. 그리고 숨을 거두셨습니다.
51 그 때, 성전 휘장이 위에서부터 아래까지
두 조각으로 갈라졌습니다. 땅이 흔들리
고, 바위들이 쪼개졌으며,
52 무덤이 열리고, 잠자던 많은 성도들의 몸
이 다시 살아났습니다.
53 예수님께서 부활하신 후, 그들은 무덤에
서 나와 거룩한 성으로 들어가서, 많은 사
람들에게 나타나 보였습니다.
54 예수님을 지키던 백부장과 병사들이, 지
진과 일어난 모든 일들을 보고 매우 놀라
면서 말했습니다. "이 사람은 정말로 하
나님의 아들이었다!"
55 많은 여자들이 멀리 떨어진 곳에서 이를
지켜 보고 있었습니다. 이들은 갈릴리에
서부터 예수님을 섬기려고 따라온 사람들
이었습니다.
56 그 중에는 막달라 마리아와, 야고보와 요셉
의 어머니 마리아, 그리고 세베대의 아들
들의 어머니가 있었습니다.

예수님께서 무덤에 묻히심

57 그 날 저녁에, 요셉이라는 아리마대 출신
의 한 부자가 왔습니다. 그도 역시 예수님
의 제자였습니다.
58 요셉은 빌라도에게 가서, 예수님의 시신을
달라고 요청했습니다. 그러자 빌라도는 요
셉에게 넘겨 주라고 군인들에게 명령하였
습니다.
59 요셉은 그 시체를 가져다가 깨끗한 천으
로 둘렀습니다.
60 그리고 바위를 뚫어 만든, 자신의 새 무
덤에 예수님의 시신을 모셨습니다. 그는
큰 돌을 굴려 무덤의 입구를 막고 돌아갔
습니다.
61 막달라 마리아와 다른 마리아가 무덤 맞은
편에 앉아 있었습니다.

예수님의 무덤을 지킴

62 이튿날, 곧 준비일이 지난 후에 대제사장
들과 바리새파 사람들이 빌라도에게 왔습
니다.
63 그들은 말했습니다. "각하, 그 거짓말쟁
이가 살아 있을 때, '내가 삼 일 뒤에 살
아날 것이다' 라고 한 말이 기억납니다.
64 그러니 명령을 내리셔서 삼 일째 되는 날
까지 그 무덤을 꼭 지키게 하십시오. 그
의 제자들이 와서 시체를 훔쳐간 후 사
람들에게 '그가 다시 살아났다' 고 할 수
도 있습니다. 그러면 이번 속임수는 처
음 것보다 더 나쁜 결과를 가져올 것입

성경 자세히 이해하기

성전 휘장이 찢긴 사건

두꺼운 천으로 짠 휘장은 성전의 지성소와 성소를 구분했습니다. 제사장들은 매일 성소에 들어가 예배를 드리고 그곳에 놓인 진설병과 기름을 새로 바꿨습니다. 지성소는 대제사장이 일 년에 한 번 대속죄일에 제물의 피를 들고 들어가 언약궤에 뿌렸습니다. 이처럼 구약의 백성들은 하나님 앞에 자유롭게 들어가는 것이 허용되지 않았습니다. 예수님께서 죽으실 때 휘장이 찢어진 사건은 이제 모든 성도들이 하나님께 직접 나아가게 되었음을 상징하는 사건이라 할 수 있습니다.

본문 보기 27장 51절

휘장(27:51 curtain) 갖가지 색깔의 실을 짜서 천을 만들고 그 위에 그룹들을 정교하게 수놓은 커튼으로써, 하나님과 언약의 백성 이스라엘 사이의 구분을 상징하였다.

니다."
65 빌라도가 말했습니다. "경비병들을 데리
고 가서, 당신들이 할 수 있는 대로 무덤
을 지키시오."
66 그렇게 해서 그들은 무덤에 가서 돌을 봉
인하고, 경비병들을 시켜 입구를 지키게
하였습니다.

예수님께서 부활하심

28 안식일 다음 날, 즉 한 주의 첫 날
동틀 무렵에, 막달라 마리아와 다
른 마리아가 무덤을 보러 갔습니다.
2 그 때, 강한 지진이 일어나고, 하나님의
천사가 하늘에서 내려왔습니다. 그 천사
는 돌을 굴려 치우고, 그 위에 앉았습니
다.
3 그 모습은 번개와 같았고, 옷은 눈처럼 희
었습니다.
4 경비병들이 그 천사를 보고 두려워 떨었
고, 마치 죽은 사람처럼 되었습니다.
5 천사가 그 여자들에게 말했습니다. "두려
워하지 마라. 너희가 십자가에 못박히신
예수님을 찾고 있다는 것을 알고 있다.
6 예수님은 여기 계시지 않다. 말씀하신 대
로 다시 살아나셨다. 와서 예수님이 누우
셨던 곳을 보아라.

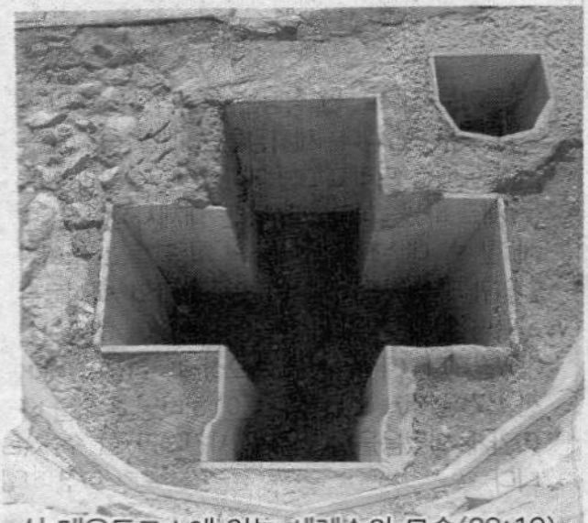
성 데오도르스에 있는 세례소의 모습(28:19)

경비병(27:65 guard) 만일에 대비하여 경계하고 지키는 임무를 맡은 병사.
봉인(27:66 seal) 문이나 봉투 따위를 열지 못하게 단단히 붙인 후 도장을 찍음.

7 그리고 빨리 가서 제자들에게 이렇게 말
하여라. '예수님께서 죽음에서 다시 살아
나셨습니다. 그리고 먼저 갈릴리로 가셨
습니다. 거기서 예수님을 뵐 수 있을 것입
니다.' 보아라, 이것이 내가 너희에게 전
할 말이다."
8 여자들은 재빨리 무덤을 떠났습니다. 그
들은 두려우면서도 매우 기뻤습니다. 그
들은 제자들에게 이 소식을 전해 주려고
달려갔습니다.
9 그 때, 갑자기 예수님께서 여자들에게 나
타나셔서 말씀하셨습니다. "잘 있었느
냐?" 여자들은 예수님께 다가가서 그분의
발을 붙잡고 절했습니다.
10 그러자 예수님께서 말씀하셨습니다. "두
려워하지 마라. 가서 내 형제들에게 갈릴
리로 가라고 말하여라. 거기서 그들이 나
를 볼 것이다."

경비병들이 보고함

11 여자들이 가고 있는 동안, 몇몇 경비병들
도 성으로 들어가, 대제사장들에게 일어
난 모든 것을 말하였습니다.
12 대제사장들은 장로들과 함께 모여 의논하
였습니다. 이들은 경비병들에게 많은 돈
을 주었습니다.
13 그리고 "사람들에게는 '밤에 예수의 제자
들이 찾아와, 우리가 잠든 사이에 그 시
체를 훔쳐 갔다'고 말하여라.
14 만일 이 이야기가 총독의 귀에 들어가더
라도, 우리가 잘 말해서 너희들을 구해 주
겠다"라고 말했습니다.
15 돈을 받은 경비병들은 그들이 시킨 대로
했습니다. 그래서 이런 소문이 유대인들
사이에 널리 퍼지게 되었고, 오늘날까지
그렇게들 알고 있습니다.

제자들의 사명

16 열한 명의 제자들이 갈릴리로 가서, 예수
님께서 지시하신 산에 이르렀습니다.
17 그들은 예수님을 뵙고 절을 했습니다. 그
러나 몇 명은 의심하기도 했습니다.
18 예수님께서 오셔서 말씀하셨습니다. "하
늘과 땅의 모든 권세가 내게 주어졌다.

19 그러므로 너희는 가서, 모든 민족을 제자
로 삼아라. 아버지와 아들과 성령의 이름
으로 세례를 주어라.
20 내가 너희에게 말한 모든 것을 지키도록
가르쳐라. 보아라, 내가 너희와 세상 끝
날까지 항상 함께 있겠다."

예수님께서 부활하심(28:1-8)

마 가 복 음

Mark

저자

저자는 마가이다. 또한 요한 마가라고도 불린다. 마가는 예수님의 직계 제자가 아닌 베드로의 제자로서 바울과 바나바와 같이 전도 여행을 한 바 있다.

저작 연대

A.D. 65–70년경

주요 인물

예수님, 세례 요한, 예수님의 제자들

기록 목적과 대상

예수님을 믿는 사람들에게 예수님께서 하신 일을 증거하기 위해 기록하였다. 마가복음은 일반적으로 모든 이방 기독교인들을 대상으로 하지만 특별히 로마에 있는 기독교인들을 위해서 쓰여졌다.

내용 소개

1. 예수님의 공생애 사역 준비(1:1–13)
2. 예수님의 갈릴리 사역(1:14–6:29)
3. 예수님의 갈릴리 안팎에서의 사역 (6:30–9:29)
4. 예수님의 마지막 갈릴리 사역(9:30–50)
5. 예수님의 유대와 베레아 사역(10:1–52)
6. 예수님의 예루살렘 사역(11:1–15:47)
7. 예수님의 구원 사역 완성(16:1–20)

세례자 요한이 예수님의 길을 준비함

1 하나님의 아들이신 예수 그리스도의 복
음은 이렇게 시작되었습니다.
2 이사야 예언자의 글에 이렇게 쓰여 있습
니다. "보아라. 내가 네 앞에 사자를 보낸
다. 그가 네 길을 준비할 것이다."*
3 "광야에서 외치는 자의 목소리가 들린다.
'주님의 길을 준비하여라. 그분의 길을
곧게 펴라.'"*
4 세례자 요한이 광야에 나타나서 죄 용서
를 위한 회개의 세례를 선포하였습니다.
5 그래서 온 유대 지방 사람들과 예루살렘
사람들이 요한에게 나아갔습니다. 그들은
자신들이 지은 죄를 고백하고, 요단 강에
서 요한에게 세례를 받았습니다.
6 요한은 낙타털로 만든 옷을 입고, 허리에
는 가죽띠를 띠고, 메뚜기와 들꿀을 먹었
습니다.
7 요한은 사람들에게 이렇게 선포하였습니
다. "나보다 더 강하신 분이 내 뒤에 오
신다. 나는 그분 앞에 꿇어앉아 그분의 신
발 끈을 풀기에도 부족하다.
8 나는 너희에게 물로 세례를 주지만 그분
은 너희에게 성령으로 세례를 베푸실 것
이다."

예수님께서 세례를 받으심

9 그 때, 예수님께서 갈릴리에 있는 나사렛
마을에서 요단 강으로 오셔서, 요한에게
세례를 받으셨습니다.
10 예수님께서 물에서 나오실 때, 하늘이 열
리는 것을 보셨습니다. 그리고 성령님께

성경 인물 — 세례 요한

제사장이었던 사가랴와 그 아내 엘리사벳은 하나님 앞에 의인이었으나 늙도록 자식이 없었습니다. 세례 요한은 이들의 간구에 대한 하나님의 응답으로, 예수님보다 6개월 먼저 태어나 광야에서 살았습니다. 그는 낙타털 옷에 가죽 허리띠를 차고 다녔으며, 사람들에게 회개를 외쳐 예수님의 활동을 준비하는가 하면, 요단 강에서는 예수님께 세례를 베풀기도 했습니다. 강직한 성격 탓에 헤롯 왕의 잘못된 결혼을 엄중하게 꾸짖어 투옥되었고, 결국엔 그에게 목베임을 당해 죽었습니다.

본문 보기 1장 4–8절

알아두세요

1:2 말 3:1에 기록되어 있다.
1:3 사 40:3에 기록되어 있다.

서 비둘기처럼 자신에
게 내려오는 것을 보셨
습니다.
11 하늘에서 "너는 내 사
랑하는 아들이다. 내가
너로 말미암아 매우 기
쁘다"라고 말하는 소리
가 들렸습니다.

예수님께서 시험을 받으심

12 곧 성령님께서는 예수님
을 광야로 내보내셨습
니다.
13 예수님께서는 사십 일
동안, 광야에서 사탄에
게 시험을 받으셨습니
다. 그 때, 들짐승들과
함께 계셨는데, 천사들
이 와서 예수님을 돌보
아 드렸습니다.

하나님 나라를 선포하심

14 요한이 감옥에 갇힌 뒤,
예수님께서는 갈릴리로
가셔서 하나님의 복음
을 전하셨습니다.
15 예수님께서는 "때가 되었다.
하나님 나라가 가까이 왔다. 회개하고,
복음을 믿어라!" 하고 말씀하셨습니다.

예수님께서 세례를 받으심(1:9-11)

제자들을 부르심

16 예수님께서 갈릴리 호숫가를 지나가시다
가, 시몬과 그의 동생 안드레를 보셨습니
다. 그들은 어부였는데, 호수에 그물을
던지고 있었습니다.
17 예수님께서 "나를 따르라. 내가 너희를 사
람을 낚는 어부로 삼겠다" 하고 말씀하셨
습니다.
18 그러자 시몬과 안드레는 얼른 그물을 놔
두고, 예수님을 따랐습니다.
19 예수님께서 조금 더 가시다가 세베대의 아
들 야고보와 그의 동생 요한을 보셨습니다.
그들은 배에서 그물을 깁고 있었습니다.
20 예수님께서 그들을 부르시자, 그들은 아
버지 세베대와 일꾼들을 배에 남겨 두고,
예수님을 따라 나섰습니다.

더러운 귀신이 들린 사람

21 예수님과 제자들이 가버나움으로 가셨습니
다. 안식일에 예수님께서 회당에 들어가
셔서 가르치기 시작하셨습니다.
22 거기에 있는 사람들이 예수님의 가르침을
듣고 놀랐습니다. 그것은 율법학자들과는
달리, 예수님께서는 권위 있는 분처럼 가
르치셨기 때문입니다.
23 회당에 더러운 귀신이 들린 사람이 있었
습니다. 그가 소리쳤습니다.
24 "나사렛 예수여! 당신과 우리들이 무슨 상
관이 있습니까? 우리를 없애려고 오셨습
니까? 나는 당신이 누군지 압니다. 바로
하나님께서 보내신 거룩한 분입니다!"

25 예수님께서 "조용히 하고, 그 사람에게서
나가거라!" 하시며 그를 꾸짖었습니다.
26 그 더러운 귀신이 그 사람에게 발작을 일
으켰습니다. 그리고 큰 소리를 지르면서
그 사람에게서 나왔습니다.
27 사람들은 모두 놀라서 "이게 어찌된 일이
냐? 이것은 권위가 있는 새로운 교훈이
다. 저 사람이 더러운 귀신에게 명령을 하
니, 그것들이 복종하는구나"라고 하며 자
기들끼리 서로 물었습니다.
28 그래서 예수님에 대한 소문이 갈릴리 모든
곳으로 빠르게 퍼져 나갔습니다.

많은 사람들을 고치심

29 예수님과 제자들이 회당에서 나온 뒤에,
곧바로 야고보, 요한과 함께 시몬과 안드레
의 집으로 갔습니다.
30 시몬의 장모가 열이 나서 누워 있었습니
다. 사람들이 바로 이 사실을 예수님께 말
씀드렸습니다.
31 예수님께서 시몬의 장모에게로 가서, 손을
잡고 일으켜 세우셨습니다. 그러자 바로
열이 내렸습니다. 시몬의 장모는 예수님을
섬겼습니다.
32 그 날 저녁 해가 지자, 사람들이 모든 병
든 사람과 귀신들린 사람들을 예수님께 데
리고 왔습니다.
33 온 마을 사람들이 문 앞에 모여들었습니
다.
34 예수님께서는 온갖 환자들을 다 고쳐 주
셨습니다. 그리고 많은 귀신들을 내쫓으
셨습니다. 예수님께서는 귀신들에게 아무
런 말도 하지 못하도록 하셨습니다. 그것
은 그들이 예수님이 누구신지 알고 있었
기 때문이었습니다.

갈릴리 전도 여행

35 어둠이 채 가시지 않은 아침에 예수님께
서 일어나셨습니다. 그리고 조용한 곳으
로 가셔서 기도하셨습니다.
36 시몬과 그의 친구들이 예수님을 찾으러 왔
습니다.
37 그들은 예수님을 찾자 "모든 사람들이 선
생님을 찾고 있습니다"라고 말했습니다.
38 예수님께서 대답하셨습니다. "근처에 있는
다른 마을로 가자. 거기서도 내가 전도할
것이다. 내가 바로 그것을 위해서 왔다."
39 예수님께서는 갈릴리 모든 곳을 다니셨습

야고보와 요한을 부르신 예수님

니다. 회당에서 말씀을 전하
시고, 귀신들을 내쫓으셨습
니다.

문둥병 환자를 고치심

40 어떤 문둥병 환자가 예수
님께 와서 무릎을 꿇고
간청했습니다. "선생님
께서 원하시면, 저를 깨
끗하게 하실 수 있습니
다."
41 예수님께서 그 사람을 불
쌍히 보셨습니다. 그래
서 손을 내밀어 그를 만
지시며 말씀하셨습니다.
"내가 원하니, 깨끗해져
라!"
42 그러자 바로 문둥병이 떠
나고 그가 나았습니다.
43 예수님께서 그에게 단단
히 이르시고 보내셨습니
다.
44 "아무에게도 이 일을 말
하지 마라! 다만 가서 제
사장에게 네 몸을 보여
주어라. 그리고 네가 깨끗해
진 것에 대하여 모세가 명령한 예물
을 드려서, 사람들에게 증거로 삼아라."
45 그러나 그 사람은 가서 이 사실을 주저하
지 않고 말하여, 소문을 냈습니다. 그래
서 예수님께서는 마을에 드러나게 들어가
실 수 없을 정도가 되었습니다. 예수님께
서는 사람이 없는 곳에 머무셨습니다. 그
래도 사람들은 예수님이 계신 곳이라면,
어디든지 상관하지 않고 사방에서 몰려들
었습니다.

중풍병 환자를 고치심

2 며칠 뒤에 예수님께서 가버나움으로 돌
아오셨습니다. 예수님께서 집에 계시다
는 소문이 퍼졌습니다.
2 그러자 많은 사람들이 모여들어 가득 찼
습니다. 심지어 문 밖에도 서 있을 곳이
없었습니다. 예수님께서 그들에게 말씀하

중풍병 환자를 고치심(2:1-12)

셨습니다.
3 네 명의 사람들이 예수님께 중풍병 환자
를 데리고 왔습니다.
4 이들은 사람들 때문에 예수님께 들어갈 수
가 없었습니다. 그래서 예수님이 계신 곳
의 지붕을 뜯어 냈습니다. 이들은 뚫어 낸
구멍으로 중풍병 환자가 누워 있는 침상
을 아래로 내렸습니다.
5 예수님께서 이 사람들의 믿음을 보시고,
중풍병 환자에게 말씀하셨습니다. "아들
아, 네 죄가 용서되었다."
6 마침, 거기에 율법학자 몇 명이 앉아 있
었는데, 마음속으로 생각했습니다.
7 '어떻게 이 사람이 저런 말을 하는가? 하
나님을 모독하고 있구나. 하나님 외에 누
가 죄를 용서할 수 있다는 말인가?'

밀을
추수하는
여인들
(2:23-28)

8 예수님께서는 이 율법학자들이 속으로 생
각하는 것을 곧 영으로 아셨습니다. 그래
서 그들에게 말씀하셨습니다. "어째서 너
희가 마음속으로 그런 생각을 하고 있느
냐?
9 이 중풍병 환자에게 '네 죄가 용서되었
다' 라고 말하는 것과 '일어나서 침상을
가지고 걸어라' 하고 말하는 것 중에 어
느 것이 더 쉽겠느냐?
10 그러나 인자가 세상에서 죄를 용서할 수
있는 권세가 있다는 것을 너희에게 보여
주려고 그랬다." 예수님께서 중풍병 환자
에게 말씀하셨습니다.
11 "내가 네게 말한다. 일어나 침상을 가지
고 집으로 가거라."
12 중풍병자는 일어나 침상을 들고 모든 사
람이 보는 앞에서 걸어나갔습니다. 사람
들이 놀라서 하나님께 찬송을 드렸으며
"우리는 이와 같은 일을 본 적이 없다!"
라고 말하였습니다.

레위를 부르심

13 예수님께서 다시 호수로 가셨습니다. 많
은 사람들이 예수님께 나아왔고, 예수님께
서는 그들을 가르치셨습니다.
14 예수님께서 호숫가를 걸으시다가, 알패오
의 아들 레위가 세관에 앉아 있는 것을 보
셨습니다. 예수님께서 그에게 말씀하셨습
니다. "나를 따라오너라." 그러자 레위는
일어나서 예수님을 따랐습니다.
15 예수님께서 레위의 집에서 식사를 하고 계
실 때였습니다. 여러 세리들과 죄인들이
예수님과 그 제자들과 함께 식사를 하고
있었습니다. 왜냐하면 이런 사람들이 예
수님을 많이 따랐기 때문입니다.
16 바리새파 율법학자들이 예수님께서 세리
들과 죄인들과 함께 식사하시는 것을 보
고, 제자들에게 물었습니다. "어째서 너
희 선생님은 세리와 죄인들과 먹고 마시
느냐?"
17 예수님께서 이 말을 들으시고, 그들에게
말씀하셨습니다. "건강한 사람에게는 의
사가 필요 없고, 병든 사람에게 의사가 필
요한 것이다. 나는 의로운 사람을 부르러
온 것이 아니고, 죄인들을 부르러 왔다."

금식에 대하여

18 요한의 제자들과 바리새파 사람들은 금식
을 하였습니다. 사람들이 와서 말했습니
다. "요한의 제자들과 바리새파 사람의 제
자들은 금식을 하는데, 어째서 선생님의
제자들은 금식을 하지 않습니까?"
19 예수님께서 대답하셨습니다. "신랑의 친
구들이 신랑과 함께 있을 때, 금식을 하
지 않는다. 그렇지 않느냐? 신랑이 자기
들과 함께 있는 한, 그들은 금식하지 않
는다.
20 그러나 신랑을 빼앗길 날이 올 것이고, 그
날에 금식을 하게 될 것이다.
21 그 누구도 낡은 옷에 새 천조각을 대고 깁
지 않는다. 만일 그렇게 하면 새로 댄 조
각이 낡은 옷을 당겨 더욱 못 쓰게 될 것
이다.
22 또한 그 누구도 낡은 술 부대에 새 술을
보관하지 않는다. 만일 그렇게 하면 술이
그 부대를 터뜨려, 술과 함께 술 부대가
다 못 쓰게 될 것이다. 새 술은 새 부대
에 넣어야 한다."

안식일의 주인

23 안식일에 예수님께서 밀밭 사이를 지나가
실 때였습니다. 제자들이 길을 내면서 밀
이삭을 잘랐습니다.
24 바리새파 사람들이 예수님께 말했습니다.
"보십시오. 어째서 선생님의 제자들은 안

식일에 율법을 어깁니까?"
25 예수님께서 대답하셨습니다. "다윗과 그 부하들이 배가 고파 먹을 것이 필요했을 때, 다윗이 어떻게 했는지 읽어 보지 않았느냐?
26 아비아달 대제사장 때에 다윗이 하나님의 집에 들어가서 하나님께 바친 빵을 먹었다. 이것은 제사장 외에는 먹을 수 없는 것이었다. 그러나 다윗은 그 빵을 자기와 함께 있던 사람들에게 주기까지 했다."
27 예수님께서 바리새파 사람들에게 말씀하셨습니다. "안식일은 사람을 위해 생긴 것이지, 사람이 안식일을 위해 생긴 것이 아니다.
28 그러므로 인자가 안식일의 주인이다."

손이 오그라진 사람을 고쳐 주심

3 예수님께서 회당에 들어가셨습니다. 거기에는 손이 오그라진 사람이 있었습니다.
2 사람들은 예수님을 고발하려고 예수님께서 안식일에 그 사람을 고쳐 주시는지 지켜 보고 있었습니다.
3 예수님께서 손이 오그라진 사람에게 말씀하셨습니다. "일어나서 나오너라."
4 그리고 그들에게 물으셨습니다. "안식일에 좋은 일을 하는 것이 옳으냐? 나쁜 일을 하는 것이 옳은 것이냐? 사람의 생명을 살리는 것이 옳으냐? 죽이는 것이 옳으냐?" 그러자 사람들이 아무런 대답도 하지 못했습니다.
5 예수님께서 분노하시며 주위를 둘러보시고 사람들의 마음이 굳은 것을 아시고, 슬퍼하셨습니다. 예수님께서 그 사람에게 말씀하셨습니다. "네 손을 펴 보아라." 그 사람이 손을 내밀자, 그 손이 나았습니다.
6 바리새파 사람들이 거기를 떠나 헤롯 당 사람들과 함께 예수님을 죽일 계획을 세웠습니다.

많은 사람들이 예수님을 따름

7 예수님께서 제자들과 함께 호수로 가셨습니다. 그러자 갈릴리에서 온 많은 사람들이 예수님을 따라왔습니다.
8 그리고 유대와 예루살렘과 이두매와 요단강 건너편, 두로와 시돈 지방에서도 많은 사람들이 예수님이 행하신 일에 대한 소문을 듣고 찾아왔습니다.
9 예수님께서는 몰려드는 사람들이 너무 많아 제자들에게 배를 준비하라고 말씀하셨습니다.
10 예수님께서 많은 사람들을 고쳐 주신 까닭에 병에 걸린 사람들이 예수님을 만지려고 밀려들었던 것입니다.
11 더러운 귀신들은 예수님을 보기만 하면, 앞에 엎드려서 "당신은 하나님의 아들이십니다!"라고 소리쳤습니다.
12 그러나 예수님께서는, 귀신들이 예수님을 드러내지 못하도록 그들을 엄하게 꾸짖으셨습니다.

열두 명의 제자들을 뽑으심

13 예수님께서 산 위에 올라가셔서, 원하시는 몇몇 사람들을 부르셨습니다. 그러자 그들이 예수님께 올라왔습니다.
14 예수님께서 열두 사람을 세우시고, 이들

성경 자세히 이해하기

메시아의 비밀

예수님께서는 자신이 하나님의 아들이라는 사실을 귀신들이 드러내지 못하게 하셨습니다. 그렇게 하신 뚜렷한 이유가 성경에 기록되어 있지는 않지만 성경학자들은 다음과 같은 답을 제시합니다. (1) 지극히 거룩하신 예수님의 인격과 일을 더러운 귀신들이 나타내는 것은 합당하지 못하며 (2) 당시의 대부분의 사람들이 메시아를 정치적인 인물로 오해하고 있었고 (3) 예수님을 귀신들과 한패라고 비난했던 대적들에게 빌미를 제공하지 않으려는 이유 때문이었습니다.

본문 보기 3장 12절

세리(2:15 tax collector) 세금을 매기고 거두어 들이는 사람.
인자(2:28 the Son of Man) 사람의 아들. 예수님이 자기 자신을 가리키는 말.
헤롯 당(3:6 Herodians) 헤롯 왕을 지지하던 유대인 그룹.

을 사도라고 부르셨습니다. 예수님께서는
그들과 함께하시면서, 그들로 하여금 나
가서 말씀을 전하게 하셨습니다.
15 또한 귀신을 내쫓는 권세도 주셨습니다.
16 예수님께서 열두 사람을 세우셨는데, 그
들은 예수님께서 베드로라는 이름을 지어
주신 시몬과
17 '천둥의 아들들'이란 뜻으로 예수님께서
보아너게라는 이름을 지어 주신 세베대의
아들 야고보와 그의 동생 요한,
18 안드레, 빌립, 바돌로매, 마태, 도마, 알패
오의 아들 야고보, 다대오, 열심당 출신의
시몬,
19 그리고 예수님을 배반한 가룟 출신의 유다
입니다.

사람들이 예수님께 귀신이 들렸다고 말함

20 예수님께서 집에 오시자, 다시 많은 사람
들이 모여들었습니다. 그래서 예수님과
제자들은 식사도 할 수 없을 지경까지 되
었습니다.
21 예수님의 식구들이, '예수가 정신이 나갔
다'고 말하는 소리를 듣고, 그를 잡으러
왔습니다.
22 예루살렘에서 온 율법학자들은 이렇게 말
했습니다. "예수가 바알세불이 들렸다. 예
수는 귀신들의 우두머리의 힘을 빌어서
귀신을 내쫓는다."
23 예수님께서 사람들을 불러모으시고, 비유
로 말씀하셨습니다. "사탄이 어떻게 사탄
을 내쫓을 수 있느냐?
24 만일 나라가 자기들끼리 나뉘어 싸우면,
그 나라는 제대로 설 수 없다.
25 만일 한 집안이 자기들끼리 나뉘어 싸우
면, 그 가정은 제대로 설 수 없다.
26 만일 사탄이 자기들끼리 나뉘어 싸우려고
일어나면, 스스로 망할 것이다.
27 먼저 힘센 사람을 묶어 놓지 않으면, 그
사람의 집에 들어가 그의 재산을 약탈할
수 없다. 묶어 놓은 뒤에야 그 집을 약탈
할 것이다.
28 내가 너희에게 진정으로 말하는데, 사람
들이 무슨 죄를 짓든지 어떤 비방을 하든
지 그것은 모두 용서받을 수 있다.
29 그러나 성령님을 모독하는 죄는 결코 용
서될 수 없다. 그것은 영원한 죄이다."
30 이 말씀을 하신 것은, 율법학자들이 예수
님께 더러운 귀신이 들렸다고 말했기 때
문입니다.

예수님의 진정한 가족

31 예수님의 어머니와 형제들이 도착했습니
다. 그들은 밖에 서서 사람을 보내 예수
님을 불렀습니다.
32 사람들이 예수님 주위에 앉아 있다가, 예
수님께 말했습니다. "보십시오. 선생님의
어머니와 형제들이 밖에서 선생님을 찾고
있습니다."
33 예수님께서 대답하셨습니다. "누가 나의
어머니이고, 누가 나의 형제냐?"
34 주위에 앉아 있는 사람들을 둘러보시며
말씀하셨습니다. "보아라. 내 어머니와
형제들이다!
35 누구든지 하나님의 뜻대로 행하는 사람이
나의 형제와 자매이며 또한 어머니이다."

씨 뿌리는 비유

4 예수님께서 다시 호숫가에서 가르치시
기 시작하셨습니다. 수많은 사람들이
예수님 주위로 모여들어서 예수님께서는
호수에서 배에 올라타 앉으셨습니다. 사
람들은 호수 주변에 있었습니다.
2 예수님께서 비유를 통해 많은 것을 사람
들에게 가르치셨습니다. 가르치는 중에
예수님께서 말씀하셨습니다.
3 "들어라! 한 농부가 씨를 뿌리러 나갔다.
4 농부가 씨를 뿌리는데, 어떤 씨는 길가에
떨어졌다. 그러자 새들이 와서 씨를 모두
먹어 버렸다.
5 어떤 씨는 흙이 거의 없는 돌 무더기에 떨

알아두세요

4:12 사 6:9-10에 기록되어 있다.

바알세불(3:22 Beelzebul) '집주인'이란 뜻이며, 귀신의 왕, 사탄을 가리킴.
염려(4:19 worry) 여러 가지로 헤아려 걱정함.
됫박(4:21 bowl) 되 대신으로 쓰는 바가지.

어져 곧 자랐으나, 땅이 깊지 않았다.
6 해가 돋자 싹이 말랐고, 뿌리가 없어서 시
들어 버렸다.
7 또 다른 씨는 가시덤불 속에 떨어졌다. 가
시가 자라서 싹이 자라지 못하게 했기 때
문에 싹은 열매를 맺지 못했다.
8 또 다른 씨는 좋은 땅에 떨어졌다. 싹이
나고 자라서 열매를 맺어 어떤 것은 삼십
배, 어떤 것은 육십 배, 어떤 것은 백 배
의 열매를 맺었다."
9 예수님께서 "들을 귀 있는 자여, 들어라!"
하고 말씀하셨습니다.

비유로 말씀하신 이유

10 예수님께서 혼자 계실 때, 열두 제자들과
예수님 주변에 있는 사람들이 이 비유에
대해서 여쭈었습니다.
11 예수님께서 말씀하셨습니다. "너희에게는
하나님 나라의 비밀을 알 수 있게 하였지
만, 밖에 있는 사람들에게는 모든 것이 비
유로 주어진다.
12 이는 '그들이 보기는 보아도 알지 못하
고, 듣기는 들어도 깨닫지 못하게 하여 돌
이켜 용서받지 못하게 하기'* 위함
이다."

씨 뿌리는 비유를 설명해 주심

13 예수님께서 사람들
에게 말씀하셨습니
다. "너희가 이 비
유를 이해하지 못
하느냐? 그렇다면
어떻게 다른 모든
비유를 이해하겠느
냐?
14 농부는 말씀을 뿌
린다.
15 길가에 말씀이 떨어
졌다는 것은 하나님
의 말씀을 들었으나
곧 사탄이 와서 그
뿌려진 말씀을 빼앗
는 사람을 말한다.
16 돌 무더기에 씨가 떨어졌다는 것은 말씀
을 들을 때, 기쁨으로 즉시 받아들이지만
17 속에 뿌리가 없어 오래가지 못하고 말씀
때문에 환난이나 박해가 일어나면 곧 넘
어지는 사람이다.
18 가시덤불에 씨가 떨어졌다는 것은 말씀을
듣지만,
19 세상의 염려와 재물에 대한 유혹과 그 밖
의 여러 가지 욕심이 말씀을 가로막아서
열매를 맺지 못하는 사람이다.
20 좋은 땅에 씨가 떨어졌다는 것은 말씀을
듣고 받아들여 삼십 배, 육십 배, 백 배
의 열매를 맺는 사람이다."

등불은 등잔대 위에

21 예수님께서 그들에게 말씀하셨습니다.
"등불을 침대 아래나 됫박 밑에 두겠느
냐? 등잔대 위에 두지 않겠느냐?
22 숨긴 것은 나타나고, 비밀은 드러나게 마
련이다.
23 들을 귀 있는 사람은 들어라!"
24 예수님께서 그들에게 말씀하셨습니다.
"너희가 듣는 것을 마음에 새겨라. 너희

등불은 등잔대 위에 두어야 한다(4:21-22)

가 다른 사람에게 주는 만큼 너희가 받을
것이며, 그 외에도 더 주실 것이다.
25 가진 사람은 더 받을 것이고, 가지지 못
한 사람은 가진 것마저도 빼앗길 것이
다."

자라나는 씨의 비유

26 예수님께서 말씀하셨습니다. "하나님 나
라는 밭에 씨를 뿌리는 농부와 같다.
27 밤낮으로 자고 일어나는 동안, 씨가 싹이
나고 자란다. 사람은 그것이 어떻게 자라
는지를 알지 못한다.
28 땅은 저절로 열매를 맺게 한다. 먼저 싹
이 나고, 다음에는 이삭이 나오고, 마침
내 낟알이 여문다.
29 곡식이 익으면, 농부가 와서 낫으로 그것
을 거두어들인다. 그것은 추수 때가 되었
기 때문이다."

겨자씨의 비유

30 예수님께서 말씀하셨습니다. "하나님 나
라를 무엇에 빗댈 수 있을까? 무슨 비유
로 설명을 할까?
31 하나님 나라는 겨자씨와 같다. 겨자씨를
밭에 심을 때는 밭에 심는 씨앗 중에서 가
장 작다.
32 그러나 심긴 후에는 그 어떤 밭 작물보다
더 크게 자란다. 커다란 가지를 내어, 하
늘의 새들이 그 그늘에 둥지를 틀 정도가
된다."

비유로 가르치심

33 예수님께서는 많은 비유를 사용하여, 사람
들이 알아들을 수 있도록 말씀하셨습니다.
34 비유가 아니면 말씀하지 않으셨으나 제자들
에게는 따로 모든 것을 설명해 주셨습니다.

폭풍을 멈추게 하심

35 그 날 저녁이 되자, 예수님께서는 제자들
에게 말씀하셨습니다. "호수 건너편으로
가자."
36 그래서 제자들은 사람들을 남겨 두고, 예
수님께서 배에 타고 계신 그대로 모시고
갔습니다. 주위에 있던 다른 배들도 따라
갔습니다.
37 그 때, 매우 강한 바람이 불어 와서, 파
도가 배 안으로 덮쳐 들어왔고, 물이 배
안에 차게 되었습니다.
38 예수님은 배 고물에서 베개를 베고 주무
시고 계셨습니다. 제자들이 와서 예수님
을 깨우면서 말했습니다. "선생님, 우리
가 죽게 되었는데, 돌아보지 아니하십니
까?"
39 예수님께서 일어나시더니 바람을 꾸짖고,
호수에게 명령하셨습니다. "조용하여라.
잠잠하여라." 그러자 바람이 멈추었고,
호수가 잔잔해졌습니다.
40 예수님께서 제자들에게 말씀하셨습니다.
"어째서 너희가 무서워하느냐? 아직도 믿
음이 없느냐?"
41 제자들이 매우 두려워하며, "이분이 어떤
분이길래 바람과 파도도 순종하는 것일
까?" 하고 서로에게 물었습니다.

귀신들린 사람

5 예수님과 제자들이 호수 건너편 거라사
지방으로 갔습니다.
2 예수님께서 배에서 내리시자, 더러운 귀

성경 속의 궁금증

무덤에서 사람이 나올 수 있나요?

이스라엘의 무덤은 우리 처럼 땅을 파서 만들기도 했지만 산기슭이나 암벽을 파서 만드는 것이 대부분이었습니다. 여기서 말하는 무덤도 그런 형태의 무덤을 가리킨다고 볼 수 있지요. 이런 무덤은 종종 범죄자들의 은신처로 사용되기도 했고, 극빈자들이나 정신이상자들의 거처로 사용되기도 했답니다. 최근에 팔레스타인 지방을 여행한 사람들의 말에 따르면, 무덤 안에 목공소까지 있는 등 무덤이 일반인들의 거주지로 이용된 경우가 많았다고 하네요. 이제 이유를 아시겠지요?

본문 보기 5장 2-3절

알아두세요

5:9 개역 성경에는 '군대'라고 표기되어 있다. 로마 군대의 한 사단을 의미하며, 약 3,000-6,000명으로 이루어져 있다.

신이 들린 어떤 사람이 무덤에서 나와 예
수님을 만났습니다.
3 이 사람은 무덤 사이에서 살고 있었는데,
그 누구도 그를 묶을 수 없었고, 쇠사슬
로도 묶을 수 없었습니다.
4 여러 번 쇠고랑과 쇠사슬로 그를 묶어 보
았으나 그는 쇠사슬도 끊고, 쇠고랑도 부
수었습니다. 아무도 그를 당해 낼 수 없
었습니다.
5 그는 밤낮으로 무덤과 산을 돌아다니며,
소리를 지르고 돌로 자기 몸에 상처를 내
곤 하였습니다.
6 귀신들린 자가 멀리서 예수님을 보고, 달
려와 엎드려 절을 하였습니다.
7 그리고 큰 소리로 "가장 높으신 하나님의
아들이신 예수님, 저와 무슨 상관이 있으
십니까? 제발 저를 괴롭히지 마십시오"
하고 외쳤습니다.
8 그것은 예수님께서 "더러운 귀신아! 그 사
람에게서 나오너라" 하고 그에게 말씀하
셨기 때문이었습니다.
9 예수님께서 그에게 물으셨습니다. "네 이
름이 무엇이냐?" 그가 대답했습니다. "레
기온*입니다. 이는 우리의 수가 많기 때
문에 붙여진 이름입니다."
10 그는 예수님께 자신들을 또다시 이 지방
에서 쫓아 내지 말아 달라고 간청하였습
니다.
11 마침 그 곳 산허리에서 많은 돼지 떼가 먹
이를 먹고 있었습니다.
12 더러운 귀신들이 간청했습니다. "우리를
저 돼지들에게 보내셔서 들어가게 해 주
십시오."
13 예수님께서 그렇게 허락하셨습니다. 더러
운 귀신들은 그 사람에게서 나와 돼지 떼
속으로 들어갔습니다. 그러자 거의 이천

귀신들린 돼지 떼가 호수에 빠져 죽음(5:11-13)

마리나 되는 돼지 떼가 호수쪽으로 산비
탈을 내리달아 빠져 죽었습니다.
14 돼지를 치던 사람들이 달아나서, 읍내와
촌에 있는 사람들에게 이 사실을 알렸습
니다. 그래서 사람들이 무슨 일이 일어났
는지 보려고 왔습니다.
15 그들은 예수님께 와서, 귀신이 들렸던 사
람, 곧 레기온 귀신이 들렸던 사람이 옷을
입고 제정신으로 돌아와 앉아 있는 모습
을 보고 깜짝 놀랐습니다.
16 이 일을 목격했던 사람들이 그들에게 귀
신들린 사람에게 어떤 일이 일어났는지에
대하여, 그리고 돼지 떼에 대하여 말해 주
었습니다.
17 그러자 그들은 예수님께 자기네 지방을 떠
나 달라고 요구하기 시작했습니다.
18 예수님께서 배에 앉으시자, 귀신들렸던
사람도 예수님을 따라가게 해 달라고 간
청하였습니다.
19 그러나 예수님께서는 허락하지 않으셨습
니다. 예수님께서 "네 가족 식구들과 친구
들에게로 가거라. 그들에게 주님께서 네
게 얼마나 큰 일을 해 주셨으며, 얼마나
큰 자비를 베풀어 주셨는지 이야기하여
라" 하고 말씀하셨습니다.
20 그래서 그 사람은 돌아갔습니다. 그리고
데가볼리 지역에서 예수님께서 자기에게
얼마나 큰 일을 해 주셨는지를 사람들에
게 이야기하자, 모든 사람들이 듣고 놀랐
습니다.

야이로의 딸과 예수님의 옷을 만진 여자

21 예수님께서 배를 타고, 맞은편 쪽으로 다
시 건너오셨습니다. 그러자 많은 사람들
이 예수님 주위에 몰려들었습니다. 예수님
께서 호숫가에 계셨습니다.
22 야이로라고 이름하는 어떤 회당장이 예수
님을 찾아왔습니다. 그는 예수님의 발 앞
에 엎드렸습니다.
23 그리고 예수님께 거듭해서 간청했습니다.
"제 어린 딸이 죽어가고 있습니다. 제발
오셔서, 그 아이에게 손을 얹어 주십시오.
그러면 건강해지고 살아날 것입니다."

예수님의 옷깃을 만져 병을 고친
혈루증 걸린 여인(5:25-34)

24 그러자 예수님께서 그와 함께 가셨습니
다. 많은 사람들이 예수님을 에워싸고 밀
며 따라왔습니다.
25 그 중에는 십이 년 동안 혈루증을 앓아 온
여자가 있었습니다.
26 그는 여러 의사에게 보이면서 고생을 했
습니다. 그러나 가진 돈만 다 써 버리고
효과는 없었습니다. 오히려 병이 더 심해
져 갈 뿐이었습니다.
27 그러던 중, 예수님에 대한 소문을 듣고,
사람들 틈에 끼어 예수님을 따라가다가 예
수님의 옷에 손을 대었습니다.
28 그 여자는 '옷에 손을 대기만 하여도 내
가 나을 거야' 하고 생각했습니다.
29 그 즉시, 피가 흐르는 것이 멈췄습니다.
그녀는 자신의 병이 나은 것을 몸으로 느
꼈습니다.
30 바로 그 때, 예수님께서 자신에게서 능력
이 나가는 것을 느끼셨습니다. 그래서 돌
아서서 물으셨습니다. "누가 내 옷을 만
졌느냐?"
31 제자들이 말했습니다. "사람들이 에워싸
고 밀치고 있는데, 누가 손을 대었다고 말
씀하십니까?"
32 그러나 예수님께서는 손을 댄 여자를 찾
으려고 둘러보셨습니다.
33 여자는 자기에게 일어난 일을 알고서 두
려워 떨었습니다. 여자는 예수님의 발 앞
에 엎드려 절하며 모든 사실을 말씀드렸
습니다.
34 예수님께서 여자에게 "딸아, 네 믿음이 너
를 낫게 하였다. 안심하고 가거라. 그리고
건강하게 지내라" 하고 말씀하셨습니다.
35 예수님께서 계속 말씀하고 계실 때, 회당
장의 집에서 사람이 와 회당장에게 말했
습니다. "따님이 죽었습니다. 왜 예수님을
계속 번거롭게 하십니까?"
36 그러나 예수님께서는 이 말을 무시하시
고, 회당장에게 "두려워 말고 믿기만 하
여라" 하고 말씀하셨습니다.
37 예수님께서는 베드로와 야고보, 그리고 야
고보의 동생인 요한 외에는 아무도 따라오
지 못하도록 하셨습니다.
38 그들이 회당장의 집에 도착해 보니 몹시
소란스러웠습니다. 많은 사람들이 크게
소리를 내며 울고 있었습니다.
39 예수님께서 들어가셔서 사람들에게 "어째
서 소란을 피우며 울고 있느냐? 이 아이
는 죽은 것이 아니라 자는 것이다"라고 말
씀하셨습니다.
40 사람들은 예수님을 비웃었습니다. 예수님
께서는 사람들을 모두 내보내시고, 아이
의 부모와 제자들과 함께 아이가 있는 방
으로 들어가셨습니다.
41 그리고 아이의 손을 붙잡고 "달리다굼!" 이
라고 말씀하셨는데, 이는 번역하면 "어린
소녀야, 일어나라!"는 뜻입니다.
42 그러자 열두 살 된 소녀는 즉시 일어나 걷
기 시작했습니다. 이것을 보고 사람들은
놀랐습니다.
43 예수님께서 아무에게도 이 일을 알리지 말
라고 엄하게 말씀하셨습니다. 그리고 아이
에게 먹을 것을 주라고 말씀하셨습니다.

예수님의 고향에서

6 예수님께서 거기를 떠나 고향으로 가
셨습니다. 제자들도 예수님을 따라갔
습니다.
2 안식일이 되자, 예수님께서 회당에서 가
르치기 시작하셨습니다. 많은 사람들이
예수님의 말씀을 듣고 놀라워하며 말했습
니다. "이 사람이 어디서 이런 것을 얻었
을까? 이 사람에게 있는 지혜는 어떤 것
인가? 이 사람이 손으로 일으키는 기적은
어떤 것인가?
3 그는 목수가 아니냐? 그는 마리아의 아들
이고, 야고보, 요세,* 유다, 그리고 시몬의
형이 아니냐? 그의 누이들도 우리와 함께

알아두세요

6:3 '요세'는 '요셉'의 다른 이름이다.

혈루증(5:25 bleeding) 출혈 증상.
번거롭다(5:35 bother) 일의 갈피가 어수선하고 복잡하다.
소란(5:38 commotion) 어수선하고 시끄러움.

있지 아니하냐?" 그러면서 사람들은 예수
님을 배척했습니다.
4 예수님께서 그들에게 "예언자가 고향과
친척과 자기 집을 제외하면 어느 곳에서
나 존경을 받는다"라고 말씀하셨습니다.
5 예수님께서는 몇 명의 환자에게 손을 얹
어 고쳐 주셨을 뿐, 많은 기적을 일으킬
수 없었습니다.
6 예수님께서는 그들이 믿지 않음에 놀라셨
습니다. 그후 예수님께서 마을을 두루 다
니시며 가르치셨습니다.

열두 제자를 보내심

7 예수님께서 열두 제자를 불러 두 사람씩
보내기 시작하셨습니다. 그리고 그들에게
더러운 귀신을 쫓는 권세를 주셨습니다.
8 예수님께서 제자들에게 명하기를, "여행
할 때는 지팡이 외에 아무것도 가지고 다
니지 말고, 빵이나 가방도 가지지 말며,
주머니에 돈도 넣고 다니지 마라"고 하
셨습니다.
9 또한, "신만 신고 옷도 두 벌씩 갖지 마
라"고 하셨습니다.
10 예수님께서 이어서 말씀하셨습니다. "어
느 집에 들어가든지 마을을 떠날 때까지
거기 머무르도록 해라.
11 너희를 받아들이지 않거나 말씀에 귀를
기울이지 않으면, 그 곳에서 나올 때 신
발에 묻은 먼지를 털어 버려서, 그들에게
증거로 삼아라."
12 제자들은 가서 사람들에게 회개하라고 전
하였습니다.
13 또 많은 귀신들을 쫓아 내고, 많은 환자들
에게 기름을 부어 병을 고쳐 주었습니다.

세례자 요한의 죽음

14 예수님의 이름이 널리 알려져서 헤롯 왕도
예수님의 소문을 들었습니다. 사람들은
"세례자 요한이 죽은 사람들 가운데서 살
아난 거야. 그러니까 이런 기적이 그분에
게서 나오는 거야" 하고 말했습니다.
15 어떤 사람들은 이렇게도 말했습니다. "그
분은 엘리야다." 또 다른 사람들은 "그분
은 옛날에 있었던 예언자와 똑같은 예언
자야"라고 말했습니다.
16 헤롯이 이런 소리를 듣고 말했습니다. "내가
목을 잘라 죽인 요한이 다시 살아났구나!"
17 예전에, 헤롯은 요한을 잡아 오게 하여 감
옥에 가두어 둔 적이 있었습니다. 이는 헤
로디아와 관련된 일로, 헤롯이 자기 동생
빌립의 아내인 헤로디아를 아내로 삼아 버
렸기 때문이었습니다.
18 요한은 헤롯에게 "자기 동생의 아내를 자
기 아내로 삼는 것은 옳지 않습니다"라고
말하곤 하였습니다.
19 그래서 헤로디아는 요한을 미워하였습니
다. 헤로디아는 요한을 죽
이고 싶었지만 그럴 수
없었습니다.
20 그것은 요한이 의
롭고 거룩한 사람이
란 것을 아는 헤롯이
요한을 두려워했기 때
문입니다. 그래서 요
한을 살려 두었습니
다. 요한의 말이 듣기
엔 괴로웠지만, 그의
말을 즐겨 들었습니다.
21 그런데 요한을 죽일
수 있는 좋은 기회가
왔습니다. 자기 생일에

세례자 요한의 죽음(6:14-29)

오천 명의 사람들을 먹이심(6:30-44)

21 헤롯은 고관들과 천부장들, 갈릴리의 귀빈
들을 초청해서 잔치를 베풀었습니다.
22 헤로디아의 딸이 춤을 춰서 헤롯과 잔치에
참여한 손님들을 즐겁게 해 주었습니다.
그래서 헤롯 왕이 소녀에게 말했습니다.
"네가 원하는 것을 말해라. 그러면 그것
을 선물로 주겠다."
23 헤롯은 "네가 무엇을 달라고 하든지 다 주
겠다. 내 나라의 절반이라도 말이다" 하
고 맹세했습니다.
24 소녀는 자기 어머니에게 가서 "무엇을 달
라고 할까요?" 하고 물었습니다. 그러자
어머니가 대답했습니다. "세례자 요한의
머리를 달라고 해라."
25 소녀는 즉시 왕에게 돌아가서 "바로 이 자
리에서, 세례자 요한의 머리를 쟁반에 담
아 주세요" 하고 요청했습니다.
26 왕은 매우 괴로웠지만, 자기가 한 맹세 때
문에 그리고 잔치에 참여한 손님들 때문
에 소녀의 요청을 거절할 수 없었습니다.
27 왕은 곧바로 시위대 군인을 보내 요한의
머리를 가져오라고 했습니다. 군인은 가
서 감옥에 있던 요한의 머리를 잘랐습니
다.
28 그리고 쟁반에 담은 그의 머리를 가져와
소녀에게 주었고, 소녀는 그것을 자기 어
머니에게 가져다 주었습니다.
29 요한의 제자들이 이 소식을 듣고 가서 요
한의 시체를 가져다가 무덤에 묻었습니다.

오천 명의 사람들을 먹이심

30 사도들이 예수님께로 돌아왔습니다. 그리
고 자신들이 했던 일과 가르쳤던 것을 모
두 예수님께 말씀드렸습니다.
31 예수님께서 말씀하셨습니다. "외딴 곳으
로 따로 가서 잠시 쉬도록 하라." 이렇게
말씀하신 것은 오고가는 사람들이 너무
많아 예수님과 사도들이 식사할 시간조차
없었기 때문입니다.
32 그래서 그들은 외딴 곳으로 배를 타고 갔
습니다.
33 그러나 떠나는 모습을 보고 사람들이 그
들인 줄 알아챘습니다. 그래서 사람들은
여러 성읍에서 길을 따라 함께 달려가서,
그들보다 먼저 그 곳에 이르렀습니다.

34 예수님께서 배에서 내리시면서 많은 사람
들을 보셨습니다. 예수님께서는 그들을
불쌍히 여기셨는데 그것은 그들이 마치
목자 없는 양과 같았기 때문입니다. 예수
님께서는 그들에게 많은 것을 가르쳐 주
셨습니다.
35 이미 날이 저물었습니다. 제자들이 예수
님께 와서 말했습니다. "이 곳은 빈 들이
고, 시간도 너무 늦었습니다.
36 그러니 사람들을 보내어, 근처에 있는 농
가나 마을에 가서 먹을 것을 사 먹게 하
는 것이 좋겠습니다."
37 그러나 예수님께서 대답하셨습니다. "너
희가 먹을 것을 주어라." 그들이 예수님께
말했습니다. "그러면 우리가 가서 이백 데
나리온*어치의 빵을 사서 먹이라는 말씀
이십니까?"
38 예수님께서 그들에게 물으셨습니다. "너희
가 가진 빵이 얼마나 되는지 가서 알아보
아라." 그들이 알아보고 나서 말했습니다.
"빵 다섯 개와 생선 두 마리가 있습니다."
39 예수님께서 사람들에게 무리를 지어서 풀
밭에 앉으라고 하셨습니다.
40 사람들은 백 명, 혹은 오십 명씩 떼를 지
어 앉았습니다.
41 예수님께서 빵 다섯 개와 생선 두 마리를
들고, 하늘을 우러러보시며 감사 기도를
드리셨습니다. 그리고 제자들에게 빵을
떼어서 나누어 주도록 했습니다. 그리고
생선 두 마리도 나누어 주셨습니다.
42 모든 사람들이 배불리 먹었습니다.
43 제자들은 열두 광주리*에 남은 빵 조각과
물고기를 거두어들였습니다.
44 빵을 먹은 남자 어른은 오천 명이었습니
다.

예수님께서 물 위를 걸으심

45 예수님께서 제자들에게 배를 타고 호수 건
너편에 있는 벳새다로 먼저 가 있으라고
말씀하셨습니다. 그 동안에 예수님께서는
사람들을 집으로 보내셨습니다.
46 사람들을 보내신 후, 예수님께서는 기도
하러 산에 올라가셨습니다.
47 밤이 되었는데, 배는 여전히 호수 위에 있
었고, 예수님께서는 홀로 뭍에 계셨습니다.
48 바람이 불어와 제자들이 노를 젓느라고
애를 쓰고 있었습니다. 이 모습을 보시고
예수님께서 새벽 3시에서 6시 사이에 호
수 위를 걸어오셨습니다. 그리고 제자들
을 지나쳐 가시려고 하셨습니다.
49 제자들이 예수님께서 호수 위를 걸으시는
것을 보고, 유령이라고 생각하여 비명을
질렀습니다.
50 그것은 그들이 모두 예수님을 보고 무서
워했기 때문입니다. 예수님께서 즉시 그
들에게 말씀하셨습니다. "안심해라! 나다!
두려워하지 마라."
51 예수님께서 배에 오르시자 바람이 가라앉
았습니다. 그래서 제자들은 크게 놀랐습
니다.
52 그것은 제자들이 빵의 기적을 보고도 아
직 깨닫지 못하고, 마음이 굳어져 있었기
때문입니다.

게네사렛에서 환자를 고치심

53 예수님과 제자들이 호수를 건너, 게네사렛

성경 속의 궁금증

장로들의 전통이란 무엇일까요?

바빌론 포로 생활을 마치고 본국으로 돌아온 유대인들 사이에 성경을 연구하려는 운동이 대대적으로 일어났습니다(스 7:10). 이는 조상들이 하나님의 말씀을 무시했기 때문에 그런 재앙을 당한 것이라고 생각했기 때문인데요, 수세기가 지나면서는 이 운동을 통해 구약 율법의 해석에 몸바친 많은 학자들의 연구 업적이 남게 되었습니다. 장로들의 전통이라는 것도 이처럼 과거에 존경받는 학자들(흔히 랍비라고 하지요)이 이루어 놓은 율법에 대한 해석을 가리키는 것입니다.

본문 보기 7장 3-4절

알아두세요

6:37 1 데나리온은 하루 품삯에 해당된다.
6:43 바구니
7:6-7 사 29:13에 기록되어 있다.

이란 곳에 도착하였습니다. 그리고 거기
서 닻을 내렸습니다.
54 그들이 배에서 내리자, 사람들이 예수님
을 즉시 알아보았습니다.
55 사람들은 온 마을을 다니면서, 예수님께
서 계시는 곳마다 환자들을 침상에 눕혀
데려오기 시작했습니다.
56 예수님께서 마을이든 읍내이든 농촌이든
어디에 가시든지, 사람들은 병자들을 시
장에 데려다 놓고 예수님의 옷깃이라도 만
질 수 있도록 간청했습니다. 예수님을 만
진 사람들은 모두 병이 나았습니다.

장로의 전통

7 바리새파 사람들과 예루살렘에서 온 몇
몇 율법학자들이 예수님께 왔습니다.
2 이들은 예수님의 제자들 가운데 몇 명이
더러운 손으로, 즉 씻지도 않은 손으로 빵
을 먹는 것을 보았습니다.
3 바리새파 사람들과 모든 유대인들은 손을
씻기 전에는 결코 음식을 먹지 않습니다.
이것은 장로들의 전통을 지키는 것입니다.
4 시장에서 돌아오면 자신들의 몸을 깨끗하
게 씻지 않고서는 음식을 먹지 않았습니
다. 이 외에도 여러 가지 지켜야 할 일이
많았는데 컵이나 주전자, 냄비 그릇 그리
고 침대를 씻는 것이었습니다.
5 바리새파 사람들과 율법학자들이 예수님
께 말했습니다. "어째서 선생님의 제자들
은 장로들의 전통을 지키지 않고, 더러운
손으로 음식을 먹습니까?"
6 예수님께서 대답하셨습니다. "이사야가 너
희와 같은 위선자들에 대하여 쓴 것이 옳
구나. '이 백성들이 입술로는 나를 공경하
나, 마음은 내게서 멀구나.
7 헛되이 내게 예배를 드리고, 사람의 훈계
를 교리인 양 가르친다.'*
8 너희는 하나님의 계명은 무시하고 사람의
전통만 지키는구나."
9 예수님께서 그들에게 말씀하셨습니다.
"너희는 너희의 전통을 지키려고 하나님
의 명령을 그럴듯하게 무시하는구나!
10 모세는, '네 아버지와 어머니를 공경하여
라. 아버지나 어머니를 욕하는 사람은 반
드시 죽으리라' 고 하였다.
11 그러나 너희는, '아버지나 어머니에게 드
리려던 것이 고르반, 즉 하나님께 드리는
예물이 되었다' 고 하면 그만이라고 한다.
12 그래서 자기 아버지나 어머니에게 아무것
도 드리지 못하게 한다.
13 그러므로 너희는 너희들의 전통으로 하나
님의 말씀을 깨뜨리고 있다. 너희는 이와
같은 일을 많이 하고 있다."

입에서 나오는 것이 사람을 더럽힌다

14 예수님께서 사람들을 다시 불러서 말씀하
셨습니다. "너희 모두 내 말을 듣고 깨달
아라.
15 무엇이든지 사람 밖에서 몸 속으로 들어
가 사람을 더럽히는 것은 아무것도 없다.
사람에게서 나오는 것이 사람을 더럽힌
다."
16 (없음)*
17 예수님께서 사람들과 헤어져 집에 들어오시
자, 제자들이 이 비유에 대해 물었습니다.
18 예수님께서 말씀하셨습니다. "너희는 아
직도 깨닫지 못하겠느냐? 바깥에서 사람

성경 속의 궁금증

고르반이 의미하는 것은 무엇일까요?

고르반은 '제물', '예물'이란 뜻을 지닌 히브리어로서 하나님께 드리기로 서약한 선물을 말합니다. 고르반 서약을 함으로써 자신의 소유인 물건을 다른 사람이 사용하지 못하게 했는데요, 예수님 당시에는 자식이 부모와 사이가 나쁘면 이런 점을 악용하여 부모를 모시는 의무를 저버리는 악습도 있었다고 합니다. 예를 들어 자식의 도움을 필요로 하는 부모님께 "내 재산은 고르반입니다"라고 말하면 그것으로 부모를 모실 의무를 다하지 않아도 문제가 되지 않았던 것이지요.

본문 보기 7장 11절

알아두세요

7:16 어떤 사본에는 '들을 귀가 있는 사람은 들어라'라는 구절이 첨가되어 있다.

속으로 들어가는 것이 사람을 더럽히지
못한다는 것을 깨닫지 못하느냐?
19 그것은 사람의 마음속에 들어가는 것이
아니라, 배로 들어가서 뒤로 나간다." 그
러므로 예수님께서는 모든 음식이 깨끗하
다고 선언하셨습니다.
20 예수님께서 말씀하셨습니다. "사람에게서
나오는 것, 바로 그것이 사람을 더럽히는
것이다.
21 속에서부터, 즉 사람의 마음으로부터 악
한 생각, 음란, 도둑질, 살인,
22 간음, 탐욕, 악의가 나오며, 속임수, 방
탕, 질투, 욕지거리, 교만, 어리석음이 나
온다.
23 이 모든 악한 것들은 사람의 속에서 나와
사람을 더럽힌다."

수로보니게 여자의 믿음

24 예수님께서 그 곳을 떠나 두로 지방으로
가셨습니다. 예수님께서 어느 집에 들어
가셨습니다. 그리고 이 사실을 아무에게
도 알리지 않으려고 하셨습니다. 그러나
숨어 계실 수는 없었습니다.
25 예수님의 소문을 듣고, 어떤 여자가 얼른
예수님께 와서 무릎을 꿇었습니다. 그녀
에게는 더러운 귀신이 들린 딸이 있었습
니다.
26 그녀는 그리스 사람으로, 수로보니게 사람
이었습니다. 그녀는 예수님께 자기의 딸에
게서 귀신을 쫓아 달라고 간청했습니다.
27 예수님께서 그 여자에게 말씀하셨습니다.
"자녀들을 먼저 먹여야 한다. 자녀들의
빵을 빼앗아서 개에게 던지는 것은 옳지
않다."
28 그 여자가 대답했습니다. "주님, 옳습니
다. 그러나 상 아래 있는 개들도 그 아이
들이 흘리는 부스러기는 얻어 먹습니다."
29 그러자 예수님께서 말씀하셨습니다. "네
가 그렇게 말하니, 돌아가거라. 귀신이
네 딸에게서 떠났다."
30 그 여자가 집에 돌아가서 침대에 누워 있
는 딸을 보니, 귀신은 이미 나가 버린 후
였습니다.

예수님께서 말 못하는 자를 고치심

31 다시 예수님께서는 두로 지방을 떠나, 시
돈을 거쳐, 데가볼리 지방에 있는 갈릴리
호수로 가셨습니다.
32 사람들이 예수님께, 듣지 못하고, 말도 못
하는 사람을 데리고 와서는 그에게 손을
얹어 달라고 간청하였습니다.
33 예수님께서 그 사람을 데리고, 사람들로부
터 떨어진 곳으로 데리고 가셨습니다. 그리
고 손가락을 그 사람의 귀에 넣으신 뒤에,
손에 침을 뱉어 그의 혀를 만지셨습니다.
34 그리고 하늘을 우러러보시며 깊은 숨을
쉬셨습니다. 그런 다음 그 사람에게 "에바
다!"라고 말씀하셨는데, 이는 "열려라"라
는 뜻입니다.
35 그러자 그의 귀가 열리고, 혀가 풀려 말
을 분명하게 하게 되었습니다.
36 예수님께서 사람들에게 아무에게도 이 일
을 말하지 말라고 명령하셨습니다. 그러나
예수님께서 하지 말라고 하시면 할수록,
사람들은 더욱 널리 소문을 퍼뜨렸습니다.
37 그들은 정말로 놀라워하며 "예수님께서
하시는 것은 모두 훌륭하다. 듣지 못하는
사람을 듣게 하고, 말 못 하는 사람도 말
을 하게 해 주신다"라고 말했습니다.

사천 명의 사람들을 먹이심

8 또다시 많은 사람들이 있을 때, 먹을
것이 없었습니다. 예수님께서 제자들
을 불러 말씀하셨습니다.
2 "이 많은 사람들이 나와 함께 삼 일 동안
이나 있었는데, 이제 먹을 것이 없어 안
타깝다.
3 내가 이들을 허기진 채 집에 보내면, 도
중에 쓰러질 것이다. 이들 중에는 멀리서

알아두세요
8:19 바구니

방탕(7:22 dissipation) 행실이 좋지 못함.
허기진(8:3 hungry) 배가 몹시 고파 기운이 빠진.
누룩(8:15 yeast) 술을 빚거나 가루를 부풀게 하는 재료.

온 사람도 있다."
4 예수님의 제자들이 물었습니다. "이 빈 들
에서 어떻게 이 사람들을 배불리 먹일 빵
을 구할 수 있겠습니까?"
5 예수님께서 물으셨습니다. "너희에게 빵
이 얼마나 있느냐?" 제자들이 대답했습니
다. "일곱 개가 있습니다."
6 예수님께서 사람들에게 땅에 앉으라고 지
시하신 뒤, 일곱 개의 빵을 가지고 축복
하셨습니다. 그리고 빵을 떼어 제자들에
게 주시면서, 사람들에게 나누어 주도록
하셨습니다. 제자들이 사람들에게 빵을
나누어 주었습니다.
7 제자들에게 조그마한 생선도 몇 마리가
있었습니다. 예수님께서 축복하신 후, 마
찬가지로 나누어 주라고 하셨습니다.
8 모든 사람들이 배불리 먹었습니다. 그리
고 먹고 남은 빵 조각을 일곱 개의 커다
란 광주리에 모았습니다.
9 그 곳에는 약 사천 명 정도의 사람들이 있
었습니다. 예수님께서 그들을 집으로 흩
어 보내셨습니다.
10 그리고 즉시, 예수님께서 제자들과 배를
타시고 달마누다 지방으로 가셨습니다.

바리새파 사람들이 증거를 요구함

11 바리새파 사람들이 예수님께 와서 시비를
걸기 시작하였습니다. 이들은 예수님을
시험하려고, 하늘로부터 오는 증거를 보
여 달라고 하였습니다.
12 예수님께서는 깊이 숨을 쉬시고 말씀하셨
습니다. "이 세대가 어째서 증거를 찾느
냐? 내가 너희에게 진정으로 말한다. 어떠
한 기적도 이 세대에 보여 주지 않겠다."
13 예수님께서 바리새파 사람들에게서 떠나,
다시 배를 타시고 호수 건너편으로 가셨
습니다.

잘못된 가르침을 조심하여라

14 제자들이 남은 빵을 가지고 오는 것을 잊
었습니다. 배에는 겨우 빵 한 조각만 있
었습니다.
15 예수님께서 제자들에게 경고를 하셨습니
다. "바리새파 사람들의 누룩과 헤롯의 누

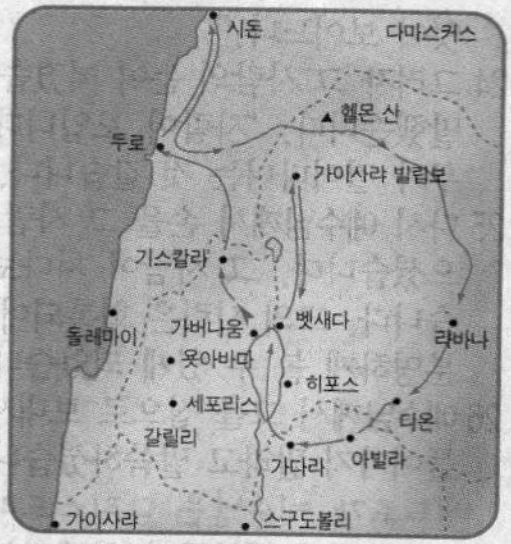

두로와 시돈의 지역들(7:24-8:12)

룩을 조심하여라."
16 제자들은 빵이 없어서 그런가 하고, 서로
수군거렸습니다.
17 예수님께서 이것을 아시고 물으셨습니다.
"어째서 너희가 빵이 없는 것에 대해서 수
군거리느냐? 너희가 아직도 알지 못하고
깨닫지 못하느냐? 너희의 마음이 굳어졌
느냐?
18 너희는 눈이 있어도 보지 못하고, 귀가 있
어도 듣지 못하느냐? 기억하지 못하느냐?
19 다섯 개의 빵을 오천 명에게 나누어 주었
을 때, 너희가 남은 빵을 몇 광주리*에 모
았느냐?" 제자들이 대답했습니다. "열두
광주리*입니다."
20 "일곱 개의 빵을 사천 명에게 나누어 주
었을 때, 너희가 몇 광주리에 거두었느
냐?" 제자들이 대답했습니다. "일곱 광주
리입니다."
21 예수님께서 "아직도 깨닫지 못하느냐?"
하고 그들에게 물으셨습니다.

보지 못하는 자를 고치심

22 예수님과 제자들이 벳새다로 갔습니다. 거
기서 사람들이 예수님께 보지 못하는 사
람을 데리고 와서 손을 대어 주시기를 간
청하였습니다.
23 예수님께서 그 사람의 손을 붙잡고, 마을
밖으로 데리고 가셨습니다. 그리고 그 사
람의 눈에 침을 뱉으셨습니다. 그리고 손
을 그 사람에게 얹고 물으셨습니다. "무

엇이 보이느냐?"
24 그러자 그 사람의 눈이 떠졌습니다. 그가 말했습니다. "사람이 보입니다. 마치 나무가 걸어다니는 것 같습니다."
25 다시 예수님께서 손을 그 사람의 눈에 얹으셨습니다. 그 사람이 쳐다보려고 하였습니다. 그의 시력은 회복되어 모든 것을 분명하게 볼 수 있게 되었습니다.
26 예수님께서 그를 집으로 보내시며 마을로 들어가지 말라고 말씀하셨습니다.

베드로가 예수님은 그리스도라고 말함

27 예수님께서 제자들과 함께 가이사랴 빌립보에 있는 마을로 가셨습니다. 가시는 도중에 예수님께서 제자들에게 물으셨습니다. "사람들은 나를 누구라고 하느냐?"
28 제자들이 대답했습니다. "세례자 요한이라고 합니다. 어떤 사람들은 엘리야라고도 합니다. 그리고 또 어떤 사람들은 예언자 가운데 한 사람이라고 합니다."
29 예수님께서 제자들에게 물으셨습니다. "그러면 너희는 나를 누구라고 하느냐?" 베드로가 대답했습니다. "주님은 그리스도이십니다."
30 예수님께서 제자들에게 아무에게도 자신에 대해서 말하지 말라고 엄히 이르셨습니다.

고통과 부활을 예언하심

31 예수님께서, 인자가 많은 고통을 받고, 장로들과 대제사장과 율법학자들에게 배척을 당하며, 죽임을 당하고, 삼 일 뒤에 다시

벳새다
예수께서 자주 다니시며 복음을 전하고 권능을 행하셨다.

살아날 것을 제자들에게 가르치셨습니다.
32 예수님께서 드러내 놓고 말씀을 하시니, 베드로가 예수님을 붙들고 말렸습니다.
33 예수님께서 돌아서서 제자들을 보시고, 베드로를 꾸짖으셨습니다. "사탄아 내 뒤로 썩 물러나라! 너는 하나님의 일은 생각지 않고, 사람들의 일을 생각하는구나."

십자가를 지고 따라오너라

34 예수님께서 제자들과 사람들을 불러 말씀하셨습니다. "누구든지 나를 따르려면, 자기를 부인하고, 자기 십자가를 지고 나를 따라오너라.
35 누구든지 자기 목숨을 구하고자 하면 잃을 것이다. 누구든지 나와 복음을 위하여 자기 목숨을 버리면 목숨을 구할 것이다.
36 만일 온 세상을 얻고도 자기의 생명을 잃는다면, 무슨 유익이 있겠느냐?
37 사람이 자기 영혼을 무엇과 바꾸겠느냐?
38 누구든지 이 음란하고, 죄가 많은 세대에서 나와 내 말을 부끄럽게 여기면 인자도 아버지의 영광으로 천사들과 함께 올 때, 그를 부끄럽게 여길 것이다."

9 예수님께서 말씀하셨습니다. "내가 너희에게 진정으로 말한다. 여기 서 있는 사람 가운데서, 몇 사람은 죽기 전에 하나님 나라가 권세 있게 오는 것을 볼 것이다."

영광스런 모습으로 변하신 예수님

2 육 일 뒤에 예수님께서 베드로, 야고보, 그리고 요한을 데리고 높은 산에 올라가셨습니다. 이 제자들 앞에서 예수님의 모습이 변하였습니다.
3 예수님의 옷이 하얗게 빛났습니다. 세상의 어떤 사람도 그렇게 희게 빨 수 없을 정도로 새하얗게 되었습니다.
4 엘리야가 모세와 함께 제자들 앞에 나타나, 예수님과 더불어 말씀을 나누었습니다.
5 베드로가 예수님께 말했습니다. "선생님, 우리가 여기 있는 것이 좋겠습니다. 우리가 천막 셋을 세우겠습니다. 하나는 선생님을 위해, 하나는 모세를 위해, 그리고 또 하나는 엘리야를 위해서입니다."

6 베드로는 무엇을 말하는지 알지 못했습니
다. 왜냐하면 그들이 두려움에 빠져 있었
기 때문입니다.
7 구름이 그들을 덮었습니다. 그리고 그 구
름 가운데서 목소리가 들렸습니다. "이
사람은 내가 사랑하는 아들이다. 그의 말
을 들어라!"
8 그 즉시, 제자들이 주위를 둘러보았습니
다. 그러나 예수님 외에는 아무도 볼 수
없었습니다.
9 예수님께서 제자들과 함께 산 아래로 내
려오시면서, 인자가 죽은 자 가운데서 다
시 살아나기 전까지는, 그들이 본 것을 아
무에게도 말하지 말라고 명령하셨습니다.
10 제자들은 아무에게도 말하지 않았습니다.
그러나 제자들은 죽은 자 가운데서 다시
살아난다는 것이 무슨 뜻인가 서로에게
물었습니다.
11 제자들이 예수님께 물었습니다. "어째서
율법학자들은 엘리야가 먼저 와야 한다고
말을 합니까?"
12 예수님께서 대답하셨습니다. "엘리야가 먼
저 와서 모든 것을 회복시킨다. 그런데 인
자가 많은 고통을 받고 멸시를 받을 것이
라고 기록된 것은 어찌된 것이냐?
13 내가 너희에게 말한다. 엘리야는 이미 왔
다. 그런데 성경에 그를 두고 쓰여진 것
처럼, 사람들이 그를 자기들 마음대로 대
했다."

병든 소년을 고치심

14 예수님과 세 제자들이 나머지 다른 제자
들에게 돌아왔을 때, 이들은 많은 사람들
에게 둘러싸여 몇몇 율법학자들과 논쟁을
벌이고 있었습니다.
15 모여 있던 모든 사람들이 예수님을 보자
놀라워하며, 예수님께 인사하러 달려왔습
니다.
16 예수님께서 물으셨습니다. "율법학자들과
무엇 때문에 논쟁하고 있었느냐?"
17 무리 중에 한 사람이 대답했습니다. "선
생님, 더러운 귀신이 들려서 말을 못하는
제 아들을 데리고 왔습니다.
18 그 귀신이 아들을 사로잡으면, 아이가 땅
에 넘어집니다. 그러면 입에 거품을 물
고, 이를 갈면서, 몸이 뻣뻣해집니다. 제
가 제자들에게 귀신을 쫓아 달라고 했는
데 하지 못하였습니다."
19 예수님께서 대답하셨습니다. "이 믿음 없
는 세대여! 내가 얼마나 너희와 함께 있
어야 하느냐? 내가 너희를 얼마나 더 두
고 보아야 하느냐? 그를 내게로 데리고
와라!"
20 제자들이 소년을 예수님께 데리고 왔습니
다. 악한 귀신이 예수님을 보자마자 소년
에게 경련을 일으켰습니다. 소년은 넘어
져서 입에 거품을 물며, 땅에 나뒹굴었습
니다.
21 예수님께서 그 소년의 아버지에게 물으셨
습니다. "이렇게 된 지가 얼마나 되었느
냐?" "어려서부터입니다.
22 귀신이 자주 아이를 죽이려고, 불 속이
나 물 속에 내던지기도 하였습니다. 할
수만 있다면, 불쌍히 여기시고 도와 주
십시오."
23 예수님께서 그에게 말씀하셨습니다. "'할
수만 있다면'이 무슨 말이냐? 믿는 사람
에게는 모든 것이 가능하다."

다볼 산의 원경(9:2)

논쟁(9:14 argue) 생각을 달리하는 사람들이 말이나 글로 서로 남이 그르고 자기가 옳다고 주장하는 것.
경련(9:20 spasm) 근육이 갑자기 오므라들거나 떨리는 것.

귀신들린 아이를 고치신 예수님(9:14-29)

뒤에 다시 살아날 것이다."
32 그러나 제자들은 이 말
씀을 이해하지 못했습니
다. 그리고 예수님께 묻
기를 두려워했습니다.

누가 가장 높으냐?

33 예수님과 제자들이 가
버나움으로 갔습니다. 예
수님께서 집에 계실 때,
제자들에게 물으셨습니다.
"너희가 오는 길에 무엇을
두고 논쟁을 벌였느냐?"
34 제자들은 잠잠했습니다.
왜냐하면 그들이 자기들 중
에서 누가 가장 높은가를 두
고 길에서 다투었기 때문입니다.
35 예수님께서는 앉으셔서 열두 제자를 부르
셨습니다. 그리고 말씀하셨습니다. "누구
든지 첫째가 되려면, 다른 모든 사람보다
나중이 되어야 하고, 모든 사람의 종이 되
어야 한다."
36 그리고 한 어린이를 데려와 제자들 가운
데 세우셨습니다. 그 아이를 팔에 안으시
고 말씀하셨습니다.
37 "누구든지 내 이름으로 이런 어린이 하나
를 받아들이면 나를 받아들이는 것이다.
또 누구든지 나를 받아들이는 사람은 나
를 받아들인 것이 아니라 나를 보내신 분
을 받아들인 것이다."

우리를 반대하지 않는 사람

38 요한이 예수님께 말했습니다. "선생님, 선
생님의 이름으로 귀신을 내쫓는 사람을
보고, 하지 못하게 하였습니다. 그것은
그 사람은 우리를 따르지 않는 사람이기
때문입니다."
39 예수님께서 말씀하셨습니다. "그를 막지
마라. 내 이름으로 기적을 행하고, 곧바로
나에 대해서 나쁜 말을 하는 사람은 없다.
40 우리에게 반대하지 않는 사람은 우리 편
이다.
41 내가 너희에게 진정으로 말한다. 누구든
지, 너희가 그리스도의 사람이기 때문에

24 소년의 아버지가 즉시 소리쳤습니다. "제
가 믿습니다! 제 믿음 없는 것을 도와 주
십시오!"
25 예수님께서 많은 사람들이 달려와 모여드
는 것을 보시고 더러운 귀신을 꾸짖으셨
습니다. "이 듣지 못하고, 말 못하게 하
는 귀신아, 내가 너에게 명령한다. 소년
에게서 나와 다시는 들어가지 마라!"
26 더러운 귀신은 소리를 지르고, 소년에게
경련을 일으키게 하고 나갔습니다. 소년
은 마치 시체처럼 되었습니다. 그래서 사
람들이 "죽었다!"라고 말했습니다.
27 그러나 예수님께서 손을 잡고 일으키자,
소년이 일어났습니다.
28 예수님께서 집으로 들어가셨을 때, 제자
들이 조용히 여쭈었습니다. "어째서 우리
는 내쫓지 못했습니까?"
29 예수님께서는 "이런 종류의 귀신은 오직
기도로만 쫓아 낼 수 있다"고 대답하셨습
니다.

고통과 부활에 대해서 말씀하심

30 예수님과 제자들이 그 곳을 떠나 갈릴리를
지나가셨습니다. 예수님께서는 이것을 알
리기를 꺼려 하셨습니다.
31 예수님께서 제자들을 가르치셨습니다. "인
자가 사람들의 손에 넘겨질 것이고, 그들은
인자를 죽일 것이다. 그러나 죽은 지 삼 일

마실 물 한 잔을 건네 주는 사람은 결코 상을 잃지 않을 것이다.”

죄의 유혹

42 “또 나를 믿는 어린아이들 가운데 하나를 죄짓게 하는 사람은 차라리 커다란 연자 맷돌을 목에 걸고 바다에 빠지는 것이 더 낫다.
43 만일 네 손이 죄짓게 한다면, 그것을 잘라 버려라. 두 손을 가지고 지옥의 꺼지지 않는 불 속으로 던져지는 것보다, 장애인으로 영원한 생명을 누리는 곳에 들어가는 것이 훨씬 낫다.
44 (없음)*
45 만일 네 발이 죄짓게 한다면, 그것을 잘라 버려라. 두 발을 가지고 지옥에 던져지는 것보다 저는 발로 하늘 나라에 들어가는 것이 더 낫다.
46 (없음)*
47 만일 네 눈이 죄짓게 한다면, 그것을 뽑아 버려라. 두 눈을 가지고 지옥에 던져지는 것보다, 한 눈만 가지고 하나님 나라에 들어가는 것이 더 낫다.
48 지옥에서는 벌레도 죽지 않으며, 불이 꺼지지도 않는다.
49 모든 사람이 소금 절이듯 불로 절여질 것이다.
50 소금은 좋은 것이다. 그러나 만일 소금이 짠맛을 잃으면 무엇으로 다시 짜게 하겠느냐? 서로가 소금을 지니고 화목하게 지내라.”

이혼에 대해서

10 예수님께서는 그 곳을 떠나 유대 지방으로 가셨습니다. 다시 많은 사람들이 예수님께로 몰려들었습니다. 다른 때와 마찬가지로, 예수님께서 그들을 가르치셨습니다.
2 몇몇 바리새파 사람들이 예수님께 와서 예수님을 시험하려고 물었습니다. “사람이 아내와 이혼하는 것이 옳습니까?”
3 예수님께서 대답하셨습니다. “모세가 너희에게 어떻게 명령하였느냐?”
4 그들이 말했습니다. “모세는 남자가 이혼 증서를 써 준 다음에 여자를 보내라고 허락하였습니다.”
5 예수님께서 말씀하셨습니다. “너희의 마음이 굳어 있어서 모세가 이런 명령을 썼다.
6 그러나 하나님께서 세상을 만드실 때부터 남자와 여자를 만드셨다.
7 ‘그러므로 남자가 자기 아버지와 어머니를 떠나 아내와 더불어
8 둘이 한 몸이 될 것이다.’ 따라서 더 이상 둘이 아니라 한 몸이다.
9 그러므로 하나님께서 하나로 만드신 것을 사람이 가르지 마라.”
10 제자들이 집에서 예수님께 이혼에 대해 다시 물었습니다.
11 예수님께서 대답하셨습니다. “자기 아내를 버리고, 다른 여자와 결혼하는 사람은 간음죄를 짓는 것이다.
12 자기의 남편을 버리고, 다른 남자와 결혼하는 여자 또한 간음죄를 짓는 것이다.”

아이들을 축복하심

13 사람들이 자기의 아이들을 데리고 예수님께 와서, 어루만져 주시기를 원했습니다. 그러나 제자들이 이들을 꾸짖었습니다.
14 예수님께서 이것을 보시고 노하시며, 제자들에게 말씀하셨습니다. “어린이들이 내게로 오게 놔 두어라. 그들을 막지 마라. 하나님 나라는 이런 어린이와 같은 사

연자맷돌(9:42)

알아두세요

9:44,46 어떤 사본에는 48절과 같은 내용이 있다.

람들의 것이다.
15 내가 너희에게 진정으로 말한다. 어린이처
럼 하나님 나라를 받아들이지 않는 사람
은, 결코 그 곳에 들어가지 못할 것이다."
16 그리고 예수님께서 어린이들을 팔에 안으
시고, 손을 얹어 축복하셨습니다.

부자 청년의 질문

17 예수님께서 길을 떠나시려고 할 때, 한 사
람이 달려와서 예수님 앞에 무릎을 꿇었
습니다. 그리고 여쭈었습니다. "선하신
선생님, 영원한 생명을 상속받으려면 무
엇을 해야 합니까?"
18 예수님께서 대답하셨습니다. "왜 나를 선
하다고 하느냐? 오직 하나님 외에는 아무
도 선하지 않다.
19 네가 계명을 안다. '살인하지 마라. 간음
하지 마라. 도둑질하지 마라. 거짓 증거
를 대지 마라. 속이지 마라. 네 부모를 공
경하여라.'"
20 그 사람이 말했습니다. "선생님, 저는 어려
서부터 이 모든 계명들을 다 지켰습니다."
21 예수님께서 그 사람을 보시고 사랑스럽게
여기셨습니다. 그리고 말씀하셨습니다.
"네게 부족한 것 하나가 있다. 가서 네가
가진 것을 모두 팔아 가난한 사람들에게
주어라. 그러면 하늘에서 보화가 있을 것
이다. 그리고 와서 나를 따라라."
22 이 말씀을 듣고, 그 사람은 매우 슬퍼하
며 떠나갔습니다. 그것은 그 사람이 많은
재물을 가지고 있었기 때문입니다.
23 예수님께서 제자들을 보시며 말씀하셨습
니다. "부유한 사람이 하나님 나라에 들
어가는 것이 얼마나 어려운가!"
24 제자들은 예수님의 말씀에 놀랐습니다. 예
수님께서 다시 말씀하셨습니다. "얘들아,
하나님 나라에 들어가는 것이 얼마나 어
려운지,
25 부자가 하나님 나라에 들어가는 것보다,
낙타가 바늘귀를 지나가는 것이 더 쉬울
것이다!"
26 제자들은 더욱더 놀라며 서로 말하였습니
다. "그러면 과연 누가 구원받을 수 있을
까?"
27 예수님께서 제자들을 바라보시며 말씀하
셨습니다. "사람은 할 수 없으나, 하나님
께서는 할 수 있다. 하나님께는 모든 것
이 가능하다."
28 베드로가 예수님께 말했습니다. "보십시
오. 우리는 선생님을 따르려고, 모든 것
을 버렸습니다."
29 예수님께서 말씀하셨습니다. "내가 너희
에게 진정으로 말한다. 나와 복음을 위해
자기 집과 형제, 자매, 어머니, 아버지,
자식, 또는 밭을 버린 사람은
30 이 세상에서 핍박과 함께 집, 형제, 자매,
어머니, 자녀 그리고 밭을 백 배로 받을
것이다. 그리고 오는 세대에서는 영원한
생명을 얻을 것이다.
31 첫째가 꼴찌가 되고, 꼴찌가 첫째가 되는
사람이 많을 것이다."

죽음과 부활에 대해서 말씀하심

32 예루살렘으로 올라가는 길에 예수님께서
사람들보다 먼저 걸어가셨습니다. 제자들
이 놀랐고, 뒤따르던 사람들도 두려워했
습니다. 예수님께서 열두 제자를 따로 부
르셔서 어떤 일이 예수님에게 일어날지 말
씀하시기 시작하셨습니다.

성경 속의 궁금증

예수님께서 말씀하신 잔과 세례는 무엇을 상징하는 것일까요?

예수님께서 지상에 왕국을 세우실 것이라고 생각한 야고보와 요한은 그 왕국에서 높은 자리를 차지하게 해 달라고 청했습니다. 그러자 예수님께서는 그들에게 예수님의 잔을 마시고, 예수님의 세례를 받을 수 있느냐고 반문하십니다. 여기서 '잔'과 '세례'는 구약 성경에서 자주 사용하던 시적 용어로서 잔은 고통과 고난을, 세례는 슬픔을 상징한다고 볼 수 있으며, 특별히 초대 교회의 교부(덕망 있는 성직자)들은 예수님의 세례를 예수님께서 십자가에서 받으신 '피의 세례'라고 불렀습니다.

본문 보기 10장 38절

33 "보아라. 우리는 지금 예루살렘으로 간다.
인자가 대제사장과 율법학자들에게 넘겨
질 것이다. 그들은 인자에게 사형을 선고
하고, 이방 사람들에게 넘겨 줄 것이다.
34 이방 사람들은 인자를 조롱하고, 침을 뱉
고, 채찍으로 때리고, 죽일 것이다. 그러나
인자는 삼 일 뒤에 다시 살아날 것이다."

두 제자의 요구

35 세베대의 두 아들인 야고보와 요한이 예수
님께 와서 말했습니다. "선생님, 우리의
소원을 들어 주시기 원합니다."
36 예수님께서 물으셨습니다. "너희가 내게
무엇을 원하느냐?"
37 그들이 대답했습니다. "저희가 주의 영광
스러운 나라에서 선생님의 오른쪽과 왼쪽
에 앉게 허락해 주십시오."
38 예수님께서 대답하셨습니다. "너희가 요
구하는 것이 무엇인지를 알지 못하는구
나. 너희는 내가 마시는 잔을 마실 수 있
느냐? 그리고 내가 받는 세례를 받을 수
있느냐?"
39 그들이 대답했습니다. "예, 우리는 할 수
있습니다!" 예수님께서 그들에게 말씀하셨
습니다. "내가 마시는 잔을 너희가 마시며
내가 받는 세례를 너희가 받을 것이다.
40 그러나 내 오른쪽이나 왼쪽에 앉는 것은
내가 허락하는 것이 아니다. 이 자리들은
정해 놓은 사람에게 돌아갈 것이다."
41 이 말을 듣고, 나머지 열 명의 제자들이 야
고보와 요한에게 화를 내기 시작했습니다.
42 예수님께서 제자들을 부르시고 말씀하셨
습니다. "너희가 아는 것처럼 이방 사람
들의 통치자라는 사람들은 사람들을 지배
하려고 한다. 고관들도 사람들에게 세도
를 부린다.
43 그러나 너희는 그래서는 안 된다. 누구든
지 너희 중에서 높아지려거든 종이 되어
야 한다.
44 누구든지 너희 중에서 첫째가 되려거든
모든 사람의 종이 되어야 한다.
45 인자도 섬김을 받으러 온 것이 아니라, 섬
기러 왔다. 인자는 자기 생명을 많은 사
람의 대속물로 주려고 왔다."

앞 못 보는 바디매오를 고치심

46 예수님과 제자들이 여리고에 왔습니다. 예
수님께서 제자들과 많은 사람들과 함께 여

예수님께 고침받은 바디매오(10:46-52)

리고를 떠나실 때, 디매오의 아들인 바
디매오라고 하는 앞을 보지 못하는
거지가 길가에 앉아 있었습니다.
47 나사렛 예수님이라는 소리를 듣고
그는 소리지르기 시작했습니다.
"다윗의 자손 예수님! 제게 자비
를 베풀어 주십시오!"
48 많은 사람들이 그에게 조용히
하라고 엄하게 말했습니다. 그
러나 그는 더욱더 크게 소리쳤
습니다. "다윗의 자손이시여,
제게 자비를 베풀어 주십시오!"
49 예수님께서 멈추셔서 말씀하셨습
니다. "그 사람을 이리 데리고 오
너라." 사람들이 그를 불렀습니다.
"안심하고 일어나게! 예수님께서 자네를
부르고 계시네."
50 그는 겉옷을 거기에 두고, 벌떡 일어나 예
수님께로 갔습니다.
51 예수님께서 그에게 물으셨습니다. "무엇
을 해 주길 원하느냐?" 보지 못하는 자가
대답했습니다. "선생님, 다시 보기를 원
합니다."
52 예수님께서 "가거라. 네 믿음이 너를 낫게
하였다"라고 말씀하셨습니다. 그 즉시, 그
는 보게 되었고, 예수님을 따라 나섰습니
다.

예루살렘에 들어가심

11 예수님과 제자들이 예루살렘 근처, 곧
올리브 산 가까이에 있는 벳바게와 베
다니 마을에 이르렀습니다. 그 곳에서 예
수님은 두 제자들을 보내셨습니다.
2 예수님께서 그들에게 말씀하셨습니다.
"건너편 마을로 가거라. 거기에 가면, 지
금까지 아무도 탄 적이 없는 나귀 새끼 한
마리가 매여 있는 것을 볼 것이다. 그것
을 풀어서 이리로 가지고 오너라.
3 누가 너희에게 '왜 이러십니까?' 라고 물

알아두세요

11:17 사 56:7과 렘 7:11에 기록되어 있다.

으면, 이렇게
말하여라. '주님께서
필요하시답니다. 곧 이리
로 돌려 보내실 것입니다.'"
4 제자들이 마을로 들어가서 길 쪽으로 있
는 문에 묶여 있는 나귀 새끼를 발견하였
습니다. 제자들이 나귀를 풀었습니다.
5 서 있던 사람이 제자들에게 물었습니다.
"나귀를 풀다니, 무엇을 하려는 것이오?"
6 제자들이 예수님께서 알려 주신 대로 대
답했습니다. 그러자 허락해 주었습니다.
7 제자들이 예수님께 나귀 새끼를 끌고 왔
습니다. 그들이 겉옷을 나귀 위에 얹었
고, 예수님께서 거기에 앉으셨습니다.
8 많은 사람들이 자기들의 겉옷을 펴서 길
위에 펼쳤습니다. 어떤 사람들은 들에서
꺾은 나뭇가지를 펼쳤습니다.
9 예수님 앞에서 걸어가던 사람들과 뒤에서
따라가던 사람들이 소리쳤습니다. "호산나!
주님의 이름으로 오시는 이가 복이 있다!"
10 "다가오는 우리 조상 다윗의 나라가 복이
있다. 가장 높은 곳에서 호산나!"

예수님께서 예루살렘에 들어가심(11:1-11)

11 예수님께서 예루살렘에 가셔서 성전으로 들
어가셨습니다. 그리고 모든 것을 둘러보신
후, 날이 이미 저물었기 때문에 열두 제자
들과 함께 베다니로 돌아가셨습니다.

무화과나무를 저주하심

12 이튿날 예수님과 제자들이 베다니에서 출
발하여 오는 길에, 예수님께서 배고픔을
느끼셨습니다.
13 멀리서 잎이 무성한 무화과나무를 보시
고, 거기에서 열매를 얻으려고 다가가셨
습니다. 그러나 무화과는 없고 잎사귀만
무성할 뿐이었습니다. 그것은 아직 무화
과가 열릴 때가 아니었기 때문입니다.
14 예수님께서 나무에게 말씀하셨습니다.
"다시는 아무도 네 열매를 먹지 못할 것
이다." 제자들이 이 말씀을 들었습니다.

성전을 깨끗하게 하심

15 예수님과 제자들이 예루살렘에 왔습니다.
예수님께서 성전에 들어가셔서, 성전에서
사고파는 사람들을 내쫓으셨습니다. 그
리고 돈 바꾸어 주는 사람들의 책상과 비
둘기 파는 사람들의 자리를 뒤엎으셨습
니다.
16 예수님께서 그 누구도 물건을 가지고 성
전의 뜰을 가로질러 가지 못하게 하셨습
니다.
17 그리고 사람들을 가르치셨습니다. "성경
에 이렇게 쓰여 있다. '나의 집은 모든 민
족의 기도하는 집이라고 불릴 것이다.'*
그런데 너희는 '강도의 소굴'*로 바꾸었
다."
18 대제사장들과 율법학자들이 이 소식을 들

열매가 달렸을 때의 무화과나무 모습 (11:12-20)

었습니다. 그들은 예수님을 죽일 방법을
찾기 시작했습니다. 그것은 사람들이 예
수님의 가르침에 놀라워하므로, 그들이
예수님을 두려워했기 때문입니다.
19 밤이 되자, 예수님과 제자들은 성을 떠났
습니다.

무화과나무가 죽음

20 아침에 지나가다가, 제자들이 무화과나무
가 뿌리부터 말라 버린 것을 보았습니다.
21 베드로가 생각이 나서, 예수님께 말했습니
다. "선생님, 보세요! 저주하셨던 무화과
나무가 말라 죽어 있습니다!"
22 예수님께서 대답하셨습니다. "하나님을
믿어라.
23 내가 너희에게 진정으로 말한다. 누구든
지 이 산을 향하여 '뽑혀서 바다에 던져
져라' 하고 말하고, 마음속에 아무 의심
없이 말한 대로 될 줄 믿으면, 그대로 이
루어질 것이다.
24 그러므로 내가 너희에게 말한다. 너희가
기도하고 구한 모든 것은 받은 줄로 믿어
라. 그러면 이루어질 것이다.
25 너희가 서서 기도할 때, 다른 사람과 원
수된 일이 있으면, 그를 용서하여라. 그
래야 하늘에 계신 너희 아버지께서도 너
희의 죄를 용서하실 것이다."
26 (없음)*

예수님의 권한

27 예수님과 제자들이 다시 예루살렘으로 갔
습니다. 예수님께서 성전에서 거니실 때,
대제사장들과 율법학자들과 장로들이 예
수님께 왔습니다.
28 그들이 예수님께 말했습니다. "당신이 무
슨 권한으로 이런 일을 하는 것이오? 누
가 당신에게 이런 권한을 주었소?"
29 예수님께서 이들에게 대답하셨습니다.
"내가 한 가지를 너희들에게 묻겠다. 만
일 나에게 대답하면, 내가 무슨 권한으로
이런 일을 하는지 말해 주겠다.
30 요한의 세례가 하늘로부터 온 것이냐, 아
니면 사람에게서 온 것이냐? 대답해 보아
라!"
31 그들이 자기들끼리 의논하였습니다. "만
일 우리가 하늘로부터 왔다고 하면, 그가
'어째서 너희는 요한을 믿지 않았느냐?'
하고 말할 것이다.
32 그렇다고 사람에게서 왔다고 할 수도 없지
않은가?" 이들은 백성들을 두려워했습니
다. 그것은 모든 사람들이 진정으로 요한
을 예언자로 생각하고 있었기 때문입니다.
33 그래서 예수님께 "우리는 모르오" 하고 대
답했습니다. 예수님께서도 "그러면 나도
너희에게, 내가 무슨 권한으로 이런 일을
하는지 말하지 않겠다"라고 말씀하셨습니
다.

포도밭 소작농의 비유

12 예수님께서는 비유로 사람들에게 말
씀하기 시작하셨습니다. "어떤 사람
이 포도밭을 가꾸었다. 그리고 주위에 담
장을 치고, 포도즙을 짤 구덩이를 파고,
망대를 세웠다. 그리고 포도밭을 농부들
에게 빌려 주고 여행을 떠났다.
2 때가 되자, 주인은 농부들에게 종을 보내
어 포도밭에서 난 자기 몫의 수확물을 가
져오게 했다.
3 그러나 농부들은 그 종을 붙잡아 때린 후,
빈손으로 쫓아 버렸다.
4 다시 주인은 다른 종을 그들에게 보냈다.
그러자 그들은 그의 머리를 때리고, 깔보
고 업신여겼다.
5 다시 주인은 다른 종을 보냈다. 그러자 그
들은 그 하인을 죽였다. 다른 많은 종들

을 보냈지만, 농부들은 때리기도 하고 죽
이기도 하였다.
6 주인에게는 한 사람이 더 있었는데, 바로
그의 사랑하는 아들이었다. 결국 주인은
아들을 농부들에게 보내면서 말했다. '농
부들이 내 아들은 존중할 것이다.'
7 그러나 농부들은 서로 말했다. '이 사람은
주인의 상속자이다. 어서 그를 죽이자. 그
러면 유산이 우리의 것이 될 것이다.'
8 농부들은 아들을 잡아다 죽인 후, 포도밭
밖으로 던져 버렸다.
9 포도밭의 주인이 이제 어떻게 하겠느냐?
그는 포도밭에 가서 농부들을 다 죽이고,
포도밭을 다른 농부들에게 줄 것이다.
10 이런 성경 말씀을 읽어 보지 못했느냐?
'건축자들이 버린 돌이 집 모퉁이의 머릿
돌이 되었다.
11 이는 주님께서 하신 일이다. 이것이 우리
눈에 놀랍지 않은가?'*"
12 그들은 이 비유가 자기들을 빗대어 하신
것임을 알고, 예수님을 체포하길 원했습
니다. 그러나 백성들을 두려워하여, 예수
님을 두고 떠나가 버렸습니다.

가이사에게 바치는 세금

13 그들은 예수님의 말씀에서 트집을 잡으려
고, 바리새파 사람과 헤롯 당원 몇 명을 예
수님께 보냈습니다.
14 그들이 와서 말했습니다. "선생님, 우리
는 선생님께서 진실한 분이시며, 아무에
게도 얽매이지 않으신다고 알고 있습니
다. 선생님께서는 아무도 부당하게 대하
지 않으시고, 하나님의 길을 진리로 가르
치십니다. 가이사*에게 세금을 내는 것이
옳습니까? 내지 않는 것이 옳습니까?
15 세금을 내야 합니까? 내지 말아야 합니
까?" 예수님께서는 이 사람들의 속셈을
아시고 말씀하셨습니다. "어째서 나를 시
험하느냐? 데나리온 한 개를 가져와서 나
에게 보여라."
16 그들이 은전 한 개를 가져왔습니다. 예수
님께서 물으셨습니다. "이것은 누구의 얼
굴이며, 누구라고 씌어 있느냐?" 그들이
대답했습니다. "가이사입니다."
17 예수님께서 그들에게 말씀하셨습니다. "가
이사의 것은 가이사에게 주어라. 그리고
하나님의 것은 하나님께 바쳐라." 그들은
예수님의 말씀에 놀랐습니다.

부활에 대하여

18 부활이 없다고 주장하는 사두개파 사람 몇
명이 예수님께 왔습니다. 그리고 예수님께
질문을 했습니다.
19 "선생님, 모세는 '형이 자식이 없이 아내
만 남겨 두고 죽으면, 동생이 그 형수와
결혼하고 형을 위하여 자식을 낳아 주어
라' 하고 기록했습니다.
20 일곱 형제가 있었는데, 맏형이 결혼하고
자식이 없이 죽었습니다.
21 그래서 둘째가 형수와 결혼을 했는데, 역
시 자식이 없이 죽었습니다. 셋째도 마찬
가지였습니다.
22 일곱 형제 모두가 자식을 남기지 못했습
니다. 나중에 여자도 죽었습니다.
23 그러면 다시 살아날 때, 그 여자는 그들
중에 누구의 아내가 되겠습니까? 일곱 형
제가 모두 그를 아내로 맞이했으니 말입
니다."
24 예수님께서 대답하셨습니다. "너희가 성
경도 모르고 하나님의 능력도 몰라서 잘
못 생각하는 것이 아니냐?
25 사람들이 죽은 사람들 중에서 다시 살아
날 때에는, 장가도 가지 않고, 시집도 가
지 않는다. 그들은 마치 하늘에 있는 천
사처럼 될 것이다.
26 죽은 사람이 다시 살아나는 것에 대해서
는, 모세의 책에 기록된 떨기나무 대목에
서 하나님께서 모세에게 어떻게 말씀하셨

알아두세요

11:26 어떤 사본에는 다음과 같은 구절이 있다. "너희가 용서하지 않으면, 하늘에 계신 너희 아버지께서도 너희의 죄를 용서하지 않으실 것이다."
12:10-11 시 118:22-23에 기록되어 있다.
12:14 '로마 황제'라는 뜻이다.

는지를 읽어 보지 못했느냐? 하나님께서
모세에게 '나는 아브라함의 하나님, 이삭
의 하나님, 그리고 야곱의 하나님이다'라
고 말씀하시지 않았느냐?
27 하나님께서는 죽은 사람들의 하나님이 아
니라, 살아 있는 사람들의 하나님이다.
너희가 크게 잘못 생각하고 있다."

가장 중요한 계명

28 율법학자 가운데 한 사람이 다가와서 논
쟁하는 것을 들었습니다. 예수님께서 사두
개파 사람들에게 잘 대답하시는 것을 보
고, 그가 물었습니다. "모든 계명 중에 어
떤 것이 가장 중요합니까?"
29 예수님께서 대답하셨습니다. "가장 중요
한 계명은 이것이다. '이스라엘아, 들어
라! 주 우리 하나님은 한 분이시다.
30 네 모든 마음과 모든 영혼과 모든 뜻과 모
든 힘을 다하여, 주 너희 하나님을 사랑
하여라.'
31 두 번째로 중요한 계명은 이것이다. '네
이웃을 네 몸같이 사랑하여라.' 이 계명
들보다 더 중요한 계명은 없다."
32 율법학자가 예수님께 말했습니다. "옳습
니다, 선생님. 하나님께서는 한 분이시
고, 그 외에는 다른 신이 없습니다.
33 모든 마음과 모든 지식과 모든 힘을 다하
여 하나님을 사랑하고, 이웃을 자기 자신
처럼 사랑하는 것이, 다른 모든 번제물이
나 희생 제물보다 더 중요합니다."
34 예수님께서는 이 사람이 지혜롭게 대답하
는 것을 보시고 말씀하셨습니다. "너는
하나님 나라에 가깝구나." 그 뒤로는 아
무도 감히 예수님께 더 묻지 않았습니다.

다윗의 자손

35 예수님께서 성전에서 가르치고 계실 때,
이렇게 물으셨습니다. "어째서 율법학자
들은 그리스도가 다윗의 자손이라고 말하
느냐?
36 다윗 자신은 성령으로 이렇게 말하였다.
'여호와께서 내 주님에게 말씀하셨다. 내
가 네 원수들을 네 발 아래 굴복시킬 때
까지, 내 오른쪽에 앉아 있어라.'*
37 다윗 자신도 그리스도를 주님이라고 부른
다. 그런데 어떻게 그리스도가 다윗의 자
손이 되겠느냐?" 많은 무리가 예수님의
말씀을 기쁘게 들었습니다.

가난한 과부의 헌금(12:41-44)

율법학자들을 조심하여라
38 예수님께서 가르치시면서 말씀하셨습니
다. "율법학자들을 주의하여라. 이들은
긴 옷을 입고 걸어다니기를 좋아하고, 장
터에서 인사받기를 좋아한다.
39 이들은 회당에서 높은 자리를 좋아하고,
잔치에서도 윗자리를 좋아한다.
40 이들은 과부의 집을 삼키며, 사람들에게
보이기 위해 길게 기도한다. 이런 사람들
은 더 큰 심판을 받을 것이다."

과부의 헌금
41 예수님께서 헌금함 맞은편에 앉으셔서,
사람들이 어떻게 헌금하는가를 보셨습니
다. 여러 명의 부자들이 많은 돈을 헌금
했습니다.
42 가난한 과부가 와서 렙돈 동전 두 개, 즉
한 고드란트를 넣었습니다.
43 예수님께서 제자들을 부르신 후 말씀하셨습
니다. "내가 너희에게 진정으로 말한다. 이
가난한 과부가 헌금함에 돈을 넣은 다른 모
든 사람들보다 더 많이 헌금을 하였다.
44 다른 모든 사람들은 넉넉한 중에서 헌금
을 하였지만, 과부는 가지고 있던 모든
것, 즉 생활에 필요한 돈 전부를 바쳤다."

성전이 무너질 것임
13 예수님께서 성전을 떠나실 때, 한 제
자가 예수님께 말했습니다. "선생님,
보십시오! 정말 아름다운 돌이지요, 정말
아름다운 건물이지요!"
2 예수님께서 "이 큰 건물을 보느냐? 돌 위
에 돌 하나도 남지 않고 완전히 무너질 것
이다"라고 말씀하셨습니다.

마지막 시대의 징조
3 예수님께서 성전 맞은편 올리브 산에서 앉
아 계실 때, 베드로, 야고보, 요한과 안드
레가 예수님께 조용히 물었습니다.
4 "우리들에게 말씀해 주십시오. 언제 이런
일들이 일어나고, 이런 일들이 이루어질
때에 무슨 징조가 있겠습니까?"
5 예수님께서 그들에게 말씀하기 시작하셨
습니다. "아무도 너희를 속이지 못하게
조심하여라.
6 많은 사람들이 내 이름으로 와서 '내가 바
로 그리스도다'라고 말할 것이다. 그리고
많은 사람들을 속일 것이다.
7 너희는 전쟁에 대한 소식과 소문을 들을
것이다. 그러나 두려워하지 마라. 이런
일들은 반드시 일어나야 한다. 그러나 끝
은 아직 아니다.
8 민족이 다른 민족과 싸우려고 일어나고,
나라가 나라와 싸우려고 일어날 것이다.
여러 곳에서 지진이 일어나고, 기근도 있
을 것이다. 이런 것들은 출산하는 진통의
시작에 불과하다.
9 너희는 주의하여라. 사람들이 너희를 법
정에 넘길 것이고, 너희는 회당에서 매를
맞을 것이다. 너희가 나 때문에, 총독들
과 임금 앞에 서게 되어, 그들에게 증언
할 것이다.
10 그러나 먼저 복음이 모든 민족에게 전해
질 것이다.
11 사람들이 너희를 체포하여 재판에 넘길
때, '무엇을 말할까' 하고 걱정하지 마라.
그 때에 하나님께서 너희에게 주시는 것
들을 말하여라. 말하는 것은 너희가 아니
고, 성령님이시다.
12 형이 동생을 죽게 내주고, 아버지가 자식
들을 내주고, 자식들이 부모를 거역하여
일어나며, 죽게 할 것이다.
13 내 이름 때문에, 너희가 미움을 받을 것
이다. 그러나 끝까지 견디는 사람은 구원
받을 것이다.

가장 큰 재난
14 멸망케 하는 혐오할 만한 것이 서 있지 않
아야 할 곳에 서 있는 것을 보거든 (읽는
사람은 깨달아라) 유대에 있는 사람들은

알아두세요
12:36 시 110:1에 기록되어 있다.

렙돈(12:42 lepton) 그리스의 화폐 단위로 동전 중에서 가장 작은 단위. 당시 하루 품삯이 1데나리온이었는데, 1데나리온의 1/16이 1앗사리온, 1앗사리온의 1/4이 1고드란트, 1고드란트의 1/2이 1렙돈임.

산으로 도망하여라.
15 지붕 위에 있는 사람은 집에 있는 것을 가
지고 나오려고 내려와 들어가지 마라.
16 밭에 있는 사람은 옷을 가지려고 돌아서
지 마라.
17 그 때에는 임신한 여자들이나, 아이에게
젖을 먹이는 여자들에게 화가 있다.
18 이런 일이 겨울에 일어나지 않도록 기도
하여라.
19 그 때에는 환난이 있을 것인데, 이런 환
난은 하나님께서 세상을 만드신 때부터
지금까지 없었던 것이며, 앞으로도 이런
환난은 없을 것이다.
20 주님께서 이 날들을 줄여 주시지 않는다
면, 어느 생명도 구원받지 못할 것이다.
그러나 하나님께서 선택한 사람들을 위하
여, 이 날들을 줄이셨다.
21 그 때에 어떤 사람이 '여보시오, 그리스도
가 여기 계십니다!' 또는 '저기 계십니
다!' 하고 말해도 믿지 마라.
22 거짓 그리스도와 거짓 예언자들이 일어나
서 증거와 기적을 보여 줄 것이다. 그래
서 가능하면 선택된 사람들을 잘못된 길
로 인도하려고 할 것이다.
23 그러므로 조심하여라. 내가 모든 것을 미
리 일러 주었다."

인자가 오심

24 "그러나 그 때에 환난이 지나가면, '해가
어두워지고, 달이 그 빛을 내지 않을 것
이다.
25 별들이 하늘에서 떨어지고, 하늘에 있는
권세들이 흔들릴 것이다.'
26 사람들은 인자가 큰 능력과 영광으로 구
름 가운데 오는 것을 볼 것이다.
27 그리고 인자가 천사들을 보내어, 땅 끝에
서 하늘 끝까지, 사방에서 선택된 사람들
을 모을 것이다."

무화과나무의 교훈

28 "무화과나무로부터 교훈을 배워라. 가지
가 부드러워지고 새 잎을 내면 여름이 가
까운 줄 안다.
29 이처럼 이런 일들이 일어나는 것을 보면,
인자가 바로 문 앞에 가까이 온 줄 알아라.
30 내가 너희에게 진정으로 말한다. 이 세대
가 지나가기 전에 이 모든 일들이 일어날
것이다.
31 하늘과 땅은 없어질 것이나, 내 말은 없
어지지 않을 것이다."

그 날과 그 때

32 "그 날과 그 때는 아무도 모른다. 하늘에
있는 천사도 모르고, 아들도 모르고, 오
직 아버지만이 아신다.
33 주의하여라! 항상 경계하여라! 그것은 그
때가 언제인지 알지 못하기 때문이다.
34 마치 여행을 떠나는 어떤 사람과 같다. 그
는 집을 떠나면서, 자기 종들에게 집을 돌
보라고 맡겼다. 각각 임무를 주었는데, 문
지기에게는 집을 잘 지키라고 명령했다.
35 그러므로 깨어 있어라. 집주인이 언제 돌
아올지, 저녁에 혹은 밤중에 혹은 새벽 닭
이 울 때 혹은 아침 무렵에 올지 모르기
때문이다.
36 그가 갑자기 돌아와서, 너희가 자고 있는

성경 자세히 이해하기

유대인의 시간 구분

로마의 지배를 받고 있던 유대인들은 로마식을 따라 (1) 태양이 진 후부터 3시간 (2) 그 다음부터 자정까지 (3) 자정부터 해 뜨기 3시간 전까지 (4) 그 다음부터 해 뜰 때까지, 밤 시간을 넷으로 구분하였습니다. 이러한 시간 구분이 본문에 모두 암시되어 있는데, '저녁'은 첫 번째 시간, '밤중'은 두 번째 시간, '새벽 닭 울 때'는 세 번째 시간, '아침 무렵'은 네 번째 시간으로, 각각의 명칭은 시간이 끝나는 시점을 나타내고 있습니다. 본문 보기 13장 35절

유월절(14:1 Passover) 이스라엘의 이집트 탈출을 기념하는 절기.
무교절(14:1 Feast of Unleavened Bread) 유월절 행사에 연이어 7일 동안 계속된 히브리인들의 축제.
흉계(14:1 wicked plan) 남모르게 꾸미는 악한 계책.

것을 보지 않게 하라.
37 내가 너희에게 말하는 것은, 모두에게 하
는 말이다. '항상 깨어 있어라!'"

예수님을 죽일 계획

14 유월절과 무교절이 되기 이틀 전이
었습니다. 대제사장들과 율법학자들
이 흉계를 꾸며, 예수님을 아무도 모르게
잡아서 죽이려고 하였습니다.
2 이들이 말했습니다. "명절 동안에는 안
돼. 사람들이 소동을 일으킬 수 있어."

예수님께 향유를 부은 여자

3 예수님께서 베다니 마을에 있는, 문둥병에
걸렸던 시몬의 집에서 음식을 드시고 계
셨습니다. 한 여자가 매우 비싼 나드 향
유 한 병을 가지고 왔습니다. 그리고 병
을 열고, 향유를 예수님의 머리에 부었습
니다.
4 그러자 몇몇 사람이 화를 내면서, 서로 말
했습니다. "어째서 향유를 낭비하는 거지?
5 이 향유는 삼백 데나리온에 팔 수 있고,
그 돈으로 가난한 사람들을 도울 수도 있
었을 텐데." 그리고 여자를 호되게 나무
랐습니다.
6 예수님께서 말씀하셨습니다. "가만두어
라. 어째서 여자를 괴롭히느냐? 그는 내
게 좋은 일을 했다.
7 가난한 사람들은 항상 너희와 함께 있으
므로, 원하면 언제든지 좋은 일을 할 수
있다. 그러나 나는 항상 너희와 함께 있
는 것이 아니다.
8 여자는 자기가 할 수 있는 일을 했다. 죽
기 전에 내 장례를 위해 내 몸에 향유를
부어 준 것이다.
9 내가 너희에게 진정으로 말한다. 복음이
온 세상에 전해질 때, 이 여인이 한 일도
알려져서, 사람들이 기억하게 될 것이다."

유다의 배반

10 열두 제자 가운데 한 사람인 가룟 유다가
예수님을 넘겨 주려고 대제사장들에게 갔
습니다.
11 대제사장들은 이 말을 듣고 기뻐했습니
다. 그리고 유다에게 돈을 주기로 약속했
습니다. 그래서 유다는 예수님을 넘겨 줄
좋은 기회를 엿보기 시작했습니다.

유월절 음식을 나누심

12 무교절의 첫 번째 날, 즉 유월절 양을 잡
는 날에 제자들이 예수님께 여쭈었습니
다. "유월절 음식을 어디에 가서 준비할
까요?"
13 예수님께서 제자들 가운데서 두 명을 보
내시면서 말씀하셨습니다. "성으로 들어
가거라. 물병을 든 사람을 만나면 그를 따
라가거라.
14 그가 들어가는 집의 주인에게 '선생님께서
제자들과 함께 유월절 음식을 먹을 수 있
는 방이 어디냐고 물으십니다'라고 하여라.
15 그러면 집주인이 너희에게 준비된 커다란
다락방을 보여 줄 것이다. 그 곳에서 음
식을 준비하여라."
16 제자들이 떠나서, 성으로 들어갔습니다.
예수님께서 말씀하신 그대로였습니다. 그
래서 유월절을 준비했습니다.
17 저녁이 되자, 예수님께서 열두 제자들과
함께 그 집으로 가셨습니다.
18 식사를 하는 동안, 예수님께서 말씀하셨
습니다. "내가 너희에게 진정으로 말한
다. 나와 함께 음식을 먹고 있는 너희 가
운데 한 사람이 나를 배반할 것이다."

성경 속의 궁금증

다락방은 어디일까요?

성경에서 말하는 다락방은 현관에서 대문 쪽으로 마주보고 있는 마당의 앞쪽에 위치한, 마당보다 약간 높게 만들어진 커다란 방을 가리킵니다. 당시에 다락방은 오늘날과 같은 창고 용도가 아니라 매우 중요한 방으로써 종종 세련되게 장식되어졌고, 방문자가 마당에 들어설 때 가장 먼저 보게 되는 방이었기에 섬세하고 화려하게 꾸며졌으며, 앞마당엔 분수를 만들어 공기를 시원하게 해 주기도 했답니다. 집주인은 이곳에서 친구들이나 사업상의 손님을 접대하곤 했습니다.

본문 보기 14장 15절

19 제자들이 근심하면서 한 사람씩 예수님께
말했습니다. "설마 제가 그 사람입니까?"
20 예수님께서 대답하셨습니다. "열두 제자
가운데 한 사람이며, 나와 함께 그릇에 손
을 넣는 사람이다.
21 인자는 성경에 기록된 대로 죽지만, 인자
를 넘겨 주는 사람에게는 화가 있다. 그
사람은 차라리 태어나지 않았더라면 자신
에게 더 좋았을 것이다."

마지막 만찬

22 식사를 하는 동안, 예수님께서는 빵을 들
고 감사 기도를 드리셨습니다. 그리고 떼
어서 제자들에게 주시며 말씀하셨습니다.
"받아라. 이것은 나의 몸이다."
23 또 잔을 들고 감사 기도를 드리셨습니다.
그리고 제자들에게 잔을 주어, 제자들이
마셨습니다.
24 예수님께서 말씀하셨습니다. "이것은 많
은 사람들을 위해 쏟는 나의 피, 곧 언약
의 피다.
25 내가 진정으로 너희에게 말한다. 내가 하
나님 나라에서 새 것으로 마실 그 날이 올
때까지는 결코 다시 포도나무에서 난 것
을 마시지 않을 것이다."
26 예수님과 제자들은 찬송을 부른 뒤, 올리
브 산으로 올라갔습니다.

베드로가 모른다고 할 것을 예언하심

27 예수님께서 제자들에게 말씀하셨습니다.
"너희는 모두 나를 버릴 것이다. 성경에
이렇게 쓰여 있다. '내가 목자를 치리니,
양들은 흩어질 것이다.'
28 그러나 내가 살아난 후, 너희보다 먼저 갈
릴리로 갈 것이다."
29 베드로가 말했습니다. "모두가 버릴지라
도 저는 그렇지 않을 것입니다."
30 예수님께서 대답하셨습니다. "내가 너에
게 진정으로 말한다. 오늘 밤 닭이 두 번
울기 전에, 네가 나를 모른다고 세 번 말
할 것이다."
31 베드로는 강조하여 말했습니다. "주님과
함께 죽을지언정, 결코 모른다고 하지 않
을 것입니다!" 다른 모든 제자들도 같은
말을 했습니다.

겟세마네 동산에서 기도하심

32 예수님과 제자들이 겟세마네라고 하는 곳
으로 갔습니다. 예수님께서 제자들에게
말씀하셨습니다. "내가 기도하는 동안에
여기 앉아 있어라."
33 예수님께서는 베드로와 야고보 그리고 요
한을 데리고 가셨습니다. 예수님께서는 매
우 근심하며 괴로워하셨습니다.
34 예수님께서 말씀하셨습니다. "내 영혼이
심히 괴로워 죽을 지경이다. 여기서 머무
르면서 깨어 있어라."
35 예수님께서 조금 더 가셔서 땅에 엎드리
셨습니다. 그리고 할 수만 있다면, 그 때
가 지나가 버리기를 기도하셨습니다.
36 예수님께서 기도하셨습니다. "아바,* 아버
지! 아버지께서는 모든 것을 하실 수 있
으시니, 이 잔을 없애 주십시오. 그러나
제 뜻대로 하지 마시고 아버지의 뜻대로
하십시오."
37 예수님께서 제자들에게 오셔서 자고 있는

성경 속의 궁금증

그릇에 손을 넣는 때는 언제였을까요?

식사를 할 때, 예수님 시대의 유대인들은 오늘날과 마찬가지로 칼이나 포크, 숟가락을 사용하지 않았습니다. 모든 종류의 음식을 주로 손가락으로 집어 먹었으므로 고기 음식도 손가락으로 쉽게 떼어 먹을 수 있도록 통째로 요리했습니다. 채소나 빵 따위는 무화과, 대추 야자, 아몬드 등으로 만든 과즙과 물, 식초를 섞어 만든 국물에 적셔 먹었습니다. 그릇에 손을 넣었다는 말은 바로 이렇게 빵을 찍어 먹을 때의 동작을 가리킨다고 볼 수 있겠지요?

본문 보기 14장 20절

알아두세요

14:36 '아바'는 아람어로 '아버지'를 뜻한다.

것을 보시고, 베드로에게 말씀하셨습니
다. "시몬아, 자고 있느냐? 나와 함께 한
시간도 깨어 있을 수 없더냐?
38 시험에 들지 않도록 깨어서 기도하여라.
영은 원하지만, 몸이 연약하구나."
39 다시 예수님께서 제자들을 떠나서 같은 말
씀으로 기도하셨습니다.
40 그리고 다시 제자들에게 오셔서 자고 있
는 모습을 보셨습니다. 그것은 제자들이
너무 졸렸기 때문입니다. 제자들은 예수
님께 무슨 말을 해야 할지 몰랐습니다.
41 세 번째 예수님께서 오셔서 말씀하셨습니
다. "아직도 자고 있느냐? 아직도 쉬고 있
느냐? 그만하면 됐다! 이제 시간이 되었다.
보아라! 인자가 죄인들의 손에 넘겨진다.
42 일어나자! 가자! 보아라! 나를 넘겨 줄 사
람이 가까이에 와 있다."

예수님께서 잡히심

43 예수님께서 아직 말씀하고 계실 때, 열두
제자 가운데 한 사람인 유다가 다가왔습
니다. 대제사장들과 율법학자들과 장로들
이 보낸 많은 무리들이 칼과 몽둥이를 들
고 유다와 함께 왔습니다.
44 예수님을 넘겨 주는 자가 사람들과 신호를
정했습니다. "내가 입맞추는 사람이 바로
그 사람이니, 체포하여 데리고 가시오."
45 유다가 예수님께 와서 "선생님!"이라고 말
하면서 입을 맞추었습니다.
46 그러자 그들이 예수님에게 손을 대어 체
포했습니다.
47 그러나 곁에 있던 사람 가운데 한 명이 칼
을 뽑아, 대제사장의 종을 내리쳐 귀를 잘
랐습니다.
48 예수님께서 말씀하셨습니다. "마치 강도
를 잡는 것처럼, 나를 잡으려고 칼과 몽
둥이를 가지고 왔느냐?
49 내가 매일 성전에서 너희들과 함께 있으
면서 가르칠 때에는 너희가 나를 잡지 않
았다. 그러나 일어난 이 모든 것은 성경
을 이루려고 일어난 것이다."
50 예수님의 제자들이 모두 예수님을 떠나 도
망갔습니다.
51 어떤 젊은 사람이 맨몸에 홑이불을 걸친
채 예수님을 따라가고 있었습니다. 사람
들이 그를 잡았습니다.
52 그러자 홑이불을 벗어 던진 채, 벌거벗고
도망쳤습니다.

대제사장 앞에 서신 예수님

53 사람들은 예수님을 대제사장에게로 데리고
갔습니다. 그러자 대제사장들과 장로들 그
리고 율법학자들이 모두 모여들었습니다.
54 베드로가 멀찍이 예수님을 따라와서, 대제
사장의 공관 마당으로 들어갔습니다. 거
기서 불을 쬐면서 경비원들과 함께 앉아
있었습니다.
55 대제사장들과 모든 유대 의회원들이 예수
님을 죽이려고, 고소할 증거를 찾으려 했
습니다. 그러나 아무런 증거도 찾을 수 없
었습니다.
56 많은 사람들이 예수님에 대해 거짓 증거
를 대었습니다. 그러나 그들의 말은 서로
맞지가 않았습니다.
57 어떤 사람들이 일어나서 예수님에 대해 거
짓 증언을 하였습니다.
58 "우리는 이 사람이 '내가 손으로 지은 성

성경 자세히 이해하기

성찬의 빵과 포도주가 진짜 예수님의 살과 피로 변하는 것일까요?

로마 가톨릭 교회에서 가르치는 화체설은 예수님께서 빵과 포도주를 가리켜 "나의 몸, 나의 피"라고 하신 말씀을 문자 그대로 받아들인 것입니다. 즉 성찬의 빵과 포도주가 사제의 축성을 받아 몸으로 들어가면 실제로 예수님의 살과 피가 된다는 것이지요. 한편 루터교에서 가르치는 공재설은 빵과 포도주와 함께 그리스도의 살과 피가 실제적으로 임한다고 합니다. 그러나 대다수의 개신교는 칼뱅의 견해를 따라 빵과 포도주는 예수님의 몸과 피를 나타내는 표시이며, 그리스도께서 영적으로 임재하신다고 믿습니다.

본문 보기 14장 22-25절

예수님께서 잡히심

전을 헐고, 삼 일 만에 손으로 짓지 않은
다른 성전을 세우겠다'고 하는 것을 들었
습니다."
59 그러나 그들의 증언은 서로 맞지 않았습
니다.
60 대제사장이 일어나 그들 앞에 서서 예수
님을 심문했습니다. "아무 대답도 하지 않
을 것이오? 이 사람들이 당신에게 불리한
증거를 대고 있지 않소?"
61 그러나 예수님께서는 묵묵히 아무런 말씀
도 하지 않으셨습니다. 다시 대제사장이
예수님께 질문을 던졌습니다. "당신이 찬
양받으실 분의 아들 그리스도요?"
62 예수님께서 대답하셨습니다. "그렇다. 인
자가 전능하신 분의 오른쪽에 앉아 있는
것과 하늘에서 구름을 타고 오는 것을 볼
것이다."
63 대제사장이 자기 옷을 찢으며 말했습니
다. "무슨 증인이 더 필요하겠는가?
64 너희는 하나님을 모독하는 소리를 들었
다. 너희는 어떻게 생각하느냐?" 그러자
모두가 예수님을 사형시켜야 한다고 했습
니다.
65 어떤 사람들은 예수님께 침을 뱉기 시작
했습니다. 또 예수님의 눈을 가리고 주먹
으로 때리면서 말했습
니다. "예언자처럼 누
가 너를 때리는지 맞
춰 보아라!" 경비원
들도 예수님을 끌고
가서 때렸습니다.

베드로가 예수님을
모른다고 말함

66 베드로가 공관의 아
래쪽에 있을 때, 어떤
대제사장의 여자 종이
왔습니다.
67 베드로가 불을 쬐고 있
는 것을 보고, 노려보며
말했습니다. "당신도 나사
렛 예수와 함께 있었지요?"
68 베드로는 부인하며 말했
습니다. "네가 무엇을 두고 말하는지 모
르겠다." 그리고 베드로는 입구 쪽으로 옮
겨 갔습니다. 그 때, 닭이 울었습니다.
69 또 여자 종이 베드로를 보고, 다시 한 번
거기 있던 사람들에게 말했습니다. "이
사람도 예수와 한패예요."
70 다시 베드로가 부인했습니다. 잠시 후에,
거기 있던 사람들이 베드로에게 말했습니
다. "확실히 당신은 예수와 한패요. 당신
은 갈릴리 사람이니까."
71 베드로는 저주하며, 맹세하였습니다. "당
신들이 말하는 사람이 누구인지 나는 모
르오!"
72 그러자 닭이 두 번째 울었습니다. 베드로
는 예수님께서 자기에게 "닭이 두 번 울기
전에 네가 나를 세 번이나 모른다고 할 것
이다"라고 한 말씀이 기억났습니다. 그래
서 엎드려서 울었습니다.

빌라도가 예수님을 심문함

15 이른 아침에 대제사장들이 장로들,
율법학자, 그리고 모든 유대 의회원
들과 함께 회의를 하였습니다. 이들은 예
수님을 묶고, 끌고 가서 빌라도에게 넘겼
습니다.
2 빌라도가 예수님께 물었습니다. "당신이

유대인의 왕이오?" 예수님께서 대답하셨
습니다. "네가 말한 대로다."
3 대제사장들이 여러 가지 말로 예수님을 고
발했습니다.
4 빌라도가 예수님께 다시 질문했습니다. "아
무 대답이 없소? 이 사람들이 당신에게 여
러 가지로 고발을 하는 것을 보시오."
5 그러나 예수님께서는 더 이상 대답을 하
지 않으셨습니다. 빌라도가 이것을 보고
매우 놀랐습니다.

사형 선고를 받으심

6 명절 때마다, 빌라도는 사람들이 요청하
는 죄수 한 명을 풀어 주곤 했습니다.
7 바라바라고 하는 사람이, 폭동이 일어났
을 때, 살인을 저지른 폭도들과 함께 감
옥에 있었습니다.
8 사람들이 빌라도에게 와서 지금까지 그랬
던 것처럼, 죄수 한 명을 풀어 달라고 요
청했습니다.
9 빌라도가 그들에게 물었습니다. "유대인의
왕을 놓아 주기를 바라느냐?"
10 빌라도는 대제사장들이 예수님을 시기해
서 자기에게 넘긴 것을 알았던 것입니다.
11 대제사장들은 사람들을 선동하여 예수님
대신 바라바를 풀어 달라고 요청하게 했
습니다.
12 빌라도가 사람들에게 다시 물었습니다.
"그러면 너희가 유대인의 왕이라고 부르
는 이 사람은 어떻게 해야 하겠느냐?"
13 사람들이 소리쳤습니다. "십자가에 못박
으시오!"
14 빌라도가 물었습니다. "어째서? 그가 무슨
잘못을 했느냐?" 하지만 사람들은 더욱더
크게 소리쳤습니다. "십자가에 못박으시
오!"
15 빌라도는 사람들을 만족시키려고 바라바
를 놓아 주었습니다. 그리고 예수님을 채
찍질하게 하고, 십자가에 못박도록 넘겨
주었습니다.

군인들이 예수님을 조롱함

16 군인들이 예수님을 공관 뜰로 끌고 갔습니
다. 그리고 온 부대원을 불러모았습니다.
17 예수님께 자주색 옷을 입히고, 가시 왕관
을 만들어 예수님의 머리 위에 씌웠습니다.
18 그들은 예수님에게 경례를 하며 소리쳤습
니다. "유대인의 왕 만세!"
19 군인들은 갈대로 예수님의 머리를 때리
고, 침을 뱉었습니다. 그리고 무릎을 꿇
고 절을 하였습니다.
20 실컷 놀리고 나서, 군인들은 자주색 옷을
벗기고, 예수님의 옷을 다시 입혔습니다.
그리고 십자가에 못박으려고 예수님을 끌
고 나갔습니다.

십자가에서 못박히심

21 그 때, 시골에서 온 구레네* 출신의 시몬
이 지나가고 있었습니다. 이 사람은 알렉
산더와 루포의 아버지입니다. 군인들은 시
몬에게 예수님의 십자가를 지게 했습니다.
22 군인들은 예수님을 '해골 지역'이라는 뜻
을 가진 골고다로 끌고 갔습니다.
23 군인들은 예수님께 몰약을 탄 포도주를 마
시게 하려고 했으나, 예수님께서는 마시
지 않으셨습니다.
24 군인들은 예수님을 십자가에 못박았습니
다. 이들은 제비를 뽑아, 예수님의 옷을 누
가 차지할지 결정하여 나누어 가졌습니다.

성경 인물

빌라도 로마 황제 티베리우스에 의해 총독에 임명된 빌라도는 유대, 사마리아, 이두매 지역을 10년간 통치한 로마의 제 5대 총독이었습니다. 그는 예수님을 심문하는 과정에서 무죄라는 사실을 알게 되었고(눅 23:22), 더욱이 아내의 꿈 이야기를 듣고선 예수님을 석방시키려고 하였습니다(마 27:19-23). 그러나 민란을 두려워한 나머지 예수님을 십자가에 못박도록 넘겨 주었습니다(마 27:24;눅 23:23-25). 비록 그 자신은 예수님의 죽으심에 대해 죄가 없다고 손을 씻긴 했지만(마 27:24), 사형을 선고한 책임이 면제될 수는 없었습니다.

본문 보기 15장 1절

알아두세요

15:21 북아프리카에 있는 도시다.

25 예수님을 십자가에 못박은 때는 아침 9시 였습니다.

26 예수님의 죄패에는 '유대인의 왕'이라는 죄목이 적혀 있었습니다.

27 군인들은 예수님과 더불어 두 명의 강도를 하나는 오른쪽에, 하나는 왼쪽에 매달았습니다.

28 (없음)*

29 지나가던 사람들이 고개를 흔들면서 예수님을 모욕하였습니다. "아, 성전을 헐고 삼 일 만에 다시 세우겠다던 사람아,

30 당신 자신이나 구해 보시지! 십자가에서 내려와 봐!"

31 대제사장들도 율법학자들과 함께 다른 사람들처럼 놀렸습니다. 그들은 자기들끼리 말했습니다. "저 사람이 다른 사람들은 구원하고 자기 자신은 구원하지 못하는구나.

32 이스라엘의 왕, 그리스도여, 십자가에서 내려오시라. 그러면 우리가 보고 믿겠다." 함께 십자가에 못박힌 사람들도 그와 같은 비난을 예수님께 했습니다.

예수님께서 돌아가심

33 정오가 되자, 온 땅에 어둠이 덮이더니 오후 3시까지 계속되었습니다.

34 오후 3시에, 예수님께서 큰 소리로 외치셨습니다. "엘리 엘리 라마 사박다니." 이 말은 "나의 하나님, 나의 하나님, 어찌하여 나를 버리셨나이까?"라는 뜻입니다.

35 서 있던 사람들이 이 소리를 듣고 말했습니다. "보시오! 저 사람이 엘리야를 부르고 있습니다."

36 어떤 사람이 달려가서 신 포도주를 해면에 묻혀, 막대기에 매달았습니다. 그리고 예수님께 마시게 하며 말했습니다. "과연 엘리야가 와서 십자가에서 내려 주는지 봅시다."

37 그러자 예수님께서 큰 소리를 지르시고, 마지막 숨을 거두셨습니다.

38 그 때, 성전에 있던 휘장이 꼭대기에서 바닥까지 두 쪽으로 갈라졌습니다.

39 예수님 바로 앞에 서 있던 백부장이, 예수님께서 마지막 숨을 거두시는 것을 보고 말했습니다. "이분은 진실로 하나님의 아들이었다!"

40 여자들이 약간 떨어진 곳에서 지켜 보고 있었습니다. 이들은 막달라 마리아, 살로메, 그리고 작은 야고보와 요세의 어머니 마리아였습니다.

41 이들은, 예수님께서 갈릴리에 계실 때에 예수님을 따르며 섬기던 사람들이었습니다. 또한 예수님을 따라 예루살렘에 온 다른 여자들도 많이 있었습니다.

예수님께서 묻히심

42 이미 날이 저물었습니다. 이 날은 준비하는 날, 곧 안식일 바로 전날이었습니다.

43 아리마대 출신의 요셉이 와서 빌라도에게 예수님의 시신을 달라고 했습니다. 이 사람은 존경받는 유대 의회원이었고, 하나님 나라를 기다리는 사람이었습니다.

44 빌라도는 예수님께서 이미 죽었는지 궁금했습니다. 그래서 백부장을 불러 예수님께서 이미 죽었는지 물었습니다.

45 백부장으로부터 확답을 들은 후, 빌라도는 그 시신을 요셉에게 내어 주었습니다.

46 요셉은 긴 베를 사 가지고 와서, 예수님을 십자가에서 내려서 쌌습니다. 그리고 바위를 깎아서 만든 무덤에 시신을 모셨습니다. 그런 다음, 무덤 입구를 커다란 돌을 굴려서 막았습니다.

47 막달라 마리아와 요세의 어머니 마리아가 예수님을 모신 곳을 보았습니다.

알아두세요

15:28 어떤 사본에는 다음과 같은 구절이 있다. "'그가 범법자들 중 한 사람으로 여겨졌다'고 한 말씀이 이루어졌다."

16:9-20 어떤 사본에는 이 부분에 해당되는 구절이 기록되어 있지 않다.

죄패(15:26 notice of the charge) 죄목을 기록한 패.

해면(15:36 sponge) 해면 동물의 뼈로 솜처럼 부드러워 물을 빨아 들임.

향료(16:1 spice) 향내를 내는 물질.

예수님께서 무덤에 묻히심(15:46-47)

예수님께서 다시 살아나심

16 안식일이 지나고, 막달라 마리아와
야고보의 어머니 마리아와 살로메가,
예수님께 바르려고 향료를 샀습니다.
2 일 주일이 시작되는 첫째 날 매우 이른 시
간, 해가 뜰 무렵에 무덤으로 갔습니다.
3 이들은 서로 말했습니다. "입구에 있는
커다란 돌을 누가 굴려 주겠는가?"
4 그런데 눈을 들어 보니, 커다란 돌이 이
미 옮겨져 있었습니다.
5 무덤에 들어가자, 하얀 옷을 입은 한 젊
은 사람이 오른쪽에 앉아 있었습니다. 여
자들은 매우 무서웠습니다.
6 그 사람이 말했습니다. "놀라지 마십시오.
여러분들은 십자가에서 돌아가신 나사렛
예수님을 찾고 있군요. 그분은 다시 살아
나셨습니다. 여기 계시지 않습니다. 보십
시오. 여기가 예수님을 모셨던 곳입니다.
7 자, 이제 가서 제자들과 베드로에게 말하
십시오. 말씀하신 대로 예수님께서 당신
들보다 먼저 갈릴리에 가시고, 거기서 당
신들이 주님을 볼 것입니다."
8 그들은 무덤에서 나와 도망쳤습니다. 그
것은 무서움과 공포가 그들을 사로잡았기
때문입니다. 그들은 두려워서 아무에게도
말하지 않았습니다.

막달라 마리아에게 나타나심

9 예수님께서 일 주일을 시작하는 첫 번째 날
아침에 다시 살아나셨습니다. 그리고 제일
먼저, 일곱 귀신을 내쫓아 주신 적이 있는
막달라 마리아에게 나타나셨습니다.
10 마리아는 가서 예수님과 함께 지내던 제자
들에게 이 사실을 알렸습니다. 그들은 슬
퍼하며 울고 있었습니다.
11 마리아로부터 예수님께서 살아 계시며, 예
수님을 뵈었다는 소리를 듣고도, 제자들
은 믿지 않았습니다.

두 제자에게 나타나심

12 그후, 예수님께서는 다른 모습으로 두 제
자에게 나타나셨습니다. 이들은 시골로

열한 제자에게 나타나신 예수님(16:14)

내려가는 길이었습니다.
13 두 제자는 다른 제자들에게 돌아가서 말
했습니다. 이번에도 다른 제자들은 그들
의 말을 믿지 않았습니다.

열한 제자에게 나타나심

14 나중에, 예수님께서 식사를 하고 있는 열한
명의 제자들에게 나타나셨습니다. 그
리고 제자들의 믿음이 적음과 마음
이 굳은 것을 꾸짖으셨습니다. 그
것은 제자들이 예수님께서 다시 살
아나신 후에 예수님을 만난 사람들
의 말을 믿지 않았기 때문입니다.
15 예수님께서 제자들에게 말씀하
셨습니다. "온 세상으로 가거라.
온 세상에 복음을 전하여라.
16 믿고 세례를 받는 사람은 구원
을 받을 것이다. 그러나 믿지 않는
사람은 심판을 받을 것이다.
17 믿는 사람들에게는 이러한 증거
가 따라올 것이다. 내 이름으로 귀
신을 내쫓고, 배우지 않은 새로운
말을 하고,
18 손으로 뱀을 집어 들고, 독을 마
셔도 아무런 해를 받지 않을 것이며,
환자에게 손을 얹으면 나을 것이다."

하늘로 올라가심

19 주 예수님께서 제자들에게 이 말씀을
마치시고, 하늘로 들려 가셨습니다. 그리
고 하나님의 오른쪽에 앉으셨습니다.
20 제자들은 곳곳에 다니면서 복음을 전하였
습니다. 주님께서 제자들과 함께 일하셨
고, 증거를 보여 주심으로 그들이 전하는
말씀이 사실임을 증명해 주셨습니다.*

믿음을 키워 주는 이야기

자녀를 먼저 가르칠 것

학자이고 저술가인 아이언사이드(H. A. Ironside)는 어렸을 때 어머니에게 예수님을 믿는 일이 얼마나 중요한가에 대하여 자주 듣곤 했습니다. 어느 날은 아이언사이드가 이렇게 말했습니다.

"엄마, 나도 예수님을 믿고 싶어요. 하지만 친구들은 자꾸 비웃어요."

그러자 어머니가 이렇게 가르쳐 주었습니다.

"얘야, 잘 기억해 두렴. 그들이 지금은 너를 비웃지만 그들이 지옥에 들어갈 때에는 결코 너를 비웃지 못할 거야."

어머니의 말은 그로 하여금 신앙을 무엇보다 소중하게 생각하게 하였고, 평생 훌륭한 기독교인이 되게 했습니다. 그렇게 신앙생활을 한 그는 여러 해 동안 시카고의 무디 기념 교회의 담임목사로 지내기도 했습니다.

우리는 친구들로부터 따돌림 당하는 것을 염려합니다. 그러나 더욱 염려해야 할 것은 하나님과 멀어지는 것입니다.

누가복음

Luke

저자

저자는 누가복음과 사도행전을 기록한 누가이다.

저작 연대

A.D. 61-63년경

주요 인물

예수님, 세례 요한, 빌라도, 예수님의 제자들

기록 목적과 대상

로마의 관리였던 데오빌로와 낯선 땅에서 어렵게 신앙 생활을 하고 있던 그리스도인들에게 예수님을 정확히 증거하기 위해 기록하였다.

내용 소개

1. 서문(1:1-4)
2. 예수님의 오심(1:5-2:52)
3. 공생애를 위한 준비(3:1-4:13)
4. 갈릴리 사역(4:14-9:9)
5. 갈릴리 주변 지역으로 물러가심(9:10-50)
6. 유대 지역에서의 활동(9:51-13:21)
7. 베레아 지역에서의 활동(13:22-19:27)
8. 고난과 승리(19:28-24:53)

글을 쓰는 목적

1 우리 가운데서 일어난 일에 대하여 차례
대로 쓰려고 한 사람들이 많이 있었습니
다.
2 이 사람들은 처음부터 이 일을 목격한 사
람들, 즉 말씀의 종들이 우리에게 전하여
준 대로 기록하였습니다.
3 존귀하신 데오빌로 각하, 저도 이 모든 일
을 처음부터 자세히 조사하였으므로, 이
일을 각하께 차례대로 기록하여 드리는
것이 좋다고 생각합니다.
4 이는 이미 배우신 것들이 모두 사실이
라는 것을 알게 하려는 것입니다.

세례자 요한의 출생을 예언함

5 유대 왕 헤롯 시절에 아비야 조에 사가
랴라고 하는 제사장이 한 사람 있었습
니다. 그의 아내는 아론 가문의 딸로 이
름은 엘리사벳이었습니다.
6 이들은 하나님 앞에서 의로운 사람이었
습니다. 이들은 하나님의 모든 계명과
법도를 흠잡을 데 없을 정도로 잘 지켰
습니다.
7 그런데 이들에게는 자식이 없었습니다.
엘리사벳은 임신할 수 없는 여자였고,
두 사람 모두 너무 나이가 많았습니다.
8 사가랴가 자기 조의 차례가 되어서 하나
님 앞에서 제사장으로 일하고 있을 때,
9 제사장 임무를 맡는 관례를 따라 제비를
뽑았습니다. 사가랴가 주님의 성전에 들
어가 향을 피우는 사람으로 뽑혔습니다.
10 분향 시간에 다른 사람들은 밖에서 기도
를 하고 있었습니다.
11 그 때, 주님의 천사가 사가랴 앞에 나타나
분향하는 제단 오른쪽에 섰습니다.
12 사가랴는 천사를 보고 매우 놀라서 두려

사가랴 앞에 나타난 천사(1:11-12)

마리아에게 나타나 예수님의 탄생을 예언하는
가브리엘 천사(1:26-38)

움에 휩싸였습니다.
13 천사가 그에게 말했습니다. "사가랴야, 두
려워하지 마라. 네 기도를 하나님께서 들
으셨다. 네 아내 엘리사벳이 아들을 가지
게 될 것이다. 그의 이름을 요한이라고 하
여라.
14 그 아들은 네게 기쁨과 즐거움이 될 것이
다. 또한 많은 사람들이 그가 태어남을 즐
거워할 것이다.
15 그 아들은 하나님 앞에서 큰 인물이 될 것
이다. 그는 포도주와 술을 마시지 않으
며, 어머니 배 속에 있을 때부터 성령으
로 충만해질 것이다.
16 그는 이스라엘 자손들 중에서 많은 사람들
을 주 하나님께로 돌아오게 할 것이다.
17 그는 엘리야의 심령과 능력을 가지고 주
님보다 먼저 올 것이다. 그래서 아버지의
마음을 자녀에게로 향하게 하며, 순종하
지 않는 사람들을 의인의 지혜로 돌아서
게 할 것이다. 그래서 사람들에게 주님을
맞을 준비를 하게 할 것이다."
18 사가랴가 천사에게 말하였습니다. "이 일
이 일어날지 제가 어떻게 알겠습니까? 저
는 늙었고, 제 아내 또한 늙었습니다."
19 천사가 사가랴에게 대답하였습니다. "나
는 하나님 앞에서 섬기고 있는 가브리엘이
다. 하나님께서 이 기쁜 소
식을 전하라고 나를 너에
게 보내셨다.
20 들어라. 때가 되면 이
루어질 내 말을 네가 믿
지 않았으므로, 이 일이
이루어질 때까지 너는
말을 하지 못하게 될 것이
다."
21 사람들이 밖에서 사가
랴를 기다리고 있었습니
다. 사람들은 그가 성전에
서 늦어지는 것을 이상하
게 생각하였습니다.
22 사가랴가 밖으로 나왔는
데 아무 말도 할 수 없었습
니다. 사람들은 그가 성전 안에서 환상을
본 줄 알게 되었습니다. 사가랴는 단지 손
짓만 할 뿐, 말을 하지 못했습니다.
23 제사장 직무 기간이 끝난 뒤에 사가랴는
집으로 돌아갔습니다.
24 그후에 엘리사벳이 임신하게 되었습니다.
그녀는 임신한 후 다섯 달 동안, 집 밖에
나오지 않았습니다. 그녀가 말했습니다.
25 "주님께서 나를 너그러이 돌보아 주셔서
아이를 주심으로 사람들로부터 당하는 내
부끄러움을 없애 주셨다."

예수님의 탄생을 예언하심

26 임신한 후 여섯째 달에, 하나님께서 가브
리엘 천사를 나사렛이라고 하는 갈릴리의
한 마을로 보내셨습니다.
27 가브리엘은 다윗 가문의 요셉이라고 하는
사람과 약혼한 처녀에게 가게 되었습니
다. 이 처녀의 이름은 마리아였습니다.
28 천사가 마리아에게 와서 말했습니다. "은
혜를 입은 여인이여! 기뻐하여라. 주께서
당신과 함께하길 빈다."
29 마리아는 천사의 말을 듣고 너무나 놀라
서 '이게 도대체 무슨 소리인가' 하고 생
각하였습니다.
30 천사가 마리아에게 말했습니다. "마리아
야, 두려워하지 마라. 하나님께서 네게

은혜를 베푸신다.
31 보아라! 네가 아이를 임신하게 되어 아들
을 낳을 것이다. 너는 그 이름을 예수라
고 하여라.
32 그는 크게 되어 가장 높으신 분의 아들이
라고 불릴 것이다. 주 하나님께서 그에게
그의 조상 다윗의 왕좌를 주실 것이다.
33 그는 영원히 야곱의 집을 다스릴 것이며,
그의 나라는 끝이 없을 것이다."
34 마리아가 천사에게 말했습니다. "나는 남
자를 알지 못하는 처녀인데 어떻게 이런
일이 있을 수 있습니까?"
35 천사가 마리아에게 대답했습니다. "성령
이 네게 내려오시고 가장 높으신 분의 능
력이 너를 감싸 주실 것이다. 태어날 아
이는 거룩한 분, 하나님의 아들이라고 불
릴 것이다.
36 보아라! 네 친척 엘리사벳도 나이가 많지
만 임신하였다. 그녀는 임신하지 못한다
고 생각하였으나 벌써 임신한 지
여섯 달이 되었다.
37 하나님께서는 하지 못하실 일
이 없다."
38 마리아가 말했습니다. "보소
서. 저는 주님의 여종이오
니 당신의 말씀대로 제게
이루어질 것을 믿겠습니
다." 그러자 천사가 마리아
에게서 떠나갔습니다.

마리아가 엘리사벳을 방문함

39 그 무렵에 마리아가 일어나
유대 지방 산골에 있는 동네
로 서둘러 갔습니다.
40 사가랴의 집으로 들어가서
엘리사벳에게 인사하였습니
다.
41 엘리사벳이 마리아의 인사를
받을 때, 아기가 배 속에서
뛰놀았습니다. 엘리사벳이
성령으로 충만하여져서
42 큰 소리로 외쳤습니다. "당신
은 여인들 중에서 가장 복받은
자입니다. 당신의 배 속에 있는 열매가 복
됩니다.
43 내 주님의 어머니께서 내게 오시다니 무
슨 일입니까?
44 보소서. 당신이 인사하는 소리가 내 귀에
들릴 때에 내 배 속의 아이가 기뻐서 뛰
어 놀았습니다.
45 주님께서 말씀하신 것이 이루어질 것을
믿은 자는 복이 있습니다."

마리아가 하나님을 찬양함

46 마리아가 말하였습니다. "내 영혼이 주님
을 찬양합니다.
47 내 영혼이 나의 구주 하나님을 기뻐합니
다.
48 그것은 주님께서 이 여종의 비천함을 돌
보셨기 때문입니다. 이제부터는 모든 세
대가 나를 복되다 할 것입니다.
49 그것은 전능하신 분이 내게 이 큰 일을 행
하셨기 때문입니다. 주님의 이름은 거룩

마리아가 엘리사벳을 찾아감(1:39-45)

합니다.
50 주님의 자비하심은 하나님을 두려워하는
자에게 대대로 있을 것입니다.
51 주님은 강한 팔로 권능을 행하시고 마음
이 교만한 자를 흩으셨습니다.
52 하나님은 왕들을 왕좌로부터 끌어내리시
고 낮고 천한 사람들을 높이셨습니다.
53 굶주린 사람들을 좋은 것으로 채우시고
부자를 빈손으로 돌려 보내셨습니다.
54 주님은 자비를 기억하시며 주님의 종 이
스라엘을 도우셨습니다.
55 우리 조상들에게 말씀하신 대로 아브라함
과 그 자손들을 영원히 도우실 것입니다."
56 마리아는 엘리사벳과 함께 석 달쯤 있다가
집으로 돌아갔습니다.

세례자 요한의 출생

57 해산할 날이 이르러 엘리사벳은 아들을 낳
았습니다.
58 이웃 사람들과 친척들은 주께서 엘리사벳
에게 큰 은혜를 베푸신 것을 듣고 함께 기
뻐하였습니다.
59 이 사람들은 아이가 태어난 지 팔 일째 되
는 날에, 아이에게 할례를 하려고 왔습니
다. 이들은 아버지의 이름을 따서 아이의

성경 자세히 이해하기

쓸 것(서판)

사가랴가 '아기 이름은 요한'이라고 쓴 곳은 '서판'이었습니다. 서판은 고대 여러 나라에서 사용되었는데 그리스에서는 오늘날에도 그 모습을 찾아 볼 수 있다고 합니다. 서판은 보통 자갈이나 나무를 이용해 만들었는데 때로는 상아를 이용하기도 했습니다. 그것들을 밀랍으로 얇게 입힌 뒤 그 위에 금, 은, 동, 철, 구리, 상아, 뼈 등으로 만든 철필(끝이 뾰족한 쇠붓)로 글을 썼던 것이지요. 특별히 이러한 서판은 편지는 물론 유언장을 기록하는 데에도 쓰였으며 여러 개를 묶어 책으로 사용하기도 했습니다.

본문 보기 1장 63절

이름을 사가랴라고 지으려고 하였습니다.
60 그러자 아기 어머니가 말했습니다. "안
됩니다! 요한이라고 지어야 합니다."
61 사람들이 엘리사벳에게 말했습니다. "하지
만 당신 가문 중에 그런 이름을 가진 사
람은 하나도 없어요."
62 사람들은 아버지인 사가랴에게 손짓을 하
여 아이의 이름을 무엇이라고 짓기 원하
는지 물었습니다.
63 그러자 사가랴는 쓸 것을 달라고 하여 '아
기 이름은 요한'이라고 썼습니다. 이를 본
사람들이 모두 이상히 여겼습니다.
64 그 즉시 사가랴의 입이 열리고 혀가 풀려
하나님을 찬양하였습니다.
65 주변에 있는 사람들이 모두 두려워하였
고, 이 모든 이야기는 유대 온 산골에 전
해졌습니다.
66 이 이야기를 들은 사람은 모두 이 사실을
마음에 새기며 "이 아이가 장차 어떤 인물
이 될까?" 하고 말했습니다. 그것은 주님
의 손이 아이와 함께하셨기 때문입니다.

사가랴의 예언

67 요한의 아버지 사가랴가 성령으로 충만하
여 예언하였습니다.
68 "주 이스라엘의 하나님은 찬양을 받으실
분이시다. 주께서 백성들을 돌보시며 구
원을 베푸셨다.
69 하나님의 종 다윗의 집에서 우리를 위한
구원의 뿔을 드셨다.
70 옛날 거룩한 예언자의 입으로 말씀하셨다.
71 우리를 원수에게서 구원하시고, 우리를 미
워하는 모든 사람의 손에서 건져 내셨다.
72 주님께서 우리 조상에게 자비를 베푸시고
거룩한 언약을 기억하셨다.
73 이것은 우리에게 주시려고 우리 조상 아
브라함에게 하신 맹세다.
74 우리를 원수들의 손에서 구원하셔서 두려
움 없이 주님을 섬기게 하셨고
75 평생 동안 주님 앞에서 거룩하고 의롭게
살아가게 하셨다.
76 아기야, 너는 가장 높으신 분의 예언자로
불릴 것이다. 네가 주님보다 앞서 가며 주

목자들이 예수님에 관한 소식을 들음(2:8-14)

님의 길을 준비할 것이다.
77 백성들에게 죄를 용서받는 구원의 지식을
줄 것이다.
78 우리 하나님의 사랑과 자비로 인하여 떠
오른 태양이 높은 곳에서
79 어두움과 죽음의 그늘에 앉은 우리들에게
빛을 비추일 것이다. 그래서 우리의 발을
평화의 길로 인도하실 것이다."
80 아기는 자라서 심령이 강해졌습니다. 요
한은 이스라엘 백성 앞에 나타나는 날까지
광야에서 살았습니다.

예수님의 탄생

2 그 때에 아구스도 황제가 내린 칙령에
따라 온 나라가 호적 등록을 하게 되
었습니다.
2 이것은 구레뇨가 시리아의 총독으로 있을
때 행한 첫 번째 호적 등록이었습니다.
3 그래서 모든 사람들이 호적을 등록하러
고향으로 가게 되었습니다.
4 요셉도 다윗 가문의 자손이었으므로 갈릴
리 나사렛을 떠나 유대 지방에 있는 다윗
의 마을로 갔습니다. 이 마을은 베들레헴
이라고 불렸습니다.
5 그는 약혼한 마리아와 함께 호적을 등록
하러 갔습니다. 마리아는 그 때에 임신 중
이었습니다.
6 이들이 베들레헴에 있는 동안 아기를 낳을
때가 되었습니다.
7 마리아는 첫아들을 낳아 포대기에 싸서
구유에 눕혀 두었습니다. 그것은 여관에
이들이 들어갈 빈방이 없었기 때문입니
다.

목자들이 예수님에 관한 소식을 들음

8 그 근처 들판에서 목자들이 밤에 양 떼를
지키고 있었습니다.
9 주님의 천사가 갑자기 이들 앞에 나타났
습니다. 주님의 영광이 그들을 둘러 비추
자, 이들은 몹시 두려워하였습니다.
10 천사가 그들에게 말했습니다. "두려워 마
라. 보아라. 모든 백성을 위한 큰 기쁨의
소식을 가지고 왔다.
11 오늘 다윗의 마을에 너희를 위하여 구세

주께서 태어나셨다. 그는 곧 그리스도 주
님이시다.
12 포대기에 싸여 구유에 누워 있는 아기를 볼
것인데, 이것이 너희에게 주는 증거이다."
13 갑자기 그 천사와 함께 많은 하늘 군대가
나타나 하나님을 찬양하였습니다.
14 "높은 곳에서는 하나님께 영광, 땅에서는
하나님께서 기뻐하시는 사람들에게 평화."
15 천사들이 목자들에게서 떠나 하늘로 사라
지자, 목자들이 서로 말했습니다. "베들레
헴으로 어서 가서 주께서 우리에게 알려
주신 일이 일어났는지 확인합시다."
16 이들은 서둘러 가서 마리아와 요셉, 그리
고 구유에 누인 아기를 보았습니다.
17 목자들이 확인하고 이 아이에 대하여 자
기들이 들은 것을 그들에게 이야기해 주
었습니다.
18 목자들의 말을 듣고 사람들은 모두 놀랐
습니다.
19 그러나 마리아는 이 모든 말을 마음속에
소중히 간직하였습니다.
20 목자들은 돌아가면서 천사들이 일러준 대
로 자기들이 듣고 보았으므로 하나님께
영광을 돌리고 찬양을 드렸습니다.
21 태어난 지 팔 일째 되는 날에 아기는 할
례를 받았고, 그 이름을 예수라고 하였습
니다. 이 이름은 아기를 잉태하기 전에 천
사가 일러 준 것이었습니다.

예수님이 성전에 올라가심

22 모세의 율법에 따라 정결 예식을 치르는
때가 되었습니다. 마리아와 요셉은 예수님
을 하나님께 드리려고 예루살렘으로 데리
고 올라갔습니다.
23 이것은 주님의 율법에 다음과 같이 기록
되어 있기 때문입니다. "첫 번째 태어나
는 모든 남자 아이는 하나님께 거룩한 자
로 불릴 것이다."
24 또 마리아와 요셉은 비둘기 두 마리나 어
린 집비둘기 두 마리를 드려야 한다고 기
록된, 하나님의 율법에 따라 희생 제물을
바치려고 예루살렘에 올라간 것입니다.

예수님을 본 시므온

25 예루살렘에 시므온이라는 한 사람이 있었
습니다. 이 사람은 의롭고 경건한 사람으
로서, 하나님께서 이스라엘을 위로하실 때
를 기다리고 있었습니다. 성령께서 이 사
람과 함께하셨습니다.
26 성령께서 시므온에게 주 그리스도를 보기
전에는 결코 죽지 않을 것이라는 계시를
주셨습니다.
27 시므온은 성령으로 충만해져서 성전으로
왔습니다. 마침 마리아와 요셉이 율법의
규정대로 행하기 위해 어린 예수님을 성
전으로 데리고 왔습니다.
28 시므온이 아이를 팔에 안고 하나님께 찬
양하였습니다.
29 "주님, 이제 주님의 종을 주님의 말씀대
로 평화롭게 떠날 수 있게 하셨습니다.
30 제 눈으로 주님의 구원하심을 보았습니다.
31 주님께서 이 구원을 모든 백성들 앞에 마
련해 주셨습니다.
32 이는 이방 사람들에게는 계시의 빛이며,
주님의 백성 이스라엘에게는 영광입니다."
33 예수님의 아버지와 어머니는 시므온이 예
수님에 대하여 말하는 것을 듣고 매우 놀
랐습니다.
34 시므온은 그들을 축복하고, 아이의 어머

성경 자세히 이해하기

예수님 시대의 여관

'카라반세라이'라고 불리는 동방 지역의 여관은 우리가 익히 알고 있는 여관과는 매우 다릅니다. 이 여관들은 일단 그 종류가 매우 다양하며, 그 규모에 있어서 어떤 곳은 매우 작아 편안히 쉴 수 있는 시설조차 제대로 갖춰져 있지 않은 반면, 또 어떤 곳은 길이가 91m, 높이가 6m 정도로 매우 넓고 비교적 편안히 쉴 수 있게 되어 있었습니다. 그러나 여행자들이 사용하는 방은 오늘날처럼 설비가 갖추어져 있지 않아 방을 제외한 모든 것을 여행자 자신이 준비해야 했습니다. 본문 보기 2장 7-21절

니 마리아에게 말했습니다. "이 아이는 이
스라엘의 많은 사람들을 넘어지게도 하고
일어서게도 할 것입니다. 또한 사람들의
비난을 받는 표적이 될 것입니다.
35 이 일 때문에 많은 사람들의 마음에 있는
생각이 드러날 것입니다. 그러나 당신의
마음은 칼로 쪼개듯이 아플 것입니다."

예수님을 본 안나

36 또 여자 예언자가 있었습니다. 이 사람은
아셀 지파의 바누엘의 딸인 안나였습니다.
그녀는 나이가 많았습니다. 결혼하고 칠
년 동안을 남편과 살았는데,
37 그후로 과부가 되어 팔십사 세가 되었습
니다. 그 동안, 한 번도 성전을 떠나지 않
고 밤낮으로 금식과 기도를 하여 하나님
을 섬겼습니다.
38 바로 그 때, 그녀가 와서 하나님께 감사를
드리고, 예루살렘의 구원을 기다리는 사람
들에게 이 아이에 대해 이야기하였습니다.

나사렛으로 돌아옴

39 아이는 주님의 율법에 따라 모든 일을 다
마치고 갈릴리에 있는 고향 나사렛으로 돌
아왔습니다.
40 아이는 점점 자라고 튼튼해졌으며 지혜도
많아졌습니다. 하나님의 은혜가 아이와
함께하였습니다.

예루살렘 성전에서 있었던 일

41 해마다 유월절이 되면, 예수님의 부모는
예루살렘으로 올라갔습니다.
42 예수님이 열두 살이 되었을 때에도 유월절
관습을 따라 예루살렘으로 올라갔습니다.
43 유월절이 끝나고 집으로 돌아오는데 소년
예수님은 예루살렘에 남아 있었습니다. 하
지만 부모들은 이 사실을 몰랐습니다.
44 단지 그들은 예수님이 일행들 속에 있을
것으로만 생각하고 있었습니다. 그렇게
하루 정도 길을 간 후, 요셉과 마리아는 예
수님을 친척들과 친지들 가운데서 찾기
시작했습니다.
45 그러나 예수님을 발견하지 못하자 예수님
을 찾으러 다시 예루살렘으로 되돌아갔습
니다.

성전에 계신 소년 예수님(2:41-52)

46 삼 일 뒤에 그들은 성전에서 예수님을 발견하였습니다. 예수님은 성전에서 율법학자들 사이에 앉아서 듣기도 하고, 묻기도 하면서 계셨습니다.
47 그의 이야기를 듣는 모든 사람들이 예수님의 슬기와 대답에 놀라워했습니다.
48 예수님의 부모도 그를 보고는 매우 놀랐습니다. 어머니가 말했습니다. "아들아, 왜 이렇게 하였느냐? 네 아버지와 내가 걱정하며 너를 찾아다녔다."
49 그 때, 예수님께서 대답했습니다. "왜 저를 찾으셨습니까? 제가 아버지 집에 있어야 할 것을 모르셨습니까?"
50 그러나 그들은 예수님이 하신 말씀을 이해하지 못했습니다.
51 예수님은 부모와 함께 나사렛으로 내려갔습니다. 그리고 부모에게 순종하였습니다. 마리아는 이 모든 일들을 마음속에 간직해 두었습니다.
52 예수님은 지혜와 키가 더욱 자랐고, 하나님과 사람들로부터 사랑을 받았습니다.

세례자 요한의 선포

3 디베료 황제가 다스린 지 십오 년째 되던 해에 본디오 빌라도가 유대의 총독이었고, 헤롯이 갈릴리의 분봉왕이었습니다. 또한 헤롯의 동생 빌립은 이두래와 드라고닛 지방의 분봉왕이었고, 루사니아는 아빌레네의 분봉왕이었습니다.

요단 강의 세례 장소(3:7)

알아두세요

3:4-6 사 40:3-5에 기록되어 있다.

2 안나스와 가야바가 대제사장으로 있을 때에 하나님의 말씀이 광야에 있는 사가랴의 아들 요한에게 내렸습니다.
3 그는 요단 강가의 모든 지역으로 다니면서 죄를 용서받게 하려고 회개의 세례를 전파하였습니다.
4 이것은 예언자 이사야의 책에 기록된 대로입니다. "광야에서 외치는 사람의 소리가 있다. '주님의 길을 예비하여라. 그분의 길을 곧게 하여라.
5 모든 골짜기가 메워질 것이고 모든 산과 언덕이 낮아질 것이다. 굽은 길은 곧게 펴질 것이고 험한 길은 평탄해질 것이다.
6 그리고 모든 사람들이 하나님의 구원을 볼 것이다.'"*
7 요한은 자기에게 세례를 받으려고 온 많은 사람들에게 말했습니다. "너희 독사의 자식들아! 누가 너희에게 다가오는 하나님의 진노를 피하라고 경고해 주었느냐?
8 그러므로 너희는 회개에 알맞은 열매를 맺어라. 너희는 속으로 '아브라함이 우리의 아버지이다'라고 말하지 마라. 내가 말한다. 하나님은 이 돌로도 아브라함의 자녀를 만드실 수 있다.
9 도끼가 이미 나무 뿌리에 놓여 있다. 그러므로 좋은 열매를 맺지 못하는 모든 나무는 잘려서 불 속에 던져질 것이다."
10 사람들이 요한에게 물었습니다. "그러면 우리가 어떻게 해야 합니까?"
11 요한이 그들에게 대답했습니다. "옷이 두 벌 있는 사람은 하나도 없는 사람에게 나누어 주고, 양식이 있는 사람도 이와 같이 하여라."
12 세리들도 세례를 받으러 왔습니다. 그들도 요한에게 물었습니다. "선생님, 우리는 어떻게 해야 합니까?"
13 요한이 그들에게 말했습니다. "세금을 거두도록 지시받은 액수 이상으로 거두지 마라."
14 군인들도 요한에게 물었습니다. "우리는 어떻게 해야 합니까?" 요한이 그들에게 말했습니다. "사람들로부터 강제로 돈을 빼

지 마라. 거짓으로 고발하지 마라. 그리고
임금으로 받는 돈을 만족하게 여겨라."
15 백성들은 그리스도를 기다리고 있었기에
혹시 요한이 그리스도일지도 모른다는 생
각을 마음속으로 하였습니다.
16 요한이 모든 사람들에게 대답하였습니다.
"나는 물로 세례를 주지만 나보다 더 능
력 있으신 분이 오실 것이다. 나는 그의
신발끈을 풀기에도 부족하다. 그는 너희
에게 성령과 불로 세례를 주실 것이다.
17 타작 마당을 깨끗게 하고 알곡을 곳간에
저장하기 위해, 그분은 손에 키를 드셨
다. 쭉정이는 꺼지지 않는 불에 태워 버
릴 것이다."
18 요한은 이 외에도 많은 권면을 하면서 백
성들에게 복음을 전파하였습니다.
19 헤롯 분봉왕은 헤로디아의 일과 그 외에도
그가 저지른 여러 가지 악한 일 때문에 요
한에게 책망을 받았습니다.
20 거기에다가 헤롯은 한 가지 악을 더 저질
렀습니다. 그것은 요한을 감옥에 가둔 것
입니다.

예수님이 요한에게 세례를 받으심

21 모든 사람들이 세례를 받았을 때, 예수님
께서도 세례를 받으셨습니다. 예수님이
기도하고 계실 때 하늘이 열렸습니다.
22 그리고 성령이 비둘기의 모습으로 예수님
께 내려왔습니다. 하늘로부터 "너는 내
사랑하는 아들이다. 내가 너로 말미암아
기쁘다"라는 목소리가 들렸습니다.

예수님의 족보

23 예수님께서 일을 시작하신 때는 삼십 세
쯤이었습니다. 사람들은 예수님을 요셉의
아들로 여겼습니다. 요셉은 헬리의 아들입
니다.
24 헬리는 맛닷의 아들이고, 맛닷은 레위의 아
들입니다. 레위는 멜기의 아들이고, 멜기
는 얀나의 아들입니다. 얀나는 요셉의 아
들입니다.
25 요셉은 맛다디아의 아들이고, 맛다디아는
아모스의 아들입니다. 아모스는 나훔의 아
들이고, 나훔은 에슬리의 아들입니다. 에
슬리는 낙개의 아들입니다.
26 낙개는 마앗의 아들이고, 마앗은 맛다디아
의 아들입니다. 맛다디아는 서머인의 아들
이고, 서머인은 요섹의 아들입니다. 요섹
은 요다의 아들입니다.
27 요다는 요아난의 아들이고, 요아난은 레사
의 아들입니다. 레사는 스룹바벨의 아들이
고, 스룹바벨은 스알디엘의 아들입니다. 스
알디엘은 네리의 아들입니다.
28 네리는 멜기의 아들이고, 멜기는 앗디의 아
들입니다. 앗디는 고삼의 아들이고, 고삼
은 엘마담의 아들입니다. 엘마담은 에르의
아들입니다.
29 에르는 예수의 아들이고, 예수는 엘리에서
의 아들입니다. 엘리에서는 요림의 아들이
고, 요림은 맛닷의 아들입니다. 맛닷은 레
위의 아들입니다.
30 레위는 시므온의 아들이고, 시므온은 유다
의 아들입니다. 유다는 요셉의 아들이고,
요셉은 요남의 아들입니다. 요남은 엘리아
김의 아들입니다.
31 엘리아김은 멜레아의 아들이고, 멜레아는
멘나의 아들입니다. 멘나는 맛다다의 아들
이고, 맛다다는 나단의 아들입니다. 나단
은 다윗의 아들입니다.
32 다윗은 이새의 아들이고, 이새는 오벳의
아들입니다. 오벳은 보아스의 아들이고,
보아스는 살몬의 아들입니다. 살몬은 나손
의 아들입니다.
33 나손은 아미나답의 아들이고, 아미나답은
아드민의 아들입니다. 아드민은 아니의 아
들이고, 아니는 헤스론의 아들입니다. 헤
스론은 베레스의 아들이고, 베레스는 유다
의 아들입니다.
34 유다는 야곱의 아들이고, 야곱은 이삭의
아들입니다. 이삭은 아브라함의 아들이고,
아브라함은 데라의 아들입니다. 데라는 나
홀의 아들입니다.
35 나홀은 스룩의 아들이고, 스룩은 르우의
아들입니다. 르우는 벨렉의 아들이고, 벨
렉은 헤버의 아들입니다. 헤버는 살라의
아들입니다.

36 살라는 가이난의 아들이고, 가이난은 아박
삿의 아들입니다. 아박삿은 셈의 아들이
고, 셈은 노아의 아들입니다. 노아는 레멕
의 아들입니다.
37 레멕은 므두셀라의 아들이고, 므두셀라는
에녹의 아들입니다. 에녹은 야렛의 아들이
고, 야렛은 마할랄렐의 아들입니다. 마할랄
렐은 가이난의 아들입니다.
38 가이난은 에노스의 아들이고, 에노스는 셋
의 아들입니다. 셋은 아담의 아들이고, 아
담은 하나님의 아들이었습니다.

예수님께서 시험을 받으심

4 예수님께서 성령이 충만하여 요단 강에
서 돌아오셨습니다. 그리고 성령에 이
끌려 광야로 가셨습니다.
2 그리고 사십 일 동안 마귀에게 시험을 받
으셨습니다. 그 동안에 아무것도 드시지
않아 그 기간이 끝났을 때에 배가 매우 고
프셨습니다.
3 마귀가 예수님께 말했습니다. "만약 당신
이 하나님의 아들이거든 이 돌을 빵으로
만들어 보시오."
4 예수님께서 대답하셨습니다. "성경에 '사
람이 빵으로만 살 것이 아니다' 라고 쓰여
있다."
5 마귀는 예수님을 데리고 세계의 모든 나
라들을 보여 주었습니다.
6 마귀가 말했습니다. "내가 이 모든 권세
와 영광을 주겠소. 이것은 모두 내게 넘
어온 것이니, 내가 원하는 사람에게 줄 수
있소.
7 내게 엎드려 절하면, 이 모든 것이 당신
의 것이 될 것이오."
8 예수님께서 대답하셨습니다. "성경에 '주
너의 하나님을 예배하고 오직 그분만을
섬겨라!' 라고 쓰여 있다."
9 마귀가 예수님을 예루살렘으로 데리고 가
서 성전 꼭대기에 세우고 말했습니다.
"만일 당신이 하나님의 아들이거든 여기
서 뛰어내리시오.
10 성경에 이렇게 쓰여 있소. '그가 너를 위
하여 천사에게 명령하여 너를 지킬 것이
다.
11 그들의 손으로 너를 붙들어 네 발이 바위
위에 부딪히지 않게 할 것이다.'*"
12 예수님께서 대답하셨습니다. "성경에 '주
너의 하나님을 시험하지 마라' 고 쓰여 있
다."
13 온갖 시험을 마친 마귀는 더 좋은 기회를 노
리려고 잠시 동안, 예수님을 떠나갔습니다.

예수님께서 사람들을 가르치심

14 예수님께서 성령의 능력을 가지고 갈릴리
로 되돌아가셨습니다. 예수님에 대한 소
문이 모든 지역에 퍼졌습니다.
15 예수님께서는 회당에서 가르치셨으며, 모
든 사람들로부터 영광을 받으셨습니다.

나사렛에서 배척을 당하심

16 예수님께서 자라나신 나사렛에 도착했습
니다. 평소의 습관처럼 예수님께서 안식
일에 회당으로 가셔서 성경을 읽으려고
일어나셨습니다.
17 예수님께서는 예언자 이사야의 책을 건네
받으시고 책을 펴서 이렇게 기록된 곳을
찾아 읽으셨습니다.
18 "주님의 성령이 내게 내리셨다. 이것은
하나님께서 내게 기름을 부으셔서 가난한

성경 자세히 이해하기

카잔

예수님께서 책을 되돌려준 사람은 성전에서 '카잔' 이라고 불리는 사람이었습니다. 그들은 오늘날의 교회에서 관리자(사찰)라고 불리는 사람과 비슷한 일을 하는 가장 낮은 직급의 봉사자였습니다. 그들은 성전 건물과 가구를 관리하고, 예배를 준비하며, 약속된 시간에 사람들을 모으는 등의 일을 했습니다. 또 그날의 성경을 읽도록 정해진 사람의 이름을 부르고, 성경 두루마리를 그 사람에게 건네 주고 되돌려 받는 일 등을 했습니다.

본문 보기 4장 20절

알아두세요

4:10-11 시 91:11-12에 기록되어 있다.
4:18-19 사 61:1-2에 기록되어 있다.

자에게 복음을 전파하게 하려는 것이다.
포로들에게 자유를 선포하고, 못 보는 자
들에게 다시 볼 수 있음을 선포하고, 억
눌린 사람들에게 해방을 선포하려고 나를
보내셨다.
19 주님의 은혜의 해를 선포하라고 하셨다."*
20 예수님께서 책을 덮으시고 시중드는 사람
에게 되돌려 주신 후 자리에 앉으셨습니
다. 회당에 있던 모든 사람들의 눈이 예
수님께로 쏠렸습니다.
21 예수님께서 그들에게 말씀하기 시작하셨
습니다. "이 성경 말씀은 오늘 이 말씀을
듣는 사이에 이루어졌다!"
22 모든 사람들이 예수님에 대해 한 마디씩
말하였습니다. 그리고 예수님의 입에서
흘러 나오는 은혜의 말씀을 이상하게 생
각했습니다. 그러면서 "이 사람이 요셉의
아들이 아니냐?" 하고 말했습니
다.
23 예수님께서 그들에게
말씀하셨습니다. "나
는 당신들이 속담에
빗대어 나에 대해, '의
사야, 네 자신이나 고
쳐라. 당신이 가버나움
에서 행한 일을 들었
는데 여기 고향에서도
그 일을 한번 해 보아
라!' 고 한 것을 안다.
24 내가 진정으로 너희에
게 말한다. 예언자는
고향에서 환영받지 못
한다.
25 내가 진정으로 너희에
게 말한다. 엘리야 시
대에 삼 년 육 개월 동
안, 하늘이 닫혀 온 땅
에 가뭄이 몹시 심했을
때 이스라엘에 많은 과
부가 있었다.
26 그러나 엘리야는 이들
가운데 그 누구에게도
보냄을 받지 않았고 오직 시돈 지방의 사
렙다에 있는 과부에게만 보내졌다.
27 또 엘리사 예언자 시대에 이스라엘에는 많
은 문둥병 환자가 있었다. 그러나 시리아
사람 나아만 외에는 아무도 깨끗하게 되
지 못했다."
28 회당에 있던 모든 사람들이 이 말을 듣고
몹시 화를 냈습니다.
29 이 사람들은 들고 일어나 예수님을 마을
밖으로 쫓아 냈습니다. 이들은 마을이 세
워진 언덕의 벼랑까지 예수님을 끌고 가서
밑으로 밀쳐 떨어뜨리려고 하였습니다.
30 그러나 예수님께서는 사람들 사이를 지나
갈 길을 가셨습니다.

악한 영을 물리치심

31 예수님께서는 갈릴리의 가버나움이란 마을

세상의 권세를 주겠다고 예수님을 유혹하는 마귀(4:5-8)

로 내려가셔서 안식일에 사람들을 가르치
셨습니다.
32 사람들은 예수님의 가르침에 놀랐습니다.
그것은 예수님의 말씀에 권위가 있었기 때
문입니다.
33 회당에 더러운 귀신의 영에 사로잡힌 사람
이 있었습니다. 그가 큰 소리로 외쳤습니다.
34 "나사렛 사람 예수님! 당신이 우리와 무슨
상관이 있습니까? 우리를 없애려고 오셨
습니까? 나는 당신이 누군지 압니다. 당
신은 하나님의 거룩한 자입니다."
35 예수님께서 그를 꾸짖으셨습니다. "조용
히 하여라! 그리고 이 사람에게서 나와
라!" 귀신이 그를 사람들 한가운데 쓰러
뜨려 놓고 떠나갔는데, 그 사람에게 상처
는 입히지 않았습니다.
36 사람들은 매우 놀라며 서로 말했습니다.
"이것이 무슨 말씀인가? 권위와 능력을
가지고 더러운 귀신에게 명령을 하니 그
것들이 나가는구나."
37 예수님에 관한 소문이 그 주위의 모든 지
역에 점점 퍼져 나갔습니다.

많은 사람들을 고치심

38 예수님께서 회당을 떠나 시몬의 집으로 들
어가셨습니다. 그런데 시몬의 장모가 높
은 열로 심하게 앓고 있었습니다. 사람들
이 그를 위해 예수님께 부탁을 드렸습니
다.
39 예수님께서 시몬의 장모에게 가까이 다가
가 보시고, 열병을 꾸짖으셨습니다. 그러
자 열이 내리고 장모는 즉시 일어나서 예
수님과 제자들을 섬겼습니다.
40 해가 질 때, 사람들은 여러 가지 병을 앓
고 있는 사람들을 예수님께로 데리고 왔
습니다. 예수님께서 그들 모두에게 손을
얹으시고 고쳐 주셨습니다.
41 귀신들도 많은 사람에게서 떠나가며 소리
를 질렀습니다. "당신은 하나님의 아들입
니다." 그러나 예수님께서 귀신들을 꾸짖
어 말하지 못하게 하였습니다. 그것은 이
들이 예수님이 그리스도라는 것을 알고 있
었기 때문이었습니다.

회당에서 전도하심

42 날이 밝자, 예수님께서 조용한 곳으로 가
셨습니다. 사람들이 예수님을 찾아다니다
가 결국 예수님께로 왔습니다. 사람들은
예수님을 자기들에게서 떠나시지 못하도
록 곁에 모시려고 하였습니다.
43 그러나 예수님께서 그들에게 "나는 다른
마을에서도 하나님 나라를 전하여야 한
다. 내가 이 목적으로 보내심을 받았다"
고 말씀하셨습니다.
44 예수님은 회당에서 복음을 선포하셨습니
다.

예수님의 첫 번째 제자들

5 사람들이 예수님께 몰려들어 하나님의
말씀을 듣고 있을 때였습니다. 예수님
은 게네사렛 호숫가에 서 계셨습니다.
2 예수님께서 호숫가에 배 두 척이 놓여 있
는 것을 보셨습니다. 어부들은 배에서 내
려 그물을 씻고 있었습니다.
3 예수님께서 그 중 하나인 시몬의 배에 오
르셨습니다. 예수님께서 시몬에게 배를 육
지로부터 조금 떼어 놓으라고 하시고 배
에 앉으셔서 사람들을 가르치셨습니다.
4 말씀을 다 마치시고 예수님께서 시몬에게
말씀하셨습니다. "깊은 데로 가서 그물을
내려 고기를 잡으라."
5 시몬이 대답하였습니다. "선생님, 우리가
밤새도록 수고하였지만 아무것도 잡지 못
했습니다. 그러나 선생님의 말씀대로 그
물을 내리겠습니다."
6 그대로 하니, 고기를 그물이 찢어질 정도
로 많이 잡게 되었습니다.
7 그래서 다른 배에 있는 동료들에게 손짓
을 하여 도와 달라고 하였습니다. 그들이
와서 고기를 두 배에 가득 채우니, 배가
가라앉을 지경이었습니다.
8 시몬 베드로가 이것을 보고 예수님의 무릎
앞에 엎드려 말했습니다. "주님, 제게서
떠나 주십시오. 저는 죄인입니다."
9 베드로와 그와 함께 있던 동료들은 자신
들이 잡은 고기를 보고 놀랐던 것입니다.
10 세베대의 아들이면서 시몬의 동료인 야고

보와 요한도 놀랐습니다. 예수님께서 시몬
에게 말씀하셨습니다. "두려워하지 마라.
이제부터 너는 사람을 낚을 것이다."
11 그들은 육지에 배를 댄 후, 모든 것을 버
려 두고 예수님을 따라갔습니다.

문둥병 환자를 고치심

12 예수님이 어떤 동네에 계실 때, 온몸에 문
둥병이 걸린 사람이 있었습니다. 그가 예
수님을 보고 머리를 숙여 간청하였습니
다. "주님이 원하시면 저를 깨끗하게 하
실 수 있습니다."
13 예수님께서 손을 내밀고 그에게 대시며 말
씀하셨습니다. "내가 원한다. 깨끗하게
되어라." 그 즉시 문둥병이 그에게서 사
라졌습니다.
14 예수님께서는 이 일을 아무에게도 말하지
말라고 이르셨습니다. 그리고 "가서 제사
장에게 네 몸을 보여라. 또 모세가 명령
한 대로 네가 깨끗하게 된 예물을 드려라.
그래서 사람들에게 증거를 삼아라"고 말
씀하셨습니다.
15 그런데도 예수님에 관한 소문은 더욱더 멀
리 퍼져 나갔습니다. 많은 사람들이 예수
님의 말씀을 듣고 병을 고치기 위해 모여
들었습니다.
16 그러나 예수님께서는 홀로 광야로 가셔서
기도하셨습니다.

중풍병 환자를 고치심

17 어느 날, 예수님께서 가르치고 계실 때,
갈릴리와 유대의 모든 마을과 예루살렘에
서 온 바리새파 사람과 율법학자들도 거
기에 앉아 있었습니다. 주님의 능력이 예
수님과 함께하셔서 사람들을 고쳤습니다.
18 그 때, 어떤 사람들이 중풍병에 걸린 사
람을 침상에 눕힌 채로 데려왔습니다. 이
들은 병자를 데리고 가서 예수님 앞에 보
이려고 했습니다.
19 그러나 사람들이 너무 많아서 예수님께 데
리고 갈 방법을 찾을 수가 없었습니다. 그
들은 지붕 위로 올라가서 지붕을 뚫고 환
자를 침상에 누인 채 예수님 앞 한가운데
로 매달아 내렸습니다.
20 그들의 믿음을 보시고 예수님께서 환자에
게 말씀하셨습니다. "친구여, 네 죄가 용

예수님 앞에 엎드려 죄인임을 고백하는 베드로(5:4-8)

서받았다."
21 율법학자들과 바리새파 사람들이 속으로
생각하기 시작했습니다. "이 사람이 누구
인데 하나님을 모독하는가? 하나님 외에
누가 죄를 용서할 수 있단 말인가?"
22 예수님께서 그들의 생각을 아시고 그들에
게 대답하셨습니다. "왜 마음속에 그런
생각을 하느냐?
23 '네 죄가 용서받았다' 라고 하는 것과 '일
어나 걸어라' 고 말하는 것 중에서 어느 것
이 더 쉽겠느냐?
24 그러나 인자가 이 세상에서 죄를 용서하
는 권세를 가지고 있다는 것을 알려 주려
는 것이다." 예수님께서 중풍병자에게 말
씀하셨습니다. "내가 말한다. 일어나 네
침상을 가지고 집으로 가거라."
25 그 즉시, 그 사람은 사람들 앞에서 일어
났습니다. 그리고 자신이 누웠던 침상을
들고 하나님께 영광을 돌리며 집으로 돌
아갔습니다.
26 사람들이 놀라움에 사로잡혔습니다. 사람
들은 하나님께 영광을 돌리고 두려워하며
말했습니다. "오늘 우리가 신기한 일을
보았다."

레위를 부르심

27 그후에 예수님께서 길을 가시다가 레위라
는 세리가 세관에 앉아 있는 것을 보시고
그에게 말씀하셨습니다. "나를 따르라!"
28 레위는 모든 것을 버려 두고 일어나 예수
님을 따라갔습니다.
29 레위는 자기 집에서 예수님을 위해 큰 잔
치를 베풀었습니다. 거기에는 많은 세리
들과 그 밖의 사람들이 함께 음식을 먹고
있었습니다.
30 바리새파 사람들과 율법학자들이 예수님의
제자들을 비방하였습니다. "왜 당신들은 세
리들과 죄인들과 더불어 먹고 마십니까?"
31 예수님께서 그들에게 대답하셨습니다.
"의사가 필요한 사람은 건강한 사람이 아
니라 병든 사람이다.
32 나는 의인을 부르려고 온 것이 아니라, 죄
인을 불러 회개시키려고 왔다."

금식에 대하여

33 사람들이 예수님께 말했습니다. "요한의
제자들은 자주 금식하고 기도를 합니다.
바리새파 사람들도 이같이 합니다. 그런데
당신의 제자들은 항상 먹고 마시는군요."
34 예수님께서 이들에게 말씀하셨습니다. "신
랑이 결혼 잔치의 손님들과 함께 있는데
이들에게 금식하라고 할 수 없지 않느냐?
35 그러나 그들이 신랑을 빼앗길 때가 올 텐
데 그 때는 금식할 것이다."
36 예수님께서 이들에게 비유를 말씀하셨습
니다. "아무도 새 옷에서 한 조각을 떼어
내어 낡은 옷에 붙이지 않는다. 만일 그
렇게 하면 새 옷은 찢어지고 새 옷에서 떼
어 낸 그 조각이 낡은 옷에 어울리지도 않
을 것이다.
37 아무도 새 포도주를 낡은 가죽 부대에 넣
지 않는다. 만일 그렇게 하면 새 포도주
가 그 가죽 부대를 터뜨려서 포도주는 쏟
아지고, 가죽 부대도 망가질 것이다.
38 새 포도주는 새 가죽 부대에 넣어야 한다.
39 아무도 묵은 포도주를 마시고 나서 새 포
도주를 원하지 않는다. 왜냐하면 '묵은
포도주가 더 좋다' 라고 하기 때문이다."

예수님은 안식일의 주인

6 안식일에 예수님께서 밀밭 사이로 지나
가셨습니다. 제자들이 밀 이삭을 잘라
손으로 비벼서 먹었습니다.
2 그러자 몇몇 바리새파 사람들이 말했습니
다. "어찌하여 당신들은 안식일에 해서는
안 되는 일을 합니까?"
3 예수님께서 그들에게 대답하셨습니다.
"너희들은 다윗과 그 부하들이 굶주렸을
때, 다윗이 한 일을 읽어 보지 못했느냐?
4 다윗은 하나님의 집에 들어가서 제사장들
외에는 그 누구도 먹어서는 안 되는 진설
병을 먹고 자기 부하들에게도 주지 않았
느냐?"
5 예수님께서 바리새파 사람들에게 말했습
니다. "인자는 안식일의 주인이다."

손이 오그라든 사람을 고치심

6 또 다른 안식일에 예수님께서 회당에 가

셔서 가르치고 계셨습니다. 거기에 오른
손이 오그라든 사람이 있었습니다.
7 율법학자들과 바리새파 사람들이 예수님
께서 안식일에 사람을 고치시는지 보기
위해 살피고 있었습니다. 그들은 예수님
을 고소할 거리를 찾으려고 하였습니다.
8 예수님께서 그들의 생각을 아시고 손이 오
그라든 사람에게 말씀하셨습니다. "일어
나 앞으로 나오너라." 그러자 그 사람이
일어나 앞으로 나왔습니다.
9 예수님께서 말씀하셨습니다. "너희에게 묻
겠다. 안식일에 선한 일을 하는 것이 옳으
냐, 악한 일을 하는 것이 옳으냐? 생명을
살리는 것이 옳으냐, 죽이는 것이 옳으냐?"
10 예수님께서 주위에 있는 사람들을 둘러보
신 후, 그 사람에게 말씀하셨습니다. "네
손을 내밀어라." 그 사람이 그렇게 하니,
그의 손이 회복되었습니다.
11 그러자 그들은 화가 나서 예수님을 어떻
게 처리할까 하고 서로 의논하였습니다.

열두 제자들을 뽑으심

12 그 때, 예수님께서 기도하러 산으로 올라
가셨습니다. 예수님께서 밤을 지새며 하
나님께 기도하였습니다.
13 날이 밝자, 예수님께서 제자들을 부르셨
습니다. 그리고 그들 중에서 열두 명을 뽑
아 사도라고 부르셨습니다.
14 이들은 예수님께서 베드로라는 이름을 지
어 주신 시몬과 그의 동생 안드레, 그리고
야고보와 요한, 그리고 빌립과 바돌로매,
15 그리고 마태와 도마, 알패오의 아들 야고보
와 열심파*라고 불리는 시몬,
16 야고보의 아들 유다와 배반자가 된 가룟 유
다였습니다.

예수님의 가르침과 병고침

17 예수님께서 제자들과 함께 산에서 내려와
평지에 서 계셨습니다. 거기에는 제자들
이 많이 있었고, 온 유대와 예루살렘과 두
로와 시돈 해안 지방에서 온 사람들도 많
이 있었습니다.
18 그들은 예수님의 말씀도 듣고 자신들의 병
도 치료받으려고 왔습니다. 더러운 귀신
으로 고생하는 사람들이 다 나았습니다.
19 사람들은 예수님을 만져 보려고 애썼습니
다. 그것은 능력이 예수님에게서 나와 그
들을 모두 낫게 하였기 때문입니다.

복과 화

20 예수님께서 눈을 들어 제자들을 보시고 말
씀하셨습니다. "가난한 사람들은 복이 있
다. 그것은 하나님 나라가 저희들의 것이
기 때문이다.
21 지금 굶주린 사람들은 복이 있다. 그것은
너희가 배부르게 될 것이기 때문이다. 지
금 우는 사람들은 복이 있다. 그것은 너
희가 웃게 될 것이기 때문이다.
22 인자 때문에 사람들이 너희를 미워하고
너희를 배척하고 욕하고 누명을 씌울 때
너희에게 복이 있다.
23 그 날에 기뻐하고 뛰어 놀아라. 이는 하늘
에서 너희의 상이 크기 때문이다. 그들의
조상들도 예언자들을 그렇게 대하였다.
24 그러나 너희 부자들은 화가 있다. 너희는

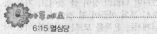

성경 자세히 이해하기

밀 이삭을 잘라 비벼 먹는 것도 노동이었을까요?

바리새인들은 안식일에 예수님의 제자들이 밀 이삭을 잘라 손으로 비벼 먹은 행위를 비난했습니다. 그것은 밀 이삭을 잘라 비벼 먹는 행위가 안식일에 관한 금지 명령 중 네 가지 조항을 어긴 것이라고 생각했기 때문입니다. 즉 이것은 (1) 밀 이삭을 자르는 행위는 '추수하는 죄' (2) 손으로 비비는 행위는 '타작하는 죄' (3) 껍질을 불어 날리는 행위는 '키질하는 죄' (4) 먹기 위한 이 모든 행위는 '음식을 장만하는 죄'에 해당하는 것이었습니다. 본문 보기 6장 1–5절

알아두세요

6:15 열심당

진설병(6:4 bread of the Presence) 성소에 차려놓는 빵을 말함. 진설병은 하나님께서 그곳에 오심을 상징. 진설하는 빵은 12덩어리로 나누어 두 줄로 나란히 놓았으며 누룩 없는 빵을 안식일마다 새 것으로 바꾸어 놓음.

이미 위로를 다 받았다.
25 지금 배부른 너희들은 화가 있다. 너희가
굶주리게 될 것이다. 지금 웃는 사람들은
화가 있다. 너희가 슬퍼하며 울게 될 것
이다.
26 모든 사람들이 너희를 칭찬할 때에 화가
있다. 그들의 조상들도 거짓 예언자들을
그렇게 대하였다."

원수를 사랑하여라

27 "내 말을 듣는 너희에게 말한다. 너희 원
수를 사랑하고, 너희를 미워하는 사람들
에게 잘해 주어라.
28 너희를 저주하는 사람들을 축복하고, 너
희를 모욕하는 사람을 위해 기도하여라.
29 누가 네 뺨을 치거든 다른 뺨도 돌려 대
라. 누가 네 겉옷을 빼앗거든 속옷도 거
절하지 마라.
30 달라는 사람은 누구에게든지 주어라. 네
것을 빼앗는 사람에게 돌려 달라고 하지
마라.
31 너희는 다른 사람이 네게 해 주길 바라는
대로 다른 사람에게 해 주어라.
32 너희가 만일 너희를 사랑하는 사람만 사랑
한다면 칭찬받을 것이 무엇이냐? 죄인들도
자기를 사랑해 주는 사람은 사랑한다.
33 너희가 만일 너희에게 잘해 주는 사람에
게만 잘해 준다면 칭찬받을 것이 무엇이
냐? 죄인들도 그렇게는 한다.
34 너희가 만일 되돌려받을 수 있겠다고 생
각하는 사람에게 꾸어 준다면 칭찬받을
것이 무엇이냐? 죄인들도 그대로 돌려받
을 생각으로 죄인들에게 꾸어 준다.
35 너희는 원수를 사랑하고 좋게 대하며 되
돌려받을 생각을 하지 말고 꾸어 주어라.
그러면 너희의 상이 클 것이고, 가장 높
으신 분의 아들이 될 것이다. 이는 하나
님께서는 은혜를 모르는 사람과 악한 사
람에게도 자비로우시기 때문이다.
36 너희의 아버지가 자비로우신 것처럼 자비
로워져라."

다른 사람을 비판하지 마라

37 "비판하지 마라. 그러면 너희도 비판을 받
지 않을 것이다. 비난하지 마라. 그러면
너희도 비난을 받지 않을 것이다. 용서하
여라. 그러면 너희도 용서받을 것이다.
38 주어라, 그러면 너희에게도 주어질 것이
다. 되를 누르고 흔들어 넘치도록 재어서
너희의 품에 안겨 주실 것이다. 너희가 남
에게 줄 때에 잰 분량만큼 너희가 도로 받
을 것이다."
39 그리고 예수님께서 이런 비유를 그들에게
말씀하셨습니다. "보지 못하는 자가 보지
못하는 자를 안내할 수 있느냐? 둘 다 구
덩이에 빠지지 않겠느냐?
40 학생이 선생보다 더 나을 수 없다. 그러
나 누구든지 다 배우고 나면 선생과 같아
질 것이다.
41 어찌하여 너는 형제의 눈에 있는 작은 티
는 보면서, 네 눈 속에 있는 큰 통나무는
보지 못하느냐?
42 네가 자신의 눈 속에 있는 큰 통나무는 보
지 못하면서, 어떻게 형제에게 '형제여,
네 눈 속의 티를 빼어 주마' 라고 말할 수
있느냐? 위선자여, 우선 네 눈 속에 있는
통나무나 빼내라. 그런 다음에야 네 눈이
잘 보여서 형제의 눈 속에 있는 티를 뺄
수 있을 것이다."

열매로 나무를 안다

43 "좋은 나무가 나쁜 열매를 맺을 수 없고,
또 나쁜 나무가 좋은 열매를 맺을 수 없다.
44 나무마다 그 열매로 안다. 가시나무에서
무화과를 얻을 수 없고, 가시덤불에서 포
도를 딸 수 없다.
45 선한 사람은 그 마음속에 선한 것을 쌓았
다가 선한 것을 내고, 악한 사람은 그 마
음속에 악한 것을 쌓았다가 악한 것을 낸
다. 왜냐하면 사람은 그의 마음속에 쌓여
있는 것을 말하기 때문이다."

백부장(7:2 officer of a hundred) 백 명의 부하를 거느린 로마 군대의 지휘관.

예언자(7:16 prophet) 하나님의 계시를 백성들에게 전해주는 사람.

바위와 모래 위에 지은 집

46 "너희는 나에게 '주여, 주여' 하면서 왜
내가 말한 것은 행하지 않느냐?
47 누구든지 내게 와서 내 말을 듣고 그대로
하는 사람이 어떠한 사람과 같은지 너희
에게 보여 주겠다.
48 그는 땅을 깊이 파고 바위 위에 기초를 놓
고 집을 짓는 사람과 같다. 홍수가 나서 물
이 세차게 들이치나 그 집을 넘어뜨릴 수
없다. 그것은 집이 잘 지어졌기 때문이다.
49 그러나 내 말을 듣고도 그대로 행하지 않
는 사람은 기초 없이 땅 위에 집을 지은
사람과 같다. 물이 들이치자 그 집이 즉
시 무너졌고, 피해가 컸다."

백부장의 종을 고치심

7 예수님께서 이 모든 말씀을 백성들에게
하신 후, 가버나움으로 가셨습니다.
2 어떤 백부장이 소중하게 여기는 종이 있
었는데 병들어 죽게 되었습니다.
3 백부장은 예수님에 관한 소문을 듣고 몇
몇 유대의 장로들을 예수님께 보내어, 자
기의 종을 고쳐 달라고 부탁하였습니다.
4 그들은 예수님께 와서 간청하였습니다.
"이 사람은 선생님께서 부탁을 들어 줘도
될 만한 사람입니다.
5 이 사람은 우리 민족을 사랑합니다. 그는
우리에게 회당을 지어 주었습니다."
6 예수님께서 그들과 함께 가셨습니다. 예수
님께서 백부장의 집 가까이에 이르렀을
때, 백부장이 친구들을 보내 예수님께 말
하였습니다. "주님, 수고하실 필요가 없
습니다. 저는 선생님을 집에 모실 만한 자
격이 없습니다.
7 그래서 제가 주님께 나올 자격도 없다고
생각했습니다. 말씀만 하십시오. 그러면
제 종이 나을 것입니다.
8 저도 다른 사람 아래에 있고, 제 밑에도
부하들이 있습니다. 제가 이 사람더러 가
라 하면 가고, 저 사람더러 오라 하면 옵
니다. 또 제 종에게 이것을 하라 하면 그
대로 합니다."
9 예수님께서 이 말을 들으시고 놀라시며 따
라오던 사람들에게 말씀하셨습니다. "내
가 너희에게 말한다. 이스라엘에서도 이처
럼 큰 믿음을 본 적이 없다."
10 백부장이 보냈던 사람들이 집으로 돌아가
보니, 그 종이 나아 있었습니다.

죽었다가 살아난 과부의 아들

11 조금 뒤에 예수님께서 나인이라는 마을로
가셨습니다. 제자들과 많은 사람들도 예
수님을 따라 함께 갔습니다.
12 예수님께서 성문 가까이 이르렀을 때, 죽
은 사람이 실려 나오고 있었습니다. 그는
과부의 하나밖에 없는 아들이었습니다. 마
을 사람들이 그 과부와 함께 있었습니다.
13 주께서 그를 보시고 불쌍하게 여기셨습니
다. 예수님께서 아이의 어머니에게 말씀
하셨습니다. "울지 마라."
14 그리고 관에 손을 대시니 관을 메고 가던
사람들이 걸음을 멈추었습니다. 예수님께
서 말씀하셨습니다. "소년아, 내가 네게
말한다. 일어나라!"
15 그러자 죽었던 사람이 일어나 앉아서 말
하기 시작하였습니다. 예수님께서 그를
어머니에게 보냈습니다.
16 사람들 모두가 두려움에 휩싸였습니다. 사
람들은 하나님께 영광을 돌렸습니다. "위대
한 예언자가 우리 가운데 나타났다! 하나님
께서 당신의 백성들을 돌보아 주셨다!"
17 예수님에 대한 이 이야기는 온 유대와 그
근방에 두루 퍼져 나갔습니다.

세례자 요한의 질문

18 요한의 제자들이 이 모든 소식을 요한에게
알렸습니다. 요한은 제자 가운데 두 사람
을 불렀습니다.
19 그리고 주님께 그들을 보내어 "선생님이
오실 그분이십니까? 아니면 우리가 다른
사람을 기다려야 합니까?"라고 물어 보게
하였습니다.
20 그 사람들이 예수님께 와서 말했습니다.
"세례자 요한이 우리들에게 선생님을 뵙
고 여쭈어 보라고 하였습니다. '선생님이
오실 그분이십니까? 아니면 우리가 다른
사람을 기다려야 합니까?'"

21 그 때, 예수님께서 질병과 고통과 악한 영
에 시달리는 많은 사람들을 고쳐 주셨습
니다. 또 보지 못하는 사람들도 볼 수 있
게 하셨습니다.
22 예수님께서 요한의 제자들에게 말씀하셨
습니다. "가서 요한에게 너희들이 보고 들
은 것을 알려라. 보지 못하는 사람이 보
고, 다리를 저는 사람이 걷고, 문둥병 환
자가 깨끗해지며, 듣지 못하는 사람이 듣
고, 죽었던 자가 살아나며, 가난한 사람
들에게 복음이 전파된다고 하여라.
23 나를 의심하지 않는 사람은 복이 있다."

세례자 요한에 대하여

24 요한의 심부름을 왔던 사람들이 떠나가
자, 예수님께서 사람들에게 요한에 대해
말했습니다. "너희는 무엇을 보려고 광야
에 나갔느냐? 바람에 흔들리는 갈대냐?
25 아니면 무엇을 보러 나갔느냐? 화려한 옷
을 입은 사람이냐? 멋지고 호사스런 옷을
입고 호화롭게 사는 사람은 궁전에 있다.
26 그러면 너희는 무엇을 보려고 나갔느냐?
예언자냐? 그렇다, 내가 너희에게 말한
다. 예언자보다 더 위대한 사람이다.
27 이 사람은 성경에 기록된 자이다. '보아
라. 내가 네 앞에 사자를 보낸다. 그가 네
길을 너보다 앞서 준비할 것이다.'*
28 내가 너희에게 말한다. 여자에게서 태어
난 사람 중에 요한보다 더 위대한 사람이
없다. 그러나 하나님 나라에서는 가장 작
은 자가 요한보다 더 위대하다."
29 모든 백성들이, 또한 세리들이 이 말씀을 듣
고 하나님은 의로우시다고 고백했습니다.
이들은 요한의 세례를 받았기 때문입니다.
30 하지만 바리새파 사람들과 율법학자들은
자신들을 향한 하나님의 계획을 거부하였
습니다. 이들은 요한에게서 세례를 받지
않았기 때문입니다.
31 "이 세대의 사람들을 무엇에 비교할 수 있
겠느냐? 그들은 무엇과 같은가?
32 이들은 시장에 앉아 서로 부르며 '우리가
너희를 위해 피리를 불어도 너희가 춤추
지 않았다. 우리가 울어도 너희가 울지 않
았다'라고 말하는 아이들과 같다.
33 세례자 요한이 와서 빵도 먹지 않고, 포
도주도 마시지 않았다. 그러자 너희들은
'저 사람은 귀신이 들렸다'라고 말한다.
34 인자가 와서 먹고 마셨다. 그러자 너희들
은 '봐, 저 사람은 먹보요, 술꾼이며 세
리와 죄인의 친구로구나'라고 말한다.
35 그러나 지혜는 그것을 따르는 자들에 의
해서 옳다는 것이 증명된다."

예수님께 향유를 부은 여인

36 어떤 바리새파 사람이 예수님께 함께 식사
를 하자고 권하였습니다. 그래서 예수님
께서 그 바리새파 사람의 집에 가셔서 식
사 자리에 앉으셨습니다.
37 그런데 그 마을에 죄인인 한 여자가 있었
습니다. 예수님께서 바리새파 사람의 집에
서 식사하신다는 소식을 듣고 향유병을
가지고 갔습니다.
38 그는 예수님의 뒤쪽으로 가서 예수님의 발
곁에 서서 울며 눈물로 그의 발을 씻겼습
니다. 그리고 자신의 머리카락으로 발을
닦고, 입을 맞추고 향유를 부었습니다.
39 예수님을 초대한 바리새파 사람이 이것을
보고 속으로 생각했습니다. "만일 이 사
람이 예언자라면 지금 자신을 만지는 이

성경 인물

막달라 마리아 예수님을 섬기던 여인들 가운데 한 사람이었던 막달라 마리아는, 예수님과 제자들에게 경제적인 뒷받침을 해 주었습니다. 마리아는 일곱 귀신이 들렸을 때, 예수님으로부터 고침을 받았던 인물로, 예수님께서 십자가에 달리실 때와 무덤에 장사되실 때 함께 있었으며(마 27:56,61), 부활하신 날 아침, 무덤으로 찾아간 여인들 가운데도 끼어 있었습니다(마 28:1;막 16:1-2). *예수님의 부활 소식을 제자들에게 맨 처음 전한 사람 가운데 한 명이기도 합니다*(막 16:10).

본문 보기 8장 2절

알아두세요

7:27 말 3:1에 기록되어 있다.
7:41 1데나리온은 하루 품삯에 해당된다.

여인이 죄인이라는 것을 알았을 것이다."
40 예수님께서 그에게 대답하셨습니다. "시몬아, 네게 할 말이 있다." 시몬이 대답했습니다. "선생님, 말씀하십시오."
41 "어떤 채권자에게 두 사람의 채무자가 있었다. 한 사람은 오백 데나리온*을 빚졌고 다른 사람은 오십 데나리온을 빚졌다.
42 이 두 사람이 다 빚을 갚을 수 없어서 채권자가 모두 빚을 없던 것으로 해 주었다. 그러면 둘 중에 누가 더 채권자를 고맙게 여기겠느냐?"
43 시몬이 대답했습니다. "더 많은 돈을 면제받은 사람입니다." 예수님께서 시몬에게 말씀하셨습니다. "네가 옳게 판단했다."
44 예수님께서 그 여자를 돌아보시며 시몬에게 말씀하셨습니다. "이 여인이 보이느냐? 내가 네 집에 들어왔을 때, 너는 나에게 발 씻을 물도 주지 않았다. 그러나 이 여인은 자신의 눈물로 내 발을 적시고 자신의 머리털로 닦아 주었다.
45 너는 내게 입맞추지도 않았지만, 이 여인은 내가 들어왔을 때부터 내 발에 입맞추기를 쉬지 않았다.
46 너는 내 머리에 기름도 붓지 않았지만, 이 여인은 향유를 내 발에 부었다.
47 그러므로 내가 네게 말한다. 이 여자의 많은 죄가 용서되었다. 이는 이 여자가 많이 사랑하였기 때문이다. 적게 용서받은 사람은 적게 사랑한다."
48 예수님께서 여자에게 말씀하셨습니다. "네 죄가 용서되었다."
49 예수님과 식사 자리에 앉아 있던 사람들이 속으로 말했습니다. "이 사람이 누구이기에 죄를 용서해 준다고 하는가?"
50 예수님께서 그 여자에게 말씀하셨습니다. "네 믿음이 너를 구원하였다. 평안히 가거라."

예수님과 함께한 여자들

8 그후에 예수님께서 여러 성과 마을을 두루 다니시면서 하나님 나라에 관한 좋은 소식을 전하셨습니다. 열두 제자들도 예수님과 함께 다녔습니다.
2 악한 영과 병에서 고침을 받은 몇몇 여자들도 함께 있었습니다. 이들은 일곱 귀신이 들렸던 막달라라고 하는 마리아와

예수님께 향유를 부은 여인(7:36-38)

3 헤롯의 신하인 구사의 아내 요안나와 수산
나, 그리고 그 밖의 다른 여자들이 많이
있었습니다. 이들은 자신의 재산으로 예
수님과 제자들을 섬겼습니다.

씨 뿌리는 사람의 비유

4 많은 사람들이 모여들고 여러 마을에서
온 사람들이 예수님께 나아오자, 예수님께
서 비유로 말씀하셨습니다.
5 "씨를 뿌리는 사람이 씨를 뿌리러 나갔
다. 그가 씨를 뿌렸는데, 어떤 씨들은 길
가에 떨어져 발에 밟히기도 했고, 하늘의
새들이 와서 먹어 버리기도 했다.
6 어떤 씨들은 바위 위에 떨어져 자라다가
물이 없어서 시들어 죽었다.
7 어떤 씨들은 가시덤불에 떨어져 가시덤불
이 함께 자라서 자라지 못하게 했다.
8 어떤 씨들은 좋은 땅에 떨어져 자라나서
백 배의 열매를 맺었다." 이 말씀을 마치
시고 예수님께서 외치셨습니다. "들을 귀
있는 자는 들어라!"

비유로 말씀하신 목적

9 제자들이 이 비유가 무슨 뜻인지를 예수
님께 물었습니다.
10 예수님께서 말씀하셨습니다. "너희에게는
하나님 나라의 비밀을 아는 것이 허락되
었다. 그러나 다른 사람들에게는 비유로
말하였다. 이는 '그들이 보아도 보지 못
하고 들어도 깨닫지 못하게'* 하려는 것
이다."

씨 뿌리는 사람에 관한 비유의 뜻

11 "이 비유는 이것이다. 씨는 하나님의 말
씀이다.
12 길가에 떨어진 것은 하나님의 말씀을 들
었으나 마귀가 와서 그 마음에 있던 말씀
을 빼앗아 간 사람들이다. 이들은 믿지 못
하여, 구원을 받지 못한다.
13 바위 위에 떨어진 것은 하나님의 말씀을
듣고 기쁨으로 받지만 뿌리가 없는 사람
들이다. 이들은 잠시 동안, 믿으나 시험
받을 때에 넘어진다.
14 가시덤불에 떨어진 것은 말씀을 듣지만
살아가는 동안, 재물에 대한 염려와 인생
의 향락에 사로잡혀 열매를 맺는 데까지
자라지 못하는 사람들이다.
15 좋은 땅에 떨어진 것은 정직하고 선한 마
음으로 하나님의 말씀을 듣고 그 말씀을
굳게 지켜서 좋은 열매를 맺는 사람들이
다."

등불은 등잔 위에

16 "그 누구도 등불을 켜서 그것을 그릇으로
덮어 두거나 침대 밑에 두지 않는다. 등
불은 등잔 위에 놓아 들어 오는 사람들이
그 빛을 보게 한다.
17 감추어진 것 중에 드러나지 않을 것이 없
고, 비밀 가운데 밝히 알려지지 않을 것
이 없다.
18 그러므로 너희가 듣는 것을 조심하여라.
가진 사람은 더 많이 받을 것이고, 가지
지 못한 사람은 가졌다고 생각하는 것마
저 빼앗길 것이다."

예수님의 진정한 가족

19 예수님의 어머니와 동생들이 예수님께 왔
습니다. 그러나 많은 사람들 때문에 예수
님께 가까이 갈 수 없었습니다.
20 어떤 사람이 예수님께 말씀드렸습니다.
"선생님의 어머니와 동생들이 밖에 서서
선생님을 만나 뵙기 원하십니다."
21 예수님께서 사람들에게 대답하셨습니다.
"내 어머니와 형제들은 하나님의 말씀을
듣고 그대로 행하는 사람들이다."

풍랑을 잔잔케 하심

22 어느 날, 예수님께서 제자들과 함께 배에
오르셨습니다. 예수님께서 말씀하셨습니
다. "호수 건너편으로 가자." 그래서 그들
이 떠났습니다.
23 가는 동안, 예수님은 잠이 드셨고, 사나운
바람이 호수로 불어 닥쳤습니다. 배에 물
이 가득 차서 위험에 빠졌습니다.

알아두세요

8:10 사 6:9에 기록되어 있다.
8:30 개역 성경에는 '군대'라고 표기되어 있다. 로마 군대의 한 사단을 의미하고 약 3,000-6,000명으로 이루어져 있다.

24 제자들이 예수님을 깨우며 "선생님! 선생
님! 우리가 죽습니다"라고 말했습니다. 그
러자 예수님께서 일어나셔서 바람과 성난
파도를 꾸짖으셨습니다. 그러자 그 즉시,
바람이 멈추고 호수가 다시 잔잔해졌습니
다.
25 예수님께서 제자들에게 말씀하셨습니다.
"너희의 믿음이 어디 있느냐?" 제자들은
두렵고 놀라서 "도대체 이분이 누구시길
래 바람과 물에게 호령하시고 바람과 물
이 이분에게 순종하는가?"라고 서로 말하
였습니다.

귀신들린 사람

26 예수님과 제자들은 갈릴리 건너편 거라사
사람들의 마을에 닿았습니다.
27 예수님께서 배에서 내리시니 그 마을에 사
는 귀신들린 사람이 예수님께 다가왔습니
다. 그는 오랫동안, 아무 옷도 입지 않았
으며 집에서 살지도 않고 무덤에서 살고
있었습니다.
28 그는 예수님을 보고 소리를 지르며, 예수
님 앞에 엎드렸습니다. 그리고 큰 소리로
말했습니다. "가장 높으신 하나님의 아
들이신 예수님, 당신이 저와 무슨 상관이
있습니까? 제발 저를 괴롭히지 마십시
오."
29 이는 예수님께서 더러운 영에게 그 사람
에게서 떠나라고 명령하셨기 때문입니다.
더러운 귀신이 그 사람을 여러 번 사로잡
았기 때문에 사람들은 쇠사슬과 쇠고랑으
로 그를 묶어 감시하였습니다. 그러나 그
는 쇠사슬을 끊고 귀신이 이끄는 대로 광
야로 뛰쳐나가곤 하였습니다.
30 예수님께서 그에게 물으셨습니다. "네 이
름이 무엇이냐?" 그러자 그가 대답했습니
다. "레기온*입니다." 이는 많은 귀신이 그
에게 들어갔기 때문입니다.
31 귀신들은 예수님께 자신들을 지옥으로 쫓
아 내지 말아 달라고 간청하였습니다.
32 그 때, 언덕에는 많은 돼지 떼가 풀을 먹
고 있었습니다. 귀신들은 예수님께 자기
들을 그 돼지 떼에게 들어가게 해 달라고
간청하였습니다. 예수님께서 그렇게 허락
하셨습니다.
33 그러자 귀신들은 그 사람에게서 나와 돼
지 떼 속으로 들어갔습니다. 순간 그 돼
지들은 비탈을 내리달아 호수로 들어가
빠져 죽었습니다.
34 돼지를 치던 사람들이, 일어난 일을 보고
도망쳐 이 사실을 성과 마을 사람들에게
전하였습니다.
35 사람들이 일어난 일을 보려고 예수님께 다
가갔습니다. 그리고 귀신이 나간 사람이
옷을 입고 제정신으로 예수님 발 앞에 앉
아 있는 것을 보았습니다. 그들은 두려운
생각이 들었습니다.
36 이 일을 목격한 사람들이 귀신들린 사람
이 어떻게 온전하게 되었는지를 사람들에
게 말해 주었습니다.
37 거라사와 그 주변에 사는 모든 사람들이,
예수님께서 자기들로부터 떠나 줄 것을 간
청했습니다. 이는 그들이 무서움에 사로
잡혔기 때문이었습니다. 그래서 예수님께
서 배를 타고 돌아가셨습니다.
38 귀신이 나간 사람이 예수님을 따를 수 있
게 해 달라고 예수님께 간청하였습니다.
그러나 예수님께서 그를 돌려 보내며 말
씀하셨습니다.
39 "집으로 돌아가서 하나님께서 너에게 하
신 일에 대해 사람들에게 말해라." 그래
서 그는 모든 마을을 다니며 예수님께서
자기에게 얼마나 큰 일을 행하셨는지에
대해 전하였습니다.

야이로의 딸과 예수님의 옷을 만진 여자

40 예수님께서 돌아오시자, 많은 사람들이 예
수님을 환영하였습니다. 이들은 예수님을

비유(8:9 parable) 어떤 현상 · 사물을 그와 비슷한 것을 끌어대어 표현하는 일.
재물(8:14 property) 돈이나 그 밖의 값 나가는 물건.
호령하다(8:25 command) 윗사람이 큰 목소리로 명령하거나 꾸짖다.
감시하다(8:29 guard) 주의하여 지켜보다.

기다리고 있었습니다.
41 야이로라는 사람이 앞으로 나왔습니다.
그는 회당장이었습니다. 그가 예수님의
발 앞에 엎드려, 자기 집으로 와 주실 것
을 간청하였습니다.
42 야이로에게는 열두 살 된 외동딸이 있었
는데, 그가 죽어 가고 있었습니다. 예수님
께서 야이로의 집으로 가시는데, 많은 사
람들이 예수님께 바짝 붙어서 밀어댔습니
다.
43 그 중에는 십이 년 동안이나 혈루증을 앓
고 있던 여자가 있었습니다. 의사에게 많
은 돈을 썼지만 그 누구도 그 병을 고칠
수가 없었습니다.
44 그가 예수님 뒤로 와서 옷깃을 만졌습니
다. 그러자 즉시 피가 그쳤습니다.
45 예수님께서 말씀하셨습니다. "누가 나를
만졌느냐?" 사람들은 모두 만지지 않았다
고 말하였습니다. 베드로가 말했습니다.
"선생님, 많은 사람들이 에워싸면서 밀어
대고 있습니다."
46 예수님께서 말씀하셨습니다. "누군가 나
를 분명히 만졌다. 내게서 능력이 나간 것
을 안다."
47 숨길 수 없다는 것을 안 그 여자는 떨며
나아와 예수님 앞에 엎드렸습니다. 그리
고 사람들 앞에서 왜 자기가 예수님을 만
졌는지, 또 어떻게 즉시 병이 나았는지를
말씀드렸습니다.
48 예수님께서 그에게 말씀하셨습니다. "딸
아, 네 믿음이 너를 구원하였다. 평안히
가거라."
49 예수님의 말씀이 끝나기도 전에, 회당장
의 집에서 온 어떤 사람이 회당장에게 말
했습니다. "따님이 죽었습니다. 그러니
선생님을 더 이상 괴롭히지 마십시오."
50 예수님께서 이 말을 들으시고 대답하셨습
니다. "두려워하지 말고 믿기만 하여라.
그러면 살게 될 것이다."
51 그 집에 이르러, 예수님께서는 베드로와
요한과 야고보, 그리고 소녀의 아버지와
어머니 외에는 아무도 함께 들어가지 못
하게 하셨습니다.
52 사람들이 소녀를 위해 슬피 울고 있었습
니다. 예수님께서 "울음을 그쳐라. 그는
죽은 것이 아니라 자고 있다"라고 말씀하
셨습니다.
53 그러자 사람들은 예수님을 비웃었습니다.
그것은 소녀가 죽었다는 것을 알고 있었
기 때문입니다.
54 예수님께서 소녀의 손을 잡고 불렀습니
다. "아이야, 일어나라!"
55 그러자 영혼이 돌아와서 소녀는 즉시 일
어났습니다. 예수님께서 그에게 먹을 것
을 주라고 명하셨습니다.
56 그 소녀의 부모들은 놀랐습니다. 그런데
예수님께서는 일어난 일을 아무에게도 말
하지 말라고 지시하셨습니다.

열두 제자를 보내심

9 예수님께서 열두 제자를 부르시고, 이
들에게 귀신을 이기고 병을 고치는 능
력과 권세를 주셨습니다.
2 그리고 하나님 나라를 전하고 병을 치료
하라고 이들을 보내셨습니다.
3 예수님께서 말씀하셨습니다. "여행을 위
해 아무것도 챙기지 마라. 지팡이나 가방
이나 또는 빵이나 돈이나 챙기지 마라. 옷
도 두 벌을 준비하지 마라.
4 어느 집에 들어가든지 떠날 때까지 그 집
에 머물러라.
5 만일 너희를 받아들이지 않으면 그 마을
에서 나올 때에 네 발에서 먼지를 털어 버
려라. 이것이 그들에게 경고하는 증거가
될 것이다."
6 제자들이 떠나, 온 마을을 두루 다니면서
복음을 전파하고 가는 곳마다 사람들을
고쳐 주었습니다.

불안해하는 헤롯

7 분봉왕 헤롯은 일어나는 모든 일을 듣고
매우 혼란스러웠습니다. 그것은 어떤 사
람들은 세례자 요한이 죽었다가 다시 살
아났다고 말하고,
8 어떤 사람들은 엘리야가 나타났다고도 하
고, 또 어떤 사람들은 옛 예언자 중의 하

나가 다시 살아났다고도 하였기 때문이었습니다.

9 헤롯이 말했습니다. "내가 요한의 머리를 잘랐는데, 이런 소문이 들리는 그 사람은 누구인가?" 헤롯은 예수님을 한번 만나 보려고 하였습니다.

오천 명을 먹이심

10 사도들이 돌아와서 자기들이 했던 모든 일들을 예수님께 말씀드렸습니다. 예수님께서 제자들을 데리고 벳새다라고 불리는 마을로 가셨습니다.

11 사람들이 이 사실을 알고 예수님을 따라왔습니다. 예수님께서 이들을 반기시며 하나님 나라에 대해 말씀하셨습니다. 또한 치료받아야 할 사람들을 치료해 주셨습니다.

12 날이 저물기 시작할 때, 열두 제자들이 예수님께 와서 말했습니다. "우리가 있는 곳은 빈 들이니까 사람들을 보내십시오. 그래서 근처 마을과 농가로 가서 잠잘 곳을 찾고, 먹을 것을 얻게 하십시오."

13 예수님께서 제자들에게 말씀하셨습니다. "너희가 사람들에게 먹을 것을 주어라." 제자들이 대답했습니다. "우리에겐 단지 다섯 개의 빵과 생선 두 마리밖에 없습니다. 가서 이 모든 사람들을 위해 음식을 사지 않으면 안 되겠습니다."

14 사람들은 남자들의 수만 약 오천 명 정도 되었습니다. 예수님께서 제자들에게 "사람들을 오십 명씩 무리지어 앉게 하여라" 하고 말씀하셨습니다.

15 제자들이 예수님의 말씀대로 사람들을 앉게 하였습니다.

16 예수님께서 빵 다섯 개와 생선 두 마리를 들고 하늘을 우러러보며 감사 기도를 하셨습니다. 그런 후에 제자들에게 떼어 주며 사람들 앞에 내놓도록 하셨습니다.

17 사람들이 모두 먹고 배가 불렀습니다. 또한 남겨진 조각들을 모으니 열두 바구니에 가득 찼습니다.

베드로의 고백

18 예수님께서 홀로 기도하고 계실 때였습니다. 예수님께서 함께 있는 제자들에게 물으셨습니다. "사람들이 나를 누구라고 하느냐?"

19 제자들이 대답하였습니다. "세례자 요한이라고 합니다. 어떤 사람들은 엘리야라고도 합니다. 또 어떤 사람들은 옛 예언자 중의 하나가 다시 살아났다고 합니다."

20 예수님께서 제자들에게 말씀하셨습니다. "그러면 너희는 나를 누구라고 하느냐?" 베드로가 "하나님의 아들 그리스도이십니다"라고 대답했습니다.

21 예수님께서 제자들에게 이 사실을 아무에게도 말하지 말라고 엄히 말씀하셨습니다.

22 "인자가 많은 고통을 받고 장로들과 대제사장들과 율법학자들에게 배척을 받아야 한다. 또한 죽임을 당한 후, 삼 일째 되는 날에 다시 살아날 것이다."

23 예수님께서 모두에게 말씀하셨습니다. "누구든지 나를 따라오려거든 자기를 부인하고 매일 자기 십자가를 지고 나를 따르라.

24 자기의 생명을 건지려고 하는 사람은 잃을 것이다. 그러나 나를 위해 자기 생명을 잃는 사람은 자기 생명을 건질 것이다.

25 만일 이 세상을 모두 얻고도, 자기를 잃거나 빼앗기면 무슨 유익이 있느냐?

26 누구든지 나와 내 말을 부끄러워하면, 인자도 자신의 영광과 아버지의 영광과 거

오천 명을 먹이심-오병이어기념교회(9:10-17)

룩한 천사의 영광으로 올 때, 그를 부끄
러워할 것이다.
27 내가 진정으로 말한다. 여기 서 있는 사
람 중에 몇 사람은 죽기 전에 하나님의 나
라를 볼 것이다."

모습이 변화되신 예수님

28 이 말씀을 하신 지 팔 일 뒤에 예수님께
서 베드로와 야고보와 요한을 데리고 기도
하러 산으로 올라가셨습니다.
29 예수님께서 기도하시는 동안, 얼굴 모습
이 변하고 옷이 하얗게 빛났습니다.
30 그 때, 두 사람이 예수님과 함께 이야기를
하고 있었습니다. 이들은 모세와 엘리야였
습니다.
31 그들은 영광스러운 모습으로 나타나 예루
살렘에서 이루실 예수님의 죽음에 대해 말
씀을 나누고 있었습니다.
32 베드로와 같이 있던 다른 제자들이 잠을 이
기지 못하고 졸다가 깨어났습니다. 그리고
예수님의 영광을 목격하고, 다른 두 사람이
예수님과 함께 서 있는 것을 보았습니다.
33 모세와 엘리야가 떠나려고 하자, 베드로가
예수님께 말씀드렸습니다. "선생님, 우리
가 여기 있는 것이 좋겠습니다. 저희들이
천막 셋을 세우겠습니다. 하나는 선생님
을 위하여, 하나는 모세를 위하여, 또 하
나는 엘리야를 위하여 말입니다." 베드로
는 자기가 무슨 말을 하는지도 알지 못했
습니다.
34 베드로가 이 말을 하고 있을 때, 구름이

변화산으로 더 유명한 다볼 산 정상에
세워진 예수 변화 교회(9:28-36)

일어나서 그들을 뒤덮었습니다. 제자들이
구름 속으로 들어가게 되자 두려워하였습
니다.
35 구름 속에서 소리가 났습니다. "이는 내
아들, 내가 택한 자이다. 그의 말을 들어
라."
36 소리가 들릴 때, 예수님만 홀로 서 계셨습
니다. 제자들은 입을 다물고, 자신들이 본
것에 대해 아무에게도 말하지 않았습니다.

귀신들린 소년을 고치심

37 다음 날, 산에서 내려왔을 때, 많은 사람
들이 예수님을 맞이했습니다.
38 그 사람들 중에 한 사람이 예수님께 외쳤
습니다. "선생님 제 아들의 병을 고쳐 주
십시오. 하나뿐인 아들입니다.
39 악한 영이 아이를 사로잡으면 갑자기 아
이가 소리를 지릅니다. 또 아이에게 경련
을 일으켜 입에 거품을 물게 합니다. 그
리고 아이에게 상처를 입히며 여간해서
떠나려고 하지 않습니다.
40 제가 선생님의 제자들에게 좇아 달라고
간청하였지만, 그들은 할 수 없었습니다."
41 예수님께서 대답하셨습니다. "아, 믿음이
없고 비뚤어진 세대여, 내가 얼마나 오랫
동안 너희와 함께 있으면서 참아야 하겠
느냐? 네 아들을 이리 데리고 오너라."
42 소년이 올 때, 마귀가 그를 넘어뜨려 경
련을 일으키게 하였습니다. 예수님께서
더러운 영을 꾸짖으시고 소년을 고쳐 주
셨습니다. 그리고 그 아버지에게 돌려 보
냈습니다.
43 사람들은 모두 하나님의 위대하심에 놀랐
습니다. 사람들이 모두 예수님이 하신 일
을 보고 놀라고 있을 때, 예수님께서 제자
들에게 말씀하셨습니다.

죽음에 대해 말씀하심

44 "너희는 이 말을 귀담아들어라. 인자가
사람들의 손에 넘겨질 것이다."
45 그러나 제자들은 이러한 예수님의 말씀을
이해하지 못하였습니다. 제자들이 이해하
지 못하도록 그 뜻이 감추어져 있었습니
다. 또한 제자들은 이 말씀에 대해 예수님

께 묻기를 두려워하였습니다.

가장 큰 사람

46 제자들 사이에 누가 가장 큰 자인가를 놓
고 말다툼이 일어났습니다.
47 예수님께서 제자들이 마음속으로 무엇을
생각하는지를 아시고 한 어린이를 옆에
세우셨습니다.
48 그리고 말씀하셨습니다. "누구든지 내 이
름으로 이런 어린이 하나를 맞아들이는
사람은 나를 맞아들이는 것이다. 또한 누
구든지 나를 맞아들이는 사람은 곧 나를
보내신 분을 맞아들이는 것이다. 너희 중
에 가장 작은 자가 가장 큰 사람이다."

우리를 반대하지 않는 사람

49 요한이 대답했습니다. "선생님, 어떤 사람
이 선생님의 이름으로 마귀를 내쫓는 것
을 보았는데, 그 사람이 우리와 함께 다
니지 않으므로 그렇게 못하게 막았습니
다."
50 예수님께서 요한에게 "그를 막지 마라. 너
희를 반대하지 않는 사람은 너희를 이롭
게 하는 사람이다"라고 말씀하셨습니다.

어떤 사마리아 마을의 배척

51 예수님께서 하늘로 올라가실 때가 가까워
오자, 예수님께서는 예루살렘에 올라가기
로 하셨습니다.
52 예수님께서 사람들을 미리 보냈습니다.
그들은 가서, 예수님을 모실 준비를 하려
고 어떤 사마리아 마을로 들어갔습니다.
53 그런데 마을 사람들이 예수님께서 예루살
렘을 향하여 가시는 것을 반기지 않았습
니다.
54 이것을 보고 예수님의 제자인 야고보와 요
한이 말했습니다. "불이 하늘에서 내려와
이 사람들을 모두 태워 버리라고 하면 어
떻겠습니까?"
55 그러나 예수님께서 그들을 꾸짖으셨습니
다.
56 그리고 다른 마을로 가셨습니다.*

예수님을 따르려면

57 그들이 길을 가고 있을 때, 어떤 사람이
예수님께 말했습니다. "선생님이 어디를
가시든지 저도 따라가겠습니다."
58 예수님께서 그에게 말씀하셨습니다. "여
우도 굴이 있고, 하늘의 새들도 둥지가 있
다. 그러나 인자는 머리를 둘 곳이 없다."
59 예수님께서 또 다른 사람에게 말씀하셨습
니다. "나를 따라오너라!" 그러자 그 사람
이 말했습니다. "먼저 제 아버지의 장례
를 치르게 해 주십시오."
60 예수님께서 그에게 말씀하셨습니다. "죽
은 사람들에게 죽은 자를 묻게 하고, 너
는 가서 하나님 나라를 전파하여라."
61 또 다른 사람이 말했습니다. "주님, 저는
따라가겠습니다. 다만 먼저 가족들에게
작별 인사를 하게 해 주십시오."
62 예수님께서 그에게 말씀하셨습니다. "누
구든지 쟁기를 잡고 뒤를 돌아보는 사람
은 하나님 나라에 알맞지 않다."

칠십 명의 제자들을 보내심

10 이후에 주께서 칠십 명*을 임명하시
고, 예수님께서 친히 가시려는 모든

성경 속의 궁금증

사마리아인들은 왜 예수님을 거부했을까요?

사마리아인들은 B.C. 722년 이스라엘의 북왕조가 패망한 뒤, 이방인들과의 결혼에 의해 생긴 일종의 혼혈족이었습니다. 따라서 사마리아인들의 여호와 신앙은 점차 변질되어갈 수밖에 없었고, 그리심 산에 자기들의 성전을 세우기까지 했습니다. 시간이 흐를수록 유대인과 사마리아인들 사이에 감정의 골은 점점 더 깊어져 갔고, 이런 이유로 말미암아 사마리아인들은 예루살렘으로 예배하러 올라가는 유대인들에게 숙소나 음식을 제공하기를 꺼렸던 것입니다.

본문 보기 9장 53절

알아두세요

9:55-56 어떤 사본에는 다음과 같은 구절이 있다. "너희는 어떤 영에 속해 있는지 모른다. 인자가 온 것은 사람의 생명을 멸하기 위해서가 아니라 구원하러 왔다."

10:1 어떤 사본에는 '칠십 이인'이라고 표기되어 있다.

마을과 고장으로 미리 둘씩 보내셨습니
다.
2 예수님께서 이들에게 말씀하셨습니다.
"추수할 것은 많은데 일꾼이 적다. 그러
므로 추수하는 주인에게 추수밭으로 일꾼
을 보내 달라고 간청하여라.
3 가거라. 내가 어린 양을 늑대들 사이로 보
내는 것같이 너희를 보낸다.
4 지갑이나 가방이나 신발을 챙기지 마라.
가는 길에 아무에게도 인사하지 마라.
5 어느 집에 들어가든지 먼저 '이 집에 평
화가 있기를 빕니다' 라고 말하여라.
6 만일 평화의 사람이 있으면, 네 평화가 그
에게 머무를 것이요, 그렇지 않으면 그 평
화가 네게로 돌아올 것이다.
7 그 집에 머물러라. 거기서 네게 주는 것
을 먹고 마셔라. 일꾼은 자기 품삯을 받
을 자격이 있다. 이 집 저 집으로 옮겨 다
니지 마라.
8 어떤 마을에 들어가든지 너희를 환영하
면, 네 앞에 차려진 것을 먹어라.
9 그 곳의 환자들을 고쳐 주고 그들에게 '하
나님 나라가 너희에게 가까이 왔다' 고 말
하여라.
10 그러나 어느 마을에 들어가든지 그들이
너희를 맞이하지 않으면, 그 마을의 거리
로 나와서 이렇게 말하여라.
11 '우리 발에 묻은 너희 마을의 먼지를 털
고 간다. 하나님 나라가 가까이 왔다는 것

오늘날의 여리고 전경(10:30)

을 명심하여라.'
12 내가 너희에게 말한다. 심판의 날에 소돔
이 그 마을보다 더 견디기 쉬울 것이다."

회개하지 않는 마을에 대한 경고

13 "고라신아! 네게 화가 미칠 것이다. 벳새다
야! 네게 화가 미칠 것이다. 만일 너희에
게서 행했던 기적을 두로와 시돈에서 행했
더라면, 그들은 베옷을 입고 재를 뒤집어
쓰고, 오래 전에 회개하였을 것이다.
14 심판 때에 두로와 시돈이 너희보다 더 견
디기 쉬울 것이다.
15 너 가버나움아! 네가 하늘까지 높아지겠느
냐? 오히려 지옥까지 떨어질 것이다.
16 너희의 말을 듣는 사람은 내 말을 듣는 사
람이다. 너희를 배척하는 사람은 나를 배
척하는 것이다. 또한 나를 배척하는 것은
나를 보내신 분을 배척하는 것이다."

제자들의 보고

17 칠십 명의 제자들이 기뻐하며 돌아와 말
했습니다. "주님, 심지어 마귀들도 주님
의 이름 앞에서 우리에게 굴복하였습니
다."
18 예수님께서 그들에게 말씀하셨습니다.
"하늘에서 사탄이 번개처럼 떨어지는 것
을 보았다.
19 보아라! 내가 너희에게 뱀과 전갈을 밟고
원수의 능력을 막을 권세를 주었다. 아무
도 너희를 해치지 못할 것이다.
20 그러나 마귀들이 너희에게 굴복한 것으로
기뻐할 것이 아니라 너희의 이름이 하늘
에 기록된 것으로 기뻐하여라."

아버지께 기도하시는 예수님

21 그 때, 예수님께서 성령으로 크게 기뻐하
시며 말씀하셨습니다. "하늘과 땅의 주인
이신 아버지, 이런 일을 지혜롭고, 똑똑
한 사람들에게는 숨기시고 어린아이들에
게는 나타내셨으니 감사합니다. 그렇습니
다. 아버지, 이것이 아버지의 은혜로우신
뜻입니다.
22 내 아버지께서 모든 것을 제게 넘기셨습
니다. 아버지 외에는 아들이 누구인지 아
무도 모르며, 아들과 또 아들이 알려 주

고자 하는 사람 외에는 아버지가 누구인
지 아무도 모릅니다."
23 예수님께서 제자들에게 돌아서서 따로 말
씀하셨습니다. "너희가 지금 보는 것을
보는 눈은 복이 있다.
24 내가 너희에게 말한다. 많은 예언자들과
왕들이 지금 너희가 보는 것을 보고자 했
으나 보지 못했다. 또한 지금 너희가 듣
는 것을 듣고자 했으나 듣지 못했다."

선한 사마리아 사람

25 어떤 율법학자가 일어나 예수님을 시험하
려고 말했습니다. "선생님, 제가 무엇을
하여야 영생을 얻을 수 있습니까?"
26 예수님께서 그에게 물으셨습니다. "율법
에 무엇이라고 기록되어 있느냐? 너는 어
떻게 읽었느냐?"
27 율법학자가 대답하였습니다. "'네 모든
마음과 모든 목숨과 모든 힘과 모든 뜻을
다해 주 네 하나님을 사랑하라' 고 하였
고, 또한 '네 이웃을 네 몸같이 사랑하라'
고 하였습니다."
28 예수님께서 그에게 말씀하셨습니다. "네
대답이 옳다. 이것을 행하여라. 그러면
살 것이다."
29 이 사람이 자기를 옳게 보이고 싶어서, 예
수님께 말했습니다. "그러면 누가 제 이웃
입니까?"
30 예수님께서 대답하셨습니다. "어떤 사람
이 예루살렘에서 여리고로 내려가고 있었
다. 그런데 도중에 강도를 만났다. 강도
들은 이 사람의 옷을 벗기고 때려서 거의
죽은 채로 버려 두고 갔다.
31 마침 한 제사장이 그 길을 내려가다가 그
사람을 보고는 길 반대편으로 피해서 지
나갔다.
32 어떤 레위인도 그 곳에 와서 그 사람을 보

선한 사마리아 사람의 비유(10:25-37)

고는 길 반대편으로 피해서 지나갔다.
33 이번에는 어떤 사마리아 사람이 그 길을 여
행하다가 그가 있는 곳에 이르렀다. 사마
리아 사람이 그를 보고 불쌍하게 여겼다.
34 그래서 그 사람에게로 가서 그의 상처에
올리브 기름과 포도주를 붓고 붕대로 감
쌌다. 그리고 그를 자기의 짐승에 태우고
여관으로 데리고 가서 그를 정성껏 보살
펴 주었다.
35 다음 날, 그는 은화 두 개를 여관 주인에
게 주면서 말했다. '이 사람을 잘 보살펴
주세요. 만일 돈이 더 들면 내가 돌아올
때 갚겠습니다.'
36 너는 이 세 사람들 중에 누가 강도 만난
자의 이웃이라고 생각하느냐?"
37 율법학자가 대답했습니다. "그에게 자비
를 베풀어 준 사람입니다." 그러자 예수님
께서 그에게 말씀하셨습니다. "가서 똑같
이 하여라!"

마리아와 마르다

38 예수님과 제자들이 여행을 하다가 어떤 마
을로 들어갔습니다. 마르다라는 여인이 예
수님을 자기 집에 모셔 들였습니다.
39 마르다에게는 마리아라는 여동생이 있었
습니다. 마리아는 예수님의 발치에 앉아서
말씀을 듣고 있었습니다.
40 마르다는 여러 가지 접대하는 일로 분주
하였습니다. 그러다가 예수님께 다가가서
말했습니다. "주님, 저 혼자 이 모든 접
대를 하는데 제 동생이 저를 거들지 않는
것을 아무렇지도 않게 생각하십니까? 저
를 도우라고 말씀해 주십시오."
41 그러나 주께서 마르다에게 말씀하셨습니
다. "마르다야, 마르다야! 너는 너무 많은
일 때문에 걱정하며 안절부절못하는구나.
42 그러나 필요한 일은 오직 한 가지뿐이다.
마리아는 그 좋은 쪽을 선택했으니 빼앗
기지 않을 것이다."

주기도문

11 예수님께서 어떤 곳에서 기도하고 계
셨을 때입니다. 예수님께서 기도를 마
치시자, 제자들 가운데 하나가 와서 말했

마리아와 마르타(10:38-42)

습니다. "주님, 요한이 자기 제자들에게
기도하는 것을 가르쳐 준 것처럼 우리에
게도 가르쳐 주십시오."
2 예수님께서 제자들에게 말씀하셨습니다.
"너희는 기도할 때 이렇게 하여라. '아버
지여, 아버지의 이름이 거룩하게 여김을
받으소서. 아버지의 나라가 오게 하소서.
3 날마다 우리에게 필요한 양식을 주시고
4 우리가 우리에게 빚진 모든 사람을 용서하
오니, 우리의 죄도 용서하여 주소서. 그리
고 우리를 시험에 빠지지 않게 하소서.'"

중단하지 말고 기도하여라

5 예수님께서 제자들에게 말씀하셨습니다.
"너희 중 한 사람에게 친구가 있어, 한밤
중에 찾아와서 말했다. '친구, 내게 빵 세
개만 빌려 주게.
6 내 친구가 여행하여 내게로 왔는데 그에
게 차려 줄 것이 하나도 없다네.'
7 그런 경우에, '나를 괴롭히지 말게! 문이
이미 잠겼고, 내 아이들이 나와 함께 침
대에 누웠다네. 일어나서 자네에게 줄 수
없네' 하고 대답하겠느냐?
8 내가 너희에게 말한다. 친구라는 것만으로
는 일어나 주지 않을지라도 끈질기게 조르
기 때문에 일어나 필요한 만큼 줄 것이다."

구하라, 찾아라, 문을 두드려라

9 "그러므로 내가 너희에게 말한다. 구하
라. 그러면 너희에게 주어질 것이다. 찾
아라. 그러면 찾을 것이다. 두드려라. 그
러면 문이 너희에게 열릴 것이다.
10 구하는 사람마다 받을 것이다. 찾는 사람
은 찾을 것이다. 두드리는 사람에게는 문
이 열릴 것이다.
11 너희 가운데 어떤 아버지가 아들이 생선을
달라는데 생선을 주지 않고 뱀을 주겠느냐?
12 또 계란을 달라는데 전갈을 주겠느냐?
13 너희가 악하더라도 좋은 것을 자녀에게
주려고 한다. 하물며 하늘에 계신 아버지
께서 간구하는 자에게 성령을 주시지 않
겠느냐?"

예수님과 바알세불

14 예수님께서 말 못하게 하는 마귀를 쫓아

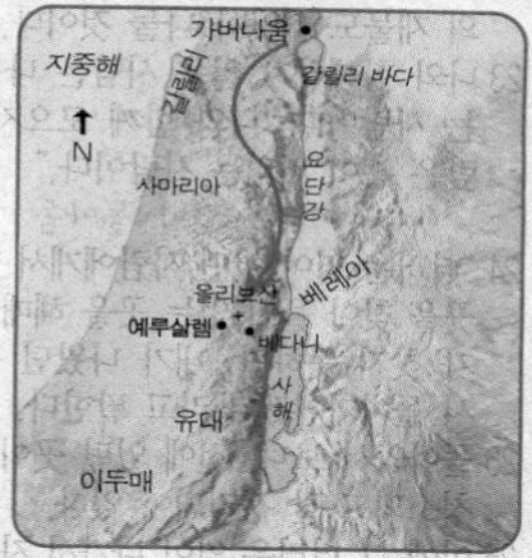

⬆ 마리아와 마르다를 방문하신 예수님(10:38-42)

내셨습니다. 마귀가 나가자, 말 못하던
사람이 곧 말을 하였습니다. 많은 사람들
이 매우 놀랐습니다.
15 그 중에 어떤 사람들이 말했습니다. "이
사람이 마귀의 왕인 바알세불에게 빌어서
마귀를 쫓아 낸다."
16 또 어떤 사람들은 예수님을 시험하려고 하
늘로부터 오는 증거를 보여 달라고 하였
습니다.
17 예수님께서 그들의 생각을 아시고 그들에
게 말했습니다. "어느 나라든지 서로 자
기들끼리 편이 갈라지면 망한다. 그리고
자기들끼리 싸우는 가정도 무너진다.
18 내가 바알세불에게 빌어서 마귀를 쫓아 낸
다고 하는데, 만일 사탄도 서로 자기들끼
리 갈리면 사탄의 나라가 어떻게 서 있겠
느냐?
19 만일 내가 바알세불에게 빌어서 마귀를 쫓
아 내면, 너희 자녀들은 무엇을 가지고 마
귀를 쫓아 내느냐? 그러므로 그들이 너희
의 말이 틀렸다는 것을 증명하고 있다.
20 만일 내가 하나님의 손가락의 능력으로
마귀를 쫓아 낸다면, 하나님 나라가 너희
에게 와 있는 것이다.
21 힘센 사람이 온갖 무장을 하고 자기의 집
을 지킬 때, 그 재산은 안전할 것이다.
22 그러나 이 사람보다 더 힘센 사람이 와서
그를 공격하여 이기면, 무기를 빼앗고 그

의 재물도 빼앗아 나눌 것이다.
23 나와 함께하지 않는 사람은 나를 반대하
는 사람이다. 나와 함께 모으지 않는 사
람은 흩어 버리는 사람이다."

더러운 영이 돌아옴

24 "더러운 영이 어떤 사람에게서 나와서 쉴
곳을 찾아 물이 없는 곳을 헤매고 다니다
가 찾지 못하면 '내가 나왔던 집으로 다
시 돌아가야겠다' 라고 말한다.
25 돌아와서 보니, 전에 있던 곳이 깨끗하게
청소되고 잘 정리되어 있다.
26 이에 그 더러운 영이 나가서 자기보다 더
악한 영 일곱을 데리고 와서 거기에 들어
와 산다. 결국 그 사람의 나중 상태가 처
음보다 더 나쁘게 된다."

참으로 복된 사람

27 예수님께서 이 말씀을 하고 계실 때, 한
여인이 무리들 속에서 목소리를 높여 외
쳤습니다. "당신을 낳아서 기른 당신의
어머니는 참 복이 있습니다."
28 예수님께서는 "오히려 하나님의 말씀을
듣고 지키는 사람이 복이 있는 사람이다"
라고 말씀하셨습니다.

요나와 같은 증거

29 사람들이 더 모여들 때, 예수님께서 말씀하
셨습니다. "이 세대는 악한 세대이다. 이
세대가 증거를 달라고 하지만, 요나의 증거

고라신에 있는 무너진
유대인의 회당 터(11:43)

알아두세요

12:6 앗사리온은 로마 화폐 단위로 소액 동전을 나타내며, 1데나리온의 1/16에 해당된다.

외에는 아무 증거도 받지 못할 것이다.
30 니느웨 사람들에게 요나가 증거가 된 것처
럼 인자도 이 세대에게 증거가 될 것이다.
31 심판의 때에 남쪽 나라 여왕이 이 시대의
사람들과 일어나서 그들을 죄인으로 심판
할 것이다. 이는 그가 솔로몬의 지혜를 들
으려고 땅 끝에서 찾아왔기 때문이다. 그
러나 솔로몬보다 더 큰 사람이 여기 있다.
32 심판의 때에 니느웨 사람들이 이 시대의
사람들과 일어나 그들을 심판할 것이다.
이는 그들이 요나의 선포를 듣고 회개하
였기 때문이다. 그러나 요나보다 더 큰 사
람이 여기 있다."

눈은 몸의 등불이다

33 "누구든지 등불을 켜서 지하실에 두거나 됫
박 아래 두지 않고, 등잔대 위에 올려 놓아
들어오는 사람들이 빛을 볼 수 있게 한다.
34 네 눈은 몸의 등불이다. 만약 네 눈이 성
하면, 네 온몸이 빛으로 가득 찰 것이다.
그러나 네 눈이 성하지 않으면, 네 온몸
이 어두움으로 가득 찰 것이다.
35 그러므로 네 안에 있는 빛이 어둡지 않게
조심하여라.
36 만일 네 온몸이 빛으로 가득 차고 어두움
이 없다면, 등불이 그 빛으로 너를 비출
때처럼 온전히 밝게 빛날 것이다."

바리새파 사람들과 율법학자들

37 예수님께서 말씀하실 때, 바리새파 사람이
자기와 함께 식사하자고 청하자, 예수님
께서 식사 자리에 가서 앉으셨습니다.
38 예수님께서 식사하시기 전에 손을 씻지 않
는 모습을 보고 바리새파 사람이 이상하
게 생각했습니다.
39 그러자 주님께서 그에게 말씀하셨습니다.
"너희 바리새파 사람들은 잔과 접시의 겉
은 깨끗하게 씻는다. 그러나 그 속에는 욕
심과 악한 것이 가득 차 있다.
40 어리석은 사람들아, 겉을 만드신 분이 속
도 만들지 않으셨느냐?
41 속에 있는 것으로 자비를 베풀어라. 그러
면 모든 것이 너희에게 깨끗해질 것이다.
42 너희 바리새파 사람들에게 화가 있을 것

이다. 너희는 박하와 운향과 온갖 채소의
십일조를 드린다. 그러나 하나님의 정의
와 사랑은 무시한다. 어느 한 가지만 하
지 말고 이 모두를 함께해야 한다.
43 너희 바리새파 사람들에게 화가 있을 것
이다. 너희는 회당의 앞자리를 좋아하고,
시장터에서 인사받기를 좋아한다.
44 너희에게 화가 있을 것이다. 너희는 숨겨
진 무덤과 같다. 사람들은 무엇인지도 모
르고 그 위를 걸어 다닌다."
45 율법학자 중 한 사람이 예수님께 말했습
니다. "선생님, 이런 말씀을 하시는 것은
우리를 모독하는 것입니다."
46 예수님께서 말씀하셨습니다. "너희 율법
학자들에게 화가 있을 것이다. 너희는 견
디기 힘든 짐을 사람들에게 지우고 있다.
그러면서 너희 자신들은 손가락 하나도
그 짐에 대려고 하지 않는다.
47 너희에게 화가 있을 것이다. 너희는 너희
조상들이 죽인 예언자들의 무덤을 만들고
있다.
48 결국 너희는 조상들이 행한 것에 대한 증
인이 되고 거기에 동조한다. 그것은 너희
조상들은 죽였고 너희는 무덤을 만들기
때문이다.
49 그러므로 지혜로우신 하나님께서 말씀하
셨다. '내가 예언자들과 사도들을 그들에
게 보낼 것이다. 사람들이 그들의 일부는
죽이고, 일부는 박해할 것이다.'
50 세상이 만들어진 이후로 예언자들의 흘린
피에 대하여 이 세대에게 책임을 물을 것
이다.
51 그렇다. 너희에게 말한다. 아벨의 피로부
터 제단과 성소 사이에서 죽임을 당한 사
가랴의 피에 이르기까지 이 세대에게 책
임을 물을 것이다.
52 너희 율법학자들에게 화가 있을 것이다.
너희는 지식의 열쇠를 가로챘다. 그러면
서 너희 자신들도 들어가려고 하지 않고,
들어가려고 하는 다른 사람들도 막았다."
53 예수님께서 거기서 떠나실 때, 율법학자
들과 바리새파 사람들이 예수님에 대해 앙
심을 품고 여러 가지 질문으로 몰아댔습
니다.
54 그들은 예수님께서 말씀하시는 것에 트집
을 잡으려고 애썼습니다.

바리새파 사람들처럼 되지 마라

12 수만 명의 사람들이 몰려들어서 서
로 밟힐 지경이 되었습니다. 예수님
께서 먼저 제자들에게 말씀하셨습니다.
"바리새파 사람들의 누룩을 조심하여라.
그들은 위선자이다.
2 덮어 둔 것은 드러나고, 숨겨진 것은 알
려질 것이다.
3 그러므로 어두운 데서 한 말이 밝은 데서
들릴 것이며, 안방에서 속삭인 말이 지붕
위에서 선포될 것이다."

오직 하나님만 두려워하여라

4 "내가 너희에게 말한다. 나의 친구들아,
몸은 죽여도 그 이상 아무것도 할 수 없
는 사람들을 두려워하지 마라.
5 너희가 누구를 두려워해야 할지 알려 주
겠다. 죽인 후에 지옥으로 던질 권세를 가
진 분을 두려워하여라. 그렇다. 내가 너
희에게 말한다. 그분을 두려워하여라.
6 참새 다섯 마리가 두 앗사리온*에 팔리지

무리에게 설교하시던 동산의 전경(12:1)

뒷박(11:33 bowl) 되 대신 쓰는 바가지.
박하(11:42 peppermint) 좋은 향기가 나는 풀. 유대인들은 박하를 정원에서 가꾸었음.
운향(11:42 rue) 강한 향기를 뿜는 풀. 바리새인은 이것의 십일조도 드림.
앙심(11:53 grudge) 원한을 품고 앙갚음하기를 벼르는 마음.

참새 다섯 마리가 두 앗사리온에 팔리는 것도
다 아시는 하나님(12:6)

않느냐? 그러나
그 가운데 하나
도 하나님께서
잊으신 것은 없
다.
7 하나님께서는
네 머리카락까
지도 다 세고
계신다. 두려워
하지 마라. 너
희는 많은 참새
들보다 훨씬 더
귀하다."

예수님을 부끄러워하지 마라

8 "내가 너희에게 말
한다. 사람들 앞에서
나를 고백하는 사람은 누구든지 인자도
하나님의 천사들 앞에서 그를 인정할 것
이다.
9 사람들 앞에서 나를 부인하는 사람은 하
나님의 천사들 앞에서 부인당할 것이다.
10 인자에 대하여 나쁘게 말하는 사람은 용
서받을 수도 있다. 그러나 성령을 모욕하
는 사람은 용서받지 못할 것이다.
11 사람들이 너희를 회당이나 통치자, 권력자
앞에 끌고 갈 때, 무엇을 어떻게 대답하고
또 무엇을 말해야 할지를 염려하지 마라.
12 그 때에 성령께서 너희에게 무엇을 말해
야 할지를 가르쳐 주실 것이다."

어리석은 부자의 비유

13 무리 중에 있던 한 사람이 예수님께 말했
습니다. "선생님, 제 형에게 유산을 저에
게 나누어 주라고 말씀해 주십시오."
14 예수님께서 그에게 말씀하셨습니다. "누가
나를 너희의 판사나 중개자로 세웠느냐?"
15 이어서 예수님께서 사람들에게 말씀하셨
습니다. "온갖 욕심을 경계하고 주의하여
라. 재산이 아무리 많더라도 사람의 생명
이 거기에 달려 있지 않다."
16 예수님께서 사람들에게 비유를 말씀해 주
셨습니다. "어떤 부자의 밭에서 수확이
많이 나왔다.
17 그 부자는 속으로 생각했다. '내 곡식을
저장해 둘 곳이 없으니 어떻게 할까?'
18 그는 말했다. '이렇게 해야겠다. 내 곳간
을 헐고 더 큰 곳간을 세워 거기에 내 모
든 곡식과 물건을 저장하겠다.'
19 그리고 자기 자신에게 말할 것이다. '인
생아, 여러 해 동안 쓰기에 넉넉한 많은
재산을 가졌으니 편히 쉬고 먹고 마시며
인생을 즐겨라.'
20 그러나 하나님께서 그 사람에게 말했다.
'어리석은 사람아! 오늘 밤 네 영혼을 가
져갈 것이다. 그러면 네가 준비한 것을 누
가 가져가겠느냐?'
21 이런 사람은 자신을 위해 재물을 쌓고 하
나님께 대하여 부요하지 못한 사람이다."

염려하지 마라

22 예수님께서 제자들에게 말씀하셨습니다.
"그러므로 내가 너희에게 말한다. 목숨을
위하여 무엇을 먹을까, 몸을 위하여 무엇
을 입을까, 염려하지 마라.
23 목숨이 음식보다 중요하고, 몸이 옷보다
중요하다.
24 까마귀를 생각하여 보아라. 까마귀는 씨
를 뿌리지도 않고, 거두어들이지도 않는

다. 그들에게는 곳간이나 창고도 없다.
그러나 하나님께서 먹이신다. 그런데 너
희는 새들보다 훨씬 더 귀하지 않느냐?
25 또 너희 중에 누가 염려하여 그 생명을 조
금이라도 늘릴 수 있느냐?
26 너희가 아주 작은 것도 못하면서 왜 다른
것들을 염려하느냐?
27 백합꽃이 어떻게 자라는가 생각하여 보아
라. 백합은 수고도 하지 않고, 길쌈도 하
지 않는다. 그러나 내가 너희에게 말한
다. 솔로몬이 온갖 영화를 누렸어도 이 꽃
만큼 아름다운 옷을 입어 보지 못하였다.
28 하나님께서 오늘 들판에 있다가 내일 아
궁이에 던져질 풀도 이렇게 입혀 주시는
데 하물며 너희야 더 잘 입혀 주시지 않
겠느냐? 믿음이 적은 사람들아!
29 그러므로 먹을 것과 마실 것을 구하지 말
고 염려하지 마라.
30 이런 것들은 모두 세상 사람들이 구하는
것이다. 너희 아버지께서 너희에게 이런
것들이 필요하다는 것을 알고 계신다.
31 너희는 하나님 나라를 구하여라. 그러면 이
모든 것을 너희에게 더하여 주실 것이다.
32 두려워하지 마라. 어린 양들아, 너희 아
버지께서는 하나님 나라를 너희에게 주시
기를 기뻐하신다.
33 너희 소유를 팔아 자선을 베풀어라. 그리
고 너희를 위하여 낡지 않는 지갑을 만들
고, 하늘에 없어지지 않을 재물을 쌓아
라. 거기는 도둑이 접근할 수 없고, 좀도
먹는 일이 없다.
34 너희의 재물이 있는 곳에 너희의 마음도
있다."

언제나 준비하여라

35 "허리에 띠를 매고 등불을 밝혀라!
36 주인이 결혼 잔치에서 돌아와서 문을 두
드릴 때, 곧 열어 주려고 기다리는 사람
과 같이 되어라.
37 주인이 와서 볼 때, 깨어 있는 종은 복이
있다. 내가 진정으로 너희에게 말한다.
주인이 스스로 허리를 동이고, 종들을 식
사 자리에 앉힌 다음 곁에 와서 종들을 섬
길 것이다.
38 주인이 밤중이나 새벽에 오더라도, 깨어
있는 종들이 있다면, 그 종들에게 복이 있
을 것이다.
39 이것을 기억하여라. 만일 집주인이 도둑
이 드는 시간을 안다면, 집에 도둑이 들
지 못하도록 할 것이다.
40 너희도 준비하여라. 인자는 너희가 생각
지도 않은 때에 올 것이다."
41 베드로가 말했습니다. "주님, 이 비유는
우리를 위해 말씀하신 것입니까? 모든 사
람에게 하신 것입니까?"
42 주님께서 말씀하셨습니다. "누가 신실하
고 지혜로운 종이겠느냐? 주인이 그 종에
게 다른 종들을 맡기면, 제때에 양식을 나
누어 줄 일꾼이 누구겠느냐?
43 주인이 돌아와서 볼 때에, 맡겨진 일을 하
고 있는 종은 복이 있다.
44 내가 진정으로 너희에게 말한다. 주인이
자신의 모든 재산을 그에게 맡길 것이다.
45 그러나 만일 종이 속으로 주인이 돌아오
려면 멀었다고 생각하고 남녀 종들을 때
리고, 먹고 마시며 술에 취해 있다면,
46 미처 생각지도 않고 알지도 못한 때에, 그

성경 자세히 이해하기

허리에 띠를 매고 등불을 밝혀라!

중동 지방의 사람들은 더운 대낮에는 몸을 시원하게 해 주고 추운 밤에는 담요 역할을 해 주는 튜닉이라고 하는 긴 옷을 입었습니다. 특별히 이 옷은 여행갈 때나 전쟁을 할 때, 또는 일을 할 때에 자유로운 활동을 위해 허리에 띠를 둘렀습니다. 대부분 유대인의 혼인 잔치는 저녁에 거행되었기 때문에 손님들이 돌아가는 시간은 한밤중이 훨씬 지나서였습니다. 그 때까지 종들은 등불을 밝히고, 주인을 기다려야 했습니다. 이처럼 성도들은 항상 정신을 차리고 주인이신 하나님을 섬겨야 한다는 뜻의 말씀인 것입니다.

본문 보기 12장 35절

주인이 돌아와 그를 몹시 때리고 믿음이
없는 자들이 있는 곳으로 보낼 것이다.
47 주인의 뜻을 알고도 그 뜻에 따라 준비하
지도, 행하지도 않는 종은 많이 맞을 것
이다.
48 그러나 알지 못하고 매맞을 짓을 한 사람
은 적게 맞을 것이다. 많이 받은 사람에
게는 많은 책임이 요구되고, 많은 것이 맡
겨진 사람에게는 많은 것이 요청된다."

분열을 일으키러 왔다

49 "나는 세상에 불을 놓으려고 왔다. 불이
이미 붙었으면 더 바랄 것이 없다.
50 그러나 나는 받아야 할 세례가 있다. 이
것이 이루어질 때까지, 내가 얼마나 괴로
움을 당하겠느냐!
51 내가 세상에 평화를 주러 왔다고 생각하
느냐? 내가 너희에게 말한다. 그렇지 않
다! 오히려 분열을 일으키러 왔다.
52 지금부터 한 가정에서 다섯 식구가 서로
나누어질 것이다. 셋이 둘을, 둘이 셋을
대적할 것이다.
53 아버지와 아들이 나누어질 것이며 아들이
아버지를, 어머니는 딸을, 딸은 어머니
를, 시어머니가 며느리를, 며느리가 시어
머니를 대적할 것이다."

때를 분별하여라

54 예수님께서 사람들에게 말씀하셨습니다.
"너희가 서쪽에서부터 구름이 이는 것을

갈릴리에서 고기잡이를 하는 어부
(13:20-21)

알아두세요

13:21 (그) '사톤'. 세 사톤은 약 22ℓ에 해당된
다.

볼 때, 비가 곧 오겠다고 말하면 그대로
된다.
55 너희가 남풍이 부는 것을 보고 날이 덥겠
다고 말하면, 그대로 된다.
56 위선자들아! 너희가 땅과 하늘의 날씨는
분별할 줄 알면서 왜 이 시대는 분별할 줄
모르느냐?"

문제를 해결하여라

57 "어찌하여 너희는 무엇이 옳은지를 스스
로 판단하지 못하느냐?
58 너를 고소하는 사람과 함께 법정으로 갈
때에 너는 도중에 그 사람과의 문제를 해
결하여라. 그렇지 않으면 그 사람이 너를
재판관에게 데려가고, 또 재판관이 너를
집행관에게 넘겨 주어 너를 감옥에 가둘
것이다.
59 내가 네게 말한다. 마지막 한 푼까지 갚기
전에는, 네가 거기서 나오지 못할 것이다."

회개하지 않으면

13 어떤 사람들이 예수님께 와서, 빌라
도가 갈릴리 사람들을 죽여 그 피가
저희의 드릴 희생 제물과 뒤범벅이 되었
다는 소식을 전해 주었습니다.
2 예수님께서는 그들에게 대답하셨습니다.
"너희는 이 갈릴리 사람들이 이런 고난을
당했다고 해서 다른 갈릴리 사람들보다 더
큰 죄인이라고 생각하느냐?
3 그렇지 않다. 내가 너희에게 말한다. 너희도
회개하지 않으면 이와 같이 망할 것이다.
4 또 실로암 탑이 무너져 죽은 열여덟 명의
사람들이 예루살렘에 사는 다른 모든 사람
보다 더 악한 죄인이라고 생각하느냐?
5 그렇지 않다! 내가 너희에게 말한다. 너희
도 회개하지 않으면 이와 같이 망할 것이
다."

열매를 맺지 못하는 나무

6 예수님께서 이런 비유를 말씀하셨습니다.
"어떤 사람이 무화과나무 한 그루를 자신
의 포도밭에 심었다. 그는 이 나무에서 열
매를 얻으려고 왔으나 아무것도 찾지 못
했다.
7 그 사람이 포도원을 돌보는 종에게 말했

다. '내가 삼 년 동안, 이 무화과나무에
서 열매를 찾았는데, 아무것도 찾을 수 없
었다. 이 나무를 찍어 버려라. 무엇 때문
에 땅만 차지하게 하느냐?'
8 종이 주인에게 대답했다. '주인님, 올해
만 그냥 놔 두십시오. 제가 나무 주위에
고랑을 파고 거름을 주겠습니다.
9 만일 내년에 열매를 맺으면 놔 두시고, 열
매를 맺지 못한다면 베어 버리십시오.'"

안식일에 등이 굽은 여자를 고치심

10 예수님께서 안식일에 어느 한 회당에서 가
르치고 계셨습니다.
11 거기에 십팔 년 동안, 병마에 시달린 여
자가 있었습니다. 그는 허리가 굽어서 몸
을 조금도 펼 수 없었습니다.
12 예수님께서 그 여자를 보시고 가까
이 불러 말씀하셨습니다. "여
자여, 네가 병에서 해방되
었다."
13 예수님께서 그에게 손을
얹으시자, 그 즉시 여인
이 똑바로 일어서서 하
나님을 찬양하였습니다.
14 예수님께서 안식일에 병
을 고치셨기 때문에 회
당장이 화가 나서 사람
들에게 말했습니다. "일
하는 날이 육 일이 있습
니다. 이런 날에 와서
병을 치료받으시오. 안
식일에는 안 됩니다."
15 주님께서 대답하셨습니다.
"위선자들아! 너희는 안식일에
소나 나귀를 외양간에서 풀어 내어 끌고
가서 물을 마시게 하지 않느냐?
16 그런데 이 여자는 아브라함의 딸로서 십팔
년 동안, 사탄에 매여 있었다. 안식일에
이 사람의 매임을 풀어 주어야 하지 않겠
느냐?"
17 예수님께서 이 말씀을 하시자, 예수님을
반대하던 사람들이 모두 부끄러워했고,
모든 사람들은 예수님께서 행하신 영광스
러운 일을 보고 기뻐했습니다.

겨자씨와 누룩의 비유

18 예수님께서 말씀하셨습니다. "하나님 나
라는 무엇과 같으며 무엇에 비교할 수 있
을까?
19 하나님 나라는 어떤 사람이 자신의 밭에
가지고 가서 뿌린 겨자씨와 같다. 그 씨
가 자라고 나무가 되어서, 공중의 새들이
그 가지에 둥지를 틀었다."
20 예수님께서 또 말씀하셨습니다. "하나님
나라를 무엇에 비교할 수 있을까?
21 하나님 나라는 마치 누룩과 같다. 어떤 여
자가 이것을 가져다가 밀가루 세 말*에 섞
으니 전체가 부풀게 되었다."

허리가 굽은 여자를 고치신 예수님(13:10-17)

좁은 문으로 들어가거라

22 예수님께서 예루살렘으로 향하여 가시던
중 각 도시와 마을을 두루 지나셨습니다.
23 어떤 사람이 예수님께 물었습니다. "주님,
구원받을 사람은 적습니까?" 그러자 예수
님께서 말씀하셨습니다.
24 "좁은 문으로 들어가려고 힘써라. 내가
너희에게 말한다. 많은 사람들이 그 곳으

로 들어가려고 하지만 들어갈 수 없을 것
이다.
25 일단 집주인이 일어나서 문을 닫아 버리면,
너희가 밖에 서서 문을 두드리며 '주인님,
문을 열어 주십시오' 하고 말할 것이다. 그
러면 그가 대답할 것이다. '나는 너희가 도
대체 어디서 온 사람들인지 모른다.'
26 그 때에 너희가 이렇게 말할 것이다. '저
희는 주님 앞에서 먹고 마셨으며, 주님께
서는 저희를 길거리에서 가르치셨습니다.'
27 그러나 주인이 말할 것이다. '내가 너희
에게 말한다. 나는 너희가 어디에서 왔는
지 모른다. 악을 행하는 자여, 썩 물러가
거라!'
28 아브라함과 이삭과 야곱과 그리고 모든 예
언자들이 하나님 나라에 있는데 너희만
밖으로 쫓겨난 것을 볼 때에 너희가 슬피
울며 이를 갈 것이다.
29 사람들이 동서남북 사방으로부터 와서 하
나님 나라의 잔치 자리에 앉을 것이다.

성경 자세히 이해하기

자리 싸움

동양 사람들은 공식적인 잔치가 있을 때, 그 앉는 자리와 관련하여 격식을 따졌습니다. 잔치 석상에서 높은 사람이 앉는 자리는 민족들마다 달랐지만, 그리스나 로마에서는 3면으로 되어 있는 각 식탁에 붙은, 눕는 안락의자의 가운데 자리가 높은 사람들이 차지하는 자리였습니다. 바리새인들이 항상 앉고자 했던 자리도 바로 이 자리였던 것이지요.

본문 보기 14장 7절

수종병(14:2 dropsy) 몸의 조직 사이나 몸속의 빈 곳에 림프액, 장액이 많이 괴어 몸이 붓는 병.
우물(14:5 well) 물을 얻으려고 땅을 파서 지하수를 괴게 한 곳.
양해하다(14:18 excuse) 사정을 헤아려 이해하다.

30 보아라. 꼴찌가 첫째가 되고, 첫째가 꼴
찌가 될 사람도 있다."

예루살렘을 보고 슬퍼하심

31 그 때에 어떤 바리새파 사람들이 예수님께
와서 말했습니다. "이 곳을 떠나십시오!
헤롯이 선생님을 죽이려고 합니다."
32 예수님께서 그들에게 말씀하셨습니다.
"가서 그 여우에게 말하여라. '오늘과 내
일은 내가 마귀를 쫓아 내고 병을 고칠 것
이다. 그리고 삼 일째 되는 날에 내 일을
이룰 것이다.'
33 그러나 오늘과 내일 그리고 그 다음 날에
도, 나는 내 갈 길을 가야 한다. 예루살렘
밖에서 예언자가 죽을 수 없다.
34 예루살렘아, 예언자들을 죽이고 너에게 보
낸 사람들을 돌로 친 예루살렘아! 암탉이
날개 아래에 병아리를 품듯이 내가 네 자
녀들을 모으려고 여러 번 노력하지 않았
더냐? 그런데 너희는 원하지 않았다.
35 보아라. 너희의 집은 무너질 것이다. 내가
너희에게 말한다. 너희가 '주의 이름으로
오시는 이가 복이 있다' 라고 말하게 되는
날까지 너희가 나를 보지 못할 것이다."

안식일에 수종병을 고치심

14 안식일에 예수님께서 음식을 드시러
어느 한 바리새파 지도자의 집에 들
어가셨습니다. 사람들이 예수님을 가까이
서 지켜 보고 있었습니다.
2 그 때, 수종병 환자 한 사람이 예수님 앞
에 나타났습니다.
3 예수님께서 율법학자들과 바리새파 사람
들에게 말씀하셨습니다. "안식일에 병을
고치는 것이 옳으냐? 옳지 않느냐?"
4 그러나 사람들은 잠잠했습니다. 예수님께
서 병자를 붙잡고 그를 고쳐 주셨습니다.
그리고 그를 보냈습니다.
5 예수님께서 바리새파 사람들과 율법학자
들에게 말씀하셨습니다. "만일 너희 아들
이나 소가 안식일에 우물에 빠졌다면, 즉
시 끌어 내지 않겠느냐?"
6 사람들은 아무런 대답도 할 수 없었습니
다.

낮은 자리에 앉아라

7 예수님께서 초대받은 손님들이 서로가 윗
자리를 차지하려는 것을 보시고, 비유를
들어 말씀하셨습니다.
8 "어떤 사람의 결혼 잔치에 초대받았을 때
윗자리에 앉지 마라. 혹시 너보다 귀한 손
님이 초대받았을 경우,
9 너희를 잔치에 초대한 주인이 와서 말할
것이다. '자리를 이분에게 내주십시오.'
그러면 너희는 부끄러워하면서 끝자리로
내려가야 할 것이다.
10 너희가 초대를 받으면 끝자리로 가서 앉
아라. 그러면 너를 초대한 주인이 와서 말
할 것이다. '친구여, 윗자리로 올라 앉으
시오.' 그러면 다른 모든 잔치 손님들이
보는 앞에서 영광을 얻을 것이다.
11 자신을 높이는 사람은 낮아지고, 자신을
낮추는 사람은 높아질 것이다."

되갚을 수 없는 사람들에게 자비를 베풀어라

12 예수님께서 초대한 사람에게도 말씀하셨
습니다. "너는 점심이나 저녁을 차려 놓
고 네 친구들, 형제들, 친척들, 그리고 부
유한 이웃들을 초대하지 마라. 이들은 너
를 도로 초대하여 보답을 한다.
13 오히려 잔치를 베풀 때는 가난한 사람들,
걷지 못하는 사람들과 다리를 저는 사람
들과 보지 못하는 사람들을 초대하여라.
14 그러면 너희에게 복이 있을 것이다. 그들
은 네게 되갚을 것이 없다. 너는 의인들
이 부활할 때에 보상을 받을 것이다."

큰 잔치의 비유

15 예수님과 같이 식사를 하던 사람 중에 한
사람이 이 말씀을 듣고서 예수님께 말했
습니다. "하나님 나라의 잔치 자리에 앉
을 사람은 참으로 복이 있습니다."
16 예수님께서 그에게 말씀하셨습니다. "어
떤 사람이 큰 잔치를 베풀고 많은 사람들
을 초대하였다.
17 시간이 되었을 때, 그 사람은 종을 보내
어 초대한 사람들에게 알렸다. '준비가
다 되었으니 오십시오.'
18 그러나 그들은 모두 한결같이 핑계를 대
기 시작했다. 첫 번째 사람이 말했다. '내
가 밭을 샀는데 가서 둘러봐야 합니다. 부
디 양해해 주십시오.'
19 또 한 사람이 말했다. '나는 소 열 마리
를 샀는데, 이것들을 부려 보러 가는 길
입니다. 부디 양해해 주십시오.'
20 세 번째 사람이 말했다. '나는 지금 장가
를 들어서 갈 수 없습니다.'
21 종이 돌아와서 주인에게 이 사실을 알렸
다. 그러자 집주인이 화가 나서 말했다.
'당장 가서 동네의 길과 골목을 다니며 가
난한 사람, 걷지 못하는 사람, 보지 못하는
사람, 다리를 저는 사람들을 데려오라.'
22 그후에 종이 말했다. '주인님, 말씀하신
것들을 다했습니다만 아직도 자리가 비어
있습니다.'
23 그러자 주인이 종에게 말하였다. '큰길과
골목길을 돌아다니며 사람들을 오게 하여
내 집을 채워라.
24 내가 너희에게 말한다. 먼저 초대받았던
사람들은 아무도 내 잔치를 맛보지 못할
것이다.'"

제자가 되려면

25 많은 사람들이 예수님과 함께 길을 가고
있었습니다. 예수님께서 이들에게 돌아서
서 말씀하셨습니다.
26 "누구든지 내게로 오면서 자신의 아버지,
어머니, 아내, 자녀, 형제, 혹은 자매를
미워하지 않으면 그리고 더 나아가 자신
의 목숨까지도 미워하지 않으면 내 제자
가 될 수 없다.
27 누구든지 자기 십자가를 지고 나를 따르
지 않는 사람은 내 제자가 될 수 없다.
28 너희 가운데 한 사람이 탑을 세우려고 하
는데, 우선 앉아서 이 일을 완성하는 데
얼마의 비용이 들지 따져 볼 것이 아니냐?
29 만일 기초 공사만 하고 완성할 수 없게 되
면 보던 사람들이 모두 너를 비웃기 시작
할 것이다.
30 그리고 '이 사람이 공사를 시작만 하고 끝
내지는 못했다'라고 말할 것이다.

잃은 양을 되찾은 목자 비유(15:1-7)

31 만일 어떤 임금이 다른 왕과 전쟁을 하러
나갈 때, 우선 앉아서 만 명 군사로 이만
명의 군사를 이끌고 오는 자를 이길 수 있
을지 헤아려 보지 않겠느냐?
32 이길 수 없다면 아직 적군이 멀리 있을 때
에 특사를 보내어 평화 조약을 제의할 것
이다.
33 이와 같이 너희 가운데 누구든지 가지고
있는 모든 것을 버리지 않으면, 내 제자
가 될 수 없다."

맛을 잃은 소금

34 "소금은 좋은 것이지만 만일 그 맛을 잃어
버리면 무엇으로 다시 짠맛을 내겠느냐?
35 그것은 땅에도 거름에도 아무 쓸모 없어
밖에 던져질 것이다. 들을 귀 있는 사람
은 들어라."

알아두세요

15:8 1드라크마는 하루 품삯에 해당된다. 데나리온과 같은 액수이다.

잃은 양의 비유

15 많은 세리들과 죄인들이 말씀을 들
으려고 예수님께 가까이 나왔습니다.
2 바리새파 사람들과 율법학자들이 수군거
리기 시작했습니다. "이 사람이 죄인들을
받아들이고 함께 먹기까지 한다."
3 그러자 예수님께서 그들에게 이 비유를 말
씀하셨습니다.
4 "너희 중에 어느 사람이 양 백 마리가 있
는데 그 가운데 한 마리를 잃었다고 하자.
그러면 그는 아흔아홉 마리의 양을 들판
에 남겨 두고 잃은 양을 찾을 때까지 찾
아다닐 것이 아니냐?
5 그리고 양을 찾으면 양을 어깨에 메고 기
뻐할 것이다.
6 집으로 돌아오는 길에 친구들과 이웃을
불러 말할 것이다. '함께 기뻐하자. 잃었
던 양을 찾았다.'
7 내가 너희에게 말한다. 하늘에서는 회개할
필요 없는 아흔아홉 명의 의인보다 회개하
는 죄인 한 명을 두고 더 기뻐할 것이다."

잃은 드라크마의 비유

8 "어떤 여자가 열 개의 드라크마*를 가지고
있다가 하나를 잃어버렸다고 하자. 그러
면 등불을 켜고 온 집안을 쓸며 찾을 때
까지 자세히 뒤지지 않겠느냐?
9 그러다 찾으면 친구들과 이웃들을 불러
말할 것이다. '나와 함께 기뻐하자. 잃었
던 드라크마를 찾았다.'
10 내가 너희에게 말한다. 이처럼 회개하는
죄인 한 사람을 두고 하나님의 천사들이
크게 기뻐할 것이다."

집을 나간 아들

11 예수님께서 말씀하셨습니다. "어떤 사람
에게 두 아들이 있었다.
12 그런데 작은아들이 아버지에게 말했다.
'아버지, 제가 받을 몫의 재산을 주십시
오.' 그러자 아버지는 재산을 두 아들에
게 나누어 주었다.
13 며칠 뒤에 작은아들은 모든 재산을 모아서
먼 마을로 떠나 버렸다. 거기서 그는 방탕
한 생활을 하다가 재산을 다 날려 버렸다.

14 모든 것을 다 써 버렸을 때, 그 마을에 큰
흉년이 들었다. 그래서 그는 아주 가난하
게 되었다.
15 그는 그 마을에 사는 한 사람에게 가서 더
부살이를 하였다. 집주인은 그를 들판으
로 보내 돼지를 치게 하였다.
16 그는 돼지가 먹는 쥐엄나무 열매를 먹어
배를 채우고 싶은 마음이 간절했다. 그러
나 주는 사람이 없었다.
17 그제서야 그는 제정신이 들어 말했다. '내
아버지의 품꾼들에게는 양식이 풍족하여
먹고도 남는데 나는 여기서 굶어 죽는구나.
18 일어나 아버지께 돌아가 말해야겠다. 아
버지, 저는 하나님과 아버지 앞에 죄를 지
었습니다.
19 저는 더 이상 아버지의 아들이라고 불릴
자격이 없습니다. 저를 아버지의 품꾼 가
운데 하나로 여기십시오.'
20 그 아들은 일어나 아버지에게로 갔다. 그
아들이 아직 먼 거리에 있는데, 아버지가
그를 보고 불쌍히 여겨 달려가 아들을 끌
어안고 입을 맞추었다.
21 아들이 아버지에게 말하였다. '아버지,
저는 하나님과 아버지 앞에 죄를 지었습
니다. 저는 아버지의 아들이라고 불릴 자
격이 없습니다.'
22 그러나 아버지는 종들에게 말했다. '서둘
러 가장 좋은 옷을 가져와서 아들에게 입
혀라. 또 손가락에 반지를 끼워 주고 발
에 신발을 신겨라.
23 그리고 살진 송아지를 끌고 와서 잡아라.
우리가 함께 먹고 즐기자.
24 내 아들이 죽었다가 다시 살아났고, 잃어
버렸다가 다시 찾았다.' 그래서 그들은
함께 즐기기 시작하였다.
25 그 때, 큰아들은 밭에 있었다. 그가 돌아
와 집 가까이 다가왔을 때, 음악 소리와
춤추는 소리를 들었다.
26 그는 종 하나를 불러 무슨 일인지를 물어
보았다.
27 종이 '아우님이 돌아오셨습니다. 무사히
건강하게 아우님이 돌아왔기 때문에 주인
어른께서 살진 송아지를 잡았습니다' 하
고 대답했다.

탕자의 비유(15:11-24)

28 큰아들은 화가 나서 집에 들어가려고 하
지 않았다. 그의 아버지가 밖으로 나와 큰
아들을 달랬다.
29 큰아들은 아버지에게 말했다. '보십시오.
저는 수 년 동안, 아버지를 섬겨 왔습니
다. 그리고 한 번도 아버지의 명을 어기
지 않았습니다. 그런데 아버지께서는 한
번도 저를 위해서 친구들과 즐기라고 염
소 새끼 한 마리도 주신 일이 없었습니다.
30 그런데 창녀들과 함께 아버지의 재산을
다 써 버린 아들이 집에 돌아오니까 아버
지께서는 그를 위해 살진 송아지를 잡으
셨습니다.'
31 아버지가 그에게 말했다. '아들아, 너는
언제나 나와 함께 있었으니 내가 가진 모
든 것이 네 것이 아니냐?
32 네 동생은 죽었다가 다시 살아났고, 잃었
다가 다시 찾았으니 우리가 즐거워하고

성경 자세히 이해하기

나사로가 먹었던 것

나사로는 부자의 식탁에서 떨어지는 부스러기를 먹었다고 했습니다. 당시 유대인들은 손으로 음식을 집어 먹었기 때문에 빵을 이용해 손에 묻은 음식 찌꺼기를 닦아 냈습니다. 손가락을 다 닦고 나면 사용한 빵 부스러기들을 땅에 버려 개들이 그것을 먹게 했습니다. 나사로는 개들과 함께 식탁에서 버려진 빵 조각들을 먹었을 것이라고 짐작할 수 있습니다. 개들은 그가 자기들의 음식을 축내는 것을 개의치 않았을 뿐만 아니라 그의 상처까지 핥아 줌으로써 그를 간호해 주었던 것입니다.

본문 보기 16장 21절

알아두세요

16:6 100바트에 해당되는 양이며, 1바트는 약 22ℓ이다.

16:7 100고르에 해당되는 양이며, 1고르는 10바트이다.

기뻐해야 하지 않겠느냐?'"

불의한 일꾼의 비유

16 예수님께서 제자들에게 또 말씀하셨
습니다. "어떤 부자에게 재산을 관
리하는 일꾼이 있었는데, 이 일꾼이 재산
을 낭비한다는 소문이 들렸다.
2 그래서 그를 불러다가 말했다. '내가 자
네에 관해 들은 소문이 어찌된 일인가?
더 이상 자네를 일꾼으로 쓸 수 없으니,
자네의 일을 정리해 주게.'
3 그러자 그 일꾼은 속으로 생각했다. '주
인이 내 일을 빼앗으니 어떻게 해야 하
나? 땅을 파자니 힘이 없고, 구걸을 하자
니 창피한 노릇이구나.
4 내가 할 일을 알았다. 내가 이 자리에서
물러날 때, 사람들이 나를 집으로 맞이하
게 만들어야겠다.'
5 그 일꾼은 주인에게 빚진 사람들을 하나
씩 불렀다. 첫째 사람에게 물었다. '주인
에게 빚진 것이 얼마요?'
6 그가 '올리브 기름 백 말*이오'라고 대답
하자 그 일꾼이 말했다. '당신의 문서가
여기 있으니 어서 앉아서 오십 말이라고
적으시오.'
7 또 다른 사람에게, 그가 진 빚이 얼마냐
고 물었다. '밀 백 섬*이오'라고 대답하자
그 일꾼이 말했다. '당신의 문서가 여기
있으니 팔십 섬이라고 적으시오.'
8 주인이 그 불의한 일꾼이 슬기롭게 행동
하는 것을 보고 그를 칭찬하였다. 이 시
대의 아들들이 자기 일을 처리하는 데 있
어서는 빛의 자녀들보다 더 슬기롭다.
9 내가 너희에게 말한다. 불의한 재물로 친
구를 사귀어라. 그러면 그 재물이 없어질
때, 그들이 너희를 영원한 곳으로 맞아들
일 것이다.
10 아주 작은 일에 충실한 사람은 많은 것에
도 충실하다. 아주 작은 일에 충실하지 못
한 사람은 많은 것에도 충실하지 못하다.
11 그러므로 너희가 불의한 재물에도 충실하
지 못하면, 누가 참된 것을 너희에게 맡
기겠느냐?

12 너희가 다른 사람의 것에 충실하지 못하
면, 누가 너희 몫을 너희에게 주겠느냐?
13 그 어떤 종도 두 주인을 섬길 수 없다. 한
편을 미워하고 다른 편을 사랑하든지 아
니면 한 편에게는 충성을 하고 다른 편은
무시하든지 할 것이다. 너희는 하나님과
재물을 함께 섬길 수 없다."

하나님의 율법은 바뀌지 않음

14 돈을 좋아하는 바리새파 사람들이 이 모
든 것들을 들었습니다. 그리고 예수님을
비웃었습니다.
15 예수님께서 이들에게 말씀하셨습니다.
"너희는 사람들 앞에서 스스로를 의롭다
고 한다. 그러나 하나님께서 너희의 마음
을 아신다. 사람에게 존경을 받는 것이 하
나님께는 미움을 받는 것이다.
16 율법과 예언자의 때는 요한까지이다. 그
러나 요한 이후부터는 하나님 나라의 복
음이 전파된다. 모든 사람이 그 나라에 들
어가려고 힘쓰고 있다.
17 율법의 작은 글자 하나가 떨어져 나가는
것보다 하늘과 땅이 없어지는 것이 더 쉬
울 것이다.
18 자기 아내와 이혼하고
다른 여자와 결혼
하는 사람은 누
구나 간음죄를
짓는 것이다.
남편과 이혼한
여자와 결혼하
는 사람도 간
음죄를 짓는
것이다."

부자와 나사로

19 예수님께서 말
씀하셨습니다.
"어떤 부자가 있
었다. 이 사람은 언
제나 가장 비싼 옷을 입고
매일 호화스럽게 살았다.
20 한편, 그 집 대문 앞에는 나사로라는 한
가난한 사람이 누워 있었는데, 몸에는 부
스럼투성이였다.
21 그가 부자의 식탁에서 떨어지는 부스러기
로 주린 배를 채우기를 원했다. 심지어 개
들이 와서 그의 부스럼을 핥았다.
22 어느 날, 그 거지가 죽어 천사들에게 이
끌려 아브라함의 팔에 안겼다. 부자도 죽
어 땅에 묻혔다.
23 부자는 지옥에서 고통 가운데 있다가 눈을
들어 보았다. 멀리 아브라함이 보이고, 나
사로가 그의 품에 안겨 있는 것을 보았다.
24 그가 소리쳐 말했다. '아버지 아브라함이
여, 제게 자비를 베풀어 주십시오. 제 혀를
적실 수 있도록 나사로의 손가락 끝에 물을
찍어 제게 보내 주십시오. 제가 이 불꽃 가
운데서 몹시 고통을 당하고 있습니다.'
25 그러나 아브라함은 말했다. '얘야, 네가
살아 있을 때에 좋은 것을 마음껏 누렸고,
나사로는 온갖 나쁜 것을 겪은 것을 기억
하여라. 이제 나사로는 여기서 위로를 받
고, 너는 고통을 받는다.
26 이뿐 아니라 우리와 너희 사이에는 큰 구
렁이 있어서 어느 누구도 너희를 돕기 위
해 건너갈 수 없고 아무도 그 곳에서 우

부자와 나사로(16:19-21)

리에게로 건너올 수 없다.'
27 부자가 말했다. '그러면 제발 부탁입니다.
아버지, 나사로를 내 집안에 보내 주십시오.
28 제게 형제가 다섯 명이 있는데, 나사로가
가서 증언하여서 그들이 이 고통받는 곳
에 오지 않게 해 주십시오.'
29 아브라함이 대답했다. '그들에게는 모세와
예언자들이 있다. 그들은 그 소리를 들어
야 한다.'
30 부자가 말했다. '그렇지 않습니다. 아버지
아브라함이여! 누군가 죽었다가 살아나 그
들에게로 가면 그들이 회개할 것입니다.'
31 아브라함이 그에게 대답했다. '만일 그들
이 모세와 예언자들의 말을 듣지 않는다
면, 죽은 사람이 다시 일어나도 그들은 믿
지 않을 것이다.'"

죄와 용서

17 예수님께서 제자들에게 말씀하셨습
니다. "죄짓게 하는 일이 없을 수는
없다. 그러나 죄짓게 하는 사람에게는 화
가 있다.
2 어린아이 하나라도 죄짓게 하면 차라리
자기 목에 연자 맷돌을 달고 바다에 빠지
는 것이 더 나을 것이다.
3 너희는 조심하여라. 만약 네 형제가 죄를
짓거든 책망하여라. 그러나 회개하거든

사마리아 성의 유적지(17:11-19)

알아두세요

17:36 어떤 사본에는 다음과 같은 구절이 있다. "또 두 사람이 밭에 있을 것이니 하나는 데려가고 하나는 남을 것이다."

용서하여라.
4 만일 네 형제가 하루에 일곱 번이라도 네
게 죄를 짓고, 그 때마다 돌아와서 잘못
했다고 빌면 용서해 주어라."

겨자씨 만한 믿음

5 사도들이 주님께 말했습니다. "우리의 믿
음을 더하여 주십시오."
6 주님께서 말씀하셨습니다. "만일 너희에
게 겨자씨만한 믿음이 있으면, 이 뽕나무
더러 '뿌리째 뽑혀 바다에 심겨라' 해도
그것이 네 말에 순종할 것이다."

선한 종이 되어라

7 "너희 가운데 밭을 갈거나 양을 치는 일
을 맡은 종이 있는데, 그가 밭에서 돌아
오면 '어서 이리 와서 앉아 먹어라' 하고
말할 사람이 누가 있겠느냐?
8 오히려 종에게 '너는 내가 먹을 것을 준
비하고 내가 먹고 마시는 동안, 허리를 동
이고 시중들다가 그후에 먹고 마시라' 하
지 않겠느냐?
9 시키는 대로 했다고 해서 주인이 종에게
고맙다고 하겠느냐?
10 이와 같이 너희도 명령받은 것을 다 행하
고 나서 '우리는 가치 없는 종입니다. 우
리는 그저 해야 할 일을 했을 뿐입니다'
라고 말해야 할 것이다."

열 사람의 문둥병 환자

11 예수님께서 예루살렘으로 가시는 길에 사마
리아와 갈릴리 사이를 지나시게 되었습니다.
12 예수님께서 어떤 마을에 들어가시다가 열
사람의 문둥병 환자를 만났습니다. 그들
은 멀리 서서
13 목소리를 높였습니다. "예수 선생님! 우리
에게 자비를 베풀어 주십시오."
14 예수님께서 그들을 보시고 "제사장에게
가서 너희 몸을 보여라" 하고 말씀하셨습
니다. 그들은 가는 도중에 몸이 깨끗하게
되었습니다.
15 그들 가운데 하나가 자기가 나은 것을 보
고 돌아와서 큰 소리로 하나님께 영광을
돌렸습니다.
16 그리고 예수님의 발 앞에 엎드려 감사를 드

렸습니다. 그는 사마리아 사람이었습니다.
17 예수님께서 말씀하셨습니다. "열 사람이
다 깨끗하게 되지 않았느냐? 그런데 아홉
은 어디 있느냐?
18 이 이방인 외에는 하나님께 영광을 돌리
러 돌아온 사람이 없단 말이냐?"
19 그리고 그에게 말씀하셨습니다. "일어나
가거라. 네 믿음이 너를 낫게 하였다."

하나님 나라가 오고 있다

20 바리새파 사람들이 하나님 나라가 언제 오
는지에 대하여 물으니, 예수님께서 대답
하셨습니다. "하나님 나라는 볼 수 있는
모습으로 오는 것이 아니다.
21 또 '보아라. 하나님 나라가 여기 있다. 저
기 있다' 라고 말할 수도 없다. 왜냐하면 하
나님 나라가 너희 가운데 있기 때문이다."
22 예수님께서 제자들에게 말씀하셨습니다.
"너희가 인자의 날을 단 하루만이라도 보
고 싶어 해도 보지 못할 때가 올 것이다.
23 또 사람들이 '보아라. 여기 있다. 저기 있
다' 하여도 너희는 그들을 따라 나서거나
찾지 마라."

예수님께서 다시 오실 때

24 "마치 번개가 하늘 이편에서 번쩍하여 하
늘 저편까지 비치듯이 인자도 자기의 날
에 그와 같을 것이다.
25 그러나 인자가 먼저 많은 고난을 당하고
이 세대 사람들에게 배척을 받아야 한다.
26 마치 노아의 시대처럼 인자의 날도 그와
같을 것이다.
27 노아가 배에 들어가는 날까지 사람들은 먹
고 마시며 장가가고 시집을 갔다. 그러다
가 홍수가 나서, 그들을 모두 멸망시켰다.
28 롯의 시대에도 이와 같은 일이 있었다. 사
람들이 먹고 마시며 사고 팔고 심고 집을
지었다.
29 그러나 롯이 소돔을 떠나던 날, 하늘에서
불과 유황이 비오듯이 쏟아져 모두 멸망
당하고 말았다.
30 인자가 나타나는 날에도 바로 그와 같을
것이다.
31 그 날에 지붕 위에 있는 사람은 집 안에
있는 물건을 가지러 내려가지 마라. 들에
있는 사람도 돌아가지 마라.
32 롯의 아내를 기억하여라.
33 누구든지 자기의 생명을 지키려고 하는
사람은 잃을 것이다. 그러나 자기 생명을
버리는 사람은 얻을 것이다.
34 내가 너희에게 말한다. 그 날에 두 사람
이 한 자리에 누워 있을 것이나, 하나는
데려가고, 하나는 남겨 둘 것이다.
35 두 여자가 같은 곳에서 함께 맷돌을 갈고
있을 것이나, 하나는 데려가고, 하나는
남겨지게 될 것이다."
36 (없음)*
37 그 때, 제자들이 대답했습니다. "주님, 어
디에서 그런 일이 일어나겠습니까?" 예수
님께서 제자들에게 "시체가 있는 곳에는
독수리들이 모인다"라고 말씀하셨습니다.

과부와 불의한 재판관의 비유

18 예수님께서 언제나 기도하고 희망을
잃지 말아야 할 것을 가르치시기 위
해 제자들에게 비유를 말씀하셨습니다.
2 "어떤 마을에 하나님을 두려워하지 않고
사람들을 무시하는 재판관이 있었다.
3 그 마을에 과부가 한 명 있었다. 그는 재
판관을 찾아가서 말하였다. '내 원수를
갚아 주십시오.'
4 그 재판관은 한동안, 그의 간청을 들어 주
려고 하지 않았다. 그러나 얼마 후에 속
으로 중얼거렸다. '내가 하나님을 두려워
하지 않고 사람을 무시하지만,
5 이 과부가 나를 귀찮게 하니 그의 간청을
들어 주어야겠다. 그렇지 않으면 계속 와
서 나를 괴롭힐 것이다.'"
6 주께서 말씀하셨습니다. "이 불의한 재판
관이 말한 것을 들으라.
7 하나님께서 밤낮 부르짖는 하나님의 선택
된 백성들의 간청을 듣지 않으시고 오랫
동안 미루시겠느냐?
8 내가 너희에게 말한다. 하나님께서 속히
그의 백성들에게 정의를 베푸실 것이다.
그러나 인자가 올 때, 이 세상에서 이 믿
음을 발견할 수 있겠느냐?"

바리새파 사람의 기도와 세리의 기도(18:9-14)

바리새파 사람과 세리의 기도

9 자기가 의롭다고 생각하고 다른 사람을
멸시하는 사람들에게 예수님께서 이런 비
유를 말씀하셨습니다.
10 "두 사람이 기도하려고 성전에 올라갔는
데, 하나는 바리새파 사람이고, 하나는 세
리였다.
11 바리새파 사람이 서서 이렇게 기도하였
다. '하나님, 저는 다른 사람 즉 사기꾼,
죄인, 간음을 행하는 자와 같지 않고 이
세리와 같지 않은 것에 감사를 드립니다.
12 저는 일 주일에 두 번씩 금식하며 모든 수
입의 십일조를 바칩니다.'
13 한편, 세리는 멀리 서서 감히 눈을 들어
하늘을 보지도 못하고, 다만 가슴을 치며
말했다. '하나님 이 죄인을 불쌍히 여겨
주십시오.'
14 내가 너희에게 말한다. 이 사람이 저 바
리새파 사람보다 의롭다는 인정을 받고
집으로 돌아갔다. 누구든지 자기를 높이
는 사람은 낮아지고, 자기를 낮추는 사람
은 높아질 것이다."

어린아이와 같지 않으면

15 사람들이 예수님께서 만져 주시기를 원하
여 어린아이들을 데리고 왔습니다. 제자
들이 이를 보고 그들을 꾸짖었습니다.
16 그러나 예수님께서 그들을 부르시고 말씀
하셨습니다. "어린아이들이 내
게로 오는 것을 막지 마라. 하
나님 나라는 이런 어린아이들의
것이다.
17 내가 진정으로 너희에게 말한
다. 어린아이와 같이 하나님 나
라를 받아들이지 않는 사람은
하나님 나라에 들어갈 수 없다."

한 부자의 질문

18 어떤 지도자가 예수님께 "선
한 선생님, 영생을 얻으려면 무
엇을 해야 합니까?"라고 물었습
니다.
19 예수님께서 대답하셨습니다.
"왜 나를 선하다고 하느냐? 선한 분
은 오직 하나님 한 분뿐이시다.
20 너는 계명들을 알고 있다. '간음하지 마
라. 살인하지 마라. 도둑질하지 마라. 거
짓 증언하지 마라. 네 아버지와 어머니를
공경하여라.'"
21 그가 대답했습니다. "이 모든 것을 저는
어려서부터 다 지켜왔습니다."
22 예수님께서 이 말을 들으시고 그에게 말씀
하셨습니다. "네게 아직도 부족한 것이 하
나 있다. 네 재산을 다 팔아 가난한 사람들
에게 나누어 주어라. 그러면 하늘에서 보화
를 얻을 것이다. 그리고 와서 나를 따르라."
23 이 말씀을 듣고 그는 몹시 근심하였습니다.
왜냐하면 그는 큰 부자였기 때문입니다.
24 예수님께서 그를 보시며 말씀하셨습니다.
"부자가 하나님 나라에 들어가는 것이 참
으로 어렵다.
25 부자가 하나님 나라에 들어가는 것보다,
낙타가 바늘 구멍으로 지나가는 것이 더
쉽다."
26 사람들이 이 말씀을 듣고 말했습니다. "그
렇다면 누가 구원받을 수 있겠습니까?"
27 예수님께서 말씀하셨습니다. "사람으로는
할 수 없는 것을 하나님께서는 하실 수 있
다."
28 그 때, 베드로가 말했습니다. "우리는 모
든 것을 버리고 주님을 따랐습니다."

29 예수님께서 제자들에게 말씀하셨습니다.
"내가 진정으로 너희에게 말한다. 하나님
나라를 위해 집이나 아내나 형제나 부모
나 자녀를 버린 사람은
30 이 세상에서 여러 배로 받을 것이요. 또
한 오는 세상에서 영생을 얻을 것이다."

죽음과 부활에 대하여

31 예수님께서 열두 제자를 따로 부르시고 말
씀하셨습니다. "보아라. 우리는 예루살렘
으로 올라간다. 인자에 대하여 예언자들
이 기록한 모든 일이 이루어질 것이다.
32 인자가 이방인들에게 넘겨져 조롱을 당하
고 모욕을 당하며 침뱉음을 당할 것이다.
33 그리고 이방인들이 인자를 채찍질한 후
죽일 것이다. 그러나 삼 일 만에 다시 살
아날 것이다."
34 그러나 제자들은 이 말씀을 하나도 이해
하지 못하였습니다. 이 말씀의 뜻이 감추
어져 있어서 제자들은 예수님이 하시는 말
씀을 이해하지 못하였습니다.

보지 못하는 사람을 고치신 예수님

35 예수님께서 여리고에 가까이 가셨을 때였
습니다. 어떤 보지 못하는 사람이 길가에
앉아 구걸하고 있었습니다.
36 많은 사람들이 지나가는 소리를 듣고 그
가 무슨 일인지 물었습니다.
37 사람들이 나사렛 예수님이 지나가신다고
말해 주었습니다.
38 그러자 그는 큰 소리로 외쳤습니다. "다윗
의 자손 예수님, 제게 자비를 베풀어 주십
시오."
39 앞서 가던 사람들이 그를 엄히 꾸짖으며
조용히 하라고 했습니다. 그러나 그는 더
욱 큰 소리로 외쳤습니다. "다윗의 자손이

여리고 어귀에 서 있는 삭개오의 뽕나무 (19:4)

여, 제게 자비를 베풀어 주십시오."
40 예수님께서 걸음을 멈추시고 그를 데려오
라고 명하셨습니다. 그가 가까이 왔을
때, 예수님께서 물으셨습니다.
41 "무엇을 해 주기를 원하느냐?" 그러자 그
가 대답하였습니다. "주님, 다시 보기를
원합니다."
42 예수님께서 그에게 말씀하셨습니다. "눈을
떠 보아라. 네 믿음이 너를 낫게 하였다."
43 그 즉시, 그가 눈을 뜨고 예수님을 따르며 하
나님께 영광을 돌렸습니다. 모든 사람들이
이것을 보고 하나님께 찬양을 드렸습니다.

뽕나무에 올라간 삭개오

19 예수님께서 여리고에 들어가 거리를
지나시는 중이었습니다.
2 여리고에는 삭개오라는 사람이 있었습니
다. 그는 세리장이었고, 부자였습니다.
3 삭개오는 예수님이 어떤 분인지 보려고 하
였으나 사람들 때문에 볼 수 없었습니다.
그는 키가 작았던 것입니다.
4 그는 예수님을 보려고 앞서 달려가서 뽕
나무에 올라갔습니다. 왜냐하면 예수님께
서 그 길을 지나실 것이었기 때문입니다.

성경 자세히 이해하기

일 주일에 두 번 금식

모세의 율법에 따르면 유대인들은 1년에 한 번 대속죄일에 금식할 의무가 있었습니다. 그러나 시간이 지나면서 생긴 금식에 관한 또 다른 규례로 인해 예수님 시대의 바리새인들은 일 주일에 두 번, 화요일과 금요일에 금식을 하였습니다. 이 날을 금식일로 정한 것은 모세가 율법을 받기 위해 두 번째로 시내 산에 올라간 것이 화요일이고, 다시 내려온 날이 금요일이라고 생각했기 때문입니다.

본문 보기 18장 12절

뽕나무에 올라간 삭개오(19:1-10)

5 예수님께서 그 곳에 이르러 위를 쳐다보
시고 삭개오에게 말씀하셨습니다. "삭개오
야, 어서 내려오너라. 오늘 내가 네 집에
서 묵어야 하겠다."
6 삭개오가 빨리 내려와 예수님을 기쁘게 맞
이했습니다.
7 사람들은 이것을 보고 모두 수군거렸습니
다. "저 사람이 죄인의 집에 묵으려고 들
어갔다."
8 삭개오가 서서 주님께 말씀드렸습니다. "주
님, 제 재산의 절반을 가난한 사람들에게
주겠습니다. 그리고 제가 남의 것을 속여
얻은 것이 있으면, 네 배로 갚겠습니다."
9 예수님께서 삭개오에게 말씀하셨습니다.
"오늘 이 집에 구원이 찾아왔다. 이 사람
도 아브라함의 자손이다.
10 인자는 잃어버린 사람을 찾아 구원하러
왔다."

므나의 비유

11 사람들이 예수님의 말씀
을 듣고 있을 때, 예수님께
서 비유를 들어 말씀해 주
셨습니다. 이 비유를 드신
것은, 예수님께서 예루살렘
에 가까이 오셨으므로, 사
람들이 곧 하나님 나라가
나타날 것으로 생각하였기
때문입니다.
12 예수님께서 말씀하셨습
니다. "어떤 귀족이 왕위
를 받아 오려고 먼 나라로
가게 되었다.
13 그는 열 명의 종을 불러
한 므나*씩 열 므나의 돈을
나누어 주면서 말했다. '내
가 돌아올 때까지 장사를
하여라.'
14 그러나 그의 백성들은
그를 미워하여 밀사를 뒤
따라 보내어 왕위를 줄 사
람에게 말을 전하였다. '우리
는 이 사람이 우리의 왕이 되는
것을 원하지 않습니다.'
15 그러나 그 귀족은 왕위를 받아 가지고 돌
아와서, 돈을 맡겼던 종들을 불러 장사를
어떻게 했는지 알아보려고 하였다.
16 첫 번째 종이 와서 말했다. '주인님, 주인
님의 한 므나로 열 므나를 만들었습니다.'
17 왕이 그에게 말했다. '잘하였다! 착한 종
아. 네가 아주 작은 일에 충실하였으니 네
게 열 마을을 맡기겠다.'
18 두 번째 종도 와서 말했다. '주인님, 주인
님의 한 므나로 다섯 므나를 만들었습니다.'
19 왕이 그에게도 말했다. '네게는 다섯 마
을을 맡기겠다.'
20 그런데 또 다른 종이 와서 이렇게 말하였
다. '주인님, 주인님의 돈을 보십시오. 내
가 이것을 수건에 싸 두었습니다.
21 주인님은 엄하신 분이라, 제가 주인님을

두려워하여 그렇게 했
습니다. 주인님은
맡기지 않은 것을
가져가고, 심지도
않은 것을 거둬들
이십니다.'
22 그러자 주인이 그
에게 말하였다.
'이 악한 종아,
네가 한 말로 너
를 판단하겠다.
너는 내가 맡기지
않은 것을 가져가
고, 심지도 않은 것
을 거둬들이는 엄한
사람으로 알았느냐?
23 그렇다면 왜 내 돈을 은행에 맡기어 내가
돌아왔을 때, 이자와 원금을 받게 하지 않
았느냐?'
24 그리고서 주인은 곁에 선 사람들에게 말
했다. '저에게 있는 므나를 빼앗아 열 므
나 가진 사람에게 주어라.'
25 그러자 사람들이 말했다. '주인님, 그에
게는 이미 열 므나가 있습니다.'
26 '내가 너희에게 말한다. 있는 사람은 더
받을 것이고, 없는 사람은 있는 것마저 빼
앗길 것이다.
27 그리고 내가 왕이 되는 것을 원치 않던 내
원수들을 끌어다가 내 앞에서 죽여라.'"

왕으로 예루살렘에 들어가신 예수님

28 예수님께서 이 말씀을 하시고 앞장 서서
예루살렘을 향해 올라가셨습니다.
29 올리브 산 근처에 있는 벳바게와 베다니에
이르렀을 때였습니다. 예수님께서 두 제
자를 보내셨습니다.
30 그리고 말씀하셨습니다. "맞은편 마을로
가거라. 그 곳에 들어가면 아무도 타 보지
않은 나귀 새끼 한 마리가 매여 있는 것을
볼 것이다. 그것을 풀어 이리 끌고 오너라.
31 만일 누가 '왜 나귀를 푸시오?' 하고 묻
거든 '주님께서 필요하시답니다' 라고 말
하여라."

므나의 비유(19:11-27)

32 보냄을 받은 제자들이 가 보니, 예수님께서
말씀하신 대로 나귀 새끼를 발견했습니다.
33 그들이 나귀 새끼를 풀자, 주인이 그들에
게 물었습니다. "왜 나귀 새끼를 푸시오?"
34 제자들이 대답했습니다. "주님께서 필요
하시답니다."
35 제자들이 나귀를 예수님께 끌고 와서 자
기들의 겉옷을 벗어 나귀의 등에 펴고 예
수님을 태웠습니다.
36 예수님께서 가실 때에 사람들이 겉옷을 벗
어 길에 펼쳤습니다.
37 예수님께서 올리브 산 비탈길 가까이 오셨

오늘날 베다니의 전경(19:29)

알아두세요
19:13 1므나는 약 100데나리온, 곧 100일 동안의 품삯에 해당된다.

을 때, 모든 제자들이 기뻐하며 큰 소리로
하나님을 찬양하였습니다. 그것은 이들이
여러 가지 기적을 목격했기 때문입니다.
38 "주님의 이름으로 오시는 왕에게 복이 있다.
하늘에는 평화, 가장 높은 곳에는 영광."
39 그러자 사람들 사이에 있던 몇몇 바리새
파 사람들이 예수님께 말했습니다. "선생
님, 제자들을 꾸짖으십시오."
40 예수님께서 대답하셨습니다. "내가 너희
에게 말한다. 이 사람들이 잠잠하면 돌들
이 소리를 지를 것이다."

예루살렘을 위해 눈물을 흘리심

41 예수님께서 예루살렘에 가까이 오셔서 그
도시를 바라보시고 눈물을 흘리셨습니다.
42 그리고 말씀하셨습니다. "오늘 네가 평화
의 길을 알았더라면 좋았을 텐데. 그러나
지금은 이것이 너에게 감춰져 있다.
43 네 원수들이 너를 향해 흙덩이를 쌓고 너
를 에워싸고 사방으로 포위할 때가 올 것
이다.
44 그리고 너를 짓밟고, 너와 함께한 네 자
녀들도 짓밟을 것이다. 또한 돌 위에 다
른 돌 하나라도 남지 않게 할 것이다. 이
는 하나님께서 찾아온 때를 네가 깨닫지
못했기 때문이다."

성전을 깨끗하게 하심

45 예수님께서 성전에 들어가 장사하는 사람
들을 내쫓기 시작하셨습니다.
46 그리고 그들에게 말씀하셨습니다. "'내
집은 기도하는 집이다'*라고 성경에 쓰여
있는데 너희는 이 집을 '강도의 소굴'*로
만들었다."
47 예수님께서 날마다 성전에서 가르치셨습
니다. 그러자 대제사장들과 율법학자들,
그리고 백성의 지도자들이 예수님을 죽이
려고 하였습니다.
48 그러나 모든 백성들이 예수님의 말씀을 열
심히 듣고 있었으므로 예수님을 죽일 방
법을 찾을 수 없었습니다.

예수님의 권한

20 예수님께서 성전에서 사람들을 가
르치시며 복음을 전하고 계셨습
니다. 그 때, 대제사장들과 율법학자들이
장로들과 함께 예수님께 왔습니다.
2 그리고 예수님께 말하였습니다. "당신이
무슨 권한으로 이런 일을 하는지 우리에
게 말해 주시오. 누가 이런 권한을 당신
에게 주었소?"
3 예수님께서 그들에게 대답하셨습니다. "나
도 한 가지 물어 보겠다. 내게 말하여라.
4 요한의 세례가 하늘로부터 왔느냐, 아니
면 사람에게서 왔느냐?"
5 그들이 서로 의논하여 말했습니다. "만일
우리가 하늘로부터 왔다고 말하면 왜 그
를 믿지 않았느냐고 할 것이다.
6 그렇다고 사람에게서 왔다고 말하면 모든
백성들이 요한을 예언자로 확신하고 있으
므로 우리를 돌로 칠 것이다."
7 그래서 그들은 어디서 왔는지 모르겠다고
대답하였습니다.
8 예수님께서 그들에게 "나도 무슨 권한으
로 이런 일을 하는지 말하지 않겠다" 하
고 말씀하셨습니다.

포도원 소작농의 비유

9 예수님께서 사람들에게 이런 비유를 말씀
하셨습니다. "어떤 사람이 포도원을 만들
어 농부들에게 세를 주고 오랫동안 여행
을 갔다.
10 포도철이 되어, 그 사람은 포도원의 수확
중에서 얼마를 거두려고 종 하나를 농부
들에게 보냈다. 그러나 포도원 농부들은
그를 때리고 빈손으로 돌려 보냈다.
11 주인은 다른 종을 보냈다. 그러나 그 종
도 때리고 온갖 모욕을 주고 빈손으로 돌
려 보냈다.
12 주인은 세 번째 종을 보냈다. 이 종에게
도 농부들이 상처를 입혀 쫓아 내었다.
13 포도원 주인은 말했다. '어떻게 할까? 내
사랑하는 아들을 보내야겠다. 아마도 내
아들은 존경할 것이다.'

알아두세요
19:46 사 56:7과 렘 7:11에 기록되어 있다.
20:17 시 118:22에 기록되어 있다.

포도원 소작농의 비유(20:9-18)

14 포도원 농부들이 그를 보고 서로 의논했
다. '이 사람은 상속자다. 이 사람을 죽
여 유산을 우리가 가로채자.'
15 그들은 아들을 포도원 밖으로 끌어 내어
죽였다. 그러면 포도원 주인이 농부들을
어떻게 하겠느냐?
16 그가 돌아와 포도원 농부들을 죽이고 포
도원은 다른 사람들에게 넘길 것이다."
사람들이 이 말씀을 듣고 말했습니다.
"그런 일이 제발 일어나지 않았으면 좋겠
습니다."
17 예수님께서 그들을 바라보시며 말씀하셨
습니다. "그러면, '건축자들의 버린 돌이
집 모퉁이의 머릿돌이 되었다'*고 기록된
것은 무슨 뜻이냐?
18 누구든지 그 돌 위에 떨어지는 사람은 부
서질 것이요, 이 돌이 누구 위에 떨어지
든지 그를 가루로 만들 것이다."
19 율법학자들과 대제사장들이 예수님께서
이 비유를 자기들을 빗대어 하신 말씀인
줄 알았습니다. 그래서 즉시 예수님을 잡
기를 바랐으나 사람들을 두려워하였습니
다.

가이사에게 바치는 세금

20 율법학자와 대제사장들은 예수님을 지켜
보았습니다. 그리고 의로운 사람들인 척
가장한 정탐꾼을 보내서 예수님께서 하시
는 말씀 가운데 트집을 잡으려고 하였습
니다. 그리고는 예수님을 총독에게 넘기
려고 하였습니다.
21 이들이 예수님께 물었습니다. "선생님, 우
리는 선생님이 옳게 말씀하시고 가르치시
는 것을 압니다. 선생님은 차별을 하지 않
으시며 진실되게 하나님의 길을 가르치시
는 것을 압니다.
22 우리가 가이사에게 세금을 바치는 것이 옳

대제사장(20:1 high priest) 하나님께 제사하는 일을 맡은 직분을 가진 사람중 으뜸되는 사람.
권한(20:2 authority) 일정한 범위 안에서 쓸 수 있는 권력이나 권리.
비유(20:9 parable) 어떤 현상·사물을 그와 비슷한 것을 끌어대어 표현하는 일.
세(20:9 rent) 돈을 받고 집이나 방 또는 그밖의 물건을 빌려 주는 일 또는 그 돈.

습니까, 옳지 않습니까?"
23 예수님께서 이들의 계략을 아시고 말씀하
셨습니다.
24 "데나리온 동전 하나를 가져오너라. 이 돈
에 누구의 얼굴과 이름이 새겨져 있느
냐?" 그들이 대답했습니다. "가이사의 것
입니다."
25 예수님께서 그들에게 말씀하셨습니다. "가
이사의 것은 가이사에게, 하나님의 것은
하나님께 바쳐라."
26 그들은 사람들 앞에서 예수님의 말씀을 트
집잡을 수 없었습니다. 오히려 예수님의 대
답에 놀라서 말문이 막히고 말았습니다.

부활에 대하여

27 부활이 없다고 하는 사두개파 사람들 가
운데 몇몇이 예수님께 왔습니다.
28 그리고 예수님께 물었습니다. "선생님, 모
세는 형이 자식 없이 아내를 두고 죽으면
동생이 형수와 결혼하고 형을 위해서 자
식을 낳아야 한다고 했습니다.
29 그런데 일곱 형제가 있었습니다. 첫째가
아내를 얻었으나 자식이 없이 죽었습니다.
30 그리고 둘째도 자식 없이 죽었습니다.
31 셋째도 마찬가지였습니다. 결국 일곱 형
제가 모두 자식이 없이 죽었습니다.
32 마침내 그 여자도 죽었습니다.
33 그러면 부활 때, 그는 누구의 아내가 되
어야 합니까? 일곱 형제가 모두 그를 아
내로 맞이하였으니 말입니다."
34 예수님께서 그들에게 말씀하셨습니다.
"이 세대의 아들들은 장가가고 시집간다.
35 그러나 죽었다가 다시 부활하여 하늘 나
라에서 살 자격이 인정된 사람들은 장가
도 가지 않고, 시집도 가지 않는다.
36 그들은 천사들과 같아서 다시 죽을 수도
없다. 그들은 부활의 아들들이므로 하나
님의 자녀들이다.
37 죽은 사람들의 부활에 대해서는 모세도 떨
기나무가 나오는 대목에서 잘 보여 주었다.
모세는 주님을 '아브라함의 하나님, 이삭의
하나님, 야곱의 하나님'이라고 하였다.
38 하나님은 죽은 사람들의 하나님이 아니라
살아 있는 사람들의 하나님이시다. 이들
모두는 하나님께 대하여 살아 있다."
39 율법학자 몇 사람이 대답하였습니다. "선
생님, 옳은 말씀을 하셨습니다."
40 사람들은 예수님께 감히 더 이상 묻지 못
하였습니다.

그리스도와 다윗의 자손

41 예수님께서 그들에게 말씀하셨습니다.
"사람들이 왜 그리스도를 다윗의 아들이라
고 하느냐?
42 다윗이 시편에서 직접 말하였다. '주께서
내 주에게 말씀하셨습니다. 너는 내 오른
쪽에 앉아라.
43 내가 네 원수들을 네 발판으로 삼을 때까
지.'*
44 다윗이 그리스도를 '주님'이라고 하였는
데, 어떻게 그리스도가 다윗의 자손이 되
겠느냐?"

율법학자들을 꾸짖으심

45 모든 백성들이 듣고 있을 때에 예수님께
서 제자들에게 말씀하셨습니다.
46 "율법학자를 주의하여라. 이들은 긴 옷을
입고 다니는 것을 좋아하며 시장에서 인
사받는 것과 회당과 잔치에서 윗자리를

성경 자세히 이해하기

아름다운 헤롯 성전

헤롯 성전이라 불리는 예루살렘 성전은 헤롯 왕에 의해 B.C. 20-19년에 착공하여 A.D. 64년에야 완공되었습니다. 이 성전은 매우 새하얀 돌로 건축되었기 때문에, 유대인 역사가인 요세푸스는 멀리서 본 헤롯 성전을 마치 눈 덮인 산과 같다고 말했습니다. 또 많은 부분이 도금되어 있었기 때문에 햇빛이 반사되면 쳐다보는 사람들의 눈을 아프게 할 정도였습니다. 또 성전 안은 전리품들과 헌물들로 장식되었는데, 헌물 중에는 사람 크기 만한 포도송이가 달린 금으로 된 포도나무도 있었다고 합니다.

본문 보기 21장 5절

좋아한다.
47 이들은 과부의 집을 삼키며 남에게 보이
려고 길게 기도한다. 이들은 더 큰 심판
을 받을 것이다."

과부의 헌금

21 예수님께서 부자들이 헌금함에 헌금
을 넣는 것을 보셨습니다.
2 또 가난한 과부가 렙돈* 동전 두 개를 넣
는 것을 보셨습니다.
3 예수님께서 말씀하셨습니다. "내가 진정
으로 너희에게 말한다. 이 가난한 과부가
그 누구보다도 더 많은 헌금을 하였다.
4 이 사람들은 다 넉넉한 가운데서 헌금을 드
렸다. 그러나 이 여자는 매우 가난한 가운
데서 가지고 있는 생활비 전부를 드렸다."

성전이 무너질 것을 예언하심

5 몇몇 사람이 성전에 대해 아름다운 돌과
헌금으로 꾸며졌다고 이야기하였습니다.
그러자 예수님께서 말씀하셨습니다.
6 "너희가 지금 보고 있는 이것들이 돌 하
나도 돌 위에 남지 않고 다 무너질 날이
올 것이다."
7 제자들이 예수님께 물었습니다. "선생님,
언제 이런 일들이 있겠습니까? 그리고 이
런 일들이 일어날 때, 어떤 징조가 나타
나겠습니까?"
8 예수님께서 그들에게 말씀하셨습니다.
"너희가 속지 않도록 조심하여라. 많은
사람들이 내 이름으로 와서 '내가 그리스
도다' 하거나 '때가 왔다' 고 말할 것이다.
그러나 그들을 따라가지 마라.
9 전쟁과 난리의 소식을 들을 때, 두려워하
지 마라. 이런 일들이 먼저 일어나야 하
겠으나 종말이 바로 뒤따라 오는 것은 아
니다."
10 예수님께서 계속해서 그들에게 말씀하셨
습니다. "나라가 나라를 대항하여 일어나
고 왕국이 왕국을 맞서 일어날 것이다.
11 큰 지진이 있을 것이며 여러 곳에서 질병
과 기근이 있을 것이다. 하늘로부터 무서
운 일과 큰 징조가 있을 것이다.
12 그러나 이 모든 일들이 일어나기 전에 사

1/50로 축소된 헤롯 성전의 모형(21:5)

람들이 너희를 잡고 박해할 것이다. 또한
너희를 회당과 감옥에 넘길 것이다. 너희
는 내 이름 때문에 왕과 총독 앞에 끌려
갈 것이다.
13 그러나 이것이 너희에게는 증거의 기회가
될 것이다.
14 너희는 변론할 말을 미리 준비하지 않겠
다고 마음에 결심하여라.
15 내가 너희에게 말과 지혜를 주어 너희 원
수 가운데 그 누구도 너희를 맞서거나 반
박하지 못할 것이다.
16 너희의 부모와 형제, 친척, 친구들이 너
희를 넘겨 줄 것이다. 그리고 너희 중 몇
몇을 죽이기도 할 것이다.
17 너희는 내 이름 때문에 모두에게 미움을
받을 것이다.
18 그러나 너희 머리카락 하나도 다치지 않
을 것이다.
19 너희는 인내함으로 생명을 얻을 것이다."

예루살렘의 파괴

20 "예루살렘이 군대에 포위당한 것을 보면
예루살렘의 파괴가 곧 다가왔다는 것을 깨
달아라.

알아두세요

20:42-43 시 110:1에 기록되어 있다.
21:2 1렙돈은 1데나리온의 1/128에 해당된다.

종말(21:9 end) 계속 되어 온 일이나 현상의 맨 끝.
변론하다(21:14 defend) 옳고 그른 것을 분명하게 가려서 말하다.

21 그 때에 유대에 있는 사람들은 산으로 도
망하여라. 예루살렘 안에 있는 사람들은
빨리 빠져 나가거라. 시골에 있는 사람들
은 예루살렘 안으로 들어가지 마라.
22 그것은 이 날이 바로 징벌의 날이기 때문
이다. 기록된 모든 것이 이루어질 것이다.
23 그 날에는 임신한 여자와 아기에게 젖을
먹이는 여자에게 화가 있다. 땅에는 큰 고
통이 닥치겠고, 진노가 이 백성에게 내릴
것이다.

예수님을 배반한 가룟 유다(22:1-6)

24 그들은 칼날에 쓰러질 것이며 여러 나라
에 포로로 붙잡혀 갈 것이다. 이방인의 때
가 끝날 때까지 예루살렘은 이방인들의 발
에 짓밟힐 것이다."

인자가 오심

25 "해와 달과 별들에게서 징조가 있을 것이
다. 땅에서는 민족들이 바다와 파도의 소
리에 당황할 것이다.
26 사람들은 세상에 닥칠 일을 예상하며 두
려워하고 기절할 것이다. 이것은 하늘에
있는 권세가 흔들릴 것이기 때문이다.
27 그 때에 사람들은 인자가 구름을 타고 능
력과 큰 영광으로 오는 것을 볼 것이다.
28 이러한 일이 일어나기 시작할 때, 일어서
서 너희의 머리를 들어라. 이는 너희의 구
원이 가까이 오고 있기 때문이다."

무화과나무의 교훈

29 예수님께서 이런 비유를 말씀하셨습니다.
"무화과나무와 다른 모든 나무들을
보아라.
30 잎사귀가 돋는 것을 보면 너희
는 여름이 가까웠다는 것을 알 것
이다.
31 이와 같이 너희도 이런 일들이
일어나는 것을 볼 때, 하나님 나라
가 가까운 줄 깨달아라.
32 내가 진정으로 너희에게 말한다.
이 세대가 다 지나기 전에 이 모든
일들이 일어날 것이다.
33 하늘과 땅은 없어질지라도, 내
말은 결코 없어지지 않을 것이다."

항상 깨어 준비하여라

34 "네 마음이 방탕과 술취함과 삶
의 걱정으로 무겁게 눌리지 않도록
하여라. 그 날이 마치 덫처럼 갑
자기 네게 다가올 것이다.
35 그 날은 온 땅 위에 살고 있는
모든 사람에게 다가올 것이다.
36 일어날 이 모든 일들을 피할 힘
을 얻고, 인자 앞에 서기 위하여 항
상 기도하며 깨어 있어라."
37 예수님께서 낮에는 성전에서 가르치시
고, 밤에는 밖으로 나가셔서 올리브라고
불리는 산에서 지내셨습니다.
38 모든 사람들은 아침 일찍 일어나 예수님께
말씀을 들으려고 성전으로 나아왔습니다.

유다의 배반

22 유월절이라고도 하는 무교절이 다
가왔습니다.
2 대제사장들과 율법학자들은 어떻게 하면

예수님을 죽일까 궁리를 하였습니다. 이
는 그들이 사람들을 두려워하였기 때문입
니다.
3 사탄이 열두 제자 중 하나인 가룟이라고
하는 유다에게로 들어갔습니다.
4 유다가 대제사장과 성전 수비대장에게 가
서 예수님을 그들에게 어떻게 넘겨 줄지
를 의논하였습니다.
5 그들은 기뻐하면서 유다에게 돈을 주겠다
고 약속했습니다.
6 유다도 찬성하고 사람들이 없을 때에 예
수님을 그들에게 넘겨 줄 적당한 기회를
찾았습니다.

유월절 준비

7 유월절 양을 희생 제물로 바치는 무교절
이 되었습니다.
8 예수님께서 베드로와 요한을 보내면서 말
씀하셨습니다. "가서 우리가 먹을 수 있
도록 유월절을 준비하여라."
9 이들이 예수님께 물었습니다. "어디에 준
비하길 원하십니까?"
10 예수님께서 제자들에게 말씀하셨습니다.
"보아라. 도시에 들어가면 물 항아리를
가지고 가는 사람을 만날 것이다. 그를 따
라 그가 들어가는 집으로 들어가거라.
11 그리고 집주인에게 말하여라. '선생님께
서 내 제자들과 함께 유월절 음식을 먹을
방이 어디냐고 물으셨습니다.'
12 그러면 그 사람이 위층에 있는 정돈된 큰
방을 보여 줄 것이다. 거기서 유월절을 준
비하여라."
13 베드로와 요한이 가 보니, 모든 것이 예수
님께서 말씀하신 그대로였습니다. 그들은
그 곳에서 유월절을 준비하였습니다.

마지막 만찬

14 때가 되어, 예수님께서 식사 자리에 앉으
셨습니다. 그리고 제자들도 예수님과 함
께 앉았습니다.
15 예수님께서 제자들에게 말씀하셨습니다.
"내가 고난을 받기 전에 너희와 함께 이
유월절 음식을 먹기를 간절히 바랐다.
16 내가 너희에게 말한다. 유월절이 하나님
나라에서 이루어질 때까지 다시는 유월절
식사를 하지 않겠다."
17 예수님께서 잔을 받아서 감사 기도를 드
리고 말씀하셨습니다. "이 잔을 받아 너
희들끼리 나누어 마셔라.
18 내가 너희에게 말한다. 하나님 나라가 올
때까지 포도 열매에서 난 것을 이후로는
마시지 않을 것이다."
19 그리고 예수님께서 빵을 들고 감사 기도
를 드렸습니다. 그리고 떼어서 제자들에
게 주시며 말씀하셨습니다. "이것은 내가
너희에게 주는 내 몸이다. 이것을 행하여
나를 기념하여라."
20 이와 같이 빵을 드신 후에 잔을 가지시고
말씀하셨습니다. "이 잔은 너희를 위하여
흘리는 내 피로 세운 새 언약이다.
21 보아라. 나를 넘겨 줄 사람의 손이 나와
함께 식탁 위에 있다.
22 인자는 정해져 있는 대로 갈 것이나, 인
자를 넘기는 그 사람에게는 화가 있다."
23 제자들이 자기들 중에 누가 이런 일을 하
겠는가 하고 서로 묻기 시작하였습니다.

섬기는 사람이 되라

24 제자들 사이에 누가 가장 큰 사람으로 여
김을 받을 것인가를 놓고 서로 말다툼이
일어났습니다.
25 예수님께서 그들에게 말씀하셨습니다.
"이방인들의 왕은 백성들 위에서 왕노릇
한다. 그리고 권력을 가진 사람들은 백성
들에게 은인으로 불린다.
26 그러나 너희가 그래서는 안 된다. 너희 중
에 가장 큰 사람은 가장 어린 사람처럼 되
어야 하고, 지도자는 종처럼 되어야 한다.
27 식사 자리에 앉아 있는 사람과 그를 시중
드는 사람 가운데 누가 더 큰 사람이냐?
식사 자리에 앉아 있는 사람이 아니냐?
그러나 나는 섬기는 사람으로 너희 가운
데 있다.

궁리(22:2 deliberation) 깊이 생각함.
고난(22:15 suffering) 괴로움과 어려움.
은인(22:25 benefactor) 은혜를 베풀어 준 사람.

28 너희는 내가 시험을 당할 때 나와 함께 있
었다.
29 내 아버지께서 내게 나라를 주신 것처럼
나도 너희에게 주려고 한다.
30 너희는 내 나라에서 먹고 마실 것이며, 왕
좌에 앉아 이스라엘의 열두 지파를 심판할
것이다."

베드로가 부인할 것을 말씀하심

31 "시몬아, 시몬아! 사탄이 너를 마치 밀 까부
르듯 하는 것을 허락해 달라고 요청하였다.
32 그러나 나는 네가 믿음이 꺾이지 않도록
기도하였다. 네가 돌아온 후에 네 형제들
을 굳게 하여라."
33 베드로가 예수님께 말했습니다. "주님, 주
님과 함께라면 감옥에 갈 수도 있고, 죽
을 준비도 되어 있습니다."
34 예수님께서 말씀하셨습니다. "내가 네게
말한다. 오늘 닭이 울기 전에 네가 세 번
씩이나 나를 모른다고 부인할 것이다."

지갑과 칼을 준비하여라

35 예수님께서 제자들에게 말씀하셨습니다.
"지갑이나 가방이나 신발이 없이 내가 너
희를 보냈을 때, 너희에게 부족한 것이 있
었느냐?" 그들이 대답했습니다. "아닙니
다. 없었습니다."
36 예수님께서 제자들에게 말씀하셨습니다.
"그러나 지금은 지갑이 있는 자는 지갑을
챙기라. 가방도 그렇게 하여라. 칼이 없
으면 옷을 팔아서라도 사라.
37 내가 너희에게 말한다. '그는 마치 범죄
자처럼 취급당했다'*고 쓰여진 말씀이 내
게서 반드시 이루어져야 한다. 내게 대하
여 쓰여진 것이 이제 이루어지고 있다."
38 제자들이 말했습니다. "보십시오. 주님,
여기에 칼 두 개가 있습니다." 예수님께서
"그것이면 충분하다"라고 말씀하셨습니다.

올리브 산에서 기도하심

39 예수님께서 예루살렘 밖으로 나가셔서 늘

알아두세요
22:37 사 53:12에 기록되어 있다.

하시던 대로 올리브 산으로 가셨습니다.
제자들도 예수님을 뒤따라 갔습니다.
40 그 곳에 이르셔서 예수님께서 제자들에게
말씀하셨습니다. "시험에 들지 않게 기도
하여라."
41 그리고 제자들을 떠나 돌을 던져 닿을 만한
곳에 가셔서 무릎을 꿇고 기도하셨습니다.
42 "아버지, 만일 아버지의 뜻이라면 제게서
이 잔을 없애 주십시오. 그러나 제 뜻대
로 되게 하지 마시고 아버지의 뜻대로 이
루어지게 하십시오."
43 그러자 하늘로부터 천사가 나타나 예수님

올리브 산에서 기도하시는 예수님(22:39-46)

께 힘을 북돋워 주었습니다.
44 예수님께서 고통스러워 하시며 더 간절히
기도하셨습니다. 땀이 마치 핏방울처럼
땅에 떨어졌습니다.
45 예수님께서 기도하기를 마치시고 일어나 제
자들에게 가셨습니다. 그리고 제자들이 슬
픔에 지쳐 잠들어 있는 모습을 보셨습니다.
46 예수님은 그들에게 말씀하셨습니다. "왜
잠을 자고 있느냐? 일어나라. 그리고 시
험에 들지 않게 기도하여라."

붙잡히신 예수님

47 예수님께서 말씀하고 계실 때 사람들이 몰
려왔습니다. 열두 제자 가운데 하나이며
유다라고 불리는 사람이 사람들을 이끌고
왔습니다. 그리고 예수님께 입맞추려고
가까이 다가왔습니다.
48 그러나 예수님께서 유다에게 말씀하셨습니
다. "유다야, 입맞춤으로 인자를 넘기느
냐?"
49 예수님 곁에 있던 사람들이 돌아가는 상
황을 보고 예수님께 말했습니다. "주님,
칼로 이들을 칠까요?"
50 그들 가운데 한 사람이 대제사장의 종의
오른쪽 귀를 칼로 베었습니다.

51 예수님께서 말씀하셨습니다. "그만 두어
라." 그리고 그 종의 귀를 만져 고쳐 주
셨습니다.
52 예수님께서 체포하려고 온 대제사장과 성
전 수비대와 장로들에게 말씀하셨습니다.
"강도를 잡듯이 칼과 몽둥이를 가지고 왔
느냐?
53 내가 매일 성전에서 너희와 함께 있었다.
그러나 너희는 내게 손을 대지 않았다. 그
러나 지금은 너희의 때, 곧 어둠이 다스
리는 때이다."

베드로가 예수님을 부인하다

54 그들은 예수님을 체포하여 대제사장의 관
사로 데리고 갔습니다. 베드로도 그들과
멀찍이 떨어져서 뒤따라 갔습니다.
55 사람들이 정원 한가운데 불을 피우고 둘
러앉았습니다. 베드로도 그들과 함께 앉
았습니다.
56 하녀 하나가 모닥불 곁에 앉아 있는 베드
로를 보고 노려보며 말했습니다. "이 사
람도 예수와 함께 있었어요."
57 베드로가 부인하며 말했습니다. "여보시
오. 나는 예수를 모르오."
58 조금 후에 또 다른 사람이 베드로를 보고
말했습니다. "당신도 그들과 한 패요." 그
러자 베드로가 말했습니다. "이 사람아,
나는 아니야."
59 약 1시간 후에 다른 사람이 주장했습니
다. "분명히 이 사람도 예수와 한 패요.
이 사람도 갈릴리 출신이니까."
60 그러자 베드로가 말했습니다. "여보시오,
나는 당신이 무슨 말을 하는지 알지 못하
오." 베드로가 말하고 있을 때, 닭이 울었
습니다.
61 주께서 돌아서서 베드로를 보셨습니다. 베
드로는 주께서 "오늘 닭이 울기 전에, 네
가 나를 세 번이나 모른다고 부인할 것이
다"라고 하셨던 말씀이 기억났습니다.
62 그래서 베드로는 밖으로 나가서 몹시 울
었습니다.

예수님을 비웃는 사람들

63 예수님을 지키던 사람들이 예수님을 모욕
하고 놀렸습니다.
64 그들은 예수님의 눈을 가리고 물었습니다.
"알아맞혀 보아라. 너를 때린 자가 누구
냐?"
65 그 사람들은 여러 가지 말로 예수님을 모
독하였습니다.

의회 앞에 서신 예수님

66 날이 밝자, 백성의 장로들 곧 대제사장들
과 율법학자들이 함께 모였습니다. 그리
고 예수님을 그들의 법정으로 데리고 가
서 물었습니다.
67 "진정 네가 그리스도인지 우리에게 말해
보아라." 예수님께서 그들에게 말씀하셨
습니다. "내가 너희에게 말해도 믿지 않
을 것이다.
68 또한 내가 물어도 너희가 대답하지 않을
것이다.
69 그러나 이제부터 인자가 전능하신 하나님
의 오른쪽에 앉게 될 것이다."
70 그들이 모두 물었습니다. "그러면 당신이
하나님의 아들이오?" 예수님께서 그들에
게 대답하셨습니다. "내가 그렇다고 너희

성경 자세히 이해하기

눈을 가리고 하는 놀이

고대에 유행하던 놀이 중에는 오늘날의 술래잡기와 비슷한 놀이가 있었다고 합니다. 한 사람이 눈을 가리고 있으면 다른 사람이 와서 그를 때리고 도망갑니다. 그러면 술래는 누가 자신을 때렸는지 알아 맞추어야 합니다. 못 맞추면 계속 술래를 해야 했겠지요. 예수님을 핍박하던 사람들은 이런 놀이를 이용하여 만일 예수님이 예언자라면 예수님을 때린 사람이 누구인지 맞출 수 있을 것이라고 빈정대며 예수님을 조롱했던 것입니다.

본문 보기 22장 64절

알아두세요

23:17 어떤 사본에는 다음과 같은 구절이 있다. "유월절이 되면 빌라도는 죄수 하나를 놓아 주곤 하였다."

가 말했다."
71 그들이 말했습니다. "우리에게 무슨 증거
가 더 필요하겠는가? 우리가 직접 이 사
람의 입에서 나오는 소리를 들었다."

빌라도가 예수님을 재판하다

23 그들 모두가 일어나서 예수님을 빌
라도 앞으로 끌고 갔습니다.
2 그리고 예수님을 고소하였습니다. "이 사
람은 백성들을 미혹시키고 가이사에게 세
금을 바치지 못하게 했으며 자기가 그리
스도 곧 왕이라고 주장합니다."
3 빌라도가 예수님께 물었습니다. "당신이
유대인의 왕이오?" 예수님께서 대답하셨
습니다. "네가 말한 대로이다."
4 빌라도가 대제사장들과 군중들에게 말했
습니다. "나는 이 사람에게서 아무 죄도
찾지 못하겠소."
5 그러나 사람들은 계속해서 주장했습니다.
"이 사람이 갈릴리에서부터 시작해서 온
유대를 돌아다니고, 이 곳까지 와서 백성
들을 선동하고 있습니다."

빌라도가 예수님을 헤롯에게 보내다

6 빌라도가 이 말을 듣고 예수님이 갈릴리 사
람인지 물었습니다.
7 예수님이 헤롯의 관할 지역 아래 있다는
것을 알고 예수님을 헤롯에게로 보냈습니
다. 당시 헤롯은 예루살렘에 와 있었습니
다.
8 헤롯은 예수님을 보고 매우 기뻐하였습니
다. 그는 오래 전부터 예수님에 대해 듣
고, 예수님을 한번 만나 보기를 원했습니
다. 헤롯은 예수님께서 기적을 행하는 모
습을 보고 싶어하였습니다.
9 헤롯이 예수님께 여러 가지 말로 질문을
했지만, 예수님은 한 마디도 대답하시지
않았습니다.
10 대제사장들과 율법학자들은 곁에 서서 예
수님을 강력하게 고소하였습니다.
11 헤롯은 군사들과 함께 예수님을 경멸하였
습니다. 그리고 화려한 옷을 입히고 조롱
한 후, 다시 빌라도에게로 보냈습니다.
12 예전에 빌라도와 헤롯은 서로 원수였지만,
그 날에 헤롯과 빌라도는 서로 친구가 되
었습니다.

사형 선고를 받으시다

13 빌라도가 대제사장들과 지도자들과 백성
들을 불렀습니다.
14 그리고 말했습니다. "너희는 이 사람이
백성을 반역하도록 부추긴다고 하여 내게
로 데리고 왔다. 그러나 너희 앞에서 조
사를 해 보니 너희가 이 사람에 대하여 고
소한 죄목을 찾을 수 없었다.
15 또한 헤롯도 아무런 잘못을 찾아 낼 수 없
어 그를 다시 우리에게로 보냈다. 이 사
람은 죽어야만 될 어떤 잘못도 행하지 않
았다.
16 그러니 나는 그를 매질해서 풀어 주겠다."
17 (없음)*
18 그러자 사람들이 함께 소리를 지르며 말
했습니다. "그 사람을 죽이시오. 우리에
게 바라바를 풀어 주시오."
19 바라바는 성에서 폭동을 일으켰기 때문에
감옥에 갇힌 사람입니다. 그는 또 살인죄
도 지었습니다.
20 빌라도는 예수님을 풀어 주려고 사람들에
게 다시 말했습니다.
21 사람들은 더욱 크게 소리질렀습니다. "십
자가에 못박으시오. 그를 십자가에 못박
으시오."
22 빌라도가 세 번째 물었습니다. "무슨 까닭
이냐? 이 사람이 도대체 무슨 악한 일을
저질렀느냐? 나는 이 사람에게서 죽을 죄
를 찾지 못했다. 따라서 매질만 하고 풀
어 주겠다."
23 이 말을 들은 사람들은 뜻을 굽히지 않고
계속해서 큰 소리로 예수님을 십자가에 못
박으라고 요구했습니다.
24 결국 빌라도는 사람들의 요구대로 하기로
결정하였습니다.
25 사람들이 원했던 대로 폭동과 살인죄로
감옥에 갇혀 있는 바라바를 풀어 주고, 예
수님을 죽이라고 넘겨 주었습니다.

십자가에 못박히시다

26 예수님을 끌고 갈 때, 시골에서 오던 구레

십자가의 길 중에서 구레네 시몬이 대신 십자가를 졌던 곳(23:26)

네 출신 시몬을 붙잡아 예수님의 십자가를
지고 따라가게 하였습니다.
27 많은 사람들이 예수님을 따라갔습니다.
그 중에는 슬퍼하며 우는 여자들도 있었
습니다.
28 예수님께서 뒤를 돌아보시고 그들에게 말
씀하셨습니다. "예루살렘의 딸들아, 나를
위해 울지 말고 너희 자신과 자녀들을 위
해 울어라.
29 보아라. '자녀를 낳지 못한 사람들 곧 아
기를 낳지 못한 배와 젖을 먹인 적이 없
는 가슴이 복이 있다'고 말할 때가 올 것
이다.
30 그 때에 사람들이 산을 향하여 '우리 위
에 떨어져라'고 말할 것이며, 언덕을 향
하여 '우리를 덮으라'고 말할 것이다.
31 나무가 푸를 때에도 이렇게 말한다면, 나무
가 마른 때에는 어떤 일이 일어나겠느냐?"

성경 속의 궁금증

십자가의 명패엔 무엇이 기록되어 있을까요?

십자가의 명패의 글은 "유대인의 왕 예수"(마 27:37), "유대인의 왕"(막 15:26), "유대인의 왕"(눅 23:38), "유대인의 왕, 나사렛 예수"(요 19:19) 등으로 각각 다른데 요한복음 19장 20절에서 해결의 실마리를 찾을 수 있습니다. 이에 따르면 명패는 아람어, 라틴어, 그리스어로 쓰였는데 아람어는 당시 팔레스타인에서 사용되던 지방어이고, 라틴어는 로마의 언어이며, 그리스어는 당시 세계 공통어로 문화와 상업에 통용되던 언어였지요. 즉, 이 세 언어의 표현이 약간씩 달랐던 것으로 볼 수 있습니다.

본문 보기 23장 38절

32 다른 두 명의 죄수도 예수님과 함께 사형
판결을 받았습니다.
33 '해골'이라 불리는 장소에 와서 사람들이
예수님과 다른 죄수들을 십자가에 못박았
습니다. 한 사람은 예수님 오른쪽에, 또
하나는 왼쪽에 매달렸습니다.
34 예수님께서 말씀하셨습니다. "아버지, 저
사람들을 용서하여 주소서. 저들은 자기
들이 하고 있는 일을 알지 못합니다." 사
람들이 제비를 뽑아 누가 예수님의 옷을
차지할지 결정하였습니다.
35 사람들은 곁에 서서 바라보았습니다. 유
대 지도자들이 예수님을 비웃으며 말하였
습니다. "이 사람이 다른 사람들을 구원
했다. 만일 이 자가 하나님의 택하신 자
인 그리스도라면 자신을 구원하리라."
36 군인들도 예수님께 나아와 조롱하였습니
다. 예수님께 신 포도주를 주고
37 "만일 네가 유대인의 왕이라면 너 자신을
구원하여라" 하고 말했습니다.
38 예수님 위에 '유대인의 왕'이라고 죄목이
쓰여 있었습니다.
39 예수님과 함께 십자가에 달린 죄수들 가
운데 하나가 예수님을 욕하며 말했습니
다. "네가 그리스도가 아니냐? 네 자신과
우리를 구원하여라."
40 그러나 다른 죄수가 그를 꾸짖으며 말했
습니다. "너도 같은 벌을 받았으면서 하
나님을 두려워하지 않느냐?
41 우리는 우리가 저지른 일 때문에 마땅한
벌을 받는 것이지만, 이분은 아무런 잘못
을 행한 적이 없으시다."
42 그리고 예수님께 말했습니다. "예수님, 주
께서 주님의 나라에 들어가실 때, 저를 기
억해 주십시오."
43 예수님께서 그에게 말씀하셨습니다. "내
가 진정으로 네게 말한다. 오늘 네가 나
와 함께 낙원에 있을 것이다."

예수님께서 돌아가시다

44 정오 때쯤에 어두움이 온 땅을 덮어서 오
후 3시까지 계속되었습니다.
45 햇빛이 사라지고 성전의 휘장이 두 쪽으

로 찢어졌습니다.
46 예수님께서 큰 소리로 부르짖으셨습니다.
"아버지, 아버지의 손에 내 영혼을 맡깁
니다." 이 말씀을 하신 후, 예수님께서 돌
아가셨습니다.
47 백부장이 그 일어나는 일을 보고 하나님
께 영광을 돌리며 말하였습니다. "분명히
이 사람은 의인이었다."
48 이 일을 구경하러 모인 많은 사람들도 그
일어난 일을 보고 가슴을 치며 돌아갔습
니다.
49 예수님과 알고 지내던 사람들과 갈릴리에
서부터 예수님을 따라온 여자들도 모두 멀
리 서서 이 일을 바라보았습니다.

아리마대 요셉이 예수님을 장사지내다

50 의회원으로 요셉이라고 불리는 사람이 있
었는데, 그는 선하고 의로운 사람이었습
니다.
51 이 사람은 의회의 결정과 행동에 찬성하
지 않았습니다. 이 사람은 유대 마을인 아
리마대 출신이었고, 하나님 나라를 기다
리던 사람이었습니다.
52 요셉이 빌라도에게 가서 예수님의 시신을
달라고 요청하였습니다.
53 요셉은 예수님의 시신을 가져다가 천으로
쌌습니다. 그리고 아무도 사용한 적이 없는
바위를 쪼개 만든 새 무덤에 모셨습니다.
54 때는 안식일을 준비하는 금요일 늦은 오
후였는데 곧 안식일이 시작되려는 때였습
니다.
55 갈릴리로부터 함께 온 여자들이 요셉을 뒤
따라 가서 무덤을 보고 예수님의 시신이
어떻게 누워 있는지 보았습니다.
56 그리고 돌아와 향료와 향유를 준비하였고
안식일에는 계명대로 쉬었습니다.

부활하신 예수님

24 일 주일의 첫째 날 이른 새벽에 여
자들이 준비한 향료를 가지고 무
덤으로 갔습니다.
2 그들은 돌이 무덤에서 굴려져 있는 것을
보았습니다.
3 그들이 안으로 들어갔으나, 예수님의 시
신이 없었습니다.
4 이 일로 여자들이 어찌할 바를 모르고 있
을 때, 빛나는 옷을 입은 두 사람이 그들
곁에 섰습니다.
5 여자들이 두려워하면서 얼굴을 땅 아래로
숙였습니다. 그 사람들이 여자들에게 말
했습니다. "어찌하여 살아 있는 분을 죽
은 사람들 가운데서 찾느냐?
6 예수님은 여기 계시지 않고 다시 살아나
셨다. 예수님께서 갈릴리에 계실 때에 하
신 말씀을 기억하여라.
7 인자가 죄인의 손에 넘기워 십자가에 못
박히고 삼 일 만에 살아날 것이라고 말씀
하셨다."
8 그 때서야 여자들이 예수님의 말씀을 기
억해 냈습니다.
9 그리고 무덤에서 돌아와 이 모든 일들을
열한 제자들과 나머지 모든 사람들에게
알렸습니다.
10 이 여자들은 막달라 마리아와 요안나, 야고
보의 어머니 마리아와 다른 여인들이었습
니다. 이들은 이 일을 사도들에게 말했습
니다.
11 하지만 그들은 이 말을 허튼 소리로 듣고
여자들의 말을 믿으려 하지 않았습니다.
12 그러나 베드로는 일어나 무덤으로 달려갔
습니다. 안을 들여다 보았지만 수의만 놓
여 있었습니다. 베드로는 이것이 어떻게
된 일인가 이상히 여기면서 집으로 돌아

성경 인물

아리마대 요셉 아리마대 요셉은 산헤드린 공회 회원으로 예수님을 따랐던 제자였습니다. 그러나 그는 유대 관원들을 두려워하여 이 사실을 드러내지 못하고 숨겼습니다. 공회에서 그는 예수님을 십자가에 못박아 죽이는 일에 반대한 의롭고 선한 사람이었습니다. 예수님이 돌아가신 뒤 그는 그 분의 시신을 달라고 빌라도에게 요청했습니다(마 27:57-58). 그리고 한 번도 안 쓴 새 무덤에 예수님을 장사하고, 예수님의 시체를 위해 세마포와 향품을 준비했습니다(요 19:40-42).

본문 보기 23장 50-53절

엠마오로 가던 두 제자와 함께 하신 예수님(24:13-29)

갔습니다.

엠마오로 가던 두 제자

13 그런데 그 날 제자들 중에 두 사람이 예루
살렘에서 약 11킬로미터 정도 떨어진 엠마
오라고 하는 마을로 내려가고 있었습니다.
14 이들은 일어났던 모든 일에 대해 이야기
를 나누고 있었습니다.
15 이들이 이야기를 나누며 토론하고 있을
때, 예수님께서 그들에게 다가오셔서 함
께 걸으셨습니다.
16 그러나 그들은 눈이 가리워져서 예수님인
지 알지 못했습니다.
17 예수님께서 그들에게 물으셨습니다. "당
신들이 걸어가면서 서로 주고받는 이야기
가 무엇입니까?" 두 사람은 슬픈 기색을
하고 멈춰 섰습니다.
18 그 가운데 글로바라는 사람이 예수님께 대
답했습니다. "당신은 예루살렘에 다녀오면
서 최근에 무슨 일이 일어났
는지 모른단 말이오?"
19 예수님께서 그들에게 물으
셨습니다. "무슨 일입니까?"
제자들이 말했습니다. "나사
렛 예수님에 관한 일인데, 그
분은 하나님과 백성 앞에서
행동과 말씀에 능력이 있는
예언자이셨습니다.
20 그런데 대제사장들과 우
리 지도자들이 그분을 죽게
넘겨 주어 십자가에 못박았
습니다.
21 우리는 이스라엘을 구원할
분이 바로 그분이라고 기대
했습니다. 뿐만 아니라 이
일이 일어난 지가 삼 일째입
니다.
22 우리 중에 어떤 여자들이
우리를 놀라게 했습니다. 그
들이 아침 일찍 무덤으로 갔
지만
23 예수님의 시신을 보지 못
하고 돌아와, 예수님께서 살
아나셨다고 말하는 천사를 보았다고 했습
니다.
24 우리와 함께 있던 사람들 중에 어떤 사람
들이 무덤으로 달려갔는데, 그 여자들이
말한 대로였고, 예수님을 볼 수 없었다는
것입니다."
25 그러자 예수님은 그들에게 말씀하셨습니
다. "너희는 어리석고, 예언자들이 말한
것을 더디 믿는구나.
26 그리스도가 이 모든 고난을 받고 그의 영
광에 들어가야 할 것이 아니겠느냐?"
27 예수님께서 모세로부터 시작하여 모든 예
언자를 들어 예수님에 관한 성경 말씀을
제자들에게 설명해 주셨습니다.
28 그들이 가려고 했던 엠마오 마을에 가까
이 왔습니다. 그러나 예수님께서는 그 곳
보다 더 멀리 가려 하셨습니다.
29 제자들은 예수님께 간청하였습니다. "저녁

때가 되고 날이 이미 저물었으니, 우리와
함께 묵으십시오." 그래서 예수님께서 그
들과 함께 머무시려고 들어가셨습니다.
30 예수님께서 그들과 함께 식사 자리에 앉으
셨습니다. 그리고 빵을 들고 감사 기도를
하신 후, 제자들에게 나누어 주셨습니다.
31 그러자 그들의 눈이 밝아져 예수님을 알
아보았습니다. 순간, 예수님께서는 사라
지셨습니다.
32 그들이 서로 이야기했습니다. "길에서 예
수님께서 우리에게 말씀하시고 성경을 풀
어 주실 때에 우리의 마음이 불타는 것 같
지 않았는가?"
33 그 두 제자가 일어나서 예루살렘으로 돌아
갔습니다. 거기에 열한 제자들과 또 그들
과 함께 있던 사람들이 모여 있었습니다.
34 이들이 말했습니다. "주께서 정말로 다시
살아나셨습니다. 시몬에게도 나타나셨습
니다."
35 그러자 두 제자들도 길에서 있었던 일들
을 이야기하였습니다. 그리고 예수님께서
빵을 떼어 주실 때, 예수님을 알게 된 것
을 이야기해 주었습니다.

열한 제자들에게 나타나신 예수님

36 제자들이 이런 일들을 말하고 있을 때에
예수님께서 제자들 가운데 나타나셨습니
다. 그리고 그들에게 말씀하셨습니다.
"너희가 평안하냐?"
37 제자들은 깜짝 놀라며 유령을 보는 줄로
생각했습니다.
38 예수님께서 그들에게 말씀하셨습니다.
"왜 무서워하느냐? 왜 너희 마음에 의심
이 생기느냐?
39 내 손과 발을 보아라. 바로 나다. 나를 만
져 보아라. 유령은 살과 뼈가 없다. 그러
나 나는 너희가 보는 것처럼 살과 뼈를 가
지고 있다."
40 이 말씀을 하시고 예수님께서 손과 발을
제자들에게 보여 주셨습니다.
41 제자들은 너무 기뻐서 차마 믿지 못하고
놀라고 있는데, 예수님께서 제자들에게
말씀하셨습니다. "먹을 것이 좀 있느냐?"

엠마오의 비잔틴 교회(24:13)

42 제자들이 구운 생선 한 토막을 예수님께
드렸습니다.
43 예수님께서 그것을 받아들고 제자들 앞에
서 잡수셨습니다.
44 그리고 제자들에게 말씀하셨습니다. "내
가 전에 너희와 함께 있을 때에 너희에게
한 말이 이것이다. 모세의 법과 예언서와
시편에 나에 관해 쓰여진 모든 것들이 반
드시 이루어져야 한다고 말했다."
45 그리고 예수님께서 제자들의 마음을 열어
성경을 깨닫게 해 주셨습니다.
46 예수님께서 제자들에게 말씀하셨습니다.
"이렇게 기록되어 있다. 그리스도가 고난
을 당하고 삼 일째 되는 날에 죽은 자들
가운데서 일어날 것이다.
47 예루살렘으로부터 시작하여 모든 민족에
게 그리스도의 이름으로 죄를 용서받는 회
개가 전파되어야 할 것이다.
48 너희는 이 일의 증인이다.

성경 자세히 이해하기

유대인의 성경 분류법

유대인들은 구약을 세 부분으로 나누어, 모세 오경(창세기-신명기)을 '율법'이라 불렀고, 여호수아, 사사기, 사무엘상·하, 열왕기상·하, 다니엘을 제외한 모든 예언자의 글을 '예언서'라 불렀으며, 시편, 잠언, 욥기, 아가, 룻, 예레미야 애가, 전도서, 에스더, 다니엘, 에스라, 느헤미야, 역대상·하를 '성문서'라고 불렀습니다. 한편, 세 번째 부분은 시편이 제일 먼저 나오기 때문에 '시편'이라 부르기도 했습니다.

본문 보기 24장 44절

49 보아라. 내 아버지께서 약속하신 것을 너
희에게 보낸다. 그러므로 너희는 높은 곳
에서 오는 능력을 입을 때까지 이 성에 머
물러라."

하늘로 올라가신 예수님

50 예수님께서 제자들을 베다니로 데리고 가
셨습니다. 그리고 손을 들어 제자들을 축
복하셨습니다.
51 예수님께서 제자들을 축복하시면서 그들
을 떠나 하늘로 들려 올라가셨습니다.
52 제자들이 예수님께 경배하고 크게 기뻐하
며 예루살렘으로 돌아왔습니다.
53 그리고 그들은 늘 성전에 머물면서 하나
님을 찬양하였습니다.

하늘로 올라가신 예수님(24:50-53)

요 한 복 음

John

저자

저자는 "예수님께서 사랑하시던 제자"(21:20, 23-24)로 불려진 요한이다.

저작 연대

A.D. 80-90년경

주요 인물

예수님, 세례 요한, 니고데모, 나사로, 마리아, 빌라도, 예수님의 제자들

기록 목적과 대상

모든 기독교인들에게 예수님이 그리스도이시며 하나님의 아들임을 증언하기 위해 기록하였다.

내용 소개

1. 서언: 하나님의 말씀으로서의 아들의 영광(1:1-18)
2. 유대인에게 나타내신 하나님의 아들(1:19-12:50)
   a. 세례자 요한의 증언(1:19-51)
   b. 새 질서를 가져오신 예수님(2:1-4:54)
   c. 생명의 주이신 예수님(5:1-12:50)
3. 제자들에게 나타내신 하나님의 아들(13:1-20:31)
   a. 고별 식사와 강론(13-17장)
   b. 수난 기사(18:1-19:42)
   c. 부활하신 주님(20:1-31)
4. 결론: 갈릴리에 나타나심(21:1-25)

말씀이신 그리스도가 오심

1 태초에 말씀이 계셨습니다. 그 말씀은 하
나님과 함께 계셨는데, 그 말씀은 곧 하
나님이셨습니다.
2 그분은 세상이 창조되기도 전에 하나님과
함께 계셨습니다.
3 모든 것이 그분을 통하여 지음을 받았습
니다. 지음을 받은 것 중에서 어느 것 하
나도 그분 없이 지어진 것이 없습니다.
4 그분 안에는 생명이 있습니다. 그 생명은
세상 사람들을 비추는 빛이었습니다.
5 그 빛이 어둠 속에서 빛을 발했지만, 어
두움은 그 빛을 깨닫지 못했습니다.
6 하나님께로부터 보냄을 받은 요한이라는
사람이 있었습니다.
7 요한은 그 빛에 대해 증언하여 자기를 통
해 모든 사람들이 믿음을 얻도록 하기 위
해 보냄을 받은 사람입니다.
8 요한 자신은 그 빛이 아니었으나, 사람들
에게 그 빛에 대하여 증언하기 위해 온 것
입니다.
9 참빛이 있었습니다. 그 빛은 세상에 와서
모든 사람을 비췄습니다.
10 참빛이 되신 말씀이 세상에 계셨습니다.
세상은 그분을 통하여 지음을 받았는데
도, 그분을 알지 못하였습니다.
11 그분은 자기의 땅에 오셨으나, 그의 백성
들은 그분을 영접하지 않았습니다.
12 그러나 누구든지 그분을 영접하는 사람
들, 그분의 이름을 믿는 사람들에게는 하
나님의 자녀가 되는 자격을 주셨습니다.
13 좋은 가문에 태어난 사람들만 하나님의
자녀가 되는 것이 아닙니다. 또한 어떤 사
람들의 계획이나 바람에 의해서, 그리고
그들의 조상으로 말미암아 하나님의 자녀
가 된 것도 아닙니다. 다만, 그들은 하나
님 자신이 그들의 아버지라는 사실 때문
에 하나님의 자녀가 된 것입니다.
14 말씀이 사람이 되셔서, 우리 가운데에서
사셨습니다. 우리는 그분의 영광을 보았
습니다. 그 영광은 오직 아버지의 독생자
만이 가질 수 있는 영광이었습니다. 그 말

태초(1:1 beginning) 하나님이 스스로 계시던 맨 처음.
창조(1:2 creation) 하나님께서 우주를 처음으로 만드심.
영접하다(1:11 receive) 여기서는 예수님의 이름을 믿고 그분을 구주로 받아들이는 것을 말한다.

씀은 은혜와 진리로 충만해 있었습니다.
15 요한이 그분에 대해서 증언하며 외쳤습니
다. "내가 전에 '내 뒤에 오시는 분이 계
시는데 그분이 나보다 더 위대하신 것은,
내가 태어나기 전에 존재하셨기 때문이
다' 라고 말했는데, 이분이 바로 내가 말
한 그분이다."
16 그분의 충만하신 것에서 우리 모두는 넘
치는 은혜를 받았습니다.
17 그것은 율법이 모세를 통해 주어졌지만,
은혜와 진리는 예수 그리스도를 통하여 왔
기 때문입니다.
18 지금까지 하나님을 본 사람은 아무도 없었
습니다. 그러나 하나님이시며, 아버지 곁
에 계시던 독생자이신 분이 우리에게 하나
님이 어떤 분이신지를 알려 주셨습니다.

세례자 요한의 증언

19 요한이 증언한 내용은 이렇습니다. 예루살
렘에 사는 유대인들이 제사장과 레위인 몇
사람을 요한에게 보내어 "당신은 누구십
니까?"라고 묻게 했습니다.
20 요한은 그 질문에 거절하지 않고 대답했
습니다. 그는 분명하게 말했습니다. "나
는 그리스도가 아닙니다."
21 그러자 그 사람들이 요한에게 물었습니
다. "그럼 도대체 당신은 누구십니까? 엘
리야입니까?" 요한이 대답했습니다. "아
니오, 나는 엘리야가 아닙니다." 그러자
그 사람들이 물었습니다. "장차 오시기로
한 그 예언자입니까?" 요한은 또 대답했
습니다. "아닙니다."
22 그러자 그들이 요한에게 말하였습니다.
"그렇다면 당신은 누구십니까? 우리는 우
리를 보낸 사람들에게 보고해야 합니다.
대답해 주십시오. 당신은 자신을 무엇이
라고 생각하십니까?"
23 요한은 그 사람들에게 이사야 선지자의 말
씀을 인용하여 대답했습니다. "나는 광야
에서 '주님을 위하여 길을 곧게 만들어
라' 하고 외치는 사람의 소리입니다."*
24 보냄을 받은 유대 사람들 중에는 바리새인
이 보낸 사람이 있었습니다.
25 그 사람들이 요한에게 물었습니다. "당신
이 그리스도도 아니고, 엘리야도 아니고,
예언자도 아니라면 왜 사람들에게 세례를
줍니까?"
26 요한이 대답했습니다. "나는 사람들에게
물로 세례를 줍니다. 그러나 여러분 가운
데 여러분이 알지 못하는 한 사람이 서 계
십니다.
27 그분은 내 뒤에 오시는 분이지만, 나는 그
분의 신발 끈을 풀 자격도 없는 사람입니
다."
28 이 모든 것은 요한이 세례를 주던 요단 강
동편, 베다니에서 일어난 일이었습니다.

하나님의 어린양

29 다음 날, 요한은 자기에게 오시는 예수님
을 보고 이렇게 말했습니다. "보십시오.
세상 죄를 지고 가시는 하나님의 어린양
이십니다.
30 이분이 바로 내가 '내 뒤에 오시지만, 그
분이 나보다 더 위대하신 것은 내가 태어
나기 전에 존재하셨기 때문이다' 라고 말
했던 분입니다.
31 나도 이분이 누구신지를 알지 못했습니
다. 그러나 내가 물로 세례를 주러 온 이
유는 이분을 이스라엘 백성들에게 알리기
위해서입니다."
32 또 요한이 증거했습니다. "나는 성령께서
비둘기처럼 하늘로부터 내려와 그분 위에
머물러 계신 것을 보았습니다.
33 나 역시 그분이 그리스도이신 것을 알지
못하였습니다. 그러나 나를 보내어 물로
세례를 주라고 하신 분이 '너는 그 어떤
사람에게 성령이 내려와 그 위에 머무르
는 것을 보면, 그 사람이 성령으로 세례

제사장(1:19 priest) 하나님께 백성을 대신하여 제사를 드리던 사람.
예언자(1:21 prophet) 하나님의 말씀을 백성들에게 전달하는 사람.
세례(1:25 baptism) 죄를 물로 씻어 없앰을 상징하는 기독교 의식.

를 주실 바로 그분인 줄 알아라' 하고 말씀하셨습니다.
34 나는 그분이 하나님의 아들이신 것을 보았고, 그분이 바로 하나님의 아들이라고 증언하였습니다."

예수님의 첫 제자들

35 그 다음 날, 요한은 제자 두 사람과 함께 다시 그 자리에 서 있었습니다.
36 그는 예수님께서 지나가시는 것을 보고 말했습니다. "보아라, 하나님의 어린양이시다."
37 제자 두 사람은 요한이 이렇게 말하는 것을 듣고 예수님을 따라갔습니다.
38 예수님께서는 몸을 돌려 자기를 따라오는 두 사람을 돌아보며 물으셨습니다. "원하는 것이 무엇이냐?" 그들은 "랍비님, 사시는 곳이 어디입니까?"라고 말했습니다('랍비'라는 말은 '선생'이라는 뜻입니다).
39 예수님께서는 "와서, 보아라" 하고 대답하셨습니다. 그래서 두 사람은 예수님과 함께 갔습니다. 그들은 예수님께서 머무르시는 곳을 보았고, 그 날, 예수님과 함께 그 곳에서 지냈습니다. 때는 오후 4시쯤이었습니다.
40 요한에게서 예수님에 대한 이야기를 듣고 예수님을 따른 두 제자 중 한 사람은 시몬 베드로의 동생 안드레였습니다.
41 안드레가 첫 번째 한 일은 그의 형 시몬을 찾은 일이었습니다. 그는 시몬에게 "우리가 메시아를 찾았어"라고 말했습니다('메시아'란 '그리스도'를 가리키는 말입니다).
42 그리고 나서 안드레는 시몬을 예수님께 데려왔습니다. 예수님께서는 시몬을 보시고 "네가 요한의 아들 시몬이구나. 이제 너를 게바라고 부르겠다"라고 말씀하셨습니다('게바'란 '베드로'란 뜻입니다).

빌립과 나다나엘을 부르심

43 다음 날, 예수님께서는 갈릴리로 가기를 원하셨습니다. 예수님께서는 빌립을 만나시자 그에게 "나를 따라오너라" 하고 말씀하셨습니다.
44 빌립은 안드레와 베드로와 같은 동네인 벳새다 사람이었습니다.
45 빌립은 나다나엘을 만나고는 그에게 이렇게 말했습니다. "모세가 율법책에 썼고, 예언자들도 기록한 그분을 우리가 찾았다. 나사렛 사람 요셉의 아들 예수님이 바로 그분이시다."
46 그러나 나다나엘은 빌립에게 "나사렛에서 뭐 좋은 것이 나올 수 있겠는가?"라고 말했습니다. 빌립은 "와서 보아라" 하고 대답했습니다.
47 예수님께서는 나다나엘이 자기에게 오는 것을 보시고, "여기 참 이스라엘 사람이 있다. 이 사람에게는 거짓된 것이 하나도 없다"라고 말씀하셨습니다.
48 나다나엘은 예수님께 "저를 어떻게 아십니까?" 하고 물었습니다. 예수님께서 대답하셨습니다. "빌립이 너를 부르기 전, 네가 무화과나무 아래에 있는 것을 내가 보았다."
49 나다나엘은 예수님께 "선생님, 당신은 하나님의 아들이시며, 이스라엘의 왕이십니다"라고 대답했습니다.
50 예수님께서는 나다나엘에게 "네가 무화과나무 아래에 있는 것을 내가 보았다고 말해서 나를 믿느냐? 그러나 너는 그것보다

성경 인물

나다나엘 '하나님께서 주셨다'라는 의미의 나다나엘은 갈릴리 가나 출신으로 바돌로매와 동일 인물로 여겨집니다(마 10:3). 당시, 대부분의 사람들처럼 나다나엘도, 갈릴리에서는 예언자가 나오지 않는다는 믿음을 가지고 있었습니다. 그래서 친구 빌립이 예수님을 메시아라고 소개했을 때, 그분이 나사렛 출신이라는 것을 알고는 이를 무시했습니다(요 1:46). 하지만 그가 직접 예수님을 만난 후에는 예수님을 하나님의 아들이요, 왕으로 고백했습니다. 그는 예수님께 간사한 것이 없는 참 이스라엘 사람이라는 칭찬을 듣기도 했습니다.

본문 보기 1장 45-51절

알아두세요

1:23 사 40:3에 기록되어 있다.

더 큰 일을 보게 될 것이다"라고 대답하
셨습니다.
51 그리고 그들에게 "내가 너희에게 진리를 말
한다. 너희는 하늘이 열리고 하나님의 천사
들이 인자 위에서 오르락내리락하는 것을
보게 될 것이다"라고 말씀하셨습니다.

가나에서 열린 결혼식

2 삼 일째 되던 날에 갈릴리에 있는 가나
라는 마을에서 결혼식이 열렸습니다.
예수님의 어머니도 결혼식에 참석하였고,
2 예수님과 그분의 제자들도 결혼식에 초대
받았습니다.
3 포도주가 바닥났을 때, 예수님의 어머니
가 예수님께 "이 집의 포도주가 다 떨어졌
구나"라고 말해 주었습니다.
4 예수님께서는 "어머니, 왜 저에게 이런 부
탁을 하십니까? 저의 때가 아직 오지 않
았습니다"라고 대답하셨습니다.
5 예수님의 어머니는 하인들에게 "그분이
시키시는 일은 무엇이든지 하여라" 하고
말해 두었습니다.
6 그 집에는 돌로 만든 물 항아리가 여섯 개
있었습니다. 이 항아리는 유대인들이 정
결 예식에 사용하는 항아리들이었습니다.
그것은 각각 물 두세 동이를 담을 수 있
는 항아리였습니다.
7 예수님께서 하인들에게 "항아리에 물을
채워라" 하고 말씀하셨습니다. 하인들은
항아리에 물을 가득 채웠습니다.
8 그러자 예수님께서는 그들에게 "자, 이제
그것을 퍼다가 잔치를 주관하는 사람에게
갖다 주어라" 하고 말씀하셨습니다. 하인
들은 물을 떠서 잔치를 주관하는 사람에
게 갖다 주었습니다.
9 하인이 떠다 준 물을 잔치를 주관하는 사
람이 맛보았을 때, 그 물은 포도주가 되
어 있었습니다. 그는 그 포도주가 어디서
난 것인지 알지 못하였지만, 물을 가져온
하인들은 알고 있었습니다. 잔치를 주관
하는 사람은 신랑을 불렀습니다.
10 그리고 그에게 "사람들은 항상 처음에 좋
은 포도주를 내놓고, 손님들이 취한 다음

물로 포도주를
만드신 예수님(2:1-11)

에는 값싼 포도주를 내놓는 법인데, 당신
은 지금까지 가장 좋은 포도주를 보관하
고 계셨군요" 하고 말하였습니다.
11 예수님께서는 이 첫 번째 표적을 갈릴리
가나에서 행하셨으며, 거기서 그의 영광
을 보여 주셨습니다. 그러자 그의 제자들
이 그를 믿게 되었습니다.
12 이 일이 있은 후, 예수님께서는 그의 어
머니와 형제들과 제자들과 함께 가버나움
이라는 마을로 가서 며칠 동안, 머무르셨
습니다.

성전을 깨끗하게 하심

13 유대의 명절인 유월절이 가까워 오자, 예
수님께서는 예루살렘으로 올라가셨습니다.
14 예수님께서는 성전 뜰 안에서 소와 양과 비
둘기를 팔고 있는 사람들과 또 상에 앉아
서 돈을 바꿔 주는 사람들을 보셨습니다.
15 예수님께서는 끈으로 채찍을 만들어 양과
소를 비롯하여 모든 짐승을 성전 뜰에서
쫓아 내셨습니다. 예수님께서는 돈 바꾸
는 사람들의 상을 뒤엎으시고, 그 사람들
의 돈을 흩트리셨습니다.
16 그리고 비둘기를 파는 사람들에게 명령하
셨습니다. "이것들을 여기서 치워라! 내
아버지의 집을 시장터로 만들지 마라!"
17 이 때, 제자들은 성경에 "주님의 집에 대한
나의 열심이 불처럼 나를 삼켜 버렸다"*라
고 기록된 것을 생각하였습니다.
18 유대인들은 예수님께 "당신은 당신에게 이
런 일들을 행할 권리가 있다는 것을 증명
할 무슨 표적을 행할 수 있습니까?" 하고
물었습니다.
19 예수님께서는 "이 성전을 허물어라. 그러
면 내가 삼 일 만에 이것을 다시 세우겠
다"라고 대답하셨습니다.
20 그러자 유대인들은 "이 성전을 건축하는
데 사십육 년이 걸렸는데, 당신이 삼 일
만에 다시 세우겠다는 겁니까?"라고 반문
했습니다.
21 그러나 예수님께서 말씀하신 성전은 그분
자신의 몸을 가리키는 것이었습니다.
22 예수님께서 죽은 자들 가운데서 부활하신
후에, 그분의 제자들은 예수님께서 이렇게
말씀하신 것을 기억하였고, 그들은 성경과
예수님께서 하신 말씀을 믿었습니다.

예수님께서는 모든 사람을 아심

23 예수님께서 예루살렘에 계시는 유월절 기
간 동안, 많은 사람들이 그분이 행하시는
표적을 보고 예수님을 믿었습니다.
24 그러나 예수님께서는 모든 사람을 알고 계
셨기 때문에 자기 자신을 그 사람들에게
맡기지 않으셨습니다.
25 예수님께서는 사람들의 마음속에 무엇이
들어 있는지 알고 계셨기 때문에, 사람에
대해서 어느 누구의 증언이 필요가 없었
습니다.

예수님과 니고데모

3 바리새인들 중에 니고데모라는 사람이
있었습니다. 그는 유대 공의회 의원 중
한 사람이었습니다.
2 어느 날 밤, 니고데모가 예수님을 찾아왔
습니다. 그는 "선생님, 우리는 당신이 하
나님께로부터 오신 선생님이라는 것을 압
니다. 하나님께서 함께하시지 않는다면,
아무도 선생님께서 하셨던 일들을 행할

성경 속의 궁금증

예수님께서 말씀하신 잔치를 주관하는 사람은 누구일까요?

여기서 말하는 잔치를 주관하는 사람은 연회를 진행하기 위해 고용된 종으로서 '연회장'이라고 불리는 사람이었습니다. 그에게는 주어진 임무를 잘 수행할 수 있도록, 다른 종들을 부릴 수 있는 권한과 함께 그들을 감독하는 일이 주어졌습니다. 특별히 그가 하는 일 중에서 손님에게 술을 나누어 주기 전에 먼저 맛을 보는 관행이 있었는데, 이를 아시는 예수님께서 물을 포도주로 변화시키신 후, 포도주의 일부를 '연회장'에게 가져가라고 지시하셨던 것입니다.

본문 보기 2장 8절

요

알아두세요

2:17 시 69:9에 기록되어 있다.

수 없습니다"라고 말했습니다.
3 예수님께서 대답하셨습니다. "내가 너에게
진리를 말한다. 누구든지 다시 태어나지
않으면, 하나님의 나라를 볼 수 없다."
4 니고데모가 예수님께 물었습니다. "사람이
이미 나이가 많아 어른이 되었는데, 어떻
게 다시 태어날 수 있겠습니까? 어머니의
태 안에 다시 들어가 두 번씩이나 태어날
수 있겠습니까?"
5 예수님께서는 이렇게 대답하셨습니다.
"내가 너에게 진리를 말한다. 누구든지
물과 성령으로 태어나지 않는다면, 그 사
람은 하나님 나라에 들어갈 수 없다.
6 사람이 육체적으로는 그의 부모로부터 태
어나지만, 영적으로는 성령으로부터 태어
난다.
7 내가 너에게 '다시 태어나야 한다'라고
말한 것에 너무 놀라지 마라.
8 바람은 제 맘대로 부는 법이다. 너는 바
람 부는 소리는 듣지만, 그 바람이 어디
서부터 와서 어디로 가는지는 알지 못한
다. 성령으로 다시 태어나는 모든 사람도
이와 같다."
9 니고데모는 "이런 일이 어떻게 가능할 수
있습니까?"라고 물었습니다.
10 예수님께서 대답하셨습니다. "너는 이스라
엘의 선생인데도 이 일들을 이해하지 못
하느냐?
11 내가 너에게 진리를 말한다. 우리는 우리
가 아는 것을 말하고 우리가 본 것을 증

> **성경 인물**
>
> **니고데모** 유대의 최고 법정인 산헤드린 공회의 회원이자 바리새인이었던 니고데모는 사람들의 시선을 의식해 밤중이 되어서야 *몰래 예수님을 찾아 뵙고* 거듭남에 대한 말씀을 들었습니다. 후에 대제사장과 바리새인들이 예수님을 체포하려고 했을 때는 예수님을 위해 변호하였고(요 7:50-51), 예수님이 돌아가신 후에는 아리마대 요셉과 함께 몰약과 침향 섞은 것을 약 33kg 정도 가져와 예수님의 시신에 넣어서 예수님을 장사지냈습니다.
>
> 본문 보기 3장 1절

언한다. 그러나 너희는 우리가 증언한 것
을 받아들이지 않고 있다.
12 내가 너희에게 이 세상의 일들에 대해 말
했는데도 너희는 나를 믿지 않는데, 내가
너희에게 하늘의 일들을 말한다면, 너희
가 어떻게 믿겠느냐?
13 하늘에서 내려온 사람, 곧 인자 외에는 하
늘에 올라간 사람이 아무도 없다.
14 모세가 광야에서 뱀을 높이 들었던 것처
럼 인자도 들려야 한다.
15 그것은 그를 믿는 사람들에게 영생을 얻
게 하기 위해서이다.
16 이와 같이 하나님께서는 세상을 사랑하여
독생자를 주셨다. 이는 누구든지 그의 아
들을 믿는 사람은 멸망하지 않고 영생을
얻게 하려 하심이다.
17 하나님께서는 세상을 심판하시기 위해 그
의 아들을 세상에 보내신 것이 아니라, 자
기 아들을 통하여 세상을 구원하시기 위
해 아들을 보내신 것이다.
18 하나님의 아들을 믿는 사람은 유죄 판결
을 받지 않는다. 그러나 그를 믿지 않는
사람은 이미 유죄 판결을 받은 것이다. 그
것은 사람이 하나님의 독생자의 이름을
믿지 않았기 때문이다.
19 판결 내용은 이렇다. 빛이 세상에 와 있지
만 사람들은 빛보다는 어두움을 더 좋아하
였다는 것이다. 그들이 어두움을 더 좋아하
는 것은 그들의 행위가 악하기 때문이다.
20 악을 행하는 사람마다 빛을 미워하며, 또
한 빛으로 말미암아 자기의 행위가 폭로되
는 것이 두려워 빛을 향해 나오지 않는다.
21 그러나 진리를 행하는 사람은 그가 행한 모
든 일들이 하나님을 통하여 행한 것이라는
사실을 나타내기 위해 빛을 향해 나온다."

예수님과 세례자 요한

22 이 일이 있은 후, 예수님과 그의 제자들은
유대 지방으로 갔습니다. 예수님께서는 거
기서 그의 제자들과 함께 머무르시면서
사람들에게 세례를 주셨습니다.
23 세례자 요한도, 살렘 근처에 있는 애논에
서 세례를 주었습니다. 이는 그 곳에 물

이 많고, 사람들도 계속해서 자기에게 나
아왔기 때문입니다.
24 이 때는 요한이 아직 감옥에 갇히기 전이
었습니다.
25 요한의 제자들 중 몇 사람과 유대인 사이에
정결 예법에 대한 논쟁이 벌어졌습니다.
26 그래서 그들은 요한에게 와서 "선생님, 요단
강 동편에서 선생님과 함께 계시던 분, 즉
선생님께서 이전에 증언하셨던 그분이 지금
세례를 주고 계시며, 모든 사람들이 그분에
게로 가고 있습니다"라고 말했습니다.
27 요한이 대답했습니다. "하늘의 하나님께
서 주지 않으시면, 사람은 아무것도 받을
수 없다.
28 너희들은, 내가 '나는 그리스도가 아니며
그분보다 앞서 보냄을 받은 사람이다'라
고 말한 것을 들은 증인들이다.
29 신부의 주인은 신랑이다. 신랑을 기다리
며, 그가 오는 소리에 귀를 기울이는 신
랑의 친구는 신랑의 소리를 듣고 대단히
기뻐한다. 나의 기쁨도 이와 똑같은 것이
다. 나의 기쁨이 이제 이루어졌다.
30 그분은 점점 더 위대해질 것이고, 나는 점
점 더 사람들의 관심에서 멀어지게 될 것
이다."

하늘에서 오신 분

31 "위로부터 오신 분은 모든 것 위에 계신
분이다. 땅으로부터 온 사람은 땅에 속하
여, 땅의 일을 말한다. 그러나 하늘로부
터 오신 분은 모든 것 위에 계신 분이다.
32 그분은 그가 보고 들었던 것을 증언하신
다. 그러나 아무도 그분의 증언을 받아들
이지 않는다.
33 그분의 증거를 받아들이는 사람은 하나님
이 참되신 분이라는 사실을 인정한다.
34 하나님께서 보내신 그분은 하나님의 말씀
을 전하신다. 하나님께서는 그분에게 성
령을 한없이 주셨다.
35 아버지는 아들을 사랑하셔서 모든 것을
그의 손에 맡기셨다.
36 아들을 믿는 사람은 영생이 있지만, 아들
을 거역하는 사람은 생명을 보지 못하고
도리어 그에게 하나님의 진노가 있을 것
이다."

예수님과 사마리아 여인

4 바리새인들은 예수님께서 요한보다 더
많은 사람을 제자로 삼고 세례를 준다
는 소문을 들었습니다.
2 그러나 사실 예수님께서 직접 사람들에게
세례를 주신 것이 아니라 제자들이 세례
를 준 것이었습니다. 예수님께서는 바리새
인들이 자기에 대하여 이야기하고 있다는
것을 아시고,
3 유대를 떠나 다시 갈릴리로 가셨습니다.
4 갈릴리로 가려면 사마리아 지방을 거쳐 가
야만 했습니다.
5 예수님께서는 사마리아에 있는 수가라는
마을로 들어가셨습니다. 이 마을은 야곱
이 자기 아들 요셉에게 주었던 밭에서 그
리 멀지 않은 곳에 있었습니다.
6 그 곳에 야곱의 우물이 있었습니다. 예수
님께서는 오랜 여행으로 피곤하여 그 우
물가에 앉으셨습니다. 그 때가 대략 정오
쯤이었습니다.
7 사마리아 여자 한 사람이 물을 길으러 나왔
습니다. 예수님께서는 그 여자에게 "내게
마실 물 좀 주시오"라고 말씀하셨습니다.
8 이 일이 일어날 즈음 예수님의 제자들은

성경 속의 궁금증

우물

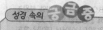

여행가들에 의해 확인된 팔레스타인 지역의 우물은 그 깊이가 매우 다양하나 보통 19~30m 정도 사이였고, 더 깊은 것도 있었습니다. 이처럼 깊은 우물에서 물을 길어 올리기 위해서는 가죽 물통이나 흙 항아리에 줄을 단단히 매어야 했는데, 그것을 우물의 바닥까지 내려뜨리는 데는 도르래를 이용하거나 단순히 우물 입구에서 줄을 내려뜨리는 방법을 사용했다고 합니다. 따라서 몇 년 동안, 물을 길었던 우물에는 줄을 내렸던 부분에 깊은 홈이 파여 있는 것을 발견할 수 있습니다. 본문 보기 4장 6절

먹을 것을 사러 마을로 내려가고 그 자리
에 없었습니다.
9 사마리아 여자는 예수님께 "당신은 유대 남
자고, 나는 사마리아 여자인데, 어떻게 나
에게 마실 것을 달라고 할 수 있습니까?"
라고 말했습니다. 당시 유대인들은 사마리
아 사람들과 상종을 하지 않았습니다.*
10 예수님께서는 그 여자에게 이렇게 대답하
셨습니다. "당신이 하나님께서 주시는 선
물이 무엇인지, 또 '내게 마실 것을 달라'
라고 말하고 있는 사람이 누구인지 알았
더라면, 오히려 당신이 그 사람에게 구하
였을 것이고 그러면 그가 당신에게 생명
의 물을 주었을 것이오."
11 그 여자가 말했습니다. "선생님, 당신에
게는 물 길을 도구도 없고 이 우물은 매
우 깊은데, 어디서 그 생명의 물을 구한
단 말입니까?
12 당신이 우리 조상 야곱보다 더 큰 분이란
말씀이십니까? 야곱은 우리에게 이 우물
을 주신 분입니다. 그분도 친히 이 우물
에서 물을 길어 마셨고, 그분의 아들들과
가축들도 그렇게 했습니다."
13 예수님께서는 "이 물을 마시는 사람은 다
시 목마를 것이오.
14 그러나 내가 주는 물을 마시는 사람은 누
가 되었건 간에, 영원히 목마르지 않을 것
이오. 내가 주는 물은 그 사람 안에서 계
속 솟아나, 영원한 생명을 가져다 주는 우
물이 될 것이오"라고 대답하셨습니다.
15 사마리아 여자는 예수님께 "선생님, 저에
게 그런 물을 주셔서 제가 다시는 목이 마
르지 않을 뿐더러 물을 길으러 여기에 오
지 않게 해 주십시오"라고 말했습니다.
16 예수님께서는 그 여자에게 "가서 당신 남
편을 불러 이리로 데려 오시오"라고 말씀
하셨습니다.
17 그 여자는 예수님께 "저는 남편이 없습니다"
라고 대답했습니다. 그러자 예수님께서 "당
신이 남편이 없다고 한 말은 맞는 말이오.
18 실제로 당신은 남편이 다섯 명이나 있었
고, 지금 당신과 함께 사는 남자도 당신 남
편이 아니오. 당신이 방금 전에 말한 것은
틀린 말이 아니었소"라고 말씀하셨습니다.
19 그 여자는 "선생님, 제가 보기에 선생님
께서는 예언자이십니다.
20 우리의 조상들은 이 산에서 예배하였으
나, 유대인들은 예배할 수 있는 유일한 장
소는 예루살렘에 있다고 주장합니다"라고
말했습니다.
21 예수님께서 이렇게 말씀하셨습니다. "여
인이여, 나를 믿으시오. 이 산에서도 아
니고, 예루살렘에서도 아닌, 당신네들이
아버지께 예배할 때가 올 것이오.
22 사마리아 사람인 당신네들은 알지 못하는
것을 예배하나, 우리 유대인들은 우리가
알고 있는 것을 예배하오. 그것은 구원이
유대인들로부터 나오기 때문이오.
23 그러나 참되게 예배하는 사람들이 영과 진
리로 아버지께 예배할 때가 올 것인데, 지
금이 바로 그 때요. 그리고 하나님께서는
이렇게 예배하는 사람들을 찾고 계시오.
24 하나님께서는 영이시기 때문에 하나님께
예배하는 사람들은 반드시 영과 진리로

성경 자세히 이해하기

사마리아인

사마리아인은 B.C. 722년 이스라엘 북왕조가 앗시리아에 의해 멸망당한 뒤, 그 곳에 이주해 온 이방인과 유대인 사이에서 태어난 혼혈인을 말합니다. 유대인들은 이런 사마리아인들이 본래 그들만의 고유한 혈통과 종교를 더럽혔다고 생각하여 그들을 멸시하고 상종조차 하지 않았습니다. 사마리아인들은 전통적으로 그리심 산을 축복의 산으로 생각했으며, 하나님이 제단을 쌓으라고 명령하신 곳도 그 산이라 믿었습니다. 반면에 유대인들은 성전이 세워져야 할 곳은 예루살렘이라고 믿었습니다.

본문 보기 4장 9-20절

알아두세요

4:9 사마리아 사람들은 유대 사람들과 식사를 같이 하지 않은 것은 물론이고 그릇도 함께 사용하지 않았다.

예배해야만 하오."
25 그 여자는 "그리스도라고 불리는 메시아가
오실 것이라는 사실을 알고 있습니다. 그
분이 오시면, 우리에게 모든 것을 설명해
주실 것입니다"라고 말했습니다.
26 그러자 예수님께서 여자에게 말씀하셨습
니다. "지금 당신과 이야기하고 있는 내
가 바로 그 메시아요."
27 바로 그 때, 예수님의 제자들이 마을에서
돌아왔습니다. 그들은 예수님께서 여자와
이야기하고 있는 것을 보고 무척 놀랐습
니다. 그러나 아무도 "선생님, 무엇을 구
하고 계십니까?"라거나 "선생님, 무슨 일
로 그 여자와 이야기를 하고 계십니까?"
라고 묻는 사람이 없었습니다.
28 그 여자는 물 항아리를 버려 두고, 마을
로 돌아가 사람들에게 말했습니다.
29 "여러분, 이리 와서 내 과거의 일을 다 말
해 준 사람을 한번 보세요. 이분이 메시아
가 아닐까요?"
30 그러자 사람들이 마을에서 나와 예수님께
로 왔습니다.
31 그 사이 제자들은 예수님께 "선생님, 음식
을 좀 드시지요"라고 청했습니다.
32 그러나 예수님께서는 "나에게는 너희들이
알지 못하는 먹을 음식이 있다"라고 대답
하셨습니다.
33 그러자 제자들은 자기들끼리 "누가 예수
님께 먹을 것을 갖다 드렸을까?"라고 말
했습니다.
34 예수님께서 이들에게 말씀하셨습니다.
"나의 음식은 나를 보내신 분의 뜻을 행
하고, 그분의 일을 완수하는 것이다.
35 너희들은 '넉 달이 지나야 추수 때가 될
것이다'라고 말하지 않느냐? 그러나 나는
너희에게 말한다. 눈을 들어 밭을 보아라.
이미 곡식이 익어 추수할 때가 되었다.
36 추수하는 사람은 벌써 추수한 대가로 품삯
을 받고, 영생을 위한 곡식을 추수하는 중
이다. 그래서 씨를 뿌린 사람은 추수하는
사람과 함께 기뻐할 수 있게 될 것이다.
37 그러므로, '한 사람은 씨를 뿌리고, 다른

사마리아 여인을
만나 주신 예수님(4:1-30)

사람은 추수한다'라고 하는 말은 진리이다.
38 나는 너희들이 직접 수고하지 않은 것을
추수하라고 너희들을 보냈다. 다른 사람
들은 수고하였고, 너희들은 그들이 해 놓
은 수고의 결실을 얻게 되었다."

사마리아 사람들이 예수님을 믿음

39 그 마을에 사는 많은 사마리아 사람들은
그 여자가 "그분은 내 과거의 모든 일들
을 나에게 말씀해 주셨어요"라고 말한 것
때문에 예수님을 믿었습니다.
40 사마리아 사람들이 예수님께 그들과 함께
지내다 가시기를 청했으므로 거기서 이틀
을 머무르셨습니다.
41 그래서 보다 많은 사람들이 예수님의 말
씀을 듣고 예수님을 믿었습니다.
42 그들은 그 여자에게 "더 이상 우리는 당
신의 말 때문에 예수님을 믿는 것이 아니
오. 우리가 이제는 예수님의 말씀을 직접
들었고, 이분이 참으로 세상의 구세주라
는 사실을 알았기 때문에 믿는 것이오"라
고 말했습니다.

왕의 신하의 아들을 고치심

43 이틀 후에 예수님께서는 그 곳을 떠나 갈
릴리로 가셨습니다.
44 전에 예수님께서는 예언자가 자기 고향에
서는 존경을 받지 못한다고 직접 말씀하
신 적이 있습니다.
45 예수님께서 갈릴리에 도착했을 때, 그 곳 사
람들은 예수님을 환영했습니다. 왜냐하면 그
사람들은 유월절에 예루살렘에서 예수님께서
하신 모든 일들을 보았으며, 또한 자신들도
유월절에 그 곳에 있었기 때문입니다.
46 예수님께서는 갈릴리 가나를 또 방문하셨
습니다. 이 곳은 예수님께서 물로 포도주
를 만드셨던 곳입니다. 이 곳에는 높은 지
위를 가진 왕의 신하 한 사람이 살고 있
었습니다. 그 신하의 아들은 병에 걸려 가
버나움에 있었습니다.
47 왕의 신하는 예수님께서 유대 지방에서 갈
릴리로 오셨다는 소식을 듣고 예수님께 찾
아가 가버나움으로 오셔서 자기 아들을 낫
게 해 달라고 간청하였습니다. 그 신하의
아들은 거의 죽기 직전에 있었습니다.
48 예수님께서 왕의 신하에게 말씀하셨습니
다. "너희는 표적과 기이한 것들을 보지
않으면 전혀 믿으려 하지 않는다."
49 그 신하가 말했습니다. "선생님, 제 아들
이 죽기 전에 가버나움으로 오십시오."
50 예수님께서 대답하셨습니다. "가시오. 당
신 아들은 살 것이오." 그 사람은 예수님
께서 자기에게 하신 말씀을 믿고 집으로
갔습니다.

연못가의 병자를
고치신 예수님(5:1-9)

51 그 사람은 집으로 가는 도중에 자기의 하
인들을 만나 자기 아들이 살아났다는 소
식을 들었습니다.
52 왕의 신하가 자기 아들이 낫게 된 때를 묻
자, 하인들은 "어제 오후 1시무렵부터 열
이 떨어졌습니다"라고 대답했습니다.
53 아이 아버지는 그 때가 바로 예수님께서
"당신 아들은 살 것이오"라고 말씀하신 그
시각과 정확히 일치한 것을 알고 자기와
그 집의 모든 사람이 예수님을 믿었습니다.
54 이것은 예수님께서 유대에서 갈릴리로 오
신 후, 행하신 두 번째 표적이었습니다.

연못가의 병자를 고치심

5 얼마 후, 유대인의 명절이 되어 예수님
께서는 예루살렘으로 올라가셨습니다.
2 예루살렘에 있는 '양의 문' 근처에 기둥
다섯 개가 있는 연못이 있었습니다. 거기
에는 히브리 말로 '베데스다'라고 씌어 있
었습니다.
3 이 곳에는 병약한 사람, 앞 못 보는 사람,
걷지 못하는 사람, 다리를 저는 사람 등
많은 병자들이 누워 있었습니다.
4 (없음)*
5 거기에 삼십팔 년 동안, 병을 앓아온 한
남자가 있었습니다.
6 예수님께서는 그 남자가 누워 있는 것을
보시고, 그가 아주 오랫동안 병을 앓아온
사람이라는 것을 아셨습니다. 그래서 그
에게 물으셨습니다. "낫기를 원하시오?"
7 병든 사람이 대답했습니다. "선생님, 물
이 움직이기 시작할 때, 제가 연못 안으
로 들어갈 수 있게 도와 주는 사람이 없
습니다. 제가 물 속으로 들어가려고 하
면, 다른 사람이 저보다 앞서서 물 속으
로 들어가곤 합니다."
8 그 때, 예수님께서 말씀하셨습니다. "일어
나서 당신의 침상을 들고 걸어가시오."
9 그 즉시, 그 남자는 병이 나았습니다. 그
는 그의 침상을 들고 걸어가기 시작했습
니다. 그런데 그 날은 안식일이었습니다.
10 그래서 유대인들은 병이 나은 그 남자에
게 이렇게 말했습니다. "오늘은 안식일이
오. 안식일에 당신이 침상을 들고 가는 것
은 율법을 어기는 일이오."
11 그러자 그 남자가 대답했습니다. "나를
고쳐 주신 분이 나에게 '침상을 들고 걸
어가거라' 하고 말씀하셨습니다."
12 "당신에게 침상을 들고 걸어가라고 말한
사람이 도대체 누구요?"라고 유대인들이
다시 물었습니다.
13 그러나 병 고침을 받은 사람은 어떤 사람
이 자기를 고쳐 주었는지 알 도리가 없었
습니다. 왜냐하면 그 곳에는 많은 사람이
있었고, 예수님께서는 이미 군중 속으로
사라진 뒤였기 때문입니다.
14 얼마 후, 예수님께서는 성전 뜰에서 그 남
자를 만나 그에게 말씀하셨습니다. "보시
오, 당신은 이제 다시 건강해졌으니, 더
악한 일이 당신에게 닥치지 않게 다시는
죄를 짓지 마시오."
15 그 남자는 그 자리를 떠나 유대인들에게
가서 자신을 고쳐 주신 분이 예수님이라
고 말했습니다.
16 예수님께서 안식일에 이러한 일을 하셨기
때문에 유대인들은 예수님을 핍박하기 시
작했습니다.
17 그러나 예수님께서는 그들에게 이렇게 말
씀하셨습니다. "내 아버지께서 지금까지
항상 일하시니, 나도 일한다."
18 이 말 때문에 유대인들은 더더욱 예수님을
죽이려고 안달하였습니다. 그것은 그분이
안식일을 범할 뿐만 아니라 하나님을 자
기의 친아버지라고 불러 자기를 하나님과
동등하게 여기고 있기 때문이었습니다.

알아두세요

5:3하반절-4절 어떤 사본에는 다음과 같은 구절이 있다. "[3]그들은 물이 움직이기를 기다렸다. [4]가끔씩 주의 천사가 연못으로 내려와 물을 휘저었는데, 이렇게 휘저어 놓은 연못에 제일 처음 들어간 사람은 그가 어떤 병을 가지고 있든지 고침을 받을 수 있었다."

표적(4:48 miraculous sign) 초자연적인 능력이 겉으로 나타난 흔적.
병약한(5:3 weak) 병에 시달려 몸이 쇠약한.

하나님의 권세를 가지신 예수님

19 그러나 예수님께서 말씀하셨습니다. "내가
너희에게 진리를 말한다. 아들은 어느 것
하나도 혼자서 할 수 없다. 아들은 다만 아
버지께서 하시는 일을 보고서야 그것을 할
수 있을 따름이다. 그것은 아버지께서 무
엇을 행하시든지 아들도 행하기 때문이다.
20 아버지께서는 아들을 사랑하셔서 그분이
하시는 모든 일들을 아들에게 보여 주신
다. 너희에게는 놀랄 만한 일이겠지만 아
버지께서는 이보다 더 큰 일들을 아들에
게 보여 주실 것이다.
21 아버지께서 죽은 사람을 부활시키시며 그
들에게 생명을 주시는 것처럼 아들도 자
기가 원하는 자들에게 생명을 줄 것이다.
22 이뿐 아니라 아버지는 아무도 심판하지
않으시고 심판하는 모든 권한을 아들에게
맡기셨다.
23 하나님께서 이렇게 하시는 것은 모든 사
람들이 아버지를 존경하듯이 아들도 존경
하게 하기 위해서이다. 아들을 존경하지
않는 사람은 아들을 보내신 아버지도 존
경하지 않는 것이다."
24 "내가 너희에게 진리를 말한다. 누구든지
내 말을 듣고 나를 보내신 분을 믿는 사람
은 영원한 생명을 얻었고, 심판을 받지 않
을 것이며, 사망에서 생명으로 옮겨졌다.
25 내가 너희에게 진리를 말한다. 죽은 사람
이 하나님의 아들의 음성을 들을 때가 올
것인데, 그 때가 바로 지금이다. 그 음성
을 듣는 사람들은 살 것이다.
26 아버지 속에 생명이 있는 것처럼, 아버지
께서는 아들에게도 생명을 주어 그 속에
있게 하셨다.
27 또한 아들이 곧 인자이기 때문에 아버지
께서는 아들에게 심판할 수 있는 권한을
주셨다.
28 이 말을 한다고 놀라지 마라. 무덤 속에
있는 모든 사람들이 아들의 음성을 들을
때가 올 것이다.
29 선한 일을 한 사람들은 생명을 얻기 위해
부활할 것이며, 악한 일을 한 사람들은 심

예수님의 첫 번째 전도 여행 (1:29-5:47)

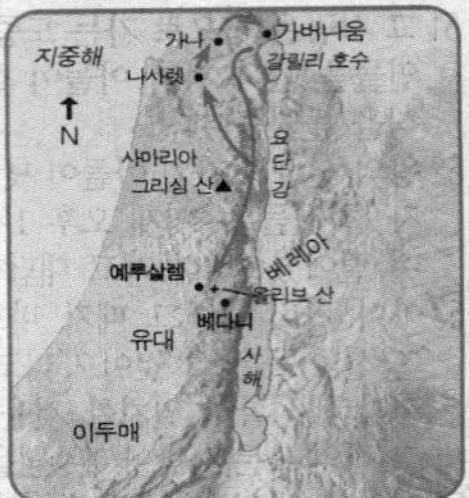

판을 받기 위해 부활할 것이다.
30 나는 혼자서는 아무것도 할 수 없다. 나는
내가 듣는 대로만 심판을 한다. 그래서 나
의 심판은 의롭다. 나는 내가 하고 싶은
것을 하려 하지 않고, 오직 나를 보내신
분이 원하시는 것을 하려고 애쓴다."

예수님에 관한 증거

31 "내가 나 자신에 대하여 증언한다면, 사
람들은 내 증거를 참된 증거로 받아들이
지 않을 것이다.
32 그러나 나에 대하여 증언하는 다른 분이
계시니, 나는 그분이 나에 대하여 증언하
는 것이 옳다는 것을 안다."
33 "너희가 요한에게 사람을 보냈고 요한은
너희에게 진실되게 증언하였다.
34 그렇다고 해서 내가 사람에게서 증언을
받은 것은 아니다. 내가 이런 말을 하는
것은 너희가 구원을 얻을 수 있도록 하기
위해서이다.
35 요한은 타오르면서 빛을 내는 등불이었
다. 너희는 잠시 요한의 빛 가운데서 기
뻐하기를 원했으나
36 내게는 요한의 증언보다 더 큰 증언이 있
다. 아버지께서 나에게 하라고 주셨고,
지금 내가 행하고 있는 일들이 아버지께
서 나를 보내신 것을 증언한다.
37 나를 보내신 아버지께서 친히 나를 증언
해 주셨다. 너희는 지금까지 그분의 음성
을 듣지도 않았고, 그분의 모습을 보지도
않았다.
38 또한 너희는 아버지께서 보내신 사람을

믿지 않기 때문에 하나님의 말씀이 너희
속에 머물러 있지도 않는다.
39 너희는 성경에서 영생을 얻을 수 있다고
생각하여 성경을 부지런히 연구하고 있는
데, 바로 그 성경이 나를 증언하는 것이다.
40 하지만 너희는 영생을 얻기 위해 나에게
오는 것을 거절하였다."
41 "내가 사람에게서 영광을 받으려는 것이
아니다.
42 나는 너희가 어떤 사람인지를 안다. 너희
에게는 하나님을 사랑하는 마음이 없다.
43 나는 나의 아버지로부터 받은 권세를 가지
고 왔으나, 너희는 나를 받아들이지 않는다.
그러나 다른 사람이 자기의 권세를 가지고
온다면, 너희는 그를 받아들일 것이다.
44 너희는 너희끼리 영광받는 것을 좋아하면
서도, 하나님께로부터 오는 영광을 얻는
일에는 힘을 쓰지 않으니, 너희가 어떻게
나를 믿을 수 있겠느냐?"
45 "내가 아버지 앞에서 너희를 고소할 것이라
고 생각하지 마라. 너희를 고소하는 사람은
바로 너희가 소망을 두고 있는 모세이다.
46 너희가 모세를 믿었다면, 나를 믿었을 것
이다. 왜냐하면 모세가 기록한 것이 나에
관한 것이기 때문이다.
47 너희가 모세의 글을 믿지 않는데, 내가 말
하는 것을 어떻게 믿을 수 있겠느냐?"

보리 빵 다섯 개와 물고기 두 마리

6 이 일이 있은 지 얼마 후, 예수님께서
는 디베랴 호수라고도 하는 갈릴리 호
수를 건너가셨습니다.
2 많은 사람이 예수님의 뒤를 따랐습니다.
그것은 사람들이 예수님께서 병든 사람들
에게 행하시는 표적을 보았기 때문입니다.
3 예수님께서는 언덕으로 올라가 제자들과
함께 거기 앉으셨습니다.
4 때는 유대인의 명절인 유월절 무렵이었습
니다.
5 예수님께서는 눈을 들어 많은 사람이 예수
님께 나오는 것을 바라보시고 빌립에게 말
씀하셨습니다. "이 사람들이 먹을 빵을
어디서 살 수 있겠느냐?"
6 예수님께서는 빌립이 어떻게 하나 보시려
고 이런 질문을 하신 것이었습니다. 예수
님께서는 빌립이 어떻게 할 것인가를 이
미 알고 계셨습니다.
7 빌립이 예수님께 대답했습니다. "여기 있
는 한 사람 한 사람이 빵을 한 입씩만 먹
는다고 해도, 그 빵을 사려면 이백 데나리
온은 있어야 할 것입니다."
8 그 때, 예수님의 제자 중 한 사람인 시몬
베드로의 동생 안드레가 말했습니다.
9 "여기 사내아이 하나가 가지고 온 작은 보
리 빵 다섯 개와 작은 물고기 두 마리가
있습니다. 하지만 이것만 가지고 이렇게
많은 사람을 어떻게 먹이겠습니까?"
10 예수님께서 말씀하셨습니다. "사람들에게
앉으라고 하여라." 그 곳은 풀이 많은 곳
이었습니다. 거기에 앉은 남자 어른의 수
는 약 오천 명이었습니다.
11 그 때, 예수님께서는 빵을 가지고 하나님
께 감사의 기도를 하신 후, 그 곳에 앉아
있는 사람들에게 그들이 원하는 만큼 나
눠 주셨습니다. 예수님께서는 물고기를
가지고도 그렇게 하셨습니다.
12 사람들은 모두 실컷 먹었습니다. 식사가
끝났을 때, 예수님께서 제자들에게 말씀
하셨습니다. "먹고 남은 빵과 물고기를
다 모으고 하나도 버리지 마라."
13 그래서 제자들은 남은 음식들을 모았습니
다. 보리 빵 다섯 개로 사람들이 먹고 남
은 조각들이 큰 광주리*로 열두 개나 되
었습니다.
14 사람들은 예수님께서 행하신 표적을 보고
말했습니다. "이분은 세상에 오실 그 예

알아두세요
6:13 바구니

고소(5:45 accusation) 피해자가 경찰이나 법률 기관에 사실을 알려 가해자를 처벌해 줄 것을 요구하는 것.

데나리온(6:7 denarius) 당시 노동자의 하루 품삯으로, 약 3.8g의 무게에 해당하는 고대 로마의 은 동전.

언자가 틀림없다."
15 예수님께서는 사람들이 와서 자기를 강제
로 데려다가 그들의 왕으로 세우려 한다
는 것을 아셨습니다. 그래서 다시 그 곳
을 떠나 혼자 산으로 올라가셨습니다.

물 위를 걸으신 예수님

16 밤이 되자 예수님의 제자들은 갈릴리 호수
로 내려갔습니다.
17 이미 날은 어두워졌지만 예수님께서는
아직 제자들에게 오지 않으셨습니다. 제
자들은 작은 배를 타고 가버나움으로 가
기 위해 갈릴리 호수를 건너기 시작했습
니다.
18 그 때, 강한 바람이 불어 오고 호수 위의
파도는 점점 거세졌습니다.
19 제자들은 약 4~5킬로미터 정도의 거리를
노 저어 갔습니다. 그 때, 예수님께서 물
위를 걸어 배를 향하여 오시는 것이 보였
습니다. 제자들은 두려웠습니다.
20 하지만 예수님께서 그들에게 말씀하셨습
니다. "나다, 두려워하지 마라."
21 제자들은 기꺼이 예수님을 배 안으로 모
셨습니다. 배는 곧 그들이 가려던 목적지
에 도착했습니다.

사람들이 예수님을 찾음

22 다음 날, 호수 반대편에 서 있던 군중은
그 곳에 배가 한 척밖에 없다는 것과 예
수님께서 제자들과 함께 가시지 않고, 제
자들만 떠난 것을 알게 되었습니다.
23 그 즈음, 배 몇 척이 디베랴에서 왔습니
다. 디베랴는 예수님께서 하나님께 감사
기도를 드린 후, 사람들이 빵을 먹었던 장
소에서 가까운 곳에 있는 마을입니다.
24 사람들은 예수님과 그분의 제자들이 그 곳
에 없다는 것을 알고는 배를 타고 예수님
을 찾으러 가버나움으로 갔습니다.

생명의 빵이신 예수님

25 사람들은 호수 건너편에서 예수님을 만났
습니다. 그들은 예수님께 물었습니다. "선
생님, 언제 여기에 도착하셨습니까?"
26 예수님께서 그 사람들에게 대답하셨습니
다. "내가 너희에게 진리를 말한다. 너희
가 나를 찾는 것은 내가 행한 표적을 보
았기 때문이 아니라 빵을 배불리 먹었기
때문이다.
27 썩어 없어지는 음식을 위해 일하지 말고,
영원히 있어서 영생을 주는 음식을 위해
일하여라. 인자는 너희에게 그런 음식을
줄 것이다. 하나님 아버지께서 인자가 이
런 일을 행하는 것을 허락하셨다."
28 그러자 사람들이 예수님께 물었습니다.
"하나님께서 원하시는 일을 하기 위해 우
리는 무엇을 해야 합니까?"
29 예수님께서 대답하셨습니다. "하나님의
일이란 바로 하나님께서 보내신 사람을
믿는 것이다."
30 다시 사람들이 물었습니다. "당신은 어떤
표적을 행하여 우리가 보고 당신을 믿게
하시겠습니까?
31 성경에 '하나님께서는 그들에게 먹을 빵
을 하늘에서 내려 주셨다'라고 기록되어
있듯이, 우리 조상들은 광야에서 만나를
먹었습니다."
32 예수님께서 그들에게 말씀하셨습니다.
"내가 너희에게 진리를 말한다. 너희에게
하늘로부터 내린 빵을 준 사람은 모세가
아니다. 나의 아버지께서 너희에게 하늘
로부터 참된 빵을 주신 것이다.
33 하나님의 빵은 하늘로부터 내려와서 세상
에 생명을 주는 것이다."
34 사람들이 예수님께 말했습니다. "선생님,
이 빵을 우리에게 항상 주십시오."
35 그 때, 예수님께서 그들에게 선언하셨습
니다. "나는 생명의 빵이다. 내게 오는 사

알아두세요

6:45 사 54:13에 기록되어 있다.

군중(6:22 crowd) 한 곳에 모인 많은 사람의 무리. 사람의 떼.
만나(6:31 manna) 이스라엘 백성들이 광야 생활 전 기간 동안 먹었던 '하늘로부터 내린 양식'.
선언하다(6:35 declare) 필요에 따라 자기의 방침·의견·주장 등을 외부에 정식으로 알리다.

람은 결단코 굶주리지 않을 것이며, 나를
믿는 사람은 결코 목마르지 않을 것이다.
36 그러나 전에도 내가 너희에게 말했던 것
처럼, 너희는 나를 보고도 여전히 나를 믿
지 않는다.
37 아버지께서 나에게 주신 사람은 다 내게
로 올 것이며, 내게로 오는 자를 나는 결
단코 쫓아 내지 않을 것이다.
38 나는 내 뜻을 이루기 위해서 하늘에서
내려온 것이 아니다. 나는 나를 보내신
분의 뜻을 행하기 위해 하늘에서 내려
왔다.
39 나를 보내신 분의 뜻은, 하나님께서 내게
주신 사람은 단 한 사람도 잃지 않고 마
지막 날에 그를 부활시키는 것이다.
40 아들을 보고 믿는 사람은 누구나 다 영생을
얻는 것이 내 아버지의 뜻이기 때문이다.
나는 그를 마지막 날에 부활시킬 것이다."
41 유대인들은 예수님께서 "나는 하늘에서 내
려온 빵이다"라고 말했으므로 예수님에
대해 수군대기 시작했습니다.
42 그래서 그들은 자기들끼리 이런 말들을
했습니다. "이 사람은 틀림없는 요셉의 아
들 예수야. 우리가 그의 아버지와 어머니
를 알고 있는데, 어떻게 그가 '나는 하늘
에서 내려왔다'고 말할 수 있지?"
43 그러자 예수님께서 그들에게 대답하셨습
니다. "서로 수군대지 마라.
44 나를 보내신 아버지께서 이끌지 않으면
아무도 내게로 올 수 없다. 나도 마지막
날에 그를 부활시킬 것이다.
45 예언자들의 책에 이런 글이 있다. '모든 사
람이 하나님의 가르침을 받을 것이다.'*
아버지의 말씀을 듣고, 아버지에게서 배
우는 사람은 내게로 온다.
46 하나님으로부터 온 사람 외에는 아버지를
본 사람이 없다. 오직 하나님으로부터 온
그 사람만 아버지를 보았다.
47 내가 너희에게 진리를 말한다. 믿는 사람
에게는 영생이 있다.
48 나는 생명의 빵이다.
49 너희의 조상들은 광야에서 만나를 먹었지

갈릴리 주변에서의 사역 (6:1-71)

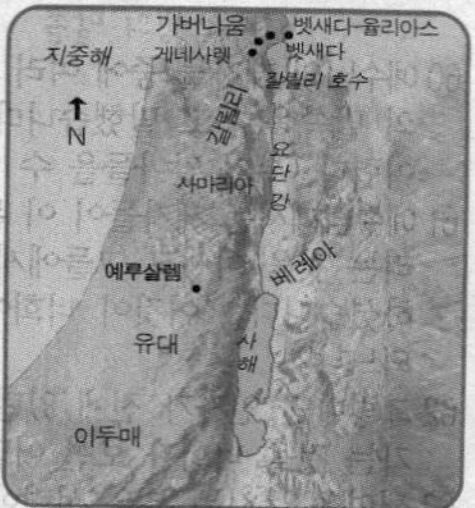

만 죽었다.
50 하늘에서 내려오는 빵이 여기 있다. 누구
든지 이 빵을 먹으면 결코 죽지 않을 것
이다.
51 나는 하늘에서 내려온, 생명을 주는 빵이
다. 누구든지 이 빵을 먹으면 영원히 살
것이다. 내가 줄 빵은 나의 살이다. 내 살
은 세상에 생명을 준다."
52 그러자 유대인들은 "이 사람이 어떻게 자기
몸을 우리에게 먹으라고 줄 수 있겠는가?"
라고 말하며 서로 다투기 시작했습니다.
53 예수님께서 그들에게 말씀하셨습니다.
"내가 너희에게 진리를 말한다. 너희가
인자의 살을 먹지 않고, 또 그의 피를 마
시지 않으면, 너희 속에 생명이 없다.
54 나의 살을 먹고 나의 피를 마시는 사람은
영생을 얻으며, 나도 그 사람을 마지막 날
에 부활시킬 것이다.
55 나의 살은 참된 음식이며, 나의 피는 참
된 음료다.
56 나의 살을 먹고 나의 피를 마시는 사람은
누구든지 내 안에 있고, 나도 그 사람 안
에 있다.
57 살아 계신 아버지께서 나를 보내셨고, 나
또한 아버지 때문에 살고 있는 것처럼, 나
를 먹는 그 사람은 나 때문에 살 것이다.
58 하늘에서 내려온 빵은 너희 조상들이 먹
고 죽었던 빵과 같지 않다. 이 빵을 먹는
사람은 영원히 살 것이다."
59 이 모든 말씀은 예수님께서 가버나움 회당
에서 가르치실 때에 하신 말씀입니다.

영생의 말씀

60 예수님의 제자들 중에 여러 사람이 예수님의 말씀을 듣고 말했습니다. "이 말씀은 어렵다. 누가 알아들을 수 있겠는가?"
61 예수님께서는 제자들이 이 문제로 수군거리는 것을 아시고 그들에게 이런 말씀을 하셨습니다. "이것이 너희에게 장애물이 되느냐?
62 그렇다면 인자가 전에 있던 곳으로 올라가는 것을 너희가 보면 어떻겠느냐?
63 생명을 주시는 분은 성령이시다. 그러므로 사람의 힘은 전혀 쓸모가 없다. 내가 너희에게 한 말은 성령의 말씀이고 생명의 말씀이다.
64 그러나 너희 중에는 믿지 않는 사람이 있다." 예수님께서는 처음부터 누가 믿지 않을지, 또 누가 예수님을 배반할지를 알고 계셨습니다.
65 예수님께서 계속 말씀하셨습니다. "그러므로 내가 '사람이 내게 오는 것을 아버지께서 허락하지 않으시면, 아무도 내게로 올 수 없다'고 너희에게 말한 이유가 여기에 있다."
66 예수님께서 이 말씀을 하시자 제자들 중에 많은 사람이 예수님을 떠났습니다. 그들은 더 이상 예수님을 따르지 않았습니다.
67 그래서 예수님께서 열두 제자에게 물으셨습니다. "너희들도 떠나고 싶으냐?"
68 시몬 베드로가 예수님께 대답했습니다. "주님, 주님께 영생의 말씀이 있는데 우리가 누구에게 가겠습니까?
69 우리는 주님이 하나님의 거룩한 분임을 믿고 알고 있습니다."
70 예수님께서 제자들에게 대답하셨습니다. "내가 너희 열두 사람을 선택하지 않았느냐? 그러나 너희 중에 한 사람은 마귀니라."
71 예수님께서는 가룟 사람 시몬의 아들 유다를 두고 말씀하신 것이었습니다. 유다는 열두 제자에 들어 있던 사람이었지만, 후에 예수님을 배반했습니다.

성경 인물 — 가룟 유다

예수님의 열두 제자 중 유일하게 남쪽 출신이었던 가룟 유다에 대해, 구약은 은 30개에 예수님을 배반할 것이며(슥 11:12-13;시 41:9), 그를 대신할 사도를 뽑게 될 것(시 109:8)이라고 예언하고 있습니다. 또한 그에 대해 누가는 배반자(눅 6:16), 요한은 도둑(요 12:6)이라는 표현을 썼으며, 그가 자신을 팔 것이란 사실을 알고 계셨던 예수님도 그를 '멸망의 자식'이라고 부르셨습니다(요 17:12). 결국 그는 자살로 생을 마쳤습니다(마 27:5). 본문 보기 6장 70-71절

믿지 않는 예수님의 형제들

7 이 일이 있은 후, 예수님께서는 갈릴리 지방을 다니셨습니다. 유대인들이 예수님을 죽이려고 했기 때문에 유대에서 다니기를 원하지 않으셨던 것입니다.
2 유대인들의 명절인 초막절이 가까웠습니다.
3 그래서 예수님의 동생들은 예수님께 "형님의 제자들도 형님이 행하는 일들을 볼 수 있도록, 이 곳을 떠나 유대로 가십시오.
4 누구나 자기가 하는 일이 은밀하게 행해지지 않고 사람들에게 알려지기를 바라는 법입니다. 형님이 이런 일들을 행하고 계시다면, 자신을 온 세상에 알리십시오"라고 말했습니다.
5 예수님의 동생들이 이렇게 말한 것은 그들도 예수님을 믿지 않았기 때문이었습니다.
6 그래서 예수님께서는 그들에게 이런 말씀을 하셨습니다. "내 때는 아직 오지 않았다. 하지만 너희 때는 항상 준비되어 있다.
7 세상이 너희는 미워할 수 없겠지만, 나는 미워하고 있다. 이는 내가 세상에 대하여, 또 세상이 행하는 일들에 대하여 악하다고 증언하기 때문이다.
8 너희는 명절을 지키러 올라가거라. 나는 이번 명절에는 올라가지 않겠다. 내 때가 아직 이르지 않았다."
9 예수님께서는 이 말씀을 하시고, 그냥 갈릴리에 머물러 계셨습니다.

초막절에 행하신 예수님의 가르침

10 그러나 예수님의 동생들이 명절을 지키러
올라간 후, 예수님께서는 사람들의 눈에
띄지 않게 은밀히 올라가셨습니다.
11 그래서 유대인들은 명절에 예수님을 찾으
며, "그분이 어디 계시냐?"고 물었습니다.
12 사람들 사이에서는 예수님에 대한 여러 말
이 오고 갔습니다. "그는 좋은 사람이다"
라고 말하는 사람이 있는가 하면, "아니
다. 오히려 그는 군중들을 속이고 있다"
라고 말하는 사람도 있었습니다.
13 그러나 사람들은 유대인들을 두려워했기
때문에, 아무도 예수님에 대하여 드러내
놓고 말하는 사람이 없었습니다.
14 명절이 절반 가량 지났을 무렵, 예수님께
서는 성전 뜰에 올라가 가르치기 시작하
셨습니다.
15 그러자 유대인들은 "이 사람은 배운 것도
없는데 어떻게 저런 지식을 갖고 있을
까?" 하며 놀라워했습니다.
16 그래서 예수님께서는 그들에게 이렇게 대
답하셨습니다. "내 교훈은 내 것이 아니
라 나를 보내신 분에게서 온 것이다.
17 누구든지 하나님의 뜻을 행하기를 원하는
사람이라면 나의 교훈이 하나님께로부터
온 것인지, 또는 내가 내 자신의 교훈을
말하는 것인지 알 것이다.
18 자기 자신의 교훈을 말하는 사람은 자기
의 영광을 추구하기 위해 말하지만, 그를
보내신 분의 영광을 추구하는 사람은 진
실하며 그에게는 거짓이 없다.
19 모세가 너희에게 율법을 주지 않았느냐?
그런데 너희 중에 율법을 지키는 사람이
한 사람도 없도다. 너희는 왜 나를 죽이
려고 하느냐?"
20 사람들이 이렇게 대답했습니다. "당신은
귀신이 들렸소. 누가 당신을 죽이려고 한
단 말입니까?"
21 예수님께서 그들에게 말씀하셨습니다.
"내가 한 가지 일을 했는데, 너희가 모두
놀라고 있다.
22 모세가 너희에게 할례를 주었다. 그러나
사실 그 할례는 모세에게서 시작된 것이
아니라 조상들에게서 시작된 것이다. 그
래서 너희는 안식일에도 사람들에게 할례
를 베푸는 것이다.
23 모세의 율법을 범하지 않도록 하기 위해
사람이 안식일에 할례를 받는데, 내가 안
식일에 온몸을 건강하게 해 주었다고 해
서 어찌 내게 화를 내느냐?
24 너희는 겉모양만 보고 판단하지 말고, 올
바른 평가에 따라 판단하여라."

예수님은 메시아이신가?

25 이 때, 예루살렘 사람 중에는 이렇게 말하
는 사람들이 있었습니다. "이 사람이 사
람들이 죽이려고 하는 바로 그 사람이 아
니냐?
26 보아라, 그가 여러 사람 앞에서 드러내 놓
고 말하여도 사람들은 그에게 아무 대꾸
도 하지 못하는데, 혹시 지도자들도 이 사
람을 정말로 그리스도로 알고 있는 것이
아닌가?
27 하지만 우리는 이 사람이 어디서 왔는지
알고 있다. 그리스도가 오실 때에는 그분이
어디서 오시는지 아무도 알지 못한다."
28 그러자 예수님께서는 성전 뜰에서 가르치
실 때 큰 소리로 말씀하셨습니다. "너희
는 나를 알며, 또 내가 어디서 왔는지도
알고 있다. 그러나 나는 이 곳에 내 스스
로 온 것이 아니다. 나를 보내신 분은 참
되시다. 너희는 그분을 알지 못하지만,
29 나는 그분을 아는 것이, 내가 그분에게서
왔고 그분은 나를 보내셨기 때문이다."
30 이 일 때문에 사람들이 예수님을 붙잡으
려고 하였습니다. 하지만 아무도 그분에
게 손을 대는 사람은 없었습니다. 이는 아

초막절(7:2 Feast of Tabernacle) 유대인들의 3대 절기 중 장막절 또는 수장절이라고도 함. 이스라엘 백성들의 광야 생활을 기념하기 위해, 일 주일 동안 옥외에 장막을 치고 거주하며 의식을 행함.
할례(7:22 circumcision) 사내아이가 태어난지 8일 만에 생식기 끝의 껍질을 끊어내는 종교 예식.

직 그분의 때가 되지 않았기 때문입니다.
31 그러나 무리 중에 많은 사람이 예수님을
믿었습니다. 그 사람들은 "그리스도께서
오신다고 해도 과연 그가 행하실 표적들
이 이 사람이 한 것보다 더 많겠는가?"라
고 말했습니다.

예수님을 잡으려 함

32 사람들이 예수님을 가리켜 이렇게 수군대
는 것을 바리새인들이 들었습니다. 그래
서 대제사장들과 바리새인들이 예수님을
붙잡으려고 성전 경비대를 보냈습니다.
33 예수님께서는 "나는 잠시 동안, 너희와 함
께 있다가 나를 보내신 분에게 갈 것이다.
34 너희가 나를 찾을 것이나 찾아 내지 못할
것이며, 내가 있는 곳에 너희는 올 수도
없다"라고 말씀하셨습니다.
35 유대인들은 자기들끼리 이런 말을 하였습
니다. "이 사람이 어디로 가려고 하기에,
우리가 자기를 찾아 내지 못할 것이라고
하는가? 그리스의 여러 도시로 가서 그리
스 사람들을 가르치려고 하는가?
36 '너희는 나를 찾을 것이나 찾아 내지 못
할 것이며, 내가 있는 곳에 너희는 올 수
도 없다'라고 말한 것은 무슨 뜻인가?"

생명수에 관한 교훈

37 축제가 절정에 달한 명절 마지막 날에 예
수님께서 서서 큰 소리로 말씀하셨습니
다. "누구든지 목마르거든 내게로 와서
마셔라.
38 나를 믿는 사람은 성경이 말한 대로, 그의
배에서 생수의 강이 흘러나올 것이다."
39 이것은 예수님께서 자기를 믿는 사람들이

이스라엘의 생수의 강이었던 요단 강(7:38)

장차 받을 성령에 대하여 하신 말씀이었
습니다. 그러나 예수님께서 아직 영광을
받으시지 않았기 때문에 사람들에게 아직
은 성령이 계시지 않았습니다.

사람들끼리 편이 갈림

40 사람들 중에서는 이 말씀을 듣고, "이분은
참으로 장차 오시리라 예언된 그 예언자이
다"라고 말하는 사람들이 있었습니다.
41 또는 다르게 "이분은 그리스도다"라고 말
하는 사람들도 있었고, "그리스도는 갈릴
리에서 나오지 않을 것이다.
42 성경에는 그리스도가 다윗의 후손 중에서
나오고, 다윗이 살던 마을 베들레헴에서
태어나실 것이라고 기록되어 있다!"라고
말하는 사람들도 있었습니다.
43 그래서 예수님 때문에 군중은 서로 편이
갈리게 되었습니다.
44 그들 중에 예수님을 붙잡으려는 사람들이
있었지만, 예수님께 손을 대는 사람은 아
무도 없었습니다.

유대 지도자들의 불신앙

45 성전 경비대가 예수님을 잡지 못한 채 대
제사장들과 바리새인들에게 돌아오자, 대
제사장들과 바리새인들이 "왜 그를 데려
오지 않았느냐?"라고 물었습니다.
46 성전 경비대가 대답했습니다. "그 사람처
럼 말한 사람은 이 때까지 한 사람도 없
었습니다."
47 그러자 바리새인들이 성전 경비대에게 되
물었습니다. "너희도 미혹을 당한 것은
아니겠지?
48 관원들이나 바리새인들 중에 그를 믿은 사
람이 누가 있느냐? 아무도 없다!
49 율법을 알지 못하는 이 군중이나 그를 믿
는데, 그들은 저주받은 사람들이다."
50 그들 중의 한 사람으로서, 전에 예수님께
왔던 니고데모가 그들에게 말했습니다.
51 "우리의 율법에 따르면, 먼저 그 사람의
말을 들어 보지 않거나 그가 행한 것을 알
아보지 않고는 그 사람에게 죄가 있다고
판단하지 않습니다."
52 다른 사람들이 대답했습니다. "당신도 갈

릴리 출신이요? 성경을 연구해 보시오. 그
러면 당신도 갈릴리에서는 예언자가 나오
지 않는다는 사실을 알게 될 것이오."
53 이 말을 하고는 그들은 각자 자기 집으로
돌아갔습니다.

간음하다 잡힌 여인

8 그리고 예수님께서는 올리브 산으로 가
셨습니다.
2 이튿날 이른 아침에 예수님께서는 다시 성
전 뜰로 가셨습니다. 온 백성이 그분 주
변에 모여들자, 예수님께서는 자리를 잡
고 앉으셔서 그들에게 가르치기 시작하셨
습니다.
3 그 때, 서기관들과 바리새인들이 간음하
다가 현장에서 잡힌 여인 한 명을 끌고 와
서 모인 사람들의 앞에 세우고,
4 예수님께 물었습니다. "선생님, 이 여인이
간음하다가 현장에서 붙잡혔습니다.
5 모세는 율법에서 이런 여자들을 돌로 쳐
죽이라고 우리에게 명령하였습니다. 그런
데 선생님은 뭐라고 말씀하시겠습니까?"
6 그들은 예수님을 고소할 구실을 얻기 위
해 이렇게 시험한 것이었습니다. 그러나
예수님께서는 몸을 굽혀 손가락으로 땅에
글을 쓰셨습니다.
7 사람들이 그 자리에 서서 계속해서 묻자,
예수님께서는 몸을 일으켜 그들에게 말씀
하셨습니다. "너희 중에 죄 지은 적이 없
는 사람이 먼저 이 여인에게 돌을 던져라."
8 이 말씀을 하시고, 예수님께서는 다시 몸
을 굽혀 땅에 글을 쓰셨습니다.
9 사람들은 이 말씀을 듣자, 나이 많은 사
람들로부터 시작하여 하나둘씩 떠나가고
예수님과 거기 홀로 서 있는 여인만 남게
되었습니다.
10 예수님께서 몸을 일으켜 그 여인에게 말
씀하셨습니다. "여자여, 너를 고소하던
사람들이 어디 있느냐? 아무도 너를 정죄
하지 않았느냐?"
11 여인이 대답했습니다. "주님, 아무도 없
습니다." 그러자 예수님께서, "나도 너를
정죄하지 않는다. 가거라. 그리고 다시는

간음한 여인이
예수님 앞에 끌려옴(8:1-11)

죄를 짓지 마라" 하고 말씀하셨습니다.*

세상의 빛이신 예수님

12 그후에 예수님께서 다시 사람들에게 말씀
하셨습니다. "나는 세상의 빛이다. 나를
따르는 사람은 어둠 속에서 생활하지 않
을 것이며, 생명의 빛을 얻을 것이다."
13 그러자 바리새인들이 예수님께 말했습니
다. "당신이 당신 자신에 대해 증언하는
것은 사실이라고 할 수 없소."
14 이에 대해 예수님께서 대답하셨습니다.
"그렇다. 나는 나 자신에 대해서 증언한
다. 하지만 나의 증언은 참되다. 이는 내
가 어디서 왔으며, 어디로 갈지 알고 있
기 때문이다. 그러나 너희는 내가 어디서
왔으며, 어디로 가는지를 알지 못한다.
15 너희는 세상의 표준을 가지고 판단하지만,
나는 아무도 그렇게 판단하지 않는다.
16 설령 내가 판단한다 하더라도, 나의 판단
은 참되다. 이는 내가 판단할 때에, 혼자
서 판단하는 것이 아니라 나를 보내신 아
버지께서 나와 함께 판단하시기 때문이다.
17 너희의 법에도 두 사람의 증언은 참되다
고 기록되어 있다.
18 내가 나 자신에 대해서 증언하는 사람이
며, 또 나를 위해 증언하시는 분은 나를
보내신 아버지이시다."
19 그 사람들이 예수님께 물었습니다. "당신
의 아버지가 어디 계십니까?" 예수님께서
대답하셨습니다. "너희는 나도 알지 못하
고 나의 아버지도 모른다. 만일 나를 알았
다면 또한 나의 아버지도 알았을 것이다."
20 이 모든 것은 예수님께서 성전 뜰, 헌금함
을 보관해 두는 곳에서 사람들을 가르칠
때 하신 말씀입니다. 그러나 아무도 그분
을 잡지 못했습니다. 이는 아직 그분의 때
가 오지 않았기 때문입니다.

내가 가는 곳에 너희는 올 수 없다

21 예수님께서는 다시 사람들에게 말씀하셨
습니다. "나는 멀리 떠날 것이다. 너희가
나를 찾겠지만 너희는 너희 죄 가운데서
죽을 것이다. 너희는 내가 가는 곳에 올
수 없다."

예수님께서 "죄 없는 사람이 먼저
이 여인에게 돌을 던지라"고 하자 사람들이 모두 떠나감(8:7-11)

22 그러자 유대인들이 말했습니다. "그가 '너
희는 내가 가는 곳에 올 수 없다' 라고 말
한 것으로 보아 혹시 자살을 하려고 하는
것인가?"
23 예수님께서 말씀하셨습니다. "너희는 아
래에서 왔으나 나는 위에서 왔다. 너희는
이 세상에 속하였지만, 나는 이 세상에 속
하지 않았다.
24 그래서 내가 너희에게 너희 죄 가운데서
죽을 것이라고 말했던 것이다. 너희가 만
일 내가 이런 주장을 하는 사람이라는 것
을 믿지 않는다면, 너희는 참으로 너희 죄
가운데서 죽을 것이다."
25 그들이 물었습니다. "도대체 당신은 누구
십니까?" 예수님께서 대답하셨습니다.
"나는 처음부터 너희에게 줄곧 이야기했
던 바로 그 사람이다.
26 나는 너희와 너희를 심판할 것에 관하여
이야기할 것이 많다. 하지만 나를 보내신
분은 참되시며, 나 역시 그분에게서 들은
것을 세상에 말한다."
27 사람들은 예수님께서 자기들에게 아버지
에 대하여 말씀하고 계시다는 사실을 깨
닫지 못했습니다.
28 그래서 예수님께서는 그들에게 이런 말씀
을 하셨습니다. "너희는 인자를 높이 든
후에야 내가 바로 그 사람인 것과 내가 한
이 모든 일들이 내 스스로 한 것이 아니
라, 아버지께서 내게 가르쳐 주신 대로 말
하는 것임을 알게 될 것이다.
29 나를 보내신 분은 나와 함께 계신다. 나
는 언제나 그분을 기쁘시게 하는 일만 하
므로, 그분은 나를 혼자 내버려 두지 않
으신다."
30 예수님께서 이 말씀을 하자 많은 사람이
그분을 믿었습니다.

진리가 너희를 자유롭게 하리라

31 예수님께서 자기를 믿는 유대인들에게 말
씀하셨습니다. "너희가 나의 가르침을 꼭
붙들고 있으면 진정 나의 제자이다.
32 그 때에 너희는 진리를 알게 되고, 진리
가 너희를 자유롭게 할 것이다."
33 유대인들이 예수님께 여쭈었습니다. "우리
는 아브라함의 자녀들입니다. 우리는 지금
까지 아무에게도 종이 되어 본 적이 없습
니다. 그런데 어떻게 당신은 우리가 자유
롭게 될 것이라고 말합니까?"
34 예수님께서 대답하셨습니다. "내가 너희
에게 진리를 말한다. 죄를 짓는 사람마다
죄의 종이다.
35 종은 영원히 가족이 될 수 없다. 그러나
아들은 영원히 가족의 한 사람이다.
36 그러므로 아들이 너희를 자유롭게 하면,
너희는 참으로 자유로워질 것이다.
37 나는 너희가 아브라함의 자녀인 것을 안
다. 그러나 내 말이 너희 속에 없기 때문
에 너희는 나를 죽이려 하고 있다.
38 나는 내 아버지와 함께 있을 때에 본 것
을 너희에게 말하고, 너희는 너희의 아버
지에게서 들은 것을 행한다."

너희 아버지는 마귀다

39 그들이 말했습니다. "우리의 아버지는 아
브라함입니다." 예수님께서 말씀하셨습니
다. "너희가 정말 아브라함의 자녀들이라
면, 아브라함이 행했던 일을 너희도 행했
을 것이다.
40 그러나 너희는 지금 하나님께 들은 것을
너희에게 말하는 나를 죽이려 하고 있다.
아브라함은 이와 같은 일을 결코 행하지
않았다.
41 너희는 너희의 아버지가 했던 일을 하고
있는 것이다." 그들이 말했습니다. "우리
는 사생아가 아닙니다. 하나님만이 우리

알아두세요

7:53-8:11 이 부분은 고대의 믿을 만하고 중요한 사본에는 들어 있지 않다.

인자(8:28 the Son of Man) 사람의 아들. 예수님이 자기 자신을 가리키는 말.
진리(8:32 truth) 참된 이치. 거짓이 아닌 사실. 여기서는 예수님을 가리킨다.
사생아(8:41 illegitimate) 법률상 부부가 아닌 남녀 사이에서 난 자식.

의 유일한 아버지이십니다."
42 예수님께서 그들에게 말씀하셨습니다.
"진정 하나님이 너희의 아버지라면, 너희
는 나를 사랑했을 텐데 너희는 그러지 않
았다. 그것은 내가 하나님께로부터 왔고
지금 여기에 와 있기 때문이다. 나는 스
스로 온 것이 아니다. 하나님 그분이 나
를 보내셔서 여기에 와 있는 것이다.
43 너희가 내 말을 이해하지 못하는 이유가
무엇인지 아느냐? 그것은 너희가 내 말을
알아들을 수 없기 때문이다.
44 너희는 너희 아버지 마귀에게 속하여 너
희 아버지 마귀가 시키는 대로 하기를 원
한다. 마귀는 처음부터 살인자였다. 마귀
속에는 진리가 없기 때문에 마귀는 진리
안에 서지 못한다. 마귀는 거짓말쟁이요,
거짓말쟁이의 아버지이므로 그가 거짓말
을 할 때에 자신의 말을 하는 것이다.
45 그러나 나는 너희에게 진리를 말한다. 바로
이것이 너희가 나를 믿지 않는 이유이다.
46 너희 중에 내가 죄인이라고 증명해 보일
수 있는 사람이 있느냐? 그런데 내가 진
리를 말하는데도 너희는 왜 나를 믿지 않
느냐?
47 하나님께 속한 사람은 하나님께서 하시는
말씀을 듣는 법이다. 이는 너희가 하나님
의 말씀을 듣지 않는 것은 너희가 하나님
께 속해 있지 않기 때문이다."

성경 자세히 이해하기

당신은 사마리아 사람

유대인들이 사마리아 사람들에 대하여 지녔던 멸시와 증오의 감정은 상상을 초월할 정도였습니다. 심지어 어떤 사람을 욕하고 경멸할 때에도 '사마리아 사람'이란 말을 붙여 사용했습니다. 따라서 사마리아인이 들어올 수 없는 성전의 헌금함 옆에 앉아 계셨던 예수님께 "당신은 사마리아 사람이다"라고 말한 것은 예수님을 사마리아 사람으로 착각했다기보다는 이 같은 멸시와 증오의 뜻이 담겨 있다고 볼 수 있습니다. 본문 보기 8장 48절

예수님과 아브라함

48 유대인들이 예수님께 대답했습니다. "당신
은 사마리아 사람이고, 귀신이 들린 게 분
명합니다. 우리가 틀렸습니까?"
49 예수님께서 대답하셨습니다. "나는 귀신
들린 것이 아니다. 나는 내 아버지께 영
광을 돌리지만 너희는 내게 영광을 돌리
지 않는다.
50 나는 나 자신을 위해 영광을 구하지 않는
다. 나를 위하여 영광을 구하는 분이 계
시는데 그분은 심판자이시다.
51 내가 너희에게 진리를 말한다. 누구든지
나의 말을 지키는 사람은 영원히 죽지 않
을 것이다."
52 유대인들이 예수님께 말했습니다. "이제
우리는 당신이 귀신들린 것을 알겠소. 아
브라함과 예언자들도 죽었습니다. 그런데
당신은 '누구든지 나의 말을 지키면, 그
는 영원히 죽음을 맛보지 않을 것이다' 라
고 말합니다.
53 당신이 우리 조상 아브라함보다 더 위대하
단 말입니까? 아브라함은 죽었고, 예언자
들도 죽었습니다. 당신은 자신이 어떤 존
재라고 생각하십니까?"
54 예수님께서 대답하셨습니다. "내가 나를
영광되게 한다면, 그 영광은 아무것도 아
니다. 나를 영광되게 하는 분은 나의 아
버지이시다. 그분은 너희가 우리 하나님
이라고 부르는 바로 그분이시다.
55 너희는 그분을 모르지만 나는 그분을 안
다. 만일 내가 그분을 모른다고 한다면,
나도 너희처럼 거짓말쟁이가 될 것이다.
그러나 나는 그분을 알고 그분의 말씀을
지킨다.
56 너희의 조상 아브라함은 내 날을 볼 것을
생각하며 기뻐하였다. 그는 그 날을 보았
고 기뻐하였다."
57 유대인들이 예수님께 말했습니다. "당신은
아직 오십 세도 안 되었는데 아브라함을
보았단 말이오?"
58 예수님께서 대답하셨습니다. "내가 너희
에게 진리를 말한다. 아브라함이 태어나기

전에도 나는 존재한다."
59 예수님께서 이런 말씀을 하시자, 사람들
은 예수님께 돌을 집어 던지려고 하였습
니다. 그러자 예수님께서는 몸을 피해 성
전 뜰을 빠져 나가셨습니다.

나면서부터 앞 못 보는 사람을 고쳐 주심

9 예수님께서 걸어가실 때, 나면서부터
앞 못 보는 사람을 보셨습니다.
2 예수님의 제자들이 예수님께 물었습니다.
"선생님, 이 사람이 이렇게 앞 못 보는 사
람으로 태어난 것이 누구의 죄 때문입니
까? 이 사람 때문입니까, 아니면 그의 부
모 때문입니까?"
3 예수님께서 대답하셨습니다. "이 사람이
나 그의 부모가 죄를 지어 이렇게 된 것
이 아니다. 이 사람이 나면서부터 앞을 보
지 못한 것은 하나님의 일을 그 사람의 생
애를 통해 나타내기 위해서이다.
4 우리는 낮이 계속되는 동안, 나를 보내신
분의 일을 계속해야 한다. 아무도 일할 수
없는 밤이 올 것이다.
5 내가 세상에 있는 동안, 나는 세상의 빛
이다."
6 예수님께서는 이 말씀을 하신 후, 땅에 침
을 뱉어 그것으로 진흙을 만드셨습니다.
그리고 그 진흙을 앞을 보지 못하는 사람
의 눈에 발랐습니다.
7 예수님께서 그 사람에게 말씀하셨습니다.
"실로암 샘에 가서 씻어라."(실로암은 '보
냄을 받았다'라는 뜻입니다) 그 사람은 샘
으로 가서 씻었고, 앞을 보게 되어 돌아
왔습니다.
8 그 사람의 이웃이나, 전에 이 사람이 구
걸하던 것을 본 적이 있던 사람들이 물었
습니다. "이 사람은 앉아서 구걸하던 사
람이 아니냐?"
9 "맞아, 이 사람이 그 사람이다"라고 말하
는 사람이 있었는가 하면, "아니야, 이 사
람은 전에 구걸하던 사람이 아니야. 단지
그와 비슷한 사람일 뿐이야"라고 우기는
사람도 있었습니다. 그러나 그 남자는 "내
가 바로 그 사람입니다"라고 말했습니다.
10 그래서 사람들이 그 사람에게 물었습니
다. "도대체 당신은 어떻게 눈을 뜨게 되
었소?"
11 그 사람이 이렇게 대답했습니다. "예수라
고 하는 분이 진흙을 만들어 그것을 내 눈
에 바르고 실로암 샘에 가서 씻으라고 말
씀하셨습니다. 내가 가서 씻었더니 보게
되었습니다."
12 사람들이 물었습니다. "그 사람이 지금
어디에 있소?" 그 남자는 "나도 모릅니
다"라고 대답했습니다.

완고한 바리새인들

13 사람들은 전에 보지 못했던 사람을 바리
새인들에게 데려갔습니다.
14 예수님께서 진흙을 만들어, 그 사람의 눈
을 뜨게 해 준 날은 안식일이었습니다.
15 바리새인들은 다시 그 남자에게 그가 어
떻게 보게 되었는지를 물었습니다. 그 사
람이 이렇게 대답했습니다. "그분이 진흙
을 내 눈에 발랐습니다. 내가 씻었더니 보
게 되었습니다."
16 바리새인 중에는 "이 사람이 안식일을 지
키지 않으므로, 그는 하나님께로부터 온
사람이 아니다!"라고 말하는 사람이 있었
습니다. 한편, 어떤 사람은 "죄인이 어떻
게 이와 같은 표적을 행할 수 있겠습니
까?"라고 말하였습니다. 그래서 바리새인
들 사이에 편이 갈렸습니다.
17 바리새인들은 그 남자에게 다시 물었습니
다. "그분이 당신의 눈을 뜨게 하였는데,

소경이 눈을 씻었던 실로암 못 (9:7)

당신은 그 사람에 대해 어떻게 생각합니
까?" 그 남자가 대답했습니다. "그는 예
언자입니다."
18 유대인들은 그 남자가 전에는 앞을 보지 못
했는데, 이제는 보게 되었다는 사실을 믿
지 않았습니다. 그래서 그들은 그 남자의
부모에게 사람을 보내어 물어보았습니다.
19 "이 사람이 당신의 아들 맞습니까? 당신
들은 그가 나면서부터 보지 못하게 되었
다고 이야기했는데, 그가 지금은 어떻게
해서 보게 되었습니까?"
20 그의 부모가 대답하였습니다. "그 아이가
우리 아들인 것을 알겠고, 또 날 때부터
앞 못 보는 아이였다는 것도 알겠는데,
21 그 애가 지금은 어떻게 보게 되었는지, 또
누가 그 아이의 눈을 뜨게 해 주었는지,
우리도 잘 모르겠습니다. 우리 아이는 자
기 문제에 대해서는 자기가 대답을 할 만
큼 나이도 먹었으니, 그 아이에게 직접 물
어 보십시오."
22 그의 부모가 이렇게 말한 것은 유대인들
을 두려워했기 때문입니다. 또한 유대인
들은 예수를 그리스도라고 인정하는 사람
은 누구든지 회당에서 쫓아 내기로 이미
결정했기 때문입니다.
23 그래서 그 사람의 부모가 "그가 나이를 먹
었으니 그에게 직접 물어 보십시오"라고

성경 자세히 이해하기

출교

출교란 회당에서 쫓아내는 것을 말하며, 당시의 출교는 두 등급으로 나누어져 있었습니다.

(1) 준 금지령: 30일간 회당 출입이 금지되고, 사람들 곁에 4 규빗(약 1.8m) 이상 가까이 갈 수 없었습니다.

(2) 주 금지령: 회당 출입이 무기한 금지되는 것으로 사람들은 출교 당한 사람과 교제해서는 안 되며, 그에게 물건을 팔아서도 안 되었습니다. 심지어 그가 죽으면 시체에 돌을 던졌고, 그를 위해 우는 것도 금지되었습니다.

본문 보기 9장 22절

대답했던 것입니다.
24 바리새인들은 전에 보지 못했던 사람을 두
번째로 불러 그에게 말했습니다. "하나님
께 영광을 돌리시오. 우리는 그 사람이 죄
인인 것을 알고 있소."
25 그가 대답했습니다. "그분이 죄인인지 아
닌지는 모르겠습니다. 다만 제가 아는 한
가지는 전에 제가 앞을 보지 못했으나 이
제는 본다는 사실입니다."
26 그들이 물었습니다. "그가 당신에게 무슨
행동을 했고, 그가 어떻게 당신 눈을 뜨
게 했소?"
27 그 사람이 그들에게 대답했습니다. "내가
이미 당신들에게 다 말해 주었는데, 왜 들
으려 하지 않습니까? 무엇을 다시 듣고
싶으십니까? 당신들도 그분의 제자가 되
려고 그러십니까?"
28 그러자 바리새인들은 그 사람에게 욕을 하
며 말했습니다. "당신은 그의 제자일지
모르지만, 우리는 모세의 제자들이오.
29 우리는 하나님께서 모세에게 말씀하셨다
는 것을 압니다. 하지만 이 사람에 대해
서는 그가 어디서 왔는지조차 모릅니다!"
30 그 남자가 대답했습니다. "정말 이상한
일입니다. 그 사람이 나의 눈을 고쳐 주
었는데도 당신들은 그가 어디서 왔는지
모른다니 말입니다.
31 우리는 하나님께서 죄인의 말은 듣지 않으
시지만, 경건하게 하나님의 뜻을 행하는
사람의 말은 들으신다고 알고 있습니다.
32 나면서부터 앞 못 보는 사람의 눈을 뜨게
하였다는 말을 들어 본 사람은 아무도 없
습니다.
33 그분이 하나님으로부터 오신 분이 아니라
면, 아무것도 할 수 없었을 것입니다."
34 이 말에 바리새인들은 이렇게 대답했습니
다. "당신은 날 때부터 죄가 가득한 사람
인데, 우리를 가르치려 하는가?" 그리고
는 그 사람을 쫓아 내 버렸습니다.

영적으로 보지 못하는 사람

35 예수님께서 바리새인들이 회당에서 그 사
람을 쫓아 냈다는 소식을 듣고 그 사람을

찾아 말씀하셨습니다. "너는 인자를 믿느
냐?"
36 그 남자가 대답했습니다. "선생님, 인자
가 누구신지 말씀해 주십시오. 제가 그분
을 믿겠습니다!"
37 예수님께서 그에게 말씀하셨습니다. "너는
이미 그분을 보았다. 지금 너와 함께 이야
기하고 있는 사람이 바로 그 사람이다."
38 그러자 그 사람은 "주님, 제가 믿습니다!"
라고 말하면서 예수님 앞에 무릎을 꿇었
습니다.
39 예수님께서 말씀하셨습니다. "나는 심판
하러 이 세상에 왔다. 보지 못하는 사람
들은 보게 하고, 보는 사람들은 보지 못
하게 하기 위해서이다."
40 예수님께서 이 말씀을 하실 때, 거기서 이
말씀을 들은 바리새인 몇 사람이 예수님께
물었습니다. "우리도 앞을 보지 못한단
말이오?"
41 예수님께서 대답하셨습니다. "너희가 앞
을 보지 못하는 사람들이라면 죄가 없겠
지만, 지금 너희가 '우리는 본다' 고 말하
니 너희 죄가 아직 있다."

목자와 양

10 "내가 너희에게 진리를 말한다. 양
우리에 문으로 들어가지 않고 다른
곳으로 넘어가는 사람은 도둑이며 강도다.
2 문으로 들어가는 사람이 양의 목자다.
3 문을 지키는 사람은 목자를 위해 문을 열
어 준다. 양들은 목자의 음성을 듣고, 목
자는 양들의 이름을 부르며 그들을 밖으
로 인도한다.
4 목자가 자기 양을 모두 밖으로 이끌어 낸
후, 양들 앞에서 걸어가면, 양들은 목자
의 음성을 알기 때문에 그의 뒤를 따른다.
5 하지만 양들은 낯선 사람을 절대로 따라
가지 않는다. 양들은 낯선 사람의 음성을
알지 못하기 때문에 그 사람에게서 멀리
도망간다."
6 예수님께서는 이 비유를 들어 사람들에게
말씀하셨습니다. 그러나 사람들은 그분이
자기들에게 하시는 말씀이 무슨 뜻인지
깨닫지 못했습니다.

선한 목자이신 예수님

7 예수님께서 다시 말씀하셨습니다. "내가
너희에게 진리를 말한다. 나는 양들의 문
이다.
8 나보다 앞에 온 사람들은 다 도둑이며, 강
도들이다. 양들은 그 사람들의 말을 듣지
않는다.
9 나는 문이다. 나를 통해 들어가는 사람은
구원을 얻을 것이다. 그 사람은 들어가기
도 하고 나가기도 하며, 또 좋은 목초를
발견하기도 할 것이다.
10 도둑은 훔치고, 죽이고, 파괴하기 위한
목적으로 온다. 그러나 나는 양들이 생명
을 더욱 풍성히 얻게 하기 위해 왔다."
11 "나는 선한 목자다. 선한 목자는 양을 위
하여 자기 목숨을 내놓는다.
12 품삯을 받고 양을 돌보는 사람은 사실 목
자가 아니며, 양도 자기 양이 아니다. 그
사람은 늑대가 오는 것을 보면, 양만 남
겨 두고 멀리 도망가 버린다. 그러면 늑
대는 양을 공격하여 양들을 흩트린다.
13 그 사람은 단지 품삯을 받고 양을 치는 사
람이기 때문에 그 양을 돌보지 않는다."
14 "나는 선한 목자다. 나도 내 양을 알고,
내 양도 나를 알아본다.
15 아버지께서 나를 아시듯이 나도 아버지를
안다. 그리고 나는 양을 위하여 목숨을 내
놓는다.
16 내게는 이 우리 안에 있지 않은 다른 양들
도 있다. 나는 그 양들도 인도해야 한다.
그 양들도 내 음성을 들을 것이다. 그래서
한 목자 아래서 한 무리가 될 것이다.
17 아버지께서 나를 사랑하시는 것은 내가 나

인정하다(9:22 acknowledge) 어떤 것의 가치를 옳다고 여기다.
제자(9:27 disciple) 스승에게 배우는 사람, 또는 가르치는 스승을 따르는 사람.
우리(10:16 pen) 짐승을 가두어 두는 곳. 여기서는 양우리를 말함.

의 목숨을 스스로 버리기 때문이다. 나는
목숨을 다시 얻기 위하여 목숨을 버린다.
18 아무도 내게서 목숨을 빼앗을 사람이 없
고, 다만 내 스스로 생명을 내놓는 것이
다. 나는 목숨을 내놓을 권세도 있고, 그
것을 다시 찾을 권세도 있다. 나는 이 계
명을 내 아버지에게서 받았다."
19 예수님의 이 말씀 때문에 유대인들 사이에
또다시 편이 갈리게 되었습니다.
20 이들 중 많은 사람이 "그가 귀신이 들렸
다"고 하거나 "그가 미쳤다. 너희가 왜 그
사람의 말을 듣느냐?"라고 말하기 시작했
습니다.
21 그러나 "이것은 귀신들린 사람의 말이 아
니다. 귀신이 앞을 보지 못하는 사람의 눈
을 뜨게 할 수 있느냐?"라고 말하는 사람
들도 있었습니다.

유대인이 믿지 않음

22 예루살렘에 수전절이 다가왔습니다. 수전
절은 겨울에 지키는 유대 명절입니다.
23 예수님께서는 솔로몬 행각이 있는 성전 뜰
의 주변을 거닐고 계셨습니다.
24 유대인들이 예수님 주위에 모여들어 이렇
게 물었습니다. "언제까지 우리를 애태우
게 할 작정입니까? 만일 당신이 그리스도
라면 우리에게 터놓고 그렇다고 말해 주
십시오."

성경 자세히 이해하기

수전절에 대하여

B.C. 168년 예루살렘을 점령한 시리아의 안티오쿠스 에피파네스가 제단에 죽은 돼지를 바치는 등 성전을 더럽히자, 3년 뒤(B.C. 165/164년) 유다 마카비우스의 지도 아래 유대인들은 이들을 몰아 내고 성전을 다시 정결케 하였습니다. 이를 기념하기 위해 제정한 절기가 바로 수전절입니다. 성전을 수리한 명절이란 뜻으로 히브리어로는 '하누카'(봉헌)라고 합니다. 특별히 12월 중순에 시작하여 8일간 지켜진 이 절기는 매일 하나씩 초에 불을 밝혀 '빛의 명절'이라고도 불립니다. 본문 보기 10장 22절

25 예수님께서 그 사람들에게 대답하셨습니
다. "내가 전에 말하였으나, 너희는 믿지
않았다. 내가 내 아버지의 이름으로 행하
는 일들이 나를 증언한다.
26 그러나 너희는 나의 양이 아니므로 믿지
않는다.
27 내 양은 나의 음성을 듣고, 나도 내 양을
안다. 내 양은 나를 따른다.
28 나는 그들에게 영생을 준다. 그들은 영원
히 멸망하지 않을 것이며, 아무도 그들을
내 손에서 빼앗을 수 없을 것이다.
29 양들을 내게 주신 나의 아버지는 모든 것보
다 더 큰 분이시다. 그러므로 아무도 내 아
버지의 손에서 내 양들을 빼앗을 수 없다.
30 아버지와 나는 하나다."
31 유대인들이 다시금 돌을 집어 예수님께 던
지려고 하였습니다.
32 그러나 예수님께서는 그들에게 이렇게 말
씀하셨습니다. "나는 너희에게 아버지에
게서 온 선한 일을 많이 보여 주었다. 너
희는 도대체 이 중에서 어떤 일 때문에 나
에게 돌을 던지려 하느냐?"
33 유대인들이 대답했습니다. "우리는 당신
이 행한 선한 일 때문에 당신에게 돌을 던
지려는 것이 아니라 하나님을 모독한 말
때문에 그러는 것이오. 당신은 사람에 지
나지 않는데도 자신을 하나님이라고 주장
하고 있소!"
34 예수님께서 대답하셨습니다. "'내가 선언
하는데, 너희는 다 신이다'라는 말이 너
희 율법에 쓰여 있지 않느냐?
35 하나님께서 하나님 자신의 말씀을 받은
사람들을 신이라고 불렀으니 성경은 파기
될 수 없다.
36 하나님께서 구별하여 세상에 보낸 사람에
대해서는 너희가 뭐라고 말하겠느냐? 내
가 '나는 하나님의 아들이다'라고 말했다
고 해서 너희가 어찌 나에게 하나님을 모
독한다고 말을 하느냐?
37 만일 내가 내 아버지의 일을 하지 않는다
면, 그 때에는 나를 믿지 마라.
38 하지만 만일 내가 내 아버지의 일을 한다

면, 나는 믿지 않는다 하더라도, 내가 하는
일은 믿어라. 그러면 너희는 아버지께서 내
안에, 그리고 내가 아버지 안에 있다는 사
실을 알고, 그것을 깨닫게 될 것이다."
39 유대인들이 다시 예수님을 잡아 가려고 했
지만, 예수님께서는 그들의 손에서 빠져
나가셨습니다.
40 예수님께서는 다시 요단 강 동쪽, 전에 요
한이 세례를 주던 곳으로 가셔서 거기 머
물러 계셨습니다.
41 많은 사람이 예수님께 왔습니다. 그들이
"세례자 요한은 그 어떤 표적도 행하지 않
았으나, 요한이 이분에 대해 이야기한 것
은 다 사실이었다"고 말했습니다.
42 그 곳에서 많은 사람이 예수님을 믿었습
니다.

나사로의 죽음

11 나사로라고 하는 사람이 병이 들었습
니다. 나사로는 마리아와 마리아의 언
니 마르다와 함께 베다니라는 마을 사람이
었습니다.
2 마리아는 주님께 향유를 붓고 자기의 머
리카락으로 주님의 발을 씻어 주었던 바
로 그 여인입니다. 마리아의 오빠 나사로
가 병이 든 것입니다.
3 나사로의 여동생 마리아와 마르다는 예수님
께 사람을 보내 "주님, 주님께서 사랑하
시는 이가 병이 들었습니다"라고 전했습
니다.
4 예수님께서 이 말을 듣고 말씀하셨습니
다. "이 병은 죽게 될 병이 아니라 하나
님의 영광을 위한 것이다. 이 병으로 말
미암아 하나님의 아들이 영광을 얻을 것
이다."
5 예수님께서는 마르다와 마리아, 그리고 오
빠 나사로를 사랑하셨습니다.
6 하지만 예수님께서는 나사로가 병들었다
는 말을 듣고도, 지금 계신 곳에서 이틀

○ 베레아와 베다니에서의 사역 (10:22-11:46)

을 더 지내셨습니다.
7 이틀 후 예수님께서는 제자들에게 "다시
유대 땅으로 가자"고 말씀하셨습니다.
8 제자들이 예수님께 말했습니다. "하지만
선생님, 방금 전에 유대인들이 주님을 돌
로 쳐죽이려고 하였는데, 다시 그 곳으로
가려고 하십니까?"
9 예수님께서 대답하셨습니다. "하루 중 낮
이 열두 시간이나 되지 않느냐? 사람이
낮에 걸어다니면, 그는 이 세상의 빛을 보
기 때문에 넘어지지 않는다.
10 그러나 밤에 걸어다니면 그 사람 속에 빛
이 없으므로 넘어진다."
11 예수님께서 이 말씀을 하신 후에 이렇게
덧붙이셨습니다. "우리 친구 나사로가 깊
이 잠들었으니, 그를 깨우러 가야겠다."
12 그러자 제자들이 말했습니다. "주님, 나사
로가 잠들었다면 낫게 될 것입니다."
13 예수님께서는 나사로가 죽은 것에 대해 말씀
하셨지만, 예수님의 제자들은 나사로가 정말
로 잠을 자고 있는 것으로 생각했습니다.
14 그 때, 예수님께서 분명히 말씀하셨습니
다. "나사로가 죽었다.
15 하지만 너희를 위해서는 내가 거기에 있
지 않았던 것이 기쁘다. 이것은 너희들이
믿을 수 있도록 하기 위함이다. 그러나 이
제 나사로에게 가자."

행각(10:23 colonnade) 집의 한 부분, 또는 안뜰에 세운 원주형 주랑. 집채 형태의 행각도 있다.
영생(10:28 eternal life) 영원한 생명. 영원히 죽지 않는 것.
모독(10:33 blasphemy) 하나님을 욕되게 함.
파기(10:35 break) 취소해 무효로 하는 것.

16 그 때, 디두모라는 별명을 가진 도마가 다
른 제자들에게 "우리도 주님과 함께 죽으
러 가자"고 말했습니다.

부활과 생명이신 예수님

17 예수님께서 나사로가 있는 곳에 도착했습
니다. 그 때 나사로는 이미 죽어 무덤 속
에 있은 지 사 일이나 되었습니다.
18 베다니는 예루살렘에서 약 3킬로미터 조금
못 되는 곳에 있었습니다.
19 많은 유대인이 오빠를 잃은 마르다와 마리
아를 위로하러 두 자매에게 왔습니다.
20 마르다는 예수님께서 오신다는 소식을 듣
고 예수님을 마중 나갔고, 마리아는 집에
남아 있었습니다.
21 마르다가 예수님께 말했습니다. "주님, 주
님께서 여기 계셨더라면 제 오빠가 죽지
않았을 것입니다.
22 그러나 지금이라도 주님께서 하나님께 구
하시는 것은 무엇이든지 하나님께서 주시
리라는 것을 알고 있습니다."
23 예수님께서 말씀하셨습니다. "네 오빠가
다시 살아날 것이다."
24 마르다가 대답했습니다. "마지막 날에 있
을 부활 때, 제 오빠가 다시 살아난다는
것을 제가 압니다."
25 예수님께서 마르다에게 말씀하셨습니다.
"나는 부활이요 생명이다. 나를 믿는 사
람은 설령 죽는다 해도 살 것이며,
26 살아서 나를 믿는 사람은 그 누가 되었든
지 결코 죽지 않을 것이다. 네가 이것을
믿느냐?"
27 마르다가 대답했습니다. "네, 주님. 저는
주님께서 그리스도이시며, 세상에 오시기
로 한 하나님의 아들이심을 믿습니다."

예수님께서 눈물을 흘리시다

28 마르다는 이 말을 하고는 집으로 돌아갔
습니다. 마르다가 마리아를 따로 불러 내
말했습니다. "선생님이 여기 오셔서 너를
찾으셔."
29 마리아는 이 말을 듣자마자 바로 일어나
예수님께로 갔습니다.
30 예수님께서는 마을로 들어오지 않으시고,
그 때까지 줄곧 마르다를 만났던 곳에 계
셨습니다.
31 마리아와 함께 집에 있으면서 마리아를
위로하던 유대인들은 마리아가 일어나 황
급히 나가는 것을 보았습니다. 그들은
마리아의 뒤를 따라나오면서, 마리아가
통곡하러 무덤에 가는 것이라고 생각했
습니다.
32 마리아는 예수님께서 계신 곳으로 갔습니
다. 마리아는 예수님을 보자, 그의 발 아
래 엎드려 이렇게 말했습니다. "주님, 주
님께서 여기 계셨더라면, 저의 오빠가 죽
지 않았을 것입니다."
33 예수님께서 마리아와 마리아의 뒤를 따라
온 유대인들이 우는 것을 보셨습니다. 예
수님의 마음은 격한 감정이 들면서 몹시
아프셨습니다.
34 예수님께서 말씀하셨습니다. "나사로를
어디에 두었느냐?" 그들이 대답했습니다.
"와서 보십시오, 주님."
35 그러자 예수님께서 눈물을 흘리셨습니다.
36 그것을 보고 유대인들이 말했습니다. "예
수님께서 나사로를 얼마나 사랑하였는가
보아라."

성경 자세히 이해하기

유대인의 무덤 구조

팔레스타인에서 발견된 고대의 수많은 무덤들은 그 형태가 매우 다양했습니다. 가장 단순한 형태의 무덤은 얕게 판 고랑 형태였는데, 시신을 놓고 그것을 보호하기 위해 돌 무더기를 쌓았습니다(수 7:26). 편리성 때문에 동굴들이 자주 무덤으로 이용되기도 했습니다(창 25:9 '막벨라 굴'). 이러한 동굴 내부는 시신을 안치할 수 있는 평평한 여러 분실을 갖춘 큰 묘실로 개조되었습니다. 때때로 바위의 뒤쪽을 반원형으로 움푹 들어가게 뚫고, 아래쪽은 시신을 놓을 수 있도록 평평하게 뚫어 무덤을 만들었습니다. 또한 유사한 방법을 통해 일종의 석실을 만들기도 했습니다.

본문 보기 11장 17절

37 그러나 그들 중에는 "앞 못 보는 사람의
눈도 뜨게 한 사람이, 나사로가 죽지 않게
할 수는 없었나?"라고 말하는 사람도 있
었습니다.

예수님께서 나사로를 살리시다

38 예수님께서는 몹시 아픈 마음으로 무덤에
가셨습니다. 그 무덤은 입구를 커다란 돌
로 막은 굴이었습니다.
39 예수님께서 "돌을 옮겨 놓으라"고 말씀하
셨습니다. 죽은 나사로의 여동생 마르다가
예수님께 말씀드렸습니다. "주님, 오빠가
죽어 무덤에 있은 지, 이미 사 일이나 되
어 냄새가 심하게 납니다."
40 예수님께서 마르다에게 말씀하셨습니다.
"네가 믿으면 하나님의 영광을 볼 것이라
고 내가 너에게 말하지 않았느냐?"
41 그래서 사람들이 입구에서 돌을 옮겨 놓
았습니다. 그 때, 예수님께서는 고개를 들
어 하늘을 보시며 말씀하셨습니다. "아버
지, 지금까지 제 말을 들어 주셔서 감사
합니다.
42 아버지께서는 언제나 제 말을 들으시는
줄을 제가 압니다. 그러나 저는 주위에 있
는 이 사람들을 위하여, 그들이 아버지께
서 저를 보내셨음을 믿게 하기 위하여 이
말을 한 것입니다."
43 예수님께서는 이 말씀을 하신 후, 큰 소
리로 말씀하셨습니다. "나사로야, 나오너
라!"
44 죽은 사람이 밖으로 나왔습니다. 그의 손
과 발은 천으로 감겨져 있었으며, 얼굴도
천으로 둘러싸여 있었습니다. 예수님께서
는 사람들에게 "천을 풀어 주어 다니게 하
여라" 하고 말씀하셨습니다.

예수님을 죽이려는 음모

45 마리아에게 조문하러 왔던 유대인들은 예
수님께서 하신 일을 보고는 그분을 믿었
습니다.
46 그러나 그들 중 어떤 유대인들은 바리새인
들에게 가서 예수님께서 하신 일을 일러
바쳤습니다.
47 그러자 대제사장들과 바리새인들은 산헤드
린을 열어 의견을 물었습니다. "어떻게 하
면 좋겠습니까? 이 사람은 많은 표적을
행하고 있습니다.
48 만일 우리가 이 사람이 하는 대로 계속
내버려 둔다면, 모든 사람이 그를 믿을
것입니다. 그러면 로마 사람들이 와서 우

나사로를 살리신 예수님(11:1-44)

리 땅과 민족을 모두 빼앗아 버릴 것입
니다."
49 그들 중에 가야바라는 한 사람이 있었습
니다. 가야바는 그 해의 대제사장이었습
니다. 가야바가 이렇게 말했습니다. "여러
분들은 아무것도 모르시는군요.
50 민족 전체가 멸망당하는 것보다는 한 사
람이 백성을 위하여 죽는 것이 더 낫다는
사실을 깨닫지 못하십니까?"
51 이 말은 가야바가 스스로 한 말이 아니었
습니다. 그는 그 해의 대제사장이었으므
로, 예수님께서 유대 민족을 위해 죽게 될
것을 예언한 것이었습니다.
52 가야바는 예수님께서 유대 민족만이 아니
라 사방에 흩어져 있는 하나님의 자녀들
을 하나로 만들기 위해 죽으실 것을 예언
한 것입니다.
53 그 날 이후, 유대의 지도자들은 예수님을
죽일 계획을 세우기 시작했습니다.
54 예수님께서는 더 이상 유대인들이 있는 곳
에 공공연히 다니지 않으셨습니다. 예수
님께서는 그 곳을 떠나 광야 근처에 있는
에브라임이라는 마을로 가서 제자들과 함
께 거기서 지내셨습니다.
55 유대인의 명절인 유월절이 가까이 다가왔
습니다. 유월절이 되기도 전에 많은 사람
들이 자신을 깨끗하게 하기 위해 시골에
서 예루살렘으로 올라왔습니다.
56 사람들은 부지런히 예수님을 찾았습니다.
그들은 성전 뜰에 서서 서로 물었습니다.
"당신들 생각은 어떻소? 그분이 명절에
안 오시지는 않겠지요?"
57 그러나 대제사장들과 바리새인들은 누구
든지 예수님께서 계신 곳을 알기만 하면
반드시 자기들에게 알려야 한다고 명령을
내렸습니다. 그것은 예수님을 체포하기
위해서였습니다.

예수님의 발에 향유를 바른 여인

12 유월절 육 일 전에 예수님께서는 나
사로가 살고 있는 베다니로 가셨습니
다. 나사로는 예수님께서 죽은 자 가운데
서 살리셨던 그 사람입니다.
2 그 집 사람들은 예수님께 저녁 식사를 대
접하였습니다. 마르다는 음식을 접대하는
일을 맡았고, 나사로는 예수님과 함께 식
사하는 사람들 속에 있었습니다.
3 마리아가 매우 비싼 나드 향유 약 300그램
을 가져와서 예수님의 발에 붓고, 자기의
머리카락으로 그 발을 닦았습니다. 그러자
그 향기가 온 집안에 가득하였습니다.
4 예수님의 제자 중 한 사람인 가룟 사람 유
다가 그 곳에 있었습니다. 그는 나중에 예
수님을 배반할 사람이었습니다. 유다가 말
했습니다.
5 "이 향유를 팔아 그 돈을 가난한 사람들
에게 나누어 주는 것이 좋지 않은가? 이
것은 삼백 데나리온에 해당하는 값비싼 것
인데 말이야."
6 그러나 유다가 정말로 가난한 사람들을
생각해서 이 말을 한 것은 아니었습니다.
그는 도둑이었기 때문에 이런 말을 한 것
입니다. 그는 돈주머니를 관리하는 사람
이었는데, 종종 돈주머니에서 돈을 제 마
음대로 꺼내 쓰곤 하였습니다.
7 예수님께서 말씀하셨습니다. "이 여자가

성경 자세히 이해하기

마리아의 나드 향유

유대인들은 향유를 시신에 발라 악취가 나는 것을 막고, 귀한 손님이 방문하였을 때, 손님의 머리와 발에 향유를 부어 예의를 표하였습니다. 마리아가 예수님께 향유를 부은 것도 이와 같은 이유에서였습니다. 특별히 마리아가 사용한 나드는 히말라야 산맥의 고원 목지에서 자라는 나드에서 짜낸 것으로 값으로 치면 300 데나리온 정도였는데, 이는 노동자의 300일치 임금에 해당하는 액수였습니다.

본문 보기 12장 3절

알아두세요

12:13 '호산나'는 찬양할 때 '구원하소서'라는 의미로 외치는 말이다.
12:15 슥 9:9에 기록되어 있다.

하는 대로 내버려 두어라. 마리아는 내 장
례를 치를 날을 위해 이 향유를 준비해 둔
것이다.
8 가난한 사람들은 너희와 항상 함께 있겠
지만, 나는 너희와 항상 함께 있지는 않
을 것이다."

나사로를 죽이려고 모의함

9 유대인들이 예수님께서 베다니에 계시다는
소식을 들었습니다. 그래서 그들은 예수
님만이 아니라 예수님께서 죽은 자 가운데
서 살리신 나사로도 보려고, 크게 무리를
지어 그 곳으로 왔습니다.
10 그러자 대제사장들은 나사로까지 죽이려
고 모의하였습니다.
11 이렇게 그들이 나사로를 죽이려고 하는 것
은, 나사로 때문에 많은 유대인이 예수님
께 가서 그분을 믿었기 때문입니다.

예루살렘으로 입성하심

12 다음 날, 유월절을 지키러 온 많은 무리
들은 예수님께서 예루살렘으로 오신다는
소식을 들었습니다.
13 그들은 손에 종려나무 가지를 들고 예수
님을 맞으러 나갔습니다. 그리고 외쳤습
니다. "호산나!* 주님의 이름으로 오시는
자에게 복이 있을 것이다. 이스라엘의 왕
에게 복이 있을 것이다."
14 예수님께서는 어린 나귀를 발견하시고는,
성경에 기록된 대로 그 위에 타셨습니다.
15 "시온의 딸아, 두려워하지 마라! 보아라,
너의 왕이 오신다. 그분은 어린 나귀를 타
셨다."*
16 예수님의 제자들은 처음에 이 말씀을 깨
닫지 못했습니다. 그러나 예수님께서 영
광을 받으신 뒤에야 비로소 이 말씀이 예
수님에 관해 기록된 것이라는 사실과 사
람들이 예수님께 이렇게 하였다는 것을 알
게 되었습니다.
17 예수님께서 나사로를 무덤 밖으로 불러 내
시고 그를 죽은 자 가운데서 다시 살리실
때, 예수님과 함께 있던 많은 군중들은 계
속해서 예수님께서 행하신 일을 증언하였
습니다.
18 이처럼 많은 사람이 예수님께서 행하신 이
표적에 대한 소문을 들었기 때문에 예수
님을 맞으러 나왔던 것입니다.
19 그래서 바리새인들은 자기들끼리 이렇게
말했습니다. "보시다시피 우리 계획은 하
나도 성공을 거두지 못했습니다. 온 세상
이 저 사람을 따르고 있지 않습니까!"

예수님께서 자신의 죽음을 예고하심

20 유월절에 예배드리기 위해 예루살렘에 온
사람들 중에 그리스 사람들이 더러 있었
습니다.
21 이 사람들이 갈릴리 벳새다 출신인 빌립에
게 와서 요청했습니다. "선생님, 우리가
예수님을 뵙고 싶습니다."
22 빌립이 안드레에게 가서 말하였고, 안드레
와 빌립은 다시 예수님께 그 말을 전했습
니다.
23 예수님께서 그들에게 대답하셨습니다.
"인자가 영광을 받을 때가 왔다.
24 내가 너희에게 진리를 말한다. 밀알이 땅
에 떨어져 죽지 않으면 한 알 그대로 있
지만, 죽으면 많은 열매를 맺는 법이다.
25 자기 목숨을 사랑하는 사람은 목숨을 잃
을 것이지만 이 세상에서 자기 목숨을 미
워하는 사람은 영원히 목숨을 보존할 것
이다.
26 누구든지 나를 섬기려면 나를 따르라. 내
가 있는 곳에 나를 섬기는 사람도 있을 것
이다. 나를 섬기는 사람은 내 아버지께서

'밀알이 땅에 떨어져 죽지 않으면 한 알 그대로
있지만, 죽으면 많은 열매를 맺는다.' (12:24)

높이실 것이다."

인자가 들려야 하리라

27 "지금 내 마음이 무척 괴로우니 무슨 말
을 하겠습니까? 아버지, 이 때를 벗어나
게 해 주십시오. 아닙니다. 나는 이 일 때
문에 이 때에 온 것입니다.
28 아버지, 아버지의 이름을 영화롭게 하소
서!" 그 때, 하늘로부터, "내가 이미 영화
롭게 하였고, 또다시 영화롭게 할 것이
다"라는 소리가 들렸습니다.
29 곁에 서서 이 소리를 들은 많은 사람이 천
둥 소리가 들렸다고 말했습니다. 그러나
그 사람들 중에는 "천사가 그에게 말하였
다"라고 하는 사람들도 있었습니다.
30 예수님께서는 이렇게 대답하셨습니다.
"이 소리는 나를 위해서가 아니라, 너희
를 위해서 들린 것이다.
31 이제 이 세상을 심판할 때가 되었다. 이
제 이 세상의 통치자가 쫓겨날 것이다.
32 내가 땅에서 들려 올라가게 되면, 나는 모
든 사람을 내게로 이끌 것이다."
33 예수님께서 이런 말씀을 하신 것은 자신
이 어떤 식으로 죽을 것인가를 보이려는
것이었습니다.
34 군중은 이 말을 듣자, 이렇게 말했습니
다. "우리는 율법에서 그리스도가 영원히
계실 것이라고 들었습니다. 그런데 당신
은 어떻게 해서 '인자가 들려야 한다'고
말씀하십니까? 당신이 말씀하시는 '인자'
란 도대체 누구입니까?"
35 그러자 예수님께서 대답하셨습니다. "빛
이 잠시만 더 너희와 함께 있을 것이다.
빛이 있을 때에 다니면 너희는 어둠에
사로잡히지 않을 것이다. 어둠 속에서
다니는 사람은 자기가 어디로 가는지 모
른다.
36 빛이 너희에게 있을 동안 빛을 믿어라. 그
러면 너희는 빛의 아들이 될 것이다." 예
수님께서는 이 말씀을 하시고 그들을 떠
나 숨으셨습니다.

유대인들의 불신앙

37 예수님께서 이 모든 표적을 사람들 앞에
서 행하셨지만, 그들은 여전히 예수님을
믿으려 하지 않았습니다.
38 이것은 이사야 예언자의 말씀이 이루어진
것입니다. "주님이시여, 우리가 전한 것
을 누가 믿었습니까? 주님의 능력이 누구
에게 나타났습니까?"*
39 이런 이유 때문에, 사람들은 믿을 수가 없
었습니다. 다시 이사야 예언자는 말하였
습니다.
40 "주님께서 그들의 눈을 멀게 하시고 그들
의 마음을 완고하게 하셨으니 그들이 눈
으로 보고 마음으로 깨닫고 돌아와 고침
을 받지 못하게 하려는 것이다."*
41 이사야가 이런 말을 한 것은 그가 예수님
의 영광을 보고, 예수님에 관하여 말했기
때문입니다.
42 그러나 동시에 지도자들 중에서도 예수님
을 믿는 사람이 많이 생겼습니다. 하지만
그들은 바리새인들 때문에 예수님을 믿는
다고 고백하지는 못했습니다. 그들은 회
당에서 쫓겨날까 두려워했습니다.
43 그들은 사람에게 칭찬받는 것을 하나님께
칭찬받는 것보다 더 좋아했습니다.

예수님의 말씀으로 심판받음

44 그 때, 예수님께서 큰 소리로 말씀하셨습
니다. "나를 믿는 사람은 나를 믿는 것이
아니라 나를 보내신 분을 믿는 것이다.
45 나를 보는 사람은 나를 보내신 분을 보는
것이다.
46 나는 세상에 빛으로 왔다. 나를 믿는 사
람은 누구든지 어둠 속에 머물지 않을 것

알아두세요

12:38 사 53:1에 기록되어 있다.
12:40 사 6:10에 기록되어 있다.

완고(12:40 stubbornness) 성격이 고집스럽고 고루함.
구원(12:47 salvation) 하나님의 값없는 은혜로 죄악과 고통에서 건져 주심.
유월절(13:1 Passover) 하나님께서 이스라엘 자손을 이집트에서 구원해 내신 것을 기념하는 절기.

이다.
47 내 말을 듣고 지키지 않는 사람이 있다 해
도 내가 그 사람을 심판하지 않는다. 그
것은 나는 세상을 심판하기 위해서가 아
니라 구원하기 위해 왔기 때문이다.
48 나를 저버리고, 내 말을 받아들이지 않는
사람을 심판하실 분이 계시다. 내가 한 이
말이 마지막 날에 그를 심판할 것이다.
49 내가 한 말은 내 스스로 한 말이 아니다.
나를 보내신 아버지께서 무슨 말을 해야
할지 또 어떻게 말해야 할지를 내게 명령
하셨다.
50 그리고 나는 그분이 하신 명령이 영생이
라는 사실을 안다. 그러므로 내가 말하는
것은 무엇이든지 아버지께서 내게 그렇게
말하라고 말씀하신 것이다."

제자들의 발을 씻기신 예수님

13 유월절 바로 전에, 예수님께서는 자
신이 이 세상을 떠나 아버지께로 돌
아갈 때가 왔다는 것을 아셨습니다. 예수
님께서는 세상에 있는 자기의 사람들을
사랑하시되 끝까지 사랑하셨습니다.
2 저녁 식사를 하는 중이었습니다. 마귀가
이미 시몬의 아들 가룟 사람 유다의 마음
속에 들어가 예수님을 배반할 생각을 갖
게 하였습니다.
3 예수님께서는 아버지께서 자기에게 모든
것을 다스릴 권세를 주셨다는 것을 아셨
습니다. 또한 그는 아버지께로부터 오셨
다가 다시 아버지께로 돌아가실 것을 아
셨습니다.
4 그래서 저녁 잡수시던 자리에서 일어나
겉옷을 벗고 수건을 가져다가 허리에 두
르셨습니다.
5 예수님께서는 대야에 물을 부어 제자들의
발을 씻기시고, 두르신 수건으로 그들의
발을 닦아 주기 시작하셨습니다.
6 이윽고 시몬 베드로 차례가 되었을 때, 베
드로는 예수님께 "주님, 주님께서 제 발을
씻기시렵니까?"라고 말했습니다.
7 예수님께서 베드로에게 대답하셨습니다.
"네가 지금은 내가 하고 있는 행동을 이
해하지 못할 것이지만 나중에는 이해할
것이다."

제자들의
발을 씻겨 주신
예수님(13:4-15)

8 베드로가 말했습니다. "제 발은 절대로
씻기지 못하십니다." 예수님께서 대답하
셨습니다. "내가 네 발을 씻기지 않으
면, 너는 나와 상관이 없는 사람이 되고
만다."
9 이 말을 들은 시몬 베드로는 "주님, 제 발
만 아니라 손과 머리도 씻겨 주십시오!"
라고 말했습니다.
10 예수님께서 베드로에게 말씀하셨습니다.
"이미 목욕한 사람은 발만 씻으면 되는 법
이다. 그 사람은 온몸이 깨끗하다. 그러
므로 너희는 깨끗하다. 그러나 너희 모두
가 다 깨끗한 것은 아니다."
11 예수님께서 이렇게 말씀하신 것은 자기를
배반할 사람이 누군지 알고 계셨기 때문
입니다. 그래서 "너희 모두가 다 깨끗한
것은 아니다"라고 말씀하신 것입니다.
12 예수님께서는 제자들의 발을 다 씻기신 뒤
에, 옷을 입고 다시 자리에 앉으셔서, 그
들에게 이런 질문을 하셨습니다. "내가
방금 전에 너희에게 행한 일이 무슨 뜻으
로 한 것인지 이해하겠느냐?
13 너희가 나를 '선생님' 또는 '주님'이라고
부르는데, 너희 말이 맞다. 나는 바로 그
런 사람이다.
14 내가 선생과 주로서 너희 발을 씻겼으니,
너희도 서로 발을 씻겨 주어야 한다.
15 내가 너희에게 행한 그대로 너희도 행
하게 하기 위해 내가 본을 보여 준 것
이다.
16 내가 너희에게 진리를 말한다. 종이 자기
주인보다 크지 못하고, 보냄을 받은 자가
그를 보낸 자보다 크지 못한 법이다.
17 너희가 이것을 알고 그대로 행하면 너희
에게 복이 있을 것이다.
18 내가 너희 모두를 가리켜 말하는 것이 아
니다. 나는 내가 택한 사람들이 누구인지
안다. 그러나 '내 빵을 함께 먹던 자가 나
를 대적하려고 자기 발꿈치를 들었다'*는
성경 말씀이 성취되어야 한다.
19 나는 이제 이 일이 일어나기 전에 이것을
너희에게 말한다. 그러면 그 일이 일어날
때, 너희는 내가 바로 그 사람인 것을 믿
게 될 것이다.

배반당할 것을
예고하신
예수님(13:21-28)

20 내가 너희에게 진리를 말한다. 내가 보내는 사람을 영접하는 자는 나를 영접하는 것이고, 나를 영접하는 자는 나를 보내신 분을 영접하는 것이다."

예수님께서 배반당할 것을 예고하심

21 예수님께서는 이 말씀을 하신 뒤에 마음이 무척 괴로우셨습니다. 그래서 이렇게 증언하셨습니다. "내가 너희에게 진리를 말한다. 너희 중 하나가 나를 배반할 것이다."

22 제자들은 서로 얼굴을 쳐다보았으나, 예수님께서 누구를 염두에 두고 말씀하시는 것인지 전혀 알 수가 없었습니다.

23 예수님의 제자 중 한 사람이 예수님 가까이에 앉아 있었습니다. 이 사람은 예수님께서 사랑하신 제자였습니다.

24 시몬 베드로가 이 제자에게 고갯짓을 하여, 예수님께서 누구를 가리켜 말씀하시는지 물어 보라고 지시했습니다.

25 그 제자가 예수님 옆으로 가까이 다가가 물었습니다. "주님, 그가 누구입니까?"

26 예수님께서 대답하셨습니다. "내가 이 빵을 접시에 찍어 주는 자가 나를 배반할 자이다" 하시면서 빵 조각을 집어서 접시에 찍어 가룟 사람 시몬의 아들 유다에게 주셨습니다.

27 유다가 빵 조각을 받자마자, 사탄이 그에게로 들어갔습니다. 예수님께서 유다에게 말씀하셨습니다. "네가 하려는 일을 빨리 하여라!"

28 거기 앉은 사람 중에는 예수님께서 유다에게 무슨 뜻으로 이 말씀을 하셨는지 이해한 사람이 없었습니다.

29 유다는 돈을 관리하던 사람이었기 때문에 예수님께서 유다에게 명절에 필요한 물건을 사라고 말씀하시거나 가난한 사람들에게 무엇을 주라고 말씀하시는 줄로 생각한 제자들이 있었습니다.

30 유다는 예수님께서 주시는 빵을 받고, 곧 밖으로 나갔습니다. 그 때는 밤이었습니다.

새 계명

31 유다가 나간 뒤에 예수님께서 말씀하셨습니다. "지금 인자가 영광을 받았고, 하나님께서도 인자를 통해 영광을 받으셨다.

32 하나님께서 인자를 통해 영광을 받으시면, 하나님께서도 인자를 영광되게 하실 것이다. 곧 그렇게 하실 것이다.

33 자녀들아, 내가 조금만 더 너희와 함께 있겠다. 너희가 나를 찾을 것이다. 내가 전에 유대인들에게 말한 것같이, 지금 너희에게도 말하는데, 내가 가는 곳에 너희는 올 수 없다.

34 내가 너희에게 새 계명을 준다. 서로 사랑하여라. 내가 너희를 사랑한 것같이 너희도 서로 사랑하여라.

35 너희가 서로 사랑하면, 모든 사람이 너희가 내 제자인 줄 알 것이다."

베드로가 예수님을 부인할 것을 예고하심

36 시몬 베드로가 예수님께 물었습니다. "주님, 어디로 가십니까?" 예수님께서 대답하셨습니다. "내가 가는 곳을 네가 지금은 따라올 수 없지만 나중에는 따라올 것이다."

성경 자세히 이해하기

예수님 품에 누웠던 요한

"예수님 가까이 앉았다"라는 표현을 원문 그대로 옮기면 "예수님 품에 의지하여 누웠다"는 말이 됩니다. 이것은 유대인들의 식사 모습을 보여 주는 것으로 비스듬히 기대어 눕는 것이 당시의 보편적인 식사 자세였습니다. 또한 음식을 먹는 오른손이 자유롭게 움직일 수 있도록 왼쪽으로 기대어 누웠는데 이 때문에 자신의 머리가 왼쪽에 있는 사람의 가슴과 접촉하는 일이 흔히 발생했습니다. 따라서 요한이 예수님의 가슴에 기대어 식사하는 것은 지극히 자연스러운 일이었습니다.

본문 보기 13장 23절

알아두세요

13:18 시 41:9에 기록되어 있다.

37 베드로가 말했습니다. "주님, 지금은 왜
주님을 따라갈 수 없습니까? 저는 주님을
위해 제 목숨을 내놓겠습니다."
38 예수님께서는 "네가 정말 나를 위해 네
목숨을 내놓겠느냐? 내가 너에게 진리를
말한다. 닭이 울기 전에 네가 세 번 나를
모른다고 할 것이다"라고 대답하셨습니
다.

길이요, 진리요, 생명이신 예수님

14 "너희는 마음에 근심하지 마라. 하
나님을 믿고 또 나를 믿어라.
2 내 아버지 집에는 너희들이 있을 곳이 많
이 있다. 만일 그렇지 않다면 내가 너희
에게 이런 말을 하지 않았을 것이다. 나
는 너희를 위하여 한 장소를 마련하러 간
다.
3 내가 가서 너희를 위해 한 장소를 마련한
뒤에, 다시 와서 너희를 데려가, 내가 있
는 곳에 너희도 있게 하겠다.
4 너희는 내가 가는 그 곳으로 가는 길을 알
고 있다."
5 도마가 예수님께 말했습니다. "주님, 주님
이 어디로 가시는지 알지 못하는데, 저희
가 그 길을 어떻게 알겠습니까?"
6 예수님께서 대답하셨습니다. "내가 바로
그 길이요, 진리요, 생명이다. 나를 통하
지 않고는 아버지께로 올 사람이 없다.
7 너희가 진정 나를 안다면, 내 아버지도 알
았을 것이다. 이제 너희는 그분을 알았고
또 그분을 보았다."
8 빌립이 말했습니다. "주님, 저희에게 아버
지를 보여 주십시오. 저희에게는 그것으
로 충분합니다."
9 예수님께서 대답하셨습니다. "빌립아, 내
가 이렇게 오랫동안 너희와 함께 있었는
데, 아직도 너는 나를 모른단 말이냐? 나
를 본 사람은 아버지를 본 것이나 다름이
없는데, 어떻게 네가 '저희에게 아버지를
보여 주십시오'라고 말하느냐?
10 너는 내가 아버지 안에 있고, 아버지께서
내 안에 계신 것을 믿지 못하느냐? 내가
너희에게 하는 말은 내 스스로 하는 말이
아니다. 이 말은 내 안에 계시면서 그분
의 일을 하시는 아버지의 말씀이다.
11 내가 아버지 안에 있고, 아버지께서 내 안
에 계시다는 내 말을 믿어라. 나를 믿지
못하겠으면, 내가 행한 표적 그것만이라
도 믿어라.
12 내가 너희에게 진리를 말한다. 나를 믿는
사람은 내가 지금까지 해온 일들을 그 사
람도 행할 것이다. 심지어 이보다 더 큰
일들도 행할 것이다. 그것은 내가 아버지
께로 가기 때문이다.
13 그리고 너희가 내 이름으로 무엇이든지
구하면, 내가 너희에게 다 이루어 주겠
다. 그리하여 아버지께서 아들로 말미암
아 영광을 받으시게 될 것이다.
14 너희가 내 이름으로 무엇이든지 내게 구
하면, 내가 다 이루어 주겠다."

성령을 약속하심

15 "너희가 나를 사랑하면 내 계명을 지켜
라.
16 내가 아버지께 구하겠고, 그분은 너희와
영원히 함께 있을 다른 보혜사를 보내 주
실 것이다.
17 그분은 진리의 성령이시다. 세상은 그분
을 보지 못하고, 알지도 못하므로, 그분
을 받을 수 없다. 그러나 그분이 너희 안
에 계시고 너희는 그분 안에 있기 때문에
너희는 그분을 아는 것이다.
18 나는 너희를 고아처럼 버려 두지 않고 너
희에게로 다시 올 것이다.
19 조금 있으면 세상은 더 이상 나를 보지 못
할 것이나, 너희는 나를 볼 것이다. 그것

근심(14:1 anxiety) 좋지 않은 일이 생길지도 모른다는 두렵고 불안한 마음.
계명(14:15 commandment) 하나님의 명령으로서 마땅히 지켜야 할 생활 규범.
보혜사(14:16 Counselor) 원어는 어떤 사람의 곁에 서서 격려하며 권고하는 사람을 의미. 여기서는 그리스도인들을 도와 주기 위해 곁에 계시는 분으로서, 그리스도의 말씀을 가르치시며 생각나게 하시는 성령의 사역을 특징적으로 표현한 것이다.

은 내가 살고 너희도 살 것이기 때문이다.
20 그 날에는 내가 내 아버지 안에 있고, 너
희가 내 안에 있고, 내가 너희 안에 있는
것을 너희가 알게 될 것이다.
21 내 계명을 가지고 그것을 지키는 사람이
나를 사랑하는 사람이다. 그리고 나를 사
랑하는 사람은 내 아버지께 사랑을 받고,
나도 그를 사랑하여 그에게 나를 나타낼
것이다."
22 그 때, 가룟 사람이 아닌 다른 유다가 예
수님께 말했습니다. "주님께서 자신을 우
리에게는 나타내시고, 세상에는 나타내지
않으시는 이유는 무엇입니까?"
23 예수님께서 대답하셨습니다. "나를 사랑
하는 사람이라면, 나의 교훈을 지킬 것이
다. 내 아버지께서 그를 사랑하실 것이
고, 우리가 그 사람에게 와서 함께 있을
것이다.
24 나를 사랑하지 않는 사람은 내 교훈을 지키
지 않는다. 너희가 듣는 이 교훈은 내 것이
아니고, 나를 보내신 아버지의 교훈이다.
25 이 모든 것을 내가 너희와 함께 있는 동
안에 너희에게 말하였다.
26 그러나 내 아버지께서 나의 이름으로 보
내실 진리의 성령이신 보혜사께서 너희
에게 모든 것을 가르치시며, 내가 너희
에게 말한 모든 것을 생각나게 하실 것
이다.
27 내가 너희에게 평안을 남긴다. 곧 나의 평
안을 너희에게 준다. 내가 너희에게 주는
평안은 세상이 주는 것과 같지 않다. 너
희는 마음에 근심하지도 말고, 두려워하
지도 마라.
28 너희는 '내가 갔다가 너희에게로 올 것이
다'라고 말한 내 말을 들었다. 너희가 진
정 나를 사랑했다면, 내가 아버지께로 가
는 것을 기뻐했을 것이다. 이는 아버지가
나보다 더 크신 분이기 때문이다.
29 내가 지금 이 일이 일어나기 전에 너희에
게 말하는 것은, 이 일이 실제로 일어날
때, 너희로 하여금 믿게 하기 위해서이다.
30 이 세상의 통치자가 오고 있으므로, 더 이
상 너희와 많은 말을 나눌 수가 없다. 하
지만 이 세상의 통치자는 나를 마음대로
할 권세가 없다.
31 그러나 내가 아버지를 사랑하고, 아버지
께서 내게 명하신 대로 내가 행한다는 사
실을 세상은 알아야 할 것이다. 일어나 이
곳을 떠나자."

참포도나무이신 예수님

15 "나는 참포도나무요, 내 아버지는
정원사이시다.
2 내 안에서 열매 맺지 못하는 가지마다 아
버지께서 잘라 내시고, 열매 맺는 가지는
더 많은 열매를 맺게 하려고 깨끗하게 다
듬으신다.
3 너희는 내가 너희에게 해 준 말 때문에 이
미 깨끗하게 되었다.
4 내 안에 있어라. 그러면 나도 너희 안에
있겠다. 가지가 포도나무에 붙어 있지 않
으면 가지 스스로 열매를 맺을 수 없듯이,
너희도 내 안에 있지 않으면 스스로는 열
매를 맺을 수 없다."
5 "나는 포도나무요, 너희는 가지다. 사람
이 내 안에 있고 내가 그 안에 있으면, 그
는 열매를 많이 맺는다. 그러나 나를 떠
나서는 너희가 아무것도 할 수 없다.
6 누구든지 내 안에 있지 않으면, 그 사람
은 꺾여서 말라 버리는 가지와 같다. 사
람들이 그 마른 가지를 주워다 불에 던져
태워 버릴 것이다.
7 너희가 내 안에 있고 내 말이 너희 안에
있으면, 무엇이든지 원하는 대로 구하여
라. 그리하면 너희에게 이루어질 것이다.
8 너희가 열매를 많이 맺어 내 제자인 것을
나타내면 이것으로 내 아버지께서는 영광

평안(14:27 peace) 마음이 잔잔하여 걱정이 없음. 궁극적인 평안은 그리스도가 주시는 복의 일종이다.
통치자(14:30 ruler) 국토, 국민을 다스리는 국가의 우두머리.
권세(14:30 power) 아주 큰 권력. 모든 창조물에 대해 영원한 권세를 가지신 분은 하나님이시다.
정원사(15:1 gardener) 정원의 화단이나 수목을 가꾸는 사람.

을 받으신다.
9 아버지께서 나를 사랑하신 것같이 나도
너희를 사랑하였다. 이제 내 사랑 안에 머
물러 있어라.
10 내가 내 아버지의 계명을 지켰고 그의 사
랑 안에 있는 것처럼 너희가 내 계명을 지
키면, 내 사랑 안에 있을 것이다."
11 "내가 이것을 너희에게 말한 것은 나의 기
쁨이 너희 안에 있어 너희 기쁨이 가득 넘
치게 하려는 것이다.
12 내가 너희를 사랑한 것같이, 너희도 서로
사랑하라. 이것이 바로 내 계명이다.
13 사람이 자기 친구를 위해 자기 목숨을 내
놓는 것보다 더 큰 사랑은 없다.
14 내가 너희에게 명하는 것을 행하면, 너희
는 내 친구다.
15 이제 내가 너희를 더 이상 종이라고 부르
지 않겠다. 종은 주인이 하는 일을 알지
못한다. 방금 전에 나는 너희를 친구라고
불렀다. 왜냐하면 내가 아버지께 들은 것
을 다 너희에게 알게 하였기 때문이다.
16 너희가 나를 택한 것이 아니라 내가 너희
를 택하여 세웠다. 그것은 너희가 가서 열
매를 맺고, 너희 열매가 항상 있게 하기
위해서이다. 그래서 내 이름으로 구하는
것은 무엇이든지 아버지께서 너희에게 주
실 것이다.
17 내 계명은 이것이다. 서로 사랑하여라."

세상은 그의 제자들을 미워할 것이다

18 "세상이 너희를 미워하면, 너희보다 먼저
나를 미워한 줄 알아라.
19 너희가 세상에 속하였으면, 세상이 너희
를 자기 것이라고 사랑할 것이다. 그러나
너희가 세상에 속하지 아니하고, 내가 너
희를 세상에서 선택하였으므로 세상은 너
희를 미워할 것이다.
20 내가 너희에게 '종이 주인보다 더 크지 않
다'고 한 말을 기억하여라. 사람들이 나
를 핍박하였다면, 너희도 핍박할 것이다.
그들이 내 교훈을 지켰다면, 너희의 교훈
도 지킬 것이다.
21 그러나 그들이 나를 보내신 분을 알지 못
하므로, 내 이름 때문에 너희를 이런 식
으로 대할 것이다.
22 내가 와서 그들에게 말하지 않았더라면,
그들에게는 죄가 없었을 것이다. 그러나

"누구든지
내 안에 있지 않으면,
그 사람은 꺾여서
말라 버리는 가지와 같다.
사람들이 그 마른 가지를 주워다
불에 던져 태워 버릴 것이다."(15:6)

지금은 그들이 자기들이 지은 죄에 대하
여 핑계할 수 없게 되었다.
23 나를 미워하는 사람은 내 아버지도 미워
한다.
24 내가 아무도 하지 않은 일을 그들 가운데
서 행하지 않았다면, 그들에게 죄가 없었
을 것이다. 그러나 이제 그들이 내가 한
일을 보고서도 나와 내 아버지를 미워하
였다.
25 이렇게 된 것은 율법에 기록된 대로 '그
들이 이유 없이 나를 미워하였다' 라는 말
씀이 성취되기 위해서이다."
26 "내가 너희에게 보낼 보혜사, 곧 아버지
께로부터 오시는 진리의 성령이 오시면,
그가 나에 관해 증언하실 것이다.
27 그리고 너희도 처음부터 나와 함께 있었
으므로 나를 증언해야 할 것이다."

16 "내가 너희에게 이 말을 하는 것은,
너희 믿음이 흔들리지 않게 하기 위
함이다.
2 사람들이 너희를 회당에서 쫓아 낼 것이
다. 그뿐만 아니라 너희를 죽이는 사람마
다 자기가 하나님을 섬기고 있다고 생각
할 때가 올 것이다.
3 그들은 아버지나 나를 알지 못하기 때문
에 이런 일을 행할 것이다.
4 내가 지금 너희에게 이 말을 하는 것은,
그 때가 되면 너희로 하여금 내가 너희에
게 일러 준 말을 생각나게 하려는 것이다.
내가 처음부터 너희에게 이 말을 하지 않
은 것은, 지금까지 내가 너희와 함께 있
었기 때문이다."

성령께서 하시는 일

5 "이제 나는 나를 보내신 분에게로 간다.
그러나 너희 중에서 나에게 '어디로 가십
니까?' 라고 묻는 사람이 없다.
6 하지만 내가 이런 말을 하므로 너희 마음
에는 슬픔이 가득하다.
7 내가 너희에게 진리를 말하겠다. 내가 떠
나가는 것이 너희에게 유익하다. 내가 가
지 않으면 보혜사가 너희에게 오시지 않
을 것이다. 내가 가면 보혜사를 너희에게
보낼 것이다.
8 보혜사가 오시면, 그분은 죄에 대하여,
의에 대하여, 심판에 대하여 세상이 잘못
생각한 것들을 책망하실 것이다.
9 그분은 사람들이 나를 믿지 않은 것이 바
로 죄라는 것을 말해 주실 것이며,
10 내가 아버지께로 감으로써 너희가 더 이
상 나를 보지 못하는 것이 하나님의 의라
는 것을 알려 주실 것이다.
11 이 세상 통치자가 이미 심판을 받았다는
것이 심판에 관하여 그분이 책망하실 내
용이다."
12 "내게는 아직 너희에게 할 말이 많이 있
지만, 지금은 너희가 그 말을 도저히 이
해할 수 없다.
13 그러나 진리의 성령이 오시면, 그분이 너
희를 모든 진리 가운데로 인도하실 것이
다. 그분은 자기 마음대로 말씀하지 않으
시고 그가 들은 것만을 말씀하시며, 앞으
로 될 일들을 너희에게 알려 주실 것이다.
14 진리의 성령은 내것을 가지고 너희에게
알려 주심으로써 나를 영화롭게 하실 것
이다.
15 아버지께 있는 것은 다 내것이다. 그래서
내가 성령께서 내것을 가지고 너희에게
알려 주신다고 말한 것이다."

슬픔이 기쁨이 될 것이다

16 "조금 있으면 너희가 나를 보지 못할 것
이고, 또 조금 있으면 나를 다시 볼 것이
다."
17 예수님의 제자들 중 몇 사람은 서로 이렇
게 말했습니다. "주님께서 '조금 있으면
너희가 나를 보지 못할 것이고, 또 조금
있으면 나를 다시 볼 것이다' 라고 말씀하
시고, 또 '이는 내가 아버지께로 가기 때
문이다' 라고 말씀하셨는데, 이게 대관절
무슨 뜻일까?"
18 또 그들은 "주님께서 '조금 있으면' 이라
고 말씀하셨는데, 그분이 하신 말씀은 도
대체 이해할 수 없어"라고 말했습니다.
19 예수님께서 제자들이 자기에게 물어 보고
싶어한다는 것을 아시고, 그들에게 말씀

하셨습니다. "내가 '조금 있으면 너희가
나를 보지 못할 것이고, 또 조금 있으면
나를 다시 볼 것이다'라고 한 말 때문에
너희끼리 서로 묻느냐?
20 내가 너희에게 진리를 말한다. 너희는 울
며 애통할 것이나 세상은 기뻐할 것이다.
너희가 슬퍼할 것이지만, 너희의 슬픔은
기쁨이 될 것이다.
21 출산하는 여인에게는 출산할 때의 고통이
있다. 그러나 아이를 낳으면 여인은 아이
가 세상에 태어난 것이 너무 기뻐서 그 고
통을 잊어 버린다.
22 너희도 지금은 근심하지만, 내가 너희를
다시 보게 되면 너희는 기뻐할 것이다. 그
리고 아무도 너희에게서 그 기쁨을 빼앗
지 못할 것이다.
23 그 때에는 너희가 내게 아무것도 구하지 않
을 것이다. 내가 너희에게 진리를 말한다.
너희가 내 이름으로 아버지께 무엇이든지
구하면, 그분이 너희에게 주실 것이다.
24 지금까지는 너희가 내 이름으로 아무것도
구하지 않았다. 그러나 구하라. 그러면
너희가 받을 것이요, 너희 기쁨이 가득 찰
것이다."

내가 세상을 이기었노라

25 "내가 지금까지는 이것을 비유적인 말로
너희에게 말하였지만, 더 이상 비유적인
말이 아니라 아버지에 관하여 명확한 말
로 너희에게 말할 때가 올 것이다.
26 그 날에 너희가 내 이름으로 아버지께 구
할 것이다. 내가 너희를 위하여 아버지께
구하겠다는 말이 아니다.
27 너희가 나를 사랑하고 내가 아버지께로부
터 왔음을 믿었기 때문에, 아버지께서 친
히 너희를 사랑하신다.
28 내가 아버지를 떠나 세상에 왔으니, 이제
세상을 떠나 다시 아버지께로 돌아간다."
29 그 때, 제자들이 말했습니다. "이제는 주
님께서 우리에게 분명하게 말씀하시고, 비
유적인 말을 하나도 사용하지 않으십니다.
30 우리가 이제서야 주님께서 모든 것을 알
고 계신다는 것을 깨달았습니다. 아무도
주님께 묻지 않을 것입니다. 이것으로써
우리는 주님께서 하나님께로부터 오신 분
임을 믿습니다."
31 예수님께서 대답하셨습니다. "이제 너희
가 믿느냐?
32 그러나 잘 들어라. 너희가 뿔뿔이 흩어질
때가 다가오고 있으며, 이미 그 때가 되
었다. 너희는 저마다 자기 집으로 흩어지
고, 나를 혼자 버려 둘 것이다. 그러나 나
는 혼자가 아니다. 그것은 아버지께서 나
와 함께 계시기 때문이다."
33 "내가 이것을 너희에게 말한 것은 너희가
내 안에서 평안을 얻게 하려는 것이다. 이
세상에서는 너희가 고난을 당할 것이다. 그
러나 담대하여라! 내가 세상을 이기었다!"

예수님의 기도

17 예수님께서는 이 말씀을 하시고 눈을
들어 하늘을 바라보시며 기도하셨습
니다. "아버지, 때가 이르렀습니다. 아버
지의 아들을 영광되게 해 주십시오. 아들
이 아버지를 영화롭게 하겠습니다.
2 아버지께서는 아들에게 주신 모든 사람에
게 영생을 주려고, 모든 사람을 다스리는
권세를 아들에게 주셨습니다.
3 영생은 곧 한 분이신 참 하나님과 아버지
께서 보내신 자, 예수 그리스도를 아는 것
입니다.
4 저는 땅에서 아버지를 영광되게 하였고,
아버지께서 제게 하라고 주신 일을 완전
히 행하였습니다.
5 그러므로 아버지, 이제는 세상이 창조되기
전에 제가 아버지와 함께 가지고 있던 그
영광으로써 저를 영광되게 해 주십시오."
6 "저는 아버지께서 세상에서 택하여 제게

비유적인(16:25 figurative) 어떤 사물이나 현상을 그것과 비슷한 다른 사물이나 현상에 빗대는.
명확한(16:25 plain) 분명하고 확실한.
고난(16:33 suffering) 매우 괴롭고 어려운 것.
담대하다(16:33 fearless) 겁이 없고 용감하다.
기도(17:1 prayer) 하나님과의 영적인 대화.

주신 사람들에게 아버지의 이름을 나타냈
습니다. 그들은 아버지의 것이었는데 아
버지께서 제게 주셨고, 그들은 아버지의
말씀을 지켰습니다.
7 지금 그들은 제게 주신 모든 것이 다 아
버지께로부터 온 것임을 알고 있습니다.
8 저는 아버지께서 제게 주신 말씀을 이 사
람들에게 주었습니다. 그들은 그 말씀을
받았고, 제가 아버지로부터 온 것을 진정
으로 알았고, 아버지께서 저를 보내신 것
을 믿었습니다.
9 이제 저는 그들을 위하여 기도합니다. 세
상 사람을 위해서가 아니라 아버지께서
제게 주신 자를 위해 기도합니다. 그것은
그들이 아버지의 것이기 때문입니다.
10 제것은 다 아버지의 것이고, 아버지의 것
은 다 제것입니다. 그리고 저는 그들로 말
미암아 영광을 받았습니다.
11 저는 더 이상 세상에 있지 않겠지만, 이 사
람들은 계속 세상에 있습니다. 그리고 저
는 아버지께로 갑니다. 거룩하신 아버지,
아버지께서 제게 주신 아버지의 이름으로
저들을 지켜 주셔서 우리가 하나인 것같이
그들도 하나가 되게 하여 주십시오.
12 제가 그들과 함께 있는 동안, 저는 아버
지께서 제게 주신 아버지의 이름으로 그
들을 지켰습니다. 저는 그들을 보호하였
습니다. 멸망의 자식을 빼놓고는 그들 중
한 사람도 잃지 않았습니다. 멸망의 자식
을 잃은 것은 성경 말씀이 이루어지게 하
기 위함이었습니다."
13 "이제 저는 아버지께로 갑니다. 제가 세
상에서 이것을 말하는 것은 저의 기쁨이
그 사람들 속에 충만히 있도록 하려는 것
입니다.
14 제가 아버지의 말씀을 그들에게 주었습니
다. 제가 세상에 속하지 않은 것처럼 그
들도 세상에 속하지 않았으므로, 세상은
그들을 미워하였습니다.
15 제가 구하는 것은 아버지께서 그들을 세
상에서 데려가 달라는 것이 아니라, 악으
로부터 지켜 주시라는 것입니다.
16 제가 세상에 속하지 않은 것처럼 그들도
세상에 속하지 않았습니다.
17 그들을 진리로 거룩하게 해 주십시오. 아
버지의 말씀은 진리입니다.
18 아버지께서 저를 세상에 보내신 것같이
저도 그들을 세상에 보냈습니다.
19 그들을 위해 내 자신을 거룩하게 하는 것
은 그들도 진리 안에서 거룩해지도록 하
기 위해서입니다."
20 "저는 이 사람들을 위해서만 기도하는 것
이 아니라, 이 사람들이 전하는 말을 듣고
저를 믿는 사람들을 위해서도 기도합니다.
21 아버지, 아버지께서 제 안에 계시고 제가
아버지 안에 있는 것같이, 믿는 사람들이
다 하나가 되게 하여 주시고, 그들도 우리
안에 있게 하셔서 아버지께서 저를 보내셨
다는 것을 세상이 믿게 하여 주십시오.
22 우리가 하나인 것같이 그들도 하나가 되
게 하기 위해 아버지께서 제게 주신 영광
을 이 사람들에게 주었습니다.
23 제가 그들 안에 있고, 아버지께서 제 안
에 계십니다. 부디 그들로 온전히 하나가
되게 해 주십시오. 그리하여 세상이, 아
버지께서 저를 보내신 것과 아버지께서
저를 사랑하신 것처럼 그들도 사랑하셨다
는 것을 알게 해 주십시오."
24 "아버지, 제가 있는 곳에 아버지께서 제
게 주신 이 사람들이 저와 함께 있게 하
여 주시기를 원합니다. 아버지께서 세상
이 창조되기 전에 저를 사랑하셔서 아버
지께서 제게 주신 그 영광을 그들로 보게
해 주십시오.
25 의로우신 아버지, 세상은 아버지를 알지
못하지만 저는 아버지를 알며, 이 사람

영화롭게 하다(17:1 glorify) 하나님의 영광을 드러내다.
영생(17:3 eternal life) 영원한 생명. 영원히 죽지 않는 것.
창조(17:5 creation) 하나님께서 우주를 처음 만듦.

들도 아버지께서 저를 보내신 것을 압니
다.
26 아버지께서 제게 보이신 사랑이 그들에게
있고, 저도 그들 안에 있게 하기 위해 그
사람들에게 아버지의 이름을 알게 하였
고, 앞으로도 계속 알게 할 것입니다."

예수님께서 붙잡히시다

18 예수님께서 이 모든 말씀을 마치시
고, 제자들과 함께 기드론 골짜기 건
너편으로 가셨습니다. 그 곳에는 올리브
나무 정원이 있었습니다. 예수님과 제자
들은 이 정원으로 갔습니다.
2 그 곳은 예수님이 제자들과 함께 종종 모
이셨던 곳이므로, 예수님을 배반한 유다도
이 곳을 알고 있었습니다.
3 그래서 유다는 로마 군인들과 대제사장과
바리새인들이 보낸 성전 경비대를 데리고
정원으로 왔습니다. 그들은 등불과 횃불
과 무기를 들고 있었습니다.
4 예수님께서는 자신에게 닥칠 일을 다 아
시고, 그들 앞으로 나서며 물으셨습니다.
"너희가 누구를 찾느냐?"
5 그들은 "나사렛 사람 예수다"라고 대답했
습니다. 예수님께서 그 사람들에게 "내가
그 사람이다"라고 말씀하셨습니다. 예수
님을 배반한 유다도 그들과 함께 거기에
서 있었습니다.
6 예수님께서 "내가 그 사람이다"라고 말씀
하셨을 때, 사람들은 뒤로 물러나 땅에 엎
드렸습니다.
7 그러자 예수님께서 다시 물으셨습니다.
"너희가 누구를 찾느냐?" 그들이 "나사렛
사람 예수다"라고 대답했습니다.
8 예수님께서 말씀하셨습니다. "내가 그 사
람이라고 너희에게 말하였으니, 너희가
찾는 사람이 바로 나라면 이 사람들은 가
게 하여라."
9 이렇게 말씀하신 것은 예수님께서 이전에
"아버지께서 제게 주신 자 중에 한 사람
도 잃지 않았습니다"라고 말씀하신 것을
이루게 하시려는 것입니다.
10 그 때, 시몬 베드로는 칼을 차고 있었습니
다. 베드로가 칼을 빼어 대제사장의 종을
쳐서 오른쪽 귀를 베어 버렸습니다. 그 종
의 이름은 말고였습니다.
11 예수님께서 베드로에게 말씀하셨습니다.
"칼을 집에 꽂아라. 아버지께서 내게 주
신 잔을 마시지 말란 말이냐?"

대제사장 앞에 서신 예수님

12 그 순간, 군인들과 천부장과 유대 성전 경
비대가 예수님을 체포했습니다. 그들은 예
수님을 결박하여
13 먼저 안나스에게로 끌고 갔습니다. 안나스
는 그 해의 대제사장인 가야바의 장인이
었습니다.
14 가야바는 며칠 전에 유대인들에게 "한 사
람이 백성을 위하여 죽는 것이 더 낫다"
고 말한 사람이었습니다.

예수님을 부인한 베드로

15 시몬 베드로가 다른 제자 한 사람과 함께
예수님을 따라갔습니다. 이 다른 제자는
제사장과 친분이 있는 사람이었기에 그는
예수님과 함께 대제사장의 집 뜰 안으로
들어갔습니다.
16 그러나 베드로는 문 밖에서 기다려야만 했
습니다. 대제사장과 아는 사이인 그 제자
가 문 밖으로 나왔습니다. 그가 문 지키
는 여자에게 말하여 베드로를 안으로 데
리고 들어갔습니다.
17 문 지키는 여자가 베드로에게 "당신은 이
사람의 제자 중 한 사람이 분명 아니지
요?" 하고 물었습니다. 베드로는 "난 아니
에요"라고 대답했습니다.
18 날이 추워서 종들과 성전 경비대가 불을
피워 놓고, 주위에 둘러서서 불을 쬐고 있
었습니다. 베드로도 그들과 함께 서서 불

배반(18:5 betrayal) 믿음을 저버리고 돌아섬.
천부장(18:12 officer of a thousand) 천 명의 부하를 거느린 지휘관.
체포(18:12 arrest) 죄인 혹은 그런 혐의가 있는 사람을 강제로 잡음.
결박하다(18:12 bind) 몸이나 두 손을 묶다.
장인(18:13 father-in-law) 아내의 아버지.
부인(소제목 denial) 인정하지 않음.

을 쬐고 있었습니다.

대제사장이 예수님을 심문함

19 대제사장이 예수님께 예수님이 가르친 말
씀과 제자들에 관해 물었습니다.
20 예수님께서 대답하셨습니다. "나는 세상
에 분명히 말하였다. 언제든지 유대인들
이 모이는 회당과 성전 뜰에서 가르쳤고,
은밀하게 말한 것이 하나도 없었다.
21 그런데 어째서 내게 묻느냐? 내 말을 들
은 사람들에게 내가 그들에게 무엇을 말
했는지 직접 물어 보아라. 그 사람들은 내
가 무엇을 말했는지 알고 있다."
22 예수님이 이렇게 말씀하실 때, 곁에 있던
성전 경비대원 중 한 사람이 예수님의 얼
굴을 주먹으로 치면서 말했습니다. "대제
사장께 이런 식으로밖에 대답하지 못하겠
소?"
23 예수님께서 그에게 "내가 잘못 말하였다
면 그 잘못이 무엇인지 말하여라. 그러나
내가 사실을 말했다면 네가 어째서 나를
치느냐?" 하고 말씀하셨습니다.
24 그러자 안나스는 예수님을 결박한 채 대제
사장 가야바에게 보냈습니다.

예수님을 세 번 부인한 베드로

25 시몬 베드로가 서서 불을 쬐고 있었습니
다. 여러 사람들이 베드로에게 "당신도 저
사람의 제자 중 한 사람이 아닌게 맞지
요?"라고 물었습니다. 베드로가 부인하며
"난 아니오!"라고 대답했습니다.
26 대제사장의 종 한 사람이 거기에 있었는
데 그 사람은 베드로가 전에 귀를 벤 사
람의 친척이었습니다. 그가 확신에 차서
말하였습니다. "내가 당신이 그 사람과
함께 정원에 있는 것을 보았소!"
27 베드로는 다시 부인하였습니다. 그러자
바로 그 순간, 닭이 울었습니다.

예수님을
부인한 베드로
(18:15-18,25-27)

빌라도 앞에 서신 예수님

28 그들은 예수님을 데리고 가야바의 집에서
로마 총독의 관저로 갔습니다. 때는 새벽
이었습니다. 유대인들은 몸을 더럽히지
않고 유월절 음식을 먹으려고 총독의 관
저에 들어가지 않았습니다.
29 그래서 빌라도가 직접 밖으로 나와 유대인
들에게 물었습니다. "당신들은 무슨 죄목
으로 이 사람을 고소하는 거요?"
30 그들이 대답했습니다. "이 사람이 범죄자
가 아니라면 총독님께 그를 넘기지 않았
을 것입니다."
31 빌라도가 그들에게 말했습니다. "당신들
이 직접 그를 붙잡아다가 당신들의 법대
로 재판하시오." 유대인들은 빌라도에게
"우리에게는 사람을 죽일 권한이 없습니
다"라고 대답했습니다.
32 이로써 예수님께서 자신이 어떠한 죽음을
맞을 것인지에 관해 전에 하셨던 말씀이
이루어졌습니다.
33 빌라도는 다시 관저로 들어갔습니다. 그리
고 그 안으로 예수님을 불러 들여, 예수님
께 물었습니다. "당신이 유대인의 왕이오?"
34 예수님께서 말씀하셨습니다. "이것은 네
스스로 하는 말이냐 아니면 다른 사람들
이 나에 관하여 네게 한 말이냐?"
35 빌라도가 대답했습니다. "나는 유대인이
아니오. 당신의 민족과 대제사장들이 당
신을 나에게 넘겼소. 당신은 무슨 짓을 행
했소?"
36 예수님께서 대답하셨습니다. "내 나라는
이 세상에 속하지 않았다. 만일 내 나라
가 이 세상에 속한 나라였다면, 내 종들
이 싸워서 내가 유대인들에게 잡히지 않
게 했을 것이다. 이제 내 나라는 이 땅에
속한 것이 아니다."
37 빌라도가 말했습니다. "그렇다면, 당신이
왕이란 말이오?" 예수님께서 대답하셨습
니다. "너는 나에게 왕이라고 바르게 말
하는구나. 사실 나는 이것을 위하여 태어
났으며, 이것을 위해 세상에 왔다. 나는
진리에 대해 증언하려고 왔다. 진리에 속
한 사람은 내 말을 듣는다."
38 "진리가 무엇이오?" 빌라도가 물었습니
다. 이 말을 하고, 빌라도는 다시 관저에
서 나와 유대인들에게로 가서 말하였습니
다. "나는 이 사람에게서 아무 죄도 찾지
못하였소.
39 유월절에 내가 당신들에게 죄수 한 사람
을 놓아 주는 풍습이 있소. 당신들은 '유
대인의 왕'을 당신들에게 놓아 주기를 바
라시오?"
40 그들은 다시금 목소리를 높여 "이 사람이
아니라 바라바를 놓아 주시오"라고 소리
질렀습니다. 바라바는 강도였습니다.

십자가에 못박으라는 판결을 내리다

19 그래서 빌라도가 예수님을 데리고 가
서 채찍질하게 했습니다.
2 군인들은 가시나무로 왕관을 만들어 예수
님의 머리에 씌우고 자줏빛 옷을 입혔습
니다.
3 그런 다음 그들은 여러 차례 예수님께 와
서 "유대인의 왕 만세!"라고 말하며 얼굴
을 때렸습니다.
4 빌라도가 또다시 관저 밖으로 나와서 사
람들에게 말했습니다. "자, 내가 예수를
당신들에게 데리고 나오겠소. 내가 그를
고소할 아무런 죄도 발견하지 못한 것을
당신들은 알게 될 것이오."
5 예수님께서 가시관을 쓰고 자줏빛 옷을 입
고 나오시자, 빌라도가 유대인들에게 말하
였습니다. "보시오, 이 사람이오!"
6 대제사장들과 성전 경비병들이 예수님을
보고 목소리를 높여 외쳤습니다. "십자가
에 못박으시오! 십자가에 못박으시오!"
빌라도가 그들을 향해 이렇게 말했습니

관저(18:28 official residence) 높은 공무원이 국가의 일을 보는 큰 주택.
고소(18:29 accusation) 피해자가 경찰이나 법률 기관에 사실을 알려 가해자를 처벌해 줄 것을 요구하는 것.
권한(18:31 right) 권리나 권력이 미치는 범위.
풍습(18:39 manners) 오래 전부터 지켜 내려오는 사회적으로 이루어진 풍속이나 관습.

예수님을 십자가에 못박으라고 외치는 사람들(19:6)

다. "당신들이 이 사람을 데리고 가서 십
자가에 못박으시오. 나는 그에게서 아무
죄도 찾지 못했소."
7 유대인들은 "우리의 법대로 하면 그는 당연
히 죽어야 합니다. 자기를 하나님의 아들이
라고 주장하니 말입니다"라고 우겼습니다.
8 빌라도는 이 말을 듣자, 더욱 두려워하였
습니다.
9 그래서 그는 다시 관저로 들어가 예수님
께 "당신은 어디서 왔소?"라고 물었습니
다. 그러나 예수님께서는 그에게 대답하
지 않으셨습니다.
10 빌라도가 예수님께 말했습니다. "나에게
대답을 하지 않을 작정이오? 나에게는
당신을 놓아 줄 권한도 있고, 십자가에
못박을 권한도 있다는 것을 알지 못하
오?"
11 예수님께서 대답하셨습니다. "그 권세가
위에서 주어진 것이 아니라면, 네게는 나
를 해할 어떤 권한도 없다. 그러므로 나를
너에게 넘겨 준 그 사람의 죄는 더 크다."
12 그 때부터 빌라도는 예수님을 놓아 주려고
애를 썼습니다. 그러나 유대인들은 소리
를 지르며 "만일 당신이 이 사람을 풀어
주면, 당신은 가이사의 지지자가 아닙니
다. 자신을 왕이라고 하는 사람은 가이사
를 반역하는 자입니다"라고 외쳤습니다.
13 빌라도는 이 말을 듣자, 예수님을 데리고
나와 '돌로 포장된 바닥'(아람어로는 '가
바다')에 마련된 재판석에 앉았습니다.
14 때는 유월절 주간의 예비일이었고 낮
12시쯤이었습니다. 빌라도가 유대인들
에게 말했습니다. "보시오, 당신들의 왕
이오!"
15 그 사람들은 소리를 질렀습니다. "없애
버려라! 없애 버려라! 그를 십자가에 못
박아라!" 빌라도가 그들에게 물었습니
다. "당신들의 왕을 나더러 십자가에 못
박으란 말이오?" 대제사장들이 대답하
였습니다. "우리에게 가이사 외에는 왕
이 없소!"
16 그래서 빌라도는 예수님을 십자가에 못박
도록 그들에게 넘겨 주었습니다. 군인들
이 예수님을 데리고 갔습니다.

십자가에서 죽으심

17 예수님께서 자신이 매달릴 십자가를 직접

지고 '해골의 터'(아람어로는 골고다)라는
곳으로 가셨습니다.
18 그 곳에서 사람들은 예수님을 십자가에 못
박았습니다. 또한 예수님과 함께 다른 두
사람도 예수님을 가운데 두고 양편에 한
사람씩 십자가에 못박혔습니다.
19 빌라도는 명패를 써서 십자가 위에 붙였
습니다. 거기에는 '유대인의 왕, 나사렛 예
수'라고 쓰여 있었습니다.
20 많은 유대인들이 그 명패를 읽을 수 있었
던 것은 예수님께서 죽으신 곳이 예루살렘
성에서 가깝고, 그 명패는 아람어, 라틴
어, 그리스어로 씌어 있었기 때문입니다.
21 유대인의 대제사장들이 빌라도에게 "'유대
인의 왕'이라 쓰지 말고, '나는 유대인의
왕이다'라고 쓰십시오" 하면서 억지를 부
렸습니다.
22 빌라도는 "나는 내가 쓸 것을 썼을 뿐이
다!"라고 대답했습니다.
23 군인들은 예수님을 십자가에 못박은 뒤
에, 그의 옷을 네 조각으로 나누었습니
다. 그리고는 저마다 한 조각씩 나누어 가
졌습니다. 그들은 속옷도 가져갔는데, 그
옷은 위로부터 아래까지 완전히 통으로
짠 것이었습니다.
24 그래서 군인들은 "이것은 찢지 말고 제비
를 뽑아 누가 가질지 정하자"라고 말하였
습니다. 이런 일이 일어난 것은 그렇게 되
리라고 말한 성경 말씀을 이루기 위해서였
습니다. "그들이 자기들끼리 내 옷을 나누
고 내 옷을 가지려고 제비 뽑나이다."*
25 예수님의 십자가 곁에는, 예수님의 어머니
와 예수님의 이모와 글로바의 아내 마리아
와 막달라 마리아가 서 있었습니다.
26 예수님께서 그의 어머니와 그 곁에 사랑
하는 제자가 서 있는 것을 보시고, 어머
니를 향해 말씀하셨습니다. "여자여, 보
십시오! 어머님의 아들입니다."
27 그리고 그 제자에게는 "보아라, 네 어머
니이시다"라고 말씀하셨습니다. 그 때부
터 이 제자는 예수님의 어머니를 자기 집
에 모셨습니다.

예수님의 죽음

28 이 후에 예수님께서는 이미 모든 것이 이
루어진 줄 아시고 성경이 성취되도록 하
기 위하여 "내가 목마르다"라고 말씀하셨
습니다.
29 그 곳에 신 포도주가 담긴 항아리가 있었
습니다. 군인들이 해면을 신 포도주에 흠
뻑 적셔서, 우슬초 막대기에 매달아 예수
님의 입으로 가져갔습니다.
30 예수님께서는 신 포도주를 맛보신 다음
"다 이루었다"라고 말씀하셨습니다. 이
말씀을 하신 후 고개를 아래로 떨구시고
운명하셨습니다.
31 이 날은 예비일이었고, 다음 날은 안식일
이었습니다. 유대인들은 안식일에 시신을
십자가에 그대로 두고 싶지 않았습니다.
그래서 빌라도에게 시신의 다리를 부러뜨
리고, 그 시신을 십자가에서 내려 달라고

성경 자세히 이해하기

십자가를 메고 가신 예수님

로마법에 따라 십자가에서 처형을 당하는 죄인은 처형 집행 장소까지 자신이 매달릴 십자가를 운반해야 했습니다. 그런데 십자가는 한 사람을 매달 만큼 크고 단단했을 뿐만 아니라 땅바닥에 꽂는 부분까지 고려해 본다면 보통 사람이 운반하기에는 매우 무거운 것이었으므로, 십자가를 이루는 두 개의 막대 중 보다 가벼운 수평 막대기만 죄인이 지고 가고 수직 막대기는 처형 장소에 미리 박아 놓았을 것이라고 하는 주장이 일반적으로 받아들여지고 있답니다. 본문 보기 19장 17절

알아두세요

19:24 시 22:18에 기록되어 있다.
19:36 시 34:20에 기록되어 있다.
19:37 슥 12:10에 기록되어 있다.
19:39 개역 성경에는 '침향 섞은 것'이라고 표기되어 있다.

부탁했습니다.
32 군인들이 가서 예수님과 함께 못박힌 첫
번째 사람의 다리와 또 다른 사람의 다리
를 부러뜨렸습니다.
33 그러나 군인들이 예수님께 갔을 때에 그
들은 예수님께서 이미 돌아가신 것을 알
고는 그분의 다리를 부러뜨리지 않고,
34 창으로 예수님의 옆구리를 찔렀습니다.
바로 피와 물이 쏟아져 나왔습니다.
35 이것을 본 사람이 증언한 것이니, 그의 증
언은 참됩니다. 그는 자기가 진리를 말하고
있다는 것을 알았습니다. 그가 이렇게 말한
것은 여러분들도 믿게 하려는 것입니다.
36 이런 일이 일어난 것은 "그의 뼈가 하나
도 부러지지 않을 것이다"*라고 쓰여진
성경 말씀을 이루기 위해서입니다.
37 또 다른 성경에는 "그들은 자기들이 찌른
사람을 볼 것이다"*라는 말씀이 있습니
다.

무덤에 묻히신 예수님

38 이 일이 일어난 후, 아리마대 사람 요셉이
빌라도에게 예수님의 시신을 가져가겠다
고 요청하였습니다. 요셉은 예수님의 제자
였지만, 유대인들이 두려워 그 사실을 감
춰왔습니다. 빌라도가 허락하자, 요셉이
와서 예수님의 시신을 가져갔습니다.
39 니고데모도 요셉과 함께 왔습니다. 니고데
모는 일찍이 밤에 예수님을 찾아왔던 사람
이었습니다. 그는 몰약과 알로에를 섞어
만든 향료*를 약 33킬로그램 정도 가져왔
습니다.
40 이 두 사람은 유대인들의 장례 풍습에 따
라 예수님의 시신을 가져다가, 향료와 함
께 고운 베로 쌌습니다.
41 예수님께서 십자가에 못박히신 곳에는 동
산이 있었습니다. 그 동산에는 아직까지
한 사람도 그 안에 안치한 적이 없는 새
무덤이 있었습니다.
42 무덤도 가까이 있고 유대인들의 예비일이
기도 해서, 요셉과 니고데모는 예수님의 시
신을 그 무덤에 넣어 두었습니다.

예수님의 빈 무덤

20 안식일 다음 날, 이른 아침에 막
달라 마리아가 무덤으로 갔습니다.
날은 아직 어두웠습니다. 마리아는 무덤
입구를 막았던 커다란 돌이 무덤에서 옮

군인들이 예수님의 옷을
나누어 가짐(19:23-24)

겨진 것을 보았습니다.
2 그래서 마리아는 시몬 베드로와 예수님께
서 사랑하시던 다른 제자에게 달려가서
말했습니다. "사람들이 주님을 무덤에서
빼갔나 봐요. 그런데 그들이 주님을 가져
다 어디에 두었는지 모르겠어요."
3 그 말을 들은 베드로와 다른 제자는 무덤
쪽으로 향했습니다.
4 두 사람 모두 달려갔습니다. 다른 제자가
베드로보다 더 빨리 달려 무덤에 먼저 도
착했습니다.
5 그 제자는 몸을 굽혀 고운 베가 거기에 놓
여 있는 것을 보았지만, 무덤 안으로는 들
어가지 않았습니다.
6 뒤따라온 시몬 베드로는 무덤에 도착하자,
바로 무덤 안으로 들어갔습니다. 베드로
는 고운 베가 거기에 놓여 있는 것을 보
았습니다.
7 그는 예수님의 머리를 감았던 천도 보았습
니다. 그 천은 고운 베와 겹쳐 있지 않고
조금 떨어진 곳에 잘 개켜져 있었습니다.
8 그제서야 무덤에 먼저 왔던 다른 제자도
무덤 안으로 들어와 보고 믿었습니다.
9 이 때까지만 해도 제자들은 예수님께서 죽
음에서 살아나야 한다는 성경 말씀을 깨
닫지 못했습니다.
10 그리고서 두 제자는 자기 집으로 돌아갔
습니다.

예수님께서 막달라 마리아에게 나타나심

11 그러나 마리아는 무덤 밖에 서서 울고 있
었습니다. 마리아는 울면서 몸을 굽혀 무
덤 안을 들여다보았습니다.
12 마리아는 흰옷 입은 두 천사를 보았습니
다. 두 천사는 예수님의 시신이 있던 곳에
앉아 있었습니다. 한 천사는 머리 쪽에,
다른 천사는 발 쪽에 있었습니다.
13 천사가 마리아에게 물었습니다. "여자여,
왜 울고 있소?" 마리아가 대답했습니다.
"사람들이 우리 주님을 어디론가 가져갔
는데, 주님을 어디에 두었는지를 알지 못
하겠습니다."
14 마리아가 이 말을 하고 뒤를 돌아보자, 거기
예수님께서 서 계셨습니다. 그러나 마리아는
그분이 예수님이신 줄 알지 못했습니다.
15 예수님께서 마리아에게 물으셨습니다. "여
자여, 왜 울고 있느냐? 누구를 찾고 있느
냐?" 마리아는 그분이 동산 관리인인 줄
로 생각하고 "저, 당신이 그분을 다른 곳

예수님께서
막달라 마리아에게
나타나심(20:11-18)

으로 옮겨 놓았다면, 어디로 옮겨 놓았는
지 말씀해 주세요. 그러면 제가 모셔 갈
게요"라고 말했습니다.
16 예수님께서 마리아에게 "마리아야!"라고
말씀하셨습니다. 마리아는 예수님께 몸을
돌려 아람어로 "랍오니"라고 외쳤습니다
(이 말은 '선생님' 이란 뜻입니다).
17 예수님께서 마리아에게 말씀하셨습니다.
"나를 계속 붙잡고 있지 마라. 내가 아직
아버지께로 올라가지 않았다. 다만 너는
나의 형제들에게 가서 이렇게 말하여라.
'나는 내 아버지 곧 너희 아버지, 내 하나
님 곧 너희 하나님께로 돌아갈 것이다.'"
18 막달라 마리아가 제자들에게 가서 "내가
주님을 보았어요!"라고 말했습니다. 그리
고 예수님께서 자기에게 하신 말씀을 전
하였습니다.

예수님께서 제자들에게 나타나심

19 같은 날 저녁에, 제자들이 함께 모여 있
었습니다. 제자들은 유대인들이 두려워
문을 꼭 잠갔습니다. 그 곳에 예수님께서
오셔서 그들 가운데 서서 말씀하셨습니
다. "너희에게 평강이 있을지어다!"
20 이 말씀을 하시고는 제자들에게 손과 옆
구리를 보이셨습니다. 제자들은 주님을
보자 무척 기뻐했습니다.
21 다시, 예수님께서는 "너희에게 평강이 있을
지어다! 아버지께서 나를 보내신 것같이 나
도 너희를 보낸다"라고 말씀하셨습니다.
22 이 말씀을 하시고, 그들을 향해 숨을 내
쉬며 말씀하셨습니다. "성령을 받아라.
23 너희가 누구의 죄든지 용서하면, 그 죄는
사함을 받을 것이다. 너희가 누구의 죄든
지 용서하지 않으면, 그 죄는 사함을 받
지 못할 것이다."

예수님께서 도마에게 나타나심

24 열두 제자 중에서 디두모라는 별명을 가
진 도마는 예수님께서 오셨을 때, 다른 제
자들이 있던 그 자리에 없었습니다.
25 그래서 다른 제자들이 도마에게 "우리가
주님을 보았다"라고 말했습니다. 그러자
도마는 "내가 직접 예수님 손에 있는 못 자
국을 보고, 내 손가락을 그분의 못박힌 곳
에 찔러 보고, 내 손을 그의 옆구리에 넣
어 보기 전에는 못 믿겠다"고 말했습니다.
26 일 주일 뒤에 예수님의 제자들이 다시 그
집에 있었습니다. 이번에는 도마도 그들
과 함께 있었습니다. 이 때도 문은 잠겨
있었습니다. 예수님께서는 안으로 들어오
셔서 그들 가운데 서서 말씀하셨습니다.
"너희에게 평강이 있을지어다!"
27 그리고는 도마에게 말씀하셨습니다. "네
손가락을 여기에 찔러 보아라. 내 손을 보
아라. 네 손을 내밀어 내 옆구리에 넣어
보아라. 그리고 믿지 않는 자가 되지 말
고 믿는 자가 되어라."
28 도마는 예수님께 "나의 주님, 나의 하나
님!"이라고 외쳤습니다.
29 예수님께서 도마에게 말씀하셨습니다. "너
는 나를 보았기 때문에 믿느냐? 나를 보
지 않고 믿는 사람들은 복이 있다."

요한복음을 기록한 목적

30 예수님께서는 제자들이 있는 곳에서 이 책
에 기록되지 않은 다른 표적도 많이 행하
셨습니다.
31 그런데도 이 책에 있는 표적들을 기록한
것은 여러분들로 하여금 예수님께서 하나
님의 아들 그리스도이심을 믿게 하고, 그
분의 이름을 믿음으로써 생명을 얻게 하
기 위해서입니다.

예수님께서 일곱 제자들에게 나타나심

21 이 일이 일어난 후, 예수님께서 디베
랴 호수에서 제자들에게 다시 자신
을 나타내셨습니다.
2 시몬 베드로, 디두모라는 별명을 가진 도
마, 갈릴리 가나 사람 나다나엘, 세베대의

평강(20:19 peace) 우리가 하나님과 화목함으로 누리는 평화.
사하다(20:23 forgive) 잘못이나 죄를 용서하다.
표적(20:30 miraculous sign) 예수님께서 행하신 놀라운 일들로, 예수님의 신성을 드러낼 뿐 아니라 예수님이 하나님의 아들이심을 나타내는 증거.

두 아들 그리고 다른 두 제자가 함께 있
었습니다.
3 시몬 베드로가 다른 제자들에게 "나는 물
고기 잡으러 간다"라고 말했습니다. 다른
제자들이 "우리도 너와 함께 가겠다"라고
말했습니다. 그래서 그들은 밖으로 나가
서 배에 올라탔습니다. 그러나 그 날 밤
에는 한 마리도 잡지 못했습니다.
4 다음 날 아침 일찍, 예수님께서 호숫가에
서 계셨습니다. 그러나 제자들은 그분이
예수님이신 줄 알지 못하였습니다.
5 예수님께서 그들에게 말씀하셨습니다.
"친구들이여, 한 마리도 못 잡았느냐?"
제자들이 대답했습니다. "네, 한 마리도
잡지 못했습니다."
6 예수님께서 말씀하셨습니다. "그물을 배
오른편에 던져라. 그러면 고기를 잡을 것
이다." 그들은 시키는 대로 했습니다. 그
러자 고기가 너무 많아, 그물을 배 안으
로 끌어 올릴 수가 없었습니다.
7 예수님께서 사랑하시던 제자가 베드로에게
말했습니다. "주님이시다!" 베드로는 주님
이시라는 말을 듣자마자, 벗고 있던 겉옷
을 몸에 두르고는 물로 뛰어들었습니다.
8 다른 제자들은 고기가 가득한 그물을 당
기며 배를 저어 호숫가에 댔습니다. 그들
은 호숫가로부터 약 90미터 정도 떨어진
그리 멀지 않은 곳에 있었기 때문입니다.
9 제자들이 호숫가에 닿아 땅에 내리니 숯
불이 피워져 있는 것이 보였습니다. 불 위

"시몬아, 네가 이 모든 사람들보다 나를 더 사랑하느냐?…내 양을 먹여라."(21:15-17)

에는 생선이 놓여 있었고, 빵도 있었습니
다.
10 그 때, 예수님께서 "너희가 방금 전에 잡
은 생선을 가지고 오너라" 하고 말씀하셨
습니다.
11 시몬 베드로가 배에 올라가 그물을 호숫가
로 끌어당겼습니다. 그물은 큰 물고기로
가득했습니다. 백쉰세 마리나 되었습니
다. 고기가 그렇게 많았는데도 그물은 찢
어지지 않았습니다.
12 예수님께서 그들에게 "와서 아침 식사를
하여라" 하고 말씀하셨지만, 제자들은 그
분이 주님이신 줄 알았기 때문에 제자들
중에 감히 "당신은 누구십니까?"라고 묻
는 사람이 없었습니다.
13 예수님께서는 가셔서 빵을 가져다가 제자
들에게 주셨고, 생선도 주셨습니다.
14 이것은 예수님께서 죽은 자 가운데서 살
아나신 후, 그의 제자들에게 세 번째 나
타나신 것이었습니다.

예수님과 베드로

15 그들이 식사를 다 마쳤을 때, 예수님께서
시몬 베드로에게 말씀하셨습니다. "요한의
아들 시몬아, 네가 이 모든 사람들보다 나
를 더 사랑하느냐?" 베드로가 대답했습니
다. "예, 주님. 제가 주님을 사랑한다는
것을 주님께서 아십니다." 예수님께서 말
씀하셨습니다. "내 양을 먹여라."
16 다시 예수님께서 베드로에게 말씀하셨습
니다. "요한의 아들 시몬아, 네가 나를 사
랑하느냐?" 베드로가 대답했습니다. "예,
주님. 제가 주님을 사랑하는 줄을 주님께
서 아십니다." 예수님께서 말씀하셨습니
다. "내 양을 돌보아라."
17 세 번째로 예수님께서 베드로에게 말씀하
셨습니다. "요한의 아들 시몬아, 네가 나
를 사랑하느냐?" 예수님께서 자기에게 세
번씩이나 "네가 나를 사랑하느냐?"고 물
으셨기 때문에 베드로는 거의 울상이 되
었습니다. 그리고는 예수님께 대답했습니
다. "주님, 주님께서는 모든 것을 아십니
다. 제가 주님을 사랑하는 것도 주님께서

는 알고 계십니다." 예수님께서 베드로에
게 말씀하셨습니다. "내 양을 먹여라.
18 내가 너에게 진리를 말한다. 네가 젊었을
때는 네 혼자 힘으로 옷도 입고 네가 원
하는 곳으로 갔지만, 나이가 들게 되면 네
가 팔을 벌리겠고 다른 사람이 네게 옷을
입힐 것이며, 다른 사람이 네가 원하지 않
는 곳으로 너를 데려갈 것이다."
19 예수님께서 이렇게 말씀하신 것은 베드로
가 어떤 죽음으로 하나님께 영광을 돌리
게 될지를 보여 주시려는 것이었습니다.
이 말씀을 하시고, 예수님께서는 베드로에
게 "나를 따르라!"고 말씀하셨습니다.

예수님과 사랑하시는 제자

20 베드로가 뒤돌아보니, 예수님께서 사랑하
시던 제자가 따라오고 있었습니다. 이 사
람은 만찬에서 예수님께 몸을 기댄 채 "주
님, 주님을 배반할 사람이 누구입니까?"
라고 묻던 제자였습니다.
21 베드로가 그 제자를 보고는 예수님께 여쭈
었습니다. "주님, 이 사람은 어떻게 되겠
습니까?"
22 예수님께서 대답하셨습니다. "내가 다시
올 때까지 그가 살아 있기를 원한다고 해
도, 그것이 너와 무슨 상관이냐? 너는 나
를 따르라!"
23 이 사건 때문에 이 제자가 죽지 않을 것
이라는 소문이 형제들 사이에 퍼지게 되
었습니다. 그러나 예수님께서는 그가 죽
지 않을 것이라고 말씀하신 것이 아니었
습니다. 예수님께서는 단지 "내가 다시 올
때까지 그가 살아 있기를 원한다고 해도,
그것이 너와 무슨 상관이냐?"라고 말씀하
신 것뿐이었습니다.
24 이런 일들을 증언하고, 그것을 기록한 제
자가 바로 이 사람입니다. 우리는 그의 증
언이 참되다는 것을 알고 있습니다.

결론

25 이 외에도 예수님께서 행하신 다른 일은
많이 있습니다. 만일 그 일을 일일이 다
기록한다면 온 세상이라도 그것을 기록한
책을 담기에 부족할 것입니다.

믿음을 키워 주는 이야기

서명이 없는 그림

미켈란젤로는 그림을 그린 뒤 서명을 하지 않습니다. 미켈란젤로도 처음에는 서명을 하였는데 서명을 하지 않게 된 이유가 있습니다.

미켈란젤로가 시스티나 성당의 '천지창조'를 완성하였을 때 흡족한 마음으로 서명을 하였습니다. 서명까지 마친 미켈란젤로는 성당 밖을 나서면서 찬란하고 아름다운 그림을 보았습니다. 눈부신 햇살과 푸른 자연이 넋을 잃을 정도로 아름다웠습니다. 세상에 무엇과도 비교할 수 없고, 또 어떤 화가도 그려낼 수 없는 아름다운 자연의 모습이었습니다. 순간 그는 자신의 교만스러운 마음을 깨달았습니다.

"하나님께서는 이렇게 아름다운 자연을 창조하시고도 서명을 남기지 않으셨는데, 나는 기껏 작은 벽화를 하나 그려놓고 이름을 남기려고 했다니…."

미켈란젤로는 성당으로 되돌아가 자기의 서명을 지웠습니다. 그리고 그 후부터는 더 이상 그림에 서명을 남기지 않았습니다.

사 도 행 전

Acts

저자
저자는 누가복음의 저자인 누가이다.

저작 연대
A.D. 61-63년경

주요 인물
베드로, 요한, 스데반, 빌립, 바나바, 야고보, 바울, 디모데, 실라

기록 목적과 대상
교회의 발전에 대해 언급하고 유대인들에게 기독교를 증거하기 위해 기록하였다. 이 책은 모든 그리스도인, 특히 데오빌로를 위해 쓰여졌다.

내용 소개
1. 예루살렘을 중심으로 한 복음 사역(1:1-6:7)
2. 유대와 사마리아에 확장된 복음 사역 (6:8-9:31)
3. 시리아 안디옥까지 확장된 복음 사역 (9:32-12:24)
4. 소아시아까지 확장된 복음 사역(12:25-16:5)
5. 그리스 반도까지 확장된 복음 사역 (16:6-19:20)
6. 로마(땅 끝)까지 확장된 복음 사역 (19:21-28:31)

성령을 보내시겠다는 약속

1 데오빌로 각하, 제가 먼저 쓴 책에서 저는 예수님께서 하신 일과 가르치신 말씀을 비롯하여,
2 예수님께서 선택하신 사도들에게 성령의 힘으로 교훈을 내리신 후에 하늘로 올라가신 날까지, 예수님과 관련된 내용을 다 기록했습니다.
3 예수님께서는 고난을 받으신 후, 사도들에게 자신의 모습을 보여 주셨고, 여러 가지 방법으로 자기가 살아 계시다는 것을 증언하셨습니다. 예수님은 사십 일 동안이나 이 사람들에게 나타나셨으며, 하나님의 나라에 관해 말씀하셨습니다.
4 어느 날, 예수님께서는 사도들과 함께 식사를 하시다가 이런 말씀을 하셨습니다. "예루살렘을 떠나지 말고 내 아버지께서 약속하신 선물을 기다려라. 이 약속의 내용은 내가 전에 말했고, 너희도 들은 것이다.
5 약속의 내용은 이것이다. 요한은 물로 세례를 주었지만, 너희는 얼마 안 있어 성령으로 세례를 받을 것이다."

예수님께서 하늘로 올라가시다

6 사도들이 한자리에 모여서 예수님께 물었습니다. "주님, 주님께서 이스라엘을 다시 회복시키실 때가 지금입니까?"
7 그러자 예수님께서 대답하셨습니다. "때와 시기는 오직 아버지의 권한으로 정하신 것이니, 너희가 알 일이 아니다.
8 다만 성령이 너희에게 오시면, 너희는 권능을 받아 예루살렘과 온 유대와 사마리아와 그리고 땅 끝까지 가서 내 증인이 될 것이다."
9 예수님께서는 이 말씀을 하신 뒤에 그들이 보는 앞에서 하늘로 올라가셨습니다. 그가 올라가시는 모습은 구름에 가려 보이지 않았습니다.
10 예수님께서 올라가실 때에 그들은 하늘만 쳐다보고 있었습니다. 그런데 갑자기 흰 옷을 입은 두 사람이 나타나 그들 곁에 섰습니다.
11 두 사람은 그들을 향해 "갈릴리 사람들이여, 왜 여기 서서 하늘을 쳐다보십니까? 여러분을 떠나 하늘로 올라가신 이 예수님께서는 여러분이 본 그대로 다시 오실 것입니다"라고 말했습니다.

새 사도가 뽑히다

12 그런 뒤에 사도들은 올리브 산을 떠나 예루살렘으로 돌아갔습니다. 올리브 산은 예루살렘에서 가까워 안식일에도 걸어갈 수 있는 거리였습니다.

13 그들은 예루살렘에 들어와서 그들이 묵고
있던 다락방으로 올라갔습니다. 다락방에
모인 사람들은 베드로와 요한, 야고보와 안
드레, 빌립과 도마, 바돌로매와 마태, 알패
오의 아들 야고보와 열심당원 시몬, 그리
고 야고보의 아들 유다였습니다.
14 이 사람들은 여자들과 예수님의 어머니 마
리아와 예수님의 동생들과 함께 꾸준히 한
마음으로 기도하였습니다.
15 며칠 후, 약 백이십 명쯤 되는 신자들이
한자리에 모였습니다. 베드로가 자리에서
일어나 말했습니다.
16 "형제 여러분, 성령께서 다윗을 통해 유다
에 관해 말씀하신 것 중에, 유다가 예수님
을 잡아간 사람들의 앞잡이가 될 것이라
고 예언한 성경 말씀이 이루어졌습니다.
17 유다는 우리와 행동을 같이했던 사람이
며, 우리처럼 사도직을 맡았던 사람이었
습니다.
18 유다는 의롭지 못한 행동을 한 대가로 받
은 돈으로 밭을 샀습니다. 그리고 바로 이
밭에서 거꾸로 떨어져 배가 터지고 창자
가 밖으로 나온 채 죽었습니다.
19 예루살렘에 사는 사람이라면 누구나 이 소
문을 들어 알고 있습니다. 그래서 사람들
은 이 밭을 자기들 말로 '아겔다마'라고
부르고 있습니다. '아겔다마'란 '피의 밭'
이란 뜻입니다.
20 시편에 다음과 같이 기록되어 있습니다.
'그의 집을 폐허로 만드시고 아무도 그
곳에 살지 못하게 하소서!'* 또, 시편 다
른 곳에는 '다른 사람이 그의 직책을 차
지하게 하소서!'* 라고 기록되어 있습니
다.
21 그러므로 주 예수님께서 우리와 함께 이
곳 저곳을 다니시던 동안, 우리와 같이 다
녔던 사람 중에서 한 사람을 뽑아야 하겠
습니다.
22 뽑힐 사람은 요한이 사람들에게 세례를
주던 때부터 예수님께서 우리를 떠나 하
늘로 올라가실 때까지 우리와 함께 있던
사람이어야 합니다. 그 사람은 우리와 함
께 예수님의 부활을 증언하는 증인이 될
것입니다."
23 그러자 사람들은 유스도라고 알려져 있고
바사바라고도 불리는 요셉과 맛디아 두 사
람을 추천했습니다.
24 그 때, 사도들은 "주님, 주님께서는 모든
사람의 마음을 아십니다. 주님께서는 이
두 사람 중 누구를 선택하셨습니까?
25 자기 직분을 떠나 자기가 원래 속했던 곳
으로 간 유다를 대신해서 이 사도의 직분
을 맡을 사람이 누구인지를 저희에게 보
여 주십시오"라고 기도했습니다.
26 기도를 마친 후, 제비를 뽑아 보니 맛디아
가 뽑혔습니다. 이 때부터 맛디아는 다른
열한 사도와 함께 사도가 되었습니다.

성령이 오심

2 오순절이 되어 제자들이 한 곳에 모두
모였습니다.
2 그 때, 갑자기 하늘에서 세찬 바람 소리
같은 것이 나더니, 사람들이 앉아 있던 집
안을 가득 채웠습니다.
3 그리고 혀처럼 생긴 불꽃이 사람들 눈앞
에 나타났습니다. 그 불꽃은 여러 갈래로
갈라져 그 곳에 모인 한 사람 한 사람 위

성경 속의 궁금증

안식일에 여행할 수 있는 거리는 얼마나 될까요?

유대교의 랍비들은 안식일에는 자신의 집을 떠나지 말라고 한 출애굽기 16장 9절을 해석하면서 안식일에 여행할 수 있는 거리를 약 1km (2,000규빗) 정도로 제한하였습니다. 한편, 예수님께서도 멸망의 순간이 닥쳐 도망치는 일이 안식일에 일어나지 않도록 기도하라(마 24:20)고 제자들에게 말씀하셨습니다. 이것 역시 안식일에 여행할 수 있는 거리 제한을 염두에 두고 하신 말씀이었다고 봅니다.

본문 보기 1장 12절

알아두세요

1:20 시 69:25과 시 109:8에 기록되어 있다.

에 머물렀습니다.
4 사람들은 다 성령으로 충만해졌습니다.
그리고는 성령께서 말하게 하시는 대로
자기들의 언어와 다른 외국어로 말하기
시작했습니다.
5 예루살렘에는 세계 각 나라에서 온 경건한
유대인들이 머물고 있었습니다.
6 이 말소리가 나자, 많은 군중들이 모여들
었습니다. 그들은 믿는 사람들이 자기네
나라 말로 말하는 것을 듣고는 모두 놀랐
습니다.
7 군중들은 너무나 놀라 이상히 여기며 말
했습니다. "보시오! 말을 하는 이 사람들
은 모두 갈릴리 사람들이 아닙니까?
8 그런데 우리가, 이 사람들이 저마다 우리
가 사는 지방 말을 하는 것을 듣게 되니,
이것이 도대체 어찌된 일입니까?
9 우리는 바대와 메대와 엘람과 메소포타미아
와 유대와 갑바도기아와 본도와 아시아와
10 브루기아와 밤빌리아와 이집트와 구레네에
서 가까운 리비아 여러 지방과 로마와
11 날 때부터 유대인인 사람과 유대교로 개종
한 사람과 크레타와 아라비아에서 온 사람
들인데, 우리는 이 사람들이 하나님께서
행하신 크신 일을 우리 말로 말하는 것을
듣고 있습니다."
12 사람들은 모두 놀라 어리둥절했습니다.
다만 서로 얼굴을 쳐다보며 "이게 도대체
어떻게 된 일이지요?"라고 말할 뿐이었습
니다.
13 그러나 사람들 중에는 "저 사람들이 술을
너무 많이 마셨다" 하며 놀려 대는 사람
도 있었습니다.

베드로의 설교

14 베드로가 열한 명의 사도와 함께 일어서
서, 군중을 향해 큰소리로 말했습니다.
"유대 사람들, 그리고 예루살렘에 사는 모
든 주민 여러분, 이 일을 여러분께 설명
해 드리겠습니다. 내가 하는 말에 귀를 기
울여 주십시오.

성령이 오심(2:1-3)

15 지금은 아침 9시밖에 되지 않았으니, 이
사람들은 여러분이 생각하는 것처럼 술에
취한 것이 아닙니다.
16 오늘 일어난 일은 바로 요엘 예언자가 예
언했던 대로 이루어진 것입니다.
17 하나님께서 이렇게 말씀하셨습니다. '마
지막 날에, 내가 내 영을 모든 사람에게
부어 주겠다. 너희의 아들과 딸들은 예언
할 것이요, 너희의 젊은이들은 환상을 볼
것이요, 너희의 늙은이들은 꿈을 꿀 것이
다.
18 그 날에 내 남자 종들과 여자 종들에게까
지 내 영을 부어 주겠다. 그러면 그들은
예언할 것이다.
19 내가 위로 하늘에서는 기이한 일을, 아래
로 땅 위에서는 표적을 보여 줄 것이다.
피와 불과 짙은 연기가 일 것이다.
20 해가 어두워지고, 달이 핏빛으로 변할 것
이다. 이 일이 일어난 후에 크고 영광스
런 주님의 날이 올 것이다.
21 그러나 누구든지 주님의 이름을 부르는
사람은 구원을 얻을 것이다.'*
22 이스라엘 백성 여러분, 이 말을 명심해서
들으십시오. 나사렛 사람 예수님은 하나님
과 같은 권위를 지니신 분이셨습니다. 하
나님께서 예수님을 통해 일으키신 기적과
기이한 일과 표적으로 이 사실을 여러분
에게 분명히 보여 주셨습니다. 그 모든 일
은 여러분 가운데서 일어났으므로, 여러
분 모두가 잘 아실 것입니다.
23 이 예수님은 여러분에게 넘겨졌고, 여러
분은 악한 사람들의 손을 빌어 예수님을
십자가에 못박아 죽였습니다. 이 모든 일
을 하나님께서는 이전부터 알고 계셨을
뿐만 아니라, 여러분이 행한 일도 하나님
께서 오래 전에 세워 놓으신 계획대로 된
것이었습니다.
24 하나님께서는 예수님을 다시 살리셨습니
다. 죽음의 고통에서 그분을 풀어 놓으셨
습니다. 그것은 죽음이 예수님을 계속 붙
잡아 둘 수 없었기 때문입니다.
25 다윗이 예수님을 가리켜 말한 것이 있습니
다. '나는 내 앞에 계신 주님을 항상 뵙
습니다. 주님께서 내 오른편에 계시므로
내겐 흔들림이 없습니다.
26 그러므로 내 마음은 기쁨으로, 내 혀는 즐
거움으로 가득 차 있습니다. 내 몸도 소
망 속에 살 것입니다.
27 주님께서는 나를 무덤에 내버려 두지 않
으시며, 주님의 거룩한 분을 썩지 않게 하
실 것입니다.
28 주님께서는 내게 생명의 길을 알려 주셨
습니다. 주님께서는 나와 함께 계시면서
내게 기쁨을 가득 채우실 것입니다.'*
29 형제 여러분, 나는 우리 조상 다윗에 대
하여 여러분에게 자신 있게 말씀드릴 수
있습니다. 다윗은 죽어 땅에 묻혔으며, 그
의 무덤은 오늘날까지 우리 가운데 남아
있습니다.
30 하나님께서는 다윗에게 그의 자손 가운데
한 사람을 택하여 다윗의 보좌에 앉게 하
실 것이라고 맹세하셨습니다. 다윗은 예
언자여서 하나님께서 맹세로 약속하신 이
내용이 무엇을 가리키는지 잘 알고 있었
습니다.
31 다윗은 이 내용을 미리 알고서 그리스도의
부활에 대해 이렇게 말했습니다. '그분은
무덤에 계속 머물러 있지 않았고, 그분의
몸은 썩지 않았다.'
32 이 말씀대로 하나님께서는 예수님을 다시

갑바도기아의 전경(2:9)

알아두세요

2:17-21 욜 2:28-32에 기록되어 있다.
2:25-28 시 16:8-11에 기록되어 있다.

살리셨습니다. 우리 모두가 이 일의 증인
입니다.
33 하나님께서 예수님을 높은 곳에 올려 하
나님 오른편에 앉히자, 예수님은 하나님
아버지께서 약속하신 성령을 받아, 지금
여러분이 보고 들은 것처럼 우리에게 부
어 주셨습니다.
34 다윗은 하늘로 올라가 본 적은 없었지만
이렇게 말했습니다. '하나님께서 내 주님
께 말씀하시기를, 내 오른편에 앉아 있어
라.
35 내가 네 원수들을 네 발 아래 둘 때까지.'*
36 그러므로 모든 이스라엘 백성이 분명히 알
아야 할 것이 있습니다. 여러분이 십자가
에 못박은 이 예수님을 하나님께서는 주
와 그리스도가 되게 하셨다는 사실입니
다."
37 사람들은 이 말을 듣고 마음이 찔렸습니
다. 그래서 베드로와 다른 사도들에게 "우
리가 어떻게 하면 좋겠습니까?"라고 물었
습니다.
38 베드로는 이렇게 대답했습니다. "회개하
고 여러분은 각각 예수 그리스도의 이름으
로 세례를 받으십시오. 그러면 여러분의
죄는 용서받을 것이며, 성령을 선물로 받
게 될 것입니다.
39 이것은 여러분과 여러분의 자녀뿐만 아니
라 먼 곳에 떨어져 사는 사람들, 즉 주 우
리 하나님께서 부르시는 사람들에게 주시
는 약속입니다."
40 베드로는 이 밖에도 다른 여러 말로 그들
에게 호소하고, 이 악한 세대에서 구원을
받으라고 권하였습니다.
41 베드로의 설교를 받아 들인 사람들은 세
례를 받았습니다. 그 날, 믿은 사람의 수
는 삼천 명이나 되었습니다.
42 사람들은 사도들의 가르침을 받으며 서로
교제하고, 빵을 나누어 먹고 기도하는 일
에 힘썼습니다.

믿는 사람들의 나누는 생활

43 사도들을 통해 많은 기적과 표적이 나타
났습니다. 그러자 모든 사람들에게 두려
운 마음이 생겼습니다.
44 믿는 사람들은 다 함께 모여 모든 물건을
공동으로 사용하며 살아갔습니다.
45 그들은 재산과 모든 소유를 팔아서 필요
한 사람들에게 나누어 주었습니다.
46 그들은 날마다 한마음으로 성전 뜰에 모
였습니다. 그리고 집집마다 돌아가며 함
께 모여 기쁘고 순수한 마음으로 식사를
같이 하였습니다.
47 그들은 하나님을 찬양하였으며, 모든 사
람에게서 칭찬을 받았습니다. 주님께서는
구원받는 사람을 날마다 늘어나게 하셨습
니다.

걷지 못하는 사람을 고친 베드로

3 어느 날 오후 3시, 기도하는 시간이
되어 베드로와 요한이 성전으로 올라가
고 있었습니다.
2 성전 문에는 태어날 때부터 걷지 못하는
사람이 앉아 있었습니다. 사람들이 그 사
람을 날마다 메고 와서 '아름다운 문'이
라 부르는 성전 문에 앉혀 놓고, 성전에
들어가는 사람들에게 구걸을 하게 하였습
니다.
3 베드로와 요한이 막 성전으로 들어가려는
것을 보고, 걷지 못하는 사람은 그들에게
구걸을 하였습니다.
4 베드로는 요한과 함께 그 사람을 눈여겨 본
후에, "우리를 보시오"라고 말했습니다.

예루살렘의 미문(황금문)(3:2)

행 알아두세요

2:34-35 시 110:1에 기록되어 있다.

5 그 걷지 못하는 사람은 무언가 얻을 것을
기대하면서 두 사람을 쳐다보았습니다.
6 그러나 베드로는 이런 말을 하였습니다.
"은과 금은 내게 없으나, 내게 있는 것을
당신에게 주겠소. 나사렛 예수 그리스도의
이름으로 일어나 걸으시오."
7 이 말을 하면서 베드로는 그 사람의 오른
손을 잡아 일으켜 세웠습니다. 그러자 그
사람의 다리와 발목에 힘이 생겼습니다.
8 그 걷지 못하던 사람이 벌떡 일어나 걷기
시작하였습니다. 그는 두 사람과 함께 성
전으로 들어가 걷기도 하고, 껑충껑충 뛰
기도 하면서, 하나님을 찬양하였습니다.
9 모든 사람이 걷지 못하던 사람이 걸어다
니는 것과 하나님을 찬양하는 것을 보았
습니다.
10 사람들은 그가 전부터 성전의 '아름다운
문'에 앉아 구걸하던 바로 그 사람이라는
것을 알고서, 눈앞에서 벌어진 이 일로 인
해 크게 놀라며 이상하게 생각했습니다.

베드로의 설교

11 그 사람은 베드로와 요한을 꼭 붙들고는
놓아 주질 않았습니다. 사람들이 모두 놀
라 베드로와 요한을 보러 '솔로몬 행각'이
라 부르는 곳으로 몰려들었습니다.
12 베드로가 이 사람들을 보고 말했습니다.
"이스라엘 백성 여러분, 왜 이 일로 놀라
십니까? 왜 그런 눈으로 우리를 보고 계
십니까? 우리의 능력이나 우리의 경건함
때문에 이 사람이 걸을 수 있게 되었다고
생각하십니까?
13 우리 조상의 하나님이신 아브라함과 이삭
과 야곱의 하나님께서 그분의 종이신 예수
님을 영화롭게 하셨습니다. 여러분은 예수
님을 넘겨 주어 죽게 했습니다. 빌라도가
그분을 풀어 주자고 선고했을 때도 여러분
은 빌라도 앞에서 그분을 부인했습니다.
14 여러분은 거룩하고 의로우신 예수님을 풀
어 주는 것을 반대하고, 그 대신 살인자
를 풀어 달라고 요구했습니다.
15 마침내 여러분은 생명의 주님을 죽였습니
다. 하지만 하나님께서는 그분을 죽은 자
들 가운데서 살리셨습니다. 우리는 이 일
의 증인입니다.
16 예수님의 이름을 믿는 믿음 때문에, 여러
분이 보고 아는 이 사람이 건강하게 되었

걷지 못하는
사람을 고친 베드로(3:1-10)

습니다. 여러분 모두가 보시다시피 예수
님의 이름과 그분을 믿는 믿음으로 이 사
람이 완전한 치료를 받은 것입니다.
17 형제 여러분, 저는 여러분들이 여러분의
지도자들처럼 예수님이 어떤 분이신지 잘
알지 못하여 이런 일을 행했다는 것을 압
니다.
18 하지만 하나님께서는 모든 예언자들을 통해
그리스도께서 고난을 당하실 것이라고 미리
말씀하셨던 것을 이렇게 이루셨습니다.
19 그러므로 여러분은 회개하고 하나님께로
돌아오십시오. 그리하면 여러분의 죄는
씻음받을 것입니다.
20 주님께서 주시는 새로운 때가 올 것입니
다. 또 주님께서 여러분을 위해 미리 정하
신 그리스도 예수를 보내 주실 것입니다.
21 예수님은 하나님께서 오래 전부터 그의 거
룩한 예언자들을 통해 약속하신 대로, 모
든 것을 원래의 모습대로 회복시킬 때까
지 하늘에 머물러 계셔야만 합니다.
22 모세가 전에 이런 말을 하였습니다. '너희
주 하나님께서 너희 형제들 중에서 나와
같은 예언자 한 사람을 세우실 것이다. 너
희는 무엇이든 그분이 하시는 말씀에 귀
를 기울여야 한다.
23 누구든지 그분의 말을 듣지 않는 사람은
하나님의 백성 가운데서 끊어질 것이다.'
24 사무엘을 비롯해서 그의 뒤를 이어 하나
님의 말씀을 전한 모든 예언자들이 이 시
대에 대해 예언하였습니다.
25 여러분은 예언자들의 후손들이며, 하나님
께서 여러분의 조상과 맺으신 언약의 후
손들입니다. 하나님께서는 아브라함에게
이런 말씀을 하셨습니다. '네 자손으로
말미암아 땅에 있는 모든 민족이 복을 받
을 것이다.'
26 하나님께서 하나님의 종을 세우셔서, 여
러분 한 사람 한 사람을 악한 길에서 돌
이키게 하시고, 복을 주시려고 그분을 먼
저 여러분에게 보내셨습니다."

공의회 앞에 선 베드로와 요한

4 베드로와 요한이 백성들에게 말하고 있
을 때, 제사장들과 성전을 경비하던 사
람들과 사두개파 사람들이 몰려왔습니다.
2 그들은 두 사도가 백성들에게 죽은 자 가
운데서 부활하신 예수님을 가르치고 그들
에게 설교하는 것 때문에 마음이 편치 않
았습니다.
3 유대 지도자들은 베드로와 요한을 붙잡았
습니다. 그러나 날이 어두워졌기 때문에
두 사람을 다음 날까지 감옥에 가두었습
니다.
4 그러나 베드로와 요한의 설교를 들은 사람
중에서 많은 사람들이 믿음을 갖게 되었는
데, 그 수가 오천 명 정도나 되었습니다.
5 이튿날, 유대 통치자들과 장로들과 율법
사들이 예루살렘에 모였습니다.
6 대제사장 안나스를 비롯하여 가야바, 요
한, 알렉산더, 그리고 대제사장 가문에 속
한 사람들이 다 모였습니다.
7 그들은 베드로와 요한을 앞에 세워 놓고
"도대체 너희가 무슨 능력으로, 또 누구
의 이름으로 이런 일을 하느냐?"라며 심
문하기 시작하였습니다.
8 그 때, 베드로가 성령으로 충만하여 그들
을 향해 다음과 같이 대답했습니다. "백

성경 자세히 이해하기

사두개파 사람들

사두개파는 바리새파, 열심당, 에세네파와 함께 유대의 4대 종파들 중 하나였습니다. 그 회원들은 제사장 가문에 속한 사람들과 성전을 관리하던 사람들로서, 그들은 부활이나 인격적인 메시아를 믿지 않았으며, 메시아 시대 곧 이상적인 시대가 현실 속에서 이루어진다고 주장했습니다. 그러므로 그들은 현재의 상태를 보존하기에 급급했고 자기들이 지녔던 권력과 부를 누리는데 여념이 없었습니다. 특별히, 유대의 최고 의회인 산헤드린의 의장직을 맡았던 대제사장도 그 회원들 중의 한 명이었습니다.

본문 보기 4장 1절

행 알아두세요

4:11 시 118:22에 기록되어 있다.

공의회 앞에 선
베드로와 요한(4:5-13)

성의 통치자와 장로님들,
9 여러분이 묻고자 하는 것이 오늘 우리가
태어날 때부터 걷지 못하는 사람에게 행한
선한 일에 관한 것입니까? 그 사람이 어떻
게 해서 낫게 되었는지를 묻는 것입니까?
10 그렇다면 여러분들과 모든 이스라엘 백성
은 이것을 아셔야 합니다. 이 사람이 나
은 것은 나사렛 예수 그리스도의 능력으로
말미암은 것이라는 사실입니다. 여러분들
은 십자가에 못박았지만, 하나님께서 다
시 살리신 나사렛 예수 그리스도의 이름으
로 이 사람이 완전히 나음을 얻어 여러분
앞에 서 있습니다.
11 이 예수님은 '건축자들이 버린 돌이지만
집 모퉁이의 머릿돌' *이 되셨습니다.
12 예수님 외에는, 다른 어떤 이에게서도 구
원을 받을 수 없습니다. 하나님께서는 온
세상에 우리가 구원받을 만한 다른 이름
을 주신 적이 없습니다."
13 공의회 의원들은 베드로와 요한이 교육을
받지 못한 평범한 사람인 줄 알고 있었는
데, 이렇게 담대하게 말하는 것을 보고 놀
랐습니다. 그제서야 비로소 그들은 베드
로와 요한이 예수님과 함께 있던 사람이라
는 것을 알게 되었습니다.
14 그들은 태어날 때부터 걷지 못하던 사람
이었다가 지금은 나은 사람이 베드로와 요
한 곁에 서 있는 것을 보고는, 더 이상 아
무것도 물을 수가 없었습니다.
15 그래서 그들은 베드로와 요한에게 공의회
에서 나가 있으라고 한 뒤에 서로 의논하
였습니다.
16 "이 사람들을 어떻게 하면 좋겠소? 예루살
렘에 사는 사람이라면 누구나 이들이 큰
표적을 행한 것을 알고 있소. 그리고 우
리도 그것을 부인할 수 없소.
17 하지만 이 일이 사람들 사이에 더 이상 퍼
지지 않게 하기 위해서라도, 앞으로는 예
수님 이름으로 아무에게도 말하지 말라고
그들에게 경고해 두는 것이 좋을 듯하오."
18 그래서 그들은 베드로와 요한을 다시 불러
절대로 예수님의 이름으로 말하지도 말고

가르치지도 말라고 경고했습니다.
19 그러나 베드로와 요한은 이렇게 대답했습
니다. "우리가 하나님의 말씀을 듣는 것
과 여러분의 말을 듣는 것 중에, 하나님
께서 보시기에 어느 것이 더 옳은 것인지
한번 판단해 보십시오.
20 우리는 우리가 보고 들은 것을 말하지 않
을 수가 없습니다."
21 조금 전에 일어난 일을 본 사람들이 하나
님을 찬양하고 있었기 때문에 유대 통치
자들은 두 사람을 어떻게 처벌해야 할지
결정할 수가 없었습니다. 그래서 그들은
몇 마디 경고만 더 하고 사도들을 놓아 주
었습니다.
22 이 기적으로 병이 나은 사람은 마흔 살이
넘은 사람이었습니다.

믿는 사람들의 기도

23 베드로와 요한은 유대 통치자들에게서 풀
려나자, 동료들에게로 가서 대제사장과
장로들이 자기들에게 한 말을 그대로 전
해 주었습니다.
24 동료들은 그 말을 듣고 소리를 높여 한마
음으로 하나님께 기도했습니다. "하늘과
땅과 바다와 그 가운데 있는 모든 것을 창
조하신 전능하신 주님,
25 주님께서는 주님의 종인 우리 조상 다윗
의 입을 빌려 성령으로 이렇게 말씀하셨
습니다. '어찌하여 민족들이 화를 내며,
어찌하여 백성이 헛된 계획을 세우는가?
26 세상의 왕들이 일어나며 통치자들이 주님
과 그분의 그리스도를 대항하기 위해 한자
리에 모였다.'*
27 실제로 헤롯 안티파스와 본디오 빌라도가 이
방인들과 이스라엘 백성과 합심하여 주님
의 거룩한 종이며, 주님께서 기름 부어 그
리스도로 세우신 예수님에 대해 음모를 꾸
미기 위해 이 곳 예루살렘에 모였습니다.
28 이전에 주님께서 주님의 능력과 뜻대로
계획하신 일을 이 사람들이 그대로 행하
였습니다.
29 주님, 이제 그들이 우리를 위협하고 있는
것을 굽어 살피소서. 또 주님의 종들이 주
님의 말씀을 담대하게 말할 수 있도록 용
기를 주소서.
30 주님의 손을 펼쳐 병을 낫게 해 주시며,
주님의 거룩한 종 예수님의 이름으로 표
적과 기적을 행하소서."
31 제자들이 기도를 마치자, 그들이 모여 있
는 곳이 흔들렸습니다. 제자들은 모두 성
령으로 충만해져서 하나님의 말씀을 담대
하게 전하였습니다.

믿는 사람들의 공동 생활

32 믿는 사람들의 무리가 다 한마음과 한 정
신으로, 자기 것을 자기 것이라고 말하는
사람이 한 사람도 없이, 자기가 가지고 있
는 모든 것을 서로 나누어 썼습니다.
33 사도들은 계속해서 큰 능력으로 주 예수
님의 부활을 증언하였습니다. 하나님께서
는 모든 사람들에게 더 많은 은혜를 베푸
셨습니다.
34 그들 중에 부족한 것이 있는 사람은 한 사
람도 없었습니다. 때로는 밭이나 집이 있
는 사람이 밭이나 집을 팔아 판 돈을 사
도들에게 가져와
35 사도들의 발 앞에 놓았습니다. 그러면 사
도들은 그 돈을 필요한 사람들에게 각각
나누어 주었습니다.
36 믿는 사람 중에 요셉이라는 사람이 있었
습니다. 사도들은 그 사람을 바나바라고
불렀습니다. 바나바란 이름의 뜻은 '격려
하는 사람' 입니다. 바나바는 키프로스에서
태어난 레위 지파 사람입니다.
37 요셉이 자기의 밭을 팔아 그 돈을 사도들
의 발 앞에 갖다 놓았습니다.

아나니아와 삽비라

5 아나니아라는 사람과 그의 아내 삽비라
도 자기들의 땅 일부분을 팔았습니다.
2 아나니아는 땅을 판 돈에서 얼마를 떼어

알아두세요

4:25-26 시 2:1-2에 기록되어 있다.

음모(4:27 plot) 몰래 좋지 못한 일을 꾸미는 것.
성령(4:31 Holy Spirit) 삼위일체의 제3위에 속하시는 하나님. 성신이라고도 함.

몰래 숨겨 놓고, 나머지만 사도들의 발 앞
에 갖다 놓았습니다. 그의 아내도 이런 내
막을 다 알고 있었습니다.
3 그 때, 베드로가 말했습니다. "아나니아여,
어찌하여 사탄이 그대의 마음에 가득하여
성령을 속이고 땅을 팔아 받은 돈 가운데
얼마를 떼어 놓았소?
4 그 땅은 팔기 전에도 그대의 것이었고, 판
뒤에도 그 돈을 그대 마음대로 할 수 있
었소. 그런데 어찌하여 성령을 속일 마음
을 먹었소? 그대는 사람을 속인 것이 아
니라 하나님을 속인 것이오."
5 아나니아는 이 말을 듣자마자 쓰러져 죽었
습니다. 이 소식을 들은 모든 사람들은 몹
시 두려워했습니다.
6 젊은이 몇 사람이 들어와 그의 시체를 싸
서, 밖으로 메고 나가 묻었습니다.
7 세 시간쯤 지나서 아나니아의 아내 삽비라
가 들어왔습니다. 삽비라는 방금 전에 무
슨 일이 일어났는지 전혀 몰랐습니다.
8 베드로가 삽비라에게 물어 보았습니다.
"그대와 그대의 남편 아나니아가 땅을 팔
아서 받은 돈이 이것뿐이오?" 삽비라는
"예, 그것뿐입니다"라고 대답했습니다.
9 베드로가 다시 말했습니다. "어찌하여 그대
와 그대의 남편은 서로 짜고 주님의 성령
을 시험할 수 있단 말이오? 보시오! 그대의
남편을 장사지내고 온 사람들이 문 앞에 있
으니, 그들이 그대를 메고 나갈 것이오."
10 그 말이 끝나자마자 삽비라는 베드로 앞에
쓰러져서 죽었습니다. 그 순간 젊은이들이
들어와 삽비라가 죽은 것을 보고, 그녀를
밖으로 메고 나가 남편 곁에 묻었습니다.
11 온 교회와 이 일을 들은 모든 사람들이 큰
두려움에 사로잡혔습니다.

사도들이 행한 표적과 기적

12 사도들은 백성들 사이에서 많은 표적과
기적을 행했습니다. 믿는 사람들이 '솔로
몬 행각'에 자주 모였습니다.
13 그들은 백성들에게서 칭찬을 받았습니다.
하지만 사람들은 감히 믿는 사람들의 모
임에 끼어들지 못했습니다.
14 이런 중에도 주님을 믿는 사람들은 점점
더 많아졌습니다. 그리하여 남자나 여자
나 믿는 사람의 수가 크게 늘어났습니다.
15 그러자 사람들은 베드로가 지나갈 때면 병
자를 길에 데리고 나와 침대나 자리에 눕
혀 놓고, 베드로의 그림자라도 그들에게
덮이기를 바랐습니다.

성령을 속인
아나니아와 삽비라(5:1-11)

16 예루살렘 주변의 여러 마을에서도 사람들
이 몰려들었습니다. 그들은 병자와 악한
귀신에게 시달리는 사람들을 데려왔으며,
그들은 모두 고침을 받았습니다.

사도들의 받은 핍박

17 대제사장과 사두개파에 속한 그의 모든 동
료들은 사도들을 향한 시기심이 가득하였
습니다.
18 그들은 사도들을 붙잡아 감옥에 가두었습
니다.
19 그러나 밤중에 주님의 천사가 감옥 문을
열고, 사도들을 밖으로 데리고 나가며 말
했습니다.
20 "너희는 가서 성전에 서서, 이 생명의 말
씀을 백성들에게 다 전하여라."
21 사도들은 이 말을 듣고, 아침 일찍 성전
으로 가서 가르치기 시작하였습니다. 대
제사장과 그의 동료들이 도착하여 이스라
엘의 모든 장로로 구성된 공의회를 소집
하고, 감옥으로 사람을 보내어 사도들을
데려오게 했습니다.
22 관리들이 감옥에 가 보았으나, 사도들은
보이지 않았습니다. 그들은 돌아와서 그
사실을 알렸습니다.
23 "우리가 가서 보니 감옥 문이 굳게 잠겨
있었고, 간수들은 문을 지키고 서 있었습
니다. 그런데 문을 열고 보니 감옥 안에
는 아무도 없었습니다."
24 이 말을 듣고 성전 경비대장과 제사장들
은 사도들에게 일어난 일로 놀라며 당황
했습니다.
25 바로 그 때, 어떤 사람이 와서 "보십시오!
여러분이 감옥에 가두었던 사람들이 성전
뜰에 서서 백성들을 가르치고 있습니다"
라고 말했습니다.
26 그러자 성전 경비대장은 그의 부하들을
밖으로 데리고 나가 사도들을 다시 잡아
왔습니다. 그러나 그들은 사람들이 자기
들에게 돌을 던질까 두려워 폭력을 쓰지
는 않았습니다.
27 성전 경비대에 속한 사람들이 사도들을
데려와 공의회 앞에 세우자, 대제사장이
사도들에게 물었습니다.
28 "우리가 이 이름으로 가르치지 말라고 단
단히 주의를 주었는데도, 그대들은 예루
살렘을 온통 그대들의 가르침으로 채워
놓았소. 그리고 예수를 죽인 책임을 우리
에게 넘기려 하고 있소."
29 그러자 베드로와 다른 사도들이 대답했습
니다. "우리가 사람이 아니라 하나님께
복종해야 하는 것은 당연한 일입니다.
30 여러분이 나무에 매달아 죽인 예수님을 우
리 조상의 하나님께서 다시 살리셨습니다.
31 하나님께서는 이 예수님을 높이 올리셔서
하나님 오른편에 앉게 하셨습니다. 하나
님께서는 예수님을 우리의 지도자와 구세
주로 삼으셔서, 이스라엘에게 회개를 통해
죄 사함을 받게 하셨습니다.
32 우리는 이 일의 증인입니다. 또한 하나님
께서 자기에게 복종하는 사람에게 주신
성령 역시 그렇습니다."
33 공의회 의원들은 이 말을 듣고 몹시 화를
내며 사도들을 죽이려 했습니다.
34 갑자기 가말리엘이라는 한 바리새파 사람
이 공의회 자리에서 벌떡 일어났습니다.
그는 율법사이며 모든 백성에게 존경을
받는 사람이었습니다. 가말리엘은 사도들
을 잠깐 밖에 나가 있게 하고,
35 공의회 의원들에게 이렇게 말했습니다.
"이스라엘 사람들이여, 여러분들이 이 사
람들에게 어떤 행동을 하려 하는지 깊이
생각해 보십시오.
36 얼마 전에 드다가 출현했을 때의 일을 기
억하십니까? 드다는 자기가 대단한 인물
이라고 주장했고, 사백 명 가량 되는 사
람이 그를 따라다녔습니다. 그러나 그가
죽임을 당하자, 그를 따르던 사람들도 뿔
뿔이 흩어져 없어지고 말았습니다. 그가

대제사장(5:17 high priest) 하나님께 제사드리는 일을 직분으로 맡은 사람 중 으뜸되는 사람.

흐지부지(5:36 hushing up) 끝을 분명히 맺지 못하고 흐리멍덩하게 넘기어 버리는 모양.

벌인 운동도 흐지부지되어 버렸습니다.
37 이런 일이 있은 후에는 인구 조사를 할 때
갈릴리의 유다라는 사람이 나타나 백성들
을 이끌고 다녔습니다. 그러나 그가 죽임
을 당하자, 그를 따르던 사람들 역시 다
흩어지고 말았습니다.
38 그러므로 이번 일에 관하여 내가 충고하
고 싶은 것은, 이 사람들에게서 손을 떼
고 그대로 내버려 두라는 것입니다. 왜냐
하면 그들의 이러한 계획이나 행동이 사
람에게서 온 것이라면 실패할 것이지만,
39 만에 하나 그것이 하나님께로부터 온 것
이라면, 여러분은 이 사람들이 하는 일을
막을 수 없는 것은 물론이고, 잘못하면 하
나님과 맞서 싸우는 것이 되기 때문입니
다." 사람들은 가말리엘의 충고에 설득되
었습니다.
40 그들은 사도들을 다시 공의회 안으로 불
러들여서 매질을 한 후에, 다시는 예수의
이름으로 말하지 말라고 엄하게 명하고
놓아 주었습니다.
41 사도들은 예수님 때문에 모욕당하는 것을
영광이라고 생각하여 오히려 기뻐하면서
공의회를 나왔습니다.
42 그들은 날마다 성전 뜰에서, 그리고 집집
마다 다니며 예수님이 바로 그리스도라는
복음의 내용을 쉬지 않고 가르치고 전했
습니다

일곱 사람을 뽑다

6 날이 갈수록 제자들의 수는 늘어만 갔
습니다. 그 무렵에 그리스어를 사용하
는 유대인들이 히브리어를 사용하는 유대
인들에게 불평을 늘어 놓았습니다. 그것
은 히브리어를 사용하는 본토 유대인들이
매일 음식을 나누어 줄 때, 그리스어를 사
용하는 유대인 과부들에게는 관심을 쏟지
않아, 그들이 배급을 제대로 받지 못했기
때문입니다.
2 그래서 열두 사도가 제자들을 모두 불러
서 말했습니다. "음식을 나누어 주는 일
때문에 우리가 하나님의 말씀을 가르치는
일을 소홀히 하는 것은 옳지 않습니다.
3 그러니 형제 여러분, 여러분들 중에서 성
령과 지혜가 충만하다고 인정받은 사람
일곱 명을 뽑으십시오. 그 사람들에게 이
일을 맡기고,
4 우리는 기도하는 일과 하나님의 말씀을
가르치는 일에 온 힘을 기울이겠습니다."
5 모든 사람이 이 말을 좋다고 생각해서 믿
음이 좋고 성령이 충만한 스데반을 비롯
하여 빌립과 브로고로와 니가노르와 디몬과
바메나와 유대인으로 개종한 안디옥 사람
니골라를 뽑았습니다.
6 사람들이 이들을 사도들 앞으로 데려오
자, 사도들이 그 사람들 머리에 손을 얹
고 기도했습니다.
7 그후, 하나님의 말씀은 계속 퍼져 나가서
예루살렘에서 제자의 수가 많이 늘었습니
다. 뿐만 아니라 유대인 제사장들 중에서
도 믿음을 가지게 된 사람들이 많이 생겨
났습니다.

스데반이 붙잡히다

8 스데반은 하나님의 은혜와 능력이 가득한
사람이었습니다. 그는 백성들 사이에서
기적과 표적을 행하였습니다.
9 그러나 구레네와 알렉산드리아와 길리기아와
아시아 출신의 유대인들로 구성된, 이른바
'자유인*의 회당' 출신 사람들 중에 스데반
을 반대하는 사람들이 있었습니다. 이들은

성경 인물

갈릴리 유다 갈릴리 출신의 유다는 A.D. 6년경 세금을 징수할 목적으로 유대 지방의 호적을 조사하던 로마인들에 대항하여 반란을 일으켰던 인물이었습니다. 그는 "이스라엘의 참되신 왕은 오직 하나님뿐이시므로 로마 황제에게 조공을 바치는 것은 하나님께 대한 반역이다"라고 주장했습니다. 후에 그의 반란은 진압되었지만, 그의 정신을 이어받은 열심당이 이 저항 운동을 이어 나갔습니다.

본문 보기 5장 37절

알아두세요

6:9 이들은 전에 종이었거나 혹은 그의 아버지가 종이었으나 후에 자유를 얻게 된 사람들이다.

합세하여 스데반과 논쟁을 하였습니다.
10 하지만 스데반이 말하는 지혜나 성령을 당
해 낼 사람은 아무도 없었습니다.
11 그래서 그들은 돈을 주고 사람들을 사서
"스데반이 모세와 하나님을 모독하는 소리
를 우리가 들었습니다"라고 거짓말을 하
게 만들었습니다.
12 그들은 이런 식으로 백성과 장로들과 율
법사들을 화나게 만들고는, 스데반을 붙
잡아 공의회로 끌고 갔습니다.
13 그들은 사람들을 시켜 이렇게 거짓 증언
을 하게 했습니다. "이 사람은 항상 이 거
룩한 곳인 성전과 율법에 대해 험담을 하
였습니다.
14 우리는 이 사람이 나사렛 예수가 이 곳을
헐어 버릴 것이고, 또 모세가 우리에게 전
해 준 여러 관습들을 뜯어 고칠 것이라고
말하는 것을 들었습니다."
15 공의회에 모인 사람들 모두가 스데반을 쳐
다보았습니다. 그의 얼굴은 마치 천사의
얼굴과 같았습니다.

스데반의 설교

7 대제사장이 스데반에게 "당신이 정말 이
런 식으로 말했소?"라고 물었습니다.
2 스데반이 대답했습니다. "형제 여러분, 그
리고 어르신들, 내 말을 들어 보십시오.
우리의 조상 아브라함이 하란에서 살기
전, 아직 메소포타미아에 있을 때에 영광
의 하나님께서 그에게 나타나셨습니다.
3 하나님께서는 아브라함에게 '네 고향과 친
척을 떠나 내가 네게 보여 줄 땅으로 가
거라' 하고 말씀하셨습니다.
4 그래서 아브라함은 갈대아 땅을 떠나 하란으

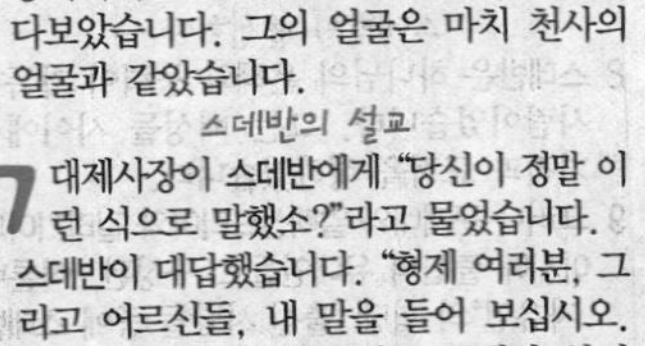
스데반 순교 기념 교회(7:2)

로 가서 살았습니다. 아브라함의 아버지가
죽은 후에 하나님께서는 아브라함을 지금 여
러분이 살고 있는 이 땅으로 보내셨습니다.
5 하지만 하나님께서는 아브라함에게 이 곳에
서 손바닥만한 땅도 유산으로 물려주지 않
고, 아브라함과 그의 자손에게 장차 이 땅
을 주시겠다는 약속만 하셨습니다. 그 때는
아브라함에게 아직 자식이 없었습니다.
6 하나님께서는 아브라함에게 이렇게 말씀
하셨습니다. '네 자손이 남의 땅에서 나
그네로 지낼 것이다. 그 곳 백성이 사백
년 동안 네 자손을 종으로 삼을 것이며,
네 자손을 학대할 것이다.
7 그러나 네 자손을 종으로 삼는 그 백성을
내가 심판하겠다.' 하나님께서는 계속해
서 이렇게 말씀하셨습니다. '그후에 네
자손이 그 땅에서 나와 이 곳에서 나를 섬
길 것이다.'
8 그리고 하나님께서는 아브라함에게 언약의
표시로 할례를 받게 하셨습니다. 아브라함
은 아들 이삭을 낳고, 팔 일째 되는 날에
그에게 할례를 베풀었습니다. 이삭도 자기
아들 야곱에게 할례를 베풀었고, 야곱도
자기 아들들, 곧 우리의 조상이 되시는 열
두 족장들에게 할례를 베풀었습니다.
9 그 족장들은 요셉을 시기하여 그를 이집트
에 종으로 팔아 버렸습니다. 그러나 하나
님께서는 요셉과 함께 계셨습니다.
10 요셉은 그 곳에서 많은 어려움을 당했으
나 하나님께서 그 때마다 구해 주셨습니
다. 또 하나님께서 요셉에게 지혜를 주셔
서 이집트 왕 파라오에게 사랑을 받게 하
셨습니다. 이집트 왕은 요셉을 총리로 삼
아 이집트와 왕궁을 다스리게 했습니다.
11 그 때에 온 이집트와 가나안 땅에 큰 가뭄
이 들어 사람들이 몹시 고통을 당했습니
다. 우리 조상들도 먹을 것이 없었습니다.
12 그러다가 야곱이 이집트에 곡식이 있다는
말을 듣고, 처음으로 우리의 족장들을 이
집트로 보냈습니다.
13 그들이 두 번째로 이집트에 갔을 때에 요
셉이 형제들에게 자기의 정체를 밝혔습니

다. 이집트 왕 파라오도 요셉의 가족에 대
해 알게 되었습니다.
14 이 일이 일어난 후, 요셉은 형들을 보내
어 자기 아버지 야곱과 식구 일흔다섯 명
전부 이집트로 모셔 오게 했습니다.
15 그리하여 야곱은 이집트로 내려갔고, 야곱
과 우리 족장들은 거기서 살다가 죽었습
니다.
16 그 뒤에 그들의 시체는 세겜으로 옮겨져
서 한 무덤에 묻혔습니다. 그 무덤은 아
브라함이 돈을 주고 세겜에 사는 하몰의
자손에게서 산 무덤입니다.
17 하나님께서 아브라함에게 하신 약속이 이
루어질 때가 가까워졌을 때에 이집트에 살
고 있는 우리 민족의 수는 크게 늘어났습
니다.
18 그러다가 요셉을 알지 못하는 새 왕이 이
집트를 다스리기 시작했습니다.
19 이 왕은 교묘하게 우리 백성을 속였고, 우
리 조상들을 학대하여 갓난아기들을 내다
버려 죽이라고 명령을 내렸습니다.
20 이 시기에 모세가 태어났습니다. 모세는
평범한 아기가 아니었습니다. 모세의 부
모는 그를 세 달 동안 집에서 숨겨 길렀
습니다.
21 그러나 더 이상 숨길 수가 없어서 모세를
밖에 내다 버리자, 파라오의 딸이 모세를
데려다가 자기의 아들로 삼아 길렀습니다.
22 모세는 이집트 사람들의 모든 지혜를 배워
말에나 행동에서 뛰어난 능력을 나타냈습
니다.
23 모세가 사십 세가 되었을 때, 그는 자기
동족인 이스라엘 백성을 돌보아야겠다는
마음이 들었습니다.
24 모세는 어떤 이스라엘 사람이 이집트 사람
에게 억울한 일을 당하는 것을 보았습니
다. 그는 이스라엘 사람을 보호하려고 이
집트 사람을 때려 죽여 원수를 갚아 주었
습니다.
25 모세는 자기 동족들이 하나님께서 자기를
사용하여 그들을 구원해 주신다는 것을
깨달을 것이라고 생각했습니다. 하지만
그들은 깨닫지 못했습니다.
26 이튿날, 모세는 이스라엘 사람 두 명이 서
로 싸우는 것을 보고 그들을 화해시키려
고 이렇게 말했습니다. '여러분, 당신들
은 같은 동포인데 어찌하여 서로를 해치
려고 합니까?'
27 그러자 동료에게 해를 입히던 사람이 모
세를 떠밀며 말했습니다. '누가 당신을 우
리의 지도자와 재판관으로 세웠소?
28 어제 이집트 사람을 죽인 것처럼, 오늘은
나를 죽일 참이요?'
29 모세는 그 말을 듣고 이집트를 떠나 미디안
땅으로 도망쳤습니다. 모세는 그 곳에서
나그네로 살면서 아들을 둘 낳았습니다.
30 사십 년이 지난 뒤에, 시내 산 근처에 있
는 광야에서 한 천사가 가시나무 떨기 불
꽃 가운데 모세에게 나타났습니다.
31 모세가 그 모습을 보고 놀라 좀더 자세히
살펴보려고 가까이 다가갔을 때, 주님의
음성이 들려 왔습니다.
32 '나는 너의 조상의 하나님, 곧 아브라함의
하나님, 이삭의 하나님, 야곱의 하나님이
니라.' 모세는 두려워 떨기 시작했습니다.
감히 얼굴을 들어 소리 나는 곳을 바라보
지 못하였습니다.
33 그 때, 주님께서 모세에게 말씀하셨습니
다. '네 발의 신을 벗어라. 네가 서 있는
곳은 거룩한 곳이다.
34 나는 이집트에 있는 내 백성이 학대받는 것
을 보았고, 그들이 부르짖는 소리를 들었
다. 나는 내 백성을 해방시키러 내려왔다.
이제 내가 너를 다시 이집트로 보내겠다.'
35 하나님께서 보내신 이 모세는 이스라엘 백
성들이 '누가 당신을 우리의 지도자와 재

관습(6:14 custom) 한 사회에서 오랜 시간에 걸쳐 굳어져서 지켜지는 규범이나 생활 방식.
할례(7:8 circumcision) 남자 아이가 태어난 지 8일 만에 생식기 끝의 껍질을 끊어내는 종교 예식.
총리(7:10 ruler) 왕을 보좌하고, 명을 받아 행정 각부를 통할하는 정부의 실질적인 통치권자.

판관으로 세웠소?' 라고 하면서 저버린 바
로 그 모세입니다. 하나님께서는 떨기나
무 가운데 그에게 나타난 천사를 통하여
이 모세를 지도자와 해방자로 삼으시고,
그들에게 보내셨습니다.
36 그래서 모세는 백성들을 이집트에서 이끌
어 냈습니다. 모세는 이집트에서, 홍해에
서, 그리고 사십 년 동안, 광야에서 많은
기적과 표적을 행하였습니다.
37 바로 이 모세가 이스라엘 백성에게 '하나님
께서 너희 가운데서 나와 같은 예언자를
세워 주실 것이다' 라고 말한 사람입니다.
38 이 모세는 시내 산에서 그에게 말씀을 전
해 주던 천사와 우리 조상들과 함께 광야
교회에 있었습니다. 모세는 생명의 말씀
을 받아 우리에게 전해 주었습니다.
39 그러나 우리 조상들은 모세에게 순종하기
를 거부하고 모세를 저버렸습니다. 그들은
마음속으로 이집트로 돌아가려 했습니다.
40 그들은 아론에게 '우리를 이집트에서 인도
해 낸 모세에게 무슨 일이 생겼는지 모르
겠으니 우리를 인도할 신을 만들어 주십
시오' 라고 말했습니다.
41 그들이 송아지처럼 생긴 우상을 만든 것
이 바로 그 때였습니다. 그들은 송아지 우
상에게 제물을 바치고, 자기들의 손으로
만든 것을 섬기며 즐거워하였습니다.
42 그러자 하나님께서는 그들에게서 돌아서
시고, 그들이 천체들을 섬기게 내버려 두
셨습니다. 그것은 예언자들의 책에 적힌
것과 같습니다. '이스라엘 백성아, 너희
가 광야에 사십 년 동안, 있을 때에 나에
게 희생 제물과 예물을 가져온 적이 있느
냐?
43 너희는 너희가 예배하려고 만든 몰록의
신당과 별의 신 레판의 우상들을 섬겼다.
그러므로 내가 너희를 바빌론 저편으로 포
로로 보낼 것이다.' *
44 우리 조상들이 광야에서 지낼 때에 증거
의 장막이 그들 곁에 있었습니다. 그 장
막은 하나님께서 모세에게 명령하셔서 만
들게 하신 장막입니다. 이 장막은 모세가
하나님께서 보여 주신 모형을 따라 만든
것입니다.
45 그후에 여호수아의 인도에 따라 우리 조상
들이 이 장막을 가지고 가나안 땅에 들어
갈 때에, 하나님께서 그 땅에 살고 있던
여러 민족을 쫓아 내셨습니다. 이 장막은
다윗 시대까지 그 땅에 있었습니다.
46 다윗은 하나님 앞에서 은혜를 받은 사람
이었습니다. 다윗은 야곱의 집을 위해 하
나님의 처소를 짓게 해 달라고 간구하였
습니다.
47 그런데 정작 하나님을 위해 집을 지은 사
람은 솔로몬이었습니다.
48 하지만 예언자가 말한 것처럼 가장 높으
신 하나님께서는 사람이 손으로 지은 집
에 살지 않으십니다.
49 '주님께서 말씀하셨다. 하늘은 내 보좌
요, 땅은 내 발판이다. 너희가 나를 위해
무슨 집을 지을 수 있겠느냐? 내가 쉴 곳
이 어디겠느냐?
50 이 모든 것이 다 내가 만든 것이 아니냐?' *
51 고집 센 사람들이여, 여러분들의 마음은
어찌 그리 완악하며 귀는 꽉 막혔습니까?
여러분들은 여러분의 조상들처럼 항상 성
령을 거역하고 있습니다.
52 여러분의 조상들이 핍박하지 않은 예언자
가 한 사람이나 있었습니까? 그들은 심지
어 의인이 올 것을 예언한 사람들을 죽이
기까지 했습니다. 이제 여러분은 바로 그
의인조차도 알아보지 못하고 배반하여 죽
였습니다.

알아두세요

7:42-43 암 5:25-27에 기록되어 있다.
7:49-50 사 66:1-2에 기록되어 있다.

몰록(7:43 Molech) 암몬의 주신. 아이들을 불 가운데 지나게 하여 제물로 바쳤음.
완악한(7:51 stiff-necked) 성질 · 행동 따위가 몹시 질기고 모짐.
배반(7:52 betrayal) 믿음을 저버리고 돌아섬.
인자(7:56 the Son of Man) 예수님을 일컬음.

순교당하는
스데반(7:54-60)

53 여러분은 천사들이 전해 준 모세의 율법
을 받고도 그것을 지키지 않았습니다."

스데반의 순교

54 공의회 의원들은 스데반이 하는 말을 듣
고 몹시 화가 나서 스데반을 보며 이를 갈
았습니다.
55 그러나 스데반은 성령이 충만하여 하늘을
쳐다보았습니다. 그는 하나님의 영광과
예수님께서 하나님의 오른편에 서 계신 것
을 보았습니다.
56 스데반이 외쳤습니다. "보십시오. 하늘이
열리고 하나님의 오른편에 '인자'가 서
계신 것이 보입니다."
57 그러나 사람들은 귀를 막고 큰소리를 지르
며, 모두가 스데반에게 달려들었습니다.
58 그들은 스데반을 성 밖으로 끌고 나가서
그를 향하여 돌을 던졌습니다. 증인들은
자기들의 옷을 벗어 사울이라는 젊은이의
발 앞에 놓았습니다.
59 사람들이 스데반을 돌로 칠 때, 스데반은
"주 예수님, 내 영혼을 받아 주십시오"라
고 기도했습니다.
60 스데반은 무릎을 꿇고 큰소리로 "주님, 이
죄를 이 사람들에게 돌리지 마십시오"라
고 외쳤습니다. 이 말을 하고 스데반은 잠
들었습니다.

8 사울은 스데반이 죽임당한 것이 마땅하
다고 생각했습니다.

교회를 핍박하는 사울

그 날에 예루살렘 교회에 큰 박해가 시작
되었습니다. 사도들을 빼고는 모든 믿는
사람들이 유대와 사마리아 지방으로 흩어
졌습니다.
2 경건한 사람들이 스데반을 묻어 주고 그
를 생각하며 통곡하였습니다.
3 한편, 사울은 교회를 없애 버리려고 집집
마다 찾아다니면서 남자든 여자든 닥치는
대로 끌어 내어 감옥에 넣었습니다.

사마리아에 복음을 전하는 빌립

4 흩어진 사람들은 어디를 가든지 하나님의
말씀을 전했습니다.
5 빌립은 사마리아 성으로 가서, 그 곳 사람
들에게 그리스도를 전파했습니다.
6 사마리아 사람들은 빌립이 하는 말을 듣고
그가 행하는 기적을 보자, 한마음으로 빌
립의 말을 귀담아들었습니다.

7 이는 그가 악한 귀신에 사로잡힌 사람들
에게서 그 귀신들을 쫓아 냈기 때문입니
다. 귀신들은 큰소리를 지르며 몸에서 빠
져 나갔습니다. 빌립은 중풍에 걸린 사람
과 다리 저는 사람들도 많이 고쳐 주었습
니다.
8 사마리아 성에는 큰 기쁨이 넘쳤습니다.
9 사마리아 성에 시몬이라는 사람이 있었습
니다. 빌립이 사마리아에 오기 전만 해도
시몬은 성에서 마술을 하면서 사람들을
놀라게 하기도 하고, 스스로 위대한 인물
이라고 하면서 잘난 체하던 사람이었습
니다.
10 낮은 사람에서부터 높은 사람에 이르기까
지 모두 "이 사람이야말로 '큰 능력'으로
알려진 하나님의 능력을 받은 사람이다"
라고 소리를 지르곤 했습니다. 시몬은 백
성의 관심을 한몸에 받던 사람이었습니
다.
11 시몬이 오랫동안 마술로 사람들을 놀라
게 했기 때문에 사람들이 그를 따랐습니
다.
12 그러나 빌립이 그들에게 하나님의 나라와
예수 그리스도의 이름에 관한 '복음'을 전
하자, 남자 여자 할 것 없이 다 빌립의 말
을 믿고 세례를 받았습니다.
13 시몬도 믿고 세례를 받았습니다. 그는 빌
립을 따라다니며 빌립이 일으키는 표적과
큰 능력을 보고 놀랐습니다.
14 사마리아 사람들이 하나님의 말씀을 듣게
되었다는 소식을 듣고, 예루살렘에 남아
있던 사도들은 베드로와 요한을 그들에게
보냈습니다.
15 사마리아에 도착한 베드로와 요한은 사마리
아 사람들이 성령을 받게 해 달라고 기도
했습니다.
16 이는 그들이 주 예수님의 이름으로 세례
만 받았을 뿐, 아직 그들에게 성령이 내
려오시지는 않았기 때문입니다.
17 두 사도가 그들에게 손을 얹자, 사마리아
사람들이 성령을 받았습니다.
18 시몬은 사도들이 손을 얹자, 성령이 내려
오시는 것을 보고 사도들에게 돈을 주면
서
19 "이런 권능을 내게도 주셔서, 내가 손을
얹는 사람도 성령을 받을 수 있게 해 주
십시오"라고 말했습니다.
20 베드로가 그에게 대답했습니다. "그대가
하나님의 선물을 돈으로 살 수 있다고 생
각했으니, 그대는 돈과 함께 망할 것이
오.
21 그대의 마음이 하나님 앞에서 바르지 못
하니, 그대는 이 일을 우리와 함께할 수
없소.
22 그대는 이 악한 생각을 회개하고 주님께
기도하시오. 그러면 그대 마음속에 품고
있는 이런 생각을 주님께서 용서해 주실
지도 모르오.
23 내가 보니 그대는 악한 뜻을 품고 있으며,
죄에 사로잡혀 있소."
24 그러자 시몬이 대답했습니다. "두 분이 하
신 말씀이 제게 일어나지 않도록 저를 위
해 기도해 주십시오."
25 베드로와 요한은 주님의 말씀을 증언하고
전한 뒤에, 예루살렘으로 돌아갔습니다.
그들은 돌아가는 길에도 사마리아의 여러
마을에 들러 복음을 전했습니다.

빌립이 에티오피아 사람에게 성경을 가르침

26 주님의 천사가 빌립에게 말했습니다. "일

알아두세요

8:32-33 사 53:7-8에 기록되어 있다.
8:37 어떤 사본에는 다음과 같은 구절이 있다. 빌립이 말하기를 "당신이 마음을 온전히 하여 믿으면 세례를 받을 수 있습니다." 내시가 대답했습니다. "나는 예수 그리스도께서 하나님의 아들이신 줄 믿습니다."

회개(8:22 repentance) 하나님을 떠난 인간이 지난날의 죄를 깊이 뉘우치고 전인격적으로 하나님께 돌이키는 것.

재정(8:27 finance) 국가 또는 지방 자치 단체가 그 존립, 유지에 필요한 경비를 조달하고 관리하며 이용하는 경제 활동.

어나 예루살렘에서 가사로 내려가는 남쪽
길로 가거라. 그 길은 광야 길이다."
27 빌립이 일어나 가다가 길에서 에티오피아
사람 하나를 만났습니다. 그는 에티오피아
의 여왕 간다게의 높은 관리로서, 여왕의
재정을 맡은 사람이었는데, 내시였습니
다. 그는 예루살렘에 예배드리러 왔다가
28 본국으로 돌아가는 길이었습니다. 그는
마차에 앉아서 예언자 이사야의 글을 읽
고 있었습니다.
29 성령이 빌립에게 "저 마차로 가까이 가거
라" 하고 말씀하셨습니다.
30 빌립이 달려가서 그 사람이 예언자 이사야
의 글을 읽는 것을 듣고 "지금 읽고 있는
것을 이해하십니까?"라고 물었습니다.
31 그는 "가르쳐 주는 사람이 없는데 제가 어
떻게 이해할 수 있겠습니까?"라고 대답했
습니다. 그는 빌립에게 마차에 올라와 자
기 곁에 앉으라고 부탁했습니다.
32 그가 읽던 성경 구절은 이것이었습니다.
"그는 도살장으로 가는 양처럼 끌려갔다.
털을 깎는 사람 앞에 있는 양처럼 잠잠했
으며, 입을 열지 않았다.
33 그는 모욕을 당하고 바른 재판을 받지 못
했으니, 누가 감히 그의 후손에 대해 말
할 수 있단 말인가? 이 땅 위에서 그의 삶
은 끝났다."*
34 에티오피아 내시가 빌립에게 물었습니다.
"이 말은 누구를 두고 한 말입니까? 예언
자 자신을 두고 한 말입니까, 아니면 다
른 사람을 두고 한 말입니까?"
35 빌립이 입을 열어 이 성경 구절로부터 시
작해서 그 사람에게 예수님에 관한 복음
을 전했습니다.
36 그들이 길을 가다가 물이 있는 곳에 이르
자 내시가 말했습니다. "보십시오. 여기
물이 있습니다. 제가 세례를 받는 데 장
애 될 만한 것이 있습니까?"
37 (없음)*
38 내시는 마차를 세우게 했습니다. 빌립은
내시와 함께 물로 내려가 그에게 세례를
베풀었습니다.

아나니아 기념교회(9:10)

39 그들이 물에서 올라오니, 주의 영이 순식
간에 빌립을 어디론가 데려가셨습니다.
내시는 빌립을 다시 보지 못했습니다. 하
지만 그는 기쁨에 차서 가던 길을 계속 갔
습니다.
40 빌립은 아소도라는 성에 나타나, 거기에서
부터 가이사랴에 이르기까지 온 마을을 다
니면서 복음을 전했습니다.

사울의 회개

9 사울은 여전히 주님의 제자들을 죽이
겠다는 생각으로 그들을 위협하고 있
었습니다. 그는 대제사장에게 가서
2 다마스커스의 여러 회당에 보내는 편지를
써 달라고 했습니다. 남자든 여자든 그 도
를 따르는 사람이 있으면, 닥치는 대로 붙
잡아서 예루살렘으로 끌고 오려는 것이 그
의 생각이었습니다.
3 사울이 길을 떠나 다마스커스 가까이에 이
르렀을 때였습니다. 갑자기 하늘로부터
밝은 빛이 사울을 둘러 비췄습니다.
4 사울은 땅에 엎드렸습니다. 그 때, "사울
아, 사울아, 네가 왜 나를 박해하느냐?"
하는 소리가 뚜렷이 들렸습니다.
5 사울은 "주님은 누구십니까?"라고 물었습
니다. "나는 네가 박해하는 예수다.
6 일어나 성으로 들어가거라. 네가 해야 할
일을 일러 줄 사람이 있을 것이다"라는 목
소리가 들렸습니다.
7 사울과 함께 길을 가던 사람들은 무슨 소
리가 나는 것 같은데, 아무것도 보이지 않
으므로 깜짝 놀라 말도 못하고 가만히 서
있었습니다.

예수님을 만난 사울(9:1-19)

8 사울은 땅에서 일어나 눈을 떴으나 아무
것도 볼 수 없었습니다. 그래서 사울과 함
께 있던 사람들이 그의 손을 잡고 다마스
커스로 데려갔습니다.
9 사울은 삼 일 동안, 앞을 보지 못했으며,
먹지도 마시지도 않았습니다.
10 다마스커스에 아나니아라는 어떤 제자가
살고 있었습니다. 주님께서 환상 중에 "아
나니아야!" 하고 부르셨습니다. 아나니아
는 "주님, 제가 여기 있습니다"라고 대답
했습니다.
11 주님께서 아나니아에게 말씀하셨습니다.
"일어나 '곧은 길'이라고 하는 거리로 가
거라. 그리고 유다의 집에서 사울이라는
다소 사람을 찾아라. 그가 지금 거기서 기
도하고 있다.
12 그가 환상 속에서 아
나니아라는 사람이 찾
아와 자신에게 손을 얹
어 시력을 회복시켜 주
는 것을 보았다."
13 아나니아가 대답했
습니다. "주님, 제가 많
은 사람들에게서 그 사
람에 관한 소문을 들었
는데, 그가 예루살렘에
있는 주님의 성도들에
게 많은 해를 입혔다고
합니다.
14 그리고 그 사람은
대제사장들에게서 주
님의 이름을 믿는 모든
사람들을 잡아갈 수 있
는 권한을 받아 가지고
이 곳에 왔다고 합니
다."
15 그러나 주님께서 아
나니아에게 말씀하셨
습니다. "가거라. 그는
이방 사람들과 여러 왕
들과 이스라엘 백성 앞
에서 나의 이름을 전하
도록 선택된 나의 도구이다.
16 그가 내 이름을 위해 얼마나 많은 고난을
당해야 할지를 내가 그에게 보여 주겠
다."
17 아나니아는 그 곳을 떠나 사울이 있는 집
으로 가서 사울에게 손을 얹고 말했습니
다. "사울 형제여, 그대가 이리로 오는 길
에 나타나셨던 주 예수님께서 나를 보내
셨습니다. 예수님께서 나를 보내신 것은
그대의 시력을 다시 회복하고, 성령으로
충만하게 하려는 것입니다."
18 그러자 곧 사울의 눈에서 비늘 같은 것
이 떨어져 나가고, 사울은 다시 보게 되
었습니다. 사울은 일어나 세례를 받았습
니다.
19 그는 음식을 먹고 기운을 되찾았습니

다.

다마스커스에서 설교하는 사울

사울은 며칠 동안 다마스커스에 있는 제자
들과 함께 지냈습니다.
20 그는 곧바로 회당에서 "예수님은 하나님
의 아들이다"라고 선포하기 시작했습니
다.
21 사울의 설교를 들은 사람들은 놀라서 물
었습니다. "이 사람은 예루살렘에서 예수
님을 믿던 사람들을 닥치는 대로 죽이던
사람이 아닙니까? 그가 이 곳에 온 것도
제자들을 붙잡아서 대제사장들에게 넘겨
주려는 것이 아니었습니까?"
22 그러나 사울은 더욱 힘을 얻어 예수님이
그리스도인 것을 증명하므로, 다마스커스
에 사는 유대인들은 당황스러워했습니
다.

도망가는 사울

23 여러 날이 지난 뒤, 유대인들은 사울을 죽
이기로 모의하였습니다.
24 그러나 사울은 그들의 계획을 알게 되었
습니다. 그들은 사울을 죽이려고 밤낮으
로 성문을 철저히 지켰습니다.
25 어느 날 밤, 사울의 제자들이 광주리에 사
울을 담아 성벽에 난 구멍을 통해 그를 성
밖으로 달아 내렸습니다.

예루살렘으로 간 사울

26 사울은 예루살렘으로 가서 그 곳의 제자들
과 어울리려 했으나, 그들은 사울이 제자
가 되었다는 사실을 믿지 못하고 모두 사
울을 두려워했습니다.
27 하지만 바나바는 사울을 데리고 사도들에
게로 갔습니다. 바나바는 사도들에게 사울
이 길에서 주님을 본 것과, 주님께서 사
울에게 하신 말씀과, 사울이 다마스커스에
서 담대하게 예수님의 이름을 전한 일을
이야기해 주었습니다.
28 이렇게 해서 사울은 제자들과 함께 지내
게 되었습니다. 그는 예루살렘을 자유롭게
다니면서 주 예수님의 이름을 담대하게 전
했습니다.
29 사울은 그리스 말을 하는 유대인들과 이야

사도 바울의 초상화 (9:22)

기도 하고 논쟁을 벌이기도 하였으나, 그
들은 사울을 죽이려고 했습니다.
30 형제들이 이 사실을 알고, 사울을 가이사
랴로 데려갔다가 다시 다소로 보냈습니
다.
31 그러는 동안, 유대와 갈릴리와 사마리아에
있는 교회들이 평화를 되찾았으며, 터전
을 든든하게 잡았습니다. 교회는 주님을
두려워하며 성령의 위로를 받아 믿는 사
람들의 수가 점점 늘어났습니다.

중풍병 환자를 고친 베드로

32 베드로가 여러 지방을 두루 다니다가 룻다
에 사는 성도들에게까지 가게 되었습니
다.
33 거기서 베드로는 애니아라는 사람을 만났
습니다. 애니아는 중풍에 걸려 팔 년 동안
일어나지 못하고 누워 지내던 사람이었습
니다.
34 베드로가 그에게 "애니아여, 예수 그리스도
께서 그대를 고쳐 주실 거요. 일어나 자리
를 정돈하십시오"라고 말했습니다. 그러자
애니아가 곧 자리에서 일어났습니다.
35 룻다와 사론에 사는 모든 사람들이 그를
보고 주님께로 돌아왔습니다.

욥바로 간 베드로

36 욥바에 다비다라는 여제자가 있었습니다.
그 이름은 그리스어로 하면 도르가인데,
그 뜻은 '사슴'입니다. 다비다는 언제나
착한 일을 하고, 가난한 사람들을 돕는 일
에 힘썼습니다.

베드로 집터 위에 세워진
베드로 기념 교회(9:39).

37 베드로가 룻다에 머물고 있는 동안, 다비
다가 병이 들어 죽고 말았습니다. 사람들
은 다비다의 시신을 씻어 다락방에 두었
습니다.
38 룻다는 욥바에서 가까운 곳에 있습니다.
욥바에 사는 제자들이 베드로가 룻다에
있다는 말을 듣고 두 사람을 베드로에게
보내어 속히 와 달라고 부탁을 했습니
다.
39 베드로가 일어나 그들과 함께 욥바로 갔습
니다. 베드로가 그 곳에 이르자 사람들이
그를 다락방으로 안내했습니다. 과부들은
베드로의 곁에 서서 울며 도르가가 살아
있을 때, 만든 여러 옷가지들을 베드로에
게 보여 주었습니다.
40 베드로는 사람들을 모두 내보낸 뒤에 무
릎을 꿇고 기도했습니다. 그리고 나서 시
신을 향해 몸을 돌려 "다비다여, 일어나시
오!"라고 말했습니다. 그러자 다비다가 눈
을 떠서 베드로를 보더니 일어나 앉았습
니다.
41 베드로가 손을 내밀어 다비다를 일으키고,
성도들과 과부들을 불러서 다비다가 살아
난 것을 보여 주었습니다.
42 이 소식이 욥바 전체에 알려지자 많은 사
람이 주님을 믿었습니다.
43 베드로는 욥바에 있는 여러 날 동안, 가죽
제품을 만드는 시몬의 집에서 묵었습니
다.

베드로를 초대한 고넬료

10 가이사랴에 고넬료라는 사람이 있었
습니다. 그는 '이탈리아 부대'인 로
마 군대의 백부장이었습니다.
2 고넬료는 경건한 사람이었습니다. 그와
그의 집에 사는 모든 사람이 하나님을 공
경하고 경외하였습니다. 그는 가난한 사
람들에게 아낌없이 돈을 주었고, 늘 하나
님께 기도했습니다.
3 어느 날 오후 3시쯤, 고넬료는 환상을 보
았습니다. 그는 환상 속에서 하나님의 천
사가 다가와 "고넬료야!"라며 부르는 소리
를 똑똑히 들었습니다.
4 고넬료는 두려움 속에서 천사를 쳐다보았
습니다. 고넬료는 "주님, 무슨 일이십니
까?"라고 물었습니다. 천사가 대답했습니
다. "하나님께서 네 기도를 들으셨다. 네
가 가난한 사람들을 도운 것을 보셨으며,
너를 기억하셨다.
5 지금 사람을 욥바로 보내어 베드로라고 하
는 시몬을 모셔 오너라.
6 그는 가죽 제품을 만드는 시몬이라는 사
람의 집에 묵고 있는데, 시몬의 집은 바
닷가에 있다."
7 자기에게 말하던 천사가 떠나가자, 고넬
료는 하인 두 사람과 자기 부하 중에서 경
건한 군인 한 사람을 불렀습니다.
8 고넬료는 그들에게 모든 일을 이야기해 준
뒤에 그들을 욥바로 보냈습니다.
9 이튿날 낮 12시쯤, 고넬료가 보낸 사람
들이 욥바 근처에 이르렀을 때에, 베드로
는 기도하러 지붕으로 올라가 있었습니
다.
10 베드로는 배가 고파 무엇이라도 좀 먹었
으면 하던 참이었습니다. 사람들이 음식
을 준비하고 있던 중에, 베드로는 환상을
보았습니다.
11 베드로는 하늘이 열리고, 큰 보자기 같은
것이 네 모퉁이가 묶여 땅으로 내려오는
것을 보았습니다.
12 그 안에는 갖가지 네 발 달린 짐승들과 땅
에 기어다니는 파충류와 날짐승들이 들어
있었습니다.
13 그 때, 베드로에게 음성이 들려 왔습니다.
"베드로야, 일어나 그것들을 잡아먹어

라."
14 이에 대해 베드로는 "주님, 그렇게는 못하
겠습니다. 저는 속되거나 부정한 것을 지
금까지 먹은 적이 없습니다"라고 대답했
습니다.
15 두 번째로 음성이 들려 왔습니다. "하나
님께서 깨끗하게 하신 것을 '속된 것이
다'라고 하지 마라."
16 이런 일이 세 번 있은 뒤에 보자기는 즉
시 하늘로 올라갔습니다.
17 자기가 본 환상이 무슨 뜻일까 하고 베드
로가 곰곰이 생각하고 있을 때, 고넬료가
보낸 사람들이 시몬의 집을 찾아와 문 앞
에 서 있었습니다.
18 그들은 문 밖에서 "베드로라는 시몬이 여
기 계십니까?"라고 소리쳐 물었습니다.
19 베드로가 아직 그 환상에 대해 생각하고
있는데 성령이 베드로에게 말씀하셨습니
다. "시몬아, 세 사람
이 너를 찾고 있다.
20 일어나 내려가거라.
그들은 내가 보낸 사
람들이니, 주저하지
말고 그들을 따라가거
라."
21 베드로가 그 사람들이
있는 곳으로 내려가
말했습니다. "내가 그
대들이 찾는 사람입니
다. 무슨 일로 오셨습
니까?"
22 그 사람들이 이렇게
대답했습니다. "저희
는 고넬료라는 로마 백
부장이 보낸 사람들입
니다. 고넬료는 의로
운 사람이며, 하나님
을 경외하는 사람입니
다. 그는 모든 유대인
들에게도 존경을 받는
사람입니다. 한 거룩
한 천사가 고넬료에게
당신을 집으로 모셔다가 당신이 하시는
말씀을 들으라고 분부하였습니다."

베드로가 묵었던 시몬의 집 (10:6)

고넬료의 집에 간 베드로

23 그러자 베드로는 그들을 집 안으로 불러
들여 묵게 했습니다. 이튿날 베드로는 자
리에서 일어나 그들과 함께 고넬료의 집
을 향해 출발하였습니다. 욥바에서 온 형
제 몇 명도 베드로를 따라갔습니다.

환상을 본 베드로(10:10-16)

베드로를 맞이하는
고넬료(10:24-27)

24 그들은 다음 날, 가이사랴에 도착했습니
다. 고넬료는 친척과 친구들을 불러 놓고
베드로를 기다리고 있었습니다.
25 베드로가 안으로 들어가자, 고넬료가 그를
맞이했습니다. 그는 베드로의 발 앞에 엎
드려 절했습니다.
26 베드로가 그를 일으켜 세우며 "일어나십시
오. 나도 사람일 뿐입니다"라고 말했습니
다.
27 베드로가 고넬료와 말하면서 집 안으로 들
어가 보니, 사람들이 많이 모여 있었습니
다.
28 이들을 향해 베드로가 말했습니다. "여러
분도 잘 아시겠지만 유대인이 이방 사람
을 사귀거나 그의 집에 찾아가는 것은 유
대 법에 어긋나는 일입니다만, 하나님께
서는 저에게 어떤 사람도 속되거나 부정
하다고 해서는 안 된다는 것을 보여 주셨
습니다.
29 그래서 여러분이 저를 불렀을 때 이의를
제기하지 않고 따라온 것입니다. 자, 무슨
일로 저를 부르셨는지 말씀해 주십시오."
30 고넬료가 말했습니다. "사 일 전 이맘때
쯤, 그러니까 오후 3시쯤에 집에서 기도
하고 있는데, 갑자기 눈부신 옷을 입은 사
람이 제 앞에 서 계셨습니다.
31 그는 '고넬료야, 하나님께서 네 기도를 들
으셨고, 네가 가난한 사람들을 도운 것을
하나님께서 보시고, 너를 기억하셨다.
32 지금 사람을 욥바로 보내어, 베드로라고
하는 시몬을 모셔 오너라. 그는 가죽 제
품을 만드는 시몬이라는 사람의 집에 묵
고 있으며, 시몬의 집은 바닷가에 있다'라
고 말씀하셨습니다.
33 그래서 나는 곧 당신에게 사람을 보냈습
니다. 그런데 이렇게 와 주셨으니, 참 잘
하셨습니다. 이제 우리 모든 사람은 주
님께서 당신에게 하라고 명령하신 모든
말씀을 들으려고 하나님 앞에 모였습니
다."

베드로의 설교

34 베드로가 입을 열어 말했습니다. "나는 참

으로 하나님께서는 사람을 외모로 차별하
지 않는 분이시라는 것을 깨달았습니다.
35 하나님께서는 어느 나라 사람이든지 하나
님을 경외하고 의로운 일을 하는 사람을
받아 주십니다.
36 하나님께서는 이스라엘 백성에게 말씀을
보내시고, 예수 그리스도를 통해서 평화의
복음을 선포하셨습니다. 예수님은 모든
백성의 주님이십니다.
37 여러분은 요한이 세례에 관해 설교한 이
후, 갈릴리에서 시작하여 온 유대 땅에 걸
쳐 발생한 큰 사건을 아실 것입니다.
38 하나님께서는 나사렛 사람인 예수님에게
성령과 능력으로 기름 부으셨습니다. 그
분은 두루 다니시면서 선한 일을 하셨고,
귀신에 사로잡힌 사람들을 고쳐 주셨습니
다. 이는 하나님께서 예수님과 함께 계셨
기 때문입니다.
39 우리는 예수님께서 유대와 예루살렘에서
하신 모든 일을 목격한 증인입니다. 사람
들은 예수님을 나무에 매달아 죽였지만,
40 삼 일째 되는 날에 하나님께서는 이 예수
님을 죽은 자 가운데서 다시 살리셔서, 사
람들 앞에 나타나게 하셨습니다.
41 그러나 예수님께서 모든 사람들에게 나타
나신 것이 아니라 하나님께서 이미 증인
으로 택하신 우리들에게만 보이셨습니
다. 우리는 예수님께서 죽으셨다가 다시
살아나신 뒤에 그분과 함께 먹고 마셨습
니다.
42 예수님께서는 우리에게 명하시기를, 하나
님께서 이 예수님을 살아 있는 사람과 죽
은 사람의 심판자로 세우셨다는 것을 사
람들에게 전파하고 증언하라고 하셨습니
다.
43 모든 예언자들도 예수님을 믿는 사람은 다
그분의 이름으로 죄를 용서받는다고 증언
했습니다."

이방 사람들이 성령을 받음

44 베드로가 이런 말을 하고 있을 때, 말씀을
듣고 있던 모든 사람들 위에 성령께서 내
려오셨습니다.
45 베드로와 함께 온 할례받은 신자들은 하
나님께서 선물로 주신 성령을 이방 사람
에게까지 부어 주시는 것을 보고 깜짝 놀
랐습니다.
46 이방인들이 방언을 말하고, 하나님을 찬
양하는 것을 그들이 들었기 때문입니다.
그 때, 베드로가 말했습니다.
47 "이 사람들이 우리와 마찬가지로 성령을
받았으니, 이들에게 물로 세례를 주는 것
을 누군들 막을 수 있겠습니까?"
48 베드로는 그들에게 예수 그리스도의 이름
으로 세례를 받으라고 명하였습니다. 그
때, 그들은 베드로에게 자기들과 함께 며
칠 더 머물다 가라고 부탁했습니다.

예루살렘으로 돌아온 베드로

11 사도들과 유대에 있는 성도들이 이방
인들도 하나님의 말씀을 받아들였다는
소식을 들었습니다.
2 그래서 베드로가 예루살렘에 올라가자, 할
례받은 신자들이 베드로를 비난했습니다.
3 그들은 베드로에게 "당신은 할례받지 않
은 사람의 집에 들어가 함께 식사를 하였
소"라고 말했습니다.
4 그래서 베드로는 모든 사실을 질서 정연
하게 설명하기 시작했습니다.
5 "내가 욥바에서 기도를 하고 있는 중에 환
상을 보았습니다. 하늘에서 큰 보자기 같
은 것이 네 모퉁이가 묶인 채 내 앞에까
지 내려왔습니다.
6 그 속을 들여다보니 거기에는 네 발 달린
짐승들과 땅에 기어다니는 파충류와 날짐
승들이 들어 있었습니다.
7 그 때에 '베드로야, 일어나 그것들을 잡아
먹어라' 하는 소리가 들렸습니다.

어긋나다(10:28 conflict) 일정한 기준에서 벗어나다.
목격(10:39 observation) 눈으로 직접 보는 것.
이방인(10:46 gentile) 유대인이 아닌 사람.
방언(10:46 tongue) 성령의 은사로써 받는 '말하는 은사' 임.

8 그러나 나는 '주님, 그렇게는 못하겠습니
다. 저는 속되거나 부정한 것을 지금까지
먹은 적이 없습니다'라고 대답했습니다.
9 그러자 하늘에서 다시 음성이 들려 왔습
니다. '하나님께서 깨끗하게 하신 것을
속된 것이라고 하지 마라.'
10 이런 일이 세 번 있은 뒤에 모든 것이 다
시 하늘로 올라갔습니다.
11 바로 그 순간, 내가 묵고 있던 집에 세 사
람이 찾아왔습니다. 그들은 가이사라에서
내게 심부름을 온 사람들이었습니다.
12 성령께서 나에게 주저하지 말고 그들을
따라가라고 말씀하셨습니다. 여기에 있는
형제 여섯 사람도 나와 함께 고넬료의 집
으로 갔습니다.
13 고넬료는 우리에게 천사를 본 이야기를 해
주었습니다. 천사가 그에게 와서 서더니
'사람을 욥바로 보내어 베드로라고 하는
시몬을 데려오너라.
14 그가 네게 너와 네 온 집이 구원받을 말씀
을 전해 줄 것이다'라고 말했다고 합니다.
15 내가 입을 열어 말하자, 성령께서 처음에
우리에게 내리셨던 것과 똑같이 그들에게
도 내리셨습니다.
16 그 때, 나는 '요한은 물로 세례를 주었으
나, 너희는 성령으로 세례를 받을 것이다'
라고 하신 주님의 말씀이 생각났습니다.
17 하나님께서 우리가 주 예수 그리스도를 믿었
을 때에 주신 것과 똑같은 선물을 그들에게
도 주셨는데, 내가 누구이기에 감히 하나님
께서 하시는 일을 막을 수 있겠습니까?"
18 할례받은 신자들은 베드로의 말을 다 듣
더니 더 이상 할 말이 없어졌습니다. 그
들은 하나님을 찬양하며, "이제 하나님께
서는 이방인에게도 생명에 이르는 회개를
주셨다"라고 말했습니다.

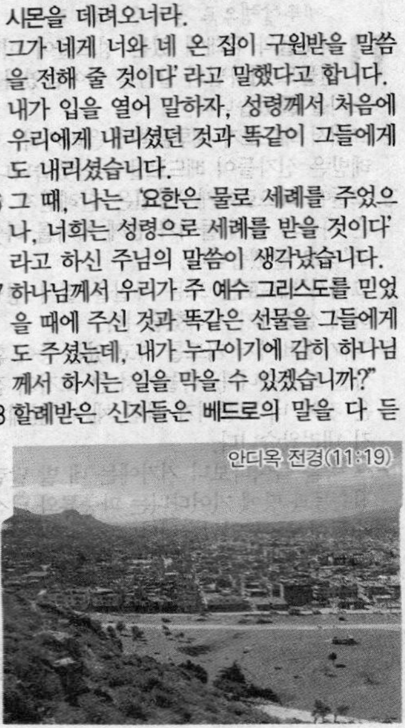
안디옥 전경(11:19)

안디옥 교회

19 스데반의 일로 발생한 박해 때문에 많은
신자들이 흩어졌습니다. 그들은 베니게와
키프로스와 안디옥까지 피해 가서는 오직
유대인에게만 말씀을 전했습니다.
20 그들 중에는 키프로스와 구레네 출신 사람
이 있었는데, 이들은 안디옥에 이르러 그
리스 사람들에게도 주 예수님에 관한 복음
을 전했습니다.
21 주님의 손길이 그들과 함께하셨으므로, 많
은 사람들이 믿고 주님께로 돌아왔습니다.
22 이 소식이 예루살렘에 전해지자, 교회는
바나바를 안디옥으로 보냈습니다.
23 그는 안디옥에 도착하여 하나님의 은혜가
내린 것을 보고 기뻐했습니다. 그리고 모
든 사람들에게 "마음을 굳게 하여 주님을
의지하십시오"라고 격려했습니다.
24 바나바는 착한 사람이요, 성령과 믿음이
충만한 사람이었습니다. 그래서 많은 사
람들이 주님께로 돌아왔습니다.
25 바나바는 사울을 찾으러 다소로 갔습니다.
26 사울을 찾은 바나바는 사울을 안디옥으로
데려왔습니다. 두 사람은 일 년 동안, 교
회에 머물면서 많은 사람을 가르쳤습니
다. 제자들은 안디옥에서 처음으로 '그리
스도인'이라고 불렸습니다.
27 그 무렵, 예언자 몇 사람이 예루살렘에서
안디옥으로 왔습니다.
28 그 중에 아가보라는 사람이 있었습니다.
한번은 아가보가 일어나 성령의 감동을 받
아 예언하기를, 온 세상에 큰 기근이 닥
칠 것이라고 말했습니다. 그런데 실제로
글라우디오가 황제가 되었을 때에 기근이
발생하였습니다.
29 제자들은 자기 형편대로 헌금하여 유대에
사는 형제들을 돕기로 결정하였습니다.
30 그들은 돈을 모아서 바나바와 사울 편에
예루살렘에 있는 교회의 장로들에게 보냈

습니다.

교회를 박해하는 헤롯 아그립바

12 이 무렵, 헤롯 아그립바 왕은 교회에
속한 몇 사람을 박해하려는 계획을
가지고 그들을 사로잡았습니다.
2 그는 요한의 형제 야고보를 칼로 죽였습니다.
3 헤롯은 유대인들이 이 일로 기뻐하는 것을
보고, 베드로마저 잡으려 했습니다. 그 때
는 무교절 기간이었습니다.
4 헤롯은 베드로를 붙잡아 감옥에 넣고, 군
인 네 명씩 네 패에게 맡아 지키게 했습니
다. 유월절이 지나면 베드로를 끌어 내어
사람들 앞에서 재판할 작정이었습니다.
5 그래서 베드로는 감옥에 갇혔고, 교회는 베
드로를 위해 하나님께 열심히 기도했습니다.

베드로가 감옥에서 놓이다

6 헤롯이 베드로를 끌어 내려던 전날 밤이었
습니다. 베드로는 두 군인 사이에서 사슬
에 묶인 채 잠들어 있었고, 문 앞에는 경
비병이 문을 지키고 있었습니다.
7 갑자기 주님의 천사
가 나타나고, 환한
빛이 감옥을 비추
었습니다. 천사가
베드로의 옆구리를
쳐서 깨우며 "어서
일어나라"고 말했
습니다. 그 순간,
베드로의 손목에 매
여 있던 사슬이 풀
렸습니다.
8 천사가 베드로에게
"허리끈을 매고, 신
을 신어라"라고 말
하여, 베드로는 천
사가 시키는 대로
했습니다. 천사는
다시, "겉옷을 입고
나를 따라오너라"라
고 말했습니다.
9 베드로는 천사를 따
라 밖으로 나가면
서도 천사가 하는 일이 꿈인지 생시인지
를 알지 못했습니다. 베드로는 자기가 환
상을 보고 있다고 생각했습니다.
10 천사와 베드로가 첫 번째 경비병과 두 번
째 경비병을 지나 성으로 통하는 철문에
이르자, 철문이 저절로 열렸습니다. 그들
이 문을 나와 거리를 한 구역 걸을 때에,
갑자기 천사는 베드로를 떠나 어디론가 사
라져 버렸습니다.
11 그제서야 비로소 베드로는 정신이 들어 혼
잣말로 중얼거렸습니다. "이제야 나는 이
모든 것이 실제라는 것을 알겠다. 주님께
서 천사를 보내어 나를 헤롯의 손에서, 그
리고 유대인들의 모든 계략에서 구하셨다."
12 이런 사실을 깨닫고서, 베드로는 마가라고
도 하는 요한의 어머니 마리아의 집으로
갔습니다. 그 곳에는 많은 사람이 모여서
기도하고 있었습니다.
13 베드로가 바깥문을 두드리자, 로데라는 여

천사의 도움으로
감옥에서 풀려난 베드로(12:6-11)

종이 문을 열어 주러 나왔습니다.
14 여종은 베드로의 목소리를 알아듣고 너무 나 기뻐서, 문을 열어 주는 것도 잊은 채 안으로 달려가 사람들에게 베드로가 문 밖에 와 있다고 알렸습니다.
15 그러자 사람들은 여종에게 "네가 미쳤구나" 하고 말했습니다. 그러나 여종이 계속해서 참말이라고 우기자, 사람들은 "그렇다면 베드로의 천사인가 보다"라고 말했습니다.
16 이런 중에도 베드로는 계속 문을 두드리고 있었습니다. 문을 연 사람들은 베드로를 보고 깜짝 놀랐습니다.
17 베드로가 그들에게 조용히 하라고 손짓을 한 뒤에, 주님께서 자기를 감옥 밖으로 인도해 내신 일을 설명해 주었습니다. 그리고 "이 일을 야고보와 다른 형제들에게도 알리시오"라고 말하고, 다른 곳으로 떠났습니다.
18 다음 날 아침, 군인들 사이에서는 베드로가 없어진 일로 한바탕 큰 소동이 일어났습니다.
19 헤롯 아그립바는 철저하게 수색하여 베드로를 찾으라고 명했으나, 그를 찾을 수 없었습니다. 그래서 그는 경비병들을 심문한 뒤에 대신 그들을 처형하라고 명령하였습니다. 그후에 헤롯은 유대를 떠나 가이사랴로 가서 얼마 동안을 지냈습니다.

헤롯 아그립바의 죽음

20 한편 두로와 시돈 사람들은 헤롯에게 몹시 노여움을 사고 있었습니다. 그래서 그들은 무리를 지어 헤롯에게 갔습니다. 그들은 왕의 내실 시종인 블라스도를 회유하여 그의 도움을 받아 헤롯에게 화해를 요청했습니다. 이는 이들 지방 사람들이 헤롯의 영토에서 식량을 공급받았기 때문입니다.
21 약속한 날, 헤롯은 왕의 복장을 하고 왕좌에 앉아 그들에게 연설을 하였습니다.
22 그러자 군중들은 "이것은 사람의 소리가 아니라 신의 소리다"라고 외쳤습니다.
23 그러나 헤롯이 하나님께 영광을 돌리지 않았기 때문에, 주님의 천사가 즉시 헤롯을 내리쳐서 헤롯은 벌레에 먹혀 죽고 말았습니다.
24 하나님의 말씀은 점점 더 널리 퍼져서 믿는 사람이 많아졌습니다.
25 바나바와 사울은 자기들의 사명을 다 마치고, 마가라고도 하는 요한을 데리고 예루살렘에서 돌아왔습니다.

바나바와 사울이 뽑힘

13 안디옥 교회에는 예언자와 교사들이 있었습니다. 그들은 바나바와 니게르라 하는 시므온과 구레네 사람 루기오와 분봉왕 헤롯 안티파스와 함께 자라난 마나엔과 사울입니다.
2 그들이 주님께 예배드리며 금식하고 있을 때에 성령께서 그들에게 말씀하셨습니다. "바나바와 사울을 따로 세워 내가 그들에게 맡긴 일을 하게 하여라."
3 그래서 그들은 금식과 기도를 마친 뒤에 바나바와 사울에게 손을 얹고 그들을 떠나

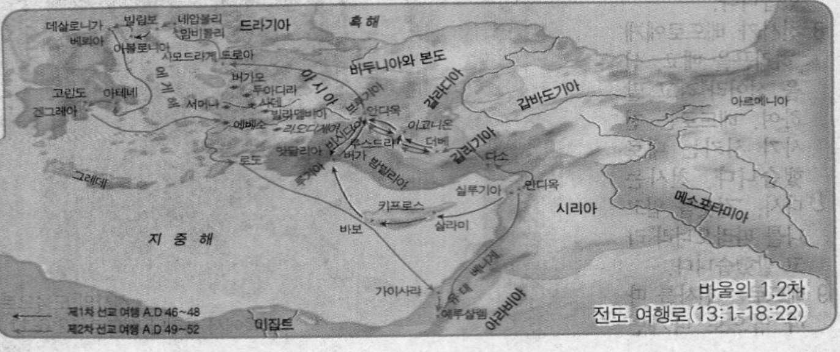

바울의 1,2차 전도 여행로(13:1-18:22)

보냈습니다.

바울의 첫 번째 선교 여행

4 바나바와 사울은 성령의 보내심을 받아 실
루기아로 내려갔습니다. 그 곳에서 그들
은 배를 타고 키프로스로 건너갔습니다.
5 그들은 살라미에 이르러 유대 사람의 회당
에서 하나님의 말씀을 전했습니다. 마가
요한도 그들을 돕기 위해 함께 갔습니다.
6 그들이 그 섬을 다 돌고 바보에 도착했습니
다. 거기서 바예수라고 하는 유대인 마술사
를 만났는데, 그는 거짓 예언자였습니다.
7 바예수는 총독 서기오 바울 곁에 늘 붙어
있었습니다. 서기오 바울은 영리한 사람이
었습니다. 그는 바나바와 사울을 불러 하
나님의 말씀을 듣고 싶어했습니다.
8 그런데 엘루마라고도 하는 그 마술사가 바
나바와 사울의 일을 방해하며, 총독이 예
수님을 믿지 못하게 애를 썼습니다.
9 그러나 바울이라고도 부르는 사울이 성령
이 충만하여 마술사를 노려보며
10 이렇게 말했습니다. "너 악마의 자식아! 너
는 모든 정의의 원수다. 너는 악한 속임수
와 죄악으로 가득 차 있다. 주님의 바른
길을 굽게 하는 것을 그치지 못하겠느냐?
11 이제 주님께서 손으로 너를 치실 텐데 그
러면 네 눈이 멀어 얼마 동안, 너는 햇빛조
차 보지 못할 것이다." 그러자 곧 안개와
어둠이 그에게 내려 그는 앞을 더듬으면서
자기 손을 붙잡아 줄 사람을 찾았습니다.
12 총독이 이 모습을 보고 주를 믿게 되었습
니다. 그는 주님에 관한 가르침에 깊은 감
명을 받았습니다.

바울과 바나바가 키프로스를 떠남

13 바울과 그 일행은 바보에서 배를 타고 밤
빌리아에 있는 버가로 갔습니다. 그 곳에
서 마가 요한은 그들을 떠나 예루살렘으로
돌아갔습니다.
14 그들은 버가에서 더 나아가다가 비시디아
의 안디옥에 이르게 되었습니다. 안식일
에 그들은 회당에 들어가 앉았습니다.
15 회당장들은 율법과 예언자들의 글을 읽은
후에 바울과 바나바에게 전갈을 보내어 "형

살라미에 세워진 바나바 기념 교회(13:5)

제들이여, 이 사람들에게 권면해 주고 싶
은 말이 있으면 하시오"라고 말했습니다.
16 바울이 자리에서 일어나 손짓을 해 가며
말했습니다. "이스라엘 사람들 그리고 하
나님을 경외하는 이방인 여러분, 제 말에
귀를 기울여 주십시오.
17 이스라엘 백성의 하나님께서 우리 조상들
을 선택하셨습니다. 우리 조상들이 이집
트에 있을 때에 하나님께서 그들을 큰 민
족으로 높여 주셨고, 큰 능력으로 그들을
그 곳에서 인도해 내셨습니다.
18 그리고 광야에서 사십 년 동안, 그들이 행
한 일을 참으셨으며,
19 가나안 땅에서 일곱 민족을 쫓아 내시고,
그들의 땅을 이스라엘 백성에게 유업으로
주셔서
20 약 사백오십 년 간 차지하게 하셨습니다.
그 뒤에 하나님께서는 예언자 사무엘의 때
까지 이스라엘 백성들에게 사사들을 세워
주셨습니다.
21 그런 뒤에 백성이 왕을 요구하자, 하나님
께서 그들에게 베냐민 지파 사람 기스의
아들 사울을 주셨습니다. 사울은 사십 년
동안을 다스렸습니다.
22 그후, 하나님께서는 사울을 물리치시고 다
윗을 그들의 왕으로 삼으셨습니다. 하나
님께서는 다윗에 대해 '내가 이새의 아들
다윗을 보니, 그는 내 마음에 드는 사람
이다. 그가 내 뜻을 다 이룰 것이다'라고
말씀하셨습니다.
23 하나님께서는 약속하신 대로 다윗의 자손
가운데서 한 분을 구세주로 삼아 이스라

엘에게 보내 주셨는데, 그분이 바로 예수
님이십니다.
24 그분이 오시기 전에 요한이 먼저 모든 이
스라엘 백성에게 회개의 세례를 선포했습
니다.
25 요한은 자기 사명을 다 마칠 무렵에 이렇게
말하였습니다. '너희는 나를 누구라고 생각
하느냐? 나는 그리스도가 아니다. 그분은
내 뒤에 오실 것이다. 나는 그분의 신발 끈
을 풀어 드리기에도 부족한 사람이다.'
26 아브라함의 자손과 하나님을 경외하는 이
방인 형제 여러분, 하나님께서 이 구원의
소식을 우리에게 전해 주셨습니다.
27 예루살렘에 사는 사람들과 그 지도자들은
예수님을 알지 못했으며, 안식일마다 읽
는 예언자들의 글을 깨닫지 못했습니다.
오히려 그들은 예수님을 죄인 취급하여 예
언자의 말씀을 그대로 이루었습니다.
28 그들은 예수님을 죽여야 할 정당한 구실
을 찾지 못했지만, 빌라도를 졸라서 예수
님을 죽이게 했습니다.
29 그들은 예수님에 관하여 성경에 기록된 모
든 말씀대로 예수님께 행했습니다. 그러
고 나서 그들은 예수님을 십자가에서 내
려 무덤에 두었습니다.
30 그러나 하나님께서는 죽은 사람들 가운데
서 예수님을 살리셨습니다.
31 예수님께서는 갈릴리에서 예루살렘까지 자기
와 함께 올라간 사람들에게 여러 날 동안,
나타나셨습니다. 그들은 지금 백성들에게
예수님을 증언하는 사람들이 되었습니다.
32 우리도 하나님께서 우리 조상들에게 약속
하신 복된 소식을 여러분에게 전합니다.
33 하나님께서는 예수님을 죽은 자들 가운데
서 살리심으로 조상들의 후손인 우리에게
그 약속을 이루셨습니다. 이 일은 시편 둘
째 편에 '너는 내 아들이다. 오늘 내가 너
를 낳았다' 라고 기록되어 있습니다.
34 하나님께서 예수님을 죽은 자들 가운데서
살리시고 썩지 않게 하셨습니다. 이런 뜻
으로 하나님께서 '내가 다윗에게 약속한
거룩하고 확실한 복을 너희에게 주겠다'*
라고 말씀하신 것이 있습니다.
35 다른 시편에도 하나님께서 이렇게 말씀하
셨습니다. '주님께서는 주님의 거룩하신 분
을 무덤에서 썩지 않게 하실 것입니다.'*
36 다윗은 평생 하나님의 뜻대로 살다가 죽
어서는 조상 곁에 묻혔고, 그의 몸은 썩
고 말았습니다.
37 그러나 하나님께서 살리신 분은 썩지 않
았습니다.
38 그러므로 형제 여러분, 여러분에게 알려
드리고 싶은 것은, 여러분에게는 예수님
으로 말미암는 죄 용서의 복음이 전파되
었다는 것입니다. 여러분이 모세의 율법
으로는 의를 얻을 수 없지만,
39 믿는 사람은 누구나 예수님을 통해서 의
롭다함을 얻습니다.
40 그러므로 예언자들이 말한 것이 여러분에
게 일어나지 않도록 조심하십시오.
41 '보아라, 너희 비웃는 사람들아. 너희는
놀라고 망하여라. 너희가 사는 날 동안,
내가 한 가지 일을 하겠다. 누군가 그 일
을 너희에게 일러 주어도 너희는 믿지 않
을 것이다.'*"
42 바울과 바나바가 회당에서 나갈 때에 사람
들이 다음 안식일에도 이런 말씀을 더 해
달라고 부탁했습니다.
43 모임이 끝난 뒤에 많은 유대인과 유대교로
개종한 사람들이 바울과 바나바를 따랐습
니다. 바울과 바나바는 그들과 이야기를
나누며 항상 하나님의 은혜 가운데 있으
라고 권했습니다.
44 그 다음 안식일에는 그 도시에 사는 사람
이 거의 다 주님의 말씀을 들으려고 몰려
들었습니다.
45 그 무리를 보자 유대인들은 시기심에 불
타, 바울이 말한 것을 반대하면서 욕을 해
댔습니다.
46 그러나 바울과 바나바는 매우 용기 있게
말했습니다. "우리는 하나님의 말씀을 여
러분에게 먼저 전해야만 했습니다. 그러
나 여러분은 그 말씀을 배척하고 스스로
영원한 생명을 누리기에 합당하지 않은

사람이라고 인정해 버리니, 우리는 이제
이방인들에게 갑니다.
47 주님께서 이와 같이 우리에게 명령하셨기
때문입니다. '내가 너를 이방의 빛으로
삼았으니, 이는 너를 땅 끝까지 이르러 구
원이 되게 하기 위해서이다.'*"
48 이방인들은 바울의 말을 듣고 기뻐하며
주님의 말씀을 찬양했습니다. 그리고 영
원한 생명을 얻기로 선택된 사람들은 모
두 예수님을 믿었습니다.
49 그래서 주님의 말씀은 온 지방에 두루 퍼
졌습니다.
50 그러나 유대인들은 경건한 귀부인들과 그
도시의 지도자들을 부추겨서 바울과 바나
바를 핍박하게 했고, 마침내 자기들이 살
고 있는 지방에서 그들을 내쫓았습니다.
51 바울과 바나바는 그들에게 자기들의 발에
있는 먼지를 떨어 버리고 이고니온으로 갔
습니다.
52 제자들은 계속 기쁨과 성령으로 충만하였
습니다.

이고니온에서 복음을 전하는 바울과 바나바

14 이고니온에서도 바울과 바나바가 여
느 때처럼 유대 회당에 들어가 복음
을 전하자, 수많은 유대인과 그리스인이
믿었습니다.
2 그러나 믿으려 하지 않는 유대인들은 이
방인들을 부추겨서 형제들을 대적하게 했
습니다.
3 바울과 바나바는 오랫동안 이고니온에 머
물면서 주님을 의지하여 담대하게 말했습
니다. 주님께서 그들에게 기적과 표적을
행할 능력을 주셔서, 그들이 주님의 말씀
을 전할 때, 그 은혜의 말씀이 참되다는
것을 보여 주셨습니다.
4 그러나 그 도시 사람들은 두 편으로 나뉘
었습니다. 그래서 한쪽은 유대인 편을 들
고 다른 쪽은 사도들 편을 들었습니다.
5 이방인들과 유대인들은 자기들의 지도자
들과 한 패가 되어 바울과 바나바를 핍박
하며 돌로 쳐죽이려 했습니다.
6 바울과 바나바는 그것을 알고 루가오니아
지방의 두 도시인 루스드라와 더베와 그
근처의 마을로 피했습니다.
7 그들은 그 곳에서도 복음을 전했습니다.

루스드라와 더베에서 복음을 전하는 바울과 바나바

8 루스드라에는 태어나면서부터 걷지 못하
는 사람이 앉아 있었습니다. 그는 지금까
지 걸어 본 적이 없는 사람이었습니다.
9 이 사람은 바울이 하는 말을 잘 들었습니
다. 바울이 그 사람을 똑바로 쳐다보니,
그에게 고침을 받을 만한 믿음이 있다는
것을 알 수 있었습니다.
10 그래서 바울은 "당신 발로 똑바로 일어나
서시오" 하고 큰소리로 말했습니다. 그러자
그 사람이 벌떡 일어나 걷기 시작했습니다.
11 무리가 바울이 한 일을 보자, 루가오니아
말로 "신들이 사람의 모습을 하고 우리에
게 내려왔다"라고 소리질렀습니다.
12 그리고 사람들은 바나바를 '제우스'라고 불
렀고, 말하는 일을 주로 하는 바울을 '헤
르메스'라고 불렀습니다.
13 도시 외곽에 제우스 신전이 있었습니다.
그 신전을 섬기는 제우스의 제사장이 소
몇 마리와 꽃을 성문으로 가져와 군중들

성경 인물

제우스와 헤르메스가 된 바나바와 바울

제우스(로마 신화의 주피터)와 신들의 아버지인 헤르메스(로마 신화의 머큐리)는 제우스의 대변자, 신탁 전달자, 또는 웅변의 신으로서 항상 함께 다니는 것으로 알려져 있습니다. 이로 추측컨대, 바나바를 제우스라고 한 것은 그의 외모가 바울에 비해 위풍당당했기 때문이고, 바울을 헤르메스라 한 것은 그가 사람들 앞에서 말하는 사람이었기 때문일 것입니다.

본문 보기 14장 12절

알아두세요

13:34 사 55:3에 기록되어 있다.
13:35 시 16:10에 기록되어 있다.
13:41 합 1:5에 기록되어 있다.
13:47 사 49:6에 기록되어 있다.

과 함께 바울과 바나바에게 제사를 드리려
고 했습니다.
14 바나바와 바울은 이 소식을 듣고는 자기들
의 옷을 찢으며 군중 속으로 뛰어가면서
소리쳤습니다.
15 "여러분, 어찌하여 이런 행동을 하십니
까? 우리도 여러분과 똑같은 사람에 지나
지 않습니다. 우리가 이 곳에 온 것은 여
러분에게 복음을 전하여 여러분이 이 헛
된 일들에서 돌이켜, 살아 계신 하나님께
로 돌아오게 하려는 것입니다. 하나님께
서는 하늘과 땅과 바다와 그 안에 있는 모
든 것을 지으신 분입니다.
16 지나간 세대에는 하나님께서 모든 민족이
자기 방식대로 살게 내버려 두셨습니다.
17 하지만 하나님께서는 그 때도 자신이 어떤
분인지 알리지 않으신 것이 아닙니다. 하
나님께서는 하늘에서 비를 내려 주시고,
때를 따라 열매를 맺게 하시는 등 여러분
에게 선한 일을 행하셨습니다. 하나님께서
는 먹을 것을 풍성히 주시고, 여러분의 마
음에 기쁨을 가득 채워 주셨습니다."
18 바울과 바나바는 이 말로 무리를 겨우 말
려, 자기들에게 제사를 드리지 못하게 했
습니다.
19 그 때, 안디옥과 이고니온에서 유대인들이
와서 사람들을 부추겨 바울을 향해 돌을
던지게 했습니다. 그들은 바울이 죽은 줄
알고 도시 밖으로 끌어 냈습니다.
20 그러나 제자들이 바울 주위에 둘러섰을
때에 그가 깨어 일어나 도시 안으로 들어
갔습니다. 이튿날, 바울과 바나바는 그 도
시를 떠나 더베로 갔습니다.

오늘날의 이고니온(14:19)

시리아의 안디옥으로 돌아감

21 바울과 바나바가 더베에서 복음을 전하자,
많은 사람이 제자가 되었습니다. 바울과
바나바는 다시 루스드라와 이고니온과 안디
옥으로 돌아갔습니다.
22 그들은 그 곳에서 제자들을 격려하고, 믿
음 안에 머물러 있으라고 권했습니다. 그
리고 "하나님 나라에 들어가려면 많은 고
난을 겪어야 한다"고 말했습니다.
23 그리고 제자들을 위해 각 교회에 장로들
을 임명하고 기도와 금식을 한 후, 그들
이 믿는 주님께 장로들을 돌보아 달라고
맡겼습니다.
24 그런 뒤에 두 사도는 비시디아를 거쳐 밤
빌리아로 갔습니다.
25 그들은 버가에서 말씀을 전하고 앗달리아
로 내려갔습니다.
26 그리고 앗달리아에서 배를 타고 안디옥으
로 돌아왔습니다. 안디옥은 그들이 선교
의 일을 위해 하나님의 은혜에 부탁했던
곳입니다. 이제 두 사도는 그 일을 다 마
쳤습니다.
27 바울과 바나바는 안디옥에 도착해서 교회
의 신도들을 불러 모았습니다. 그리고 하
나님께서 자기들과 함께 행하신 일과 이
방인들에게 믿음의 문을 열어 주신 것을
교회 앞에 보고하였습니다.
28 바울과 바나바는 그 곳에서 제자들과 오랫
동안 함께 지냈습니다.

예루살렘 회의

15 어떤 사람들이 유대에서 안디옥으로
와서 이방인 형제들에게 "모세가 가
르친 풍습대로 할례를 받지 않으면 여러
분은 구원받을 수 없습니다"라고 가르치
기 시작했습니다.
2 이 사건 때문에 바울과 바나바와 그들 사
이에 격렬한 충돌과 논쟁이 발생했습니
다. 그래서 안디옥 교회는 바울과 바나바
와 다른 몇 사람을 예루살렘으로 올라가게
해서, 사도들과 장로들이 이 문제를 어떻
게 생각하는지 알아보게 하였습니다.

3 바울과 그 일행은 교회의 전송을 받아 여행
길을 떠났습니다. 그들은 베니게와 사마리
아 지방을 거쳐 가면서 이방인들이 하나님
께로 돌아온 이야기를 전했습니다. 그들은
모든 형제들에게 큰 기쁨을 주었습니다.
4 그들이 예루살렘에 이르자, 사도들과 장로
들과 온 교회가 그들을 환영했습니다. 그
들은 하나님께서 그들을 통해 일하신 모
든 것을 보고했습니다.
5 그런데 바리새파에 속해 있다가 신자가 된
사람들 중에 "이방인들도 할례를 받아야
하며, 모세의 율법을 지켜야 합니다"라고
주장하는 사람들이 있었습니다.
6 사도들과 장로들이 이 문제를 의논하러
모였습니다.
7 많은 토론이 있은 후에 베드로가 일어나
말했습니다. "형제 여러분, 하나님께서
얼마 전에 여러분들 중에서 나를 선택하
시고 이방인들에게 복음을 전하게 하셔서
그들도 이 복음을 듣고 믿게 하신 것을 여
러분들도 아실 것입니다.
8 모든 사람의 생각을 아시는 하나님께서
우리에게 성령을 주신 것과 똑같이 그들
에게도 주셔서 그들을 인정하셨습니다.
9 하나님께서는 우리와 이방인들을 차별하
지 않으셨습니다. 하나님께서는 그들의
믿음을 보시고 그들의 마음을 깨끗하게
하셨습니다.
10 그런데 지금 여러분은 어찌하여 우리 조
상들이나 우리나 모두 질 수 없었던 짐을
이방인 신자들에게 지워서 하나님을 시험
하려 하십니까?
11 우리는 그들과 마찬가지로 주 예수님의 은
혜로 구원을 받는다는 사실을 믿습니다."
12 그러자 온 무리가 잠잠해졌습니다. 그들
은 바울과 바나바의 말에 귀를 기울였습니
다. 바울과 바나바는 하나님께서 이방인들
가운데에서 그들을 통해 행하신 모든 기
적과 표적에 대해 이야기했습니다.
13 그들이 말을 마치자, 야고보가 대답했습
니다. "형제 여러분, 제가 한 마디 하겠
습니다.
14 하나님께서 처음으로 이방인들 중에서 자
기 백성을 삼으시려고 그들을 찾아오신 이
야기를 시몬 곧, 베드로가 전해 주었습니다.
15 예언자들의 말도 이것과 일치합니다. 예
언서에 이렇게 기록되어 있습니다.
16 '이 일이 있은 뒤에 내가 다시 와서 다윗
의 무너진 장막을 다시 짓겠다. 폐허가 된
곳을 다시 짓고 바로 세우겠다.
17 그러면 살아남은 사람들과 나의 이름을 부
르는 모든 이방인들이 나를 찾을 것이다.
이것은 이 일을 행하시는 여호와의 말이다.
18 이것은 오래 전부터 알게 한 일이다.'*
19 그러므로 내가 판단하기로는, 하나님께로
돌아온 이방 형제들을 괴롭히지 말고
20 그들에게 편지를 써서, 우상에게 바친 더
러운 음식을 먹지 말 것과 음란한 행동을
하지 말 것과 목 졸라 죽인 짐승의 고기와
피를 먹지 말라고 하는 것이 좋겠습니다.
21 이는 예로부터 도시마다 모세의 율법을 선
포하는 사람이 있어서, 안식일마다 회당에
서 모세의 글을 읽어 왔기 때문입니다."

이방인 신자들에게 보내는 편지

22 사도들과 장로들과 온 교회가 자기들 중에
서 몇 사람을 뽑아서 바울과 바나바와 함께
안디옥으로 보내기로 결정했습니다. 뽑힌
사람들은 신자들 가운데서 지도자로 있던
바사바라고 불리는 유다와 실라였습니다.
23 그리고 이 사람들 편에 이러한 편지를 써
보냈습니다. "여러분의 형제인 사도들과
장로들이 안디옥과 시리아와 길리기아에 있
는 모든 이방인 형제에게 문안드립니다.
24 우리 가운데 몇 사람이 여러분에게 가서,
우리가 시키지도 않은 말을 해서 여러분
을 혼란에 빠뜨리고 마음을 아프게 했다
는 소식을 들었습니다.
25 그래서 우리는 몇 사람을 뽑아 사랑하는
형제 바나바와 바울과 함께 여러분에게 보

알아두세요

15:16-18 암 9:11-12에 기록되어 있다.

의논(15:6 consultation) 어떤 일을 해결하기 위하여 서로 의견을 주고받음.

내기로 의견 일치를 보았습니다.
26 바나바와 바울은 우리 주 예수 그리스도의
이름을 위해 자기 목숨도 내놓은 사람들
입니다.
27 그래서 우리는, 우리가 쓴 편지의 내용이
사실임을 분명히 하려고 그들과 함께 유
다와 실라를 보냅니다.
28 여러분에게 다음에 말하는 요구 사항 이
외에 다른 어떠한 짐도 지우지 않는 것이
성령과 우리의 생각입니다.
29 우상에 바친 제물과 피와 목 졸라 죽인 짐
승의 고기를 먹지 마십시오. 그리고 음란
한 어떠한 행동도 하지 마십시오. 이런 일
만 지키면 잘 될 것입니다. 그럼 안녕히
계십시오."
30 그들은 예루살렘을 떠나 안디옥으로 내려
갔습니다. 안디옥에서 신자들을 불러 모
으고 그 편지를 전해 주었습니다.
31 안디옥 교회는 그 권면의 말씀을 읽고 기
뻐했습니다.
32 유다와 실라는 예언자이므로 신자들을 권
면하며 그들에게 힘을 북돋워 주었습니다.
33 그들은 거기서 얼마 동안, 머물다가 평안
히 가라는 신자들의 인사를 받고 자기들
을 보낸 사람들에게로 돌아갔습니다.
34 (없음)*
35 바울과 바나바는 안디옥에 계속해서 머물
러 있으면서 다른 여러 사람과 함께 주님
의 말씀을 가르치며 전파하였습니다.

바울과 바나바가 갈라서다

36 며칠 뒤에 바울이 바나바에게 말했습니다.
"우리가 주님의 말씀을 전한 바 있는 여
러 도시로 다시 가서 신자들을 방문하고
그들이 어떻게 지내는지 알아봅시다."
37 바나바는 마가라 불리는 요한도 데려가고
싶었습니다.
38 그러나 바울은 마가 요한이 그들과 함께
계속 일하지 않고 밤빌리아에서 그들을 떠
난 사람이기 때문에 그를 데려가는 것을
좋게 여기지 않았습니다.
39 바울과 바나바는 이 일 때문에 심하게 다
투었습니다. 그러다가 둘은 마침내 갈라
서고 말았습니다. 바나바는 마가를 데리고
배를 타고 키프로스로 떠나갔습니다.
40 반면, 바울은 실라를 선택하였으며, 주님
의 은혜를 빌어 주는 안디옥 신자들의 환
송을 받고 실라와 함께 그 곳을 떠났습
니다.
41 바울은 시리아와 길리기아를 다니면서 각
교회에게 힘을 북돋워 주었습니다.

바울과 실라를 따라가는 디모데

16 바울이 더베를 방문하고 루스드라에
이르렀을 때, 마침 디모데라는 젊은

바울과 바나바가
다른 길을 감(15:36-41)

제자가 그 곳에 있었습니다. 디모데의 어
머니는 유대인으로서 예수를 믿는 사람이
었으나, 아버지는 그리스인이었습니다.
2 디모데는 루스드라와 이고니온의 신자들에
게 평판이 좋았습니다.
3 바울은 전도 여행에 디모데를 데려가고 싶
었습니다. 그런데 디모데의 아버지가 그리
스인이라는 것을 그 지방에 사는 모든 유
대인이 알고 있었기 때문에, 바울은 디모
데에게 할례를 베풀었습니다.
4 바울과 그 일행은 여러 도시를 다니면서 예
루살렘에 있는 사도들과 장로들이 정한 규
정을 사람들에게 전하여 지키게 했습니다.
5 그리하여 교회들은 믿음이 더 든든해지고
날마다 그 수가 불어났습니다.

환상을 본 바울

6 그들이 아시아 지방에서 복음 전하는 것
을 성령께서 막으셨기 때문에 바울과 그
일행은 브루기아와 갈라디아 지방을 두루
다녔습니다.
7 그들은 무시아 지방 가까이 이르러 비두니
아로 가려 했습니다. 그러나 예수님의 영
이 허락하지를 않았습니다.
8 그래서 그들은 무시아를 지나서 드로아로
내려갔습니다.
9 바울은 밤에 어떤 마케도니아 사람이 바울
앞에 서서 "마케도니아로 건너와서 우리를
도와 주십시오"라고 애원하는 환상을 보
았습니다.
10 바울이 그 환상을 본 뒤에, 우리는 하나님
께서 우리를 부르셔서 마케도니아 사람들
에게 복음을 전하게 하셨다고 확신하고는
즉시 마케도니아로 떠날 준비를 했습니다.

신자가 된 루디아

11 우리는 배를 타고 드로아를 떠나 곧장 사
모드라게로 갔다가 이튿날, 네압볼리로 갔
습니다.
12 다시 네압볼리를 떠나서 로마의 식민지요,
마케도니아 지방의 중심 도시인 빌립보로
갔습니다. 우리는 며칠 동안, 그 곳에서
머물렀습니다.
13 우리는 안식일에 기도처가 있을 만한 곳
을 찾아 성문 밖 강가로 갔습니다. 우리
는 그 곳에 앉아, 모여든 여자들에게 말
하기 시작하였습니다.
14 그 여자들 중에 두아디라라는 도시에서 온
루디아라는 여자가 있었습니다. 루디아는
자주색 옷감 장수였으며, 하나님을 섬기
는 사람이었습니다. 루디아가 바울의 말을
귀담아들을 수 있도록 주님께서 그녀의
마음을 여셨습니다.
15 루디아와 그 집안 식구들이 다 세례를 받
았습니다. 그리고 루디아는 "제가 참으로
주님을 믿는 사람이라고 생각하신다면,
저희 집에 오셔서 머물러 주십시오"라고
간청하면서 우리를 자기 집으로 데리고
갔습니다.

감옥에 갇힌 바울과 실라

16 하루는 우리가 기도처로 가다가 귀신들린
여종 하나를 만났습니다. 그 여종은 점을
쳐서 자기 주인들에게 많은 돈을 벌게 해
주던 여자였습니다.
17 이 여자가 바울과 우리를 따라오면서 큰소
리로 "이 사람들은 가장 높으신 하나님의
종들이다. 이 사람들은 여러분에게 구원의
길을 전하고 계시다"라고 외쳤습니다.
18 그 여자가 며칠이고 계속 이렇게 하자, 참
다못한 바울은 돌아서서 그 귀신에게 "내
가 예수 그리스도의 이름으로 네게 명령한
다. 그 여자에게서 나오너라!"라고 말했
습니다. 그 순간, 귀신이 그 여자에게서

멀리서 바라본 빌립보의 전경(16:12)

알아두세요

15:34 어떤 사본에는 다음과 같은 구절이 있다. "그러나 실라는 그들과 함께 머물고자 하였다."

나왔습니다.
19 여종의 주인들은 돈을 벌 희망이 사라진
것을 보고, 바울과 실라를 붙잡아 광장에
있는 관리들에게로 끌고 갔습니다.
20 그들이 바울과 실라를 로마 관리에게로 데
려가서 말했습니다. "이 사람들은 유대인
들인데 우리 도시에서 소란을 피우고 있
습니다.
21 이들은 우리 로마 사람들로서는 받아들이
거나 실천할 수 없는 풍습을 선전하고 있
습니다."
22 군중들도 합세하여 바울과 실라를 공격했
습니다. 로마 관리는 바울과 실라의 옷을
찢고 매질하라고 명령했습니다.
23 그들은 바울과 실라를 호되게 때린 뒤에
감옥에 가두었습니다. 그리고 간수에게
그들을 잘 지키라고 명령했습니다.
24 간수는 그 명령을 받고 바울과 실라를 깊
숙한 감옥에 가두고, 그들의 발에 쇠고랑
을 단단히 채웠습니다.
25 한밤중에 바울과 실라는 하나님께 기도를
하며 찬송을 불렀습니다. 다른 죄수들도 그
들의 기도와 찬송 소리를 듣고 있었습니다.
26 그 때, 갑자기 감옥까지도
흔들릴 정도의 큰 지진이 발생했습니다.
감옥 문이 모두 열리면서 죄수들을 묶고
있던 사슬들도 다 풀렸습니다.
27 간수가 잠에서 깨어, 감옥 문이 다 열린
것을 보고는 죄수들이 벌써 도망쳤을 것
이라고 생각하고 칼을 꺼내어 자결하려
했습니다.
28 그러자 바울이 큰소리로 소리쳤습니다.
"당신 몸을 해하지 마시오. 우리는 다 여
기 있습니다."
29 간수가 등불을 달라고 해서 안으로 뛰어
들어가, 두려워 떨면서 바울과 실라 앞에
엎드렸습니다.
30 그리고 그들을 바깥으로 데리고 나와 "선
생님들, 제가 어떻게 해야 구원을 받을 수
있겠습니까?"라고 물었습니다.
31 바울과 실라가 간수에게 말했습니다. "주
예수님을 믿으십시오. 그러면 당신과 당
신의 집안이 구원을 얻을 것입니다."
32 그리고 바울과 실라는 간수와 그의 집에
있는 모든 사람에게 주님의 말씀을 전했
습니다.
33 그 날 밤, 그 시각에 간수는 바울과 실라

예수님을 믿게 된
간수와 그의 가족(16:23-33)

를 데려다가 상처를 씻어 주었습니다. 그리고 그 자리에서 그와 온 가족이 세례를 받았습니다.
34 간수는 바울과 실라를 자기 집으로 데려가서 음식을 대접했습니다. 그와 온 가족은 하나님을 믿게 된 것을 매우 기뻐했습니다.
35 다음 날 아침, 로마 관리들이 부하들을 보내어 "그 사람들을 풀어 주라"고 명령했습니다.
36 간수가 이 말을 바울에게 전했습니다. "관리들이 선생님과 실라를 풀어 주라고 전령을 보내왔습니다. 이제 나오셔서 평안히 가십시오."
37 하지만 바울은 그들에게 이렇게 말했습니다. "로마 시민인 우리를 재판도 하지 않고 사람들 앞에서 매질하고 감옥에 넣더니, 이제 와서 슬그머니 우리를 놓아 주려는 겁니까? 안 됩니다! 그 사람들이 직접 와서 우리를 데리고 나가라고 하시오!"
38 부하들이 관리들에게 가서 바울이 한 말을 전했습니다. 관리들은 바울과 실라가 로마 시민이라는 말을 듣고 두려워했습니다.
39 그래서 그들은 가서 바울과 실라에게 사과하고 그들을 데리고 나가, 그 도시에서 떠나 달라고 부탁했습니다.
40 감옥에서 나온 바울과 실라는 루디아의 집으로 갔습니다. 그들은 거기서 신자들을 만나 격려하고 그 곳을 떠났습니다.

데살로니가에서 전도하는 바울

17 바울과 실라는 암비볼리와 아볼로니아를 지나 데살로니가에 도착했습니다. 거기에는 유대인 회당이 있었습니다.
2 바울은 습관대로 회당으로 들어가 삼 주에 걸쳐 안식일마다 성경을 가지고 유대인들과 토론을 했습니다.
3 바울은 그리스도가 고난을 받고 죽은 자 가운데서 다시 살아나야 한다는 것을 설명하고 증명했습니다. 그리고 "내가 여러분에게 전하고 있는 이 예수님이 바로 그리스도입니다"라고 말했습니다.
4 유대인 중에 그 말에 설득되어 바울과 실라를 따르는 사람들이 생겼습니다. 하나님을 경외하는 많은 그리스인들과 적잖은 귀부인들도 바울을 따랐습니다.
5 그러나 유대인들이 이들을 시기하여 시장에서 불량배들을 모아 폭동을 일으켜 도시를 혼란에 빠지게 했습니다. 그들은 바울과 실라를 군중 앞으로 끌어 내려고 야손의 집으로 쳐들어갔습니다.
6 그러나 바울과 실라를 찾지 못하자, 그들은 야손과 다른 형제 몇 사람을 마을의 관원들에게 끌고 가서 큰소리로 외쳤습니다. "가는 곳마다 문제를 일으키던 사람들이 여기에도 나타났습니다.
7 그런데 야손이 그들을 자기 집으로 맞아들였습니다. 그들은 모두 가이사의 법을 어겨가며 예수라 하는 다른 왕이 있다고 말하면서 황제의 명령을 거스르는 행동을 합니다."
8 무리와 마을의 관원들은 이 말을 듣고는, 당황하였습니다.
9 그러나 마을의 관원들은 야손과 다른 신자들에게서 보석금을 받고 그들을 풀어 주었습니다.

베뢰아에서 전도하는 바울

10 밤이 되자, 신자들은 곧바로 바울과 실라를 베뢰아로 보냈습니다. 바울과 실라는 베뢰아에 도착하여 유대인의 회당으로 들어갔습니다.
11 베뢰아 사람들은 데살로니가 사람들보다 더

성경 자세히 이해하기

로마 시민의 특권

당시의 로마법은 조사나 재판 없이 로마인을 체포·구금하는 것과 채찍질하거나 고문하는 것을 금지하고 있었습니다. 또한 로마인은 로마 황제의 법정에까지 상소할 수 있는 특권이 있었으며(행 25:11), 죄 없는 로마인을 불법으로 처벌한 사람은 상부의 조사를 받아 시민권이 박탈당하기도 하고, 때로는 사형에 처해지기도 했습니다. 그러니 이런 로마의 시민권을 가지고 있던(행 22:28) 바울과 실라를 부당하게 처벌한 사람들이 두려워하는 건 당연한 일이었겠지요?

본문 보기 16장 37절

오늘날의 베뢰아 전경(17장)

고상한 성품을 가진 사람들이었습니다. 그
들은 바울과 실라의 말을 열정적으로 받아
들였으며, 바울이 한 말이 사실인지를 알
아보려고 날마다 성경을 연구했습니다.
12 그래서 그들 가운데 믿는 사람이 많이 생
겼습니다. 뿐만 아니라 그리스의 귀부인
과 남자들도 적지 않게 믿게 되었습니다.
13 그러나 데살로니가의 유대인들은 바울이
베뢰아에서도 하나님의 말씀을 가르친다
는 것을 듣고, 거기까지 가서 사람들을 선
동하고 소란을 피웠습니다.
14 그래서 형제들은 급히 바울을 바닷가로
보냈습니다. 하지만 실라와 디모데는 베뢰
아에 그대로 남아 있었습니다.
15 바울을 수행하던 사람들은 바울을 아테네
까지 인도하였습니다. 그들은 가능한 한
빨리 실라와 디모데를 바울에게로 데려오
라는 지시를 받고 베뢰아로 돌아갔습니다.

아테네에서 전도하는 바울

16 바울은 아테네에서 실라와 디모데를 기다
리고 있는 동안, 온 도시가 우상들로 가
득 찬 것을 보고 대단히 화가 났습니다.
17 그래서 바울은 회당에서 유대인들과 하나
님을 경외하는 그리스인들과 토론을 벌였
습니다. 그리고 광장에서 만나는 사람들
과도 날마다 토론하였습니다.
18 어떤 에피쿠로스 철학자들과 스토아 철학
자들이 바울과 논쟁을 하게 되었습니다.
그들 중에 어떤 사람은 "이 수다쟁이가 무
슨 말을 하려고 하는가?"라고 말하기도
하였고, 또 어떤 사람은 "그가 외국의 다
른 신들에 관해서 말하는 것 같다"고 말
하기도 하였습니다. 이 사람들이 이렇게
말한 것은 바울이 그들에게 예수님과 부활
에 관한 복음을 전했기 때문입니다.
19 그들이 바울을 붙잡아 아레오바고에 있는
시의회로 데려가서 바울에게 이렇게 물었
습니다. "당신이 전하고 있는 이 새로운
가르침이 무엇인지 우리가 알아듣기 쉽게
설명해 줄 수 있겠소?
20 당신이 하는 말은 우리에게는 무척 낯설
고 새로운 것이오. 대체 그것이 무엇인지
알고 싶소."
21 아테네 사람과 그 곳에 사는 외국 사람들은
새로운 것이라면 무엇이든지 말하거나 듣는
것으로 시간을 보내는 사람들이었습니다.
22 바울이 아레오바고 시의회 앞에 서서 말했
습니다. "아테네 시민 여러분, 내가 보기
에 여러분은 모든 면에서 종교심이 강한
사람들입니다.
23 내가 이곳 저곳을 돌아다니면서 여러분이
섬기는 것들을 자세히 살펴보았는데, 그
중에서 '알지 못하는 신에게'라는 글을
새긴 제단도 보았습니다. 그러므로 여러
분이 알지도 못하고 섬기는 그 신에 대해
여러분에게 알려 드리겠습니다.
24 그분은 온 세상과 그 안에 있는 모든 것
을 창조하신 하나님으로서 하늘과 땅의
주님이시며, 사람이 지은 신전에서 살지
않으십니다.
25 또한 이 하나님께서는 모든 사람에게 생
명과 호흡과 모든 것을 주시는 분이시기
때문에 무엇인가 부족한 것이 있어서 사
람의 손으로 섬겨야 하는 분이 아닙니다.
26 하나님께서는 한 사람으로부터 세계 모든
인류를 만들어 땅 위에 살게 하셨습니다.
그리고 그들이 살 시대와 지역의 경계를
정해 주셨습니다.
27 이렇게 하신 것은 사람들이 하나님을 찾
기를 바라시기 때문입니다. 사람들은 하
나님을 더듬어 찾기만 하면 찾을 수 있습
니다. 사실 하나님께서는 우리 각 사람에
게서 멀리 떨어져 계시지 않습니다.
28 우리는 하나님 안에서 살고 있고 하나님

안에서 움직이며 존재하고 있습니다. 시
인 가운데 '우리는 그분의 자녀입니다' 라
고 말하는 사람도 있지 않습니까?
29 우리는 하나님의 자녀이므로 하나님 자신
을 사람의 생각으로나 손으로 만들어 낼
수 있는 금이나 은이나 돌 같은 우상으로
생각해서는 안 됩니다.
30 사람들이 하나님을 알지 못했던 시대에는
하나님께서 눈감아 주셨지만, 이제는 어
디서나 온 세상 사람들에게 회개하라고
명령하십니다.
31 하나님께서는 자기가 정하신 한 사람을
시켜 온 세상을 의롭게 심판하실 날을 정
하셨습니다. 하나님께서는 그를 죽은 자
들 가운데서 살리심으로 모든 이에게 그
증거를 보이셨습니다."
32 부활에 관한 이야기를 듣고 비웃는 사람들
도 있었지만 "이 내용에 관해 나중에 더 듣
고 싶다"라고 말하는 사람들도 있었습니다.
33 그리고는 바울은 그들을 떠나갔습니다.
34 그 때, 바울이 전한 말을 믿고 바울을 따
르게 된 사람이 몇 사람 있었습니다. 그
렇게 믿게 된 사람들 중에는 아레오바고
시의회의 의원인 디오누시오와 다마리라는
여자와 그 밖에 몇 사람이 더 있었습니다.

고린도에서 전도하는 바울

18 그 뒤에 바울은 아테네를 떠나 고린
도로 갔습니다.
2 그 곳에서 바울은 아굴라라는 유대인을 만
났습니다. 아굴라는 본도 지방에서 태어났
지만, 글라우디오가 모든 유대인에게 로마
를 떠나라고 명령했기 때문에 그의 아내
브리스길라와 함께 얼마 전에 이탈리아에
서 고린도로 옮겨 왔습니다. 바울이 아굴
라와 브리스길라를 찾아갔습니다.
3 마침, 그들의 직업이 같았기 때문에 바울
은 그들과 함께 묵으면서 그들과 같이 일
했습니다. 천막 만드는 것이 그들의 직업
이었습니다.
4 바울은 안식일마다 회당에서 유대인과 그
리스인과 함께 토론을 하면서 그들을 설
득하려 했습니다.
5 실라와 디모데가 마케도니아에서 고린도로
온 이후, 바울은 말씀을 전하는 일에만 힘
썼습니다. 그는 예수님께서 그리스도이심
을 유대인들에게 증언했습니다.
6 그러나 그들은 바울에게 대들며 욕을 했
습니다. 그래서 바울은 자기 옷에서 먼지
를 털며 그들에게 말했습니다. "여러분이
구원받지 못한다면 그것은 여러분의 책임
입니다. 나에게는 잘못이 없습니다. 이제
나는 이방인들에게 가겠습니다."
7 바울은 회당에서 나와 디디오* 유스도라는
사람의 집으로 갔습니다. 그는 하나님을
경외하는 이방인이었습니다. 그의 집은
회당 바로 옆에 있었습니다.
8 회당장 그리스보와 그의 온 집안 식구가
주님을 믿었습니다. 그러자 고린도에 사
는 다른 많은 사람들이 이 소식을 듣고 예
수님을 믿고, 세례를 받았습니다.
9 어느 날 밤, 환상 중에 주님께서 바울에
게 말씀하셨습니다. "두려워하지 마라.
조용히 있지 말고 계속해서 말하여라.
10 내가 너와 함께 있다. 내 백성이 이 도시
에 많다. 그러므로 아무도 너를 공격하거

성경 자세히 이해하기

에피쿠로스 학파와 스토아 학파

B.C. 340년경에 태어난 에피쿠로스에 의해 창시된 에피쿠로스 학파는 쾌락을 가장 위대한 덕으로 생각하였으며, 이 쾌락을 얻기 위해 극단적인 치우침이 없이 살아야 하고, 두려움을 없애며, 동료를 사랑해야 한다고 가르쳤습니다. 제노에 의해 창시된 스토아 학파는 인간과 자연을 선으로 이끄는 위대한 의지가 있다고 믿었으며, 사람이 이 의지에 따라 살 때, 즉 자부심과 독립심을 가지고 욕망을 누르면서 삶을 살 때, 자신의 운명을 실현시킬 수 있다고 가르쳤습니다. 본문 보기 17장 18절

알아두세요

18:7 개역 성경과 다른 고대 사본에는 '디도'라고도 표기되어 있다.

나 해치지 못할 것이다."
11 바울은 그 곳에 일 년 육 개월 동안을 머
물면서 사람들에게 하나님의 말씀을 가르
쳤습니다.

갈리오에게 끌려간 바울

12 갈리오가 아가야 지방의 총독이 되었을 때
에 유대인들이 합심하여 바울에게 몰려가
그를 재판정으로 끌고 갔습니다.
13 유대인들은 갈리오에게 "이 사람이 우리의
법을 어겨가면서 사람들에게 하나님을 섬
기라고 유혹하고 있습니다"라고 고소했습
니다.
14 바울이 막 입을 열려고 하는데 갈리오가
유대인들에게 말했습니다. "여러분, 고소
하는 것이 어떤 범죄나 나쁜 행동에 관한
것이라면 내가 들어 주겠소.
15 그러나 여러분이 지금 말하는 것은 언어
와 명칭과 여러분들의 율법에 관한 것들
이오. 그러니 이런 문제는 여러분 스스로
해결하도록 하시오. 나는 이런 사건에 재
판관이 되기는 싫소."
16 이 말을 하고 갈리오는 그들을 재판정에
서 몰아 냈습니다.
17 그러자 그들은 회당장 소스데네를 붙들어
다가 재판정 앞에서 마구 때렸습니다. 그
래도 갈리오는 이 일에 조금도 참견하지
않았습니다.

바울이 안디옥으로 돌아감

18 바울은 형제들과 함께 고린도에 며칠 더
머물다가 그들과 작별하고 배를 타고 시
리아로 갔습니다. 브리스길라와 아굴라도
그와 동행하였습니다. 바울은 항해하기
전에 그가 이전에 맹세한 것이 있어서 겐
그레아에서 머리를 깎았습니다.
19 그들은 에베소에 도착했습니다. 그 곳에
서 바울은 브리스길라와 아굴라와 헤어진
후, 혼자서 회당으로 가서 유대인들과 토
론을 했습니다.
20 유대인들이 바울에게 좀더 머물러 달라고
말했지만 바울은 거절했습니다.
21 하지만 바울은 그들과 헤어지면서 "하나
님의 뜻이라면 다시 돌아오겠습니다"라고
약속했습니다. 그리고 배를 타고 에베소를
떠났습니다.
22 바울은 가이사랴에 내려 예루살렘으로 올
라가 인사한 뒤, 다시 안디옥으로 내려갔
습니다.
23 바울은 한동안, 안디옥에 머물러 있다가
그 곳을 떠나 갈라디아와 브루기아 지방을
두루 다니면서 모든 신자들에게 힘을 북
돋워 주었습니다.

에베소와 고린도에서 전도하는 아볼로

24 아볼로라는 유대인이 에베소에 왔습니다.
그는 알렉산드리아에서 태어났으며 교육
을 많이 받았고 성경에 능통한 사람이었
습니다.
25 그는 주님에 관한 '도'도 배워서 알고 있
었기 때문에 예수님에 관한 일들을 말하
고 자세히 가르쳤습니다. 그러나 그는 요
한의 세례밖에 몰랐습니다.

바울의 3차 전도 여행로 및 로마 여행로(18:23-28:15)

26 아볼로가 회당에서 용기 있게 말하는 것
을 브리스길라와 아굴라가 듣고, 그를 자
기들 집으로 데려다가 하나님의 '도'에
대해 더 자세히 설명해 주었습니다.
27 아볼로가 아가야 지방으로 가고 싶어하자
에베소의 신자들은 격려하면서 그 곳의 신
자들에게 아볼로를 영접하라고 편지를 썼
습니다. 아볼로는 그 지방에 도착하여, 하
나님의 은혜로 믿게 된 사람들에게 많은
도움을 주었습니다.
28 그는 사람들 앞에서 유대인들과 열정적으
로 토론을 하여 그들의 주장을 물리쳤으
며, 성경을 이용해서 예수님께서 그리스도
이심을 증명했습니다.

에베소에서 전도하는 바울

19 아볼로가 고린도에 있는 동안, 바울
은 북부 지방을 거쳐서 에베소에 이
르게 되었습니다. 바울은 거기서 몇몇 제
자들을 만났습니다.
2 바울이 그들에게 물었습니다. "여러분은
믿을 때에 성령을 받았습니까?" 그들이
대답했습니다. "우리는 성령이 계시다는
것조차 들어 본 적이 없습니다."
3 바울이 다시 물었습니다. "그러면 여러분
은 어떤 세례를 받았습니까?" 그들이 대
답했습니다. "요한의 세례를 받았습니다."
4 바울이 말했습니다. "요한은 회개의 세례
를 베풀었습니다. 요한은 사람들에게 자
기 뒤에 오실 분을 믿으라고 외쳤는데, 그
분이 바로 예수님이십니다."
5 그들은 이 말을 듣고, 주 예수님의 이름으
로 세례를 받았습니다.
6 바울이 그들에게 손을 얹자, 성령께서 그
들에게 내려오셨습니다. 그러자 그들은 방
언으로 말하고 예언을 하기 시작했습니다.
7 그 곳에 있던 사람은 모두 열두 명쯤 되
었습니다.
8 바울은 회당에 들어가서 세 달 동안, 하
나님의 말씀을 담대하게 전했습니다. 그
리고 하나님의 나라에 관해 토론도 하고
받아들이도록 설득했습니다.
9 그러나 어떤 사람들은 마음이 굳어져서
믿지 않고 오히려 군중들 앞에서 '도'를
욕하고 다녔습니다. 그래서 바울은 그런
사람들을 떠나 신자들을 데리고 두란노 학
원으로 가서 날마다 사람들과 토론을 했
습니다.
10 그 일은 이 년 동안, 계속되었습니다. 그
리하여 아시아 지방의 모든 유대인과 그리
스인이 주님의 말씀을 듣게 되었습니다.

스게와의 일곱 아들

11 하나님께서 바울의 손을 빌려 놀라운 기
적들을 일으키셨습니다.
12 심지어 사람들이 바울이 몸에 지니던 손
수건이나 앞치마를 병든 사람 위에 얹기
만 해도 병이 낫고 귀신이 쫓겨 나갔습니
다.
13 그러나 사방으로 돌아다니면서 귀신을 쫓
아 내는 유대인 중에서도 주 예수님의 이
름을 이용하여 귀신을 쫓아 내려는 사람
들이 있었습니다. 그들은 "바울이 전파하
는 그 예수의 이름으로 명령한다. 그 사
람에게서 나오너라"고 말하곤 했습니다.
14 유대인 대제사장 스게와라는 사람의 일곱
아들들이 바로 이런 일을 하였습니다.
15 그런데 악한 귀신이 그들에게 말했습니
다. "내가 예수님도 알고 바울도 알지만,
너희는 누구냐?"
16 그러더니 귀신들린 사람이 그들에게 달려
들었습니다. 귀신들린 사람은 스게와의
아들들보다 힘이 세어서 그들을 때리고
옷을 찢었습니다. 그래서 그들은 발가벗
긴 채 그 집에서 도망쳤습니다.
17 이 일이 에베소에 사는 모든 유대인과 그
리스인들에게 알려지자, 그들은 두려움에
사로잡혔으며, 주 예수님의 이름을 찬양

능통한(18:24 learned) 환히 통달한. 여기에서는 '성경에 대해 잘 아는'의 뜻.
담대한(19:8 fearless) 겁이 없고 용기가 많은.
두란노 학원(19:9 the lecture hall of Tyrannus) 에베소의 철학 강연 장소. 철학자이며, 수사학자인 트란누스의 음을 딴 것임.

했습니다.
18 믿는 사람들이 많이 나와 사람들 앞에서
자기들이 행한 일들을 고백하기 시작했습
니다.
19 그들 중에는 마술을 부리던 사람들도 있
었는데, 그들은 자기들의 마술책을 가져
다가 사람들 앞에서 다 태워 버렸습니다.
그 책 값을 계산하면 은화* 오만 개 가량
되었습니다.
20 이렇게 해서 주님의 말씀은 점점 힘있게
퍼져 나갔습니다.

바울의 여행 계획

21 그후에 바울은 마케도니아와 아가야 지방
을 거쳐 예루살렘으로 갈 결심을 하였습니
다. 그리고 "나는 예루살렘에 갔다가 로마
도 꼭 가 봐야겠습니다"라고 말했습니다.
22 바울은 자기를 돕는 사람 가운데 두 사람,
곧 디모데와 에라스도를 먼저 마케도니아로
보냈습니다. 그리고 그는 아시아에 얼마
동안을 더 머물렀습니다.

에베소에서 소동이 일어나다

23 그 무렵, 에베소에서는 예수님의 '도' 때

성경 자세히 이해하기

아데미 여신

아데미(아르테미스) 여신은 소아시아 지방의 신들과 사람들의 어머니로 숭배되었던 가장 위대한 모신(母神)이었으며, '풍요와 생식의 신'으로서 많은 유방을 갖고 있는 모습이었습니다. 당시, 에베소에는 약 5만 명을 수용할 수 있는 아데미(아르테미스) 여신의 신전이 있었는데, 고자였던 제사장들과 세 명의 여사제가 함께 의식을 주도했고, 항상 매음 행위가 뒤따랐다고 합니다.

본문 보기 19장 23-41절

알아두세요

19:19 은화 하나는 당시 하루 품삯에 해당한다.

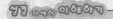

문에 적지 않은 소란이 일어났습니다.
24 데메드리오라는 은 세공인이 있었는데, 은
으로 아데미 여신의 신전 모형을 만드는
사람이었습니다. 그는 이 일로 직공들에
게도 많은 돈을 벌게 했습니다.
25 그가 직공들과 이런 일에 종사하는 사람
들을 불러 놓고 말했습니다. "여러분, 여
러분도 아시다시피 우리는 이 사업으로
소득이 꽤 좋았습니다.
26 그런데 여러분들도 보고 들은 대로, 바울
이라는 이 사람이 에베소뿐만 아니라 아시
아의 거의 모든 지방에서 사람이 만든 신
은 신이 아니라고 말합니다. 그는 수많은
사람들을 설득하여 그들의 마음을 돌려
놓았습니다.
27 이러다가는 우리 사업이 명성을 잃게 될
위험이 있을 뿐만 아니라 사람들이 위대
한 아데미 여신의 신전을 우습게 여길 위
험이 있습니다. 그렇게 되면 아시아와 온
세계의 모든 사람들이 섬기는 아데미 여
신의 위엄이 땅에 떨어질 것입니다."
28 이 말을 들은 사람들은 격분하여 "에베소
의 여신 아데미는 위대하다!"라고 소리지
르기 시작했습니다.
29 도시는 순식간에 소란스러워졌습니다. 군
중들은 바울과 함께 여행하던 마케도니아
사람 가이오와 아리스다고를 붙잡고 한꺼
번에 극장으로 몰려갔습니다.
30 그 때, 바울도 군중들 속으로 들어가려 했
지만 제자들이 말렸습니다.
31 또 바울과 친하게 지내던 아시아의 관리
몇 사람들도 사람을 보내어 바울더러 극
장에 들어가지 말라고 권했습니다.
32 극장 안에서는 사람들이 소리를 지르는데
어떤 사람은 이렇게, 다른 사람은 저렇게
외쳐대는 바람에 극장 안은 완전히 난장
판이 되고 말았습니다. 심지어 자기들이
그 곳에 왜 모였는지조차 모르는 사람들
도 많았습니다.
33 유대인들이 알렉산더라고 하는 사람을 앞
으로 밀어 내자, 군중들 중 몇 사람이 그
를 다그쳤습니다. 알렉산더가 손짓으로 사

람들에게 조용히 하라고 한 후, 군중들에
게 변명을 하려고 했습니다.
34 그러자 군중은 알렉산더가 유대인인 것을
알고 한 목소리로 "에베소의 여신 아데미는
위대하다"라고 두 시간이나 외쳐댔습니다.
35 마침내 에베소 시의 서기관이 나와 군중
을 진정시키고 이렇게 말했습니다. "에베
소 시민 여러분, 에베소가 위대한 아데미
여신의 신전과 하늘에서 내려온 그 신상
을 지키는 곳이라는 것은 온 세상이 다 아
는 사실입니다.
36 이것은 부인할 수 없는 사실이므로 시민
여러분은 마음을 가라앉히고 경솔한 행동
은 삼가시기 바랍니다.
37 여러분은 이 사람들을 이리로 끌고 왔으
나, 이 사람들은 우리 여신을 모욕한 적
도 없고 그 신전에서 무엇을 훔치지도 않
았습니다.
38 우리에게는 재판정이 있고 재판관들도 있
습니다. 만약 데메드리오와 그의 직공들이
누구를 고소할 일이 있다면, 당사자들이
재판정으로 가서 옳고 그름을 가려야 할
것입니다.
39 그 밖에 여러분이 해결하고자 하는 문제
가 있다면, 그것은 공식적인 모임에서 다
루어야 할 것입니다.
40 이는 제가 이런 말을 하는 것은 아무런 이
유도 없이 소동을 일으킨 책임이 우리에게
있다고 비난을 받을 위험이 있고, 또 이 소
동에 대해 변명할 말이 없기 때문입니다."
41 그는 이렇게 말하고 모임을 해산시켰습니
다.

에베소에 있는 대극장과
아르카디아 길(19:29)

마케도니아와 그리스에서 전도하는 바울

20 소동이 그치자, 바울은 신자들을
불러오게 해서 격려한 뒤에 작별
인사를 했습니다. 바울은 그 곳을 떠나 마
케도니아 지방으로 갔습니다.
2 그는 마케도니아로 가는 길에 여러 지방에
들러 신자들에게 격려하는 말을 많이 하
고 그리스에 도착했습니다.
3 바울은 그리스에서 세 달을 지냈습니다.
그는 배를 타고 시리아로 가려 했으나 유
대인들이 그를 해치려는 음모를 꾸몄기
때문에 마케도니아를 거쳐서 시리아로 돌
아가기로 작정했습니다.
4 그 때, 바울과 동행한 사람은 베뢰아 사람
부로의 아들 소바더와 데살로니가 사람 아
리스다고와 세군도와 더베 사람 가이오와
디모데와 아시아 사람 두기고와 드로비모였
습니다.
5 이들은 드로아에 먼저 가서 우리를 기다
리고 있었습니다.
6 우리는 무교절이 지난 뒤에, 빌립보에서 배
를 타고 오 일 만에 드로아에서 그들을 만
나 그 곳에서 칠 일 동안을 머물렀습니다.

유두고를 살린 바울

7 안식일 다음 날, 우리가 교제의 식사를 나
누기 위해 모였을 때에 바울이 설교를 시
작했습니다. 그는 다음 날에 떠나기로 되
어 있어서 한밤중까지 신자들에게 설교를
계속했습니다.
8 우리가 모인 다락방에는 등불을 많이 켜
놓았습니다.
9 유두고라고 하는 청년이 창문에 자리잡고
앉아 있었는데, 바울의 말이 너무 오래 계
속되자, 잠이 들어 그만 삼층에서 떨어졌
습니다. 사람들이 그를 일으켜 보니, 이
미 죽어 있었습니다.
10 바울이 내려가 유두고 위에 엎드려 그를
껴안고 말했습니다. "걱정하지 마십시오.
이 청년이 아직 살아 있습니다."
11 바울은 다시 위층으로 올라가서 빵을 떼
어 먹은 후에 날이 새도록 오랫동안 설교

를 하고 떠나갔습니다.
12 사람들은 살아난 젊은이를 집으로 데려가
면서 큰 위로를 받았습니다.

드로아에서 밀레도까지 여행하다

13 우리는 먼저 배를 타고 앗소로 항해하였
습니다. 앗소에 도착해서 바울을 그 배에
태울 생각에서였습니다. 이런 계획을 세
운 것은 바울이 걸어서 앗소까지 가겠다고
했기 때문입니다.
14 우리는 앗소에서 바울을 만나서 그를 배에
태워 미둘레네로 갔습니다.
15 이튿날에는 미둘레네를 떠나 기오에서 가까
운 곳에 이르렀고, 다음 날, 사모로 건너갔
다가, 그 다음 날, 밀레도에 도착했습니다.
16 바울은 아시아 지방에서 너무 오랜 시간을
보내지 않으려고 에베소를 들르지 않고 지
나가려고 했습니다. 그는 가능하다면 오
순절 안에 예루살렘에 도착하려고 서둘렀

유두고를 살린
바울(20:7-12)

습니다.

에베소의 장로들

17 바울이 밀레도에서 에베소로 사람을 보내
어 교회 장로들을 불렀습니다.
18 장로들이 오자, 바울은 그들에게 이렇게
말했습니다. "내가 아시아에 온 첫날부터
여러분과 함께 지내면서 어떻게 생활해
왔는지 여러분들은 잘 아실 겁니다.
19 그 동안, 나는 유대인들이 지어 낸 모함
으로 몹시 고통을 당했습니다. 그러나 나
는 언제나 겸손히, 때로는 눈물을 흘리며
주님을 섬겼습니다.
20 나는 여러분에게 유익이 되는 것이라면
무엇이든 주저하지 않고 전파하였습니다.
나는 그것을 공중 앞에서나 여러분의 집
에서 여러분을 가르쳤습니다.
21 유대인들과 그리스인들 모두에게 회개하
고 하나님께 돌아올 것과 우리 주 예수님
을 믿으라고 선포했습니다.
22 그러나 이제 나는 성령의 명령에 따라 예
루살렘으로 갑니다. 그 곳에서 내게 무슨
일이 닥칠지 나는 알지 못합니다.
23 다만 내가 아는 것은 어느 도시에 가든지
감옥과 환난이 나를 기다리고 있다고 성
령께서 내게 경고해 주셨다는 사실뿐입니
다.
24 그러나 나는 내 목숨을 아깝게 생각하지
않습니다. 예수님께로부터 받은 사명, 곧
사람들에게 하나님의 은혜의 복음을 전하
는 일을 다 마칠 수만 있다면 말입니다.
25 나는 여러분과 함께 있는 동안, 줄곧 하
나님의 나라를 전했습니다. 이제 나의 설
교를 들으신 여러분 중에는 나의 얼굴을
다시 볼 수 있는 사람이 아무도 없으리라
는 것을 나는 압니다.
26 그러므로 오늘 여러분에게 엄숙히 선언합
니다. 여러분 가운데 설령 누군가 구원받
지 못하는 사람이 있다고 하더라도 내게
는 책임이 없습니다.
27 그것은 내가 주저하지 않고 하나님의 모
든 뜻을 여러분에게 전해 주었기 때문입
니다.
28 여러분은 자신들과 모든 맡겨진 양 떼를
잘 살피고 그들을 잘 돌보십시오. 성령께
서 여러분을 감독자로 세우셔서 하나님께
서 자기 아들의 피로 사신 교회를 돌보게
하셨습니다.
29 내가 떠난 뒤에 어떤 사람들이 사나운 이
리처럼 교회에 들어와서 양 떼를 해치려
할 것을 나는 압니다.
30 또한 여러분 가운데서도 진리를 왜곡되게
말하고, 제자들을 유혹하여 자기를 따르
게 하는 사람들도 나타날 것입니다.
31 그러므로 깨어 있으십시오. 내가 삼 년 동
안을 밤낮으로, 때로는 눈물을 흘리며 여
러분 한 사람 한 사람에게 쉬지 않고 교
훈한 것을 기억하십시오.
32 이제 나는 하나님과 하나님의 은혜의 말씀
에 여러분을 맡깁니다. 그 말씀은 여러분
을 능히 세울 수 있고 모든 거룩한 백성들
과 함께 기업을 받을 수 있는 말씀입니다.
33 나는 그 누구의 금이나 은이나 옷을 탐낸
적이 없습니다.
34 여러분 자신도 아시듯이 나는 언제나 직
접 일을 해서 나와 내 일행에게 필요한 것
을 마련했습니다.
35 나는 모든 일에서 여러분에게 모범을 보
였습니다. 여러분은 저처럼 열심히 일해
서 약한 사람을 도와야 합니다. 또한 '주
는 것이 받는 것보다 복이 있다'고 하신
주 예수님의 말씀을 기억해야 합니다."
36 바울은 이 말을 마친 뒤에 무릎을 꿇고 모
든 사람들과 함께 기도했습니다.
37 그들은 다 바울을 껴안고 작별의 입맞춤
을 하면서 울었습니다.
38 특히 그들은 다시는 자기를 보지 못하리
라는 바울의 말을 듣고 슬퍼하였습니다.
그리고 그들은 배 타는 곳까지 바울을 배
웅했습니다.

예루살렘으로 간 바울

21 우리는 그들과 작별 인사를 한 뒤에
배를 타고 곧장 고스로 갔습니다. 이
튿날, 우리는 로도에 들렀다가 거기서 바
다라로 떠났습니다.

유대인들이 바울을
이방인들에게 넘겨 줄 것을
예언하는 아가보(21:10-14)

2 그 곳에서 우리는 베니게로 가는 배를 만
나서 그 배를 타고 떠났습니다.
3 키프로스 섬이 눈앞에 나타났을 때에 우리
는 그 섬을 왼쪽에 두고 시리아로 가다가
두로에 배를 댔습니다. 그 곳에서 배가 짐
을 풀기로 되어 있었기 때문입니다.
4 우리는 두로에서 신자들을 만나 일 주일
을 그들과 함께 지냈습니다. 그들은 성령
께서 알려 주신 대로 바울에게 예루살렘에
가지 말라고 만류했습니다.
5 그러나 그들과 함께한 시간이 다 되자, 우
리는 그 곳을 떠나 여행길에 올랐습니다.
모든 신자들이 아내와 아이들을 데리고
도시 바깥까지 나와 우리를 배웅해 주었
습니다. 우리는 모두 바닷가에서 무릎을
꿇고 기도했습니다.
6 서로 작별 인사를 나눈 후, 우리는 배에
올랐고, 두로 지방의 신자들은 각자 집으
로 돌아갔습니다.
7 우리는 두로를 출발하여 항해를 계속하여
돌레마이에 이르렀습니다. 우리는 그 곳의
형제들과 인사를 하고 그들과 함께 하루
를 지냈습니다.
8 이튿날, 우리는 돌레마이를 떠나 가이사랴
로 갔습니다. 그 곳에서 일곱 집사 가운
데 한 사람인 전도자 빌립의 집에 들어가
그와 함께 지냈습니다.
9 빌립에게는 결혼하지 않은 네 딸이 있었
습니다. 그들은 모두 예언하는 사람이었
습니다.
10 우리가 여러 날, 그 곳에 머물고 있는 동
안, 아가보라는 예언자가 유대에서 내려왔
습니다.
11 그가 우리에게 와서 바울의 허리띠를 가
져다가 자기 손과 발을 묶고 말했습니다.
"성령께서 예루살렘에 사는 유대인들이 이
허리띠 임자를 이와 같이 묶어서 이방인
들에게 넘겨 줄 것이라고 말씀하십니다."

12 우리는 그 말을 듣고 그 곳 사람들과 함
께 바울에게 예루살렘에 올라가지 말라고
간곡하게 말했습니다.
13 그 때, 바울은 이렇게 대답했습니다. "어
찌하여 그렇게 울면서 나의 마음을 아프
게 하십니까? 나는 예루살렘에서 묶이는
것뿐만 아니라 주 예수님의 이름을 위해
죽는 것까지도 각오하고 있습니다."
14 바울이 우리의 권함을 받아들이려 하지
않았기 때문에 우리는 "주님의 뜻대로 되
기를 바랍니다"라고만 말하고 더 이상 아
무 말도 하지 않았습니다.
15 이렇게 여러 날이 지난 뒤, 우리는 떠날 준
비를 하여 예루살렘을 향해 출발했습니다.
16 가이사랴 출신 제자들 몇 사람도 우리와
함께 갔습니다. 그들은 키프로스 사람 나
손의 집으로 우리를 데려가 거기에서 묵
을 수 있게 해 주었습니다. 나손은 오래
전에 신자가 된 사람이었습니다.

바울과 야고보의 만남

17 우리가 예루살렘에 도착하자, 형제들이 우
리를 반갑게 맞아 주었습니다.
18 이튿날, 바울은 우리와 함께 야고보를 방
문했습니다. 그 자리에는 장로들도 다 모
여 있었습니다.
19 바울은 그들에게 인사를 하고, 하나님께
서 그의 선교로 이방인들에게 행하신 일
을 낱낱이 들려 주었습니다.
20 그들은 바울의 말을 듣고, 하나님께 영광
을 돌렸습니다. 그리고 바울에게 이렇게
말했습니다. "형제님, 아시겠지만 유대인
가운데 신자가 된 사람이 수만 명입니다.
그들은 모세의 율법을 지키는 일에 매우
열성입니다.
21 그런데 그 유대인들 사이에서는 당신이
이방인들과 어울려 사는 유대인들에게 모
세의 율법에서 떠나 자녀에게 할례도 행
하지 말고, 유대의 관습도 지키지 말라고
가르쳤다는 소문이 돌고 있습니다.
22 그러니 어떻게 하면 좋겠습니까? 틀림없
이 그들은 당신이 이 곳에 왔다는 소식을
듣게 될 것입니다.

◐ 트라얀 황제를 숭배했던 이방 신전 (21:25)

23 그러니 우리가 일러 주는 대로 하십시오.
우리 중에 하나님께 서약을 한 사람이 네
명 있습니다.
24 이 사람들을 데리고 가서 함께 정결 의식
을 행하십시오. 그리고 형제께서 그들의
머리를 깎는 값을 대 주십시오. 그러면 그
들이 그대에 대한 소문이 모두 사실이 아
니고, 그대도 율법을 지키며 살고 있다는
것을 알게 될 것입니다.
25 이방인 신자들에 대해서는 우리가 이미
그들에게 편지를 써서 우상에게 바친 음
식과 피와 목 졸라 죽인 짐승의 고기를 먹
지 말 것과 음란한 행동을 멀리할 것을 부
탁한 적이 있습니다."
26 이튿날, 바울은 그 사람들과 함께 정결 의
식을 행하였습니다. 그런 뒤에 그는 성전
뜰로 가서 정결 의식이 끝나는 날짜와 그
날에 각 사람을 위해 예물을 바칠 날짜를
신고했습니다.
27 칠 일이 거의 끝나 갈 즈음에, 아시아 지
역에서 온 유대인들은 바울이 성전 뜰에
있는 것을 보고 무리를 충동질하여 바울
을 붙잡았습니다.
28 그 유대인들은 이렇게 소리질렀습니다.
"이스라엘 동포 여러분, 좀 도와 주십시오.
이 사람은 가는 곳마다 우리 백성과 모세
의 율법과 성전을 거스르는 말로 모든 사
람을 가르치는 사람입니다. 더욱이 지금은
그리스 사람들을 성전 안으로 데리고 와서
이 거룩한 곳을 더럽혀 놓았습니다."

29 그들이 이렇게 주장하는 것은, 그들이 전
에 에베소 사람 드로비모가 바울과 함께 예
루살렘에 있는 것을 본 적이 있었으므로,
분명히 바울이 그 사람을 성전 안으로 데
리고 들어왔을 것이라고 생각했기 때문입
니다.
30 그러자 온 도시는 시끄러워지고 사람들이
몰려와 바울을 붙잡아 성전 바깥으로 끌
어 냈습니다. 그리고 바로 성전 문이 닫
혔습니다.
31 그들이 바울을 죽이려 하는 순간에 예루살
렘 도시 전체에 폭동이 일어났다는 보고가
로마 군대 천부장에게 전달되었습니다.
32 그는 즉시 백부장 몇 명과 군인들을 거느
리고 군중들에게로 달려갔습니다. 폭도들
은 로마 군대 천부장과 군인들을 보자, 바
울을 때리던 것을 멈추었습니다.
33 천부장은 가까이 가서 바울을 체포했습니
다. 그리고 군인들에게 바울을 쇠사슬 두
개로 묶으라고 명령한 다음, 그가 누구이
며 또 어떤 일을 했는지를 물었습니다.
34 그러자 군중들은 너도 나도 소리를 질러
대며 대답을 하는데, 그들의 말이 저마다
달랐습니다. 천부장은 사람들의 아우성치
는 소리에 이 사건의 진상을 알 수 없어
서 군인들에게 바울을 병영 안으로 끌고

성경 자세히 이해하기

반란을 일으킨 이집트인

유대인 역사가 요세푸스에 따르면, A.D. 54년경(바울이 체포되기 3년 전) 자칭 예언자라고 하는 한 이집트인이 올리브 산에 사람들을 모아 놓고 반란을 꾀했다고 합니다. 그는 자신이 명령을 내려 성벽이 무너지면 로마 수비대를 공격하여 그들을 점령하자고 했습니다. 그러나 도리어 이들은 벨릭스 총독의 군대에 의해 진압되었고, 그 이집트인은 아무에게도 들키지 않고 슬그머니 사라져 버렸다고 합니다. 아마도 천부장은 유대인들이 바울을 죽이려는 것을 보고 그가 그 이집트인인 줄로 생각했던 것 같습니다.

본문 보기 21장 38절

가라고 명령했습니다.
35 바울이 층계에 이르렀을 때에는 군중들의
폭행이 너무나 격렬했기 때문에 군인들이
바울을 호위해야만 했습니다.
36 군중들은 바울의 뒤를 따라가며, 계속해
서 "그를 없애 버려라!" 하고 소리쳤습니
다.
37 바울이 병영 안으로 끌려들어갈 때에 그
는 천부장에게 "천부장님께 한 말씀드려
도 되겠습니까?"라고 물었습니다. 천부
장이 대답했습니다. "그리스 말을 할 줄
아는가?
38 당신은 혹시 얼마 전에 폭동을 일으키고
테러범 사천 명을 거느리고 광야로 나간
이집트 사람이 아닌가?"
39 바울이 이렇게 대답했습니다. "아닙니다.
나는 길리기아 지방의 다소에서 태어난 유
대인이며, 그 유명한 도시의 시민입니다.
제가 저 사람들에게 말할 수 있게 허락해
주십시오."
40 천부장이 허락하자, 바울은 층계 위에 올
라서서 손을 내저어 무리를 조용하게 했
습니다. 잠잠해지자 바울이 히브리 말로
연설했습니다.

바울의 연설

22 "저의 아버지와 형제가 되시는 여
러분, 이제 제가 해명해 드리겠으
니 잘 들어 주시기 바랍니다."
2 그들은 바울이 히브리 말로 연설하는 것을
듣고는 더 조용해졌습니다. 바울은 말을
계속했습니다.
3 "나는 유대인입니다. 길리기아 지방의 다
소에서 태어났지만 이 도시에서 자랐고
가말리엘의 제자로서 그 밑에서 우리 조상
의 율법대로 엄격한 교육을 받았습니다.
나는 오늘, 여기 모인 모든 사람들처럼 하
나님에 대해 열심이 있었습니다.
4 나는 예수의 '도'를 따르는 사람들을 핍박
하여 그들을 죽이기까지 했으며, 남자든
여자든 가리지 않고 그들을 붙잡아 감옥
에 넣었습니다.
5 대제사장과 모든 장로들이 내 말이 사실

이라는 것을 증언해 줄 것입니다. 나는 그
들에게서 다마스커스에 있는 형제들에게
보내는 공문서를 받았습니다. 그래서 나
는 그 곳에 있는 신자들을 붙잡아 예루살
렘으로 데려와서 벌을 받게 하려고 다마
스커스로 떠났습니다.

바울이 다마스커스에서 일어난 일을 이야기하다

6 정오쯤 되어 내가 다마스커스에 가까이 이
르렀을 때에 갑자기 하늘로부터 밝은 빛
이 나를 둘러 비췄습니다.
7 나는 땅에 엎어졌고, '사울아, 사울아, 어
찌하여 나를 박해하느냐?' 라는 소리를 들
었습니다.
8 내가 '주님, 당신은 누구십니까?' 라고 물
었더니 그분이 내게 '나는 네가 박해하는
나사렛 예수다' 라고 대답하셨습니다.
9 나와 함께 있던 사람들은 그 빛은 보았으
나, 나에게 말씀하시는 분의 음성은 듣지
못했습니다.
10 나는 '주님, 제가 어떻게 하면 되겠습니
까?' 라고 물었습니다. 그 때, 주님께서는
'일어나 다마스커스로 가거라. 거기에 가
면, 네가 해야 할 일을 모두 일러 줄 사
람이 있을 것이다' 라고 대답하셨습니다.
11 나는 그 빛의 광채 때문에 앞을 보지 못
하게 되었습니다. 그래서 나와 함께 가던
사람들의 손에 이끌려 다마스커스로 들어
갔습니다.
12 다마스커스에 아나니아라는 사람이 있었
습니다. 아나니아는 모세의 율법을 따라
사는 경건한 사람이었으며, 그 곳에 사
는 유대인들에게 존경을 받는 사람이었
습니다.
13 아나니아가 나를 찾아와 내 곁에 서서 '사
울 형제, 눈을 뜨시오' 하고 내게 말했습
니다. 그 순간, 나는 눈을 떠 그를 보았
습니다.
14 그 때, 아나니아가 말했습니다. '우리 조
상의 하나님께서 오래 전에 당신을 택하
셔서 그분의 뜻을 알게 하셨고, 그 의로
우신 분을 보게 하시며 그분의 입에서 나

다소에 있는 사도 바울의 고향집(21:39)

오는 말씀을 듣게 하셨습니다.
15 당신은 모든 사람들에게 당신이 보고 들
은 것을 전하는 그분의 증인이 될 것입니
다.
16 그러니 이제 무엇을 더 기다리겠습니까?
일어나 세례를 받으십시오. 그리고 그분
의 이름을 부르십시오. 그러면 죄 사함을
얻게 될 것입니다.'

이방인의 복음 증거를 위해 부름받음

17 그후, 내가 예루살렘으로 돌아와 성전 뜰
에서 기도하고 있는 도중에 어떤 환상을
보게 되었습니다.
18 그 환상 중에 주님을 보았는데, 주님께서
내게 말씀하셨습니다. '서둘러 예루살렘을
떠나라. 이 곳 사람들은 네가 나를 증언
하는 것을 받아들이지 않을 것이다.'
19 그래서 나는 대답했습니다. '주님, 이들
은 제가 여러 회당을 돌아다니며 주님을
믿는 사람들을 잡아 감옥에 가두고 때리
기까지 한 일을 잘 알고 있습니다.
20 뿐만 아니라 주님의 증인인 스데반이 죽
임을 당할 때에 제가 그 자리에 있던 것
도 알고 있습니다. 저는 그 때, 거기에 서
서 그들이 스데반을 죽이는 일에 찬성했
으며 그를 죽이는 사람들의 옷을 맡아 주
기까지 했습니다.'
21 그러나 주님께서는 내게 '가거라. 내가
너를 멀리 이방인들에게 보내겠다' 하고
말씀하셨습니다."

로마 시민인 바울

22 사람들은 바울의 말을 여기까지 듣고 있
다가, 목소리를 높여 "이런 놈은 없애 버

려라. 살려 두어서는 안 된다"라고 소리
질렀습니다.
23 그들은 고함을 지르며 옷을 벗어 던지고,
공중에 먼지를 날렸습니다.
24 그러자 천부장이 부하들에게 바울을 병영
안으로 데려가라고 명령했습니다. 그리고
는 사람들이 바울에게 그렇게 소리지르는
이유가 무엇인지를 알아 내려고 바울을
때리면서 조사해보라고 했습니다.
25 군인들이 바울을 묶고 때리려 하자, 바울
이 옆에 서 있던 로마 백부장에게 말했습
니다. "죄가 있다는 것이 밝혀지지도 않
은 로마 시민을 때리는 것이 로마법에 맞
는 일입니까?"
26 그 말을 들은 백부장은 천부장에게 가서
"이제 어떻게 하실 계획입니까? 이 사람
은 로마 시민입니다"라고 알렸습니다.
27 천부장이 바울에게 다가가 물었습니다.
"당신이 로마 시민이라는 말이 참말이
오?" 바울이 "그렇습니다" 하고 대답했습
니다.
28 천부장이 말했습니다. "나는 돈을 많이
들여서 로마 시민권을 얻었소." 바울이 말
했습니다. "나는 태어날 때부터 로마 시민
인 사람입니다."
29 그러자 바울을 심문하려던 사람들이 곧
물러났습니다. 천부장은 바울이 로마 시민
이라는 사실을 알고 그를 결박한 일로 두
려워했습니다.

유대 공의회 앞에서 말하는 바울

30 이튿날, 천부장은 유대인들이 무슨 일 때
문에 바울을 고소하는지 알아보려 했습니
다. 그래서 그는 대제사장들과 유대 공의
회를 소집하게 했습니다. 천부장은 바울
을 묶은 사슬을 풀어 주고 그를 데리고 나
가 공의회 앞에 세웠습니다.

23 바울이 유대 공의회를 똑바로 쳐다
보며 말했습니다. "형제 여러분,
나는 이 날까지 하나님 앞에서 선한 양심
을 가지고 살아왔습니다."
2 그 순간, 대제사장 아나니아가 바울 가까
이 서 있는 사람들에게 바울의 입을 치라
고 명령했습니다.
3 그러자 바울이 아나니아에게 말했습니다.
"하나님께서 당신을 치실 것이오! 당신은
겉만 하얗게 회칠한 벽과 같소. 당신은 율
법대로 나를 재판한다고 거기에 앉아 있
으면서 어떻게 스스로는 율법을 어겨 가
며 나를 치라고 말할 수 있소?"
4 바울 가까이 서 있던 사람들이 바울에게
말했습니다. "당신이 하나님의 대제사장
을 감히 욕할 수 있소?"
5 바울이 대답했습니다. "형제 여러분, 나는
그 사람이 대제사장인 줄 몰랐습니다. 성
경에도 이르기를 '네 백성의 지도자를 욕
하지 마라'고 하였습니다."
6 바울은 공의회에 모인 사람 가운데 일부
는 사두개파 사람이었고, 일부는 바리새파
사람이라는 것을 알고는, 큰소리로 말했
습니다. "형제 여러분, 나는 바리새파 사
람이며 바리새파 사람의 아들입니다. 나
는 지금 죽은 사람이 부활할 것이라는 소
망 때문에 재판을 받고 있습니다."
7 바울이 이렇게 말을 하자, 바리새파 사람
들과 사두개파 사람들 사이에 다툼이 일
어나 공의회 의원들이 나뉘었습니다.
8 그것은 사두개파 사람들은 죽은 사람의 부
활이 없으며 천사나 영도 없다고 주장한
반면, 바리새파 사람들은 그것을 다 인정
하였기 때문입니다.

성경 자세히 이해하기

바울의 로마 시민권

바울 당시에 로마 시민이 될 수 있는 길은 세 가지였습니다. (1) 부모가 로마 시민일 경우 (2) 로마 제국을 위해 크게 기여하고 봉사한 경우 (3) 많은 돈을 주고 시민권을 사는 경우. 바울은 첫 번째 경우로, 그의 부친이나 그 위의 조상 때에 획득했던 로마 시민권을 물려 받았습니다. 이를 통해 우리는 바울이 로마 시대 상류 계급에 속했던 집안의 자손이었음을 알 수 있습니다. 본문 보기 22장 28절

9 그래서 큰 소동이 일어났습니다. 바리새
파 사람들 중에서 율법학자 몇 사람이 일
어나 "우리는 이 사람에게서 아무런 잘못
도 찾을 수 없습니다. 어쩌면 천사나 영
이 이 사람을 시켜서 말하는 것인지도 모
릅니다"라고 바울을 두둔했습니다.
10 다툼이 점점 심각해지자, 천부장은 유대
인들 때문에 바울의 몸이 찢겨지지나 않
을까 걱정이 되었습니다. 천부장은 군인
들에게, 내려가서 강제로라도 바울을 군
중들 손에서 빼내어 병영으로 데리고 가
라고 명령했습니다.
11 그 날 밤에 주님께서 바울 곁에 서서 말
씀하셨습니다. "용기를 내어라. 네가 예루
살렘에서 나를 증언한 것같이 로마에서도
나를 증언하여야 한다."

바울을 죽일 음모

12 이튿날 아침, 유대인들은 바울을 죽일 음
모를 꾸몄습니다. 그들은 바울을 죽이기
전에는 아무것도 먹지도 않고 마시지도
않겠다고 맹세했습니다.
13 이러한 음모에 가담한 사람들은 사십 명
이 넘었습니다.
14 그들이 대제사장들과 장로들에게 가서 말
했습니다. "우리는 바울을 죽이기 전에는
아무것도 입에 대지 않겠다고 맹세했습니
다.
15 그러니 이제 여러분들과 공의회에서는 천
부장에게 가서 바울이 한 일에 대해 좀더
자세히 심문할 것이 있으니 바울을 내어
달라고 부탁하십시오. 그러면 우리는 기
다리고 있다가 바울이 이리로 오는 길에
그를 없애 버리겠습니다. 준비는 이미 다
되어 있습니다."
16 그러나 바울의 조카가 이 음모를 듣고 병
영으로 가서 바울에게 그 사실을 알려 주
었습니다.
17 그래서 바울이 백부장 한 명을 불러 "이
젊은이를 천부장에게 데려가 주십시오.
천부장에게 전할 말씀이 있답니다"라고
말했습니다.
18 백부장이 바울의 조카를 데리고 천부장에
게 가서 말했습니다. "바울이란 죄수가 저
를 불러 이 젊은이를 천부장님께 데려가
달라고 부탁해서 데려왔습니다. 천부장님
께 드릴 말씀이 있답니다."
19 천부장이 젊은이의 손을 잡고 아무도 없
는 곳으로 데려가 물었습니다. "내게 전
할 말이 무엇이냐?"
20 젊은이가 말했습니다. "유대인들이 천부
장님께 바울을 심문할 것이 더 있다는 구
실을 대면서 내일 바울을 그들의 공의회
로 끌어 내어 달라고 천부장님께 청하기
로 결정했답니다.
21 그러나 그들의 말을 곧이 듣지 마십시오.
사십 명도 더 되는 사람들이 숨어서 바울
을 기다리고 있습니다. 그들은 바울을 죽
이기 전에는 아무것도 먹지도 않고 마시
지도 않겠다고 맹세까지 하였습니다. 그
들은 지금 준비를 다 해 놓고 천부장님의
승낙만 기다리고 있습니다."
22 천부장이 젊은이를 돌려 보내면서 "네가
이 내용을 내게 알렸다고 아무에게도 말
하지 마라" 하고 단단히 주의를 주었습
니다.

바울을 가이사랴로 보냄

23 천부장이 백부장 두 명을 불러 다음과 같
이 명령했습니다. "병사 이백 명과 기병
대 칠십 명과 창을 쓰는 병사 이백 명을
무장시켜 오늘 밤 9시에 가이사랴로 떠날
준비를 갖추게 하여라.
24 또 바울을 총독 벨릭스에게 안전하게 호송
할 수 있도록 그를 태울 짐승도 준비해 두
도록 하여라."
25 그리고 천부장은 이러한 내용의 편지를
썼습니다.

심문(22:29 questioning) 자세히 따져서 묻는 것.
양심(23:1 conscience) 자기 언행에 대해 선악, 정사를 판단할 수 있는 자각 능력.
무장(23:23 arming) 전투를 하기 위하여 필요한 무기나 장비를 갖춤.

26 "글라우디오 루시아가 총독 벨릭스 각하에
게 문안드립니다.
27 이 사람은 유대인들에게 잡혀 살해 당할
뻔한 사람입니다. 그런데 저는 이 사람이
로마 시민이라는 것을 알고는 제 병사들
을 데리고 가서 그를 구했습니다.
28 저는 유대인들이 무슨 일로 이 사람을 고
소하는지 알고 싶어 그들의 공의회로 이
사람을 데려갔습니다.
29 거기서 저는 그들이 이 사람을 고소하는
것이 그들의 율법에 관한 것일 뿐, 이 사
람에게는 사형을 당하거나 감옥에 갇힐
만한 죄가 없다는 것을 알았습니다.
30 그런데 유대인들이 이 사람을 죽이려는
음모를 꾸민다는 정보를 듣고 저는 곧바
로 이 사람을 각하께 보내는 것입니다. 그
리고 그 유대인들에게도 이 사람에 대해
고소할 말이 있으면 각하께 직접 하라고
일러 두었습니다."
31 군인들은 명령대로 그 날 밤으로 바울을
데리고 안디바드리까지 갔습니다.
32 이튿날에는 기병대에게 바울을 가이사랴
로 호송하라고 부탁하고 다른 군인들은
예루살렘에 있는 병영으로 돌아갔습니다.
33 기병대는 가이사랴에 도착하여 총독에게
편지를 전달하고 바울도 그에게 넘겨 주
었습니다.
34 총독은 편지를 읽고 나서 바울에게 어느
지방 사람이냐고 물었습니다. 총독은 바
울이 길리기아 사람이라는 것을 알고는
35 바울에게 이렇게 말했습니다. "그대를 고
소하는 사람들이 도착하면 그 때, 그대의

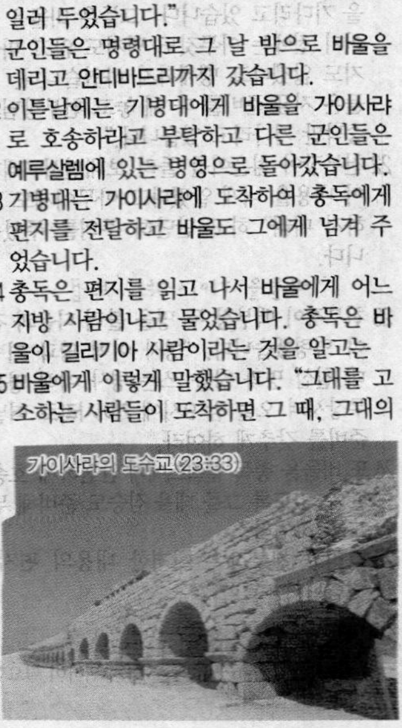
가이사랴의 도수교(23:33)

말을 들어 보겠소." 그리고는 바울을 헤롯
이 지은 왕궁에 가두어 지키라고 명령을
내렸습니다.

유대인들이 바울을 고소함

24 오 일 뒤에 대제사장 아나니아가
장로 몇 사람과 더둘로라고 하는
법률가를 데리고 가이사랴에 왔습니다. 그
들이 온 것은 총독에게 바울을 고소하기
위해서였습니다.
2 바울이 안으로 불려 들어가자, 더둘로가
고소하기 시작했습니다. "벨릭스 각하! 우
리는 각하 덕분에 오랫동안 평화를 누려
왔으며 각하의 지혜로운 일 처리로 우리
나라의 잘못된 일들이 많이 고쳐졌습니
다.
3 우리는 언제 어디서나 이 모든 일이 각하
의 공로 때문인 것을 인정하며 각하께 감
사하고 있습니다.
4 이제 더 이상 각하께 폐가 되지 않게 간
단히 말씀드리겠으니 저희 말을 들어 주
시기 바랍니다.
5 우리는 이 사람이 온 세계에 있는 유대인
들을 선동하고 문제를 일으키는 사람인
것을 알게 되었습니다. 이 사람은 나사렛
이단의 두목입니다.
6 심지어는 그가 성전까지 더럽히려고 하여
우리가 그를 붙잡았습니다.
7 (없음)*
8 총독 각하께서 이 사람을 직접 심문해 보
시면 우리가 그를 고소하는 이유를 아실
수 있을 것입니다."
9 다른 유대인들도 가세하면서 그의 말이
모두 사실이라고 주장했습니다.
10 총독이 바울에게 말하라고 몸짓하자, 바
울이 대답했습니다. "각하께서 수 년 동
안, 이 민족의 재판장이 되신 것을 제가
알고 있습니다. 그래서 저와 관련된 일
을 각하께 변명하게 된 것을 기쁘게 생
각합니다.
11 제가 예루살렘에 예배드리러 올라간 것은
십이 일밖에 되지 않습니다. 이것은 각하
께서 조사해 보시면 금방 아실 수 있을 것

입니다.

12 그리고 저를 고소하는 사람들은 제가 성전 뜰에서 누구와 논쟁한 것이나, 회당에서나 도시 안에서나 사람들을 선동한 것을 본 적이 없습니다.

13 그리고 이들이 지금 저를 고소하고 있지만 총독 각하께 그 내용에 대한 증거는 제시하지 못하고 있습니다.

14 그러나 저는 각하께 이 사실을 고백합니다. 저는 유대인들이 소위 이단이라고 말하는 예수의 '도'를 따르는 사람으로서, 우리 조상의 하나님을 섬기며 모세의 율법과 예언자들의 책에 적힌 것도 다 믿는다는 사실입니다.

15 저는 이 사람들이 간직하고 있는 것과 똑같이, 하나님께 대한 소망을 가지고 있습니다. 그것은 의로운 사람이든 불의한 사람이든 모든 사람이 다시 부활하리라는 소망입니다.

16 그래서 저는 언제나 하나님과 사람들 앞에서 저의 깨끗한 양심을 간직하려고 힘쓰고 있습니다.

17 저는 여러 해 동안 예루살렘을 떠나 있다가, 저희 민족에게 구제금을 전하고 하나님께 예물을 바치려고 예루살렘에 다시 돌아왔습니다.

18 그들이 저를 본 것은 제가 성전 뜰에서 정결 예식을 행하고 있을 때였습니다. 저는 소동을 일으키지도 않았고 제 주위에 군중들이 모여 있지도 않았습니다.

19 그 자리에는 아시아에서 온 유대인들이 있었는데, 저를 고소할 일이 있었다면 그들이 직접 각하 앞에 와서 저를 고소했을 것입니다.

20 그렇지 않으면, 제가 예루살렘에서 유대인의 공의회 앞에 섰을 때에 이들이 제게서 무슨 잘못을 찾아 냈는지, 여기 서 있는 이 사람들에게 말해 보라고 하십시오.

21 제가 그들 앞에 섰을 때, 한 말은 오직 하나, 곧 '오늘 제가 여러분 앞에서 재판 받는 것은 죽은 사람의 부활에 관한 것 때문이다'라고 외친 것뿐입니다."

22 당시에 벨릭스는, 이미 예수의 '도'에 관한 것을 자세히 알고 있었으므로, "천부장 루시아가 오면, 여러분들이 제기한 고소 문제를 처리하겠소"라고 말하고서 재판을 연기하였습니다.

23 벨릭스는 백부장에게 명령하여 바울을 잘 지키되, 어느 정도 자유를 주고 친지들이 그를 돌보아 주는 것을 막지 말라고 말했습니다.

벨릭스와 그의 아내를 전도하는 바울

24 며칠 뒤에 벨릭스는 유대인인 자기 아내 드루실라와 함께 와서 바울을 불러 내어 그리스도 예수를 믿는 것에 관한 가르침을 들었습니다.

25 그러나 바울이 정의와 절제하는 일과 장차 임할 심판에 대해 이야기하자 벨릭스는 두려워하며 "지금은 그만하고 가시오. 시간이 나면 다시 그대를 부르겠소"라고 말했습니다.

26 그러면서도 벨릭스는 바울에게서 돈을 받을 수 있지는 않을까 하는 기대감에 바울을 자주 불러 내어 함께 이야기를 나누었습니다.

27 두 해가 지난 후에 보르기오 베스도가 벨릭스의 후임으로 총독이 되었습니다. 그런데 벨릭스는 유대인들에게 환심을 사려고 바울을 그대로 감옥에 가두어 두었습니다.

로마 황제에게 상소함

25 베스도는 총독으로 부임한 지 삼 일 뒤에 가이사랴를 떠나 예루살렘으로 올라갔습니다.

2 대제사장들과 유대인 지도자들이 베스도

알아두세요

24:6 하반절-8 상반절 어떤 사본에는 다음과 같은 구절이 있다. "우리는 우리의 법으로 그를 재판하려 했지만 [7]천부장 루시아가 그를 우리에게서 강제로 빼앗아 갔습니다. [8]그리고는 그를 고소하는 사람들에게 각하께 직접 고소하라고 명령하였습니다."

구제금(24:17 relief fund) 재해를 당한 사람들을 돕도록 마련한 돈.

제기하다(24:22 propose) 어떤 문제나 의견을 내어 놓다.

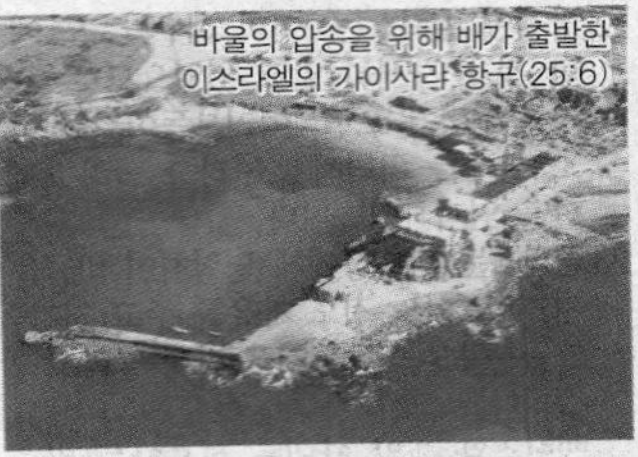
바울의 압송을 위해 배가 출발한
이스라엘의 가이사랴 항구(25:6)

앞에 나타나 그에게 바울을 고소했습니
다.
3 그들은 베스도에게 환심을 사 가며 바울을
다시 예루살렘으로 보내 달라고 간청했습
니다. 그들은 길에 사람들을 매복시켰다
가 바울을 죽일 계획이었습니다.
4 그러나 베스도는, 바울은 가이사랴에 갇혀
있고 자신도 곧 그리로 돌아갈 것이므로,
5 "그 사람이 정말로 잘못된 행동을 했다
면, 여러분들 중에서 몇 사람이 나와 함
께 가이사랴로 가서 그 곳에서 그를 고발
하시오"라고 대답했습니다.
6 베스도가 예루살렘에 팔 일인가 십 일인가
를 더 머물다가 가이사랴로 돌아갔습니다.
이튿날, 그는 재판석에 앉아서 바울을 데
려오라고 명령했습니다.
7 바울이 나타나자, 예루살렘에서 온 유대인
들이 그를 에워싸고 여러 가지 무거운 죄
목을 대며 바울을 고발하기 시작했습니
다. 그러나 그 죄를 입증할 만한 증거는
아무도 제시하지 못했습니다.
8 바울은 이렇게 자신을 변명했습니다. "나
는 유대인의 율법이나 성전이나 로마 황
제를 거스르는 죄를 지은 적이 없었습니
다."
9 그러나 베스도가 유대인의 환심을 사려
고 바울에게 물었습니다. "그대는 예루살
렘으로 올라가서 이 여러 가지 고소 문
제에 대해 내 앞에서 재판 받기를 원하
는가?"
10 바울이 말했습니다. "나는 지금 황제의 법
정에 서 있습니다. 나는 이 곳에서 재판
을 받아야 합니다. 각하께서도 잘 아시듯
나는 유대인들에게 어떤 죄도 짓지 않았
습니다.
11 혹 내게 잘못한 일이 있어 법에 따라 사
형을 당해야 한다면, 죽음을 피할 생각은
없습니다. 그러나 이들이 고발한 내용이
사실이 아니라면, 어느 누구도 나를 이들
에게 넘겨 줄 수 없습니다. 나는 로마 황
제*에게 상소하겠습니다."
12 베스도는 이 문제를 두고 배심원들과 상
의한 뒤에 "그대가 황제에게 상소했으니,
황제에게 가게 될 것이오"라고 선포했습
니다.

아그립바 왕 앞에 선 바울

13 며칠이 지난 뒤, 유대의 아그립바 왕과 버
니게가 베스도에게 환영 인사를 하기 위해
가이사랴로 왔습니다.
14 그들이 가이사랴에서 여러 날을 머물게 되
어 베스도는 아그립바 왕과 바울 사건을 논
의하였습니다. 베스도가 말했습니다. "이
곳에 벨릭스가 옥에 가두어 둔 사람이 한
사람 있습니다.
15 내가 예루살렘에 갔더니, 대제사장들과 장
로들이 그 사람을 고소하면서 그에게 유
죄 판결을 내려달라고 요구했습니다.
16 그러나 나는, 어떤 사람이 고소를 당했을
때, 그 사람을 고소한 사람과 마주하게 해
서 고소한 것에 대해 변명할 기회를 주지
않고 그들에게 넘겨 주는 것은 로마의 관
습에 어긋난다고 말해 주었습니다.
17 그래서 유대인들이 나를 따라 이 곳 가이
사랴로 왔습니다. 나는 시간을 끌지 않고
그 이튿날, 재판을 소집하고 재판석에 앉
아서 그 사람을 불러오게 했습니다.
18 유대인들이 일어나 그를 고발하며 죄목을
늘어놓았지만, 내가 예상했던 것만큼 악
한 죄는 없었습니다.
19 그들이 바울과 논쟁을 한 것은 간단히 말
해서, 그들의 종교에 관한 것과 예수라는
어떤 죽은 자에 관한 것이었습니다. 바울
은 그 자가 살아 있다고 주장합니다.
20 나는 이와 같은 문제를 어떻게 조사해야

할지 몰라 망설이다가, 바울에게 예루살렘
으로 가서 이 문제에 대해 재판 받기를 원
하느냐고 물어 보았습니다.
21 그러나 바울이 황제에게 판결을 받을 때
까지 그대로 갇혀 있겠다고 해서 나는 바
울을 로마에 계신 황제에게 보낼 때까지
그를 가두어 두라고 명령했습니다."
22 그러자 아그립바가 베스도에게 "나도 그
사람의 말을 듣고 싶소"라고 말했습니다.
베스도는 "내일 그의 말을 들을 수 있게
하겠습니다"라고 대답했습니다.
23 이튿날, 아그립바와 버니게는 화려한 행렬
을 갖추고 군대 지휘관들과 그 도시의 유
지들과 함께 재판정에 나타났습니다. 베
스도가 명령하자, 바울이 끌려나왔습니다.
24 그 때, 베스도가 말했습니다. "아그립바 왕
전하, 그리고 이 자리에 함께하신 여러
분, 이 사람을 보십시오. 이 사람은 이 곳
과 예루살렘에 있는 모든 유대인들이 살려
두어서는 안 된다고 소리치면서 나에게
고소한 사람입니다.
25 그러나 내가 판단하기에 그는 죽임을 당
할 만한 죄를 범하지 않았습니다. 그런데
그가 황제에게 상소하였으므로 그를 로마
로 보내기로 결정했습니다.
26 하지만 이 사람에 관해서 황제께 써 보낼
만한 자료가 내게는 없습니다. 그래서 이
사람을 여러분 앞에, 특별히 아그립바 왕
앞에 불러 낸 것입니다. 나는 여러분이 이
사람을 심문하면 황제께 보고할 자료가
생기지 않을까 기대하고 있습니다.
27 황제께 죄수를 보내면서 그 죄목이 무엇
인지 알리지 않는 것은 사리에 맞지 않는
일이라고 생각합니다."

바울의 변호

26 아그립바가 바울에게 말했습니다.
"당신 자신에 대해 해명할 기회를
주겠다." 그러자 바울이 손을 들어올리며
변명을 하기 시작했습니다.
2 "아그립바 왕이시여, 저와 관련하여 유대
인들이 고소한 것에 대해 오늘 왕 앞에서
해명하게 된 것을 다행으로 생각합니다.
3 그것은 왕께서 유대인의 관습과 유대인들
이 서로 다투고 있는 문제들을 잘 알고 계
시기 때문입니다. 부탁드리고 싶은 것은
제 말을 끝까지 들어 달라는 것입니다.
4 모든 유대인들은 저의 일생을 다 알고 있
습니다. 저의 어린 시절부터 시작하여 동
족 가운데서, 그리고 예루살렘에서 어떻게
살아왔는지 잘 알고 있습니다.
5 그들이 저를 안 지는 오래 되었습니다. 그
들은 하려고만 했다면, 제가 우리 종교의
가장 엄격한 바리새파 사람이고, 바리새파
사람으로서 생활하였다는 것을 증언할 수
도 있을 것입니다.
6 지금 제가 여기 서서 재판을 받게 된 것
은 하나님께서 우리 조상들에게 약속하신
것에 대한 소망 때문입니다.
7 이 소망은 우리 열두 지파가 밤이나 낮이
나 열심을 다해 하나님을 섬기면서 그 약
속이 이루어지기를 바라는 것이었습니다.
왕이시여, 바로 이 소망 때문에 저는 유
대인들에게 고발을 당한 것입니다.
8 여러분은 어찌하여 하나님께서 죽은 사람
을 살리시는 것이 믿지 못할 일이라고 생
각하십니까?
9 한때는 저 역시 나사렛 예수의 이름을 반
대하는 일에 온 힘을 쏟아야 한다고 확신
했던 사람입니다.
10 제가 예루살렘에서 했던 일이 그런 일이
었습니다. 저는 대제사장들에게서 권한을
받아 많은 성도들을 감옥에 가두었습니
다. 그리고 그들을 죽이는 일에 찬성했습
니다.

알아두세요

25:11 가이사

매복(25:3 ambush) 몰래 숨다. 또는 적을 별안간에 공격하기 위하여 요긴한 곳에 숨어 동정을 살피면서 기다리는 것.

상소(25:11 appeal) 판결에 복종하지 않고 상급 법원에 사건의 재판을 다시 청구하는 일.

행렬(25:23 parade) 여럿이 줄지어 감.

11 저는 회당마다 찾아다니면서 여러 번 그
들을 처벌했으며 강제로 예수님을 저주하
게 했습니다. 그들을 향한 저의 분노가
어찌나 심하였던지 저는 다른 도시에까
지 찾아다니면서 그들을 박해하기도 했
습니다.

다마스커스 사건을 이야기하다

12 그러다가 한번은 대제사장들에게서 권한
을 위임받아 다마스커스로 가게 되었습니
다.
13 왕이시여, 저는 그 곳을 향해 가다가 정
오쯤 되어 하늘에서 해보다 더 밝은 빛이
저와 제 일행을 둘러 비추는 것을 보았습
니다.
14 우리는 모두 땅에 엎어졌습니다. 그 때에
저는 히브리 말로 '사울아, 사울아, 네가
어찌하여 나를 박해하느냐? 가시 돋친 채
찍을 발로 차 보아야 너만 다칠 뿐이다'
라는 음성을 들었습니다.
15 제가 '주님, 당신은 누구십니까?' 라고 묻
자, 주님께서는 이렇게 말씀하셨습니다.
'나는 네가 박해하는 예수다.
16 일어나라! 발을 딛고 서라! 내가 이렇게
네게 나타난 것은, 너를 나의 일꾼으로 삼
아 네가 본 것과 앞으로 내가 네게 보여
줄 것을 사람들에게 증언하도록 하기 위
해서이다.
17 내가 너를 이 백성과 이방인들에게서
구원할 것이며, 너를 이방인에게로 보
내어
18 그들의 눈을 뜨게 하고, 어둠에서 빛으
로, 사탄의 세력에서 하나님께로 돌아오
게 하겠다. 그리하여 그들의 죄를 용서받
을 수 있게 하고, 또 나를 믿어 거룩하게
된 백성들과 한자리에 들게 하겠다.'

바울이 자신의 사역을 설명하다

19 아그립바 왕이시여, 저는 하늘로부터 받
은 이 환상에 복종하지 않을 수 없었습
니다.
20 저는 처음에는 다마스커스 사람들에게, 그

그리스도인을
핍박했던 사울(26:9-11)

다음에는 예루살렘과 유대 지방의 모든 사
람들에게, 나중에는 이방인들에게까지 회
개하고 하나님께 돌아와서 회개한 모습을
행동으로써 보이라고 선포했습니다.
21 이런 일들 때문에 유대인들이 저를 성전
에서 붙잡아 죽이려고 했습니다.
22 그러나 저는 이 날까지 하나님의 도우심
을 받아 왔습니다. 그래서 지금 제가 본
것을 이 자리에서 높은 사람이나 낮은 사
람이나 모든 사람들에게 증언하고 있습니
다. 저는 모세와 예언자들이 앞으로 일어
나리라고 예언한 것 이외에는 아무것도
말하지 않았습니다.
23 모세와 예언자들은 그리스도께서 고난을
당하신다는 것과 죽은 자들 가운데서 먼
저 부활하실 것과 자기 백성과 이방인들
에게 빛을 선포하실 것을 예언했습니
다."

아그립바를 전도하는 바울

24 바울이 이런 식으로 변명하자, 베스도가
바울을 향해 큰소리로 "바울아, 네가 미쳤
구나. 너의 많은 학식 때문에 네가 미쳐
버렸다"라고 말했습니다.
25 그러나 바울은 이렇게 대답했습니다. "베
스도 각하, 저는 미치지 않았습니다. 제가
드린 말은 다 사실입니다. 전부 맑은 정
신으로 하는 말입니다.
26 아그립바 왕이 이 사실을 알고 계시므로
제가 거리낌없이 말씀드릴 수 있었던 것
입니다. 이 일은 어느 한 구석에서 일어
난 일이 아니기 때문에 어느 하나도 왕이
모르실 리가 없다고 저는 확신합니다.
27 아그립바 왕이시여, 예언자들의 말을 믿으
십니까? 믿으시는 줄 압니다."
28 그러자 아그립바 왕이 바울에게 말했습니
다. "그토록 짧은 시간에 나를 설득하여
그리스도인이 되게 할 수 있다고 생각하는
가?"
29 바울이 대답했습니다. "짧은 시간이든 긴
시간이든 왕뿐만 아니라 지금 제 말을 듣
고 있는 모든 사람들이 이렇게 결박된 것
말고는 저처럼 되기를 하나님께 기도합
니다."
30 그러자 아그립바 왕과 베스도 총독과 버니
게를 비롯해서 그들과 함께 앉아 있던 사
람들이 다 일어났습니다.
31 그들은 그 방을 나갔습니다. 그들은 서로
이야기하면서 "이 사람은 사형을 당하거
나 감옥에 갇힐 만한 일은 하나도 하지 않
았다"고 말했습니다.
32 아그립바는 베스도에게 "이 사람이 황제에
게 상소하지 않았다면, 지금 석방될 수도
있었을 텐데"라고 말했습니다.

바울이 로마로 호송되다

27 우리가 배를 타고 이탈리아로 가기
로 결정되자, 그들은 황제 부대 소
속 율리오라는 백부장에게 바울과 다른 죄
수들을 넘겨 주었습니다.
2 우리는 아드라뭇데노에서 온 배를 타고 떠
났습니다. 그 배는 아시아 지방의 여러 항
구를 거쳐 가는 배였습니다. 데살로니가
출신의 마케도니아 사람인 아리스다고가
우리와 함께 가게 되었습니다.
3 이튿날, 우리는 시돈에 도착했습니다. 율
리오는 바울에게 매우 친절했습니다. 그는
바울이 자유롭게 친구들에게 갈 수 있게
해 주었고, 그들이 바울에게 쓸 것을 줄
수 있게 하였습니다.
4 시돈을 떠나 항해를 계속하려고 했을 때,
맞바람이 세차게 불어 와 키프로스 섬에
바짝 붙어 항해해야 했습니다.
5 우리는 길리기아와 밤빌리아 앞 바다를 가
로질러 항해한 후에 루기아 지방의 무라에
도착했습니다.
6 그 곳에서 로마 군대 백부장은 알렉산드리
아를 떠나 이탈리아로 가는 배를 발견하고

권한(26:12 authority) 권리나 권력 또는 직권이 미치는 범위.
결박(26:29 binding) 몸, 손 따위를 마음대로 움직이지 못하게 단단히 동이어 묶음.
석방(26:32 release) 구속된 사람을 풀어 자유롭게 하는 것.

우리를 그 배에 태웠습니다.
7 우리는 며칠 동안, 천천히 항해한 끝에 간
신히 니도 앞 바다에 이르게 되었습니다.
맞바람이 너무 세차게 불어 와 우리가 가
려던 항로로 더 이상 나아갈 수 없어서 살
모네 맞은편에 있는 크레타 섬을 끼고 항
해하였습니다.
8 우리는 해안가를 따라 어렵게 항해하여
라새아라는 도시에서 가까운 '아름다운
항구'라 하는 곳에 도착하였습니다.
9 시간을 많이 빼앗긴 데다가 이미 금식
기간*도 지나 더 이상 항해하는 것이 위
험했으므로 바울이 그들에게 충고했습
니다.
10 "여러분, 계속해서 항해를 하다가는 큰
어려움을 겪게 될 것이라고 생각합니다.
배와 짐만 손실되는 것이 아니라 우리 목
숨까지도 잃게 될 것입니다."
11 그러나 백부장은 바울의 말을 듣기보다는
선장과 선주의 말을 더 믿었습니다.
12 그 항구는 겨울을 보내기에는 적당하지
못한 항구였기 때문에 사람들은 대부분
그 곳을 떠나 뵈닉스에 가서 겨울을 보내
고 싶어했습니다. 뵈닉스는 크레타 섬에
있는 항구 도시인데 남서쪽과 북서쪽을
향해 위치한 곳이었습니다.

폭풍

13 마침 남쪽에서 순풍이 불기 시작하자, 사
람들은 자기들의 계획대로 되리라고 생각
했습니다. 그래서 그들은 닻을 올리고 크
레타 섬 해안을 따라 항해하기 시작했습
니다.
14 그런데 갑자기 '유라굴로'*라고 부르는 폭
풍이 섬 쪽에서 불어 왔습니다.
15 배는 폭풍에 휘말려 바람을 거슬러 조금
도 앞으로 나아가지를 못했습니다. 그래
서 우리는 앞으로 가려는 노력은 포기하
고 바람이 부는 대로 배를 내맡기고 표류
하기 시작했습니다.
16 그러다가 가우다라는 작은 섬의 남쪽 방
향으로 떠밀려갈 때에 우리는 간신히 거
룻배를 끌어올릴 수 있었습니다.
17 선원들은 거룻배를 끌어올린 다음에 밧줄
로 동여맸습니다. 그들은 배가 스르디스의
모래톱에 걸릴까 염려하여 돛을 내리고
배를 바람 부는 대로 떠밀려가게 했습니
다.
18 우리가 폭풍에 너무도 시달리자 이튿날에
는 선원들이 짐을 바다에 내던졌습니다.
19 삼 일째 되는 날에는 배의 장비마저 내어
던졌습니다.
20 우리는 며칠째 해도 보지 못했고 별도 보
지 못했습니다. 바람은 계속해서 거세게
불어 왔습니다. 결국 우리는 살아남을 수
있다는 희망을 모두 포기하고 말았습니
다.
21 사람들이 오랫동안 아무것도 먹지 못하고
있는 가운데 바울이 일어나 그들에게 말
했습니다. "여러분, 내가 크레타 섬을 떠
나지 말자고 한 말을 들었어야 했습니다.
그랬다면 이런 손해를 입지 않았을 것이
고 물건을 잃어버리지도 않았을 것입니
다.
22 하지만 여러분, 이제 제가 권합니다. 용
기를 내십시오. 이 배만 잃을 뿐 여러분

성경 속의 궁금증

금식 기간의 항해는 왜 위험했을까요?

여기서 말하는 금식 기간은 대속죄일로서 양력으로 따지면 10월이었습니다. 바울이 로마로 가던 해, 곧 A.D. 59년의 대속죄일은 10월 5일이었습니다. 지중해는 겨울철에 접어들면 도저히 항해할 수 없을 정도로 날씨가 순조롭지 못했기 때문에 다음 해 2월 초까지 모든 항해가 중지되었습니다. 결국 그들은 의논 끝에 뵈닉스 항에 가서 겨울을 나기로 결정했습니다. 왜냐하면 '아름다운 항구'(미항)는 작은 촌락에 배를 정박시키기도 불편한 항구였지만, 뵈닉스 항은 서북풍을 막아 주는 온화한 항구였기 때문입니다. 본문 보기 27장 9절

중에는 한 사람도 목숨을 잃지 않을 것입니다.
23 지난 밤에 나의 주님이요, 내가 섬기는 하나님의 천사가 내 곁에 나타나 이렇게 말해 주었습니다.
24 '바울아, 두려워하지 마라. 너는 반드시 황제 가이사 앞에 서야 한다. 하나님께서 너와 함께 항해하는 모든 사람들의 목숨을 너에게 맡겨 주셨다.'
25 그러니 여러분, 용기를 내십시오. 나는 하나님을 믿습니다. 모든 일이 하나님의 천사가 내게 말씀하신 대로 이루어질 것입니다.
26 우리는 반드시 어떤 섬에 밀려가 닿게 될 것입니다."
27 십사 일 되던 밤에 우리는 아드리아 바다에서 표류하였습니다. 한밤중에 선원들은 우리가 어떤 섬에 가까워지고 있음을 느꼈습니다.
28 그래서 물 깊이를 재어 보니 약 40미터였고, 조금 더 가서 다시 재어 보니 이번에는 약 30미터였습니다.
29 우리는 혹시 암초에 걸리지는 않을까 염려가 되어 닻 네 개를 물에 던져 놓고 날이 밝기를 기다렸습니다.
30 그런데 선원 몇 사람이 배에서 빠져 나갈 속셈으로 배 앞쪽에 닻을 더 내린다는 구실로 거룻배를 물에 내렸습니다.
31 그러자 바울이 백부장과 군인들에게 "이 사람들이 배에 남아 있지 않으면 당신들마저 구조되지 못합니다"라고 말했습니다.
32 그래서 군인들이 밧줄을 끊어서 거룻배를 떼어 버렸습니다.
33 날이 밝을 무렵, 바울은 모든 사람에게 음식을 먹으라고 권하면서 말했습니다. "지난 십사 일 동안, 여러분은 마음을 졸이며 지금까지 아무것도 먹지 않고 지냈습니다.
34 하지만 이제는 음식을 드십시오. 그래야 살아남을 수 있습니다. 여러분 중에 그 누구도 머리카락 하나도 잃지 않을 것입니다."
35 바울은 이 말을 하고서 모든 사람 앞에서 빵을 들어 하나님께 감사 기도를 드리고 빵을 떼어 먹기 시작했습니다.
36 그러자 사람들도 용기를 얻어 음식을 먹었습니다.
37 배 안에 있던 사람들은 모두 이백칠십육 명이었습니다.
38 사람들은 음식을 배불리 먹고 나서 식량을 바다에 던져 배를 가볍게 했습니다.

파선

39 날이 밝았습니다. 사람들은 그 곳이 어느 땅인지는 알 수 없었지만 그들의 눈에 모래밭이 있는 항만이 눈에 띄었습니다. 그래서 그들은 어떻게 해서든지 배를 모래밭에 대기로 작정하였습니다.
40 그들은 닻줄을 끊어서 닻을 바다에 내버리는 동시에 키를 묶은 밧줄을 풀었습니다. 그리고 앞 돛을 올려서 바람을 타고 해안 쪽으로 배를 몰았습니다.
41 그러나 배는 두 물살이 만나는 곳에 들어가 모래톱에 걸리고 말았습니다. 뱃머리는 꼼짝도 하지 않고, 배 뒤쪽은 거센 파도에 부딪혀 깨어졌습니다.
42 군인들은 죄수들이 헤엄쳐 도망칠까봐, 그들을 죽이려고 계획을 짰습니다.
43 그러나 백부장 율리오는 바울을 살리고 싶어했습니다. 그는 군인들이 죄수를 죽이지 못하도록 헤엄칠 수 있는 사람은 모두 바다로 뛰어들어 육지로 올라가라고 명령

알아두세요

27:9 금식 기간은 음력 9월 20일쯤으로, 이때가 지나면 항해하기가 어려운 날씨였다.
27:14 '유라굴로'는 '북동풍'을 뜻하는 말이다.

표류(27:27 drift) 물에 떠서 흘러가는 것.
암초(27:29 rock) 물 속에 잠겨 보이지 않는 바위나 산호.
키(27:40 rudder) 배의 방향을 조정하는 장치. 고대의 배에는 고물 양편에 이러한 키의 역할을 하는 노가 있었음.

했습니다.
44 남은 사람들은 널빤지나 부서진 배 조각
을 붙잡고 나가게 명령했습니다. 그들은
모두 무사히 육지로 올라왔습니다.

몰타 섬에 다다른 바울

28 우리는 육지에 무사히 오른 뒤에
야 그 섬이 몰타 섬이라는 것을 알
았습니다.
2 비가 오고 매우 추웠습니다. 섬 사람들은
우리에게 분에 넘치는 친절을 베풀며 불
을 피워 놓고 우리를 맞아 주었습니다.
3 바울이 장작을 한 무더기 모아다가 불에
넣었는데, 뜨거운 불 때문에 독사가 튀어
나와 바울의 손을 물었습니다.
4 섬 사람들은 독사가 바울의 손에 매달려
있는 것을 보고 "이 사람은 틀림없이 살
인자다. 바다에서는 살아 나왔는지 모르
지만 '정의의 신'이 그를 살려 두지 않을
것이다"라며 서로 수군거렸습니다.

성경 자세히 이해하기

정의의 신

시실리 섬에서 100km, 아프리카로부터는 340km 떨어진 곳에 위치한 멜리데(몰타) 섬. 이 섬의 원주민들이 말했던 '정의의 신'은 원어로 '헤 디케'로서, 그리스 신화에서 '인과응보의 신' 또는 '복수의 여신'으로 알려진 '네메시스'를 가리킵니다. 인과응보 사상을 믿고 있었던 몰타의 원주민들은 바울이 독사에게 물린 것을 보고 그가 살인자이기 때문에 네메시스 신이 그의 생명을 빼앗는 것이라고 말했습니다.

본문 보기 28장 4절

알려 드려요

28:11 '디오스구도'라고 하며 제우스의 쌍둥이 아들들을 가리킨다.
28:12 '수라구사'의 현재 지명은 '시라쿠스'이다.
28:15 '압비오 광장'은 로마에서 약 70km 떨어진 곳에 있는 광장이며, '세 여관'은 로마에서 약 57km 떨어진 '트레스 타베르나이'란 이름을 가진 곳이다. 개역 성경에는 각각 '압비오 저자'와 '삼관'으로 표기되어 있다.

5 그러나 바울은 그 뱀을 불 속에 떨어 버
렸고, 아무런 해도 입지 않았습니다.
6 사람들은 바울의 몸이 부어 오르거나 그
가 갑자기 땅바닥에 쓰러져 죽으리라고
예상했습니다. 그런데 아무리 기다려도
바울에게 아무런 일이 일어나지 않자, 그
들은 바울을 달리 생각하게 되었습니다.
그들은 바울을 신이라고 불렀습니다.
7 그 근처에 그 섬의 추장인 보블리오가 땅
을 소유하고 있었습니다. 그 사람이 우리
를 자기 집으로 초대해서 삼 일 동안, 친
절하게 대접해 주었습니다.
8 때마침, 보블리오의 아버지가 열병과 이질
에 걸려 자리에 누워 있었습니다. 바울이
그를 찾아가 기도하고 그 사람의 몸에 손
을 얹어 그를 낫게 하였습니다.
9 이 일이 있은 뒤에, 그 섬에서 병을 앓고
있는 다른 사람들도 바울을 찾아와 고침
을 받았습니다.
10 그 섬 사람들은 우리를 잘 대접해 주었습
니다. 우리가 떠나려고 할 때, 그들은 필
요한 물건들을 배에 실어 주었습니다.

로마에 도착한 바울

11 석 달이 지난 후, 우리는 그 섬에서 겨울
을 보낸 알렉산드리아 배를 타고 뱃길에
올랐습니다. 그 배의 앞에는 쌍둥이 신*
표시가 있었습니다.
12 우리는 수라구사*에 배를 대고 삼 일 동안
을 지냈습니다.
13 그 곳을 떠나서는 레기온에 도착했습니
다. 그 이튿날, 남풍이 불어 와서 그 곳
을 쉽게 벗어날 수 있었습니다. 이틀만에
우리는 보디올에 닿았습니다.
14 거기서 우리는 신자들을 만나 그들의 초
청을 받고 일 주일 동안, 그들과 함께 지
냈습니다. 그런 뒤에 마침내 우리는 로마
에 도착했습니다.
15 로마에 있는 형제들은 우리가 온다는 소
식을 듣고 '압비오 광장'*과 '세 여관'*까
지 우리를 마중하러 왔습니다. 바울은 그
들을 보자, 용기를 얻었으며 하나님께 감
사했습니다.

로마에서 전도하는 바울

16 우리가 로마에 도착했을 때, 바울은 그를
지키는 군인 한 사람과 함께 혼자 지내도
된다는 허락을 받았습니다.
17 삼 일 뒤에 바울은 그 곳의 유대인 지도자
들을 불러 모았습니다. 그들이 모이자, 바
울은 이렇게 말했습니다. "동포 여러분,
나는 우리 백성이나 우리 조상들의 관습
을 거스르는 일을 한 적이 없습니다. 그
런데도 나는 예루살렘에서 붙잡혀 로마 사
람들의 손에 넘겨졌습니다.
18 로마 사람들이 나를 심문했으나 내게는
사형을 당할 만한 죄가 없다는 것을 알고,
나를 풀어 주려 했습니다.
19 그런데 그 곳의 유대인들이 반대해서 나
는 로마에 와서 황제에게 상소할 수밖에
없었습니다. 그렇다고 해서 내 백성을 고
발하려는 것은 아닙니다.
20 이런 이유로 여러분을 뵙고 말씀드리고자
오시라고 했던 것입니다. 내가 이렇게 사
슬에 매인 것은 이스라엘의 소망 때문입니
다."
21 유대인들이 바울에게 대답했습니다. "우리
는 아직 유대로부터 당신에 관한 어떤 편
지도 받은 적이 없습니다. 또 유대로부터
온 우리 형제들 중에서 당신에 관한 나쁜
소문을 전하거나 당신을 나쁘게 말한 사
람도 없습니다.
22 우리는 다만 당신 생각을 듣고 싶습니다.
우리가 알기로는 어디를 가도 당신 종파
에 대해서 반대하는 사람이 많다고 합니
다."
23 바울과 유대인들은 만날 날짜를 정했습니
다. 그 날이 되었을 때, 더 많은 유대인들
이 바울이 지내고 있는 곳으로 모였습니
다. 바울은 아침부터 저녁까지 그들에게
하나님의 나라를 설명하고 선포했습니다.
또 모세와 예언자들의 글을 예로 들어서
그들이 예수에 관한 것을 믿게 하려 애썼
습니다.

독사에게 물렸어도
아무런 해를 입지 않은 바울(28:3-6)

24 바울의 말을 믿는 사람들도 있었지만 믿
지 않는 사람들도 있었습니다.
25 그들이 이처럼 의견이 갈린 채 헤어질 때
에 바울이 한 마디 말을 남겼습니다. "성
령께서 예언자 이사야를 통해 여러분의 조
상에게 말씀하신 것은 진리입니다.
26 '이 백성에게 가서 말하여라. 너희가 듣
기는 들어도 깨닫지 못하고 보기는 보아
도 알지 못할 것이다.
27 이 백성의 마음이 무디어졌고, 귀로는 듣
지 못하며 눈은 감겼다. 이는 그들이 눈
으로 보고 귀로 듣고 마음으로 깨닫고 내
게 돌아와 고침을 받지 못하게 하려는 것
이다.'*
28 그러므로 여러분은 하나님의 이 구원이
이방인들에게도 전파되었다는 것을 알아
야 합니다. 그들은 들을 것입니다."
29 (없음)*
30 바울은 자기 셋집에서 꼬박 이 년을 지내
면서 자기를 찾아오는 사람들을 다 맞이
하였습니다.
31 그는 담대하게, 그리고 아무런 방해도 받
지 않고 하나님의 나라를 전하고 주 예수
그리스도에 관해 가르쳤습니다.

성경 속의 궁금증

사도행전 이후 바울의 생애는 어땠을까요?

사도행전은 옥에 갇힌 바울이 재판을 기다리는 장면으로 끝을 맺고 있습니다. 신약 성경의 바울의 편지들과 초기 기독교의 문헌들을 종합해 볼 때 그의 생애는 다음과 같이 이어졌을 것으로 짐작이 됩니다. 바울은 첫 번째 투옥 기간 중에 디모데전서를 썼고, 그 뒤에 풀려나 스페인으로 선교 여행을 떠납니다. 얼마 후 다시 체포되어 로마로 이송되고 그 기간에 디모데후서를 씁니다. 마지막으로 사형 선고를 받은 바울은 A.D. 70년경 베드로처럼 로마에서 처형을 당하는 것으로 생을 마감하게 됩니다.

본문 보기 28장

알아두세요

28:26-27 사 6:9-10에 기록되어 있다.
28:29 어떤 사본에는 다음과 같은 구절이 있다. "그가 이 말을 마쳤을 때에 유대인들이 서로 크게 논쟁하며 가더라."

로 마 서

Romans

저자

저자는 사도 바울이다.

저작 연대

A.D. 55-56년경

주요 인물

바울, 뵈뵈, 더디오

기록 목적과 대상

로마 교회 방문을 준비하면서 하나님의 구원 계획을 설명하고 율법주의적인 그리스도인을 권면하기 위해 기록하였다. 그 대상은 유대인과 이방인을 포함해서 로마에 있는 모든 그리스도인들이다.

내용 소개

1. 서론(1:1-17)
2. 오직 믿음으로 말미암아 하나님께로부터 오는 의의 계시(1:18-4:25)
3. 믿음으로 의롭게 된 자들을 위해 약속된 생활(5-8장)
4. 하나님의 계획 속에 있는 이스라엘과 이방인(9-11장)
5. 믿음으로 의롭게 된 자들에게 요구된 순종(12:1-15:13)
6. 결론(15:14-16:27)

인사

1 나 바울은 사도로 부름을 받은 그리스도
예수의 종으로서, 하나님의 복음을 위해
특별히 선택되었습니다.
2 이 복음은, 하나님께서 오래 전에 예언자
들을 통해 성경에 약속하신 그리스도 예수
에 대한 소식입니다.
3 하나님의 아들이신 그분은 인간의 족보로
는 다윗의 후손으로 태어나셨습니다.
4 그러나 성결하게 하는 영으로는 죽은 자
들 가운데서 부활하심으로써 능력 있는
하나님의 아들로 선언되셨습니다. 이분이
바로 우리 주 예수 그리스도이십니다.
5 그분을 통해 우리는 은혜와 사도의 직분
을 얻었습니다. 우리가 해야 할 일은 모
든 이방인들을 불러 주 예수 그리스도의
이름을 믿고 순종하게 하는 것입니다.
6 여러분도 그들과 함께 부르심을 받아 예
수 그리스도의 사람이 되었습니다.
7 하나님의 사랑을 받아 성도로 부름을 받
게 된 로마에 있는 모든 분들에게, 하나
님 우리 아버지와 주 예수 그리스도께서
은혜와 평강을 내리시기를 바랍니다.

로마 방문을 간절히 원하는 바울

8 먼저 예수 그리스도를 통해 나의 하나님께
감사합니다. 이는 여러분의 믿음이 온 세
상에 널리 알려졌기 때문입니다.
9 나는 하나님의 아들에 관한 복음을 전할
때마다 기도중에 늘 여러분을 생각하고
있었습니다. 내가 전심으로 섬기는 하나
님께서 나의 증인이 되십니다.
10 지금 나는 하나님의 뜻이라면 여러분에게
갈 수 있는 길이 열리기를 기도합니다.
11 내가 여러분을 간절히 보고 싶어하는 까

성경 속의 궁금증

로마 교회는 어떻게 세워졌을까요?

초대 교회 당시, 로마에는 많은 유대인들이 살고 있었습니다. 이들은 B.C. 63년 로마가 유대를 정복했을 때, 로마에 포로로 잡혀 가 노예로 살다가 그대로 정착한 사람들이었습니다. 이들을 비롯해 유대교로 개종한 사람들은 유대의 절기를 지키기 위해 예루살렘을 방문하곤 했는데, 3대 절기의 하나인 오순절에도 예루살렘을 방문하였습니다(행 2:5,10). 여기서 들은 복음을 가지고 로마로 돌아온 사람들은 헌신적으로 복음을 전파했고, 그 결과 로마에 그리스도인의 공동체가 만들어졌던 것입니다. 본문 보기 1장 7절

닮은 성령께서 주시는 선물을 나누어 주
어 여러분을 강하게 하기 위함입니다.
12 이것은 여러분과 내가 각 사람의 믿음으
로 서로 위로를 받고자 하는 데 있습니다.
13 형제 자매 여러분, 내가 여러 번 여러분
에게 갈 계획을 세웠으나 뜻대로 되지 못
했다는 것을 아시기 바랍니다. 그것은 다
른 이방인들 사이에서 믿는 자들을 얻은
것처럼, 여러분 중에서도 어떤 열매를 얻
고 싶었기 때문입니다.
14 나는 그리스인이든지 미개인이든지 지식인
이든지 문맹인이든지 가리지 않고 어느 누
구에게나 복음을 전할 책임이 있습니다.
15 그래서 로마에 있는 여러분에게도 복음을
전하기를 간절히 바라는 것입니다.

복음의 능력

16 나는 복음을 부끄러워하지 않습니다. 그
것은 이 복음이 유대인으로부터 시작해서
이방인들에 이르기까지 모든 믿는 사람을
구원에 이르게 하는 하나님의 능력이기
때문입니다.

성경 속의 궁금증

율법을 듣지도 못한 사람이 어떻게 율법을 어긴 것에 대해 책임을 질 수 있나요?

이 점에 대해서 바울은 하나님께서 이방인들을 심판하실 때, 그들이 전혀 알지도 못했던 성경의 율법을 근거로 심판하시지는 않는다고 말합니다. 그는 어느 시대, 어느 사회건 옳고 그름에 관한 일정한 표준을 정하고 있으며, 만약 사람이 잘못을 범하면 그는 자기 사회의 표준에 의해 양심의 가책을 받는다는 사실을 지적합니다. 이것이 마음에 새긴 율법이 되며, 이교도들도 이에 따라 그들 나름의 표준으로 심판을 받게 되는 것입니다. 단, 모든 사람들이 스스로 잘못인 줄 알면서도 죄를 지었을 테니 모두 유죄 판결을 받게 되겠지요. 본문 보기 2장 12–16절

알아두세요

1:17 합 2:4에 기록되어 있다.

17 하나님께서 주시는 의가 복음에 계시되어
있습니다. 성경에 "의인은 믿음으로 인하
여 살 것이다"*라고 기록되어 있듯이, 하
나님께로부터 오는 의는 처음부터 끝까지
믿음으로 얻을 수 있는 것입니다.

모든 사람은 죄인이다

18 하나님의 진노가 하늘로부터 나타나서,
불의한 행동으로 진리를 거스르는 사람들
이 행한 모든 경건치 않은 것과 불의를 치
십니다.
19 하나님께서는 사람들에게 하나님을 알 수
있게 하셨으므로 사람들 속에 하나님을
알 만한 것이 있다는 것은 분명합니다.
20 세상이 창조된 이래로 하나님의 보이지
않는 성품인 그분의 영원한 능력과 신성
은 그가 만드신 만물을 보고서 분명히 알
수 있게 되었습니다. 그러므로 사람들은
핑계를 댈 수 없습니다.
21 사람들은 하나님을 알면서도 하나님께 영
광을 돌리지도 않았고, 하나님께 감사하
지도 않았습니다. 오히려 사람들은 헛된
것을 생각했으며, 그들의 어리석은 마음
은 어둠으로 가득 찼습니다.
22 사람들은 자기들이 지혜롭다고 생각하지
만, 사실은 어리석습니다.
23 또 사람들은 불멸의 하나님의 영광을 죽
을 수밖에 없는 인간이나 새나 짐승 또는
뱀과 같은 모양으로 바꾸어 버렸습니다.
24 그래서 하나님께서는 사람들이 원하는 대
로 죄악된 행동을 하도록 내버려 두셨습
니다. 사람들은 이제 가지각색의 더러운
죄를 지어 자기들끼리 부끄러운 짓을 행
하여 몸을 더럽혔습니다.
25 사람들은 하나님의 진리를 거짓으로 바꾸
었습니다. 창조주 되신 하나님보다 지음
받은 피조물들을 더 예배하고 섬겼습니
다. 하나님은 영원히 찬송을 받으실 분입
니다. 아멘.
26 이런 이유로 하나님은 사람들을 부끄러운
욕망의 노예로 살게 내버려 두셨습니다.
여자들은 남자들과의 자연스러운 성 관계
를 여자와 성 관계를 갖는 것으로 바꾸었

습니다.
27 이와 똑같이 남자들도 여자들과 행하는
자연스러운 성 관계를 버리고 남자들끼리
정욕에 불타, 남자가 남자와 부끄러운 짓
을 했습니다. 그래서 스스로 그 잘못에 합
당한 벌을 받았습니다.
28 사람들이 하나님을 아는 것을 하찮게 여
겼으므로, 하나님께서는 사람들이 타락한
생각에 빠지게 하시고 사람들이 해서는
안 될 일들을 하게 내버려 두셨습니다.
29 그들은 온갖 불의와 악행과 탐욕과 악독
으로 가득 찬 사람들입니다. 또한 시기와
살인과 다툼과 속임과 적의로 가득 찼으
며, 남에 대해 말하기를 좋아하고,
30 남들을 비방하고, 하나님을 미워하며, 거
만하고 건방지며, 뽐내기를 잘합니다. 그
들은 악한 일을 계획하고, 부모님께 순종
하지 않습니다.
31 그들은 양심도 없으며, 약속을 지키지 않
으며, 친절하지도 않고, 동정심도 없습니
다.
32 사람들은 그런 일을 행하는 사람은 죽어
마땅하다는 하나님의 의로우신 법을 알면
서도 자신들만 그런 악한 행동을 계속하
는 것이 아니라 그런 행동을 저지르는 다
른 사람들까지 잘한다고 두둔합니다.

하나님의 의로우신 심판

2 그러므로 다른 사람을 판단하는 사람
도 변명할 수 없게 되었습니다. 다른
사람을 판단하는 사람은 자신도 똑같은
행동을 하고 있으므로, 자기 자신을 판단
하는 셈입니다.
2 이런 일을 행하는 사람들에게 하나님께서
의로운 심판을 내리시리라는 것을 우리는
알고 있습니다.
3 악한 일을 행하는 사람들을 판단하면서
실은 자신도 똑같은 일을 하고 있는 사람
에게 한 마디 하겠습니다. 그대가 혹시라
도 하나님의 심판을 피할 수 있다고 생각
합니까?
4 그렇지 않다면, 하나님의 자비로우심이
여러분을 회개로 이끄신다는 것을 깨닫지
못하고, 그분의 자비로우심과 넓으신 아
량과 오래 참으심의 풍성함을 멸시하는
것입니까?
5 어리석게도 이런 사람은 완고하고 회개하
지 않음으로 말미암아, 하나님의 의로우
신 심판이 나타나는 날에 받을 진노를 스
스로 쌓고 있습니다.
6 하나님께서는 각 사람이 행한 그대로 갚
아 주실 것입니다.
7 인내로써 선한 일을 행하며, 영광과 존귀
와 영원한 것을 구하는 사람들에게는 하
나님께서 영생을 주실 것입니다.
8 그러나 이기적인 욕심만 가득하여 진리를
거스르고 옳지 않은 것을 따르는 사람에
게는 하나님께서 진노와 화를 내리실 것
입니다.
9 악한 일을 행하는 모든 사람에게 환난과
고통이 있을 것입니다. 유대인으로부터
시작해서 이방인들에 이르기까지 그러할
것입니다.
10 그러나 선한 일을 행하는 모든 사람에게
는 영광과 존귀와 평강이 있을 것입니다.
유대인으로부터 시작해서 이방인들에 이
르기까지 그러할 것입니다.
11 그것은 하나님께서 모든 사람을 차별하지
않으시기 때문입니다.
12 율법을 모르는 사람들이 죄를 지으면 율
법과 상관없이 망할 것이요, 율법을 아는
사람들이 죄를 지으면 율법에 따라 심판
을 받을 것입니다.
13 그것은 하나님 앞에서는 율법을 듣는 사
람이 의로운 사람이 아니라 오직 율법을

회개(2:4 repentance) 하나님을 떠난 사람이 지난날의 죄를 깊이 후회하고 전인격적으로 하나님께로 돌이킴.
아량(2:4 tolerance) 남의 어려운 형편을 알아 주고 함께 슬퍼하며 걱정하는 마음.
평강(2:10 peace) 마음이 잔잔하여 걱정이 없음. 히브리어로는 '샬롬'으로 사람이 줄 수 없고 하나님이 줄 수 있는 평안을 말함.

행하는 사람이라야 의롭다고 인정받기 때
문입니다.
14 이런 까닭에 율법을 가지고 있지 않은 이
방인들이 본성에 따라서 율법이 요구하는
대로 행하였다면, 그 사람은 율법을 가지
고 있지 않지만 자신이 자기에게 율법이
되는 것입니다.
15 이런 사람들은 율법이 요구하는 것이 그
들 마음속에 새겨져 있는 것을 보여 주며,
그들의 양심이 그것을 증언하고, 그들의
생각이 그들의 잘못을 고소하기도 하며,
그들 자신을 변명하기도 합니다.
16 이 모든 일은, 내가 전파한 복음대로, 하
나님께서 예수 그리스도를 통해 사람들의
비밀스런 삶들을 심판하실 때, 일어날 것
입니다.

유대인과 율법

17 자신을 유대인이라 부르는 여러분은 어떠
합니까? 여러분은 모세의 율법을 의지하
며 하나님과 사귄다고 자랑합니다.
18 여러분은 하나님의 뜻이 무엇인지도 알
며, 율법을 배웠기 때문에 무엇이 옳은지
도 분별할 수 있습니다.
19 여러분은 스스로가 앞 못 보는 사람의 인
도자요, 어둠 속에 있는 사람의 빛이라고
확신하고 있습니다.
20 또 율법에서 지식과 진리의 근본을 터득
했다고 하면서 여러분 자신을 어리석은
사람의 교사요, 어린아이의 선생이라고
생각합니다.
21 그러는 여러분이 다른 사람은 가르치면
서, 왜 여러분 자신은 가르치지 않습니
까? 다른 사람에게는 도둑질하지 말라고
설교하면서, 여러분 자신은 왜 도둑질을
합니까?
22 간음하지 말라고 말하면서 여러분은 왜
간음을 행합니까? 우상은 미워하면서, 여
러분은 왜 신전에 있는 물건을 훔칩니까?
23 율법이 있다고 자랑하면서도 그 율법을
지키지 않음으로써 하나님을 욕되게 하는
까닭은 또 무엇입니까?
24 "너희 때문에 하나님의 이름이 이방인들
사이에서 욕을 먹고 있다"*고 성경에 기록
된 말씀과 어쩌면 그렇게도 똑같습니까!
25 여러분이 율법을 지키면 여러분이 받은
할례는 가치 있는 것이 되지만, 율법을 지

겉모습만 유대인인 사람은 진정한 유대인이 아닙니다.
성령을 따라 마음에 할례를 받은 사람이 진정한 유대인입니다(2:28-29)

키지 않으면 여러분은 할례를 받지 않은
사람처럼 되고 맙니다.
26 반대로 할례를 받지 않은 이방인이 율법
이 명하는 내용들을 지키면, 하나님께서
는 그 사람을 할례를 받은 사람으로 여기
지 않겠습니까?
27 할례는 받지 않았어도 율법을 지키는 사
람이, 할례는 받았으나 율법을 어기는 여
러분을 오히려 율법의 파괴자라고 판단할
것입니다.
28 그러므로 겉모습만 유대인인 사람은 진정
한 의미에서 유대인이 아닙니다. 그리고
몸에만 행해진 할례는 진정한 의미에서
할례가 아닙니다.
29 마음으로 유대인인 사람이 진정한 의미
에서 유대인입니다. 그리고 율법이 아니
라 성령을 따라 마음에 받는 할례가 진
정한 의미의 할례입니다. 그런 사람은
사람이 아니라 하나님께로부터 칭찬을
받습니다.

하나님의 신실하심

3 그렇다면 유대인이 이방인보다 더 나
은 것은 무엇입니까? 또 할례의 가치
는 무엇이겠습니까?
2 모든 면에서 많이 있습니다. 첫째로 중요
한 것은 유대인들이 하나님의 말씀을 맡
았다는 사실입니다.
3 그런데 만일 유대인 중에 하나님을 믿지
않는 사람이 있다면 어떻겠습니까? 이 사
람들이 믿지 않는다고 해서 하나님의 신
실하심이 무효가 되겠습니까?
4 절대로 그렇지 않습니다! 설령 모든 사람
이 거짓말쟁이라 하더라도, 하나님은 참
되십니다. 성경에도 이렇게 기록되어 있
습니다. "주께서는 주님의 말씀으로 의로
우심을 나타내시고, 심판하실 때 주님께
서 이기실 것입니다."*
5 내가 사람들이 사용하는 논리의 방식대로
말해 보겠습니다. 우리가 의롭지 못한 것
때문에 하나님의 의로우심이 더욱 밝히
드러날 경우, 뭐라고 말하겠습니까? 우리
에게 진노를 내리시는 하나님을 의롭지
못하다고 하겠습니까?
6 결코 그럴 수 없습니다! 하나님께서 의롭
지 못하시다면, 어떻게 하나님께서 세상
을 심판하시겠습니까?
7 사람들 중에는 "내가 거짓말을 하여, 그
때문에 하나님의 참되심이 드러난다면 오
히려 하나님께 영광이 되는데, 왜 내가 죄
인 취급을 받아야 하는가?"라고 우기는
사람도 있을 것입니다.
8 이것은 마치 "선한 결과를 얻기 위해 악
을 행하자"라고 말하는 것과 같습니다.
사람들은 우리가 그렇게 가르친다고 우리
에 대해 비난을 하고 다닙니다. 그러나 그
런 사람들은 정죄를 받아 마땅합니다.

의인은 하나도 없다

9 그렇다면 과연 우리 유대인들에게 이방인
들보다 나은 것이 있습니까? 전혀 없습니
다. 이미 말했듯이, 유대인이나 이방인들
이나 모두가 죄 아래 있습니다.
10 성경에 이렇게 기록되어 있습니다. "의인
은 한 사람도 없다.
11 깨닫는 사람도 없고, 하나님을 찾는 사람
도 없다.
12 모두가 곁길로 나가 하나같이 쓸모없게
되었다. 선한 일을 행하는 사람은 단 한
사람도 없다."*
13 "그들의 목구멍은 열린 무덤이고, 혀로는
사람을 속인다."* "그들의 입술에는 독사
의 독이 있다."*
14 "그들의 입은 저주와 독설로 가득 찼다."*
15 "그들은 사람을 죽이려고 바쁘게 움직이
며,
16 그들이 가는 곳마다 멸망과 비참함이 있다.
17 그들은 평화의 길을 알지 못한다."*

알아두세요

2:24 사 52:5에 기록되어 있다.
3:4 시 51:4에 기록되어 있다.
3:10-12 시 14:1-3에 기록되어 있다.
3:13 시 5:9과 시 140:3에 기록되어 있다.
3:14 시 10:7에 기록되어 있다.
3:15-17 사 59:7-8에 기록되어 있다.

18 "그들의 눈에는 하나님을 두려워하는 것이 없다."*

19 우리가 알기로는, 율법에 기록된 내용은 그 무엇이 되었든 율법 아래 사는 사람들에게 말하는 것입니다. 그래서 누구든지 변명할 말이 없게 되고, 온 세상은 하나님의 심판 아래 있게 됩니다.

20 그러므로 율법을 지키는 것으로 하나님 앞에서 의롭다고 인정받을 사람은 아무도 없습니다. 왜냐하면 율법은 우리가 죄인이라는 사실을 알게 해 주기 때문입니다.

믿음으로 의롭게 된다

21 그러나 이제는 율법 없이도 하나님께로부터 오는 의가 나타났습니다. 이것은 율법과 예언자들도 증언한 것입니다.

22 하나님께로부터 오는 의는 예수 그리스도를 믿는 믿음을 통해 옵니다. 이 의는 믿는 사람이라면 누구에게나 주어지는 것이며, 사람을 차별하지 않습니다.

23 모든 사람이 죄를 지어 하나님의 영광에 이를 수 없게 되었습니다.

24 그런 사람이 그리스도 예수께서 주시는 속죄를 통해, 하나님의 은혜로 의롭다는 판단을 받습니다. 그것은 하나님께서 거저 주시는 선물입니다.

25 하나님께서 예수님을 화목 제물로 내어 주셨으며, 누구든지 예수님의 피를 믿음으로 죄를 용서받게 됩니다. 하나님은 이전에 살았던 사람들이 지은 죄에 대해 오래 참으심으로 심판하지 않으셨습니다. 이렇게 하여 하나님께서는 그분의 의로우심을 보이셨습니다.

26 하나님께서 이 시기에 그분의 의로우심을 보이신 것은, 하나님 자신이 의로우시다는 것과 예수님을 믿는 사람을 의롭게 하신다는 것을 보이기 위해서였습니다.

27 그렇다면 사람이 자랑할 것이 어디 있겠습니까? 자랑할 것이라고는 하나도 없습니다. 어떠한 법으로 사람이 의롭게 됩니까? 율법을 지키는 데서 오는 것입니까? 이런 것과는 상관이 없습니다. 의롭게 되는 것은 오직 믿음의 원리에 의해서만 이루어집니다.

28 사람은 율법을 지키는 것과는 상관없이 믿음으로 의롭게 된다고 우리는 생각합니다.

29 하나님은 유대인들만의 하나님이십니까? 이방인들의 하나님은 되지 않습니까? 하나님은 이방인들의 하나님도 되십니다!

30 하나님은 오직 한 분이시므로, 그분은 할례를 받은 사람이나 할례를 받지 않은 사람이나 동일하게 믿음으로 의롭게 해 주십니다.

31 그렇다면 우리가 이 믿음을 가지고 율법을 무효로 만들고 있습니까? 그렇지 않습니다. 오히려 믿음을 통하여 율법을 더 굳게 세웁니다.

성경 속의 궁금증

구약의 성도들은 어떻게 예수님을 믿을 수 있었을까요?

구원의 근거와 믿음의 내용을 구분해야 할 필요가 있습니다. 구원의 근거는 구약 성도나 신약 성도 모두에게 예수님의 죽으심입니다. 그런데 십자가 사건 이후에는 예수님께서 우리의 구원의 *근거이자 동시에 믿음의 내용*이었던 반면, 구약 시대에는 믿음의 내용이 다를 수밖에 없었습니다. 아브라함의 경우 믿음의 내용은 하나님의 약속이었습니다. 하지만 하나님께서 계시하신 그대로 믿는 것이 구원이라는 점에 있어서는 다를 바 없다고 할 수 있겠지요.

본문 보기 3장 25-26절

아브라함의 믿음과 의

4 그러면 이 문제에 대해 우리의 조상 아브라함이 발견한 것은 무엇이라고 말할 수 있겠습니까?

2 아브라함이 행위를 통해 의롭다 함을 얻었다면, 그에게는 자랑할 것이 있었을 것입니다. 그러나 하나님 앞에서는 자랑할 것이 없습니다.

3 성경이 뭐라고 말합니까? "아브라함이 하나님을 믿으니, 그 믿음을 그의 의로 여기셨다"라고 하지 않습니까?

4 일을 해서 품삯을 받는 사람은 그가 받는
품삯을 당연히 받을 것을 받는 것으로 생
각하지, 선물을 받는 것으로 생각하지 않
습니다.
5 그러나 일을 하지 않는데도 품삯을 받는
사람이 있다면, 그가 경건하지 않은 사람
을 의롭다고 여기시는 하나님을 믿기 때
문에 하나님께서 그의 믿음을 보시고 의
롭다고 여기시는 것이 됩니다.
6 다윗은 행한 것과는 관계없이, 하나님께
서 의롭다고 인정하시는 사람이 받은 복
에 대해 다음과 같이 말했습니다.
7 "자기 죄를 용서받고, 자기 허물이 가려
진 사람은 복이 있다.
8 주님께서 죄 없다고 인정해 주는 사람은
복이 있다."*
9 그렇다면 이 복이 할례를 받은 사람들에
게만 내리는 것입니까? 아니면 할례를 받
지 않은 사람들에게도 내리는 것입니까?
우리는 앞에서 아브라함의 믿음이 의로 여
김을 받았다고 말했습니다.
10 어떤 상황에서 이런 일이 발생했습니까?
아브라함이 할례를 받은 뒤였습니까? 아
니면 할례를 받기 전이었습니까? 아브라
함이 의롭다 함을 받은 것은 할례를 받은
후가 아니라, 할례를 받기 전이었습니다.
11 아브라함은 할례를 받기 전에 믿음으로 의
롭다 함을 받았으며, 그 표로써 할례를 받
은 것입니다. 그러므로 아브라함은 할례를
받지 않고도 하나님을 믿는 모든 사람들
이 의롭다 여김을 받을 수 있도록 모든 믿
는 사람의 조상이 되었습니다.
12 또한 아브라함은 할례받은 자의 조상이기
도 합니다. 이 말은 그가 할례받은 사람
들뿐만 아니라, 우리 조상 아브라함이 할
례를 받기 전에 가졌던 믿음의 발자취를
따라가는 사람들의 조상도 된다는 의미
입니다.

하나님의 약속은 믿음을 통해 성취된다

13 하나님께서 아브라함과 그의 후손에게 그
들이 세상을 물려받을 상속자가 되리라고
하신 약속은 율법을 통해 온 것이 아니라,
믿음으로 인한 의를 통해 주신 약속입니
다.
14 만일 율법을 지키는 사람이 상속자가 된
다면, 믿음은 쓸모가 없어지고 약속도 무
용지물이 되고 말 것입니다.
15 율법은 하나님의 진노를 야기하지만, 율
법이 없다면 율법을 범하는 일도 없을 것
입니다.
16 그러므로 하나님의 약속은 믿음을 통해
주어집니다. 이렇게 하신 것은 하나님께
서 아브라함의 모든 자손에게 약속을 은혜
로 주시기 위해서입니다. 모세의 율법 아
래 사는 사람뿐만 아니라, 우리 모두의 조
상 아브라함처럼 믿음으로 사는 사람들 전
부가 아브라함의 자손이 됩니다.
17 성경에 "내가 너를 많은 민족의 조상으로
삼았다"*고 기록되어 있는 것처럼 아브라
함은 그가 믿은 하나님, 곧 죽은 사람도
살리시며 없는 것도 있게 하시는 하나님
을 믿었습니다.
18 아브라함은 소망이 전혀 없었지만 하나님
께서 "네 자손이 이와 같이 많아질 것이
다"*라고 말씀하신 대로, 자기가 '많은
민족의 조상'이 될 것을 믿고 소망하였습
니다.

바울이 로마서를 기록한 고린도

알아두세요

3:18 시 36:1에 기록되어 있다.
4:7-8 시 32:1-2에 기록되어 있다.
4:17 창 17:5에 기록되어 있다.
4:18 창 15:5에 기록되어 있다.

19 아브라함은 백 살이나 되어 거의 죽은 사
람이나 다름없게 되었고, 사라도 나이가
많아 아기를 낳을 수 없다는 것을 알았지
만 하나님을 믿는 믿음이 약해지지 않았
습니다.
20 그는 하나님의 약속에 대해 불신하거나
의심하지 않고, 오히려 그 약속을 굳게 믿
어 하나님께 영광을 돌렸습니다.
21 아브라함은 하나님께서 친히 약속하신 것
을 이루실 능력이 있다는 것을 확신했습
니다.
22 이것이 바로 하나님께서 "그 믿음을 그의
의로 여기셨다"라고 말씀하신 이유입니
다.
23 "그의 의로 여기셨다"는 말은 아브라함만
을 위해 기록된 것이 아닙니다.
24 그 말은 우리 주 예수님을 죽은 자 가운
데서 다시 살리신 분을 믿음으로 의롭다
함을 얻게 될 우리를 위해서도 기록되었
습니다.
25 예수님은 우리의 죄 때문에 죽임을 당하
셨고, 우리를 의롭게 하시려고 다시 살아
나셨습니다.

의롭다 함을 얻은 결과

5 우리가 믿음으로 의롭다 함을 받았으
므로, 우리는 우리 주 예수 그리스도로
말미암아 하나님과 함께하는 평강을 누리
고 있습니다.
2 예수 그리스도에 의해서, 또 믿음으로 우
리는 지금 우리가 서 있는 이 은혜의 자
리에 들어와 있습니다. 그리고 하나님의
영광을 소망하며 즐거워합니다.
3 이뿐만 아니라 우리는 환난을 당하더라도
즐거워합니다. 그것은 환난이 인내를 낳
고,
4 또 인내는 연단된 인품을 낳고, 연단된 인
품은 소망을 낳는 것을 알기 때문입니다.
5 이 소망은 절대로 우리의 기대를 저버리
지 않습니다. 그것은 하나님께서 우리에
게 주신 성령을 통해 우리 마음에 하나님
의 사랑을 부어 주셨기 때문입니다.
6 우리가 아직 연약할 때에, 그리스도께서
시의 적절할 때에 경건하지 않은 사람들
을 위해 죽으셨습니다.
7 의인을 위해 죽는 사람은 거의 없습니다.
간혹 선한 사람을 위해 죽겠다고 나서는
사람이 있을는지는 모르겠습니다.
8 그런데 그리스도께서는 우리가 아직 죄인
이었을 때에 우리를 위해 죽으셨습니다.
이것으로써 하나님께서는 우리를 향한 그
분의 사랑을 나타내셨습니다.
9 그러므로 우리는 그리스도의 피로 말미암
아 의롭다 함을 얻었으므로, 우리가 그리
스도를 통해 하나님의 진노로부터 구원을
받을 것은 더욱 확실합니다.
10 우리가 하나님과 원수가 되었을 때도, 그
리스도의 죽음을 통해 하나님과 화해하게
되었다면, 이렇게 하나님과 화목을 누리고
있는 사람들이 그분의 생명으로 말미암아
구원을 받게 될 것은 더욱 확실합니다.
11 이뿐만 아니라, 우리는 이제 우리 주 예
수 그리스도를 통해 하나님 안에서 즐거워
합니다. 예수 그리스도로 말미암아 이제
우리는 하나님과 화해하게 되었습니다.

아담과 그리스도

12 그러므로 한 사람을 통해 죄가 세상에 들
어왔고 그 죄를 통해 사망이 들어온 것처
럼, 모든 사람이 죄를 지었으므로 사망이
모든 사람에게 이르렀습니다.
13 하나님께서 율법을 주시기 전에도 죄가
세상에 있었지만, 율법이 없을 때에는 죄
를 죄로 여기지 않았습니다.
14 그러나 사망은 아담 시대부터 모세 시대에
이르기까지, 심지어 아담이 지은 죄와 똑
같은 죄를 짓지 않은 사람들마저 지배하
였습니다. 아담은 장차 오실 분의 모형입
니다.
15 하지만 하나님께서 주시는 은혜는 아담이
지은 죄와 비교가 되지 않습니다. 많은 사
람이 그 한 사람의 죄 때문에 죽었다면,
한 사람 예수 그리스도의 은혜로 인한 하
나님의 은혜와 선물은 많은 사람에게 더
욱 넘쳤습니다.
16 또한 하나님의 선물과 아담의 죄는 차이

가 있습니다. 한 사람의 죄 때문에 심판
이 오게 되고 모든 사람을 정죄에 이르게
했으나, 하나님의 은혜의 선물은 많은 범
죄 때문에 오게 되어 많은 사람에게 의롭
다 함을 받게 하였습니다.
17 한 사람의 죄로 말미암아 사망이 왕노릇
하였다면, 하나님의 넘치는 은혜와 의롭
다고 여기시는 선물을 받는 사람들은, 한
분 예수 그리스도를 통해 참생명 안에서
더더욱 왕노릇 하게 될 것입니다.
18 그러므로 한 사람의 범죄 때문에 모든 사
람이 죄인이 되었지만, 한 사람의 의로운
행동 때문에 모든 사람에게 생명을 낳게
하는 의로움이 발생했습니다.
19 한 사람의 불순종으로 많은 사람이 죄인
이 되었듯이, 한 사람의 순종으로 많은 사
람이 의인이 될 것입니다.
20 율법은 범죄를 증가시키려고 들어왔습니
다. 그러나 죄가 많아진 곳에 하나님의 은
혜가 더욱 넘치게 되었습니다.
21 죄가 사망 안에서 왕노릇 하였듯이, 은혜
는 의를 통해 우리 주 예수 그리스도로 말
미암아 영생을 얻게 하기 위해 왕노릇 할
것입니다.

죄에 대해서는 죽고 그리스도 안에서는 산 사람

6 그러면 우리가 무슨 말을 더 하겠습니
까? 은혜를 더하게 하려고 계속 죄를
지어야 하겠습니까?
2 절대로 그럴 수 없습니다! 죄에 대하여 죽
은 우리가 어떻게 죄 가운데서 살 수 있
겠습니까?
3 여러분은 우리가 그리스도 예수와 연합하
는 세례를 받았을 때에, 그분의 죽음과 연
합하는 세례를 받았다는 사실을 알지 못
합니까?
4 그러므로 우리가 죽음에 이르는 세례를
받음으로 그리스도와 함께 묻힌 것은, 그
리스도께서 아버지의 영광으로 죽은 자들
가운데서 살아나신 것처럼, 우리도 새 생
명 가운데서 살기 위함입니다.
5 우리가 그리스도와 연합하여 그분의 죽음
에 참여하였다면, 그분과 연합하여 그분
의 부활에도 참여할 것이 확실합니다.
6 우리는, 우리의 옛 사람이 그리스도와 함
께 십자가에 못박혀 죄의 몸이 무력하게
되었으므로, 우리가 더 이상 죄의 노예가
되지 않는다는 것을 압니다.
7 그것은 죽은 사람은 죄의 세력에서 해방
되었기 때문입니다.
8 우리가 그리스도와 함께 죽었다면 또한 그
리스도와 함께 살아날 것도 믿습니다.
9 그리스도께서는 죽은 자들 가운데서 살아
나셨기에 다시는 죽는 일이 없어, 죽음이
그분을 지배하지 못한다는 것을 우리는
압니다.
10 그리스도께서 죽으신 것은 죄에 대해서 단
번에 죽으신 것이며, 그리스도께서 다시
살아나신 것은 하나님께 대하여 살아나신
것입니다.
11 이와 같이 여러분도 여러분 자신을 죄에
대해서는 죽은 사람으로, 하나님께 대해
서는 그리스도 예수 안에서 살아 있는 사
람으로 생각하십시오.
12 그러므로 죽게 될 여러분의 몸에 죄가 왕
노릇 하여 몸의 욕심을 따라 살지 않도록
하십시오.

초대 교회 성도들이 세례를 받던 장소(6:3-4)

연단된(5:4 disciplined) 시련이나 수련 따위를 통해서 몸과 마음이 굳세어진.
인품(5:4 personal character) 사람이 갖추고 있는 품위나 품격.
연합(6:3 union) 두 가지 이상의 사물이 합하여 하나의 조직체를 만드는 것.

13 또한 여러분의 몸을 불의를 행하는 도구
로 죄에게 내어 주지 말고, 죽은 자들 가
운데에서 살아난 자들답게 여러분의 몸을
의를 행하는 도구로 여러분 자신을 하나
님께 드리십시오.
14 여러분은 율법 아래 있지 않고 은혜 아래
있으므로, 죄가 여러분에게 왕노릇 할 수
가 없습니다.

의의 종

15 그러면 어떻게 해야 하겠습니까? 우리가
율법 아래 있지 않고 은혜 아래 있다고 해
서 죄를 짓자는 말입니까? 절대로 그럴
수는 없습니다.
16 여러분이 어떤 사람에게 복종하여 여러분
자신을 그 사람에게 바치면, 여러분은 그
사람의 종이 된다는 것을 알지 못하십니
까? 여러분은 죽음에 이르는 죄의 종이
될 수도 있고 의에 이르는 순종의 종이 될
수도 있습니다.
17 그러나 하나님께 감사할 것이 있습니다.
여러분이 전에는 죄의 종이었으나, 전수
받은 가르침의 본에 전심을 다해 복종함
으로써
18 죄로부터 해방되어 의의 종이 되었습니
다.
19 여러분의 육신이 연약하기 때문에 일상적
인 말로 예를 들어 말하겠습니다. 여러분
이 전에는 여러분의 몸을 더러움과 불법
의 종으로 드려 불법을 행했습니다. 그러
나 이제는 여러분의 몸을 의의 종으로 드
려 거룩함에 이르십시오.
20 전에 여러분이 죄의 종이었을 때는, 의의
다스림을 받지 않았습니다.
21 그 때, 여러분이 얻은 열매는 무엇입니
까? 지금에 와서 부끄러워하는 그 일들의
마지막은 사망이었습니다.
22 그러나 이제는 여러분이 죄에서 해방되어
하나님의 종이 되었습니다. 그리하여 거
룩함에 이르는 열매를 맺고 있습니다. 그
일의 마지막은 영생입니다.
23 죄의 대가는 죽음이지만, 하나님의 선물
은 우리 주 예수 그리스도 안에 있는 영생
입니다.

율법의 역할

7 형제 자매 여러분, 나는 지금 율법을 아
는 여러분에게 말하고 있습니다. 여러분
은 율법이 사람이 살아 있는 동안에만 그
사람을 지배한다는 것을 알지 못합니까?
2 이를테면 결혼한 여자는 남편이 살아 있는
동안에는 법에 의해 남편에 매여 살아야
합니다. 하지만 남편이 죽으면 그 여자는
남편에게 매여 있던 법에서 해방됩니다.
3 그래서 여자가 남편이 아직 살아 있는데
도 다른 남자와 결혼하면 그 여자는 간음
죄를 짓는 것이 되지만, 만일 남편이 죽
으면 그 여자는 그 법에서 해방되므로 다
른 남자와 결혼하더라도 간음죄를 짓는
것이 되지 않습니다.
4 내 형제 자매 여러분, 이와 같이 여러분
들도 그리스도의 몸으로 말미암아 율법에
대해 죽었습니다. 이제 여러분은 하나님
께 열매를 맺기 위해 다른 분, 곧 죽은 사
람들 가운데서 살아나신 그분의 사람이
되었습니다.
5 전에 우리가 죄의 성품에 사로잡혀 살았
을 때는, 율법이 우리 몸 속에서 죄를 지
으려는 욕망을 일으켜 죽음에 이르는 열
매를 맺게 했었습니다.
6 그러나 이제 우리는 우리를 가둔 율법에
대해 죽고, 율법으로부터 해방되었습니
다. 그러므로 우리는 기록된 문자에 따라
하나님을 섬기는 것이 아니라 성령의 새
로운 방법으로 하나님을 섬깁니다.

율법과 죄

7 그렇다면 우리가 무슨 말을 하겠습니까?
율법이 죄입니까? 절대로 그렇지 않습니
다. 율법이 없었다면, 나는 죄가 무엇인
지 알지 못했을 것입니다. 율법이 "탐내
지 마라"고 말하지 않았다면, 나는 탐내
는 것이 무엇인지 알지 못했을 것입니다.

욕망(7:5 desire) 무엇을 바라고 원하는 것, 또는 그러한 마음.
탐심(7:8 greed) 무엇이 마음에 들어 그것을 제 것으로 만들었으면 하는 마음.

8 그러나 죄는 이 계명을 이용하여 기회를
엿보아, 내 속에서 온갖 탐심을 일으켰습
니다. 율법이 없다면, 죄는 죽은 것이나
다름없습니다.
9 전에 내가 율법과 상관이 없었을 때, 나
는 살아 있었습니다. 그러나 계명이 들어
오자 죄가 살아났고,
10 나는 죽었습니다. 그래서 생명으로 인도
해야 할 계명이 사실 나를 죽음으로 이끄
는 계명이 되고 말았습니다.
11 죄가 계명을 이용하여 기회를 엿보아 나
를 속였고, 그 계명으로 나를 죽였습니다.
12 그러므로 율법은 거룩하며, 계명도 거룩
하고, 의롭고 선합니다.
13 그렇다면 선한 것이 나에게 죽음을 가져
다 주었단 말입니까? 절대로 그렇지 않습
니다. 죄가 죄인 것으로 드러나도록 하기
위해서 죄는 선한 것을 이용하여 나에게
죽음을 가져왔습니다. 그리하여 죄는 계
명을 통해 한층 더 죄의 참모습을 드러내
게 된 것입니다.

몸 안에서 일어나는 싸움

14 우리는 율법이 영적인 것이라는 사실을
압니다. 그러나 나는 영적이지 못하며,
죄의 노예로 팔린 몸입니다.
15 나는 내가 하는 일을 이해를 못하겠습니
다. 내가 하고 싶어하는 일은 하지 않고,
미워하는 일을 행하고 있으니 말입니다.
16 내가 그런 일을 하면서도 그 일을 원하지
않는 것은, 율법이 선하다는 것을 인정하
는 셈입니다.
17 그런데 이제는 원하지 않는 일을 하는 존
재는 내가 아니라, 내 안에 살고 있는 죄
입니다.
18 나는 내 안에, 다시 말해서 나의 죄악된
본성 안에 선한 것이라고는 하나도 존재
하지 않는다는 사실을 압니다. 선을 행하
려는 바람은 내게 있지만, 선을 행할 수
는 없습니다.
19 나는 원하는 선은 행하지 않고, 원하지 않
는 악을 행합니다.
20 내가 원하지 않는 일을 행하고 있다면, 그
일을 행하는 자는 내가 아니라, 바로 내
안에 살고 있는 죄입니다.
21 그러므로 나는 이런 법칙을 발견했습니
다. 선을 행하려는 마음은 나에게 있지
만, 악이 나와 함께 있다는 것입니다.
22 사실 나의 속 중심에서는 하나님의 법을
즐거워합니다.
23 그러나 나의 몸의 여러 부분들에서는 다
른 법이 작용하고 있습니다. 그 법이 내
마음의 법과 싸워, 나를 내 몸에서 작용
하고 있는 죄의 법에 사로잡히게 합니다.
24 나는 참으로 비참한 사람입니다. 누가 나
를 이 사망의 몸에서 구원해 내겠습니까?
25 우리 주 예수 그리스도로 인하여 하나님께
감사합니다. 그러므로 나는 마음으로는
하나님의 법에 복종하는 반면, 죄악된 본
성으로는 죄의 법에 복종하고 있습니다.

성령 안에 있는 생명

8 그러므로 이제 그리스도 예수 안에 있
는 사람은 정죄를 받지 않습니다.
2 그것은 그리스도 예수 안에서 생명을 주시
는 성령의 법이 죄와 사망의 법에서 여러
분을 해방시켰기 때문입니다.
3 율법이 죄의 본성 때문에 연약하여 할 수
없었던 것을, 하나님께서는 죄를 없애기
위해 자신의 아들을 죄 있는 사람의 모양
으로 보내심으로써 행하셨습니다. 하나님
께서는 죄인들 속에 거하고 있는 죄에 대
해 유죄 판결을 내리셨습니다.
4 이렇게 하여 죄의 본성에 따라 살지 아니
하고, 성령에 따라 살고 있는 우리에게 율
법의 의로운 요구들이 완벽히 이루어졌습
니다.
5 죄의 본성을 따라 사는 사람들은 죄의 본
성이 바라는 일을 생각하지만, 성령을 따
라 사는 사람들은 성령이 바라시는 일을
생각합니다.
6 죄의 본성의 지배를 받는 사람의 생각은
죽음이지만, 성령의 지배를 받는 사람의
생각은 생명과 평강입니다.
7 죄의 본성이 생각하는 것은 하나님을 거스
르는 것입니다. 그것은 하나님의 법에 복

종하지 않을 뿐 아니라 할 수도 없습니다.
8 죄의 본성의 지배를 받는 사람은 하나님
을 기쁘시게 할 수 없습니다.
9 그러나 하나님의 영이 여러분 안에 계시
다면, 여러분은 죄의 본성의 지배를 받지
않고 성령의 지배를 받게 됩니다. 누구든
지 그리스도의 영이 없는 사람은 그리스도
에게 속한 사람이 아닙니다.
10 반면 그리스도께서 여러분 안에 계시다면
여러분의 몸은 죄 때문에 죽은 존재이지
만, 여러분의 영은 의 때문에 살아 있습
니다.
11 예수님을 죽은 사람들 가운데서 다시 살
리신 분의 영이 여러분 안에 살아 계시면,
여러분 안에 계신 그분의 영으로써 여러
분의 죽을 몸도 살리실 것입니다.
12 그러므로 형제 여러분, 우리는 빚을 진 사
람들입니다. 그러나 죄의 본성을 따라 살
아야 하는 죄의 본성에 빚진 사람이 아닙
니다.
13 죄의 본성에 따라 산다면, 여러분은 죽을
것입니다. 그러나 성령의 도우심을 받아
몸의 악한 일을 죽인다면, 여러분은 살 것
입니다.
14 왜냐하면 하나님의 영으로 인도받는 사람
들은 누구나 하나님의 자녀이기 때문입니
다.
15 여러분이 받은 성령은 여러분을 다시 두
려움에 이르게 하는, 노예로 만드는 영이
아니라 여러분을 하나님의 자녀가 되게
하는 영이십니다. 그래서 우리는 그 성령
을 의지하여 "아바, 아버지"라고 부를 수
있는 것입니다.
16 성령께서는 친히 우리의 영과 함께 우리
가 하나님의 자녀라는 것을 증언합니다.
17 자녀라면 또한 상속자이기도 합니다. 우
리는 하나님의 상속자이며 또한 그리스도
와 공동의 상속자입니다. 그래서 우리는
그리스도께서 누리시는 영광에 참여하기
위해 그분이 겪으신 고난에도 참여하는
것입니다.

장차 올 영광

18 나는 현재 우리가 겪는 고난은 장차 우리
에게 나타날 영광과 비교하면 아무것도
아니라고 생각합니다.
19 모든 피조물은 하나님의 자녀들이 나타나
기만을 간절히 기다리고 있습니다.
20 피조물은 허무하게 되었습니다. 그렇게
된 것은 피조물이 원해서가 아니라 그렇
게 하신 하나님의 뜻 때문이었습니다. 하
지만 소망은 있습니다.
21 그것은 피조물도 썩어짐의 굴레에서 해방
되어 하나님의 자녀가 누리는 영광스러운
자유에 참여하리라는 소망입니다.
22 우리는 모든 피조물이 이제까지 신음하고
해산의 고통을 겪고 있다는 것을 압니다.
23 피조물만 아니라 성령의 첫 열매를 받은
우리들 자신도 속으로 신음하며 우리가
하나님의 자녀가 되는 것과 우리 몸이 구
속될 것을 간절히 기다리고 있습니다.
24 우리는 이러한 소망으로 구원을 받았습니
다. 눈에 보이는 소망은 소망이 아닙니
다. 보이는 것을 소망하는 사람이 어디 있
겠습니까!
25 따라서 우리가 아직 보지 못한 것을 소망
한다면 우리는 그것을 인내함으로 기다려
야 합니다.

성경 자세히 이해하기

하나님의 자녀가 되는 양자의 특권

오늘날처럼 당시 그리스와 로마에서도 다른 사람을 양자로 삼는 것이 허용되었습니다. 그 대상도 제한이 없어 노예를 양자로 삼을 수도 있었습니다. 양자가 되면 아버지의 이름을 따라 새 이름을 얻게 되고, 모든 면에서 아들로 대우를 받으며, 아들의 권리까지 행사할 수 있었습니다. 로마인들이 양자를 삼기 위해서는 두 가지 행동을 취해야 했는데, 파티를 열어 양자를 지명한 후, 양자로 삼는다는 사실을 공개하는 것이었습니다.

본문 보기 8장 15절

알아두세요

8:36 시 44:22에 기록되어 있다.

26 이처럼 성령께서는 우리의 약함을 도와
주십니다. 우리는 무엇을 기도해야 하는
지도 모르지만, 성령께서는 말로 다 표현
할 수 없는 간절함으로 우리를 위해 중보
기도를 하십니다.
27 사람의 마음을 꿰뚫어 보시는 하나님께서
는 성령의 생각이 무엇인지를 아십니다.
그것은 성령께서 하나님의 뜻에 따라 성
도들을 위해 중보 기도를 하시기 때문입
니다.
28 우리는 하나님께서 모든 일을 하나님을
사랑하는 사람, 즉 하나님의 목적을 위해
부름을 입은 사람들의 선을 위하여 하신
다는 것을 알고 있습니다.
29 하나님께서는 전부터 아셨던 사람들을 그
분의 아들과 동일한 형상을 갖도록 미리
정하시고, 하나님의 아들을 많은 형제들
중에서 맏아들이 되게 하셨습니다.
30 하나님께서는 미리 정하신 사람들을 부르
셨고, 부르신 사람들을 의롭다고 하셨고,
의롭다고 하신 사람들을 영화롭
게 하셨습니다.

하나님의 사랑

31 이 점에 대해 우리가 무
엇이라고 말할 수 있겠
습니까? 하나님께서
우리 편이시라면 누가
우리를 대적하겠습니
까?
32 자기 아들까지도 아
끼지 않고 우리 모두
를 위해 내어 주신 분
께서 그 아들과 함께
우리에게 모든 것을
은혜로 주지 않으시겠
습니까?
33 하나님께서 택하신 사람
들을 누가 고소할 수 있겠
습니까? 의롭게 하시는 분은
하나님이신데,
34 누가 감히 죄가 있다고 판단하겠
습니까? 죽으신 분은 그리스도 예수이
십니다. 그분은 죽으셨을 뿐만 아니라,
다시 살아나 하나님의 오른편에 앉아 계
시면서 우리를 위해 중보 기도를 하고 계
십니다.
35 누가 우리를 그리스도의 사랑에서 끊을 수
있겠습니까? 환난입니까? 아니면 어려움
입니까? 핍박입니까? 그렇지 않으면 굶주
림입니까? 헐벗음입니까? 위험입니까? 아
니면 칼입니까?
36 성경에 기록된 것처럼, "우리는 하루 종
일 주님을 위해 죽음에 직면하고 있습니
다. 우리는 도살당할 양과 같은 대접을 받
았습니다."*
37 그러나 우리는 우리를 사랑하신 하나님을
힘입어 이 모든 것을 이기고도 남습니다.
38 나는 확신합니다. 죽음이나 생명이나, 천
사들이나 하늘의 권세자들이나, 현재 일
이나 장래 일이나, 어떤 힘이나,
39 가장 높은 것이나 깊은 것이나, 그 밖의
어떤 피조물이라도 우리를 우리 주 그리

그 어떤 것도 우리를 그리스도 예수 안에 있는
하나님의 사랑에서 끊을 수 없습니다(8:39)

스도 예수 안에 있는 하나님의 사랑에서
끊을 수 없습니다.

하나님의 주권으로 이스라엘을 선택하심

9 나는 그리스도 안에서 진리를 말하고
거짓말을 하지 않습니다. 이것은 성령
안에서 내 양심이 확증하는 사실입니다.
2 내게는 큰 슬픔이 있고, 내 마음속에는 고
통이 쉴새없이 밀려옵니다.
3 나는 내 동포, 내 동족들을 위해서라면 나
자신이 저주를 받아 그리스도로부터 끊어
져도 좋다는 각오가 되어 있습니다.
4 그들은 이스라엘 백성으로서 하나님의 아
들이라는 신분을 얻었습니다. 그들에게는
하나님의 영광이 있고, 하나님과 맺은 언
약이 있고, 율법과 성전 예배와 약속들이
있습니다.
5 족장들이 그들의 조상들이며, 그들의 혈
통에서 그리스도께서 나셨습니다. 그리스
도는 만물 위에 계시는 하나님이시며, 영
원토록 찬양을 받으실 하나님이십니다.
아멘.
6 하나님께서 그들에게 하신 약속이 실패로
돌아갔다는 것이 아닙니다. 이스라엘에게
서 태어난 사람이라고 해서 다 이스라엘
백성인 것은 아닙니다.
7 아브라함의 자손이라고 해서 다 아브라함
의 자녀인 것은 아닙니다. 하나님께서는
"이삭에게서 난 자라야 네 자손이라 부르
리라"고 말씀하셨습니다.
8 다시 말해서 자연적인 출생에 의해 태어
난 아브라함의 자손이 하나님의 자녀가 되
는 것이 아니라, 약속의 자녀라야만 아브
라함의 자손으로 여김을 받게 된다는 말
입니다.
9 하나님께서 아브라함에게 하신 약속은 이
러합니다. "정한 때가 되어 내가 다시 오
리니, 사라가 아들을 낳을 것이다."
10 그뿐만이 아닙니다. 리브가가 우리 조상
이삭 한 사람에게서 아이를 임신했을 때
에도 그랬습니다.
11 두 아들이 태어나기도 전에, 그리고 그들
이 무슨 선이나 악을 행하기도 전에, 하
나님께서는 선택하시는 목적을 굳게 세우
기 위해,
12 리브가에게 다음과 같이 말씀하셨습니다.
"형이 동생을 섬길 것이다." 이렇게 말씀
하신 것은 하나님의 선택이 사람의 행위
가 아니라 불러 주시는 분의 뜻에 달려 있
다는 것을 보여 주기 위해서입니다.
13 이것은 "내가 야곱을 사랑하고 에서는 미
워했다"라고 기록된 대로입니다.
14 그렇다면 우리가 무엇이라고 말할 수 있
겠습니까? 하나님이 공정하지 못하시다고
말할 수 있겠습니까? 그럴 수 없습니다.
15 하나님께서 모세에게 "내가 자비를 베풀
고자 하는 사람에게 자비를 베풀고, 불쌍
히 여기고자 하는 사람을 불쌍히 여기겠
다"라고 말씀하셨습니다.
16 그러므로 모든 것이 사람의 요구나 노력
에 달려 있는 것이 아니라, 하나님의 자
비에 달려 있는 것입니다.
17 이런 이유로 하나님께서는 파라오에게
"내가 너를 왕으로 세운 것은 너를 통해
내 능력을 나타내고, 내 이름을 온 땅에
두루 전하기 위함이다"라고 말씀하셨던
것입니다.
18 그러므로 하나님께서는 그분의 뜻대로 어
떤 사람에게는 자비를 베푸시고, 또 어떤
사람은 완고하게도 만드십니다.

하나님의 분노와 자비

19 그러면 여러분 중에서는 나에게 이렇게
말할 사람이 있을지 모르겠습니다. "그런
데 왜 하나님께서는 우리가 잘못했다고
우리를 책망하시는가? 하나님의 뜻을 거
스를 사람이 누가 있단 말인가?"
20 그러나 사람이 무엇이기에 감히 하나님께
말대꾸한단 말입니까? 토기그릇이 자기를
만든 사람에게 "나를 왜 이렇게 만들었
소?"라고 말할 수 있습니까?
21 토기그릇을 만드는 사람이 똑같은 진흙으
로 귀하게 사용할 그릇과 천하게 사용할
그릇을 만들 권한이 없단 말입니까?
22 하나님께서 진노를 나타내시고 그분의 능
력을 사람들에게 알리시기를 원하셨으면

서도 멸망받기로 되어 있는 진노의 그릇들
을 인내로써 참아 주셨다면 어찌겠습니까?
23 또한 하나님께서 그렇게 하신 것이 영광
에 들어가도록 미리 준비하신 자비의 그
릇들에게 그분의 풍성한 영광을 알게 하
기 위해서였다면 어찌겠습니까?
24 하나님께서 부르신 자비의 그릇이 바로 우
리들입니다. 유대인 중에서만 부르신 것이
아니라 이방인들 중에서도 부르셨습니다.
25 호세아의 글에도 이런 말씀이 있습니다.
"'내 백성이 아니라' 고 말했던 사람을 '내
백성' 이라 부르겠고, 내가 사랑하지 않았
던 사람을 사랑하겠다."*
26 그리고 이런 말씀도 있습니다. "'너희는
내 백성이 아니라' 고 그들에게 말한 그
곳에서 그들은 '살아 계신 하나님의 아들
이라' 고 불리게 될 것이다."*
27 또한 이사야는 이스라엘에 관해 이렇게 외
쳤습니다. "이스라엘 자손들의 수가 바닷
가의 모래처럼 많을지라도 남은 자만 구
원을 얻을 것이다.
28 주님께서 약속하신 말씀을 이 땅에서 신
속하고 철저하게 이루실 것이다."*
29 또 일찍이 이사야가 이렇게 예언한 것과
같습니다. "만군의 주님께서 우리에게 후
손을 남겨 두지 않으셨다면 우리는 소돔
처럼 되고, 고모라처럼 되었을 것이다."*

이스라엘과 복음

30 이러한 사실에 대해 우리가 뭐라고 말하
겠습니까? 의를 추구하지 않았던 이방인
들이 믿음에서 나오는 의를 얻었습니다.
31 그러나 이스라엘은 의의 율법을 추구했지
만 그것을 얻지 못했습니다.
32 왜 얻지 못했을까요? 그것은 그들이 믿음
에서 나오는 의를 추구한 것이 아니라,
그 의가 마치 행위에서 나오는 것으로 생
각하고 의를 추구했기 때문입니다. 그래
서 그들은 걸림돌에 걸려 넘어지고 말았
습니다.
33 성경에 "보아라, 내가 시온에 사람들의 발
에 부딪치게 하는 돌과 사람들을 걸려 넘
어지게 하는 바위를 놓으리니, 그를 믿는
사람은 부끄러움을 당하지 않을 것이다."*
라고 기록된 것과 같습니다.

10 성도 여러분, 나는 내 동족 이스라
엘 백성이 구원받을 수 있기를 하나
님께 진심으로 갈망하며 기도합니다.
2 이스라엘에 관해 나는 이렇게 증언할 수
있습니다. 그들은 하나님께 대한 열심이
있습니다만, 그 열심이 지식에 기초하고
있지 않다는 것입니다.
3 그들은 하나님께서 주시는 의를 알지 못
하고 자신의 의를 세우려고 노력하였기
때문에, 하나님께서 주시는 의에 복종하
지 않았습니다.
4 그리스도께서는 모든 믿는 자에게 의가 있
도록 하기 위해서 율법의 마침이 되셨습
니다.

모든 사람에게 구원이 임함

5 모세는 율법으로 얻게 되는 의에 관하여
"율법을 행하는 사람은 율법으로 말미암
아 살 것이다"*라고 기록했습니다.
6 그러나 믿음으로 얻은 의는 이렇게 말합
니다. "너는 마음속으로 '누가 하늘에 올
라간단 말인가?' *라고 말하지 마라." 이

알아두세요

9:25 호 2:23에 기록되어 있다.
9:26 호 1:10에 기록되어 있다.
9:27-28 사 10:22-23에 기록되어 있다.
9:29 사 1:9에 기록되어 있다.
9:33 사 8:14과 28:16에 기록되어 있다.
10:5 레 18:5에 기록되어 있다.
10:6 신 30:12에 기록되어 있다.

말은 그리스도를 땅으로 모셔 내려오겠다
는 뜻입니다.
7 "또는 '누가 땅 아래로 내려간단 말인가?'*
라고 말하지 마라." 이 말은 그리스도를 죽
은 사람들로부터 모셔 올리겠다는 뜻입니
다.
8 성경이 무엇이라고 말합니까? "말씀이 네
게 가까이 있으니, 네 입에 있고, 네 마
음에 있다."* 이것이 바로 우리가 선포하
는 믿음의 말씀입니다.
9 여러분이 만일 여러분의 입으로 "예수님
은 주님이시다"라고 고백하고, 또 마음으
로 하나님께서 그리스도를 죽은 자들 가운
데서 다시 살리신 것을 믿으면, 여러분은
구원을 얻을 것입니다.
10 여러분은 마음으로 믿어 의롭다 함을 얻
으며, 입으로 고백하여 구원을 얻습니다.
11 성경은 이렇게 말합니다. "그를 믿는 자는
누구나 부끄러움을 당하지 않을 것이다."
12 유대인이나 그리스인이나 차별이 없습니
다. 동일한 주님께서 모든 사람의 주님이
되시며, 그를 부르는 모든 사람에게 풍성
한 복을 주십니다.
13 그것은 "누구든지 주님의 이름을 부르는
자는 구원을 얻을 것"*이기 때문입니다.
14 그러면 그들이 믿지 않는 분을 어떻게 부
를 수 있겠습니까? 또 그들이 들은 적이
없는 분을 어떻게 믿을 수 있겠습니까?
그들에게 선포해 주는 사람이 없는데 어
떻게 그들이 들을 수 있겠습니까?
15 그들이 보냄을 받지 않았다면, 어떻게 선
포할 수 있겠습니까? "좋은 소식을 전하
는 사람들의 발이 얼마나 아름다운가!" 라
고 기록된 말씀처럼 말입니다.
16 그러나 이스라엘 백성이 다 복음을 받아들
인 것은 아닙니다. 이사야가 이렇게 말하
였습니다. "주님, 우리가 전한 것을 누가
믿었습니까?"
17 따라서 믿음은 말씀을 듣는 것에서 얻게
되고, 말씀 듣는 것은 그리스도의 말씀을
통해서 얻게 됩니다.
18 그러면 내가 묻겠습니다. 이스라엘 백성들
이 복음을 들어 본 적이 없단 말입니까?
아닙니다. 그들은 분명히 들었습니다.
"그들의 소리가 온 땅에 퍼졌고, 그들의
말이 땅 끝까지 이르렀다"*라고 성경에 기
록되었습니다.
19 내가 다시 묻겠습니다. 이스라엘 백성이
알아듣지 못했습니까? 그렇지 않습니다.
먼저, 모세가 한 말을 들어 봅시다. "내가
내 백성이 아닌 사람으로 너희를 시기하
게 만들겠고, 깨달음이 둔한 백성으로 너
희를 화나게 하겠다."*
20 또 이사야는 담대하게 이렇게 말했습니
다. "나를 찾지 않던 사람들에게 내가 만
나 주고 나를 구하지 않던 사람들에게 내
가 나타났다."*
21 그러나 이스라엘에 관해 하나님께서는 "복
종하지 않고 거역하는 백성을 향해 나는
하루 종일 내 손을 내밀었다"*고 말씀하
셨습니다.

이스라엘의 남은 자

11 그러므로 내가 묻겠습니다. 하나님께
서 자기 백성을 버리셨습니까? 절대로
그렇지 않습니다. 나 자신도 이스라엘 사
람이요, 아브라함의 후손이며, 베냐민 지
파 출신입니다.
2 하나님께서는 전에 택하신 자기 백성을
버리지 않으셨습니다. 여러분도 성경이
엘리야에 관해 한 말을 잘 알고 계실 것

알아두세요

10:7 신 30:13에 기록되어 있다.
10:8 신 30:14에 기록되어 있다.
10:13 욜 2:32에 기록되어 있다.
10:18 시 19:4에 기록되어 있다.
10:19 신 32:21에 기록되어 있다.
10:20 사 65:1에 기록되어 있다.
10:21 사 65:2에 기록되어 있다.
11:8 신 29:4과 사 6:9-10, 사 29:10에 기록되어 있다.
11:9-10 시 69:22-23에 기록되어 있다.

입니다. 엘리야는 이스라엘을 고소하며,
하나님께 이렇게 호소하지 않았습니까?
3 "주님, 그들이 주님의 예언자들을 죽이
고, 주님의 제단들을 헐어 버렸습니다.
이제 저 혼자만 남아 있는데, 그들은 저
마저 죽이려 하고 있습니다."
4 그런데 하나님께서 엘리야에게 무엇이라
고 대답하셨습니까? 하나님께서는 "내가
바알에게 무릎을 꿇지 않은 사람 칠천 명
을 나를 위해 남겨 두었다"고 말씀하셨습
니다.
5 지금도 마찬가지입니다. 지금도 하나님의
은혜로 택함을 받은 남은 자들이 있습니
다.
6 은혜로 하신 것이라면, 그것은 행위에 의
한 것이 아닙니다. 행위에 의한 것이라
면, 은혜는 더 이상 은혜가 되지 못할 것
입니다.
7 그러면 무엇입니까? 이스라엘이 간절히
바라던 것을 이스라엘은 얻지 못하고, 택
함을 받은 자들이 얻었습니다. 반면, 나
머지 사람들은 마음이 완악해졌습니다.
8 성경에도 이렇게 기록되어 있습니다. "하
나님께서 그들에게 혼미한 영을 주셔서
오늘날까지 눈이 있어도 보지 못하고 귀
가 있어도 듣지 못한다."*
9 다윗은 이렇게 말했습니다. "그들의 잔칫
상이 그들에게 덫과 올무가 되게 하시고,
그들이 걸려 넘어져 멸망 받게 하소서.
10 그들의 눈은 흐려 보지 못하게 하시고, 그
들의 등은 영원토록 굽어 있게 하소서."*

이방인들의 구원

11 그러므로 내가 다시 묻습니다. 이스라엘이
걸려 넘어져 완전히 망하고 말았습니까?
결코 그렇지 않습니다. 오히려 그들의 죄
때문에 구원이 이방인들에게 이르게 되었
고, 이스라엘은 이방인들을 보고 시기하게
되었습니다.
12 이스라엘의 범죄가 세상에 풍성한 복을 가
져다 주었고 이스라엘의 실패가 이방인들
에게 풍성한 복을 가져다 주었다면, 이스
라엘 전체가 하나님 앞에 돌아올 때 그 풍
성함은 얼마나 더하겠습니까?
13 이제 이방인 여러분들에게 말하겠습니다.
나는 이방인의 사도로서 내가 맡은 직분
에 대해 영광스럽게 생각하고 있습니다.
14 다만 바라는 것은, 내 동족에게 시기심을
일으켜, 그들 중에 몇 명만이라도 더 구
원하고 싶은 것입니다.
15 내 동족 이스라엘이 하나님께 버림을 받게
되어 세상이 하나님과 화목하게 되었다
면, 이스라엘이 하나님께 받아들여지는 것
은 죽은 자들 가운데서 다시 살아나는 것
이 아니면 무엇이겠습니까?
16 처음 떼내어 드린 반죽의 일부분이 거룩
하면 반죽 전체가 거룩하고, 나무 뿌리가
거룩하면 가지도 거룩한 법입니다.
17 참올리브 나무의 가지 중에서 얼마를 잘
라 낸 뒤, 야생 올리브 나뭇가지인 여러분
을 원가지에 접붙이면, 접붙여진 가지는
참올리브 나무로부터 올라오는 양분을 받
게 됩니다.
18 그러니 여러분은 잘려 나간 가지를 향해
자랑하지 마십시오. 자랑하더라도 명심할
것이 있습니다. 여러분이 뿌리를 지탱하

성경 자세히 이해하기

야생 올리브, 참올리브

바울은 유대인과 이방인의 관계를 '올리브 나무의 접목'이란 비유로 설명하고 있습니다. 여기서 참올리브 나무는 유대인을, 그 뿌리는 유대인의 조상, 꺾인 가지는 예수님을 믿지 않은 유대인, 접붙인 야생 올리브 나무는 예수님을 믿게 된 이방인을 가리키고 있습니다. 즉, 이방인이 유대인의 조상을 믿음의 조상으로 삼아 그 토대 위에서 복음을 듣고 구원을 받게 된 사실을 비유한 것으로, 바울은 이 비유를 통해 구원받은 이방인들이 유대인을 향하여 자랑하거나 교만해서는 안 된다는 것을 말하고 있는 것입니다.

본문 보기 11장 17절

는 것이 아니라, 뿌리가 여러분을 지탱한
다는 사실입니다.
19 여러분은 이렇게 말할 수도 있을 것입니
다. "나를 접붙이기 위해 가지들이 잘려
나갔다"라고 말입니다.
20 이것은 백 번 지당한 말입니다. 그 가지
들은 믿지 않았기 때문에 잘려 나갔고, 반
대로 여러분은 믿었기 때문에 나무에 붙
어 있습니다. 그러니 자만하지 말고, 오
히려 두려워하십시오.
21 하나님께서 원래 나무에 붙어 있던 가지
들도 아끼지 않으셨다면, 여러분도 아끼
지 않으실 것입니다.
22 그러므로 하나님의 인자하심과 엄격하심
을 깊이 생각하십시오. 넘어진 사람들에
게는 하나님의 엄격하심을, 여러분에게는
하나님의 인자하심을 보이셨습니다. 여러
분이 계속해서 하나님의 인자하심에 머물
러 있으면, 하나님께서도 인자함을 베푸
실 것입니다. 만일 하나님의 인자하심에
계속 머물러 있지 않으면, 여러분도 잘리
게 될 것입니다.
23 그리고 잘려 나간 가지가 다시 믿게 되면
그들도 다시 접붙임을 받게 될 것입니다.
왜냐하면 하나님께는 그들을 다시 접붙이
실 능력이 있기 때문입니다.
24 여러분은 본래 붙어 있던 야생 올리브 나
무에서 잘려, 여러분이 속한 종자와는 다
른, 좋은 올리브 나무에 접붙여진 가지입
니다. 그렇다면 원래 좋은 올리브 가지였
던 유대인들이 원래 그들이 붙어 있던 좋
은 올리브 나무에 접붙여지는 것은 얼마
나 쉬운 일이겠습니까?

이스라엘의 회복

25 형제 여러분, 나는 여러분이 스스로 똑똑
*하다고 생각하*는 일이 없도록 하기 위해,
이 비밀에 대해 알기를 원합니다. 비밀의
내용은 이렇습니다. 이방인의 충만한 수
가 하나님께 돌아오기까지 이스라엘 중에
얼마는 완악한 채로 있게 된다는 사실입
니다.
26 그리하여 온 이스라엘이 구원을 얻을 것입
니다. 성경에 이렇게 기록되어 있습니다.
"구원자가 시온에서 나와 야곱의 자손에게
서 경건하지 못한 것을 제거할 것이다.
27 이것은 내가 그들의 죄를 없앨 때에 그들
과 맺을 내 언약이다."*
28 복음의 관점에서 볼 때, 이스라엘은 여러
분들 때문에 하나님의 원수가 되었습니
다. 그러나 선택의 관점에서 볼 때, 그들
은 조상들 때문에 하나님의 사랑을 입은
사람들입니다.
29 하나님께서는 선물을 주시고 부르신 후에
무르는 법이 없습니다.
30 전에 하나님께 불순종하던 여러분이 이제
이스라엘이 불순종한 것 때문에 자비를 얻
게 되었듯이,
31 현재 이스라엘이 불순종하는 것은 여러분
에게 내린 하나님의 자비하심을 그들도
받기 위해서입니다.
32 하나님께서는 모든 사람들에게 자비를 베
푸시기 위해 모든 사람을 불순종하는 데
에 가두어 두셨습니다.

하나님께 영광을 돌림

33 오, 하나님의 지혜와 지식의 부유함은 참
으로 깊습니다! 하나님의 판단은 헤아릴
수 없으며, 그분의 길은 아무도 찾을 수
가 없습니다.
34 "누가 주님의 마음을 알았으며, 누가 그
분의 의논 상대자가 되었습니까?"
35 "누가 먼저 하나님께 무엇을 드려서, 하
나님의 답례를 받는단 말입니까?"
36 이는 모든 것이 하나님께로부터 나왔고,
하나님의 보살핌으로 보존되며, 하나님의
영광을 위해 존재하기 때문입니다. 하나
님께 영광이 영원토록 있기를 원합니다.
아멘.

그리스도 안에 있는 새 생명

12 그러므로 성도 여러분, 나는 하나님
의 자비로써 여러분에게 권합니다.

알아두세요
11:26-27 사 27:9과 59:20-21에 기록되
어 있다.

여러분의 몸을 하나
님을 기쁘시게 하는
거룩한 살아 있는 제
물로 드리십시오. 이
것이야말로 여러분이
마땅히 드려야 할 영
적인 예배입니다.
2 여러분은 이 세상을
본받지 말고, 마음
을 새롭게 하여 변
화를 받으십시오.
그러면 여러분은 하
나님의 선하시고 기
뻐하시고 온전하신
뜻이 무엇인지를 분
별할 수 있게 될 것
입니다.
3 하나님께서 나에게 주신 은혜
를 힘입어 여러분 한 사람 한 사람에게 말
씀드리겠습니다. 여러분은 여러분 자신에
대하여 마땅히 생각해야 할 것 외에 다른
것을 생각하지 마십시오. 여러분은 하나
님께서 각자에게 주신 믿음의 분량대로,
냉철한 판단을 가지고 자신에 대하여 생
각하십시오.
4 사람에게 몸이 있고 그 몸에는 많은 지체
가 있어, 그 지체들이 하는 일이 각기 다
른 것처럼,
5 우리도 여럿이지만 그리스도 안에서 한 몸
을 이루었고, 한 사람 한 사람이 서로에
대해 지체로서 연결되어 있습니다.
6 우리는 하나님께서 우리에게 주신 은혜에
따라 저마다 다른 선물을 받았습니다. 예
를 들어 그것이 예언의 선물이라면 믿음
의 분량대로 그 선물을 사용하십시오.
7 봉사하는 선물이면 봉사하는 일로, 가르
치는 선물이면 가르치는 일로,
8 격려하는 선물이면 격려하는 일로, 남을
구제하는 선물이면 너그럽게 나누는 일
로, 지도하는 선물이면 열성을 다해, 자
선을 베푸는 것이면 기쁨으로 그 선물을
사용하십시오.

각자 믿음의 분량대로 하나님이 주신 선물을
사용하십시오(12:6-8)

그리스도인의 생활 법칙

9 사랑은 거짓이 없어야 합니다. 악을 미워
하고, 선을 굳게 붙드십시오.
10 형제 자매를 사랑하듯이 서로 사랑하며,
자신보다 남을 더 존경하십시오.
11 열심히 일하고 게으르지 마십시오. 성령
으로 달구어진 마음을 가지고 주님을 섬
기십시오.
12 소망을 가지고 기뻐하십시오. 환난 속에서
도 잘 참으십시오. 꾸준히 기도하십시오.
13 성도들에게 필요한 것을 나눠 주십시오.
나그네를 후하게 대접하십시오.
14 여러분을 핍박하는 사람들을 축복하십시
오. 그들을 위해 복을 빌고 저주하지 마
십시오.
15 기뻐하는 사람들과 함께 기뻐하고, 슬퍼
하는 사람들과 함께 슬퍼하십시오.
16 서로 한 마음이 되십시오. 교만한 마음을
품지 마십시오. 하찮아 보이는 사람들과
도 기꺼이 사귀십시오. 스스로 지혜 있는
척하지 마십시오.
17 아무에게도 악을 악으로 갚지 마십시오.
모든 사람이 보기에 선한 일을 하십시오.
18 여러분 쪽에서 할 수 있는 일이라면 모든

사람과 더불어 화평하게 지내십시오.
19 사랑하는 여러분, 여러분이 직접 원수를
갚지 말고 하나님의 진노에 맡기십시오.
성경에 이렇게 기록되어 있습니다. "주님
께서 말씀하시기를, '원수 갚는 것이 나
에게 있으니 내가 갚을 것이라.'"*
20 여러분은 이렇게 하십시오. "원수가 먹을
것이 없어 굶고 있으면 먹을 것을 주고,
목말라 하면 마실 것을 주십시오. 그렇게
하는 것은 그의 머리 위에 숯불을 쌓는 것
이기 때문입니다."*
21 악에게 지지 말고 선으로 악을 이기십시
오.

통치자들에게 복종하십시오

13 누구든지 국가의 권세 잡은 사람들에
게 복종하십시오. 하나님께서 세우시
지 않은 권세란 없습니다. 세상에 있는 권
세는 다 하나님께로부터 나왔습니다.
2 그러므로 그 권세를 거스르는 것은 권세를
세우신 하나님을 거스르는 것과 같습니다.
그런 사람은 심판을 받게 될 것입니다.
3 의로운 일을 하는 사람에게는 통치자들이
두려움의 대상이 아니지만, 악한 일을 행
한 사람에게는 두려움의 대상입니다. 권
세 잡은 사람을 두려워하지 않고 싶습니
까? 그렇다면 의로운 일을 행하십시오.
그러면 그에게 칭찬을 받을 것입니다.
4 통치자는 여러분에게 유익을 주기 위해
일하는 하나님의 일꾼입니다. 그러나 여
러분이 악을 행한다면 두려워하십시오.
그가 공연히 칼을 차고 있는 것이 아닙니
다. 그는 하나님의 일꾼으로서 악을 행하
는 사람에게 벌을 내리는, 하나님의 진노
를 집행하는 사람입니다.
5 그러므로 권세에 복종하십시오. 단지 벌
받을 것이 두려워서가 아니라 양심 때문
에 복종해야 합니다.
6 여러분이 세금을 바치는 것도 같은 이유
에서입니다. 통치자들은 바로 이런 일에
종사하는 하나님의 일꾼들입니다.
7 모든 사람에게 해야 할 의무를 다하십시
오. 국세를 바쳐야 할 사람에게는 국세를
바치고, 관세를 바쳐야 할 사람에게는 관
세를 바치십시오. 두려워해야 할 사람은
두려워하고, 존경해야 할 사람은 존경하
십시오.

형제 사랑

8 다른 사람을 사랑하는 빚 이 외에는 아무
사람에게, 아무런 빚도 지지 마십시오.
남을 사랑하는 사람은 율법을 온전히 이
룬 것이나 다름없습니다.
9 율법에 "간음하지 마라. 살인하지 마라. 도
둑질하지 마라. 탐내지 마라"는 계명과 그
밖에 여러 다른 계명들이 있지만 이 모든
계명은 "네 이웃을 네 몸과 같이 사랑하라"
는 하나의 말씀으로 요약될 수 있습니다.
10 사랑은 이웃에게 악을 행하지 않습니다.
그러므로 사랑은 율법의 완성입니다.

그리스도의 날이 다가옴

11 이런 행동을 해야 하는 것은, 여러분도 알
고 있다시피 벌써 잠에서 깨어날 때가 되
었기 때문입니다. 이제 우리의 구원이 처
음 믿었을 때보다 더 가까워졌습니다.
12 밤이 거의 다 지나 낮이 가까웠습니다. 그
러므로 어둠의 행실을 벗어 버리고, 빛의
갑옷을 입읍시다.
13 낮에 활동하는 사람처럼 단정히 행동합시
다. 난잡한 유흥을 즐기지 말고, 술 취하
지 마십시오. 성적으로 문란하거나 퇴폐
적인 생활을 버리십시오. 다투지 말고 질
투하지 마십시오.
14 주 예수 그리스도로 옷 입으십시오. 죄의
본성이 바라는 정욕을 만족시키는 생각을
하지 마십시오.

형제를 비판하지 마라

14 믿음이 약한 사람을 받아들이고, 논
란이 있는 문제에 단언을 내리지 마
십시오.
2 자기가 가지고 있는 믿음에 따라 모든 음

알아두세요

12:19 신 32:35에 기록되어 있다.
12:20 잠 25:21-22에 기록되어 있다.
14:11 사 45:23에 기록되어 있다.

음식 문제로 형제를 넘어지게 하지 마십시오(14:13-23)

식을 먹는 사람이 있지만, 믿음이 약하여
채소만 먹는 사람도 있습니다.
3 모든 음식을 먹는 사람은 채소만 먹는 사
람을 업신여기지 마십시오. 또 채소만 먹
는 사람은 모든 음식을 먹는 사람을 비난
하지 마십시오. 이는 하나님께서 그를 받
으셨기 때문입니다.
4 여러분이 누구이기에 남의 종을 판단하십
니까? 그가 서 있든지 넘어지든지 그것은
자기 주인이 관여할 문제입니다. 종이 서
있게 된다면, 그것은 주님께서 그를 서게
할 수 있기 때문입니다.
5 어떤 날을 다른 날보다 더 중요하다고 생
각하는 사람이 있는가 하면, 모든 날이 다
같다고 여기는 사람도 있습니다. 이럴 경
우, 사람마다 자기 마음에 확신이 있어야
합니다.
6 어떤 날을 더 중요하게 여기는 사람도 주
님을 위해 그런 생각을 하는 것이고, 어떤
음식이나 다 먹는 사람도 주님을 위해 먹
는 것입니다. 그는 음식을 먹을 때, 하나
님께 감사한 마음을 갖습니다. 음식을 가
려 먹는 사람도 주님을 위해 그리하며, 그
사람도 하나님께 감사한 마음을 가집니다.
7 우리 중에 자기 자신만을 위해 사는 사람
은 한 명도 없으며, 자기 자신만을 위해
죽는 사람도 없습니다.
8 우리가 산다면 그것은 주님을 위해 사는
것이고, 죽는다면 주님을 위해 죽는 것입
니다. 그러므로 살든지 죽든지 우리는 주
님의 것입니다.
9 그리스도께서는 죽은 사람만 아니라 살아
있는 사람의 주님이 되기 위해서 죽으셨
다가 다시 살아나셨습니다.
10 그런데 여러분은 왜 여러분의 형제를 비판
합니까? 왜 형제를 업신여깁니까? 우리는
다 하나님의 심판대 앞에 설 사람들입니다.
11 성경에도 이렇게 기록되어 있습니다. "주
님께서 말씀하시기를, 내가 살아 있나니
모든 무릎이 내 앞에 꿇을 것이요, 모든
혀가 하나님께 자백할 것이다."*
12 그러므로 우리는 각자 자신이 한 일에 대
해 하나님께 사실대로 말씀드리게 될 것
입니다.

형제를 넘어지게 하지 마라

13 그런즉 다른 사람에 대해 심판하지 맙시

다. 우리가 더욱 힘쓸 것은 형제의 길에
그를 넘어지게 하는 것이나 장애물을 놓
지 않겠다고 결심하는 일입니다.
14 내가 주 예수님 안에 있는 사람으로서 확
신하기로는, 그 자체로 부정한 음식은 하
나도 없습니다. 어떤 음식이 부정하다고
믿는 사람이 있다면, 그 사람에게는 그 음
식이 부정한 것입니다.
15 음식 문제로 여러분의 형제가 상처를 받
았다면, 여러분은 사랑으로 행동한 것이
아닙니다. 그리스도께서 대신해서 죽으신
그 형제를 음식 문제로 망하게 하지 마십
시오.
16 그러므로 여러분이 옳다고 생각해서 하는
것이 오히려 비난의 대상이 되지 않게 하
십시오.
17 하나님의 나라는 먹는 일이나 마시는 일
이 아니라, 성령 안에서 누리는 의와 평
강과 기쁨입니다.
18 이런 마음으로 그리스도를 섬기는 사람은
하나님을 기쁘시게 하고 사람들에게도 인
정을 받습니다.

사도 바울 기념 교회 내부의 제단(15:16)

알아두세요

15:3 시 69:9에 기록되어 있다.
15:9 시 18:49에 기록되어 있다.
15:10 신 32:43에 기록되어 있다.
15:11 시 117:1에 기록되어 있다.
15:12 사 11:10에 기록되어 있다.
15:21 사 52:15에 기록되어 있다.

19 그러므로 우리 모두 화평함을 이루는 일
과 서로 덕을 세우는 일에 힘씁시다.
20 음식 문제로 하나님의 일을 무너뜨리지
않도록 합시다. 음식은 다 깨끗한 것이지
만, 어떤 음식을 먹은 것이 다른 사람을
넘어지게 한다면 그것을 먹는 것은 그 사
람에게 좋지 못한 것입니다.
21 고기를 먹는다거나, 술을 마신다거나 그
밖에 여러분의 형제를 넘어지게 하는 일
은 하지 않는 것이 좋습니다.
22 여러분에게 어떤 신념이 있다면 그것은
여러분과 하나님 사이의 일로만 간직해
두십시오. 스스로 옳다고 믿는 일을 할
때, 자신을 정죄하지 않는 사람은 복 있
는 사람입니다.
23 그러나 의심을 하면서 먹는 사람은 정죄
를 받은 것입니다. 그것은 믿음에서 나온
것이 아니기 때문입니다. 믿음에서 나오
지 않은 것은 다 죄입니다.

다른 사람을 기쁘게 하여라

15 강한 우리는 약한 사람들의 약점을
돌보아 주고, 우리 자신을 기쁘게
하지 말아야 합니다.
2 우리 각 사람은 이웃을 기쁘게 하되, 그
에게 유익을 끼치고 덕을 세워야 합니다.
3 그리스도께서는 자신을 기쁘게 하지 않으
시고, 성경에 "주님을 모욕한 사람들의
모욕이 제게 임하였습니다"*라고 기록된
대로 사셨습니다.
4 이전에 기록된 모든 것은 우리를 가르치
기 위해 기록된 것입니다. 그래서 우리는
성경의 인내와 위로로 말미암아 소망을
가집니다.
5 인내와 위로를 주시는 하나님께서, 그리
스도 예수의 뜻대로 여러분들 가운데 한
마음을 주시기를 바랍니다.
6 그리하여 여러분 모두가 한 마음과 한 입
으로, 우리 주 예수 그리스도의 하나님 아
버지께 영광을 돌리시기를 바랍니다.

이방인들에게 전파한 복음

7 그러므로 그리스도께서 여러분을 받으신
것처럼 여러분도 서로를 받아들이십시오.

그것이 하나님께 영광이 되는 길입니다.
8 내가 여러분들에게 이 점을 말씀드리겠습
니다. 그리스도께서는 하나님의 진실하심
을 드러내시고 하나님께서 우리 조상들에
게 하신 약속을 확증하기 위해서 할례받
은 사람들의 종이 되셨습니다.
9 그래서 이방인들이 하나님께서 베푸신 자
비에 대해서 하나님께 영광을 돌리게 된
것입니다. 성경에 이렇게 기록되어 있습
니다. "그러므로 내가 이방인 중에서 주
님을 찬양하고, 주님의 이름을 찬송하겠
습니다."*
10 또 이렇게 기록되어 있습니다. "이방인들
아, 하나님의 백성과 함께 기뻐하여라."*
11 또한 이런 말씀이 있습니다. "너희 모든
이방인들아, 주님을 찬양하여라. 너희 모
든 백성아, 그를 찬송하여라."*
12 또 이사야는 이렇게 말했습니다. "이새의
뿌리에서 나와, 이방인들을 다스릴 이가
올 것이다. 이방인들은 그분에게 소망을
두리라."*
13 여러분들이 하나님을 신뢰할 때 소망의 하
나님께서 모든 기쁨과 평강으로 여러분을
채우셔서, 성령의 능력으로 여러분에게 소
망이 차고 넘치게 하시기를 바랍니다.

바울의 선교 사명

14 나의 형제 자매 여러분, 나는 여러분이 선
함이 가득하며 완전한 지식이 있으며, 서
로 권면할 만한 능력이 있다고 확신합니
다.
15 그러나 하나님께서 내게 주신 은혜 때문
에 여러분이 기억해 주기를 바라는 마음
으로 몇 가지 일에 대해 담대하게 이렇게
글을 씁니다.
16 하나님께서는 나를 이방인을 위한 그리스
도 예수의 일꾼이 되게 하셨습니다. 나는
이방인들이 성령으로 거룩하여지고, 하나
님께서 받으실 만한 제물이 되도록 하기
위해, 하나님의 복음을 전하는 제사장의
직무를 담당하였습니다.
17 그러므로 나는 그리스도 예수 안에서 하나
님을 섬긴 일을 자랑스럽게 생각합니다.
18 그리스도께서 내가 전하는 말과 행동을 통
해 이방인들을 하나님께 복종하게 하신
일 이 외에는 어떤 것도 감히 말하지 않
겠습니다.
19 이방인들이 하나님께 복종하게 된 것은 표
적과 놀라운 일과 성령의 능력으로 이루어
졌습니다. 나는 예루살렘에서부터 일루리곤
에 이르기까지 모든 지역을 다니며 그리스
도의 복음을 충만하게 전파했습니다.
20 나는 다른 사람이 닦아 놓은 터 위에 집
을 세우지 않으려고 그리스도의 이름을 들
어 보지 못한 지역에 다니며 복음을 전하
는 일에 힘썼습니다.
21 성경에 이렇게 기록되어 있습니다. "주님
에 대한 소식을 받지 못한 사람들이 볼 것
이요, 듣지 못한 사람들이 깨달을 것이
다."*

바울의 로마 방문 계획

22 내가 여러 차례 여러분에게 가려고 했으
나 가지 못한 이유가 바로 여기 있습니다.
23 그런데 이제는 이 지역에서 더 이상 내가
일할 만한 곳이 없고, 또 여러 해 전부터
여러분에게 가기를 원했으므로,
24 스페인으로 가는 길에 여러분을 방문하여
잠시, 여러분과 함께 지내면서 기쁨을 나
누다가, 여러분의 도움을 받아 스페인으
로 가기를 소원합니다.
25 그러나 지금은 예루살렘에 있는 성도들에
게 구제 헌금을 전하러 예루살렘으로 가는
길입니다.
26 그것은 마케도니아와 아가야 사람들이 예
루살렘에 있는 가난한 성도들을 도우려
고, 기쁜 마음으로 구제 헌금을 마련하였
기 때문입니다.
27 그들이 기쁜 마음으로 헌금은 했지만, 사
실 그들은 예루살렘 성도들에게 빚을 진
사람들입니다. 이방인들은 유대인들로부
터 영적인 복을 나누어 가졌으므로, 물질
적인 것으로써 유대인들에게 나누어 줄
의무가 그들에게 있습니다.
28 그래서 나는 예루살렘에 있는 가난한 성도
들에게 돈을 가져다 주는 일을 마치려 합

니다. 유대인들은 이방인들이 주는 이 열
매를 받을 것이라고 나는 확신합니다. 이
일을 다 마친 뒤에 여러분에게 들렀다가
스페인으로 가려고 합니다.
29 내가 여러분에게 갈 때에는 그리스도의 넘
치는 복을 가지고 가게 되리라고 생각합
니다.
30 성도 여러분, 우리 주 예수 그리스도와 성
령의 사랑으로 여러분에게 부탁합니다.
내가 기도하듯이 여러분들도 하나님께 간
절히 기도해 주시기를 바랍니다.
31 유대에 사는 믿지 않는 사람들에게서 나
를 구해 달라고 기도해 주시고, 내가 예
루살렘으로 가져가는 구제 헌금을 그 곳
성도들이 기쁘게 받을 수 있도록 기도해
주십시오.
32 그렇게 되면 나는 하나님의 뜻을 따라 기
쁜 마음으로 여러분에게 가서 여러분과
함께 쉴 수 있을 것입니다.
33 평강의 하나님께서 여러분 모두에게 함께
하시기를 바랍니다. 아멘.

성경 풍속

초대 교회의 입맞춤

입을 맞추는 행위는 친구 사이에는 다정함을, 통치자에게는 신하로서의 충성을 나타내는 방법이었습니다. 또한 기독교 공동체에서는 예배에 참여한 사람들이 상호간의 사랑과 신자로서의 동등함을 표현하는 방법이기도 했습니다. 초대 교회의 문헌에 따르면, 목회자가 처음에 "평강이 너희에게 있을지어다"라고 말하면 신자들이 그에 대해 응답하였고, 그리고 나서 한 집사가 거룩한 입맞춤으로 서로 인사하자고 선포하면 목사는 감독에게, 성도는 성도에게 서로 입을 맞추었다고 합니다.

본문 보기 16장 16절

알아두세요

16:24 어떤 사본에는 다음과 같은 구절이 있다. "우리 주 예수 그리스도의 은혜가 여러분 모두와 함께하기를 바랍니다. 아멘."

개인적인 인사

16 우리의 자매 뵈뵈를 여러분에게 추
천합니다. 뵈뵈는 겐그레아 교회의
여자 집사입니다.
2 뵈뵈를 주님 안에서 성도로서 영접해 주
시기를 부탁합니다. 그리고 뵈뵈는 나를
비롯하여 여러 사람에게 큰 도움을 준 사
람이므로, 그 자매가 필요로 하는 것은 무
엇이든 도와 주시기 바랍니다.
3 그리스도 예수 안에서 나의 동역자인 브리
스가와 아굴라에게 안부를 전해 주십시오.
4 이 두 사람은 생명의 위협을 무릅쓰고 내
목숨을 구해 준 사람들입니다. 나뿐만 아
니라 모든 이방인 교회가 그들에게 감사
하고 있습니다.
5 그리고 브리스가와 아굴라의 집에서 모이
는 교회에도 안부를 전해 주십시오. 나의
사랑하는 에배네도에게 안부를 전해 주십
시오. 그는 아시아 지방에서 처음으로 그
리스도를 믿은 사람입니다.
6 여러분을 위해 수고를 많이 한 마리아에
게 안부를 전해 주십시오.
7 나의 친척이며 한때 나와 함께 감옥에 갇
혔던 안드로니고와 유니아에게 안부를 전
해 주십시오. 이 두 사람은 사도들 사이
에서도 정평이 나 있고, 나보다 먼저 그
리스도를 믿은 사람들입니다.
8 주님 안에서 내가 사랑하는 암블리아에게
안부를 전해 주십시오.
9 그리스도 안에서 우리의 동역자 우르바노
와 나의 사랑하는 스다구에게 안부를 전
해 주십시오.
10 그리스도 안에서 인정을 받은 아벨레에게
안부를 전해 주십시오. 아리스도불로의 가
족에게 안부를 전해 주십시오.
11 나의 친척 헤로디온에게 안부를 전해 주십
시오. 주님 안에 있는 나깃수의 가족에게
안부를 전해 주십시오.
12 주님 안에서 수고를 많이 한 여성들인 드
루배나와 드루보사에게 안부를 전해 주십
시오. 주님을 위해 수고를 많이 한 사랑
하는 버시에게 안부를 전해 주십시오.

13 주님 안에서 선택받은 루포와 그의 어머
니에게 안부를 전해 주십시오. 루포의 어
머니는 내 어머니이기도 합니다.
14 아순그리도와 블레곤과 허메와 바드로바와
허마와, 그들과 함께 있는 성도들에게 안
부를 전해 주십시오.
15 빌롤로고와 율리아와 네레오와 그의 여동
생과 올름바와, 이 사람들과 함께 있는 모
든 성도들에게 안부를 전해 주십시오.
16 거룩한 입맞춤으로 서로 인사를 나누십시
오. 그리스도의 모든 교회가 여러분에게
문안드립니다.

마지막 교훈

17 형제 자매 여러분, 여러분에게 권합니다.
분열을 일으키고, 여러분들이 배운 교훈
에 어긋나게 믿음의 길에 장애물을 놓는
사람들을 경계하시고, 그런 사람들을 멀
리하십시오.
18 그런 사람은 우리 주 그리스도를 섬기는
것이 아니라 자기의 배를 섬기며, 달콤하
고 아첨하는 말로 순진한 사람들의 마음
을 속입니다.
19 여러분들이 하나님의 말씀에 순종하는 생
활을 한다는 소문은 모든 성도들이 들어
알고 있으며, 나도 여러분 때문에 무척 기
쁩니다. 다만 바라는 것이 있다면, 여러
분이 선한 일에는 지혜롭고 악한 일에는
순결하기를 바랍니다.
20 평강의 하나님께서 빠른 시일 안에 사탄
을 여러분의 발 아래 짓밟히게 하실 것입
니다. 우리 주 예수님의 은혜가 여러분과
함께 있기를 바랍니다.
21 나의 동역자 디모데와 내 친척 누기오와 야
손과 소시바더가 여러분에게 문안드립니다.
22 이 편지를 받아 쓰는 나 더디오도 주님 안
에서 여러분에게 문안드립니다.
23 나와 온 교회를 보살펴 주는 가이오도 여
러분에게 문안드립니다. 이 도시의 재무
관인 에라스도와 형제 구아도도 여러분에
게 문안드립니다.
24 (없음)*

하나님께 영광을 돌림

25 하나님께서는 내가 전파한 복음과 예수 그
리스도에 관한 설교를 통해, 그리고 과거
오랜 세월 동안, 감추어 두셨던 비밀을 밝
히 드러내심으로써 여러분을 굳세게 하십
니다.
26 그 비밀이 지금은 밝히 드러났고, 영원하
신 하나님의 명령대로 예언자들의 글을
통해 알려져 모든 이방인들이 믿고 순종
하게 되었습니다.
27 이런 일을 하신 오직 한 분이시고 지혜로
우신 하나님께 예수 그리스도를 통하여 영
광이 영원히 있기를 원합니다. 아멘.

믿음을 키워 주는 이야기

산타클로스

로마 시대 때에 지중해 연안 케일이라는 마을에 '니콜라스'가 살았습니다. 그는 로마 황제가 기독교를 박해할 때 투옥됐다가 콘스탄틴 황제가 기독교를 공인하면서 풀려났습니다.

그는 고아와 전과자와 창녀와 가난한 어부와 병자들의 친구였습니다. 그는 가난한 사람들을 위해 매년 습관처럼 하는 일이 있었습니다. 성탄절이 가까워오면 한밤중에 선물이 가득 담긴 커다란 자루를 들고 마을을 돌며 가난한 가정을 찾아가 남몰래 선물을 나눠 주었던 것입니다.

니콜라스의 선행은 결국 세상에 알려지게 되었고, 사람들은 니콜라스를 성자로 추앙해 '세인트 니콜라스'라고 불렀습니다. 오늘날 우리가 '산타클로스'로 부르는 사람이 바로 이 '성 니콜라스'입니다. '세인트 니콜라스'가 '산타클로스'로 바뀌어져 불리게 된 것입니다.

고 린 도 전 서

I Corinthians

○ 저자

저자는 사도 바울이다.

○ 저작 연대

A.D. 55년

○ 주요 인물

사도 바울, 아볼로, 디모데, 디도

○ 기록 목적과 대상

고린도전서는 고린도 교회 내의 분쟁, 교인들 간의 법적 소송, 결혼 문제, 영적 은사의 남용, 성만찬, 우상 제물에 관한 문제, 부활에 대한 불신 문제 등에 대하여 바른 길을 제시하고 있다. 고린도전서의 특징은 그리스도인들이 실생활에서 부딪히던 문제점들을 다루는 실용적인 편지라는 데 있다. 따라서 고린도 교회처럼 많은 문제들을 안고 있는 오늘날의 교회에 이 서신은 많은 교훈을 전해 준다. 이 편지는 고린도 교회의 성도들을 위해 쓰여졌다.

○ 내용 소개

1. 머리말(1:1-9)
2. 교회 내의 분쟁(1:10-4:21)
3. 교회 내의 무질서(5:1-6:20)
4. 교회 내의 다양한 문제들(7:1-15:58)
5. 결론(16:1-24)

인사

1 하나님의 뜻에 따라 그리스도 예수의 사
도로 부르심을 받은 나 바울과 형제 소스
데네는
2 고린도에 있는 하나님의 교회와 그리스도
예수 안에서 거룩하게 된 사람들에게 이
편지를 씁니다. 여러분은 방방곡곡에서
우리 주 예수 그리스도의 이름을 부르는
모든 사람들과 함께 거룩한 사람으로 부
르심을 받았습니다. 예수 그리스도는 우리
의 주님이시며 또한 이 모든 사람들의 주
님이 되십니다.
3 하나님 우리 아버지와 주 예수 그리스도께
서 여러분에게 은혜와 평강을 주시기를
바랍니다.

바울의 감사

4 그리스도 예수 안에서 여러분에게 주신 하
나님의 은혜로 말미암아 나는 늘 하나님
께 감사드립니다.
5 여러분은 예수 그리스도 안에서 모든 말하
는 것과 모든 지식 등 모든 면에서 풍성
하게 되었습니다.
6 내가 이렇게 말씀드리는 것은 그리스도에
관하여 증언한 것이 여러분 안에서 확고
해졌기 때문입니다.
7 그러므로 여러분은 영적인 선물을 부족함
없이 받으며 우리 주 예수 그리스도께서
나타나실 것을 간절히 바라고 있습니다.
8 예수님께서는 여러분을 세상 끝날까지 굳
세게 지켜 우리 주 예수 그리스도의 날에
흠이 없는 사람이 되게 하실 것입니다.
9 여러분을 부르셔서 그의 아들이신 우리
주 예수 그리스도와 사귐을 갖게 하신 하
나님은 신실하십니다.

교회 안에 일고 있는 파벌

10 성도 여러분, 우리 주 예수 그리스도의 이
름으로 여러분에게 호소합니다. 모두 의
견을 합하고 여러분 사이에 편을 나누지
마십시오. 같은 마음과 같은 생각을 가지
고 하나가 되십시오.
11 나의 성도 여러분, 글로에 집에서 온 사람
들이 나에게 여러분 사이에 다툼이 있다
는 소식을 전해 주었습니다.
12 내용은 이렇습니다. 여러분이 저마다 "나
는 바울을 따른다", "나는 아볼로를 따른
다", "나는 베드로를 따른다", 심지어 "나

알아두세요

1:19 사 29:14에 기록되어 있다.

분열된 고린도 교회(1:10-13)

는 그리스도를 따른다"고
말한다니,
13 도대체 그리스도가 나
뉘었습니까? 바울이
여러분을 위해 십
자가에 못박혔습
니까? 아니면 여
러분이 바울의
이름으로 세례를
받았습니까?
14 내가 그리스보와
가이오 두 사람
외에는 여러분 중
어느 누구에게도
세례를 주지 않아
하나님께 감사합니다.
15 그러므로 여러분 중에서
어느 누구도 바울의 이름으로
세례를 받았다고 말할 수 없을 것입니다.
16 그러고 보니 내가 스데바나의 가정에도 세
례를 준 적이 있습니다. 하지만 이들 외
에는 아무에게도 세례를 준 기억이 없습
니다.
17 그리스도께서 나를 보내신 것은 세례를 주
기 위해서가 아니라 복음을 전하도록 하
기 위해서였습니다. 그것은 인간의 지혜
로운 말로 하라는 것이 아니었습니다. 그
리스도의 십자가가 그 능력을 잃지 않게
하려는 것입니다.

하나님의 능력과 지혜이신 그리스도

18 십자가에 관한 말씀이 멸망할 사람들에게
는 어리석은 것에 불과하지만, 구원 받은
우리에게는 하나님의 능력입니다.
19 성경에 이렇게 기록되어 있습니다. "내가
지혜로운 사람들의 지혜를 멸하고, 지식
있는 사람들의 지식을 물리치리라."*
20 지혜 있는 사람이 어디 있으며, 학자가 어
디 있습니까? 이 시대의 변론가가 어디
있습니까? 하나님께서 이 세상의 지혜를
어리석게 하지 않으셨습니까?
21 세상이 자기의 지혜를 통해서는 하나님을
알지 못하게 하신 것이 하나님의 지혜입
니다. 그래서 하나님께서는 우리가 전하
는 어리석어 보이는 말씀 선포로 믿는 사
람들을 구원하기를 기뻐하셨습니다.
22 유대인들은 표적을 요구하고, 그리스인들
은 지혜를 찾습니다.
23 하지만 우리는 그리스도께서 십자가에 못
박히셨다고 전합니다. 이것이 유대인들에
게는 걸려 넘어지게 하는 것이요, 이방인
들에게는 어리석은 것이지만,
24 유대인이 되었든지 그리스인이 되었든지
부르심을 받은 사람들에게 그리스도는 하
나님의 능력이며 하나님의 지혜입니다.
25 하나님의 어리석음이 사람의 지혜보다 더
지혜로우며, 하나님의 약함이 사람의 강
함보다 더 강합니다.
26 성도 여러분, 하나님께서 여러분을 부르
셨을 당시, 여러분의 모습이 어떠했는지
를 생각해 보십시오. 세상의 표준으로 볼
때 지혜 있는 사람이 많지 않았고, 권력
있는 사람도 많지 않았으며, 가문 좋은 사
람도 많지 않았습니다.
27 그러나 하나님께서는 지혜로운 것들을 부
끄럽게 하시려고 세상의 미련한 것들을 선
택하셨고, 강한 것들을 부끄럽게 하시려고

세상의 약한 것들을 선택하셨습니다.
28 하나님께서는 세상의 비천한 것들과 멸시
받는 것, 그리고 아무것도 아닌 것들을 선
택하여 유력한 것들을 멸하셨습니다.
29 이것은 하나님 앞에서 어느 누구도 자랑
하지 못하게 하기 위해서였습니다.
30 그러나 여러분은 이러한 하나님에게서 나
서 예수 그리스도 안에 있게 되었습니다.
예수님은 하나님께로부터 오는 우리의 지
혜와 의와 거룩함과 구속이 되셨습니다.
31 그러므로 성경에 기록되었듯이 "자랑하는
자는 주님 안에서 자랑하십시오."*

그리스도의 십자가만을 전파하는 바울

2 성도 여러분, 나도 여러분에게 가서 하
나님의 비밀을 전하였을 때, 웅변술이
나 탁월한 지혜를 가지고 전한 것이 아니
었습니다.
2 그것은 내가 여러분과 함께 있는 동안에
는 예수 그리스도와 그분께서 십자가에 못
박히셨다는 것 이외에는 아무것도 알지
않기로 굳게 결심했기 때문입니다.
3 사실 내가 여러분에게 갔을 때, 나는 약
하였고 두려웠으며 몹시 떨었습니다.
4 내가 전한 말이나 선포한 것들은 지혜롭

십자가의 조각이 발견된 성묘 교회 지하 예배소(2:2)

알아두세요

1:31 렘 9:24에 기록되어 있다.
2:9 사 64:4에 기록되어 있다.
2:16 사 40:13에 기록되어 있다.

고 설득력 있는 말들이 아니라 성령의 능
력을 드러내는 것이었습니다.
5 이렇게 한 것은 여러분의 믿음을 사람의
지혜가 아니라 하나님의 능력에 두게 하
려는 것이었습니다.

성령께서 주시는 지혜

6 그러나 우리는 성숙한 사람들 사이에서는
지혜를 말합니다. 이 지혜는 이 세상의 지
혜가 아니며, 이 세상에서 멸망해 버릴 통
치자들의 지혜도 아닙니다.
7 우리가 말하는 지혜는 하나님의 비밀 가
운데 있는 지혜입니다. 이것은 감춰졌던
것이며, 하나님께서 우리의 영광을 위해
창조 전에 미리 정하신 지혜입니다.
8 이 시대의 통치자 중 어느 누구도 이 지
혜를 깨닫지 못했습니다. 그들이 깨달았
다면 영광의 주님을 십자가에 못박지 않
았을 것입니다.
9 성경에 이렇게 기록되어 있습니다. "하나
님께서 자기를 사랑하는 자들을 위해 준
비해 두신 것을 눈으로 보지 못하였고, 귀
로 듣지 못하였으며, 마음으로 깨닫지 못
하였다."*
10 하나님께서는 성령을 통하여 이 지혜를
우리에게 계시하셨습니다. 왜냐하면 성령
님께서 모든 것을, 심지어 하나님의 깊은
것까지도 속속들이 살피시기 때문입니다.
11 어떤 사람이 생각하고 있는 것을 그 사람
속에 있는 영이 아니고서야 누가 알 수
있겠습니까? 이와 마찬가지로 하나님의
생각도 하나님의 성령만이 아실 수 있습
니다.
12 하나님께서 우리에게 은혜로 주신 것들을
알기 위해 우리는 세상의 영이 아니라 하
나님께로부터 오는 성령을 받았습니다.
13 우리는 사람의 지혜에서 배운 말로 말하
지 않고 성령으로부터 가르침받은 말씀으
로 말합니다. 성령님께 속한 것은 성령에
속한 것으로 설명해야 하기 때문입니다.
14 성령에 속하지 않은 사람은 하나님의 성
령에 속한 것들을 받아들이지 않습니다.
그런 사람에게는 이런 것들이 어리석어

보입니다. 그런 것들은 영
적으로 식별되는 것이므
로 세상에 속한 사람은
그런 것들을 깨달을 수도
없습니다.
15 성령님께 속한 사람은 모
든 것을 판단하지만, 자
신은 아무에게도 판단을
받지 않습니다.
16 "누가 주님의 마음을 알았
으며, 누가 주님을 가르치
겠습니까?"* 그러나 우리
는 그리스도의 마음을 가
지고 있습니다.

사람을 좇아가는 어리석음

3 성도 여러분, 이전에
나는 성령에 속한 사람
에게 말하듯이 여러분에
게 할 수가 없어서 세상에
속한 사람을 대하듯, 다시
말해서 그리스도 안에서
어린아이를 대하듯 말할
수밖에 없었습니다.
2 그 때, 나는 여러분에게 단
단한 음식이 아니라 우유를
먹였습니다. 여러분이 단단한 음식을
먹을 준비가 전혀 되어 있지 않았기 때문
인데, 지금도 여전히 받을 준비가 되어 있
지 않습니다.
3 여러분은 아직도 세상에 속해 있습니다.
시기와 다툼이 여러분 안에 있으니 이것
이 바로 세상에 속한 것이고 세상 사람들
처럼 행동하는 것이 아닙니까?
4 어떤 사람이 "나는 바울파다"라고 말하자,
다른 사람은 "나는 아볼로파다"라고 말하
고 있으니, 세상에 속한 사람이 아니면 무
엇이겠습니까?
5 도대체 아볼로가 무엇이고 바울이 무엇입
니까? 나나 아볼로나 여러분을 믿도록 하
고, 주님께서 각 사람에게 할 일을 맡기
셔서 일하는 일꾼에 불과합니다.
6 나는 씨앗을 심었고, 아볼로는 물을 주었으

"심는 사람이나 물을 주는 사람은 아무것도 아니지만,
자라게 하시는 분인 하나님은 중요합니다."(3:7)

나, 자라게 하시는 분은 하나님이십니다.
7 그러므로 심는 사람이나 물을 주는 사람
은 아무것도 아니지만, 자라게 하시는 분
인 하나님은 중요합니다.
8 심는 사람과 물 주는 사람은 하나의 목적
때문에 일을 합니다. 각 사람은 자기가 한
수고만큼 보수를 받을 것입니다.
9 우리는 하나님의 동역자요, 여러분은 하
나님의 밭이며, 하나님의 건물입니다.
10 나는 하나님께서 내게 주신 은혜대로 유
능한 건축가처럼 기초를 놓았습니다. 하
지만 다른 사람들은 그 위에 건물을 세우
고 있습니다. 그러나 각 사람은 이 기초
위에 어떻게 건물을 세워야 할지 주의해
야 합니다.
11 아무도 이미 놓여 있는 기초 외에 다른 기

초를 놓을 수 없습니다. 왜냐하면 그 기
초는 예수 그리스도이시기 때문입니다.
12 어떤 사람이 이 기초 위에 금이나 은이나
보석이나 또는 나무나 풀이나 짚 등을 이
용하여 건물을 세울 것인데
13 각 사람이 일한 성과가 드러나게 될 것입
니다. 그 날은 불로 나타나기 때문에 일
한 것이 밝히 드러날 것입니다. 그래서 그
불이 각 사람의 한 일을 검증할 것입니다.
14 어떤 사람이 세운 것이 그대로 남아 있으
면, 그는 보수를 받을 것입니다.
15 그가 세운 것이 타 없어져 버리면 그는 손
실을 입게 될 것입니다. 그러나 그 사람
자신은 마치 불을 거쳐서 살아 온 것 같
은 구원을 받을 것입니다.
16 여러분은 자신들이 하나님의 성전인 것과
하나님의 성령께서 여러분 안에 계신다는
사실을 알지 못합니까?
17 누구든지 하나님의 성전을 멸하면, 하나
님께서 그 사람을 멸하실 것입니다. 그것
은 하나님의 성전은 거룩하며, 여러분 자
신이 바로 그 성전이기 때문입니다.
18 자신을 속이지 마십시오. 여러분 중에 어
떤 사람이 이 세상의 표준에 따라 자신이
지혜 있는 사람이라는 생각이 들거든, 진
정 지혜 있는 자가 되기 위해서 어리석은
사람이 되십시오.
19 이 세상의 지혜는 하나님께서 보시기에
어리석은 것입니다. 그것은 성경에 "하나
님께서 지혜 있는 자들을 자기 꾀에 빠지
게 하신다"*고 기록되어 있으며,
20 또한 "주님께서는 지혜 있는 사람들의 생
각이 헛되다는 것을 아신다"*고 기록되어
있기 때문입니다.
21 그러므로 아무도 사람과 관련하여 자랑하지
마십시오. 모든 것이 여러분의 것입니다.
22 바울이나 아볼로나, 게바나 세상이나, 생
명이나 죽음이나, 현재 일이나 장래 일이
나 할 것 없이 모든 것이 다 여러분의 것
입니다.
23 그리고 여러분은 그리스도의 것이며, 그리
스도는 하나님의 것입니다.

사도들의 사역

4 이처럼 여러분은 마땅히 우리를 그리스
도의 일꾼이요, 하나님의 비밀을 맡은
관리자로 생각해야 합니다.
2 맡은 사람에게 더없이 요구되는 것은 충
성입니다.
3 나는 여러분에게 판단을 받든지 세상 법
정에서 판단을 받든지 전혀 개의치 않습
니다. 심지어 나 스스로도 나를 판단하지
않습니다.
4 나는 양심에 걸리는 것이 조금도 없습니
다. 그렇다고 해서 내가 흠이 없다는 말
은 아닙니다. 나를 판단하시는 분은 주님
이십니다.
5 그러므로 여러분은 때가 되기 전에는 아
무것도 판단하지 말고, 주님께서 오실 때
까지 기다리십시오. 주님께서 어둠 속에
감추어진 것들을 밝히 나타내시며, 사람
들의 마음속에 있는 생각까지 드러내실
것입니다. 그 때에 각 사람은 하나님에게
서 칭찬을 받을 것입니다.
6 성도 여러분, 나는 여러분을 위해 건축가
이야기와 사역자에 관한 이야기를 나 자
신과 아볼로에게 적용하여 말하였습니다.
이렇게 한 것은 여러분에게 "기록된 말씀
의 범위 이상을 벗어나지 마라"는 말의 의
미를 배우게 하기 위함입니다. 그러므로
여러분은 어느 한 사람은 치켜세우고 다
른 사람은 깔보는 일을 하지 마십시오.
7 여러분을 별다르게 생각하는 사람이 누구
입니까? 여러분이 하나님께로부터 받지
않은 것이 무엇이 있습니까? 모두 받은

알아두세요

3:19 욥 5:13에 기록되어 있다.
3:20 시 94:11에 기록되어 있다.

개의치 않다(4:3 care nothing for) 마음에 두지 않다.
멸시(4:10 contempt) 업신여기거나 깔보는 것.
음행(5:1 sexual immorality) 음란한 행위, 여기서는 구체적으로 근친상간을 가리킴.
유월절(5:7 Passover) 이스라엘의 이집트 탈출을 기념하는 절기.

것인데 왜 받지 않은 것처럼 자랑하고 있
습니까?
8 여러분은 벌써 배가 불렀습니다. 이미 부
자가 되었습니다. 우리 없이도 이미 여러
분은 왕노릇을 하였습니다. 우리도 여러
분과 함께 왕노릇 할 수 있도록 차라리 여
러분이 진짜 왕이었으면 좋겠습니다.
9 내 생각에는 하나님께서 우리 사도들을
마치 사형 선고를 받은 사람처럼 맨 꼴찌
로 내놓은 것 같습니다. 그래서 우리는 세
상과 천사들과 사람들에게 구경거리가 되
었습니다.
10 우리는 그리스도를 위하여 어리석은 사람
이 되었습니다만, 여러분은 그리스도 안에
서 지혜로운 사람이 되었습니다. 우리는
약하지만 여러분은 강합니다. 여러분은
존경을 받으나, 우리는 멸시를 받습니다.
11 지금 이 순간까지 우리는 굶주리고, 목마
르고, 헐벗고, 매맞고, 집 없이 떠돌아다
니면서
12 우리의 손으로 힘써서 일하였습니다. 우
리는 저주를 받지만 축복해 주고, 핍박을
당하여도 참고 인내하며,
13 모욕을 당하여도 다정한 말로 대답하였습
니다. 바로 이 순간까지 우리는 세상의 쓰
레기와 만물의 찌꺼기가 되었습니다.
14 여러분을 부끄럽게 하려고 이 글을 쓰고
있는 것이 아닙니다. 오히려 여러분을 내
사랑하는 자녀로 생각하여 훈계하기 위해
쓰고 있습니다.
15 그리스도 안에서 여러분에게 만 명이나 되
는 스승이 있을지 몰라도, 아버지는 여러
명이 있을 수 없습니다. 그리스도 예수 안
에서 내가 복음 때문에 여러분의 아버지
가 되었습니다.
16 그러므로 여러분에게 권합니다. 나를 본
받으십시오.
17 내가 디모데를 여러분에게 보낸 것도 이러
한 이유 때문입니다. 그는 주님 안에서 신
실한 나의 사랑하는 아들입니다. 디모데는
내가 모든 교회에서 가르쳤던 그대로 그리
스도 예수 안에서 내가 살아왔던 방식을
여러분에게 상기시켜 줄 것입니다.
18 여러분 중에는 내가 여러분에게 가지 않
을 줄로 생각하여 오만방자해진 사람이
있습니다.
19 그러나 주님의 뜻이면 나는 빠른 시일 안
에 여러분에게로 가서 그 오만방자한 사
람들의 말이 아니라 그들의 능력이 어떠
한지를 알아볼 것입니다.
20 그것은 하나님의 나라는 말에 있지 않고
능력에 있기 때문입니다.
21 여러분은 무엇을 더 원하십니까? 내가 여
러분에게 갈 때, 채찍을 가지고 가는 것
이 좋겠습니까? 아니면 사랑과 온유한 심
정을 가지고 가는 것이 좋겠습니까?

부도덕한 형제를 심판함

5 여러분 사이에 음행이 있다는 소문이
들립니다. 어떤 사람이 계모를 데리고
살고 있다고 하는데, 그와 같은 음행은 이
방인들 사이에서도 볼 수 없는 일입니다.
2 그런 사실을 알고도 여러분은 자만하고
있습니까? 오히려 여러분은 슬퍼하고, 이
런 음행을 행한 사람을 여러분 가운데서
쫓아 내야 하지 않겠습니까?
3 내가 비록 몸은 여러분에게서 떨어져 있
지만 마음으로는 여러분 곁에 있어, 마치
내가 그 곳에 있는 것처럼 이미 그런 짓
을 행한 사람을 심판하였습니다.
4 여러분이 우리 주 예수님의 이름으로 함
께 모이고, 나의 마음이 우리 주 예수님의
권능으로 여러분과 함께 있으니,
5 그 사람을 사탄에게 내어 주어, 그 사람
의 죄의 본성은 멸망당하더라도 영혼은
우리 주님의 날에 구원 받게 해야 할 것
입니다.
6 여러분이 자랑하는 것은 옳지 않습니다.
"적은 양의 누룩이 반죽 덩어리 전체를 부
풀게 한다"는 속담을 알지 못하십니까?
7 여러분은 새 반죽이 되기 위해 묵은 누룩
을 없애 버리셔야 합니다. 유월절 어린양
이신 그리스도께서 죽으셨으므로, 사실 여
러분은 누룩이 들어 있지 않은 새 반죽이
되었습니다.

8 그러므로 악의와 악독으로 가득 찬 묵은
누룩이 아니라 성실함과 진리로 가득한,
누룩이 들어 있지 않은 빵으로 유월절을
지킵시다.
9 나는 이미 편지에 음행하는 사람과 사귀
지 말라고 썼습니다.
10 내 말은 음행하거나, 탐욕스럽거나, 속이
거나, 우상 숭배하는 이 세상 사람들과 전
혀 어울리지 말라는 의미가 아닙니다. 그
러려면 이 세상 밖으로 나가야 합니다.
11 내가 지금 어울리지 말라고 쓴 것은, 어
떤 사람이 그리스도인이라고 말은 하면서
음행하거나, 탐욕이 있거나, 우상을 숭배
하거나, 남을 모함하거나, 술에 젖어 살
거나, 약탈하거나 한다면, 그런 사람들과
어울리지 말라는 말입니다. 그런 사람들
과는 음식도 같이 먹지 말라는 것입니다.
12 교회 밖에 있는 사람들을 심판하는 것이
내가 상관해야 할 일입니까? 여러분들이
심판해야 할 사람들은 교회 안에서 죄를
짓는 사람들이 아닙니까?
13 하나님께서는 교회 밖에 있는 사람들을
심판하실 것입니다. "여러분 중에서 악한
자를 쫓아 내십시오."

형제를 고소하는 문제

6 여러분 중에 어떤 사람이 다른 사람과
다툼이 있을 때, 성도들에게 해결해 달
라고 하지 않고 왜 그것을 세상 법정에 고
소하려고 합니까?
2 여러분은 성도들이 세상을 심판한다는 사
실을 알지 못하십니까? 여러분들은 세상

바울의 재판터(6:2)

을 심판해야 할 사람들인데, 사소한 문제
도 여러분이 직접 심판할 능력이 없단 말
입니까?
3 우리가 천사들을 심판한다는 사실을 알지
못하십니까? 하물며 이 세상의 사소한 일
들이야 어떻겠습니까?
4 그런데 이런 일상적인 문제로 다툼이 일어
날 때, 여러분은 왜 교회에서 멸시하는 세
상 사람들을 재판관으로 앉히는 것입니까?
5 나는 여러분을 부끄럽게 하려고 이 말을
하는 것입니다. 아니, 여러분 중에는 신
자들간의 문제를 해결해 줄 만큼 지혜로
운 사람이 한 사람도 없단 말입니까?
6 여러분은 지금 신자가 다른 신자를 고소
하는 것도 부족해서, 하나님을 믿지 않는
사람 앞에서 재판을 받게 해야겠단 말입
니까?
7 이렇게 여러분 사이에서 서로 고소하는
일이 발생하였다는 사실은 이미 여러분이
패배했음을 의미합니다. 이렇게 되느니
차라리 악한 일을 당하는 편이 낫지 않겠
습니까? 아니면 속임을 당하는 쪽이 낫지
않겠습니까?
8 여러분 스스로가 불의를 행하고 속이고
있습니다. 그것도 성도들끼리 말입니다.
9 여러분은 불의한 자들이 하나님 나라를
기업으로 상속받지 못한다는 사실을 알지
못하십니까? 속지 마십시오. 음행하는 사
람이나, 우상 숭배하는 사람이나, 간음하
는 사람이나, 남자로서 몸을 파는 사람이
나, 동성 연애를 하는 사람이나,
10 도적질하는 사람이나, 탐욕이 가득한 사람
이나, 술에 젖어 사는 사람이나, 모함하는
사람이나 약탈하는 자들은 하나님의 나라
를 기업으로 상속받지 못할 것입니다.
11 여러분 중에 여기에 속한 사람들이 있었
습니다. 그러나 여러분은 우리 주 예수 그
리스도의 이름과 우리 하나님의 성령으로
씻음을 받고 거룩해졌으며 의롭다 함을
받았습니다.

몸으로 하나님께 영광을 돌리십시오

12 "내게는 무엇이든지 할 수 있는 자유가 있

다." 이것은 여러분이 내세우는 표어입니
다. 맞습니다. 하지만 모든 것이 다 유익
한 것은 아닙니다. "내게는 무엇이든지
할 수 있는 자유가 있다"고는 하지만, 나
는 어떤 것에 의해서도 제재를 받지 않을
것입니다.
13 "음식은 배를 채우기 위해 있고, 배는 음
식을 먹기 위해 있다." 이것도 여러분이
내세우는 표어입니다. 그러나 하나님께서
는 언젠가 이 모든 것을 필요 없게 만드
실 것입니다. 우리 몸은 음행을 위해 있
는 것이 아니라 주님을 위해 있으며, 주
님은 우리 몸을 위해 계십니다.
14 하나님께서 주님을 살리셨으니, 그분의
능력으로 장차 우리도 살리실 것입니다.
15 여러분의 몸이 그리스도의 지체인 것을 알
지 못하십니까? 그렇다면 내가 그리스도
의 지체를 떼어 내 창녀와 한 몸으로 만
들 수 있겠습니까? 그럴 수 없습니다.
16 창녀와 결합하는 사람은 창녀와 한 몸이
된다는 것을 알지 못하십니까? 성경에
"두 사람이 한 몸이 될 것이다"라고 기록
되어 있습니다.
17 하지만 주님과 연합하는 사람은 주님과
영적으로 하나가 됩니다.
18 음행을 멀리하십시오. 사람이 짓는 모든
죄들은 몸 밖에서 일어나는 것이지만, 음
행하는 사람은 자신의 몸에 죄를 짓는 것
입니다.
19 여러분의 몸은 하나님께 받은 것이며, 여
러분 안에 거하시는 성령의 성전이라는
사실을 알지 못하십니까? 여러분은 여러
분 자신의 것이 아닙니다.
20 여러분은 하나님께서 값을 치르고 산 몸
입니다. 그러므로 여러분의 몸으로 하나
님께 영광을 돌리십시오.

결혼과 관련된 문제

7 이제 여러분이 내게 보낸 편지에 "사람
이 결혼하지 않는 편이 더 낫다"고 한
내용에 대해 말씀드리겠습니다.
2 음행이 성행하고 있으므로, 남자마다 자기
아내를 두고 여자도 자기 남편을 두십시오.
3 남편은 아내에게 혼인의 의무를 다하고,
아내도 남편에게 그렇게 하십시오.
4 아내가 자기 몸에 대한 권한을 행사하는
것이 아니라 남편이 하며, 남편도 자기 몸
에 대해 권한을 행사하는 것이 아니라 아
내가 합니다.
5 남편과 아내는 서로 합의하여 기도에 전
념하기 위해 얼마 동안 떨어져 있는 경우
를 제외하고는 서로 떨어져 있지 마십시
오. 잠시 떨어져 있는 경우라도 사탄이 여
러분의 약함을 틈타 시험할지 모르니 그
후에는 다시 합치십시오.
6 이것은 내가 충고로 드리는 말씀이지 명
령은 아닙니다.
7 나는 모든 사람이 나처럼 지내기를 바랍
니다. 하지만, 각 사람마다 하나님께 받
은 은사가 달라서 어떤 사람은 이러하고,
또 다른 사람은 저러합니다.
8 결혼하지 않은 사람들과 과부들에게 말합

성경 자세히 이해하기

그리스도인의 자유는 방종이 아닙니다

그리스도인들은 무엇이든 원하는 대로 할 수 있는 자유가 있습니다. 하지만 그 목적이 그리스도를 기쁘게 해 드리는 것임을 기억해야 합니다. 그리고 자신의 행동으로 인해 다른 사람들을 해롭게 해서는 안 됩니다.

어떤 사람이 팔을 마구 휘두르며 걷다가, 지나가는 사람을 쳤습니다. 그러자 맞은 사람이 화가 머리끝까지 나서 팔을 휘두르며 걷던 사람을 때렸습니다. 그러자 팔을 휘두르며 걷던 사람이 말했습니다. "아니, 왜 때리는 거요? 이 나라는 자유도 없소? 팔도 마음대로 젓고 다닐 수 없단 말이오?" 그러자 상대방은 더욱 화를 내며 말했습니다. "물론 할 수 있지, 그러나 네 자유가 내 코를 쳤다는 것을 알아야지."

그렇습니다. 그리스도인들은 자유를 갖고 있지만 자신의 자유로운 행동이 다른 약한 그리스도인들에게 해를 끼치는 것인지 항상 염두에 두어야 합니다. 그리고 나아가서는 그 행동이 하나님을 영광되게 하는 것인지 신중히 생각해야 합니다.

본문 보기 6장 12절

니다. 여러분들도 나처럼 결혼하지 않고
지내는 것이 여러분에게 좋습니다.
9 그러나 자신을 절제할 수 없거든 결혼하
십시오. 욕정에 불타는 것보다 결혼하는
편이 낫습니다.
10 이제 이미 결혼한 사람들에게 명령합니
다. 이것은 나의 명령이 아니라 주님의 명
령입니다. 아내는 남편과 헤어지지 마십
시오.
11 남편과 헤어지는 일이 있게 된다면 결혼
하지 말고 그대로 혼자 지내든지, 아니면
전 남편과 다시 합쳐야 합니다. 남편 역
시 아내를 버려서는 안 됩니다.
12 그 외의 사람들에게 말합니다. 이것은 주
님의 말씀이 아니라 내 생각입니다. 어떤
남자 신자에게 믿지 않는 아내가 있는데
그 아내가 남편과 함께 살고 싶어하면 그
아내를 버려서는 안 됩니다.
13 어떤 여자 신자에게 믿지 않는 남편이 있
는데 그 남편이 아내와 함께 살고 싶어하
면 그 남편을 버려서는 안 됩니다.
14 그것은 믿지 않는 남편이 아내를 통해 거
룩해지고, 믿지 않는 아내가 남편을 통해
거룩해지기 때문입니다. 그렇지 못하다면
여러분의 자녀도 깨끗하지 못할 것입니
다. 하지만 여러분이 보시다시피 여러분
의 자녀는 거룩합니다.
15 그렇지만 만일 믿지 않는 남편이 헤어지려
하면 그렇게 하도록 하십시오. 믿는 남자
나 여자나 그런 상황에서는 상대방에게 얽
매일 필요가 없습니다. 하나님께서는 우리
를 평화롭게 살게 하려고 부르셨습니다.
16 아내 된 사람이여, 그대가 남편을 구원할
지 어떻게 알겠습니까? 남편 된 사람이
여, 그대가 아내를 구원할지 어떻게 알겠
습니까?

하나님께서 부르신 대로 생활하십시오

17 각 사람은 주님께서 각 사람에게 나눠 주
신 대로, 그리고 하나님께서 부르신 위치
를 그대로 유지하며 살아가십시오. 이것
은 내가 모든 교회에 세워 준 원칙입니다.
18 부르심을 받았을 때, 이미 할례를 받은 사
람이 있다면 할례받은 표시를 없애려 하
지 마십시오. 그러나 부르심을 받았을 때
할례를 받지 않은 사람이 있다면, 할례를
받으려 하지 마십시오.
19 할례를 받았느냐 받지 않았느냐 하는 것
은 아무것도 아닙니다. 하나님의 계명들
을 지키는 것이 중요합니다.
20 각 사람은 하나님께서 그를 부르셨을 때
의 상태 그대로 살아가십시오.
21 노예였을 때, 부름을 받았습니까? 그것
때문에 마음 상해 하지 마십시오. 그러나
혹시 자유를 얻을 기회가 생기면 그 기회
를 활용하십시오.
22 주님 안에서 부르심을 받았을 때에 노예
인 사람은 주님께 속한 자유인입니다. 이
와 마찬가지로 부르심을 받았을 때에 자
유인인 사람은 그리스도의 노예입니다.
23 여러분은 값을 치르고 산 사람들입니다.
더 이상 사람들의 노예가 되지 마십시오.
24 성도 여러분, 여러분 각 사람은 부르심을
받은 위치에 그대로 머물러 계시면서 하
나님께 책임을 다 하시기 바랍니다.

결혼하지 않은 사람들과 과부에 관한 문제들

25 이제 여러분이 편지에 언급한 결혼하지
않은 처녀들에 관해 말하고자 합니다. 이
부분에 대해서는 특별히 주님으로부터 받
은 명령이 없습니다. 하지만 나는 주님의
자비하심을 힘입어 믿을 만한 사람이 되
어 의견을 제시하고자 합니다.
26 현재 겪고 있는 위기를 생각하면 결혼하
지 않은 사람은 현재대로 지내는 것이 더
좋다고 생각합니다.
27 아내가 있는 사람이 있습니까? 아내와 헤
어지려 하지 마십시오. 아내와 헤어졌습
니까? 아내를 구하려고 하지 마십시오.

할례(7:18 circumcision) 남자 아이가 태어난 지 8일 만에 생식기 끝의 껍질을 끊어내는 의식.
환난(7:28 suffering) 매우 근심되고 고통스러운 일이나 상황.
속박(7:35 restraint) 사람의 행동의 자유를 빼앗음.

28 그러나 여러분이 결혼한다고 해도 죄를
짓는 것은 아닙니다. 처녀가 결혼한다고
해도 죄를 짓는 것은 아닙니다. 다만, 결
혼한 뒤에는 이 세상에서 겪는 환난을 맞
이하게 될 것입니다. 나는 여러분을 아껴
서 이런 말을 하였습니다.
29 성도 여러분, 내가 하고자 하는 말은 이
렇습니다. 시간이 얼마 남지 않았습니다.
지금부터는 아내가 있는 사람들은 아내가
없는 사람처럼 사십시오.
30 우는 사람은 울지 않는 사람처럼, 기쁨에
넘친 사람은 기쁘지 않은 사람처럼, 물건
을 사는 사람은 자기가 산 것을 가지고 있
지 않은 사람처럼 사십시오.
31 세상 물건을 쓰는 사람은 그것들에 마음
이 빼앗기지 않은 사람처럼 사십시오. 그
것은 이 세상의 현재 모습이 지나가고 있
기 때문입니다.
32 나는 여러분이 마음 쓰는 것 없이 살기를
바랍니다. 결혼하지 않은 남자는 어떻게
하면 주님을 기쁘시게 할까 하고 주님의
일에 마음을 씁니다.
33 그러나 결혼한 남자는 어떻게 하면 아내
를 기쁘게 해 줄까 하며 세상 일에 마음
을 쓰게 됩니다.
34 결혼한 남자의 마음은 이렇게 나뉘어집니
다. 결혼하지 않은 여자나 처녀는 자기의
몸이나 영혼을 주님께 거룩하게 드리기 위
해 주님의 일에 마음을 쓰지만, 결혼한 여
자는 어떻게 하면 남편을 기쁘게 할 수 있
을까 생각하며 세상 일에 마음을 씁니다.
35 여러분 자신의 유익을 위해서 내가 이런
말을 하는 것이지 여러분을 속박하려고
그러는 것이 아닙니다. 나는 여러분이 나
뉘지 않은 마음으로 자신을 주님께 드려
바르게 생활하기를 바랄 뿐입니다.
36 어떤 남자에게 약혼한 여자가 있는데 자기
가 그 여자에게 적절하지 못하게 행동하고
있다는 생각이 들고, 더욱이 약혼녀가 혼
기를 지날 만큼 나이가 들게 되어 여자와
결혼해야 할 것 같다고 판단된다면, 원하
는 대로 행하십시오. 죄짓는 것이 아닙니
다. 두 사람은 결혼하는 것이 좋습니다.
37 그러나 자기 마음에 결혼하지 않기로 굳게
결심을 하고 또 반드시 결혼을 해야 되는
것도 아니고, 자신이 욕정을 억제할 능력
이 있어서 약혼한 처녀와 결혼하지 않기로
결심을 했다면, 그것도 잘하는 것입니다.
38 그러므로 자기가 약혼한 처녀와 결혼을
하는 것도 잘하는 것이지만, 결혼하지 않
는 것은 더 잘하는 것입니다.
39 여자는 남편이 살아 있는 동안에는 남편
에게 매인 몸입니다. 그러나 남편이 죽으
면, 자기가 원하는 사람과 자유롭게 결혼
할 수 있습니다. 단, 남편 될 사람은 반
드시 주님을 믿는 사람이어야 합니다.
40 이것은 내 판단입니다만, 그런 여자는 재
혼하지 않고 혼자 지내는 것이 더 행복할
것 같습니다. 나에게도 하나님의 성령이
있다고 생각합니다.

우상에게 바친 음식

8 이제 우상에게 제물로 바친 음식을 먹
는 문제에 대해 말씀드리겠습니다. 여
러분이 "우리는 다 지식이 있다"고 주장
하는 것을 우리는 알고 있습니다. 그러나
지식은 교만하게 하고 사랑은 덕을 세운
다는 사실입니다.
2 어떤 사람이 자기가 무엇인가 안다고 생
각하면, 그 사람은 마땅히 알아야 할 것
을 아직은 모르고 있는 사람입니다.
3 그러나 그 사람이 하나님을 사랑하면, 하
나님께서도 그 사람을 알아 주십니다.
4 이제 우상에게 제물로 바친 음식을 먹는
문제에 대해 이야기해 봅시다. 우리는 세
상에서 우상이란 아무것도 아니며, 하나
님은 오직 한 분뿐이라는 사실을 알고 있
습니다.
5 하늘에나 땅에나 신이라고 불리는 존재가
많이 있고, 사실 많은 '신'이 있으며, 많
은 '주'가 있지만,
6 우리에게는 아버지가 되시는 하나님 한
분만 계십니다. 만물이 그분에게서 나왔
고, 우리는 그분을 위해 살고 있습니다.
또 주 예수 그리스도도 한 분만 계십니다.

만물이 그분 때문에 창조되었고, 우리도
그분 때문에 살고 있습니다.
7 그런데 누구나 이러한 진리를 아는 것은
아닙니다. 사람들 중에는 아직도 우상을
숭배하는 습관이 남아 있어서 우상에 바
친 음식을 먹을 때 그것이 우상에 바친 음
식이라고 생각하며 먹는 사람들이 있습니
다. 그 사람들의 양심은 약해졌고, 더럽
혀졌습니다.
8 그러나 우리를 하나님께 가까이 나아가게
하는 것은 음식이 아닙니다. 음식을 먹지
않는다고 해서 손해되는 것은 아니며, 음
식을 먹는다고 해서 더 이로워지는 것도
아닙니다.
9 그렇지만 여러분에게 있는 자유를 행사할
때 그것이 믿음이 약한 성도들에게 걸림
돌이 되지 않도록 주의하십시오.
10 지식이 있다는 여러분이 우상의 신전에서
음식을 먹고 있는 것을 믿음이 약한 성도가
본다면, 그가 용기를 얻어 그 사람처럼 우상
에 제물로 바친 음식을 먹지 않겠습니까?
11 이렇게 되면, 믿음이 약한 성도는 여러분
의 지식 때문에 망하게 되는 것입니다. 그
리스도께서는 바로 그 성도를 위해 죽으
셨습니다.
12 이런 식으로 여러분의 동료 성도들에게
죄를 짓고 그들의 약한 양심에 상처를 준
다면, 여러분은 그리스도께 죄를 짓는 것
입니다.
13 그러므로 내가 먹는 음식 때문에 내 동료
성도들이 걸려 넘어지게 되면 그 사람이
걸려 넘어지지 않도록 하기 위해 나는 평
생 고기를 먹지 않을 것입니다.

사도의 권리

9 내가 자유인이 아니란 말입니까? 내가
사도가 아니란 말입니까? 내가 우리
주 예수님을 보지 못했단 말입니까? 여러
분 자신이 내가 주님 안에서 일한 수고의
열매가 아닙니까!
2 내가 다른 사람들에게는 사도가 아닐지라
도 여러분에게는 확실한 사도입니다. 왜
나하면 여러분이 주님 안에서 나의 사도
직을 인정해 주었기 때문입니다.
3 나를 비판하는 사람들에게 나의 입장을
이렇게 밝힙니다.
4 우리에게 먹고 마실 권리가 없습니까?
5 다른 사도들과 주님의 동생들과 게바가
그런 것처럼 우리는 신자인 아내를 데리
고 다닐 권리가 없습니까?
6 나와 바나바만 생계를 위해 일해야 한단
말입니까?
7 자기가 비용을 대 가면서 군대 생활을 하
는 사람이 어디에 있습니까? 포도 농사를
지으면서 그 포도원에서 나는 포도를 따
먹지 않는 농부가 어디 있으며, 양을 기
르면서 거기서 나는 젖을 마시지 않는 사
람이 또 어디에 있겠습니까?
8 내가 사회에서 일어나는 일만 가지고 이
렇게 말하는 것은 아닙니다. 율법에도 이
런 말이 있지 않습니까?
9 모세의 율법에 이같이 기록되어 있습니
다. "곡식을 타작하는 소의 입에 망을 씌
우지 마라." 하나님께서 소를 생각해서
이 말씀을 하신 줄 아십니까?
10 아니면 우리 모두를 위한 말씀이겠습니
까? 이 말씀은 우리를 위해 기록된 말씀
이 분명합니다. 밭을 가는 사람은 당연히
어떤 소망을 가지고 밭을 갈며, 곡식을 타
작하는 사람이 대가를 기대하며 일하는
것은 당연합니다.
11 우리가 여러분에게 영적인 것을 뿌렸다
면, 우리가 여러분이 갖고 있는 물질을 거
두어들인다고 해서 지나치다고 할 수 있
겠습니까?
12 다른 사람들이 여러분에게 이런 것을 요
구하는 권리를 가졌다면, 우리는 그럴 권
리가 더 있지 않겠습니까? 그러나 우리는
이 권리를 행사하지 않았습니다. 오히려
우리는 그리스도의 복음에 방해가 되지 않
기 위해 모든 것을 참았습니다.
13 여러분은 성전에서 일하는 사람들이 성전
에서 나오는 음식을 먹으며, 제단에서 봉사
하는 사람들이 제단에 바친 것 중의 일부분
을 나누어 가진다는 사실을 알지 못합니까?

14 이와 같이 주님께서도, 복음을 전하는 사
람들은 복음을 전하는 일로 생활하라고
정하셨습니다.
15 그러나 나는 이러한 권리를 하나도 사용
하지 않았습니다. 그렇다고 해서 여러분
이 나에게 그렇게 해 주기를 바라서 이 편
지를 쓰는 것은 아닙니다. 내가 가지고 있
는 이러한 자부심을 빼앗기기보다는 차라
리 굶어 죽는 편이 더 낫습니다.
16 내가 복음을 전한다 해도 자랑할 것이 없
는 것은 그것이 내가 당연히 해야 하는 일
이기 때문입니다. 만일 내가 복음을 전하
지 않는다면 나에게 화가 내릴 것입니다.
17 만일 내가 자원해서 복음을 전한다면 당
연히 보수를 받을 것입니다. 그러나 자원
해서 하는 일이 아니라면, 이것은 내게 맡
기신 직무를 다하는 것일 뿐입니다.
18 그러면 내가 받을 상이 무엇입니까? 바로
이것입니다. 내가 복음을 전할 때 아무 대
가도 받지 않고 전하는 것과 복음을 전하
면서 나의 권리를 사용하지 않는 것입니다.
19 나는 자유인이며, 어느 누구에게도 매여
있지 않습니다. 그러나 나는 되도록 많은
사람을 얻기 위해 스스로 많은 사람의 종
이 되었습니다.
20 유대인들에게는 유대인들을 얻고자 유대
인처럼 되었습니다. 율법 아래 있는 사람
들을 대할 때는 비록 나 자신은 율법 아
래 있지 않지만, 그들을 얻기 위해 율법
아래 있는 사람처럼 되었습니다.
21 율법 없는 사람들에게는, 비록 나 자신은
하나님의 율법을 떠난 사람이 아니라 그
리스도의 율법 아래 있는 사람이지만, 율
법 없는 사람들을 얻기 위해 율법 없는 사
람처럼 되었습니다.
22 믿음이 약한 사람들에게는 약한 사람들을
얻기 위해서 약한 사람이 되었습니다. 내
가 모든 사람들에게 그들과 같이 된 것은
아무쪼록 모든 방법을 다하여 그들 중에
몇 사람이라도 구원하기 위해서였습니다.
23 나는 복음이 주는 복에 참여하기 위해, 복
음을 전하는 일이라면 무슨 일이든 하고
있습니다.
24 경기장에서 경주자들이 다 달려가지만 상
을 받는 사람은 한 명뿐인 것을 알지 못
하십니까? 이와 같이 여러분도 상을 받을
수 있도록 달리십시오.
25 경기를 하려는 사람은 모든 면에서 자기
절제를 하는 법입니다. 그들은 썩어 없어
질 면류관을 얻으려고 절제를 하지만, 우
리는 썩지 않을 면류관을 얻으려고 그렇
게 합니다.
26 이처럼 나는 목표가 없는 사람처럼 달리
지 않습니다. 나는 허공에다 주먹을 휘둘
러 대는 사람처럼 싸우지 않습니다.
27 나는 내 몸을 쳐서 굴복시킵니다. 내가 다
른 사람들에게는 복음을 전했으나, 정작
나 자신은 자격 미달이 될까* 두렵습니다.

우상 숭배자에 대한 경고

10 성도 여러분, 여러분이 알았으면 하
는 것이 있습니다. 그것은 우리 조
상들이 다 구름 아래 있었으며, 바다를 무
사히 건넜던 일입니다.
2 조상들은 모두 구름과 바다 가운데서 세
례를 받아 모세에게 속하게 되었습니다.
3 조상들은 모두 같은 영적인 음식을 먹었
으며

성경 자세히 이해하기

면류관

고린도 시에서는 3년마다 이스무스 경기가 열렸는데, 올림픽 경기 다음으로 규모가 컸습니다. 그리고 경기에서 승리한 사람에게는 면류관이나 화관이 수여되었는데, 특별히 올림픽 경기에서는 야생 올리브 잎으로 만든 화관을 수여했고, 이스무스 경기에서는 소나무나 담쟁이 잎으로 만든 화관을 수여했습니다. 한편 올림픽이 열리기 오래 전부터 전쟁에서 승리하고 돌아온 영웅들에겐 면류관이 주어졌다고 합니다.

본문 보기 9장 25절

알아두세요

9:27 쓸모 없다고 버림을 받을까

4 다 같은 영적인 물을 마셨습니다. 조상들
은 그들의 동반자인 영적인 반석에서 나
오는 물을 마신 것입니다. 그런데 이 반
석은 그리스도였습니다.
5 그러나 하나님께서는 조상들 대부분을 기
뻐하지 않으셔서, 그들은 광야에서 죽어
흩어지게 되었습니다.
6 이런 일은 우리에게 본보기가 되어, 우리
는 그들처럼 악한 일을 즐겨하지 말라는
경고가 됩니다.
7 여러분 중에 우상 숭배를 하는 사람들이
있는데, 여러분은 그들처럼 우상 숭배하
지 마십시오. 성경에 "백성들이 앉아 먹
고 마셨으며 일어나 춤을 추었다"고 기록
되어 있습니다.
8 조상들 중에 간음한 사람이 있었는데, 우
리는 그들처럼 간음하지 맙시다. 그들이
간음하다가 하루에 이만 삼천 명이 죽임
을 당했습니다.

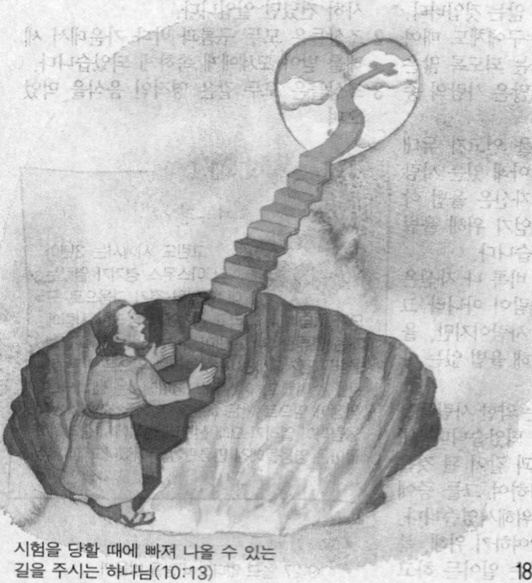
시험을 당할 때에 빠져 나올 수 있는
길을 주시는 하나님(10:13)

9 또 우리 조상들 중에는 주님을 시험하다가
뱀에 물려 죽은 사람들이 있었습니다. 우
리는 그들처럼 주님을 시험하지 맙시다.
10 조상들 중에는 불평을 늘어 놓다가 멸망
시키는 천사에게 멸망당한 사람들이 있었
습니다. 그러니 여러분들은 불평하지 마
십시오.
11 이 모든 일들은 우리 조상들에게 본보기
로 일어난 일들이며, 세상의 종말이 다가
오는 시대에 살고 있는 우리에게 경고를
하기 위해 기록되었습니다.
12 그러므로 자기가 굳게 서 있다고 생각하는
사람은 넘어지지 않도록 주의하십시오.
13 누구나 겪는 시험 이외에 여러분에게 닥칠
시험은 없습니다. 하나님은 신실한 분이셔
서 여러분이 감당할 수 있는 능력 이상의
시험을 당하도록 내버려 두지 않으십니다.
그리고 여러분이 시험을 당할 때에 시험을
견디고 거기서 빠져 나올 수 있는 길을 주
십니다.
14 그러므로 나의 사랑하는
여러분, 우상 숭배를 멀
리하십시오.
15 나는 여러분에게 판
단력이 있다고 생각하
여 이 말씀을 드립니
다. 내가 하는 말을
판단해 보십시오.
16 우리가 축복하는
축복의 잔이 그리스도
의 피에 참여하는 것
이 아니란 말입니까?
또 우리가 나누어 먹
는 빵이 그리스도의
몸에 참여하는 것이
아니란 말입니까?
17 빵이 하나이기에, 우
리 모두가 하나의 빵을
먹는 것은 우리가 여럿이
라도 모두 하나의 몸인 것
입니다.
18 이스라엘 사람들을 생각해

보십시오. 희생 제물을 먹는 사람들은 제
단에 참여하는 사람들이 아닙니까?
19 내가 말하려는 것이, 우상에 바친 음식이
나 우상이 무슨 대단한 것이라도 된다는
의미로 들립니까? 그렇지 않습니다.
20 사람들이 제단에 바치는 것은 귀신에게
바치는 것이지 하나님께 바치는 것이 아
닙니다. 나는 여러분들이 귀신과 사귀는
사람이 되는 것을 원하지 않습니다.
21 여러분은 주님의 잔을 마시고 동시에 귀
신의 잔을 마실 수는 없으며, 주님의 식
탁에 참여하면서 귀신의 식탁에 참여할
수는 없습니다.
22 우리가 주님을 질투하게 만들어서야 되겠
습니까? 우리가 주님보다 더 강한 자란
말입니까?

그리스도인의 자유 사용법

23 "모든 것이 허용되었다"고 여러분은 말하
지만, 모든 것이 다 유익한 것은 아닙니
다. 또 "모든 것이 허용되었다"고들 그러
지만 모든 것이 다 덕을 세우는 것은 아
닙니다.
24 누구나 자기 유익을 구해서는 안 되고, 다
른 사람의 유익을 구하여야 합니다.
25 시장에서 파는 고기는 어떤 것이 되었든
지 양심을 위해 꼬치꼬치 캐묻지 말고 그
냥 사 먹으십시오.
26 "땅과 그 안에 가득한 것이 다 주님의 것"
이기 때문입니다.
27 주님을 믿지 않는 사람이 여러분을 식사
에 초대하여 여러분이 그 집에 가거든 차
려 놓은 음식은 양심을 위해 꼬치꼬치 캐
묻지 말고 무엇이나 드십시오.
28 그러나 누가 "이 음식은 제물로 바쳤던 것
이오"라고 말하면, 말해 준 그 사람과 그
의 양심을 위해 그 음식을 먹지 마십시오.
29 내가 여기서 말하는 양심은 여러분 자신
의 양심이 아니라 다른 사람의 양심을 의
미하는 것입니다. 왜 나의 자유가 다른 사
람의 양심에 의해 판단을 받아야 합니까?
30 내가 감사하고 음식을 먹는데 내가 음식
을 먹은 것 때문에 비난받아야 할 이유가
어디에 있습니까?
31 그러므로 여러분은 먹든지 마시든지, 무
엇을 하든지, 모든 것을 하나님의 영광을
위해 하십시오.
32 유대인에게나 이방인에게나 하나님의 교
회에 걸림돌 같은 존재가 되지 마십시오.
33 나처럼 하십시오. 나는 나의 유익을 구하
지 아니하고, 많은 사람들의 유익을 구하
였습니다. 많은 사람들이 구원 받도록 모
든 면에서 모든 사람들을 기쁘게 하려고
하였습니다.

11 내가 그리스도의 본을 따른 것처럼, 여
러분도 나의 본을 따르십시오.

예배드릴 때 머리에 수건을 쓰는 문제

2 여러분이 모든 일에 나를 기억하고 있고,
내가 여러분에게 전하여 준 것을 붙들고
있으므로 여러분을 칭찬합니다.
3 그러나 여러분이 깨달았으면 하는 것이 하
나 있습니다. 그것은 모든 남자의 머리는
그리스도며, 여자의 머리는 남자이며, 그리
스도의 머리는 하나님이시라는 사실입니다.
4 남자가 머리에 무엇을 쓰고 기도를 하거
나 예언을 하면, 그것은 자기의 머리가 되
시는 그리스도를 욕되게 하는 것입니다.
5 그러나 여자가 머리에 무엇을 쓰지 않고
기도를 하거나 예언을 하면, 그것은 자기
의 머리를 욕되게 하는 것입니다. 그것은
삭발한 것이나 다름이 없습니다.
6 여자가 머리에 무엇을 쓰지 않으려면 머
리를 밀어 버리십시오. 머리를 밀어 내는
것이 여자에게 부끄러운 것이라면 무엇으
로든 머리를 가리기 바랍니다.
7 남자는 하나님의 형상과 영광이므로 머리
를 가려서는 안 됩니다. 그러나 여자는 남
자의 영광입니다.
8 그것은 남자가 여자로부터 생겨난 것이
아니라, 여자가 남자로부터 생겨났기 때
문입니다.

숭배(10:7 worship) 높이 우러러 공경하고 받드는 것.
간음(10:8 adultery) 부부가 아닌 남녀의 성적 관계.

9 또한 남자가 여자를 위해 창조된 것이 아
니라, 여자가 남자를 위해 창조되었습니다.
10 그러므로 천사들 때문에, 여자는 권위의
표를 그 머리 위에 지녀야 합니다.
11 그러나 주님 안에서는 여자가 남자 없이
독자적으로 존재하지 않고, 남자도 여자
없이 독자적으로 존재하지 않습니다.
12 왜냐하면 여자가 남자로부터 생겨난 것처
럼 남자는 여자를 통해 태어났기 때문입
니다. 그러나 모든 것들이 하나님으로부
터 생겨났습니다.
13 여러분 스스로 한번 판단해 보십시오. 여
자가 머리에 무엇이든지 쓰지 않고 하나
님께 기도하는 것이 옳은 일입니까?
14 자연 그 자체가 여러분에게 교훈하듯이
남자가 머리를 길게 하면 명예롭지 못합
니다.
15 그러나 여자가 긴 머리를 하는 것은 그 여
자에게 영광이 됩니다. 긴 머리는 여자에
게 머리를 가리는 역할을 합니다.
16 이 문제에 대해 다른 의견을 제기하는 사
람이 있다면 내가 말할 수 있는 것은, 우
리나 하나님의 교회나 이것 외에 다른 풍
습은 받지 않았다는 사실입니다.

성만찬의 남용

17 이제부터 말하는 내용에 대해서는 여러분
을 칭찬하지 않겠습니다. 그것은 여러분
의 모임이 유익이 되는 것보다는 해가 되
기 때문입니다.
18 첫째로, 내가 듣기로는 여러분이 교회에서
모일 때 파벌이 생긴다고 하는데, 나는 그
것이 어느 정도는 사실이라고 믿습니다.
19 여러분 중에서 누가 하나님께 인정받는
사람인지 분명하게 드러나게 하기 위해서
는 다른 점*도 있어야 할 것입니다.
20 그러니 여러분이 한자리에 모여 나누는
식사는 성만찬을 나누는 것이 아닙니다.
21 먹을 때 각자가 자기 것을 먼저 갖다 먹
어 버리기 때문에 어떤 사람은 굶주리고,
어떤 사람은 술에 취합니다.
22 여러분에게 먹고 마실 집이 없습니까? 여
러분이 하나님의 교회를 멸시하고 가난한
사람들에게 굴욕감을 주려는 것입니까? 내
가 더 이상 무슨 말을 하겠습니까? 이런 행
동에 대해 잘했다고 칭찬할까요? 이번 일
에 대해서는 절대로 칭찬할 수가 없습니다.

성만찬 제정

23 내가 여러분에게 전해 준 것은 주님께 받
은 것입니다. 주 예수님께서 배반당하시
던 날 밤에 빵을 들고
24 감사 기도를 드리신 다음, 빵을 떼시고 이
렇게 말씀하셨습니다. "이것은 너희를 위
한 내 몸이다. 나를 기억하면서 이것을 행
하여라."
25 똑같은 방법으로 식사 후에 잔을 들고 말
씀하셨습니다. "이 잔은 내 피로 세우는
새 언약이다. 이 잔을 마실 때마다 나를
기억하면서 이것을 행하여라."
26 여러분은 이 빵을 먹고, 잔을 마실 때마
다 주님이 오실 때까지 주님의 죽으심을
전하십시오.

성만찬에 합당치 않게 참여함

27 그러므로 누구든지 합당하지 않은 태도로
빵을 먹거나 주님의 잔을 마시는 사람은 주
님의 몸과 피를 범하는 죄를 짓는 것입니다.
28 각 사람은 자신을 점검한 후에 빵을 먹고
잔을 마셔야 합니다.
29 주님의 몸이라는 인식이 없이 먹거나 마
시는 사람은 자기에게 내릴 하나님의 심
판을 먹고 마시는 것입니다.

성경 자세히 이해하기 여자들은 꼭 무엇을 써야 되나요?

이 말은 당대의 특수한 문화적인 상황에서 나온 말씀으로 이해하는 것이 바람직해요. 바울 당시의 문화적 상황을 살펴보면, 정숙한 여인들은 머리에 수건을 쓰지 않고 밖에 나가는 법이 없었어요. 당시의 사람들은 머리에 수건을 쓴 여인을 정결한 사람으로 보고 존중하였지만 수건을 쓰지 않은 여인은 그렇지 못한 여인으로 보고 무시하였어요. 그래서 바울이 이런 문화적인 상황에 맞춰 그리스도인의 남녀 관계 문제를 머리에 수건을 쓰는 문제를 예로 들어 설명한 것이에요. 본문 보기 11장 2-16절

30 이런 이유로 여러분 중에는 약한 사람이
나 아픈 사람이 많이 있고, 죽은 사람들
도 적지 않습니다.
31 우리가 자신을 분별하였더라면 심판을 받
지 않았을 것입니다.
32 그러나 우리가 지금 주님에게서 심판을
받는 것은 세상과 함께 심판을 받지 않기
위해서입니다.
33 그러므로 나의 성도 여러분, 여러분이 먹
으러 함께 모일 때, 서로 기다리십시오.
34 배고픈 사람이 있으면 집에서 식사를 하
도록 하십시오. 그래서 여러분이 모이는
것이 심판받는 모임이 되지 않기를 바랍
니다. 이 외에 다른 문제들은 내가 여러
분에게 가서 알려 드리겠습니다.

영적인 선물

12 성도 여러분, 나는 여러분이 성령께
서 주시는 선물들에 대해 모르기를
원치 않습니다.
2 여러분은 이방인으로 있었을 때, 말도 못
하는 우상의 이끌림을 받았다는 사실을
아실 것입니다.
3 그러므로 여러분에게 알려 드릴 것이 있
습니다. 하나님의 성령으로 말하는 사람
은 "예수님은 저주받은 사람이다"라고 말
하지 않으며, 성령을 통하지 않고는 "예수
님은 주님이시다"라고 말할 수 없습니다.
4 선물은 다양하지만 성령은 같은 성령이십
니다.
5 섬기는 일은 다양하지만 주님은 같은 주
님이십니다.
6 일하는 것은 여러 가지이지만 모든 사람
속에서 모든 일을 하시는 분은 같은 하나
님이십니다.
7 성령께서 각 사람에게 나타나신 것은 공
동의 이익을 얻게 하려는 것입니다.
8 어떤 이는 성령으로부터 지혜의 말씀을,
다른 사람은 동일한 성령에게서 지식의
말씀을 받았습니다.
9 또 어떤 사람은 같은 성령으로부터 믿음
을, 다른 사람은 병 고치는 능력을,
10 다른 사람은 기적을 행할 수 있는 능력을,
또 다른 사람은 예언을, 다른 사람은 영
들을 구별할 수 있는 능력을, 또 다른 사
람들은 다양한 언어로 말할 수 있는 능력
을, 어떤 사람은 그 언어들을 통역할 수
있는 선물을 받았습니다.
11 이 모든 일은 한 분이신 같은 성령께서 하
시는 일입니다. 성령께서는 그분이 원하
시는 대로 각 사람에게 이런 것들을 나누
어 주십니다.

하나의 몸과 많은 지체

12 몸은 하나이지만 많은 지체들이 있고, 몸
에 지체들이 많이 있지만 한 몸인 것처럼
그리스도도 그와 같습니다.
13 우리는 유대인이든지, 그리스인이든지, 종
이든지, 자유인이든지, 모두 한 성령으로
세례를 받아 한 몸을 이루었고, 모두 한
성령을 모시게 되었습니다.
14 몸은 하나의 지체가 아니라 많은 지체들
로 이루어져 있습니다.
15 발이 "나는 손이 아니므로 몸의 일부가 아
니다"라고 말한다고 해서 발이 몸의 일부
분이 아니라고 하겠습니까?
16 귀가 "나는 눈이 아니므로 몸의 일부가 아
니다"라고 말한다고 해서 몸의 일부분이
아니라고 하겠습니까?
17 온몸이 눈이라면 어떻게 듣겠습니까? 온
몸이 귀라면 어떻게 냄새를 맡겠습니까?
18 그러나 사실 하나님께서는 그분이 원하시
는 대로 몸 안에 각각 다른 기능을 하는
여러 지체를 두셨습니다.
19 모든 것이 하나의 지체뿐이라면 몸은 어
디 있겠습니까?
20 그러나 지금 그런 것처럼 지체는 많아도
몸은 하나입니다.

알아두세요

11:19 분파, 파벌

남용(소제목 abuse) 옳지 못하게 함부로 쓰는 것.
성만찬(11:20 Lord's Supper) 성찬식에서 드는 식사.
인식(11:29 recognition) 사물을 분별하고 판단하여 아는 일.

21 눈이 손에게 "너는 내게 필요 없어!" 라고
할 수 없으며, 머리가 발에게 "너는 내게
쓸데없어!" 라고 말할 수 없습니다.
22 이와는 반대로 몸에서 더 약해 보이는 부
분이 오히려 요긴하며,
23 몸에서 고귀하지 못하다고 생각하는 지체
를 우리는 더욱 고귀하게 대하고 볼품없
는 부분들을 더 품위 있게 꾸밉니다.
24 반면에 우리 몸 중에서 아름다워 보이는 부
분들은 특별히 그럴 필요가 없습니다. 하나
님께서는 몸의 지체들을 함께 모아 부족한
지체들에게 더욱 큰 영광을 주셨습니다.
25 그래서 우리 몸에 나뉨이 없게 하시고 몸
의 여러 지체들이 서로 돌보며 살게 하셨
습니다.
26 몸의 한 지체가 고통을 당하면 모든 지체
가 함께 고통을 당하고, 한 지체가 영광
을 받으면 모든 지체가 함께 기뻐합니다.

성경 자세히 이해하기

고대의 거울

고대의 거울은 금속으로 만들어졌습니다. 한 예로, 이집트의 거울은 구리를 주성분으로 하는 합금으로 만들어졌는데 놀라울 정도로 윤이 났다고 합니다. 크기는 오늘날의 손거울과 비슷했으며, 나무나 돌, 쇠로 만든 손잡이는 매우 정교하게 장식되었고 모양 역시 예술적이었다고 합니다. 때로는 얇은 천을 덮어 먼지나 습기로부터 거울을 보호했는데 그런 거울을 통해 보노라면 아무래도 얼굴이 어슴푸레하고 흐릿하게 보였겠지요?

본문 보기 13장 12절

예언자(12:28 prophet) 하나님의 계시를 백성들에게 전해 주는 사람.
통역(12:30 interpretation) 언어가 다른 사람들 사이에서 각자의 말을 서로 알아 들을 수 있게 옮겨 주는 것.
저(14:7 flute) 가로로 부는 피리 종류를 말함.

27 여러분들은 그리스도의 몸이며, 한 사람
한 사람은 그 몸의 지체입니다.
28 하나님께서 교회 안에 일할 사람들을 세
우셨습니다. 첫째는 사도들이요, 둘째는
예언자들이요, 셋째는 교사들이요, 그 다
음에는 기적을 행하는 사람들이요, 또한
병 고치는 능력이 있는 사람들이요, 다른
사람들을 도와 주는 사람들이요, 또 지도
력이 있는 사람들, 그리고 방언을 말하는
사람들입니다.
29 모든 사람이 다 사도이겠습니까? 모두가
예언자이겠습니까? 모두가 교사이겠습니
까? 모든 사람이 기적을 행하는 사람이겠
습니까?
30 또 모두가 병 고치는 능력이 있는 사람이
겠습니까? 모두가 방언으로 말하는 사람
이겠습니까? 모두가 방언을 통역하는 사
람이겠습니까?
31 하지만 여러분들은 더 큰 선물을 받도록
간절히 구하십시오. 이제 나는 여러분에
게 가장 좋은 길을 보여 드리겠습니다.

사랑이 가장 위대하다

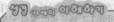

13 내가 사람의 방언과 천사의 말을 하
더라도 내게 사랑이 없다면, 나는 울
리는 종과 시끄러운 꽹과리와 다를 게 없
습니다.
2 내가 예언하는 선물을 받고, 모든 비밀과
모든 지식을 헤아리고, 또 산을 옮길 만
한 믿음을 가지고 있다 하더라도 내게 사
랑이 없다면, 나는 아무것도 아닙니다.
3 내가 내 모든 재산을 나누어 주고 내 몸을
불사르게 내어 준다 하더라도 사랑이 없으
면 내가 얻는 것은 아무것도 없습니다.
4 사랑은 오래 참습니다. 사랑은 친절합니
다. 사랑은 시기하지 않습니다. 사랑은
자랑하지 않습니다. 사랑은 교만하지 않
습니다.
5 사랑은 무례히 행동하지 않습니다. 사랑
은 자기 유익을 구하지 않습니다. 사랑은
쉽게 성내지 않습니다. 사랑은 원한을 품
지 않습니다.
6 사랑은 불의를 기뻐하지 않고 진리와 함

께 기뻐합니다.
7 사랑은 모든 것을 덮어 주며, 모든 것을
믿으며, 모든 것을 소망하며, 모든 것을
견뎌 냅니다.
8 사랑은 영원합니다. 예언은 있다가도 없
고, 방언도 있다가 그치며, 지식도 있다
가 사라질 것입니다.
9 우리가 지금은 부분적으로 알며, 부분적
으로 예언하지만
10 완전한 것이 오면 부분적인 것은 사라지
게 될 것이기 때문입니다.
11 내가 어렸을 때는 말하는 것이 어린아이
와 같고, 생각하는 것이 어린아이와 같고,
깨닫는 것이 어린아이와 같았지만, 어른
이 되어서는 유치한 것들을 버렸습니다.
12 지금은 우리가 거울을 통해 보는 것같이
희미하게 보지만, 그 때에는 얼굴과 얼굴
을 마주 보듯이 보게 될 것입니다. 지금
은 우리가 부분적으로 알지만 그 때에는
하나님께서 나를 아신 것처럼 완전하게
알게 될 것입니다.
13 그런즉 믿음, 소망, 사랑, 이 세 가지는
항상 있을 것인데, 그 중에서 가장 위대
한 것은 사랑입니다.

예언과 방언 선물

14 여러분은 사랑을 추구하십시오. 영
적인 선물을 간절히 바라되, 그 중
에서도 특히 예언하기를 구하십시오.
2 방언을 말하는 사람은 사람에게 말하는
것이 아니라 하나님께 말하기 때문에, 그
가 하는 말을 알아들을 수 있는 사람이 없
습니다. 그 사람은 성령으로 하나님의 비
밀들을 말하는 것입니다.
3 이와는 달리 예언하는 사람은 사람에게 말
합니다. 그는 사람들에게 덕을 세우며, 용
기를 북돋우고 위로를 주는 말을 합니다.
4 방언을 말하는 사람은 자기 자신에게만
덕을 세우지만, 예언하는 사람은 교회에
덕을 세웁니다.
5 나는 여러분 모두가 방언을 말하기를 원
하지만, 더욱 원하는 것은 예언하는 것
입니다. 교회에 덕을 세우기 위해서는,
통역하는 사람이 없다면 방언을 말하는
것보다는 예언하는 사람이 더 위대합니
다.
6 성도 여러분, 내가 여러분에게 가서 방언
으로 말하고, 계시나 지식이나 예언이나
교훈으로 말하지 않는다면, 방언으로 말
하는 것이 여러분에게 무슨 유익이 되겠
습니까?
7 마찬가지로 피리나 거문고와 같이 생명이
없는 악기가 악보대로 명확하게 구별되는
소리를 내지 않으면, 그것이 무엇을 연주
하는지 어떻게 알겠습니까?
8 나팔수가 분명한 소리를 내지 않으면 누
가 전투 준비를 할 수 있겠습니까?
9 이처럼 여러분도 방언으로 알아듣지 못하
는 말을 하면, 여러분이 말하는 것을 어
떻게 알아들을 수 있겠습니까? 그것은 단
지 허공에다 대고 말하는 것에 불과합니
다.
10 세상에는 여러 종류의 다양한 소리가 있
고, 그 어느 것도 의미가 없는 소리는 없
습니다.

성경 자세히 이해하기

방언기도란 무엇인가요?

방언기도는 성령이 주시는 특이한 언어로 하나님께 기도하는 것을 가리킵니다. 방언은 크게 두 종류로 구분할 수 있습니다.

첫째는 초대교회에서 제일 처음으로 나타난 방언의 은사로 다른 나라의 말을 하는 것을 말합니다. 즉 외국어로 말하는 것이지요.

둘째는 사람들은 알아들을 수 없고 오직 하나님만 알아들으실 수 있는 방언입니다. 이러한 방언들은 그 자체가 신비로움을 안고 있기 때문에 하나님께서 믿지 않는 자들을 위하여 주신 특별한 표적입니다. 하나님께서는 방언으로 기도할 때 사람들이 전혀 알아들을 수 없기 때문에 통역자를 세우라고 하셨습니다(고전 14:27).

사도 바울은 방언을 하는 사람들은 방언하는 것을 자랑하지 말고, 교회와 이웃 사람들에게 덕이 되도록 지혜롭게 처신해야 한다고 권했습니다.

본문 보기 14장

방언의 경우 통역하는 자를 두어 교회의 덕이 되게 함(14:26-28)

11 내가 그 소리의 의미를 이해하지 못하면, 나는 그 사람에게 외국인이 되고, 그 사람도 내게 외국인이 될 것입니다.
12 여러분에게 있어서도 마찬가지입니다. 여러분이 영적인 선물을 간절히 바라고 있으니, 여러분은 교회에 덕을 세우는 선물을 넘치게 받을 수 있도록 힘쓰십시오.
13 이런 이유로, 방언으로 말하는 사람은 자기가 말하는 것을 통역할 수 있게 해 달라고 기도해야 합니다.
14 혹시 내가 방언으로 기도하게 된다면 내 영은 기도하지만, 내 마음은 아무런 열매가 없습니다.
15 그렇다면 어떻게 하면 좋겠습니까? 나는 영으로 기도하면서 마음으로도 기도하겠습니다. 또, 영으로 찬양하면서 마음으로도 찬양하겠습니다.
16 그렇지 않고 여러분이 영으로만 하나님께 감사한다면, 거기에 참석한 초심자가 여러분의 말을 알아듣지 못하는데 어떻게 여러분이 드린 감사에 "아멘"이라고 말하겠습니까?
17 여러분이 감사한 것 자체는 잘한 일이었는지 몰라도 다른 사람에게는 덕을 세우지 못하는 것입니다.
18 나는 내가 여러분 중의 어느 누구보다도 더 많이 방언을 말하는 것으로 인해 하나님께 감사드립니다.
19 그러나 나는 교회에서 방언으로 만 마디를 말하는 것보다 알아들을 수 있는 언어로 다섯 마디를 말하기를 원합니다.
20 성도 여러분, 생각하는 데 있어서는 어린아이가 되지 마십시오. 악에 대해서는 갓난아이가 되어야 하겠지만, 생각하는 데 있어서는 어른이 되어야 합니다.
21 율법에 이런 기록이 있습니다. 주님께서 말씀하시기를, "다른 방언하는 사람들과 외국인의 입술을 통해 이 백성에게 말할지라도 저희가 오히려 나의 말을 듣지 않을 것이다."*

22 그러므로 방언은 믿는 사람들이 아니라
믿지 않는 사람들을 위해 주신 표적이지
만, 예언은 믿지 않는 사람들이 아니라 믿
는 사람들을 위해 주신 것입니다.
23 만일 모든 교회가 한 자리에 모여서 저마
다 방언으로 말한다면, 깨달음이 적은 사
람이나 믿지 않는 사람이 교회에 들어와
서는 여러분을 정신 나갔다고 하지 않겠
습니까?
24 그러나 모든 사람이 예언하고 있는데 믿
지 않는 사람이나 깨달음이 적은 사람이
들어오면 그들은 모든 사람들에 의해 자
기가 죄인이라는 책망을 받고 모든 사람
들에게 심판을 받아,
25 그 사람 속에 감춰진 것들이 백일하에 드
러날 것이며, 그 사람은 무릎을 꿇고 하나
님을 경배하며 "참으로 하나님께서 여러분
가운데 계십니다"라고 외칠 것입니다.

교회 안에서 질서대로 행하기

26 성도 여러분, 어떻게 하면 좋겠습니까?
여러분이 함께 모일 때, 어떤 사람에게는
찬송할 것이 있고, 어떤 사람은 가르칠 것
이 있고, 또 다른 사람에게는 계시가 있
고, 방언도 있고, 통역하는 것도 있을 것
입니다. 이 모든 것은 교회의 덕이 되게
행하십시오.
27 누군가 방언을 말하게 되는 경우, 두 사
람 혹은 기껏해야 세 사람 정도만 말하게
하십시오. 그것도 한 번에 한 사람씩 말
하고, 한 사람은 통역을 하십시오.
28 통역하는 사람이 없으면 교회에서는 방언
을 하지 말고, 자기 자신과 하나님께만 말
하십시오.
29 예언하는 사람의 경우에는 두세 명이 말
하고, 다른 사람은 그들이 말하는 것을 분
별하도록 하십시오.
30 그러나 만일 앉아 있는 다른 사람에게 계
시가 내리면, 먼저 예언하던 사람은 예언
을 그쳐야 합니다.
31 이래야 여러분 모두가 차례대로 예언할
수 있게 되어 모든 사람들이 교훈과 격려
를 받게 됩니다.
32 예언자들의 영은 예언자들의 자기 절제에
의해 통제를 받습니다.
33 하나님은 무질서의 하나님이 아니라 평화
의 하나님이십니다. 성도들의 모든 교회
에서 그렇게 하듯이,
34 여자는 교회에서 말 없이 있어야 합니다.
여자들이 말하는 것은 허락되지 않았습니
다. 율법에서 말하듯이 여자들은 복종해
야 합니다.
35 혹시 배우고 싶은 것이 있으면, 집에서 자
기 남편들에게 물어 보십시오. 여자가 교
회에서 말하는 것은 여자 자신에게 부끄
러운 일입니다.
36 하나님의 말씀이 여러분에게서 나왔습니
까? 아니면, 하나님의 말씀이 여러분에게
만 내렸습니까?
37 누구든지 자기를 예언자나 영적인 선물을
받은 자로 생각하는 사람이 있으면, 내가
여러분에게 쓴 것이 주님의 계명이라는
것을 명심하십시오.
38 이러한 사실을 인정하지 않는 사람은, 자
신도 인정받지 못할 것입니다.
39 그러므로 나의 성도 여러분, 예언하기를
간절히 바라십시오. 그리고 방언으로 말
하는 것을 막지 마십시오.
40 다만 모든 것을 적당하게 하고 질서 있게
하십시오.

그리스도의 부활

15 성도 여러분, 내가 여러분에게 전파
한 복음에 대해 여러분에게 알려 드
리려고 합니다. 여러분이 받아 그 안에 굳
게 선 복음 말입니다.
2 내가 여러분에게 전파한 말씀을 굳게 붙
들고 헛되이 믿지 않으면, 여러분은 이 복

알아두세요

14:21 사 28:11-12에 기록되어 있다.

표적(14:22 miraculous sign) 겉으로 나타난 흔적.
백일하에 드러나다(14:25 be laid bare) 뚜렷하여 세상 사람이 다 알게 드러나다.
분별(14:29 discretion) 사리에 맞게 판단하는 것.

음으로 구원을 얻습니다.
3 내가 받은 가장 중요한 것을 여러분에게
전해 주었습니다. 그리스도께서 성경에 기
록된 대로 우리 죄를 위해 죽으신 것과
4 장사지낸 바 되었다가 성경에 기록된 대
로 삼 일 만에 다시 살아나셨다는 것과
5 그리고는 베드로에게 나타나시고, 그후에
열두 제자에게 나타나시고,
6 그후에 한번에 오백 명이 넘는 사람들에
게도 나타나셨다는 사실입니다. 그 사람
들 중에는 이미 죽은 사람들도 있지만, 대
부분은 아직도 살아 있습니다.
7 그후에 야고보에게, 그 다음에 모든 사도
들에게 나타나시고,
8 맨 마지막으로 조산아와 같은 나에게도
나타나셨습니다.
9 나는 모든 사도들 중에서 가장 작은 사람
입니다. 나는 과거에 하나님의 교회를 핍
박했던 사람이기 때문에 사도라고 불릴
자격이 없습니다.
10 그러나 지금의 나는 하나님의 은혜로 된
것이므로 내게 베푸신 그분의 은혜가 헛
되지 않습니다. 나는 다른 사도들보다 더
열심히 일하였습니다. 그러나 그 일은 내
가 한 것이 아니라 나와 함께 하시는 하
나님의 은혜로 한 것이었습니다.
11 내가 되었든지 아니면 그 사람들이 되었
든지 간에 우리가 전파한 복음은 이런 내
용이고, 여러분은 이것을 믿었습니다.

죽은 자들의 부활

12 그리스도께서 죽은 자들 가운데서 다시 살
아나셨다고 우리가 전파하는데, 여러분
중에서 죽은 자들의 부활이 없다고 말하
는 사람이 있는 것은 어찌된 일입니까?
13 죽은 자들의 부활이 없다면, 그리스도께서
도 다시 살아나지 못하셨을 것입니다.
14 그리고 그리스도께서 다시 살아나지 못하
셨다면, 우리가 전파한 복음도 헛되며 여
러분의 믿음도 헛될 것입니다.
15 그뿐만이 아닙니다. 우리는 하나님께서
그리스도를 다시 살리셨다고 그분에 대해
증언했으니, 하나님에 대해 거짓 증언한
사람들로 판명될 것입니다. 죽은 자들이
다시 살아나지 못한다면, 하나님께서 그
리스도를 다시 살리지 않았을 것입니다.
16 참으로 죽은 자들이 다시 살아나는 일이
없다면 그리스도께서도 다시 살아나지 못
했을 것입니다.
17 그리고 그리스도께서 살아나지 않으셨다
면 믿음은 공허한 것이 될 뿐더러 여러분
은 여전히 죄 가운데 있을 것입니다.
18 그렇게 되면 그리스도를 믿다가 죽은 사람
들도 멸망했을 것입니다.
19 우리가 그리스도 안에서 소망하는 것이 이
세상 삶에 그친다면, 우리는 이 세상 어느
누구보다도 불쌍한 사람들일 것입니다.
20 그러나 이제 그리스도께서는 죽은 자들 가
운데서 다시 살아나, 잠자는 자들의 첫 열
매가 되셨습니다.
21 죽음이 한 사람을 통해 온 것처럼 죽은 자
들의 부활도 한 사람을 통해 옵니다.
22 아담 안에서 모든 사람이 죽은 것같이 그
리스도 안에서 모든 사람이 생명을 얻게

성경 속의 궁금증

예수님이 무덤에 계셨던 시간은 얼마나 될까요?

유대인들은 보통 하루를 그날 저녁부터 시작하여 다음 날 저녁까지로 계산했습니다. 예수님께서는 하루가 끝나는 시점, 즉 안식일이 시작되기 직전에 장사되어 안식일 전체를 무덤에서 보내셨는데 안식일은 예수님께서 돌아가신 다음 날 저녁에 끝났습니다. 그리고 다음 날이 시작되어 밤이 지나고 아침이 시작되었을 때 부활하셨습니다. 비록 무덤에서 보내신 첫째 날이 매우 짧기는 하지만 유대인의 계산법에 따르면 하루가 됩니다. 그러므로 안식일이 둘째 날이 되고 부활하신 날이 셋째 날이 되는 셈이지요.

본문 보기 15장 4절

조산아(15:8 prematurely born infant) 달을 다 채우지 못하고 태어난 아이.
공허한(15:17 empty) 헛된, 텅 빈 듯한.
대리(15:29 representative) 남을 대신하는 것.

될 것입니다.
23 하지만 각각 차례가 있습니다. 첫 열매이
신 그리스도께서 먼저요, 그 다음에는 그
리스도께서 재림하실 때, 그리스도께 속한
사람들입니다.
24 그리고 나서 그리스도께서 모든 권력과 모
든 권세와 능력을 멸하고, 나라를 하나님
아버지께 돌려드릴 마지막 때가 올 것입
니다.
25 그리스도께서는 모든 원수를 자기의 발 아
래 두실 때까지 당연히 왕노릇 해야 합니
다.
26 그리스도께 멸망받을 마지막 원수는 죽음
입니다.
27 성경에 "하나님께서 모든 것을 그분의 발
아래 복종시키셨다"*라고 기록되어 있습
니다. 여기서 모든 것을 그분의 발 아래
복종시킨다고 할 때는, 모든 것을 그리스
도 아래 두신 하나님 자신은 그 안에 포
함되지 않는다는 것이 분명합니다.
28 하나님께서 모든 것을 하나님의 아들 아
래 복종시키실 때에는, 아들 자신도 모든
것을 자기 아래 두신 아버지께 복종할 것
입니다. 그리하여 하나님께서 우주의 주
님으로서 만물을 지배하실 것입니다.
29 죽은 자들이 다시 살아나는 일이 없다면
죽은 자들을 위해 대리로 세례를 받는 사
람들은 왜 세례를 받는 것입니까? 죽은
사람들이 도무지 살아나지 않는다면 그
사람들이 죽은 자들을 위해 세례를 받는
이유는 무엇입니까?
30 우리의 경우는 어떻습니까? 우리는 무슨
이유로 매 순간 위험에 처한단 말입니
까?
31 성도 여러분, 우리 주 예수 그리스도 안에
서 내가 여러분에 대해 가지고 있는 자랑
을 두고 확신 있게 말합니다만, 나는 날
마다 죽습니다.
32 내가 에베소에서 사나운 짐승들과 싸운 것
이 단순히 인간적인 이유에서였다면 내가
얻은 것이 무엇이겠습니까? 죽은 자들이
다시 살아나는 일이 없다면 "먹고 마시
자. 내일이면 죽을 목숨"이라고 하지 않
겠습니까?
33 속지 마십시오. "나쁜 친구를 사귀면 좋
은 습관도 나쁘게 됩니다."
34 정신을 똑바로 차리고 죄짓지 마십시오.
여러분 중에 하나님에 대해 무지한 사람
들이 더러 있어서, 여러분이 부끄러운 줄
을 알라고 이 말을 하는 것입니다.

부활의 몸

35 그러나 "죽은 자들이 어떻게 다시 살아나
며, 또 그들은 어떤 몸으로 나오게 되느
냐?"라고 묻는 사람이 있을 것입니다.
36 참으로 어리석습니다. 여러분이 뿌리는
씨는 죽지 않으면 살아나지 못합니다.
37 여러분이 뿌리는 것은 다 자란 몸이 아니
라 밀이든 그 밖에 다른 곡식이든 단지 그
씨일 뿐입니다.
38 그러나 하나님께서는 그분의 계획대로 뿌
린 것에 몸을 주시며, 씨앗 하나하나에 각
각 알맞는 몸을 주십니다.
39 모든 육체가 똑같지는 않습니다. 사람의
육체가 있고, 동물의 육체가 있으며, 새
의 육체가 있고, 물고기의 육체가 있습니
다.
40 또한 하늘에 속한 몸만 있는 것이 아니라

성경 자세히 이해하기

원수를 발 아래

고대 이집트, 시리아, 페르시아에는 정복자들이 패배한 적을 발로 짓밟는 관습이 있었습니다. 이런 관습은 영국의 대영 박물관에 있는 고대 유물을 통해서도 확인할 수 있습니다. 한 나무상자에 신발 밑바닥 그림이 있는데, 거기에는 팔과 손이 뒤로 묶이고 발목까지 묶여 있는 사람의 모양이 그려져 있었습니다. 본문 보기 15장 25절

알아두세요

15:27 시 8:6에 기록되어 있다.

땅에 속한 몸도 있습니다. 그러나 하늘에
속한 영광과 땅에 속한 영광이 각각 다릅
니다.
41 해와 달과 별의 영광이 각각 다르고, 별
들 사이에서도 그 영광은 각기 다릅니다.
42 죽은 자들의 부활도 이와 같습니다. 썩을
몸을 심지만, 썩지 않을 몸으로 다시 살
아납니다.
43 비천한 몸을 심지만, 영광스런 몸으로 다
시 살아납니다. 또한 약한 몸을 심지만,
능력 있는 몸으로 다시 살아납니다.
44 자연적인 몸을 심지만, 영적인 몸으로 다
시 살아납니다. 자연적인 몸이 존재한다
면, 영적인 몸도 존재합니다.
45 성경에 "첫 사람 아담이 살아 있는 존재
가 되었다"*고 기록된 것처럼 마지막 아담
은 생명을 주는 영이 되었습니다.
46 그러나 신령한 몸이 먼저 있었던 것은 아
닙니다. 자연적인 몸이 먼저 있었고, 그
후에 신령한 몸이 왔습니다.

성경 자세히 이해하기

안식일과 주일

안식일은 하나님께서 6일 동안 세상을 창조하시고 일곱번 째 날에 안식하시며 그날을 거룩하게 하신 것에서 시작된 날입니다(창 2:2-3;출 20:8-11). 주일은 예수님께서 부활하셔서 우리의 구원을 이루신 것을 기념하는 날입니다. 구약의 성도들이 안식을 기대하며 6일 동안 힘써 일한 반면, 신약의 성도들은 안식일 다음 날인 주일에 모여 예배 드리며 떡을 떼고 교제를 나누었습니다(행 20:7). 사도 바울이 회당에 모인 유대인들을 전도하기 위해 안식일에 회당을 방문하긴 했지만(행 18:4), 예수님의 부활 이후 성도들이 구별하여 예배드리는 날은 주일이었습니다(행 20:7; 고전 16:2).

본문 보기 16장

알아두세요

15:45 창 2:7에 기록되어 있다.
15:54 사 25:8에 기록되어 있다.
15:55 호 13:14에 기록되어 있다.
16:22 아람어로 '마라나 타'이다.

47 첫 사람은 땅의 흙에서 나왔고, 둘째 사
람은 하늘에서 났습니다.
48 땅에 속한 사람들은 땅에 속한 그 사람과
같고, 하늘에 속한 사람들은 하늘에 속한
그분과 같습니다.
49 우리가 땅에 속한 사람의 형상을 지니고
있는 것처럼 하늘에 속한 분의 형상을 지
니게 될 것입니다.
50 성도 여러분, 내가 분명히 선언하거니와
육체와 피는 하나님의 나라를 상속받을
수 없으며, 썩는 것은 썩지 아니하는 것
을 상속받을 수 없습니다.
51 내가 여러분에게 비밀을 알려 드리겠습니
다. 우리는 다 잠잘 것이 아니라 변화될
것입니다.
52 마지막 나팔 소리가 울릴 때, 눈 깜짝할
사이에 죽은 자들이 썩지 않을 몸으로 다
시 살아나며, 우리는 변화될 것입니다.
53 썩을 몸은 반드시 썩지 않을 몸을 입어야
하며, 죽을 몸은 죽지 않을 몸을 입어야
합니다.
54 썩을 몸이 썩지 않을 몸을 입고, 죽을 몸
이 죽지 않을 몸을 입게 되면 "승리가 죽
음을 삼켜 버렸다"*고 기록된 말씀이 사
실로 드러나게 될 것입니다.
55 "죽음아! 너의 승리가 어디 있느냐? 죽음
아! 너의 찌르는 것이 어디 있느냐?"*
56 죽음이 찌르는 것은 죄이며, 죄의 힘은 율
법입니다.
57 그러나 우리 주 예수 그리스도를 통해 우
리에게 승리를 주시는 하나님께 감사합니
다.
58 그러므로 나의 사랑하는 성도 여러분, 굳
게 서서 흔들리지 말고 항상 주님의 일을
위해 자신을 드리십시오. 주님을 위해 일
한 여러분의 수고는 결코 헛되지 않는 것
임을 기억하시기 바랍니다.

예루살렘 교회를 위한 헌금

16 이제 성도들을 돕기 위한 헌금에 대
해 말하고자 합니다. 내가 갈라디아
의 여러 교회에게 지시한 대로 여러분도
그렇게 하십시오.

2 여러분은 매주 첫날 각자 할 수 있는 대
로 자기 수입에 따라 얼마씩을 저축해 두
십시오. 그리하여 내가 여러분에게 갈
때, 헌금을 하느라고 마음 쓰는 일이 없
게 하십시오.
3 내가 그 곳에 가게 되면 여러분이 인정하
는 사람에게 내가 소개장을 주어 그가 여
러분이 모은 선물을 예루살렘으로 가져가
게 하겠습니다.
4 만일 나도 가는 것이 더 좋다면, 그들은
나와 함께 갈 것입니다.

바울의 여행 계획

5 나는 마케도니아에 갈 일이 있으니 그 곳
에 들렀다가 여러분에게 가려고 합니다.
6 여러분에게 가면 나는 얼마 동안, 여러분
과 함께 지낼 것 같습니다. 어쩌면 그 곳
에서 겨울을 날지도 모르겠습니다. 그런
뒤에 다음 목적지가 어디든지 간에 여러
분이 그리로 나를 보내 주시기 바랍니다.
7 나는 지금 지나가는 길에 잠깐 들러 여러
분을 보려는 것이 아닙니다. 주님이 허락
하신다면 한동안, 여러분과 함께 지내고
싶습니다.
8 그러나 오순절까지는 에베소에 머물 예정
입니다.
9 나를 대적하는 자들이 많기는 하지만 많
은 일을 할 수 있는 큰 문이 내게 열려 있
기 때문입니다.
10 디모데가 그리로 가면 여러분과 지내는 동
안, 아무런 두려움이 없게 해 주십시오.
디모데는 나와 마찬가지로 주님을 위해 일
하는 사람입니다.
11 그러니 아무도 그를 업신여기지 마십시
오. 디모데가 평안한 마음으로 내게 돌아
오게 해 주십시오. 나는 다른 성도들과 함
께 디모데를 기다리고 있습니다.
12 형제 아볼로에 대해서 말씀드립니다. 나
는 아볼로에게 성도 여러 명과 함께 여러
분을 방문하라고 몇 번 권했으나, 지금은
가고 싶은 마음이 없는 것 같습니다. 그
러나 아볼로는 기회가 되면 여러분을 보
러 갈 것입니다.

개인적인 부탁과 마지막 인사

13 깨어 믿음에 굳게 서서 용감하고 강건하
십시오.
14 모든 일을 사랑으로 하십시오.
15 내가 여러분께 권합니다. 여러분도 아시
겠지만, 스데바나 집안 사람들은 아가야
지방에서 제일 먼저 그리스도인이 된 가정
이며, 성도들을 섬기는 일에 헌신한 사람
들입니다.
16 여러분은 이런 사람들과 또 그들과 함께
수고하는 모든 사람들에게 순종하십시오.
17 스데바나와 브드나도와 아가이고가 와서 나
는 참 기쁩니다. 여러분을 만나지 못해 아
쉬웠던 것을 이 사람들이 충족시켜 주었
기 때문입니다.
18 이 세 사람들은 내 마음과 여러분의 마음
을 상쾌하게 해 주었습니다. 여러분은 이
런 사람들을 알아 주시기 바랍니다.
19 아시아의 여러 교회가 여러분에게 문안드
립니다. 아굴라와 브리스가와 다함께 이
두 사람의 집에 모이는 교회가 주님 안에
서 여러분에게 진심어린 문안 인사를 드
립니다.
20 이 곳에 있는 모든 성도들이 문안드립니
다. 여러분은 거룩한 입맞춤으로 인사를
나누십시오.
21 나 바울은 이 마지막 인사를 내 손으로 직
접 쓰고 있습니다.
22 주님을 사랑하지 않는 사람이 있다면, 그
사람에게 하나님의 저주가 임할 것입니
다. 주님, 오십시오!*
23 주 예수님의 은혜가 여러분과 함께 하시
기를 바랍니다.
24 나의 사랑이 그리스도 예수 안에서 여러분
모두에게 있기를 기원합니다. 아멘.

비천한(15:43 humble) 낮고 천한.
오순절(16:8 Pentecost) 이스라엘 3대 절기들 중의 하나로서 유월절 이후 50일째 되는 날이며 시내 산에서 율법을 받은 기념일. 성령강림절.
대적하다(16:9 oppose) 서로 겨루어 맞서다.
순종(16:16 obedience) 다른 사람의 요구나 뜻에 순순히 따름.

고린도후서

2 Corinthians

저자

저자는 사도 바울이다.

저작 연대

A.D. 55-56년

주요 인물

사도 바울, 디모데, 디도

기록 목적과 대상

고린도 교회에 들어온 거짓 선생들이 바울의 사도적 권위에 도전하면서 거짓 복음으로 하나님의 교회를 혼란케 하고 있었다. 바울은 즉시 고린도 교인들의 오해를 풀고, 그릇된 진리로 교인들을 유혹하던 거짓 선생들에 대하여 단호히 행동해야 할 필요성을 느끼게 되었다. 그래서 바울은 고린도후서를 써서 자신이 곧 고린도 교회를 방문할 것과, 방문한 후에 거짓 선생들과 회개치 않는 범죄자들을 엄히 징계할 것을 분명히 하였다.

내용 소개

1. 자신의 행위와 직분에 대한 설명(1:1-7:16)
2. 예루살렘의 성도들을 위한 헌금을 권고함 (8:1-9:15)
3. 자신의 사도적 권위에 대한 변호 (10:1-13:13)

인사

1 하나님의 뜻에 의해 그리스도 예수의 사도
가 된 나 바울과 형제 디모데는 고린도에
있는 하나님의 교회와 아가야 전 지역에 있
는 모든 성도들에게 이 편지를 씁니다.
2 하나님 우리 아버지와 주 예수 그리스도께
서 내리시는 은혜와 평강이 여러분에게
있기를 빕니다.

환난 후에 드리는 감사

3 우리 주 예수 그리스도의 하나님과 아버지
를 찬송합니다. 그분은 인자하신 아버지
이시며, 모든 위로의 아버지이십니다.
4 하나님은 우리가 여러 가지 환난을 당할
때 위로해 주셔서, 우리가 하나님께 받은
위로로써 여러 환난을 당한 사람들을 위
로할 수 있게 하셨습니다.
5 그리스도의 고난이 우리에게 넘쳐나는 것
처럼, 그리스도로 말미암아 받는 우리의
위로도 넘치게 되었습니다.
6 우리가 환난을 당한다면, 이것은 여러분
을 위로하고 구원 받게 하기 위한 것입니
다. 우리가 위로를 받는다면, 그것도 여
러분을 위로해 주기 위한 것입니다. 이 위
로로 여러분은 우리가 당하는 고난과 동
일한 고난을 받을 때에 오래 참습니다.
7 여러분을 향한 우리의 소망은 확고합니
다. 왜냐하면 여러분이 우리가 당하는 고
난에 참여한 것처럼 우리가 받는 위로에
도 참여하고 있음을 알기 때문입니다.
8 성도 여러분, 우리가 아시아 지방에서 당
한 환난을 여러분이 알아 주시기를 원합
니다. 우리는 감당하기 어려운 환난을 당
해 삶의 소망조차 없었습니다.
9 마음속으로는 사망 선고를 받았다는 느낌
마저 들었습니다. 그러나 이렇게 된 것은
우리 자신을 의지하지 않고, 죽은 자를 살
리시는 하나님을 의지하도록 하기 위해서
였습니다.
10 하나님께서는 이렇게 무서운 죽음의 위기
에서 우리를 구원하셨으며, 앞으로도 구
원하실 것입니다. 우리는 하나님께서 계
속해서 우리를 구원해 주실 것이라는 소
망을 하나님께 두겠습니다.
11 여러분도 기도로써 우리를 도와 주십시
오. 하나님께서 많은 사람들의 기도를 들
으시고 우리에게 은혜를 주셨는데, 이 일
로 말미암아 많은 사람이 하나님께 감사
하게 될 것입니다.

바울이 방문 계획을 바꾸다

12 우리의 자랑은 이것입니다. 이에 대해서

는 우리의 양심이 증언합니다. 우리는 하
나님께로부터 오는 정직함과 성실함으로,
세상의 지혜가 아니라 하나님의 은혜를
따라 세상에서 처신하였습니다. 특히 여
러분을 대할 때는 더욱 그러했습니다.
13 우리는 여러분이 읽고 이해할 수 없는 것
은 쓰지 않았습니다.
14 여러분이 우리를 부분적으로밖에는 이해
할 수 없었으나, 장차 우리 주 예수님의 날
에 우리가 여러분을 자랑스러워하는 것처
럼 여러분도 우리를 자랑스럽게 여길 수
있다는 것을 완전히 알게 되기를 소망합
니다.
15 나에게 이러한 확신이 있었기에 처음에
여러분을 방문할 계획을 세웠던 것입니
다. 그러면 여러분은 은혜를 두 배로 받
게 될 것입니다.
16 나는 마케도니아로 가는 길에 여러분을 방
문하고, 마케도니아에서 다시 돌아오는 길
에 여러분에게 들러 여러분의 도움을 받
아 유대로 갈 계획이었습니다.
17 내가 깊이 생각도 하지 않고 이런 계획을
세웠을 것 같습니까? 인간적인 동기로 계
획을 세워 마음으로는 "아니오"라고 생각
하면서 말로는 "예, 그렇습니다"라고 할
것 같습니까?
18 하나님께서 신실하신 것처럼, 우리는 여
러분에게 "예"라는 말과 "아니오"라는 말
을 동시에 하지 않았습니다.
19 실루아노와 디모데와 내가 여러분에게 전
했던 하나님의 아들 예수 그리스도는 "예"
라고 하면서 동시에 "아니오"가 되시는
분이 아니셨습니다. 그분에게는 항상
"예"만 있었습니다.
20 하나님의 모든 약속이 그리스도 안에서
"예"가 되었습니다. 그러므로 우리는 그
리스도를 통해 "아멘"이라고 함으로써 하
나님께 영광을 돌립니다.
21 여러분과 우리를 그리스도 안에서 굳게 세
우시는 분은 하나님이십니다. 하나님께서
는 우리에게 기름을 부으시고
22 우리가 그분의 소유라는 표로 인을 치시
고, 그 보증으로 우리 마음에 성령을 주
셨습니다.
23 하나님을 내 증인으로 모시고 말하는 것
인데, 내가 고린도에 가지 않은 것은 여러
분을 아끼는 마음 때문입니다.
24 또한 여러분의 믿음을 우리 마음대로 지
배하려고 했던 것도 아닙니다. 여러분이
믿음 위에 굳게 서 있으므로, 우리는 단
지 여러분의 기쁨을 위해 여러분과 함께
일하는 사람일 뿐입니다.

2 나는 이번처럼 여러분의 마음을 아프
게 하고 싶지 않아 다시는 방문하지 않
겠다고 결심하였습니다.
2 내가 여러분의 마음을 아프게 했다면, 내
가 슬프게 한 여러분 이외에 나를 기쁘게
해 줄 사람이 또 누가 있겠습니까?
3 내가 지난번 편지에 이런 내용을 쓴 것은
내가 여러분에게 가게 될 때 나를 기쁘게
해 주어야 할 사람들로부터 슬픔을 당할
까 염려했기 때문입니다. 또한 나는 나의
기쁨이 곧 여러분의 기쁨이라는 것을 확
신합니다.
4 지난번 편지는 여러 환난과 마음의 고통
으로 인하여 많은 눈물을 흘리며 쓴 것입
니다. 그러나 그 편지는 여러분을 슬프게
하려고 쓴 것이 아니라 여러분을 향한 나
의 사랑이 얼마나 깊은지 알게 하려고 쓴
것이었습니다.

잘못한 자를 용서하라

5 내 마음을 아프게 한 사람이 있었다면 그
사람은 나를 아프게 했다기보다 어느 정
도는 여러분 모두를 아프게 한 것입니다.
내가 어느 정도라고 말한 것은 너무 심하
게 말하지 않으려고 하는 것입니다.
6 많은 사람에게서 그 사람이 받은 처벌은
이미 그것으로 충분합니다.
7 이제는 그를 용서하고 위로하여 그 사람
이 너무 슬퍼하거나 낙담하지 않게 해 주
십시오.
8 그러므로 내가 여러분에게 간곡히 부탁합
니다. 그 사람을 향한 여러분의 사랑을 다
시 한 번 보여 주십시오.

드로아와 소아시아 도시들의 위치(2:12)

9 내가 여러분에게 편지를 쓴 것은 모든 일
에 순종하는지를 시험하여 알아보기 위해
서였습니다.
10 여러분이 누군가를 용서한다면, 나도 그
사람을 용서하겠습니다. 그리고 용서할
일이 있어서 내가 용서한 것이 있다면, 그
것은 그리스도 앞에서 여러분을 위해서 용
서한 것입니다.
11 또한 이 일로 우리가 사탄에게 속지 않기
위해서였습니다. 사탄의 계획을 우리가
모르는 것이 아닙니다.

바울의 근심과 평안

12 내가 그리스도의 복음을 전하기 위해 드로
아에 갔을 때, 주님께서 내게 복음을 전
할 수 있는 길을 열어 주셨습니다.
13 그러나 나는 그 곳에서 내 형제 디도를 만
나지 못하여 마음이 편치 못했습니다. 그
래서 나는 그 곳 사람들에게 작별 인사를
하고 마케도니아로 떠났습니다.
14 그리스도 안에서 항상 우리를 이끌어 승리
의 행진을 하게 하시며, 어디서나 우리로
그분을 아는 지식의 향기를 풍기게 하시
는 하나님께 감사드립니다.
15 우리는 구원 받은 사람들에게나 멸망당하
는 사람들에게나 하나님 앞에서 그리스도
의 향기입니다.
16 멸망하는 사람들에게는 죽음에 이르게 하
는 죽음의 향기이지만, 구원 받은 사람에
게는 생명에 이르게 하는 생명의 향기입
니다. 그렇다면 이 일을 하기에 합당한 사
람은 누구이겠습니까?
17 우리는 많은 사람들과는 달리, 돈을 벌기
위해 하나님의 말씀을 팔고 다니는 사람
들이 아닙니다. 우리는 하나님의 보냄을
받은 사람답게 하나님 앞에서, 그리고 그
리스도 안에서 진실하게 말합니다.

새 언약의 일꾼

3 우리가 또다시 자화자찬을 하기 시작
했다고 생각하십니까? 혹은 우리가 어
떤 사람들처럼 여러분에게 보일 추천장이
나 여러분에게서 받은 추천장이 필요한
사람입니까?
2 여러분 자신이 바로 우리 마음속에 썼고,
모든 사람들이 알고, 또 읽고 있는 우리
의 편지입니다.
3 여러분은 우리의 사역의 결과로 나타난
그리스도께서 보내신 편지입니다. 이 편지
는 먹이 아니라 살아 계신 하나님의 성령
으로 쓴 것이며, 돌판이 아닌 사람의 마
음판에 쓴 편지입니다.
4 우리는 그리스도로 인하여 하나님 앞에서
이러한 확신이 있습니다.
5 우리는 이런 일을 할 수 있는 자격이 우
리에게 있다고 생각하지 않습니다. 우리
의 자격은 하나님께로부터 나옵니다.

성경 자세히 이해하기

승리의 행진과 향기

로마에 개선 행진이 있는 날에는 신전들은 온통 꽃으로 장식되었으며, 신전마다 열어 놓은 문 사이로 향료를 태우는 향기로운 냄새가 흘러 나와 온 거리를 가득 채웠습니다. 개선 장군은 오른손에는 월계수 가지를, 왼손에는 홀을 쥐고 머리에는 월계관을 쓴 채 네 마리의 말이 끄는 마차를 타고 행진하였습니다. 바울은 로마의 개선 장군이 가는 곳에 향기가 가득했던 것처럼 그리스도에 대한 지식 역시 사도들이 가는 곳마다 향기처럼 전파되었음을 감사하고 있는 것입니다.

본문 보기 2장 14절

6 하나님께서는 우리에게 문자가 아니라 성령의 언약인 새 언약의 일꾼에 합당한 자격을 주셨습니다. 그것은 문자는 죽음을 가져오는 반면, 성령께서는 생명을 주기 때문입니다.

7 돌판에 새겨져 있는, 죽음에 이르게 하는 율법에 의한 직분도 영광스럽습니다. 그래서 비록 사라질 영광의 광채이기는 하지만, 이스라엘 자손들은 모세의 얼굴에 나타난 광채 때문에 그의 얼굴을 똑바로 쳐다보지 못했습니다.

8 그러니 성령의 사역은 얼마나 더 영광스럽겠습니까?

9 사람들에게 죄가 있다고 판정하는 사역도 영광스러운데, 의를 가져다 주는 사역은 얼마나 더 영광스럽겠습니까?

10 이런 면에서 훨씬 더 빛나는 영광과 비교해 볼 때 이전에 영광스러웠던 것은 전혀 영광스러운 것이 아니었습니다.

11 사라져 버릴 것도 영광스럽다면, 영원히 지속될 것은 더욱 영광스러울 것입니다.

12 이러한 소망이 우리에게 있기에 우리는 매우 담대합니다.

13 우리는, 이스라엘 자손이 자기 얼굴의 광채가 사라져 가는 것을 똑바로 쳐다보지 못하게 하려고 자기 얼굴에 수건을 덮은 모세처럼 하지 않습니다.

14 그러나 이스라엘 자손들의 마음이 둔해진 까닭에 오늘날까지도 옛 언약을 읽을 때 수건을 그대로 쓰고 있습니다. 이 수건이 아직까지 벗겨지지 않고 있는 것은, 이것이 오직 그리스도 안에서만 벗겨질 수 있기 때문입니다.

15 오늘날까지도 이스라엘 자손들이 모세의 글을 읽을 때, 그들의 마음에는 수건이 덮여 있습니다.

16 그러나 누구든지 주님께 돌아올 때, 그 수건은 벗겨질 것입니다.

17 주님은 성령이십니다. 주님의 성령께서 계신 곳에는 자유가 있습니다.

18 우리는 모두 수건을 벗은 얼굴로 주님의 영광을 봅니다. 이렇게 해서 우리는 주님의 형상으로 변화하여 점점 더 큰 영광에 이릅니다. 그 영광은 성령이신 주님께로부터 나오는 것입니다.

질그릇에 담긴 보화

4 이처럼 우리가 하나님의 자비로 이 사역을 감당하므로, 우리는 낙심하지 않습니다.

2 우리는 부끄러워 드러내지 못한 것들을 끊어 버리고, 속임수를 쓰지 않으며, 하나님의 말씀을 왜곡시키지 않았습니다. 우리는 진리를 밝히 드러냈으므로 하나님 앞에서 모든 사람들의 양심을 향해 우리 자신을 당당히 내세웁니다.

3 우리가 전하는 복음이 가리워졌다면 그것은 멸망하는 사람들에게 가리워진 것입니다.

4 이 시대의 신이 믿지 아니하는 사람들의 마음을 어둡게 하여 하나님의 형상이신 그리스도의 영광을 드러내는 복음의 빛을 보지 못하게 하였습니다.

5 우리는 우리 자신을 전파하지 않습니다. 우리는 예수 그리스도가 주님이시라는 사실과 우리가 예수님을 위해 일하는 여러

보화를 질그릇에 담고 있는 그리스도인(4:7)

분의 종이 되었다는 사실을 전파합니다.
6 "어둠 속에 빛이 비쳐라"라고 말씀하신
하나님께서 그리스도의 얼굴에 나타난 하
나님의 영광을 깨닫게 해 주시기 위해 우
리 마음에 빛을 비추셨습니다.
7 우리는 이 보화를 질그릇에 담고 있습니
다. 이것은 그 풍성한 능력이 우리에게서
나오는 것이 아니라 하나님께로부터 나오
는 것임을 보이시려는 것입니다.
8 우리는 사방에서 압박을 받아도 눌리지
않으며, 난처한 일에 빠져도 절망하지 않
습니다.
9 핍박을 당해도 버림을 받지 아니하고, 매
를 맞아 넘어져도 망하지 않습니다.
10 우리는 예수님의 생명이 우리 몸에서 나
타나도록 하기 위해 항상 예수님의 죽으
심을 우리 몸에 짊어지고 다닙니다.
11 예수님의 생명이 죽을 우리 몸에 나타나
도록 하기 위해, 우리는 살아 있지만 예
수님을 위해 항상 몸을 죽음에 내맡기고
있습니다.
12 그러므로 우리 속에서는 죽음이 활동하지
만, 여러분 속에서는 생명이 활동하게 되
는 것입니다.
13 성경에 "내가 믿었다. 그러므로 내가 말하
였다"*고 기록되어 있듯이, 우리도 동일한
믿음의 정신으로 믿고 말하는 것입니다.
14 우리가 이렇게 말할 수 있는 것은, 주 예

초대 교회 핍박의 대명사인 콜로세움 원형 경기장 (4:8-9)

알아두세요

4:13 시 116:10에 기록되어 있다.
5:17 누구든지 그리스도 안에 있으면 새 창조에 속하게 됩니다.
6:2 사 49:8에 기록되어 있다.

수님을 죽은 자 가운데서 다시 살리신 하
나님께서 예수님과 함께 우리도 살리셔서
여러분과 함께 하나님 앞에 서게 하실 것
을 알기 때문입니다.
15 이 모든 일은 다 여러분의 유익을 위한 것
입니다. 그래서 하나님의 은혜가 점점 더
많은 사람들에게 이르러 감사가 넘치게
되고 그들은 하나님께 영광을 돌리게 될
것입니다.

믿음으로 사는 삶

16 그러므로 우리는 낙심하지 않습니다. 우
리의 겉사람은 점점 낡아지지만 우리의
속사람은 날마다 새로워지고 있습니다.
17 우리가 지금 겪고 있는 가벼운 환난은 장
차 우리가 받게 될 영원하고 한량없이 큰
영광을 가져다 줍니다.
18 우리는 보이는 것들에 시선을 고정시키는
것이 아니라 보이지 않는 것들에 시선을
고정합니다. 이는 보이는 것은 한순간이지
만 보이지 않는 것은 영원하기 때문입니
다.
5 우리는 우리가 거하는 땅에 있는 천막
집이 무너지면, 하늘에 있는 영원한
집이 우리에게 있다는 것을 압니다. 그것
은 사람의 손으로 지은 것이 아니라 하나
님께서 지으신 집입니다.
2 우리는 이 천막집에 살면서 하늘에 있는
우리의 집을 덧입게 될 것을 고대하면서
신음하고 있습니다.
3 우리가 그것을 덧입게 되면 벌거벗은 몸
으로 나타나지는 않을 것입니다.
4 우리는 이 천막집에서 사는 동안, 무거운
짐에 눌려 신음하고 있습니다. 죽을 것이
생명에 의해 삼킴당하게 하기 위해, 우리
는 이 천막집을 벗어버리기를 바라는 것
이 아니라, 그 위에 하늘의 집을 덧입기
를 바라는 것입니다.
5 이것을 우리에게 마련하시고 우리에게 보
증으로 성령을 주신 분은 하나님이십니다.
6 그러므로 우리는 늘 마음이 든든합니다.
우리가 몸을 입고 사는 동안에는 주님으
로부터 떨어져 있다는 것을 알고 있지만,

7 사실 우리는 믿음으로 사는 것이지, 보는
것으로 사는 것이 아닙니다.
8 우리는 마음이 든든합니다. 하지만 우리는
몸을 떠나 주님과 함께 살기를 더 원합니다.
9 그러므로 우리가 몸을 입고 있든지 몸을
벗어 버리든지 주님을 기쁘시게 하는 것
이 우리의 소망입니다.
10 우리는 모두 그리스도의 심판대 앞에 서야
합니다. 각 사람은 몸을 입고 사는 동안
행한 선한 일이나 악한 일이나 자기가 행
한 행위대로 거기에 알맞는 보응을 받게
될 것입니다.

화해의 사역

11 우리는 주님이 두려운 분이시라는 것을
잘 알고 있기 때문에 사람들을 설득하려
고 합니다. 하나님께서는 우리가 어떤 사
람인지를 알고 계십니다. 우리가 바라는
것은 여러분도 우리가 어떤 사람인지를
아셨으면 하는 것입니다.
12 우리는 또다시 우리 자신을 여러분에게
내세우려는 것이 아닙니다. 단지, 사람의
마음에는 관심이 없고 외모만을 자랑하는
사람들에게 여러분이 대답할 말이 있도록
여러분에게 우리를 자랑할 기회를 드리려
고 합니다.
13 우리가 제정신이 아니라면 그것은 하나님
을 위해서 제정신이 아닌 것이며, 우리가
정신이 온전하다면 그것은 여러분을 위해
그런 것입니다.
14 그리스도의 사랑이 우리를 사로잡고 있습
니다. 우리는 확신합니다. 한 사람이 모
든 사람을 대신하여 죽었으므로, 모든 사
람이 죽은 것입니다.
15 그리스도께서 모든 사람을 대신하여 죽으
신 것은 살아 있는 사람들이 더 이상 자
기 자신을 위해 살지 않고, 자신들을 위
해 죽었다가 다시 사신 분을 위해 살게 하
려는 것입니다.
16 그러므로 우리는 이제부터 그 어떤 사람
도 세상의 관점으로 알지 않겠습니다. 전
에는 우리가 그리스도에 대해서도 세상의
관점으로 알았으나, 이제는 더 이상 그렇
게 하지 않겠습니다.
17 그러므로 누구든지 그리스도 안에 있으면
새로운 창조입니다.* 이전 것들은 지나갔
고, 보십시오. 새 것들이 와 있습니다.
18 이 모든 것은 하나님께로부터 왔습니다.
하나님께서는 그리스도를 통해 우리를 자
신과 화목시키시고 또한 우리에게 화목의
직분을 맡기셨습니다.
19 하나님께서는 그리스도 안에서 이 세상을
하나님 자신과 화목하게 하셨으며, 사람
들의 죄를 묻지 않으셨습니다. 그리고 하
나님께서는 우리에게 화목케 하는 말씀을
맡기셨습니다.
20 그러므로 우리는 그리스도를 대신하여 일
하는 대사입니다. 하나님께서는 우리를
시켜 여러분을 권하십니다. 이제 그리스도
를 대신하여 여러분에게 권합니다. 하나
님과 화목하십시오.
21 하나님께서 죄를 알지도 못하신 그리스도
를 우리를 위해 죄가 있게 하신 것은 그
리스도 안에서 우리로 하여금 하나님의 의
가 되게 하기 위해서였습니다.

6

우리는 하나님과 함께 일하는 일꾼으
로서 여러분께 권면합니다. 하나님의
은혜를 헛되이 받지 마십시오.
2 하나님께서 이렇게 말씀하셨습니다. "내
가 은총을 베풀 때에 너의 말을 들었고,
구원의 날에 너를 도왔다."* 보십시오. 지
금이 하나님께서 은총을 베푸실 때이며,
지금이 구원의 날입니다.

바울이 당한 역경

3 우리의 사역이 비난을 받지 않게 하려고
우리는 그 누구에게도 흠이 될 만한 일을
행하지 않았습니다.
4 오히려 우리는 모든 일에 하나님의 일꾼
답게 행동했습니다. 우리는 매번 환난과
역경과 어려움을 견뎌 냈습니다.
5 또 매를 맞고, 옥에 갇히고, 폭도들에게
당하기도 하고, 고된 일에 시달리며, 잠
도 못 자고, 굶주렸습니다.
6 그리고 우리는 정결함과 지식과 인내와
친절함을 나타내었으며, 성령의 감화와

거짓 없는 사랑과
7 진리의 말씀과 하나님의 능력으로 모든
일을 행하였습니다. 우리는 의를 무기 삼
아 양손에 지니고 다녔습니다.
8 우리는 영예도 얻었고, 모욕도 받았고,
비난과 칭찬도 받았습니다. 우리는 거짓
말쟁이로 취급받았지만, 사실은 진리를
말하였습니다.
9 무명인 취급을 받았으나 사실은 유명한
사람들이며, 죽은 자로 여겨지기도 했으
나 보시는 바와 같이 우리는 살아 있으며,
매를 많이 맞았지만 죽지 않았습니다.
10 또 슬픈 사람 취급을 받았으나 우리는 항
상 기뻐하였으며, 가난한 자 같으나 많은
사람을 부유하게 하였고, 아무것도 가지
지 않은 자 같으나 우리는 모든 것을 소
유한 사람입니다.
11 고린도의 성도 여러분, 우리는 여러분에
게 모든 것을 다 말하였고, 우리 마음을
여러분에게 활짝 열어 놓았습니다.
12 우리가 마음을 여러분에게 닫아 놓은 것
이 아니라 여러분이 자신들의 마음을 닫
아 놓은 것입니다.
13 내가 여러분을 나의 친자식이라 생각하고
말하겠습니다. 우리가 여러분에게 한 것
처럼 여러분도 우리를 향해 마음을 열어
주십시오.

살아 계신 하나님의 성전

14 믿지 않는 사람들과 멍에를 함께 메지 마
십시오. 의로운 것과 불의한 것이 어떻게
짝이 될 수 있겠으며, 빛과 어둠이 어떻
게 사귈 수 있겠습니까?
15 그리스도와 벨리알이 어떻게 화목하게 지낼
수 있으며, 믿는 사람과 믿지 않는 사람 사
이에 무슨 공통점이 있겠습니까?
16 하나님의 성전과 우상이 어떻게 어울릴 수
있겠습니까? 우리는 살아 계신 하나님의
성전입니다. 하나님께서도 이렇게 말씀하
셨습니다. "내가 그들 가운데서 살고 그들
중에 다닐 것이다. 나는 그들의 하나님이
되고 그들은 나의 백성이 될 것이다."*
17 "그러므로 너희는 그들에게서 나와 구별
되어라. 깨끗하지 않은 것은 손도 대지 마
라. 그러면 내가 너희들을 받아 줄 것이
다."*
18 "나는 너희 아버지가 되고, 너희는 나의
자녀가 될 것이다."* 전능하신 주님께서
말씀하셨습니다.
7 사랑하는 여러분, 우리에게 이런 약속
들이 있으므로 우리의 몸과 영혼을 더
럽히는 모든 것에서 자신을
깨끗하게 합시다. 그리고
하나님을 두려워하는
마음으로 거룩함을 온
전히 이룹시다.

바울의 기쁨

2 여러분은 마음을 열
어 우리를 받아 주십
시오. 우리는 아무에
게도 악을 행하지 않
았고, 아무도 더럽히
지 않았으며, 아무도
속여 빼앗은 적이 없
습니다.
3 여러분을 꾸짖기 위
해 이런 말을 하는 것은
아닙니다. 전에도 말했지

많은 환난과 역경 중에도 하나님의 일꾼
답게 행동한 바울(6:3-10)

만 여러분은 우리 마음속에 있어, 우리는
여러분과 함께 죽기도 하고 살기도 할 것
입니다.
4 나는 여러분에 대해 큰 확신이 있습니다.
나는 여러분을 대단히 자랑스럽게 여기고
있습니다. 모든 환난 중에서도 여러분은
내게 많은 위로가 되었으며, 기쁨이 넘치
게 하였습니다.
5 우리는 마케도니아에 도착했을 때도 조금
도 쉴 수가 없었습니다. 우리는 사방에서
환난을 당하였습니다. 밖에서는 싸움이
있었고, 안에서는 두려움이 있었습니다.
6 그러나 낙심한 사람들을 위로하시는 하나
님께서 디도를 보내어 우리를 위로하셨습
니다.
7 디도가 온 것만 우리에게 위로가 된 것은
아닙니다. 여러분이 디도를 위로해 주었다
는 말을 듣고 우리는 더 큰 위로를 받았
습니다. 디도는 나에게 와서 여러분이 나
를 몹시 보고 싶어 한다는 것과 나에게 잘
못한 것을 뉘우치고 있다는 것과 나를 대
단히 염려하고 있다는 소식을 전해 주었
습니다. 그래서 나의 기쁨은 훨씬 더 커
졌습니다.
8 지난번에 쓴 편지로 인하여 내가 여러분
의 마음을 아프게 하였지만 후회는 하지
않습니다. 여러분이 그 편지로 인해 잠깐
이나마 마음 아파했다는 것을 알고는 나
자신도 후회를 하였지만,
9 지금은 오히려 기뻐합니다. 그것은 여러
분이 마음 아파해서가 아니라 여러분이
아파함으로써 회개를 하게 되었기 때문입
니다. 여러분은 하나님께서 원하시는 뜻
대로 슬퍼하였으므로 우리 때문에 조금도
상처를 받지 않았습니다.
10 하나님의 뜻에 맞는 슬픔은 회개하여 구
원에 이르게 하므로 후회할 것이 없습니
다. 하지만 세상의 슬픔은 죽음에 이르게
합니다.
11 하나님의 뜻에 맞는 슬픔이 여러분에게
어떤 결과를 가져다 주었는지 보시겠습니
까? 여러분은 더 진지해졌고, 자신의 무
죄를 더 증명하게 되었고, 어떤 것에 대
해 더욱 분노를 느끼게 되었으며, 경각심
을 갖게 되었습니다. 또 간절히 바라게 되
고, 관심을 갖게 되고, 잘못을 저지른 사
람들을 벌하게 되었습니다. 여러분은 모
든 점에 있어 이 문제와 관련하여 무죄라
는 것을 보여 주었습니다.
12 그러므로 전에 내가 여러분에게 쓴 편지
는 불의를 행한 사람이나 불의함을 당한
사람들을 겨냥하여 쓴 것이 아닙니다. 그
편지는 우리를 향한 여러분의 마음이 어
떠한지를 하나님 앞에서 여러분에게 분명
히 알려 주기 위해 쓴 것이었습니다.
13 이로 인해 우리는 위로를 받았습니다. 우
리가 받은 위로 외에 디도가 기뻐한 것을
알고 더욱 기뻤습니다. 디도의 마음이 여
러분 모두로 인해 안정을 되찾았기 때문
입니다.
14 내가 디도에게 여러분에 대해 자랑하였지
만 여러분은 나를 부끄럽게 하지 않았습
니다. 우리가 여러분에게 항상 진리만을
말해 왔던 것처럼 디도에게 여러분을 자
랑한 것도 진실이었음이 밝혀졌습니다.
15 디도는 여러분 모두가 그의 말에 순종하
고 두렵고 떨리는 마음으로 자기를 맞아
준 것을 기억하면서 여러분을 더 깊이 사
랑하게 되었습니다.
16 나는 여러분을 전적으로 신뢰할 수 있게
되어 기쁩니다.

헌금에 대하여

8 성도 여러분, 하나님께서 마케도니아에
있는 교회들에게 베푸신 은혜를 여러
분에게 알려 드리겠습니다.
2 마케도니아 지역 교회들은 심한 환난을 겪
으면서도 기쁨이 넘쳤으며, 극심한 가난 속
에 시달리면서도 헌금을 많이 하였습니다.
3 나는 그들이 할 수 있는 만큼만 아니라 능

알아두세요

6:16 레 26:12과 겔 37:27에 기록되어 있다.
6:17 사 52:11과 겔 20:34, 41에 기록되어 있다.
6:18 삼하 7:14에 기록되어 있다.

력 이상의 것을 드렸다고 확실하게 말할
수 있습니다. 그것도 자원해서 말입니다.
4 그 교회들은 이런 은혜와 성도들을 섬기
는 일에 자기들도 참여하게 해 달라고 우
리들에게 간절히 부탁하였습니다.
5 그들은 우리가 기대했던 것 이상으로 먼
저 자신을 주님께 드리고 난 후에 하나님
의 뜻대로 우리에게도 주었던 것입니다.
6 그래서 우리는 디도가 일찍이 여러분 가
운데서 시작한 이 은혜로운 일을 완수하
라고 그를 권했습니다.
7 여러분은 믿음이나 말에 있어서만 아니
라, 지식이나 간절한 마음에서, 그리고
우리를 향한 사랑 등 모든 면에서 뛰어납
니다. 그러니 여러분은 이 헌금하는 일에
있어서도 뛰어나게 하시기를 바랍니다.
8 내가 여러분에게 명령하는 것은 아닙니
다. 다만 여러분의 사랑이 얼마나 진실한
가를 다른 사람들의 간절한 마음과 비교
하여 알아보고 싶은 것뿐입니다.
9 여러분은 우리 주 예수 그리스도의 은혜를
알고 있습니다. 그분은 부요한 분이시지
만, 여러분을 위해 가난하게 되셨습니다.
그분이 가난하게 되심은 여러분을 부요케
하기 위함이었습니다.
10 이 문제에 대해 내 의견을 제시하겠습니
다. 이 의견이 여러분에게 유익함을 줄 것
입니다. 여러분은 일 년 전에 먼저 헌금
을 하기 시작했을 뿐더러 그것을 간절히
원하기도 하였습니다.
11 이제는 하던 일을 마무리 하십시오. 시작
할 때와 마찬가지로 여러분이 가지고 있는
것으로 마치는 것도 간절하게 하십시오.
12 원하는 마음으로 있는 것을 바칠 때는 하나
님께서 받으실 것입니다. 여러분에게 있지도
않은데 바치는 것을 받으시지는 않습니다.
13 다른 사람들은 편하게 하고 여러분은 어
렵게 하려고 내가 이러는 것이 아니라 공
평하게 하려는 것뿐입니다.
14 지금 여러분에게 있는 풍성한 것으로 다
른 사람들의 궁핍한 것을 채워 주면, 나
중에 그들에게 있는 풍성한 것으로 여러
분의 궁핍한 것이 채워질 것입니다. 이렇
게 해서 공평하게 될 수 있습니다.
15 성경에도 이런 말씀이 기록되어 있습니
다. "많이 거둔 자도 지나치게 많지 않고,
적게 거둔 자도 부족함이 없다."*

디도와 그의 일행

16 내가 여러분에게 가졌던 것과 똑같은 간절한
마음을 디도에게도 주신 하나님께 감사합니다.
17 디도는 우리의 부탁을 받아들여 우리보다
더 간절한 마음으로 자진해서 여러분에게
갔습니다.
18 또 디도와 함께 한 형제를 보냈습니다. 이
사람은 복음을 전하는 일로 모든 교회에
서 칭찬 받는 사람입니다.
19 뿐만 아니라 이 사람은 우리가 맡은 이 은
혜의 일을 수행하는 일에 우리와 동행하
라고 교회들로부터 선택된 사람입니다.
이 일은 주님의 영광을 위한 것이며 또한
우리의 간절한 마음을 보이는 것입니다.
20 우리는 많은 액수의 헌금을 전달하는 봉
사의 일을 아무라도 비난하지 못하게 하
려고 매우 조심하였습니다.
21 우리는 하나님 보시기에 선한 것은 물론
이고, 사람들이 보기에도 선하다고 생각
되는 일을 바르게 하려던 것입니다.
22 또한 우리는 그들과 함께 한 사람을 더 보
냈는데, 그는 모든 일에 열심이 있는 사
람입니다. 그는 여러분에게 큰 신뢰를 갖
고 있으므로 더욱 열심을 낼 것입니다.
23 디도로 말하자면, 그는 나의 동역자요, 여
러분을 위해 나와 함께 일하는 동료입니
다. 디도와 함께 간 다른 형제들도 이 곳
여러 교회의 대표자이고, 그리스도께 영광
이 되는 사람들입니다.
24 그러므로 이들에게 여러분의 사랑의 증거
와, 우리가 여러분을 자랑하는 것이 사실
이라는 것을 보여 주십시오. 교회들이 이

알아두세요

8:15 출 16:18에 기록되어 있다.
9:2 그리스의 남부 지역.
9:9 시 112:9에 기록되어 있다.

러한 사실을 알게 될 것입니다.

성도들을 위한 헌금

9 성도들을 섬기는 일에 대해서는 여러
분에게 달리 글을 쓸 필요가 없습니다.
2 그것은 여러분에게 돕고자 하는 간절한
마음이 있다는 것을 내가 알고 있기 때문
입니다. 그래서 나는 아가야* 지방 사람들
이 일 년 전부터 준비해 왔다고 마케도니
아 성도들에게 자랑을 하였습니다. 여러
분이 보여 준 열심을 보고 많은 사람들이
분발했습니다.
3 나는 우리가 여러분에 대해 자랑한 것이
빈말이 아니라는 것을 보여 주고, 내가 말
한 것을 여러분이 준비할 수 있도록 하기
위해서 형제들을 보냅니다.
4 혹시 마케도니아 사람들이 나와 함께 그
곳에 가서 여러분이 준비하지 않은 것을
보게 된다면, 여러분은 말할 것도 없거니
와 이 일에 대해 여러분을 믿었던 나까지
부끄러움을 당할 것입니다.
5 그래서 나는 형제들을 권면하여 여러분에
게 먼저 가서 여러분이 약속한 헌금을 미
리 준비하게 하는 일이 필요하다고 생각했
습니다. 이렇게 준비한 헌금이야말로 자원
하는 헌금이고, 억지로 한 것이 아닙니다.
6 이런 사실을 명심하십시오. 적게 심는 사
람은 적게 거두고, 반대로 넉넉하게 심는
사람은 넉넉하게 거둡니다.
7 각자 자기가 마음에 결정한 대로 내고, 내
키지 않는 마음이나 억지로는 내지 마십
시오. 하나님께서는 흔쾌히 내는 사람을
사랑하십니다.
8 하나님께서는 여러분이 모든 일에 필요한
것을 언제나 다 가지고 모든 선한 일을 넘
치게 할 수 있도록 여러분에게 모든 은혜
를 베풀어 줄 수 있는 분이십니다.
9 성경에 이렇게 기록되어 있습니다. "그가
가난한 사람들에게 후하게 나누어 주었으
니, 그가 행한 의가 영원히 지속될 것이
다."*
10 씨 뿌리는 자에게 씨를 주시고, 먹을 양식
을 주시는 하나님께서 여러분에게 씨앗을
주시고 그것을 성장시키셔서 여러분이 거
둘 의의 열매가 많아지게 하실 것입니다.
11 여러분은 모든 면에서 부유하여 넉넉하게
헌금하게 될 것입니다. 여러분이 바친 헌
금을 우리가 전달하면 많은 사람들이 하
나님께 감사하게 될 것입니다.
12 여러분이 행한 이러한 봉사는 성도들의
부족한 부분을 채웠을 뿐만 아니라, 그것
으로 많은 사람들이 하나님께 많은 감사
를 드리게 될 것입니다.
13 여러분이 낸 구제 헌금은, 여러분이 그리
스도의 복음을 믿고 순종한다는 것과 여
러분이 그들이나 다른 모든 사람들을 너
그럽게 도와 주었다는 증거이므로, 그들
이 하나님께 영광을 돌리게 될 것입니다.
14 성도들은 하나님께서 여러분에게 보이신
놀라운 은혜로 인해 깊은 애정을 가지고
여러분을 위해 기도할 것입니다.
15 말로 다할 수 없는 선물을 주신 하나님께
감사합니다.

바울이 자기 사역에 대해 변호하다

10 나 바울은 그리스도의 온유함과 너그
러움을 의지하여 여러분에게 권합
니다. 나는 여러분과 얼굴을 맞대고 있으
면 유순하다가도, 여러분을 떠나 멀리 가
있으면 담대해집니다.
2 여러분에게 부탁합니다. 내가 여러분에게
갈 때에 우리를 보고 세상의 표준대로 산
다고 헐뜯는 사람들에 대해 강경하게 대
하듯이, 여러분에게 내가 그렇게 대하지
않도록 해 주십시오.
3 우리가 이 세상에 살기는 하지만, 세상이
싸우는 것과 같은 싸움은 하지 않습니다.
4 우리의 무기는 세상의 무기가 아니라, 강
한 요새라도 파괴하는 하나님의 능력입니
다. 우리는 모든 이론들을 파괴하고,
5 하나님을 아는 지식에 대항하는 온갖 교
만한 생각들을 물리쳐, 모든 생각들을 사
로잡아 그리스도께 복종시킵니다.
6 우리는 복종하지 않는 모든 행위들을 벌
할 준비가 되어 있습니다. 그 때가 되면,
여러분은 온전히 순종하게 될 것입니다.

7 여러분은 사물의 겉모습만 보고 있습니
다. 누구든지 자기가 그리스도께 속한 사
람이라고 생각하는 사람이 있다면, 그 사
람은 자기가 그리스도께 속한 것처럼, 우
리도 그리스도께 속한 사람이라는 사실을
다시 한 번 생각해 보아야 합니다.
8 주님께서 우리에게 주신 권세는 여러분을
넘어뜨리라고 준 것이 아니라 덕을 세우
라고 주신 것이므로, 내가 이에 대해 지
나치게 자랑한다고 하더라도 부끄러울 것
이 전혀 없습니다.
9 내가 편지를 보내 여러분을 겁 주려 한다
고 생각하지는 마십시오.
10 여러분 중에는 "바울의 편지에는 무게가
있고 힘이 있는데, 그 사람을 직접 대해
보면 약골이고 말재주도 없다"고 말하는
사람들이 있습니다.
11 이런 사람들은 우리가 떠나 있어 편지로
쓰는 우리의 말이나 함께 있을 때 행하는
우리의 행동이 아무런 차이가 없다는 것
을 명심해야 합니다.
12 우리는 스스로를 칭찬하는 사람들로 비춰
지거나 그런 사람들과 비교될 생각이 조
금도 없습니다. 그런 사람들은 자기들이
만든 표준에다 자신들을 재거나 비교하는
데, 이는 그들이 지혜가 없다는 것을 드
러내는 것입니다.
13 그러나 우리는 정해진 한계를 넘어서는
자랑을 하지 않고, 하나님께서 맡겨 주신
영역 안에서만 자랑합니다. 이 한계가 여
러분에게까지 미쳤습니다.
14 그러니 우리는 하나님께서 정해 주신 한
계를 넘어서 여러분에게 간 것이 아닙니
다. 우리는 여러분에게 가지 못할 사람이
아닙니다. 우리는 그리스도의 복음을 가지
고 여러분이 있는 곳까지 간 것입니다.
15 우리는 우리의 한계를 넘어서서 다른 사
람들이 수고한 것을 이용하여 자랑하지
않습니다. 우리에게 바라는 것이 있다면,
여러분의 믿음이 자라감에 따라 우리의
활동 범위도 여러분 가운데서 크게 확장
되는 것입니다.
16 그렇게 되면, 우리는 여러분이 있는 지역
을 넘어서 복음을 전할 수 있을 것입니다.
우리는 다른 사람이 자기 지역에서 이미
이루어 놓은 일을 가지고 자랑하고 싶지
않습니다.
17 오히려 "자랑하는 자는 주님 안에서 자랑
해야 합니다."
18 옳다고 인정받는 사람은 스스로 자신을
칭찬하는 사람이 아니라 주님께서 칭찬하
시는 사람입니다.

바울과 거짓 사도들

11 여러분은 내가 다소 어리석어 보이더
라도 눈감아 주시기를 바랍니다. 그런
데 여러분은 나에 대해 잘 참고 있습니다.
2 나는 하나님께서 질투하시는 것과 똑같이
여러분에 대해 질투하고 있습니다. 나는
여러분을 순결한 처녀로, 한 분이신 남편
그리스도께 바치려고 정혼을 시켰습니다.
3 그러나 하와가 뱀의 간교한 속임수에 넘
어가 곁길로 간 것처럼 여러분의 마음도
그리스도를 향한 진실하고 순결한 데서 벗
어나 더럽혀지지는 않을까 염려됩니다.
4 어떤 사람이 와서 우리가 전파한 것과 전
혀 다른 예수님을 전파하는데도 여러분은
잘도 눈감아 주고 있습니다. 또 여러분은
전에 받은 것과 다른 영을 받아들이며, 다

성경 속의 궁금증

바울은 정말 말재주가 없었을까요?

순진한 신자들로부터 금품을 갈취하기 위해 당시에 유행하던 웅변술과 수사법을 이용했던 거짓 교사들은 바울의 말주변이 변변치 못하다는 이유를 들어 사도로서의 권위를 인정하지 않았습니다. 실제로 바울의 말솜씨가 그렇게 뛰어나지는 않았던 것 같습니다. 하지만 전도 여행을 하던 중 루스드라에서 '헤르메스'(웅변의 신)라고 불린 것으로 볼 때 그가 말을 잘 못했던 것도 아닙니다(행 14:2). 단지 바울은 철학적인 사상이나 인간적인 지혜로 복음을 전하지 않고 그리스도의 십자가만을 전했던 것입니다.

본문 보기 10장 10절

른 복음을 잘도 받아들이고 있습니다.
5 나는 나 자신이 저 '가장 위대한 사도들' 보다 뒤지지 않는다고 생각합니다.
6 내가 비록 말에는 능숙하지 못하지만 지식에 있어서는 그렇지 않습니다. 나는 모든 면에서 내가 가진 지식을 여러분 모두에게 분명히 보여 주었습니다.
7 내가 여러분에게 아무런 보수도 받지 않고 하나님의 복음을 전파하면서, 여러분을 높이기 위해 나를 낮춘 것이 죄가 된단 말입니까?
8 나는 여러분을 위한 사역을 완수하는 데 드는 비용을 다른 교회를 통해 충당하였습니다. 말하자면, 다른 교회들의 것을 빼앗은 셈입니다.
9 내가 여러분과 함께 있는 동안에 궁핍했지만, 나는 여러분 중 어느 누구에게도 폐를 끼치지 않았습니다. 내게 부족한 것은 마케도니아에서 온 성도들이 채워 주었습니다. 나는 모든 경우에 있어서 여러분에게 짐을 지우지 않았고, 앞으로도 계속 그럴 것입니다.
10 내 안에 있는 그리스도의 진리를 두고 확실하게 말합니다. 아가야 지방에서는 어느 누구도 내가 이렇게 자랑하는 것을 막지 못할 것입니다.
11 내가 왜 그랬겠습니까? 내가 여러분을 사랑하지 않기 때문에 그랬단 말입니까? 내가 여러분을 사랑하고 있다는 것은 하나님께서 아십니다.
12 나는 지금까지 해온 대로 계속할 것입니다. 그것은 우리와 똑같이 일을 한다고 자랑하려는 사람들에게 자랑할 기회를 주지 않기 위해서입니다.
13 이런 사람들은 거짓 사도들이며, 속이는 일꾼들이며, 그리스도의 사도들인 것처럼 가장하는 사람들입니다.
14 이런 것에 대해 놀랄 것은 없습니다. 그것은 사탄도 자신을 빛의 천사로 가장하기 때문입니다.
15 그러므로 사탄의 일꾼들이 의의 일꾼으로 가장한다고 해서 크게 놀랄 것은 없습니다. 그들의 운명은 자기들이 행한 일에 따라 결정될 것입니다.

사도로서 바울이 겪은 고난

16 다시 말씀드리지만 아무도 나를 어리석은 사람으로 취급하지 마십시오. 만일 내가 어리석은 사람으로 생각된다면 그렇게 생각해도 좋습니다. 그러면 제가 조금은 자랑할 수 있을 것입니다.
17 내가 지금 하는 말은 주님의 권위를 가지고 하는 것이 아니라 어리석은 사람으로서 자기 자랑을 늘어놓는 것에 불과합니다.
18 많은 사람들이 세상의 기준에 비추어 자랑하니 나도 자랑해 보겠습니다.
19 여러분은 스스로 지혜롭다고 생각하는 사람들이니 어리석은 사람들을 애교로 잘 봐주십시오.
20 심지어 여러분을 노예로 삼는 사람, 여러분에게 사기치는 사람, 여러분을 이용해 먹는 사람, 여러분의 뺨을 때리는 사람에 대해서도 여러분은 잘도 참아 내고 있습니다.
21 나는 지금 부끄러움을 무릅쓰고 이 말을 합니다. 우리가 연약했다는 사실을 인정합니다. 만일 어떤 사람이 감히 자랑할 것이 있다면, 어리석은 말 같지만, 나 역시 자랑할 것이 있습니다.
22 그들이 히브리인입니까? 나도 히브리인입니다. 그들이 이스라엘 사람입니까? 나도 그렇습니다. 그들이 아브라함의 자손입니까? 나도 그렇습니다.
23 그들이 그리스도의 일꾼입니까? 이 말을 할 때에 내가 제정신이 아닌 사람처럼 보이겠지만, 나는 그 사람들보다 더 뛰어난 일꾼입니다. 나는 더 많이 수고했고, 감옥에도 더 많이 갇혔으며, 셀 수 없을 정도로 매를 많이 맞았고, 죽을 고비도 여러 번 넘겼습니다.
24 또 유대인에게 서른아홉 대 맞는 태형을 다섯 번이나 당하였습니다.
25 몽둥이로 세 차례 맞고, 돌에 맞은 적도 한 번 있었습니다. 배가 난파된 적도 세 번 있었으며, 밤낮을 망망대해에서 표류

바울의 멜리데섬 도착을 기념하여 세운
바울만의 바울 동상(11:26)

한 적도 있었습니다.
26 자주 여행을 하는 동안, 강물의 위험과 강
도들로부터 오는 위험, 내 동족들에게서
받는 위험, 이방인들에게서 받는 위험,
도시에서 당하는 위험, 황량한 광야에서
당하는 위험, 바다의 위험, 또한 거짓 신
자들로부터 오는 위험을 겪었습니다.
27 나는 수고하고 애쓰며 살았습니다. 잠 못
들어 밤을 지샌 적이 여러 번이고, 배고
프고 목마르고, 굶기도 자주 하고, 추위
에 떨고, 헐벗음의 고통도 받았습니다.
28 다른 것들은 접어 두더라도 나는 날마다
모든 교회들에 대한 염려로 마음이 짓눌
렸습니다.
29 누가 약해지면, 나도 약해지지 않겠습니
까? 누가 걸려 넘어지면, 내 마음이 새까
맣게 타지 않겠습니까?
30 내가 꼭 자랑해야 한다면, 나의 약함을 자
랑하겠습니다.
31 영원히 찬송받으실 우리 주 예수님의 아
버지 하나님께서는 내 말이 거짓말이 아
니라는 것을 아십니다.
32 내가 다마스커스에 있었을 때에는 아레다
왕의 총독이 나를 체포하려고 다마스커스
성을 지키고 있었는데,
33 나는 광주리를 타고 성벽 창문 아래로 내
려와 총독의 손아귀에서 빠져 나온 적도
있었습니다.

바울이 본 환상과 계시

12 자랑하는 것이 이로울 것은 없지만
계속해 보겠습니다. 나는 주님께서
보여 주신 환상과 계시를 말씀드리겠습니
다.
2 나는 십사 년 전에 셋째 하늘로 들려 올
라간, 그리스도 안에 있는 어떤 사람*을
알고 있습니다. 그것이 몸 안에서 된 것
인지 몸을 빠져 나와 된 것인지 나는 알
지 못하지만, 하나님은 아십니다.
3 내가 이런 사람을 아는데, 그 사람의 몸
이 거기 있었는지 아니면 단지 그 사람의
영이 그 곳에 있었는지 나는 알지 못하지
만, 하나님은 아십니다.
4 그 사람이 낙원으로 들려 올라가서 사람
이 말해서도 안 되고, 이루 말로 표현할
수도 없는 말들을 들었습니다.
5 내가 이 사람에 대해서는 자랑하겠으나,
나 자신에 대해서는 나의 약한 것들 외에
자랑하지 않겠습니다.
6 내가 자랑한다고 해도 진실을 말할 것이
기 때문에 어리석은 사람은 되지 않을 것
입니다. 그러나 어떤 사람이든지 나를 보
고 내게서 들은 것 이상으로 나에 대해 생

성경 자세히 이해하기

바울이 타고 내려온 광주리

당시의 집 중에는 성벽을 집의 한 벽면으로 삼아 지은 집들이 있었습니다. 그 벽에 나 있는 창문을 통하면 성 밖으로 쉽게 나갈 수 있었는데 바울도 이 창문을 이용한 것 같습니다. 또한 바울이 타고 내려온 광주리 역시 동양에서 지금까지도 사용되고 있는 둥글고 깊이가 얕은 큰 바구니였던 것 같습니다. 사람들은 그런 광주리를 다양한 용도로 사용하였는데 우물을 판 후 우물 안에 사람을 내려보낼 때도 그런 광주리를 이용하였습니다. 그러니 바울의 탈출을 도운 사람들이 그런 광주리를 사용했으리라는 것은 쉽게 짐작이 가지요?

본문 보기 11장 33절

각하지 않도록 하기 위해서 자랑하는 것을 그만두겠습니다.
7 내가 받은 굉장한 계시들 때문에 교만해지는 것을 막기 위하여 하나님께서는 내 몸에 사탄의 사신인 가시를 주셨습니다. 그것은 줄곧 나를 괴롭혀 왔습니다.
8 나는 이것을 제거해 달라고 주님께 세 번이나 간청하였습니다.
9 그러나 주님은 나에게 "내 은혜가 네게 족하다. 내 능력이 약한 데서 온전해진다"고 말씀하셨습니다. 나는 그리스도의 능력이 내 위에 머물러 있도록 하기 위해서 나의 약한 것들을 더욱 기쁘게 자랑합니다.
10 그러므로 나는 약할 때나 모욕을 받을 때나, 궁핍하게 될 때나 핍박을 받을 때나, 어려움이 있을 때에, 그리스도를 위해 기뻐합니다. 왜냐하면 나는 약할 그 때에 강하기 때문입니다.

고린도 교인들에 대한 바울의 관심

11 나는 어리석은 사람이 되었습니다. 여러분이 나를 억지로 어리석은 사람이 되게 했습니다. 사실 나는 여러분에게 칭찬을 받아 마땅합니다. 비록 나는 아무것도 아니지만, 저 '가장 위대한 사도들' 보다 조금도 뒤질 것이 없습니다.
12 나는 여러분 가운데서 모든 것을 인내하면서 사도의 표시인 표적과 기적과 놀라운 일들을 행했습니다.
13 내가 친히 여러분에게 짐을 지우지 않은 것 외에, 내가 다른 교회에 비해 여러분에게 못한 것이 무엇입니까? 내가 여러분에게 폐를 끼치지 않은 것이 잘못이라면 저를 용서하십시오.
14 이제 나는 세 번째 여러분을 방문할 준비를 하고 있습니다. 이번에도 여러분에게 짐을 지우지는 않을 작정입니다. 나는 단지 여러분을 바랄 뿐, 여러분이 가진 재물을 바라지 않습니다. 이는 자녀가 부모를 위해 재산을 모아 두는 것이 아니라 부모가 자녀를 위해 그렇게 하는 것이기 때문입니다.
15 나는 여러분을 위해서라면 내가 가진 것뿐만 아니라 나 자신마저도 기꺼이 드리겠습니다. 내가 여러분을 이토록 사랑하는데, 여러분도 나를 사랑해 줘야 하지 않겠습니까?
16 내가 여러분에게 짐이 된 적은 없었지만, 어떤 사람들은 내가 꾀를 부려 여러분을 속여 사로잡았다고 합니다.
17 내가 보낸 사람 중에 누군가를 시켜 여러분을 속여 착취한 적이 있었습니까?
18 내가 디도에게 여러분에게 가라고 권하였고, 디도와 함께 형제를 여러분에게 보낸 적이 있는데, 디도가 여러분을 속여 착취한 적이 있었습니까? 우리가 같은 심정으로 살아오지 않았습니까? 또한 우리가 같은 길을 걸어오지 않았습니까?
19 아직까지도 여러분은 우리가 자신을 변명하고 있다고 생각할 것입니다. 우리는 그리스도 안에 있는 사람들로서 하나님 앞에서 말하고 있습니다. 사랑하는 여러분,

성경 자세히 이해하기

셋째 하늘

히브리인들의 우주관에 의하면 하늘, 곧 궁창은 기둥들에 의해 받쳐지고(욥 26:11) 땅 아래의 물과 그 위의 물을 서로 구분하고 있는 천막과 같은 둥근 천장의 모습이었습니다. 이 궁창에는 수많은 별들과 행성들이 매달려 있고, 그 창을 통해 다양한 형태의 강수가 내리게 됩니다. 이런 우주관은 유대교 후기에 이르러 하늘이 일곱 층으로 이루어진 것으로 발전했습니다. 그러나 본문에서 바울이 말하는 3이라는 숫자는 수적인 개념이라기보다는 완전함을 상징하는 것으로, 셋째 하늘은 하나님이 계신 지극히 높은 곳을 가리킨다고 보면 될 것 같습니다.

본문 보기 12장 2절

알아두세요

12:2 바울 자신을 가리킨다.

우리가 행하는 모든 것들은 여러분의 덕
을 세우기 위함입니다.
20 내가 갈 때, 내가 여러분에게서 기대했던
모습을 찾지 못하거나 여러분이 나에게서
기대했던 모습을 찾지 못할까 두렵습니
다. 여러분 중에 말다툼과 시기와 분냄과
편 가름과 중상모략과 남의 말하기와 거
만함과 무질서가 있을까 두렵습니다.
21 내가 다시 갈 때, 하나님께서 여러분 앞
에서 나를 낮추실까 두렵습니다. 전에 죄
에 빠졌던 사람들이, 자기들이 행한 더럽
고 음란하고 방탕한 생활에 대해 회개치
않는 것을 보고 내가 슬퍼 울지는 않을까
두렵습니다.

마지막 경고

13 이번에 가면 세 번째 여러분을 방문
하는 것입니다. "모든 사건은 두 세
증인의 증언으로 확증해야 한다"는 말씀
이 있습니다.
2 내가 두 번째 방문했을 때에 말했던 것처
럼 지금 떠나 있는 동안, 여러분에게 말씀
드리겠습니다. 전에 죄를 지은 사람들과
나머지 사람들에게 경고하는데, 내가 이번
에 가면 그들을 용서하지 않겠습니다.
3 그것은 여러분이 그리스도께서 나를 통해
말씀하신다는 증거를 요구하고 있기 때문
입니다. 그리스도께서는 여러분을 대할 때
약하지 않으셨습니다. 그분은 여러분 안
에서 능력을 발휘하십니다.
4 그리스도께서는 약하셔서 십자가에 달려
돌아가셨으나, 하나님의 능력으로 살아

예루살렘에서 다마스커스로 통하는 곳에
세워진 다마스커스 문

계십니다. 우리도 그분 안에서 연약하지
만, 여러분을 섬기기 위해 하나님의 능력
으로 그리스도와 함께 살 것입니다.
5 여러분은 자신이 믿음 안에 있는지 점검
하고 자신을 시험해 보십시오. 예수 그리
스도께서 여러분 안에 계신다는 사실을
알지 못합니까? 이것을 모르면 여러분은
시험에서 불합격한 사람들입니다.
6 나는 우리가 불합격자가 아니라는 것을
여러분이 알아 주기를 바랍니다.
7 우리는 여러분이 악한 일을 행하지 않게
해 달라고 하나님께 기도합니다. 이는 우
리가 시험에서 합격했다는 것을 보이기
위함이 아니라, 비록 우리가 시험에 떨어
진 것처럼 보일지라도 여러분이 옳은 일
을 행하도록 하기 위해서입니다.
8 우리는 진리를 거슬러 가면서 할 수 있는
것은 아무것도 없고 오직 진리를 위해서
만 일합니다.
9 우리가 연약해도 여러분이 강하면 우리는
기뻐합니다. 우리는 여러분이 온전해지기
를 기도합니다.
10 내가 여러분을 떠나 있을 때, 이런 내용
의 편지를 쓴 이유가 여기 있습니다. 즉
내가 여러분에게 가서 일을 처리할 때, 주
님께서 내게 주신 권세를 가지고 여러분
을 엄하게 다루지 않기 위해서입니다. 주
님께서 내게 주신 이 권세는 여러분에게
덕을 세우라고 주신 것이지 여러분을 넘
어뜨리라고 주신 것이 아닙니다.

마지막 인사

11 성도 여러분, 마지막으로 인사를 드립니
다. 기뻐하십시오. 온전하게 되십시오. 서
로 위로하십시오. 같은 마음을 가지고 서
로 화목하십시오. 그러면 사랑과 평강의
하나님께서 여러분과 함께하실 것입니다.
12 거룩한 입맞춤으로 서로 인사를 나누십시
오. 모든 성도들이 여러분에게 문안을 드
립니다.
13 우리 주 예수 그리스도의 은혜와 하나님의
사랑과 성령의 친교가 여러분 모두에게
있기를 바랍니다.

갈라디아서

Galatians

저자

저자는 사도 바울이다.

저작 연대

두 가지의 다른 의견이 있다.
※남 갈라디아설: A.D. 48-49년경
※북 갈라디아설: A.D. 55-56년경

주요 인물

바울, 베드로, 바나바, 디도, 유대의 율법주의자들

기록 목적과 대상

율법주의자들의 가르침을 반박하고 구원은 오직 믿음으로만 이루어짐을 확신시키기 위해 기록하였다. 이 편지는 갈라디아에 있는 그리스도인들을 대상으로 쓰여졌다.

내용 소개

1. 서론(1:1-9)
2. 바울의 사도 자격에 대한 변호(1:10-2:21)
3. 유대주의자들의 도전에 대항하여 믿음을 강조함(3:1-5:12)
4. 성령으로 인한 새 생활(5:13-6:18)

인사

1 사람들이 뽑은 것도 아니요, 사람들이 보
낸 것도 아니요, 예수 그리스도와 그분을
죽은 사람 가운데서 살리신 하나님 아버
지께서 사도로 삼으셔서, 사도가 된 나 바
울이,
2 나와 함께 있는 모든 형제들과 함께 갈라
디아에 있는 여러 교회에 이 편지를 씁니
다.
3 하나님 우리 아버지와 주 예수 그리스도께
서 여러분에게 은혜와 평안을 주시기를
바랍니다.
4 예수님께서는 하나님 우리 아버지
의 뜻을 따라 이 악한 세상에서
우리를 건지시고, 우리 죄를
씻기 위해 자기 몸을 바치셨
습니다.
5 하나님께 영원토록 영광이 있
기를 빕니다. 아멘.

하나뿐인 복음

6 하나님께서 그리스도의 은혜
로 여러분을 부르셨는데, 여러
분이 이렇게 빨리 다른 복음을
믿는다고 하니 놀라지 않을 수
없습니다.
7 실제로 다른 복음은 없습니다. 그러
나 어떤 사람들이 여러분을 혼란스럽게
하여 그리스도의 복음을 바꾸려 하고 있습
니다.
8 우리는 여러분에게 복음을 전했습니다.
그러므로 우리든지, 하늘에서 온 천사든
지, 우리가 전한 복음이 아닌 다른 것을
전한다면, 그는 저주를 받아 마땅합니다.
9 내가 전에도 말했지만 이제 다시 말합니
다. 여러분이 이미 받은 복음 외에 다른
것을 전하는 사람이 있다면, 그는 저주를
받아야 합니다.

그리스도의 복음 외에 다른 복음은 없습니다(1:7)

10 내가 사람의 마음에 들게 하려는 것처럼
보입니까? 그렇지 않습니다. 나는 오직
하나님의 마음을 기쁘시게 하려는 것뿐입
니다. 내가 사람을 기쁘게 하려고 한다
면, 나는 그리스도의 종이라고 할 수 없습
니다.

하나님께서 주신 바울의 권위

11 형제들이여, 내가 여러분에게 전한 복음
은 사람들에게서 나온 것이 아니라는 것
을 알기 바랍니다.
12 그것은 내가 사람에게서 얻은 것도 아니
고, 사람에게서 배운 것도 아닙니다. 그
것은 예수 그리스도께서 내게 보여 주신
것입니다.
13 여러분은 내가 어떻게 살아왔는가를 들었
을 것입니다. 나는 유대교에 속한 사람이
었습니다. 나는 하나님의 교회를 몹시 박
해했을 뿐 아니라, 아예 없애 버리려고까
지 계획했습니다.
14 나는 나와 나이가 비슷한 다른 유대인들
보다 더 열심히 유대교를 믿었습니다. 또
한 그 누구보다도 조상들의 전통을 지키
는 데 열심이었습니다.
15 그러나 내가 태어나기 전부터 하나님께서
는 나를 따로 세우셔서 은혜로 나를 부르
셨습니다.
16 그래서 나에게 하나님의 아들에 관한 복
음을 이방인에게 전하게 하시려고, 하나
님께서 그 아들을 내게 보이셨습니다. 하
나님께서 나를 부르셨을 때에 나는 어떤
혈육을 통해서도 가르침이나 도움을 받지
않았습니다.
17 나보다 먼저 사도가 된 사람들을 만나기
위해 예루살렘으로 올라가지도 않았습니
다. 오히려 나는 곧바로 아라비아로 갔다
가 다마스커스로 되돌아갔습니다.
18 삼 년 뒤에 나는 베드로를 만나려고 예루
살렘으로 가서, 그와 보름 동안을 함께 지
냈습니다.
19 그리고 주님의 동생 야고보 외에는 그 어
떤 다른 사도도 만나지 않았습니다.
20 내 말이 거짓이 아니라는 것은 하나님께
서 아십니다.
21 그후에 나는 시리아와 길리기아 지방으로
갔습니다.
22 유대에 있는 그리스도의 교회들은 나를 한
번도 만나지 못했습니다.
23 다만 나에 대해서 "한때 우리를 박해했던
이 사람이 지금은 박해하던 그 믿음을 전
하고 있다"는 말만 들었을 뿐입니다.
24 그래서 이 성도들은 나로 인해서 하나님
께 찬양했습니다.

다른 사도들을 만나다

2 십사 년이 지나서, 나는 다시 예루살렘
으로 갔습니다. 이번에는 바나바와 디
도를 데리고 갔습니다.
2 예루살렘으로 간 것은 하나님께서 그렇게
하라고 계시하셨기 때문입니다. 나는 거
기에서 교회의 지도자들을 만났습니다.
그들과 따로 만나서 내가 이방인들에게
전하는 복음을 설명해 주었습니다. 그것
은 내가 전에 한 일이나 지금 하고 있는
일이 헛되지 않기를 바랐기 때문입니다.
3 나와 함께 있던 디도는 비록 그리스 사람
이지만 나는 그에게 억지로 할례를 베풀
지는 않았습니다.
4 우리 가운데 거짓 형제들이 몰래 들어왔
기 때문에, 우리는 이 문제에 대해서 이
야기를 했습니다. 그들은 우리를 다시 율
법의 종으로 만들고, 그리스도 예수 안에
서 우리가 누리는 자유를 엿보려고 정탐
꾼처럼 끼어들었습니다.
5 그러나 우리는 그 거짓 형제들의 뜻을 조
금도 따르지 않았습니다. 우리는 복음의
진리가 늘 여러분과 함께 있기를 바랐습

알아두세요

2:9 '게바'라고도 한다

박해(1:13 persecution) 핍박하여 해롭게 함.
혈육(1:16 blood relation) 부모, 자식, 형제, 자매 들.
계시(2:2 revelation) 감추어진 사실, 신비스러운 진리 등을 드러내어 주거나 알게 해 주는 것.
정탐꾼(2:4 spy) 몰래 형편을 알아보는 사람.

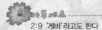

니다.
6 저 귀하다고 하는 사람들도 내가 전하는
복음을 바꾸지 못했습니다(그들이 귀한
사람이든 아니든 그것은 중요하지 않습니
다. 하나님께서는 사람을 겉으로 판단하
지 않으시기 때문입니다).
7 오히려 그 지도자들은 하나님께서 베드로
를 통해 할례를 받은 유대인들에게 복음
을 전하도록 하신 것처럼, 내게도 할례를
받지 않은 이방인들에게 복음을 전하는
일을 맡기셨다는 것을 알게 되었습니다.
8 하나님께서는 베드로에게 유대인을 위해 사
도로 일할 권리를 주셨고, 내게는 이방인
을 위해 사도로 일할 권리를 주셨습니다.
9 지도자로 인정받던 야고보와 베드로*와 요
한은 하나님께서 내게 주신 특별한 은혜
를 깨닫고, 바나바와 나를 인정했습니다.
그리고 그들은 "바울과 바나바여, 그대들
은 이방인에게 가십시오. 우리는 유대인
에게 가겠습니다"라고 말했습니다.
10 그들은 우리에게 한 가지, 곧 가난한 사
람들을 기억해 달라고 부탁했는데, 그것
은 사실 내가 힘써 해 오던 일입니다.

바울이 베드로를 나무라다

11 베드로가 안디옥에 왔을 때, 그가 잘못한
일이 있어서 내가 그를 대면해서 나무랐
습니다.
12 베드로가 안디옥에 와서 이방인들과 함께
먹고 있는데, 야고보가 보낸 유대인들이
오자 먹는 것을 그만두고 그 자리에서 물
러갔습니다. 그는 할례를 받은 유대인들
을 두려워했던 것입니다.
13 이처럼 베드로는 거짓된 행동을 했고, 다
른 유대인 성도들도 거짓된 행동을 했습
니다. 심지어 바나바조차 그들의 거짓된
행동에 유혹을 받았습니다.
14 나는 그들이 복음의 진리를 따르지 않는
것을 보고, 모든 사람 앞에서 베드로를 향
해 "베드로여, 당신은 유대인이면서도 유
대인처럼 살지 않고 이방인처럼 살면서,
어찌하여 이방인들에게 유대인처럼 살라
고 합니까?" 하고 말했습니다.
15 우리는 이방인, 곧 '죄인'이 아니라 유대
인으로 태어났습니다.

베드로를 나무란 바울(2:11-14)

16 하지만 우리는 율법을 따른다고 해서 의
롭다 함을 받는 것이 아니라, 예수 그리스
도를 믿음으로 의롭다 함을 얻는 것을 압
니다. 그래서 우리는 의롭다 함을 얻으려
고 그리스도 예수를 믿었습니다. 우리가
의롭다 함을 얻는 것은 그리스도를 믿었기
때문이지, 율법을 지켰기 때문이 아닙니
다. 율법으로는 어느 누구도 의롭다 함을
얻을 수 없습니다.
17 우리 유대인은 의롭다 함을 얻으려고 그리
스도께 나아왔습니다. 그리하여 우리가 죄
인이라는 것이 밝히 드러났습니다. 그렇다
고 해서 그리스도께서 우리를 죄인으로 만
드시는 것입니까? 그럴 수 없습니다.
18 내가 이미 헐어 버린 그것을 다시 가르친
다면, 그것은 틀림없이 내가 죄를 짓는 것
입니다.
19 나는 율법을 위해 사는 것을 그만두었습
니다. 나는 율법에 의해 죽었습니다. 내
가 율법을 향해 죽은 것은 하나님을 향해
살기 위한 것입니다. 나는 그리스도와 함
께 십자가에서 죽었습니다.
20 이제는 내가 사는 것이 아니라, 내 안에
계신 그리스도께서 사시는 것입니다. 내가
지금 내 몸 안에 사는 것은 나를 사랑하
셔서, 나를 구하시려고 자기 몸을 바치신
하나님의 아들을 믿는 믿음으로 사는 것
입니다.
21 나는 하나님의 은혜를 헛되게 하지 않습
니다. 율법으로 의롭다 함을 얻을 수 있
다면, 그리스도께서도 죽지 않으셨을 것입
니다.

믿음으로 오는 복

3 갈라디아 여러분들은 예수 그리스도께
서 십자가에서 죽으셨다는 사실을 분
명히 알면서도 남에게 속았으니, 어리석
기 이를 데 없습니다.
2 이 한 가지만 대답해 보십시오. 여러분은
어떻게 성령을 받았습니까? 율법을 지켜
서 받았습니까? 아닙니다. 복음을 듣고
믿었기 때문에 받은 것입니다.
3 성령 안에서 살기 시작하다가 이제 와서
다시 자기 힘으로 살려고 하다니, 여러분
은 참으로 어리석습니다.
4 그렇게 많은 고난을 경험했는데도, 그 모
든 것이 다 헛일이었습니까? 그렇지 않기
를 바랍니다.
5 여러분이 율법을 지켰기 때문에 하나님께
서 성령을 주셨습니까? 아닙니다. 여러분
이 율법을 지켰기 때문에 하나님께서 여
러분 가운데서 기적을 일으키셨습니까?
아닙니다. 하나님께서 성령을 주시고 기
적을 일으키신 것은 여러분이 복음을 듣
고 믿었기 때문입니다.
6 성경에도 아브라함에 대해서 같은 말씀이
있습니다. "아브라함이 하나님을 믿으니,
하나님께서 아브라함의 믿음을 받으시고,
그를 의롭다고 여기셨다."*
7 그러므로 여러분은 믿음으로 사는 사람이
참 아브라함의 자녀라는 것을 알아야 합니
다.
8 또 성경은 장차 일어날 일, 곧 하나님께
서 이방인을 믿음으로 의롭게 하여 줄 것
을 미리 일러 주었습니다. 이 복음을 먼
저 아브라함에게 전했는데 그것은 "모든
민족이 너로 말미암아 복을 받을 것이다"
라는 성경 말씀과 같은 것입니다.
9 아브라함이 이를 믿으니 그 믿음 때문에

성경 자세히 이해하기

몽학 선생

3:24에서 말하는 '선생'은 일반적인 교사가 아니라 그리스어로 '파이다고고스'라고 하는 '몽학 선생'을 가리킵니다. '파이다고고스'는 '파이스'(아이의)와 '아고고스'(인도자)의 합성어로, 직역하면 '아이를 데리고 다니는 사람'이란 뜻입니다. 이들은 아이의 가정 교사이자 후견인(돌보는 사람)으로서 초등 학문을 가르쳤고 의복, 식사, 행동을 돌봐 주었으며 학교에도 데리고 다녔습니다. 그들의 후견인으로서의 임무는 아이가 성인이 될 때까지만이었으며, 아이가 성인이 되면 아무런 권한도 갖지 못하였습니다.

본문 보기 3장 24절

복을 받았습니다. 누구든지 믿는 사람은
아브라함처럼 복을 받습니다.
10 그러나 율법을 의지하는 사람은 다 저주
를 받습니다. 성경에도 이렇게 적혀 있습
니다. "율법책에 적혀 있는 것을 다 지키
지 않는 사람은 저주를 받는다."*
11 율법을 통해서는 하나님으로부터 의롭다
함을 얻지 못한다는 것이 분명합니다. 성
경에 이렇게 적혀 있습니다. "의인은 믿
음으로 말미암아 살 것이다."*
12 율법은 믿음에서 생겨난 것이 아닙니다.
"율법을 지키는 사람은 율법으로 인해 살
것이다"라는 말씀도 있습니다.
13 그리스도께서는 율법이 우리에게 씌운 저
주를 거두어 가셨습니다. 그리스도께서 우
리를 대신해서 저주를 받으셨습니다. 성
경에도 이렇게 적혀 있습니다. "나무에
달린 사람은 다 저주를 받은 것이다."*
14 그리스도께서 그렇게 하신 것은 하나님께
서 아브라함에게 약속하신 복이 이방인들
에게도 미치게 하기 위함입니다. 이 복은
예수 그리스도를 통해 옵니다. 예수님은
우리로 하여금 하나님께서 약속하신 성
령을 믿음으로 받게 하기 위해 죽으셨습
니다.

율법과 약속

15 형제들이여, 예를 들어서 말하겠습니다.
사람들 사이에서도 약속을 맺으면, 아무
도 그 약속을 무효로 하거나 어떤 것을 덧
붙일 수 없습니다.
16 하나님은 아브라함과 그 자손에게 약속하
셨습니다. 그런데 하나님은 여러 사람을
가리키는 말로 '그 자손들'이라 하시지
않고, 오직 한 사람을 가리키는 말로 '네
자손'이라고 말씀하셨습니다. 그 한 사람
이 바로 그리스도이십니다.
17 내 말의 뜻은 이렇습니다. 하나님께서 아
브라함과 맺으신 언약을 그보다 사백삼십
년 뒤에 나온 율법이 없앨 수 없다는 것
입니다.
18 만약 우리가 받을 유업이 율법을 통해서
온다면, 그것은 약속에서 나온 것이 아닙
니다. 하지만 하나님께서는 약속하신 것
에 따라 아브라함에게 복을 베풀어 주셨습
니다.
19 그렇다면 율법은 무엇을 위해 있습니까?
율법을 사람에게 주신 것은 하나님께서
약속하신 아브라함의 특별한 자손이 오실
때까지 죄가 무엇인지를 밝히기 위해서입
니다. 율법은 하나님께서 중보자(중개자)
의 손을 빌어 천사들을 시켜 만든 것입니
다.
20 그러나 중보자는 한 편에만 속해 있지 않
습니다. 하지만 하나님은 한 분이십니다.

모세 율법의 목적

21 그렇다면 율법은 하나님의 약속과 반대
되는 것입니까? 그럴 수 없습니다. 만약
사람에게 생명을 주는 율법이 있었다면,
우리는 그 율법을 지킴으로써 의롭다 함
을 얻었을 것입니다.
22 성경은 온 세상이 죄에 갇혀 있다는 것
을 보여 주었습니다. 이는 믿음을 통한
약속을 주시기 위한 것으로 오직 예수 그
리스도를 믿는 사람들만 받을 수 있습니
다.
23 이 믿음이 오기 전에는, 우리가 율법에 갇
혀 있었습니다. 하나님께서 장차 올 믿음
의 길을 보여 주실 때까지 우리에게는 자
유가 없었습니다.
24 그리스도께서 오시기 전까지는 율법이 우
리의 선생이었습니다. 그러나 그리스도께
서 오신 뒤에는 우리가 믿음으로 인해 의

알아두세요

3:6 창 15:6에 기록되어 있다.
3:10 신 27:26에 기록되어 있다.
3:11 합 2:4에 기록되어 있다.
3:13 신 21:23에 기록되어 있다.

율법(2:16 law) 하나님이 인간에게 지키도록 내린 규범.
성령(3:2 Holy Spirit) 삼위일체의 하나인 하나님의 영.
중개자(3:19 mediator) 두 편 사이의 일이 잘 되도록 중간의 입장에서 힘써 주는 사람.

롭다 함을 받을 수 있게 되었습니다.
25 이제 믿음의 길이 나타났으므로, 다시는
우리가 율법에 갇혀 있을 수 없습니다.
26 여러분은 그리스도 예수를 믿는 믿음을 통
해 하나님의 자녀가 되었습니다.
27 여러분은 모두 세례를 받아 그리스도와 연
합하였으며, 그리스도로 옷을 삼아 입었습
니다.
28 그리스도 안에서는 유대인이나 그리스인이
나 종이나 자유인이나 남자나 여자나 차
별이 없습니다. 여러분은 그리스도 예수
안에서 모두 하나입니다.
29 여러분은 그리스도에게 속한 사람입니다.
그러므로 여러분은 아브라함의 자손입니
다. 하나님께서 아브라함에게 하신 약속대
로 여러분은 하나님께서 주시는 모든 복
을 받습니다.

4 내가 또 이 말을 하려고 합니다. 아버
지의 재산을 물려받을 사람이 아이라
면, 그가 모든 것의 주인이라 하더라도 종
과 다를 것이 없습니다.
2 어른이 되기 전까지는 그를 돌봐 줄 사
람의 말을 따라야 합니다. 그러나 그 아
버지가 정한 때가 이르면 자유인이 됩니
다.
3 이와 마찬가지로 우리도 전에는 어린아이
와 같았습니다. 우리는 이 세상의 헛된 가
르침 아래에서 종노릇을 했습니다.
4 그러나 정한 때가 이르자, 하나님께서 자
기 아들을 보내셨습니다. 그 아들은 여자
에게서 났고, 율법 아래에서 살았습니다.

네게브 지역의 맘시트에서 발견된
초대 교회 세례소(3:27)

5 그것은 율법 아래에 있는 사람들을 구원
하셔서, 그들을 자기 자녀로 삼으시기 위
해서입니다.
6 여러분은 하나님의 자녀입니다. 그래서
하나님께서 그 아들의 영을 여러분 마음
에 보내 주셔서, 여러분이 하나님을 "아
버지, 사랑하는 아버지"라 부를 수 있게
하셨습니다.
7 여러분은 이제 종이 아니라 하나님의 자
녀입니다. 여러분이 하나님의 자녀가 되
었으므로, 하나님께서 여러분에게 유업을
주실 것입니다.

성도들을 향한 바울의 사랑

8 옛적에는 여러분이 하나님을 알지 못하
여, 사실 신이 아닌 것들에게 종노릇을 했
습니다.
9 그러나 이제는 여러분이 참 하나님을 압
니다. 뿐만 아니라 하나님께서 여러분을
아십니다. 그런데 어찌하여 전에 여러분
이 따르던 약하고 헛된 가르침으로 다시
돌아가려 합니까? 어찌하여 그런 것들에
게 종노릇 하려 합니까?
10 여러분은 아직도 날과 달과 계절과 해를
섬기고 있습니다.
11 그러니 내가 여러분을 위해 애쓴 것이 헛
된 일이 될까봐 두렵습니다.
12 형제들이여, 내가 여러분과 같이 되었으
므로, 여러분도 나와 같이 되기를 바랍니
다. 이제까지 여러분은 내게 잘해 주었습
니다.
13 여러분도 알다시피 내가 여러분에게 처음
으로 복음을 전하게 된 것은 내 몸의 병
때문이었습니다.
14 내 병이 여러분에게는 짐이 되었을 텐데
도, 여러분은 나를 미워하거나 저버리지
않고, 하나님의 천사나 예수 그리스도처럼
맞아 주었습니다.
15 그 때에는 여러분에게 기쁨이 가득하더
니, 지금은 그 기쁨이 어디로 갔습니까?
지금 기억하기로 그 때에는 여러분이 할
수만 있다면 여러분의 눈이라도 빼어 줄
정도였습니다.

16 그런데 내가 이제는 진리를 말하므로, 여
러분과 원수가 되었습니까?
17 그 사람들이 열심히 여러분을 설득하는
것은 여러분을 위해서가 아니라, 우리를
배반하고 그들만을 따르도록 하려는 것입
니다.
18 사람들이 좋은 뜻으로 여러분에게 관심을
보인다면, 그것은 내가 여러분을 떠나 있
을 때나 여러분과 함께 있을 때나 마찬가
지로 좋은 일입니다.
19 내 자녀들이여, 여러분이 참으로 그리스도
와 같이 되기까지 나는 여러분을 위해 다
시 아기를 낳는 어머니의 고통을 느낍니
다.
20 내가 지금이라도 여러분을 만나 내 말투
를 바꾸었으면 좋겠습니다. 여러분 일에
대해 어떻게 해야 좋을지 모르겠습니다.

하갈과 사라

21 여러분 가운데는 모세의 율법 아래에 있
으려는 사람이 있습니다. 말해 보십시오.
여러분은 율법이 하는 말을 알지 못합니
까?
22 성경은 아브라함에게 두 아들이 있었는데,
한 아들의 어머니는 여종이었고, 다른 아
들의 어머니는 자유인이었다고 말합니다.
23 여종에게서 난 아브라함의 아들은 육체를
따라 태어났으나, 자유인에게서 난 아들
은 하나님의 약속을 따라 태어났습니다.
24 이것은 비유입니다. 이 여자들은 하나님
과 사람이 맺은 두 언약과 같습니다. 한
언약은 하나님께서 시내 산에서 정하신
율법입니다. 이 언약 아래에 있는 사람은
종과 같습니다. 하갈이 바로 이 언약과 같
습니다.
25 이 하갈은 아라비아에 있는 시내 산과 같
으며, 지금 이 땅에 있는 예루살렘과 같습
니다. 하갈 자신도 종이며, 그 후손들도
율법에 매인 종입니다.
26 그러나 위에 있는 하늘의 예루살렘은 자유
스러운 여자와 같습니다. 그는 우리 어머
니입니다.
27 성경에 이렇게 적혀 있습니다. "아기를
낳지 못하는 여자여, 기뻐하여라. 아기를
낳는 고통을 느껴 보지 못한 여자여, 노
래하며 외쳐라. 남편이 있는 여자보다 네
자녀가 더 많을 것이다."*
28 형제들이여, 여러분은 이삭과 같이 하나
님의 약속을 따라 태어난 하나님의 자녀
입니다.
29 사람의 방법으로 태어난 아들이 성령의
방법으로 태어난 아들을 괴롭혔듯이 지금
도 그러합니다.
30 그러나 성경이 무엇을 말합니까? "여종과
그 아들을 내어 쫓아라. 자유인의 아들은
아버지의 것을 다 물려받으나, 여종의 아
들은 아무것도 받지 못할 것이다."
31 그러므로 형제들이여, 우리는 여종의 자
녀가 아니라 자유한 여자의 자녀입니다.

자유를 지켜라

5 그리스도께서 우리를 해방시키셔서 우
리는 자유롭게 되었습니다. 그러므로
굳게 서서 다시는 율법의 종이 되지 마십
시오.
2 나 바울의 말을 들어 보십시오. 여러분이
할례를 받고 율법으로 돌아간다면, 그리
스도는 여러분에게 아무런 도움이 되지
못합니다.
3 내가 다시 모든 사람에게 경고합니다. 여
러분이 만약 할례를 받는다면, 여러분은
율법 전체를 지켜야 합니다.
4 여러분이 율법을 지켜서 의롭다 함을 얻
으려 한다면, 여러분은 그리스도에게서 끊
어지고 하나님의 은혜에서 멀어지게 됩니
다.
5 그러나 우리는 성령의 도우심을 받아 믿

알아두세요

4:27 사 54:1에 기록되어 있다.

배반하다(4:17 betray) 믿음을 저버리고 돌아서다.
언약(4:24 covenant) 하나님과 인간 사이에 맺은 약속.
할례(5:2 circumcision) 남자 아이가 난 지 8일 만에 생식기 끝의 껍질을 끊어내는 종교적 예식.

음으로 의롭다 여김을 받는 이 소망을 간
절히 기다립니다.
6 우리가 그리스도 예수 안에 있다면, 할례
를 받았느냐 받지 않았느냐는 중요하지
않습니다. 중요한 것은 사랑으로 말미암
아 나타나는 믿음뿐입니다.
7 여러분은 지금까지 잘 달려왔습니다. 그
런데 누가 여러분을 막아 진리를 따르지
못하게 합니까?
8 그런 유혹은 여러분을 부르신 분에게서
나오지 않았습니다.
9 조심하십시오. "적은 누룩이 반죽 모두를
부풀게 합니다."
10 그러나 나는 여러분이 그런 다른 생각들
을 따르지 않을 줄로 믿습니다. 누구든지
여러분을 혼란하게 하는 사람은 심판을
받을 것입니다.
11 형제들이여, 나는 할례를 받아야 한다고
가르치지 않습니다. 내가 할례를 가르친다
면, 어째서 아직도 박해를 받겠습니까? 내
가 지금까지 할례를 가르쳤다면, 십자가를
전하는 어려움도 사라졌을 것입니다.
12 여러분을 어지럽히는 사람들은 차라리 스
스로 고자가 되어 버리는 것이 좋겠습니
다.
13 형제들이여, 하나님께서 여러분을 부르셔

로마의 타락한 문화의 단면을 보여 주는
공중 목욕탕(5:16-21)

알아두세요

5:16 바울이 말하는 '육체'는 '죄의 본성'을 뜻한다.
6:1 성령을 따라 사는

서 자유인이 되게 하셨습니다. 그러나 그
자유를 육체의 욕망을 채우는 기회로 삼
지 말고, 사랑으로 서로 섬기십시오.
14 모든 율법은 "네 이웃을 네 몸과 같이 사
랑하여라" 하신 한 계명 속에 다 들어 있
습니다.
15 여러분이 서로 해치고 헐뜯는다면, 양쪽
다 멸망할 테니 조심하십시오.

성령님과 인간 본성

16 그러므로 내가 말합니다. 성령을 따라 사
십시오. 그러면 육체의* 욕망을 따라 살
지 않게 될 것입니다.
17 육체의 욕망은 성령을 거스르고, 성령이
바라시는 것은 육체의 욕망을 거스릅니
다. 이 둘은 서로 반대 되는 것이므로, 여
러분의 욕망대로 살 수 없게 합니다.
18 성령께서 이끄시는 대로 살면, 여러분은
율법 아래에 있지 않게 됩니다.
19 육체가 하는 일은 분명합니다. 곧 음행과
더러움과 음란과
20 우상 섬기기와 마술과 미움과 다툼과 질
투와 화내기와 이기심과 편 가르기와 분
열과
21 시기와 술 취하기와 흥청거리는 잔치와 같
은 것들입니다. 전에도 경고했지만, 이제
다시 경고합니다. 이런 일을 하는 사람은
하나님의 나라에 들어가지 못합니다.
22 그러나 성령의 열매는 사랑과 기쁨과 평
화와 오래 참음과 자비와 착함과 성실과
23 온유와 절제입니다. 이런 것들을 금지할
율법이 없습니다.
24 그리스도 예수께 속한 사람은 자기 육체를
정욕과 욕망과 함께 십자가에 못박았습니
다.
25 우리가 성령으로 새 생명을 얻었으므로,
성령을 따라 살아야 합니다.
26 그리고 교만하지 말고, 서로 다투거나 시
기하지 말아야 합니다.

서로 도우며 살아라

6 형제들이여, 여러분 가운데서 누구든
지 죄지은 사람이 있거든, 신령함을 지
닌* 여러분이 온유한 마음으로 그를 바로

잡아야 합니다. 그러나 여러분도 유혹에
빠지지 않도록 조심하십시오.
2 여러분은 서로 다른 사람의 짐을 들어 주
십시오. 그것이 그리스도의 법을 이루는
길입니다.
3 아무것도 아닌 사람이 무엇이나 된 것처
럼 행동한다면, 그것은 자기를 속이는 일
입니다.
4 자기를 다른 사람과 비교하지 마십시오.
사람은 저마다 자기 일을 살펴야 합니다.
그러면 자랑할 일이 자기에게만 있을 것
입니다.
5 사람은 저마다 자기 일에 책임을 져야 합
니다.
6 하나님의 가르침을 배우는 사람은 가르치
는 사람과 모든 좋은 것을 나누어야 합니
다.
7 스스로 속이지 마십시오. 하나님을 속일
수는 없습니다. 사람은 자기가 심은 대로
거둘 것입니다.
8 자기 육체의 욕망대로 심는 사람은 육체
로부터 썩을 것을 거둘 것이며, 성령의 뜻
을 따라 심는 사람은 성령으로부터 영원
한 생명을 거둘 것입니다.
9 선한 일을 하다가 낙심하지 말아야 합니
다. 때가 이르면, 영원한 생명을 거둘 것
이므로 포기하지 말아야 합니다.
10 기회가 닿는 대로 모든 사람에게 선한 일
을 해야 합니다. 특히 믿음의 가정에 그
렇게 해야 합니다.

끝맺음

11 내 손으로 이렇게 여러분에게 큰 글자로
씁니다.
12 여러분에게 억지로 할례를 받도록 하려는
사람들이 있습니다. 그들은 육체를 꾸미
기 좋아하는 사람들입니다. 그들은 그리
스도의 십자가를 따르면, 박해를 받을까
봐 두려워하고 있습니다.
13 할례를 받은 사람들이 스스로도 율법을
지키지 않으면서 여러분에게는 할례를 받
게 하려는 것은 여러분에게 한 일을 가지
고 자랑하기 위함입니다.
14 그러나 내게는 우리 주 예수 그리스도의
십자가 말고는 아무것도 자랑할 것이 없
습니다. 그리스도의 십자가를 통해 세상은
나에 대해서 죽었고, 나는 세상에 대해서
죽었습니다.
15 할례를 받느냐 받지 않느냐 하는 것이 중
요한 것이 아닙니다. 중요한 것은 하나님
의 새로운 백성이 되는 것입니다.
16 이 규칙을 따르는 사람, 곧 하나님의 모
든 백성에게 평화와 자비가 있기를 바랍
니다.
17 그러므로 이제부터는 나를 괴롭히지 마십
시오. 내 몸에는 그리스도 예수의 흔적이
있습니다.
18 형제들이여, 우리 주 예수 그리스도의 은혜
가 여러분의 심령에 있기를 빕니다. 아멘.

믿음을 키워 주는 이야기

하나님의 말씀을 잊을 때

어느 빈민지역에 사는 한 소년에게 어떤 사람이 질문했습니다.

"얘야, 하나님께서 너를 사랑하시는데 왜 그 분은 너에게 필요한 것을 넉넉하게 주지 않으시지? 누군가를 시켜서 너에게 신발과 옷과 좋은 음식을 주라고 하시면 될 텐데."

이 말을 들은 소년은 잠시 동안 생각에 잠겼습니다. 그러고는 눈물을 글썽이며 이렇게 대답했습니다.

"아니에요, 하나님은 분명히 어떤 사람에게 그렇게 하라고 말씀하셨을 거예요. 그런데 그 사람이 하나님의 말씀을 잊어버린 거예요."

우리가 하나님의 말씀을 잊거나 실천하지 않을 때 누군가가 고통을 당할 수 있습니다. 이웃에게 피해를 주지 않기 위해서 우리는 더욱 하나님의 말씀에 순종해야 합니다.

에 베 소 서

Ephesians

○ 저자

저자는 사도 바울이다. 에베소서, 빌립보서, 골로새서, 빌레몬서는 바울이 감옥에 갇혀 있는 상태에서 썼기 때문에 옥중 서신이라고 불린다.

○ 저작 연대

A.D. 62년경

○ 주요 인물

바울, 두기고

○ 기록 목적과 대상

그리스도 안에서 이방인과 유대인이 하나가 되어 한몸(교회)을 이루는 것을 가르쳐 주기 위해 기록하였다. 이 편지는 에베소에 있는 그리스도인을 위해 쓰여졌다.

○ 내용 소개

1. 인사(1:1-2)
2. 그리스도 안에 있는 교회(1:3-3:21)
3. 교회 안에 거하는 성도의 생활(4:1-6:20)
4. 끝맺는 인사(6:21-24)

인사

1 하나님의 뜻에 따라 예수 그리스도의 사
도가 된 나 바울은, 예수 그리스도를 믿는
에베소의 성도들에게 편지를 씁니다.
2 하나님 우리 아버지와 주 예수 그리스도의
은혜와 평안이 여러분과 함께 하기를 빕
니다.

그리스도 안에서 누리는 영적인 복

3 우리 주 예수 그리스도의 아버지 되시는
하나님께 찬양을 드립니다. 하나님께서는
하늘에 있는 모든 영적인 복을 그리스도
안에서 우리에게 내려주셨습니다.
4 하나님께서는 이 세상이 창조되기 전, 그
리스도의 사랑 안에서 우리를 흠 없는 거
룩한 백성으로 선택하셨습니다.
5 또한 그 때부터 예수 그리스도를 통해 우

아고라 전경(1:1)
에베소에는 아고라터가 두 곳 있으며, 발달된 항구도시였기에 시장 규모가 컸다.

리를 자녀 삼으시기로 작정하셨습니다.
하나님께서는 이 일을 바라시고 또 기뻐
하셨습니다.
6 놀라운 은혜를 내려 주신 하나님께 찬양
을 드립니다. 하나님께서는 아무 대가를
바라지 않으시고, 은혜를 베풀어 주셔서
사랑하는 아들 독생자 예수 그리스도를 우
리에게 보내 주셨던 것입니다.
7 그리스도 안에서 우리는 그의 보혈로 자유
함을 얻었습니다. 또한 하나님의 풍성한
은혜로 죄사함도 받았습니다.
8 하나님께서는 풍성한 지혜와 지식으로
9 우리에게 한 가지 비밀을 가르쳐 주셨습
니다. 그것은 하나님께서 그리스도를 통해
우리를 구원하시려는 뜻을 가지고 계시다
는 것이었습니다.
10 때가 되면, 하나님은 그 계획을 분명히 이
루실 것입니다. 땅과 하늘에 있는 모든 것
의 으뜸이 되신 그리스도 예수 안에서 하
나가 될 것입니다.
11 모든 것을 그의 뜻대로 이루시는 하나님
께서는 오래 전에 이미 우리를 하나님의
백성으로 예정해 놓으셨습니다.
12 그리스도 안에서 첫 소망을 가진 우리들을
통해 하나님께서는 찬양을 받기 원하십니
다.
13 여러분이 구원의 기쁜 소식인 진리의 말
씀을 듣고 믿었을 때, 하나님께서는 그 표

시로 우리에게 약속하신 성령을 보내 주
셨습니다.
14 성령이 우리와 함께하실 때, 우리는 하나
님께서 약속하신 모든 것을 받을 것입니
다. 성령은 하나님께 구속함을 받은 모든
자들에게 큰 자유를 주셔서 하나님께 찬
양을 돌리게 하실 것입니다.

바울의 기도

15 그러므로 내가 주 예수님을 믿는 믿음과
성도들을 향한 여러분의 사랑을 전해 듣
고
16 항상 기도 가운데 여러분을 기억하고 하
나님께 감사하고 있습니다.
17 우리 주 예수 그리스도의 하나님, 영광의
아버지께서 지혜와 계시의 영을 여러분에
게 주셔서 하나님을 더 잘 알게 하시며,
18 여러분의 마음을 밝혀 우리에게 주시려고
예비해 두신 것을 깨닫도록 기도합니다.
또한 하나님의 백성에게 약속하신 복이
얼마나 풍성하고 놀라운지 깨닫도록 기도
하고 있습니다.
19 믿는 자 안에서 역사하시는 하나님께서는
그 큰 능력으로
20 그리스도를 죽은 자 가운데서 살리시고,
하늘에 계신 하나님 우편에 앉게 하셨습
니다.
21 하나님께서는 그리스도를 모든 지배자, 권
세자, 왕들, 이 세상과 다음 세상에 있을
그 어느 누구보다도 뛰어나게 하셨습니
다.
22 하나님께서는 만물을 그의 발 아래 두시
고, 그리스도를 교회의 머리로 삼으셨습니
다.
23 교회는 그리스도의 몸이며, 모든 것을 넘
치도록 채우시는 분이 계신 곳입니다.

죽음에서 생명으로

2 불순종과 죄로 인하여 여러분은 영적
으로 죽은 사람들이었습니다.
2 세상 사람들과 똑같이 살며, 땅 위의 권
세 잡은 악한 세력에 순종하였습니다. 이
악한 영은 지금도 하나님을 대항하는 자
들의 마음속에서 활동하고 있습니다.
3 우리 모두 저들과 똑같이 죄된 본성을 좇
아 행하고, 육체와 마음이 원하는 대로 온
갖 일을 저질렀습니다. 우리가 하나님의
분노를 사는 것은 당연한 결과입니다. 왜
냐하면 그렇게 살아왔기 때문입니다.
4 그러나 하나님은 자비로우시고 우리를 너
무나 사랑하셔서, 그냥 내버려 두지 않으
셨습니다.
5 하나님의 뜻을 따르지 않아 영적으로 죽
은 우리들에게, 그리스도를 통하여 새 생
명을 주신 것입니다. 여러분은 하나님의
은혜로 구원을 받았습니다.
6 하나님은 우리를 그리스도와 함께 살리시
고, 하늘 위에 있는 그분의 보좌 곁에 우
리를 그리스도와 함께 앉혀 주셨습니다.
7 또한 앞으로 오는 모든 세대에게 하나님
의 은혜가 얼마나 크고 놀라운지를 보여
주시려고, 예수 그리스도 안에 있는 우리
모두에게 그의 자비를 나타내셨습니다.
8 여러분은 하나님의 은혜 안에서 믿음으로
구원을 받았습니다. 여러분 스스로는 자
신을 구원할 수 없습니다. 구원은 하나님
의 선물입니다.
9 또한 착한 행동으로 구원받은 것이 아니
므로 아무도 자랑할 수 없습니다.
10 우리를 창조하신 분은 하나님이십니다.
그리스도 예수 안에서 우리를 새 사람으로

성경 자세히 이해하기

땅 위의 권세 잡은 악한 세력

'땅 위의 권세 잡은 악한 세력'이란 말을 원문 그대로 번역하면 '공중의 권세 잡은 자'가 됩니다. 물론 그는 사탄을 가리키지요. 이 말에서 우리는 사탄의 활동 영역에 대해 가정해 볼 수 있습니다. 사탄이 분명히 하늘에서 쫓겨 났고(유 1:6), 또 그와 그의 부하들이 지옥에만 있지 않다면, 그들의 영역은 이 땅과 구원받은 성도들이 있는 하늘 사이가 될 것입니다. 그래서 성경의 다른 곳에서는 사탄을 '이 세상의 신'(고후 4:4), '이 세상의 임금'(요 12:31;14:30)이라고도 부르고 있는 것이지요. 본문 보기 2장 2절

변화시켜 착한 일을 하게 하신 분도 하나
님이십니다. 하나님께서는 우리 안에 이
미 오래 전부터 선한 일을 계획해 놓으셨
습니다. 우리의 삶이 선하게 되도록 그렇
게 계획해 놓으셨습니다.

그리스도 안에서 하나가 됨

11 여러분은 이방인으로 태어났습니다. 유대
인들로부터 "할례받지 못한 자"라고 손가
락질당했습니다. 그들은 자신들을 '할례
받은 자'라고 자랑합니다. 그들이 말하는
할례는 단지 몸의 한 부분에 행하는 의식
에 지나지 않는 것인데도 말입니다.
12 그러나 하나님 없이 살았던 지난날을 잊
지 말기 바랍니다. 여러분은 이스라엘 자
손도 아니며 그의 백성에게 약속하신 복
의 기업도 받을 수 없는 사람들이었습니
다. 소망도 없고 하나님도 모르는 자들이
지 않았습니까?
13 하지만 하나님을 알지 못하고 살았던 여
러분이 이제는 예수 그리스도 안에서 그리
스도의 보혈로 인해 하나님과 가까워질
수 있게 되었습니다.
14 그리스도를 통해 평안을 누리고, 유대인과
이방인이 그리스도 안에서 하나가 되었습
니다. 이전에는 마치 둘 사이에 벽이 가
로놓여 있는 것 같았으나, 예수 그리스도
는 자신의 몸을 내어 주심으로써 그 미움
의 벽을 허물어뜨리셨습니다.
15 유대인의 율법에는 너무나 많은 명령과
규칙이 있었습니다. 그러나 예수님은 이
러한 율법을 폐하셨습니다. 유대인과 이
방인을 갈라 놓던 율법을 없애심으로, 이
둘이 그리스도 안에서 하나가 되어 새 사
람이 되게 하셨던 것입니다. 이로써 예수
님은 우리의 평화가 되셨습니다.
16 예수 그리스도는 십자가에 달려 죽으심으
로 유대인과 이방인 사이에 가로막힌 미
움의 벽을 허물어뜨리셨습니다. 이 둘을
하나가 되게 함으로써 이 둘 모두 하나님
과 화목하게 되기를 바라셨습니다.
17 그리스도는 하나님을 모르는 이방인들에
게 찾아오셨고 하나님을 믿는 유대인들에

이방인과 유대인 사이에 있는 벽을 허무신 예수님(2:11-22)

게도 찾아오셔서, 평화에 대해 가르치셨
습니다.
18 그러므로 우리 모두는 그리스도를 통해 한
성령 안에서 아버지께로 나아갈 수 있게
되었습니다.
19 이제 여러분은 더 이상 낯선 나그네나 손
님이 아닙니다. 이제는 하나님의 거룩한
백성으로 하늘의 시민이요, 가족입니다.
20 성도는 사도와 예언자들이 닦아 놓은 기
초 위에 세워진 하나님의 집이며, 그리스
도 예수께서 친히 그 건물의 머릿돌이 되
어 주십니다.
21 건물 전체가 그리스도 안에서 서로 연결되
어 주님의 거룩한 성전으로 점점 자라갈
것입니다.
22 여러분 역시 유대인들과 함께 그리스도 안
에서 함께 지어져 가고 있습니다. 성령을
통해 하나님이 친히 거하시는 곳으로 여
러분은 아름답게 지어져 갈 것입니다.

이방인들을 위한 바울의 사역

3 나 바울은 예수 그리스도의 종으로, 이
방인인 여러분을 위해 감옥에 갇혀 있
습니다.
2 여러분도 분명히 알고 있듯이, 하나님께
서는 여러분에게 은혜를 나타내시려고 내
게 이 일을 맡기셨습니다.
3 전에 내가 편지에도 간단히 말했듯이, 하
나님께서는 내게 계시로 비밀스런 계획을
알려 주셨습니다.
4 그것을 읽어 보면, 내가 그리스도에 관한
신비로운 진리를 어떻게 깨닫게 되었는지
알 수 있을 것입니다.
5 옛날에는 이 비밀스런 진리를 아무도 깨
달을 수가 없었습니다. 그러나 이제는 성
령을 통해 그의 거룩한 사도들과 예언자
들에게 이 신비로운 진리를 보여 주셨습
니다.
6 그 비밀이란 바로 이방인들도 유대인들과
마찬가지로, 하나님께서 그의 자녀들을
위해 예비해 두신 것들을 함께 상속받을
수 있다는 것입니다. 이방인들도 유대인
과 함께 한 몸을 이루는 지체가 되었기 때
문에 예수 그리스도 안에서 하나님께서 약
속하신 것을 함께 누리게 되었습니다. 이
것이야말로 하나님께서 이방인들에게 주
신 기쁜 소식이 아니겠습니까!
7 하나님의 크신 능력과 특별한 은혜로, 나
는 이 기쁜 소식을 전하는 일꾼이 되었습
니다.
8 나는 지극히 보잘것없는 그리스도인 중에
하나였으나, 하나님께서는 내게 능력과
재능을 주셔서 그리스도를 믿음으로써 누
리게 될 부요함을 이방인들에게 전하게
하셨습니다. 이 복음의 부요함은 말로 다
표현하기 힘들 만큼 크고도 놀랍습니다.
9 이뿐 아니라, 하나님께서는 나에게 만물
을 창조하신 한 분, 곧 하나님 안에 숨겨
진 진리에 관한 계획을 모든 사람에게 전
할 임무도 맡기셨습니다.
10 하나님께서 이렇게 하시는 목적은 교회를
통해서 하늘의 통치자들과 권세자들에게
하나님의 무한한 지혜를 알게 하려 하시
는 것입니다.
11 그리고 이 모든 것은 우리 주 예수 그리스
도를 통해 태초부터 이루려고 계획하신
일이기도 합니다.
12 우리는 그리스도를 믿고 의지함으로, 두려
움 없이 자유롭게 하나님 앞에 나아갑니다.
13 내가 지금 받고 있는 고난으로 인해 실망
하거나 낙담하지 마십시오. 이 고난이 오
히려 여러분에게 영광이 되는 것입니다.

그리스도의 사랑

14 그러므로 이제 나는 하나님 아버지께 무
릎을 꿇고 기도합니다.
15 하늘과 땅에 있는 성도는 그분께로부터
참 생명의 이름을 받은 자들입니다.
16 하나님께서 크신 영광 가운데 성령을 통
해 그분의 능력으로 여러분의 속 사람을
튼튼하게 하여 주시기를 기도합니다.

태초(3:11 beginning) 하나님이 스스로 계시던 맨 처음.
낙담(3:13 discouragement) 일이 기대했던 대로 되지 않아 실망하는 것.

엡

17 믿음을 통해 그리스도께서 여러분의 마음 가운데 살아 계시기를 기도합니다. 또한 여러분의 삶이 사랑 안에서 강하여지고, 또 깊게 뿌리내려

18 모든 성도들이 그리스도의 크신 사랑을 깨닫게 되기를 기도합니다. 그분의 사랑이 얼마나 한없고 넓으며, 얼마나 깊고도 높은지를 진정으로 깨닫게 되기를 기도합니다.

19 그리스도의 사랑을 어느 누가 잴 수 있겠습니까? 그러나 그 사랑을 체험하여 하나님의 충만함이 여러분의 마음속에 채워지기를 기도합니다.

20 우리 가운데 일하시는 하나님께서는 우리가 구하고 생각하는 것보다 훨씬 더 많은 것을 채워 주실 것입니다.

21 교회와 그리스도를 통해 구원을 이루어 가시는 하나님께 영원히 영광을 올려 드립니다. 아멘.

연합된 몸

4 주님을 섬기다가 감옥에 갇힌 나, 바울이 여러분께 권합니다. 하나님께서는 여러분을 그의 백성으로 부르셨으니, 하나님의 백성답게 살아가시기 바랍니다.

2 항상 겸손하고, 온유하며, 마음을 너그러이 하여 참아 주고, 서로를 사랑으로 받아 주십시오.

사도 요한의 세례 터(4:5)

3 여러분은 성령 안에서 평안의 매는 끈으로 한 몸이 되었습니다. 하나가 되도록 힘쓰고 여러분 가운데 늘 평화가 깃들도록 노력하십시오.

4 여러분은 한 몸입니다. 여러분은 같은 성령을 받았고, 한 소망을 가지고 있습니다.

5 우리 주님도 한 분이시며, 믿음도 하나고, 세례도 하나입니다.

6 만물의 주인이신 하나님도 한 분이시니, 그분은 모든 것을 다스리시고 모든 것 위에 계신 분입니다.

7 그리스도께서는 우리 각자에게 특별한 재능을 주셨습니다. 그리스도께서 나눠 주신 은혜대로 우리 모두는 선물을 받은 것입니다.

8 성경은 말씀하고 있습니다. "그가 높은 곳으로 오르실 때 사로잡힌 자들을 이끄시고 그의 사람들에게 선물을 나누어 주셨다."*

9 "높은 곳으로 오르셨다"라는 말은 무슨 뜻입니까? 그것은 그리스도가 먼저 이 땅에 내려오셨음을 뜻하는 말이 아닙니까?

10 이렇게 내려오신 그분은 다시 하늘로 올라가셨습니다. 그리스도는 모든 것을 완성하시기 위해, 다시 하늘 위로 올라가신 것입니다.

11 바로 그분 예수 그리스도께서 각 사람들에게 서로 다른 선물을 나눠 주셨습니다. 어떤 사람은 사도로, 어떤 사람은 예언자로, 어떤 사람은 나가서 복음을 전하는 자로, 또 어떤 사람은 말씀을 가르치고 성도를 돌보는 자로 삼으셨습니다.

12 우리에게 이 모든 선물을 주신 것은 하나님의 백성들을 섬기도록 준비시키기 위한 것입니다. 서로 섬김으로 그리스도의 몸인 교회를 더욱 강하게 세우기 위한 것입니다.

13 이렇게 할 때에, 우리 모두는 하나님의 아들을 믿고 아는 일에 하나가 되어, 그리스도를 닮은 온전한 사람으로서 성숙한 그리스도인이 될 것입니다.

알아두세요

4:8 시 68:18에 기록되어 있다.
5:5 특히 욕심을 부리는 것은

14 이제는 더 이상 어린아이가 되어서는 안
됩니다. 파도에 밀려 떠다니는 배처럼 왔
다갔다 하거나, 우리를 속이고 유혹하는
온갖 새로운 가르침에 넘어가서도 안 될
것입니다. 그들은 우리를 잘못된 길로 데
려갈 뿐입니다.
15 사랑으로 진리만을 말하고, 머리되신 예
수 그리스도를 본받아 모든 면에서 성장하
도록 하십시오.
16 온몸이 그리스도께 붙어 있으니 각 지체가
서로 도와 주어 각자 맡은 일을 잘 해 내
도록 하십시오. 그러면 온몸이 건강하게
성장하여 사랑 안에서 더욱 튼튼히 서게
될 것입니다.

새로운 삶

17 이제 나는 주님의 이름으로 여러분에게 강
하게 권고합니다. 믿지 않는 사람들이 생
각하고 행동하는 것처럼 살지 마십시오.
18 그들은 깨닫지 못하고 듣기도 거부하니,
알 수도 없습니다. 그들에게는 하나님의
생명이 없습니다.
19 그들은 부끄러워할 줄도 몰라서, 악한 일
을 일삼고 점점 더 방탕한 생활 속으로 빠
져들고 있습니다.
20 그러나 여러분은 그리스도에 관해 그렇게
배우지 않았습니다.
21 나는 여러분이 진정 그분의 말씀을 들었
고, 또 배웠으므로 진리되신 그분 안에 살
고 있다고 확신합니다.
22 옛 모습을 벗어 버리십시오. 옛 사람은 한
없는 욕망으로 점점 더 눈이 어두워져 더
악하고 더러운 모습이 될 뿐입니다.
23 여러분은 마음을 새롭게 하라는 가르침을
들었습니다.
24 이제는 새 사람이 되어 하나님의 모습처
럼 선하고 거룩하게 살아가십시오.
25 거짓말을 하지 말기 바랍니다. 우리는 한
몸에 속한 자들이니, 서로를 진실하게 대
하십시오.
26 화가 나더라도 죄를 짓지 말며, 해가 지
기 전에는 화를 풀기 바랍니다.
27 그렇지 않으면, 사탄이 여러분을 공격할
수 있도록 놔 두는 것이 됩니다.
28 도둑질하는 사람이 있으면, 도둑질을 그
만두고 새로운 마음으로 일을 시작하십시
오. 그 손으로 열심히 일하여, 오히려 어
려운 사람을 도우며 살아가십시오.
29 말을 하려거든 남의 험담을 하지 말고, 다
른 사람을 칭찬하는 유익한 말을 하십시
오. 여러분의 말을 듣는 사람들이 도움을
받을 것입니다.
30 하나님의 성령을 슬프게 하지 마십시오.
하나님께서는 마지막 날에 여러분이 구원
받을 것을 보증하시기 위해 우리에게 성
령을 보내 주셨습니다.
31 원한을 품거나 화내지 마십시오. 가시 돋
친 말로 다른 사람의 마음을 아프게 하지
마십시오.
32 친절히 대하고, 사랑과 온유함으로 하나
님이 그리스도 안에서 여러분을 용서하신
것같이 서로를 용서하십시오.

빛 가운데 살아감

5 여러분은 하나님이 사랑하는 자녀들입
니다. 그러므로 하나님을 닮으려고 노
력하십시오.
2 그리스도께서 우리를 사랑하신 것처럼, 다
른 사람을 사랑하며 사십시오. 그리스도께
서는 우리를 위해 자신을 내어 주시어, 하
나님 앞에 향기나는 희생 제물이 되셨습
니다.
3 성적인 죄를 짓지 않도록 조심하십시오.
어떤 종류의 악이나 탐욕도 틈타지 못하
게 하십시오. 이런 것들은 하나님의 거
룩한 백성에게 적합하지 못한 것들입니
다.
4 더러운 말이나 저속한 농담을 입에 담지
말며, 늘 입에 감사가 넘치게 하십시오.
5 음란하고 더러우며 욕심에 가득 찬 자는
하나님 나라에 들어갈 수 없음을 알고 있
을 것입니다. 이 모든 것에 관심을 두는
것은* 하나님 이외의 거짓 우상을 섬기는
것과 같습니다.
6 이런 거짓된 말로 여러분을 꾀는 자들에
게 속아 넘어가지 않도록 주의하십시오.

엡

하나님께서는 불순종하는 자들에게 무서운 벌을 내리실 것입니다.

7 그러므로 이들과 어울리지 말기 바랍니다.

8 이전에는 여러분도 어둠 가운데 있었으나, 이제는 주님 안에서 빛 가운데 살아갑니다. 그러므로 빛에 속한 자녀답게 사십시오.

9 빛은 선하고 의로우며, 진실된 삶으로 인도합니다.

10 하나님을 기쁘시게 하는 일이 무엇일지 생각하십시오.

11 어둠에 속한 자들처럼 행동하지 않도록 주의하십시오. 그런 것은 아무 유익도 없습니다. 오직 선한 일을 하여 어둠 속에서 행하는 일들이 잘못된 것임을 알리십시오.

12 몰래 저지르는 그런 일들은 입에 담기조차 부끄러운 것들입니다.

13 그러나 빛이 오면, 모든 것이 환히 드러날 것입니다.

14 성경에서도 "잠자는 자여, 일어나라! 죽음에서 깨어나 일어나라! 그리스도께서 네게 빛을 비취실 것이다"라고 말하고 있습니다.

"남편들은 아내를 제 몸같이 사랑하고, 아내는 남편에게 순종하십시오."(5:33)

15 그러므로 여러분은 자신의 생활을 늘 살피십시오. 어리석은 자처럼 살지 말고, 지혜롭게 행동하십시오.

16 때가 악하니 가능하면 선한 일을 할 수 있는 기회를 잘 붙드시기 바랍니다.

17 분별 없이 어리석은 자가 되지 말고, 주님이 원하시는 것이 무엇인지 배우도록 노력하십시오.

18 술 취하지 마십시오. 여러분의 영적인 삶을 갉아먹을 것입니다. 성령으로 충만해지도록 힘쓰십시오.

19 시와 찬미와 영적인 노래로 서로 이야기하며, 마음으로 주님께 노래하고 찬송하십시오.

20 우리 주 예수 그리스도의 이름으로 하나님 아버지께 항상 감사를 드리십시오.

아내와 남편

21 그리스도를 두려워하며 존경하는 마음으로 서로 순종하십시오.

22 아내들은 주님께 순종하듯이 남편의 권위에 순종하십시오.

23 남편이 아내의 머리가 됨은 그리스도가 교회의 머리인 것과 같습니다. 교회는 그리스도의 몸이며, 그리스도는 교회의 구주가 되셨습니다.

24 교회가 그리스도의 권위 아래 있듯이 아내가 남편에게 순종하는 것은 당연한 것입니다. 모든 일에 순종하십시오.

25 남편들은 그리스도가 교회를 사랑하듯이 아내를 사랑하십시오. 그리스도는 생명을 내어 주시기까지 교회를 사랑하셨습니다.

26 그리스도께서는 교회를 물로 씻고, 말씀으로 깨끗하게 하셨습니다.

27 마치 아름답고 깨끗한 신부처럼 교회를 깨끗하고

거룩하게 하시기 위해, 그리스도께서 죽으
셨던 것입니다.
28 그러므로 남편들은 이와 같이 아내를 사
랑하십시오. 자기 몸을 아끼고 사랑하듯
이 아내를 사랑하기 바랍니다. 자기 아내
를 사랑하는 자는 곧 자신을 사랑하는 자
입니다.
29 자기 몸을 미워하는 사람은 없습니다. 오
히려 아끼고 돌볼 것입니다. 이것이 바로
그리스도가 교회를 위해 하신 일입니다.
30 우리는 그리스도의 몸인, 교회의 지체들입
니다.
31 성경에서도 "그러므로 사람이 부모를 떠
나, 자기 아내와 연합하여 한 몸을 이룰
것이다"*라고 말씀하고 있습니다.
32 그 비밀이 놀랍고 크니, 이것이 바로 그
리스도와 교회와의 관계를 두고 말하는 것
입니다.
33 다시 한 번 당부하는데, 남편들은 아내를
제 몸같이 사랑하고, 아내는 남편에게 순
종하십시오.*

자녀와 부모

6 자녀들은 부모에게 순종하십시오. 이
것이 주님을 믿는 사람으로서 옳게 행
하는 일입니다.
2 십계명에도 "네 부모를 공경하라"*고 하
였습니다. 이것은 약속이 보장된 첫 계명
입니다.
3 그 약속은 "네가 하는 일이 다 잘 되고 이
땅에서 장수할 것이다"*라는 것입니다.
4 아버지는 자녀들의 마음을 상하게 하거
나, 화를 돋우지 말고, 주님의 훈계와 가
르침으로 잘 키우십시오.

종과 주인

5 종들은 두렵고 존경하는 마음으로 주인에
게 복종하십시오. 그리스도께 복종하듯이
참마음으로 순종하기 바랍니다.
6 주인이 볼 때만 잘하는 척하지 말고, 마
음을 다하여 하나님의 뜻을 행하십시오.
7 사람에게 하듯이 하지 말고, 그리스도를
섬기듯이 기쁜 마음으로 주인을 위해 일
하십시오.
8 여러분이 종의 신분이든지 자유인이든지,
주님께서는 선을 행한 것에 대해 보답해
주신다는 사실을 잊지 말기 바랍니다.
9 주인들도 똑같이 종들에게 잘해 주고, 윽
박지르지 마십시오. 여러분의 주인이기도
하지만 동일하게 그들의 주인도 되시는
분이 하늘에 계십니다. 우리 주님은 모든
사람을 차별하지 않으시고 똑같이 대해
주는 분이십니다.

하나님의 전신갑주를 입으십시오

10 끝으로 주님의 크신 능력 안에서 강해지
십시오.
11 사탄의 악한 속임수에 넘어가지 않도록, 하
나님의 무기로 완전 무장하시기 바랍니다.
12 우리의 싸움은 이 땅의 사람들에 대항하
여 싸우는 것이 아니라 이 세상의 어두운
세력들과 공중의 권세 잡은 악한 영들에
대항하여 싸우는 것입니다.
13 하나님의 전신갑주가 필요한 이유가 여기
있습니다. 그것은 악한 날에 쓰러지지 않
고 싸움이 끝난 후에도 굳건히 서기 위해
서입니다.
14 이제 여러분은 굳게 서서 진리의 허리띠를
띠고, 가슴에 의의 흉배를 붙이십시오.
15 발에는 평화의 복음을 전할 신을 신으십
시오.
16 손에는 악한 자의 불화살을 막아 낼 믿음
의 방패를 드십시오.
17 머리에는 구원의 투구를 쓰고, 하나님의

알아두세요

5:31 창 2:24에 기록되어 있다.
5:33 존경하십시오.
6:2-3 출 20:12과 신 5:16에 기록되어 있다.

전신갑주(6:13 whole armor) 당시 로마 군인은 방패 · 투구 · 검 · 창 등으로 완전 무장을 했는데, 여기서는 하나님의 능력으로 영적인 완전 무장을 하는 것을 의미함.
흉배(6:14 breastplate) 갑옷이나 관복의 일부로 가슴과 등에 걸치던 물건. 여기서는 그리스도인의 헌신적이고 성결한 생활을 의미함.
투구(6:17 helmet) 군인이 싸움에서 머리를 보호하기 위하여 쓰던 두껍고 단단한 모자.

말씀인 성령의 칼을 취십시오.
18 성령 안에서 늘 기도하고 필요한 모든 것을 위해 간구하십시오. 언제나 준비된 마음으로 좌절하지 말고, 다른 그리스도인들을 위해서도 기도하십시오.
19 또한 나를 위해서도 기도해 주십시오. 말씀을 전할 때, 두려움 없이 담대하게 복음의 비밀을 말할 수 있도록 나를 위해 기도해 주십시오.
20 나는 복음을 전하는 자로서 사명을 받았습니다. 이제 나는 감옥에서 이 일을 합니다. 내가 옥중에서도 전해야 될 말씀을 담대하게 전파할 수 있도록 기도해 주십시오.

작별 인사

21 사랑하는 형제 두기고를 보냅니다. 그는 주님의 성실한 일꾼입니다. 내가 어떻게 지내며 무엇을 하는지, 자세히 알려 줄 것입니다.
22 그를 보내는 것은 우리의 사정을 알리기 위함이며 또한 여러분을 격려하기 위함입니다.
23 하나님 아버지와 주 예수 그리스도께서 믿음 안에서 사랑과 평안을 여러분에게 내려 주시기를 기도합니다.
24 하나님의 은혜가 우리 주 예수 그리스도를 변함없이 사랑하는 여러분 모두에게 함께 하시기를 기도합니다.

믿음을 키워 주는 이야기

강도에게 준 선물

감리교의 창시자 요한 웨슬레가 길에서 강도를 만난 적이 있습니다. 강도는 웨슬레를 협박하여 보따리를 모두 뒤졌지만 책 외에는 아무 것도 찾을 수가 없었습니다. 강도는 매우 불쾌한 표정을 지으며 투덜거렸습니다.

"오늘은 참 재수가 없군."

그 때 웨슬레가 강도에게 말했습니다.

"당신에게 선물을 하나 주겠소. 그것은 오직 예수 그리스도의 피가 당신의 죄를 정결케 해준다는 사실이오. 그것을 믿으시오."

강도는 말없이 돌아갔습니다. 그로부터 10년 후 웨슬레가 집회를 인도하는데 한 중년신사가 꾸벅 인사를 했습니다. 바로 그는 10년 전 웨슬레를 협박하여 보따리를 뒤졌던 강도였습니다. 10년이 흐른 지금, 그는 회개하고 새사람이 되었던 것입니다.

빌립보서

Philippians

저자
저자는 사도 바울이며, 빌립보서는 옥중 서신이라고 불린다.

저작 연대
A.D. 60-62년경

주요 인물
바울, 디모데, 에바브로디도

기록 목적과 대상
빌립보 교인들에게 감사의 뜻을 전하고 교회의 분열에 대해 한 마음으로 연합할 것을 권면하며 율법주의적 유대교가 복음의 근본 정신에 어긋난다는 사실을 알려 주기 위해 기록하였다. 이 편지는 빌립보에 있는 그리스도인들을 위해 쓰여졌다.

내용 소개
1. 서론(1:1-11) 및 사도 바울의 개인적인 상황(1:12-26)
2. 사도 바울의 권면(1:27-2:18)
3. 동역자들에 대한 소식(2:19-30)
4. 사도 바울의 영적인 열정(3:1-21)
5. 그리스도인의 미덕을 권면함(4:1-9)
6. 헌금에 대한 감사의 표시(4:10-20)
7. 결론: 문안과 축복(4:21-23)

인사

1 예수 그리스도의 종인 바울과 디모데는 그
리스도를 믿는 빌립보에 사는 모든 성도들
과 지도자들*과 집사들에게 편지를 씁니다.
2 우리 아버지 하나님과 주 예수 그리스도의
은혜와 평화가 함께하기를 빕니다.

바울의 기도

3 나는 여러분을 생각할 때마다 하나님께
감사를 드립니다.
4 또한 늘 기쁨으로 여러분 모두를 위해 기
도하고 있습니다.
5 여러분은 제가 복음을 전할 때, 늘 도움
을 베풀어 주었습니다. 그것은 여러분이
복음을 들은 그 날부터 오늘 이 순간까지
도 그러합니다.
6 하나님께서는 여러분 안에서 선한 일을
시작하셨습니다. 그분은 끊임없이 일하고
계시므로 예수 그리스도께서 오시는 마지
막 그 날에 그 모든 선한 일을 확실히 완
성하실 것입니다.
7 여러분을 이처럼 생각하는 것은 당연합니
다. 여러분은 제 마음속에 늘 살아 있습
니다. 내가 감옥에 있을 때나 복음을 지
키고 진리의 말씀을 전파하는 그 모든 시
간에 여러분은 하나님의 은혜 안에서 나
와 함께 있어 주었습니다.
8 내가 여러분을 얼마나 보고 싶어 하는지
는 그 누구보다도 하나님께서 잘 알고 계
실 것입니다. 예수 그리스도의 사랑으로
여러분 모두를 사랑합니다.
9 여러분을 위해 기도합니다. 여러분의 사
랑이 나날이 커지고, 그 사랑으로 더 풍
성한 지식과 통찰력을 갖게 되기를 기도
합니다.
10 선함과 악함을 분별하여 선한 것을 선택
할 줄 알게 되어서, 그리스도께서 오시는
날에 깨끗하고 흠 없는 모습으로 서게 되

빌립보에 있는 루디아 기념 교회(1:1)

알아두세요
1:1 감독들

기를 기도합니다.
11 또한 예수 그리스도께서 인정하시는 의의
열매로 하나님께 영광과 찬송을 올려 드
릴 수 있기를 기도합니다.

바울이 당하는 고난이 하나님의 일에 도움이 되다

12 형제 여러분, 내가 당한 고난이 오히려 하
나님의 복음을 전하는 데 도움이 되었다
는 것을 알려 드립니다.
13 내가 그리스도를 믿었다는 이유로 죄 없이
감옥에 갇혀 있는 것을 모든 경비대와 사
람들이 다 알게 되었습니다.

고난을 통해서도 복음이 전해진다(1:12-18)

14 비록 내가 감옥에 있으나, 오히려 사람들
은 이것 때문에 자신감을 얻어 더욱 담대
하게 그리스도의 복음을 전하고 있습니다.
15 그 중에 어떤 이들은 나를 시기하고 질투
하는 마음에서 복음을 전하는 자들도 있
습니다. 그러나 돕고자 하는 순수한 마음
으로 전도하는 사람들도 많이 있습니다.
16 순수한 마음을 가지고 돕는 사람들은 하
나님께서 나를 복음을 지키는 일에 힘쓰
도록 부르셨다는 사실을 알고, 사랑으로
복음을 전하는 일에 애쓰고 있습니다.
17 그러나 그렇지 않은 사람들은 이기적인
마음으로 자신들이 높아지기를 원하는 뜻
에서, 또 감옥에 있는 나를 속상하게 하
려고 더 열심히 그리스도를 전합니다.
18 하지만 그들이 내 마음을 속상하게 한다
해도 개의치 않습니다. 그들이 어떤 마음
으로 전하든지 간에 중요한 것은 바로 그
리스도가 전파되고 있다는 사실입니다.
나는 이것 때문에 기뻐하며 앞으로도 계
속 그러할 것입니다.
19 여러분이 나를 위해 계속 기도하고 있고, 예
수 그리스도의 성령이 나를 돕고 계시기 때
문에 내가 풀려날 것을 잘 알고 있습니다.
20 내가 바라고 또 바라는 것은 어떠한 상황
에서도 그리스도를 배신하지 않는 것입니
다. 지금처럼 항상 용기
를 가지고, 살든지 죽
든지 그리스도를 높이
기 원합니다.
21 나는 그리스도를 위
해 사는 데 목적을 두
고 있기 때문에 죽는
것도 내게는 유익합니
다.
22 그러나 살아가는 동
안, 그리스도를 위해 일
하고 사람들을 그리스
도께로 인도할 수 있다
면, 사는 것과 죽는 것
중에 어느 쪽을 택해야
할지 모르겠습니다.
23 둘 중 하나를 선택하기가 힘이 듭니다. 이
세상을 떠나 그리스도 곁에 있고 싶은 까
닭은 그것이 훨씬 행복할 것이기 때문입
니다.
24 그러나 여러분을 위해서 이 세상에 있어
야 할 줄을 알고 있습니다.
25 내가 여러분 곁에 머물러 여러분의 믿음
을 자라게 하고, 또 기쁨을 누리도록 도
와 줄 필요가 있음을 잘 알고 있습니다.
26 내가 다시 여러분에게 가게 되면, 예수 그
리스도 안에서 여러분의 기쁨이 충만하게
될 것입니다.
27 여러분은 그리스도의 기쁜 소식을 들은 자
로서, 하나님께 영광 돌리는 삶을 살도록

하십시오. 그러면 내가 함께 있든지 떠나
있든지 여러분에 관해 기쁜 소식을 들을
수 있을 것입니다. 여러분이 한 마음 한
뜻으로 열심히 복음을 전한다는 소식을
듣기 원합니다.
28 여러분을 대적하는 자들을 두려워하지 마
십시오. 이 모든 것은 여러분이 구원받았
다는 증거이며, 그들이 멸망할 것이라는
증거입니다.
29 하나님께서는 여러분에게 그리스도를 믿
는 특권뿐만 아니라, 그리스도를 위해 고
난받는 특권도 주셨습니다. 이 두 가지 모
두 하나님께는 영광이 되는 것입니다.
30 내가 여러분과 함께 있을 때, 여러분은 내
가 고난당하는 것을 보았습니다. 또한 지
금 내가 겪고 있는 고난에 대해서도 들었
을 것입니다. 여러분 역시 이와 같은 고
난을 겪고 있는 것입니다.

2 그리스도를 믿는 것이 여러분에게 힘이
되고 있습니까? 그리스도의 사랑으로
위로를 받고 있습니까? 성령 안에서 서로
교제하며, 친절과 동정을 베풀고 있습니
까?
2 그렇다면 서로 한 마음으로 사랑을 나누
고, 한 뜻으로 하나가 되십시오.
3 무슨 일을 할 때, 이기적이거나 교만한 마
음을 갖지 말고, 겸손한 마음으로 나보다
다른 사람을 더 존중해 주십시오.
4 자기 생활을 열심히 하면서 다른 사람이
하는 일에도 관심을 가져 내 마음에 기쁨
이 넘치게 해 주십시오.

그리스도의 겸손을 본받아

5 예수님처럼 생각하고 행동합시다.
6 그분은 하나님과 똑같이 높은 분이셨지
만, 결코 높은 자리에 있기를 원하지 않
으셨습니다.
7 오히려 높은 자리를 버리시고, 낮은 곳으
로 임하셨습니다. 사람의 모습으로 이 땅
에 오시고 종과 같이 겸손한 모습을 취하
셨습니다.
8 이 땅에 계신 동안 스스로 낮은 자가 되
시며, 하나님께 순종하셨습니다. 예수님
은 목숨을 버려 십자가에 달려 돌아가시
기까지 하나님의 말씀을 따랐습니다.
9 그러므로 하나님은 예수님을 최고로 높은
자리에 올리시고, 모든 이름 위에 뛰어난
이름이 되게 하셨습니다.
10 하늘과 땅 위, 땅 아래 있는 모든 만물이
예수 그리스도 앞에 무릎을 꿇고
11 "예수 그리스도는 주님"이심을 선포하며,
하나님 아버지께 영광을 돌릴 것입니다.

하나님께서 원하시는 사람이 되십시오

12 사랑하는 형제 여러분, 항상 순종하는 마
음을 가지십시오. 여러분과 함께 있는 동
안, 여러분은 하나님께 순종하는 태도를
잘 보여 주었습니다. 내가 곁에 없을 때
그렇게 하는 것이 더 아름답고 귀한 일입
니다. 하나님이 주신 구원을 이루기 위해
열심히 노력하며, 두려움과 떨림으로 늘
힘쓰기 바랍니다.
13 하나님께서는 여러분 안에서 하나님이 기
뻐하시는 일을 할 수 있도록 돕고 계십니
다. 또한 하나님은 할 수 있는 힘과 능력
을 여러분에게 공급해 주실 것입니다.
14 무슨 일을 하든지 불평하거나 다투지 마

성경 자세히 이해하기

초대교회의 예배 모습

초대교회의 순교자 유스티누스는 A.D. 2세기의 교회들이 드리던 예배의 정경을 다음과 같이 묘사합니다. "사람들이 모이면 낭독자가 사도들의 회고록이나 선지자들의 책을 낭독한다. 이것이 끝나면 설교를 맡은 예배 인도자가 이 훌륭한 분들의 본을 받으라고 훈계하며 권한다. 그러면 모두가 일어나 기도를 올린다. 다음으로 떡과 포도주가 축사와 더불어 각 사람에게 나누어진다. 그 순서가 끝나면 헌금을 한 후 궁핍한 사람들에게 그 예물을 나누어 준다." 본문 보기 2장 1-4절

개의치 않다(1:18 do not care) 어떤 일에 크게 관심을 가지지 않다. 상관하지 않다.
대적하다(1:28 oppose) 맞서 겨루다.

십시오.
15 그렇게 하면 어느 누구도 여러분을 잘못
했다고 비난할 수 없을 것이며, 여러분 역
시 깨끗한 마음을 가질 수 있을 것입니다.
하지만 이 세상에는 비뚤어지고 악한 성
향을 가진 사람들이 많이 살고 있습니다.
여러분은 어두운 세상에서 밝은 빛을 발
하는 흠 없는 하나님의 자녀들이 되십시
오.
16 생명의 말씀을 굳게 붙드십시오. 그리하
면 그리스도께서 다시 오시는 날에 내 수
고가 헛되지 않고, 열심히 달려온 내 삶
이 승리로 가득하여 기뻐하고 또 기뻐할
것입니다.
17 여러분의 삶을 믿음과 봉사의 제물로 하
나님께 바칠 때, 내 피를 그 위에 쏟아 부
으라고 할지라도 나는 여러분과 함께 기
뻐하고 즐거워할 것입니다.
18 여러분도 나와 같이 기뻐하고 즐거워하게
되기를 원합니다.

디모데와 에바브로디도

19 우리 주님의 뜻 안에서 가까운 시일 안에
디모데를 여러분에게 보내려고 합니다.
여러분에 관한 소식을 듣게 되면, 내 마
음이 위로받을 것 같습니다.
20 디모데만큼 여러분에 대해 걱정하고 마음
쓰는 사람도 없을 것입니다.
21 다른 사람들은 모두 자기 일에만 정신이
팔려 있어서, 예수 그리스도의 일에는 관
심이 없습니다.

성경 자세히 이해하기

개와 같은 자들

유대주의자들은 하나님의 은혜로만 얻는 구원의 교리에 반대하여 하나님의 은혜와 인간의 공로를 혼합시키되 특히 인간의 공로를 더 강조하였습니다. 원래 '개', 혹은 '개와 같은 자'라는 말은 유대인들이 이방인을 멸시하면서 사용했던 표현인데, 바울은 이와 같은 조소적인 표현을 사용해 유대주의자들을 비난하고 있는 것입니다.

본문 보기 3장 2절

22 여러분도 디모데의 인품에 대해서는 이미
알고 있을 것입니다. 그는 나와 함께 하
나님의 복음을 전할 때, 마치 아들이 아
버지를 섬기듯이 나를 도와 주었습니다.
23 앞으로 나와 관련되는 일이 결정되는 대
로 그를 여러분에게 보내겠습니다.
24 그리고 가까운 시일 안에 내가 여러분을
만날 수 있도록 주님께서 도와 주실 것이
라고 확신합니다.
25 에바브로디도 역시 주님 안에서 내 형제와
도 같은 사람입니다. 그리스도의 군사로서
지금까지 나와 함께 일하며 수고해 왔습
니다. 내가 가장 필요로 하는 순간에 여
러분은 그를 내게 보내 주었습니다. 이제
나는 여러분에게 그를 돌려 보내려고 합
니다.
26 그는 여러분 모두를 너무나 그리워하고
있으며, 자기가 아팠다는 소식이 여러분
에게 전해졌음을 알고 도리어 걱정하고
있습니다.
27 사실 그는 병이 나서 거의 죽을 지경까지
갔으나, 하나님께서 그의 아픔을 돌아보
셔서 더 이상 내게 슬픔이 없도록 도와 주
셨습니다.
28 그러므로 서둘러 그를 여러분에게 보냅니
다. 여러분이 그를 다시 보게 되면 기뻐
하게 될 것이며, 나 역시 여러분을 향한
근심을 덜게 될 것입니다.
29 주님 안에서 큰 기쁨으로 그를 맞이하고,
에바브로디도와 같은 사람들을 귀하게 여
겨 주십시오.
30 그는 그리스도를 위해 위험을 무릅쓰고 일
하다가 거의 죽을 뻔한 지경에 이르렀습
니다. 멀리 있는 여러분을 대신하여 나를
도운 사람이므로 감사함과 존경하는 마음
으로 맞이해 주십시오.

귀하신 예수 그리스도

3 형제 여러분, 주님 안에서 항상 기뻐
하십시오. 같은 말을 여러 번 쓰는 것
이 내게는 귀찮은 일이 아닙니다. 여러분
을 위한 말이니 잘 들어 주시기 바랍니다.
2 육체적인 할례를 받아야 한다고 주장하는

악한 자들을 조심하십시오. 그들은 마치
개와 같은 자들입니다.
3 우리는 참 할례를 받은 사람들로서 하나
님의 영으로 예배드리며 예수 그리스도 안
에서만 자랑합니다. 우리는 우리 스스로
가 얼마나 믿을 수 없는 존재인지 잘 압
니다.
4 사실 육체적으로 보면 나 스스로를 믿을
수도 있습니다. 이 세상 어느 누구보다도
인간적인 조건을 더욱 많이 갖춘 사람이
바로 나입니다.
5 나는 태어난 지 팔 일 만에 할례를 받았
습니다. 이스라엘 민족 중에서도 베냐민
지파의 자손이며, 히브리인 중에서도 히브
리인입니다. 모세의 율법은 내 인생의 안
내자 역할을 하여, 나는 율법을 가장 엄
격히 지키는 바리새인이 되었습니다.
6 율법을 지키는 것에 너무나 열심이었으므
로 교회를 핍박하기까지 하였습니다. 내
가 모세의 율법을 지키고 따르는 데 있어
서는 그 어느 누구도 허점을 찾을 수 없
을 정도였습니다.
7 그 때는 이 모든 것이 내게 너무나 소중
하고 가치 있는 것들이었습니다. 그러나
예수 그리스도를 만난 이후, 그 모든 것이
아무 쓸모 없는 것임을 알았습니다.
8 그것들뿐만 아니라 이 세상 그 어떤 것도
내 주 예수 그리스도를 아는 것과 비교가
되지 않습니다. 예수 그리스도를 위하여
나는 모든 것을 버렸습니다. 모든 것이 쓰
레기처럼 아무런 가치가 없다는 것을 이
제 압니다. 이로써 나는 그리스도를 알게
되었습니다.
9 또한 그리스도 안에 하나가 되는 기쁨을
얻었습니다. 내가 율법을 지켜서 하나님
께 구원을 얻은 것이 아닙니다. 하나님은
내 믿음을 보시고, 나를 의롭다 하시며 자
녀 삼아 주신 것입니다.
10 이제 내가 바라는 것은 그리스도를 알고,
죽음에서 부활하신 그 능력을 체험하며,
그리스도와 함께 고난 받고, 그분과 같이
죽는 것입니다.
11 그분을 따를 수만 있다면, 나도 마지막 날
부활의 기쁨에 참여할 수 있을 것입니다.

목표를 향해 달리십시오

12 내가 하나님께서 원하시는 모습으로 이미
완성되었다고 말하는 것이 아닙니다. 나
는 아직 목표에 이르지 못했습니다. 나는

목표를 향해 힘껏 달리십시오(3:12-14)

그 목표를 향해 열심히 달리고 있으며, 그
리스도 예수께 잡힌 바 된 그것을 잡으려
고 좇아가고 있습니다.
13 형제 여러분, 내가 아직 목표에는 이르지
못했으나 여러분에게 한 가지 자신 있게
말씀드릴 수 있는 것은 내가 과거의 것은
잊어 버리고, 앞에 있는 목표를 향해 힘
껏 달리고 있다는 것입니다.
14 나는 목적지에 이르렀을 때 상을 받을 것
입니다. 그 상은 하나님께서 내게 주시려
고 그리스도를 통하여 친히 내리신 것입니
다.
15 영적으로 성숙한 사람으로서 우리 모두
좀더 신중히 생각하고 판단합시다. 혹시
서로 생각이 다르더라도 하나님께서는 그
부분을 분명하게 바로 가르쳐 주실 것입
니다.
16 그러니 이제 우리가 함께 나눈 진리를 따
라 살아가도록 합시다.
17 형제 여러분, 나를 본받도록 애쓰십시오.
또한 내가 여러분에게 보여 준 삶을 좇아
살아가는 사람들을 살펴보십시오.

성경 속의 궁금증

생명책에 기록된 이름

시민된 사람은 태어날 때부터, 혹은 양자가 되었을 때부터 시민권을 가지게 되며, 이후에 그들의 명부가 만들어지는 것은 하나의 관습이었습니다. 바울은 천국을 하나의 도시로 표현하면서, 그리스도인들이 그 도시의 거주자들로 등록되어 있다고 말합니다. 그리스도를 영접한 사람들은 아직 천국에 도착하지는 못했지만 그들의 이름이 다른 사람들의 이름과 함께 시민으로 등록되어 있기 때문에, 집으로 돌아가는 도중이라도 여전히 시민권을 가지고 있는 것으로 여겨졌습니다(사 4:3;단 12:1;눅 10:20;계 13:8;17:8;20:15).

본문 보기 4장 3절

알아두세요

3:19 '배'는 '육체의 욕망'을 말한다.
4:1 면류관입니다.

18 오히려 많은 사람들이 그리스도 십자가의
원수처럼 살아가고 있습니다. 전에도 여
러 번 얘기했지만, 이제 다시 여러분에게
눈물로 호소합니다.
19 그들의 삶은 결국 멸망으로 이어질 것입
니다. 하나님을 섬기기보다는 배*가 원하
는 대로 살아가며, 수치스러운 일을 하고
서도 도리어 자랑으로 여기고 있습니다.
그들은 오직 세상 일에만 관심을 둡니다.
20 그러나 우리의 시민권은 하늘에 있습니
다. 우리 구주 예수 그리스도께서 하늘로
부터 다시 오시는 날을 우리는 기다립니
다.
21 그분은 우리의 죽을 몸을 변화시키셔서,
그분의 영광스런 몸과 같이 바꾸어 주실
것입니다. 모든 만물을 다스리시는 그분
의 능력이 우리를 변화시키실 것입니다.

그리스도인의 할 일

4 내가 사랑하고 또 보고 싶어 하는 형
제 여러분, 여러분은 내게 기쁨이며 자
랑입니다.* 내가 여러분에게 말한 것과 같
이 주님을 계속 따르십시오.
2 유오디아와 순두게에게 권합니다. 주님 안
에서 화해하십시오.
3 나의 진실한 협력자이며 친구인 여러분에
게도 부탁합니다. 이 여인들이 서로 화해
하도록 도와 주십시오. 그들은 글레멘드를
비롯한 여러 동역자들과 함께 복음을 전
하며 수고한 사람들입니다. 그들 이름 역
시 생명책에 기록되어 있지 않습니까?
4 주님 안에서 항상 기뻐하십시오. 다시 말
하거니와 기뻐하십시오.
5 여러분이 선하고 친절하다는 것을 모든
사람이 알도록 행동하십시오. 주님께서
곧 오실 것입니다.
6 걱정하지 말고 필요한 것을 하나님께 구
하고 아뢰십시오. 감사하는 마음으로 하
나님께 말씀드리십시오.
7 그러면 우리 주 예수 그리스도 안에서 그
어느 누구도 측량할 수 없는 평안이 여러
분의 마음과 생각 가운데 풍성히 임할 것
입니다.

8 형제 여러분, 선함을 추구하며 가치가 있
는 것들에 마음을 쏟기 바랍니다. 참되
고, 고상하고, 옳고, 순결하며, 아름답고,
존경할 만한 것들을 생각하십시오.
9 여러분이 내게서 배운 것과 받은 것들을
행동으로 옮기십시오. 그러면 평화의 하
나님께서 여러분과 함께하실 것입니다.

사람들에게 감사하는 바울

10 여러분이 다시 나를 기억하고 도와 주니,
내 마음은 기쁨으로 가득합니다. 어쩌면
여러분이 늘 가져왔던 관심을 표현할 길
이 없었을지도 모르겠습니다.
11 내 처지가 힘들어서 이렇게 말하는 것은
아닙니다. 나는 내가 가진 것에 만족하고
있으며, 어떠한 환경에서도 감사하는 법
을 배웠습니다.
12 가난을 이겨 낼 줄도 알고, 부유함을 누
릴 줄도 압니다. 배부를 때나 배고플 때
나, 넉넉할 때나 궁핍할 때나, 어떤 형편
에 처해서도 기뻐하고 즐거워합니다.
13 내게 능력 주시는 그리스도를 통하여 나는
모든 것을 할 수 있습니다.
14 그러나 필요한 순간에 여러분이 도와 주
어 정말 고마웠습니다.
15 여러분은 내가 처음 그 곳에 복음을 전한
때를 기억하고 있을 것입니다. 마케도니아
를 떠날 때에 내게 도움을 준 교인은 여
러분 빌립보 사람들뿐이었습니다.
16 내가 데살로니가에 있을 때도 여러분은 여
러 번에 걸쳐 내게 필요한 물건들을 보내
주었습니다.
17 여러분들로부터 뭔가 선물을 기대하고 말

빌립보의 아고라 유적지(4:15)

하는 것이 아니라, 내게 베푸는 큰 기쁨이
여러분 가운데 차고 넘치기를 원합니다.
18 이제 나는 모든 것이 풍족합니다. 여러분
이 에바브로디도 편에 보내 준 선물 때문
에 부족한 것이 없습니다. 여러분의 선물
은 하나님께 드려질 향기로운 제물입니
다. 하나님께서는 그 제물을 기쁘게 받으
실 것입니다.
19 하나님께서 그리스도 예수 안에서 여러분
이 필요로 하는 모든 것을 풍족히 채워 주
실 것입니다.
20 우리 하나님 아버지께 영원토록 영광을
돌려 드립니다. 아멘.
21 그 곳에 있는 모든 성도들에게 문안드립
니다. 여기 나와 같이 있는 형제들도 여
러분에게 안부를 전합니다.
22 모든 성도들이 여러분에게 문안하고, 로
마 황실 안에서 믿는 몇몇의 성도들이 여
러분에게 또한 인사드립니다.
23 주 예수 그리스도의 은혜가 여러분과 함께
하기를 기도합니다.

고상(4:8 nobility) 수준이 높고 품위가 있음.
순결(4:8 purity) 마음이 깨끗함.
처지(4:11 situation) 처한 사정이나 형편.
궁핍한(4:12 destitute) 몹시 가난한.

골로새서

Colossians

저자

저자는 사도 바울이며, 골로새서는 옥중 서신이라고 불린다.

저작 연대

A.D. 62년경

주요 인물

바울, 디모데, 에바브라, 두기고, 오네시모

기록 목적과 대상

골로새 교회에 들어온 이단을 반박하기 위해 기록했으며, 이 편지는 골로새에 있는 그리스도인들을 위하여 쓰여졌다.

내용 소개

1. 서론(1:1-14)
2. 그리스도론(1:15-2:23)
3. 그리스도인의 생활(3:1-4:6)
4. 결론(4:7-18)

오직 그리스도만이 구원의 주님이십니다

1 하나님의 뜻에 따라 그리스도 예수의 사
도가 된 바울과 형제 디모데는
2 골로새에 있는 거룩하고 신실한 성도들에
게 편지합니다. 우리 아버지 하나님의 은
혜와 평안이 함께하기를 빕니다.
3 여러분을 위해 기도할 때마다 우리 주 예
수 그리스도의 아버지 하나님께 감사드립
니다.
4 그것은 여러분이 예수 그리스도를 잘 믿
고, 모든 성도를 사랑하고 있다는 소식을
들었기 때문입니다.

골로새의 유적지(1:2)

신실(1:2 faithfulness) 믿음성이 있고 꾸밈이 없음.
예비(1:5 preparation) 미리 준비하는 것, 또는 미리 갖춘 준비.
분별(1:9 discretion) 사리에 맞게 판단하는 것, 또는 그 판단력.

5 여러분의 이러한 믿음과 사랑은 하나님께
서 여러분을 위해 하늘에 예비해 두신 것
에 대한 소망에서 나온 것이 아닙니까?
이 소망에 대해서는 처음 여러분이 복음
을 받을 때, 이미 들었던 것입니다.
6 복음이 전해지는 곳마다 하나님의 복이
더해지고 있습니다. 여러분 역시 복음을
받아들여 하나님의 은혜 가운데 이 진리
를 깨닫고, 지금도 그 은혜를 누리고 있
습니다. 이 복음은 온 세상에서 열매를 맺
고 있습니다.
7 여러분에게 이 복음을 전한 사람은 에바
브라였습니다. 그는 우리와 함께 복음을
전하는 일꾼이며, 그리스도의 신실한 종입
니다.
8 여러분이 성령으로부터 받은 사랑을 이웃
들에게 베풀며 살아가고 있다는 소식도
그를 통해 들었습니다.
9 그 소식을 들은 날부터 우리는 여러분을
위해 계속 기도하고 있습니다. 우리는 여
러분이 하나님의 뜻을 분별하게 되기를
기도하고, 또한 하나님께서 영적인 지혜
와 총명을 내려 주시기를 기도합니다.
10 그래서 모든 일에 하나님을 기쁘시게 하
고, 영광 돌리는 삶을 살게 되길 원합니다.
또한 모든 선한 일에 열매를 맺으며, 하나
님에 대해 더 많이 알아 가길 기대합니다.
11 하나님께서 그의 크신 능력으로 여러분을

강하게 붙들어 주실 때에, 여러분은 어떠
한 어려움이 와도 넘어지지 않고 참고 견
딜 수 있을 것입니다.
12 우리 아버지께 감사의 고백을 올려 드립
니다. 하나님께서는 빛 가운데 살아가는
자녀들을 위해 모든 것을 예비해 두셨습
니다.
13 어둠의 세력에서 우리를 구원하셨으며,
그분이 사랑하는 아들의 왕국으로 우리를
옮겨 주셨습니다.
14 우리의 모든 죄에 대해 아들의 피로 대신
값을 치르시고, 우리를 용서해 주신 것입
니다.

중심되신 그리스도

15 아무도 하나님을 보지 못했으나, 예수님
께서 하나님의 모습을 보여 주셨습니다.
그리스도는 이 세상 만물보다 먼저 계신
분입니다.
16 그의 능력으로 하늘과 땅에 있는 모든 것
과 눈에 보이는 것과 보이지 않는 것과 모
든 권세와 지위, 주권, 능력이 생겨났습
니다. 이 모든 것이 그리스도에 의해 창조
되었으며, 또 그리스도를 위해 창조되었습
니다.
17 그리스도는 모든 것이 생기기 전에 이미
계셨으며, 이 세상 모든 만물이 그분에 의
해 유지되고 있습니다.
18 그분은 자신의 몸인 교회의 머리가
되십니다. 또한 모든 것이 그분
으로부터 시작되었으며, 죽은
사람들 중에서 가장 먼저
살아나셨으므로 모든 것의
으뜸이 되십니다.
19 하나님께서는 자신에게
속한 모든 것이 그리스도
안에서 살아가는 것을
기뻐하셨습니다.
20 하나님께서는 이 땅에
있는 것이나 하늘에
있는 것이나, 모든 만
물이 오직 그리스도를
통하여 하나님께 나아올
수 있도록 정해 놓으셨습니다. 그리스도께
서 십자가에서 흘리신 보혈로 평화의 길
을 열어 놓으신 것입니다.
21 이전에는 여러분이 하나님과 단절되어 있
었습니다. 여러분의 악한 행실 때문에 하
나님과 멀어져서 마음으로는 하나님과 원
수가 되고 만 것입니다.
22 그러나 이제 그리스도께서 여러분을 하나
님과 친구 사이로 화해시켜 주셨습니다.
여러분을 하나님께로 인도하기 위해 그분
은 친히 사람의 몸을 입고 이 땅에 오셔
서 십자가에 달려 돌아가셨습니다. 그분
은 여러분을 아무 흠 없고 죄 없는 자로
만들어 하나님 앞에 세워 주셨습니다.
23 만일 여러분이 들은 복음을 굳게 믿고 그
것을 붙들고 있으면 하나님은 그 모든 일
을 이루실 것입니다. 믿음 안에서 흔들리
지 말고 굳게 서 계십시오. 복음 안에서
받은 소망을 잊지 말기 바랍니다. 이제 그
복음이 온 세계로 퍼져 나가고 있습니다.
나 바울은 바로 이 복된 소식을 전하는 사
람입니다.

교회를 위한 바울의 수고

24 나는 여러분을 위해 받는 고난을 기뻐합
니다. 자신의 몸인 교회를 위해 그리스도

교회의 머리되시는 예수님(1:18)

골

께서 겪으셔야 할 고난의 남은 부분을 내
가 겪을 수 있으니, 그것을 기쁨으로 견
뎌 냅니다.
25 나는 특별한 사명을 받고 여러분을 돕기
위해 보내진 교회의 일꾼입니다. 내가 할
일은 하나님의 말씀을 숨김없이 여러분에
게 전하는 것입니다.
26 이 말씀은 이 세상 처음부터 모든 사람들
에게 숨겨져 왔던 비밀이었는데, 이제 하
나님을 사랑하는 백성들에게 알려 주셨습
니다.
27 모든 사람을 위한 풍성하고도 영광스런
진리의 말씀을 하나님께서는 이 세상 만
민에게 알리신 것입니다. 이 진리는 바로
그리스도 자신이며, 여러분 안에 계십니
다. 그분만이 우리의 영광스런 소망이 되
십니다.
28 그러므로 우리는 어디를 가든지 어느 누
구에게나 그리스도를 전파합니다. 우리가
할 수 있는 대로 힘껏 사람들을 가르치고
바른 길로 인도하는 것은 모든 사람이 그
리스도 안에서 성숙한 자로 하나님 앞에
서게 되기 원하기 때문입니다.
29 이 일을 위해 힘쓰고 애쓰며, 내 안에서

성경 자세히 이해하기

그리스도의 남은 고난

바울이 견뎌 내겠다고 한 그리스도의 남은 고난은 무엇이었을까요? 이것은 인류의 구원을 위한 그리스도의 희생이 부족하니 성도들이 자신들의 고난을 통해 그리스도께서 받으신 고난의 부족한 부분을 채워야 한다는 것을 뜻하는 것은 아닙니다. 반대로 이 말은 그리스도의 몸 된 교회를 세우는 데 있어 겪어야 할 남아 있는 고난을 의미합니다. 예수님은 이런 의미에서 그의 종들이 받아야 할 고난의 여지를 남겨 두신 것입니다.

본문 보기 1장 24절

만민(1:27 all the people) 모든 사람들.
철학(2:8 philosophy) 경험이나 학습을 통해서 얻어진 '세계관이나 인생관'을 비유하여 이르는 말.

능력을 주시는 그리스도를 의지하여 힘차
게 나아갑니다.

2 나는 여러분이, 내가 여러분을 돕기 위
해 최선을 다하고 있음을 알아 주기 원
합니다. 또 라오디게아 교회와 나를 전혀
본 적이 없는 사람들을 위해서도 애쓰고
있습니다.
2 나는 그들이 그리스도를 깨달아 믿음이 강
하여지고, 더 풍성해지며, 사랑으로 하나
되기를 진정으로 바라고 있습니다. 여러
분이 하나님의 놀랍고 비밀스런 진리, 즉
그리스도 그분 자신을 완전히 알게 되기를
내가 얼마나 바라는지 알아 주십시오.
3 그리스도 그분 안에는 모든 지혜와 지식의
보물이 감추어져 있습니다.
4 보기에는 좋아 보이나 실제로는 거짓말인
유혹들에 여러분이 속지 않기를 바라는
뜻에서 이렇게 여러분에게 말합니다.
5 비록 내 몸은 여러분과 함께 있지 않으나
내 마음은 언제나 그 곳에 있다는 것을 잊
지 마십시오. 여러분의 선한 삶과 그리스
도를 믿는 믿음 안에 굳게 서 있는 모습
을 보니 내 마음이 더없이 행복합니다.

그리스도 안에서 계속 살아가십시오

6 그리스도 예수를 주님으로 믿었으니, 그분
안에서 계속 살아가십시오.
7 그분 안에 깊이 뿌리를 내리고, 그 위에
여러분의 삶을 계획하시길 바랍니다. 가
르침을 받은 대로 믿음에 굳게 서서 늘 감
사한 생활을 하십시오.
8 헛된 말과 거짓 철학에 속아 잘못된 길로
가지 않도록 주의하십시오. 그것들은 모
두 사람의 생각에서 비롯되었으며 아무
가치도 없습니다. 결코 그리스도로부터 나
온 것이 아니므로 멀리하시기 바랍니다.
9 하나님의 모든 성품은 이 땅에서 사람의
모습으로 사신 그리스도께 완전히 나타난
바 되었습니다.
10 여러분은 그리스도 안에서만 진정으로 완
전한 삶을 누릴 수 있습니다. 그분은 모
든 지배자와 권세자들의 머리가 되시는
분입니다.

11 그리스도를 믿었을 때, 여러분
은 새로운 할례를 받았습니
다. 이것은 손으로 행하는
육체적인 할례가 아니라, 그
리스도에 의해 죄의 세력에
서 벗어나게 되었음을 의미
합니다.
12 여러분은 세례를 받음으로
그리스도와 함께 죽었고, 믿
음 안에서 다시 그리스도와
함께 살아났습니다. 이 믿
음은 모든 죽은 사람 가운데
에서 그리스도를 다시 살리
신 하나님의 능력을 믿는 것
입니다.
13 여러분은 죄 때문에 영적으
로 죽은 사람이었으며, 죄된
욕망에서 벗어나지도 못하였
습니다. 그러나 하나님께서는
여러분을 그리스도와 함께 살리시
고, 우리의 모든 죄를 용서해 주셨습니
다.
14 하나님께서는 우리를 거스르는 기록된 빚
의 문서들을 우리 가운데서 취하셔서 그
것들을 십자가에 못박아 깨끗이 없애주셨
습니다.
15 이렇게 하여 하나님께서는 세상의 주권과
능력을 꺾으시고, 온 세상 사람들에게 십
자가를 통한 승리를 보여 주셨습니다.

사람이 정한 규칙을 따르지 마십시오

16 그러므로 여러분은 먹고 마시는 것이나,
명절이나 초하루와 안식일을 지키는 문제
에 있어서, 사람들의 말에 얽매이지 말기
바랍니다.

천사를 숭배하고 환상을 보았다는 무리들의 말에 귀기울이지 마십시오(2:18)

17 이런 것들은 오실 그리스도를 보여 주려는
그림자에 불과합니다.
18 겸손한 체하며 천사를 숭배하는 무리들이
있습니다. 환상을 보았다고도 하는 그들
의 말에 귀를 기울이지 마십시오. 그들은
자신들의 인간적인 생각과 어리석은 교만
으로 들떠 있으며
19 머리 되신 그리스도를 따르지 않고 마음대
로 행하고 있습니다. 몸은 머리에 붙어 있
어야 합니다. 그래야 몸의 각 마디가 서
로 도와 영양분을 받아 유지하고, 하나님
이 바라시는 모습으로 자라 갈 수 있는 것
입니다.
20 그리스도와 함께 죽은 여러분은 이 세상의

성경 자세히 이해하기

골로새 교회의 이단 사상

골로새 교회를 위협하던 이단 사상 중 첫 번째는 영지주의라고 하는 철학 사상이었습니다(2:8). 이들은 예수님의 성육신을 부정하고, 어떤 특별한 지식이 있어야 구원받을 수 있다고 가르쳤습니다. 두 번째는 육체의 할례, 음식 규례, 절기의 준수 등이 구원을 위해 필요하다고 주장하는 유대교적 율법주의였습니다(2:11-15). 세 번째는 천사 숭배 사상으로(2:18), 그들은 사람이 직접 하나님께 경배 드리는 것은 교만한 일이므로 중재자인 천사를 숭배해야 한다고 가르쳤습니다.

본문 보기 2장 4-18절

헛된 규칙들로부터 자유로운 사람들입니
다. 그런데 왜 이 세상에 속한 사람들처
럼 행동하십니까?
21 왜 아직도 "이것은 붙잡으면 안 된다",
"저것은 맛보아서도 안 된다", "만지지도
마라" 하는 등의 규칙에 얽매여 있는 것
입니까?
22 이런 규칙들은 먹으면 없어지고, 쓰면 사
라지고 마는 세상 것들에 대한 인간적인
규칙이요, 가르침일 뿐입니다.
23 그것을 따르는 사람들이 훌륭해 보일지
모르나, 그것은 다 사람들이 만든 종교적
관습들입니다. 거짓된 겸손으로 자기 몸
을 괴롭히기만 할 뿐, 마음속에 파고드는
악한 욕망과 죄를 이겨 내게 할 수는 없
습니다.

그리스도 안에서의 새로운 삶

3 여러분은 그리스도와 함께 다시 살아났
습니다. 그러므로 하늘에 있는 것에 마
음을 두십시오. 그 곳에는 그리스도께서
하나님 우편에 앉아 계십니다.
2 하늘에 속한 것을 생각하고, 땅의 것에 마
음을 두지 마십시오.
3 옛 사람은 죽었으며, 이제는 하나님 안에
서 그리스도와 함께하는 새로운 삶이 감춰
져 있습니다.
4 여러분 모두는 참 생명이신 그리스도께서
다시 오시는 날, 영광 가운데 그분과 함
께 거하게 될 것입니다.
5 여러분의 생활 가운데 죄악된 것*은 다
버리십시오. 성적인 죄, 악한 행동, 나쁜
생각, 지나친 욕심 등은 하나님 이외의 것
들을 더 소중히 여기는 마음가짐입니다.
특히 탐심은 우상숭배입니다.
6 하나님은 이런 일을 하는 자들에게 화를
내실 것입니다.
7 여러분이 예전에는 이런 일들을 했을지
모릅니다.
8 그러나 여러분의 생활 가운데서 이런 것
들을 몰아 내려고 힘쓰십시오. 분한 생
각, 화를 내는 것, 다른 사람의 마음을 아
프게 하는 말이나 행동, 선하지 못한 말
들도 마찬가지입니다.
9 서로에게 거짓말을 하지 마십시오. 이제
는 과거의 잘못된 삶에서 진정으로 벗어
나야 할 때입니다.
10 여러분의 삶 속에 새로운 삶이 시작되었
습니다. 여러분은 새 생활 가운데 더욱더
새로워져 가고 있습니다. 이것은 여러분
을 창조하신 그분의 모습을 닮아 가는 것
입니다. 이 삶 속에서 하나님을 아는 참
된 지식이 점점 더 자라날 것입니다.
11 새로운 생명을 받은 자들에게는 그리스인
이든지 유대인이든지, 할례를 받은 사람
이든지 그렇지 않은 사람이든지, 아무런
차이가 없습니다. 또한 야만인이든지 스
구디아인*이든지, 종이든지 자유인이든
지, 그것도 중요하지 않습니다. 오직 모
든 믿는 자의 마음속에 계신 그리스도만이
이것들 중에서 가장 중요합니다.
12 여러분은 하나님의 선택을 받아 그분의
거룩한 백성이 되었습니다. 하나님의 사
랑을 받는 만큼 다른 사람에게 너그러운
마음을 가지십시오. 친절함과 겸손함과
온유함으로, 그리고 인내하는 마음으로
다른 사람들을 대하십시오.
13 화를 내기보다는 용서하고, 여러분에게
해를 입히더라도 용서해 주기 바랍니다.
우리 주께서 우리를 용서하신 것같이, 우
리도 다른 사람을 용서해 주어야 하지 않
겠습니까?
14 이 모든 일을 하되, 무엇보다도 서로를 사
랑하는 것이 중요합니다. 사랑은 모두를
완전하게 묶어 주는 띠입니다.
15 그리스도께 받은 평화로 여러분 마음을 다
스리십시오. 여러분은 평화를 위해 부름
을 받아 한 몸이 된 것입니다. 항상 감사

알아두세요

3:5 땅에 속한 것
3:11 '스구디아인'은 야만인, 미개인으로 취급되었다.
3:21 부모들은 자녀들을 격분하게 하지 마십시오.

하는 생활을 하십시오.
16 그리스도의 말씀으로 여러분의 삶을 풍성
히 채우십시오. 주신 지혜로 서로를 가르
치고 세워 주기 바랍니다. 시와 찬양과 신
령한 노래로써 감사한 마음을 하나님께
아뢰십시오.
17 여러분은 모든 말과 행동을 우리 주 예수
님을 위해 하는 것처럼 해야 합니다. 하
나님 아버지께 이 모든 것으로 말미암아
감사를 드리기 바랍니다.

다른 사람과 함께

18 아내들은 남편에게 복종하십시오. 이것은
주님을 믿는 자로서 당연히 해야 할 일입
니다.
19 남편들은 아내를 사랑하고, 부드럽게 대
하며 아껴 주십시오.
20 자녀들은 모든 일에 부모에게 순종하십시
오. 이것은 주님을 기쁘게 해 드리는 일
입니다.
21 부모들은 자녀들에게 너무 엄하게 혼내지
마십시오.* 그들이 혹시 용기를 잃고 낙
담할 수도 있습니다.
22 종들은 언제나 주인에게 복종하십시오.
주인에게 잘 보이려고 주인이 볼 때만 열
심히 일하는 척해서는 안 됩니다. 주님을
두려워하는 마음으로 정직하게 주인을 섬
기기 바랍니다.
23 여러분이 하는 모든 일에 최선을 다하며,
사람을 위해서가 아니라 주님을 위해 하
듯이 열심히 일하십시오.
24 여러분은 우리 주님께서 그의 백성에게
약속하신 유업을 상으로 주실 것을 기억
하기 바랍니다. 여러분이 바로 주님을 섬
기는 일꾼들입니다.
25 또한 나쁜 짓을 하는 사람들은 그 대가를
받게 될 것을 기억하십시오. 주님은 모든
사람에게 공평하게 대하시는 분입니다.

4 주인 된 자들은 종들에게 공정하게 대
하며, 좋은 것으로 베푸십시오. 여러
분 역시 하늘에 계신 주인을 섬기는 자들
임을 기억하기 바랍니다.

그리스도인으로서 해야 할 일

2 항상 기도하며 깨어 있으십시오. 기도할
때마다 감사를 드리십시오.
3 우리를 위해서도 기도해 주십시오. 전도
의 문을 열어 주셔서, 하나님께서 알려 주
신 그리스도의 비밀을 말할 수 있도록 기
도해 주십시오. 나는 말씀을 전하다가 지

자녀는 부모에게 순종하고, 부모들은 자녀를
너무 엄하게 혼내지 마십시오(3:20-21)

라오디게아에 있었던 1만 명 이상을
수용할 수 있는 경기장(4:13)

금 감옥에 갇혀 있습니다.
4 내가 이 복음을 확실하고 올바르게 전할
수 있도록 기도해 주시기 바랍니다.
5 믿지 않는 사람들을 대할 때는 지혜롭게
행동하십시오. 기회를 최대한 잘 사용하
십시오.
6 말할 때도 친절하고 분별력이 넘치도록
힘써야 합니다. 그러면 어느 누구에게든
지 적절한 대답을 할 수 있을 것입니다.

바울과 함께 있는 사람들의 소식

7 두기고는 그리스도 예수 안에서 나의 사랑
하는 형제이며, 신실한 일꾼입니다. 그가
우리의 형편을 상세히 알려 줄 것입니다.
8 내가 그를 여러분에게 보내는 것은 여러
분이 우리 소식을 듣고 격려를 받도록 하
기 위해서입니다.
9 또한 여러분의 동료 오네시모도 함께 보냅
니다. 오네시모 역시 우리가 사랑하는 신
실한 형제입니다. 그들 둘 다 여러분에게
이 곳 사정에 대해 자세히 말해 줄 것입
니다.
10 나와 함께 감옥에 갇혀 있는 아리스다고가
여러분에게 안부를 전합니다. 바나바의
사촌 마가도 여러분에게 안부를 전합니다
(전에도 당부했듯이 마가가 그 곳으로 가
게 되면, 그를 따뜻하게 맞아 주십시오).
11 유스도라고도 하는 예수 역시 여러분에게
안부를 전합니다. 유대인 가운데 하나님
의 나라를 위해 이 곳에서 나와 함께 일
하는 자들은 이 사람들뿐입니다. 이들은
내게 참으로 큰 위로가 되고 있습니다.
12 예수 그리스도의 종이며, 여러분의 동료인
에바브라도 여러분에게 인사합니다. 그는
여러분의 신앙이 성숙해져서 모든 일에
하나님의 뜻을 잘 알 수 있도록, 여러분
을 위해 늘 열심히 기도하고 있습니다.
13 나는 그가 여러분을 위해서, 또한 라오디
게아와 히에라볼리에 있는 사람들을 위해
서 얼마나 열심히 일했는지 잘 알고 있습
니다.
14 데마와 의사인 우리 친구 누가도 여러분에
게 안부를 전합니다.
15 라오디게아에 있는 형제들에게 안부를 전
해 주십시오. 눔바와 그녀 집에 모이는
교회 사람들에게도 안부를 전해 주십시
오.
16 이 편지를 다 읽고 난 후, 라오디게아 교
회에서도 읽을 수 있도록 해 주기 바랍니
다. 또한 내가 라오디게아에 보내는 편지
도 여러분이 읽을 수 있을 것입니다.
17 아킵보에게 주님께서 맡기신 일을 충실히
잘 하라고 전해 주십시오.
18 나 바울은 여러분에게 나의 친필로 이렇
게 문안합니다. 내가 감옥에 갇혀 있다는
것을 잊지 마십시오. 하나님의 은혜가 여
러분과 함께하기를 기도드립니다.

당부하다(4:10 request) 어찌어찌하라고 말로 단단히 부탁하다.
신앙(4:12 faith) 하나님에 대한 공경과 믿음.
성숙(4:12 maturity) 경험이나 훈련을 쌓아 익숙해지는 것.
친필(4:18 one's own handwriting) 손수 쓴 글씨.

데살로니가전서

1 Thessalonians

저자

저자는 사도 바울이다.

저작 연대

A.D. 51-53년

주요 인물

바울, 실루아노, 디모데

기록 목적과 대상

데살로니가 교회를 다녀온 디모데가 바울에게 여러 소식을 전하였는데, 그것은 데살로니가 성도들이 여전히 바울을 사모하며, 바울이 가르친 가르침을 잘 지키며, 고난을 당하면서도 신앙을 잘 지키고 있다는 것이었다. 반면 문제점도 지적되었는데 그것은 그리스도께서 곧 다시 오시리라고 단정하고 무위도식하는 사람들이 있었으며, 신자가 된 후로도 부도덕한 생활에서 벗어나지 못한 자가 있었고, 먼저 죽은 자들의 부활 문제로 고민하는 성도들이 있었다는 것이다. 바울은 이러한 자들의 잘못된 점들을 고쳐 주고 그들의 믿음에 감사하는 뜻으로 데살로니가전서를 기록하였다.

내용 소개

1. 데살로니가 교인들에 대한 감사(1:1-3:13)
2. 데살로니가 교인들을 위한 교훈(4:1-5:28)

인사

1 바울과 실루아노*와 디모데는 하나님 아버
지와 주 예수 그리스도의 교회인 데살로니
가 교회에 편지합니다. 하나님의 은혜와
평안이 여러분에게 있기를 빕니다.

데살로니가인들의 믿음

2 우리는 기도할 때마다 여러분을 기억하며
하나님께 감사드리고 있습니다.
3 여러분이 믿음으로 행한 일들과, 사랑으
로 행한 수고와, 우리 주 예수 그리스도 안
에서 굳건히 소망을 지켜 가는 모습을 보
며, 늘 하나님께 감사하고 있습니다.
4 형제 여러분, 우리는 하나님께서 여러분
을 사랑하셔서 그분의 백성으로 삼으신
것을 알고 있습니다.
5 우리는 복음을 말로만 전하지 않고 하나
님의 능력과 성령과 큰 믿음 가운데서 전
했습니다. 여러분과 함께 있을 때 우리의
생활이 어떠했는지 여러분이 아실 것입니
다. 그것은 여러분을 위해 그렇게 한 것
입니다.
6 여러분도 이제 우리처럼 주님을 본받는
자가 되었습니다. 고난을 받는 중에도 성
령이 주는 기쁨을 통해 주님의 말씀을 놓
치지 않았기 때문에,
7 여러분은 마케도니아와 아가야 지역에 사
는 성도들에게 모범이 되고 있습니다.
8 여러분을 통해 주님의 말씀이 마케도니아
와 아가야 온 지방으로 퍼졌고, 여러분의
믿음도 그 모든 지역에 퍼졌습니다. 그러
므로 하나님을 섬기는 여러분의 믿음에
관해서는 더 이상 할 말이 없습니다.
9 우리가 여러분을 방문했을 때, 여러분이
우리에게 잘 대해 준 것과, 섬기던 우상

열두사도기념교회

알아두세요

1:1 '실루아노'의 또 다른 이름은 '실라'이다. 신약 성경에서는 같이 사용되고 있다.

을 버리고 살아 계신 하나님을 믿게 된 것
에 대해서 그 사람들이 우리에게 잘 말해
주고 있습니다.
10 또한 그들은 여러분이 하나님의 아들이
다시 오시기를 고대하고 있다고 말해 주
었습니다. 그렇습니다. 하나님께서는 그
아들을 다시 살리셨고, 그 아들 예수님은
하나님의 노여운 심판에서 우리를 구해
주실 것입니다. 그분은 반드시 다시 오십
니다.

데살로니가에서 바울이 한 일

2 형제 여러분, 우리가 여러분을 방문한
것이 결코 헛되지 않았음을 여러분도
알 것입니다.
2 여러분도 알다시피, 우리는 여러분에게
가기 전에 빌립보에서 고난을 당하였고 멸
시를 받았습니다. 여러분에게 갔을 때도
많은 사람들이 우리를 대적하였습니다.
그러나 하나님께서는 여러분에게 담대하
게 하나님의 복음을 전할 수 있도록 우리
를 도와 주셨습니다.
3 우리가 전하는 말은 여러분을 격려하기
위한 것입니다. 우리는 거짓을 말하지 않
고, 악한 생각도 품지 않습니다. 결코 여
러분을 속이지도 않습니다.
4 하나님께서 우리를 훈련시키시고 복음을
전하라고 하셨기 때문에 말씀을 전할 뿐
입니다. 우리는 사람을 기쁘게 하기보다
는, 우리 마음을 살피시는 하나님을 기쁘
시게 해 드리기 원합니다.
5 우리가 여러분이 듣기에 좋은 말을 해서
여러분의 마음을 사거나, 돈을 바란다든
지, 욕심을 채우기 위해 거짓으로 행동한
적이 없었다는 것을 여러분은 아실 것입
니다. 하나님께서도 우리를 증거해 주실
것입니다.
6 우리는 여러분이나 혹은 다른 누군가가
칭찬해 주기를 바란 적도 없습니다.
7 우리가 그리스도의 사도로서 우리의 권위
를 이용해, 여러분에게 짐을 지울 수도 있
었습니다. 그러나 우리가 여러분을 얼마
나 온유한 마음으로 대했는지 아실 것입
니다. 우리는 어린 자녀를 돌보는 어머니
의 심정으로 여러분을 대했습니다.
8 우리는 여러분을 사랑하기 때문에 하나님
의 말씀을 여러분에게 기쁜 마음으로 전
할 뿐만 아니라 여러분을 위해 우리의 생
명까지도 기꺼이 내어 줄 수 있습니다.
9 형제들이여, 여러분은 우리가 얼마나 열
심히 일했는지 아실 것입니다. 우리는 복
음을 전하는 동안, 여러분 어느 누구에게
도 짐이 되지 않으려고 밤낮으로 열심히
일했습니다.
10 또한 우리가 얼마나 흠없이 거룩하고 바
르게 살고자 했는지 알 것이며, 이에 대
해 하나님께서도 증인이 되어 주실 것입
니다.
11 여러분도 알다시피, 우리는 아버지가 자
녀를 대하듯 여러분 한 사람 한 사람을 돌
보아 주었습니다.
12 여러분을 높여 주고, 위로하며, 하나님을
위해 선한 삶을 살아가라고 가르쳤습니
다. 왜냐하면 하나님께서는 여러분을 그
분의 영광스러운 나라로 불러 주셨기 때

성경 자세히 이해하기

바울의 노동

전도자가 교회로부터 보수를 받는 것은 당연한 일이라고 말했던 바울이지만(고전 9:4,6,12-14) 정작 그들 일행은 교회의 성도들에게 경제적 부담을 주지 않기 위하여 스스로 생활비를 조달했습니다. 당시 헬라인들이 육체 노동을 멸시하고 정신 활동을 중요하게 여긴 데 비해, 유대인들은 육체 노동을 중요하게 여겼기 때문에 랍비들은 모든 소년들이 직업 훈련을 받도록 가르쳤습니다. 바울은 천막 제조 기술을 지니고 있어 이것으로 생계를 유지했습니다.

본문 보기 2장 9절

동족(2:14 countrymen) 같은 겨레나 민족.
면류관(2:19 crown) 가장 영광스러운 상태. 최고의 명예로운 상태를 비유하는 말.
강건하다(3:10 firm) 굳세고 건전하다.

문입니다.
13 하나님 앞에 또한 감사한 것은, 여러분이
우리가 전한 복음을 사람의 말로 생각하
지 않고, 하나님의 말씀으로 받아들인 것
입니다. 복음은 참으로 하나님의 말씀이
며, 그 말씀을 믿는 여러분 안에서 힘있
게 살아 움직이고 있습니다.
14 형제들이여, 여러분은 유대에 있는 하나
님의 교회와 비슷한 처지에 있습니다. 저
들은 같은 동족인 유대인들에게 고난을
받았고, 여러분 역시 여러분의 동족에게
똑같은 핍박을 받았습니다.
15 유대인들은 주 예수님과 예언자들을 죽이
고 우리들을 쫓아 내며, 하나님을 기쁘시
게 하지도 않고, 모든 사람의 원수가 되
었습니다.
16 그들은 이방인들이 구원을 얻지 못하도록
우리가 이방인들에게 복음 전하는 것을
방해합니다. 그러나 이렇게 하는 것은 결
국 그들의 죄만 더 크게 할 뿐입니다. 마
침내 하나님의 진노가 그들에게 내렸습니
다.

바울이 다시 그들을 만나고 싶어하다

17 형제들이여, 내가 잠시 여러분과 떨어져
있지만, 나는 항상 여러분을 생각합니다.
너무나 보고 싶고, 또 여러분이 있는 곳
으로 가고도 싶습니다.
18 그래서 나 바울이 몇 번이나 가려고 했지
만, 사탄의 방해로 갈 수가 없었습니다.
19 여러분은 우리의 소망이요, 기쁨이요, 면
류관입니다. 우리 주 예수 그리스도께서
다시 오시는 그 날, 우리는 여러분을 자
랑스러워할 것입니다.
20 진실로 여러분은 우리의 영광이며, 기쁨
입니다.

3 우리가 당장 가 볼 수는 없으나 그냥
기다리기에는 너무 힘이 들었습니다.
그래서 우리는 아테네에 있고,
2 디모데를 여러분에게 보내기로 결정했습
니다. 형제 디모데는 우리를 도와 그리스
도의 복음을 전하며, 하나님을 위해 우리
와 함께 일하고 있습니다. 그가 여러분을
굳세게 하고, 믿음 안에서 여러분을 위로
해 줄 것입니다.
3 우리가 그를 보낸 것은, 여러분 중에 그
어느 누구도 고난 때문에 믿음이 흔들리
지 않게 하기 위함입니다. 여러분은 우리
가 이러한 고난을 받아야 한다는 것을 잘
알고 있을 것입니다.
4 우리가 여러분과 함께 있을 때에, 우리 모
두 언젠가는 고난을 받을 때가 있을 것이
라고 말했던 것을 기억하실 것입니다. 지
금 그 일이 우리에게 일어나고 있는 것뿐
입니다.
5 그래서 더 이상 불안해하며 기다릴 수 없
어 디모데를 여러분에게 보내 여러분의 믿
음의 상태를 알아보았습니다. 그것은 혹
시 사탄의 유혹에 넘어가 우리가 한 수고
를 헛되게 만들지는 않았는지 걱정되었기
때문입니다.
6 그러나 방금 디모데가 돌아와 여러분의 믿
음과 사랑에 대한 기쁜 소식을 전해 주었
습니다. 디모데는 여러분이 언제나 우리
를 좋게 생각하여, 우리가 여러분을 보고
싶어하는 만큼이나 여러분도 우리를 보고
싶어한다고 말해 주었습니다.
7 형제 여러분, 우리는 많은 어려움과 고난
을 겪을 때, 여러분의 믿음으로 위로를 받
았습니다.
8 여러분이 주님 안에서 굳건히 서 있기만
한다면, 그보다 더 큰 보람은 없습니다.
9 이 모든 것으로 인해 우리가 기뻐하고, 하
나님 앞에 감사를 드립니다. 그러나 이 모
든 기쁨과 감사를 어떻게 다 표현할 수 있
겠습니까?
10 밤낮으로 여러분을 위하여 온 맘을 다해
하나님께 기도하고 있습니다. 여러분을
하루 빨리 다시 만나 여러분의 믿음을 더
강건하게 세워 줄 수 있게 되기를 기도합
니다.
11 아버지 하나님과 우리 주 예수님께서 우
리가 여러분에게 갈 수 있는 길을 열어 주
시기를 간절히 바랍니다.
12 주님께서 여러분의 사랑을 풍성하게 하고

넘치게 하셔서 우리가 여러분을 사랑하듯
서로 사랑하기를 기도합니다.
13 그리고 믿음 안에서 여러분의 마음이 강
해지기를 기도합니다. 그러면 우리 주 예
수님께서 주님의 거룩한 백성들과 함께
다시 오시는 날, 여러분은 아버지 하나님
앞에서 거룩하고 흠없이 서게 될 것입니
다.

하나님을 기쁘시게 하는 삶

4 형제 여러분, 이제 나는 여러분에게 몇
마디 더 부탁하려고 합니다. 우리는 여
러분에게 하나님을 기쁘시게 하며 살아가
도록 가르쳤습니다. 여러분이 우리에게
배운 대로 살고 있다는 것을 알지만, 주
예수님 안에서 다시 한 번 부탁드립니다.
앞으로도 더욱 열심히 그렇게 살아가십시
오.
2 여러분은 우리가 주 예수님의 이름으로 명
령한 것을 잘 알고 있을 것입니다.
3 하나님께서는 여러분이 성적인 모든 죄를
피하고 거룩하고 순결하게 살기를 원하십
니다.
4 자신의 몸을 거룩하고 존귀하게 사용하십
시오.
5 육체의 정욕에 따라 여러분의 몸을 사용
하지 마십시오. 그것은 하나님을 모르는
사람들이나 짓는 죄입니다.
6 이런 죄를 지어서 여러분의 형제를 속이
거나 그에게 해를 입히지 않도록 하십시
오. 우리 주님은 그런 사람을 반드시 벌
하십니다. 이 부분에 대해서는 예전에도
여러분에게 경고하였습니다.
7 하나님께서는 거룩하게 살아가도록 우리
를 불러 주셨으며, 우리가 죄 가운데 사
는 것을 원하지 않으십니다.
8 그러므로 이 가르침에 따라 살기를 거부
하는 것은 사람의 명령을 거스르는 것이
아니라 우리에게 성령을 주신 하나님의
명령을 거스르는 것입니다.
9 형제 자매를 사랑하는 것에 대해서는 쓸
말이 없습니다. 왜냐하면 하나님께서 이
미 여러분에게 서로 사랑하라고 가르쳐
주셨으며,
10 여러분이 마케도니아에 있는 모든 사람들
을 사랑으로 잘 감싸고 있다는 것을 알고
있기 때문입니다. 앞으로도 더욱 힘써 사
랑을 베푸십시오.
11 평안한 삶을 위해 최선을 다하십시오. 전
에도 말했듯이 여러분 각자의 일을 돌아
보고 자신의 일에도 정성을 다하기 바랍
니다.
12 이렇게 할 때 믿지 않는 사람들이 여러분
을 존경하게 되고, 여러분 자신도 부족함
이 없게 될 것입니다.

주님의 재림

13 형제 여러분, 나는 여러분이 죽은 자들에
관해서 아무것도 모르는 것을 원하지 않
습니다. 그것은 여러분이 아무 소망이 없
는 사람들처럼 슬퍼하게 되는 것을 바라
지 않기 때문입니다.
14 우리는 주님께서 죽으셨다가 다시 살아나
신 것을 믿고 있습니다. 그러므로 하나님
께서는 예수님을 믿다가 죽은 자들도 예수
님과 함께 분명히 살리실 것입니다.
15 우리는 지금 주님께서 하신 말씀을 하고
있습니다. 주님께서 오시는 날, 살아 있
는 자들은 주님과 함께 있게 될 것입니다.
그러나 결단코 그 날에 살아 있는 자들이
이미 죽은 자들보다 주님을 먼저 만나지
는 못할 것입니다.
16 그 날에 주님은 하늘로부터 내려오셔서,
천사장의 소리와 하나님의 나팔 소리가
울리는 가운데 큰 소리로 호령하실 것입
니다. 그 때 그리스도를 믿다가 죽은 자들
이 먼저 일어나고
17 그후에 살아 있던 자들도 그들과 함께 구
름 속으로 끌어올려져 하늘에서 주님을
만나게 될 것입니다.
18 그러므로 여러분은 이런 말로 서로 위로
하십시오.

주님의 재림에 대비하십시오

5 형제 여러분, 정확한 때와 시간에 대
해서는 말할 수 없습니다.
2 왜냐하면 주님이 오시는 그 날은 한밤중

살전

의 도적같이 임할 것이기 때문입니다.
3 사람들이 "모든 것이 평안하고 안전하다"
고 말할 그 때에, 재난이 갑자기 닥칠 것
입니다. 그것은 마치 아기를 낳을 여인이
갑작스럽게 진통을 맞이하는 것과 같아서
아무도 피할 수가 없습니다.
4 그러나 여러분은 어두움 가운데 있지 않
기 때문에 여러분에게는 그 날이 도적같
이 갑자기 찾아오지 않을 것입니다.
5 여러분은 빛의 아들들이며 낮에 속한 사
람들입니다. 우리는 결코 어두움과 밤에
속한 사람들이 아닙니다.
6 그러므로 다른 사람들처럼 잠들지 말고,
깨어서 정신을 차려야 합니다.
7 잠자는 사람들은 밤에 자고, 술 마시는 사
람들도 밤에 마시고 취합니다.
8 그러나 우리는 낮에 속한 사람들이니 정
신을 똑바로 차리고, 믿음과 사랑의 갑옷
을 입고, 구원에 대한 소망의 투구를 씁
시다.
9 하나님께서는 우리를 벌하기 위해 택하신
것이 아니라, 우리 주 예수 그리스도를 통
해 구원을 얻도록 하기 위해 부르셨습니
다.
10 그리스도께서는 우리를 위해 죽으셔서, 우
리가 살든지 죽든지 상관없이 그분과 함
께 살 수 있게 해 주셨습니다.
11 그러므로 지금처럼 서로를 위로하고 격려
하며 서로에게 힘이 되어 주십시오.

마지막 교훈과 인사

12 형제 여러분, 여러분 가운데 수고하고 주
님의 말씀을 가르치며 지도하는 분들을
존경하십시오.
13 여러분을 위해 일하는 그들을 각별한 사
랑으로 대해 주십시오. 서로 화목하게 지
내기 바랍니다.
14 게으른 자들을 훈계하고, 마음이 약한 자
들을 격려해 주십시오. 힘이 없는 자들을
도우며, 모든 사람을 인내로 대하십시오.
15 악으로 악을 갚지 말고, 서로 모든 사람
에게 선을 베풀도록 힘쓰십시오.
16 항상 즐거워하십시오.
17 쉬지 말고 기도하십시오.
18 모든 일에 감사하십시오. 이것이 그리스도

재림하실 예수님과 성도들(4:16-18)

예수 안에서 여러분을 향한 하나님의 뜻
입니다.
19 성령께서 일하시는 것을 막지 말고,
20 예언의 말씀을 하찮게 생각하지 마십시오.
21 모든 일을 잘 살펴서 선한 것을 붙잡고,
22 악한 것을 멀리하기 바랍니다.
23 평안의 하나님께서 여러분을 깨끗하게 하
셔서 하나님께 속한 자로 지켜 주시며, 여
러분의 온몸, 즉 영과 혼과 육신 모두를
우리 주 예수 그리스도께서 오실 그 날까
지 아무 흠없이 지켜 주시기를 기도합니
다.
24 여러분을 부르신 그분은 신실하시기 때문
에 이 일을 반드시 이루실 것입니다.
25 형제 여러분, 우리를 위해서도 기도해 주
시기 바랍니다.
26 거룩한 입맞춤으로 모든 형제에게 인사를
나누십시오.
27 이 편지를 모든 형제들에게 읽어 줄 것을
주님의 이름으로 부탁합니다.
28 우리 주 예수 그리스도의 은혜가 여러분과
함께 하기를 기도합니다.

믿음을 키워 주는 이야기

새들의 불평

이스라엘의 동화 중에는 '새들의 불평'이 있습니다.

하나님께서 수많은 동물을 만들어 산과 들과 바다로 보내셨습니다. 그런데 새들은 불만이 가득했습니다.

"다른 동물들에게는 튼튼한 다리를 만들어 주면서 왜 우리에게는 이렇게 가느다란 다리를 주십니까? 그리고 어깨 양쪽에는 '날개'라는 무거운 짐을 매달아 주시는 이유는 무엇입니까?"

새들은 저마다 불평을 쏟아냈습니다. 그러자 하나님께서 빙그레 웃으시며 새들에게 말씀하셨습니다.

"너희들이 무거운 짐으로 생각하는 날개를 활짝 펴서 힘껏 움직여 보아라."

독수리가 맨 먼저 커다란 날개를 활짝 펴서 힘껏 움직였습니다. 그 순간 독수리는 공중으로 떠올랐습니다. 깃털이 바람에 날리듯이 아주 가볍게 날개를 흔들며 높이 올라갔습니다. 다른 새들도 날개를 펴고 독수리의 뒤를 따라 날아올랐습니다. 새들이 지고 있던 짐은 큰 자유를 누리도록 베푼 하나님의 선물이었습니다.

각 사람이 지고 가는 인생의 짐, 곧 각자의 십자가는 그 자신을 높이 오르게 하는 날개가 되어 줍니다. 그 십자가는 시간이 지날수록 처음보다 가벼워지고 어느새 자신을 높이 오르게 하는 날개가 됩니다.

데살로니가후서

2 Thessalonians

저자

저자는 사도 바울이다.

저작 연대

A.D. 51-53년

주요 인물

바울, 실루아노, 디모데

기록 목적과 대상

데살로니가에 살았던 신자들은 그리스도를 믿는다는 이유로 더 큰 핍박을 받고 있었는데 이런 중에서도 더욱 애타게 다시 오실 그리스도를 고대하고 있었다. 그런데 그곳 교인 중에는 그리스도께서 갑자기 임하시리라는 말씀을 오해했던 사람들이 있었다. 따라서 바울은 데살로니가후서를 통해 그리스도께서 곧 오신다고 말하고 다니면서 일상 생활에 충실하지 않고 들떠 있는 사람들에게 그리스도의 재림에 관해 자세하게 알려 주고 있다.

내용 소개

1. 핍박받는 성도들을 격려함(1:1-12)
2. 그리스도의 재림에 대한 가르침(2:1-17)
3. 교인들을 위한 권면(3:1-15)
4. 맺는말(3:16-18)

인사

1 바울과 실루아노*와 디모데는 하나님 우
리 아버지와 주 예수 그리스도 안에 있는
데살로니가 교회에 편지를 보냅니다.
2 하나님 아버지와 주 예수 그리스도의 은혜
와 평화가 여러분에게 가득하기를 빕니
다.

바울이 하나님의 심판에 관해 말하다

3 우리는 여러분을 생각할 때마다 하나님께
늘 감사드립니다. 여러분의 믿음이 더욱
더 자라고 서로에 대한 사랑도 점점 커 가
고 있다고 하니, 하나님께 감사드리는 것
은 당연한 일입니다.
4 우리는 여러분이 심한 핍박을 받고 많은
어려움을 겪으면서도 믿음을 굳게 지키고
있는 것을 다른 교회에 자랑하였습니다.
5 이 모든 것이 하나님께서 바르게 심판해
주시는 것을 증언하고 있습니다. 하나님
께서는 여러분이 고난을 겪는 것을 통해
하나님 나라에 들어갈 자격을 얻게 하십
니다.
6 또한 여러분에게 괴로움과 고통을 준 사
람들에게 그대로 갚으십니다.
7 주 예수님께서 능력 있는 천사들과 함께
하늘에서 내려오실 그 때가 되면, 하나님
께서 고통을 당하는 여러분과 우리 모두
에게 평안을 주실 것입니다.
8 그분은 하늘의 불꽃 가운데 나타나셔서,
하나님을 알려고 하지 않는 자들과 우리
주 예수님의 복음에 순종하지 않는 자들
을 벌하실 것입니다.
9 그들은 영원히 멸망해서 주님과 가까이
있을 수도 없고, 그분의 크신 영광을 볼
수도 없게 될 것입니다.
10 주 예수님께서 오실 그 날, 이 모든 일이
이루어질 것이며, 우리 주님은 주님을 찬

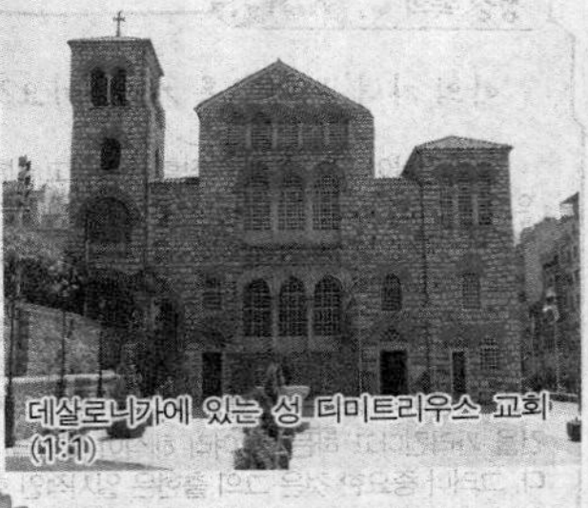

데살로니가에 있는 성 디미트리우스 교회 (1:1)

알아두세요

1:1 '실루아노'의 또 다른 이름은 '실라'이다. 신약 성경에서는 같이 사용되고 있다.

양하는 거룩한 백성에게 영광을 받으실
것입니다. 여러분도 우리가 전한 복음을
믿었으니 주님을 높여 드리는 무리 안에
속하게 될 것입니다.
11 우리는 여러분을 위해 항상 기도합니다.
여러분을 부르신 하나님의 뜻대로 믿음
안에서 그분의 능력을 힘입어, 더욱더 선
한 일을 많이 할 수 있도록 기도합니다.
12 그렇게 되면 우리 주 예수 그리스도의 이
름이 여러분을 통해 영광을 받고, 여러분
도 그리스도 안에서 영광을 누리게 될 것
입니다. 이것은 하나님과 주 예수 그리스
도의 은혜로 이루어지는 것입니다.

악한 무리가 나타날 것이다

2 형제 여러분, 우리 주 예수 그리스도께
서 다시 오시는 것과 그분 앞에서 우
리 모두가 함께 모이게 될 그 시간에 대
해, 여러분에게 몇 마디 하려고 합니다.
2 예언이나 말씀, 혹은 우리가 보냈다고 꾸
민 가짜 편지를 가지고 주님의 날이 벌써
왔다고 떠들어 대는 사람들 때문에 흔들
리거나 두려워하지 마십시오.
3 누가 뭐라고 해도 속지 마십시오. 사람들
이 하나님을 거역하고 지옥에 속한 악의
자녀가 나타날 때, 주님의 날이 임할 것
입니다.
4 그는, 신이라고 부르는 것과 사람들이 예

성경 속의 궁금증

'악의 자녀'는 누구를 가리킬까요?

주님의 날이 오기 전에 등장할 것이라고 말한 '악의 자녀'는 사탄의 대리인으로 묘사되고 있으며(2:9), 초자연적인 능력을 소유하고 있다고 말합니다(2:9-10). 이 존재의 정체에 대해서는 신약 당시의 네로 황제, *로마 교황, 나폴레옹, 히틀러*, 스탈린 등과 같은 인물들을 가리킨다거나 프랑스 혁명이나 공산주의 혁명과 같은 정치적 사건을 가리킨다고 하는 등 여러 해석이 있었습니다. 그러나 중요한 것은 그의 출현은 일시적인 현상이고 그 후에 주님이 재림하셔서 그를 멸망시킨다는 사실입니다. 본문 보기 2장 3절

배하고 섬기는 것들을 다 없애 버릴 것입
니다. 그리고 그 모든 것들 위에 올라 지
배하려고 할 것입니다. 심지어는 하나님
의 성전에 들어가 그 곳에 앉아서 자기가
하나님이라 주장할 것입니다.
5 이 일들은 내가 여러분과 함께 있을 때에
모두 말했던 것들인데 여러분은 기억하지
못합니까?
6 이 악의 자녀는 지금 어떤 힘에 의해 사
로잡혀 있으나 적절한 때에 풀려나게 될
것입니다.
7 이미 악의 세력이 세상 가운데 슬며시 나
타나고 있지만, 아직은 어떤 힘에 의해 눌
려 있습니다. 그를 누르고 있는 힘이 다
른 곳으로 옮겨질 때까지 꼼짝 못하고 있
다가
8 마침내 이 악한 자는 그 모습을 드러낼 것
입니다. 하지만 영광 중에 오시는 주 예
수님께서, 그분의 입에서 나오는 입김으
로 그를 죽이고 말 것입니다.
9 그는 사탄의 힘을 빌어서 큰 능력을 보일
것입니다. 많은 거짓 기적과 표적을 행하
는 것은 물론,
10 진리를 사랑하고 따르기를 거부한 사람들
을 자기 편으로 끌어들이기 위해 온갖 꾀
를 사용할 것입니다. 만약 이들이 진리를
따랐다면 구원 받을 수도 있었을 것입니
다.
11 이들이 진리를 따르는 것을 거부했기 때
문에, 하나님께서는 그들이 진리를 떠나
헛된 것을 좇아서 잘못된 길로 가도록 내
버려 두셨습니다.
12 그렇기 때문에 진리를 믿지 않고 죄 짓는
것을 즐기는 사람들은 심판을 받게 될 것
입니다.

여러분은 선택받은 자들입니다

13 사랑하는 형제 여러분, 주님은 여러분을
사랑하십니다. 하나님께서는 이 세상 맨
처음부터 여러분이 구원 받도록 선택해
놓으셨습니다. 그러므로 우리는 하나님께
늘 감사드려야 할 것입니다. 거룩하게 하
시는 성령과 진리 안에 있는 믿음으로 여

러분은 구원 받았고,
14 하나님은 우리가 전한 복음을 통해 여러
분이 구원 받도록 하셨습니다. 하나님께
서는 우리 주 예수 그리스도의 영광을 나
누어 주시기 위해 여러분을 부르셨습니
다.
15 그러므로 형제 여러분, 믿음 위에 굳게 서
서 우리가 말과 편지로 전했던 복음을 계
속 간직하기 바랍니다.
16 우리를 사랑하시는 주 예수 그리스도와 아
버지 하나님께서 그분의 은혜로 선한 소
망과 영원한 위로를 이미 우리에게 주셨
습니다.
17 위로의 하나님께서 여러분이 하는 말과
모든 선한 일에 더욱 힘이 되어 주시길 기
도합니다.

우리를 위해 기도해 주십시오

3 형제 여러분, 우리를 위해 기도해 주
십시오. 주님의 말씀이 하루 빨리 전
해지도록 기도하시기 바랍니다. 여러분이
그런 것처럼, 다른 사람들도 우리 주님의
말씀을 기뻐하며 주님을 높여 드릴 수 있
도록 기도하십시오.
2 또한 우리를 악한 자들에게서 보호해 달
라고 기도해 주십시오. 왜냐하면 모든 사
람들이 주님을 믿는 것은 아니기 때문입
니다.
3 그러나 주님은 신실하신 분이시기에 여러
분에게 힘이 되시며, 여러분을 악한 자로
부터 지켜 주실 것입니다.
4 우리는 여러분이 우리가 전한 대로 잘 행
하고, 또 앞으로도 잘해 나가리라는 것을
주님 안에서 확신합니다.
5 우리 주께서 여러분의 마음을 인도하셔
서, 하나님의 사랑과 그리스도의 인내를
잘 깨닫게 하시기를 기도합니다.

노동에 대한 의무

6 형제 여러분, 우리 주 예수 그리스도의 이
름으로 명령합니다. 일하기를 싫어하는
형제들을 멀리하십시오. 게으름을 피우며
일하지 않는 사람들은 우리가 전한 명령
을 지키지 않는 것입니다.

게으르지 말고 부지런히 일하라(3:6-12)

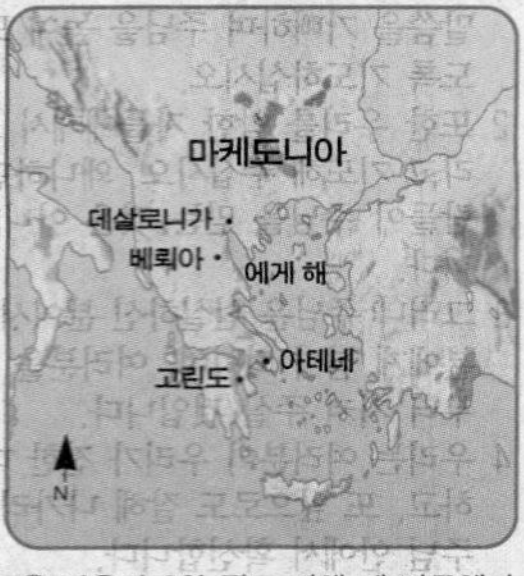

바울이 2차 전도 여행 때 방문했던 주요 도시들

7 우리가 보여 준 모범을 통해 여러분은 어
떻게 살아야 하는지 잘 알게 되었을 것입
니다. 여러분과 함께 있을 때, 우리는 결
코 게으름을 피우지 않았습니다.
8 다른 사람의 양식을 먹게 될 때에도 우리
는 늘 값을 치렀습니다. 여러분 어느 누
구에게도 짐이 되지 않기 위해 우리는 밤
낮으로 일하고 또 일했습니다.
9 물론 여러분에게 우리를 도와 달라고 할
수도 있었을 것입니다. 그러나 우리는 여
러분에게 본을 보여 여러분 스스로 자기
생활을 꾸려 나가도록 하기 위해 열심히
일했던 것입니다.
10 여러분과 함께 있을 때, 우리는 "일하기
를 싫어하는 사람은 먹을 자격도 없다"라
고 가르쳤습니다.
11 여러분 가운데 일하기를 싫어하여 아무것
도 하지 않으려는 자들이 있다고 들었습
니다. 그리고 다른 사람의 일에 간섭하고
참견하느라 시간을 낭비하는 사람이 있다
고 들었습니다.
12 우리 주 예수 그리스도의 이름으로 그들에
게 명령합니다. 조용히 일하며 자기 양식
을 스스로 마련하도록 하십시오.
13 그리고 바르게 살고 있는 형제 여러분, 선
한 일을 하는 동안, 낙심하지 마십시오.
14 만일 우리가 보내는 이 편지의 내용을 따
르지 않는 자가 있거든, 그가 누구인지 기
억해서 가까이하지 마십시오. 그러면 그
사람 스스로 부끄러움을 느끼게 될 것입
니다.
15 하지만 그를 원수처럼 대하지 말고, 사랑
하는 형제로서 충고하십시오.

작별 인사

16 평화의 주님께서 언제 어디서나 여러분에
게 평안을 내려 주시기를 기도합니다. 주
님께서 여러분 모두와 함께하실 것입니다.
17 친필로 여러분에게 문안합니다. 이 글씨
로 나 바울이 친히 보내는 편지임을 알 수
있을 것입니다.
18 우리 주 예수 그리스도의 은혜가 여러분
모두에게 함께하기를 기도합니다.

모범(3:7 model) 따라 배울 만한 행동이나 그런 행동을 하는 사람.
양식(3:8 food) 살아가는 데 필요한 식량.
낙심(3:13 discouragement) 바라던 일이 되지 않아 마음이 상함.
친필(3:17 one's own handwriting) 손수 쓴 글씨.

디모데전서

1 Timothy

저자

저자는 사도 바울이며, 디모데전·후서와 디도서는 교회를 감독하고 치리하는 문제에 대해 목회자로서 디모데와 디도가 갖추어야 할 지침들을 교훈하고 있기 때문에 목회 서신이라고 불린다.

저작 연대

A.D. 63-65년경

주요 인물

바울, 디모데

기록 목적과 대상

본 서신은 교회 문제와 교회 내의 다양한 지도층의 자격 요건과 그들이 해야 할 의무 등을 다루고 있다. 특히 바울은 디모데에게 교회 안의 가르침들이 복음에 합당한가를 살피고, 공중 예배를 감독하고, 교인들을 진리로 가르치고, 예배에 규정된 직무들을 수행하며, 권징을 실시하며, 스스로 순결하고 거룩하게 보존하여 모든 일에 다른 이들의 모범이 되도록 당부하고 있다.

내용 소개

1. 인사말(1:1-2)
2. 거짓 교훈에 대한 경계와 바울이 디모데에게 교훈을 주는 목적(1:3-1:20)
3. 교회의 행정에 관한 지침들(2:1-3:16)
4. 교회 내의 여러 계층에 관한 지침들(4:1-6:2)
5. 기타 문제에 대한 지침(6:3-19)
6. 마지막 당부(6:20-21)

인사

1 우리의 구주 하나님과 우리의 소망 예수
그리스도의 명령으로 예수 그리스도의 사
도가 된 바울은
2 믿음 안에서 참된 아들 디모데에게 하나
님 아버지와 우리 주 예수 그리스도의 은
혜와 자비와 평안이 함께하기를 빕니다.

거짓 가르침에 대한 경고

3 내가 마케도니아로 떠나면서 일러 준 대로
에베소에 그대로 머물러 있기 바랍니다.
에베소의 몇몇 사람들이 잘못된 것을 가
르치고 있으니, 그 곳에 머물며 그들이 그
렇게 하지 못하도록 막아 주었으면 합니
다.
4 그들이 사실이 아닌 이야기와 끝없이 이
어지는 족보 이야기에 집착하지 않도록
그들을 타일러 주십시오. 그런 것들은 쓸
데없는 말싸움이나 일으키며, 하나님의
일에는 전혀 유익을 주지 않습니다. 하나
님의 일은 믿음으로 이루어지는 것입니
다.
5 이렇게 내가 말하는 이유는 사람들이 사
랑을 갖도록 하기 위해서입니다. 이러한
사랑은 깨끗한 마음으로 옳다고 생각되는
일들을 하며, 진실한 믿음을 가질 때에 생
겨납니다.
6 그런데 몇몇 사람들은 이런 것들을 생각
하지 않고 아무 쓸모 없는 것들에 정신을
팔고 있습니다.
7 그들은 율법을 가르치는 선생이 되고 싶
어하지만 자신들이 무슨 말을 하고 있는
지, 무엇을 주장하고 있는지도 알지 못합
니다.
8 우리가 아는 대로 사람이 율법을 올바르
게 사용한다면 그것은 좋은 것입니다.
9 사실, 착한 사람에게는 율법이 필요 없습
니다. 율법은 법을 지키지 않고 어기는 사
람을 위해 만들어진 것입니다. 하나님을
거역하고 죄짓는 사람, 경건치 않은 사

구주(1:1 Savior) 인류를 죄에서 구원할 메시아 예수 그리스도. 여기서는 하나님을 가리킨다.
족보(1:4 genealogy) 한 가문의 대대의 혈통에 관하여 기록한 책.
경건(1:9 piety) 조심하여 공경하는 마음.

람, 부모를 죽이고 살인하는 사람,
10 부도덕한 죄를 짓고 간음하는 사람, 동성
연애자, 사람을 노예로 부리는 사람, 거
짓말하는 사람, 거짓 증언하는 사람, 하
나님의 진리되는 가르침을 어기는 사람을
위해서 율법이 만들어졌습니다.
11 이러한 가르침은 복되신 하나님께로부터
나온 것이며, 하나님께서는 내게 이 영광
의 복음을 전하도록 맡기셨습니다.

하나님의 자비에 대해 감사를 드리다

12 우리 주 예수 그리스도께 감사를 드립니
다. 그분은 나를 충성된 자로 여기시고,
그분을 섬길 수 있도록 하셨으며, 필요한
힘까지 주셨습니다.
13 예수님을 만나기 전에 나는 그리스도를 욕
하고 핍박하며 온갖 방법으로 믿는 자들
을 괴롭혔습니다. 그러나 하나님께서는
내게 자비를 베푸시고 내가 한 일들을 용
서해 주셨습니다. 왜냐하면 그것은 내가
믿지 않던 때에 모르고 저지른 일들이기
때문입니다.
14 주님의 은혜가 나의 마음 가운데 가득 차
고 넘쳤습니다. 그 은혜와 함께 그리스도
예수 안에서 믿음과 사랑도 내 속에 솟아
났습니다.
15 모든 사람들이 진심으로 받아들여야 할
말은, 예수 그리스도께서 죄인을 구하러
이 땅에 오셨다는 것입니다. 나는 그 죄
인 중에서도 가장 큰 죄인이었습니다.

초대 교회 대표적인 집사 스데반 기념 교회 (3:8-13)

16 그러나 하나님께서는 내게 은혜를 베푸시
고 이 못난 죄인을 오래 참고 기다려 주셨
습니다. 그리스도 예수께서는 나를 통해,
구주를 믿고 영원한 생명을 얻게 될 사람
들에게 본을 보여 주시려 했던 것입니다.
17 죽지 않으며 보이지 않는 오직 한 분이신
하나님, 영원히 다스리시는 우리 왕께 영
광과 존귀를 돌립니다. 아멘.
18 나의 아들과도 같은 디모데여, 이전에 그
대에 대해 말했던 예언과 같은 명령을 지
금 그대에게 전합니다. 그 예언들을 따라
믿음 안에서 선한 싸움을 하십시오.
19 믿음을 굳게 지키고 옳다고 판단되는 일
들을 하십시오. 그렇게 하지 않은 사람들
은 믿음을 잃어버리고 말았습니다.
20 후메내오와 알렉산더가 그런 경우였는데,
나는 그들을 사탄에게 넘겨 주어 다시는
하나님을 욕되게 하지 못하도록 했습니다.

남자와 여자에게 주는 몇몇 규칙들

2 첫째로 모든 사람을 위해 간구하며 기
도하십시오. 다른 사람을 위해 중보 기
도하는 것을 잊지 말고, 감사하는 마음을
가지십시오.
2 또한 왕과 높은 위치에 있는 모든 사람을
위해 기도함으로써 우리는 하나님을 예배
하고 경외하며 조용하고 평화롭게 살 수
있습니다.
3 이것은 선한 일이며 우리의 구원자 하나
님을 기쁘시게 해 드리는 일입니다.
4 하나님께서는 모든 사람이 구원받기를 원
하십니다. 또한 모든 사람이 진리를 알기
를 원하십니다.
5 하나님은 오직 한 분이십니다. 하나님께
나아갈 수 있는 방법도 한 가지뿐으로 오
직 예수 그리스도*를 통해서만 가능합니
다. 이것을 위하여 예수 그리스도께서는
사람의 몸으로 이 땅에 오셨습니다.
6 예수님께서는 모든 사람의 죄를 용서하기
위해서 자신을 바치셨습니다. 모든 사람
을 구원하고 싶어하시는 하나님께서는 그
증거로 예수님을 십자가에 못박혀 죽게 하
셨는데, 이는 때가 되어 이루신 하나님의

뜻입니다.
7 이러한 뜻에 따라 나는 복음을 전하는 사
도로 부름을 받았습니다. 이것은 사실이
며 거짓말이 아닙니다. 나는 이방인들에
게 진리를 가르치며 믿음을 심어 주라는
하나님의 뜻을 따르고 있습니다.
8 나는 남자들이 모일 때에 화를 내거나 다
투지 않고, 손을 들어 경건하게 기도하기
를 바랍니다.
9 마찬가지로 여자들도 옷을 단정하게 입
고, 정숙한 몸가짐과 생각을 하기를 바랍
니다. 아름답게 보이려고 머리에 요란한
장식을 달거나 보석과 값비싼 옷으로 치
장하지 마십시오.
10 오히려 선한 일을 해서 아름다움을 가꾸
어 가십시오. 하나님을 경외하는 여자는
선한 행실로 자신을 아름답게 꾸며야 합
니다.
11 여자들은 조용히 듣고, 겸손하게 순종하
며 배우십시오.
12 나는 여자가 가르치거나 남자를 지배하는
것을 허락하지 않습니다. 여자는 조용히
있어야 합니다.
13 왜냐하면 하나님께서 아담을 먼저 만드시
고, 이브를 나중에 만드셨기 때문입니다.
14 또한 사탄에게 속아 죄를 지은 것도 아담
이 아니라 여자였습니다.
15 그러나 만일 여자들이 자신을 절제하며
믿음과 사랑과 거룩함 가운데 계속 살아
간다면, 자녀를 낳고 기르는 가운데 구원
함을 받을 것입니다.

교회 안에 있는 지도자들

3 누구든지 감독이 되기를 원하거든 선
한 일을 사모해야 한다는 말은 진실입
니다.
2 감독은 사람들의 손가락질을 받아서는 안
됩니다. 따라서 한 아내의 남편이 되며,
절제할 줄 알고, 지혜로우며, 사람들로부
터 존경을 받고, 남을 잘 대접하며, 잘 가
르쳐야 합니다.
3 술을 많이 마시지 않으며, 싸움을 좋아하
지 않고, 신사답고 평온하게 행하며, 돈
을 사랑하지 말아야 합니다.
4 또한 자녀들이 아버지를 존경하고 신뢰할
수 있도록* 자기 가정을 잘 다스려야 합
니다.
5 (한 가정을 제대로 이끌어 가지 못하는 사
람이 어떻게 하나님의 교회를 잘 이끌 수
있겠습니까?)
6 믿은 지 얼마 안 되는 사람을 감독으로 세
우지 마십시오. 너무 교만해져서 마귀가 그
랬던 것처럼 벌을 받게 될지도 모릅니다.
7 또한 감독은 교회 밖의 사람들에게서도
존경을 받아야 합니다. 그래야 남에게 비
난받지 않고, 마귀의 꾀임에도 빠지지 않
을 수 있습니다.

교회 안에 있는 돕는 자들

8 감독과 마찬가지로 집사도 사람들에게 존
경받는 사람이어야 합니다. 한 입으로 두
말을 하지 않으며, 술 마시고 흥청대지 아
니하고, 남을 속여 자신의 이익을 챙기는
사람이어서는 안 됩니다.
9 집사들은 깨끗한 양심과 믿음의 깊은 진
리를 간직한 사람이어야 합니다.

성경 자세히 이해하기

집사

집사(그리스어 '디아코노스')란 원래 '종'이란 뜻을 지닌 말로, 식사 때에 시중드는 사람을 일컬었습니다. 이 말이 초대 교회에서는 감독을 도와 교회를 섬기며 봉사하는 직책을 가리키게 되었습니다. 예루살렘 교회에서 구제의 일을 담당했던 일곱 사람을 집사라고 부르지는 않았지만 이들에게서 집사직이 시작되었다고 볼 수 있습니다. 한편, 집사라고 번역된 '디아코노스'란 말이 다른 곳에서는 청지기(눅 12:42;16:1;딛 1:7;벧전 4:10), 하인(요 2:5,9), 섬기는 자(고전 16:15), 일꾼(롬 16:1;엡 3:7) 등으로 번역되기도 합니다.

본문 보기 3장 8-13절

알아두세요

2:5 오직 유일한 중보자이신 예수 그리스도
3:4 존경하고 순종할 수 있도록

10 이런 사람이라도 먼저 시험해 보고 책망
할 일이 없으면 집사로 섬기게 하십시오.
11 이와 같이 여자들도 다른 이들의 존경을
받으며, 남의 흉을 보지 않고, 절제하며,
모든 일에 충성해야 합니다.
12 집사는 한 아내의 남편이 되어 자녀들과
자기 가정을 잘 다스려야 합니다.
13 집사의 직분을 잘 행한 사람은 영광스런
자리를 차지하고, 예수 그리스도에 대한
믿음도 더 확고히 서게 될 것입니다.

삶의 비밀

14 그대에게 서둘러 가기를 원하면서도 이
글을 쓰는 것은
15 혹시 내가 빨리 가지 못할 경우에 그대가
하나님의 집에서 해야 할 일을 알려 주기
위해서입니다. 이 집은 살아 계신 하나님
의 교회이며, 진리의 터요, 기둥입니다.
16 경건의 비밀은 놀라운 것입니다. 이것은
너무도 분명한 진리입니다. 주님께서는
사람의 몸으로 이 땅에 보이셨고, 성령
께서 주님의 의로움을 입증하셨습니다.
그리고 천사들에게 나타나셨다가 모든
민족에게 전파되어, 세상 사람들이 그를
믿었고 영광 중에 하늘로 올라가셨습니
다.

거짓 선생에 대한 경고

4 이후에 성령님께서는 참 믿음을 버리
는 자들이 있을 것이라고 분명히 말씀
하십니다. 그들은 거짓의 영을 따르고,
마귀의 가르침에 순종할 것입니다.
2 그런 가르침은 옳은 것과 옳지 않은 것을
구별하지 못하는 위선자들에게서 나온 것
입니다. 그들의 양심은 마치 달구어진 철
에 맞아 아무 소용 없게 된 것과 같습니다.
3 그들은 결혼하는 것이 나쁘다고 말합니
다. 또한 어떤 음식은 절대로 먹어서는 안
된다고 말합니다. 그러나 이 모든 음식은
하나님께서 진리를 알고 믿는 사람들이
감사하는 마음으로 먹게 하시려고 만드신
것입니다.
4 하나님께서 만드신 것은 모두 좋은 것입
니다. 감사하는 마음으로 받으면, 버릴
것이 하나도 없습니다.
5 왜냐하면 하나님의 말씀과 기도로 이 모
든 것이 다 거룩해지기 때문입니다.

그리스도의 충성된 일꾼이 되십시오

6 이 모든 것을 형제들에게 잘 말하십시오.
그러면 그대가 예수 그리스도의 선한 일꾼
임을 모두가 알게 될 것입니다. 그대가 따
르는 믿음의 말씀과 선한 가르침을 통해
자신이 잘 양육되었음을 사람들에게 나타
낼 수 있습니다.
7 하나님의 진리와는 다른 어리석은 이야기
를 하는 사람들도 있을 것입니다. 그러한
가르침에 솔깃하지 말고, 오직 하나님을
섬기는 경건한 일에 스스로를 훈련시키십
시오.
8 육체의 훈련은 약간의 도움을 주지만 하
나님을 섬기는 경건의 훈련은 모든 일에
유익합니다. 경건은 이 세상에서의 생명
뿐 아니라, 앞으로 올 세상에서의 생명도
약속해 줍니다.
9 지금 내가 하는 말을 잘 듣고 믿음을 가
지고 받아들이십시오.
10 우리는 이것을 위해 지금까지 열심히 일
해 왔습니다. 우리의 소망은 살아 계신 하
나님께 있습니다. 그분은 우리 모두를 구
원하실 분이며, 특별히 믿는 자들에게 구
원자가 되십니다.
11 그대는 이러한 사실들을 가르치고 명령하
십시오.
12 그대가 젊다는 이유로 사람들이 그대를
업신여기지 않게 하고, 믿는 사람으로서
어떻게 살아가야 하는지 모범을 보이십시
오. 말과 행동, 사랑과 믿음, 그리고 순
결하고 깨끗한 삶을 통해 사람들에게 본
을 보여 주기 바랍니다.
13 내가 갈 때까지 열심히 성경을 읽고 사람

위선자(4:2 hypocrite) 겉으로만 진실하고 착한 것처럼 꾸미는 사람.
솔깃하다(4:7 be interested) 남이 꾀는 말이 이로울 듯하여 마음이 끌리다.
은사(4:14 spiritual gift) 하나님께서 모든 믿는 자들에게 값없이 주시는 은혜로운 선물.

들을 권면하며 잘 가르치십시오.
14 그대가 받은 은사를 잊지 말고 잘 사용하
십시오. 그것은 교회의 장로들이 그대의
머리에 손을 얹고 기도할 때, 예언을 통
해 그대에게 주어진 것입니다.
15 온 맘을 다해 충성하여, 그대가 발전하는
모습을 사람들에게 보여 주십시오.
16 그대는 그대의 삶과 가르침에 주의해서,
늘 올바르게 살고 가르치기에 힘쓰십시
오. 그러면 그대 자신뿐 아니라 그대의 말
에 귀기울이는 모든 사람이 구원을 받을
것입니다.

다른 사람과 더불어 사는 법

5 나이 많은 사람에게 화를 내며 말하지
말고, 아버지를 대하듯이 하십시오.
나이 어린 사람을 대할 때는 형제에게 하
는 것처럼 하십시오.
2 나이 많은 여자에게는 어머니를 대하듯,
나이 어린 여자는 여동생을 대하듯, 순수
하고 깨끗한 마음으로 그들을 대하십시
오.
3 외로운 과부를 잘 돌보아 주십시오.
4 만일 그 과부에게 자녀나 손자가 있거든,
그들이 먼저 집에서 효도하는 법을 배우
게 하십시오. 그렇게 하는 것이 부모님의
은혜에 보답하는 것이며, 하나님을 기쁘
게 해 드리는 일입니다.
5 아무 의지할 곳 없이 홀로 사는 과부는 하
나님께 소망을 두고, 밤낮으로 하나님의
도우심을 간구합니다.
6 그러나 세상의 즐거움에 빠져 시간을 보
내는 과부는 몸은 살아 있지만 죽은 것과
다름없는 사람입니다.
7 그와 같은 사람들에게 이 모든 것을 가르
쳐서 그들이 잘못하는 일이 없도록 지도
하십시오.
8 믿는 사람은 자기 친척, 특히 가족부터 잘
돌보아야 합니다. 그렇게 하지 않는 사람
은 믿음을 저버린 사람이며, 하나님을 믿
지 않는 사람보다 더 나쁜 사람입니다.
9 과부의 명단에는 적어도 육십 세가 넘고,
남편을 진실하게 잘 섬겼던 사람이 오를
수 있습니다.
10 또한 착한 일을 해서 칭찬받는 사람이어
야 합니다. 즉 자녀를 잘 기르고, 나그네
를 잘 대접하며, 성도들을 위해 봉사하
고, 어려움을 당한 사람들을 도우며, 이
모든 선한 일에 몸 바쳐 일한 사람을 말
합니다.
11 그러나 젊은 과부들은 그 명단에 올리지
마십시오. 그것은 그들이 그리스도께 헌신
한 후, 간혹 재혼하기 위해 그리스도를 저
버리는 일이 있기 때문입니다.
12 그러면 처음의 약속을 지키지 못한 죄로
사람들에게 비난을 받게 될 것입니다.
13 뿐만 아니라 젊은 과부들은 이 집 저 집
드나들며 남의 험담을 하고, 다른 사람의
일에 간섭하고, 해서는 안 될 말을 하며
시간을 보냅니다.
14 그러므로 젊은 과부들은 재혼을 하여 아
이를 낳고 집안을 돌보게 하십시오. 그러
면 비난받을 일도 없을 것입니다.
15 어떤 과부들은 이미 믿음을 버리고 사탄
을 따라갔습니다.
16 만일 믿는 여자에게 과부 친척이 있거든,
그 여자가 직접 과부를 도와 주어서 교회
에 짐을 지우지 않도록 하십시오. 그래야
교회가 정말 의지할 데 없는 과부들을 돌
볼 수 있습니다.
17 교회를 잘 다스리는 장로들은 높은 존경
을 받아야 합니다. 말씀을 전하고 가르
치는 일에 열심인 장로들은 더 그렇습니
다.
18 성경에도 "곡식을 타작하는 소가 먹지 못
하도록 그 입에 망을 씌우지 마라" 하였
고, "일꾼이 품삯을 받는 것은 당연하다"
고 하였습니다.
19 두세 사람의 증인이 없거든 장로를 고소
하는 말에 귀를 기울이지 마십시오.
20 계속해서 죄를 짓는 사람은 모든 사람 앞
에서 꾸짖어 다른 사람들에게 경고가 되
게 하십시오.
21 나는 이 모든 것을 하나님과 그리스도 예
수와 선택된 천사들 앞에서 그대에게 명

령합니다. 어느 누구에게도 편견을 갖지
말고 공정히 이 모든 일을 하기 바랍니다.
22 아무에게나 함부로 손을 얹고 기도하지
마십시오. 다른 사람들과 함께 죄를 짓지
않도록 하고, 자신을 깨끗이 지키십시오.
23 디모데여, 이제부터는 물만 마시지 말고
포도주도 약간 마시도록 하십시오. 포도
주는 소화 기능을 도와 주어 지금처럼 자
주 아프지 않게 될 것입니다.
24 어떤 사람의 죄는 심판받기도 전에 환하
게 드러나지만, 그렇지 않은 경우도 있습
니다.
25 선한 일도 마찬가지로 쉽게 드러날 때도
있지만, 그렇게 되지 않더라도 나중에 결
국 모든 사람이 알게 됩니다.

6 종의 신분을 가진 사람들은 자기 주인
을 존경해야 합니다. 그래야만 하나님
의 이름과 우리의 가르침을 무시할 수 없
게 됩니다.
2 믿는 자를 주인으로 섬기는 사람도 있을
것입니다. 물론 그리스도 안에서는 모두가
한 형제가 되지만, 그렇다고 주인을 공경
하지 않아도 된다는 말은 결코 아닙니다.
오히려 그들을 더 잘 섬기고 존경해야 할
것입니다. 왜냐하면 그런 주인들은 믿음
안에서 사랑하는 형제들을 돕고 있기 때
문입니다. 그대는 이것들을 가르치고 전
하십시오.

거짓된 가르침과 참된 부

3 만일 이것과 다른 가르침을 전하는 자가
있다면 그는 우리 주 예수 그리스도의 참
된 가르침을 말하고 있는 것이 아닙니다.
우리 주님의 가르침은 하나님을 섬기는
바른 길을 보여 주는 것입니다.
4 그리스도의 가르침을 바로 전하지 않는 사
람은 교만하며, 아무것도 알지 못하고 말
싸움과 변론을 일삼는 사람입니다. 이런
일은 시기와 다툼과 모욕과 서로에 대한
의심만 가져올 따름입니다.
5 악한 마음을 품고 다투는 사람들은 이미
진리를 잃어버렸으며, 하나님을 섬기는
일을 돈 버는 수단으로 생각하고 있습니

"부자가 되려고 애쓰는 사람은 시험에 들고 함정에 빠지게 됩니다." (6:9)

다.
6 지금 가지고 있는 것에 만족하는 것은 경
건에 큰 도움이 됩니다.
7 우리가 세상에 올 때, 아무것도 가지고 오
지 않았으므로, 세상을 떠날 때도 아무것
도 가져가지 못합니다.
8 그러므로 먹을 음식과 입을 옷이 있다면
만족할 줄 알아야 합니다.
9 부자가 되려고 애쓰는 사람은 시험에 들
고 함정에 빠지게 됩니다. 어리석은 일을
하다가 결국 자신을 망치는 구덩이에 떨
어지는 것입니다.
10 돈을 사랑하는 것이 모든 악의 뿌리입니
다. 돈을 더 많이 얻으려다가 진실한 믿
음에서 떠나고, 오히려 더 큰 근심과 고
통만 당하게 됩니다.

잊지 말아야 할 것

11 그대는 하나님의 사람이니 이 모든 악을
멀리하십시오. 옳은 길에 서며, 하나님을
섬기고, 믿음과 사랑과 인내와 온유함을
가지십시오.
12 믿음을 지키는 것은 달리기 시합과도 같
습니다. 영원한 생명을 얻게 되리라는 것
을 확신하며, 할 수 있는 한, 승리할 때
까지 열심히 뛰어가십시오. 이것을 위해
그대는 부르심을 받았고, 또한 많은 사람
들 앞에서 그리스도를 향한 신앙을 고백한
것입니다.
13 예수 그리스도께서도 본디오 빌라도 앞에서
진리를 말씀하셨습니다. 모든 것에 생명
을 주시는 하나님과 예수 그리스도 앞에서
그대에게 명령합니다.
14 우리 주 예수 그리스도가 다시 오시는 그
날까지, 아무 흠과 잘못 없이 이 명령을
잘 지켜 나가십시오.
15 때가 되면 하나님께서 그리스도를 다시 보
내실 것입니다. 하나님은 복의 근원이시
며, 우리를 다스리는 분이십니다. 모든
왕의 왕이 되시며, 모든 주의 주가 되십
니다.
16 하나님은 영원히 살아 계시고 빛 가운데
계셔서 가까이 갈 수도, 볼 수도 없습니
다. 영광과 능력이 하나님께 영원히 있습
니다. 아멘.
17 이 세상의 부자들에게 이 말을 전하십시
오. 교만하지 말며, 돈을 의지하지 말고,
하나님께 소망을 두라고 가르치십시오.
하나님은 우리가 필요로 하는 모든 것을
주시며, 또 그것을 누리게 하시는 분이십
니다.
18 선한 일을 하도록 노력하며, 베푸는 가운
데 부유함을 누리도록 그들을 가르치십시
오. 나눠 주고 베풀 때에 맛볼 수 있는 참
기쁨을 말해 주십시오.
19 그렇게 할 때, 그들은 하늘 창고에 보물
을 쌓게 될 것입니다. 이것이 그들의 미
래를 위한 든든한 터가 되고, 참생명을 얻
게 해 줄 것입니다.
20 디모데여, 하나님께서는 그대에게 많은
것을 맡기셨습니다. 그것을 잘 간직하고,
하나님을 대적하며 어리석은 말을 하는
사람을 멀리하십시오. 진리를 떠나 변론
하는 사람들은 그들의 지식을 '참된 지
식'이라고 말하지만, 그것은 결코 지식이
아닙니다.
21 오히려 그들은 참된 믿음을 떠난 자들입
니다. 하나님의 은혜가 그대와 함께하기
를 빕니다.

편견(5:21 prejudice) 한쪽으로 치우쳐서, 객관적이지 않고 공정하지 못한 생각.

변론(6:4 controversy) 옳고 그른 것을 분명하게 가려서 말하는 것.

디모데후서

2 Timothy

저자

저자는 사도 바울이며 디모데전·후서와 디도서는 교회를 감독하고 치리하는 문제에 대해 목회자로서 디모데와 디도가 갖추어야 할 지침들을 교훈하고 있기 때문에 목회 서신이라고 불린다.

저작 연대

A.D. 66-67년경

주요 인물

바울, 디모데

기록 목적과 대상

바울은 자신이 감옥에 갇혀 있는 동안에도 강건하게 지내는 것처럼 예수 그리스도의 선한 군사로서 디모데에게 닥칠 모든 시련들을 잘 견디라고 권면한다. 그는 또한 디모데에게 청년의 정욕을 피하고 믿음과 의로움 가운데에서 생활하라고 훈계한다. 뿐만 아니라 바울은 디모데에게 이 다음에 다른 사람들을 마찬가지로 가르치게 될 신실한 자들에게 하나님의 말씀을 가르치라고 명령한다.

내용 소개

1. 바른 교훈을 지킬 것(1:1-18)
2. 바른 교훈을 가르칠 것(2:1-26)
3. 바른 교훈에 거할 것(3:1-17)
4. 바른 교훈을 전파할 것(4:1-22)

인사

1 그리스도 예수 안에 있는 생명의 약속을
전하라는 하나님의 뜻에 따라 예수 그리
스도의 사도가 된 나 바울은
2 나의 사랑하는 아들 디모데에게 편지를 씁
니다. 하나님 아버지와 우리 주 예수 그리
스도께서 은혜와 자비와 평안을 내려 주
시기를 빕니다.

디모데를 향한 격려

3 나는 밤낮으로 기도할 때마다 그대를 기
억하면서 하나님께 감사드립니다. 하나님
은 우리 조상의 하나님이시며, 또한 나의

바울과 실라의 사적이 남아 있는 카발라 바울 교회(1:1-2)

하나님이십니다. 그분을 섬기는 것은 진
정 나의 기쁨입니다.
4 나는 그대가 떠날 때에 흘렸던 눈물을 기
억하고 있으며, 어서 빨리 그대를 만나고
싶습니다. 다시 만난다면 얼마나 기쁘겠
습니까?
5 나는 그대의 진실한 믿음을 기억하고 있
습니다. 그 믿음은 그대의 할머니 로이스
와 어머니 유니게에게 있었던 것인데, 이
제 그대가 그 믿음을 물려받았습니다.
6 내가 왜 하나님께서 그대에게 주신 은사
를 사용하라고 말하는지 아시겠습니까?
하나님께서는 내가 그대에게 손을 얹고
기도할 때 은사를 주셨습니다. 작은 불꽃
이 큰 불을 일으키듯 그대가 받은 은사를
자라게 하십시오.
7 하나님께서는 우리에게 두려워하는 마음
을 주신 것이 아니라, 능력과 사랑과 절
제하는 마음을 주셨습니다.
8 그러므로 우리 주 예수님을 증거하는 것
을 부끄러워하지 마십시오. 또한 주님을
위해 감옥에 갇힌 나에 대해서도 부끄러
워하지 말기 바랍니다. 오히려 복음을 위
해 함께 고난을 받으십시오. 하나님께서

이 모든 것을 할 수 있는 능력을 주실 것
입니다.
9 하나님께서는 우리를 구원해 주시고 그분
의 거룩한 백성으로 삼으셨습니다. 이것
은 우리가 무언가 큰 일을 해서가 아니라,
그분이 원하셔서 그분의 은혜로 된 것입
니다. 그 은혜는 세상이 시작되기 전에 예
수 그리스도를 통해 우리에게 이미 주어졌
습니다.
10 그리고 우리 구주 예수 그리스도가 오시고
나서야 비로소 우리에게 보여졌습니다.
예수님께서는 죽음의 권세를 깨뜨리시고,
복음을 통해 영원한 생명의 길을 보여 주
셨습니다.
11 나는 이 복음을 전하는 사람으로 선택받았
고, 또 사도와 교사의 직무를 맡았습니다.
12 내가 복음을 전하는 일 때문에 고난을 받
지만, 이에 대해 조금도 부끄러워하지 않
습니다. 그것은 내가 지금까지 믿어 온 한
분, 예수 그리스도를 잘 알고 있기 때문입
니다. 또 주님은 내게 맡기신 것을 세상
끝날까지 안전하게 지키실 것이라고 확실
히 믿기 때문입니다.
13 내게서 들은 진리의 가르침을 잘 따르십
시오. 그래서 예수 그리스도 안에서 우리
가 가지게 될 믿음과 사랑의 본으로 삼으
십시오.
14 우리 안에 계신 성령께 도우심을 구하며,
그대에게 맡겨진 진리를 소
중히 간직하십시오.
15 그대도 알다시피 아
시아에 있는 모든 사
람들이 나를 버렸
습니다. 심지어 부
겔로와 허모게네마
저도 나를 떠났습
니다.
16 주님께서 오네시보
로의 가족에게 은
혜를 베푸시기를 기
도합니다. 그는 여
러 번 나를 찾아와
격려해 주었으며, 내가 감옥에 갇힌 것도
부끄러워하지 않았습니다.
17 그는 로마에 왔을 때, 사방으로 나를 찾
아다닌 끝에 나와 만날 수 있었습니다.
18 주님께서 다시 오실 그 날에 오네시보로에
게 자비를 베푸시기를 진심으로 기도합니
다. 에베소에 있을 때에도 그가 나를 얼마
나 잘 돌보아 주었는지는 그대도 알고 있
을 것입니다.

예수 그리스도의 충성된 군사

2 나의 사랑하는 아들 디모데여, 예수 그
리스도의 은혜로 인해 강하고 담대하십
시오.
2 내게서 들은 가르침을 충성된 사람들에게
가르치십시오. 그러면 그들이 또다시 다
른 사람에게 말씀을 가르칠 것입니다.
3 예수 그리스도의 훌륭한 군사답게 지금 우
리가 받는 고난을 함께 겪으십시오.
4 군사는 자신의 지휘관을 따라 그를 기쁘
게 해야 하기 때문에 이 세상의 작은 일
에는 신경을 쓸 수가 없습니다.
5 경기하는 사람이 규칙을 어기면 상을 받
을 수가 없습니다.
6 열심히 일한 농부가 수확되는 곡식을 먼
저 얻는 것이 당연합니다.
7 내가 말하는 것을 귀담아들으십시오. 주
님께서 이 모든 것을 이해할 수 있는 지
혜를 주실 것입니다.

할머니 로이스와 어머니 유니게로부터 믿음을 물려받은 디모데(1:5)

8 예수 그리스도를 깊이 묵상하십시오. 그분
은 다윗의 후손으로 태어나시고, 죽은 자
가운데서 부활하셨습니다. 내가 전하는
말씀이 바로 이것이며
9 이 복음 때문에 내가 고난을 받는 것입니
다. 나는 비록 죄인처럼 쇠사슬에 매여 있
지만, 하나님의 말씀은 결코 묶일 수 없
습니다.
10 그러므로 나는 이 모든 괴로움을 기쁘게
참을 수 있습니다. 하나님께서 선택하신
사람에게는 예수 그리스도 안에 있는 구원
을 베푸시고, 영원한 영광도 함께 주실 것
입니다.
11 진리의 말씀이 여기 있습니다. 우리가 주
님과 함께 죽으면, 주님과 함께 다시 살
아나게 될 것입니다.
12 우리가 계속 참으면, 주님과 함께 왕노릇
할 것입니다. 우리가 주님을 모른다고 하
면, 주님 역시 우리를 모른다고 하실 것
입니다.
13 그러나 우리가 신실하지 못할 때에도, 주
님은 우리에게 신실하게 대하십니다. 왜냐
하면 그분은 자기를 부인할 수 없으시기
때문입니다.

하나님을 기쁘시게 하는 일꾼

14 그대는 성도들을 가르칠 때에 하나님 앞
에서 말다툼을 하지 않도록 주의를 주십
시오. 말로 하는 논쟁은 아무에게도 도움
이 안 될 뿐더러, 그것을 듣는 사람들도
망하게 합니다.
15 그대 스스로 하나님께 인정받는 선한 사
람이 되도록 힘쓰고, 하나님을 열심히 섬
기십시오. 진리의 말씀을 올바르게 가르
쳐서 부끄러움이 없는 일꾼이 되도록 노
력하십시오.
16 쓸모없는 세상적인 것들을 이야기하는 사
람들을 피하십시오. 그런 이야기들은 경건
에서 점점 더 멀어지게 할 뿐입니다.
17 그들의 거짓된 가르침은 암처럼 퍼지게
되는데, 후메내오와 빌레도가 그런 가르침
을 전한 사람입니다.
18 그들은 진리의 말씀을 떠났습니다. 부활
은 이미 옛날에 일어났다고 말하며 믿음
이 약한 자들을 넘어뜨리고 있습니다.
19 그러나 하나님의 든든한 터는 결코 무너
지지 않습니다. 그 터 위에 "주님은 주님
께 속한 자를 다 알고 계신다"*라는 말씀
과 "주님을 믿는다고 말하는 자는 악을 행
해서는 안 된다"*라는 말씀이 기록되어
있습니다.
20 큰 집에는 금그릇과 은그릇이 있습니다.
그러나 나무그릇과 흙으로 빚은 그릇 또
한 있습니다. 그 그릇 가운데
특별히 귀하게 쓰이는 그
릇도 있지만 평범하게 쓰
이는 그릇도 있을 것입
니다.
21 만약 누구든지 악을
멀리하고 자신을 깨끗
하게 하면, 주인이신
주님이 쓰기에 귀하고
거룩한 그릇이 될 것입
니다. 그런 사람은 언제
나 좋은 일에 쓰일 수
있는 준비된 사람입니
다.
22 젊은 사람들이 빠지기
쉬운 정욕을 멀리하십시

'악을 멀리하고 자신을 깨끗하게 하면 주님이 쓰기에 귀하고 거룩한 그릇이 될 것입니다' (2:20-21)

딤후

오. 깨끗한 마음을 가지고 주님을 신뢰하
는 사람들과 함께 의와 믿음과 사랑과 평
안을 추구하기 바랍니다.
23 어리석고 무식한 논쟁을 피하십시오. 그
런 논쟁은 더 큰 싸움만 일으킬 뿐입니다.
24 주님의 종은 다투지 말고, 모든 사람에게
친절히 대하고 잘 가르치며, 오래 참아야
합니다.
25 또한 진리를 거역하는 자들에게도 온유한
마음으로 가르쳐야 합니다. 그러면 하나님
께서 그들의 마음을 변화시켜 진리를 따르
도록 만드실지도 모르기 때문입니다.
26 마귀는 그들을 올무에 묶어 두고 제멋대
로 하려고 했지만, 결국 그들은 하나님의
뜻을 따라 살게 될 것입니다.

마지막 날

3 마지막 날에 많은 고난이 있다는 것을
기억하십시오.
2 그 때에는 사람들이 자기 자신과 돈만 사
랑하며, 뽐내고 교만하며, 다른 사람들을
헐뜯고, 부모에게 순종하지 않을 것입니다.
또한 감사하지 않고, 하나님께서 원하시는
사람이 되려고도 하지 않을 것입니다.
3 다른 사람에 대한 사랑도 없고 용서도 없
으며, 나쁜 말을 일삼으며, 절제하지도
못하고 잔인하며, 선한 것을 싫어할 것입
니다.
4 가까운 친구를 배반하고 성급하게 행동하
며, 교만하고 쾌락을 즐기며, 하나님을
사랑하지 않고,
5 겉으로는 하나님을 섬기는 체하나 실제로
는 하나님을 경외하지 않을 것입니다. 여
러분은 이런 사람들을 멀리하기 바랍니다.
6 그들 중에 어떤 이들은 남의 집에 들어가
어리석은 여자를 유혹하기도 합니다. 그
런 여자들은 악한 욕심에 이끌려 죄에 빠
져 있고,
7 항상 새로운 말씀을 배우지만, 진리를 깨
닫지 못합니다.
8 얀네와 얌브레가 모세를 배반한 것처럼 그
들도 진리를 미워하고 반대하니, 생각이
바르지 못하고 혼란스러워 진리를 바로
따라갈 수도 없습니다.
9 그들의 행위는 오래 가지 못하고 결국 얀
네와 얌브레가 그랬던 것처럼, 그들의 어
리석음이 모든 사람 앞에 드러나고 말 것
입니다.

가르침에 순종하라

10 그대는 나의 모든 것을 잘 알고 있습니다.
내가 가르치는 것과 살아가는 방식과 삶
의 목적, 그리고 나의 믿음과 인내와 사
랑, 끊임없이 노력하는 나의 마음도 알고
있습니다.
11 내가 당한 고난과, 안디옥과 이고니온과 루
스드라를 지나며 겪었던 일들, 그 곳에서
받은 핍박도 알고 있을 것입니다. 그러나
주님께서는 그 모든 어려움 가운데서 나
를 구해 주셨습니다.
12 예수 그리스도 안에서 하나님의 뜻대로 살
고자 하는 사람들은 고난을 겪게 될 것입
니다.
13 그러나 악한 마음을 품고 다른 사람을 속
이는 자들은 더 악해져서, 결국 자기 꾀
에 속아 넘어가고 말 것입니다.
14 그대는 지금까지 배워 온 가르침을 계속
좇아가십시오. 이 가르침들이 진실이라는
것은 그대 스스로 알 것입니다. 그리고 그
대가 믿을 만한 사람들이 그대에게 이것
을 가르쳤습니다.
15 그대는 어려서부터 성경을 알았는데, 이
성경은 그대를 지혜롭게 하여 그리스도 예
수를 믿는 믿음을 통해 구원을 얻게 하였
습니다.
16 모든 성경 말씀은 하나님께서 감동을 주
셔서 기록되었기 때문에 진리를 가르쳐
주며, 삶 가운데 무엇이 잘못되었는지 알
게 해 줍니다. 또한 그 잘못을 바르게 잡
아 주고 의롭게 사는 법을 가르쳐 줍니다.
17 말씀을 통해 하나님을 바르게 섬기는 자

알아두세요

2:19 민 16:5과 사 52:11에 기록되어 있다.

유혹(3:6 temptation) 그릇된 마음을 품거나 그릇된 행동을 하게 꾀는 것.

로 준비하게 되고, 모든 좋은 일을 할 수
있는 사람으로 자라게 됩니다.
4 나는 하나님과 그리스도 예수 앞에서
그대에게 명령합니다. 예수 그리스도께
서는 산 자와 죽은 자를 심판하실 분이십
니다. 그분은 이 땅에 다시 오셔서 그의
나라를 세우실 것입니다.
2 언제 어디서나 항상 하나님의 말씀을 전
하십시오. 사람들에게 마땅히 해야 할 일
을 가르치고, 잘못을 바로잡아 주며, 격
려해 주십시오. 끝까지 참고 그들을 잘 가
르쳐야 합니다.
3 사람들이 참된 진리는 들으려고 하지 않
고, 오히려 자기들을 즐겁게 해 주며 마
음에 드는 말만 하는 선생들을 찾으려는
때가 올 것입니다.
4 그들은 진리에 귀기울이기보다는 거짓된
이야기와 가르침을 따를 것입니다.
5 그러나 그대는 항상 자신을 돌아보며, 고
난받는 것을 두려워하지 마십시오. 복음
을 전하는 일에 힘쓰며, 하나님의 종으로
서 해야 할 일을 꿋꿋이 하십시오.
6 나는 이미 하나님께 내 삶을 바쳤고, 이
제는 이 땅을 떠날 때가 되었습니다.
7 나는 선한 싸움을 싸웠고, 내가 달려가야
할 길도 끝냈으며, 믿음도 지켰습니다.
8 결국 내게는 의의 면류관이 예비되어 있
습니다. 그 면류관은 의의 재판관이신 주
님께서 그날에 내게, 나뿐만 아니라 주님
의 나타나심을 사모하는 모든 사람들에
게, 상으로 주실 것입니다.

개인적인 부탁

9 되도록 빨리 내게 와 주었으면 합니다.
10 데마는 이 세상을 너무 사랑하여 나를 버
리고 데살로니가로 갔습니다. 그레스게는
갈라디아로 떠나고, 디도도 달마디아로 가
버렸습니다.
11 누가만이 내 곁에 남아 있는 유일한 사람
입니다. 그대가 올 때, 마가도 같이 데려
왔으면 좋겠습니다. 지금 그의 도움이 필
요합니다.
12 두기고는 내가 에베소로 보냈습니다.
13 드로아에 있을 때, 가보의 집에 두고 온
외투를 가져와 주십시오. 그리고 책, 특
히 양피지에 쓴 것들을 잊지 말고 가져다
주십시오.
14 구리 세공을 하는 알렉산더가 나를 많이
괴롭혔습니다. 주님께서 그가 한 일에 대
해 벌을 주실 것입니다.
15 그대 역시 그를 조심하도록 하십시오. 그
는 우리가 전하는 말씀에 대해 매우 반대
하는 사람입니다.
16 내가 처음 재판관 앞에 끌려갔을 때, 나
를 도와 준 사람이 한 명도 없었습니다.
모두 나를 버리고 떠났지만, 그들이 비난
받지 않기를 바랍니다.
17 주님께서는 그 순간에 나와 함께 하셔서
이방인들에게 용기 있게 복음을 전할 수
있게 해 주셨습니다. 주님께서는 모든 이
방인들까지 주님의 말씀을 듣기를 바라셨
던 것입니다. 또한 나를 사자의 입에서 구
해 주셨습니다.

성경 자세히 이해하기

하나님께 바친 바울의 삶

바울은 자신의 삶을 하나님께 바쳤다고 말하는데, 원문에 따르면 그의 고백은 매우 생생하고 감동적입니다. 즉, 그는 '나는 관제처럼 부어졌다'고 말합니다. 전제라고도 하는 관제는 구약의 여러 제사 중 하나로, 화제를 드릴 때 제물에 포도주(출 29:40)나 술(출 30:9), 기름이나 피(시 16:4) 등을 붓는 의식을 말합니다. 바울은 빌립보 교인들의 믿음이 자라는 일이라면 자신의 목숨까지도 바치겠다는 각오를 그렇게 표현한 것입니다. *이 말은 동시에 바울이 순교할 날*이 얼마 남지 않았음을 암시하기도 합니다.

본문 보기 4장 6절

양피지(4:13 parchment) 양이나 염소의 가죽을 가공하여 만든 필사 도구.
세공(4:14 handiwork) 손이 많이 가는 정밀한 수공.

딤후

18 주님은 내게 해를 입히려는 모든 사람들
에게서 나를 구해 주시고, 하늘 나라에 안
전히 들어가게 하실 것입니다. 우리 주님
께 영원토록 영광을 올려 드립니다. 아멘.

마지막 작별 인사

19 브리스가와 아굴라, 그리고 오네시보로의
가족에게도 안부를 전해 주십시오.
20 에라스도는 고린도에 머물러 있고, 드로비모
는 병이 나서 밀레도에 남겨 두었습니다.
21 겨울이 오기 전에 그대가 이 곳으로 왔으
면 좋겠습니다. 으불로가 그대에게 안부
를 전합니다. 부데, 리노, 글라우디아, 그
리고 그 외 다른 사람들도 그대에게 안부
를 전합니다.
22 주님께서 그대와* 함께 계시기를 바라며,
하나님의 은혜가 가득하기를 기도합니다.

믿음을 키워 주는 이야기

라브리 공동체

'프란시스 쉐퍼'는 미국에서 목회를 하다가 유럽 교회를 시찰하는 기회가 생겨 3개월간 13개국을 방문하게 되었는데, 그는 여기서 유럽 선교의 필요성을 절감하게 되었습니다.

그는 그 다음 해에 안락한 미국 생활을 접고 부인과 세 자녀와 함께 유럽 선교를 위해 스위스로 건너갔습니다. 그는 그곳에서 '라브리 공동체'를 이루게 되었습니다. 그러나 영적 은신처라는 의미를 가진 불어 라브리(L'Abri)는 전혀 생각지 못했던 기회에 시작되었습니다.

스위스에서 자리를 잡은 후 어느날 쉐퍼는 기도하기 시작했습니다.

"하나님, 무슨 일을 해야 할지 가르쳐 주소서!"

그 때, 큰 딸 브리스길라가 친구들을 집으로 초대하였는데, 하나의 문제로 토론이 시작되었고 결론이 내려지지 않자 아버지 쉐퍼를 불러서 이야기를 듣게 되었습니다. 쉐퍼는 그들의 궁금증을 풀어주었고 소문이 퍼지자 많은 젊은이들이 쉐퍼를 중심으로 모여들어 영적 대화의 장을 만들어 갔습니다. 모임은 자연스럽게 토론과 상담, 그리고 기도가 중심이 되었습니다. 이렇게 라브리 공동체는 시작되었고 미국과 유럽의 젊은이들의 영적 생활에 많은 영향을 끼쳤습니다.

그런데 쉐퍼는 이러한 공동체를 이끌어 갈 생각이나 계획을 가져 본 적이 전혀 없었다고 말했습니다. 순전히 쉐퍼의 기도에 응답하신 하나님의 섭리 가운데서 청년들의 열정과 쉐퍼의 친절이 공동체를 시작하게 한 것이었습니다.

알아두세요

4:22 그대의 영과

디 도 서

Titus

저자

저자는 사도 바울이다. 디도서는 디모데전·후서와 함께 목회 서신이라고 불린다.

저작 연대

A.D. 63-65년경

주요 인물

바울, 디도

기록 목적과 대상

어려운 상황에 있는 크레타의 교회에서 목회하는 디도에게 목회 사역의 지침을 알려 주기 위해 기록하였다.

내용 소개

1. 교회 행정에 관한 지시(1:1-16)
2. 교회 각층에 대한 교훈(2:1-15)
3. 사회 생활에 관한 교훈(3:1-15)

인사

1 하나님의 종이며 예수 그리스도의 사도인
나 바울은, 하나님께서 선택하신 백성의
믿음을 굳게 하며, 하나님의 진리를 깨닫
는 일을 돕기 위해 보내졌습니다.
2 이 믿음과 지식은 영원한 생명을 바라는
마음에서 생겨난 것입니다. 이 생명은 거
짓이 없으신 하나님께서 세상이 시작되기
전부터 약속하신 것입니다.
3 하나님께서는 하나님이 정하신 때에 전도
를 통해 사람들이 이 생명에 관해 알도록
하셨습니다. 나는 우리 구주이신 하나님
의 명령대로 전도의 임무를 맡아 이 말씀
을 전합니다.
4 나는 같은 믿음 안에서 내게 친아들과도
같은 디도에게 이 편지를 씁니다. 하나님
아버지와 우리 구주 예수 그리스도의 은혜
와 평안이 함께하기를 빕니다.

크레타에서 디도가 할 일

5 내가 그대를 크레타 섬에 두고 온 것은 미
처 못다한 일들을 정리하고 각 마을에 장
로들을 세우는 일을 돕게 하기 위해서입
니다.
6 장로는 다른 사람들에게 책망받을 것이 없
어야 하고, 한 명의 아
내만 두어야 하며,
자녀들도 믿는
사람이어야 합
니다. 자녀들
이 거칠거나
불순종해서는
안 됩니다.
7 감독은 하
나님을 섬기
는 일을 맡은
사람이기 때
문에 흠이 없
는 사람이어
야 하며, 교만
하고 이기적이
거나 화를 잘 내

감독은 손님 대접을 잘하고, 선한 일을 좋아하며, 지혜롭고 바르게 살며, 경건하고 절제할 줄 아는 사람이어야 합니다(1:8)

서는 안 됩니다.
술을 좋아하고
싸우기를 잘하
며, 남을 속여
자신의 이익을
챙기는 사람이
어서도 안 됩니
다.
8 손님을 집으로
초대해 그들을
대접하기를 잘
하고, 선한 일을
하기 좋아하며,
지혜롭고 바르게
살며, 경건하고
절제할 줄 아는 사
람이어야 합니다.

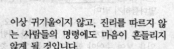

나이 많은 여자들은 젊은 여자들에게 본이 되어야 합니다(2:3-4)

9 믿음으로 우리가 가르치는 진리의 말씀에
순종하며, 참되고 바른 교훈으로 다른 사
람을 도울 줄 아는 사람이어야 합니다. 또
한 바른 교훈으로 진리를 거스르는 사람
들의 잘못을 바로잡아 줄 줄도 알아야 합
니다.
10 복종하지 않고 터무니없는 말을 하며, 사
람들을 잘못된 길로 이끄는 사람들이 많
이 있는데, 특히 이방인들도 할례를 받아
야 한다고 주장하는 사람들 중에 많이 있
습니다.
11 그들이 더 이상 헛된 말을 하지 못하도록
막으십시오. 그들은 거짓된 가르침으로
모든 가정을 망가뜨리고 있습니다. 사람
들의 마음을 속여 돈을 벌려는 속셈으로
떠들어대는 그들을 막으시기 바랍니다.
12 크레타의 예언자조차도 이렇게 말했습니
다. "크레타인은 다들 거짓말쟁이다. 그들
은 자기 배만 채우는 악한 짐승이며 게으
름뱅이들이다."
13 예언자의 말이 옳습니다. 잘못된 것을 바
로잡아 그 사람들에게 말해 주고, 엄격하
게 대하십시오. 그러면 믿음 안에 굳게 서
게 되기 때문에
14 그들이 유대인의 지어 낸 이야기들에 더
이상 귀기울이지 않고, 진리를 따르지 않
는 사람들의 명령에도 마음이 흔들리지
않게 될 것입니다.
15 깨끗한 자에게는 모든 것이 깨끗하지만,
죄에 빠져 믿지 않는 자들에게는 깨끗한
것이 아무것도 없고 생각도 악해져서 옳
은 것조차도 잘못된 것처럼 보입니다.
16 그들은 하나님을 안다고 말하지만, 그들
의 악한 행동을 보면 하나님을 아는 사람
들 같지 않습니다. 그들은 복종하지도 않
고 선한 일을 전혀 하지 않습니다.

참된 가르침에 순종하여라

2 그대는 사람들에게 참된 가르침을 따
르도록 말하십시오.
2 나이 많은 남자들에게는 절제하며 신중하
고 지혜롭게 행동하도록 가르치고, 그들
이 믿음과 사랑과 인내로 굳게 설 수 있
도록 하십시오.
3 나이 많은 여자들에게는 경건하게 살도록
가르치십시오. 다른 사람의 흉을 보지 말
게 하며 술을 좋아하지도 말고, 선한 것
을 가르치도록 해야 합니다.
4 그래야 젊은 여자들에게 본이 되어, 그들
이 남편과 자녀를 사랑하고,
5 지혜롭고 깨끗하며, 집안을 잘 돌보고 친

절하며, 남편에게 복종하도록 가르칠 수
있을 것입니다. 이렇게 할 때, 하나님께
서 우리에게 주신 말씀이 비난받지 않고
온전하고 바르게 설 수 있습니다.
6 젊은 남자들에게도 지혜롭게 행동하라고
말하십시오.
7 그대는 선한 일을 하며 모든 면에서 그들
에게 본을 보이고, 정직하고 진지하게 가
르치십시오.
8 진실하게 말해서 비난받지 않도록 하십시
오. 그러면 우리를 반대하려는 사람들이
더 이상 반대하지 못하고 흠을 찾을 수도
없게 되어, 오히려 그들 스스로가 부끄러
워할 것입니다.
9 종들에게는 항상 주인에게 복종하도록 가
르치십시오. 주인을 기쁘게 하고 주인과
말다툼하지 말며,
10 주인의 물건을 훔치지 않도록 하십시오.
종들은 주인에게 자신이 믿을 만한 사람
임을 보여 주어야 합니다. 모든 일에 충
성할 때, 우리 구주 하나님의 좋으신 가
르침을 널리 빛내게 될 것입니다.
11 우리는 이제 하나님의 은혜를 받았습니
다. 그 은혜는 모든 사람을 구원하시는 하
나님의 사랑입니다.
12 은혜를 받은 사람은 하나님을 대적하거나
세상 사람들을 따라 악한 일을 해서는 안
되며, 하나님을 존경하고 따르며, 신중하
고 바르게 살아가는 모습을 보여 주어야
합니다.
13 우리의 크신 하나님과 구주 예수 그리스도
가 오실 그 날까지 충성스럽게 살아갈 때,
우리의 큰 소망되신 예수님께서 영광 가
운데 나타나실 것입니다.
14 예수님께서는 우리를 위해 자기 자신을 주
셨습니다. 우리를 모든 악에서 구원하시
고 깨끗하게 하셔서, 선한 일을 하기에 힘
쓰는 그의 백성이 되게 하시려고 우리를
대신해서 죽으셨던 것입니다.
15 사람들에게 이 모든 것을 널리 전하십시
오. 그대는 그러한 권위를 가졌습니다. 그
권위로 사람들을 격려하고 가르쳐서 아무
도 그대를 업신여기지 못하게 하십시오.

딛

성경 자세히 이해하기

율법사

이 말의 의미는 당시의 사회적 배경에서 비추어 볼 때, 두 가지 해석이 가능합니다. 첫 번째는 유대인 구약 율법 교사이고, 다른 하나는 유언장이나 소송장을 쓰는 일을 도와주는 로마의 법률 전문가입니다. 그러나 (1) 유대주의 율법 논쟁에 빠져 사도 바울의 올바른 교리를 혼돈시켰던 그레데 교회의 문제를 해결할 사람으로 세나가 선택되었다는 사실, (2) 함께 활동하게 될 아볼로 역시 유대교에서 개종한 구약 율법 학자라는 사실을 고려할 때, 이 말은 구약 율법 교사를 가리킨다고 볼 수 있겠습니다.

본문 보기 3장 13절

논쟁(3:9 controversy) 말이나 글로 서로 남이 그르고 자기가 옳다고 주장하는 것.
족보(3:9 genealogy) 한 가문의 대대의 혈통에 관하여 기록한 책.

바르게 사는 법

3 그대는 성도들이 다스리는 자와 정부
지도자들의 권위에 순종하고 늘 선한
일에 힘쓰도록 그들을 가르치십시오.
2 또한 남을 헐뜯거나 욕하지 않고, 모든 사
람과 사이좋게 지내며 부드럽고 공손하게
대하도록 가르치십시오.
3 이전에는 우리 역시 어리석은 사람이었습
니다. 순종하지 않고 잘못된 행동을 하며
육체의 즐거움을 따라 세상 일의 노예가
되었고, 악한 일을 하며 남을 미워하고 질
투하며 살았던 사람들이었습니다.
4 그러나 우리 구주 하나님의 자비와 사랑
이 우리에게 나타났습니다.
5 우리는 우리의 올바른 행동을 통해서가
아니라 하나님의 은혜로 구원을 받았습니
다. 그분은 우리를 깨끗하게 씻어 새로운
사람이 되게 하시고 성령으로 새롭게 하
셨습니다.

6 하나님께서는 우리 구주 예수 그리스도를
통해 우리에게 이 성령을 풍성히 부어 주
셔서,
7 우리가 하나님과 올바른 관계를 맺게 하
셨습니다. 이 모든 것이 하나님의 은혜입
니다. 하나님께서 우리에게 성령을 주심
으로 이제 우리가 그토록 소원하던 영원
한 생명을 누리게 된 것입니다.
8 이 모든 말이 참된 말이니 그대가 사람들
에게 잘 이해시켜 주기를 부탁합니다. 하
나님을 믿는 사람은 선한 일을 하는 데 힘
써야 합니다. 이것은 아름다우며 사람들
에게 도움이 되는 일입니다.
9 어리석은 논쟁이나 쓸데없는 족보 이야
기, 그리고 모세의 율법에 대한 말다툼을
피하십시오. 그런 것은 아무 가치도 없으
며 아무에게도 도움이 되지 않습니다.
10 만일 누군가가 논쟁을 일으키거든 그에게
경고하십시오. 계속 듣지 않으면 다시 경
고하고, 그래도 안 되면 그와의 관계를 끊
어 버리십시오.
11 그런 이는 자기가 잘못하는 줄 알면서도
계속 죄를 짓는 악한 사람입니다.

기억해야 할 말

12 내가 아데마나 두기고를 그대에게 보내리
니 그들이 도착하면, 그대는 니고볼리에

있는 나에게 빨리 오십시오. 이번 겨울은
거기서 머물 계획입니다.
13 율법사 세나와 아볼로를 먼저 떠나 보내십
시오. 여행길이 불편하지 않도록 될 수 있
는 한 필요한 것들을 잘 챙겨 주시기 바
랍니다.
14 우리 모두는 열심히 선한 일을 하고, 도
움이 필요한 사람들에게 도움을 주는 습
관을 길러야 합니다. 그래야 유익한 삶을
살았다고 할 수 있을 것입니다.
15 나와 함께 있는 모든 사람들이 그대에게
안부를 전합니다. 믿음 안에서 우리를 사
랑하는 모든 사람들에게 안부를 전해 주
십시오. 하나님의 은혜가 여러분에게 있
기를 기도합니다.

디

믿음을 키워 주는 이야기

하나님의 뜻에 맞는 기도

고아의 아버지로 알려진 '조지 뮬러'는 기도의 사람이었습니다. 그는 93세에 세상을 떠나기 전까지 60년간 고아원을 운영하면서 기도를 많이 하였고 수많은 기도의 응답을 받았습니다. 그가 기도의 응답으로 받은 금액은 무려 7백20만 달러나 되었습니다.

조지 뮬러는 무엇이 필요하면 기도를 바로 시작하지 않았습니다. 그는 자기가 드릴 기도의 내용이 성경의 어디에 약속되어 있는가를 꼭 찾은 다음에 기도를 했습니다. 그래서 어떤 때는 기도를 하기 전에 며칠 동안 성경을 찾을 때도 있었습니다. 이렇게 한 것은 기도가 하나님의 뜻대로 드려지기를 바랐기 때문입니다. 그런 그의 기도에 하나님께서는 수없이 많이 응답하셨습니다.

빌레몬서

Philemon

○ 저자

저자는 사도 바울이다.

○ 저작 연대

A.D. 60-62년경

○ 주요 인물

바울, 빌레몬, 오네시모

○ 기록 목적과 대상

빌레몬의 집에서 재물을 훔쳐 도망쳤으나 회개하고 돌아가는 그의 노예 오네시모를 용서해 줄 것을 부탁하며 빌레몬에게 쓴 짧은 편지이다.

○ 내용 소개

1. 서론(1:1-7)
2. 오네시모를 위한 부탁(1:8-22)
3. 문안과 축도(1:23-25)

인사

1 예수 그리스도의 복음을 전하다가 감옥에
간힌 바울과 형제 디모데는, 우리의 사랑
하는 친구이며 동역자인 빌레몬과
2 자매 압비아, 우리와 함께 군사가 된 아킵
보, 그리고 그대의 집에서 모임을 갖는 교
회에게 이 편지를 씁니다.
3 우리 아버지 하나님과 주 예수 그리스도의
은혜와 평안이 여러분에게 함께하기를 빕
니다.

성경 자세히 이해하기

집에서 모이는 교회

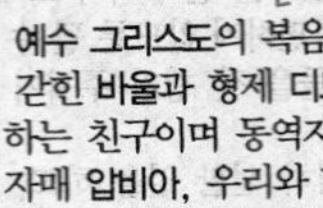

골로새의 그리스도인들은 빌레몬의 집에 모여 예배를 드렸습니다. A.D. 1-2세기경의 그리스도인들은 이렇듯 신실한 성도의 가정에 모여 예배를 드렸는데, 신약 성경에는 이처럼 예배를 드리고 신앙의 교제를 나눌 장소로 자신의 집을 제공한 사람들이 많이 나옵니다. 예루살렘 마가의 집(행 12:12), 빌립보 루디아의 집(행 16:40), 에베소 아굴라의 집(고전 16:19), 라오디게아 눔바의 집(골 4:15) 등이 그 대표적인 예입니다. 적어도 A.D. 3세기까지는 오늘날 우리가 알고 있는 형태의 교회 건물은 없었습니다.

본문 보기 1장 2절

빌레몬의 사랑과 믿음

4 나는 기도할 때마다 그대를 생각하며 하
나님께 늘 감사드립니다.
5 그것은 성도들에 대한 그대의 사랑과 주
예수님에 대한 그대의 믿음을 전해 들었
기 때문입니다.
6 믿음을 통해 그리스도 안에서 우리가 누리
는 모든 복을 그대가 알고 다른 사람에게
도 전하기를 기도합니다.
7 나의 형제여, 성도들에게 베푼 그대의 사
랑이 많은 사람에게 기쁨을 주었고, 또한
내게도 큰 기쁨과 위로가 되고 있습니다.

오네시모를 한 형제로 받아들이십시오

8 그대에게 한 가지 부탁할 일이 있습니다.
그대가 주님을 사랑한다는 것을 믿고 있
기 때문에 주님의 이름으로 그대에게 명
령할 수도 있습니다.
9 그러나 그렇게 하지 않고, 그대를 아끼고
사랑하는 마음으로 부탁하려고 합니다.
나는 지금 나이가 많고, 예수 그리스도를
위해 갇혀 있는 상태입니다.
10 감옥에 갇혀 있는 동안, 나는 믿음의 아
들 오네시모를 얻었습니다. 그를 위한 부
탁이니 들어 주기 바랍니다.
11 그가 이전에는 그대에게 아무 쓸모 없는
종이었지만, 이제는 그대나 나에게 큰 도
움이 되는 사람이 되었습니다.
12 나는 이제 나의 분신과도 같은 그를 그대

에게 돌려 보냅니다.
13 내가 복음을 위해 감옥에 갇혀 있는 동안,
나는 그를 내 곁에 두고 싶었습니다. 왜
냐하면 그가 나를 돕는 것이 바로 빌레몬
그대를 돕는 일도 되기 때문입니다.
14 그러나 먼저 그대의 허락을 받지 않고는
아무 일도 하고 싶지 않습니다. 이것은 내
가 시켜서 선을 베푸는 것이 아니라, 그
대 스스로 하길 바라는 마음 때문입니다.
15 오네시모가 잠시 동안, 그대의 곁을 떠났
지만, 이 일은 어쩌면 그를 영원히 그대
곁에 두게 하기 위한 것이었는지도 모릅
니다.
16 그러나 이제는 종이 아니라 그보다 훨씬
더 귀한, 사랑하는 형제로서 대해 주십시
오. 나는 그를 소중히 여기지만 아마도 그
대는 주님 안에서 그를 한 사람, 한 형제
로 사랑하기 때문에 나보다 더 소중히 여
길 것입니다.
17 그대가 나를 친구로 생각하거든 오네시모
를 다시 받아 주고, 나를 맞이하듯, 그를
맞아 주기 바랍니다.
18 만일 오네시모가 그대에게 잘못한 일이 있
거든 그 책임을 내게 대신 돌리십시오. 또
갚아야 할 것이 있다면 그것도 나에게 돌
리십시오.
19 이 편지는 나 바울이 직접 쓰는 것입니다.
오네시모가 그대에게 빚진 것은 내가 다
갚을 것이며, 나 역시 그대가 내게 은혜
로 빚진 것에 대해 아무 말도 하지 않겠
습니다.
20 나의 사랑하는 형제여, 나를 위해 주님 안
에서 이 부탁을 들어 주기 바랍니다. 그
리스도 안에서 나의 마음이 평안해지도록
도와 주십시오.
21 그대는 내가 부탁한 것보다 훨씬 더 잘할
것이라고 생각하며 이 편지를 씁니다.
22 그리고 내가 가서 머물 곳도 준비해 주면
고맙겠습니다. 그대의 기도로 내가 그대
에게 갈 수 있게 되길 바라고 있습니다.

작별 인사

23 에바브라도 예수 그리스도를 위해 나와 함
께 감옥에 갇혀 있습니다. 그가 여러분에
게 안부를 전합니다.
24 또한 마가, 아리스다고, 데마, 누가도 안부를
전합니다. 이들은 나의 동역자들입니다.
25 우리 주 예수 그리스도의 은혜가 여러분과
함께하기를 기도합니다.

감옥에서 바울을 섬기는 오네시모(1:10 -12)

히 브 리 서

Hebrews

○ 저자

누가 기록했는지 알 수 없다.

○ 저작 연대

A.D. 64-67년경

○ 주요 인물

예수님, 구약시대를 살았던 믿음의 사람들

○ 기록 목적과 대상

유대인 신자들에게 믿음의 확신과 장래의 소망을 안겨 주고 그리스도교 신앙의 확실성과 위대성을 확신시켜 주기 위해 기록하였다. 이 편지는 유대계 그리스도인들을 위해 쓰여졌다.

○ 내용 소개

1. 그리스도교 신앙의 탁월성(1:1-10:18)
2. 권면(10:19-13:25)

하나님께서 그의 아들을 통해 말씀하셨습니다

1 옛날에는 하나님께서 예언자를 통해 우
리 조상들에게 여러 가지 방법으로 수없
이 말씀하셨습니다.
2 그러나 이제 마지막 때에는 하나님께서
그의 아들을 통하여 우리에게 말씀하십니
다. 하나님께서는 그의 아들을 상속자로
삼으시고, 그를 통해 세상을 창조하셨습
니다.
3 그 아들은 하나님의 영광을 나타내며 하
나님의 본성을 그대로 보여 줍니다. 능력
있는 말씀으로 만물을 붙드시고, 사람들
의 죄를 깨끗이 하시는 그분은 하늘에 계
시는 위대하신 하나님의 오른편에 앉아
계십니다.
4 그분은 그 어느 천사보다도 위대하시기
때문에 하나님께서는 그에게 천사들보다
더 뛰어난 이름을 주셨습니다.
5 하나님께서는 천사들 중 어느 누구에게도
다음과 같이 말씀하신 적이 없습니다.
"너는 내 아들이다. 오늘 내가 너를 낳았
다."* 또 이렇게 말씀하시지도 않았습니
다. "나는 그의 아버지가 되며 그는 내 아
들이 될 것이다."*
6 또 하나님께서 그의 맏아들을 세상으로
보내시며 이렇게 말씀하셨습니다. "하나
님의 모든 천사가 그를 경배해야 할 것이
다."*
7 천사들에 대해서는 다음과 같이 말씀하셨
습니다. "하나님께서 그의 천사들을 바람
으로 삼으시고, 그의 종들을 불꽃같이 만
드셨다."*
8 그러나 아들에 대해서는 "하나님, 주님의
보좌는 영원할 것이며 주님의 나라를 공
평으로 다스릴 것입니다.
9 주님께서 옳은 것을 사랑하시고 악한 것
을 미워하시므로, 하나님께서 함께 다스
릴 자로 주님을 선택해서 기름 부으셨습
니다. 주님의 하나님께서 그 누구보다도
더 큰 기쁨을 주실 것입니다"*라고 하시
고,
10 또 이렇게 말씀하셨습니다. "주님, 이 세
상이 처음 시작될 때에 주님께서 땅을 지
으시고 주님의 손으로 하늘을 빚으셨습니
다.

알아두세요

1:5 시 2:7에 기록되어 있고, 삼하 7:14에 기록되어 있다.
1:6 시 97:7에 기록되어 있다.
1:7 시 104:4에 기록되어 있다.
1:8-9 시 45:6-7에 기록되어 있다.
1:10-12 시 102:25-27에 기록되어 있다.
1:13 시 110:1에 기록되어 있다.
2:6-8 시 8:4-6에 기록되어 있다.

11 하늘과 땅은 멸망할 것이지만 주님은 영
원할 것이며, 그것들은 옷과 같이 낡아지
기 때문에,
12 당신께서 그것들을 겉옷처럼 말아 치우실
것입니다. 그것들이 옷처럼 변해도 주님
은 결코 변함이 없으시며, 주님의 날도 끝
나는 일이 없을 것입니다."*
13 하나님께서는 그의 천사들 중 누구에게도
이렇게 말씀하신 적이 없었습니다. "내가
너의 원수들을 굴복시킬 때까지 내 오른
편에 앉아 있어라."*
14 모든 천사들은 하나님을 섬기는 영이며,
구원 받을 사람들을 돕기 위해 보내진 자
들입니다.

우리의 구원은 대단한 것입니다

2 그러므로 우리는 더욱 조심하며 배운
대로 행해야 합니다. 그러면 결코 진리
에서 멀어지지 않을 것입니다.
2 하나님께서 천사들을 통하
여 가르쳐 주신 것들
역시 진리입니다.
그것을 따라 살지 않
거나 순종하지 않는
사람들은 벌을 받게
될 것입니다.
3 우리에게 베풀어 주
신 구원은 매우 위
대한 것입니다. 그
렇기 때문에 구원이
중요하지 않은 것처
럼 살아간다면, 그
것 역시 벌을 받게
되는 행동입니다. 구
원에 대해서 처음 말
씀하신 분이 바로 주
님이시며, 또한 그의
말씀을 들은 사람들
이, 이것이 진실이라
고 우리에게 증명해
주었습니다.
4 하나님께서도 기적과
큰 표적과 많은 놀라운
일들을 통하여 우리에게 구원을 가르쳐
주셨습니다. 특히 그의 뜻대로 우리에게
성령의 선물을 나누어 주셔서 구원을 증
언해 주셨습니다.

그리스도께서 사람과 같이 되셨습니다

5 하나님께서는 천사들에게 앞으로 맞이할
새 세상을 다스리라고 하지 않으셨습니
다.
6 성경에도 누군가가 이렇게 말한 것이 기
록되어 있습니다. "사람이 무엇이길래 이
렇게 중요하게 생각하시며, 사람의 아들
이 누구이길래 이렇게 귀하게 돌보십니
까?
7 하나님께서는 잠시 동안 그를 천사보다
낮추셨으나, 영광과 존귀의 관을 그에게
다시 씌우시고,
8 모든 것을 그의 발 아래 두셨습니다."* 하

모든 천사의 경배를 받으시는 예수님(1:6)

나님께서 모든 것을 그의 발 아래 두시면,
그가 다스리지 못할 것이 하나도 없습니
다. 하지만 우리는 아직도 그가 모든 것
을 다스리는 것은 보지 못하고 있습니다.
9 그러나 우리는 예수님을 바라봅니다. 잠
시 동안 예수님은 천사들보다 낮아지셨지
만, 고난당하고 죽으심으로 영광과 존귀
의 관을 쓰셨습니다. 예수님은 하나님의
은혜로 모든 사람을 대신하여 죽으신 것
입니다.
10 하나님은 모든 것을 창조한 분이시며, 그
분의 영광을 위해 모든 것을 돌보십니다.
하나님께서는 많은 믿음의 자녀들이 그분
의 영광을 함께 누리게 되길 바라셨습니
다. 그래서 사람들을 구원하시기 위해 고
난을 통해서 예수님을 완전한 구원자가 되
게 하신 것입니다.
11 사람들을 거룩하게 하신 예수님과 거룩하
게 된 사람들은 모두 한 가족입니다. 그
렇기 때문에 그분은 그들을 한 형제라고
부르는 것을 부끄러워하지 않으셨습니다.

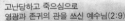

고난당하고 죽으심으로
영광과 존귀의 관을 쓰신 예수님(2:9)

12 예수님께서 말씀하셨습니다. "내가 내 형
제들에게 주님의 이름을 알리고, 주님을
경배하러 모인 군중들 앞에서 주님을 찬
양하겠습니다."*
13 또 말씀하셨습니다. "내가 하나님을 신뢰
합니다."* 그리고 다시 말씀하셨습니다.
"내가 여기 있습니다. 그리고 나와 함께
있는 사람들은 하나님께서 나에게 주신
자녀들입니다."*
14 이 자녀들은 모두 살과 피를 가진 사람이
기 때문에, 예수님도 그들과 같은 모습으
로 사람들이 겪는 것과 똑같은 것을 겪으
셨습니다. 예수님께서는 죽음의 권세를
가진 마귀를 멸망시키기 위하여 죽으셨
고
15 또한 죽음에 대한 두려움에 사로잡혀 사
는 사람들을 자유롭게 하기 위해 사람과
같은 모습으로 죽으셨습니다.
16 예수님이 돕고자 했던 자들은 분명히 천
사들이 아니라, 아브라함의 후손인 사람들
입니다.
17 그러므로 예수님께서는 모든 면에
서 사람과 똑같이 되셨습니다. 예수님
께서는 하나님을 섬기는 자비롭고
신실한 대제사장이 되셔서 그들
의 죄가 용서받을 수 있게 해 주
셨습니다.
18 주님은 시험받는 자들도 도와
주실 수 있습니다. 왜냐하면 예
수님께서 직접 고난당하고 시험
을 받으셨기 때문입니다.

예수님은 모세보다 위대하신 분입니다

3 그러므로 거룩한 형제 여
러분, 예수님에 대해서 깊
이 생각하십시오. 여러분은 모
두 하나님께서 부르신 사람들입
니다. 하나님께서 우리에게 보
내신 예수님은 우리 믿음의 사도
이며 대제사장이 되십니다.
2 하나님의 집에서 모세가 그분
이 바라시는 대로 충성을 다했

던 것처럼, 예수님도 하나님께 충성하였
습니다.
3 집을 지은 사람이 집 그 자체보다 더 존
귀한 것처럼, 예수님 역시 모세보다 더 큰
영광을 받으실 분입니다.
4 어느 집이든 그 집의 주인이 있듯이 모든
것의 주인은 하나님이십니다.
5 모세는 하나님의 집에서 종으로 충성하였
습니다. 또 그는 하나님께서 앞으로 말씀
하시려는 것들을 전하였습니다.
6 그러나 그리스도는 하나님의 집을 맡은 아
들로서 충성하였습니다. 우리가 만일 믿
음 위에 굳게 서서 큰 소망을 가진 것을
자랑스럽게 생각한다면, 우리는 하나님의
가족입니다.

우리는 하나님을 계속 따라가야 합니다

7 그러므로 성령님도 이렇게 말씀하셨습니
다. "오늘 그가 하시는 말씀에 귀를 기울
여라.
8 이전에 광야에서 하나님을 시험하던 것처
럼 고집을 부리지 마라.
9 너희 조상들은 광야에서 사십 년 동안 내
가 한 일을 보았다. 그러나 그들은 나를
떠보고 나의 인내를 시험하였다.
10 내가 분노하여 그들에게 '그들이 내게 충
성하지도 않고, 나의 길도 이해하지 못하
는구나'라고 말했으며,
11 내가 노하여 맹세하기를 '그들은 안식처
가 될 약속의 땅에 결코 들어오지 못할 것
이다'라고 하였다."*
12 그러므로 형제 여러분, 그 어느 누구라도
악한 생각을 품거나 믿음을 소홀히 하지
마십시오. 그런 마음은 살아 계신 하나님
을 따르는 데 방해가 될 뿐입니다.
13 오히려 '오늘'이라고 부르는 이 시간에
서로를 더욱더 격려하십시오. 죄와 속임
수로 마음이 완고해지는 사람이 없도록
서로서로 돕기 바랍니다.
14 우리가 처음에 가졌던 굳은 믿음을 끝까
지 지키면, 그리스도 안에서 모든 것을 함
께 누리게 될 것입니다.
15 이것이 바로 성경에서 말하고 있는 것입
니다. "오늘 그가 하시는 말씀에 귀를 기
울여라. 이전에 광야에서 하나님을 시험
하던 것처럼 고집을 부리지 마라."*
16 하나님의 음성을 듣고도 따르지 않았던
사람이 누구였습니까? 모세를 따라 이집트
에서 나온 사람들이 아니었습니까?
17 또 하나님께서 사십 년 동안 누구에게 분
노하셨습니까? 죄를 짓고 광야에서 죽어
간 자들 아닙니까?
18 하나님께서 약속의 땅인 안식처에 결코
들어오지 못할 것이라고 누구에게 맹세
하여 말씀하셨습니까? 그에게 순종하지
않은 사람들을 두고 하신 말씀이 아닙니
까?
19 우리는 그들이 믿지 않았기 때문에 하나
님께서 약속하신 안식처에 들어가지 못했
다는 것을 알 수 있습니다.

4 이제 하나님의 안식처에 들어갈 수 있
는 약속이 아직 우리에게 남아 있습니
다. 그러므로 모두 조심하여 우리 중에서
그 곳에 들어가지 못하는 사람이 없도록
해야 할 것입니다.
2 우리도 그들과 마찬가지로 복음을 들었습
니다. 다만 그들은 복음을 들을 때에 그
말씀을 믿음으로 받지 않았기 때문에 유
익을 얻지 못한 것입니다.
3 그러나 믿는 우리들은 하나님의 안식에
들어가서 쉴 수 있습니다. 이것은 하나님
께서 말씀하신 것과 같습니다. "그러므로

알아두세요

2:12 시 22:22에 기록되어 있다.
2:13 사 8:17에 기록되어 있고, 사 8:18에 기록되어 있다.
3:7-11 시 95:7-11에 기록되어 있다.
3:15 시 95:7-8에 기록되어 있다.

신뢰(2:13 trust) 믿고 의지함.
대제사장(2:17 high priest) 하나님께 제사하는 일을 맡은 직분을 가진 사람 중 으뜸되는 사람. 여기서는 인간편에 서서 사정을 하나님께 아뢰어 인간을 도우시는 예수님을 가리킨다.
안식처(3:11 place of rest) 편안히 쉴 수 있는 곳을 말한다.

내가 분노하여 맹세하기를, '그들은 결코
안식처가 될 내 약속의 땅에 들어오지 못
할 것이다.'"* 하지만 세상이 창조될 때부
터 이 일은 이미 이루어졌습니다.
4 일곱째 날에 대해서는 성경에 이렇게 기
록되어 있습니다. "일곱째 날에 하나님께
서 그의 모든 일을 끝내고 쉬셨다."
5 그리고 다시 하나님께서는 "그들이 결코
내 안식처에 들어오지 못할 것이다"라고
말씀하셨습니다.
6 하나님의 안식처에 들어가 안식을 누릴
사람들이 남아 있다는 것은 확실합니다.
그러나 구원의 소식을 처음 들었던 그 사
람들은 불순종했기 때문에 그 곳에 들어
가지 못하였습니다.
7 하나님께서는 오랜 시간이 지난 후 다윗
을 통하여 어떤 날, 즉 '오늘날'을 예비
하시고 다음과 같이 말씀하셨습니다. "오
늘날 그의 말씀에 귀를 기울이고 고집을
부리지 마라."*
8 이제 우리는 여호수아가 백성들을 하나님
의 안식처로 인도하지 못했다는 것을 알
수 있습니다. 만일 그랬다면 하나님께서
후에 다른 어떤 날을 예비하실 필요가 없
었을 것이기 때문입니다.
9 이것을 통해 우리는 아직 하나님의 백성
들을 위한 안식이 남아 있다는 것을 알 수
있습니다.
10 하나님께서 주시는 안식을 누릴 사람들
은, 하나님께서 자기 일을 쉬셨던 것처럼
모든 일에서부터 자유롭게 편안히 쉬게
될 것입니다.
11 우리는 그 누구도 지난날 불순종했던 사
람들처럼 되지 않으며, 그 곳에 들어가지
못하는 일이 없도록 힘써야 할 것입니다.
12 하나님의 말씀은 살아 있고 힘이 있습니
다. 양쪽에 날이 선 칼보다도 더 날카로
워서 우리의 혼과 영과 관절과 골수를 쪼
개며, 마음속에 있는 생각과 감정까지 알
아 냅니다.
13 하나님 앞에서 숨길 수 있는 것은 아무것
도 없습니다. 모든 것이 다 드러나기 때
문에 그분 앞에서 우리의 모든 것을 보여
드려야 합니다.

예수님은 우리의 대제사장이 되십니다

14 우리에게는 하늘로 올라가신 대제사장이
계십니다. 그분은 바로 하나님의 아들 예
수님이십니다. 그렇기 때문에 우리는 우
리의 믿음을 굳게 지켜야 합니다.
15 우리의 대제사장은 우리의 연약한 부분
을 알고 계십니다. 이 땅에 계실 때, 그
분은 우리와 마찬가지로 시험을 받으셨
습니다. 그러나 결코 죄를 짓지는 않으셨
습니다.
16 그러므로 하나님의 보좌 앞에 담대하게
나아갑시다. 그 곳에는 은혜가 있으며,
우리는 때에 따라 우리를 도우시는 자비
와 은혜를 받을 수 있습니다.
5 사람들 가운데서 뽑힌 대제사장은 그
들을 위하여 하나님 앞에 서야 하는 일
을 맡고 있습니다. 그는 죄를 씻기 위하
여 예물과 희생 제물을 바칩니다.
2 대제사장 역시 약한 사람이기 때문에, 잘
알지 못하는 사람들과 잘못을 저지르는

성경 인물

멜기세덱 멜기세덱은 구약에 잠깐 나오는 아주 신비로운 인물로, 그에 관해서는 탄생, 부모, 족보, 죽음 등 아무런 기록이 없습니다. 그는 아브라함과 같은 시대의 사람으로 살렘(예루살렘)의 왕이었으며, 지극히 높으신 하나님의 제사장이었습니다. 아브라함은 조카 롯을 구하고 그돌라오멜과 여러 왕들을 물리치고 돌아오는 길에 그를 만났습니다. 그 때, 아브라함은 전리품의 십분의 일을 그에게 바쳤고, 멜기세덱은 아브라함에게 떡과 포도주를 주었습니다(창 14장).

본문 보기 5장 6절

알아두세요

4:3 시 95:11에 기록되어 있다.
4:7 시 95:7-8에 기록되어 있다.
5:5 시 2:7에 기록되어 있다.
5:6 시 110:4에 기록되어 있다.

사람들을 너그럽게 대할 수 있는 것입니다.
3 사람들의 죄를 위하여 희생 제물을 바치는 대제사장도 자신의 죄를 위하여 희생 제물을 바쳐야 합니다.
4 대제사장이 되는 것은 영광스러운 일이지만, 자기 마음대로 될 수 있는 것이 아닙니다. 아론처럼 하나님께 부르심을 받아야 합니다.
5 그리스도 역시 스스로 대제사장의 영광을 택한 것이 아니라, 하나님께서 그를 선택해 주신 것입니다. 하나님께서 그에게 말씀하셨습니다. "너는 내 아들이다. 오늘 내가 너의 아버지가 되었다."*
6 또 이렇게 말씀하셨습니다. "너는 멜기세덱의 계통을 따른 영원한 대제사장이다."*
7 예수님께서 사람으로 계실 때, 하나님께 기도하고 도움을 구하셨습니다. 그분은 자기를 죽음에서 구해 주실 수 있는 분에게 큰 소리로 부르짖으며 눈물로 기도하셨습니다. 그리고 모든 것을 하나님께 맡기고 순종하심으로 하나님의 응답을 받으셨습니다.
8 예수님께서는 하나님의 아들이셨지만 고난을 통해 순종하는 법을 배우셨습니다.
9 그래서 예수님은 우리의 완전한 대제사장이 되시고, 그에게 순종하는 모든 자에게 영원한 구원을 주셨습니다.
10 그는 하나님에 의해 멜기세덱의 계통을 따른 영원한 대제사장이 되었습니다.

약한 믿음에 대한 경고

11 멜기세덱에 대해서는 할 말이 많지만, 여러분이 깨닫는 것이 둔하기 때문에 설명하기가 어렵습니다.
12 여러분은 믿은 지 오래 되었기 때문에 마땅히 선생이 되어야 했습니다. 그러나 여러분은 아직 하나님의 말씀에 대한 기초를 누군가에게 다시 배워야 할 것 같습니다. 여러분은 단단한 음식을 먹을 준비가 되어 있지 않아서 아직은 젖을 먹어야 할 것 같습니다.
13 젖을 먹는 자는 아직 어린 아기이기 때문에 옳은 말씀에 대해서 알지 못합니다.
14 단단한 음식은 어른을 위한 것입니다. 그들은 훈련을 통해 선과 악을 구별할 줄 압니다.

6 그러므로 훌륭하게 자란 어른이 됩시다. 처음 그리스도에 대해 배우던 때로 되돌아가서는 안 됩니다. 그 때는 죽음에 이르게 하는 행위에서 막 돌아서서 회개하던 때이며, 하나님에 대한 신앙의 기초를 닦던 때였습니다.
2 세례와 안수와 죽은 자의 부활과 영원한 심판에 관한 기초를 다시 닦지는 마십시오.
3 하나님께서 허락하시면 우리는 어른으로 성장할 수 있습니다.
4 변화된 새 생활로 다시 돌아오지 못하는 사람들도 있습니다. 그들은 한때, 하나님의 빛 가운데 살았고, 하늘의 은사를 맛보며 성령을 경험한 사람들이었습니다.
5 하나님의 선한 말씀과 앞으로 올 새로운 세상의 능력도 받았습니다.
6 그런데 그들이 그리스도를 떠나 버렸습니다. 이들을 다시 돌이킬 수 있는 방법은 없습니다. 왜냐하면 그들은 하나님의 아들을 다시 십자가에 못박고, 사람들 앞에서 욕되게 했기 때문입니다.
7 어떤 사람들은 많은 비를 흡수하는 땅과 같습니다. 그런 땅은 좋은 열매를 맺어 하나님께 복을 받습니다.
8 반면 가시와 엉겅퀴가 많이 자라나 쓸모없는 땅과 같은 사람들도 있습니다. 그런 땅은 저주를 받으며 불에 태워질 것입니다.

● 예수님과 구약의 대제사장 비교 ●

〈본문 보기 5장 5-10절〉

대 제 사 장	예 수 님
하나님이 부르심(5:4)	하나님이 부르심(5:4)
백성을 위해 예물과 희생 제물을 바침(5:1,3)	자기 자신이 희생 제물이 되심(7:27)
매일, 계속 드림(10:11)	단 한 번 드림(10:12)
죄를 완전히 없애지 못하는 불완전한 제사를 드림(10:11)	죄를 완전히 없애는 영원하고 완전한 제사를 드림(10:14)
자신의 죄를 위하여 희생 제물을 바치는 불완전한 대제사장(5:3)	완전한 대제사장(5:8-9)
아론의 계통(5:4)	멜기세덱의 계통(5:10)

"하나님께서는 결코 거짓으로 약속하지
않으시며, 거짓 맹세도 하지 않으십니다."(6:18)

9 사랑하는 여러분, 우리가 비록 이렇게 말
하고 있지만 여러분이 구원을 누리게 될
것을 확신합니다.
10 하나님께서는 공평하시기 때문에 여러분
이 한 일들과 성도들을 도우면서 보여 준
사랑을 잊지 않으실 것입니다. 또한 여러
분이 지금도 그들을 돕고 있다는 것을 기
억하실 것입니다.
11 우리가 바라는 것은 여러분이 앞으로도
이와 동일한 부지런함을 보여 주어 여러
분이 가지고 있는 소망을 끝까지 확신하
는 것입니다.
12 게으름 피우지 마십시오. 믿음과 인내를
가지고 나아가면, 하나님께서 약속하신
것을 받게 될 것입니다.
13 하나님께서는 아브라함에게 약속하셨습니
다. 하나님보다 더 위대한 분은 없으므
로, 하나님께서는 자기 이름으로 그에게
맹세하시며 말씀하셨습니다.
14 "내가 반드시 너에게 복을 주고, 네 자손
을 번성하게 하겠다."*
15 아브라함은 인내를 가지고 이 약속을 기다
렸고, 마침내 그 약속을 받았습니다.
16 사람들은 보통 자기보다 위대한 사람
의 이름을 대며 맹세합니다. 그래서 자
기가 말한 것이 사실임을 확증하고 더
이상 논쟁이 계속되지 않도록 합니
다.
17 하나님께서도 자신의 약속이 사실
임을 증명하고 싶으셨습니다. 하나님
께서는 자신의 약속을 받을 자들에게
이것을 확실히 나타내셨습니다. 그리
고 자신의 계획이 변하지 않는다는
것을 그들에게 알리시려고 맹세로 그
것을 보증하셨습니다.
18 하나님께서는 결코 거짓으로 약속
하지 않으시며, 거짓 맹세도 하지 않
으십니다. 변하지 않는 이 두 사실은
하나님께 피난처를 구하는 우리들에게
용기를 주며, 우리가 받은 소망을 붙들
수 있는 힘을 줍니다.
19 우리가 가진 소망은 영혼의 닻처럼 안전
하고 튼튼하여, 그 소망을 통해 하늘 지
성소의 커튼*을 열고 그 안에 들어가게 합
니다.
20 예수님께서 우리보다 앞서, 그리고 우리
를 위하여 먼저 그 곳에 들어가셨습니다.
예수님께서는 멜기세덱의 계통을 따른 영
원한 대제사장이 되셨습니다.

제사장 멜기세덱

7 멜기세덱은 살렘의 왕이며 지극히 높으
신 하나님의 제사장이었습니다. 그는 아
브라함이 여러 왕들을 무찌르고 돌아오는
길에 아브라함을 만나 축복해 주었습니다.
2 아브라함은 전쟁에서 빼앗아 온 물건 중에
서 십분의 일을 멜기세덱에게 주었습니다.
멜기세덱은 '정의의 왕'이라는 뜻이며, 살
렘 왕은 '평화의 왕'이라는 뜻입니다.
3 그의 아버지와 어머니가 누구인지는 아무
도 모릅니다. 그의 고향이 어디인지 아는
사람도 없으며, 그가 태어난 날과 죽은 날
이 언제인지도 알지 못합니다. 그는 마치
하나님의 아들같이 영원한 제사장으로 있
는 자입니다.

4 그가 얼마나 위대한 사람이었는지 생각해
보십시오. 우리 조상 아브라함은 전쟁에서
이겨 얻은 물건들 중, 십분의 일을 그에
게 주었습니다.
5 제사장이 된 레위 사람들은 율법에 따라
백성으로부터 십분의 일을 받을 수 있게
되어 있습니다. 제사장들과 백성 모두 아
브라함의 자손이지만, 제사장은 자기 백
성으로부터 십분의 일을 받았습니다.
6 멜기세덱은 레위 지파도 아니었는데 아브
라함으로부터 십분의 일을 받았습니다.
그리고 하나님의 약속을 받은 아브라함을
축복해 주었습니다.
7 높은 사람이 낮은 사람을 축복해 줄 수 있
다는 사실은 여러분도 알고 있을 것입니
다.
8 제사장들도 십분의 일을 받지만, 그들도
결국 죽을 인간에 불과합니다. 그러나 아
브라함으로부터 십분의 일을 받은 멜기세
덱은 성경이 말한 대로 영원히 살아 있습
니다.
9 또한 백성들로부터 십분의 일을 받았던 레
위 지파도 아브라함을 통해 멜기세덱에게
십분의 일을 바쳤다고 말할 수 있습니다.
10 왜냐하면 아브라함이 멜기세덱을 만났을
때 레위는 아직 태어나지 않았고 아브라함
의 몸 속에 있었기 때문입니다.
11 이스라엘 백성들은 레위 지파의 제사장 직
분을 통해 율법을 받았습니다. 그러나 제
사장 직분을 받았다고 해서 그들이 영적
으로 완전해질 수는 없었습니다. 따라서
또 다른 제사장, 즉 아론의 계통이 아닌
멜기세덱의 계통을 따른 제사장이 필요했
던 것입니다.
12 제사장 제도가 바뀌어야 한다면 율법도
바뀌어야 할 것입니다.
13 우리는 지금 그리스도에 대해서 말하고 있
습니다. 그리스도는 레위 지파가 아닌 다
른 지파의 사람이었는데, 그 지파에서 나
온 사람들 중 제단에서 제사장으로 섬긴
사람은 한 명도 없습니다.
14 우리 주님께서 유다 지파에 속했다는 사
실은 분명합니다. 모세가 이 지파에 대해
말할 때에 제사장 직분이라는 것을 한 번
도 말한 적이 없었습니다.

예수님께서는 멜기세덱과 같습니다

15 멜기세덱과 같은 또 다른 제사장이 오신
것을 보면 이제 더 분명해지는 것 같습니
다.
16 그분은 인간의 법과 규칙에 따라 제사장
이 되신 것이 아니고, 영원한 생명의 능
력으로 제사장이 되셨습니다.
17 성경에 그분에 대해 이렇게 기록되어 있
습니다. "너는 멜기세덱의 계통을 따른 영
원한 제사장이다."*
18 옛 계명은 약하고 쓸모가 없으므로 이제
폐지되었습니다.
19 모세의 율법으로는 아무것도 완전하게 할
수 없습니다. 그러나 이제 우리는 더 나
은 소망을 받았고, 이 소망을 통해 하나
님께 가까이 나아갈 수 있습니다.
20 예수님을 대제사장으로 세우실 때에 하나
님께서 맹세하셨습니다. 다른 사람들이
제사장이 될 때에는 그런 맹세를 하지 않
으셨습니다.
21 그러나 그리스도는 하나님의 맹세로 제사
장이 되셨습니다. "주님께서 '너는 영원
한 제사장이다' 라고 약속하셨으니, 그 마
음을 결코 바꾸지 않으실 것이다."*
22 예수님께서 하나님과 그의 백성 사이에
더 좋은 약속의 보증이 되셨다는 뜻입니

알아두세요

6:14 창 22:17에 기록되어 있다.
6:19 휘장
7:17 시 110:4에 기록되어 있다.
7:21 시 110:4에 기록되어 있다.

닻(6:19 anchor) 배가 멈추어 있도록 하기 위하여 밧줄이나 쇠줄에 매어 물 밑바닥에 박히게 하는 쇠나 나무 따위로 만든 갈고리 모양의 기구.
지성소(6:19 Most Holy Place) 지극히 거룩한 곳. 성막과 예루살렘 성전의 가장 안쪽 장소로서, 대제사장만이 들어감.
율법(7:5 law) 하나님이 인간에게 지키도록 내린 규범.

다.
23 제사장들이 죽으면 제사장의 일을 더 이
상 할 수 없기 때문에 제사장의 숫자가 많
을 수밖에 없었습니다.
24 그러나 예수님께서는 영원히 살아 계시기
때문에 결코 제사장의 일을 쉬지 않으실
것입니다.
25 그러므로 예수님은 자기를 통해 하나님께
나아오는 자들을 완전히 구원하실 수 있
습니다. 예수님은 항상 살아 계셔서, 하나
님께 나아오는 자들을 돕고 계시기 때문
입니다.
26 예수님이야말로 우리에게 진정으로 필요
한 대제사장이십니다. 예수님께서는 거룩
하고 죄가 없으시며, 흠이 없고 죄인들과
구별되는, 하늘보다 높은 곳에 계신 분입
니다.
27 그분은 다른 제사장들과는 다릅니다. 그
들은 매일 제사를 드려야 합니다. 먼저 자
신의 죄를 위하여, 다음은 백성의 죄를 위
하여 희생 제물을 바칩니다. 그러나 그리
스도는 그럴 필요가 없으십니다. 예수님께
서는 자기 자신을 희생 제물로 드려서 단
한 번에 그 일을 끝내셨기 때문입니다.
28 율법은 약점을 가진 사람들을 제사장으
로 세웠습니다. 그러나 하나님의 아들이
신 예수님께서는 하나님의 맹세하심을 통
해 영원토록 완전한 대제사장이 되셨습
니다.

예수님께서 우리의 대제사장이 되셨습니다

8 지금까지 우리가 말한 것의 요점은,
하늘에 계신 하나님의 오른쪽에 앉아
계신 대제사장이 우리와 함께 있다는 것
입니다.
2 우리의 대제사장은 지극히 거룩한 곳인
성소에서 섬기고 계십니다. 그 곳은 사람
이 세운 곳이 아니라 하나님께서 세우신
거룩한 장막이요, 참 성막입니다.
3 모든 대제사장은 하나님께 예물과 제사를
드리는 일을 맡고 있습니다. 따라서 우리
의 대제사장도 하나님께 무엇인가를 드려
야 했습니다.
4 예수님께서 이 세상에 계셨다면 제사장이
되시지 못했을 것입니다. 그것은 이미 세
상에는 율법을 따라 하나님께 예물을 드
릴 제사장들이 있기 때문입니다.
5 그들이 섬기는 성소는 하늘에 있는 성소
의 모형과 그림자에 불과합니다. 모세가
성막을 지을 때, 하나님께서는 "너는 모
든 것을 내가 산에서 네게 보여 준 대로
주의해서 짓도록 하여라" 하고 지시하셨
습니다.
6 그러나 예수님께서 맡으신 제사장의 직분
은 다른 제사장들의 일들보다 훨씬 더 큽
니다. 마찬가지로 하나님께서 예수님을
통해 그의 백성에게 주신 언약도 옛 언약
보다 훨씬 좋은 것입니다. 이 새 언약은
더 좋은 약속에 근거하고 있습니다.
7 만일 첫 번째 언약에 아무 문제가 없다면,
두 번째 언약이 필요 없을 것입니다.
8 그러나 하나님께서는 백성들의 잘못을 아
시고 다음과 같이 말씀하셨습니다. "내가
이스라엘과 유다 백성으로 더불어 새 언약
을 맺을 때가 되었다.
9 이것은 그들의 조상과 맺었던 언약과는
다른 것이다. 그 때는 내가 그들을 내 손
으로 붙들고 이집트에서 인도해 낼 때였
다. 그러나 그들은 나와 맺은 언약을 깨

알아두세요

8:8-12 렘 31:31-34에 기록되어 있다.
9:5 속죄소 뚜껑

근거(8:6 base) 어떤 현상이 생기게 된 이유.
휘장(9:3 curtain) 갖가지 색깔의 실을 짜서 천을 만들고 그 위에 그룹들을 정교하게 수놓은 커튼으로서, 하나님과 언약의 백성 이스라엘 사이의 구분을 상징하였으며, 동시에 언약의 두 당사자를 위한 만남의 장소를 나타내었다.
법궤(9:4 ark of the covenant) 하나님께서 인간에게 주신 십계명 두 돌판을 간직해 둔 상자. 언약궤라고도 불림.
중보자(9:15 mediator) 하나님과 사람의 사이를 화해시키고 교제를 유지하도록 돕는 자람. 곧, 예수님.

뜨렸고 나도 그들을 저버렸다.
10 나중에 내가 다시 이스라엘 백성과 함께
새 언약을 맺을 것이다. 내가 나의 가르
침을 그들의 마음속에 새기고 그들의 가
슴에 기록할 것이다. 나는 그들의 하나님
이 되고, 그들은 내 백성이 될 것이다.
11 그 때는 사람들이 그들의 이웃과 친척들
에게 주님을 알도록 가르칠 필요가 더 이
상 없을 것이다. 그것은 가장 작은 자부
터 가장 큰 자에 이르기까지 나를 모르는
사람이 한 사람도 없을 것이기 때문이다.
12 나는 그들이 저지른 악한 일을 다 용서하
고, 그들의 죄를 더 이상 기억하지 않을
것이다."*
13 하나님께서는 이것을 새 언약이라 부르시
고, 첫 번째 언약은 옛 언약으로 돌리셨
습니다. 낡고 오래된 것은 사라지게 마련
입니다.

옛 언약의 예배

9 첫 번째 언약에도 예배 규칙이 있었으
며, 또한 예배를 위해 사람이 만든 장
소도 있었습니다.
2 먼저 성막이 세워졌습니다. 성막의 앞부
분은 성소라 불렀습니다. 그 곳에는 촛대
와 빵이 놓여진 상이 있었는데, 하나님을
위해 거룩하게 예비된 것이었습니다.
3 휘장으로 가려진 성소 안쪽에는 지성소라
고 하는 작은 방이 있었습니다.
4 그 곳에는 향을 피우는 금제단과 금으로
입혀진 법궤가 놓여 있었습니다. 법궤 안
에는 만나를 담은 금항아리와 아론의 싹난
지팡이, 그리고 옛 언약이 새겨진 돌판이
들어 있었습니다.
5 법궤 위에는 하나님의 영광을 나타내는
날개 달린 생물인 그룹들이 날개로 뚜껑*
을 덮고 있었습니다. 그러나 지금 이런 것
들에 대해서 일일이 다 말할 수는 없습니
다.
6 이 모든 것이 성막 안에 준비되어 있어서
제사장들은 언제나 첫 번째 방에 들어가
예배를 드렸습니다.
7 그러나 두 번째 방에는 오직 대제사장만
이 일 년에 한 번 들어갈 수 있었습니다.
또 대제사장도 피 없이는 결코 그 곳에 들
어갈 수 없었습니다. 그는 그 피를 자기
자신과 백성의 죄를 위해 하나님께 드렸
습니다. 이것은 그들이 모르고 지은 죄를
위하여 드리는 것입니다.
8 성령은 이것을 통해, 옛 성막 제도가 그
대로 남아 있을 때는 지성소로 들어가는
길이 아직 열려 있지 않다는 것을 보여 주
셨습니다.
9 이것은 현재를 위한 비유입니다. 예물과
제사로는 예배드리는 자의 마음속까지 깨
끗하게 할 수 없습니다.
10 이것은 단지 먹고 마시고 여러 가지 몸을
씻는 등의 예식으로서, 하나님의 새 법이
올 때까지만 적용되는 것입니다.

새 언약의 예배

11 그러나 그리스도께서는 지금 우리가 가지
고 있는 좋은 것들의 대제사장으로 오셨
습니다. 그는 더 크고 완전한 성막에 들
어가셨습니다. 그것은 사람의 손으로 지
은 것도 아니며, 이 세상에 속한 것도 아
닙니다.
12 그리스도는 단 한 번 지성소로 들어가셨습
니다. 그분은 염소나 송아지의 피가 아닌
자신의 피를 가지고 지성소로 들어가셔서
우리를 죄에서 완전히 자유롭게 해 주셨
습니다.
13 염소와 황소의 피와 암소의 재를 부정한
사람에게 뿌리면, 그 육체를 다시 깨끗하
게 할 수 있습니다.
14 그렇다면 영원하신 성령을 통해 하나님께
자기 자신을 완전한 제물로 드린 그리스
도의 피는 어떻겠습니까? 그의 피는 죽음
에 이르게 하는 행동에서 우리 마음을 깨
끗하게 하고, 살아 계신 하나님을 섬기는
데 부족함이 없도록 할 것입니다.
15 그러므로 그리스도께서 새 언약의 중보자
가 되셨습니다. 이제 하나님께 부르심을
받은 자들은 하나님께서 약속하신 영원한
복을 받을 수 있게 되었습니다. 옛 언약
아래에서 살던 사람들을 죄로부터 자유롭

게 하기 위하여 그리스도께서 죽으셨기 때
문에, 사람들이 그 축복을 누릴 수 있게
된 것입니다.
16 유언이 효력을 나타내려면 그 유언을 쓴
사람이 죽었다는 사실이 증명되어야 합니
다.
17 그 사람이 살아 있는 한, 유언은 아무 쓸
모가 없습니다. 오직 죽은 후에만 쓸모가
있는 것입니다.
18 이처럼 옛 언약도 죽음을 나타내는 피 없
이 세운 것이 아닙니다.
19 모세는 백성들에게 율법에 적힌 모든 계
명을 말해 주었습니다. 그리고 송아지의
피를 물과 함께 섞은 다음, 붉은 양털과
우슬초에 적셔서 율법책과 백성들에게 뿌
렸습니다.
20 그리고 "이것은 하나님께서 여러분에게
순종하라고 명령하신 언약의 피입니다"라
고 말했습니다.
21 모세는 성막과 예배에 쓰이는 모든 물건
에도 그런 방법으로 피를 뿌렸습니다.
22 율법은 거의 모든 것이 피로써 깨끗해지
며 피흘림이 없으면 죄의 용서도 없다고
말합니다.

그리스도의 죽음으로 죄가 깨끗해졌습니다

23 하늘에 있는 참된 것들을 모방한 이 땅의

유태인의 공동 묘지(9:27)

알아두세요

10:5-7 시 40:6-8에 기록되어 있다.
10:16 렘 31:33에 기록되어 있다.
10:17 렘 31:34에 기록되어 있다.

모형은 동물의 피로 깨끗해져야 합니다.
그러나 하늘에 있는 것들은 더 좋은 제물
이 필요합니다.
24 그리스도께서는 사람이 지은 지성소에 들
어가지 않으셨습니다. 그것은 참된 것의
모형일 뿐입니다. 그리스도께서는 하늘에
올라가시고, 그 곳에서 우리를 도우시려
고 하나님 앞에 서신 것입니다.
25 대제사장은 일 년에 한 번, 자신의 피가
아닌 동물의 피를 가지고 지성소로 들어
갑니다. 그렇다고 그리스도께서 자신을 제
물로 드리기 위해 매번 하늘로 올라가신
것은 아닙니다.
26 만일 그래야 한다면 그리스도께서 세상이
창조되었을 때부터 고난을 자주 받으셔야
했을 것입니다. 그러나 그리스도께서는 단
한 번 오셔서 자신을 제물로 드림으로, 모
든 죄를 깨끗하게 하셨습니다.
27 사람들은 모두 한 번은 죽습니다. 죽은 후
에는 심판이 우리를 기다립니다.
28 그렇기 때문에 그리스도께서는 자신의 몸
을 한 번에 드려 많은 사람의 죄를 없애
주신 것입니다. 그리스도께서는 다시 오실
것입니다. 그 때는 죄를 없애기 위해서가
아니라 그리스도를 기다리는 자들에게 구
원을 주기 위해 오시는 것입니다.

10 율법은 앞으로 오게 될 좋은 것들
의 그림자에 불과하며 참된 것의 완
전한 모양이 아닙니다. 율법 아래 있는
사람들은 해마다 똑같은 제사를 드립니
다. 그러나 이 제사를 가지고 예배드리러
나오는 사람들이 완전해질 수는 없습니
다.
2 만일 율법이 그들을 완전하게 할 수 있다
면 예배드리는 사람들이 깨끗하여져서 더
이상 죄의식도 느끼지 않았을 것이며, 제
물을 드리는 일도 그쳤을 것입니다.
3 그러나 제사는 해마다 자기의 죄를 생각
나게 합니다.
4 그것은 황소나 염소의 피로는 죄를 깨끗
게 할 수 없기 때문입니다.
5 그래서 그리스도께서 세상에 오셨을 때,

이렇게 말씀하셨습
니다. "하나님께서는
제사와 예물을 원하
지 않으시고, 나를
위해 한 몸을 예비하
셨습니다.
6 또한 태워 드리는 제
사인 번제와 죄를 씻
는 제사인 속죄제도
기뻐하지 않으십니
다.
7 그 때, 내가 말하기
를 '하나님, 보십시
오. 나에 관해 율법
책에 기록된 대로 하
나님께서 내게 원하
시는 일을 하러 왔습
니다.'"*
8 이 말씀에서 그리스
도는 먼저 "하나님께
서는 제사와 예물을 기
뻐하지 않으시고, 번제와
속죄제도 원하지 않으신다"고
하셨습니다. 이런 것들은 율법이
명령하는 제사들입니다.
9 그리고 나서 "내가 왔습니다. 하나님께서
원하시는 일을 하려고 왔습니다"라고 말
합니다. 즉 하나님께서는 새로운 제도를
세우시려고 첫 번째 제사 제도를 폐지하
신 것입니다.
10 예수 그리스도는 하나님께서 원하시는 일
을 하셨습니다. 우리는 예수 그리스도께서
단번에 몸을 드리신 제사를 통해 거룩함
을 입었습니다.
11 제사장들은 매일 제단 앞에 서서 맡은 일
을 행합니다. 그러나 그 제사들은 죄를 없
애지 못합니다.
12 그리스도께서는 죄를 위해 단 한 번의 제
사를 드리시고 하나님 오른쪽에 앉으셨습
니다.
13 그리스도는 원수들이 그의 발 앞에 무릎
꿇을 때까지 그 곳에서 기다리고 계십니

대제사장이신 예수님(10:19-21)

다.
14 한 번의 제사로 그는 거룩하게 된 자들을
영원히 완전하게 하셨습니다.
15 성령께서 또한 우리에게 이것에 관해 말
씀하십니다.
16 "나중에 내가 다시 이스라엘 백성과 함께
새 언약을 맺을 것이다. 내가 나의 가르
침을 그들의 마음속에 새기고, 그들의 가
슴에 기록할 것이다."*
17 또 말씀하십니다. "그들의 죄와 악한 행
동을 내가 다시는 기억하지 않을 것이
다."*
18 이런 죄와 악한 행동을 용서받았기 때문
에 더 이상 죄를 위한 제사는 필요하지 않
게 되었습니다.

하나님을 계속 신뢰하십시오

19 그러므로 형제 여러분, 우리는 예수님의
피 때문에 자유롭고 담대하게 지성소로

들어갈 수 있게 되었습니다.

20 우리는 예수님께서 우리를 위해 열어 주신 새로운 길로 들어갑니다. 그것은 그분이 자신의 몸인 휘장을 찢어 생명의 길로 열어 놓으신 곳입니다.

21 또 우리에게는 하나님의 집을 다스리는 위대한 대제사장이 계십니다.

22 그러니 진실한 마음과 확실한 믿음을 가지고 하나님께 가까이 나아갑시다. 우리는 죄책감에서 깨끗해지고 자유로워졌으며, 맑은 물로 몸이 씻겨졌습니다.

23 하나님께서는 약속하신 것을 지키시는 신실한 분이니, 우리가 고백한 소망을 굳게 붙듭시다.

24 서로 돌아보고 사랑을 베풀며 선한 행동을 하도록 격려합시다.

25 어떤 사람들이 하는 것처럼 교회의 모임에 빠져서는 안 됩니다. 그 날이 가까이 다가오는 것을 볼수록 함께 만나며 서로를 격려해야 할 것입니다.

26 만일 우리가 진리를 알게 된 후에도 일부러 계속 죄를 짓는다면, 그 죄를 씻을 제사는 없습니다.

27 거기에는 오직 심판을 기다리는 두려움과 하나님을 거역하며 사는 자들을 태워 없앨 크고 무서운 불만 있을 뿐입니다.

28 모세의 율법에 순종하지 않고 그것을 어긴 사람들도, 두세 명의 증인이 있으면, 사형을 받았습니다.

29 그렇다면 하나님의 아들을 공경하지 않는 사람들은 어떻겠습니까? 그들은 자기를 거룩하게 한 언약의 피를 별것 아닌 것으로 여기며 은혜의 성령을 욕되게 하였습니다. 따라서 그들은 더 큰 벌을 받게 될 것입니다.

30 우리는 하나님께서 "잘못을 행하는 자들을 벌하고 그 죄대로 갚아 주겠다"고 말씀하신 것을 알고 있습니다. 또한 "주님께서 그의 백성을 심판하실 것이다"라는 말씀도 하셨습니다.

31 살아 계신 하나님께서 심판하시는 대상이 된다는 것은 정말 무서운 일입니다.

32 여러분이 처음 진리의 말씀을 배우던 때를 기억해 보십시오. 많은 어려움들이 있었지만, 여러분은 꿋꿋이 이겨 냈습니다.

33 때때로 사람들 앞에서 모욕을 당하며 핍박을 받기도 했고, 그런 고난을 받는 사람들과 친구가 되기도 하였습니다.

34 옥에 갇힌 자들을 도와 주고 여러분이 가진 것들을 빼앗겨도 기뻐하였습니다. 그렇게 할 수 있었던 것은 여러분이 더 좋고 영원한 것이 있다는 것을 알고 있었기 때문입니다.

35 그러므로 이전에 가졌던 용기를 잃어버리지 마십시오. 더 큰 보상이 여러분을 기다리고 있습니다.

36 인내를 가지고 하나님께서 원하시는 일을 해서 그분께서 약속하신 것을 받으시기 바랍니다.

37 "조금만 있으면 오시기로 한 그분이 오실 것이며, 결코 늦지 않으실 것이다.

38 나와 함께 의롭게 산 사람들은 믿음 때문에 생명을 누릴 것이다. 그러나 믿음에서 뒤로 물러난 사람들을, 내가 기뻐하지 않겠다."*

39 우리는 뒤로 물러나 하나님께 버림을 받을 사람들이 아닙니다. 우리는 믿음으로 구원함을 받을 사람들입니다.

성경 풍속

두루마리

두루마리는 파피루스, 가죽, 양피지 등을 몇 장씩 서로 이어 길게 만든 것으로서, 너비가 약 30cm, 길이가 10.5m 정도 되었습니다. 양쪽 끝에 장식이 달린 둥근 막대기를 붙여 왼쪽에서 오른쪽으로 감을 수 있게 만들었습니다. 고대 사회에서는 이 두루마리를 여러 가지 문서를 만드는 데 이용하였습니다. 글은 보통 두루마리의 한쪽 면에만 썼는데, 표준 길이 파피루스 두루마리를 사용함으로써 히브리어 모세 오경을 다섯 권으로 나눌 수 있었습니다.

믿음

11 믿음은 우리가 바라는 것들에 대해서
확신하는 것입니다. 또한 보이지는 않
지만 그것이 사실임을 아는 것입니다.
2 옛날 사람들도 믿음으로 인정받았습니다.
3 믿음을 통해 우리는 이 세상 모든 것이 하
나님의 말씀으로 창조되었다는 것을 이해
합니다. 이것은 우리가 보고 있는 것들이
보이지 않는 어떤 것으로 만들어졌다는
것을 말합니다.
4 아벨은 믿음으로 가인보다 하나님께 더 나
은 제사를 드렸습니다. 하나님께서는 아
벨이 드린 제사를 기뻐 받으시고, 그를 의
인이라 부르셨습니다. 아벨은 죽었지만
여전히 그의 믿음을 통해 우리에게 말하
고 있습니다.
5 믿음으로 에녹은 죽지 않고 하늘로 옮겨
져서, 아무도 그를 볼 수 없게 되었습니
다. 하나님께서 그를 하늘로 데리고 올라
가신 것입니다. 성경은 그가 이 땅에 사
는 동안 진실로 하나님을 기쁘시게 하는
자였다*고 증언합니다.
6 믿음이 없이는 어느 누구도 하나님을 기
쁘시게 할 수 없습니다. 하나님께 나아오
는 자는 그가 계시다는 것과 그를 찾는 자
들에게 상 주시는 분이라는 것을 진정으
로 믿어야 합니다.
7 믿음으로 노아는 아직 보지 못하는 일에
대한 하나님의 경고를 들었습니다. 그는
하나님께 순종해서 그의 가족을 구원할
방주를 지었습니다. 그는 믿음으로 세상
이 잘못되어 가고 있음을 사람들에게 알
리고, 하나님과 의의 관계를 맺은 사람이
되었습니다.
8 믿음으로 아브라함은 하나님께서 그에게
약속하신 땅으로 가라는 하나님의 부르
심에 순종하였습니다. 그는 가야 할 곳도
모른 채 자기 고향을 떠났습니다.
9 그는 믿음 때문에 하나님께서 자기에게
약속하신 땅에 가서 살 수 있었습니다. 그
는 그 곳에서 갈 곳 없는 나그네처럼 살
았고, 같은 약속을 받은 이삭과 야곱과 함
께 장막에서 거하였습니다.
10 아브라함은 영원한 터가 있는 성을 기다리
고 있었습니다. 그것은 바로 하나님께서
계획하고 세우신 성입니다.
11 사라 자신도 아이를 낳기에는 나이가 너
무 많았으나, 믿음으로 후손을 얻을 힘을
얻었습니다. 그것은 그녀가 약속해 주신
하나님을 신실한 분으로 믿었기 때문입니
다.
12 나이가 많아 거의 죽은 사람과 다름없던
한 사람으로부터, 하늘의 별과 바닷가의
모래알같이 셀 수 없을 정도로 많은 후손
이 나왔습니다.
13 이 사람들은 모두 믿음을 따라 살다가 죽
었습니다. 그들은 하나님께서 그의 백성
에게 약속하신 것을 받지는 못했으나, 앞
으로 올 것들을 멀리서 보고 기뻐하였습
니다. 그들은 스스로 자신들이 이 땅에서
나그네일 뿐이라고 고백하였습니다.
14 이것은 그들이 진짜 고향을 찾고 있다는
것을 나타냅니다.
15 만일 그들이 떠나온 고향을 생각한다면
다시 되돌아갈 수도 있었을 것입니다.
16 그러나 그들은 더 나은 고향을 기다리고
있었는데, 그것은 바로 하늘에 있는 고향
이었습니다. 그래서 하나님께서는 저들의
하나님이라고 불리는 것을 부끄러워하지
않으시고, 그들을 위해 한 성을 예비해 주
셨습니다.
17 아브라함은 하나님께 시험을 받았을 때,
믿음으로 이삭을 제물로 바쳤습니다. 그
는 하나님께 약속을 받았는데도 아들을
바칠 준비를 한 것입니다.
18 하나님께서는 그에게 "내가 네게 약속한
후손은 이삭을 통해 나올 것이다"라고 말

알아두세요

10:37-38 합 2:3-4에 기록되어 있다.
11:5 창 5:24에 기록되어 있다.

방주(11:7 ark) 구약 성서 창세기에서 노아와 그의 가족이 홍수를 피하기 위하여 탔던 상자 모양의 배.

씀하셨습니다.
19 아브라함은 하나님께서 죽은 사람도 살려
주신다는 것을 믿었습니다. 아브라함은 이
삭을 죽은 사람들 가운데서 다시 받은 것
입니다.
20 믿음으로 이삭은 야곱과 에서의 앞날을 축
복하였습니다.
21 또 믿음으로, 야곱은 죽을 때 요셉의 아들
들을 축복하고, 그의 지팡이를 짚고서 하
나님께 경배드렸습니다.
22 믿음으로 요셉은, 죽을 때, 이스라엘 백성
이 이집트에서 떠날 것을 말하였고, 자기
의 시신을 어떻게 할 것인지도 얘기하였
습니다.
23 믿음으로 모세의 부모는, 그가 태어났을
때 평범한 아이가 아니라는 것을 알고 석
달 동안, 그를 숨기며 키웠습니다. 그들
은 왕의 명령을 거역하는 것도 두려워하
지 않았습니다.
24 믿음으로 모세는, 성장한 뒤 파라오 딸의
아들이라 불리는 것을 거절하였습니다.
25 그는 잠시 동안 죄의 즐거움을 누리기보
다는, 하나님의 백성들과 함께 고난받는
것을 택하였습니다.
26 그는 이집트의 온갖 보물을 가지는 것보
다 그리스도를 위해 고난받는 것이 더 낫
다고 생각한 것입니다. 그는 오직 하나님
이 주실 상만을 바라보았습니다.

성경 자세히 이해하기

톱으로 켜는 형벌

이 끔찍한 처형법은 페르시아 지방에서 시작되었다고 알려져 있으며, 고대의 다른 민족들 사이에서도 사용되었다고 합니다. 기록에 의해 구체적인 처형 방법의 일면을 알 수 있는데, 적당한 길이와 넓이의 나무 판자 두 개를 준비하고 그것들 사이에 사형수를 묶은 다음, 머리부터 시작하여 톱으로 켰다고 합니다. 이사야 예언자가 이 처형법에 의해 죽었다고 생각하는 것이 전통적인 견해이기도 합니다. 본문 보기 11장 37절

27 믿음으로 모세는 이집트를 떠났으며, 왕의
분노를 두려워하지 않았습니다. 모세는
보이지 않는 하나님을 마치 보이는 듯이
바라보며 꿋꿋이 참았습니다.
28 믿음으로 모세는 유월절을 준비하고, 문
마다 피를 발랐습니다. 이 피는 죽음의 천
사가 이스라엘 백성의 맏아들을 죽이지 않
도록 하기 위해 바른 것입니다.
29 믿음으로 그들은, 마른 땅을 건너는 것처
럼 홍해를 지나갔습니다. 그러나 이집트
인들은 그들을 따라가다가 물에 빠져 죽
고 말았습니다.
30 믿음으로 이스라엘 백성들이 여리고 성 주
위를 칠 일 동안 돌자 성은 무너졌습니다.
31 믿음으로 기생 라합은 정탐꾼들을 잘 대
접하여, 하나님께 순종하지 않은 자들이
죽임을 당할 때 구원을 받았습니다.
32 더 많은 이야기가 필요합니까? 기드온, 바
락, 삼손, 입다, 다윗, 사무엘, 그리고 다른
예언자들을 다 말하려면 시간이 모자랄
것입니다.
33 그들은 믿음으로 나라들을 정복하고, 옳
은 일을 하였으며, 하나님께서 약속하신
것들을 받았고, 사자의 입을 막았습니
다.
34 또 큰 불을 막아 내며, 칼날을 피하였습
니다. 그들은 약한 데서 강해졌으며, 전
쟁터에서는 용감해져서 적들을 무찔렀습
니다.
35 여자들은 죽은 가족이 다시 살아나는 것
을 보았습니다. 또 어떤 이들은 죽은 후
에 더 나은 삶으로 부활할 것을 생각하면
서, 고문을 당하고 풀려나는 것을 거절하
기도 하였습니다.
36 어떤 이들은 조롱을 받으며 매를 맞았습
니다. 어떤 이들은 묶인 채로 감옥에 끌
려갔습니다.
37 그들은 돌에 맞아 죽었고, 몸이 반으로 잘
리기도 하였으며, 칼에 찔려 죽기도 하였
습니다. 양과 염소 가죽을 두르고 가난과
고난과 학대를 견뎌야 했습니다.
38 그들에게 세상은 아무런 가치가 없었습니

다. 그들은 광야와 산과 동굴과 땅굴에서
살았습니다.
39 이 사람들은 모두 믿음으로 이름이 알려
진 자들입니다. 그러나 그들 중 어느 누
구도 하나님께서 약속하신 것을 받지는
못하였습니다.
40 그것은 하나님께서 우리에게 더 좋은 것
을 예비하시고 그들이 우리와 함께 완전
해지도록 하셨기 때문입니다.

예수님의 본을 따르십시오

12 우리에게는 이렇게 많은 믿음의 증
인들이 있습니다. 그들의 삶은 우리
에게 믿음이 무엇인지 말해 주고 있습니
다. 그러므로 포기하지 말고 우리 앞에 있
는 경주를 열심히 합시다. 우리의 삶 속
에서 방해가 되는 것들은 다 없애 버리고,
우리를 쉽게 옭아매는 죄를 벗어 버립시
다.
2 우리 믿음의 시작이며, 또 믿음을 완전하
게 하시는 주님만을 바라봅시다. 예수님
께서는 십자가에서 돌아가실 때, 아무것
도 아닌 것처럼 모든 부끄러움을 참아 내
셨습니다. 예수님께서는 하나님께서 예비
해 두신 기쁨을 기대하셨기 때문에 그렇
게 하실 수 있었던 것입니다. 이제 그분
은 하나님 보좌의 오른편에 앉아 계십니
다.
3 예수님을 생각하십시오. 예수님께서는 죄
인들이 그를 미워해서 악한 일을 할 때에
도 묵묵히 참으셨습니다. 지칠 때라도 낙
심하지 말고 예수님의 본을 따르기 바랍
니다.

하나님은 아버지입니다

4 여러분은 죄에 맞서 싸우고 있지만, 아직
죽을 정도까지 싸워 보지는 않았습니다.
5 여러분은 하나님께서 그의 아들을 격려하
듯이 말씀해 주신 것을 잊었습니까? "내
아들아, 주의 훈계를 가볍게 여기지 말
고, 주님께서 너를 꾸짖으실 때, 낙심하
지 마라.
6 주님께서는 사랑하는 자에게 벌을 주시
고, 그의 아들로 받아들인 자들을 채찍질

안디옥 베드로 동굴교회(11:38)

하신다."*
7 따라서 여러분이 받는 고난을 아버지의
훈계로 알고 견디십시오. 하나님께서는
아버지가 자기 아들에게 벌 주듯이 여러
분을 대하시는 것입니다. 아들을 훈계하
지 않는 아버지는 어디에도 없습니다.
8 아들이면 훈계를 받게 마련입니다. 만일
여러분에게 아무 훈계가 없다면, 여러분
은 사생아이며 참아들이 아닙니다.
9 우리는 이 땅에서 모두 육체의 아버지가
있습니다. 그 아버지가 우리를 훈계한다
해도 공경하는데, 하물며 영의 아버지의
훈계를 받아들여야 하는 것은 말할 필요
도 없지 않습니까? 그렇게 할 때, 우리는
생명을 받게 되는 것입니다.
10 이 땅에서의 아버지는 그들이 가장 좋다
고 생각하는 대로 우리를 벌합니다. 그러
나 하나님께서는 우리가 그분의 거룩하심
을 닮게 하기 위해 벌하십니다.
11 훈계를 받는 바로 그 때에는 즐거움이 없
고 고통스럽습니다. 그러나 후에 그 훈계
때문에 더 나은 사람이 된다면, 우리에게
평안이 있을 것입니다. 왜냐하면 우리가

알아두세요

12:5-6 잠 3:11-12에 기록되어 있다.

유월절(11:28 Passover) 하나님께서 이스라엘 자손을 이집트로부터 구원해내신 것을 기념하기 위해 유대인들이 봄마다 종교 의식으로 지키는 절기(축제).
정탐꾼(11:31 spy) 남의 비밀한 일을 은밀히 알아내는 사람.

올바른 길 안에서 살아가게 되었기 때문
입니다.

여러분의 삶에 늘 신경을 쓰십시오

12 여러분은 피곤한 손과 연약한 무릎을 강
하게 하여 일어나십시오.
13 올바른 길을 가십시오. 그러면 다리 저는
사람이 절뚝거리지 않고 고침을 받게 될
것입니다.
14 모든 사람과 사이좋게 지내며 거룩하게
사십시오. 만일 삶이 거룩하지 못하다면,
결코 주님을 만나지 못할 것입니다.
15 아무도 하나님의 은혜를 놓치지 않도록
주의하시기 바랍니다. 여러분 가운데 쓴
뿌리와 같은 사람들이 생겨나지 못하게
하십시오. 그런 사람은 많은 사람을 괴롭
히거나 더럽힙니다.
16 성적인 죄를 범하지 말며, 에서처럼 하나
님을 생각지 않는 사람이 없도록 하십시
오. 에서는 맏아들로서 아버지의 모든 것
을 다 받을 수 있었지만, 한 그릇의 먹을
것을 위하여 맏아들의 특권을 팔고 말았
습니다.
17 여러분도 알다시피 에서는 그후에 아버지
의 축복을 받기 위해 울면서 부탁했지만
거절당했으며, 회개할 기회를 얻지 못했
습니다.
18 여러분이 도착할 곳은 손으로 만질 수 있
거나 불이 타오르는 산도 아니고, 어두움
과 슬픔과 폭풍이 일어나는 산도 아닙니
다.
19 또한 나팔 소리와 음성이 들려오는 산도
아닙니다. 이스라엘 백성이 산에서 들려오
는 음성을 들었을 때, 그들은 더 이상 하
나님께서 말씀하시지 않도록 부탁했습니
다.
20 그들은 "누구든지, 심지어 짐승이라도 이
산에 닿으면 돌로 쳐서 죽임을 당할 것이
다"라는 하나님의 명령을 감당할 수 없었
습니다.
21 그 광경이 너무나 무서워 모세조차도 "두
렵고 떨린다"고 말하였습니다.
22 그러나 여러분은 시온 산에 이르렀으며,
살아 계신 하나님의 성, 하늘의 예루살렘
에 이르렀습니다. 이 곳은 수많은 천사들
이 기뻐하며 함께 모여 있는 곳입니다.
23 또 하늘에 이름이 기록된 맏아들의 모임
이 열리는 곳이며, 모든 사람의 심판자이
신 하나님께서 계신 곳입니다. 그리고 완
전하게 된 의인들의 영혼이 거하는 곳이
기도 합니다.
24 여러분은 그의 백성들에게 하나님의 새
언약을 가져다 주신, 예수님께서 계신 곳
에 왔습니다. 여러분은 아벨의 피보다 더
나은 소식을 전해 준, 그리스도의 피에 가
까이 나아온 것입니다.
25 여러분은 하나님께서 말씀하실 때, 거역
하지 마십시오. 옛 선조들은 땅에서 모세
를 통해 경고를 받고도 순종하지 않다가
벌을 받았습니다. 이제는 하나님께서 하
늘로부터 우리에게 경고하시는데, 우리가
그 말씀을 듣지 않는다면 어떻게 되겠습
니까?
26 예전에는 그 소리가 땅을 흔들었지만, 이
제는 "땅뿐만 아니라 하늘까지도 다시 한
번 흔들어 놓겠다"고 하나님께서 약속하
셨습니다.
27 '다시 한 번'이라는 말은 흔들릴 수 있는
것들은 모조리 없애 버리시겠다는 뜻이기
도 합니다. 이것은 흔들리지 않는 것들만
을 남기려는 것입니다.
28 우리가 흔들리지 않는 나라를 가졌으니
감사드립시다. 하나님을 기쁘시게 하며,
경건함과 두려움으로 그분께 예배드립시
다.
29 우리 하나님은 모든 것을 태워 버리는 불

알아두세요

13:6 시 118:6에 기록되어 있다.

경건(12:28 piety) 조심하여 공경하는 마음.
성막(13:10 sacred tent) 시내 산에서 주어진 하나님의 명령에 따라 이스라엘 백성들이 만들었던 이동시킬 수 있는 성소로서, 하나님의 언약궤를 모셔놓았던 막.
수치(13:13 shame) 부끄러움.

과 같은 분이십니다.

13

그리스도 안에서 한 형제로 서로서
로 사랑하십시오.
2 나그네를 대접하는 일을 잊지 말기 바랍
니다. 어떤 사람들은 나그네를 대접하다
가 자기도 모르는 사이에 천사를 대접하
였습니다.
3 옥에 갇힌 자들을 기억하십시오. 마치 여
러분이 옥에 갇혀 있는 것처럼 저들을 생
각하고, 고통당하는 자들을 볼 때는 여러
분이 고통받는 것처럼 그들을 생각해 주
기 바랍니다.
4 모두 결혼을 귀하게 여기십시오. 남편과
아내는 그들의 결혼을 깨끗이 유지해야
합니다. 하나님께서는 간음하는 자들을
벌하실 것입니다.
5 돈이 여러분의 삶을 다스리지 않도록 하
십시오. 가진 것에 만족하시기 바랍니다.
하나님께서는 "내가 결코 너를 떠나지 않
겠다. 내가 결코 너를 잊지 않겠다"고 말
씀하셨습니다.
6 그러므로 우리는 자신 있게 말할 수 있습
니다. "주님은 나를 돕는 자시니 내가 두
려워하지 않을 것입니다. 사람들이 내게
무슨 짓을 할 수 있겠습니까?"*
7 여러분에게 하나님의 말씀을 가르쳐 준
지도자들을 기억하십시오. 그들이 어떻게
살고 어떻게 죽었는지를 생각하고, 그들
의 믿음을 본받으십시오.
8 예수 그리스도는 어제나 오늘이나 영원히
똑같으십니다.
9 여러 가지 이상한 가르침에 빠져서 잘못
된 길로 들어서지 않도록 주의하십시오.
하나님의 은혜로 마음을 강하게 하십시
오. 그러나 음식에 대한 규칙에는 얽매이
지 마십시오. 그런 규정은 아무 도움이 되
지 않습니다.
10 우리에게 제단이 있습니다. 그러나 성막
에서 섬기는 제사장들이 제사드린 것을
먹을 수는 없습니다.
11 대제사장은 죄를 없애기 위해 지성소 안
으로 동물의 피를 가지고 들어가서 그것
을 바칩니다. 그러나 그 동물의 시체는 성
막 바깥에서 불사릅니다.
12 이와 같이 예수님도 성문 밖에서 고난을
당하셨습니다. 예수님께서는 자기 피로
그의 백성들을 거룩하게 하려고 죽으셨습
니다.
13 그러므로 우리도 성문 밖에 계신 주님께
나아가서 그분이 당하신 수치를 함께 겪
읍시다.
14 이 땅에는 영원한 성이 없으며, 우리는 앞
으로 다가올 성을 찾고 있습니다.
15 그러므로 예수님을 통하여 항상 하나님께
찬양의 제사를 드립시다. 이는 그분의 이
름을 증언하는 우리 입술의 열매입니다.
16 다른 사람들에게 선을 베푸는 일을 잊지
마십시오. 여러분이 가진 것을 서로 나누
시기 바랍니다. 이러한 행동은 하나님을
기쁘시게 하는 제사입니다.
17 여러분을 인도하는 지도자들에게 순종하
고 그들의 권위를 존중하십시오. 그들은
여러분의 영혼을 책임진 자들이기에 여러
분을 주의해서 살피고 있습니다. 그들이
이 일을 괴로워하지 않고 즐거운 마음으
로 할 수 있도록 해 주십시오. 그들의 일
을 힘들게 하는 것은 여러분에게 아무 도

성경 자세히 이해하기

그리스도인들이 드려야 할 제사

히브리서의 저자는 지금까지 그리스도의 희생 제사로 구약의 제사는 폐지되었다고 말해 왔습니다. 그러면서 그는 그리스도인들이 드릴 수 있는 제사가 있다고 말합니다. 그것은 '찬미의 제사'와 '친절과 사랑의 제사' 입니다. '찬미의 제사'는 그리스도의 속죄에 감사하여 자신의 모든 삶을 하나님께 드리겠다는 정신을 가지고 이를 음악적으로 표현하는 것이며, '친절과 사랑의 제사'는 구체적인 삶 속에서 하나님의 사랑을 행동으로 나타내 보이는 삶의 제사를 말합니다.

본문 보기 13장 16절

움이 되지 않습니다.
18 우리를 위해 기도해 주십시오. 우리는 모
든 일을 선하게 하려고 하므로, 우리가 선
한 양심을 갖고 있다는 것을 확신합니다.
19 하나님께서 빨리 저를 여러분에게 보내
주시도록 기도해 주십시오.
20 평화의 하나님께서 양들의 큰 목자이신
우리 주 예수님을 죽음에서 살리셨습니
다. 하나님께서는 예수님의 보혈로 자기
백성과 영원한 언약을 맺으셨습니다.
21 바로 이 하나님께서 여러분에게 필요한
모든 좋은 것들을 내려 주셔서, 여러분이
하나님의 일을 잘할 수 있게 되기를 바랍
니다. 또 예수 그리스도를 통해 우리 안에
서 그의 기뻐하시는 뜻이 이루어지기를
기도합니다. 예수 그리스도께 길이길이 영
광이 있을 것입니다. 아멘.
22 형제 여러분, 몇 마디에 불과한 짧은 편
지이지만 여러분을 격려*하고자 쓴 글이
라는 것을 명심하십시오.
23 우리 형제 디모데가 감옥에서 풀려 나왔
습니다. 그가 도착하면 여러분을 만나러
함께 가겠습니다.
24 여러분의 지도자들과 모든 성도들에게 안
부를 전합니다. 이탈리아에서 온 사람들이
여러분에게 안부를 전합니다.
25 하나님의 은혜가 여러분 모두에게 늘 함
께하기를 기도합니다.

믿음을 키워 주는 이야기

펠리컨 가르치기

미국 캘리포니아 연안의 몬트레이 마을은 오랫동안 게으름뱅이 펠리컨들의 낙원이었다고 합니다. 그 곳 어부들은 그물로 잡은 물고기를 정리하면서 잔챙이는 모두 개펄에 버렸는데, 이것을 펠리컨들이 받아먹으며 게으름뱅이가 되어 갔고 편히 먹으며 살만 쪄갔습니다.

그러다가 어느 날부터인가 어부들이 던져 버리던 잔챙이 고기들이 상업적으로 활용되기 시작하였고, 펠리컨들이 주워 먹을 만한 먹이가 사라지게 되었습니다. 그런데도 그 곳 펠리컨들은 스스로 먹이를 구할 생각은 않고 여전히 버려진 먹이만을 찾았습니다.

결국 몬트레이의 펠리컨들은 한두 마리씩 굶어 죽기 시작했습니다. 이것을 본 어부들은 궁리한 끝에 좀 멀리 떨어진 남쪽 지방에 있는, 먹이를 스스로 잡을 줄 아는 펠리컨을 몇 마리 데려다가 풀어 놓았습니다. 그러자 한 동안 굶주림으로 죽어 가던 몬트레이 펠리컨들도 열심히 뛰어다니며 물고기를 잡기 시작했습니다.

삶의 모습을 보여 주는 것이 가장 지혜롭고 효과적인 가르침입니다. 자녀는 부모의 사는 모습을 보며 부모를 닮아가고 있습니다. 제자도 스승의 말과 행동과 모습 등 모든 것을 보며 배우고 있습니다.

알아두세요

13:22 권면

야 고 보 서

James

○ 저자

저자는 예수님의 동생인 야고보이다.

○ 저작 연대

두 가지의 다른 의견이 있다.
※전기 연대설: A.D. 45-49년경
※후기 연대설: A.D. 60년경

○ 주요 인물

야고보, 유대 그리스도인, 아브라함, 라합, 욥, 엘리야

○ 기록 목적과 대상

많은 시련 속에 놓인 유대 그리스도인들을 격려하고 잘못된 신앙 자세를 고치며 "믿음"과 "행함"에 대해 교훈하기 위해 기록하였다.

○ 내용 소개

1. 인사말(1:1)
2. 시련과 시험(1:2-18)
3. 믿음과 행함(1:19-2:26)
4. 교훈들(3:1-4:17)
5. 압제하는 무리들을 경고(5:1-6)
6. 권고(5:7-20)

인사

1 하나님과 주 예수 그리스도의 종 야고보는 세계 여러 곳에 흩어져 있는 열두 지파에게 안부를 전합니다.

믿음과 지혜

2 형제 여러분, 여러 가지 시험을 겪을 때 기쁘게 여기십시오.
3 여러분은 믿음의 시련을 통하여 인내심이 성장한다는 것을 알고 있습니다.
4 여러분이 하는 모든 일을 참고 견디어 조금도 부족함이 없는 완전하고 성숙한 사람이 되십시오.
5 지혜가 부족한 사람이 있으면 하나님께 구하십시오. 하나님께서는 자비로우셔서 모든 사람에게 나눠 주시는 것을 즐거워하십니다. 따라서 여러분이 필요로 하는 지혜를 주실 것입니다.
6 하나님께 구할 때는 믿고 구해야 합니다. 조금도 의심하지 마십시오. 의심하는 자는 바다 물결같이 바람에 밀려 이리저리 움직이는 것과 같습니다.
7 그런 사람은 주님께 무엇을 받을까 하고 기대하지 마십시오.
8 왜냐하면 그는 두 마음을 품어 자기가 하는 일에 방향을 못 잡고 헤매는 자이기 때문입니다.

참된 부

9 만일 가난하거든 하나님께서 자기를 영적인 부자로 만드신 것을 자랑스럽게 여기십시오.
10 만일 부하거든 하나님께서 자신에게 영적인 부족함을 보여 주신 것을 자랑하십시오. 그것은 부자도 들에 핀 꽃과 같이 결국 죽고 말 것이기 때문입니다.
11 해가 떠올라 점점 더 뜨거워지면, 풀은 마르고 꽃은 떨어집니다. 아무리 아름다운

"의심하는 자는 바다 물결같이 바람에 밀려 이리저리 움직이는 것과 같습니다."(1:6)

꽃이라도 시들게 되어 있습니다. 부자도
마찬가지입니다. 자신의 재물을 돌보다가
결국 죽고 말 것입니다.

시험은 하나님께로부터 오는 것이 아닙니다

12 시험을 받은 후, 더 강건해졌다면 복 있
는 자입니다. 자신의 믿음을 증명했으므
로 하나님께서 그에게 생명의 면류관을
주실 것입니다. 하나님께서는 자기를 사
랑하는 모든 자들에게 영생을 약속하셨습
니다.
13 시험을 받을 때에 "하나님이 나를 시험하
고 있어"라고 말하지 마십시오. 하나님은
악에게 시험을 받지도 않으시며, 사람을
시험하지도 않으십니다.
14 사람이 시험을 받는 것은 자신의 악한 욕
심에 이끌려 유혹을 받기 때문입니다.
15 욕심은 죄를 낳고, 죄는 점점 자라 죽음
을 가져옵니다.
16 사랑하는 형제 여러분, 속지 마십시오.
17 모든 선한 행위와 완전한 선물들은 빛들
을 창조하신 하나님으로부터 위에서 내려
오는 것입니다. 하나님께서는 결코 그림
자처럼 변하는 일이 없으십니다.
18 하나님께서는 진리의 말씀을 통하여 우리
에게 생명을 주셨습니다. 그리고 창조하
신 것 중에서 우리로 첫 열매가 되게 하
셨습니다.

듣는 것과 순종하는 것

19 사랑하는 형제 여러분, 다른 사람의 말은
빨리 듣고, 자신의 말은 천천히 하십시
오. 쉽게 화를 내지 말기 바랍니다.
20 화를 내면 하나님께서 원하시는 의로운
삶을 살 수 없습니다.
21 그러므로 여러분의 삶 가운데 악한 것과
잘못된 일은 모두 없애 버리십시오. 여러
분의 마음에 심겨진 하나님의 가르침을
겸손하게 받으시기 바랍니다. 이는 여러
분의 영혼을 구원하는 가르침입니다.
22 하나님께서 가르쳐 주신 대로 행하십시
오. 듣기만 하고 행하지 않는 사람이 되
어서는 안 됩니다. 앉아서 듣기만 한다면
그것은 자신을 속이는 것입니다.
23 하나님의 가르침을 듣고 아무것도 행하지
않는 사람은 거울을 들여다보고 있는 사
람과 같습니다.
24 그는 자기 얼굴을 들여다보고도, 일어나
면 금방 자신의 얼굴이 어떠했는지 잊어
버립니다.
25 그러나 사람을 자유케 하는 하나님의 완
전한 법을 살피는 사람은 들은 것을 잊어
버리지 않고, 그 말씀대로 행하는 사람입
니다. 이런 사람은 그 행하는 일에 복을
받을 것입니다.

하나님을 섬기는 참된 길

26 스스로 자신이 경건하다고 생각하면서 말
을 함부로 하는 사람은 자신을 속이고 있
는 것입니다. 그의 경건은 아무 가치도 없
습니다.
27 하나님께서 받으시는 경건은, 어려운 처
지에 있는 고아와 과부를 돌보고, 세상의
악에 물들지 않도록 자신을 잘 지키는 것
입니다. 하나님께서는 이런 순수하고 깨
끗한 신앙을 보십니다.

모든 사람을 사랑하십시오

2 사랑하는 형제 여러분, 여러분은 영광
스러운 우리 주 예수 그리스도를 믿는
자들입니다. 그러므로 사람들을 차별해서
대하지 말기 바랍니다.
2 만일 한 사람은 좋은 옷에 금반지를 끼고
교회에 나왔고, 또 한 사람은 남루한 옷
을 입고 교회에 나왔다고 합시다.
3 그 때, 옷을 잘 입은 사람에게는 "이리로
와서 좋은 자리에 앉으십시오"라고 말하
고, 가난한 사람에게는 "저기에 서 있든
지 내 발 밑에 앉으시오"라고 말한다면,
4 사람을 차별하고 있는 것이 아니고 무엇
이겠습니까? 여러분은 악한 생각으로 사

남루한(2:2 shabby) 옷 따위가 낡고 해져서 허름한.
위협(2:6 threat) 말이나 행동으로 상대방을 협박하는 것.
모독(2:7 blasphemy) 여기서는 예수님을 욕되게 함을 뜻함.

약

가난함과 부함으로 사람을 차별하지 마십시오(2:2-6)

람들을 판단한 것입니다.
5 사랑하는 형제 여러분, 제 말을 잘 들으십시오. 하나님께서는 세상의 가난한 자를 택하여 믿음으로 부하게 하셨습니다. 그리고 자기를 사랑하는 백성에게 약속하신 나라를 주셨습니다.
6 그런데 여러분은 가난한 사람들을 멸시하고 있습니다. 사실 여러분의 생명을 위협하고 법정으로 끌고 가는 사람들은 부자들인데도 말입니다.
7 그들은 여러분의 주인 되신 예수님을 모독하는 자들이기도 합니다.
8 모든 법 위에 우선되는 법이 있습니다. 그 법은 성경에 기록되어 있습니다. "네 이웃을 네 몸과 같이 사랑하라." 만일 여러분이 이 율법을 지키면, 잘하는 것입니다.
9 그러나 사람을 차별하여 대한다면 죄를 짓는 것이며, 이 율법에 따라 여러분은 하나님의 법을 어긴 것이 됩니다.
10 누구든지 하나님의 율법을 다 지키다가 한 가지 계명을 어기게 되면 율법 전체를 다 어긴 자가 됩니다.
11 "간음하지 마라" 하고 말씀하신 하나님께서 "살인하지 마라" 하고 말씀하셨습니다. 그러므로 간음하지 않았다고 해도 살인을 저질렀다면, 율법 전체를 어긴 셈입니다.
12 여러분은 자유를 주는 법에 의해 심판받을 것입니다. 여러분이 말하고 행동하는 데 있어서 늘 이것을 기억해야 할 것입니다.
13 다른 사람들에게 자비를 베푸십시오. 그렇지 않으면 하나님께서 여러분을 심판하실 때, 여러분에게도 자비를 베풀지 않으실 것입니다. 자비를 베풀었던 자는 후에 아무 두려움 없이 심판날을 맞이하게 될 것입니다.

믿음과 선행

14 사랑하는 형제 여러분, 만일 누군가가 믿음이 있다고 하면서 아무 일도 하지 않는다면 그 믿음이 무슨 소용이 있겠습니까? 그 믿음이 그를 구원할 수 있겠습니까?
15 그리스도 안에서 한 형제 자매 된 사람이

옷이나 먹을 것이 필요할 때,
16 "하나님께서 은혜를 베푸시기를! 몸을 따
뜻하게 하고 먹을 것을 좀 많이 드십시오"
라고 말하고, 그 사람에게 필요한 것을 주
지 않는다면, 그런 말은 아무 도움이 되
지 않을 것입니다.
17 믿음도 마찬가지입니다. 행동이 따르지
않는 믿음은 죽은 믿음입니다.
18 이렇게 말하는 사람도 있을 것입니다.
"당신은 믿음이 있고, 나에게는 행동이
있습니다." 행동이 따르지 않는 당신의
믿음을 보여 주십시오. 나는 행동으로 나
의 믿음을 보여 주겠습니다.
19 여러분은 하나님이 한 분이신 것을 믿으
니 잘하는 일입니다. 귀신들도 그것을 믿
으며 두려워서 떱니다.
20 어리석은 여러분, 행함이 따르지 않는 믿
음은 아무 쓸모도 없는 걸 모르시겠습니
까?
21 우리 조상 아브라함은 그의 아들 이삭을
제단에 바침으로써, 그가 행한 일로 의롭
다 하심을 받았습니다.
22 이렇게 그의 믿음에는 행함이 함께 따랐
으며, 그의 행동으로 믿음이 완전하게 되
었습니다.

행함으로 의롭다 함을 받은 라합(2:24-26)

23 "아브라함이 하나님을 믿었고, 하나님께서
는 그 믿음을 받으셨으며, 그 믿음으로 하
나님께 의롭다 하심을 받았다"*라는 성경
말씀의 의미가 무엇인지 이제는 알 수 있
을 것입니다. 아브라함은 그후, '하나님의
친구'라고 불렸습니다.
24 그러므로 사람이 행동으로 의롭다 함을
받을 수 있으며 믿음만으로는 의롭다 함
을 받을 수 없습니다.
25 또 라합의 예를 들 수도 있습니다. 그녀
는 기생이었지만, 자신이 한 일로 하나님
께 의롭다 함을 받았습니다. 그녀는 이스
라엘의 정탐꾼을 그녀의 집에 들여, 다른
길로 도망갈 수 있게 도와 주었습니다.
26 영혼이 없는 몸이 죽은 것같이, 믿음도 행
함이 없으면 죽은 것입니다.

말에 주의하십시오

3 사랑하는 형제 여러분, 다들 선생이 되
려고 하지 마십시오. 선생된 우리가 더
엄히 심판받을 줄 여러분도 알고 있을 것
입니다.
2 우리는 모두 실수가 많은 사람들입니다.
말에 실수가 전혀 없는 사람이 있다면, 그
사람은 완벽한 사람일 것입니다. 그런 사
람은 자신의 몸 전체를 다스릴 수 있는 사
람입니다.
3 말*의 입에 재갈을 물리면, 우리
는 말을 능히 부릴 수 있습니
다.
4 큰 배가 강풍에 밀려 휩쓸리
지만, 그 배를 조종하는 것은
매우 작은 키 하나에 불과합
니다. 키를 조종하는 항해사
가 자기 뜻대로 배가 가는 방
향을 결정할 수 있습니다.
5 혀도 마찬가지입니다. 몸
가운데 지극히 작은 부분이지
만, 큰 일을 행함으로 자랑합
니다. 큰 산불도 아주 조그만
불씨에서 시작하지 않습니까?
6 혀도 곧 불입니다. 혀는 우리
몸 가운데 악의 세계라고 할 수 있

습니다. 이것이 몸을 더럽히고, 우리 인
생의 전 여정에 불을 지르며, 나중에는 혀
도 불에 의해 살라집니다.
7 온갖 짐승과 새, 파충류, 물고기는 길들
일 수 있고, 사람들은 또한 이것들을 길
들여 왔습니다.
8 그러나 아무도 혀를 길들이지는 못했습니
다. 악하고 난폭한 이 혀에는 죽이는 독
이 가득합니다.
9 우리는 우리의 혀로 우리 주님과 하늘에
계신 아버지를 찬양합니다. 그러나 이것
으로 하나님의 형상대로 지음받은 사람들
을 저주하기도 합니다.
10 찬송과 저주가 한 입에서 나오고 있습니
다. 형제 여러분, 이런 일이 있어서는 안
될 것입니다.
11 한 샘에서 단물과 쓴물이 같이 나오는 것
을 보았습니까?
12 형제 여러분, 무화과나무가 올리브 열매를
맺거나 포도나무에 무화과가 열리는 것을
보았습니까? 그럴 수 없습니다. 짠물이 나는
샘에서 단물을 맛볼 수는 없는 것입니다.

참된 지혜

13 여러분 가운데 참된 지혜가 있고 총명한
사람이 누구입니까? 그는 올바른 삶을 통
해 겸손함으로 자신의 지혜를 보여야 할
것입니다.
14 그러나 마음속에 이기심과 지독한 시기심
이 있다면, 자랑하지 마십시오. 오히려
그 자랑은 진리를 숨기는 거짓말이 될 것
이기 때문입니다.
15 그런 '지혜'는 분명히 하나님께로부터 온
것이 아닙니다. 그것은 세상의 지혜이며,
영적인 것도 아니고, 마귀에게서 온 것입
니다.
16 시기심과 이기심이 있는 곳에는 혼란과
온갖 악한 일이 있을 뿐입니다.
17 하나님께로부터 온 지혜는 첫째 성결합니
다. 그리고 평화가 있고, 양순하며, 즐겁
습니다. 또한 어려움에 빠진 자들을 돕
고, 다른 사람을 위해 선한 일을 하려 애
씁니다. 늘 공평하며 정직합니다.
18 평화를 위해 힘쓰는 자들은 그들의 의로
운 삶으로 좋은 열매를 맺게 될 것입니다.

여러분 자신을 하나님께 드리십시오

4 여러분 가운데 싸움과 다툼이 일어나
는 원인이 무엇인지 아십니까? 그것은
바로 여러분 속에 분쟁을 일으키는 이기
적인 욕망에서 비롯된 것입니다.
2 원하는 마음은 있는데 갖지 못하다 보니,
다른 사람을 죽이기도 하고 시기하기도
합니다. 하지만 여전히 원하는 바를 얻지
못하니 다투고 있습니다. 여러분이 원하
는 바를 얻지 못하는 까닭은 하나님께 구
하지 않기 때문입니다.
3 그리고 구해도 받지 못하는 것은 구하는
동기가 잘못되었기 때문입니다. 여러분은
오직 자신의 유익만을 위하여 쓰려고 구
하고 있습니다.
4 하나님께 충성되지 못한 여러분이여!* 여러
분은 세상을 사랑하는 것이 하나님을 미워
하는 것이라는 사실을 모르십니까? 만일
세상과 벗하고 싶은 사람이 있다면, 그는
스스로 하나님과 원수가 될 것입니다.
5 "하나님께서 우리 안에 거하게 하신 성령
이, 우리를 시기하기까지 사랑하신다"라
는 성경 말씀이 아무것도 아닌 말처럼 생
각됩니까?
6 하나님께서는 우리에게 성경이 말한 대로
더 큰 은혜를 주셨습니다. 그래서 성경에
이렇게 기록되어 있습니다. "하나님께서
는 교만한 자를 물리치시고, 겸손한 자에
게 은혜를 주신다."*
7 그러므로 여러분 자신을 하나님께 드리십

알아두세요

2:23 창 15:6에 기록되어 있다.
3:3 여기서 '말'은 'horses'를 의미한다.
4:4 간음하는 사람들이여!
4:6 잠 3:34에 기록되어 있다.

재갈(3:3 bit) 말의 입에 물리는, 쇠로 된 물건.
성결(3:17 pureness) 신성하고 깨끗함.
양순(3:17 gentleness) 어질고 온순함.
분쟁(4:1 battle) 성이 나서 다툼.

시오. 마귀를 대적하십시오. 그러면 마귀
는 도망칠 것입니다.
8 하나님께 가까이 나아오십시오. 그러면
하나님께서도 여러분을 가까이하실 것입
니다. 여러분은 죄인입니다. 그러므로 여
러분의 삶 가운데 죄를 깨끗이 씻으십시
오. 여러분은 하나님과 세상을 동시에 좇
으려고 하고 있습니다. 정결한 마음을 품
기 바랍니다.
9 슬퍼하며 울부짖으십시오. 웃음을 울음으
로, 기쁨을 슬픔으로 바꾸십시오.
10 주님 앞에서 스스로를 낮추면, 주님께서
여러분을 높이실 것입니다.

여러분은 심판자가 아닙니다

11 형제 여러분, 서로 헐뜯지 마십시오. 형
제된 자를 헐뜯거나 판단하는 것은 율법
을 헐뜯거나 판단하는 것이 됩니다. 여러
분이 율법을 판단하면, 여러분은 더 이상
율법을 지키는 사람이 아니며, 오히려 재
판자가 되는 것입니다.
12 율법을 만드시고 재판하시는 분은 오직
하나님 한 분이십니다. 오직 그분만이 구
원하실 수도 있으며, 멸하실 수도 있습니
다. 그러므로 여러분이 이웃에 대하여 판
단하는 것은 옳은 일이 아닙니다.

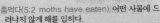

하나님께서 여러분의 삶을 계획하시도록 하십시오

13 여러분 가운데 "오늘이나 내일, 어떤 도
시에 가서 일 년 동안, 그 곳에 머물며 사
업을 벌여 돈을 벌어 보자"라고 말하는 사
람들이 있습니다.
14 하지만 여러분은 내일 일을 알지 못하는
자들입니다. 여러분의 생명은 안개와 같
아서 잠깐 보이다가 사라지고 말 것입니
다.
15 그러므로 여러분은 "주님께서 원하시면
우리가 살 것이며, 이런저런 일을 할 것
이다"라고 말해야 합니다.
16 하지만 여러분이 교만해져서 자랑을 하고
있으니, 이것은 잘못된 것입니다.
17 사람이 선한 일을 행할 줄 알면서도 행치
않는다면 그것이 바로 죄입니다.

부자들에 대한 경고

5 부자들이여, 잘 들으십시오. 여러분에
게 고난이 닥칠 것이니 소리 높여 슬
프게 우십시오.
2 여러분의 재물은 썩었고, 여러분의 옷은
좀먹었습니다.
3 여러분의 금과 은은 녹이 슬었으며, 그 녹
이 여러분의 잘못에 대한 증거가 되고 있
습니다. 그것이 불같이 여러분의 몸을 갉
아먹을 것입니다. 여러분은 세상 마지막
때에 재물을 쌓고 있습니다.
4 일꾼들이 들에서 일하나 그들에게 품삯
을 주지 않으니, 추수한 곡식 앞에서 그
들이 울부짖고 있습니다. 이제 만군의 주
님께서 그들의 우는 소리를 들으셨습니
다.
5 이 땅에서 여러분은 사치스런 생활과 쾌

성경 자세히 이해하기

병든 사람에게 바르는 기름

야고보는 병든 사람이 있으면 교회의 장로를 청해서 주의 이름으로 기름을 바르며 그를 위해 기도하라고 말합니다. 여기에서 '기름을 바르는 것'은 기름을 머리에 붓는 종교 의식이 아니라, 피부에 기름을 바르거나 문지르는 것을 말합니다. 당시에 기름은 의학적인 효능 때문에 병든 사람에게 종종 사용되었습니다. 사마리아인이 강도를 만나 죽게 된 사람에게도 상처에 기름과 포도주를 부었습니다(눅 10:34). 그러므로 야고보의 말은 병이 들면 그 시대의 가장 좋은 의술을 사용하라는 말과도 같다고 할 수 있겠지요?

본문 보기 5장 14절

좀먹다(5:2 moths have eaten) 어떤 사물에 드러나지 않게 해를 입히다.
쾌락(5:5 self-indulgence) 욕망을 만족시키는 즐거움.
도살장(5:5 slaughterhouse) 소나 돼지 따위의 가축을 잡는 곳.

락을 즐겼으며, 마치 도살장에 끌려가기
전의 짐승처럼 자기 배만 채웠습니다.
6 죄 없는 사람을 정죄하고 오히려 그를 죽
였습니다. 그는 여러분에게 대항하지 않
는 자였습니다.

인내를 가지십시오

7 형제 여러분, 주님께서 다시 오실 날을 참
고 기다리십시오. 농부는 귀한 추수를 바
라고 참고 기다립니다. 그는 또한 이른 비
와 늦은 비가 곡식을 촉촉이 적셔 주기를
기다립니다.
8 여러분도 인내심을 갖고 희망을 버리지
마십시오. 주님께서 곧 오실 것입니다.
9 형제 여러분, 서로에게 불평하지 마십시
오. 서로 원망하고 있으면 심판을 면하기
어렵습니다. 심판하실 분이 문 앞에 와 계
십니다.
10 형제 여러분, 주님의 말씀을 전하던 예언
자들을 본받으십시오. 그들은 많은 고난
을 겪으면서도 오래 참았습니다.
11 그렇게 참아 낸 자들을 우리는 복되다고
말하는 것입니다. 여러분은 욥의 인내에
대해 들었을 것입니다. 모든 고난이 끝난
후, 주님은 그에게 복을 주셨습니다. 우
리는 주님이 얼마나 자비하시고 선하신
분이신지 충분히 알 수 있습니다.

말에 조심하십시오

12 내 형제 여러분, 맹세하지 마십시오. 하
늘이나 땅이나 혹은 그 밖에 다른 것의 이
름을 들어 여러분의 말을 증명하려 들지
마십시오. 맞는 것은 그냥 "맞다"라고 말
하고, 아닌 것은 그냥 "아니다"라고 말하
여 하나님의 심판을 피하시기 바랍니다.

기도의 능력

13 여러분 가운데 고난당하는 사람이 있다면
기도하십시오. 즐거운 사람이 있다면 찬
송하십시오.
14 병든 자가 있습니까? 교회의 장로들을 불
러 주님의 이름으로 그에게 기름을 바르
며 그를 위해 기도하게 하십시오.
15 믿음을 가지고 하는 기도는 병든 사람을
낫게 할 것입니다. 주님께서 그를 치료해
주실 것입니다. 만일 그가 죄를 지었더라
도, 그를 용서해 주실 것입니다.
16 서로 죄를 고백하며, 병 낫기를 위해 서
로 기도해 주십시오. 의로운 사람이 기도
할 때, 큰 역사가 일어납니다.
17 엘리야도 우리와 같은 사람이었습니다.
그가 비가 오지 않기를 간구했더니, 삼 년
반 동안 그 땅에 비가 오지 않았습니다.
18 그 후, 다시 기도하자 하늘에서 비가 쏟아
졌고, 땅에서 다시 곡식이 자랐습니다.

영혼을 구원함

19 내 형제 여러분, 여러분 가운데 어떤 사
람이 진리에서 떠나 헤매고 있을 때, 누
군가가 그를 잘못된 길에서 다시 돌아오
게 했다면,
20 그는 죄인의 영혼을 사망에서 구원한 것
이며, 이로써 그 사람의 많은 죄도 용서
를 받게 한 것입니다.

베 드 로 전 서

1 Peter

○ 저자

베드로가 실루아노(실라)의 도움을 받아 기록했다.

○ 저작 연대

저작 연대에 관한 여러 학설 중 A.D. 54-68년경으로 보는 것이 타당하다. 왜냐하면 베드로가 바울의 1차 투옥(A.D. 62-64년경) 후에 로마에 도착하였다고 보는 견해가 가장 설득력 있기 때문이다.

○ 주요 인물

베드로, 실라, 거짓 선생들

○ 기록 목적과 대상

베드로전서는 극심한 박해 아래 있는 성도들에게 보낸 것이므로 '위로'와 '격려'로 가득 차 있다. 그래서 베드로전서를 '소망의 서신'이라고도 부른다. 베드로는 신자들이 예수 그리스도께 헌신함으로 말미암아 겪게 되는 시련과 고통이 오히려 그들에게 영광스러움을 안겨다 주는 축복의 기회임을 상기시키면서, 구원의 확신을 가지고 박해를 이기라고 말하고 있다.

○ 내용 소개

1. 산 소망을 주신 하나님을 찬양(1:1-12)
2. 산 소망에 합당한 생활을 위한 권면 (1:13-3:12)
3. 고난에 대한 교훈(3:13-5:11)
4. 문안과 축도(5:12-14)

인사

1 예수 그리스도의 사도 베드로는, 고향을
떠나 본도, 갈라디아, 갑바도기아, 아시아,
비두니아에 흩어져 살고 있는 하나님의 선
택된 백성에게 이 편지를 씁니다.
2 하나님께서는 오래 전에 여러분을 선택하
셨고, 그분의 거룩한 백성으로 삼기로 계획
해 놓으셨습니다. 또한 성령을 통해 여러분
을 거룩하게 하셨습니다. 하나님께서는 여
러분이 그분께 순종하고 예수 그리스도의
피로 깨끗해지기를 원하십니다. 은혜와 평
안이 여러분 가운데 넘치기를 기도합니다.

산 소망

3 우리 주 예수 그리스도의 아버지 하나님께
찬양을 드립니다. 하나님은 자비로우셔
서, 우리에게 산 소망을 주셨습니다. 죽은
자 가운데서 예수 그리스도께서 부활하심
으로, 우리는 새 생명을 받은 것입니다.
4 이제 우리는 하나님께서 그분의 자녀들에
게 주려고 준비해 두신 복을 소망합니다.
이 복은 여러분을 위해서 하늘에 간직되
어 있으며, 결코 썩거나, 그 아름다움이
변하지 않습니다.
5 하나님께서는 크신 능력으로 여러분의
믿음을 든든히 지켜 주셔서, 구원의 날
이 이를 때까지 여러분을 안전하게 보호
해 주십니다. 마지막 때가 되면, 하나님
께서는 여러분에게 구원을 베풀어 주실
것입니다.
6 그러므로 기뻐하십시오. 눈앞에 있는 여
러 가지 어려움으로 인하여 지금 당장은
힘들고 괴롭겠지만,
7 이 시험들은 여러분의 믿음이 얼마나 강
하고 순수한지 알아보기 위한 것일 뿐입
니다. 순수한 믿음은 금보다도 훨씬 귀합

알아두세요

1:16 레 11:44-45과 19:2과 20:7에 기록되어 있다.
1:24 영광

성령(1:2 Holy Spirit) 삼위일체의 한 분이신 하나님의 영.
은혜(1:2 grace) 하나님이 인간에게 베푸는 사랑의 선물.
부활(1:3 resurrection) 죽었다가 다시 살아남.
경외(1:17 reverence) 두려운 마음으로 공경함.

니다. 금은 불에 의해 단련되기는 하지만
시간이 흐르면 닳아 없어지고 마는 것입
니다. 하지만 여러분의 순수한 믿음은 예
수 그리스도께서 다시 오실 그 날에 칭찬
과 영광과 존귀를 가져다 줄 것입니다.
8 여러분이 예수 그리스도를 본 일은 없지만
예수 그리스도께 사랑을 고백합니다. 지금
이 순간, 그분의 모습을 보지 못하면서도
그분을 믿고 있고, 여러분의 마음은 설명
할 수 없는 기쁨으로 가득 차 있습니다.
9 그것은 여러분의 믿음에 목적이 있기 때
문입니다. 그 목적, 바로 여러분의 영혼
이 구원을 받는다는 기쁨이 이미 여러분
에게는 주어졌습니다.
10 예언자들은 이 구원에 관해 열심히 연구
하고 찾았습니다. 여러분이 받고 있는 은
혜에 관해서도 예언하였습니다.
11 그리스도의 영이 그 예언자들과 함께하셨
던 것입니다. 성령께서는 그리스도에게 있
을 고난과 그 뒤에 올 영광에 대해서 말
씀해 주셨습니다. 예언자들은 성령께서
가르쳐 주시는 것을 이해하기 위해 노력
하였습니다. 도대체 그 일이 언제 있게 될
지, 그리고 그 때에 이 세상은 어떻게 될
지 그들은 깊이 연구하였습니다.
12 하나님께서는 그들의 연구와 노력이 그들
자신을 위한 것이 아니라, 후대의 여러분
을 위한 것임을 그들에게 알려 주셨습니
다. 이제 여러분은 그들의 수고로 진리의
말씀을 듣고 있습니다. 하늘로부터 보내
심을 받은 성령의 도우심으로, 복된 소식
을 전하는 사람들이 이 기쁜 소식을 여러
분에게 전해 준 것입니다. 이 놀라운 진
리의 말씀은 천사들까지도 알기 원하는
것이었습니다.

거룩한 생활을 하라

13 그러므로 여러분은 마음을 가다듬고 자신
을 잘 지키십시오. 예수 그리스도께서 다
시 오실 그 날에 여러분이 받게 될 은혜
의 선물에 모든 소망을 두시기 바랍니다.
14 전에는 몰라서 하고 싶은 대로 악한 일을
저질렀지만, 이제는 하나님께 순종하는
자녀로서 예전처럼 살아서는 안 되는 것
입니다.
15 여러분을 불러 주신 하나님께서 거룩하신
것처럼 여러분도 모든 행동에 거룩한 사
람이 되십시오.
16 성경에도 "내가 거룩하니 너희도 거룩하
도록 하여라"* 하고 말씀하셨습니다.
17 여러분은 하나님을 '아버지'라고 부르면
서 기도합니다. 우리 아버지는 각 사람의
행동을 공평하게 판단하십니다. 그러므로
여러분은 이 세상에 사는 동안, 하나님을
경외하며 살아야 할 것입니다.
18 여러분도 알다시피 이전에는 아무 가치도
없는 방식에 매여 살았습니다. 그것은 여
러분의 조상이 물려 준 헛되고 쓸모없는
것입니다. 하지만 이제 여러분은 그러한
무가치한 삶에서 구원 받았습니다. 금이
나 은같이 없어지고 말 어떠한 것으로 대
가를 지불한 것이 아니라,
19 한 점의 죄도 흠도 없으신 어린양 예수 그
리스도의 보배로운 피로 여러분은 구원 받
은 것입니다.
20 이것을 위해 하나님께서는 세상이 시작되
기 전부터 그리스도를 택하시고, 이 마지
막 때에 여러분을 구원하시고자 보내 주
셨습니다.
21 그리스도를 죽은 자 가운데서 일으키시고
영광을 주신 하나님을 우리가 그리스도를
통해 믿게 되었으니, 여러분의 믿음과 소
망은 이제 하나님께만 있는 것입니다.
22 여러분은 진리에 순종하여 자신을 깨끗하
게 하였고, 진심으로 형제를 사랑할 수 있
는 마음을 갖게 되었으니, 이제는 온 맘
으로 서로 깊이 사랑하십시오.
23 여러분은 다시 태어났습니다. 이 새 생명은
죽어 없어질 것으로부터 난 것이 아니라 결
코 죽지 않는 것으로부터 생긴 것입니다.
여러분이 다시 태어난 것은 영원한 하나님
의 살아 있는 말씀에 의한 것입니다.
24 이는 성경에 기록된 말씀입니다. "모든 인
간은 풀과 같고, 그들의 권력*도 들에 핀
꽃과 같으니, 풀은 시들고 꽃은 떨어지나,

25 주님의 말씀은 영원히 살아 있다."* 이것
이 여러분에게 전해진 말씀입니다.

예수님은 산 돌입니다

2 그러므로 여러분은 모든 악과 거짓을 버
리십시오. 위선자가 되지 말고, 시기하
며 험담하는 자가 되지 마십시오. 여러분
의 삶 가운데서 이 모든 것을 없애십시오.
2 갓난 아기가 젖을 찾듯이 순결한 말씀을
사모하십시오. 그러면 여러분의 믿음이
자라나고 구원을 받게 될 것입니다.
3 여러분은 이미 주님의 선하심을 맛보아
알고 있지 않습니까?
4 우리 주 예수님은 '산 돌'이십니다. 세상
사람들은 이 돌을 버렸지만, 그분은 하나
님께서 선택하신 머릿돌이십니다. 하나님
께서는 그 누구보다도 귀한 존재로 그분
을 택하셨습니다. 그러므로 그분께로 오
십시오.
5 여러분도 산 돌처럼 거룩한 성전을 짓는
데 사용되시기 바랍니다. 그리고 하나님
께 영적인 희생 제사를 올려 드리는 거룩
한 제사장이 되시기 바랍니다. 하나님께
서는 예수 그리스도를 통하여 그 희생 제
사를 받으실 것입니다.
6 성경에 이와 같은 말씀이 있습니다. "내

'예수님은 하나님께서 선택하신
머릿돌입니다' (2:4)

알아두세요
1:24-25 사 40:6-8에 기록되어 있다.
2:6 사 28:16에 기록되어 있다.
2:7 시 118:22에 기록되어 있다.
2:8 사 8:14에 기록되어 있다.

가 시온에 주춧돌을 놓고, 이 보배로운 돌
위에 모든 것을 세울 것이다. 누구든지 주
님을 의지하는 자는 결코 실망하지 않을
것이다."*
7 믿는 자들에게 이 돌은 너무나 귀중한 것
이지만, 믿지 않는 자들에게는 쓸모없는
돌에 불과합니다. 이것은 "건축자들이 쓸
모없어 버린 돌이 그 집 모퉁이의 머릿돌
이 되었다네"*라는 말씀과
8 "걸려 넘어지게 하는 돌과 바위가 되었
다"*라는 말씀과 같습니다. 그들은 하나님
의 말씀에 순종하지 않기 때문에 넘어집
니다. 바로 이것이 그들을 향한 하나님의
계획이기도 합니다.
9 그러나 여러분은 하나님께서 선택하신 민
족이며 왕의 제사장입니다. 또 거룩한 나
라이며, 하나님께서 홀로 다스리는 나라
의 백성입니다. 하나님께서는 그분의 선
하심을 선포하게 하시려고, 여러분을 어
두움 가운데서 불러 내어, 그의 놀라운 빛
가운데로 인도하셨습니다.
10 여러분이 전에는 하나님의 백성이 아니었
지만, 지금은 하나님의 백성입니다. 이전
에는 은혜를 몰랐지만, 지금은 은혜를 받
고 누리고 있습니다.

하나님을 위해 사십시오

11 사랑하는 여러분, 여러분은 이 세상에서
나그네와 같은 사람들입니다. 그러므로
육신이 원하는 악한 일들을 멀리하시기
바랍니다. 이런 것은 영혼을 대적해 싸우
는 것들입니다.
12 여러분 주위에는 믿지 않는 자들이 많이
있습니다. 그들은 여러분이 잘못 살고 있
다고 말할지도 모릅니다. 그러므로 착하
게 사십시오. 그들이 여러분의 선한 행동
을 보고 그리스도께서 다시 오시는 날에
하나님께 영광을 올려 드릴 것입니다.

세상의 권위에 복종하십시오

13 이 세상의 권위를 가진 사람들에게 복종
하십시오. 그렇게 하는 것이 주님을 위한
것입니다. 최고의 권위를 가진 왕께 복종
하십시오.

14 또한 왕이 보낸 관리에게도
복종하십시오. 그들은 잘
못된 사람을 벌하고 옳은
일을 하는 사람에게 상
을 주라고 보냄을 받
은 자들입니다.
15 여러분이 선하게
행동할 때, 어리
석은 사람들은
여러분에 관해
더 이상 험담
을 하지 못할
것입니다. 이
렇게 하는 것
이 하나님의
뜻입니다.
16 자유인으로 사
십시오. 그러
나 자유를 잘
못 사용하여 악
을 행하는 구실로 삼
지는 말기 바랍니다. 하나님을 섬기는 자
로 생활하십시오.
17 모든 사람을 존중하고, 하나님 안에서 형
제 자매를 사랑하며, 하나님을 두려워하
고, 왕을 존경하십시오.

그리스도의 본을 따르십시오

18 하인들이여, 주인을 존경하고 그 권위에
복종하십시오. 선하고 친절한 주인에게만
아니라 악하고 나쁜 주인에게도 복종하십
시오.
19 아무런 잘못이 없는데도 억울하게 벌을
받을 수 있습니다. 그 때, 하나님을 생각
하고 말없이 참는다면, 하나님은 그런 그
를 기뻐하실 것입니다.
20 만약 잘못한 일로 벌을 받는다면, 그것을
참는다고 칭찬받을 이유가 없는 것입니
다. 여러분이 선한 일을 하고 고난을 받
을 때 인내할 수 있다면, 그것은 하나님
보시기에 참으로 아름다운 일이 됩니다.
21 이것을 위해 여러분은 부르심을 받았습니
다. 그리스도께서 여러분을 위해 고난을

"예수님은 모욕을 당해도 욕하지 않으시고… 하나님의 손에 자신을 맡기셨습니다." (2:23)

받으심으로 우리가 따라야 할 모범을 보
여 주셨습니다. 그러므로 그리스도의 발자
취를 따르십시오.
22 그분은 죄가 없으시며, 거짓을 말한 적도
없으십니다.
23 예수님은 모욕을 당해도 욕하지 않으시
고, 고난을 받을 때도 위협하지 않으셨습

성경 자세히 이해하기

돌

베드로가 말한 여러 종류의 돌과 그 의미를 살펴봅시다. (1) 산 돌(2:4) : 예수님을 상징하는 말로, 예수님께 영원한 생명이 있음을 의미합니다. (2) 건축자들이 버린 돌(2:7) : 여기의 건축자는 종교적인 유대인을 가리키며, 그들이 버린 그리스도께서 성도들의 머릿돌이 되셨습니다. (3) 모퉁이의 머릿돌(2:7) : 이 말에는 그리스도 안에서 유대인과 이방인이 하나로 결합되는 진리가 담겨 있습니다. (4) 걸려 넘어지게 하는 돌(2:8) : 그리스도께 대적하는 자는 파멸됨을 의미합니다.

본문 보기 2장

니다. 그는 모든 것을 공정하게 심판하시
는 하나님의 손에 자신을 맡기셨습니다.
24 그리고 몸소 우리 죄를 짊어지고 십자가
에 달려 돌아가심으로써, 우리가 더 이상
죄를 위해 살지 않고 의를 위해 살 수 있
게 하셨습니다. 그리스도께서 상처를 입으
심으로써, 우리가 낫게 된 것입니다.
25 여러분은 길 잃은 양처럼 잘못된 길로 갔
지만, 이제는 영혼을 살피시는 목자와 보
호자의 품으로 되돌아왔습니다.

아내와 남편

3 이와 같이 아내들은 남편에게 순종하
십시오. 그러면 하나님을 멀리하고 그
말씀에 귀를 기울이지 않던 남편들도 아
내의 순종하는 모습에 의해 하나님을 믿
게 될 것입니다. 억지로 설득하려는 백 마
디 말보다 온전한 행동이 남편을 감동시
킬 것입니다.
2 남편들은 여러분이 하나님을 경외하며 깨
끗하게 살아가는 것을 지켜 보고 있습니다.
3 화려한 옷이나 보석을 걸치거나, 머리 치
장을 한다고 여러분이 아름답게 보이는
것은 아닙니다.
4 진정한 아름다움은 내면의 아름다움에서
나오는 것입니다. 온유하고 정숙한 마음을
가진 사람이 정말 아름다운 사람입니다.
이러한 아름다움은 없어지지도 않으며, 하
나님께서도 귀하게 보시는 것입니다.
5 전에 하나님을 경외하며 순종했던 믿음의
여인들이 이러했습니다. 그들은 외모보다
내면을 아름답게 꾸몄고, 남편의 권위에
순종하였습니다.
6 아브라함의 아내 사라는 남편을 주인이라
부르며 복종했습니다. 여러분도 바르게
행동하고 두려워할 것이 없으면, 사라처
럼 아름다운 그녀의 후손이 될 것입니다.
7 마찬가지로 남편들도 아내를 잘 이해하고
돌보아 주며 살아가십시오. 아내를 존중
해 주시기 바랍니다. 아내는 남편인 여러
분보다 더 연약합니다. 그러나 하나님께
서는 여러분에게 주시는 것과 똑같은 은
혜인 참생명을 아내들에게도 주셨습니다.
아내를 소중히 대함으로써 여러분의 기도
가 막히지 않도록 하십시오.

선한 일을 행함으로 받는 고난

8 마지막으로 여러분 모두에게 부탁합니다.
서로를 이해하고, 한 형제처럼 사랑하며,
한 마음으로 서로 따뜻이 대하며, 겸손하
십시오.
9 해를 입었다고 도로 보복하지 말며, 욕을
먹었다고 그 사람을 욕하지 마십시오. 오
히려 그 삶을 축복해 주십시오. 이것은 여
러분 자신이 축복받는 인생을 누리도록
부르심을 받았기 때문입니다.
10 성경에도 이렇게 기록되어 있습니다. "행
복한 나날을 보내며, 인생을 즐겁게 살기
원하는 사람은 악한 말과 거짓말을 해서
는 안 됩니다.
11 악한 행동을 그치고 선한 일을 하며, 평화
를 찾고 그것을 위해 힘써 일해야 합니다.
12 주님은 선한 사람을 찾으시고 그들의 기
도에 귀를 기울이시지만, 악한 일을 하는
자는 멀리하십니다."*
13 만약 여러분이 늘 선한 일을 하고자 애쓴
다면, 아무도 여러분을 해치지 못할 것입
니다.
14 때로는 옳은 일을 함으로 고난을 받을 때
도 있을 것입니다. 하지만 하나님께서는
그러한 순간에 여러분에게 복을 주실 것
입니다. 사람들이 두려워하는 것을 두려
워하지 말며, 겁내지 마십시오.

알아두세요
3:10-12 시 34:12-16에 기록되어 있다.

내면(3:4 inside) 밖으로 나타나지 않은 속마음.
정숙한(3:4 quiet) 몸가짐이 조용하고 차분한.
보복하다(3:9 repay) 앙갚음하다.
방주(3:20 ark) 구약 성서 창세기에서 노아와 그
의 가족이 홍수를 피하기 위하여 탔던 상자 모양
의 배.
세례(3:21 baptism) 죄를 물로 씻어 없앰을 상징
하는 기독교의식.
방탕(4:3 debauchery) 술과 여자에 빠져 행실
이 좋지 못함.

15 마음속에 그리스도만 거룩한 주님으로 모
시십시오. 여러분이 가지고 있는 소망에
관해 묻는 사람들에게 대답할 말을 준비
해 두십시오.
16 그들에게 공손하고 친절한 태도로 그것을
설명해 주십시오. 늘 바르게 살아가십시
오. 그러면 그리스도 안에서 선하게 살아
가는 여러분을 헐뜯는 사람들이 도리어
부끄러움을 느낄 것입니다.
17 악한 일보다 선한 일을 하다가 고난을 받
는 것이 더 낫지 않겠습니까? 선한 일을
하다 고난을 받더라도 그것이 하나님의
뜻이라면 더 나은 것입니다.
18 그리스도께서는 여러분을 위해 죽으셨습니
다. 그리고 그 한 번의 죽으심으로 여러분
의 모든 죄를 담당하셨습니다. 죄가 없는
분이시지만 죄인을 대신하여 돌아가셨던
것입니다. 그것은 여러분 모두를 하나님께
로 인도하기 위함이었습니다. 육체는 죽었
지만 성령 안에서 다시 살아나셔서,
19 갇혀 있는 영혼을 찾아가 말씀을 전하셨
습니다.
20 그들은 오래 전, 노아 시대에 하나님께
불순종했던 사람들입니다. 하나님께서는
노아가 방주를 다 짓기까지 오랫동안 그
들의 악한 행동을 참으셨습니다. 그 홍수
에서는 오직 여덟 명만이 구원함을 받았
습니다.
21 그 홍수는 이제 여러분을 구원하는 세례
와 같은 것입니다. 몸을 깨끗하게 씻는 것
이 아니라 선한 마음으로 하나님께 내 삶
을 드리며 정결하게 살기를 약속하는 것
입니다. 바로 이것을 위해 예수 그리스도
께서 죽음에서 부활하셨습니다.
22 지금 그리스도께서는 하늘에 올라가셔서
하나님의 오른편에 앉아 계시며, 모든 천
사와 권세와 능력을 다스리고 계십니다.

변화받은 삶

4 그리스도께서도 고난을 받으셨습니다.
그러므로 여러분 자신도 그리스도와 같
은 마음으로 무장하십시오. 고난을 겪은
사람은 죄와 관계를 끊은 사람입니다.
2 여러분의 남은 생애를 사람들이 좋아하는
악한 일을 하면서 보내지 말고, 하나님이
원하시는 일들을 하며 살아가십시오.
3 이전에는 믿지 않는 사람들이 좋아하는
일들에 너무나 많은 시간을 낭비하였습니
다. 방탕하고, 악한 욕망에 사로잡혀 술
취하고, 흥청망청 떠들며, 우상에게 절하
고 경배하였습니다. 이런 것들은 지나간
때로 충분합니다.
4 믿지 않는 이들은 자신들이 하는 방탕한
생활에 끼어들지 않는 여러분을 이상히
여길 것입니다. 또 경멸하고 비웃기도 할
것입니다.
5 그러나 그들은 자신들이 저지른 잘못들을
산 자와 죽은 자를 심판하시는 하나님 앞
에서 낱낱이 말하게 될 것입니다.
6 그래서 지금 죽어 있는 자들에게도 복음
이 전해졌습니다. 모든 사람과 똑같이 그
들 역시 죽음의 심판을 받을 것이나, 영
으로는 하나님과 함께 살게 하기 위해서
그들에게도 복음이 전파된 것입니다.

하나님의 선물을 지혜롭게 사용하십시오

7 세상의 종말이 가까워 오고 있습니다. 마
음을 깨끗이 하고 침착하십시오. 그리고
정신을 차려 기도하십시오.
8 무엇보다도 서로를 깊이 사랑하십시오.
사랑은 다른 사람의 허물과 죄를 덮어 줍
니다.
9 불평하지 말고 서로 대접하십시오.
10 하나님께서는 여러분 모두에게 성령의 선
물을 허락해 주셨습니다. 또한 각자에게
특별한 다른 선물을 주심으로, 하나님의
은혜를 알게 하셨습니다. 그러므로 하나
님의 선물을 가볍게 여기지 말고, 착한 종
처럼 남을 돕는 일에 사용하십시오.
11 말씀을 전하는 사람은 하나님의 말씀만을
전하는 사람이 되고, 봉사하는 사람은 하
나님이 주시는 힘으로 남을 도우십시오.
무슨 일을 하든지 예수 그리스도를 통해
하나님께서 영광을 받으시도록 하기 바랍
니다. 그분에게 영광과 능력이 영원토록
함께하기를 바랍니다. 아멘.

"그리스도의 고난에 참여하게 됨을 기뻐하시기 바랍니다. 그리스도께서 영광 중에 다시 오실 그 날에 여러분은 기뻐하고 즐거워할 것입니다." (4:13)

그리스도인으로서 받는 고난

12 사랑하는 여러분, 고난을 받는 중에 당황
스러워하거나 놀라지 마십시오. 그것은
여러분의 믿음을 시험하는 것입니다. 그
러므로 여러분에게 이상한 일이 일어나고
있다고 생각하지 말고,
13 그리스도의 고난에 참여하게 됨을 기뻐하
시기 바랍니다. 그리스도께서 영광 중에
다시 오실 그 날에 여러분은 기뻐하고 즐
거워할 것입니다.
14 그리스도의 이름 때문에 모욕을 받는다면,
그것은 도리어 복입니다. 이는 영광의 영
이신 하나님의 성령이 여러분과 함께 계
시다는 표시이기 때문입니다.
15 누구든지 사람을 죽이거나 도적질하거나
다른 사람을 괴롭힌 죄로 고난받지 않도
록 하십시오.
16 그러나 그리스도인이라는 이유로 고난을
받았다면 부끄러워할 필요가 없습니다.
오히려 그리스도인이라는 이름을 얻게 된
것에 대해 하나님께 찬양을 올려 드리십
시오.
17 심판의 때가 이제 시작되었습니다. 그 심
판은 먼저 하나님의 자녀들로부터 시작합
니다. 믿는 우리들에게도 심판이 있다면,
하나님의 복음에 순종하지 않는 사람들은
어떻게 되겠습니까?
18 "선한 사람들도 구원 받기 힘든데, 악한
사람들과 죄인들이 어떻게 구원 받겠습니
까?"*
19 그러므로 하나님의 뜻에 따라 고난받는
사람들은 하나님께 자기 영혼을 맡겨 두
십시오. 하나님은 우리를 지은 분이시니
우리 영혼을 지켜 주실 것입니다. 흔들

알아두세요

4:18 잠 11:31에 기록되어 있다.
5:5 잠 3:34에 기록되어 있다.
5:12 '실라'는 '실루아노'의 또 다른 이름이다.

문안하다(5:13, send greetings) 편안히 잘 있는지 묻다.

리지 말고, 옳은 일에 계속 힘쓰시기 바
랍니다.

하나님의 양 떼

5 제가 이제 같은 장로로서 교회의 장로
들에게 몇 마디 당부합니다. 그리스도
께서 당하신 고난을 직접 보았고, 장차 우
리에게 나타날 영광에 동참하게 될 자로
서, 여러분에게 부탁을 드립니다.
2 여러분에게 맡겨진 하나님의 양 떼를 잘 돌
보십시오. 기쁨으로 그들을 돌보며 억지로
하지 마십시오. 그것이 하나님을 기쁘시게
하는 것입니다. 기쁨으로 섬기며, 돈을 생
각하고 그 일을 하지 않도록 하십시오.
3 여러분이 맡은 사람들을 지배하려 들지
말며, 그들에게 좋은 모범이 되십시오.
4 그리하면 우리의 목자장이신 그리스도께
서 오실 때에 여러분은 결코 시들지 않는
영광의 면류관을 받게 될 것입니다.
5 젊은이들은 웃어른께 순종하며 겸손하십시
오. "하나님은 교만한 사람을 물리치시고,
겸손한 사람에게 은혜를 베푸십니다."*
6 그러므로 하나님의 전능하신 손 아래 자신
을 낮추십시오. 그러면 하나님께서는 때가
이를 때에 여러분을 높이실 것입니다.
7 모든 걱정과 근심을 하나님께 맡기십시
오. 하나님께서 여러분을 돌보시고 계십
니다.
8 마음을 강하게 하고 늘 주의하십시오. 원
수 마귀가 배고파 으르렁거리는 사자처럼
먹이를 찾아 돌아다니고 있습니다.
9 마귀에게 지지 말고 믿음에 굳게 서 있기
바랍니다. 온 세상의 모든 성도들도 여러
분과 같은 고난을 겪고 있습니다.
10 힘든 고난은 잠시 동안입니다. 이후에 하
나님께서는 모든 것을 바르게 세우실 것
입니다. 여러분의 뒤에서 받쳐 주시고 든
든하게 세워 주셔서, 결코 넘어지지 않게
하실 것입니다. 은혜를 주시는 하나님께
서 그리스도 안에서 함께 영광을 누릴 수
있도록 여러분을 친히 부르셨으니, 그 영
광이 영원토록 함께하기를 기도드립니다.
11 모든 능력이 하나님과 영원히 함께하기를
빕니다. 아멘.

마지막 인사

12 나는 이 짧은 편지를 실라*의 손을 빌어
여러분께 보냅니다. 그는 진실한 믿음의
형제입니다. 부디 이 편지를 통해 위로와
격려가 되었으면 좋겠습니다. 이 모든 것
이 하나님의 은혜임을 기억하고, 그 은혜
안에서 흔들리지 말고 굳게 서십시오.
13 여러분과 함께 택함을 받은 바빌론에 있
는 교회가 여러분께 문안합니다. 그리스도
안에서 내 아들된 마가도 여러분에게 문
안합니다.
14 여러분도 만날 때마다 그리스도의 사랑으
로 서로 문안하십시오. 그리스도 안에 있는
여러분 모두에게 평안이 함께하기를 빕니
다.

믿음을 키워 주는 이야기

건물더미에서 나온 아이

1995년 1월 17일 일본 고베에 지진이 났을 때 재일 교포 김씨 부부도 참변을 당했습니다. 그들은 무너지는 건물더미를 피하지 못하고 깔리고 말았습니다. 그런데 그들의 4살 된 아들은 무너진 건물더미 속에서 36시간만에 구조되었습니다. 부부가 아들을 감싸 안아 건물더미로부터 방패가 되어주었던 것입니다. 김씨와 그의 아내는 건물이 무너지는 순간에도 본능적인 부모의 사랑을 잃지 않았던 것입니다.

위기의 순간에도 부모는 아들의 보호자가 되고 방패가 되었습니다. 예수님께서는 우리의 방패가 되시려고 십자가의 고난을 당하셨습니다. 우리가 받아야 할 하나님의 진노와 사탄의 공격을 십자가에서 모두 막아내셨던 것입니다.

베드로후서

2 Peter

저자

베드로가 실루아노(실라)의 도움을 받아 기록했다.

저작 연대

저작 연대에 관한 여러 학설 중 A.D. 54-68년경으로 보는 것이 타당하다. 왜냐하면 베드로가 바울의 1차 투옥(A.D. 62-64년경) 후에 로마에 도착하였다고 보는 견해가 가장 설득력 있기 때문이다.

주요 인물

베드로, 실라, 거짓 선생들

기록 목적과 대상

베드로후서에서는 교회 안에 들어온 거짓 선생들에 대해 경고하고 있다. 당시 거짓 선생들은 주로 '영지주의자들'이었는데 이들은 기독교적인 윤리를 무시해도 된다는 도덕 폐기론을 내세우며 성도들을 유혹하였다. 베드로는 이러한 거짓 선생들의 유혹에 빠지지 않기 위해서, 그리스도의 성품을 지니고 계속 성장할 것과 예수님의 재림을 바라보며 인내할 것을 권면하고 있다.

내용 소개

1. 그리스도를 아는 지식 안에서 성장하라는 권면(1장)
2. 거짓 선생들에 대한 경고(2-3장)

인사

1 예수 그리스도의 종이며 사도인 시몬 베드
로는, 우리와 같이 소중한 믿음을 받은
여러분에게 이 편지를 씁니다. 여러분은
우리 하나님과 구주 예수 그리스도의 의로
우심을 힘입어 이 믿음을 받았습니다.
2 하나님과 우리 주 예수님을 더 깊이 앎으
로써 은혜와 평안이 여러분에게 더욱 넘
치기를 기도합니다.

하나님께서 복을 주시다

3 그리스도께서는 하나님의 능력으로 우리
가 하나님을 섬기며 살아가는 데 필요한
모든 것을 허락해 주셨습니다. 이 모든 것
은 우리가 그분을 알 때에 받게 되는 것
입니다. 그분은 자신의 영광과 선함으로
우리를 불러 주셨습니다.
4 그 영광과 선함을 통해 약속하신 크고 놀
라운 선물을 우리에게 주셨으며, 이 약속
을 통해 하나님을 닮은 모습으로 함께 교
제하게 하셨습니다. 그러므로 세상의 어
떤 정욕도 여러분을 멸망시킬 수 없습니
다.
5 그러므로 이러한 복을 받은 여러분은 열
심히 여러분의 생활 가운데 믿음에 덕을,
덕에 지식을,
6 지식에 절제를, 절제에 인내를, 인내에
경건을,
7 경건에 형제 우애를, 형제 우애에 사랑을
더하십시오.
8 이 모든 것이 여러분의 삶 가운데서 자라
난다면, 여러분을 유익하고 쓸모 있는 사
람으로 만들어 줄 것입니다. 또한 우리 주
예수 그리스도를 아는 지식이 여러분의 삶
을 더욱 풍성하게 해 줄 것입니다.

바티칸 베드로 광장에 세워진 베드로 상(1:1)

9 그러나 이런 것을 갖추지 못한 자는 앞 못
보는 사람과 같으며, 과거의 더러운 죄로
부터 깨끗함을 받은 사실을 잊은 사람들
입니다.
10 형제 여러분, 하나님께서는 여러분을 부
르시고 하나님의 백성으로 선택하셨습니
다. 여러분은 자신이 하나님께 선택받은
백성임을 남들이 알 수 있도록 힘써야 합
니다. 이렇게 할 때, 여러분은 결코 넘어
지지 않으며,
11 우리 주님이시며 구원자이신 예수 그리스
도의 영원한 나라에서 최고의 환영을 받
게 될 것입니다.
12 여러분이 이 모든 것을 다 알고 있고, 또
진리 안에 굳게 서 있지만, 한 번 더 여
러분의 기억을 일깨워 주고 싶습니다.
13 내가 이 세상에 살아 있는 동안, 여러분
에게 이렇게 하는 것이 옳다고 생각합니
다.
14 나는 이제 곧 육신을 떠나야 함을 알고 있
습니다. 우리 주 예수 그리스도께서 내게
그것을 알려 주셨습니다.
15 내가 할 수 있는 한 몇 번이고, 여러분이
이것들을 기억할 수 있도록 힘쓸 것입니
다. 내가 이 세상을 떠난 후에도 여러분
이 이 사실들을 기억하기를 진심으로 원
합니다.

그리스도의 영광을 보다

16 우리는 주 예수 그리스도가 영광 가운데
오실 것을 여러분에게 전했습니다. 그것
은 누군가가 지어 낸 근사한 이야기가 결
코 아닙니다. 우리는 그분의 위엄 있는 모
습을 우리 눈으로 직접 보았습니다.
17 장엄한 영광 가운데 하나님의 음성이 들
렸습니다. "이는 내 사랑하는 아들이며,
내가 그로 인해 무척 기쁘다." 그 순간 예
수 그리스도는 영광과 존귀를 받으셨습니
다.
18 우리는 그 음성을 똑똑히 들었습니다. 거
룩한 산에서 예수님과 함께 있었을 때 들
은 그 음성은 분명히 하늘로부터 울려 온
것이었습니다.
19 이렇게 해서 우리는 예언자들이 전한 말
씀을 보다 확실히 믿게 되었습니다. 여러
분도 그 말씀을 가까이 하고 따르는 것이
유익할 것입니다. 그들이 전해 준 말씀은
어두움을 환히 밝혀 주는 빛과도 같은 것
입니다. 그 빛은 여러분의 마음 가운데 동
이 트고, 아침 샛별이 환히 떠오를 때까
지 여러분의 마음을 밝혀 줄 것입니다.
20 그러므로 분명히 이 사실을 기억하십시
오. 어떠한 예언의 말씀도 예언자가 마음
대로 해석해서 기록한 것이 아니며,
21 사람의 뜻대로 말하고 싶은 것을 적어 놓
은 것도 아닙니다. 그들은 성령의 감동을
받아 하나님의 말씀을 적어 놓았습니다.

거짓 선생

2 전에 이스라엘 백성 가운데 거짓 예언
자들이 있었던 것처럼, 여러분 가운데
도 거짓 선생이 나타날 것입니다. 이들은
살며시 여러분 가운데 들어와 여러분을
잘못된 길로 인도하고 혼란스럽게 만들
것입니다. 또한 그들은 우리를 죄에서 풀
어 주시려고 피흘리신 주 예수 그리스도를
부인하여 스스로 멸망의 길로 달려가고
있습니다.
2 많은 사람이 그들의 악한 길을 따르고, 참
진리의 길을 방해할 것입니다.
3 여러분에게 거짓을 말하여 이용하는 그
사람들은 여러분이 가진 돈에만 관심이
있을 뿐입니다. 하나님께서는 이미 그들
에게 죄가 있다고 선언하셨으며, 그들은
의로우신 하나님의 심판을 피할 길이 없
습니다.
4 천사들이 죄를 저질렀을 때, 하나님께서
는 그들을 용서하지 않으시고 지옥으로
보내어 심판날까지 어두운 구덩이에 갇혀
있게 하셨습니다.
5 또한 오래 전, 하나님을 거역하고 악한 행
실을 하던 사람들을 홍수로 쓸어 버리셨
습니다. 하지만 하나님께서는 하나님의

샛별(1:19 morning star) 새벽에 동쪽 하늘에서 반짝이는 '금성'을 이르는 말.

의로우심을 외치던 노아와 일곱 식구의
생명을 보호하셨습니다.
6 그리고 죄악의 도시, 소돔과 고모라에 불
을 내려 잿더미로 만드시고, 훗날 하나님
을 거역하고 순종치 아니하는 사람들에
대한 본보기로 삼으셨습니다.
7 그러나 하나님께서는 그 가운데서 롯을
구원하셨습니다. 의로운 롯은 그 성의 사
람들이 방탕하게 살아가는 것을 보며 괴
로워하였습니다.
8 롯은 선한 사람이었기에 이웃들이 날마다
행하는 악한 일들을 보고 들으면서 몹시
괴로워하였습니다.
9 하나님께서는 경건한 사람을 어떻게 구원
해야 할지 아시고, 큰 어려움이 닥칠 때
구원해 주십니다. 그러나 악한 사람은 심
판날까지 계속 벌하실 것입니다.
10 특별히 육체의 정욕을 따라 죄악을 저지
르며 살아가는 자와 하나님의 권위를 무
시하는 자들에게는 더 큰 벌을 내리실 것
입니다. 거짓 선생들은 이처럼 자기 마음
대로 행동하고 교만할 뿐 아니라, 영광스
런 천사들에 대해서도 욕하며 함부로 떠
들어 댑니다.
11 그러나 하늘에 있는 천사들은 그들보다
더 큰 힘과 능력을 가졌지만, 하나님 앞
에서 그들을 헐뜯거나 욕하지 않습니다.
12 이 거짓 선생들은 알지도 못하면서 욕하
고 떠들어 댑니다. 이들은 잡혀 죽기 위
해 태어난 생각 없는 짐승 같아서 결국 멸
망하고 말 것입니다.
13 많은 사람들을 괴롭혔으니, 그들 자신이
고통받는 것은 당연합니다. 그들이 한 것
에 대한 대가를 치러야 하는 것입니다. 그
들은 드러내 놓고 악한 일을 행하며 쾌락
을 추구합니다. 그들은 여러분 가운데 끼
어 있는 더러운 티와 같아서, 함께 먹는
자리에서 여러분에게 불명예와 부끄러움
을 가져다 줄 것입니다.
14 그들은 여자를 볼 때마다 나쁜 마음을 품
으며, 그러한 행위를 멈추지 않습니다.
악한 자들을 꾀어 죄의 올가미 가운데 빠
뜨리고, 자기 욕심만 채우도록 부추깁니
다. 하나님께서는 이들을 분명히 벌하실
것입니다.
15 옳은 길을 버리고 잘못된 길에 빠진 이들
은 발람의 길을 그대로 밟고 있습니다. 브
올의 아들 발람은 나쁜 방법으로 얻은 재
물에 눈이 어두워져 있었습니다.
16 그러나 발람은 자기가 저지른 죄 때문에
꾸지람을 받았습니다. 나귀는 말 못하는
짐승이었지만, 사람의 소리로 말하여 이
예언자의 미친 행동을 막은 것입니다.
17 또한 이들은 물 없는 샘이나 마찬가지이
며, 바람이 부는 대로 밀려 다니는 구름
과도 같습니다. 그들이 갈 곳은 캄캄하고
어두운 구덩이뿐입니다.
18 그들은 헛된 말로 자랑하며 잘못된 길에
서 겨우 빠져 나온 사람들을 악한 욕망으
로 꾀어 다시 죄 가운데로 끌고 들어가려
합니다.
19 그들은 자유를 주겠다고 약속하지만, 사
실 그들 자신들조차 자유하지 못하고 멸
망의 종이 되어 있습니다. 사람은 누구든
지 자신이 지배당하는 것의 종이 되기 마
련입니다.
20 우리 구주 예수 그리스도를 알고 세상의
죄악에서 해방된 사람이, 다시 그 악한 생
활로 되돌아가 세상 죄에 끌려 다닌다면,
그 상태는 이전보다도 훨씬 나쁠 것입니
다.
21 차라리 바른 길을 모르는 게 더 낫지 않

벧후

성경 인물

발람 발람은 메소포타미아의 예언자였습니다. 그는 모압 왕 발락의 뇌물을 받고 이스라엘을 저주하러 갔다가 나귀의 입에서 나오는 경고를 듣고 오히려 이스라엘을 축복하였습니다. 이 때, 그는 메시아의 탄생도 예언하였습니다(민 22-24장). 그러나 결국 발람은 이스라엘을 저주케 하는 꾀를 발락에게 알려 주었습니다(민 31:16). 그는 개인의 사리사욕을 위해 거짓 예언자 노릇을 했던 대표적인 인물이었던 것입니다.

본문 보기 2장 15절

겠습니까? 바른 길을 알면서도 자신들이
받은 거룩한 가르침을 내팽개쳐 버린다
면, 오히려 그 길을 알지 못하는 편이 낫
습니다.
22 "개는 토한 것을 다시 먹고, 돼지는 씻은
후에 다시 진흙탕에서 뒹군다"*라는 속
담이 그들에게 들어맞는 것입니다.

주님은 다시 오십니다

3 사랑하는 여러분, 지금 나는 여러분에
게 두 번째 편지를 쓰고 있습니다. 이
편지들이 여러분의 정직하고 진실한 마음
을 일깨우는 데에 도움이 되었으면 좋겠
습니다.
2 옛날 거룩한 예언자들이 전한 말씀과 구
주되신 우리 주님께서 사도들을 통해 우
리에게 주신 명령을 기억하기 바랍니다.
3 마지막 때에 어떤 일이 일어날지 분명히
아십시오. 사람들이 자기들 하고 싶은 대
로 악한 일을 하며, 여러분을 비웃을 것
입니다.
4 그들은 "다시 온다고 약속한 예수는 도대
체 어디 있습니까? 우리 조상들은 죽었
고, 이 세상은 창조된 후로 달라진 게 없
지 않습니까?"라고 말할 것입니다.
5 그들은 옛적에 하나님께서 말씀으로 하늘
과 땅을 지으시고, 또한 땅이 물에서 나
와 물로 이루어진 것을 일부러 잊으려고
합니다.
6 그후, 하나님께서 세상을 홍수로 멸하셨
습니다.
7 또한 동일한 하나님의 말씀이 지금 이 세
상의 하늘과 땅을 지키고 있습니다. 우리
가 살고 있는 이 세상은 불로 멸망당할 것
인데, 마지막 심판날에 하나님을 믿지 않
고 거역한 사람들과 함께 멸망될 것입니
다.
8 그러나 사랑하는 여러분, 이 한 가지만은
잊지 마십시오. 주님께는 하루가 천 년 같
고, 천 년이 하루와도 같습니다.
9 우리 주님은 하시기로 약속하신 것을 뒤
로 미루시는 분이 아닙니다. 어떤 사람들
은 더디다고 생각할지도 모릅니다. 그러

마지막 날에 불로 멸망당할 이 세상(3:7)

나 이것은 하나님께서 우리를 위해 오래
참으시기 때문입니다. 하나님께서는 한
사람이라도 멸망치 않고 모두 회개하고
돌아오기를 바라고 계십니다.
10 하지만 주님의 날은 도적같이 갑자기 올
것입니다. 하늘이 큰 소리를 내며 사라지
고, 하늘에 있는 모든 것들이 불에 의해
녹을 것입니다. 또한 땅과 땅에 있는 모
든 것들도 불타 버릴 것입니다.
11 모든 것이 이렇게 다 타 버릴 텐데, 여러
분은 어떤 사람이 되어야 하겠습니까? 거
룩하고 경건하게 살아야 하지 않겠습니
까?
12 여러분은 그 날이 오기를 손꼽아 기다려
야 합니다. 그 날에 하늘과 하늘에 있는

알아두세요

2:22 잠 26:11에 기록되어 있다.

올가미(2:14 trap) 짐승을 잡는 데 쓰는 물건. 사람이 걸려들게 꾸민 수단이나 술책.
욕망(2:18 desire) 무엇을 바라고 원하는 것, 또는 그러한 마음.
회개(3:9 repentance) 하나님을 떠난 사람이 지난날의 죄를 깊이 뉘우치고 전인격적으로 하나님께 돌이키는 것.

모든 것이 불타 없어지겠지만,
13 하나님께서는 우리에게 약속하셨습니다. 정의가 살아 있는 새 하늘과 새 땅을 우리에게 주시겠다고 말입니다.
14 사랑하는 여러분, 그 날을 기다리며 죄를 멀리하고 흠없이 살도록 노력하십시오. 하나님과 평안 가운데 거하시기 바랍니다.
15 우리 주님의 오래 참으심으로 우리가 구원 받았다는 사실을 잊지 마시기 바랍니다. 사랑하는 형제 바울도 하나님께 받은 지혜로 이와 같은 편지를 여러분에게 보냈습니다.
16 바울이 그의 편지 가운데 이 모든 것을 써 놓았습니다. 그의 편지 가운데 이해하기 힘든 부분이 조금 있어, 몇몇 사람들이 그것을 잘못 설명하기도 하였습니다. 무식하고 믿음이 약한 사람들은 다른 성경도 잘못 해석합니다. 그러나 이것은 그들에게 스스로 멸망을 불러들일 뿐입니다.
17 사랑하는 여러분, 이제 이 모든 것을 알았으니 부디 조심하십시오. 악한 자들의 꾀임에 빠져 잘못된 길에 들어서지 말며, 굳건한 믿음에서 떨어지지 않도록 주의하십시오.
18 오직 우리 구주 예수 그리스도를 아는 지식과 그의 은혜 가운데 자라나기를 빕니다. 이제부터 영원까지 주님께 영광이 있기를 바랍니다. 아멘.

믿음을 키워 주는 이야기

기도하는 부모

미국에서 하나님을 잘 믿는 어느 가정의 아들이 대학에 가더니 신앙을 잃고 방황하였습니다. 부모는 아들을 위해서 날마다 기도하였습니다.

얼마 후 남북전쟁이 터지고 청년들이 군에 갈 때에 이 청년도 갔습니다. 권세 있는 집안이라서 군에 안 보낼 수도 있었지만 그렇게 하지 않았습니다. 좋은 곳에 배치 받는 일도 하지 않았습니다. 청년은 최전방에 배치를 받게 되었고 전투 중 부상을 당하고 말았습니다. 이 소식을 들은 부모는 아들의 생명을 위해 밤낮으로 하나님께 간절히 기도했습니다.

청년은 비로소 죽음을 앞두고 회개하였습니다. 군목에게 자신의 과거를 고백하고 눈물을 흘리며 하나님을 찾았습니다. 그리고 이제 하나님을 위해 살겠다고 결심했습니다. 하나님께서는 그의 건강을 회복시켜 주셨습니다.

그 후 그는 평생을 하나님을 위해 헌신했습니다. 필라델피아에 템플대학을 세우고, 템플침례교회를 설립하고 종합병원을 세 개나 세웁니다. 이 사람은 미국의 기독교 교육가로 유명한 '러셀 콘웰'입니다.

문제를 만났을 때 이성적인 방법으로 해결할 수도 있지만, 어떤 경우는 기도하며 응답을 기다리는 것이 최선의 방법일 수 있습니다. 하나님의 사랑과 주권을 믿으며 기도하는 사람은 하나님의 때를 기다리며 인내할 수 있습니다.

요 한 일 서

I John

저자

저자는 사도 요한이다.

저작 연대

A.D. 85-96년경

주요 인물

사도 요한, 거짓 선생들

기록 목적과 대상

사도 요한은 영지주의의 거짓된 가르침을 논박하고 믿는 이들에게 구원의 확신을 심어 주기 위해 모든 그리스도인들을 대상으로 이 서신을 기록하였다.

내용 소개

1. 서론(1:1-4)
2. 하나님은 빛이시라(1:5-2:27)
3. 하나님은 의로우시다(2:28-4:6)
4. 하나님은 사랑이시라(4:7-5:12)
5. 결론(5:13-21)

이 글을 쓰는 목적

1 이제 우리는 생명의 말씀인 예수 그리스
도에 관하여 쓰려고 합니다. 그분은 태초
부터 계셨으며, 우리는 그분에 대해 듣
고, 눈으로 보고, 손으로 만져 본 바 되
었습니다. 우리는 생명을 주시는 말씀에
관하여 쓰고 있습니다.
2 생명을 주시는 그분이 우리에게 나타나셨
습니다. 우리는 그분을 보았으며, 또한
그분에 관한 증거도 제시할 수 있습니다.
이제 우리가 말하는 것은 그분이 영원한
생명을 가지고 계시다는 것입니다. 이 생
명을 주시는 분은 하나님
아버지와 함께 계시다가
우리에게 나타나셨습니
다.
3 우리가 보고 들은 것을
여러분에게 말하는 이유
는 여러분이 우리와 함
께 교제하기를 원하기
때문입니다. 우리가 함
께 나누는 이 교제는 하
나님 아버지, 그리고 그
의 아들 예수 그리스도와
함께 가지는 교제입니
다.
4 우리는 여러분과 함께
기쁨을 나누려고 이 글을 쓰고 있습니다.

하나님은 우리의 죄를 용서해 주신다

5 우리가 그리스도께로부터 듣고 여러분에
게 전하려고 하는 말씀은, 하나님은 빛이
시며 그분께는 전혀 어두움이 없다는 것
입니다.
6 그렇기 때문에 만약 우리가 하나님과 사
귀고 있다고 말하면서 여전히 어두움 가
운데 살고 있다면, 우리는 거짓말쟁이며
진리를 따라 살고 있지 않는 것입니다.
7 하나님께서 빛 가운데 계시기에 우리 역
시 빛 가운데서 살아야 합니다. 우리가 빛

하나님과 사귀고 있다고 하면서 여전히 어두움 가운데
살고 있다면 그것은 진리를 따라 살고 있지 않은 것입니다(1:6)

가운데 살게 되면 서로 교제하게 됩니다.
또한 하나님의 아들이신 예수 그리스도의
피가 우리의 모든 죄를 깨끗이 씻어 주실
것입니다.
8 또한 우리가 스스로 죄를 짓지 않았다고
말한다면, 그것은 우리 자신을 속이는 것
이며 진리가 우리 안에 없는 것입니다.
9 그러나 우리가 죄를 고백하면, 그분은 우
리를 용서해 주실 것입니다. 그분은 옳
은 일만 행하시는 분이기 때문에 우리는
그분을 믿을 수 있습니다. 그분은 우리
의 모든 잘못을 깨끗하게 해 주실 것입
니다.
10 우리가 계속 죄를 지은 적이 없다고 말한
다면, 그것은 하나님을 거짓말쟁이로 만
드는 것이며 우리는 하나님께서 주신 진
리의 가르침을 받아들이지 않는 것입니
다.

예수님은 우리를 도우시는 분

2 나의 사랑하는 자녀들이여, 나는 여러
분이 죄를 짓지 않게 하려고 이 편지
를 씁니다. 그러나 누군가가 죄를 짓는다
하더라도, 우리에게는 우리를 도와 주시
는 예수 그리스도가 계십니다. 그는 의로
운 분이시며, 우리를 대신하여 아버지 앞
에서 우리를 변호해 주십니다.
2 예수님만이 우리의 죄를 위해 화목 제물
이 되셨으며, 오직 예수님을 통해서만 모
든 사람들의 죄가 용서받을 수 있습니다.
3 또한 우리는 우리가 하나님의 계명들에
순종할 때, 진실로 하나님을 안다고 자신
있게 말할 수 있습니다.
4 하지만 누군가가 "나는 하나님을 알아
요!"라고 말하면서 그분이 명령하신 것에
순종하지 않는다면, 그 사람은 거짓말쟁
이입니다. 그에게는 진리가 없습니다.
5 하나님의 가르침을 따라 순종해야만, 그
사람 안에 하나님의 사랑이 완전히 이루
어지게 될 것입니다. 이것이 우리가 하나
님을 따르고 있음을 보여 주는 방법이 됩
니다.
6 누구든지 자기 안에 하나님께서 계신다고
말하는 사람은 예수님께서 사신 것처럼 살
아야만 합니다.

다른 사람들을 사랑하라는 하나님의 명령

7 나의 사랑하는 친구들이여, 나는 여러분
에게 새 계명을 쓰고 있는 것이 아닙니다.
이것은 여러분이 처음부터 가지고 있었던
것과 똑같은 계명이며, 이미 들어 보았던
가르침입니다.
8 그러나 나는 분명히 새로운 계명을 쓰고
있습니다. 이 계명은 진리입니다. 여러분
은 이 진리를 예수님 안에서, 그리고 여러
분 자신 안에서 발견할 수 있습니다. 어
두움은 지나갔고, 이제는 진리의 빛이 밝
게 비치고 있습니다.
9 "나는 빛 가운데 있습니다"라고 말하면서
자기의 형제를 미워하면, 그는 여전히 어
두움 가운데 사는 사람입니다.
10 자기의 형제를 사랑하는 사람만이 빛 가
운데 살고 있는 사람이며, 그런 사람은 다
른 사람들을 잘못되게 하는 일이 없습니
다.
11 그러나 형제를 미워하는 사람은 어두움
가운데 있는 사람이며, 어두움 속에 살면
서 자신이 어디를 향해 가고 있는지를 알
지 못하는 사람입니다. 그것은 어두움이
그를 눈멀게 만들었기 때문입니다.
12 사랑하는 자녀들이여, 내가 이 글을 쓰는
것은 그리스도를 통하여 여러분의 죄가 용
서함을 받았기 때문입니다.
13 부모들이여, 내가 이 글을 쓰는 것은 태
초부터 계신 그분을 당신이 알고 있기 때
문입니다. 젊은이들이여, 내가 이 글을
쓰는 것은 여러분이 이미 악한 자와 싸워
이겼기 때문입니다.
14 자녀들이여, 내가 이 글을 쓴 것은 여러

의로운(2:1 righteous) 떳떳하고 옳은.
변호(2:1 defense) 남을 위하여 변명하고 감싸서 돕는 것.
화목 제물(2:2 fellowship offering) 죄악된 인간과 하나님과의 관계를 회복하기 위해 제물로 바쳐진 예수 그리스도를 상징.
순종(2:3 obedience) 순순히 따르는 것.

분이 아버지를 알고 있기
때문입니다. 부모들이여,
내가 이 글을 쓴 것은 태
초부터 계신 그분을 당신
이 알고 있기 때문입니다.
젊은이들이여, 내가 이 글
을 쓴 것은 여러분이 강하
기 때문입니다. 하나님의
말씀이 여러분 안에 살아
있으므로, 여러분은 악한
자와 싸워 이겼습니다.
15 이 세상과 세상에 속한 것
들을 사랑하지 마십시오.
누구라도 이 세상을 사랑
하게 되면, 그 마음속에는
하나님의 사랑이 없게 됩
니다.
16 이 세상에는 악한 것들이
있습니다. 그것은 바로 우
리 육신을 즐겁게 해 주는
것, 우리 눈을 즐겁게 해
주는 것, 우리들의 삶에 대해
자랑하는 것입니다. 이러한 것들은
아버지께로부터 나온 것이 아니라, 세상
으로부터 나온 것입니다.
17 이 세상은 지나갈 것이며, 사람들이 이 세
상에서 그토록 갖고 싶어하는 것들도 다
사라지게 됩니다. 그러나 하나님의 뜻대
로 사는 사람은 영원히 살 것입니다.

마지막 때와 그리스도의 적

18 사랑하는 자녀들이여, 마지막 때가 가까
워 오고 있습니다. 그리스도의 적이 올 것
이라는 말을 여러분은 들었으며, 이미 그
리스도의 적들이 많이 나타났습니다. 그
래서 우리들은 마지막이 가까웠다는 사실
을 알 수 있습니다.
19 그 적들은 우리의 모임 안에 있었습니다.
그러나 그들은 정말로 우리에게 속한 자
들이 아니었기 때문에 우리를 떠나갔습니
다. 만약 그들이 정말로 우리 모임의 일
부분이었다면, 우리와 함께 머물렀을 것
입니다. 그러나 그들은 떠나갔고, 이 사

"예수님을 그리스도가 아니라고 말하는 사람은 그리스도의 적입니다." (2:22)

실은 그들 중 어느 누구도 우리에게 속한
자가 아니었다는 것을 보여 줍니다.
20 여러분은 거룩하신 분이 주신 선물을 가
지고 있습니다. 그러므로 여러분 모두는
진리를 알고 있습니다.
21 왜 내가 이 글을 쓰고 있습니까? 여러분
이 진리를 모르고 있기 때문입니까? 그렇
지 않습니다. 내가 이 편지를 쓰는 이유
는 여러분이 정말로 진리를 알고 있기 때
문이며, 또한 진리로부터는 어떠한 거짓
말도 나올 수 없음을 알고 있기 때문입니
다.
22 그렇다면 누가 거짓말쟁이입니까? 예수님
께서 그리스도가 아니라고 말하는 사람이
아니겠습니까? 예수님을 그리스도가 아니
라고 말하는 사람은 그리스도의 적입니다.
그는 하나님 아버지도, 그의 아들도 믿지
않습니다.

23 누구든지 아들을 믿지 않으면 아버지도
잃게 되고, 아들을 인정하게 되면 아버지
도 얻게 됩니다.
24 여러분이 처음부터 들은 가르침을 따라
살아가기를 계속하십시오. 그 가르침 안
에서 계속 살아갈 때, 여러분은 아들과 아
버지 안에 머물 수 있게 됩니다.
25 이것이 바로 그분이 우리에게 약속하신
그것, 영원한 생명인 것입니다.
26 나는 여러분을 잘못된 길로 인도하려는
사람들에 관하여 이 편지를 쓰고 있습니
다.
27 그리스도께서는 여러분에게 특별한 선물
을 주셨습니다. 여러분은 이 선물을 갖고
있기 때문에 어떤 다른 선생으로부터 가
르침을 받지 않아도 됩니다. 성령께서는
모든 것을 가르쳐 주시며 진실되고 거짓
이 없으십니다. 그러므로 성령이 가르치
시는 대로 그리스도 안에서 살아가기를 계
속하십시오.
28 나의 사랑하는 자녀들이여, 그리스도 안에
서 살아가십시오. 우리가 이렇게 살아가
면 그리스도가 다시 오시는 날, 두려워하
지 않아도 될 것입니다. 우리는 숨을 필
요도 없고, 그분 앞에서 부끄러워할 이유
도 없을 것입니다.
29 하나님께서 의로운 분이심을 여러분은 알
고 있을 것입니다. 그렇다면 옳은 일을 하
는 사람만이 하나님의 자녀가 될 수 있다
는 사실을 기억하십시오.

우리는 하나님의 자녀들입니다

3 아버지께서 우리를 얼마나 사랑하고
계신지 생각해 보십시오. 하나님께서
는 우리를 너무나 사랑하셔서, 우리를 그
분의 자녀라고 불러 주셨습니다. 이제 우
리는 정말로 그분의 자녀입니다. 그러나
세상 사람들은 우리를 이해하지 못합니
다. 왜냐하면 그들은 하나님을 모르기 때
문입니다.
2 사랑하는 친구들이여, 우리는 분명한 하
나님의 자녀입니다. 우리가 아직은 미래
에 어떤 모습으로 있게 될지 알 수 없지
만, 그리스도께서 다시 오실 그 때에는 우
리의 모습이 그와 같을 줄을 알고 있습니
다. 우리는 그분의 참모습을 보게 될 것
입니다.
3 예수 그리스도는 깨끗하신 분이십니다. 적
어도 그리스도 안에서 이러한 소망을 가지
고 있는 사람이라면 그리스도와 같이 자기
자신을 깨끗하게 지켜야 할 것입니다.
4 죄를 짓는 자는 하나님의 법을 깨뜨리는
사람입니다. 죄를 짓는다는 것은 하나님
의 법을 어기며 사는 것과 같습니다.
5 여러분도 알고 있는 것처럼, 그리스도는
죄를 없애기 위해 오셨으며, 그리스도께서
는 죄가 없으십니다.
6 그러므로 그리스도 안에 사는 사람은 더
이상 죄를 짓지 않습니다. 만약 그가 계
속하여 죄를 짓는다면, 그는 그리스도를
진정 이해하지 못한 것이며, 또한 그리
스도를 알았다고도 할 수 없을 것입니
다.
7 사랑하는 자녀들이여, 어느 누구라도 여
러분을 잘못된 길로 인도하지 못하게 하
십시오. 그리스도께서 의로우신 것처럼 의
를 행하는 사람은 의로운 사람입니다.
8 마귀는 태초부터 지금까지 죄를 지어 오
고 있습니다. 계속하여 죄를 짓는 사람은
마귀에게 속한 자입니다. 하나님의 아들
은 바로 이 마귀의 일을 멸하기 위해서 오
셨습니다.
9 하나님께서 누군가를 그의 자녀로 삼으셨
을 때, 그 사람은 더 이상 죄를 짓지 않
습니다. 그것은 하나님께서 주신 새로운
삶의 씨가 그의 안에 머무르게 되기 때문
입니다. 그는 이제 하나님의 자녀가 되었
기 때문에 계속하여 죄를 짓고 살 수 없
습니다.
10 이것으로 우리는 누가 하나님의 자녀이
며, 누가 마귀의 자녀인지를 알 수 있습
니다. 올바른 일을 행하지 않는 사람은 하
나님의 자녀가 아닙니다. 그리고 자기 형
제를 사랑하지 않는 사람도 하나님의 자
녀가 아닙니다.

우리는 서로 사랑해야 합니다

11 여러분이 처음부터 들어 온 말씀은 우리
가 서로 사랑해야 한다는 것입니다.
12 악한 자에게 속했던 가인과 같이 되지 마
십시오. 가인은 자기 동생을 죽였습니다.
자기 동생을 죽인 이유는 자기는 악한 일
을 했고, 동생은 선한 일을 했기 때문입
니다.
13 형제 여러분, 이 세상 사람들이 여러분을
미워할 때, 놀라지 마십시오.
14 우리는 죽음을 벗어나 생명으로 옮기웠음
을 알고 있습니다. 우리는 이것을 그리스
도 안에서 우리 형제들을 서로서로 사랑
함으로써 알 수 있습니다. 서로 사랑하지
않는 사람은 죽음 가운데 거하는 사람입
니다.
15 자기 형제를 미워하는 사람은 누구나 살
인자입니다. 여러분도 아시다시피 살인자
에게는 영원한 생명이 있을 수 없습니다.
16 예수님께서 우리를 위하여 그의 생명을 주
심으로써 우리는 진실한 사랑이 어떠한
것인지를 알게 되었습니다. 그러므로 우
리도 우리 형제를 위하여 우리 생명을 내
어 줌이 마땅합니다.
17 어떤 한 믿는 사람이 자기가 필요로 하는
것은 다 가질 수 있을 만큼 부자라고 합
시다. 만약 그가 가난하고 필요한 것들을
갖지 못한 형제를 보고도, 그 형제를 돕
지 않는다면 어떻겠습니까? 그는 마음속
에 하나님의 사랑이 없는 사람일 것입니
다.
18 자녀들이여, 우리는 말로만 사랑하는 사
람이 되어서는 안 됩니다. 우리의 사랑
은 진실되어야 합니다. 그리고 우리는
행함으로써 그 사랑을 보여야 할 것입니
다.
19 이를 통해 우리가 진리에 속하였음을 알
수 있게 되며, 하나님 앞에서도 평안할 수
있게 됩니다.
20 우리의 양심이 우리를 책망하는데, 우리
의 양심보다 크시며, 또한 모든 것을 아
시는 하나님께서는 얼마나 더 우리를 책
망하시겠습니까?
21 사랑하는 친구들이여, 만약 우리가 양심
의 가책을 받지 않는다면, 우리는 아무런
두려움 없이 하나님 앞에 나아갈 수 있을
것입니다.
22 그리고 하나님은 우리가 구하는 것들을
우리에게 주실 것입니다. 우리가 이러한
것들을 받을 수 있는 것은 우리가 하나님
의 명령을 지켰고, 하나님이 기뻐하시는
일들을 했기 때문입니다.
23 하나님께서 명령하신 것은 그의 아들 예
수 그리스도의 이름을 믿고, 그분이 우리
에게 명령하신 대로 서로 사랑하는 것입
니다.
24 하나님의 명령을 지키는 사람은 하나님
안에서 살게 되고, 하나님도 그 사람 안
에 거하시게 됩니다. 하나님께서 우리 안
에 거하신다는 사실을 어떻게 알 수 있습
니까? 우리는 그것을 하나님께서 우리에
게 주신 성령으로 알 수 있습니다.

그리스도의 적에 대한 경고

4 사랑하는 친구들이여, 많은 거짓 예언
자들이 지금 이 세상에 있습니다. 그
러므로 모든 영을 다 믿지는 말기 바랍니
다. 그 영들이 하나님으로부터 온 것인지
아닌지 시험해 보십시오.
2 하나님의 영을 알 수 있는 방법은 다음과
같습니다. 어떤 영이 말하기를, "나는 예
수님께서 이 땅에 사람으로 오셨음을 믿
습니다"라고 얘기하면, 그 영은 하나님께
로부터 온 것입니다.
3 그러나 예수님에 대해 이렇게 말하는 것
을 인정하지 않으면, 그 영은 하나님으로
부터 온 것이 아니며, 그리스도의 적으로
부터 온 것입니다. 여러분은 그리스도의
적이 오리라는 말을 들었을 것입니다. 이
미 그는 이 세상에 와 있습니다.

양심(3:20 conscience) 바른 말과 행동을 하려는 마음.
책망(3:20 blame) 잘못을 꾸짖고 나무람.
영(4:1 spirit) 육체를 떠나서도 존재하며, 인간 활동의 근원으로 생각되는 정신적 실체.

4 사랑하는 자녀들이여, 여러분은 하나님께
속하였으니, 이미 그들을 이겼습니다. 왜
냐하면 여러분 안에 계신 분이 세상에 있
는 어떤 자보다 위대한 분이시기 때문입
니다.
5 거짓 예언자들은 세상에 속한 사람들입
니다. 그들이 말하는 것은 세상으로부터
온 것이며, 세상은 그들의 말을 듣습니
다.
6 그러나 우리는 하나님께로부터 왔습니다.
하나님을 아는 사람들은 우리의 말을 듣
지만, 하나님께로부터 오지 않은 사람들
은 우리의 말을 듣지 않을 것입니다. 이
것으로 우리는 진리의 영과 거짓의 영을
구별할 수 있습니다.

사랑은 하나님께로부터 옵니다

7 사랑하는 친구들이여, 우리는 서로서로
사랑해야 합니다. 왜냐하면 사랑은 하나
님께로부터 오기 때문입니다. 사랑하는
사람은 하나님의 자녀가 된 것이며, 또한
하나님을 안다고 할 수 있습니다.
8 하나님은 사랑이시기에, 사랑할 줄 모르
는 사람은 하나님을 알지 못하는 자입니
다.
9 하나님은 그의 독생자를 이 땅에 보내심
으로 우리를 향한 그분의 사랑을 보여 주
셨으며, 그를 통해 우리에게 생명을 주셨
습니다.
10 진실한 사랑이란 하나님을 향한 우리의
사랑이 아니라, 우리를 향한 하나님의 사
랑인 것입니다. 하나님은 당신의 아들을
보내셔서 우리의 죄를 위해 화목 제물이
되게 하셨습니다.
11 사랑하는 친구 여러분! 하나님께서 이처
럼 우리를 사랑해 주셨으니 우리 역시 서
로를 사랑해야만 합니다.
12 어느 누구도 여태까지 하나님을 본 적이
없습니다. 그러나 우리가 서로서로 사랑
하면, 하나님께서 우리 안에 거하십니다.
우리가 서로 사랑할 때, 하나님의 사랑은
우리 안에서 완전해질 것입니다.
13 우리는 우리가 하나님 안에서 살고, 하나
님께서 우리 안에 계신다는 사실을 알고
있습니다. 이는 하나님께서 우리에게 주
신 그의 성령을 통해 알 수 있습니다.
14 우리는 아버지께서 그의 아들을 세상의
구주로 보내신 것을 보았고, 또 그것을 증
언합니다.
15 만약 누구든지 "나는 예수님께서 하나님
의 아들이심을 믿어요"라고 얘기하면, 하
나님께서는 그 사람 안에 거하시고, 그는
하나님 안에 살게 됩니다.
16 이로써 우리는 하나님께서 우리를 위해
베푸신 그 사랑을 알 수 있고, 그 사랑을
굳게 믿을 수 있습니다. 하나님은 사랑이
십니다. 사랑 안에 사는 사람은 하나님 안
에 사는 사람이며, 하나님도 그 사람 안
에 계십니다.
17 하나님의 사랑이 우리 안에 완전해질 때,
우리는 하나님께서 심판하시는 그 날에
아무 두려움 없이 설 수 있을 것입니다.
우리에게 어떤 두려움도 있을 수 없는 것
은, 우리가 이 세상에서 예수님과 같아지
기 때문입니다.
18 사랑이 있는 곳에는 두려움이 없습니다.
왜냐하면 완전한 사랑이 두려움을 내어
쫓기 때문입니다. 사람을 두렵게 만드는
것은 벌을 받을지도 모른다는 마음 때문
입니다. 그러므로 두려움을 갖고 있는
사람은 사랑을 완성하지 못한 사람입니
다.
19 하나님께서 우리를 먼저 사랑해 주셨기

에베소에 있는 사도 요한 기념 교회

때문에 우리도 사랑해야 합니다.
20 어떤 사람이 "나는 하나님을 사랑해요"라
고 말하면서 그의 형제를 미워하면, 그는
거짓말쟁이입니다. 이는 눈에 보이는 자
기의 형제도 사랑하지 못하면서 보이지
않는 하나님을 사랑할 수는 없기 때문입
니다.
21 그러므로 하나님께서는 누구든지 하나님
을 사랑하는 사람은 자기 형제들도 사랑
해야 한다고 우리에게 명령하셨습니다.

하나님의 아들 안에서의 믿음

5 예수님께서 그리스도이심을 믿는 사람
은 모두 하나님의 자녀입니다. 아버지
를 사랑하는 사람은 또한 그분의 아들도
사랑합니다.
2 우리가 하나님의 자녀들을 사랑한다는 것
을 언제 알 수 있습니까? 그것은 우리가
하나님을 사랑하고 하나님의 명령을 지킬
때에 알 수 있습니다.
3 하나님을 사랑한다는 것은 그분의 명령을
지키는 것을 의미합니다. 하나님의 명령
은 우리가 지킬 수 없을 만큼 그렇게 힘
든 것이 아닙니다.
4 하나님의 자녀라면 누구나 다 세상을 이
길 힘을 갖고 있습니다. 세상에 대해 이
길 수 있는 승리는 우리의 믿음에 있습니
다.
5 그러므로 세상을 이길 수 있는 사람은 예
수님께서 하나님의 아들이심을 믿는 사람
인 것입니다.
6 예수 그리스도는 물과 피로 오신 분이십니
다. 그분은 단지 물로만 오신 것이 아니
라 물과 피로 오셨습니다. 그리고 성령께
서 이것이 사실임을 말씀하시고 계십니
다. 성령은 곧 진리입니다.
7 그러므로 증언하는 세 증인이 있으니,
8 곧 성령과 물과 피입니다. 이 셋의 증언
은 서로 일치하고 있습니다.
9 사람들이 어떤 것이 사실이라고 말할 때,
우리는 그것을 믿습니다. 하물며 하나님
께서 말씀하신 것은 더욱더 중요하지 않
겠습니까? 하나님께서는 당신의 아들에
관한 진리를 우리에게 말씀해 주셨습니
다.
10 하나님의 아들을 믿는 사람은 하나님께서
말씀하신 진리를 가지고 있는 사람입니
다. 하나님을 믿지 않는 사람은 하나님을
거짓말쟁이로 만드는 것입니다. 그런 사
람은 하나님께서 그의 아들에 관해 말씀
하신 것을 믿지 않습니다.
11 하나님께서 우리에게 말씀하신 것은, 하
나님이 우리에게 영원한 생명을 주셨다는
것과 이 생명이 바로 그의 아들 안에 있
다는 것입니다.
12 누구든지 아들을 믿는 사람은 이 생명을
가지게 됩니다. 그러나 하나님의 아들을
믿지 않는 사람에게는 생명이 없습니다.

이제 우리는 영원한 생명을 가졌습니다

13 나는 하나님의 아들을 믿는 여러분에게
이 편지를 씁니다. 내가 이렇게 편지를 쓰
는 것은, 이제 여러분에게 영원한 생명이
있음을 알리기 위해서입니다.
14 우리는 아무런 의심없이 하나님께 나아올
수 있습니다. 이것은 우리가 하나님께 무
엇인가를 구할 때, 그리고 이것이 우리를
향한 하나님의 뜻에 맞을 때, 하나님께서
우리가 구하는 것에 깊은 관심을 가져 주
신다는 것을 뜻합니다.
15 하나님께서는 우리가 그분께 간구할 때마
다 귀를 기울이고 계십니다. 그러므로 우
리는 우리가 구한 모든 것들을 그분께서
주시리라는 것을 알 수 있습니다.
16 그리스도 안에서 어떤 형제가 죄짓는 것을
보거든, 그리고 그 죄가 영원한 죽음에 이

독생자(4:9 one and only son) 홀로 태어난 아들. 여기서는 하나님의 외아들 예수 그리스도를 의미함.

완전(4:12 completeness) 모두 갖추어져 부족함이나 결함이 없음.

구주(4:14 Savior) 인류를 죄에서 구원하기 위해 하나님이 보내신 메시아 예수 그리스도. 십자가에 못박혀 돌아가심으로 우리를 구원하셨다.

증인(5:8 witness) 어떤 사실을 증명하는 사람.

간구(5:15 entreaty) 간절히 구함.

르게 할 만한 죄가 아니라면 그 사람을 위
해 기도해야 할 것입니다. 그러면 하나님
께서 그 형제를 살려 주실 것입니다. 나
는 지금 영원한 죽음까지는 이르지 않을
그런 죄를 지은 사람들에 관해 이야기하
는 것입니다. 죽을 만한 죄가 분명히 있
습니다. 내가 말하는 것은 그런 죄를 위
해서까지 기도하라는 것은 아닙니다.
17 잘못 행하는 것은 다 죄지만, 영원한 죽
음에 이르지 않는 죄도 있습니다.
18 하나님의 자녀가 된 사람은 계속해서 죄
를 지을 수 없다는 것을 우리는 알고 있
습니다. 하나님의 아들이 그를 지켜 주시
므로 악한 자도 그를 해칠 수 없습니다.
19 우리는 우리가 하나님께 속하였음을 분명
히 알고 있지만 이 세상은 악한 자가 지
배하고 있습니다.
20 하나님의 아들이 오셔서 우리에게 깨달을
수 있는 능력을 주셨기에, 이제 우리는 진
리이신 하나님을 알 수 있게 되었습니다.
우리의 생명은 참되신 하나님, 곧 그분의
아들 예수 그리스도 안에 있습니다. 그는
참하나님이시며 영원한 생명이십니다.
21 그러므로 사랑하는 자녀 여러분, 여러분
자신을 우상으로부터 멀리하도록 지키십
시오.

성경 자세히 이해하기

죽음에 이르는 죄

구약 성경은 죄를 두 가지로 구분했습니다. 하나는 무의식중에 저지르는 죄로서, 이러한 죄는 일 년에 한 번 속죄일에 희생 제물을 드림으로써 용서받을 수 있었습니다. 또 하나는 고의적인 죄로서, 죄인의 죽음으로만 보상되었습니다. '죽음에 이르는 죄'는 어떤 계명을 하나하나 어기는 죄를 말하는 것이 아니라, 예수님께서 그리스도이신 것을 고의적으로 부인하는 죄, 또는 근본적으로 하나님을 떠난 이단 사상을 가리킵니다. 본문 보기 5장 16절

지배(5:19 control) 남을 복종시켜 다스리는 것.

우상(5:21 idol) 신과 같이 여겨 섬기는 대상.

요 한 이 서

2 John

저자

저자는 사도 요한이다.

저작 연대

A.D. 85-96년경

주요 인물

사도 요한, 거짓 선생들

기록 목적과 대상

그리스도인들이 잘 모르는 가운데 이단 사상의 전파에 협조하는 일이 없도록, 이단 전도자들을 잘 분별하라고 권면하기 위해 이 서신을 기록하였다.

내용 소개

1. 인사(1:1-3)
2. 사랑의 계명(1:4-6)
3. 미혹하는 자에 대한 경계(1:7-11)
4. 결론(1:12-13)

거짓 선생을 돕지 마십시오

1 교회의 장로인 나는 하나님께서 선택하
신 부인과 자녀들에게 편지를 씁니다. 나
는 진리 안에서 여러분을 사랑하며, 진리
를 아는 모든 사람들도 여러분을 사랑하
고 있습니다.
2 우리가 여러분을 사랑할 수 있음은 진리
가 우리 안에 있고, 또한 그 진리가 영원
히 우리 마음속에 함께하기 때문입니다.
3 하나님 아버지와 그의 아들 예수 그리스도
로부터 은혜와 자비와 평안이, 진리와 사
랑 안에서 우리 안에 넘쳐나기를 기도합
니다.
4 부인의 자녀들이 하나님의 명령대로 진리
를 따르며 살고 있다는 소식을 듣고 나는
매우 기뻤습니다.
5 사랑하는 부인이여, 이제 나는 부인에게
한 가지를 얘기하고자 합니다. 그것은 우
리 모두 사랑 안에서 살아가야 한다는 것
입니다. 이 말씀은 새로운 명령이 아닙니
다. 이것은 처음부터 우리가 받은 말씀입
니다.
6 하나님께서 우리에게 명령하신 삶은 사랑
의 삶입니다. 하나님께서는 우리가 사랑
하며 살아가기를 원하십니다. 아마도 부
인 역시 이 말씀을 처음부터 들어왔을 것
입니다.
7 많은 거짓 선생들이 세상에 나타났습니
다. 그들은 예수 그리스도께서 이 땅에 사
람으로 오셨다는 것을 믿으려 들지 않습
니다. 이 사실을 믿지 않는 자는 다 거짓
선생이며, 그리스도의 적입니다.
8 지금까지 애써 온 수고가 물거품이 되지
않도록 주의하십시오. 온전한 상을 받을
수 있도록 조심하시기 바랍니다.
9 오직 그리스도의 가르침만 좇아가시기 바
랍니다. 만약 그리스도께서 가르쳐 주신
것을 따르지 않고 다른 길로 가게 된다면,
그 사람 마음에는 더 이상 하나님이 계시

성경 자세히 이해하기

선택하신 부인은 누구?

1절의 '선택하신 부인'은 마치 교회 내의 어떤 특정한 인물을 가리키는 것처럼 보이지만, 이 말은 교회를 가리키는 상징적인 말로 보면 좋을 것 같습니다. '부인'이란 말은 그리스 원어로 '퀴리아'인데, 이 말은 '주(主), 주인'을 뜻하는 '퀴리오스'의 여성 명사형으로 초대 교회 당시에는 '교회'를 대신하는 말로 자주 사용되었습니다. 이는 성경에서 교회를 '그리스도의 신부'라고 부르기 때문입니다. 그러므로 뒤따라 나오는 '자녀들'도 예수님과 교회의 영적 자녀인 성도들을 가리킨다고 볼 수 있겠지요. 본문 보기 1장 1절

지 않게 됩니다. 그 가르침을 좇아 따라
갈 때에만 아버지와 그분의 아들을 함께
마음 가운데 모실 수 있게 됩니다.
10 누군가가 이 가르침 이외의 것을 가지고
여러분을 찾아오거든, 그 사람을 집에 맞
아들이지도 말고, 인사도 하지 마십시오.
11 만약 그 사람을 받아들이면, 그가 하는 악
한 일을 여러분이 돕는 셈이 됩니다.
12 하고 싶은 말이 많지만 이만 줄이겠습니
다. 오히려 빠른 시간 내에 직접 만나서
서로 이야기하는 기쁨을 가지게 되었으면
좋겠습니다.
13 하나님께서 선택하신 당신 자매의 자녀들
이 부인에게 안부를 전합니다.

거짓 선생들은 집에 맞아들이지도 말고, 인사도 하지 마십시오(1:7-11)

요 한 삼 서

3 J o h n

○ 저자

저자는 사도 요한이다.

○ 저작 연대

A.D. 85-96년경

○ 주요 인물

사도 요한, 거짓 선생들, 가이오, 디오드레베, 데메드리오

○ 기록 목적과 대상

요한3서는 순회 전도자들의 보고에 기초하여 쓰여졌다. 그들은 사도 요한에게 돌아가 가이오와 데메드리오가 베푼 대접에 대해서 보고하였다. 교회의 지도자급에 있었던 디오드레베는 사도 요한의 권위에 도전하고 요한이 보낸 전도자들을 거부하였으며, 심지어는 그들을 받아들이려는 사람들을 교회에서 추방하기도 했다. 사도 요한은 가이오를 칭찬하고, 디오드레베를 책망하기 위해 이 서신을 기록하였다.

○ 내용 소개

1. 인사(1:1-2)
2. 가이오를 칭찬함(1:3-8)
3. 디오드레베를 책망함(1:9-11)
4. 데메드리오를 칭찬함(1:12)
5. 결론(1:13-15)

진리를 가르치는 그리스도인들을 도우십시오

1 교회의 장로인 나는 진리 안에서 사랑하
는 친구 가이오에게 이 편지를 씁니다.
2 사랑하는 친구여, 그대의 영혼이 건강한
것처럼 몸도 건강하고, 하고자 하는 모든
일이 다 잘 되기를 기도합니다.
3 믿음의 형제들이 내게 와서 진리의 길을
따라 진실되게 살아
가는 그대를 칭
찬하였습니다.
그 말을 들은
나는 얼마나
기뻤는지 모
릅니다.
4 믿음의 자녀
가 진리의 가
르침을 따라
잘 지내고 있
다는 소식보다
내게 더 큰 기
쁨은 없습니
다.
5 사랑하는 친구
여, 믿음의 형
제들을 도우며 심지어 모르는 사람까지도
따뜻하게 대접하였다니 참으로 선한 일을
하였습니다.
6 그들이 이 곳 교회에 와서 당신의 따뜻한
대접과 사랑에 관해 말해 주었습니다. 하
나님께서 기뻐하시도록 나그네인 그들을
계속 도와 주십시오.
7 그들은 그리스도의 이름을 위하여 자신의

전도자들을 도와야 함(1:5-8)

삶을 돌아보지 않고 전도 여행을 시작하
였습니다. 또한 그들은 믿지 않는 사람들
로부터 도움을 받지 않았습니다.
8 그러므로 우리가 그들을 도와야만 합니
다. 우리가 직접 전도 여행을 떠날 수는
없지만, 그들을 도우면서 우리 역시 진리
를 위해 함께 일하는 사람이 되는 것입니
다.
9 나는 이러한 내용의 편지를 먼저 교회 앞
으로 보냈습니다. 그러나 디오드레베가 우
리 말을 들으려고도 하지 않고, 충고도 받
아들이지 않았습니다. 그것은 디오드레베
자신이 그 교회의 우두머리가 되고자 하
는 마음 때문입니다.
10 그 곳에 가게 되면, 디오드레베가 한 일에
대해 이야기할 것입니다. 그는 거짓말로
우리에 대해 나쁘게 말하고 있습니다. 그
는 그리스도를 위해 일하는 사람들을 도우
려고도 하지 않고, 오히려 그들을 돕는 사
람들마저도 그 일을 하지 못하도록 막으
며, 교회에서 쫓아 내기까지 하고 있습니
다.
11 사랑하는 친구여, 악한 일은 본받지 마십
시오. 선한 일을 본받아 따르십시오. 선
한 일을 하는 사람은 하나님께로부터 왔
지만, 악한 일을 하는 사람은 결코 하나
님을 알지 못합니다.
12 데메드리오에 대해서는 모두들 칭찬하고
있습니다. 사람들의 말을 들어볼 때, 데메
드리오는 진리를 따르고 있으며, 우리 역
시 그를 인정할 수 있습니다. 그대 역시
우리 말이 참되다는 것을 알 것입니다.
13 할 말이 많지만 편지로는 이만 줄입니다.
14 만나서 맘껏 이야기를 나누었으면 합니
다.
15 하나님의 평안이 그대와 함께하길 바라
며, 이 곳에 있는 친구들이 그대에게 안
부를 전합니다. 그 곳에 있는 형제들에게
도 안부를 전해 주십시오.

성경 자세히 이해하기

요한3서의 세 인물

(1) 가이오: 요한은 가이오를 네 번이나 '사랑하는 친구'라고 부릅니다. 그는 요한에게 큰 기쁨을 준 사람이었습니다. 그는 믿음의 형제들을 돌봐 주었고, 진리를 위해 함께 수고하였습니다. (2) 디오드레베: 그는 지배욕과 허영심이 많은 인물이었습니다. 그는 요한을 대접하지 않고 욕하였으며, 형제들을 대접하지 않고 대접하려는 사람마저 교회에서 쫓아 냈습니다. (3) 데메드리오: 그는 모든 사람과 복음에 대하여 선하게만 말한 사람이었습니다. 이름을 볼 때 그는 이교에서 개종한 사람임을 알 수 있습니다.

유 다 서

Jude

저자

저자는 야고보의 형제인 유다이다.

저작 연대

A.D. 60-80년경

주요 인물

유다, 거짓 선생들

기록 목적과 대상

이 편지는 교회에 침투해 있었던 이단 사상과 거짓 선생들의 악행을 꾸짖고, 성도들을 복음 안에서 바르게 세우기 위해 기록하였으며, 예수 그리스도를 믿는 모든 신자들을 위해 쓰여졌다.

내용 소개

1. 인사(1:1-2)
2. 편지를 쓴 목적(1:3-4)
3. 거짓 선생에 대한 경고(1:5-16)
4. 성도들을 위한 교훈(1:17-23)
5. 축복을 비는 송영(1:24-25)

인사

1 예수 그리스도의 종이며 야고보의 형제인
유다는 하나님의 부르심을 받은 모든 사
람들에게 이 편지를 띄웁니다. 이제껏 예
수 그리스도 안에서 여러분을 안전하게 돌
보아 주신 하나님께서 지금 이 순간에도
여러분을 사랑하고 계십니다.
2 하나님의 자비와 평안과 사랑이 여러분에
게 넘치기를 기도합니다.

하나님은 죄인을 벌하십니다

3 사랑하는 친구들이여, 나는 우리 모두가
함께 누리고 있는 구원에 관해 여러분에
게 편지 쓰기를 간절히 원했습니다. 그러
나 이제는 여러분에게 편지를 써야 할 다
른 이유가 생겼습니다. 그것은 하나님께
서 그의 귀한 백성에게 주신 믿음을 여러
분이 굳게 지키라는 것입니다. 하나님께
서는 이 믿음을 한 번 주셨고, 또 그것은
한 번으로 영원한 것이 되는 것입니다.
4 몇몇 사람들이 몰래 여러분 가운데 들어
왔고, 그들은 자기들이 한 짓 때문에 벌
을 받게 될 것입니다. 이런 사람에 관해
서는 옛 예언자들이 오래 전에 기록해 놓
았습니다. 그들은 하나님을 반대하고, 하
나님이 주시는 은혜를 죄짓는 데 사용하
였습니다. 또한 단 한 분이신 통치자, 곧
우리 주 예수 그리스도를 거부하였습니다.
5 여러분도 이미 다 알고 있겠지만, 다시 한
번 기억을 떠올려 보십시오. 주께서 자기
백성을 이집트에서 구해내셨지만, 믿지
않는 자들은 나중에 다 멸망시키셨습니
다.
6 또 힘과 능력이 있던 천사들도 자기가 해
야 할 일을 하지 않고 마음대로 행하자,
이 천사들을 영원한 쇠사슬에 묶어 마지
막 심판날까지 어둠 속에 가두어 두셨습
니다.
7 소돔과 고모라, 그리고 그 주변 도시들은
어떠했습니까? 그들 역시 하나님께 순종
하지 않은 천사들처럼 행했고, 온 마을이
성적인 죄로 뒤덮여 있었습니다. 그래서
그들은 다음 세대를 위한 본보기로 영원
한 불의 심판을 받게 되었습니다.
8 여러분 가운데 들어온 사람들도 마찬가지
입니다. 그들은 꿈에 의해 인도함을 받고
있으며, 죄로 자신의 몸을 더럽히고 있습
니다. 하나님의 권위를 무시하고 영광스
런 천사들에 대해 나쁜 말을 해댑니다.
9 천사들 가운데 최고로 높은 미가엘도 이

예언자(1:4 prophet) 하나님의 계시를 맡아 백성들에게 전해 주는 사람.
통치자(1:4 ruler) 국토, 국민을 다스리는 국가의 우두머리.
순종(1:7 obedience) 순순히 따름.

악한 일을 하는 사람들은 열매도 맺지 못하고 뿌리째 뽑히는 나무같이 두 번 죽는 최후를 맞게 될 것입니다(1:12)

렇게까지는 하지 못했습니다. 누가 모세
의 시체를 가져갈 것인지 마귀와 논쟁하
면서, 미가엘은 마귀에게조차 욕하지 않
았고 비난하지 않았습니다. 단지 "주님께
서 네게 벌을 내리실 것이다"라고만 하였
습니다.
10 그러나 이 사람들은 알지도 못하면서 욕
을 해대고 있습니다. 조금 아는 것을 가
지고 아는 척하며, 말 못하는 짐승과 같
이 이성이 아닌 감정과 본능으로만 판단
합니다. 그들은 바로 그것 때문에 멸망당
할 것입니다.
11 그들에게는 불행이 닥칠 것입니다. 그들
은 가인이 간 길을 따라갔고, 돈에 눈이
어두워 발람처럼 나쁜 일을 저질렀으며,
고라처럼 하나님을 거역하였습니다. 그들
은 고라처럼 죽고 말 것입니다.
12 이들은 여러분이 하나님의 사랑으로 함께
나누는 귀한 만찬에
끼어든 더러운 흠집
과도 같은 자들입니
다. 마음대로 먹고
마시며, 아무도 개의
치 않고 자신들의 이
익을 채우기에만 급
급합니다. 비 한 방
울 내려 주지 못하고
바람에 밀려다니는
구름같이, 가을이 되
어도 열매 하나 맺지
못하다가 뿌리째 뽑
히는 나무같이 이들
은 두 번 죽는 최후
를 맞게 될 것입니다.
13 이들은 또한 바다의
거친 파도와도 같이 거품을 뿜어내듯 자
신의 부끄러움을 드러냅니다. 하늘에서
헤매는 별처럼 깜깜한 어둠 속을 떠다니
며 방황합니다.
14 아담의 칠 대 후손인 에녹은 이러한 사람
들에 대해 다음과 같이 예언하였습니다.
"주님께서 수많은 거룩한 천사들을 거느
리고 곧 오실 것이다.
15 오셔서 각 사람을 심판하시고, 하나님을
거역한 자들에게 벌을 내리실 것이다. 그
들이 저지른 악한 일들과 하나님에 대해
마음대로 떠들어댔던 죄에 대해 그들은
벌을 받게 될 것이다."
16 이런 사람들은 다른 사람에 대해 늘 불평
하고, 하고 싶은 대로 악한 일을 행하고,
자기 자랑을 하기에 여념이 없습니다. 다
른 사람을 칭찬할 때라곤 자기에게 유익
이 있을 때뿐입니다.

경고와 교훈

17 사랑하는 친구들이여, 우리 주 예수 그리
스도의 사도들이 했던 말을 기억하십시
오.
18 그들이 말하기를 "마지막 때가 되면 하나
님을 비웃고 거역하며, 제멋대로 행동하
는 사람들이 있을 것이다"라고 하였습니

방황하다(1:13 wander) 정처없이 헤매며 돌아다니다.
정욕(1:19 natural instinct) 육체적인 욕구나 욕망.
거룩한(1:20 holy) 구별되고 신성한. 더러운 것과 잘못된 것에서 떠난.
영세(1:25 all ages) 영원한 세월.

다.
19 이들은 사람들 사이를 갈라 놓고, 죄로 물
든 육신의 정욕대로 행동합니다. 그들 속
에는 성령님이 거하지 않습니다.
20 그러나 사랑하는 친구 여러분, 여러분만
은 성령 안에서 기도하며, 가장 거룩한 믿
음으로 자신을 튼튼히 세우십시오.
21 하나님의 사랑 안에서 자기를 지키고, 주
예수 그리스도께서 은혜로 내려 주신 영원
한 생명을 기대하십시오.
22 믿음을 굳게 갖지 못하고, 의심하는 자들
을 불쌍히 여기고,
23 그들을 불 가운데서 끄집어 내어 구원하
십시오. 두려움을 가지고 그들에게 자비
를 베풀되, 죄에 관한 것은 육체의 욕망
으로 더럽혀진 옷까지도 미워하십시오.

하나님을 찬양하여라

24 하나님은 강하시니 여러분이 넘어지지 않
도록 도와 주실 것입니다. 아무 흠 없는
자로 자기 영광 앞에 서게 하시며, 큰 기
쁨을 내려 줄 분이시니
25 우리의 구원자 되신 유일하신 하나님께,
우리 주 예수 그리스도를 통해 영광과 위
엄과 능력과 권세가 영세 전에서부터 지
금과 앞으로도 영원히 함께하시기를 기도
합니다. 아멘.

믿음을 키워 주는 이야기

사랑의 전화

'불라'라는 간호사는 몇 해 동안 성실하게 일하다가 관절염으로 더 이상 병원에서 일할 수 없게 되었습니다. 두 다리와 한 쪽 팔을 쓸 수 없는 장애인이 되었습니다.

불라는 수년 동안을 침대에 누워 절망에 빠진 채로 살았습니다. 그러던 어느 날 장애인일지라도 할 수 있는 일을 발견하였습니다. 불라는 침대 곁에 전화를 설치하였습니다. 그녀는 그 전화를 사용하여 날마다 친구들을 전도하고, 교우들을 격려하고, 슬픔에 잠긴 사람들을 위로하고, 실망한 사람들에게 기쁨을 전하였습니다. 그녀는 사랑의 전화를 시작한 것입니다.

불라는 36세가 되던 해 하나님 나라로 갔습니다. 아무도 그녀를 무능력했던 장애인이라고 기억하지 않습니다. 그녀는 많은 사람들의 기억에 사랑을 베풀던 아름다운 여인으로 남아 있습니다.

요한계시록

Revelation

○ 저자

저자는 사도 요한이다.

○ 저작 연대

A.D. 90-96년경

○ 주요 인물

사도 요한, 다시 오실 예수님, 적 그리스도

○ 기록 목적과 대상

박해받고 있는 교회에게 용기를 주고 하나님께서 보호하고 계신다는 사실을 확신케 하여, 그리스도의 재림을 소망하게 하기 위해 기록하였다. 이 글은 소아시아에 있는 일곱 교회(현재 터키 지방)를 위해 쓰여졌다.

○ 내용 소개

1. 서론(1:1-20)
2. 일곱 교회에 보낸 편지들(2:1-3:22)
3. 하늘 보좌 환상(4:1-5:14)
4. 일곱 봉인들(6:1-8:1)
5. 일곱 나팔들(8:2-11:19)
6. 그리스도와 용과의 싸움(12:1-14:20)
7. 일곱 대접의 준비(15:1-8)
8. 진노의 일곱 대접(16:1-21)
9. 바빌론 심판(17:1-19:21)
10. 최종 완성(20:1-22:5)
11. 후기(22:6-21)

이 글에 대한 요한의 소개

1 이것은 예수 그리스도의 계시입니다. 하
나님께서는 반드시 속히 될 일들을 자기
종들에게 보이시려고, 예수 그리스도께 이
계시를 주셨습니다. 그래서 그리스도는 요
한에게 천사를 보내어 이 일을 알게 하셨
습니다.
2 요한은 자기가 본 것을 다 증언하였습니
다. 그것은 예수 그리스도께서 하신 진리
의 말씀, 즉 하나님의 계시입니다.

스카라 항의 고깃배들(1:9)

계시(1:1 revelation) 하나님께서 감추어진 사실, 신비스러운 진리 등을 사람에게 가르쳐 알게 하심.
신실한(1:5 sincere) 믿음성이 있고 꾸밈이 없는.

3 이 계시의 말씀을 읽는 자는 복 있는 사
람입니다. 또한 이것을 듣고 그 가운데 기
록된 것을 지키는 자들 역시 복 있는 사
람입니다. 그것은 이 모든 말씀이 이루어
질 날이 점점 다가오고 있기 때문입니다.

교회를 향한 예수님의 말씀

4 요한은 아시아에 있는 일곱 교회에 편지합
니다. 지금도 계시고, 전에도 계셨으며,
앞으로 오실 한 분 하나님과 보좌 앞에 계
신 일곱 영과
5 예수 그리스도께서 여러분에게 은혜와 평
화를 내려 주시기를 빕니다. 예수님은 신
실한 증인이십니다. 또한 죽은 자 가운데
서 제일 먼저 부활한 분이시며, 이 세상
왕들을 다스리는 분이십니다. 그분은 우
리를 사랑하시며, 그의 보혈로 모든 죄에
서 우리를 자유케 하셨습니다.
6 또한 우리를 아버지 하나님을 섬기는 나
라와 제사장이 되게 하셨습니다. 예수 그
리스도께 영광과 능력이 영원히 함께 하
시기를 바랍니다. 아멘!
7 보십시오. 예수님은 구름을 타고 오실 것
입니다. 모든 사람이 그분을 보게 될 것
이며, 그분을 창으로 찌른 자들도 보게 될
것입니다. 이 땅의 모든 민족들이 그분 때

문에 크게 울 것입니다. 분명히 이 일은
일어날 것입니다! 아멘.
8 주 하나님께서 말씀하십니다. "나는 처음
이며, 또한 마지막이다. 나는 지금도 있
고, 전에도 있었으며, 앞으로도 올 것이
다. 나는 모든 것을 할 수 있는 전능자이
다."
9 이 글을 쓰고 있는 나는 그리스도 안에서
형제 된 요한입니다. 우리는 예수님 안에
서 하나가 되었으며, 고난과 나라와 인
내도 함께 소유한 자들입니다. 나는 하
나님의 말씀과 예수님에 대한 진리를 전
했다는 이유로 밧모 섬에 갇혀 있는 중입
니다.
10 내가 주님의 날에 기도하는 중, 주님의 성
령이 내게 임하며 내 뒤에서 나팔 소리 같
은 큰 음성이 들려 왔습니다.
11 그것은 "지금부터 네가 보는 것을 기록하
여, 에베소, 서머나, 버가모, 두아디라, 사
데, 빌라델비아, 라오디게아 일곱 교회에
보내어라"는 말씀이었습니다.
12 누가 내게 말하고 있는지 보려고 뒤돌아
보았을 때, 일곱 금촛대가 눈에 보였습니
다.
13 그 촛대들 사이에 '인자' 같은 분이 서 계
셨습니다. 그분은 발끝까지 내려오는 긴
옷을 입고, 가슴에 금띠를 두르고 계셨습
니다.
14 그분의 머리와 머리털
은 양털처럼, 또한 눈
처럼 희고, 두 눈은 불
꽃처럼 빛났습니다.
15 그분의 발은 용광로에
서 제련된 청동 같았
고, 음성은 큰 물소리
와도 같았습니다.
16 그분은 오른손에 일곱
별을 쥐고 계셨으며,
양쪽으로 날이 선 날카
로운 칼이 그분의 입에
서 나와 있었습니다.
나는 마치 강렬히 타오
르는 태양을 보는 듯하였습니다.
17 그분을 보는 순간, 나는 죽은 사람처럼 그
분의 발 앞에 쓰러졌습니다. 그러자 그분은
내게 오른손을 얹으시며 말씀하셨습니다.
"두려워하지 마라! 나는 처음과 마지막이다.
18 나는 살아 있는 자이다. 내가 전에 죽었
으나, 이제는 영원히 살아 있으며, 죽음
과 지옥의 열쇠를 가지고 있다.
19 그러므로 지금 네가 본 것과 현재 일어나
고 있는 일들과 또 앞으로 일어날 일들을
기록하여라.
20 네가 본 일곱 금촛대와 지금 내 오른손에
있는 일곱 별의 비밀은 이것이다. 일곱 금
촛대는 일곱 교회이며, 일곱 별은 일곱 교
회의 천사들이다."

에베소 교회에 보내는 말씀

2 "에베소 교회 지도자에게 이렇게 써서
보내어라. '오른손에 일곱 별을 쥐고,
일곱 금촛대 사이를 걸어다니시는 분의
말씀이다.
2 나는 네 행위를 알고 있다. 그 수고와 인
내, 또 네가 악한 자들을 그대로 두지 않
고, 스스로 사도인 척하는 자들을 시험하
여 그들이 가짜인 것을 밝혀 낸 일도 잘
알고 있다.
3 너는 나를 위해 고난을 참고, 낙심하지 않
으며, 잘 견뎌 주었다.

일곱 교회를 상징하는 일곱 금 촛대(1:20)

4 그러나 너를 책망할 일이 한 가지 있다. 그것은 네가 나를 처음만큼 사랑하지 않고 있다는 사실이다.

5 이전에 네가 나를 어떻게 사랑했는지 그때를 돌이켜 보아라. 어디서 잘못되었는지 생각하고, 회개하여, 예전처럼 행하도록 하여라. 만일 네가 회개하지 않으면, 내가 가서 네 촛대를 그 자리에서 치워 버릴 것이다.

6 그러나 니골라파가 하는 짓을 미워한 것은 잘한 일이다. 나도 그것을 미워한다.

7 귀 있는 자는 성령께서 교회에게 하시는 말씀을 잘 들어라. 승리하는 자에게 하나님의 동산에 있는 생명나무의 열매를 먹게 하겠다.'"

서머나 교회에 보내는 말씀

8 "서머나 교회 지도자에게 이렇게 써서 보내어라. '처음과 마지막이며, 죽었다가 다시 살아나신 분의 말씀이다.

9 네가 당하는 고난과 가난한 사정을 내가 알고 있다. 하지만 사실 네가 참부자이다! 너를 욕하고 비난하는 자들이 있다는 사실도 안다. 그들은 자기들 스스로를 유대인이라고 하지만 사실은 사탄에게 속한 자들이다.

10 그러니 앞으로 일어날 일들을 두려워하지 마라. 악마가 너희들을 시험하려 너희 중 몇몇을 감옥에 가두고 십 일 동안, 고난을 겪게 할 것이다. 그러나 죽는 그 순간까지 신실하게 믿음을 지키라. 그러면 생명의 면류관을 네게 줄 것이다.

11 귀 있는 자는 성령께서 교회에게 하시는 말씀을 잘 들어라. 승리하는 자는 두 번째 죽음으로 말미암아 해를 당하지 않을 것이다.'"

버가모 교회에 보내는 말씀

12 "버가모 교회 지도자에게 이렇게 써서 보내어라. '양쪽에 날이 선 날카로운 칼을 가진 분의 말씀이다.

13 나는 네가 살고 있는 곳이 어떤 곳인지 알고 있다. 사탄이 권세를 쥐고 있는 그런 도시에서, 너는 나를 향한 믿음을 굳게 지키고 있다. 나의 신실한 증인 안디바가 그곳에서 순교할 때도, 너는 나를 믿는 믿음을 저버리지 않았다.

14 하지만 몇 가지 네게 책망할 일이 있다. 너희 가운데 발람의 가르침을 따르는 무리들을 왜 그대로 보고만 있느냐? 발람은 발락을 시켜, 이스라엘 백성들이 죄를 짓도록 부추겼다. 이스라엘 백성들이 우상에게 바친 제물을 먹고, 음란한 죄를 지었던 것을 알고 있지 않느냐?

15 또 니골라파의 가르침을 따르는 자들도 너희 가운데 보인다.

16 회개하고 태도를 고쳐라! 그렇지 않으면, 내가 속히 가서 내가 갖고 있는 칼로 그들을 칠 것이다.

17 귀 있는 자는 성령께서 교회에 하시는 말씀을 잘 들어라. 승리하는 자에게는 숨겨진 만나와 흰 돌을 줄 것이다. 그 돌 위에는 그것을 받는 사람 이외에는 알 수 없는 새 이름이 새겨져 있다.'"

성경 지명

두아디라

두아디라는 교통의 요지로서 상업이 번창한 도시였습니다. 특히 직조, 염색, 도기 등의 동업 조합(길드)이 많기로 유명했습니다. 이 조합들은 각각 자신들의 수호신을 모시고 섬겼습니다. 그 당시에는 사회생활을 해 나가고 출세도 하려면, 조합에 가입하고 그 조합의 수호신을 섬겨야 했습니다. 그러한 과정에서 제사 의식에도 참여하고, 우상에게 바쳐진 음식도 먹지 않을 수 없었습니다. 또 이들의 제사에는 성적으로 문란한 행위가 함께 이루어졌습니다. 본문 보기 2장 18-21절

회개(2:5 repentance) 하나님을 떠난 사람이 지난날의 죄를 깊이 후회하고 전인격적으로 하나님께로 돌이킴.

니골라파(2:6 Nicolaitans) 에베소와 버가모 교회에 나타났던 이단의 무리.

두아디라 교회에 보내는 말씀

18 "두아디라 교회 지도자에게 이렇게 써서
보내어라. '불꽃같이 빛나는 눈과 빛나는
청동 같은 발을 가지신 하나님의 아들이
하시는 말씀이다.
19 나는 네 행위를 알고 있다. 또한 너의 사
랑과 믿음과 봉사와 인내에 관해서도, 그
리고 처음보다 훨씬 더 열심히 이와 같은
일들을 행하고 있음도 알고 있다.
20 그러나 한 가지 책망할 일은, 스스로 예언
자라고 칭하는 여자 이세벨을 그대로 두고
보고만 있는 일이다. 그 여자는 내 백성
을 거짓된 가르침으로 잘못 인도하고 있
으며, 우상에게 바친 제물을 먹게 하고 음
란한 죄를 짓도록 부추기고 있지 않느냐?
21 내가 그 여자에게 회개할 기회를 주었으
나, 그녀는 뉘우치지 않았다.
22 그러므로 내가 그녀를 고통중에 내던져
신음하게 하고, 똑같이 음란한 죄를 짓는
자들에게도 그러한 고통을 줄 것이다. 만
약 지금 바로 잘못을 뉘우치고 돌아오지
않으면, 즉시 이 일을 행할 것이다.
23 그 여자의 가르침을 따르는 모든 자들을
죽게 하여, 내가 사람들의 마음과 생각의
깊은 곳까지 살피는 자임을 온 교회가 알
도록 할 것이다. 나는 너희가 행한 대로
갚을 것이다.
24 그러나 두아디라 교회 안에 그녀의 가르침
을 좇지 않고 사탄의 깊은 비밀을 배우지
않은 사람들에게는 내가 다른 짐을 지우
지 않을 것이다.
25 내가 갈 때까지 지금 가고 있는 길을 꾸
준히 걸어가거라.
26 마지막까지 내 뜻대로 행하고 승리하는
자에게는 모든 나라를 다스릴 권세를 줄
것이다.
27 쇠막대기로 그들을 벌하여 너희 앞에 복
종케 하여 질그릇같이 그들을 깨뜨릴 것
이다.
28 이것은 내가 아버지께로부터 받은 권세와
똑같은 권세이다. 또한 새벽 별도 네게 주
겠다.

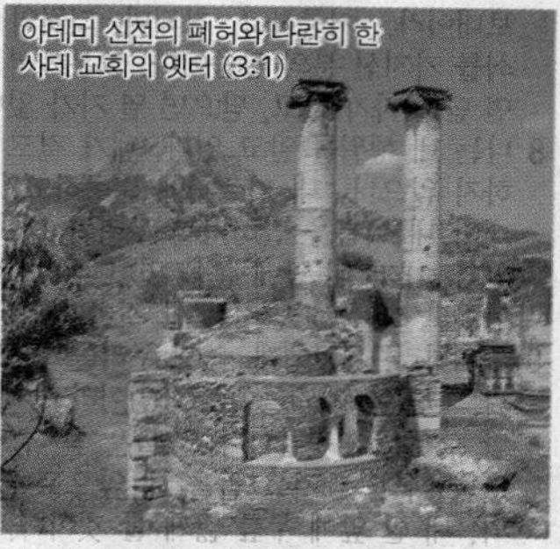
아데미 신전의 폐허와 나란히 한 사데 교회의 옛터 (3:1)

29 귀 있는 자는 성령께서 교회에 하시는 말
씀을 잘 들어라.'"

사데 교회에 보내는 말씀

3 "사데 교회 지도자에게 이렇게 써서 보
내어라. '일곱 영과 일곱 별을 가진 분
의 말씀이다. 나는 네 행위를 알고 있다.
사람들은 네가 살아 있다고 하나, 사실은
죽은 자와 다름없다.
2 깨어나라! 완전히 죽기 전에, 아직 조금이
라도 남은 힘이 있을 때에 네 자신을 일
으켜 세워라. 네 행동이 하나님 보시기에
선하지 않다.
3 네가 받은 것과 들은 것을 기억하여 뉘우
치고 순종하라! 회개하지 않고 내게 돌아
오지 않으면, 내가 도둑같이 너희를 찾아
갈 것이다. 네가 생각지도 못할 때에 네
게 갈 것이다.
4 그러나 죄악에 물들지 않고 깨끗하게 살
아가는 자들이 몇 사람 남아 있다. 그들
은 흰옷을 입고 나와 함께 다닐 것이다.
그들은 그럴 만한 자격이 있다.
5 승리하는 자는 그들처럼 흰옷을 입을 것
이며, 나는 생명책에서 그의 이름을 지우
지 않고, 아버지와 천사들 앞에서 내게 속
한 자라고 분명히 말할 것이다.
6 귀 있는 자는 성령께서 교회에 하시는 말
씀을 잘 들어라.'"

빌라델비아 교회에 보내는 말씀

7 "빌라델비아 교회 지도자에게 이렇게 써서

보내어라. '거룩하고, 참되며, 다윗의 열
쇠를 가지신 분의 말씀이다. 그분께서 열
면 닫을 자가 없고, 닫으면 열 자가 없다.
8 나는 네 행위를 알고 있다. 네가 결코 강
하지 않으나, 내 가르침에 순종하고, 담
대히 내 이름을 말하기를 두려워하지 않
았다. 내가 네 앞에 문을 열어 두었으니,
아무도 그 문을 닫지 못할 것이다.
9 주의하라! 사탄에게 속한 무리들이 보인
다. 그들은 자기들이 유대인이라고 하지
만 그것은 거짓말이다. 그들은 참 유대인
이 아니다. 내가 그들을 네 앞으로 끌고
와, 네 발 앞에 무릎 꿇게 할 것이다. 내
가 너희를 얼마나 사랑하는지 그들에게
보여 주겠다.
10 포기하지 말고 인내하라는 내 명령을 지
켰으니, 이 세상에 사는 사람들을 시험하
기 위해 다가올 고난의 때에 내가 너를 지
켜 줄 것이다.
11 내가 속히 갈 것이다. 지금 가진 것을 굳
게 잡아, 아무도 너의 면류관을 빼앗지 못
하도록 하여라.
12 승리하는 자에게는 하나님의 성전 기둥이
되게 할 것이다. 그는 결코 성전을 떠나
지 않게 될 것이다. 나는 그에게 하나님
의 이름과 하늘로부터 내려올 새 예루살

라오디게아 교회 유적(3:14)

알아두세요

3:14 창조의 근원(시작)이신
4:4 금 면류관
5:5 'Lion'을 뜻함.

제련(3:18 smelting) 광석이나 원료를 용광로에 녹여서 함유 금속을 뽑아 내어 정제하는 것.

렘, 곧 하나님의 성 이름을 기록할 것이
다. 또한 나의 새 이름도 그에게 기록할
것이다.
13 귀 있는 자는 성령께서 교회에 하시는 말
씀을 잘 들어라.'"

라오디게아 교회에 보내는 말씀

14 "라오디게아 교회 지도자에게 이렇게 써서
보내어라. '아멘이시요, 신실하시고, 참
된 증인이시며, 하나님께서 창조하신 모
든 것을 다스리시는* 분의 말씀이다.
15 나는 네 행위를 알고 있다. 네가 차지도
않고 덥지도 않으니, 차든지 덥든지 어느
한 쪽이 되어라!
16 네가 미지근하여 어느 쪽도 아니니, 내가
너를 내 입에서 뱉어 내겠다.
17 네 스스로 부자라고 생각되어 아무 부족
함이 없는 것같이 느껴지겠지만, 실제로
는 불쌍하고, 비참하고, 가난하고, 눈멀
고, 벌거벗은 자임을 모르고 있다.
18 내가 충고한다. 내게 와서 불 속에서 제
련된 금을 사거라. 그러면 네가 참된 부
자가 될 것이다. 또 흰옷을 사라. 그것으
로 너의 벌거벗은 부끄러움을 가릴 수 있
을 것이다. 네 눈에 바를 안약을 사라. 참
된 것을 볼 수 있을 것이다.
19 나는 내가 사랑하는 자일수록 가르치고
벌할 것이다. 옳은 일을 하기에 힘쓰며,
마음으로 회개하고 바르게 행동하여라.
20 보아라! 내가 문 앞에 서서 이렇게 두드리
고 있다. 만일 누구든지 내 음성을 듣고
문을 열면, 내가 그에게로 들어가 그와 함
께 먹고, 그도 나와 함께 먹을 것이다.
21 내가 승리한 후, 내 아버지의 보좌 곁에
앉은 것처럼, 승리하는 자는 내 보좌 곁
에 앉게 될 것이다.
22 귀 있는 자는 성령께서 교회에 하시는 말
씀을 잘 들어라.'"

천국을 본 요한

4 그후에 나는 하늘로 통하는 문이 내 앞
에 열리는 것을 보았습니다. 그리고 내
가 처음 들었던 그 음성, 나팔 소리와 같
은 그 음성이 다시 들려 왔습니다. "이리

로 올라오너라. 앞으로 일어날 일들을 네
게 보여 주겠다.”
2 그러자 성령께서 즉시 나를 이끄시어 하
늘로 올라갔습니다. 내 앞에는 한 보좌가
있었고, 그 보좌에 어떤 분이 앉아 있었
습니다.
3 앉으신 분의 모습은 벽옥과 홍옥처럼 밝
게 빛나고, 그 보좌는 에메랄드처럼 무지
개 빛으로 둘러싸여 있었습니다.
4 또한 스물네 개의 보좌가 그 주위에 있었
고, 그 보좌에는 흰옷을 입고 머리에 금
관*을 쓴 스물네 명의 장로가 앉아 있었
습니다.
5 번개와 천둥 소리가 보좌에서 울려 퍼졌
습니다. 보좌 앞에는 일곱 개의 등불이 켜
져 있었는데, 이 등불은 하나님의 일곱 영
이었습니다.
6 또 보좌 앞에는 수정과 같이 맑은 유리 바
다가 펼쳐져 있었습니다. 보좌 중앙과 주
위에는 눈이 가득한 네 생물이 서 있었습
니다.
7 첫 번째 생물은 사자 같고, 두 번째 생물
은 송아지 같고, 세 번째 생물은 사람의
얼굴을 가지고 있었고, 네 번째 생물은 날
개를 편 독수리 같았습니다.
8 네 생물은 각각 여섯 날개가 있었는데, 날
개 안팎으로 눈이 가득하였습니다. 그것
들은 밤낮으로 쉬지 않고 이렇게 외치고
있었습니다. “거룩하시다, 거룩하시다,
거룩하시다, 전능하신 주 하나님, 전에도
계셨고, 지금도 계시며, 장차 오실 분이
다.”
9 이 생물들은 영원히 살아 계시고 보좌에
앉아 계신 분께 영광과 존귀와 감사를 드
리고 있었습니다.
10 이 생물들과 함께 이십사 명의 장로들은
보좌에 앉으신 분께 엎드려 경배하였습니
다. 보좌 앞에 자기들이 쓰고 있는 금관
을 내려놓으며, 이렇게 말하였습니다.
11 “우리 주 하나님! 주님은 영광과 존귀와
능력을 받으시기에 합당한 분이십니다.
주님의 뜻에 따라 온 세상이 창조되고 또

일곱 개의 도장이 찍혀 봉인된 두루마리(5:1)

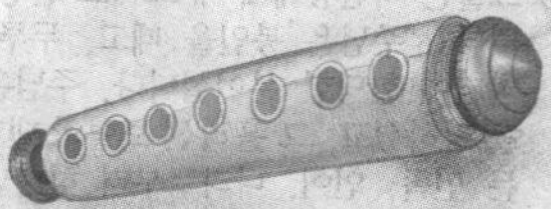

한 존재하고 있습니다.”

5 나는 보좌에 앉으신 분의 오른손에 두
루마리 하나가 있는 것을 보았습니다.
그 두루마리는 안팎으로 글이 씌어 있었
고, 일곱 개의 도장이 찍혀 봉해져 있었
습니다.
2 힘 있는 한 천사가 큰 소리로 외쳤습니다.
“누가 이 봉인을 떼고 두루마리를 펼 수
있겠는가?”
3 그러나 하늘에도, 땅에도, 지하에도 그
두루마리를 펴서 읽을 만한 사람은 없었
습니다.
4 나는 그 두루마리를 펴 읽을 사람이 없다
는 것을 알고 울고 말았습니다.
5 그러자 장로 가운데 한 사람이 내게 말하
였습니다. “울지 마시오! 유다 지파의 사
자*가 승리하였습니다. 그분은 다윗의 뿌
리입니다. 그분께서 일곱 군데 봉인을 떼
고 두루마리를 펴실 것입니다.”
6 그 때, 나는 네 생물에 둘러싸여 보좌 가
운데, 어린양이 서 계신 것을 보았습니
다. 장로들 역시 어린양 주위에 서 있었
습니다. 어린양에게는 전에 죽임을 당한
듯한 흔적이 있었습니다. 그 어린양은 일
곱 뿔과 일곱 눈이 있었는데, 그것은 세
상에 보내진 하나님의 일곱 영을 가리키
는 것이었습니다.
7 어린양은 앞으로 나아와 보좌에 앉으신
분의 오른손에서 두루마리를 받았습니다.
8 그러자 네 생물과 이십사 명의 장로들이
어린양 앞에 엎드렸습니다. 장로들의 손

에는 거문고와 향이 가득한 금대접이 들
려 있었습니다. 이 향은 하나님의 백성들
이 드린 기도들입니다.
9 그들은 어린양에게 새 노래로 찬양하였습
니다. "주님은 봉인을 떼고, 두루마리를
펴기에 합당한 분이십니다. 주님은 죽임
을 당하셨고, 그 흘리신 보혈의 대가로 모
든 민족, 언어, 나라로부터 하나님의 백
성을 사셨습니다.
10 피로 산 그들을 하나님 나라와 제사장으
로 삼으셨으니, 그들이 이 땅을 다스릴 것
입니다."
11 그후, 나는 수많은 천사들의 음성을 들었
습니다. 천사들은 보좌와 네 생물과 장로
들을 둘러싸고 있었습니다. 그 수가 너무
많아 셀 수조차 없었습니다.
12 천사들은 큰 소리로 외쳤습니다. "죽임을
당하신 어린양은 능력과 부귀와 지혜와
힘, 존귀와 영광과 찬양을 받으실 분이십
니다!"
13 하늘과 땅과 땅 아래, 바다에 있는 모든
것들이 외치는 소리도 들었습니다. "보좌
에 계신 분과 어린양께 찬송과 존귀와 영
광과 능력을 영원 무궁히 올려 드립니다."
14 그러는 동안, 네 생물은 "아멘!"으로 합창
하고 장로들은 엎드려 경배하였습니다.

6 나는 어린양이 일곱 봉인 가운데 하나
를 떼는 것을 보았습니다. 네 생물 중
의 하나가 천둥과 같은 소리로 "오너라!"
하고 말하는 것을 들었습니다.
2 내 앞에 흰말 한 마리가 보였고, 활을 든
자가 그 말 위에 앉아 있었습니다. 그는

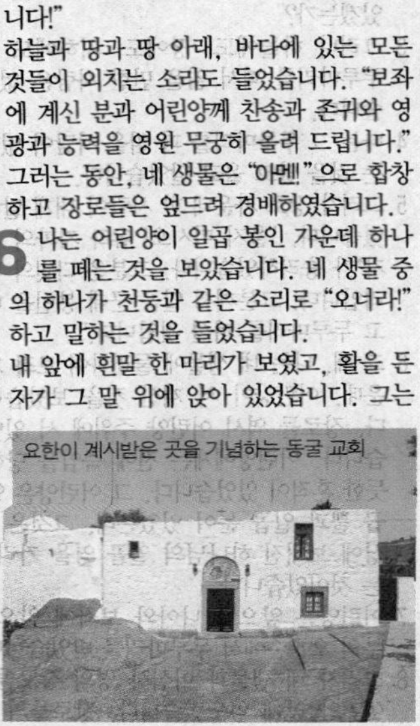
요한이 계시받은 곳을 기념하는 동굴 교회

면류관을 받아들고는 적을 쓰러뜨리고,
승리를 얻기 위해 달려 나갔습니다.
3 어린양이 둘째 인을 떼어 내자, 둘째 생
물이 "오너라!" 하고 외쳤습니다.
4 그러자 다른 말이 나오는데, 이번에는 붉
은 말이었습니다. 말 탄 자는 이 세상의
평화를 없애고, 서로를 헐뜯고, 죽이는
권세를 받은 자였습니다. 그의 손에는 큰
칼이 들려 있었습니다.
5 어린양이 셋째 인을 떼어 내자, 셋째 생
물이 "오너라!" 하고 외쳤습니다. 검은 말
이 내 눈 앞에 보였고, 손에 저울을 든 자
가 말 위에 타고 있었습니다.
6 내 귀에 한 음성이 들려 왔습니다. 그것
은 네 생물 사이에서 나는 소리였습니다.
"하루 품삯으로 밀 1리터,* 아니면 보리
3리터*밖에 사지 못할 흉년이 될 것이다.
그러나 올리브 기름과 포도주에는 해를 입
히지 마라!"
7 어린양이 넷째 인을 떼어 내자, 넷째 생
물이 "오너라!" 하고 외치는 소리가 들렸
습니다.
8 창백한 말이 한 마리 보이는데, 그 말을
탄 자의 이름은 죽음이었습니다. 죽음의
세계가 바로 뒤를 따라오고 있었습니다.
이들에게는 전쟁과 기근과 질병과 짐승으
로 세상 사람의 사분의 일을 죽일 수 있
는 권한이 주어져 있었습니다.
9 어린양이 다섯째 인을 떼어 내자, 몇몇 영
혼들이 제단에 놓여져 있는 것이 보였습
니다. 이 영혼들은 하나님의 말씀을 증언
하고, 진실한 믿음을 지키다가 순교한 영
혼들이었습니다.
10 이 영혼들은 큰 소리로 부르짖었습니다.
"거룩하고 참되신 주님, 저희들을 죽인
자들을 어느 때에야 심판하시고 벌하실
것입니까?"
11 그러자 그들에게 흰옷 한 벌이 각각 주어
졌습니다. 그리고는 아직도 그리스도를 위
해 순교할 형제들이 조금 더 있으니, 그
때까지 잠시 동안 쉬라는 말씀이 들려 왔
습니다.

12 어린양이 여섯째 인을 떼어 내자, 큰 지진이 일어났습니다. 해가 검은 천같이 새카맣게 변하고, 달은 온통 핏빛으로 변했습니다.
13 하늘의 별들은 태풍에 무화과나무의 열매가 떨어지듯 땅에 떨어졌습니다.
14 하늘은 두루마리가 말리듯이 사라져 버리고, 산과 섬들도 제자리에서 옮겨졌습니다.
15 모든 사람이 동굴과 산의 바위 틈으로 숨었습니다. 이 땅의 왕들, 지배자, 장군, 부자, 권세자, 종, 자유인 할 것 없이 모두 숨어 들었습니다.
16 그들은 산과 바위를 향하여 "우리 위에 무너져 다오. 보좌에 앉으신 이의 얼굴을 보지 않도록 우리를 숨겨 다오. 어린양의 노여움에서 우리를 제발 지켜 다오.
17 큰 진노의 날이 다가왔으니, 누가 그 진노를 견뎌 내겠는가?"라고 울부짖었습니다.

인침 받은 십사만 사천 명

7 그후에 네 천사가 땅의 네 모퉁이에 서 있는 것을 보았습니다. 그들은 사방에서 불어 오는 바람을 붙들어 땅 위, 바다, 나뭇잎 하나도 흔들리지 못하게 막고 있었습니다.
2 나는 또 다른 한 천사가 동쪽에서부터 오고 있는 것을 보았습니다. 그 천사는 살아 계신 하나님의 도장을 가지고, 큰 소리로 네 천사에게 소리쳤습니다. 앞에 본 천사들은 이 땅과 바다를 해칠 수 있는 권한을 하나님께로부터 받은 자들이었던 것입니다. 그는 네 천사에게 말했습니다.
3 "하나님을 섬기는 자들의 이마에 도장을 다 찍기 전에는 땅이든지, 바다든지, 나뭇잎 하나라도 건드려서는 안 된다."
4 그리고 나는 도장을 받게 될 사람들의 숫자가 십사만 사천 명이라는 소리를 들었습니다. 이들은 이스라엘의 열두 지파에 속한 사람들의 숫자였습니다.
5 유다 지파 만 이천 명, 르우벤 지파 만 이천 명, 갓 지파 만 이천 명,
6 아셀 지파 만 이천 명, 납달리 지파 만 이천 명, 므낫세 지파 만 이천 명,
7 시므온 지파 만 이천 명, 레위 지파 만 이천 명, 잇사갈 지파 만 이천 명,
8 스불론 지파 만 이천 명, 요셉 지파 만 이천 명, 베냐민 지파 만 이천 명이었습니다.

수많은 군중

9 그후에 엄청난 군중이 모여 있는 것을 내 눈으로 보았습니다. 그 수가 너무 많아서 나는 셀 수조차 없을 정도였습니다. 모든 나라와 민족, 언어를 초월하여 모인 이 사람들은 하나님의 보좌와 어린양 앞에 섰습니다. 그들은 모두 흰옷을 입고, 손에는 종려나무 가지를 들고 있었습니다.
10 그들은 큰 소리로 외쳤습니다. "구원은 보좌에 계신 우리 하나님과 어린양에게서 옵니다."
11 장로들과 네 생물들도 그 곁에 있었고, 천사들이 다 나아와 보좌 앞에 엎드려 경배하였습니다.
12 천사들은 "아멘! 우리 하나님께 찬송과 영광과 지혜와 감사와 존귀와 능력과 힘이 영원토록 함께하소서! 아멘!" 하고 외쳤습니다.
13 그 때, 장로들 가운데 한 사람이 내게 물었습니다. "이 흰옷 입은 사람들이 누구이며, 어디에서 온 사람들인지 아십니까?"

성경 속의 궁금증

14만 4천 명은 누구?

이들이 누구를 가리키는가에 대해서는 (1) 이스라엘 사람들만을 가리킨다는 해석과 (2) 14만 4천 명은 상징적인 수로, 유대인들과 이방인들로 구성된 그리스도인들의 교회를 가리킨다는 해석이 있는데, 일반적으로 두 번째 해석이 받아들여지고 있습니다. 그것은 실제로 성경에서 교회는 이스라엘의 열두 지파로 불리기도 하며(마 19:28; 눅 22:30), 하나님의 백성인 이스라엘로 표현되기도 하기 때문입니다. 본문 보기 7장 4절

알아두세요

6:6 그리스어로 Choinix, 약 1ℓ.

14 나는 "모릅니다. 가르쳐 주십시오"라고 말했습니다. 그 장로는 내게 대답해 주었습니다. "이들은 큰 고난을 겪은 자들입니다. 이들은 어린양의 피로 자신들의 옷을 씻어 희게 하였습니다.

15 이제 이들은 하나님의 보좌 앞에 나아와, 그의 성전에서 하나님을 늘 섬기고 있습니다. 보좌에 계신 분이 이들을 보호해 주고 있습니다.

16 이들은 결코 배고프거나 목마르지 않을 것입니다. 뜨거운 햇볕도 그들에게 해를 입히거나 상하게 못할 것입니다.

17 왜냐하면 보좌 가운데 계시는 어린양이 그들의 목자가 되셔서 생명수가 흐르는 샘으로 인도하실 것이기 때문입니다. 그리고 하나님께서는 그들의 눈에서 흐르는 눈물을 닦아 주실 것입니다."

일곱 번째 봉인

8 어린양이 일곱 번째 봉인을 떼어 내자, 반 시간쯤 하늘이 고요하였습니다.

2 그런 후, 일곱 명의 천사가 하나님 앞에 서 있는 것이 보였습니다. 그들은 하나님께로부터 일곱 나팔을 받았습니다.

3 다른 천사 하나가 제단 앞으로 나아왔습니다. 그 천사는 금향로를 들고 있었습니다. 금향로에 향을 가득 채워 성도들의 기도와 함께 보좌 앞의 금제단에 내려놓았습니다.

4 향의 연기가 천사의 손에서 하나님께로 올라갔습니다. 이 향과 함께 성도들의 기도도 하나님 앞으로 올라갔습니다.

5 그후, 천사는 제단의 불을 향로에 가득 담아 땅에 던졌습니다. 그러자 천둥과 번개와 지진이 일어나며, 큰 소리가 땅을 뒤덮었습니다.

일곱 천사와 나팔

6 드디어, 일곱 나팔을 손에 들고 있던 일곱 천사가 나팔을 불 준비를 하였습니다.

7 첫 번째 천사가 나팔을 불자, 피 섞인 우박과 불이 땅으로 쏟아졌습니다. 그러자 땅의 삼분의 일이 불타고, 모든 나무의 삼분의 일과 풀들이 다 타 버렸습니다.

8 두 번째 천사가 나팔을 불자, 불타는 큰 산과 같은 것이 바다로 떨어져 바다의 삼분의 일이 피가 되어 버렸습니다.

9 바다 속 생물의 삼분의 일이 죽고, 배의 삼분의 일도 파손되었습니다.

10 세 번째 천사가 나팔을 불자, 횃불처럼 타고 있던 큰 별 하나가 하늘에서 떨어져 강의 삼분의 일과 샘들을 뒤덮었습니다.

11 그 별의 이름은 쑥이었는데, 이로 인해 물의 삼분의 일이 쓰게 되어, 그 쓴물을 마신 수많은 사람들이 죽었습니다.

12 네 번째 천사가 나팔을 불자, 해와 달과 별의 삼분의 일이 충격을 받아 어두워졌습니다. 이로 말미암아 낮의 삼분의 일이 빛을 잃었고, 밤의 삼분의 일도 그렇게 됐습니다.

13 내가 지켜 보는 동안, 독수리 한 마리가 공중으로 높이 날아가며, 큰 소리로 외치는 것을 들었습니다. "재난이다! 재난이다! 세상에 사는 사람들에게 재난이 온다! 남은 세 천사가 나팔을 불 때, 그 재난은 시작될 것이다."

성경 자세히 이해하기

일곱 나팔과 그 결과

• 첫째 나팔 : 피 섞인 우박과 불이 떨어져 땅과 수목, 풀의 3분의 1이 불타 버림. • 둘째 나팔 : 불붙은 큰 산과 같은 것이 떨어져 바다의 3분의 1이 피가 됨. • 셋째 나팔 : 큰 별이 떨어져 물의 3분의 1이 쓰게 됨. • 넷째 나팔 : 천체의 3분의 1이 어두워짐. • 다섯째 나팔 : 메뚜기 떼가 다섯 달 동안 사람들을 해침. • 여섯째 나팔 : 네 천사와 기병대가 사람의 3분의 1을 죽임. • 일곱째 나팔 : 예수께서 영원히 왕노릇 하심을 찬양함. 일곱 대접 재앙의 시작. 본문 보기 8장 6절–11장 19절

알아두세요

9:1 바닥이 없는

9 다섯 번째 천사가 나팔을 불자, 하늘
에서 별 하나가 땅으로 떨어졌습니다.
그 별은 바닥이 보이지 않는* 깊은 구덩
이를 여는 열쇠를 가지고 있었습니다.
2 그 구덩이를 열자, 마치 큰 용광로에서 내
뿜듯이 연기가 솟아올랐습니다. 그 연기
때문에 태양과 하늘이 어두워졌습니다.
3 잠시 후, 그 연기 속에서 메뚜기 떼가 나
와 모든 땅에 퍼졌습니다. 이 메뚜기 떼
는 전갈처럼 쏘는 독을 갖고 있었는데,
4 땅의 모든 풀과 나무는 해치지 말고, 오
직 이마에 하나님의 도장이 찍히지 않은
사람들만 해치라는 명령을 받았습니다.
5 그러나 그들을 죽이지는 말고, 전갈에게
쏘인 것처럼 다섯 달 동안, 아픔에 시달
리게 하라고 하셨습니다.
6 사람들은 그 고통을 못이겨 죽고 싶어 하
지만, 마음대로 죽을 수조차 없을 것입니
다. 왜냐하면 죽음이 그들을 피해 멀리 달
아날 것이기 때문입니다.
7 그 메뚜기 떼의 모양은 마치 전쟁 준비를
끝낸 말들처럼 보였습니다. 머리에는 금
관 같은 것을 쓰고, 얼굴은 사람의 얼굴
같았습니다.
8 여자처럼 긴 머리털을 하고, 이빨은 사자
이빨처럼 생겼으며,
9 쇠로 된 방패막이가 가슴을 덮고 있는 듯
했습니다. 또 날개 소리는 많은 전차와 말
들이 전쟁터로 달려가는 소리처럼 들렸습
니다.
10 꼬리에는 전갈처럼 쏘는 가시가 달려 있
었는데, 그 꼬리에 다섯 달 동안, 사람들
을 괴롭힐 수 있는 힘이 있었습니다.
11 이 메뚜기들의 왕은 밑바닥 없는 구덩이
의 수호자로, 히브리어로는 아바돈, 그리스
어로는 아볼루온이라는 이름을 가지고 있
었습니다.
12 첫 번째 재난은 지나갔지만, 아직도 두 번
의 재난이 남아 있습니다.
13 여섯 번째 천사가 나팔을 불자, 하나님 앞
에 있는 금제단의 뿔에서 한 음성이 들렸
습니다.
14 그 음성은 나팔을 가진 여섯 번째 천사에
게 말했습니다. "큰 유프라테스 강에 매여
있는 네 천사를 풀어 주어라."
15 그 천사들은 그해, 그달, 그날, 그때를 위
해 예비된 자들이었습니다. 이제 그들은
풀려나 이 땅의 삼분의 일에 이르는 사람
들을 죽일 것입니다.
16 나는 그들이 이끌 기병대의 수가 이 억이
나 된다는 소리를 들었습니다.
17 환상 중에 나는 그 말들과 말 탄 자들을
보았습니다. 그들은 가슴에 타는 듯한 붉
은빛, 푸른빛, 유황처럼 노란빛의 방패막
이를 하고 있었고, 말들의 머리는 사자의
머리와 같았고, 그 입에서 불과 연기와 유
황이 뿜어져 나왔습니다.
18 이 불과 연기와 유황으로 이 땅의 삼분의
일에 이르는 사람들이 죽었습니다.
19 또한 말들의 입뿐 아니라 꼬리에도 힘이
있어, 머리 달린 뱀처럼 생긴 꼬리가 사
람들을 물어 상처를 입혔습니다.
20 그러나 이 재앙에 살아 남은 자들은 여전
히 회개하지 않고, 손으로 만든 우상에게
가서 빌었습니다. 그들은 귀신을 섬기고,
금, 은, 돌, 청동, 나무로 만든 보지도,
듣지도, 걷지도 못하는 우상들을 향해 절
하였습니다.
21 또한 살인과 마술과 음란과 도적질하기를
계속하며 마음을 돌이키지 않았습니다.

천사와 작은 두루마리

10 그후에 나는 또 다른 힘센 천사 하
나가 하늘에서 내려오는 것을 보았
습니다. 그는 구름에 휩싸여 있었고, 머

금향로(8:3 golden censer) 금으로 만든 향을 피우는 화로.
전갈(9:3 scorpion) 전갈과의 곤충으로 독침이 있다. 9장 3, 10절에 나오는 전갈은 원수에게 당하는 고통을 비유한 것이다.
전차(9:9 chariot) 전쟁 · 사냥 · 경주에 쓰인 2륜 마차.
수호자(9:11 guardian) 지키고 보호하는 자.
유황(9:17 sulfur) 비금속 원소의 하나. 성냥의 원료로 쓰임.

리 위로는 무지개가 떠 있었습니다. 얼굴
은 마치 태양처럼 빛났으며, 발은 불기둥
같았습니다.
2 그 천사의 손에는 펼쳐진 작은 두루마리
하나가 쥐어져 있었습니다. 그 천사는 오
른발로 바다를 밟고, 왼발로는 땅을 밟고
섰습니다.
3 그가 사자처럼 큰 소리로 부르짖자, 일곱
천둥의 음성이 들려 왔습니다.
4 내가 천둥이 하는 말을 받아 적으려 하자,
하늘로부터 한 음성이 들려 왔습니다.
"일곱 천둥이 말하는 것을 기록하지 마
라. 그것을 비밀로 하여라."
5 바다와 땅을 밟고 있던 천사가 하늘을 향
해 오른손을 높이 들었습니다.
6 그는 영원히 살아 계시며, 하늘과 땅과 바
다와 그 안에 모든 것을 지으신 하나님의
능력 앞에 맹세하며 이렇게 말했습니다.
"더 이상 기다리지 않을 것이다!
7 일곱 번째 천사가 나팔을 부는 날, 하나
님의 비밀스런 계획은 이루어질 것이다.
이 계획은 하나님께서 그의 종들과 예언
자들을 통해 이미 말씀하신 것이다."
8 하늘로부터 같은 음성이 들려 왔습니다.
"바다와 땅을 밟고 서 있는 천사에게 가
서, 그 손에 있는 두루마리를 받아라."
9 나는 천사에게 가서, 그 작은 두루마리를
달라고 하였습니다. 천사는 내게 "이것을
받아 먹어라. 배에 들어가면 쓰겠지만,
네 입에서는 꿀처럼 달 것이다" 하고 말
했습니다.
10 나는 그 두루마리를 천사의 손에서 받아
먹었습니다. 정말 입에서는 꿀처럼 달콤
했지만, 먹고 나니 배 속이 쓰라리고 아
팠습니다.
11 그 때, "너는 많은 민족과 나라와 언어와
왕들에 대하여 다시 예언해야 한다"라는
음성이 들려 왔습니다.

두 증인

11 또 나는 지팡이처럼 생긴 잣대 하나를
받았습니다. 그 때, 이런 말이 들려 왔
습니다. "가서 하나님의 성전과 제단을
재고, 그 곳에서 예배드리는 사람들의 수
를 세어라.
2 그러나 성전 바깥 뜰은 재지 말고, 그대
로 두어라. 그 곳은 이방인들에게 내어 준
곳이다. 그들은 마흔두 달 동안, 거룩한
성을 짓밟을 것이다.
3 내가 두 증인에게 능력을 주어 천이백육
십 일 동안, 예언하게 할 것인데, 그 둘
은 굵은 삼베옷을 입고, 그들의 슬픔을 나
타낼 것이다."
4 이 두 증인은 바로 땅 위의 주님 앞에 서
있는 올리브 나무 두 그루와 두 촛대였습
니다.
5 누구든지 그들을 해치려고 하면, 그 입에
서 불이 나와 원수들을 삼켜 버릴 것입니
다. 이처럼 그들을 해치는 자는 죽고 말
것입니다.
6 이 증인들은 자기들이 예언하는 동안 하
늘에서 비를 내리지 못하게 하고, 물을 피
로 변하게 하며, 언제라도 온 땅에 온갖
재앙을 내리게 할 수 있는 능력을 가지고
있습니다.
7 두 증인의 예언이 끝나고 나면, 한 짐승이
나타나 그들과 싸우게 될 것입니다. 그 짐
승은 끝이 보이지 않는* 구덩이에서 올라
와 싸움을 한 뒤, 그들을 죽일 것입니다.
8 두 증인의 시체는 큰 성의 길거리에 버려
질 것인데, 이 성은 비유적으로 '소돔' 혹
은 '이집트'라고 불립니다. 그 곳은 바로 그
들의 주님이 십자가에 못 박히신 곳입니다.
9 모든 나라와 민족들이 그들의 시체를 땅

알아두세요

11:7 바닥이 없는 깊은

지진(11:13 earthquake) 지각 일부의 급격한 변화로 지반이 상하좌우로 진동하여 퍼지는 현상.
경외(11:18 reverence) 두려운 마음으로 공경함.
언약궤(11:19 ark of the covenant) 하나님께서 인간에게 주신 십계명 두 돌판을 간직해 둔 상자. 법궤, 증거궤, 여호와의 궤라고도 한다.

에 묻지 않고, 삼 일 하고 반 나절 동안,
내버려 둔 채 구경할 것입니다.
10 이 땅에 살고 있는 사람들은 모두 그들의
죽음을 기뻐할 것입니다. 또 잔치를 하고,
서로 선물도 주고받으며 즐거워할 것입니
다. 그것은 이 두 증인이 그들에게 너무나
많은 고통을 가져다 주었기 때문입니다.
11 그러나 삼 일 하고 반 나절이 지난 후, 하
나님께서는 이 두 증인에게 생명의 영을
불어넣으셨습니다. 그들이 일어나자,
이 광경을 본 사람들은 무서워서 어
찌할 바를 몰랐습니다.
12 그 때, 하늘에서 큰 소리가 두
증인을 향하여 들려 왔습니
다. "이리로 올라오너라!"
그들은 원수들이 보는
앞에서 구름을 타고
하늘로 올라갔습니
다.
13 바로 그 순간, 큰 지
진이 일어났습니다.
그 성의 십분의 일
이 무너지고, 칠천
명이 죽었습니다.
살아 남은 자들은
매우 두려워하며 하늘
에 계신 하나님께 영광을
돌렸습니다.
14 두 번째 재난이 끝났습니다. 이제
세 번째 재난이 곧 올 것입니다.

일곱 번째 나팔

15 일곱 번째 천사가 나팔을 불자, 하늘에서
큰 음성이 들려 왔습니다. "우리 주님과
그리스도께서 이제 이 세상을 다스리시며,
앞으로도 영원토록 다스리실 것이다."
16 그러자 하나님 앞에 앉아 있던 이십사 명
의 장로들이 엎드려 하나님께 경배하였습
니다.
17 그들은 말했습니다. "지금도 계시고 전에
도 계셨던 전능하신 우리 주 하나님께 감
사를 드립니다. 이제 주님은 그 크신 능
력으로 이 땅을 다스리실 것입니다.
18 온 세상 사람들이 화를 내고 교만하였으
나, 이제는 주님께서 진노를 내리시고,
죽은 자들을 심판하실 때입니다. 또한 주
님의 종들인 예언자들과 거룩한 백성들,
큰 자이든지, 작은 자이든지, 주님을 경
외하는 자들을 위해 상을 베푸실 때입니
다. 그리고 이 세상을 망하게 하는 자들
을 멸망시키실 때가 왔습니다."
19 그러자 하늘에 있는 하나님의 성전이 열

지팡이처럼 생긴 잣대 하나를 받음(11:1)

렸습니다. 그 안에 하나님께서 그의 백성
에게 주신 언약궤가 보였습니다. 그 순
간, 번개가 치고, 천둥과 지진이 일어나
며, 큰 우박이 쏟아졌습니다.

여자와 용

12 그리고 하늘에 아주 신기한 광경이
나타났습니다. 한 여자가 해를 옷
인 양 입고, 달 위에 발을 딛고, 머리에
는 열두 별이 달린 왕관을 쓰고 있었습
니다.
2 그 여자는 아기를 배고 있었는데, 막 아
기를 낳으려는 순간이어서 고통으로 신음

하고 있었습니다.
3 하늘에 또 다른 신기한 광경이 나타났습
니다. 크고 붉은 용이 보였습니다. 그 용
의 머리는 일곱이고, 뿔은 열이며, 각각
의 머리마다 왕관이 씌워져 있었습니다.
4 그 용은 꼬리로 하늘의 별 삼분의 일을 휩
쓸어 땅에 내던졌습니다. 그리고는 막 아
기를 낳으려는 여자 앞에 버티고 서서, 아
기를 낳기만 하면 잡아 삼키려고 준비하
고 있었습니다.
5 드디어 여자가 아들을 낳았습니다. 그 아
기는 큰 권세를 가지고 장차 온 나라를
다스릴 분이었습니다. 그러나 아기는 하
나님의 보좌 앞으로 들려 올라갔습니다.
6 그리고 여자는 하나님이 준비해 두신 광
야의 한 곳으로 도망쳤는데, 그 곳에서 천
이백육십 일 동안, 보호받을 수 있게 하
셨습니다.
7 그 때, 하늘에서 전쟁이 일어났습니다. 미
가엘과 그의 천사들이 용과 그의 부하들
을 대항해 싸움이 일어난 것입니다.
8 그러나 용과 그의 부하들은 싸움에 패하
여 하늘에서 쫓겨나고 말았습니다.
9 큰 용은 마귀 혹은 사탄이라고 불리는 바
로 그 오래된 뱀이었습니다. 그 용은 온
세상을 잘못된 길로 인도하는 자였습니
다. 용과 그의 부하들은 땅으로 내동댕이
쳐졌습니다.
10 그 때, 나는 하늘에서 큰 음성을 들었습
니다. "우리 하나님의 구원과 능력과 나
라와 그리스도의 권세가 이제야 나타났다.
하나님 앞에서 밤낮으로 우리 형제들을
고소하던 자가 이제야 쫓겨났구나.
11 어린양의 피와 그들이 증언하던 진리의
말씀으로, 우리 형제들이 그를 이겼다.
그들은 죽음을 두려워하지 않고, 목숨을
다해 싸웠다.
12 그러므로 하늘과 하늘에 있는 모든 자들
아, 기뻐하여라! 그러나 땅과 바다에 있는
자들에게는 화가 미쳤구나. 머리끝까지
화가 난 마귀가 그 곳으로 내려갔으니 자
기에게 시간이 얼마 남지 않았음을 알고
날뛸 것이다."
13 용은 자기가 땅에 내던져진 것을 알고, 남
자 아이를 낳은 그 여자를 찾아 나섰습니다.

14 그러나 여자는 큰 독수리의 두 날개를 받
아, 이미 광야의 마련된 곳으로 날아갔습
니다. 그 곳에서 여자는 삼 년 반 동안,*
뱀의 공격을 피하여 안전하게 지낼 수 있
었습니다.
15 그러자 뱀은 여자를 휩쓸어 버리려고, 입
에서 물을 홍수같이 뿜어 내었습니다.
16 그 때, 땅이 입을 벌려, 용의 입에서 나오
는 물을 다 삼켜 여자를 도와 주었습니다.
17 화가 머리끝까지 치민 용은, 하나님의 명
령을 지키고 예수님이 가르쳐 주신 진리
를 굳게 간직하고 있는 여자의 남은 자손
들을 공격하려고 나섰습니다.
18 용은 바닷가 모래 위에 섰습니다.*

두 짐승

13 또 나는 바다에서 한 짐승이 올라오
는 것을 보았습니다. 그 짐승은 뿔
이 열이고 머리가 일곱이었는데, 각각의
뿔에는 왕관이 씌워져 있었습니다. 또 머
리마다 하나님을 모독하는 이름들이 쓰여
있었습니다.
2 그 짐승은 마치 표범처럼 생겼는데, 발은
곰의 발 같고 입은 사자의 입을 닮았습니
다. 용은 그 짐승에게 자기의 힘과 왕좌
와 권세를 주었습니다.
3 그 짐승의 머리 하나가 큰 상처를 입고 죽
은 듯하더니, 거짓말같이 그 상처가 나으
며 살아났습니다. 사람들은 그 기적에 놀
라며 그 짐승을 따랐습니다.
4 그 짐승에게 이처럼 큰 능력을 준 용에게
경배하고, 그 짐승에게도 역시 경배하며,
이렇게 외쳤습니다. "이 짐승보다 힘센
자가 어디 있겠는가? 누가 감히 이 짐승
과 맞서 싸울 수 있겠는가?"
5 용은 그 짐승에게 교만한 말과 하나님을
모독하는 말을 하게 하고, 마흔두 달 동
안, 용의 힘을 빌어 사용할 수 있는 권세
를 주었습니다.
6 그 짐승은 그 기간 동안, 하나님을 모독
하고, 하나님의 이름과 성전*을 더럽히
며, 하늘에 있는 모든 이들을 욕하고 다
녔습니다.
7 또 하나님의 거룩한 백성을 쳐서 이기는
권세를 받아서, 이 땅의 모든 나라와 민
족을 다스리게 되었습니다.
8 세상이 창조된 이후, 죽임당하신 어린양
의 생명책에 기록되지 못한 땅에 사는 사
람들은, 모두 이 짐승을 경배하게 될 것
입니다.
9 누구든지 귀 있는 자는 들으십시오.
10 "사로잡힐 사람이라면 사로잡힐 것이며
칼로 죽임을 당할 사람이라면 칼에 죽임
을 당할 것입니다." 이 말은 하나님의 거
룩한 백성에게는 인내와 믿음이 필요하다
는 뜻입니다.
11 그 뒤에 나는 또 한 짐승이 땅에서 올라오
는 것을 보았습니다. 그 짐승은 어린양처럼
뿔이 두 개 있었는데, 용처럼 말했습니다.
12 이 두 번째 짐승은 첫 번째 짐승 앞에 서
서 첫 번째 짐승과 똑같은 힘을 행사하였
습니다. 그 힘으로 치명적인 상처를 입었
다가 살아난 첫 번째 짐승에게, 이 땅의
살아 있는 모든 사람들이 무릎 꿇도록 강
요했습니다.
13 두 번째 짐승은 큰 기적을 행하였는데, 사
람들이 보는 앞에서 불이 하늘에서부터
땅으로 내려오게 하기도 하였습니다.
14 이 짐승은 이런 기적들을 행하여서 사람
들을 현혹시켰습니다. 이 모든 것은 첫 번
째 짐승을 경배하게 하기 위한 수단이었
습니다. 또 사람들에게 칼에 맞고도 죽지
않은 첫 번째 짐승의 우상을 만들어 섬기
도록 명령하였습니다.

알아두세요

12:14 한 때와 두 때와 반 때 동안

12:18 18절의 내용이 개역 성경에는 17절에 포함되어 있으나 대부분의 사본에는 18절이 따로 분리되어 있다.

13:6 장막

용(13:5 dragon) 큰 구렁이 같고 발톱과 뿔이 있다는 전설상의 동물. 여기서는 마귀.

생명책(13:8 book of life) 하나님이 정하신 구원 받을 자를 기록한 책.

15 두 번째 짐승은 그 우상에게 생명을 불어
넣어 우상이 말을 하게 하고, 그 우상에
게 절하지 않는 사람들은 다 죽이라고 명
령하였습니다.
16 그 짐승은 높은 자나 낮은 자나, 부자나
가난한 자나, 노예나 자유인이나 다 그들
의 오른손이나 이마에 표를 받게 하였습
니다.
17 그래서 이 표가 없는 자는 아무것도 사거
나 팔 수 없게 하였는데, 이 표는 짐승의
이름이나 그 이름을 뜻하는 숫자입니다.
18 지혜가 있는 자는 이 숫자의 의미를 알 수
있을 것입니다. 그 숫자는 사람의 숫자이
며, 육백육십육입니다.

구원 받은 자의 노래

14 그후에 나는 어린양을 보았습니다.
어린양은 시온 산에 서 있었습니다.
그 곁에는 이마에 그분의 이름과 아버지
의 이름이 새겨진 십사만 사천 명이 서 있
었습니다.
2 그리고 폭포 소리 같기도 하고, 큰 천둥
소리 같기도 한 소리가 하늘로부터 들려
왔습니다. 그것은 사람들이 거문고를 타
는 소리 같았습니다.
3 그들은 보좌와 네 생물과 장로들 앞에서
새 노래를 불렀습니다. 그 새 노래는 이
땅에서 구원함을 받은 십사만 사천 명 외
에는 아무도 부를 수가 없습니다.*
4 이들은 여자와 더불어 죄를 짓지 않고, 자
신을 깨끗이 지킨 자들입니다. 그들은 어
린양이 가는 곳이라면 어디든지 따라가는
자들이며, 하나님과 어린양에게 첫 제물
로 바쳐진 이 땅의 사람들 가운데 구원 받
은 자들입니다.
5 그들에게선 거짓을 찾을 수 없으며, 흠 없
는 자들입니다.

세 천사

6 그후, 나는 한 천사가 하늘 높이 날아가
는 것을 보았습니다. 그 천사는 땅 위에
있는 모든 나라와 민족과 부족에게 전할
영원한 기쁜 소식을 가지고 가는 중이었
습니다.
7 천사는 큰 소리로 외쳤습니다. "하나님을
두려워하고, 그분에게 찬양을 드려라. 하
나님께서 온 세상을 심판하실 때가 왔으
니, 하늘과 땅과 바다와 샘을 만드신 그
분을 경배하여라."
8 또 한 천사가 그 뒤를 이어 날아가며 외
쳤습니다. "바빌론이 무너졌다. 큰 성 바
빌론이 무너졌다. 모든 민족에게 부도덕
한 짓을 하게 하여 하나님의 진노를 사게
한 대가를 받았다."
9 두 천사의 뒤를 이어 세 번째 천사가 큰
소리로 외쳤습니다. "누구든지 짐승과 우
상에게 경배하고, 이마나 손에 짐승의 표
를 받는 자는
10 하나님의 진노의 포도주를 마시게 될 것
이다. 그 진노의 포도주는 물을 타지 않
은 독한 술이다. 그들은 거룩한 천사들과
어린양이 보는 앞에서 유황불로 고통을
겪게 될 것이다.
11 그 고통의 연기는 밤낮 쉬지 않고 피어 올
라서, 짐승과 우상에게 경배하고 짐승의
표를 받은 자들을 괴롭힐 것이다.
12 그러므로 하나님의 거룩한 백성은 하나님
의 명령을 지키고, 예수님을 끝까지 믿고
따르면서 참고 견뎌야 할 것이다."
13 또 나는 하늘에서 들리는 음성을 들었습
니다. "이것을 기록하여라. 이제부터 주
님을 믿고 주 안에서 죽은 자를 기뻐할 때
가 왔다." 그러자 성령께서도 "그렇다. 그
들은 괴로운 수고에서 벗어날 것이다. 이
는 그들의 착한 행실이 영원히 남아 있기
때문이다." 하고 말씀하셨습니다.

알아두세요

14:3 배울 사람이 없습니다.
14:20 1,600스타디온은 약 296km에 해당된다.

육백육십육(13:18 six hundred and sixty-six) 짐승의 수를 가리킨다. 이 숫자는 13장의 두 번째 짐승보다도(11절) 첫 번째 짐승과 연관이 있는 듯하다(1절). 이 숫자는 권위 있는 표식의 하나이기 때문에 이것을 지니지 못한 사람은 매매를 할 수가 없게 되어 있다(17절).

땅의 추수

14 눈 앞에 흰 구름이 펼쳐지며, 그 구름 위
에 한 분이 앉아 계신 것이 보였습니다.
그분은 '사람의 아들'이라고 불리는 예수
님 같았습니다. 그분은 머리에 금관을 쓰
고, 손에는 날카로운 낫을 들고 계셨습니
다.
15 그 때, 한 천사가 성전에서 나오더니, 구
름 위에 앉아 계시는 분에게 외쳤습니다.
"낫을 들어 추수를 시작하십시오. 곡식이
무르익어 거둘 때가 되었습니다."
16 그러자 그분은 땅 위로 낫을 휘둘렀고, 곡
식은 추수되었습니다.
17 또 다른 천사가 하늘 성전에서 나왔습니
다. 이 천사의 손에도 날카로운 낫이 하
나 들려 있었습니다.
18 그 때, 제단에서 불을 관리하는 천사 하
나가 나오더니, 낫을 들고 있는 천사에게
외쳤습니다. "낫을 들어 포도를 수확하십
시오. 포도밭의 포도송이들이 무르익었습
니다."
19 천사가 낫을 휘두르자, 땅 위의 포도가 거
둬져, 하나님의 진노의 술틀 속으로 던져
졌습니다.
20 성 밖에 놓여진 포도주틀 속에서 포도송
이들은 으깨졌고, 피가 포도주틀 밖으로
흘러 넘쳤습니다. 그 피는 말굴레에까지
이르렀고, 천육백 스타디온* 밖까지 흘러
나갔습니다.

최후의 고난

15 나는 하늘에서 크고 놀라운 또 다
른 신기한 광경을 보았습니다. 일
곱 천사가 마지막 재앙인 일곱 재난을 내
릴 준비를 하고 있었습니다. 이 재난이
끝나면, 하나님의 진노도 끝이 날 것입
니다.
2 나는 불이 섞인 유리 바다 같은 것을 보
았습니다. 짐승과 그의 우상과 그의 이름
을 상징하는 숫자와 싸워 이긴 사람들이
그 바다 곁에 서 있었습니다. 그들은 손
에 하나님이 주신 거문고를 들고,
3 하나님의 종 모세와 어린양의 노래를 부
르고 있었습니다. "크고 놀라운 일을 행
하신 주님, 주 여호와 만군의 하나님, 주
님께서 하시는 모든 일은 올바르고 참되
십니다. 모든 나라의 왕이신 주님,
4 만민이 주님을 경배합니다. 주님을 찬양
합니다. 오직 주님만이 거룩하신 분이십
니다. 모든 백성이 주님 앞에 나와 경배
합니다. 이는 주님은 의로우시고 공평하
시며, 아무 흠도 없으신 신실한 하나님이
시기 때문입니다."
5 이 광경 후에 나는 하늘의 성전인 언약의
장막이 열리는 것을 보았습니다.
6 그 안에서 일곱 가지 재난을 내릴 일곱 천
사가 나왔습니다. 그들은 깨끗하고 빛나
는 모시옷을 입고, 가슴에는 금띠를 두르
고 있었습니다.
7 그 때, 네 생물 중 하나가 일곱 천사에게
금대접을 하나씩 주었습니다. 그 대접에
는 영원히 살아 계신 하나님의 진노가 가
득 담겨 있었습니다.
8 성전은 하나님의 영광과 능력에서 나오는
연기로 가득 찼습니다. 어느 누구도 일곱
천사의 일곱 재난이 끝나기까지는 성전에
들어갈 수 없었습니다.

하나님의 진노의 대접

16 나는 또 성전에서 일곱 천사에게 이
렇게 외치는 큰 음성을 들었습니다.
"가서 하나님의 진노가 담겨 있는 일곱 대
접을 땅에 쏟아라."
2 첫째 천사가 대접을 땅에 쏟았습니다. 그
러자 짐승의 표를 받고 그 우상에게 경배
한 자들의 몸에 더럽고 몹시 아픈 종기가
생겼습니다.
3 둘째 천사가 대접을 바다에 쏟았습니다.
그러자 바다가 죽은 사람의 피같이 되어
바다에 사는 모든 생물이 죽었습니다.
4 셋째 천사가 대접을 강과 샘에 쏟았습니
다. 그러자 강물과 샘물도 피로 변했습니
다.
5 나는 물을 관리하는 천사가 하나님께 말
하는 소리를 들었습니다. "지금도 계시고
전에도 계셨던 거룩하신 주님, 악한 자들

을 벌하시는 주님의 심판은 정당하십니
다.
6 그들이 주님의 성도들과 예언자들의 피를
흘렸으니, 그들이 피를 마시는 것은 당연
한 대가입니다."
7 나는 또 제단에서 나오는 소리를 들었습
니다. "그렇습니다. 전능하신 주 하나님,
주님의 판단은 참되고 공평하십니다."
8 넷째 천사가 대접을 해를 향해 쏟아 붓자,
사람을 태워 버릴 만큼 뜨거운 열기가 쏟
아 내렸습니다.
9 사람들은 그 뜨거운 불길에 타면서도 하
나님의 이름을 모독하였습니다. 이 모든
재난을 내리시는 분이 하나님임을 알면서
도, 사람들은 회개하지 않고, 하나님께
영광을 돌리지도 않았습니다.
10 다섯째 천사가 대접을 짐승의 왕좌에 쏟
아 붓자, 어둠이 짐승의 나라를 뒤덮었습
니다. 사람들은 고통 때문에 혀를 깨물었
습니다.
11 그들은 자기들이 당하는 고통과 아픔을
하나님 탓으로 돌리며 저주하였습니다.
그러면서 회개하지도 않고, 악한 행위에
서 돌이키지도 않았습니다.
12 여섯째 천사가 대접을 큰 유프라테스 강에
쏟아 부었습니다. 그러자 강물이 다 마르
고 동방의 왕들이 쳐들어올 수 있는 길이
열렸습니다.
13 또 용과 짐승과 거짓 예언자의 입에서 개
구리같이 생긴 악한 영 셋이 튀어나오는
것을 보았습니다.
14 이 악한 영들은 귀신들의 영이었습니다.
그들은 기적을 행할 수 있는 능력이 있었
습니다. 그 영들은 전능하신 하나님의 큰
심판 날에 대비하여 함께 싸울 온 세계의
왕들을 모으러 나갔습니다.
15 그 때, 한 음성이 들렸습니다. "보아라!
내가 생각지도 못한 때에 도둑같이 너희
들에게 갈 것이다. 깨어서 옷을 단정히 입
고 있는 자는 복이 있으리니, 벌거벗은 채
부끄러움을 당하지 않게 될 것이다."
16 그 악한 영들은 히브리 말로 아마겟돈이라
는 곳에 왕들을 다 집결시켰습니다.
17 일곱째 천사가 대접을 공중에 쏟아 붓자,
성전 보좌에서부터 큰 음성이 울려 나왔
습니다. "다 끝났다."
18 그리고는 천둥과 번개가 치며, 큰 지진이
일어났습니다. 그 지진은 역사가 생긴 이
래 가장 큰 지진이었습니다.
19 큰 성이 세 조각이 나고, 온 나라의 도시
들이 무너졌습니다. 하나님께서는 큰 성
바빌론의 죄악을 잊지 않으시고, 하나님
의 진노의 포도주 잔을 들이키게 하셨습
니다.
20 모든 섬들이 사라지고, 산들도 자취를 감
추었습니다.
21 무게가 한 달란트나 되는 큰 우박들이 하
늘에서 쏟아졌습니다. 사람들은 우박 때
문에 재난이 너무나 커서, 하나님을 향해
저주를 퍼부었습니다. 너무나 끔찍한 재
난이었습니다.

성경 지명

아마겟돈

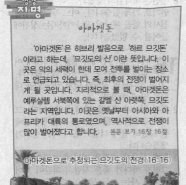

'아마겟돈'은 히브리 발음으로 '하르 므깃돈'이라고 하는데, '므깃도의 산'이란 뜻입니다. 이곳은 악의 세력이 한데 모여 전투를 벌이는 장소로 언급되고 있습니다. 즉, 최후의 전쟁이 벌어지게 될 곳입니다. 지리적으로 볼 때, 아마겟돈은 예루살렘 서북쪽에 있는 갈멜 산 아랫쪽, 므깃도라는 지역입니다. 이곳은 옛날부터 아시아와 아프리카 대륙의 통로였으며, 역사적으로 전쟁이 많이 벌어졌다고 합니다. 본문 보기 16장 16절

아마겟돈으로 추정되는 므깃도의 전경(16:16)

짐승을 탄 여자

17 대접을 들고 있던 일곱 천사 중 하나
가 내게 와서 이렇게 말하였습니다.
"나를 따라오너라. 많은 물 위에 앉은 큰
음녀가 받을 심판을 네게 보여 주겠다.
2 세상의 왕들이 그 여자와 함께 음란한 죄
를 짓고, 온 세상 사람들도 그녀가 주는
음란의 포도주에 취하였다."
3 그리고 천사는 성령의 도우심으로 나를
광야로 이끌고 갔습니다. 거기서 나는 붉
은 짐승 위에 올라타고 앉아 있는 한 여
자를 보았습니다. 그 짐승의 몸에는 하나
님을 모독하는 말들이 가득 쓰여 있었고,
일곱 머리와 열 뿔이 있었습니다.
4 그 여자는 보라색과 붉은색의 옷을 입고
금과 보석과 진주로 온몸을 치장하고 있었
습니다. 그리고 손에는 금잔이 하나 들려
있었는데, 그 안에는 음란하고 더러운 것
들과 악한 것들이 가득 담겨 있었습니다.
5 그 여자의 이마에는 수수께끼 같은 의미를
담은 이름이 하나 새겨져 있었습니다. 그
것은 '큰 바빌론, 음녀와 이 땅의 악한 것
들의 어머니'라고 씌어진 것이었습니다.
6 그 여자는 예수님의 증인들의 피와 성도들
의 피를 마시고 취해 있었습니다. 나는 그
여자를 보면서 소름이 오싹 끼쳤습니다.
7 그러자 천사가 내게 이렇게 말하였습니
다. "왜 놀라느냐? 이 여자가 누구이며,
또 이 여자를 태우고 있는 짐승이 무엇을
의미하는지 내가 가르쳐 주겠다.
8 네가 본 짐승은 전에는 살아 있었으나, 이
제는 죽었다. 그러나 곧 다시 살아나 끝
없는* 구덩이에서 올라왔다가 영원히 멸
망하게 될 것이다. 세상이 창조된 이래,
생명책에 기록되지 않은 사람들은 그 짐
승을 다시 보고 놀랄 것이다. 왜냐하면 죽
은 줄 알았던 짐승이 다시 나타났기 때문
이다.
9 이것을 이해하려면, 지혜가 필요하다. 네
가 본 짐승의 그 일곱 머리는 여자가 앉
아 있는 일곱 언덕과 일곱 왕을 뜻하는 것
이다.
10 그 중에 이미 다섯 왕은 죽었고, 한 왕은
살아 있으며, 일곱째 왕은 아직 오지 않
았다. 마지막에 올 이 왕은 잠시 동안만
통치하게 될 것이다.
11 이전에는 살아 있었으나, 지금은 죽은 저
짐승은 여덟 번째 왕이다. 이미 그는 일
곱 왕 가운데 하나이며, 곧 멸망하고 말
것이다.
12 네가 본 짐승의 그 열 뿔은 열 명의 왕을
가리킨다. 이 왕들은 아직 통치를 시작하
지 않았다. 그러나 잠시 동안, 짐승과 함
께 다스릴 권세를 받게 될 것이다.
13 이 왕들은 한 목적을 가지고, 짐승에게 자
기들의 능력과 권세를 줄 것이다.
14 그들은 어린양을 대적해 전쟁을 일으킬
것이다. 그러나 결국 만왕의 왕이시요,
만주의 주님이신 어린양이 승리를 거두고

성경 지명

바빌론

바빌론은 '바벨'(혼잡하게 하다)에서 유래된 지명입니다. 하나님께서는 바벨 사건을 통해서 사람들을 흩어지게 하고 언어를 혼잡하게 하셨습니다(창 11:9). 니므롯이 건설한 바빌론은 함무라비 왕(B.C. 1728-1686년)과 느부갓네살 왕(B.C. 605-562년) 때에 가장 번성하였으며, 이스라엘을 멸망시키기도 하였습니다. 바빌론은 B.C. 539년 메대인들에게 멸망당했습니다. 성경에서는 바빌론이 항상 우상 숭배의 상징으로 사용되고 있습니다. 본문 보기 17장 5절

알아두세요

17:8 바닥이 없는

달란트(16:21 talent) 구약 시대에는 약 34.27kg의 무게와 동일한 중량을 가리켰다. 신약 시대에 와서는 돈의 단위로서 약 6,000드라크마와 동일한 가치를 표시하였다.

음녀(17:1 prostitute) 풍요를 기원하는 바빌론의 음란한 의식과 부와 권력에 대한 탐욕을 상징하고 있다.

수수께끼(17:5 mystery) 속내를 알 수 없는 복잡하고 괴이한 일.

부름받아 선택된 충성된 주님의 병사들도
승리할 것이다."
15 천사는 다시 내게 말했습니다. "네가 본
물, 음녀가 앉아 있던 그 물은 세계의 모
든 민족과 나라를 가리킨다.
16 짐승과 그 열 뿔, 즉 열 왕이 음녀를 미
워하여 그녀가 가진 것을 다 빼앗고, 벌
거벗겨 그녀의 살을 먹으며, 그녀를 불에
태워 죽일 것이다.
17 하나님께서는 열 왕들이 짐승에게 권력을
넘겨 주는 데 한마음이 되게 하여, 그분
의 뜻을 이루어 가실 것이다. 하나님이 계
획하신 모든 일이 다 이루어질 때까지, 그
들이 통치할 것이다.
18 네가 본 그 여인은 이 세상 왕들을 다스
리는 큰 도시를 뜻한다."

바빌론의 멸망

18 그후에 나는 다른 한 천사가 하늘에
서 내려오는 것을 보았습니다. 이
천사는 큰 권세를 가졌는데, 그 영광의
광채 때문에 온 땅이 환하게 밝아졌습니
다.
2 그 천사는 위엄 있는 목소리로 크게 외쳤
습니다. "큰 성 바빌론이 무너졌다! 귀신
의 소굴이 되고 악한 영들과 불결하고 흉
칙한 새들의 동굴이 되었구나.
3 세상 모든 사람들이 음란의 독주에 취하
고 세상 왕들이 그녀와 함께 음란한 죄를
짓는구나. 또 세상 장사꾼들도 그녀의 사
치에 힘입어 큰 부를 누리는구나."
4 계속해서 하늘로부터 들려 오는 또 다른
음성을 들었습니다. "내 백성들아, 그 여
자의 죄에 빠져들지 말고 나와라. 그러면
그녀와 함께 멸망당하지 않을 것이다.
5 그 성의 죄가 하늘에까지 닿았고, 하나님
께서는 그녀의 죄악을 기억하신다.
6 그녀가 다른 사람에게 준 만큼 돌려 주고,
그녀가 행한 것의 배로 갚아 주어라. 사
람들에게 많은 재앙의 잔을 부어 준 만큼
두 배로 채워 그녀에게 마시게 하여라.
7 그녀가 마음껏 사치와 영화를 누렸으니,
그만큼의 고통과 슬픔으로 갚아 주어라.
그녀가 속으로 말하기를 '나는 여왕의 왕
좌에 앉아 있다. 나는 과부와는 다르다.
내게는 결코 슬픔이 없을 것이다'라고 하
였다.
8 그러므로 끔찍한 이 일들이 단 하루 만에
그녀에게 임할 것이다. 죽음과 슬픔과 기
근이 찾아오고, 그녀는 불에 타 죽고 말
것이다. 전능하신 하나님의 심판이 내리
기 때문이다."
9 그 여자와 함께 음란한 죄를 짓고, 사치
를 일삼던 세상의 왕들은, 그녀의 몸이 불
에 탈 때, 피어나는 연기를 보고 슬퍼하
며 목놓아 울 것입니다.
10 그녀가 당하는 고통을 무서워하여 멀리
서서 이렇게 말할 것입니다. "끔찍하다!
끔찍하다! 강한 바빌론 성이 이렇게 되다
니! 순식간에 멸망이 찾아 왔구나."
11 땅 위의 장사꾼들도 그녀 때문에 슬퍼할
것입니다. 왜냐하면 더 이상 자신들의 물
건을 사 줄 사람이 없기 때문입니다.
12 그들이 팔았던 물건은 금, 은, 보석, 진
주, 모시, 자주 옷감, 비단, 붉은 옷감,
각종 향나무, 상아로 만든 물건, 값진 목
재, 청동, 철, 대리석,
13 계피, 향료, 향수, 향유, 유향, 포도주, 올
리브 기름, 고운 밀가루, 밀, 소, 양, 말,
수레, 종, 그리고 사람의 목숨까지도 있
었습니다.
14 장사꾼들은 말할 것입니다. "바빌론아, 네
가 그렇게도 탐내던 좋은 것들이 네 곁에
서 다 떠나 버렸구나. 네가 가졌던 모든
부와 호화스런 것들이 사라졌으니, 네가
다시는 이런 것을 볼 수 없겠구나."
15 그녀 덕택에 부자가 된 장사꾼들은, 자기
들에게도 화가 미칠까 두려워 가까이 가
지 못하고 멀리서 바라보며 슬프게 울 것
입니다.

상아(18:12 ivory) 코끼리 턱에 길게 뻗은 어금니.
유향(18:13 incense) 유향목에서 진액을 짜낸 고급 향료.
신부(19:7 bride) 교회를 그리스도(어린양)의 신부로 표현함.

16 그리고 이렇게 말할 것입니다. "끔찍하다!
큰 성이 이렇게 무너지다니! 고급 모시옷
과 자줏빛, 붉은빛 옷으로 치장하고 금과
보석과 진주로 꾸민, 네 모습은 어디로 갔
는가?
17 한순간에 그 큰 부가 다 사라져 버렸구
나!" 모든 선장과 승객들과 선원들과 바
다에서 일하는 사람들이, 바빌론에서부터
멀리 떨어져서,
18 불에 타는 성을 바라보며 큰 소리로 말할
것입니다. "이 세상에 저만큼 화려했던
도시가 또 있었을까?"
19 그들은 머리에 재를 뒤집어쓰고, 슬피 울
며 외칠 것입니다. "끔찍하다! 저 큰 성이
저렇게 무너지다니! 바다에서 배를 소유
한 자들은 모두 저 성의 재물로 말미암아
다 부자가 되었는데! 그 부도 한순간에 사
라지고 마는구나!"
20 하늘이여, 이로 말미암아 기뻐하여라! 거
룩한 백성과 사도들과 예언자들아, 기뻐
하여라! 그 성의 악한 행위를 하나님께서
심판하셨다!
21 그 때, 한 힘센 천사가 맷돌 같은 큰 돌
을 집어들어 바다에 던지며 이렇게 말했
습니다. "큰 성 바빌론을 이렇게 던져 버
릴 것이다. 그리하여 그 성이 다시는 일
어나지 못할 것이다.
22 즐거운 음악도 그치고, 거문고와 퉁소와
나팔 소리도 네 귀에 다시는 들리지 않을
것이다. 일하는 자도 보이지 않고, 맷돌
가는 소리도 그칠 것이다.
23 또 등불 빛이 다시는 비치지 않으며, 신
랑 신부의 즐거운 소리도 듣지 못할 것이
다. 그 성의 장사꾼들은 세상을 휩쓸고 다
니며 큰 돈을 벌었고, 네 속임수에 모든
나라가 속임을 당하였다.
24 이제 예언자와 거룩한 백성들과 이 땅에
서 죽임당한 사람들의 피의 대가를 치러
야 한다."

하늘 백성들이 하나님을 찬양하다

19 그후에 나는 하늘에서 수많은 사람
들이 부르는 노래 소리를 들었습니

바빌론 성채(18:2)

다. "할렐루야! 구원과 영광과 능력을 하
나님께 돌려 드리자.
2 그분의 심판은 참되고 공평하다. 하나님
께서는 이 땅을 음란으로 더럽힌 음녀를
심판하셨다. 하나님의 종들을 죽인 대가
를 치르게 하신 것이다."
3 그들은 계속 찬송하였습니다. "할렐루야!
그녀를 태우는 연기가 영원히 그치지 않
을 것이다."
4 그리고 이십사 명의 장로와 네 생물이 보
좌에 앉으신 하나님께 엎드려 경배하였습
니다. "아멘, 할렐루야!"
5 보좌에서 한 음성이 들렸습니다."하나님
을 섬기는 자들아, 하나님을 찬양하라! 높
은 자든지, 낮은 자든지, 그분께 영광 돌
리는 모든 자들아, 하나님을 찬양하라!"
6 나는 또 수많은 사람들의 소리를 들었습
니다. 그 소리는 폭포 소리 같기도 하고,
천둥 소리 같기도 하였습니다. 그들은 이
렇게 외치고 있었습니다. "할렐루야! 전능
하신 우리 주 하나님이 다스리신다.
7 기뻐하고 즐거워하자. 하나님께 영광을
돌리자. 어린양의 결혼식이 가까웠다. 신
부는 몸단장을 끝내고
8 빛나고 깨끗한 흰 모시옷을 입었으니 그
옷은 성도들의 의로운 행위를 뜻한다."
9 천사는 내게 계속 말하였습니다. "어린양
의 결혼 잔치에 초대받은 자는 복이 있다
고 기록하여라. 이는 하나님께서 친히 말
씀하신 진리의 말씀이다."
10 내가 천사의 발 앞에 엎드려 경배하려고
하자, 천사는 이를 말리며 이렇게 말하였

큰 쇠사슬과 열쇠를 쥐고 있는 천사(20:1)

습니다. "내게 경배하지 마라! 나 역시 예
수님의 진리를 증언하는 너와 네 형제들
과 똑같은 하나님의 종일 뿐이다. 하나님
께 경배하여라! 이 모든 예언을 하게 하
신 것은 예수님을 더 증언하기 위해서일
뿐이다."

흰 말을 타신 분

11 나는 또 하늘이 열리고, 거기에 흰 말이
서 있는 것을 보았습니다. 그 말에는 정의
로 심판하시고 싸우시는 '신실하시고 참된
분'이라고 불리는 분이 앉아 계셨습니다.
12 그분의 눈은 불꽃같이 빛나며, 머리에는
많은 왕관을 쓰고 계셨습니다. 몸에는 그
분의 이름이 적혀 있었는데, 그분 외에는
그 이름을 알 수 있는 사람이 없었습니다.
13 그분은 피 묻은 옷을 입고 계셨습니다. 그
분의 이름은 바로 '하나님의 말씀'이었습
니다.
14 희고 깨끗한 옷을 입은 하늘의 군대가 흰
말을 타고 그분의 뒤를 따르고 있었습니
다.
15 그분은 입에 모든 나라를 쳐부술 날카로
운 칼을 물고 계셨으며, 왕의 홀을 갖고
온 세상을 지배하시게 될 것입니다. 또
한 두 발로 전능하신 하나님의 진노의 포
도주틀을 밟으실 것입니다.
16 그분의 옷과 다리에는 '만왕의 왕, 만
주의 주'라는 칭호가 쓰여 있었습니다.
17 나는 또 태양빛 속에 한 천사가 서
있는 것을 보았는데, 그 천사는 큰
소리로 하늘을 나는 새들을 불러 모
았습니다. "하나님께서 베푸신 큰 잔
치에 다 오너라.
18 와서 왕들과 장군들과 위대한 용
사들과 그 말들과 말 탄 자들과 자
유인이나 노예나 높은 자나 낮은 자
의 살을 먹어라!"
19 그 때, 나는 짐승과 세상 왕들이
모여 말을 타신 분과 그 군대를 대항
해 전쟁을 시작하려는 것을 보았습니다.
20 그러나 그 짐승은 거짓 예언자와 함께 붙
잡혔습니다. 이 거짓 예언자는 짐승을 위
해 기적을 행하여 짐승의 표를 받은 사람
들과 그 우상에게 절하던 자들을 미혹하
던 자였습니다. 그들은 산 채로 유황이 타
는 불못에 던져졌습니다.
21 그리고 그들을 따르던 군대는 말을 타신 분
의 입에서 나오는 날카로운 칼에 찔려 죽
어 새들의 먹이가 되고 말았습니다. 새들
은 그 시체들을 배불리 뜯어 먹었습니다.

천 년 왕국

20 나는 또 한 천사가 하늘에서 내려
오는 것을 보았습니다. 그 천사는
끝없는 구덩이의 열쇠를 갖고 있었고, 손
에는 큰 쇠사슬을 쥐고 있었습니다.
2 천사는 오래된 뱀, 곧 마귀인 용을 잡아
쇠사슬에 묶어 천 년 동안
3 끝없는* 구덩이에 던져 넣고, 입구를 막아
열쇠로 잠가 버렸습니다. 용은 천 년이 지
나기까지 세상 사람들을 더 이상 유혹하지
못하게 되었습니다. 그러나 천 년이 지나
면, 그 용은 잠시 동안 풀려날 것입니다.
4 또 나는 몇 개의 보좌에 앉은 사람들을
보았습니다. 그들은 심판하는 권세를 받
은 자들이었습니다. 그들 앞에는 예수님
을 증언하고, 하나님의 말씀을 전하다가

죽은 영혼들이 서 있었습니다. 이 영혼들
은 짐승과 우상에게 절하지 아니하고, 이
마나 손에 짐승의 표를 받지 않은 자들이
었습니다. 이들은 다시 살아나서 그리스
도와 함께 천 년 동안, 다스릴 것입니다.
5 그러나 나머지 죽은 자들은 천 년이 지나
갈 때까지 살아나지 못했습니다. 이것이
첫째 부활입니다.
6 이 첫째 부활에 참여하는 자들은 복되고
거룩한 자들입니다. 그들에게는 두 번째
죽음이 있을 수 없습니다. 그들은 하나님
과 그리스도의 제사장이 되어, 그분과 함
께 천 년 동안, 왕노릇할 것입니다.
7 천 년이 지나면, 사탄은 감옥에서 풀려날
것입니다.
8 그리고는 온 세상에 있는 나라들, 곧 곡
과 마곡을 꾀어 전쟁 준비를 할 것입니다.
모인 군대는 그 수가 너무 많아 바닷가의
모래 같을 것입니다.
9 그들은 진군하여 성도들의 진영과 하나님
께서 사랑하시는 도시를 포위할 것입니
다. 그러나 하늘에서 불이 내려와 그들을
불사를 것입니다.
10 그리고 그들을 꾀던 사탄은 유황이 타는
불못에 던져질 것입니다. 그 곳은 이미 짐
승과 거짓 예언자가 던져졌던 곳입니다.
사탄은 그 곳에서 밤낮으로 영원토록 고
통을 받을 것입니다.

최후의 심판

11 또 나는 크고 흰 보좌와 그 위에 앉으신
분을 보았습니다. 땅과 하늘이 그분 앞에
서 흔적도 없이 사라졌습니다.
12 그리고 높은 자든지 낮은 자를 막론하고
죽은 사람들이 모두 보좌 앞에 서 있는 것
을 보았습니다. 생명책이 펴져 있고, 다
른 책들도 펼쳐져 있었습니다. 죽은 사람
들은 그 책에 기록되어 있는 대로, 각기
행한 행위에 따라 심판을 받았습니다.
13 바다와 죽음과 지옥도 그 안에 죽어 있던
자들을 다 토해 냈으며, 그들 역시 자기
들의 행위대로 심판받았습니다.
14 죽음과 지옥이 불못에 던져졌습니다. 이
불못이 두 번째 죽음입니다.
15 생명책에 이름이 기록되지 않은 자들은
누구든지 다 불못에 던져졌습니다.

새 예루살렘

21 그후, 나는 새 하늘과 새 땅을 보았
습니다. 전에 있던 하늘과 땅은 사
라지고 바다도 없어졌습니다.
2 그리고 거룩한 성, 새 예루살렘이 하나님
이 계신 하늘로부터 내려오는 것을 보았
습니다. 나는 마치 신랑을 위해 단장한 신
부의 모습을 보는 듯했습니다.
3 보좌로부터 큰 음성이 들렸습니다. "이제
하나님의 집이 사람들 가운데 있게 될 것
이다. 하나님께서 사람들과 함께 계시고,
그들은 하나님의 백성이 될 것이다. 하나
님께서 친히 그들과 함께 계시며, 그들의
하나님이 되어서
4 그들의 눈에서 모든 눈물을 닦아 주실 것이
다. 이제는 죽음도, 슬픔도, 울음도, 아픔도
없으며, 모든 옛것들이 다 사라질 것이다."
5 그 때, 보좌에 계신 분이 말씀하셨습니
다. "보아라, 내가 모든 것을 새롭게 하
겠다! 내가 네게 하는 말은 진실하고 참
되니 이것을 기록하여라."
6 또 그분은 이어서 말씀하셨습니다. "이제
다 이루었다! 나는 알파와 오메가이며, 처
음과 마지막이다. 내가 목마른 자들에게
생명수 샘물을 거저 주겠다.
7 승리한 자들은 누구나 다 이것을 유업으
로 받을 것이며, 나는 그의 하나님이 되
고, 그는 나의 아들이 될 것이다.
8 그러나 비겁하고 믿지 않는 자, 악을 행
하는 자, 살인하고 음란한 자, 마술을 행
하고 우상 숭배하는 자, 거짓말하는 자들
에게는 유황이 타는 불못이 예비되어 있
을 것이다. 이것이 두 번째 죽음이다."
9 마지막 일곱 재앙이 담긴 일곱 대접을 들
고 있던 일곱 천사 중 하나가 내게 다가
와 말했습니다. "나를 따라오너라. 내가

알아두세요
20:3 바닥이 없는

아름답고 밝게 빛나는 새 예루살렘 성(21:9-27)

어린양의 아내가 될 신부를 보여 주겠
다."
10 천사는 성령의 도우심으로 나를 매우 크
고 높은 산으로 데리고 올라갔습니다. 그
는 내게 거룩한 성, 예루살렘이 하나님이
계신 하늘로부터 내려오는 것을 보여 주
었습니다.
11 그 성은 하나님의 영광의 광채에 둘러싸
여, 귀한 보석과 수정과도 같이 맑은 벽
옥처럼 밝게 빛나고 있었습니다.
12 그 성에는 열두 대문이 있는 높고 큰 벽이
둘러 서 있었습니다. 각 문에는 열두 천사
가 지키고 있었고, 이스라엘 열두 지파의
이름이 하나씩 기록되어 있었습니다.
13 그 문들은 동서남북으로 각각 세 개씩 있
었습니다.
14 성벽 열두 주춧돌에는 어린양의 열두 사도
의 이름이 새겨져 있었습니다.
15 내게 얘기하던 천사는 금으로 만들어진
자를 들고 있었는데, 그는 이 자로 성과
성문과 성벽을 재려는 참이었습니다.
16 성은 정사각형이었고, 길이와 폭이 똑같
았습니다. 천사가 재어 보니 길이와 폭과
높이가 똑같이 만 이천 스타디온*이었습
니다.
17 그리고 성벽 높이는 백사십사 규
빗*이었습니다. 천사는 사람들이
쓰는 자로 이 모든 것을 재었습니
다.
18 성벽은 벽옥으로 만들어졌고,
성 전체가 유리처럼 맑은 순금으
로 지어져 있었습니다.
19 성벽의 주춧돌에는 각종 보석이
박혀 있었는데, 첫째 주춧돌은 벽
옥, 둘째는 사파이어, 셋째는 옥수,
넷째는 에메랄드,
20 다섯째는 홍마노, 여섯째는 홍보석, 일곱
째는 황옥, 여덟째는 녹옥, 아홉째는 담
황옥, 열째는 녹옥수, 열한째는 청옥, 열
두째는 자수정으로 꾸며져 있었습니다.
21 열두 대문은 각각 한 개의 커다란 진주로
만들어졌고, 성의 거리는 유리처럼 맑은
순금으로 되어 있었습니다.
22 나는 성 안에서 성전을 볼 수 없었습니다.
그 이유는 전능하신 주 하나님과 어린양
이 바로 성전이시기 때문입니다.
23 그 성에는 해와 달도 필요가 없었습니다.
그것은 하나님의 영광의 광채가 빛이 되
고, 어린양이 그 성의 등불이 되시기 때
문입니다.
24 세상 모든 민족이 그 빛 아래 걸어다니며,
온 땅의 왕들도 영광스런 모습 그대로 성
으로 들어올 것입니다.
25 밤이 없기 때문에, 성문은 결코 닫히는 법
이 없습니다.
26 모든 나라의 영광과 존귀가 다 이 성으로
들어올 것입니다.
27 그러나 깨끗하지 못하고 부끄러운 것이나
거짓말한 자들은 이 성에 들어올 수 없습
니다. 오직 그 이름이 어린양의 생명책에
기록된 자들만이 들어갈 수 있습니다.

22 그 천사는 또 내게 생명수가 흐르
는 강을 보여 주었습니다. 수정같
이 맑은 그 강은 하나님과 어린양의 보좌
로부터 흘러 나와

알아두세요

21:16 12,000스타디온은 약 2,220km에 해당된다.
21:17 144규빗은 약 64.8m에 해당된다.

2 그 성의 넓은 거리 한가운데로 흐르고 있
었습니다. 강 양쪽에는 생명나무가 있어
서 일 년에 열두 번, 달마다 새로운 열매
를 맺고 있었습니다. 또 그 잎은 모든 사
람들을 치료하는 데 사용되었습니다.
3 하나님께서 죄 있다고 심판하실 것이 그
성에는 없었습니다. 하나님과 어린양의
보좌가 그 곳에 있고, 그분의 종들은 다
그분을 섬길 것입니다.
4 그들은 하나님의 얼굴을 볼 것이며, 그들
의 이마에는 하나님의 이름이 기록될 것
입니다.
5 그 곳에는 밤도 없고 등불이나 햇빛이 필
요 없을 것입니다. 주 하나님께서 그들의
빛이 되시고, 그들은 거기서 영원히 왕처
럼 살 것입니다.
6 그 천사는 또 나에게 이렇게 말하였습니
다. “이것은 참되고 진실한 말씀이다. 주
님은 예언자들의 영의 하나님이시다. 이
제 그분께서 이렇게 천사를 보내어 앞으
로 속히 일어날 일들을 알리신 것이다.”
7 “보아라! 내가 속히 가겠다! 이 책에 기록
된 예언의 말씀을 지키는 자들에게는 복
이 있을 것이다.”
8 나 요한은 이 모든 것을 보고 들었습니다.
내가 이 모든 것을 보고 들은 후에 이것
을 보여 준 천사의 발 앞에 엎드려 경배
하려고 하자,
9 천사는 내게 이렇게 말하였습니다. “내게
절하지 마라! 나 역시 너와 네 형제인 예
언자들과 이 책에 기록된 말씀을 지키는
자들과 똑같은 하나님의 종일 뿐이다. 그
러니 하나님만을 경배하여라!”
10 그리고 천사는 내게 지시하였습니다. “이
책에 기록된 예언의 말씀을 비밀로 하지
마라. 이 모든 일이 일어날 때가 멀지 않
았다.
11 악한 일을 행하는 자는 계속 악한 일을 하
도록 내버려 두고, 더
대로 놔 두어라. 의로운
롭게 살도록 하며, 거룩한
거룩하도록 하여라.”
12 “보아라! 내가 속히 가겠다! 내가
지고 가서, 너희가 행한 대로 갚아 주며
상을 베풀 것이다.
13 나는 알파와 오메가이며, 처음과 마지막이
요, 시작과 끝이다.
14 자기 옷을 빠는 자는 복 있는 자들이다.
그들은 생명나무의 열매를 먹을 것이며,
성문을 통해 성으로 들어가게 될 것이다.
15 악하고, 마술을 행하며, 음란하고, 살인
하고, 우상을 숭배하며, 거짓말을 즐겨하
던 자들은 성 밖에서 성 안으로 들어오지
못할 것이다.
16 나 예수는 온 교회에 이 모든 것을 증언
하기 위해 천사를 보냈다. 나는 다윗의 뿌
리이자 자손이며 빛나는 새벽별이다.”
17 성령과 신부가 “오소서!” 하고 말씀하십
니다. 이 말을 들은 사람들도 모두 “오소
서!” 하고 외칩시다. 누구든지 목마른 자
는 와서 생명수를 마음껏 마시십시오.
18 이 책에 기록된 예언의 말씀을 듣는 모든
이들에게 경고합니다. 만일 누구든지 이
말씀에 다른 것을 덧붙이는 사람이 있으
면 하나님께서 이 책에 기록된 재앙을 그
에게 내리실 것입니다.
19 또 만일 누구든지 이 예언의 말씀에서 어
느 하나라도 빼는 자는 하나님께서 이 책
에 기록된 생명나무와 거룩한 성에 참여
할 특권을 빼앗아 버리실 것입니다.
20 이 모든 것을 증언하신 분, 예수님께서 말
씀하십니다. “그렇다, 내가 속히 가겠다.”
아멘. 주 예수여, 어서 오소서!
21 주 예수님의 은혜가 여러분 모두에게 함
께하시기를 기도합니다. 아멘.

성경의 원본과 사본

성경 각 권의 원본은 모두 분실되거나 파손되어 사라졌고,
그 사본들만 남아 있습니다. 현재 보존되고 있는 사본들은 원본 또는 다른 사본을
베낀 것들입니다. 사본은 B.C. 11세기경부터 사용된 파피루스에 가장 많이 기록되었으며,
그 밖에 양피지나 송아지 가죽, 점토, 나무 껍질 등도 재료로 이용되었습니다.

[1] 구약의 사본

구약 성경의 사본은 그동안 A.D. 9세기의 것이 가장 오래된 것이었으나 사해 사본이 발견됨으로써 그 연대가 기원전까지 거슬러 올라가게 되었습니다.

(1) 사해 사본

1947년 사해 북방에 있는 동굴 속에서 구약 성경의 사본들이 적힌 가죽 두루마리들이 발견되었습니다. 이 동굴은 B.C. 2세기 말부터 A.D. 2세기 초까지 유대교의 한 종파인 에세네파에 속한 쿰란 공동체 사람들이 사용했던 것으로 추정됩니다. 발굴 작업을 통해 에스더서를 제외한 모든 구약 성경의 단편들과 함께, 외경 및 당시까지 알려지지 않았던 종파의 문헌들이 발견되었습니다. 그 후 1951-1952년에 다른 동굴에서도 다른 사본들이 발견되었는데, 모두 11개의 동굴들에서 발견된 문서들은 고문서학적 분석 및 탄소 연대 측정법을 통해 B.C. 2세기경의 것으로 추정되었습니다. 그보다 앞선 것들로는 B.C. 3세기까지 거슬러 올라가는 레위기와 사무엘서의 단편들도 있고, 늦게는 2세기경의 사본들도 발굴되었습니다.

(2) 맛소라 사본

고대 유대인들은 모음 없이 자음만으로 글을 썼으며, 구약 성경의 내용을 거의 암기하여 그것을 구전으로 후대에 전해 주었습니다. 그런데 시간이 흐르면서 히브리어는 점차 잊혀지게 되었고 대신 아람어가 통용어가 되었습니다. 유대인들은 회당에서 율법과 예언서를 낭독했는데, 히브리어가 점차 사어(死語)가 되어가자, 히브리어로 된 율법서와 예언서를 어떻게 읽어야 할지 중대한 문제에 봉착하게 되었습니다. 그래서 B.C. 7세기부터 자음만 있던 히브리어에 모음을 달기 시작했는데, 그 작업을 주도한 유대인 학자들을 '맛소라' 라 불렀고 그들에 의해서 모음이 붙은 히브리어 구약 성경을 '맛소라 사본' 이라 부릅니다.

(3) 사마리아 오경

사마리아인들은 구약 성경의 모세 오경만을 그들의 유일한 경전으로 여기는데 이를 사마리아 오경이라고 합니다. 1616년 이탈리아의 한 여행가가 다마스커스에서 처음 발견하였는데 단편들까지 합쳐서 150여 개의 두루마리들이 오늘날까지 보존되어 있으며, 가장 오래된 것은 A.D. 9세기경에 기록된 것이고 대부분은 14-15세기의 것들이다. 이중에서도 오늘날 가장 권위 있는 것으로 꼽히는 사마리아 오경은 세겜의 그리심산 기슭에 위치한 사마리아 회당에 보관되어 있는 것으로, 아론의 증손자 이름이 붙여져 아비샤 두루마리라고 불립니다. 아비샤 두루마리는 적어도 9명의 필사자들에 의해 편집된 것으로 여겨지며, 이 가운데 1149년에 기록된 것이 가장 최초의 것으로 밝혀졌습니다.

[2] 신약의 사본

전체이건 부분이건 신약 성경이 기록된 그리스어 사본은 대략 5,000여 개에 이르고 그 밖에도 초기 번역본에 대한 사본들이 약 1만 개 이상, 교부들의 인용문도 수천 개가 발견되었습니다. A.D. 9세기까지는 모든 사본이 그리스어 대문자로만 기록되었고, 소문자는 그 이후에 사용되었습니다. 대문자 사본으로 공식 목록에 올라 있는 것들은 214개에 달합니다. 그 중 대표적으로 다음과 같은 사본들이 유명합니다.

(1) 시내 사본

1884년 시내산의 성 캐더린 수도원에서 독일 신학자 티쉔도르프가 발견한 사본으로 4세기경의 것으로 추정됩니다. 현재 대영 박물관에 보관되어 있습니다.

(2) 알렉산드리아 사본

1627년 당시 알렉산드리아의 대주교였던 루카리스가 영국왕 찰스 1세에게 증정한 사본으로 5세기 초의 것으로 추정됩니다. 현재 대영 박물관에 보관되어 있습니다.

(3) 바티칸 사본

4세기 초의 사본으로 1457년 바티칸 도서관에 등록되어 계속 보관 중입니다.

이 밖의 중요한 대문자 사본들로는 에프라임 사본(5세기 초), 베자 사본(5, 6세기) 등이 있습니다. 한편 소문자 사본들은 9세기에서 17-18세기에 기록된 것들입니다. 모두 2,500여 개가 넘는 사본이 남아 있지만 역시 대부분 단편들입니다.

아가페

일러스트 쉬운성경(특소)

2010년 4월 21일 개정1판 1쇄 인쇄
2024년 4월 30일 개정1판 9쇄 발행

편　　자 : 쉬운성경 편찬위원회
발 행 인 : 곽　　성　　종
발 행 처 : (주)아 가 페 출 판 사

등록번호/제21-754호(1995. 4. 12)
주소/서울시 관악구 남부순환로 2082-33 (남현동)
전화/(02)584-4669

아가페 출판사

십계명 The Ten Commandments

하나님이 이 모든 말씀으로 말씀하여 이르시되,
나는 너를 애굽 땅, 종 되었던 집에서 인도하여 낸 네 하나님 여호와니라.

제일은, 너는 나 외에는 다른 신(神)들을 네게 두지 말라.

제이는, 너를 위하여 새긴 우상을 만들지 말고,
또 위로 하늘에 있는 것이나, 아래로 땅에 있는 것이나,
땅 아래 물 속에 있는 것의 어떤 형상도 만들지 말며,
그것들에게 절하지 말며, 그것들을 섬기지 말라.

나 네 하나님 여호와는 질투하는 하나님인즉 나를 미워하는 자의 죄를 갚되,
아버지로부터 아들에게로 삼사 대까지 이르게 하거니와,
나를 사랑하고 내 계명을 지키는 자에게는 천 대까지 은혜를 베푸느니라.

제삼은, 너는 네 하나님 여호와의 이름을 망령되게 부르지 말라.

여호와는 그의 이름을 망령(妄靈)되게 부르는 자를 죄 없다 하지 아니하리라.

제사는, 안식일(安息日)을 기억하여 거룩하게 지키라.

엿새 동안은 힘써 네 모든 일을 행할 것이나, 일곱째 날은 네 하나님
여호와의 안식일인즉, 너나 네 아들이나 네 딸이나, 네 남종이나 네 여종이나,
네 가축이나, 네 문 안에 머무는 객이라도 아무 일도 하지 말라.
이는 엿새 동안에 나 여호와가 하늘과 땅과 바다와 그 가운데 모든 것을
만들고 일곱째 날에 쉬었음이라. 그러므로 나 여호와가 안식일(安息日)을
복되게 하여, 그날을 거룩하게 하였느니라.